故城县志

GUCHENG XIANZHI

故城县地方志编纂委员会 编

上 册

方志出版社
Publishing House of Local Records

图书在版编目（C I P）数据

故城县志 / 故城县地方志编纂委员会编. -- 北京 ：
方志出版社，2020.9
ISBN 978-7-5144-4360-8

Ⅰ. ①故… Ⅱ. ①故… Ⅲ. ①故城县—地方志 Ⅳ.
①K292.24

中国版本图书馆 CIP 数据核字（2020）第 180326 号

故城县志

编　　者：故城县地方志编纂委员会
责任编辑：王海荣
出 版 者：方志出版社
地址　北京市朝阳区潘家园东里9号（国家方志馆4层）
邮编　100021
网址　http://www.fzph.org
发　　行：方志出版社图书经销中心
电话（010）67110500
经　　销：各地新华书店
印　　刷：山东黄氏印务有限公司
开　　本：889×1194　　1/16
印　　张：86.75
字　　数：2622千字
版　　次：2020年9月第1版　　2020年9月第1次印刷
印　　数：0001～5000册
ISBN 978-7-5144-4360-8　　定价：860.00元

全国重点文物保护单位——庆林寺塔

故城县城区鸟瞰全景图

（航拍于 2018 年 4 月）

1 | 2
3

1. 郑口运河大桥

（摄于 2010 年 7 月）

2. 运河第一湾

（摄于 2020 年 9 月）

3. 全国重点文物保护单位——大运河

（摄于 2018 年 5 月）

1 / 2 | 3

1. 故城县城区鸟瞰图之一

（摄于 2017 年 9 月）

2. 故城县城区鸟瞰图之二

（摄于 2015 年 5 月）

3. 故城县城区夜景

（摄于 2016 年 10 月）

1
2
3

1. 楼房耸立的故城县城区

（摄于 2016 年 7 月）

2. 故城县运河公园牌坊

（摄于 2018 年 6 月）

3. 故城县迎瑞广场

（摄于 2017 年 5 月）

1/2

1. 故城县龙湖公园

（摄于 2018 年 4 月）

2. 故城县南湖公园

（摄于 2017 年 5 月）

1
2
3 | 4

1. 故城县郑口镇后响沟村

（摄于 2017 年 6 月）

2. 故城县夏庄镇龙凤店村

（摄于 2017 年 4 月）

3. 故城县夏庄镇杨庄村

（摄于 2017 年 5 月）

4. 故城县夏庄镇滩头村

（摄于 2017 年 7 月）

1
2
3

1. 故城县郑口镇烧盆屯村小麦收割

（摄于 2016 年 6 月）

2. 故城县郑口镇后香坊村玉米喜获丰收（摄于 2017 年 10 月）

3. 故城县建国镇拱棚蔬菜采摘

（摄于 2016 年 6 月）

1
2
3

1. 故城县新能源风力发电

（摄于 2018 年 7 月）

2. 故城县建国镇臧庄村农业种植技术传播　（摄于 2017 年 9 月）

3. 康宏牧业一隅

（摄于 2017 年 5 月）

1/2

1. 故城县东大洼德国农庄

（摄于 2018 年 4 月）

2. 故城县以岭康养庄园

（摄于 2018 年 4 月）

1
2
3

1. 河北奥冠集团包装车间
（摄于 2003 年 3 月）
2. 河北星月制动原件有限公司车间
（摄于 2014 年 4 月）
3. 河北青竹画材有限公司展厅
（摄于 2015 年 5 月）

1. 茂丰·以岭康养综合体项目开工仪式　（摄于 2018 年 9 月）
2. 河北兆鑫集团手套缝纫车间　（摄于 2017 年 3 月）
3. 正大饲料（衡水）有限公司　（摄于 2017 年 6 月）

1
2
3

1. 郑口中学鸟瞰图
（摄于 2013 年 6 月）
2. 故城县高级中学
（摄于 2018 年 6 月）
3. 故城县职业技术教育中心成人礼（摄于 2016 年 4 月）

1
2
3

1. 故城县聚龙中学
（摄于 2020 年 9 月）
2. 故城县运河中学
（摄于 2015 年 4 月）
3. 故城县郑口第一小学
（摄于 2018 年 9 月）

1
2
3 | 4

1. 郑口第三小学
（摄于 2018 年 6 月）
2. 郑口第二小学千人诵读
（摄于 2018 年 10 月）
3. 郑口第四小学
（摄于 2019 年 9 月）
4. 郑口第五小学
（摄于 2018 年 6 月）

1
2
3

1. 故城县医院

（摄于 2017 年 5 月）

2. 故城县妇幼保健院

（摄于 2019 年 5 月）

3. 故城县中医医院

（摄于 2016 年 5 月）

1/2

1. 故城县城乡道路建设之一
（摄于 2013 年 6 月）

2. 故城县城乡道路建设之二
（摄于 2018 年 6 月）

1. 故城县城乡道路建设之三
（摄于 2017 年 5 月）

2. 故城县城乡道路建设之四
（摄于 2016 年 6 月）

1 | 2/3

1. 2010 年故城县周辛庄村出土的唐龙朔三年（663 年）四面佛造像

2. 1998 年故城县毛店村出土的北齐石造像

3. 1996 年故城县北高庄村出土的国家一级文物唐代白釉凤首盖贴花皮囊壶

1
2 | 3

1. 清道光二十九年（1849 年）钦命内阁学士兼礼部侍郎朱嶟为故城县崔庄崔仲璇之妻刘氏题写的“节茂松筠”匾额
2. 清咸丰二年（1852 年）清代学者朱琳为郑家口山西会馆题写的楹联
3. 河北省非物质文化遗产龙凤贡面百年老字号“齐福源”匾额

1 | 2
3

1. 坐落于故城县三朗镇北镇村的真武大帝坐像

2. 2007 年故城县夏庄镇头屯村出土的汉代铁釜

3. 坐落于故城县故城镇的清代甘陵书院

1	
2	
3	4

1. 故城县郑口镇刘堂村树龄 600 年国槐
2. 故城县郑口镇东高才村树龄 600 年国槐
3. 故城县里老乡大马坊村树龄 800 年国槐
4. 故城县建国镇草寺村树龄 600 年柘树

1. 2019年2月20日，中国关工委主任顾秀莲考察郑口第二小学“平语近人”进校园活动

2. 2016年10月18日，战略支援部队航天系统部政治工作部主任少将陈国强在故城县武装部队调研

1
2

1. 2018年9月19日，衡水市委常委、宣传部部长马福华在故城县调研脱贫攻坚工作

2. 2018年11月15日，衡水市委书记王景武（前排左三）在故城县调研扶贫工作

1
2
3

1. 故城县庆祝中华人民共和国成立 70 周年群众歌咏大会　（摄于 2019 年 9 月）
2. 故城县第六届传统文化艺术节武官寨运河架鼓表演　　（摄于 2018 年 3 月）
3. 故城县饶阳店镇秧歌队表演　（摄于 2018 年 3 月）

故城县地方志编纂委员会

（2020年）

《故城县志》编辑部

（2020年）

撰 稿 人 （按姓氏笔画排序）

刁华媛　刁振国　刁徐诚　乜广新　于　泊　于怀鹏　于宗霞
于海洋　于福玲　万文强　马世镇　马春雨　王　阳　王　勇
王　琳　王　瑞　王友晶　王文展　王文娟　王玉渠　王兰才
王邦亚　王志勇　王志涛　王志敏　王秀峰　王序君　王建华
王建军　王相宜　王树浩　王胜昔　王洪民　王铎立　王海萌
王新华　牛孟林　牛俊杰　尹璐璐　石亚莉　叶卫红　申爱新
田　凯　代文君　代红梅　冯　辉　冯时骏　任国庆　任建华
任树林　刘　扬　刘　强　刘金雪　刘胜亚　刘洪勇　刘鸿芝
齐金凤　闫明凯　安朝宁　纪同杰　苏志军　苏宝利　杜珊珊
李　平　李　悦　李　敏　李　超　李　燕　李　霞　李玉锋
李会来　李农跃　李志勇　李秀花　李振强　李晓林　李朝阳
李瑞钢　杨　晔　杨红玲　杨菲菲　杨智华　吴　洁　吴　健
吴红秀　吴丽丽　吴海洋　冷肖斌　张　永　张　坤　张　英
张　昕　张　鹏　张　静　张一鸣　张竹青　张庆斌　张志敏
张宏坤　张树旺　张贵军　张爱平　张跃军　张瑞雪　张震环
陈　亮　陈子奇　陈世娜　陈法豪　武　林　苑洪国　苑洪保
周永正　庚如娟　庚晓晴　赵一民　赵伟鹏　胡玉禄　胡玉婷
胡兰欣　姜　林　姜文武　祖晓琳　秦泽华　袁海亮　贾凤媛
夏超群　夏慧英　钱立平　秘春丽　凌　艳　高　静　高鹏飞
曹子杰　崔　伟　崔东阳　崔立业　康文华　商　健　扈桂敏
韩　军　韩印江　韩树茂　韩桂勇　韩瑞伟　程　宁　程喜平
焦庆虹　焦新军　温　莹　解云芳　解章行　鄢玉玺

《故城县志》稿市评审人员

吴恒青　武铁良　常海成　耿东炬

《故城县志》稿省评审人员

杨洪进　王广才　赵俊丽　郑小明

《故城县志》稿终审人员

杨洪进　赵俊丽　郑小明　阴记东　刘建洲　常海成

序

“郡邑之有志，犹国之有史。”一方建置沿革、政治经济、文化生活，常以志记之，以求观兴废、知得失、通古今、察未来。在习近平新时代中国特色社会主义思想指引下，在全县上下抢抓战略机遇，凝聚各方力量，努力开创故城经济社会高质量快速发展的新局面，全面建设幸福美好新故城的今天，《故城县志》付梓问世。她的出版问世，意义深远而重大，必将起到存史、资政、教化、借往喻今、经世政用的重要作用，堪谓故城县政治之大事、文化之盛事，可喜可贺！

故城坐落于千年古老大运河之畔，大运河蜿蜒县境75.1公里，历史悠久、文脉绵长；故城是一方宝地，聚合天地之灵气，孕育优秀之人才。故城历有编史修志之传统，历数明清11次编修，绵延数百年。此部县志是继1998年版《故城县志》以来第二轮编纂的志书，志书略古详今追本溯源重点记述了故城县经济建设和社会发展成就。以翔实的史料，完备的体例，客观、准确地介绍了故城县自然环境、建置沿革、社会变迁、经济发展、科学文化、教育卫生、风土民情等情况。突出地方特色，体现时代特点和深厚的人文底蕴，使故城县的历史记载得以延续，为后人留下一部系统、真实的地方史料，从而为现在乃至将来提供借鉴，为爱国爱乡教育提供乡土教材，为海外乡亲熟知故里、为各界朋友了解故城提供可靠准确的信息；为故城的经济建设、政治建设、文化建设、社会建设和生态文明建设提供借鉴；使优秀的历史文化遗产服务当代，惠泽未来。同时对于我们传承故城历史文化，增强故城各界人士的自豪感和凝聚力，具有极其重要和深远的意义。对于吸引社会各界投身故城经济建设，必将起到巨大的推动作用。此部志书是传承弘扬中国历史文化的一大丰硕成果，她必将为建设经济强县、美丽故城而增光添彩。

志书编纂，工程浩繁。县委、县政府聘有识之士，集各方之力，全体编纂人员治学严谨，各部门配合密切，使这本志书得以如期完成。

鉴古才知今，继往为开来。值此机会，我们希望故城全县人民团结一致，凝神聚力，开拓创新，砥砺前行，在新的征程上再铸辉煌，为全面建成小康社会，早日建成美丽新故城再续新的篇章！

是为序。

中共故城县委书记

故城县人民政府县长

二〇二〇年九月三十日

凡　例

一、通例

第一条　宗旨。以马克思列宁主义、毛泽东思想、邓小平理论、“三个代表”重要思想、科学发展观、习近平新时代中国特色社会主义思想为指导，坚持辩证唯物主义和历史唯物主义观点，坚持实事求是的写史态度，以丰富翔实的资料，客观记述，力求做到科学性、思想性、资料性与地域特色相统一。

第二条　记述范围。以故城县2018年行政区划为记述范围。

第三条　断限。为全面记载各入志事项发展脉络，上限不做统一规定，以1987年第一轮续修县志为基础溯其发端，下限至2018年年底。少数大事、要事需叙其始末，保持其连续性，其中部分内容延至2019年。

第四条　布局。开篇为图照、编纂机构、序、凡例、目录；卷首为总述、大事记；卷中主体部分按横排分为编、章、节、目；按建置环境、经济、政治、文化、社会、人物等依次分为5卷28编。

第五条　内容。遵循略古详今、立足当代、存真求实的编纂原则，贯通古今，全面系统反映故城县自然、政治、经济、文化和社会飞速发展，为适当加大人文资料和反映地域特色的文化及产业，充分展示21世纪域内物质文明、精神文明、政治文明和社会文明成果，新录入“大运河”“艺文”两编。

第六条　体裁。综合采用述、志、记、传、图、表、录、注释8种形式，以志体为主。于编和部分章之首综合归纳，指明要点，以反映规律，彰明因果。于部分章节内记有附，以补正文。各章节随文插图，以使读者直观了然，望图解意。

第七条　章法、文体。各类专志均以类系事，述而不论。必要议论，力求简明自然，与史实、记述融为一体。文体除引用古籍原文外，均采用规范的现代语体文；志中行文用词，以《辞海》《现代汉语词典》为准，力求简洁、准确、流畅；用字，除所引载古文必须使用繁体字外，一律使用规范汉字。标点符号执行《国家标准标点符号用法》（GBIT15834-2011）。

第八条　称谓。政区及机构组织均系当时名称。除必要历史地名外，其他均用标准地名。人称以第三人称记述。人名直书其姓名，必要时冠以职务。地名以现行标准地名为准，如使用历史地名，于本志首次出现时括注现行标准地名。政党、团体、企业、组织、机构、会议等名称，于首次出现时用全称，使用过繁者注明后用简称。

第九条　纪年、数字用法。民国前使用朝代年号纪年，括注公元年份，民国后使用公元纪年。同年、月、日发生事件以“是年”“同月”“同日”表述。志内行文以“年代”表述时间者，均于每自然段首次使用时间时表明所属世纪。数字用法以凡是数字作为词素构成之专用名词、成语、缩略语、习惯用语及序数、不定数等均用汉字表示，余则概用阿拉伯数字表述。

第十条　量和单位。中华民国时期及以前均遵从当时旧制通例。中华人民共和国成立后，量和单位名称、符号用标准公制，以《力学的量和单位》（GB31023-1993）为准。涉农用地以亩、公顷为单位；建筑面积以平方米为单位。

第十一条　数据。以故城县统计局数据为准，无此统计数据者，则采用业务主管部门的统计数据，各部门上报资料数据。所记国内生产总值、工业总产值、农业总产值均按当年价格计算。

第十二条　资料来源。由各承编部门和乡镇提供，其他资料来自各级档案、旧志、家谱、正史、报刊、专著、图片影像资料、电子网络资料、口碑资料以及实物资料，经考证鉴别后载入。所采用各种资料除直接录自史籍文献部分外，一般不注明出处，需注明者采用随文注释等方式。

二、分例

第十三条　总述意在对各编内容钩玄提要，提纲挈领，以使所记各业沟通内在联系，彰明因果原由。总述行文以述为主，叙议结合。

第十四条　大事记行文以编年体为主，并辅之以浓缩式纪事本末体，简明扼要，依时纵贯。

第十五条　各编门类设置。以行业、部门、单位各专志为主体，坚持科学分类与社会分工相统一原则，各编以下分设章、节、目若干层次，各层次排列，以横为主，按照横能并列、纵能领属之体例。

第十六条　新加入“大运河”“艺文”两编。对有显著地域特点的人文事物，如“扶贫工作”等特色内容则因事制宜，酌情升格设置为章或节。

第十七条　各编于编、章之首一般设有无题序，括整体面貌，以提领全文。部分章节所设附，署名文章中的见解仅为原作者个人认识，不代表本志编辑观点。

第十八条　人物。人物编分设人物传略、明清人物名录、现代人物名录、烈士英名录四章。以本籍人为主，兼有客籍，在各项事业中成绩卓著或有建树以及有代表性人物均采用传略形式载录。立传人物以生年为序排列，人物名录则以表格呈现。

三、特例

第十九条　所言故城“解放前（后）”，系指“1945 年 6 月 27 日故城县解放前（后）”。

第二十条　志中故城县“南部”“北部”之说，属 1964 年行政区划前所包括区域。

第二十一条　对所记全部地域范围直书当时政区规范称谓。域内历史上自元代曾属“河间府景州”“晋冀鲁豫边区冀南专区”“河北衡水专区”“河北省沧州专区”“吴桥县”等。1964 年以运河为界将武城西部划归故城县，故志书中 1964 年前所述“武城”等地，为今故城域。

第二十二条　乡镇级政区以及各乡镇所辖村庄均按当地习惯排序。乡镇所属均按照 1964 年故城县行政区域固定后地名。乡镇全称以 1996 年“合乡并镇”后为标准，其中历史上有变更者，均加记其沿革。

第二十三条　京杭大运河在故城县内有卫运河 64.1 公里，南运河 11.022 公里。志中所涉大运河长度非特指情况下统称为 75.1 公里。

要　　目

上　册

下　册

目　录

上　册

卷　首

卷　一

第一编　建置区划

第二编　自然环境

第三编　大运河

第四编　人口与计划生育

第五编　基础设施

第六编 城乡建设 环境保护

卷 二

第七编 经济综述

第八编　农　业

第九编　工业　建筑业

第十编　商贸服务业

第十一编　金融业

第十二编　综合经济管理

Essentials

Volume 1

Volume 2

Catalogue

Volume 1

Frontispiece

Roll I

Part 1 Establishment Zoning

Part 2 Natural Environment

Part 3 Grand Canal

Part 4 Population and Family Planning

Part 5 Infrastructure

Part 6 Environmental Protection for Urban and Rural Construction

Roll II

Part 7 Economic Overview

Part 8 Agriculture

Part 9 Industrial Construction Industry

Part 10 Commerce and Trade Services

Part 11 Financial Industry

Part 12 Integrated Economic Management

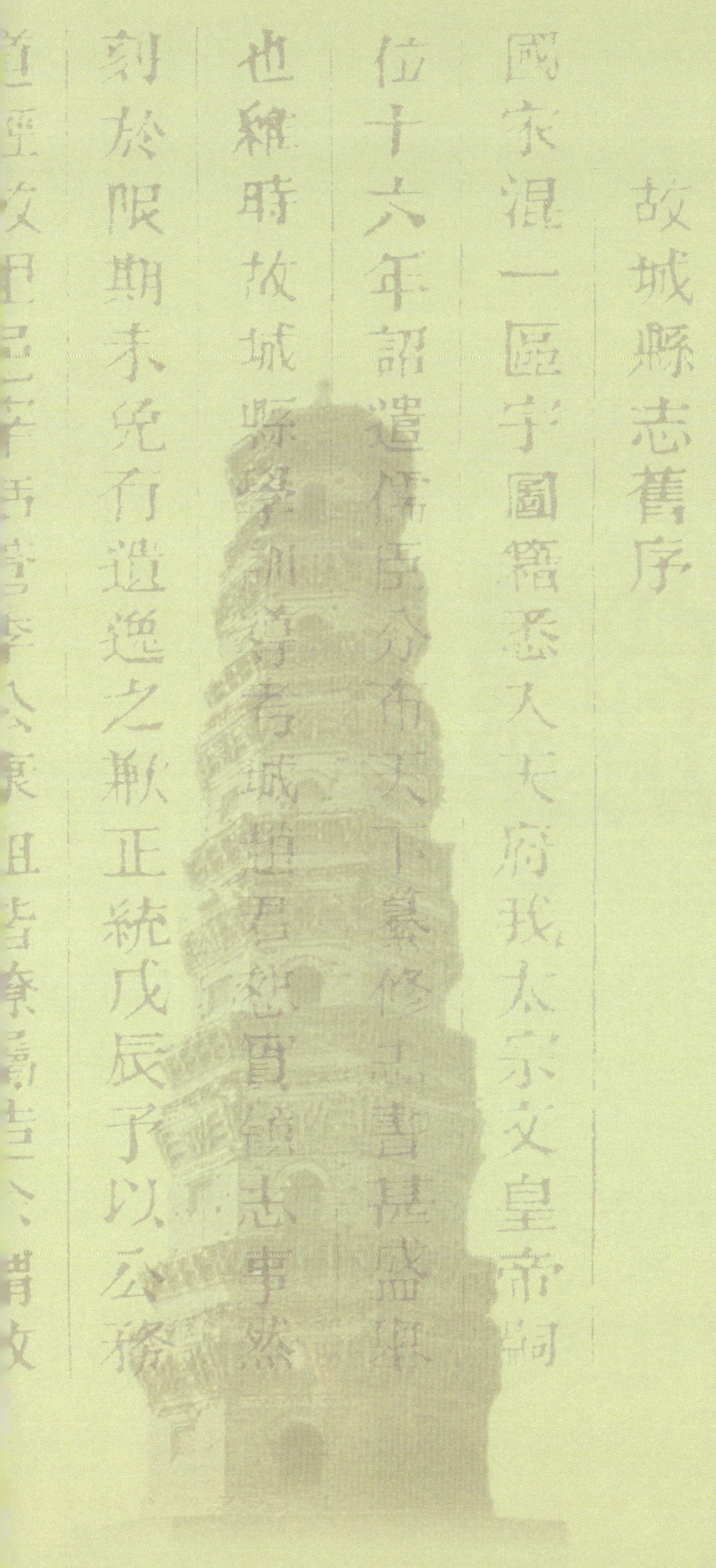

卷首

总 述

大事记

总 述

故城县位于冀之东南，县界东北部与山东省德州市毗邻，东部与武城县隔大运河相望。北接景州，西邻枣强，南临清河，辖11个镇2个乡，1个省级经济技术开发区，538个行政村，总人口近53万人，县域总面积941平方公里，耕地91万亩。属暖温带半湿润大陆性季风气候，四季分明，雨热同期。年平均气温13.2℃。年平均降水量532毫米。全年无霜期190天左右。

域内交通便捷，充分融入京津冀2小时经济圈。距北京市350公里，距天津市270公里，距石家庄市150公里。北有石德铁路、衡德高速，西邻京九铁路、大广高速，东接京台高速、京沪铁路、京沪高铁，中有德上高速纵贯南北。

故城县地处河北冲积平原东南部，西南部偏高，东北部略低，呈浅平槽状，自西南向东北徐缓倾斜，海拔18～30米。春干旱多风，夏炎热多雨，秋天高气爽，冬寒冷少雪，冷热干湿区别显著。境内有卫运河、清凉江、江江河、东沙河、西沙河五条主要河流，武北干渠、温庄干渠、辛堤干渠、青年干渠纵横交错。京杭大运河是世界上里程最长、工程最大的古代人工运河，在第38届世界遗产大会上入选世界文化遗产名录，成为我国第46个世界遗产项目。她是中国古代劳动人民的伟大创举，同时是中国文化地位的象征。京杭大运河故城段自清河县渡口驿入故城县境，至芦庄村入德州，全长75.1公里，为大运河全线流经县域最长河段。昔日运河舟楫如云，帆樯蔽日，熙来攘往，商贾云集。运河文化源远流长，滋养着崇文尚礼、重工尊商、勤劳质朴的故城儿女，孕育着极具故城特色的民风民俗，积淀了丰厚的文化底蕴和深刻内涵。千百年来，故城人民依河而居，因河而兴，大运河是故城人民的母亲河。

史料记载，夏、商、西周三代，故城县地当属兖州。春秋战国时，故城县先后属晋国东阳，齐国昔阳，燕国厝寿，赵国东武城。秦时，故城县属巨鹿郡厝县。西汉时，今故城县南半部属冀州刺史部清河郡东阳县、复阳县、东武城县。北半部属信都郡广川县、历县。东汉时，郡、王国设置基本沿袭西汉制。三国时，今故城地为魏国属地，南北属冀州清河郡东武城县、渤海郡广川县。西晋时，南北部分冀州清河郡武城县、渤海郡广川县。东晋十六国时，故城县地先后属后赵、前燕、前秦、后燕4国辖。北魏时，南部属相州清河郡武城县，北部属冀州长乐郡广川县；北齐时，武城县、广川县分别并入丘县、枣强县。唐时，改郡为州。五代时，今故城先后属后梁、后唐、后晋、后汉、后周五国辖。北宋时，庆历八年（1048年）改贝州为恩州，至和元年（1054年）漳南县并入历亭县。元至元元年（1264年）建置，几经沧桑兴废无定，地域沿革归附易来易去频仍，一直到元至元二十三年（1286年）复置故城县，至此，建置固定。明时，南部属山东布政使司东昌府武城县，北部属北直隶省河间府景州故城县。清时，南部属山东布政使司临清州武城县，北部属直隶省河间府景州故城县。1913年，南部属山东省济西道武城县，北部属直隶省渤海道故城县。1914年，南部属山东东临道武城县，北部属直隶省津海道故城县。1925年，东临道改德临道，南部属之。1937年山东省国民政府下设12个行政区，南部属第四行政督察专员公署武城县，是年河北省国民政府下设10个行政区，北部属第八行政督察专员公署武城县。1937年“七七事变”后，侵华日军沿津浦线南犯，南部、北部武城县国民政府、故城县国民政府不战自退，先后流亡。

1938年2月，中国共产党领导的国民革命军第八路军东进纵队进驻冀南。1938年4月，于郑口建立故城县抗日民主政府。1941年，建立晋冀鲁豫边区，属冀南第十四专员公署故城县。1945年，故城地域全部成为解放区，县政府驻地由原故城镇迁至郑口镇至今。

1946年3月，冀南行署重新建立，南部、北部分属冀南区行政公署第二专区武城县、故城县。1949年8月11日，河北省人民政府建立，南部、北部分属河北省衡水专区武城县、故城县。1952年衡水专区撤，南部、北部分属山东省德州专区武城县、河北省沧州专区故城县。1954年，始实行人民代表大会制度，选举产生第一届故城县人民政府。1956年德州专区撤，南部、北部分属山东省聊城专区武城县，河北省沧州专区故城县。1958年6月，沧州专区并入天津专区。是年10月故城县并入吴桥县，12月天津专区并入天津市。是年，武城县并入夏津县。南部、北部分属山东聊城地区夏津县、河北省天津市吴桥县。1961年5月18日，沧州专区、故城县复置，德州专区、武城县复置，南部、北部分属德州专区武城县、沧州专区故城县。1964年，遵照国务院行政区划调整规定，以运河为界，将武城县运河西部地域划归故城县，同时将原属故城县运河南部地域划归武城县，至此故城县行政区域固定。

故城县地处华北平原，建置较晚，境内出入纷繁，人口变化不定。封建社会，由于生产力水平低下，自然灾害频繁，疫病流行，导致人口自然增长率低下。中华人民共和国成立后，社会制度和生产方式发生根本变革，生产力水平迅速提高，人口发展也随之进入高出生率、低死亡率、高增长率时期。1972年始，实行计划生育政策，人口生育逐步走上科学、法治、有计划轨道。人口过快增长势头得到有效控制，自然增长率控制在10‰左右。但由于人口基数大，每年净增人口较多，人口密度不断增大。1988年，全县93186户，总人口增至396897人，其中，男性197693人，女性199204人。1994年后，人口发展呈现低出生率、低死亡率、低自然增长率的良性状态。同时，人口性别比逐步增大，年龄结构渐呈老龄化，文化水平普遍提高。1998年，全县110583户，总人口450171人。2000年，全县127205户，总人口454973人；2005年，全县134213户，总人口471852人；2010年，全县157107户，总人口510741人；2016年，二胎政策放开，全县总人口531006人，较上年有所增长。2018年，全县总人口526179人。

农业生产全面发展 故城县农业生产历史悠久，但历程艰难坎坷，元末至中华民国时期，情势更是兴衰无度。其间，虽有明永乐年间（1403—1424年）的较快恢复，明天顺、成化年间（1457—1487年）的相对稳定，清康熙年间（1662—1722年）的一时之兴，清雍正年间（1723—1735年）的有所改观，但因封建生产关系束缚，农业落后面貌无法从根本上改变。

故城县地处暖温带半湿润季风气候区，地势平坦，光照充足，成土母质条件较好。然因土、水、气、热间自然相互作用欠协调，故于农业发展尚存障碍因素，据清光绪《故城县志》载：“故城介在禹贡兖州，故田之斥卤与河间诸邑略同……”，“乃休养几四五百年，民成土著，今昔迥不相同，而人常贫苦者，因由生齿日繁，亦因地瘠犹昔耳”。据《故城县农业气候手册》统计，从1470—1978年508年间，故城县遇旱年、偏旱年计153年，占30.1%；遭涝年、偏涝年计185年，占36.3%；正常年及近于正常年计171年，占33.6%。为适应此自然状况，世代人民以不屈不挠的精神，在农业生产实践中积极探索，逐步掌握了一整套与自然环境相适应的农业技术，并由此搭就小农经济框架。

域内人民在中国共产党领导下经历了抗日战争时期的“减租减息”、解放战争时期的“土地改革”和中华人民共和国成立初期对农业、手工业、资本主义工商业的“社会主义改造”，初步建立起以国有和集体所有制为主体的工业体制。中华人民共和国成立后，中国共产党和人民政府十分重视农业生产，先后办起“互助组”“初级社”“高级社”，使生产力得到合理配置，全县农业生产获得巨大发展，有组织地平整土地、兴修水利、发展农业机械化、推广学习农业技术，逐步奠定了农业的基础地位。1949年，故城县地区总产值仅为1577万元，收入多来自农业，故城人民世代艰辛努力，经济呈波浪式缓慢进展。

虽然受1958年“大跃进”影响，但基本构建起工业、农业、商业等发展框架，奠定了经济发展基础。1966—1976年“文化大革命”期间农业生产发展缓慢。

中共十一届三中全会后，随着农村家庭联产承包责任制的建立和不断完善，县委、县政府及时推进农业结构调整，突破传统种植模式，建立高产、优质、高效农业，推动农业机械化、产业化经营，出台优惠政策，促进农业快速发展。故城县人民政府以经济建设为中心，坚持改革开放，紧紧围绕县委的决策部署，深化经济体制改革，提升经济运行质量，推动全县健康、协调、快速发展和社会事业全面进步。

1978年，全县农业总产值达4260万元；1985年为2.12亿元；1990年3.44亿元；1998年达16.45亿元；2005年达28.35亿元。至2017年，全县农林牧渔业总产值完成40.721亿元，其中农业总产值23.628亿元，林业产值3529万元，畜牧业产值13.042亿元，农林牧渔服务业产值3.51亿元。全年粮食播种面积68541公顷，棉花播种面积10263公顷，油料播种面积2770公顷，蔬菜播种面积98310公顷。全年粮食总产量396377吨，棉花总产量11555吨，油料总产量11115吨，蔬菜总产量383448吨。

城乡基础建设日趋完善 历史上，故城县郑家口作为大运河上的一个码头，水路运输曾繁忙一时。人流、物流较集中，但陆路交通及其他基础设施相对落后。中华人民共和国成立前，域内城镇乡村人们大多居住在低矮简陋的土屋坯房内，饮用土井水或者河水。城镇街道狭窄，农村更是窄巷胡同，道路给排水等设施几乎空白。20世纪50年代，随着经济的恢复和发展，根据“统筹安排，合理布局，有利生产，方便生活”的方针，制订城乡建设全面规划，分年实施。伴随经济建设逐步加强，域内交通、邮政、电信、电力等基础设施不断发展完善。交通建设快速发展，公路总长达1315公里，形成了以高速公路、省道为主干，以“一大环”带“六小环”为骨架，干支衔接，内通外联，高速、省、县、乡、村道路互通贯联的路网新格局。从20世纪90年代中期开始，县城城乡建设步伐逐步加快，城乡面貌逐年提升。环境保护工作日益加强，治理三废，绿化美化，城乡环境明显改善。2015年故城县成功创建省级园林县城。城乡邮路通达，域内快递业务发展迅速。电信业从人工电报、人工呼叫电话发展到移动通信、互联网，信息传递方便快捷。电力发展形成智能电网，供电能力大幅度提升。

工业经济日益兴盛 故城明清时期是运河航运商埠要地，历史上聚集了一些工艺作坊及能工巧匠，尤其是铁器、木器、竹麻、窑业、建筑、铸造、皮毛、缝纫、食品加工、烧酒等，家庭手工业发展历史悠久。清末民国初民营手工业始见兴盛，尤以故城挂面较有名气。中华人民共和国成立后，对私营工业、手工业进行社会主义改造，生产厂家规模不断扩大。至20世纪70年代，随着“第四个五年计划”的实施，工业运动的兴起，国有集体企业相继兴办，达38家，工业总产值达2446万元。1985年，通过生产关系改革，生产条件的改善，进行农业、工业、商业、金融业一系列经济体制改革，初步建立起社会主义市场经济，发展工农业的物质基础得以保障，加之科技日趋进步，农业增产潜力、工业技术、工商业的改革得以推动，全县经济迅速发展。开始步入由粮食单一经营向多种经营转变，由传统工农业向立体工农业转变，由自然经济向商品经济转变的崭新历程。1990年之后，通过一系列深化经济体制改革增强企业发展动力，形成了一批重点骨干企业，1995年全县县乡工业达379家，完成工业总产值10.8亿元。初步形成了金属制品、皮毛皮革、建筑建材、白酒酿造、粮棉加工等八个行业为主体的多类生产格局。至2008年，域内经济发展迅猛，地区生产总值由2.92亿元增至54.64亿元，比1985年增长17.7倍；财政收入由1381.1万元增至18006万元，比1985年增长12.04倍。2011年，域内地区生产总值完成77.0421亿元，与上年同比增长11.9%。财政收入完成4.3亿元，同比增长38.7%。工业宏观上不断改革、精简、优化管理机构，科学制定与落实工业生产为目标，逐步实施工业兴县战略，培植与壮大重点骨干企业，特别是设立工业园区，扩规增容，高标准化、高起点规划建设，招商引资，着力打造“一城三区四基地”经济隆起带。调整与日趋优化三产比例。微观上企业引入竞争、厂长负责目标管理等，旨在激活内部的举措，提高企业管理水平为目的经济机制系列改革，提高企业效率为目的的产权制度系列改革，县内工业量的扩张，质的提高，都达到新水平。截至2018年，全县制造业注册登记企业2818家，二产总产值达227亿元，上缴税金达4.46亿元。全县经济整体保持增长态势。地区生产总值（GDP）达119.9亿元，同比增长6.5%；财政收入完成11.4亿元。

商贸服务业全面繁荣 故城县依运河而居，历史上郑口码头为来往船客休憩之地。明、清两代，故城沿卫运河一线集镇商业渐兴。中华民国中期虽有发展，然因重农抑商，步履维艰，远居运河乡村集镇，自然经济占主导地位，生意萧条。侵华日军占领故城县后，商路阻绝，各业凋敝，物资匮缺，人民购买力低下，商业濒临崩溃。

中华人民共和国成立后，人民政府在医治战争创伤、恢复国民经济中，于保护、发展私营商业同时，建立国营商业、供销合作社。伴随国家对私营工商业实行社会主义改造，逐步形成以国营商业为主导，供销合作商业为助手，公私合营及私营个体商业为补充的商品流通体制。1958—1976年间，私营商业取消，国营、集体商业“一统天下”，网点集中，持续20余年。商品按国家渠道、区域、层次组织购销。因“左”的思想影响，服务质量低下，官商作风滋长。伴随经济政策放宽和商业体制改革，形成国营、集体、个体商业共存的新格局，货源充足，品种齐全，购销两旺，商业呈现生机。

1987年，全县社会商品零售总额达1.342亿元（包括农民对非农业居民零售额，下同）。其中全民所有制商业（商业局、物资局、粮食局、医药公司、新华书店、农机公司、煤炭公司等所属商业）、集体所有制商业、个体商业零售额分别为4148万元、6178万元、2908万元，另有农民对非农业居民零售额188万元，所占比重分别为30.9%、46.0%、21.7%和1.4%。与1979年比，全民、集体商业零售额所占比重分别为基本持平和下降17.2%，个体商业零售额所占比重骤增26倍。1990年，国有、集体商业放开搞活，快速发展，社会商品零售总额为10618万元，1999年，社会商品零售总额为45467万元。

20世纪末，公有制商业进行产权改革，大部分改为民营，国有和集体商业社会商品零售总额骤降，仅占全县的5.1%，私营商业占领市场，商业改革促进故城县商业发展。2001年，全县社会商品零售总额5.77亿元；2010年，全县社会商品零售总额达27.58亿元；2017年，全县社会商品零售总额达65.18亿元，比2000年增长11.7倍。

教育卫生事业成绩卓著 故城教育事业历史久远，董仲舒下帷董学村留下“三年不窥园”的千古美谈。明、清两代故城县城设县学（亦称儒学）、书院、社学、义学，较大村镇设有私塾。清光绪二十八年（1902年）始设新式小学堂。中华民国初年学堂易名学校，此后，故城县相继创办女子初等小学校、模范小学校、教会小学校、乡村师范学校。并于故城镇、郑口镇创办一批私立小学。抗日战争时期，抗日民主政府创办三朗、小庙、军屯、子路等抗日高级小学和一批抗日初级小学，坚持“抗战、学习、生产”相结合方针，为革命事业培养了一大批优秀人才。

中华人民共和国成立后，故城县教育事业迅速发展。党和政府大力普及小学教育，积极发展中学教育，普遍开展业余文化教育。1978年，中共十一届三中全会后，经过拨乱反正，落实“调整、改革、整顿、提高”方针，全县教育事业重新得到恢复与发展。1984年，完成普及小学教育任务，全县改善农村小学办学条件成绩显著。党和政府进一步端正农村教育为当地经济建设服务方向，加强宏观调控，在全县范围内将幼儿教育、中小学教育、成人教育、师范教育、职业技术教育统筹安排，形成“五教并举”新格局。全县各级各类学校全面贯彻党的教育方针，加强学校思想政治工作，积极开展教学研究，狠抓教师队伍思想建设和业务培训，教育质量稳步提高。通过贯彻执行《中华人民共和国义务教育法》，不断加大教育体制改革力度。按照分级办学、分级管理的精神，调整教育结构、整顿教师队伍、改善办学条件，注重基础教育和职业教育，教学质量和儿童入学率、巩固率、普及率、及格率都有明显提高。20世纪90年代，故城县不断增加教育投资，改善办学条件，基本普及了九年义务教育和实验教学。21世纪，全县实施中小学布局调整、校园环境建设、教育信息化建设、整合教育资源，在巩固提高“普九”成果基础上，基本普及了学前三年教育和特殊教育，推进了中小学素质教育发展。2005年，故城县被省教育厅评为“基本普及学前三年教育达标县”和“基本普及特殊教育县”。

2008年，域内有公办学校150所，其中小学123所，初中22所，普通高中2所，职业学校2所，特教学校1所，教师进修学校1所，小学适龄人口、初中适龄人口入学率分别为100%和99.4%。故城县被省政府评为教育工作先进县。2018年，域内有九年义务教育阶段公办学校125所，其中小学109所（含教学点31处），初中16所，在校生65014人；普通高中2所，职业学校1所，在校生12809人。小学适龄人口、初中适龄人口入学率均为100%。

中华民国时期，故城县卫生事业落后，各种传染病连年流行，人民身体健康无以保障。据1929年统计，国民政府仅设1个施医所，私立诊所4个，年就医人数仅700～800人次，且多集中于城镇，大多农村缺医少药严重。中华人民共和国成立后，县委、县政府重视医疗卫生事业，加强医院建设，普及卫生知识，开展爱国卫生运动，卫生事业获长足发展。20世纪80—90年代，故城县卫生技术队伍日渐壮大，医疗水平显著提高，已形成县、乡（镇）、村三级医疗卫生保健网。伴随爱国卫生运动与除害灭病工作深入开展，烈性传染病已有效控制。婴儿死亡率降至2.5%。县级、乡级医院购置大型医疗设备，改善住院环境，提高医疗水平，逐步从根本上改变了域内缺医少药状况。县医院“风湿性心脏二尖瓣狭窄分离术”，开创全国县级医院先例。改水降氟、防治地方病位居全国先进行列。21世纪，随着社会和经济的发展，全县卫生事业不断发展，医疗环境得以改善，医疗设备逐渐更新，医疗队伍不断扩大，诊断和医疗水平有了很大提高。全县实行新型农村合作医疗制度，减轻农民医药费负担，卫生事业空前发展。

人杰地灵英才辈出 故城历史悠久，临卫水而居，挟德武邻枣清。故城崇文尚武，齐风鲁韵、燕魂赵魄兼而有之。深厚的文化底蕴孕育了许多仁人志士、名流贤达。隋末有农民起义领袖窦建德在冀鲁大地声名远播。明清文、武进士多达40位。在清雍正年间（1723—1735年）、光绪年间（1875—1908年）出版的《故城县志》中，对杰出人物多有记载，收录人物传略49位，其他人物以表录形式展现。明清时期，县内文人贤士辈出，诸多文存流传于世：清正廉洁、刚正不阿的明代左都御史、大文学家马中锡著有《东田文集》《马东田漫稿》；明弘治年间（1488—1505年）进士、太仆寺卿孙绪刊著《沙溪集》；明嘉靖年间（1522—1566年）进士、兵部尚书周世选著有《大司马周卫阳先生全集》；明末清初沈嘉客刊著《西溪先生文集》；清光绪年间（1871—1908年）故城训导贺锡璜、贺涛父子在故城创办历亭书院留下佳话；清代郑长泰创海派猴戏；大刀王五血战八国联军；卢沟桥上爱国将领冯治安“打响抗日第一枪”；抗日英雄节振国刀劈日本兵。中华人民共和国成立后，社会主义建设时期各行各业亦涌现出许多模范精英人物，当代名人更是如雨后春笋，灿若群星。

历史文化源远流长 勤劳、勇敢、淳厚、智慧的故城人民，创造了绚烂多姿的文化。

于1923—1936年间，创立通俗图书馆、阅报所、讲演所及民众教育馆。其间，有郑法祥、孟小如等几位杰出戏曲演员，分别于上海、北京学艺成名。民间文化娱乐活动，除少数业余剧团演出一些剧目外，历代流传于境内的高跷、秧歌、龙灯、旱船等民间艺术，较为活跃。

中国共产党领导下的抗日民主政府重视群众性文化娱乐活动，以“一切为了抗战，一切服从抗战”为宗旨，以革命文化艺术，占领农村文化阵地。在抗日根据地，广大抗日军民利用多种文艺形式，宣传“抗日救国、抗战必胜”道理，推动民众抗日救亡运动。解放战争时期，中共故城县委、县政府为保卫胜利成果，支援全国解放战争，在一些条件较好乡村组织起业余剧团、高跷、秧歌、腰鼓队，人数较多的学校组织起文艺宣传队，县委机关创办油印、石印《故城小报》，紧密配合全县开展参军支前土地改革运动。

中华人民共和国成立后，党和政府重视文化事业，积极开展文化娱乐活动。设立文化管理机构，先后建文化馆、文化站、电影队、影剧院和新华书店等文化单位，加强对文化工作的组织和领导，逐步提高群众文化艺术水平。中共十一届三中全会以来，文化事业蓬勃发展，尤其县、乡、村、户四级文化网形成，推进了社会主义精神文明建设。在文学艺术方面更是人才迭出，故城有多人在全国、省市报刊发表作品，多次参加省、市文艺会演。特别是中共十八大、十九大以来，在习近平新时代中国特色社会主义思想引导下，以推建大运河文化带为契机，以网络媒体公众号为载体，凸显故城县的文化特质，推动故城文化事业的发展繁荣。

展望未来再铸辉煌 回顾历史，故城社会经济发展取得了令人瞩目的成就，靠的是中共十一届三中全会以来改革开放大政方针的指引，靠的是县委、县政府的坚强领导，靠的是全县人民的艰苦奋斗。故城的巨变历程有步履蹒跚的彷徨，更有成功发展的喜悦，甘甜来自艰辛，经验与教训并存，成就彪炳史册，经验启示未来。故城人民已经描绘出波澜壮阔的历史画卷，塑造了多姿多彩的人文景观。多年来，故城人民勇立潮头，奋勇拼搏，创造了改革开放的时代奇迹，创造出的社会财富史无前例。面对历史的使命与责任，面对全县人民的期盼，县委、县政府决心在习近平新时代中国特色社会主义思想的指引下，带领全县人民奔向和谐、安定、绿色、幸福的明天。上承前人，不废运河古县盛名；下惠子孙，建设现代化新故城。故城的明天将无限美好，故城的人民将更加幸福安康！

大　事　记

夏

大禹疏通九河。

大禹七世孙芒封公子武于贝州武城建国，北有故城（见于寰宇图）。

周

姜太公封于齐（今山东）。与今境（故城）隔河为邻，西北为赵州、深州。后齐桓公攻城略地将今境（故城）收于齐。

战　国

赵惠文王十八年（前 281 年）

王再之在东阳（今故城）决漳河之水讨伐魏氏。

赵惠文王二十四年（前 275 年）

赵国大将廉颇攻取齐（今山东）。秦国攻打赵国（今河北地），信陵君救赵国，秦兵败赵。凭借平原君力量，将所得之地封为东武城。

今境（时恩县）由平原君封邑。

西　汉

清河王名乘，汉景帝之子。中元三年（前 147 年）封都清阳，食东武城等十四县。

县旧属清河国，两汉、魏晋至南北朝，都为王封改郡，并有五等分爵，与恩县分壤。

光武帝引兵斩王郎以下3万首级，平定清河河间。

永光五年（前 39 年）

黄河决堤于清河灵鸣犊口。屯氏河（今境内）大水漫堤。

鸿嘉四年（前 17 年）

是年秋，黄河水泛滥。渤海、清河、信都、灌县等三十余县，冲毁官亭、民舍 4 万余所。

始建国二年（10 年）

王莽建国。黄河水决堤于魏郡，清河以东（含今境）数郡泛滥成灾。

东　汉

永初元年（107 年）

十月，周章等因邓太后不立太子而立清河王子的缘故密谋废置。

十一月，觉章等人被杀。

是年，今境大水成灾。

安帝将孝德皇安葬于今境，置甘陵县。

南朝齐

永明三年（485 年）

六月，清河大水，至今境成灾。

隋

大业四年（608 年）

开永济渠。

隋炀帝带兵讨伐高丽，为运粮于河南淇水魏郡洹水向东引至今境内屯氏河故道，向北至安陵直达天津，即今卫河。

卫水挟淇水、洹水东入大河，汉时通，经广川县、蓨县南（今境）。隋开永济渠后，合入清河。时，隋炀帝诏发河北诸郡（含今境）男女百余万人。

大业七年（611 年）

二月，隋炀帝自江都乘龙舟入永济渠，路经今故城地，往涿郡，征高丽。

蓨人高士达起兵，屯兵清河。河间人格谦、渤海人孙宣稚各聚集数万人。高士达自称东海公，格谦被王世充征讨消灭。隋朝太仆杨义巨斩杀高士达。

秋，清河郡漳南县（今故城）人窦建德被招募为兵征高丽，后因其勇武补为二百人长。同县人孙安祖也在被征之列，孙安祖辞贫不应征，被漳南县令鞭笞，孙安祖刺杀县令，投奔窦建德。窦建德招收逃兵及穷苦人数百，窦令孙入高鸡泊起义。

是年，郡、县官府将窦建德之家属杀害。窦遂率 200 人往奔高士达（隋末农民起义领袖之一，今景县人）部。义军来往于高鸡泊，高鸡泊遂为隋末农民起义重要发迹地之一。

故城旧志载，故城北 3 里有白塔，亦名柏塔。相传为高士达所居地。向北距离 15 里，有村叫“高攸务”，为士达别墅。士达贝州人，时即今境。

窦建德为士达军司马，高士达战死后，收其余众起兵漳南，又攻陷饶阳，自称将军，势力大增。

故城隋朝有漳南县，今有村名漳南镇，在城西南与武城、恩县相交。今境旧有陈家桥，传为窦建德过兵之处。今境内窦堡店、两太子营为驻兵处。

大业十二年（616 年）

十二月，窦建德率义军杀涿郡通守郭绚官兵千余人，获马千匹。

大业十三年（617 年）

一月，窦建德于乐寿（今献县）建农民政权，称长乐王，年号丁丑。是时，义军已达 10 余万人，翌年十一月立国号夏。

七月，隋炀帝令左御卫大将军涿郡留守薛世雄率燕地精兵 3 万人，南下镇压义军。兵至河间，遭窦建德部袭击，隋军大败，死者万余人，义军遂愈壮大。

后，窦建德于境内兴修水利，疏通清漳渠水入柳沟，与永济渠合流。

唐

武德元年（618 年）

派遣李密收抚山东，李密反。行军统管盛师彦征讨并斩杀李密。

故城县志载，李密冢在城内。

武德二年（619 年）

十月，邑人刘黑闼投奔窦建德，窦任命刘为将军，赐爵汉东公，刘黑闼经常率领士兵东西袭击，多次克敌。

武德四年（621 年）

五月，窦建德攻武牢关不下，被唐将李世民所败，受伤被俘，夏军溃散。

七月，窦建德于长安被李唐王朝杀害，大夏政权解体。不久部将范愿、董康买、曹湛、高雅贤等人共推刘黑闼为首领，聚众反唐，攻占漳南县城。

八月，刘黑闼部攻占贝州等县，击败前来镇压的唐贝州、魏州联军。刘黑闼获取其兵将及器械，窦建德余部附达 2000 人。刘于漳南筑坛祭窦建德，自称大将军。

十二月，刘黑闼收复窦建德旧地，声威大振，唐高祖李渊命秦王李世民、齐王李元吉率兵镇压。

恩县志载，漳南镇四望平坦，中心高阜，有环水。相传为刘黑闼起兵之坛。《文献通考》记，漳南，汉东阳县。隋改在漳水之南。

武德五年（622 年）

一月，刘黑闼自称汉东王，改元天造。定都洺州（今永年县）。

十一月，刘黑闼部围攻魏州，皇太子李建成率兵征讨，两军相持，后刘军因粮尽，遂败退馆陶。

武德六年（623 年）

一月，刘黑闼兵败逃往饶阳，唐军紧追不舍。刘至饶阳时，饶州刺史诸葛德威背叛刘黑闼，擒拿刘黑闼送往洺州，刘被李建成所杀。

武德七年（624 年）

今故城地南部、北部分属河北道贝州武城县、漳南县辖。

贞观三年（629 年）

今故城地大水。

开元元年（713 年）

宇文融任御史中丞，充九河使。宇文融沿九

河故道，兴办农业，改陆运为水运。政府取利，百姓依赖。

开元二十五年（737 年）

蝗灾，有白鸟数千只，群飞食蝗虫。蝗虫一日被食尽，庄稼不伤。

兴元元年（784 年）

朱滔攻贝州，百余日久攻不下。李抱贞在南宫会见王武俊，叙述国家祸难，天子流转迁徙，握住武俊的手痛哭。武俊亦悲不自胜，于是约定结为兄弟，誓同灭贼。

五月，李抱贞王武俊于贝州大破朱滔，朱滔当夜焚烧营地，逃归范阳。

故城时属贝州，离州 30 里，兵燹逼近。事在未分域以前，不可不纪。

元和四年（809 年）

朱温败刘守文军。

成德军节度使王士贞卒。

王士贞之子承宗，后将成德军私移至今德州运河西岸。

景福二年（893 年）

仁恭为幽州将，战主帅李匡筹久攻不下，投奔河东李克用，李克用厚待仁恭。

乾宁元年（894 年）

仁恭攻克幽州，朝廷任仁恭为庐龙节度使。仁恭吞噬邻境，恶贯满盈。后伏法被杀。

光化二年（899 年）

刘仁恭屠贝州。

五　代

后梁贞明二年（916 年）

张源德（原梁将）与刘浔守贝州。晋以 5000 兵围攻贝州城。当时河北、山东、山西，六镇数十州都归晋，唯独贝州逾年未攻下。贝州人惧怕晋兵，杀张源德。告知晋兵打算被甲执兵出城，得到释放后卸甲。晋军应允，贝州兵士 3000 人投降，放下武器后被晋兵全部诛杀。

北　宋

开宝六年（973 年）

七月，永济渠决口，殃及故城。

雍熙四年（987 年）

三月，宋因辽兵多年南犯，派遣使者于河北（今故城县属之）、河南各州招募丁壮从军，其数甚众。

景祐元年（1034 年）

上游河水决堤，澶州横垅埽水尽归东流。今境受灾。

庆历八年（1048 年）

十一月，王则率弥勒教徒数万人反宋，擒贝州知府张得一，开牢狱、放囚徒、杀贪官、取军资，占据大名城。后来宋朝廷派官员劝降，王则不从，再派遣文政知事文彦博前来镇压，王则突围不成，被俘遭杀。改贝州为恩州。

王则之乱时。河间县李野人、许老鸦等各聚集万余人，呼应王则。

皇祐元年（1049 年）

下游河水决堤，水入永济渠。

至和元年（1054 年）

灾荒，农作物歉收。

元祐元年（1086 年）

淫雨，粮食颗粒无收。

按宋时，御河北有历亭县，金在御河南特筑新城，为恩州治所历亭。

金

收国元年（1115 年）

今故城地没于金。南部、北部分属大名府恩州武城县、历亭县。

金人立刘豫于齐，济南属焉。

按时历亭属伪齐（1130—1137 年），刘豫之子刘麟为金建桥二座：一为阜城刘麟桥，一为徽王庄石桥（今境内）。

天会十二年（1134 年）

移恩州治所于历亭。

大定十六年（1176 年）

大旱。

明昌年间（1190—1196 年）

河北立故城县。

兴定三年（1219 年）

八月，严实据守青崕崓，将恩州及周边等州归李全。木华黎入金。济南府严实又以恩州、相州等州降元。

正大二年（1225 年）

李全作乱，于恩州袭彭义斌，彭义斌溃败。

宋时，大河下游在今德州境御河东岸，距离黄河西岸最近，有东流北流。北流开则吞御河，东流开则放御河。至明朝初期，大河开始决堤而南徙。

元

至元元年（1264 年）

于今故城镇置直隶中书省河间路景州之故城县，县治所设于漳南县故城，因之故名故城县。（今故城县北部属之，此为故城建置之始，正式标记史籍国册）。

是年，灾荒，百姓大饥。

至元二年（1265 年）

废县为镇。

置河间路故城属。

至元三年（1266 年）

故城入陵州（今德州）。

至元二十三年（1286 年）

割陵州（今德州）西南后又立故城县，为今境。至此县建置固定。

大德元年（1297 年）

诏告天下郡县通立孔庙。

泰定三年（1326 年）

是年，修运河。夏津、武城堤 33 所（今县境南部）。

至顺二年（1331 年）

水患。

至正十八年（1358 年）

命丞相也速守陵州（今德州）。也速于景州将过陵州的东昌贼寇斩获殆尽。

按也速大营驻县东，今境内有丞相营、阳坞村。

明

洪武元年（1368 年）

闰七月，明太祖朱元璋命征虏大将军徐达率师由临清沿运河北伐，经故城至德州，与常遇春部会师，民相率归附。

洪武二年（1369 年）

是年，立学。

洪武三年（1370 年）

是年，立里社，给户帖。

是年，建学宫。

洪武五年（1372 年）

是年，民大饥。

洪武八年（1375 年）

立社学。

洪武十三年（1380 年）

是年，始定田赋，立户籍。

洪武十六年（1383）

始命岁贡，士于京师。

洪武十七年（1384 年）

是年，定乡会试。

建文元年（1399 年）

都督韩观练兵德州。七月，燕王朱棣反。九月，大将军李景隆合兵 50 万人讨燕，后连续 2 年，德州兵马络绎近故城。

永乐二年（1404）

德州练兵。邑令王善修学宫。

永乐三年（1405 年）

是年，田赋始立科目。

永乐六年（1408 年）

是年，废除荒地租。诏民人开种闲田，永不起科。

是年前后，迁山西、江西地民于县境。时境内村庄达 407 个。

永乐七年（1409 年）

是年，境内蝗虫大发，明廷遣使捕蝗。

永乐九年（1411 年）

治河尚书宋礼疏会通河，开四女寺减水河。

永乐十三年（1415 年）

是年，诏修志书，县训导赵恕始创《故城县志》，开故城修志之先河。

置预备仓。

宣德元年（1426 年）

章帝亲征汉庶人经由故城。邑令戴恕修学宫。

正统四年（1439 年）

烈风伤稼，灾。

正统十一年（1446 年）

邑令李康祖修学宫。

正统十三年（1448 年）

三月，从御史林廷举请引漳水入卫运河。

景泰六年（1455 年）

邑令李康祖修志。

天顺元年（1457 年）

大雨，河与堤平。

天顺八年（1464 年）

是年，始立武科。

成化二年（1466 年）

邑令唐高始筑县城，重修学宫。

成化九年（1473 年）

是年，灾荒，民大饥。

成化二十年（1484 年）

大旱。

成化二十一年（1485 年）

是年，设管河主簿。

弘治年间（1488—1505 年）

邑令党俊、杨凯修学宫。

正德六年（1511 年）

刘宠（刘六）、刘宸（刘七）、杨虎率农民起义军向明廷发起进攻，北上路经故城等地，直逼京畿。

是年，邑人马中锡被明廷召为右都御史提督军务，统率禁军镇压义军，因义军势炽亟难奏功，乃谋招抚，未遂。

正德九年（1514 年）

戎马蹂躏，民物益凋。

嘉靖二年（1523 年）

邑人致仕，太仆卿孙绪修学宫。

嘉靖四年（1525 年）

邑令赵荣显修志。

嘉靖九年（1530 年）

诏天下学宫易圣贤像为木主。诏修启圣祠。

嘉靖十年（1531 年）

设廪增及贡额。

嘉靖十七年（1538 年）

大旱。

嘉靖二十年（1541 年）

黄风昼晦。

嘉靖二十六年（1547 年）

颁御书程子四箴勒石学宫。

嘉靖三十年（1551 年）

诏建敬一亭。

嘉靖三十二年（1553 年）

郡守宋公岳倡修学宫。

嘉靖三十九年（1560 年）

连年大旱，道路之间骸骨枕藉，益以见年。

隆庆元年（1567 年）

邑令李绍先始移治城内。

万历元年（1573 年）

时，全县清丈田亩。

时，县衙设医学（机构）。

万历二十二年（1594 年）

邑绅夏维藩修志。

万历二十九年（1601 年）

邑令杨光明修学宫。

万历四十年（1612 年）

全县在册民 800 户，畸零 210 户。

万历四十二年（1614 年）

故城镇双丰楼南左有黑琉璃井，右有碧琉璃井，深不可测。

邑令李元忠建尊经阁修志。

万历四十四年（1616 年）

夏蝗。

崇祯三年（1630 年）

大水。

崇祯六年（1633 年）

四月黑风昼晦。

崇祯十三年（1640 年）

邑令苟承兴修城。

崇祯十七年（1644 年）

春疫。

三月十八日，闯王军队陷京师。各州县设立伪官，城乡绅民应德州御史卢世漼等起义兵。

秋七月，大清派遣官员奉诏抚定。知县李允贞至，提取遵依士民安堵。

清

顺治元年（1644 年）

以德州举人李允贞为故城县知县。钦颁六谕。恩贡生王允中，拔贡李嘉，岁贡贾士魁。

顺治二年（1645 年）

定文武乡会科。

南征兵马络绎过故城，知县王来觐妥善经办，使百姓不扰。

顺治三年（1646 年）

丙戌恩科解元邑人贾一元。此为清朝首科。

顺治四年（1647 年）

丁亥恩科会试进士孙遂。

顺治六年（1649 年）

邑值兵燹惨遭残毁。

顺治九年（1652 年）

八月二十三日，天鼓鸣（雷鸣）西北方。

顺治十年（1653 年）

大水。河决景州老君堂。故城地势高于景州，虽大水多不成灾，从前旧志未列灾侵，今博采周咨非成灾确有可据者不书。

康熙三年（1664 年）

夏旱。

康熙六年（1667 年）

邑令吴友闻修学宫。

康熙八年（1669 年）

停止圈地。

康熙九年（1670 年）

钦颁圣谕十六条。

康熙十一年（1672 年）

邑令吴友闻修县志。

康熙十五年（1676 年）

载运河浅夫三十名之半。

康熙十九年（1680 年）

邑令宋尔祁修县志。

康熙二十年（1681 年）

大丰收。

康熙二十三年（1684 年）

大饥，赈灾。

康熙二十八年（1689 年）

饥荒。

康熙帝南巡，均由水路运河经今县境。

康熙三十三年（1694 年）

复设管河县丞。

邑令沈嘉珍修县志。

康熙三十四年（1695 年）

康熙帝南巡，均由水路运河经今县境。

康熙四十二年（1703 年）

大水成灾。

邑绅秘世贞建尊经阁。

康熙帝南巡，均由水路运河经今县境。

康熙五十四年（1715 年）

引漳入卫。

编审余丁永不加赋。

康熙五十八年（1719 年）

邑令蔡维义革除四大地方。裁里地津贴十分之六。

康熙六十年（1721 年）

诸生赵珩墓田谷产双穗。

康熙六十一年（1722 年）

谷产三穗。

康熙帝南巡，均由水路运河经今县境。

雍正元年（1723 年）

是年，裁漕建廒。

郑口镇驻防满蒙营兵。

谷产四穗。

雍正二年（1724 年）

钦颁广训万言。

谷产至五穗六穗，俱在赵氏墓田。二尹秦永清有记。

雍正三年（1725 年）

是年，奉令全部革除里地津贴。

是年，奉令将丁银摊入地亩，实行地丁合一税制。

雍正四年（1726 年）

缴纳钱粮绅士与百姓一人一份平等缴纳。

推广顺庄赋税制度，废除官府中催征钱粮的做法。

雍正五年（1727 年）

邑令蔡维义修县志。

是年，于县城建甘陵书院。

乾隆元年（1736 年）

运河汰浅夫，设河兵 18 名。

乾隆五年（1740 年）

是年，县民挑挖曲流河、古沙河。

是年，于县城设驿站一处，名甘陵驿。

乾隆七年（1742 年）

螟虫为灾。

乾隆十年（1745 年）

歉收。

乾隆十二年（1747 年）

设巡检。

乾隆十六年（1751 年）

邑令郑鸣岐承设义仓留养局。

乾隆二十二年（1757 年）

大水。有司奉文赈济。

乾隆二十四年（1759 年）

风霾昼晦。

乾隆二十五年（1760 年）

是年，建三朗镇河北梆子子弟班，从艺 16 人。

郑口镇已“舟车辐辏，商贾云集”。山西商人于郑口镇建山西会馆。

乾隆三十年（1765 年）

乾隆帝南巡，均由水路运河经县境。

乾隆三十六年（1771 年）

乾隆帝南巡，均由水路运河经县境。

乾隆三十九年（1774 年）

故城驻兵防，剿临清逆匪王伦。

乾隆四十一年（1776 年）

乾隆帝南巡，均由水路运河经县境。

乾隆四十五年（1780 年）

乾隆帝南巡，均由水路运河经县境。

乾隆五十三年（1788 年）

邑令乔维镛修学宫。

四月，大风霾。

乾隆五十七年（1792 年）

被旱 154 个村庄。

嘉庆六年（1801 年）

大水，河决郑镇。

嘉庆十三年（1808 年）

邑令翟萼云协挑惠民渠。

嘉庆十八年冬（1813 年）

捕白莲余匪。

嘉庆二十一年（1816 年）

奉札禁洋教并诸邪教。

道光元年（1821 年）

郑口镇建游击营。

道光三年（1823 年）

河水漫溢淹及县属 109 个村庄。

道光六年（1826 年）

大风伤麦成灾。

道光十二年（1832 年）

汰巡检移县丞驻郑镇。

道光十三年（1833 年）

三月，直隶及京畿各地春旱，米麦价昂；四月，奉天、山东、河南奉札筹拨粟米 40 万石，奉命督饬地方，将山东等地运到之米，于沿河之故城至天津各州县平仓内就近分卸。

道光十四年（1834 年）

十月，借贷故城县郑口、献县修筑子牙河民堤银。

道光十六年（1836 年）

邑令许瀚修学宫。

道光二十年（1840 年）

奉札禁吸食鸦片。

道光二十三年（1843 年）

郑镇大王庙河漫。

道光二十四年（1844 年）

是年，郑口镇农民修筑龙尾埽 195 丈。

道光二十六年（1846 年）

徐家庄河漫。

道光二十八年（1848 年）

恩县王庄河决。

咸丰二年（1852 年）

是年，卫运河停清运。

咸丰三年（1853 年）

颁发明亮、德楞泰的《筑堡御贼疏》，龚景瀚的《坚壁清野议》。

奉旨团练，邑令汪桂设局劝捐。九月发逆由怀庆东窜深州，又奉札联庄办团。撤船防河。

咸丰五年（1855 年）

奉旨撤团。

咸丰六年（1856 年）

秋，飞蝗蔽天，奸民倡议抢粮，胡桂芬严惩制止。

咸丰七年（1857 年）

买蝻（蝗虫卵）。

是年，英法联军侵华，攻陷广州后蓄意北上，故城知县胡桂芬伐城乡树木运防海口。

咸丰十一年（1861 年）

奉旨团练。

同治元年（1862 年）

十二月，张锡诛率 10 万捻军，分 3 路进逼县北隅。团练 2 万堵御。

练总张锷，崔德昌保卫地方杀贼有功。

邑令王文田葺城。

同治二年（1863 年）

一月五日，义军占领数村，官兵伤亡惨重。

同治三年（1864 年）

江苏带兵官潘鼎新督洋枪队 1 万，由津驰起山东，经由故城，邑令张学权于城北设芦馆承应一宿，冒雨无犯。

同治六年（1867 年）

麦子歉收。

同治七年（1868 年）

一月，捻军首领张宗禹率部北上，路经故城。同月十五日，山东带勇官杨飞熊驻城截拦。

三月二十八日，捻军由故城过运河趋恩县。

四月五日，左宫保大兵驻城外一宿东下。

邑令张学权督团遵办河墙江南炮筏陆续顺河东下。

六月二十八日，闻山东大营红旗奏捷。

同治八年（1869 年）

绅商民捐修学宫。教谕王堉德督办。

同治九年（1870 年）

是年，津民焚毁洋楼，江南带勇官刘盛藻奉调 8000 赴津，经由故城。驻城外一宿无扰。

螟虫成灾。

同治十年（1871 年）

解团始酌复差徭。王令敷政奉准，每两征制钱百三十五文。

八月，细雨七昼夜，坍坏庐舍。

札修志书癸酉年教谕王堉德编辑。

同治十一年（1872 年）

麦乃有秋。

同治十二年（1873 年）

奉办东陵道差。

同治十三年（1874 年）

是年，县在册民 14918 户，75734 人。

协济西陵差马。

札办乡村图说。

光绪元年（1875 年）

邑令丁灿修志成。

光绪四年（1878 年）

九月二十日郑口河漫。

光绪十年（1884 年）

是年，县在册民 15992 户，78724 人。

光绪十一年（1885 年）

是年，县辖 1 个坊厢、5 个铺、8 个乡、231 个村。

七月八日，郑口前厢房河漫。

光绪十四年（1888 年）

夏旱，禾苗枯萎，蝗虫遍地，农家作物颗粒未收，多人饿死。

光绪二十六年（1900 年）

一月十三日，山东巡抚袁世凯奏片记载：“据代理武城县知县龚敦仁禀称：该县十二里庄（今属故城县）等处教堂内，闻有快枪百余杆，并有大炮多尊等情……，查洋人在内地私储军火多种，向为约章所不许。”十二里庄等处教堂内侵略势力甚为嚣张。

六月二十至二十四日，义和团千余攻打洋教堂。双方僵持之际，清军统领方某某率一连清兵增援教堂，夹击团民，义和团被迫撤离过运河。

时，何刘屯、十二里庄、胡官屯、瓦子庄、梁庄（原均属武城县）有“红灯照”组织。扛“扶清灭洋”大旗，专事对抗“洋人洋教”，首领为任氏寡妇。

是年，八国联军侵入天津。在九国手工业品评比会上，故城龙凤贡面名列榜首，外人不服，又于 3 年后评比，故城龙凤贡面再次夺魁。

光绪二十八年（1902 年）

是年，设于郑口镇大街南首之卫阳书院易为县立初等小学堂，位于故城镇之甘陵书院易为县立高等小学堂。

是年，奉令裁卫，原德卫属红庙、小屯、六屯、东万家庄、西万家庄、西辛庄并入故城县。是时，县辖 1 个坊厢、5 个铺、8 个乡、237 个村。

光绪三十二年（1906 年）

是年，县设教育行政机构——劝学所。

光绪三十四年（1908 年）

是年，疏浚卫运河。

宣统二年（1910 年）

是年，设立女子小学堂。

宣统三年（1911 年）

是年，县衙设农会。

中华民国

1912 年

是年，县衙易名公署，知县易名知事。是时，县辖 4 个警察区。

是年，县立高等小学堂易名高等小学校，初等小学堂易名国民小学。

是年，于故城镇建故城县商会，入会商号 133 家。

1914 年

是年，地粮（田赋）、地租正银易征银两为银圆。

1916 年

是年，建县立模范小学校。

是年，劝学所易为教育公所。

1918 年

12 月，顺直水利委员会于河西街（原属武城县）设水文站。

是年，国民县政府（简称国民县府）于郑口设三等邮政局。

1919 年

是年，段阶平联络南宫县人杨霁皋，租用私人土地，于德县（德州）经故城、枣强、冀县至南宫官马大道基础上，修建由德县至南宫土质德南公路。

是年，国民县府建设局于城北设农事试验场。

是年，由段阶平呈报交通部批准，设德南长途汽车股份公司，办理德县至南宫沿途各县之间客货运输。

1920 年

是年，高小营秧歌队兴盛。

是年，于十二里庄天主教堂创办教会小学。

1921 年

是年，国际赈灾委员会委托意大利神甫劳伦基至十二里庄一带放赈，救济灾民，并借机发展教民。

1922 年

3 月，国民县府于郑口设百货统税局。

1923 年

是年，劝学所易为教育局。

1924 年

是年，德南汽车邮路运发故城镇、郑口镇、饶阳店（原属武城县）邮件。

1926 年

5 月，何刘屯人高原，于西北军陆军干校加入中国共产党（简称中共），尔后随鹿钟麟赴苏联学习，回国后撰写《游俄视察记》，传播共产主义理论。

是年，周庄村人周浩然于天津第一师范加入中国共产党，7 月，于十里铺村发展中共党员 4 人，始建故城县第一个中共支部。

1928 年

8 月，国民党河北省党务指导委员会授权郭登岭、骆兴文、柴耀先于县参议院内建故城县党员登记处，故城县国民党党务领导机构正式建立。

是年，褚庄（原属武城县）村人袁老槐开办一雇员 60 余人机器油坊，以 25 马力柴油机械动力，此为县内首家机器工业摊点，翌年发电照明。

是年，县有民 21526 户，人口 124085 人，其中男性 68112 人，女性 55973 人。

是年，国民县府设二等公安局。

1929 年

3月，故城县国民党都（简称县党部）设3个区党部，9个区分部，并建其外围组织——农民协会、妇女协会、商民协会。

是年，全县已有经营煤炭商号15家。是时，全县各种商号共457家。

是年，县下实行区、乡、镇、闾、邻建制。是时，县辖4个警察区、9个镇、136个乡、902个闾、4432个邻。

是年，国民县府于故城镇建县立第一工厂，生产毛巾。

是年，国民县府设施医所。

1930 年

4月，县党部奉令停止党务活动。翌年6月恢复。

是年，国民县府与区间架通电话线路。

1931 年

是年，于县城创办县立简易师范学校。

是年，于县城北设县农业推广所。

1933 年

5月28日、29日，于县立完全小学校举行成绩展览会，分四部陈列。第一部为手工图画，第二、第三部为蜡制品及各样标本，第四部为学生所画之屏联，参观者颇多。

同月31日，县党部复停止党务活动。

是年，于县城设全省唯一度量衡鉴定所。

是年，国民县府设财政局。

是年，国民县府设警察局，并于各区驻地设警察分局。

1934 年

是年，修浚运河。

是年，于县城建京剧班。

1935 年

8月10日，中共中央发表《为抗日救国告全国同胞书》，县内爱国人士、进步青年、知识分子积极参加抗日救亡运动。

1936 年

4月4日，国民县府及各机关团体、学校于县城北植树，以示纪念总理（孙中山）逝世11周年。秋，国民县府县长任甫亭主办农业展览，送展农作物（系单株玉米、南瓜等）经评议后发有奖品。

是年，故城镇、郑口镇分别建政文书局、华北书局（书店）。

是年，创办民众教育馆。

是年，创办县立女子师范学校。

1937 年

“七七事变”爆发，国民县府县长段桂田等人，随国民党军队南逃。

冬，境内土匪四起，红枪会、白吉会等会道门活动猖獗，社会秩序极为混乱。

1938 年

2月，国民革命军第八路军（简称八路军）一二九师东进纵队进驻南宫一带，政治影响至故城县。

3月，陈登崑（陈田村人）辞去西牟村小学教员职务与韩化普、董郁庭等六七人，奔赴南宫参加东进纵队政治部举办的抗日军政干部训练班。

同月，部分爱国人士于郑口建县抗日民族解放战争战地总动员委员会（简称战委会）。

同月，于小辛庄（令属故城县）建武城县第一个中共支部。

3—4月，地主郭培茂窜至德县与日伪军勾结，回故城后自称县长为敌效劳（后被东进纵队处死，其汉奸儿子亦被抗日政府镇压)。

4月，陈登崑等由南宫回故城后，改选战委会，组建县抗日民主政府（简称抗日县府）。在冀南军政委员会帮助下，改编原地方保安队（亦名商团）为运河支队。

5月，国民党杂牌军胡和道部自鲁西至郑口，遂重建国民县府（又名故城县第二国民政府）。

9月，建中共故城县工作委员会，领导今故城北部抗日斗争。

11月15日，侵华日军千余人由临清向武城进犯，武城国民县府县长徐占奎率队300余人，于大、小商庄、王同庄、南高庄（今均属故城）一带迎击日军，因兵力众寡悬殊，遂退却。日军首占武城县城（县城西部今属故城县)。

同月22日，侵华日军由武城进犯郑口镇，胡和道部伏击日军，敌伤亡惨重。胡料敌必行报复，当日撤往运河东恩县，后日军再次进犯郑口，遂大肆烧杀，制造“郑口惨案”，未久，郑口、故城日伪军相继建据点。

是年，执行冀南区公平负担税制。

1939年

2月7日，日军再次占武城县城后，建伪县政府，并在武官寨、何刘屯（今均属故城县）建据点。

3月，中共故城县委员会建立（简称县委），故城县抗日民主政府重建，同时设财粮科（粮秣科）、民政科、教育科，故城县抗日游击大队建立（简称县大队）。

胡和道与王镜如自运河东返回故城，奉行“限共、溶共、灭共”政策，不事抗日，专与抗日党政军民制造摩擦。

县委召开第一次扩大会议，动员全民参加抗日斗争。

4月，二、三、四区相继建区委会、区政府，区下建中心村、农村自卫队、妇女救国会（简称妇救会）、农民救国会（简称农救会）、青年救国会（简称青救会）等。实行合理负担，开展减租减息、雇工增资，贯彻抗日家属优抚等政策。

抗日县府于三朗镇召开大会，揭发、控诉杨梧茂反动会道门头子破坏抗日、破坏游击队罪行，当场审判处决。

5月，国民党石友三第十军团一八一师，自枣强东移进驻白佛寺、田村、前土营、饶阳店、李官屯（上述二村原属武城县）一带。是时，国民党向中共抗日政权制造摩擦逐步升级，日趋激烈。

同月，故城，郑口二镇建汉奸政权及维持会。是时，故城县内呈三权（中共抗日政权、国民党政权、日伪政权）并存局面。

夏，因水致灾，在县委号召下，群众开展自救互救。

9月，抗日县府于北岭踪建情报站，于后响沟村建交通站。

秋末，县委组织民众发起控诉胡和道活动，派代表赴冀南行署主任杨秀峰处告状。并发动梧茂、响沟等十几个村庄农民联名上书河北省国民政府主席鹿钟麟，要求惩办胡和道，为民除害。鹿派石友三部生擒胡，遂将胡部收编。

11月，县大队由40余人增至200余人，各区相继建区中队。

是年，侵华日军于故城西南境与甲马营、郑口间等处挖决卫运河堤，沿河堤岸俱告溃决，水深7尺（约2.33米)，全境半成泽国，洪水自故城县北流景县，直泄阜城等地。

是年，张、王、李、赵长林4个村10余家铸造工匠在抗日县府支持下，建广聚功号铸造厂，为抗日军民铸手榴弹、地雷。

是年，全县经营煤油商号已有6家。

是年，伪山东省政府将德县属钟辛庄、东八里庄、戴官屯、魏庄、三里庄、杨家圈6个村划归伪故城县第一区辖。

1940年

2月，冀南军区在冀中军区配合下，发起讨伐石友三战役，故城县党政军民积极支援。战役开始未久，即将故城国民县府、区府、保安团等地方政权及其武装全部摧垮。国民县府县长朱凝志于四区崔庄被处死，石率残部逃至河南濮阳、清丰一带。

4月，二区副中队长单玉恒等人至西三务催缴生产建设款时，遭日伪包围，单等人坚持战斗，后因弹尽被捕遭杀。

5月1日，于西里屯（今属故城县）建武城县抗日民主政府。

同月，县大队80余人，于前土营伏击郑口据点到白佛寺巡视新修郑（口）白（佛寺）公路之日伪军60余人，缴获自行车42辆、马3匹。

同月，县大队于二区林子一带休整，于张小麻村与故城镇据点催粮的30余名日伪军相遇，遂围歼来敌，斯役缴获自行车20辆、武器1批。

冀南五区委于故城县建武北办事处。以田村、长林为根据地，于饶阳店（原属武城县）一带活动。

县大队为配合武北办事处开展抗日斗争，由副大队长郝诚率百余战士，于时庄、扈庄、西袁庄（原均属武城县）一带，遭敌包围，县大队予敌以大量杀伤，但也损失严重，伤亡数十人，损失战马十余匹，郝诚牺牲。

7月26日，冀南军区二十七团破击德石铁路后，来夏庄一带休整，遭敌袭击，副团长荣子文牺牲。

同月，故城党政军民配合冀南区新七旅、新九旅开展破击德（州）石（家庄）铁路斗争，致使日伪推迟三个月通车。

8月初，白佛寺据点50余日伪军赴郑口据点换防、县大队于李官屯（原属武城县）村后伏击日伪军，斯役缴获自行车25辆，军用物资1批，毙伤日伪军20余人。

同月10日，抗日县府于后响沟村交通站召开由4个区属村干部和县农救会、青救会、妇救会负责人会议。因汉奸告密，日伪当晚包围该村，县农会主任陈芳洲等5名干部被捕，陈被押赴县城，未久遭杀。

同月21日，县大队配合冀南军区新七旅十九团（简称十九团）、新九旅二十五团（简称二十五团）于东高才伏击日伪军，大获全胜（即东高才战役）。毙伤日伪军200余人，缴获八八式野炮1门（此为冀南军区缴获首门野炮）、机枪4挺、其他枪支弹药1批。

9月，县大队趁中秋节之际，化装为修路民工，在群众掩护下，袭击小董故庄（现属景县）日伪据点，烧毁炮楼。

同月，武城县大队基干连夜袭何刘屯日伪炮楼，歼灭日伪军数人。

秋，抗日县府设公安科。

1941年

3月，武城县大队运用“牵牛”战术，将正于军屯（今属故城县）“扫荡”日伪军击毙6人，打伤10余人。

春，侵华日军推行“治安强化”政策，于今境内22个村设据点，并修筑郑口经大营、楼子至冀县的封锁沟墙，抗日形势严峻。

5月4日，冀南军区部队配合故城、枣强、冀县7万余群众发起“五四”破击战，仅四五日，即铲平郑口至冀县封锁沟墙，同时破路95公里，拔除敌据点8处，毙俘日伪军320余人。

同月，县委派韩玉玑与军分区干部联合建敌伪情报站。

6月，赵长林据点伪军小队长张扶汉在县大队政治、军事攻势下，率部30余人反正。

7月15日，县大队配合冀南军区部队一部，攻打北獐鹿据点，毙敌10余人，俘伪队长及下属30余人，缴获轻机枪1挺、掷弹筒1具、步枪60余支、子弹千余发。

同月，武城县大队配合冀南军区部队于草寺（今属故城县）运河侧，击沉日伪汽艇3艘、运输船4艘、击伤3艘，毙伤多人。

同月，武城县大队与三区民兵协同作战，袭击十二里庄炮楼。

8月，抗日县府公安局侦察员李荣申乘大集之日，化装进入郑口据点，将叛徒张某廷击毙。

同月，武城县大队袭击河西街伪警察所，生擒全所人员。

11月，武城县大队攻克何刘屯日伪据点，炸死击毙日军26人，俘伪警60余人。

冬，根据对敌斗争形势需要，上级指示县大队化整为零，以小分队或班组形式，进行反封锁、反蚕食、反清剿斗争。

1942年

4月29日，侵华日军华北最高司令官冈村宁次率日伪军3万余人，在飞机、坦克掩护下，对驻故城、武城、枣强等冀南党政军领导机关及部属7000余人“围剿”，经激战部分人员突出重围，部分伤病员、非战斗人员及地方机关人员突围未成，于霍庄村惨遭杀害。

5月，抗日县府建敌工站。

夏，县大队基干连护送冀南区党委一领导干部过德石铁路、行至景县赵庄时被敌发现，日伪军倾巢出动，经激战，基干连打退来敌，毙伤日军12人、伪军15人。

8月13日，十九团一部于县境西北苏庄一线设伏，毙日军5人、伪军14人，缴获轻机枪1挺、掷弹筒1具。

9月，四区中队某队员深入郑口日伪据点，将汉奸张双喜、张金山击毙。震动敌伪，抗日民众倍受鼓舞。

10月，郑口据点日伪军抢来大批棉花，加工后准备外运，县大队配合十九团，利用内线，密切配合，袭击郑口据点之敌，缴获皮棉2000余包。

11月，县委建敌伪工作部。

12月14日夜，县大队于慕庄村设伏，截获日军15辆汽车棉花，遂急速转移。翌日凌晨，驻故城镇日军小队长川岛率日伪300余人，将慕庄村包围，制造“慕庄惨案”。

同月29日，冀南军区六分区部队于大马坊设伏，将掩护修筑德县至景县董故庄封锁沟之敌歼灭。

是年，久旱不雨，灾情严重，加之日伪不断“扫荡讨伐”，群众生活极为艰难。县委带领全县群众，一面坚持对敌斗争，一面开展生产自救。

1943年

3月，实行“二五减租”“分半减息”“雇工增资”政策。

春，于张庄、白庙、刁孝子、沙岗一带发现魏某德、秘五秃子两股土匪，冒充八路军劫道、绑票，县大队组织力量将其铲除。

9月某日上午，郑口日伪军出动30余辆大车至长林一带抢粮，县大队基干连配合十九团埋伏于赵长林至红庙一线交通要道，击溃日伪，将30余车粮食全部截获。

同月，县大队基干连配合十九团于恩县围城打援。

11月，代县长张郁轩于河北召村召集有关人员开会，遭敌包围，财政科长萧芹、工商行政管理局副局长马志清、民政助理员鲁恒仁、县长警卫员朱清与十九团一战士被捕，后萧被杀，朱、马越狱逃出，鲁被救出。

同月，县委于三朗创办抗日高小。

冬，三朗部分农民始从事供销活动。

是年，武城县委于子路（今属故城县）建抗日高小。

是年，抗日县政府设粮秣科、具工商行政管理局。

是年，三、四区灾情严重，人民生活极端困难，在县委号召下全县人民节衣缩食，生产度荒，县、区政府将一两千名受灾群众妥善安置，并组织群众向地主、富农借粮度荒。

1944年

3月29—30日，武城县大队与十九团六连、区中队班长训练班于齐庄（今属故城县）设伏，毙伤俘敌近700人，缴获枪炮子弹1批，开创以少胜多战例。

6月，县大队与三、四区中队配合十九团六连伏于郑口、张庄一带，截击换防的饮马河据点日伪军。俘敌百余，缴获机枪1挺、小炮1门、枪支1批，击毙伪中队长刘瘸子。

秋，某夜，县大队基干连袭击德县五里庄据点之敌，俘伪军40余人，缴获枪支40余支。

冬，县大队与民兵配合于德县南截缴敌棉布2000余匹。

冬，为贯彻冀南二地委关于在敌后开展反奸诉苦，清匪反霸，减息减租斗争的指示，故城县委于蒋召村试点，首斗恶霸地主蒋老六。武城县委于南马村（今属故城县）试点，首斗恶霸地主崔某峰、饶阳店（今属故城县）恶霸地主李某堂。随即各区先后开展清匪反霸斗争。

12月24日，故城、武城、枣强三县大队在十九团配合下，攻克武官寨（今属故城县）据点。

是年，拔除饮马河、北獐鹿、小董故庄等日伪据点。

是年，抗日县府组织群众开展赎地，废除不

合理婚约活动。

是年，县开办银行业务，与商业、税务合称工商局。

1945 年

1月20日，县大队、一区中队巧袭德县日伪华北前尾公司，毙伤日军2人、俘伪军7人，缴获布类89匹、电话机2部、自行车1辆。

2月，全县各区先后展开清匪反霸斗争。

3月19—20日，冀南军区六分区、县大队拔除青罕、东辛庄、夏庄日伪据点，将郑口、故城两大据点之敌孤立。

4月8日，县大队基于二连化装奇袭郑口据点北门，俘敌1个班，缴获步枪10余支、小炮2门。

同月27日，于曹口（今属故城县）伏击回窜武城之敌，毙伤敌7人。

同月，县委设民运部。

5月8日，十九团配合县大队攻打郑口据点，始将郑口北门攻克，将伪警察所等歼灭，包围伪警备二大队阎子珍部。同时，于石槽附近、刁孝子南范家园、运河南岸设伏阻击援敌。10日，击溃德县、故城镇来援之敌，毙伤敌80人、俘虏32人（其中日军22人），缴获武器1批。12日，经激战，攻克郑口据点，毙伤伪军30人，擒获阎子珍及其部属180余人，缴获机枪1挺、掷弹筒3具、长短枪160余支。至此，郑口解放。

同月，县大队于夏庄附近截击日伪由故城返德县运粮汽车队，打毁汽车多部，缴获粮食1批。

6月15日，故城县大队与武城、夏津、恩县县大队配合十九团，攻克平原五区日伪据点4个，毙伤敌30余人、俘敌100余人，缴获步枪70支、掷弹筒4具、子弹700余发。

同月19日，县大队与十九团1个连攻克恩县北郑庄据点，俘敌60余人，缴获轻机枪2挺、掷弹筒1具、步枪40支、子弹千余发。

同月27日，抗日军民计划围攻日伪县政府驻地故城镇，日伪县政府成员及守城之敌闻讯弃城逃往德县，至此故城县全境解放。

同月，建县农工会。

7月，县委组织全县人民进行反贪污斗争（即反地主豪绅、维持会长敲诈勒索斗争）。其间，将为资敌而竭力搜刮民财、欺压群众、投靠日伪的原东高才维持会长李某合枪毙。

同月，运河中学迁至十二里庄。

同月29日，故城、枣强、武城三个县大队于夏津县新盛店合编为冀南军区六分区二十八团，亦名冀南军区六分区运河支队。

9月，建县公安局。

10月14日，颁发《故城县土地租佃暂行办法》，凡5章27条。

12月，县工会由农工会分离单建。

是年，县、区、村开办冬学。

是年，改县抗日民主政府为县政府（简称县府），县治驻地由农村迁至郑口镇。自此，县治驻地固定至今。

1946 年

4月19日，冀南区河务局5万名民工（含故城县南北地）开挖武北顺水沟，上起黄官屯（原属武城县），下接饮马河，渠长7.5公里。

同日晚，丁庄干部、群众于学校开会时，反动地主武装“还乡团”成员，突然闯入会场，杀干部群众5人，伤群众11人，亦名“丁庄惨案”。

同月，县府于郑口召开国民代表大会，选举出席上一级国民代表大会代表。同时，召开县农民代表大会，选举县农民协会常务委员会。

同月，于郑口建税务稽征局，后于1948年建县税务局。

5月，全县开展土地改革运动（简称土改运动），至1949年6月结束。

8月，县邮政局设电话组。

是年始，冀南行署第二专署组织故城、武城两县人民对卫运河（河西街至德州段）裁直弯部14处，其中今境内河段7处，共缩短河道12.5公里，免险工8处。

是年，对江江河两岸复堤。

是年，冀南银行于故城县开办农业、工业、商业贷款业务。

1947 年

春，建县文化馆。

5月，以普及教育、宣传国难、抗日救国“争取民主中国的胜利”为宗旨，由江苏省淮安县新安小学校长汪达之和其14名学生组成青少年革命团体——新安旅行团（简称新旅）参加故城县土改运动。

6月，县政府于郑口召开斗争汉奸恶霸大会，愤怒至极的群众将罪大恶极的伪警察所长马某荣、汉奸李某辉、赵某香、张某处死。

秋、全县开展大规模土改复查运动。

10月，县委按上级统一部署抽调50名县、区、村干部南下湖北。

是年，建群众医院（县医院前身）——县级医疗机构。

1948年

1月9—2月1日，县、区党员干部集中于中共冀南二地委驻地夏津整党，整党中，上级对故城县错斗工商业者一事进行处理，冀南区党委对故城县委给予“部分改组”处分。

3月，县委做土地分配及农村纠偏情况复查，对错斗的1215户中农、贫农予以纠正，并吸收他们参加农会组织，对被“搬石头”之农村党员恢复工作。

11月，第一批整党在17个村中共支部中展开，中共组织自此公开。

1949年

年初，建中国人民银行故城县支行（简称县人行）。

1月，建县卫生科。

2月29日，县委抽调百名干部南下，赴湖南帮助新区开展工作，其中县委委员6人，妇女干部13人。

同月，为迎送东北野战军南下过境，县委组织群众做支前准备。

3月，县府向农民发放土地证，6月结束。同月，于饶阳店建林场。

同月，县内500名民工组成担架队，大车15辆，由杨建平任担架队政委赴太原支前。

春，建县师范学校。

4—5月，东北野战军南下过境，广大干部群众利用多种形式迎送。

9月3日，因夏沥涝成灾，县委下达《关于生产救灾的指示》，号召全县人民开展生产自救活动。遂每人准备干菜2.5公斤，机关干部每人日节约米50克。

中华人民共和国

1949年

10月1日，为庆祝中华人民共和国成立，县召开大会，全县人民无不为之欢欣鼓舞。

12月27—30日，召开县第一届各界人民代表会议。

同月，全县有季节性互助组1466个，参加农户4399户，占全县总户数的7.1%。

是年，于郑口、河西街试行户籍管理。

是年，建县干部业余文化补习学校。是年，建农民业余学校。

是年，县邮局始用人工明码传递电报。

是年，对灾区免征工商统一税。

是年，建县人民监察署。

是年，建中国新民主主义青年团故城县委员会。

是年，始培训农业技术人员，后各行业相继培训技术人员。

1950年

3月19—23日，中共故城县第一次代表大会召开。

6月，全县区划进行部分调整，将五区撤销与四区合并，后又恢复。

12月15日，县召开抗美援朝会议，会后，全县动员400人参军，共筹资15亿元（旧币），以慰问军烈属，各村订立爱国公约。

1951年

8月4日，县委根据中共衡水地区委员会（简称地委）农村整党会议精神，进行整党试点，9月

17日结束。

同月，干部、职工、群众积极响应中国人民抗美援朝总会捐献飞机、大炮号召，共计捐款84.76亿元（旧币），可购飞机6架。

12月15日，建县供销合作社。

是年，召开县首届妇女代表会议，并成立县民主妇女联合会。

是年，梧茂、原隰麻疹流行，时间长达4个月，发病227人，死亡137人。

是年，于郑口建故城县烈士陵园。

是年，全县开展镇压反革命运动，并取缔反动会道门。

是年，建新华书店故城县支店。

1952年

1月，开展“三反”(反贪污、反浪费、反官僚主义）运动，至6月结束。

同月，建郑口粮食管理局，未久易为县粮食局。

10月，建中国人民保险公司故城县支公司。

11月，因衡水专区撤销，故城县改属沧州专区辖。

冬，三里庄、戴官屯、钟辛庄、杨家圈、东八里庄、魏庄等6个行政村并入山东德州市。

是年，全县有常年性、临时性互助组9130个，参加农户40577户，占全县总户数的62%。

是年，故城镇建文化站。

是年，兴办农村业余剧团。

是年，县内首次利用铁条钻对运河大堤进行汛前检查。

1953年

2月，于西第三、董学、大曹庄建农村信用合作社。

3月5日，县委召开由县直机关干部参加的追悼斯大林大会。

5月7日，全县分两批开始划乡工作。全县261个村划为46个小乡、1个镇（西城镇与乡同级）。具体为一区10个乡，二区11个乡，三区11个乡，四区8个乡，五区6个乡。

同月，因修建飞机场，拆除大马坊村东南灵罗宝塔。

7月1日零时，全国第一次人口普查，经普查全县共36076户，156447人，其中男性74524人，女性81923人。

8月7日，卫运河涨水，小第五与芦圈、东第三之间，大堤决口2道，分别宽42米、52米，大堤决口后，以县委书记、副县长为主组成堵口指挥部，出动6200名民工。在沧州专署领导下和德州专署、铁路部门支持下，于9月2日、4日先后堵复决口。此间，河北省政府副主席薛迅到县察看灾情。

11月，对粮食、植物油实行统购统销，翌年对棉花、棉布实行统购统销。

是年，建曹口扬水站，由卫运河引水。

是年，郑口建汽车站。

是年，建县邮电局。

是年，故城县接收天津市互助评剧团，后易名为县实验评剧团。

是年，于各区驻地建卫生院。

是年，建46个农村俱乐部。

是年，建少年先锋队。

是年，建县人民检察署。翌年4月易为人民检察院。

是年始，对卫运河堤加高增厚。

是年，全县建初级农业生产合作社（简称初级社）185个，入社农户6331户，占全县农户总数的9.7%。

1954年

3月11—14日，县府召开三级干部农业生产、选举工作会议，遂掀起农业生产高潮，同时各级进行选举。

同月16日，民工5000人参加飞机场修建。

7月4—9日，召开县第一届第一次人民代表大会。

11月，对私营商业、手工业进行社会主义改造，全县3425名私营商业、手工业者走上社会主义道路。

同月，全县建初级社652个，入社农户20754户，占全县总户数的31.6%。

是年，按国家计划收购生猪、鲜蛋。养猪、养鸡事业得到发展。

是年，对江江河局部疏浚，整修河道18.3公里。

是年，建故城初级中学。

1955年

1月，故城县政府易名为故城县人民委员会（简称县人委）。

2月5日，建县人民反对使用原子弹武器签名运动委员会，共有121799人参加，占全县人口的73.4%。

4月22—25日，县人委召开军烈属、在乡军人代耕模范会议。

同月，开展“肃反”运动。

5月，建县人委水利科。

同月，建县电影放映队（简称电影队），首映《梁山伯与祝英台》。

10月22日，马田村并入枣强县。

11月，全县建初级社746个、互助组1988个。

是年，县人委设交通科。

12月，试办高级农业生产合作社（简称高级社）。

1956年

春，全县建高级社250个，入社农户63707户，占全县总户数的94.1%。

5月，为便于保卫飞机场，根据上级指示，景县属刘庄、梁庄、前赵鲁、后赵鲁、赵鲁屯、里老、西小屯、皮婆屯、焦麻庄、张庄等10个村并入故城县，故城县属北万庄、小贾庄、小董故庄并入景县。

7月10日，撤区并乡，全县由46个乡合并为19个乡，同时撤5个区。

同月，郑口供销合作社被评为全国财贸系统先进单位。主任郑茂林出席全国供销合作总社先进工作者第一次先进代表会议，受到毛泽东主席和其他领导接见，并合影留念。

8月12日，卫运河郑口水位连续12天超1953年水位0.81米，达28.96米（大沽高程），上游多处决口，101个村被洪水包围，其中9个村被淹。故城、武城两县组织干部、民工并带队上堤抗洪抢险。党政军民修子埝，筑堤坝。后上游决口之水又漫入县境南部，下游运河又多处决口，经驻地空军、景县人民支援，先后堵复。

同月末，出动常汛工154人，抢险队伍14708人，后备队16634人，先后战胜5次洪峰，防洪抗洪工作历时3个月。

同月，于县人行内设农业银行。

冬，故城与武城、阜城、景县共出动民工3.1万人，对卫运河75.5公里左堤增高1.5～2米，培厚2～3米。

是年，建县农业中学。

是年，建县市场管理委员会。

是年，对农村生活无望之鳏、寡、孤、独社员实行“五保”，即保吃、保穿、保烧（燃料）、保教（儿童、少年）、保葬政策。

是年，对国家机关工作人员实行退休制度。

是年，建县档案馆。

是年，建县农林局畜牧兽医工作站。

1957年

3月3日，县召开欢送副县长白方玉自愿回村参加农业生产劳动大会，在他的影响下，又有部分领导干部回村务农。

5月29日始，全县开展整风“反右”运动。

同月，县治蝗工作展开，并首次使用省民航局运五飞机喷撒“六六六”粉农药灭蝗。

8月，集体、个体、商业转为国营商业，同时建县商业局。

9月始，建卫运河引水灌溉郑口青年闸，翌年4月1日竣工。

是年，开挖卫运河引水渠——青年干渠，该渠自青年闸至后赵鲁长26.5公里。

是年，完成对商业、手工业的社会主义改造，建11个生产合作社。

1958年

1月，全县教育工作实行“两条腿走路”方针，国办、民办中小学两种体制并存。

5月，建县广播站。

8月6日，建县气象站。

9月11日，全县农村共建公共食堂437个。

同月，开展除“四害”（老鼠、麻雀、蚊子、苍蝇，麻雀后被剔除四害之列）讲卫生活动。

同月，过快实现人民公社化，将332个高级社合并，分别划入房庄、辛庄、故城、郑口4个人民公社（简称公社）。

是年冬至翌年春，先后扩挖青年干渠和东、西干渠，总长67.2公里，并相继开挖配套支渠67条，斗渠45条，修桥涵51座。县境南部建辛堤引水闸，并开挖辛堤干渠，长26.7公里。

10月1日，创办铅印《故城县报》。

同月，故城县并入吴桥县，县治驻地桑园镇。

是年，引进匈牙利、捷克产大拖拉机8台。

是年，建县武装警察中队。建县工业局。

是年，河北沧州专区，山东聊城专区同县民工（其中故城县民工7200人）对卫运河扩大治理，对承泄1963年洪水发挥作用。

是年，石磨试行轴承化。

是年，县内建首家工业企业——五一铁厂，各生产合作社规模扩大。开展“大炼钢铁”运动。

是年，新华书店故城县支店易名为新华书店。

1959年

9月，吴桥县1.5万人参加岳城水库施工，原故城县郑口、房庄、辛庄、故城4个公社共投入民工5000人。

是年，在落实农业“八字宪法”（土、肥、水、种、密、保、管、工）过程中，县内出现翻地深达0.5～1米，冬小麦亩播种量达50公斤以上等违反科学现象。引进苏联产24行谷物播种机2台、4行棉花播种机4台。

1960年

2月，中北化生产队公共食堂误将砒霜当碱面食用，致使87人中毒，5人死亡。

3月，建里老林场。

是年，建天水屯扬水站，可增灌溉面积2.8万亩。

是年，建草寺扬水站，并配备90马力柴油机2台、16英寸水泵2台。

1961年

5月18日，故城县自吴桥县析置。

8月25日，因吃粮指标低，卫生医疗条件差，人口发病率骤增，据不完全统计，县内时有病人19957人。

10月，上级拨付救灾款14万元，口粮33.9万公斤。

11月30日，县压缩非农业人口4612人。

12月中旬，沧州专区支援故城粮食239.5万公斤。

是年，由省、地投资，于故城中镇建日产2万～2.5万公斤大型面粉加工厂。

1962年

2月7日，为增加病人营养，全县建营养食堂126个，供1715人就餐。

6月12日，由武城县委副书记夏行进与故城县委副书记李锐锋代表两县达成“关于边界治水协议”。

同月30日，精减城镇非农业人口2808人。

9月，贯彻中共中央《农村人民公社工作条例（修正草案）》（简称“六十条”），确定农村“三级所有，队为基础”体制。

12月3日，全县开展“整风整社”运动。

是年，建县农业种子站。

是年，县邮电局配一部无线电台。

1963年

2月，于郑口青年闸安装一台柴油发电机组发电照明。

6月30日，故城县人武部、公安局与武城县人武部、公安局达成关于边界联防问题协议。

7月18日，水电部发出文件，令河北省、山东省人委责成有关县（故城、武城）贯彻执行边界水利问题协议。

8月3日、16日，建国、郑口洪水超历史水位，故城、武城分别组织民工2万余人、8万余人，夏津、陵县组织民工1万余人，在党政领导带领下修筑堤堰、排除险情、堵塞渗漏。后因洪水愈加凶猛，致使多处决口，经疏导拦堵，抢险加固，至9月10日大部分洪水归槽。

是年，县人委对农民发放林木所有证，并划定自留树。

是年，建县物资局。对木材、钢材、煤炭、水泥、玻璃等物资实行计划统配。

1964年

1月14日，气温骤降，最低气温达-21.2℃，为故城县历史罕见，引起流感，遍及全县。

6月18日，全县蝗虫危害农田35万亩，全县大部劳动力投入灭蝗。

7月1日零时，全国开始第二次人口普查工作。时全县共有67933户，290371人（包括是年末武城县划入人口），其中男性142065人，女性148306人。

10月18日，故城县派出一批干部赴衡水，帮助开展“四清”运动。

同月，衡水地区教育局在辛庄公社召开耕读教育现场会，同月27日，《光明日报》以《故城县耕读小学稳步发展》为题进行了报道。

11月，建县贫下中农协会筹备委员会。

12月末，武城县运河西部饶阳店、武官寨、祖杨3个公社、甲马营公社共244个生产大队，28870户，125499人，402457亩耕地并入故城县，同时故城县南、北甘泉2个生产大队，并入武城县，至此县境固定。

是年，县内首次利用大锅锥于建国公社西冯大队打成第一眼大锅锥井。

是年，建东第三县内首座电力排灌站。

1965年

6月，全县小学由六年制改为五年制。

9月，天津南开大学物理系、外文系师生及县内部分党政领导干部共923人参加故城县农村“四清”运动。

秋，祖杨公社用大锅锥钻成20眼浅机井，为开发利用浅层淡水开辟新路。

12月，建县农业局良种繁殖场。

是年冬至翌年春，对清凉江、江江河按五年一遇标准疏浚。

1966年

6月25日，郑口中学开始所谓“停课闹革命”。

8月，郑口中学建“红卫兵”组织。

9月18日，各大队均建“文化大革命”领导小组。

11月17日，驻县空军3564部队征辛庄、庙灵公社5个大队土地63.92亩军用。

同月，县委于县供销社会议室召开县直各科局长以上干部会议，由县委书记赵望林传达衡水地委会议精神，要求干部学习冀县县委书记孙华锋“三不倒”（斗不倒、压不倒、打不倒）精神，顶住冲击，确保国家机密。

冬，故城、武城两县出动民工1.5万人，对运河左堤按高于右堤1米，堤顶宽8米标加高帮宽。

冬，按五年一遇标准治理东沙河。

是年，省地矿局水文三队于故城县境内按15万比例，对农田供水、水文地质普查、勘探及地下水动态长期观测。

是年，改煤炭敞开供应为计划供应。

是年，祖杨公社分建为军屯、要庄、建国公社。饶阳店、武官寨公社分建为饶阳店、武官寨、军屯、瓦子庄、西半屯公社。是时，县辖23个公社，546个大队。

1967年

春，县引进一台250型冲击钻，于郑口公社钻成首眼浅机井。

11月，驻县空军3564部队、县人武部通过“支左”，介入地方“文化大革命”运动。

1968年

3月，县水利科建物探组，至此结束盲目钻井历史。

6月，建县卫生局。

同月，县“五一”铁厂建军工车间，承担衡水地区军工生产任务，生产半自动步枪部件。

8月，建县农电办公室，后于西半屯、五户、房庄、饶阳店、县钢丝绳厂、县化肥厂相继建变电站。电力供应城乡各业。

9月9日，建县革命委员会（简称县革委）。

是年，中学学制由“三三”制改为“二二”制。

是年，建县农林局农业技术推广站。

是年，县公安局与检察院、法院合并，建公检法军事管制委员会。

是年，铺装邢德公路郑口至石清县内首段渣油路面，后郑（口）清（河）公路、里（老）德（州）公路、石（槽）王（疃）公路、郑（口）枣（强）公路故城县段相继铺装渣油路面，共73.4公里。

1969年

10月，县评剧团解散。

是年，省地质九队于县内布点，进行物理勘探，先后钻深机井18眼，此为县内首批深机井。

是年，县电信局始用无线电台传递电报。

1970年

6月，故城、深县两县干部交流，分别为106人、115人。

8月，建县体育运动委员会（简称县体委）。

同月，建县文艺宣传队。

10月15日，温庄闸施工，翌年5月1日竣工。

是年，县、社、队“三级书记上井台”，全县机井大会战序幕拉开，县建机井建设指挥部。

1971年

8月27日，经落实干部政策，全县安排使用干部3348人，占应安排总人数的96%。

1972年

10月，在衡水地区中学运动会上，故城县获团体总分第二名。

同月28日，建和平闸，翌年6月竣工，可增灌溉面积20万亩。

12月，建县科技局。

是年，建县农机具研究所、土壤肥料站、兽医站、畜禽改良站。

是年，建县卫生学校。

是年，建县民政局。

是年，机井建设推向高潮。县设17个机械钻井、修井机台，社建63个大锅锥钻井队。全年新钻深、浅机井2062眼，为前几年全县机井总数3倍。

1973年

3月17日，县人民法院、县公安局复建。

同月，建县京剧团。

10月9日，始建芦庄闸。

是年，县城安装自来水管道并供水。

是年，赵行、小庙、军屯公社先后建电影队。

1974年

4月17日，位于河北、山东两省交界处郑口运河大桥破土动工，国家投资109万元。

同月29日，县委、县革委于建国公社霍庄大队举行“四二九”反击侵华日军“铁壁合围”殉难烈士祭奠大会。县直干部、解放军指战员、学生、民兵等参加会议。

同月，河北省教育厅于故城县召开中小学自制教具经验交流会，教育部派员参加。

9月14日，县财政局局长侯凤海代表河北省财政局，参加国家税务局于山西大同市召开的华北地区财税工作会议。

10月22日，县委书记马连宝参加水电部于北京召开的全国农田基本建设座谈会。

11月，河北省机械局于故城县通用机械厂召开现场会议，参观该厂铸造流水线和发电设备，到会人员400余人。

同月，县气象站出席国家气象局于山东省青岛市召开的全国气象系统经验交流会，并在会上发言。

是年，全县各公社先后建电影队。

是年，建农业局农业科学研究所。

是年，建县财政局。

是年，县京剧团易名河北梆子剧团。

1975 年

5月23日，省委书记马辉、省委第二书记郑三生到故城考察农业等工作。

同月，县文教科参加教育部于山西省昔阳县召开的全国教育会议。

同月，建县地震监测站，翌年易为地震办公室。

同月，郑口运河大桥竣工。

7月，全县队办合作医疗易为社队联办。

9月15日，县委书记马连宝参加国务院召开的全国“农业学大寨”会议。

10月，建县广播事业管理局。

是年，赵行公社群众冲破传统观念培养女柴油机手243人。

是年，县虫情测报站以七星瓢虫防治棉蚜成功。

是年，引进114型小麦收割机。

是年，全县猪存栏154826头，创养猪发展历史最高水平。

冬，于杏基湖建鱼种场。

是年，五股河等12个大队先后建电影队。

1976 年

1月8日，周恩来总理因病于北京逝世，县、社机关举行悼念活动。

5月始，由省、地投资，于郑口与邢德公路、里德公路、郑枣公路各建县级永久性桥1座、半永久性桥3座，乡（镇）级永久性桥2座、半永久性桥18座。

8月2日，为支援唐山抗震救灾，县委发动县直全体干部捐献衣物17316件，食品8229.5公斤，并及时运往灾区。

同月始，县分批抽调465名打井工人组成4个钻井队、1个修井队、4个制管组前往唐山地区乐亭县支援钻井、修井。

9月9日零时10分，毛泽东主席因病于北京逝世，下午4时，全县人民以极其沉痛的心情收听中共中央《告全党、全军、全国各族人民书》。晚，县委于常委会议室主席像前举行由县委常委、公社书记、科局长参加的吊唁大会。翌日，于郑口大礼堂设吊唁毛泽东主席灵堂，各公社机关均设灵堂进行吊唁。

同月18日下午1时，身着素装，佩戴黑纱、白花的党政军民于郑口中学广场收听收看于北京召开的毛泽东主席追悼大会实况。之后，县委书记马连宝致悼词。

11月22日，建县社队企业管理局。

12月9日，为传达贯彻全国宣传工作会议精神，深入揭发批判江青反革命集团罪行，全县先后组织政治夜校942所、联户学习班4315个，举办理论骨干学习班387期，培养骨干28344个，召开各种类型声讨批判大会7986次，写批判文章72584篇，编演批判文艺节目1832个，画批判漫画4027幅。

同月，县试建沼气池成功，至1980年全县建沼气池298个。

是年冬至1978年冬，全县抽调劳力，先后开挖“胜利湖”“团结湖”“曙光湖”，共动土173.4立方米，设计蓄水共190万立方米。

是年，建县教育局。

1977 年

1月30日，省委副书记吕玉兰一行8人到故城县考察。

春，林业部领导参观军屯公社林网化建设。

4月始，各公社建财政所。

同月30日，国务院抗旱检查组路砚农等3人，在省革委农林水利办公室副主任姜汉民陪同下，到故城县考察方田林网坑塘建设、棉花生产。

5月7日，县委副书记姚恩波参加在北京召开的全国农田基本建设会议。

同月19日，省委第一书记刘子厚到衡水地区视察，听取衡水地委、故城县委汇报，其间到故城察看小麦长势。

同月28日，建国公社曹口大队王金兰事迹长篇通讯《模范生产队长王金兰》于《河北日报》

头版刊登，并配有插图和编者按，引起省委领导重视。

同月，县防疫站由动物心脏中提取细胞色素丙成功。

7月，建县供电局。

12月，建县电影放映公司。

同月，建县对外贸易局。

1978年

2月5日，衡水地委于故城县召开严肃处理原县委书记马连宝等在高考招生中严重违法乱纪、营私舞弊案件大会。地委、各县委、地直、县直各单位负责人，故城县三级干部共1万余人参加大会。地委书记韩培甫、地委副书记李文华分别主持会议，宣读地委关于对马连宝等人的处分决定，地委第一书记、地革委主任李铁讲话。

同月8日，省委对故城县在1977年高考招生工作中违法乱纪、营私舞弊事件做出处理决定，撤销县委书记马连宝党内外一切职务，开除党籍，由行政17级降为19级，安排为地区干校副校长，并对此事有关人员分别给予处理。

4月6日，县委根据省委关于加强征地管理工作通知，对部分单位滥占耕地问题组成工作组，逐一清理。

同月26日，县召开首次科学技术大会，县委副书记田义申做关于如何开展科技工作的报告。

同月，县科技局易名为科学技术委员会（简称科委）。县委书记田义申、县粮食局局长刘森贵代表故城县参加于北京召开的全国“工业学大庆”“农业学大寨”会议。

7月，县委吸取上年大专招生中教训，领导重视，严肃认真，考场秩序井然。

同月，武官寨油棉厂试制成功金刚砂剥绒机。

9月9日，故城县被省评为社队企业先进县。

10月10日，县总工会主席刘殿宝出席全国总工会第九次代表大会。

同月，建县业余体校。

同月，县委于郑口小礼堂召开错划“右派”改正大会。

11月15日，县城全部电磁石摇把电话改为自动拨号电话。

同月29日，衡水军分区于郑口召开庆功大会，为临危不惧、舍己救人的袁庄公社武装干部倪满囤记一等功。

12月16日，中国体育代表团的故城籍运动员胡振海于泰国曼谷召开的第八届亚运会铅球比赛中获第四名。

同月19日，建县科学技术学会。

同月，落实科技人员政策。

是年，县百货公司出席全国财贸系统先进代表会议。

是年，钻深、浅机井1937眼，为故城县历史上钻井之最。衡水地区开展机井会战，年末于故城县召开全区83个公社参加的机井会战经验交流会，授予故城机井建设先进县称号。

是年，实行定产定购，粮棉油统一算账。

是年，河北省教育厅、衡水地区教育局先后于故城县举办6期“科学常识教具利用培训班”，将故城研制成果向全省推广。

是年，恢复县办郑口中学，面向全县招生。

是年，中央电视台科教部于郑口完小拍摄“一堂生动的自然常识课”和“自制教具成果”两部科教片。

是年，县酿酒厂研制成功“甘陵春”牌白酒，并列入国家计划。

是年，首于建国公社陈庄、武官寨公社付官屯农场安装固定式喷灌设备2套。

是年，以经济效益为中心，关停并转5家亏损、微利县办工业企业，新建5家企业。

1979年

1月1日，省始对老区（革命老根据地）之一故城县免征工商所得税5年。

2月10日，县委召开三级干部大会，县、社、队干部1500余人参加，会上学习贯彻中共中央十一届三中全会公报及有关文件，决定把全党工作重点转移到社会主义经济建设上来。

同月27日，县委为贯彻落实中共中央《关于地主富农分子摘帽问题和地富子女成分问题的决定》，建县、社、队三级评审机构。

5月，建中国人民建设银行故城县支行。

夏，农村生产关系实行变革，以生产小队为

单位，实行“小段包工”责任制。

7月15日，省委、省革委批准1977、1979年度故城县财贸系统“大寨式”“大庆式”企业，系里老、要庄、郑口、青罕供销社，建国、房庄、要庄、饶阳店、小庙、袁庄粮站，县百货、药材、土产外贸、生产资料公司，建国、瓦子庄、三朗信用社，里老、要庄、郑口、故城财政所、县财政局、郑口直属粮库。

9月15日，县妇联召开“三八”红旗集体、“三八”红旗手表彰广播大会，命名“三八”红旗手78人，“三八”红旗集体24个，会上“三八”红旗集体向全县妇女发出倡议书。

同月21日，团中央命名贾黄村大队团支部为“新长征突击队”，武官寨公社放映员张迎波、饶阳店公社知识青年袁淑芹为“新长征突击手”。

10月，县酿酒厂产甘陵春牌酒系县内首个注册商标商品。

12月，中国科学院遗传研究所副研究员、棉花专家李之振应邀到故城县作棉花免耕法学术报告。

是年，建妇幼保健院。

是年始，先后对267家（次）乡镇企业酌情减免税收。

是年，县邮电局至各支局开通单路载波通信。

是年，粮油增加议购议销。

1980年

1月17日，县团委召开广播大会，决定将农历腊月定为“学雷锋树新风月”。

3月11日，中央电视台派员到故城县，先后于庙灵、军屯、瓦子庄等公社拍摄大地园林化电视纪录片。

同月，建县水利局。

同月，经县第七届人民代表大会（简称县人大）第一次会议选举产生县人民代表大会常务委员会（简称县人大常委会）。

同月，全县开展土壤、水资源普查。

4月20日，撤县革委，建县人民政府（简称县政府）。

5月1日，县政府始行办公司。

同月8日，中共中央纪律检查委员会（简称中纪委）副书记马国瑞、中纪委信访办公室主任李坚一行4人，到故城县考察三级信访组织建设情况。

8月1日，县文教局出席全国少年科技成果展览会，获奖状、奖章。

同月31日，建县新能源办公室，未久试制成功首台太阳灶。

11月7日，建县司法局。

是年，建县人事局。

是年，省科委根据“重点抓农业”精神，将故城县定为代表不同类型地区的10个技术开发实验县之一。

是年，实行“联产计酬”责任制。

1981年

3月中旬，省委副书记杨泽江到故城县考察农业生产和落实生产责任制情况。

4月13日，县政府决定将县内63个重名大队予以更名。

5月14日，县召开灭鼠广播大会，至9月5日统计，全县灭鼠25.5万只。

同月，英国、美国、加拿大客商至县皮毛厂参观地毯生产。

6月6日，县人行赴北京参加全国人行档案工作会议，并在会上发言。

同月20日，县人行开办第一期有奖储蓄，于郑口大礼堂开奖。

10月18日，为解决天津人民吃水问题，建县引黄济津指挥部。

11月，县地毯厂产地毯受日本、美国、法国、意大利、新加坡等30多个国家青睐。

12月，县委大刹干部、职工建私房中的不正之风，有43名干部、职工因舞弊非法获取建房物料被查处，退赔2万余元。

是年，实行林业“三定”（稳定地权、林权，划定自留地，确定林业生产责任制），县政府重发林本所有证。

是年，建县劳动局。

1982年

1月12日，省群艺馆举办的河北省写生班国画人物、山水画展览于县内开展，画家梁岩、江枫专程从石家庄到故城县讲学，并作绘画表演。

3月4日，县人大常委会、县政府有关部门联合检查市场物价，重点检查郑口、故城、建国三大集镇，对85106种商品价格和192件度量衡器具进行检查，发现不合格商品及部分器具不标准。

7月1日零时，全国开始第三次人口普查，经普查，全县时有83275户，370991人，其中男性183574人，女性187417人。

8月6日上午7时40分，饶阳店公社联办初中一年级教室突然房梁断落，教室倒塌。63名学生被砸，其中16名学生受伤（6人重伤），经医院抢救5人脱险、1人致残。事故发生后，县委、县政府责令该社管委会和县文教局分别于同日下午、9月7日下午召开全县大队主要干部和各公社、县中、片中负责人参加的现场会。

9月9日地区文教局于故城县召开各市、县文教局局长现场会。

同月19日，县府招待加拿大自行车旅游团一行24人。

同月，工业产品始行标准化管理。

10月1日，引黄、引岳济津水利工程放水，途经县境运河75公里。事前，为保证送水，县委、县政府组织劳力浚河道、护堤坝，历时100天，故城县确保为天津送水6亿立方米。

同月28日，县政府决定，撤销县计划生育领导小组、安全生产委员会、多种经营领导小组、林木确权发证领导小组、农田水利建设指挥部、工农教育委员会、扶贫领导小组、人口普查领导小组、退还校舍领导小组、劳动就业领导小组、招生委员会、控制社会集团购买力办公室、国库券推销领导小组、三电办公室、工业品下乡领导小组、企业财务大检查领导小组等临时机构。

11月，前沙岗大队因农业丰收，社员收入增加，成为全县第一电视村。

12月，因公产私用房租金不抵修缮费用，遂将公产私用房作价售予党政机关事业单位个人所有。

是年，对国家机关工作人员实行离休制度。

是年，实行家庭联产承包责任制农村经济发生显著变化，农民基本解决温饱问题。

1983年

1月11日，县化肥厂因违犯操作规程，致使洗气塔水封液位降低而失去作用，煤气管道廓阀内漏，部分热气进入洗气塔后与水煤气混合，发生气塔顶部爆炸重大事故。

5月14日，建县科技领导小组。

6月1日，实行第一步利改税。

7月，经省、地验收，故城县基本达无文盲县标准。

夏，在抗旱保夏播、保夏收中，推广夏庄公社群众创造的手压真空井，未久其他社队又创马拉、机带、电动真空井，发挥抗旱功能。

9月，县属皮婆屯至王疃（属景县）火车站铁路专用线竣工运营。

同月，各国举办农村小学易为社办、队办。

同月，中、小学实行分级办学、管理。

同月，全县农业生产责任制形式基本稳定，全县1863个生产小队中实行。大包干者1724个、联产计酬者76个、专业承包者23个、双田制者5个、包产到户者8个。

10月，建县审计局。

11月23日，县政府向全县发放宅基使用证。

同月，故城县被林业部命名为全国平原绿化先进县。

12月，建县物价局。

是年，县科委创办《故城县科技》小报。

是年，省科委将故城县定为科技工作联系重点县。

是年，柴油、汽油实行平价供应、议价供应双轨制。

是年，在商业企业内部实行多种形式的经营承包责任制。

是年，建县广播电视局。

1984年

1月，对全县工商业企业换发全国统一营业执照。

同月，建中国工商银行故城县支行。

3月，各乡（镇）办农业技术学校（班）。

同月，公社改乡（镇）大队改村建制。是时，县辖20个乡、3个镇、538个村。

4月5日，县医院成功施行一例“心脏二尖瓣狭窄分离”手术，为全国县级医院首例。

6月1日，县职工俱乐部楼落成。

7月，建县经济合同仲裁委员会。

同月，始行自行车管理。

9月，建县个体劳动者协会。

10月6—8日，由农牧渔业部有关专家考察优质棉花生产基地建设情况。经考察，故城县被定为全国优质棉花生产基地县之一。

12月，省政府向县政府颁发普及初等教育证书。

是年，易名乡（镇）财政所。

是年，改县内招收固定工（技校招生除外）为考试录用合同工。

是年，建县农业局良棉种子公司。

是年，全县开展扶贫脱贫工作，至1987年脱贫5253户，占贫困户总数的52.1%。

是年，各乡（镇）兽医站实行组阁招聘制，畜牧系统由原行政事业型易为服务事业型单位。

是年，建县电视大学，并行自学考试。

是年，根据当地资源优势调整农村产业结构。

是年，建县标准计量局、劳动人事局。

是年，征收企业排污费。

是年，实行第二步利改税。

是年，对行政、事业单位干部、职工实行奖金制度。

是年，社队企业管理局易名乡镇企业管理局。

1985年

1月始，全国开始第二次工业普查，经普查，1985年年末全县各行业企业143家，其中县办全民企业14家、县办集体企业14家、乡（镇）办企业115家，另有乡以上非独立企业5家、村办企业467家。

3月，建县电视转播台。

同月，县劳动人事局组织劳务输出。

5月6日，于郑口镇治东南端建综合性贸易市场（东阳市场）。

6月20日，县气象站增设传真机2台，可接收东京、北京等天气传真图，预报质量显著提高。

同月，建县老年体育协会。

12月19日，全县共查饮水井1107眼，含氟量超过标准者212眼，涉及69个村，6.4万人，含氟量较高者为郑口镇。

是年，县气象站实行专业有偿服务。

是年，建县农业技术推广中心。

是年，建县职工体育协会、县武术协会。

是年，全县订阅《农民日报》实现百人一份，居全国第三位。

是年，引种无毒棉成功，翌年被省科委列为星火计划项目。

是年，县酿酒厂产“甘陵春”牌白酒、县钢丝绳厂产“金宝”牌两种规格钢丝绳均评为省优质产品。

是年，县供销合作社实行多种形式经营承包责任制。

是年，始对污染物质进行监测。

是年，对行政、事业单位干部、职工工资普遍套改。

是年，各乡（镇）建综合技术服务公司。

1986年

3月，因全县人口得以有效控制，出生率由1963—1985年间最高达36.8‰降至10.56‰，被国家计划生育委员会评为全国计划生育先进县，翌年又获此誉。

4月13日，故城县地方志编纂委员会部署编纂中华人民共和国成立后首部《故城县志》。

同月18日，故城县被国家体委命名为全国体育先进县。

同月，建县档案局。

7月1日，对微利企业免征零售环节营业税。

同月15日，建县土地管理办公室，翌年易局。

同月，建县城市信用合作社。

9月，建县职工业余学校。

同月，县财政拨款复印1921年重印本清光绪十一年（1885年）《故城县志》，以利存史。

10月1日，由省、地、县三级投资，于郑口镇铺开改水降氟工程。

11月21日，县医院成功施行一例低温麻醉体外循环心内直视手术。

12月1日，县电视转播台正式转播中央、省、地电视台节目。

同月19日，改水降氟主体工程竣工，副省长王祖武、常务副专员孙木森为工程落成典礼剪彩。经一年运行及省有关专家鉴定，此改水降氟工艺居国内领先水平，自此郑口结束饮用高氟水的历史。

是年，故城镇产老来福牌、北贡牌“龙凤贡面”外经全国食品行评，分别获得第二名、第三名，并获农牧渔业部优质产品称号。

是年，县医院被命名为全国文明医院。

是年，按十年一遇标准扩挖辛堤干渠上段。

是年，故城县与衡水地区另外六县参加卫千（卫运河—千顷洼）工程建设，故城县承担南小屯东段10.6公里土方工程。

是年，领导过冀南抗日斗争的党和国家领导人徐向前、宋任穷、王任重、陈再道、刘志坚为冀南“四二九”烈士陵园题词。

是年，实施国家“星火计划”有关项目，县内涉及31个专业。

是年，县城建设总体规划大部建设项目相继竣工。

是年，县委、县政府作出决定，发展果树，调整农业内部结构，全县出现种植“果树热”。

是年，完成江江河改建工程，并建钢筋混凝土桥12座。

1987年

1月10日，中央农业广播学校故城分校成立。

同月22日，成立故城县土地管理局。

同月，在各类专业技术人员中评定技术职称。

2月中旬，县内15名儿童食用甘蔗中毒，其中3名死亡、5名致残。县卫生局销毁霉变甘蔗6000斤。

同月15日，全县第一座标准变电站——房庄35千伏变电站建成并投入运营。

3月22—24日，政协故城县第三届委员会第一次会议召开。会议选举马端榜为政协第三届委员会主席；尹丕杰、陈连生为政协第三届委员会副主席。

同月23—25日，故城县第九届人民代表大会第一次会议召开。会议选举薛逢富为县人大常委会主任，李继云、吴希昆、李作虎、陈中和为县人大常委会副主任；尹久成为人民政府县长，李增泉、李玉珍、李金卫、曹立功为县人民政府副县长；卢振忠为县人民法院院长，姜福生为县人民检察院检察长。

4月29日，位于建国镇霍庄村冀南“四二九”烈士陵园重修落成。

同日，纪念抗日反“扫荡”胜利45周年大会于冀南“四二九”烈士陵园召开。原中国人民解放军冀南军区司令员、中共冀南区委常委王光华，冀南行署教育处处长张策，河北省委、省政府领导邢崇智、叶连松分别代表省委、省政府敬献花圈。大会由顾问委员会主任王东宁主持，邢崇智、王光华讲话，省委原书记赵一民，衡水地委书记平义杰，行署专员宁全福，副专员解玉琦、孙木森，衡水军分区司令员耿玉琪，故城县委、县政府领导，各地来宾及当地群众1000余人参加纪念会。

同月，郑口镇五户村268亩苹果园滴灌试点工程竣工。

同月，建县内首家以安置残疾人为主的扶贫福利企业——故城县福利电器厂。

5月，故城儿童计划免疫工作获联合国世界卫生组织儿童计划免疫审评团好评。

7月，由省、地投资，于郑口与邢德公路、里德公路、郑枣公路建成县级永久性桥1座，半永久性桥3座，乡（镇）级永久性桥2座，半永久性桥18座。

8月28日，县农业技术推广中心成立。

同月30日，撤销房庄、辛庄、十二里庄三所中学，合并到县中和郑口镇中。

9月2日，成立县城镇管理监察大队。

同月，县计划生育技术站试制、引进HCG，染色体检查新生儿、胎儿畸形新技术。

同月，农牧渔业部确定故城县为省柴节煤试点县。

10月3—8日，县承办河北省首届农民篮球预赛，县男子篮球队代表衡水地区参加预赛，获第一名，取得翌年决赛资格。

同月19日，故城县烟草公司更名为故城县烟草专卖局，正科级单位。

11月12日，县广播局增设调频广播。

12月，县邮电局开通辛庄、房庄支局特高频电路各 3 条。

是年，县城改水降氟二期工程——南水厂工程开工。南水厂工程开发面积 3 平方公里，水源年允许开采量 50 万立方米。饮用水含氟保持在 0.8 ～ 1 毫克 / 升。

是年，县内通往各地国营汽车班车 46 辆次。

是年，统筹劳动合同制工人退休养老保险金和企业干部离退休费。

是年，300 余科技人员参加技术承包，并组成 5 个技术承包集团。

是年，在各县办工业、乡镇企业中开展创建科技型企业和乡（镇）科技达标活动。

是年，县邮电局增设电传机双机头 1 部，电报路由故城至衡水易为故城至石家庄，并入全国 256 路电报自动网。

是年，县一建公司在山东省潍坊市碱厂自备电厂承建的 120 米烟囱竣工，此为县历年所建最高建筑，获山东省无事故奖。

是年末，全县共计 91337 户，人口 388238 人（男性 193673 人，女性 194565 人），其中农业人口 367041 人，非农业人口 21197 人。

是年，建以体育场为中心的体育配套设施。

1988 年

1 月 7 日，地委书记平义杰到故城县考察指导工作。

3 月 14—17 日，河北省水利厅在故城县召开全省机井管理座谈会，郑口镇介绍机井管理经验。

同月 25—26 日，故城县第九届人民代表大会第二次会议召开。出席会议代表 138 人，会议选举尹久成、李作虎、秘立桥为出席河北省第七届人民代表大会代表。

同月 27—28 日，政协故城县第三届委员会第二次会议召开。

4 月 16 日，副省长王祖武到故城县考察县医院、改水降氟、计划生育、教育等工作。

同月，撤销中共故城县委政法委员会，成立故城县委政法领导小组。

5 月 1 日，成立故城县监察局。

同日，县人民广播电台正式开播。

同月 9 日，县第一城市信用社开业。

同月 17 日，县建设银行房地产开发公司成立。

同月，全国政协副主席王任重到故城县视察工作。

6 月 10 日，成立故城县水资源管理委员会和故城县防汛指挥部。

7 月中旬，县酒厂成为全县第一个获二级计量合格证的企业。

8 月 12 日，县标准计量局、工商局、物价局、商业局、粮食局联合发文通知，液体商品零售中使用的量提一律更换为公制量提。

同月，县广播局建卫星地面接收站。

9 月 5 日，县 110 千伏变电站投入使用。

12 月 11 日，县钢丝绳厂因违章作业造成火灾，直接经济损失 9.6 万元。

是年，衡水地区行署调整中等师范学校布局，撤销故城县中等师范学校，仅保留故城县教师进修学校。

是年，县统战部接待韩贵增等回乡探亲台胞 33 人。

1989 年

1 月 1 日起，全县各种包装物及印刷物一律使用法定计量单位。

同月 10 日，县生产资料公司、饶阳店供销社、武官寨油棉厂接受中央 14 家新闻单位的采访。

同月 13 日，评书表演艺术家刘兰芳到故城县为税收宣传演出。

同月，成立故城县农业综合开发办公室。

3 月 19—20 日，政协故城县第三届委员会第三次会议召开。

同月 21—22 日，故城县第九届人民代表大会第三次会议召开。会议补选孙志人为故城县人民政府县长及出席河北省第七届人民代表大会代表。

同月，故城县“五讲四美三热爱”活动委员会更名为故城县社会主义精神文明建设活动指导委员会。

4 月 12 日，县农业局引进的棉花新品种系石 711 获得试种成功，并被确定为翌年全县棉花重点推广品种。

同月，县棉麻公司、饶阳店供销社、辛庄供销社、武官寨油棉厂被县委确定为局级单位。

同月，故城县第七届妇女代表大会召开。

5月3日，省长岳岐峰到故城县检查指导工作。

同月31日，县广播电台开机试播。

6月30日，全县39万亩小麦喜获丰收，总产97400吨，单产249公斤，人均占有264公斤，三项指标均创历史最高纪录。

7月17日，里老乡李鸭鹅、朴庄两村遭特大龙卷风袭击。此次龙卷风风带长2.5公里，宽100～150米左右，所到之处，树木、房屋严重被毁。共造成600多间房屋倒塌、170多人受伤（其中重伤37人），死伤牲畜250头只，经济损失70多万元。

同月21日，天降暴雨。三小时内，降雨量达200多毫米，造成15个乡镇、125个村庄大面积积水，淹地85000亩。时值汛期，积水无法排泄，积水长达5天之久，致使38000亩农作物受灾，其中12000亩绝收。

同月27日，供销大楼发生重大火灾事故，造成2人死亡，5人重伤，经济损失9.98万元。

9月26日，全县第一批优质棉基地正式通过省级验收。

同月，故城县被省政府命名为“1989年度全省农村水利建设先进县”。

12月18—20日，中共故城县第七次代表大会召开。按照大会通过的选举办法，产生中共故城县第七届委员会委员32名，常务委员会委员10人，书记1名，副书记3名，候补委员5名，纪律检查委员会委员15名。

同月29日，县委、县政府在后吴村为捐资兴学的刘致行举行荣誉碑揭幕仪式。

同月，成立故城县残疾人联合会，正科级单位。

是年，县委成立以县委书记万德仓为组长的评议党员领导小组，对全县23个乡镇、65个县直部门、95个党支部的2470名党员进行评议。共评出基本不合格党员39名，不合格党员12名，其中劝退2名，除名6名，开除党籍1名，留党察看2名，限期改正40名。

1990年

2月16日，全县廉政纪检工作会议召开，县委书记万德仓、县纪委书记耿国英出席并讲话。

3月5—9日，政协故城县第四届委员会第一次会议召开。会议选举马端榜为政协第四届委员会主席；张彦恩、尹丕杰、陈连生、姚义珍为政协第四届委员会副主席；审议通过政协故城县四届一次会议各项决议。

同月6—8日，故城县第十届人民代表大会召开。出席会议代表215人，会议选举李增泉为县人大常委会主任，李继云、李作虎、陈中和、刘廷香为县人大常委会副主任；孙志人为县人民政府县长，李玉珍、李金卫、郭居娥（女）、王长春、曹立功、邵学良为县人民政府副县长；卢振忠为人民法院院长，姜福生为县人民检察院检察长。

4月，党史资料征编办公室更名为党史研究办公室。

5月8日，地委副书记解玉琦、县委书记万德仓、县长孙志人及辛庄乡、县农业银行、粮食局、民政局、供销社等部门负责人，深入北官庄、万小麻、张小麻等贫困村的特贫户家中，实地查看慰问，并现场为特贫户排忧解难。

同月10日，在中国人民解放军北京军区总医院张元彬主任指导下，县医院成功为一患者实施心外高难手术——低温体外循环心内直视二尖瓣置换术，填补了衡水地区该项领域的空白。

同月19日，地区行署专员张士英到故城县考察工作，并听取县人大的工作情况汇报。

同月31日，撤销中共故城县委政法领导小组，恢复中共故城县委政法委员会。

8月21日，县消费纠纷仲裁委员会成立。

10月9日，中国台湾银村国际香港机械股份有限公司同县棉纺厂在天津市签订了合资共建80台喷水无梭织机织布厂的合同。

同月18日，故城县获河北省1990年农田水利基本建设“海河杯”竞赛二等奖。

12月20日，县机井修配厂与河北省化工研究所、郑州大学联合开发的新产品“草酸二乙酯”通过省级鉴定。

同月25日，杏基乡防渗示范区工程在全省20个示范区中率先通过省级验收。

是年，全县23个乡镇先后成立政法委员会。

是年，东阳市场被国家工商行政管理局评为“全国文明市场”。

是年，和平闸引水1.91亿立方米，创历史最高纪录。

是年，第四次全国人口普查，全县总人口427606人，其中男性213183人、女性214423人。

1991年

2月，饶阳店邮电支局首先采用128门程控自动电话交换机，全县开始使用农村数字程控电话。

3月7日，联合国儿童基金会、世界卫生组织委派国际观察员尼克森来县考察儿童计划免疫工作。

同月，职教中心开始招生，共招文秘、财会、幼师、农村电气化各专业学生248人。

4月8—9日，政协故城县第四届委员会第二次会议召开。

同月10日，省人大常委会副主任张子明到故城视察辛堤干渠、卫千干渠、官道河、窦堡店渠等工程。

同月10—11日，故城县第十届人民代表大会第二次会议召开，到会代表204人，会议补选李继云为县人大常委会主任。

同月26日，冶金部体改司司长刘琦在省冶金集团公司副总经理宋家骥及地、县领导陪同下，对县钢丝绳厂晋升国家二级企业进行验收。

同月28日，县钢丝绳厂厂长刘廷香被全国总工会授予“全国优秀经营管理者”，并获“五一劳动奖章”。

同月，县甘陵酒厂“甘陵春”优质白酒获北京第二届国际博览会铜奖。

同月，成立故城县民族宗教局，与县民政局合署办公。

5月15日，县甘陵酒厂两间宿舍，午夜因雷击毁大梁而塌顶，造成职工2死7伤。

6月5日，故城县烟草专卖局、故城县烟草公司上划，隶属河北省衡水市烟草专卖局、河北省烟草公司衡水分公司垂直领导，改称河北省故城县烟草专卖局、河北省烟草公司故城县公司。

同月18日，县邮电局正式开通国际长途直拨电话，成为全省首家开通国际长途直拨电话的县级局。

同月22日，成立故城县社会治安综合委员会，与政法委合署办公。

同月23日，经省、地、县工商部门批准，省优产品甘陵牌东阳酒更名沐阳酒。

7月8日，三朗、梧茂、房庄、小庙、夏庄、庙灵、里老七乡受冰雹袭击。冰雹直径3～5厘米，地面最厚处达20厘米，受灾面积15万亩，其中绝收50680亩，砸伤28人，其中重伤15人，砸伤大牲畜15头，毁坏房屋107间，围墙600米，直接经济损失2196万元。梧茂乡受灾最重，几乎全乡绝收。

同月20日，海河水利委员会副主任李连生、漳卫南运河管理局局长戚天成、副局长王金玉等到故城县检查运河情况。

同月，省林业厅在故城县召开平原树木蛀干害虫防治现场会，推广故城县的经验做法。

8月19日，省水利厅副厅长温树堂率省农行、水利部门组成的省政府抗旱工作组到故城县考察旱情，并听取抗旱工作的汇报。

同月25日，河北甘陵酒厂的全部产品商标在国家工商总局核准注册。

同月28日，冶金工业部批准故城县钢丝绳厂为国家二级企业。

9月26日，省工商局以冀工商企名字第43号文件正式批准“故城县钢丝绳厂”更名为“河北钢丝绳厂”。

同月，全县组织第一期“社教”工作队，会同省、地单位“社教”队员，在全县三分之一的村庄开展“社教”活动。

10月22日，省政协副主席徐纯性在地县领导的陪同下视察河北钢丝绳厂生产车间，并对钢丝绳厂近几年的发展给予较高的评价。

同月，原中顾委副主任宋任穷到故城县考察，并题词“走社会主义道路，创故城业绩”。

同月，中共故城县委、故城县人民政府印发《故城县社会治安综合治理五年规划》。

12月15日，故城、原隰两邮电支局开通128门程控小交换机，使8个乡镇的电话进入市话网。

同日，县林业局的“黑龙港盐化潮土山楂试种及早期丰产栽培技术”通过省级专家鉴定，此项技术居国内领先水平。

同月20日，县邮电局市话主机增容1000门工程正式割接开通。

同月，38度“甘陵春”被省轻工厅命名为“河北省优质产品”，并同时获“全国食品工业改革新成就展览会优质产品奖”。

同月，全县电话号码由4位升至5位。

是年，全县市话进入全国长途直拨网。

1992年

1月13日，水利部副部长周文智到故城县考察引黄入卫济冀工程入水口——和平闸。

同月，美国密执安大学梅德斯教授对县农业技术中等专业学校进行参观考察。

3月8日，郑口中学教师李欣荣被全国总工会授予“全国先进女职工”称号。

同月25—26日，故城县第十届人民代表大会第三次会议召开。出席代表192人，会议补选徐殿仓为县人民政府县长。

4月4日，河北钢丝绳厂在北京首都宾馆举行“美乐达”床垫获国家金奖新闻发布会。老一辈革命家杨成武将军到会祝贺，冶金部、轻工部及国务院体改委有关领导到会讲话。首都30多家新闻单位参加了这次发布会。

同月25—26日，政协故城县第四届委员会第三次会议召开。

同月，共青团故城县第十届代表大会召开。

6月25日，省委副书记吕传赞到河北钢丝绳厂考察指导工作，并对该厂生产发展、技术改造方面提出指导性意见。

同月，省委副书记吕传赞、副省长郭洪歧到故城县考察东阳市场。

同月，县邮电局开通无线寻呼业务，仅在县内使用。

7月16日，衡水地区首家县级金融市场——故城县金融市场正式成立。

同月30日，副省长张润身、省水利厅副厅长韩锦文等到故城县考察旱灾、旱情。

8月11日，故城县在满洲里设立进出口贸易公司。

同月21日，县甘陵酒厂开发生产的50度“甘陵春”在全国首届民用新科技博览会和第四届东京国际博览会分别获金奖、银奖。

9月8日，故城县农业技术中等专业学校举行30周年校庆活动。

10月17日，县内开通用户自办传真信函业务。

同月20日，河北钢丝绳厂生产的“美乐达”床垫获“河北省第三届消费者信得过商品”称号。

同月，省人大常委会副主任刘英到故城县视察东阳市场。

同月，故城县顺利通过省教委组织的小学必备办学条件达标评估验收，全面普及小学六年教育。

同月，故城县被省政府命名为“义务教育先进县”。

12月15—17日，中共故城县第八次代表大会召开。会议选举产生由33名委员、5名候补委员组成的中共故城县第八届委员会和16名委员组成的中共故城县纪律检查委员会；选举产生书记1名，副书记4名，常务委员11名。

同月17日，里老林场被批准建立省级森林公园。

同月29日，县酒厂的“甘陵春”商标、河北钢丝绳厂的“金宝”商标被河北省工商局认定为“河北省著名商标”。

是年，全县开始实施以救助贫困失学儿童重返校园为主的“希望工程”。

是年，全县遭遇特大干旱，全年降水仅290.3毫米。

是年，县政府发布《故城县地名标志管护规定》，为地名管理确立了法规依据。

1993年

1月10—11日，政协故城县第五届委员会第一次会议召开。会议选举张彦恩为政协第五届委员会主席；选举王增义、姚义珍、黄凤忠、徐乃起为政协第五届委员会副主席；通过五届委员会一次会议政治决议和提案审查情况报告。

同月11—13日，故城县第十一届人民代表大会第一次会议召开。会议选举李继云为县人大常委会主任，陈中和、姜福生、李作虎、刘廷香、石玉清为县人大常委会副主任；徐殿仓为县人民政府县长，李玉珍、郭居娥（女）、李庆云、曹立功、王大虎、高岭福为县人民政府副县长；樊根福为县人民法院院长，张喜民为县人民检察院检察长；选举孙木森（参选）、徐殿仓、李作虎、秘立桥为出席河北省第八届人民代表大会代表。

2月，故城县被省委、省政府和省军区授予“双拥模范县”。

3月11日，中共中央政治局委员、国务委员、国家教委主任李铁映到故城县职教中心考察指导工作，并题词“振兴腾飞”。

4月5日，县纪委、县监察局正式合署办公，实行一套人马、两个牌子，履行纪检和监察两种职能。

同月，全县首次工业系统劳动模范表彰大会召开，33人被授予劳动模范称号。

同月，县委、县政府召开“奋不顾身，见义勇为”表彰大会，对勇救3名落水儿童的沈崇英同志进行表彰。

5月16日，县工商联恢复工作，与县统战部合署办公，为正科级单位。

同月28日，故城县工商联第五届会员代表大会召开。

8月19日，县标准计量局更名为故城县技术监督局。

9月1日，县内运河故城管理段更名为故城运河管理段。

同月23日，衡水—枣强—冀县—故城数字微波通信工程通过验收并移交河北省传输局维护。

10月24日，故城县成为衡水地区首家开通日本产6000门市内电话数字程控电话交换机的县。

同月，全县电话号码由5位升至6位。

同月，饶阳店乡撤乡建镇。

是年，河北钢丝绳厂获得进出口经营权，成为衡水地区首家放权企业。

是年，全县进行第一次全国第三产业普查。

1994年

1月，青罕乡撤乡建镇。

3月15—17日，政协故城县第五届委员会第二次会议召开。

同月16—17日，故城县第十一届人民代表大会第二次会议召开。

4月12日，北京军区“民兵以劳养武”现场会在故城县召开，时任北京军区政委到会，并对故城的经验给予了充分肯定。

4月24—5月10日，县民政局在县城举办首次有奖募捐活动，共销售奖券90万张，总计180万元，筹集社会福利基金43万元。

同月28日，县工商银行成立房地产信贷部，主要办理住房抵押贷款业务，并设立储蓄专柜。

8月，县委书记孙志人调离故城，徐殿仓任中共故城县委书记。

同月18日，成立故城县地方税务局和故城县国家税务总局。

同月，县水利局郭念文主编的《故城县水利志》正式出版，该志书获省“河北省水利科技进步一等奖”。

11月，故城县第八届妇女大会召开。

12月27日，县钢丝绳厂被批准为国家大二型企业。

同月，故城县开通移动通信业务。

是年，首次在县内发现动物猝死症。

是年，县邮电局引进三台磁卡式公用自动电话机，全县卡式电话业务正式开始。

1995年

1月，县医院被卫生部、国家中医药管理局、人事部授予“全国卫生系统先进集体”称号。

同月起，全县除党政机关、公共设施、公益事业用地继续以划拨形式使用土地外，其他凡属经营性用地（含城镇居民住宅用地）均以出让方式取得。

3月4日，故城县被全国绿化委员会授予“全国造林绿化百佳县”称号。

同月20—22日，政协故城县第五届委员会第三次会议召开。

同月21—23日，故城县第十一届人民代表大会第三次会议召开。会议补选石金义为县人民政府县长。

同月，县体育运动委员会更名为故城县体育局。

同月，房庄乡率先实现村村通自动电话。

4月，成立故城县招商局。

5月，全县开展计划生育大清理，整顿婚育

秩序。

同月，武官寨乡撤乡建镇。

6月24日，里老、夏庄、小屯、小庙、袁庄、辛庄、庙灵、故城8个乡镇遭受罕见特大风雹袭击，时间持续15～20分钟，最大风力10级以上，冰雹直径1～12厘米。砸伤3600人，遇难2人，农作物、果树、蔬菜及电力通信设施、建筑物受灾情况严重，总损失约2.1亿元。

同月25日，全县电话号码由6位升至7位，故城县电话号码首位为5。

7月，河北郑口中学高二学生赵蕾以688分的成绩考入中国科技大学少年班，成为河北省唯一一名考入中国科技大学少年班的学生。

同月，县环保办公室升级为环保局。

8月16日，经衡水市国家税务总局批准，故城县国家税务总局县直税务所、郑口税务所更名为故城县国税县直分局、郑口分局。

9月，卫生部、联合国儿童基金会、世界卫生组织授予故城县医院“爱婴医院”称号。

11月18日，省人大常委会副主任张建新，省人大秘书长解玉琦，衡水地委委员等省、市领导参加县电视台发射塔建成剪彩仪式。

同月23日，县政府出台《故城县深化城镇住房制度改革实施方案》。

是年，饶阳店养殖女能手王焕荣在县妇联帮助下，争取国际工合组织贷款建起一个综合养殖场，成为全国第一个国际工合妇女合作社。

1996年

1月24—25日，故城县第十届人民代表大会第四次会议召开。

同月，全县并乡扩镇，23个乡镇合并为13个。小屯乡并入故城镇，庙灵乡并入辛庄乡，赵行乡、杏基乡并入郑口镇，小庙乡、梧茂乡并入房庄乡，袁庄乡并入夏庄乡，原隰乡并入三朗乡，要庄乡并入建国镇，瓦子庄乡并入西半屯乡。

2月，县职教中心通过国家教委组织的国家级重点职业学校审批认定，进入全国百所重点职校行列。

3月19—20日，政协故城县第五届委员会第四次会议召开。

同月，故城县被全国绿化委员会、林业部、农业部授予“全国绿化先进县”称号。

4月15日，县委制定《关于密切党群干群关系、实施“鱼水工程”的意见》，在全县组织实施“鱼水工程”。

同月，全县第一届职工劳动模范表彰大会召开。

同月，故城县人民武装部由地方建制收归军队建制，全称“中国人民解放军河北省故城县人民武装部”。

7月，故城县计划委员会更名为故城县计划局。

同月，县检察院设立反贪污贿赂局。

8月5日，全县召开抗洪抢险紧急会议，安排部署抗洪抢险工作。

同月12日，洪峰最高流量达2000立方米/秒，建国镇和平闸最高水位达30.3米，高出滩地2米以上，堤内11.5万亩田地全部被淹。

同月14日，市委副书记郭华到故城指导抗洪工作。

同月，故城镇小屯小学的一间校舍坍塌，导致一名学生死亡，20多名学生受伤，教师胡玲玲为救学生身受重伤。

9月12—13日，故城县第十一届人民代表大会第五次会议召开。会议选举产生36名出席衡水第一届人民代表大会代表。

同月26日，贸易局经批准调整为事业局。

同月，全县实现村村通自动电话。

同月，全县扫盲工作先后通过省检、国检，完成基本扫除青壮年文盲的目标。

11月26日，河北金宝集团成立。

12月3日，公安干警张长善在追捕犯罪嫌疑人时，以身殉职，公安部授予其“二级模范”称号。

同月，县新能源办公室和地震局并入县科学技术委员会，成立故城县科学技术局。

同月，县直机关党委更名为县直机关工作委员会。

是年，县委、县政府出台《关于乡镇机构设置和人员编制实施方案》。

是年，故城县被农业部授予“粮食生产先进县”。

是年，全县进行第一次全国农业普查。

1997 年

1 月 13 日，县计划生育委员会更名为故城县计划生育局。

同月 21 日，故城县工商联第六届会员代表大会召开。

2 月 24—26 日，政协故城县第五届委员会第五次会议召开。

同月 25—26 日，故城县第十一届人民代表大会第六次会议召开。

3 月 5 日，成立故城县信访局。

5 月 24 日，全市政务公开工作现场会在故城县召开，市委书记白润璋作讲话，与会人员观摩了饶阳店镇政务公开工作。

同月，故城县被林业部授予“全国高标准平原绿化试点县”称号。

同月，公安部门在军屯乡胡官屯村取缔了 136 名道教徒参加的非法宗教组织，并对首要人员进行刑事处理。

8 月，成立县住房制度改革办公室。

9 月 29—30 日，故城县第十一届人民代表大会第七次会议召开。

同月，建县高级中学。

10 月 28 日，在县委、县政府门前建立“政务公开一条街”，33 个执法、执纪、执收、执罚部门工作向全县群众公开。

同月，全县完成户口本和常住人口登记表换发工作，结束手写户口本的历史。

是年，故城县建设委员会更名为故城县建设局。建国镇被省委、省政府确定为全省第一批综合改革试点镇。

是年，南王庄、刁孝子、赵庄、北二屯、坟台 5 个村被县委、县政府命名为全县首批安全文明村。

1998 年

1 月，县委书记徐殿仓调离故城县，郭金强任中共故城县委书记。

2 月 14—16 日，政协故城县第六届委员会第一次会议召开。会议选举张彦恩为政协第六届委员会主席；选举李庆云、黄凤忠、徐乃起、张彦秀、张德恩、翟占禹为政协第六届委员会副主席；通过政协故城县六届一次会议各项决议。

同月 15—18 日，故城县第十二届人民代表大会第一次会议召开，参会代表 202 人。会议选举孔德诗为县人大常委会主任，刘廷香、魏振国、姚义珍、张喜民、石玉清为县人大常委会副主任；王辉为县人民政府县长，王金刚、秦子来、张海国、张克勤、张海英为县人民政府副县长；于建海为县人民法院院长，魏冠奇为县人民检察院检察长；选举产生了 38 名出席衡水市第二届人民代表大会代表。

3 月 6—8 日，中共故城县第九次代表大会召开。选举产生了由 34 名委员、5 名候补委员组成的中共故城县第九届委员会和由 15 名委员组成的中共故城县纪律检查委员会；选举常务委员会委员 12 名，书记 1 名，副书记 4 名。

同月，共青团故城县第十届代表大会召开。

同月 18 日，技术监督系统实行省以下垂直管理，县技术监督局成为衡水市技术监督局直属机构。

4 月 1 日，市委常委、市纪委书记李忠信到故城县检查指导党风廉政和反腐败工作。

同月 15 日，全县开始推行殡葬改革。

同月 20 日，全县首次开展义务献血活动。

同月 29 日起，在全县范围内开展非公有制企业争创“十强百星”活动。

同月，县城商业街开工建设。

6 月 21 日，县内发生严重暴风雨灾害，大风 8～9 级，造成直接损失 2716.7 万元。

7 月 18 日，经国家计划委员会批准，在里老乡建立国家粮食储备库，扩建仓容 75000 吨，建设资金全部由中央财政拨款。

8 月 8 日，县民政局、工商联、体育局、广播局四单位联合举办赈灾义演活动。

同月 28 日，县邮政局进行邮电分营，成立故城县邮政局和故城县电信局。

10 月 17 日，里老国家粮食储备库一期工程开工。

同月 18 日，县职教中心被省建委命名为“园林式单位”并颁发奖匾。

同月 30 日，军屯乡撤乡建镇。

同月，中华人民共和国成立后第一部《故城

县志》出版发行。

1999年

3月3—4日，政协故城县第六届委员会第二次会议召开。

同月3—5日，故城县第十二届人民代表大会第二次会议召开。

同月22日，经省政府批准，郑口镇西城镇的1200人由农业户口转为非农业户口。

4月8日，国家非金属矿物质量检测中心对故城县刹车片产品的监督抽查检验结果进行通报，45家刹车片企业的产品合格率仅为4.2%。

5月，县委书记郭金强调离故城，何同恩任中共故城县委书记。

7月8日，组织机构代码办理工作利用互联网与省组织机构代码管理中心联网，自此，全县组织机构代码工作进入电子信息管理时代。

同月，河北郑口中学葛宏、杨华杰分别以683分和678分的高考成绩，分获河北省理科综合成绩第一名和第二名。

8月，县内首次发现猫细小病毒。

同月，河北郑口中学新建工程基本完工，郑口中学迁至新址办学。

同月，县医院被卫生部、国家中医药管理局、中国人民解放军总后勤部卫生部授予“全国百佳医院”称号。

11月16日，取消公安、计生、民政联合办理结婚登记制度，实行民政部门独立办理。

12月30日，夏庄乡撤乡建镇。

同月，全县民办教师全部转为国办教师。

是年，全县第一眼地热井开钻。

是年，全县最低生活保障金由原来的每人每月100元调整为每人每月130元。

是年，传统公众电报业务改为传真受理方式，报机设备停用。

是年起，全县新增建设用地（含补办手续）均由县政府批准。

2000年

1月，成立故城县药品监督管理局。

同月，故城县农业技术中等专业学校七九届毕业生美国耶鲁大学生命科学教授、博士生导师马恩坡回校参观座谈。

2月21—22日，政协故城县第六届委员会第三次会议召开。

同月22—24日，故城县第十二届人民代表大会第三次会议召开。

5月，县职教中心被教育部评定为“国家级重点职业学校”。

同月，郑口运河大桥被鉴定为危桥，桥头设置限行设施。

同月31日，省水利厅副厅长梁建义到故城县检查卫运河度汛准备情况。

6月21日，省委副书记赵金铎，市领导马长河、孙志人及漳卫南运河管理局有关领导到故城县检查指导卫运河防汛工作。

同月起，全县开展“讲学习、讲政治、讲正气”为主要内容的“三讲”教育活动。

8月20日，故城县第一届天主教代表大会召开，会议选举产生了故城县天主教爱国联络小组。

9月16日，中国银行故城支行正式宣布撤销，县人民币存款业务全部划转县工商银行，外币和对公存款划转中行衡水营业部，长城卡业务由枣强中行办理销户手续。

10月1日，中国联通有限公司故城分公司成立。

11月，第五次全国人口普查开始，全县总人口451467人，其中男性228418人、女性223049人。

12月12日，县打假领导小组办公室由县工商局转交县技术监督局管理。

是年，成立故城县海外联谊会并召开第一届理事会议。

是年，故城县被国家林业局列为国家级森林病虫害中心测报点。

2001年

1月1日，特种设备安全监督职能由县劳动人事社会保障局转入县技术监督局。

2月8—9日，政协故城县第六届委员会第四次会议召开。

同月9—10日，故城县第十二届人民代表大会第四次会议召开。

3 月 14 日，衡水市药品监督管理局在故城县召开销毁假劣药品现场会，共销毁假劣药品、医疗器械 1390 个批次，标值 45.5 万元。

同月，县财政集中支付中心成立，全县 39 个行政事业单位全部纳入财政集中支付，实现统一管理、统一核算。

6 月 1 日，县委出台《关于组织干部下基层工作的实施方案》。

8 月 14 日，经省人事厅、省质量技术监督局批准，故城县技术监督局正式划归省质量技术监督局垂直管理。

同月 15 日，县委制定《关于县级领导和副乡局级以上干部结合学习“七一”讲话，开展四项教育整顿活动的实施方案》，在县级领导和副乡局以上干部中，开展理想信念、工作作风、组织纪律、廉政勤政四项教育整顿。

9 月，故城县被国家林业局确定为森林病虫防治检疫标准站。

10 月 8 日，县委、县政府制定《关于实施“振兴故城经济战略”的决定》，即团结和带领全县人民，奋战三年，富民强县，改变故城面貌，进入全市先进行列。

同月 18 日，农村电网建设与改造一期工程全部竣工。

11 月 9 日，故城县工商联第七届会员代表大会召开。

同月 20 日，故城运河管理段更名为水利部海委漳卫南运河故城河务局，为正科级单位。

同月 25 日，县妇联在全县开展以消除家庭暴力，共建文明社会为主的“白丝带”活动。

12 月 14 日，县委、县政府终止“高级中学集资、郑枣公路以资代劳费、渠道清淤扩挖工程费、郑清公路借款和林果园水费”五个涉农收费项目。

是年，建国镇被省委、省政府确定为小城镇改革发展重点镇。

是年，县内首次发现伪狂犬病。此病多发生于冬春两季，发病最多的是妊娠母猪和哺乳仔猪。

是年，全县开展“三个代表”重要思想学习教育活动。

是年，故城县被中宣部、国家计生委联合授予“全国婚育新风进万家活动先进县”称号。

2002 年

1 月 1 日，故城县技术监督局更名为故城县质量监督局。

同日，西半屯乡撤乡建镇。

3 月 1 日，里老粮库三期工程开工建设。

同日，全县城乡居民生活用电实现同网同价。

同日起，全县基本养老保险和失业保险由县地税局征收，县劳动人事社会保障局发放，县财政局监管。

同月 13—20 日，政协故城县第六届委员会第五次会议召开。

同月 19—21 日，故城县第十二届人民代表大会第五次会议召开。

4 月 11 日，为落实“富民强县”战略，促进全县工业再创辉煌，县委、县政府制订《关于项目发展年的实施方案》，确定 2002 年和 2003 年为“项目发展年”。

6 月 28 日，省委副书记冯文海，衡水市委书记刘德忠、市长李俊渠、副市长孙志人，漳卫南运河管理局副局长宋德武到故城县检查指导防汛工作，并视察郑口险工、郑口大桥等防汛工程。

同月，撤销故城县经济贸易局，成立故城县经济发展局。

8 月 30 日，里老粮库三期工程竣工并投入使用。至此，里老粮库成为衡水市最大的国家粮食储备库。

同月，成立故城县农村工作委员会（简称“农工委”）。

10 月，故城县文教局与体育局合并，成立故城县教育文化体育局。

同月，河北郑口中学经省政府验收成为省级示范高中。

同月，县环保局由一级事业局调整为一级行政局。

是年，成立故城县人事劳动和社会保障局。

是年，县土地管理局更名为故城县国土资源局。

是年，全县实行农村税费改革，取消“三提五统”费改为征收农业税，停止征收农业特产税。

是年，故城县良棉种子公司被农业部指定为“全国首批棉花和棉种加工示范企业”。

2003年

1月始，全县暂停住房公积金管理与缴纳工作。

同月9日，青罕镇南王庄村发生干群冲突事件。

2月18—19日，故城县第十二届人民代表大会第六次会议召开。会议选举出38名出席衡水市第三届人民代表大会代表。

同月，县委书记何同恩、县长王辉调离故城，张建中任中共故城县委书记，李哲民任县委副书记、代县长。

4月1日，全县抽调千名机关干部，与原单位工作脱钩，自带行李，进驻538个行政村，住农户、吃派饭，帮助所包村解决稳定发展等各类问题。

同月19日，农村电网建设与改造二期工程全部竣工。

同月22—24日，中共故城县第十次代表大会召开。大会选举产生了由38名委员、5名候补委员组成的中共故城县第十届委员会和15名委员组成的中共故城县纪律检查委员会；选举常务委员会委员11名，书记1名，副书记5名。

同月25—28日，政协故城县第七届委员会第一次会议召开。会议选举郭居娥为政协故城县七届委员会主席；选举翟占禹、田登书、夏建民、史立朝为政协故城县七届委员会副主席；通过政协故城县七届一次会议各项决议。

同月26日，故城县防治非典型肺炎工作指挥部成立。

同月26—28日，故城县第十三届人民代表大会第一次会议召开。会议选举刘石营为县人大常委会主任，柴彦勤、王友来、于磊、周德全为县人大常委会副主任；李哲民为县人民政府县长，张忠辉、张海英、张相会、赵振川、单文咏、于建军（女）为县人民政府副县长；于建海为县人民法院院长，郭华为县人民检察院检察长。

5月3日，衡水市委书记李俊渠及市委常委、秘书长杨胜忠，副市长辛书华带领市卫生等部门负责人和医学专家到故城县检查督导‘非典’防治工作。

同月8日，县委确立“负重奋进、团结实干、艰苦奋斗、励精图治”为故城精神。

同月11日，全县1200多名医护人员举行“抗击‘非典’、捍卫健康”宣誓活动。

6月5日，县政府出台《关于项目专项资金（含国债）管理暂行规定》。

同月6日，县政府出台《关于重点项目建设和招商引资的奖励办法》。

7月16日，县政府出台《故城县人民政府劳务输出工作实施方案》。

8月，全县在领导干部中开展“立党为公、执政为民”学习教育活动。

9月，聚龙中学正式招生。

同月11日，全县突降历史罕见大暴雨，连降两天两夜，日降水量大于100毫米。

同月18日，经县政府研究决定，建立故城县再就业工作联席会议制度。

11月14日，县报《今日故城》创刊发行。

同月28日，县政府出台《故城县人民政府关于启动医疗保险的意见》。

12月5日，县广播电视局与衡水市电视网络中心签订合作发展有线电视协议，由衡水广电网络公司出资对故城县有线电视网络进行升级改造。

同月25日，县摩擦制动行业协会成立。

是年，迎瑞温泉花园居住小区一期工程竣工并投入使用。

是年，县政府出台《故城县城镇职工基本医疗保险实施办法》，对全县行政、事业单位、社会团体职工实行医疗保险。

是年，全县开展第一次全国经济普查。

是年，县委出台《关于进一步加强机构编制人事与财政经费管理的规定》。规定凡涉及职能调整、机构编制、人员调配等事宜，要严格执行“三个一”制度，即由机构编制委员会一家承办；机构编制委员会集体审议，机构编制委员会主任“一支笔”审批；机构编制委员会及其办公室一种文件下达。

2004年

1月1日，成立县新能源办公室。

同月6日，成立中国银行监督管理委员会衡水分局故城监管组。

同月，成立故城县疾病预防控制中心。

2月16—18日，政协故城县第七届委员会第二次会议召开。

同月17—18日，故城县第十三届人民代表大会第二次会议召开。

3月8日，县妇联开展故城县第一届“巾帼十杰”评选活动。

同月20日，全县组织第二批千名干部下基层。

同月，共青团故城县第十二届代表大会召开。

4月30日，中国银行业监督管理委员会衡水监管分局故城办事处成立。

同月，全县13个乡镇机构改革工作顺利完成，精简分流人员1209人，占乡镇干部职工总数的54.5%。

5月，烟草经营体制改革，取消河北省烟草公司故城县公司法人资格，不再作为经营主体，改称河北省烟草公司衡水分公司故城县卷烟营销部。

同月，县城文化体育休闲广场破土动工。

同月，故城县被河北省商务厅命名为“河北省外派劳务基地”。

6月14日，县委出台《关于广泛开展创建文明生态村活动的实施意见》。

同月，故城县高级中学被省政府、省教育厅认定为省示范性高中。至此，故城县成为衡水市唯一一个拥有两所省示范性高中的县。

9月6日，成立故城县安全生产监督管理局。

10月18日，郑口—清河、建国—军屯、大外环新建、扩建工程竣工通车剪彩仪式暨庆功大会举行。

同月，故城县公安局、教育文化体育局、工商局、卫生局、药监局等10余个部门联合开展为期百天的学校、幼儿园及其周边治安秩序专项整治活动。

同月，成立城建监察大队，正科级单位，隶属建设管局。

11月16日，县医药药材公司由经贸局主管变更为卫生局管理。

是年，建国镇被省政府确定为“省级重点镇”。

是年，农村义务兵家属优待金由乡镇统筹改为县统筹，优待标准由每年300～500元，提高到每年1000元。

是年起，对全县粮农实行粮食直补政策。

是年秋，全县对实行九年义务教育的中小学实行“两免一补”工程，即免学杂费、教科书费、住宿生生活补贴。

是年，故城县被省政府命名为“河北红小豆之乡”。

是年，故城县环境监测站成立，属国家四级站，监测项目包括二氧化硫、颗粒悬浮物、烟尘、噪声。

是年，“四二九”革命烈士陵园被省委、省政府确定为省国防教育基地。

2005年

1月31日起，全县开展保持共产党员先进性教育活动。

2月26—28日，政协故城县第七届委员会第三次会议召开。

同月28日，故城县第十三届人民代表大会第三次会议召开。

3月29日，全县第三批千名干部下基层。

4月12日，故城县第二轮县志编修工作正式启动。

5月30日，县政府关闭无水污染防治措施的故城县城北轧染厂。

同月，县疾控中心建成艾滋病初筛实验室和网络信息管理中心。召开第二轮县志修编工作动员会，成立故城县地方志编纂委员会，县长李哲民任编纂委员会主任。

6月15日始，全县集中开展商场和市场消防安全治理行动。

7月1日起，全县开展清理整顿违法排污企业，保障群众健康生活环保专项行动。

同月31日，故城海源肉联厂、瑞祥化学工业有限公司、河北中通交通设施有限公司被列为第一批政府挂牌督办重点污染企业。

8月11日，县政府制定《故城县强力推进生态家园富民工程建设的实施意见》。

9月10日，冀鲁三市六县（市）治理出生人口性别比协作区在故城县成立。

同月30日，县城电网建设与改造工程全部竣工。

10月30日，县城文化体育休闲广场一期工程竣工并投入使用。

11月9日，省计生委主任赵新带领省人口与计划生育督查团到故城县检查工作。

同月，故城县医药药材公司以280万元的价格被衡水龙马保健品有限公司竞买成功，更名为故城县龙马医药有限公司。

12月，故城县被农业部授予“全国粮食生产先进县”称号。

同月，故城县被省教育厅认定为“普及特殊教育县”。

是年，故城县被商务部授予“全国外派劳务基地县”，成为全省唯一的全国外派劳务基地县。

是年，故城县被中国对外承包工程商会授予“中国对外劳务合作行业外派劳务基地”称号。

是年，故城县妇女儿童工作委员会调整为故城县人民政府妇女儿童工作委员。

2006年

3月13日，副省长宋恩华带领省农业部门到故城县对农业情况进行工作调研。

4月9—11日，故城县第十三届人民代表大会第四次会议召开。会议补选刁志新为县人大常委会副主任，高宗义为县人民法院院长。

5月1日，故城县开始办理第二代居民身份证。

同月16日，市长冀纯堂到故城县就“十一五”规划和社会主义新农村建设进行工作调研。

同月，故城县里老粮库的资产上交中央，故城县享有使用权。里老铁路专用线所有权划归故城县人民政府。

6月22日，成立故城县食品药品监督管理局。

7月，故城县出台《关于城镇特困群众医疗救助暂行办法》，解决患重大疾病特困居民的医疗困难。

同月，全县公开招录教师，经县纪检、监察局、教育文化体育局、人事劳动与社会保障局审核，录用44人。

10月，河北金宝集团被列入国家政策性破产行列，正式进入破产程序。

11月7日，原物资系统并入县市场贸易办公室，人、财、物均由县市场贸易办公室管理。

同月，成立故城县农业承包合同仲裁委员会，办公地点设在县农开办。

12月8日，省委书记白克明带领省委研究室主任王光星、省财政厅厅长齐守印、省农业厅厅长刘大群、省中小企业局局长路富裕、省交通厅副厅长陈永久等省直有关部门负责人到故城县考察指导工作。

同月31日，故城县开展第二次全国农业普查。

是年，根据《河北省公务员工资制度改革实施办法》对全县公务员工资制度进行整改。

2007年

4月，故城县被省委、省政府命名为“社会主义新农村建设先进县”。

同月，故城县实行新型农村合作医疗。

5月，县委书记张建中调离故城县，李哲民任中共故城县委书记。

5月30—6月1日，故城县第十四届人民代表大会第一次会议召开。会议选举刁志新为县人大常委会主任，秦立堂、吴海丰、徐印武、刘桂英为县人大常委会副主任；陈登泉为县人民政府县长，左俊勇、闫文举、王洪臣、于建军（女）、徐占华、史立朝为县人民政府副县长；高宗义为县人民法院院长；王占生为县人民检察院检察长。

同日，政协故城县第八届委员会议第一次会议召开。会议选举张海英为政协故城县八届委员会主席；选举田登书、周德全、冯振东、李善群为委员会副主席；审议通过政协故城县八届一次会议各项决议。

同月，故城县被省委、省政府列为社会主义新农村建设试点县。

6月，县政府出台《关于进一步推进乡（镇）财政体制改革实施方案》，确定郑口镇为“分税制”改革试点镇，其他乡镇实行“统收统支加激励”财政体制。

7月，县委、县政府制定出台《故城县建设新农村规划》《故城县建设社会主义新农村工作实施方案》。

10月，撤销农工委、农委，成立农村工作领导小组办公室。

12月25日，全县育龄妇女季普查首次启用指纹影像识别技术录入。衡水市计生委在郑口镇计生委召开指纹录入现场会。

同月，国家统计局故城调查队成立，为正科级单位，业务由省调查队垂直管理。

是年，故城县住房公积金管理中心成为独立部门，垂直于衡水市住房公积金管理中心。

2008年

1月4日，中共故城县委办公室转发县委政法委县综治委《关于开展星级创建活动深化农村“平安建设”的实施意见》的通知，通知各乡镇，县直部门结合各地各部门实际，认真抓好贯彻落实星级创建活动。

同月23日，县委办下发《关于做好我省“两会”期间和节前维护社会稳定工作的紧急通知》，着重做好非正常信访工作，切实加强值班备勤等有关工作。

2月21—23日，政协故城县第八届委员会第二次会议召开。

同月23日，故城县第十四届人民代表大会第二次会议召开。选举产生43名出席衡水市第四届人民代表大会代表。

同月25日，全县三级干部大会召开。

3月3日，县委下发《关于安全生产监管责任划分的通知》，划分安全领导责任、安全生产责任。

同月7日，中共故城县委下发《关于调整县级领导干部“六个一”联系点的通知》。

同月25日，县委下发《关于表彰2007年度政法综合工作先进单位和先进个人的决定》。

同日，在山东省泰安市召开的外派劳务工作会议上，故城县被评为全国行业外派劳务基地工作委员会副主任单位。

同月28日，县委下发《关于对2007年度劳务输出工作先进单位和个人进行表彰奖励的决定》，对成绩突出的先进乡镇辛庄乡，西半屯镇，武官寨镇予以表彰奖励。

4月17日，省检察院党组书记、检察长张德利到故城县检察院进行工作调研。

同月22日，中共故城县委下发《关于对全县2007年度工会工作先进单位和先进个人进行表彰的决定》，授予河北兴奥建筑安装工程有限公司等15个单位“故城县工会工作先进单位”称号，授予冯章起等21人“故城县工会工作先进工作者”称号。

同月29日，“四二九”反扫荡胜利66周年纪念活动在霍庄“四二九”烈士陵园举行。

5月6日，县委下发《关于表彰2007年度宣传思想工作先进单位和先进个人的决定》，表彰先进单位及个人。

同月22日，县委下发《2008年工业经济考核促激政策的通知》。

同月24日，举行“情系汶川、奉献爱心”大型赈灾募捐活动。

同月27日，县委下发《关于表彰2007年度计划生育工作先进单位和先进个人的决定》，对三朗乡等4个乡镇和里老乡焦庄等16个村给予表彰奖励，对公安局、法院、卫生局、民政局、广电局、社区办6个先进单位，故城镇胡别王村等13个模范村和115名先进个人予以表彰。

6月3日，县委对2007年度10个民主评议优秀单位，11个民主评议先进单位，10个优化发展环境优秀单位，20个民主评议优秀窗口单位予以表彰。

同月16日，市长高宏志到故城县就新开工重点项目建设情况进行工作调研。

同月24日，全市“百千兴业富民工程”建设现场观摩会在故城县召开。

同月30日，中共故城县委下发《关于表彰先进基层党组织建设示范点，优秀共产党员、优秀党务工作者和优秀星级农村党支部书记的决定》表彰基层支部、基层党组织各40名；授予160人“优秀共产党员”“优秀党务工作者”“星级农村党支部书记”称号。

7月1日，全县有线电视入村率达100%，有线电视用户65000户，入户率超过50%。

同月17日，市长高宏志、市政协主席徐学清、副市长邹立基到故城县检查指导防汛准备工作。

同月23日，市人大常委会主任孙志人到故城县就城镇面貌三年大变样活动和“一拆两改”开展情况进行专题调研。

8月25日，召开县委常委扩大会议，分析研究全县信访稳定和安保工作，汇报浩天、龙湖和天都开工仪式事项。传达市纪检会议精神。

9月18日，市长高宏志，副市长戴国华到故城县看望因食用问题奶粉患病的儿童。

同日，省纪委副书记吕忠国到故城县进行工作调研。

10月8日，县委召开常委会议，听取关于乡局领导班子和领导干部的考核情况，研究讨论里老粮库成立党委事宜。

同日，县委召开党政联席会议，听取教育工作情况的汇报、关于衡荣公司改制准备情况的汇报、关于三鹿奶粉事件有关整治情况的汇报。

同月13日，在安徽省合肥市召开的全国劳务工作会议上故城县被评为“优秀外派劳务基地”。

11月3日，省政府教育督导评估组到故城县对各项教育发展指标达标情况进行综合评估验收，故城县顺利通过验收。

同月17日，市政协主席徐学清带领驻衡省政协委员到故城县对“一拆两改”及城镇建设情况进行视察。

同月19日，全国政协文史委员会就大运河保护与申报国家非物质文化遗产工作到故城县进行实地考察。

同月26日，省军区领导到故城县检查指导2008年度人民武装工作开展情况及征兵工作。

是年，故城县被省政府评为教育工作先进县。

是年，全县第一个污水处理厂在西苑工业项目区开工建设，一期日处理污水能力3万吨。

是年末，全县县乡两级财政供养人员全部纳入医疗保险范畴。

是年末，全县共设党政机构30个；部门管理机构2个；议事协调机构的办事机构1个；直属事业机构5个。

2009年

1月15日，县委对维护政治稳定和社会安定做出突出贡献的先进集体和个人记功表彰。

同月22日，县委、县政府通报2008年度乡局经济考核情况、京津石德联谊会招商情况、城建拆迁建设工程情况。

2月3日，县政府常务会议研究通过《故城县人民政府关于加强工业项目区建设用地管理的暂行规定》。

同月12日，县委、县政府对全年经济工作中涌现的一批先进单位和个人进行表彰。

同月16日，县委、县政府通报全县2009年项目建设和税收任务分解情况；通报市纪委二届四次全会精神及故城县落实情况、市党风廉政建设责任制考核有关要求；通报信访工作有关情况。

同月23日，县委办印发《中共故城县委、故城县人民政府关于成立城镇面貌“三年大变样”活动领导小组的通知》。

3月5日，县委、县政府对高标准、高质量完成各项奥运安保任务的先进单位和个人，授予政法和维护稳定工作先进单位和先进个人称号，并予以表彰。

同月23日，县委办印发《关于对全县2008年度工会工作先进单位和先进个人进行表彰的决定》，对涌现出的一批先进单位和个人进行表彰。

同月29日，县委、县政府通报全省城镇化建设领导干部培训班情况；城建重点工程推进情况，明确30项城建重点工程分包领导、责任人及工程进度。

4月15日，县委办印发《关于表彰2008年度计划生育工作先进单位和先进个人的决定》，对推进全县人口与计划生育事业进步和发展的先进单位和个人进行表彰。

同月16日，县政府同意县医院在院址的基础上，向北征用土地51亩扩大建设。同意县医院在国家政策允许的情况下自筹建设资金。

5月11日，县委、县政府通报全市重点项目和三年大变样调研拉练情况及赴石家庄参观考察情况；通报城建重点工程推进情况，明确35项城建重点工程进度；通报“一线三区”项目建设和招商引资进展情况。

同月15日，县政府成立全县甲型H1N1流感防控工作领导小组，由副县长于建军任组长，卫生、公安、交通等相关部门为成员单位。

同月18日，县委召开党政联席会议。研究讨论建设拆迁安置房、幸福路东段建设事宜、杏林名苑建设规划、市政广场建设规划、钢材市场开发建设事宜、高级中学拆迁事宜、帝奥步行街建设规划。

6月14日，举行故城县新运河大桥项目开工奠基和武城县新运河大桥竣工通车剪彩仪式并成立故城县新运河大桥建设领导小组的相关事宜；落实公务员调增津贴补贴和事业人员预发津贴补贴相关事宜；研究庆祝建党88周年暨“七一”总结表彰相关事宜。

同月19日，县委办印发《关于表彰故城县2008年度宣传思想工作先进单位和先进个人的决定》，为推动全县宣传思想工作再创佳绩，对成绩突出的先进单位和先进个人予以表彰。

同月29日，县委召开常委扩大会议。传达学习省委张云川书记关于三年大变样工作的重要批示及《全省城镇面貌三年大变样工作情况综述》文件精神；成立投资担保中心；研究讨论康宁路东段开发事宜；研究讨论幸福路中段和体育街拆迁工程相关事宜；研究充实调整重点项目建设工作领导小组办公室相关事宜；研究部署2009年全县防汛抗旱工作事宜；研究讨论“七一”表彰相关事宜；通报全县矛盾纠纷苗头排查情况。

同月30日，县委办印发《关于表彰先进基层党组织、优秀共产党员、优秀党务工作者、村级组织活动场所建设先进乡镇、村和优秀星级农村党支部书记的决定》，对一年来在全县各条战线上做出优异成绩和突出贡献的先进集体和模范个人予以表彰。

7月28日，县委办印发《中共故城县委、故城县人民政府关于上半年全县小城镇建设情况的通报》，通过坚持基础设施提升、布局调整突破、经济生态并重、县城和乡镇统筹，打造提升“1+4”城镇群，全县城镇建设开创新局面。

8月25日，县委办转发故城县国庆安全保卫工作领导小组《故城县国庆安全保卫工作督导检查和责任追究方法》，落实中央、省、市及县国庆安全保卫工作总要求，对确保维护社会政治稳定，为中华人民共和国成立60周年大庆创造良好的社会治安环境。

同月27日晚，突发风雹灾害，部分乡镇农作物受灾严重。县委、县政府高度重视，立即组织受灾乡镇、有关部门开展救灾工作。

9月5日，县委办印发《关于对2009年度教育工作先进单位和个人进行表彰奖励的决定》，在教师节到来之际，对2009年度全县教育工作先进单位和个人进行表彰奖励。

同月21日，召开政府常务会议，就8月份故城县受灾的严重情况，组织受灾乡镇、有关部门开展救灾工作，拨付的救灾款已到财政专户。为使救灾资金尽快发挥作用，同意将资金捆绑使用，按农业、民政部门重新核实的玉米重灾面积平均分配。

11月19日，鼓励高校毕业生应征入伍。规定户籍在故城县的全日制本科二批以上学历的高校毕业生应征入伍，服役期满并且服役期间未受过任何处分的，退役后由县政府统一安置到事业单位，享受全额财政供养。

同月24日，县委办印发《中共故城县委办公室、故城县人民政府办公室关于“项目招商攻坚”活动开展以来拟签约项目进展情况的通报》，通报了全县“项目招商攻坚”活动开展以来拟签约项目进展情况。

12月31日，县委召开常委扩大会议，成立故城县国际商会；加强县城社会服务和管理相关事宜；传达学习全国政法工作会议精神；研究讨论公安机关“三项建设”事宜；研究讨论惩治和预防腐败体系建设检查工作相关事宜；研究讨论县级干部分包重点项目事宜。

2010年

2月5日，县委召开常委扩大会议。通报市长高宏志考察夏庄项目区有关情况；通报2009年度经济工作考核情况；研究讨论《故城县人民政府关于非农业建设用地征收和拆迁补偿标准的暂行规定》。

3月2—4日，召开全县人大、政协“两会”。

同月3日，县委办印发《关于对2009年度经济工作先进单位和个人进行表彰奖励的决定》，对在全年经济工作中，做出重要贡献的一批先进单位和个人进行表彰奖励。

同月20日，县委召开党政联席会议。研究讨论《关于开展重大项目攻坚年活动的实施方案》《关于开展农业产业化提升年活动的实施方案》《关于大力推进新民居建设工作的实施方案》《关于开展“水网绿城建设年”活动的实施方案》；修改完善2010年经济发展促激政策相关事宜。

4月18日，县委召开四套班子联席会议。通报全市重点项目拉练调度情况；研究县委、县政府《工业项目建设考核促激办法》；研究召开全县工业项目观摩调度会议相关事宜。

同日，成立城投公司。

同月20日，县委办印发《关于对全县2009年度工会工作先进单位和先进个人进行表彰的决定》，对先进单位和个人进行表彰。

5月11日，开展创先争优活动暨组织宣传工作会议；通报中央、省、市贯彻领导干部廉洁从政若干准则会议精神；传达学习市领导干部会议精神。

同月12日，县委办印发《关于表彰2009年度全县宣传思想工作先进单位和先进个人的决定》，对推动全县宣传思想工作的先进单位和先进个人进行表彰。

同日，县委办印发《关于表彰2009年度人口和计划生育工作先进单位和先进个人的决定》，对为推进全县人口与计划生育事业的进步和发展做出贡献的先进单位和先进个人进行表彰。

同月13日，县委办印发《关于表彰2009年度全县组织工作先进单位和先进个人的决定》，对在全县组织工作中作出优异成绩的三朗乡等30个先进单位、李均恒等26名先进个人予以表彰。

6月7日，县委召开党政联席会议。会议就做好当前及今后一个时期的工业项目建设、城镇建设、农业农村和新民居建设、维护稳定、“七一”表彰及文艺演出等工作进行了安排部署。

同月18日，县委、县政府召开常委扩大会议对工业项目建设推进情况进行通报；关于开展第六次人口普查有关情况的汇报；研究讨论县级干部蹲点调研和“七一”慰问相关安排；研究讨论举办“扬正气、唱红歌、庆七一”文艺演出系列活动相关事宜；传达学习衡水市委领导到故城县调研时的有关指示精神。

同日，县委召开常委会议，会议研究讨论了《故城县文化体制改革实施方案（草案）》。

同月28日，县委召开常委会议，会议研究讨论“七一”表彰相关事宜和《县政府部门机构改革实施方案（草案）》。

同月29日，县委、县政府对为推动全县招商引资与项目建设、城镇建设、新农村建设和党的建设作出重要贡献，发挥战斗堡垒和先锋模范作用的先进单位和个人作出表彰。

8月22日，县委召开四套班子联席会议，讨论落实县市区党政领导班子重大事项报告备案制度相关事宜；安排营东新区11家重点项目集中开工奠基活动相关事宜；部署基础建设筹融资清偿工作。

9月10日，县委办印发《关于对2010年度教育工作先进单位和个人进行表彰奖励的决定》，对在教育工作中做出显著成绩的先进单位和先进个人作出表彰奖励。

同月16日，县委召开党政联席会议，研究讨论开展节能减排会战月活动相关事宜。

10月20日，县委、县政府通报全县项目建设和10月份招商引资月活动有关情况；研究讨论赴上海、海宁、义乌三地招商引资相关事宜；研究安排召开2010年县级领导班子专题民主生活会相关事宜；传达学习中共十七届五中全会精神。

11月22日，县委召开常委扩大会议。通报省委常委、纪委书记臧胜业考察故城有关情况；讨论在全县开展社会治安集中整治“百日会战”行动相关事宜；讨论召开全县2010年工业项目预考核暨2011年项目谋划动员大会相关事宜；通过上报推荐省城镇面貌三年大变样先进单位、先进个人和燕赵楷模候选人先进事迹相关事宜。

12月21日，县委召开常委扩大会议。传达省政府批准衡德工业园为省级工业园区的有关文件、省政府关于加快开发区（园区）发展的若干意见；研究讨论《中共故城县委关于制定国民经济和社会发展第十二个五年规划的建议（讨论稿）》。

同日，县委召开常委会议，研究安排县委十一届六次全会相关事宜。

同月，衡德工业园组建园区综合执法大队。

2011年

1月27日，县委召开县委常会议，研究讨论乡镇党委换届相关事宜，议定定于2011年1月28日上午在县宾馆四楼会议室召开全县乡镇党委换届工作会议。

2月10日，县委召开县四套班子联席会议，会议讨论全县2010年财政预算执行情况和2011年财政预算安排的报告，指出全县2011年的财政收入要确保圆满完成市委市政府下达的23.7%的增长任务，力争达30%以上。

同月27日，县委、县政府围绕全县乡局班子廉政勤政建设开展“领导干部家属恳谈会”活动。

3月4日，县委召开县四套班子联席会议，会议研究讨论修改完善2011年工业项目建设考核促激办法相关事宜，要求县国税局要加强对皮毛产业的服务和帮促。

同月7日，县委召开县四套班子联席会议，会议指出民营经济是当前故城经济发展的主力军，强调要突出“一城三区”，加快中小企业创业辅导基地建设。

同月22日，召开县长办公会议，规划在县城幸福西路南建设新档案馆。

同月28日，县委印发《关于成立保障性住房建设指挥部的通知》，成立故城县保障性住房建设指挥部。

4月8日，京杭大运河郑口险工段作为市级文物保护单位，经国家文物局大运河申遗专家组会审，确定为大运河衡水段申遗点。

5月3日，县委印发《关于成立故城县城乡规划委员会的通知》，决定成立故城县城乡规划委员会。

同月26日，县委召开县委常委会议，会议议定通过县委组织部提出的拟受省、市表彰的先进基层党组织和先进个人名单；定于5月27—29日召开县十四届人代会第六次会议，由尹占民牵头负责。

同月29日，县委印发《关于裘皮裘革产业招商突击月活动开展情况的通报》，重大配套项目引进实现突破、较大产业项目落地成效显著、中国北方国际裘皮城已成定势、园区在建项目提速推进、基础设施正在加紧施工。

6月17日，在衡德工业园和营东工业园分别成立故城县公安局衡德分局、故城县公安局营东分局；同日，成立故城县公安局特警中队。

同月20日，县委印发《关于调整故城县机构编制委员会的通知》，调整编委会组成：县委副书记、县长姚幸福任编委主任，县委常委、常务副县长左俊勇，县委常委、组织部部长尹占民任副主任，成员有师东升、冯振东、李善群、王书青、吴希坤、刘金发。编委会下设办公室，办公室主任由刘金发兼任。

7月4日，全县开展新型农村社会养老保险和城镇居民社会养老保险试点工作。

同月16日，县委召开县委常委扩大会议，会议研究举办河北故城南资北移项目经贸洽谈会事宜。

同月20日，县委印发《关于促进农民专业合作社又快又好发展的意见》，加大政策扶持力度，认真落实税收，加大金融服务支持力度，加强人才支撑和教育培训。

同月21日，县委印发《关于调整和成立相关机构的通知》，决定：原人事劳动和社会保障局合署办公的机构编制委员会办公室单独设置，列县委机构序列，又是县政府的工作机构；组建成立文化广电新闻出版局，列县政府直属事业机构，为参照公务员管理单位。将教育文化体育局的文化管理的职责，广播电视局的相关职责，整合划入文化广电新局。按政府副县长分工，政府副县长于建军分管文化广电新闻出版局；原“教育文化体育局”更名为“教育体育局”。按副县长分工，副县长于建军分管教育体育局；不再保留广播电视局；组建成立广播电视台，与新组建的“文化广电新闻出版局”政事分开、管办分离，为正科级事业单位，业务上归县委宣传部管理。按县委常委分工，县委常委、宣传部部长于磊分管广播电视台。

8月9日，县委召开县委常委会议，确定全县第十二次党代会召开的时间、地点、主要议程及代表名额分配原则及产生办法。

同月11日，召开全县经济工作会议暨“一城三区”建设百日会战动员大会。

9月7—9日，召开中国共产党故城县第十二次代表大会。

同月20日，召开县政府常务会，原则同意《故城县开发人力资源、确保企业用工实施意见》。县人劳社保局要根据会议要求，对该实施意见修改完善后，印发县委、县政府文件。

10月9日，县委印发《关于表彰宣传思想文化工作先进集体和先进个人的决定》，授予郑口镇等11个单位“宣传思想文化工作先进集体”称号，授予县电力局蒋鑫等20人“宣传思想文化工作先进个人”称号。

同月14日，县委印发《关于公开选拔非党科级干部的通知》，在全县范围内公开选拔到乡镇任职非党副科级职务人选1～3名。

同月17日，县委印发《关于规范精简各类工作简报和内刊、推行电子政务的通知》，各级各部门要积极推行电子政务，一般事务性工作可在县委、县政府办公室内网和县政府门户网站上编发各自部门工作简报。

同月29日，县委召开县委常委会议，通报落实公教人员工资晋档升级有关情况；研究讨论成立县委教育工作委员会、县委卫生工作委员会相关事宜。

同月30日，县委印发《关于成立县委教育工作委员会的通知》，成立故城县委教育工作委员会，书记由分管县委常委担任，副书记由教育体育局主要负责人担任。

同日，县委印发《关于成立县委卫生工作委员会的通知》，决定成立故城县委卫生工作委员会，书记由分管县委常委担任，副书记由卫生局主要负责人担任。

同月，县招商局举办集中招商及相关活动。

11月26日，县财政局落实全县公教人员晋档升级工资。

同月28日，县委印发《关于调整县法制宣传教育领导小组组成人员的通知》，领导小组由县委常委、政法委书记范庆法任组长，刘桂英、徐占华、周德全、崔金桥任副组长。办公室主任由崔金桥兼任。

12月1日，县委就县城总体规划调整、排水管网建设和自来水改造工作举行会议，提出指导性意见，以上三项工作由常务副县长闫文举牵头协调，各分管负责人迅速贯彻落实会议精神，立即组织相关人员开展工作，务求高效。

同月29日，污水处理厂管理体制进行变更。

同月30日，县委常委会印发《2012年工作指导纲要》。

2012年

1月29日，县委召开常委会议，通报1月29日县级干部赴分包乡镇进行现场办公情况。

2月2日，经县政府召开会议研究决定，人劳社保局、卫生局将卫生系统养老保险金纳入全县统筹。同日，就中医院、妇幼保健院搬迁选址进行研究。

同月22日，县委召开常委扩大会议。研究调整部分重项工作领导小组相关事宜；研究讨论农村新民居建设有关优惠政策；研究召开县纪委十二届二次全会相关事宜。

同月28日，县委召开常委扩大会议。研究部署信访、政法工作；讨论县级领导干部和县直部门分包联系乡镇、抓好重项工作安排意见。

3月17日，县委召开常委扩大会议。通报2011年度重项工作考核情况；研究召开全县三级干部大会事宜；研究讨论《工业项目建设考核促激办法（修订稿）》；通报衡德工业园生态水系景观规划、裘都大道新建工程和营东工业园有关基础工程、水系景观规划有关情况。

同日，县委办印发《关于表彰“孝德家庭”“孝德个人”的决定》，对一批尊老敬老、养老孝老的先进典型授予荣誉称号。

同月18日，县委、县政府对在全年经济工作中涌现的先进单位和个人进行表彰奖励。

5月2日，县委办印发《关于对2011年“一城三区”群众工作先进集体、先进个人进行通报表彰的决定》，对助推“一城三区”建设的先进集体和先进个人进行通报表彰。

同月5日，成立“故城县药品不良反应监测中心”，在编制上为县食药监局下属股级事业单位，由县食药监局挂牌成立机构，尽快开展工作。

6月27日，县委召开常委扩大会议。传达学习市委刘可为书记讲话精神；部署召开纪念建党91周年暨创先争优活动表彰大会相关事宜。

7月2日，县委召开常委扩大会议。部署2012年防汛工作事宜；通报裘皮裘革产业招商突击月活动有关情况；讨论深化职业教育改革、助力劳动力转移和产业用工相关事宜。

同月5日，县委、县政府对在招商引资工作中做出突出贡献的单位和个人进行表彰。

同月10日，县委办印发《关于表彰2011年度人口与计划生育工作先进单位和先进个人的决定》，对在2011年全面完成市委、市政府下达的人口与计划生育责任目标、各项指标通过年终考核验收做出突出贡献的先进单位和先进个人进行表彰。

同月31日，在县城南部区域选址新建寄宿制高级小学。

8月15日，通报全县防汛救灾工作开展情况、五大重项工作进展情况；研究召开经济形势分析会议、成立县裘皮裘革产业协会、参加中国（上海）皮革协会第七届理事会第二次扩大会议暨2012中国国际皮革相关事宜。

同月21日，县委办印发《关于对河北郑口中学2012年高考大捷予以表彰奖励的决定》。对郑口中学通报表彰，为郑口中学记集体三等功、财政列支奖金10万元。对高考取得优异成绩、做出突出贡献的92名教师授予“2012年高考突出贡献奖”和“2012年高考成绩优秀奖”。

9月10日，县委办印发《关于对2012年教育工作先进单位和个人进行表彰奖励的决定》，对在教育工作中取得优异成绩和做出突出贡献的先进单位和个人予以表彰。

同月11日，经县政府研究决定，由教育局牵头，在县城紫光路南选址建设郑口镇第四小学。

同月26日，县委召开常委扩大会议。通报赴福建、浙江、上海考察招商活动开展情况；研究讨论完善衡德工业园运行机制相关事宜；研究讨论围绕“一城三区”建设、优化提升医疗卫生资源布局相关事宜；研究讨论围绕“一城三区”建设、优化教育资源布局相关事宜。

10月11日，县委召开常委扩大会议。会议内容：研究讨论完善营东工业园运行管理机制，营东城市建设投资公司运行机制相关事宜；鼓励全民创办工业企业。

同月，建设省级物流产业聚集区。

同月27日，县委办印发《集中招商引资活动实施方案》，提出学习、贯彻和落实中共十八大精神，以招商引资、项目建设推进“三化互动”。

12月18日，县委召开常委扩大会议。传达学习中央经济工作会议精神；研究讨论《县委2013年工作指导纲要（征求意见稿）》和《县委常委会工作报告（征求意见稿）》；研究讨论推进新型城镇化相关事宜；研究召开“一城三区”功能配套项目招商洽谈会相关事宜。

2013年

1月9日，县委召开县委常委扩大会议，传达学习全市领导干部会议精神，安排部署集中招商工作。

同月29日，县委印发《关于认真贯彻落实习近平同志重要批示精神厉行勤俭节约反对铺张浪费的紧急通知》加大宣传和督促检查力度。

5月2日，政府副县长史立朝带队赴中国台湾进行宣传推介和经贸洽谈活动。

同日，县委召开十二届三次全体（扩大）会议。

6月24日，县委召开县委常委扩大会议，安排部署纪念建党92周年系列庆典活动。

同月28日，县委授予郑口镇南镇村党支部等30个基层党组织“先进基层党组织”称号，授予胡玉忠等100人“优秀共产党员”称号，授予孙胜岗等40人“优秀党务工作者”称号，授予苏金荣等30名农村党支部书记“优秀星级农村党支部书记”称号。

7月11日，县委召开县委常委扩大会议，研究成立东大洼现代农业示范基地建设推进指挥部，政府副县长徐占华牵头抓好日常工作。

同月16日，成立东大洼现代农业示范基地建设推进指挥部，由县委书记王亚杰任政委，县委副书记、县长刘勇任指挥长。

8月7日，县委印发《关于印发县委常委工作分工的通知》，明确县委常委工作分工情况：县委书记王亚杰，县委副书记刘勇，县委副书记闫文举，县委常委齐学勇，县委常委、宣传部部长于磊，县委常委（政府常务副县长）王立峰，县委常委、办公室主任师东升，县委常委、农工委书记秦立堂，县委常委、统战部部长刘素云，县委常委、组织部部长刘新营。

同月30日，调整故城县企业改制领导小组，由县长刘勇任组长，县委副书记闫文举，县委常委、常务副县长王立峰等任副组长。

9月2日，县长刘勇带队赴上海、厦门参加2013年中国国际皮革展、第十七届中国国际投资贸易洽谈会。

同月11日，调整故城县机构编制委员会：由县委副书记、县长刘勇任主任；县委常委、常务副县长王立峰、县委办公室主任师东升、县委组织部部长刘新营、县政府党组成员、县人社局局长李善群任副主任；委员有王志利、吴希坤、王书青、刘金发，县委编委会下设办公室，办公室主任由刘金发兼任。

同月27日，成立衡德高速故城支线项目建设指挥部：由县长刘勇任指挥长，县人大常委会主任刁志新、县政协主席张海英任顾问。

10月17日，县委印发《关于2013年1—9月份各乡镇、园区重点项目进展情况的通报》，全县29个重点续建项目建设速度快、有进展，新开工项目14个。

同月26日，成立故城县城市管道燃气工作推进领导小组：由县委副书记闫文举任组长，副县长史立朝任副组长。

11月18日，成立故城县大气污染防治工作领导小组，由县长刘勇任组长。

同月22日，县农联社改制为农村信用联社股份有限公司。

同月26日，县委召开县委常委扩大会议，由县委书记王亚杰主持，议定同意设定村镇银行。

12月24日，县委印发《关于对县公安局成功排除"11·30"纵火滋事案予以表彰的通报》。

同月27日，县水务局在郑口镇大杏基村西、杏基湖北岸建设南水北调净水厂。

同日，成立故城县东大洼现代农业发展有限公司及示范区管委会，采取政府主导、公司运作的方式推进示范区建设。

2014年

1月4日，县政府会议研究通过《故城县2014年新型农村合作医疗补偿方案》。

同月6日，县委召开常委扩大会议。研究安排县委十二届四次全体（扩大）会议相关事宜；研究落实政策性调资及津补贴相关事宜。

同月28日，县委召开常委扩大会议。讨论《政府工作报告（讨论稿）》；研究开展党的群众路线教育实践活动相关事宜。

2月21日，县委召开常委扩大会议。研究讨论营皮大世界项目2号区部分转让相关事宜；研究讨论评选推荐2014年省劳动模范、先进工作者有关事宜；安排部署近期重项工作。

3月19日，县委召开常委扩大会议。研究讨论2014年全县农村面貌改造提升行动（基层建设年活动）相关事宜；研究讨论2014年新型农村社区建设相关事宜；通报县城扬帆大街绿化改造工程相关情况。

4月22日，进行"学习焦裕禄精神，争做焦裕禄式好党员好干部"集中学习；部署党的群众路线教育实践活动相关情况；研究选拔第六批县管专业技术拔尖人才相关事宜。

6月6日，县委、县政府通报防恐反恐"打盗抢、保平安、惠民生"专项行动开展情况；研究讨论招商引资主要优惠政策调整方案。

同月13日，在滨湖小区建设县直第二幼儿园。

7月5日，"故城县政府城市管理综合办公室"挂牌成立。

8月21日，县委召开常委扩大会议。传达学习习近平总书记在中央政治局第十六次集体学习时的重要讲话精神；安排部署招商引资、项目建设集中攻坚活动；研究2013年度全县行政机关、事业单位工作人员考核奖惩事宜。

9月30日，县委召开常委扩大会议。研究讨论推行节俭操办婚丧喜庆事宜相关意见；研究讨论落实党风廉政建设党委主体责任、纪委监督责任相关意见；通报招商引资、项目建设"集中攻坚"活动进展情况。

10月30日，县委召开常委扩大会议。集中学习中共十八届四中全会精神；传达学习十八届中央纪委第四次全会精神。

11月11日，县委召开常委扩大会议。研究讨论加快新型城镇化步伐、创建省级园林县城有关事宜；研究讨论组建故城县高新技术开发区有关事宜。

12月29日，通报兴弘嘉纺织服装公司涉税案件有关情况。

2015年

1月5日，县委印发《关于进一步加强保障农民工工资支付制度建设的意见》，要求落实相关责任，确保农民工工资按时足额发放。按照"谁用工、谁负责"原则，明确工资支付主体责任。

同月7日，县委印发《关于调整县委反腐败协调小组的通知》，调整县委反腐败协调小组成员，由县委常委、纪委书记林丰任组长，县委常委、县委办公室主任、政法委书记师东升，县委常委、组织部部长刘新营任副组长。

同月26日，县政府办公室成立7个专家顾问团。

3月1—3日，召开县十五届人大四次会议。

同月3日，县委印发《关于2014年度乡镇、园区、县直部门综合考核优秀领导班子的通报》，确定郑口镇、饶阳店镇、西半屯镇、建国镇、营东工业园五个乡镇、园区，县委办、人大办、政府办等30个县直部门为2014年度优秀领导班子。

同月24日，由北京水木维景城乡规划设计研究院负责运河公园规划设计，由河务局牵头对运河公园进行规划设计。

同月30日，进行整改落实工作，由整改落实工作领导小组负责。组长王亚杰，副组长刘勇。

4月7日，县委召开县委常委扩大会议，研究部署地下水超采综合治理有关事宜，听取建国镇财政管理体制改革相关情况的汇报。

5月26日，县委印发《关于开展农村土地承包经营权确权登记颁证工作实施方案》的通知，县委、县政府成立"农村土地承包经营权确权登记颁证工作领导小组"，由县长刘勇任组长。

同月27日，县委印发《故城县县处级领导干部深入开展"三严三实"专题教育实施方案》的通知，开展县委书记带头讲专题党课，开展专题学习研讨，召开专题民主生活会和组织生活会。

6月29日，调整农业农村工作领导小组，由县委书记王亚杰任组长，县委副书记、县长刘勇任第一副组长。

同日，成立县级领导联系协调乡镇（工业园区）工作小组，组长由县委常委和县人大、县政协正职担任，每个工作小组联系协调一个乡镇。

7月3日，县质监局筹建"故城县煤质检测站"。

8月10日，县委印发《巡察工作实施办法》的通知，巡查对象为县直单位领导班子及其成员、股级干部。围绕贯彻落实中央"八项规定"精神，查找形式主义、官僚主义、享乐主义和奢靡之风等问题开展巡查。

同月27日，县教体局组建校车服务有限公司。

9月23日，县委印发《关于进一步加强少年儿童和少先队工作的意见》，落实习近平总书记对少年儿童提出的"立志向、有梦想，爱学习、爱劳动、爱祖国，从小自觉培育和践行社会主义核心价值观"的要求。

同月30日，县委召开县委常委扩大会议，传达学习省委理论中心组学习会、全省新型城镇化与城乡统筹示范区建设专题研讨会精神，安排部署贯彻落实方案，推进京津冀协同发展。

10月9日，县委印发《故城县"净大气、抑扬尘，确保蓝天蓝"攻坚行动方案》的通知，提出2015年优良天数达99天，比2014年增加24天，重度污染天数控制在70天以内，比2014年减少10天的工作目标。

同月20日，县委印发《加强农村土地承包经营权规模化流转风险防控工作的指导性意见》的通知，提出了风险防控的重要意义。

11月2日，成立清理整治储（售）煤场攻坚战分指挥部，由县委常委、常务副县长王立峰任指挥长，副县长徐长彬任副指挥长。

同月10日，县委印发《关于切实做好困难群众冬季生活帮扶工作的通知》，切实做好困难群众冬季帮扶工作。

同月25日，里老中学公租房变更为河北联兴橡塑有限公司公共租赁住房。

同月，成功创建省级园林县城。

12月30日，召开县委常委扩大会议，研究安排召开县委十二届六次全会有关事宜，确定了《关于制定故城县国民经济和社会发展第十三个五年计划的建议（讨论稿）》。

2016年

1月25日，县委召开常委会议。传达学习习近平总书记在中央政治局"三严三实"专题民主生活会上的重要讲话精神；研究召开县委常委班子"三严三实"专题民主生活会有关事宜；研究召开县十五届人大五次会议和县政协九届五次会议事宜；研究召开全县扶贫开发工作会议。

2月4日，县委召开常委会议。研究《政府工作报告（讨论稿）》《2015年度乡镇、园区、部门重项经济工作考核实施意见（讨论稿）》《2016年度重项经济工作考核办法（讨论稿）》；研究部署春节后重点项目集中开工相关事宜、召开全县三级干部大会相关事宜；研究《2015年财政预算执行情况和2016年财政预算（草案）》《2015年国民经济和社会发展计划执行情况和2016年国民经济和社会发展计划（草案）》。

同月23日，县委印发《县委十二届六次全会、扶贫开发会议工作目标任务分解方案》的通知，要求对相关责任单位做好统筹谋划，抓紧细化分解工作责任和措施，推进工作落实。

3月1日，县委召开常委扩大会议。传达学习省、市系列会议精神，安排部署全县当前重点工作；研究召开全县三级干部大会相关事宜。

同月4日，县委印发《故城县“一问责八清理”专项行动实施方案》的通知，对推动行动有序开展、取得实效提供指导。

同月17日，县委印发有关从严治党推进党风廉政建设的通知，强化全面从严治党的政治责任，深入推进全县党风廉政建设和反腐败工作，制定责任清单。

同月25日，县委召开常委扩大会议。研究部署全县美丽乡村建设；城建、交通重点工程建设；通报“三基金四平台”工作；开展党员干部“会前学纪”活动。

4月14日，县委印发《故城县党政机关公务用车制度改革实施方案》的通知，深入推进党政机关公务用车制度改革，加快建立新型公务用车制度，有效减低行政成本。

同月25日，县委召开常委扩大会议。通报一季度经济运行情况、项目建设情况，召开全县经济观摩拉练会议。

5月17日，县政府常务会议通过了县人社局制定的《故城县创业孵化基地认定管理办法（试行）》。

6月8日，县委召开常委扩大会议。通报1—5月份经济运行情况、重点项目建设情况、申请国家专项建设债券及农发行贷款项目进展情况、专项资金支出进度有关情况；研究部署省级文明县城创建相关事宜。

同月28日，召开县政府常务会，通过了《故城县乡村教师支持计划（2016—2020）实施办法》。

7月14日，县委印发《关于进一步完善法律援助制度切实加强法律援助工作的实施意见》的通知，对完善法律援助制度，切实加强法律援助工作，提出实施意见。

同月15日，召开县长办公会议，专题研究故城县水系整合建设项目和故城县运河风情带建设项目有关事宜。

同月25日，县委召开常委会议，研究部署乡镇领导班子换届事宜。

同月27日，县委召开常委扩大会议。会议传达省市有关会议精神，听取招商引资、扶贫攻坚、县城建设等重项工作推进情况汇报，研究部署下半年全县经济工作。强调建设“经济强县、美丽故城”关键是在重点上促提升，在重项上求突破。

9月8日，县委召开常委扩大会议。会议传达学习省委八届十四次全会精神。

10月18日，县人社局为县公安消防大队申报“集体三等功”并为周宏新等3人申报“个人三等功”。

11月9日，县委召开常委扩大会议。会议重点就扎实做好脱贫攻坚工作，确保圆满完成2016年脱贫攻坚任务进行了安排部署。

同月10日，县委印发《关于推进“双权双责”监控机制建设的实施方案》的通知，对切实建立权力运行监督的长效机制，为抓好贯彻落实提供指导。

同月28日，县委召开常委会议。会议传达学习省第九次党代会精神，要结合故城发展实际，深入抓好贯彻落实。

2017年

1月4日，文广新局收购西环文体中心改造为“两馆一中心”。

同月13日，县委召开县委常委会议，定于2月20—22日召开县十六届人大一次会议。

同月19日，县委召开县委常委扩大会议，通报了泰国正大集团资深董事长谢国民到访河北活动有关情况。

2月8日，召开中共故城县委十二届八次全会。

3月18日，县委召开县委常委扩大会议，会议强调近期重点抓好加快扶贫脱贫攻坚、加快重点项目进度、加快发展现代农业等九项工作。

4月1日，确定滨河峰尚二期区域，马庄、沙岗二期区域，郑口排渠、青年干渠和堤口渠两侧区域等，三个项目为故城县棚户区改造项目。

同月5日，县委印发《2017年全县深化机关作风整顿实施方案》的通知，重点开展“四个意识”专题教育，开展“全面争一流”活动等。

同月15日，县委召开县委常委扩大会议，研究部署大气污染防治相关工作。

6月18日，县委印发《关于落实全面从严治党运用监督执纪“第一种形态”的实施办法（试行）》的通知，对于党委、纪检机关及相关部门的责任做了分工。

7月7日，县委召开县委常委扩大会议，研究部署河长制管理相关事宜。研究部署房庄乡、三朗乡撤乡设镇。

8月17日，县委召开县委常委扩大会议，研究部署省级文明县城创建工作。

同月28日，召开县长办公会，通过了《故城县2018年农村饮水安全巩固提升项目实施方案》。

9月5日，县委召开县委常委扩大会议，研究部署扶贫、基层党建工作；谋划精准扶贫工作思路，加强对驻村工作队管理，全面提升农村基层党组织的凝聚力和战斗力。

同月18日，召开县委常委扩大会议，指出大力清理处置“僵尸企业”，加快“腾笼换鸟”，力争尽快见到实效。

11月8日，通报正大集团资深副董事长杨小平一行到衡水进行项目洽谈有关情况，充分证明正大集团、市委和市政府对衡水正大1亿只肉鸡全产业链项目的重视和支持。

同月30日，县委关于印发《故城县落实食品安全党政同责的实施方案》，提出强化党委食品安全工作领导责任，将食品安全工作纳入党委工作重点。

12月4日，县委召开县委常委会议，探究讨论深入推进“迎督察、回头看、查短板、补弱项，大干一个月，冲刺全年目标”大攻坚活动有关事项。

2018年

1月2日，故城县委理论中心组学习会举行，集中学习中共十九大报告。

同月3日，故城·三台制鞋产业园驻雄安新区招商办事处成立。

同月8日，中国共产党故城县第十三届委员会第四次全体会议召开。

同月9日，中国儿童少年基金会“北斗关爱新行动——关爱留守儿童”安全礼包发放仪式在故城县第二幼儿园举行。

同月16日，河北省安监局副处长徐迎立到故城县就烟花爆竹打非治违工作进行督导检查。

同月18日，康宏牧业“杯奶暖年心”活动启动仪式举行。

2月7—9日，故城县第十六届人民代表大会第二次会议召开。

同月8—9日，中国人民政治协商会议第十届故城县委员会第二次会议召开。

同月9日，故城县监察委员会正式挂牌成立，与县纪委合署办公。

同月10日，衡水市委常委、政法委书记钮兴辉，衡水市人大常委会副主任李建刚到故城县督导调研安全生产和脱贫攻坚工作。

同月28日，中国共产党故城县第十三届纪律检查委员会第三次全体会议举行。

同日，故城县领导干部警示教育大会举行。

3月5日，雄县纸塑包装协会到故城县考察。

同月7日，衡水市军分区领导到故城县就民兵整组、基层武装部建设情况进行工作调研。

同月14日，河北省环保厅第五专员办到故城县督导检查重污染天气应对工作。

同月16日，召开故城县三级干部大会。

同月17日，河北省扫黑办工作组到故城县督导扫黑除恶工作。

同月27日，故城县总投资92亿元的12个重点项目集中开工。

同月28日，雄县常务副县长张义霞带领政企考察团到故城县考察。

同月29日，衡水市人大常委会副主任刘占强陪同河北省人大大气污染防治“一法一条例”执法检查组，到故城县进行执法检查。

4月4日，河北省环保厅环境监察专员张贵金带领环境监察办人员到故城县督察环境保护工作。

同月19日，河北省环保督查组到故城县督查河北省委、省政府第一轮环保督察反馈意见整改落实情况。

同月26日，故城县委召开故城县领导干部会议，衡水市委常委、组织部部长赵志强出席会议并作讲话，衡水市委组织部副部长郑凤续宣布河北省委关于故城县委主要领导任免的决定。河北省委决定由彭晓明任中共故城县委书记。

5月5日，故城县委在建国镇组织开展“缅怀革命先烈牢记初心使命”主题教育活动，衡水市重点工作大督查第十督查组组长郭保强应邀出席。

同月8日，衡水市委常委、政法委书记钮兴辉到故城县进行工作调研。

同日，河北省军区领导到故城县检查验收民兵整组工作。

同日，由常务副县长林丰主持召开政府办公室相关人员会议，决定由刘石营、朱红梅、周冉三人组建《故城县志》编辑部，着手重新启动第二轮修志的准备工作。

同月14日，故城县在河北省率先举办打赢扶贫脱贫攻坚战履行主体责任第一次擂台赛。

同月15日，衡水市工业企业现场观摩会在故城县举行。

同月17日，故城县召开扶贫脱贫攻坚万名干部大培训专题会议。河北省委扶贫脱贫领导小组办公室副主任，河北省扶贫开发办公室党组成员、副主任王留根到会授课辅导。

同月21日，故城县召开打赢扶贫脱贫攻坚战誓师动员大会。

同月21—22日，故城县三级干部精准扶贫专题培训会议举行。

同月25日，故城县委书记彭晓明、县长王立峰赴北京参观考察正大项目。

同月29日，衡水市委常委、宣传部部长马福华带领市直有关部门负责人，就扶贫脱贫攻坚、文化产业发展等工作，到故城县进行督导调研。

6月5日，国务院扶贫开发指导司司长海波就产业扶贫工作在故城县进行督导调研。

同月7日，故城县领导干部政治性警示教育大会召开。

同月12日，故城县民营企业家暨“百企帮百村”行动助推村企共建工作座谈会召开。

同月14日，河北省政协副主席边发吉到故城就“双创双服”活动进行调研。

同月19日，河北省住建厅副厅长、党组成员李贤明带领省委扶贫脱贫专项督查巡查组到故城县督导检查扶贫脱贫攻坚工作。

同月22日，新希望六和集团西藏新好农牧有限公司行政部经理尚磊一行到故城县就产业扶贫工作进行对接洽谈。

同日，“借助云集电商平台推进故城县知名扶贫企业产品销售活动”暨“活力故城·因爱启航”“云集百县千品，助力乡村振兴”合作揭牌仪式在康弘牧业举行。

同月27日，河北省政府研究室副巡视员高岚华带领调研组到故城县调研精准扶贫工作。

同日，金融保险对接座谈会举行。

同月28日，衡水市委常委、政法委书记钮兴辉到故城县故城镇周庄村走访慰问并讲授党课。

同月29日，故城县“迎七一比成效晒成绩找差距”第二次打赢脱贫攻坚战履行主体责任“擂台赛”举行。

7月2日，中国农业发展银行衡水分行行长段永利到故城县进行调研，查看了部分棚户区改造规划和土地复耕现场，彭晓明、王立峰介绍了相关情况，并就项目进展和融资情况进行了说明。

同月3日，副县长林丰主持召开全县地方志工作推进大会，会议决定重启第二轮修志工作，确定《故城县志》编纂委员会成员，县委书记彭晓明任名誉主任，县长王立峰任主任；确定《故城县志》编审委员会成员。

同月4日，故城县举办市级金融机构“一对一”帮扶座谈会。

同月9日，故城县委书记彭晓明、县长王立峰会见衡水人保财险公司总经理高宏一行，双方就开展合作进行了深入交流。

同月10日，故城县扶贫资金及项目跟踪督察平台投入运行。

同月16日，故城县蓝天保卫夏季攻坚大会战专项行动和深化农村垃圾集中清理行动推进会议召开。

同月17日，故城县委书记彭晓明、县长王立峰带队就项目建设、城市管理、生态治理等工作赴枣强县、景县参观考察。

同月18日，河北省中医药强县验收工作组到故城县检查验收。

同月20日，国家税务总局故城县税务局正式挂牌。

同月26日，中央扫黑除恶第一督导组到故城县夏庄镇督导检查工作。

同日，河北省政协副主席曹素华到故城县慰问退役军人。

同月31日，故城县委书记彭晓明就招商引资、项目建设、城市建设管理等工作赶赴衡水市高新区、冀州区参观考察。

同日，河北省军区领导到故城县检查指导工作。

8月1日，河北省总工会党组书记、常务副主席常增月到故城县调研基层工会组织建设工作。

同日，河北流动科技馆故城县巡展馆开幕仪式在县青少年活动中心举行。

同月2日，故城县委书记彭晓明就招商引资到雄安新区参观考察。

同月14日，故城县医院成功实施首例心律失常导管消融手术，填补了故城县在心脏微创手术领域的空白。

同月16日，中国共产党故城县第十三届委员会第五次全体会议召开。

同月21日，河北省人大常委会民侨外工委副巡视员张华、内司工委办公室主任任晓刚带领督导组到故城县督导检查三项联动监督工作。

同月23日，衡水市桃城区考察团就脱贫攻坚基础工作规范提升到故城县考察学习。

9月3日，故城县举办扶贫脱贫攻坚履行主体责任第三次“擂台赛”。

同月4日，衡水市冀州区副区长张志勇带领考察团就产业扶贫和档案管理工作到故城县参观学习。

同月10日，故城县召开教师节庆祝大会。

同月11日，全国政协副主席刘奇葆带领调研组一行到故城县就“推动大运河文化带建设”进行调研。

同月13日，上海河北商会执行会长王立琦、吉林省河北商会会长张电达带领沪吉津苏河北商会和企业家代表团到故城县进行参观考察，洽谈合作。

同日，河北省农发行行长李钧一行到故城县调研。

同日，中国水利水电科学研究院、水利史研究所所长吕娟就大运河水文化遗产保护工作到故城县调研。

同月14—15日，故城县委书记彭晓明在北京分别会见国华能源投资有限公司董事长谢友泉、西藏新好投资发展部总经理姚志伟等人，就双方增进了解互信、深化交流合作等事宜进行洽谈对接。

同月16日，故城县脱贫工作业务培训会举行。会上，特别邀请衡水市扶贫办副主任封志勇等，就脱贫相关工作进行专题辅导。

同月17日，河北省政府督查室专员江克军带领督导组到故城县督导推进保障性安居工程审计问题整改工作。

同月19日，衡水市委常委、宣传部部长马福华带领市直有关部门负责人，就脱贫攻坚、县级融媒体中心建设、文明城市创建等工作到故城县督导调研。

同月20日，故城县组团参加2018河北衡水湖国际商务洽谈会开幕式暨百家央企、名企进衡水重点项目签约仪式。签约衡水故城——雄安雄县产业园、以岭康养综合体、北京中墨柔性复合输送管生产等3个产业项目。

同月27日，衡水市委常委、副市长杨士坤到故城县调研河长制工作开展情况。

同月30日，故城县在房庄镇以岭药业康养综合体项目建设现场，举行茂丰·以岭康养综合体项目开工仪式暨2018年下半年重点项目集中开工集中签约活动。

10月11日，故城县委书记彭晓明在衡德工业园管委会会见雄县常务副县长张义霞一行，就衡水故城——雄安县产业生态城项目进行洽谈。

同月16日，故城县贫困退出及成效考核工作培训会举行。培训中，北京师范大学经济与资源管理研究院书记、教授、博士研究生导师张琦教授作授课指导。

同日，故城县委书记彭晓明开展“扶贫日”

系列走访活动。北京师范大学教授张琦、衡水市扶贫办领导受邀参加活动。

同月17日，衡水市关工委主任徐学清、常务副主任赵庆云、副主任何同恩，带领各县市区关工委主任、关工办主任、“五老”代表到故城县观摩。

同月18日，中国产业升级网CEO徐爱华到故城县考察。

同月26日，肯尼亚“一带一路”非中文化艺术交流活动——“非中文化交流基金揭牌仪式”在故城县青竹画材有限公司举行。

同日，故城县医院健康体检管理中心正式成立运营。

同月30日，水利部海委考察团到故城县考察水利工作建设情况。

同月31日，中央电视台新闻频道采访组就精准扶贫工作到故城县采访。

11月6日，中国中建设计集团有限公司、平安众城（北京）资产管理有限公司、河北省水利工程局、天津绿茵景观生态建设股份有限公司等有关方面领导到故城县就合作事宜进行考察。

同月13日，雄县县委书记万树军带领雄县党政企考察团到故城县对接考察。

同日，由中国社科院、省政府研究室、省发改委宏观经济研究所有关专家组成的省乡村振兴战略调研组到故城县调研。

同月15日，衡水市委书记王景武就贫困县脱贫退出工作到故城县进行专题调研。

同月17日，故城县委书记彭晓明主持举办故城县扶贫脱贫攻坚履行主体责任第八次擂台赛。

同月18日，中国县域医共体ASCVD（动脉粥样硬化性心血管疾病）防控峰会——故城站活动举行。

同月30日，“核心价值观百场讲坛”走进河北故城活动在衡水保利大剧院举行。中宣部宣教局、光明网、河北省委宣传部领导，衡水市委常委、宣传部部长马福华以及彭晓明、王立峰等县四大班子领导出席活动。故城县1200余名党员干部到现场参加活动。

同日，故城县扶贫脱贫工作迎验迎考总结会议举行。

12月3日，县委召开省委第四巡视组巡视反馈意见整改落实工作动员大会。县委书记彭晓明出席会议并作重要讲话。

同月4日，40个部门共同开展国家宪法日集中宣传活动。

同月6日，省级农村文艺辅导基地授牌仪式在夏庄镇坟台村举行。

同月11日，国华故城200兆瓦风电项目开工仪式举行。

同月13日，由全国中小学教育督导评估专家、上海市教育委员会原调研员陈永年带领的国家督导检查组第十一组，到故城县督导评估义务教育均衡发展工作。

同月20日，河北省安委办第九督导组到故城县进行安全生产督导检查。

同月22日，中国县域医院改革发展高峰论坛在衡水市故城县举办。

同月25日，河北省关工委常务副主任侯志奎一行4人，在衡水市关工委主任徐学清、副主任何同恩、市教育局工委副书记段建平，市关工办主任韩英涛等领导的陪同下到故城县调研指导“平语近人”进校园进课堂工作。

同月27日，中非经济贸易促进会副会长、志宇能源董事长孙伟民带领非洲客商胡朗等到故城县考察洽谈。

同月28日，上海亚士创能科技股份有限公司负责人到故城县接洽商谈企业项目落地建设工作。

同月29日，故城县“聚焦整改备战国考”履行脱贫攻坚主体责任第九次擂台赛举行。

卷 一

建置区划
自然环境
大运河
人口与计划生育
基础设施
城乡建设　环境保护

第一编　建置区划

故城县位于冀之东南、鲁之西北，县界东北部与山东省德州市毗邻，与武城县隔大运河相望。县域总面积941平方公里，辖11个镇，2个乡，538个行政村，总人口53万人，耕地91万亩。属暖温带半湿润大陆性季风气候，四季分明，雨热同期。年平均气温13.2℃。年平均降水量532毫米。全年无霜期190天左右。

域内交通便捷，充分融入京津冀两小时经济圈。距北京市中心350公里，距天津市中心270公里，距石家庄市中心150公里。北有石德铁路、衡德高速，西邻京九铁路、大广高速，东接京台高速、京沪铁路、京沪高铁，中有德上高速纵贯南北。

第一章　建　置

故城县建置于元代至元元年（1264年），几经沧桑，兴废无定，域地沿革错出错入纷繁，领隶归附易来易去频仍。一直到元至元二十三年（1286年）复置故城县，县建置固定。1964年，根据国家行政区划规定，以卫运河为界将山东武城县河西地区划归故城县，故城县河东村庄划归武城县。1987—2018年间，除1996年合并乡镇外，无重大区划变化。县人民政府驻地郑口镇。

第一节　境域位置

故城县地处河北省东南部，东隔卫运河与山东省武城县相望，西与枣强县、南宫市以清凉江为界，南部、西南部与清河县接壤，北部、东北部与景县、山东省德州市毗邻。全县总面积941平方公里，南北长61公里，东西宽33公里，位于北纬37°3′15″～37°32′40″之间，东经115°44′40″～116°16′50″。县政府驻地郑口镇西北径距衡水市治49公里，东北径距德州市治30公里，北径距景县治40公里，西北径距枣强县治30公里，西南径距清河县治45公里，南径距山东省临清市治68公里，东南径距武城县治20公里。

第二节　境域变化

清光绪《故城县志》载，故城县境域基本定型于明代，清末裁卫前，沿袭明制，境域无甚变化，裁卫时，与故城县域杂错毗连，部分德卫属地划入。抗日战争期间，德县（德州）西南境6个村划入。1952年冬，故城县东北境原从德州划入部分复划回。1953年10月，县西南境1个村划归枣强县。1956年5月，景县南境10个村划归故城县，县北境3个村划归景县。1958年10月，故城县裁撤，其地归属吴桥县。1961年6月，恢复故城县建置，并将景县南境7个公社划归故城县，是年8月，原景县7个公社复划回。1964年冬，山东武城县运河西部三个半公社244个大队划归故城县，故城县运河南部2个大队划归武城县，自此故城县境域固定。

第三节　历史沿革

因故城县建置较晚，按古籍《禹贡》所述“九州”推演，夏、商、西周三代，今故城县地当属兖州。春秋战国时，今故城地先后属晋国东阳，齐国昔阳，燕国厝寿，赵国东武城。秦时，今故城县地属巨鹿郡厝县。西汉时，郡、王国同为地方高级行政区划。今故城县南半部（即1964年年末由山东省武城县划归故城县之运河西部地，下简称南部）属冀州刺史部清河郡东阳县、复阳县、东武城县。北半部（即1964年原故城县地，下简称北部），属信都郡广川县、历县。

东汉时，郡、王国设置基本沿袭西汉制。南部、北部分属冀州刺史部清河郡（或清河国、甘陵国）东武城县、广川县。

三国时，今故城地均为魏国属地，南部、北部分属冀州清河郡东武城县、渤海郡广川县。

西晋时，南部、北部分属冀州清河郡武城县［已于太康年（280—289年）同去“东”字易名武城县］、渤海郡广川县。

东晋十六国时，今故城地先后属后赵、前燕、前秦、后燕四国辖。

北魏时，南部属相州清河郡武城县，北部属冀州长乐郡广川县；北齐时，武城县、广川县分别并入贝丘县、枣强县，今故城地南北部分属之。

隋开皇六年（586年）析枣强县置东阳县，开皇十八年（598年）改东阳县为漳南县，今故城南部、北部属之。漳南县属清河郡贝州辖，大业三年（607年）改贝州为清河郡，漳南县为清河郡辖。

唐时，改郡为州，今故城地南北部分属河北道清河郡贝州武城县、漳南县。唐武德七年（624年）漳南县移至今山东省武城县漳南镇，此处始有“故城”之称，故城为“漳南之故城”。

五代十国时，今故城地先后属后梁、后唐、后晋、后汉、后周五国辖。

北宋时，庆历八年（1048年）改贝州为恩州，至和元年（1054年）漳南县并入历亭县。北部属河北东路恩州历亭县，建炎（1127—1130年）后，没于金。南部属大名府路恩州武城县，北部属大名府路恩州历亭县。

蒙古至元元年（1264年），北部置故城县，县治所设于漳南“故城”，故名故城县，属直隶中书省河间路景州。自此，“故城县”名始标记于册。翌年，废故城县为故城镇。元至元二十三年（1286年），复置故城县，至此县建置固定。南部初属东平路，蒙古至元七年（1270年），改属高唐州武城县。

明时，南部属山东布政使司东昌府武城县，北部属北直隶河间府景州故城县。

清时，南部属山东布政使司临清州武城县，北部属直隶省河间府景州故城县。

1913年，南部属山东省济西道武城县，北部属直隶省渤海道故城县。

1914年，南部属山东省东临道武城县，北部属直隶省津海道故城县。1925年，东临道改德临道，南部属之。

1928年，国民政府废除道制，设省、县两级政府，南部属山东省国民政府武城县，北部属河北省国民政府故城县。

1936年10月15日，修正公布《行政督察专员公署暂行条例》，规定省下“设置行政督察专员公署与省政府辅助机关”，南部属山东省国民政府临清行政督察专员公署武城县，北部属河北省国民政府河间行政督察专员公署故城县。

1937年，山东省国民政府下设12个行政区，南部属第四行政督察专员公署武城县，是年河北省国民政府下设10个行政区，北部属第八行政督察专员公署故城县。

1937年“七七事变”后，侵华日军沿津浦线南犯，南部、北部武城县国民政府、故城县国民政府不战自退，先后流亡。1938年2月，中国共产党领导的国民革命军第八路军（又称国民革命军第十八集团军，简称八路军）东进纵队进驻冀南，同月3日正式建立抗日政权——晋察冀边区政府。8月14日，冀南抗日政权——冀南行政公署建立，建冀南区，时，南部、北部分属晋察冀边区冀南区武城县、故城县。

1941年7月18日，建立晋冀鲁豫边区，辖冀南、太行、太岳、冀鲁豫4区。南部属冀南区第十五专员公署武城县，北部属冀南区第十四专员公署故城县。1945年6月、7月间，驻郑口、武城日伪军相继为中共抗日军民歼灭，今故城地域全部成为解放区。

1946年3月，冀南行署重新建立，南部、北部分属冀南区行政公署第二专区武城县、故城县。1949年8月11日，河北省人民政府建立，南部、北部分属河北省衡水专区武城县、故城县。1952

年，衡水专区撤，南部、北部分属山东省德州专区武城县、河北省沧州专区故城县。1956年，德州专区撤，南部、北部分属山东省聊城专区武城县、河北省沧州专区故城县。

1958年6月，沧州专区并入天津专区。是年10月，故城县并入吴桥县，12月，天津专区并入天津市。是年，武城县并入夏津县。南部、北部分属山东省聊城专区夏津县、河北省天津市吴桥县。

1961年5月18日，沧州专区、故城县复置，德州专区、武城县复置，南部、北部分属德州专区武城县、沧州专区故城县。

1964年年末，遵照国务院行政区划调整规定，以运河为界将武城县运河西部地域划归故城县，同时将原属故城县（即前文“故城县北半部”）运河南部地域划归武城县，至此故城县行政区域固定。

1970年，衡水专区易为衡水地区，故城县地属河北省衡水地区。

1996年7月19日，衡水地区改为衡水市，故城县隶属衡水市至今。

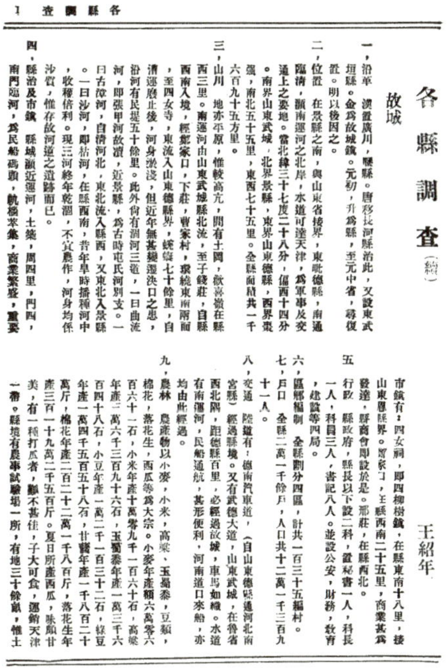
各縣調查　1

各縣調查（續）

故城　　王紹年

一，沿革　漢置廣川，歷縣。唐移長河縣治此，又設東武垣縣。金爲故城鎮。元初，升爲縣，至元中省，尋復置。明以後因之。

二，位置　在景縣之南，與山東省接界，東毗德縣，南通臨清，瀕南運河之北岸，水道可達天津，爲軍事及交通上之要地。當北緯三十七度二十八分，偏西十四分。南界山東武城，北界景縣，東界山東德縣，西界棗強，南北五十五里，東西七十五里。全縣面積共一千六百九十五方里。

三，山川　地亦平原，惟較高亢，間有土岡，歡喜嶺在縣西三里。南運河由山東武城縣北流，至子錢莊，自縣西南入境，經鄭家口，下莊，曹家村，環繞東南兩面，至四女寺，東流入山東德縣界，蜿蜒七十餘里，自清運廢止後，河身淤淺，但近年無甚變遷決口之患，沿河有民堤五十餘里。此外尚有涸河三道，一曰曲流河，即張甲河故瀆，近景縣，爲古時屯氏河別支。一曰古漳河，自清河北，東北流入縣西，又東北入景縣。一曰沙河，即枯河，在縣西南，昔年旱時播種河中，收穫倍利。現三河終年乾涸，不宜農作，河身均係沙質，惟存故河道之遺跡而已。

四，縣治及市鎮　縣城瀕近運河，土築，周四里，門四，南門臨河，爲民船碼頭，帆檣萃集，商業繁盛，重要市鎮有：四女祠，即四柳樹鎮，在縣東南十八里，接山東恩縣界。鄭家口，在縣西南二十五里，商業甚爲發達，縣商會即設於是。邢莊，在縣西北。

五，行政　縣政府，縣長以下設二科，置秘書一人，科長一人，科員三人，書記八人。並設公安，財務，教育，建設等四局。

六，區鄉編制　全縣劃分四區，計共一百三十五編村。

七，戶口　全縣二萬一千餘戶，人口共十二萬一千三百九十一人。

八，交通　陸道有：德南汽車道，（自山東德縣通河北南宮縣）經過縣境。又有武德大道，山東武城，在魯省西北隅，距德縣百里，必經過故城，車馬如織。水道有南運河，民船通航，甚形便利，河南道口來船，亦均由此經過。

九，農林　農產物以小麥，小米，高粱，玉蜀黍，豆類，棉花，落花生，西瓜等爲大宗。小麥年產額六萬零六百六十一石，小米年產十萬零九千一百六十石，高粱年產二萬六千三百九十六石，玉蜀黍年產一萬三千六百四十八石，小豆年產一萬二千一百三十二石，綠豆年產一萬四千五百五十八石，甘薯年產一千八百二十萬斤，棉花年產二百二十二萬一千八百斤，落花生年產三百一十九萬二千五百斤。夏日所產西瓜，味頗甘美，有一種打瓜者，瓤不甚佳，子大可食，運銷天津一帶。縣境有農事試驗場一所，有地三十餘畝，惟土

1934年《河北月刊》“各县调查”栏目

附

1934年《河北月刊》刊载故城一节

1934年《河北月刊》第二卷第一期，在津风杂记（一）“各县调查”栏目，由作者王绍年撰写的关于故城一节。原文摘录如下：

一、沿革　汉置广川，历县。唐移长河县治此，又设东武垣县。今为故城镇。元初，升为县，至元中省，寻复置。明以后因之。

二、位置　在景县之南，与山东省接界，东毗德县，南通临清，濒南运河之北岸，水道可达天津，为军事及交通上之要地。当北纬三十七度二十八分，偏西十四分。南界山东武城，北界景县，东界山东德县，西界枣强，南北五十五里，东西七十五里，全县面积共一千六百九十五方里。

三、山川　地亦平原，惟较高亢，间有土岗，欢喜岭在县西三里。南运河由山东武城县北流，至子钱庄，自县西南入境，经郑家口，下庄，曹家村，环绕东南两面，至四女寺，东流入山东德县界，蜿蜒七十余里，自漕运废止后，河身淤浅，但近年无甚变迁决口之患，沿河有民堤五十余里。此外尚有涸河三道，一曰曲流河，即张甲河故渎，近景县，为右时屯氏河别支。一曰古漳河，自清河北，东北流入县西，又东北入景县。一曰沙河，即枯河，在县西南，昔年旱时播种河中，收获倍利。现三河终年干涸，不宜农作，河身均系沙质，惟存故河道之遗踪而已。

四、县治及市镇　县城濒近运河，土筑，周四里，门四，南门临河，为民船码头，帆樯萃集，商业繁盛，重要市镇有：四女祠，即四柳树镇，在县东南十八里，接山东恩县界。郑家口，在县西南二十五里，商业甚为发达，县商会即设於是。邢庄，在县西北。

五、行政　县政府，县长以下设二科，置秘书一人，科长一人，科员三人，书记八人，并设公安，财务，教育，建设等四局。

六、区乡编制　全县割分四区，共计一百三十五编村。

七、户口　全县二万一千余户，人口共十二万一千三百九十一人。

八、交通　陆道有：德南汽车道，（自山东德县通河北南宫县）经过县境。又有武德大道，山东武城，在鲁省西北隅，距德县百里，必经过故城，车马如织。水道有南运河，民船通航，甚形便利，河南道口来船，亦均由此经过。

九、农林　农产物以小麦，小米，高粱，玉

蜀黍，豆类，棉花，落花生，西瓜等为大宗。小麦年产额六万零六百六十一石，小米年产十万零九千一百六十石，高粱年产三万六千三百九十六石，玉蜀黍年产一万三千六百四十八石，小豆年产一万两千一百三十二石，绿豆年产一万四千五百五十八石，甘薯年产一千八百二十万斤，棉花年产二百二十二万一千八百斤，落花生年产三百一十九万二千五百斤。夏日所产西瓜，味颇甘美，有一种打瓜者，瓤不甚佳，子大可食，运销天津一带。县境有农事试验场一所，有地三十余亩，惟土质含碱，不堪种植。

十、工业 县境大宗工业产品为：铁铸农器，年产约一万三千余件，行销邻近各县。花生油，豆油，年产约二十余万斤。挂面，年产约三十余万斤。民间手工业，惟织土布一项。

十一、商业 全县共有商店四百五十七家，以药材，食品，面粉业为较多。每年入境大宗货品为：布疋，煤油，砟炭，煤，纸张等项。出境大宗货品为：绿豆，棉花，落花生，花生油，白菜，西瓜等项。每年境内行销大宗洋货，计有：煤油四万桶，洋布八千匹，颜料一千四百桶，纸烟二百三十箱。

十二、教育 县境有高级小学校一所，学生共一百零二人。初级小学校一百二十四所，学生三千二百七十五人。女子完全小学校一所，学生七十一人。社会教育方面，有民众学校四十三所，图书馆一所，阅报所一所，讲演所二所，公共体育场一所。教育经费每年计共九千元。（来源为：地粮附加，存款生息，学产地租等项。分配方法：教育局项下，五千二百元。学校项下，三千八百元。）全县学年儿童共二万六千一百九十三人，失学儿童共一万三千六百十三人。

十三、财政 省款岁入六万一千九百二十三元三角。（来源为：地粮三万九千四百八十元，德税三百六十五元六角，河工籽粒六十四元七角，牲畜，屠宰，牙，杂各税一万六千八百三十六元，杂捐三百一十元四角，差徭五百二十六元六角，契税，注册，纸价等项四千三百四十元。）每年约留支一万三千四百四十元。地方款岁入六万六千五百二十三元，支出共七万三千五百二十五元。

十四、公安 公安局即警察队，共有巡警一百零三名，分驻县城及四区，第一区设县城南关，第二区设李仙寨，第三区设三朗镇，第四区设郑家口镇。保卫团设总团一，辖十六支队，每队团兵，分驻四区，郑家口镇，原有商团，现亦改编为保卫团，分四支团，团兵约七十余名，常驻该镇，薪饷由镇商筹发。全年公安经费一万零四百元，警察队经费五千八百元，保卫团经费三万四千八百元。

十五、司法 承审处设承审员一员，书记录事共五人，政务司法警八人，承（发吏）二人。每月平均收民刑诉讼案件在二十件左右。

十六、古迹 董学村，在城西北，为董仲舒故里，相传即董子下帷处。窦堡店，为窦建德驻兵处。欢喜岭，在县西三里，相传云中杨叔敬，以事客故城，子温自籍来省，邂逅岭旁，不胜喜悦，因以名之云。

附

1987年《故城县志》刊载故城县建置考

明万历四十二年（1614年）《故城县志》载：“唐贞元五年（789年）置故城县”。经查阅文献，故城县名元代（包括蒙古）以前均不见载。《元史·地理志》始有故城县。清光绪重修《畿辅通志》、民国《河北通志稿》均记为元代置故城县，《中国历史地名大辞典》《辞海》亦均记为故城县始建于元。《中国历史地图集》亦至元代方标有故城县名。而元之前唐人所著《元和郡县图志》、宋人所著《资治通鉴》《太平寰宇记》《元丰九域志》《舆地广记》等均无“故城县”之名。

明万历四十二年《故城县志》记唐贞元五年始置故城县，语言肯定，而只一句。其他章节所记唐宋间事多略，元后则详。据查到现有典籍，难为唐贞元五年置故城佐证点可解释此说，即唐武德七年（624年）移漳南县于原址西南11公里处（今山东省武城县之漳南镇），此后遂有漳南“故城”（即今故城县旧地），明万历四十二年《故城县志》所记是否为唐始有“故城县”之名误传？

因明万历四十二年《故城县志》与诸史志所记不合，故此次修志不取此说。

唐置县之说虽系一家之言，尚不可低估或怀疑其真实性、准确性。究竟孰是孰非，有赖专家或后人考证，以慰斯民之望。

故城县建置沿革一览表

表 1-1

北　半　部（原故城县全境）				南　半　部（1964 年原山东武城县划归故城县部分）	
时　期	公　元	隶　属	县治驻地	隶　属	县治驻地
夏	约前 21 世纪—前 16 世纪	兖州	今河北省东南部	兖州	今河北省东南部
商	约前 16 世纪—前 11 世纪	兖州	今河北省东南部		
西周	约前 11 世纪—前 770 年	兖州	今河北省东南部		
春秋	前 770—前 476 年	晋国东阳	今石家庄至邯郸间	晋国东阳	今石家庄至邯郸间
		齐国昔阳	今河北省晋县附近	齐国昔阳	今河北省晋县附近
		燕国厝寿	今河北省东南部	燕国厝寿	今河北省东南部
战国	前 475—前 221 年	赵国武城（东武城）	今瓦子庄附近	赵国武城（东武城）	今瓦子庄附近
秦	前 221—前 206 年	巨鹿郡厝县	今清河县西北	巨鹿郡厝县	今清河县西北
西汉	前 206—公元 25 年	冀州清河郡东阳县	今武城县甲马营	冀州清河郡东阳县、复阳县、东武城县	今瓦子庄附近
		冀州清河郡广川县	今景县广川		
		冀州清河郡历县	今里老与景县王瞳、隆兴间		
东汉	25—220 年	冀州清河郡广川县	今景县广川附近	冀州清河郡东武城县	今瓦子庄附近
三国	220—265 年	魏冀州渤海郡广川县	今景县广川附近	冀州清河郡东武城县	今瓦子庄附近
西晋	265—316 年	魏冀州渤海郡广川县	今景县广川附近	冀州清河郡武城县	今瓦子庄附近
东晋	317—420 年	后赵、前燕、前秦、后燕	今景县广川附近	后赵、前燕、前秦、后燕	今瓦子庄附近
南北朝	420—586 年	北魏冀州长乐郡广川县	今景县广川附近	北魏相州清河郡武城县	今瓦子庄附近
		北齐冀州长乐郡枣强县	今枣强县旧县村	北齐司州清河郡贝丘县	今临清市东
隋	586 年始	清河郡东阳县	今故城镇	清河郡东阳县	今瓦子庄附近
	598 年	清河郡贝州漳南镇	今武城县漳南镇	清河郡贝州漳南镇	今武城县漳南镇
	607 年	清河郡漳南镇	今武城县漳南镇	清河郡漳南镇	今武城县漳南镇
	618 年	清河郡贝州漳南县	今武城县漳南镇	清河郡漳南县	今武城县漳南镇

续表 1-1

北半部（原故城县全境）				南半部（1964年原山东武城县划归故城县部分）	
时期	公元	隶属	县治驻地	隶属	县治驻地
唐	624年始	河北道清河郡贝州漳南县	今武城县漳南镇	河北道清河郡武城县	今故城县关庙村
五代十国	907—979年	后梁、后唐、后晋、后汉、后周	今武城县漳南镇	同左	今故城县关庙村
宋	961—1048年	河北东路贝州漳南县	今武城县漳南镇	河北东路恩州武城县	今武城县老城镇
	1048年始	河北东路恩州漳南县			
	1054年始	河北东路恩州历亭县	今武城县老城镇	1127年始大名府路恩州武城县	今武城县老城镇
金	1127—1279年	大名府路恩州历亭县	今武城县老城镇	同上	今武城县老城镇
蒙古	1264年始	直隶中书省河间路景州故城县（漳南故城）	今故城镇	1270年始直隶中书省高唐州武城县	今武城县老城镇
元	1286年	直隶中书省河间路景州故城县	今故城镇	1270年始直隶中书省高唐州武城县	今武城县老城镇
明	1368—1644年	北直隶河间府景州故城县	今故城镇	山东布政司东昌府武城县	今武城县老城镇
清	1636—1912年	北直隶河间府景州故城县	今故城镇	山东布政使司临清州武城县	今武城县老城镇
中华民国	1913年	直隶省渤海道河间府景州故城县	今故城镇	山东省济西道武城县	今武城县老城镇
	1914—1927年	直隶省津海道河间府景州故城县	今故城镇	山东省东临道武城县	今武城县老城镇
	1928—1935年	河北省国民政府故城县	今故城镇	山东省国民政府武城县	今武城县老城镇
	1936年	河北省河间行政督察专员公署故城县	今故城镇	山东省临清行政督察专员公署武城县	今武城县老城镇
	1937年	河北省第八督察区故城县	今故城镇	山东省第四督察区武城县	今武城县老城镇
	1939年3月—1940年7月	晋察冀边区冀南区故城县	不定	晋察冀边区南区武城县	不定
	1941年8月—1945年7月	晋冀鲁豫边区冀南区十四专区	今郑口镇	晋冀鲁豫边区冀南区十五专区	今武城县老城镇
	1946—1949年	冀南区第二专区故城县	今郑口镇	冀南区第二专区武城县	今武城县老城镇
	1949年8月—1949年9月	河北省衡水专区故城县	今郑口镇	河北省衡水专区武城县	今武城县老城镇

续表 1-1

	北　半　部（原故城县全境）			南　半　部（1964 年原山东武城县划归故城县部分）	
时　期	公　元	隶　属	县治驻地	隶　属	县治驻地
中华人民共和国	1949 年 10 月—1952 年冬	河北省衡水专区故城县	今郑口镇	河北省衡水专区武城县	今武城县老城镇
	1952 年冬—1956 年	河北省沧州专区故城县	今郑口镇	山东省德州专区武城县	今武城县老城镇
	1956—1958 年	河北省沧州专区故城县	今郑口镇	山东省聊城专区武城县	今武城县老城镇
	1958 年 6 月—1961 年	河北省天津市吴桥县	今桑园镇	山东省聊城专区夏津县	今山东省夏津县
	1961 年 6 月—1962 年	河北省沧州专区故城县	今郑口镇	山东省德州专区武城县	今武城县老城镇
	1962—1964 年	河北省衡水专区故城县	郑口镇	山东省德州专区武城县	今武城县老城镇
	1964 年 12 月—1970 年	河北省衡水专区故城县	郑口镇	划归河北省衡水专区故城县	郑口镇
	1970—1987 年	河北省衡水地区故城县	郑口镇	河北省衡水地区故城县	郑口镇
	1988—1996 年	河北省衡水地区故城县	郑口镇	河北省衡水地区故城县	郑口镇
	1996—2018 年	河北省衡水市故城县	郑口镇	河北省衡水市故城县	郑口镇

第二章　行政区划

域内自元至元二十三年（1286 年）建置固定后，行政区划几经变化。清代时，故城县有 1 个坊厢、5 个铺、8 个乡、231 个村。中华民国时期，行政区划经过多次变更。中华人民共和国成立后，又经历了数次划分，1964 年年末，山东省武城县又划归域内 244 个村庄。至 2018 年年末，全县有 11 个镇 2 个乡 538 个村庄。

第一节　清代行政区划

据清光绪《故城县志》载，清光绪十一年（1885 年），故城县辖 1 个坊厢、5 个铺、8 个乡、231 个村，另有与山东德州、德卫共管 1 个村，与德卫共管 10 个村。

一、坊厢

坊厢即县城城区（今故城镇治址），整个城区分 5 个铺：中铺于县城内；东铺于东关周家院、南关街东九集院、西关及城西北至东万家庄一带；南铺于西南关、七集院、真武庙前弦歌巷左一带；西铺于六屯院北至真武庙前弦歌巷，南至运河沿及城西北至西万庄一带；北铺于南关临津街及街西护城河沿南至运河一带。

二、乡村

8 个乡：坊市、劝农屯、新义南、永昌、清河南、务本南、新义北、清河北。每大乡又分为上下 2 个小乡。

坊市乡　上乡辖 9 个村：张家庄、刘家庄、郭家庄、三里口、慕家庄、陈家庄、周家庄、何家庄、赵家庄。

下乡辖15个村：小郭庄、秘家院、文家庄、桑家塘、高家庄、小屯、裴别洼、胡别洼、贸别洼、庄子刘、小袁庄、瑞谷村、昌家庄、十里铺、犁古庄。

劝农屯乡 上乡辖16个村：夏家庄、河沟、大花村、徽王庄、小花村、小赵村、丁家庄、万家庄、王家桑营、曹家桑营、丞相营、杨家庄、后滩头、前滩头、坟台、贾家庄。

下乡辖14个村：胡家塘、田家庄、潘家庄、王家庄、骆家庄、冷饭店、袁家庄、四女寺西村、四面石佛堂、刘家庄、罗小营、小刘庄、殷家庄、曹家庄。

新义南乡 上乡辖14个村：师家黄村、陆家黄村、贾家黄村、前黄村、于家庄、响沟、北岭踪、尹里、东高才、西高才、韩家庄、饮马河、三朗镇、南岭踪。

下乡辖12个村：戴家庄、霍廖庄、周官庄、牛卧庄、骑马寺、北官庄、侯家庄、万家小麻、周家小麻、前孟疃、后孟疃、十美村。

永昌乡 上乡辖22个村：陶户村、碱场店、千户庄、大月庄（亦称烈庄）、小月庄、乔庄、南獐鹿、北獐鹿、东吴村、西吴村、潘屯、宇屯、大鹿豕、沙窝（旧名竹林）、魏家庄、大李梧茂、蒋家赵村、齐家赵村、贾家赵村、辛家赵村、师家赵村、后师家赵村。

下乡辖9个村：南官庄、柴家庄、房家庄、孙家庄、刘家庄、宋家庄、吴梧茂、小李梧茂、大京村。

清河南乡 上乡辖15个村：郑家口、秘孝子、刁南庄、刁孝子、石门、夏家庙、翟家庄、张家庄、五户、李新庄、徐家庄、堤口、大澹村、小澹村、后澹村。

下乡辖10个村：牧马草场、王家庄、小刘孝子、大刘孝子、鲁家庄、陈家庄、石槽、青罕、裴家庄、白庙。

务本南乡 上乡辖13个村：东原隰、东牟村、西牟村、前土营、后土营、王樟林、李樟林、张樟林、赵樟林、陈田村、张田村、马田村、白佛寺。

下乡辖13个村：前沙岗、后沙岗、大杏基、冯杏基、翟杏基（亦称贸新庄）、齐杏基、烧盆屯、东祥屯、崔家庄、大李庄、小李庄、高家庄、西原隰。

新义北乡 下乡辖11个村：贾家庄（亦称崔庄）、孙家庄、李仙寨、高邮务六村（贾务、于务、王务、孟务、李务、孙务）、东辛庄、西辛庄、寒下、周鸭鹅、李鸭鹅、刘鸭鹅、朴庄。

清河北乡 上乡辖18个村：东董学村、西董学村、庞家庄、吕疃、齐梧茂、霍梧茂、杨梧茂、西杨梧茂、苏家庄、祁家庄、吴令史、西京村、榆林、董故庄、卢家庄（亦称鹿豕）、鲁家庄、昌军寨、朱往驿。

下乡辖16个村：孙裕村（亦称孙家洼）、贾丰村（亦称贾家洼）、刘阜村（亦称刘家洼）、乜宁村（亦称乜家洼）、堤口、王家庄、沙窝庄、小庙、小杨村、大杨村、楼子、太平庄、西万庄、南林子、北林子、邢家庄。

三、与德州、德卫共管村

故城县与德州、德卫共同管辖1个头屯村；与德卫共同管辖10个村，为六屯、红庙、小屯、魏家庄、卢家庄、东万家庄、西万家庄、西新庄、邓家庄、侯家庄。其中头屯、六屯、红庙为与故城县交错的德卫地，其余村为德卫在故城县境内的寄庄。

清光绪二十八年（1902年）裁卫，红庙、小屯、六屯、东万家庄、西万家庄、西新庄6个村划归故城县，其中红庙归务本南上乡，小屯归坊市上乡，六屯、西万家庄、西新庄归西铺，东万家庄归东铺，是时，全县有1个坊厢、5个铺、8个乡、237个村。

第二节　中华民国时期行政区划

1931年，县下实行区、乡、镇、闾、邻建制。全县设4个警察区、9个镇、136个乡、902个闾、4432个邻。4个警察区为第一警察区、第二警察区、第三警察区、第四警察区。一区区公所驻县城（今故城镇），二区区公所驻小庙镇，三区区公所驻三朗镇，四区区公所驻郑镇（今郑口镇）。9个镇为县城的中镇、东南镇、西南镇，郑镇的太兴镇、西城镇，三朗镇的南镇、北镇及小庙镇、夏庄镇。

1937年，“七七事变”后，故城县国民政府随国民党军南逃。

1938年11月22日，日本侵略军占领故城县，翌年3月日伪故城县政府将全县划分为4个区，第一区设于故城镇，第二区设于东辛庄，第三区设于北獐鹿，第四区设于郑口镇。次年3月，中共故城县委、县抗日民主政府活动于朱往驿、梧茂、崔庄一带，胡和道（详见第二十编《军事》第五章第二节国民党军队抗日战事）委任之故城县国民政府（又名第二故城县国民政府）活动于原隰、崔庄、土营一带。

1939年4月至10月，中共故城县委、县抗日民主政府设4个区，各设区委、区公所。第一区夏庄、袁庄一带，辖75个村；第二区西辛庄、李仙寨一带，辖58个村；第三区房庄、杨梧茂一带，辖60个村；第四区西原隰、崔庄一带，辖63个村，凡256个村。

1942年4月29日，侵华日军"铁壁合围"大扫荡后，控制全县约90%的村庄。是年，伪山东省政府将德县所属钟辛庄、东八里庄、戴官庄、魏庄、三里庄、杨家圈6个村划归第一区故城镇。

1945年6月27日，故城县解放，是年12月，故城县抗日民主政府第一区辖75个村，第二区辖70个村，第三区辖64个村，第四区辖63个村，凡272个村。

1946年10月，于郑口周围一带再置第五区，区政府驻地为郑口，1947年，第五区复撤；1949年4月，第三次设第五区，是年9月，第三次撤。

1934年故城县区、镇、村名一览表

表1-2

区	镇	主　村	附　村
第一警察区	中　镇 东南镇 西南镇 夏庄镇 （4）	万庄、小召、大化、马庄、前滩头、坟台、河沟、丞相营、徽王庄、罗小营、大刘庄、殷庄、四面佛、骆庄、袁庄、王庄、胡塘、南别王、十里铺、型谷庄、袁庄、大文庄、陈庄、何庄、赵庄、新庄、马厂、大三里（28）	瑞谷村、王桑园、曹桑园、后滩头、贾家庄、丁庄、杨庄、徐庄、西万庄、龙凤店、曹庄、小刘庄、潘庄、田庄、河北涯、庄子刘、高庄、小文庄、小郭庄、桑塘、小屯、胡别王、贾别王、慕庄、周庄、郭庄、刘庄、张庄、小三里口、东万庄（30）
第二警察区	小庙镇 （1）	大杨村、楼子、朱林子、李林子、邢庄、贾丰村、堤口、刘阜村、沙窝、东万庄、北化村、窦堡店、大马坊、小马坊、高小营、东化村、新化村、庙灵庄、大寒布、白小麻、张小麻、朴庄、寒下、周鸭鹅、王攸务、罗李仙寨、东辛庄、西辛庄、崔庄、万小麻、前孟疃、牛卧庄、北官庄、戴庄（34）	小杨村、太平庄、西万庄、王庄、乜宁村、孙裕村、小李庄、曹庄、马庄、小寒布、魏院、田小麻、刘鸭鹅、李鸭鹅、孙攸务、孟攸务、李攸务、贾攸务、周官庄、王李仙寨、孙庄、高庄、十美村、周小麻、后孟疃、侯庄、骑马寺、霍廖庄（28）
第三警察区	南　镇 北　镇 （2）	尹里、东高才、西高才、北岭踪、南岭踪、前响沟、后响沟、贾黄村、前黄村、师召村、贾召村、蒋召村、大李梧茂、大鹿豕、申屯、潘屯、柴庄、千户庄、大月庄、南獐鹿、北獐鹿、宋庄、孙庄、房庄、吴梧茂、西京村、朱往驿、马军寨、吴令史、霍梧茂、祁庄、董学、庞庄、吕疃（34）	韩庄、饮马河、于庄、老黄村、师黄村、陆黄村、陶户庄、乔庄、碱场店、小月庄、王庄、东宇屯、张屯、北庄、东吴村、西吴村、太平庄、沙窝庄、杨獐鹿、辛召村、齐召村、后师黄村、后齐召村、东京村、小李梧茂、刘庄、鲁庄、苏庄、董故庄、卢庄、榆庄、李梧茂、齐梧茂（33）
第四警察区	太兴镇 西城镇 （2）	徐庄、大澹村、小澹村、前澹村、小马庄、张庄、五户、翟庄、刁孝子、秘孝子、大刘孝子、刁南庄、石槽、青罕、白庙、裴庄、南官庄、陈庄、后沙岗、前沙岗、齐杏基、大杏基、烧盆屯、高庄、红庙、杨福屯、小李庄、崔庄、西原隰、东原隰、西牟村、东牟村、前土营、马田村、陈田村、张田村、白佛寺、李长林、王长林（39）	前油房、小吴庄、杨野庄、马家场、王园、马园、五大院、后香坊、新宅、前香坊、石门、李王庄、夏庄、小刘孝子、于孝子、王庄、鲁庄、夏家庙、李辛庄、屠场、葛场、大马坊、堤口、翟杏基、冯杏基、孙庄、大李庄、后土营、赵长林、张长林（30）
总计：4个区　9个镇　135个主村　121个附村			

第三节　中华人民共和国时期行政区划

中华人民共和国成立之初，故城县下辖4个区、267个行政村。第一区夏庄、第二区西辛庄、第三区房庄、第四区原隰。

1952年冬，一区三里庄、魏庄、戴官屯、钟辛庄、杨家圈、东八里庄6个行政村划归山东省德州地区。

1953年，全县分为5个区、46个乡、261个行政村。一区辖10个乡（滩头、小召、夏庄、西殷庄、杨坞、东袁庄、二屯、小屯、大文庄、中镇）、70个村，区治驻地袁庄；二区辖11个乡（大马坊、小马坊、中北化、李鸭鹅、东辛庄、庙灵庄、万小庥、崔庄、马厂、南王庄、北王庄）、58村，区治驻地辛庄；三区辖11个乡（碱场店、霍梧茂、蒋召村、北林子、马军寨、潘屯、刘庄、三朗、房庄、董学、堤口）、57个村，区治驻地房庄；四区辖8个乡（西原隰、李长林、南岭踪、烧盆屯、西高才、后沙岗、坛村、庞田村）、50个村，区治驻地原隰；五区辖6个乡（五大院、甘泉、西城镇、刁孝子、五户、青罕）、26个村，区治驻地郑口。

1955年10月22日，四区马田村划归枣强县。

1956年5月，一区北万庄、小贾庄，三区小董故庄划归景县。景县刘庄、梁庄、前赵鲁、后赵鲁、里老、西小屯、皮婆屯、焦庄、张庄等10个村划归故城县，其中张庄划归三区，其他9个村划归二区，是年7月10日，撤区并乡，全县下设19个乡、267个行政村。

1958年1月，将19个乡合并为13个乡：夏庄、西殷庄、中镇、小屯、里老、西辛庄、青罕、北林子、三朗、房庄、原隰、郑口、五户。

1958年9月，全县实现人民公社化，建立郑口、房庄、辛庄、故城4个人民公社（简称公社），大队（行政村）仍为267个，其中郑口公社辖73个大队，房庄公社辖63个大队，辛庄公社辖59个大队，故城公社辖72个大队。是年10月，故城县并入吴桥县。

1961年5月18日，析吴桥县复置故城县，原景县所属河渠、青兰、隆兴、广川、堡定、大屯、王瞳7个公社划归故城县，是年8月，7个公社复划归景县。是时，全县下设15个公社、271个大队。15个公社为故城、袁庄、小屯、夏庄、辛庄、里老、庙灵庄、房庄、北林子、梧茂、三朗、原隰、杏基、青罕、郑口。

1956年故城县乡、村名一览表

表1-3

乡	所辖行政村
中　镇	刘庄、张庄、中镇、西南镇、东南镇、东万庄、西万庄、新庄、马厂、大第八、小第八、戴庄、霍廖庄（13）
小　屯	头屯、二屯、芦庄、三里口、南郭庄、周庄、复立村、陈庄、何庄、北袁庄、小文庄、大文庄、十里铺、桑塘、小屯、胡别王、贾别王、裴别王、胡塘、魏庄、北郭庄（21）
夏　庄	夏庄、犁谷庄、庄子刘、瑞谷庄、马庄、丁庄、小召、小化、大化、滩头、坟台、王桑园、曹桑营、丞相营、杨庄、徽王庄、龙凤店、河沟（18）
殷　庄	河北涯、第九、第七、大第五、小第五、芦圈、东第三、西第三、大曹庄、罗小营、西殷庄、东殷庄、杨坞、小曹庄、小刘庄、四面佛、大刘庄、潘庄、骆庄、袁庄、田庄、王庄（22）
南官庄	前孟疃、后孟疃、北王庄、裴庄、鲁庄、周官庄、南官庄、南侯庄、北侯庄、南王庄、第什、骑马寺（12）
西辛庄	东辛庄、西辛庄、东三务、西三务、李仙寨、牛卧庄、赵庄、崔庄、高庄、陈庄、孙庄（11）

续表 1-3

乡	所 辖 行 政 村
庙灵庄	北官庄、大寒布、小寒布、东化、马庄、沙窝庄、张小麻、万小麻、白小麻、周小麻、田小麻、魏家院、庙灵庄（13）
小马坊	赵鲁屯、后赵鲁、前赵鲁、梁庄、刘庄、皮婆屯、二南庄、窦堡店、大马坊、小马坊、高小营（11）
里　老	焦庄、里老、西小屯、朴庄、寒下、李鸭鹅、周鸭鹅、刘鸭鹅（8）
邢　庄	大杨村、吕疃、南林子、北林子、楼子、马庄、邢庄、贾丰村、西北化、中北化、新化、太平庄、万庄、李庄、小杨村（15）
小　庙	小庙、孙裕村、刘阜村、乜宁村、小王庄、庞庄、祁庄、吴令寺、霍梧茂、杨梧茂、齐梧茂、榆林、董学、堤口（14）
碱场店	碱场店、柴庄、十美村、陶户庄、大月庄、小月庄、乔庄、东宇屯、西宇屯、潘屯、千户庄（11）
房　庄	房庄、南獐鹿、北獐鹿、魏庄、宋庄、于庄、刘庄、孙庄、大梧茂、吴梧茂、吴村、鹿豕、北岭踪（13）
三　朗	三朗、朱往驿、马军寨、西京村、东京村、苏庄、南鲁庄、北鲁庄、师召村、居召村、蒋召村、河北召村、贾召村（13）
杏　基	大杏基、冯杏基、翟杏基、齐杏基、烧盆屯、红庙、小马庄、高庄、后沙岗、贾黄村、陆黄村、秘黄村、前黄村、师黄村、南岭踪、响沟（16）
土　营	前土营、后土营、李长林、张长林、王长林、赵长林、庞田村、陈田村、车田村、张田村、白佛寺（11）
郑　口	前沙岗、堤口、后坛村、前坛村、大坛村、杨野庄、徐庄、王园子、帝君庙、前香坊、后香坊、五大院、辛宅、南甘泉、北甘泉、太兴镇、南镇、西城镇（18）
孝　子	白庙、翟庄、五户、石门、于孝子、刘孝子、刁孝子、秘孝子、石槽、青罕、李王庄、张庄、刁南庄、夏庄（14）
原　隰	东原隰、西原隰、东牟村、西牟村、崔庄、大李庄、小李庄、杨福屯、饮马河、东高才、西高才、韩庄、尹里（13）

1961 年故城县公社、大队名一览表

表 1-4

公　社	所 辖 大 队
故　城	中镇、东南镇、西南镇、大第八、小第八、马厂、新庄、刘庄、张庄、东万庄、西万庄、戴庄、霍廖庄、赵庄、三里口（15）
袁　庄	袁庄、四面佛、骆庄、田庄、王庄、头屯、河北涯、第七、第九、大第五、小第五、芦圈、东第三、西第三、大曹庄、小曹庄、东殷庄、西殷庄、杨坞、潘庄、魏庄、大刘庄、小刘庄、胡塘（24）
小　屯	小屯、周庄、南郭庄、芦庄、二屯、裴别王、贾别王、胡别王、桑塘、十里铺、大文庄、小文庄、北袁庄、小郭庄、复立村、陈庄、何庄（17）

续表 1-4

公　社	所　辖　大　队
夏　庄	夏庄、小召、龙凤店、丁庄、罗小营、徽王庄、杨庄、丞相营、曹桑营、王桑营、滩头、坟台、河沟、大化、小化、庄子刘、犁谷庄、瑞谷庄、马庄（19）
辛　庄	东辛庄、西辛庄、李仙寨、孙庄、高庄、崔庄、牛卧庄、北官庄、万小麻、张小麻、小侯庄、东三务、西三务、高小营、窦堡店（15）
里　老	里老、焦庄、皮婆屯、刘庄、梁庄、前赵鲁、后赵鲁、赵鲁屯、大马坊、小马坊、二南庄、西小屯、朴庄、李鸭鹅、刘鸭鹅、周鸭鹅、寒下（17）
庙　灵	田小麻、周小麻、白小麻、前孟疃、后孟疃、碱场店、陶户庄、十美村、沙窝庄、新化、东化、大寒布、小寒布、庙灵庄、小马庄、魏家院（16）
房　庄	房庄、孙庄、魏庄、东宇屯、西宇屯、潘屯、吴村、鹿豕、于庄、乔庄、大月庄、小月庄、南獐鹿、北獐鹿、宋庄、刘庄、大梧茂、吴梧茂（18）
北林子	北林子、南林子、王庄、吕疃、大杨村、小杨村、楼子、太平庄、李庄、万庄、邢庄、西北化、中北化、贾丰村、乜宁村、刘阜村、孙裕村、堤口、小庙（19）
梧　茂	杨梧茂、齐梧茂、霍梧茂、董学、苏庄、东京村、西京村、张庄、祁庄、庞庄、吴令史、榆林、北芦庄、马军寨（14）
三　朗	三朗、居召村、蒋召村、贾召村、河北召村、师召村、南芦庄、朱往驿、尹里、韩庄、南岭踪、北岭踪、西高才（13）
原　隰	东原隰、西原隰、李长林、王长林、赵长林、张长林、杨福屯、大李庄、小李庄、白佛寺、饮马河、前崔庄、后崔庄、新崔庄、前土营、后土营、西牟村、东牟村、张田村、陈田村、车田村、庞田村（22）
杏　基	大杏基、冯杏基、翟杏基、齐杏基、后沙岗、师黄村、秘黄村、陆黄村、贾黄村、东高才、烧盆屯、响沟、高庄、红庙（14）
青　罕	青罕、骑马寺、石槽、周官庄、南侯庄、陈庄、南王庄、南官庄、第什、李王庄、刁南庄、秘孝子、夏庄、小刘孝子、大刘孝子、刁孝子、白庙、千户庄、柴庄、裴庄、鲁庄、北王庄（22）
郑　口	太兴镇、西城镇、南镇、师黄村、大马庄、小马庄、五大院、堤口、帝君庙、后沙岗、前香坊、大坛村、小坛村、后油坊、辛宅、前坛村、夏家庙、南甘泉、北甘泉、徐庄、杨野庄、王园子、五户、石门、张庄、翟庄（26）

1964 年故城县公社、大队名一览表

表 1-5

公　社	所　辖　大　队
故　城	中镇、东南镇、西南镇、东关、西关、北关、大第八、小第八、马厂、新庄、刘庄、张庄、东万庄、西万庄、戴庄、霍廖庄、赵庄、三里口（18）
袁　庄	袁一、袁二、袁三、四面佛、骆庄、田庄、王庄、头屯、河北涯、第七、第九、大第五、小第五、芦圈、东第三、西第三、大曹庄、小曹庄、东殷庄、西殷庄、杨坞、潘庄、魏庄、大刘庄、小刘庄、胡塘（26）

续表 1-5

公　社	所　辖　大　队
小　屯	小屯、周庄、南郭庄、芦庄、南二屯、北二屯、裴别王、贾别王、胡别王、桑塘、四十里铺、东十里铺、大文庄、小文庄、北袁庄、小郭庄、复立村、陈庄、何庄（19）
夏　庄	夏东、夏西、夏北、小召、龙凤店、丁庄、罗小营、徽王庄东、徽王庄西、杨庄、丞相营、曹桑营、王桑营、滩头、坟台东、坟台西、河沟、大化、小化、庄子刘、型谷庄、瑞谷庄、马庄（23）
辛　庄	东辛庄、西辛庄、李仙寨、孙庄、高庄、崔庄、牛卧庄、北官庄、万小磨、张小麻、小侯庄、孙务、王务、孟务、东三务、高小营、窦堡店（17）
里　老	前里老、后里老、林场、焦庄、皮婆屯、刘庄、梁庄、前赵鲁、后赵鲁、西小屯、大马坊、小马坊、二南庄、朴庄、李鸭鹅、刘鸭鹅、周鸭鹅、寒下（18）
庙　灵	庙灵庄、小马庄、田小麻、周小麻、白小麻、前孟疃、后孟疃、碱场店、陶户庄、十美村、沙窝庄、新化、东化、大寒布、小寒布、魏家院（16）
房　庄	房庄、大梧茂、吴梧茂、孙庄、魏庄、东宇屯、西宇屯、潘屯、前吴村、后吴村、鹿豕、于庄、乔庄、大月庄、小月庄、南獐鹿、北獐鹿、杨獐鹿、沙窝庄、宋庄、刘庄（21）
小　庙	南林子、北林子、王庄、吕疃、大杨村、小杨村、楼子、太平庄、李庄、万庄、邢庄、西北化、中北化、贾丰村、乜宁村、刘阜村、孙裕村、堤口、小庙（19）
梧　茂	杨梧茂、齐梧茂、霍梧茂、董学、苏庄、东京村、西京村、张庄、祁庄、庞庄、吴令史、榆林、北芦庄、马军寨（14）
三　朗	南镇、北镇、师召村、居召村、蒋召村、贾召村、河北召村、辛召村、南芦庄、朱往驿、尹里、韩庄、南岭踪、北岭踪、西高才（15）
原　隰	东原隰、西原隰、李长林、王长林、赵长林、张长林、杨福屯、大李庄、小李庄、白佛寺、饮马河、前崔庄、后崔庄、新崔庄、前土营、后土营、西牟村、东牟村、张田村、陈田村、车田村、庞田村（22）
杏　基	大杏基东、大杏基西、冯杏基、翟杏基、齐杏基、后沙岗、师黄村、秘黄村、陆黄村、贾黄村、前响沟、后响沟、高东、高中、高西、红旗、烧盆屯、高庄、红庙（19）
青　罕	青罕、骑马寺、石东、石西、石中、周官庄、南侯庄、陈庄、南王庄、南官庄、第什、李王庄、夏庄、刁南庄、于孝子、白庙、千一、千二、千三、千四、千五、柴庄、裴庄、鲁庄、北王庄、秘孝子、大刘孝子、小刘孝子、刁孝子（29）
郑　口	太兴镇、西城镇、南镇、前黄村、大马庄、小马庄、五大院、堤口、帝君庙、前沙岗、前香坊、大坛村、后油坊、辛宪、前坛村、夏家庙、南甘泉、后香坊、小坛村、徐庄、杨野庄、王园子、五户、石门、张庄、翟庄（26）
赵　行	东排、西排、前排、后排、芦庄、孟古庄、赵行、寨子、齐庄、夏庄、高庄、小街子、东曹官屯、西曹官屯（14）
武官寨	随庄、于庄、天水屯、前赵庄、后赵庄、万庄、东半屯、西半屯、南召、双屯、牛辛庄、盐厂、徐洪屯、垂麦、大店、小店、湖心寺、康庄、东桥村、西桥村、西里屯、庄科、臧庄、北梁庄、姚庄、付庄、瓦子庄、李庄、姜庄、十八里庄、范庄、张庄、高庄、小屯、南梁庄、十二里庄、王洼、郭庄、何刘屯、郑儒林、李儒林、树儒林、牟儒林、书村、前孝兰、后孝兰、尼庄、李尧头、王尧头、张尧头、杨五头、冯庄、前花园、后花园、武官寨、于刘洼、北半屯、武庄、叩庄、李店、东梁庄、张庄、杨刘庄、张洪屯、于洪屯、李洪屯、时庙、周楼、付官屯、王庄、乔庄、军王庙、五台坡、东言村、西言村、大言村、苏庄、霍庄、香炉坡、孟村、车庄、仓上、柴庄、孙庄、小齐庄（85）

续表 1-5

公　社	所　辖　大　队
饶阳店	东北屯、东南屯、西南屯、东五股河、西五股河、孟庄、温庄、果子口、刘堂一、刘堂二、刘堂三、西北屯、小刘庄、沙窝庄、范庄、杜坟、刘古庄、李庄、薛官屯、李官屯、东镇、西镇、西里屯、杨庄、北仁庄、赵庄、丁庄、后屯、徐庄、于庄、曾庄、刁庄、焦庄、马庄、东孟庄、西孟庄、前屯、南庄、吴庄、王庄、南马村、东马村、杨辛庄、黄草洼、朱辛庄、北马前、北马后、刘辛庄、盛树林、黄官屯、东曾官屯、西曾官屯、袁庄、扈庄、时庄、葛村、周辛庄、前野庄、后野庄、水东屯、子路、宋庄、杜庄、郑庄、饶阳店（65）
祖　杨	曹口、褚庄、陈庄、王庄、刘辛庄、良尧、庞堂、高庄、蔡庄、二里庄、姜庄、巩庄、马庄、宋庄、三里庄、和平、民主、建国、张庄、大王里村、小王里村、刘庙、吕华、位庄、大辛庄、关庙、赵庙、程村、庄科、小辛庄、军屯、贾庄、牛庄、军王庄、胡官屯、刘行杖、王行杖、高行杖、丁里村、赵里村、徐里村、张里村、于姑屯、东冯王庄、西冯王庄、马寺、杨庄、罗马庄、齐庄、孔辛庄、杨寺、王同庄、宋唐庄、霍庄、徐店、石佛、叶庄、燕庄、许口、树庄、陈庄、杨庄、草寺、辛堤、姜圈、毛店、小林庄、水坡、韩庄、大商庄、徐尧、要庄、王庄、西刘庄、东刘庄、高庄、臧庄、李庄、小商庄（79）

1962 年袁庄公社袁庄分为袁一、袁二、袁三大队；小屯公社二屯分为南二屯、北二屯大队；夏庄公社夏庄分为夏东、夏西、夏北大队，徽王庄分为徽王庄东、徽王庄西大队，坟台分为坟台东、坟台西大队；辛庄公社西三务分为孙务、王务、孟务大队；里老公社里老分为前里老、后里老、林场大队；房庄公社南獐鹿分为南獐鹿、杨獐鹿大队，吴村分为前吴村、后吴村大队，沙窝庄由自然村建为大队；三朗公社三朗分为南镇、北镇大队，辛召村由自然村建为大队；杏基公社大杏基分为大杏基东、大杏基西大队，东高才分为高东、高中、高西大队，响沟分为前响沟、后响沟大队；青罕公社千户庄分为千一、千二、千三、千四、千五大队，石槽分为石东、石中、石西大队；郑口公社后香坊由自然村建为大队。是时，全县有 15 个公社，299 个大队。

1963 年北林子公社改为小庙公社。故城公社中镇、西南镇、东南镇分为北关、东关、中镇、西南镇、东南镇、西关大队；小屯公社十里铺分为东十里铺、西十里铺大队；杏基公社新建红旗大队。是时，全县有 15 个公社，304 个大队。

1964 年年末，山东省武城县祖杨公社、武官寨公社、饶阳店公社和甲马营公社共 244 个大队划归故城县。故城县郑口公社南甘泉、北甘泉大队划归武城县，同时将划归故城县之原甲马营公社部分建为赵行公社，郑口公社另建南甘泉大队。是时，全县有 19 个公社，545 个大队。

1965 年，饶阳店公社孟庄、果子口、沙窝庄、李庄、葛村、周辛庄、前野庄、后野庄 8 个大队划归郑口公社；饶阳店公社东南屯、东北屯、西北屯、西南屯、刘堂一、刘堂二、刘堂三、北范庄、杜坟、东五股河、西五股河、刘古庄、温庄、刘辛庄 14 个大队划归赵行公社；原隰公社新建新田村大队。是时，全县有 19 个公社，547 个大队。

1966 年，祖杨公社分为军屯、要庄、建国公社，其中，军屯公社辖 21 个大队：大王里村、小王里村、军屯、军王庄、赵里村、牛庄、赵庙、徐里村、丁里村、高行杖、刘行杖、王行杖、关庙、刘庙、贾庄、庄科、大辛庄、张里村、杨寺、胡官屯、小辛庄；要庄公社辖 30 个大队：叶庄、臧庄、陈庄、吕华庄、燕庄、位庄、辛堤、树庄、徐尧、毛店、姜圈、西刘庄、草寺、程村、东刘庄、要庄、高庄、石佛、水坡、王庄、徐店、许口、小林庄、郭庄、王同庄、大商庄、小商庄、杨庄、张庄、李庄；建国公社辖 28 个大队：曹口、褚庄、王庄、民主、和平、齐庄、罗马庄、宋唐庄、霍庄、孔辛庄、马寺、祖庄、于姑屯、三里庄、姜庄、蔡庄、巩庄、二里庄、刘辛庄、庞堂、东冯王庄、西冯王庄、良尧、陈庄、高庄、宋庄、马庄、建国。武官寨公社和饶阳店公社分为武官寨公社、半屯公社、饶阳店公社、瓦子庄公社，其中，武官寨公社辖 44 个大队：齐庄、李店、垂麦、五台坡、张洪屯、叩庄、柴庄、周楼、杨刘庄、张庄、杨五头、张尧头、李尧头、王尧头、尼庄、武庄、苏庄、霍庄、冯庄、香炉坡、孟村、车庄、西孟庄、后花园、东孟庄、北半屯、武官寨、王庄、仓上、前花园、东梁庄、大店、于刘洼、军王庙、付官屯、大言村、东言村、西言村、小店、赵庄、刁庄、马庄、前屯、后屯；半屯公社辖17个大队：天水屯、牛庄、双屯、徐东屯、时庙、盐厂、前赵庄、于洪屯、李洪屯、东半屯、西半屯、于庄、南召、后赵庄、何刘屯、随庄、万庄；饶阳店公社辖37个大队：刘辛庄、宋辛庄、杨辛庄、南马村、北马前、北马后、盛树林、王庄、黄草洼、东马村、饶阳店、南庄、宋庄、子路、水东屯、冷高常、郑庄、杜庄、黄官屯、薛官屯、李官屯、北仁庄、杨庄、西里屯、东镇、西镇、东曾官屯、西曾官屯、时庄、扈庄、袁庄、吴庄、丁庄、曹庄、于庄、徐庄、焦庄；瓦子庄公社辖31个大队：瓦子庄、范庄、郑儒林、李儒林、树儒林、牟儒林、西里屯、康庄、高庄、姜庄、前孝兰、后孝兰、姚庄、付庄、湖心寺、李庄、南梁庄、东桥村、西桥村、十八里庄、郭庄、十二里庄、乔庄、孙庄、北梁庄、王洼、张庄、庄科、书村、小屯、臧庄；袁庄公社并入袁三大队，四面佛大队改为四新大队。夏庄公社徽王庄东、徽王庄西大队合并为红星大队，坟台东、坟台西大队合并为胜利大队，丞相营大队改为红光大队，龙凤店大队改为东风大队，曹桑营大队改为桑营大队，王桑营改为王庄大队。小庙公社小庙大队改为红卫大队。郑口公社新建新甘泉（后改称北甘泉）大队。是时，全县23个公社，546个大队（红星、胜利、红光、东风、红卫大队后仍改为原名）。

1976年，青罕公社驻地于石中大队。

1977年，原隰公社并赵长林大队；杏基公社大杏基东、大杏基西大队合并为杏基大队。前响沟、后响沟合并为响沟大队；赵行公社刘堂一、刘堂二、刘堂三大队合并为刘堂大队。

1978年，青罕公社千户一、千户二、千户三、千户四、千户五大队合并为千户庄大队。

1979年，原隰公社复置赵长林大队。

1980年，杏基公社复分响沟为前响沟大队和后响沟大队。是时，全县23个公社，538个大队。

1982年4月，故城县人民政府第三十三次县长办公会议决定，将县内63个重名大队（村）予以更名。至此村名实现标准化。

附

1982年故城县人民政府
关于部分大队及地名更名的通知

故城县人民政府
关于本县部分大队更名的报告

衡水地区行署：

为了贯彻执行《国务院关于地名命名、更名的暂行规定》，根据河北省人民政府批转的河北省地名领导小组《关于地名命名、更名的暂行规定》（冀政〔1982〕3号文件）经县人民政府审查批准，现将我省六十三个大队更名情况（详见附表）上报备案。

特此报告。

一九八二年四月二十六日

报：衡水地区地名领导小组。

故城县人民政府（通知）

故政通〔1982〕12号

故城县人民政府
关于地名更名的通知

各公社管委会、政府各部门：

按照《国务院关于地名命名、更名的暂行规定》，根据省政府和地区行署的通知精神，经过与有关公社大队反复酝酿，广泛征求群众意见，经县政府研究确定，将我县六十三个重名大队，按照上级要求，予以更名（更名大队附后）从即日起原名称停用，一律使用更新名称，希各公社接通知后，抓紧将有关公章更新，並在群众中进行宣传。

故城县人民政府
一九八二年四月十三日

1982 年故城县统一更改大队名称一览表

表 1-6

公　社	原大队名称	更名后大队名称	公　社	原大队名称	更名后大队名称
郑　口	沙窝庄	南沙窝庄	庙　灵	马庄	北马庄
建　国	姜庄 高庄 王庄 刘辛庄 齐庄 马庄 宋庄	姜家庄 高家庄 陈王庄 八户庄 南齐庄 河西马庄 南宋庄	饶阳店	袁庄 宋庄 王庄 丁庄 徐庄	西袁庄 宋杨庄 西王庄 西丁庄 西徐庄
故　城	赵庄 刘庄 张庄	新赵庄 后刘庄 东张庄	房　庄	孙庄 于庄 沙窝庄	西孙庄 北于庄 北沙窝庄
小　庙	李庄 万庄 堤口	李家庄 万家庄 北堤口	辛　庄	侯庄 孙庄 高庄	北侯庄 东孙庄 东高庄
夏　庄	杨庄 张庄 马庄 刘庄	东杨庄 瑞谷村 东马庄 庄子刘	小　屯	陈庄 芦庄	东陈庄 东芦庄
杏　基	高庄	北高庄	青　罕	陈庄	北陈庄
袁　庄	王庄 魏庄	东王庄 东魏庄	里　老	刘庄 焦庄	刘家庄 焦麻庄
武官寨	苏庄 柴庄 霍庄 张庄 王庄	新苏庄 南柴庄 北霍庄 张家庄 王家庄	赵　行	齐庄 夏庄 刘辛庄 范庄	齐家庄 西夏庄 明刘庄 北范庄
梧　茂	张庄	北张庄	西半屯	于庄	南于庄
要　庄	陈庄 李庄 高庄 杨庄 王庄 张庄 臧庄	南陈庄 南李庄 南高庄 南杨庄 新王庄 南张庄 南臧庄	瓦子庄	李庄 高庄 乔庄 庄科 小屯 郭庄 张庄	西李庄 西高庄 乔家庄 北庄科 南小屯 西郭庄 西张庄

1984 年年初，域内公社改为乡建制，原 23 个公社改为 23 个乡。是年，郑口、建国、故城由乡建制改为镇建制，原 538 个大队改为 538 个行政村。

1984年故城县乡、镇、村名一览表

表 1-7

乡　镇	所　辖　行　政　村
郑口镇	太兴镇、西城镇、南镇、南甘泉、北甘泉、前黄村、夏家庙、翟庄、前沙岗、五户、堤口、大马庄、小马庄、石门、张庄、周辛庄、三坛村、二坛村、大坛村、杨野庄、王园子、徐庄、帝君庙、后油坊、五大院、前香坊、后香坊、辛宅、葛村、前野庄、后野庄、南沙窝庄、孟庄、李庄、果子口（35）
建国镇	建国、民主、和平、二里庄、高家庄、蔡庄、宠堂、姜家庄、巩庄、南宋庄、三里庄、河西马庄、霍庄、祖杨庄、南齐庄、东冯王庄、西冯王庄、马寺、于姑屯、孙辛庄、宋唐庄、罗马庄、陈庄、陈王庄、曹口、褚庄、八户庄、良尧（28）
故城镇	中镇、东南镇、西南镇、东关、西关、北关、霍廖庄、新赵庄、戴庄、三里口、马厂、新庄、东万庄、西万庄、东张庄、后刘庄、大第八、小第八（18）
小庙乡	邢庄、大杨村、吕疃、南林子、北林子、小杨村、楼子村、万家庄、太平庄、李家庄、王庄、西北化、中北化、小庙、北堤口、乜宁村、刘阜村、贾丰村、孙裕村（19）
里老乡	前里老、后里老、林场、梁庄、赵鲁屯、前赵鲁、后赵鲁、刘家庄、皮婆屯、二南庄、大马坊、小马坊、焦麻庄、朴庄、西小屯、寨下、李鸭鹅、周鸭鹅、刘鸭鹅（19）
梧茂乡	杨梧茂、霍梧茂、齐梧茂、榆林、吴令史、北张庄、祁庄、马军寨、北芦庄、庞庄、东京村、西京村、苏庄、董学（14）
三朗乡	南镇、北镇、朱往驿、南鲁庄、河北召村、师召村、居召村、蒋召村、贾召村、辛召村、西高才、尹里、韩庄、南岭踪、北岭踪（15）
房庄乡	房庄、吴梧茂、大梧茂、刘庄、宋庄、南獐鹿、北獐鹿、杨獐鹿、魏庄、西孙庄、东宇屯、乔庄、小月庄、大月庄、北于庄、北沙窝庄、鹿豖、前吴村、后吴村、潘屯、西宇屯（21）
庙灵乡	新化村、东化村、沙窝庄、北马庄、大寒布、小寒布、魏家院、陶户庄、十美村、田小麻、白小麻、周小麻、庙灵庄、碱场店、前孟疃、后孟疃（16）
辛庄乡	西辛庄、东辛庄、窦堡店、高小营、孙务、王务、孟务、东三务、张小麻、万小麻、北侯庄、李仙寨、东孙庄、牛卧庄、崔庄、东高庄、北官庄（17）
夏庄乡	夏东、夏西、夏北、丁庄、瑞谷村、东马庄、小沼、小化、滩头、坟台、庄子刘、大化、河沟、王桑营、曹桑营、丞相营、东杨庄、犁谷庄、徽王庄、龙凤店、罗小营（21）
小屯乡	小屯、北袁庄、北郭庄、大文庄、小文庄、东十里铺、西十里铺、何庄、复立村、桑塘、胡别王、裴别王、贾别王、南郭庄、周庄、东芦庄、南二屯、北二屯、东陈庄（19）
原隰乡	新崔庄、前崔庄、后崔庄、饮马河、东原隰、西原隰、小李庄、大李庄、杨福屯、前土营、后土营、东牟村、西牟村、白佛寺、庞田村、车田村、陈田村、张田村、新田村、李长林、王长林、张长林、赵长林（23）
杏基乡	大杏基、冯杏基、齐杏基、翟杏基、高东、高中、高西、前响沟、后响沟、烧盆屯、陆黄村、贾黄村、秘黄村、师黄村、北高庄、红旗、后沙岗、红庙（18）
青罕乡	青罕、千户庄、柴庄、裴庄、鲁庄、北王庄、北陈庄、骑马寺、周官庄、白庙、石东、石西、南官庄、侯庄、于孝子、大刘孝子、小刘孝子、刁孝子、秘孝子、第什、南王庄、李王庄、刁南庄、吴夏庄（24）
袁庄乡	袁庄一、袁庄二、大刘庄、东殷庄、西殷庄、大曹庄、小曹庄、东第三、西第三、芦家圈、胡塘、东魏庄、潘庄、骆庄、四新、小刘庄、杨坞、头屯、东王庄、田庄、河北涯、第七、第九、大第五、小第五（25）

续表 1-7

乡 镇	所 辖 行 政 村
饶阳店乡	饶阳店、西李官屯、东镇、南马村、东马村、北马后、北马前、北仁庄、杨庄、西镇、李官屯、黄官屯、薛官屯、西曾官屯、东曾官屯、黄草洼、刘辛庄、朱辛庄、杨辛庄、西王庄、南庄、焦庄、西丁庄、于庄、曹庄、西徐庄、西袁庄、扈庄、时庄、盛树林、水东屯、子路、杜庄、郑庄、宋杨庄、吴庄、冷高常（37）
武官寨乡	武官寨、东孟庄、西孟庄、前屯、后屯、马庄、杨五头、冯庄、新苏庄、武庄、前花园、后花园、大言村、东言村、西言村、赵庄、刁庄、张尧头、李尧头、王尧头、尼庄、北霍庄、香炉坡、孟村、车庄、北半屯、仓上、于刘洼、王家庄、付官屯、大曲店、小曲店、东梁庄、垂麦、齐庄、军王庙、五台坡、张家庄、南柴庄、李店、杨刘庄、张洪屯、叩庄、周楼（44）
赵行乡	赵行、东南屯、东北屯、西北屯、西南屯、北范庄、杜坟、东五股河、西五股河、刘堂、刘古庄、温庄、明刘庄、芦庄、东排、西排、前排、后排、寨子、东曹官屯、西曹官屯、齐家庄、小街子、西夏庄、高庄、孟古庄（26）
瓦子庄乡	瓦子庄、郑儒林、牟儒林、树儒林、李儒林、书村、前孝兰、后孝兰、康庄、西里屯、北庄科、臧庄、北梁庄、付庄、姚庄、南小屯、湖心寺、西高庄、乔家庄、东桥村、西桥村、十二里庄、十八里庄、范庄、姜庄、西李庄、孙庄、南梁庄、西张庄、王洼、西郭庄（31）
西半屯乡	徐洪屯、李洪屯、于洪屯、盐厂、牛辛庄、随庄、双屯、前赵庄、后赵庄、时庙、万庄、东半屯、西半屯、南于庄、天水屯、何刘屯、南召村（17）
军屯乡	军屯乡、胡官屯、贾庄、军王庄、牛庄、刘行杖、高行杖、王行杖、张里村、徐里村、丁里村、赵里村、大王里村、小王里村、大辛庄、小辛庄、庄科、赵庙、刘庙、关庙、杨寺（21）
要庄乡	要庄、王同庄、大商庄、小商庄、程村、位庄、南张庄、郭庄、徐尧、南高庄、南臧庄、吕华庄、小林庄、石佛、徐店、南李庄、新王庄、燕庄、东刘庄、西刘庄、南陈庄、许口、姜圈、水坡、南杨庄、树庄、草寺、辛堤、毛店、叶庄（30）

1993 年 12 月，青罕、武官寨、饶阳店乡撤乡建镇。1996 年 1 月，撤销袁庄乡划归夏庄乡，撤销瓦子庄乡划归西半屯乡，撤销小屯乡划归故城镇，撤销赵行、杏基乡划归郑口镇，撤销要庄乡划归建国镇，撤销原隰乡划归三朗乡，撤销梧茂、小庙乡划归房庄乡，撤销庙灵乡划归辛庄乡。是年 12 月，军屯乡撤乡建镇。1999 年 12 月，夏庄乡易名为夏庄镇。2002 年 1 月，西半屯乡易名为西半屯镇。至 2008 年年末，县辖 9 个镇（郑口、故城、建国、青罕、武官寨、饶阳店、军屯、夏庄、西半屯），4 个乡（三朗、房庄、辛庄、里老），538 个村。

2018 年 5 月 10 日，房庄乡、三朗乡撤乡建镇，全县辖 11 个镇，2 个乡，所辖村庄无变化。

2018 年故城县乡（镇）、村名一览表

表 1-8

乡 镇	所 辖 行 政 村
郑口镇	太兴镇、西城镇、南镇、南甘泉、北甘泉、前黄村、夏家庙、翟庄、前沙岗、五户、堤口、大马庄、小马庄、石门、张庄、周辛庄、三坛村、二坛村、大坛村、杨野庄、王园子、徐庄、帝君庙、后油坊、五大院、前香坊、后香坊、辛宅、葛村、前野庄、后野庄、南沙窝庄、孟庄、李庄、果子口、赵行、东南屯、东北屯、西北屯、西南屯、北范庄、杜坟、东五股河、西五股河、刘堂、刘古庄、温庄、明刘庄、芦庄、东排、西排、前排、后排、寨子、东曹官屯、西曹官屯、齐家庄、小街子、西夏庄、高庄、孟古庄、大杏基、冯杏基、齐杏基、翟杏基、高东、高中、高西、前响沟、后响沟、烧盆屯、陆黄村、贾黄村、秘黄村、师黄村、北高庄、红旗、后沙岗、红庙（79）

续表 1-8

乡 镇	所 辖 行 政 村
建国镇	建国、民主、和平、二里庄、高家庄、蔡庄、庞堂、姜家庄、巩庄、南宋庄、三里庄、河西马庄、霍庄、祖杨庄、南齐庄、东冯王庄、西冯王庄、马寺、于姑屯、孙辛庄、宋唐庄、罗马庄、陈庄、陈王庄、曹口、褚庄、八户庄、良尧、要庄、王同庄、大商庄、小商庄、程村、位庄、南张庄、郭庄、徐尧、南高庄、南臧庄、吕华庄、小林庄、石佛、徐店、南李庄、新王庄、燕庄、东刘庄、西刘庄、南陈庄、许口、姜圈、水坡、南扬庄、树庄、草寺、辛堤、毛店（58）
故城镇	中镇、东南镇、西南镇、东关、西关、北关、霍廖庄、新赵庄、戴庄、三里口、马厂、新庄、东万庄、西万庄、东张庄、后刘庄、大第八、小第八、小屯、北袁庄、北郭庄、大文庄、小文庄、东十里铺、西十里铺、何庄、复立庄、桑塘、胡别五、裴别王、贾别王、南郭庄、周庄、东芦庄、南二屯、北二屯、东陈庄（37）
里老乡	前里老、后里老、林场、梁庄、赵鲁屯、前赵鲁、后赵鲁、刘家庄、皮婆屯、二南庄、大马坊、小马坊、焦麻庄、朴庄、西小屯、寨下、李鸭鹅、周鸭鹅、刘鸭鹅（19）
三朗镇	南镇、北镇、朱往驿、南鲁庄、河北召村、师召村、居召村、蒋召村、贾召村、辛庄村、西高才、尹里、韩庄、南岭踪、北岭踪、新崔庄、前崔庄、后崔庄、饮马河、东原隰、西原隰、小李庄、大李庄、杨福屯、前土营、后土营、东牟村、西牟村、白佛寺、庞田村、车田村、陈田村、张田村、新田村、李长林、王长林、张长林、赵长林（38）
房庄镇	房庄、吴梧茂、大梧茂、刘庄、宋庄、南獐鹿、北獐鹿、扬獐鹿、魏庄、西孙庄、东宇屯、乔庄、小月庄、大月庄、北于庄、北沙窝庄、鹿豕、前吴村、后吴村、潘屯、西宇屯、邢庄、大杨庄、吕疃、南林子、北林子、小杨庄、楼子村、万家庄、太平庄、李家庄、王庄、西北化、中北化、小庙、北堤口、乜宁庄、刘阜村、贾丰村、孙裕村、杨梧茂、霍梧茂、齐梧茂、榆林、吴令史、北张庄、祁庄、马军寨、北芦庄、庞庄、东京村、西京村、苏庄、董学（54）
辛庄乡	西辛庄、东辛庄、窦堡店、高小营、孙务、王务、孟务、东三务、张小麻、万小麻、北侯庄、他仙寨、东孙庄、牛卧庄、崔庄、东高庄、北官庄、新化村、东化村、沙窝庄、北马庄、大寨布、小寨布、魏家院、陶户庄、十美村、田小麻、白小麻、周小麻、庙灵庄、碱场店、前孟疃、后孟疃（33）
夏庄镇	夏东、夏西、夏北、丁庄、瑞谷村、东马庄、小沼、小化、滩头、坟台、庄子刘、大化、河沟、王桑营、曹桑营、丞相营、东杨庄、型谷庄、徽王庄、龙凤店、罗小营、袁一、袁二、大刘庄、东殷庄、西殷庄、大曹庄、小曹庄、东第三、西第三、芦家圈、胡塘、东魏庄、潘庄、骆庄、四新、小刘庄、杨坞、头屯、东王庄、田庄、河北涯、第七、第九、大第五、小第五（46）
青罕镇	青罕、千户庄、柴庄、裴庄、鲁庄、北王庄、北陈庄、骑马寺、周官庄、白庙、石东、石西、南官庄、侯庄、于孝子、大刘孝子、小刘孝子、刁孝子、秘孝子、第什、南王庄、李王庄、刁南庄、吴夏庄（24）
饶阳店镇	饶阳店、西李官屯、东镇、南马村、东马村、北马后、北马前、北仁庄、杨庄、西镇、李官屯、黄官屯、薛官屯、西曾官屯、东曾官屯、黄草洼、刘辛庄、朱辛庄、杨辛庄、西王庄、南庄、焦庄、西丁庄、于庄、曹庄、西徐庄、西袁庄、扈庄、时庄、盛树林、水东屯、子路、杜庄、郑庄、宋杨庄、吴庄、冷高常（37）
武官寨镇	武官寨、东孟庄、西孟庄、前屯、后屯、马庄、杨五头、冯庄、新苏庄、武庄、前花园、后花园、大言村、东言村、西言村、赵庄、刁庄、张尧头、李尧头、王尧头、尼庄、北霍庄、香炉坡、孟庄、车庄、北半屯、仓上、于刘洼、王家庄、付官屯、大曲店、小曲店、东梁庄、垂麦、齐庄、军王庙、五台坡、张家庄、南柴庄、李店、杨刘庄、张洪屯、叩庄、周楼（44）
西半屯镇	徐洪屯、李洪屯、于洪屯、盐厂、牛辛庄、随庄、双屯、前赵庄、后赵庄、时庙、万庄、东半屯、西半屯、南于庄、天水屯、何刘屯、南召村、瓦子庄、郑儒林、牟儒林、树儒林、李儒林、书村、前孝兰、后孝兰、康庄、西里屯、北庄科、臧庄、北梁庄、付庄、姚庄、南小屯、湖心寺、西高庄、乔家庄、东桥村、西桥村、十二里庄、十八里庄、范庄、姜庄、西李庄、孙庄、南梁庄、西张庄、王洼、西郭庄（48）
军屯镇	军屯村、胡官屯、贾庄、军王庄、牛庄、刘行杖、高行杖、王行杖、张里村、徐里村、丁里村、赵里村、大王里村、小王里村、大辛庄、小辛庄、庄科、赵庙、关庙、刘庙、杨寺（21）

第三章　城镇乡村

1996年，故城县实施机构改革，由原来的23个乡镇合并成13个乡镇，村庄归属发生变化。被合并的乡，在本编中以“附记”形式加以介绍。至2018年末，域内有13个乡镇、538个行政村。其中郑口镇为县城驻地，面积最大，所辖行政村最多，人口最多；故城镇为元、明、清、中华民国时期故城县治所。村名后缀多以“村”“庄”“屯”“寨”等，或按姓氏、或按地理方位、或按民间传说、古代名人等方式命名村庄。域内最大的村庄为西半屯镇何刘屯村，有1501户，4207人（据2017年《故城县国民经济统计资料》）。

第一节　县　城

旧县城在故城镇，位于今县城郑家口（简称郑口）东北14.1公里处。为元、明、清及中华民国时期故城县治所。

据清光绪《故城县志》载：“邑治旧临河，原无城堑。明成化二年（1466年），郡守贾公忠奉诏督知县唐高度地建城。于今处以土筑之。至隆庆元年（1567年），知县李绍先，以前令戚孕秀失印故，始移治城内。旧本四门，万历戊子年（1588年），知县李承露塞北门而重修焉。迄今城门三座，东门曰安化（蔡志更宾旸），南门曰朝宗（更环卫），西门曰广川（更延禧）。雉堞俱以砖。三门各筑瓮城，东西二门补建二桥。崇祯十三年（1640年），知县苟永兴以土城难守，乃令里甲均输欲易以砖，值奇荒，未获讫工。”清康熙、乾隆、咸丰、同治年间，又几经修葺，至光绪年间（1875—1908年），“城周围64余丈，计3里6分零，城身内高1丈6尺、外高1丈8尺、顶宽1丈、底宽2丈。城门3座，并无瓮城。城楼3座，并无角楼。炮台13座，每座高1丈8尺、底宽3丈、顶宽2丈3尺。垛口640个，每垛高2尺5寸，宽6尺。水沟44道，每道深1丈6尺、宽2尺4寸。”环卫门内为双峰街。宾旸门内为兴文街，延禧门内为延禧街。县署前一大街横贯东西，东段为承流街，西段为宣化街。承流、宣化、双峰三街构成“丁”字形，环卫门外为临津街、鸣玉街、迎恩街、舞雩街。

县署在环卫门内双峰街北东转南向。大堂五间，前甬道，又前戒石坊，又前为仪门，左右角门，又前大门上建谯楼。又前为照壁，仪门内东西对峙为吏舍，东南为土地祠，西偏犴狱，仪门外东西各役班房，大堂后为架阁库，为听事房，宅门一座，南向为退思堂，左右院为幕客厅，后为内宅。典史宅于仪门偏东处。管河县丞署原于城外东南临河处，后徙至郑口街南临河处。教官署于承流街西端南侧，与县署隔街为前后邻。演武场于城北0.5公里处，接官厅于城北1公里处。游击署于郑口镇东，后因坍塌移至镇内大街。千总署于城外临河处。把总署于郑口镇大街南。城内外主要建筑物有社稷坛、厉坛、先农坛、东坛、文庙、城隍庙、真武庙、武庙、八蜡庙、火神庙、刘猛军庙、马神庙、风云雷雨神庙、药王庙、龙神祠、忠义祠、节孝祠、二贤祠、明伦堂、观音堂、文昌宫、文昌阁、甘陵书院、佛头井等。除佛头井和清朝旧县衙大殿部分地基和墙体保留外，其他均已荡然无存。1945年6月，中共故城县委、故城县政府（抗日民主政府）迁往郑家口，故城遂为乡镇级治所，今为故城镇治所。

县城为郑口，地处故城县中心位置东侧、郑口镇东。东南濒邻卫运河，有郑口大桥与山东武城县相通。周围为镇属村。县城南北长6公里，东西宽3.5公里，建成区面积约17.12平方公里，城区设有主要街道13条。新县城倚河傍堤，地势较高，一般海拔为25米。卫运河水自武城县甲马营附近始，以近北偏东方向顺流直下，经此骤拐，沿近东偏北方向流去。郑口为全县交通枢纽，邢（台）德（州）、郑（口）枣（强）、郑（口）清（河）、郑（口）龙（华）公路交会于此，

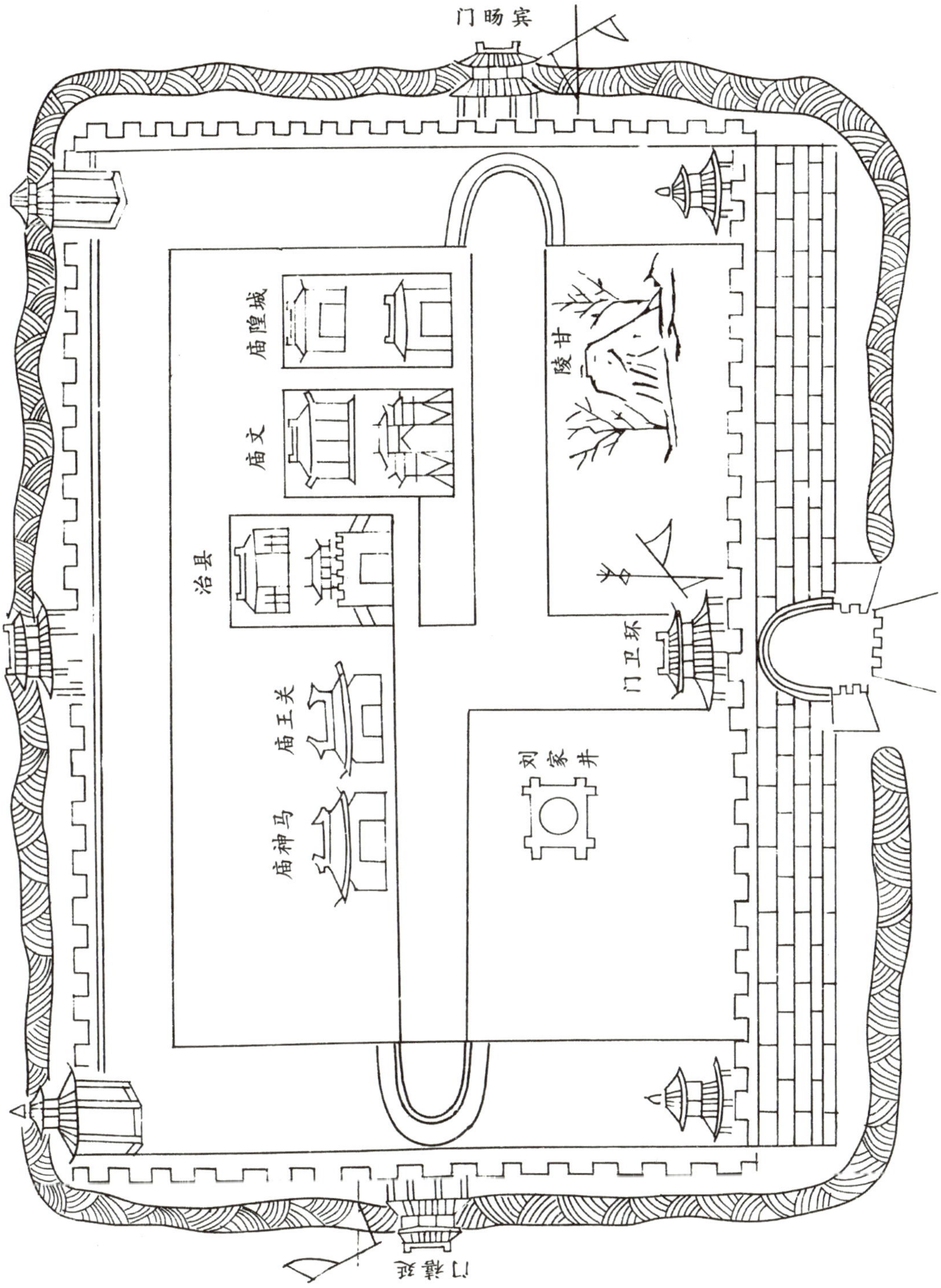

图 1-1　明万历四十二年（1614 年）故城县城示意图（录自明万历四十二年《故城县志》）

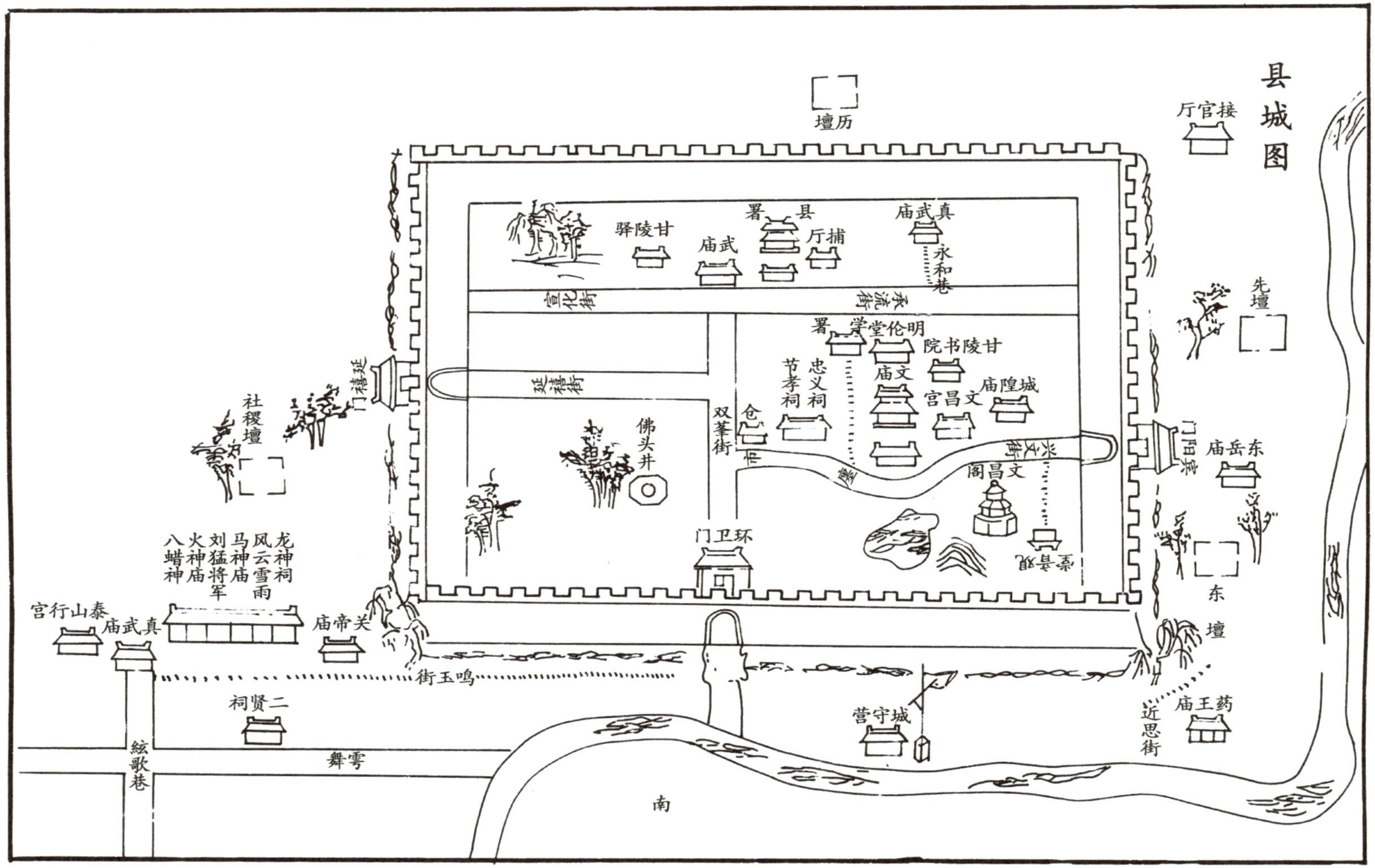

图 1-2　清光绪十一年（1885 年）故城县城示意图（录自清光绪十一年《故城县志》）

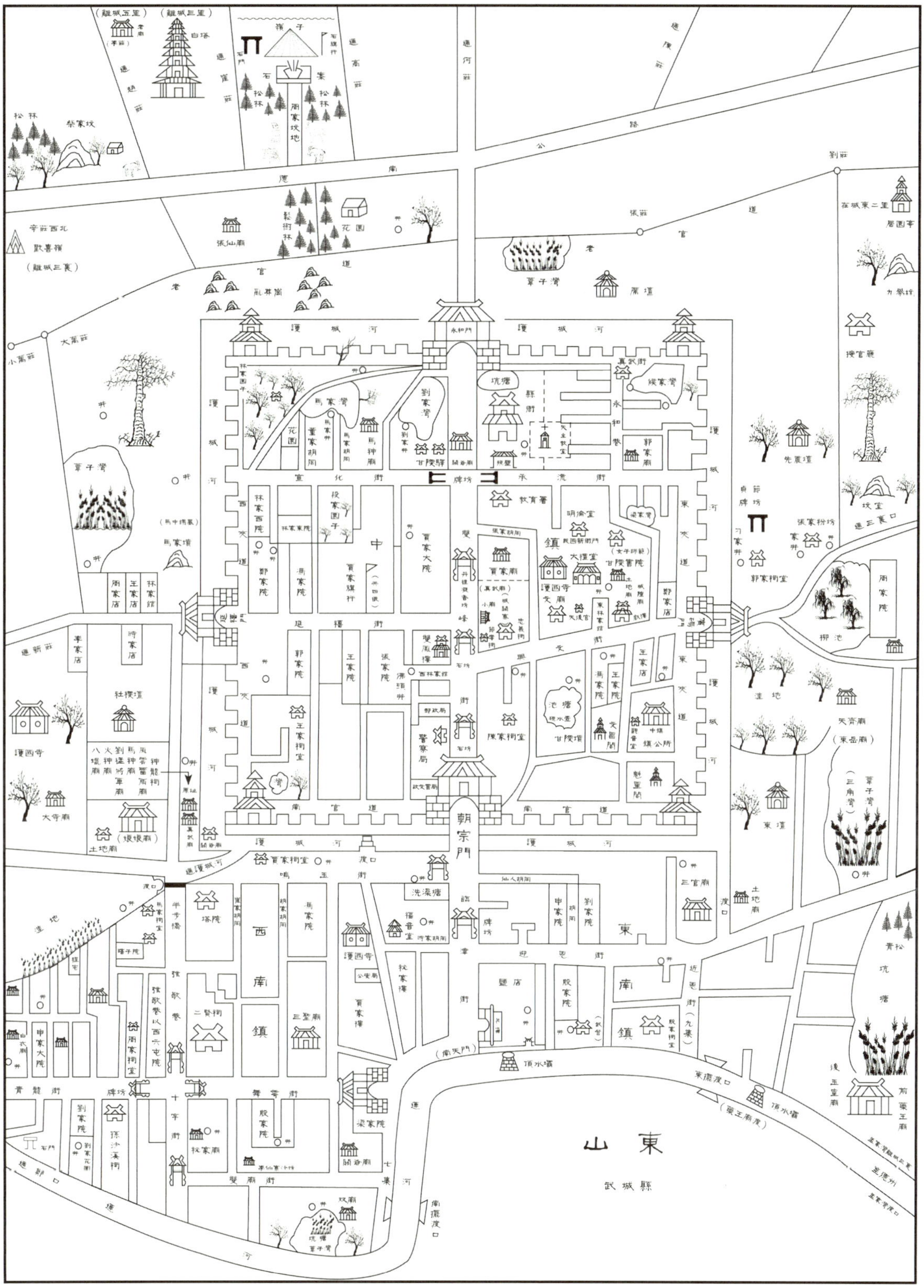

图 1-3　　明清时期故城全城示意图

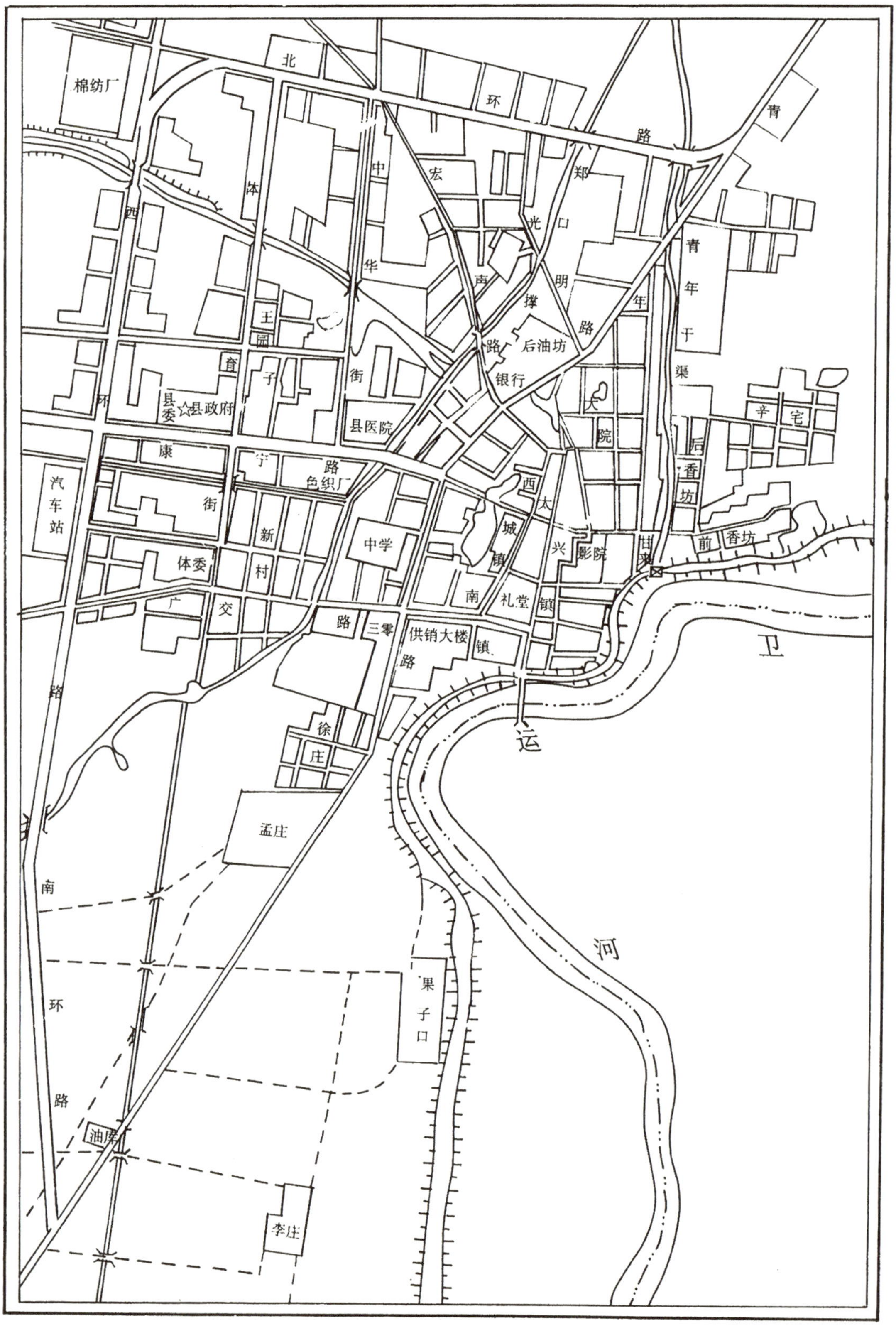

图 1-4　　1991 年故城县城示意图

与邻省县及县内部分乡镇之间有公共汽车通行。2015年5月12日，县城城内公交车正式开通，30部纯电动环保公交车投入到1～4路四个线路运营，所设的44个站点基本覆盖县城内主要街道、党政机关和繁华地段，县城居民出行更加方便。

中华人民共和国成立初期，县城郑口仅有3条街，狭窄拥挤。改革开放后的20世纪80年代，康宁路、青年街、宏声路、老外环等几条主干街道实现了硬化，街道两侧店铺密集、商贸活跃；逢农历二、四、六、八、十为集市，其中农历四、八为大集，届时故城县、山东武城县及周围区域的商家和群众云集郑口。至2000年，县城内形成了以广交路、康宁路、工业路、顺达路、幸福路、和平路、平安大道及青年街、中华街、体育街、京杭大街、扬帆大街、新环城路为主干的交通网。柏油路面街道网络纵横交错，街道宽阔平整，双向通行，大小车辆川流不息。主干街道两侧幢幢高楼拔地而起，商家店铺鳞次栉比，人流物流往来频繁，商贸流通繁荣活跃。

郑口为县政府驻地，系故城县的政治、经济、交通和文化中心，高楼林立、环境宜人、住宅小区密布。西部建有西苑工业园，东北部有金宝工业园，后合并为故城县高新技术开发区，是故城县的三大园区之一，是县城乃至全县高科技产业的聚集区。县城内建有龙湖公园、森林公园、运河公园、怡水公园等沿河公园。迎瑞温泉花园、太兴家园、帝奥家园、龙海园、香湖美地、金谷华府、南湖·信誉家园、丽景名城、御林庄园、滨湖家园、沁湖家园、金辰国际、闽浙家园等39个现代住宅小区遍布县城，越来越多的县城居民告别棚户区和简易平房，过上了舒适宜居的现代化生活，幸福感、获得感不断提升。

第二节 镇 乡 村

一、郑口镇

位于县域中部，为县委、县政府驻地。东南隔卫运河与山东武城县毗邻，西与饶阳店镇、三朗镇相连，南与武官寨镇相接，北与青罕镇、房庄镇接壤。

历史上，郑口为水路码头。元代，郑氏于京杭大运河上设摆渡口，时人皆称“北直隶郑家渡口”，后改为北直隶郑家口。清道光12年（1832年）汰巡检移县丞驻郑口，由太兴镇、西城镇、南镇、南甘泉、北甘泉五村组成，时12000多人。直隶省郑家口成为一个仅次于县城的大集镇。因毗邻京杭大运河，漕运繁华、商贾云集，有“小天津卫”之称。

1945年6月，故城县县城由故城镇迁至郑口镇，解放后属四区。1956年撤区建乡。1958年，公社化时改为郑口公社。1984年，改为镇。1996年1月，赵行乡、杏基乡并入郑口镇。2015年6月8日，镇党委、镇政府由广交路（体育街东）搬迁至西苑开发区。

1987年，区域面积45.88平方公里，辖35个行政村，有3.3万人；1996年，区域面积105.7平方公里，辖79个行政村，人口8.6万人。2008年，全镇人口10.73万人，人口密度966人/平方公里；2018年，域内城区常住人口14万，农业人口6.8万。有主干渠道8条，大小水利配套设施417处，深浅机井635眼，林地1500亩，“四旁”植树14.7万株，耕地90258亩。

1996年合乡并镇之前，郑口镇农作物以小麦、玉米、棉花为主。1999年8月，五户村建成故城县农业科技园，占地100.05亩，建有日光温室大棚46个。2000年9月，建成海源种猪厂，年出栏生猪千余头；是年，组建众鑫养殖公司，年出栏水貂、狐狸8500只。2003年，杨野庄村、西河村建成占地60亩的养殖小区。此后逐步形成前排村、赵行村、五户村为主的金银花种植示范区，五户村、东河村为主的蔬菜拱棚区，大杏基村奶牛养殖区，西河村、曹官庄村、沙窝庄村、高西村为主的养猪小区，还有绿野养殖专业合作社和中达信鸽养殖场等养殖企业。2008年，全镇粮食总产量44018吨，农林牧渔总产值完成3703万元，其中农业1059万元，林业345万元，养殖业2099万元。

2014年，投资1.6亿元的新希望六和养殖基地项目，2.6万平方米的现代化养殖猪舍建成投产；总投资4.3亿元、占地1200亩的河北康宏牧业万头奶牛养殖项目开工建设，2个青储窖建成并完成9000吨玉米秸秆青储，总计3万平方米的4栋牛舍和8000平方米的饲料库钢结构主体安装完毕，引进首批3000头奶牛，当年完成固定资产投入1.6

亿元；全镇共计挖建排渠 2.3 万米，新装变压器 22 台，修建田间路 1.2 万米。

2015 年，总投资 4.3 亿元的康宏牧业，经过一年建设完成投资 2 亿多元，首批 3000 头奶牛陆续产仔；总投资 6 亿元的新希望六和一期 5000 头父母代猪场竣工并交付使用；衡水市重点项目正大 1 亿只鸡全产业链项目签约，其中屠宰厂、养殖场等进行前期用地勘察，初步规划设计完成。是年，全镇实现国地税收入 13306.43 万元，同比增长 7.5%。入统企业完成工业增加值 2.52 亿元，工业固定资产投入完成 11.9 亿元，工业技改投资完成 11.9 亿元。

2016 年，引进了星月公司 150 万套汽车制动总成、北京智宇达矿人防通风设备制造等一批重点项目，信誉楼百货（故城店）、南湖 · 信誉家园、康宏牧业种养加旅游全产业链项目、新希望六和全产业链生猪养殖加工、福隆公司生物质燃气、盛泽风机、中铁物流等一批工、农、商、贸、住建项目陆续投产运营。

2017 年，全镇粮食总产量 48889 吨，完成财政收入 2.53 亿元，增长幅度在全县 13 个乡镇排名第一，其中技改投资完成 9.9 亿元，占全年任务的 110%。星月公司 150 万套汽车制动总成项目新增技改投资 3 亿元。

2018年，财政收入2.98亿元，同比增长14.9%，占全县全部财政收入的 26%。固定资产投资完成 6.27 亿元，技改投资完成 5.01 亿元，规模以上企业总产值完成 4.63 亿元，均与上年度基本持平。总投资 20.4 亿元的正大饲料加工、康宏牧业沼气、福隆养殖公司沼气和冀德物流产业园、盛泽风机、中创通风设备等 6 个项目或竣工或投产。总投资 26 亿元的正大食品加工、京林一创整体实验室装备、宏誉管业 3 个项目开工建设。

2018 年，有小学 11 所，在校生 13783 人；中学 2 所，在校生 5171 人，教职员工 920 人；民办幼儿园 22 所，计 3863 人。保障低保 383 户、675 人，特困供养人员 118 人，共计发放各类保障金 225.694 万元。持证残疾人 1848 名，为符合条件的重度残疾人落实相关补贴 70.8894 万元。

郑口 据史志载，元代仅为一郑氏渡口，旧称郑家渡口，后称为郑家口，亦称郑口。明永乐九年（1411 年），京杭运河成为南北重要交通线，此地为运河水路码头，素得漕运之利，商舻云集，市场繁荣，成为商业重镇，时人皆称“北直隶郑家渡口”。清代中期，直隶省郑家口已成为一个大集镇，有“小天津卫”之称。1945 年后，为县政府驻地至今。1956 年，为郑口乡治驻地，1958 年，为郑口公社驻地，1984 年，改为镇治至今。

南镇 此村因位于郑口南部，得名南镇，东至南甘泉，南临徐庄，西接杨野庄，北至太兴镇。1987 年，村民 789 人，耕地 631 亩。2016 年，耕地 55 亩，村民 1616 人。

郑口镇南镇村旧貌

郑口镇南镇村新貌

太兴镇 此村因处郑口中心处太平街、兴隆街而得名，东至北甘泉，南至南镇，西至大坛村，北至帝君庙村。1987 年，村民 1425 人，耕地 462 亩；2016 年，耕地 122 亩，村民 1645 人。

西城镇 此村因处郑口西侧而得名，东至后油坊，南至南镇，西至太兴镇、后油坊，北至五大院。1987 年，村民 846 人，耕地 685 亩；2016 年，村民 1197 人。

南甘泉 1964 年，国家以运河为界调整区划，将运河南岸甘泉村由河北省划归山东省武城县，居住在运河北岸的一部分村民，另建立南甘泉村和北甘泉村。居南者为南甘泉，东邻大堤，南邻南镇，西邻大堤，北至五大院。1987年，村民168人，耕地109亩；2016年，耕地94亩，村民218人。

北甘泉 1964年，居住在运河北岸的村民建立南、北甘泉村，居北者为北甘泉村，东邻前香坊，西接太兴镇，南至大堤，北至五大院。1987年，村民128人，耕地45亩；2016年，耕地45亩，村民135人。

前黄村 清顺治年间（1644—1661年），几户居民迁此定居，因周围村皆叫黄村，此村位于师黄村前，故名前黄村，东邻翟庄，南距邢德公路2公里，西距师黄村1.5公里，北距青罕镇千户庄4公里。1987年，村民658人，耕地1585亩；2016年，耕地1415亩，村民710人。

郑口镇前黄村

夏家庙 此村原有一座玉皇庙，清顺治年间（1644—1661年），一姓夏的人家迁此定居，以庙取名夏家庙，东距翟庄村1公里，西距师黄村1.5公里，北距白庙0.5公里。1987年，村民210人，耕地380亩；2016年，耕地370亩，村民224人。

翟庄 据《翟氏族谱》记载：此村原名史家院。清顺治元年（1644年），由方堑村（此村现已泯灭，原村在秘孝子村东）迁来翟氏三兄弟，故名翟庄，东距刘孝子2公里，南至前黄村，西至五户，北距白庙0.5公里。1987年，村民1122人，耕地2644亩；2016年，耕地2500亩，村民1412人。

郑口镇翟庄村

前沙岗 明朝，该村东北角有一沙丘，因此村位于沙丘之前，明永乐三年（1405年），取名前沙岗，东距小马庄0.5公里。1987年，村民1034人，耕地2473亩；2016年，耕地2190亩，村民1058人。

小马庄 清顺治年间（1644—1661年），有几户居民从大马庄迁此定居，取名小马庄，西距前沙岗0.5公里，北距邢德公路1公里。1987年，村民498人，耕地1167亩；2016年，耕地889亩，村民627人。

五户 明永乐二年（1404年），有一老妪携五子到此定居，五子皆形体彪悍，人称五虎，加之村西有四株大杨树，故取名五虎四杨村。后官府为戒此村出刚烈之人，命改名五户村，东距青罕孝子村2.5公里，南距张庄2公里，西距后沙岗3公里，北距翟庄1.5公里。1987年，村民1356人，耕地2660亩；2016年，耕地2324亩，村民1418人。

堤口 清顺治元年（1644年），景州在村东修了一条防洪大堤，后洪水在此村处决口，故得名堤口。1987年，村民569人，耕地1873亩；2016年，耕地1414亩，村民645人。

石门 原名十门村，因村前有十座大门，坚如磐石而得名。1940年，易名为石门村，东距刁南庄2.5公里，南至李王庄，北距于孝子1公里。1987年，村民171人，耕地220亩；2016年，耕地156亩，村民203人。

张庄 明崇祯年间（1628—1644年），有张氏从山西迁此定居，故取名张家庄，后简称张庄，东距李王庄1公里，南至香湖小区，西至邮电新村，北至五户。1987年，村民742人，耕地1026亩；2016年，耕地789亩，村民813人。

周辛庄 此村是南京兵部尚书周世选的故里佃户庄，明隆庆元年（1567年），取名周新庄，后改“新”为“辛”，名周辛庄，东距三坛村1公里，南距葛村2公里，西距黄官屯1.5公里，北距红庙1.5公里。1987年，村民652人，耕地2040亩；2016年，耕地1557亩，村民747人。

大坛村 明初，此地有一座澹台灭明庙，得名澹台村，后周围又建两村，因此村首建，遂名大澹台村，1946年，名大澹村，后改“澹”为“坛”，名大坛村，西邻二坛村，北至堤口渠。1987年，村民761人，耕地1611亩；2016年，耕地1234亩，村民1137人。

二坛村 因此村在澹台灭明庙附近第二个建村，故名二坛村，东邻大坛村，南邻太兴镇，西邻三坛村，北距滨湖小区。1987年，村民783人，耕地1820亩；2016年，耕地1475亩，村民973人。

三坛村 因此村在澹台灭明庙附近第三个建村，故名三坛村，东邻扬帆大街，南邻二坛村，北距堤口1公里。1987年，村民619人，耕地1417亩；2016年，耕地1233亩，村民690人。

郑口镇三坛村水塘

杨野庄 明洪武年间（1368—1398年），此处原是一家杨姓财主的场院，有7户佃农在此居住，因周围野草丛生，荒无人烟，遂取名杨野庄，东邻南镇，南邻后野庄，西距葛村3公里，北邻广交路。1987年，村民414人，耕地824亩；2016年，耕地722亩，村民518人。

王园子 清光绪年间（1875—1908年），此处是帝君庙王家的菜园，故取名王园子，东至帝君庙村，南至帝君庙村，西至大坛村，北至西城镇。1987年，村民811人，耕地983亩；2016年，耕地190亩，村民1132人。

徐庄 明永乐三年（1405年），一薛氏从山西洪洞县迁此定居，名薛家庄。后薛氏族绝，村中大多是南甘泉徐家的佃农，遂改名徐庄，东至大堤，南至沙窝庄，西邻孟庄，北至南镇。1987年，村民647人，耕地753亩；2016年，耕地485亩，村民871人。

帝君庙 清顺治年间（1644—1661年），此处原有一座关帝庙，移民迁此定居后以庙定村名，遂名帝君庙，南至商业街，西至大坛村。1987年，村民558人，耕地918亩；2016年，村民942人。

后油坊 清顺治元年（1644年），有一王氏到此开油坊，而村南帝君庙村也有一开油坊者，因此村居后，故取名后油坊，东邻五大院，南邻西城镇，北邻五大院。1987年，村民537人，耕地921亩；2016年，耕地388亩，村民495人。

五大院 1964年村史记载，明永乐三年（1405年），有秘、蔡、苏、沈、葛五户到此定居，修建庄院，遂取名五大院，东距辛宅2公里，南距西城镇1.5公里，西距马庄2公里，北距张庄2.5公里。1987年，村民1448人，耕地1198亩；2016年，耕地875亩，村民1789人。

前香坊 清顺治五年（1648年），此处原是一家制香的作坊，后制香作坊分成前后两处，此村居前，故名前香坊，东至运河大堤，南至运河大堤，西至青年干渠，北至辛宅。1987年，村民545人，耕地314亩；2016年，耕地307亩，村民599人。

后香坊 制香作坊分成前后两处，此村居后，故名后香坊，东至辛宅，南至前香坊，西至五大院，北至五大院。1987年，村民267人，耕地189亩；2016年，耕地156亩，村民256人。

辛宅 据辛宅村史记载，此村原名东新庄，旧址在郑口三里处的孙坟（已泯灭），清康熙年间（1662—1722年），有个三品大员沿河南巡，路经此地，说东新庄无风水，于是迁至新址，易村名新宅，后改为辛宅，东至大堤，南至前香坊，西邻后香坊，北至五大院。1987年，村民1322

人，耕地 1261 亩；2016 年，耕地 1350 亩，村民 1501 人。

葛村　明永乐二年（1404 年）前，此村名为张家园。明崇祯元年（1628 年），有葛氏到此定居，户族渐大，遂将张家园改为葛村，东距前野庄 1.5 公里，南距西北屯 2 公里，西邻大桥引线，北邻广交路。1987 年，村民 806 人，耕地 2475 亩；2016 年，耕地 2112 亩，村民 779 人。

前野庄　明洪武年间（1368—1398 年），山西移民到此定居时此地荒野无主，取名野庄。此村北建小野庄（杨野庄）后，称此村大野庄。后来，大野庄分为前后两村，此村居前（南），故名前野庄，东距沙沃庄 0.5 公里，南距西北屯 1 公里，西距葛村 0.5 公里，北邻后野庄。1987 年，村民 281 人，耕地 820 亩；2016 年，耕地 645 亩，村民 309 人。

后野庄　大野庄分为前后两村，此村居后（北），故名后野庄，东距沙沃庄 1 公里，南至前野村，西距葛村 2 公里，北距杨野 1 公里。1987 年，村民 308 人，耕地 867 亩；2016 年，耕地 639 亩，村民 339 人。

南沙窝庄　明永乐三年（1405 年），有一移民自山东益都到此定居，因周围皆沙土窝子，土地瘠薄，取名沙窝庄。1982 年，改为南沙窝庄，东距孟庄 1 公里，南距东北屯 2 公里，西距前野庄 0.5 公里，北距南镇 2 公里。1987 年，村民 526 人，耕地 1313 亩；2016 年，耕地 1030 亩，村民 677 人。

孟庄　清末此村叫孟庄。因村中有棵杨树长得旺盛，十里之外皆可望见，中华民国时武城县县长路过此地，赞曰："十里旺！"遂改村名十里旺。1946 年土改时废，恢复原名孟庄，东邻青年街，南距兀兰屯 3 公里，西距京杭大街 1 公里，北邻徐庄。1987 年，村民 229 人，耕地 469 亩；2016 年，耕地 290 亩，村民 329 人。

李庄　此处是明朝状元李某某的佃户庄，故称李家庄，后简称李庄，东至运河，南距东西河 2 公里，西距郑青线 2 公里，北距果子口 1 公里。1987 年，村民 776 人，耕地 1269 亩；2016 年，耕地 1260 亩，村民 963 人。

果子口　明朝初年，此处原居郭氏四口人，时人惯称"郭四口"，明洪武元年（1368 年），郭氏人绝，人们谐"郭四口"之音遂改村名为果子口。村中曾有一棵巨型杨树，根系远伸至运河，远近闻名，1958 年砍伐。东邻大堤，南邻孟庄，西邻李庄，北邻徐庄。1987 年，村民 592 人，耕地 978 亩；2016 年，耕地 958 亩，村民 637 人。

大马庄　明崇祯元年（1628 年），此处是故城马姓地主的佃户庄，后发展成村，遂取名大马庄。1987 年，村民 441 人，耕地 757 亩；2016 年，耕地 402 亩，村民 511 人。

冯杏基　元朝，此村属十里杏基（因杏林多而得名）。明永乐二年（1404 年），冯、屠二家大户行此定居，因冯氏族大，以姓氏定村名冯杏基。1996 年，随杏基乡并入郑口镇。东距贾黄村 2 公里，南距翟杏基 2 公里，西至大杏基，北距前响沟 1.5 公里。1987 年，村民 197 人，耕地 560 亩；2016 年，耕地 560 亩，村民 255 人。

大杏基　元朝时此地是一片大洼，居民们住在新建的宅基地上，定村名新基，后村落渐大，号称十里新基（又名十里杏基，因杏林多而得名）。明洪武元年（1368 年），被洪水淹没，水过后人们把村名改为大杏基。此村为原杏基乡政府驻地。1996 年，随杏基乡并入郑口镇。东临冯杏基，南距齐杏基 1 公里，西距烧盆屯 2 公里，北距前响沟 2 公里。1987 年，村民 1167 人，耕地 2805 亩；2016 年，耕地 2761 亩，村民 1310 人。

齐杏基　元代此村原属十里杏基，明初齐姓从山西迁此，取名齐杏基。1996 年，随杏基乡并入郑口镇。东至前沙岗，南至堤口，西至红庙，北至烧盆屯。1987 年，村民 567 人，耕地 1673 亩；2016 年，耕地 1475 亩，村民 611 人。

翟杏基　明末此村名为祝家村，清初被洪水淹没，只有一户翟姓人家幸免，因在十里杏基区域之内，故名翟杏基。1996 年，随杏基乡并入郑口镇。东距后沙岗 1 公里，南距前沙岗 1 公里，西距大杏基 1 公里，北距贾黄村 2 公里。1987 年，村民 378 人，耕地 688 亩；2016 年，耕地 646 亩，村民 454 人。

高东　明永乐年间（1403—1424 年），韩氏迁此定居，名韩庄，因此村地势较高，一次闹洪水未被淹没，改名"高台村"。后有人说此处风水好，以后必出人才，遂改称高材，1949 年，简化为"高才"。1962 年，按方位分为高东、高中、高西三大队。高东位于高才东部。1996年，随杏基乡并入郑口镇。东距前响沟1.5公里，南距高庄3公里，西至高中，北距三朗1公里。1987年，村民321人，耕地1436亩；2016年，耕地1268亩，村民384人。

高中 高中位于高才中部。1996年，随杏基乡并入郑口镇。东至高东，南至高庄，西至高西，北距三朗尹里3公里。1987年，村民340人，耕地1443亩；2016年，耕地1184亩，村民408人。

高西 高西位于高才西部。1996年，随杏基乡并入郑口镇。东至高东，南至高庄，西至高西，北距三朗镇尹里村3公里。1987年，村民424人，耕地1877亩；2016年，耕地1417亩，村民475人。村中有一株树龄600多年的古槐树。

后响沟 此村原名胡庄，明崇祯年间（1628—1644年）被洪水淹没，村中间冲成一条大沟，水大流急，响声闻于数里之外，洪水退后重建家园，更名为响沟。1962年，响沟分为前后二村，此村因居后（北），故名后响沟。1996年，随杏基乡并入郑口镇。东至贾黄村，南至前响沟，西距高才3公里，北至三朗镇南岭踪村。1987年，村民490人，耕地1655亩；2016年，耕地1569亩，村民628人。

郑口镇后响沟村水塘

前响沟 1962年，响沟分为前后二村，此村因居前（南），故名前响沟。1996年，随杏基乡并入郑口镇。东距贾黄村3公里，南距大杏基1.5公里，西距高西2公里，北至后响沟。1987年，村民313人，耕地1832亩；2016年，耕地1009亩，村民321人。

陆黄村 清朝末年，由老黄村（今师黄村）迁此一户姓陆的响马，带一头三条腿的骡子劫富济贫、仗义疏财，为周围百姓敬仰，遂定村名陆黄村，曾用名路黄村。1996年，随杏基乡并入郑口镇。东距青罕镇千户庄2公里，南距贾黄村1公里，西距西高才2公里，北距房庄3公里。1987年，村民282人，耕地496亩；2016年，耕地484亩，村民310人。

贾黄村 明洪武元年（1368年）距此村一里许，有一座为“朝海寺”的寺院，故得村名一里黄村。明正统元年（1436年）村中贾姓出一翰林，遂改名贾黄村。1996年，随杏基乡并入郑口镇。东距秘黄村1.5公里，南距后沙岗2公里，西距冯杏基1.5公里，北距陆黄村1公里。1987年，村民1306人，耕地2964亩；2016年，耕地2883亩，村民1682人。

秘黄村 明朝末年此村是五大院秘家的佃户庄，原名秘家院，清朝末年为和西边贾黄村呼应，改名秘黄村。1996年，随杏基乡并入郑口镇。东距白庙1.5公里，南距师黄村0.5公里，西距贾黄村1公里，北距千户庄1.5公里。1987年，村民261人，耕地779亩；2016年，耕地727亩，村民295人。

师黄村 明朝末年，此村称老黄村，后师姓成为大户，遂将改村名为师黄村。1996年，随杏基乡并入郑口镇。东距夏家庙1公里，南距前黄村1.5公里，西距贾黄村1公里，北距秘黄村0.5公里。1987年，村民462人，耕地1248亩；2016年，耕地1121亩，村民534人。

烧盆屯 明崇祯年间（1628—1644年），此村以烧盆为生的人较多，得名烧盆屯（今村东尚存烧盆窑遗址）。村南是江江河的发源地。1996年，随杏基乡并入郑口镇。东距大杏基1公里，南距红庙2公里，西距高庄2公里，北距前响沟3公里。1987年，村民995人，耕地2937亩；2016年，耕地2673亩，村民1182人。

北高庄 明永乐元年（1403年），高氏奉旨从山西洪洞县迁此占产立户，定村名高家庄，后简称高庄，1982年，更名为北高庄。1996年，随杏基乡并入郑口镇。东距烧盆屯1公里，南距红旗1公里，西距东牟村1.5公里，北距杨福屯1.5公里。1987年，村民554人，耕地1177亩；2016年，耕地1075亩，村民674人。

红旗　1958年，从郑口公社调出一部分男女青年在此安家落户，建立农场，起名“青年农场”。1963年，因当时农业生产争红旗创标兵，定村名红旗。1996年，随杏基乡并入郑口镇。东距红庙1公里，南距裘都大道1公里，西距三朗东牟村2公里，北距北高庄1公里。1987年，村民82人，耕地341亩；2016年，耕地314亩，村民105人。

后沙岗　明永乐二年（1404年），山西移民迁此定居，因村南有一沙丘，而此村位于沙丘后，故名后沙岗。1996年，随杏基乡并入郑口镇。东至五户，南至小马庄，西至翟杏基，北至贾黄村。1987年，村民880人，耕地1789亩；2016年，耕地1616亩，村民1127人。

红庙　明永乐年间（1403—1424年），杨氏从山西洪洞县迁此定居，名杨庄。明崇祯年间（1628—1644年），洪水冲来一木质神像，为此村民用红砖建龙王庙一座，改村名为红庙。1996年，随杏基乡并入郑口镇。东距堤口1公里，南距周新庄1.5公里，西距红旗村0.5公里，北距烧盆屯2公里。1987年，村民1010人，耕地3560亩；2016年，耕地3221亩，村民1270人。

赵行　明永乐二年（1404年），山西洪洞县赵廷杨、赵文丙、赵文华弟兄三人迁此定居，称赵家行，1964年简称赵行。原赵行乡政府驻地，1996年，随赵行乡并入郑口镇。东邻寨子，南距孟古庄3公里，西邻后排，北至西排。1987年，村民360人，耕地758亩；2016年，耕地698亩，村民440人。

东北屯　明永乐元年（1403年），山西洪洞县孙、张两姓迁此落户，因这里是官府屯田之地，故名“兀兰屯”。清光绪二十五年（1899年），将此屯分为东南、东北、西北、西南四片，仍为一屯统辖，1945年，又将四片改为四个独立单位，仍沿袭原名兀兰屯至今。因此村居兀兰屯东北部，故名东北屯。1996年，随赵行乡并入郑口镇。东邻范庄，南临西北屯，西邻东南屯，北距沙窝庄2公里。1987年，村民720人，耕地2109亩；2016年，耕地1715亩，村民818人。

东南屯　因此村居兀兰屯东南部，故名东南屯。1996年，随赵行乡并入郑口镇。东邻东北屯，南至刘堂，西邻西南屯，北至东北屯。1987年，村民660人，耕地1501亩；2016年，耕地1389亩，村民802人。

西南屯　因此村居兀兰屯西南部，故名西南屯。1996年，随赵行乡并入郑口镇。东至东南屯，南至郑青线，西距时庄3公里，北至西北屯。1987年，村民396人，耕地1021亩；2016年，耕地955亩，村民488人。

西北屯　因此村居兀兰屯西北部，故名西北屯。1996年，随赵行乡并入郑口镇。东邻东北屯，南临西南屯，西邻时庄，北距沙沃庄1.5公里。1987年，村民990人，耕地2936亩；2016年，耕地2472亩，村民1163人。

北范庄　明永乐年间（1403—1424年），山西洪洞县一范姓迁此定居，定名范庄（曾用名樊庄）。1982年4月，易名北范庄。1996年，随赵行乡并入郑口镇。东距西河0.5公里，南距杜坟1公里，西距东北屯0.5公里，北距李庄1.5公里。1987年，村民106人，耕地334亩；2016年，耕地273亩，村民114人。

杜坟　清乾隆年间（1736—1795年），一杜姓官员葬于此地，故名杜家坟，后来有邓、范二姓迁此定居，渐成村落，仍沿袭杜坟之名。1996年，随赵行乡并入郑口镇。东距西河1公里，南距刘古庄1公里，西距东南屯1.5公里，北距范庄1公里。1987年，村民174人，耕地271亩；2016年，耕地271亩，村民215人。

东五股河　明永乐年间（1403—1424年），迁民在此居住后，村内有五道沟，故名五沟河。后来人们根据地形，把“沟”字改成“股”字，称五股河。后来又分为东五股河、西五股河两村。因此村居五股河东，故名东五股河，后更名为东河。1996年，随赵行乡并入郑口镇。东紧邻运河大堤，南距刘辛庄1.5公里，西邻西河，北距李庄1.5公里。1987年，村民923人，耕地876亩；2016年，耕地883亩，村民1065人。

西五股河　因此村居五股河西，故名西五股河，后更名为西河。1996年，随赵行乡并入郑口镇。东紧邻东河，南距刘辛庄1公里，西邻范庄，北距李庄1公里。1987年，村民766人，耕地1007亩；2016年，耕地1006亩，村民907人。

刘堂　明永乐二年（1404年），此地疫病流行，村民死亡惨重，唯有王、李、刘三户幸存，名为小屯。后来刘家出钱在村西建一庙堂，香火兴盛，遂改名为刘堂。1996年，随赵行乡并入郑口镇。东至刘古庄，南距芦庄3公里，西距马庄4公里，北至西南屯。1987年，村民2074人，耕地4330亩；2016年，耕地4247亩，村民2443人。此村是抗日民族英雄节振国的故乡，村中有一株树龄600多年的古槐树。

刘古庄 此地原住一刘姓人家，名刘庄。明永乐年间（1403—1424年），山西洪洞县几户移民迁此定居，因刘姓最古，遂叫村名刘古庄。1996年，随赵行乡并入郑口镇。东距刘辛庄1.5公里，南临温庄，西至刘堂，北距西坟1.5公里。1987年，村民1038人，耕地1798亩；2016年，耕地1791亩，村民1135人。

温庄 明永乐年间（1403—1424年），山西洪洞县温氏弟兄三人定居于此，叫温家庄，后简称温庄。1996年，随赵行乡并入郑口镇。东至运河，南距东排1公里，西至郑齐公路，北至刘辛庄。1987年，村民569人，耕地604亩；2016年，耕地608亩，村民592人。

明刘庄 此村原名刘家均。明末村东面的卫运河决口，知县到此察看，问到此村村名时，嫌村名不雅，遂改名为刘辛庄，1982年，更名为明刘庄。1996年，随赵行乡并入郑口镇。东至运河大堤，南距温庄1.5公里，西至刘古庄，北距西河1公里。1987年，村民378人，耕地435亩；2016年，耕地435亩，村民431人。

芦庄 明永乐年间（1403—1424年），此地瘟疫流行，只有一户姓芦的幸存，故名芦庄。1996年，随赵行乡并入郑口镇。东至后排，南距夏庄1公里，西距武官寨东言村3公里，北距刘堂3公里。1987年，村民440人，耕地1429亩；2016年，耕地1262亩，村民511人。

西排 明朝末年，卫运河常在此处决口，人们打木桩加固后再没有决口，后由山西洪洞迁来移民在此定居，取“下桩”谐音为夏庄。为区分前夏庄，称后夏庄，1947年，分为东西两村，此村称西排。1996年，随赵行乡并入郑口镇。东至大堤，南至寨子，西至夏庄，北至东排。1987年，村民531人，耕地759亩；2016年，耕地766亩，村民636人。

东排 1947年，后夏庄分为东西两村，此村称东排。1996年，随赵行乡并入郑口镇。东至大堤，南至寨子，西至西排，北至东排。1987年，村民707人，耕地1021亩；2016年，耕地971亩，村民788人。

西夏庄 明永乐年间（1403—1424年），一夏姓人家在此定居，故名小夏庄，后简称夏庄，1982年更名为西夏庄。1996年，随赵行乡并入郑口镇。东距前排1公里，南距东曹官2公里，西距武官寨4公里，北距芦庄1公里。1987年，村民513人，耕地1282亩；2016年，耕地1179亩，村民641人。

后排 原名前夏庄，明永乐年间（1403—1424年），此村人大部分染疫而死，后有山西洪洞县移民迁此定居，为与后夏庄区分称前夏庄，1930年，发展成前后二道街，人们称后街为后排。1996年，随赵行乡并入郑口镇。东至赵行，南至前排，西至芦庄，北距刘古庄3公里。1987年，村民501人，耕地1197亩；2016年，耕地1119亩，村民557人。

前排 人们称前街为前排，原名前夏庄。1996年，随赵行乡并入郑口镇。东距赵行0.5公里，南距孟古庄2公里，西距芦庄1.5公里，北紧连后排。1987年，村民607人，耕地1396亩；2016年，耕地1308亩，村民674人。

寨子 明永乐年间（1403—1424年），山西洪洞县一李姓在此定居，故起名“李家行”，后来运河决口，人们用木桩围了一个寨子防洪，从此改名为寨子。1996年，随赵行乡并入郑口镇。东邻运河大堤，南距孟古庄1.5公里，西边紧挨赵行，北边紧挨西排。1987年，村民681人，耕地811亩；2016年，耕地801亩，村民村民808人。

西曹官屯 明洪武年间（1368—1398年），因遭兵燹，此村只剩下姓杨的和姓曹的两户，定名为曹官屯。1946年，划分为两个村，西为西曹官屯。1996年，随赵行乡并入郑口镇。东距东曹官200米，南距齐庄2公里，西距柴庄（武官寨镇）4公里，北距夏庄3公里。1987年，村民938人，耕地2326亩；2016年，耕地2276亩，村民1148人。

东曹官屯 1946年，曹官屯分为两个村，东为东曹官屯。1996年，随赵行乡并入郑口镇。东距高庄1公里，南距小街子1公里，西距西曹官屯200米，北距夏庄1公里。1987年，村民1006人，耕地2907亩；2016年，耕地2574亩，村民

1135人。

齐庄　明永乐年间（1403—1424年），山西洪洞县齐龙、齐虎、齐豹弟兄三人到此定居，定村名齐家庄，后称齐庄。1996年，随赵行乡并入郑口镇。东至小街子，南至运河大堤，西距李店2公里，北距东曹官1公里。1987年，村民730人，耕地1302亩；2016年，耕地1361亩，村民856人。

小街子　明朝期间，运河东岸甲马营有一大街道，商业繁荣，因此村与甲马营隔河相望，同时住户少、街道小，故得名小街子。1996年，随赵行乡并入郑口镇。东距高庄1公里，南距山东甲马营2公里，西邻齐家庄，北距东曹官1公里。1987年，村民639人，耕地726亩；2016年，耕地740亩，村民729人。

高庄　明永乐年间（1403—1424年），有名为高才的富者从山东高密县高家务迁此定居，故名高庄。1996年，随赵行乡并入郑口镇。东邻大堤，南邻大堤，西距小街子1公里，北距孟古庄1公里。1987年，村民723人，耕地1348亩；2016年，耕地1320亩，村民835人。

孟古庄　明永乐二年（1404年），村中有庙，庙中蛟龙碑记载，此村名孟古庄，相沿至今。1996年，随赵行乡并入郑口镇。东至大堤，南至高庄，西距东曹官1公里，北距前排1公里。1987年，村民1044人，耕地1602亩；2016年，耕地1592亩，村民1204人。

附

杏基乡

杏基乡1996年并入郑口镇，以下为1988年版县志记载部分：

杏基乡位于故城县中部，乡治大杏基距县城6.3公里。南与郑口镇为邻，北与三朗乡、房庄乡相连，东与青罕乡接壤，西隔温庄干渠与原飘乡为界。面积31.8平方公里，辖18个行政村，村民10029人。

大杏基系明初山西移民来此定居，后循原名十里杏基（因杏树多而得名）改称而来。因乡政府驻此，故名杏基乡。1956年建乡，1958年，公社化时为郑口公社辖区，1961年起为杏基公社驻地，1984年，改为乡治。

地形呈三角形，地势平坦，西部略高，东北略低。西部为红黏土质，东部多为白沙土质。境内烧盆屯村南为江江河发源地，乡治大杏基为青年西干渠起端，郑（口）枣（强）公路穿过此乡腹地。有拦水闸3座，深浅机井132眼，基本涝能排，旱能浇。

耕地面积28979亩，主要农作物以小麦、玉米、棉花为主。粮食亩产由解放初50公斤上下增至229公斤，总产5595万公斤；皮棉亩产由15公斤增至60公斤，总产84万公斤。

乡办、村办、个体办工副业主要项目为地毯、砖瓦、皮毛、玻璃制品、轧花、榨油等，年收入730.6万元，占全乡总收入54%。

附

赵行乡

赵行乡1996年并入郑口镇，以下为1988年版县志记载部分：

赵行乡位于故城县中南部，乡治赵行距县城8.9公里。北与郑口镇为邻，西与武官寨乡接壤，东隔卫运河与武城县甲马营乡相望。面积28平方公里，辖26个行政村，村民18401人。

赵行系明永乐年间（1403—1424年），有赵氏兄弟三人由山西洪洞县迁来此处定居而得名。抗战期间属武城县抗日民主政府六区、五区辖，1956年3月，属饶阳店区，1958年10月，属夏津县饶阳店公社辖，1964年，划归故城县，后由饶阳店公社、甲马营公社一部另建赵行公社，1984年，改为乡治。

地形东西宽，南北长，地势平坦。东有卫运河，西有温庄干渠流经，郑（口）清（河）公路穿过境内西北部。有大型扬水站2处，深浅机井438眼。

耕地面积36141亩。主要农作物以小麦、玉米、棉花为主。粮食亩产由解放初50公斤上下增至230公斤，总产840.6万公斤；皮棉亩产由十几公斤增至65公斤，总产97.5万公斤。东部沿河地区种植大西瓜及蔬菜历史悠久，为素负盛名的“德州西瓜”产地之一，有林地390亩。

乡办、村办、个体办工副业主要经营项目为橡胶、皮毛、塑料、砖瓦等，年收入476.8万元，占全乡总收入31.7%。

二、青罕镇

青罕镇位于县城东北，东邻故城镇，西连郑口镇，北与房庄镇、辛庄乡接壤，南隔卫运河与山东武城县腾庄镇相望，衡德高速故城支线贯穿南北，省级邢德公路横穿东西。镇政府驻地为石槽村，距县城7.3公里。境内地势平坦，西北稍高，东南略低，多白沙土质。

该镇历史悠久，名人辈出。抗战时期的“石槽战役”在此打响。清末梨花大鼓创始人何老凤系青罕村人。青罕镇是河北省摩擦制动材料产业名镇、全国摩擦制动材料四大基地之一，全国最大的帆布纺织生产基地（同类产品全国市场占有率80%）。

1956年建青罕公社，1958年，人民公社化时为郑口公社青罕管理区驻地，1961年起为青罕公社驻地，1984年改为乡；1993年12月25日撤乡建镇。

1987年，区域面积49.6平方公里，辖24个行政村，有2.27万人；1993年，区域面积49.6平方公里，辖24个行政村；2016年，有2.93万人；2018年，全镇总人口2.7万人，耕地4.3万亩，29个党支部，党员1152人。

该镇农业种植以粮食作物为主，为全县粮食生产区之一。1987年，该镇耕地面积43000亩，其中水浇地面积占85%。农作物以小麦、玉米、谷子、棉花等为主。有扬水站2座，深浅机井468眼。粮食亩产由解放初的100公斤上下增至221公斤，总产833万公斤；皮棉亩产由10公斤增至55公斤，总产88万公斤。1998年，进行第二轮土地承包。花生、棉花、大豆、蔬菜等经济作物种植面积逐年增加，实现了农业种植结构转变。至2008年年末，全镇经济作物种植面积达17200亩。有农用车、三轮车、拖拉机3600余辆，脱粒机800余台、小型收割机80余部。南王庄、南官庄大蒜种植面积达1095亩，刁南庄、刁孝子、大刘孝子棉花、西瓜间作面积达2595亩。传统家庭养殖向规模化、产业化转变，畜禽养殖规模逐年扩大，共培植和发展养殖专业户300余户，主要饲养鸡、猪、牛、羊等，蛋、肉、奶年总产量达1800吨。全镇有机井778眼，新建并配套扬水站2座，实现农业总产值20996万元。乡办、村办、个体办工副业主要项目为皮毛、地毯、农机修造、砖瓦、建筑、玻璃钢、胶轮等，年收入615.8万元，占全乡总收入的24.7%。汽车摩擦制动材料和帆布纺织是该镇的两大传统产业。2018年，该镇两个行业企业摊点共有200多家，成为支撑全镇经济的主导产业，并逐步发展为县域经济的支柱产业。

摩擦制动材料产业发展于20世纪70年代初，以村、队集体副业形式出现，发源地为该镇的第什村，后来逐步扩散到郑口、故城、辛庄、房庄、夏庄等乡镇的部分村。经过40多年的发展，该镇通过建立并不断完善行业协会，充分发挥其规范和督导作用，通过新兴产业的落地，引导产业转型升级，促进了摩擦制动材料产业健康有序发展，实现了产品升级和产业整体水平的提高。2014年被河北省科技厅认定为“河北省摩擦材料名镇”。

青罕镇刹车片厂生产车间

2018年，从事摩擦制动材料生产加工的企业达160多家，占全县同类行业总数的95%，获得国家级生产许可证的33家，约占全国的10%以上。共开发新产品130多个，其中有3项达到国际先进水平；申报专利23项，获得授权18项，其中发明专利授权3项，有2个产品获得国家级重点新产品证书。建立省级研究所1个，市级研究所1个。依托星月公司成立的“河北省摩擦材料研究所”，其试验设施、技术力量达国内一流。产品占领了国内各地25%的市场，部分产品出口欧美、西亚、非洲等16个国家和地区。

帆布纺织产业起源于20世纪80年代，兴旺于90年代初。通过近40年的发展，帆布纺织企业达近90家，形成了集纺纱、织布、成型、销售为一条龙的产业链，产品有防水帆布、帐篷、设备防护罩、箱包内衬、工业品外包装等。产品主要销往东北、江苏、新疆、西藏等13个省市，及乌兹别克斯坦、吉尔吉斯斯坦、土库曼斯坦、俄罗斯等6个国家。

2016年，完成税收2136.8万元，工业增加值完成10659万元，固定资产投资6.19亿元，技改投资完成6.2亿元。2017年，全年税收完成2623.5万元，同比增长6.3%。2018年，完成财政收入3188.3万元，同比增长21.5%。新修村内道路4210平方米，安装太阳能路灯128盏，新建垃圾池26个，修建文化广场4个，完成气代煤1046户；24个村主要街道硬化率100%，绿化率91.0%，亮化率100%。

2018年，有小学6所，中学1所，教职工192人。中、小学教师学历达标率分别为97.0%和100%，学前教育普及率达95%以上。

青罕 明永乐年间（1403—1424年），山西移民到此定居时，因此地青草茂盛罕见，定村名青罕村。位于县城郑口东北7.3公里处。1987年，村民2260人，耕地3994亩；2016年，耕地3845亩，村民2716人。

千户庄 明永乐年间（1403—1424年），此处曾住过一个姓韩的千户官，遂取名千户庄。位于镇政府驻地正西偏北4.9公里处。1987年，村民2082人，耕地5571亩；2016年，耕地5571亩，村民2590人。

柴庄 明永乐年间（1403—1424年），柴氏奉诏从山西洪洞县迁此，故名柴庄。位于镇政府驻地西北3.2公里处。1987年，村民1075人，耕地2657亩；2016年，耕地2657亩，村民1311人。

裴庄 明永乐年间（1403—1424年），裴氏奉诏从山西洪洞县迁此，故名裴庄。位于镇政府驻地正北偏西1.6公里处。1987年，村民585人，耕地1338亩；2016年，耕地1318亩，村民712人。

鲁庄 此村建于宋朝，当时有鲁、吉、罗三姓，因鲁姓居多，故取名鲁庄。位于镇政府驻地正北1.7公里处。1987年，村民362人，耕地680亩；2016年，耕地680亩，村民418人。

北王庄 唐贞观年间（627—649年），因村两头各有一座庙宇，姓王的迁此最早，遂称双庙王庄，1939年，改名北王庄。位于镇政府驻地正北偏东2.2公里处。1987年，村民564人，耕地1031亩；2016年，耕地1031亩，村民725人。

北陈庄 元至正二十六年（1366年），陈氏迁此开垦田地，故名陈庄。1982年4月易名北陈庄。位于镇政府驻地东北2.4公里处。1987年，村民504人，耕地1051亩；2016年，耕地1051亩，村民662人。

骑马寺 明洪武年间（1368—1398年），此处有一寺院，名圣安寺。据该村现存“亮兵台”古遗迹考，燕王扫北时，曾在此处训练骑兵，遂名骑马寺。位于镇政府驻地东北2.9公里处。1987年，村民277人，耕地624亩；2016年，耕地624亩，村民339人。

周官庄 此处原为官庄，明永乐年间（1403—1424年），周姓迁此居住，遂名周家官庄，简称周官庄。位于镇政府驻地东2.7公里处。1987年，村民508人，耕地1112亩；2016年，耕地1112亩，村民701人。

白庙 此村建于明嘉靖年间（1522—1566年），因村西有座白衣庙，故名白庙。位于镇政府驻地正西3.5公里处。1987年，村民1495人，耕地4371亩；2016年，耕地4371亩，村民1933人。

石东 明万历年间（1573—1620年），此地有一口水井，井旁有一个供牲畜使用的石槽，官道上过往行人车辆常在此休息，称此处为石槽，遂定村名石槽。20世纪，石槽分石东、石中、石西三个村。1976年，石东村和石中村合并为石东村，石东为居东者。位于镇政府驻地正南偏西0.9公里处。1987年，村民1337人，耕地1957亩；2016年，耕地1842亩，村民1611人。

石西 石西为石槽所分村之居西者。位于镇政府驻地正南偏西0.9公里处。1987年，村民806人，耕地1184亩；2016年，耕地1147亩，村民1031人。

南官庄 明永乐年间（1403—1424年），山西洪洞县南官庄一户李姓人家在这里定居后，仍沿用故里之名南官庄。位于镇政府驻地东北1.4公里处。1987年，村民1272人，耕地2980亩；2016年，耕地2977亩，村民1495人。

侯庄 明永乐年间（1403—1424年），从山西洪洞县迁民于此定居，属第什屯管辖。因在第什屯后，取名后庄，后将后改为侯，故名侯庄。位于镇政府驻地东南 1.8 公里处。1987 年，村民 442 人，耕地 653 亩；2016 年，耕地 639 亩，村民 514 人。

于孝子 元朝后期，此处附近村庄皆称侯孝子（因元朝时期出一孝子侯秀得名），明永乐年间（1403—1424 年），有一于氏到此定居，因慕孝子美名，故名于孝子。位于镇政府驻地西南 3 公里处。1987 年，村民 285 人，耕地 614 亩；2016 年，耕地 594 亩，村民 323 人。

大刘孝子 元代后期，此地多村均名孝子村。明永乐年间（1403—1424 年），一刘氏迁此定居，慕孝子美名，且村庄较大，遂名大刘孝子。位于镇政府驻地南 2.7 公里处。1987 年，村民 921 人，耕地 2014 亩；2016 年，耕地 1866 亩，村民 1088 人。

青罕镇大刘孝子村“百善之先”牌坊

刁孝子 元代后期，此地多村均名孝子村，明初，有一刁氏自山西洪洞县迁此定居，因慕孝子美名，遂名刁孝子。位于镇政府驻地西南 2.5 公里处。1987 年，村民 1374 人，耕地 2299 亩；2016 年，耕地 2273 亩，村民 1660 人。

秘孝子 明崇祯年间（1628—1644 年），此地是大化村秘氏的场院，成为村落后，取名“秘场”，后为和孝子村呼应，取村名秘孝子。位于镇政府驻地正南偏西 2.5 公里处。1987 年，村民 560 人，耕地 831 亩；2016 年，耕地 831 亩，村民 643 人。

小刘孝子 元代后期，此地各村均名孝子，明初有刘氏于此定居，因慕孝子美名，且村较小，遂名小刘孝子。位于镇政府驻地西南偏西 1.9 公里处。1987 年，村民 464 人，耕地 788 亩；2016 年，耕地 788 亩，村民 567 人。

第什 明洪武九年（1376 年），立德州正卫。清代此村为德州正卫右所第什屯，后简称第什。位于镇政府驻地正南偏东 2.2 公里处。1987 年，村民 1561 人，耕地 1923 亩；2016 年，耕地 1923 亩，村民 1951 人。

南王庄 明永乐年间（1403—1424 年），一王氏名仲良在此定居，故名王庄，1945 年，为与北面的王庄区分，遂改为南王庄。位于镇政府驻地东南 2.9 公里处。1987 年，村民 1904 人，耕地 2615 亩；2016 年，耕地 2555 亩，村民 2201 人。

李王庄 清雍正年间（1723—1735 年），因此地住着李、王二姓，故定名为李王庄。位于镇政府驻地西南 4.6 公里处。1987 年，村民 397 人，耕地 645 亩；2016 年，耕地 645 亩，村民 446 人。

刁南庄 清朝初年，刁孝子村的部分居民迁来定居，因位于刁孝子南，故名刁南庄。位于镇政府驻地正南 3.1 公里处。1987 年，村民 1153 人，耕地 1529 亩；2016 年，耕地 1529 亩，村民 1354 人。

吴夏庄 清朝末年，此村是大化村秘氏庄院，盖有供夏天歇凉和看庄稼的房屋，故得村名夏庄。因此村吴姓户多，于 1955 年改名吴夏庄。位于镇政府驻地正南偏东 3.2 公里处。1987 年，村民 443 人，耕地 520 亩；2016 年，耕地 520 亩，村民 504 人。

三、故城镇

位于县域东北部，东邻夏庄镇，西连青罕镇，北接辛庄乡，南与山东省武城县腾庄镇隔卫运河相望。地势平坦，土地肥沃，交通便利。镇政府驻地距县城 16 公里，为故城县旧治所在地。

隋开皇 6 年（586 年）置东阳县，县治设于此，为此地初设县城之始。开皇 18 年（598 年）东阳县改名漳南县，此处仍是县城。唐武德七年（624 年）漳南县移至今山东省武城县漳南镇，此处始有“故城”之称。元朝至元元年（1264 年）设故城县，此后几经废置。元朝至元二十三年（1286 年）复置故城县。县治所一直设在故城镇，直至 1945 年日本侵略军投降全县域解放，县政府迁移郑家口，故城镇不再为县城治所。1945 年属二区，1956 年建中镇乡，1958 年公社化时为故城公社，1983 年改为镇，1996 年 1 月，小屯乡并入。

故城镇牌坊

1987年，面积26.1平方公里，辖18个行政村，有1.38万人。1996年合乡并镇后，区域面积52.1平方公里，辖37个行政村；2016年，人口2.89万人；2018年，人口2.72万人。

故城镇为故城县旧县城驻地。1945年6月，徙故城县治于郑家口。历史上有“故城七十二座庙”之说，如城隍庙、文庙、书院、文昌阁、魁星楼、戏楼、名宦祠、乡贤祠、福音堂等。另有三处景观，即“无影树”“半步桥”“佛头井”，现仅存“佛头井”。河北省非物质文化遗产“龙凤贡面”源于此镇。明监察御史李咨及其子际可、献可父子三进士，明南京兵部尚书周世选、中共故城县第一个党支部创立者周浩然、苏联红军正师职医官陈梦庚，原国民党59军军长、抗日将领刘振三，爱国民主人士王宗周，教育家康寿芝、王济民等，均出生此地。

故城镇地势平坦，南部稍高，北部略低，多为白沙土质。邢德公路、青年东干渠、沙河自境内穿过。1987年，有排灌渠7条、计20公里，大型扬水站2座、扬水点9处，深浅机共61眼，有林地365亩。“四旁”植树4.8万棵。耕地面积24453亩，其中水浇地近90%。主要农作物以小麦、玉米为主，经济作物为棉花、西瓜、辣椒、蒜黄等。1996年，耕地43985亩，林地7965亩。

1996年，故城镇加工制造业主要有砖瓦、塑钢门窗、石棉瓦、龙凤贡面、摩擦材料、农用工具等。至2008年，企业达258家，财政收入3034万元，较大规模企业有昭腾农机具、康源化工、振华刹车蹄、恒发帆布、故城油棉厂等，逐步建成了戴庄、新庄、小第八3个工业小区。商品经济日益繁荣，有小屯、故城两个集贸市场，从事手工业加工和经营的摊点商户达5500人。2018年，完成财政收入1635万元，完成工业固定资产投资54420万元，超额完成全年任务，占任务比的122.7%。工业技改固定资产投资43940万元，超额完成全年任务，占任务比的133%。工业增加值全年完成10172.9万元。入库技改项目3个，故城君源冲压件厂入库额度1.86亿元；衡水昊坤汽车配件有限公司入库额度2.76亿元；故城县故城超越刹车蹄片厂入库额度3.98亿元。

2018年，有初级中学2所，小学11所，在校生3313人，教职工208人。卫生院2所、村级诊所72家，从业人员132人。

北关 故城镇政府驻地，故城自然镇之一部。此村为故城旧县城北关，因方位得名。位于故城镇政府驻地东南，东距三里口2公里，南邻东关，西邻中镇，北邻张庄。1987年，村民470人，耕地937亩；2016年，耕地1090亩，村民454人。

东关 故城自然镇之一部。此村为旧县城东关，因方位得名。位于故城镇政府驻地东南，东距三里口3公里，南邻东南镇，西邻中镇，北邻张庄。1987年，村民501人，耕地880亩；2016年，耕地967亩，村民144人。

西关 故城自然镇之一部。此村为故城旧县城西关，因方位得名。位于故城镇政府驻地西南，东邻中镇，南邻西南镇，西邻西南镇，北邻中镇。1987年，村民386人，耕地598亩；2016年，耕地696亩，村民327人。

中镇 故城自然镇之一部。1931年，县下实行区、乡、镇、闾、邻建制，故城分为中镇、西南镇、东南镇，中镇因其居中得名。位于故城镇政府驻地西邻，东邻东关村，南邻西南镇，西邻西关，北邻邢德公路。1987年，村民1050人，耕地1764亩；2016年，耕地2003亩，村民1081人。

西南镇 故城自然镇之一部。此村系1931年所分三镇之一，因方位得名。位于故城镇政府驻地西南1公里，东邻东南镇，南邻京杭运河，西距新庄1公里，北邻中镇。1987年，村民1760人，耕地2658亩；2016年，耕地2939亩，村民1602人。原为古运河重要码头所在地，曾有远近闻名的半步桥、佛头井、甘陵书院、大寺庙等景观。仅存甘陵书院。地方特产有龙凤贡面。

东南镇 故城自然镇之一部。此村系1931年所分三镇之一，因方位得名。东距三里口2公里，南邻京杭运河，西邻西南镇，北邻东关，位于故城镇政府驻地南1公里。1987年，村民1218人，耕地1273亩；2016年，耕地1484亩，村民1347人。是古运河重要码头，也是原县城护城河的水源入口处。曾有药王庙一处，为明朝所建，2007年出土药王庙石碑。

霍廖庄 明永乐元年（1403年）有霍、廖两户到此居住，故名霍廖庄。位于故城镇政府驻地西北4公里，东距何庄1公里，南距邢德公路2公里，西距北官庄2公里，北距牛卧庄2公里。1987年，村民517人，耕地1069亩；2016年，耕地1247亩，村民542人。

新赵庄 据邹姓祖传，元至正年间（1341—1368年）此处有赵氏居住，名赵家庄。明朝初年，又有迁民定居于此，仍用原名赵家庄，简称赵庄，1982年4月更名为新赵庄。位于故城镇政府驻地西北5公里，东距何庄2公里，南距邢德公路3公里，西距霍廖庄1公里，北距崔庄1公里。1987年，村民554人，耕地1778亩；2016年，耕地2073亩，村民599人。

戴庄 明永乐元年（1403年）戴氏迁此居住，故名戴家庄，简称戴庄。位于故城镇政府驻地西北3公里，东距霍廖庄1.5公里，南距邢德公路1公里，西距青罕镇南官庄2公里，北距辛庄乡北官庄1.5公里。1987年，村民1003人，耕地2251亩；2016年，耕地2624亩，村民1210人。

大第八 明永乐年间（1403—1424年）设立屯所驻扎兵士，屯所之地皆称军户，由德州往西沿运河左右各设五十四屯所，此村为德卫右所第八屯。解放后简称第八，因此村大于前村的小第八，故名大第八。位于故城镇政府驻地西4公里，东距马厂1公里，南距京杭大运河2公里，西距青罕镇南王庄1公里，北邻邢德公路。1987年，村民1790人，耕地2050亩；2016年，耕地2387亩，村民2026人。

小第八 该村历史上和大第八统为一村，1949年前后分开，因户少，得名小第八。位于故城镇政府驻地西3.5公里，东距马厂1公里，南邻京杭运河，西距青罕镇南王庄1公里，北邻大第八。1987年，村民327人，耕地598亩；2016年，耕地694亩，村民434人。

马厂 明洪武年间（1368—1398年）此处为河间府太仆寺养马处，洪武元年（1368年）年迁民定居于此，遂起村名马厂。位于故城镇政府驻地西2公里，东距新庄1.5公里，南距京杭运河1公里，西距大第八村1公里，北邻邢德公路。1987年，村民1600人，耕地3228亩；2016年，耕地3551亩，村民1800人。

新庄 明朝末年，有邢氏在此开铺谋生，名邢家铺。清朝年间，从故城迁来贾氏，人口逐渐增多，遂废邢家铺以贾氏定村名贾新庄，简称新庄。位于故城镇政府驻地西1.5公里，东距西万庄0.5公里，南距京杭大运河1公里，西距马厂1公里，北邻邢德公里。1987年，村民1122人，耕地2590亩；2016年，耕地2803亩，村民1164人。

西万庄 清嘉庆年间（1796—1820年）村南有一座万家祖坟，人们惯称此村万庄，后分为东、西万庄，该村居西，故名西万庄。东距东万庄0.5公里，南距京杭大运河2公里，西距新庄0.5公里，北邻邢德公路，位于故城镇政府驻地西1公里。1987年，村民110人，耕地207亩；2016年，耕地236亩，村民154人。

东万庄 该村居万庄东，故名东万庄。东邻中镇，南邻西南镇，西邻西万庄，北邻邢德公路，位于故城镇政府驻地西1公里。1987年，村民355人，耕地642亩；2016年，耕地736亩，村民322人。

东张庄 明永乐年间（1403—1424年），有张氏定居于此，名张家庄，后简称张庄。1982年4月，更名为东张庄。位于镇治东北0.3公里处。1987年，村民337人，耕地527亩；2016年，耕地595亩，村民418人。

后刘庄 元朝年间，此处有刘姓在此居住，名刘家庄，明初疫病流行，村民大都染病而死，后有时姓从山西洪洞县迁此定居，仍沿用刘庄之名，1982年更名为后刘庄。东距南郭庄1公里，南距东关1公里，西距张庄0.5公里，北邻邢德公路，位于故城镇政府驻地东1公里。1987年，村民109人，耕地193亩；2016年，耕地213亩，村民100人。

三里口 元末明初，此地是通向德州和四女寺的官道口，因距老县城三华里，故名三里口。

东距东芦庄3公里，南距京杭大运河1公里，西距刘庄2公里，北距小屯2.5公里。位于故城镇政府驻地东4公里。1987年，村民653人，耕地1251亩；2016年，耕地1459亩，村民662人。该村曾以蛋鸡养殖闻名，后又成为辣椒种植专业村。

小屯 原名南兴庄，明洪武年间（1368—1398年）因被河水淹没后，仅小部分村民返回，故改叫小屯。为原小屯乡政府驻地，1996年，随小屯乡并入故城镇。东邻胡别王，南距三里口1.5公里，西邻桑塘，北距十里铺1.5公里，位于故城镇政府驻地东4公里。1987年，村民914人，耕地1854亩；2016年，耕地2142亩，村民927人。

北袁庄 据《袁氏家谱》记载，明永乐年间（1403—1424年）太学生袁筠奉旨在故城城北建袁家庄，又名北袁庄。1996年，随小屯乡并入故城镇。东距犁谷庄5公里，南距何庄2公里，西距孙庄1公里，北距东三务村2.5公里，位于故城镇政府驻地北5公里。1987年，村民387人，耕地1321亩；2016年，耕地1540亩，村民382人。

大文庄 清顺治元年（1644年）文姓搬迁于此，取名文庄。后为与小文庄区分，故改大文庄。1996年，随小屯乡并入故城镇。东距十里铺1公里，南距北郭庄1公里，西距小文庄1公里，北距瑞谷村2公里，位于故城镇政府驻地东北6公里。1987年，村民480人，耕地1362亩；2016年，耕地1588亩，村民508人。

小文庄 此村原名秘家院，清朝中期，给秘家种地的几户文姓人家在此落户，因村东有一大文庄，故名小文庄。1996年，随小屯乡并入故城镇。东距十里铺1.5公里，南距北郭庄1公里，西距袁庄1公里，北距东三务村3公里，位于故城镇政府驻地北5公里。1987年，村民279人，耕地859亩；2016年，耕地997亩，村民257人。

北郭庄 清初，从郭庄、东陈庄迁郭姓于此定居，取名小郭庄。为区别于村南八里的郭庄，1958年更名为北郭庄。1996年，随小屯乡并入故城镇。东距十里铺2公里，南距东陈庄2公里，西距崔庄1.5公里，北距小文庄1公里，位于故城镇政府驻地北4公里。1987年，村民99人，耕地270亩；2016年，耕地315亩，村民111人。

南郭庄 据《郭氏族谱》载，明永乐二年（1404年）郭敏次子从故城县北岭踪迁来此定居，取村名郭家庄，为区别于村北八里的小郭庄（今南郭庄），1958年改为南郭庄。1996年，随小屯乡并入故城镇。东南距三里口1公里，南邻京杭运河，西距刘庄1公里，北距邢德公路0.5公里，位于故城镇政府驻地东2公里。1987年，村民158人，耕地467亩；2016年，耕地544亩，村民164人。

东十里铺 清顺治年间（1644—1661年），这里有几家店铺正处在故城通往景州的官道上，又因距故城县衙十里，故取名十里铺。1963年，分为东、西两个村，居东者为东十里铺，简称东十。1996年，随小屯乡并入故城镇。1987年，村民590人，耕地1207亩；2016年，耕地1407亩，村民615人。

西十里铺 1963年，十里铺分为东、西两个村，居西者为西十里铺，简称西十。1996年，随小屯乡并入故城镇。东距夏西村2公里，南距桑塘1.5公里，西距大文庄1公里，北距犁谷庄1公里，位于故城镇政府驻地东北6公里。1987年，村民802人，耕地1990亩；2016年，耕地2320亩，村民930人。

何庄 明永乐元年（1403年）何氏奉诏自山西洪洞县迁此定居，定村名何庄。1996年随小屯乡并入故城镇。东距东陈庄2公里，南距邢德公路3公里，西距崔庄3公里，北距袁庄2公里，位于故城镇政府驻地北5公里。1987年，村民1533人，耕地4170亩；2016年，耕地4858亩，村民1649人。该村曾以生产石棉瓦闻名。

东陈庄 据《陈氏家谱》记载，明永乐九年（1411年）十月，陈宗敏奉旨到河间府景州故城巡视，驻于此地，定村名陈家庄，后简称陈庄，1982年更名东陈庄。1996年，随小屯乡并入故城镇。东距桑塘1公里，南距复立村0.5公里，西距何庄1公里，北距北郭庄1公里，位于故城镇政府驻地北3公里。1987年，村民400人，耕地1069亩；2016年，耕地1247亩，村民417人。

复立村 明永乐二年（1404年），慕氏从山西洪洞县迁此定居，故取名为慕庄。1942年日军侵华时把村烧为废墟，1946年重建家园，建立新村，改名为复立村。1996年，随小屯乡并入故城镇。东距桑塘1公里，南邻邢德公路，西距东陈庄1公里，北距大文庄2公里，位于故城镇政府驻地东北

3公里。1987年，村民131人，耕地401亩；2016年，耕地446亩，村民152人。

桑塘 明洪武年间（1368—1398年）桑姓从山西迁此后建一祠堂，故称桑堂，后雅化为桑塘。1996年，随小屯乡并入故城镇。东邻小屯，南距邢德公路1公里，西距东陈庄2公里，北距十里铺2公里，位于故城镇政府驻地东北4公里。1987年，村民429人，耕地832亩；2016年，耕地962亩，村民459人。

胡别王 明永乐二年（1404年）胡中原一家从山西洪洞县迁此定居，因此地有一片旧窑洼，定村名胡窑洼。清乾隆南巡返京路过这里，村民送别讨封，赐名胡别王。1996年，随小屯乡并入故城镇。东邻贾别王，南距裴别王2公里，西邻小屯，北距十里铺3公里，位于故城镇政府驻地东北5公里。1987年，村民615人，耕地1170亩；2016年，耕地1330亩，村民679人。

裴别王 明永乐二年（1404年）裴氏自山西洪洞县迁此定居，因地处旧窑废坡，地势低洼，遂定村名裴窑洼。清乾隆帝南巡返京路经此地，村民送别讨封，赐名裴别王。1996年，随小屯乡并入故城镇。东距胡塘村3公里，南距东芦庄2公里，西距小屯2公里，北距贾别王2公里，位于故城镇政府驻地东北5公里。1987年，村民647人，耕地1862亩；2017年，耕地2170亩，村民712人。

贾别王 明永乐二年（1404年）一贾氏自山西洪洞县迁此定居，因地处一片旧窑洼，定村名贾窑洼。清乾隆帝南巡返京路经此地，村民送别讨封，赐名贾别王。1996年，随小屯乡并入故城镇。东距魏庄3公里，南距裴别王2公里，西距胡别王1公里，北距邢德公里1公里，位于故城镇政府驻地东南5公里。1987年，村民573人，耕地1839亩；2016年，耕地2144亩，村民553人。

周庄 明万历六年（1578年）尚书周世选在此居住，故取名周庄。1996年，随小屯乡并入故城镇。东距裴别王村2公里，南距三里口1.5公里，西距南郭1公里，北邻邢德公路。1987年，村民424人，耕地1064亩；2016年，耕地1200亩，村民354人。为2016年省美丽乡村建设重点村。

东芦庄 明末清初时期，和二屯同为一村，住在河圈内，由于河水泛滥成灾迁至堤外，当时此村在二屯西头，所占土地为德州纪庄芦家的庄田，遂取名芦庄，但仍和二屯为一个行政村。1946年与二屯分开，沿用旧名芦庄，1982年更名为东芦庄。1996年，随小屯乡并入故城镇。东距南二屯1公里，南距京杭运河1公里，西距三里口2公里，北距裴别王2公里，位于故城镇政府驻地东4公里。1987年，村民681人，耕地1218亩；2016年，耕地1420亩，村民792人。

南二屯 明永乐年间（1403—1424年），明成祖在运河沿岸设立108屯所，为囤粮歇兵之地，因二屯是德州营第二屯所，故此得名二屯。1962年，二屯分南、北二屯，居南者为南二屯。1996年，随小屯乡并入故城镇。东距东王庄3公里，南距京杭运河1公里，西距东芦庄1公里，北距胡塘村1公里，位于故城镇政府驻地东5公里。1987年，村民858人，耕地1394亩；2016年，耕地1625亩，村民940人。

北二屯 1962年，二屯分为南、北二屯，居北者为北二屯。1996年，随小屯乡并入故城镇。位于故城镇政府驻地东5公里。1987年，村民729人，耕地1250亩；2016年，耕地14578亩，村民779人。

附

小屯乡

小屯乡1996年并入故城镇，以下为1988年版县志记载部分：

小屯乡位于故城县东北部，乡治小屯距县城17.9公里。东与袁庄乡为邻，西与故城镇相连，西北、东北与辛庄乡、夏庄乡接壤，南隔卫运河与武城县腾庄乡相望。面积26平方公里，辖19个行政村，村民10729人。

小屯系明洪武年间（1368—1398年）原南兴庄因遭洪水，住户锐减改名而来。1956年建乡，1958年公社化时为故城公社小屯管理区，1961年起为小屯公社驻地，1984年改为乡治。

小屯乡地势平坦，西部稍高，东部略低，白沙土质居多，仅有西北部几村黑黏土质。邢（台）德（州）公路穿过境内。青年东干渠贯穿中部。有排灌渠8条，扬水站4处，深浅机井79眼。有林地350亩，“四旁”植树3.1万棵。

耕地面积25599亩，其中水浇地面积12000

亩。农作物以小麦、玉米、棉花为主。粮食亩产由解放初40公斤上下增至190公斤，总产4845万公斤；皮棉亩产由10公斤左右增至54公斤，总产54万公斤。

乡办、村办、个体办工副业主要经营项目为地毯、砖瓦、皮毛、针织、造纸、布鞋、化工、服装等，年收入413.1万元，占全乡总收入34.3%。

四、夏庄镇

夏庄镇位于县域东北部，东与山东德州市毗邻，南隔卫运河与武城县相望，北与景县相连，西与故城镇、辛庄乡、里老乡接壤。镇政府驻地为夏东村，距县城20.9公里。境内地势平坦，土地肥沃，多白沙土质。

据明万历六年（1578年）夏公墓碑文载：夏光显曾任山东昌邑县训导，后升任潍县教谕。其弟子有三进士，夏公位冠儒林，声施后世。其子夏维藩，自幼聪颖，外端内慧，为嘉靖二十八年（1549年）己酉科举人。曾先后任山东单县知县，曹州知州等职，为人清廉慈孝，有政绩。乡人为纪念夏光显父子，勒石刻铭，村以得名，称为夏庄，沿袭至今。历来为乡、公社、镇驻地。1956年建乡，1958年公社化时为故城公社夏庄管理区，1961年起为夏庄公社，1984年改为乡。1996年1月，袁庄乡并入夏庄乡。1999年12月30日撤乡建镇。

夏庄镇夏庄村街口

1987年，区域面积40.7平方公里，辖21个行政村，有1.48万人；2018年，夏庄镇辖46个行政村，区域面积79.9平方公里，居民11855户共4.16万人。

西部有东沙河流经，东南部有邢（台）德（州）公路穿过，青年东干渠循邢德公路止于境内夏庄、徽王庄之间，有芦庄干渠穿过境内，可得运河水之利。1987年，有深浅机井311眼，耕地面积40385亩；农作物以小麦、玉米、棉花、花生为主，粮食亩产由解放初40公斤上下增至133公斤，总产523.9万公斤；皮棉亩产由10多公斤增至52公斤，总产72.1万公斤。

20世纪90年代，调整种植业结构，西瓜、辣椒、韭菜、西红柿、花生、大豆等经济作物种植面积逐年扩大，经济效益不断提高。1996年、1997年分别被县委、县政府评为“畜牧养殖和蔬菜生产先进乡”。1998年被评为“故城县农业产业化先进乡”。2008年，该镇蔬菜种植以露地菜、小拱棚、日光温室和春菠菜、夏土豆、秋辣椒为主。全镇建有日光室50个，小拱棚2445亩。以西第三、东第三、头屯、河北涯为重点的瓜棉瓜菜间作区，面积12450亩；以第七、小第五为主的中小拱棚菜生产区，面积8505亩；以龙凤店村为重点的韭菜生产区，面积315亩。畜牧养殖规模不断扩大，以田庄、西第三、坟台、大化、四新等为主的畜养专业村发展较快，带动全镇畜养业蓬勃发展。2018年，全镇肉鸡存栏20万只，蛋鸡存栏40万只，奶牛1700多头。河北涯、东第三、大曹庄三个养猪场年出栏生猪3万头。田庄村养殖区存栏蛋鸡10万只。以四新村为主的奶牛养殖基地存栏900余头。每年可向北京、天津、济南、德州等地销售菜、蛋、肉、奶12万余吨。

域内工业主要有砖瓦、皮毛、农机、塑料、石棉瓦加工制造等。2003年，充分发挥邻近德州的区位优势，建成夏庄工业项目区。2009年易名为衡德工业园。2010年10月，经河北省政府批准为省级开发区。2012年，被市委、市政府提升为市级战略，成为举全市之力打造的两大经济增长极之一。2018年，改名为故城经济开发区，为全县唯一省级经济开发区全县招商引资重要平台。入园企业155家，从业人员1.9万人，营业收入70.8亿元，总产值69.4亿元，上缴税金1.16亿元，进出口交货值7.5亿元，固定资产总投资32.3亿元，企业利润总额9亿元。其中，山水水泥、青竹画材、奥冠电源公司年纳税超2000万元。园区发展带动该镇工业迅速壮大，逐步形成新能源、新材料、装备制造三大主导行业。是年，完成财政收入8179.64万元，比上年增长27.03%。全镇村村通全部实现二次加宽重建，46个村村内主要街道和主要胡同全部实现硬化，有大曹庄、龙凤店、滩头、杨庄4个美丽乡村代表。各村通光纤宽带，部分农户已完成国家补贴冲水厕所改造，村民居住环境和幸福指数得到提升，区域内有居民小区6个，部分村民已实现了由村民到市民生活的历史性变革。

2018年，有小学8所，在校生3337人；中学1所，在校生1608人；中小学教职工253人；公办幼儿园2所，民办8所，在园学前儿童2200人。卫生院2所，执业医师35人，床位42张；46个村全部配备村级诊所和乡村医生，均经过卫生院统一培训；辖区内所有常驻居民实现了家庭医生签约服务全覆盖。建有文化站1个，村村建有文化活动场所，有专（兼）营文化户156个，秧歌队46个，老干部戏曲演唱组8个，中小学文艺演唱队12个。

夏东 明万历六年（1578年）二月所立夏公墓碑文载，该村夏光显教学山东潍县，弟子诸多位冠儒林，声施后世，为纪念夏光显，故取名夏庄。1949—1962年为夏庄村，1956年为乡治，1958年公社化时为故城公社夏庄管理区驻地，1961年起为夏庄公社驻地，1962年分为夏东、夏西、夏北大队，1983年大队改名为村委会，1984年改为乡治，1999年12月30日，改为镇治，位于夏庄镇区东半部，为故城经济开发区园区村。西至夏西村，东至徽王庄村，南至龙凤店村，北至夏北村。1987年，村民669人，耕地1636亩；2016年，耕地1297亩，村民981人。

夏西 1962年夏庄分为夏东、夏西、夏北三个大队，后大队改为村委会，居西者为夏西。位于夏庄镇区西南部，西至犁谷庄，南至故城镇贾别王村，东至夏东村，北至夏北村。1987年，村民657人，耕地1564亩；2016年，耕地1475亩，村民780人。

夏北 1962年夏庄分为夏东、夏西、夏北三个大队，后大队改为村委会，居北者为夏北。位于夏庄镇区北部，西至夏西村，南至夏东夏西村，东至徽王庄村，北至河沟村。1987年，村民673人，耕地1743亩；2016年，耕地1534亩，村民791人。

丁庄 元朝，因此处茂林蔽天，时有野兽出没伤人，元至正二十四年（1364年），有丁氏父子定居设机捕兽，遂称这里为丁家寨，后易名为丁家庄，解放初期简称丁庄。位于镇政府驻地西北4.9公里处，西与里老乡接壤，东至小沼村，南至马庄村，北至景县。1987年，村民761人，耕地1870亩；2016年，耕地2087亩，村民998人。

瑞谷村 明朝初期，该地有个赵氏官宦人家，在家门旁石头下掘出一本农事书，按书上技术种谷，谷生二穗，将此事呈报官府，遂赐名瑞谷村。1956年，因该村张氏渐多，更名张庄。1982年恢复历史村名瑞谷村。位于镇政府驻地西北4.5公里处，西至辛庄乡东三务村，北至马庄村，南至庄子刘村。1987年，村民499人，耕地1202亩；2016年，耕地1275亩，村民587人。

东马庄 明永乐元年（1403年），马氏奉诏自山西洪洞县迁此立庄定居，取村名马庄。1982年4月，更名为东马庄。位于镇政府驻地西北4.5公里处，西至里老乡周鸭鹅，北至丁庄村，西至大化村，南至庄子刘村。1987年，村民924人，耕地2715亩；2016年，耕地3024亩，村民1155人。

小沼村 据明万历元年（1573年）此村建龙王庙碑文载：此地是一片沼泽地，芦苇丛生，丁家寨时常来人捉虾捕鱼，后陆续有人迁此定居，取名筱沼。后人便于书写，改为小沼。位于镇政府驻地北偏西4.1公里处，西至丁庄村，北至景县大洋村，东至小化村，南至河沟村。1987年，村民1111人，耕地2387亩；2016年，耕地2645亩，村民1453人。

小化村 清道光元年（1821年）前因距故城县衙二十里而得名二十里铺，后人为效大化村名，遂改村名为小化。为故城经济开发区园区村。位于镇政府驻地北3公里处，西至小沼村，南至王桑营村，东至滩头村，北至景县南大屯村。1987年，村民1006人，耕地3216亩；2016年，耕地2733亩，村民1383人。

滩头 此地低洼易涝，明洪武年间（1368—1398年）故城东运河决口，洪水冲击泥沙淤积在这里，水过后山西移民迁此，居住在沙滩，遂取名滩头。为故城经济开发区园区村。位于镇政府

夏庄镇滩头村村委会

驻地东北4.3公里处，西至小化村，南至徽王庄村，东至坟台村，北至景县南大屯村。1987年，村民763人，耕地2219亩；2016年，耕地1906亩，村民1055人。

坟台　明万历六年（1578年）故城岳王庙东运河大堤决口，洪水淹没村庄，唯村南坟堂高台未淹，故取村名坟台。为故城经济开发区园区村。位于镇政府驻地东北4.8公里处，西至滩头村，南至324省道，东至华能德州电厂，北至德州华鲁恒升工业园。1987年，村民1298人，耕地3224亩；2016年，耕地2687亩，村民1747人。

庄子刘　明永乐元年（1403年）刘氏自山西洪洞县大槐树迁此立庄定居，取村名刘庄。1982年4月，更村名为庄子刘。位于镇政府驻地西北3公里处，西至瑞谷村，南至犁谷庄村，东至大化村，北至东马庄村。1987年，村民176人，耕地540亩；2016年，耕地531亩，村民190人。

大化村　元至正四年（1344年）一僧人到此传播佛法，众仰其教，捐款建庙，为纪念此事，取村名大化。位于镇政府驻地北偏西2.7公里处，西至东马庄村，南至犁谷庄村，东至河沟村，北至丁庄村。1987年，村民885人，耕地2708亩；2016年，耕地2179亩，村民1133人。

河沟村　明万历六年（1578年）故城岳王庙东运河大堤决口，为防洪水在村南筑一大坝，洪水沿此坝流向东方，冲一大沟，后人居住沟旁，定村名为河沟。位于镇政府驻地北偏西2.1公里处，西至大化村，南至夏北村，东至王桑营村，北至小沼村。1987年，村民1170人，耕地2373亩；2016年，耕地2423亩，村民1487人。

王桑营　此村原名王合村，明永乐元年（1403年）疫病流行，大部分人染病而死，故称亡庄。后人讳“亡”字改称王庄，为与村东曹桑营呼应，1942年改称王桑营。为故城经济开发区园区村。位于镇政府驻地北2.1公里处，西至河沟村，南至夏北村，东至曹桑营村，北至小化村。1987年，村民181人，耕地478亩；2016年，耕地449亩，村民211人。

曹桑营　清朝末年，此处是地主曹氏的桑园，佃户在此居住，定名曹桑营。为故城经济开发区园区村。位于镇政府驻地东北2.4公里处，西至王桑营村，南至徽王庄村，东至丞相营村，北至小化村。1987年，村民146人，耕地269亩；2016年，耕地282亩，村民215人。

丞相营　元朝末年，丞相也速曾在此安营扎寨，故取名丞相营。为故城经济开发区园区村。位于镇政府驻地东北2.7公里处，西至曹桑营村，南至徽王庄村，东至东杨庄村，北至滩头村。1987年，村民173人，耕地650亩；2016年，耕地492亩，村民272人。

东杨庄　明永乐元年（1403年）有杨氏从山西洪洞县迁此定居，定村名杨庄，1982年更名为东杨庄。为故城经济开发区园区村。位于镇政府驻地东北2.9公里处，西至丞相营村，南至徽王庄村，东至山东省德州，北至坟台村。1987年，村民161人，耕地411亩；2016年，耕地319亩，村民232人。

犁谷庄　明永乐元年（1403年）邢氏奉诏从山西洪洞县迁此定居，取名邢家院。后邢氏族绝，改名邢故庄，清朝末年改称犁谷庄。位于镇政府驻地西2.4公里处，西至故城镇，南至故城镇十里铺村，东至夏西，北至庄子刘村。1987年，村民1147人，耕地3659亩；2016年，耕地3448亩，村民1385人。

徽王庄　明天顺元年（1457年）明朝王子见沛（徽王）受封德州、故城一带，其田庄统称徽王庄。明成化二年（1466年）此村被徽王封赐为专有庄名。为故城经济开发区园区村。位于镇政府驻地东北1.7公里处，西至夏东村，南至罗小营村，东至东杨庄村，北至丞相营村。1987年，村民1109人，耕地3649亩；2016年，耕地3197亩，村民1578人。

龙凤店　明天顺元年（1457 年），徽王带嫔妃到其庄园巡视时，曾在此处吃一顿冷食，赐庄名冷饭店，后人又寓龙凤呈祥之意，更村名为龙凤店。为故城经济开发区园区村。位于镇政府驻地南偏东 0.9 公里处，西至故城镇贾别王村，南至东魏庄村，东至罗小营村，北至夏东村。1987 年，村民 616 人，耕地 2185 亩；2016 年，耕地 1962 亩，村民 777 人。

罗小营　清光绪元年（1875 年）这里是罗姓地主的庄园，后佃户渐多发展成村，取名为罗小营。为故城经济开发区园区村。位于镇政府驻地东南 2.8 公里处，西至龙凤店村，南至大刘庄村，东至大曹庄村，北至徽王庄村。1987 年，村民 674 人，耕地 1687 亩；2016 年，耕地 1666 亩，村民 961 人。

袁一　明永乐年间（1403—1424 年）太学生袁筠奉旨于县城北建袁家庄，定村名袁庄。1962 年，袁庄分为袁一、袁二、袁三大队。1966 年原为袁庄乡政府驻地的袁三大队并入袁二。袁一大队改为村委会。袁一西至袁二村，南至河北涯村，东至大第五村，北至四新村，位于镇政府驻地东南 4.9 公里处。1996 年，随袁庄乡并入夏庄乡。1987 年，村民 631 人，耕地 1762 亩；2016 年，耕地 1814 亩，村民 936 人。

袁二　1962 年，袁庄分为袁一、袁二、袁三大队，后袁二大队改为村委会，1966 年，原为乡政府驻地的袁三大队并入袁二。1996 年，袁二村随袁庄乡并入夏庄乡。西至骆庄村，南至河北涯村，东至袁一村，北至四新村，位于镇政府驻地东南 4.8 公里处。1987 年，村民 551 人，耕地 1422 亩；2016 年，耕地 1491 亩，村民 718 人。

大刘庄　明永乐年间（1403—1424 年）刘姓一户定居于此，取名刘家庄，衍生渐多，遂更名为大刘庄。1996 年，随袁庄乡并入夏庄乡。西至东魏庄村，南至胡塘村，东至西殷庄村，北至罗小营村，位于镇政府驻地东南 4.3 公里处。1987 年，村民 641 人，耕地 1912 亩；2016 年，耕地 1963 亩，村民 866 人。

西殷庄　明永乐年间（1403—1424 年）山西洪洞县一部分移民定居在罗小营，繁衍日增，遂迁出一部分建新村，名南曹庄。后因一道之隔有个东殷庄，即更名西殷庄。1996 年，随袁庄乡并入夏庄乡。西至大刘庄村，南至四新村，东至东殷庄村，北至大曹庄村，位于镇政府驻地东南 4.0 公里处。1987 年，村民 586 人，耕地 2164 亩；2016 年，耕地 2137 亩，村民 1024 人。

东殷庄　该村现存清乾隆十七年（1752 年）古钟记载此村为德州西南殷庄。后为区分一道之隔的西殷庄，名东殷庄。1996 年，随袁庄乡并入夏庄乡。西至西殷庄，南至小刘庄，东至小曹庄，北至大曹庄，位于镇政府驻地东南 4.2 公里处。1987 年，村民 212 人，耕地 534 亩；2016 年，耕地 574 亩，村民 239 人。

大曹庄　明永乐五年（1407 年）姓曹的兄弟二人搀扶母亲逃荒至此定居，后发展渐大，遂取名大曹庄。1996 年，随袁庄乡并入夏庄乡。西至罗小营村，南至西殷庄村，东至西第三村，北至山东省钟辛庄村，位于镇政府驻地东偏南 3.6 公里处。1987 年，村民 586 人，耕地 1366 亩；2016 年，耕地 1168 亩，村民 648 人。

小曹庄　清朝时期，有一户曹姓人家从杨坞迁此定居，因附近有一大曹庄，而此村又较小，故得村名小曹庄。1996 年，随袁庄乡并入夏庄乡。西至东殷庄村，南至杨坞村，东至杨坞村，北至西第三村，位于镇政府驻地东南 5.1 公里处。1987 年，村民 376 人，耕地 942 亩；2016 年，耕地 923 亩，村民 509 人。

东第三　清朝末年，德州沿运河两岸设右十屯和左十屯。此村为第三屯。此村居东，故名东第三。1996 年，随袁庄乡并入夏庄乡。西至西第三村，南至芦家圈村，东至京杭运河，北至京杭运河，位于镇政府驻地东南 6.5 公里处。1987 年，村民 973 人，耕地 1602 亩；2016 年，耕地 1654 亩，村民 1248 人。

西第三　据传，此村原名第三屯，衍生众多，清朝末年，分为东西两部，西边的名为西第三。1996 年，随袁庄乡并入夏庄乡。西至大曹庄村，南至杨坞村，东至东第三村，北至京杭运河，位于镇政府驻地东南 5.8 公里处。1987 年，村民 726 人，耕地 1634 亩；2016 年，耕地 1962 亩，村民 973 人。

芦家圈　清朝末年，此村是德州寄庄官僚地主芦阴普的佃户庄，有四户佃户在此为其种地，成为村庄，因三面环河，起名芦家圈。1996 年，随袁庄乡并入夏庄乡。西至杨坞村，南、东、北至京杭运河，位于镇政府驻地东南7.6公里处。1987年，村民1452人，耕地2587亩；2016年，耕地2601亩，村民1885人。

胡塘 明朝时名为古苏村，后因南运河近村段不断决口，时人以为鬼邪所致，故改名为“虎家塘”以镇邪，久而简呼为胡塘。1996年，随袁庄乡并入夏庄乡。西至故城镇裴别王村，南至南二屯村，东至潘庄村，北至东魏庄村，位于镇政府驻地南3.5公里处。1987年，村民714人，耕地2677亩；2016年，耕地2620亩，村民845人。

东魏庄 清朝末年，此处是德州魏家场院，佃户聚居，俗称魏家大院，后改为魏庄。1982年4月，更名为东魏庄。1996年，随袁庄乡并入夏庄乡。西至故城镇裴别王村，南至胡塘村，东至大刘庄村，北至龙凤店村，位于镇政府驻地南偏东3.1公里处。1987年，村民87人，耕地287亩；2016年，耕地310亩，村民97人。

潘庄 明永乐年间（1403—1424年）山西洪洞县一户潘姓在此定居，故名潘庄。1996年，随袁庄乡并入夏庄乡。西至胡塘村，南至田庄村，东至骆庄村，北至大刘庄村，位于镇政府驻地东南4.2公里处。1987年，村民298人，耕地706亩；2016年，耕地750亩，村民397人。

骆庄 汉朝时，玉田县骆良之妻李氏带二子逃荒到此落户，遂取名骆庄。1996年，随袁庄乡并入夏庄乡。西至潘庄村，南至田庄村，东至袁二村，北至大刘庄村，位于镇政府驻地东南4.3公里处。1987年，村民979人，耕地1991亩；2016年，耕地2172亩，村民1358人。

四新 此村原名西庄，清朝中期在村外建有一座大寺院，后因年久失修，庙堂倒塌，仅余一座四位一体的小佛像，故起村名四面佛，1965年四清运动破旧立新，改名为四新。1996年，随袁庄乡并入夏庄乡。西至骆庄村，南至袁二村，东至小刘庄村，北至西殷庄村，位于镇政府驻地东南4.3公里处。1987年，村民641人，耕地1270亩；2016年，耕地1767亩，村民830人。

小刘庄 明永乐元年（1403年）有几户刘姓人家居住于此，因村小人少，定名为小刘庄。1996年，随袁庄乡并入夏庄乡。西至四新村，南至第七村，东至杨坞村，北至东殷庄村，位于镇政府驻地东南4.8公里处。1987年，村民110人，耕地277亩；2016年，耕地330亩，村民125人。

杨坞 北宋时期，杨家将曾在此安营扎寨，后有个杨姓在此定居，故名杨营，经多年衍生，信地分散，渐成二片，北曰杨坞，南名杨湖，后居民把两个小村统称杨坞。1996年，随袁庄乡并入夏庄乡。西至东殷庄，南至大第五村，东至芦家圈村，北至小曹庄村，位于镇政府驻地东南5.7公里处。1987年，村民778人，耕地1742亩；2016年，耕地1874亩，村民892人。

大第五 清朝末年，此村为右所第五屯，后因发展形成二村，大村为大第五。1996年，随袁庄乡并入夏庄乡。西至袁一村，南至第七村，东至京杭运河，北至杨坞村，位于镇政府驻地东南6.5公里处。1987年，村民864人，耕地1556亩；2016年，耕地1421亩，村民1074人。

小第五 据传，清朝末年，此村为右所第五屯，因后发展形成二村，小村为小第五。1996年，随袁庄乡并入夏庄乡。西至大第五村，南、东至京杭运河，北至芦家圈村，位于镇政府驻地东南7.2公里处。1987年，村民464人，耕地1114亩；2016年，耕地1118亩，村民623人。

头屯 明永乐年间（1403—1424年）有居民在此以烧砖瓦为业，取村名大瓦窑。清朝末年，以运河为界，右边村庄，以序数命屯，该村为首，废大瓦窑改名为头屯。1996年，随袁庄乡并入夏庄乡。西至故城镇南二屯村，南至京杭运河，东至河北涯村，北至袁二村，位于镇政府驻地东南6.8公里处。1987年，村民1077人，耕地1878亩；2016年，耕地2505亩，村民1190人。

东王庄 明永乐年间（1403—1424年）由山西洪洞县迁一户王姓定居于此，定村名王庄。1982年更名为东王庄。1996年，随袁庄乡并入夏庄乡。西至头屯村，南至京杭运河，东至河北涯村，北至田庄村，位于镇政府驻地南偏东5.5公里处。1987年，村民479人，耕地923亩；2016年，耕地1123亩，村民557人。

田庄 明永乐年间（1403—1424年）田氏奉诏从山西洪洞县迁此占产立庄，定村名田庄。1962—1983年隶属于袁庄公社。1984—1996年隶属于袁庄乡。1996年，随袁庄乡并入夏庄乡。西至东王庄村，南至京杭运河，东至河北涯村，北至骆庄村，位于镇政府驻地东南5.4公里处。1987年，村民267人，耕地410亩；2016年，耕地569亩，村民307人。

河北涯（含后营） 清朝末年，此村一部分系运河右所“南十屯”之第四屯，属德州管辖；另部属直隶，名曰河北涯，后来皆属河北，统称河北涯，后来后营村并入。1982年更名为东王庄。1996年，随袁庄乡并入夏庄乡。西至头屯村，南至京杭运河，东至第九村，北至袁一村，位于镇政府驻地东南6.8公里处。1987年，村民1076人，耕地1438亩；2016年，耕地522亩，村民1281人。

第九 清朝末年，属德州管辖，此屯系运河右所“南十屯”之第九屯，故名第九屯，解放后改称第九。1996年，随袁庄乡并入夏庄乡。西至河北涯村，南至南运河，东至南运河，北至第七村，位于镇政府驻地东南7.3公里处。1987年，村民862人，耕地1446亩；2016年，耕地1429亩，村民1102人。

第七 1947年，南十屯的第七屯改称第七。西至袁一村，南至南运河，东至南运河，北至大第五村，位于镇政府驻地东南6.6公里处。1987年，村民862人，耕地1446亩；2016年，耕地1449亩，村民1067人。

附

袁庄乡

袁庄乡1996年并入夏庄乡，以下为1988年版县志记载部分：

袁庄乡位于故城县东北部，乡治袁庄距县城22.3公里。西与小屯乡、夏庄乡相连，北与山东省德州市陈庄乡为邻，东部、南部隔卫运河与德州市二十里铺乡、武城县四女寺乡相望。面积39.2平方公里，辖25个行政村，有16663人。

袁庄系明永乐年间（1403—1424年）、袁氏从山西洪洞县迁来定居，遂成村而得名。抗战期间袁庄一带曾为中共所属故城县一区政府驻地。1956年建乡，1958年公社化时，为故城公社袁庄管理区驻地，1961年为袁庄公社驻地，1984年改为乡治。

地形呈半岛状，卫运河蜿蜒环绕，地势平坦，西南稍高，东北略低，黑粘土质居多。有排灌渠24条，桥、闸、涵232处，深浅机井364眼。

耕地面积35648亩，其中水浇地面积占70%。主要农作物以小麦、玉米、棉花等为主。粮食亩产由解放初40公斤增至225公斤，总产874.5万公斤皮棉亩产由15公斤增至66公斤，总产79.2万公斤。

乡办、村办、个体办工副业主要经营项目为石棉瓦、皮毛加工、被服加工、橡胶制品、农机修造、轧花、榨油、塑料等，年收入787.2万元，占全乡总收入30.3%。

卫运河沿岸9村，历来经营菜园，索有“蔬菜之乡”之称，亦为闻名遐迩的“德州西瓜”产地。

五、辛庄乡

位于县域北部，乡人民政府驻地西辛庄村。东部与夏庄镇，南部与青罕镇、故城镇接壤，西部与房庄镇毗邻，北部与里老乡相连。地势平坦，南部稍高，北部略低，西部低洼，易旱易涝。石（槽）王（疃）公路穿境而过，东沙河流经中部，江江河流经西部，青年干渠穿越中部。

乡政府驻地西辛庄距县城15.3公里。1956年建乡，1958年公社化时为辛庄公社，1984年改为辛庄乡。1996年1月，庙灵乡并入辛庄乡。

1987年，区域面积43平方公里，辖17个行政村，有1.45万人。1996年1月，区域面积72.5平方公里，辖33个行政村，耕地面积59010亩。2016年，有2.96万人。2018年，有2.94万人。

辛庄乡政府驻地

历史上属于黄河古道淤积平原，土壤沙质，水源匮乏，1987年，辛庄乡有排灌渠3条，深浅机井90眼，耕地面积35700亩。农作物以小麦、玉米、棉花、谷子为主。果树种植历史300余年，有果园8000亩，生产鸭梨、红枣、甜杏等，畅销京、津等地。

1996年大力实施“平沙造田”工程，共投资5000万元，动用人工10万余人，平整沙岗40余个，植树160万株，平沙新增耕地14000亩，治沙36000亩，打深井13眼，清淤坑塘14处，扩挖河渠19条，大力改善了农业生产条件，变沙丘为良田。农作物种植以小麦、玉米、棉花、西瓜、花生、大豆、辣椒为主。20世纪90年代，地膜覆盖、拱棚、嫁接等技术开始推广，间作面积逐年扩大。2018年农作物播种面积7.47万亩，粮食总产量1.42万吨，小麦面积16575亩，棉花面积16455亩，油料面积2835亩。

2000年前，辛庄乡森林覆盖率8%，2001年建北官庄、牛卧庄、西辛庄、东三务4个林业区，面积1500亩，植树15万株。2004年建李仙寨、北官庄、东辛庄3个林业区，面积2000亩，植树20万株。2008—2018年，树木覆盖面积4万亩，140万株。全乡实现林网方格化，总长75公里。打造现代果园4个（东辛庄桃树方，高小营苹果方，崔庄桃树方，前孟町梨树方），总面积2000亩；建成生态林项目5个，总面积1200亩；廊道绿化（高速公路和石王路两侧）1500亩，全乡绿化覆盖率35%。主产鸭梨、苹果、桃、葡萄、冬枣、红枣、杏等水果。石王路两侧发展规模养殖，联兴特种羊养殖场，鲜稞特奶牛场分别落户牛卧庄村和张小麻，崔庄、白小麻、西辛庄等11个村建生猪养殖小区。2018年末，全乡生猪养殖专业户45个，存栏4300头，出栏2352头；养殖专业户650余个，存栏2.6万只，出栏2.45万只；家禽存养量10万只，存栏3万只，出栏7万只。全乡发展农业专业合作社达95家，家庭农场121家，重点农业产业化项目5个，总投资规模超过3亿元。

1996年，乡办、村办、个体企业主要经营砖瓦、皮毛、地毯、塑料、石棉瓦等，年收入2800万元，占全乡财政总收入的49.0%。2008年有4个较大的地毯加工厂，年创收160万元。2018年，完成税收1002.1万元。工业固定资产投资任务2.9亿元，实际完成3.9亿元；工业技改投资完成2.1亿元；规模以上工业总产值完成1.8亿元（折合工业增加值为0.4亿元）；新增规上企业1家。实现村村通工程，其中柏油路20.5公里、水泥路41公里，总投资470万元。结合扶贫工作投资1300万元硬化村内道路12万平方米；按照“三有两净一美”标准打造美丽庭院4845个、精品庭院1670个。

2017—2018年，投资130万元，新建中心幼儿园教学楼1栋；有中学1所，在校生801人；完全小学5所，教学点4个，在校生1642人，中小学教职工131人；公办幼儿园3所、民办5所，在园学前儿童756人。

西辛庄 明永乐三年（1405年），从山西洪洞县迁民到此定居，定村名新庄，后村落渐大，此村分为东西两庄，遂改为东、西辛庄。居西者为西辛庄，为辛庄乡政府驻地。位于县城郑口正北偏东15.3公里处。1987年，村民940人，耕地1855亩；2016年，耕地1864.5亩，村民1063人。

东辛庄 辛庄分为东、西两庄，居东者为东辛庄。位于乡政府驻地东北1.2公里处。1987年，村民1486人，耕地3572亩；2016年，耕地4045.5亩，村民1758人。抗日将领冯治安出生地。

窦堡店 隋大业七年（611年）农民起义军首领窦建德起兵漳南，筑堡于此为掎角之势，后为村落，定名窦堡店。位于乡政府驻地正北偏西5.9公里处。1987年，村民927人，耕地2812亩；2016年，耕地2734.5亩，村民923人。

高小营 隋末，此地驻扎过窦建德军队中一小营人马，故起名小营，后高氏迁来定居，便叫成高小营。位于乡政府驻地正北偏东3.6公里处。1987年，村民1040人，耕地2476亩；2016年，耕地4015.5亩，村民1239人。“四根弦”传承人沈道仙为此村人。

新化村 隋大业年间（605—618年）农民起义首领窦建德起兵漳南，自称夏王时其两太子驻兵于此，扎南北二营，得名太子营，居南者名南太子营。清同治元年（1862年）南太子营形成东、西两个自然村，因两村时常混淆不清，取新村必有能招财发福、逢凶化吉之意，将此村改名新化村。位于乡政府驻地正北偏东。1987年，村民682人，耕地2694亩；2016年，耕地2650.5亩，村民799人。

东化 清朝年间南太子营形成东、西两个自然村，居东者为东太子营，后东太子营改名东化村。1996年，随庙灵乡并入辛庄乡。位于乡政府驻地正东偏北。1987年，村民1090人，耕地3455

亩；2016年，耕地3475.5亩，村民1366人。

孙务 隋大业七年（611年）山东农民起义首领高士达在清河起义，以高鸡泊（饶阳店一带）为根据地，曾驻兵于此，这里是高士达办理书信之所，名高邮务。后村落渐大，分为4个村，此村孙姓居多，故名为孙务。位于乡政府驻地东北3.1公里处。1987年，村民277人，耕地684亩；2016年，耕地694.5亩，村民330人。

王务 隋大业年间，农民起义首领高士达办理书信之所名高邮务，分为四村，此村为其中之一，因王氏居多，故名王务。位于乡政府驻地东北3.1公里处。1987年，村民515人，耕地1027亩；2016年，耕地1015.5亩，村民617人。

孟务 隋大业年间，农民起义首领高士达办理书信之所名高邮务，分为四村，此村为其中之一，因孟氏居多，故名孟务。位于乡政府驻地东北3.2公里处。1987年，村民479人，耕地931亩；2016年，耕地915亩，村民622人。

东三务 隋大业年间，农民起义首领高士达办理书信之所名高邮务，分为四村，此村为其中之一，因由贾务、于务、李务三个自然村组成，且居孙务、王务、孟务之东，故名东三务。位于乡政府驻地东北3.9公里处。1987年，村民1028人，耕地2387亩；2016年，耕地2460亩，村民1002人。

张小麻 据《张氏族谱》载，明末清初，一张氏在故城县为官，由北京宛平县迁家于此定居。因当地百姓皆以种麻为生，而土地瘠薄，麻长得很小，定村名张小麻。位于乡政府驻地西南2.5公里处。1987年，村民532人，耕地1106亩；2016年，耕地1114.5亩，村民523人。

牛卧庄 明永乐三年（1405年）牛氏从山西洪洞县迁此定居，此处原有一大沙丘，形似黄牛伏卧，定村名牛卧庄。位于乡政府驻地正南2公里处。1987年，村民1410人，耕地4044亩；2016年，耕地4905亩，村民1786人。

十美 明永乐元年（1403年）此村有五条胡同，胡同南北两端各修有大门，故取名十门村。清末，人们为向往未来、过美满日子，将村名改为“十美村”。位于乡政府驻地正西。1987年，村民190人，耕地739亩；2016年，耕地739.5亩，村民217人。

崔庄 明永乐三年（1405年）崔、贾二姓由山西洪洞县迁来居住，定村名崔贾庄，后贾姓渐无，改村名崔庄。位于乡政府驻地东南3.4公里处。1987年，村民841人，耕地2257亩；2016年，耕地2149.5亩，村民917人。

北官庄 明朝初期，此处是官府的庄园，时称官庄，因骑马寺村南也有一官庄，此村居北故为北官庄。位于乡政府驻地西南3.9公里处。1987年，村民1540人，耕地3583亩；2016年，耕地4365亩，村民1560人。

北侯庄 明洪武年间（1368—1398年）当地瘟疫流行，只有一个叫侯白马的幸免染疫，遂定村名侯庄。因青罕也有一侯庄，1982年更名为北侯庄。位于乡政府驻地西南1.2公里处。1987年，村民176人，耕地329亩；2016年，耕地334.5亩，村民159人。

沙窝庄 明永乐三年（1405年）一尹氏奉诏从山西洪洞县迁此占产立庄，因此处多沙丘，建村于沙丘之下，故取名沙窝庄。1996年，随庙灵乡并入辛庄乡。位于乡政府驻地西北3公里处。1987年，村民477人，耕地1544亩；2016年，耕地2302.5亩，村民566人。

陶户庄 明永乐二年（1404年）此村皆是从山西洪洞县大槐树逃荒而来的民户，故得逃户庄，后讳“逃”字不雅，且村民又以制陶器为生，遂改村名为陶户庄。1996年，随庙灵乡并入辛庄乡。位于乡政府驻地正西4公里处。1987年，村民523人，耕地1270亩；2016年，耕地1270.5亩，村民595人。

白小麻 明朝初期，白氏奉诏自山西洪洞县迁此占产立村，因此地村庄皆叫小麻，取名白小麻。1996年，随庙灵乡并入辛庄乡。位于乡政府驻地西北2公里处。1987年，村民648人，耕地1372亩；2016年，耕地1384.5亩，村民750人。

碱场店 明嘉靖元年（1522年）因此村大部分人练拳习武，又因在村西的官道上有几户开店的，遂取名战场店。清朝道光元年（1821年）因此村周围多碱地，又改名为碱场店。1996年，随庙灵乡并入辛庄乡。位于乡政府驻地西南5公里处。1987年，村民794人，耕地2535亩；2016年，耕地2839.5亩，村民1110人。

前孟疃 明景泰六年（1455年）翰林院士孟

宏佩到此教学，定村名孟疃。明末，此村分成前、后两个村，居前者，称为前孟疃。1996年，随庙灵乡并入辛庄乡。位于乡政府驻地西南4公里处。1987年，村民668人，耕地1523亩；2016年，耕地1969.5亩，村民848人。

后孟疃 明末孟疃分为前、后两个村，居后者，称为后孟疃。1996年，随庙灵乡并入辛庄乡。位于乡政府驻地西南4公里处。1987年，村民542人，耕地1366亩；2016年，耕地1339.5亩，村民655人。

周小麻 明永乐二年（1404年）周氏从山西洪洞县迁此定居。因土地瘠薄，以种麻为生，麻棵细小，故名周小麻。1996年，随庙灵乡并入辛庄乡。位于乡政府驻地西南3公里处。1987年，村民464人，耕地1026亩；2016年，耕地1020亩，村民558人。葫芦烙画艺人陈春峰为此村人。

万小麻 明永乐二年（1404年）万氏从山西洪洞县大槐树下迁此占产立庄，以种麻为生，因附近村庄均称小麻，故村名万小麻。位于乡政府驻地西南3.6公里处，西临沙河。1987年，村民1290人，耕地2472亩；2016年，耕地2515.5亩，村民1593人。

大寒布 隋末窦建德起义时，于窦堡筑宫建殿，自称夏王，吏部曾设在此村，称该村为大吏部。以后此村烧炭为生者渐多，取唐朝诗人白居易诗“心忧炭贱愿天寒”之意，遂改村名为大寒布。1996年，随庙灵乡并入辛庄乡。位于乡政府驻地东北2.5公里处。1987年，村民1104人，耕地1974亩；2016年，耕地3184.5亩，村民1123人。

小寒布 该村原与大寒布为一村，唐朝初期两村分开，因该村小而取名小寒布。1996年，随庙灵乡并入辛庄乡。位于乡政府驻地东北3公里处。1987年，村民261人，耕地511亩；2016年，耕地510亩，村民290人。

魏家院 明崇祯年间（1628—1644年）此处是枣强县地主印禄的庄院，一魏氏佃户在此定居，渐成村落后，取村名魏家院。1996年，随庙灵乡并入辛庄乡。位于乡政府驻地东北2.6公里处。1987年，村民548人，耕地951亩；2016年，耕地949.5亩，村民696人。

李仙寨 明朝此地有一穷人被称为李拐子，颇有智慧，很像传说中的八仙之一的铁拐李，成村落后，人们便把此处叫李仙寨。位于乡政府驻地偏东2.1公里处。1987年，村民910人，耕地2882亩；2016年，耕地2815.5亩，村民1035人。

东孙庄 明永乐二年（1404年）孙姓一家奉诏从山西洪洞县迁此居住，取村名孙庄。1982年4月，更名为东孙庄。位于乡政府驻地东南3.2公里处。1987年，村民702人，耕地1884亩；2016年，耕地2815.5亩，村民733人。

东高庄 据此村原庙内钟文载，明永乐二年（1404年）山西洪洞县一高氏定居于此，定村名高庄。1982年4月，更名为东高庄。位于乡政府驻地东南3.8公里处。1987年，村民380人，耕地1065亩；2016年，耕地1114.5亩，村民472人。

田小麻 明永乐元年（1403年）从山西洪洞县迁一姓田的定居于此，因土地瘠薄，就以种麻为生，而麻长的很小，取名为田小麻。1996年，随庙灵乡并入辛庄乡。位于县城郑口北12.8公里处，原庙灵乡政府驻地。1987年，村民536人，耕地774亩；2016年，耕地769.5亩，村民592人。

庙灵庄 此村原妙灵庄。传说明朝村中有个观音庙，明永乐三年（1405年）田小麻有一卖酒老汉，连续几次担酒路过庙前都洒掉，后来老汉每行至此，主动以酒祭之则不复洒，人们以为庙神有灵，遂将“妙”改成“庙”，改村名为庙灵庄。1996年，随庙灵乡并入辛庄乡。位于乡政府驻地西2公里处。1987年，村民770人，耕地1587亩；2016年，耕地2355亩，村民967人。

北马庄 明崇祯年间（1628—1644年）有马氏从故城县大杨村迁此定居，取名南马家庄。清朝末年改称马庄，1982年更名北马庄。1996年，随庙灵乡并入辛庄乡。位于乡政府驻地西偏东2.5公里处。1987年，村民104人，耕地363亩；2016年，耕地360亩，村民107人。

附

庙灵乡

庙灵乡1996年并入辛庄乡，以下为1988年版县志记载部分：

庙灵乡位于故城县北部，乡治田小麻距县城12.3公里。北临小庙乡，南连青罕乡，西与房庄乡交界，东与辛庄乡接壤。面积28.5平方公里，辖16个行政村，有9409人。

据传说，因村中观音庙庙神有灵而得名庙灵庄。1956年建乡，1958年公社化时属辛庄公社田小庥管理区，1964年社址迁往田小庥、社名未改，1984年改为乡治。

以青年北干渠为界，地势特点分明，渠西8村低洼多碱，渠东8村多沙丘。历来易旱易涝。江江河流经该乡西部地域。有深浅机井82眼。

耕地面积23604亩。主要农作物为小麦、玉米、棉花、花生、薯类。粮食亩产由解放初40公斤增至137公斤，总产270.2万公斤；皮棉亩产由10多公斤增长到44公斤，总产39.4万公斤。渠东8村种植果树已有300余年历史，有果树5400亩，盛产鸭梨、葡萄、红枣、甜杏等，产品畅销京、津等地。

乡办、村办、个体办工副业主要经营项目有地毯、农机修造、砖瓦、机械密封件、五金制品等，年收入184.8万元，占全乡总收入26.5%。

六、里老乡

里老乡位于县域东北部，北与景县交界，南与夏庄镇接壤，东接景县八里庄，西与辛庄乡相连。乡人民政府驻地为里老村，距县城25公里。

里老乡北部村早年属景县三区，1956年划归故城县。1958年建里老公社，1983年改乡。

1987年，区域面积52.3平方公里，辖19个行政村，有1.69万人。1997年，人口1.89万人。2008年，耕地38610亩，人口2.02万人，其中回族136人。2018年，辖19个行政村，人口2.06万人。6000余亩的国有林场环绕在该乡。抗日将领阎晶昌系该乡皮婆屯村人。

全乡地势较平坦，南部稍高，北部略低，境内多黑黏土质，有部分碱洼地，易旱、易涝。耕地面积3.88万亩。主要农作物以小麦、玉米、棉花为主。1987年，粮食总产量337.9万公斤；皮棉总产量42.7万公斤。贯穿全乡的河渠有长6.2公里的青年北干渠、长6.87公里的东沙河，5.26公里江江河及双庆渠12.7公里、东风渠7.1公里。20世纪90年代，境内渠系配套，水流量充足，基本能够满足农田需要。1996年后，西瓜、辣椒、韭菜、芦笋等作物种植面积连年扩大，其中韭菜种植尤为突出，刘家庄、皮婆屯、焦庄、二南庄等村的韭菜大方颇具规模，全乡种植辣椒500亩，大棚西红柿10余亩，温室蘑菇15亩。2008年，全乡韭菜种植面积达1035亩，地膜覆盖、大棚、小拱棚、嫁接等各种新技术得到推广。刘鸭鹅村芦笋种植面积达210亩，均为订单种植。全乡共有深机井45眼，浅机井605眼，大型水闸4座，水浇地占耕地面积的80%以上。2018年，完成财政收入3308.4万元，固定资产投资完成46200万元。全乡植树约3200亩，其中经济冬桃、苹果树2900亩，生态林300亩。农作物种植以小麦、玉米、棉花为主；种植小麦31000亩，玉米31000亩，棉花9500亩。是年，工业总产值70135万元，全乡小微企业36家，规模以上企业总产值11591万元，19个村实现村村通公路，村村通电话光缆，宽带安装率达80%以上。境内设有通信发射塔30余个。有寒下、前里老、林场、小马坊4个集贸市场。

2018年，有中学2所、小学5所、幼儿园5所，教职工132人。有图书室26个，藏书3000余册，农民娱乐场所25个，锣鼓、秧歌队19个，老干部戏曲演唱组3个。卫生院1所、各类诊所34家，从业人员71人。

后里老 明永乐年间（1403—1424年）有一李姓老人携子孙到此居住，故称李老。后村渐大，李氏族灭，遂改村为里老。1962年，里老分为前里老、后里老、林场三个大队，此为所分后里老。曾为里老乡政府驻地，位于县治郑家口东北22.1公里处。1987年，村民703人，耕地1914亩；2016年，耕地1620亩，村民780人。

后里老村平菇种植大棚

前里老 因位于后里老前。1987年，村民1178人，耕地1991亩；2016年，耕地1845亩，村民1440人。

林场 因此地1960年建一国有林场而得名，位于后里老东南侧。1987年，村民1490人，耕地1773亩；2016年，耕地1770亩，村民1725人。

梁庄 明洪武年间（1368—1398年）此处有两个湮灭的村庄，后山西移民到此定居，取名两个庄，后改梁家庄，简称梁庄。位于乡政府驻地正北偏西5.8公里处。1987年，村民594人，耕地1523亩；2016年，耕地1530亩，村民695人。

赵鲁屯 明洪武年间（1368—1398年）此处是护卫军屯田驻地，因紧邻赵鲁村，故名赵鲁屯。位于乡政府驻地西北偏北5.1公里处。1987年，村民696人，耕地2358亩；2016年，耕地2735亩，村民723人。

后赵鲁 据存碑文记载，隋大业七年（611年）农民起义首领窦建德行辕驻此。昼，旌旗蔽日；夜，灯光夺目，遂称此地为照路村。后因此村赵姓居多，改为赵路，后因当时属山东辖，改用山东简称，改赵路为赵鲁。后发展为前、后两村，此村居后，名为后赵鲁。位于乡政府驻地西北5公里处。1987年，村民502人，耕地863亩；2016年，耕地870亩，村民546人。

前赵鲁 赵鲁分为前、后两村，此村居前，名为前赵鲁。位于乡政府驻地西北4.8公里处。1987年，村民414人，耕地1242亩；2016年，耕地1245亩，村民466人。

刘家庄 明永乐二年（1404年）刘氏从山西洪洞县迁到此处，取名刘家庄，后简称刘庄，1982年恢复刘家庄。位于乡政府驻地正北4.4公里处。1987年，村民711人，耕地1604亩；2016年，耕地1605亩，村民761人。

皮婆屯 明洪武年间（1368—1398年）此处是护卫军屯田之地，因该处有一皮氏老妪居住，故名皮婆屯。位于乡政府驻地正北偏东3.9公里处。1987年，村民1673人，耕地3938亩；2016年，耕地3900亩，村民1830人。

二南庄 清代中期，小马坊村南的金庄、南庄两个小自然村合为一村，名二南庄。位于乡政府驻地西北3.1公里处。1987年，村民494人，耕地1010亩；2016年，耕地1005亩，村民542人。

小马坊 隋大业年间（605—618年），此处是农民起义首领窦建德屯兵养马之所，故名马坊。因村西南有一大马坊，故名小马坊。位于乡政府驻地西北3.4公里处。1987年，村民1406人，耕地4781亩；2016年，耕地4785亩，村民1667人。

焦麻庄 明永乐年间（1403—1424年）一焦氏从山西洪洞县迁此居住，因此人脸生麻子，故称焦麻庄，后改为焦庄，1982年，恢复历史名称焦麻庄。位于乡政府驻地正北偏东2.2公里处。1987年，村民627人，耕地1629亩；2016年，耕地1635亩，村民674人。

大马坊 隋大业年间（605—618年），此处是窦建德养马之所，故名大马棚，后改为大马坊。位于乡政府驻地正西偏北4.7公里处。1987年，村民1574人，耕地4864亩；2016年，耕地4875亩，村民1788人。村中有一株古槐，树龄800余年，村中老人称其天地槐。21世纪种植冬桃2000余亩，填补了冬季无鲜果空白。

里老乡大马坊村所植冬桃

朴庄 明洪武年间（1368—1398年）山西移民迁此定居，以“朴素”之意，定村名朴庄。位于乡政府驻地正西偏南1.5公里处。1987年，村民995人，耕地1741亩；2016年，耕地1740亩，村民1154人。

西小屯 明洪武年间（1368—1398年），此处为护卫军屯田之地，因地处德州西，得名西小屯。位于乡政府驻地西北偏西0.3公里处。1987年，村民734人，耕地1548亩；2016年，耕地1545亩，村民764人。

寨下 明洪武年间（1368—1398年）某年秋

末冬初，洪水泛滥，淹没村庄，随洪水冲来一石神像停在此村岔路口处，故名寒叉，后演变为寒下。位于乡政府驻地西南偏北3.6公里处。1987年，村民1255人，耕地2263亩；2016年，耕地2280亩，村民1364人。

李鸭鹅 此处是隋末农民起义军领袖窦建德养鸭鹅之所，名鸭鹅村。后李、刘、周三姓居住，此村姓李的居多，故名李鸭鹅。位于乡政府驻地西南2.3公里处。1987年，村民404人，耕地944亩；2016年，耕地945亩，村民421人。

周鸭鹅 李、刘、周三姓分居后，因此村周氏居多，故名周鸭鹅。位于乡政府驻地西南2.7公里处。1987年，村民1107人，耕地2096亩；2016年，耕地2100亩，村民1078人。

刘鸭鹅 李、刘、周三姓分居后，因此村刘氏居多，故名刘鸭鹅。位于乡政府驻地西南1.9公里处。1987年，村民1107人，耕地2096亩；2016年，耕地570亩，村民311人。

七、房庄镇

房庄镇位于故城县城北部，东与辛庄乡、里老乡接壤，西与三朗镇相连，北与景县交界，安郑公路（郑龙公路）纵贯南北，衡德高速故城县支线穿境而过。镇政府驻地为房庄村，距县城10公里。

1945年，属故城县三区辖地。1947年进行土改，1952年办互助组，1954年建初级社，1956年发展为高级社，1958年成立房庄乡人民公社，实行政社合一。1961年将房庄公社的三朗、梧茂、小庙三个管理区划出，各自建立人民公社。1984年改为乡。1996年1月，梧茂乡、小庙乡并入房庄乡。2018年5月10日撤乡建镇，改为房庄镇。

1987年，区域面积36.6平方公里，辖21个行政村，有1.22万人。2008年，全镇总面积101.12平方公里，辖54个行政村，耕地面积89730亩。2018年，有3.51万人。

辖区内董学村是西汉大儒董仲舒“下帷”讲学处，有董子讲堂遗址一处。

房庄镇区域轮廓呈三角状，地势平坦，西南部稍高于东北部，多为白沙土质，有少量碱地，地下水位较低。温庄干渠自境内穿过。有排灌渠4条，深浅机井79眼。耕地面积为34704亩。主要

故城县茂丰公司土元养殖基地

农作物为小麦、玉米、棉花等。1987年，粮食亩产由解放初40公斤上下增至118公斤，总产311.5万公斤；皮棉亩产由10公斤增至40公斤，总产58万公斤。

农业以种植小麦、玉米、红小豆、谷子、花生、大豆、棉花等为主。1996年后，地膜覆盖、大棚、杂交种、抗虫棉等技术逐步推广，种植效益逐年提高。以三豆合作社为龙头，按照公司+农户的经营模式，带动了景县、枣强县、武邑县、桃城区等地的红小豆种植，辐射面积达5万亩，产品以粒大、色红、质优而享誉国内外，“甘珠”牌红小豆被审定为国家级绿色产品，并通过ISO9001国际质量体系认证，先后获“河北省名牌产品”“中国名牌农产品”称号。

2004年故城县被河北省政府命名为“红小豆”之乡。以红小豆为主的“三豆”种植面积达5000亩，以“三豆产销合作社”为龙头的“三豆”产业实现年产值4500万元，利税达820万元，产品主要销往北京、上海、广州等地。2014年，河北以岭药业集团投资1700万元，建成故城县茂丰农业科技公司，占地100亩，建有标准化温室60个，以养殖加工土元为主，年产土元300吨，产值1500万元。2005年，建成鸵鸟养殖场，占地面积110亩，年存栏1000只左右，年收入200万元。至2008年，先后完成对江江河、温庄干渠两大河渠堤坡、全镇方农田道路、新修柏油公路以及农村街道、闲散荒地绿化，共植树183.2万株，境内5万亩农田基本实现林网化，全镇森林覆盖率超过28.4%。

2010—2016年，全镇继续大力改善农业产

业结构，全镇土元养殖、三豆种植、益民蔬菜种植不断发展壮大，金银花、核桃等经济林种植面积达600多亩，大葱、芫荽种植面积达1000多亩，土元养殖面积增加1万多平方米。农业在吴梧茂土元养殖基地、张庄梓航奶牛养殖合作社等一批龙头企业的带动下转型升级，位于堤口村的鑫东润千亩有机蔬菜园，收到良好的经济和社会效益。启动了北起大梧茂、南到沙窝庄的万亩高标准农田水利建设工程。全镇大力推进农业产业化经营，加快构建“一带三区”特种特养发展布局。“一带”，即郑龙公路沿线苗圃生态林种植带；“三区”，即以茂丰农业科技公司、东盛亿源牧业公司辐射带动的西部11个扶贫村为重点的小尾寒羊、土元养殖区，以双丰家庭农场、小庙蔬菜种植合作社辐射带动的东部15个村为重点的设施蔬菜种植区。以桦特美食用菌辐射带动的北部9个村为重点的香菇、双孢菇食用菌种植区；累计发展养殖户220户，奶牛存栏达3000多头，肉羊存栏近万只；全年新增蔬菜种植户130多户，新增蔬菜种植面积1100多亩。后通过推动农业调结构、转方式，构建“一基地两带三区”特色种养发展格局。建成董学村1600亩的核桃种植示范基地，共发展养殖户50户，完成土地规模流转5230亩。新增造林面积4200亩，茂丰现代农业园区获批“河北省现代农业园区”。

2017年，奶牛、肉羊等规模化养殖稳步发展，完成节水压采项目1890亩，完成旱作雨养试点项目1900亩。石家庄以岭药业集团投资10亿元的生态康养综合体项目落户茂丰现代农业园区。撤乡设镇工作通过省、市验收。推进18个省级美丽乡村重点村建设工作，完成绿化美化共计3.5万平方米，拆除违章建筑208处、残垣断壁45处，修建垃圾池67个，设立垃圾箱220个，立面改造、民居改造、改水、改厕、污水处理等工程全部完成，建成堤口、霍梧茂2个省级美丽乡村建设精品村和16个重点村。完成房庄卫生院改造工程，新建综合门诊楼1座。55个村基本配全标准化卫生室，五保、低保实行动态调整，建立临时生活困难救助办法，36个村建立了互助幸福院，为200余户特困群众和老年人提供生活保障。完成小庙小学、房庄中学、房庄小学、房庄中心幼儿园升级改造工程，新建教学楼4栋、学生宿舍楼1栋、教师周转宿舍楼1栋。是年，财政收入完成2233.2万元，同比增长10.6%。固定资产投资完成9.95亿元，同比增长22.1%。入统企业总产值完成6.12亿元，完成规模以上工业增加值1.29亿元，同比增长7.8%。将绿色印刷产业园项目作为全镇“一号工程”协调推进，共有10家北京外迁印刷企业签约落地。促成故城县承接绿色印刷园项目的经济开发区，被河北省新闻出版局授牌“河北京津冀协同发展新闻出版产业承接园区”。

2018年，占地1.8万余亩的节水压采项目顺利实施。占地1000亩“金蝉+有机果品”综合种养示范基地建成。依托中医药强县战略和茂丰农业园区中医康养文化，吴梧茂村建成中医康养特色小镇。财政收入完成2840.54万元，同比增长27.2%。固定资产投资完成6.65亿元，技术改造投资完成6.65亿元，入统企业总产值完成2.28亿元，工业增加值完成5130万元，同比增长12.7%。投资10亿元的以岭生态康养综合体项目三个月完成主体封顶。设立了5个秸秆禁烧监控点，15家散乱污企业全部治理到位，“双代工程”完成6个村、1455户；新农合参合率、城乡居民养老保险参保率继续稳定在98%以上，五保、低保、贫困户实现全覆盖；大梧茂村吴秀琴被河北省精神文明建设委员会“善行河北”授予“河北好人奖章”。经省政府批准，房庄乡正式改为房庄镇。

2018年，有幼儿园21所，在园幼儿985人，专任教师64人；小学10所、在校学生2526人，专任教师114人；初中1所，初中在校学生1126人，专任教师68人。初中适龄人口入学率、小升初升学率、九年义务教育覆盖率均达100%。

房庄 明永乐元年（1403年）前，此处荒无人烟，房氏奉诏从山西洪洞县迁此占产立庄，定村名房庄。此村为房庄镇政府驻地，东距南獐鹿2公里，西接西孙庄，南距鹿冢3公里，北距杨梧茂4公里。1987年，村民774人，耕地1626亩；2016年，耕地1611亩，村民844人。

吴梧茂 明崇祯元年（1628年）山西吴姓人家定居于此，因东距大梧茂较近，故名吴梧茂。位于镇政府驻地西北2公里处，东接大梧茂，西距三朗镇居召村2公里，南接西孙庄，北距东京村2公里。1987年，村民486人，耕地1853亩；2016

房庄镇吴梧茂村“名医世家”牌坊

年，耕地1853亩，村民545人。中国工程院院士吴以岭、全国劳动模范吴殿华生于该村。

大梧茂 明崇祯元年（1628年）因此处所种梧桐非常茂盛，故名梧茂。明末李氏渐多，故改为大李梧茂，后简称大梧茂。位于镇政府驻地西北1公里处，东接刘庄，西接吴梧茂，南距西孙庄1公里，北距杨梧茂3公里。1987年，村民698人，耕地2142亩；2016年，耕地2142亩，村民696人。

刘庄 此村刘氏始祖在明正统元年（1436年）从河间府卧佛堂迁此定居，取名为刘家庄，后简称刘庄。位于镇政府驻地北1公里处，东距北獐鹿1.5公里，西接大梧茂，南距房庄1公里，北距杨梧茂3公里。1987年，村民283人，耕地1010亩；2016年，耕地1010亩，村民276人。

宋庄 明永乐元年（1403年）宋氏从山西洪洞县迁此定居，定村名为宋庄。位于镇政府驻地北2公里处，东距北獐鹿1.5公里，西距大梧茂1公里，南接刘庄，北距杨梧茂2公里。1987年，村民416人，耕地1081亩；2016年，耕地1081亩，村民484人。

北獐鹿 隋末农民起义首领窦建德的儿子曾在此屯田，饲养獐鹿，号称南獐北鹿，以后成为村庄，居北的为北獐鹿。位于镇政府驻地东偏北3公里处，东距孙裕村3公里，西接南獐鹿，南接南獐鹿，北接小庙。1987年，村民1140人，耕地3077亩；2016年，耕地3077亩，村民1219人。

南獐鹿 居南的为南獐鹿。位于镇政府驻地东2公里处，东距大月庄4公里，西距房庄2公里，南接东宇屯，北接北獐鹿。1987年，村民924人，耕地2095亩；2016年，耕地2095亩，村民961人。

杨獐鹿 清乾隆元年（1736年）由山西洪洞县迁此5户人家，杨姓居多，该村又与南北獐鹿相距很近，定村名为杨獐鹿。位于镇政府驻地东1公里处，东接北獐鹿，西接房庄，南接南獐鹿，北距刘庄1公里。1987年，村民148人，耕地380亩；2016年，耕地360亩，村民173人。

魏庄 明永乐元年（1403年）两户姓魏的人家奉诏从山西洪洞县迁此占产立庄，取村名魏庄。位于镇政府驻地南1公里处，东距西宇屯2公里，西距三朗镇辛召村1.5公里，南距鹿豕2公里，北接西孙庄。1987年，村民555人，耕地1764亩；2016年，耕地1764亩，村民712人。

西孙庄 此村原名于家院。明朝末年，姓孙的人家由故城县马厂迁入该村，后来村中于氏无后人，遂改为孙庄，1982年改为西孙庄。此村紧临房庄镇政府驻地，东接房庄，西距三朗镇蒋召村2公里，南接魏庄，北接大梧茂。1987年，村民406人，耕地1185亩；2016年，耕地1185亩，村民404人。

东宇屯 清朝中期，一户姓宇的人家从山西迁此定居，定名宇屯，1919年分为东、西二屯，东半部为东宇屯。位于镇政府驻地东南3公里处，东距乔庄2公里，西接西宇屯，南接潘屯，北距南獐鹿1.5公里。1987年，村民607人，耕地1804亩；2016年，耕地1804亩，村民653人。

西宇屯 1919年宇屯分为东、西二屯，西半部为西宇屯。位于镇政府驻地东南3公里处，东接东宇屯，西接后吴村，南接潘屯，北距南獐鹿1.5公里。1987年，村民824人，耕地2472亩；2016年，耕地2472亩，村民926人。

乔庄 明永乐三年（1405年）乔氏从山西洪洞县迁此居住，定村名为乔庄。位于镇政府驻地东5公里处，东距辛庄乡陶户庄1公里，西距东宇屯2公里，南距辛庄乡碱场店1公里，北接大月庄。1987年，村民504人，耕地1319亩；2016年，耕地1319亩，村民531人。

大月庄 明朝燕王扫北后，此处只剩一家姓李的人家，村名叫大李月庄。后改称大月庄。位于镇政府驻地东5公里处，东接辛庄乡陶户庄，西接小月庄，南接乔庄，北距孙裕村2公里。1987年，村民948人，耕地2406亩；2016年，耕地2460亩，村民1088人。

小月庄 明永乐二年（1404年）山西移民迁此定居，户数较少，因村东有个叫大月庄的村庄距离很近，起名为小月庄。位于镇政府驻地东5公里处，东接大月庄，西距南獐鹿3公里，南接乔庄，北距孙裕村2公里。1987年，村民158人，耕地774亩；2016年，耕地711亩，村民177人。

北于庄 明永乐元年（1403年）山西洪洞县移民陆续迁到此地定居，因于姓来此最早，取名于庄，1982年4月，改为北于庄。位于镇政府驻地南偏西5公里处，东距鹿豕1公里，西接北岭踪，南距沙窝庄1公里，北距魏庄2公里。1987年，耕地1282亩，村民446人；2016年，耕地1282亩，村民427人。

北沙窝庄 战国时期此处是一片沙荒地，后来有人迁此定居垦荒，定名为沙窝庄。1982年4月，更名为北沙窝庄。位于镇政府驻地南5公里处，东接郑龙公路，西距北于庄1公里，南距郑口镇界2公里，北接鹿豕。1987年，村民169人，耕地507亩；2016年，耕地507亩，村民181人。

鹿豕 东汉时期，此处为帝王饲养鹿、豕的苑囿。后迁民来此定居，定名为鹿豕。位于镇政府驻地南4公里处，东距前吴村1公里，西接北于庄，南接沙窝庄，北距房庄4公里。1987年，耕地3792亩，村民412户1535人；2016年，耕地3792亩，村民1574人。

前吴村 明永乐元年（1403年）姓吴的人家从山西洪洞县迁此定居，定村名为吴村。后发展为前、后两村，此村居前，名为前吴村。位于镇政府驻地南偏东4公里处，东接潘屯，西接鹿豕，南距郑口镇陆黄村2公里，北接后吴村。1987年，村民252人，耕地797亩；2016年，耕地797亩，村民271人。

后吴村 后发展为前、后两村，此村居后，名为后吴村。位于镇政府驻地南3公里处，东接西宇屯，西接鹿豕，南接前吴村，北距房庄3公里。1987年，村民460人，耕地1367亩；2016年，耕地1367亩，村民534人。

潘屯 清乾隆元年（1736年）由山西洪洞县迁居此处两户潘姓人家，定名潘屯。位于镇政府驻地东南5公里处，东距辛庄乡碱场店2公里，西接前吴村，南距青罕镇千户庄2公里，北接东宇屯。1987年，耕地1937亩，村民533人；2016年，耕地1937亩，村民638人。

杨梧茂 据传，明永乐元年（1403年）韩氏奉诏从山西洪桐行此占产立庄，开荒垦田，因此地种植梧桐树多而茂盛，冠以姓氏定村名韩梧茂。明永乐三年（1405年）杨氏奉诏从山西洪洞县迁此占产立庄，因此处种梧桐树多而茂盛，定村名杨梧茂。因杨梧茂村大，渐将二村并一，名杨梧茂。此村为原梧茂乡驻地，1996年，随梧茂乡并入房庄乡。位于镇政府驻地北4公里处，东接齐梧茂、董学村，西距马军寨2公里，南距大梧茂2公里，北至霍梧茂。1987年，耕地4442亩，村民359人；2016年，耕地4442亩，村民1615人。

霍梧茂 明永乐三年（1405年）山西洪洞县霍姓定居于此，因此地种梧桐树多而茂盛，取村名霍梧茂。1996年，随梧茂乡并入房庄乡。位于镇政府驻地西北7公里处，东距庞庄2公里，西接北芦庄，南临杨梧茂，北距吴令寺2公里。1987年，耕地1419亩，村民490人；2016年，耕地1419亩，村民557人。

齐梧茂 明永乐元年（1403年）齐氏奉诏从山西洪洞县到此占产立庄，开荒垦田，因此地种植梧桐树多而茂盛，定村名齐梧茂。1996年，随梧茂乡并入房庄乡。位于镇政府驻地北4公里处，东接董学村，西距马军寨2公里，南临杨梧茂，北至霍梧茂。1987年，耕地609.5亩，村民203人；2016年，耕地609亩，村民281人。

榆林 明永乐元年（1403年）山西洪洞县要孩村一户迁此定居，因此地有一片榆树林，故取名榆林。1996年，随梧茂乡并入房庄乡。位于镇政府驻地北8公里处，东距北张庄2公里，西临景县南庞庄，南至北芦庄，北至景县河渠村。1987年，村民407人，耕地1279亩；2016年，耕地1279亩，村民490人。

吴令寺 明朝时期，此村有一大庙，有一吴姓总管后来在朝里当了令史官，为纪念该人，定村名吴令寺。1996年，随梧茂乡并入房庄乡。位于镇政府驻地北8公里处，东距吕疃2公里，西距榆林1公里，南接北张庄，北临景县河渠村。1987年，村民541人，耕地1722亩；2016年，耕地1762亩，村民533人。

北张庄 明崇祯年间（1628—1644年）吴令寺一户张姓迁此定居，取村名张庄。1982年4月，更名为北张庄。1996年，随梧茂乡并入房庄乡。位于镇政府驻地北8公里处，东距祁庄1公里，西距榆林1公里，南距董学1.5公里，北临吴令寺。1987年，村民241人，耕地851亩；2016年，耕地851亩，村民338人。

祁庄 明永乐二年（1404年）山西洪洞县祁姓一家迁此定居，后筑楼一座，取名祁家楼。清朝村庄渐大，故废祁家楼，改称祁庄。1996年，随梧茂乡并入房庄乡。位于镇政府驻地北偏东8公里处，东距南林子1.5公里，西距北张庄1公里，南距庞庄1公里，北距吕疃2公里。1987年，村民369人，耕地1352亩；2016年，耕地1352亩，村民417人。

马军寨 战国时期，因赵国兵马常驻此处，村中姓马的居多，故名马军寨。1996年，随梧茂乡并入房庄乡。位于镇政府驻地西北8公里处，东距杨梧茂2公里，西接三朗镇朱往驿，南距西京1公里，北距景县董故庄2公里。1987年，村民810人，耕地2346亩；2016年，耕地2346亩，村民875人。

北芦庄 明永乐三年（1405年）山西洪洞县芦姓一家迁此定居，取村名芦庄。因地处县境北部，后来惯称北芦庄。1996年，随梧茂乡并入房庄乡。位于镇政府驻地北偏西8公里处，东距霍梧茂1.5公里，西临景县，南距苏庄2公里，北接榆林。1987年，村民476人，耕地1246亩；2016年，耕地1246亩，村民546人。

庞庄 明嘉靖年间（1522—1566年）有一庞氏奉诏从山西洪洞县迁此定居，定村名庞庄。1996年，随梧茂乡并入房庄乡。位于镇政府驻地北偏东8公里处，东至南林子，西距祁庄1公里，南距小庙2公里，北距吕疃2公里。1987年，村民445人，耕地1016亩；2016年，耕地1016亩，村民500人。

西京 明燕王扫北后，村民绝迹，遂成“净村”。后来的山西洪洞县迁民在此定居，雅化为“京村”。后该村分为两个村，居西者为西京。1996年，随梧茂乡并入房庄乡。位于镇政府驻地西北5公里处，东接东京，西临三朗镇，南距吴梧茂1.5公里，北临马军寨。1987年，村民234人，耕地987亩；2016年，耕地987亩，村民284人。

东京 京村分为两个村，居东者为东京。1996年，随梧茂乡并入房庄乡。位于镇政府驻地西北5公里处，东距宋庄3公里，西接西京，南距吴梧茂1.5公里，北临苏庄。1987年，村民303人，耕地1104亩；2016年，耕地1104亩，村民316人。

苏庄 明朝末年，苏姓一家从董学迁此定居，定村名为苏家院，后改名苏庄。1996年，随梧茂乡并入房庄乡。位于镇政府驻地北偏西5公里处，东距杨梧茂1公里，西临西京，南距吴梧茂1.5公里，北距北芦庄2公里。1987年，村民497人，耕地1744亩；2016年，耕地1744亩，村民597人。

董学 该村原名十里长村。西汉初期，董仲舒曾在此“下帷讲诵”，名为下帷村，后改为董学。1996年，随梧茂乡并入房庄乡。位于镇政府驻地北偏东4公里处，东距小庙1公里，西临杨梧茂，南距宋庄2公里，北距祁庄2公里。1987年，村民1275人，耕地4017亩；2016年，耕地4017亩，村民1487人。

房庄镇董学村董子讲学堂

邢庄 明洪武年间（1368—1398年）邢氏从山西洪洞县迁此定居，定村名邢庄。此村为原小庙乡政府驻地，1996年，随小庙乡并入房庄乡。位于镇政府驻地东北10公里处，东接万家庄，西距南林子1公里，南距贾丰1.5公里，北至大杨村。1987年，村民597人，耕地1851亩；2016年，耕地1845亩，村民676人。

大杨村 明永乐元年（1403年）山东益都县石杨村三户马姓迁此定居，沿用故里之名，定村名大杨村。1996年，随小庙乡并入房庄乡。位于镇政府驻地东北11公里处，东距楼子1公里，西距吕疃2公里，南接小杨村，北临景县界。1987年，村民775人，耕地1650亩；2016年，耕地1650亩，村民913人。

吕疃 据传，明永乐三年（1405年），因此村呈方形，名方子村，后因吕姓渐多，自建一疃，冠以姓氏改村名为吕疃。1996年，随小庙乡并入房庄乡。位于镇政府驻地东北10公里处，东距北林子1公里，西距吴令寺1.5公里，南距庞庄2公里，北临景县界。1987年，村民806人，耕地2284亩；2016年，耕地2280亩，村民875人。

北林子 明永乐二年（1404年）山西洪洞县几户姓朱的人家迁此定居在一片树林子里，定村名为朱林子，后又因村南有李林子，故改名北林子。1996年，随小庙乡并入房庄乡。位于镇政府驻地东北10公里处，东接小杨村，西临吕疃，南距南林子1公里，北临景县界。1987年，村民566人，耕地1282亩；2016年，耕地1275亩，村民687人。

小杨村 明崇祯年间（1628—1644年）该村原是故城镇王家的小庄，马姓是佃户，因马姓为从大杨村分居而到此地，故取名小杨村。1996年，随小庙乡并入房庄乡。位于镇政府驻地东北11公里处，东距楼子1公里，西接北林子，南临邢庄，北接大杨村。1987年，村民345人，耕地840亩；2016年，耕地840亩，村民444人。

楼子 明朝中期，移民迁此定居后，以地理方位定村名为西南庄，后有富户在村中建一幢楼，居民渐改村名为楼子村。1996年，随小庙乡并入房庄乡。位于镇政府驻地东北12公里处，东临景县界，西距小杨村1公里，南距邢庄2公里，北临景县界。1987年，村民443人，耕地958亩；2016年，耕地960亩，村民489人。

万家庄 据查，明崇祯年间（1628—1644年），此村为故城县财主万家的花园，后居住的人渐多，故取村名万家庄，1982年4月更名为万家庄。1996年，随小庙乡并入房庄乡。位于镇政府驻地东北10公里处，东接太平庄，西接邢庄，南距西北化1.5公里，北临景县界。1987年，村民695人，耕地1393亩；2016年，耕地1395亩，村民794人。

太平庄 相传，清朝初期，一位老者与其外甥给地主守看坟墓，当时称小庄。清末，一官吏路过见此处地势平坦，遂给此村改名为太平庄。1996年，随小庙乡并入房庄乡。位于镇政府驻地东北11公里处，东接李家庄，西接万家庄，南距中北化1.5公里，北临景县界。1987年，村民166人，耕地302亩；2016年，耕地300亩，村民190人。

李家庄 明永乐三年（1405年）李氏从山西洪洞县迁入居住此地，以姓氏定村名李庄，1982年更名为李家庄。1996年，随小庙乡并入房庄乡。位于镇政府驻地东北12公里处，东距辛庄乡窦堡店村1公里，西接太平庄，南距中北化1.5公里，北临景县界。1987年，村民446人，耕地850亩；2016年，耕地757亩，村民540人。

南林子 明永乐二年（1404年）一李氏从山西洪洞县迁此，定居一片树林之中，故称林子村。因李氏渐多，后叫成李林子。1996年，随小庙乡并入房庄乡。位于镇政府驻地东北9公里处，东接邢庄，西临庞庄，南距王庄1公里，北接北林子。1987年，村民529人，耕地1593亩；2016年，耕地1590亩，村民572人。

王庄 元朝末年，此村名为王家庄。明洪武年间（1368—1398年）山西洪洞县姓王的弟兄三人迁此定居，仍袭用原名，后简称王庄。1996年，随小庙乡并入房庄乡。位于镇政府驻地东北10公里处，东距贾丰村1.5公里，西距庞庄1.5公里，南距堤口1.5公里，北距南林子1.5公里。1987年，村民352人，耕地1298亩；2016年，耕地1305亩，村民422人。

西北化 隋大业七年（611年）农民起义首领窦建德起兵漳南（故城县前身），派其两个儿子驻兵于此，扎南北二营，居北名北太子营。1945年北太子营分二村，为和东、西化两村呼应，一名西北化，一名中北化。此村在西北名为西北化。1996年，随小庙乡并入房庄乡。位于镇政府驻地东北12公里处，东临中北化，西距贾丰1.5公里，南距辛庄乡新化2公里，北距万家庄1.5公里。1987年，村民440人，耕地1748亩；2016年，耕地1646亩，村民562人。

中北化 1945年北太子营分二村，为和东、西化两村呼应，一名西北化。此村在中北名为中北化。1996年，随小庙乡并入房庄乡。位于镇政府驻地东北12公里处，东距辛庄乡高小营4公里，西接西北化，南距辛庄乡新化2公里，北距李家庄1.5公里。1987年，村民718人，耕地2710亩；2016年，耕地2608亩，村民811人。

小庙 据此村刘爷庙碑文记载，明嘉靖元年（1522年）御医刘守合死于此地，官府为其建刘爷庙一座，后有人迁此居住，遂取名小庙。1996年，随小庙乡并入房庄乡。位于镇政府驻地东北7公里处，东接北堤口，西距董学村2公里，南距北獐鹿1.5公里，北距庞庄2公里。1987年，村民916人，耕地2653亩；2016年，耕地2655亩，村民997人。

北堤口 据《苏氏族谱》记载，明永乐三年（1405年）苏氏始祖由故城县董学村迁此居住，因村处朱家河（今沙河）东堤的一个摆渡口附近，故得名堤口。1982年4月更名为北堤口。1996年，随小庙乡并入房庄乡。位于镇政府驻地东北7公里处，东接乜宁村，西接小庙村，南距孙裕3公里，北距王庄1.5公里。1987年，村民375人，耕地1350亩；2016年，耕地1350亩，村民428人。

房庄镇北堤口村文化展示长廊

乜宁村 明永乐元年（1403年）乜姓定居于此，因地处一片洼地，定村名为乜家洼。清中期，因遭水灾后人们为祈望太平安宁，故改村名为乜宁村。1996年，随小庙乡并入房庄乡。位于镇政府驻地东北8公里处，东距辛庄乡新化村3公里，西接北堤口村，南接刘阜村，北接贾丰村。1987年，村民280人，耕地1310亩；2016年，耕地1305亩，村民336人。

刘阜村 刘氏迁此居住时，因地势低洼，取村名刘家洼。清朝末年，人们盼望物阜民丰，故改村名刘阜村。1996年，随小庙乡并入房庄乡。位于镇政府驻地东偏北8公里处，东距辛庄乡新化村3公里，西接北堤口，南接孙裕村，北接乜宁村。1987年，村民760人，耕地2460亩；2016年，耕地2349亩，村民856人。

贾丰村 此村因地势低洼，且贾姓为大户，而得名贾洼。清朝末年，人们为过好安乐日子，取得更多的丰收果实，以五谷丰登之意将洼改名为贾丰村。1996年，随小庙乡并入房庄乡。位于镇政府驻地东北9公里处，东距西化村2公里，西距王庄2公里，南接乜宁，北距邢庄2公里。1987年，村民831人，耕地2970亩；2016年，耕地2853亩，村民937人。

孙裕村 此村因地势低洼，且孙姓为大户，而得名孙家洼。清末，人们祈望富裕，改名孙裕村。1996年，随小庙乡并入房庄乡。位于镇政府驻地东偏北7公里处，东距辛庄乡沙窝庄2公里，西距北獐鹿村2公里，南接大月庄，北接刘阜村。1987年，村民479人，耕地1428亩；2016年，耕地1389亩，村民502人。

附

梧茂乡

梧茂乡1996年并入房庄乡，以下为1988年版县志记载部分：

梧茂乡位于故城县西北部，乡治杨梧茂距县城15.5公里。北与景县河渠乡为邻，南与房庄乡相连，东与小庙乡接壤，西与三朗乡交界。面积24.2平方公里，辖14个行政村，有7816人。

梧茂系明初山西移民来此定居时，因当地梧桐树多且茂盛而得名，杨梧茂系杨氏所立。因乡政府驻此，故名梧茂乡。抗战期间梧茂一带曾为中共所属故城县三区政府驻地。1958年公社化时，为房庄公社梧茂管理区驻地，1961年为梧茂公社驻地，1984年建为乡治。

地形东西长南北短，地势西部略高，东部略低，多白沙土质，有少量碱地。东侧有青年西干渠穿过，中部有郑（口）龙（华）公路穿过。有排灌渠3条，计15公里，有深浅机井100眼。

耕地面积为24300亩。主要农作物有小麦、玉米、棉花、谷子等。粮食亩产由解放初37.5公斤增至92公斤，总产168万公斤；皮棉亩产由不足10公斤增至25公斤，总产22.5万公斤。

乡办、村办、个体办工副业主要项目为橡胶、砖瓦、农机修理、皮毛加工、轴瓦、地毯、轧花、榨油等，年收入235.8万元，占全乡总收入37.3%。

西汉董仲舒“下帷讲诵”地于治正东偏北1.4公里处董学村，清代所修董仲舒祠堂至今尚存。

附

小庙乡

小庙乡1996年并入房庄乡，以下为1988年版县志记载部分：

小庙乡位于故城县北部，乡治邢庄距县城17.8公里。东隔江江河与辛庄乡、庙灵乡相望，西与梧茂乡接壤，南与房庄乡为邻，北与景县河渠乡、隆兴乡相连。面积38.89平方公里，辖19个行政村，有10639人。

据小庙村刘爷庙碑文记载，小庙系明嘉靖元年（1522年）有一御医刘守合死于此地，官府为其修建刘爷庙一座而得名。解放前后属三区，1956年因乡治驻此，故名小庙乡。1972年，公社驻地迁往邢庄大队社名未改，1984年政社分开，邢庄为乡治驻地。抗战期间，小庙一带曾为中共所属故城县五区政府驻地。

地形呈枫叶状，地势平坦，西南稍高，东北偏低。碱地较多，水质苦涩。青年西干渠环绕其西北部。排灌渠4条，计25公里，有深浅机井70眼。

耕地面积30930亩，其中水浇地12600亩。农作物以小麦、棉花、玉米为主。粮食亩产由解放初54.5公斤增至171公斤，总产370万公斤；皮棉亩产由10公斤增至51公斤，总产76万公斤。

乡办、村办、个体办工副业主要项目有畜牧、橡胶制品、农机配件、眼镜、砖瓦、地毯、工程机械制造等，年收入233万元，占全乡总收入39.9%。

八、三朗镇

位于县域西北部，镇政府驻地为南镇村，距县城13.9公里。东与房庄镇、郑口镇接壤，南与饶阳店镇相连，西与枣强县王常乡、唐林镇、嘉会镇隔清凉江相望，北与景县广川镇毗连，240国道从该镇穿过，清凉江流经西部边界。

1958年公社化时为房庄公社三朗管理区，1961年起为三朗公社，1984年改为乡。1987年，区域面积37.69平方公里，辖15个行政村，有1.19万人。1996年原隰乡并入三朗乡。总面积74.64平方公里，耕地面积6.7万亩，辖38个行政村，人口2.72万人。2018年，域内人口2.68万。是年5月10日，撤乡建镇，设立三朗镇。

三朗镇地势较高，素有故城县“西北高原”之称，多红黏土质，易旱少涝。1987年有扬水站点10多处，深浅机井80眼。90%村庄建有平坦整齐方田路。有林地1000亩，“四旁”植树2.5万棵。耕地面积36532亩。主要农作物为小麦、玉米、谷子、薯类、棉花等。是年，粮食亩产139公斤，总产498.2万公斤；皮棉亩产25公斤，总产36.5万公斤。1996年合乡并镇后，多次进行农业种植结构调整。2004年，林木棉花间作8000亩、棉瓜间作5300亩、瓜菜间作1500亩，农民人均增收100元，棉花逐渐成为农业种植的主要经济作物。2008年，逐步形成以白佛寺为中心的貉子养殖，以张田村为中心的林下养殖；以西高才为中心的生猪养殖；以尹里为中心的棉花种植；2018年以5个田村为中心的棉瓜间作五大特种、特养区域。棉花种植面积达42660亩，特种养殖总产值年达千万元以上。

1987—1998年，镇域内企业主要经营皮毛、砖瓦、橡胶、砂轮、油毡、铸造、面粉加工、消防器材等；其中，铸造业为该镇特色产业，建有长林铸造工业小区，占地380亩，有铸造企业及摊点105家。铸造业由初级铸造向精细铸造发展，产品有汽缸套、风机配件、铅制球阀及大中型机械配件等，产品销往全国各地，年产值近2亿元。2008年3月，成立故城县铸造协会，为河北铸协、中国铸协的会员单位。固定资产投资规模100万元以上企业达46家，其中，固定资产投资500万元以上企业16家、1000万元以上企业10家。2018年完成税收3409.63万元，同比增长33.7%；完成规模以上工业企业产值3.2亿元；完成固定资产投资5亿元；新增入统企业1家。农民人均纯收入11652元。重点在建项目8个。以东兴兔业、尹里宏泰苗木、远谷农庄、光阳牧业和盛丰农业五大农业龙头企业为带动，按照“村村有重点、片片有特色”的农业生产新目标，加大农业结构调整，打造“沿清凉江经济带”，达到“农民增收、农村富裕、农业增效”的目的。投资5500多万元，修建镇域主干公路（西外环）30.5公里，镇区街面进行了高标准改造，新修排水沟1400米，安装路灯710盏，硬化进村路1.1万平方米，村内主要街道6.3万平方米；通过土地占补平衡项目，修建方田路3909米，防渗管道5004米。新农合参保人数为25268人，参保率达98%。新建农村综合文化服务中心3个、农村活动场所7个、文化广场14个。年度发放医疗救助金0.8万元、各类优抚对象的优抚补助金762.82万元，发放低保金92.6万元、五保户供养补助款27.8万元、老龄保健金7.62万元，7个贫困村全部脱贫退出。是年5月10日，经省政府批准、省民政厅批复，撤销三朗乡，设立三朗镇。

2018年，有中学1所、小学9所、幼儿园8所，在校生1799人。卫生院2所，专业卫生人员18人。

南镇村 辽乾统年间（1101—1110年）有石、张、芦三位隐名老翁居此地以渔猎为生。问其名不答，问疑难之事即详为解。时人语曰："若得事不爽，除非问三郎。"三翁死后，时人念其详释疑难、豁达明朗，为其修祠立碑，并将此地村庄命名为"三郎"，后称"三朗"。1958年公社化时，因该村较大，为便于行政管理，将其南北分开，南为南镇村。南镇村是镇政府所在地，北邻北镇村、西邻清凉江、南邻240国道、东距师召村2公里。1987年，村民1119人，耕地2888亩；2016年，耕地2828亩，村民1273人。

北镇村 1958年南镇村南北分开，因该村位于南镇村以北，故为北镇村。位于镇政府驻地0.1公里处，南邻南镇村、西邻清凉江、北距朱往驿3.8公里、东距师召村2公里。1987年，村民1140人，耕地3212亩；2016年，耕地3126亩，村民1176人。

朱往驿 明太祖朱元璋在位时，由清凉江乘船北巡时在此停留休息，故名朱往驿。位于镇政府驻地3.9公里处，西、北紧邻清凉江、东邻房庄镇马军寨村、南距南鲁庄村1.5公里。1987年，村民2038人，耕地6315亩；2016年，耕地6315亩，村民2133人。村内有树龄100余年的古杨一株。

南鲁庄 明崇祯年间（1628—1644年）此处有鲁氏居住，取名鲁庄。后为与北边的北鲁庄区别，故更名南鲁庄。位于镇政府驻地3.7公里处，北邻朱往驿、东邻房庄镇吴梧茂村、南邻河北召村、西距清凉江2.8公里。1987年，村民497人，耕地1639亩；2016年，耕地1639亩，村民529人。

河北召村 明永乐三年（1405年）此村是师召村的佃户庄，原名后师召村。因村前有条小河，此村居小河之北，1949年改名河北召村。位于镇政府驻地2.2公里处，北邻南鲁庄、东邻秃尾巴河、南邻师召村、东邻居召村。1987年，村民425人，耕地1176亩；2016年，耕地1176亩，村民444人。

师召村 据《师氏族谱》载，明洪武元年（1368年）有师氏从山西洪洞县迁此定居，因此处村疏人少，为召迁民来此居住，故名师召村。位于镇政府驻地2.2公里处，东邻秃尾巴河、南邻贾召村、北邻河北召。1987年，村民528人，耕地1740亩；2016年，耕地1740亩，村民561人。

居召村 明洪武年间（1368—1398年）名为齐召村，1920年因居氏族旺，遂改名为居召村。位于镇政府驻地3.2公里处，东邻蒋召村、西邻秃尾巴河、北距南鲁庄1.6公里。1987年，村民301人，耕地917亩；2016年，耕地917亩，村民347人。

三朗镇居召村草莓大棚

蒋召村 据《蒋氏族谱》载，明永乐二年（1404年）山东齐东县蒋氏迁此定居，定名蒋家庄，后为和师召村相呼应，故改蒋召村。位于镇政府驻地3.7公里处，东邻房庄镇孙庄村、南邻辛召村、西邻居召村、北邻东京村。1987年，村民909人，耕地3282亩；2016年，耕地3282亩，村民955人。

贾召村 清朝末年，此村是郑口贾氏地主的花园，名为花园召村，后改为贾召村。位于镇政府驻地3.1公里处，北邻辛召村、东邻魏庄村、西邻240国道。1987年，村民346人，耕地1321亩；2016年，耕地1321亩，村民346人。

辛召村 明洪武年间（1368—1398年），辛氏从山西迁此居住，建楼一座，定村名辛家楼，后又有部分移民迁入此地，为慕师召村之名，改名辛召村。位于镇政府驻地3.5公里处，东邻魏庄、南邻贾召村、北邻蒋召村。1987年，村民136人，耕地524亩；2016年，耕地524亩，村民120人。

西高才 元朝末年，朱氏在此定居开荒屯田，故名朱家屯。明洪武年间（1368—1398年）洪水泛滥，因此地较高没有淹没，故改称西高台，后人认为此地风水好，久居必出人才，所以又定名西高才。位于镇政府驻地3.5公里处，南邻饮马河、西邻清凉江、北邻韩庄、东邻南岭踪。1987年，村民773人，耕地1492亩；2016年，耕地1992亩，村民859人。

韩庄 清康熙三年（1664年）此村有杜姓在此居住，名杜家院。后韩氏搬来此地，家族渐旺，故改村名韩庄。位于镇政府驻地2.2公里处，南邻西高才、西邻清凉江、北邻南镇、东邻尹里村。1987年，村民321人，耕地1145亩；2016年，耕地1145亩，村民340人。

尹里 明朝燕王扫北时，李氏因战乱在此地隐居，取名隐李村。后有尹氏从山西洪洞迁来此处定居，家族渐旺，更名为尹里村。位于镇政府驻地2.3公里处，东和北紧邻240国道、南邻南岭踪、西邻韩庄村。1987年，村民1103人，耕地3799亩；2016年，耕地3799亩，村民1079人。

三朗镇尹里村新农村建设一角

北岭踪 明永乐三年（1405年）太原府祁县劝农屯田，肖、郭三户迁此居住，当时这里有一土山，土山南边有一村庄叫南岭踪，故名北岭踪。位于镇政府驻地4.3公里处，东邻于庄村、南和西邻240国道、北邻辛召村。1987年，村民810人，耕地2311亩；2016年，耕地2311亩，村民813人。

南岭踪 明永乐年间（1403—1424年）此村北有一土山，每逢阴天，土山时隐时现，景观奇特，皆称为岭踪。因该村位于土山之南，故名南岭踪。位于镇政府驻地4.6公里处，南邻后响沟、北邻尹里村、东邻郑昔公路、西邻西高才。1987年，村民1489人，耕地4271亩；2016年，耕地4271亩，村民1505人。

新崔庄 为解放后所建新村，1956年，后崔庄姓崔的迁此居住，故名新崔庄。此村为前原隰乡政府驻地，1996年，随原隰乡并入三朗乡。位于镇政府驻地8.7公里处，南邻西原隰、西邻清凉江、北邻前崔庄村、东邻故城县西外环。1987年，村民259人，耕地539亩；2016年，耕地540亩，村民279人。

前崔庄 明朝末年，此处有一桥，名崔家桥，桥头村内崔氏居多，称为崔庄。后来分为前后二村，此村居前，名前崔庄。1996年，随原隰乡并入三朗乡。位于镇政府驻地8.5公里处，南邻新崔庄、西邻清凉江、北邻后崔庄、东邻小李庄。1987年，村民284人，耕地510亩；2016年，耕地510亩，村民306人。

后崔庄 崔庄分为前、后两村，此村居后，名后崔庄。1996年，随原隰乡并入三朗乡。位于镇政府驻地9公里处，南邻前崔庄、西和北邻清凉江、东邻小李庄村。1987年，村民506人，耕地1071亩；2016年，耕地1065亩，村民494人。

西原隰 清顺治年间（1644—1661年）有人定居于此，因地处碱洼湿地，故名原隰。后在村东又建一原隰村，此村居西，名西原隰。1996年，随原隰乡并入三朗乡。位于镇政府驻地8.9公里处，南邻西牟村、西邻清凉江、北邻新崔庄、东邻东原隰。1987年，村民394人，耕地1093亩；2016年，耕地1095亩，村民408人。

东原隰 此村居新建的原隰村东，名东原隰。1996年，随原隰乡并入三朗乡。位于镇政府驻地9.2公里处，南邻东牟村、西邻西原隰、北邻杨福屯、东邻郑口镇高庄村。1987年，村民439人，耕地1340亩；2016年，耕地1350亩，村民445人。

饮马河 明永乐年间（1403—1424年）燕王扫北时，曾在此村北清凉江边饮马休整，故取村名饮马河。1996年，随原隰乡并入三朗乡。位于镇政府驻地4.5公里处，南邻大李庄村、西邻清凉江、北邻西高才、东邻郑口镇高西村。1987年，村民361人，耕地1344亩；2016年，耕地1350亩，村民393人。

大李庄 明永乐年间（1403—1424年）有李氏兄弟二人从山西洪洞县迁此定居，起名李庄。后因二人不和，兄长迁到东边另建新村，名大李庄。1996年，随原隰乡并入三朗乡。位于镇政府驻地7.3公里处，南邻东原隰、西邻小李庄、北邻饮马河、东邻杨福屯。1987年，村民361人，耕地1033亩；2016年，耕地1035亩，村民434人。

小李庄 李庄分为大、小李庄，李氏之弟在西住原址，名小李庄。1996年，随原隰乡并入三朗乡。位于镇政府驻地7.2公里处，南邻新崔庄、西邻清凉江、北邻饮马河、东邻大李庄。1987年，村民636人，耕地1290亩；2016年，耕地1290亩，村民684人。

杨福屯 明永乐十八年（1420年）疫病流行，全村只有杨福祥一人幸存下来，称杨福祥屯，后简称杨福屯。1996年，随原隰乡并入三朗乡。位于镇政府驻地8.4公里处，南邻东原隰、西邻大李庄、北邻饮马河、东邻郑口镇高庄村。1987年，村民598人，耕地1878亩；2016年，耕地1875亩，村民670人。

后土营 据出土碾磨、锅灶遗址考证，春秋战国时期此地驻扎过军队，共建前、后、东、西4个土营，后存2个土营，此村居后，为后土营。1996年，随原隰乡并入三朗乡。位于镇政府驻地11公里处，南邻前土营、西邻新田村、北邻后崔庄、东邻西牟村。1987年，村民440人，耕地1102亩；2016年，耕地1095亩，村民458人。

前土营 后存的两个土营村中，此村居前，为前土营。1996年，随原隰乡并入三朗乡。位于镇政府驻地12公里处，南邻裘都大道、西邻新田村、北邻后土营、东邻李长林。1987年，村民1014人，耕地2407亩；2016年，耕地2400亩，村民1034人。

西牟村 明永乐年间（1403—1424年）战乱过后，此村只剩下一朱姓人家，起名朱家大庄。明朝末年，外地又迁来部分住户，朱氏嗣绝，改名西牟村。1996年，随原隰乡并入三朗乡。位于镇政府驻地9.8公里处，南邻李长林、西邻后土营、北邻西原隰、东邻东牟村。1987年，村民973人，耕地2436亩；2016年，耕地2430亩，村民1071人。

东牟村 明嘉靖年间（1522—1566年）有一尚书路过此村，命名东牟村。1996年，随原隰乡并入三朗乡。位于镇政府驻地11公里处，南邻李长林、西邻西牟村、北邻郑口镇北高庄、东邻北高庄。1987年，村民489人，耕地1685亩；2016年，耕地1680亩，村民499人。

白佛寺 明永乐年间（1403—1424年）在村西有个大寺院，院内有个汉白玉佛像，故名白佛寺。1965年“四清”时，大搞破旧立新运动，改为建新村，后又改回白佛寺。1996年，随原隰乡并入三朗乡。位于镇政府驻地17公里处，南邻张田村、西邻清凉江、北邻清凉江、东邻车田村。1987年，村民1444人，耕地1410亩；2016年，耕地1474亩，村民1524人。

陈田村 元朝时期，一户姓郑的从浙江迁此定居，种田开荒，定村名郑田村。明永乐年间（1403—1424年），又从冀州迁一户陈姓，后陈氏族兴，遂改为陈田村。1996年，随原隰乡并入三朗乡。位于镇政府驻地15公里处，南邻庞田村、西邻清凉江、北邻新田村、东邻故城县西外环。1987年，村民341人，耕地872亩；2016年，耕地870亩，村民351人。

庞田村 此村与陈田村本为一村，至清末，庞氏兴旺起来，建新村庞田村。1996年，随原隰乡并入三朗乡。位于镇政府驻地15公里处，南邻车田村、西邻清凉江、北邻陈田村、东邻故城县西外环。1987年，村民304人，耕地715亩；2016年，耕地720亩，村民332人。

车田村 明永乐元年（1403年）一车氏从山西洪洞县到此处定居，因附近有田村，定村名车田村。1996年，随原隰乡并入三朗乡。位于镇政府驻地16公里处，南邻张田村、西邻白佛寺、北邻庞田村、东邻故城县西外环。1987年，村民508

人，耕地1162亩；2016年，耕地1155亩，村民529人。

张田村　清顺治年间（1644—1661年）张姓人家定居于现村东沙河边，因附近有田村，故名张田村。后被洪水淹没，洪水退后，仍袭原名张田村。1996年，随原隰乡并入三朗乡。位于镇政府驻地19公里处，南邻东马村、西邻北马前村、北邻白佛寺、东邻饶阳店镇北仁庄村。1987年，村民789人，耕地1435亩；2016年，耕地1500亩，村民866人。

新田村　1956年秋，卫运河在山东临清南决口，洪水过后，庞田村16户居民搬迁于此建村，名新田村。1996年，随原隰乡并入三朗乡。位于镇政府驻地13公里处，南邻陈田村、西和北邻清凉江、东邻前土营。1987年，村民137人，耕地248亩；2016年，耕地254亩，村民181人。

李长林　明永乐元年（1403年）李义由三河县北曹桥迁此定居，此地树木长势旺盛，定村名李长林。1996年，随原隰乡并入三朗乡。位于镇政府驻地12公里处，南邻张长林、西邻前土营、北邻东牟村、东邻王长林。1987年，村民1293人，耕地2763亩；2016年，耕地2760亩，村民1444人。

张长林　明永乐年间（1403—1424年）张姓一家从三河县北曹桥迁此定居，因此地树林茂盛，定村名张长林。1996年，随原隰乡并入三朗乡。位于镇政府驻地13公里处，南邻裘都大道、西邻前土营村、北邻李长林、东邻赵长林。1987年，村民396人，耕地1096亩；2016年，耕地1095亩，村民442人。

赵长林　明朝末年，由山东省武城县李官屯村迁来一户姓赵人家，另与三个长林村为邻，定村名赵长林。1996年，随原隰乡并入三朗乡。位于镇政府驻地14公里处，南邻裘都大道、西邻张长林、北邻王长林、东邻裘都大道。1987年，村民118人，耕地463亩；2016年，耕地464亩，村民133人。

王长林　明永乐年间（1403—1424年）王氏从三河县前曹桥村迁此定居，当时这里树林旺盛，定村名王长林。1996年，随原隰乡并入三朗乡。位于镇政府驻地12.5公里处，南邻赵长林、西邻李长林、北邻东牟村、东邻裘都大道。1987年，村民569人，耕地1618亩；2016年，耕地1620亩，村民659人。

附

原隰乡

原隰乡1996年并入三朗乡，以下为1988年版县志记载部分：

原隰乡位于故城县中部西侧，乡治新崔庄距县城10.8公里。东与杏基乡为邻，南与饶阳店乡相连，北与三朗乡接壤，西与枣强县嘉会乡、唐林乡隔清凉江相望，面积36.7平方公里，辖23个行政村，有12649人。

原隰系明初山西移民来此定居时，因此地低下潮湿宽阔平坦而得名，后分为东、西原隰二村。抗战期间西原隰一带曾为中共所属故城县四区政府驻地，解放后仍为四区。1956年建乡，是年乡政府驻地迁往新建之新崔庄，乡名未改。1958年公社化时为郑口公社原隰管理区驻地，1961年为原隰公社驻地，1984年改为乡治。

地处全县较高部位，境内地势平坦，多为白沙土质，有少量低洼碱地，易旱少涝。辛堤干渠、武北渠分别穿过其西南部、东北部接于清凉江。有深浅机井210眼。

耕地面积30627亩，其中水浇地面积占30%。主要农作物以小麦、玉米、高粱、棉花为主。粮食亩产由解放初40公斤上下增至171公斤，总产449.1万公斤；皮棉亩产由不足10公斤增至50公斤，总产601万公斤。

乡办、村办、个体办工副业主要经营项目为皮毛、橡胶、铸造、油毡、砖瓦、地毯、电线、面粉加工等，年收入1114.8万元，占全乡总收入64.8%。其中李长林村铸造业已有300余年历史，产品销国内外。因乡内白沙土地较多，林业、果园种植业发展较快，现有林地6905亩，果园3100亩，年产水果62.4万公斤。

九、饶阳店镇

位于县域西部，镇政府所在地为饶阳店村，距县城8公里。南与武官寨镇为邻，东连郑口镇，北靠三朗乡，西隔清凉江与枣强县大营镇交界。邢德公路横穿境内14公里。境内有清凉江、辛堤干渠、武北沟、温庄干渠4条主要河渠。土壤以沙壤土、红黏土为主。地势平坦，平均海拔

21.5 米。

据《中国历史地图集》和《中国古今地名大辞典》记载，西汉时期曾在此建复阳县，东汉废。北宋年间此地名饶杨店。明嘉靖年间，将杨改为阳，隶属山东省武城县。1958 年成立人民公社，1964 年划归故城县辖，1984 年改为乡，1993 年 12 月，撤乡建镇。1987 年，区域面积 82.7 平方公里，辖 37 个行政村，有 2.85 万人。2018 年，域内人口 3.4 万。

全国重点文物保护单位庆林寺塔坐落于此。

饶阳店镇文化艺术节演出

中部有武北干渠、西部有辛堤干渠、东部有温庄干渠流经。1987 年，有深浅机井 316 眼，耕地面积 68600 亩，主要农作物以小麦、玉米、棉花为主；粮食亩产总产 1117.6 万公斤；皮棉亩产总产 180 万公斤。2008 年，全镇粮食种植面积 38145 亩，棉花 37110 亩，蔬菜 1500 亩，果树 4860 亩。全镇蛋鸡 35 万只、肉鸡 130 万只、猪存栏 0.5 万头，畜牧总产值 1943 万元，占全镇农业总产量的 63.4%。2009 年全镇实现国民生产总值 12.7 亿元，同比增长 8.7%，粮食总产达 2.6 万吨，棉花总产 6860 吨。农民人均纯收入达 3820 元。2010 年实现农业增加值 4.5 亿元，同比增长 18.4%。2012 年 1—11 月，实现农业增加值 4.7 亿元，同比增长 4.4%；因涝灾全镇农业生产稳中略降，粮食生产 2.6 万吨，棉花产量 3.4 万吨。2014—2016 年，流转土地达 1 万多亩，引进农业企业 20 多家，发展农业专业合作社 84 个、家庭农场 26 个；新增薛官屯、李官屯等两个千亩现代农业示范园，共种植设施蔬菜 280 亩，特色养殖 350 亩，绿化苗圃 650 亩，其他经济林 1340 亩。流转土地 12240 亩。流转主要集中在邢德公路和裘都大道两侧，邢德公路两侧以肉鸭、山羊、貉狐养殖业为主，裘都大道两侧以葡萄种植、苗木繁育为主，初步形成“南养北林”的产业化格局。北仁庄、南庄 2 个万亩现代农业示范区吸纳家庭农场 30 多家，50 个农民合作社、1200 多户农民先后流转土地 1.12 万亩。2017 年，农业产业化经营增长幅度 12.5%。全年共植树造林 2200 亩、植树 13.2 万株。

1994 年，从事皮毛行业人数达 1.2 万人，总产值 9400 万元，占国民生产总值的 87.5%。2003 年，建成营东新区，以皮毛加工为主，成为全县招商引资工作的重要平台。2008 年，营东新区累计完成固定资产投资 5940 万元，入驻企业达 78 家。皮毛加工业成为全镇的主导产业，企业总产值达 5.56 亿元，税金占全镇税收总量的 98% 以上。2009 年 1—11 月，营东项目区新增建设用地 1100 亩，新入驻企业 45 家，入区企业数量增至 80 家，其中超亿元的 2 家、超 5000 万元的 6 家，总投资规模由 6 亿元增至 15 亿元。2010 年，实现国民生产总值 27.5 亿元，其中工业总产值 23 亿元，同比增长 64.0% 和 18.4%；财政收入 2362.5 万元，居民人均可支配收入达 4200 元。2012 年 1—11 月，营东新区内 100 多家投产皮毛企业生产销售各类裘皮服装及饰品 380 多万件（套），皮毛产业总产值达 32.5 亿元，出口裘皮工业品 3559 批次、17.34 万件（套），出口金额 3.78 亿美元。

2013 年，全镇区域生产总值实现 35.7 亿元，同比增长 29.8%；全社会固定资产投资完成 8.5 亿元，技改投资完成 6.7 亿元，同比增长 30%；全镇皮毛企业生产销售总产值达 25.2 亿元，出口裘皮工业品 3559 批次、17.34 万件（套），出口金额达 3.78 亿美元，财税入库 5966.4 万元。2014 年，开工在建亿元以上项目 13 个，总投资 29.6 亿元，全镇 17 家入统规模企业完成工业总产值 7.2118 亿元，实现工业增加值 1.7308 亿元，工业固定资产投资完成 5.489 亿元，技改投资完成 3.735 亿元。2017 年，全镇工业总产值 24.5 亿元。固定资产投资完成 9.18 亿元，技改投资完成 9.18 亿元。引进的欣鼎、鑫荣、东旭、兴博、誉帮、国宏、凯祥、飞硕、意法、隆泰等 10 个腾笼换鸟项目，均落户营东工业园。盛树林、西曾、吴庄、南马、北仁庄等 9 个重点村新增绿地 1.8 万平方米。新建休闲娱乐广场3个、垃圾池15个；创建美丽庭院420个。

2018年，全镇工业总产值31.4亿元，同比增长25.6%，17家入统企业完成工业总产值5.04亿元，同比增长16.0%；固定投资完成4.6亿元，技改投资完成4.6亿元，外贸出口10.88亿元，占全县总量的25.0%，同比增幅26%。财税任务完成5823万元，同比增幅26.0%。

有中学1所，在校生1700人，卫生院1所，门诊部（所）54家，有床位20张，37个村新型农村合作医疗参保率达95.0%以上。

饶阳店　该村为镇政府驻地。据关帝庙碑文记载，北宋建隆元年（960年）此地饶、杨二姓在此开店，故名饶杨店。明嘉靖年间（1522—1566年），将杨字改为阳，名为饶阳店。位于清凉江东4公里处，东距故城县城郑口12.5公里。1987年，村民2277人，耕地5091亩；2016年，耕地5601亩，村民2964人。

李官屯　明永乐年间（1403—1424年）山西洪洞县一李氏迁此定居，后此人当了运粮官，故起名李官屯。位于饶阳店镇区东北4.6公里处，北与三朗乡接壤，东有武北沟沿村经过，南距邢德公路3公里。1987年，村民935人，耕地2706亩；2016年，耕地2706亩，村民1208人。

西镇　此村原为李官屯后街一部分，1930年，该村前、后街分治，前街仍名李官屯，后街为李官镇。后来后街分为东、西二镇，此村居西，名西镇。位于饶阳店镇区东北4.4公里处。1987年，村民480人，耕地1055亩；2016年，耕地1055亩，村民526人。

东镇　此村居后街东，名东镇。位于饶阳店镇区东北4.9公里处。1987年，村民629人，耕地1520亩；2016年，耕地1520亩，村民718人。

西李官屯　据碑文记载，清乾隆四十四年（1779年）从德州迁来一户姓田的在此居住，取村名为田庄。清嘉庆四年（1799年），李官屯又有一部分人迁此居住，因坐落在李官屯西边，遂改名西李官屯，简称西李屯。位于镇区北邢德公路北4公里处。1987年，村民337人，耕地723亩；2016年，耕地723亩，村民430人。

南马村　明洪武元年（1368年）此村西靠清凉江，有一码头，故名码头村，后村北二里处又添一码头，遂易名南码头，后因清凉江时常干涸断航，又易名南马村。位于饶阳店镇区4公里处。西距京九铁路4公里，南距邢德公路2.5公里，东距辛堤干渠3公里。1987年，村民809人，耕地1932亩；2016年，耕地1932亩，村民926人。

北马前　明永乐年间（1403—1424年）山西洪洞县一刘氏迁此摆渡谋生，因距南码头二里，故名北码头，后易名北马村。清道光年间（1821—1850年）按街道分为前后二村，此为前街，故名北马前。位于饶阳店镇区西北5公里、大营镇东北8公里处，村西紧靠清凉江。1987年，村民797人，耕地1923亩；2016年，耕地1923亩，村民1016人。

北马后　因其居街道后，故名北马后。位于镇区西北5.6公里处，南距邢德公路3公里，西靠清凉江。1987年，村民906人，耕地2051亩；2016年，村民1068人，耕地2051亩。

东马村　清乾隆二十四年（1759年）北马村和南马庄刘氏、崔氏迁此居住，按故里定村名为小马村。又因位居南、北马村之东，易名东马村。位于饶阳店镇区西北3公里处。1987年，村民195人，耕地554亩；2016年，耕地554亩，村民269人。

北仁庄　明万历年间（1573—1620年）此处为太师李良放马场的拴马处，故定名为北马桩。后人不满李良的不仁行为，改村名为北仁庄。位于饶阳店镇区北偏西3公里处。1987年，村民1089人，耕地2661亩；2016年，耕地2661亩，村民1150人。

杨庄　清咸丰年间（1851—1861年），此处为白佛寺村杨氏之佃户庄，俗呼小庄上，后庄渐大，遂名杨庄。位于饶阳店镇区北偏东3.1公里处。1987年，村民376人，耕地853亩；2016年，耕地846亩，村民510人。

黄官屯　此处原为官府屯田之所，明永乐年间（1403—1424年）疫病流行，此村仅一黄氏幸免，故名黄官屯。位于饶阳店镇区东6公里，故城县城西7公里处。1987年，村民2038人，耕地5850亩；2016年，耕地5820亩，村民2508人。

黄草洼　明永乐二年（1404年），崔氏由山西洪洞县大槐树底下迁此定居，因地势低洼，野草茂盛，故起名黄草洼。位于饶阳店镇区4公里处。

西距京九铁路5公里，南距邢德公路1公里。1987年，村民342人，耕地747亩；2016年，耕地747亩，村民480人。

刘辛庄 明永乐元年（1403年），有刘、辛二氏自枣强县刘嘉会迁此定居，故名刘辛庄。位于饶阳店镇区西3公里、大营镇东8公里处。西距清凉江1公里，东距辛堤干渠2公里，南离邢德公路1公里。1987年，村民890人，耕地1935亩；2016年，耕地1935亩，村民1160人。

薛官屯 此处原是官府屯田之所，明朝初期，薛氏从山东登州迁来定居，定村名薛官屯。村址位于饶阳店镇区北1.7公里，县城郑口西13公里处。1987年，村民2224人，耕地5449亩；2016年，耕地5399亩，村民2761人。清朝末年曾出一名进士肖孟乾，在山东驿县任过县令。

东曾官屯 明永乐年间（1403—1424年），一曾氏自山西洪洞县迁此定居，遂名曾家庄，后曾家出一官人，遂易名曾官屯。后又分为二村，因其居东，故名东曾官屯。位于饶阳店镇区东6公里、故城县城西7公里处。1987年，村民928人，耕地2967亩；2016年，耕地2052亩，村民1130人。

西曾官屯 此村居曾官屯西，故名西曾官屯。位于饶阳店镇区东偏南4.9公里处。1987年，村民651人，耕地1500亩；2016年，耕地1449亩，村民712人。

朱辛庄 此村原名韩辛庄，清顺治年间（1644—1661年）一朱氏自枣强县朱平楼投亲定居于此，后家族渐旺，遂易名朱辛庄。位于饶阳店镇区西4.5公里处。南临邢德公路，西临清凉江，西距京九铁路5公里。1987年，村民532人，耕地1098亩；2016年，耕地1068亩，村民610人。

杨辛庄 原名大辛庄，清朝初期，因村民劫皇纲，惹怒皇帝，村庄被官府炮轰被毁。唯一杨氏幸免，改名为杨辛庄。位于饶阳店镇区西2.5公里处。1987年，村民585人，耕地1221亩；2016年，耕地1206亩，村民760人。

西王庄 元朝末年，疫病流行，村中只有王姓一户幸免。后山西洪洞县移民增多，因姓王的为根基户，遂起名王庄。1982年4月地名普查时，更名为西王庄。位于饶阳店镇区西偏南1.8公里处。1987年，村民363人，耕地903亩；2016年，耕地873亩，村民565人。

南庄 明永乐元年（1403年），有一南氏佃户到此居住，故名南庄。位于饶阳店镇区东南1.5公里处。1987年，村民537人，耕地1350亩；2016年，耕地1350亩，村民528人。

焦庄 明朝以前，此村桥、王两姓居多，名为桥王庄。明初，山西洪洞县姓焦的五兄弟迁此居住，越来越兴旺，故取名焦庄。位于饶阳店镇区东3公里，距县城西9公里处，东6公里有京杭大运河。1987年，村民650人，耕地1601亩；2016年，耕地1586亩，村民798人。

西丁庄 明永乐年间（1403—1424年），此村丁氏居多，名丁庄。1982年4月易名为西丁庄。位于饶阳店镇区正东3公里处，北距邢德公路路1.5公里。1987年，村民345人，耕地738亩；2016年，耕地738亩，村民415人。

于庄 明永乐元年（1403年）于大用从山东莱阳县迁此占产立庄，定村名于庄。位于饶阳店镇区东偏南3.7公里处。1987年，村民312人，耕地830亩；2016年，耕地830亩，村民360人。

曹庄 明永乐二年（1404年），曹氏兄弟两人由山西洪洞县大槐树下迁此常住，立村名曹家庄。位于饶阳店镇区东偏南，东距京杭大运河8公里、北距邢德公路2公里。1987年，村民702人，耕地1595亩；2016年，耕地1595亩，村民789人。

西徐庄 明永乐二年（1404年），徐姓从山西洪洞县迁此定居，称徐庄。1982年，改称西徐庄。位于饶阳店镇区东南4公里处。1987年，村民168人，耕地424亩；2016年，耕地425亩，村民195人。

西袁庄 明永乐年间（1403—1424年），山西移民陆续到此定居，渐成村落，因袁七志系此村根基户，取村名袁家庄。1982年4月，易名为西袁庄。位于饶阳店镇区东4公里处，北距邢德公路2公里。1987年，村民590人，耕地1565亩；2016年，耕地1565亩，村民675人。

扈庄 清顺治年间（1644—1661年），一扈氏自枣强县扈嘉会村迁此定居，故名扈庄。村址位于饶阳店镇区东6公里处。1987年，村民429人，耕地1409亩；2016年，耕地1409亩，村民445人。

时庄 此地原是被水淤平的一片荒地。明永乐二年（1404年），时氏奉诏从山西洪洞县迁此定居，定名时庄。位于饶阳店镇区东5.6公里处。1987年，村民697人，耕地1324亩；2016年，耕地1325亩，村民850人。

盛树林 唐朝初年，此处是一片茂盛的树林，后来有人定居于此，定村名为盛树林。位于饶阳店镇区西南4.5公里处。1987年，村民739人，耕地1686亩；2016年，耕地1686亩，村民836人。

水东屯 明永乐二年（1403年），山西移民迁此定居，因村内无甜水，故名为苦水屯。清朝末年，一县官路经此村，认为村名带苦字不吉利，根据村西一长年有水的大坑塘，更村名为水东屯。位于饶阳店镇区西南4公里处，西距清凉江2.5公里，东距辛堤干渠1公里，北距邢德公路2公里。1987年，村民1372人，耕地2892亩；2016年，耕地2892亩，村民1680人。

饶阳店镇水东屯小学

子路 清顺治年间（1644—1661年）一巡抚进京路经此地，停轿为炊，村民借官赐福，定止路为村名，意在留存官气、富贵不去。因止路与孔子弟子子路字谐音，后改为子路。位于饶阳店镇区西南2.7公里处。1987年，村民1144人，耕地2848亩；2016年，耕地2850亩，村民1169人。

杜庄 明永乐二年（1403年）山西迁民到此定居，杜氏家族渐旺，故取名杜庄。位于饶阳店镇区西南2.9公里处。1987年，村民275人，耕地957亩；2016年，耕地957亩，村民382人。

郑庄 清朝初期，此处是枣强县郑小营一个官宦人家的庄园，故名郑庄。位于饶阳店镇区南偏西2.5公里处，南与武官寨镇相邻。1987年，村民149人，耕地480亩；2016年，耕地488亩，村民180人。

宋杨庄 明永乐元年（1403年）宋氏奉诏从山西洪洞县迁此占产立庄，定村名宋庄。1982年4月地名普查时，改名为宋杨庄。位于饶阳店镇区1.9公里处。1987年，村民825人，耕地2027亩；2016年，耕地2070亩，村民926人。

吴庄 明永乐年间（1403—1424年）一户姓吴的人家从山东莱阳迁此定居，故名吴庄。位于镇东南2.8公里处。1987年，村民1040人，耕地2841亩；2016年，耕地2841亩，村民1430人。

冷高常 明朝初期，已经泯灭村庄五方镇的村民集聚来此建新村，取名五方头。后按姓氏形成冷五方头、高五方头、常五方头三个自然村。1956年，合称为冷高常。位于饶阳店镇区西南5.4公里处，西临清凉江。1987年，村民998人，耕地1783亩；2016年，耕地1784亩，村民1027人。

十、武官寨镇

镇政府驻地为武官寨村，距县城13.9公里。东隔卫运河与山东省武城县相望，南与西半屯镇相连，西与枣强县大营镇交界，北与饶阳店镇、郑口镇相邻，地处两省三县交界处。郑（口）清（河）公路穿过境内。

明洪武年间（1368—1398年），有武官在此地安营扎寨，负责镇守由山西迁至此地定居的移民，武官寨因此得名。1958年成立武官寨公社，属山东省武城县。1964年划归故城县。1983年改乡，1995年改镇。

武官寨镇便民服务中心

1987年，面积74.9平方公里，辖44个行政村，有29938人。2008年，人口9755户、3.67万人，耕地6.39万亩。2018年，域内人口4.1万。

武官寨镇地势平坦，西部稍高，东部略低。西部多白沙土质，地下水位较高；东部多黑红土壤，地下水位较低。辛堤干渠、武北干渠、温庄干渠分别穿过其西部、中部、东北部。1987年，有大型扬水站1座，深浅机井252眼。耕地面积71200亩。主要农作物以小麦、玉米、棉花为主。粮食总产1247万公斤；皮棉亩总产137.5万公斤。

1987年后，农业产业结构不断优化，韭菜、黄瓜、辣椒、茄子、西红柿等蔬菜作物种植面积逐年扩大。食用菌、天鹰椒等特种农作物悄然兴起。地膜覆盖、日光温室、小拱棚、嫁接等技术逐步推广。养猪业以杨刘庄、梁庄为典型。2001

武官寨镇现代化生猪养殖场

年，加强灌溉农业二期项目工程，修方田路58条，植树32万株。2002年，杨刘庄村建占地50亩的养殖小区，入住养猪户20余家，猪存栏2500余头。2008年全镇肉鸡存栏35万只，新建特种动物（水貂、貉子、狐狸）养殖场5个，总投资3000万元，水貂存栏2万只、貉子1.8万只、狐狸1.5万只。2008年以村村通公路为主框架，规划方田25个，植树16万株，实现方田林网化。2018年，全年完成税收3881.77万元，完成规上企业工业产值2.4亿元。固定资产投资完成6亿元。在衡德工业园投资3.5亿元的河北崇天金属制品有限公司年产3.5万吨胶管钢丝项目落地并开工建设。投资3.68亿元的中国重汽集团济南卡车有限公司跃特新能源车辆配套开发项目落户衡德工业园。总投资近20亿元的河北新好福承农业科技有限公司年出栏150万头生猪养殖项目，前花园、后花园、杨五头3个养殖基地主体工程基本完工，完成投资2.2亿元；总投资10亿元的河北绿康农业科技有限公司德国农庄休闲观光农业示范园项目开工建设。完成周楼桥、西言村桥的翻修改造工程，大言村、东言村、西言村、武官寨、王尧、车庄、西孟、刁庄、于刘洼等10个非贫困村的村内街道硬化工程、广场、排水沟和街道亮化工程，总投资152万元。

2018年，有中学1所，小学5所，教职工149人，在校中小学生2100人。卫生院1所，各类诊所64家。

武官寨 明洪武年间（1368—1398年）有一武官在这里扎寨镇守，故名武官寨。是镇政府驻地，位于县治郑家口西南13.9公里处。1987年，村民1160人，耕地2030亩；2016年，耕地1364亩，村民1578人。该村有河北省非物质文化遗产——武官寨运河架鼓。

西孟庄 明洪武年间（1368—1398年），一孟氏自山东迁此定居，定名孟庄。后庄渐大，以坑塘为界分为二村，此村居西，故名西孟庄。位于镇政府驻地正北偏西3.4公里处。1987年，村民552人，耕地1530亩；2016年，耕地1167亩，村民728人。

东孟庄 此村居原孟庄坑塘东，故名东孟庄。位于镇政府驻地正北偏东3.4公里处。1987年，村民549人，耕地1704亩；2016年，耕地1256亩，村民785人。

前屯 明永乐年间（1403—1424年）山西洪洞县居民迁此定居，建有居民点若干，今村西南角为尹家行，东北角为张家行，西北角为赵家行。三个自然村取“财富可供大家分享”之意合称大阜屯。后分二村，此村居前，故名前屯。位于镇政府驻地东北4.3公里处。1987年，村民721人，耕地2350亩；2016年，耕地2094亩，村民818人。

后屯 此村居大阜屯后，故名后屯。位于镇政府驻地东北4.9公里处。1987年，村民1156人，耕地3216亩；2016年，耕地2863亩，村民1381人。

马庄 明永乐二年（1404年）一户姓马的人家从山西洪洞县迁此定居，故名马庄。位于镇政府驻地东北 5.3 公里处。1987 年，村民 875 人，耕地 2102 亩；2016 年，耕地 1722 亩，村民 1102 人。

杨五头　明永乐年间（1403—1424 年）一杨氏自山西洪洞县迁此定居，后任清凉江五个码头的航头，乡民称杨氏定居处为杨家五航头。1954 年，简称杨五头。位于镇政府驻地正西偏北 6.2 公里处。1987 年，村民 965 人，耕地 2749 亩；2016 年，耕地 2310 亩，村民 1266 人。

冯庄　明永乐二年（1404 年）一冯氏自山西洪洞县迁此定居，故名冯庄。位于镇政府驻地西北 4.6 公里处。1987 年，村民 182 人，耕地 316 亩；2016 年，耕地 315 亩，村民 234 人。

新苏庄　明永乐元年（1403 年）一张氏自山西洪洞县迁此定居，后因生活贫困，成为仓上苏翰林之佃户，故名苏庄。1982 年 4 月，易名新苏庄。位于镇政府驻地西北 3.6 公里处。1987 年，村民 280 人，耕地 440 亩；2016 年，耕地 466 亩，村民 341 人。

武庄　明永乐年间（1403—1424 年）为纪念武术高超、疾恶如仇的邑人武祥，取名武庄。位于镇政府驻地西北 4.3 公里处。1987 年，村民 807 人，耕地 2325 亩；2016 年，耕地 2208 亩，村民 1106 人。

后花园　明隆庆年间（1567—1572 年）太师李良在此一带圈占土地 48 顷，内有方圆 12 里大花园，渐成村庄后，定名为花园。后分为二村，此村居后，故名后花园。位于镇政府驻地西北 2.3 公里处。1987 年，村民 471 人，耕地 1385 亩；2016 年，耕地 1259 亩，村民 582 人。

前花园　此村居花园前，故名前花园。位于镇政府驻地西北偏南 2 公里处。1987 年，村民 648 人，耕地 1950 亩；2016 年，耕地 1934 亩，村民 757 人。

北半屯　明初，部分山西洪洞县移民定居于此，因村庄形似壁障且村南已有两村均名半壁屯，故名北半壁屯。1949 年，简称北半屯。位于镇政府驻地正北 2.1 公里处。1987 年，村民 1591 人，耕地 3478 亩；2016 年，耕地 3338 亩，村民 2101 人。

西言村　明永乐年间（1403—1424 年）一王氏自山东莱阳县迁此定居后，因每到清晨炊烟弥漫村庄，遂定名晓烟村，渐演为小言村。1958 年，因村东有两个言村，故名西言村。位于镇政府驻地东北 3.2 公里处。1987 年，村民 404 人，耕地 1360 亩；2016 年，耕地 1097 亩，村民 448 人。

大言村　明初，王氏从山东莱阳迁此定居，定村名时选用山东故里村名之“达”字，又选用尘世人烟之“烟”字，定名达烟村，渐演变为大言村。位于镇政府驻地东北 3.5 公里处。1987 年，村民 1057 人，耕地 3026 亩；2016 年，耕地 2791 亩，村民 1473 人。

东言村　明初，山西移民一部迁此定居后，某氏于村东建一砖窑，每逢刮东风，烟飘村里，遂名烟村，渐演为言村。又因附近共有三个言村，此村居东，故称东言村。位于镇政府驻地东北 4 公里处。1987 年，村民 538 人，耕地 1737 亩；2016 年，耕地 1565 亩，村民 710 人。

赵庄　明永乐二年（1404 年）一赵氏自山西洪洞县迁此定居，故名赵庄。位于镇政府驻地东北 4.6 公里处。1987 年，村民 820 人，耕地 1857 人；2016 年，耕地 1978 亩，村民 1072 人。

刁庄　明永乐二年（1404 年）一刁姓自山西洪洞县迁此定居，故名刁庄。位于镇政府驻地东北 4.8 公里处。1987 年，村民 312 人，耕地 710 亩；2016 年，耕地 683 亩，村民 351 人。

张尧头　明初，张氏自山西洪洞县迁此定居，因在清凉江当渡工，时人均称张头，且邻村均为尧头，遂定村名张尧头。位于镇政府驻地正西偏北 5.6 公里处。1987 年，村民 396 人，耕地 870 亩；2016 年，耕地 751 亩，村民 398 人。

李尧头　明洪武年间（1368—1398 年）的将军李洪第五代孙落户于此，因附近有王尧头村，遂名李尧头。位于镇政府驻地正西偏北 5 公里处。1987 年，村民 295 人，耕地 865 亩；2016 年，耕地 746 亩，村民 385 人。

王尧头（含段尧头）　明永乐元年（1403 年）一王氏自山西洪洞县迁此定居，因在清凉江上当航头，遂名王航头，雅化为王尧头，后段尧头并入。位于镇政府驻地正西偏北 5 公里处。1987 年，村民 620 人，耕地 1150 亩；2016 年，耕地 1116 亩，村民 772 人。

尼庄　明永乐元年（1403 年）一万氏自山东莱阳尼家庄迁此定居，沿用故里村名尼庄。位于镇政府驻地正西 4.8 公里处。1987 年，村民 350

人，耕地651亩；2016年，耕地522亩，村民401人。

北霍庄 明永乐元年（1403年）霍氏自山西迁此定居，故名霍庄，1982年4月易名北霍庄。位于镇政府驻地正西偏北3.9公里处。1987年，村民549人，耕地996亩；2016年，耕地996亩，村民678人。

香炉坡 明宣德年间（1426—1435年）此村有座三官庙，庙内有一内金外漆香炉，故名金香炉村。后金香炉被盗，追回之后，香炉已被破坏，遂名香炉破，后觉“破”字不雅，故易名香炉坡。位于镇政府驻地正西偏北3.4公里处。1987年，村民886人，耕地2162亩；2016年，耕地2086亩，村民1223人。

孟村 明永乐元年（1403年）一朱氏自山西洪洞县迁此定居，名朱庄。后附近康庄与朱庄闹纠纷，说“猪”将“糠”吃了，迫朱庄易名“孟村”。位于镇政府驻地正西偏南3.2公里处。1987年，村民198人，耕地525亩；2016年，耕地525亩，村民274人。

车庄 明永乐元年（1403年）有赵氏三兄弟自山西迁此定居，因其制作大车有名，时人均称打车庄，后将“打”字删去，名车庄。位于镇政府驻地正西偏南2.4公里处。1987年，村民395人，耕地614亩；2016年，耕地614亩，村民463人。

仓上 明永乐二年（1404年）一李氏自山西洪洞县迁此定居后，因此地曾是义军存粮之地，故名仓上。位于镇政府驻地正西偏南1.4公里处。1987年，村民770人，耕地1779亩；2016年，耕地1595亩，村民942人。

于刘洼 此地原系一片大洼，明永乐二年（1404年）山西洪洞县于、刘二氏迁此定居，故名于刘洼。位于镇政府驻地西北0.8公里处。1987年，村民571人，耕地1005亩；2016年，耕地1005亩，村民712人。

王家庄 明初，一王氏自山西洪洞县迁此定居，故名王庄。1982年4月易名王家庄。位于镇政府驻地正北偏东1.2公里处。1987年，村民383人，耕地606亩；2016年，耕地682亩，村民546人。

付官屯 明永乐年间（1403—1424年）系军垦屯田之地，军垦之官吏姓傅，清末俗化为付官屯。位于镇政府驻地正东偏北2.2公里处。1987年，村民2170人，耕地5498亩；2016年，耕地5303亩，村民2576人。

大曲店 明景泰年间（1450—1456年）此处为卫运河一渡口，有人在此开店种田。某年春，店主诬认客人驴食其麦苗，妄使客人以钱相抵，客人告到县衙，剖腹检查，证实店主确属敲诈，县衙即为此店取名“屈驴店”，渐演为曲里店，后渐分两村，此村较大，名大曲店。位于镇政府驻地正南1.6公里处。1987年，村民1165人，耕地2323亩；2016年，耕地2254亩，村民1603人。

小曲店 曲里店分为两村后，此村较小，故名小曲店。位于镇政府驻地西南2公里处。1987年，村民453人，耕地1442亩；2016年，耕地1332亩，村民568人。

东梁庄 明永乐二年（1404年）一梁氏自山东莱阳迁此定居，故名梁庄，后易名东梁庄。位于镇政府驻地正南偏东2.1公里处。1987年，村民769人，耕地1361亩；2016年，耕地1361亩，村民1002人。

垂麦 此村原名崔美，因宋元战争而湮灭。明初，山西移民迁此定居，定村名时音易为垂麦。位于镇政府驻地东南2.5公里处。1987年，村民744人，耕地1799亩；2016年，耕地1573亩，村民1048人。

齐庄 明永乐元年（1403年）有一齐氏自山西洪洞县迁此定居，故名齐庄。位于镇政府驻地东南偏北2.7公里处。1987年，村民209人，耕地380亩；2016年，耕地358亩，村民281人。

军王庙 此处原系官府屯兵种田之地，明永乐年间（1403—1424年）自山东莱阳大王庄迁民来此，分军户民户，同时村东村西均有庙宇，故名军王庙。位于镇政府驻地正东偏南3公里处。1987年，村民602人，耕地1357亩；2016年，耕地1353亩，村民805人。

五台坡 明初，山西移民立村于高坡之上，修庙堂一座，为慕五台山之名，故名五台坡。位于镇政府驻地正东偏南3.1公里处。1987年，村民737人，耕地1210亩；2016年，耕地1070亩，村民976人。

张家庄 明永乐元年（1403年）一张氏自山西洪洞县迁此定居，故名张庄。1982年4月，易名为张家庄。位于镇政府驻地正东南偏北 4.3 公里处。1987 年，村民 366 人，耕地 1117 亩；2016 年，耕地 953 亩，村民 490 人。

南柴庄　清初，此处为大言村一王氏官家存柴院落，后渐成村落，定名柴庄。1982 年 4 月，易名南柴庄。位于镇政府驻地东南 4.1 公里处。1987 年，村民 490 人，耕地 1196 亩；2016 年，耕地 1166 亩，村民 612 人。

李店　明初，此处原系德州至临清官道，一李氏于此开店，故名李店。位于镇政府驻地正东偏南 4.5 公里处。1987 年，村民 281 人，耕地 870 亩；2016 年，耕地 759 亩，村民 358 人。

杨刘庄　清康熙年间（1662—1722 年）此村由杨、刘两氏合并而成，故名杨刘庄。位于镇政府驻地东南 3.3 公里处。1987 年，村民 589 人，耕地 1620 亩；2016 年，耕地 1289 亩，村民 745 人。

张洪屯　此村辖张洪屯、陈庄二个自然村。明永乐元年（1403 年）张氏、陈氏分别自故城县陈庄和山西洪洞县迁此定居，分别定名张洪屯、陈庄，相沿至今。位于镇政府驻地东南 4.1 公里处。1987年，村民575人，耕地1284亩；2016年，耕地 1113 亩，村民 713 人。

卬庄　明永乐二年（1404 年）卬氏自山西洪洞县迁此占产立庄，故名卬庄。位于镇政府驻地东南 5.3 公里处。1987 年，村民 1332 人，耕地 2255 亩；2016 年，耕地 2202 亩，村民 1723 人。

周楼　明永乐元年（1403 年）周氏由孟古庄迁此定居，盖楼一座，故名周楼。位于镇政府驻地东南 6.2 公里处。1987 年，村民 822 人，耕地 1055 亩；2016 年，耕地 1058 亩，村民 1015 人。

十一、西半屯镇

西半屯镇位于县域南部，东与武城县祝官屯隔卫运河相望，西隔清凉江与南宫、枣强为邻，南与建国镇、军屯镇接壤，北与武官寨镇、饶阳店镇相邻，地处两省四县交界处，郑清公路南北穿腹而过。镇政府驻地西半屯村，距县城郑家口 19.6 公里。

中华人民共和国成立前，今西半屯镇辖区各历史时期均属山东省武城县。

1964 年 12 月，山东省、河北省以卫运河为界划分省界，将运河以西部分，划归河北省故城县。今西半屯镇辖区属武官寨公社。1966 年规模调整时，武官寨公社划分为武官寨、瓦子庄、西半屯三个公社。1984 年改为乡。1996 年 1 月，原瓦子庄乡并入。2002 年 1 月撤乡建镇。

1987 年，面积 36.4 平方公里，辖 17 个行政村，15989 人。2008 年，西半屯镇辖 48 个行政村，总面积 81.5 平方公里，总耕地 79039.5，总人口 4.36 万人。2018 年，总人口 4.56 万人。

域内有百余年历史的十二里庄天主教堂，为“盐场大秧歌”发祥地。天主教堂位于十二里庄村中，镇政府驻地向西 4.5 公里，距故城县政府驻地向南偏西位置。2009 年，十二里庄教堂被列为河北省第五批省级文物保护单位。盐厂大秧歌为衡水市非物质文化遗产名录之一。清光绪年间（约 1880 年前后），“大秧歌”于今山东省武城县的“盐厂村”传入，在河西盐厂村生根传承 130 余年。有戏曲“活化石”之誉。

西半屯镇参加全县文化节演出排练

境内有武北沟、辛堤干渠、官道河、卫干渠，南卫运河绕该镇东部 3 公里，全镇渠系相通。农业以小麦、玉米、棉花为大宗作物，随着农业结构的调整，蔬菜、林果种植面积逐年上升。1998 年，全乡 1.2 万亩春播棉首次全部实现地膜覆盖；南良庄建成蛋鸡养殖小区。2005 年，建成万庄果品交易市场，果品销往上海、北京等省市；通过河北省畜牧局“无公害产品生产基地”验收，注册“绿色鸡蛋”商标。2008 年，全镇工业包括皮毛、绒毛、木器加工、地毯加工等行业。集贸市场入住商户 700 多户，从业人员 6000 余人，商业服务业营业额 1700 万元，集贸市场成交额 7600 万元。

2009年，全镇产业结构呈现"一村一品"新格局。新增300头以上养猪场5个，2000只以上养鸡大棚32个，新种植小拱棚韭菜300亩，新发展合同鸭养殖户17户，存栏达7万只。2012年，参加新型农村合作医疗36830人，参合率达98%；收缴新型农村养老保险金217万元，参保率达98%；

西半屯镇蔬菜大棚

争取资金29万元，完成了54户危房改造；按照"应保尽保"的原则，共办理低保564户、740人，五保98户、107人，优抚对象235人，为弱势群体提供了基本生活保障；争取上级资金267万元，建设了西半屯完小教学楼、西半屯中学新餐厅以及曙光完小、孙庄完小的新教室；完善村级文化活动场所建设，为40个村建立了农家书屋、文化活动室、远程教育网，配备了图书、电视，安装了健身器材。2013年，新增葡萄大棚220亩，蔬菜大棚750亩，扩大蔬菜种植面积1100亩；累计注册农业专业合作社32个、家庭农场19个，实现土地流转1.3万亩。2015年，抓好大棚蔬菜和畜牧养殖两大支柱产业，促进农民持续增收。新增蔬菜大棚150亩、特色核桃850亩；全镇共存栏肉牛400头、生猪7200头、肉蛋鸡50万只。是年末，完成税收1485.5万元；完成工业产值1.96亿元；固定资产投资完成7.8亿元，工业技改投资完成4.1亿元。2017年，财政收入完成1982.2万元，占全年任务数的104.9%，固定资产投资完成9.02亿元，占任务数的113%。新引进总投资额超过15亿元的雄安新区"腾笼换鸟"项目31个，盘活经开区和高新区闲置厂房20余万平方米。新注册一般纳税人26家，新落地其他投资项目5个。共新建农村公路32.3公里，全镇农村公路总里程达106.8公里；投资近40万元对东环和天油路进行了拓宽修补及公路养护。新规划占地550亩的运河景观绿色长廊，植树3.3万株；高标准打造随庄、盐厂和孙庄3个美丽乡村重点村。盐厂村获评"省级美丽乡村精品村"；完成全镇48户危房改造工程；办理低保341户、612人，特困人员（五保）128人，优抚对象48人，帮助220名困难群众申请了医疗救助。2018年完成财政收入2668.8万元。完成固定资产投资6.0039亿元；完成工业技改，新增规上企业1家，规上企业总产值完成6374.1万元。

2018年，有幼儿园21所，在园幼儿1328人，专任教师45人；小学14所，在校学生1328人，专任教师163人；初中1所，在校学生1011人，专任教师39人。初中适龄人口入学率、小升初升学率、九年义务教育覆盖率均达100%。卫生院2所、门诊部（所）50家，床位39张，专业卫生人员26人，完成诊疗3.02万人次。48个村新型农村合作医疗参保率达95%以上。

西半屯 此村原名八里庄，因村子一条大街形似半璧，故改为半璧屯，后改"璧"为"壁"，又称南半壁屯。1925年，以沟为界分为东、西两屯，此村居西，称为西半屯村。此村为西半屯镇政府驻地，东隔武北沟与东半屯村相望，南邻万庄，西靠郑清路，北距双屯村2公里。1987年，村民1453人，耕地2502亩；2016年，耕地2033亩，村民2102人。

东半屯 此村居沟东，为东半屯村。位于镇政府驻地东，东与随庄村相接，南邻万庄村，西与西半屯村隔沟相望，北靠官道河。1987年，村民1009人，耕地1596亩；2016年，耕地1287亩，村民1469人。

徐董屯 此村辖董洪屯、徐洪屯两个自然村。明崇祯十六年（1643年）董氏移民定居于此，名董洪屯；明朝末年，徐洪屯原名洪关里，后因徐氏渐多，故易名徐洪屯。20世纪50年代，徐洪屯、董洪屯两个自然村合并为徐董屯。位于镇政府驻地北3公里处，北距武官寨镇梁庄村2公里。1987年，村民590人，耕地1616亩；2016年，耕地997亩，村民871人。

李洪屯 据《李氏家谱》载，明洪武年间（1368—1398年），李洪奉诏从山东登州府莱阳县水狗头沙坡社村奉诏迁来，故名李洪屯。位于镇政府驻地北3公里处，东邻于洪屯，南距后赵村1.5公里，西邻徐董屯村，北距武官寨镇杨柳庄村2公里。1987年，村民801人，耕地1967亩；2016年，耕地1998亩，村民1172人。

于洪屯 明永乐年间（1403—1424年）一个姓于的军户在此定居，因邻村皆叫洪屯，故名为于洪屯。位于镇政府驻地东北4公里处，东距官道河0.5公里，南邻时庙村，西邻李洪屯，北距武官寨镇杨柳庄村2公里。1987年，村民515人，耕地1488亩；2016年，耕地1169亩，村民599人。

盐厂 最早叫小王庄，此地盐碱地较多。明初，迁民定居于此，以滤盐为业，故定村名为盐场。又有一说，每逢春冬休闲之际，村周围白茫茫一片"马泡碱"，故称盐场，后简写为"盐厂"。位于镇政府驻地西北2公里处，东邻牛辛庄村，南距何刘屯村1.5公里，西距孙庄村1.5公里。1987年，村民1100人，耕地3822亩；2016年，耕地3395亩，村民1399人。盐厂大秧歌在此村传承。

牛辛庄 辖牛庄、辛庄二自然村。明永乐年间（1403—1424年）牛氏、杨氏分别迁此定居，牛氏定村名牛庄，杨氏因在牛庄东立一小村，定名新庄。1950年，牛庄和新庄两个自然村合为牛辛庄。位于西半屯镇政府驻地北1.5公里处，东邻双屯村，南距西半屯村1.5公里，西距盐厂村1公里，郑清公路穿村而过。1987年，村民449人，耕地957亩；2016年，耕地935亩，村民621人。

双屯 明永乐年间（1403—1424年），山西洪洞县移民首迁此定居，后陆续移民渐成村落。因距离村北约里许，有两土丘遂取名双冢屯，简称双屯。明嘉靖《武城县志》卷十杂志中对"双冢"有记载，"双冢屯仙爷庙碑碑文"尚存。位于镇政府驻地东北2公里处，东临武北沟，南距西半屯村2公里，西邻郑清路。1987年，村民1301人，耕地2629亩；2016年，耕地2132亩，村民1768人。

前赵庄 明永乐二年（1404年）赵氏奉诏从山西洪洞县迁此定居，取村名赵家庄。后又在村后又新建一村，分为前、后赵庄。原村在前，称为前赵庄。位于镇政府驻地东北1.5公里处，东距官道河1公里，南距东半屯村1.5公里，西距武北沟1公里，北邻后赵村。1987年，村民417人，耕地762亩；2016年，耕地722亩，村民516人。

后赵庄 赵家庄村后新建之村，称为后赵庄。位于镇政府驻地东北2公里处，东距官道河1公里，南邻前赵村，西距武北沟1公里，北距李洪屯村1.5公里。1987年，村民350人，耕地646亩；2016年，耕地578亩，村民439人。

时庙 明永乐年间（1403—1424年）一户时姓人家从山西洪洞县迁此定居，因此处有一菩萨庙，定村名时庙。位于镇政府驻地东北4公里处，东临京杭运河，南距天水屯村2公里，西邻官道河，北距于洪屯村1公里。1987年，村民604人，耕地1213亩；2016年，耕地1197亩，村民740人。

万庄 元朝末年，此村叫姜家洼。明永乐年间（1403—1424年）姜氏渐少，有姓万的迁居于此，家族渐旺，遂改名万庄。位于镇政府驻地南1公里处，东距随庄村1公里，南与建国镇巩庄村相接，西临武北沟，紧靠郑清路。北邻西半屯村。1987年，村民683人，耕地1339亩；2016年，耕地1289亩，村民855人。

南于庄 据《于氏家谱》记载，明永乐年间（1403—1424年）于得水从山东登州莱阳县迁此定居，取村名于庄。1982年4月，更名为南于庄。位于镇政府驻地东2公里处，东邻天水屯村，南接随庄村，西距前赵村1.5公里。北距时庙庄村1.5公里。1987年，村民935人，耕地1688亩；2016年，耕地1520亩，村民1255人。

天水屯 明永乐年间（1403－1424年）从山东、山西陆续迁民到此定居，因离卫运河很近，取名"截河头"。后人认为"截河头"不吉利，改名为天水屯。位于镇政府驻地东3公里处，南距建国镇庞唐村2公里，西邻南于庄村，北距时庙村1.5公里。1987年，村民717人，耕地787亩；2016年，耕地787亩，村民901人。

何刘屯 明永乐年间（1403—1424年）何、刘两个军户定居于此，定村名为何刘屯。位于镇政府驻地正西偏南1.9公里处，东临南召村，南与建国镇东冯村相接，西邻郭庄村，北距盐厂村1公里。1987年，村民2800人，耕地6436亩；2016年，耕地5418亩，村民3914人。

南召 明永乐年间（1403—1424年）移民迁此定居后，传说此处地下有十八窑银子，人们为招来财运，定村名为南召村。位于镇政府驻地南2公里处，东临郑清路，南与建国镇巩庄村相接，西邻何刘屯村，北距万庄村1公里。1987年，村民999人，耕地1738亩；2016年，耕地1619亩，村民1337人。

随庄 据《随氏家谱》记载，明永乐年间（1403—1424年）随氏三兄弟奉诏从山西洪洞县迁此定居，得名随庄。位于镇政府驻地东2公里处，东临京杭运河，南接建国镇二里庄村，西据东半屯村1.5公里，北距南于庄村1公里。1987年，村民1266人，耕地2343亩；2016年，耕地2269亩，村民1668人。

瓦子庄 明朝初期，山西移民到此定居，因此村地势低洼，周围各村水流汇集此处积存，故名洼子庄。1949年前后，改名为瓦子庄。原瓦子庄乡政府驻地，1996年，随瓦子庄乡并入西半屯乡。位于镇政府驻地西7.5公里处，东邻辛堤干渠，南距姜庄村2公里。1987年，村民1190人，耕地2742亩；2016年，耕地2111亩，村民1581人。

郑儒林 明朝初期，一户姓郑的人家在此定居，延续多年渐成村落，由于此地文化发达，读书人多，定村名为郑儒林。1996年，随瓦子庄乡并入西半屯乡。位于镇政府驻地西北16公里处，东距武官寨镇米庄村2公里，南距李儒林村1公里，西临清凉江，北距武官寨镇杨五头村3公里。1987年，村民537人，耕地1158亩；2016年，耕地924亩，村民534人。

牟儒林 明朝初期，一姓牟的人家迁居于此，因慕郑儒林文化发达，遂起名牟儒林。1996年，随瓦子庄乡并入西半屯乡。位于镇政府驻地西北15公里处，东距书村2公里，南距庄科村2公里，西临清凉江，北邻树儒林村。1987年，村民346人，耕地779亩；2016年，耕地741亩，村民405人。

树儒林 明永乐元年（1403年）树姓人家定居于此，因邻村均名儒林，取名树儒林。1996年，随瓦子庄乡并入西半屯乡。位于镇政府驻地西北15公里处，东紧邻李儒林村，南邻牟儒林村，西临清凉江，北距武官寨镇杨五头村3公里。1987年，村民250人，耕地599亩；2016年，耕地551亩，村民299人。

李儒林 明朝初期，一李姓人家于此定居，因邻村均为儒林，故名李儒林。1996年，随瓦子庄乡并入西半屯乡。位于镇政府驻地西北15公里处，东距书村2公里，南距北庄科村2公里，西临清凉江，北邻郑儒林村。1987年，村民479人，耕地956亩；2016年，耕地770亩，村民564人。

书村 明永乐年间（1403—1424年）此地人大都染疫绝迹，后从山西洪洞县几户人家迁此定居，因受附近儒林影响，注重文化，读书人多，故得村名书村。1996年，随瓦子庄乡并入西半屯乡。位于镇政府驻地西北6公里处，东距后孝兰村1公里，南距姚庄村1公里，西距李儒林村1公里，北距尼庄村1公里。1987年，村民883人，耕地2563亩；2016年，耕地2230亩，村民998人。

后孝兰 明永乐年间（1403—1424年）燕王扫北时，官兵横扫乡村，此村一人丧母，兵马进村时照常办丧事。孝子之心，感动官兵，使此村人免遭洗劫，遂起名孝子拦村，后简称孝兰村。清初，村南又立一村，亦称孝兰。为便于区分，此村改称后孝兰。1996年，随瓦子庄乡并入西半屯乡。位于镇政府驻地西北9公里处，东邻辛堤干渠，南邻前孝兰村，西距书村1公里，北距武官寨镇尼庄2公里。1987年，村民426人，耕地939亩；2016年，耕地800亩，村民496人。

前孝兰 元至正二十七年（1367年）此地居住的赵、王两姓，分为东、西两村，东为安乐村，西为寨门村。明朝期间，两村联为一体，因居孝兰村南，称前孝兰。1996年，随瓦子庄乡并入西半屯乡。位于镇政府驻地西北9公里处，东邻辛堤干渠，南距瓦子庄村2公里，西距姚庄村1.5公里，北邻后孝兰村。1987年，村民591人，耕地1668亩；2016年，耕地1314亩，村民641人。

康庄 明永乐三年（1405年）山东登州府莱阳县紫金庄人氏、军户康泰奉诏定居于此，遂定村名为康庄。1996年，随瓦子庄乡并入西半屯乡。位于镇政府驻地西北8公里处，东邻湖心寺村，南距高庄村2公里，西距前后孝兰1公里，北距武官寨镇孟村1.5公里。1987年，村民579人，耕地1982亩；2016年，耕地1881亩，村民

674 人。

西里屯　明永乐元年（1403 年）山西洪洞县一户姓柳的人家迁此定居，因此村在武城县境西边，定村名西柳屯。中华民国时期，建乡里制，遂改名为西里屯。1996 年，随瓦子庄乡并入西半屯乡。位于镇政府驻地西 10 公里处，东邻北庄科村，南距东西桥 1 公里，西临清凉江，北距牟儒林村 2 公里。1987 年，村民 1301 人，耕地 2874 亩；2016 年，耕地 2077 亩，村民 1713 人。

北庄科　明永乐年间（1403—1424 年）此村瘟疫流行人迹灭绝，后山西洪洞县几户人家迁此定居，因村内有一个水坑，故名庄坑，后雅化为庄科。1982 年，改为北庄科。1996 年，随瓦子庄乡并入西半屯乡。位于镇政府驻地西北 10 公里处，东邻臧庄村，南与西里屯、付庄相接，西距西里屯村 1 公里，北距牟林村 1.5 公里。1987 年，村民 808 人，耕地 2172 亩；2016 年，耕地 1631 亩，村民 976 人。

臧庄　明永乐二年（1404 年）山东莱阳一户姓臧的人家迁此定居，故名臧庄。1996 年，随瓦子庄乡并入西半屯乡。位于镇政府驻地西北 8 公里处，东邻北梁庄，南距卫千渠 1.5 公里，西邻北庄科，北距李儒林村 3 公里。1987 年，村民 197 人，耕地 597 亩；2016 年，耕地 386 亩，村民 271 人。

北梁庄　明永乐二年（1404 年）梁氏从山东莱阳迁此定居，定村名梁庄。后为区分本村南面梁庄，改称北梁庄。1996 年，随瓦子庄乡并入西半屯乡。位于镇政府驻地西北 8 公里处，东邻姚庄村，西邻臧庄，北距李儒林村 3 公里。1987 年，村民 206 人，耕地 530 亩；2016 年，耕地 406 亩，村民 271 人。

付庄　清朝初期，北庄科姓傅的人家迁此定居，定村名傅庄，后改付庄。1996 年，随瓦子庄乡并入西半屯乡。位于镇政府驻地西北 6.9 公里处，东距辛堤干渠 1.5 公里，南距西李庄村 1.5 公里，西距西里屯村 3 公里。1987 年，村民 469 人，耕地 1251 亩；2016 年，耕地 944 亩，村民 667 人。

姚庄　明永乐年间（1403—1424 年）疫病流行，此村只有两户姓姚的幸存，定村名姚庄。1996 年，随瓦子庄乡并入西半屯乡。位于镇政府驻地西北 7.5 公里处，东距前孝兰 1 公里，西邻北梁庄，北距书村 2 公里。1987 年，村民 574 人，耕地 1683 亩；2016 年，耕地 1093 亩，村民 687 人。

南小屯　明永乐年间（1403—1424 年）山西移民迁此居住，因户少村小，得名小屯。1982 年，改为南小屯。1996 年，随瓦子庄乡并入西半屯乡。位于镇政府驻地西 5 公里处，东距孙庄村 1 公里，南距十二里村 2 公里，西邻瓦子庄村，北距高庄村 1 公里。1987 年，村民 704 人，耕地 2000 亩；2016 年，耕地 1504 亩，村民 930 人。

西高庄　明永乐年间（1403—1424 年）疫病流行，该村只有高曾一人幸存，故名高庄。1982 年，改称西高庄。1996 年，随瓦子庄乡并入西半屯乡。位于镇政府驻地西北 8 公里处，东距湖心寺 1.5 公里，南距南小屯村 1 公里，西临辛堤干渠，北距康庄村 1.5 公里。1987 年，村民 292 人，耕地 976 亩；2016 年，耕地 737 亩，村民 345 人。

湖心寺（含张庄）　据此村明朝碑文记载，该村原名孙疃寺，因地势低洼，邻村水流倾泻此地，常年积水，形成天然湖泊，唯有寺院中玉皇殿、娘娘宫、通明殿矗立水中，1930 年更名湖心寺，后张庄并入。1996 年，随瓦子庄乡并入西半屯乡。位于镇政府驻地西北 5 公里处，东距乔庄 1 公里，南距孙庄村 1.5 公里，西距康庄村 1 公里，北距武官寨镇车庄村 2 公里。1987 年，村民 842 人，耕地 2250 亩；2016 年，耕地 2025 亩，村民 1046 人。

乔家庄　明永乐二年（1404 年）此村名为王庄，后疫病流行，此村只有一姓乔的幸免于难，定名乔庄。1982 年，更名为乔家庄。1996 年，随瓦子庄乡并入西半屯乡。位于镇政府驻地西北 4.3 公里处，东距徐董屯 2 公里，南距盐厂村 2 公里，西邻湖心寺，北距武官寨镇小曲店村 1.5 公里。1987 年，村民 360 人，耕地 1070 亩；2016 年，耕地 790 亩，村民 429 人。

西桥　明永乐年间（1403—1424 年）山西洪洞移民定居于此繁衍生息。该村东水沟建木桥一座遂名桥村。后此村分为东、西两村，分别称为东桥上村和西桥上村。清道光年间（1821—1850 年），改为西百尺村和东百尺村。中华民国时期，又改为西桥上村和东桥上村。今简称西桥村和东桥村。此村居西，故名西桥村。1996 年，随瓦子庄乡并入西半屯乡。位于镇政府驻地西9公里处，东邻东桥村，南距军屯镇贾庄村1.5公里，西临清凉江，北距西里屯村0.5公里。1987年，村民730人，耕地1387亩；2016年，耕地1138亩，村民802人。

东桥 原“桥村”分为东、西两村，该村居东，故为东桥村。1996年，随瓦子庄乡并入西半屯乡。位于镇政府驻地西9公里处，东距姜庄村2公里，南距军屯镇贾庄村1.5公里，西邻西桥村，北距西里屯村0.5公里。1987年，村民781人，耕地1398亩；2016年，耕地1196亩，村民979人。

十八里庄 此村因距武城原县城18里，故得村名十八里庄。1996年，随瓦子庄乡并入西半屯乡。位于镇政府驻地西南8公里处，东邻范庄村，南距军屯镇西牛庄村1公里，西临西外环距东桥村2公里。1987年，村民352人，耕地848亩；2016年，耕地740亩，村民427人。

范庄 据《范氏族谱》载，明永乐二年（1404年）范朝兴从山西洪洞县大槐树下迁此定居，定村名为范庄。1996年，随瓦子庄乡并入西半屯乡。位于镇政府驻地西南7公里处，东邻张庄村，南距军屯镇胡官屯1.5公里，西距十八里1公里，北距姜庄村0.5公里。1987年，村民373人，耕地888亩；2016年，耕地721亩，村民488人。

姜庄 明洪武二十五年（1392年）山西洪洞县一姜姓人家迁此定居，故名姜庄。1996年，随瓦子庄乡并入西半屯乡。位于镇政府驻地西南7公里处，东距张庄村1公里，南距范庄村1公里，北距西李庄村1公里。1987年，村民421人，耕地1123亩；2016年，耕地912亩，村民501人。

西李庄 明永乐元年（1403年）李氏迁此占产立庄，取名李庄。1982年4月，更名为西李庄。1996年，随瓦子庄乡并入西半屯乡。位于镇政府驻地西8公里处，东邻瓦子庄，南距姜庄村1公里，北距付庄村2公里。1987年，村民309人，耕地814亩；2016年，耕地618亩，村民330人。

西孙庄 据《孙氏族谱》记载，明洪武二十五年（1392年）孙氏从山东莱阳县孙家庄迁此立庄，定村名为孙庄。1982年4月，更名为西孙庄。1996年，随瓦子庄乡并入西半屯乡。位于镇政府驻地西4公里处，东距盐厂村2公里，南距王洼村1.5公里，西邻小屯村，北距湖心寺村2公里。1987年，村民1105人，耕地4016亩；2016年，耕地2555亩，村民1503人。

南梁庄 明永乐二年（1404年）山西洪洞县梁氏三兄弟迁此定居，定名为梁庄，后为与北梁庄区分，改称南梁庄。1996年，随瓦子庄乡并入西半屯乡。位于镇政府驻地西6公里处，东紧邻十二里村，南距军屯镇胡官屯1.5公里村，西临范庄村，北距张庄村0.5公里。1987年，村民408人，耕地774亩；2016年，耕地794亩，村民558人。

西张庄 明永乐元年（1403年）张氏奉诏从山西洪洞县迁此定居，得村名张庄。1982年4月，更名西张庄。1996年，随瓦子庄乡并入西半屯乡。位于镇政府驻地西南6公里处，东临辛堤干渠，南距南梁村1公里，西临范庄村，北距瓦子庄村1公里。1987年，村民408人，耕地936亩；2016年，耕地729亩，村民520人。

十二里庄 因距武城县原县城12里，得名十二里庄。1996年，随瓦子庄乡并入西半屯乡。位于镇政府驻地西南4.5公里处，东邻郭庄村，南距建国镇于姑屯村2公里，西临辛堤干渠，北距王洼村1公里。1987年，村民895人，耕地2518亩；2016年，耕地2423亩，村民1194人。此村有天主教堂一座。

王洼 明永乐元年（1403年）王氏从山西洪洞县迁此定居，称王庄，因村地势低洼，惯称王洼。1996年，随瓦子庄乡并入西半屯乡。位于镇政府驻地西4.6公里处，东距西半屯村4公里，南邻十二里村，西距辛堤干渠1公里，北距孙庄村2公里。1987年，村民244人，耕地664亩；2016年，耕地592亩，村民308人。

西郭庄 明朝初期，郭氏从山西洪洞县迁此定居，故名郭庄。后来从山东莱阳又迁来一户姓于的人家落户，建议合庄，以后又相继迁入李、王二姓，称李王庄，三庄联为一体，群众共议定村名郭庄。1982年4月，改名为西郭庄。1996年，随瓦子庄乡并入西半屯乡。位于镇政府驻地西3.8公里处，东距西半屯村3.4公里，南距建国镇于姑屯村3公里，西距十二里庄1公里，北距孙庄村1.5公里。1987年，村民572人，耕地1505亩；2016年，耕地1192亩，村民775人。

附

瓦子庄乡

瓦子庄乡1996年并入西半屯乡，以下为1988年版县志记载部分：

瓦子庄乡位于故城县西南部，乡治瓦子庄距县城21公里。南与军屯乡相连，北与武官寨乡接壤，东与西半屯乡毗邻，西隔清凉江与枣强县金子乡、南宫市张侯町乡相望。面积45.1平方公里，辖31个行政村，有17633人。

瓦子庄系明初山西移民来此定居时，因此地低洼而得洼子庄名，后改为瓦子庄。抗战期间1940年3月原属武城县抗日民主政府四区辖，1956年3月属饶阳店区辖，1958年3月建为瓦子庄乡，1958年10月属夏津县武官寨公社辖，1964年划归故城县武官寨公社，1984年改为乡治。

地势平坦，西南稍高东北略低。东部有辛堤干渠自南向北穿过。有深浅机井103眼，现有林地83亩，“四旁”植树5万棵。

耕地面积45652亩，其中水浇地占80%。主要农作物以小麦、玉米、棉花为主。粮食亩产由解放初40公斤上下增至189公斤，总产776.2万公斤；皮棉亩产由10多公斤增至62公斤，总产105.5万公斤。

乡办、村办、个体办工副业主要项目为皮毛、砖瓦、皮革等，年收入1962.9万元，占全乡总收入54.8%。

十二、建国镇

位于县域南部，东与山东省武城县隔运河相望，南与清河县接壤，西连军屯镇，北邻西半屯镇。镇政府所在地建国村距县城25公里。

唐朝曾为武城的城关。清乾隆年间（1736—1795年），原山东武城县城运河西岸的观音街、石闸街、刘家街3个街市统称河西街。1946年，将河西街划成建国、和平、民主3个自然村（取义是和平民主建国新阶段）。历史上的河西街曾为运河水运码头，漕运兴盛，商贸繁华。1964年划归河北省故城县辖，1966年设建国公社，1984年改为镇。1987年，区域面积32.75平方公里，辖28个行政村，有1.99万人。1996年1月要庄乡并入。是年被河北省委、省政府确定为全省第一批综合改革试点镇，2001年被河北省政府确定为改革发展重点镇。

2008年，建国镇区域面积67平方公里，辖58个行政村，人口5.06万，耕地面积59877亩。2018年，总人口5.5万。

爱国主义教育基地“四二九”烈士陵园坐落在该镇霍庄村。该镇地方美食“郭庄煊饼”已享誉300余年。

建国镇石质标志牌

建国镇农作物种植以小麦、玉米、棉花为主，韭菜、大蒜、茄子、西红柿等农作物零星种植。域内主要河流有卫运河、辛堤干渠、武北沟渠、马寺渠，均属季节性河渠。卫运河为全镇农田灌溉唯一外来水源，域内流程14公里，流经22个自然村。20世纪90年代，随着农业产业结构的逐步调整，规模养殖逐渐兴起。地膜覆盖、大棚、小拱棚、嫁接等技术逐步普及，臧庄、姜圈、良尧等棚菜种植初具规模。1996年后，乡镇企业逐步形成化工、合金、绒毛、建材、粮食收购加工、棉花收购加工六大行业。镇办、村办、个体办工副业主要经营项目为梳绒、合金、机械、棉厂、化工厂、养殖场等。2008年，依靠区域优势和行业优势企业摊点达2000多个，企业总产值由4000万元增加到10亿元。通过培育骨干企业，主抓重点项目，形成以合金、棉花、粮食为主导的三大优势加工行业和羊绒、化工、机械制造为辅的工业发展格局。其中合金加工企业达23家，从业人员1800多人，年加工合金3000吨；有机井2557眼，水塔46座。全镇蔬菜种植总面积达2.7万亩，销往北京、天津等大中城市。全镇猪存栏2.388万头，年出栏4.776万头，蛋鸡存栏26.5万只。

2018年，5.8万亩耕地中蔬菜种植面积达3.8万亩（含复种面积），涉及全镇40个村。其中，韭菜种植面积8000亩，亩均效益1.2万元左右；“时速菜”种植面积2.9万亩（含复种面积），亩均效益1.4万元左右；大蒜等其他类种植1000亩，亩均效益7000元左右。蔬菜专业合作社发展到26家，入社社员6600户，建有销售市场9个，从事蔬菜种植、购销、运输的人口达1.5万人，蔬菜年产值达4.2亿元。完成财政收入6746.77万元。完成规模企业工业总产值8.15亿元，增长幅度10.1%；完成固定资产投资5.23亿元，占全年任务的121.6%。招商引资与项目建设落地项目10个。

建国镇小拱棚蔬菜

2018年，有小学10所，在校生3430人，中学1所、在校生956人，教职员工247人；民办幼儿园9所，计1350人；村级文化活动中心56处，农家书屋58个，藏书6万余册；卫生院1所，有职工52人，开放病床30张；58个村全部配备村级卫生室和乡村医生，医药人员结构能满足镇区群众的健康需求，城乡居民医疗保险参保率达93%。

建国 原名河西街，原系山东武城县城之运河西部。清乾隆年间（1736—1795年）武城县原县城运河西岸的观音街、石闸街、刘家街三个街市，统称河西街。1946年，将河西街划成建国、和平、民主三个自然村（取义是和平民主建国新阶段），此为建国村。建国村东临大运河，西接罗马村，南至良尧村，北邻民主村。1987年，村民1675人，耕地1438亩；2016年，耕地1304亩，村民2015人。

民主 1946年，将河西街西部及郭家园子、宋家场、小辛庄几个居民点统一改为民主村。民主村东邻和平村，西接南宋庄村，南至建国村，北邻巩庄村。1987年，村民900人，耕地926亩；2016年，耕地886亩，村民1105人，其中回民20人。

和平 1946年将河西街分为三个村，此为和平村。位于镇政府驻地正西0.5公里处，和平村东临大运河，西接民主村，南至建国村，北邻蔡庄村。1987年，村民1175人，耕地807亩；2016年，耕地1200亩，村民1580人，其中回民15人。

于姑屯 明永乐年间（1403—1424年）燕王扫北时，此村有一姓于的姑娘躲在梁头上未被杀害，遂名于姑娘屯，后简称于姑屯。位于镇政府驻地西北7.5公里处，东邻西冯村，西接胡官屯村，南至马寺村，北邻十二里庄村。1987年，村民1192人，耕地2065亩；2016年，耕地2020亩，村民1567人。

西冯王庄 明永乐年间（1403—1424年）冯、王二氏迁此定居，定村名为冯王庄，后村落渐大，分成东、西两村，居西者为西冯王庄。位于镇政府驻地西4公里处，东邻东冯村，西接于姑屯村，南至孔辛庄村，北邻何刘屯村。1987年，村民440人，耕地805亩；2016年，耕地710亩，村民603人。

东冯王庄 冯王庄村落变大后，分为东、西两村，居东者为东冯王庄。位于镇政府驻地西3公里处，东邻马庄村，西接西冯村，南至孔辛庄村，北邻何刘屯村。1987年，村民634人，耕地1154亩；2016年，耕地993亩，村民860人。

巩庄 明永乐二年（1404年）有一巩氏在此开荒种地，后居民逐渐增多，故为巩庄。位于镇政府驻地正北1.5公里处，东邻姜家庄村，西接马庄村，南至和平村，北邻万庄村。1987年，村民1065人，耕地1885亩；2016年，耕地1640亩，村民1280人。

姜家庄 明永乐年间（1403—1424年）山西一户姜姓人家迁此定居，定村名姜庄。1982年4月，更名为姜家庄。位于镇政府驻地正北1公里处，东邻二里庄村，西接巩庄村，南至和平村，北邻东半屯村。1987年，村民671人，耕地860

亩；2016年，耕地730亩，村民822人。

马寺　该村原名旧仙寺（因此村有一寺院而得名），明朝中期，因村里马姓居多，遂改名为马寺。位于镇政府驻地正西3.5公里处，东邻南齐庄村，西接杨寺村，南至祖杨村，北邻于姑屯村。1987年，村民715人，耕地1350亩；2016年，耕地1306亩，村民840人。

南齐庄　清朝初期，因齐姓居多，名齐庄。1982年4月，更名为南齐庄。位于镇政府驻地正西4公里处，东邻三里庄村，西接马寺村，南至宋唐庄村，北邻孔辛庄村。1987年，村民376人，耕地875亩；2016年，耕地758亩，村民453人。

孔辛庄　明朝初期，此村名米新庄。清朝初期，孔姓居多，遂改名孔新庄，后又改为孔辛庄。位于镇政府驻地正西3公里处，东邻三里庄村，西接马寺村，南至南齐庄村，北邻东冯村。1987年，村民389人，耕地362亩；2016年，耕地776亩，村民524人。

祖杨庄　明永乐年间（1403—1424年）山西迁祖、杨二姓人家迁此，名祖杨庄。位于镇政府驻地西2.5公里处，东邻霍庄村，西接南齐庄村，南至宋唐庄村，北邻何柳屯村。1987年，村民698人，耕地1550亩；2016年，耕地1473亩，村民867人。

霍庄　明永乐年间（1403—1424年）一霍姓人家从山西洪洞县迁此，定名为霍庄。位于镇政府驻地西南2公里处，东邻建国村，西接祖杨庄村，南至宋唐庄村，北邻三里庄村。1987年，村民585人，耕地1330亩；2016年，耕地1110亩，村民638人。

三里庄　清末此村距原武城县城1.5公里，故名三里庄。位于镇政府驻地正西1.5公里处，东邻南宋庄村，西接孔辛庄村，南至霍庄村，北邻河西马庄村。1987年，村民769人，耕地1600亩；2016年，耕地135亩，村民1170人。

河西马庄　明朝末年，马姓在此居住，名马庄。1982年4月，更名为河西马庄。位于镇政府驻地西北1.5公里处，东邻巩庄村，西接东冯村，南至南宋庄村，北邻南召村。1987年，村民980人，耕地2140亩；2016年，耕地2020亩，村民1232人。

南宋庄　明永乐年间（1403—1424年）山东莱阳县宋同仁迁此定居，名宋庄。1982年4月，更名为南宋庄。位于镇政府驻地正西0.5公里处，东邻民主村，西接三里庄村，南至建国村，北邻河西马庄村。1987年，村民265人，耕地682亩；2016年，耕地505亩，村民340人。

二里庄　因距原武城县衙1公里，故名二里庄。位于镇政府驻地正北1公里处，东邻庞堂村，西接姜家庄村，南至和平村，北邻随庄村。1987年，村民264人，耕地382亩；2016年，耕地336亩，村民336人。

蔡庄　明永乐元年（1403年）有一蔡氏人家到此定居，名蔡庄。位于镇政府驻地东北1公里处，东邻高家庄村，西临大运河，南至和平村，北邻二里庄村。1987年，村民225人，耕地244亩；2016年，耕地242亩，村民273人。

高家庄　据该村现存钟文载，因此村高姓多，故名高庄，1982年4月，更名为高家庄。位于镇政府驻地东北1公里处，东临大运河，西接蔡庄村，南至和平村，北邻庞堂村。1987年，村民292人，耕地244亩；2016年，耕地394亩，村民336人。

庞堂　明朝中期，运河经常在这里决口，为避水患，庞氏在此修筑关帝庙堂一座，遂称村名为庞堂。位于镇政府驻地东北2公里处，东临大运河，西接二里庄村，南至高家庄村，北邻随庄村。1987年，村民734人，耕地825亩；2016年，耕地759亩，村民910人。

宋唐庄　明朝末年，有宋、唐两姓定居于此，故名宋唐庄。位于镇政府驻地西南3公里处，东邻罗马庄村，西接王同庄村，南至罗马庄村，北邻祖杨庄村。1987年，村民780人，耕地2162亩；2016年，耕地2029亩，村民1154人。

罗马庄　明永乐年间（1403—1424年）罗、马二姓人家自山西迁此居住，故名罗马庄。位于镇政府驻地西南2公里处，东邻建国村，西接王同庄村，南至大商庄村，北邻宋唐庄村。1987年，村民654人，耕地932亩；2016年，耕地890亩，村民925人。

陈王庄　据传，明永乐年间（1403—1424年）山西几户姓王的人家迁此居住，故名王庄，1982年4月，更名为陈王庄，现为王庄村。位于镇政府驻地正南2公里处，东邻褚庄村，西接宋唐庄村，南至陈庄村，北邻刘辛庄村。1987年，村民570人，耕地595亩；2016年，耕地736亩，村民680人。

陈庄 明永乐元年（1403年）山西一陈氏人家迁此定居，名陈庄。位于镇政府驻地南1.5公里处，东邻褚庄村，西接小商庄村，南至南高庄村，北邻陈王庄村。1987年，村民494人，耕地745亩；2016年，耕地581亩，村民760人。

刘辛庄 据《刘氏族谱》载，清光绪元年（1875年）刘氏到此定居，遂名刘新庄，后改为刘辛庄，1982年4月，更名为八户庄，现为刘辛庄。位于镇政府驻地南1公里处，东邻良尧村，西接小商庄村，南至陈王庄村，北邻建国村。1987年，村民268人，耕地320亩；2016年，耕地328亩，村民331人。

褚庄 明永乐元年（1403年）山西洪洞县一户姓褚的人家到此定居，定名为褚庄。位于镇政府驻地南2公里处，东临运河，西接陈王庄村，南至曹口村，北邻良尧村。1987年，村民546人，耕地667亩；2016年，耕地784亩，村民686人。

良尧 据传，明永乐元年（1403年）山西洪洞县一梁姓人家迁此筑窑烧盆，定名为梁家窑，后改为梁窑，现为良尧。位于镇政府驻地南1公里处，东临大运河，西接刘辛庄村，南至褚庄村，北邻建国村。1987年，村民505人，耕地230亩；2016年，耕地416亩，村民694人。

曹口 隋炀帝开挖大运河后，一姓曹的在此摆渡谋生，定村名为曹家渡口，后改为曹口。位于镇政府驻地南3公里处，东临大运河，西接南高庄村，南至西刘庄村，北邻褚庄村。1987年，村民1865人，耕地1565亩；2016年，耕地2531亩，村民2420人。

要庄 该村低洼易涝，村民希望太平无事，遂取名太平庄。后洪水将村冲毁，赵姓来此居住，改村名要庄，寓“仍要太平”之意。另据此村《刘氏族谱》记载，明永乐年间（1403—1424年），刘虎、刘豹兄弟二人由山东莱州孤柳村迁至邑城（武城老县城）西南要庄，此为刘氏定居要庄之始。此村为原要庄乡政府驻地。1996年，随要庄乡并入建国镇。位于镇政府驻地西南7公里处，东邻南李庄村，西接小林庄村，南至石佛村，北邻小商庄村。1987年，村民895人，耕地1829亩；2016年，耕地1788亩，村民1320人。

王同庄 明永乐二年（1404年）山西洪洞县一叫王同治的人迁此定居，遂定名王同治庄。清同治年间（1862—1874年）为避圣讳，改村名为王同庄。1996年，随要庄乡并入建国镇。位于镇政府驻地西南3公里处，东邻宋唐庄村，西接位庄村，南至郭庄村，北邻马寺村。1987年，村民624人，耕地1620亩；2016年，耕地1380亩，村民847人。

小商庄 明永乐元年（1403年）商氏由山西洪洞县迁此定居，名商庄，后分成大、小两个商庄，此村为小商庄。1996年，随要庄乡并入建国镇。位于镇政府驻地西南5公里处，东邻陈庄村，西接大商庄村，南至要庄村，北邻霍庄村。1987年，村民1092人，耕地2490亩；2016年，耕地2388亩，村民1703人。

大商庄 此村为商庄所分二庄中较大者。1996年，随要庄乡并入建国镇。位于镇政府驻地西南4公里处东邻小商庄村，西接郭庄村，南至小林庄村，北邻宋唐庄村。1987年，村民863人，耕地1830亩；2016年，耕地1548亩，村民1078人。

程村 据清道光鼻音铸钟文载，因此村30户都姓程，故名程村。1996年，随要庄乡并入建国镇。位于镇政府驻地西南8公里处，东邻吕华庄村，西接连屯村，南至大林庄村，北邻庄科村。1987年，村民1346人，耕地3100亩；2016年，耕地2924亩，村民2212人。

位庄 据出土碑文记载，唐代此处有魏氏居住，得名魏庄，后简化为位庄。1996年，随要庄乡并入建国镇。位于镇政府驻地西南6.5公里处，东邻王同庄村，西接程村，南至吕华庄村，北邻庄科村。1987年，村民352人，耕地955亩；2016年，耕地844亩，村民513人。

吕华庄 明永乐年间（1403—1424年）吕氏迁此居住在某尚书的一片林地，得名吕尚林，后迁入移民渐多，文化兴旺发达，故改名为吕化庄，后叫白为吕华庄。1996年，随要庄乡并入建国镇。位于镇政府驻地西南8公里处，东邻郭庄村，西接程村，南至张庄村，北邻位庄村。1987年，村民500人，耕地1047亩；2016年，耕地996亩，村民746人。

南张庄 唐朝时，此处乃是沼泽之地，有位姓张的在此以打鱼为生，故名为张庄。1982年，更名为南张庄，后改为张庄。1996年，随要庄乡并入建国镇。位于镇政府驻地西南6公里处，东邻吕华庄村，西接程村，南至常庄科村，北邻吕华庄村。1987年，村民235人，耕地817亩；2016年，耕地683亩，村民360人。

郭庄 明永乐年间（1403—1424年）郭氏自山西迁此建村，名郭庄。1996年，随要庄乡并入建国镇。位于镇政府驻地西南5.8公里处，东邻大商庄村，西接吕华庄村，南至徐窑村，北邻王同庄村。1987年，村民496人，耕地968亩；2016年，耕地914亩，村民737人。

徐尧 明朝初期，徐氏迁此后以烧窑为生，故名徐窑，后雅化为徐尧。1996年，随要庄乡并入建国镇。位于镇政府驻地西南6公里处，东邻要庄村，西接张庄村，南至小林庄村，北邻郭庄村。1987年，村民282人，耕地750亩；2016年，耕地810亩，村民420人。

南高庄 明永乐年间（1403—1424年）两户姓高的迁居于此，定名为高庄，1982年改为南高庄。1996年，随要庄乡并入建国镇。位于镇政府驻地南3公里处，东邻曹口村，西接小商庄村，南至臧庄村，北邻陈庄村。1987年，村民312人，耕地494亩；2016年，耕地496亩，村民505人。

南臧庄 明永乐年间（1403—1424年）一户臧姓人家从山西洪洞县迁此，定村名为臧庄，1982年改为南臧庄，现为臧庄。1996年，随要庄乡并入建国镇。位于镇政府驻地南4.5公里处，东邻西刘庄村，西接要庄村，南至南李庄村，北邻南高庄村。1987年，村民341人，耕地724亩；2016年，耕地674亩，村民533人。

小林庄 明永乐二年（1404年）由山西洪洞县迁一姓林的居住于此，为与清河县的大林庄区分，此村取名小林庄。1996年，随要庄乡并入建国镇。位于镇政府驻地西南6公里处，东邻石佛村，西接清河范庄村，南至清河村，北邻大商庄村。1987年，村民637人，耕地958亩；2016年，耕地1200亩，村民977人。

石佛 原名王泉村，后有居民迁此，改名为集贤村。唐朝时，村西建寺庙一座，供有石佛像，寺庙叫石佛寺，村名也为石佛寺，后惯称石佛。1996年，随要庄乡并入建国镇。位于镇政府驻地西南7公里处，东邻徐店村，西接小林庄村，南至水坡村，北邻要庄村。1987年，村民1254人，耕地2326亩；2016年，耕地2205亩，村民1886人。

徐店 据碑文记载，明万历六年（1578年）有一个名叫徐霸公的义士携其二子到此开店，父子三人皆武艺高强，霸公为人正直，以能压强人驰名各府州县，徐店由此得名。1996年，随要庄乡并入建国镇。位于镇政府驻地南5公里处，东邻燕庄村，西接石佛村，南至南杨庄村，北邻南李庄村。1987年，村民205人，耕地333亩；2016年，耕地350亩，村民324人。

南李庄 明永乐年间（1403—1424年）李氏奉诏从山西洪洞县迁此立庄种田，名为李庄，1982年改为南李庄。1996年，随要庄乡并入建国镇。位于镇政府驻地南5公里处，东邻陈王庄村，西接要庄村，南至徐店村，北邻臧庄村。1987年，村民280人，耕地432亩；2016年，耕地490亩，村民387人。

新王庄 明永乐二年（1404年）王氏从武城甲马营附近王庄迁此定居，名王庄。1982年更名为新王庄，后为南王庄。1996年，随要庄乡并入建国镇。位于镇政府驻地南2.5公里处，东临大运河，西接南李庄村，南至燕庄村，北邻西刘庄村。1987年，村民222人，耕地333亩；2016年，耕地300亩，村民238人。

西刘庄 明永乐年间（1403—1424年）刘姓二兄弟人从山西洪洞县迁至此地，村名老刘庄。因村附近有个东刘庄，1945年此村改为西刘庄。1996年，随要庄乡并入建国镇。位于镇政府驻地正南5公里处，东邻南李庄村，西接南李庄村，南至南王庄村，北邻曹口村。1987年，村民297人，耕地458亩；2016年，耕地499亩，村民420人。

燕庄 明永乐年间（1403—1424年）由山西洪洞县几户移民迁此定居，因此地低洼，燕子多筑巢于此，故名燕庄。1996年，随要庄乡并入建国镇。位于镇政府驻地南5公里处，东邻南陈庄村，西接许口村，南至草寺村，北邻南陈庄村。1987年，村民410人，耕地415亩；2016年，耕地445亩，村民495人。

东刘庄 此村原在今建国镇政府驻地褚庄南

大堤的拐弯处，村名杨庄，因飓风将村扫平，有部分姓刘的迁居于此，故取村名刘庄。1939年，改为集贤村。1954年，因村西有个刘庄，遂改为东刘庄。1996年，随要庄乡并入建国镇。位于镇政府驻地南4.5公里处，东临大运河，西接西刘庄村，南至新王庄村，北邻曹口村。1987年，村民239人，耕地409亩；2016年，耕地402亩，村民350人。

南陈庄 据《陈氏族谱》载，明朝初期，陈氏从山东青州府益都陈家沟迁此，取名陈庄。1982年，更名为南陈庄。1996年，随要庄乡并入建国镇。位于镇政府驻地南5公里处，东邻姜圈村，西接燕庄村，南至许口村，北邻东刘庄村。1987年，村民561人，耕地832亩；2016年，耕地827亩，村民700人。

许口 清同治年间（1862—1874年）山东夏津县一户姓许的迁此居住，其在运河上设一摆渡口，定村名许口。1996年，随要庄乡并入建国镇。位于镇政府驻地南5公里处，东临大运河，西接燕庄村，南至草寺村，北邻南陈庄村。1987年，村民664人，耕地780亩；2016年，耕地717亩，村民897人。

姜圈 清康熙年间（1662—1722年）有一姓姜的定居于河圈里，定名姜圈。1996年，随要庄乡并入建国镇。位于镇政府驻地南5公里处，东临大运河，西接南陈庄村，南至许口村，北邻曹口村。1987年，村民661人，耕地440亩；2016年，耕地440亩，村民791人。

水坡 明朝初年，李庄、太合庄（已湮灭）和水坡三村中横贯一条水道，闹水灾时李庄、太合庄俱被冲毁，重建时都迁到水坡（村民羡慕水泊梁山而得名）。1996年，随要庄乡并入建国镇。位于镇政府驻地西南8公里处，东邻许口村，西接清河范庄村，南至南杨庄村，北邻石佛村。1987年，村民591人，耕地1125亩；2016年，耕地1035亩，村民801人。

南杨庄 明永乐元年（1403年）山西洪洞县大槐树下移民迁此，因此地有一大片杨树林，故取名杨树村，后简化为杨庄。1982年4月，改为南杨庄。1996年，随要庄乡并入建国镇。位于镇政府驻地正南9公里处，东邻树庄村，西接清河大林庄村，南至毛店村，北邻水坡村。1987年，村民595人，耕地961亩；2016年，耕地961亩，村民925人。

树庄 明朝末年，树儒林一户姓树的人家迁此，取名树庄。1996年，随要庄乡并入建国镇。位于镇政府驻地南8公里处，东邻草寺村，西接杨庄村，南至叶庄村，北邻草寺村。1987年，村民307人，耕地312亩；2016年，耕地402亩，村民390人。

草寺 明朝燕王扫北后，此地人烟稀少，因此村有一寺庙长满杂草，称此村为草寺。1996年，随要庄乡并入建国镇。位于镇政府驻地南7.5公里处，东临大运河，西接树庄村，南至叶庄村，北邻许口村。1987年，村民793人，耕地750亩；2016年，耕地1430亩，村民1067人。该村有一株古柘树，据传有700年树龄。

辛堤 明万历年间（1573—1620年）村西北筑一小堤，按天干地支方位，西北方向为辛，遂起名辛堤。1996年，随要庄乡并入建国镇。位于镇政府驻地南11公里处，东临大运河，西接清河安家那村，南至清河渡口驿村，北邻毛店村。1987年，村民1187人，耕地1367亩；2016年，耕地1352亩，村民1545人。

毛店 明洪武年间（1368—1398年）毛姓人家在此开店，后来迁民增多，称此地为毛店。1996年，随要庄乡并入建国镇。位于镇政府驻地南10公里处，东邻叶庄，西接清河安家那村，南至辛堤村，北邻杨庄村。1987年，村民1544人，耕地2595亩；2016年，耕地2475亩，村民2235人。

叶庄 该村原有刘氏居民，名刘庄，后刘氏绝户。明永乐元年（1403年）叶氏奉诏从山西洪洞县迁此，故改名为叶庄。1996年，随要庄乡并入建国镇。位于镇政府驻地南10公里处，东临大运河，西接毛店村，南至辛堤村，北邻草寺村。1987年，村民343人，耕地340亩；2016年，耕地480亩，村民539人。

附

要庄乡

要庄乡1996年并入建国镇，以下为1988年版县志记载部分：

要庄乡位于故城县南端，乡治要庄距县城

28.3 公里。北与建国镇为邻，西北与军屯乡接壤，南与清河县渡口驿乡相连，西南与清河县连庄乡交界，东与武城县杨庄乡隔卫运河相望。面积 34.2 平方公里，辖 30 个行政村，有 18128 人。

要庄原名太平庄，因该村低洼易涝，天灾人祸多发，乡民希望平安度日而得名。后太平庄毁于洪水，赵氏迁此定居后改称要庄，意为仍要太平之庄。1940 年 3 月属武城县二区辖，1956 年属饶阳店区辖，1958 年 3 月建为要庄乡，是年 10 月属夏津县祖杨公社辖，1964 年划归故城县，仍为祖杨公社辖，1966 年另建要庄公社，1984 年改为乡治。

地势较平坦，西高东低，中间略洼，多黑黏土质，土地肥沃，地下水位较高，适宜打浅机井。辛堤干渠纵贯境内。有支渠 5 条，计 10 余公里。有深浅机井 470 眼。

耕地面积 31900 亩，水浇地近 100%。主要农作物以小麦、玉米、棉花为主。粮食亩产由解放初 50 公斤上下增至 258 公斤，总产 833.3 万公斤；皮棉亩产由 10 多公斤上下增至 61 公斤，总产 73.4 万公斤。

乡办、村办、个体办工副业主要项目为皮毛加工、建筑工程承包、粮棉油加工、毛毡、砖瓦、裘皮等，年收入 348.9 万元，占全乡总收入 19%。

要庄乡生产大白菜、大蒜、莲藕，素负盛誉，又是“山东大白菜”重要产地之一。

十三、军屯镇

位于县域西南部，东与建国镇相连，南与清河县连庄相邻，西与南宫市交界，北与西半屯镇接壤。镇政府驻地军屯南距青银高速公路 5 公里，西距京九铁路 5 公里、308 国道 15 公里，东距邢德公路 9 公里，距县城郑口 26.8 公里。

明朝永乐年间（1403—1424 年），此处为官府屯田之地。明朝大将胡大化从其封地胡官大屯派十二军户来此定居，取名小屯，后改名为军屯，军屯镇即因驻地而得名。军屯镇关庙村有丹阳公子游祠堂遗址，曾以子游弦歌台榭而闻名。史书记载，弦歌台榭高九尺，方圆数百坪。孔子大弟子子游在此教书育人，2500 多年前，二十多岁的子游担任了武城宰（县令）。据传，武城县治所就设在今关庙村附近。

原属山东省武城县辖。1964 年划归河北省故城县辖，1966 年起为军屯公社，1984 年改为乡。1996 年 12 月 30 日，军屯乡撤乡建镇。

地势较平坦，西北稍高，东北略低，多沙黏土质，土地肥沃，处全县较高部位，易旱少涝。清凉江南北流经该镇 5 个村，辛堤干渠南北流经 4 个村，贾庄干渠与清凉江和辛堤干渠相接，三大干渠与全镇配套渠系相通。1987 年，区域面积 31.3 平方公里，辖 21 个行政村，有 1.44 万人。2008 年，总面积 31.3 平方公里，辖 21 个行政村，总耕地面积 33409.2 亩。2018 年，有 1.98 万人。

军屯镇政府驻地

1987 年，有机井 372 眼、倒虹吸 155 个，排灌渠 54 条，计长 37.4 公里，有林地 350 亩，“四旁”植树 5.2 万棵。耕地面积 33377 亩。主要农作物以小麦、玉米、棉花为主。粮食总产 634.5 万公斤；皮棉总产 72 万公斤。乡办、村办、个体办工副业主要项目为皮毛、橡胶、轧花、榨油、砖瓦、裘皮服装、面粉加工等，年收入 731.1 万元，占全乡总收入 49.3%。1996 年，形成皮毛、合金、羊绒三大特色行业。1998 年，冀南硬质合金厂、第二硬质合金厂等企业相继建成投产。2001 年后，羊绒价格回升，该行业逐步恢复并壮大。2008 年年末，全镇有梳绒机 128 台。龙头企业港信羊绒制品有限公司实现产值 1800 万元，纳税 21 万元。皮毛加工行业兴盛，至 2008 年，全镇皮毛加工村 13 个，从业人员 2400 余人。龙头企业信盛皮革制品厂年产值 200 万元以上。

2018 年，财政收入 1436.5 万元，固定资产投资 3.13 亿元，完成技改投资 1.9 亿元，规模以上企业总产值 1.22 亿元，规模以上企业增加值 3059 万元；入库技改项目 3 个：衡水力高钢丝绳网有限公司，入库额度1.8亿元；故城县宏浩橡塑制品有限公司，入库额度8500万元；故城县永祥化工制品有限公司，入库额度1.3亿元。

农业经济发展良好，主要种植小麦、玉米、棉花、辣椒、林果、蔬菜等。有规模奶牛场1家，存栏奶牛500头、肉牛230头；规模养猪场4家，存栏1800头；规模养鸡场1家，存栏蛋鸡6.39万只；规模养鸭场1家，存栏肉鸭2.05万只；规模养鹅场2家，存栏肉鹅9125只。

位于故城县高新技术开发区的河北驭鹏通风设备有限公司、故城县振森金属粉末制品有限公司、故城县宏意祥皮草有限公司；落户于故城县衡德工业园的河北中康橡胶制品有限公司、故城县博胜尾毛制品有限公司、故城县振森物流有限公司均实现营运投产。

2018年，有中学1所、小学3所、幼儿园2所，在校学生2100人，教职工167人。有图书室2个，藏书1万余册，农民娱乐场所5个，锣鼓、秧歌队16个，老干部戏曲演唱组3个。卫生院1所，各类诊所23家，从业人员49人。

军屯 军屯镇政府驻地。明永乐年间（1403—1424年）大将胡大化从其封地胡官大屯派十二军户到此定居，建小屯，后改称军屯。位于县城西南26.8公里处。1987年，村民1052人，耕地2581亩；2016年，耕地2977亩，村民1389人。

贾庄 明永乐元年（1403年）一贾氏从山西迁此居住，故得名贾庄。位于镇政府驻地正北偏西2.3公里处，西临清凉江，南靠贾庄排水渠。1987年，村民1117人，耕地2373亩；2016年，耕地2890亩，村民1316人。

牛庄 明永乐二年（1404年）山西移民渐多，一牛氏居住于此较早，故定村名牛庄。位于镇政府驻地正北偏东3.3公里处。1987年，村民1124人，耕地2534亩；2016年，耕地3150亩，村民1458人。

军王庄 明永乐二年（1404年）一王氏从山西迁此定居，当时此地属胡官大屯军户所辖，故定村名军王庄。位于镇政府驻地正北偏东1.9公里处。1987年，村民576人，耕地1256亩；2016年，耕地1530亩，村民771人。

胡官屯 明永乐年间（1403—1424年）此处是明将胡大化的封地，后人们定居此处，得名胡官大屯。后将“大”字去掉，改为胡官屯。位于镇政府驻地东北2.4公里处。1987年，村民1056人，耕地2297亩；2016年，耕地2699亩，村民1226人。2017年被评为县级文明村。

大王里村 明永乐年间（1403—1424年）山西移民到此定居，自立一村，因此村较大，又多王姓，故名大王立村。后将“立”改为“里”，名为大王里村。位于镇政府驻地正南偏东3.1公里处。1987年，村民731人，耕地1914亩；2016年，耕地2187亩，村民939人。

张里村 明永乐年间（1403—1424年）一张氏从山西迁此定居，因附近有一大王里村，故名张里村。位于镇政府驻地正南偏西1.4公里处。1987年，村民362人，耕地948亩；2016年，耕地1152亩，村民471人。是年，被评为县级文明村。

小王里村 此村原是大王里村一个小卫星村，故名小王里村。位于镇政府驻地正南2.8公里处。1987年，村民270人，耕地667亩；2016年，耕地937亩，村民369人。

徐里村 明永乐年间（1403—1424年）有徐氏从山西洪洞县迁此居住，因附近村有一大王里村，故名徐里村。位于镇政府驻地正南1.4公里处。1987年，村民824人，耕地1709亩；2016年，耕地2396亩，村民1058人。是年，被评为县级文明村。

丁里村 明永乐元年（1403年）有一丁氏从山西迁此定居，定村名丁庄，因附近几村皆叫里村，故改为丁里村。位于镇政府驻地正南偏东0.7公里处。1987年，村民471人，耕地840亩；2016年，耕地1339亩，村民563人。为市级文明村。

赵里村 明永乐元年（1403年）有一赵氏从山西洪洞县迁此定居，因附近几个村均名里村，故名赵里村。位于镇政府驻地正南偏东1.1公里处。1987年，村民428人，耕地729亩；2016年，耕地1289亩，村民562人。

大辛庄 明永乐年间（1403—1424年）山西移民到此定居者渐多，成村后名大新庄（意为在此建新村），后将“新”改为“辛”，故名大辛庄。位于镇政府驻地东南2.4公里处。1987年，村民1014人，耕地2851亩；2016年，耕地2863亩，村民 1330 人。

高行杖 传说春秋时期，一官员行车于此，车出故障，故称行障。后认为“行障”之名不吉，改为“刑杖”。明朝初期，高氏迁入此处定居，定村名为高刑杖，后将“刑”字改为“行”，名为高行杖。另一说为春秋时期孔子弟子子游任武城（今故城地）宰，在此扶人作杖教化子民，立村名为行杖。位于镇政府驻地东南 2.2 公里处。1987 年，村民 426 人，耕地 1002 亩；2015 年，被评为省级文明生态村。2016 年，耕地 1387 亩，村民 622 人。

王行杖 此村前身及来历同高行杖村。明初，一王氏自山西迁此定居，故名王行杖。位于镇政府驻地正东偏南 2.5 公里处。1987 年，村民 1096 人，耕地 2443 亩；2016 年，耕地 3135 亩，村民 1441 人。

刘行杖 此村前身及来历同高行杖村。明朝初年，此地疫病流行，村民绝迹，刘氏迁居于此，故名刘行杖。位于镇政府驻地正东偏北 2 公里处。1987 年，村民 1096 人，耕地 2443 亩；2016 年，耕地 3019 亩，村民 1382 人。

赵庙 孔子弟子子游过此地，后人为其建庙一座，叫子游庙（石碑尚存，文字尚清晰）。后赵氏迁此定居，故名赵家庙，后简称赵庙。位于镇政府驻地东南 3.1 公里处。1987 年，村民 593 人，耕地 1518 亩；2016 年，耕地 1885 亩，村民 773 人。

刘庙 据现存子游庙碑文记载，孔子的弟子子游路过此地，后人为其建庙一座。东汉时期刘姓人家在此定居，定村名为刘庙。位于镇政府驻地东南 3.4 公里处。1987 年，村民 653 人，耕地 1483 亩；2016 年，耕地 1890 亩，村民 877 人。

关庙 据子游庙碑文记载，孔子的弟子子游路过此地，后人为其建庙一座。东汉时期，关姓在此定居，定村名为关庙。位于镇政府驻地东南 3.7 公里处。1987 年，村民 311 人，耕地 760 亩；2016 年，耕地 1024 亩，村民 415 人。

杨寺 明永乐年间（1403—1424 年）此地有一寺院，一杨氏从山西洪洞迁此定居，定村名杨家寺，后简称杨寺。位于镇政府驻地正东 3.9 公里处。1987 年，村民 343 人，耕地 636 亩；2016 年，耕地 1110 亩，村民 458 人。

小辛庄 明永乐年间（1403—1424 年）山西移民到此渐多，成村后谐“新”字音，名辛庄。为与此村附近的大辛庄区别，故名小辛庄。位于镇政府驻地东南偏南 2.8 公里处。1987 年，村民 249 人，耕地 767 亩；2016 年，耕地 2842 亩，村民 1319 人。2017 年被评为县级文明村。

庄科 明永乐三年（1405 年）山西移民到此定居，因此处有一大坑，人们惯称庄坑，后将“坑”改为“科”，定村名为庄科。位于镇政府驻地东南偏南 4.2 公里处。1987 年，村民 551 人，耕地 1498 亩；2016 年，耕地 1609 亩，村民 712 人。

附

故城赋

文 / 刘石营

故城大地，古称甘陵；平畴沃野，纵横九百；人丁五十万众，广袤大邑堪称。物华天宝，人杰地灵。悠悠千载运河，沿县迤逦东行。夫子临川，喟叹逝水，滔滔奔流，不息昼夜。登临运河堤岸，眺望齐鲁芳邻，举目遥望至圣亚圣，反思燕赵慷慨雄风。抚今追昔，发思古之幽情；满目盛景，幸吾侪之欣逢。驻足运河桥头，邑地毗邻山东，踏实甘陵厚土，儒家文化传承。人人豪爽实在，个个礼让宽宏。自古故城，即不依山，更不傍海，无江南之秀美，缺苏杭之精致。有道是：谁人不爱家乡，家乡自有骄傲之处；哪个不恋故土，故土更有自豪情怀！故城历史悠久，甘陵文化厚重。打开记忆闸门，皆是小城故事：自有人烟伊始，这方便是沃土肥壤；至两千年今日，此地更是物阜民丰。甘陵八景，志书有记，运河之水，源远流长；庆林古塔，巍峨耸立，佛头古井，甘泉犹涌。翻开史书，翔实可观，文人贤士，有籍可览。董仲舒谏言汉武帝，天下独尊儒术；董学村下帷讲学堂，故城多授弟子。孔夫子多贤士，弦歌碑记供奉子游像；窦建德举义旗，揭竿反隋天下英名扬。明清多进士，留下不朽之作好文字；百年有贤人，传承脍炙人口颂华章。周世选，敢谏言，上书忠直震朝内；马中锡，著名篇，诗文歌赋后人诵。明洪武，甘陵书院始建成，至清末，人才济济聚朝堂。冯治安，卢沟桥抗日打响第一枪；

节振国，赵各庄刀劈鬼子称英雄。郑家父子好武生，京剧猴戏蜚声南北，晚清艺人何老凤，大鼓说书遐迩闻名。地方美味，各具特点，亘古绵长，文化遗产。甘陵美酒，龙凤贡面，郭庄煊饼，传承百年。故城熏肉，古方厨艺，原熙驴肉，堪比河间。地域经济，处处亮点。种植养殖，特色明显。制动材料一大支柱大把创外汇，皮毛皮革走出国门外国人抢眼。奥冠电池，30年砥砺前行，企业越做越大；青竹画材，36载科技创新，绘就最美画卷。三个园区，后劲强势，财力增幅，指日可观。十三乡镇，招商引资，长跑路上，奋力争先。郑口中学，优秀学子扎根全国创大业；故城县医院，白衣天使救死扶伤谱新篇。县城环境有亮点，夺得省级园林绿化称号；市民精神高大上，方显文化素质步步升攀。新县城，高楼林立，初具城市规模；新农村，整洁秀美，人民安居乐业。忆往昔，峥嵘岁月成过往，看今朝，撸起袖子加油干。五百三十八村庄，小康路上齐头并进；五十万人民大众，致富路上并肩前瞻。全县上下，拧成一股绳；干群同心，绘就新画卷。看今朝，五彩缤纷，鲜花盛开；待明日，万紫千红，硕果满园！

第二编 自然环境

故城县地处河北冲积平原东南部，西南偏高，东北部略低，呈浅平槽状，自西南向东北徐缓倾斜，海拔18～30米。属暖温带半湿润大陆性季风气候。春干旱多风，夏炎热多雨，秋天高气爽，冬寒冷少雪，冷热干湿区别显著，四季分明，间有旱、涝、雹、风、霜、冻等灾害天气。年平均降雨量558.4毫米，年平均气温12.9℃。无霜期约为190天。太阳辐射平均总量为133.373千卡/平方厘米。境内有卫运河、清凉江、江江河、东西沙河4条主要河流，武北干渠、温庄干渠、辛堤干渠、青年干渠纵横交错。土壤属潮土区，有2个土类，36个土种。

第一章 地质 地貌

域内地质条件无明显变化，地貌因为农田基本建设、扩挖坑塘、填充沟壑、建房取土等一些人为因素和自然环境的变化而发生一些变化。如上世纪六七十年代，青罕乡、辛庄乡境内分布着一些大小沙丘，经过1990年平沙造田，至2018年末，沙丘已不存在。

第一节 地 质

一、基底构造

故城县地处二级构造单元——华北断坳中，无极—衡水大断裂呈北西—南东向经故城县北部，消失于德州南，断裂形态在县境内不太明显。

以上述大断裂为界，北部为三级构造单元沧州台拱中的景县断凸，前第三系基岩顶板埋深1100米左右；南部为三级构造单元临清台陷中的故城断凸，前第三系基岩埋深1100～1400米，在故城县境向斜中达3300米，沧州—大名断裂，经故城东北角呈南西向延伸；西部以武城断裂与大营断凹相隔。

二、地层

故城县属华北地层区，在太古代—早元古代变化岩系褶皱基底上，不整合地覆盖着轻微变质之地台型海相中元古界，后沉积稳定型之海相寒武系与奥陶系，自晚奥陶世起至中石炭世前沉积缺失。

中石炭纪与二迭世纪始，出现海陆交互相到陆沉积，至此，除第四纪外再未受海侵。

前第三系地层 顶板埋深1100～1400米，局部达3300米。故城县东南部为中元古界之雾迷山组，主要由碳酸盐岩系——白云岩组成。西部为古生界之寒武奥陶系地层，缺失上奥陶系，其中发育完整，最厚达千余米，为一套海相沉积之碳酸盐岩类，多见灰岩、页岩、白云岩。中东部为古生界石碳二迭系，缺失下石炭系，最厚达千米左右，主要由砂岩、页岩夹海相灰岩与煤层组成。东北部有小范围的中生界地层，为路相碎硝岩、砂、砾岩与泥岩含煤及油页岩与煤层组成。

古生界：寒武奥陶系，缺失上奥陶系，其中地层发育完整，最厚达千余米，为一套海相沉积之碳酸盐岩类，多见灰岩、页岩、白云岩。

石炭二迭系，缺失下石炭系，最厚处达千米左右，主要由各种粒径之砂岩、页岩夹海相灰岩与煤层组成。

中生界：为陆相碎硝岩、砂、砾岩与泥岩含煤及油页岩，夹火山岩。

第三系地层 主要有上第三系之馆陶组、明化镇组。顶板埋深 500 ～ 550 米，主要由河湖相砂岩、泥岩组成。

第四系地层 顶板为地表、河湖相堆积之松散型黏土、砂质黏土、黏质砂土夹各类砂层组成，呈迭层结构。

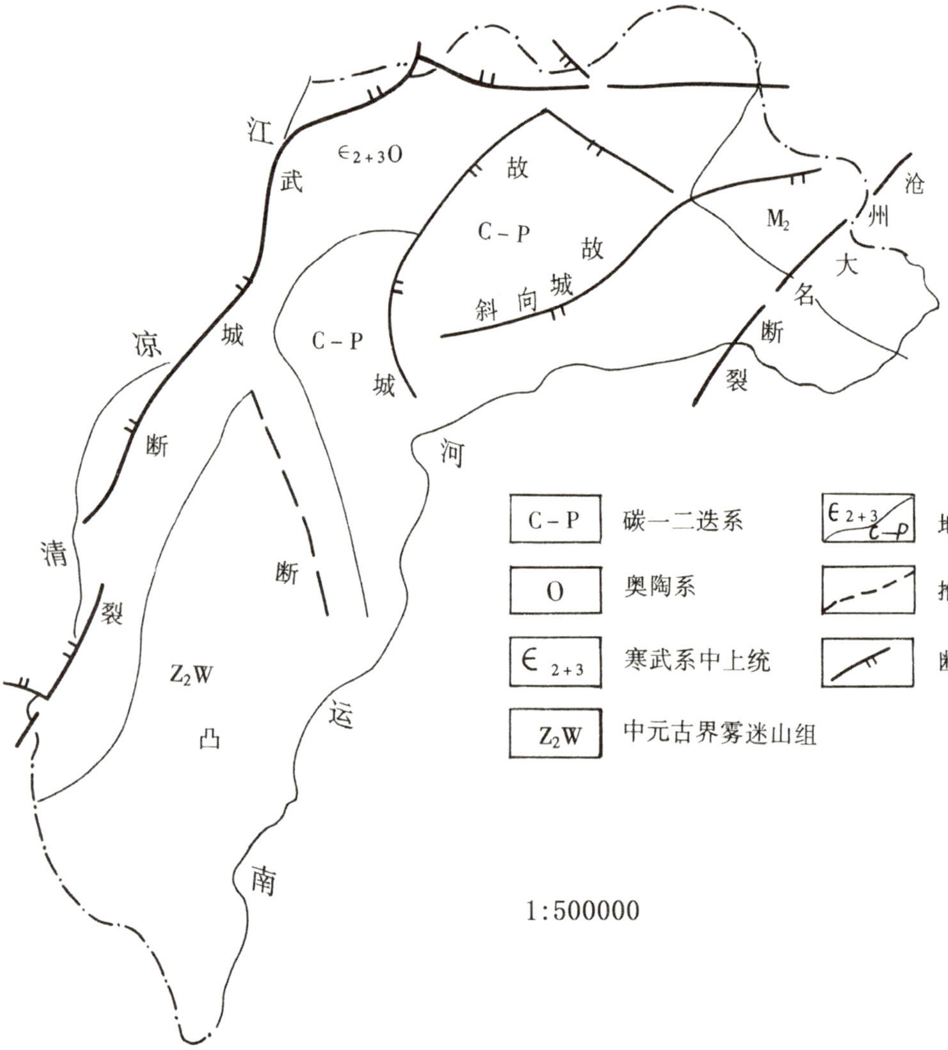

图 2-1　　故城县基底构造及地层略图

第二节 地 貌

故城县地处河北冲积平原东南部，西南部稍高，东北部略低，呈浅平槽状自西南向东北徐缓倾斜，海拔18～30米。

一、沙丘

县境内沿黄河故道，断续分布十几个固定沙丘，多集中于辛庄、庙灵、孟疃、青罕一带，海拔22～30米，与地面相对高差3～10米，面积6.6平方公里。20世纪90年代由于开展农田基本建设平沙造田，十几处固定沙丘夷为平地，变成良田。至2018年，域内已无沙丘地貌。

二、洼地

因历史上古黄河、古漳河经常改道与泛滥冲刷及不同方向交织沉积，境内分布大小不等浅平封闭洼地，形似浅碟，呈捻珠状分布。据1981年《故城县坑塘洼地渠道资料汇编》载，域内共有50亩以上洼地137片，面积共76630亩，占全县总面积937.06平方公里（下均为与此数对比）的5.5%，折合51.09平方公里。其中有较大洼地共13处，有祥家洼（涉及要庄公社，下文注仅载公社名）、商家洼（要庄、建国）、王家湖（要庄、建国、军屯）、乔家洼（半屯、瓦子庄、武官寨）、付官屯洼（又名东大洼，武官寨、赵行）、黄官屯洼（饶阳店）、田村洼（原隰）、白庙洼（青罕）、滩头洼（夏庄）、罗小营洼（夏庄、袁庄）、沈家洼（庙灵、辛庄）、袁庄洼（袁庄）、牛卧庄洼（辛庄）。面积共44826亩，占总面积的3.2%，折合29.89平方公里。20世纪90年代至21世纪初，大部分被开垦。2018年，洼地面积无明显增减。

三、坑塘

据故城县资源普查办公室1980年3月下旬至12月底调查，域内坑塘占地面积30333.4亩，折合20.22平方公里，占全县总面积的2.16%。另据县海河指挥部1980年10月至1981年1月实地勘察，全县共有3亩以上坑塘810个，面积共17244亩，容积2646万立方米。按水面低于地面2米计算，蓄水量888万立方米，其中面积20亩、深3米以上较大坑塘86个。

随着境内一些烧砖窑厂的持续用土，形成一些新的坑塘，距离村落较近的坑塘又逐步填平作为新的宅基地。至2018年年末，全县3亩以上坑塘已不足800个。面积较大的坑塘开垦种地，较小的放水养鱼，极少闲置。

四、平原

故城为平原县，除村庄、道路、坑塘、河渠、沙丘占全县土地总面积的28.22%（折合264.44平方公里、396660亩）外，尚有占全县总面积71.78%（折合672.62平方公里、1008930亩）的平原土地。其中林业占地47424亩，占总面积的3.37%（折合31.62平方公里），盐碱荒地26722.8亩，占总面积的1.9%（折合17.82平方公里）；农业用地934783.2亩，占面积的66.51%（折合623.19平方公里，洼地仍属农用土地面积计算在内）。

第二章 气 候

故城县位于中国大陆东部中纬度地带，为北半球暖温带半湿润大陆性季风气候。全境处于西风带大气环流圈下，除局部对流天气外，天气主要自西向东演变。境内卫运河、清凉江、江江河等主要河流对气候有所影响。

受太阳辐射强度和季风环境影响，冷暖干湿四季分明。春季随太阳辐射增强，受蒙古气旋影响，升温快、多风、少雨，气候干燥；夏季太阳直射北半球，辐射强度最大，又受西太平洋副热带高压（即海洋性气团）影响，带来大量暖湿空气和不稳定能量，极地大陆气团虽时有入侵，但很快受热变性，因而形成湿热多雨气候；秋季太阳辐射强度又逐渐减弱，西太平洋副热带高压迅速南撤东退，极地大陆气团又渐影响此地，气温日趋降低，秋高气爽；冬季太阳斜射北半球，辐射强度最小，又受南下蒙古冷高压（即变性极地大陆性气团）影响，盛吹寒冷偏北风，故冬季天气寒冷、干燥、晴朗。

第一节　气候特征

域内年平均气温13.2℃，最冷月（1月）平均气温-2.7℃，最热月（7月）平均气温26.8℃。年平均降水量487.1毫米，其中6—7月降水量316.8毫米，占全年降水量的65.0%。年平均相对湿度65%。年平均无霜期203天。平均年日照时数2465.5小时，占可照时数的55.6%。年平均风速2.0米/秒，最多风向为西南风。年平均蒸发量为1673.4毫米。年平均雷暴日数24.8天。主要气象灾害是旱涝、大风、冰雹、寒潮、雷暴。

春季冷暖空气交错频繁，天气多变，气温回升快，降水少，干燥多风，气温变幅大。3月最低气温-14.8℃（1969年3月12日）。5月最高气温可达40.5℃（1982年5月25日）。

夏季6—8月，在太平洋副热带高压西伸北抬的条件下，受其边缘偏西气流的影响，形成故城县高温、高湿、降水集中的气候特征。夏季平均气温26.8℃，年极端最高气温为41.9℃（1968年6月11日）。多雷雨天气，季降水量占全年的67%，季降水又多集中在7月下旬至8月上旬。冰雹天气多有发生。

秋季西太平洋副热带高压逐渐东撤南移，受西北季风控制，降水天气显著减少，气温迅速下降，风力减少，天气晴朗，形成“天高云淡，秋高气爽”的天气特征。季平均气温13.5℃，季平均降水量91.1毫米，占全年的17%。季总日照时数为592.9小时，占全年的23%。

冬季12月至来年2月，受蒙古冷高压控制，多偏北大风，天气寒冷干燥，雨雪稀少。季平均气温-1.2℃，极端最低气温-21.2℃（1964年1月14日），1月份是冬季最冷的月份。

第二节　气象要素

一、日照　太阳辐射

据故城县气象局1961—1987年资料，全年日照总时数累年平均为2581.0小时，5月最多为274.2小时，6月次之为265.3小时，2月最少为176.6小时。年日照率为59%，5月最多为63%，7月最少为50%。7、8月多阴雨天气，阴雨天稳定系数分别为75%、72%。

1988—2008年间，年平均日照时数为2386.4小时，减少194.4小时。年平均日照百分率为57%。5月最多为334.3小时，12月最少为43.4小时。年最多日照时数为2008年3790小时；年最少日照时数是2003年2054.4小时。

2009—2018年，年平均日照时数为2313.42小时，5月最多为2011年的284.8小时，6月最多为2009年的310小时，12月最少为2016年的74小时，2014年日照时间最少为1900.2小时，最长日照时间为2017年的2600.4小时。

全年太阳辐射总量累年平均为122.279千卡/平方厘米，5月最多为15.324千卡/平方厘米，12月最少为6.011千卡/平方厘米，5—9月太阳辐射总量为63.671千卡/平方厘米。

1987—2018年故城县月平均日照时数统计表

表2-1　　单位：小时

年＼月	1	2	3	4	5	6	7	8	9	10	11	12	全　年
1987	135.4	147.3	186.7	218.2	213.2	156.3	182.6	209.2	223.9	186.0	166.0	218.1	2242.9
1988	191.4	194.5	206.8	236.1	239.5	268.1	146.0	231.3	236.8	185.9	246.5	145.6	2528.5
1989	126.8	197.6	251.3	269.5	290.8	262.8	184.7	252.6	225.3	254.0	182.3	126.6	2624.3
1990	151.4	121.8	191.8	250.8	221.3	220.9	130.9	223.5	189.5	232.4	129.2	202.0	2265.5
1991	208.3	169.4	173.4	262.3	225.0	206.5	180.2	261.9	194.9	226.9	199.3	121.0	2429.1
1992	198.7	247.4	173.0	267.6	274.7	305.3	243.2	220.1	189.9	167.9	200.0	146.8	2634.6

续表 2-1

月 年	1	2	3	4	5	6	7	8	9	10	11	12	全　年
1993	172.4	189.6	204.2	245.7	219.7	223.9	160.9	165.3	189.4	188.9	100.0	174.0	2234.0
1994	182.6	136.8	214.3	197.6	240.0	173.7	156.9	169.4	210.7	180.2	79.8	121.9	2063.9
1995	224.3	191.0	206.7	215.0	244.7	170.8	205.0	121.3	156.6	166.8	240.8	186.5	2329.5
1996	143.7	231.1	197.0	231.6	271.8	179.6	108.8	136.9	160.9	142.0	133.9	180.0	2117.3
1997	207.3	192.9	223.2	271.1	273.0	316.2	313.9	283.7	249.2	285.6	113.0	151.7	2880.8
1998	152.8	192.8	203.9	199.3	201.9	237.1	167.0	262.3	278.2	212.6	199.8	189.3	2497.0
1999	216.1	210.6	169.6	253.3	270.4	283.2	235.4	267.1	242.3	209.9	212.8	229.0	2799.7
2000	128.2	198.1	306.2	297.4	319.4	283.1	285.3	270.2	286.1	155.1	155.9	161.8	2846.8
2001	122.8	130.6	292.7	274.1	334.3	275.5	252.6	310.4	216.7	215.2	218.2	163.0	2806.1
2002	212.1	214.0	260.7	263.0	257.5	153.8	163.4	197.2	205.0	194.1	181.3	43.4	2345.5
2003	176.5	130.3	156.0	167.2	188.5	204.4	160.0	214.2	172.7	204.7	118.5	161.4	2054.4
2004	189.5	229.9	224.9	284.1	292.6	223.6	228.3	204.7	219.4	240.6	179.9	132.8	2650.3
2005	215.3	143.4	259.8	262.7	300.0	272.4	224.0	248.2	215.6	222.4	196.6	192.2	2752.6
2006	216.3	213.6	257.9	260.9	321.6	219.3	226.5	238.4	217.5	239.5	190.7	153.6	2755.8
2007	218.1	223.7	248.7	278.6	291.5	220.4	230.5	219.3	220.4	215.9	187.9	163.6	2718.6
2008	219.9	229.8	51.9	280.1	279.9	257.6	223.9	235.9	218.7	220.5	190.3	157.8	2566.3
2009	177.1	98.0	246.3	262.3	268.8	310.0	231.6	155.0	181.2	227.9	141.0	154.7	2453.9
2010	168.4	129.9	172.4	213.5	221.0	217.1	235.80	151.0	148.5	195.2	225.1	203.9	2281.8
2011	220.3	135.7	283.7	284.8	273.5	246.1	232.2	158.0	142.9	184.1	103.7	146.9	2411.9
2012	106.7	191.4	215.0	254.3	291.6	228.5	176.5	195.5	185.2	213.7	194.3	137.3	2390.0
2013	98.8	121.2	260.8	256.0	272.5	208.8	177.4	262.0	188.3	210.2	186.3	162.2	2404.5
2014	130.9	114.5	173.60	173.8	270.1	174.6	154.3	197.1	111.9	110.4	103.0	186.0	1900.2
2015	163.5	161.8	244.8	211.2	232.8	216.6	152.0	172.6	163.9	156.2	42.0	113.0	2030.4
2016	129.5	203.0	233.4	236.2	230.9	243.5	162.7	180.2	214.0	126.0	116.0	74.0	2149.4
2017	137.3	191.6	223.5	232.2	334.4	273.1	185.2	206.0	249.2	159.6	214.6	193.7	2600.4
2018	163.3	185.5	192.7	232.0	251.1	271.4	238.7	244.3	194.2	238.6	124.7	175.2	2511.7

二、温度

气温　年内变化比较显著。冬季月平均在 0℃以下，夏季月平均超过 25℃。气温年较差 30.5℃，变幅较大。春温高于秋温，但差别不显著，年平均气温 12.9℃。

极端最高气温和极端最低气温变化突出，最高达 41.9℃（1968 年 6 月 11 日），最低达 -21.2℃（1964 年 1 月 14 日），相差 63.1℃。

年较差和日较差具有大陆性特点，大陆度达65.1%，作物生长日较差多在1.1℃上，有利于生物物质积贮，可提高农作物产量和质量。

各类气温记录（1961—1987年）见下表：

1961—1987年故城县各类气温记录统计表

表2-2　　单位:℃

项目＼月	1	2	3	4	5	6	7	8	9	10	11	12
日平均气温	-3.5	-0.9	6.5	14.2	21.1	25.8	26.7	25.5	20.4	14.0	5.9	-1.1
平均最高气温	3.1	5.6	13.2	21.0	28.1	32.3	31.9	30.4	26.5	20.4	12.0	5.0
平均最低气温	-8.3	-5.8	1.1	8.1	14.3	19.2	22.3	21.3	15.3	8.8	1.2	-5.4
极端最高气温	18.0	22.2	27.0	33.3	40.5	41.9	39.9	37.7	34.3	32.4	24.9	16.4
极端最低气温	-21.2	-20.3	-14.8	-2.5	3.5	10.0	14.5	12.6	5.8	-2.1	-11.0	-21.0
日、年较差	11.4	11.4	12.1	12.9	13.8	13.1	9.6	9.1	11.2	11.6	10.8	10.4

1987—2008年平均气温为13℃，2009—2018年平均气温为13.7℃。气温年内变化比较显著，冬季月平均气温在0℃以下，夏季月平均气温超过25℃；2009—2018年气温年较差30℃。春温高于秋温，但差别不大。

1987—2018年故城县月均及年均气温统计表

表2-3　　单位:℃

年＼月	1	2	3	4	5	6	7	8	9	10	11	12	全年
1987	-2.4	1.3	5.7	14.4	20.8	24.6	27.6	25.6	21.3	15.1	5.2	-0.3	13.2
1988	-2.0	-0.8	5.1	15.0	20.3	26.4	25.5	25.1	21.1	14.8	6.5	-0.5	13.0
1989	-1.8	1.3	7.6	15.6	21.1	25.4	26.4	25.3	20.5	14.9	5.2	0.3	13.5
1990	-3.7	0.2	2.4	13.7	19.4	25.3	26.6	25.7	21.1	15.4	7.6	-0.4	12.8
1991	-1.4	0.5	4.1	14.0	19.2	24.7	27.2	25.7	21.3	14.1	5.4	-1.5	12.8
1992	-1.8	1.7	5.9	15.6	20.5	24.7	28.1	25.2	20.5	12.1	4.5	0.6	13.1
1993	-3.5	2.6	7.7	14.3	20.1	25.5	24.7	24.7	20.9	14.0	3.9	-0.6	12.9
1994	-1.3	1.0	5.5	16.5	20.9	26.4	28.2	26.6	20.7	13.8	6.9	-0.2	13.8
1995	-1.6	1.6	7.4	14.2	20.2	25.3	26.2	25.2	19.2	14.7	7.1	-1.0	13.2
1996	-2.6	0.2	5.9	13.5	21.0	25.2	26.2	24.3	20.7	14.2	5.1	0.9	12.9
1997	-3.0	1.6	8.2	13.8	19.8	26.0	29.3	27.2	19.2	14.5	5.6	-0.4	13.5
1998	-3.1	2.5	8.0	16.2	19.7	25.9	27.3	25.6	23.1	16.1	7.0	0.4	14.1

续表 2-3

年＼月	1	2	3	4	5	6	7	8	9	10	11	12	全　年
1999	-1.1	3.1	6.7	15.4	20.4	25.8	27.5	25.5	22.4	14.1	6.6	0.3	13.9
2000	-4.8	-0.7	9.2	15.3	20.6	26.4	28.3	26.0	22.1	13.3	4.7	1.3	13.5
2001	-4.2	0.3	9.0	14.4	22.6	26.3	27.1	25.3	20.3	15.1	6.2	-2.0	13.4
2002	0.9	5.0	10.3	15.0	20.5	25.0	27.5	26.3	20.4	12.7	3.7	-2.2	13.8
2003	-3.7	1.8	7.1	14.5	21.4	25.3	25.5	24.5	20.6	13.3	5.0	-0.4	12.9
2004	-1.9	4.0	8.9	16.2	20.3	24.0	26.0	24.2	20.9	13.7	6.3	-0.9	13.5
2005	-3.3	-2.4	6.0	16.7	20.6	27.4	27.6	25.2	21.0	14.3	8.2	-2.6	13.2
2006	-3.2	-2.8	5.6	14.9	20.6	26.9	27.1	26.5	20.9	13.5	7.6	-1.8	13.0
2007	-3.5	-2.6	7.3	15.6	21.8	25.7	25.9	24.9	20.5	13.8	6.8	-2.0	12.9
2008	-3.7	-2.5	6.9	13.9	22.1	27.1	26.3	25.1	21.6	14.1	6.3	-0.8	13.0
2009	-2.2	2.3	8.2	15.7	21.5	26.8	26.5	24.8	20.0	16.1	2.2	-1.1	13.4
2010	-3.6	0.2	5.3	11.7	21.4	25.7	28.2	24.9	20.4	13.7	7.1	0.3	12.9
2011	-5.0	0.1	8.1	14.9	20.2	26.5	27.5	25.2	18.8	14.4	7.7	-1.6	13.1
2012	-2.9	-0.7	6.3	15.9	22.7	26.4	27.6	24.7	20.0	15.4	5.4	-2.4	13.2
2013	-3.7	-0.1	8.1	12.8	21.2	25.4	27.1	27.9	21.8	14.7	7.0	0	13.5
2014	0.5	1.3	11.0	15.8	22.3	25.3	27.4	25.6	20.7	15.9	7.6	0	14.5
2015	0	2.1	9.3	14.5	20.8	26.2	27.5	25.8	21.2	15.0	4.5	0.8	14.0
2016	-3.2	2.2	9.5	16.8	20.4	26.1	27.3	26.2	22.3	15.0	5.9	1.1	14.1
2017	-1.1	3.0	8.6	16.2	22.8	25.6	28.0	26.3	22.7	13.6	6.1	0.2	14.3
2018	-2.6	0.5	9.6	16.0	21.2	27.0	29.0	27.5	21.1	14.0	7.0	-1.3	14.1

1961—1987 年故城县各界限温度通过日期及积温统计表

表 2-4

项　目	≥ 0℃	≥ 3℃	≥ 5℃	≥ 10℃	≥ 15℃	≥ 20℃
初　日	2 月 26 日	3 月 8 日	3 月 16 日	4 月 5 日	4 月 26 日	5 月 19 日
终　日	12 月 4 日	12 月 4 日	11 月 16 日	10 月 28 日	10 月 7 日	9 月 13 日
间隔日数	282	270	246	207	165	120
积　温	4867.8℃	4857.0℃	4888.2℃	4456.3℃	3869.4℃	3019.4℃

由农业界限温度表明，就≥ 10℃积温看，故城县为4456.3℃，接近暖温带标准（3400℃～4500℃）上限，根据≥ 0℃～≥ 20℃各农业界限温度，即可种北方一般作物，实行一年两熟。

地温 地面温度年平均为15.4℃，6月最高为31.8℃，1月最低为-3.3℃，地面极端最高温度72.5℃（1972年6月11日），地面极端最低温度为-28.1℃（1985年12月7日），5厘米地温为春播主要考虑气象指标之一，稳定通过14℃，棉花方能播种，5厘米地温稳定通过14℃，初日约在4月13日。

1961—2018年，年平均地面温度15.2℃，地面极端最高温度72.5℃（1972年6月11日），地面极端最低温度-28.6℃（2002年12月25日）。

1961—2018年故城县月地面、地中温度统计表

表2-5

月份	地面平均温度（℃）	地面最低平均温度（℃）	地面最高平均温度（℃）	地中温度	
				10厘米	20厘米
1	-3.3	-17.6	18.7	-1.4	-0.2
2	0.7	-15.2	26.8	0.9	1.3
3	8.9	-8.6	40.9	7.6	7.6
4	17.9	-2.6	50.6	15.3	14.9
5	25.4	5.3	58.3	21.8	21.2
6	30.6	11.6	63.0	26.6	25.9
7	30.7	17.4	60.8	28.2	27.7
8	28.8	15.4	55.9	27.0	26.9
9	23.2	7.0	49.5	22.1	22.6
10	15.3	-1.8	41.0	15.3	16.3
11	5.8	-8.6	30.0	7.2	8.5
12	-1.3	-14.7	18.2	0.7	2.1

三、降水

降水形成 降水主要来自东南夏季风，即受副热带海洋气团影响，其西侧偏南气流带来大量水汽，降水动力除低涡高空槽、锋面气旋外，局地对流亦为形成降水重要条件，台风某时对降水亦起重要作用。

年降水变化 随东南夏季风迟早和强弱不同，雨季迟早和降水强弱均有较大变化。一般年份东南季风5月开始入境，8月达鼎盛期，9月南撤。

因夏季风各年强弱不同，影响时间不一，故降水在各年分布表现多少变化显著。如较多年份（1964年）达1001.3毫米，较少年份（1972年）仅279.7毫米，二者相差721.6毫米。降水过分集中和降水量不稳定，不仅影响水资源利用，也是旱涝灾害形成之根本原因。

1961年故城县有统计数据以来，历年均降水量为528毫米。最多的1964年为1001.3毫米，最少的1972年为279.7毫米。降水主要集中在夏季。一日最大降水量为220.9毫米（1961年7月25日至8月2日），最长连续无降水日数为104天（1998年12月2日至1999年3月15日）。历年平均降雨天数为67天，降雪天数为12天。降雨天数最多为104天，出现在1964年。降雨天数最少的是47天，出现在1992年。降雪天数最多的是26天，出现在2001年。降雪天数最少的是1天，出现在1977年。历年积雪最大深度平均值为6.7厘米，最大深度为19厘米（1979年），次大深度为18厘米（2001年）。平均降雪初日在12月1日，终日在3月12日。降雪最早初日在10月31日，最晚初日在1月2日。降雪最早终日在1月15日，最晚终日在4月28日。

1987—2018 年故城县降水量统计表

表 2-6　　　　　　　　　　　　　　　　　　　　　　　　　　　　单位:毫米

年\月	1	2	3	4	5	6	7	8	9	10	11	12	全　年
1987	4.3	0.9	5.7	38.7	18.7	53.0	51.0	318.3	16.1	27.6	16.9	—	551.2
1988	3.8	0.3	3.2	2.8	50.2	49.7	167.1	113.4	30.6	7.0	—	1.7	429.8
1989	6.4	0	18.4	2.3	24.5	61.2	202.8	35.9	35.8	6.5	3.3	10.0	407.1
1990	11.5	29.9	42.4	32.6	63.4	24.0	385.2	159.3	38.1	5.0	17.0	6.1	814.5
1991	0	0	32.4	47.0	41.9	75.9	130.2	52.5	56.9	30.0	6.2	11.3	484.3
1992	2.0	—	3.2	0.3	39.3	12.4	51.6	139.3	193.0	236.0	5.4	0.4	682.9
1993	2.5	0.9	5.0	8.9	14.2	113.7	244.7	62.6	62.5	36.9	74.8	0.5	627.2
1994	2.1	1.8	1.2	32.5	39.5	100.9	189.4	96.4	8.6	17.6	31.5	17.6	539.1
1995	0.4	12.0	18.8	19.1	39.3	150.5	133.1	30.0	39.8	0.6	0.1	—	443.7
1996	1.5	0	10.8	13.1	13.5	55.1	193.9	191.1	5.2	26.8	2.7	0.8	514.5
1997	0.4	20.4	31.4	29.7	19.0	10.1	78.9	54.2	55.0	2.1	8.0	8.8	318.0
1998	1.0	22.9	16.0	8.9	59.1	36.1	194.5	130.7	7.7	10.1	1.3	1.5	489.3
1999	0	—	4.4	9.3	23.4	54.0	80.3	27.0	28.3	51.8	9.9	0	288.4
2000	4.9	9.9	0.5	15.0	11.9	43.7	185.1	205.7	87.4	110.7	11.3	—	686.1
2001	26.8	16.9	1.1	27.4	9.7	72.9	166.6	74.7	23.2	18.4	7.0	1.0	445.7
2002	0.8	1.1	2.5	20.5	77.9	126.8	23.2	6.4	45.8	9.5	—	10.5	325.0
2003	0.2	1.8	11.8	67.1	45.2	30.9	295.0	73.4	89.2	186.4	30.2	2.2	833.4
2004	0.8	8.3	0	18.6	50.4	126.7	104.0	97.6	33.8	13.1	16.8	7.7	477.8
2005	0	14.7	0	4.0	22.3	11.8	27.4	46.9	27.4	4.3	4.6	0	141.8
2006	0.1	6.2	0.1	5.1	63.1	36.5	96.5	65.3	8.6	3.6	9.1	1.2	295.4
2007	0.3	3.0	0.2	2.3	25.1	69.2	68.7	81.3	21.1	9.6	6.3	0.6	287.7
2008	0.5	2.0	3.4	1.0	37.5	54.3	80.0	63.2	6.3	12.3	8.8	3.1	272.4
2009	0	16.1	5.3	52.8	47.7	95.3	87.4	161.3	141.2	16.3	15.7	0.3	639.4
2010	3.4	6.3	9.9	8.4	14.2	42.3	146.1	217.4	54.6	3.0	0	1.4	507.0
2011	0.5	10.8	0	14.5	38.7	71.7	103.2	290.0	64.0	17.1	42.2	3.7	656.4
2012	0	0	7.9	65.7	1.7	62.0	274.0	208.3	59.9	8.4	22.2	10.1	720.2
2013	5.2	21.7	0.4	16.9	47.6	63.6	428.9	135.8	113.5	18.1	12.0	0	863.7
2014	0.7	7.7	0	78.8	37.7	47.5	84.0	32.9	42.0	6.0	19.8	0	357.1
2015	3.1	11.4	0.5	69.2	35.2	32.7	112.2	185.2	47.6	6.8	37.9	0.5	542.3

续表 2-6

年\月	1	2	3	4	5	6	7	8	9	10	11	12	全　年
2016	1.9	17.4	0	11.0	18.0	31.2	234.9	186.1	2.2	31.1	5.6	10.0	549.4
2017	0	3.7	6.5	24.0	29.6	92.1	42.1	120.2	4.7	73.2	0.1	0.8	397.0
2018	1.6	0	2.5	93.4	75.0	57.0	134.4	53.9	17.1	0.5	5.8	4.0	445.2

说明：表内“—”为资料散佚

季风降水变化　季风区降水特点是降水季节分配不均。降水多集中夏季，秋雨多于春雨，冬季降水量少。春季平均降水量69.4毫米，占全年降水量的13.0%；夏季平均降水量405.6毫米，占全年降水量的67.0%；秋季平均降水量109.7毫米，占全年降水量的17.0%；冬季平均降水量14.7毫米，占全年降水量的3.0%。夏季高温多雨，有利于农业生产，但有的年份极不均匀，易出现旱涝交替自然灾害，又妨碍农业；冬春少雨，地表裸露，温度上升，风大蒸发快，经常形成春旱，影响农作物生长和春播。

降水强度变化　春秋季节基本无暴雨，进入夏季后，每年均有大雨或暴雨天气，日最大降水量为220.9毫米（1961年7月11日）。

最长连续降水和无降水日数　最长连续降水日数为9天（1967年7月25日至8月2日），最长连续无降水日数为82天（1969年11月30日至1970年2月19日）。

四、气压

1961—2008年，故城县月平均气压相对稳定，12月份平均气压达1038.2帕斯卡，为月平均气压最高的月份。最低气压为7月，气压低至991.9帕斯卡。2009—2018年，月平均气压较1961—2018年稍有增高，1月份达月平均最高气压1028.9帕斯卡，最低气压为7月，气压低至998.6帕斯卡。

1961—2008年故城县月平均气压、月平均最高气压、月平均最低气压统计表

表 2-7　　单位：帕斯卡

月　份	月平均气压	月平均最高气压	月平均最低气压
1	1024.6	1037.4	1010.9
2	1022.7	1035.4	1007.0
3	1017.8	1031.7	1002.0
4	1011.5	1025.8	996.4
5	1006.7	1018.2	995.1
6	1002.0	1010.6	992.2
7	1000.1	1007.2	991.9
8	1004.0	1012.0	995.3
9	1011.4	1021.2	1001.4
10	1017.7	—	1006.6
11	1022.1	1036.0	1008.3

续表 2-7

月 份	月平均气压	月平均最高气压	月平均最低气压
12	1024.7	1038.2	1009.5

说明：表内“—”为资料散佚

2009—2018 年故城县月平均气压、月平均最高气压、月平均最低气压统计表

表 2-8　　单位：帕斯卡

月 份	月平均气压	月平均最高气压	月平均最低气压
1	1025.6	1028.9	1022.5
2	1022.2	1025.5	1018.6
3	1017.9	1021.4	1013.8
4	1011.5	1014.6	1007.5
5	1006.5	1008.9	1003.5
6	1001.8	1003.7	999.2
7	1000.7	1002.3	998.6
8	1004.5	1006.2	1002.5
9	1011.4	1013.3	1009.3
10	1017.6	1020.0	1014.9
11	1021.3	1024.3	1018.3
12	1024.7	1027.9	1021.6

五、其他要素

风 1961—1987 年，年平均风速 3.2 米 / 秒，4 月最大为 4.7 米 / 秒，8 月最小为 2.2 米 / 秒。盛行西南风，频率为 15%；南风次之，频率为 11.0%；西风最少，频率为 2%。全年平均大风日数为 14.1 天，4 月最多平均 3.4 天，9 月最少仅 0.1 天。正式观测到最大风速 28 米 / 秒（1961 年 4 月 29 日，1971 年 3 月 20 日），非正式观测到最大风速大于 35 米 / 秒（1965 年 8 月 11 日）。

空气湿度 年平均相对湿度 65.0%，8 月最大为 81.0%，4 月最小为 54.0%，年平均水汽压为 12.0 百帕，7 月最大为 26.9 百帕，1 月最小为 2.8 百帕。

1988—2008 年，年平均风速为 2.7 米 / 秒。4 月最大平均风速为 3.9 米 / 秒，8 月最小平均风速为 1.9 米 / 秒。春夏季盛行南、西南风，风向频率为 14.0%，南风次之，频率为 12.0%，西风最少，频率为 2%。年均大风日数为 10 天，多出现在春季。最大风速 18.9 米 / 秒，出现在 1994 年 6 月 23 日，大风风向多为东北和西南。

2009—2018 年，年平均风速为 2.0 米 / 秒。3 月、4 月最大平均风速为 2.7 米 / 秒，8 月、9 月最小平均风速为 1.6 米 / 秒。年均大风日数为 3.3 天，多出现在春季。极大风速 21.6 米 / 秒，出现在 2011 年 6 月 7 日。

冻土 土壤开始稳定冻结日期为 12 月 18 日，开始解冻日期为 2 月 12 日，化通日期为 2 月 1 日。最大冻土深度为 56 厘米（1968 年 2 月上中旬）。

霜期 初霜期平均出现日期为 10 月 22 日，最早为 1995 年 10 月 7 日，最晚为 2001 年 10 月 30

日，两者相差23天。多数年数的初霜出现在10月中旬。历年终霜期平均日期为4月1日，最早出现在1999年3月15日，最晚出现在1987年4月10日。初终霜平均间隔天数165天，全年平均无霜期为201天。

第三节 物 候

一、物候现象

以动物、植物及物体非常动态、变异，预测近期天气变化，于故城地域之有效现象如下：

蚂蚁搬家，大雨哗哗。长虫（蛇）过道，雨要来到。

蠓虫碰脸，雨将不远。蚂蚁打架，大雨要下。

鸡要晒膀，有雨不下。燕子蜻蜓，低飞雨行。

蜘蛛封门，大雨来临。鱼儿翻湾，定要阴天。

家鸡迟宿，多有阴雨。羊只贪饱，定晴没跑。

腿疼疮痒，雨不过晌。草生白根，雨来送信。

水缸穿裙，大雨淋淋。蜜蜂迟归，雨来风吹。

二、历月物候期

1月：地表封冻、草木凋零。

2月：终雪、冰化、土表始风化，冬小麦始返青，柳条始绿。

3月：土壤解冻，蚂蚁、蜜蜂始出窟活动，蛇、蝎等始见，大雁北飞，田野发青，小麦始长，大蒜播种。

4月：终霜，播种花生、春玉米、棉花；榆钱出、落，杨花落；椿树吐芽，杏花开。

5月：小麦开花，油菜、蒜薹可收获。

6月：麦熟，夏玉米、油葵播种，大蒜收获。

7月：桃熟。

8月：椿树结籽，终蕾，春播花生、玉米始收。

三、农作物候期

小麦 播种期：10月上旬；出苗期：10月中旬；越冬期：11月下旬；返青期：3月上旬；拔节期：4月中旬；孕穗期：4月下旬；抽穗期：5月上旬；开花期：5月上旬；成熟期：6月上旬。

玉米 播种期：5月下旬至6月中旬；拔节期：7月中期；抽穗期：8月中旬；成熟期：9月下旬～10月上旬。

棉花 播种期：4月15日至25日；出苗期8～12天，6月20日左右现蕾，7月1日前后开花，开花后2个月吐絮，10月底收摘。

油菜 播种期：8月下旬至9月上旬；越冬期：12月上旬；蕾苔期：2月中旬；开花期：3月中旬；籽实期：4月中旬；成熟期：5月中旬。

花生 播种期：4月下旬至5月上旬；苗期：5月中旬至下旬；开花期：6月中下旬；结荚期：7月下旬；饱果成熟期：9月上中旬。

第三章 河 流

古代流经县境的河流，以黄河、漳河、清河为主。据史料记载，黄河支流汉屯氏河、鸣犊河、张甲河及宋商胡北流，均曾先后在县境通过。后人认为古代鬲津河也曾流经县境。东汉至南北朝，白沟下游清河经县境北流。自隋代开永济渠，元朝京杭大运河开通，今卫运河逐渐成为流经县境的主要河道。隋至清代，漳河（或称漳水）也多次经县境北流。

境内共有4条行洪、排沥河道，分属两大河系。流经东部边界的卫运河、南运河，为渲泄漳卫河洪水的行洪、输水河道，属海河南系的漳卫南运河水系。位于西部边界的清凉江和源起县内的江江河、东沙河为排沥河道（清凉江并负担引黄、引卫输水任务），属黑龙港地区南大排水河系。全县总面积中，除卫运河滩地3292平方公里，西第三排干47.96平方公里属漳卫南运河系外，其余均属黑龙港南大排水河系。

第一节 卫运河—南运河

漳卫南运河县内河段主要为行洪河道，1958年兴建四女寺枢纽，四女寺以上称卫运河，以下称南运河，自枢纽东出为漳卫新河。卫运河不仅是条承上启下行洪输水的重要河道，也是故城县农田灌溉的主要水源。

一、古河道

该段运河前身，是东汉清河。隋开为永济渠。自隋至元代亦称御河。元为京杭大运河组成部分。明代因该河发源于春秋战国时期周代的卫国，统称卫河。清以后对天津以北运河而言，自天津以南至临清段称南运河，至1946年始有卫运河之名。

今卫运河—南运河（因卫运河流经故城县境距离远超南运河流经距离，故惯称卫运河，今准确名为卫运河—南运河）系由古代白沟屯氏河、永济渠、京杭大运河等演变而来，历史上与黄河变迁有密切关系。自禹导河北行，此地为黄河下游。今卫运河上源漳河、卫河俱为黄河支流。周定王五年（前602年）黄河东徙后，宿胥大河西侧汤河、安阳河等，穿越宿胥大河东流汇为白沟，经今县境至南皮入宿胥故道。漳河则沿宿胥故道下流与清河、淇河汇合，至章武（今盐山黄骅一带）入海。

西汉黄河屡决，分数路入白沟。据《汉书·沟洫志》载，西汉元封二年（前109年）黄河“北决于馆陶，分为屯氏河”，深广与黄河正流相等。自此屯氏河与黄河正流并行70年，至西汉永光五年（前39年）黄河又于鸣犊口（今山东高唐县南）决口，分出一鸣犊河，遂屯氏河徙。据《中国历史地图集》标注，彼时屯氏、鸣犊二河均曾流经县境。行经路线屯氏河于郑口镇南大体循今卫运河，鸣犊河于今南运河西。

隋大业四年（608年），隋炀帝“诏发河北诸郡男女百余万开永济渠。引沁水南达于河，北通涿郡（今北京西南）”（《隋书·炀帝纪》）。时，永济渠于东汉之清河以东自县境通过。行经路线于南卫运河西，在今卫运河南，经今武城新城向北接南运河。南运河段与今河道略同。

宋代永济渠亦称御河。北宋庆历八年（1048年），黄河自商胡埽（今河南濮阳东北）大决改道北流，御河为黄河侵占。至金明昌五年（1194年），黄河大决阳武南徙，断续北流140余年。此间恩州一带多遭水患。北宋熙宁三年（1070年），曾于武城县（今故城县南部）“开御河约20里，入黄河北故道，下五股河”（《宋史·河渠志》）。

自辽、金始，北京为都城。为大量北调江南物资，元至元年间（1264—1294年），开通自大都（今北京）至杭州长达1974公里京杭大运河。此段运河为其重要组成部分。金末元初，御河于境内有两次较大改道。据《中国历史地图集》标注，金大定二十九年（1189年），南河段已与今卫运河走向同。元至顺元年（1330年），北河段始与今卫运河走向同。

自京杭大运河开通后，尤其明永乐年间（1403—1424年）至清道光年间（1821—1850年），运河一直属于国家交通命脉，利用运河年运粮达400万石左右。明代将大运河称漕河，将御河更名卫河，天津至临清间亦称卫漕。伴随漕运发展，对故城一带农业、商业、手工业产生促进作用。为保证漕运，历代曾多次引水济卫，开辟减河，然均未改变运河“上大下小，易盈易枯”面貌。民国时期境内运河无大变化。

二、今河道

今漳卫南运河由漳河、卫河、卫运河、南运河与漳卫新河组成。干流总长923.6公里，流经晋、冀、鲁、豫四省和天津市共70个县市，总流域面积37000平方公里。系海河流域五大河系之一。

卫运河位于漳卫南运河系中游。上游为漳、卫二河。漳河又分清漳、浊漳二源，均发源于山西省太行山区，流域面积10950平方公里，河道长119公里。卫河源出河南辉县苏门山，沿河于太行山南麓先后有滨河、汤河、安阳河等十余条支流汇入，流域面积15830平方公里，干流长393公里。漳卫河于馆陶县徐万仓汇合后，至四女寺称卫运河。冀、鲁两省以河为界，左岸经河北省馆陶、临西、清河入故城，河长157公里。下游泄洪出路，一为漳卫新河，系由四女寺减河经人工扩挖而成，并自四女寺至吴桥县大王铺新辟岔河，全长244公里，为漳卫河下游主要泄洪河道。由四女寺枢纽南、北进洪闸向东北，沿冀、鲁两省边界至无棣县入海。另一出路为南运河，河长309公里。由四女寺闸节制，向北经德州、沧州至天津市境内，汇海河入海。

卫运河自清河县渡口驿村北进入故城县境东侧，向北经建国镇一公里为祝官屯枢纽，至郑口镇转而向东北经故城镇至四女寺枢纽。流程61.8公里，占卫运河总长的39.4%。南运河自四女寺枢纽，绕袁庄东北流，至西第三村与德州市交界，流程13.4公里。卫运河—南运河于县内流经7个乡镇，有建国、西半屯、武官寨、郑口、青罕、故城、夏庄，流程共75.2公里。

中华人民共和国成立后，先后于1958年、1970—1976年，对卫运河两次扩大治理。治理后河道设计行洪能力4000立方米/秒，达50年一遇排洪标准。对岸于1966—1967年修建西郑庄分洪闸，健全恩县洼滞洪区。因下游扩大治理漳卫新河，漳卫河中下游排洪入海能力比1949年提高13倍。至此漳卫河上大下小、尾闾不畅状况得以根本改变。

卫运河为蜿蜒性复式断面半地上河。故城自古即有“三望苏家楼”“九望德州”之谚和“甲马营一盘绳，弯弯曲曲到武城”之说，河槽弯曲较多。治理前河道弯曲系数为1.66，最大达1.97，治理后弯曲系数已降至1.35。县内河段河底坡降1/8150～1/7150。主河槽底宽100米，深7～9米，河槽之深于海河流域中居首位。左右堤距710～1470米，堤顶高超过设计洪水位2米。

南运河属蜿蜒性单式“U”形深水河槽。河道弯曲系数1.61，河底平均比降1/11000，河口上宽60～120米，堤顶一般高于滩地3米。

卫运河主要承接上游漳河、卫河洪水。因上游多处太行山区迎风面，暴雨较集中。多年平均降雨量，卫河区域在700～850毫米之间，漳河迎风坡降雨量为650毫米，背风坡500～600毫米。降雨量年际、年内分布极不均匀，年内70%～80%集中于6—9月间。较大洪水年份一般具有暴雨强度大，持续时间长，覆盖范围广特点，造成各支流河水同时暴涨，洪峰相遇。因徐万仓以上几近包括整个水系汇水面积，加之上游水库河流调蓄，卫运河峰形较平缓，而洪量较大，持续时间长。临清至郑口河长104公里，洪水持续时间24小时。1963年，郑口洪峰流量2094立方米/秒，于当时警戒水位17.88米以上持续长达35天。河水含沙量据漳卫南运河管理局测定1.35～69公斤/立方米。其变化规律为洪水期冲刷，枯水期淤积，冲淤基本持平。因县东、南侧有两大枢纽工程（祝官屯枢纽、四女寺枢纽）淤积较重。

南运河于20世纪50年代初系卫运河洪水唯一出路，洪水特性与卫运河近似。遇大洪水时曾向恩县洼滞洪，峰形更为平缓，漳卫新河治理后，南运河洪水负担减轻，承泄洪水300立方米/秒，已由行洪转变为输水为主。

卫运河为故城县利用地表水发展农田灌溉主要水源。伴随工农业发展，自1966年以来水资源日趋短缺，河水污染严重。因河道淤积，设计流量水位已上升到校核洪水水位。1974年，断流长达206天，至此航运中断。

第二节　排沥河道

县内共有清凉江、江江河、东沙河3条排沥河道，均属黑龙港水系。历史上黑龙港流域因受运河阻隔，原无专门入海尾闾，洪沥水径向北流入静海县贾口洼。1965年治理后，划入南大排水河系，县境3条排河道沥水，最后经清凉江汇入南排河后，自交河县乔官屯向东，经沧县肖家楼穿南运河，至黄骅市赵家堡直接入海。

一、清凉江

清、漳故道　清凉江原为清河、漳河故道，明、清两代于故城境称黄泸河。

自东汉至北魏此地为清河所经，自新莽始建国三年（11年）黄河自濮阳大决南徙，屯氏、鸣犊二河及由屯氏河派出之屯氏别河、张甲河归堙塞。清河等水自内黄县东北流经张甲故渎，经凤县（今景县）南行屯氏故渎，又东北过东光县西，行黄河故渎过南皮县西，至北乐亭与漳水汇合。东汉建安九年（204年）曹操为北征袁尚，又“遏洪水入白沟，以通粮道”，时，白沟—清河曾为一条源远流长的大川。

据《水经注》载，洪水东过内黄县为白沟，又东北过广宗县东为清河。有关今故城内河道，“清河又东北经东武城县故城西（今故城县瓦子庄附近）”，“又东北经复阳县故城西（今故城县饶阳店乡附近）”，“北经广川县故城南（今故城县北部地域）”，后为枯绛水所湮。清河行经路线南段于今清凉江西，北段大体与今清凉江同，至广川南始东北流入今景县。

自隋至今，清河故道大部时间为漳水（宋、金称漳河）所经。据《元和郡县图表》标注，隋开皇十八年（598年），今故城地域改东阳县为漳南县属，时治所于今故城镇，“漳水在县北46里。”

至唐武德七年（624年），治所移至今武城县漳南镇，“枯漳河在县北40里”（《太平寰宇记》）。一说清凉江系北宋黄河故道，故后人称黄泸河。其行经路线变化不大。

漳河以“善淤、善决、善徙”著称，明代后下游摆动更加频繁。自明代初漳河在馆陶一带入卫，故城漳河又成枯河，时漳河称黄泸河。据明嘉靖《河间府志》载：“黄泸河又名索卢河，县境西之枯河也、其水无源，二三十年一至，如其水泛滥也，波涛汹涌，漂庐拔树，随流而下。”时行经路线已大体与今清凉江同。

清代古漳河与清凉江并称。据清光绪《故城县志》载，清顺治九年（1652年），漳河自广平注丘县，向东分出一支经威县、清河、南宫、枣强进入县境，向北至青县鲍家嘴入南运河。清康熙三十六年（1697年），漳水骤至馆陶合于卫，此支之流浸塞。至康熙五十四年（1715年），全漳入卫后，境内“河迹尚宽四五十丈、深六七尺不等，故水易聚，河身散漫，水亦易枯”。

民国期间，此河曾称“古漳河故渠”，属滏阳河系。《直隶通志·水道篇》载，该河经故城下至交河县三岔河村入漫河（即今江江河）后，于沧县陈辛庄入滹沱别河。

今清凉江 今清凉江为黑龙港地区主要排水、输水河道。现由威县牛家寨上接老沙河、东风渠。自魏县北善村至广平县南寺头村称东风渠，南寺头至威县牛家寨村称老沙河，牛家寨以下称清凉江。由西南向东北经魏县、广平、丘县、临西、威县、清河、南宫、故城、枣强、武邑、景县、阜城、交河等13个县，于交河县乔官屯入南排水河，全长355公里，流经面积4565平方公里。

此河下游原无排水出路，沥水统归贾口洼。自黑龙港南区，1960—1966年分期完成南排水河开挖工程，清凉江与骨干排水河道即有专线入海尾闾。沥水可自乔官屯向东经沧县肖家楼穿南运河，至黄骅县赵家堡入海。

此河自南宫北赞古村北入故城县境西侧，经军屯、西半屯、武官寨、饶阳店、三朗等5个乡镇，由朱往驿村出境流入枣强县。县内流程38.3公里，流域面积397平方公里。

清凉江因历史上为清河、漳河故道，河身宽浅显碟状，治理前河床底部与两岸地面高差仅2～3米，无明显深水河槽，间有断续子槽及深坑，大都是河滩与荒碱地。另有河段及滩地生长大片芦苇，阻碍沥水排泄，大雨年份两岸土地经常积水。

中华人民共和国成立后，于1965年冬至1966年春，对清凉江按五年一遇标准疏浚。1975年冬至1976年春采用定量雨量法以3日降雨250毫米为标准扩挖，并结合引黄、引江灌溉输水规划进行治理。治理后河道为梯形复式断面，设计河槽底宽40米，河口宽9米，边坡1:4，河底坡降1/9000。两岸弃土相距140米，顶高超出校核水位1米。县内河段设计流量460～510立方米/秒。并于枣强县油故村与故城县朱往驿村各建拦河中型蓄水闸一座。后因河床淤积，过水能力已较原设计下降24%。

二、江江河

江江河在故城县原名沙溪，清代称曲流河。因“曲流水归江江”（即今景县南江江村），后统称江江河。

明万历四十二年（1614年）《故城县志》载：“沙溪又名南河，起自武城县界。秋雨时即有鱼虾，春至则涸。东下经龙潭抵太子营（即今西北化、中北化、新化、东化村），入景州千顷洼。以地多沙碛故名“龙潭”。“龙潭”在今故城镇西15公里处，“水深黑不可测”，明代已渐湮塞，“断崖犹深数丈”。清光绪《故城县志》载：“曲流河查形迹起自烧盆屯，上接武城沙河，蜿蜒下注，东北至窦堡店出境。下游泄景州为江江河，至东光为漫河。”时行经路线与今江江河略同。

今江江河为黑龙港南区主要排沥河道之一。于县内位于清凉江、东沙河之间，现源起大杏基村，由西南向东北经景县、阜城、于交河县三岔河村附近与清凉江交汇。全长119公里，流域面积2410平方公里。于故城境内流经杏基、房庄、庙灵、辛庄、小庙、里老等。由里老乡赵鲁屯村出境流入景县青兰乡南江江村。长26.3公里，流域面积433.6平方公里。

江江河流域地形较低，明清两代经常积水，清光绪《故城县志》即有“曲流河两岸多沙碱”“洼下易涝”记载，中华人民共和国成立后于1965年冬至1966年春，按五年一遇标准除涝开挖。治理后县内河段为复式河槽，设计河槽底宽 8 ～ 12 米，河口宽 23 ～ 27 米，河底坡降 1/8000 ～ 1/5000，两岸弃土相距 100 米，设计过水量 17 ～ 40.7 立方米 / 秒。

此河治理标准较低，加之河道回淤，过水能力已较原设计下降 35%，遇大水年份不能满足排沥要求。

县内江江河流域特点是地形较低，在过去经常积涝，盐碱地多。该河于 1965 年冬至 1966 年春，按五年一遇除涝标准扩挖。治理后为复式河槽，县内河段过水流量 17～40.7 立方米/秒。2014 年，实施了中小流域治理项目，对域内碱场店村以上河段进行了清淤疏浚。

三、东西沙河

沙河位于县境东北部，入景县称惠民渠。此河为汉屯氏河故道。清光绪《故城县志》载，“古沙河因下游入景县大洋村亦称大洋河。沙河形迹起自城（故城县老县城，即故城）西北十里处，下达小马坊之东皆呼沙河”，此为西沙河。“又城东北小召一支亦名沙河，与城东西诸沥水同入大洋河，大抵地洼下处沙碛居多，以沙名河，迄无定所”，此为东沙河。时沙河沙岗绵延 20 余村。据民国《景县新志》载：“里老一带沙河宽窄不一，堤岸高低、有无不等。春风天多飞沙蔽野，往往埋没禾苗；夏季上游沥水下泄，则又一片汪洋，为害甚巨。”

今东沙河源起辛庄乡牛卧庄西南，西沙河源起青罕镇骑马寺，两河于辛庄乡孟务村汇流，至景县邢高庄入江江河。流域面积 481 平方公里，河长 45.5 公里。东沙河流经青罕、辛庄，西沙河经青罕、辛庄汇流，经里老林场村北入景县。于县内流程，东沙河 10.1 公里，西沙河 16.4 公里。东西沙河总长 26.5 公里，流经面积 190.3 公里。

中华人民共和国成立后，于 1966 年把东沙河列为江江河较大支流，按五年一遇标准治理。县内河段设计河槽底宽 1 ～ 3 米，河底坡降 1/10000，水深 3 米，通过流量 4 ～ 20 立方米 / 秒。西沙河因距东沙河较近等原因，未行治理。

沙河一带多飞沙。1988 年，东沙河河床已淤积 1.5 ～ 2 米，排沥能力大为下降，遇大雨顶托严重，过水能力降至 30%。西沙河至 2008 年已淤积为带状浅洼。

第三节　湮废河道

湮废河道主要指境内黄河故道和清河、漳河、永济渠等古河道及蔡河等几条小型河渎。这些古河道，多数已经埋藏地下，有的地面尚有遗迹。

一、黄河故道

黄河古称大河，河水，禹河。禹时播为九河，今漳卫新河前身四女寺减河在古代称鬲津河，曾是黄河故道，曾在县境横向通过。

西汉元封至建始年间（前 110—前 28 年），黄河再次流经县境，从黄河决出屯氏河，行经路线大体经今馆陶北、临清南、清河东、景县南，至东光县西复归大河本流，说明流经县境，在郑口镇南大体循今卫运河；郑口镇北大体循今东沙河。当时屯氏河水流畅通，形成了黄河下游一支很大的天然岔流，与正河并行达 70 年之久，在西汉 229 年中近三分之一时间，出现了黄河相对安流的形势。

除屯氏河外，屯氏河上游又分为屯氏别河，别河又分为张甲河，张甲河下游有一分支，在今武城县之北散入平地，表明汉代在县境西部沿清凉江一线有黄河流经。

黄河最后流经县境，是北宋淳化四年（993 年）和大中祥符四年（1011 年），黄河曾两次合御河北流。

二、小型河渎

据旧志载故城县境内曾经有一些小型古河道，因年代久远，有的已经面目全非，有的已经淤积废弃，有的扩挖为新河道，现将有迹可考的进行辑录，以备查考。故城县境内的古河道主要有蔡河、饮马河、顺水洼（即今秃尾巴河）、孟家沟、一字河和五沟河等。

蔡河　据明嘉靖《武城县志》载，于“县（即武城老城外，与故城县建国镇治址隔卫运河相望）西北五里许，里人相传为秋胡妻溺处”。清乾隆《武城县志》载，“西通黄芦河，湮废已久，河迹仅存数里。”清康熙四十五年（1706 年），曾议由蔡河引漳入卫，未成。中华人民共和国成立后西段已开为辛堤干渠官庙支渠。

饮马河　据清光绪《故城县志》记载，在三朗镇南，为清凉江分流，河迹已漫，遇涝则由饮马河村东高庄、烧盆屯一带泄曲流河。据传明永乐年间（1403—1424 年）燕王扫北时路过该河，曾在此村北河边饮马，故取名饮马河。1946年，开挖黄官屯顺水渠（今武北沟下段），经饮马河入清凉江，成为该渠道下游。

秃尾巴河 据清光绪《故城县志》记载，该河为清凉江又一支流。“由三朗镇趋东北，俗名顺水洼，遇涝泻景州。”自西高才村北，经师召村、南鲁庄、至景县河渠村东和小德厢一带，向北渐无河形。今县内河段，已扩挖为秃尾巴河上段，继由梧茂向东至董学开新渠入温庄干渠。

孟家沟 明万历《故城县志》记载，该河又名“柳行港口”，在今故城镇东1公里，曾为故城一景。明嘉靖年间（1522—1566年）亦称“孟港”，时“凡舟楫之往来，官僚之迎送”，都要在此休息。现迹已不可寻。

一字河 据明嘉靖《武城县志》记载，该河在弦歌台西北1.5公里许，大约应在今军屯镇关庙村附近，在清河县北15公里连家集，西通古黄河，东通减水闸入卫河，现其迹已不可考。

五股河 旧志记载，武城县北20公里有五沟河，明永乐年间（1403—1424年）迁民居住后，村内有五道沟，故取名五沟河，后改沟为股称五股河。

第四章 自然资源

故城县境内土层深厚宽广，壤质土居多，沙质土、盐化土次之。水量适中，年度可自给，干旱少雨年度由地下水、卫运河等可予一定补充。

第一节 土 壤

据1980年土壤普查，故城土壤属潮土区，成土母质系古黄河、古漳河、古清河冲积物沉积而成，故土层深厚，层次呈水平排列明显；按国家土壤分类标准，计2个土类、5个亚类、8个土属，36个土种；全县土壤总面积1405513.5亩。

一、褐土性土类

褐土于境内1个亚类，1个土属，1个土种，面积891亩，占全县总面积的0.06%，其亚类名为褐土性土，土属名为沙质褐土性土，土种名为固定沙丘松沙质褐土性土。系河流主流沉积物经风力搬运堆积而成，与古河道平行，呈带状断续分布于青罕、里老、庙灵、辛庄及房庄、原隰等域内较大沙丘顶端，与沙质、壤质潮土呈复区分布。因风积年龄较久，地形高，地下水位深，已不受地下水影响，具有初期褐土特征。土壤呈浅灰棕色，结构呈单粒状，孔隙度小，宜发展林果。

二、潮土土类

面积1404622.5亩，占全县总面积的99.94%，有4个亚类，7个土属，35个土种，其亚类情况：

潮土亚类 面积686582亩，占全县总面积48.85%，多分布于县境中南部，土壤呈中性或弱碱性，宜多种作物生长。有2个土属，11个土种。其土属情况：

沙质潮土：此土属仅一个土种，亦称沙质潮土。面积7219亩，土体多为均质漏形，保水保肥性能极差，多分布于房庄、饶阳店镇域内，青罕镇域内亦有少量分布。

壤质潮土：面积679363.1亩，占全县总面积48.33%，其性质介于沙土与黏土之间，地力肥厚，土壤熟化，耕性良好，适种性广。主要分布于县境中南部建国、军屯、半屯、武官寨、郑口、青罕等乡镇，共10个土种，其中面积较大者有5个：轻壤质潮土，面积489237亩，占全县总面积的34.81%，质地通体轻壤，水分气热协调，宜粮宜棉，系农业生产中主要当家土种；沙壤质潮土，面积96818亩，占全县总面积的6.89%，土壤结构松散，易漏水肥，宜种植花生、地瓜，轻壤质底黏潮土，面积34110亩，占全县总面积的2.43%；土体构型较好，适宜多种作物生长；中壤质潮土，保水肥性好，通透性差，如排水不畅，易成涝灾，多分布于洼地中央，面积25539亩，占全县总面积的1.82%；轻壤质地沙潮土，性质与轻壤质土相近，面积24264亩，占全县总面积的1.73%。另，有沙壤质底壤潮土、沙壤质底黏潮土、轻壤质漏沙潮土、轻壤质蒙金潮土、轻壤质黏体潮土等。

褐土化潮土亚类 主要分布于运河及清凉江沿岸缓岗地带，东沙河两岸亦有分布，其耕作层疏松多孔，壤呈浅棕或灰褐色，适种广泛。面积490230亩，占全县总面积的34.87%，有2个土属，9个土种。其土属情况：

沙质褐土化潮土：主要分布于东沙河两岸青罕、辛庄、里老乡沙丘地带，面积3498亩。有一个土种，亦称沙质褐土化潮土。土壤通体沙质，表土干燥，保水保肥能力差，不宜种农作物，宜植林果。

壤质褐土化潮土：面积487232.6亩，占全县总面积的34.67%，大多分布于运河、清凉江沿岸高平部位，建国、军屯、三朗等乡镇域内皆有之。土壤疏松多孔，排水良好，适种广泛，尤宜种棉。共8个土种，其中面积较大者3个：轻壤质褐土化潮土俗称白土，表层轻壤，间层沙壤或中壤，结构较好，适种性广，面积397990亩；轻壤质底粘褐土化潮土，面积67961亩，主要分布于武官寨槽状洼地，土层深厚，层次排列明显，底层为密实黏土，排水不畅，多雨易涝；轻壤质黏体褐土化潮土，土体构型与轻壤质底黏褐化潮土相似，面积10808.6亩。另有沙壤质褐土化潮土、轻壤质底沙褐土化潮土、轻壤质漏沙褐土化潮土、轻壤质蒙金褐土化潮土、中壤质褐土化潮土等。

盐化潮土亚类 面积22749.3亩，占全县总面积的16.18%。盐化土壤面积：轻度162643.8亩，中度49468.3亩，重度15383.6亩，呈大小不一片状散布于房庄、辛庄、里老、故城、夏庄等乡镇域内。土壤板结，地下水埋藏较浅且矿化度高，程度不同地危害农作物生长。有2个土属，14个土种。其土属情况：

氯化物—硫酸盐盐化潮土：俗称“马泡碱”，面积185566亩，土壤结构差，肥力低，宜发展牧草、绿肥或草粮、肥粮轮作。有10个土种，其中面积较大者3个：轻壤质轻度盐化潮土，面积139536.8亩，土壤灰棕色，因含氯化物较多，故吸湿性强，地表发潮，俗称“潮碱”或“油碱”。有5个土种，其中面积较大者1个：轻壤质轻度盐化潮土，面积18067亩；轻壤质中度盐化潮土，面积1171246亩。另有轻壤质重度盐化潮土、轻壤质蒙金重度盐化潮土、轻壤质底黏轻度盐化潮土等。

沼泽化潮土 面积314.5亩，分布于辛庄乡东三务村域内，地势低洼，地表常季节性积水，仅1个土属，名沙壤质轻度沼泽化潮土，1个土种，名湾坑地沙壤质轻度沼泽化潮土，生有沼泽植被，如芦苇、三棱草等。宜植芦苇。

第二节 水资源

故城县属暖温带半湿润大陆性季风区，降水较少，卫运河过境水亦不稳定，可开采地下水数量有限，水资源比较短缺。

一、地表水

县内地表水由大气降水所产生地表径流与卫运河外来水源两部分组成（即过境水）。

大气降水 1981年，县内水资源普查，据1956—1979年的24年间郑口及附近气象站实测资料，多年平均降水量570毫米，折合年降水总量5.34亿立方米，平水年（频率50%，下同）降水量547毫米，相应降水总量5.08亿立方米。枯水年（频率75%，下同）降水量433毫米，相应降水总量4.01亿立方米。地表径流，据河北省水文总站提供参数计算，多年平均径流深27.7毫米，年径流量为2600万立方米。平均年径流深14.1毫米，年径流量1320万立方米。枯水年径流深3.6毫米，年径流量340万立方米。1987年，全县年均自然降水531.5毫米，至2008年，降水总量为10854.6亿立方米，年均自产径流为3.9毫米，径流量为366.2万立方米。县内降水年际变化大，最多相差721.6毫米，年内分布不均。2008年，故城县境内7、8、9月份降水占全年总量的90%。2018年，平均降水量为570.36毫米，全县降水量年内分配不均匀、年际变化也较大，最大年平均降水量为863.7毫米、最小年平均降水量为357.1毫米，最大年平均降水量是最小年平均降水量的2.4倍；全县多年平均地表水资源量1315.5万立方米，地下水资源量为8816.34万立方米，扣除地表水和地下水资源的重复计算量，全县多年平均水资源总量为7197.71万立方米，其中最大年份水资源总量为15107.2万立方米、最小年份水资源总量为2070.4万立方米。

卫运河过境水 境内能引入地表水的河道主要有卫运河、清凉江。各河道来水多在汛期，来水多为过境水且来水量逐年减少。断限内各河道年均入境量为44091万立方米，出境量为41639万立方米（卫运河、清凉江系山东省、河北省故城县与枣强县界河，入出量按1/2计算）。卫运河过境水据1970—1980年临清、四女寺两处水文站流量资料，临清来水量210.29亿立方米，四女寺泄水量176.48亿立方米，加河床蓄水量，推算临清至四女寺区间用水量为33.92亿立方米。按照沿岸6个县沿河扬水站提水能力，按比例分配各县用水，故城占全段总提水能力21.0%，11年总用水量7.123亿立方米；采用经验频率，平水年5690万立方米，枯水年3570万立方米。1980—1989年，共从卫运河和平闸引水9.55亿立方米，其中县内使用4.49亿立方米，占饮水总量的47.0%，为千顷洼及沧州地区输水5.06亿立方米。多水年份大部分乡镇可得到灌溉，少水年份东部及下游地区用水较少。1996年8月，故城县利用和平闸、青年闸、芦庄闸引卫运河水1.6亿立方米。2008年，故城县河道过境水入境量为39002万立方米。

2008—2017年，全县多年平均入境水量为39850.7万立方米，多年平均出境水量为30556.4万立方米，出入境水量差为9294.3万立方米，主要用于农田灌溉和消耗于蒸发、渗漏。其中全县最大入境水量57633.4万立方米，相应的出境水量为44978.3万立方米，出入境差为12655.1万立方米；全县最小入境水量为11285.6万立方米，相应的出境水量为9216.4万立方米，出入境差为2069.2万立方米。

可用地表水　水资源普查时，因县内大气降水所产地表水总流量不大，且大部为汛期产生，以暴雨形式出现，通过渠道排走，未列入可利用水资源。仅将卫运河过境水作为可用地表水，以上述多年平均及不同代表年引用卫运河水量，为可用地表水量，纳入供需计算。

二、地下水

故城县位于太行山山前冲积扇前缘，水文地质条件复杂。自上至下分为浅层淡水、咸水和深层淡水。

据水资源普查，县内浅层水分布面积737.1平方公里，占总面积的78.8%。主要赋存于第四系全新式地层中，为承压水。在卫运河、南运河沿岸及东沙河两岸，呈西南东北向条带状或片状分布。由东向西，面积由大到小，沙层由厚到薄，富水性由强到弱。其中底板埋深30～50米的207.2平方公里，主要分布在要庄、军屯、建国、西半屯、武官寨、赵行至郑口镇南部一线和小屯、袁庄沿运河一线。含水沙层厚度10～15米，最厚处20米，富水性较强。底板埋深20～30米的154.4平方公里，主要分布在郑口镇、青罕、庙灵乡东部及里老乡南部，夏庄乡西部古河道流经区域，含水沙层厚度5～10米，属中等富水区。底板埋深5～20米的375.5平方公里，主要分布在瓦子庄乡北部及饶阳店、原隰、房庄、三朗、梧茂、小庙等乡镇，大部呈片状，局部呈带状分布。含水砂层厚度1～5米，属弱富水性区域。

浅层淡水底板以下，广泛分布咸水层。全县咸水出露面积204.9平方公里，占总面积的21.8%。主要分布于清凉江以东至江江河以西河间地带。咸水体自西向东及东南方向逐渐加厚，底界呈波浪状。自三朗至房庄、梧茂、小庙一线，底界埋深由90米渐增至120米。南至杏基、郑口、瓦子庄、建国一线，底界埋深由110米增至200米。东至辛庄、故城、小屯、夏庄一线，底界埋深由20米增至210米。均未开发利用。

咸水体以下为深层淡水。自上而下划分四个含水组，均为承压水，已开采两个含水组。地下水资源量及可利用量，只计算淡层水。据河北省地质局提供参数，计算县内地下水天然资源（即综合补给量）总量为13070万立方米，包括大气降水入渗补给10070万立方米，地下水灌溉回归量3000万立方米（地表水回归因缺乏观测资料未予考虑）。除去微咸水资源2810万立方米，不易开采的浅层淡水1880万立方米，实际可供利用地下水资源8380万立方米。深层淡水因补给困难，只作后备水源，未列入可采利用地下水资源。

县境地下水，主要贮存于第四系多层结构的松散地层中，属空隙水类型，储存条件及其富水性，主要受岩性、地形及地下水补给条件所控制。厚度550米左右，含水砂较薄，总厚度40～70米。岩性以粉细砂为主，偶夹中细砂或中粗砂。含水层滴水性较好，其中部分咸水厚度在100～220米不等。县内第四系地层中地下水自上而下分为浅层淡水、咸水和深层淡水。

2008—2017年，全县浅层地下水平均埋深为10.48米，2017年与2008年相比，浅层地下水位有所回升；2008 年至 2017 年年末，全县深层地下水平均埋深为 79.82 米，2008 年、2015 年年末深层地下水埋深呈增大趋势，2015 年至 2017 年年末深层地下水埋深有所回升。其中，2017 年全县地表水资源量 152.1 万立方米，地下水资源量 811.92 万立方米，入境水量 42485.3 万立方米，出境水量 32791.7 万立方米。全县年总用水量 11278 万立方米。

县内第四系地层中地下水自上而下分为浅层淡水、咸水和深层淡水。

浅层淡水 域内淡水分布面积 737.1 平方公里，占总面积的 78.2%。主要储存第四系全新流地层的细砂、亚砂土孔隙及黏土裂隙中，为潜水或微承压水。在卫运河、南运河沿岸及东沙河两岸，呈西南东北向条带状或片状分布。自东向西面积由大到小，砂层由厚到薄，富水性由强到弱，其中底板埋深在 30 米以上的 207.2 平方公里，主要分布在建国、军屯、西半屯、武官寨东部，郑口、青罕南部，故城、夏庄沿运河一带。含水砂层厚度 10 ～ 15 米，最厚处 20 米，岩性以细粉砂为主，富水性较强，单位涌水量（指水位下降一半每小时出水量）5 ～ 7 立方米 / 时 · 米。底板埋深在 20 ～ 30 米的 154.4 平方公里，主要分布在郑口、青罕北部，辛庄，里老南部，夏庄西部古河道流经区域，含水砂层厚度 5 ～ 10 米，岩性以粉砂和细粉砂为主，属中等富水区，单位涌水量 5 立方米 / 时 · 米。底板埋深在 5 ～ 20 米的 375.5 平方公里，主要分布在西半屯西部、饶阳店、三朗、房庄乡，大部呈片状，局部呈带状分布，含水砂层厚度 1 ～ 5 米，岩性以粉砂为主，属弱富水性区域，单位涌水量 1 ～ 5 立方米 / 时 · 米。

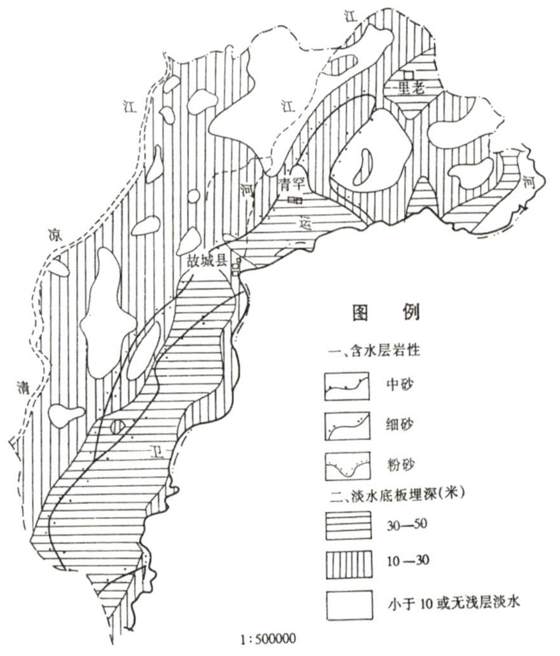

图 2-2　故城县浅层淡水分布示意图

咸水 全县咸水出露面积 204.9 平方公里，占总面积的 21.8%，主要分布在清凉江以东至江江河以西的河沟地带，呈零星片状分布于浅层淡水之间，从地表看咸水分布不多，但在浅层淡水底板之下，普遍分布着一层厚度较大的咸水体，顶板埋深 0 ～ 50 米，自西向东及东南逐渐加厚，底部呈波浪状。

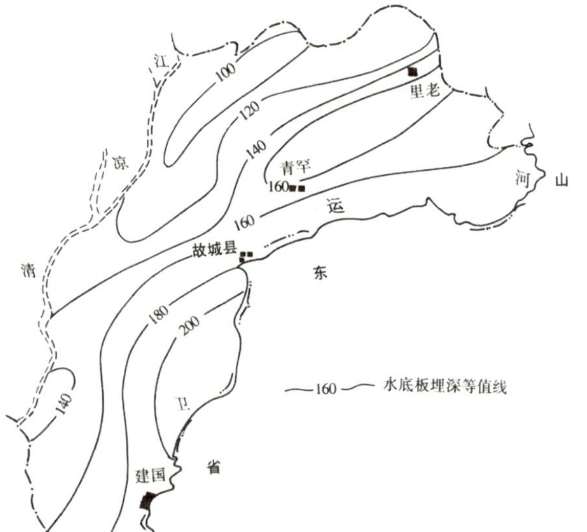

图 2-3　故城县咸水底板埋深示意图

深层淡水 咸水体以下为深层淡水，均为承压水。根据地层特征和开采条件，分为四个开采段。

第一开采段 底板埋深 190 ～ 220 米，向东缓倾。含水层以粉、细砂为主，偶见中砂，砂层总厚度 10 ～ 20 米。单位涌水量小于 10 立方米 / 时米。因咸水底板埋深大，故该段淡水砂层厚度小，一般不能单独成井。

第二开采段 底板埋深280～320米，向东缓倾。含水层为细中砂、中细砂及少量粉砂，偶见粗砂，砂层总厚度20～40米。单位涌水量5～15立方米/时·米，水温20℃～23℃。为县内深层淡水主要开采段，多与第一开采段混合成井。

第三开采段 底板埋深400～450米，向东缓倾。含水层以中细砂为主，夹中粗砂、细砂、粉砂，砂层总厚度40～50米。水量与第二开采段基本相同，水温略高。

第四开采段 底板埋深450～510米，向东缓倾。含水层主要为细砂，次为中砂，砂层总厚度28～34米。单位涌水量5～10立方米/时·米。水温29℃。

三、水质状况

地表水水质 卫运河水源大部属天然降水所产径流，水质良好。按阿列金分类属碳酸钙型水和碳酸钠型水。矿化度均在每升1克以下（20世纪50年代为每升0.28克），年平均总硬度在每升4毫克当量左右。20世纪80年代，因沿河大量废污水排入，水质污染日益严重。据漳卫南运河管理局1981—1983年水质监测资料和1982年、1983年两次引黄济津输水水质资料，卫运河枯水期有机污染三年均值，有48.3%的河道境污染水。丰水期29.1%的河道，引黄期有6.3%的河道属三级水质。五项毒物污染三年均值与丰水期29.1%的河道属污染水，其余河道属三级水质，引黄期19.2%的河道为三级水质，其余为二级水质。主要污染物有耗氧物质，酚、汞、六价铬和硫化物。峰值大部出现临清河段，自此沿河流程浓度逐减。以临清河段北大洼断面三年间峰值为例，化学耗氧量极值每升153.3毫克，超标37.4倍；酚极值每升0.4545毫克，超标89.9倍；汞极值每升0.042毫克，超标83倍；硫化物极值每升12.39毫克。各河段各时期均为污染水。临清距故城南端仅有43.5公里，浓度虽减，但总体分析，有机污染严重，枯水期甚。

县内地下水化学类型比较复杂，农村大量使用的化肥、农药受雨水冲刷、下溢、上游沿河大量污水排入河道等原因，污染了地表和地下水资源，个别地区水质污染严重。

故城县地表水水质大于5级水，县内地表水污染程度较严重。

据漳卫南运河管理局测定，天然水质按阿列金分类法，卫运河属有较高矿化度，水硬度适中。卫运河最大直接污染源是临清市北大洼排污口，对水质影响最大的污染物为有机物质，其次是五项毒物及悬浮物等。1988年，对故城县内河段水质现状监测结果，单项评价［评价标准《地面水环境》质量标准GB3838－83和《农田灌溉水质标准》GB5084－85为主］，分5级，化学耗氧量、氨氮、悬浮物符合4级标准，镉、铜为2～4级，酸碱度超过4级标准，化学耗氧量最大超标倍数达5.6倍。综合评价有机污染最大浓度，四女寺及南运河段为4级，属中度污染水质，祝官屯河段已达5级，属重污染水质，水体均不符合饮用水和渔业地面水标准，只可作农田灌溉用水。1996年8月和2000年8月行洪水质属天然雨水，水质较好。

地下水水质 据水资料普查县内浅层淡水化学类型，按舒卡列夫分类法共分8个类型区：建国、武官寨东部及西半屯南部，面积8.8平方公里，为重碳酸—钠镁型水，矿化度1～2克/升；饶阳店、武官寨西部，面积95.8平方公里，为氯化物、重碳酸—钠镁型水，矿化度小于2克/升；里老、郑口、房庄西部，三朗南部，夏庄东南部，面积291.4平方公里，为硫酸、氯化—钠镁型水，矿化度1～2克/升；三朗、房庄北部，面积73平方公里，为重碳酸、氯化—钠镁型水，矿化度1～2克/升；房庄东北部，辛庄西部，面积40.5平方公里，为氯化—钠镁型水，矿化度2克/升；郑口镇东部、青罕东南部和故城镇北部，面积92平方公里，为重碳酸、氯化—钠镁型水，矿化度1～2克/升；夏庄东部及辛庄西南部，面积41.3平方公里，为重碳酸硫酸—钠镁型水，矿化度2克/升。

故城县地处河流冲积及湖积水文地质区，南临卫运河，浅层地下水发育水质较好。浅层地下水全部为淡水（矿化度小于2克/升）。取样化验结果各物质含量分别为：矿化度992毫克/升、氯化物153毫克/升、氟化物0.35毫克/升，浅层水中主要污染物质均不超标，符合饮用水标准。

县内浅层淡水化学类型，据水资源普查按舒卡列夫分类法，分8个类型区：建国、武官寨东部及西半屯西南部为重碳区—钠镁型水；建国西部、军屯、三朗、辛庄、故城及夏庄沿河一带为重碳酸、硫酸—钠镁型水；饶阳店、武官寨西部为氯化物、重碳酸—钠镁型水；里老、郑口西北部、房庄西部、夏庄东南部为硫酸、氯化物—钠镁型水；房庄北部、三朗北部为重硫酸、氯化物—钠镁型水；房庄东北部、辛庄西部为氯化物—钠镁型水；郑口东部、青罕东南部、故城北部为重碳、氯化物—钠镁型水；夏庄西部、故城东部及辛庄西南部为重碳酸、硫酸—钠镁型水。

咸水化学类型为氯化物、硫酸—钠镁型等，矿化度 3 ～ 7 克 / 升。

深层淡水第一开采段的水化学类型多为重碳酸、氯化物、硫酸—钠镁型及氯化物、重碳酸、硫酸—钠镁型等。矿化度小于 2 克 / 升。第二开采段的化学类型大部分为重碳酸—钠型水，分布面积 668.75 平方公里。矿化度均小于 1 克 / 升。第三开采段的水化学类型基本与第二开采段相同。第四开采段的水化学类型为重碳酸—钠型水。

境内深层淡水含氟、含碘量较高，含氟量在 5 毫克 / 升左右，碘离子含量在 200 ～ 400 微克 / 升，均超过饮用水标准，长期饮用会引起氟中毒，出现氟斑牙、氟骨症及甲状腺肿大等症，损害人民健康。浅层淡水中氟离子含量一般为 0.5 ～ 1 毫克 / 升，碘离子也低于深层淡水，饮用水宜选用深浅井高低氟水配兑使用，或使用降氟措施。

四、水资源管理

20 世纪 80 年代，在工业生产和居民生活中，普遍存在水的浪费现象，跑、冒、滴、漏现象严重，水利用率相当低。20 世纪 90 年代，政府注重提高全民关心水、爱惜水、保护水、节约水的意识，推广高效节水新技术新工艺，同时通过法律、法规、制度管理达到节水目的，建立科学合理的水价机制，提高水资源费征收标准，严格定额管理，计划指标考核，实行用水计量收费和超定额累进加价制度，促进节水、减少开采，发挥水价在节水工作中的经济杠杆作用。同时加强水资源管理按照“先节水后调水、先治污后通水、先环保后用水”的原则，统筹安排，在抓好防污治污和全面节水的基础上，进行外调水与当地水的优化配置和高效利用，发挥供水、防洪、调蓄、引水和改善生态环境的综合效益。

21 世纪，境内农业用水占用了 80% 以上的水资源。故城县对新打井配齐输水管道，对现有管道进行加密。在井灌区逐步消灭土垄沟。限量开采，严格控制新打机井，做到布局合理，分层开采，优先开采浅层水，合理利用微咸水，控制开采深层水，大力推广咸淡混浇技术，水资源浪费现象得到有效控制。

五、地热资源

据河北省地矿厅勘测大队和山东胜利油田物探研究所提供的故城县大量地质勘探科学技术资料《故城地区地震资料解释小结》《故城地区下古生界顶面构造图》《故城地区 735.9 测线地质剖面图》对故城县地区的地质条件、地层层位和构造进行科学分析，表明故城县地域内蕴藏着丰富的地热资源，地热面积广、储量大，埋藏深度约为 2000 米。出水温度可达 77℃～ 90℃。可直接用于取暖、洗浴、医疗、温室种植、养殖以及工业利用。故城县城区内地热资源，储量相当于 77 亿吨煤的热储量，可供 10 眼地热井 80 万平方米取暖。1998 年，经过论证，县委、县政府决定开采地热资源，建立地热开发机构，实施地热开发。1999 年，故城县土地管理局成立“地热开发中心”，并开钻了全县第一眼地热井。2005 年在迎瑞住宅小区开钻一眼地热井，实现县城居民区地热供暖。至 2008 年，全县有地热井 6 眼。至 2018 年年末，全县有地热井 53 眼、回灌井 48 眼。

第三节　野生植物

明清《故城县志》载录故城县植物资源有谷品、果品、蔬菜、花品、药品、木品、草品等多品种。

谷品有黍、稷、粟、芝麻、小麦、大麦、荞麦、蜀秫、绿豆、红豆、白豆、黄豆、黑豆、豌豆。

据中华人民共和国成立后多次调查资料，境内原始植被为暖温带半湿润大陆季风气候区，自然植被多为喜湿性草本类。由于农业开垦历史久远，自然森林植被已遭破坏，野生植物多为再生力强的残存灌木和草本植物，乔木多为人工栽植。沙荒地、废弃地、河漫滩、河坡、渠道、路边存在野生植被，多为禾本科、豆科、菊科、蓼科植物，并有沙生及盐生植物。多见苍耳、马唐、马齿苋、小蓟、茅草、车前子、旋花、木贼、沙蓬、蒺藜、狗尾草、牛茶棵（罗布麻）等，碱地多碱蓬、羊角菜等，低洼湿地多小芦苇、稗子草等。

木本 杨树、柏树、柳树、榆树、国槐、洋槐、泡桐、松树、苦楝、樱桃树、梨树、杜梨、桑树、苹果树、桃树、杏树、李树、沙果树、海棠、山楂树、枣树、核桃树、花椒树、柿子树、荆条、葡萄、石榴、无花果、椿树、枸杞、文冠果、木槿、绒花树、杞柳、紫穗槐、丁香、火炬树、银杏树、冬青等。

草本 地榆、土里酸、渣渣菜、榨膨牙、野营基（野米谷）、盐辣菜、扫帚菜、荠菜、蒲公英、曲曲菜、苦贾菜、马兰（山白菊、紫菊）、野蒿、茵陈蒿、小藜（小灰菜）、藜（灰菜）、灰绿藜、碱蓬芽、盐萝菜、猪耳朵（车前草）、附地菜、马齿苋、酸模（模菜、酸母）、莲、菱、浮萍、无根萍、小萎蒿、大连蒿、苦菜、杜蒿、芊芊、狗尾草、稗、牛筋草、白茅（茅草、茅根）、芦苇、狼尾草、马唐（红水草）、狗牙根、虎尾草（棒槌草）、地毯草、披碱草（碱草野麦子）、老芒草（垂穗大麦草）、星星草、鸡脚草、紫草、细齿草、草木樨、米口袋、鸡眼草、草藤、野大豆（山黄豆）、苍耳、三棱草、狭叶香蒲、马兰墩、沼莎草、碎米莎草、槽杆、扁穗莎草、问荆（接续草、节节草）、木贼、灯芯草、蒺藜草、反枝苋、蓝藻、金藻、甲藻、绿藻、裸藻等。

曲曲菜

菌类 姬菇、平菇、香菇、鸡腿菇、双孢菇、草菇、金针菇、银耳、木耳、马皮孢等。

药材类 车前子、菟丝子、葶苈子、蛇床子、硬蒺藜、苍耳子、茺蔚子、茵陈、小蓟、大蓟、公英、扁蓄、旱莲草、益母草、老鹳草、蒲黄、香附、猫眼草、青蒿、罗布麻、败酱草、艾叶、山川柳、浮萍、侧柏白茅根、冬葵子、白丁香、芦根、菥蓂子、地肤子、望月杀、瓜蒌、列当、酸枣仁、合欢皮（花）、浮小麦、地锦、花椒等。

花卉类 蝴蝶兰、月季、蔷薇、吊兰、玉树、旱莲、三叶草、蝴蝶花、发财树、富贵竹、橡皮树、鹅掌木、翠枝、铁树、伞竹、君子兰、令箭

牡丹花

荷花、朱顶红、盐卤菜、凤仙花、夹竹桃、步步高、鸡冠花、牵牛花、霸王鞭、芦荟、菊花、梅花、含羞草、文竹、龟背竹、滴水观音、蟹爪兰、虎尾兰、倒挂金钟、小叶黄杨、韭菜兰、七彩叶、夜来香、茉莉、水仙、绣球、串儿红、芍药、牡丹、玫瑰、石蒜、刺儿梅、仙人掌类等。

第四节 野生动物

明清《故城县志》载录故城县动物资源有畜属、禽属、兽属、鱼属、虫属等多种。

20 世纪，域内动物种属如下：

兽类 野兔、野猫、鼠、地狗、狸子、刺猬、蝙蝠、黄鼠狼、獾、狐等，狐狸、獾藏匿地缺少，极为罕见，唯野兔仍多。

鸟类 麻雀、燕子、野鸽子、灰喜鹊、猫头鹰、鹰、乌鸦、鹌鹑、啄木鸟、喜鹊、雉鸡、小鸥、灰鹤、蓑羽鹤、大鸨、天鹅、野鸭子、鹈鹕、布谷鸟、杜鹃、野百灵、野青定雀、云雀、柳莺、翠鸟、黄鹂、戴胜、大山雀、黄雀，其中鸽、百灵亦有家养。

灰喜鹊

爬行类 蛇（有水蛇、菜花蛇、锦蛇等）、壁虎、蜥蜴。

水生及两栖类 鲤鱼、鲫鱼、鲢鱼、黑鱼、龟鳖、鳊鱼、草鱼、鲇鱼、泥鳅、河蟹、青蛙、蟾蜍、蚌。还有镖水蚤、剑水蚤、螺、蚬、淡水青虾、长臂虾、蜉蝣、小判虫、水蚯蚓、水蛭等。

昆虫类 蝎子、蚰蜒、蚯蚓、蜈蚣、土元、蚂蚁瓢虫、蝴蝶、金龟子、金花虫、蜜蜂、马蜂、黄蜂、旋蜂、蜻蜓、蝉、蟋蟀、金针虫、地老虎、蝈蝈、斑蝥、螳螂、蝗虫等。

第五章 自然灾害

故城县因傍依卫运河，决口之患史不绝书。据明嘉靖《武城县志》、明万历《故城县志》、清光绪《故城县志》、民国《德县志》等记载，自唐贞观三年（629年）至1939年仅志书记载水患灾害多达50多次。历史上旧志所记水灾大多比较简略，有时洪、涝难分。元、明两代记载较少，且往往所指范围较广，很难确指，清代以后记载渐多渐细。资料载，故城县建置后，自元至元二十八年（1291年）至中华人民共和国成立前，今县境有记载共发生水灾92次，其中元代4次，明代14次，清代65次，民国时期9次。明代以来，明确记载运河漫决44次，其中上游左堤漫决淹及县境15次，县内（包括原武城县左岸）漫决17次，上游和县内同时漫决12次。中华人民共和国成立后至2018年，域内发生水灾21次，旱灾37次，风灾29次，雹灾29次，震灾2次。

第一节 水 灾

唐朝水灾 贞观三年（629年）今故城北部（即1964年前原故城地，下简称北地）大水。

宋朝水灾 开宝六年（973年）七月御河故城段（卫运河、南运河段）决口。

元朝水灾 至元二十八年（1291年）九月河间郡淫雨（时故城县属河间郡）。（《元史》）

大德五年（1301年）河间属州水。（《元史》）

至大四年（1311年）七月河间等路，德、恩等州，霖雨害稼（时今县境南部隶属恩州）。（《元史》）

至顺二年（1331年）故城水。（清光绪《故城县志》）

明朝水灾 永乐四年（1406年）卫河堤岸自临清卫渡口驿溃决7处。（《明实录》）

天顺元年（1457年）故城大雨，河与堤平。（清光绪《故城县志》）

成化九年（1473年）秋七月武城河决，没禾。故城大饥。（明嘉靖《武城县志》，清光绪《故城县志》）

嘉靖九年（1530年）秋武城河决，没禾。平地水深丈余，溺死者数百十人。（明嘉靖《武城县志》）

隆庆三年（1569年）河决尖冢，水下武城。故城河水泛滥。（《天下郡国利病书》，明万历《故城县志》）

崇祯三年（1630年）故城大水。（清光绪《故城县志》）

清朝水灾 顺治十年（1653年）故城大水。（清光绪《故城县志》）

康熙八年（1669年）河决清河之三池。河间府大水。（《中国历代天灾人祸表》清康熙《河间府志》）

康熙九年（1670年）清河县王家营等处卫河

决。河间府大水。(《中国历代天灾人祸表》清康熙《河间府志》)

康熙三十二年(1693年)今岁雨水遇溢，田禾失收，又闻河间府所属皆然。(《旱涝史料》)

康熙三十四年(1695年)河间等府所属地方，今岁水潦伤稼，三农歉收。(《旱涝史料》)

康熙四十二年(1703年)故城大水。(清光绪《故城县志》)

雍正八年(1730年)七月七日卫河决临清江家庄。(清光绪《临清县志》《中国历代天灾人祸表》)

乾隆二年(1737年)卫河决尖冢，禾田淹没。武城、故城洪涝。(清光绪《清河县志》《洪涝档案》)

乾隆三年(1738年,)故城雨涝，实收八分。(《洪涝档案》)

乾隆四年(1739年)，卫河决尖冢。武城、故城洪涝。故城县八月三日至九日大雨连绵，低洼村庄俱有积水。(清光绪《清河县志》《洪涝档案》)

乾隆二十二年(1757年)八月初，临清尖庄、范子厂、塔湾，武城县姜圈、三官庙，德州卫第三屯卫河决口。武城四乡一片汪洋，非舟不行。故城大水。(《洪涝档案》，民国增订《武城县志》，清光绪《故城县志》)

乾隆二十四年(1759年)七月，临清尖庄，武城三官庙等处运河漫水，北注故城西，村庄多被淹及。三官庙堤外坡水比河水高尺余。德州卫地藏堂、头屯二处漫溢，水归大洋河。(《洪涝档案》)

乾隆二十六年(1761年)，临清大营西堤八月二十九日漫溢。九月一日，武城县上游漫溢洪水高出运河水面。故城洪涝。(《洪涝档案》)

乾隆四十四年(1779年)六月临清卫河决，武城等7个州县被淹。清河半壁店、武城冯家湾漫口，北经故城等县入黑龙港归淀。(《山东清代水旱灾情》《洪涝档案》《旱涝史料》，民国增订《武城县志》)

乾隆五十五年(1790年)八月二十一日至二十三日、二十五日，武城县大雨连朝，以至田禾被淹，收成约四分。临清江家庄卫河漫水。武城大水。故城被水。(《洪涝档案》，民国增订《武城县志》)

乾隆五十九年(1794年)，临清、夏津西岸江家庄等处卫河溢，北注直境。七月二十七日，流入故城，浸淹162个村庄。武城大水，卫河溢。(《洪涝档案》，民国增订《武城县志》)

嘉庆六年(1801年)七月下旬临清孟家口、屈家渡卫河冲漫。故城县郑家口刁家门漫决。枣强平地行舟可达郑家口。故城成灾八分，民房多坍塌。武城西境被淹，积水深五六尺不等。(《洪涝档案》，清同治《枣强县志》，清光绪《故城县志》)

嘉庆二十一年(1816年)武城卫河决，马圈街等181个庄被水较重。故城被水。(民国增订《武城县志》《旱涝史料》《洪涝档案》)

嘉庆二十三年(1818年)九月、十月因雨水较多，洼下田畴，滨河处所多有积水。武城梁家洼等142个村，黄官屯四屯被水，故城大坛等58个村歉收较重。(《洪涝档案》)

嘉庆二十四年(1819年)临清马家村卫河漫口，武城冯家湾河决，被水较重150个村，较轻孟古庄等71个庄。(《洪涝档案》，清道光《武城县志》)

道光二年(1822年)六月武城卫河决。武城等县卫河两岸先后漫决7处。(《清史稿》《洪涝档案》)

道光三年(1823年)八月十日武城县梁家窑民埝漫缺17丈(56.67米)。十六日临清尖庄、江家庄等漫口5处。故城被淹109个村。武城县成灾五分以上小商庄等154个村，被水不成灾138个村庄。(《洪涝档案》，清光绪《故城县志》，民国增订《武城县志》)

道光八年(1828年)武城县七月二十三日淫雨。七月中旬到九月上旬，雨水稍多，前垂麦等243个村庄被灾较重。(民国增订《武城县志》《洪涝档案》)

道光十一年(1831年)故城被涝。(《洪涝档案》)

道光十三年(1833年)武城河决五股河。故城大水。(民国增订《武城县志》《旱涝史料》，民国《景县志》)

道光十四年(1834年)故城县郑口茶庵前民堤漫溢。清河卫河决口。并因临清张家窑漫水下注，复被淹冲。加之德州花儿树堤工漫溢，毛家店、石佛、徐家庄、翟杏基、赵鲁市(屯)等105

个村被水成灾。(《洪涝档案》，清光绪《清河县志》)

道光二十三年（1843年）八月三日武城县冯家湾减水石闸漫缺。七月十六日，故城县郑家口北大王庙河漫。(《洪涝档案》，清光绪《故城县志》)

道光二十六年（1846年）六月十日郑家口南头徐家庄河漫。故城大水。(清光绪《故城县志》，民国《景县志》)

道光二十八年（1848年）八月六日恩县王庄河决（在今故城县境内）。(清光绪《故城县志》)

咸丰四年（1854年）七月十一日河决故城郑家口。(民国《景县志》)

同治十年（1871年）故城八月细雨七昼夜，坍坏庐舍。武城大水。(清光绪《故城县志》，民国增订《武城县志》《旱涝史料》)

同治十二年（1873年）闰六月八日河决故城。武城大水。高家庄、大杏基等25个村涝。(民国《景县志》，民国增订《武城县志》《洪涝档案》《旱涝史料》)

光绪四年（1878年）九月二十日故城县郑家口河漫。武城十月三十日河决许口。(清光绪《故城县志》，民国增订《武城县志》)

光绪五年（1879年）故城县柴家庄、北化等42个村因涝歉收。(《洪涝档案》)

光绪九年（1883年）七月卫河决临清胡家湾、尖庄、江庄。八月六日决清河油坊。武城八月五日决刘古庄，六日决姜家圈。故城饥民1210户。(《临清县志》，清光绪《清河县志》，民国增订《武城县志》《洪涝档案》《旱涝史料》)

光绪十一年（1885年）七月八日故城县郑家口前香坊河漫。七月十一日，武城县曹口河决。(清光绪《故城县志》，民国增订《武城县志》《旱涝史料》)

光绪十六年（1890年）武城县大水，近河村庄被灾。故城秋禾被水，东高庄、东原隰、崔庄等79个村成灾三至五分。(《旱涝史料》《洪涝档案》)

光绪十八年（1892年）七月二十七日夏津潘家口民埝漫决30余丈（1丈≈3.33米），灌入武城县河西一带，田禾大半淹损。故城县高小营，李长林等83个村成灾。是年冬，饥民9604户，明春2844户。(《洪涝档案》)

光绪二十年（1894年）清河县卫河决。武城县七月十九日寅时河决李庄，酉时河决姜家圈。故城县大坛村、青罕等103个村歉收。(《洪涝档案》，民国《清河县志》，民国增订《武城县志》)

光绪二十一年（1895年）武城大水。故城县高庄、大杏基等四十四村被水歉收。(民国增订《武城县志》《旱涝史料》《洪涝档案》)

光绪二十二年（1896年）河决故城郑家口，流入（景）州境成灾。(民国《景县志》)

光绪三十四年（1908年）故城洪涝，三朗、北化等45个村歉收。(《洪涝档案》)

中华民国时期水灾 1917年7月中旬，华北地区普降暴雨2次，运河最高水位，临清35.5米，故城25.8米（大沽基面），临清尖庄决口。武城县河西地区，故城县江江河一带被淹。武城、故城均为重灾县。(《中华民国六年水灾区域图》《申报》，1939年《南运河水灾调查报告》附表所列“既往最高水位”)

1924年，运河临清尖庄决口。8月2日武城县西岸决口。洪水经武城县河西地区、故城县江江河一带下泄。(《中华民国十三年水灾区域图》，民国《景县志》)

1929年，故城8月9日开始，连绵6日雨。房多倒塌，田禾被淹，路为水阻。赵庄、崔庄一带灾甚。(天津《大公报》)

1930年8月，故城淫雨阅月，连绵不断，清凉、曲流一带农田久已俨若江河。青罕、赵庄洼下地积水4尺（1尺≈33.33厘米）以上。21日又大雨倾盆，房倒屋塌。登城四望，一片汪洋，淹没农田千顷以上，3.5万亩受灾，受灾七成以上。(天津《大公报》)

1932年，故城县7月17日始10天无日不雨，27日74毫米，28日73毫米，沟壑为盆，洼地尽成泽国，清洋江内水深5尺，故城、武城被水。(《申报》，1932年《中国经济年鉴》)

1935年入夏以来，故城县阴雨连绵，棉花受损，交通断绝。8月22日起又大雨3昼夜，平地水深2尺。赵庄、坛村、小庙等低洼处130余村被淹，房倒屋塌不计其数，淹死人畜，运河堤内农田尽被淹没。(天津《大公报》)

1937年上游运河决口，故城县境内二、三、四区部分村庄遭受灾害。(1986年版《中共故城县

党史》)

1939年7月，普降3次暴雨。运河故城站水位25.78米（大沽基面），流量445立方米每秒。7月18日，德县属小第八村堤防决口（在今县境）。27日，临清花园、江庄又决，武城草寺亦决。武城运河木桥被冲毁，运西地区大部被淹。小第八决口，口门宽110米，水深5米。于10月27日堵闭。故城3个区受灾，人口2.9万人，最大浸水深度5米，漫水时间3个月10天，淹地19.9万亩，损失折款201万元。德州至南宫公路漫水25公里，冲坏3公里。（《卫河决口调查表》，《河北省公报》《华美晚报》，天津《大公报》）

1943年8月中旬，连降大雨。9月27日，日本侵略者在临清花园将运河大堤掘开。故城洪涝。（1991年版《清河县水利志》，调查访问）

中华人民共和国成立后水灾 1949年以来，县内共发生不同程度（成灾面积占耕地面积不足1%的未计）的水灾21次。其中成灾面积占耕地面积10%以上10次。漳卫河系洪水3次淹及县境（县内决口1次，上游决口2次），其余均系沥涝。受灾程度，成灾面积占耕地面积10%以下的局部涝灾11年，成灾面积占10%～30%小涝、中涝5年，成灾面积占30%～50%以上大涝、特大涝5年。以1956年、1963年洪灾和1961年涝灾最重，成灾面积均占耕地面积50%以上。几次较大洪、涝灾分别是：

1953年洪水。8月初，漳卫河上游连降大雨。8月3日17时至7日19时，运河临清站洪水上涨3.38米，洪峰水位35.33米，仅低于1939年0.14米。流量达691立方米每秒，在600立方米每秒以上持续110小时。郑口站最高水位28.15米，超过当时保证水位0.65米。四女寺站8月11日10时23分，实测水位25.36米，流量688立方米每秒。故城县境内7日1时和8日2时，在南运河小第五、芦圈两村先后决口两处。二处流出流量计168.4立方米每秒。出水总量约2.37亿立方米。东部23个村行洪，淹地4.28万亩。连同雨涝全县成灾45.8万亩（包括今县境南部，下同）。原故城县共倒塌房屋7.43万间，死18人，伤64人。

1956年大洪水。8月初，漳卫河出现大洪水，上游多处溢决。8月6日，卫运河秤钩湾站洪峰流量1980立方米/秒。7日，临清江庄东北角左堤决口。12日，上游决口洪水入境，水深2米以上。经干部群众奋力抢护，武城运西242个村被淹，倒房17790间，砸死1人。故城133个村被淹，倒房6980间，在打捞残秋中淹死3人。全县成灾面积63.7万亩。

1961年涝灾。7月11—13日连降暴雨，降雨量314～532毫米。东部袁庄、夏庄、里老、小屯四个公社11日一次降雨392毫米。原故城县120个村被水包围，交通断绝，共倒塌房屋22338间，死亡5人，伤14人。武城运西地区饶阳店公社农田受灾六至八成，武官寨公社三至五成，祖杨公社二成，共倒房16183间，砸死7人，伤19人。郑口站年总计降雨量798毫米。全县雨涝成灾面积51.8万亩。

1963年特大洪水。8月，漳卫河流域发生特大暴雨洪水。漳河观台站3日、6日先后出现2040立方米/秒和5470立方米/秒洪峰。9日，漳河在大名县闫桥溃堤，共出流13亿立方米。6日、8日，卫河淇门站和淇河新村站洪峰流量也分别达824立方米/秒和5590立方米/秒。漳卫二河经岳城水库和沿岸坡洼拦蓄、滞洪，16日，卫运河临清最大流量仍达2540立方米/秒。同日闫桥溃决洪水进入县境，故城、武城两县干部群众全力投入抗洪抢险。武城运西地区水围村231个，倒房5.67万间，死15人，伤10人。故城水围村79个，半水围村56个，7个村进水，卫运河滩地内南、北甘泉，李王庄和行洪区红旗村4个村被水冲光。倒房9804间，淹死7人，砸死1人，伤5人。冲走砸毁粮食1.7万余公斤，家具154万件，农具5154件，损失折款699.7万元。全县连同沥涝成灾面积共58.4万亩。

1964年涝灾。全县年降雨量1001.3毫米，为有记载以来最大降雨年份。春季4月19日，一次降雨101.7毫米，6万亩麦田积水成灾，30万亩小麦因湿度大发生锈病，严重减产。7、8、9三个月，降雨日共达45天，降雨量703毫米。秋季26万多亩作物减产或绝收，涝灾成灾面积44.1万亩。暴雨造成9912间房屋倒塌，15人死亡。

1973年涝灾。6月至8月底，降雨21次，平均降雨量652毫米。主要集中在县境南部，军屯公社810毫米，平地水深0.3～0.6米，加上清河客水下泄，共淹地17万余亩，死1人，伤8人，倒房6613间，卫运河新筑平台几乎毁坏一半。由于充分发挥了排水工程效益，域内沥涝成灾面积缩小到4.8万亩。

1984年涝灾。8月9日15时至10日3时，12小时平均降雨217.4毫米，最大强度辛庄站1小时降雨135毫米，暴雨中心在县境东部，辛庄、里老、故城、小屯、夏庄五乡镇降雨量在500毫米以上，庙灵庄、袁庄两乡超过400毫米，全县受灾面积23.4万亩。经充分利用现有水利工程突击排涝，实际成灾面积16.3万亩。暴雨中死1人，伤18人，倒房1.44万间，冲毁水工建筑物404座，机井1173眼，总计损失折款4386万元。

1990年8月，遭受沥涝灾害。

1996年8月6日，卫运河洪水抵达故城境内。12日、13日洪峰通过，郑口最高水位27.88米，水位高出地面3米以上，洪水袭击全县7个乡镇62个村12831户53619人受灾，其中重灾户9971户42967人，淹地10.07万亩，农业经济损失10194万元，损坏堤防5000米，险工护岸600米。部分乡镇遭受洪涝灾害。

2008年5月3日的强风暴雨，致使1354公顷小麦倒伏，减产五成，728公顷棉田被淹，基本绝产，造成直接经济损失1391万元。6月29日的冰雹灾害，农作物成灾面积540公顷，造成直接经济损失293万元。7月26日凌晨2—3时，遭受暴风雨袭击，农作物受灾面积20025亩，绝收面积7200亩，造成直接经济损失860万元。

2009年9月3—8日，持续不断降雨，降雨量达120毫米以上乡镇有建国、武官寨、军屯、里老、故城、夏庄，其中建国镇降雨达141毫米，其他乡镇降雨均在100毫米以上。据统计，全县玉米倒伏803公顷，此次灾害共涉及受灾群众20多万人，造成经济损失总计10994万元。

2011年8月15日14时40分开始，区域内开始降雨并伴有雷电，此次降雨部分区域属特大暴雨，郑口镇降雨量达157.4毫米，饶阳店镇达115.8毫米，降雨量在50～100毫米的依次有夏庄镇、故城镇、武官寨镇。全县玉米和棉花受灾面积共计6735公顷，经济损失共计4420万元。

2012年7月31日上午9时开始域内普降大雨，局部暴雨。据县气象局8月1日上午8时测报郑口镇、军屯镇降雨量达100毫米，故城镇等11个乡镇降雨量在70～99毫米。局部降雨量大的乡镇部分玉米、棉花等农作物因排水不畅受淹，倒塌房屋324间，农作物受灾16933公顷，其中成灾8393.6公顷、绝收783公顷，直接经济损失6482.22万元。

2012年8月9日凌晨2时开始域内普遍降雨，故城镇、夏庄镇遭受特大暴雨袭击。据县气象局测报故城镇降雨量达180.6毫米、夏庄镇降雨达122.6毫米，倒塌房屋300间，损坏房屋563间，农作物受灾11229.36公顷，直接经济损失9992.41万元。

2015年8月3日16—17时，域内遭受大暴雨气象天气，暴雨造成农作物不同程度受淹，部分低洼地块导致绝产。据各乡镇核查统计上报，农作物受灾约2728.4公顷，农业直接经济损失1052万元。

第二节　旱　灾

据现有资料，自元元贞元年（1295年）至中华人民共和国成立前，今县境有记载共发生旱灾79年，其中元代2年，明代21年，清代43年，民国时期13年。按灾情分类，共记载大旱年26年，特、重旱年8年，中旱年5年，旱年18年，连续2年以上旱年40年，季节性旱灾中春旱3年，春夏旱12年，夏旱6年，夏秋旱2年，秋旱2年，春秋旱1年。虽历代衡量旱灾程度标准不一，季节干旱记载难免缺漏，但仍有一定参考价值。现分年记述如下：

元朝旱灾　元贞元年（1295年）河间等路旱。（清康熙《河间府志》）

大德元年（1297年）河间、大名等路旱。（清康熙《河间府志》）

明朝旱灾　洪武五年（1372年）山东东昌等州夏旱，大饥，草实树皮食为之尽（明代武城县隶属东昌府）。故城县大饥。（《中国历代天灾人祸表》，清光绪《故城县志》）

成化十三年（1477年）真定、河间皆旱。（《明史》）

成化二十年（1484年）故城大旱。（清光绪《故城县志》）

弘治三年（1490年）武城旱。（《旱涝史料》）

弘治五年（1492年）武城春旱，大饥。（明嘉靖《武城县志》）

正德二年（1507年）武城夏旱。（《旱涝史料》）

正德五年（1510年）武城夏旱。（《旱涝史料》）

正德八年（1513年）武城秋八月不雨，至来年六月乃雨。（明嘉靖《武城县志》）

正德十六年（1521年）武城春夏旱。（《旱涝史料》）

嘉靖三年（1524年）夏河间诸属旱蝗。（《旱涝史料》）

嘉靖十一年（1532年）武城三月不雨，至六月淫雨。（明嘉靖《武城县志》）

嘉靖十七年（1538年）故城大旱。（清光绪《故城县志》）

嘉靖三十二年（1553年）鲁西北共12个县旱灾。（《旱涝史料》）

万历二十九年（1601年）大旱。自万历二十七年（1559年）华北平原连遭三年大旱，其中以万历二十九年（1601年）最为严重。（《旱涝史料》）

万历四十三年（1615年）春夏旱，至七月始雨。（民国《景县志》）

崇祯元年（1628年）大旱，赤地千里。（民国《景县志》）

崇祯十三年（1640年）德州大旱，尽枯。河间府大旱，斗米银二两，人民相食，尸骸遍野。（《旱涝史料》，清康熙《河间府志》）

崇祯十四年（1641年）大旱。临清、清河秋七月运河涸，河间府飞蝗蔽天，人或夫妻父子相食。（《旱涝史料》，清康熙《河间府志》）

清朝旱灾　康熙三年（1664年）故城夏旱。（清光绪《故城县志》）

康熙九年（1670年）武城大旱。（《山东清代水旱灾情》）

康熙十年（1671年）武城大旱。（《山东清代水旱灾情》）

康熙十三年（1674年）河间府春夏旱，麦几枯尽。（清康熙《河间府志》）

康熙二十三年（1684年）故城大饥。（清光绪《故城县志》）

康熙二十九年（1690年）故城大旱，饥。（清光绪《故城县志》）

雍正十年（1732年）武城大旱。（《山东清代水旱灾情》）

乾隆二年（1737年）武城中旱年。故城夏季二麦收成，高地二至三分，洼地三至四分。（《山东清代水旱灾情》等有关资料）

乾隆十年（1745年）故城旱歉收。（清光绪《故城县志》）

乾隆五十七年（1792年）武城大旱。（民国增订《武城县志》）。故城被旱154个村庄。（《旱涝史料》，清光绪《故城县志》）

乾隆五十九年（1794年）武城中旱。（《山东清代水旱灾情》）

嘉庆十六年（1811年）武城旱。（《山东清代水旱灾情》）

嘉庆十七年（1812年）武城大旱。（《山东清代水旱灾情》）

嘉庆十八年（1813年）武城大旱。（《山东清代水旱灾情》）。

道光五年（1825年）武城大旱。（《旱涝史料》《山东清代水旱灾情》）

道光六年（1826年）武城旱灾。（《旱涝史料》《山东清代水旱灾情》）

道光七年（1827年）武城旱灾。（《旱涝史料》《山东清代水旱灾情》）

道光十五年（1835年）武城旱灾。（《山东清代水旱灾情》）

道光十九年（1839年）武城旱。（《山东清代水旱灾情》）

道光二十年（1840年）武城春夏重旱。（《山东清代水旱灾情》）

道光二十一年（1841年）武城秋旱。（《旱涝史料》《山东清代水旱灾情》）

道光二十二年（1842年）武城夏秋重旱成灾。（《山东清代水旱灾情》）

咸丰七年（1857年）武城旱蝗。（《旱涝史料》，民国增订《武城县志》《山东清代水旱灾情》）

咸丰九年（1859年）武城春夏重旱成灾。（《旱涝史料》《山东清代水旱灾情》）

咸丰十一年（1861年）武城春夏重旱成灾。（《山东清代水旱灾情》）

同治六年（1867年）故城旱麦歉。（清光绪《故城县志》）

同治九年（1870年）武城旱灾。（《旱涝史料》）

光绪二年（1876年）武城春夏特旱，民有饥死者。（《山东清代水旱灾情》）

光绪三年（1877年）故城秋大旱。武城旱，岁大饥。（清光绪《故城县志》《旱涝史料》，民国增订《武城县志》《山东清代水旱灾情》）

光绪六年（1880年）武城旱。（《旱涝史料》，民国增订《武城县志》）

宣统元年（1909年）武城大旱，禾苗枯。（《旱涝史料》，民国增订《武城县志》《山东清代水旱灾情》）

中华民国时期旱灾 1920年华北五省大旱，直隶以枣强、故城、景县为最重，土壤晒干，霍乱传播，收成不及一成，冻死饿死者不少。故城灾民8.5万人，武城8万人。（《申报》，民国《景县志》《旱涝史料》《河北地区旱灾》）

1926年，故城春雨稀少，自春至夏不雨。（《申报》）

1929年，武城县春夏缺雨，荒旱已急。（天津《大公报》）

1930年，故城7月以前雨水极其缺少，春苗20%枯死，晚苗因地成焦土难以播种。（天津《大公报》）

1931年，武城春旱秋涝，晚秋旱。故城年降雨量422.2毫米。[《德州地区旱涝规律分析》《海河流域水文特征资料（南运河系）》]

1935年，武城春夏旱象严重。故城年降雨量452.0毫米。[《山东省政府公报》《海河流域水文特征资料（南运河系）》]

1936年，1—6月武城天气亢旱，五谷未播种。（《武城县第四科长报告》）

1940年，1—5月降雨不足30毫米，二麦无收，夏秋连旱。（《德州地区旱涝史料汇编》）

1941年，大旱年，树皮草根食之亦尽，群众逃荒要饭，鬻儿卖女。（《旱涝史料》）

1943年，由于前4年连续干旱，该年春灾情发展到极重。柴庄等9个村1955户中，外出逃荒的393户，冻饿死42人，卖儿女19人，典房卖地倾家荡产者不可胜计。（《旱涝史料》《1963年档案资料》）

中华人民共和国成立后旱灾 1949—2015年，县内共发生不同程度（未含成灾面积占耕地面积1%以下年份）的旱灾37次，成灾面积占10%～30%的小旱、中旱年11年，成灾面积占30%～50%以上大旱、特大旱年7年。以1965年、1968年、1986年3个年份受灾最重，旱灾成灾面积在50.9万～56.7万亩，分别占耕地面积54.3%～63%。

1965年旱灾。郑口气象站观测，全年总降水量仅283.4毫米，年内无雨雪天数315天。大部地区至8月5日始解除旱象。全县受旱面积58.8万亩，旱灾成灾面积50.9万亩，占耕地面积的54.3%。

1968年旱灾。全年总降雨量301.2毫米。据郑口气象站记载，自1967年8月26日至1968年7月17日，连续未降透雨日长达330天。全县受旱面积66.6万亩，旱灾成灾面积56.7万亩，占耕地面积的63%，为1949年以来旱灾成灾面积最大年份。因饲草不足，当年10月将6983头大牲畜送往邢台地区寄养，次年4月初返回。

1972年旱灾。郑口气象站观测全年降雨总量仅279.7毫米，是1949以来雨量最少的一年。卫运河河道干涸。地下水位下降，24个大队人畜饮水困难。全县受旱面积53万亩，经广大群众积极抗旱，旱灾成灾面积缩小到38万亩，占耕地面积的44.3%。

1986年旱灾。郑口气象站观测全年降水总量313.4毫米。卫运河水长期断流，地下水位持续下降，能源供应比较紧张。全县受旱面积58.5万亩，由于充分发挥现有水利设施的效益，积极开发利用地下水源，旱灾成灾面积48.1万亩，占耕地面积的57%。

1989年，全县遭遇旱灾、涝灾和风雹灾三大自然灾害，粮食减产3653万公斤，损失房屋1544间，倒塌房屋655间，直接损失8119万元。

1997年夏，故城县遭受严重的旱灾。

1999年，遭受严重旱灾，33.5万亩农作物受灾，成灾面积12.4万亩。

2002年入夏以来，干旱少雨，造成秋作物受灾575804亩，成灾面积421063亩。

2004年，郑口、饶阳店、三朗、房庄、武官寨、夏庄、里老7个乡镇，发生旱灾和风雹灾害，农业直接经济损失5982万元。

2005年春季干旱，夏秋季出现沙尘暴和局部风雹及暴雨灾害，主要涉及建国、夏庄、故城、里老、三朗、房庄、郑口7个乡镇。受灾面积4449.2公顷，其中800.2公顷绝收，共造成农业直接经济损失2085万元。

2006年春夏持续干旱，全县小麦受灾面积1.98万公顷，农业直接损失2834.1万元。

2007年，旱灾面积33840公顷，造成农业直接经济损失5280万元。

2008年10月至2009年4月，连续7个月无降水，河渠干枯，地下水位平均下降3.5米，全县浅机井11000眼无水可抽。

2014年以来冬春无雪、无雨，7—8月异常高温天气持续较长，降雨较少，旱灾造成农作物不同程度的减产或绝收，根据乡镇核查上报灾情统计，受灾面积约9060公顷，绝收1209公顷，农业直接经济损失约3968万元。

第三节 风 灾

风速大于或等于每秒17米之风（相当于8级）即造成危害，如土壤风蚀，墒情锐减，禾苗枯萎，庄稼倒伏，小麦成熟阶段则影响大。风速每秒超过30米，则拔树倒屋，带来更大灾害。故城县地势平坦，气流顺畅，发生大风次数较多。

据清光绪《故城县志》等文献载，明正统四年（1439年）至1916年风灾如下：

明朝风灾 明正统四年（1439年）北地烈风伤害田禾。

清朝风灾 清道光六年（1826年）北地大风伤麦。

清光绪三十四年（1908年）五月大风拔禾，北地灾情严重。

清宣统三年（1911年）四月十九日忽刮冷风，一夜之间霜凝水结，北地麦苗冻伤。

中华民国时期风灾 1916年7月疾风暴雨自西北来，刮折大树，北地禾苗尽偃。

中华人民共和国成立后风灾 1962年大风，受灾14000亩，成灾5964亩。

1963年飓风，受灾81014亩，成灾40328亩。

1965年8月11日大风，风速大于35米/秒，房顶被掀，受灾14073亩，成灾5761亩。

1967年6月20日，东北大风，风速大于32.7米/秒。吹毁围墙、电线杆，大树倒地。

1970年6月30日大风，受灾14903亩，成灾8143亩。

1972年大风，受灾7230亩，成灾282亩。

1977年5月13日，暴风雨，风速大于20.8米/秒。死亡7人、牛8头、羊28只。另房屋倒塌，树木拔起一部，受灾7675亩，成灾7090亩。

1978年8月18日17时自西南向东北18个公社遭受龙卷风袭击，要庄公社吕华庄处最大风速大于32.7米/秒，一般风速25米/秒，农作物倒伏256000亩，毁坏房屋903间，折断树木28303探，刮断电线杆227根，伤7人，死亡1人。

1979年7月24日，风速27米/秒。部分胸围50厘米树木吹倒、电线刮断、电线杆刮倒，屋顶掀掉、院墙倒伏，受灾2500亩，成灾1500亩。

1980年大风，受灾25400亩，成灾9500亩。

1981年大风，受灾1100亩。

1984年6月10日，西南风，风速27米/秒。损失小麦330万公斤，部分围墙刮倒、屋顶掀掉。

1987年8月18日，风速大于20.8米/秒。瓦子庄、军屯、要庄、建国、武官寨、赵行、西半屯等乡镇48个村遭暴风袭击。受灾作物有玉米5800亩、大豆4800亩、谷子9000亩、高粱1500亩、棉花1978亩，减产5～8成，油料作物绝收2亩。倒塌房屋47间，围墙3450米。损坏屋顶1300间，毁坏树木3848棵，羊死亡1只。

1993年6月22日下午5点20分左右，域内遭特大暴风灾害，风力均在8级以上，持续时间30～40分钟，直接损失642.19万元。

1989年7月17日，里老乡李鸭鹅、朴庄两村遭特大龙卷风袭击。此次龙卷风风带长5华里，宽100～150米，所到之处，树木、房屋严重被毁。共造成600多间房屋倒塌，170多人受伤，其中重伤37人，死伤牲畜250头只，经济损失70多万元。

1990年9月遭遇病虫害和特大风灾，致使秋作物减产，部分绝收，树木和房屋受到不同程度损坏，直接损失1698万元。

1993年5月份，要庄、军屯、建国、半屯等四个乡镇遭受龙卷风，受灾面积1000余亩，使小麦损失20余万公斤。

1998年6月21日7时，发生严重的暴风雨灾害，大风8～9级，造成直接损失2716.7万元。

1999年5月18日，全县遭到暴风雨袭击，造成15万亩小麦倒伏，成灾面积10.5万亩。

2005年7月，夏庄、故城、青罕遭暴风灾害，最大风力8级以上，直径120厘米的大树拦腰吹断，屋顶瓦片被吹落，高秆作物倒伏，直接经济损失4500万元。

2009年4月15日凌晨4时左右起，域内突遭狂风袭击，据气象部门的统计，风力7级左右，阵风达9级。据统计，全县被大风刮坏、损毁1亩左右的温室大棚约1000个，小拱棚损坏2万个，各类果木树共4165公顷受灾，另有养殖大棚、电力设施、房舍等损坏，共计损失4700万元。

2009年5月9日晚至10日晨，域内东北部青罕镇、故城镇、夏庄镇、辛庄乡、里老乡、房庄乡普降大雨，并伴有短时大风，风力7级左右，造成小麦大片倒伏，棉花大面积受淹。据统计，小麦受灾面积约5万亩、成灾面积约1.5万亩，棉花受灾面积约3万亩，共计损失约480万元。

2009年7月23日晚8时15分至晚10时，域内遭受8级阵风并伴有降雨袭击，其中：夏庄镇、故城镇、辛庄乡、里老乡、房庄乡、三朗乡、郑口镇降雨量为16～29毫米，军屯镇阵风达9级。据初步统计，玉米受灾面积约3.65万亩、损失约计189万元，成灾涉及受灾群众8000人。

2009年8月26日凌晨3时30分，域内东北部遭受大风雨袭击。因风大雨急造成故城、青罕、夏庄镇大多数村，郑口镇东北部部分村和辛庄、里老部分村玉米大面积倒伏。119个村、9803户群众受灾，造成玉米受灾面积约1988公顷（29821亩），经济损失约合1431万元。

是年8月27日晚6时30分至7时30分，域内西南部又突遭大风雷雨灾害。大风过后直接造成三朗、饶阳店、武官寨、军屯、建国镇大面积玉米茎秆折断倒伏严重，其中，建国、军屯受灾严重。据统计，此次风灾涉及146个村、12101户，玉米受灾面积约3878公顷（58179亩），棉花受灾约计600公顷（9000亩），辣椒受灾200公顷（3000亩），造成经济损失总计3122万元。

2010年3月20日凌晨2时开始，域内遭受大风袭击。大风对域内的蔬菜大棚、拱棚和鸡鸭养殖棚舍破坏较为严重。据统计，灾情主要涉及建国、夏庄等8个乡镇，共刮坏蔬菜大棚1080个、拱棚12500个、鸡鸭养殖棚舍17个。此次大风共计造成经济损失637万元。

2010年9月21日上午7时域内遭受较大风灾，据气象部门测报大风范围涉及全县13个乡镇。据统计，全县玉米受灾面积约54450亩，减产2～3成的约2540公顷，直接造成农业经济损失约630万元。

2013年8月7日下午4时30分左右，域内建国、饶阳店等乡镇突遭大风和降雨天气，造成部分夏季农作物不同程度倒伏、水淹；部分树木、电杆被风刮断。经统计，此次风雨灾害共造成约8000棵树木被刮倒，砸坏房屋350余间，近4万亩玉米不同程度受灾，棉花受灾350亩，200余个蔬菜拱棚被毁，10多根电线杆被折断，5000米高压线路、3000米低压线路损坏中断，饶阳店镇4.5万亩夏季农作物成灾，直接经济损失1500万元。

2017年5月22日下午3时，域内部分乡镇遭受大风灾害，灾害过程阵风最大风力达7级以上，17时全县范围内出现降雨天气，降雨时伴有较大阵风，持续到22时停止。据房庄乡、饶阳店镇上报灾情统计，受灾人口约12800人，小麦受灾约1473.3公顷（22099.5亩）农业直接经济损失约720万元。

第四节　雹　灾

据域内气象资料记载，故城县年均出现一次冰雹，次数最多为1967年、1978年、1980年度各出现3次。1995年，8乡镇遭受特大雹灾损失巨大。2015年4月、8月遭受2次雹灾。“雹砸一条线，年年旧道中。”县内共有3条雹线：一条从枣强县王常移向县内小庙、故城一带至山东德州地区；一条从枣强唐林移向县内杏基、郑口一带进入德州地区；一条从枣强大营移向县内饶阳店、武官寨一带，后进山东武城县。冰雹线路大多自西北向东南方向移动。降雹年变化，一般降雹发于3—10月，52%集中于6—7月，其中6月出现最多，占30%。冰雹最早发生于3月20日，最晚发生于10月24日。降雹日变化，主要集中于午后至傍晚。一般持续3～5分钟，最长1小时。强度大小不一，大者似鸡蛋，小者如玉米粒、高粱粒。

中华民国时期雹灾　1925年6月上旬，雹大如枣子，小似扣子，密度特大，持续1小时，最大厚度1尺，两天未化完，人均穿棉衣，受灾70%，农作物毁种。

1926年5月底，雹密度大，将麦粒砸落。

1927年7月，雹大如鸡蛋，瓜砸坏，玉米叶子砸碎。

1929年7月20日，雹大如枣，瓜秧叶子砸光，其他作物叶砸碎。

1930年6月7日下午，雹大如鸡蛋，山芋秧叶、枣树叶、高粱叶砸光。

1939年7月，雹大如鸡蛋。

中华人民共和国成立后雹灾 1960年降雹，受灾17081亩，成灾14791亩。

1962年，成灾7800亩。

1965年6月4日，祖杨东北、武官寨西南降雹，受灾24176亩，成灾21184亩。棉花98%砸成光杆。

1970年7月27日，三朗、房庄、小庙、郑口、杏基、青罕、梧茂降雹，雹重0.8克/个，受灾4744亩，成灾500亩。

1971年，受灾1400亩，成灾820亩。

1972年8月8日15时，建国、要庄、西半屯降雹，持续10～20分钟，受灾1772亩，成灾1300亩，灾情较重。要庄公社草寺以北、南陈庄以南，玉米叶砸成条状。

1974年，受灾6100亩，成灾6100亩。

1978年6月22日，梧茂、房庄、小庙、庙灵、辛庄降雹，大如鸡蛋，重75克，小如黄豆。受灾11845亩，成灾10654亩。

1978年8月18日，降雹如枣。

1980年7月6日16时47分，降雹，最大直径15毫米，平均重量1.3克，持续8分钟，大如卫生球，涉及饶阳店、郑口、青罕、故城公社属31个村受灾8100亩，成灾5200亩。

1983年5月17日，建国、军屯、要庄降雹，小如玉米粒，大似小枣，持续10～20分钟，受灾400亩。

1984年8月22日16时30分至17时，郑口镇降雹，最大直径11毫米，大似小枣，平均重量0.5克，密度2～3个/平方米，一般为玉米粒大小。饶阳店乡降雹，大如鸡蛋，小似小枣，地面积雹平均3000粒/平方米。原隰降雹，8500亩粮食减产6～8成，绝收3000亩；5500亩棉花减产6～8成，绝收800亩；刮倒树木18棵。

1986年6月22日，故城、小屯、袁庄、青罕、小庙、辛庄、庙灵、里老8乡镇属159个村降雹，密度559个/平方米，大如鸡蛋，中似核桃，小同小枣，降雹10～20分钟，庄稼呈光杆状，西瓜布满伤痕。受灾197000亩，36000亩棉花减产8成以上；西瓜绝收7000亩；林果6500亩，损失75万元；蔬菜2400亩，损失54.5万元；粮食23000亩，损失46万元。

1986年7月24日14时，武官寨、赵行、杏基3个乡属12个村降雹，持续15分钟，大如玉米粒，小似高粱粒，受灾14513亩，绝收3000亩，玉米叶呈条状，少数棉叶全部脱落。

1987年8月1日17时，郑口镇前黄村、翟庄、夏家庙降雹，持续20分钟，大似鸡蛋，小如卫生球，密度6000个/平方米，棉花2000亩、玉米100亩、高粱270亩、大豆250亩减产8成以上，芝麻250亩绝收，苹果80亩叶多砸落。

1989年6月，全县有7个乡镇遭受雹灾，成灾面积在0.9万亩以上。

1991年7月8日，三朗、梧茂、房庄、小庙、夏庄、庙灵、里老7个乡受冰雹袭击。冰雹直径3～5厘米，地面最厚处达20厘米，受灾面积15万亩，其中绝收5.09万亩。砸伤28人，其中重伤15人。砸伤大牲畜15头，毁坏房屋107间，围墙600米，直接经济损失2196万元。梧茂乡受灾最重，几乎全乡绝收。

1992年5月15日晚8时至11时30分，全县两次降冰雹持续时间分别30分钟和20分钟，伴有7、8级大风，受灾面积11.5万亩，成灾面积9.9万亩，直接损失2946万元。

1993年7月，三朗、梧茂、小庙3个乡镇遭受雹灾，农作物受灾面积4万余亩。

1994年8月，小庙、梧茂、里老、辛庄等乡镇发生雹灾，造成3.5万亩农作物绝收。

1995年6月24日，里老、夏庄、小屯、小庙、袁庄、辛庄、庙灵、故城8个乡镇遭受罕见特大风雹袭击，时间持续15～20分钟，最大风力10级以上，冰雹直径1～12厘米。砸伤3600人，遇难2人，农作物、果树、蔬菜及电力通信设施、建筑物受灾情况严重，总损失约2.1亿元。

2000年6月、2001年6月、2002年5月，房庄、三朗、军屯、建国、郑口、饶阳店、辛庄等多个乡镇分别遭受雹灾，共造成棉花受灾面积7.2万亩，瓜芽受灾面积0.3万亩，果园受灾面积0.6万亩。共计造成经济损失0.1亿元以上。

2003年，主要有风雹灾和暴雨灾，雹灾分别在5月30日和6月13日，涉及里老、辛庄、夏庄、故城四个乡镇。暴雨灾分别在7月30日和10月9—12日，全县共有受灾人口13.8万人，成灾人口6.4万人，农作物绝产2.56万亩，房屋倒塌2328间。

2004年7月，郑口等9个乡镇受到雹灾，农作物成灾面积10.4万亩，直接经济损失50.5万元。

2006年6月19日和7月5日，遭受冰雹袭击，房庄、里老、辛庄3个乡镇28个行政村不同程度受灾。灾害发生时，瞬间风力达8级左右，冰雹直径4～5厘米，密度200～300粒/平方米，冰雹持续20多分钟，受灾面积达48000亩。其中，棉花36000亩，玉米4500亩，蔬菜瓜果7500亩，受灾直接损失达5760多万元。其中受灾较严重的房庄乡，近7000亩耕地几乎绝产。雹灾受灾面积38115亩，农业直接经济损失50万元；

2007年，阴雨灾中，棉花因霉、烂桃36万亩造成直接经济损失5252万元。

2015年4月28日上午8时15分左右，房庄乡所辖区域突遭风雹袭击。风雹持续约20分钟，造成棉花苗、瓜菜不同程度受灾。据统计农作物受灾面积约1万亩、受灾人口7100人，农业经济损失200万元。

2015年8月23日18时—20时，部分乡镇遭受风雹气象天气，约2小时内降雨伴有大风和冰雹，局部风力达7级左右。饶阳店、武官寨、郑口、青罕镇所辖区域较大范围内伴有冰雹，冰雹直径约3～25毫米。风雹灾害造成主要农作物玉米、棉花不同程度倒伏、掉叶，其中倒伏的玉米造成绝收，叶面呈撕裂状的部分玉米和掉叶的棉花直接影响后期生长造成减产。据相关受灾乡镇核报统计，全县受灾人口56600人，农作物受灾10.6万亩，其中成灾7.9万亩，绝收2.74万亩，农业直接经济损失5200万元。

2017年6月12日下午14时50分至15时10分左右，青罕镇、故城镇、辛庄乡部分村遭受风雹灾害，最大冰雹大小约10毫米，密度较大。冰雹过境区域，主要造成棉花、西瓜、辣椒类农作物绝收。据乡镇核查统计上报此次灾害涉及45个村，受灾人口约计8129人，受灾农作物约计663.25公顷（9948.75亩），经济损失约计220.056万元。

2017年青罕镇受灾棉田

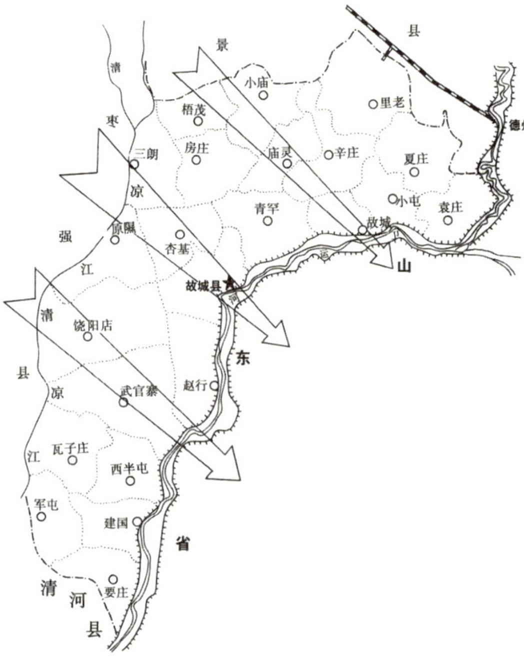

图2-4　故城县冰雹路线示意图

第五节　霜　冻

发生于春末秋初季节。霜冻为当日平均气温大于0℃时，夜间或早晨气温降至足以引起农作物受伤或死亡之短时低温。

故城县平均初霜日10月中旬，最早10月9日，最晚11月3日；平均终霜日4月15日，最早3月15日，最晚4月17日；无霜期约201天。

早秋和晚春的霜冻对农作物危害较大，危害程度以秋霜冻为最。初霜出现早晚对大田棉花产量、品质有影响，终霜可对棉花、蔬菜产生冻害。

1987年前，无详细成灾实录。

1987年以来，霜冻灾害一般2～3年一遇，地面温度降到0.5℃，小麦棉苗出现不同程度冻害。

1989年秋，霜期提前15天，棉花吐絮期明显偏短，棉株提前凋零，严重影响皮棉质量。

1998年，霜期提前13天，较常年平均偏长23天，棉花产量、质量下降，其他农作物不同程度受害。

2009年11月11—13日，故城县遭遇了50年一遇的冰雪灾害袭击。域内普降大雪，积雪厚度达15厘米左右，在冰雪、低温灾害中，全县40个蔬菜专业种植村受灾，重灾区为建国镇，造成全县3万多亩蔬菜减产，一些大棚被积雪压塌，经济损失合计约2576万元。

2010年2月28日，突遭寒流袭击，气温骤降，最低温度达到零下10摄氏度，小麦遭受不同程度冻害，成灾面积约计8万亩，受灾人口38600人，造成经济损失约计1440万元。

2011年11月29日，境内自14时开始持续降雪至30日4时止，积雪厚度286毫米，同时伴有气温骤降，造成部分群众受灾。据统计，全县大棚种植农业受灾1444.5亩，经济损失583万元；养殖业倒塌棚舍13个，死伤鸡鸭24400只，经济损失约计27万元。

第六节 虫 灾

蝗虫 1967年前，蝗虫多年成灾，中华人民共和国成立前尤甚，为烈性害虫之一。据明嘉靖《武城县志》、清光绪《故城县志》等文献资料，记录如下：

唐开元二十五年（737年）今故城北地蝗虫大发，但有白鸟数千只，食蝗尽，庄稼未受影响。

元至大元年（1308年）今故城南地发生蝗灾。

明永乐七年（1409年）北地蝗虫大发。

明嘉靖八年（1529年）秋南地蝗飞蔽天，民大饥。

明万历四十四年（1616年）夏，北地发生蝗灾。

清咸丰六年（1856年）秋，北地飞蝗蔽天，食尽庄稼，民大饥。

清光绪十四年（1888年）夏，北地蝗虫损害作物，颗粒未收，多人饿死。

清光绪二十五年（1899年），北地蝗蝻成灾，危害庄稼。

1919年6月，北地发生蝗灾。

1927年夏，北地蝗虫自西北来，遮天蔽日，后又生蝻，灾情严重，庄稼歉收。

1943年，北地蝗虫成灾15万余亩，其中10万亩农作物叶被吃光。

1954年蝗灾，部分芦苇叶被吃光。故城县人民委员会发动农民、学生捕打，撒施“六六六”粉农药，危害得以控制。

1957年5月，北地5万亩受蝗灾，首次用飞机撒药灭蝗。

1962年7月，北地7000余亩农田蝗虫大发，部分农作物歉收。

1964年6月，北地发生蝗灾，35万亩农田受害。

1966年6月，今地蝗蝻成灾。后，蝗虫极少发生，未造成危害。

黏虫 1942年，北地黏虫严重发生，11万余亩农田受灾，其中7万余亩农作物叶被吃光。

1950年，北地黏虫严重发生，面积5万余亩，首次使用喷粉器，喷撒“六六六”粉、DDT粉，虫害得以控制。

1975年，全县黏虫严重，发生30余亩。

棉蚜 1948年，北地棉蚜普遍发生，危害较重，棉田3万亩歉收或绝收。二十世纪六七十年代，均有不同程度发生。

20世纪80年代，历年均有发生，因棉蚜产生抗药性，农药虽几年更新一次新品种，仍有不同程度危害。

棉铃虫 历年均有不同程度发生，自20世纪80年代棉铃虫抗药性增强，每隔几年须更新一次农药。

另玉米、高粱钻心虫、小麦蚜虫、灰飞虱等时有发生，然未造成严重危害。

第七节 震 灾

明朝震灾 明天启六年（1626 年）今故城北部地震。

明崇祯元年（1628 年）北部地震。

清朝震灾 清康熙七年（1668 年）七月二十五日山东郯城发生 7.8 级地震，北部震感强烈。

清光绪十四年（1888 年）夏，今故城地震。是年九月十九日下午 14 时，今故城地震。

清光绪二十六年（1900 年）一月北部地震。

清光绪二十八年（1902 年）一月北部地震。

清光绪二十九年（1903 年）六月二日北部地震，十七日又震。

中华民国震灾 1937 年 8 月 1 日，山东菏泽发生 7.75 级地震，今地震感强烈。

中华人民共和国成立后 1966 年 3 月 8 日，邢台、隆尧一带发生 6.8 级地震，波及今故城地。全县倒塌房屋 30 余间，裂缝数百间，倒院墙 234 米。同月 16 日，宁晋、隆尧一带又发生 5.2 级地震，震中烈度 7 度，波及今县南部，震感强烈，部分旧房裂缝。22 日宁晋发生 7.2 级地震，今县地震感强烈，20% ～ 30% 土坯房遭破坏出现裂缝。郑口公社后油房村东 100 米处有黑沙从地下喷出，同时冒出黑水。

1976 年 7 月 28 日 4 时，唐山、丰南一带发生 7.8 级地震。波及今县西部及东部几公社，震感强烈，部分老房裂缝，房檐脱落，院墙倾斜，牲口棚倒塌，造成人畜伤亡。

第三编　大运河

京杭大运河是世界上里程最长、工程最大的古代运河，在第38届世界遗产大会上入选世界文化遗产名录，成为我国第46个世界遗产项目。大运河是中国古代劳动人民的伟大创举，同时是中国文化地位的象征。京杭大运河故城段自清河县渡口驿入故城境至芦庄村出县境入德州，全长75.1公里，为大运河全线流经县域最长河段。昔日运河舟楫如云，帆樯蔽日，商贾云集。运河文化源远流长，滋养着崇文尚礼、重工尊商、勤劳质朴的故城儿女，孕育着极具故城特色的民风民俗，积淀了丰厚的文化底蕴和深刻内涵。千年以来，故城人民依河而居，故城因河而兴。大运河是故城人民的母亲河。

第一章　历史变迁

大运河流经域内75.1公里，20世纪60—70年代，沿河村庄居民饮用运河水。城乡使用自来水后，运河水多用来灌溉农田。大运河开凿后千百年间，河道几经变迁，给故城带来福祉的同时，也带来水患灾害。经过域内民众世世代代的治理维护，大运河重新焕发生机。2016年，通过绿化、美化、亮化、硬化多措并举，运河风情公园建成。2018年，故城运河风情公园被国家水利部授予“国家水利风景区”。

第一节　历史概况

运河故城段前身是东汉清河，隋为永济渠。自隋至元代亦称御河。原为京杭大运河组成部分。因该河发源于春秋战国时期的卫国，故统称卫河。清朝以后对天津以北运河而言，自天津以南至临清段称南运河，至1946年始有卫运河之名。

东汉建安九年（204年），曹操为北征袁尚，统一北方，正月遏淇水入白沟，以通粮道。时淇水为黄河支流，为从黄河向北通航，在淇水口（今河南省淇县东）用大枋木作堰，逼淇水流入白沟。该河东北流，在今威县东接清河，至今黄骅县东南一带入海。当时是河北地区水运干道，至南北朝时一直利用。北魏熙平年间（516—518年），曾大规模修复。

国家重点文物保护单位——大运河

隋大业四年（608年），隋炀帝“诏发河北诸郡男女百余万开永济渠，引沁水，南达于河，北通涿郡”，该渠是在三国魏旧渠基础上，并利用部分天然河道建成。它南引沁水与黄河相通，北与白沟、清河相接。内黄以下比原白沟略向东移，走馆陶、临清、德州一线。再循旧清河抵今天津，然后西北行到达涿州治所蓟城（今北京西南）。全长约1000公里，水面宽十余丈，可通行大型龙舟，永济渠的通航，把海河流域和中原地区连接起来，促进了城乡经济的发展。

永济渠在境内行经路线，据宋《太平寰宇记》载，武城县治曾于“唐调露元年（679年），移于永济渠北义王桥西二里”，其时新治所在今关庙村附近。据《中国历史地图集》标注，该渠大体自清河县西北部，经今关庙村南、建国镇、武城新城东北接今南运河。北段德州以南，与今河道走向基本相同。

自辽、金起，北京成为都城。为大量北调江南物资，历代对运河屡加修治。元至元三十年（1293年），开通了北自大都（今北京）南至杭州，长达1974公里的京杭大运河。御河为这条南北大运河的重要河段。

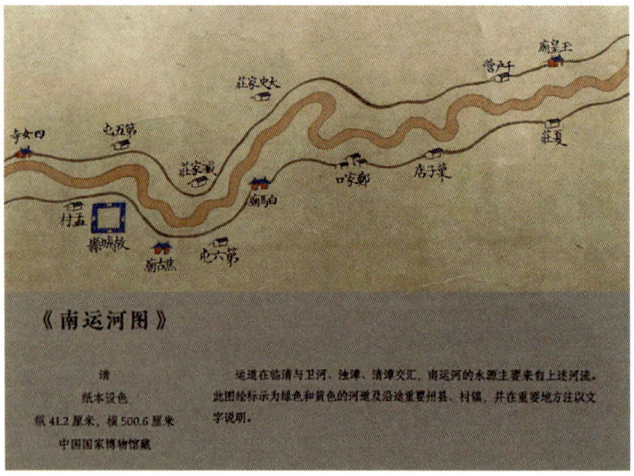

中国国家博物馆藏清代《南运河图》（故城段）

运河河槽弯曲，故城段自古就有“三望”苏家楼、“九望德州”和“甲马营一盘绳，弯弯曲曲到武城”的传说。据清光绪《故城县志》记：清乾隆二十年（1755年），自郑口至故城河路46里（合今制22.1公里）。清道光二十六年（1846年），“因年久套刷，河身日形弯曲，节次增长39公里”，“咸丰初年，二望、三望被异涨冲断”，至清同治十二年（1873年），这段河道“合计水程33.6公里。”据1939年资料，武城至郑口水路26公里，陆路25公里；郑口至故城水路20公里，陆路17公里；故城至四女寺水路17公里，陆路19公里，3段合计水路63公里，陆路51公里。清光绪年间（1875—1908年）故城附近“河宽三十丈，深二丈”（合今制宽96米，深6.4米）。1919年，开始测量河道过水能力，当年故城河段最大过水流量为清道光二十六年。

京杭大运河在故城县内有64.1公里卫运河和11.022公里南运河。京杭大运河开通后，尤其从明永乐年间（1403—1424年）至清道光年间（1821—1850年），运河一直居于国家交通命脉的重要地位。明代把大运河称作漕河，天津至临清间亦称为卫漕。清代每年只漕船一项常在万艘以上，运粮达400万石左右。明清漕运，促进了故城一带经济的发展。彼时，郑口为沿河重要码头，“居民稠密，贾肆繁多”，为“南北水陆要冲”，被称为“小天津卫”。直至中华民国年间，天津至济宁等处，尚可凭借帆船进行少量运输。

运河故城段特点是“易盈易枯”“向苦浅滞”。水小时河水太浅不便航行，水大时又常决溢溃堤。明清为保漕运，除设浅夫“捞浅”外，还要在上游开辟水源，引水济卫，禁止引水灌溉，下游要开辟减河，设减水闸坝。元、明时沁河有一支通卫河，时塞时通，明代常议引沁入卫。元末明初漳河通卫，以后通塞不常，塞时常有人主张分漳入卫。至清康熙五十四年（1715年），于馆陶筑堤“逼全漳之水济运”，从此夏秋之交漳水“奔流下注，消长靡常”。自明初修复会通河开始，下游开辟减河。明、清两代，在故城县下游附近先后三次开凿、疏通四女寺减河，两次开凿、疏通哨马营减河，四次修建、改建扩建四女寺减水闸坝。但都未能从根本上改变漳卫河上大下小，尾闾不畅的状况。

卫运河自清河县渡口驿村北进入县境向北12公里为祝官屯枢纽，至郑口镇转而向东偏北，到四女寺枢纽，占卫运河总长近40%，南运河自四女寺枢纽，至西第三村北与德州市交界。卫、南运河在县内共流经建国、西半屯、武官寨、郑口、青罕、故城、夏庄等乡镇，合计流程75.1公里。

中华人民共和国成立后，卫运河于1958年和1972—1976年两次扩大治理。河道设计行洪能力，由原500立方米/秒增至4000立方米/秒，达到五十年一遇行洪标准。县境卫运河对岸于1966—1967年，修建西郑庄进洪闸（设计分洪流量1200立方米/秒），健全恩县洼滞洪区。下游漳卫新河，经1972—1976年扩大治理，设计洪水流量3500立方米/秒，在超标准洪水情况下，可强迫行洪5000立方米/秒。加上南运河行洪300立方米/秒，漳卫河中下游排洪入海能力比1949年提高13倍。

卫运河治理后，弯曲系数已下降为1.35。河道为复式断面半地上河。主河槽深7～9米，河槽之深在海河流域中居首位。县内河段滩地一般高出堤外地面1～2米。堤顶与附近地面高程相差4.37～6.7米。南运河属蜿蜒“U”形深水河槽。河道弯曲系数1.61，河口宽60～120米，堤顶一般高于滩地3米。

卫运河主要承泄漳卫河洪水。因上游大多处于太行山区迎风面，暴雨比较集中。较大洪水年份，一般都具有暴雨强度大、持续时间长、笼罩范围广的特点。1963年，在上游水库拦蓄及多处决口的情况下，郑口最大洪峰流量2094立方米/秒，在当时警戒水位27.88米以上持续长达35天。

中华民国至抗战时期，因长期战争与荒年，运河河道年久失修，堤防残破，按冀南行政公署安排，1946—1947年对运河进行了局部整治。

1958年，进行卫运河扩大治理工程，加大了河道流量，保证了原在滩地居住群众的安全。漳卫南运河管理局报请水电部同意，于1966年秋至1967年春进行引河浅滩疏浚。

1966年运河故城段河道干涸

自1965年，卫运河连年出现断流，1974年，断流长达206天，至此航运中断。1972—1976年，对卫运河故城段进行扩大治理，提高了漳卫河流域防洪能力，1976年6月，此次扩大治理工程通过竣工验收。1981—1983年，天津市出现水荒，卫、南运河曾两次承担引黄、引岳（岳城水库）济津任务，共向天津市输水10.53亿立方米。

2014年，卫运河治理，所有工程于2016年竣工。2018年，工程验收完毕并投入使用。是年，通过卫运河治理工程档案专项验收及水土保持设施工程自主验收。

河道清淤、险工、穿堤建筑物、堤防加固等工程经受住了2016年“7·19”流域内较大洪水的过流考验。卫运河治理工程所有建设项目交由运行管理单位使用，运行情况良好。

2016—2018年，故城县委、县政府对运河县城段堤顶进行硬化、绿化、美化，采取多种措施加强大运河文化带建设。积极打造运河故城段县域特色。相继建成“运河风情公园”“运河文化展览馆”。2018年9月25日，故城运河风情公园被水利部授予“国家水利风景区”称号，水利部海委漳卫南运河管理局为故城县授牌。

附

故城运河文化展览馆

故城运河文化展览馆始建于2017年10月1日，建筑面积300平方米，系运河文化与地域文化巧妙结合的仿古建筑。展览馆外观古典时尚，内在装饰古朴。馆内以实物陈列为主，藏有各种运河出土实物，如隋、唐、宋、元、明、清各个朝代运河出土的陶器、瓷片，船钉、河蚌、钱币等实物，辅助了丰富的图片、文字和音像资料。其上层主要分为图文展示、实物陈列两部分，下层主要分为甘陵八景、运河风物展示两大板块。

展览馆集展览、旅游、教育、交流等功能于一体，旨在全方位、多角度保护、传承和研究运河文化，反映和展示运河故城段的悠久历史、自然风貌和民俗风情。展览馆现已成为故城县文

故城运河文化展览馆

化旅游场所及传统文化教育基地，是对外宣传故城的一扇文化窗口和带动文化旅游发展的重要平台。

自展览馆建成后已接待中央、省市级主要领导及游客数万余人次，受到了省市县主要领导及社会各界的广泛认可和好评。2018年9月11日，全国政协副主席刘奇葆到故城县调研大运河文化带建设；2019年2月21日，中国关工委主任顾秀莲调研考察了大运河文化带建设情况，参观了运河文化展览馆，同行专家学者对故城运河文化展览馆给予了充分肯定。

第二节　河道变迁

一、卫运河河道变迁

卫运河与上游的卫河、下游的南运河曾统称卫河。它是由古代清河、屯氏河、白沟、永济渠演变而来的，与黄河的变迁有密切关系。《畿辅安澜志》载：“卫河，古清、淇二水所导也，汉为白沟，亦曰宿胥渎，隋为永济渠，宋元曰御河，明曰卫河。”民国时称卫运河。据查，1946年3月1日，解放区冀南卫运河河务局成立，是最早使用卫运河名称的单位。

卫运河在东汉年称白沟。《辞海》（1999年版）载：“原为大河（即黄河）故道，在今河南浚县西，由宛水分部分淇水为源，东北流下接内黄以下古河。水流微弱。东汉建安九年（204年），曹操将进攻袁尚，在淇水入黄河处下大枯木为堰，通淇水入白沟以通粮道。此后上起枋堰，下至今河北威县以南的清河，皆被称为白沟，成为河北地区的水运干道，至隋炀帝后才为水济集所代替。”

卫运河在隋唐时期为永济渠的一段。卫运河在宋元时称御河。《辞海》（1999年版）载：“宋元时代所谓‘御河’专指今河南、河北境内的卫河，即隋所开永济渠的一部分。”

元代开凿京杭大运河，其中会通河在临清入卫河，当时将会通河称漕河，将御河称卫河。明代仍沿用这一称谓。

清代将临清至天津段称南运河。临清以上称卫河。中华人民共和国成立后，于1958年修建四女寺枢纽，将徐万仓至四女寺一段，称卫运河至今。

二、南运河河道变迁

南运河是隋代永济渠的下游段、元代京杭大运河的重要组成部分，其变迁与卫河、卫运河类同，是经过人工开挖的蜿蜒形河道，呈半地上河。

明弘治三年（1490年），黄河决堤以后，户部左侍郎白昂凿小河十二道，四女寺减河的上口在这时移至四女寺，并置堰控制泄洪流量。但这座闸很快废弃，至明嘉靖十年（1531年），才有巡按直隶御史詹宽关于在德州置闸之议。明嘉靖十四年（1535年），右副都御史刘天和命通判黄琦重修，用银700余两。

清初，四女寺减河“淤塞已平”，“闸座废坏不修”。因而山东、直隶一带运河经常泛滥。清康熙年间（1662—1722年），礼部尚书张伯行曾建议修复四女寺减水闸及引河。当时引河早已淤平，河道已为百姓佃种，修复工程浩大，实施困难。清康熙四十四年（1705年），四女寺减水闸重建，不久又复淤废。至清雍正四年（1726年），内阁学士兼礼部侍郎何国宗再次建议疏通四女寺减河。这次疏浚工程断断续续地进行了几年，至清雍正八年（1730年），将原减水闸改建为滚水坝，“宽八丈，坝脊高河底一丈一尺”。

清乾隆二十七年（1762年），因泄水不畅，“将坝展宽四丈，落低一尺六寸。二十八年又展宽十二丈”，共计10孔，各孔间有矶心（消力墩）。当时挑挖的河段长7575米。

四女寺减河在明、清两代曾多次维修，但主要力量都集中在河头的滚水坝工程，有效的河道维修也只限于上游约5公里，其下游200余公里不设堤防，河水漫流，起不到减河的作用。清光绪年间（1875—1908年），全部淤废。据中华民国年间的一些记载来看，当时减河“入口处仍遗有砌石之溢流堰残迹，但淤塞几乎不能应用，河身亦变成旱田而无减河之价值”。据说，1924年曾泄洪水，6月间最大流量仅6立方米/秒。

中华人民共和国成立后，党和政府十分重视四女寺减河治理。1955年，重新疏浚河道，采取临时防洪措施，设计分泄流量达55立方米/秒；1956年，再次进行治理，挖河、筑堤206公里，设计行洪流量达400立方米/秒；1957—1958年，又一次治理，兴建了四女寺枢纽，沿河修建30座木桥，挖河、筑堤，完成土方4121万立方米，设计行洪流量达850立方米/秒，校核流量达1230立方米/秒，为抗御1963年洪水做出了贡献。

1972—1976年，漳卫河中下游扩大治理，新辟一条岔河，全长43.5公里，设计行洪流量2000立方米/秒。同时将四女寺减河扩挖、筑堤，设计行洪流量1500立方米/秒。此次治理后，四女寺减河、岔河及两河汇流以下河道统称漳卫新河。

1987—1989年，经漳卫南运河管理局、河北省水利厅批准，将这些工程列入漳卫河下游治理尾工，按部署基建工程处理。此项尾工重点为滩地处理，县内河段列入尾工滩地高渠处理16处，另扬水站护坡加固2处。随着滩地高渠处理，先后降低和改建穿堤涵洞11处，拆除废旧涵洞5处，连同2处扬水站护坡加固，共完成土方22.29万立方米，砖石方5002立方米，混凝土561.8立方米，总用劳动工日7.86万个，投资148.25万元（国家投资109万元，乡镇自筹39.25万元）。此外，为消除隐患，1987年拆除废旧涵洞11处，共完成土方4.98万立方米，用劳动工日3万个，投资20万元。

2000年，据漳卫南运河管理局勘测，卫运河极限过水量2900立方米/秒。1996年8月洪水高峰期，水位距堤顶0.5米，流量为2700立方米/秒。南运河行洪能力为300立方米/秒。2014—2016年，治理修整竣工后，经受住了2016年“7·19”流域内较大洪水的过流考验。2018年，通过卫运河治理工程档案专项验收及水土保持设施工程自主验收。

第三节　闸　涵

故城县在卫运河引水灌溉闸有草寺闸、和平闸、青年闸、芦庄闸。

祝官屯枢纽启用后，仅和平闸、草寺闸能够利用。卫运河河道武城大桥至四女寺闸，设计水位为32.09～25.27米，水深约10米。水面坡度辛宅以上1/8200，辛宅至四女寺1/7640，河槽断

大运河郑口青年闸

面采用窄深式，一般挖深6～7米。主槽底宽100米，边坡13，邻近四女寺复式河槽过渡，与闸前河槽相接，1996年8月，大洪水冲刷河床河滩严重，加之高秆作物影响，行洪标准降低。2000年始，对河床及河滩进行整治。

故城县境内卫运河、南运河穿堤涵管统计表

表3-1

名　称	桩　号	结构形式	闸管尺寸（米）	闸、孔底高程（米）	堤顶高程（米）	建成年份
叶　庄	100+663	砼	φ0.25	29.58	35.52	1962
姜　圈	104+500	砖	1.00×1.00	30.94	35.03	1974
曹　口	105+800	砌石	0.80×1.20	29.73	34.86	1974
褚　庄	107+412	砖	0.50×0.70	29.90	34.65	1978
梁　尧	108+244	砖	0.50×0.80	29.63	34.55	1968
建　国	109+200	砌石	0.70×0.90	30.63	34.43	1975
高　庄	110+450	砖	0.50×0.70	29.64	34.27	1965

续表 3-1

名　称	桩　号	结构形式	闸管尺寸（米）	闸、孔底高程（米）	堤顶高程（米）	建成年份
庞　堂	112+374	砖	0.70×1.10	29.17	34.02	1956
天水屯	114+446	砖	1.40×1.50	29.00	33.76	1983
齐　庄	121+054	砖	0.60×0.80	28.28	32.92	1972
小街子	122+830	砖	1.20×1.50	28.28	32.69	1975
孟古庄	124+741	砖	φ0.50	28.84	32.44	1967
寨　子	126+138	砼	φ0.50	28.47	32.27	1971
东　排	128+156	砼	φ0.50	28.10	32.01	1971
温　庄	129+652	砖	1.20×1.60	28.23	31.82	1980
刘辛庄	130+128	砖	0.50×0.70	27.93	31.74	1964
五股河	132+451	砖石	1.00×1.40	27.62	31.46	1970
郑　口	135+500	砖	2.00×1.70	—	31.70	1971
后香坊	138+431	砖	0.80×0.50	26.33	30.48	1970
新　宅	139+250	砖石	1.00×1.50	25.60	30.38	1964
刁孝子	140+346	砖	φ1.00	25.90	30.24	1962
刁南庄	142+093	砼	φ0.50	25.47	30.03	1977
秘孝子	142+900	砼	φ1.00	25.92	29.93	1964
第　什	144+251	砼	φ1.00	25.99	29.76	1966
南王庄	145+850	砼	φ1.00	25.18	29.57	1966
小第八	147+548	砖	0.70×1.00	24.98	29.36	1967
大第八	148+573	砖	0.80×1.00	25.12	29.23	1971
马　厂	149+638	砌石	0.80×1.00	24.74	29.12	1966
西南镇	151+490	砖	1.00×1.50	24.71	28.87	1978
东南镇	153+983	砼	—	25.02	28.57	—
三里口	154+800	砖	0.60×0.90	25.31	28.48	1971
北二屯	157+999	砖	0.70×0.90	23.94	28.14	1974
头　屯	158+840	砖	1.10×1.60	—	28.05	1966
头屯东	160+200	砖	1.10×1.60	—	—	—
芦　庄	156+175	砖	0.50×0.80	—	—	1974
南二庄	157+900	砖	0.70×0.90	—	—	—
河北崖	162+250	砖	0.50×0.750	24.00	27.69	1964
第　九	1+470	砼管	φ0.50	—	—	1973

续表 3-1

名 称	桩 号	结构形式	闸管尺寸（米）	闸、孔底高程（米）	堤顶高程（米）	建成年份
第 七	3+381	砼管	φ0.50	—	—	1965
小第五	5+595	砼管	φ0.50	—	—	1965
大第五	4+371	砼管	φ0.50	—	—	1965
小第五	5+500	砼管	φ0.50	—	—	1965
芦 圈	6+507	砖	1.00×0.60	—	—	1965
芦 圈	7+950	砼管	—	—	—	1965
东第三	9+250	砖	0.40×0.70	—	—	1965
西第三	10+737	砼	φ1.00	—	—	1965
西第三	10+020	砼	φ1.00	—	—	1965
草 寺引水闸	102+560	砼	—	—	—	1995
和 平引水闸	110+170	砼	3.00×2.00	20.20	35.26	1984
青 年引水闸	136+647	砼	2.00×1.70	19.50	31.18	1958
芦 庄引水闸	155+875	砼	3.00×2.00	16.20	28.80	1973
第 三自排闸	10+087	砼	3.00×2.00	20.20	—	1962
第 三电排闸	10+132	砼	—	21.00	—	1962

说明：表内“—”为无统计资料

2005年后，组织水利队伍及群众对段内运河闸涵进行分期、分段修理、疏通，行洪标准有所提高。2010年后，每年定期对闸涵进行疏通修理。

第四节 运河管理

明、清两代运河为南漕北上重要干线，为保漕沿河设浅铺浅夫管理河道。明代故城县共设浅铺3处，每铺老人1人，浅夫10人，修堤夫80人。清初守堤之制废弛，至清康熙十五年（1676年），仅剩渔夫15人。清乾隆元年（1736年），撤浅夫设河兵18人。清道光十二年（1832年），剩河兵12人。清光绪年间（1875—1908年）漕运停止，河兵随之撤销。

中华人民共和国成立后，运河由县人民政府建设科或水利科管理，基层设河务委员4人，巡堤员18人。自1963年10月，增设故城县卫运河修防管理段，直属漳卫南运河管理局，始有专管机构。并逐步健全群众护堤队伍，至年末已设护堤员71人。1965年4月，改称漳卫南运河管理局故城县修防管理段，直属邢衡专区修防管理处。1970年，漳卫南运河管理局撤销，归水电部第十三工程局领导。1972—1980年，改属河北省。1980年恢复漳卫南运河管理局后，改称漳卫南运河管理局故城县管理段至今。其间，1981—1986年，为漳卫南运河管理局直属段。1986年7月，邢台处与故城段合并，建立邢衡地区管理处后，隶属该处领导。基层管理队伍按乡镇划分10个护堤队，有护堤员132名。

为加强运河管理，1963年，故城县人民委员会先后发出《关于堤防养护员工作任务的意见》和《切实做好养护堤防的通知》，并经沿河干部群众讨论，订有《沿河社队护堤联合公约》，开展经常性管理养护工作后，进一步明确护堤员为脱产不脱队社员，国家每人每月补贴生活费10元。工作在堤，分配在队。提倡“以堤为家，以管养为业”，绿化收入国队五五分成。1975年，水利电力部发布《漳卫南运河管理办法》后，管理渐趋正规。20世纪80年代，对护堤员实行堤防承包合同责任制，使承包户收入与堤防管理好差、绿化收入多少挂钩。按照漳卫南运河管理局“一平”（堤顶平整）、“四无”（无水沟浪窝、无破堤扒口、无兽穴隐患、无开垦种植）、“两化”（大堤绿化、戗台弃土畦田化）标准，堤防管理提高到新水平。

县内河堤植树由来已久。明清县志记“两湾柳色”即孟家湾柳堤，曾为故城八景之一。清道光二十一年（1841年），武城知县谕民植树，西岸25个村共植柳树2542棵。1936年，故城当局在修整堤防同时，亦曾由“修堤民夫”按每5步一棵，统一植柳。自1957年始于堤防植树。1963年夏秋两季按临河防浪，背河取材精神，先后栽植绵柳6万穴，高秆树14.7万株，基本实现堤防绿化。至1972年普查，共有用材树13.3万株。1972年，卫运河扩大治理，按原定比例分成办法，全县处理大堤树木2101立方米，绵柳2.25万公斤，共收入13.1万元。此后伴随治理工程陆续竣工，自1975年重新植树绿化，成材后经逐年间伐更新，至1987年，共有杨柳榆树等用材树75.7万株。21世纪，逐年对护堤林进行更新补植。

为增强堤身抗洪能力，自1952年始行大堤锥探灌浆。初期采用人工锥探，自流灌浆，发现一批鼠穴暗洞，均及时处理。1978年后，采用半机械化、机械化锥孔压力灌浆。至1982年5年间，共锥探灌浆87.5公里（重点复燃23.5公里），灌入土方20.3万立方米，处理大小隐患1887个。后着重穿堤建筑物及旧涵拆除等堤段重点锥灌。1987年拆除废旧穿堤涵洞11处，改建涵洞2处，堤防隐患减少。

因河道糙率增加，将河道清障列为运河管理重要内容。1987—1988年，两年间共平展和修旧滩地高渠17条、长6848米，清除树障3处，苇障1处，麦秸垛1批，拆除近堤违章建房104间，填平近堤坑塘11处，菜窖、土坑275个。

2014年，对卫运河实施治理。主要建设项目包括辛堤——四女寺河道堤防范围内的河道清淤疏浚工程、堤防加高加固工程、堤身加筑戗台工程、堤基防渗墙工程、险工险段整治工程、堤顶防汛道路工程，穿堤建筑物拆除封堵、重建及维修加固工程，总长度64.1公里。

漳卫南运河管理局领导考察大运河故城段

自卫运河实行标准化管理以来，故城县管理段1982年被水电部海河水利委员会和衡水地区行署分别评为堤防管理先进单位、水利工程管理先进单位。1987年，被水电部海河水利委员会和漳卫南运河管理局分别评为防汛保安全优胜单位及标准化管理达标段。2012年、2016年，被漳卫南运河管理局评为先进单位和先进集体。

第二章 防洪治理

故城县运河堤防虽经历代整修，然行洪能力极低，屡有水患。仅据自清乾隆二年（1737年）至1949年前213年现有资料统计，明确记载共发生洪灾27次（县境内运河漫决21次），平均不足8年一次。

中华人民共和国成立后，为保障人民生命财产安全和国家建设顺利进行，除多次对堤防、险工整修加固外，逐步由治标转向治本，国家先后几次对卫运河扩大治理。河道行洪能力较建国前提高 7 倍。至 2018 年，县内河段堤防已有 65 年安全渡汛。

第一节　河道治理

县内历代防洪工程，多为修堤整险，至清代始有局部河道治理记载。清乾隆三年（1738 年）为防治水患曾于河西街（今建国镇驻地）附近，开新河裁直河弯。1917 年与 1932 年，两次筹划该段运河治理，但仅限于勘测规划，均未实施。

抗日战争胜利后，冀南解放区于 1946—1947 年，对卫运河局部治理。自武城（因 1964 年前故城南部地域属武城县，故 1964 年前记述多涉武城县）至德州间共裁直河弯 14 处。属今境内河段有小街子、果子口、郑口、刁南庄、大第八、南王庄和新庄 7 处。共缩短河道 12.5 公里，免除险工 8 处，以解防洪燃眉之急。

中华人民共和国成立后，在 1956 年复堤基础上，为解除洪水威胁，国家按照流域规划，于 1958 年，对卫运河扩修治理。

此次治理以首先解决防洪，适当照顾将来灌溉及航运为初步治理方针。以加宽河槽，培堤修险，清理河滩为主要措施，境内河段除孟古庄以上河槽采用切滩办法拓宽外，两岸共裁直河弯 30 处，其中左岸有姜圈、蔡庄至庵堂、天水屯、周楼、叩庄、孟古庄、寨子、郑口北、吴夏庄、第什、故城、三里口等 15 处，裁弯长 10.7 公里。堤防一般沿原堤加高培厚。蔡庄至庞堂、姜圈、吴夏庄 3 处，原堤距较窄，则展堤新筑。滩内民埝全部废除。姜圈、梁窑、小街子、李王庄 4 个村由滩地迁出。今建国镇驻地及曹口、褚庄等 6 个村部分拆迁。此次治理现境内河道和堤防土方工程，由河北省沧县专区和山东省聊城专区 11 个县民工参加施工，是年 5 月完工。治理后四女寺以上设计行洪能力，由 1956 年复堤后 800 立方米 / 秒增至 1250 立方米 / 秒。同时修建四女寺（清代曾属故城县辖）枢纽工程，下游扩挖四女寺减河，承泄洪水 850 立方米 / 秒。此次治理中故城县出民工 7200 人，分别参加郑口段复堤、拆除民埝及四女寺枢纽工程部分土方和技工辅助工作。共动土 113.6 万立方米。

卫运河治理后，对承泄 1963 年洪水发挥作用，但因是年洪水远超 1958 年治理标准。为进一步提高漳卫河防洪能力，保证沿岸广大地区和铁路干线安全，解除洪水对天津市威胁，按照《漳卫河流域防洪规划（修订本）》，国家于 1972—1976 年对卫运河再次展堤与扩河，设计水位比 1963 年洪水略有抬高。河槽为复式断面，县内主河槽底宽 100 米，一般挖深 6 ～ 7 米。于庞堂至祝官屯（武城县辖）和故城两处挖引河，裁直河弯 3.5 公里。堤防按设计水位超高 2 米加高培厚，两岸堤距加宽到 900 ～ 1200 米。于辛堤、曹口、梁窑、天水屯、周楼、孟古庄、五股河、辛宅、故城、头屯等处退堤，刘辛庄、果子口两处缩堤，总长 15 公里。滩内所剩辛堤、曹口、孟古庄、头屯 4 个村全部迁出。连同 12 个搬迁村、17 个机关单位，共搬迁房屋 9500 余间。河道土方工程分两期施工。1972 年冬至 1973 年春，着重水上方开挖结合填筑堤防，县内河段由衡水、沧州两地区 14 个县 8 万余名民工参加施工。1973 年冬至 1974 年春，重点开挖河堤和堤防加固。天水屯以上由衡水地区阜城、武邑、衡水 3 个县施工，以下基本由山东省承担。故城县先后在头屯及郑口甩段施工，并负担境内清滩清障，总计完成土方 323.9 万立方米。此次卫运河治理，四女寺以上设计行洪能力为 4000 立方米 / 秒，可强迫行洪 5500 立方米 / 秒。同时新建扩建郑口主槽超洪桥、祝官屯、四女寺枢纽，下游扩挖四女寺减河，并自四女寺至吴桥县大王铺新辟岔河，定名漳卫运河，承泄洪水 3500 ～ 3800 立方米 / 秒，成为漳卫河泄洪入海主要通道。此前，对岸修建西郑庄分洪闸，健全恩县洼滞洪区。为有计划控制上游洪水渲泄，发挥灌溉、航运等综合效益及方便交通创造条件。

因引水灌溉梯级拦蓄，河道淤积较为严重。1982 年，县水利局于辛堤测算，主河槽过水断面，由原设计 733.6 平方米降为 693 平方米，过水能力由 1150 立方米 / 秒降为 896.8 立方米 / 秒。据漳卫南运河管理局测算，至 1985 年，祝官屯以下淤积约 1300 万立方米。按设计行洪标准，祝官屯闸下水位将抬高 0.5 ～ 1 米，尤以西郑庄下游三里口一带为甚，已较设计行洪能力降低 10% ～ 30%。

2014 年，水利部海河水利委员会批复关于卫运河治理工程项目。卫运河治理工程共划分为 37

个单位工程，300 个分部工程。县境内运河治理工程建设于 2014 年 10 月，总长度 64.1 公里，工程主要建设项目包括辛堤—四女寺河道堤防范围内的河道清淤疏浚工程、堤防加高加固工程、堤身加筑戗台工程、堤基防渗墙工程、险工险段整治工程、堤顶防汛道路工程，穿堤建筑物拆除封堵、重建及维修加固工程。

郑口险工处是故城县一级文物保护景观，为大运河保护的重要节点，因此在险工整治的过程中考虑了遗产保护并兼顾景观和生态要求，险工上游段自堤脚起至 25 米高程做绿色植被混凝土护坡，采用无砂混凝土框格做骨架，框格内植草，既美化环境，又节省投资。

2016 年 11 月 19 日前工程竣工。2018 年 10 月 31 日，全部单位工程验收完毕并投入使用。

第二节　堤防整修

县内防洪堤防工程年代久远。据《读史方舆纪要》载，故城镇西南 15 公里有鲧堤，自广宗县界东入县境，相传为鲧治水所筑，并有金堤自大名县界东北入县境，为后汉王景所修。宋元丰年间（1078—1085 年）为防漳水筑有“古漳长堤”。

境内运河堤防起自何时，查旧志无明确记述。《山东通志》载，元泰定三年（1326 年），曾修“夏津、武城堤三十三所”（包括今故城县南部）。明万历四十二年（1614 年）《故城县志》记载，彼时堤岸“自甲马营循卫运河下连四柳树（今四女寺），高数尺”。清代修堤记载渐多，较大整修系清雍正十二年（1734 年），以故城“向无堤堰，水涨漫溢”，以工代赈，整修民堤（《清史稿·河渠志》）。清乾隆五年（1740 年），因“间有民堤尚未联络整齐，汛水出槽难以防护”，动府帑银修筑“遥堤”“月堤”。清嘉庆九年（1804 年），将故城民埝列为“亟应修浚工程”加高加厚（《畿辅安澜志》）。

中华民国时期，境内运河堤多为小型岁修。较大工程为 1936 年普修德州以上堤防。当年故城修堤 10 段长 8.9 公里，动土 1.3 万立方米。

堤防史为“民堤”（中华民国时期称民业堤），加之冀鲁两省交错，规模大小不等，随地而异，尤因长期战争与灾荒年久失修，堤防已很低薄。抗日战争胜利后，冀南解放区于 1947 年对河堤加高培厚，故城堤段平均加高 0.9 米，展宽 2.4 米。

中华人民共和国成立后，为确保防堤安全，在长时间内，把修堤列为防洪工程主要手段，动员民工多次加固。仅 1953—1965 年间（不含 1958 年扩修）故城、武城两县堤防整修土方 732.1 万立方米。此间，规模较大者一为 1956 年卫运河复堤工程，一为 1965 年冀鲁两省卫运河堤防协议工程。

1956 年复堤，专为提高卫运河下段排洪能力，经水利部批准实施。此次复堤按 800 立方米 / 秒设计，堤顶超出设计洪水位 1 米，一般堤段在原有基础上增高 1.5 ～ 2 米，培厚 2 ～ 3 米，时四女寺以上两县卫运河左堤长 75.5 公里，由武城、故城、景县、阜城 4 个县出民工 3.1 万人，动土 276.2 万立方米。

1965 年，冀鲁两省运河堤防协议工程，系 1963 年特大洪水后，为确保德州以上卫运河左堤，由冀鲁两省商定，经中共中央、国务院批准实施。该工程在 1963 年复堤基础上，按左堤高于右堤 1 米、堤顶宽 8 米标准加高帮宽。由故城、饶阳两县出动民工 1.5 万人，动土 147.2 万立方米。

1987 年，县内运河堤防总长 76.1 公里，其中卫运河 64.1 公里，经 1972—1976 年扩大治理，卫运河堤顶高程达 35.30 ～ 27.27 米，一般堤高 6 ～ 8 米，堤顶宽 8 ～ 10 米，临背河分别筑有 10 米、5 米戗台。南运河堤防经 1953—1956 年连续四年加高培厚与 1982 年再次整修，一般提高 5～6 米，堤顶宽 5 米，终点堤顶高程 24.5 米。但因 1963 年后一直未遇大水，多数新堤未经洪水考验，老堤系历年加高培厚而成，隐患较多。尤其伴随灌溉事业发展，县内新建 70 座穿堤闸涵，且有质量较差者，仍存有不安全因素。

1996 年 8 月水患后，连续五年进行整体维护整修。2005 年，水管体制改革后，国家加大了对堤防维修养护的资金投入，各单位根据本单位工程特点，每年编制维修养护计划，报水利部海河水利委员会批复。分别于 2006 年、2007 年进行全堤整修维护。2008 年，青年闸至故城镇堤防整修、2009 年，建国镇城乡接合部堤防整修；2010 年，南运河堤防整修；2011 年，草寺—建国堤段堤防整修；2012 年，河北崖堤段整治；2013 年，故城镇城乡接合部堤防整修；2014年，齐庄城乡接合部建设；2015年，第九至芦圈堤段堤防整修；2016年，芦圈至西第三堤段堤防整修；2017年，辛宅至南王庄堤防整修。

通过几年来专项维修养护工程，提高流域内水利工程的防洪能力，保证流域人民群众的生命和财产安全，改善堤防建设面貌，更大程度上改善沿岸居民的生活环境，社会效益和生态效益显著。经受住2016年“7·19”流域内较大洪水的过流考验。

第三节　护险设施

域内河道弯曲，险工较多，历来将护险设施作为防洪工程重要内容。

清光绪《故城县志》载，清道光二十三年（1843年），曾在郑口至徐庄“修龙尾埽195丈”。

中华民国年间，改筑砖灰坝。1934年和1937年，先后由群众自筹资金，在徐庄、头屯险工修砌砖坝各1座。随庄、叩庄、温庄等险工亦筑有砖坝或三合土灰坝。

1946—1953年，石料运输受限，护险材料仍用青砖。此间故、武两县运河左堤共修建排水坝5处，鱼鳞坝2处，碎砖坝23处。中华人民共和国成立前在郑口险工修建5处灰砌砖坝，后经及时护基接高，1987年仍在使用。

1956年始，以石料护险，后由抛石扩岸改用干砌乱石护岸。至1972年，共有险工（在设计运用条件下可能发生危险的堤防区段）16处，已砌石或抛石护岸8.5公里。此间以1965年工程量为最，共护岸15处，用石料3.7万立方米。

1972—1976年，卫运河扩大治理，于险情较重的建国坍岸返修中，始用水泥浆砌石护岸和插管埋渗处理。1984年，郑口运河大桥东侧护岸，采用“黄泥浆砌石”护坡新工艺。至1986年，用于护险设施石料3.2万立方米，投资150余万元。

经卫运河两次扩大治理和整修，县内河道险工大部稳定。1987年，尚有险工11处（其中南运河4处），长6056米，已做护岸工程3985米，其中干砌石1979米，浆砌石589米，黄泥浆砌石417米，砖坝6处。因治理后河道流势发生较大变化，主流顶冲位置难以确定，有的险工出现错位或下延，前香坊险工河槽距堤脚已不足30米。

1993年，天水屯险工干砌石护坡200米。1995年，建国镇险工护坡浆砌石100米。1997年，草寺险工加固220米。1998年，天水屯施工护坡上游加长600米、翻修200米，郑口险工基础加固400米。2000年，对温庄闸封堵后，砌浆砌石400米。前香坊险工护砌300米。2001年，前香坊险工堤防护坡干砌石80米。2002年，郑口桥两侧险工护坡补修200米、砖坝加固6个，前香坊堤防护坡干砌石300米；建国堤防路面硬化5.5公里。2003年，郑口徐庄利用土壤固化剂硬化堤顶600米；2004年，郑口险工背河翻新砖砌坡50米；2006年，由于郑口砖坝条石封顶局部有裂缝、天水屯险工封顶坍塌，对两处险工进行了整修。2007年后，险工护坡维修养护被列为每年的日常维修养护工程项目，对10处险工的坝顶、坝坡等进行日常维修养护。对卫运河建国段、郑口段、故城段三处备方石进行了码放，整修3326.5立方米，浆砌石砌筑1433平方米，总投资18.85万元。天水屯险工护坡整修工程是故城河务局2008年专项维修养护工程之一，工程标准采用浆砌石框格结构，框格内种植爬根草，工程投资35.53万元。

2014年，国家实施卫运河治理工程，对卫运河进行了公园化达标建设和加固。郑口段修建运河风情文化公园，对险工护坡采用无砂混凝土框格做骨架，框格内植草等方法对备方石进行重新码放。

第三章　治水人物

在历史长河中，域内涌现出许多治水英雄模范人物。他们的事迹，载于史册或流传民间，深受广大群众的崇敬和爱戴，鼓舞着人们为发展故城县水利事业前赴后继，英勇奋斗。

历代治水人物中，既有外籍人在今故城县境做出的治水业绩，也有故城籍人在外地取得的治水成就。中华人民共和国成立后，现代治水人物英雄辈出，在不同岗位艰苦奋斗，为水利事业做出杰出贡献，有的献出了毕生精力，甚至宝贵的生命。

第一节　古近代人物

窦建德　男，隋贝州清河郡漳南县（今故城县）人。隋末农民起义军领袖。

窦建德领导的河北起义军，经过八年浴血奋战，在乐寿（今河北献县）和扬州（今河北永年县）相继建立农民政权后，顺应农民要求，采取开仓赈济、减轻赋税、“劝课农桑”等一系列措施，发展社会经济。先后在清河、永年等县疏凿河渠，修筑堤防，发展灌溉及航运事业，使当地农业、商业得到恢复和发展，出现了“境内无盗，商旅野宿”的新景象。隋大业十二年（616年），窦建德除在永年等地疏凿河渠外，“于广平郡，又疏此水入柳沟，遂与永济合流”。有关这条渠的位置，清王履泰著的《畿辅安澜志》认为：“观志所记似今之蔡河”，“盖别柳渠疑即故城县之柳行港，一名孟港者也，蔡河之为漳卫交通，在昔如此”。后人称此渠为窦建德渠。一百多年后，黄河以北的劳动人民，还为窦建德修建祠堂，歌颂当时农民领袖疏通河渠之功绩。

谢梦显　男，仪封人，举人，明嘉靖三十五年（1556年）始任武城知县，后调任知州。谢在武城主政期间，“因水屡患，力建长堤”。当时适逢嘉靖三十六年（1557年）卫河河决渡口，径入武城，庄稼、房屋俱被淹没。很多灾民找他诉说灾情，其昼夜不安，遂经批准，修了一条长堤。该堤自毛家庄（今毛店村）起至西李村（今徐里村）止，“长三十里，宽三丈，高丈许”。同时在堤外挖沟一道，把水引入古黄芦河（即今清凉江）下泄。从测量到施工，不到两个月即全部完成。所占民田价税，也酌情做了处理。当时修建此堤，主要是为了防止冲决运河，避免漕运淤塞，边境南北万余农户也可免于涝灾。因该堤起自毛家庄，俗称毛家堤，为纪念谢梦显的功绩，亦称谢公堤。并在县城西门外建“邑侯谢公生祠”，内有吏部给事中郑茂撰写的碑记。这条堤在武城县很长一段时间内，处于“与卫河诸堤并重”的位置。

李际可　男，字公遇，号孟川。自明移居故城。明弘治十五年（1502年）进士。官至四川右布政使。与其父李谘、其兄李献可，合称故城父子“三进士”。明嘉靖三十九年（1560年）四月，李在任河南按察司副使期间，受命专管河南河道，兼管地方水利。朝廷命其“凡黄河行经河南地方，常川巡行，用心防护，遇有淤塞当疏浚者疏浚之，冲决当修筑者修筑之，务使河安故流，运道无妨”（《皇帝敕河南按察司副使李际可》）。他在主管河南河防中，一切经费开支及河防用工，必视民力为轻重，考虑到群众的承受能力，量力而行，不使其负担过重。并对有关官员严加监察，防止中饱私囊，贪污浪费。对河防工程，注意事先预集财力，节约开支。每遇伏秋大汛，雨涝来临，必亲临河防第一线检查巡视，百倍警惕，以防不测。副史肃凤鸣在其《中州赠言》中写河南“连岁河不为患者，公之力也”。

周世选　男，字文贤，号卫阳，河间府故城县人。明嘉靖四十一年（1562年）进士。官至南京兵部尚书。

明万历十六年（1588年），中州地区已连续五年大旱，加之多年兵连祸结，大片土地荒芜。特别这年黄河暴决，水灌注大梁，南北间闾尽被河水淹没。当年十二月，周奉命巡抚河南地方，负责“修理城池，安抚人民及督理一应税粮马草，使军民及时耕种，依科轮纳”；因河南境内河道“关系水利民生”，亦命其兼管（《皇帝敕谕都察院右佥都御史周世选》）。他到河南后驻节洛阳，到黄河决口地点，严厉督促管河官修堤堵口。下属官员也以筑堤为首要任务领导民工修筑堤防长达数百里，使水不为灾。为迅速恢复生产，他鼓励并资助人民垦荒，数年间开垦了10万余顷良田。自己带头“布衣蔬食”，与群众同甘共苦。此间，又值潞王从卫河来途经河南，“公官待从马卒车徒以数万计”，人吃马喂、招待迎送、烦费百端、费用甚大，他从中“镇定调停”，减轻了群众负担。结果，他在河南不到两年时间，“废者兴，困者苏，流离者复业”，迅速稳定了局面。

王殿显　男，字敷五，江苏金坛县人，清雍正年间举人，清雍正十年（1732 年）曾授“爱民礼士”，后任武城知县。初来时经调查访问，得知武城历年多被水害，主要原因是旧有毛家堤年久失修，逐渐塌坏。即力请山东巡抚批准复修旧提，并疏浚界沟，通于蔡河，以使水有所泄，不致泛滥为害。因此事涉及边界排水，与清河县发生争执。结果此项工程即将完工时，被迫停工。清乾隆四年（1739 年），他在任职期间因病去世，人们说他是因未能“与民除此水患，郁郁以终”，深受武城人民敬仰。

翟萼云　男，乡籍失考，清嘉庆十三年（1808 年）始任故城知县。在任期间，倡导捐款修渠，群众深受其利，有“翟佛”之称。县境东北之东沙河，自清乾隆五年（1740 年）开挖，近 70 年未加治理，河道淤积，严重影响沥水下泄，大片农田沥涝成灾。他到任后，是年与景州联合开挖疏浚，使县境东部沥水顺利下泄。因其造福于民，任期届满离任时，群众依依不舍，“攀辕泣送”。

孙楚臣　男，故城县西铺（今故城西南镇）人，监生，清道光元年（1821 年），运河大水，故城城西南堤防即将漫决，再让各村、户凑集抢险物料已来不及，他将自己地里的庄稼割了 200 亩，并把所存全部柴草木料拿出来用于防汛抢险，共筑险工 400 余丈（合今制 1280 米），堤防因此得以保护。第二年春，他又率领群众沿堤用石夯普遍夯实。此后 50 余年，所筑堤段未经冲刷决口。乡亲们因他不吝惜个人资财，抢险固堤，给他送匾，表示崇敬之意。

第二节　现代人物

中华人民共和国成立后，在水利事业发展过程中，涌现出一批杰出代表。

张雁程　男，河北省任丘县后铜梨村人。1941 年加入中国共产党。是年，参加革命工作。1954—1958 年先后任故城县人民政府县长和中共故城县委书记。故城、景县、吴桥三县合并期间，改任中共吴桥县委书记兼县长，分管水利。

张在故城任职初期就遇到漳卫河系连年大水。为确保全县生命财产安全，他汲取 1953 年小第五决口的经验教训，每年汛前及早动手建立防汛指挥机构，做好各项防汛准备工作。对防汛队伍组织，采用以沿“业堤乡”为主，与临近乡共同组成联防大队，严格分段负责和专险专责的守责任制。自 1956 年始，根据水情实行干部民工分批上堤，做到防汛、生产两不误。每年大汛到来，他深入防汛第一线，带领干部民工昼夜与洪水搏斗，由于加强了防汛工作的领导，1954—1956 年，运河连续三年超过规定保证水位，县内河段无一决口。1956 年汛期，运河右岸滩地南北甘泉两村，因洪水漫滩难护，村埝接连出现十几处漏洞，危在旦夕。张雁程和水利科长孔令印冒着生命危险赶到现场，带领指挥群众奋力抢堵，化险为夷。是时，上游决口洪水经县境下泄，张又及时调整力量部署，带领群众抢修顺水埝，固守清凉江右岸和江江河、东沙河一线，奔赴各地指挥抗洪抢险，转移安置灾民，保住了今县境北部半数村庄免遭洪水灾害。

除抓好防汛抗洪外，他还十分重视发展农田水利。1956 年 1 月，在他主持下编制了县内第一个十二年农田水利建设规划。1957—1958 年，又进一步作出了“二五”期间的水利规划，推动了故城农田水利的发展。他发动群众打土砖井，后来逐步发展到进行井底下泉和用人工架子打木管机井。为利用县境紧靠运河的有利条件，1956 年，他决策修建了县内第一座国营冷家坟扬水站；1957 冬至 1958 年春，建成了故城第一个引卫灌溉工程郑口青年闸和与之配套的三条骨干引水渠道，开辟了县内第一个河灌区头屯灌区，为今后发展引卫灌溉打下了基础。张雁程为故城县发展水利事业做出重大贡献。1973 年调河北省水利专科学校任革命委员会主任兼党委书记。1980 年 10 月逝世，享年 69 岁。

王世清　男，河北省故城县小庙乡邢庄人。1945 年加入中国共产党，是年参加革命工作。

1963 年 8 月，故城县发生特大洪水时，他任县公安局局长，9 日晨 5 时，卫运河故城段大堤出险，洪水流出堤外，洞口迅速扩大，在危急情况下，他挺身而出跳进洪流，与 20 余名干部民工组成人墙堵住洞口并指挥 300 多名民工抢险堵漏，经 4 个多小时激战化险为夷。中旬，上游决口洪水进入县境，他被调到江江河西岸杏基公社段固守。因新筑堤防不牢，加之阴雨连绵，23 日，冯杏基村后和大杏基村西北两处 230 余米防洪埝同时漫溢。在两水夹堤取土困难的情况下，他提出“人在堤在，人死不了，不能决口”的口号，连夜带领群众在两处修套堤400余米，保证了堤防安全。下旬，行洪区红旗大队被淹后，乘船前往维护治安秩序，因水流过急船被冲翻，同船一位60多岁老人掉入水中，他不顾个人安危，下水救起老人并就近背扶上岸，使其脱离险境。因其在抗洪抢险中表现突出，被评为抗洪模范。1964年7月，受到中共河北省委和省人民委员会表彰奖励。

自1971年3月至1980年春10年间，他带领全县数千名民工，转战海滦河流域五大水系，先后参加了永定新河、漳卫新河、卫运河、清凉江、陡河、滏东排河、滏阳河卫河等项治理工程。在县内外施工20个工期，为“根治海河”做出了贡献。此间，还参加了县内武北沟扩大治理及每年汛期的防汛领导工作。在施工中积极推行拉坡机械化、一窝龙高铺化、用小型发电机组为炉灶吹风和夜间照明，租卡车接送民工进出场等先进办法，既降低了民工的劳动强度，改善了生活条件，又提高了劳动效率，使故城县民工团在卫运河扩大治理一期工程、滏阳河开卡、修复陡河、开挖滏东排河一期工程及卫河扩大治理等项施工中，多次受到上级的表彰奖励。

他历来艰苦朴素，从不以权谋私。1971年冬至1972年春在东光县开挖漳卫新河时，骑自行车往返200公里进出场。王为水利建局后故城县水利局第一任局长，1974年后，改任县根治海河指挥部政委、主任、县机井建设指挥部副主任。任职期间两个儿子均未安排工作，一直在家务农。离休时，全部家当只有几床被褥和日常换洗衣服。1982年10月，离职休养。1992年2月逝世，享年70岁。

李锐锋　男，河北省景县孙镇乡西芦庄人。1940年加入中国共产党，是年参加革命工作。1954—1958年和1961—1974年，曾两任中共故城县委副书记（20世纪60年代初一度称书记处书记）。1978年，调任衡水地区行政公署财办副主任，1983年，离职休养。

李调故城时适逢1953年南运河小第五决口，在堵口中表现出领导魄力和指挥才能。在故城主持领导工作十年间，一直负责分管水利，为全县水利事业和防汛抗洪做出了贡献。

20世纪50年代初，县内运河堤防矮小，险工、隐患较多。每年春秋两季他都要带领大批民工进行堤防整修和险工加固。认真进行险工护砌和人工锥探灌浆，自1953年冬至1964年春，连同几年大水汛期修做的工程，原故城河段总计完成复堤土方565.6万立方米。1955年，大胆决策在险工上游有计划地在24处“开圈放淤”对加固堤防、消除险工隐患起了重大作用。

因县境运河所处的重要位置，他深知防汛工作事关全局，责任重大。每年汛前都及早动手做好各项防汛准备，并以郑口、故城两处搬运工人为主，组成180余人的骨干抢险队，由县直接指挥。大汛到来各级干部分工包段，带领群众严密防守。他无论白天黑夜坚持步行或骑自行车沿堤巡逻。彼时，沧县专区曾为故城防汛从天津租来一辆专用汽车，但他除到上级开会等紧急任务一概不用。1954年汛期，其母病危，连来三次电报，王清副专员得知后让其回家探视，他只在母亲床边守了一夜即迅速返回，几天后幸亏兄长赶回家中才在乡亲们帮助下处理了后事。他主持防汛期间，连遇卫运河1954—1956年三次大水和1963年特大洪水，县内河段多处出险，经及时抢护无一决口。

他还带领民工参加了四女寺减河扩挖和四女寺枢纽土方工程施工，参与决策和领导了冷家坟扬水站，郑口引卫灌溉工程和头屯灌区的建设，在县内开挖了一批骨干排水渠道，处理了一些社队之间的排水矛盾，并与友邻县、市达成了一系列边界排水协议。扩挖四女寺减河时，因率先在沧县专区实现了“小车胶轮化”，既提高了工效，也相应增加了民工的劳务收入，20世纪60年代初因连年沥涝，有人主张将青年干渠等三条骨干引水渠道全部“扒平”，他据理力争使这些引卫灌溉工程大部保留下来。“文化大革命”期间，虽已不再主持工作，但仍关心卫运河郑口交通桥走向和定位等水利问题。

徐芳　男，曾用名凤仪，河北省枣强县嘉会乡徐水堤村人。1939年参加革命工作。1940年3月加入中国共产党。1958年任邯郸钢铁公司烧结厂厂长时，曾受命带领该厂500名干部职工编为第二营，参加岳城水库施工。在攻占“424高地”中取得优异成绩，该厂和他个人被水库党委分别授予先进单位和先进个人称号。

他自1962年任中共故城县委常委和副县长时即分管水利。20世纪60年代初，连年沥涝使他一上任就把工作重点放在防汛除涝上。1963年汛期发生特大洪水，他和县委副书记李锐锋分管卫运河防洪，带领民工先后处理险情90余处，经30多个昼夜艰苦奋战，保证了堤防安全，为除涝他先后主持修建了西第三排灌站，开挖了10余条骨干排水渠道，使大部低洼易涝地区有了排水通道。1965年，又带领70多名干部，在全县进行涝碱旱综合治理规划，为在支渠配套基础上进一步搞好田间配套奠定了基础。70年代，重点主持了卫运河郑口交通桥和清凉江朱往驿间建筑物施工，同时为合理解决清河客水问题，实现辛堤干渠通过西里屯渠分流进行了长期不懈的努力。1978年，带领工作组进行清凉江流域田间除涝配套工程试点，按时完成了33万余亩耕地的配套任务。

为发展农田灌溉，20世纪60年代中期，他带领工程技术人员，帮助沿运河22个扬水灌区，规划测量了干支渠道，使沿河扬水站迅速发展。第一眼大锅锥浅机井试打成功后，又深入祖阳公社搞会战，当年打成浅机井20眼。20世纪70年代，为实现“深沟河网化”，具体领导和主持了卫运河温庄引水闸施工，连续数年坚持进行温庄干渠等五大渠系的支渠和闸涵建筑物配套，发动群众扩挖改造坑塘、平地深翻、开展农田水利基本建设，同时参与和领导了郑口、辛堤两座简易扬水站新建迁建和草寺扬水站扩建工程，在全县逐步建成了具有排灌蓄综合效益的引卫灌溉系统。

徐芳作为故城县第一任根治海河指挥部主任，多次带领民工参加海河治理工程。其中陡河修复被评为优质工程，滏阳河开卡在衡水地区首次使用卡车接送民工进出场，获全区第一名。

他在主持水利工作期间，还参与决策建立了一批负责水利工程管理、施工的水利事业单位；制定了一批有关加强运河、内河和扬水站管理的法规文件；成立草寺等灌区工程队，帮助各单位搞好经营管理，使水利事业单位逐步向企业管理过渡。

1980年，徐被选为县人大常委会副主任，1983年，改任县人民政府顾问，在此期间仍十分关心水利事业。他根据人民代表提案，向河北省和衡水地区有关部门反映了关于妥善处理清河客水及合理解决辛堤干渠问题的意见。继续从事县防汛抗旱指挥部和农田基本建设指挥部的领导工作。

徐在故城主管水利工作近20年，为全县水利事业的发展付出了很多心血。防汛中他带领干部昼夜巡堤查险；抗旱浇地时他常在夜间沿渠巡逻；施工期间他和群众同吃、同住、同劳动。在河间开挖子牙新河时，故城等连队中层遇到流沙，他同民工一起总结经验，改进方法，很快抢过了流沙层。这一经验引起谢辉、曹仲元等省和地区指挥部领导人的重视，组织会议在全省推广。国家领导人李先念也曾到工地考察。同时，他还利用工余时间组织民工帮助当地群众运柴推粪。深受当地群众爱戴，在与驻地群众联欢时，王刁村文工团演出了快板剧《好县长》颂扬他的事迹。

孔令印　男，河北省故城县青罕乡裴庄人。1949年参加革命工作。1953年加入中国共产党。历任故城县农建科、水利科副科长，水利科第一任科长，农林水利局和水利局副局长、水利局局长等职。1982年10月，离职休养。孔自参加革命队伍一直从事水利工作，第一批获得了水利部颁发的水利职工荣誉证书，为故城县水利事业做出了贡献。

他自幼水性好。1963年上游决口行洪，8月20日郑口北大桥出险，他不顾个人安危，多次下水探摸，先后堵住了十几处漏洞。最后他一面躺在洞口挡住洪水外流，一面指挥群众向他身边倒土，终于保住了这段防线。

他在工作中不辞劳苦，经常战斗在第一线。几乎县内每项水利工程，都有他的足迹和付出的心血。1953年小第五决口后，每年春秋都带领民工对运河进行河防岁修和堤防加固。为发展农田灌溉，除积极发动群众打井外，先后参与了故城第一座县办扬水站和第一座引卫灌溉工程的建设。20世纪60年代初，领导了滩头洼等10余条排水渠道，西第三排水闸和排灌站的规划、设计、施工。本着团结治水精神多次与周边友邻地区达成排水协议。1965年，清凉江疏浚和江江河扩建后，又参与了支渠配套工程施工。1973年冬至1977年春，先后受命主持了卫运河郑口交通桥、清凉江朱往驿蓄水闸及10余座钢筋混凝土桥施工。1977年4月，重点抓了草寺、天水屯、温庄、郑口四座国营扬水站扩建、迁建及骨干渠道上数十座节制闸、生产桥等建筑物配套，并按清凉江干流扩建标准，完成了该流域的田间配套工程。

1965—1973年春，他还在县内外参与和领导了江江河疏浚、扩建，开挖滏阳新河、永定新河，漳卫新河扩大治理，卫运河扩大治理一期工程等根治海河工程。

他对工作尽心竭力，不论正职副职、有职无职，从不计较名利地位。“文化大革命”期间，各级领导机构瘫痪，他毅然带队开挖滏阳新河，克服重重困难完成任务。1971年，他身患急性肝炎，仍抱病参加开挖永定新河。抗旱中为把水及时送往旱区，他在夜间沿渠巡逻。蓄水中温庄闸漏水，他游进30米长的涵洞潜水观察，很快找出原因制止了漏水。引黄引岳济津时，因芦庄闸前水位过高垮坝，他不顾年老有病，下冷水检查处理闸后挡坝漏洞，终于完成了闸涵封堵任务。1978年，孔作为先进单位代表，出席了水利部在湖南省桃园县召开的全国水利管理会议。1981年，孔在全省水利管理会议上，就故城县开展水利综合经营作了专题发言。任职期间，他不仅善于团结同志合作共事，而且尊重知识、尊重人才，离休前积极向组织推荐经大专院校培养的李金卫接替局长职务。离休后，受聘担任防汛指挥部顾问，帮助水利工程队办起了面粉加工厂，并让自己3个子孙继续为故城县水利事业贡献力量。

王瑞璞 男，河北省献县商家村乡小南邵村人。1941年加入中国共产党，是年参加革命工作。1965—1966年任安平县委书记期间，曾带领“四清”工作队，到故城县开展社会主义教育。1969年7月任故城县革命委员会主任，新县委成立后任中共故城县委书记。

他在故城做“四清”工作时期，即积极帮助沿河村庄修建扬水站点，发展农田灌溉。调故城任职后，他首先考虑如何充分利用沿运河里程长的有利条件，加速实现水利化、尽快改变多灾低产面貌。当时，运河尚能通航，沿河小型扬水站已有一定基础，为迅速把运河水调往内地社队，1970年春，他向衡水地区主管部门一次要来了十几台75马力链轨式拖拉机，在辛堤和郑口青年闸前，建起了两处中型简易扬水站，当年施工，当年受益。当他得知卫运河扩大治理方案已经水利部审批，郑口附近主河槽准备南移时，为保护现有水利设施，他四处求助，将县革委的请示报告直接送往国务院总理办公室，使郑口附近主河槽保持了原有的流向。

房庄、三朗、梧茂一带，是县内有名的“西北高原”。因浇不上水，旱年有些社员夏收只能分到很少一点小麦。加之原有沿河引水工程设计闸底较高，一般水位引水已有困难，在他思想上逐渐形成了建新闸、挖深渠、排灌蓄一条沟，逐步实现河网化的构想。为考察群众的承受能力，规划设计科学合理的施工方案，他深入群众调查研究，找工程技术人员征询意见，终于说服衡水地区领导同意了新建温庄引水闸、开挖温庄干渠和扩挖青年东干渠的第一步方案。1970年冬，三项工程同时上马。次年5月，温庄闸竣工并提闸放水。10月，县革委制定《关于五年水利建设规划方案》，正式提出“自力更生办水利，艰苦奋斗拼五年，实现全县河网化”的奋斗目标。1972年春，温庄干渠和青年东干渠两项工程全部完工，使县境“西北高原”和东北部大部社队，用上了河水灌溉。1972年上半年，严重干旱，河水断流，他下决心进一步开发利用地下水，实现地表水、地下水“双保险”。提出“三级书记上机台，各行各业齐支援”，全县很快装配水冲钻60多台，建水泥制管厂36个，各种钻机增加到18台，掀起了群众性的打井热潮。王瑞璞在故城任职3年多时间，先后扩挖疏浚骨干渠道15条，田间渠道2600余条，总长3000余公里，共做土方3500万立方米，每个男劳力平均50立方米。除温庄干渠国家给予少量补助，大部是自力更生搞建设。同时修建桥闸涵等水工建筑物750座，兴办扬水站点470处，打成机电井2417眼，水浇地面积从1969年的16.4万亩增至1972年的38.5万亩，实现了一人一亩水浇地。王在任期间成为故城县水利事业发展较快的时期。

1980—1983年，任河北省卫生局副局长兼中共河北省医学科学院党委书记。1989年，离职休养。

于占营 男，河北省故城县郑口镇二坛村人。1959年加入中国共产党。自1961年先后任郑口公社水利协助员、郑口镇水利员、农委副主任等职。1986年被评为农民助理工程师，是年，获得水利部颁发的水利职工荣誉证书，1991年晋升为农民水利工程师。

他自从事水利工作以来，多次协助公社带领民工在县内外进行水利工程施工。1972年，为开发利用浅层地下水，组建了水泥制管厂和五个钻井队。并在一号机台试点，摸索出测探、定点、备料、钻孔、下管一条龙流水作业法。创造了一台水冲钻月成30眼浅层井的纪录，推动全公社只用80天完成了300眼打井任务。县、地区和省有关部门连续召开现场会，总结推广了他们的经验。

于占营在郑口土生土长，深谙地情。为使各村都用上河水灌溉，1974年冬，公社党委按照他的建议，开挖了一条长4公里、深5米，排、灌、蓄三用的堤口支渠，把温庄干渠和社内其他渠道连接起来。当时他患肺部肿瘤急需开刀，一直抱病把渠道测完至开工，才去北京做切除手术。1977年春，又自行设计施工卫运河社办扬水站扩建工程，在浅层淡水井较少的村，逐年扩挖坑塘，增加蓄水能力。通过东河建站、西渠修闸、渠渠相通、坑渠相连加快了水利化步伐。

20世纪80年代，为充分发挥现有水利设施效益，于通过学习外地经验，在全镇推行了一井、一屋、一机、一泵、一长“五个一”的机井管理井长责任制，受到上级领导的重视。县、地区和省水利部门，都先后召开现场会，推广故城的经验。

经近20年努力，全镇由他参与设计和施工的共有地下渠道11条长27.5公里，方田林网路99条137公里，人工湖和蓄水坑塘12个，各种水工建筑物184座，机电井635眼，并修井屋400多个，防渗垄沟1.5万余米，水利化程度和农业产量都在全县名列前茅。于在日常工作中，坚持原则，秉公办事。各项工程分工无误，施工严格，验收认真。他不吃人情饭，不喝求情酒，不收人情工。镇里人都说他是党委政府的好参谋，治水管水的督察员，抓水促农的排头兵。1989年5月，经河北省水利厅批准为省级优秀水利员。

刘曰仁 男，河北省河间市柳张村人。1957年在河北省天津水利学校水文专业毕业后，曾先后在天津、沧州、石家庄及衡水水文站，从事水文测验、资料整编及基建工作。1970年10月调故城县水利局，先后任工程组负责人，工程队副队长、工程股副股长等职。1982年9月加入中国共产党，是年晋升为工程师。1986年获得水利部颁发的水利职工荣誉证书。1990年晋升为高级工程师。

他在故城县农田水利事业中，参与了众多骨干渠道及水工建筑物规划、设计、施工。其中较大的有温庄干渠、小武北沟、瑞谷村渠、青年东干渠开挖扩挖工程的设计施工，卫运河郑口交通桥、辛堤涵洞、和平闸改建工程、清凉江朱往驿闸的施工，以及骨干渠道桥、涵闸、排水口等水工建筑物施工在设计施工中，他注意把一些新技术、新工艺引进农田水利。1974年，在青年干渠建成一座20米大跨度圬工板拱桥。1975年，在芦庄渠建成了水利部门施工的第一座钢筋混凝土30米跨板拱公路桥。1976年，在武北沟徐董屯公路桥接长中，第一次采用混凝土灌注桩。1979年，在修建清凉江西高才下承式混凝土交通桥中，采用土法成功吊装了长20米、重12吨的钢筋混凝土构件，为国家节约资金3万多元。1984年，他担任责任工程师主持卫运河和平闸改建工程，在施工排水上采用扩大排水井径，合理确定打井深度，在衡水地区沿运河施工中首次实现干场作业，得到上级有关工程技术人员的好评。1987年，在武北沟徐董屯节制闸改建工程中，又在县内水利施工首次采用钢模板结合脱膜剂新工艺。除水工建筑外，公共建筑上还先后主持了郑口电影院24米大跨度梯形钢屋架的制作及土法吊装，为县体育运动委员会设计了灯光篮球场、室内篮球场和游泳池。室内篮球场，在县内首次采用18米跨度芬克式钢屋架结构。

1981—1983年，他主持了全县水资源调查和水利区划，为以后制定水利规划、工程设计和水资源合理开发利用提供了科学依据。

因他在工作中取得的成绩，1986年获河北省科学普及先进个人奖。他主持修建的和平闸改建等项工程，被评为地区优质工程。因其在建筑及技术上的声誉，被聘为故城县工业民用建筑专业评委会主任及综合工程专业评委会副主任。

他在工作中善于学习勇于钻研和实践。他收藏了多种图书，稍有闲暇即潜心阅读，以学为乐，先后进修了日语、英语。1992 年，取得了华北水利水电学院农田水利专业大专学历。

第四章 运河文化

大运河是故城人民的母亲河，故城县依河而居，因河而兴，在漫长的岁月中，在长期治水过程中，不仅留下了大量的治水成果，也给故城人民留下了丰富的文化宝藏。此章介绍运河部分古迹，收录的诗、文、碑记部分文存及船工号子曲谱。

第一节 胜 迹

一、郑家渡口

故城县县城所在地郑口镇原称郑家口，相传元末明初有一郑氏在此运河上设摆渡口，故而得名，简称为郑口。因这里地处水陆要冲，商贾云集，到清朝中后期已发展成为规模可观的较大集镇。据清光绪《故城县志》记载："清道光十二年（1832 年），巡检移县丞驻郑镇。"可见此地已是全县繁华的市镇。

历史上，京杭大运河是重要的交通大动脉，运河古渡码头郑家口，因各地商贾前来经商落户，逐渐形成了一个小城镇，三街五镇，店铺栉比，客货川流，辅辏云集，自古以来素有"小天津卫"之称。当时运河码头能同时停靠日装卸量达三四十吨的船只 50 余艘。郑家口每年有两次传统的庙会，即农历二月会和九月会。将盛大的宗教活动和商业、娱乐活动汇集融合，形成节日般的热闹景象。每届会期，八方客商蜂拥而至，周围群众更是倾家而出，从早至晚，会场人头攒动，大小商号、摊点，施展出全套本领招徕顾客。销售量猛增，两届庙会变成招财进宝的黄金时节。

二、郑口挑水坝

郑口挑水坝，俗称龙尾埽，系国家级重点文物保护单位。《故城县志》载，清道光二十三年（1843 年），郑口至徐庄由街市民修龙尾埽一百九十五丈，早期以柳树为护险作用，洪水来时砍伐堤坡大柳树，倒挂岸边，以防冲刷堤根。1934 年春，由三、四两区（按行政区规划现当属三朗、郑口、房庄等乡）村民筹款 3000 元在徐庄险工砌砖坝一处。

全国重点文物保护单位——郑口挑水坝

郑口险工 6 处重力挑水坝，皆是在明、清险工基础上重修的。位于郑口镇郑口大桥西侧，全长约 910 米（根据衡水市政府公布的保护范围，为两侧挑水坝外皮基线各向上、下游 10 米）。这六个挑水坝呈"U"形分布在河堤内侧，从运河上游至下游分别编为一至六号（靠近大桥为六号）。中华人民共和国成立后，多次进行维修。遭遇 1953 年、1956 年、1963 年、1998 年四次洪水，挑水坝均未漫堤决口。2011 年，郑口挑水坝作为河北省 8 处遗存之一，入围京杭大运河申遗点，成为国家级重点文物保护单位。2017 年 10 月建成运河风情公园。6 处挑水坝全部进行坝顶硬化。并分别建亭榭一座，依次命名为：观涛亭、曲流亭、挽澜亭、息浪亭、登临亭、闻莺亭。

一号挑水坝的平面为长方形，坐于堤坡上，迎水面两侧为圆角，后尾插入堤中。挑水坝为青砖砌筑，下部用青砖和白灰砌筑，砖的排列形式是一层顺砖，一层顶砖；中间有立砖一层，为原有坝体顶部；上部为红机砖砌筑，水泥砂浆抹面。

挑水坝图一

二号挑水坝的平面为长方形坐于堤坡上，迎水面两侧为圆角，后尾插入堤中。挑水坝下至上依次为条石、毛石、青砖、水泥砂浆抹面（内为红机砖），墙面上有阳刻砖雕“民国 36 年即西历 1947 年桃月建筑”字样清晰可辨。坝顶处立有全国重点文物保护单位标示牌一块。

挑水坝图二

三号挑水坝的平面为菱形，迎水面为尖形，后尾插入堤中。挑水坝左侧（北侧）为 1970 年所建扬水站，在三号挑水坝改造建成“故城运河文化展览馆”。坝体下部有少量条石，上为青砖，再上为红机砖砌筑，坝体迎水面上有水位高度标示，为青砖阳刻出数字，分别为“1 尺、2 尺、3 尺、4 尺、5 尺、6 尺、7 尺、8 尺、9 尺、10 尺、11 尺、12 尺、13 尺、14 尺”，坝体南侧上方刻有时任县长杨敬桥题写的“抑息狂澜”四字，“文化大革命”中被毁。2018 年修旧如旧，恢复“抑息狂澜”四字原貌。

四号挑水坝平面呈梯形，迎水面两侧为圆角，后尾坐入堤中。挑水坝坐于堤坡上，下部为青砖砌筑，上部为红机砖砌筑，外用水泥砂浆抹面。

五号挑水坝平面为长方形，迎水面为弧形，两侧为钝角，挑水坝后尾坐入堤中。挑水坝坐于堤坡上，下部为毛石砌筑，上部为青砖砌筑，再上为红机砖砌筑，并外用水泥砂浆抹面；东侧和浆砌石护坡相连，西侧和素土坡相连。

六号挑水坝的平面呈梯形，迎水面和两侧面相交处为圆弧形，挑水坝后尾坐入堤坝中。挑水坝坐于堤坡上，下部为毛石砌筑，上部为青砖砌筑，再上为红机砖砌筑，并外用水泥砂浆抹面；坝体两侧为浆砌石护坡；坝体上方为郑口大桥，大桥的两个桥墩正立在挑水坝后尾处。

郑口挑水坝包含了丰富的历史信息，是研究中国近现代水利工程不可多得的实物。

三、运河文化风情公园

随着综合实力的加强，为适应经济发展新常态，改善居民生活环境，故城县政府对运河城区段河道堤防进行绿化美化，建设了以运河为依托的水景观、水生态、水环境优良的运河公园，成为故城人民休闲娱乐的良佳场地。2014 年 10 月，国家实施了卫运河治理工程，对卫运河进行公园化达标建设和加固处理，对郑口险工进行了堤顶柏油路面硬化，总投资 1130 万元。运河公园一期工程于 2016 年 6 月 30 日竣工，总投资达 3000 万元。

运河风情公园全长 5.5 公里，公园空间布局划分为“三区两带”，分别是生态田园区、娱乐休闲区、运河文化体验区以及堤岸景观带、河道风

故城县运河公园牌坊

景带。其中，运河文化展示体验，故城城市形象展示区，是公园最核心的游览区，项目设计上包括运河牌坊、运河文化展览馆、挑水坝等重点项目为主体，以观涛亭、曲流亭、挽澜亭、息浪亭、登临亭、闻莺亭、名仕文化园、文化墙、滨水公园等景观为点位，形成一个运河文化气息浓郁、景观优美、适宜县城居民休闲的运河文化游览区，成为多功能文化娱乐休闲场所。

第二节　文存　碑记

一、文存

毛家堤水利条陈

（明）武城知县金守谅

武城县奉总理河道都御史檄：因清河县管河典史呈，为邻郡河决，仰即转行管河官，速将西水入运，冲突清河县经行去处，沿堤口岸严督甲夫勒眼堵塞。再查该县减水闸座应否修复，中间若有窒碍难行，亦要明白申报云云。

今据二十一里里老诸人称：本邑自闰六月二十一日，被临清水门水涨，卫河汹涌，至二十五日水势稍平。及二十九日忽于白马、吊桥、尖冢各隘口冲决横流，散漫平地一丈有余。及直隶大名、广平诸府馆陶、枣强、南宫、河间故城，德州诸处，尽被淹没。其地南高北洼，将武城西南毛家庄新筑护水长堤冲过，直灌运河至武城城下。南去夏津二十里，东去恩县十五里，西去枣强、南宫三十里，北去故城五十里，洪波滔天，无处非水，莫辨境界，城堞崩裂。四关并二十一里乡屯，淹没民田六千四百七十五顷五十二亩有余，坏房屋三万二千三十四间，男妇死者共二百六十一口，牛驴马诸畜八千八百五蹄。其中虽有高阜可避，然庐舍尽倾，木栖者有之，坐卧无地，烟火无炊，赤身暴风淫雨之中，居食两空已经半月有余，而水势至今未退。父母兄弟妻子离散，死尚不顾，何恤其他？守谅难酌量薪米分给，岂能一一尽济？况夏税秋粮所赖棉花麻黍诸物，贸易完官者，今皆遭水矣。或有富家大户，房屋仅存数间，而陈粟杂粮尽为水烂，其可用者尚不足救死，望其当差纳税乎？今水势虽于七月十六七日渐消，其露出者皆旷然淤土，并无寸禾，洼下者即成巨津水湖，甚可哀怜。盖非止十室九空，实已十室十空矣。倘蒙发赈虽聊免目前张口待哺之急，而将来饥寒意外之虞，有不忍言者，人人可虑也。守谅目击其害，自揣不才，不能修省预消天变，以安百姓，罪实有归。

顾清河竟以为武城筑堤贻害，何也？此系非常水灾，排山倒海，漂木滚石，其原出自山西、河南黑阳诸山，由漳河、沁河、滹沱河而来，自西南五百余里，至临清州卫河，并而北行，漕狭水大，泛涨汹涌。或十年一发，或二十年、三十年一发。宁独邻郡临清管河官不能固其尖冢各口，即河间、德州、南宫、枣强皆被此水淹没，岂彼处管河官俱不用心耶？且清河城池现在无水，所淹者特安家洼六七里耳。其地势卑下，水患尤甚莫若武城。诚如前所云，乡城滩地表里尽被淹没，万民哭声震地已经半月，伏望俯察灾异，宽恤民力，缓其堵筑溜口之举。且武城、清河之地俱系平岸，并无闸座基址。至于堤本平地，集武城抛弃征粮民田修筑，亦无原行河路所经，何由设建闸座？明系清河刁民耸官朦胧妄申，欲毁武城防患堤岸。不知新筑三十五里长堤，起自毛家庄至徐西村，高一丈三尺，已经十三年中准河道，本为数次水患淤塞粮运而筑，其关系甚重，岂特一城池之患哉？尝试两较而极言之，以国家利害论，则漕河之利害大，而一县之利害小。况清河一县城池向无所害，今欲开堤不惟害武城，且遗害运河矣。又以一方利害论，则安家洼一处之利害小，而武城邑之利害大。况自筑堤之后，曾经两省上司会勘，明白批仰高筑尖冢口各堤以塞其源，深浚堤外小河以疏其流，并以安家洼之沥水尽泄于黄芦河西去入海矣。

若论今日水患，则黑阳山所发非常之水，亦非筑堤所能捍御，目前武城之灾不既彰明众著哉。故守谅于此窃有请者，欲为远大之计，必欲持公两利，莫若清河亦于平地相对之岸筑堤一道，中间与临清、武城共因今时所冲尖冢各口之地，深浚新河一道，直至安家洼通黄芦古河，而于黄芦河中浚深，以杀其势。又于清河莲花池七里河口原入黄芦河旧沟再疏宽深，以分其流。仍于临清运河之东二十里口，并吕家口、大还河口，即将今运河冲开之处建堤泄水，一如闸河减水之规直入沙河，导至恩县四女树（按即今四女寺）减水闸入河抵海。如此，水小则运河循行故道，水大则各河分其支流。古之善治水者，不过不与水争地，因其势而善利导之，岂有他哉。况河分则力杀，道多则流通。九河故道其迹尚存，如夏津之马颊，恩县之鬲津，皆其经流所在。及陶家桥河、贾滩桥河、沙河、并黄芦河，今皆淤塞可疏，以复九河故道。此实治河之议，不可不复讲也。诚若是也，庶乎永为二县之利，而万世漕之道亦可保无虞矣。此议似为可行，因并写疏河泄水图上陈。

窃闻，善治水者捐细地，兴大利者计久远，除大患者尽人力，度量地势，酌处便宜，不恤纤芥之利，不为目前之谋，不执一偏之见，庶沴可消而民害永息。守谅谨按地方高下，水脉出入，流经便宜，条陈于后：

一件为：筑尖冢各口横堤，以分杀河流、塞固河源。盖清河尖冢、白庙各口原系洪水冲决，直灌莲花池至安家洼，将数处城池民田尽行淹没，并至阻塞运道，此其源之当塞，实二县之利也。旧蒙临清兵备道拨夫高筑横堤，庶免十二三年水患，但洪水滔天之势，似非二堤所能捍御，至今已有明验。且高筑大堤水势汹涌，不决于尖冢，必决于菜市、吴家窑各口。由水势并聚，则其冲决之害必不能免也。为今日之计，莫若浅筑长堤一道，宽阔二百余丈，上甃以石，下于堤下洼地即今冲决之沟修浚长河，两旁聚成堤岸，使有横水涨来，皆从中出流，入黄芦河内。现有二道下流可浚：一道从莲花池西径清河县东门而入，一道从武城安家洼北邑宇河而入。盖上源既筑减水石堤以分其势，下流复深疏河沟二道以通其脉，则水势分弱，庶免菜市各口复冲之患。源既可塞，势亦可杀。不然，则非常滔天之势未易拦隔，虽高筑长堤实与无筑同，故不若浅筑减水石堤分杀其势为利也。

一件为：修下流二河以通水利。安家洼地外高中坳，宛一盘形，无由出水，故屡年被尖冢各口冲决流注，由莲花池以达安家洼。然安家洼之地不尽属清河，一半亦属武城之产。先年中筑长堤以固门户，今堤已被冲决十一二处，其盘上泛滥之水虽流去已尽，而盘中低洼之处水仍停蓄，状若巨湖，莫可耕种，直待明年春夏淋雨及冬雪不作方能消干，盖无泄水之处故也。迩者，武城于新堤之下浚小河一道，达邑宇河收入黄芦河内，冀消其水。盖黄芦河地卑且宽，广大七里有余，由五方头、马村、三老、龙花（杨五头、马村、三朗、龙华）地方通至郸家桥等河，至青县赴海，其容受甚大，似可不必再浚。但武城堤沟甚小而浅，何由速能消水？必须仍于堤沟凿开二丈宽广，加浚八九尺，方使水势易消。且皆武城地土，与清河绝不相干。彼亦于对岸筑一大堤以固门户可也。又清河莲花池之西有七里河者，先年其民因水不消，造知县卢某，顺水深浚小河，泄水于彼县东门天齐庙口，亦入黄芦河内。其地离河止五六里许。盖由七里河埠头至天齐庙河口止一里半，当疏宽耳，消水甚易，功亦易成。绝与武城新筑长堤之沟，自石佛村至李家村入黄芦河遥隔一十五里者不同。盖彼处用力少，而成功早也。近闻彼处居民，曾告其邑长开河导水，此其可通之势实因民情而可见矣，乃彼处之官不肯废弃民地、劳用民力，以此苟延目前，其用心亦可为尽愚也。况今盘中之水未消，浸成巨湖，已为废地。当初彼处人民归咎武城筑堤之故，今堤已决，水之无出，已有明验，将何咎也？亦思彼原有修浚故道，在伊东门可入黄芦河，易消水乎？且以利害较之：武城筑堤修渠废地已多，而洼水尚不能消实有；清河之民，不肯于上流莲花池之西，筑堤开渠引入黄芦河，又不许武城筑堤开渠由邑宇河以入黄芦，是以水注不流；岂知高筑长堤、开浚二渠，以泄盘水，正未必不为清河利哉？盖武城之地在下而清河在上，水患之消清河为先武城犹后，又何必以小地为惜而阻塞大利也？诚从守谅之议，上源既坚筑尖冢各口减水石堤，下流复因冲决地沟两旁修堤二道，则莲花池之水，西由清河东长沟以入黄芦河而中分其势，复由武城堤沟由邑宇河以达黄芦而杀其流，即安家洼之蓄水不待旬日而可消，两县之民有俱得其利者；苟徒徇目前之计，惜小地之弃，则多年之讼何时而已？妨人利己之害何时而除？久远之计不虑，切身之患何消？亦可谓不忠不仁矣。

一件为：武城之东低筑减水石堤，分杀水势以永固漕运。盖武城之间运河一道，西接尖冢各口。横水所冲，有徐家、冯家各口，俱地形西高东低，故西来之水必至溢入运河阻塞粮运，以其势高故，水连土冲，决而塞也。理宜高筑以河防，仍于邑字河口横堤筑使高厚，拦水泄入黄芦河去，庶免运道冲塞之虞。……总之，上口有所固则运道不塞，下流有所疏则蓄水不存。庶二县之民永受其利，而武城之地亦不至为鱼鳖之区。非然者，莲花、白坡之水长为巨浸，而武城将无地以耕，即运道亦何由永固哉？

一件为：拨河夫以宽民力，以恤灾沴。所以然者，以武城地方近被非常水灾，救死犹恐不赡，奚暇修筑河防，深浚河沟？又况工力浩大，非一县浅夫所能独成乎！假使筑堤开渠之说可行，塞口修窝之役必兴，则各县不被灾沴之夫可遣协济功力，庶几易成。况清河、武城人夫决不能同力修工，恐聚处易起争斗故也。原为节宽民力、预息争机，理合申请。

一件为：筑堤防浚河渠以弥水患安地方，而保运河也。尝循行和度水次之原：自尖冢、白庙、吊马桥紧要河口堤岸冲决，及临清菜市口、吴家窑流入莲花池、安家洼诸处，淤塞运河，未始非清河之咎。何也？清河东门见有消水之沟，先年卢知县所浚自莲花池北七里河挑浚之沟止五里长，泄入黄芦河内，其为功甚易而容受甚大，直至青县诸河以归于海，所以水虽决入不至泛滥受害。近来清河之人，既任其淤塞不予挑浚，又于黄芦河口受水之处，断水煎熬私盐，壅聚沙堆，以致流水壅积，冲决武城堤岸、伤损运河所由来也。至武城所修之堤，先年因漕河淤塞，经抚按批委两省司府会勘、题请修筑，以防冲决运河，非独专为民田计也。已经提勘准于白马、尖冢高筑长堤以塞其源，仍于堤下深浚河沟泄入黄芦河以杀其流，此虽二县之利，实运河之重务也。今清河不顾运道，不肯对筑长堤以自卫，又不肯疏浚七里河沟迳入黄芦河以消其势，惟欲毁武城长堤使其冲塞运河，且又盗开邑字河横堤一道，使水冲决直注冯家、徐家堤岸，淤塞运道，并致淹没武城之地，是徒适一己之便，不顾漕运之重也。近今水涨河深，漕运尚可流通。至明春水落，同淤土冲入，必致淤塞运道。曾问前管河官二员，已有明验。况邑字河口横堤之筑，所当至紧至急者也。可否俯从所见，行令清河深浚七里旧河，迳入黄芦河以分冲决之势；责令武城修筑邑字河口横堤一道，深浚堤下河沟，亦泄入黄芦河以归于海；仍令每年三四月未雨之时，各役本邑人夫并力修浚；将工程备册申报查勘，永为定规，庶运道可保无虞矣。

二、碑文

武城民埝种柳记

（清）武城知县厉秀芳

卫水至伏秋而涨起，往往淹民田舍，故前人筑堤以防之。至今岁修无敢懈，而犹不免于溃决者，沙土松浮故也。余莅斯邑三年矣，往来堤上，相度既久，思所以固此堤者，惟宜种柳。今春政稍暇，将谕民之有田近堤者，各分段种柳。而言者乃疑为官地，所植之柳久将属官，民奚赖焉？余曰不然，尝考旧志，金大令守谅云：堤本平地，亲武城抛弃征粮民田修筑，是向为民地也。又遍稽文籍，无报豁卷，且载在公牍者必曰民埝，即以民埝二字释之，其非官地无疑。余犹恐无以祛民惑也，发令凡种柳者给印照，照根留工房备查，民乃忻然信从，不旬日遍堤植柳矣。夫为政之道，不难于虑始，而难于图终。以今日之所植者，俾久而弗害，树日益茂，堤日益坚，幸已。乃若有树成材，即并根株而抉卖之者，又或有树回干，而弗一补植之者，虽今日新绿盈堤，转瞬之间已成陈迹，设遇水涨，堤溃如故。则是余之为惠不尽，岂不大可惜哉？他日贤令尹能以余之心，每岁省耕之暇，召谕之曰：尔有隙地补之，尔有僵树易之；又谕之曰：尔单伐枝以取利，毋刨树以伤堤。庶于民事河防两有裨益。岂第夹岸浓荫，参天翳日，为卫河生色已耶？至堤本闲地也，小民于利之所在，思展尺寸土往往难之，今而易无用之地为有用于野，无旷土之义，亦不无有合焉。是为记。

道光二十一年七月。

碑阴：

柳根蟠结则堤根自固，可免岁修之扰；
偶用防险即径取土挂，可无远伐之劳；
与根附不致冲卸，可泯决口之虞；
间遇冲决树木排列，可省桩木之费；
种树挡沙可保麦苗之损；
林木庇荫可资风水之益；
冬日木材柳炭可获利息；
夏日阴浓树密可憩行旅；
入土辄活便于树艺；

伐条即种便于取材；

堤近河沿便于浇灌；

堤亲闲地无任废弃；

堤畔之树无碍田禾；

手植之劳无妨民事（以上原刊条示）；

典产近堤地于三年内回赎，每株认京钱三百文，每逾一年每株加京钱一百文；

印照所填堤地丈数，乃其时约略估计，倘日后有以丈尺为词者勿理（以上续示）；

东岸二十八庄村种树三千六百七十四株，西岸二十五庄村种柳二千五百四十二株（以上按存查照根）。

三、记

武北顺水工程

武北于1946年春挖渠一道，该渠位于故城和武城两县交界的地方，渠道长十五里，上宽四丈，下宽二丈，均深六尺。该渠由武城北黄官屯村后起，下接故域所属之杨家河、饮马河注入清凉江，包括衔接的旧河道，全长约二十里左右。该工程于1946年3月15日动工，共出民工五万名，从开工到竣工仅用五天时间。

武北这一片积水，是由清河、武城各地汇集而来。这片积水南北长约百余里，东西宽约二十里，形如一条大口袋。其北面横亘故城东西大坝一道，阻水北流，形成一片汪洋。其水灾几乎涉及整个武城县，灾区群众生活十分困难。

武北积水是多年来未得解决的水利矛盾，故城、武城两县群众在旧社会曾连年诉讼，总得不到合理解决。每遇大水之年，故城护堤的群众，即与武城扒堤泄水的群众进行械斗，因此积下宿怨。日本帝国主义投降后，冀南区建立水利机构，在整修河道的同时，派干部（深）入故武两县着手解决武北这一历史遗留的水利纠纷问题。首先召开两县干部会议，进一步统一县干部思想，通过两县干部各自搞通本县有关村庄的群众思想。两县邀集与双方利害有关的村干部开团结会议。武城出工修渠时，故城县还派工帮助。在工程落成之日，两县边界的区长又召集两区有利害冲突的群众开团结大会，从此这一历史性的水利纠纷终于得到彻底解决。

（整理：周南　张鹏）

四、运河诗词

大运河是故城人民流动的精神图腾。古往今来，数不清的文人墨客留下许多书写运河的诗作，讲述着运河两岸曾经发生的故事和运河点点滴滴的过往，特选录数首记述。

河间程信过故城

［明］程信

故城界出两河间，
七十二湾又二湾。
回首风涛随处是，
何时得许卧东山。

注：程信（1417—1479年），字彦实，号晴洲钓者，世称晴洲先生。南直隶徽州府休宁县（今属安徽）人，直隶河间府沈阳中屯卫军籍，明朝名臣。明正统七年（1442年）进士，授吏科给事中。正统十四年（1449）年，参与北京保卫战，督军西直门。后历任左都御史、巡抚辽东、大理寺卿等职。明成化三年（1467年）以兵部尚书衔提督军务，与襄城伯李瑾率军讨平都掌蛮叛乱。回师后加兼大理寺卿，旋即改任南京兵部尚书、参赞机务。著有《晴州集》等。河间任职时过故城留有诗存。

卫河二首

［明］王世贞

其一

前望渡口驿，行行转相隔。
乍关驿路移，应是侬心迫。

其二

河流曲曲转，十里还相唤。
那比下江船，扬帆忽不见。

注：王世贞（1526—1590年），字元美，号凤洲，又号弇州山人，南直隶苏州府太仓州（今江苏太仓）人，明代文学家、史学家。嘉靖二十六年（1547年）进士，王世贞曾任应天府尹、南京兵部侍郎，累官至南京刑部尚书，卒赠太子少保。著有《弇州山人四部稿》《弇山堂别集》《嘉靖以来首辅传》《艺苑卮言》《觚不觚录》等。

舟行即事

［明］顾绍芳

愿得三千里，飞帆一夜还。

生憎卫河水，十步九成弯。

注：顾绍芳（？—1592年）字实甫，太仓人。明万历五年（1577年）进士。有《宝庵集》8卷、《四库总目》传于世。

思门前卫水

［明］马中锡

读书台下旧溪流，巢父前年自饮牛。
晓载落花红惹岸，春围芳草绿吞洲。
烟波岛屿双蓬鬓，风雨村墟一钓舟。
潦倒帝乡归未得，可能狎鹭共盟鸥。

长堤春行

［明］马中锡

堤柳垂垂陌草长，偶随流水到斜阳。
溪边网散鱼吹浪，花外车来马触香。
钟鼎于人真孟浪，林泉得意且倘佯。
村翁笑我犹多事，日遣奚奴负锦囊。

注：马中锡（1446—1512年），明代官员、文学家。字天禄，号东田，明永乐初年（1403年），马氏祖先自大都迁徙至河间府故城县，祖父马显赠都察院右副都御史。父马伟曾为唐府长史。中锡明成化十一年（1475年）进士，官至左都御史。著《东田文集》15卷、《马东田漫稿》6卷、《东田集》3卷、《宣府志》10卷。

又秋暮旋自村西道经卫河

［明］周世选

野望平芜秋色阑，疏云斜照雁南天。
临风杨柳流霜叶，夹岸村墟起暮烟。
渔唱寒汀孤棹迴，笛声衰草几人旋。
篮舆远道催归思，篱菊喷香正烂然。

注：周世选（1531—1606年），字文贤，号卫阳。河间府故城人。幼年家贫，靠苦读成才。明嘉靖四十一年（1562年）进士，初于刑部实习，后任常州府推官、南京兵部尚书。他指挥常州郡传檄拒敌，大破倭寇。善诗文，后留有《卫阳先生集》14卷、《四库总目》《故城县志》5卷传世。

故城夜泊

［明］于慎行

长堤高柳暮云平，入夜扁舟堰口横。
千里烟波通海戍，三家村落杂齐声。
残灯微照孤帆动，短笛寒吹片月明。
客枕清泠浑不寐，沧州一望飒然惊。

注：于慎行（1545—1607年），字可远，又字无垢。东阿县东阿镇人。明代文学家、诗人。礼部尚书、帝师。明隆庆二年（1568年）进士，改庶吉士，授编修。明万历元年（1573年）《穆宗实录》成，进修撰，充日讲官。后升礼部右侍郎、左侍郎，转改吏部，掌詹事府，又升礼部尚书。明万历三十三年（1605年）诏为詹事未上任，诏加太子少保兼东阁大学士，入参机务。著有《谷山笔麈》18卷、《谷城山馆文集》42卷、《谷城山馆诗集》20卷、《读史漫录》10卷；编纂《兖州府志》。夜泊故城留有诗存。

李东阳过故城会戴侍郎珍

［明］李东阳

逆流冲长风，岸渚成百折。
舟中落日暝，篙橹力已竭。
同袍乌台彦，待我心切切。
飘飘康庄步，回首为跛鳖。
结交重恩义，此道已久绝。
偶逢贤太守，论旧语不辍。
绣衣冰霜姿，官好不白热。
周旋共觞酌，燕坐齿为列。
相顾同起居，停杯听予说。
自从离京邑，道路屡危脆。
欹帆怯撑驾，长缆阻牵掣。
复闻南河水，淤浅不过辙。
黄沙捲惊涛，千里地欲裂。
雨师一何顽，风伯无乃亵。
我舟未妨迟，农事长若觖。
怀着问苍天，心乱不可揲。
二公济世者，慷慨尤不歇。
方将奉明威，庶用扫氛孽。
峩峩南州盖，娇娇中台节。
许国同肝肠，匡时仗豪杰。
闲官愧升斗，兹计予所拙。
且复尽君觞，仓卒慰离别。

注：李东阳（1447—1516年），字宾之，号西涯。祖籍湖广长沙府茶陵，明朝内阁首辅大臣。李东阳八岁时以神童入顺天府学，明天顺六年（1462年）中举，明天顺八年（1464年）举二甲进士第一，授庶吉士，官编修，累迁侍讲

学士，充东宫讲官，明弘治八年（1495年）以礼部右侍郎、侍读学士入直文渊阁，预机务。立朝五十年，柄国十八载，清节不渝。官至特进、光禄大夫、左柱国、少师兼太子太师、吏部尚书、华盖殿大学士。李东阳“天资英迈，读书一目数十行下，辄成诵不忘。少入翰林，即负文学重名。然恒持谦冲，未尝以才智先人”。其诗文典雅工丽，为茶陵诗派的核心人物。工篆书、隶书。著有《怀麓堂稿》《怀麓堂诗话》《燕对录》等。

故城口占

［明］刘瑞

十日图南九日风，
云帆高挂似飞鸿。
人间快境无过此，
不信昌黎有命穷。

注：刘瑞（1461—1525年），字德符，四川成都府内江县（今四川内江）人，明弘治九年（1496年）进士，选庶吉士。官至南京礼部右侍郎，卒赠南京礼部尚书。留有《故城口占》等诗于世。

发临清一日至郑家口[1]

［明］顾清[2]

汶水欲尽卫水来，两水夹舟喧万雷。
经旬守闸僮仆困，千里顺流心眼开。
长风飀飀若绳引，曲岸宛宛疑天回。
月明倚棹郑家口，梦在谷亭呼酒杯。

注：①选自《四库全书》卷十《东江家藏集》。

②顾清（1460—1528年），字士廉，松江华亭人。明弘治六年（1493年）进士，授编修。明正德元年（1506年）以南礼部尚书致仕。其诗清新婉丽；文章简练醇雅，自娴法律。著有《东江家藏集》《松江府志》《傍秋亭杂记》《农桑辑要》并行于世。

阻风夜泊郑家口[1]

［明］谢迁[2]

黑云匝地风怒号，河流突兀翻波涛。
轻帆大橹不得展，舟师撑住惟长篙。
长空冥冥飞鸟绝，村墟烟火俱萧条。
邮亭隐见郑家口，泊舟仓卒横塘坳。
前途伴侣旋相失，挑灯挝鼓烦频招。
灯前呼儿具尊酒，胸中磊魂差可浇。
狂歌一醉且高枕，征途逆旅随所遭。
天工阴晴亦叵测，摩娑醉眼看明朝。
风恬日出波浪静，一息千里真鸿毛。
浮生行止每如此，客心何用空焦劳。

注：①选自《归田稿》。

②谢迁（1449—1531年），字于乔，号木斋，浙江绍兴府余姚县人。明代中期阁臣。明成化十一年（1475年）状元。历任翰林修撰、左庶子，明弘治初进少詹事兼侍讲学士。明弘治八年（1495年）入内阁参与机务，进詹事。明弘治十一年（1498年）升太子少保，兵部尚书兼东阁大学士。著有《归田稿》8卷、《湖山唱和诗》2卷。

郑家口舟中别河间悴颖卿家兄

［明］杭淮

我行向南君向北，弟兄分手难为情。
况是关山皆客里，不堪沧海又春生。
柳条纤纤已弄色，鸿雁两两时哀鸣。
今日一别家何处，天涯明月夜夜同。

注：杭淮（1462—1538年），字东卿，号复溪，常州宜兴人。明弘治十二年（1499年）进士。授刑部主事迁员外郎累官右副都御使。廉明平恕，以志节著。常与李梦阳、徐祯卿、王守仁、陆深诸人递相唱和。著有《双溪诗集》《二杭集》。

渡郑口

［清］冯廷櫆

咫尺清河路，迎风上渡头。
满坡高凤麦，半岭戴嵩牛。
水缩新濂献，人归晚市收。
计程无百里，明月到陵州。

注：冯廷櫆（1649—1700年），字大木，山东省济南府德州人（今德州人）。清康熙二十一年（1682年）进士，授中书（掌管宫廷典籍事，相当于皇家图书馆馆长）。幼有奇童之名，读书一览辄记，尤长于诗，著有《冯舍人遗诗》。

故城舟夜

［清］郜焕元

野泊风帆定，空舟夜气遥。

暮烟沉古寺，孤月湧新潮。
鸭鸪鸣何急，鼋鼍梦不骄。
荒墩吹昼角，东国正萧条。

注：郜焕元，生卒年不详。字凌玉，号雪岚，直隶长垣（今河南长垣市人）。清顺治四年（1647年）进士。授太原知县，历任刑部贵州司主事，湖广按察使佥事提调学政，有《猗园存笥稿》数十卷。

故城河口号

［清］邵松年

千廻百折故城河，东倾西长分嵯峨。
白杨灌木参天柯，处处成行古道魔。
古冢荒碑庙逶迤，水流浪打雪狼窝。
行路之人嗟叹多，峥嵘斧削飞岩坡。
楼船箫鼓快如梭，锦缆人来寸寸呵。
归空粮艘遮天摩，歌声唱彻青云和。

注：邵松年（1848—1923年），常熟人。清光绪九年（1883年）进士，授编修。工书善画，笔墨娴雅，又精鉴藏。

过故城县

［清］顾宗泰

九折河流曲，云林第几层。
人烟依稀郭，知是旧甘陵。

注：顾宗泰，生卒年不详。一名景泰，字景岳，号星桥、晓堂。室名月满楼。苏州元和人。清乾隆四十年（1775年）二甲十三名进士，历官吏部主事、高州知府。清嘉庆十一年（1806年）掌教娄东书院，清嘉庆十三年（1808年）入浙主万松书院。工诗文，家有月满楼，文酒之会无虚日，海内知名之士无不交投。有《月满楼诗集》40卷等。

郑家口晚泊[1]

［清］戚学标[2]

红蓼花疏水国秋，——杜荀鹤
海云初起更维舟。——许　浑
疏灯自照孤帆宿，——杜　甫
岐路空归野水流。——司空曙
风冷露坛人悄悄，——元　结
鸟棲庭树夜悠悠。——李　中
孤吟此夕警秋晚，——刘　沧
欲採蘋花不自由。——柳宗元

注：①夜泊郑家口，用八句唐朝名家诗句集成一诗。

②戚学标（1742—1824年），字翰芳，号鹤泉，太平县泽国（今温岭市泽国镇）人。清乾隆三十年（1765年）拔贡。掌教县城鹤鸣书院，曲阜孔府任教。清乾隆四十六年（1781年）中进士。任河南涉县知县，一度兼理林县。清嘉庆十八年（1813年）任宁波府学教授，后历任杭州紫阳、崇文诸书院讲席。博通经史，著作丰富。有《汉学谐声》24卷、《毛诗证读》5卷、《读诗或问》1卷、《诗声辨定阴阳谱》4卷、《四书偶谈》、清嘉庆《太平县志》《台州外书》《三台诗录》《内外篇》2卷，《字易》2卷，《鹤泉文钞》2卷。

郑家口

［清］吴清鹏

已近郑家口，湾环复几滩。
树移村舍出，舟到岸人看。
鲜芋收秋实，乾鱼助晚餐。
旅途随取给，棲泊即为安。

注：吴清鹏，约清道光八年（1828年）前后在世，清诗人。字程九，又字西縠，号笏庵。浙江钱塘（今杭州）人。吴锡麒子，吴清皋弟。清嘉庆二十二年（1817年）进士第三名。由翰林院编修官至顺天府丞。吴清鹏著有《笏庵稿》20卷、《清史列传》行于世。

过郑家口

［清］斌良

舫舶钱刀会，燕齐错井疆。
河湮迷马颊，路曲走羊肠。
瘦橵盘涡波，高蝉带雨凉。
年时秋夜泊，骇浪似浮湘。

注：斌良（1771—1847年），字吉甫，号梅舫，瓜尔佳氏，满洲正红旗人，闽浙总督玉德子。由荫生历官刑部侍郎，为驻藏大臣。善为诗，以一官为一集，得8000首。其弟法良汇刊为《抱冲斋全集》。

夜泊故城县

［清］杨庆琛

街鼓沉沉船锣歇，维舟截断鱼鰕窟。
长河巨浪来冲突，东岸稍高西岸没。

人家避水争乘筏，水声人声夜相龇。
菰芦忽听风雨发，开门看天见天骨。
烟影微濛树如笏，欲流不流波浸月。

次武城

［清］杨庆琛

古堞寒云外，扁舟背日来。
河声分岸去，林影抱关开。
径窦原非士，弦歌尚有台。
烹鲜容小试，莫笑割鸡才。

注：杨庆琛（1783—1867年），原名际春，字廷之，号雪椒、绛雪老人，清福建福州人。清嘉庆二十五年（1820年）进士。官至光禄寺卿。著有《绛雪山房诗抄》等。

防　险

［清］徐宗干

武邑滨卫河，堤岸慎防守。
河水日增长，加高复培厚。
纷纷集民夫，畚锸争荷负。
但取少壮者，毋劳斑白叟。
每於低洼处，积土为高阜。
妇子携盍饷，伛偻相奔走。
伐木复引绳，麻苘与杨柳。
迎溜绝其前，扫湾堵其后。
田庐有保障，西畴连南亩。
声言宰官来，清道执箕帚。
择可劳而劳，劝谕各俯首。
官民乃一家，失修均厥咎。
水涝不为灾，年丰人且寿。
缺者使之完，便是补天手。

捞　浅

［清］徐宗干

运道百余里，粮艘日夜走。
催攒责攸归，浅阻虑掣肘。
长落性靡常，淤泥数尺厚。
舳舻行不前，招招争挥手。
例设官民剥，挂席随左右。
梭巡来复往，输载防糟朽。
修艅加彩画，龙尾而鹢首。
剥运且不敷，捞挖施筐篓。
上下随波涛，手足沾泥垢。
两岸土累累，一望皆培塿。
爱命沽以钱，趋利唯恐后。
涉水曰畏寒，呼之劳以酒。
解衣磅礴来，一人饮一斗。
水玩不妨嬉，赤子见父母。

种　蔬

［清］徐宗干

桑榆深处听啼鸠，田畔沟渠水自流。
更有濒河肥沃地，一畦春菜碧于油。

修　堰

［清］徐宗干

未能惜力填堤防，自我先劳遍四乡。
保尔田畴庇尔宅，长官辛苦为谁忙？

河　决

［清］徐宗干

曰我饥之我溺之，亟需施济拯流离。
要知俗吏忧贫日，正是迂儒励志时。

梁家窑勘灾夜闻雨声

［清］徐宗干

东阡接西陌，
一望滔滔白。
无地不行舟，
通国皆为泽。
出没小民其为鱼，
乘桴来往奚所适。
槁壤筑阶梯，
朽木柱樯壁。
风雨欲来争呼号，
惊人不必有霹雳。
上栋下宇皆飘摇，
灾黎何以度今夕？

身游宦海两载余，
曾无寸长能保赤。
不见催科才，
空上救荒策。
安得波涛中流设磐石，
不然建立大厦数千间，
四境流民尽安宅。
我欲招之来，
尽与同衽席。

注：徐宗干（1796—1866 年），字伯桢，又字树人。江苏通州人。清嘉庆二十五年（1820 年）进士，浙闽总督，历知曲阜、泰安两县。

八月三日泊舟故城南十里，即事八首

［清］杨锡绂

时和岁稔，男女熙然，献果烹茶，风淳意古。驻览移时，欣然有作。

一

水驿迂回日半程，偶寻苔径作闲行。
不须远望论秋色，才入村庄气已清。

二

经过宅院绿阴凉，男出腰镰女绩筐。
风味田家爱淳古，携来麦饭许亲尝。

三

垂垂梨枣径西东，沛沛禾蘸熟正同。
一幅丰年图画就，不须琐屑咏幽风。

四

黍穈缚束满篝车，叱犊归来日未斜。
须识力勤无卤莽，祈年方社报原赊。

五

丝弦搊拨类途穷，一曲词弹小技工。
杂坐树间还谛听，端知和乐是民风。

六

洽比昏姻尽四邻，茅檐酿熟插帘新。
秋瓜也作香芹献，始识情多是野人。

七

白发黄衣气象淳，年臻耄耋葛天民。
自言銮辂新临幸，会赐银牌及老身。

八

朴素衣冠上古群，老携幼挈竞纷纷。
传呼莫讶无驺从，来自田间是使君。

油坊夜泊

［清］杨锡绂

今夜油坊宿，垂杨眼共青。
河声流卫水，野色霁秋星。
倚櫂风微度，沾衣露欲零。
三湾从此数，小泊亦居停。

注：三湾，卫河有三湾当一闸之说。

发郑家口

［清］杨锡绂

盛暑事舟楫，高树盼扶疏。
匪真庇广厦，聊得荫斯须。
我行发郑口，三望何萦纡。
古称会面难，似此宁艰虞。
禾黍被原野，地僻少村墟。
鸡犬不可闻，谁植栎与樗。
朱乌如酷吏，炭炙方睢盱。
高舸成瓮牖，叹息真穷途。

注：三望，郑口以下三十里，河流甚曲，有头望、二望、三望之名。所谓相见湾是也。

故城晚泊

［清］杨锡绂

篷窗久习即吾庐，日日随流信所如。
两岸垂杨烟暝后，一钩新月夜来初。
杯空正载侯芭酒，瓜切犹传戴圣书。
佳境应知惟六月，轻风细葛总萧疏。

注：杨锡绂（1701—1768 年），字方来，号兰畹，江西清江人。清雍正五年（1727 年）进士，授吏部主事，历官广东布政使、礼部侍郎、吏部尚书、漕运总督。著有《漕运全书》《四汉讲义》《四知堂文集》39 卷等。

三　望

［清］曹洪业

天风吹客舟，地势不肯让。
五里一弯环，两岸土平旷。
朝过冷家坟，厥地名三望。
吴庄与苏楼，水草无殊状。

远帆隔岸迎，帆列似屏障。
舟子语相闻，吴音颇浏亮。
划船行逾时，始与彼岸傍。
回首去帆过，觌面来帆扬。
风不辨顺逆，河不觉背向。
东西南北间，处处皆依样。
河浅无急滩，波平少恶浪。
磨折在人境，力咼敢奔放。
一似高克师，逍遥乎河上。
不见鲤鱼风。谁问桃花涨。
羊肠盘九曲，婉转难舒畅。
暮抵郑家口，始觉河声状。

见　月

［清］曹洪业

秋色澹如许，水云天际浮。
仰看银汉影，直接大河流。
闪闪星如豆，纤纤月似钩。
推蓬正无赖，惊梦有更筹。

注：曹洪业，安徽全椒人，清道光年间（1821—1850 年）画家、诗人。船经大运河郑家口码头留有诗作，撰有《梅庄诗钞》。

五、运河纤夫号子

自元、明、清乃至中华人民共和国成立之初，故城县的郑口镇、故城镇（旧故城县城）、建国镇一直是商品集散码头。运河中舳舻相继，帆樯如林，受此影响，为船队服务的季节性的篙工、纤夫及搬运工均来自沿河各村庄。为了便于协作，提高劳动效率，增加生活情趣，在集体劳动中形成了运河船夫号子。

其音乐节奏与劳动的节奏相应相和，具有鲜明的律动性。经过上千年的演变，南运河船工号子即是劳动号子，又具有其独立的艺术形态，脱离了原始号子简陋的外形。如今遗存下来的运河船工号子高亢、有力而富于多变化，而歌词多是即兴创作，内容因“号头”的职业素养而异不固定，具有其独特的艺术魅力，是劳动人民智慧和血汗的结晶。

纤夫号子（其一）

不顶风，浪不急。
悠悠拉，步要齐。
看河边，洗衣女。
十七八，好年纪。
低着头，搓又洗。
咱喊号，她不理。
怎么办？听我的。
撞三步，（哗哗哗！）
看仔细！
那小妮，笑嘻嘻。
抬起头，甩辫子，
红嘴唇，白玉齿。
杏仁眼，叫人迷。
一朵花，照水里。
饱眼福，长力气。
过回流，腿绷直！
猫下腰，闯过去！
喂……啦……喂！

纤夫号子（其二）

打头的，弯着腰，
打二的，汗砸脚。
打三的，撅着腚，
打四的，带着病。
打五的，空肚肠，
打六的，背太阳。

起锚号

喊：搭锚
众接：噢噢……
喊：喂来喂喽噢
众接：喂哎
喊：哟呵
众接：嗨
喊：喂呵
众接：咳
喊：喂咳
众接：咳
喊：喔咳
众接：咳
喊：喔噢

众接：咳
减：哟喔呵哩呵喂了……

拉纤号

喊：喂哟……拉顺了……
众接：嗨……
喊：哟……
众接：嗨……
喊：哟喂喽喽嗨的吗
众接：咳哟喽咳呀
喊：哟喂喂上那个喂呀
众接：咳哟喽咳呀
喊：大家哈哈腰吧
众接：咳哟喽咳呀
喊：哎往前头撞啊
众接：咳哟喽咳呀
喊：哟喂喂上喔哟
众接：咳哟喔
喊：哟喔喔咳喔唻
众接：咳哟喔咳
喊：哟喂喽喽嗨的吗
众接：咳哟喽咳呀
喊：开了那个船咧
众接：咳购喽咳呀
喊：啊要离这个天津
众接：咳哟喽咳呀
喊：啊往前头奔咧
众接：咳哟喽咳呀
喊：听我这个说说
众接：咳哟喽咳呀
喊：啊这个运河呀
众接：咳哟喽咳呀
喊：天津卫这个货物
众接：咳哟喽咳呀
喊：啊靠着这个船哪
众接：咳哟喽咳呀
喊：天津这个货唻
众接：咳哟喽咳呀
喊：真是那个全那
众接：咳哟喽咳呀
喊：一年这个四季
众接：咳哟喽咳呀
喊：啊下那江南那
众接：咳哟喽咳呀

打冲号

喊：打锚！
众接：噢……
喊：喂喽
众接：咳
喊：喂嗨
众接：咳
喊：喂喽
众接：咳
喊：喂嗨
众接：咳
喊：喂哟……
众接：哎……
喊：喔呵一呵呵喂了
众接：咳……
喊：喂哟……拉顺了……
众接：喂哟……
喊：喔……
众接：哎……
喊：哟喂喽喽咳的嘛
众接：咳哟喽咳呀
喊：离开了那个临清吧
众接：咳哟喽咳呀
喊：啊往前头赶那
众接：咳哟喽咳呀
喊：啊头一站这个到了
众接：咳哟喽咳呀
喊：啊北了关头哇
众接：咳哟喽咳呀
喊：啊南口这个一过
众接：咳哟喽咳呀
喊：啊南关这个头哇
众接：咳哟喽咳呀
喊：过了这个南关头
众接：咳哟喽咳呀
喊：啊是尖庄吧
众接：咳哟喽咳呀

喊：过了这个尖庄咧
众接：咳哟喽咳呀
喊：到了龙王庙咧
众接：咳哟喽咳呀
喊：啊龙王庙这个一过
众接：咳哟喽咳呀
喊：啊到了头咧
众接：咳哟喽咳呀
喊：哟喔喽嗨嗨
接：啊喂嗨嗨
喊：喂了喔了喔
接：啊喂嗨嗨
喊：啊招的喔招
接：啊喂嗨嗨
喊：哟拉的哟
接：啊喂嗨嗨
喊：啊喂嗨嗨
接：啊喂嗨嗨
喊：啊招的喔招
接：啊喂嗨嗨
喊：啊扎扎喔扎扎喔
接：啊喂嗨嗨
喊：啊喔嗨嗨
接：啊喂嗨嗨
喊：啊喂了喔的喔
接：啊喂嗨嗨
喊：你拉顺了吧
接：啊喂嗨嗨
喊：搭倒了腰
接：啊喂嗨嗨
喊：哟咳了一个咳呀
接：啊喂嗨嗨
喊：扎喔呵喔的喔
接：啊喂嗨嗨
喊：啊招招喔的招
接：啊喂嗨嗨
喊：啊扎扎喔扎扎喔
接：啊喂嗨嗨
喊：啊哟喽嗨嗨
接：啊喂嗨嗨
喊：啊喂了喔的喔
接：啊喂嗨嗨
喊：喂了喔的喔
接：啊喂嗨嗨
喊：啊楚望这个一到了
接：啊喂嗨嗨
喊：啊到了那个头咧
接：啊喂嗨嗨
喊：啊前边这个船唻
接：啊喂嗨嗨
喊：啊不能这个走了
接：啊喂嗨嗨
喊：十八里的棱子河
接：啊喂嗨嗨
喊：啊船不敢走哇
接：啊喂嗨嗨
喊：歇歇那个船船儿
接：啊喂嗨嗨
喊：啊到了这个头咧
接：啊喂嗨嗨
喊：啊撞一这个号吧
接：啊喂嗨嗨
喊：喔了喔的喔
接：喔……

撑篙号

喊：哟嘿……喂哟……哟下水吧……哎哟哟依哟……哎哟哟依哟了……

众接：噢……（来回循环往复）

摇橹号

喊：喂哟……摇顺了~
接：喂噢……
喊：喂喽
接：咳
喊：喂嗨
接：咳
喊：哟喔噢
接：咳
喊：哟喔噢
接：咳
喊：喂喽

接：哟
喊：哟喽喔
接：咳
喊：哟喔噢
接：咳
喊：哟喔噢
接：咳
喊：喂嗨
接：咳
喊：哟喔呵
接：咳
喊：啊喔呵
接：咳
喊：喂嗨
接：咳
喊：喂喽
接：哟
喊：哟喽喔
接：咳
喊：哟喽喔
接：咳
喊：喂嗨
接：咳

第四编　人口与计划生育

故城县地处华北平原，建置较晚，域内区划出入繁杂，人员变化不定。

封建社会，由于生产力水平低下，自然灾害频繁，疫病流行，导致人口自然增长率低下。

中华人民共和国成立后，社会制度和生产方式发生根本变革，生产力水平迅速提高，人口发展也随之进入高出生率、低死亡率、高增长率时期。

1972年始，实行计划生育政策，人口过快增长势头得到有效控制，自然增长率控制在10‰左右。但由于人口基数大，每年净增人口仍较多。

1988年，全县93186户，总人口增至396897人，其中，男性197693人，女性199204人。

1994年后，人口发展呈现低出生率、低死亡率、低自然增长率的良性状态。同时，人口性别比逐步增大，年龄结构渐呈老龄化，文化水平普遍提高。

2000年，全县总户数127205户，人口454973人；2005年，全县总户数134213户，人口471852人，其中，男性240427人，女性231425人，男性人数略高于女性；2010年，全县总户数157107户，人口510741人；2016年，二胎政策放开，全县人口531006人，较上年有所增长；2018年，全县总户数199733户，人口526179人，其中，男性267992人，女性258187人。

第一章　人口数量

据史料记载，封建时期域内人口规模较小，隋末村庄仅34个，唐宋两代人口大幅度繁衍增长。元至元二十三年（1286年）故城县建置固定，然因战乱频仍，元末人烟稀少。

至明洪武十三年（1380年）始定田赋，立户籍，明永乐六年（1408年）为“填充京畿”，自山西、江西迁村移民，使村民丁口增加。之后数年战乱天灾。至明万历十八年（1590年）逐渐繁衍。

清代，域内社会稳定，经济发展较快，明万历四十二年（1614年）至清同治十三年（1874年）260年间纯增28100人，年均增108人。1928—1945年，人口增长显著下降。

中华人民共和国成立后，随着经济快速发展，人口规模逐渐扩大，由1949年的167310人增至1963年的171178人。1964年，行政区划以运河为界将运河西部山东武城县部分乡村划归故城县辖，是年，全县达293389人。1976年为第二个生育高峰，人口达350554人。之后，实行计划生育政策，人口缓慢增长。1990—2009年，人口规模基本稳定在42万～49万人之间。2010—2018年，人口规模基本稳定在50万～53万人之间。

第一节　人口总量与分布

人口总量　春秋战国时期，域内村庄稀疏。至汉代域内人口有所增长，伴随着域内交通逐渐便利，人口不断增加，域内村庄渐增。隋末随邑人窦建德聚众起义，部分士卒于此定居境内，与此有关村庄达20多个。唐代，“贞观之治”社会安定，生产发展，人口繁衍加快。《河北简史》载，宋初百年以来人口大幅度增长。据清光绪《故城县志》载，因战乱袭扰，元至顺四年（1333 年），河间（时故城县属之）土地荒芜，人烟稀少。至明洪武十三年（1380 年）始定田赋，立户籍。明永乐六年（1408 年），迁民附籍。多迁山西、江西地民。明正德九年（1514 年），戎马蹂躏，民物益凋。明嘉靖三十九年（1560 年），连年大旱，道路之间骸骨枕藉，益以见年。里甲不堪命适逃者十之二三。明隆庆元年（1567 年），稍稍苏息。至明万历十八年（1590 年）人口渐已繁衍。明万历四十年（1612 年），在册民数 800 户，时故城县仅 8 里，计 880 户，畸零 210 户（畸零户为鳏、寡、孤、独和无田产不服役者，列于册后）。上中下三等九则共 15878 丁男，31756 名口（16 ～ 60 岁，男名丁、女名口，未成年丁亦名口）。明万历四十二年（1614 年）《故城县志》载，计 47634 丁口。明末清初，因战乱、天灾，人口再度下降。后随着社会相对安定，人口复增长。至清同治十三年（1874 年），故城县在册 14981 户，75734 口。清光绪十年（1884 年），在册 15992 户，78724 口。据以上资料析，自明万历四十二年至清同治十三年 260 年间，故城县纯增 28100 人，年均增 108 人。自清同治十三年至光绪十年 10 年间，纯增 2990 人，年均增 299 人。（明、清两代人口数均为今故城县北部数字）。

1928 年，故城县增至 21526 户，124085 人，其中男 68112 人，女 55973 人，自清光绪十年至 1928 年 44 年间，全县纯增 45361 人，年均增 1031 人。1928—1949 年，因侵华日军烧杀抢掠和国民党反动派发动内战，民不聊生，人口增长显著下降。据故城 1946 年统计，全县有 128000 人，较 1928 年仅增 3915 人，18 年间，年均增 217.5 人，较清光绪十年至 1928 年间，年均降 54 人（此数字至 1963 年均为今故城县北部资料）。

中华人民共和国成立后，随着国民经济的恢复和发展，人民生活安定，医疗条件改善，全县人口增长较快。据 1949 年年末统计，全县有 33840 户，167310 人，较 1946 年增 39310 人，年均增 13103 人。1957 年净增 1205 人，之后，人口出生率下降，自然生长率降低。1963 年，全县有 40587 户，171178 人，较 1949 年增 3868 人，1949—1963 年，年均增 276 人。

1964 年年末，行政区划调整时，将运河西部山东武城县部分划入今故城县辖，入故城县籍 125499 人。是年，全县有 68333 户，293389 人。1962—1974 年，出生 90023 人，形成人口生育的第二个高峰。1976 年增至 77807 户，350544 人，较 1964 年增 57155 人，年均增 4762.9 人，出生率 15.14‰。为提高人口素质，使人口增长与国民经济发展同步，人民政府号召实行计划生育，人口增长速度趋降。1987 年，全县共 91337 户，388238 人，出生率 12.20‰，较 1976 年出生率下降 2.92‰。1988 年，全县共 93186 户，396897 人，其中男性 197693 人，女性 199204 人，人口数量形成第三个高峰。1989 年年末，全县共 92781 户，401502 人，其中男性 199486 人，女性 202016 人。增加 13264 人。此后，计划生育力度加大，人口自然增长率持续下降，机械人口变动增大。1990 年 7 月 1 日零时，全国第四次人口普查，全县共 98018 户，427856 人，其中男性 213201 人，女性 214655 人。2000 年 11 月 1 日，全国第五次人口普查，全县共 127205 户，454973 人，其中男性 228536 人，女性 226437 人。比第四次普查增加 5.58%，年均增 2386 人。2008 年年末，全县共 143249 户，497507 人，户均 3.47 人，人口呈现“少生优生优育”增长趋势。2009 年年末，全县共 149264 户，502291 人，其中男性 255470 人，女性 246821 人。2010 年，第六次全国人口普查，全县共 157107 户，510741 人。其中男性 255470 人，女性 246821 人。2016 年年末，全县共 198203 户，531006 人，其中男性 269711，女性 261295 人。至 2018 年年末，全县共 199733 户，526179 人，其中男性 267992 人，女性 258187 人。

人口分布与密度 据 1982 年全国第三次人口普查，故城县有 83257 户，370991 人，总面积 937.06 平方公里，每平方公里拥有 88.8 户，395.9 人，较全省每平方公里 285.3 人（《可爱的河北》记载数字）多 110.6 人。区域分布可分三类：一、原、现城镇区域，人口密度大，如故城、郑口、建国（以上均为原、现县城所在地，现均为镇）、要庄，每平方公里 500 余人，其中郑口、建国每平方公里 600 余人；二、沿运河一带与庙灵、夏庄、饶阳店、瓦子庄、军屯等公社，每平方公里350～450人；三、北部地域人口密度较小，如辛庄、里老、房庄、小庙、梧茂、三朗、原隰、杏基公社，每平方公里260～350人。

1982年故城县各公社人口分布统计表

表4-1

公社名称	总户数（户）	总人口（人）	男（人）	女（人）	面　积（平方公里）	每平方公里拥有户	每平方公里拥有人
总　计	83254	370912	183495	187417	937.0	89.7	398.7
故　城	3120	13272	6523	6749	26.1	119.5	508.5
袁　庄	3562	16189	8072	8117	39.2	90.9	413.0
小　屯	2356	10400	5085	5315	26.0	90.6	400.0
夏　庄	3426	14997	7469	7528	40.7	84.2	368.5
辛　庄	3340	14341	7138	7203	43.0	77.7	333.4
里　老	3980	17151	8348	8803	52.3	76.1	328.6
庙　灵	2123	9219	4582	4637	28.5	74.5	323.5
青　罕	5064	22179	10875	11304	49.6	102.1	447.2
房　庄	2754	12073	5966	6107	36.8	74.8	328.1
小　庙	2365	10376	5116	5260	38.9	60.8	266.7
梧　茂	1785	7742	3876	3866	24.2	73.8	319.9
三　朗	2709	11688	5723	5965	37.7	71.9	310.0
原　隰	2911	12664	6122	6542	36.7	79.3	345.1
杏　基	2235	9632	4710	4922	31.8	70.3	302.9
郑　口	7435	30294	15902	14392	45.9	162.0	660.0
赵　行	3973	17890	8727	9163	42.4	93.7	421.9
武官寨	6114	29279	14480	14799	74.8	81.7	391.4
饶阳店	6072	27812	13644	14168	82.7	73.4	336.3
瓦子庄	3774	17103	8381	8722	45.1	83.7	379.2
军　屯	3058	13970	6868	7102	31.3	97.7	446.3
要　庄	3641	17544	8692	8852	34.2	106.5	513.0
建　国	4180	19741	9661	10080	32.7	127.8	603.7
西半屯	3277	15356	7535	7821	36.4	90.0	421.9

1990年，第四次全国人口普查，全县人口总数为427606人，人口密度为每平方公里454人。2000年，第五次全国人口普查全县人口总数为454973人，人口密度为每平方公里483人。2005年，全县人口471852人，人口密度达每平方公里501人。2008年，全县人口497507人，人口密度高达每平方公里537人，其中46010人居住在县城，13992人主要居住在各镇政府驻地（含无本地户籍人员）。2010年，第六次全国人口普查，全县人口总数为510741人，农业人口441423人，分布于538个行政村；非农业人口69318人，居住于县城和各镇政府驻地。2016年，全县人口531006人，人口密度达到历史高峰，每平方公里564人，农业人口366353人，分布于538个行政村；城镇人口164653人，居住于县城和各镇政府驻地。2018年，全县人口526179人，人口密度每平方公

里559人，其中农业人口361491人，分布于538个行政村；非农业人口164688人，居住于县城郑口和各镇政府驻地。

第二节　人口变动与流动

自然变动　1987年，全县出生6483人，死亡2865人，人口自然增长率9.32‰。1990年，全县出生10855人，死亡2484人，人口自然增长率19.44‰，为中华人民共和国成立后第三个生育高峰。1992年，全县出生3485人，死亡2470人，人口自然增长率2.34‰。1995年，全县出生3534人，死亡2373人，人口自然增长率2.62‰。2000年，人口自然增长率上升至5.33‰。2001—2003年，人口出生趋于平稳，呈“少生优生优育”状况，死亡人数大幅度下降。随着改革开放的不断深入，生活水平逐步提高，医疗卫生条件不断改善，优生优育，计划生育为广大人民所接受，人口逐渐呈现低生育、低死亡的平稳增长趋势。2008年，全县出生9619人，死亡2102人，人口自然增长率6.8‰。2009年，县计生局深入贯彻落实《中共中央、国务院关于全面加强人口与计划生育工作统筹解决人口问题的决定》，坚持科学发展观，稳定低生育水平。全县共出生5796人，人口出生率12.45‰，符合政策生育率92.84%，出生人口性别比105（以女性为100）。2011年，全县共出生5988人，人口出生率12.35‰。2012年，全县总人口49.4万人，其中已婚育龄妇女10.2万人。全年共出生6517人，人口出生率13.26‰，死亡率6.62‰，自然增长率6.64‰。2013年，常住人口498130人，其中已婚育龄妇女100175人。全县共出生6194人，人口出生率12.50‰，死亡率6.05‰，自然增长率6.46‰。2015年8月机构改革，计划生育局与卫生局合并为故城县卫生和计划生育局。全县共出生5645人，人口出生率11.27‰，死亡率5.58‰，自然增长率5.69‰。2016年，常住人口50.4万人，有已婚育龄妇女9.5万人。全县共出生5987人，人口出生率11.92‰，死亡率5.23‰，自然增长率6.69‰。当年出生孩次构成：一孩比40.91%，二孩比53.75%，多孩比5.34%。2018年，全县共出生4940人，人口出生率9.83‰，死亡率5.31‰，自然增长率4.53‰，出生人口性别比109（以女性为100），当年出生孩次构成：一孩比35.97%，二孩比56.09%，多孩比7.94%。

机械变动　1987年，全县迁入人口5747人，迁出人口8287人，人口机械增长率-4.22‰。1988年，迁入9713人，迁出5489人，人口机械增长率4.35‰。1990—2004年，14年间迁入74269人，迁出70460人，年均净增272人。随着全国普通高校扩招，学生升学、县外就业人数增加。2004年，迁入2418人，迁出4575人，机械负增长加大。2008年，全县迁入5928人，迁出3722人，人口机械增长118人。2010年，省内迁入1967人，省外迁入1329人；省内迁出1645人，省外迁出1716人，人口机械增长-65人。

流动人口　域内人口曾因废置、自然灾害变化不定，中共十一届三中全会后，人民生活好转，人口流动多为劳动转移或向外输送人口。1987年，全县流动人口主要表现为县内乡镇间人口的转移。随着农村承包责任制的实行和二、三产业的大发展，农村剩余劳动力大幅度增加，从事农业生产的人数锐减。20世纪90年代起，农民进城务工、国外务工兴起，人口流动量加大。2000年，第五次人口普查显示，故城县成为向外输送人口地区。2008—2018年，流动人口约占总人口数量的1.12%。

1949—2017年故城县人口变动指数统计表

表4-2

年份	总人数（人）	出生		死亡		净增长	
		人数（人）	出生率（‰）	人数（人）	死亡率（‰）	净增人数（人）	净增长率（‰）
1949	262678	5119	19.49	3053	11.62	—	—
1950	266356	5944	22.32	2821	10.59	3678	13.81

续表 4-2

年　份	总人数（人）	出　生		死　亡		净增长	
		人　数（人）	出生率（‰）	人　数（人）	死亡率（‰）	净增人数（人）	净增长率（‰）
1951	270708	6414	23.69	2948	10.89	4352	16.08
1952	274620	7285	26.53	3041	11.07	3912	14.25
1953	281064	8998	32.01	3170	11.28	6444	22.93
1954	291540	8496	29.14	3105	10.65	10476	35.93
1955	294579	8698	29.53	3123	10.60	3039	10.32
1956	291570	8922	30.60	3146	10.79	-3009	-10.32
1957	294385	7951	27.01	3432	11.66	2815	9.56
1958	291201	9975	34.25	3477	11.94	-3184	-10.93
1959	288025	8880	30.83	3548	12.32	-3176	-11.03
1960	285320	4165	14.60	5888	20.64	-2705	-9.48
1961	287037	3320	11.57	7529	26.23	1717	5.98
1962	293481	4957	16.89	3233	11.02	6444	21.96
1963	295463	10864	36.77	3134	10.61	1982	6.71
1964	293389	9697	33.05	3179	10.84	-2074	-7.07
1965	299936	9757	32.53	2469	8.23	6547	21.83
1966	306311	8486	27.70	2547	8.32	6375	20.81
1967	310143	7396	23.85	2436	7.85	3832	12.36
1968	314766	8755	27.81	2098	6.67	4623	14.69
1969	321839	7968	24.76	2230	6.93	7073	21.98
1970	328667	9066	27.58	2247	6.84	6828	20.77
1971	333882	8521	25.52	2275	6.81	5215	15.62
1972	338373	8929	26.39	2516	7.44	4491	13.27
1973	342438	7241	21.15	2228	6.51	4065	11.87
1974	345027	5913	17.14	2455	7.12	2589	7.50
1975	347557	5457	15.70	2576	7.41	2530	7.28
1976	350544	5308	15.14	2607	7.44	2987	8.52
1977	352994	5230	14.82	2359	6.68	2450	6.94
1978	355026	5109	14.39	2520	7.10	2032	5.72
1979	357767	6008	16.79	2449	6.85	2741	7.66
1980	359887	4611	12.81	2605	7.24	2120	5.89
1981	368292	7369	20.01	2417	6.56	8405	22.82
1982	374677	6275	16.75	2320	6.19	6385	17.04

续表 4-2

年份	总人数（人）	出生		死亡		净增长	
		人数（人）	出生率（‰）	人数（人）	死亡率（‰）	净增人数（人）	净增长率（‰）
1983	379655	6478	17.06	2320	6.11	6385	16.82
1984	384882	4925	12.80	2510	6.52	5227	13.58
1985	385492	4070	10.56	2613	6.78	610	1.58
1986	387160	4198	10.84	2592	6.69	1668	4.31
1987	388238	6483	16.70	2865	7.38	628	1.62
1988	396897	7150	18.01	2715	6.84	3180	8.01
1989	401502	5982	14.89	2324	5.79	3658	9.11
1990	427856	10855	25.37	2484	5.81	6371	14.89
1991	430528	4013	9.32	2390	5.55	1623	3.77
1992	433322	3485	8.04	2470	5.70	1015	2.34
1993	435138	6399	14.74	2081	4.78	3598	8.27
1994	440608	5757	13.07	2514	5.71	3243	7.36
1995	442772	3534	7.98	2373	5.36	1161	2.62
1996	443935	3468	7.81	2859	6.44	609	1.37
1997	446563	3629	8.13	2403	5.38	1226	2.75
1998	450171	4378	9.73	2281	5.07	2097	4.66
1999	451447	4301	9.53	1853	4.10	2448	5.42
2000	454973	4454	9.79	1605	3.53	2849	6.26
2001	458141	4305	9.40	1630	3.56	2675	5.84
2002	460314	4265	9.27	1441	3.13	2824	6.13
2003	465322	4822	10.36	1970	4.23	2852	6.13
2004	465762	4727	10.15	2108	4.53	2619	5.62
2005	471852	5506	11.67	2364	5.01	3142	6.66
2006	482157	6036	12.52	2490	5.16	3546	7.35
2007	488771	3266	6.68	1444	2.95	1822	3.73
2008	497507	5821	11.70	2488	5.00	3333	6.70
2009	502291	5796	11.54	2276	4.53	3520	7.01
2010	510741	5945	11.64	2978	5.83	2967	5.81
2011	514598	5988	11.64	2838	5.51	3150	6.12
2012	515005	6517	12.65	3253	6.32	3264	6.34
2013	525302	6194	11.79	2995	5.70	3199	6.09
2014	530185	7023	13.25	3612	6.81	3411	6.43

续表 4-2

年　份	总人数（人）	出　生		死　亡		净增长	
		人　数（人）	出生率（‰）	人　数（人）	死亡率（‰）	净增人数（人）	净增长率（‰）
2015	529842	5649	10.66	2796	5.28	2853	5.38
2016	531006	5987	11.27	2629	4.95	3358	6.32
2017	527736	6444	12.21	2801	5.31	3643	6.90

说明：表内“—”为资料散佚

第二章　人口结构与人口素质

中华人民共和国成立后，域内人口在第一次全国人口普查时，女性人数略多于男性。20 世纪 80 年代初，男女人数比例均衡。2000 年，第五次全国人口普查时，全县人口年龄结构趋于老龄化，60 岁以上人口占人口总数量的 11% 左右。文化素质显著提升，2010 年第六次人口普查，6 岁及以上各种文化程度人口达 50 万。2018 年年末，域内总人口 52.6 万人，其中少数民族 1139 人。

第一节　人口结构

性别构成　1953 年 7 月 1 日零时，全国第一次人口普查，全县有 36076 户、156447 人（不含 1964 年并入南部人口），其中男性 74524 人，占总人口的 47.6%，女性 81923 人，占总人口的 52.4%。

1964 年 7 月 1 日零时，全国第二次人口普查，全县有 67933 户、290371 人，其中男性 142065 人，占总人口 48.9%，女性 148306 人，占总人口 51.1%。

20 世纪 80 年代初，性别结构趋正常化。1980 年年末，受传统重男轻女思想影响，医学手段应用于胎儿性别鉴定，男、女性别比例失衡。1981 年年末，全县总人口 368292 人，其中男性 183233 人，占总人口的 49.8%，女性 185059 人，占总人口的 50.2%。

据 1982 年 7 月 1 日零时，全国第三次人口普查数据汇总，故城县人口构成状况如下：1982 年全县有 83257 户、370991 人，其中男性 183574 人，占总人口的 49.5%，女性 187417 人，占总人口的 50.5%。1982 年比 1953 年男性（占总人口百分比，下同）增长 2%，女性降低 2%，比 1964 年男性增 0.6%，女性降 0.6%，比 1981 年男性降低 0.3%，女性增长 0.3%。

据 1982 年人口普查，故城县人口各年龄组性别构成各有不同（第一、二次普查人口年龄未汇总）。0 ～ 15 周岁各年龄组男性均比女性多，男性 66424 人，女性 62528 人，男性比女性多 6.2%；16 ～ 32 周岁各年龄组女性均比男性多，女性 59520 人，男性 54668 人，女性比男性多 4852 人，多 8.9%；33 ～ 46 周岁（除 43 周岁外）各年龄组均男性比女性多，男性 26202 人，女性 24440 人，男性比女性多 1762 人，多 7.2%；47 周岁以上各年龄组多为女性比男性多，女性 39582 人，男性 34949 人，女性比男性多 4633 人，多 13.3%。

据析，历次人口普查总计男性略少原因，男性青年应征入伍，赴外地工作者多于女性，且女性寿命长于男性（因 1964 年人口年龄资料欠齐备，故性别未与该年比）。

1995 年，男性 221929 人，女性 220843 人，男性数量高于女性。

2000 年，男性居民数量高于女性。2008 年出生性别比控制在 118.06。

2018 年，域内男性居民 267992 人，女性 258187 人，性别比 103.7。

年龄构成　因 1964—1980 年资料欠齐备，仅反映 1982 年第三次普查结果、2000 年第五次人口普查及以后数据。

年龄组划分：不满周岁乳儿，占总人口的2.5%（下均为占总人口百分比）；1～6周岁学龄前儿童，占11.9%；17～14周岁少年儿童，占18.5%；男16～59周岁劳动力，占27.2%；15～49周岁育龄妇女93275人，占25.1%；60周岁以上男性16385人，占4.4%，55周岁以上女性，占7.3%。

人口类型：人口年龄类型少年儿童系数（0～14周岁）121893人，占总人口的32.9%；老年人系数（65周岁以上）244551人，占总人口的6.6%，年龄中位数33.12岁，老年占儿童人数的20%，据此比例，对照国际规定人口年龄数据，全县人口为成年型人口。人口再生产类型10～14周岁121898人，占总人口的32.9%（下均为占总人口），15～49周岁183438人，占总人口的49.4%；50周岁以上65655人，占17.7%。据此比例，对照国家规定人口再生产类型（增加型、静止型、减少型）比数，全县人口为增加型。

1982年7月，全国第三次人口普查，全县90岁以上老人91人，最高年龄为97岁，仅1人（里老乡）。

根据全国2000年第五次人口普查数据显示，计划生育政策效应显现，居民平均寿命增加，全县人口年龄结构趋于老龄化。2000年，全县60岁以上人口已达总人口的9.22%。统计调查显示，截至2008年，全县60岁以上人口达总人口数48869人的11%左右；65岁以上人口已接近40000人，占总人口的8.5%；老年人口正以每年2%的速度增加，逐渐步入老龄化社会。2008年年末，全县共471852人，18岁以下113935人，占总人口的24%，18～35岁138192人，占总人口的29%，35～60岁170856人，占总人口的36%，60岁以上48869人，占总人口的10%。2010年，60岁以上63068人，占总人口的13%。至2018年域内90岁以上高寿老人1400余人，其中，百岁老人13人。

民族构成 域内民族历来以汉族为主，据统计，1987年年末，全县388238人，其中汉族387819人，占总人口的99.89%，少数民族419人，占总人口的0.11%。因战争、行商、投亲以及工作调动原因，少数民族多由外地迁入故城地。以回族人口数量为最多。据高龄回族人范玉荣、王长春等称，清末其家为免遭战乱之苦，由广西迁此定居，时有150余人。1937年前，由景县枫林村到郑口行商20余人。1937—1949年，到赵鲁屯村（今里老乡）定居者100余人，郑口16户、83人，河西街（今建国镇治址）5户、27人，城镇居民12户、28人。据统计，1966年，赵鲁屯32户、157人，郑口公社42户、143人，建国公社5户、29人，城镇居民12户、27人。1979年，里老公社赵鲁屯村29户、137人，郑口公社52户、224人，建国公社4户、23人，城镇居民12户、32人。1985年，里老乡赵鲁屯村20户、97人，郑口镇43户、151人，建国镇5户、26人，城镇居民12户、35人。1987年，里老乡赵鲁屯村32户、154人，郑口镇33户、156人。1987年年末，全县少数民族418人，占总人口的0.11%。其中，回族83户、370人，藏族2人、苗族6人、壮族26人、朝鲜族5人、满族9人。

1990年，全国第四次人口普查时，全县共有民族16个。其中：汉族427130人，藏族5人，满族68人，彝族2人，壮族21人，苗族8人，回族334人，朝鲜族1人，侗族2人，蒙古族19人，瑶族2人，土家族3人，姜族1人，达斡尔族5人，白族4人，畲族1人。

2000年，全国第五次人口普查时，全县共有民族18个。其中：汉族450990人，蒙古族38人，回族288人，藏族7人，维吾尔族4人，苗族17人，彝族14人，壮族23人，布依族10人，朝鲜族15人，满族51人，侗族1人，白族1人，土家族3人，达斡尔族2人，毛南族1人，柯尔克孜族1人。全县除太兴镇、赵鲁屯等4个回族聚居村以外，其他民族多呈小聚居特点。2008年，全县共有少数民族13个，共363人，分别为回族、蒙古族、藏族、苗族、彝族、壮族、土家族、柯尔克孜族、达斡尔族、满族、瑶族、侗族、傣族。

至2018年，全县人口526179人，其中少数民族1139人，包括回族、满族、蒙古族、苗族、朝鲜族、彝族、土家族等23个民族，分布于全县13个乡镇：郑口镇610人、三朗镇31人、青罕镇38人、辛庄乡48人、里老乡62人、故城镇37人、夏庄镇44人、武官寨镇54人、西半屯镇60人、军屯镇10人、建国镇64人、房庄镇48人、饶阳店镇33人。

农业人口与非农业人口 1990年，第四次全国人口普查资料显示：域内人口总数为427856人，其中农业人口400300人，非农业27556人，分别占总人口的93.6%和6.4%。2000年，第五次全国人口普查资料显示：域内人口总数为454973人，其中农业人口397523人，非农业人口57450人。2008年，全县人口497507人，其中农业人口404842人，非农业人口92665人。2010年，第六次全国人口普查，全县人口总数为510741人，其中农业人口441423人，非农业人口69318人，分别占总人口的87%和13%。2016年，全县人口531006人，其中农业人口366353人，城镇人口164653人，分别占总人口的69%和31%。2018年，全县人口526179人，其中农业人口361491人，城镇人口164688人。分别占总人口的69%和31%，与2016年占比相同。

姓氏结构 1987年年末，故城县共有371姓，其中单姓370姓，复姓1姓。3万人以下至2万人以上姓，有王、李、张3姓（均按人数多至少依次排表）；2万人以下至1万人以上姓，有刘、赵、孙、杨4姓；1万以下至5000人以上姓，有崔、陈、高、马、韩、郭、贾、周、苏、吴、于、刁、阎、徐、吕、袁、梁17姓，各姓氏按人数以多至少为序，依次排列如下：

2018年故城县姓氏统计表

表4-3

类 别	姓 数	最高人数（人）	依 次 排 列
万人以上	7	29152	王、李、张、刘、赵、孙、杨
5000～10000	17	8442	崔、陈、高、马、韩、郭、贾、周、苏、吴、于、刁、阎、徐、吕、袁、梁
1000～5000	28	4816	孟、田、宋、夏、冯、曹、武、任、何、胡、沈、朱、姜、齐、商、薛、许、牛、郑、杜、翟、魏、尹、林、康、董、侯、范
500～1000	45	990	年、姚、霍、泮、焦、付、苑、柴、丁、秦、柳、庞、白、赫、潘、耿、罗、陆、纪、程、卢、葛、郎、温、邢、申、秘、孔、邓、宫、骆、黄、树、崇、水、乔、时、金、常、贺、边、故、钟、房、扈
500人以下	274	491	鲁、毛、迟、纬、左、叶、史、冷、谢、岳、安、代、师、季、解、蒋、庄、辛、臧、曲、曾、邵、滕、石、靖、邱、彭、木、节、万、慕、颜、隋、肖、靳、仇、黑、相、宿、宁、乜、滑、郁、段、戚、果、栾、姬、祁、顾、凌、党、唐、屈、平、汪、方、费、盖、别、桑、蔡、尤、梅、裴、扈、钱、井、塘、倪、化、吉、汤、巩、宛、花、聂、管、余、庚、谭、屠、水、关、邹、经、熊、褚、靳、楚、官、阮、兰、毕、亢、司、满、冀、单、樊、容、逄、革、卞、主、祖、尚、宇、廖、谷、池、门、薄、寇、韦、华、邸、简、荣、甄、古、龙、雷、贡、伍、陶、炳、祝、江、雪、路、柏、苗、支、南、胜、丰、穆、粟、明、都、闵、仁、盛、绳、文、燕、沙、赫、菜、邴、展、艳、鄢、从、卜、殷、隆、叩、五、随、战、律、危、住、饶、游、钮、滔、傅、芦、鲍、能、訾、窦、步、同、娇、圣、可、信、元、晏、宗、佘、谈、尧、龚、朴、伊、郜、敬、强、国、义、勒、固、才、洛、萧、各、勤、荀、硕、冷、项、易、戈、艾、碧、车、该、谨、漆、向、犀、泽、堵、藩、佟、权、严、湛、戴、甘、索、鲜、弋、居、仲、新、坚、琼、皮、铺、仝、亳、院、怀、雍、晋、刀、狱、亚、润、查、干、包、席、布、赖、辞、甫、坊、陵、丙、君、狄、顿、位、财、更、成、彦、蔺、百、卫、昝、童、彩、存、每、隽、宇文

第二节　人口素质

身体素质　生活条件的提高尤其是医疗卫生条件的不断改善使域内人口死亡率逐渐呈下降趋势，人口身体素质和寿命不断提高，90岁以上高寿老人逐渐增多。据人口普查资料显示，全国第四次人口普查县域内60岁及以上人口比重为7.12%，2000年全国第五次人口普查时则上升为9.22%。2010年全国第六次人口普查上升为13%。90岁及以上高寿老人1982年全国第三次人口普查时占总人口的0.2‰，2000年全国第五次人口普查则上升为0.37‰。至2018年，全县90岁以上高寿老人占总人口的2.59‰。

据2018年残疾人抽样调查，全县各类残疾人共13773人，占全县总人口的2.6%。在有康复需求的残疾人中，听力语言残疾者占4.4%，肢体残疾者63.1%，智力精神残疾者占17.7%，多重残疾者6.8%名。残疾人男女性别比为138。

随着医疗卫生条件的改善，人们养生意识增强，居民寿命有所增长，据统计，全县1986年1月—1987年12月，死亡5457人，死亡率为7.04‰；2016年1月至2017年12月30日，死亡为5430人，死亡率为5.13‰。

文化素质　1964年7月，据全国第二次普查结果，全县共有小学以上文化程度110808人，占总人口的37.77%。其中大学毕业生101人，占各文化程度总数的0.09%；高中1324人，占1.19%；初中9467人，占8.5%；小学99916人，占90.17%。

1982年7月，据全国第三次人口普查，全县有小学以上文化程度233793人，占总人口的63%。其中大学毕业386人，占各文化程度人数的0.16%。大学肄业和在校21人，占0.01%；高中16885人，占7.22%；初中65392人，占27.97%；小学150703人，占64.58%。

据上述资料比较，第三次普查时比第二次普查时各文化程度人数均增多。大学毕业增285人，增长2.8倍，年均递增5.9%；大学肄业和在校增21人（第二次人口普查无此项数字）；高中增15561人，增长11.7倍，年均递增30.3%；初中增55918人，年均递增25.4%；小学增51200人，增长51.2%（年均递增数字过小，未计）。

第三次普查每千人拥有大学毕业生1人，高中46人，初中176人，小学407人。第二次普查每千人拥有大学毕业生0.3人，高中4.5人，初中32.6人，小学343.8人。第三次与第二次相比每千人拥有大学毕业生增0.7人，增长2.3倍；高中增41.5人，增长9.2倍；初中增143.3人，增长4.4倍；小学增63.2人，增长18.4%。

县城与农村文化程度比较，县城比农村文化程度高。如县城所在地郑口公社，每千人拥有大学毕业生9人，高中87人，初中235人，小学376人。大学比农村多8人，高中多42人，初中多61人，小学少34人。

全国第三次普查12周岁以上识些字和不识字的83220人，占总人口的22.4%。第二次普查为51793人（不含12周岁人数）中占总人口的17.8%。第三次比第一次增4.6%，原因为第二次普查时未将12周岁识些字或不识字人数计算于12周岁以上人数内。

1990年，全国第四次人口普查结果显示，6岁及以上各种文化程度的人口368279人，其中大学本科241人；大学专科898人；中专2847人；高中13340人；初中97169人；小学182361人，文盲、半文盲71423人；男性文化程度高于女性。

2000年，全国第五次人口普查结果显示，6岁及以上各种文化程度的人口有422353人，其中研究生4人；大学本科620人，占0.1%；大学专科2946人，占0.7%；中专5739人，占1.4%；高中21894人，占5.2%；初中197679人，占46.8%；小学158532人，占37.5%；肄业、文盲、半文盲34939人。此次人口普查数据和第四次人口普查结果相比较，高文化程度的人口有较快增长，人口文化素质呈上升趋势。2006年后，农村义务教育普及。2010年全国第六次人口普查显示，6岁及以上各种文化程度的人口有50万人，域内居民文化程度显著提高。

第三节　职业分布与构成

1982年7月，全国第三次人口普查时，故城县未对职业构成资料汇总，仅以1987年年末统计资料分类，全县总劳力169279人。第一产业即从事农业（包括林、牧、副、渔）劳动的117342人，占总劳力的69.3%；第二产业即从事工业、建筑业的32836人，占19.4%；第三产业19101人，占11.3%。第三产业中从事交通运输邮电通信业1650人，商业、饮食、物资仓储业10058人，金融保险业443人，综合技术和生产服务业424人，居民服务业1025人，公共事业13人，房地产业12人，卫生体育社会福利事业805人，教育、文化、广播、电视事业2400人，国家党政机关、社会团体2271人。

1987年以来，故城县户籍管理仍沿袭城乡二元结构，可划分为城镇人口和农业人口。全社会劳动力基本可界定为农民、工人和干部（含知识分子）三个层次。各行各业相对平衡，人员流动相对较少，城镇居民收入高于农村居民，社会阶层划分不是很细。1987年，全县总人口388238人，其中非农业人口21197人。农业人口与非农业人口的比例为94:6，农民、工人与干部的比例为90:27:3，农村居民年均纯收入430元，职工年平均工资1141元。1990年后，市场经济快速发展，劳动职业技能不断增加，城乡居民收入分职业有所差异。至2018年，全县总人口526179人。其中城镇人口达16万多人。随改革的深入和产业结构调整的进行，劳动者的职业更加细化，出现许多新的行业和职业，分化出一些新的社会群体，各行各业的收入差距进一步加大。

第三章　计划生育

明代初期，因故城地“居民鲜少”，故城县衙奉行明廷迁民附籍、奖励垦荒政策，对山西、江西移民户“任其开垦，亩数田数，殊无定额外”，鼓励人口，发展经济。

清代初期，故城县衙奉康熙帝“滋生人丁，永不加赋”诏令，仍鼓励人口，发展经济，至清道光年间（1821—1850年），部分学者始新发表控制人口发展见解，旨在人口发展与经济发展协调同步，实行计划生育。清代历史学家、地理学家汪士铎撰《乙丙日记》中记有“田产聚之则富，分之则贫。一祖二十孙，逐大户而为中人，再传即为贫窭”。为此，其倡导晚婚（“女子二十五而嫁，男子三十而娶”）、避孕（“吃冷药，使勿孕”“广施不生育之方药”）等节育措施。清代学者洪亮吉在《意言·治平·生育》文中亦有类似阐述。然因全国上下内忧外患等原因，未曾推行，故城县亦未实施，中华民国时期更未顾及。

中华人民共和国成立后，随着社会安定，人民生活好转，人口日渐增长。20世纪50年代中期，中共故城县委、县人委始倡导计划生育，60年代试行，然因后期“文化大革命”干扰，计划生育工作陷于停顿，人口失控，盲目发展。70年代后期，计划生育工作逐步纳入正轨。中共十一届三中全会后，全县人民响应中共中央“一对夫妇只生育一个孩子”号召，控制二胎，杜绝三胎，对独生子女及其家庭实行奖励政策。80年代后，计划生育工作继续深入开展。

第一节　计划生育政策

计划生育政策的贯彻执行和计生工作深入开展，使故城县人口增长得以有效控制。1963—1985年，出生率由36.8‰下降到10.56‰。1986年3月，成为全国计划生育先进县。故城县计划生育委员会（简称计生委）被评为全国先进单位。

1982年，县政府制定《关于计划生育有关政策的具体规定》，继续提倡晚婚晚育少生优生，大力提倡一对夫妇只生育一个孩子，对终身只要一个孩子并采取节育措施给予表彰和奖励，干部职工从领取“独生子女光荣证”之月起，至其独生子女14周岁止分别由男女双方所在单位每月发给5元补助；在同等条件下，对独生子女入学、就医、招工等给予优先照顾。1991年，县委、县政府做出《关于加强计划生育工作严格控制人口增长的决定》，把计划生育工作摆到与经济建设同等重要位置，推行“单月普查、双月重点查”制度。1996年，县委、县政府制定《关于开展计划生育“三结合”工作的实施方案》，全面开展计划生育与发展经济相结合、与农民勤劳致富奔小康相结合、与建设文明幸福家庭相结合活动。县直部门及乡镇党委、乡镇政府实施对计生户优先优惠政策，所确定的帮扶村，为计生户提供致富项目、致富信息及资金、物资支持，帮助计生户脱贫致富。2005 年 5 月，《河北省农村部分计划生育家庭奖励扶助制度扩大试点工作方案》公布后，故城县执行有关奖励扶助制度。

2009 年 5 月初开始，全县投资 105 万元，进行了全员人口信息录入工作。县计生局成立全员人口录入工作领导小组，并制定下发《故城县计划生育全员人口信息录入工作实施方案》。全县对社会抚养费征、管、用新机制进行了大刀阔斧的改革。

2012 年，坚持人口计生工作责任目标管理，进一步落实领导干部分片包干工作机制，做到谁包点、谁负责、谁落实。

2013 年，制定了《依法行政责任制度》，依法行政工作在合法、规范、维护群众合法权益、保障人民计生行政执法秩序的轨道上正常运行。

2016 年，全县各类评先评优、晋职晋级活动全部经由计划生育审核，严格落实继续巩固了计划生育的国策地位。要求各乡镇、各部门要充分了解、把握和领会“全面二孩”政策实施后计划生育工作的新内涵和新任务，切实增强抓好计划生育工作的主动性和自觉性，真正把计划生育工作摆上重要议事日程，稳定计划生育队伍，认真解决计划生育工作中的突出问题，为计划生育工作发展提供强有力的人才保障和资金支持。县计划生育领导小组出台了《故城县“全面两孩”政策宣传方案》，对全面推行“二孩政策”实施打下基础，全年共办理第二个子女生育登记卡 3235 本。

2018 年，为全县 385 名农村独生子女落实高考加分政策；全面推行二孩政策实施，共办理二孩登记 7594 例，全面两孩政策在故城县顺利实施。

第二节　宣传教育

20 世纪 80 年代至 90 年代末，采用发放宣传资料、广播电视、进村入户、组织育龄妇女培训等方式进行计划生育宣传。

2009 年，计生宣传投入 30 多万元，在广大乡村开展了“双文明”建设，全面加强村级人口学校建设，全县建成高标准的村级文化大院和婚育文化广场 39 所，将计生宣传的触角延伸至最基层。2012 年，故城县被列为免费孕前优生健康检查项目国家级试点县，为了加强对项目的宣传，共在县电视台做项目相关专题片 6 期，在县城及乡镇所在地搞集中专题宣传 100 余次，发放各类宣传

开展流动人口健康教育均等化基本服务活动

品 10 余万张（件），育龄群众对项目的知晓率达 98% 以上。2016 年，是全面推进二孩政策的第一年，为了使群众更好的理解“二孩政策”，县卫计局通过县电视台开辟了专题栏目讲解“全面两孩”政策，计生系统充分利用各种宣传形式进行造势，通过发放宣传材料、明白纸，做好“全面两孩”政策宣传和现阶段人口政策的讲解工作，并围绕群众关心的证件办理具体手续，进行详细讲解，为他们解惑答疑。

第三节　晚婚　晚育

故城县计划生育工作自 20 世纪 50—60 年代倡导试行时，收效甚微，实行节育晚婚人数极少。致使 1963 年出现生育高峰，是年出生 10864 人，出生率为 36.77‰。

1966—1969 年间，年均出生 8160.8 人，4 年净增 21893 人。1966 年，人均耕地 2.9 亩，1969 年，降到 2.8 亩。

1973 年，广泛开展宣传教育，号召中共党员、团员、干部、民兵自觉遵守“晚、稀、少”优生优育的原则，提倡晚婚，一对夫妇只生两个孩子，生育间隔 4 ～ 5 年。

1977 年，人口失控初步扭转，是年出生率为 14.82‰，增长率为 6.96‰，出生率比 1973 年下降 6.33‰，净增长率下降 4.98‰。

1980年，中共中央在《关于控制我国人口增长问题致全体共产党员、共青团员的公开信》中发出一对夫妇只生育一个孩子的号召，人口增长率继续下降，独生子女率上升。1980年，出生率为12.81‰，净增长率为5.9‰；比1977年分别下降2.01‰、1.06‰，1980年独生子女率为66.99‰。

中共故城县委、县政府根据国务院关于计划生育指示和文件精神，制定补充规定，至1985年，人口出生率较1982年下降6.19‰，净增长率下降15.6‰。

故城县提倡晚婚始于70年代初期，城镇青年男27岁、女25岁，农村青年男25岁、女23岁结婚。由于仅限于提倡，因此晚婚人数较少。

20世纪80—90年代，全县展开优生、优育、优养、优教宣传活动，举办优生优育展览，县乡计划生育部门向青年新婚夫妇赠送《新婚必读》《新婚卫生知识》2000余册。21世纪，婚育年龄普遍增大，2010年，故城县已婚育龄妇女99245人，其中91077人自行采取避孕措施，实行计划生育。2015年10月，中共十八届五中全会决定：坚持计划生育的基本国策，完善人口发展战略，实施一对夫妇生育两个孩子的政策。2016年，二孩政策完全放开。

第四节 计生服务

20世纪80年代，域内实施计划生育政策随之进行计生服务，90年代采用育龄妇女上站检查，发放避孕药具等方式进行计生服务。

21世纪，组织各种计划生育纪念日集中宣传5次，发放宣传品5万余份，倡导优生优育政策。2009年，全县已有108个村室达优质型标准，320个村达到了基本服务型标准。13个乡镇全部建立了“一站式”服务大厅，做到规划布局合理，服务及办公设备齐全，服务环境优美，极大方便了办事群众。2013年，利用县电视台计生专栏，宣传孕前优生检查和生殖健康知识，并印制《致全县待孕夫妇的一封信》《优生科普知识手册》发放到群众手中。2013年，农村已婚育龄妇女生殖健康免费服务85583人，服务率达92%以上，保障了广大育龄群众的身心健康。实现了避孕药具发放服务无缝覆盖。2016年，县技术站重点在提高服务水平上下功夫，录入和随访工作有序开展。自愿参检夫妇逐年增加，截至12月中旬，完成免费检查4549对，达成全年服务目标的190%。全年共检出高危人群328例，并及时给出了诊疗建议。2018年，加大“民心工程”投入，拓展服务项目，成功实现服务升级，已服务49366人，共为2122对待孕夫妻提供免费孕前健康检查，共查出高危人群494人。

第五节 计划生育管理

1964年，县计划生育办公室成立，时有干部职工4人，主任1人。“文化大革命”开始后，机构瘫痪。1972年，复建计划生育办公室，属县卫生局，由1名副局长兼任主任，另有工作人员3人。1977年，计划生育办公室与卫生局分设，升格为局级单位，时设主任1人，副主任3人（无工作人员）。各公社配备计划生育协助员1人。1982年经上级批准，从公社录用16名计划生育协助员，并转为国家正式干部，充实县计划生育办公室。1983年，计划生育办公室改为计划生育委员会，下设办公室、宣传站、药剂站、技术站，时有干部职工42人。是年各公社建计划生育工作站，各有职工2～3人。1995年，计划生育委员会设有办公室、技术站、宣传站、药具管理站，有干部、职工33人。各乡（镇）计划生育工作站有职工3～5人。2011年，全县农村计生专干女性占91%；育龄妇女小组长达866人。2015年8月，计划生育局与卫生局合并为故城县卫生和计划生育局，计生系统内下设办公室、统计股、法规股、财务股、县直工作站、城区工作站、性别比办公室、人口信息中心等8个股室，下辖技术服务站、宣传药具站、流动人口服务站、协会、生殖健康服务站等5个单位，在职人员95人。2016年，全县乡镇级计生工作人员196名，村级计生专干538名。2018年年末，计生系统内行政编制11人，工勤编制1人，事业编36人，自收自支10人，共有在职人员86人。2018年年末，全县乡镇级计生工作人员65名，村级计生专干538名。2019年1月，故城县卫生和计划生育局更名为故城县卫生健康局。

计生协会工作 20世纪80年代末，县计划生育协会成立，主要宣传计划生育政策。成立各级计生协会组织，积极开展计划生育宣传活动。

2009年，县计生协会荣获全省计划生育协会宣传工作县级先进单位，青罕镇南王庄村荣获全省计划生育协会宣传工作村级先进单位。

2011年，开展“建万会创千优”活动，并在郑口镇建立了流动人口计划生育协会组织。并开展“生育关怀聚焦家庭”活动，发放救助资金5万余元；免费对全县育龄妇女进行乳腺等健康保健检查，查出疾病384例，治愈298例。

2012年、2014年分别举办“关爱女孩行动”，惠及116户女孩家庭，发放助学金13万余元。

2014年故城县举行“关爱女孩行动”助学金发放仪式

2013年，共救助计生特困家庭25户，发放救助金5万元；救助计生贫困母亲21名，发放救助金2.1万元；救助贫困女孩19名，发放救助金3.8万元，六一儿童节为220名计生女孩送温暖，投入资金3万元，“金秋助学”45人，发放助学金9万元。至2018年年末，计生协会会员达47810人。

综合治理 围绕计划生育开展实行有关部门联合综合治理。

2011年，经县委常委会研究，责令政府法制办联合计生局制定了《关于深入开展出生人口性别比治理工作的通知》，首先明确了相关部门职责，限定了各医保机构的责任，签订责任状。县计生领导小组与县医院、中医院、妇幼医院签订了治理出生人口性别比责任书，卫生局与下属各公办医疗单位签订责任书，严厉打击了“两非”活动，遏制了性别比偏高势头。

2012年，对村专干、小组长实行“月报、月发、月训”制度，全面提高村级计生队伍的业务素质和工作能力，通过考核考试调整专干37人，小组长95人。是年，故城县人口性别比被列入省重点治理县，为了有效治理性别平衡，相继出台了《关于进一步规范人工终止妊娠申请审批及施术的通知》《故城县集中整治“两非”专项行动实施方案》《关于就出生人口性别比偏高问题实行诫勉约谈问责制度的通知》等一系列文件。

2013年9月，故城县出生人口性别比为113.04，出生人口性别比呈下降趋势。是年实行生育指标管理，计生系统全体干部职工对政策内再生育人员实行了全程全员包保，每月对被包保人跟踪服务一次，且把孕情记录在册。是年，人口性别比已连续五年出色完成省市下达办案及降幅指标，实现了五年五连降。得到了省市领导的普遍认可，并在全省性别比治理工作会议上作了典型发言。

2018年，加强区域协作机制，与周边省、市、县签订了《综合治理出生人口性别比责任书》，建立了“两非”监视互通机制，能够及时掌握周边的“两非”动态。全县出生人口性别比为109，完成了省市下达的降幅目标。

第五编　基础设施

历史上的故城县郑家口曾为大运河上的重要码头，水路运输繁荣兴盛。人流、物流较集中，但陆路交通及其他基础设施相对落后。中华人民共和国成立后，伴随经济建设逐步加强，域内交通、邮政、电信、电力等基础设施不断发展完善。交通建设快速发展，公路总长达1315公里，形成了以高速公路、省道为主干，以“一大环”带“六小环”为骨架，干支衔接，内通外联，高速、省、县、乡、村道路互通贯联的路网新格局。城乡邮路通达域内538个行政村，报纸期刊当日送达，快递业务发展迅速。电信业从人工电报、人工呼叫电话发展到移动通信、互联网，信息传递方便快捷。电力发展形成智能电网，供电能力大幅度提升。

第一章　交　通

清朝末年，故城通往邻县陆路有9条。因当时受经济条件限制，运输物资多以肩挑畜驮为主，运输条件极为落后。

中华人民共和国成立后，伴随经济建设逐步加强，交通事业发展迅速。中共十一届三中全会后，商品经济迅速发展，人民生活不断提高，个体户、专业户运输车辆急剧增加，交通运输业发展迅速。1987年年末，域内公路总长382.6公里，其中：干线公路1条，县级公路4条，均为渣油路面，总长116.8公里。23个乡镇均与县城公路相连。铁路1.64公里。交通条件改善促进交通运输工具发展。20世纪50年代初期，域内仅有8部改装汽车。1988年，各种机动车辆5934部，已由过去主要靠人力、畜力运输逐步为机动车辆代替。

20世纪80年代末，故城县交通运输业进入快速发展阶段，省干线和县级公路不断拓宽改造。2003年后，故城县委、县政府提出“借路兴城”的总体思路，交通设施建设高速发展。是年，全县实施“村村通公路”工程。

2008年年末，共投资5.29亿元用于改善县域交通状况。公路总长1280公里，桥涵多为永久性钢筋混凝土结构筑成。2009年，故城县交通运输业发展较快。2012年，建成长936米的新郑口运河大桥。从此，故城县沥青混凝土路面公路的施工工艺由二灰碎石底基层转变为水稳碎石底基层。省干线公路和县级公路不断拓宽改造。2015年，衡德高速公路故城支线建成通车，开通了1、2、3、4路县城公交车及101路城乡公交车，成为衡水市首个开通公交车的县城。2009—2018年，累计完成公路建设投资32.6亿元，故城县公路总长1315公里。

第一节　古　道

隋代，故城（今故城镇，下同）北至献县，南经清河、馆陶，至大名有一陆路通行。

南宋时，自霸州（今霸县）经青县、沧州、东光、凤县（今景县）、故城、恩州（今清河）至大名有一陆路相通。

清代，从故城通往各邻县有9条陆路：

自故城东北行，经冷饭店（今龙凤店）至德州城；自故城东南行，渡运河经四女寺，至山东平原县城；自故城出南门，渡运河南行，至山东恩县县城；自故城西南行，经刁南庄、郑口、徐庄至山东武城县城（今老城镇）、临清，至大名县城；自故城西南行，经郑口西北行，过前沙岗至枣强县城；自故城西北行，经戴庄、张小麻、田小麻、小庙、朱往驿，至枣强县城；自故城西北行，经小庙，过吴令史至衡水县城；自故城北行，经小马房，至阜城县城；自故城东北行，经张家庄、十里铺、大化村、刘智庙至景州城。

县与县、村与村均有大车道路相通。此外，全县另有诸多实为“辘轳沟”的大车道。

第二节　公路建设

一、省级公路

邢德公路（邢台—德州） 经故城段长44.5公里。1919年，商人段阶平联络南宫县杨家白塔村杨霁皋（曾任河北省财政厅厅长、井陉矿务局局长）等人出资，租用私人土地，在由德州经故城、枣强、冀县至南宫陆路，设立德南长途汽车股份有限公司，由杨霁皋任总经理，于1921年建成并正式通车运营。公路全长130公里，由德州经故城、郑口、大营至南宫。有客车、货车各4辆。中华人民共和国成立后，中国共产党和人民政府对公路建设十分重视，不断整修、加宽、延伸为邢德公路。东起山东德州市，经故城、郑口、大营、南宫、巨鹿、任县至邢台市，成为东接京沪、西连京广铁路的重要公路干线之一。1952年由县农建科负责，发动沿线20几个村1200余人，对邢德公路故城段进行整修，动土6500立方米，将路基加宽5～6米。1955—1963年均组织劳力进行季节性普修，路况有较大改善。1964年，对东沙河一段阻水工程进行重点整修，提高路基80厘米，修片石坡230米，增设1.5米涵洞1座。路况虽有改善，但因路面系土质，仍为晴通雨阻。1966年冬，衡水地区交通局公路处曾拨款3万元，试铺小屯至夏庄段炉渣路面，长45公里，宽6米。1968年，衡水地区交通局投资11.5万元，第一次铺设郑口至石槽渣油路面，4月22日动工，6月底完工，历时72天。铺装后油面公路标准为：路基宽7.5米，路面宽5.5米，长7.8公里。此为故城公路史上首段渣油路面。尔后又将1966年试铺的小屯夏庄段4.5公里炉渣路面翻修成渣油路面。1972年年初，对石槽至小屯段整修，3月22日动工，6月8日完工，历时76天，完成该段油面铺设工程。该路长11公里，路基宽8.5米路面宽6米，渣幅表面外沿厚1.5厘米。并于马厂增设1孔直径1米管涵洞1座。此项工程，衡水地区交通局投资176083元，共用建勤工35690个。1973年，将该线郑口至清凉江段21.2公里铺成渣油路面。

省道邢德公路故城段

中共十一届三中全会后，商品经济不断发展，公路交通运输显示其重要地位。因邢德公路在郑口商业中心穿过，路窄车多，时常堵塞。为此，于1986年春完成邢德公路郑口镇内改线工程（西环线），该段施工标准为二级公路，路基宽12米，路面宽9米，路基两侧各设平台2.5米，公路占地总宽度32米，全长4.73公里。

1989—2007年，共计投资13212万元先后对邢德公路东、西段及县城段进行了道路拓宽改造升级，逐渐由灰土沥青结构层改为水（泥）稳（定）沥青结构层。

2011年，投资3953万元进行中修罩面。2011年9月，投资1689.2万元，对夏庄工业园区段2.65公里进行拓宽改造，路面由原来11.4米拓宽至24米，同期投资1690万元，对营东新区段2.8公里进行拓宽改造，路面由原来11.4米拓宽为30米。2012年，又向营东新区东延1.1公里，路面由原来11.4米拓宽为30米。2014—2015年，实施全线拓宽改造并对线路进行调整，总投资4.1748亿元，先后对东段（南王庄—德州界）15.54公里、西段（清凉江桥—县城段）17.4公里进行拓宽改造，中段利用衡德高速公路故城支线县城连接线11.526公里（从故城县青罕镇南王庄村邢德路口至郑口镇翟杏基村南邢德路口）。

郑昔公路（郑口—昔阳） 原郑枣公路，始自郑口，经杏基、三朗至枣强县城，全长31.2公里，以清凉江为界，故城段14.6公里。原为乡间大车、人行道，交通流量甚微。1969年，故城县组织民工对该线进行义务修建，将原道加宽为3.5～6米的简易公路。1977年，进行较大整修后，路基宽6～8米，边沟各宽1.5米。郑枣线故城段公路地处位置较为复杂，跨穿几处漫洼。1970—1981年，共修建永久性桥梁6座，总长221.6米，半永久性桥梁1座，长31.4米。1986年，铺设为渣油路面。郑枣线开通使邢德线郑口至衡水段运输压力减轻，为故城西半部交通运输和经济发展提供了保障。2001年，县级郑枣公路改称（冀）郑（口）（晋）昔（阳）公路故城段，升级为省级公路。在2000年、2005年、2007年及2008年先后共投资4381万元，完成中修罩面、拓宽、大修工程，并将郑昔路由邢德路口延伸到扬帆大街。2012年9月，投资1200万元对郑昔公路进行中修罩面。2014年下半年，投资1150万元实施了郑昔公路南延伸工程，北起郑昔线大杏基桥向南经大杏基村、齐杏基村，止于原邢德线西延伸段，全长1.15公里。2016年下半年，投资2751万元进行大修改造。2017年年初，公路数据库行政编码由S393升级为G240保台线（河北省保定市—广东省台山市）。

邢清公路（邢台—清河） 自河北省邢台市至河北省邢台市清河县。县境内里程11.244公里，起于建国大桥引线（2018年始建），西入清河县至连庄镇，利用县级路东大公路郑清段南端部分。2012年升级为省级公路，并投资4907万元按二级公路建设标准实施了养护改造。一般路段路基宽12米、路面宽11.4米，建国镇区段路面宽21米，全段为水稳碎石底基层、沥青混凝土路面。2017年年初，公路数据库行政编码由S325升级为G340东子线（山东省东营市东营港—陕西省延安市子长县）。

郑口大桥引线 起于郑口新运河大桥，止于郑口广交路西段原邢德公路，里程7.834公里。始建于2012年，二级公路建设标准。2013年通车。2017年年初，公路数据库行政编码由Slc7升级为G240保台线（河北省保定市—广东省台山市）。

衡德高速公路故城支线机场连接线 从故城县里老乡机场东营门东大公路路口至里老乡梁庄村南，过江江河入景县，全长10.984公里，故城县境内里程4.672公里，二级公路建设标准。于2014年3月开工建设，2015年年末建成通车。

韩庄至故城公路 原县级公路安郑公路北段，自河北省衡水市武邑县韩庄镇至河北省衡水市故城县。故城县境内里程16.261公里，北起景县故城界，南接京杭大街，与平安大道交叉路口。2016年由县级公路升级为省级公路，并投资6615.34万元实施了拓宽改造。2017年完成县城连接线以北段施工，2018年11月完成县城连接线以南至京杭大街段施工。

二、县级公路

郑清公路 自郑口经武官寨、西半屯、建国等乡镇至清河县界，总长34.7公里。郑清公路北接邢德公路，并经过建国镇支线公路，过建国运河大桥（又名武城运河大桥），经山东武城县通往济南。

郑清公路沿“京开大道”而建，历史悠久。清朝末年，因洋务运动影响，京汉、津浦两铁路建成，曾兴盛一时。侵华日军占据郑口后，为扩大侵略，1941年强迫民工改此线至武官寨、西半屯、河西街进入清河县，并重点修建郑口至武官寨段。时为土面公路。1956年，山东武城县人委组织群众对郑清线（今故城域）普修，路基宽6～7米。1964年，区划调整后，对该路在原武城县修建基础上做路况改善工作。1966年初，动工修建兀兰屯、董洪屯、王同庄3座井柱盖板桥，宽6米，总长106.3米。1972年，建刘堂西双曲拱桥，长37.7米，宽6米。1974年，故城县革委会决定对邢德线故城段进行大规模翻修。1975年11月28日动工，12月10日完工，动土40万立方米，用建勤工57690个。全长32.5公里，路基宽9.5米，两侧平台各宽2米，边沟宽各5米，占地宽23.5米。1976年，于该线民主西建砖拱桥1座。时共建各式涵洞、倒虹吸78座。1981—1982年，分期完成该段公路油面铺装工程。1985年经衡水地区行政公署验收，郑清公路故城段评为

"文明路"。20世纪90年代，分期进行路面养护修铺。

2001年，投资640万元对西半屯至清河界南段进行拓宽改建。2004年，对中段（于官屯—郑口镇）进行大修，总投资1280万元，是年10月竣工。

石王公路 北与景县王瞳火车站相接，南与石槽村接邢德公路，东与里德公路成"丁"字形相连，全长23.6公里（故城境内20.1公里，景县境内3.5公里）。

石王公路前身为乡间大车道。1958年，故城县并入吴桥县，吴桥县人民委员会决定对该线进行整修。翌年定线并组织民工修复石槽至里老段，全长15公里，路基宽7米，两侧边沟各宽2米。建木桥1座。1977年，对石王线实施路况整修与拓宽工程，石槽至里老段路基由原宽7米增至8.5米，两侧路肩各宽1米，边沟各宽5米。路面铺装工程于是年9月动工，11月完工，油路宽6米。石王线新建、改建工程共动用建勤工97065个，动土12万立方米，衡水地区交通局投资824800元。

1996年，投资280万元，对北段（寒下—王瞳）9公里公路进行翻修拓宽。2005年，投资1100万元，对南段（辛庄—石槽）12公里公路进行翻修拓宽。2006年，投资1000万元，对北段（寒下—王瞳）进行大修改造。

为连接石王公路和郑清公路，故城县委、县政府借路兴城，在2004年、2005年完成了顺达路西段（交警队—邢德公路）东段（青年街—交警队）和青年街大修工程，总投资1478.5万元。

安郑公路 1997年，投资1100万元，对郑龙公路（郑口—龙华）进行翻修改造，11月竣工，后更名为安郑公路。2003年，投资1576万元，对邢德公路以南段6.2公里进行大修，称京杭大街，按照二级公路建设标准建设。2007年，对安郑公路故城段（后沙岗—景县界）实施大修工程，总投资1610万元，是年9月份竣工通车。

机德公路 机德公路，1953年，建时为土面公路。自里老至山东省德州市界，全长17公里。全线分河北、山东两省管辖，由西向东，故城管辖4公里，景县管辖4.6公里，德州市管辖8.4公里。

1969年，由故城县、景县将该路改造为渣油路面，油面宽3.5米。1980年，又对该路按三级路技术标准翻修，路基由5.5米增至8.5米，油面宽6米，沥青外沿层厚2厘米，并新建涵洞14个。动用建勤工1084个，衡水地区交通局投资11.02万元。

2003年，投资460万元，对机德公路故城段（机场—里老林场）4.2公里进行拓宽翻修，是年9月竣工通车。2018年5—8月，投资752万元，对机德公路进行大修改造，对破损严重路段的路面挖除新铺，其余路段二次罩面。

东大公路 东大公路，河北省沧州市河间市行别营乡东大汉村至河北省邢台市威县固献乡大葛寨村。故城县境内里程52.105公里，南北贯穿故城县中部，北接景县王瞳镇，南至邢清公路，路基宽9.6米，路面宽9米，以郑清公路和石王公路为主体，中间利用原邢德公路、青年街相连接。2012年，投资1800万元，对郑清段进行了中修罩面。2018年3—6月，投资4580万元，对郑清段进行了大修改造，对破损严重路段挖除新建，其余路段二次罩面，沿用原有桥涵。

三、乡村公路

中华人民共和国成立初期，全县乡间除一条土公路自县内通过外，多以古代遗留下来的大车道及村间小路维持交通。

1957年始，对通往县城的要道进行重点整修。对乡村道路，组织群众本着不占耕地或少占耕地原则，在原道路基础上裁弯取直，增高加宽，修成简易公路。是年秋至1959年春，先后建袁庄至小屯、三朗至武官寨、郑口至原隰等21条乡级简易公路，总长259公里，交通大有改善。自此结束"车行辘轳沟，人走羊肠道"历史。

故城县地处平原，少雨多风，乡村道路除少数为红粘土质外多为沙质土。因农机具大量增加，加之历年风吹雨冲，道路破坏严重，给人民带来诸多不便。1974—1975年，先后于军屯、武官寨、庙灵、袁庄公社进行"排、灌、路、林"综合治理试点，后在全县全面展开。1987年，乡级渣油路共有21条，长265.8公里。1988年，故城县乡、村级公路线型已初具雏形。20世纪90年代，掀起建设小康路热潮，21世纪初，故城县通油面路行政村比重约占20%。2003年，全县启动"村村通公路"工程，每公里村道省补助资金

3.5万元，修建油面路39公里，通油面路村增加11个，达125个，占比23%。2004年增至7万元，不足部分由县乡村筹集。是年，修建油面路350公里，通油面路村增加155个，达280个，占比52%。是年，建成了重要乡级路建军线、大外环。建军线，西起军屯镇，东至建国镇接东大公路，长15公里，三级公路建设标准，总投资607万元，是年6月竣工。大外环，南起建国镇位庄，沿县城西部、北部，穿越建国、军屯、西半屯、武官寨、饶阳店、三朗、房庄、辛庄、故城、夏庄10个乡镇106个行政村，长137公里，三级公路建设标准，总投资2260.5万元，该工程被评为交通部优质工程。2005年，修建油面路280公里，通油面路村增加154个，达434个，占80%。新建乡级路大东环、郑三线。大东环，南起建国镇和平村，沿县城东部，穿越建国、西半屯、武官寨、郑口、青罕、辛庄、房庄7个乡镇47个行政村，至景县隆兴乡，长62公里，总投资1120万元，是年7月竣工，该工程被评为河北省优质工程。起于郑口镇原育才中学，经原隰至三朗的郑三线长20公里，三级公路建设标准，总投资990万元，同年竣工。2006年，修建油面路58公里；2007年，修建油面路53.9公里；2008年，修建油面路42.3公里。

2008年年末，全县13个乡镇538个行政村通公路村比重已达95%以上，基本实现了“村村通公路”目标。2009年，乡村公路建设的主要任务为现有公路的翻修改造，2011—2018年，总投资38872.9万元，先后翻修了郑三（朗）线、建（国）军（屯）线、霍庄西段、大西环（饶阳店—西半屯孝兰多段）、大东环（建国—西半屯多段）、大外环青罕多段。完成乡级路运河堤顶路（金宝大道—南王庄路口段）硬化工程。2018年年末，故城县乡级公路全长417.5公里，村级公路全长673.6公里，已全面实现“村村通公路”目标。

四、高速公路

衡德高速公路故城支线（故城县城连接线、机场连接线详见前面省级公路）。项目总投资24.46亿元（其中支线投资21.59亿元，连接线投资2.87亿元，故城县境内共计约16.2亿元）。由河北省交通投资集团公司（河北路桥）以BOT模式承建。支线于2014年3月开工建设，2015年11月26日竣工通车，在青罕镇设郑口收费出入口，2016年8月12日，实现与山东德上高速对接。

衡德高速公路故城支线竣工通车

第三节 桥 涵

中华人民共和国成立前，故城县遗留桥涵甚少，且结构简陋，仅能通行畜力车。值逢汛期，道路冲毁、桥涵破坏，交通中断。

20世纪50年代，伴随公路交通事业发展，公路桥涵随之兴建。80—90年代县级桥梁实现永久化，乡村公路凡通过河渠、洼地，基本实现有河必有桥，有洼必有涵。21世纪，加固、新建、改建省、县公路桥梁多座。2018年，县级以上公路桥梁共有27座，全长894.3米。其中永久性桥梁22座，长767.5米；半永久性桥梁5座，长126.8米。各式过路涵洞258座。

乡级公路桥梁31座，全长982.8米。其中永久性桥梁2座，长88.1米；半永久性桥梁29座，长894.7米，各式过路涵洞261座。

20世纪50年代建成的建国运河大桥

一、郑口运河大桥

河北省总投资109万元，省水利工程局一队承包施工，于1974年4月17日入场动工，1976年5月完工。桥梁结构为井柱钢筋混凝土“T”字梁桥。16孔，孔径32.2米1孔，14.5米2孔，14.1米13孔，桥墩入土25米，桥宽8.5米，净-7米，全长224.5米。

二、邢德公路朱辛庄桥

钢筋混凝土井柱工字梁微弯板组合梁桥。省交通厅投资42.2万元，由衡水地区交通工程一队于1985年4月21日进场施工，是年10月25日竣工。桥长81.54米，桥宽净-7米，6孔，每孔跨度13.59米。

1987年故城县级以上公路桥涵统计表

表5-1

道路名称	桥　　梁　　（米/座）				涵洞（座）
	合　计	永久性	半永久性	大、中桥	
刑德公路	302.2/8	302.2/8	—	204.7/5	78
郑清公路	302.3/9	214.9/6	87.4/3	172.9/4	96
石王公路	28/2	20/1	8/1	—	48
里德公路	40.2/2	40.2/2	—	34.2/1	15
郑枣公路	221.6/6	190.2/5	31.4/1	127.3/2	21

说明：表内“—”为无统计数字

1987年故城县乡级道路桥涵统计表

表5-2

道路名称	桥　　梁（米/座）				涵洞（座）
	合　计	永久性	半永久性	大、中桥	
总　计	982.8/31	88.1/2	894.7/29	331.6/8	261
龙华—郑口	137.9/4	—	137.9/4	—	11
袁庄—小屯	15.5/1	—	15.5/1	—	9
辛庄—故城	23.1/1	—	23.1/1	—	11
武官寨—赵行	17.5/1	—	17.5/1	—	4
郑口—建国	103.2/4	—	103.2/4	51.2/1	29
三朗—武官寨	46.8/1	—	46.8/1	—	18
原隰—青罕	79.6/2	—	79.6/2	51.6/1	22
袁庄—辛庄	53.5/2	—	53.5/2	—	9
里老—三朗	71.3/2	—	71.3/2	71.3/2	14

续表 5-2

道路名称	桥　梁（米 / 座）				涵洞（座）
	合　计	永久性	半永久性	大、中桥	
郑口—原隰	53/1	—	53/1	—	11
小庙—郑口	34/1	—	34/1	—	19
青罕—庙灵	28.3/1	—	28.3/1	—	12
辛庄—三朗	48.4/2	—	48.4/2	—	3
建国—军屯	39/1	39/1	—	39/1	18
军屯—饶阳店	85.6/2	49.1/1	36.5/1	49.1/1	24
夏庄—里老	16.9/1	—	16.9/1	—	3
要庄—建国	—	—	—	—	15
梧茂—小庙	21.3/1	—	21.3/1	—	7
故城—袁庄	—	—	—	—	—
西半屯—瓦子庄	34.4/1	—	34.4/1	—	3
瓦子庄—武官寨	71.3/2	—	71.3/2	—	3

说明：表内“—”为无统计数字

三、郑枣公路尹里桥

少筋工字梁微变板桥，衡水地区交通局投资14.1万元。故城县交通局于1987年6月动工，是年7月竣工。3孔，每孔跨径10米，桥墩入土17.2米，桥宽8米，净-7米全长30米。载重标准为汽-15挂-80。

1989—2008年，县交通局安排对省、县级、乡村重点桥梁进行维修和加固，改建、新建了一些省、县公路的桥梁，投资额较多的年份是2006年、2007年，分别投资300万元，2008年达426万元，方便了交通运输和群众出行。

2013年，投资183万元对青罕桥进行新建、陶户庄桥维修加固。2014—2015年，重建、改造邢德公路沿途桥涵。2016—2017年，重建韩庄至故城公路（原县道安郑线）沿途桥涵。2017年，投资46万元，改造农村公路上师召村危涵。2018年，投资1417万元，改造20座农村公路危桥涵，分别是夏庄西桥、夏庄西南桥、时庙北桥、吴庄桥、武官寨桥、十里铺桥、刘古庄桥、文庄桥、李官屯桥、高小营北桥、北袁庄涵洞、李仙寨涵洞、孙庄涵洞、孙庄西涵洞、南马村涵洞、原隰涵洞（2个）、车田村涵洞、庞田村涵洞、南镇涵洞。

四、建国运河大桥

位于建国镇邢清公路东端京杭大运河上，于2008年开工建设，2009年6月18日竣工通车，由山东省建设并负责日常管护，不在故城县管辖范围内。

五、新郑口运河大桥

位于郑口镇东河村郑口大桥引线东端京杭大运河上，于2009年6月18日开工奠基。该桥总投资4373万元，为衡水市交通局公路处，由衡水市路桥总公司中标承建。2011年完成大桥主体工程，2012年，完成大桥附属设施建设。2013年7月，完成桥面油面铺装。2015年10月，交工验收。2019年1月10日正式通车。

至2018年，全县公路桥梁总计118座，其中：省道桥梁27座、县道桥梁10座、乡道桥梁43座、村道桥梁38座。

故城县省、县级公路主要桥梁状况一览表

表 5-3

线路名称	桥梁名称	跨越河渠	桥　址	上部结构	桥长（米）	跨径组合（孔×米）	桥宽（米）	桥高（米）	荷载等级	修、改建年代
郑口大桥引线	郑口运河大桥	京杭大运河	郑口镇东河村	连续钢构	936	1×60+ 2×45+ 26×30	13	12	公路Ⅰ级	2009 年始建，2012 年建成，2019 年通车
邢德公路	朱辛庄桥	清凉江	饶阳店镇朱辛庄村	空心板	84	4×20	31.8	6	汽车 -20 级	1995 年始建，2011 年大修，2015 年加宽改造
	饶阳店桥	辛堤干渠	饶阳店镇西	现浇实心板	34	3×10	24.5	6	公路Ⅰ级	1998 年改建，2015 年加宽改造
	焦庄桥	水渠	饶阳店镇焦庄村	空心板	36	2×16	25.5	5	公路Ⅰ级	2005 年改建，2015 年加宽改造
	官道河桥	官道河	郑口镇周辛庄村	空心板	52	5×10	25.4	5	公路Ⅰ级	2005 年改建，2015 年加宽改造
	周辛庄桥	水渠	郑口镇周辛庄村	现浇实心板	34	3×10	24.5	5	公路Ⅰ级	2015 年，由涵洞拆除新建
	堤口桥	水渠	郑口镇堤口村	现浇实心板	24	2×10	24	6	汽车 -20 级	1995 年始建，2015 年修护
	后沙岗桥	水渠	郑口镇后沙岗村	现浇实心板	34	3×10	24.5	6	公路Ⅰ级	2015 年始建
	青年干渠桥	青年干渠	郑口镇翟庄村	现浇实心板	85	4×20	24.5	6	公路Ⅰ级	2015 年始建
	周庄桥	水渠	故城镇周庄村	空心板	52	3×16	24.5	6	公路Ⅰ	1995 年始建，2014 年重建
	五户桥	水渠	郑口镇五户村	空心板梁	36	2×20	24	6	汽车 -20 级	1995 年始建
郑昔公路	杏基南桥	黑龙港河	郑口镇杏基村	空心板	43	3×13	13.2	6	汽车 -20 级	2000 年改建，2012 年上部维修
	杏基北桥	温庄干渠	郑口镇杏基村	空心板	43	3×13	13.2	6	汽车 -20 级	2000 年改建，2013 年上部维修
	尹里桥	水渠	三朗镇尹里村	空心板	44	2×20	13	6	汽车 -20 级	1985 年始建，2007 年修护
	三朗桥	清凉江	三朗镇区	空心板	84	8×10	15.5	6	汽车 -20 级	1988 年始建，2007 年修护
邢清公路	王同庄桥（位庄桥）	武北沟渠	建国镇王同庄村	空心板	34	3×10	13	5	公路Ⅰ级	2001 年改建，2011 年重建
	建国镇桥	水渠	建国镇区	空心板	34	3×10	24	5	公路Ⅰ级	2001 年改建，2011 年加宽改造
	姜庄桥	水渠	建国镇姜庄村	空心板	34	3×10	12	5	公路Ⅱ级	2001 年改建，2011 年重建

续表 5-3

线路名称	桥梁名称	跨越河渠	桥　址	上部结构	桥长（米）	跨径组合（孔×米）	桥宽（米）	桥高（米）	荷载等级	修、改建年代
衡德高速公路故城支线机场连接线	二南小桥	水渠	里老乡二南庄村	现浇实心板	34	3×10	12	5	公路Ⅰ级	2015 年始建
	江江河大桥	江江河	里老乡梁庄村西	现浇实心板	105	5×20	12	8	公路Ⅰ级	2015 年始建
	梁庄小桥	水渠	里老乡梁庄村	现浇实心板	14	1×10	12	4	公路Ⅰ级	2015 年始建
韩庄至故城公路	齐梧茂小桥	水渠	房庄乡齐梧茂村	现浇实心板	21	2×10	16.6	5	公路Ⅰ级	1997 年始建，2017 年重建
	房庄桥	黑龙港河	房庄乡区	现浇实心板	64	6×10	13	6	公路Ⅰ级	1997 年始建，2017 年重建
	鹿豕桥	鹿豕湖	房庄乡鹿豕村	现浇实心板	34	3×10	13	5	公路Ⅰ级	1997 年始建，2017 年重建
	贾黄小桥	水渠	郑口镇贾黄村	现浇实心板	21	2×10	16.6	5	公路Ⅰ级	1997 年始建，2017 年重建
东大公路	石王大桥（石槽桥）	青年渠	青罕镇石槽村	空心板	43	4×10	11	5	汽车 -20 级	1977 年始建，2006 年改建
	钢丝绳厂桥	沙河	郑口镇果子口村	T 形梁	22.6	2×10	7	6	汽车 -20 级	1990 年始建
	马庄桥	马庄渠	武官寨镇马庄村	空心板	43	4×10	9	4	汽车 -20 级	1984 年始建，2004 年改建
	许东屯桥	温庄干渠	西半屯镇许董屯村	空心板	54	5×10	7	4	汽车 -20 级	1987 年始建，2004 年改建
	双屯桥	卫千干渠	西半屯镇双屯村	空心板	58	5×10	12.8	7	汽车 -20 级	1993 年始建，2001 年改建
	后屯桥	后屯渠	武官寨镇后屯	空心板	5.5	1×5	7	4.5	汽车 -20 级	2004 年改建
机德公路	代阳桥	清凉江	里老乡代阳村	空心板	34	3×10	11	5.4	汽车 -20 级	1969 年始建，2003 年改建
安郑公路	棉纺厂桥	郑口排水渠	郑口镇马庄村	空心板	24	2×10	20	7	汽车 -20 级	1987 年始建，2003 年改建

第四节　运　输

一、公路运输

2009年，域内公路运输快速发展，运输企业增加。2018年，域内有二级客运站1家、公交企业1家、出租车企业2家、货运企业23家。

客运　郑口汽车站始建于1953年，设于郑口一道街南端大河店。初客运仅为代客车，日客运量二三十人。由德州经故城、郑口至南宫。1954年郑口汽车站与运输站合并，名运输站。站址几经变迁，1958年又迁至今青年路北端，客运量较小，业务系组织货源，管理马车运输。中共十一届三中全会后，伴随城乡经济发展，交通运输量剧增，原有运输机构亦不适应，故将运输站分为运输站（汽车站）和交通运输管理站，运输站成为客运专门机构。1987年，汽车站有职工27人。全县通往各地国营班车及过路车达46辆班次，日客流量1930人次。个体户大、小客运车34辆，大客车5辆，小客车29辆，日开德州往返一次，客流量1320人次。国营和个体班车日客运量为20世纪50年代初期的40余倍。

2009—2018年，客运形式为中长途汽车、公交车、出租车。2018年年末，域内有一家二级客运站——故城汽车站（营运班线27条，客运班车52辆，日发班次91辆，日均运输旅客2270人次），有1家公交企业——衡运公交公司故城分公司（公交车辆97辆），有2家出租车企业——衡运出租车公司、臻源出租车公司（共有出租车170辆）。

2015年5月12日，故城县在衡水市辖县市中率先开通公交客运，此次开通1、2、3、4路城区公交及101路（郑口—衡德工业园）城乡公交线路，共投入公交车44辆（其中电动车30辆、燃油车14辆），101路票价7元/人，1、2、3、4路票价2元/人。2017年4月，开通102路（郑口—建国程村）城乡公交，投入公交车15辆，票价5元/人，是年8月，新增102路电动公交车7辆。是年10月，实行城区公交免费乘坐政策，公交客运量显著增加，降低了群众出行成本，为大气污染治理作出贡献。2018年1月，开通103路（郑口—房庄吕町）城乡公交，改造原城乡客车5辆，新增8辆电动车，票价5元/人。是年4月，开通105路（郑口—军屯）城乡公交，改造原城乡客车5辆，新增2辆电动车，票价5元/人。是年9月，陆续开通106路（郑口—里老）、107路（郑口—三朗张田村）、108路（郑口—建国东外环）城乡公交，票价均为5元/人，在衡水市辖县市中率先实现贫困村全部通客车目标。是年末，故城县共开通1、2、3、4路城区公交4条，101、102、103、105、106、107、108路城乡公交7条，县辖13个乡镇均通公交车，故城县538个村已全面实现城乡公交客运一体化。

城乡公交车队待发

附

故城汽车站

故城汽车站始建于1953年，2011年6月自郑口镇西环路85号迁至平安大道与中华街交叉口东侧，改称河北衡水运输集团有限公司故城汽车站，简称故城汽车站，占地21亩，建筑面积3300平方米。县境内设简易汽车站12所，营运班线27条，客运班车52辆，其中：县际班线16条、班车27辆，市际班线5条、班车7辆，省际班线6条、班车18辆，日发班次91辆，日均运输旅客2270人次。2011年9月，衡水衡运公共交通有限公司故城分公司挂牌成立，与故城汽车站并站使用。

货运　1984年前，国营货运由衡水地区运输公司派车，常驻郑口汽车站承担货运。每年常驻车辆24～30辆，行政及业务均由衡水地区运输公司管理。1984年，衡水地区运输公司将车辆收回。

早于20世纪50年代初期，集体货运已具雏形。1950年，个体运输户自动组织起来自带车辆、牲畜，建“大车行”，有大车 20 辆，日运量 15 吨左右。1956 年，在“大车行”基础上建运输合作社，有大车 102 辆，牲口 242 头，社员 125 人。1972 年，全社进行技术革新活动，利用柴油机改装三轮车和六轮车。1975 年，配备革新柴油机三轮车 7 辆，柴油机六轮车 5 辆，改型汽车 2 辆，年运量增加。至 1987 年集体货运汽车 27 辆。个体运输为中共十一届三中全会以来农村产业结构发生变化后的新型运输业，为缓和县内货运紧张发挥作用。

1980 年，农村实行家庭联产承包责任制后，伴随农村经济形势好转和人民生活提高，部分农民从农业生产中分离出来，自购运输车辆从事运输业。1987 年，域内有个体货运汽车 175 辆，大、中、小型拖拉机 5300 台，年货运量达 190 万吨，为全县货物流通发挥重要作用。

故城县交通局运输公司于 1998 年 6 月宣告破产后货运企业全部改为私营，2018 年年末，故城县有货运企业 23 家，营运货车 2506 辆。

运输工具　20 世纪 60—70 年代，一直用手推车、畜拉车、木质胶轮车，改革开放后，交通运输工具不断更新换代，拖拉机、小型农用汽车基本为农家自用。主要交通运输工具转变为中、大型客车（燃油、电动、天然气）及中、重型货车。

20 世纪 60 年代家庭用手推车

运输服务　21 世纪，故城县运输服务行业空前繁荣，故城县交通运输局运输管理站不断加强行业管理，规范企业经营。2018 年，故城县有驾驶员培训企业 12 家、汽车维修企业 9 家。

二、水路运输

京杭大运河流经县境东侧，故城利用运河运输始自明永乐年间（1403—1424 年）。清代，运河舳舻穿梭，帆桅林立，成为南运北调，商旅往返重要交通路线。清光绪《故城县志》载，距县治故城 12.5 公里的郑口镇，因濒临运河，成为“南北水路要冲”，此地“居民稠密，贾肆繁多”，并谓之“南埠商舻”故城八景一。清康熙帝、乾隆帝曾多次自运河经由故城巡视江南。乾隆帝路经故城“南巡”时，作有“卫水西来，卫挟浊漳”诗句。中华民国时期，工业品从天津水运至郑口，农产品从郑口水运至天津。水上船只，日夜繁忙，运河仍为重要交通运输线。时郑口镇吴氏、金氏船只运输业务居故城之首。天津、德州、临清船只穿梭往来。据统计，郑口码头每天停靠四五十艘汽船、木船。

1949 年后由德州航运局派员郑口，建航运管理站，未久又于故城镇建航运办事处，属郑口航运管理站辖。上述航运组织为商船组织货源，商定航线。郑口、故城、河西街（原武城县城西部今建国镇治址）各建一装卸码头，将煤炭、土纸、布匹、竹器、丝绸、茶叶、药材等运往境内，故城农产品等运往外地。各进出境货物装卸均由搬运工会承担。20 世纪 50 年代全县所有船只公私合营，由故城县供销合作社统一调度。汽船（惯称小货轮）、机帆船替代人拉木船。货轮汽笛声起，纤夫号子即息。1966 年始，因运河几近断流，1974 年断流长达 206 天，至此航运中断，水运随之停止。

三、铁路运输

皮婆屯货站位于故城县里老乡皮婆屯村西。由景县王瞳火车站接轨直至皮婆屯货站止，为故城县铁路运输的专用线。货站是由衡水铁路工务段负责设计、制图、测量，由故城县施工。1980 年 5 月动工，1983 年 9 月竣工，全长 1.64 公里。故城县自筹资金 62 万元，运进物资系钢材、木材、水泥、砂石、煤炭、化肥、烟酒、百货等生产、生活资料。运出物资系粮食、棉花等。年所需运进生产、生活资料几十万吨。随着个体运输业的快速发展，皮婆屯货站自 20 纪末，效益下行亏损，逐渐破产，已被中储粮故城直属粮库收购使用。

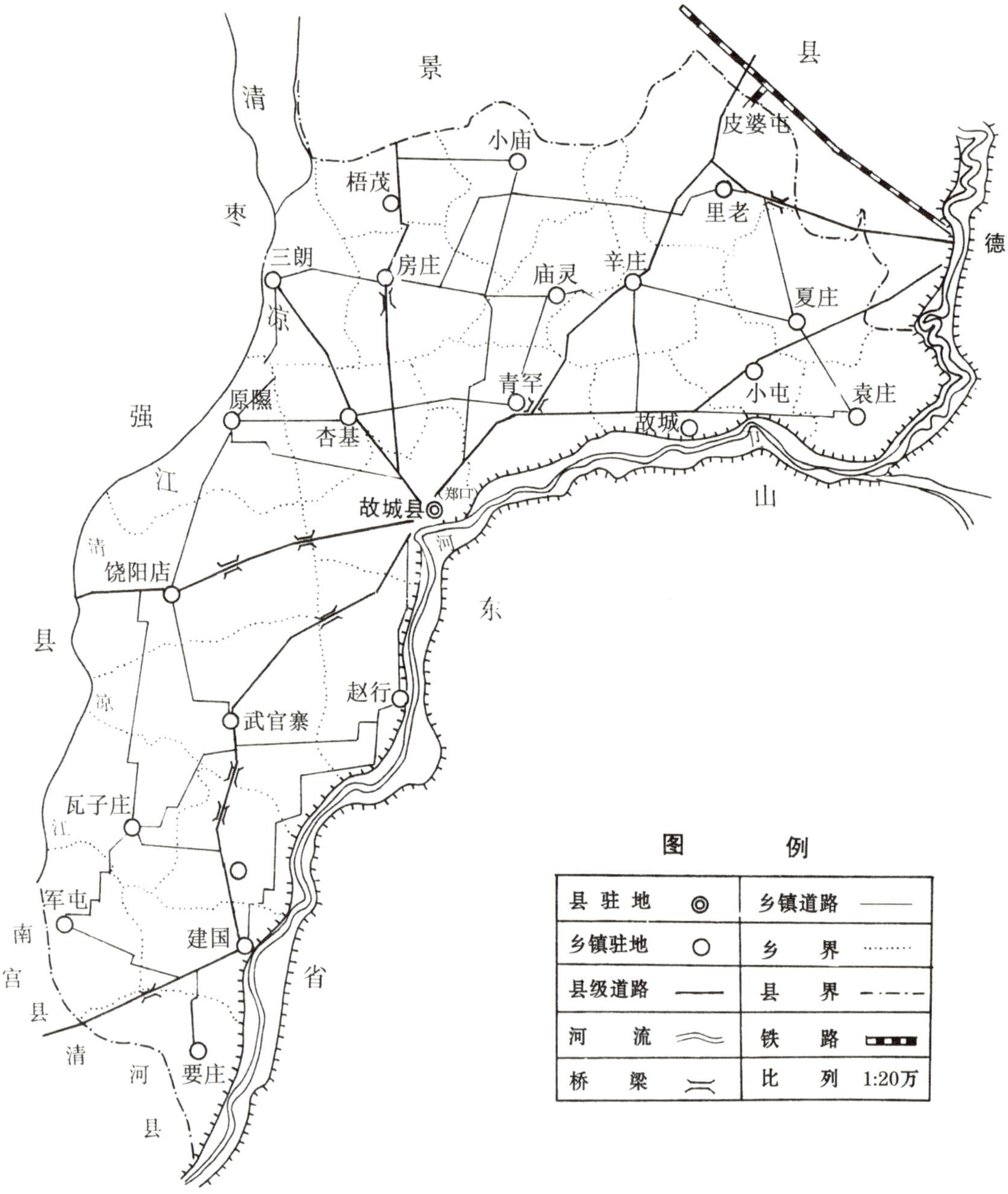

图 5-1　1987 年故城县公路、铁路示意图

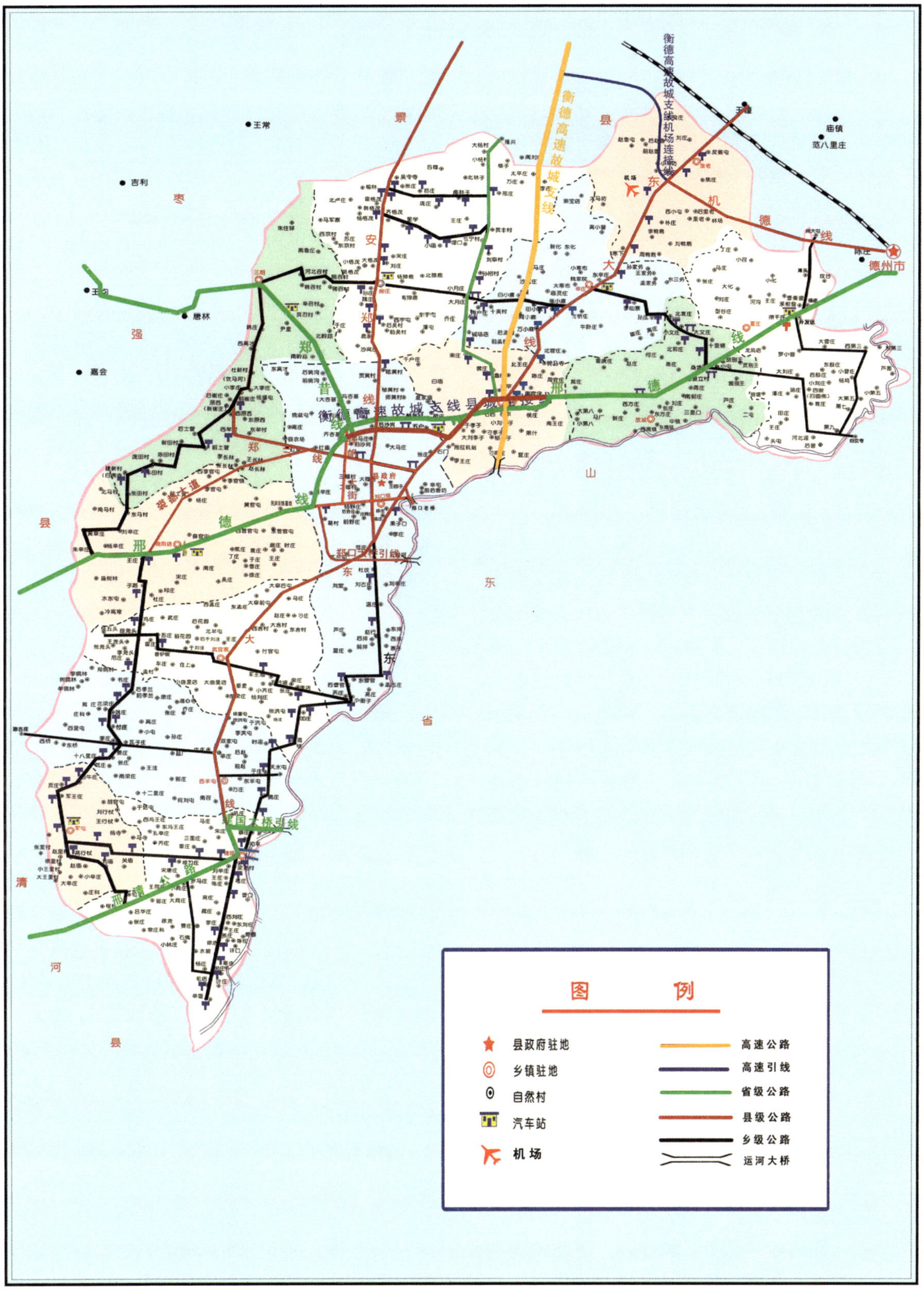

图 5-2　　2018 年故城县交通布局示意图

第五节　公路管理

一、管理机构

中华人民共和国成立后，县人委建设科管理公路交通。1952年，农业科与建设科合并称农建科，主管农业、水利、交通。1955年5月，分设交通科专管公路交通。1958年，故城县并入吴桥县，故城交通科遂并入吴桥县交通科。1961年5月，故城县分置，建交通运输局。1963年，交通运输局改为交通科，同时建养路工区、公路站，属衡水地区交通运输局辖。1965年，交通科复易名交通运输局。是年11月，养路工区、公路站、运输站与县交通局合并。1979年，分设公路站、征费站、监理站。1987年，县交通局内设办公室、公路站、养路费稽征站、运输管理站、交通监理站、运输站、运输公司和搬运站。

20世纪50年代，监理业务属公路管理站。1962年，汽车运输增加，监理业务除处理交通事故外，增加检查车辆违章和对司机进行交通安全宣传等内容。1979年，扩大业务范围，对大小拖拉机颁发牌照，驾驶员考核，核发执照，征收机动车辆养路费，路检路查等。后伴随机动车辆增加，交通监理业务随之完善和加强，1981年，监理人员增至12人。1985年，交通监理站分有路检队、业务组、处理事故组、宣传教育组。交通监理站配有照相机、雷达测速仪、无线电台、监理车等设备。1987年，全县发照机动车辆共5934部，其中客车161辆（个体57辆）、货车446辆（个体175辆）、特种车27辆、大型拖拉机227辆、小型拖拉机5073辆。交通监理站对各种车辆驾驶员进行定期考核，安全教育，核发驾驶证和行车牌照，处理交通事故，维护交通秩序，组织安全检查。

1987—1990年，故城县交通局下设路政、运管站、征费站、汽车站、办公室5个内部机构。路政又下设郑口、青罕、杏基3个道班，承担着邢德公路、郑清公路、石王公路、郑枣公路及机德公路的养护与路政管理任务。1991年，路政改为公路站。1992年，经县政府批准，交通局成立机材站。1994年，取消机材站，交通局成立工程公司，是年，成立征费稽查队。1995年年末，成立邢德公路故城收费站。1997年，工程公司改称工程队。1998年，成立检测站。

2002年，进行公路养护体制改革，取消原有道班，辞退养护代表工，成立养护中心，下设养护队。小修队由专业内部正式工组成，承担着公路小修挖补、绿化等任务。是年，成立质监站，工程队改称路桥工程处。2012年12月，故城县交通局更名为故城县交通运输局。机关内设股室3个：人秘股、规划法规股、项目管理股。下属事业单位7个：公路管理站、地方道路管理站、路政管理站、运输管理站、公路工程质量监督站、路桥工程处、交通战备办公室。按照2017年11月《故城县人民政府关于同意设立“故城县晟通公路工程有限公司”的批复》规定，故城县交通运输局出资设立故城县晟通公路工程有限公司（企业类型为国有独资公司，公司注册资金1200万元人民币）。故城县交通运输局承担县域内省、县级公路的养护与路政管理工作，负责指导乡镇、村落实好乡、村级公路的养护与路政管理工作。

二、公路养护

1952—1958年，根据国务院关于改进民工建勤工养护公路和修建地方道路的指示精神，先后由农建科、交通科负责组织沿路各村群众养路。1959年，公路建设发展较快，交通运输量增长，迫切需要专人养护公路，遂邢德公路组建道班，对公路进行经常性养护修补。道班人员由所在生产队记工分，每人每月另补助2元工具费。1961年，于石槽建养路工区，养路工1人，负责邢德公路故城段养护。1962年，中共中央发出精简职工支援农业生产号召，将道班大部职工精简下放农业生产第一线，邢德公路故城段养路工剩留4人。1963年，从故城县五一铁厂抽调职工25人，对养路工区进行充实。邢德公路故城段分别于石槽、故城、夏庄、郑口建道班。每道班有养路工3～4名长期工任班长，另有一批群养工（即群众养路工），每人养护1公里。养路工区属衡水地区公路处。县交通局设公路站，负责地区道路养护。杏基、辛庄、建国等地公路道班属公路站。1965年11月，养路工区与县交通局合并时，县交通局根据衡水地区交通局关于建立亦工亦农群众代表工养路的通知精神，于邢德公路夏庄、故城、石槽、郑口、饶阳店，郑清公路建国、武官寨，石王公路辛庄组织群众养路代表工。一名长期工任班长，食宿在家，每天修路。由县交通局每人月补2元工具费，所在生产队记工分。1968—1975年，国家投资先后建石槽、故城、夏庄、郑口、饶阳店道班房，实行集体食宿。自此，由分散代表工变为集体食宿代表工。养路工待遇，每月工具费增至15元，仍由所在生产队记工分。该养护组织形式谓之“道群共养”。1979年，改为工资制，基本工资每月31元，另发工具费、医药费各1元。1983年，基本工资增至43元，副食补贴2.5元。1985年始，养路工待遇改为按工龄计算工资制。

1987年故城县公路道班分布统计表

表5-4

路　线	道班名称	养路里程（公里）	人　数（人）	备　　注
邢德线	饶阳店	12.8	13	
	郑　口	10.4	10	
	石　槽	7.0	7	
	故　城	8.0	8	
	夏　庄	6.7	7	
郑清线	兀兰屯	14.0	14	
	建　国	16.2	16	
	—	3.0	3	郑口道班兼管
石王线	辛　庄	7.0	7	
	里　老	9.1	9	
	—	4.0	4	石槽道班兼管
里德线	—	4.0	4	里老道班兼管
郑枣线	响　沟	14.6	15	
总　计	—	116.8	117	

说明：表内“—”为无内容

故城县交通运输局地方道路管理站设有地方道路养护中心，承担县级公路的养护工作，每年对公路进行专业养护。2001年，郑口—龙华16.5公里，升为县级路。列养省、县道路里程由115.5公里增至132公里。2016年5月起，将9段省、县级公路的保洁养护管理推向市场。具体9个路段：邢德公路东段、邢德公路中段、邢德公路西段、郑口大桥引线、东大公路郑口至建国段、东大公路石槽至机场五岔口段、机德公路和东大公路北段（景县界至石王线景县界）、原邢德线青罕段、衮都大道。2018年，列养省、县、乡、村道达1173.11公里，其中列养省道98.7公里，县道75.91公里，乡道343.12公里，村道655.38公里。是年10月，河北省交通运输厅、河北省财政厅联合为故城县颁发“四好农村路省示范县”牌匾。故城县干线公路优良路率已达94%。

三、养路征费

2009年1月1日始，取消车辆养路费、运管费、客货附加费征收。县交通局征费站，也随之撤销。是年4月30日始，邢德公路故城收费站停止收取车辆通行费并撤销。2015年11月26日，在青罕镇设衡德高速公路故城支线收费出入口一处。

附

邢德路故城收费站

河北省邢德线故城收费站，坐落于故城县城北3公里（邢德线161+020）处，担负着邢德线故城段（45公里）公路车辆通行费的征收任务。收费站建站收费文件为河北省人民政府办公厅《关于同意磁峰公路收取车辆通行费的复函》（冀政办函〔1995〕53号）。收费用于偿还贷款本息、公路养护、收费设施的购置及管理，主管部门为河北省交通厅。收费站成立来一直为故城县业主责任制，1996年，收费完成443.9万元，是年9月25日，省交通厅取消了县业主负责制，收归省投资项目。收费站属事业性收费单位，收费年限随着该线路等级提升，2004年起由设站初定的8年改为30年。2005年，被市委、市政府评为“文明单位”，被省交通厅评为“先进单位”。2008年，增至1926万元。2009年，按照上级规定，该收费站撤销。

四、公路绿化

常规公路绿化补植伴随公路养护开展，在公路大修后及时栽植两侧花木，保持绿树成荫，花草成型，打造一路一景的公路绿化景观。2011年，投资1208.87万元，完成邢德公路衡德及营东工业园区段绿化工程。2012年，完成裘都大道全段绿化栽植，是年投资757.67万元，完成邢德公路清凉江景观改造。2016年，投资1800余万元，完成高速公路县城连接线10.68公里高标准绿化；投资1200万元，完成邢德公路西段绿化及饶阳店过街段提升改造；完成郑口大桥引线7.8公里路肩绿化、邢清公路建国镇程村段500米绿化、东大公路兀兰屯段2公里绿化。

五、路政管理

1983年，建道班清障领导小组，重点解决邢德线、郑清线影响交通较大的摊贩和违章建筑。是年拆除棚栏12处，临建房屋48间。每年麦收期间，公安、交通密切配合，抽调干警和监理人员上路巡回检查，保证车辆行驶安全畅通。

1984—1985年，故城县无路政管理专业队伍。1995年，交通局成立两个路政管理中队，执法人员12人，配备交通工具、通信设备，负责维护路产路权不受损害。随着经济的发展，沿街村农民自发地将新居迁向公路沿线，侵占路产路权，损坏公路设施等违法案件呈多发趋势，加之车辆猛增，交通事故急剧上升，交通局加大路政管理力度，严肃查处侵占路产路权和破坏公路设施的违法行为。1987—2008年，累计查处各类路政违法案件232起，挽回经济损失1223万元。

2010年5月，故城县交通运输局路政管理站成立，负责省、县级公路的路政管理，成立以来，不断加大路政管理力度，严肃查处侵占路产路权和破坏公路设施的违法行为，同时，清除路阻路障，提高服务质量，确保公路畅通。2014年7月8日，故城县青罕公路超限检测站挂牌运行，占地98亩，建设总投资860余万元，隶属于路政管理站。

2016年9月，按照交通运输部、公安部文件规定，故城县实行路警联合治超，交警部门负责巡查、处罚，交通路政部门负责称重卸载。2017年，处理路赔案件26起，查处超限车辆172辆，卸载货物10900吨，罚没69.3万元。2018年，处理路赔案件21起，查处超限车辆322辆，卸载货物15258吨，罚没34万元。处理路赔案件和罚没资金以及卸载重量都呈增长趋势。

第二章　邮　政

清代，县城（今故城镇）设甘陵驿，下设4铺。1918年前故城县国民政府于郑口设三等邮政局。1923年3月前下设有代办所。

1939年，县抗日民主政府建交通站，下属4区各设交通点。早期邮政通信多限于政府、军队内部之间相互联络及书信传递。1945年，中共故城县委接收日伪政府郑口邮政局，时下设邮政机构7处。1949年，全县各区相继建服务网点。1952年，于人口密集村镇建邮政支局或邮政所，实现乡村通邮。电信事业随着中华人民共和国成立迅速发展，通信设备渐增并更新，通信能力加强。1978年11月，县城电话由磁石摇把改为自动拨号。

邮电通信事业发展为振兴故城经济发挥作用，亦促进文化事业繁荣。1985年，订阅《农民日报》实现百人一份，人均居全国第三位。1987年年末，全县已建报刊发行站593个，报刊零售专业户9户。

邮电通信场地不断扩建。1973年，县邮电局由郑口一道街迁至三道街，生产场地700平方米。1985年，迁至青年路建邮电大楼（帝君庙村西侧），生产场地2076平方米。业务量迅速增长同生产场地不足矛盾缓解。1987年，全县邮电系统有157名干部职工和30余名乡营人员。固定资产162万元，邮电业务收入、业务量和通信总量居衡水地区各县之首，通信能力、通信设备居全省县级邮电企业中上水平。

第一节 邮 路

中华民国期间，因兵燹匪患，故城邮政时常受阻，发展缓慢，业务多为政府、军队之间往来。

干线邮路 1924年，德县（今德州市）至南宫公路站与汽车公司订立合约，运送邮件。由德县邮发途经故城、郑口、饶阳店、大营镇、恩察、卷镇（以上三地属枣强）、田村镇至南宫（时名德南汽车路），为汽车逐日班。1935年1月31日，德南汽车路因故停驶，汽车逐日班改为自行车逐日班。第一位邮差骑自行车上午7时从德县出发，行17.5公里，8时30分至故城，又行15公里，10时15分至郑口，又行25公里至大营镇休息。第二名邮差骑自行车12时从南宫出发，下午4时30分至大营镇休息。同时第三位邮差骑自行车上午6时30分从大营镇起行，于8时30分至郑口，又行15公里，10时至故城，又行17.5公里，11时45分至德县。第四位邮差骑自行车下午1时从大营出发，5时30分至南宫。第一段德县至大营镇邮路归德县、大营镇局管辖，用差各1人。第二段大营镇至南宫邮路归大营镇、南宫镇管辖，用差各1人。邮差每日轮流对行，在大营局接班休息。上午5时，邮差由德县接津浦305次车起程。

1936年8月25日，原汽车邮路恢复。

1937年，郑口至临清辟有步班邮路，全程66.5公里。是年6月12日，为提高临清至郑口邮路速度，全路步邮班改为自行车隔日班。主要交换两地之间文件、信函等。此邮路至1946年停止。

1935年故城邮差起止时间一览表

表5-5

沿途经过局名	里程（公里）	时间	方式	第一天	第二天	第三天	第四天
去（返）程由德县起行	—	上午7时	骑车	甲	丁	丙	乙
到故城	17.5	8时30分时	骑车	甲	丁	丙	乙
到郑口	15.0	10时15分	骑车	甲	丁	丙	乙
到大营	25.0	12时30分	骑车	甲	丁	丙	乙
由大营起行	—	下午1时	骑车	乙	甲	丁	丙
到恩察	10.0	下午2时	骑车	乙	甲	丁	丙
到卷镇	12.5	3时15分	骑车	乙	甲	丁	丙
到田村镇	10.0	4时15分	骑车	乙	甲	丁	丙
到南宫	12.5	5时30分	骑车	乙	甲	丁	丙

续表 5-5

沿途经过局名	里　程（公里）	时　间	方　式	第一天	第二天	第三天	第四天
由南宫起行	—	上午 12 时	骑车	丙	乙	甲	丁
到田村镇	12.5	1 时 15 分	骑车	丙	乙	甲	丁
到卷镇	10.0	2 时 15 分	骑车	丙	乙	甲	丁
到恩察	12.5	3 时 30 分	骑车	丙	乙	甲	丁
到大营	10.0	4 时 30 分	骑车	丁	丙	乙	甲
由大营起行	—	6 时 30 分	骑车	丁	丙	乙	甲
到郑口	25.0	8 时 30 分	骑车	丁	丙	乙	甲
到故城	15.0	上午 10 时	骑车	丁	丙	乙	甲
到德县	17.5	11 时 45 分	骑车	丁	丙	乙	甲

说明：1. 此表根据天津档案馆 1935 年邮电 931 卷整理

2. 表内“—”为无统计数字

1946 年，设郑口至景县龙华邮路一条，全程 37.5 公里，为自行车班，当日往返。主要交换县与专署间文件、报刊、信函等，1954 年停止。

1948 年 6 月，郑口经故城至德县邮路改为副线自行车班，单程长 37.5 公里。原德州南汽车路到郑口后不再向南宫延伸。

1952 年，郑口至德州自行车邮路又改为汽车邮路，邮件由公共汽车托运，邮政局人员以马车到汽车站接发。

1972 年 6 月，故城县邮政局增添 581 型邮运汽车 1 辆，郑口至德州委办邮路改为自办汽车邮路，全程往返 66 公里，直线行驶，逐日班，途经青罕、故城支局、所。每天下午 4 时由郑口出发，4 时 15 分至青罕所，4 时 20 分由青罕所出发，4 时 40 分至故城（今故城镇下同）支局，4 时 50 分由故城出发，5 时 20 分至德州局，夜于德州局休息。第二天早 5 时 30 分接收邮件，由德州起程，6 时至故城支局，6 时 10 分由故城支局出发，6 时 30 分至青罕所，6 时 35 分由青罕所出发，6 时 50 分至县局郑口。1976 年 2 月青罕邮件由三轮摩托车载运，不再由汽车交换。至 1987 年。郑口至德州双程 77 公里。

支线邮路　支线邮路始于 1948 年 10 月，以乡邮代支线，乡邮员负责本邮路邮件交换。1952 年，设空军机场邮政支局后，机场辛庄邮件由机场汽车每日赴王瞳接发。1952 年，县局开辟郑口经房庄、三朗、原隰至郑口环形自行车支线一条，逐日班，全程 47 公里。1953 年建里老支局后，里老邮件亦由此接发。至 1954 年 7 月改由随同机场汽车每日赴德州接发，双程 30 公里。时机场、辛庄、里老三支局邮件均为直封。邮件接回后，由机场接发人员将邮件送往辛庄、里老，双程 10 公里。自行车逐日班，直线形。1972 年 9 月，改由二轮摩托车载运（包括轻重件）。1974 年 3 月，因业务量增加，改由三轮摩托车载运。1975 年 6 月，饶阳店支局划归此支线。至此，此支线由郑口出发经房庄、三朗、原隰、饶阳店返回郑口，环形邮路，三轮摩托车逐日班，全程 71 公里。至 1976 年 2 月，机场邮件不再由德州经转，改由县局以三轮摩托车载运。沿途局、所有青罕、辛庄、机场、里老，直线形，双程 52 公里。

1965 年 1 月，山东武城县属饶阳店支局划归故城邮电局后，其邮路一直为当地交通部门或公共汽车负责托运轻、重件，双程 25 公里，逐日班。是年，山东武城县属建国、武官寨支局和军屯、瓦子庄邮电所划归故城县邮局后，其四分支机构轻、重件均由汽车托运，武官寨邮件在武官寨汽车站接发，全程 30 公里，直线形逐日班。建国接发人员负责瓦子庄、军屯邮电所邮件交换，环形自行车邮路，逐日班，双程 26 公里。

1972 年 9 月，县邮电局增添 250 型二轮摩托车 1 辆，建国、武官寨支局重件仍由汽车托运，两支局轻件和军屯、瓦子庄两所轻、重件由三轮摩托车载运。

1974 年，赵行邮电所设立后，赵行轻重件亦由此支线二轮摩托车载运交换。1975 年 6 月，归自办三轮摩托车邮路。另，1976 年 3 月 10 日，为加速《衡水日报》传递速度，故城县局及所属各支局（里老仍由德州发）的《衡水日报》，由衡水至大营邮车运至大营支局，再由故城县局三轮摩托车赴大营取回，是年 12 月底止。

1977 年 2 月，赵行、武官寨、建国、瓦子庄、军屯邮路均自办。建国、武官寨两支局邮件由汽车载运交换，新开一条由郑口经赵行、瓦子庄、军屯至郑口的环形三轮摩托车邮路，逐日班，双程 70 公里。

乡邮投递线路　1935 年，故城县邮区设邮差 12 人，有邮站 76 个。邮差身背邮包，徒步跋涉于各邮站之间，5 日一趟。1936 年，河北邮区对入不敷出村镇邮路进行改组，故城邮路未变，仅由 5 日一趟班改为 4 日一趟班。

1939 年，故城县抗日民主政府设立交通站，下配 4 个区交通员，负责公文、报刊、传单等免费传递。1941 年侵华日军回师华北，环境恶化，为使密令迅速传达，机要信件一律用带鸡毛信号的速件，时称鸡毛信。接到鸡毛信后，交通员昼夜兼程，舍生忘死，穿越敌伪封锁线，一夜步行多达 60 公里。故城多送二地委夏津信件。

1948 年 6 月 20 日，按照冀南区行署主任王任重对全区各邮政局的乡邮建设工作下达的通令，组织农村半劳动力与剩余劳动力担负乡邮工作，在区公所驻地或附近村镇设立邮政代办所，在集镇或交通要道设立信柜，以利群众送信和业务发展。同月，郑口设邮政代办所。

1952 年，投递邮件由徒步改为自行车，隔日班。有乡邮员 6 人，1 人兼办汇兑业务。1957 年，有乡邮投递员 11 人，乡邮投递线路 11 条，双程 341.5 公里，自行车周六班（每星期出班 6 次）。

1963 年，对全县投递村庄和投递水平进行摸底，取消不必要投递点，加快投递速度。整顿前乡邮递线路 13 条，村庄 175 个，投递点 266 个，其中投递到生产队 125 个、学校 134 个、供销点 5 个、私人及其他 2 个。整顿后乡邮投递线路 15 条，隔日班。减少生产队投递点数，增加学校投递点数，其中投递到生产队 107 个、学校 141 个、供销点 4 个、私人及其他 2 个，共计 254 个投递点。各投递点均建信报站。时投递到户信报站 215 个，2 日的 35 个，3 日的 4 个。

1963 年故城县整顿后乡邮投递一览表

表 5-6

顺序号	路线名称	里程（公里）	班期	投递村庄数（个）	出班时间	归局时间	邮件投递深度			
							报纸直投村数	平信直投村数	信报站数	给据邮件直投率
一至二线	郑口—东高才	93	2	41	07:00	15:20	40	—	—	100%
三至四线	郑口—南王庄	88	2	49	07:00	15:30	39	—	—	100%
五至六线	故城—坟台	112	2	38	08:00	17:00	36	—	—	100%
七线	故城—二屯	30	2	19	08:00	16:00	17	—	—	100%
八至九线	辛庄—大化	86	2	36	07:00	15:00	36	—	—	100%
十至十一线	辛庄—青罕	98	2	37	07:00	15:10	36	—	—	100%
十二至十三线	房庄—朱往驿	107	2	45	07:30	17:00	42	—	—	100%

续表 5-6

顺序号	路线名称	里程（公里）	班期	投递村庄数（个）	出班时间	归局时间	邮件投递深度			
							报纸直投村数	平信直投村数	信报站数	给据邮件直投率
十四线	原隰—张田村	20	20	13	07:30	12:00	7	—	—	100%
十五线	其　他	—	—	12	—	—	—	12	12	—

说明：1. 乡邮线路整顿前 13 条 630 公里，整顿后 15 条 630 公里

2. 投递深度：给据邮件整顿前直投率达 98%，整顿后直投率达 100%

3. 逐日投递到公社：整顿前到 14 个公社，整顿后 15 个公社

4. 表内“—”为无统计数字

1977 年故城县乡邮投递一览表

表 5-7

起止地点	交通工具	线路形状	班　期	单线全程（公里）
郑口—齐庄—郑口	轻骑	环形	1	72
郑口—东曾官屯—郑口	轻骑	环形	1	71
郑口—朱往驿—郑口	轻骑	环形	1	70
郑口—翟杏基—郑口	轻骑	环形	1	73
郑口—后沙岗—郑口	轻骑	环形	1	73
郑口—小杨村—郑口	轻骑	环形	1	70
郑口—十美村—郑口	轻骑	环形	1	70
郑口—南官庄—郑口	轻骑	环形	1	71
故城—新赵庄—故城	轻骑	环形	1	73
故城—东陈庄—故城	轻骑	环形	1	74
故城—东张庄—故城	轻骑	环形	1	72
武官寨—言村—武官寨	轻骑	环形	1	70
武官寨—王家庄—武官寨	轻骑	环形	1	70
建国—宋唐庄—建国	轻骑	环形	1	74
建国—南宋庄—建国	轻骑	环形	1	71
建国—河西马庄—建国	自行车	环形	1	29

说明：起止地点中间经过诸多村庄，表中仅列一主要村庄

1965 年 1 月，山东武城县属河西街、武官寨、饶阳店支局和军屯、瓦子庄邮电所划归故城县辖，乡邮投递线路划来 9 条、215 个村。

1970 年，全县乡邮投递线路由隔日班改为逐日班。1972 年年末，全县乡邮投递线路实现摩托化投递。因劳动强度减轻，投递速度加快，全县乡邮投递线路遂调整，由 24 条调为 13 条，总里程为 989 公里。邮电局增添轻骑摩托车 15 辆，乡邮全部实现摩托车投递，平均每车跑行 76 公里，逐日班。1977 年，全县乡邮投递线路由 13 条调整为 16 条，一条为自行车线。

1982 年 12 月，为方便车辆管理，压缩费用开支，支局乡邮投递由摩托车改为自行车。县局 7 条乡邮线路调整为 6 条，仍为轻骑摩托车线。1986 年 5 月，县局 6 条乡邮线路调整为 5 条，由轻骑摩托车改为黄河 250 型摩托车。1987 年，全县有汽车邮路 2 条、三轮摩托车邮路 3 条、二轮摩托车邮路 5 条、自行车投递邮路 14 条、市投邮线路 6 条、机要邮路 1 条，邮路共达 1623 公里。

1987 年故城县乡邮投递一览表

表 5-8

线　别	起止地点	形状	全程长度（公里）	投递点	出局时间	回局时间	班期	交通工具
郑口一线	郑口—齐庄—郑口	环形	95	40	08:30	16:03	1	黄河 250 型摩托车
郑口二线	郑口—冷高常—郑口	环形	92	34	08:30	16:30	1	黄河 250 型摩托车
郑口三线	郑口—庞庄—郑口	环形	93	36	08:30	16:30	1	黄河 250 型摩托车
郑口四线	郑口—朱往驿—郑口	环形	96	35	08:30	16:30	1	黄河 250 型摩托车
郑口五线	郑口—吕疃—郑口	环形	93	37	08:30	16:30	1	黄河 250 型摩托车
建国一线	郑口—辛堤—建国	环形	55	28	09:00	15:00	1	自行车
建国二线	建国—刘行杖—建国	环形	58	29	09:00	15:00	1	自行车
建国三线	建国—南张庄—建国	环形	54	21	09:00	15:00	1	自行车
武官寨一线	武官寨—前赵庄—武官寨	环形	54	24	08:30	14:00	1	自行车
武官寨二线	武官寨—后屯—武官寨	环形	58	28	08:30	14:00	1	自行车
武官寨三线	武官寨—西桥村—武官寨	环形	56	22	08:30	14:00	1	自行车
辛庄一线	辛庄—大杨树—辛庄	环形	57	23	08:30	14:00	1	自行车
辛庄二线	辛庄　北官庄—辛庄	环形	53	21	08:30	14:00	1	自行车
故城一线	故城—东第三—故城	环形	52	26	07:30	13:00	1	自行车
故城二线	故城—坟台—故城	环形	53	23	07:30	13:00	1	自行车
故城三线	故城—丁庄—故城	环形	53	26	07:30	13:00	1	自行车
里　老	里老—林场—里老	环形	51	29	09:00	15:00	1	自行车

1987—1998 年，故城县邮电局出口邮件由省际干线汽车邮路，郑口—故城—德州经转，全程 77 公里，下午 3 时自郑口出发，夜宿德州邮政转运中心，次日凌晨 5:30 出发，返城路线为德州—故城镇—郑口运回进口邮件。1998 年 3 月 31 日，郑口至德州干线撤销，开通衡水至郑口汽车支线邮路，全程 60 公里。分上午、下午两个频次。1999 年，衡水至郑口邮区支线邮路更改为一频次，经饶阳店支局到郑口全程长度 164 公里，经三朗—郑口—饶阳店支局。2014 年，经三朗—郑口—饶阳店支局—郑口—衡水。2018 年 10 月，增加至二频次，经衡水—郑口—衡水。

1987—1998 年，全县有东风牌正三轮摩托车支线 3 条，总长度 226 公里。第一条由郑口出发经武官寨、建国、军屯、瓦子庄至郑口直环混合形邮路，全程 90 公里；第二条由郑口出发经故城、辛庄、机场、里老至郑口混合形邮路，全程 71 公里；第三条邮路由郑口出发经房庄、三朗、原隰、饶阳店至郑口环形邮路，全程 65 公里。另外赵行、青罕乡邮员代转。2001 年，全县支线合并为邮运汽车邮线 2 条，第一条支线不变，第二条改为由郑口出发经故城、辛庄、机场、房庄至郑口环形邮路。2009 年 12 月，撤销邮运支线两条，改为委代办，线路不变。

全县乡邮车队整装待发

1987—1994 年，乡邮线路 13 条，市投线路 4 条。乡邮系黄河 250 型二轮摩托车，市投为永久牌标定自行车，1995 年，乡邮投递交通工具由黄河 250 型改为幸福 250 型摩托车。1998 年，有市投线路 6 条，乡邮 13 条，乡邮交通工具由幸福 250 型改为金城 AX100 型摩托车，市投不变。2008 年，乡邮线路增至 17 条，市投线路增至 10 条，投递工具仍为专用自行车、摩托车。

2012 年，市投线路减至 9 条，投递工具为邮政专用电动自行车。2015 年，乡邮投递工具全市统一改为宗申牌汽油三轮摩托。2016 年，市投交通工具改为电动三轮车。2017 年，全县共有 29 条投递道段，7 条乡邮投递线路投递工具更换五菱汽车。2018 年，共有投递道段 30 条，新增市内大户段汽车投递线路一条。

第二节　邮政业务

据中华民国交通部邮政总局《邮政局所汇编》载，1936 年故城县邮政局隶属河北省邮务管理局，编划故城为三等乙局，郑口为三等甲局。故城邮区和郑口邮区下设 5 个代办所，三等乙局开办业务系明信片、新闻纸、盲人用贴字、信件、印刷品、包裹、国内汇兑、电报汇兑、代收货价（开发、兑付汇票及代收货价之数以 200 元为限），国内保价包裹（以 500 元为限）。三等甲局开办业务系信件、明信片、新闻纸、盲人用贴字、印刷品、包裹、国内汇兑、电报汇兑、代收货价（开发、兑付及代收货价数额以 800 元为限）、国内保价包裹（以 500 元为限）。代办所开办业务系信件、印刷品、包裹及小额汇兑。

1946 年 5 月 1 日，奉冀南区邮务管理局令，开始出售邮票。自即日起，全区始由行政命令无代价邮寄制度，改为企业性质出售邮票制度。由机关性交通改为群众性邮政。是年 9 月提高邮政资费。1948 年 2 月 5 日，郑口开办丙种信柜业务。

1950 年 6 月，县邮政局接办《人民日报》等报征订发行工作。1951 年年末，机要信件由中共故城县委改为邮电局办理。1953 年，接办全国各地杂志收订发行工作。是年邮政业务服务种类系信函、包裹、汇兑、发行、机要，形成现代化邮政业务雏形。

1980 年 7 月 1 日，开办存局候领邮件，汇款业务和代收货价业务。1981 年，开办邮政回执业务，各类国内给据邮件（或交汇汇款）均可使用回执业务。1985 年 9 月 1 日，为适应商品经济发展，缓和邮袋供应紧张状况，开办用户专用袋业务。1986 年 7 月 1 日，调整邮件分类范围，缩小印刷品和民用包裹收寄范围，增加商品包裹业务种类。商品包裹资费在民用包裹资费基础上加收50%。为广泛吸引社会闲散资金，同时开办邮政储蓄业务。

函件、包裹 1987年，故城县初办函件业务，分为信函、明信片、印刷品和盲人读物四种。其中：信函又分为平常信函、挂号信函，收寄规格、大小、长短、轻重以及资费多少均由国家统一制订，用户可根据不同需要交寄平信或普通挂号函件，本埠、国内、国际函件。1992年，开通用户自办传真信函业务。1994年，始办特快专递。1999—2016年，经国务院批准，对国内邮政资费共进行了13次调整，信函本埠为0.80元、外埠为1.20元、明信片为0.80元。通过转型创新发展，函件业务已经形成互联网媒体、线下媒体、封片、商函、账单五大类重点业务。

故城县邮政业务中，包裹业务以商品包裹为主。包裹分为普通包裹、保价包裹、商品包裹和快件包裹等业务。1998年4月，出口邮件直封衡水，是年，封发组设3个分拣台，其中：给据邮件1台、平函1台、包裹1台。

邮政储蓄、汇兑 1986年4月，恢复开办邮政储蓄业务后，故城局仅办理活期、定期和有奖储蓄三种。1995年有储蓄网点7处（县局、房庄、辛庄、故城、建国、饶阳店、武官寨），1997年7月19日，武官寨网点撤销，城北设邮邮政储蓄网点。2002年1月15日，开办电子汇兑，含普通汇兑、电报汇兑和快件汇票。

报刊发行 报刊发行分为订阅和零售两种，报刊、杂志均实行定期预订和"一据一报"的收订办法。1995年，故城县有农村信报站495个，至1998年8月，全县共有报刊零售点2处。2014年，开始实行微信订阅及线下订阅。

特快专递 1994年4月，故城县开办特快专递业务，县局营业厅设立专门营业窗口，专人收寄，购置投递专用微型面包车辆，形成单独生产机构，1997年并入城北支局。2000年1月1日始，中速国际快件（TNT）业务正式开办。2008年下半年，速递物流实行专业化改革，2009年2月26日，衡石快速邮路开通，是年3月实现省内互换邮件"次日递"。

机要通信 1995年，局机要室设一名机要员，投递段一条，日投一次，投递工具为邮政标志自行车，实行"机普合押"。1997年4月1日，由德州经转改为衡水经转机要邮件。2012年，投递工具为电动自行车。2017年，投递工具更新为邮政专用汽车。

集邮 1990年前，纪念邮票、特种邮票与普通邮票同窗口发行之后，正式开办集邮业务，邮政大厅单设集邮品窗口，翌年开始发放集邮证。2008年持证人1400余名，2018年持证人数为993名。

渠道平台 县邮政局物流分销配送业务始于2004年。共建成"三农服务站""精品店""加盟店"238处，经营复合肥、种子、农药和生活用品四大类产品达80余种。县邮政局发挥"百年邮政"的良好信誉和邮递网络优势。2008年，共销售白酒3万件、复合肥60吨、农药50箱及部分日用品，业务拓展到全市9个县（市）局，及秦皇岛、保定、邢台等地区，为河北省邮政业开创了一套服务"三农"的成功模式。

第三节 邮政设备

1945年，故城县抗日民主政府接收日伪县政府邮局时，邮政设施极为简陋，仅有破旧桌椅和简易邮政用品。1946年，有接发邮件用自行车2辆，手提秤7杆。

1952年，有马车1辆，骡子1匹，自行车10辆。1953年，有自行车16辆，手提秤13杆，中型台秤2台，保险柜1台。

1972年，添设581型邮运汽车1辆，实现干线邮路自办邮运。是年6月，增二轮摩托车1辆，12月增轻骑摩托车15辆，实现摩托化投递。同时县局和各支局均配备扇面秤和保险柜。1974年增三轮摩托车1辆。1975年、1977年分别增添130型邮运汽车1辆。1976年增添东风牌三轮摩托车1辆。

1986年2月，更新跃进牌134型汽车1辆，是年5月增添250型二轮摩托车6辆。1987年，县局及各支局、所均配有扇面秤、磅秤、信秤、保险柜、铁皮柜。邮运汽车2辆，三轮摩托车3辆，二轮摩托车7辆。邮政生产场地（包括支局、所）达1700平方米。

1987年5月，配置黄河250型摩托车6辆；是年7月，配置“新跃进134”型邮运汽车1辆。1994年，县局、支局、所统一配置扇面秤、磅秤、保险柜、铁皮柜。1995年，配置长安牌微型汽车1辆，1996年，新增中创586微机7台，联想486型微机2台，冒林486型微机2台，1997年，新增邮电业务多媒体机1台，昌河牌微型汽车1辆，联想MS—DOS型微机4台，1998年新增586型汇源微机3台，松下KX—F818CM型传真机1台。2000年3月，配置“依维柯”运钞车1辆。2001年10月，配置“佳宝”牌特快专递车1辆。2003年5月，配置“圣路”牌运钞车1辆。2004年，配置针式打印机2台，激光打印机1台，微型电子计算机5台。2008年，配置微型电子计算机2台，终端机2台，激光打印机、行式打印机各1台。2018年，配置运钞车2辆，速递物流专业汽车2辆，投递用车11辆（其中7辆为租用），其他生产用车7辆，ATM自动柜员机6台，其中CRS存取款一体机3台，多功能排队机3台，手持智能终端32台（投递用），计算机18台，终端机50台，邮政信筒信箱14个。

第四节　邮政机构

邮电局　清雍正五年（1727年），故城设驿站一处，名甘陵驿（今故城镇内）属次冲级马递，县北15公里至景州界，南与东南皆接山东境。驿站兼有传递文书接待过往官吏职能。设4铺，即总铺、高庄铺、十里铺、小化铺，共有铺司兵10人。总铺17.5公里至高庄铺，5公里至十里铺，10公里至小化铺，又23.5公里至山东德州新建铺。铺兵每岁支银6两，共银60两。时设铺兵4人，额支银24两，额存递马10匹，马夫5人。递旧设马38匹，草料银112两。后因与县驿工料等银改充兵饷，剩银750两。节次裁减存留、实支工料银168两3钱1分4厘4毫1丝9忽9微有奇。遇闰加增小建扣解在故城县地粮内银存留支给。据《直隶邮务管理局管理辖局名》载，1918年3月1日，郑口设三等邮政局，隶属直隶邮务局。1923年3月21日，故城县设有故城（二等局）、三朗（代办所、故城邮区）郑口（二等局）3邮政局所。1936年，故城县隶属河北省邮政管理局，编划为三等乙局，郑口为三等甲局。故城邮区下设房庄、三朗2个代办所，郑口邮局下设原隰、青罕、窦堡店3个代办所。故城邮局设在双峰街（今故城镇南北街）北端，面积224平方米。郑口邮局原址二道街（时商业大楼对过），后迁址于银子市（板桥胡同北端），面积204平方米。

1937年8月17日，侵华日军占领保定后，故城、郑口邮局无法与河北管理局保持联系，暂由山东省管理局接管。随战事转机，是年12月1日始，两局调归（河北区）管辖。

1939年，故城县抗日民主政府建交通站，全县各区设交通员，负责公文、报刊、传单的免费传递，不收寄私人信件。1945年，故城县抗日民主政府由乡村移驻郑口，时仍名交通站。故城镇内日伪邮局人员于是年6月27日随同日伪县政府逃亡，抗日民主政府遂于故城镇设邮局。郑口邮局由原银子市迁至一道街南首曹宅（时县人武部斜对过南湾坑西侧），郑口邮局8人，故城邮局4人。

1946年8月，冀南军区夏津分区侦通连电话排，奉命以夏津军分区为中心架通故城县政府驻地郑口电话线路（单线），同时安装一台日式15门磁石人工小交换机。设话务员1人，未久调一名老战士任故城电话班长。至此，夏津军分区侦通连电话排驻故城电话组诞生，设于今郑口大礼堂北侧。1948年8月，晋察冀边区和晋冀鲁豫边区合并，华北邮政总局建立，故城邮政局属之。是年，夏津军分区司令部南下，将电话排改组为夏津专署电讯局，隶属夏津专署。故城县电话组改为电话站，设站长1人，电话员3人。站址设于一道街（时县财政局楼南侧），隶属县政府。是年10月，华北邮政总局调整为北京、天津、山区、平原4个邮区，故城隶属天津邮区，按沧州专区规定办理业务。

1953年，故城县邮政局除郑口、故城设局外，并于三朗、原隰、青罕各设一所。是年9月，辛庄、房庄各设一所。未久，故城县邮政局、电信局合并为故城县邮电局。郑口（县局）设有邮政、话务、机线3个班组。下设故城、辛庄、房庄3个邮电支局和三朗、原隰、青罕3个邮电所。邮电局设局长、副局长各1人，全局职工15人。1958年，故城县邮电局随县并入吴桥县邮电局（时称郑口支局），1961年，随故城县析置复设。1965年6月，山东武城县邮电局的3个支局与军屯、瓦子庄2个邮电所并入故城县邮电局。时县局设营业、分拣、封发、机线、话务、报务5个班组，下设建国、武官寨、饶阳店、辛庄、故城、房庄6个支局和机场、里老、青罕、三朗、原隰、瓦子庄、军屯7个所。1969年12月1日，故城县邮电局分设为邮政局和电信局，下属支局、所同时分设。电信局35人，临时领导小组设3人，隶属县人武部。局内机线组6人，话务组7人，报务组3人，营业组2人，行管人员5人。下设建国、武官寨、饶阳店、辛庄、故城、房庄6个支局，各支局设话务员2人。邮政局47人，临时领导小组5人。1973年9月，邮政局、电信局复并为故城县邮电局。共116人，其中干部9人，固定工99人，临时工8人。县局内75人，支局34人，所7人。县局设有营业、邮运、发行投递、电报、话务、机线6个班组，下设建国、武官寨、饶阳店、房庄、辛庄、故城、机场7个支局，瓦子庄、军屯、赵行、三朗、原隰、青罕、里老7个所。

1984年9月，建县农村电话技术管理站，设站长、会计、统计各1人，管理全县农村电话工作。在体制上独立经营自负盈亏，隶属县邮电局。1985年，农村电话技术管理站撤。是年8月，县局业务分为投递、营业封发、报话、机线4个班组。1987年年末，县邮电局全员158人，其中局长1人、副局长2人、工会主席1人。设行政、业务、电信3个办公室和计财室、后勤组，生产机构设投递、营业封发、报话、机线4个组和建国、武官寨、饶阳店、故城、辛庄、房庄、里老7个支局，军屯、瓦子庄、赵行、青罕、三朗、原隰、机场7个所。

1995年，设城北邮政分局，1996年，设邮政储汇股、邮政特快速递公司，行政管理人员9人。1998年8月28日，邮电分营成立故城县邮政局，隶属衡水市邮政局。共有干部职工149人。设局长、副局长各1名。行政机构设有综合办公室、邮政经营服务部、计划财务部，其中行管人员11人。分支机构有：建国、武官寨、饶阳店、故城、辛庄、房庄计6个邮政支局，军屯、瓦子庄2个邮政所，赵行、三朗、原隰、机场4个邮政代办所。平均服务半径6.8平方公里，服务人口44.5万人。

2008年7月22日，中国邮政储蓄银行故城县支行挂牌成立，与故城邮政分业经营。划归网点（青年路储蓄班、建国邮政储蓄专柜），划归邮行储蓄金融业务（事后监督、汇检、业务督查、凭证管理）26名干部员工划归邮储银行。故城县邮政局领导职数未变，共计干部职工123人，机构设置有：综合办公室、邮政经营服务部。2015年，故城县邮政局更名为中国邮政集团公司河北省故城县分公司（以下简称故城县邮政分公司）。故城县分公司有干部职工123人，人员全部划转。下辖8个支局、所，6个班组，2个职能部室（综合办公室、市场营销部），7个专业部（金融业务部、发投部、电子商务部、集邮业务部、函件广告部、物流分销部、包裹中心）。2017年6月29日，衡水市分公司对市、县邮政企业内部经营组织架构进行了调整。设置：1个综合职能部门（综合办公室），1个市场营销部门（市场营销部），机要室作为生产机构，挂靠市场营销部；经营支撑部门：设置金融业务中心、集邮与文化传媒中心、包裹快递中心、渠道平台中心，挂靠市场营销部。2018年9月29日，成立故城县邮政分公司寄递事业部，县邮政分公司总经理兼任县寄递事业部总经理，原县分公司发投部、快递包裹中心、邮件处理中心划归县寄递事业部。2018年年末，干部职工119人，设总经理1人、副总经理1人、高级项目经理1人，内设机构和下设机构未变。

邮政支局（所） 城北邮政分局：建于1995年，位于县城北郑口镇张庄村，距县邮电局2公里处。占地1260平方米。是年末，有职工46人，

故城县邮政分公司挂牌

1998年，增至98人。设有市内投递线路6条，投递点532个，计102公里；乡邮投递线路4条，投递点169个，计380公里，班期均为逐日班。邮电服务范围除县城所辖村庄外，还包括青罕及三朗、饶阳店的部分村庄。主要设备有邮运汽车4辆、营业微机9台、邮储微机2台。是年9月，故城县邮政局正式迁址城北邮电分局挂牌办公，城北分局撤销。保留现业营业厅，易名青年路支局。2008年7月，邮政储蓄银行成立，邮政储蓄归邮储银行，邮政保留邮政营业，继续沿用青年路支局。2018年9月，县寄递事业部成立，青年路支局为寄递事业部营业厅。

康宁路邮政支局：1998年8月28日，邮电分营后成立。2008年7月，因邮储银行的成立，康宁路邮政支局分成中国邮政储蓄银行股份有限公司故城县康宁路营业所和故城县邮政分公司康宁路邮政支局。2018年，康宁路营业所共有职工9人，康宁路邮政支局共有职工3人。

建国支局：始建于1956年，有职工5人。1964年，随行政区划调整由武城县邮电局划归故城县邮电局，辖军屯所。1998年8月28日，邮电分营易名建国邮政支局，服务64个行政村，设有支局长1人、营业员2人、乡邮投递员3人。2008年7月，建国邮政储蓄划归故城县邮储银行。邮政业务仍归故城县邮政局。2018年，共有职工6人，主营邮政业务、邮政增值业务、邮政附属业务及国家邮政局批准开办的其他业务。乡邮投递线路3条。

武官寨支局：始建于1954年。1965年，随行政区划调整由武城县邮电局划归故城县邮电局，辖瓦子庄所。2018年，易名武官寨邮政支局，设支局长1人、营业员1人、乡邮员2人。主营邮政业务、邮政增值业务、邮政附属业务及国家邮政局批准开办的其他业务。2018年，共有职工4人，乡邮投递线路2条。

房庄支局：始建于1936年，所辖村庄62个。1998年8月，易名房庄邮政支局。主营：邮政储蓄业务、邮政业务、邮政增值业务、邮政附属业务及国家邮政局批准开办的其他业务。2018年，设支局长1人、储蓄营业员4人、邮政营业员1人、乡邮2人，乡邮投递线路2条。

故城支局：始建于1914年。1998年，易名故城邮政支局。主营邮政储蓄业务、邮政业务、邮政增值业务、邮政附属业务及国家邮政局批准开办的其他业务。2018年，设支局长1人、邮政储蓄营业员4人、邮政营业员1人、乡邮员3人，乡邮投递线路3条。

辛庄支局：始建于1953年。1998年，易名辛庄邮政支局。主营邮政储蓄业务、邮政业务、邮政增值业务、邮政附属业务及国家邮政局批准开办的其他业务。2018年12月，设支局长1人、储蓄营业员4人、邮政营业员1人、乡邮员2人，乡邮投递线路2条。

饶阳店支局：始建于1954年。1964年，随行政区划调整，由武城县邮电局划归故城县邮电局。1998年8月，易名饶阳店邮政支局。主营邮政储蓄业务、邮政业务、邮政增值业务、邮政附属业务及国家邮政局批准开办的其他业务。2018年，设支局长1人、储蓄营业员4人、邮政营业员1人、乡邮员1人，乡邮投递线路1条。

军屯邮政所：始建于1956年。1998年，易名军屯邮政所，根据大支局管理模式隶属于建国支局管理。主营邮政业务、邮政增值业务、邮政附属业务及国家邮政局批准开办的其他业务。设营业员1人、乡邮员1人，乡邮投递线路1条。

瓦子庄邮政所：始建于1956年。1998年，易名瓦子庄邮政所，根据大支局管理模式隶属于武官寨支局管理。主营邮政业务、邮政增值业务、邮政附属业务及国家邮政局批准开办的其他业务。设有营业员1人、乡邮员1人，乡邮投递线路1条。

机场邮电所：始建于1952年，挂牌为一支局。1998年8月28日，易名机场邮政所。2004年1月1日，机场邮政所改为委代办邮政所。2008年，机场委代办所负责机场邮件、报刊代投工作。

委办邮电所：1997年12月，原隰邮电所、赵行邮电所、三朗邮电所同时改为委办。1998年10月，里老支局改为委代办。2000年，原隰所、赵行所、里老所撤销。

第五节　快递业务

21世纪，互联网发展快速，电子商务发展迅速，人们采买购物不再局限于传统商场，日渐趋向网上购买各类用品，从而催生快递业务的迅速发展。故城申通快递服务有限公司于2010年1月正式注册成立，最高日派发快递邮件4000余件；日常收件300件左右，派送3500件左右。农产品电子商务的兴起，再次带动快递业务向偏远乡村的发展，全县538个村庄，均可收发快递。

2018年年末，域内在公安机关作为特种行业备案的快递、物流公司有32家。在快递行业中被称作“四通一达”的申通、圆通、中通、汇通、韵达在域内均有注册公司或者分支机构。

第三章 电 信

1930年，域内电话仅限于政府及所辖重要行政区镇。1946年8月，故城县政府邮局电话组建，开办电话业务。1949年，开通电报业务。1952年，县城建市话网。1978年，改为自动拨号电话。1991年，电话号码由4位升级为5位。1992年6月，故城县开办无线寻呼业务，通信方式进入移动时代。1995年，移动通信业务由原县邮电局经营管理。1998年8月，邮电体制改革，实行邮、电分营，设故城县电信局。1998年10月—1999年8月归属县电信局。1999年7月7日，中国移动通信集团河北有限公司故城分公司正式成立。2001年6月，开展互联网业务，2004年11月，更名为中国网通（集团）有限公司故城县分公司。

第一节 固定电话

县城电话 1946年8月，故城县政府邮局电话组建立后，县城装有1台日式15门磁石人工小交换机，共装电话8部，其中党、政、军机关5部，企业单位3部。由总机到用户线路均由包皮线连接，通话质量较差。1949年，县城电话用户13户。有电话组长1人，机线练习生1人，司机生（话务员）2人。始为免费，后话机渐增，为节省费用，始每户收2万元（旧币，下同），后因物价影响，增至3万元。

1952年8月，县城改建市话网，街道线均为明线，市话容量30门。至1953年11月，实占容量29门。1955年、1956年实占谷量依次达43门和49门。1957年年末，县城电话杆路长2.026公里，明线线条长12.918公里，电杆47根，市话交换机容量100门，实占68门。当年业务收入2971元。1961年，县城架设0.52皮长公里电缆，交换机增容到200门，实占115门。业务收入4236元。1963年，县城电话用户达112户，业务收入6268.3元。1964年，交换机增容至300门，实占143门，杆路总长11.35公里，电线杆198根。1974年，县城电话实占167门，是年架设市话电缆3.545皮长公里。杆路长4.037公里，架空明线线条长11.767公里，电缆芯线长117.044公里。1978年11月15日，县城磁石摇把改为自动拨号电话，增容更新为JZHO-2型纵横制交换机，实现电话自动化。该交换机设计容量450门，省局拨款10万元，地区局拨款3万元，县局自筹11万元，共用资金24万元。同时，房庄、辛庄、武官寨、建国、饶阳店、故城各开一条自动拨号线路。1978年年末，实装用户230门，经测试平均接通率为60%～65%。杆路长13.76公里，明线线条长43公里，电缆长6.7皮长公里。伴随经济发展，县城电话用户急剧增加，1978—1987年，电话用户增加248户。时实装电话已超过设计标准，造成通话时串音、断音、杂音，电信业务亟待改进（1988年已改进）。1987年年末，实装用户已达338户。1991年12月，故城县电话号码4位升5位（扩容1000门）。1993年10月，电话号码由5位升6位，6000门天津日电产NEAX61型数字程控交换机正式使用。出现程控新功能服务项目，主要有缩位拨号、热线服务、呼叫等待、转移呼叫、遇忙回叫、三方通话、闹钟提示、呼出限制、免打扰、追查恶意呼叫、无应答转移、会议电话等。此后，电话业务的服务项目日渐丰富。1995年6月，市话NEC程控交换机，增容4000门，总容量达10000门。市话配线架增至12000回线。1996年1月市话NEC程控交换机增容10000门，总容量达20000门。主要经办普通电话、电话副机及附件、无绳电话、用户交换机、集团电话、分机、中继线、专线、临时电话、公用电话、用户终端及附属设备、租杆挂线。

1995年6月25日，衡水市成立当地电话网，全市10县的电话号码，均由6位升为7位，全市统一分配号码，使用统一的一个长途区号“0318”。是年，因国家进行电信资费调整，取消农村电话计费档次，县内电话统属市内电话，至衡水市及所属各县内的电话为当地网电话，衡水辖区以外的电话属长途电话。全县范围内的通话均为市话。1998年，电信业务引入微机设备管理，实行微机受理用户缴费业务。

2005年，中国网通故城县分公司所属固定电话，按通话区域划分，可拨打当地电话，国内、外长途电话，拨打小灵通和移动电话。固定电话的新功能主要有转移呼叫、呼叫等待、缩位拨号、热线服务、来电显示、三方通话、遇忙回叫等，开展的新业务有电话悦铃、语音拨号、一号通、“116169”电话听网业务、家音热线业务、亲情连线业务、企业直线业务，“800”业务（被叫集中付费）、“600”业务（虚拟交换专用网）、“300”业务（密码记账式呼叫卡）、“200”业务（密码汇账或长途电话直拨）等。2008年年末，全县市内电话总装机容量（含全县91处交换模块局）为106200门，实占90376门，电话普及率为22.6%，（按2008年年末故城县总人口为47万人计算）。

因移动电话的日益发展普及，固定电话用户除机关单位外，家用固定电话装机减少。至2018年年末，联通故城分公司有固定电话40092户。

长途电话 1930年，故城县国民政府长途电话自县城（今故城镇）可通至省城保定，仅限于政府所辖重要单位通信。各主要乡镇电话已架设。

1946年，人民政府架通故城至衡水长途电话线路，路由衡水经枣强、王均至郑口（1965后此线路按农村电话统计）。1949年，架通郑口至武城线路，长25公里。1953年始，县城长途电话营业处办理长途电话业务。

1961年，有省内二级电路1条（衡水至郑口），磁石式长途交换机1部，100门。1965年，长途线路由衡水经王瞳至郑口。

1973年6月4日，县局安装一台ZP201-2型三路载波电话终端机，通信能力提高。1974年11月21日，衡水地区邮电局新架由衡水经枣强至郑口长途电话，原线路王瞳至故城段由故城留用，解决故城县在王瞳火车站长途中转多、业务量大、声音小等问题。1975年，郑口至衡水长途电话实线2条，载波2条。1976年，开通郑口至景县长途线路1条，路由郑口经王瞳至景县。1979年，在衡水至故城长途线路上，枣强至故城段增开ZF-201型载波机1台，枣强、故城两县之间直接联系。是年郑口至衡水载波电路3条，实线2条。

1983年9月21日，开通郑口至衡水ZM305型十二路载波机1台，增加长途线路2条，同时撤ZP201-2型三路载波电话终端机。1984年2月，开通郑口至衡水DD14半自动去话电路2条，实现郑口至衡水去话半自动拨号，长话去话速度加快。1987年7月15日，郑口至衡水线路有ZMX201型三路载波机1台，增加电路3条。

长途通信发展加快，业务量和业务收入稳步增长，1993年开通衡水至枣强至故城微波。1995年11月21日，故城进入衡水当地网，长途区号“03265”改为“0318”。陆续开通“126”无线人工寻呼，“127”无线自动寻呼，“117”报时台，“168”信息服务台，“123”音乐台等业务，长途话务班解散。1996年，增容至960路微波，保证了电路的可靠性。1997年，开通衡水当地光缆电路系统。济南－石家庄－太原－银川线，光缆在故城境内埋设，可为故城提供3个155兆电路口。利用华为设备开通对衡水2条7号信令路30条，增加长途通信能力。1997年，长途电话增至8641936万张，1998年，长途线路达630路。1998年8月28日，长途电话业务划归县电信局。21世纪，域内固定电话可以拨打国内、国际长途电话，港、澳、台长途电话。随着手机的普及和用户资费的不断调整，无线通信日渐成为主流，固定电话拨打长途电话，逐渐减少。

农村电话 1930年，故城县最早农村电话限于政府所辖重要行政区镇通信。1949年，境内有电话支线55公里。

1953年，县电信局架设由县局至支局农村电话线路，以县城内总机为中心，分路立杆架线。线路：由总机向西直达第五区公所（郑口）；由总机向东北，直达西辛庄支局，转入第二区公所

（西辛庄）；由总机向北，直达房庄支局，再向西北转入第三区公所（梧茂）由总机向北直达第四区公所（原隰）。1957年，杆路长61.37公里，线条长83.90公里，乡政府共有自备电话交换机4部。1961年，农村电话交换点9处（公社驻地8处，大队1处），交换机容量320门（公社驻地290门，大队30门），实占176门（公社驻地163门，大队13门），电话机201部（公社驻地132部，大队69部），公议电话终端机6部，杆路293杆程公里（公社驻地119杆程公里，大队174杆程公里），线条282对公里（公社驻地101对公里，大队181对公里）。

1962年，交换机容量增至400门，电话线路总长479.5杆程公里。1963年，农村电话户数为86户，中继线7.482杆程公里，用户线47.2杆程公里。是年秋，因洪水损坏1.4杆程公里，线条44.9对公里。是年，修复28.4杆程公里，32.9对公里，投资19130元。1964年，山东武城县原河西部分划归故城县辖武官寨和饶阳店支局均安装30门交换机1台。经省局批准，在建国新建邮电支局1处，安100门交换机1台。因行政区划变更，县局至祖杨、武官寨、饶阳店、赵行4个公社无电路通信，利用县局至德州的水利专线，由德州长途线路至武城，再沟通新划几个公社通信联系，通话极为困难。赵行与县局仅隔5公里左右，须经河东甲马营转武城再转赵行通话。1965年，架设县局至武官寨、饶阳店、赵行3条农话线路，其线路：由总机向南直达武官寨支局，中继线全长17.5杆程公里，架挂线条3对，同时沟通县局至建国直达电路2对。中继线全长15杆程公里，架挂线条1对，拆除饶阳店至武官寨中继线路。由总机向东南直达赵行公社中继线全长10杆程公里，架持线条1对。是年，共有中继线260杆程公里，各公社均装有电话交换机。

1974年，域内已通电话生产大队331个，占全县大队总数的61.0%。电话机489部，175.61标杆程公里，架空明线361.17对公里。1979年，开通县局至各支局单路载波通信，县局与支局之间中继线2～4条，通信能力提高。1987年12月，开通郑口至辛庄支局、郑口至房庄支局特高频电路各3条。

因农村电话线路多为1965年、1985年架设线路陈旧，严重影响通信质量。1987年后，农村电话发展迅速。1995年4月，故城县召开农村通信工作会议，提出农村电话发展方向和措施，改造农话线路，铜芯电缆进村，取消乡营交换点，村内电话直接进入自动交换网，实现自动电话村村通工程。1996年4月，7个支局（营业部）新上微机收费，并与县局收费微机联网，域内用户可就近缴纳话费。是年10月，故城县实现全县村村通自动电话，至此实现农市合一，逐步取消乡营交换点及设备。1997年年末，故城县邮电局交换机总容量达20000门，较1995年的6000门，增长233.33%，话机部数达9631部，较1995年的5817部，增长65.57%，农话电缆151.04皮长公里，各支局电缆总数达1920路，光缆总长99.8公里，有线电视18个村1317户，农村电话进入衡水当地网，从此农话与市话合并。1997—2003年，在故城县538个行政村间陆续建设86处无人值守远端交换模块局，均采用深圳华为技术公司设备，由6条环路光纤电缆组成串接各模块局传输到县交换设备进行电话交换。总容量达77500门，实占容量达68152门，2008年年末，全县6处NEC公司产交换设备总容量为28400门，实占容量为22800门。2015年年末，农话设施完成全部退网。

无线寻呼 1992年6月，故城县开办无线寻呼业务，仅在县内使用。1995年，全市联网，呼叫范围为衡水地区。1996年，全县无线寻呼用户发展到1810户。1997年，电信行业改革，无线寻呼业务剥离，划归河北国信有限责任公司管理。1998年，电信创办“988”“989”省内寻呼网，主要用于内部系统的联系。2003年，“988”“989”无线寻呼全部淘汰。

2007年3月，中国联通在北京宣告已终止寻呼业务。

小灵通业务 2003年5月，故城县开通无线市话业务（即“小灵通”），2005年年末，在郑口城乡范围内共建基站8处，总容量为264（套）×7（信道电路）已开通185套天线，青罕镇和里老飞机场设两处基站，开放小灵通业务。至2008年年末，小灵通业务用户达12495户。2012年5月31日24时，全面停止小灵通服务，正式关闭1900-1920兆赫兹频率，关停所有小灵通基站。

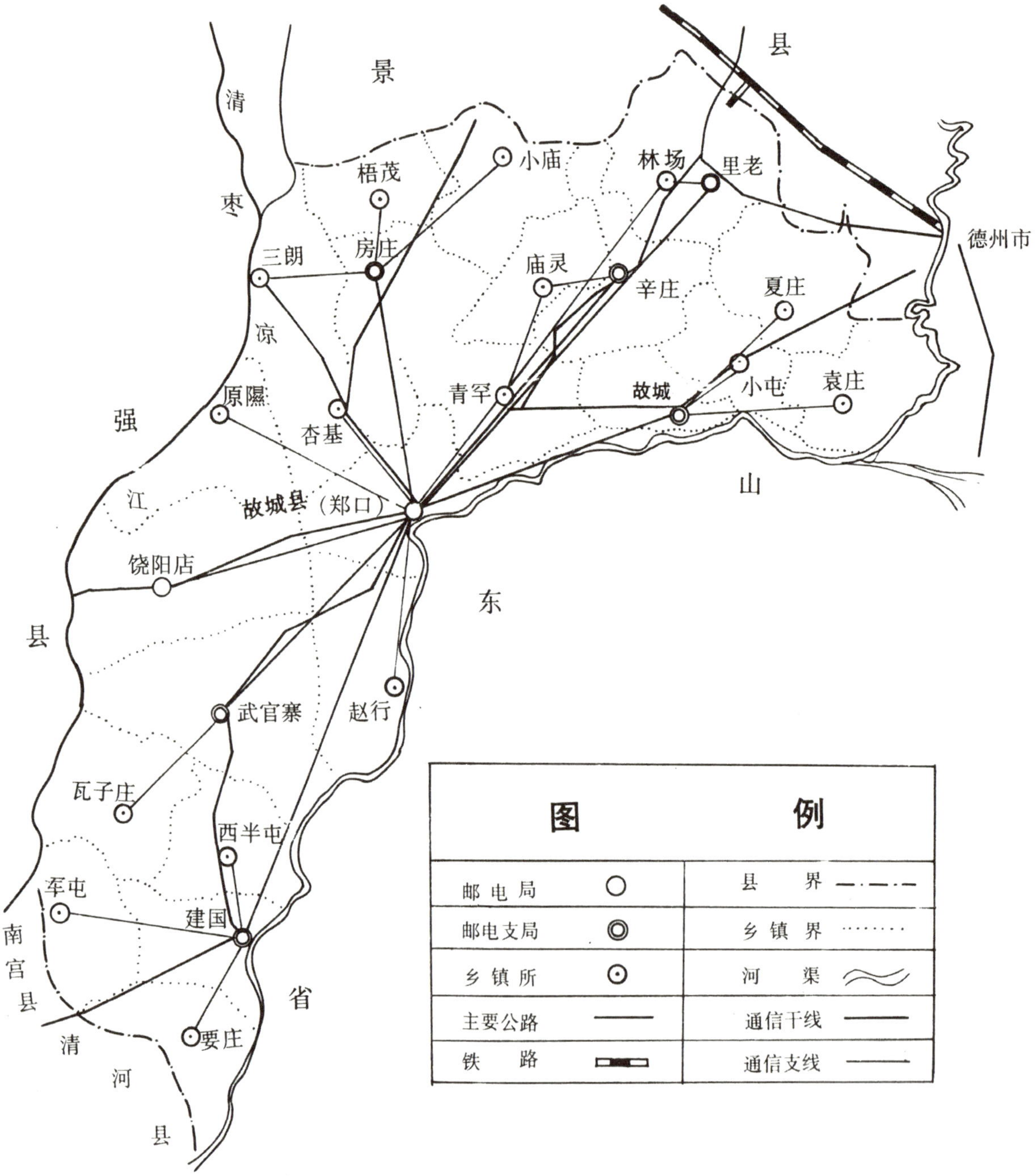

图 5-3　1987 年故城县邮政电信线路示意图

第二节　电报通信

路由、设备　电报业务始于1949年，线路自衡水至故城明线1对，用人工明码方式传递，有电报机1台，报务员2人。1961年，故城、辛庄、房庄、原隰始办理电报业务，由支局、所话传至县局。1963年2月21日，调整县城内电报投递区域，北至县食品厂，西至帝君庙及郑口中学，南至运河，东至五大院村。凡在此范围内的五级以下电报均在4小时内投出，此范围外五级以下乡村电报逐日班28小时，隔日班52小时以内投出。是年9月1日，电报开办范围扩展到自办邮电机构，发往农村电报实行邮送。时开办电报业务支局、所，系郑口、故城、辛庄、房庄、三朗、原隰、青罕、机场。1969年，为适应战备需要，衡水地区邮电局为故城县电信局配备无线电台1部，保证在有线电路发生阻断时通信。1975年，县城至中支局电报推广任丘“打电报不出村”办法，开始话传。因种种原因，后未能持久。1978年11月，县局增设55型电传发报机2台，报务员增至6人。

1980年，有电传打字机2部，机械式电传机2部。1990年，为加快电报传递速度，提高通报质量，增加电传机2部，新增电传机双机头1部。电报路由故城至衡水，改为故城至石家庄，并入全国256路电报自动网。局有电传打字机4部，电传机双机头1部。县电报路由故城至石家庄载波电路4条。

业务种类　自开办电报业务之日始，业务种类有10种，系防空电报、天气电报、特种电报、水电报、公益电报、军政电报、新闻电报、汇款电报、普通电报、公务电报，后5种有加急业务。1985年4月1日始，电报种类由10种改为8种，系天气电报、水情电报、公益电报、政务电报、新闻电报、普通电报、汇款电报、公务电报。政务电报、公益电报、公务电报可使用特急业务，新闻电报、普通电报、汇款电报、公益电报、政务电报、公务电报可使用特急业务，延续至1987年。1995年，电话普及率迅速增长，电报业务发展受到冲击，业务量逐年下降。故城至衡水有载波电路1条。电报资费1992年调整后未做新调整。是年，县局电报投递设3人，投递频次和时间为：每日上午8～11点，为第一次投递，下午2～5点为第二次投送，遇有加急电报或特殊情况随时投送。业务量1482.96万份，业务收入1621.18万元。1998年，业务量1678.95万份。1998年电报业务归属县电信局。1999年，电报传真机直接装置在营业大厅内，取消电报业务编制，极少量（主要是官方电话会议通知）的电报业务归营业班办理。2000年，电报业务不做基础传统通信业务统计其业务量和收入状况。开办的电报业务种类有：天气、水文、公益电报、政务、普通电报、银行系统汇款电报、新闻电报、汇兑业务所发的汇款电报、礼仪电报、公电业务和加急业务。随着通信网络普及，电报业务逐渐退出历史舞台。

1957—1987年故城县电报业务量及收入统计表

表5-9

年　度	业务量(份)	收入（元）	年　度	业务量(份)	收入（元）	年　度	业务量(份)	收入（元）
1957	—	3534	1967	29099	11285	1974	92875	31459
1961	188627	767804	1968	32726	16278	1975	45149	33205
1962	172827	8433	1969	32389	162079	1976	70150	14977
1963	208429	9010	1970	49500	18543	1977	19559	51857
1964	228629	9474	1971	60800	20876	1978	60150	40000
1965	27889	8766	1972	92111	23602	1979	58809	51359
1966	21868	9847	1973	89141	26123	1980	63826	61915

续表 5-9

年　度	业务量(份)	收入（元）	年　度	业务量(份)	收入（元）	年　度	业务量(份)	收入（元）
1981	61854	60372	1984	54717	703264	1987	71095	139435
1982	53340	51061	1985	57610	112964			
1983	56462	58743	1986	69805	109127			

说明：1958—1960 年及 1957 年业务量为资料散佚

第三节　移动通信

域内移动通信始于 1992 年 6 月兴起的人工无线寻呼数字业务，经过 20 多年的发展，至 2018 年年末，有中国移动、中国联通、中国电信等 3 家分公司。手机入网用户 45.82 万户，互联网（宽带）入网用户 10.66 万户。

一、中国移动故城分公司

故城县移动通信业务 1995 年至 1998 年 9 月由原县邮电局经营管理，1998 年 10 月—1999 年 8 月，归属县电信局。1999 年 7 月 7 日，中国移动通信集团河北有限公司故城分公司正式成立，时有员工 20 人，营业厅 1 个，数字基站 15 个。2001 年 5 月，公司由原故城县邮电局迁入新建综合办公楼，占地 7 亩。

2018 年，故城移动分公司共 54 人，副经理 1 人，下设综合部、市场部、政企部、网络部 4 部室。2008 年，GSM 数字基站达 86 个，直放站 35 个，共计 121 个基站，全县移动用户 16.31 万户，县、乡、村移动通信网覆盖率达 100%。至 2018 年年末，共建有汇聚机房 18 个，2G 基站 159 个，4G 基站 545 个，光纤宽带通达 238 个村，实现 2G、4G 信号全覆盖。手机用户达 24.6 万户，宽带用户 3.6 万户。

中国移动故城分公司

二、中国联通故城分公司

中国联通有限公司故城分公司于 2000 年 10 月 1 日成立，为衡水分公司分支机构，独资企业。建立基站 8 座、2 个营业厅，随之开办经营移动电话、长途电话、数据通信、互联网与电子商务等联通业务。"全球通、自由通、本地通"等数据增值业务相继开通，服务项目、资费亦有不同。至 2008 年，累计总投资 9727 万元，建立 31 个移动基站，网号发展为 130、131、132GSM 和 133CDMA，县域内实现移动电话网无缝隙信号覆盖，用户达 5.9 万户，公司质量管理通过国际 ISO9000 认证，有营业厅 4 家，乡镇经营网点 23 个。

故城联通党员突击队

2009 年 10 月 1 日，WCDMA 3G 业务正式商用，186 号段在域内开始放号。2012 年 1 月 19 日，开展部分 3G 基站"HSPA+"升级工作。2014 年，推出沃 TV（OTT）业务。3 月 20 日，明确了县城区域光改规划。3 月 25 日，推出 IPTV 业务。全年新开 3G 基站 18 个，4G 基站 3 个。2015 年 2 月 27 日，新建开通 3G 基站 118 个，4G 基站 81 个。2016 年 3 月，实现县城、行政村全部 FTTH 覆盖。2017 年，手机用户达 12.5 万户，4G 用户占比为

48.59%；宽带用户达5.23万户，IPTV用户达4.31万户，固话用户达4.75万户。

2018年，手机基站规模：4G基站317个，3G基站183个，2G基站252个。200M宽带用户占比达61.0%，2G终端用户占比15.10%。是年末，全公司用工总数达133人，下设13个农村营业部，共有14个营业厅，99家代办业务合作商，350家农村便民服务站。手机用户达14.5万户，宽带用户达5.5万户，固话用户达4万户，联通电视用户达5万户。

三、中国电信故城分公司

中国电信股份有限公司故城分公司成立于2008年10月1日，是由原联通CDMA的经营主体正式变更而来，人员主要由原中国联通故城分公司转入，有员工31人。下设市场、渠道、建维、政企等部门，自有营业厅有康宁路营业厅和青年街营业厅2家，将全县分为武官寨支局、建国支局、青罕支局、饶阳店支局、故城支局、辛庄支局6个支局。2017年，同城服务满意度移动网第一，固网第一。

电信职工新春送祝福

2018年，全县有电信业务合作商52家，专营店32家。共建有机房31个其中汇聚机房1个，3G基站97个，4G基站191个，实现3G、4G信号全覆盖。业务收入1758万元，合格用户增加6500户，4G用户增加8400户，宽带增加4100条，电信电视发展5500户，专线净增55条。

第四节 数据通信

宽带业务 2001年6月，中国网通故城县分公司组建安装宽带网，采用ADSL包月上网业务，

宽带资源大核查

上网用户1804户，窄带拨号上网方式逐步被淘汰。用户通过宽带网络享受到高速上网浏览、高速软件下载；播放视频、点播节目、远程教育、大型交互式网络游戏、信息发布等服务。2008年年末，上网用户为6940户，至2018年年末，域内的中国移动、中国联通、中国电信的三家分公司，宽带上网用户达10.66万户，增长15.36倍。中国联通故城县分公司联通网络电视用户达5万户。

数据交换业务 域内2005年6月10日开通的数据交换业务。是年，该业务用户4户。随着光纤接入逐渐淘汰。

DDN 即数字数据网。域内2005年8月15日开通DDN，为用户提供各种速率的高质量数字专业电话和其他业务，满足用户多媒体通信和组建高速计算机通信网的需要。2008年年末，用户达69户。2012年，DDN数字数据网退网不再使用。

第四章 电 力

故城县电力事业始于1963年2月，时苏联产80千瓦柴油发电机组为全县首台发电机组，于郑口运河北岸青年闸扬水站安装运营。输出电压为220伏/380伏，白天发电用于扬水站抽水，夜间供

中共故城县委、县人委、礼堂及二道街部分居民用电。1968年，西半屯、五户等变电站相继送电。1987年，遍布全县的高低压电网已为各乡镇（其中袁庄乡由德州供电）520个村及县直机关工厂、企事业单位送电，电力成为全县工农业生产和人民日常生活必不可少能源。1988—2018年，故城县域电网经过30年的发展建设，发生了巨大变化，从1座110千伏变电站和6座简易35千伏变电站，逐渐变成了以220千伏变电站为核心、5座110千伏变电站为骨干、15座35千伏变电站为脉络的坚强智能电网，供电能力大幅度提升，供电量逐年攀升，为故城县经济社会飞速发展提供了有力的电力保障。

第一节　电力设施

20世纪70年代，伴随工农业生产发展和人民群众物质文化生活水平提高，电力供应呈高度紧张状态。地区分配用电指标与故城县实际用电之比为1:16。1976年始，部分企事业单位安装柴油发电机组，部分农村亦实行机、电双配套将40%机井配备发电机。1987年，县办工业自发电总装机容量1000千瓦，全县发电总装机容量达5000千瓦。此措施实施后，供需矛盾有所缓解，但仍呈不足状态。

随着经济社会发展和科技进步，除了常见的火力发电、水力发电，县境内逐渐出现了光伏发电、生物质发电等多种发电设施。

21世纪，科学技术不断进步，人们开始尝试清洁能源发电，域内有光伏发电、生物质发电等均属于利用清洁能源进行发电，供电公司向发电户买电，通过电网统一调配，卖给用电户。

西半屯镇盐厂村光伏发电站

光伏发电　光伏发电即直接利用太阳能进行发电，具有应用广泛、环保无污染、发用电并存等优势，能够在一定程度上缓解用电紧张状况。在国家政策扶持下，光伏发电作为扶贫的有效手段被大力推广，光伏发电发展进入了快车道。2015年，域内首个光伏发电项目正式并网运行，2018年年末，全县光伏发电安装户数共计4362户，总装机容量89237千瓦。

生物质能发电　域内生物质能发电项目于2014年初施工建设，是第一个秸秆发电项目。项目总投资28772万元，占地150亩，年发电量2.1亿千瓦时。建设规模为一台具有丹麦先进技术的130吨/小时高温高压燃生物质水冷振动炉排锅炉和一

泰达生物质能发电

台30兆瓦高温高压凝汽式汽轮发电机组。2015年11月28日，正式并网发电，2016年4月2日，顺利通过“72+24”小时满负荷试运考核。是年，发电量为16241千瓦时，上网电量为14935千瓦时，生产总值9617.30万元，上缴税收327万元。2017年，全年发电量20256千瓦时，上网电量18875千瓦时，生产总值12099.96，上缴税收793万元。2018年，全年发电量22793千瓦时，上网电量20895千瓦时，生产总值14836.3万元，上缴税收1151万元。

第二节　电网建设与改造

1963年3月14日，故城县与德州地区水利局达成协议，于袁庄公社西第三村修建排水站，安装50千伏安变压器1台，由德州供电。后袁庄公社西第三、河北涯等20余村亦用此电。

1968年8月，县建农电办公室，驻建国公社东院。时全县第一座35千伏简易变电站于西半屯

兴建，由河北省水利设计院设计，安装1800千伏安变压器1台，设10千伏出口6个，由衡水供电局所属110千伏变电站输电。自清河县陈庄引进线路，后改由枣强县恩察接线，线路长33.5公里。站内35千伏设备和人员由衡水供电局管理，初步解决县境南部建国、要庄、军屯、西半屯、武官寨、瓦子庄、饶阳店、赵行8个公社农业生产和人民生活用电。

1971年，于五户兴建35千伏变电站，由景县龙华110千伏变电站出线，线路长30公里，安装1800千伏安和1000千伏安主变各1台，设10千伏出口7个，供县城及县城北各公社用电。站内35千伏设备和人员由衡水供电局管理，站外10千伏线路由县农电办公室管理。为缓解供需矛盾，1973年，西半屯电站增加1800千伏安变压器1台。1978年，建故城县化肥厂专用35千伏变电站。由五户35千伏变电站接线，安装1000千伏安变压器2台，输出电压为400伏。1979年，五户变电站改换3510千伏安主变2台。

1980年，建故城县钢丝绳厂专用35千伏变电站，安装1800千伏安主变1台。1984年，于房庄建35千伏标准型变电站，安装3150千伏安主变1台，由龙华—五户35千伏线路T接，设10千伏出口4个。五户供电区的杏基、房庄、小庙、庙灵、三朗乡改为房庄35千伏变电站供电。1985年，于饶阳店建35千伏标准型变电站，安装3150千伏安主变1台，由恩察—西半屯35千伏线路T接。自此，五户供电区的饶阳店、原隰，西半屯供电区的武官寨，改为饶阳店35千伏变电站供电。1987年，全县共有35千伏变电站6座，主变8台，总容量20000千伏安，10千伏输电线路860公里，10千伏安配电变压器1400台，容量64000千伏安。1988—2018年，域内多次进行电网建设和改造为经济建设提供了电力保障。

电网建设 输电：1988年，110千伏郑口变电站投运不到一年，向35千伏房庄和饶阳店变电站输电，故城电网由35千伏升级为110千伏。1991年，新增一回输电线路，由山东省德州市110千伏南郊变电站向35千伏城北和夏庄变电站输电。2001年，110千伏西半屯变电站建成投运。2002年，220千伏故城变电站建成投运，故城电网架升级为220千伏。2007年，110千伏小屯变电站建成投运。是年12月，随着35千伏袁庄变电站建成投运，结束了夏庄镇袁庄村周边区域40年由山东省供电的历史，填补了河北南网在该区域的供电空白。2015年，110千伏夏庄、西苑变电站同时建成投运，故城电网架构得到进一步完善。

变电：1988年，故城县境内共有35千伏变电站6座，主变8台，总容量20兆伏安。经过30年发展建设，2018年，域内共有变电站21座，其中220千伏变电站1座，主变2台；110千伏变电站5座，主变9台；35千伏变电站15座，主变30台。分别是220千伏故城变电站，110千伏郑口、西半屯、小屯、夏庄、西苑变电站，35千伏房庄、饶阳店、夏庄、城北、建国、武官寨、辛庄、军屯、牟村、赵行、袁庄、里老、小庙、三朗、要庄变电站。是年末，故城第二座220千伏变电站在三朗镇东马村东开工建设，标志着故城电网发展又进入新的历史阶段。

电网改造 1988年后，故城县全社会用电量不断增加，原有电网逐年老化。1998—2005年，全县进行了三期农网改造工程，累计投资1.25亿元，新建改造35千伏变电站6座，35千伏线路63公里；新建改造10千伏配电变压器743台，10千伏线路643公里。2013—2018年，故城电网建设再次进入高峰期，累计投资4.45亿元，新建改造35千伏变电站11座，35千伏线路86公里；新建改造10千伏配电变压器1382台，10千伏线路1225公里，10千伏线路由79条增长为124条。

电网改造施工

2018年年末，故城县共有35千伏线路24条，总长度247.8公里；10千伏线路124条，长度2607.3公里，10千伏配电变压器7922台。

1987 年故城县变电站一览表

表 5-10

变电站名称	建站年度	线路长度（千米）	主变台数（台）	容　量（千伏安）	变压器型号	占地面积（平方米）
西半屯	1986	33.5	2.0	3600.0	CD-1800/35	4662
五　户	1971	30.0	2.0	6300.0	ST-3150/35	3300
房　庄	1984	2.8	1.0	3150.0	SZL7-3150/35	1978
饶阳店	1985	3.2	1.0	3150.0	SZL7-3150/35	1978
化肥厂	1978	0.5	2.0	2000.0	ST-1000/35	1332
钢丝绳厂	1980	3.5	1.0	1800.0	CD-1800/35	1665

2018 年故城县变电站一览表

表 5-11

电压等级	名　称	建成时间	地　址	兆伏安
220 千伏	故城变电站	2002 年 6 月 30 日	郑口镇贾黄村南	240.00
110 千伏	郑口变电站	1988 年 9 月 15 日	郑口镇中华街顺达路口北	81.50
110 千伏	西半屯变电站	2001 年 10 月 16 日	西半屯镇西半屯村北	71.50
110 千伏	小屯变电站	2007 年 6 月 29 日	故城镇小屯村北	80.00
110 千伏	夏庄变电站	2015 年 7 月 31 日	夏庄镇曹桑营村北	50.00
110 千伏	西苑变电站	2015 年 8 月 5 日	郑口镇工业路西首南侧	100.00
35 千伏	房庄变电站	1986 年 11 月 18 日	房庄镇房庄村南	13.00
35 千伏	饶阳店变电站	1987 年 10 月 20 日	饶阳店镇饶阳店村东	15.00
35 千伏	夏庄变电站	1989 年 6 月 25 日	夏庄镇夏庄村西	15.00
35 千伏	城北变电站	1992 年 8 月 23 日	郑口镇五户村东	18.00
35 千伏	建国变电站	1993 年 1 月 10 日	建国镇霍庄村南	13.00
35 千伏	武官寨变电站	1995 年 7 月 12 日	武官寨镇武官寨村南	18.00
35 千伏	辛庄变电站	2000 年 12 月 20 日	辛庄乡侯庄村北	11.15.00
35 千伏	军屯变电站	2000 年 12 月 20 日	军屯镇关庙村北	13.15
35 千伏	牟村变电站	2005 年 9 月 29 日	三朗镇原隰村南	6.30
35 千伏	赵行变电站	2005 年 9 月 29 日	郑口镇赵行村北	15.00
35 千伏	袁庄变电站	2008 年 2 月 11 日	夏庄镇骆庄村西	13.00
35 千伏	里老变电站	2008 年 5 月 31 日	里老乡西小屯村北	16.30
35 千伏	小庙变电站	2008 年 7 月 28 日	房庄镇贾丰村北	9.45

续表 5-11

电压等级	名　称	建成时间	地　址	兆伏安
35 千伏	三朗变电站	2009 年 7 月 28 日	三朗镇南镇村南	15.00
35 千伏	要庄变电站	2016 年 11 月 30 日	建国镇要庄村东	20.00

第三节　电力供应

1970 年，故城县一直靠河北省南部电网联网供电，由衡水供电局按计划分两类供电：一类为直供用电（如化肥厂、钢丝绳厂），不列入故城县用电计划；另一类为分配故城县用电指标，由县电力局调度室按指标调度。然实际用电远大于计划指标，供需矛盾突出。西半屯变电站投运后，供电量为 153 万千瓦时，主要用于照明。随供用电设备增加，至 1987 年，全县供电量 5970.2 万千瓦时，比 1971 年、1975 年、1980 年分别增加 16 倍、8 倍、3 倍。用电量 5412 万千瓦时，其中工业用电 2500 万千瓦时、农业用电 2092 万千瓦时、照明用电 352 万千瓦时。1997 年用电量 12231 万千瓦时，其中农业用电量 4320 万千瓦时，工商业用电量 3749 万千瓦时，居民用电量 4162 万千瓦时。2018 年，用电量达 93665 万千瓦时，其中农业用电量 9299 万千瓦时，工商业用电量 54032 万千瓦时，居民用电量 30334 万千瓦时。用电量大幅度增长。

工业用电　20 世纪 70 年代，五户变电站投入运行，带来县办工业迅速发展，相继建立五一铁厂、农机修造厂、钢丝绳厂、化肥厂、油棉厂等。随之，工业用电逐年增加，1975 年，工业用电 105 万千瓦时。1978 年、1980 年分别兴建化肥厂钢丝绳厂专用 35 伏变电站，供两厂用电。1980 年，工业用电上升到 450 万千瓦时。1984 年后县、乡（镇）、村、户办企业发展，用电量与日俱增。1987 年工业用电量增加到 5412 万千瓦时，比 1984 年增加 1 倍多。2005 年，工商业用电 11283 万千瓦时，2018 年增至 54032 万千瓦时。

农业用电　西半屯变电站投入运行后的 1971 年，农业排灌用电仅 148 万千瓦时，农村用电 177.8 万千瓦时。五户变电站投入运行后，农业用电逐年增加，至 1975 年，运河沿岸乡村建立一批电力配套扬水站、点，机井电配 308 眼；农村用电达 422 万千瓦时；农业排灌用电 251 万千瓦时。1978 年后，因发展电力灌溉，1987 年，全县电力机械 3845 台，机井电配 3261 眼，农村用电量达 2244 万千瓦时。随着农业机械化发展农村用电量大幅度增加。1997 年，农村用电 4320 万千瓦时。2007 年，用电 8643 万千瓦时。2018 年，用电增至 9299 万千瓦时。

生活用电　1963 年，生活用电主要为照明和米面加工。1975 年，全县电照明户 29660 户，占全县总户数的 39%，照明供电量 59 万千瓦时。20 世纪 80 年代家用电器逐年增加，生活用电量亦随之增长。1987 年，全县生活用电 86680 户，供电量 352 万千瓦时，比 1975 年增长近 5 倍。随着家庭电器普及，用电量不断增长，1997 年，全县居民生活用电 4162 万千瓦时。2010 年，居民生活用电 12298 万千瓦时。2018 年，居民生活用电达 30334 万千瓦时。

1971—1987 年故城县电力供应统计表

表 5-12

年　份	用电量（万千瓦时）	10 千伏线路（公里）	10 千伏配电变压器（台）	变压器容量（千瓦安）	通电乡（镇）（个）	通电村（个）
1971	298.5	157.5	104	5446	10	108
1972	375.4	220.0	172	7435	12	141

续表 5-12

年　份	用电量（万千瓦时）	10 千伏线路（公里）	10 千伏配电变压器（台）	变压器容量（千瓦安）	通电乡（镇）（个）	通电村（个）
1973	378.8	231.0	225	8845	19	165
1974	408.0	254.0	230	10000	19	176
1975	584.0	290.0	290	13200	19	201
1976	699.0	317.0	321	15325	19	216
1977	754.0	332.0	374	15565	19	228
1978	1096.0	360.0	421	22375	19	256
1979	1255.1	403.1	469	25430	21	313
1980	1592.6	517.0	553	29510	23	860
1981	2082.9	617.0	658	34115	23	415
1982	2432.8	718.0	888	45785	23	420
1983	2578.3	762.0	980	50885	23	415
1984	2507.2	780.0	1040	60800	23	482
1985	3062.4	850.0	1182	74850	23	503
1986	3800.3	1020.0	1204	76250	23	510
1987	5412.0	1135.0	1400	78600	23	520

说明：此表系电力局提供

1988 年，故城县全社会用电量是 3384 万千瓦时。30 年间，农业、工商业、居民用电逐年增长，工商业用电量增长迅猛，对全行业用电量增长贡献较大。2018 年，全社会用电量达 9.37 亿千瓦时，是 1988 年的 27.7 倍。

1988—2018 年故城县供电用电统计表

表 5-13　　单位：万千瓦时

年　份	供电量	用电量	农　业	工商业	居　民
1988	3827	3521	1796	1071	654
1989	4430	3600	2341	861	398
1990	5159	4391	2393	1557	441
1991	5881	5136	3060	1197	879
1992	8623	7703	3834	2494	1375
1993	8454	7078	2651	2068	2359
1994	9748	8266	2769	1946	3551

续表 5-13

年　份	供电量	用电量	农　业	工商业	居　民
1995	11147	9606	2832	1759	5015
1996	12177	8695	3155	1589	3951
1997	13877	12231	4320	3749	4162
1998	13747	12096	3745	5014	3337
1999	14810	13197	4163	4282	4752
2000	16113	14143	3534	5209	5400
2001	17878	15342	3484	6113	5745
2002	19914	18495	10259	3091	5145
2003	18326	16965	3938	6720	6307
2004	20726	19550	4299	9806	5445
2005	25128	23955	6425	11283	6247
2006	27380	26590	7213	12321	7056
2007	31086	30846	8643	14549	7654
2008	35964	34964	9521	16720	8723
2009	38875	36864	4580	21605	10679
2010	43596	40877	5892	22687	12298
2011	48255	44664	5542	24688	14434
2012	53965	50842	5291	27535	18016
2013	57685	52804	4537	29178	19089
2014	65399	60218	7541	32718	19959
2015	69433	64613	8775	33667	22171
2016	72628	67150	9274	34070	23806
2017	80886	75257	8731	40001	26525
2018	100480	93665	9299	54032	30334

第四节　电力管理

一、经营管理

1988—2018 年，国网故城县供电公司创新经营手段，不断推动企业管理流程化和规范化进程，促进了企业经济效益持续增长。

用电管理　1984 年，建三电（计划用电、节约用电、安全用电）办公室，对全县用电统一管理，统一调度，由县电力局具体负责。采取“死指标、活调度”办法，对各供电所、各乡镇及各线路做出供电计划。为充分利用低谷电力，负荷紧张时，采取“农忙保农，农闲保工，夜保照明，狠抓低谷”办法，确保重点供电。如农业抗旱用电时，对县办工业限电让于农业，乡镇企业一律停电避峰。1985年，县电力局调度与衡水供电局调度采用无线电通信调度，确保供电调度及时准确。电力部门为解决无功补偿、线路损耗、电压监督等问题，合理布局变电站和输电线路。1980年改造“卡脖子”线路200.5公里，“两线一地”（两根火线，一根地线）线路500公里，线路安全运行合格率达90%以上。同时，配置电容器1200千瓦，减少线路电压降。全县推广使用节能变压器，改革64型高耗变压器520台，并加强配电管理，对“大马拉小车”不匹配变压器及时进行调整、停运。至1987年，线损率10%，比地区下达12%的线损指标下降两个百分点，节电120万千瓦时。县电力管理部门加强表计管理坚持表计周期校验制度，1984年，贯彻上级文件精神，将全县2000块三相三线电度表和三相四线电度表换为3块单相电表计量。是年购置1套互感器校验设备，将全县配电变压器、互感器进行校验，计量标准化水平提高。

随着用电量的不断提高，县域电网表箱老旧，存在诸多隐患。供电公司自2015年1月—2016年6月对全县21.56万用户进行了智能表改造，同时对电表、配线、电表上的二级漏保同步进行进行更换。表箱内配线统一、规范，消除了电表箱处的安全隐患，提高了供电质量，降低了人身触电伤亡事故发生概率。智能电表使用安全。更换的智能表具有峰谷分时计量、欠费短信提醒、电量查询等功能，用户可随时在电表上查询当前电量及上两个月电量。智能表具有自动采集用电信息功能，可直接通过电脑程序采集表字，提高了抄表准确率，避免了人工抄表、录入引起的表字错误。智能表普及后，随着移动互联网的发展，电费收取模式从传统的走收、坐收电费逐步演变为手机微信、支付宝、掌上电力等线上缴费方式，大大方便了社会群众。

安全管理 随农业发展，农电职工队伍逐年扩大，县、乡（镇）、村三级均建安全用电组织。电力部门认真执行电业安全规章制度和安全技术操作规程，严格配电变压器线路验收制度，用户上电必须由县局审批、验收、备案。1984年，县电力局翻印水电部农村安全用电须知发至各用电乡（镇）村。线路设备实行分级管理，保证线路安全，35千伏变电站和35千伏线路由县电力局维修，10千伏线路设备由各供电所维修。每年春季对全县10千伏线路普遍检修一次，及时处理事故隐患。1987年，县电力局购置一台16毫米电影放映机，深入用户巡回放映安全用电科教片。并每年举办2期农村电工培训班，各用电村贴有安全用电宣传画和标语。1988年，县电力局利用广播、标语、宣传画、宣传册等进行安全用电宣传。1996年，全县实现漏电三级保护，配电变压器全部安装避雷器。1998年，将原来阀式避雷器全部更换为氧化锌避雷器。1999年，成立安全监察科，负责全县的安全用电检查，加强安全管理。2003年，对电网实行安全性评价。2004年始每年对电力设备设施进行装置性违章大检查。2008年健全三级网络，开展“万千百十”“反事故斗争”、安全性评价、护电专项治理和安全生产大检查等活动，触电事故明显减少。2010年，严格落实安全生产责任制，层层签订责任状，开展技能竞赛和岗位大练兵，开展安全标准化建设，加大安全工器具专项治理，充分发挥三级安全网络和督导队作用。2013年，开展安全管理提升“三查四评一树立”“致违章职工家属的一封信”“安全积分”等活动，提高职工安全防范意识。2015—2018年，强化现场安全管控，严格执行到岗到位制度，统一调配安全员督导检查作业现场，夯实安全用电管理基础。

电费管理 1970年，售电价格标准为：工业用电每千瓦时0.085元，农业用电每千瓦时0.06元，照明用电每千瓦时0.15元。1982年，据河北省电力局《关于营业电费若干问题的处理补充规定》，除纯农业用电外，视变压器容量收取变压器损耗费。1985年，据关于颁发《河北省南部电网对计划外用电征收燃料差价费和罚款的暂行办法》通知，除照明用电外，其他用电超指标部分，在原电价基础上每千瓦时加收0.02元。电费按月收缴。除化肥厂、钢丝绳厂两专用变电站外，其余4个变电站各设会计1人，每月20日查表核复，分别由包线人员和乡（镇）电管站人员负责电费收缴，于次月10日前，将上月电费上缴县电力局财务科。电费使用，1986年按上级文件，实行以电养电，县电力局不向财政上缴利润，所得电费差额收入，除用于工人工资和各种基本提取及固定成本开支外，剩余部分用于农电基本建设。1988

年，实行以电养电，县电力局不向财政上缴利润，所得电费差额收入，除用于工人工资和各种基本提取及固定成本开支外，剩余部分用于农电建设。1996年，将农业生活和生产用电最高限价定为0.5元/千瓦时。1997年，初步建立并实施线损、电价及电费电价余额管理制度，加强对电费电价管理。1998年，各电管站实现微机计费开单，电费实行按月计收，统一时间抄表收费。1999年，电费抄核收各环节实现“四到户”管理，电费走收变为定点座收，开具统一电费票据。2002年，按照全省统一部署，城乡居民生活用电实现同网同价，即0.49元/千瓦时。2004年，统一执行河北省南部电网销售电价表。2012年7月1日，试行居民阶梯电价。2015年，电价按照国家政策先后多次下调一般工商业及其他用电电价和峰谷时段。2018年年末，电价种类形成居民、工商业、农业三类，并按照阶梯、峰谷、表计、电压等级等不同用电性质分为多种电价。

二、管理机构

1968年8月，建故城县农电办公室，筹建办电事宜，时有干部、职工20人。1970年，改称机电组，隶属县革委生产指挥部，时有干部、职工30人。至1972年改称故城县供电所，1977年，干部、职工80人。供电所下辖西半屯、五户35千伏变电站两处。是年7月，故城县供电所改称电力局，为县属局级企业，局设办公室、财务室、物资站。辖西半屯、五户2座变电站。1983年6月，电力局改称电力公司，隶属故城县经济委员会，有干部、职工125人，公司设办公室、财务室、供电所（西半屯、五户2座变电站）、工程安装公司、技教室、试修所。1985年，复名电力局，隶属县人民政府。是年7月，西半屯、五户2座变电站设备、人员由地区供电局下放县电力局管理。时有干部、职工165人。局设办公室、财务室、供电所、工程队、技术室、物资站、试修所、调度室。1987年，电力局设办公室财务科、供电所（西半屯、五户、房庄、饶阳店4座变电站）、农电股、物资站、基建科、三电办公室、工程队、试修所、调度所。全员175人，其中局长1人，副局长3人。另有农村电工600人。

1988年，故城县电力局下设办公室、财务科、农电股、基建科、三电办公室、物资站、试修所、工程队、调度所、供电所（西半屯、五户、房庄、饶阳店4座变电站），时有干部员工175人。1993年，县政府与衡水电业局签订“双代管”协议，撤销农电股，增设用电科、教育科、纪检室、档案科、总务科、工会、妇联会、校表室及郑口、城北、房庄、夏庄、饶阳店、西半屯、建国7个用电所。1994年，实行机构改革，对乡镇电管站和农村电工实行统管，撤销除郑口外6个用电所，成立青罕、原隰、半屯、三朗、瓦子庄、庙灵、赵行、小屯、郑口、饶阳店、杏基、建国、军屯、要庄、武官寨、房庄、梧茂、小庙、辛庄、里老、故城、夏庄22个电管站。

1998年，成立故城供电有限责任公司。1999年，成立生产技术科、安监科、农电科、用电营业室，撤销微机室、郑口用电所及22个电管站，撤站建所，设立郑口供电分局和18个供电所。2000年，袁庄电管站撤站建所，易名袁庄供电所，由县电力局接管。2001年，设信息中心。2002年，设审计科、三产财务中心、客户服务中心，撤销梧茂、杏基供电所。2003年，调度运行所分为调度所、修试所，各变电站统一归调度所管理。2004年，撤销审计科、生产技术科、多种经营办公室、考核办公室。2005年，郑口供电分局易名郑口供电所，增设劳动人事科。2007年撤销小庙供电所。

2008年，故城县电力局进行机构调整，将原来的19个科室调整合并为11个部室、17个供电所和3个多经单位。2009年，成立抄表中心，撤销要庄、原隰、袁庄3个供电所。2010年，撤销农村用电部、思政监察审计部，成立经营管理部、监察审计部、思想政治工作部。2012年，故城县电力局更名为河北省故城县电力公司。2014年，更名为国网故城县供电公司并进行机构改革，撤销经营管理部、监察审计部、思想政治工作部、工会、调度所、输变电工区、生产技术部及物资站，成立发展建设部、党群工作部、乡镇供电所管理部、电力调度控制分中心、运维检修部。2015年，成立衡水益民故城分公司，下设14个供电服务部。2016年，撤销多经单位，成立衡水衡源电建故城分公司。2017年，撤销人力资源部和党群工作部，成立党委组织部、党建工作部和监察部。

2018年年末，国网河北省电力有限公司故城县供电分公司（简称国网故城县供电公司）共有员工444人，下设8个职能部门：办公室（党委办公室）、发展建设部、党委组织部（人力资源部）、财务资产部、安全监察部、监察部（纪委办公室）、党建工作部（团委、工会）、调度控制分中心；2个业务支撑实施机构：运维检修部、营销部；14个供电所：郑口、青罕、故城、辛庄、里老、房庄、三朗、饶阳店、赵行、武官寨、西半屯、建国、军屯、夏庄；代管衡水衡源电建故城分公司及衡水益民故城分公司。

第五章 水 利

故城县地处黑龙港流域，东依运河，西傍清凉江。古代为黄河、漳河、清河冲积平原。因受地理环境和气候条件影响，历史上水旱灾害频繁。自古以来，县内先后筑有鲧堤、金堤、古漳长堤等防洪工程。运河左岸、清凉江右岸堤防和江江河等排水河道，也曾屡加修治。然因历史条件所限，治理标准极低。农田灌溉仅限于少量土砖井、透河井。以种植瓜菜和抗旱点种作物为主。至1949年，全县水浇地面积尚不足1万亩。

中华人民共和国成立后，中国共产党和人民政府（以下简称党和政府）十分重视水利建设，一直把水利看作农业的命脉常抓不懈，把水利进一步提高到国民经济基础产业战略地位。按照当地自然条件，带领全县人民艰苦创业，兴利除害，使故城县水利事业逐步发展。中华人民共和国成立初期，一面进行堤防加固、挖渠排水等急需防洪除涝工程一面积极发展砖井、水车浇地，试办沿河抽水机站。20世纪50年代末，于卫运河修建引水闸，开挖青年干渠、辛堤干渠等引水渠道，开始从卫运河引水灌溉。20世纪60年代中期，伴随国家对清凉江、江江河等骨干排水河道统一治理，县内进行大规模除涝工程配套，修建西第三电力排水站，排水工程逐渐形成，运河沿岸扬水站建设出现高潮。20世纪70年代，国家进一步提高卫运河、清凉江防洪、除涝标准，为解除干旱对农业的威胁，以深沟河网化和机井建设为中心，旱涝碱综合治理，全县农田灌溉迅速发展。20世纪80年代，水利工作重点转向加强经营管理，提高经济效益，由以农业服务为主扩大到为国民经济和整个社会发展服务，出现新的生机和活力。1988年《中华人民共和国水法》颁布实施，依法治水出现良好开端。

1949—1985年，国家用于故城县水利建设投资近4000万元。全县人民积极投劳投资为水利事业付出艰辛努力。1987年，总计建成各项水利工程1.3万余项，先后整修加固堤防153.3公里，治理河道136.5公里。开挖各级渠道2600余条，建桥、涵、闸等配套建筑物3100座，一个流量以上固定排水站16座，机井保有量达5838眼（300米以上深井445眼），排灌机械发展到1.5万台，14.4万千瓦。卫运河防洪能力由中华人民共和国成立初期不足500立方米/秒，提高到4000立方米/秒，达50年一遇防洪标准。易涝面积47.8万亩，已有42.4万亩达5～10年一遇除涝标准。沥涝灾害大为减轻，盐碱地大部得到改良。全县有效灌溉面积增至50.7万亩，农业人口人均1.3亩。总供水量为10172万立方米，其中农业供水9725万立方米，工业供水387万立方米，城镇生活供水60万立方米。在近期连年干旱、水资源日益紧缺情况下，农业生产和工业生产及城乡人民生活用水得以基本保证。如今已是渠道纵横成网，机井星罗棋布，形成遍布全县的灌溉、除涝系统和比较坚固的防洪屏障。过去那种“小雨小灾，大雨大灾，无雨旱灾”的局面得以扭转，1989年9月，河北省人民政府命名故城县为1989年度全省农村水利建设先进县。

2008年，基本形成了骨干河道、渠道纵贯全县，支斗农渠配套完善、机井星罗棋布的农田水利排灌水系，有效灌溉面积达72万亩，占耕地面积的81.6%。之后，开始实施小农水重点县项目，2014—2015年，实施地下水超采综合治理项目，推进农业引卫灌溉和节水灌溉，服务农业发展，2016年7月1日，水资源费降为零，同时开征水资源税。2018年，全县建设18座农村公共供水厂，共有机井9171眼，其中浅井7512眼，深井1659眼。是年末，域内538个村全部实现了集中供水。根据《河北省实行河长制工作方案》要求，全县落实了县、乡、村三级河长制。

第一节 排涝工程

故城县多年受黄、漳、清河冲积，在地形上构成自西南向东北的槽形状态。其间夹杂13个较大碟状封闭洼地。中华人民共和国成立前，因清凉江、江江河等骨干排沥河道年久失修，下游无尾闾，排水不畅，常年沥涝。加之运河上游决口，洪沥相加，受害颇深。

为改变黑龙港地区多灾低产面貌，20世纪60年代中期，河北省对清凉江、江江河统一治理。县内相继进行渠系工程配套，并在东部边界修建电排站，逐步形成清凉江、江江河和南运河三大排水系统。20世纪70年代，清凉江流域再次治理，除涝标准进一步提高。

干流整治 据清光绪《故城县志》载，清乾隆五年（1740年），曾与景州共同挑挖曲流河、古沙河。后因卫河上游河决，江江河潘屯、大月庄附近淤塞。清嘉庆五年（1800年），县令“派捐免差”局部疏浚。清嘉庆十三年（1808年），又与景州协挑惠民渠。对清凉江，清乾隆四年（1739年），为分卫河水势，河督曾拟疏浚，直隶总督以恐“有妨下流”复奏未行。清光绪十九年（1893年），在白佛寺潘家道沟以北，筑有一段“古漳官堤”。

1946年，对江江河两岸复堤一次。

1954年春，为减轻涝沥灾害，对江江河局部疏浚。共挖修18.3公里，动土约10万立方米。1964年春，在原防洪堤基础上，对清凉江右堤按超出1963年水位1米，复堤32.5公里，动土28.2万立方米。江江河两岸堤防加固545公里，动土30.1万立方米。

中华人民共和国成立后，江江河虽经局部整治和堤防加固，因干流河道窄浅，高低不平，排沥不畅，沥涝灾害仍很严重。1961—1964年，连年大涝，县内江江河流域年均淹地23.3万余亩（包括1963年洪灾）。为此，1965年春，按河北省黑龙港地区排涝规划，对江江河干流按三年一遇除涝标准疏浚。该次疏浚石德铁路以南，设计流量10～30.5立方米/秒，河底宽4～13米，河道深2.5～3.5米，全县出民工20100人，分工从大杏基到景县闫明环桥，长64公里，动土217.1万立方米。是年7月，河北省水利厅勘测设计院提出《江江河扩建工程扩大初步设计》，提高其除涝标准至五年一遇。河道断面按排涝结合排碱设计，县内河段自大杏基至赵鲁屯长26.3公里，河底宽8～12米，在春季疏浚基础上加深0.5米，两岸弃土相距100米，提高2米，设计流量增至17～41立方米/秒。扩建土方工程，故城县分工自大杏基至景县五步村，长39.2公里。是年冬，出民工8282人，动土122.7万立方米，建桥11座，为全省两期工程一期完工的14个县之一。1966年春，又按上级要求自大杏基至景县王七庄，在原设计河底加挖底宽2米、深1米深水河槽。并于梁庄、北化村各建翻板式节制闸1座，两岸排水口16处。是年，实行清凉江疏浚工程。该次疏浚按五年一遇除涝标准设计，采用提高河底缩窄滩地方案，顺现有河道开子槽。县内河段子槽底宽20米，滩地宽400米，设计流量192.9～197.9立方米/秒，河道土方工程由邢台地区威县、平乡、广宗3个县施工。为方便施工排水，1965年6月，故城县出动民工1.2万人，沿河底开挖长23.2公里上口宽6米排水子沟，后沿河建桥7座，修右岸排水口18处。

位于故城县西部的清凉江

1975年至1976年春，对清凉江进一步扩建。该次扩建排涝治碱与南水北调引水相结合，采用定雨量法，以暴雨中心3日降雨250毫米为设计标准。河道为梯形段面，县内河道宽40米，一般较原河底挖深2.5～3.5米，两岸堤距140米，堤顶高于校核水位 1 米，宽 8 米，设计过水流量 460 ～ 510 立方米 / 秒，河道土方工程由保定地区民工承担。故城县负责修建朱往驿中型拦河蓄水闸，并加固公路桥 1 座，新建重建拖拉机桥 9 座，右岸建泄槽式排水口 27 座。

1983—1986 年，按河北省水利厅统一安排，完成县内江江河桥梁改建工程，并建钢筋混凝土丁梁桥 12 座，总长 480 延米。1987 年，江江河治理已 20 余年，清凉江扩修已越 10 年。清凉江白佛寺附近因河床淤积，过水能力已由原设计 486 立方米 / 秒降为 368.7 立方米 / 秒，降低 24%，尤其江江河，据测算赵鲁屯附近过水能力，已由原设计 40.7 立方米 / 秒降为 26.8 立方米 / 秒，仅为原设计流量 65%。2014 年至 2015 年 7 月，完成江江河上段治理工程。故城段治理工程位于江江河故城县大杏基—碱场店段，全长 11.73 公里。治理工程等级为Ⅴ等，主要建筑物级别为 5 级。该段河道排涝设计标准为 5 年一遇，相应流量：杏基涵洞以上 5 立方米 / 秒，杏基涵洞至温庄干渠段 8 立方米 / 秒，温庄干渠至贾黄村段 26 立方米 / 秒，贾黄村渠至碱场店段 23 立方米 / 秒。

渠系配套 历史上县内除涝配套工程数量有限，沥水多依其自然流向，沿旧有河渎（如蔡河、饮马河、一字河、秃尾巴河等）和旧官道沟分别排入骨干河道。1929 年，因大雨积涝于赵庄、霍廖庄，沿清道光年间（1821—1850 年）旧沟挖排水渠一条，泄水入东沙河。1934 年，为排瓦子庄洼沥水，挖洼挑渠入清凉江。

1946 年春，在冀南行署领导下，首挖黄官屯顺水渠，长约 18 公里，将黄官屯一带积水顺一字河入清凉江。1949 年，始安排除涝配套工程，较大排水工程为开挖武北顺水沟。1955 年春开挖王家湖排水沟，上自王家湖经今建国镇，下接黄官屯顺水渠，长 38.3 公里，设计流量 2.7 ～ 5.2 立方米 / 秒。后两渠统称武北顺水沟（又名武北干渠、武北沟），屡经修治。故、武两县区划调整后，复于 1964 年冬至翌年春，民办公助进行下段扩挖和上段清淤浚深，将排涝流量增至 23.76 立方米 / 秒。

1958 年，因开挖引水灌溉渠道，部分地区打乱原排水系统，致使低洼地区排水困难。20 世纪 60 年代初，将辛堤干渠等部分灌溉渠道改作排水渠道，又先后开挖官道河、尧头沟、滩头洼、白庙洼等 19 条排水渠道和 120 余条小型排渠，低洼易涝地区排水条件得以初步改善。

1965—1966 年，江江河、清凉江骨干排水河道治理后，相继按 5 年一遇标准进行除涝工程配套。县内江江河流域新挖扩挖郑口支渠、东沙河、西干渠、北干渠和秃尾巴河 5 条配套支渠。东沙河列为较大支流，其余为一般支流。5 条总长 78.2 公里，总计动土 156 万立方米，建桥 43 座。群众自办配套支渠 12 条，总长 645 公里，动土 242 万立方米。清凉江流域支渠配套工程 3 条，辛堤干渠、武北顺水沟列为较大支流。官道河（刘堂支渠）为一般支流。3 条渠总长 87.5 公里，动土 297 万立方米，建桥 39 座。群众自建部分支渠配套和商家洼、黄官屯两处田间配套工程。至 1967 年，除秃尾巴河外基本完成。

通过排水河道治理和除涝工程配套，涝灾面积明显下降。1971 年、1973 年，全年降雨量分别为 836 毫米和 827 毫米，超多年平均降雨量 45%，涝灾成灾面积仅为 8.8 万亩和 4.8 万亩。比治理前 1961—1964 年平均淹地 45 万亩，分别下降 4.1 倍、8.4 倍。但县内配套支渠多为排灌两用渠道，淤积较重。东沙河河床已淤高 1.5 ～ 2.0 米，泄水能力大为下降。

1975—1976 年，清凉江提高除涝标准，1978—1979 年，经两期施工，开挖西里屯渠，将辛堤干渠南小屯以上 138.4 平方公里沥水，改由油故闸上入清凉江。该渠长 4.6 公里，动土 112.4 万立方米，建桥 4 座。同时按。排灌路林田统一规划，旱涝盐碱沙综合治理。原则，进行田间除涝工程配套。至 1980 年 7 月，新挖改造支斗渠 1167 条，总长 764.6 公里，建桥涵、排水口 2211 处，完成配套面积 33.1 万亩。

1986 年，为充分发挥辛堤干渠排灌蓄综合效益，对辛堤干渠上段，按十年一遇除涝标准扩挖。小武北沟（即原武北沟上段，亦称小林庄渠）同时清淤浚深。两渠总长 21.6 公里，动土 80.1 万立方米（其中辛庄干渠上段 145 公里，动土 63.6 万立方米），修桥涵跌水等配套建筑物 31 座。

1990—2000 年，因县域内部分地区地势低洼易涝，县、乡、村逐年开挖了一些小型田间排水工程。2001—2018 年，随着骨干河道治理，县内除涝配套系统逐步形成。先后进行辛堤干渠上段扩挖、小武北沟渠清淤浚深等多项渠道的整治工作，发挥了各个渠系的排涝能力。

朱往驿节制闸

边界排水　今县东、南境地处冀鲁两省边界。明代为解决南部边界上游河决及沥水“漫流为灾”，在卫运河岸“于武城河西置减水闸一，以泄之”。明嘉靖三十六年（1557年），知县谢梦显由毛家店至西李村建毛家堤15公里，引水入黄泸河（今清凉江）。至明嘉靖四十一年（1562年），上游河决成讼，“朝廷下明诏令两省使者平其事”。清乾隆二十八年（1762年），在卫运河西岸建冯家湾石闸一座，引水入蔡河，当河水消落泄水入运河后，蔡河淤为平地，“闸座皆废”。清同治七年（1868年），又于河西街建2孔石闸1座（该闸石料1958年修辛堤闸拆用）。1936年，冀鲁两省建设厅也曾对边界排水派员“会勘”，但终未解决。

1945年6月，冀南解放区组织宏毅（以烈士名命名县，现已撤）、清河、武城3个县联合开挖清河县官道沟，沥水可直顺清凉江下泄。

1965年，清凉江疏浚，河北省水利厅勘测设计院《黑龙港工程辛堤干渠疏浚工程初步设计》，根据黑龙港流域南排河水系总文件，将清河县民兴渠以东、焦庄干渠及卫运河以北78平方公里，划入辛堤干渠流域范围。辛堤干渠接受上述地区排水后，整理、扩大渠道并延长至车田村入清凉江。彼时按五年一遇标准设计，清河县一支渠9.3立方米/秒，二支渠2.7立方米/秒，车田村干渠出口23.6立方米/秒。

因20世纪70年代清河县一、二支渠已按较高标准扩挖，南小屯以上改入西里屯渠。1986年，辛堤干渠上段按十年一遇标准扩挖，自一支渠口至南小屯设计流量增至32.5～49.8立方米/秒。清河县东坡洼一带沥水，可经辛堤干渠、西里屯渠入清凉江。但清河一、二支渠系按3日降雨250毫米标准扩挖，入辛堤干渠处两渠设计流量55立方米/秒，不计县内60.4平方公里沥水，已远超过辛堤干渠上段过水能力，倘遇大水恐难承受。西里屯闸亦不适应，一旦出现顶托亦可灾害“搬家”。

境内东部边界与德州市郊区接壤，沥水久按自然流势泄入罗小营以北沙河一带，因该区两面临河，北面后筑有德州防护网，下游排水受阻，形成封闭洼地，涝碱为害严重。为解决该地区排水出路，1962年，经漳卫南运河管理局同意，于南运河左岸西第三村后，改建14立方米/秒排水闸一座，并开挖西第三排水干渠，将沥水泄入南运河。因该闸为自排闸，当南运河流量达300立方米/秒时，即失去排水作用或泄量很低。1964年，经漳卫南运河管理局批准，于同一地点建西第三屯力排水站1座。该站按五年一遇除涝标准设计，排沥标准设计排沥流量5立方米/秒，排碱流量1立方米/秒，装机容量385千瓦。1971年冬，又按十年一遇除涝标准，新挖扩挖胡塘排渠和西第三排干电排站，除涝能力尚需提高。

第二节　灌溉工程

县境虽久傍运河，因明、清两代重在“保漕”，并无灌溉工程，加之土砖井数量、水量有限，大部供人畜饮水，很少用于农田灌溉。一遇旱年，广大农民倍受干旱之苦。

中华人民共和国成立后，县委、县政府组织群众大力发展农田灌溉，充分发挥沿河优势，建引水闸，修扬水站，改造利用坑塘，引卫蓄水提灌。同时积极开展机井建设，努力开发利用地下水源。因而农田灌溉面积渐增，抗旱能力加强，农作物产量增长较大。后面向整个国民经济，增打一批供水井，保证城乡工农业生产和人民生活用水。

20世纪90年代，重点以扩挖灌渠、防洪排涝、打井灌溉为主的水利工程建设。开发利用浅薄层淡水、深浅井水配兑改水降氟等试验，大力推广高效节水灌溉技术科学试验和技术革新活动，合理开发利用水资源。

本县水利灌溉工程分为地表水灌溉工程即引卫灌溉工程，地下水灌溉工程即机井灌溉工程。

一、引卫工程

清咸丰元年（1851年），故城知县因惧怕捻军，曾拟引运河水灌壕护城，结果半途而废。时，人们误认运河水大“不可引水入里”，水小“又不能引水上行”，因而只能“防患”，“不可言利”。

1921年，重印清光绪《故城县志》载，知县袁澍滋撰写《大旱祷雨文》中，载有“神”可“御灾”“立沛甘霖”，而望水空流。

1958年始，县内建闸、挖渠引运河水灌溉。在中共故城县委书记张雁程、县长杨健倡导下，全县出动6.8万名劳力，经一个冬春先后开挖青年干渠和东、西干渠3条地下引水渠道，总长67.2公里，动土221万立方米。渠首修建郑口青年引水闸（设计流量25立方米/秒），并相继开挖配套支渠67条，斗渠145条，修桥涵建筑物51座。同时，县境南部修建辛堤引水闸（设计流量18立方米/秒），开挖辛堤干渠（自闸口至饶阳店长26.7公里），东部修建头屯闸（设计流量5立方米/秒），开辟头屯灌区，始奠定引卫灌溉基础。

1970—1975年，以深沟河网化为主要内容，引卫灌溉进入新时期。在中共故城县委书记王瑞璞带领下，全县动员2.31万名劳力，在原刘堂排渠和青年西干渠基础上，用两个冬春，改造扩挖长48.5公里温庄干渠，渠首新建温庄引水闸，设计流量15立方米/秒，县境西北部高上地区干旱缺水问题得以缓解。同时东部扩挖延长青年东干渠。至此，奠定河网化基础。卫运河扩大治理期间，因辛堤、头屯两闸位于退堤段需易地迁建，1973年、1974年，先后建成和平、东芦庄两座引水闸（和平闸设计引水能力20立方米/秒，东芦庄闸15立方米/秒）。1974—1975年，又用3个工期对武北沟段扩大治理，其间还先后开挖扩挖东芦庄、小林庄、贯庄、贾黄村、霍廖庄、瑞谷村渠等引水和连接渠道。上述引水渠道总长140.6公里，共用工日638.7万个，动土1429.9万立方米，一般渠深4～6米。并陆续修建桥涵闸等配套建筑物103座。至此，遍布全县具有排、灌、蓄综合效益的深沟河网化基本完成。在卫运河水位较高时，通过调控，各公社均可通过二级扬水得到灌溉。

20世纪80年代，重点水利项目为和平闸改建、卫千引水渠两项工程。卫运河祝官屯枢纽启用后，和平闸成为县内引卫灌溉主要进口。但该闸原系无压涵洞，洞身底板下沉，中高水位引水受限。1984年，经河北省水利厅批准，改建为钢筋混凝土有压涵洞。改建后设计引水流量增至58立方米/秒，卫千工程系为解决衡水地区水资源贫乏，地下水超量开采，并为今后引黄、引江蓄水打基础的跨流域引水工程。引水自和平闸，在县内经武北沟一段，向西入南小屯渠、西里屯渠至清凉江油故闸，再经枣强入衡水湖，长73.8公里。此项工程1986年由衡水地区滏东7个县施工，故城县负担南小屯渠东段以上10.6公里土方工程，共用工日31.2万个，动土66.5万立方米，修配套建筑物19座。

漳卫南运河祝官屯枢纽

据1980—1987年统计，县内共从卫运河引蓄水3.27亿立方米，可灌农田300多万亩次，地下水资源同时得以补充，但近年因卫运河河水资源日趋短缺，水质污染严重，来水不稳定，尚未形成固定灌区，卫千引水工程开通后，故城县引卫灌溉受一定影响，主要靠和平闸相机引蓄灌溉。县内用作引水排水骨干渠道共20条，总长260余公里。配套引水控制工程29座，另有清凉江朱往驿中型拦河蓄水闸1座，右岸小型引水闸1座，卫运河左岸小型引水闸4座，骨干渠道小型节制闸23座。上述引水工程近30年来对发展农田灌溉发挥重大作用。

1987 年故城县骨干渠道一览表

表 5-14

渠道名称	起　止	汇入河渠	长度（公里）	段面			渠底纵坡	除涝标准	设计流量（立方米/秒）	开挖年份	备注
				底宽（米）	渠深（米）	边坡					
辛堤干渠上段	辛堤—南小屯	西里屯	14.6	2～5	4.5～5.4	1:3	1/8000	10	12.5～49.8	1958	1986 年扩挖
辛堤干渠下段	南小屯—庞田村	清凉江	19.4	3.5	4	1:3	1/16000	5	9.3	1958	1966 年扩挖延长
武北沟	和平—饮马河	清凉江	28.8	10	6	1:3	1/10000	10	40	1946—1955	1975 年扩挖
小林庄渠	小林庄—和平	武北沟	7.6	2	4	1:2	1/7500	10	7.3	1955	1986 年浚深
官道河	时庙—刘堂	温庄干渠	12.0	1～2.5	4	1:2.5	1/10000	5	8.6	1966	
贾庄渠	贾庄—于姑屯	辛堤干渠	4.8	5	5	1:3	1/12500	5	5	1974	
南小屯渠	徐董屯—南小屯	西里屯渠	5.0	10	7	1:3	1/20000	10	41	1985	属卫千引水工程
西里屯渠	南小屯—西里屯	清凉江	4.4	8.9	6	1:3	1/16000	20	87	1978、1979	属卫千引水工程
温庄干渠	温庄—李家庄	江江河	48.5	—	8	1:3	1/10000 1/15000	10	25	1970、1971	
秃尾巴河	饮马河—董学	温庄干渠	12.3	2	5	1:3	1/10000 1/15000	5	20	1965	
郑口排渠	刘古庄—张庄	青年干渠	10.0	4	3.5	1:2.5	1/5000	5	5.5～6.7	1965	
青年干渠	郑口—碱场店	江江河	10.4	7	5	1:2.5	1/10000	5	18	1958	1965 年扩挖
青年西干渠	碱场店—赵鲁屯	江江河	16.1	2	4.5	1:2.5	1/10000	5	6.25～8.5	1958	1966 年扩挖
青年东干渠	夏家庄—丁庄	东沙河	25.0	2～3	5	1:2.5	1/5000	10	13～23	1958	1970—1971 年扩挖
霍廖庄渠	马厂—牛卧庄	东沙河	5.3	4.6	3	1:3	1/10000	10	4	1963	1970 年扩挖
贾黄村渠	贾黄村—夏家庙	江江河	4.2	4	5	1:2.5	平	5	—	1973	
东芦庄渠	东芦庄—周庄	瑞谷村渠	3.2	10	5	1:2.5	1/10000	—	25	1974	
瑞谷村渠	周庄—瑞谷村	东沙河	9.0	2	3	1:2.5	1/5000	10	9	1971	
东沙河	牛卧庄—县界	江江河	10.1	1～4	4	1:3	1/10000	5	4～20	—	1966 年扩挖
胡塘排渠	二屯—罗小营	西第三排干	6.5	2～4	2	1:2.5	1/5000	10	7	1964	1971 年扩挖
第三排干	罗小营—西第三	南运河	3.0	12	4	1:2.5	1/5000	10	15	1959	1971 年扩挖
青年北干	碱场店—赵鲁屯	—	16.1	2	4.5	1:2.5	1/5000 1/10000	—	6.25～8.5	—	
小武北沟	小林庄—和平	—	7.6	2	4	1:2	平	—	7.3	—	
卫千干渠	徐董屯—西里屯	—	9.4	10	7	1:3	1/20000	—	41	—	

说明：表内“—”为无统计内容

21世纪，引卫灌溉仍是故城县地表水灌溉的主要水源，利用沿卫运河上草寺、和平和芦庄三座引水闸向境内引水，其中位于卫运河祝官屯上游的和平闸是县境南、西、北三个地区的主要引卫工程，也是向衡水湖引水的首部工程；位于四女寺枢纽上游的芦庄闸是县境东部地区主要引卫工程，主要承担故城、夏庄、里老等乡镇的引卫灌溉任务。从引水闸引出的地表水，通过20条骨干河渠以及骨干河渠上的节制工程调节水位，再通过支、斗、毛各级渠道及蓄水河渠、坑塘，送往各乡镇、村，各村农民用泵站或者临时扬水站点提水灌溉农田。每年都抢抓住运河有水的有利时机向境内引蓄卫运河水，其中2016—2018年，三年引水量分别为6500万立方米、8000万立方米和9500万立方米。

二、井灌工程

县内水井始于何时，无确切资料记载。据明万历四十二年（1614年）《故城县志》载："县城内双丰楼南左有黑琉璃井，右有碧琉璃井。深不可测，年代也不可考。井泉甘洌，往来称便。"明宣德元年（1426年），知县"戴恕又于漳河河边复凿二井，泉亦甘美"。至清雍正五年（1727年），修《故城县志》时，称"今迹俱无，惟佛头井存"。清光绪《故城县志》称"其道甚古"。据分析，其约为黑碧琉璃井之一，时为故城八景之一。

明、清两代水井主要供人畜饮水，少数在井边开有小片菜地。中华民国期间，河北省国民政府曾通过暂行凿井办法，对提倡凿井出力人员由省实业厅核奖。1930—1934年，故城县新凿砖井84眼，据1931年《河北省统计年鉴》载，时故城有井154眼，灌溉面积2475亩，占全县农田的0.6%。20世纪30年代，山东省曾在各地设有"凿井专员"，贷款帮助农民凿井。据1931年山东省各县凿井成绩一览表载，武城县（包括今故城县南部）旧有井371眼，添设凿井专员后，达511眼。另，武城县沙荒林场（今盛树林林场前身），于1930年"凿成新式灌田井1眼"。

中华人民共和国成立后，县委、县政府积极号召群众打新井、复旧井，向旱灾作斗争。至1949年，全县砖井发展到3088眼，低水平井灌面积3900亩，提水工具除传统辘轳、水桶、吊杆外，已有各式水车345辆。为迅速发展农业生产，在积极开展引卫灌溉同时，大力开发利用地下水源，伴随科学技术进步和机械化水平提高，打井器械、成井工艺及提水工具不断改进。

20世纪50年代，重点发动群众开挖土井、砖井，推广水车提水抗旱。中华人民共和国成立初期为帮助群众打井，采用贷煤、贷砖、贷水车等扶持办法，并提倡农民互助、换工、帮工、合伙打井。衡水专区水利推进社配合有关部门，抽出干部深入县区乡村，具体指导帮助。但时因受小农经济束缚，打井进度缓慢。1953年，伴随农村合作化和高级合作社实现，出现集体办水利新形势。广大农民发挥组织起来的力量，打井速度明显加快。1955—1956年，打井高潮期间，原故城全县活动打井班349个，连同上窑烧砖劳力，达14400人，两年打砖井8619眼，修旧井397眼，增加水车等提水工具2156台。同时学习外地经验，在水层较浅砖井内，用铁锥钻孔下竹管"钻框找泉"，增加砖井出水量，时年打竹管井31眼，作为抗旱应急措施。干旱年份还发动群众开挖一批土井。1958年秋，开始采用人工纺车架子锥井，自此钻井提泥结束辘轳绞提的历史，揭开机井建设序幕。始于青罕公社试点，后普及全县。原故城县最多活动人工架子近400台，投入劳力16600人。但因无可靠水文地质资料，又均采用竹木管材，加之机械设备不足，洗井不及时，真正成井发挥效益者较少，造成人、财、物力浪费，群众积极性受挫。1959年，域内共有砖井10954眼，机井79眼，安装水车5100台，少数较好机井安装动力机械，井灌面积发展到近5万亩。

20世纪50年代末用人工纺车架子锥打的机井。20世纪60年代初，全县仅剩4、5眼，大部淤毁报废。用机械打井，机井建设由点到面逐步展开。1964年春，原祖杨公社派人到临清学习半机械化人工回转式锅锥井（外形似锅，头尖似锥，集钻井、提泥于一身，故成井名锅锥井）钻井技术，自制工具建立打井队，于东冯王庄试打锅锥井成功。后又于该公社砖瓦窑场建立制管厂，自己生产水泥井管。1965年秋，全社已打成锅锥井20眼，为开发利用浅层淡水开辟一条新途径。1967年，县水利科建打井队，由张家口引进250型冲击钻1台，为县内第一台机械化钻井设备。是年，于郑口公社打成第一眼钻机浅机井。提水工具由锅驼机改为柴油机。1968年3月，县水利科建立物探组，购置物理探测仪和自动补偿电测仪等先进探测找水设备。至此，盲目钻孔打井历史结束。在开发利用浅层淡水同时，为全面了解和评价故城县水文地质条件，开发利用深层地下水，河北省地质局第九地质大队于1969年布点进行地质勘探，先后钻深机井18眼（另，当地驻军1眼）。井壁采用26.67厘米直径铸铁管材，成井深290～375米，为县内第一批深层机井。是年，县打井队又添置200型回转式小钻机。诸如此类设备仪器，为发展机井事业创造条件。此间机井发展尚处点片阶段，大部社队仍以砖井取水为主，原有砖井亦有部分自然淘汰。全县共有砖井8518眼、机井575眼、已配套294眼，井灌面积无大变化。

20世纪70年代，机井建设纳入国家基本建设规划，系井灌发展最快时期。机井、电井逐渐取代原有土井、砖井，成为农田灌溉主要取水工程。1970年、1978年国务院副总理李先念两次到衡水地区考察，对农田水利和机井建设做了重要指示。中共故城县委从实践中意识到河水可用不可靠，下决心开发利用地下水。县、社、队“三级书记上井台”抓打井。常年有一名县委副书记或县革委副主任，专门负责机井建设，田义申、柳连珩、梁振东等县级领导干部，均曾连续几年分工负责打井工作。并建立机井建设指挥部，统一领导全县机井建设和管理工作，此间，浅井打井机械，由原小锅锥改为大锅锥，后由大锅锥改造成水冲钻、泵吸锥，进而改装成为柴油机作为动力的机械水冲钻。先后购进300～500型磨盘式和手把式回转钻机，600型油压钻机和空气压缩机等钻井、洗井机械，机井建设进入机锐化施工新阶段。深层机井管材，由原来素水泥管逐步改为钢筋水泥管和铸铁管。配套提水设备伴随机械化、电气化水平提高和地下水位变化，电配比重逐年增加，并由动力加速水车、一般离心式水泵，逐渐改为深井泵和潜水电泵。在找水技术上，经过4年努力，将全县水文地质勘探一遍，绘制有浅层淡水分布、浅层淡水化学类型分区，薄浅层淡水顶板埋深及第四纪地层含水组底板埋深等10种水文地质图表，为科学打井，提高成井质量和单井出水量，提供科学依据。加之对大部井下物料和配套费用国家实行补助政策，机井事业得以加快发展。

1970年，县钻进队于三朗公社南镇打成第一眼240米深层井。1972年，机井建设全面推向高潮，全年新打机井2062眼，为上几年全县机井总数3倍。衡水地区革命委员会为此于故城县召开机井建设会议。此后，县、社打井队坚持常年打井，每年成井多在千眼以上。县级建17个机械钻井修井机台，公社一级建大锅锥井队63个，水泥制管厂37个。后，钻井机械逐步向公社普及。1975年打井1852眼。机井建设逐步走上健康发展道路。为域内组织学习推广衡水县王庄“小畦细浇”经验。1976年4月，总结推广军屯公社以机井建设为中心，井渠田路综合治理经验。全县掀起方田化建设新高潮。此间，为开发利用埋深10米左右浅薄层淡水，还先后总结推广打真空井、车网砖井、大口径水泥管组装井和改旧砖井为辐射井的经验。1978年打井1937眼。已有11个公社打井队配备13台机械钻井设备。是年，衡水地区开展机井会战，年末全区83个会战公社在故城县召开机井会战经验交流会，地革委授于故城县机井建设先进县称号，并奖钻机1台，青罕等6个会战公社同时得奖。1979年来，全县机井保有量5417眼，其中300米以上深层井435眼，已配套机井3817眼（电配和机电双配839眼），井灌面积30.17万亩。

20世纪80年代，井灌工作重点由建设转向加强管理和提高经济效益。机井建设投资渠道，由过去以国家无偿投资为主，逐步改为国家、集体、个人多层次集资和国家补助部分。大部资金为周转资金和贴息贷款有偿投资。1983年，一年新打机带真空井521眼（多孔75眼）、手压真空井4470眼。各种机带和手压真空井因具有投资少、见效快、机动性强、工艺简单等特点，深受农民欢迎，1984年，县人民政府作出《关于鼓励和支持农民个人或联户打井配套修并用并的规定》，采用“农民筹一点，乡镇补一点，财政拿一点，国家贴一点”办法，积极鼓励农民增加农业投入，打井队伍亦由国家、集体办扩展到个体或联户办。1986年，县水利局与卫生部门共同组织的深浅井水配兑改水降氟试验获得成功。城建部门新打7眼铸铁管浅机井，县城居民长期饮用高氨水状况得以改变。1987年，全县个体专业打井队发展到30余个。在井型上针对水资源日益短缺和农业分散经营新形势，控制深井，发展浅井，积极开发利用浅薄层淡水。1987—1990年，实有各种机带真空井2557眼，手压、马拉真空井956眼。为提高井灌效益，除建立健全各种管理责任制外，着重垄沟防渗、管道输水、机泵测改等节水、节能措施。输水防渗始以修建混凝土防渗垄沟为主，后逐步发展为地面塑料软管输水，重点进行地下铺设硬塑管道试验。混凝土垄沟及硬塑管道防渗累计长8.64万米，控制面积5.45万亩。是年，使用输水软管30.79万米，控制面积6.99万亩。是年，测试机井1175眼，改造机井3275眼（深层井317眼）。经测试改造，一般机井每小时节电3～4千瓦时，节油0.5～0.7公斤，增加出水量3～10立方米，综合经济效益提高6%～10%。通过一系列改革措施，农民打井、修井、管井、用井积极性得以调动，机井数量增不抵减局面得以逐步扭转，井灌效益明显提高。实有机井5838眼，深层井445眼；已配套机井5588眼，其中深层井437眼；机配2327眼，电配2887眼，机电双配374眼，井灌面积37.40万亩，其中井渠双灌13.83万亩。据统计域内机井中用于农田灌溉5713眼、林果灌溉72眼、工业及城镇生活供水34眼（深层井20眼）、专供农村饮水53眼。

1991—2005年，伴随工业生产发展，城镇人口增加和人民生活改善，工业和城乡人民生活用水大量增加。加之因连年干旱和工业废水不断污染，地表水日趋枯竭，原砖井也因地下水位下降，多已无法取水。机井对促进工农业生产发展、人民生活提高均具有举足轻重地位。先后帮助县办工业和乡镇企业有计划地打一批深浅机井。并把改水降级，改善城乡人民生活供水列入议事工程。2008年年末，全县共有能用机井12141眼，其中深机井862眼，浅机井11279眼，灌溉面积63.15万亩，占总耕地面积的72.3%，旱涝保收农田59.36万亩。2018年，故城县开展了机井专项检查整治行动，完成了对全县机井的调查摸底工作，全县共有机井9221眼，生活用井53眼，工业用井27眼，另有地热井46眼。比2008年减少2920眼，其中浅机井减少3767眼，深机井增加797眼。农用深浅机井主要用途为在干旱季节取用地下水用于农田灌溉，生活用机井主要用途为满足生活饮用水需求，其他非农业用机井主要满足机关、学校和企业生产用水需求。

第三节　配套工程

除引卫和井灌工程外，并组织群众兴建一批扬水站点、蓄水设施、喷灌、滴灌等小型农田水利工程。

一、扬水站

境内最早扬水站为曹口和冷家坟扬水站。曹口站始建于1953年，安装25马力卧式柴油机1台，配8英寸离心泵。1954年扩建后，控制面积3500亩。冷家坟站1956年建，安装75马力锅驼机1台，修配套建筑物41座，控制面积7000亩。

20世纪60年代，沿河引卫机灌逐步发展。1960—1964年，先后建草寺、天水屯、西第三国营扬水（排灌）站，设计扬水能力2.6立方米/秒，1965—1966年，沿河社队自办或联办扬水站出现高潮。至1969年年末，全县沿河扬水站56处，装机容量88台计3892马力，提水能力13.3立方米/秒，实灌面积14.3万亩。

20世纪70年代，用水季节多因卫运河水位较低而引水困难。1970年，以18台75马力拖拉机为动力，修建郑口、辛堤2座渠首简易扬水站。1971年、1977年，天水屯、草寺扬水站先后扩建。5座国营扬水站总提水能力18.2立方米/秒，可通过机械扬水，利用引水渠道将水送往各公社。伴随深沟河网化和渠道扬水站建立，沿渠小型扬水站点迅速增加。1972年，全县扬水站点470余处，水浇地面积达34万亩（包括井渠双灌8万亩），农业人口人均1亩。1972—1976年，卫运河扩大治理期间，国家补偿投资，对43座扬水站和辛堤涵洞迁建、扩建。

20世纪80年代，辛堤站因水源断绝，祝官屯以下引水机遇减少。1981年，温庄干渠迁建，同时进行天水屯、郑口站扩建，恢复增加提水能力6.6立方米/秒。

1987年，全县有固定扬水站34座，电动机63台4332千瓦，柴油机57台4808马力，设计扬水能力77.5立方米/秒，实际控制面积39.4万亩。其中一个流量以上扬水站16座，设计扬水能力41.6立方米/秒。近年因卫运河水源短缺，加之工程老化，资金不足，沿河扬水站利用率低，甚至常年闲置。

20 世纪 90 年代，随着农村土地承包经营模式的变化，大规模的扬水站水费收取造成很大困难，并且随着沿运河引水闸的改建和引水能力的加强，大部分扬水站停止运行，逐步报废拆除。

二、蓄水设施

县内旧有坑塘（即池塘）较多，过去主要蓄存天然降水。20 世纪 50 年代末引卫灌溉来，沿渠部分村庄坑塘与引水渠道连接，蓄存河水浇地。

因卫运河水来不逢时，用水季节河道多干枯。1976 年至 1977 年春，首于大杏基村西南利用江江河洼地开挖“胜利湖”。是年冬，于大寒布、魏家院村南，利用沙河洼地开挖“团结湖”。后于 1977—1978 年，于鹿豕村南江江河洼地开挖“曙光湖”。3 湖共动土 173.4 万立方米。设计蓄水能力分别为 100 万立方米、40 万立方米、50 万立方米。胜利湖（亦名杏基湖）由县畜牧水产部门发展水产养殖。1980 年，全县共扩挖改造坑塘 446 个，并开挖 3 个较大蓄水工程。

1980—1981 年，县根治海河指挥部测量，全县共有 3 亩以上坑塘 810 个，其中 50 亩以上 49 个，百亩以上 15 个。坑塘深度多在 3 米以上，4 ~ 5 米 44 个，5 ~ 7 米 11 个。总面积 17200 亩，蓄水能力 880 万立方米。20 世纪 80 年代，坑塘建设采用人工开挖与机械化施工相结合，扩挖坑塘与村镇建设用土相结合，蓄水与用水、排水相结合，经济效益逐渐提高。

2018 年，域内有蓄水面积 3 亩以上的坑塘 810 个，百亩以上的 15 个，深度大都在 3 米以上，总面积 1.72 万亩，可蓄水 880 万立方米。其中 2014 年、2015 年全县实施了地下水超采综合治理地表水灌溉项目，共扩挖、改造和配套坑塘 129 个。

三、小型农田水利工程

为提高地下水利用率和井灌区地下水利用系数，2009—2012 年，故城县被上级列为小型农田水利项目重点县，实施一些小型农田水利项目。批复项目面积共计 19.91 万亩，工程总投资 6900 万元。工程涉及故城、三朗、郑口、饶阳店、武官寨、辛庄、西半屯、里老、夏庄、青罕、建国等乡镇，农用深机井共 676 眼，配打微咸水浅井 676 眼，进行咸淡混浇灌溉，安装地下管道 113.67 万米，达到亩均管道 8 米以上，增设井首混合水压力罐及控制设备 676 套，更新水泵 127 台，更新深井 122 眼，新建扬水站 5 座、井屋维修 353 间。各项目区分别安装计量射频装置，安装喷灌设备，并在项目区显著位置设立标志牌、项目村设立公示牌等。

四、地表水灌溉及蓄水闸涵工程

2008 年，全县沿运河共建有引水闸 4 座，设计引水能力 113 立方米 / 秒，开挖骨干引输水渠道 26 条，长 265.2 公里。建各种控制工程 25 座，修固定扬水站 35 座，设计扬水能力 46.1 立方米 / 秒；改造利用坑塘 810 个。蓄水面积 1.72 万亩，地表水灌溉面积达 30.74 万亩，占总耕地面积的 36.6%。

为遏制地下水超采导致的水环境恶化，自 2014 年，国家在域内实施地下水超采综合治理地表水灌溉项目，通过引蓄地表水资源、河渠连通、坑塘蓄水、田间工程、节水灌溉等各项措施，用地表水替代项目区地下水进行农田灌溉，打造引得来、蓄得住、用得好的农田水利工程新体系，逐步实现减少地下水开采量，改善地下水生态环境。

2014—2015 年，连续两年实施地下水超采综合治理水利项目，其中地表水灌溉项目涉及郑口、武官寨、西半屯、饶阳店、三朗、辛庄、房庄和青罕等乡镇，控制灌溉面积 17.85 万亩，共清淤疏浚干支渠 55 条，总长度 148.81 公里，其中干渠 8 条，支渠 47 条；新建蓄水闸、支渠引水闸、坑塘分水闸计 30 座；维修加固水闸 6 座、重建干渠节制闸 3 座；改造涵洞 51 座；改建交通桥 2 座；清淤扩挖坑塘 129 座；渠道连通坑塘及坑塘之间联通输水管道总长 83.22 公里；新建扬水站 246 座；铺设低压管道 1150 公里。项目区封填农业用机井 283 眼。

此外，还实施了以上两个年度的井灌区高效节水灌溉项目，涉及全县所有乡镇，实施节水灌溉面积 9.65 万亩，其中喷灌 4.8 万亩，滴灌 4.85 万亩，概算总投资 12678.37 万元。项目合计投资 58703.62 万元，项目完成后共可压减地下水开采量 3674.96 万立方米。该项目实施后的 2016—2018 年，共引蓄卫运河水 24000 多万立方米，工程效益得到了有效发挥，基本达到了项目设计的各项压采任务指标。

故城县主要闸涵一览表

表 5-15

闸涵名称	所在河渠	结构形式	用途	设计流量（立方米/秒）	闸底高程（米）	闸门				建成年份	备注
						质量	孔数（个）	高（米）	宽（米）		
朱往驿闸	清凉江	河床式	蓄水	490	16.30	钢	7	5.6	8	1977	5 孔闸门过水
和平闸	卫运河	钢筋混凝土箱涵	引水	58	21.00	钢	3	3	2	1973	1984 年 8 月改建
辛堤涵洞	卫运河	浆装砌石箱涵	引水	10	23.4	木	1	3	2	1973	
温庄闸	卫运河	浆砌石箱涵	引水	15	19.50	钢	3	3	2	1971	
郑口青年闸	卫运河	钢筋混凝土箱涵	引水	25	20.70	钢	4	2.3	1.2	1958	
东芦庄闸	卫运河	浆砌石箱涵	引水	15	16.20	钢	2	3	2	1974	
西第三自排闸	南运河	浆砌石箱涵	排水	14	18.77	钢	2	2.5	2.3	1962	
西第三自电排闸	南运河	浆砌石箱涵	排水	5	21.00	木	2	2	2	1963	
西里屯闸	西里屯渠	钢筋混凝土箱涵	排灌	50	20.20	钢	3	3	2.5	1980	1986 年加固
贾庄闸	贾庄渠	浆砌砖石	引水	15	21.00	木	2	2	1.6	1974	
饶阳店闸	辛堤干渠	浆砌石箱涵	节制	30	21.50	木	3	2	2	1970	1986 年加固
徐董屯闸	武北沟	钢筋混凝土箱涵	节制	41	21.50	钢	3	3	2.5	1977	1984 年改建
牟村闸	武北沟	整体开敞式	节制	53	18.60	钢	3	3	2.5	1984	
饮马河闸	武北沟	浆砌石箱涵	节制	40	18.75	木	4		2	1973	
杏基西闸	温庄干渠	浆砌砖石	节制	20	18.50	木	2	2	2	1975	
杏基北闸	温庄干渠	浆砌砖石	节制	30	18.50	木	2	3	2	1973	

续表 5-15

闸涵名称	所在河渠	结构形式	用　途	设计流量（立方米/秒）	闸底高程（米）	闸门				建成年份	备　注
						质　量	孔　数（个）	高（米）	宽（米）		
鹿豕闸	温庄干渠	浆砌砖石	节制	30	17.80	木	2	3	2	1976	
庞庄闸	温庄干渠	浆砌砖石	节制	30	17.00	木	3	2	2	1972	
南林子闸	温庄干渠	浆砌石箱涵	节制	30	16.80	木	2	2	2	1976	
李庄闸	温庄干渠	浆砌石箱涵	节制	30	16.40	木	3	2	2	1974	
贾黄村闸	贾黄村渠	浆砌石箱涵	节制	5	18.50	木	2	2	2	1974	
碱场店西闸	青年干渠	浆砌砖箱涵	节制	20	19.74	木	2	2	2	1973	
碱场店东闸	青年西干渠	浆砌砖箱涵	节制	10	19.50	木	1	2	2	1973	
赵鲁屯闸	青年西干渠	浆砌石砖箱涵	节制	10	15.80	木	1	2	2	1973	
马厂闸	霍廖庄渠	浆砌石箱涵	节制	10	18.60	木	2	2	2	1974	
复立村闸	青年东干渠	浆砌石箱涵	节制	20	16.88	木	2	2	2	1978	
小沼闸	青年东干渠	浆砌石开敞式	节制	30	16.50	水泥	2	4	4	1976	闸门启闭困难
郭庄闸	瑞谷村渠	浆砌砖石箱涵	节制	10	16.90	木	1	2	2	1977	
瑞谷村闸	瑞谷村渠	浆砌石箱涵	节制	20	16.70	木	2	3	2	1979	
王务闸	东沙河	浆砌砖石箱涵	节制	20	15.46	木	2	2	2	1971	
里老闸	东沙河	浆砌砖石箱涵	节制	30	15.36	木	2	3	2	1978	

故城县骨干渠道 21 座小型闸涵一览表

表 5-16

闸涵名称	所在河渠	结构	闸底高程（米）	闸前水位（米）	设计流量（立方米/秒）	轴线总长（米）	闸室总长（米）	底板厚度（米）	闸门			启闭机（台/吨）	建成年份	备注
									孔数（个）	高（米）	宽（米）			
贾庄闸	贾庄渠	浆砌砖石箱涵	21.0	22.8	15	36	10	0.7	2	2	1.6	2/3	1974	从清凉江引水
饶阳店闸	辛堤干渠	浆砌石箱涵	21.5	23.5	30	40	12	0.7	3	2	2	3/3	1970	1986 年加固
饮马河闸	武北沟	浆砌石箱涵	18.8	21.5	40	45	14	0.7	4	3	2	2/10	1973	已堵死 2 孔
杏基西闸		浆砌砖石箱涵	18.5	20.9	20	45	14	0.7	2	2	2	2/5	1975	
杏基北闸	温庄干渠	浆砌砖石箱涵	18.5	21.0	30	42	13	0.7	2	3	2	2/5	1973	
鹿豖闸	温庄干渠	浆砌砖石箱涵	17.8	20.3	30	40	12	0.7	2	3	2	2/3	1976	闸门损坏
庞庄闸	温庄干渠	浆砌砖石箱涵	17.0	19.1	30	35	9	0.7	3	2	2	3/3	1972	
南林子闸	温庄干渠	浆砌石箱涵	16.8	18.6	30	40	12	0.7	2	2	2	2/3	1976	
李家庄闸	温庄干渠	浆砌石箱涵	16.4	18.2	30	35	9	0.7	3	2	2	3/3	1974	
李家庄闸	江江河	开敞式	14.5	19.2	77	101	10	1	2	5	4	2/12	1991	
碱场店西闸	青年干渠	浆砌石箱涵	19.7	21.5	20	40	12	0.7	2	2	2	2/5	1973	启闭机坏
碱场店北闸	青年北干渠	浆砌石箱涵	19.5	21.0	10	24	6	0.6	1	2	2	1/3	1973	闸门损坏
赵鲁屯闸	青年北干渠	浆砌砖石箱涵	15.8	17.5	10	22	5.5	0.5	1	2	2	1/5	1973	闸门损坏
马厂闸	霍廖庄渠	浆砌石箱涵	18.6	20.3	10	50	21	0.5	2	2	2	2/3	1974	
复立村闸	青年东干渠	浆砌石箱涵	16.9	18.3	20	35	12	0.7	2	2	2	2/5	1978	板梁下沉
郭庄闸	瑞谷村渠	浆砌砖石箱涵	16.9	18.0	10	28	8	0.5	1	2	2	1/10	1977	
王务闸	东沙河	浆砌砖石箱涵	15.5	17.2	20	40	13	0.7	2	2	2	2/5	1971	闸门漏水
里老闸	东沙河	浆砌砖石箱涵	15.4	18.0	30	38	12	0.7	2	3	2	2/5	1978	损坏严重
里老闸	东沙河	钢筋混凝土箱涵	14.1	18.4	38	38	8	0.5	1	4	5	1/12	2002	
贾黄村闸	贾黄村渠	钢筋混凝土箱涵	18.5	21.5	5	30	22	1	2	2	2	2/5	1973	
刘堂闸	官道河	钢筋混凝土箱涵	—	—	10	63	10	0.4	1	3	3	1/12	2003	

说明：表内“—”为无统计内容

第四节　节水灌溉技术

故城县地处北方干旱地区，又是农业种植业较为发达的县份，随着农业生产技术的发展，粮食、蔬菜及其他经济作物产量的提高，农业灌溉用水需求和水资源不足的矛盾日益突出，全省灌溉水有效利用系数仅为0.662，意味着每使用1立方米的水资源，仅有0.662立方米被农作物吸收利用，与发达国家已达0.7以上的农田灌溉水有效利用系数还有不小的差距。发展节水灌溉技术，确保农业生产的不断发展和单位面积产量的不断提高，成为解决全县农业灌溉所需水资源问题的必然选择。

一、防渗管道

防渗管道也就是管道输水，是利用管道将水直接送到田间灌溉，以减少水在明渠输送过程中的渗漏和蒸发损失。是传统的节水灌溉方式，目前技术运用已十分成熟，其优点是对水质要求低，土地有效利用率高于渠灌方式，与滴灌、喷灌相当，缺点是相对于滴灌、喷灌的传统高效节水灌溉方式，灌溉水利用系数稍低一点，但比传统渠灌方式灌溉水利用系数大为提高。故城县常用的管材为塑料硬管，以PVC材质为主。采用低压塑料管道输水灌溉。管道输水与渠道输水相比，具有输水迅速、节水、省地、增产等优点，水的利用系数可提高到0.95；节电20%～30%；省地2%～3%；增产幅度10%。

故城县防渗管道输水灌溉模式起源和大面积推广也较早。1979年，在武官寨乡付官屯进行小型移动式喷灌机试验，使用硬塑管道输水，减少垄沟占地，省工省力。1983年，使用移动式软塑管道输水，群众俗称“小白龙”，直径50～100毫米，塑料软管使用简便，可长可短，用后卷起收藏，适于小规模家庭经营方式，加之成本较低，很快在全县推广应用，后改为硬塑管铺设。1984年10月，在郑口镇二坛村进行硬塑管道地下输水试验，利用一眼每小时出水量60立方米的深机井，埋设直径125毫米硬塑管道1250米，控制面积450亩，节约地上垄沟占地8亩，亩次节水8～10立方米，浇地成本相应降低，扩大浇地面积162亩。2008年，全县铺设硬塑管道67万米，控制机井473眼，时，控制耕地9.6万亩。2014—2015年实施的地下水超采综合治理地表水灌溉项目中，安装PVC防渗管道115万米，减少了输水过程中的水量损失配套了灌溉设施，坑塘至田间灌溉水利用系数达0.9，低压管道水利用系数达0.95，综合利用系数为0.855，实现了高效灌溉，避免了水资源浪费。

二、咸淡混浇

咸淡混浇就是在深层地下水开采区，又有含盐量每升2克以下的微咸水埋藏地区，配套浅机井，经压力罐混合后，以管道输水方式输送到田间，达到节约深层地下水资源的目的。一般每眼深机井配套一眼浅机井，增设井首混合水压力罐及控制设备，深浅机井混合水经压力罐加压后送入输水管道。田间亩均管道8米以上，并对井泵进行更新，在项目区设立标志牌、公示牌等。1987年，推广咸淡混浇技术，1994年，咸淡混浇技术通过水利部技术鉴定。咸淡混浇井组306个，控制面积7.6万亩，创经济效益270万元，年减少开采深层淡水129万多立方米。2009—2012年，大面积推广。

三、滴灌喷灌

喷灌滴灌为近年节水灌溉设施。县内于1978年试点，首在建国公社陈庄和武官寨公社付官屯农场，埋设和安装地下固定式管道喷灌两处，控制面积145亩（陈庄100亩）。1979年，在付官屯农场附近8个大队，安装小型移动管道式喷灌设备25套，保湿面积3000亩。1980年，又先后于青罕公社石西大队和故城公社马厂大队，安装JP-206型圆形喷灌机1台，控制面积250亩。埋设半固定式管道，喷灌面积154亩。1981年，全县已发展移动式管道喷灌180余套，控制面积近2万亩。1987年，于郑口镇五户村进行果园滴灌，268亩苹果园实行网格四级管道输水。共安装干支管1940米、毛管26520米、微管14.9万米。经一年运行观测，较1986年减少水利用工92.5%，合计减少费用81%，增产水果8.5万公斤。喷灌滴灌设备具有节水、节能、省地、省工、土地不板结等特点，前景发展广阔。但一次性投资较大，一些环节有待改进，普遍推广尚有困难。

21世纪，滴灌多利用塑料管道将水通过直径约10米米毛管上的孔口或滴头送到作物根部进行局部灌溉的一种灌溉方式。是干旱缺水地区最有效的一种节水灌溉方式，水的利用率可达95.0%。喷灌与地面灌溉相比，一般可节水10%～20%。滴灌发展在2014—2015年，共发展滴灌面积4.76万亩。

四、井灌区高效节水

为治理地下水超采现象，故城县作为全省水利项目试点县，实施2014年度、2015年度井灌区高效节水灌溉项目，主要是通过建设喷灌、滴灌工程设施，包括安装水泵和过滤系统、输水管道、喷头、喷灌机、地面PE管、毛管以及管道附属建筑物阀门井、排水井等系统，提高地下水农业灌溉利用系数，减少蒸发渗漏。项目实际完成面积9.65万亩，其中喷灌4.8万亩，滴灌4.85万亩，涉及项目区深机井160眼。

第五节　农村饮水安全

1992年8月，为解决一些全县部分村庄人畜饮用水困难问题，利用上级资金为无深井村打井。是年末，共打饮水、灌溉两用井272眼。有327个村庄用上自来水，8.7万户、27万人和8000余头牲畜解决了饮水困难问题。2000年，投资718万元，实施"农村饮水解困"项目，开展送水到户的集中供水方式，解决51个村、2.2万人饮水困难。

2000—2004年，国家先后投资718万元、400万元、296万元、45万元，在126个村实施"农村饮水解困"项目，开展集中供水，全县用上了自来水。2005年，实施人饮安全工程，即不饮苦咸水，不饮高氟水，取水地点平行距离不得超过1000米，登高距离不得超过100米。故城县"十一五"规划中有413个村人饮不安全。2008年，国家投资149万元，解决不安全村9个。农村采用集中供水方式的有341处，用水人口25.7万人，饮水达到安全条件的人口21.2万人，占农村总人口的51.3%。

2007—2011年，主要建设农村集中供水工程，分别建设了里老、周小麻、夏庄、郑口北环、武官寨仓上、青罕6个水厂。2012—2015年，投资1.21亿元先后建设了衡德、新庄、王庄、南岭踪、东牟村、饶阳店、西河、西半屯、齐庄、要庄10个水厂，覆盖全县538个村。2018年10月，域内538个村全部达到了国家农村饮水安全标准，农村自来水普及率达100%，供水保证率达96%以上，水龙头入户率100%，按照分质供水要求，每个村都设置了桶装纯净水供应点，为全县142个贫困村安装直饮水机176台。

第六节　经营管理

中华人民共和国成立前，故城县水利工程极少，仅在明、清两代漕运期间，县内先后设浅夫、堤夫、河兵管理河道、堤防。

1949年，伴随水利事业发展，相继设立专门管理机构及群众性管理组织，负责各项水利工程管理。20世纪80年代，按照"加强经营管理，提高经济效益"方针，把工作重点转向管理，实行各种形式管理责任制，积极开展综合经营，管理水平不断提高。《中华人民共和国水法》颁布实施后，依法治水依法管水进入新阶段，水利设施效益得以较好发挥。

一、工程管理

除运河外，县内其他河渠及桥闸泵站等水利工程，按照分级管理原则，采用县、乡（镇）、村三级管理体制。排水河道、骨干排灌渠道、较大引蓄水闸涵和国营扬水（排灌）站，归县级管理。其他支斗农渠、蓄水坑塘、中小型扬水站及机井、桥涵等水利设施，按不同情况，所在受益之村负责管理。为加强水利工程管理，1981年9月，用一年半时间，在全县开展以查安全定标准，查效益定措施，查综合经营定发展规划为内容的"三查三定活动"，对水利工程普遍检查登记，明确管理体制，落实管理责任制，健全管理组织，将水利工程管理提高到新水平。1982年，县水利局5个工程管理单位，被评为先进管理单位，受到衡水地区行署表彰。

县内清凉江右堤、江江河左右堤和东沙河右堤，惯称三河四堤。为维护堤防完整，县人委于1964年制定《内河养护管理办法》，县建内河堤防管理委员会，各河配备临时护堤员，负责内河堤防管理。1965年清凉江、江江河治理期间，堤防占压土地由国家征购，三河四堤实现绿化，连同6条配套支流共植树60万株，在内河堤防管理委员会内，确定3名机关干部专管，逐级建立健全群众管理组织，进行日常管理维修。凡国家征购堤防所栽树木，按国三队七比例分成，所种苜蓿全部归队，谁种谁收。1971年内河管理站建立后，当年社队配备堤防管理队长10人，护桥护林员200人，骨干渠道所建闸涵均建有管理房，明确专人管理。看闸人员国家每月补助生活费5～7元，后增至6～10元。1976年，经县革命委员会生产指挥部研究确定，县内三河四堤的堤防和绿化，下放所在公社大队管理，堤防所有权仍属国家所有，大堤树木属社队所有。据1978年统计，三河四堤有树木28万株，其中已成材2.5万株。因实行专业人员与群众管护相结合；桥、涵、闸建筑物维修养护亦较及时。是年3月，县水利局局长孔令印作为先进代表出席水利部在湖南省桃源县召开的全国水利管理会议。

灌溉工程管理　1958年，修建引卫灌溉工程，即把灌溉工程管理列为重要内容，建立机构或明确专人负责管理。1965年，沿河扬水站发展到54处。为搞好扬水灌溉管理，县人委通过总结经验，制定《扬水站经营管理办法暂行规定》。要求各站建立健全管理机构，配备专职人员和技术力量，并就渠道管理、机具维修、水费征收等作出规定。20世纪70年代初，各国营扬水站大部采用地下渠道输水。动土23.9万立方米，对3条干渠渠首清淤和两条干渠疏浚。1984年祝官屯枢纽启用后，县内中下游扬水站运用受限，和平闸引水条件改善。为力争多引多蓄，除及时掌握水情提闸放水和抓住汛期、冬季集中引蓄外，1982—1987年，用受益单位出劳动积累工办法，动土101万立方米，先后对13条骨干引水渠道清淤疏浚，总长80.5公里，保证引水畅通。

机井建设管理　伴随机井建设发展，20世纪70年代，机井管理逐渐列入议程。针对当时有些社队机井损坏率较高，要求有井单位普遍建立管理组织，增添防护设施，尤其对深机井，强调修建“一高一低”或“一高两低”井屋，固定机手专人管理。据1980年普查，全县已建机井管理组织大队474个，机井4294眼。其中由大队统一管理的1484眼，由小队管理的2810眼，共盖井屋1260座，砌池264个，加井盖2367眼。1982年，伴随家庭联产承包责任制实行，进一步探索新的管理办法。或以村为单位建立浇地专业队、浇地服务公司，或以井划片实行井长责任制，或订合同承包到个人。1984年，在机井普查基础上普遍颁发机井管理员证书，促进机井管理责任制落实。1986年，为解决部门单位“一井多泵”和大雨坏井问题，推广袁庄乡“五个一”（即一井、一屋、一机、一泵、一长）管理办法。至1987年年末，全县已落实机井管理责任制机井5698眼，其中，专业队或浇地公司管理370眼，建立井长责任制3051眼，单井承包1577眼，社员个人或联户自打自用及其他形成管理700眼。新盖方形水泥砌砖井屋1750座。此后，机井损坏率下降，灌溉效益提高。

水利工程管理　县内水利工程管理按照工程级别实行分级管理办法，东部卫运河四女寺枢纽和祝官屯枢纽由海河水利委员会漳卫南运河管理局管理，卫运河、南运河河道堤防由漳卫南运河故城河务局管理。西部清凉江属河北省子牙河务处管理。卫运河草寺闸、和平闸、青年闸和芦庄闸以及清凉江朱往驿节制闸由县水务局及所属工程管理单位直接管理，县内其他骨干河道、渠道以及位于骨干河渠上的节制闸也由县水务局负责管理。

跨村的小型水利工程管理由所在乡镇管理，村内小型水利工程由村级组织管理或由其对外承包管理。村集体所有产权深机井由村级组织对外承包管理，联户入股所打机井由入股人管理。对国家投资实施的水利建设项目，在工程完工后建设单位都及时向受益乡村进行了工程移交，办理了移交手续，要求各乡镇督促相关村明确管护主体，落实管护责任和管护经费，确保运行安全，效益持久发挥。

取水许可证制度　1989年6月，开始实行能用机井一律颁发取水许可证制度。根据需要和自然条件，准备增打机井的，必须先办理审批手续，否则视造成损失大小处以罚款，并限制或停止使用。在对国营、集体、个体打井队进行技术考核的基础上，一律颁发开发水资源施工许可证。并规定打一眼深机井，打井队要按造价的0.5%交纳管理费；打一眼浅机井，管理费为10元。对无证施工和不交纳管理费者责令停工，并处以罚款。2008—2018年，按照有关规定和上级要求，对县内取水许可制度逐步进行了规范，不断加强水资源管理。对新建的水厂以及上报的建设项目按照分级审批的原则，组织了相应的论证和报批，取得了取水许可。对农村新建灌溉用取水工程，逐步实行了报批许可，颁发了部分取水许可证。对已建成但没有取得取水许可的，动员进行补办手续，换发新的全国统一的取水许可证。

二、水资源费征收

征收水费与综合经营为水利管理两大支柱。20世纪50年代，沿河扬水站始收取水费，多采用按机械动力和抽水能力计时收费办法，由用水单位直接向供水单位交纳。

20世纪70年代，国营扬水站多将河水输入地下灌渠，再由用水单位通过二级扬水灌溉。初按用水单位安装水泵台数和大小收取水费，分春、夏、秋季收缴。1975年，改为按沿渠社队可灌面积计收水费，分两季于7月10日和10月底前收齐。沿渠10个公社共核定灌溉面积34.2万亩，应收水费12万元。因当时社队干部商品观念淡薄，加之法制不健全，收缴水费较难。是年，郑口、辛堤两站共开车25503台时，按每台时6.6元，共应收取水费16.8万元，实收6.5万元。草寺扬水站1970—1978年累计各公社拖欠水费23万元。为解决各站扬水经费，试行建立灌区工程队办法，按各公社受益大小抽调人员外出承包土木建筑工程，收入除出工人员所得外，全部抵缴水费。是年，由16个受益公社抽调350名劳力，建立3个灌区工程队。因各公社摊派劳力数量质量均无保证，上下游用工与用水量不易解决，单靠工程队收入不能满足水费需要，1980年，各站恢复采用计时收费办法。

20世纪80年代为适应形势变化，部分乡镇扬水站采用按人口或受益面积征费办法，收效较好、1984年津卫南运河管理局始征水资源费，是年，故城县人民政府确定暂按地表水及井渠双灌面积每亩0.6元计征，共核定征收水资源费15.5万元，因种种原因未行实施，1985年7月，国务院发布《水利工程水费核定、计收和管理办法》，是年12月，《河北省水资源管理条例》通过执行。1988年《中华人民共和国水法》颁布实施，进入依法治水、依法管水新阶段。是年6月，县人民政府决定建立水资源管理委员会，行使政府管水机构职能，下设办公室，负责县内水资源规划、勘测、开发、水费及水资源费征收等日常工作。同时发布《故城县水资源管理暂行办法》及《关于基本水费、灌溉水费及水资源费征收细则》。并按规定对全县5个深井钻井机台，22个浅井机台进行技术资质审查，颁发机井建设企业技术资质证书、开发水资源施工许可证、对近6000眼农用机井、150眼工副业用井和27座固定扬水站颁发取水许可证，将水资源初步管理起来。是年7月县内统一征收水资源费、基本水费和引水灌溉水费。水资源费暂按县、乡镇工副业用水每立方米0.05元计征。基本水费采用1983—1987年5年各乡镇地表水浇地面积算术平均值，按每亩0.5元计征。引水灌溉水费因县内运河水源极不稳定，渠道及控制工程亦不完备，暂按各年各乡镇地表水浇地面积算术平均值和当年由卫运河引水总量，结合各乡镇到水和持续时间，每立方米0.002元估量计征。1988年9月1日始，开始征收水资源费。征收范围是城乡从事农、林、牧、副、渔业生产以及机关、团体、学校、企业生产用水。征费标准是：利用地下水从事工副业生产，每立方米征费0.07元；从事农、林、牧、副、渔业生产，每立方米0.04元；利用河渠水，根据国家供水情况和相关水费标准，按流域面积每亩征收0.5元。征费范围仅限于农村砖瓦厂和乡镇企业、县直砖瓦厂、电力、银行等部门。对超计划用水户，按所超不同比例，分别按原价加1倍、3倍、5倍收取罚款。1990年年末，总计已收3种水费合计57.47万元。通过加强水资源管理，水在国民经济中的基础产业地位，水资源归国家所有，以及水作为商品的观念，开始在一些人头脑中形成。某些地方乱打井现象逐步得以控制，促进各行各业节约用水、合理用水和引水工程的维修配套，开始进入水利系统自我维持的良性循环阶段。1988—1990年，连续3年被衡水地区评为水资源管理先进县。被河北省水利厅水资源综合管理办公室评为水资源管理先进集体。

2008—2016年，故城县共征收水资源费850万元，且呈逐年增长趋势。2016年，财政部、国家税务总局、水利部印发关于《水资源税改革试点暂行办法》的通知，确定河北作为全国试点省份，是年7月1日起，向应税纳税人开征水资源税，原水资源费费率降为零。

三、综合经营

1954年，曹口扬水站改为地方国营，该站即在扬水灌溉之余，利用扬水动力磨面加工。1965年，县人委进一步要求各级扬水站，在保证灌溉前提下开展农副产品加工、增加收入，逐步做到以站养站。

20世纪70年代，水利工程管理人员大量增加，为保证干部职工经费开支和水利设施正常运行，各工程管理单位逐步进行综合经营。初期着重利用现有厂房设备，在满足开车抽水前提下，帮助社队耕地13万～15万亩，1976年，达21万亩。后又增添织窗纱、织草袋、轧花、榨油、皮毛加工、地毯加工、电气焊、土木建筑等综合经营项目，连同水费年收入由几万元升至十几万元，1977年，高达28.8万元。

1981年，对下属水利单位实行财务包干，当年核定综合经营利润13.5万元。按利润包干超额奖励办法，超收部分由各单位自行处理。1984年改用“年终结余比例使用，定额上缴比例回奖”办法。对年终结余按上级规定50%为生产发展基金，30%为集体福利基金，20%为职工奖励。同时根据县财政水利事业费实行包干后“不足部分以收抵支”精神，每年初给各单位核定上缴数额，年终按实际上缴数额回奖1%～3%。为逐步实现事业单位企业管理，1987年，在综合经营基础较好的机井修配厂、钻井队和水利工程队，依《故城县水利系统承包经营责任制方案》，实行承包经营。

实行财务包干和不断完善经营承包责任制后，综合经营积极性得以调动。各单位根据市场情况不断调整增添新经营项目，巩固、扩大有发展前途经营项目，相继办起面粉加工厂、空调设备厂、贸易货栈、鳞花厂、土木建筑，逐步发展成水利系统骨干经营项目，1981年，县水利局在河北省水利厅召开的全省水利管理会议上，就综合经营做专题发言，1984年，根据整顿建筑企业精神，将所属建筑队伍统一组成县水利局建筑公司。1986年，对建筑业进一步进行资质审查和统一管理，改组为县水利建筑安装公司。1987年，全公司从业人员840余人，完成建筑面积2.5万平方米，获纯利润8万余元。水利系统综合经营总产值709.9万元，获纯利润85.3万元，在国家财政未予补贴、水费收入明显减少情况下，依靠综合经营收入，基本解决现有人员经费开支，有部分单位厂房设备并得以维修更新。是年，全局综合经营纯收益13.1万元，12个单位中有8个实现经费自给，但因水利系统综合经营无定型产品，收入不稳定，加之有些水利设施年久失修，工程老化，有的单位维持正常运转尚有困难。

20世纪90年代，逐渐陷入颓势。到2008年，水利综合经营单位只剩郑口扬水站一个单位，2009年3月，完成改制任务。至此，水利系统综合经营成为历史。

第七节　水利机构

中华人民共和国成立前，故城县无主管水利专门机构。仅明、清两代先后设主簿、县丞主管漕运。中华民国时期大部分时间由建设科（局）兼管水利。

中华人民共和国成立后，1955年，增设县水利科主管水利，1972年，改称水利局。并根据工作需要，相继设立河道管理机构和一批从事水利工程施工、管理和服务的事业机构。同时每年以县党政领导干部为首组成防汛抗旱指挥部，曾设机井建设指挥部和根治海河指挥部1988年新设水资源管理委员会，水利机构和水利队伍逐步发展壮大。

2018年，故城县水利机构包括行政机构、指挥机构和事业机构。

一、行政机构

明成化二十一年（1485年）始，设管河主簿。明隆庆元年（1567年），撤管河主簿，河务归并于尉，由典史兼管河道。清康熙三十二年（1693年），复设管河县丞。清雍正十二年（1734年），增设郑口巡检1人。清道光十二年（1832年），撤巡检，河务专归县丞，署移郑口。清光绪二十八年（1902年），漕运停止，县丞撤。

中华民国初年，县国民政府由第一科掌管河务。1928年，设建设局。1935年，裁局设科，由第三科建设股办理有关事项。

中华人民共和国成立后，水利工作由县人民政府建设科主管。设科长或副科长1人，科员3～7人。1953年，改建设科为农建科。1954年

10月，撤农建科，建设科与农林局分设，仍由建设科分管水利。

1955年5月，县人委增设水利科，行政编制9人，设科长或副科长1人，自此水利工作始有专管机构。1958年10月，故城县并入吴桥县，县水利科与农林局合并称吴桥县农林水利局。1961年5月，故城县分置后，县人委仍设水利科，干部职工12人，设科长、副科长各1人。另，事业编制8人（头屯灌区管理人员6人）。

1962年9月，县水利科与农林局合并称农林水利局，局内设水利股主管水利。1963年5月，撤农林水利局恢复水利科，共干部职工9人，设正、副科长各1人。1964年年末，故城、武城两县区划后，干部职工增至29人（扬水站管理人员8人）。1965年，衡水专区编制委员会和专署水利局下达水利事业人员编制26人（河道管理5人）。1967年，干部职工41人，设正、副科长5人。

1968年9月，县革命委员会下设水利组主管水利工作，干部职工69人。1972年7月，撤水利组，建县革命委员会生产指挥部水利局，设局长1人，副局长5～7人。1979年2月，撤生产指挥部，改称县革命委员会水利局（含事业编制），干部职工101人。

1980年4月，县人民政府设水利局。1981年、1982年，县海河指挥部、机井指挥部先后并入水利局。1987年，县编制委员会下达县水利局机关人员编制78人，内设行政编制23人，事业编制55人。是年，水利局（含下属单位）实有干部职工276人（干部74人、职工202人），其中局机关68人，局长、副局长各1人，其他副局级干部4人，设人秘、工程、机井、排灌4个股。1988年6月，县人民政府建立水资源管理委员会，行使政府管水机构职能。由分管水利工作的副县长任主任委员，县水利局局长任副主任委员。下设办公室，人员在已有编制内调剂使用。

中华人民共和国成立初期，县水利科无水利专门学校毕业工程技术人员，1956—1957年，仅两名干部经河北省水利厅高阳水利干部培训班短期培训。1961年，县内首批分配水利大中专毕业生4人。1987年，水利系统共水利工程技术人员28人，其中工程师9人、助理工程师17人、技术员2人。2001年5月，县水利局更名为水务局。内设办公室、农田水利股、财务股、水政水资源综合管理办公室，下设抗旱服务站、水利建设工程队。2008年，全局共76人，其中行政编制16人，事业编制36人。在22名技术干部中，中级技术职称9人，初级技术职称13人。2012年12月，故城县政府下达水务局机关编制15人，内设人秘股、水政防汛办、农水股、引黄引江与水保办公室；2014年1月，县下达水务局所属事业股室80人，事业股室有水利工作站、水政水资源站、和平闸、防汛抗旱多种经营站、桥闸管理服务中心、城乡供水管理站。主要职责有负责保障水资源开发利用、水利规划、生活、生产、生态用水统筹兼顾和保障及节约用水、指导全县农村水利工作、防治水土流失、水事违法案件查处等工作。2018年年末，故城县水务局共有干部职工176人，其中局机关行政13人、事业63人。水务局设局长1人、副局长2人。

二、指挥机构

中华人民共和国成立后，每年汛期均由县党政领导干部为首，组成防汛指挥部，指挥防汛抗洪和内地除涝。20世纪70年代初改称防汛抗旱指挥部，统一指挥防汛抗旱。一般由县委书记或副书记任政委，县长或分管水利工作的副县长任主任，县人民武装部、当地驻军首长等有关领导干部任副主任，县有关部门负责人为委员。下设办公室和工程、财务、政工等科（组）负责各项具体业务。人员多由有关部门抽调。1980年，以海河指挥部机关干部为主，适当调整充实，利用汛期休整时间从事防汛。后以县水利局及运河管理部门为主组成，1988年防汛办公室改为常设机构。

故城县防汛抗旱指挥部　负责全县防汛抗旱工作的组织领导，重点是行洪河道防汛抗洪、内地除涝和引蓄水抗旱工作。指挥部设政委、指挥长各1人，一般由县委书记和县长分别担任；副政委、副指挥长若干人，由相关县级领导干部、驻军负责人员及水务局局长担任；县直有关部门主要负责人为指挥部成员。下设办公室及指挥系统、参谋系统、汛情通信系统、防守抢护系统、后勤保障系统、安全稳定系统六大系统。防汛抗旱指挥部办公室设在县水务局，负责防汛抗旱指挥部日常工作，办公室主任由水务局局长兼任。

海河指挥部 中华人民共和国成立初期，每年以建设科或水利科为主，抽调干部分别组成春工委员会和秋工指挥部，负责领导河防岁修和其他较大水利工程施工。1965年8月，组建故城县根治海河指挥部，专门领导县内外海河工程施工。主要领导干部一般由一名县委常委或其他县级领导干部担任，工作人员由有关部门抽调。1976年，县海河指挥部定编、定员22人，设主任1人，副主任2～3人，1981年4月，该机构撤销与县水利局合并。

机井指挥部 1970年前，地下水资源开发利用由县建设科和水利科（局）管理。是年11月，县革委设机井指挥部，专门负责机井建设。1973年3月，机构一度降格，改称生产指挥部机井建设局。1977年4月，恢复机井建设指挥部，属县革委。1980年5月，县人民政府建立后，易名故城县机井指挥部。1982年10月，机构撤销并入水利局。

河长制 2016年10月11日，中央全面深化改革领导小组第28次会议审议通过了《关于全面推行河长制的意见》。12月11日，中共中央办公厅、国务院办公厅印发了《关于全面推行河长制的意见》，要求各地区、各部门结合实际认真贯彻落实。根据全省统一要求，2017年6月，在河北省范围内全面推行河长制。县委、县政府印发《故城县河长制管理制度实施方案》。确定由县委、县政府主要负责人担任县级总河长的双河长制，安排其他县级干部担任县级及以上河道、渠道河长；河流所流经属地乡镇政府主要负责人担任乡级总河长，其他乡级干部担任乡级河长；河流流经地村干部担任村级河长。明确了13个乡镇党委、政府主要负责人为主要责任人，并确定了县直相关单位1名科级干部为具体责任人，1名股级干部为联络人。成立了故城县河长制办公室，办公室设在县水务局，办公室主任由水务局局长担任，相关单位负责人为办公室组成人员。

全县23条县级以上骨干河渠，分别由23名县级领导干部担任河长；乡级总河长由乡镇党政主要负责人担任，乡级河长由乡级党委政府班子成员担任；村级河长由河道所在村主要负责人担任。全县共落实县级河长25名，乡级河长102名，村级河长418名，确保了县乡村三级河长体系的稳定，实现了河渠全覆盖。三级河长体系建立后，制定和完善工作制度，落实日常巡查、维护、监管。全县设置河长公示牌628块。公示牌上公布流域图、河流名称，河段范围，各级河长、村级专管员姓名职务、职责、和联系方式，明确整治目标，接受群众监督和举报。此外，还完成了“一河一策”方案编制工作并经县政府批准实施，“一河一档”已录入完成，河长云巡河管理平台已投入使用。

三、事业机构

20世纪60年代，水利系统始设负责工程施工、管理和服务的事业机构。20世纪70年代，所属站、所、厂、队最多。1987年，有施工单位2个，修配单位1个，管理单位9个，干部职工208人。另派出乡镇水利员23人。2018年，水务局设事业机构3个，分别是故城县抗旱服务中心、故城县钻井公司、故城县水利工程队。

故城县抗旱服务中心 1999年2月组建，主要负责掌握旱情动态及统计工作；参与制定抗旱预案，确保抗旱工作开展；做好抗旱设备及小型水利抗旱设施的维修、养护、修复等工作，确保正常运行。2018年年末，共有干部职工10人，有深井潜水泵、浅井潜水泵、发电机组、抗旱运输车及小型机械等设备。

故城县钻井公司 钻井队前身为水利科电机钻井队，始建于1967年，后下放公社经营。1982年，始称现名，称故城县钻井公司，主要承担深层机井建设。1987年，共有干部职工66人，固定资产总值81万元，1990年10月，经河北省水利厅批准为甲级钻井队。2018年年末，共有员工47人，主要设备有500型钻机、400型钻机、泥浆泵、空压机、物探仪及钻井附属机械，固定资产总值95万元。

故城县水利工程队 水利工程队前身为水利局维修队，主要承担水利工程建设，1977年始，外出承包民用建筑工程。1987年1月，经河北省水利厅审查，定为水工建筑民用建筑三级企业，时有干部职工28人，固定资产总值49万元。1989年11月，升级为水利水电施工三级资质。2008年5月14日，水利工程队进行改制，不再隶属于县水务局管理。

施工服务单位 曾设机井修配厂，1971年1月建，主要承担钻井机械修配。1987年共干部职工42人，固定资产总值60万元。

石棉管厂，1976 年筹建，旨在铸铁井管供应紧张时开辟新管材，因资金不足未正式投产，1978 年下马。

白灰窑厂，系为解决水利建设用灰，1972 年建。配备干部 1 人，合同工 20 人。一般年产白灰 2000 ～ 3800 吨，1978 年撤销。

工程管理单位 有国营扬水（排灌）站 5 处，闸涵管理所 3 处，内河管理站 1 处。

草寺和天水屯扬水站：1960 年建，原分属祖杨和武官寨公社，后由水利部门接管。1987 年，干部、职工分别为 8 人、10 人。

温庄和郑口扬水站：前身为地表水管理站，1970 年建，后分别改称辛堤和郑口扬水站。1983 年辛堤扬水站迁建，始称温庄扬水站。1987 年，干部、职工分别为 11 人、19 人。

西第三排灌站：前身为头屯灌区，1962 年建。1987 年共职工 7 人。上述 5 站分别负责所在扬水（排灌）站经营管理。

内河管理站：1972 年建。1987 年有干部职工 4 人。主要负责内河、骨干渠道桥涵建筑物和朱往驿闸管理。

和平闸管理所：1973 年建。朱往驿闸管理所，1976 年建，原属河北省清凉江管理处，1981 年移交县水利局，分别负责和平闸和朱往驿同管理。1987 年分别有干部、职工 4 人、6 人，辛堤闸管理所，自辛堤扬水站迁建后，设 3 人看管辛堤涵洞。

另，1974 年曾建东芦庄闸管理所，1984 年下放小屯乡代管。因该引水闸涉及东部几个乡镇引水蓄水需求，后一直由县水务局直接管理。

四、乡镇水利机构

20 世纪 70 年代，公社管理委员会设水利和机井干事各 1 人，水利协助员若干。1981 年，曾建公社水利管理站，由 5 ～ 7 人组成。1982 年始各公社设水利员 1 人，协助公社主管水利工作。经费由农田水利事业费中列支，为水利局派出事业单位。乡镇水利员（公社水利协助员）经 1986 年技术职称评定，1987—1997 年，共评出农民助理工程师 2 人，一级农民技术员 3 人，二级技术员 4 人，三级技术员 8 人。2003 年，乡镇机构改革以后，各乡镇都设立了乡镇水利站，在乡镇政府领导和县水务局指导下，承担本乡镇水利建设管理职责。

附

县外水利施工

中华人民共和国成立初期，故城县即先后组织民工，参加岳城水库、四女寺减河等海河前期治理工程施工。1965 年县根治海河指挥部建立后至 1986 年间，故城县广大民工不畏严寒酷暑，转战海河流域五大水系，县外施工 19 个工期，完成挖河土方达 1005.9 万立方米。此间还奔赴唐山地震灾区，帮助修复震毁水利工程。

一、海河前期治理工程

1957 年冬，参加四女寺减河扩大治理工程。该工程在 1955 年和 1956 年疏浚基础上，按承泄卫运河洪水 850 立方米 / 秒设计。故城县于宁津县李家桥一带施工，以挖河为主，辅以培堤，并在中泓挖一 50 米宽深槽，全县抽调干部组成施工指挥所。共投入民工 4072 人，分工段长 2700 米，利用胶轮手推车 3881 辆，施工 37 天，动土 64.3 万立方米。1958 年秋，1000 名民工赴河南省新乡地区参加引黄济卫共产主义渠清淤。1959 年春，参加王快水库施工。该水库位于曲阳县大清河南沙河上游，吴桥县共 11 个公社参加施工（时故城已省人吴桥县），原故城县辛庄公社 400 名民工负责大坝运砂，2 月施工，5 月退场。

1959—1961 年，参加岳城水库施工。该水库位于磁县岳城镇西南，南临河南省安阳县，系漳河主要水利枢纽，总库容 10.9 亿立方米。吴桥县参加施工 15000 人，原故城县 4 个公社投入民工 5000 人。主要负责 6 台皮带运输机装卸，开挖铁道沟及配合抽水碾轧、兵团排水、碾轧，民工昼夜三班轮流作业。至 1961 年夏完工退场、民工在工地连过两个春节，施工近 20 个月，提前两个月完成施工任务。

1959—1960 年，参加南排水河工程施工。该河为黑龙港地区南部骨干排水河道，此次属局部治理，吴桥全县投入民工 6000 名，原故城县 4 个公社于沧县旧州附近施工，此项工程于 1959 年冬开工，春节期间未停，因时处三年暂时困难时期，民工口粮指标偏低，民工减员较多，后上级降低开挖标准，1960 年夏收前完工退场。治理后排水能力 194 立方米 / 秒。

二、根治海河工程

1965 年 8 月，建故城县根治海河指挥部后，统一领导海河工程施工。按军事化编制，县为民工团，公社为民工连，民工人数按任务大小，工期长短确定，一般4000～6000人。民工生活费、口粮和工具由国家按标工补贴，由所在生产队记工取酬。一般每年分冬春施工，每工期3个月左右，中间停工退场，自海河指挥部建立后，故城县参加县外施工海河工程10项，涉及海河流域子牙、大清、永定、漳卫南运河和黑龙港5大河系。

1966—1967年，参加开挖子牙新河工程。该河系平地开挖的大型排洪河道，西起献县，东至马棚口入海，洪涝分流，两河两堤，宽2.5公里，治理标准五十年一通，校核1963年型。冬季分工于河间县王刁附近施工，段长0.2公里。动员民工4500名，土方任务54万立方米。春季分工于黄骅县齐家务施工，出民工5500名，土方任务66万立方米，共计完成土方120万立方米。

1967—1968年，参加开挖滏阳河工程。该河为解决滏阳河流域发生类似1963年型洪水开挖的行洪河道。自交辛庄枢纽以下与滏阳河平行，至献县枢纽以上先后与滏阳河、滹沱河汇合，河道总长133.7公里。故城出民工5500名，于衡水县谈庄一带施工，施工107天，共完成挖河土方109.9万立方米，筑堤土方96.4万立方米，累计使用工日56万个，平均工效3.7立方米。

1968—1969年，参加独流碱河疏浚工程。该河属大清河系，按十年一退标准设计，上段着重深挖河招展堤复堤。此次出民工4500名，于静海县良王庄附近施工，段长505米，河底宽750米，施工期106天，完成土方77.7万立方米，筑堤土方6.5万立方米。春季工程平均工效2.6立方米，提前50天完成任务。共节约国家工程粮3.5万公斤，款3.1万元。

1969—1970年，参加滹沱河南堤后展工程，滹沱河从黄壁庄水库至献县枢纽长200公里，属子牙河系。此次治理设计五十年一遇，校核1957年型。冬出民工2520人，春出民工4644人、在武强县刘寺林一带施工，段长9.3公里，挖河动土109.3万立方米，筑堤动土53.3万立方米，用工日60.2万个。完工后又调4个连队开挖天平沟，动土4万立方米。

1970—1971年，参加开挖永定新河工程。该河是海河北系新开挖的行洪入海河道，自天津市北郊屈家店至北塘海口，长60公里，宽500米，深4～8米，最大泄量6000立方米/秒。故城出民工4150名，于清河农场585分场施工，段长400米，人均不足0.1米。此段芦苇丛生，均系粘泥，排水困难。施工采取“大开膛”“分蹬施工”。流水作业方法，加大工作面，并用0.6米柳棍横排连接铺路，解决路面陷车问题。施工期124天，完成挖河土方105万立方米，筑堤土方21万立方米，提前超额完成施工任务。

1971—1972年，参加漳卫新河扩大治理工程。此次治理包括新辟岔河、扩大四女寺减河和入海口段复堤。治理标准按五十年一通，设计洪水流量3500立方米/秒，超标准强迫行洪5000立方米秒。冬季故城出民工5563名，春季6052名。于东光县后店附近施工，段长4345米，施工118天。后因工程变线增加土方，实际完成挖河土方161.4万立方米、筑堤土方41.6万立方米。

1976年春，参加清凉江扩建工程。此项工程为保定地区蠡县1975年冬遗留工程，于阜城县刘家并附近，段长1.2公里。出民工950人，施工期50天，用标工7.68万个，动土12.1万立方米。

1977—1978年，参加扩大滏东排河一期工程。该河位于黑龙港流域西部，属南排水河系、此次扩挖按3日降雨250毫米设计。故城县分工于冀县良心庄和衡水后韩庄一带施工，段长4100米，出民工2800人，高峰人数4000人，施工105天，完成全员标工49.7万个，土方94.3万立方米。施工中推行混合编班化，拉坡机械化，一窝龙高铺化和食堂机械化为内容的“四化建设”，广大民工生活条件得以改善，劳动强度降低。

1978年7月，参加滏阳河开卡工程。工程实体为原河道基础上扩宽加深，分工于献县贸庄桥西北地工，段长768米，土方量9万立方米，共用工日6.9万个，该项施工针对路途远、气温高、阴雨多特点，采用卡车接送民工进出场，突击10天完成任务，为衡水地区首名交工县。

1978—1979年春，参加卫河扩大治理工程。此次治理自汛内沟口至徐万仓长116.7公里，标准按排沥700～1000立方米/秒扩挖河槽，行洪2000～2500立方米/秒整修堤防，故城县分工于魏县礼教附近施工，挖河段长945米，筑堤段长

1810米，出民工4000名，施工期65天，全员标工47.4万个，完成挖河土方51.4万立方米，筑堤土方3.8万立方米，河道清障2.6万立方米，此次施工，采用上期滏阳河开卡经验，卡车接送民工，交工名次复居衡水地区各县榜首。

1979年至1980年春，参加开挖滏东排河二期工程，此次施工于衡水东南周言村附近，段长3110米，挖河土方149.2万立方米，出民工5260名，施工79天，完成全员标工942万个，提前17天，超额3.3万立方米完成任务。

三、支援唐山抗震救灾

1976年7月28日4时，唐山丰南一带发生7.8级强烈地震，大量水利工程震毁。为迅速帮助地震灾区群众恢复生产，故城县组织打井、挖河两支队伍，奔赴灾区支援抗震救灾。

是年8—12月，故城县465名干部群众，前往唐山地区乐亭县支援打井修井，共组成打井队24个、修井队1个、制管组4个。4个月为城关、双店、苍庄等公社制井管1万余米，打新机井274眼，修旧井529眼（修好204眼），拔胶龙49根，比计划超修井83眼。

1976年10月—1977年4月，参加修复陡河工程。故城县冬季动员民工4437人，春季2030人，于丰南县稻地公社承担2700米新河开挖任务。在余震不断发生、水土不服、物资供应不足情况下，同丰南人民同甘共苦，团结奋战，经过80余天艰苦努力，共完成土方81.3万立方米，被衡水地区指挥部评为优质工程。

第六编　城乡建设　环境保护

故城县1945—1983年间无镇治（此间有“镇”字样仅为地名）。1984年4月，由乡治改镇治的有郑口、建国，后故城设镇，县城位于郑口镇。

中华人民共和国成立前，域内城镇乡村人民大多居住在低矮简陋的土屋坯房内，饮用土井水或者河水。城镇街道狭窄，农村更是窄巷胡同，道路和排水等设施几乎空白。1949年后，随着经济的恢复和发展，根据“统筹安排，合理布局，有利生产，方便生活”的方针，制定城乡建设全面规划，分年实施。改革开放后，县城城乡建设步伐逐步加快，城乡面貌逐年提升。20世纪90年代中期始，环境保护工作日益加强，治理三废，绿化美化，城乡环境明显改善。2015年，故城县成功创建省级园林县城。

第一章　城区建设

20世纪70年代末，曾为运河码头的县城驻地郑口镇，人流、物流较集中，但规模不大，仅有3条街道，城区呈三角形，面积1平方公里，人口不足1万人。只有原县供销社的一栋二层楼房。20世纪80年代，县城建设步伐加快，先后新建康宁路、工业路、中华街、体育街等6条街道，城区面积达7.6平方公里，城区常住人口达4万人。2003年，县城建设速度进一步加快，城区发展到16平方公里。街道由“三纵三横”发展到“七纵五横”，新修供排水管道9.1万米，新修和翻建道路总面积45万平方米，安装路灯2000多盏，分别是此前30年总和的3.9倍、5.6倍和15倍；新建迎瑞温泉花园、太兴家园等9个现代化住宅小区，总建筑面积达86万平方米；老商业区改造成了总营业面积16万平方米的商贸新城；城区常住人口升至9.2万人。2018年年末，街道由“七纵五横”发展到“九纵九横”，新建星河湾、龙海园、美林水岸、帝奥家园、富邦花园、丽景名城、安居小区、尚书房、沁湖小区等30余个新型现代化住宅小区，总建筑面积达314万平方米，城区常住人口升至17万人，县城建设规模和档次实现质的飞跃。

第一节　城区规划

一、1985年版县城总体规划

1985年，故城县编制第一轮《故城县县城总体规划》，规划期限近期至1990年，远期至2000年。

县城性质　为全县政治、经济、文化中心。大力发展农副产品加工、传统皮毛加工、工艺品加工、轻纺、酿造业，逐步朝着以加工工业和流通业为主的城镇进行建设。

规划面积　总用地4.7平方公里。

二、1995年版县城总体规划

1995年，再次制定《故城县城建设总体规划》，规划期限近期至2000年，远期至2015年。

城市性质　为全县的政治、经济、文化中心。以发展机械、食品和纺织工业为主。城市规模近期至2000年，人口8.0万～10.0万人，远期至

2015年，人口至15万人。

规划面积 建设用地16平方公里。

三、2003年版县城总体规划

2003年，制定第三轮《故城县城建设总体规划》，规划近期2003—2005年，中期2006—2010年，远期2011—2020年，远景2021—2050年。此次规划按照“以人为本、立足长远、彰显特色”原则，对县城发展方向、功能分区、重点建设项目及公用设施等进行了科学定位。至2005年，县城人口9.0万人，用地10.8平方公里，重点建设区域为县城的东部和南部，县城东部至夏庄范围内，包括县城、故城、青罕和夏庄镇，以县城和夏庄镇为重点，加强与德州市的连接，南部重点建设建国镇，加强与清河的连接。

规划目标 把故城县城建设成为社会稳定、经济繁荣、功能齐全、服务高效、环境良好、生活舒适的现代化小城市。

城市性质 全县政治、经济、文化、科技、信息中心。以发展服装服饰、装备制造、新能源新材料三大主导产业和传统工艺加工为主。

建设格局 实施“西进北扩”战略，即以京杭大街为中轴线，整个县城重点向西、向北发展，京杭大街以西为新城区，京杭大街以东为老城区，县城主干路整体路网结构为“八纵、六横、二环”。

规划区范围 郑口镇、夏庄镇和青罕镇的李王庄、于孝子、大刘孝子、白庙、千户庄等村庄，面积约计198平方公里。至2020年，城区面积将扩大到30多平方公里，人口增加到17万人。至2050年，城区规划面积45平方公里（城建区22平方公里、工业区23平方公里），县城人口规模设计为40万人，努力打造冀东南鲁西北交界处的次中心城市、冀鲁两省交界的“桥头堡”、河北省运河之畔的“东方明珠”。

城市建设用地规模 规划2010年城区用地面积13.8平方公里，人均用地指标为115平方米/人（按12万人计）；远期城区总用地面积为18.7平方公里，人均用地指标为110平方米/人（按17万人计）。远景城区总用地面积为31.5平方公里，人均用地指标为105平方米/人（按30万人计）。

第二节 市政建设

一、城区道路

郑口镇久以南北走向的三条街道为中心，即一道街、二道街、三道街。至1987年，此三条街逐步修建一新，均铺建沥青路面。一道街南起南新街县人武部西侧，北至卫生局。两侧主要为县政府（1987年后已迁）、财政局、公安局等机关和居民区。二道街南起卫运河大桥，北与青年路斜交。南段主要为商业区，百货店、土产店、副食店、饭店、礼堂、医院等遍布，人流如潮，北段以居民区为主。三道街南起机井修配厂，北至育红街，两侧主要为工业区和居民区。随工农业发展，人民生活水平提高，商业兴隆，历史遗留之三条街道已不能满足县城物资集散。20世纪80年代，郑口镇扩建南新街，东西走向，东起二道街镇医院，西至青年路供销大楼，沥青路面。两侧商业、金融网点密布。故河街，南北走向，南起正大街电影院，北至原电镀厂，沥青路面。正大街，东西走向，东起青年闸，西至一道街，沥青路面。育红街，东西走向，东起水利局，西至一道街县幼儿园，沥青路面。并新建中华街，南北走向，南起康宁路县医院西侧，北至环城路（1989年铺设沥青路面）体育街，南北走向，南起广交路，北至康宁路，沥青路面（至1992年，体育街沥青路已延伸至郑衡公路，时工业路已建成）。

2003年，故城县严格按照《城市道路规划和设计规范》实施道路建设，先后建成扬帆大街、平安大道2条省级园林式街道，促使县城路域环境大有改观，进一步提高了县城文明水平。同时，组建专业护路队伍，对路面状况进行调查摸底，严格按照《公路养护技术规范》合理科学的安排养护计划，及时对城区破损路面进行修补，方便群众出行。

2018年年末，故城县城区主次干道及支路共计52条，道路总长137.785公里，总面积为2.616平方公里，城区总面积为17.1平方公里，建成区平均路网密度为8.06公里/平方公里，城市道路面积率达15.2%，形成了“布局科学、衔接顺畅、内外通达”的县城路网格局。

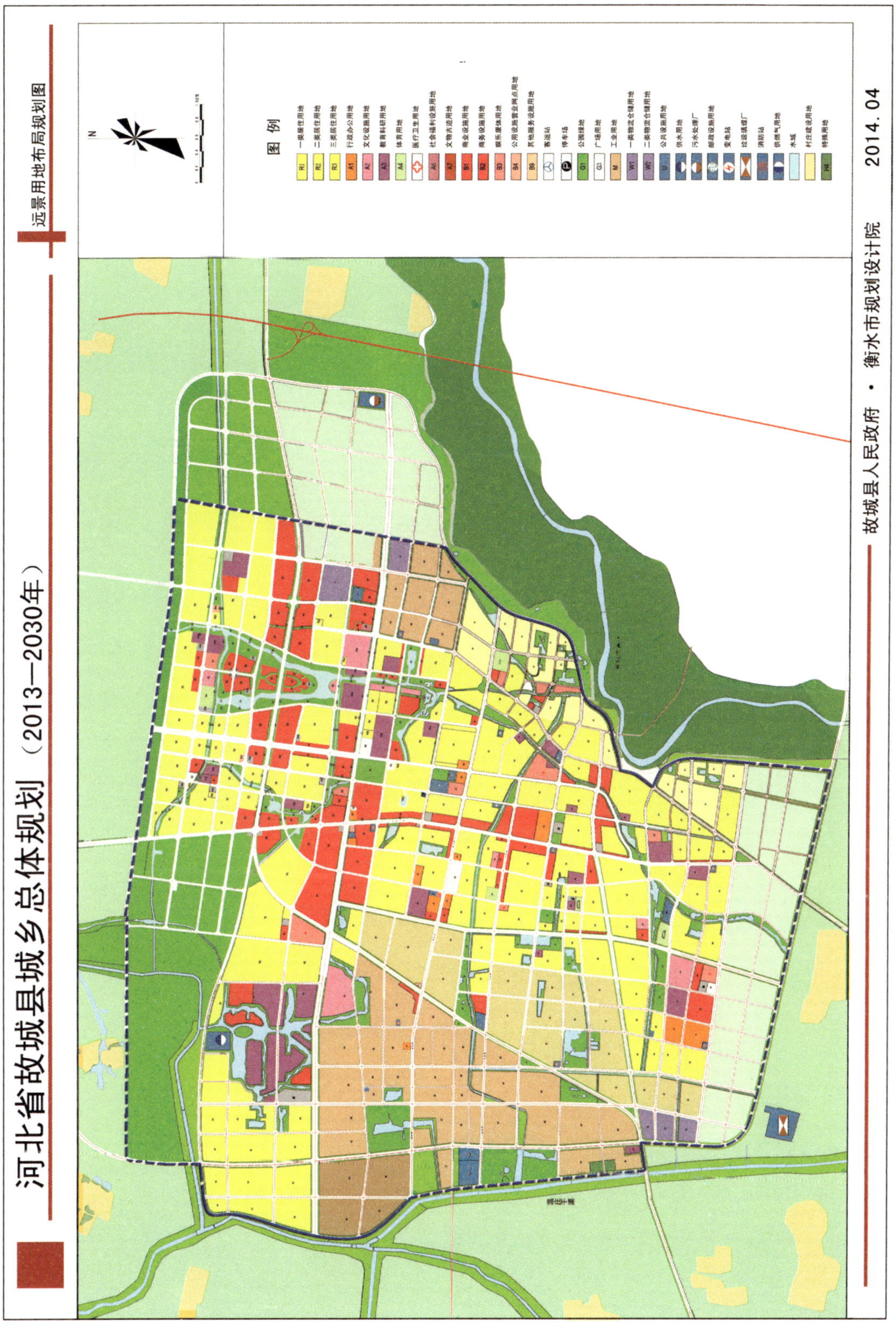

图6-1 河北省故城县城乡总体规划示意图（2013—2030年）

2018 年故城县城区道路基本情况一览表

表 6-1

<table>
<tr><th>道路名称</th><th>道路区间</th><th>修建年份</th><th>长度（米）</th><th>机动车道宽度（米）</th><th>红线宽度（米）</th><th>管网状况</th></tr>
<tr><td rowspan="4">扬帆大街</td><td>平安大道—幸福路</td><td rowspan="4">2004</td><td>1242</td><td rowspan="3">24</td><td rowspan="3">50</td><td rowspan="4">雨污合流</td></tr>
<tr><td>幸福路—顺达路</td><td>444</td></tr>
<tr><td>顺达路—工业路</td><td>785</td></tr>
<tr><td>工业路—广交路</td><td>1596</td><td>16</td><td>32</td></tr>
<tr><td rowspan="3">顺风街</td><td>和平路—幸福路</td><td rowspan="3">2004</td><td>350</td><td rowspan="3">16</td><td rowspan="3">32</td><td rowspan="3">雨污合流</td></tr>
<tr><td>幸福路—顺达路</td><td>469</td></tr>
<tr><td>顺达路—堤口渠</td><td>436</td></tr>
<tr><td rowspan="4">京杭大街</td><td>平安大道—顺达路</td><td rowspan="4">2003</td><td>1542</td><td rowspan="4">16</td><td rowspan="4">50</td><td rowspan="4">雨污分流</td></tr>
<tr><td>顺达路—康宁路</td><td>1091</td></tr>
<tr><td>康宁路—广交路</td><td>666</td></tr>
<tr><td>广交路—南出口</td><td>2287</td></tr>
<tr><td rowspan="3">运兴街</td><td>幸福路—顺达路</td><td rowspan="3">2004</td><td>467</td><td rowspan="3">16</td><td rowspan="3">32</td><td rowspan="3">雨污合流</td></tr>
<tr><td>顺达路—堤口渠</td><td>397</td></tr>
<tr><td>堤口渠—工业路</td><td>356</td></tr>
<tr><td rowspan="4">体育街</td><td>平安大道—顺达路</td><td rowspan="4">2003</td><td>1585</td><td rowspan="4">10</td><td rowspan="4">30</td><td rowspan="4">雨污合流</td></tr>
<tr><td>顺达路—康宁路</td><td>1290</td></tr>
<tr><td>康宁路—广交路</td><td>553</td></tr>
<tr><td>广交路—规划路</td><td>1123</td></tr>
<tr><td rowspan="4">中华街</td><td>高速引线—顺达路</td><td rowspan="4">2005</td><td>2687</td><td>24</td><td>50</td><td rowspan="4">雨污合流</td></tr>
<tr><td>顺达路—工业路</td><td>718</td><td rowspan="3">16</td><td rowspan="3">32</td></tr>
<tr><td>工业路—康宁路</td><td>540</td></tr>
<tr><td>康宁路—滨湖南路</td><td>1296</td></tr>
<tr><td rowspan="3">学府街</td><td>平安大道—和平路</td><td rowspan="3">1998</td><td>396</td><td rowspan="3">16</td><td rowspan="3">50</td><td rowspan="3">雨污合流</td></tr>
<tr><td>和平路—幸福路</td><td>703</td></tr>
<tr><td>幸福路—顺达路</td><td>542</td></tr>
<tr><td rowspan="4">青年街</td><td>平安大道—顺达路</td><td rowspan="4">2002</td><td>2656</td><td rowspan="4">9</td><td>50</td><td rowspan="4">雨污合流</td></tr>
<tr><td>顺达路—康宁路</td><td>1597</td><td rowspan="3">20</td></tr>
<tr><td>康宁路—广交路</td><td>516</td></tr>
<tr><td>广交路—南出口</td><td>2640</td></tr>
</table>

续表 6-1

道路名称	道路区间	修建年份	长度（米）	机动车道宽度（米）	红线宽度（米）	管网状况
幸福路	邢德公路—顺风街	2008	1176	24	50	雨污合流
	顺风街—京杭大街		868			
	京杭大街—中华街		797			
	中华街—青年街		1366			
和平路	京杭大街—体育街	2008	509	16	50	雨污合流
	体育街—中华街		360			
顺达路	邢德公路—顺风街	2004	1405	24	50	雨污合流
	顺风街—京杭大街		913			
	京杭大街—中华街		797			
	中华街—青年街		1375			
工业路	邢德公路—扬帆大街	1990	1398	24	50	雨污合流
	扬帆大街—运兴街		844			
	运兴街—体育街		932			
	体育街—中华街		368			
康宁路	运兴街—京杭大街	1983	347	15	40	雨污合流
	京杭大街—中华街		848			
	中华街—青年街		427			
	青年街—二道街		430			
商业街	运兴街—京杭大街	1996	150	10	13	雨污合流
	京杭大街—体育街		477			
	体育街—中华街		381			
广交路	邢德公路—扬帆大街	2006	2625	24	50	雨污合流
	扬帆大街—京杭大街		1178			
	京杭大街—中华街		880	22		
	中华街—二道街		815	14		
福兴路	—	2013	1100	12	20	雨污合流
平安大道	扬帆大街—青年街	2015	5500	32	90	雨污合流
规划路三道路	—	2016	490	6	—	雨污合流
滨湖路	—	2011	480	24	50	雨污合流

说明：表内“—”为无统计资料

二、城区排水

1978年，县城排水依地势就近流入河沟。1979年，县城始修建地下排水管道。随着工厂、街道的修建、扩建，均建有排水设施，同时铺设地下排水管道。1987年，县城大部街道排水管道配套。雨污合流，就近排入河道。20世纪90年代，县城建设不断加快，排水设施日益完善。2008年，县城区内排水管道总长度达123.6公里，管径一般在600～1500毫米之间，年处理污水（全县的排水系统是雨水及生产生活污水合流的方式）496万立方米。各条管道相接相连四通八达，污水全部流入排水渠内。城区共有排水渠4条，东西走向2条（坛村渠、堤口渠），南北走向2条（郑口排渠、青年干渠），污水全部蜿蜒排入清凉江，形成完整的排水体系。各主次干道排水管道间隔30米设立一座排水口和检查井，设有排水篦子，居民区均建有排水管道，入户率百分之百，既防洪涝，又排污水。2010年8月，县城开始修建污水收集管网，设计污水收集率100%。

实施扬帆大街、平安大道、金宝大道、福兴路西段排水管网工程。2012年，新建道路配套排水系统全部采用雨污分流排水体制，旧城区采用截流式合流制排水体制并逐步改造为雨污分流。县城排水干路管网主要采用沿主次干道两侧纵横布置方式，低洼地带及支路管网成放射状与干路接通，形成整个城区贯通的排水管网体系。排水管网按排水水量合理布置管径，管网直径在300～1500毫米之间，管材以传统钢筋混凝土管为主。2018年，投资4578万元完成青年干渠及郑口排渠截污、河道清淤工程，铺设污水管道7280米。改造河道，维修加固河堤，两侧修建了绿化和休闲设施，并加强对两岸截污干管的维护，着重对城区体育街北段、中华街南首至青年街、青年街南首积水点排水改造，实施了8条小街小巷排水系统优化改造，提高了污水收集率，改善了县城人居环境。2018年年末，建成区已完成铺设排水管线总长度达168.3公里，排水管网已经覆盖整个建成区。

第三节　公用事业

一、供水

域内人民有史以来饮用坑塘积水和土井水，卫运河沿岸群众亦饮用河水。1973年，县城各单位集资18万元铺设自来水管道1200米，钻深井1眼，供县革命委员会等单位和少数居民用水。1980年，供水井增至4眼，管道7200米，日供水1150吨，县城生产、生活大部可用自来水。至1985年，自来水引入县城各机关、企事业单位和居民户。

因县城4眼深井水含氟量高于国家规定标准，危害人民身体健康，加之用水旺季供需矛盾突出，1986年，投资40万元建成供应低氟水的北自来水厂，每小时供水140吨。

随着县城工业企业不断发展和人口增加，生产、生活用水日趋增长，为适应用水需要，一部分较大企业陆续自打水井，实行自来水和自备井双轨供水。至1987年，县城自来水管道12000米，年供水能力达90万吨。县钢丝绳厂、县胶鞋厂、制县线厂、县地毯厂、县酿酒厂、县医院等单位建有自备井，年自供水计100万吨。

1973—1987年故城县历年用水统计表

表6-2　　单位：万吨

年　份	工业生产用水量	生活用水量	年　份	工业生产用水量	生活用水量
1973	6.6	5.0	1977	18.7	17.0
1974	10.0	9.0	1978	19.0	18.0
1975	11.5	10.4	1979	20.1	19.0
1976	16.5	15.0	1980	21.4	20.0

续表 6-2

年　份	工业生产用水量	生活用水量	年　份	工业生产用水量	生活用水量
1981	22.0	20.5	1985	31.7	28.0
1982	22.0	21.0	1986	33.2	32.0
1983	25.3	24.0	1987	50.0	40.0
1984	29.6	27.0			

说明：工业生产用水量不含单位自备井供水

1978 年，农村首于公社驻地发展自来水，不久发展到农村。1987 年，域内 3 镇 14 乡的 45 个村装有自来水设施，共有自来水井 50 眼，7300 户 11 万人使用来自水。

1988 年 7 月，修建第二水厂（又称南水厂，位于徐庄村南），建蓄水池 1 个，容积 450 吨，打浅井群 7 眼，深度 32 米，每小时出水量 15～20 吨，日供水量 1000 吨，可满足 1.5 万人用水需求。1989 年，在县委、县政府大楼后打深井一眼，深 380 米，直径 40 厘米，日供水能力 1500 吨。1992 年 4 月，在工业路西首路南打深井一眼，深 400 米，直径 40 厘米，日供水能力 1600 吨。是年 10 月，在野庄村后（县修配厂）打深井一眼，深 380 米，直径 40 厘米，日供水能力 1400 吨。是年，铺设康宁路（西建材厂至邮局）13.33 厘米供水主管道 1500 米，北水厂至五大院村路口 20 厘米主管道 500 米。1993 年，铺设工业路井至中华街段 33.33 厘米供水主管道 1000 余米，京杭大街桥至转盘 13.33 厘米供水主管道 2000 余米，从野庄井往东至青年路 13.33 厘米 3000 余米，沟通连接县城所有井场主管道，供水全部联网。2002 年 6 月，成立故城县水表检测站。2004 年，为京杭大街、顺达路双侧（京杭大街东）、文体休闲广场铺设供水管道 10750 余米。是年，县政府出台《故城县人民政府关于加强自来水管理，实行水表出户的通告》，水表管理日趋规范。2008 年，县城公共供水井点 6 处，10 厘米以上供水主管道 44 公里，供水涉及面约 20 平方公里，固定资产 533 万元，发电机 3 台套，日供水能力 6000 立方米，基本满足县城党政机关、行政企事业、个体工商业及 20 个自然村生产、生活用水。2008 年、2009 年、2010 年分别在迎瑞小区院内、原南水厂院内和东方香湖美地小区院内打深井 3 眼，供水管线不断向外延伸，新铺和改造京杭大街、青年街、中华街、顺达路、广交路供水主管道约 15 公里，使县城西北区域、东南区域、东北区域的供水矛盾得到了缓解。2015 年，采取 BOT 模式，投资 1.2 亿元建设南水北调杏基净水厂及 60 公里供水主管网。2017 年 5 月，县城区全部实现饮用长江水。日供水能力增至 2 万立方米，实现了县城区全天候 24 小时供水。自来水普及率达 100%，水质合格率 100%。2018 年，县城常住人口 12 万人左右，用水普及率 98%，供水管网覆盖 24 平方公里，包括县城及周边 20 个自然村。杏基净水厂 24 小时不间断供水，3 寸以上供水主管道 5 万米以上，以 PE、PVC 管道为主。

水厂供水设施

二、路灯

1987 年，县委、县政府下大力度加紧对路灯及其配套设施建设。1991 年，康宁路两侧铺设电缆 4000 余米，安装双臂高压钠灯杆 51 根 102 盏。1992 年，在广交路与京杭大街交叉口安装一座高杆广场灯。1993 年，体育街安装路灯 42 盏，铺设电缆 4000 余米。1996 年，中华街安装高压钠灯 39

盏。2002年，西苑工业区两条干道与外环路安装路灯杆92盏，京杭大街两侧安装路灯杆274根，铺设电缆11000多米。2003年，工业路安装路灯杆50根，铺设电缆4000多米。2004年，顺达路两侧安装高压钠灯杆168根。体育文化休闲广场安装2座高杆广场灯，高约30米。广场北侧东西两侧安装2座庭院灯，高6米，灯杆为不锈钢材料，顶部80盏环保节能的日光灯分6层围绕灯杆。2008年，共铺设电缆16000多米，安装道路高压钠灯560余盏，路灯7000多盏，高杆广场灯2座，庭院灯4座以及居民住宅胡同内小型路灯200多盏。完善了城市功能，改善了城市环境，保证了人民群众夜间出行方便和安全。2018年年末，城区公共照明3584盏灯，年用电量270万千瓦时，年电费约178万元。并建设城市路灯智能集中控制系统，使开、关灯更科学合理，避免电力浪费，减少管理人员夜间巡灯、值班，提高工作效率和照明效果。

三、供热供气

20世纪80年代，城区居民和单位多以小铁炉或土炉烧煤，自家安装暖气片分散取暖。20世纪90年代，随着境内居民小区的增多，安装燃煤锅炉集中供热面积逐年增加。2000年，故城县开始开发地热。新打地热井2眼，铺设外管网管线1.5公里，县城城区国土资源局、富丽华小区实施集中供热，采暖规模2万平方米。是年建成故城县地热水产存储中心。2004年，打地热井2眼，新增管网1.0公里，扩大供热能力15万平方米。是年，新增供热面积2.0万平方米。2008年，全县居民小区、机关单位、学校、医院、敬老院均实现集中供热，以原来的村落为单位居住的居民多数仍是自家烧煤取暖。是年，全县有地热井4眼，管网780公里，供热面积50万万平方米。2013年、2014年，先后引进两家地热公司，对县内住宅小区集中供热。实施地热尾水同层回灌，采用取热不取水进行供暖。2017年，县政府出台地热井整合办法，对县城原有地热井进行整合回灌。完成投资2.34亿元，先后收购、新打地热井共计69眼，铺设、改造供热管网60公里，建设、改造换热站35座，供热面积达300多万平方米，所有地热井均达到了同层回灌、取热不取水的条件。2018年，招标确定采用生物质能电厂余热，对县城西部区域实施了热电联产集中供热，实现当年开工当年投产是年完成主管网铺设12公里，完成庭院管网改造4公里，建设供热首站1座，完成投资1.7亿元，对接供热小区11个，供热面积达80多万平方米。是年末，县城区集中供暖面积约285.3万平方米，其中29口地热井直供约234.4万平方米，其他50.9万平方米，由锅炉、水源热泵等其他方式提供热源。

四、燃气

20世纪70年代，城镇居民始用液化气灶具。当时，县城无液化气供应站，需到德州、衡水等地灌装。1987—1998年，城区陆续出现从事灌气运输个体户。1999年，县城区始建液化气供应站。供气形式为瓶装。2003年，住宅小区开始集中供气。

故城县中裕燃气有限公司 成立于2007年3月，其前身为故城县伟业燃气有限公司，位于幸福小区西门，建筑面积170平方米。2014年10月23日，并入中裕燃气，2017年3月30日，更名为故城中裕燃气有限公司。服务城区常规居民用户3.34万户，气化率68.67%，工商业用户162户。建设有分输站1座，占地面积约8.6亩；门站1座，占地约4.12亩。公司所属LNG储备站储气能力为1050立方米，占地面积约32亩，铺设高压管道14.39公里，次高压管道5.3公里，中压管道约309公里，覆盖郑口镇、青罕镇、故城镇、饶阳店镇、房庄镇、三朗镇、辛庄乡。

故城天利燃气有限公司 成立于2002年9月，位于郑口镇京杭大街南首，占地面积1367.5平方米，建筑面积568.5平方米。铺设城区主管网64公里，庭院管网49公里，发展居民用户12600余户，居民生活用气及供暖用气年供气量320万～360万立方米，居民用气人口达4.9万人。液化石油气设储存罐5个，总容量175立方米，年供气量2400吨。

第四节　绿化美化

2008年，故城县城区绿化仅有康宁路和工业路两条街道，街道绿化仅栽植当地的杨树或槐树作为行道树。2009年，全县开展“县城建设三年大变样”，相继改造京杭大街、中华街、顺达路绿化美化。2013年，启动创建省级园林县城，实施了幸福路、和平路、扬帆大街、平安大道，中华街北延、郑昔线南延、广交路等一大批道路工程。2015年成功创建省级园林县城。此后，持续加大园林绿化投入力度，全力提升县城品位和容貌。2018年年末，县城建成区面积17.1平方公里，城区常住人口17.01万人。县城总绿地面积601.92万平方米，与2015年同比增加101.16万平方米，绿地率达35.2%；人均公园绿地面积12.05平方米。

一、公园广场绿化

龙湖公园　建成于2010年，位于中华街西侧，和平路北侧，体育街东侧，平安大道南侧，占地17万平方米，公园绿地率达70%。水面面积占20%；园路面积占10%。

龙湖公园

迎瑞广场　建成于2004年，位于顺达路南侧，运兴街西侧，顺风街东侧，南邻迎瑞温泉花园，占地6.67万平方米。种植法桐、垂柳、白蜡、合欢、馒头柳、银杏、龙爪槐、桧柏等100余种。公园绿地率达65%。水面面积占10%；园路、广场面积占25%。

迎瑞广场

怡水公园　建成于2012年5月，位于京杭大街西侧、堤口渠两岸，西起运兴街，东至中华街，全长2500米。绿化树种有枣树、垂柳、国槐、紫薇、红叶李、罗汉松、月季等40多种，四季常绿，四季有花。

怡水公园

平安公园　2015年开工建设。位于平安大道南侧，西邻学府街，北邻平安大道，占地1500亩。公园设计定位为集文化体验、绿色生态于一体的城市森林公园。

运河风情公园　建成于2016年，北起金宝大道、南至大桥线。总投资约6000万元，以京杭大运河北岸大堤县城段景观改造为主，景观公园长约5500米。堤顶为环城路，长约5500米；堤坡实行平整绿化、硬化，分段设景。该项目实现大堤防护、绿化、观赏、休闲、健身、宜居、宜游等多个目标，成为一条美化县城的新景观带。

市政广场　建成于2010年，位于康宁路以南，县委、县政府对过。广场占地近0.6万平方米，种植法桐、玉兰、樱花、海棠等十几种等苗木，建有公厕、座椅等便民服务设施。

南湖公园　建成于2015年，位于京杭大街西侧，南镇新村南侧，职教中心北，占地面积9.2万平方米，公园苗木按照植物类别不同分为乔木、灌木、地被和水生四类，选用易活易管理的粗放类型树种；乔木有皂角、洋槐、千头椿、新疆杨树、国槐等十几个品种；地被植物有冷型草坪、二月兰、葱兰、月季等；水生植物有荷花、菖蒲等。

南湖公园一角

幸福游园 建成于2015年，位于幸福路南侧，东起体育街，西至京杭大街，占地面积1.2万平方米，由河北正坤城乡规划设计有限公司规划设计，乔木以本地杨树、国槐、白蜡、垂柳、金叶榆为主，灌木以紫荆、紫叶李、碧桃、木槿等为主，色带以小龙柏、金叶女贞、月季为主，结合草坪、花卉，形成高低错落有致，四季分明的景观效果，同时修建花架、亭子、园路、座椅、公厕等便民服务设施，方便了周边居民。

平安游园 建成于2015年，位于平安大道与京杭大街交叉口东南角，占地面积0.63万平方米，由青岛北洋建筑设计有限公司结合城标规划设计，以黑松、栾树、紫叶李、木槿、榆叶梅、小叶黄杨、金叶女贞等苗木结合花架、汀步、座椅、小广场、公厕等便民服务设施进行打造，实现三季有花、四季见绿的绿化景观效果，绿地率达85%，为二星级游园。

育才游园 建成于2015年，位于幸福路西段路南、育才中学北门，占地面积1.2万平方米，由河北正坤城乡规划设计有限公司规划设计，乔木以本地毛杨树、国槐、金枝槐为主，灌木以紫荆、紫叶李、碧桃、木槿等为主，色带以小龙柏、金叶女贞、月季、大叶黄杨为主，结合草坪、花卉，形成高低错落有致，四季分明的景观效果，同时修建花架、亭子、园路、座椅、公厕、林荫停车场等便民服务设施。

二、道路绿化

1987年，县城建成区绿化覆盖率、绿地率、中心区人均公共绿地面积严重不足，仅有康宁路一条绿化带。1992年3月，成立园林绿化站，负责县城建成区的绿化、种植、管理、养护、保洁工作。之后，园林绿化工作逐步加强。2005年，青年街两侧种植白蜡、法桐、合欢等品种，两侧各设1.5米绿化隔离带，绿化面积15435平方米。中华街两侧种植龙爪槐368株，有大叶景杨绿化隔离带，中间点缀大叶景杨球，丰花月季、石榴，绿化面积4412平方米。体育街两侧种植国槐，绿化面积9880平方米。京杭大街两侧种植蜀桧、金叶贞、小叶黄场、红叶花槐、蜡梅、紫薇、白三叶、白蜡、丰花月季、红帽月季、龙柏球等数十个品种，绿化面积24800平方米。六岔路两侧种植国槐348株，绿化面积5568平方米。康宁路两侧种植国槐396株，南北为大叶素杨绿化隔离带，宽2米，高1.2米，绿化面积5764平方米。工业路两侧种植国槐311株，绿化隔离带为大叶素杨，高1.2米，宽2米，绿化面积8716平方米。顺达路两侧种植法桐360株，垂柳2200株，绿化面积32000平方米。扬帆大街两侧种植垂柳200株，绿化面积1600平方米。顺风大街两侧种植垂柳200株，绿化面积1600平方米。体育休闲活动中心绿

京杭大街

化面积30000平方米，种植花冠木有红叶花桃、紫薇、紫荆、迎春、西府海棠、樱花、蜡梅、紫叶李、木槿；灌木有大叶黄杨、小叶黄杨、金叶女贞、爬地柏、常夏石竹、小龙柏球、大龙柏球、蜀桧、迎春，乔木有垂柳、龙爪槐、合欢、银杏等；花卉有微型月季、丰花月季、红帽月季、石竹等。广场东西两侧分别种有玫瑰花和大叶素杨绿篱等近百种花草树木。2007年，全年完成绿化总投资6600万元，绿化总面积40万平方米。投资500万元，完成京杭大街绿化面积60000平方米；投资120万元对康宁路进行绿化改造，完成

绿化面积达 20000 平方米；投资 2000 万元、占地 20000 平方米的市政文化广场投入使用；投资 100 万元，邢德公路城建段植树 8300 株；投资 420 万元，对扬帆大街进行绿化及京杭大街北头建三角绿地 73380 平方米；投资 30 万元，对青年街、中华街补植树木 3000 棵；投资 26 万元，对京杭大街转盘至邢德公路段绿化带补植 2000 平方米；投资 400 万元，完成邢德公路城建段绿化面积 50000 平方米。

2018 年，县城形成青年街、中华街、体育街、京杭大街、广交路、康宁路、工业路、顺达路四纵四横的绿化格局，街道绿树成荫，绿篱整齐，花草茂盛，颇具现代城镇气息。

三、小区和庭院绿化

1987 年，小区和庭院绿化建设无序，没有完整的绿化体系。2000 年始，县城区实施单位庭院内绿化改造，拆墙透绿、破硬建绿、见缝插绿。以草坪为地被基础，以乔木为主，兼有林下灌木及地被的复层混交种植，绿化标准不断提高。至 2018 年，创建省级园林式单位 5 个，省级园林式小区 5 个，省级园林式街道 2 条，市级园林式单位 22 个，市级园林式小区 12 个，市级园林式街道 1 条。市级以上园林式单位、小区分别达 62.8%、42.85%，其中省级的达 14.28%、17.85%。

第五节　环境卫生

一、垃圾清运与处理

1978 年，县城垃圾由单位和家庭自行处理。1984 年，县爱国委员会办公室始设清运队。1987 年，建设局环卫站成立，负责建成区环境卫生及道路清扫、保洁、垃圾清运工作。是年，城区年产生垃圾 19.33 万立方米。1991 年，环卫站组建垃圾清运队，负责城区垃圾清运。1993 年，县政府制定《故城县城市垃圾管理办法》，规定各单位可采取有偿服务办法委托县环卫部门清扫保洁，制定了具体收费标准。1994 年，在县城东建立垃圾处理场，生活垃圾处理主要采取简埋法，覆盖复耕。1998 年始，对居民和单位产生的垃圾实行统一清运，单位自行清运须到环卫部门办理有关手续。2002 年，随着生活垃圾及建筑垃圾增多，县政府制定《故城县垃圾管理暂行办法》，垃圾统管专运、有偿服务。2008 年，主干道垃圾点 166 个，日产垃圾 299.5 立方米，年产垃圾 125.7 万立方米。城区 19 个自然村日产垃圾 260 立方米、年产垃圾 8.96 万立方米。垃圾日产日清，清运率达 90%，处理率达 80%。

垃圾清运作业

2009 年始，建设故城县垃圾填埋场，2010 年 12 月，竣工投入使用。垃圾处理厂位于县城西南 4 公里处，原窑厂旧址，总占地面积 150 亩，设计日处理能力 150 吨，填埋区库容 1088138 立方米，使用年限 15 年。2014 年 10 月，垃圾处理场等级评定为二级。渗滤液处理站水处理工艺为生化和膜处理设计处理能力每天 60 吨，执行国家一级 A 排放标准，处理站自 2016 年 4 月份开始调试检修，期间进行生化培养，8 月 1 日正式出水并且安全合格，至 2018 年年末，共处理渗滤液 14000 立方米，其中达标排放使用 7700 立方米，用于场区绿化灌溉、填埋库区道路降尘使用，剩余 6300 吨浓缩液全部回流至填埋库区。2018 年，垃圾处理场每天收集处理全县区域以内生活垃圾 180 吨左右，全部实现无害化处理，生活垃圾无害化处理率为 100%。

二、街道保洁

1978 年，县城道路保洁由沿街单位自行清扫。1983 年，成立县爱委会，负责县城清扫。1985 年县城环境卫生归城建局城建股。1990 年，县环卫站成立保洁队，道路保洁实行夜扫日保，全日保洁。1993 年，开展创建省级卫生城活动，推行岗位目标责任制，实行“门前三包”（包卫生、包秩序、包绿化）。是年，成立县环境卫生管理处，清扫保洁面积 17 万平方米，保洁率 90% 以上。1994

洒水车试车作业

年，县政府制定《故城县市容环境卫生管理暂行办法》，对县城区市容环境卫生管理的范围、内容、标准及违章处理办法作出规定。1996年，城区各单位“门前三包”区域由县环卫处统一代扫，实行有偿服务。1999年，县政府制定《故城县县城建设管理办法（试行）》，每年4月定为“卫生突击月”，每周五定为“卫生清洁日”，作为一项制度长期坚持。是年，县城道路清扫保洁实行划片包干、分工负责、落实到人、全日保洁，垃圾随产随清。2002年，制定清扫和保洁制度三级责任制（即站长、主管副站长、街长负责制），要求做到道路清扫每天早7点结束第一遍清扫，8点后转入全天保洁。对重点地区、主要街道、公共场所要随时保洁。强调沿街商店业及居民自觉实行垃圾袋装化，而后由环卫工作者按时摇铃逐户收集后放入保洁车，做到垃圾不落地，减少第二次污染。2008年，城区主干道总长76.5公里。城区主干道道路清扫面积总计106.24万平方米，其中全天保洁53.41万平方米。每天清扫22.98万平方米，定期清扫29.85万平方米。日产日清垃圾点161个。城区街道卫生、河渠、公厕保洁，2014年2月，采用政府购买服务方式进行城区保洁。是年末，主城区保洁面积225万余平方米，保洁街道38条，总长度71.5公里，垃圾点含勾臂箱296个、果皮箱227个、一线保洁员346人，机械79辆，垃圾全部运至县垃圾处理厂进行无害化处理。2018年，城区保洁总长增至78公里，大小街道46条，面积增至235万平方米；公厕（不含广场公园）保洁37座；垃圾收集桶点296个（布置垃圾投放桶1800个）、果皮箱227个；一线保洁员（含城中31个村）共计500余人。中联公司负责城区日常保洁，车辆作业包括洒水车10辆、高空喷雾车2辆、建筑垃圾清理车4辆、铲车2辆、压缩收集运输车11辆、干扫洗扫车11辆、街道日常冲洗作业车4辆、小广告冲洗小型车4辆。

三、公共厕所建设管理

20世纪80年代，县城建有3座公厕，分别位于工业路东首、原太兴村委会附近、商业街西首，设施简陋，标准较低，为旱厕，无水冲设备。2014年，开始建设移动环保公厕，2015年年末，共建设13座。2017年，城区共有公厕数量为66座，其中改造厕所10座，全部水冲式。采用政府购买式服务进行保洁，坚持日督查月考评。2018年，照河北省城市“厕所革命”三年行动方案的要求，聘请衡水市规划设计院按照住建部2016《城市公共厕所设计标准》规划设计，新建改造厕所达到三类以上标准，城区新建公厕10座，改扩建5座。2018年年末，县城区拥有公厕70座，其中二类标准公厕10座。

第六节　房地产建设

中华人民共和国成立后至改革开放初期，域内房地产开发力度小，住宅建设极少。城区居民住宅以平房居多，县城干部职工多居住由单位提供的公房。住房制度改革后，房地产开发和住宅建设逐步市场化，管理逐步规范化。2018年年末，城区房产建设面积达500多万平方米。

一、公房管理

城镇公产房，主要为干部职工居住和单位使用，对公产私用房实行房租制。1945年，县人民委员会接收日伪县政府和官僚地主房屋15间，作为公房，由行政单位租用。县人委财政科契税股具体管理，收取房租，后此房作为财政投资，归使用单位，不再收租。1965—1985年，于县城共建公产私用房568间9834平方米。1975年6月前，由县财政局管理，之后由县城建局管理。房产权管理大体分为：地方财政拨款所建房屋223间归公有，由城建部门统管。1981年，发展公建民助房产，由房产部门负责筹建并投资一部，另吸收一部住户资金，产权归公，投资用户优先使用以资抵租。用户无转让、出租、出卖权。此间，城镇公产公用房产和管理亦分两种形式：单位自建自管，房产归单位所有和使用；国家投资和财政部门拨款所建房产归国家或地方所有，委托使用单位代管或由县房产部门管理。

1977年，住房只计间数，不算面积，计收房租。砖木结构每间月租1.5元，土木结构每间月租1.2元。此后按住户使用面积计收房租。砖木结构、白灰顶棚、砖铺地面者每平方米月租0.10元；砖木结构无顶棚和砖地面者，每平方米月租0.05元。房租偏低，不抵房屋修缮之用。

1982年12月，县政府改革公产房管理，将现有公产私用房出售给党政机关事业单位双职工，县基建局与买房户签订协议，买方不得将所购公房擅自转卖或出租，如不再需要，可作价退基建局。买方对房产有所有权和永久使用权。

1985年，部分转业干部增多，以财政投资和军队转业干部建房费为主，其余由转业干部个人投资办法，建房171间。产权归公，由投资户使用，以资抵租。

二、商业楼房建设

1987年，县城沿街商业楼房很少，集中于二道街一带。20世纪90年代，商业楼房建设加快，随着县城中心的西移，康宁路、体育街、商业街等主干道两侧二层楼房比比皆是。2003年，县城拆迁工作力度加大，沿街二层以上门市楼增多，其中规模较大的有顺达家园、太兴家园、香湖美地、隆盛尚城、中华街北首两侧门市楼等。2003年至2018年年末，全县商业楼面积共计117.16万平方米。

三、居民小区建设

故城县房地产开发2002年起步，逐年加大力度。2018年年末，域内共有48家住宅小区，其中，建成入住小区45家，住宅楼面积共计503.68万平方米。

迎瑞温泉花园住宅小区　位于顺达路以南，东临运兴街，南至堤口渠，西近扬帆大街。总投资3亿元，占地326亩，建筑面积30万平方米。2008年年末竣工。2017年8月，获得河北省文明社区称号。

太兴家园　位于京杭大街与广交路交会处，总投资4亿元，占地面积17.3万平方米，建筑面积25万平方米，其中住宅建筑面积22万平方米，住宅楼41幢，会所、宾馆、商业、酒店面积4万平方米。

帝奥家园　位于康宁路以南、东至青年街、西至中华街。小区占地5.28万平方米，总建筑面积12.81万平方米，总投资9600万元。建有单元式住宅楼32栋，住宅713户，配套商业85套，商业建筑面积26418平方米。

香湖美地　位于县城东北部，总投资5亿元，占地面积26万平方米，建筑面积37万平方米，其中住宅建筑面积28万平方米，商业建筑面积9万平方米。

富邦花园　位于京杭大街西侧，康宁路以南，占地53300平方米，建筑面积12.4万平方米，2012年12月底竣工。商业中心项目总面积3.1万平方米，2012年7月开工，2014年上半年竣工。

滨河峰尚　位于京杭大街东侧。总投资约20亿元，总占地面积约15.3万平方米。地上面积36.92万平方米，配套商业3.62万平方米，地下面积5.82万平方米，公建面积0.57万平方米。

金谷华府　位于幸福路南侧、运兴街西侧。2014年5月开工建设。小区占地43147.8平方米，总投资2.5亿元，建筑面积143677.32平方米。

枫尚奥园　位于中华街北段、幸福路东侧。有住宅楼870套，面积12.41万平方米。2012年7月开工，2015年3月竣工。

美林水岸　位于京杭大街中段西侧。2010年开工，2017年竣工。占地10万平方米，建筑面积15万平方米，投资2.8亿元。

盛世名城　位于顺达路北侧，顺风街东侧。2013年2月开工，2014年建成投入使用。小区占地面积51999.9平方米，投资1.8亿元，建筑面积

林立的县城居民小区

100100平方米。

凤凰花园 位于工业路北侧、京杭大街西侧。2012年3月开工，2013年建成投入使用。占地面积35604.8平方米，投资1.2亿元，建筑面积81618平方米。

南湖·信誉家园 位于广交路以南，京杭大街以东，转盘东南角。占地约300亩，建筑面积56万平方米。

南湖·信誉家园小区

尚书房 位于中华街以东、和平路以南，占地面积64893.6平方米，总投资13.7亿元，建筑面积109402.5平方米。

金谷华庭 位于工业路北侧，运兴路西侧。小区占地35660.1平方米，总投资13.7亿元，建筑面积67040.98平方米。

星河湾花园 东临中华街，南至堤口渠，占地14.4万平方米，建筑面积56.66万平方米，总投资15亿元。

洲海名城 位于京杭大街以东，平安大道以南，占地面积87894.54平方米，建筑面积243700平方米，其中住宅面积192430.3平方米，配套商业面积50769.96平方米，总投资23007万元。

丽景名居 位于平安大道以南、光明街以西。占地31125.5平方米，总建筑面积79550.26平方米，总投资1.5356亿元。

中央商城 东到青年街，北至广交路。2006年12月开工，2008年5月建成投入使用。占地面积5.4万平方米，建筑面积6万平方米，总投资1000万元。

运河丽景 东至京杭大街，北接城南中学。占地57481.33平方米，新建5栋10+1F框剪结构商住楼和16栋5+1F砖混结构住宅楼，总建筑面积97526平方米，其中地上建筑面积94877平方米，地下建筑面积2649平方米。该项目沿京杭大街建有商业区，总建筑面积9726平方米。小区内设有治安联防站、居委会、消防控制室、安全监控室、煤气调压站、幼儿园等。

另外，域内还有龙海园、中华小区、温州尚城、滨湖家园等20多个交通便利、设施完备、环境优美的宜居住宅小区。

四、保障性安居工程

棚户改造项目 即改造城镇危旧住房、改善困难家庭住房条件而推出的一项民心工程。2008—2018年，域内棚户区改造面积54.20万平方米，回迁、异地安置共计5761套。

保障性住房 包括廉租房、公租房、经济适用房。是保障民生的项目，上级每年下达保障性住房的任务指标。2008—2015年，域内共建设保障房2615套，总面积15.97万平方米，总投资20353.70万元。

第七节 房地产管理

一、产权产籍

故城县房屋产权产籍管理始于1988年，按照国家统一安排，由县城建局负责对城镇居民申请办理房屋权属登记发证。经提交宅基使用证、建房审批手续、当事人户口本、身份证、审核无误后，经现场勘丈，绘图缮证。经主管领导审核签发加盖故城县人民政府印章的房屋所有权证。1995年，国家颁布《中华人民共和国房地产管理

住建局政务大厅窗口

法》，把房屋产权产籍管理纳入法治管理轨道，对需要房屋确权办证的村镇居民进行确权登记发证。

二、房地产市场

1987 年，房地产进入市场流通。房地产交易市场主要是对房地产转证、抵押、房屋租赁及商品房预售管理，提供市场信息，办理申请登记、合同鉴证和权属转移等过户手续。

2008—2018 年，全县办理房地产交易 125 宗，交易面积 58.38 万平方米。

三、城市房屋拆迁

城市房屋拆迁管理始于 1996 年。1996—2004 年，仅负责对报废房屋鉴定。2005 年，对城市房屋拆迁进行全面管理。2014 年 8 月，正式成立征收办，隶属于故城县住房和城乡建设局，负责故城县国有土地上房屋征收与补偿工作。

2017—2018 年，在城区棚户区改造、水系景观改造中，共征收房屋 3679 户，搬迁民营企业 3 家，安置补偿资金 2.5 亿元。

四、住宅小区物业管理

2008 年，县住建局设立物业办，加强对物业服务企业服务过程中的行业指导。2015 年 6 月，物业办对住宅专项维修资金进行管理，专款专用。是年，启用专项维修资金维修翠景嘉园小区道路；2016 年，启用专项维修资金维修迎瑞花园楼顶防水工程；2018 年，维修太兴家园一期楼顶防水工程。是年，分别与建设银行、邮储银行、衡水银行专户安装住宅专项维修资金专用程序。聘请第三方审计部门对域内住宅专项维修资金进行核对，并通过县审计局审计。是年末，故城县商品住宅 48 个，达到已入住条件住宅小区 45 个。

第二章　乡镇建设

故城县行政管辖范围，计 941 平方公里。划定中心城区的规划区范围是郑口镇和青罕镇，面积约为 156 平方公里。2018 年，三朗乡和房庄乡撤乡建镇，全县建制镇由原来的郑口镇（县政府所在地）、青罕镇、故城镇、夏庄镇、饶阳店镇、武官寨镇、西半屯镇、建国镇、军屯镇 9 个增加到 11 个建制镇，及辛庄乡、里老乡。

第一节　村镇规划

1982 年，国务院印发《农村房屋建设的通知》，故城县成立村镇建设领导小组，负责全县村镇建设、规划、管理工作，生产大队成立建房领导小组。1984 年，针对全县村镇建设长期没有规划、滥占耕地盲目建房等问题，县政府制定《关于村镇规划建设工作的意见》，安排编制村镇规划，绘制“两图一书”（村镇现状总平面图、村镇建设总平面图及村镇建设规划说明书）。是年，建国镇和郑口镇完成村镇规划，建国镇被批准为建制镇。1987 年，全县有 321 个村完成村庄规划，经县政府审批 220 个，98 个村完成测绘现状图。1988 年，各乡镇配备村镇建设助理员，严格乡村建房审批手续。1989 年，县城乡建设局设乡村规划建设股。是年，夏庄镇编制总体规划。

1991 年，县政府制定《故城县村镇建设管理办法》，各乡镇设村镇建设管理办公室，负责组织实施村镇规划、整顿管理村镇建筑市场，管理乡镇建筑安装施工队伍。1993 年，县委、县政府规定交通、供水、供电、邮电、商业、绿化等生产和生活服务设施，占用耕地须经乡政府审核、县建设主管部门审查，出具选址意见书，由县土地管理部门划拨土地。1994 年，试行“一书两证”（村镇规划选址意见书和建筑施工许可证、规划用地许可证）制度。1995 年，县委、县政府规定建制镇规划区内的土地利用和各项建设必须符合建制镇规划，实行规划管理。

2001 年，县政府出台《关于加强城镇建设项目管理的暂行规定》，把小城镇建设和省干道路域开发纳入县级统一管理，在小城镇公建项目中推行“一书两证”制度。是年，建国镇被省委、省政府确定为小城镇改革发展重点镇。2004 年，建国镇被省政府确定为“省级重点镇”。制定建国镇城建远、近期规划图和《建国镇 1996—2010 年城镇建设总体方案》，为小城镇的快速、合理发展提供重要依据。

2008 年，故城县开展第二轮乡镇规划及修编工作，是年末，全县应编制规划的行政村中有 26 个行政村完成了村庄规划编制任务。

2014 年版《故城县乡镇规划》以发展新型工业化、信息化、农业现代化，促进资源要素集聚、产业聚集、人口集聚，推动城镇化，形成城乡统筹协调可持续发展的城镇化格局。将域内城镇结构确定为“一主一副、两轴多点”,“一主”是故城中心城区，故城县域城镇空间组织和演进的核心，县域城乡空间体系的发育在根本上取决于中心城区的发展。“一副”是故城经济开发区，是故城借势德州发展的重要承载区。“两轴”指的是沿邢德路和安郑—东大路城镇发展带。“多点”即县域内的其他镇，分别为建国镇、军屯镇、西半屯镇、武官寨镇、饶阳店镇、房庄镇、里老乡、故城镇、青罕镇。2018 年，故城县城镇人口 164688 人，城镇化水平达 45%。

故城县城镇建设用地和独立工业区建设用地规划情况一览表

表 6-3

名　称		近期 2015 年（公顷）	中期 2020 年（公顷）	远期 2030 年（公顷）
城　镇	中心城区	1900.00	2400.00	3347.00
	夏庄镇	400.60	428.54.00	431.51
	建国镇	128.77	128.77.00	128.77
	故城镇	145.97	145.97.00	145.97
	饶阳店镇	240.09	263.61	263.61
	青罕镇	81.54	83.45	83.45
	军屯镇	40.42	40.42	40.42
	武官寨镇	65.28	65.28	65.28
	西半屯镇	75.85	75.82	75.82
	里老镇	0	0	72.36
	房庄镇	0	0	80.59
	合计	3078.52	3631.86	4734.78
独立工业区	故城经济开发区	300.00	800.00	1500.00
	东阳工业区	400.00	800.00	1700.00
	营东工业区	150.00	300.00	500.00
	空港新区	0	0	200.00
	合　计	850.00	1900.00	3900.00

县域城镇等级、规模、职能一览表

表 6-4

名　称	等　级	规模（万人）	城镇职能
县城（郑口）	I	30.7	以发展针织服装产业和商贸业为主的县域中心
夏庄镇	I	4.0	以发展商贸、运输业为主的城镇

续表 6-4

名　称	等　级	规模（万人）	城镇职能
建国镇	II	2.0	县域南部中心，具有区域交通功能的商贸型城镇
饶阳店镇	II	2.0	县域西部中心，以发展皮毛加工、商贸为主的城镇
故城镇	III	1.3	县域东部以发展农副产品加工、商贸为主的城镇
青罕镇	III	0.8	以发展工贸、交通运输为主的城镇
军屯镇	III	0.3	以发展农业、商贸为主的城镇
武官寨镇	III	0.5	以发展皮毛加工、农副产品加工为主的城镇
西半屯镇	III	0.6	以农业和农副产品加工为主的城镇
里老乡	III	0.6	以航空服务业、农副产品加工为主的城镇
房庄镇	III	0.7	以农业和农副产品加工为主的城镇
三朗镇	III	0.8	以农业和农副产品加工为主的城镇
辛庄乡	III	0.4	以发展农业、林果、商贸为主和出国劳务输出为主的乡镇

第二节　建设概况

1964 年前，乡（公社）建设无规划，导致排水、文化娱乐、道路绿化等设施不配套。1964 年全县统一社队规划，但受“文化大革命”影响，被作为“条条框框”废除，遂夭折。

1982 年始，再次实行社队规划的制定和实施。通过多次举办专门人员培训班，全县农村规划专门人员达 597 人。1983 年经广泛征求意见，县政府以 1 号文件《故城县社队规划建设管理规定》印发各社队。是年，县基建局组建由各社队规划人员参加的社队规划专业队。编制现状规划图及说明书，远期规划到 2000 年。自此，乡建设走上规划建设轨道，遂公用、民用设施配套。至 1987 年，全县各乡大部新辟一条街，建有文化站、卫生院、供销社、粮站、信用社，并铺有沥青或炉渣路面，配有照明设施。

1990 年始，全县各小城镇逐步掀起建设高潮，并出现楼房，多为商住两用。1996 年建国镇被省委、省政府确定为全省第一批综合改革试点镇。2003 年，小城镇建设步伐加快，各乡镇结合招商引资，以基础建设为重点，加快路域开发，小城镇建设拉开序幕，“1+4”城镇群（县城和夏庄、饶阳店、建国、里老四个小城镇）初具规模，县城和小城镇协调发展。至 2018 年年末，全县有 11 个镇 2 个乡。

建国镇　2018 年，镇区建成区面积 1.2 平方公里，人口 11000 人。建成区年末实有住宅、生产性建筑、公共建筑面积合计 33 万平方米。人均住宅面积 45 平方米。公共供水管道长度 18 公里，年供水 130 万立方米，自来水普及率 100%，人均日生活用水量 125 升；绿化率 17.5%。硬化路面总长 120 公里，路灯 232 盏。镇区建成区有商贸街 6 条，商业门店 703 家，涉及百货批发零售、饭店、旅馆、药房、农机配件、农资销售等。建成蔬菜专业集贸市场，投资 110 万元，面积 500 平方米；建成新型社区 3 处，投资 8800 万元，面积 50000 平方米。

青罕镇　2018 年，镇区建成区面积 1.2 平方公里，人口 5369 人。建成区年末实有住宅、生产性建筑、公共建筑面积合计 21.3 万平方米。人均住宅面积 30.66 平方米。公共供水管道长度 11.3 公里，年供水 29.3 万立方米，自来水普及率 100%，人均日生活用水量 124 升；燃气普及率 33%，绿化率 25%。硬化路面总长 4.5 公里，路灯 78 盏。镇区建成区有商贸街 3 条，商业门店 291 家，涉及百货批发零售、饭店、旅馆、药房、农机配件、农资销售等。

夏庄镇 2018年，镇区建成区面积1.4平方公里，人口5611人。建成区年末实有住宅、生产性建筑、公共建筑面积合计17.5万平方米。人均住宅面积20.52平方米。公共供水管道长度20公里，年供水31.8万立方米，自来水普及率100%，人均日生活用水量131升；燃气普及率89.3%，绿化率28.57%。硬化路面总长56.8公里，路灯841盏。

饶阳店镇 2018年，镇区建成区面积0.9平方公里，人口4067人。建成区年末实有住宅、生产性建筑、公共建筑面积合计15.25万平方米。人均住宅面积19.47平方米。公共供水管道长度18公里，年供水24.4万立方米，自来水普及率100%，人均日生活用水量130升；绿化率32%。硬化路面总长5.8公里，路灯120盏。镇区建成区有商贸街3条，商业门店120家，涉及百货批发零售、饭店、旅馆、药房、农机配件、农资销售等；建成营东专业集贸市场，投资15万元，面积10000平方米，建成住宅小区，投资5102.5万元，面积7.85万平方米。以皮毛产业为主，集生产、加工、销售于一体。

武官寨镇 2018年，镇区建成区面积1.1平方公里，人口2362人。建成区年末实有住宅、生产性建筑、公共建筑面积合计9.61万平方米。人均住宅面积28平方米。公共供水管道长度3.8公里，年供水16.7万立方米，自来水普及率100%，人均日生活用水量136升，绿化率31%。硬化路面总长5公里，路灯160盏。镇区建成区有商贸街2条，集贸市场1个，商业门店218家，涉及百货批发零售、饭店、旅馆、药房、农机配件、皮毛加工、服装加工、农资销售等。

西半屯镇 2018年，镇区建成区面积0.9平方公里，人口2102人。建成区年末实有住宅、生产性建筑、公共建筑面积合计8万平方米。人均住宅面积26平方米。公共供水管道长度3公里，年供水14.6万立方米，自来水普及率100%，人均日生活用水量126升；绿化率28%。硬化路面总长6公里，路灯188盏。镇区建成区有商贸街2条，商业门店186家，涉及百货批发零售、饭店、旅馆、药房、农机配件、皮毛加工、服装加工、农资销售等。

故城镇 2018年，镇区建成区面积1.15平方公里，含10个村，人口4910人。建成区建有古城佳苑、古城学府两处居民小区，商贸街两条，实有住宅、公共建筑、商业建筑占地面积合计7.6万平方米，人均住宅建筑面积32平方米，公共供水管道长12公里，年供水量25.6万立方米，自来水普及率100%，人均日生活用水量115升；燃气普及率100%，绿化率25%，硬化路面总长35公里，安装路灯150盏。

房庄镇 2018年，镇区建成区面积1.15平方公里，人口2370人。建成区年末实有住宅、生产性建筑、公共建筑面积合计9万平方米。人均住宅面积21.18平方米。公共供水管道长度12公里，年供水15.2万立方米，自来水普及率100%，人均日生活用水量119升；燃气普及率100%，绿化率33%。硬化路面总长7公里，路灯130盏。镇区建成区有商贸街2条，商业门店200家，涉及百货批发零售、饭店、旅馆、药房、农机配件、农资销售等。

三朗镇 2018年，镇区建成区面积1.2方公里，人口2623人。建成区年末实有住宅、生产性建筑、公共建筑面积合计7.1万平方米。人均住宅面积21平方米。公共供水管道长度8公里，年供水16.5万立方米，自来水普及率100%，人均日生活用水量120升；燃气普及率53%，绿化率35%。硬化路面总长9公里，路灯116盏。镇区建成区有商贸街2条，商业门店102家，涉及百货批发零售、饭店、药房、农机配件、农资销售等。

军屯镇 2018年，镇区建成区面积1.2平方公里，人口2850人。建成区年末实有住宅、生产性建筑、公共建筑面积合计12.12万平方米。人均住宅面积32平方米。公共供水管道长度17公里，年供水18.2万立方米，自来水普及率100%，人均日生活用水量127升；绿化率30%。硬化路面总长5公里，路灯230盏。镇区建成区有商贸街2条，商业门店120家，涉及百货批发零售、饭店、旅馆、药房、农机配件、农资销售等。建有集贸市场1处，面积65亩；建有军屯华府小区，投资1200万元，面积17000平方米。

辛庄乡 2018年，镇区建成区面积2.3平方公里，人口1064人。建成区年末实有住宅、生产性建筑、公共建筑面积合计8.5万平方米。人均住宅面积30.5平方米。公共供水管道长度6公里，年供水9.5万立方米，自来水普及率100%，人均日生活用水量116升；燃气普及率100%，绿化率35%。硬化路面总长2.5公里，路灯72盏。镇区建成区有商贸街2条，商业门店75家，涉及百货批发零售、饭店、旅馆、药房、农机配件、农资销售等。建成专业集贸市场，投资26万元，面积22666.8平方米。

里老乡 2018年，乡建成区面积3.9平方公里，人口1508人。建成区年末实有住宅、生产性建筑、公共建筑面积合计40万平方米。人均住宅面积30平方米。公共供水管道长度3公里，年供水11.3万立方米，自来水普及率达100%，人均日生活用水量115升；燃气普及率50%，绿绿化率30%。硬化路面总长5公里，路灯50盏。里老建成区有商贸街1条，商业门店60家，涉及百货批发零售、饭店、旅馆、药房、农机配件、农资销售等。建成小马坊专业集贸市场，投资50万元，面积15亩。建成新民居住宅小区6栋，投资3000万元，面积22000平方米。

第三章 村庄建设

域内有村庄538个，1982年，故城县村镇建设领导小组成立后，对全县村庄制定科学规划，进行科学合理的发展建设。20世纪90年代后期，进行文明生态村建设，至2009年，全县建成227个生态文明村。21世纪初实施社会主义新农村建设，2018年末，全县538个村全部实现主要街道硬化、绿化、美化、亮化。获批河北省农村人居环境整治全域完成示范县。

第一节 新农村建设

2007年，县委、县政府制定出台《故城县建设新农村规划》和《故城县建设社会主义新农村工作实施方案》。明确提出要把新农村建设作为当前和今后一个时期抓好“三农”工作的总目标和总纲领。成立新农村建设领导小组，县委书记、县长为组长，选派县委、人大、政府、政协、组织、宣传、农工、农业、财政等单位的骨干力量成立专门办公室。工作推进中，与文明生态村建设一体推进，把全县538个村分为5批，向每个村派驻工作队，包村一年，每个工作队由一名科局级干部任队长，加强具体指导和帮扶，每个帮建单位至少要拿出1万元帮扶所包村新农村建设。已有的122个文明生态村达标。是年4月，在全省新农村建设会议上，故城县被省委、省政府命名为“社会主义新农村建设先进县”。5月，被省委、省政府列为社会主义新农村建设试点县。7月，故城县作为全市唯一新农村建设试点县参加河北省农业农村厅在迁安召开的新农村建设调度会。2008年，全县新农村建设已有190个村达标。2009年，全县共建成文明生态村227个，占全县总行政村数的42%。2011年，对36个村进行重点帮建，由36个县直部门分包，向36个村派驻工作队，共抽调干部80多人。后无此项评选。

第二节 新民居建设

2009年，故城县把新民居建设作为工业化、城镇化、产业化的有效载体，确定了“群众自愿，镇村主体，规范运作，市场回迁”的建设原则。是年出台《故城县新民居建设实施意见》，郑口镇的太兴镇村、建国镇罗马庄村和姜圈村、故城镇的中镇村、夏庄镇的坟台村成功申报为省级新民居建设示范村。2010年，根据“五靠”（靠城镇、靠公路、靠园区、靠产业、靠实力）原则，确定了8个示范建设农村社区，分别为郑口镇滨湖家园社区、沁湖花园社区、幸福家园社区、夏庄镇园区社区、故城镇古城佳苑社区、三朗乡长林社区、饶阳店镇同江社区、建国镇运河金区社区，共涉及42个村，其中省级示范村14个，市级示范村8个，其他联建村20个。是年，省政府批准建设的林苑社区（长林社区）被省政府列为全省新民居建设示范社区，故城镇古城佳苑社区被列入省重点扶持建设社区，得到80万元重点社区扶持资金。2011年年末，故城县启动了3个社区，分别是饶阳店庆林社区、郑口镇大杏基社区、里老乡小马坊社区。2012 年，新民居建设按照“加快建设，稳妥搬迁”的工作思路，扎实推进衡德园区社区、饶阳店镇同江社区、三朗乡林苑社区、故城镇古城学府社区、建国镇运河金区社区、郑口镇滨湖社区、幸福社区、沁湖社区 8 个新民居建设。

第三节　美丽乡村建设

2013 年，域内实施农村面貌改造提升活动，成立以县委书记为组长、县长为第一副组长的故城县农村面貌改造提升行动领导小组，领导小组下设 10 个工作组，根据职能分工，明确了各工作组

后响沟村美丽乡村建设

的职责，各工作组长分别由相关部门主要负责人担任。抽调部门人员组成驻村工作组，进驻 10 个重点村进行帮扶。是年 9 月 23 日始，利用两个月时间，开展“农村面貌改造提升双月攻坚活动”，把农村面貌改造提升活动推向高潮。2014 年，农村面貌改造提升工作全面展开，共确定 27 个农村面貌改造提升重点村庄，其中省重点村 12 个（其中小马坊中心村为省级中心村示范点），市重点村 15 个。农村面貌改造提升总投资达 8000 万元。

2015 年，围绕美丽乡村建设工作，农村面貌改造提升省级重点村共计 9 个，按照整体推进、重点突破的原则，还确定了 13 个扶贫开发重点村、12 个乡镇所在地村，以这些村为重点，全面实施面貌改造提升，发挥示范带动效应。2016 年，省级美丽乡村建设重点村共 31 个，确定了 8 个美丽乡村建设精品村和 1 个重点示范片区。是年 8 月，衡水市“两改一清一拆”中期评估验收中，故城县评分位居全市第一，代表衡水市接受省评估验收。2017 年，故城县委、县政府研究确定美丽乡村重点打造“一片一线一带”（“一片”即房庄片区，“一线”即房庄至东大洼沿线，“一带”即东大洼现代农业园区观光带）。确定 35 个省级美丽乡村重点村（17 个贫困村，18 个非贫困村），涉及 7 个乡镇，共计 8870 户，31366 人。2018 年，获批河北省农村人居环境整治全域完成示范县，获省财政支持资金 4300 万元。以贫困村为重点，开展全县农村历史积存垃圾清理整治行动，共清理历史积存垃圾 22 万立方米，贫困村基础设施得到全面提升，贫困村主街道硬化率达 100%，村庄照明亮化率达 100%，村庄绿化完成率达 100%，美丽庭院建成率达 30%，精品美丽庭院达 6%，路灯、地名标志设置标准化达 100%，卫生设施配备实现全覆盖，村容村貌得到了明显提升和改善；按照 100 人配备 1 个垃圾箱的标准，142 个贫困村已全部配备垃圾桶共 2905 个；按照每 100 户配备 1 名保洁员的标准，协调县人社局为 71 个贫困村配置了公益性岗位（保洁员）307 名，142 个贫困村已配齐保洁人员 493 名。

第四章　城乡管理

20 世纪 90 年代，城乡管理工作日益正规化，城乡环境、城乡面貌有所改善。2003 年，城管综合大队正式建立，依法实行管理，综合管理水平与执法能力不断得到提升。对违反规划私搭乱建和未批先建、街道广告规范治理、市容环境、大气污染整治等工作常抓不懈，县城面貌逐步提升。

第一节　管理机构

故城县城建局于 1977 年 6 月成立，1977 年 6 月—1978 年 5 月隶属县计划委员会，1978 年 5 月后隶属县政府。1977 年 6 月，建立房管局。1978 年 5 月，更名为故城县城镇建设管理局。1982 年

1月，“城建局”更名为“基本建设局”。1984年6月，“基本建设局”更名为“城乡建设办公室”。1989年9月9日，“城乡建设办公室”更名为“城乡建设局”。设有4个股室，分别为人秘股、城乡建设股、房产股、城管监察大队；4个下属单位，分别为自来水公司、环境卫生管理站、市政工程队、城建建筑公司。1993年10月，成立开发公司。1995年，成立园林站。是年12月28日，经县委、县政府批准，“城乡建设局”更名为“建设委员会”，在原建设局内设机构的基础上又增加了4个科室，分别为村镇股、建管股、招投标办公室、治安股；5个下属单位，分别为质监站、建筑设计室、建筑工程公司、第五建筑公司、东阳建筑安装公司。1996年12月31日，“建设委员会”更名为“建设局”，设8个股室，分别为人秘股、城建股、房产股、村镇股、建管股、招标办、治安股、监察大队；11个下属单位，分别为环卫站、园林站、质监站、设计室、自来水公司、市政工程公司、房地产开发公司、建筑工程公司、城建建筑公司、五建公司、东阳建安公司。1997年4月爱卫办挂靠建设局。2012年12月4日，“建设局”更名为“住房和城乡建设局”。2014年8月，单位搬迁至政务大厅A区办公。2015年8月19日，“住房和城乡建设局”更名为“住房和城乡规划建设局”。2016年，房产股整体划转至国土局，成立“不动产登记管理局”。

第二节　县城管理

1991年，全省开展城市容貌环境综合整治竞赛后，推进县城管理工作逐步走向规范化、制度化，管理机制逐步理顺，管理队伍执法水平明显提升，执法力度逐年加大，管理手段由粗放单一转向文明有序，从而形成依法治建、规范化管理运作机制。

2003年，故城县实施“双创一争”、县城“四化”工程，县城容貌发生质的变化，县城管理水平再度提升，县城居民参与县城管理的积极性不断提高，逐步形成全民参与，职能部门各司其职，各负其责，协调联动的县城长效管理机制。县城规划、市容、绿化、环境卫生垃圾、夜景等10个方面工作均纳入县城长效管理机制。是年12月，故城县城管综合执法大队成立，抽调公安、工商、交警工作人与城管一同进行综合执法，作为副科级单位挂靠住建局。2009年10月，又聘任了25名新队员完成了再次组建。按照上级文件精神，2014年8月，将城管综合执法大队、园林站、环卫站、市政公司、自来水公司五个单位合为一体成立了故城县政府城市管理综合执法办公室，与故城县建设局正式分开。2015年8月，故城县城市管理综合执法局成立。

一、城区市容管理

2011年，全省提出“城市管理三年上水平”以来，为有效改善城区环境，全面打造“生态宜居运河文化名城”。紧紧围绕执法为民、服务社会的宗旨，扎实有效地开展了一系列城区市容和环境整治活动。严格规划建设管控：从源头抓起，严格审查各类违章建设活动，强化城区内新建、改建及扩建项目查处。对未批先建、少报多建等行为大力整治。对建设施工场地进行了全程跟踪管理。使其建设和外墙装饰严格按照预定详规建设。全县组织拆违活动，对大量非法占地建房进行了拆除。户外广告清理：依次对京杭大街、顺达路、广交路、中华街、康宁路等县城主要街道的门店牌匾进行了统一更名。同时又对喷图、张

城管队员在清理小广告

贴、摆放的各类户外小广告进行多次专项整治。市容秩序整治：开展县城市容综合整治活动，重点清理整治了违章占道摆摊设点、摆放商品货物、占道加工制作、违章停放车辆等严重影响县城容貌秩序的现象。2015年以来，围绕省级园林县城创建，结合大气污染整治，提升城区管理和整治标准，对城区市政工地、园林工地进行全过程管

理，大力度治理裸露土地，积极开展市容整治规范提升攻坚行动，强化街区管理，整顿市容秩序，规范沿街商贩、门店摆放货物和商服活动，营造了良好的城区环境。

二、数字化城管平台建设及运行

2015年，依托市级平台，采用PPP模式，投资545万余元实施智慧城市综合管理系统项目建设。智慧城市综合管理系统作为一级平台设在政务中心，数字城管平台作为二级平台设在城管局。两个平台同步建设。是年3月13日，完成工程招投标，中标单位为联通系统集成有限公司河北省分公司，聘用监理单位为唐山赛捷科技有限公司。5月4日正式施工，11月建设完成。指挥大厅有46寸大屏幕拼接屏9块，独立建设监控点51个，同天网工程连接共享监控点354个，对县城建成区约

故城县住建局数字化城管监督指挥中心

17平方公里内进行数据普查。城区共划分587个单元网格，10个责任网格，共普查部件5大类121小类18688个，事件共5大类64小类。年处理城市管理案件4000件左右。

第三节　居民区管理

2007年7月，设故城县社区建设管理办公室，隶属县委办公室。2009年8月，设立故城县城区社会事务管理办事处。原郑口镇居委会、故城县社区建设管理办公室并入县城区办。是年12月，县委县政府《关于切实加强县城社区事务服务和管理的暂行意见》，确定城区办作为县委、县政府的派出机构，全面负责城区各项社会事务的管理和服务，实行党委、办事处合署办公，两个牌子、

故城县城区办事处

一套人马。2010年5月，成立故城县第一个社区居委会——迎瑞社区居委会。

2012年3月，成立振兴、天坛、花园三个社区居委会，后分别更名为太兴、富邦、龙海园社区居委会。2013年5月，成立香湖、帝奥两个社区居委会。龙海园、香湖、顺达三个社区居委会在龙海园联合办公。2015年1月，成立故城县物业行业协会。办公地点由迎瑞二期迁至幸福小区。2016年11月，城区办联合住建局下发了《关于在全县范围内统一基础热费的通知》，将小区基础供热费收取标准统一至20%～30%，降低了供暖企业成本，减少了居民支出，维护了社区稳定。2017年12月并入县住建局，整合原职能组建“故城县社区管理服务中心”，原职能分工及办公场所不变。2018年5月，县委、县政府出台《故城县关于强力推动“基层建设夯实年”攻坚，加强和完善城乡社区治理的工作方案》，成立了城乡社区治理工作领导小组。根据县政府提出的“实施县城物业管理服务提升行动，高标准建成10个示范社区”的指示精神，县城区办完成了迎瑞花园、

龙海园社区居民委员会

太兴家园、香湖美地、杏林名苑、富邦花园、龙海园、帝奥家园、沁湖花园、县中家属院、尚书房10个示范小区建设。2018年年末，城区办分别在安全管理办公室、退役军人服务站、城区司法所、7个居委会及2个便民服务中心开展工作。服务小区47个，居民57000余人。

第五章　环境保护

1980年5月，故城县建环境保护科，隶属县政府。主要负责国家关于环境保护工作的方针、政策、法令宣传，并分步实施和坚持“三同时”（主体工程与防污染设备同时设计、同时施工、同时运转）。1984年，县城乡建设环境保护委员会设环境保护监督站，开展环境管理和污染治理。1986年后，对新建、扩建、迁建的项目，执行环境影响报告制度，根据项目的性质、规模、“三废”排放情况，以及选址环境状况，实行统一规划，防止造成新的环境污染。1990年起，推行环境目标责任制、排放污染物许可证制和对污染源限期治理等措施。1995年，故城县环境保护局成立。是年，对县属主要污染重点治理，环境质量状况基本稳定，局部环境恶化的趋势有所遏制。1996年9月30日，实施取缔关停“十五小”企业。翌年，完成功能区规划，严格控制噪声污染。1997年起，对全县范围内废气、废水、废渣排放实行申报登记制度，并对重点污染企业进行限期治理。粉尘等污染物明显下降。2000年，成立环保协会，创建12个绿色机构（绿色机关、绿色学校、绿色饭店、绿色医院、绿色社区）。2018年，域内空气质量达二级标准，集中式饮用水水源地水质达标率为100%，726家省控重点企业污染物排放达到相关标准要求。故城县被评为“河北省环保系统先进集体。”

第一节　环境污染

中华人民共和国成立初期，大气质量较好，卫运河、江江河、清凉江等水质清洁，未受污染。20世纪60年代，大自然净化能力使少量工业“三废”未造成严重危害，域内环境污染不甚明显，生态环境基本保持原状。20世纪70年代，伴随工业发展，因重生产，轻治理，大量工业“三废”未经治理任意排放，环境污染日趋严重，郑口镇污染为甚，主要工业污染源来自县钢丝绳厂、化肥厂、酿酒厂、制衣厂、皮毛厂、五金厂、染织厂、医院、农机修造厂、弹簧厂、砖瓦厂等。其中排放废水的企业有钢丝厂、化肥厂、酿酒厂、地毯厂、县医院、制线厂、染织厂等。排放废气的企业有化肥厂、钢丝绳厂、酿酒厂等。废渣主要系炉渣，排放量较大的企业主要有化肥厂、钢丝厂、酿酒厂。新发展的部分乡镇企业，如小化工厂、砖瓦厂、皮毛厂等亦成重要污染源。废水中工业污染物系酸、碱、有机物、悬浮物。废气中的工业污染物质系烟尘、二氧化硫、氮氧化物、一氧化碳。主要工业污染物质系废水中有机物。外地经河流排入县境内废水中的工业污染物质系铬、镉、氰酚类、硫化物、有机物等近20种。

一、水污染状况

1987年，全县有漂染、化工、造纸、皮革等5个行业及其他行业90多家工厂，年排放污水量为53万吨，但污水处理能力不足，所排放的废水中含有镉、铬、铜等重金属，以及氰、氨、氮、酚、硫化物等化学物质或有毒物质。部分未经过处理的污水，流入河流或土地。县环保部门督促并指导厂家通过综合利用或技术革新，使化工、造纸、皮革等5个污染严重的行业60多家工厂，减轻了污染程度。1990年，测试污染物排放折纯量明显下降的有氨氮、化学耗氧量、硫化物、铜、酚、氰化物等。1997年，根据国务院有关规定，对几种污染物排放实行总量控制。2008年，故城县工业废水排量111.24万吨，生活污水排放量233万吨，生活污水中COD排放量466吨。达标排放2.13万吨，悬浮物711.57万吨、化学需氧量1943.65吨、生化需氧量424.02吨、色度0.41吨、氨氮3.80吨、动植物油217.04吨。平均日排生活废水4800吨，年排175.2万吨，造成县城青年干渠、堤口渠、坛村渠水质恶化、发臭，常年处于劣五类水质。全年城区工业、企事业单位废水排放量为350万立方米。由于没有污水处理厂，排水是雨污合流制，大部分工业废水未经治理与生活污水遵循就近、分散排放原则，分别排入堤口渠、坛村渠、徐庄渠及青年干渠。工业废水、生活污水和雨水直接排入受水体，污染严重。城区工业废水主要污染源为皮毛行业和化工企业，其中皮毛行业是城区最大的废水污染源，其污染分担率为68.3%。

2009—2018年，主要污染物减排任务是化学需氧量和氨氮。共削减化学需氧量10514.92吨；氨氮326.44吨。关停2家帆布印染企业染色生产线、5家皮毛硝染企业关闭拆除工程。制定《故城县强化政府主体责任建立网格化环境监管体系实施方案》。按照“属地管理、分级负责、无缝对接、全面覆盖、责任到人”的原则，在全县13个乡镇、538个行政村，3个工业园区建立了“横向到边、纵向到底”的网格化环境监管体系。形成了“政府组织实施、环保部门统一协调、相关部门各负其责、社会各界广泛参与”的工作格局。

落实河长制全覆盖、完成集中式饮用水源地保护区划分、完成13家畜禽养殖污染治理工作、完成县域内加油站地下油罐防渗改造工程。完成青年干渠、郑口排渠、青年干渠截污清淤疏浚等黑臭水体治理工程，县城黑臭水体基本消除。县城集中式饮用水水质稳定达到了Ⅲ类标准。

二、空气污染

20世纪50年代，大气污染主要来自居民日常生活炊烟。随着小规模的工业作坊和机动车船出现，开始有工业废气和交通废气产生，当时排放量极小大气质量尚处于清洁水平。20世纪50年代末，一度兴起“大炼钢铁”运动，建起多个小规模冶炼铸造厂，但对大气质量变化影响不明显。20世纪80年代，工业化进程加快，耗煤、耗油量大幅度增加，由此产生的煤尘、氮氧化物、二氧化硫、颗粒物等污染物呈上升趋势。1999年，全县有砖窑147座，由于燃煤废气污染，偶尔造成局部农作物枯毁。2004年，故城县城区有不同吨位燃煤锅炉62台，工业炉窑12台。90%以上的炉窑仅有简单除尘措施，无脱硫设施，大部分单位燃

环保大数据监控平台

煤锅炉烟气中烟尘可达标排放，但二氧化硫普遍超标排放。皮毛加工、玻璃钢制品、刹车片生产、棉纺织加工、橡胶加工、机械铸造、钢丝绳加工等染料行业在生产时产生大量有害气体。2005年，故城县共有排气烟囱190根，其中达标排放10根。工业废气排放量123932.13万标立方米，达标排放6165万标立方米。其中烟尘5831.45吨、二氧化硫2017.52吨，严重影响大气质量。2008年起，加大对烟尘超标单位的治理力度，对县城建成区内的12台燃煤锅炉增设了高效除尘设施，烟气黑度达标率达95%以上。为51家排污单位办理了排污许可证，空气质量达二级标准。

2009—2018年，主要污染物减排任务为削减二氧化硫和氮氧化物，关闭、拆除5家砖瓦生产企业、21家铸造企业，以及4家企业的煤改气工程等。共削减二氧化硫和氮氧化物2069.99吨、144.49吨。细颗粒物（PM2.5）浓度达78微克/立方米左右。冬季取暖期细颗粒物（PM2.5）浓度比2016年同期下降18%以上；PM2.5年平均浓度低于68微克/立方米、下降率达9.0%；全年优良天数达158天。

三、噪声污染及质量

随着各种机动车辆和机械的增加，城乡噪声污染日趋严重。刹车片、纺织业、铸造业噪声污染超标。20世纪80年代，随着建筑业的兴起，县城到处有建筑工地，水泥搅拌机和打桩机的建筑噪声。严重污染周围环境。同时，随着家用电器的普及，社会生活噪声不断增加，高音喇叭、商业活动中的音响不时传出的高音播放声，影响周围居民生活环境。1995年起，根据国家《建筑施工场界噪声限值》的规定，对区内所有建筑施工

项目，严格限制夜间建筑施工作业，实行申报审批制度，推行夜间施工告示制度，加强夜间巡回检查。2000年，在中高考期间开展“绿色护考行动”，严格夜间建筑工地施工审批制度，开展白天巡查，夜间抽查，发现问题及时处理，确保考生有一个安静的考试环境。为大力提升故城县对噪声污染的快速反应能力和应急事件处置能力，2009年，按照《全国环境监察机构标准化建设标准》三级标准要求，配备购置噪声仪、化学需氧量快速检测仪、防护服等取证、应急、现场监测及办公设备，购置了执法车辆7辆，达到三级标准。至2018年，共检查建筑工地2072个（次），依法对工地夜间施工征收超标排污费，对夜间擅自施工的工地进行处罚。

四、固体废物污染

1987年，在全县环保调查中，查出工业固体废物约0.9万吨，采取综合整治、废物利用、集中处置、科学销毁、技术改革等措施处理。1997年，工业固体废物综合利用率达78%。1998—2008年，工业废物年排放量均超过100万吨，工业废物利用率为48%，剩余部分全部按照环保要求进行处置，固体废弃物排放量为零。城区工业固体废物产生总量为10045吨，其中燃煤炉渣7104吨，全部做建筑材料综合利用，其他一般工业固体废物2617吨、危险废物324吨。生活和建筑垃圾乱堆乱放。街头、路边、田间、树上各色塑料袋、包装纸、果皮、杂物随处可见，特别是县城周围及河道两侧，污染严重，成为县城治理污染的一项重要工作。

2009年，切实加强重金属污染防治，杜绝重金属污染事故，保障环境安全。对全县皮毛硝染、铅酸蓄电池以及化工、电镀等所有重金属排放企业进行详细摸底和调查，做到不留死角、不漏一家，2011年，共查出涉重金属企业12家，其中皮毛硝染企业8家，铅酸蓄电池生产企业1家，化工企业2家，电镀企业1家。对整改仍达不到环保要求的3家皮毛硝染企业进行强制拆除，另对5家皮毛硝染企业予以关闭。2014年，加强危险废物管理工作，对26家危险废物产生企业的五联单制度执行情况以及危险废物收集、贮存、运输、处置规范情况进行了认真检查，督促企业完善了危险废物管理台账，规范了危险废物标志。

第二节 环境监测

2004年，成立环境监测站，开始监测全县大气污染源排放污染物。对二氧化硫、颗粒悬浮物、烟尘、噪声进行监测，及时上报县内各种环境要素的质量状况，直接参加县内污染事件调查，为仲裁环境污染纠纷提供监测数据。2008年始，故城县建立环境定期监测制度。

一、大气质量及降水监测

2004年始，域内对城区大气环境质量进行监测，每季度采样1次，每次采样时间为5天，测定项目为二氧化硫、氮氧化物和总悬浮颗粒物。根据故城县城区用地功能和污染气象特征，是年1月21—25日，在规划区设有9个环境空气现状监测点，收集监测期风向、风速、总云量、低云量气象参数。

2014年7月，省控故城县环保局空气自动监测站建设完成并联网运行，站点位于县环保局楼顶，监测指标为国标六参数：PM10、PM2.5、SO_2、NOX、O_3、CO。2014年空气质量浓度为：PM10 155微克/立方米，SO_2 42.2微克/立方米。2017年10月，省控县林业局空气自动监测站建设完成并联网运行，站点位于县林业局楼顶，监测指标为国标六参数：PM10、PM2.5、SO_2、NOX、O_3、CO。2018年2月，在域内13个乡镇均建设空气自动监测站，监测指标为国标二参数：PM2.5、SO_2，实现了监测网络全覆盖。是年8月，建成故城经济开发区空气自动监测站，监测指标为国标六参数：PM10、PM2.5、SO_2、NOX、O_3、CO。

空气质量监测站点

二、水质量

地表水监测：2004年3月，在城区的主要河流卫运河与南环路交叉口、卫运河与北环路交叉口、青年干渠与南环路交叉口及堤口渠与西环路交叉口各设一个监测断面。进行连续两天监测，每天每断面采代表性水样1件。监测项目：PH酸碱度、挥发酚、氰化物、氟化物、石油类、CODcr、NH3-N、Pb、As、Cd、Cr6+、流量。2009年4月，顺利通过了省技术监督部门的审查认可；进一步增加了化学需氧量、氨氮、悬浮物、PH等4项水质检测指标；是年共对全县138家污染源进行监测，保障建设项目、排污许可证办理等各项工作的顺利开展。

检测结果表明，监测期卫运河、青年干渠、堤口干渠全部监测断面中除化学需氧量超标外，其他因子在监测期间均能满足地表水相关质量标准要求，水中污染物以化学需氧量为主，已不能满足地表水功能要求。

地下水监测：2004年3月18日，地下水监测点本着功能布点和控制布点相结合的原则，充分利用现有水源井在城区进行布置，并在拟建集中供水水源地（西环路，广交路交叉口）设点。此次地下水共布置10个监测点监测项目为：PH、氨氮、高锰酸盐指数、总硬度、溶解性总固体、氯化物、挥发酚、氰化物、氟化物、As、Cr6+、Pb等共12项；监测一天，每个地下水监测点采样一件。

三、噪声环境质量监测

2004年，开始对境内噪声环境质量进行监测。噪声监测布点本着功能布点与控制布点相结合的原则，在交通主干道沿线及城区中心适当加密，人口分布稀疏区适当减少，分别对3种类型环境噪声功能区进行监测，即区域环境噪声（1类区居住区、2类区混合区、3类区工业区）、公路噪声和铁路噪声，此次监测共布设监测点23个。

县城区1类区昼间噪声范围为45.8～52.3分贝，有一个点超标，超标0.3分贝，超标率为6.67%，夜间为41.1～46.2分贝，全部超标，超标率为100%，超标范围为0.5～4.2分贝；2类区昼间噪声范围为52.4～58.7分贝，无超标点，夜间为45.6～53.1分贝，有3个点超标，超标范围为1.4～3.1分贝，超标率为30%；3类区昼间噪声范围为53.2～58.7分贝，无超标点，夜间为46.2～54.9分贝，无超标点。城区种类功能区噪声现状环境质量尚可，除1类区夜间噪声有超标现象外，其他功能区噪声基本上可以满足相应功能区划的要求。

第三节　污染防治

1981年始征县直企业排污费。1982年，原县镀锌厂首先安装防污设备，为全县第一家免收排污费企业。1984年始对全县产生污染源企业征收排污费。1985年始对污染物进行监测。1987年，县制线厂、酿酒厂、钢丝绳五金厂、地毯厂、县医院、化肥厂、农机修造厂、皮鞋厂安装除尘器，钢丝绳厂安装过滤器，五金厂安装“S”形三级过滤器。其中，钢丝绳厂、五金厂因治理“三废”较好而免收排污费。然因企业对“三废”宏观危害认识不足，加之资金欠缺，尚未自发投资治理致使多数企业，尤其乡镇企业，治理污染任务仍较艰巨。

一、水污染防治

1987年，县环保局逐年加大对工业废水治理力度，关停造纸厂、化工厂、染整厂等6家企业。2000年，全县工业污染源全部实现“一控双达标”。2003年4月，开展“清理整顿不法排污企业，保障群众健康”环保专项行动。2008年，全县工业废水111.24万吨，年处理废水排放量4.35万吨，处理率仅3.91%，处于较低水平。是年，在西苑工业项目区第一个污水处理厂开工建设，一期日处理污水能力3万吨。制定饮用水水源地突发环境污染事件应急预案。取缔、拆除非法皮毛硝染企业30余家，向有关部门移送违法案件18件。2010年，先后治理了3家企业、关闭了5家皮毛硝染企业，并严把新建项目审批关和“三同时”验收关，从源头控制污染源的产生，从而改善域内水环境质量。2012年，实施水污染源减排项目21个，包括16个结构减排项目，1个污水处理厂管网工程和4个畜禽养殖污染源减排项目。2013年，通过召开联席会议、落实有奖举报制、实施分片包干制及各部门联合执法等措施，进一步加大了废水污染防治力度。对乡镇及以上22个集中式饮用水水源地和可能影响地下水环境的68家加油站（油库）、1个垃圾处理场、3个污水处理厂、3个工业园区和重点企业及部分规模化养殖企业现状进行了详细摸底调查，对地下水污染防治工作，进行了安排部署。2015年，强化污水处理厂的监督与管理，确保了县城、衡德、营东三家污水处理厂的稳定运行。2016年，针对域内水环境，积极推进抓节水、控污水、洁河水、保供水、压采水，重点围绕清凉江，卫南运河，江江河、青年干渠、郑口排渠、堤口渠，全面整治不达标重污染河流，并逐一对水质达标状况进行了排查，明确了防治措施及达标期限。实行了县、乡、村三级河长制，实现全流域综合治理。2017年，制定了卫千渠综合整治实施方案，5月9日，已引入南水北调饮用水，县城区域内迎瑞小区、自来水公司院内、孟庄村、野庄村等四眼饮水井作为备用水源严格按照一级保护区的标准进行划分。2018年，投资4939.35万元，实施了郑口排渠和青年干渠黑臭水体治理。63家加油站防渗工作已全面完成。完成16家规模化畜禽养殖治理任务。完成县级以上集中式饮用水水源保护区勘界及标志设置等工作；完成县城污水处理厂污泥提标改造任务，达到预期目标。完成黑臭水体治理工程、建国镇污水处理厂工程、经济开发区和营东新区管网建设等重点工程中央项目储备库入库工作。

二、大气污染防治

1987年始，把消烟除尘作为大气污染治理的突破口，全县工业用锅炉都配套除尘设施。2005年，全县共有排气筒188根，其中，工业锅炉26台，蒸吨数49.7吨。全县排放工业废气121652.13万标立方米，经消烟除尘的排放量为10114.18万标立方米，处理率8.31%，达标废气排放量为5614.00万标立方米，共有处理设备26台（套）。有效地控制了烟尘的排放量。2006年11月县城建成区内燃煤炉窑的烟气黑度达标率达95%以上。2007年，故城县先后打地热井3眼，大大改善了冬季大气环境质量。

2009年，关停、拆除了包括砖瓦生产企业在内的16家“两高一资”企业和“十五小”企业。关停、拆除11家企业12台（座）燃煤设施。2010年，全县4吨及以上锅炉全部增上了高效脱硫除尘设施，并完成4家企业4台（座）燃煤窑炉的拆除工作。2011年，关闭、拆除了6家砖瓦制造企业。2012年，实施减排项目，大气污染源减排项目15个，包括13个结构减排项目和2个工程治理项目。2013年，对县城建成区内全部餐饮经营场下达了《关于开展餐饮服务业燃煤、油烟污染专项整治的通知》，责令12家对大气环境影响较大的企业进行了停业整顿。2015年，成立由县委书记任第一指挥长，县长任指挥长的“净大气、抑扬尘，确保蓝天蓝”攻坚行动指挥部，县委、县政府出台《故城县“净大气、抑扬尘，确保蓝天蓝”攻坚行动方案》，明确10大项27小项工作任务和整治措施、责任单位，重点开展砂石料场及混凝土搅拌站、施工工地、清理储煤场的三大专项行动。是年，累计拆除改造39家43台72蒸吨燃煤锅炉、拆除砖瓦窑52座、查封“小铸造”业户44家，督促93家餐饮业安装了高效油烟净化装置。2017年，拆改10蒸吨/小时以下的燃煤锅炉185台。431家“散乱污”企业全部整治到位。对城区109家烧烤摊点进行全面排查整治。对县城建成区95家餐饮业油烟治理设施运维情况开展专项检查，督促完善油烟治理设施和运行维护记录。对县域内2家尾气检测线进行抽检，发现并整改问题2件，保证监测数据的有效性和准确性。淘汰老旧车2367辆，新增、更名新能源公交车5辆，区域共运行新能源车辆达58辆。督促53家VOCs排放企业完成在线监测或超标报警装置安装工作，共安装在线设施143台。

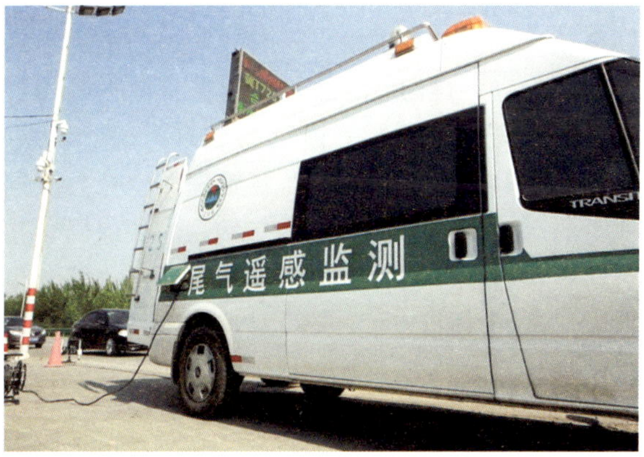

尾气遥感监测

三、固体废弃物处置与利用

1987年始，废渣日渐增多，主要有炉渣、建筑垃圾、布屑、麻屑、废铁、废玻璃等，其中以炉渣为主，占工业废渣的50%。炉渣大部分用作建筑材料。2005年，县城产生垃圾0.72万吨，粪便0.9万吨。有机物和粪便均用作农用肥，大部分得到合理处置。

四、噪声防治

1987年，群众对噪音危害逐步有所认识，境内厂家认真执行环境保护法，根据生产性发出的噪声的不同特点，分别采取吸声、消声、隔声、隔振等措施加以整治。随着县城扩建，建筑噪声逐渐增多，其防治亦被高度重视。2008—2018年，建筑噪声防治要求建筑方采用低噪声设备，预先申报、公告工期，禁止夜间打桩施工等措施，有效控制噪声污染。

五、农业生态环境保护

1987年，减少农药使用，以高效低毒、低残留的农药代替剧毒高残留的农药，逐步推行生物防治。大搞植树造林、防治水土流失，维持生态平衡。20世纪90年代，随着农民生活方式的改变，秸秆焚烧造成的大气污染日益严重，通过秸秆综合利用、秸秆还田等方式控制秸秆焚烧，效果明显。

第四节　环境管理

一、目标管理

1989年，全县始推行环境目标责任制，对上级每年下达的环境治理任务指标进行分解，各相关单位、部门、乡镇的行政“一把手”与县长签订包括“新扩改”项目“三同时”执行率、污染源限期治理、排污费征收、环境宣传教育等内容的“县长环境目标责任书”，形成政府统一领导、部门各负其责、环保统一监督管理，全社会共同参与的环境管理体系。1996年始，由环保局参与对建设项目的审批，坚决贯彻执行环保“第一审批权”、建设项目审批率逐年提高，1999年，县属以上建设项目环保审批率达100%，“三同时”执行率达100%。2008年2月，县政府出台《故城县2008年度环境保护目标考核办法》，考核范围为各乡镇人民政府，考核机制日趋完善。2010年8月，印发《故城县2010年度污染减排和环境保护目标管理考核实施方案》，实施单位为各乡镇人民政府、县直有关部门。

2011—2018年，每年出台文件，制定目标考核方案，由各乡镇、县直各有关单位负责实施。

二、管理机构

1987年，县环保站全员6人。1993年，升级为环保办，隶属县人民政府，业务归原计委主管，事业控编16人，内设办公室、监理站、管理股3个科室。1995年，环保办升为环保局（二级局）。1996年12月，由二级事业局升格为一级事业局。

2002年，由一级事业局升格为一级行政局，其中行政编制12人，工勤1人，事业编制33人，自收自支10人。2008年，县环保局下设环境监察大队、稽查大队、监测站、监管科等业务科室。全员干部职工56人。2017年5月24日，按照全省环保机构垂改工作要求，故城县环境保护局机构名称更名为衡水市环境保护局故城县分局，故城县环境监察大队机构名称更名为衡水市故城县环境执法大队，河北省故城县环境监测站机构名称更名为衡水市故城县环境监控中心。下设11个科室，分别为办公室、环评科、污防（土）科、财务科、信息中心、法规科、大气科、总量（水）科、宣教中心、人事科、自然科、督查中心。有执法大队，监控中心2个事业单位。执法大队有信访办、8个中队（高新区中队、衡德中队、郑口中队、饶阳店中队、青罕中队、辛庄中队、房庄中队、建国中队）。2019年1月，衡水市环境保护局故城县分局更名为衡水市生态环境局故城县分局。

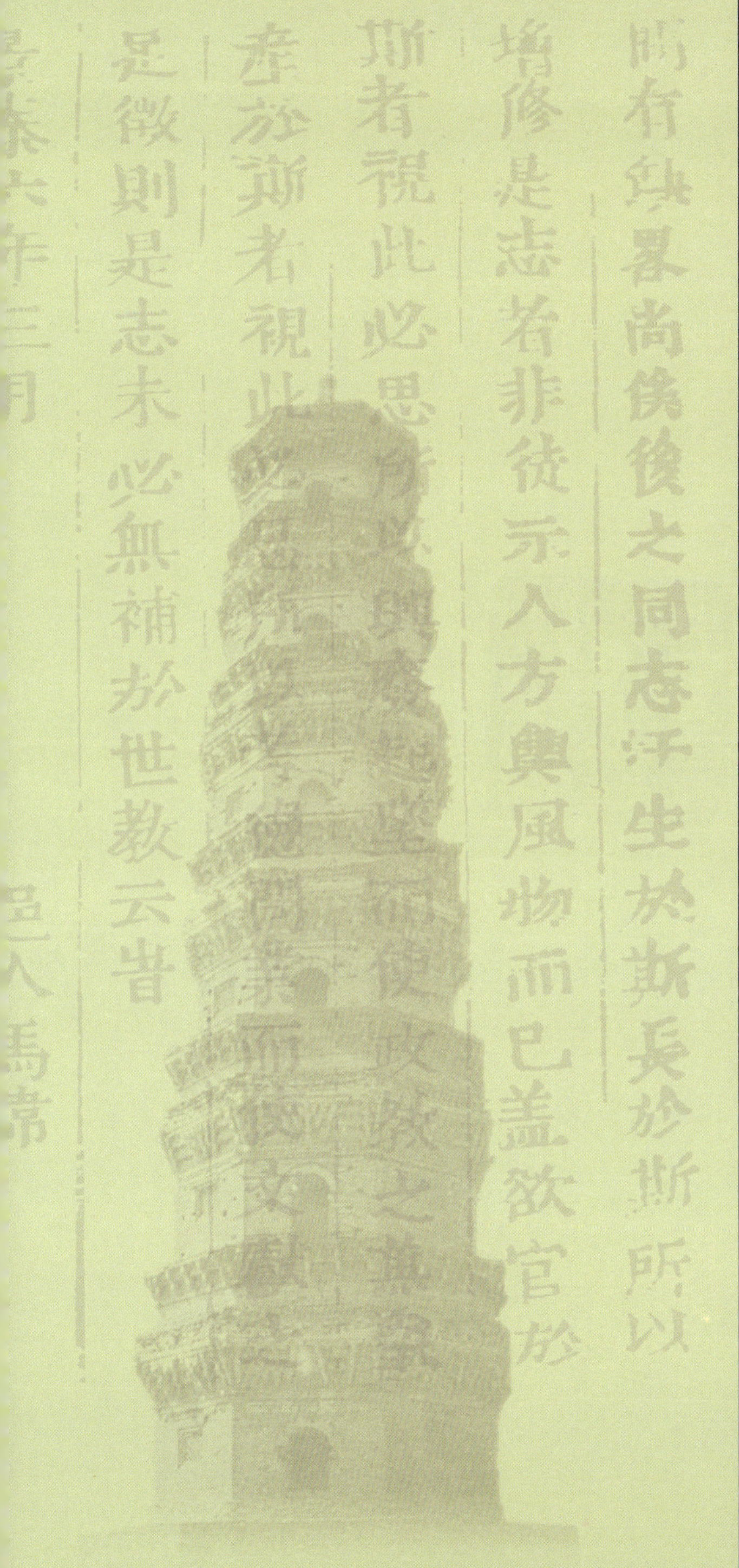

卷 二

第七编　经济综述

故城县农业、手工业生产历史悠久，但历程艰难坎坷，元末至中华民国时期，情势更是兴衰无度。其间，虽有明永乐年间（1403—1424年）的较快恢复，天顺、成化年间（1457—1487年）相对稳定，清康熙年间（1662—1722年）一时之兴，清雍正年间（1723—1735年）有所改观，但因封建生产关系束缚，农业、工业落后面貌无法从根本上改变，1949年，故城县地区总产值仅为1577万元，收入多来自农业，故城人民世代艰辛努力，经济呈波浪式发展。

域内人民在中国共产党领导下经历了抗日战争时期的减租减息、解放战争时期的土地改革和中华人民共和国成立初期对农业、手工业、资本主义工商业的社会主义改造，初步建立起以国有和集体所有制为主体的工业体制。虽然受1958年“大跃进”影响，但基本构建起工业、农业、商业等发展框架，奠定了经济发展基础。始于1966年的“文化大革命”使经济发展受到一定影响，仅农业发展缓慢提高。

1978年中共十一届三中全会后，改革生产关系，改善生产条件，进行农业、工业、商业、金融业一系列经济体制改革，初步建立起社会主义市场经济，社会经济条件日渐优越，发展工农业的物质基础得以保障，加之科技日趋进步，农业增产潜力、工业技术、工商业的改革得以推动，全县经济迅速发展。开始步入由粮食单一经营向多种经营转变，由传统工农业向立体工农业转变，由自然经济向商品经济转变的崭新历程。1985—2008年，域内经济发展迅猛。国民生产总值由29200万元增至546400万元，增长17.7倍；财政收入由1381.1万元增至18006万元，增长12.04倍。

2011年，域内地区生产总值完成770421万元，同比增长11.9%。社会固定资产投资完成630000万元，同比增长31.1%。财政收入完成4.3亿元，同比增长38.7%。

2017年，全县经济整体保持增长态势。地区生产总值（GDP）达117.14亿元，按可比价格计算比上年同期增长67.0%；其中第一产业增加值20.49亿元，增长39%；第二产业增加值38.95亿元，增长20%；第三产业增加值57.69亿元，增长11.1%。农业生产稳定增长，全年农林牧渔业总产值完成40.72亿元，比上年增长1%；其中农业产值23.63亿元，增长7.1%；林业产值35万元，下降16.8%；畜牧业产值13.04亿元，下降8.9%；渔业产值18万元，下降3.3%；农林牧渔服务业产值3.51亿元，增长5.2%。工业生产平稳，发展速度和效益同步提高。全县工业增加值完成32.65亿元，比上年增长4.1%。规模以上工业企业实现增加值26.93亿元。全县规模以上企业实现利润26.37亿元。财政收入完成10.22亿元。

2018年，全县经济稳步健康增长。地区生产总值（GDP）达119.9亿元，同比增长6.5%，固定资产投资80.5亿元，增长0.6%；全部财政收入11.4亿元，一般公共预算收入6.7亿元，分别增长12%、11.3%；规模以上工业增加值增长6.3%；社会消费品零售总额增长9.6%；外贸出口50.97亿元，增长21.8%。

第一章　农村生产关系变革

在中国共产党领导下，农村生产关系较大变革有4次。其中1946年土地改革，1954年建立农业生产合作社，1958年人民公社化，1980年实行农业家庭联产承包责任制。

第一节　封建土地制度

封建土地制度使土地、牲畜等主要生产资料掌握在地主阶级手中，贫苦农民少有，甚至没有土地。据清光绪《故城县志》载，时全县耕地18150公顷，多数掌握在地主阶级手中。1951年，域内地主705户，占总户数的1.2%，拥有土地亩数占总土地数的3.7%，户均占耕地是所有农户平均土地的10～15倍；大多数雇农全无土地。第一次土地改革前，域内较大地主家族有澹村刘氏、周氏、贾黄村贾氏、五户村秘氏、柴庄村柴氏、前香坊村杜氏、东关陈氏、中镇王氏、饮马河村张氏、千户庄村宋氏、鹿豕村沈氏、五大院村苏氏等。

中华人民共和国成立前，故城县总耕地面积71067公顷，占总农户4.3%的地主、富农占有总耕地的40%以上。地主拥有大量住宅、牲畜，雇长工、月工、看坟、护院等杂活工多名。多数贫苦农民给地主、富农扛长活、打短工。贫雇农民中70%以上户靠租地为生，每年将收入的三分之二交租给地主。

地主对农民的重利盘剥方式有4种：其一，租佃制。地主拥有土地和其他生产资料，除雇佣劳力自营一部分外，大部分土地由佃户或贫农租佃。每年分一次或两次提取租佃金，租佃金占收获总量的50%～70%。其二，定租制。地主把占有的土地全部按固定租额租出，不论年景丰歉，均按固定租额收租。规定一亩一石租，“无论水灾旱灾，不得短少颗粒”。其三，雇工。雇工有长工、短工两种。长工常年为地主“扛活”，雇主管吃饭，年终给一定数量粮食为工钱；短工则多在农忙季节从事单项劳务，工钱多为定额定金，有的日给小米或钱，也有的管吃。其四，高利贷。有的地主、富农在农村或城镇放高利贷，囤积粮食，大发荒年财。1940—1943年故城县连年遭遇大旱灾，地主、富农和商人以高利放钱、放粮给贫苦农民。不少贫雇农为还债被迫卖掉赖以生存的有限土地，外出讨荒。因地主、富农的盘剥，大部雇农户乞讨求生。卖儿卖女、饿死者皆有。

故城县地主分为两种：一种在当地以土地租佃为主，兼营商业或高利贷。建有深宅大院，雇有保镖护院，有的还把持村政权、宗族权，对贫苦农民实行经济、政治、宗族的压迫和剥削。如开设钱庄、银号、布庄、油坊、茶庄、饭店等。有的大地主还在北京、天津、济南等地有生意。另一类地主在当地拥有大量土地，并且在城市兼营一定规模的工商业，属于资本家兼地主。

第二节　减租　减息

解放前夕，故城县总耕地106.6万亩，总农户60608户，其中地主705户，贫农、下中农38708户，但仅占总农户4.3%的地主、富农却占有全县40%左右的耕地，占总农户63.8%的雇农、贫农、下中农却仅占有不足全县15%的耕地。此封建生产关系，致使农民虽终日劳作，然仍不得温饱。故而对实现“耕者有其田”有强烈愿望。因此，在抗日战争期间，中共故城县委、县抗日民主政府建立之后，所开展的反奸除霸和抗日斗争，获广大群众热情支持和拥护。

1943年，故城县相继发生旱、蝗、水灾，农业歉收，人民生活极端困难，为帮助群众度过灾荒，中共故城县委和县抗日民主政府认真贯彻执行中共太行分局关于进一步动员群众，巩固华北抗日根据地，在根据地实行公平负担，雇工增资，以调动群众抗日积极性，为将来抗日大反攻做好准备的高干会议精神，根据故城县实际情况，决

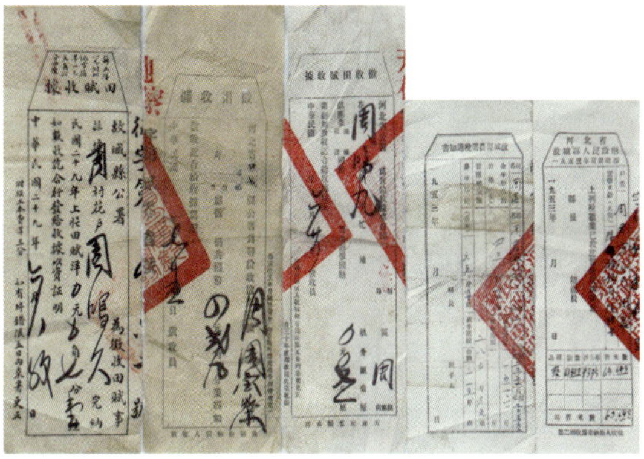

中华民国年间和中华人民共和国成立初期田赋收据

定领导和组织群众首先开展向地主、富农借粮度灾荒的运动。根据亲身经历者回忆，此运动历时两个多月，借粮至少在3万公斤以上。1944年夏收后，又组织领导根据地群众开展赎地和废除不合理婚约运动，由县抗日民主政府主持，将群众为度过1943年灾荒而忍痛出卖或典当的土地，以原价从买主手中赎回；对为求生存而被迫嫁人或被迫当童养媳者，凡本人要求离异或家长令其回家者，均准予解除婚约。据不完全统计，全县有8000余名妇女（含童养媳）不合理婚约被解除，有6000多亩土地被赎回。此两项工作既是减租减息运动的前奏，又为此打下坚实的群众基础。是年冬，开展反奸诉苦、清匪反霸、"二五减租""分半减息"运动。以蒋召村、南马村为试点。以斗地主、诉苦水为突破口，减租减息运动迅即展开。针对减租算账时，间有地主以自己土地作价退赔租息新问题，采取将作价退赔土地分配给达不到全村人均土地数的农户办法，受到群众拥护。对此，《冀南日报》载专文介绍。据亲历实践的老干部张书德（赵行乡东南屯人）估算，减租贫苦农户8000余户，减粮租约10万公斤。由此，地主经济削弱，贫雇农负担减轻，群众发展生产，参军支前积极性空前高涨。

第三节 故城县土地暂行办法

1945年10月，故城县抗日民主政府颁布了《故城县土地租佃暂行办法》，对土地租佃做出具体规定。具体内容如下：

一、总则

第一条：为合理调整租佃关系，保障地权与佃权，发展农业生产，改善人民生活，增强农村团结，根据新民主主义的土地政策及专署租佃问题处理办法的原则特制定本办法，适用于本县一切土地租佃关系。

第二条：本办法所称地租如下：

（1）定租，又称"租种地"，即定额租，或称"死租"、按土地面积计算所定之租额，是谓"定租"。

（2）大种地，又称"活租地"，又称"分种地"，即指地分粮。出租人只出土地，承租人自备生产投资，就地上收获正产物，由双方提议分配者，是谓"大种地"。

（3）伙种地，即"二八地""三七地""四六地"等，出租人除出土地外，并供给承租人一部分或全部生产投资，就地上收获按成分配者是谓"伙种地"。

第三条：本办法所称土地产量系指正产物而言，所称副产物系指柴草而言。

二、减租

第四条：不论定租伙种地或大种地一律实行二五减租（按全年收获量减去百分之二十五的生产投资）。未实行减租者，应按二五减租原则计算照减，虽已减租，但不及百分之二十五者，仍按未减前减至百分之二十五，超过百分之二十五者，双方无争议时依其原约定，有争议时由政府调处之。

第五条：本办法公布前，所规定之"五一减租""五一增佃""二八改三七""三七改四六""四六改平分""平分改倒四六"等办法已实行者，出租人及承租人均不得要求退租，自公布过去之办法后，地主不执行者或有超出规定，多收租额者，为违法地主，破坏政府减租法令，应经群众会议退租或处罚。

第六条：租种地租额以产量百分之三十五的比率为标准，最多不超过百分之三十七点五。副产物全归承租人，除去荒基，按能种地亩数交租办法如下：

（1）七成年景以上者（七成在内）交满租，一等地最高不超过谷子五十五斤（老秤），麦子十三斤；二等地最高不超过谷子四十斤、麦子十斤。

（2）五成年景以上者，一等地最高不超过谷子二十八斤、麦子五斤；二等地最高不超过谷子二十斤、麦子三斤。

（3）三成年景以上者，佃户除生产投资外，余按大种地办法分之。

（4）二成年景不交。

说明上述年景，系指天灾或其他不能抗拒之情形，致歉收者而言。

第七条：大种地：租额以产量百分之三十三的比率为标准，负担给地主，办法如下：

（1）地主只出土地，佃户自备种子、肥料、牲口、工具者，柴草全归佃户。

（2）地主出半数肥料、种子者，粮柴按同等比例分之。

第八条：伙种地租额最多不超过产量百分之六十，负担归地主。办法如下：

（1）“二八地”地主出肥料、种子、牲口、农具等一切生产投资等办法。

①与地里活有关的里工活，地主管饭时，应扣佃户饭粮，按天计工，每工扣三斤，吃什么饭扣什么饭粮。

②佃户给地主喂牲口，全年打水者，地主应给佃户槽头粮，每个牲口，每年三斗，并给打水粮，每口人全年一斗（依地方习惯计）。

③柴草随粮批。

（2）“三七地”，地主出肥料、种子、牲口、农具等一切生产投资，其办法：

①一切里工活管饭给工钱。

②柴草随粮批，地头种的麻子，谁种归谁，不分。

③花生、棉花、红薯、萝卜，也随粮批。

④如果佃户出牲口者，粮、柴草佃户应按百分之四十五分计（即增加五成为牲口工资）。

（3）不论“二八”或“三七”地，地主有里打股者，喂牲口打水，地主管，地主应分之股可按五折四，地主亦不出槽头粮、打水粮，但地主用雇工吃里打股者，雇工管喂牲口、打水，雇工少分五分之一股的所得粮，由地主补足雇工。

第九条：佃户给地主打里工，应依下列办法：

（1）铡草、除粪、拉垫脚土，地主管饭。

（2）拉土、修理房子、垫宅基，管饭给工资。

（3）废止额外劳动剥削，如扫院子、做饭、洗衣等。

第十条：出差，该谁去谁去，地主叫佃户代替应管饭给工资，佃户不去地主不得强迫。

第十一条：有下列情形之一者，减租标准得酌情减轻、主佃双方同意维持原租约时，政府不加干涉，但须经农村调查属实，由主佃双方协议订约，如有争议，可由农会调解，不服调解时由政府仲裁之。

（1）地主为贫苦抗工属者。

（2）地主为贫苦孤寡老幼残废，因无生产能力而出租土地者。

三、交租

第十二条：凡公私租佃土地，已减租并订约者，承租人应照新规定交租；不得无故不交，无故不交者出租人有权请示政府追缴之。

第十三条：地租一律于产物收获后交纳，活地租在场里打下粮来即批分，禁止预收地租、倒行租及索取礼物，预收之地租须如数退还。

第十四条：出租人外出不在解放区内，并无破坏解放区之行为者，承租人交租办法如下：

（1）出租人在解放区有代理人，承租人可交其代理人，但不得把粮食运出解放区。

（2）出租人无代理人者，承租人交租由政府暂代保管，并折价通知出租人限期具领，如有损失费用，应由出租人负担。

四、租约与佃权

第十五条：租种土地，主佃双方必须订立租约，租约期限一般应在五年以上，其因特殊原因不得少于三年。

世代佃种地及租种地期限可订十五年以上之租约，有特殊原因，不便订立长期租约者，在双方同意下，可订短期租约。

第十六条：减租后必须重订新约，出租人不得因减租而抽地撤租、抽地撤佃或增加不利于原租人之取利条件。已经违法抽地或撤佃者，原承租人得要求继续承租该项土地或赔偿其因以地所受损失，发生纠纷时由政府调处之。

第十七条：承租人原来有永佃权及依法取得永佃权者，保留其永佃权，无永佃权者，不得强行规定。

第十八条：无永佃权之土地租约期满时，出租人有自由处置之权，如出佃、出卖、出租、自耕或雇人耕种。但出租人出佃、出卖继续出租其土地时，原承租人有以同等条件承租、承卖及继续承租该土地之优先权。

第十九条：出租人出佃或出卖租期未满之土地时，原承租人有依原租期约继续租种该项土地之权。如承佃或承买人收回自种，承租人得向原地主要求赔偿其损失。

第二十条：出租人于租约期满时抽地撤佃均须于秋前三个月通知租人。如原租人因抽地致不能生活时，可由农会会同政府，召集主佃双方适当处理、延长租期或只退佃一部。

第二十一条：租约尚未期满之土地，有下列情形之一者，出租人得将土地收回。

（1）承租人自愿放弃其租种权者（应予秋前三个月通知出租人）。

（2）承租人无故不耕种达一年以上者。

（3）承租人有不交租，有故意不交达一年以上者。

（4）承租人耕作怠惰、致产量降低半数以上，屡经劝告仍不改正者。

（5）承租人损坏土地重要附着物应负赔偿责任而不赔偿者。

（6）出租人土地变更过大，无法生活，有收回自耕者（但应由农村调查主佃双方经济状况进行调解，调解无效时，则政府仲裁之）。

第二十二条：禁止包租转地。如承租人将其租得土地转移时，出租人应即将此项土地直接租与第二承租人，其因转租而致租额加重者，加重部分，该由原承租人如数退还第二承租人。

第二十三条：承租人得在租地上进行耕地改良，出租人不得反对，在此耕地改良有效期间，出租人一般的不得收回土地，如有特殊情形者，酌情处理。

第二十四条：由于出租人投资，进行耕地改良，致土地产量提高时得酌情增加地租，其多少以产量增加多少而定。

第二十五条：贫苦先烈家属、抗工属可不减或酌情少减但须经农会调查属实，由主佃双方协议，如有争执，可由农会调解，不服调解，由政府仲裁之。

五、附则

第二十六条：本办法公布前之租佃法令与此有抵触者，悉以本办法办理。

第二十七条：本办法经呈请专署批准由本县抗日县政府公布之，自公布之日施行之。

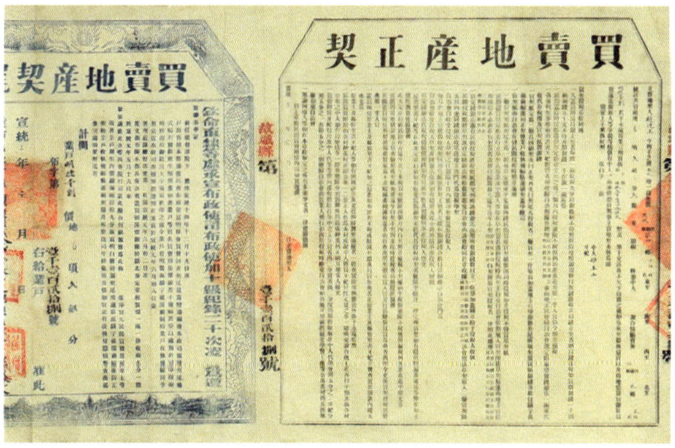
買賣地產正契

清宣统三年（1911 年）故城县刘氏买卖地产正契

1945 年 8 月 15 日抗日战争胜利，中国共产党领导的抗日根据地坚决贯彻党的减租减息、废除利贷、发展生产、优待抗日军人家属等政策，实行有钱出钱、有力出力的合理办法。中共领导的故城县抗日民主政府实行“雇工增资、赎地”政策。开展“合理负担，减租减息”向富户征粮和群众生产自救运动，各村建立穷苦农民组织。成立雇工会、贫农会，继而成立“贫农、雇农、低农”三位一体的农民组织，开展减租减息、增资追佃活动，使有租佃关系的农户都减了租。在农会指导下，全县雇工开展增资运动，工资得到增长，并由雇主负责吃、住。是年秋，中共领导的冀南行署发布《关于赎地问题的训令》，故城县在抗日民主政府控制区域，使许多贫苦农民照原价赎回自己的土地。上述生产关系的初步变革，促进了故城县抗日根据地的经济发展，改善了贫苦农民生活。

第四节 土地改革

故城县土地改革群众运动（简称土改或群运）始于 1946 年 5 月，1949 年 6 月结束，历时 3 年 2 个月。其过程大体分 3 个阶段，第一阶段为宣传发动，进行清算斗争；第二阶段为土改复查；第三阶段为抽补纠偏，颁发土地证。

一、宣传发动，进行清算斗争

运动开始，首先组织全县土改积极分子认真学习中共中央《关于土地问题的指示》（即“五四指示”)。1946年5月，在全县土改积极分子大会上，区地委书记陈登崑介绍外地土改情况。之后，又举办4期以农村党员、干部、土改积极分子为主要培训对象，以站稳阶级立场、明确政策界限为培训内容的土改集训班。每期培训300～400人，共培训1400余人。为土改运动做思想、组织准备。

是年下半年，是以急风暴雨方式进行清算斗争的。因群众发动充分，全县迅速掀起土改高潮，呈现村村斗地主、处处闹群运局面。政治上翻了身的贫、下中农，通过申诉自身冤苦、控诉地富罪行等多种斗争手段，打击地主、富农气焰，并通过封宅封院、抄收、清查，挖出地主、富农隐藏或转移的财物。

二、土改复查

1947年，故城县土改复查工作曾出现较大失误。突出表现为扩大斗争对象。在农村，斗争中农1170户，贫农36户，占被斗总户数的3%，伤害了部分群众对党的感情；在城镇，查封斗争38家商户，按当时市价计算，斗出货物折款10173万元（旧币，下同）。同时还斗出衣服、被褥6629件，家具16000余件，各种现钞1019.5万元，以及金、银、铜币、首饰一部分，慑于斗争形势，又使20家商户自动献出价值约6500万元货物，致使商店货物减少，买卖一度萧条；对农村党员干部，开展“搬石头”运动（1947年至1948年春，在土地改革运动中发生的较严重的“左”倾偏差），致使某些干部无法开展工作，甚至成为被斗争对象。

土改复查中出现的问题，尤其错斗工商业者的问题，被冀南区党委发现后即令停止。

三、抽补纠偏，颁发土地证

1948年3月，对土改复查中出现的问题进行抽补纠偏工作。对被错斗的中农，其被斗出土地、财物予以全部退补，有的村还召开中农、贫农团结大会，稳定中农思想情绪；对被斗及自动献出货物的58个商户，除3户汉奸地主财物没收外，其余斗出财物全部退还原主；对被“搬石头”的农村党员干部恢复工作。同时，根据实际情况，从人均土地较多的富裕中农户中抽取少量土地，补给人均土地较少的贫雇农。对“扫地出门”地主、富农亦作适当安排，使之保持一定生活水平。

通过抽补纠偏，复查中出现的问题大部被纠正。县政府于1949年3月，开始向农民颁发土地证。6月，发证结束。至此，彻底铲除封建生产关系，全县迅速掀起农业生产高潮。

在土改中遵照上级指示，根据县内各阶层经济状况，进行划定成分工作。首先在中共党支部内部讨论研究，定出初步方案后，即召开贫农会、群众会，在学习上级政策基础上自报公议，三榜定案。

第五节　互助合作

一、农业生产互助组

互助组亦称变工组、拨工队，是建于农业个体经济基础上的农民劳动协作组织。以其自愿互利、优势互补、管理民主等诸多好处而被人们迅速认识并乐意接受。最早出现于抗日战争时期，但多为临时型、季节型和松散型，因战争环境多未长久。解放战争时期有所发展，然数量不多，解放后方蓬勃发展。据1949年统计，时全县有季节性互助组1466个，参加农户4399户。之后逐年增加。贯彻中共中央1951年12月下达的《关于农业生产互助合作的决议（草案）》后，互助组如雨后春笋，遍地开花。至1952年，全县共有常年性、临时性互助组9130个，参加农户40577户，占全县总农户的61%，入组土地419227亩，占全县总耕地的39.3%。入组者多为贫农、下中农。组内农户多，劳力多，而人均耕地相对较少，生产条件较差。但在农业生产实践中，却显示较之单干的优越性。是年，全县粮食总产6422.5万公斤，比1949年增产565万公斤；棉花总产201.5万公斤，比1949年增长3.4倍，并涌现出一批高产组、高产户和高产地块。农业合作化发展基础得以奠定。

二、农业生产合作社

故城县农业生产合作社由互助组普遍建立后发展而来，始为初级农业生产合作社。以土地、农具入股，按地、劳比例分配为特征，后于1956年过渡至高级农业生产合作社，成为生产资料集体所有，全部按劳分配的农业生产组织。

按中共中央、国务院关于大力发展农业生产合作化的一系列指示，在搞好试点、总结经验、推广典型的基础上，组织发起两次农业生产合作化高潮。

第一次高潮于1954年。按照中共中央《关于发展农业生产合作社的决议》，中共故城县委（简称县委）于4月29日制定实施《关于今冬明春发展农业生产合作社方案》，随之宣传发动，至11月全县掀起高潮，广大群众争相报名，牵牛入社，建社进度加快。年末全县建初级社652个，比1953年增加467个；入社农户20754户，比1953年增加14423户，占全县总农户的31.6%；入社土地331857亩，占全县总耕地的30.7%。但因发展粗、急、快，办社质量欠佳，在评土地、评劳力、评牧畜、评农具以及确定分配比例上出现诸多不合理问题，部分农民积极性受挫。据此，县委于1955年4月，抽调130名富有农村工作经验的干部，深入基层对新建社进行整顿，经四个多月努力，不合理问题得以妥善解决，群众情绪日渐稳定，合作化成果得以巩固。此举适应当时生产力水平，农业发展得以促进。是年，全县粮食总产6592万公斤，比互助组时的1952年增长2.6%，比单干时的1949年增长12.5%。棉花（皮棉，下同）总产288万公斤，比1952年增长42.5%，比1949年增长3.97倍。

第二次高潮于1956年。1955年12月12日，县委下达《关于试办高级社的指示》，明确要求，应有领导、有计划地试办高级社。党在农村的各基层组织，采取合并互助组、合并初级社的办法，仅仅数月即将746个初级社、1988个互助组转入高级形式，共建高级社250个。入社农户63707户，占总农户的94.1%；入社耕地96万亩，占总耕地的95%。因当时工作上的突飞猛进和开展互助组、初级社运动的惯性作用，致使诸多合作社仅是挂着高级社牌子，直至1957年方彻底实行统一生产、统一分配。至此，故城县同全国一样，提前10年完成全国第一个五年计划原定用15年时间完成农业集体化任务的目标，将农业生产引入社会主义轨道。是年，全县粮食总产7797万公斤。

第六节 人民公社化

根据中共中央政治局于1958年8月29日扩大会议通过的中共中央《关于在农村建立人民公社的决议》，9月，全县即实现人民公社化。332个高级农业生产合作社被分别划入房庄、辛庄、故城、郑口4个政社合一的人民公社，1961年，又将公社划小，调整为15个公社。

此次变革，既猛且快，迅速将公社建为统一的生产和分配单位，分配上实行“一平二调”，生产上实行“大兵团作战”，管理上盛行“长官意志”，又加之“大跃进”之风推波助澜，因而使得以高指标、瞎指挥、浮夸风、“共产风”为主要标志的“左”倾错误泛滥开来。“人有多大胆，地有多大产”的盲目蛮干、“吃饭不要钱”“干活大兵团”的急躁冒进等严重脱离实际的做法，与生产力发展水平极不适应，加之自然灾害严重，造成1959—1961年的农业生产显著下降，人民生活遇到暂时困难。中共中央察觉农村工作错误，于1962年发布《关于改变农村人民公社基本核算单位问题的指示》，是年9月，又制定《农村人民公社工作条例修正草案》（即“六十条”），确立农村人民公社“三级所有，队为基础”体制，即集体经济归公社、生产大队、生产小队三级所有，以生产小队为基本核算单位制度。通过贯彻上述文件，制止“左”倾错误，扭转了农业生产的继续滑坡。是年全县农业生产始渐好转，至1966年基本上恢复到1957年生产水平。在历时十年的“文化大革命”中，“左”的错误思潮再度盛行，其虽未触及农业副业经济体制，但却强化分配上的“大锅饭”，经营上的“单打一”，生产上的“大呼隆”，农民生产积极性受挫。

第二章 经济体制改革

中共十一届三中全会后，故城县开始进行系列经济体制改革。改革从农业联产计酬开始，从联产承包到组、承包到户逐步深入。1983年，全面实行家庭承包经营，有效地改变了人民公社化后长期存在的生产“大呼隆”、分配“大锅饭”的弊端，突破以生产队为核算单位的生产和分配管理体制，形成以户为主体生产经营和产品分配的新格局。1987年，取消人民公社建制，解决了“政企合一”“以政代企”的弊端。农村生产力迅猛发展。继而深入到商业、工业、金融业领域，随着改革开放逐步推行。国家在农副产品收购上取消统购派购，实行合同定购和市场议购相结合的制度，并在生产资料供应上实行计划分配与市场调节相结合；在物价上实行国家定价和市场议价相结合的“双轨制”。由此，全县调整产业结构步伐加快，乡镇工业进入一个新的发展时期。以厂长（经理）负责制为核心的企业经营承包制全面推行。社会主义市场经济体制初步建立，推动全域经济的发展。

1995年，县域拉开产权制度改革序幕，对国有企业和部分商业企业进行了股份制、股份合作制改造。

2000年，大胆借鉴外地经验，在衡水市率先提出转变职工身份，依法处置土地，科学设置股权，完善内部法人治理结构。确立了“一退（国有资本退出）、两转（企业转变性质，职工转变身份）、三增（资产增值、企业增效、职工增收）”为主线，以产权制度改革为突破口的企业改革思路，展开了企业改革攻坚战。对宏观调控体制、财政、金融、税收、价格、物资、外贸、供销社乃至乡镇企业改革都进行了不懈的努力，并取得显著成绩。

第一节　农村经济体制改革

一、农业生产家庭联产承包责任制

故城县域实行农业生产家庭联产承包责任制（简称生产责任制）的改革始于1979年，经5年相互借鉴对比、筛选、完善变更，至1983年基本稳定。此项改革突破原来以生产小队为基本核算单位的统一生产和分配的管理体制，建立在生产资料公有制的基础上，通过“包”字枢纽，形成以户为主体生产经营和产品分配新格局。

小段包工　此生产责任制方式为包工不包产，按劳动数量和质量计酬的生产责任制。方法是对单项农活定工后，由生产小队长以口头承诺方式将其包给某个人或临时自愿结合的小组，农户完工后，经生产小队验收记工，承包即行告止。亦有附奖励办法者，即按要求提前完成者奖给一定数量工分，延时或不符合质量者则罚一定数量工分。此举简便易行，可提高劳动效率，弊端是包工不包产，仍属“大锅饭”。1979年夏季，全县所有生产小队均实行不同程度小段包工。对当年全县粮食总产、农业总产值增长均创历史最好水平起一定促进作用。

联产计酬　该生产责任制内涵主要是在产品分配中融进物质奖励因素，使“按劳分配，多劳多得”的社会主义分配原则体现得更直接、更充分。在推行联产计酬责任制中，1980年，重点推行联产到组。是年，全县1135个生产小队实行之，占生产小队总数的62.7%，加上其他形式责任制，全县落实责任制耕地面积41.4万亩，占总耕地面积的48.8%。联产到户即在联产到组基础上，变责任到组为责任到户。1981年，重点推行联产到户。联产到组的具体办法是田间管理，定工定产，责任到组，根据产量计酬，定产之内统一分配，超产部分按比例分成，减产包赔。是年，全县1395个生产小队实行之，占生产小队总数的76.5%，加上其他形式责任制，全县落实责任制耕地面积58.6万亩，占总耕地面积的69.3%。在推行联产计酬责任制过程中，县委根据实际情况，通过召开专门会议，举办干部培训班，推广典型经验，深入基层具体指导等多种措施，解决了联产中牲畜作价、林果承包、社员投资等问题。有些生产队中出现的“散伙”“放羊”“顶牛”“死统”“等待观望、举棋不定”等倾向也得以纠正，责任制不断完善。

包产到户　此乃通过“包”字枢纽，启动农村商品经济、建立新经营模式，改善生产关系的一次深刻变革。是在坚持基本生产资料公有制前提下，生产小队把土地承包到户，实行以农户为主体，独立经营、自负盈亏的管理体制、其内涵是以“包”字为纽带，将人们的劳动数量、质量与产品分配的数量紧密地连为一体，外延是缴足国家的、留足集体的，剩下全是自己的。群众称之为“大包干”。

为大力推广此形式责任制，县委于1982年5月召开扩大会议，通过现场推广要庄公社毛店大队1981年悄悄实行“大包干”，农业生产大发展，粮食总产比1980年增产17万公斤的典型经验，促使“大包干”责任制在全县迅速推广开来。是年末有1693个生产小队实行之，占生产小队总数的

92.5%，另加其他形式责任制，全县落实责任制耕地面积72.6万亩，占总耕地面积的86.1%。由此，人们生产积极性得以极大调动。据1982年11月对1174个生产小队78566个农户统计，是年对农业投资达1390万元，以此添牲口12507头匹，购小拉车25567辆，买小农具133733件；打压机子井6014眼，浅机井10眼，砖井15眼；增置各种农业机械2915台，其中大拖拉机9台、小拖拉机569台、柴油机926台、电动机505台；购入氮肥14989吨、磷肥14565吨、各种细肥14016吨。投入带来丰收，是年，全县粮食单产平均147公斤，比1978年增长41.3%；平均棉花单产首次突破50公斤，达52公斤，比1978年增长3.7倍，总产皮棉首次突破1000万公斤，达1100.7万公斤，比1978年增长8.2倍。丰收带来富裕，是年全县78566个农户用于生活资料投资达825.5万元，盖新房12718间，购自行车6613辆、买缝纫机3178台、收音机8968台、手表9325块、电视机和录音机共163台。

1983年，全县农业生产责任制形式基本稳定。在全县1836个生产小队中，实行“大包干”者1724个，占生产小队总数的93.9%，联产计酬者76个队，占4.1%。另外实行专业承包者有23个队，实行双田制者5个队，实行包产到户者8个队。全县耕地均落实了农业生产责任制。是年秋，县人民政府向农民颁发土地承包使用证。之后，又解决承包地块过于零散，水利设施管理不善倾向。使大包干责任制日趋完善。至此，一个新的农业生产经营、管理模式在全县普遍建立并进入正常运转，农业生产步入一个新阶段。1984年，按1980年不变价格计算，全县实现农业总产值22555万元，比1983年增长48%，比1980年翻一番多。粮棉单产、总产均创历史最好水平，粮食总产16244万公斤，比1980年增产5420万公斤；棉花总产2001万公斤，比1980年增5.5倍。人增收入突破300元，达345元，比1980年增3.5倍；农民自有生产性固定资产总值达3846万元，比集体固定资产原值2941万元增905万元。同时，涌现出一批重点户、专业户、经济联合体。全县农业始向专业化、现代化、商品化方向转变。

二、农业经营体制改革

家庭承包经营　1987年，故城县23个乡镇，538个行政村，全部实行家庭联产承包责任制。摆脱三级所有、队为基础的体制，打破了分配上的“大锅饭”和生产上的“大呼隆”。1989年，对农民承包的土地进行定产审查核定，以定产为基数，按每户定产数额的5%～10%提取实物，或按市场价折算承包费（土地使用费）。至此，全县农民完成国家税收、征购和承包费外，其余全部归自己。1996年合乡并镇为13个乡镇538个村，1997年全县进行了家庭联产承包责任制的完善和调整。1998年，全县开始第二轮土地延包工作。对第一轮土地承包办法比较合理，绝大多数群众没有意见的直接将土地承包期顺延30年不变。做过土地调整的村，承包期不足30年的，顺延至30年。新一轮土地承包，统一使用故城县第二轮土地承包合同文本，并由县政府核发土地经营权证书和土地承包使用证。“两证”经乡镇农经站签证后生效。合同起止时间为1998年1月1至2027年12月31日。1999年年末，故城县538个村，86.84万亩耕地，完成了第二轮土地延包。

农村联产承包责任制政策极大地调动了农民的生产积极性。随着农民工外出增多和其他原因，部分农民将耕地租出。2003年3月11日起施行的《中华人民共和国农村土地承包法》使农村土地承包关系以法律形式固定下来。根据这一法律，故城县人民政府于2003年下发了《故城县农村土地包经营权流转实施办法（试行）》，使农村土地承包经营权流转按有关规定全面予以落实。土地承包经营权流转年限及流转金（租赁金）由双方协定，按协定经营者向原承包者缴纳租赁金，到期可续加或收回经营权。2010年，故城县对农村土地承包经营权流转工作下发了有关文件制定了土地流转登记备案制度印制了土地承包权证书。至2015年，全县流转耕地22余万亩，每亩地年租金由当初几十元升至几百元，最高达千元以上。

2013年，域内始对延包土地进行确权，确权工作于2017年年末完成省级验收。2018年，全县发放土地确权证，是年末，确权面积达8.02万亩，确权户数95805户。

农业社会化服务　随着家庭承包经营和规模经营的发展，农业社会化服务体系逐步建立。1987年，全县有村级植保、水利、农机服务队39个，人员147人，另有6个乡镇种子场和肥料场。1990年，服务队人员236人，人均服务耕地120亩。

2008年，有各类农业服务组织438个，人员682人，服务领域遍及农林牧副渔各业。其中从事种子、种畜、种苗以及科技信息等项产前服务的组织82个，人员365人，分别占总数的16%、17.5%；从事农机、排灌、技术、物资供应、运输、气象等项产中服务组织30个，人员92人，分别占总数的81.7%、79.8%；从事农副产品购销等产后服务组织26个，人员125人，分别占总数的2.3%、2.7%。这些服务组织中，县级服务组织4个，人员172人，分别占总数的3%、8%，由县农业、畜牧水产、水利、工业、物资、粮食、供销等7个部门的15个企事业单位组成；乡级服务组织181个，人员383人，分别占总数的24.7%、22.5%，由各乡镇的农业、副业、林果、水产等公司及其下属的集体企事业单位组成；村级服务组织745个，人员5527人，分别占总数的65.5%、65.9%。全县基本上形成了以县为中枢，乡镇为纽带，村为基础，户为补充的农业社会化服务网络。其中，在经济上自负盈亏的农业服务组织203个，人员4600人，分别占总数的17.84%、54.88%。2018年，县域实施社会化服务项目，合作社与农业公司与所辖机构均为服务关系，人数不再具体。

农业结构调整 1978年，县域在政策上改变了以粮为纲的方针，不放松粮食生产。在行动上由政府的单一倡导变成全社会的共同行为，形成了农业结构调整的潮流。调整中坚持的原则为：区域自然、市场需求、经济效益优先、可持续发展、高新技术、农民为主体。主要引导措施：调整农业的市场结构。发展市场农业和外向型农业，发展“优质、特色、高效”农业，改劣质农产品为优质产品，减少普通产品增加特色产品，压缩过剩产品发展短缺产品。调整农业的产业结构。完善农村土地使用制度，使土地向种田能手集中，促进土地合理流动，为农业产业化、集约化经营奠定基础。打破门户之见，积极鼓励多层次、多形式、多成分地发展乡镇企业尤其乡镇龙头企业。通过龙头企业的带动，使农业的经营规模迅速扩大。引导农户通过合同或契约等多形式与龙头企业建立紧密型的合作关系，实现利益共享、风险共担、互惠互利、共同发展。

1990年，在发展优质农产品基础之上，利用各种初级农产品资源，推进食品加工业的发展。调整农业的产品结构。把发展“四种农业”作为农产品结构调整的切入点。从生产普通产品向生产名、特、优、新产品调整，发展精品农业；提高初级农产品的加工能力，发展具有高附加值的加工农业；从单纯面向国内市场转向进入国内、国际两个市场，发展创汇农业；从传统栽培向设施栽培调整。发展设施农业。搞好农业内部种养结构的调整。2000年，在种植业中，改变传统粮食作物、经济作物的二元结构，将优质高产饲料作物纳入轮作复种之中，建立粮食作物、经济作物、饲料作物三元结构和适应现代化农业生产的产、供、销一体化饲料产业；在养殖业中，发展草食、舍饲家畜和特种养殖。充分利用故城县农业资源的优势，因地制宜，发展在国际市场上具有比较优势的产品，如小杂粮、棉花、蔬菜、肉类、水果、干果等。调整农业的技术结构。原来主要围绕大田作物和增加产量的农业技术发展，之后逐步转移到主要围绕新兴产业和产品、提高质量和效益的方向上来，用新兴实用农业技术改变传统的耕作和种养方式，发展水、地资源节约型和环保型的新型农业。加强良种繁育、产品检验、病虫害防治等技术培训和推广，抓好动植物改良工程和农业科技服务工程建设。加快农业科技进步和农业产业化进程，逐步提高农业科技在农业增产增收中的贡献率，进一步延长农业产业链，形成生产、加工、销售有机结合的机制，提高农业综合效益。2005年始，引进和开发农业项目，与大专院校、科研机构联系，引进最新农业科研成果和项目，通过政策扶持、典型示范、信息引导、服务配套，发展了一批科技含量高、市场前景好、辐射面广的农业产业化经营的重点项目。调整农业的区域结构。根据国内外市场需求，因地制宜，确定优势产业、产品，充分发挥区域比较优势，逐步形成布局合理、产品产业结构优化的农业区域结构。

2018年，根据域内资源特色，选择和确定一批技术先进、商品率高、经济效益显著、能较大幅度提高农民收入，且对其他产业有较强带动或推动作用的主导产业，通过政策、资金等扶持，引导农民收入向主导产业集中，形成投资少，见效快、并与本地区资源特点相适应的主导产业。根据各地比较优势，大力发展独具特色的产业、产品，逐步形成特色规模和专业化生产经营，形成一乡一品、一县一业的区域经济格局。在搞好区域规划的基础上，按照可持续发展的要求，发展无公害农业、绿色农业，切实保障农产品安全，增强农产品竞争力。

第二节 宏观调控体制改革

故城县宏观调控体制改革主要包括计划、税收、财政、物价和金融等体制改革。

一、计划体制改革

1949年中华人民共和国成立后至1978年中共十一届三中全会，实行计划经济，落实省、地下达各项指令性经济指标，对工业、农业、商业实行统一计划管理政策。工业管理计划包括固定资产投入、原材料供应和产品调拨。基本建设项目要全部实施国家指令性计划，县执行省、地下达的投资指标。县内企事业单位基本建设项目，须首先报县计划委员会，经综合平衡后报地、市申请立项后方可施工，资金由财政拨款专项专用。农业生产管理计划主要为种植计划和农业生产结构上。县、公社、大队要逐一落实上一级关于农、林、牧、副、渔和农业内部粮、棉、油等作物种植计划，以保证有关任务指标完成。商业管理计划主要体各种商品的计划分配上。在商品计划分配中，工业生产资料和建筑材料由县计划委员会统一计划分配；农业生产资料通过涉农科局和供销社统一计划分配；生活资料食盐、棉麻由供销社统一计划管理；粮油由粮食局按国家规定“统购统销”政策计划管理；其他商品由县商业局、供销社按国家分配计划分别施以统一管理。1978年，国家计划管理由过去的单一指令性计划转变为开始重视市场机制作用，实行“计划经济为主，市场调节为辅”的原则。计划管理模式逐步向指导性计划和市场调节方向发展。

1983年，故城县全面实行农业联产承包责任制，对农业生产通过分配征购任务和下达指导性种植计划，宏观调控农业种植。农业结构通过政府指导性计划和市场调节进行调整。工业生产由于对企业实行承包制或租赁制，政府对企业主要通过利税收入，予以宏观管理，其生产经营由市场调节。企事业单位基本建设项目的立项仍由县计划委员会实行计划管理，对行政事业单位基本建设项目严格控制；但对生产企业资金由拨改贷或自筹，经营法人自主权扩大，对固定资产投入的计划管理相对放宽。商业领域由县计划行政管理部门管理分配商品逐步减少。商业、供销系统取消棉纺织品、自行车、手表、缝纫机等限量凭票供应和计划分配；计划委员会和县物资局取消对农机、柴油、化肥、农药等计划分配；粮食局取消对城镇非农业人口粮油的凭票证定量供应。1989年，市场调节作用逐渐加大。1992年，市场调节作用占据主导地位。在市场经济体制卜，计划管理手段开始从主要依靠行政手段转向主要依靠经济和法律手段，综合运用财政、税收、价格等经济杠杆调控经济运行，改善市场及投资环境，协调各有关行为主体的利益。

1995年，原来由国家施以计划分配管理商品中，除棉花、食盐、烟草仍由国家计划管理外，其余均可自由流通，由市场调节。随着市场经济的不断发展和完善，全县对经济管理逐步实施计划管理和市场调节相结合、以市场管理为主的管理机制。对于经济发展目标、经济结构、产业结构和布局调整、固定资产投资规模等关系全县的重大经济活动，主要发挥计划调节的作用；对于企业大量的生产经营活动、一般性技术改造、小型建设项目、产品结构调整和农村的小型农田水利建设、种植计划安排及农、林、牧、副渔比例调整，主要由市场调节，发挥基层自主权。

1998年，市场管理采取“微观搞活、宏观管好”的原则，除关系国民经济全局的重要项目外，其余项目彻底放开；在指导性计划管理方面，采取以市场预测为基础，测算社会需求总量，预测行业和重要产品的发展态势，确定经济参数，提供市场需求信息和制定配套经济意见，同时对行业、企业及时提出导向，使微观经济活动能遵循宏观调控运行；重点建设计划方面，采取对重点项目考察与论证，并增列前期项目工作计划，确保每年有新项目建成投产。

二、投资体制改革

1978年，故城县投资体制开始由财政拨款逐步转向信贷和投资包干。20世纪90年代，根据国家计委和河北省计委《关于投资合同体制改革的暂行规定》，实行相应实施办法，规定竞争性项目投资，基本向市场融资，由企业自主决策，自担风险，所需贷款由商业银行自主决定，自负盈亏；基础性项目建设，鼓励和吸引各方投资参与，采取控股、参股等多种形式进行；公益性项目建设，吸收社会各界资金。经营性国有固定资产投资项目，都要实行建设项目法人责任制，由项目法人对项目的筹划、筹资、设计、建设实施，直到生产经营、归还贷款及债务本息和资产的保值增值等实行全程负责，并承担风险。政府部门在产业政策、行业规划、土地管理、城市建设、环境保护等方面行使否决权和建议修改权，对工程承包单位的资质和招标过程的公正性进行监督。其他有关设计、施工和设备采购招标、质量检查、建设实施、生产经营均由项目法人自主决定，建立法人投资风险责任制。改进全社会固定资产投资管理，从资金源头入手，运用经济手段实行间接调控，引导投资方向，调整投资结构，保证产业政策落到实处。

三、税收体制改革

1978—2018年，税务体制多次改革，其中实施中央税收和地方税收的分税制是较大改革；农村费改税的税费改革规范了对农民有关款项收取；免除农业税则废除了数千年种地纳税制度。

实施分税制 1978年，全县实行工商税制，征收税种有工商税、工商所得税和农税等，其中，农税由县财政代管。

1983年，改革国有企业利润上缴制度，改缴国营企业所得税和调节税。是年，开征增值税、牲畜交易税。1984年，开征产品税、建筑税、营业税、国营企业所得税和国家能源交通重点建设基金；发布盐税、资源税、国营企业所得税和个人调节税征收办法；对农业税实行由实物改为折征现金办法。是年，改革工商税制，对国营企业应该上缴国家的财政收入分别按11个税种向国家缴税，税后利润留给企业。1985年，将工商税划分为产业税、增值税；开征城市建设维护费、奖金税。1986年，开征城乡个体工商业户所得税、个人收入调节税、房产税和教育附加。1987年，乡镇财政体制建立后，农业税收纳入县财政体制，成为地方财政收入的重要来源。1988年，开征城镇土地使用税，复征印花税。

1991年，开征固定资产投资方向调节税、外商投资企业和外国投资企业所得税；停征建筑税。1994年，实行国税地税分税制，取消产品税，改征增值税；将集体企业所得税、私营企业所得税、国营企业所得税合并为企业所得税；将个人收入调节税、个体工商业户所得税并入个人所得税；将盐税并入资源税；取消特别税和燃油特别税，新设消费税；取消外资企业工商统一税；将农、林、牧、水产行业的产品税改为农业税和屠宰税；新设土地增值税；取消集市交易税、牲畜交易税、国营企业工资调节税、集体企业奖金税、行政事业单位奖金税和国家能源交通建设基金、国家预算基金。全县设增值税、消费税、营业税、企业所得税、外商投资企业和外国企业所得税、个人所得税、资源税、城镇土地使用税、城市维护建设税、耕地占用税、固定资产投资方向调节税、土地增值税、房产税、城市房地产税、遗产与赠予税、车船使用税、车船使用牌照税、印花税、契税、屠宰税、筵席税、农牧业税计22个税种。税务系统机构分设，县国家税务总局负责征收增值税、消费税、金融保险行业营业税等税种的征管。地方税务局负责营业税、个人所得税、土地增值税、城市维护建设税、车船使用税等税种和规费（教育附加）的征管。1998年，开征资源税。1999年11月1日始，开征储蓄存款利息个人所得税。

2000年，暂停征收固定资产投资方向调节税；农村税费改革取消屠宰税。2001年始，车辆购置附加费改为车辆购置税；增设燃油税和社会保障税（至2005年没有立法开征）。2002年1月1日始，新办企业的所得税由国税局征收；对生产企业的出口货物由原来的先征后退改为免抵退税。2008年11月经国务院第34次常务会议审议通过。于2008年年末，故城县国家税务总局征收的税种包括增值税、个人所得税、涉外企业所得税、企业所得税4种；故城县地方税务局征收的税种包括营业税、个人所得税、城建税、车船税、房产税、屠宰税、资源税、土地使用税、印花税等9种；故城县财政局征收的税种包括农业税、农业特产税、耕地占用税和契税4种。2009年1月1日始，在全国范围内实行消费性增值税。2012年1月1日始，在部分地区和行业开展深化增值税制度改革试点，2016年5月1日始，在全国范围内实行消费性增值税。2016年7月1日，资源税实行从价计征改革及水资源税改革试点。

2018年1月1日，开征环境保护税。2018年7月20日，县国税局、地税局合并且统一挂牌。2018年年末，全县税务系统负责征管的税种主要有：增值税、消费税、企业所得税、车辆购置税、个人所得税、资源税、印花税、城市土地使用税、土地增值税、车辆使用税、城市维护建设税、教育附加、耕地占用税、关税、房产税、契税、环境保护税。

农村税费改革 农村在土地集体经营时期，由生产队向国家缴纳农业税，核定每亩应缴量，按土地数量缴纳。此外，生产队提留一定比例公积金和公益金。实行家庭联产承包责任制后，承包土地户依法向国家缴纳农业税外，还要向乡缴纳乡统筹、向村缴纳村提留。乡统筹、村提留金额以不超过农民年纯收入的5%为准。乡统筹包括教育附加费、计划生育费、民兵训练费、优抚费、乡村道路集资费等五项，村提留包括公积金、公益金、管理费等三项，简称“三提五统”。

由于部分乡、村向农民收取乡统筹、村提留款机制欠规范，收取金额动辄加码，存在乱收费现象，加重了农民负担。2000年，按照中央和省关于农村费改税政策进行改革。具体内容是取消乡统筹、农村教育集资等所有专门面向农民征收的行政事业性收费和政府性基金、集资，取消屠宰税，取消统一规定的劳动积累工和义务工；调整农业税收政策，调整农业特产税政策；改革村提留征收使用办法，以新农业税的20%统一收取。新农业税=计税土地×计税常产×计税价格×计税税率。“计税土地”是各乡镇上报并经市农工部审核确认的第二轮土地承包面积，“计税常产”是衡水市统计局提供的1994—1998年的5年间各乡镇粮食产量平均值，“计税价格”是河北省统一确定的小麦每公斤1.24元，“计税税率”上级规定上限为7%，故城县确定为6.38%。费改税改革，取消“五统”，将“三提”以税收形式固定下来，而且由财政部门主管，依法治税、以率计税。农民凭财政部门出具“完税证”可以拒绝有偿服务以外的任何收费，从根本上解决了向农民乱收费现象，减轻了农民负担。21世纪，农民人均负担由改革前的158元降低为123元，减负35元。

调减和取消农业税 2003年，故城县农业税率降至6.3%。2004年，按省政府规定调减为3.3%；是年始，在全国范围内实行粮食直补，主要用于对生产区种粮农民的补贴。2005年，农业税调减为1.3%。2006年，取消全部农业税。

四、财政体制改革

中共十一届三中全会后，故城县财政体制进行了一系列改革，其中以利改税、乡镇财政改革为重点改革内容。

“利改税”改革 中华人民共和国成立初期至1978年，县级财政实行“划分收支，分级包干”体制。1983年，国有企业利润全部上缴财政，支出由财政划拨；继而是企业按利润一定比例留成、大部上缴财政。故城县1983年实行第一步利改税，由上缴利润改为缴纳税金。同时，全县国有企业纳入预算管理或实施改革。第一步改革是以税代利或税利并存。1985年，实施第二步利改税改革，改革为单一税收形式，按利润百分比例纳税。在1983年利改税基础上，以是年末数据为准，再调整各种加减因素，作为计税基数。大中型企业，小型企业按新八级超额累进税纳税，改革方案经上一级财政部门批准后实施。

1994年，国务院下发《关于实行分税制财政管理体制的决定》，全国实行分税分级的财政体制。市对县的分税管理办法是：明确市县的收入划分。市与县共享收入包括：驻在县辖区内的市属和市以上单位（不含应上缴市级工商税收的三资企业）交纳的工商税收，县以及县以下单位和个人交纳的增值税的25%、营业税（除省级收入外）、所得税、上缴利润、个人所得税、城建税、土地使用税的50%，资源税的40%，固定资产投资方向调节税、房产税、车船使用税、印花税、屠宰税、遗产赠予税、国有土地使用权有偿收入、其他收入。确定市与县的事权和支出范围。县级财政主要承担县级政权机关运转所需支出、城市维护费以及应由县本级负担的行政、公检法支出和文化、教育、卫生、民政等各项事业费、价格补贴支出、其他支出。2002年，根据《国务院关于印发所得税收入分享改革方案的通知》，省、市对县实行按税种比例分享的收入划分体制，县级留用比例分别下调，个人增值税由25%下调为15%，企业所得税由100%下调为

25%，个人所得税由100%下调为35%，营业税由100%下调为90%。2003年，再次下调，企业所得税县级留用比例由25%下调为20%，个人所得税县级留用比例由35%下调为30%。2008年，河北省采取新一轮激励性财政体制。全县财政收入中上解占30%，留用占70%。是年末，故城县以实行“统收统支加激励”模式为核心内容的县乡财政体制改革试点覆盖全县。2009年，为推进财政体制改革，河北省建立统一规范的省直管县财政体制，根据河北省人民政府《关于实行省直管县财政体制的通知》，故城县纳入省直管县范围当中，明确省市县财政收入占比。按照权责统一原则，衡水市原则上不再承担故城县相应的新增支出责任。故城县作为省直管县在做县级预决算时暂时仍作为衡水市总预决算的组成部分、汇总纳入衡水市总预决算草案报同级人民代表大会或常委会审议通过。

乡镇财政体制改革 1949—1957年，在故城县域所辖各区均设财政助理员，负责农业税征收造册、领报经费等。

1958年，人民公社代替乡政权，公社设有财贸部，而大部分财政业务由公社秘书代之。1961年，故城复置，部分公社设有财政助理员。1966—1978年，国家财政拨给公社的各项资金逐年增加，遂健全公社财政机构，充实专职财政人员。1978年，县对乡镇财政的管理体制，暂定为“定收定支，收入上交，超收分成，支出下拨，超支不补，一定一年”的办法。

1984—1986年，根据《河北省乡镇财政管理条例》的规定，县对乡镇的财政管理体制确定为“定收定支，收支包干”。凡属于乡镇的财政收入，划归乡镇财政预算内收入管理；凡乡镇内经常性的财政支出，按照规定足额划归乡镇财政预算内支出管理；并调整乡镇支出范围，将在财政开支的“六大员”（农业技术员、水利协助员、管林员、农机员、广播机线员、计划生育助理员）经费，从主管部门划归乡镇财政直接管理。是年，正式建立乡镇金库，乡镇财政体制日趋完善。在全县23个乡镇普遍建立了财政所。乡镇财政划分收入范围，明确财政体制，改革原来以“统收统支”“大锅饭”为主的体制。乡镇财政收支范围，包括预算内、预算外和乡镇自有资金三部分。乡镇财政预算内资金收入包括工商各税、农业税收和其他收入（城建税、罚没收入）；支出包括农林水等部门事业费、科教文卫等部门事业费、乡镇行政人员经费和其他部门事业费。各项事业费拨款、社会救济、自然灾害救济等专项支出由县财政统一掌握，乡镇财政负责监督和使用。乡镇财政预算外资金收入项目主要有农业税附加、教育费附加收入、固定资产变价收入和支农周转金；支出包括教育附加费、农业税附加。乡镇财政自有资金收入主要是乡镇企业上缴利润、乡镇公益事业统筹资金、超生户所缴社会抚养费和自有资金存款利息收入；支出主要是发展乡镇企业投资，文化、教育、科学、卫生等事业费补助及公共设施投资等。23个乡镇实行三种财政管理体制：一是“一年一定，定收定支，收支挂钩，总额分成”；二是“一年一定，定收定支，收入上缴，支出下拨，超收分成，超支不补，短收自负，结余留存”；三是“定收定支，收支包干，定额上解”。将全县60%以上的财政收入和25%以上的财政支出权下放给乡镇政府。

1989—1993年，县对乡镇实行“定收定支，收支挂钩，定额上解或补助，超收全留或比例分成，短收倒挂”的财政体制。1994年，根据国务院和省市决定及分税制的基本要求，在全县实行分税制财政管理体制。县对乡镇实行“划分收支范围，核定收支基数，收入基数年递增7.5%，超基数全留或分成，短基数部分补足（用以后年度超收分成），收支两条线”的管理体制。1995年，县对乡镇财政实行“划分收支项目，核定收支基数，收入基数逐年递增8%，支出基数一包到底，超收部分全留，短收部分补足（用以后年度超收分成补足为止）”的管理体制。1996年，配合全市“并乡扩镇”工作，将23个财政所合并为13个。县对乡镇财政管理体制作进一步修订。将营业税和资源税划归乡镇收入，相应调整上解补助基数。至1998年，均沿用上述体制。1999年，县对乡镇实行“划分收支范围，核定收支基数，定额递增上交或定额递减补助，一定三年”的管理办法。

2002年始，全县实现财政统筹。县对乡镇实行“划分收支范围，核定收支基数，超收全留，短收倒挂，一定三年”的管理办法。按照“因地制宜，双轨运行”原则，对发展潜力和收入规模较大、区位优势明显的郑口镇等，实行相对规范的分税制财政体制，其他乡镇实行统收统支加激励的体制。

2015年，根据衡水市行政审批制度改革工作领导小组办公室《关于我市“扩权强镇”改革试点工作的实施方案》的文件精神，对建国镇实行“核定收支、保障基本；超收分成、自求平衡”的乡镇财政管理体制。衡德工业园实行“核定基数、保障基本；收入返还、自求平衡”的财政管理体制。

五、价格管理体制改革

1950年6月，依据中央贸易部全国第一次物价会议所制定的产、运、销三者互利的价格政策，逐步健全分级管理制度。1953年始，国家先后对粮、棉、纱、布实行统购统销，且逐步建立计划经济的价格体系。

1959—1961年，三年经济困难时期，由于工农业生产下降，消费品货源不足，特别是副食品供应更为紧缺，致使物价猛涨。故城县物价行政管理部门根据中央“当年平衡，略有回笼”经济方针和上级有关物价“大部不动，小部调整”精神，对计划价格体制进行调整。在稳定基本生活用品价格同时，对部分商品实行高价销售，敞开供应。1959年，提高大豆、豆油、花生油、花生仁和花生果、牛肉的收购价格和销售价格。1961年，按国家规定对糖果、糕点、自行车、钟表等实行高价销售政策。1962年，按商业部通知降低糖果、糕点、砂糖、酒、自行车、钟表针织品等八种高价商品价格。随着国民经济好转，1965年高价商品恢复平价。1969年12月，按商业部和国家计划委员会通知，降低中药价格。1978年，商品价格以国家统一定价为主，物价局负责对市场上商品价格执行情况进行检查监督。

20世纪80年代初，对计划价格管理模式进行改革。1981年，在国家计划指导下，对三类农副产品和完成收购任务后允许上市的一、二类农副产品，实行议购议销，打破单一计划价格。

1983年，对农民完成统购派购任务后的产品（包括粮食、不包括棉花）和非统购派购产品允许多渠道经营。农产品可以进城，可以出县、出省，取消其外运由归口行政单位审批的规定。凡属国家收购任务以外的农副产品，购销价格可以随行就市，有升有降。将白小豆等12种小杂豆和葵花籽等小油料改为三类农副产品，将二类中的猪肉、猪鬃、山羊毛、活家兔等18种改为三类农副产品，主要农产品收购结算办法逐步改为按牌价加价固定比例计价。随后，将小杂粮、小油料改统购为议购。当年3月，对9类353种小商品放开价格，实行市场调节，同时，按河北省相关文件精神，对第二批262种小商品，实行工商企业协商定价。1984年10月，执行国家物价局通知，对小商品价格全部放开。1985年，放开大部分农副产品价格。1986年，放开电冰箱、三大名牌自行车、黑白电视机、洗衣机、收录机、中长纤维布等7种工业消费品价格。20世纪80年代末，价格体制改革进入深化阶段，绝大多数商品和服务价格放开由市场调节，政府定价范围主要限定在重要公用事业，公益性服务，网络型自然垄断环节。对保留的政府定价项目，也已全面建立目录清单制度，逐步形成科学、规范、透明的政府定价机制。1988年，改单一的国家统一定价为国家定价、国家指导价、市场调节价三种价格管理形式并存，实行既有计划性、又有灵活性的价格管理体制，价格体制得到进一步完善。是年7月，按省市文件要求，放开13种名烟、名酒价格，将价格权限放给企业，由经营企业根据市场情况自主定价，政府有关行政管理部门进行宏观控制、检查、监督。1989年起，物价管理逐渐由直接管理转变为间接管理。国家统一定价逐渐减少，绝大多数商品价格由市场调节，必要时物价部门采取干预措施。

1991年，依据建立社会主义市场经济体制要求，以市场价格为主的价格机制开始建立。随之而来的是几次大的粮、油价格调整与改革。是年5月，粮食价格改革，平价粮油提价。1992年，价格改革主要包括：日用工业消费品，除盐、药品等由国家定价外，其余的商品价格全部放开；有计划地提高重要物资的计划价格，重点解决能源材料计划价格偏低问题，缩小计划内、计划外价格差距，减少执行计划价格的商品比重；放开大部分重要生产资料价格（如机电产品、石油、钢铁等产品），使其走向市场；对具有垄断性质的产品价格（如电力），纳入计划管理轨道，逐步提高价格；对重要公用事业和主要劳务价格，除邮政资费、电讯资费、自来水价格等由国家管理外，其他价格全部放开。市场上有95%的商品价格放开，由市场自动调节，对化肥、柴油、汽油等少数商品暂时实行计划价格和市场调节价格并存的双轨制。是年，再次调整粮食统销价格，原则是购销同价，城镇粮食供应继续执行凭证、凭票、定量供应。

1992年，开始煤炭价格改革。提高民用燃料销售价格，调整计划内工业用煤和煤炭价格补贴。翌年，放开煤炭价格，开始石油价格改革，石油成品油销售取消双轨制，实行国家定价。计划外成品油改批次定价为季节综合销售价格。1993年，放开计划外石油价格，计划内高价油多价并轨。是年5月1日始，放开城乡粮食统销价格，停止粮票流通；1994年6月1日始，提高国家原定购粮食的收购价格和销售价格。是年，成品油出厂价格和销售价格实行计划内外并轨，一律实行国家定价。同时改革化肥价格管理办法。按照市场形成价格原则，对原统配化肥的国家统一定价、地方管理的化肥价格和计划外化肥的最高限价，统改为国家规定出厂中准价格和上下浮动幅度，由企业在国家规定范围内自主确定出厂价格。出厂价格管理权限在市、地以上物价行政管理部门。地产化肥以外的其他化肥，调拨和销售价格均按进价加费用加微利3%的原则制定。所有化肥销售价格都必须报同级物价行政管理部门审批后方可执行。当地生产的化肥，要首先满足当地农业需要，任何企业不得高于规定价格销往区外。生产企业在国家规定的浮动幅度内调整价格超过5%时，要把调价理由及成本、价格调整情况向负责监审的物价行政管理部门备案。

1996年，放开公路货运价格。是年，调整邮政资费收费标准。

2000年，社会主义市场价格体制初步建立。大部商品价格均放开，实行市场调节。根据国家计委《关于改革药品价格管理的意见》，对药品价格进行改革，列入政府定价目录药品1500余种，占市场流通品种的10%左右，由企业自主定价的品种约12500种，占市场流通药品品种的90%。2003年1月，对部分电价进行调整，调整后的每千瓦时电价：居民生活用电为0.429元，非居民用电为0.649元，商业用电为0.81元，“非普工业”用电为0.611元，大宗工业用电为0.454元，农业生产用电为0.443元。2004年，对电力、食盐、自来水、进口化肥、农药、烟花爆竹、教材等关系民生的垄断价格进行管理，其余商品基本上以供需关系自动调节商品价格，市场价格有升有降。2006年5月，调整城市供水价格，居民生活用水每立方米由1.5元调整为2元（低保户居民生活用水每月每户3吨执行原水价标准），机关事业单位用水每立方米由1.65元调整为2.5元，工商企业用水每立方米由1.7元调整为2.6元，特种行业（建筑、饭店等以水为业的单位）用水每立方米由2.5元调整为3.5元。2010年后，根据全国收费统一标准，对水收费进行合理调整。

2015年1月1日始，全国停止收费许可证年度审验制度，2016年1月1日始，全国统一取消收费许可证制度，为积极推进管理方式转变，做好政策衔接工作，加强事中事后监管，建立了收费目录清单制度和年度收费报告制度。2018年，根据《行政事业性收费标准管理规定》行政事业性收费标准实行中央和省两级审批制度。

六、金融体制改革

1986年中国人民银行故城县支行牵头，县工商银行、农业银行和建设银行，按照中共中央和国务院文件有关精神，在上级金融部门监督下，进行5方面改革：利率浮动及银行信用社业务交叉；除建立了域内各金融机构参加的金融融资市场（时衡水地区仅有的一个），还参与包括外省、地（德州、邢台、邯郸、保定、衡水）在内的多个资金市场，拆借资金；积极拓展信托投资公司业务，筹措贷款；建立26个金融网点，建立了衡水地区第一个金融服务所（故城县第一城市信用社前身）和若干银企联办储蓄所，融通资金；扩大服务范围，储蓄种类由3个增至6个。开办票据承兑贴现业务、定额汇票业务、有价证件贷款和固定资产抵押贷款。1992年10月24日，经省人民银行批准，同意筹建中国银行故城支行。1992年12月19日，中国银行故城支行正式成立。1996年11月1日，故城县农业发展银行（简称“农发行”）从县农行析出正式挂牌成立，同日，农村信用合作社与县农行脱离归属关系，成为独立单位。

1996年4月20日，中国人寿保险公司营业部在故城设业务部，于当年9月20日与中保财产保险有限公司分业经营。

21世纪，金融体制改革加快。受上级行压缩县域网点政策影响，2000年9月15日，衡水人行批复衡水中行，撤销故城中行。是年12月13日，经人行天津分行批准，故城县三家城市信用社（包括原典当商行）改制为农村信用合作社，隶属故城县农村信用合作社联合社领导和管理。2003年6月，中国人民财产保险有限公司故城支公司改为股份制，改称中国人民财产保险股份有限公司故城县支公司。是年6月30日，中国人寿保险公司故城营业部改制，改称中国人寿保险股份有限公司故城支公司。

2004年1月6日，自中国人民银行故城县支行分设出银行监管机构，人民银行县支行职能调整为执行贯彻货币政策、维护辖内系统性稳定、提供金融服务，除保留必要的金融监管职责以外，增加反“洗钱”、征信等新业务，通过不断完善和改进对金融业的宏观调控政策，更好地发挥中央银行在宏观调控、防范和化解金融风险中的作用。同日，成立中国银行业监督管理局故城县办事处，专门负责对商业银行和信用社的风险监管。是年，国务院决定，中国建设银行实行股份制改革，按照“产权清晰、权责明确、政企分开、管理科学”的现代企业制度和现代商业银行要求，故城县建行更名为中国建设银行股份有限公司故城县支行。2005年10月28日，中国工商银行故城县支行完成股份制改造，改成股份有限公司，中国工商银行股份有限公司故城县支行宣告成立。是年，故城县农业银行也改制成为中国农业银行股份有限公司故城县支行。2008年7月22日中国邮政储蓄银行有限责任公司故城县支行正式成立；是年10月13日首笔小额贷款成功发放，结束“只存不贷”的历史。2010年10月衡水银行故城支行开业。2012年1月邮政储蓄体制改革更名为中国邮政储蓄银行股份有限公司故城县支行。2008年8月，中国太平洋财产保险股份有限公司衡水中心支公司故城支公司成立。2015年，经中国银行股份有限公司衡水分行申请，中国银行业监督管理委员会河北监管局批复，中国银行股份有限公司故城支行于2015年10月9日正式成立。2017年10月，故城家银村镇银行正式对外营业。

第三节　工业企业体制改革

故城县工业企业体制改革经历承包制和产权改革两个阶段。1983年始，实行承包制改革，打破计划经济模式，给予企业一定经营自主权；1998年始，实行企业产权体制改革，使绝大部分公有制企业改制为民营，并根据改革政策，妥善解决了体制转变中的相关问题。

一、推行承包经营责任制

1983年，县办企业开始改革，借鉴农业土地承包责任制经验，建立企业承包责任制。当年施行《关于企业利润承包试行办法》，推行故城县《关于经营承包责任制试行办法》。1984年，对经营承包责任制细化并在全县铺开，企业则对车间、班组实行内部承包，车间班组则对职工实行计件工资、浮动工资或基本工资加奖励工资。

1984年10月，《中共中央关于经济体制改革的决定》发布后，县政府制订出台了《关于对工业企业承包经营方式试行办法》（故政〔1984〕23号文件），全县企业开始推行承包经营责任制。是年4月始，对县属18家企业实行承包经营责任制。按照“包死基数，确保上交，超收多留，歉收自补”的十六字方针，对县修配厂、县印刷厂、县木建厂、县砖瓦厂4家集体企业进行了承包试点，年末，县钢丝绳厂、县弹簧厂、县通用机械厂、县五金厂、县化肥厂、县甘陵酒厂、县皮鞋厂、县地毯厂、县皮毛厂、县第二砖瓦厂、县药材公司、县制线厂、县染织厂均实行了承包经营责任制，承包期限为4年。1987年，县工业系统企业与县经济委员会签订承包合同。县办企业基本确定承包厂长负责制，初步打破“大锅饭”管理体制，为企业注入活力。1989年，县政府引导县办工业深化企业内部改革，完善承包合同，解决负盈不负亏的问题，按照“财政收入不断增长，企业后劲不断增强，职工收入不断提高”的原则，推行了承包经营责任制和以优化企业领导班子，优化劳动组合、全员风险抵押承包、全员合同制管理为主要内容的“四位一体”配套改革。

1990年，县钢丝绳厂、县地毯厂、县酒厂、县染织厂、县化肥厂、县一砖厂、县五金厂、县供销公司、县药材公司、县通用机械厂、县胶鞋厂、县抽纱线厂计12家企业实行滚动承包，对县弹簧厂、县修配厂、县工艺美术厂、县木建厂、县印刷厂实行委托承包，县助剂厂、县轴瓦厂、县制鞋厂纳入县办企业管理的企业，亦于当年末实行了承包经营。

二、企业产权制度改革

1992年，全县工业企业进入机制转变，制度创新阶段。企业改革朝着“产权清晰，权责明确，政企分开，管理科学”的现代企业制度方向推进。部分企业通过资产流动、重组，培育发展企业集团。据河北省人民政府《河北省农民股份合作制企业试行办法》，1993年开始实施股份制合作改造，故城县政府陆续出台《关于产权制度改革的实施方案》《关于企业产权制度改革的补充意见》《关于申报股份制企业问题的意见》等一系列政策性、指导性文件。是年，以钢丝绳厂为核心，组建河北金属制品企业集团，扩大成员厂的生产规模，增强了市场竞争力。1994年，全县确定4家企业为股份制试点企业，改制为以内部职工持股为主的有限责任公司。地毯厂正式改造为福瑞地毯有限公司。是年，全县国有企业、县属集体企业职工全部实行全员劳动合同制。1994—1996年，故城县对有净资产的企业实行内部职工全员持股，实行股份合作制。星月公司、地毯工业总公司、华鑫公司、轴瓦厂均先后由内部职工买断净资产，实行股份合作制经营。运行两年后，因股份面相当广泛，企业管理不便，加之企业效益差，股东无红可分，因此，在职工的强烈要求下，除星月公司、轴瓦厂外，其他2家企业均将职工股份转为集资，终止了股份合作制的经营。1996年11月，河北金宝集团组建成立。1997年，县政府出台《关于对县办工业厂长经理实行年薪制的办法》和《关于对县办工业厂长经理的奖惩办法》等政策性文件，并在年初的县办工业工作会议上正式下发。1997—2008年为故城县工业、企业大规模实行破产重组时期，新建一大批股份制企业。其中，原印刷厂破产后新组建印刷业有限公司，原修配厂破产后新组建顺达钢模板公司，原染织厂破产后新组建丰华工业用布有限公司，原河北甘陵酒厂破产后新组建衡水甘陵酒业公司，原甘陵工业公司破产后新组建衡水古泉酿酒有限公司，原抽纱线厂破产后新组建彩达线业有限公司，原工业供销公司破产后新组建华强公司。同时，新建一批股份制企业如：恒通公司、昌利公司、瑞祥公司等。河北兴奥原为县办集体企业，2001年8月，经改制成为股份制企业。2003年，改革步伐加快，按照“熟地打捆、整体出售、规模开发、一改多赢”的思路，将企业改制与县城建设有机结合，探索出了一条企业改制、土地盘活、城建推进、经济发展、社会和谐的成功路子。县城老商业区，集中着河北金宝集团、古泉酿酒公司、人民商场等6家国有、集体老大难企业，虽然这些企业所处地段“寸土寸金”，但由于每个企业的面积都比较小、商业开发的价值不大，并且职工较多、负债沉重，单改哪一个企业都不够改制成本。

2005年，把分属6家企业的200多亩土地捆绑起来开发，成功引进浙江东阳集团资金3亿元和衡水泰华公司资金1.3亿元，前者购买土地建设以小商品批发为主的中央商城，后者购买机器设备迁出建新厂，实现了一举四得：改制搬迁的钢丝绳公司，当年完成产值6000万元，利税600多万元，使之重新焕发了生机；核销了1亿多元的企业不良贷款；安置了3000多名企业职工，解决了7000多万元的改制费用；吸纳外地资金4亿元投入，用于城建。通过这种模式，2005—2009年先后完成了163家企业的改制工作，改制面达97%，共盘活利用土地2000多亩、置换职工身份26000多名。主要采用租赁、兼并、拍卖、破产四种方式。

租赁：1988年6月5日，国务院发布了《全民所有制小型企业租赁经营暂行条例》，对租赁经营有关问题做出了具体规定，使租赁经营有法可依。1998年，县医药药材公司以租赁方式接管业已停产近两年的县淀粉厂，接收县淀粉厂全部国家职工，向县淀粉厂的主管单位县农机局交纳一定租金。2001年，河北金宝集团下属的实业公司、轮胎公司、化纤公司、华鑫公司、机修公司五个公司整体租赁给个人经营，租赁人接收企业全部职工，向河北金宝集团交纳一定租金。企业实行租赁后，调动了承租者和职工的积极性，促进了经济效益的提高。

兼并：1987—1992年，为故城县企业通过兼并实现低成本扩张的时期，原钢丝绳厂先后兼并了皮毛厂、皮鞋厂、建材厂和化肥厂，县弹簧厂兼并了八达轮胎厂。1996年9月，华鑫公司与钢丝绳厂合并，从而在短时间内实现了企业规模的

20世纪90年代初河北钢丝绳厂

迅速扩张，形成更大的经济效益和结构优化效益。具体做法是：以大型企业带动小型企业、以优势企业“吃掉”劣势企业，承担被兼并方全部债权、债务的方式，走“扶持先进，淘汰落后”的道路实行兼并。

拍卖：加快对县属工业企业的改革改制力度。对有净资产的企业，竞买方在承担企业债务的前提下，以企业的净资产为底价，委托中介机构公开竞价拍卖。2003年，河北金宝集团下属子公司美乐达软体家具有限公司在衡水佳利拍卖行拍卖成功。

破产：1996年，中共中央做出了全面建立社会主义市场经济体制的重大决定，提出了对国有企业“抓大放小”的战略决策，企业改革向深层次发展，企业改革由政策性调整转向制度创新。根据故城县部分县办企业已停产、半停产多年，严重资不抵债且恢复生产无望的实际情况，县委、县政府经过反复调研，作出了对严重资不抵债且扭亏无望、亏损严重、产品积压严重的小型企业实施破产的决策。是年，对故城县胶鞋厂、故城县八达轮胎有限公司、故城县华绒公司、故城县光华砖瓦厂、故城县染织厂、故城县助剂厂实施了破产。中共十五大以后，企业改革步伐加快。1998年4月，政府主要领导带领有关部门负责同志赴大连庄河市进行工业企业的学习考察，进一步统一了思想，出台了关于产权制度改革的试行意见。由此全县企业改革再次进入新局面，是年，故城县修配厂、故城县印刷厂、故城县五金厂、故城县农机修造厂、故城县淀粉厂实施破产，改革面从小型企业向骨干企业扩展。

21世纪初，中国社会主义市场经济体制逐步建立和发展完善，企业产权制度改革有序推进，民营个体企业迅猛发展，经济社会进入新的历史发展时期。2001年，又对故城县地毯总公司、故城县中通护栏厂、故城县甘陵工业总公司、故城县甘陵酒厂实施了破产。2003年，故城县制鞋公司、故城县制线厂等12家老国有企业实施破产。2004年3月，县政府出台了《关于市贸系统百货商场等11个企业破产改制的实施方案》，对11家企业实施破产。是年8月，县农机局所属县淀粉厂、县汽修厂按照程序实施破产。2005年，县粮食局下属18个基层粮站依法实施破产。2006年，县政府出台了《关于农业系统粮棉种子公司等4家企业破产改制实施方案》，对4家企业实施破产。2007年5月，县交通局所属运输队依法进行破产。是年9月，对县供销社系统银龙大酒店、供销大楼等15家企业，以及武官寨、小屯等22个基层供销社实施破产。2008年5月，对水务系统水利工程队、郑口扬水站、机井修配厂等5家企业依法实施破产。是年10月，对县乡镇企业局所属二建公司、皮毛公司进行破产。县乡国有集体企业改制已普遍完成，民营个体经济成为县域经济的重要组成部分和主力军。

故城县工业体制改革主要包括两个阶段。

第一阶段：2008年5月始，企业公司制改造，建立现代企业制度。按照国家和省市深化经济体制改革的方针政策及部署，在推进完成国有集体企业产权制度改革、公司制改造的基础上，大力发展民营经济，推进“个体转为企业、小型升为中型、企业增上规模”。同时进一步优化民营企业经营管理机制，完善企业法人治理结构，明确责权利关系，提高经营管理水平；引导个转企民营企业摆脱以往家族式管理方式，启用优秀人才经营管理企业，真正建立起适应时代发展要求，产权清晰、权责明确、管理科学的现代企业制度。县委、县政府先后研究制定并出台实施了《故城县国有集体企业产权制度改革实施意见》《故城县主导产业和骨干企业发展促激办法》《故城县委县政府鼓励全民创业的意见》《故城县推动规模企业上市的实施意见》等政策性文件。引领解放思想，更新观念，创新体制，创优环境，简政放权，激发促进工业经济深化改革、加快发展。至2018年年末，全县公司制中小微工业企业达2818家，比2008年年初的658家，增加

2160 家，其中由个体户和私营企业改组转换（个转企）成公司制有限责任公司的 669 家，个转企占比 31%。企业升规入统模工业企业 89 家，全部按有限责任公司体制设立和运营。

第二阶段：2015 年 11 月始，体制改革推进实施工业供给侧结构性改革，调整优化产业产品结构。实施供给侧结构性改革就是用改革创新的方法推进工业结构调整，从生产端入手，通过体制改革、机制转换，制度创新，优化资源要素配置，扩充先进产能，淘汰落后产能，压缩低效产能，化解过剩产能，扩大市场有效供给和高端供给，从而提升供给质量，提高生产效益。2016 年，县域工业紧跟时代步伐，以党中央提出的“创新、协调、绿色、开放、共享”新发展理念为指导思想，认真落实国家和省市县深化改革工作纲要，积极推进体制机制改革，制定了故城县工业转型升级和供给侧改革实施方案，明确改革与发展方向路径，在工业领域大力推进高端智能制造、优质品牌制造、专精特新制造、“互联网 + 融合制造”、绿色环保节能制造、招商引资协作共享制造六大先进生产经营模式；广泛开展转体制、调结构、强管理，增效益活动和散乱污中小微企业综合整治改造提升工作，采取政策引领，分类施策、疏堵结合、激励帮促、倒逼加压等措施办法，推动企业改造提升、转型升级。通过推进供给侧结构性改革，引领 89 家规模企业实施了以技术改造、管理升级、两化融合为重点的转型升级行动，促使 368 家散乱污小微企业实施了改造升级，淘汰、转产、关停重污染、高耗能、浪费资源等落后产能项目 286 个。提升了工业发展质量，优化了产业产品结构。

第四节　乡镇企业改革

中共十一届三中全会以后，故城县乡镇企业以推行承包经营责任制、股份合作制、公开出售产权三种方式进行改革。

一、推行承包经营责任制

1987 年，部分乡镇企业将农村已实行的土地联产承包经营的办法引进企业，以合同的形式规定了企业负责人的权、责、利，初步迈出了企业改制的步伐。1988 年，县政府印发了《关于加强农村经济合同管理的意见》，确定承包经营的原则：包死基数，确保上交，超利分成，亏损自负。与此同时，由县乡镇企业局牵头，在地毯厂进行了竞争承包试点。在此基础上乡镇企业改制工作在全县展开，至 1989 年，500 多家企业的厂长（经理）与所从属乡镇、村签订了承包合同，实行承包经营，企业经营效益明显好转。经过一年多的实践，具体运行中出现了负盈不负亏，超利不多交，承包指标简单以及设备损失严重等问题，对乡镇企业的改革又提出了新的要求。

1990 年，县政府下发了《关于完善承包经营责任制的暂行规定》，规定承包经营必须坚持“包死基数，照章纳税，超额奖励，亏损自补，逐年递增，保值增值”的原则，提出正确处理国家、集体、企业承包者、职工各方面的利益的具体办法，同时还明确提出对企业实行兼并和租赁的新思路。县乡镇企业局组织力量深入各企业贯彻文件精神，修改完善条款合同，同时指导部分企业实行租赁经营。乡镇企业承包经营责任制普遍推行，各企业经营者的积极性大大提高，经济效益显著增长。1992 年，乡镇企业总收入达 6.9 亿元，总产值达 6.46 亿元，上缴税金达 1242 万元。在此期间也暴露出不少问题：经营者积极性很高，而职工的积极性相对不高；负盈不负亏的现象依然存在，企业一旦出现亏损，经营者总能找出诸多理由而推卸责任；短期行为依然严重，作为企业经营负责人的厂长（经理）只注重承包期内的生产和效益，而放弃长远发展，增强企业后劲的努力，资源及设备损耗严重。

二、股份合作制改造

1993 年，根据省政府出台的《河北省农民股份合作制试行办法》开始实施股份制合作改造，县政府陆续出台了《关于产权制度改革的实施方案》《关于企业产权制度改革的补充意见》《关于申报股份制企业问题的意见》《关于完善乡镇企业承包责任制的暂行规定》等一系列政策性、指导性文件，并规定了股份制改革的指导思想，操作程序等事项，其中规定改制工作必须坚持入股自愿、股权平等、同股同利、利益共享、风险共担、独立核算、自主经营、自负盈亏、独立承担民事责任等原则。具体操作中，坚持了因企制宜，区别不同情况，处理不同问题的原则，分别采取了不同改制措施，主要是对运行良好的老企业，采取折股、认股、扩股、购股的方式改造成股份合作制企业，其中凡承包经营合同不到期的，先行租赁经营，亦可先完善合同，待合同到期后再进行改制；对改制难度大的企业，实行租赁经营；对一些小、微企业实行兼并或拍卖；对一些既难以实行股份制改革，又难以实施租赁、拍卖或兼并的企业，可支持企业落实并完善承包经营责任制；对新建企业，鼓励实行股份合作制，一步到位，鼓励符合条件的企业组建有限公司，形成实力较强的企业集团。原乡镇企业局系统的瓦子庄皮革厂，建厂时间长，历史遗留问题多，改制工作难度大，经过驻厂工作组的不懈努力，该企业顺利地完成了改制。至1997年，乡镇集体企业已改制71家，占全部乡镇企业的92.2%，其中实行股份合作制的26家，实行租赁承包经营的35家，拍卖6家，兼并4家。股份制的实行，有效解决了产权不明晰，责任意识不强，短期行为等弊端，推动了企业的发展。但经过一段时间的运行，新体制下的新矛盾、新问题逐步显现出来，主要表现为平均持股，股权分散，导致企业领导班子凝聚力不强，主人翁意识不强，形成了新的“大锅饭”。

三、公开出售产权

乡镇企业系统的企业产权出售始于1998年，依据县委、县政府发布的《关于抓好乡镇企业改制试点的通知》进行，总的原则是因厂制宜、因企制宜、因企施策，围绕企业活力，提高经济效益，触动产权，进行深层次改革。全县乡镇企业在转制中共拍卖93家企业，拍卖资产总额4845万元，净资产1446万元。对59家原私人投资企业，摘掉集体牌子，还其本来面目。全县乡镇企业形成多元投资主体并存的格局。2005年，在股份有限公司、有限责任公司和股份合作制三种企业中，股本金总额为63.45万元，占44.88%，社会法人股14.36万元，占23.37%，企业职工股8.46万元，占13.77%，社会自然人股11.05万元，占18%。2009年，全县乡镇企业体制改革基本完成。

第五节 商贸流通体制改革

故城县商贸流通体制改革经历了早期的承包经营改革，而后的产权制度改革中商务局企业改制为民营股份制，并从商业、物资、供销、外贸流通、粮食流通等企业进行体制改革。

一、商业体制改革

骨干商业企业经营体制改革 1987年6月，按照省商业厅《关于国营大中型商业企业实行承包经营责任制的意见》要求，国营商业开始在商业系统内全面推行承包责任制改革。原则上以集体（全员）承包为主，亦可合伙（个人）承包，承包原则是“包死基数，确保上缴，超收多留，歉收自补”。1991年，国有商业实行第二轮承包。1992年，县商业局在全市国有商业系统率先推行经济放开、价格放开、分配放开、用工放开“四放开”改革。之后的几年间，国有商业效益逐年递增，综合效益在全省县级国有商业系统排名前列。1994年，县人民商场以经营柜组为单位，在企业内部开始实行股份合作制经营。之后，在县百货商场、县商业大厦、县广交商场等几个骨干企业也都实行了内部股份合作制，五交化公司实行“三三制”模式（即入股比例为公司、柜组长、柜组职工各占三分之一）。至1996年年末，系统内骨干企业实行内部股份合作制改造的占企业总数的90%以上。1997年，受国家对国有企业实行“抓大放小”政策影响，各企业的经营和效益开始出现滑坡，五金、百货、糖酒几个公司相继破产。国有商业企业也开始在经营上实行“抓大放小”政策，即集中精力及资金重点抓好大宗骨干商品和大的商品柜组的经营，小的商品柜组全部实行职工买断流动资产，职工自负盈亏、自主经营。1998年，随着连锁店、专卖店、加盟店等多种新型业态的涌入，全县个体私营商业市场占有份额占到整个市场的三分之二。是年末，国有商业企业全部实行了承包经营责任制，企业的经济效益明显提高。1999年，国有商业企业对所有经营柜组全部实行了流动资产职工一次性买断，实现了国有流动资产的彻底置换。2003年11月，县市场贸易办公室开始对所属国有商业企业进行以“彻底置换国有资产、彻底置换职工身份”为主要内容的改制。2005年年末，改制全部完成。

国有商业小型门店改革 故城县在对国有商业骨干企业进行经营机制改革的同时，对部分地处偏僻、不易管理的小型门店也进行了改革，主要有“国有民营”和拍卖两种形式。“国有民营”改革自1993年开始，对国有小型门店实行国家所有、租赁经营后门店原性质不变，原有职工身份不变，职工调资、职称评定、离退休等同国有职工一样对待。国有民营的实行虽然调动了承租者的积极性，但也带来管理混乱、以次充好、重复经营等弊端。鉴于此，1995年部分小型门店开始实行拍卖，至2000年，国有商业小型门店全部拍卖完毕。

1987年，全县国有商业的工资制度，普遍采用规定档次上的平均主义。1988年4月，按照省商业厅《关于全省国营商业企业深化分配制度改革的意见》，工资制度改革正式启动。1992年，国有商业实行经济放开、价格放开、分配放开、用工放开"四放开"政策，继续实行工资与效益挂钩的同时，多数企业实行百元销售含量工资。1994年，开始重点推行的柜组为单位的内部股份合作制经营，再分配也随之实行内部股份合作制工资。1997年始，实行职工买断企业流动资产改革。1998年，商业企业的100多个经营柜组全部被企业职工一次性买断。工资制度改革后，企业干部职工均取消原工资级别，原工资级别只记入档案保留。

1987年，故城县国有商业企业开始实行劳动合同改革，无论新建企业还是原有企业，凡招用职工，一律在国家下达的劳动工资计划指标内，面向社会，公开招收，统一签订劳动合同。1989年，国有商业企业经营承包责任制转入新一轮承包，实行定岗、定员、定责，通过竞争、选举、聘任等形式产生中层干部，打破柜组界限，实行"兵选将、将选兵"的双向选择办法，使企业组织体系达到最佳状态。1992年，国有商业企业全部实行劳动优化组合，随之实行"三岗"（上岗、试岗、待岗）改革。1993年，国有商业企业全部实行全员合同制管理。

二、物资体制改革

1978年，县物资部门以计划管理为主，国家调拨给县内的物资由计划部门负责平衡分配，物资部门按计划组织供应。1981年，计划外物资购进逐年增加。1987年，计划外采购物资占购进总额的80.1%。1988年，物资系统实行以综合经济指标为主要内容的第一轮经营承包。

1990年，第一轮承包结束，全系统完成销售收入1475万元。实现利税17.9万元。1991年，开始第二轮承包，1992年完成销售收入3564万元，实现利税43万元。1993年，第二轮承包结束。是年，物资流通全部市场化，物资部门实行经营、价格、分配、用工"四放开"。1997年物资系统销售达最高峰，完成29217万元。之后，下属公司一一破产。2001年11月，县物资局接收东阳农贸市场的产权和经营权，由物资经营转到东阳市场管理上来。2005年物资局撤并。

三、供销体制改革

经营管理体制改革　1987年8月始，故城县供销系统按经营、管理分离原则，采取分期分批、先易后难的做法，用不同形式推行承包经营责任制，年末所属36个单位全部落实承包经营责任制，改变原有"分配平均主义"和"大锅饭"体制。1989年，改革购销方式，在坚持生产和生活资料、工业品和农副产品、批发与零售"三个一齐抓"基础上，开展工业品联购分销与农副产品分购联销。

1990年，推行农资经营服务新举措，实行"三保三包"，即保证及时足量供应、质量符合标准、价格低于毗邻地区，销售的农资如发生质量问题包退、包换、包赔损失。是年，为增强核算意识与效益观念，对基层社经营班组实行"五定制"，即定销售、定利润、定库存、定费用、定人员。1991年，针对因市场因素出现的市场疲软、销售滑坡等问题，建立了约束、激励、调控"三个机制"。

1995年，供销系统经营形势恶化，表现为效益滑坡与经营亏损，县社随之从机制、体制和系统管理方面深化改革。机制上多制并举，因企施策，抓大放小，对关系国计民生诸如农资、棉花、食盐等大宗商品，实行单位一把手领导下的集体经营；对大型商场、批发班组实行大额风险抵押承包；对微、亏、弱、小生活资料门店实行"承包承贷"，全部放开。体制上本着有利于发挥优势、有利于生产经营、有利于调动积极性的原则，对两个基层社进行了"母体裂变"，划专划细基层核算单位。系统管理就上下级关系、固定资产重、点消费品购置及基本建设、资产处置、所属企业设置、重大项目建设、企业法人聘任和解聘、人员调入及重大事项反馈等做出规定，系统管理日趋规范。1996年，实行理事会主任包科室、包片负责制，同时按基层社、县直公司、县办工业企业三类，以年度成效分别制定不同政治、经济奖惩标准及考核、考评办法，调动了干部职工积极性。是年4月，为便于行业管理，将原直属县社管理的兴农、二农资、高美施液肥供应站3个县直农资经营单位划归商贸生资总公司管理，将原属商贸生资总公司的信达畜产、永胜皮毛公司与三利装饰处划归县社直属管理。是年，为保证集体经营，增强内部发展活力，取消各基层社农肥个人承包，实行单位一把手领导下的集体经营模式。1998年，在基层社推行“四自经营”，即自主经营、自负盈亏、自我约束、自我发展，有效解决了基层社亏损问题。

2000年，实行“一支笔”审批制度，冻结非开发意义的房地产出售，对直属企业进行全面审计，摸清家底。2001年，对系统内化肥、农药、农膜、棉花、烟花爆竹、食盐、食品等商品进行自查自纠，对系统内80多个农资经营网点进行清理整顿，完善了经营机制和风险责任机制。是年，根据县内农业结构调整，坚持公司联厂家、基层社联公司模式，开展总经销、总代理业务，使农资经营工作实现突破。2003年，突出“三白一响（农资、棉花、食盐、鞭炮）”主营业务管理。2006—2018年，对烟花爆竹生产、经营、销售进行统一规范管理。

棉花流通体制改革 1989年，实行国家计划经济体制下统一收购、统一价格、统一调拨、统一储存、统一销售“五统”经营政策，由各基层供销社代收购、代加工、代储存，公司统一销售。1992年，故城县遭遇历史上罕见的干旱与虫灾，棉花大幅度减产，收购加工实产皮棉2600吨，较上年减少6986吨，同比下降66%。1993年、1994年棉花生产未能恢复增长，面积、单产、总产三项指标都在低谷徘徊，棉花业务下降，企业效益滑坡。随着市场经济逐步确立与完善，棉花企业由计划经济向市场经济转轨过程中形成的包袱重、冗员多等弊端开始显现，表现为企业原有计划经济流通体制难以适应市场发展需求。基于此，国务院根据全国经济体制改革总体目标要求，对棉花流通体制进行了三次改革。即1997年在“继续坚持不放开市场、不放开经营、不放开价格”，由供销社棉花经营企业统一收购、统一加工、统一经营棉花市场管理政策的同时，实行在国家计划指导下由供需双方直接见面，双向选择的棉花供应方式。自1999年，新棉花收购年度起“棉花收购价格、销售价格主要由市场形成，国家不再作统一规定”。同时规定，除供销社及其棉花企业外，农业部门所属的良种棉加工厂和国营农场以及经资格认定的纺织企业均可直接收购、加工和经营棉花；2001年始，放开棉花收购，“凡具备条件的国内各类企业，均可申请从事棉花收购、加工业务”，2018年，随国家政策推行，供销社棉花企业完成由计划经济向市场经济的过渡，初步建立起自主经营、自负盈亏、自我约束、自我发展的市场化运营模式。

20世纪80年代棉厂收购的棉花

四、外贸体制改革

1987年，故城县外贸局直属衡水地区外贸局，负责组织域内的农、副、土、畜产品及工业品的收购和调拨，再统一由省、地区外贸组织出口收汇，财务管理实行盈亏缴拨报账制。根据国家有关文件精神，1988年始，县级外贸下放地方管理，接受县财政部门监督和检查。外贸企业实行承包经营，扩大经营范围，在保证完成地区下达的出口商品调拨计划任务的前提下，可以开展计划外自营业务，一业为主多种经营的路子，逐步向自负盈亏、自我发展过渡。1993年省、市外贸鼓励有条件的生产企业及县级外贸企业申请自营进出口权，扩大出口队伍，为增强企业出口创汇能力提供便利条件。1999年，外贸公司获得自营进出口权，成为出口放权企业，接受市外贸每年下达的出口创汇指导性任务指标。

五、粮食流通体制改革

粮油购销体制改革 1985年，故城县取消粮油统购，实行合同定购。销往农村的粮食，实行购销同价，取消各种奖售粮，工业用粮退出统销。1987 年，全县粮食总产量达 1.43 亿公斤，平议价库存粮达 2680 万公斤，随着农业科技的发展，抗拒各种自然灾害的能力不断加强，粮食产量逐年增长自给有余。同时，为增加合同定购的经济内容，对合同定购的粮食，实行与供应平价化肥、柴油和发放预购定金“三挂钩”政策。1988 年，按照国务院部署，省对地、市，地、市对县层层实行粮食购销调和财务包干“一定三年”的办法，全县粮食合同定购任务确定为 1545 万公斤。1990 年，根据省政府决定将粮食合同定购改为国家定购，不再与农户签订合同，只下达粮食定购任务通知书或售粮证。同时国家开始建立国家专项粮食储备制度。1991 年，取消粮食定购“三挂钩”政策。1993 年，在全县实行“稳购放销”的重大改革，保留粮食定购，粮食销售除军供、水库移民继续执行原价格、政策外，其余全部放开，取消实行了 38 年的城镇居民口粮定量供应和粮票流通。是年，出现全国性粮食涨价风波，全县各粮站实行统一挂牌限价销售，平抑市场粮价。1995 年起实行“米袋子”省长负责制、县长“米袋子”负责制，省县内粮食总量自求平衡，实行分级负责。同时实行粮食部门政策性业务和商业性经营“两条线运行”改革，粮油购销基本全部放开。1997 年，按照国务院、中央军委深化军粮供应体制改革，规定军供大米、小麦粉由省级人民政府负责。机场粮站年供应量 25 万公斤以上，该军供站点独立为专门供应站。1998 年年末，全县完成省政府确定的购销企业与附营企业分离、收储主业人员分流一半的任务；政企分开工作也取得重大进展，县粮食局全部从人、财、物等方面与粮食企业彻底脱钩，县粮食局已有 14 人纳入县财政行政编制，13 人为自收自支事业编制。

2000 年，继续执行粮食定购任务，全县定购任务为 1499 万公斤，按保护价收购的粮食敞开收购。2001 年，将玉米、稻谷退出保护价收购范围，价格由市场调节，加快农业结构调整步伐。同时，为进一步拓宽粮食购销渠道，切实保护农民利益，按省粮食局规定：凡是符合一定条件的各类企业，经同级粮食行政主管部门审批后颁发粮食收购许可证，取得对 2001 年秋季退出保护价收购范围的玉米和稻谷的直接入市收购资格。2001 年 3 月 9 日，国家粮食局宣布从当年 5 月 1 日起，取消市镇居民粮食供应转移证明，标志着计划经济条件下形成的城镇居民口粮供应体制正式结束。自 2002 年夏粮上市起，中南部小麦主产区包括衡水在内的六个设区市县小麦继续实行保护价敞开收购政策。同时，进一步放宽了各类企业直接入市收购粮食的资格条件，拓宽了粮食购销渠道。2003 年 3 月 31 日，销定粮食政策性库存小麦。此后以市场价收购的粮食国家不再补贴。同时，粮食购销企业全面改革，粮站职工置换身份，解除原劳动关系，买断工龄，粮站 90% 的人员买断后自行择业。按照改制方案，企业人员实行招聘制，企业自主经营，参与市场竞争。2004 年，粮食市场、粮食价格全面放开。

2005 年，粮食购销企业进行产权制度改革重组，原则保留公路沿线，交通便利的 10 个中心粮站。2010 年，粮库保证库存的都由个人自主经营。

粮油购销价格调整 1987 年，国家多次调整粮油购销价格。1991 年，实现油脂购销同价。1992 年，实现了粮食购销同价，改变了长期以来粮油购销价格倒挂的局面。1994 年，国家将粮食定购价格提高为每 50 公斤小麦 54 元、玉米 41 元、稻谷 56 元。1996 年，大幅度提高粮食定购价格，每 50 公斤小麦 76 元、玉米 63 元、稻谷 78 元，达到历史最高水平，定购价高于市场价，出现新的购销价格倒挂。为保护农民种粮积极性，巩固农业发展，国家从 1997 年开始实行按保护价敞开收购农民余粮政策，当年粮食收购保护价每 50 公斤 73 元和 64 元，玉米定购价和保护价下调为每 50 公斤 61 元和 54 元，稻谷定购价和保护价继续维持 1997 年水平。1999 年粮食收购价格再次下调，定购价与保护价开始执行同一标准，每 50 公斤为小麦 62 元、玉米 46 元。2000 年粮食收购保护价调整为每 50 公斤小麦 57 元、玉米 49 元、稻谷 62 元。2001 年，小麦收购保护价与 2000 年持平。2002 年小麦收购保护价下调为每 50 公斤 55 元。2003 年始，油购销由计划经济转变为市场经济，取消保护价。粮食价格和市场全部放开，价格基本按照市场行情自行调节。

第三章　经济结构

中华人民共和国成立后，经过20世纪50年代社会主义改造和1978年的改革开放，1987—2018年，故城县经济发展呈现低速—高速—稳步增长运行走势。经济结构随着市场经济发展规律不断调整，三次产业结构经历了由农业经济占主位，到三产鼎立，再到第一产业所占比例低于二、三产业的过程；经济结构中的所有制结构和投资结构，由国有和集体所有制大幅度向私有民营转化，投资结构呈现阶段性增长；消费品市场日益繁荣。至2018年年末，产业结构由第一产业为主向第二、三产业为主转化。

第一节　所有制结构

中华人民共和国成立前，故城县农业、商业、手工业均为私有制。20世纪40年代，域内部分村庄建立农业互助组，土地仍属私有。中华人民共和国成立之初，产生公有制经济，但不占主导地位。1953年，农村始建农业生产合作社，土地归集体经营，工业、商业开始组建手工业合作社和商业合作社。1951—1956年对农业、手工业、资本主义工商业进行社会主义改造，域内农业、手工业、商业基本实现生产资料公有制，私有经济形式基本消失，形成单一公有制的全民和集体所有制经济，此形式一直延续30余年。其间故城县兴建县化肥厂、县制鞋厂、县五一铁厂、县皮毛厂、县五金厂、县酒厂等公有制企业，奠定域内经济基础，但在一段时期内公有制企业存在“大锅饭”弊端，发展缓慢。1978年中共十一届三中全会后，农业改革集体经营模式，实行土地家庭联产承包责任制，土地属村集体所有，农户有经营权。工业、商业实施产权制度改革，所有权由国有、集体所有改为民营私有制，同时鼓励私人兴办工商业。1980—1988年，故城县公有制经济结构以工业为主，全民、集体企业所占比重达8成以上。1987年域内共有乡以上工业146家。其中全民所有16家，集体所有130家。全县工业总产值20427万元，其中全民2150万元，集体5560万元，乡办3576万元、村办3429万元，合作经营2616万元，个体工业3096万元。个体私营工业、商业得到较快发展。

1989—1998年国有工业、商业相对于私营和集体商业，所占比例进一步缩小。1990年，域内个体私营工业达2149家。全民集体工业、商业由于私营工业商业的兴起与发展有所下降。

1999—2010年，形成以股份制、私营为主导，外商、外资并存的格局。2008年，故城县工业经济结构以民营经济为主，国有企业仅2家（电力公司、自来水公司）。股份合作、私营企业占到接近6成。域内共有469家工业企业，其中年销售收入超500万的企业有72家。2008年，全县工业总产值480464万元，其中全民15546万元，集体18311万元，私营企业282269万元，股份制企业22963万元，外商投资企业34616万元，个体工业106759万元。2009年，故城县企业产权制度改革，国有商业企业改制基本完成。所有制形式由公有制向私有制转换，形成国有、集体、民营等多种经济成分并存，以民营为主的所有制结构。国有工业经历从无到有、由弱变强，又由多变少到逐渐消失过程。集体商业企业陆续改制为民营企业。2008年，除石油、烟草、粮食等为国有性质外，其他国有集体商业基本消失。

2010—2018年，域内工业商业领域由全民所有制、集体所有制性质转化为民营私有化。2010年，工业生产总值22.38亿元，完成商品零售额27.58亿元；2017年工业增加值完成32.65亿元，完成商品零售额65.18亿元。其中城镇零售总额44.02亿元，乡村消费零售总额21.16亿元。所有制结构伴随着经济政策的实施日趋合理。

第二节　产业结构

1949—1978年，域内生产总值偏低，主要以农业为主。中共十一届三中全会后，经济发展较快，第二、第三产业比重有所提升。20世纪80年代始，农村经济逐步得到恢复，促进了二、三产业的发展，故城县由传统的农业大县向多种经济并举的格局逐渐形成。大力发展设施蔬菜和高效高产种植业；畜牧业形成瘦肉型猪、家禽、奶牛、羊等多种经营模式；工业形成以摩擦材料、裘革制品、新型复合材料、金属制品、棉纺棉织、化工等六大产业的格局。大力发展第三产业，提出了商贸兴县的商业发展战略，促进了故城县各项社会产值构成日趋合理。产业在国民经济中所占比重亦发生变化，二、三产业比重上升。1987年，第一、二、三产业增加值分别为14327万元、10185万元、4704万元，三次产业的比重为48.6:34.4:15.9；1990年，工业产值增速加快，工业在经济构成中所占比例提高。

1992年，一、二、三次产业增加值分别为18767万元、26545万元、10188万元，比重为33.8:47.8:18.4，第二产业发展明显。1997—1999年，第一产业比重占微弱优势；1997年，比重为37.9:30.8:31.3；2000—2004年，一、二、三产业比重基本持平，经济发展稳定增长；2005—2012年，二、三产业增加值高速发展，第二产业占比较高。2005年，二产同比增长超过20%。2009年，三产比重为30.7:37.8:31.5，二产比重稍重。第一产业从1987年的48.6%逐渐下降并稳定在三分之一左右，而第三产业则由1987年的15.9%发展至1997年的31.3%，2010年，达31.9%，呈较稳定态势，二产、三产、一产结构得到进一步强化和巩固。三次产业结构已达平衡状态。故城县国内生产总值自1987—2007年以年均以9%的速度增长，其中，1993—1996年出现了几年的高速增长。三次产业的比重呈现出如下特点：二产稳定，三产上升，一产下降。2011年，一、二、三产业结构比重为31.2:37.7:31.1；2013—2018年，三次产业结构再次调整，第三产业增加值高速发展，2013年，一、二、三产比重为24.8:39.0:36.2；2014年，一、二、三产比重为22.0:35.8:42.2；2015年，三产比重为23.1:30.9:46.0；2017年，一、二、三产比重为17.5:33.3:49.2；2018年，一、二、三产比重为17.8:36:46.2。经济格局变为三、二、一，第三产业继续逐年发展。

第一产业 1949年域内生产总值1577万元，其中农业生产总值1491万元，占95%；二产、三产仅占5%。至1970年，域内生产总值3748万元，一产2890万元，占77%；二产384万元，占10%；三产474万元，占13%。1978年后，乡村副业兴起，比重迅速攀升，占比达66.56%。

农村实行家庭联产承包责任之后，农民生产积极性大增。1985年，域内生产总值20688万元，一产13877万元，占67%。1987年后，农村经济逐步得到全面恢复，促进了二、三产业的发展，三次产业在国民经济中所占比重亦发生变化，二、三产业比重上升。1987年第一、二、三产业增加值分别为14327万元、10185万元、4704万元，三次产业的比重为48.6:34.4:15.9；1992年一、二、三次产业增加值分别为18767万元、26545万元、10188万元，比重为33.8:47.8:18.4；1997年比重为37.9:30.8:31.3；2008年比重为29.2:37.2:33.6。二产比重稳定，基本在三分之一左右，第一产业从1987年的48.6%逐渐下降并稳定在三分之一左右，而第三产业则由1987年的15.9%发展至1997年的30%，2008年达33.6%，呈稳步提高的态势，二、三、一产结构得到进一步强化和巩固。三次产业结构已达平衡状态。故城县国内生产总值自1987—2007年以年均9%的速度增长，其中1993—1996年出现了几年的高速增长。三次产业的比重呈现出如下特点：二产稳定，一产下降，三产上升，至2008年基本各占三分之一。

2018年，域内地区生产总值完成119.9亿元，其中一产完成21.3亿元，二产完成43.2亿元，三产55.4亿元。三次产业比重为17.8:36:46.2。

第二产业 中华人民共和国成立以前，域内工业较少，仅有铁木器具铸造（见第九编《工业》）和粮油加工、酿酒等手工业生产。1949年工业总产值7万元；1970年达384万元，占地区生产总值的10%。1971—1985年，域内工业发展迅速，县皮毛产、县地毯厂、县钢丝绳厂等一批企业，形成县域龙头企业。工业生产总值占比达25%以上。1997年工业占比达30.8%；2008年工业占比达40.4%；2018年工业占比36%。

建筑业在1978年后发展较快。2018年全县有39个建筑公司。据2017年年末统计，完成产值8.22亿元，占是年工业总产值145.98亿元的5.63%。

第三产业　1949年，域内第三产业的社会保障、教育科技、生产服务、公用事业等方面比较薄弱。当年第三产业产出79万元，占当时地区生产总值的5%。1978年后，第三产业发展较快，在国民经济中发挥着越来越重要作用，1978年，第三产业产值为1062万元，占地区生产总值8864万元的11.98%。至2017年，第三产业产值为57.69亿元，占地区生产总值117.14亿元的49.25%。其中，交通运输、仓库及邮电通信业为5.09亿元，占地区生产总值的4.34%；批发和零售贸易餐饮业为38.54亿元，占32.9%；金融保险业为13.24亿元，占11.3%；科学研究和综合技术服务业为6276万元，占0.54%；房地产业为6.2亿元，占5.29%；卫生、社会福利事业为4.18亿元，占3.57%；教育、体育、文艺及广播电影电视业为4.56亿元，占3.9%。

第三节　投资结构

1987年，故城县全社会总计完成固定资产投资130万元，投资主要依靠政府投资，民间资本较少，其中国家投资53万元，贷款7万元，自筹70万元。资金投向为医疗教育事业、水利基础设施、工业项目。1993年全县投入7600万元，主要用于钢丝绳厂扩建项目和程控电话项目。1996年，完成4.31亿元，固定资产投资额度较大的有市话、农话增容项目，裘革产业项目。1999年投入较大的有里老国家粮食储备库。随着经济的发展，融资渠道多样化，在积极争取上级项目的同时，1998年始，制定优惠政策吸引外商、港澳台商投资，鼓励民间资本投入。2002年，主要投资于工业、房地产建设、交通项目，不断增强县域经济发展能力。工业、房地产开发、公路建设成为投资的热门领域，积极争取、引进和实施重大项目，多方筹集资金，不断加大投资力度，固定资产投资规模迅速扩大，到2008年，全县固定资产投资达23.46亿元，是1987年的1804.97倍。

2010年，固定资产投资28.96亿元，城乡建设项目投资30.4亿元。2012年固定资产投资66.45亿元，城乡建设项目投资58.73亿元。工业投资49.1亿元，技改投资3.03亿元。2015年固定资产投资132.32亿元，城乡建设项目投资125.78亿元，工业投资113.63亿元。2018年固定资产投资80.5亿元。

城镇、农村投资结构：在全社会固定资产投资中，农村投资在所占比重中相对较小，城镇投资所占比重较大。随着经济体制改革的进一步深入，全县农村经济，尤其农户本体经济不断发展壮大，1994年始，农村投资规模一路攀升，超过了城镇以上固定资产投资在全社会固定资产投资中的地位，开始由附属地位转为主导地位。全县农村集体和个人的投资总额占全县固定资产总额的80%，城镇以上投资总额下降到全县固定投资总额的20%。

投资类型结构：在城镇以上固定资产投资中，基本建设投资始终占据主导地位，占城镇以上固定资产投资总额的40%。

1949—2018年故城县部分年份产业结构变化统计表

表7-1

年　度		国内（区域）生产总值（GDP）（万元）	一产（万元）	二产（万元）	三产（万元）	人均GDP（元）	一、二、三产业比重
1949	完成	1577	1491	7	79	60	—
	同比±%	—	—	—	—	—	
1952	完成	2106	1792	18	296	78	—
	同比±%	—	—	—	—	—	
1957	完成	2640	2014	100	436	93	—
	同比±%	—	—	—	—	—	

续表 7-1

年度		国内（区域）生产总值（GDP）（万元）	一产（万元）	二产（万元）	三产（万元）	人均 GDP（元）	一、二、三产业比重
1965	完成	3132.0	2447.0	216	469.0	106	—
	同比 ±%	—	—	—	—	—	
1970	完成	3748.0	2890.0	384	474.0	119	—
	同比 ±%	—	—	—	—	—	
1978	完成	8864.0	2965.0	4837	1062.0	—	—
	同比 ±%	—	—	—	—	—	
1985	完成	20688.0	13877.0	5200	1611.0	536	—
	同比 ±%	—	—	—	—	—	
1990	完成	45217.0	18922.0	17391	8904.0	1090	—
	同比 ±%	104.5	93.8	113.3	105.5	—	
1995	完成	166695.0	70464.0	49956	46275.0	3771	—
	同比 ±%	19.0	11.7	23.9	21.0	—	
1997	完成	224972.0	85336.0	69306	70330.0	5056	37.9:30.8:31.3
	同比 ±%	9.1	14.2	3.9	12.0	—	
1998	完成	243963.0	83888.0	81023	79052.0	5446	34.4:33.2:32.4
	同比 ±%	8.2	3.9	6.9	14.4	—	
1999	完成	235000.0	77785.0	79900	77315.0	5167	33.1:34.0:32.9
	同比 ±%	102.5	99.0	105.9	101.1	—	
2000	完成	257438.0	87822.0	87841	81775.0	5618	34.1:34.1:31.8
	同比 ±%	8.5	6.7	11.6	5.9	—	
2001	完成	283774.0	95775.0	97169	90830.0	6184	33.8:34.2:32.0
	同比 ±%	9.9	9.0	10.7	9.9	—	
2002	完成	295060.0	97866.0	100312	96882.0	6428	33.2:34.0:32.8
	同比 ±%	3.7	3.5	-1.2	8.4	—	
2003	完成	338460.0	119023.0	108677	110760.0	7274	35.2:32.1:32.7
	同比 ±%	11.0	17.7	2.6	12.7	—	
2004	完成	402229.0	147010.0	127311	127908.0	8635	36.5:31.7:31.8
	同比 ±%	14.5	-2.4	34.3	14.2	—	
2005	完成	443010.0	124725.0	172654	145631.0	9390	28.2:39.0:32.9
	同比 ±%	14.2	6.9	20.2	14.2	—	
2006	完成	476417.0	142690.0	177909	155818.0	9880	30:37.3:32.7
	同比 ±%	5.4	2.5	6.4	6.9	—	
2007	完成	496619.0	152343.0	178623	165653.0	10160	30.7:36.0:33.3
	同比 ±%	5.3	11.8	0.6	4.7	—	

续表 7-1

年　度		国内（区域）生产总值（GDP）（万元）	一产（万元）	二产（万元）	三产（万元）	人均 GDP（元）	一、二、三产业比重
2008	完成	506558.0	159322.0	204678.0	142558.0	10562	31.5:40.4:28.1
	同比 ±%	7.1	5.2	7.1	8.7	—	
2009	完成	542458.0	172908.0	201395.0	168155.0	11238	30.7:37.8:31.5
	同比 ±%	9.6	3.8	10.7	14.4	—	
2010	完成	634494.0	208467.0	223774.0	202253.0	13088	32.8:35.3:31.9
	同比 ±%	13.6	6.3	16.2	17.3	—	
2011	完成	770421.0	240421.0	290290.0	239709.0	15768	31.2:37.7:31.1
	同比 ±%	11.9	5.8	16.0	13.7	—	
2012	完成	843992.0	262046.0	309434.0	272512.0	17168	31.1:36.6:32.3
	同比 ±%	9.0	3.9	11.5	11.5	—	
2013	完成	858776.0	212611.0	335558.0	310607.0	17356	24.8:39.0:36.2
	同比 ±%	8.6	2.4	11.7	10.5	—	
2014	完成	903493.0	198708.0	323355.0	381430.0	18183	22.0:35.8:42.2
	同比 ±%	8.5	2.9	9.3	11.9	—	
2015	完成	969188.0	224119.0	299011.0	446068.0	19476	23.1:30.9:46.0
	同比 ±%	7.0	2.5	4.3	13.3	—	
2016	完成	1161866.0	250450.0	411015.0	500401.0	23322	21.56:35.38:43.06
	同比 ±%	7.4 第 12 位	3.0	5.6	10.7	—	
2017	完成	1171394.0	204936.0	389510.0	576948.0	—	17.5:33.3:49.2
	同比 ±%	6.7	3.9	2.0	11.1	—	
2018	完成	1199000.0	213000.0	432000.0	554000.0	—	17.8:36:46.2
	同比 ±%	6.5	1.5	4.4	10.0	—	

说明：表内“—”为无统计数字

第四章　招商引资与园区建设

1987 年，故城县注重引项目、引资金、引人才、引技术，多次出台对外优惠政策，推进全县开放工作。相继建成高新技术产业开发区、河北故城经济开发区、营东新区 3 个工业项目区。1992 年，引进外资 435.2 万元，1995 年始，连年组织有关创汇企业参加河北省每年一度的“5 · 18”洽谈会，年均交易额及意向合同达 2500 万元。至 2002 年，累计直接利用外资 2373 万美元，引进省外到位资金 6.18 亿元，引进省外人才 620 名，完成出口创汇 1743 美元。2003 年始，对内对外开放力度进一步加大。至 2008 年年末，全县各类创汇企业达 56 家，完成出口创汇 5940 万美元，占年度目标的112.3%。故城县连续五年被衡水市委、市政府授予外贸出口创汇先进单位称号。

2010年，县商务局承担指导全县各乡镇、园区、部门的招商引资工作，组织全县招商活动，负责组织参加省、市组织的招商活动。执行的招商政策为2018年10月15日修订的《故城县招商引资优惠政策》，政策分为16条，明确了招商引资相关土地、企业扶持引导等方面的优惠政策。

第一节　引进企业优惠政策

一、用地政策

1987年，实行土地使用权出让，出让合同期为40～70年，在出让合同期内有权转让、出租、抵押或由合法继承人继承。土地出让期满，使用者可申请续期；固定资产投资3000万元（或300万美元）以上的，一事一议，给予最大优惠。经营房地产开发的商业用地按市场价格，视开发金额、用地面积，一事一议；鼓励外商、国内企事业单位和个人按土地、城建规划投资建设标准厂房、商贸服务设施和住宅开发，建成后可出卖、出租或转让。税收政策可以给予最大的优惠。

二、扶持政策

根据2003年6月6日政府出台的《关于重点项目建设和招商引资的奖励办法》，新办工业企业所交纳的增值税，2年内将地方留成部分，下年第二季度末由财政全额返还；生产性外商投资企业，经营期在11年以上的，除按规定享受“免二减三”（从开始获利年度起，第一年和第二年免征企业所得税，第三年至第五年减半征收企业所得税）外，第六年至第八年征收的涉外企业所得税，下年第二季度末由财政返还地方留成部分的25%；外商投资兴办的产品出口企业，完成“免二减三”后，凡当年出口产品创汇额达到当年产品销售额50%以上的，第六年至第八年实现的企业所得税，下年第二季度末由财政返还地方留成部分的50%；外商投资企业的国外投资者，以企业分得的（税后）利润在本企业再投资，经营期不少于5年的，退还其再投资部分交纳所得税的40%；经营期15年以上的生产性内资企业，从投产之日起，所得税地方留成部分前两年全部返还，后三年返还50%，第六年至第二十年返还30%；固定资产投资3000万元（或300万美元）以上的企业，一事一议，享受更加优惠的政策。

根据2008年5月22日《2008年工业经济考核促激政策的通知》，对引进企业施行税收优惠政策：从事生产加工的内外资企业所缴纳的增值税，按规定享受增值税转型政策。另从投产之日起，2年内将地方留成部分年末由财政全额返还。从事生产加工的内外商投资企业所缴纳的所得税，从投产之日起，2年内将地方留成部分年末由财政全额返还，后3年返还50%。行政事业收费优惠政策：投资新建工业项目的申办、注册过程中，除注册登记费、工本费外，免收其他行政性收费；中介服务机构（如验资、评估、劳动就业服务、税务代理、公证等）对外来投资企业的收费不得超过上级规定最低收费标准的50%。对国家及省法律法规涉及现有投资企业的行政性收费项目，县政府无权减免的，一律按下限征收；涉及投资企业必须缴纳的各项事业性收费，不得超过上级规定最低收费标准。服务政策：对纳税50万元以上的重点保护企业，实行涉企三乱“一次查实下岗”制。严禁无“两证两书一卡”（收费许可证、收费员证、进企业收费通知书、进企业批准通知书、企业缴费明白卡）或违反有关审批程序到企业收费罚没。有上述行为者，即视为“三乱”。对“三乱”一经查实，直接责任人即行下岗，情节严重的追究其党纪政纪直至法律责任，并严肃追究单位一把手的领导责任。

2018年10月出台《故城县招商引资优惠政策（试行）》，按照打造“准入门槛最低、审批事项最少、审批环节最简、办事效率最快、服务水平最优”“五最”营商环境标准，进一步加强对内资亿元以上、外资1000万美元项目在项目用地、资金扶持、金融支持等方面扶持力度，并且提高了对项目引进人、项目引进单位的资金奖励，以激发社会力量招商引资，促进招商引资时效，全面营造“人人想招商、人人能招商”的社会氛围。

第二节　激励措施

为鼓励单位和个人招商引资，县委、县政府制定一系列激励措施，并根据招商引资和全县项目建设进展情况进行调整。

2003年，个人或单位为社会公益型项目引进无偿资金的，提取资金到位额的6%作为一次性奖励；个人或单位为农业项目引进无偿资金的，提取资金到位额的3%作为一次性奖励；个人或单位为企业或基础设施建设项目引进无偿资金的，提取资金到位额的2%作为一次性奖励；对提供项目线索并牵线搭桥，引荐成功且项目固定资产投资在300万元以上的，给予实际完成固定资产投资额1‰的奖励，最高奖额20万元；固定资产投资200万元以上的工业项目，竣工投产后，给予项目建设单位或项目引荐人实际完成固定资产投资全额4‰的奖励，最高奖额20万元。同时还设立有奖征集项目线索奖，至2008年仍在使用。即对主动提供项目线索并牵线搭桥、引荐成功的，给予线索奖励。项目固定资产投资在3000万元以上的，按投产的实际完成固定资产投资额的1‰给予线索奖励；项目固定资产投资在5000万元以上的，按投产的实际完成固定资产投资额的2‰给予线索奖励；项目固定资产投资在1亿元以上的，按投产的实际完成固定资产投资额的3‰给予线索奖励。

2004—2005年，激励措施两次调整：个人或单位为社会公益型项目引进无偿资金的，提取资金到位额的6%作为一次性奖励。最高奖额20万元；个人或单位为农业项目引进无偿资金的，提取资金到位额的3%作为一次性奖励。最高奖额20万元；个人或单位为企业或基础设施建设项目引进无偿资金的，提取资金到位额的2%作为一次性奖励。最高奖额20万元；对提供项目线索并牵线搭桥，引荐成功且项目固定资产投资在300万元以上的，给予实际完成固定资产投资额1‰的奖励，最高奖额20万元；固定资产投资500万元以上的工业项目，竣工投产后，给予项目建设单位或项目引荐人实际完成固定资产投资全额4‰的奖励，最高奖额20万元；对引进城镇建设项目有偿资金5000万元以上的，给予适当奖励或列支跑办经费。2005年，个人或单位为社会公益型项目引进无偿资金的，给予资金到位额6%的奖励；个人或单位为农业项目引进无偿资金的，给予资金到位额3%的奖励；个人或单位为企业或基础设施建设项目引进无偿资金的，给予资金到位额2%的奖励；对提供项目线索并牵线搭桥，引荐成功且项目固定资产投资在1000万元以上的，给予实际完成固定资产投资额1‰的奖励；固定资产投资1000万元以上的工业项目，竣工投产后，给予项目引荐人实际完成固定资产投资全额4‰的奖励，最高奖额30万元；对引进城镇建设项目有偿资金5000万元以上的，给予适当奖励。

2018年，对年纳税50万元以上的企业予以奖励。将年度内纳税划分为三至特八级11个级别，分别给予2.5万～100万元的经济奖励，同时给予相应的政治荣誉和财政供养人员指标奖励。年度内竣工投产的新上工业项目和技改项目，按实际完成固定资产投资额给予奖励。固定资产投资达3000万元以上的，奖励10万元；固定资产投资达5000万元以上的，奖励20万元；项目完成固定资产投资达1亿元以上的，奖励50万元，授予项目负责人“特殊贡献奖”称号，并奖励一名财政供养指标。鼓励企业争创名牌产品。年度内每新增一个国家驰名商标，奖励5万元；每新增一个省级著名商标，奖励2万元。

第三节　招商方式

一、政策激励

1987年，故城县相继制定实施了《进一步加快工业发展的若干问题的决定》《重点项目建设和招商引资工作考核奖励办法》《企业晋档升级考核奖励办法》等11个考核促激政策，把招商引资和项目建设纳入各级班子，各级干部考核指标，实行招商引资和项目建设“一票否决制”。2000年，县财政拨出专款设立“重点项目跑办经费”“引进重大项目特殊贡献奖”“工业发展专项资金”等6个专项资金。对意向投资超亿元的项目信息，实行“重大项目快速反应，合力攻坚机制”，全程代理服务。规定公职人员可暂时脱岗从事经济活动，对招商引资有功的人员和单位给予一定的奖励。全县上下开展定向招商、产业招商、专业招商、亲情招商、以商招商和网络招商等多种形式的招商活动。2006年，制定了招商引资的各项任务指标并制定了月报和季报考核制度，对完成任务的单位和个人年终给予奖励。

二、优化投资环境

消减行政审批事项和收费项目，实行最低标准收费；各类审批事项和年检，在县政务中心

"一门"办理，"一费制"管理，限时办结；放宽审批限制，简化审批程序，规范审批行为，完善监督机制；急事急办，繁事简办，特事特办，实行重点项目"直通车"和"全程代理服务"制度；对年纳税50万元以上的45家企业实施重点保护；给纳税大户相应的荣誉；建立企业晋档升级考核奖励机制，对骨干企业、重点项目和农业产业化龙头企业给予扶持帮促；支持企业引进人才、创新技术、创名牌产品。治理公路"三乱"，实行涉企"三乱"责任人一次查实下岗制。加强社会治安综合治理，严厉打击各种违法犯罪。倡导"一切为了发展，一切围绕发展，人人关系发展大局"的观念，营造"亲商、安商、富商"的社会氛围。

2010年，成功组织参加了香港国际投资洽谈会、廊坊经贸洽谈会和侨联2010国际华商论坛。成功签约了一批大型项目。2011年，组织全县乡镇、部门和相关企业参加了23次大型招商推介活动，扩大了项目合作。全县共签约项目138个，其中超亿元项目25个，千万元以上项目45个，在合作交流中，进一步宣传推介了故城，扩大了故城的影响。2012年，成功组织筹办了天津、廊坊、香港、上海、石家庄等地区对外招商活动，共签约项目22个，达成意向43个，引进国内省外资金18.2亿元。2013年，全县共引进亿元以上的工业项目14个，引进资金52.39亿元，同比增长11.3%，全年共接待外来客商200多批次、千余人次。2014年，共签约亿元以上的项目39个，总投资210亿元。2015年，共签约项目13个，总投资142亿元。2016年，在采取专业招商、以商引商、专题招商等多样化招商方式的同时，有针对性地筛选符合故城县产业政策的优质项目开展了"一对一"招商。引进了泰国正大集团、中铁物流园等项目，其中泰国正大集团投资的正大饲料（衡水）有限公司、正大食品（衡水）有限公司于当年10月份举行了奠基仪式，当年到位外资2200万美元，是县成功引进的首个世界500强企业。

2018年，县委、县政府在北京、上海各设立一个由副县级领导担任主任的招商联络组，推进故城县在京津、粤沪浙和雄安等地区的招商引资工作。

第四节　合资合作和独资企业

2018年，故城县共有合资合作和独资企业5家，分别是正大食品（衡水）有限公司、正大饲料（衡水）有限公司、衡水创造化妆用品有限公司、河北株丕特玻璃钢制品有限公司、故城明华燃气有限公司、世京（衡水）新型材料有限公司。

正大饲料（衡水）有限公司　正大饲料（衡水）有限公司建立于2016年，是正大集团全资子公司，该项目占地119亩，总设计规模为年产54万吨专业化肉鸡饲料厂，总投资3.5亿元，配套衡水正大肉鸡全产业链项目，项目分两期建设，一期项目年加工产能为27万吨。

正大饲料厂区

衡水创造化妆用品有限公司　衡水创造化妆用品有限公司成立于2013年8月，为韩国独资企业，注册资本10万美元。建立于高新技术产业园内，公司占地面积20余亩。是一家集研制、开发、生产、销售为一体的化妆刷生产经营企业，引进国外先进设备及技术人才，拥有雄厚的科技力量、完善的管理体系。公司专业生产加工各类化妆刷，彩妆刷，美容刷。化妆刷种类齐全，有各类湿粉刷、粉刷、腮红刷、眼影刷、眉刷、唇刷、化妆套刷、美甲刷，大粉刷、眼影海绵、中粉刷、斜粉刷、扇形刷、直立粉刷、平头刷、指甲刷等。

河北株丕特玻璃钢制品有限公司　河北株丕特玻璃钢制品有限公司是由河北兴华玻璃钢制品有限公司与丹麦Jupiter公司于2005年7月成立的合资企业，公司拥有固定资产2500万元，厂区面积63300平方米，其中建筑面积33000平方米，员工150人。至2018年已连续五年夺得故城县民营

株丕特玻璃钢制品生产车间

企业纳税大户，先后被衡水市和河北省政府命名为“明星企业”和“科技型民营企业”。

公司主要用户为长春轨道客车股份有限公司、青岛四方机车车辆股份有限公司、南京蒲镇车辆有限公司、唐山轨道客车有限责任公司、株洲电力机车有限公司、Siemens 交通设备有限公司、Alstom 交通设备有限公司、Bombardier 交通设备公司、美国 GE 公司、丹麦 SEMVAC 公司等。

河北株丕特玻璃钢制品有限公司一直致力于车辆整体卫生间系统、内部墙板、侧顶、导流罩等产品的研发、生产、销售和服务。多年来先后为铁路客车开发出多种高科技玻璃钢复合材料在全路推广，提高了国产客车设计、制造档次，多次得到铁道部和省、市领导好评。1992 年开发成功铁路客车仿理石地板专利技术，解决了困扰铁路客车多年来的水泥地板重量大、不美观、吸水、异味等问题，当年便在全路新造客车推广。1993 年开发成功客车整体卫生间和异型整体空调风道替代进口产品，1999 年，公司又开发引进轻质高强的航天、军工技术和材料，为列车减重提速设计积累了技术基础。产品不仅应用在国家领导人乘坐的公务车上，还大量应用在军工车、出口车上。2005 年始介入高铁市场，开发出一系列高新产品并得到铁道部认可，公司已成为国内高速列车内装产品的指定供应商，订单份额占市场的 30% 以上。

河北株丕特玻璃钢制品有限公司主导产品为轨道车辆整体卫生间系统、内部墙板、侧顶、导流罩等产品。年生产能力为客车卫生间系统 2500 台套，侧墙、顶板 2000 台套，卫生间地板 5000 台套。

故城明华燃气有限公司 故城明华燃气有限公司成立于2012年9月，公司注册资金4760万元。

2017 年 2 月 16 日，深圳中裕城市能源投资控股（深圳）有限公司完成故城明华燃气有限公司股权变更程序。

公司建有门站两座（东门站和西门站），在建分输站一座（合资），高压管道（分输站至东门站）14.39 公里，次高压管道 5.3 公里，中压管道 64 公里。服务工商业用户 10 户，乡村煤改气用户 6082 户。2018 年，完成乡村煤改气户数 32000 户，工商业用户 30 户，年营业收入超过 1 亿元。

世京（衡水）新型材料有限公司 世京（衡水）新型材料有限公司成立于 2014 年 4 月，是由韩国世京产业株式会社和世京（东营）新型材料有限公司合资成立的中外合资企业，总投资 340 万美元，是一家从事研发和生产 PVC 稳定剂的综合性企业。

公司拥有先进的自动化生产线和完善的环保处理配套设施。采取经过改进的专利技术和生产工艺可实现年产 6000 吨 PVC 热稳定剂，年销售额 6000 万元。

公司的主力产品是具有自主知识产权的该产业最先进的、高性能的、环保的、无毒性的 PVC 稳定剂以及相关产品。该产品已经先后在美国、韩国、中国取得了专利。

第五节　工业园区建设

1996—2008 年，在社会主义市场经济体制和党的改革开放政策指引鼓舞下，故城县民营股份制企业生机焕发、异军突起，从无到有、由小到大，逐步发展壮大，成为国民经济发展的主力军，财政收入的台柱子。

2005 年，故城县工业园区建设和项目建设渐显蓬勃发展。县委、县政府着力打造构建“一城三区”（县城和西苑、衡德、营东工业园区）经济发展平台，招商引资、招商引企，抓投资上项目，提产业促发展。县城突出生态宜居理念，挖掘运河文化底蕴，打造冀东南生态宜居产业兴旺运河文化名城；县经济技术开发区（衡德工业园）作为省政府确定的省级工业园区，发挥临近德州区位交通优势，打造京、津、雄产业转移升级基地、装备制造业科技成果转化基地和新能源新材料研发应用基地；县高新区（西苑工业园）与县城一体化互动发展，依托园区企业，打造河北重要的服装服饰生产基地、高端装备制造基地和绿色食品加工基地；营东工业园作为全国重要的裘皮裘革产业聚集区，借助皮毛传统特色产业区域优势，打造“中国北方国际裘皮城”，建设裘皮服装生产基地。工业园区成为招商引资、项目建设的主战场，产业振兴经济发展的加速器，有力地推动和促进了故城工业的发展壮大。

2018年，全县工业抢抓“京津冀协调发展、雄安新区建设、大运河文化带保护传承利用、扶贫脱贫攻坚三年行动、实施乡村振兴战略”等国家重大发展战略机遇，工业经济保持了产销衔接、稳中有进、协调发展的良好态势。是年，全县工业累计完成工业总产值188亿元，上缴税金4.46亿元，分别比上年增长7.1%、5.2%，其中入统规模以上工业企业累计完成工业总产值58亿元，同比增长12.6%；工业税金占全县税金的比例为53%，年纳税超百万元企业110家，年纳税超500万元企业10家，年纳税超千万元企业6家，工业经济有力的支撑和拉动了县域经济的发展。是年末，故城县工业（制造业）中小微企业2681家，个体加工户1.61万户，年销售收入2000万元以上入统规模企业89家。故城工业按产业划分现已形成服装服饰、装备制造和新能源新材料三个主导产业，绿色食品及农牧畜禽产品加工，高端装备制造、纸塑包装、出版印刷、乳胶化工等新型优势产业初步发展显现。按行业门类划分主要包括：裘皮裘革（皮毛）服装及制品、针织纺织服装及制品、汽车配件（刹车片、制动器）、车辆交通设施制品、玻璃钢复合材料制品、铁塔钢构、风机及风机配件、钢丝、胶管、金属制品、机械制品、美术画材、新型建材、蓄电池、化工及复合肥、白酒、食品等10多个系列百余类品种。工业经济年度销售收入总额达200亿元。

一、河北故城经济开发区

河北故城经济开发区（以下简称经开区），与素有“九达天衢，神京门户”之称的德州市主城区零距离，是冀鲁两省东出西联、南下北上的黄金十字交叉点，东傍京沪高铁、京沪铁路、京福铁路、衡德高速，区位优越、设施完善、环境优良。

经开区始建于2003年，2010年升级为省级开发区。2017年12月25日，经河北省国防科工局、省商务厅、省科技厅、省财政厅、省金融办论证，被授予“河北省军民结合产业示范园区”称号。园区规划面积16.34平方公里，建成面积8平方公里。入园企业155家，总投资400亿元。其中规上企业20家，上市企业3家，500强企业3家，主营业务收入达63.9亿元。

上海亚士创能科技公司考察团来园区进行考察参观

园区以新能源、新材料、高端装备制造、轻工产业、生物化工为主导产业。为承接京津、服务雄安，规划了10平方公里雄县生态产业城，打造了雄县乳胶产业园、三台制鞋产业园、冀德综合物流园。

经开区借势发展，坚持服务雄安，发展故城，有效承接雄县传统产业转移和科技成果转化，坚持创新、绿色、融合、共享理念，结合经开区总体规划、雄安新区规划、德州市相关规划、大运河文化带建设等，优化空间布局，在经开区东南方向，沿京杭大运河一带，规划建设运河风情小镇，同步打造田园综合体，含科研机构、科技成果转化高端高新产业、职业教育、文旅、大健康医养中心、高端居住区等；在经开区东风路以南，打造提升现有综合、行政、服务、居住区；在经开区西部及西北方向，打造现代工业和产业聚集区，主要承接雄县五个传统产业（塑料包装、电器制造、压延制革、乳胶制品、管材制品），其中产业园规划面积11.64平方公里，起步区5.13平方公里；新城规划面积11.22平方公里，起步区2.21

平方公里。

县城101路公交与德州市5路、1路、9路公交成功对接。德州华能电厂工业蒸汽与园区企业对接。园区6个商住精品小区全部使用电厂余热供暖。

园区水、电、气、暖、热力、通信等九通一平设施齐全，医疗、教育、金融功能健全。六个商住精品小区一期全部落成。区内配套两座水厂。天然气管网已铺设31000米，日供气达60万立方米；日处理2万吨的污水处理厂1座，35千伏变电站1座、110千伏变电站1座，年处理10万吨固危废项目和工业蒸汽管网正在建设中。2018年，园区入园企业165家，总用工人数12600人，规上企业14家；河北省著名商标企业2家，山东省著名商标1家，中国驰名商标2家。

2018年，税收收入1.16亿元，同比增长18.4%；地区生产总值20.1亿元，同比增长9.4%；工业总产值69.4亿元，同比增长8.5%；主营业务收入70.8亿元，同比增长8.7%；固定资产投资完成20.6亿元，同比增长12.5%；工业技改投资完成13.31亿元，同比增长36.2%。入园企业达155家。

河北青竹画材科技有限公司 始建于1985年，2006年正式落户于河北故城经济开发区。是美术绘画材料的专业生产厂家，属于国家重点扶植的文化产业。投资2亿元，占地130亩，有设备360台（套），员工580人，其中管理人员48人，技术人员36人

“青竹牌”系列产品包括：画颜料、丙烯画颜料、中国画颜料、油画颜料、水彩画颜料、油画棒、休闲画颜料、美术画材等三十大类，1900多个单品。青竹颜料是北京奥运会开幕式专用美术颜料；全国中小学教材审定委员会审定产品；符合美国ASTMD-4236和欧共体EN71-3国际标准要求。

青竹小天才油画棒

青竹颜料自2001年起出口欧、美、日、韩以及东南亚等国家和地区。公司每年赴德国、美国、巴西、迪拜等地，参加国际办公文具博览会展览。公司建成全国最大的美术画材生产基地，生产工艺技术居国内领先水平，在国内同行业品牌中位居第二名。该公司为“中国文教体育用品协会”常务理事单位。

河北奥冠电源有限责任公司 奥冠集团成立于1987年。2012年正式落户与河北故城经济开发区。是国家高新技术企业、国家火炬计划示范项目、国家储能电池行业标准起草单位、中国电源学会理事单位、铅酸蓄电池质量认定专家委员单位。集团建有两大生产基地，分别为河北奥冠电源有限责任公司（胶体电池基地）和山东奥冠新能源科技有限公司（锂电池基地）。

“奥冠”是中国胶体电池领导品牌和锂电行业优秀品牌。集团主导产品为胶体电池和锂电池，涵盖光伏储能、电动汽车、电动助力车和UPS后备电源四大系列数百个规格，广泛应用于新能源储能、新能源汽车、电力、通信、交通、金融、国防、军工等领域。建有企业技术中心、省级企业技术中心、院士工作站、博士后工作站、CNAS试验室；拥有一支由德国专家、泰山学者领衔的技术团队，融合了国内国际先进技术，并与中国工程院、德国柏林工业大学、哈尔滨工业大学、山东大学等科研院所建立了长期的产学研合作关系。

奥冠销售网络覆盖全国并出口北美、欧洲、非洲、东南亚等世界60余个国家和地区。

故城山水水泥有限公司 山东山水水泥集团有限公司（简称山水集团），成立于2003年，是以生产水泥和熟料为主导产业，集商混、管道、塑编、重工生产销售于一体的大型企业集团，是国内最早从事新型干法水泥生产的企业之一，也是国家重点支持的12家全国性大型水泥企业之一。

2008年在香港联交所上市，系中国首家在香港红筹股上市的水泥企业。山水集团总部位于山东省济南市。公司设计产能为年产水泥150万吨，主导产品有P·O525、P·0425、P·F32.5、P·C32.5R等

故城山水水泥公司

水泥，可满足不同客户对不同品种、不同等级水泥的需求。

故城山水水泥有限公司先后被授予省建材行业环境保护先进单位、省诚信企业市纳税信用A级企业、县十强工业企业等称号；“山水东岳”牌系列水泥被评为省重点工程推荐建材产品。

故城北新建材有限公司 故城北新建材有限公司于2009年8月成立，是年正式落户于河北故城经济开发区。北新建材集团有限公司是国务院国资委直属管理中央企业中国建材集团旗下企业。公司于1979年由国家投资建设的国内最大的新型建材产业基地，已发展为集建材产业投资、新型房屋、木业业务、全球贸易服务为一体的综合性企业。秉承“善用资源，服务建设”的核心理念，主要经营范围是纸面石膏板、石膏砌块及其他石膏制品等建筑材料的研究、开发、生产与销售。

2017年获“中国工业大奖”，2018年年末，公司资产总额近200亿元，直接管理全资、控股企业9家，是世界最大的石膏板生产企业，位列世界500强成员企业。

河北开门子肥业有限公司 河北开门子肥业有限公司2013年7月正式落户于河北故城经济开发区。隶属于江西开门子肥业股份有限公司。江西开门子肥业股份有限公司隶属于景焦集团，经过31年的不懈努力，景德镇市焦化工业集团由一个投产初期年销售额仅有7000万元的单一炼焦制气企业，发展成为销售收入110亿多元，拥有下属企业20余家，生产基地遍布全国各地的大型企业集团。

江西开门子肥业集团2001年通过ISO9000质量管理体系认证，被评为全国质量管理先进企业、全国优秀农资企业、中国化肥百强企业、中国化工骨干企业、中国复合肥生产七强企业之一。

河北开门子肥业有限公司项目总投资4亿元，占地面积217亩，总建筑面积102万平方米。

二、营东新区

2005年6月建立，地处故城县饶阳店镇，项目区规划建设用地2000亩，其中，一期建设用地487.5亩。至2008年年末，累计完成固定资产投资8900万元，入驻企业97家，年生产裘皮服装600万件，产值4亿元。主要承接皮毛鞣制、成品半成品加工、辅料加工销售、仓储物流、现代服务等裘皮裘革及相关产业入驻。2018年，全年实现税收1.004亿元，同比增长23.5%，国地税分别占比93%和7%。工业总产值完成54.8亿元，同比增长10.5%，主营业务收入完成43.2亿元，同比增长18.3%，外贸出口完成34.6亿元，同比增长26.6%，占全县外贸出口的68%左右；新增半成品加工企业65家，实现产值3.2亿元，固定资产投资12.4亿元，同比增长13.2%，其中技改投资8.6亿元，同比增长9.6%。

营东国际创新港

2005—2018年，由饶阳店镇立项申报的省重点项目300万件裘服及装饰品加工项目获省政府批准落地于国有故城县饶阳店林场，项目规划占地478亩，总投资8亿元，项目建成后拥有毛皮企业35家；规划建设以裘皮产业为主体的营东新区，正式列为故城县一线三区的重要组成部分；营东新区历经2009—2011年园区扩大规模；成立饶阳店镇营东项目区服务中心；连续4次进行裘皮裘革招商，入园企业由当初的十几家发展到485家，成为全县生产规模最大的裘皮生产加工基地。2011年11月25日，经县委常委会研究议定设立营东新区党工委和管委会，园区管委会正式成立，与饶阳店镇分离，2013年3月迁出饶阳店镇政府独立办公。

2018年，营东新区“九横九纵”道路框架互通联网形成，硬化道路全长26公里，4平方公里的起步区定位成型。

营东新区经过不断发展扩建，园区累计固定资产投资100亿元，已聚集485家裘皮服装成品半成品加工企业，其中外贸出口企业195家，一般加工企业290家，吸纳集皮毛加工营销业户1000多家，签约入驻终端产品企业100余家。

产品有裘皮服装、服饰、半成品、挂件、装饰等10大门类300多个品种，出口俄罗斯、吉尔吉斯斯坦、哈萨克斯坦、韩国等多个国家，内销遍布全国各大裘皮产品贸易集散地，并以营东新区为中心辐射5个乡镇100多个村庄的上千家业户加工毛皮半成品及饰品，产品占崇福、海宁等半成品市场份额的60%以上。2018年，营东新区工业总产值完成54.8亿元，主营业务收入完成43.2亿元，外贸出口完成34.6亿元，占全县外贸出口的68%左右；新增半成品加工企业65家，实现产值3.2亿元，固定资产投资12.4亿元。

三、故城县高新技术产业开发区

高新技术产业开发区由西苑工业园区和冀中能源金宝产业园合并而成。西苑工业园区规划始建于2003年3月，是故城县建设最早的工业项目区。

入园主导产业为纺织服装、裘皮服装、机械加工、复合材料、农产品加工等。冀中能源金宝产业园设立于2011年8月，以河北金宝钢丝绳公司和冀中能源集团合作项目为核心，改造盘活县城东北部老工业区，培育打造冀中矿用装备制造基地。2014年12月两区整合后，总规划面积24.5平方公里，一东一西形成县城两翼，产城融合，互动发展。2017年按照省委巡视整改要求，整合并入河北故城经济开发区，运行模式暂时不变。至2018年，建成区面积6平方公里，企业238家，规模以上企业33家，基础建设投入16亿元，企业固定资产总投入75亿元，从业人员9200人。已建成“河北省摩擦材料产品质量检验中心”“河北省摩擦材料研究所”两大摩擦材料权威机构。获取国家级高新技术企业2家，省级高新技术企业6家，中小型科技企业138家，申请发明专利4个，实用新型专利55个，自主品牌16个，省著名商标3个。有6家企业与科研院所、高校建立合作，取得15项实用新技术和产品认证。故城县高新技术产业开发区发展定位为“故城县产城互动的现代化科技新区”，围绕服装服饰、机械装备和绿色食品三大产业致力打造京津服装服饰产业转移基地、装备制造业科技成果承接转化基地、高端食品生产加工基地。2018年，高新区管委会坚持高质量快速发展主基调，扎实推进“八个年”攻坚活动。截至12月底，完成工业总产值39亿元，新开工项目8个，腾笼换鸟项目9个，其中列入省重点项目1个，市重点项目2个，完成固定资产投资21.3亿元，工业技改投资18.36亿元。上缴税金15351万元，同比增长25%。

2014年11月经县委常委会议决定，设置党工委、管委会，分别为县委、县政府的派出机构，正科级建制。党工委、管委会下设综合办公室、招商引资办公室、建设管理办公室、社会事务办公室和综合执法大队5个职能股室。2018年12月管委会有工作人员39名，其中领导班子成员5名（副处1名、正科2名、副科2名），一般职员34名。

2018年年末，高新区已形成机械装备、服装服饰、复合材料及塑料制品、农产品加工、文化创意五大产业集群。

机械装备产业 主要包括以众成、星月、正

衡水众成刹车片厂区

大摩擦材料为龙头的汽车配件产业，以同心、同德风机为龙头的通用设备，以冀中能源为龙头的矿用装备和以顺达钢模板、珠峰铁塔为龙头的金属制品，有企业82家。在汽车配件制造领域，故城县是全国最大的摩擦材料制造基地，具有省级摩擦材料研发中心和检验中心，生产企业占全国的20%，开发区有摩擦材料制造企业15家，年产汽车制动系统总成6000多万套。

服装服饰产业 涉及针织、羊绒、裘皮三大类，已入驻服装服饰类企业38家，全部实现纺织、成衣、辅料、物流于一体的全产业链生产，以兆鑫集团、运通纺织、启扬服装为核心的出口创汇产业集群已初具规模。

复合材料及塑料制品产业 以株丕特玻璃钢和2017年集中入驻的24家雄安塑料企业为主，主要生产高铁车辆整体卫生系统、汽车驾驶舱体和玻璃钢管道、容器、各种塑料包装等。

农产品加工产业 以省重点项目泰国正大1亿只肉鸡食品加工项目为龙头，全县建设饲料厂、种鸡场、孵化场、肥料厂等近20个子项目，总投资103亿元，实现全产业链生产。

文化创意产业 以2017年集中落地的11家北京印刷企业为龙头，集出版、印刷、包装、物流于一体，计划总投资17.2亿元，项目一期已完成主体工程。该产业园已被省新闻出版广电局挂牌为“河北京津冀协同发展新闻出版产业承接园区”。

第八编 农 业

故城县地处暖温带半湿润季风气候区，地势平坦，光照充足，成土母质条件较好。然因土、水、气、热间自然相互作用欠协调，故于农业发展尚存障碍因素，据清光绪《故城县志》载：“故城介在禹贡兖州，故田之斥卤与河间诸邑略同……”“乃休养四五百年，民成土著，今昔迥不相同，而人常贫苦者，因由生齿日繁，亦因地瘠犹昔耳”。据《故城县农业气候手册》统计，从明成化元年（1470年）至1978年，故城县遇旱年、偏旱年计153年，占30.1%；遭涝年、偏涝年计185年，占36.3%；正常年及近于正常年计171年，占33.6%。为适应此自然状况，世代人民以不屈不挠精神，在农业生产实践中积极探索，逐步掌握了一整套与自然环境相适应的农业技术，并由此搭就小农经济框架。

中华人民共和国成立后，中国共产党和人民政府十分重视农业生产，先后办起“互助组”“初级社”和“高级社”，使生产力得到合理配置，全县农业生产中有组织地平整土地、兴修水利、发展农业机械化、推广学习农业技术，逐步奠定了农业的基础地位。

中共十一届三中全会后，随着农村家庭联产承包责任制的建立和不断完善，县委、县政府及时推进农业结构调整，突破传统种植模式，建立高产、优质、高效农业，推动农业机械化、产业化经营，出台优惠政策，促进农业快速发展。

1978年，全县农业总产值达4260万元；1985年2.12亿元；1990年3.44亿元；1998年16.45亿元；2005年28.35亿元。2017年，全县农林牧渔业总产值完成40.72亿元，种植业总产值23.63亿元；林业产值3529万元；畜牧业产值13.04亿元；农林牧渔服务业产值3.51亿元。全年粮食播种面积102.81万亩。棉花播种面积15.39万亩；油料播种面积4.16万亩；蔬菜播种面积147.47万亩；全年粮食总产量396377吨；棉花总产量11555吨，油料总产量11115吨；蔬菜总产量383448吨。

第一章 农业生产力

中华民国时期，域内农业生产条件差，土地盐碱、瘠薄，抵御自然灾害能力低下，农民靠天吃饭。中华人民共和国成立后，大力兴修水利、平整土地。改革开放以后，农业生产条件进一步改善，农业机械化步伐加快。至2018年，域内盐碱地基本改造为良田，农业实现水利化和机械化，水浇地达85%以上，农用机械总动力达110.58万千瓦，农田肥力增强，耕地瘠薄状况得到改变。

第一节 耕 地

中华人民共和国成立前，故城县总耕地106.6万亩，总农户60608户，其中地主705户，贫农、下中农38708户，但仅占总农户4.3%的地主、富农却占有全县40%左右的耕地，占总农户63.8%的雇农、贫农、下中农却仅占有不足全县15%的耕地。中华人民共和国成立后，进行土地改革，实现耕者有其田。中共十一届三中全会后，实行联产承包责任制，大大提高了农民生产积极性。

耕地数量 1965年全县耕地数量93.74万亩；根据1980年土壤资源普查统计，域内总耕地面积84.4万亩，人均耕地2.6亩，高于全国人均1.5亩、全省人均1.9亩水平，每个农业劳力平均负担耕地6.9亩。1981—1997年，由于挖渠修路、扩建城镇、建立工业项目等，耕地面积有所减少。1998年，全县耕地面积83.26万亩；2000年83.23万亩。2008年全县耕地面积85.91万亩，2018年，增加到91.05万亩，较2008年增加了5.14万亩；面积增加的主要原因是国家环保，境内砖瓦窑关停，其废弃地得以改造。

耕地特点 域内南高北低，由西南徐缓倾向东北，海拔高度18～30米。偏北部虽有与地面相对高差3～10米沙丘，然面积很小，对大面积实行农业机械耕作并无大碍。质地适中，既宜粮又宜棉。全县土壤成属潮土区，成土母质为古黄河、古漳河、古清河冲积物沉积而成。质地以轻壤质为主，耕性良好，适种广泛；土体结构以均质型为主，不漏不板，障碍层次少；土壤微量元素钙、镁、铁、锰、硼、钼、锌、铜以及卤族元素、铜族元素等比较齐全，农作物无明显缺素症。

耕地中存在的问题是土壤缺磷少氮，通过调查测定，全县土壤有机质量为0.71%。全氮含量0.0518%，碱解氮含量35PPM，速效单体磷3.36PPM。按全国土壤养分含量统一分级标准衡量，上述4个实际含量，列为五级水平，速效氮、磷含量较低、仅可满足粮食亩产90公斤需要。局部盐化。至1982年，全县仍有中度盐碱地4.18万亩，重度盐碱地1.01万亩。据测定，重度盐碱地多系以硫酸根为主的白碱、马泡碱，土质改良难度大。倘逢涝年，盐碱面积扩大。

20世纪90年代，通过科学调配施肥，土地质量得到很大改善和提高，盐碱面积逐渐减小。21世纪，由于国家更加注重农业投入，农业生产条件进一步改善，农业机械化建设加快。2018年，农业基本机械化，水浇地达总耕地面积的85%以上。土壤肥力明显增强，农业发展基础条件巩固，发展势头良好。

耕地质量提高，肥力增强。由于机械化程度提高，土地更加平整，保墒保肥性能强；通过秸秆还田和配方技术大面积覆盖，土壤肥力增强。据县农业部门检测，2008年，土壤耕层0～20厘米平均有机质含量为10.7‰，有效氮含量为65.4毫克/公斤，有效磷含量为32.8毫克/公斤，有效钾含量为109.9毫克/公斤。2018年，土壤耕层0～20厘米平均有机质含量为12.1‰，比2008年提高1.4‰；有效氮含量为60.1毫克/公斤，有效磷含量为12.27毫克/公斤，有效钾含量为156.7毫克/公斤。

第二节　劳动力

农村劳动力随着域内人口增加而增多，1970—1990年多以从事农业为主。由于人口增多和耕地面积逐渐减少。1991年农村劳动力密度增大，劳动力占有耕地从1981年的5.86亩减少到4.2亩。

1995年，农村劳动力177254人，其中男性91304人，女性85950人；132605人从事农林水牧业，18380人从事工业生产；高中文化程度15687人，大中专文化程度540人。

2004年，农村劳动力185206人，男性94460人，女性90746人；高中文化程度33924人，大中专文化程度2898人，从事农业劳动力104465人，二产外出22238人，三产外出劳动力6648人。

2010年，农村劳动力204962人，男性104653人，女性100309人；高中文化程度39976人，大中专文化程度9572人，劳动力文化程度提高；从事农业劳动力105244人，二产外出28104人，三产外出劳动力15267人。

2017年，农村劳动力233169人，男性123422人，女性109747人；乡村从业人数215242人，二产外出从业人员26902人，三产外出劳动力10292人。向国外输出劳力4000余次，高中文化程度（包括中专）51047人，大专以上文化程度9613人。

以上数据说明，域内劳动力资源较为丰富，劳动力文化程度提高；劳动力投向转移从事二、三产业比例较高。

第三节　农业机具

中华人民共和国成立前，因生产力发展水平

传统打场农具

所限，全县农作工具发展极慢。农田作业全靠笨重手工具和畜力为主的简单农具。耕整依赖铁锨、耠子、步犁；播种靠木耧、石砘、独眼耧；收获用镰刀、镢头、木轮大车；脱粒凭碌碡、杈、木锨；排灌仅有水桶、水斗和辘轳。

中华人民共和国成立后，党和政府重视农机工作，将此作为农业的根本出路着力发展，全县农业生产得以促进。尤其1979年后，机械耕作能力迅速提高。

20世纪80年代，域内实行土地联产承包责任制后，农业机械数量和农机总动力快速增加。农业机械化经营迅速发展，机具种类增加，国家不断增长农业资金投入，农机服务日趋完善。

一、农业机械化经营发展

农机化事业随着农村改革的深入，经营形式发生了根本转变，农业机械由改革前的集体统一管理和使用，转变成为农户所有，个体经营，为了提高农机使用效率，深挖机械潜力，解决单机全方位作业难的问题，建立发展了各级各类农机服务组织，乡镇一级普遍建立了农机管理服务站，配齐了人员，全县乡村农机人员达1.3万人，提供农机作业、供应、维修、科技推广、教育培训、安全与质量监督、信息咨询等服务。农机服务领域已由单纯种植业向林牧副渔业生产和农村经济发展多个环节扩展。

1958年，故城县开始有了第一台拖拉机，1958—1970年为起步阶段，拖拉机主要由县机电局经营，后在故城、郑口、辛庄、房庄4个公社成立了公社拖拉机站，但机具少、技术水平低。至1970年年末，全县农机总动力仅1.1万千瓦。

1971年，为巩固健全阶段，农业机械以小型为主，经营体制以社营为主，县、社、队三级经营，建立了县拖拉机站和23个公社拖拉机站，大队成立了机务队、机务组，县成立了农机修造厂、农机具研究所、农机供应公司。

1980年年末，全县农机总动力发展到16万千瓦，但农机作业项目单一，耕、耙、压老三样，农业机械化程度仍处于低水平阶段。1982年，域内农村改革实行联产承包责任制，农田划分由大块变为小块，适用型的小型农业机械大量被个体农民选购，农机经营机制由此转化为以农户经营、个体经营为主，农业机械的数量急剧增长，全县形成了集管理、推广、培训、供应、信息、修理、监理、服务于一体的农机综合服务网络，解放和发展了生产力，农机化提高到一个新的水平。至1987年年末，全县农机化事业得到持续、快速、健康发展，农业机械化装备明显增强。1995年，通过制定经济政策，推广新机具和新的作业项目，国家鼓励发展大中型拖拉机和配套机具以及农田作业机械。至2003年，拥有大中型拖拉机720台、小型拖拉机42538台、联合收割机623台、机引犁164台、旋耕机738台、小麦玉米免耕施肥播种机1台。

2004年，为快速发展阶段。2004年11月1日《中华人民共和国农业机械化促进法》颁布实施，明确对农机科研开发和生产、农民购置农业机械、农机作业服务和保障产品质量等方面的扶持措施。改善农业机械化发展环境，调动农民、农业生产经营组织购置和使用农业机械的积极性，促进农机化新技术、新机具的普及应用。是年，全县农机总动力已达66.7万千瓦，与1987年相比增长2.4倍，平均每万亩耕地7940千瓦，农机动力在整个农村动力结构中的比重达85%。农机总值达3.5亿元，占农业生产固定资产的50%以上。农业机械拥有量达到历史最高水平。以拖拉机为主的耕作动力机械1.3万台，配套机具2.6万台，配套比达1:2；农用排灌动力机械4.17万台，以联合收割机、割晒机、脱粒机为主的收获机械0.85万台，植保机械0.12万部，农副产品加工动力机械0.71万部，农用运输机械0.55万辆。小麦机耕、机播、机收达100%。全县60%以上的农业生产劳动量已由机械来承担。

2018年年末，全县总动力达115.6万千瓦。小麦机耕、机播、机收面积48.75万亩，综合机械化率达100%；玉米机播面积49.2万亩，机收面积46.83万亩，玉米免耕播种面积49.2万亩，综合机械化率达98.34%；棉花机耕、机播面积15.45万亩。主要粮食作物耕、种、收已经实现了全程农业机械化。

二、机具种类

随着农机事业发展，一些旧的农业生产工具，如旧式播种耧、老式步犁、木轮大车等渐被新式农具取代。20世纪70年代耕地以拖拉机为主，播种以播种机为主。20世纪80年代始，使用收割机收割小麦者渐多。1982年，域内联产承包责任制全面推开后，拖拉机数量连年递增，与拖拉机配套的耕整机械亦逐年增多，耕作机械中，拖拉机使用最为广泛。1987年，域内拥有大中型拖拉机177台，小型拖拉机3972台。因大中型拖拉机不适应生产形势需要，农民个人普遍购置使用小型拖拉机，农忙时大部分投入农田收、割、打、轧、耕、种，农闲时则可以搞短途运输。1994年，随着农村劳动力的转移，农民对大型农业机械的需求日益增加，大中型拖拉机受到广大农民群众欢迎，其数量和配套机具数量连年增加。2004年，大型拖拉机配套机具数量较1994年增加8.6倍，2005年后继续增多。2008年随着中央财政连年大幅度增加补贴资金，整地装备机械向大型化、广度化、成套化、智能化、精准化发展。耕整地机械由过去单一功能的机具进行多次作业方式。2004—2018年，中央财政和省财政累计安排故城县农机购置补贴资金1.11亿元，仅2018年安排2100万元，与2004年相比翻了近百倍。2018年年末，大型拖拉机、旋耕机、灭茬旋耕联合整地机、免耕联合整地机、深松机等新机具成为耕整地机械的支撑产品。域内各类拖拉机及机具达32162万台。域内农作物耕、种、收及秸秆还田实现全程机械化。

农机旋耕现场演示

耕作机械 域内传统耕整机械为木把犁、钉齿耙、耢，1954年始，使用七寸步犁、双轮双铧犁。1958年，引进拖拉机后，五铧犁、四铧犁、三铧犁开始使用。1975年，12马力小拖拉机使用后，又使用悬挂二铧犁。传统的钉齿耙、耢、七寸步犁间有使用。因拖拉机大量增加，耕整机械亦逐步增多。1980年有大、中型拖拉机配套犁289台、镇压器280台、耙183台、小拖拉机配套犁343台。1987年，有大拖拉机配套犁耙164台件、小拖拉机配套犁耙3588台，机耕面积59.63万亩，占总耕地71%。

在耕作机械中拖拉机的使用最为广泛。1958年，引进8台，其中匈牙利产DT-413型6台、捷克产热特35型1台、25A型1台。县国营拖拉机站首次在红庙、前沙岗和小屯3个队作业时，小学生举红旗迎接，群众争相围观，场面热烈。1959年，为扩大使用面积，拖拉机由国营转社营，下放到故城、郑口公社。1960年，又新建辛庄、房庄拖拉机站，拖拉机发展至16台。1970年，各公社均建拖拉机站，共有拖拉机55台，1845马力。至1975年，拖拉机以大、中型为主，社队两级经营，社营占47.7%，队营占52.3%。1976年后，拖拉机增长速度较快。至1980年，大、中型拖拉机由1975年172台增至436台，小

农机深松现场

拖拉机从1979年10台增至1207台，拖拉机以队营为主。生产责任制的实行使农民个人有购买、使用农业机械的主动权，小型拖拉机迅猛发展。1987年，全县拥有小拖拉机3972台。大、中型拖拉机因不适应生产形势需要，由1980年436台降至177台。其间，大、中、小型拖拉机主要以户为主，农民个人普遍购置使用小型拖拉机，户营占总台数的98.7%。农忙时大部投入农田收、割、打、轧、耕、种，农闲时则大部搞短途运输。随着农村劳动力的转移，1994年后，大中型拖拉机数量和配套机具数量连年增加，2004年，有大拖拉机配套犁耙1482台（件），小拖拉机配套犁耙12366台。2008年，大中型拖拉机达1799台，配套机具达2739台。2018年，全县有大中型拖拉机2152台，机引犁12500台，旋耕机3143台，深松机3264台。

播种机械 域内传统播种农具是畜拉木耧，有二脚耧、三脚耧，每次可播种2～3行。1959年，引进苏联产24行谷物播种机2台、4行棉播

传统的畜拉木耧播种

机4台。因24行播种机播幅较宽、加之田间道路狭窄，整地质量差未能使用。1975年，县农机修造厂将24行改为12行后始使用。是年，复购进改制12行播种机40台。

1976—1982年，播种机使用主要以圆盘12行为主，耧脚式12行为辅。1982年石家庄农机厂生产的2BXA-12型小麦播种机，经县农机化研究所试验推广后，很快广泛使用。1986年秋，小麦播种机供不应求。1987年，全县有小麦播种机513台，机播小麦面积达32.88万亩，占全县播种面积的82.2%。1998年，农作物机械播种面积45万亩。小麦面积全部实现机播。

2018年，域内小麦、玉米、棉花机播面积达113.40万亩，主要粮食、经济作物已全部实现播种机械化。

小麦播种机具：小麦播种机经过多年的发展，经过了从人畜力木耧到人畜力铁耧，到小型机械化小麦播种机，再到大中型多功能播种机长期发展历程。小麦播种机最早主要以圆盘12行为主，2BXA-12型小麦播种机已被广泛使用。1989年，在对原来的播种机进行技术改造，县、乡两级搞样品，做试验，很快在全县掀起改装高潮。共改装半精播机400台，在衡水地区名列前茅，被地区评为小麦精播半精播技术推广先进县。1994年，改装小麦播种机802台。2004年，省财政拨付补贴资金10万元用于小麦免耕播种机的推广，全县小麦免耕施肥播种机数量达21台，播种面积达1260亩。2008年，小麦播种机达3004台。小麦精播半精播从无到有，推广面积达48万亩，占麦田总面积的95%。小麦播种已经全部实现机械化。2018年，小麦机械化播种技术由条播到半精播、精播转变。由普通播种向宽幅精量播种和免耕播种转变，由先施底肥再播小麦到缓控施肥“种肥同播”技术转变。

玉米播种机具：域内传统播种玉米由点种、人畜力木耧和人畜力铁耧播种。1991年，在庙灵乡大寒布村实施玉米贴茬播种试点，可一次性完成灭茬、开沟、播种、覆土四道工序，不仅对土壤适应性强、作业效率高，每小时可播种4～5亩，每亩省种3斤。1995年，县农机局从保定地区引进三种型号共70台玉米贴茬播种机，全力推广玉米贴茬播种。2002年，域内成为省级机械化保护性耕作项目县。2008年，域内拥有玉米贴茬播种机2279台，玉米贴茬播种面积达50万亩，基本实现玉米播种机械化。2018年年末，域内玉米免耕播种面积达100%，玉米免耕播种机3842台。

棉花播种机具：域内1993年开始使用棉花铺膜播种机，1994年，把推广铺膜机和棉播铺膜机作为重点，推广普及到全县23个乡镇。2006—2007年，域内承担节水精播技术推广项目，省财政补贴专项资金共计20万元。在棉花种植区推广节水精播机90台，节水精播示范推广面积4万亩。2008年，棉花铺膜播种机数量达2318台，棉花种

植全部实现机械化。2018年，棉花铺膜播种机数量达3318台，节水精播机150台，棉花种植全部实现机械化。

收获机械 域内传统收割收获方式为镰割手拔，完全用人工劳力。1975年始，引进114型收割机，是年，又引进108型收割机，1976年始在域内推广使用。1979年，4GT-185型收割机问世，20世纪80—90年代，收割机逐渐增多。21世纪，农业机械化逐步实现。

20世纪60年代末域内人民用镰刀收割小麦

小麦收获机械：1987年，与小型拖拉机配套的小麦割晒机381台，机割面积16.25万亩，占全部麦田面积的40%。1995年，小麦割晒机数量达2687台，之后逐年递减。小麦联合收割机自1989年开始应用，农民个人开始投资购置小麦联合收割机，之后迅速普及，2008年，小麦联合收割机数量达992台，小麦联合收获面积达53万亩。2010年，小麦联合收割机1454台，割晒机2500台。2018年，小麦联合收割机数量达1776台。

小麦联合收割机作业

联合收割机跨区作业：1997年，域内开始组织联合收割机跨区机收，后规模不断扩大，参加跨区作业的联合收割机由1997年的15台左右发展到2005年的300多台，跨区机收区域涉及河南、山东、内蒙古、黑龙江、安徽5个省区，作业项目也由起始阶段单一的小麦扩展到水稻。作业面积不断增加，机手收入连年增加。联合收割机拥有量也从1989年的1台增加到2005年的853台。2005年，小麦联合收割机平均收入1.5万元。小麦联合收割机跨区作业创收达1000余万元。被全国跨区作业领导小组评为跨区作业先进县，被省政府评为明星跨区作业队。跨区机收的开展，使联合收割机使用时间从平均每年7～10天增加到1个多月，大大提高了联合收割机的利用率，既满足农民对机械收割的要求，也提高收割机的经营效益，促进小麦机械化水平的提高和联合收割机保有量的增加。2018年，联合收割机外出跨区作业机械达400多台，平均单机纯利在3万元左右。为当地小麦收获提供了机械保障。

玉米收获机械作业

玉米收获机械：2006年开始推广。2013年度，作为域内两大粮食作物之一的玉米机收面积达45%，相对于小麦机收水平的100%仍有较大的差距。在国家农机补贴的强力推动下，玉米的收获机械市场变得日益火热，玉米的机收水平也日益提高。机型按动力形式可分为背负式玉米收获机、玉米割台、自走式玉米收获机三种。收获方式主要以整穗收获为主，收获行数分为2行、2行及4行，能完成摘穗、集箱和秸秆粉碎还田作业。应用量较大的产品主要有徐州产久保田4行摘穗剥皮型自走式玉米收获机，山东国丰产3行摘穗剥皮型自走式玉米收获机等。2018年，域内玉米收获作业机械化水平达98.7%，有玉米联合收获机1283台。

秸秆粉碎机械 1988年4月，县农机局选择赵县生产的JQ-150型秸秆切碎机作为实验样机，配套动力为铁牛-55型拖拉机，在郑口镇五户大队开始实验，从9月17日开始，历时15天，秸秆还田850亩。青罕乡、袁庄乡同时购进JQ-150型秸秆还田机2台，当年秸秆还田共计900亩。1998年始，大面积推广玉米秸秆粉碎还田技术，农民从繁重的体力劳动中解脱出来，轻松收获，同时培肥地力，增加土壤有机质的含量。至2008年，推广面积达45万亩，除玉米摘穗环节外，其他种植过程基本实现机械化。此后，随着机械粉碎直接还田技术大力宣传推广，避免了焚烧带来的污染环境问题，增加土壤填有机质含量，改善土壤机构，培肥地力，促进作物生长，提高土地产出率，成为农业增产增效、农民增收的有效途径。2016年，域内承担农作物秸秆全量化综合利用试点项目，其中包括秸秆肥料化、秸秆饲料化、秸秆能源化三部分内容。秸秆饲料化利用依托河北康宏牧业有限公司，故城县阳光奶牛养殖场，并利用农机购置补贴政策，购置进口大型玉米青贮收割机设备、秸秆搅拌机、秸秆取料机、玉米收割机等设备。秸秆能源化利用依托河北序然秸秆能源技术有限公司，做好秸秆离田收储利用等工作。通过该项目的实施，促进了当地及周边范围内农作物秸秆资源化利用，带动了企业周边农户增收。

为确保全县秸秆更好地回收利用，有效地防止秸秆焚烧，实现良好的生态效益和社会效益，2017年6月在饶阳店镇西曾村召开全县秸秆全量化综合利用项目培训会，在西半屯镇付庄村召开全县秸秆利用及秸秆禁烧工作现场会。2018年，全县小麦种植面积48.75万亩，秸秆产量9.8万吨，小麦秸秆打捆机收小麦秸秆1.1万吨，用于造纸原料及饲料。剩余秸秆全部粉碎还田。玉米机播面积49.2万亩，秸秆产量57万吨，其中用作青贮饲料5万吨，其他基本全部粉碎还田。应用量较大的产品主要有定州开元产1JH-172型秸秆粉碎还田机、故城万达4JH-180A和4JH165A秸秆还田机、藁城市博远4QZ-8自走式青饲料收获机等。

排灌机械 1970年，修建运河草寺扬水站时，配备90马力柴油机2台、16英寸水泵2台，年末全县拥有排灌机械56台、675千瓦，其中柴油机15台、209千瓦。1980年，全县排灌机械共7490台、78779千瓦，其中柴油机5517台、61264千瓦。20世纪80年代，随着农村经济好转，排灌机械迅速发展。1987年，柴油机共11661台、113600千瓦，用于排灌作业，后来随着农村电力供应量的增加和电力设施的改善，潜水电泵逐步成为排灌机械中的主力军。2008年，各种深井泵、潜水电泵、离心泵数量达18560台。2017年，农用排灌汽油机9110台，农用排灌柴油机1825台。农用排灌机械在抗旱排涝中发挥了重要作用。

农副产品加工机械 1958年，石磨改革为轴承化。1961年省、地投资11万元，在中镇（今故城镇）建日产2万～2.5万公斤面粉加工厂。1961年后，对粉碎机、磨面机、碾米机、轧花机、榨油机的使用日渐增多。1980年，农、副产品加工机械共2977台，基本实现农、副产品加工机械化。1987—1999年，粉碎机、碾米机、磨面机、轧花机、榨油机等农副产品加工机械普遍应用。21世纪，域内农副产品加工机械增至万台以上，2010年，农副产品加工，改由专业企业承揽，小型家庭农副产品加工机械化相对减少。2018年，域内农副产品加工全部实现机械化。

其他农业机械 域内农业机械、运输机械、植保机械发展较快。1987年，有大拖车177辆、小拖车3972辆、农用汽车154部、机动喷雾器26台、手动喷雾器77154台。农业生产中的耕、播、收、脱、运、植保、排灌等，基本上实现机械化和半机械化。2008年，有大拖车204辆，小拖车16580辆，农用汽车2330部、机动喷雾器1738台，手动喷雾器81852台，农业生产中的耕、播、收、脱、运、植保、排灌等，基本上实现机械化。2018年，大型联合农用配套机械应用于广大农村，农业生产实现机械化。

三、农机服务

农机监理站 1973年始，执行《河北省农用拖拉机驾驶证和监理证试行管理办法》。1983年，县农机监理站正式成立，负责拖拉机等农业机械的监督管理，对农业机械注册登记、技术检验、核发牌证，对驾驶人员进行考核发证，进行检审。同时，配备人员，发放省统一服装、标志等，购置器材、设备和交通工具，基础设施建设初具规模。农机监理站先后盖起420平方米的监理培训教室和480平方米的学员宿舍，修建1550平方米的学员实习训练场地，购置3台小型拖拉机、各种型号的柴油机7台和其他农业机械12台，作为监理培训教学、试验、实习的教具和训练用具。

为加强拖拉机的监督管理，农机部门核发为“03”牌照，拖拉机作业同时挂农机牌照和交通牌照。1984年，按照国务院对农交部门的分工规定，农机部门对凡从事农田作业、农业运输和临时运输业的农作拖拉机进行检验、考核和核发牌照。1987年，检拖拉机3500辆，检拖拉机驾驶员2400人，拖拉机的安全生产得以保证，在农业生产、交通运输中发挥了较大作用。1994年，《河北省农业机械管理条例》和相关政府规章的出台，确立农机部门的执法主体地位，通过抓好以麦场防火为核心的三夏农机安全工作和对拖拉机等农业机械进行日常安全管理，提高农业机械牌证管理水平。

2018年，免费办理拖拉机入户430台辆，小麦、玉米联合收割机入户205台辆，拖拉机驾驶员培训考证180人，联合收割机驾驶员培训考证68人，检验拖拉机及联合收割机94台辆，切实减轻了农民负担。拖拉机登记、牌证核发、安全检查及驾驶员培训、考试、发证、年度检验等农机监理业务进一步规范，农业机械的入户率、检审率、持证率大幅度提高。全县纳入牌证管理的大中型拖拉机及联合收割机4740台辆，持证拖拉机及联合收割机驾驶员2192人。

农机化技术推广服务站 1972年，建县农机具研究所。1981年，易为农机化研究所。主要任务系引进推广新技术、新机具，负责农机具的改革、技术咨询、技术服务。1987年7月1日，农机化研究所易名农机化技术推广服务站，主要推广小麦收割机、小麦播种机、棉花播种机、地膜覆盖机等新式农机具，并完成农机区划、农机化经济调研、地膜覆盖机械化技术推广等课题。还负责农机化新技术、新机具的试验、示范、推广、应用和技术服务、技术咨询。多次被省、市评为农机具推广先进单位。

1996年，承担部级夏玉米贴茬播种技术推广项目。2000年，完成旱作农业技术推广项目的试验示范。2002年始，域内玉米全面实现免耕施肥播种、冬小麦免耕施肥播种面积近10万亩。2006年，承担河北省现代农机装备推进项目，利用中央、地方配套补助性投资240万元，为建设6万亩标准粮田配置大中型农机具，增加大型拖拉机、秸秆还田机、小麦免耕施肥播种机、小麦精少量施肥播种机、玉米精少量施肥播种机、深松机、玉米联合收获机、试验培训设备。通过优化农机装备，完善配套设施，增强粮食生产技术集成与标准化应用。通过先进农机、农艺技术实施，提高项目区基础地力、改善耕地质量、降低粮食生产成本、提高粮食产量和效益。通过实施土壤深松（耕）、小麦精少量播种、小麦免耕播种、小麦联合收获、小麦秸秆覆盖还田、玉米联合收获、玉米秸秆还田，使6万亩标准粮田每年共增收粮食270万公斤以上，节约用工9万个，产生直接经济效益597万余元。2011年始，承担农机深松整地作业项目实施工作。在农机管理部门积极推广和农机购置补贴政策推动下，2018年，全县农机深松整地作业项目实施面积达90余万亩。

农机公司 始建于1963年，原名为农机供应站，1973年，易名为农业机械供应站，1976年，易名农业机械服务公司，1987年，全县农机公司统一命名为农业机械公司。

建站初期有职工5人。主要经营农田排灌机械和零配件，年销售额20万元。伴随农机发展，经营品种渐多，销量浙增，除经营农田排灌主机和零配件外，并经营拖拉机及其配套机具。1987年，销售小拖拉机444台、195型柴油机1174台、机引农具454台、各种水泵1432台、胶管870根、各种配件32万件，年销售额488万元，利润4万元。20世纪90年代，销售中小型拖拉机、机引农具、水泵、柴油机等，属农机局下属单位。2005年，随着个体市场经济发展，农机公司完成改制。

农机化培训学校 始建于1979年，负责培训全县农机人员。改革开放初期，县农机技术培训学校是负责全县农机技术培训的成人教育机构，是农业部命名的“四有”农机校。当时全县农业机械数量小，品种少，配套机具单一，农民个体、联户基本上都是自购自用，自我服务，造成重复购置，农机利用率低，作用不能充分发挥，给有机户造成经济上的负担。随着农村改革开放的不断深入，农机开始面向市场，服务社会，由单独为农业服务转变为农业、工业、交通、流通等各个行业服务。县农机管理部门因势利导，开办学习班，培训新机手，积极开展农机化技术培训和科技普及，对拖拉机、收割机、脱粒机、播种机等农业机械的驾驶、操作人员开展正规培训和迎季培训，1987 年，培训农机人员 4210 人。1989 年，开办农机修配网点工人技术培训班，学习科目包括电气焊、农机修理、电机修理、车工、锻工等几个类别。

2004 年，农业部《拖拉机驾驶培训管理办法》出台，赋予了农机部门负责拖拉机驾驶培训学校、驾驶培训班资格认定职能。2005 年，域内实施农业科技培训阳光工程，开办第一期农机驾驶与维修技术培训班，随后陆续开办了 3 期，培训学员 600 人。2008 年，实施县农机化培训学校阳光培训工程，开展农业科技培训（农机驾驶与维修），培训学员 400 人。至 2018 年，培训拖拉机、联合收割机驾驶人员 7600 人次，培训操作人员 5300 人次、农机维修工 650 人次，农机合作社骨干机手 580 人次，农机社会化服务人员和新购机农民 1630 人次。开展农机安全生产知识培训活动 32 次，举办保护性耕作及深松整地技术现场培训会 24 次。

1987—2018 年部分年度故城县主要农用机械统计表

表 8-1

年度	拖拉机（辆）		联合收割机械（台）		配套机具		秸秆粉碎还田机（台）	深松机（台）	小麦玉米免耕施肥播种机（台）	农用运输机具（辆）	
	大中型	小型	小麦联合收割机	玉米联合收割机	机引犁（部）	旋耕机（台）				农用四轮	农用三轮
1987	177	9846	0	—	125	0	0	—	0	673	2345
1988	177	14892	0	—	109	0	3	—	0	857	3258
1990	180	19535	1	—	48	0	3	—	0	1146	6324
1991	132	20683	1	—	32	0	3	—	0	1302	6895
1992	135	25637	1	—	28	0	3	—	0	1743	8463
1994	159	29430	2	—	24	2	4	—	0	1976	9543
1995	174	31475	3	—	21	12	5	—	0	2032	9785
1996	213	32869	15	—	42	48	91	—	0	2145	10587
1998	382	34675	74	—	92	201	348	—	0	2936	13587
1999	471	3652	181	—	109	309	452	—	0	3028	14370
2000	569	38456	324	—	121	418	587	—	0	3569	14725
2002	681	40143	529	—	148	641	818	—	1	3854	16143
2003	720	42538	623	—	164	738	945	—	1	3975	16437
2004	1042	43237	731	—	181	856	976	—	21	4032	16768
2005	1558	46321	853	11	321	1025	1260	—	1763	4059	16830
2008	1799	47256	902	33	432	1277	1543	—	2352	4183	17112
2011	1920	45488	1315	390	12980	1890	2150	3400	3590	—	—
2012	2121	42380	1407	540	12980	1950	2230	3400	3650	—	—

续表 8-1

年度	拖拉机（辆）		联合收割机械（台）		配套机具		秸秆粉碎还田机（台）	深松机（台）	小麦玉米免耕施肥播种机（台）	农用运输机具（辆）	
	大中型	小型	小麦联合收割机	玉米联合收割机	机引犁（部）	旋耕机（台）				农用四轮	农用三轮
2013	2432	39800	1487	630	12580	2200	2320	3200	3680	—	—
2014	2537	38000	1550	780	11700	2250	2340	3200	3710	—	—
2015	2762	36800	1515	666	12500	2200	2320	3200	3680	—	—
2016	3105	35200	1625	816	12500	2200	2420	3200	3700	—	—
2017	3572	35200	1725	1135	12500	2869	2546	3220	3750	—	—
2018	3972	35200	1776	1283	12500	3143	2785	3264	3842	—	—

说明：1. 此表数据由县农机局提供

2. 表内“—”为无统计数字

第四节　农业资金

中华人民共和国成立后，各级政府十分重视改善农业生产条件，加大对农业资金投入，一改中华民国时期农业完全由农民自己投资的状况。国家、省、地、县各级逐渐加大农业资金投入。

一、地方财政投入

改革开放前，地方财政对农业投资额度较小，改革开放后，随着地方财政收入增多，不断加大对农业资金的投入。1987—2005 年支出 734.2 万元支援农村生产支出，主要包括小型农田水利和水土保持补助费、支援农村合作生产组织基金、农村开荒补助费、农村农技推广和植保补助费、畜禽保护补助费、农村造林和林木保护补助费、农村水产补助费。2008 年、2010 年、2015 年，农林水事务支出分别为 4567 万元、10740 万元、60556 万元，地方财政投入逐年加大。2018 年，农林水事务支出 51926 万元，是 2008 年财政投入的 11.37 倍。

二、农业开发专项投入

1989—2018 年，农业开发总投资 3.5557 亿元。其中土地治理项目共计投入 2.378 亿元，中央投资 1.128 亿元，占 47.44%；省投资 4676.32 万元，占 19.66%；衡水市投资 219.6 万元，占 0.92%；故城县投资 662.82 万元，占 2.79%；农民自筹 5769.214 万元，占 24.26%；专项贷款 1172.574 万元，占 4.93%；中央投资占有最大比例。利用这些资金，建设高标准农田 7.26 万亩，改造中低产田 18.21 万亩，开荒 2.4 万亩，增加灌溉面积 12.267 万亩，改善灌溉面积 19.211 万亩；产业化经营项目共计投入 1.1777 亿元，其中中央财政资金 2789 万元，省级配套 1095 万元，县配套 120 万元，自筹资金 7773 万元。

第二章　农业区划及开发

域内农业区划工作始于 20 世纪 80 年代，编制农业资源区划，分别调查总结各区域农业资源状况、生产现状特点，以指导区域农业发展。农业开发始于 1984 年的农村扶贫，继而发展为改造中低产田、示范推广农业科技项目，其间利用贷款、入股集资等方式完成一系列农业开发项目。

第一节　农业区划

域内农业资源普查工作始于 1980 年，经过近 3 年努力，先后完成土壤、水、农机、气象等专业调查。至 1982 年 10 月，在完成普查的基础上，编写了《故城县综合农业区划报告》，为充分发挥资源优势，科学调整农业结构提供了依据。

土壤资源普查始于1980年3月，至是年12月，计挖剖面8659个；取土壤剖面分析样9620个，耕层养分土样889个，水样37个；绘制社队成果图69幅，县级成果图15幅。对42个典型剖面、156个土样和889个耕层农化样品进行了16项计18898个项次分析测定，取得有效数据5529个，编写公社总结报告书23份，专题报告22份，明确了在利用土壤资源方面的利弊。

1982年，在普查农业自然资源的基础上，按照因地制宜，分区发展的指导思想，由故城县资源普查办公室编就《故城县综合农业区划报告》，对全县自然资源利弊进行客观评估，提出相应对策和措施，制定全面发展分区规划，规划将全县分为3个一级区。

卫运河左岸粮棉瓜菜高产区 位于卫运河左岸，呈长条状，面积450.7平方公里，占全县总面积的48.7%。区内土质好，水源足，抗御自然灾害能力强，适宜全面发展建设稳产高产区。

清凉江右岸旱薄培肥区 位于清凉江右岸，呈长条状，面积282.4平方公里，占全县总面积30%。区内土质好，地势高，然水源不足，地力薄弱，宜开发水源，培肥地力，调整作物布局，发展多种经营。

江江河两岸治沙改碱区 位于县境北部江江河与东沙河两岸，面积199.14平方公里，占全县总面积的21.3%。区内地势低洼，地质沙碱，易旱易涝，产量低而不稳，宜抗旱排涝同步，治沙改碱并举，调整作物布局与开展多种经营结合。

第二节 农业开发

农业开发始于1984年，由县民政局投入扶贫周转金5万元，外加银行贷款、其他资金，支持年人均收入最低贫困户，进行养殖、种植、运输、商业摊贩、加工业等生产经营。1988年始，县农业开发办公室专司农业开发工作。是年，利用中央资金、银行贷款及群众自筹资金改造中低产田。

随着人民生活水平逐步提高，确定扶贫对象标准逐年放宽。投入资金逐年增加。使一些多年吃救济的贫困户，走上自力更生发家致富的道路，为优抚、救灾、救济等工作开辟新途径。贫困村贫困户相对减少。20世纪90年代始，利用世行贷款进行较大规模农业开发。2006年至2007年年初，全县完成153个重点贫困村，约3.5万户低收入贫困户，13万名贫困人口的建档立卡工作，并录入省财政厅数据库。2008年，经省扶贫办研究，并报经省政府批准，正式批复域内首批

东大洼树莓采摘

31个村列入2008—2010年扶贫开发规划。对列入扶贫规划的31个村进行整体规划，协调交通、水利等部门结合各村情况，整合资金，有重点地集中投入，整村推进，整村扶贫。并结合各贫困村种养习惯和自然条件，从京安公司引进斯格猪556头，确定在25个村实施周转猪项目；建蔬菜小拱棚460亩，6个村实施周转棚项目。2008年建立劳动力转移培训基地两处。培训焊工、工具钳工、计算机应用等技术人才352人。2009年至2018年年末，逐年增加资金投入，实行产业扶贫全覆盖。成立3个精准扶贫专家指导组，全县142个贫困村明确包村的产业发展指导员142名，实现产业指导员贫困村全覆盖。建立东大洼和茂丰2个省级现代农业园区，将农业园区作为现代农业发展的增长剂和催化剂。指导帮助贫困户参与农业专业合作社、家庭农场等新型经营主体企业，通过流转土地、劳动用工、合同订单、入股分红等方式，助力贫困人员增收致富。2018年，投入农业产业扶贫资金5726.25万元，对域内300名小农户或贫困户及50名扶贫带头人进行产业扶贫培训。

高优产品开发 改革开放后，20世纪90年代始，结合域内特点搞活经济，域内开发部分高优

产品。

天然色素厂1990年9月开工建设，是年12月竣工并正式投产运营，建设总投资134.6万元，建设规模为年生产辣椒红色素4吨；特种养殖总公司：1991年开始人工饲养试验并获得成功，1992—1995年采取滚动开发建设模式，1996年年末建设成为中国长江以北最大规模的中华鳖工厂化人工养殖生产基地，向市场提供各种规格甲鱼商品达300吨；是年，特种养殖总公司开始引种进行人工驯养，1998年年初建成中国华北最大规模的梅花鹿、天山马鹿人工养殖场，鹿存栏量达1200只；河北衡水生元保健食品有限责任公司（故城县特种养殖总公司子公司）分别于1996年、1997年开始研制开发和试生产鉴定，1998年产品定型获得各种生产许可证，达年产甲鱼3万只、鹿茸血酒100吨规模。产品注册“生元”牌商标，其中鹿茸血酒1999年获得“香港爱因斯坦国际发明博览会”金奖；三豆产业化经营合作社自1998年开始，在“冀红”红小豆系列品种基础上，通过定向选育，2000年筛选培育出具有鲜明地方特色的“故城红”红小豆种植品种，2002年出口种植基地面积发展到3万亩，故城县良棉种子公司被农业部指定为“全国首批棉花和棉种加工示范企业”。2003年“故城红”红小豆产品注册“甘珠”牌商标，是年并获得国家A级绿色食品认证，填补衡水农产品空白，2004年故城县被河北省政府命名为“河北红小豆之乡”。故城县良棉种子公司1996年从美国岱字棉公司引进，是中国率先实验、示范、繁育推广美国抗虫棉的县级种子经营单位。美国岱字棉公司驻中国首席代表称“故城为河北抗虫棉之父”。河北省常务副省长陈立友在河北省抗虫棉推广大会上讲“没有故城就没有冀岱”。故城县成为“冀岱”抗虫棉品种最大的繁种基地和营销大户，建立繁殖基地专用面积5万亩。

2018年年末，共有农产品商标数量2170个；其中中国驰名商标2个；省级著名商标26个；省级名牌产品数量6个；有机认证数量9个；绿色认证数量3个；无公害认证数量3个。

域内注册商标有故城县西孟西瓜种植合作社生产的西瓜、甜瓜已获得绿色食品认证，产品品牌为“西孟”；故城县三豆产销专业合作社生产的红小豆、黑豆、绿豆，产品品牌为“甘珠”牌，其中红小豆已获得绿色食品认证；河北绿康现代农业科技股份有限公司生产的蔬菜，产品品牌为“农妙鲜”。该公司种植的葡萄、甜瓜、西红柿、茄子、紫薯、地瓜6个产品，已申报绿色食品认证；故城县茂丰农业科技开发有限公司生产的鸡、鸡蛋、猪肉，产品品牌为“本草精华丹”“茂丰绿科”；河北梅颂园农业发展有限公司生产的芦笋、小米、桃、葡萄、草莓，产品品牌为“东大洼”“梅颂园”。其中谷子、芦笋、草莓3个品种已获得有机转换认证产品；故城县盛嘉种植专业合作社生产的桃、葡萄2个品种，2018年已获得有机食品认证，产品品牌为“巨萱”。该合作社被评为“市级示范合作社”；故城龙凤贡面享誉大江南北，2006年，“龙凤贡面”的生产工艺被河北省文化厅、河北省民间文化研究保护中心评定为河北省第一批非物质文化遗产，“健民”牌龙凤贡面以河北省第一批非物质文化遗产，全国同行业中唯一获得此项殊荣的传统手工工艺产品。2014年，“健民”牌龙凤贡面被省工商局评定为“河北省著名商标”。

盛嘉庄园冬桃丰收

粮食油料生产基地建设 1991—1993年，饶阳店、杏基、三朗建设农作物丰产地5.7万亩。1994—1996年，郑口镇、房庄乡、梧茂乡建设农作物丰产地4.2万亩。1997—2002年，青罕镇、故城镇、武官寨镇建设农作物丰产地7万亩。2003—2005年，军屯镇、房庄乡建设农作物丰产地2.46万亩。2006—2008年，房庄乡建设农作物丰产地2.62万亩。2009年后，不再设生产基地。

农业产业化 农业产业化经营经历3个阶段：

第一阶段是1989年前。家庭联产承包责任制的推行，促进故城县粮、油、棉主要农产品的生产，农村开始迈向商品经济发展阶段，乡镇企业和小城镇的发展、农产品加工企业的不断涌现、农村产业结构不断发生变化，为农业产业化经营创造了前提条件和物质基础。同时，农村中的小生产与大市场的矛盾、农业比较效益低、抗御市场风险弱的矛盾日益突出。

第二阶段是1989—1993年。随着国家农产品流通体制改革和农业市场化程度的普遍提高，农村经济体制改革越来越受到整个经济体制改革的制约。域内农业开始由单纯的种、养向加工、营销等环节延伸，发展高产、优质、高效农业，以及后来的农工商、贸工农、产加销一体化经营，已成为农业产业经营的基本雏形。

第三阶段是1993年至2008年年末。随着国家社会主义市场经济体制的逐步确立，市场配置资源的基础性作用更加明显。依靠市场机制引导各种要素的有序流动，推动各生产环节有机结合，实施农业产业化经营。因地制宜，发挥优势，确立主导产业，完善产业链条，主攻关键和薄弱环节。成为适应市场经济规律的必然选择。2008年年末，全县有省级农业产业化组织4个，市级农业产业化组织16个。2010年后农业产业转型为现代化农业园区。

农业产业化经营组织 一种是龙头企业带动型；一种是中介组织带动型；一种是批发市场带动型；除上述三种主要类型外，还有县农业局、县畜牧水产局、县林业局、县农业开发办公室、县粮食局所属的社会化服务组织，通过合同契约关系为农户专业生产提供产前、产中、产后服务，发展农业产业化经济。2008—2018年，按照“产业园区+龙头企业+基地+农户”闭环式现代农业经营战略，深入发展“互联网+现代农业”，实现一、二、三产融合协调发展，推动全县农业发展进程。全县规模以上农业产业化龙头企业达384家。河北康宏牧业有限公司年奶牛存栏12000头，年消化粮食万余吨，消化玉米秸秆2.4万亩；东大洼2万亩现代园农业拟打造成为省级以上园区。全县粮食外销摊点200余处，从业人员上万人，年商品粮交易量2.875亿公斤左右。逐步形成从种植到加工，从第一产业到增值创比三产业的战略转移。

2018年年末，域内市级以上龙头企业达33家，其中省农业产业化重点龙头企业7家；农民专业合作社1577家，其中市级以上农民合作社示范社23家，省级示范社11家，国家级示范社2家；家庭农场906家，其中省级示范家庭农场10家，这些新型农业经营主体，2018年实现产值近20亿元，辐射带动农户5万户。

农业种植结构调整 中共十一届三中全会后，域内开始实行家庭联产承包责任制。1983年，农业生产责任制形式基本稳定。1987年，域内粮食种植面积每年均保持在100万亩左右。1993年，农业由单纯的种、养向加工、营销等环节延伸，农工商、贸工农、产加销一体化经营日渐形成，高产、优质、高效农业成为发展方向。1995年，小麦亩产最高403.5公斤，域内被命名为“全国粮食生产百强县”。1996年，玉米亩产最高502.5公斤。2000年，农业结构调整步伐加快。2005年，故城县被农业部评为“全国粮食生产先进县”。2018年，全县种植小麦48.6万亩，平均亩产408.1公斤；夏玉米46.99万亩；棉花17.285万亩。

1995年，域内率先从美国引进抗虫棉并在海南加代繁育，此后棉花面积逐年增加，种植效益大幅提高。“晶雪”牌皮棉被评为全国十大名牌皮棉之一。随着种植结构不断调整和优化，蔬菜种植面积从1990年的不足5万亩，发展到2008年的15.8万亩，棉瓜菜间作套种面积达8万多亩，设施蔬菜面积达5万亩，2016年，蔬菜面积18.29万亩。2017年，各种种植业生产总值23.63亿元。棉花种植全部实现地膜化。小麦、玉米的播种收获和秸秆粉碎还田基本实现机械化，农民的劳动强度大幅度降低，农业富余劳动力大量出现，不断向第二、三产业转移。配方施肥技术全面推广，农业的标准化、无害化生产逐步推广。

经营模式 境内棉花资源丰富，根据市场需求，故城县良棉种子公司，形成以棉花良种繁育为主，棉副产品深度开发为一体的贸工农联合体。2003年，建立6万亩棉花良种繁育基地，与2万多名农户结成风险共担、利益均沾的利益共同体。通过合同保护价收购、良种加价补贴、优质优价和利润返还等措施，每年使基地植棉农户增加收入1350万元。

2018年，已建成省级现代农业园区2家：东大洼现代农业园区、茂丰现代农业园区；6家市级现代农业园区：建国设施蔬菜、西半屯国泽园林、饶阳店南庄、饶阳店北仁庄、康宏牧业、故城小屯现代农业园区；7家县级现代农业园区，实现县级园区乡镇全覆盖。全县共有市级以上龙头企业29家，其中省级6家；全县注册的农民专业合作社157家，市级以上示范社23家，其中国家级2家，省级11家；家庭农场906家。

第三章 农田基本建设

清光绪《故城县志》载，故城土地平夷，大半沮洳（低湿）舄卤（盐碱）。为此，人民进行长期不懈努力，以增施有机肥料，培肥地力；适当深耕深翻增厚活土层，起碱土、垫客土；围埝、蓄墒、淋碱，改良土壤性质。然因小农经济，无力大搞，至中华人民共和国成立前仍土瘠民贫。

20世纪50年代改土治碱，60年代，排灌结合渠系配套工程，70年代，方田林路综合治理，80年代，大规模调整作物布局，使土壤改良，利用成效显著。1982年，全县中度、重度盐碱地由之前的13万余亩降至51895亩，低洼易涝耕地面积比1949年前减少75%以上。1990年，科学改良土地的脚步不断加快。2018年，真正意义上的盐碱地和低洼易涝土地基本得到改良。

第一节 平整土地

20世纪50—60年代，主要以传统农具平整土地，中共十一届三中全会后使用拖拉机等小型农机具。

修建台田 始于1958年，终于1964年，多以生产小队为单位实施之，亦有由大队统一规划、统一组织施工。方法：于低洼盐碱地块，每间隔15～20米挖上宽1.5～2米、下宽0.5米、深约1米纵通沟1条，地两端各修规格略大于纵通沟之横沟，并使之与纵沟相连。之后，再修与之相配套排水渠系。此可降低地表水位，减轻盐碱渍化的目的。据不完全统计，全县修台田面积达3万余亩，对土壤改良发挥一定作用。20世纪70年代，伴随土壤改良和机械化出现，大部分台田平夷。

挖坑沟田 20世纪70年代初推广。方法是先将表层熟土铲于一侧，后将适量粗肥施入，再深刨一遍使肥与土掺匀，继将原表土回填、拍实；挖沟田方法是先以机牵或畜拉农具犁，左右分土成沟，并顺沟施入适量粗肥，再顺沟直犁使肥土相混，后用犁从左右两向合土盖之即可。据统计，1976—1980年，全县每年挖坑、沟田3万亩以上。1975—1980年，遍及全县，1982年后，采用者渐少。1990年始，逐渐采用农机深耕。

21世纪由于农业机械化的逐步普及，土地平整的范围由水浇地扩大至旱地和新开垦的荒地，土地整体平整度大大提高。2018年，全县耕地平整度达95%以上。

第二节 治理盐碱

域内盐碱地主要分布在清凉江东岸，江江河两岸的低洼地带。对盐碱地块通过起出碱土换入客土办法，实现土壤改良。此举曾在20世纪50年代达一定规模，改土工程多由作业组或生产队组织实施，以坑塘淤泥，旧房墙体为客土来源，以中度盐碱地块为改土重点对象，采用人挖畜运方式改土治碱，因颇费时力，效率较低，全县改土面积仅4000亩左右。20世纪60年代遂弃之不用。

1980年，第二次全国土壤普查时，全县有盐碱地17.55万亩，占总耕地的17.4%。21世纪，随着地下水位的下降，以及采用秸秆还田、合理施肥、灌水压碱、精耕细作等综合措施，使盐碱地逐步得到改良，产量和效益逐年提高，2018年，盐碱地已基本消失。

第三节 中低产田改造

1989—1990年，饶阳店、原陽、青罕、庙灵、辛庄实施中低产田改造24000亩。1991—1992年，饶阳店乡实施中低产田改造3.8万亩。1993年，三朗、杏基、饶阳店实施中低产田改造19000亩。1994年，三朗、杏基、梧茂实施中低产田改造1.5万亩。1995—1996年，郑口镇、房庄乡实施中低产田改造2.7万亩。1997—2002年，青罕镇、故城镇、武官寨镇实施中低产田改造7万亩。2003年，军屯镇、武官寨镇实施中低产田改造0.6万亩，2004年，军屯镇、房庄乡实施中低产田改造0.84万亩，2005年，军屯镇、房庄乡改造中低产田1.02万亩。2006年，房庄乡改造中低产田0.8万亩，2007年，房庄乡改造中低产田0.8万亩，2008年，房庄乡、三豆产业化经营合作社改造中低产田1.04万亩。2009年后，域内中低产田改造基本完成。

第四节 培养地力

域内土壤肥力按第二次土壤普查五级分类，绝大部分在3～5级，属中等偏下水平。尤其是土壤有机质含量偏低，一直处于10‰左右。为此农业主管部门组织技术人员大力推广测土配方施肥技术、有机质提升技术以及高标准粮田建设。2008年，土壤肥力逐年提高，土壤有机质含量为12.1‰，2018年达12.7‰。高产田面积27.15万亩，占总耕地面积的29.8%，中产田面积37.05万亩，占总耕地面积的40.69%，已无低产田。

农家肥 20世纪50—60年代，农家肥来源于散养猪、牛、羊等牲畜。20世纪80—90年代，主要来源于养殖业的牲畜粪便。21世纪，全县养殖业蓬勃发展。2018年，域内有大型奶牛场康弘牧业公司，年奶牛存栏1.9万头，全县禽类年出栏1563万只，中等以上规模的养猪场62个，中等规模以上的养羊场12个，每年出产牲畜粪便108万吨。对土壤肥力的提高起到了积极作用。

秸秆肥 随着机械化水平的不断提高，秸秆直接还田得到广泛实施。特别是小麦、玉米秸秆直接还田，2018年基本到达到种植面积的90%以上。全县年秸秆总量约62.61万吨，其中，90%左右直接机械化搅碎还田，其余则作为青贮饲料和沼气池用料间接还田。2018年，域内大、中、小型沼气池保有量17个，共4.1万立方米。

绿肥 绿肥以种植苜蓿为主，2014年7月康弘牧业公司进驻域内，带动苜蓿种植，发展面积一度达2万余亩。苜蓿由于根部有固氮根瘤菌，能固定空气中的氮气，种植苜蓿既减少化肥使用量，又培肥地力。其他绿肥植物，如地丁、田青、草木樨等已无种植。

化肥 改革开放后，随着农民收入增加和化肥充足、农业机械化普及和役畜锐减，化肥渐成为主要肥料，亩施化肥由几公斤增至100公斤左右。1980年，大力推广“配方施肥”技术，农业科技人员指导农民以土质、作物、产量的不同需要而科学施肥，并推广氮肥深施覆土和氮磷钾肥料配合施用技术等，降低施肥投入，平衡土壤养分，培养地力。2000—2018年，微量元素肥料、作物专用肥普遍使用。“配方施肥”技术全面普及，占小麦和棉花种植面积的90%左右。

第五节 兴修水利

1958年，域内开展农田基本建设，修渠打井，开挖坑塘。1978—1999年，域内组成打井队开展大规模修渠打井建设，使农田灌溉率大大提高。至2018年，全县开挖排灌两用河渠2600余条，开挖面积3亩以上的坑塘800余个。深浅机井9171眼，基本形成骨干河道、渠道纵横全县，支斗农渠配套完善，机井星罗密布的农田水利排灌水系，有效灌溉面积达81.6%。

第四章 种植业

域内农业种植的农作物分为粮食作物和经济作物，主要有小麦、玉米、高粱、棉花、花生、谷子、豆类、杂粮、薯类和蔬菜等作物品种。随着经济发展和科技进步，在种植品种、耕作技术方面都有长足进步，域内农作物产量大幅度提高。

第一节　粮食作物

域内粮食作物栽培历史悠久，种类、品种比较齐全，在农业生产中占有重要地位。1945—1980年粮田面积为80万～60万亩，占总耕地面积的75%～64%，产值占农业总产值的50%以上。1984年后，逐步调减并稳定在45万亩左右。作物主要系小麦、玉米、高粱、谷子、豆类等，其中小麦、玉米所占比重最大。

小麦　域内小麦种植已久。据明万历四十二年（1614年）《故城县志》记载，明天顺、成化年间（1457—1487年），即年交夏税小麦1034石。但因各种障碍因素制约，20世纪50年代初期，仍处于广种薄收状态。清光绪《故城县志·物产》载："故邑地半沙卤，秋麦苗实俱稀弱，留麦大熟（麦收后仍留地种麦俗称为留麦）仅获五、六斗。"中华民国时期小麦种植面积曾一度占总耕地面积43.53%，单产一直很低。1929年仅15.5公斤，1940年单产更低，仅10公斤左右。

2015年农业园区小麦种植

中华人民共和国成立后，域内麦田面积不断扩大，1952年，为36.12万亩，1976年，增至50万亩，增长49.2%。因面积增加与生产条件改善不同步，致使旱薄地麦田和晚茬麦田面积增多，总产虽有增加，单产增长较慢，1979年，单产、总产有所突破。是年，全县麦田面积48.5万亩，总产5849万公斤，单产121公斤，与1952年相比，总产增长2.9倍，单产增长1.9倍。1984年，小麦生产再创历史最高水平，单产209公斤，比1979年增长71.1%，总产8363万公斤，比1979年增长42.9%。全县有39个村2542个农户8721亩麦田单产超过400公斤，有340个农户小麦总产超过4000公斤。1985年，面积稳定在40万亩左右，单产195～226公斤。1987年，全县小麦种植面积35万亩，亩产195公斤。1995年，故城县推广一批高产、稳产品种，小麦亩产大幅度上升。是年，小麦种植面积45万亩，亩产升至403.5公斤，全县出现大面积400公斤以上万亩乡、万亩方田。1998年，小麦种植面积52.42万亩。此后由于种植业结构调整，种植面积呈递减趋势。2008年，已减少到38.9万亩，单产为381公斤。2018年，全县小麦种植面积为48.6万亩，平均亩产为408.1公斤，总产为1.98亿公斤。优良品种推广上，技术人员对各作物、各品种的田间考察的基础上，确定主推品种，重点推广了衡观35、济麦22、石麦15、石麦18、衡5229、衡4399，良星66等7个品种。

玉米　玉米俗称"棒子"，清光绪年间（1875—1908年）普遍种植并成为主要粮食作物之一，然产量不高，亩产仅50公斤左右。

20世纪50—60年代，玉米种植以春播为主，20世纪70年代，夏播玉米逐渐成为主导。20世纪80年代，春播玉米更少，1984年，夏玉米基本上替代春播玉米。其种植面积1950年为17.87万亩，1978年，增至35.41万亩，增加近1倍。之后，又呈下降趋势，1984年，回落至18.34万亩，总产3901万公斤，单产213公斤。1985—1987年，基本稳定在20万亩左右，单产150～206公斤。1987年，全县玉米种植面积为20万亩，单产283公斤，1994年达426公斤。此后，玉米种植面积增加，1996年，玉米种植面积达43.54万亩，单产502.5公斤，均创历史新高。1997—2008年，随着棉花生产的恢复，玉米种植面积稍有回落。2008年，种植面积为36.24万亩，单产为454.6公斤。此后稍有增长。2018年，夏玉米种植面积为46.99万亩，亩产356.8公斤，总产1.7亿公斤；重点推广了登海605、伟科702、中科11、裕丰303等一批适应性强、抗逆性较好的高产优良品种。

谷子　域内明初即有种植。清康熙、雍正年间（1662—1735年）曾发现谷子变异植株——"双穗谷"。1934年因气候适宜，域内谷子单产曾达75公斤。

20世纪50年代至60年代初，以春播为主，20

世纪60年代末，被视为低产作物后，面积锐减，1964年减至3万余亩，1969年，回升到17万余亩，然因低产，虽20世纪70年代末夏播面积有所增加，1978年复减至3.75万亩。1980年，随域内农业生产责任制实行，牲口增加，谷秸秆是牲口最佳饲料，谷田面积复逐年增加，1984年，增至10.77万亩，单产195公斤。1985年，全县谷田面积稳定在7万亩左右，单产142～201公斤，成为主要种植作物。20世纪90年代，由于谷子经济效益逊于玉米，并随着牲口数量的减少，其种植面积不断缩减。21世纪初，域内谷子种植仅为0.3万亩左右。2016年，全县种植谷子0.183万亩，产量738吨；2017年，全县种植谷子0.188万亩，产量749吨，单产400公斤左右。

1984—2017年部分年度故城县主要粮食作物统计表

表8-2

年 度	主要粮食作物								
	小 麦			玉 米			谷 子		
	面 积（亩）	单 产（公斤）	总产量（吨）	面 积（亩）	单 产（公斤）	总产量（吨）	面 积（亩）	单 产（公斤）	总产量（吨）
1984	400500	209.00	83704.50	183400	212.50	38972.50	107700	154.50	16639.65
1986	433300	199.00	86226.70	207900	151.00	31392.90	94300	142.00	13390.60
1987	370000	195.00	72150.00	220800	196.00	43276.80	66900	201.00	13446.90
1988	400000	225.00	90000.00	226700	269.00	60982.30	70600	253.00	17861.80
1989	390860	249.00	97324.14	248300	244.00	60585.20	80300	223.00	17906.90
1991	410000	278.00	113980.00	192800	306.00	58996.80	71700	239.00	17136.30
1992	427000	246.00	105042.00	176900	255.00	45109.50	63100	184.00	11610.40
1993	412695	260.87	107659.74	198870	368.00	73184.16	108060	277.07	29940.18
1995	450000	383.13	172408.50	323115	451.47	145876.73	52965	272.00	14406.48
1996	489435	391.00	191369.09	435435	425.40	185234.05	49305	307.33	15152.91
1997	520350	439.60	228745.86	435120	312.20	135844.46	60300	242.00	14592.60
1998	524190	354.00	185563.26	327240	396.87	129871.74	67680	299.47	20268.13
1999	541260	379.40	205354.04	402105	377.27	151702.15	53760	297.53	15995.21
2000	533550	379.00	202215.45	341115	388.67	132581.17	59400	342.33	20334.40
2001	471495	376.00	177282.12	322245	373.27	120284.39	48045	341.27	16396.32
2002	477795	369.00	176306.36	324195	340.33	110333.28	47010	251.00	11799.51
2003	414705	353.00	146390.87	321840	357.53	115067.46	34875	277.73	9685.83
2004	340020	408.00	138728.16	321900	375.40	120841.26	17400	341.27	5938.10
2005	450855	385.00	173579.18	398460	399.60	159224.62	17715	341.33	6046.66
2006	455445	379.00	172613.66	368580	410.00	151117.80	13815	352.53	4870.20
2007	433185	363.47	157449.75	370590	398.00	147494.82	7785	360.53	2806.73

续表 8-2

年度	主要粮食作物								
	小麦			玉米			谷子		
	面积（亩）	单产（公斤）	总产量（吨）	面积（亩）	单产（公斤）	总产量（吨）	面积（亩）	单产（公斤）	总产量（吨）
2008	389775	381.00	148504.28	362460	454.60	164774.32	6690	312.27	2089.09
2009	388275	395.93	153729.72	362475	436.40	158184.09	6135	333.00	2042.96
2010	396075	404.00	160014.30	371355	437.87	162605.21	4455	339.87	1514.12
2011	399540	404.07	161442.13	378225	438.00	165662.55	1950	334.33	651.94
2012	400245	411.13	164552.73	378225	428.47	162058.07	1950	342.53	667.93
2013	395250	412.40	163001.10	378450	421.40	159478.83	1950	366.67	715.01
2014	392700	425.13	166948.55	382515	389.00	148798.34	1800	361.13	650.03
2015	335940	428.60	143983.88	385950	382.40	147587.28	1800	382.20	687.96
2016	309045	429.33	132682.29	433305	390.47	169192.60	1845	400.00	738.00
2017	308400	437.53	134934.25	420495	400.07	168227.43	1875	399.47	749.01

高粱 明万历四十二年（1614年）《故城县志》称之为蜀秫。清雍正《故城县志》名其为粱秫，中华民国时改称高粱。因其秆高抗涝，多种于低洼易涝地块，产量低，亩产不超50公斤。

高粱在军需民用中曾发挥重要作用。抗日战争时期，地处平原地区的故城抗日军民靠成片的高粱地掩护自己，袭击敌人。20世纪60年代前，农民盖房多用高粱秸秆制作秫秸箔铺房顶，人们还用高粱穗莛（俗称“莛秆”）制作盖垫、锅盖、篦子等厨具。

20世纪70年代，为使粮食产量上“纲要”、跨“黄河”（全国《农业发展纲要》规定粮食亩产200公斤、250公斤为上“纲要”、跨“黄河”），全县曾强力推广多穗高粱、红薯。自1973年始种植面积骤增，最高时达29.72万亩。红高粱成为主要粮食之一。1978年，终因适口性差，面积逐年下降，1980年，农业生产条件改善，高粱耐寒耐涝的优势不复存在，减至5.05万亩，占全县总播面积4.9%。1984年，减至3.17万亩，占总播面积2.57%，单产154公斤。之后，面积稳定在3万亩左右，单产139～146公斤。20世纪90年代至21世纪初，只在田边地头种植，成为调剂品种。2016—2018年，农业园区进行规模种植。

2017年农业园区高粱规模种植

豆类 包括大豆、绿豆、红小豆等。大豆栽培历史至少可以上溯至明万历十八年（1590年），被认为是种地养地、增肥地力的当家作物。1949年，大部农户均有种植，产量尚低。绿豆和红小豆种植较晚。绿豆因需要人工采摘，种植面积多以散种为主。2016—2018年，农业园区作为订单农产品，进行规模种植。

20世纪50年代，全县大豆种植面积一般在10万亩左右，20世纪60年代，亦被视为低产作物而遭冷遇，种植面积逐年减少，20世纪70年代，减至2万余亩。1976年，多为春播。1979年，种植面积回升，1984年，达4.88万亩，基本实现夏播。20世纪90年代，稳定在3.75万亩左右。21世纪初，大豆面积减少。2006年，域内种植大豆2万亩。2008年，播种面积降至1.48万亩。之后，播种面积在1万～1.5万亩之间。

20世纪80年代，故城县红小豆仅零星种植。1989年，房庄乡杨梧茂村种植200亩，单产110公斤，品种为冀红2号，此后种植面积逐年扩大，2000年达3万亩。2002年，注册“甘珠牌”商标。2003年，被农业部评定为绿色食品。2004年获河北省名优产品“金奖”，并在上海绿色食品博览会上获“全国绿色食品畅销产品奖”，获取中国国际农产品交易会准入资格。2006年，红小豆品种已更换4次，大面积种植品种为9301，面积5万亩，年出口5000吨。2007年，受国际市场经济冲击，出口量逐渐减少。2010年，出口业务基本停止，域内红小豆种植面积骤减。

2016年，域内种植豆类面积1.9万亩，总产4102吨。其中，种植大豆1.48万亩，产量3328吨；绿豆0.23万亩，产量357吨；红小豆0.2万亩，产量为417吨。2017年，种植面积略有增加，域内种植豆类面积2.1万亩，总产4307吨。其中，种植大豆1.6万亩，产量3486吨；绿豆0.2万亩，产量376吨；红小豆0.21万亩，产量为445吨。

甘薯　当地民间俗称“红薯”“山药”。清乾隆年间（1736—1795年）传入，在域内各地都可种植，在白、沙土地块种植较多，属抗旱作物，有春、夏两种。在统购统销年代按“五比一”比例折算粮食（5斤鲜薯顶1斤原粮，即2.5公斤鲜薯折0.5公斤原粮）。20世纪50年代，年种植面积最多，基本满足人们需要。1958年，红薯被列为高产作物，作为粮中之“帅”再次扩大种植面积。20世纪60年代，红薯是农民的主粮，所谓“冬春两季当‘干粮’”。在一定程度上缓解了百姓吃饭问题，也是当地制作淀粉、粉条的原料。

20世纪70年代，因被视为高产作物而备受青睐，种植面积一度达10.26万亩。70年代后期为急于提高粮食产量，达到粮食产量上“纲要”、过“黄河”、跨“长江”目标，片面地强调“两红”种植。种薯面积高达6.75万亩。其间，曾出现强令农民拔掉谷子、玉米，再种红薯、高粱的过左现象。1978年中共十一届三中全会后，粮食产量提高，种植面积逐年下降。20世纪80年代，大量种植小麦、玉米，红薯不再是主要口粮，成为调剂生活的副食品，只在沙质土壤区域有成片种植，收获后作商品出售或自家食用。1984年，降到4.62万亩，占全县总播面积3.8%。之后，种植面积逐渐下降。1987年，种植3.19万亩，单产2895公斤；1997年，种植1.65万亩，单产4203公斤；2007年，种植面积减少至0.27万亩，单产量7478公斤，为历史最高产量。2015年，域内甘薯种植面积继续减少至0.15万亩。

1929年故城县农特产品统计表

表8-3　　单位：石

品　名	数　量	品　名	数　量	品　名	数　量
小　麦	74820	蚕　豆	5162	花　生	76387
谷　子	57880	黍	7404	萝　卜	37440
高　粱	19827	稷	7644	红　薯	345600
玉　米	15212	棉　花	8577		
绿　豆	6689	烟　叶	2025		

说明：1. 此表据1929年河北省工商统计、河北省各县特产品一览表摘录

2. 此表仅为今故城县北部情况

1936 年故城县各种作物占耕地百分数统计表

表 8-4

冬　季		夏　季			
作物名称	占耕地（%）	作物名称	占耕地（%）	作物名称	占耕地（%）
小　麦	43.53	棉　花	5.87	大小豇豆	11.25
大　麦	0	蘼谷类	33.50	花　生	1.37
其他作物	0	玉米、高粱	28.75	甘　薯	8.50
				其他作物	7.88

说明：1. 此表据 1936 年《河北省棉产调查报告》摘录

2. 此表仅为今故城县北部情况

1934 年故城县普通作物调查统计表

表 8-5

作　物	种植数（亩）	每亩产量（市斤）	产量总数（石）	作　物	种植数（亩）	每亩产量（市斤）	产量总数（石）
小　麦	27000	16	4320	大　豆	420135	14	58819
粟	953359	32	305075	美　棉	24023	15	3603
高　粱	409854	22	90167	中　棉	4700	13	611
玉　米	423018	16	67683	烟　草	8860	48	4253
黍	10430	14	1460	花　生	28350	130	36855
稷	11870	14	1662				

说明：1. 此表据 1934 年《河北省普通作物调查表》摘录整理

2. 此表仅为今故城县北部情况

1987—2017 年部分年度故城县杂粮种植面积及产量统计表

表 8-6

年度	红小豆（亩/公斤/吨）			大　豆（亩/公斤/吨）			绿　豆（亩/公斤/吨）			高　粱（亩/公斤/吨）			甘　薯（亩/公斤/吨）		
	面积	单产	总产	面积	单产	总产	面积	单产	总产	面积	单产	总产	面积	单产	总产
1987	—	—	—	38595	94	3627.93	1095	65	71.18	27300	143	3903.90	31900	193	6156.70
1988	—	—	—	33405	107	3574.34	2895	91	263.45	20895	213	4450.64	27900	244	6807.60
1989	—	—	—	41100	110	4521.00	5700	80	456.00	22500	209	4702.50	30900	228	7045.20
1990	—	—	—	41040	126	5171.04	2280	71	161.88	17940	205	3677.70	25335	220	5573.70

续表 8-6

年度	红小豆（亩 / 公斤 / 吨）			大 豆（亩 / 公斤 / 吨）			绿 豆（亩 / 公斤 / 吨）			高 粱（亩 / 公斤 / 吨）			甘 薯（亩 / 公斤 / 吨）		
	面积	单产	总产	面积	单产	总产	面积	单产	总产	面积	单产	总产	面积	单产	总产
1991	—	—	—	149500	121	18089.50	900	72	64.80	17700	244	4318.80	19600	255	4998.00
1992	800	32	25.60	80600	105	8463.00	2400	87	208.80	11700	174	2035.80	26500	173	4584.50
1993	600	200	120.00	124245	155	19257.98	2115	112	236.88	15975	213	3402.68	28860	410	11832.60
1994	765	163	124.70	117660	178	20943.48	3570	133	474.81	15840	343	5433.12	28635	377	10795.40
1995	405	153	61.97	56340	148	8338.32	2310	132	304.92	12135	281	3409.94	20475	405	8292.38
1996	195	103	20.09	30315	169	5123.24	13800	67	924.60	6465	260	1680.90	16035	386	6189.51
1997	300	124	37.20	49080	114	5595.12	3150	48	151.20	5775	206	1189.65	16515	280	4624.20
1998	525	106	55.65	39300	172	6759.60	1800	50	90.00	4140	262	1084.68	13875	387	5369.63
1999	945	101	95.45	32190	159	5118.21	1050	50	52.50	4500	265	1192.50	13185	347	4575.20
2000	450	120	54.00	24885	183	4553.96	1050	129	135.45	2640	362	955.68	14295	394	5632.23
2001	300	100	30.00	23010	179	4118.79	720	119	85.68	2580	384	990.72	12570	424	5329.68
2002	300	100	30.00	22635	156	3531.06	300	100	30.00	2400	295	708.00	13125	270	3543.75
2003	600	152	91.20	16980	178	3022.44	900	98	88.20	1245	347	432.02	12465	287	3577.46
2004	600	150	90.00	18855	237	4468.64	1275	107	136.43	1035	333	344.66	13930	486	6769.98
2005	375	189	70.88	17715	234	4145.31	975	106	103.35	885	334	295.59	5520	411	2268.72
2006	600	200	120.00	20025	250	5006.25	750	120	90.00	795	342	271.89	5475	413	2261.18
2007	750	200	150.00	14850	262	3890.70	1650	109	179.85	585	282	164.97	2700	499	1347.30
2008	750	200	150.00	14820	257	3808.74	1650	124	204.60	1950	282	549.90	2175	444	965.70
2010	1290	240	309.60	10950	229	2507.55	2400	110	264.00	900	288	259.20	1200	450	540.00
2016	1965	212	416.58	14820	225	3334.50	2250	159	357.75	570	282	160.74	2100	468	982.80
2017	2100	212	445.20	15570	224	3487.68	2400	157	376.80	645	288	185.76	1950	468	912.60

说明：表内“—”为无统计数字

第二节 经济作物

域内经济作物以棉花为大宗，花生次之，芝麻再次之，长期以来，为全县传统种植作物，并成为赖以增加积累、扩大农业再生产及改善农民生活资金的主要来源之一。后又种植辣椒，以其经济效益好、商品率高而为人们重视。烟叶、蓖麻、药材、向日葵等，虽有种植，然面积逐渐减少。

棉花 明洪武年间（1368—1398 年），已有种植，至明天顺年间（1457—1464 年），已被列为秋税之一。清光绪年间（1875—1908 年），民间已普种棉花。清光绪《故城县志》载：“棉遇沃壤，家家艺（种植）之，盖以布代帛，以棉代桑者也，其因物土所宜异欤。”又载：“女纺织最勤，长夜纺车轧轧，比户相闻。”1912 年，民间棉花生产呈自生自灭状态。至1929年，单产皮棉仅10公斤左右。后因纺织业已第次兴起，对棉花需求急剧增长，导致外棉大量输入。1930年，全国进口棉花多达1.7亿公斤。同时，河北省实业厅于1929年、1931年、1932年以引进美国棉种（简称美棉），令各县建立农事试验场，开辟民间棉花市场提倡棉花生产。故城县城北建有占地20亩农事试验场一处，后于1934年4月1日改称农业推广所。由是，全县植棉面积虽较前增加，曾一度占总耕地面积的5.87%，然单产却一直低而不稳，1933年为16.5公斤，1935年降为9.45公斤，1936年16.8公斤。之后，抗日战争爆发，棉花生产因之受阻。（民国期间及其以前资料仅为今故城县境北部情况，南部资料无考，下文凡涉此间资料，同此。）

1934—1935年故城县各区棉田面积百分比例统计表

表8-7

区别＼年度	中棉田占总棉田（%）		美棉田占总棉田（%）		两年各共计	总棉田占耕地面积（%）	
	1934年	1935年	1934年	1935年		1934年	1935年
1	60	40	40	60	100	5.0	1.5
2	0	0	100	100	100	0.5	1.0
3	0	0	100	100	100	0.5	0.5
4	0	0	100	100	100	1.0	1.0
平　均	15	10	85	90	100	1.7	1.0

说明：此表据1936年《河北月刊·吴桥区调查报告》摘录整理

1947年故城县棉花生产情况统计表

表8-8

种植面积（亩）			亩产量（公斤）	
中　棉	美　棉	合　计	中　棉	美　棉
5000	40000	45000	37.5	42.5

1949年故城县经济作物统计表

表8-9　　单位：亩

种　类	任务数	群众自认数	增减数（±）
棉　花	68152.11	70699	2547
花　生	32070.91	30726	-1344.91

说明：1. 表8-8、表8-9均据河北省档案馆档案摘录整理

2. 表8-8、表8-9均为今故城县北部情况

20世纪50年代，粮棉产值占农业总产值67.5%，粮棉产值比例为2.96:1，棉花生产呈上升

趋势。全县植棉面积由1949年7.19万亩增至1956年19.79万亩，平均单产亦有提高，1954年曾达20公斤，比1949年增长1.5倍。20世纪60年代，因片面重视粮食生产，棉花生产被挤。1964年降至8.4万亩，单产10公斤左右。20世纪70年代，情势更窘，1972年，粮棉产值比例为7.5:1，面积10万亩左右，且诸多棉田有名无实。其间，虽于1970年、1971年连续两年平均单产超过26公斤，但于大局无补，其他年度单产仍在10～17公斤之间。

20世纪80年代，域内实行联产承包责任制，给棉花生产带来勃勃生机。1980年，平均单产31公斤。1983年，翻一番，达68公斤。1984年，高达73公斤，是年，全县有5万亩棉田平均单产超过100公斤，其中29.3亩高产地块达150公斤，面积亦大幅度增加。1982年，为19.48万亩，1984年，增至27.44万亩。总产连年增长，1982—1984年间，平均每年递增500余万公斤，1984年总产达1000万公斤，按当年价格计算，棉花产值已占农业产值的39%。1985年，由于各种生产资料价格失控，农药更新换代不及时，加之棉花虫害，特别是棉铃虫发生严重，影响了棉花的产量和品质，植棉成本上升，其生产步入滑坡阶段。1987年，种植面积32.72万亩，单产55公斤，总产1810万公斤。

1993年，全县植棉21.54万亩，亩产皮棉仅13公斤，总产280万公斤。伴随着全国性棉花减产，各级政府高度重视扶持棉花生产，先后实行地膜棉补贴，划拨大量防治病虫害资金。采取物理、化学、人工等各种综合防治措施，有效地防治病虫害，遏制棉花生产下滑趋势。1997年，域内在全省率先引进美国抗虫棉并在海南繁育成功。1998年，全县普遍推广抗虫棉，当年棉花面积13.1万亩，亩产皮棉81.1公斤，总产皮棉1062万公斤，创历史新高。之后，棉花面积逐年增加。品种由美国抗虫棉变为国产抗虫棉。

2003年"晶雪牌"棉花被省评为国家名牌产品。2004—2005年，域内连续两年被全国棉花协会评为"棉花生产百强县"。2008年，全县棉花面

2003年"晶雪牌"棉花喜获丰收

积34.9万亩，亩产皮棉88公斤，总产达3078.1万公斤，2013年，在全县开展棉花高产创建活动，示范区取得了良好的经济效益和社会效益，其中西半屯镇示范区棉花平均亩产皮棉130公斤，比此区域前三年101公斤增产29公斤，饶阳店镇示范区亩产皮棉100公斤，比此区域前三年平均87公斤增产13公斤，比2012年92公斤增产8公斤。两项目区总增皮棉产量43.32万公斤，给当地农民增加收入900余万元。

2018年，全县棉花种植面积15.06万亩，比2008年的34.98万亩减少19.92万亩。种植品种重点推广了抗病优质高产品种冀棉2000、银棉1号、冀棉616、衡棉4号、银硕116、冀科8号等。

1987—2008年故城县棉花产量统计表

表8-10

年份	面积（亩）	单产（公斤）	总产（吨）
1987	327195	55	17995.73
1988	355605	52	18491.46
1989	303105	44	13336.62

续表 8-10

年份	面积（亩）	单产（公斤）	总产（吨）
1990	336300	34	11434.20
1991	284505	45	12802.73
1992	264900	27	7152.30
1993	215385	13	2800.01
1994	169995	54	9179.73
1995	230265	31	7138.22
1996	137940	53	7310.82
1997	105495	47	4958.27
1998	130890	81	10602.09
1999	126870	80	10149.60
2000	164745	90	14827.05
2001	240750	86	20704.50
2002	225180	82	18464.76
2003	274245	57	15631.97
2004	332040	87	28887.48
2005	282240	88	24837.12
2006	293130	91	26674.83
2007	357180	86	30717.48
2008	349785	88	30781.08

2009—2017 年部分年度故城县棉花产量统计表

表 8-11

年份	面积（亩）	单产（公斤）	总产（吨）
2009	344985	85	29323.73
2010	335880	85	28549.80
2011	345960	89	30790.44
2012	344535	81	27907.34
2013	343215	80	27457.20
2014	325230	80	26018.40
2015	289500	86	24897.00
2016	192000	85	16320.00
2017	188160	85	15993.60

花生 域内种植花生主要用于食用和榨取花生油。花生油产量仅次于棉籽油，是第二大油料作物，也是域内种植的传统作物之一。各个乡镇均有种植，但种植面积均不大。中华民国时期，总产量曾达5000万公斤以上。20世纪50年代初期，种植面积3万～4万亩，最高单产达143公斤，20世纪60—70年代重视粮食生产，面积降至万亩左右，产量亦逐渐下降，1972年单产降至34公斤。

1980年后产量提高，1984年，种植2.94万亩，单产143公斤，总产357万公斤。

20世纪90年代，面积3万～4万亩，单产52～145公斤。1999年，种植5.8万亩，产量10795吨。

2008年，全县花生种植面积4.35万亩，单产220公斤，总产9570吨，由于花生主要用于榨油和食用，随着人们生活水平的提高和食物的多样性，2010年后花生种植面积相对减少。2016年，全县花生种植面积3.27万亩，产量9106吨；2018年，花生种植面积3.09万亩，产量8678吨。

域内花生种植

1987—2017年部分年度故城县油料生产统计表

表8-12

年度	花生			芝麻		
	面积（亩）	单产（公斤）	总产（吨）	面积（亩）	单产（公斤）	总产（吨）
1987	35200	108	3801.60	17400	41	713.40
1988	31005	138	4278.69	12795	31	396.65
1989	33405	124	4142.22	11000	35	385.00
1990	21195	208	4408.56	7740	29	224.46
1991	19905	198	3941.19	6900	45	310.50
1992	22800	116	2644.80	5200	44	228.80
1993	34725	174	6042.15	9585	46	440.91
1994	34140	227	7749.78	9330	70	653.10
1995	39075	237	9260.78	7305	65	474.83
1996	42810	227	9717.87	7140	52	371.28
1997	66675	118	7867.65	3345	19	63.56
1998	63540	204	12962.16	3750	68	255.00
1999	57540	188	10817.52	3810	75	285.75
2000	55485	207	11485.40	7245	60	434.70
2001	59325	196	11627.70	2205	110	242.55
2002	57075	171	9759.83	2100	92	193.20

续表 8-12

年度	花生			芝麻		
	面积（亩）	单产（公斤）	总产（吨）	面积（亩）	单产（公斤）	总产（吨）
2003	51045	180	9188.10	1740	81	140.94
2004	49320	194	9568.08	1980	139	275.22
2005	42360	201	8514.36	675	142	95.85
2006	32625	201	6557.63	900	143	128.70
2007	36645	198	7255.71	375	152	57.00
2008	43545	220	9579.90	525	126	66.15
2010	41010	242	9924.42	450	84	37.80
2016	32700	278	9090.60	750	55	41.25
2017	32040	281	9003.24	615	54	33.21

芝麻　葵花籽　蓖麻　芝麻在域内历有种植，因产量较低，故面积极少，多为农户自食自用。常年种植面积在万亩左右，单产 40 公斤上下。20 世纪 80—90 年代，全县种植 8000 亩左右，为种植高峰期。21 世纪，种植面积逐年缩小。2016 年播种面积为 750 亩，总产 41 吨。2017 年，播种面积仅为 615 亩，总产 33 吨。

葵花籽在 20 世纪 50 年代全县曾少有种植，之后已不多见。1984 年后，仅夏庄、里老、袁庄 3 乡尚有点片种植，多植于盐碱地块中，面积 2000 亩左右，单产 50～100 公斤。20 世纪 90 年代仅散种。21 世纪，域内成片种植油葵。种植面积达万亩以上。

蓖麻多散植于村中空地或路旁、道边、田头、渠沿。20 世纪 50 年代前期尚有种植，20 世纪 60 年代已不多见。20 世纪 80 年代，又有种植，然面积极少。21 世纪，基本无种植。

药材　烟叶　药材无大宗品种。20 世纪 70 年代中期，房庄、青罕、庙灵等公社枸杞以果大质厚曾走俏一时，但仅昙花一现。20 世纪 70 年代末，大部被辟为棉田，其他品种面积极少，产量亦低。20 世纪 80 年代，仍有部分枸杞树，村民摘取晾晒后卖给地方供销社，时价达 3 元每公斤。20 世纪 90 年代后期，改造扩大耕田面积，枸杞树全部被砍伐。域内部分农民种植金银花和薄荷。21 世纪，金银花等种植面积逐渐加大。2018 年，以河北梅颂园农业有限公司为主种植中药材 3500 亩。

烟叶种植盛于中华民国期间，百姓多为种植，1934 年总产达 20 多万公斤。20 世纪 60 年代已少见，70 年代几近绝迹。1980 年后，虽仍有小片种植，但多为个人自用，商品率极低。20 世纪 90 年代至 21 世纪已无种植记录。

天鹰椒　20 世纪 80 年代前，只有部分家庭在菜地种植少量辣椒作为家庭调味品。1991 年，郑口镇部分村庄开始点片种植天鹰椒，亩效益 2000 元左右。1992 年，种植面积增加，但受市场价格影响，产品滞销，种植积极性受挫。1995 年，天津外贸公司与农民以每公斤干椒 8 元的保护价签订回收合同，全县共种植 0.2 万亩，亩产干椒 200～250 公斤，亩产值 2500～3000 元。此后种植面积逐年增加，2008 年，全县种植天鹰椒 1.5 万

天鹰椒喜获丰收

亩左右，分布在郑口、故城、青罕、房庄、三朗、饶阳店、西半屯、军屯等乡镇，产品主要销往冀州和山东武城两个辣椒专业市场。2018年，域内推广发展“订单农业”，全县天鹰椒种植面积达8.9万亩。

第三节 蔬 菜

域内蔬菜种植历史悠久，种植的蔬菜种类繁多，瓜类有南瓜、冬瓜、西瓜、菜瓜、甜瓜、黄瓜、西葫芦等；菜类有葱、蒜、韭菜、茄子、藕、姜、辣椒、芫荽、芹菜、菠菜、蘑菇、豆角、土豆、苋菜、莴苣、芥菜、胡萝卜、白萝卜、葱头、大头菜、西红柿、大白菜、扁豆角、根达菜、黄花菜、茴香菜等。其中以大白菜、西瓜为大宗品种。

建国镇小拱棚蔬菜

20世纪80年代末，蔬菜生产由农民自食逐步向商品化方向发展。1987—2005年，全县瓜菜种植面积由3万亩增加到17.6万亩，总效益由2400万元增加到71977万元，增长29倍。随着科学技术的发展，新的技术手段不断在蔬菜生产上得到应用，蔬菜生产由单纯露地生产到地膜覆盖，中、小拱棚、大棚、日光温室等多种种植形式得到广泛应用，实现蔬菜全年生产上市。1990年始域内种植设施蔬菜。1999年，在郑口镇五户村建设农业高科技示范园一处，占地100亩，建高标准日光温室46个，平均亩温室年收入均在2万元以上。2008年，全县蔬菜种植已初具规模，有大棚、日光温室0.8万余亩，小拱棚1.56万亩。2018年，全县蔬菜播种面积18万亩，设施蔬菜面积6.5万亩。设施蔬菜以建国运河蔬菜专业合作社、河北绿康公司为龙头，以运河沿线发展为主。建国镇中、小拱棚蔬菜，通过引进新品种、新技术，促进蔬菜产业提质节本增效，平均亩产值0.8万元以上。以绿康公司为代表的日光温室和春秋大棚设施蔬菜模式，加强与科研单位对接，着力提高产品科技含量，同时对接市场。露地蔬菜主要推广发展“订单农业”，亩均增收1000元以上。

大白菜 境内农户有种植大白菜之传统，多以自食为主，剩余部分在附近集市上销售。早于百年前即闻名遐迩。清光绪《故城县志》称：“白菜最肥大重十数（斤）者，……且易熟无滓。”1929年面积达3775亩。中华人民共和国成立前后多为自家种植食用，仅有少数菜农以种菜卖菜为副业。20世纪80年代初期，水源条件较好的建国、郑口、袁庄等沿河乡镇，亦有大片种植，常年种植面积4500亩，总产1600万公斤左右，其中60%为商品菜，产品远销京津及东北各省。随着城市“菜篮子”工程兴起，外销量锐减，多为当地销用。因其产量高、易储存曾一度成为人们越冬的主菜。1987—1990年，全县白菜种植面积1万亩左右，亩产净菜4000公斤。1990年，随着设施蔬菜的兴起，蔬菜实现周年生产，西红柿、黄瓜、茄子、青椒等新鲜蔬菜在冬季也走上了普通百姓的餐桌，大白菜的食用比例逐渐减少。2000年，全县大白菜播种在1.05万亩左右，单产保持55000公斤以上。2016年，全县播种面积1.08万亩，总产40242吨。2017年，播种面积1.05万亩，总产38667吨。

西瓜 香瓜（甜瓜） 域内西瓜种植历史悠久，因外销时多由山东德州市整装启运，故被称为“德州大西瓜”，早年即以个大、皮薄、沙瓤、甜度高上市早而饮誉京、津，畅销东三省，常年种植面积0.5万亩，总产1500万公斤，其中70%销往外地。1980年，伴随各地商品经济发展，对其原有销售市场有所影响。主产地为运河、清凉江沿岸刁孝子、李王庄、头屯、袁庄、河北崖、马厂、南二屯、北二屯、尹里、南岭踪、沙窝庄、魏庄等村，2008年，常年种植面积保持在1.5万亩左右，亩产2500～3000公斤，亩产值1000～1200元。2016年，域内播种面积2.51万亩，总产119176吨。

中华人民共和国成立前，域内人家零散种植

香瓜（甜瓜）。有规模种植始于20世纪90年代。21世纪，种植面积渐增，种植面积0.24万亩，产量达6106吨。房庄、夏庄、郑口三镇种植较广。

大蒜 域内种植大蒜历史悠久，其中建国镇曹口等村种植面积较大。故城镇的西南镇、东南镇、青罕乡的陈庄、南王庄等村也有种植，且种植面积逐年增加。1998年，全县种植面积达1万亩，1999年、2001年故城大蒜先后在河北省第三、五届廊坊农产品交易会上被评为河北省名优产品。主要品种是山东白蒜、金乡一号、金乡二号。2002—2008年，全县大蒜种植面积5万亩，建国、军屯、青罕、故城、夏庄等乡镇形成规模化种植。种植形式有棉蒜间作、大蒜—冬瓜连作、大蒜—玉米连作、大蒜与其他蔬菜连作等。亩产大蒜1500～1800公斤，亩产值1200～1500元。产品销往北京、天津、石家庄、沧州、衡水等地。故城镇新庄村、青罕镇南官庄村在大蒜种植基础上发展蒜黄生产，采用暖窖栽培，每平方米产值30～50元，年产蒜黄50万公斤，主要销往德州批发市场及周边县市区。2017年，大蒜种植面积0.32万亩，总产14254吨。

韭菜 20世纪80年代，境内韭菜种植多以自食为主。20世纪90年代，县政府积极引导调整种植结构，韭菜种植面积不断扩大。2003年，借鉴山东寿光经验，结合当地种植实践，全县大力发展拱棚韭菜生产，先后在臧庄、罗马庄，大辛庄、前孝兰、康庄、马庄、西南屯、前沙岗、杨福屯、大梧茂、吴梧茂、刘庄、龙凤店等村进行了推广种植，亩产3000公斤，亩产值3000～5000元。产品主要销往北京、天津市场，社会效益显著。至2010—2018年，全县共发展拱棚韭菜1万多亩，成为衡水市最大的无公害韭菜生产基地。

食用菌　菠菜 食用菌种植始于20世纪80年代，1998年，全县种植双孢菇面积30万平方米，由于与菇农签订回收合同的衡水保康公司破产，双孢菇滞销，菇农利益受损，此后种植面积逐年减少。2000年，又种植平菇，常年投料50万公斤，年产平菇60万公斤，产品除在当地销售还销往山东等地。2018年，产蘑菇达1001万公斤。

因菠菜具有抗寒、好种、易管等特点，域内早年就有种植。1995年，赵行乡东河、西河、刘古庄、小刘庄、温庄、西排、芦庄、西夏庄、东南屯等村利用冬季白茬地种植菠菜0.3万亩。21世纪，建国镇的姜圈、南陈庄、北陈庄、王庄、徐口。良尧等村采用小拱棚栽培，在冬季或春节前后上市。种植面积逐渐增加，形成规模。2018年，播种面积4.92万亩，产量达239431吨。

其他瓜菜 中华人民共和国成立后至20世纪70年代，常年种植面积3000亩。多为自食自用，商品率极低。1980年，伴随人民生活水平提高，种植面积增至2万亩左右，总产400万公斤上下，其中韭菜、芹菜、黄瓜、西红柿、大蒜、茄子等品种已具商品生产规模。豆角、生菜、芫荽也有发展。1991年，蔬菜面积和种类均有增加。2018年，蔬菜种类达30余种。

东大洼拱棚西红柿采摘

第四节　农技农艺

域内劳动人民具有丰富的传统农业生产经验，使粮食、棉花生产能获得较好收成。特别是改革开放以来，农业科技水平提高、农民素质增强、科技投入增多，农业科技队伍壮大，促进了先进农技农艺的广泛应用。

一、土壤改良与利用

增施肥料 20世纪50年代初，农民种地仅能增施有限农家肥，之后随肥源开发，在有机肥施用上，除传统厩肥、绿肥外，20世纪50年代末推广硫铵（农民俗称肥田粉），后又增加硝铵、尿素、氨水、碳酸氢铵等氮素化肥品种。20世纪60年代推广高温积肥；20世纪70年代增施磷素化肥，实施玉米秸秆铡碎还田；20世纪80年代又增二胺、三料等复合肥料，大量施用各种饼肥，遂土壤有机质含量增加。曾一度推广“920”

菌肥、硼肥等。20 世纪 90 年代，施用氮肥、磷肥、钾肥、复合肥等肥料，并增加硼、铁、锌等微量元素肥料和棉花、小麦、蔬菜等专用肥。2018 年，全县农用化肥施用量（按实物量计算）105390 吨。

调整作物布局 中华人民共和国成立前，作物布局调整受小农经济制约，收效甚微。中华人民共和国成立后农业集体经济建立，为大规模调整作物布局创造极为有利条件。然 20 世纪 60 年代，因计划经济体制强调粮食生产，作物布局合理调整受限，1982 年方有突破。粮田面积由 20 世纪 70 年代 61 万亩调至 50 万亩左右，棉田面积由 20 世纪 70 年代 10 万亩增至 20 万亩以上，花生、豆类、瓜菜种植面积亦有增加。1984 年再次调整，粮田面积调至 45 万亩左右，棉田面积增至 25 万亩左右，瓜菜面积调至 2 万亩左右，基本实现因地制宜安排种植。1985 年，伴随市场机制日臻完善，作物布局调整已受其牵动。

用地养地 方式有三：其一为休茬，即对瘠薄地块麦收后休茬一季，秋季再种小麦。或收获春播作物后，不再接茬种麦，将其翻耕后敞垡晒之，来春再行种植，此法解放初仍有采用，1958 年终止。其二为粮豆间作，利用豆科植物根瘤增加土壤氮素，现仍盛行之。其三为草粮轮作，即对碱薄地块先种苜蓿，几年后再垦为粮田，对盐碱较重地块，亦有先种红荆或紫穗槐，若干年后再垦为粮田者，此法多见于 20 世纪 50 年代初期，后仍有小面积用之。

二、耕作

历来一年一作旱地耕作为主，复种指数极小。1936 年，两年三熟土地面积仅占总耕地面积的 29.07%。中华人民共和国成立后，随诸多生产要素变化，耕作方式亦发生相应变革。夏种、套种、间作、轮作面积逐年增加，1987—1999 年，全县粮食作物已基本实现一年两熟，复种面积已占总耕地面积的 70% 以上；2008 年，全县总耕地面积 86.9 万亩，全年农作物播种面积 130 万亩左右，复种指数 149.6%。熟制大田作物以棉花一年一熟、小麦—玉米一年两熟为主。棉花采用浅耕和地膜覆盖播种技术，在苗期和 6 月中旬各进行一次中耕。小麦、玉米采用免耕、秸秆还田播种技术。2010 年，部分乡镇推广棉花西瓜间作、棉花绿豆间作、棉花油葵间作、棉花甘薯间作及棉花—大蒜一年两熟技术。另外在蔬菜种植上采用菠菜—茴香—西红柿—冬瓜四个品种倒茬轮作模式，实现一年四种四收，提高土地利用率。

三、栽培

播种 播期 20 世纪 50—60 年代，小麦播期多顺应“白露早、寒露迟，秋分麦子最适时”农谚。20 世纪 70 年代，逐年后延。20 世纪 80 年代，传统农业技术随现代科学不断进步而发展，使农业逐步成为运用科学手段，强化或控制作物生长过程，以取得社会需要产品的群体活动。20 世纪 90 年代根据实践，9 月 30 日为小麦播种最佳播期，比 70 年代播期延后 7 天左右。

棉花播期在 20 世纪 50 年代多顺应“枣发芽，种棉花”农谚，20 世纪 80 年代始，多于“谷雨节”前后播种，其中采用干籽早播方式者，播期提前 5 ～ 10 天，各夏播作物则在夏收后播种。20 世纪 50 年代，小麦多用旧式两脚耧播种，行距为 40 厘米左右；20 世纪 60—70 年代，多用新式三脚耧播种，行距为 15 厘米左右，逐步改为机播，行距为 25 厘米左右。1990 年始大部分改为机播，行距 25 厘米左右。

施肥 肥料分有机肥及无机肥两类。施用方法为底施、追施、叶面喷施三种。20 世纪 50 年代，以底施农家肥为主，辅以追肥。根据不同作物，趁雨顺垄撒施，有直接施于作物根部者。20 世纪 60 年代，无甚变化。20 世纪 70 年代，农家肥全部底施，追肥则用化肥。20 世纪 80 年代，底肥亦有用适量化肥者，追肥除使用化肥外，又增以沤制后饼肥，并辅以叶面喷肥。为增强肥效，农民在施肥中灵活地交叉运用重施底肥，适时追肥，氮磷混施，重施磷肥等不同方式，以满足不同作物高产需要。20 世纪 90 年代，多采用科学追肥。主要有氮肥、氨酚、复合肥、钾肥等。21 世纪，实施测土配方施肥，推广面积主要农作物全覆盖，进行科学施肥。

浇水 故城县虽有沿河之利，旧时因多种因素制约而无力提水灌溉。农民遇旱只能望水兴叹。中华人民共和国成立后伴随地表水利工程建设和地下水源开发利用，全县可灌溉耕地面积逐年增加，20 世纪 70 年代末，已占总耕地面积的 60% 以上，然作物是否浇灌视旱情而定，故全县各种作物浇水尚无固定模式。群众经验为“是否灌，需三看，看苗（苗期、苗情）看地（墒情）看老天（旱情、雨情）”。小麦遇秋旱则造墒种，一般年份，冬前普浇封冻水，来春无雨或少雨则普浇起身水，至于孕穗、扬花、灌浆、麦黄期浇水，则视旱情、墒情而定，需则浇，否则免。棉花，一般年份多需造墒播种，造墒时间一为冬前，一为初春。遇有伏旱，则采用小畦、小水、快浇办法，防浇后遇大雨造成棉花疯长。各种夏播作物，浇无定则，遇旱则浇。对春播或夏播花生，遇旱则侧重于果针下扎期浇水。20世纪90年代，域内水浇地面积达70%。2018年，有效灌溉面积71.45万亩，旱涝保面积59.35万亩。浇地机井11282眼。

中耕 故城农谚“锄头有水又有火”，群众一向重视中耕。旧社会人民抗灾能力甚低，故遇一般旱、涝仅依赖中耕抗之。旱则勤锄保墒，涝则敞耕凉垡。1950年后，抗灾能力虽大有提高，然群众仍不辍中耕。对小麦侧重早春锄划；对玉米，侧重中耕培土；对棉花，则直至棉叶罩地后方予罢锄；各种夏播作物则采用灭茬、耠耕、培土等多种形式。20世纪90年代，农业机械化推广应用，进行科学保墒，锄地等人工保墒方法，基本成为历史。

四、栽培模式

小麦栽培模式 1986—1990年推广小麦模式化栽培技术，小麦播种量高产田在9～10公斤/亩之间，中产田在11～12公斤/亩，种植形式改5×5寸为3×7寸或4×8寸（1寸≈3.33厘米）大小行，亩收获穗数38～42万穗。20世纪90年代推广吨粮田配套栽培技术，采取半精量播种，亩播量6～10公斤，收获亩穗数38.1～59.4万穗，平均46.5万穗。2000年始，推广秸秆还田技术，播量加大到12.5公斤/亩左右。收获亩穗数45万穗左右。

玉米栽培模式 1983—1989年，全县种植展叶型玉米品种，密度在每亩3000株左右。1991—1997年，以掖单四号为代表的紧凑型玉米品种，密度平均达每亩4500株左右。1998—2010年，重点推广农大108和郑单958、浚单20等品种，各项密度为每亩3500～4000株。2011—2018年，重点推广安农591、浚单19、金博士702、邢玉10等品种，密度为每亩3500～4100株。

棉花栽培模式 20世纪80—90年代，棉田一般采用1.6～1.8尺（1尺≈33.33厘米）等行距，高水肥地采用大小行或等行距种植，密度为每亩3000～3500株，旱薄地棉田采用1.2～1.6尺等行距，亩留苗5000～6000株。1989—1997年域内部分农民种植夏播棉，其平均密度5800株，行距为2.2尺，株距6寸。2004年始，引种生长势强的棉花新品种，亩留苗2500株左右。

套种与间作 两年三熟平作：常见形式，即当年春播作物，来年小麦及夏茬作物，后再周而复始。此举多见于20世纪50年代，耕作面积48万亩左右，占总耕地面积45%。20世纪60—70年代中期，逐步为通过麦田套种实现一年两熟方式所取代。20世纪80年代后，耕作面积15万亩左右，约占总耕地面积18%。20世纪90年代，此形式渐少。

另，20世纪90年代始，域内曾采用一年一熟平作、一年两熟套作，一年两熟平作、巧轮多作等套种间作形式。

除在20世纪80年代前期推广棉蒜套作、西瓜棉花间作以外，1987年，推广棉麦两熟，当年推广面积1.2万亩，1991年面积达10万亩，平均亩产小麦353公斤，夏棉亩产皮棉61.8公斤。此后受小麦产量提高，夏棉生育期长、品质差、机械操作困难等诸多因素影响，麦棉套种面积逐年减少。1997年后，此种种植模式完全淘汰。

1999—2002年，在玉米田推广了玉米—红小豆间作3万亩，亩增收150元以上。2003年，棉花间作套种7.6万亩，其中瓜棉间作2万亩，棉花—大蒜2万亩，棉花—葱头、棉花—地芸豆1万亩，棉花—油葵1.5万亩，年增收3095万元。

21世纪始，棉花种植、蔬菜种植等都应用地膜覆盖。2017年，地膜覆盖面积达30.55万亩，地膜使用量1527吨。地膜覆盖使棉花蔬菜大幅增收。

五、种子

选留高产、优质作物品种，历为域内民众重视。旧时因封建生产关系制约，故而种子选育、留用多由民间自发进行。中华人民共和国成立后中国共产党和人民政府十分重视种子工作，加之农业科学不断进步，种子优化工作硕果累累。至2018年，全县棉花品种已历10次换代，小麦、玉米更是新种迭出，几乎年年更新，岁岁汰劣。选用优种已成为提高作物产量重要途径之一。

种子引进 1950年，全县农作物种子以当地农家品种为主，小麦以“红秃头”“大芒麦”当家；玉米以“小黄玉米”“大白玉米”为主；谷子以“小黄谷”“小红谷”为主；高粱多种以“道士帽”“歪脖红”；棉花为“中棉”“紫花”；花生是“小二芽”。因品种退化，产量极低，为迅速扭转此况，1951年开始种子引进工作，1978年后引进品种76个；1990年后随着良种更新不断引进优质品种；2005年引进品种达100余个；至2018年，引进品种达244个，为全县农业生产发展发挥重要促进作用。

种子繁育 1931年，曾于农事试验场试种推广美棉等，然面积极小。20世纪50—70年代，在国家统一调剂基础上，种子选留工作主要依靠基层进行。即以生产小队为单位，通过群众性穗选、块选，单收、单打、单存，选留适合当地种植优良种子。其间，为实现种子自选、自繁、自留、自用，全县以公社为单位建农事试验场30余个，80%以上大队建有农业试验田，设有不脱产农业技术员，并有建立科学实验小组者。

繁育工作始于20世纪70年代初，由县种子站具体组织实施。始以县良种繁育场，房庄公社沙窝庄、杨獐鹿、南獐鹿、北獐鹿、东宇屯、西宇屯、潘屯大队为制种试点，进行玉米自交系繁育制种。1980年后，制种面积增至3000亩，年制种量15～20万公斤，小麦品种繁育亦由点到面逐步发展。年制种量达35万～50万公斤。棉花品种繁育20世纪80年代前多在良种繁育场进行，面积小，周期长，效果差。1984年，建立以县良棉种子公司为“龙头”的棉花优种繁育体系。全县建立良繁村26个，选定良繁面积2.5万亩。至此，全县棉花良种繁育工作自成体系，实现种植、收购、加工、保种、管理一体化。2005年，粮棉种子公司完成改制，原良繁村选种繁育自主进行，不再有购销培种等任务。

种子经营 20世纪50年代，以农户或生产队自留自用，或相互调剂为主。1962年，建县种子站后，粮食作物种子则以其经营为主，社、队间相互调剂为辅。1980年后，多数乡镇建立种子服务公司，并随之开展经营种子业务，但多以推广优良品种为主要目的。县种子站亦开展直接面对农户业务。棉花优种由县良棉种子公司经营。因全县地理位置与山东武城县仅一河之隔，部分农户亦有直接从武城自行选购优种者。

优良品种 1987—1990年，域内推广的小麦优良品种有冀麦24、鲁麦5号、冀麦26，低产田以昌乐5、沧州321为主，逐步淘汰冀麦15；1990—1995年，推广的品种有冀麦26、27，鲁麦15、215953等适宜高产栽培品种，示范白豫149、6021、357-3-3等品种，旱地推广旱940品系；1996—1999年，推广的新品种有冀麦26、4041、4185、冀麦38，淘汰了一批软质麦品种济核02、济916和冀麦27等；2000—2018年，推广优质麦小麦品种邯优3475、5031、6172、烟优361、8901、衡观35、济麦22、石麦15、石麦19、衡136、衡4399、良辰66、太麦198、石农1086等。

2001年，全县共种植51.4万亩小麦，其中20万亩为中优质麦。2018年，小麦种植面积48.51万亩，优质麦面积达3.5%。

1987年，开始种植无毒棉3703，筛选出中无（中国无毒棉）1345和冀合87，常规棉品种冀棉14、中棉12，抗病品种在非病区仍然以冀棉8号、石7111为主。1991年，全县种植无毒棉5万亩，主要品种有3703和石无16；常规棉石7111和中棉12，1992—1996年，推广优良品种冀492、冀无2031、中12、中19，夏棉以中棉16为主，配合生长期较短的无毒棉品种中无268、78-91。1997年，开始大面积种植美国抗虫棉33B，此后推广抗虫棉SGK321、DP99B等。

2005年筛选出一批生长势强，简化整枝的冀棉22、邯434、9708等品种。棉花品种实现由抗病到抗虫再到既抗病又抗虫的更新换代。2010年，重点推广抗病优质高产棉。2018年，重点推广优质高产品种鲁棉研37、石抗126、银棉1号、冀棉616、衡棉4号、银硕116、冀科8号等。

1987—1990年，推广的优良玉米品种有掖单2号、4号、烟单14、丹玉16、鲁原单8。20世纪90年代初，推广高产大粒型品种掖单12号、13号、农大60，淘汰鲁原单4号、8号，并在1993年示范推广太合1号3.9万亩，1995—1997年，玉米品种以太合1号为主，其他有掖单19、12、13号，中早熟品种掖单20、西玉3，取代掖单51、52号、烟单14，并在1997年筛选出农大108。

2000年，以农大108为主推玉米品种，其他还有郑单958、登海9号、11号、鲁单50、农单5

号等。2018年，重点推广了登海605、伟科702、中科11、裕丰303等一批适应性强、抗逆性较好的高产优良品种。

其他作物：夏谷推广安4004、冀谷6号；油葵推广新葵杂4号；大豆推广冀豆4、鲁豆8号、4号及中作119等。

六、温室大棚

域内于1989年引进小拱棚蔬菜种植方法。1992年，日光温室大棚落户故城，多种植蔬菜，种植面积以建国镇为最多。故城县设施菜类型为日光温室、大棚、小拱棚，建国镇四种四收小拱棚蔬菜种植最具特色。2008年，棚室结构有很大改进，日光温室、棚室结构由原来竹木立柱结构，发展为土墙和砖墙无立柱钢架结构温室，新型日光温室高度、跨度、墙体厚度均有大幅度增加。蓄热保温性能突出，田间操作环境也得到了极大改善，分布乡镇为建国镇、郑口镇、饶阳店镇、夏庄镇。大棚棚室结构两种：一种为竹木立柱结构，另一种为无立柱钢架结构，便于机械作业，棚膜根据种植作物不同，覆膜从单层到三层不等。至2018年年末，设施菜播种面积4.04万亩。种植品种：日光温室为茄子、辣椒、西红柿、葡萄等；大棚为西红柿、西瓜、葡萄、草莓、平菇；小拱棚为菠菜、茴香、茼蒿、茄子等。

温室大棚内景

1951—2018年故城县主要农作物种子引进一览表

表8-13

时　间	作物名称	种子名称
1951—1960	小麦	广宗白、鱼鳞白、抗碱麦、碧码1号、石家庄52
	玉米	灯笼红、白马牙
	高粱	多穗高粱
	谷子	柳条青、华农4号
	花生	小粒花生
	棉花	乌爱棉、斯字棉、岱字棉
	西瓜	花皮
1961—1970	小麦	中阿1号、阿夫麦、九兰39、石34、丰产3号、济南9号、科遗23
	玉米	唐山白、金皇后
	高粱	多穗高粱
	谷子	柳条青、华农3号、鲁谷1号
	花生	小粒花生、天府2号
	棉花	徐州1818、鄂光棉、黑山棉
	西瓜	黑蹦筋、花皮

续表 8-13

时　间	作物名称	种子名称
1971—1980	小麦	徐州 14、衡水 712、北京 8 号、矮秆旱、泰山 1 号、济南 6 号、红蚰包、济南矮 6 号
	玉米	华尾单交、文革 1 号、双跃 3 号、反帝 105 号、白单 1 号、胜利 105 号、忻黄单 9 号、郑丹 2 号、群丹 2 号、北宗 1 号、东跃 8 号、京早 2 号、燕山 10 号
	高粱	晋杂 1 号、原杂 12 号、忻杂 52 号、原杂 10 号
	谷子	衡研 130、黄嘴谷、鲁谷 2 号、朱砂红、杨村谷、金毛刚
	花生	白砂 1016、天府 3 号
	棉花	冀棉 7 号、鲁棉 1 号
	西瓜	黑蹦筋、花皮、庆丰、台湾蜜宝
1981—1987	小麦	冀麦 15、冀麦 23、冀麦 24，冀麦 25、冀麦 29、济南 13、辐 63、泰山 11 号鲁麦 1 号、鲁麦 5 号、泰山 7 号、泰山 8 号、京花 1 号、昌乐 5 号
	玉米	鲁原丹 4 号、鲁原丹 8 号、掖单 2 号、掖单 4 号、京早 7 号、丹玉 13 号、唐抗 1 号、中单 2 号
	高粱	拉 4 号、抗 7 号、陈杂 1 号
	谷子	获鹿谷、冀谷 11 号、豫谷 1 号、鲁谷 4 号、冀 1 号
	花生	海花 1 号、花 28、花 29、鲁花 1 号
	棉花	冀棉 8 号、鲁棉 6 号，中棉 49 号、冀棉 14、中棉所 12 号、石无 16，石 711、中棉所 10 号
	西瓜	新城 1 号、庆丰，郑州 3 号、中育 6 号、新红宝、石红 1 号，石红 2 号、无籽西瓜
1991—1999	小麦	冀麦 26、衡 4041、邯 5316、邯 4041、邯 4185、石 4185、邯 4564、邯 6172
	玉米	掖单 12、掖单 20、西玉 3 号、掖单 4、掖单 52、烟单 14、掖单 13、掖单 2 号、太合一、鲁元单 14、唐抗一、丹玉 13、泰玉 2 号、农大 108、掖单 19
	高粱	抗四
	谷子	衡研 131、鲁谷 13 号
	花生	鲁花 1 号、千伏 3、白沙 1016
	棉花	1724、33B、99B、99、鲁棉 1 号
	西瓜	台湾绿宝天王、齐红、齐露
2000—2005	小麦	济南 17、石家庄 8 号、4185、邯 4849、8901、邯 6172、新石 733
	玉米	农大 108、郑单 958、玉 16 系列、农大 60、浚单 18、鲁单 981、农单 5
	高粱	抗三、抗四
	谷子	张杂谷 8 号
	花生	丰花 5 号、海花 1 号
	棉花	邯 284、邯 333、冀棉 26、新棉 33B
	西瓜	开封、丰三、开杂 2 号、懒宝王、黑将军

续表 8-13

时 间	作物名称	种子名称
2006—2010	小麦	衡观 35、衡 4444、济麦 22、鲁原 502、衡 5229、衡 6172、石麦 15、石麦 14、石家庄 9 号、科农 9204
	玉米	郑单 958、泰玉 2 号、蠡玉 16、蠡玉 35、金秋 963、燕单 202、冀农一、雅玉 12
	高粱	抗四、晋杂 12
	谷子	早熟 1 号、金谷 1 号、衡谷 9、衡谷 11
	花生	丰花 5 号、冀花 5 号
	棉花	国欣 3、邯 284
	西瓜	开封 60-6、开抗 2 号、丰三、懒宝王
2011—2018	小麦	103、石麦 19、石麦 14、石麦 15、中科 199、衡 136、试种汶农 6 号、烟农 121、石麦 18、邢麦 4 号、石农 1086、邢麦 13、科农 2011、石家庄 10 号、太麦 198
	玉米	安农 591、浚单 29、金博士 702、土惠 628、邢玉 10、全玉 1233、邯郸 M、泊丰 339
	高粱	晋杂 16、晋杂 12、东梁 80
	谷子	早熟 1 号、红香谷、衡谷 39
	花生	硕风 1580、冀花
	棉花	鲁棉研 37、石抗 126、邯棉 55、鲁棉研 28
	西瓜	天津密冠龙、济南密冠龙

七、农业技术改进、引进与推广

农业技术改进及推广，历代官府曾有注意和提倡。中华人民共和国成立之初，广大农业科技人员深入基层，调查研究，推广优良品种，介绍新式农具，传授技术知识，亲手实验示范，农业恢复和发展得以促进。然 1958 年的“大跃进”和始于 1966 年的“文化大革命”，致使农业技术推广与应用受到严重干扰。中共十一届三中全会后，农业科技推广复以燎原之势蓬勃开展，并于短期内取得诸多成果。

技术改进 中华人民共和国成立后，全县共搞农业技术改进 200 余项，其中在农业生产中应用面积最大、效果较好者 3 项。

旱地麦“四改一早”技术，即对旱薄地麦田种植，改高水肥品种为抗旱耐瘠薄品种；改分次施肥为一次底施；改机播为沟播；改深耕为适当浅耕，适期早播。1980 年，依此技术播种 2.94 万亩旱薄地麦田，平均单产 91.9 公斤，总产 270 万公斤，与对照田相比，单产增加 28.75 公斤，总产增加 84.45 公斤。翌年推广面积 13 万亩，增产效果显著。1983 年被河北省人民政府列为全省三大推广项目之一。

夏播玉米“五改”技术，即对夏播玉米改套作为平作；改等行距为大、小行；改劣种为优种；改分期追肥为大喇叭口期一次重追；改稀植为适当密植。1980 年以“五改”技术种植 1.03 万亩，夏玉米示范田，经县、社、队联合验收，平均单产 300.8 公斤，比常规种植田增 191.8 公斤。之后，“五改”技术的玉米种植面积逐年增加，为扭转全县秋粮减产局面发挥了一定作用，被河北省科学技术委员会列为推广研究项目。

100 公斤皮棉配套技术，即在棉花生产中从品种选用、播种日期、施肥方法、管理措施上相互适应、互为促进的序列配套技术。1984 年示范面积 5 万亩，平均单产皮棉 107.35 公斤，比对照田亩产增 22.5 公斤。经河北省科学技术委员会鉴定，评审“在河北省高产棉田可以推广应用。该项研究，选题准确，资料充实，可作为科技成果上报。”

技术引进 1980年后引入地膜覆盖。主要用于棉花、西瓜种植及蔬菜育秧。棉花盖膜栽培，1982年春引进并试用，1983年，于青罕公社示范3000亩，1984年全县推广面积达12140亩，增产明显。与对照田相比，霜前花比例提高11.5%，单产增加16公斤。1985年后盖膜面积主要因各种生产资料价格失控而锐减。西瓜盖膜栽培，初为单膜覆盖，1990年后，又引进双膜覆盖。按种植西瓜需要垄距起垄，并在起垄中施足底肥，适时点种，后于垄上覆膜，视种子出土情况，适时于膜上破孔。此时如再设小架承膜覆之，则成双膜覆盖。此法可使西瓜提早上市7～10天。蔬菜育秧多用于西红柿、茄子、辣椒等品种，以常规技术作畦后适时撒种。畦上设小弓形支架承膜，膜四周以土压严。与露天育秧相比，秧苗物候期可提前10天左右。地膜覆盖自20世纪90年代始，由手工铺膜为机械播种和覆膜同时完成。

农业技术推广 主要为推广应用植物激素，此为利用激素的调剂性能，影响、控制或强化农作物某生育环节，以实现高产之科学手段。1980年，引进的激素品种系乙烯利、缩节胺、三十烷醇、矮壮索等，主要用于小麦、棉花、西红柿等作物，尤以棉花用之为广，疯长则喷施缩节胺、矮壮素控制，贪青晚熟则喷乙烯利催熟。

2000年，共引进外地先进技术16项，总结改进当地主要技术70余项，其中通过上级主管部门验收或鉴定者22项。2018年，围绕“粮食增产、农业增效、农民增收”中心，完成全县57个土样的化验监测工作，并根据化验结果做出施肥建议；完成5个监测点的无肥区试验及测产，五个监测点分别制作安装完成了大理石标志牌；开展专业化统防统治面积45万亩次；实现了测土配方施肥推广面积主要农作物全覆盖，新型肥料推广面积40万亩，取得了初步的经济、社会和生态效益；利用多种形式深入基层到田间地头搞指导，搞培训，搞服务。培养科技示范户300余户，培训农民近万人，解决了实际疑难技术问题。

八、农作物病虫害防治植保

简称“植保”。旧时，对病虫害多采用手捉、扑打、撒灰等土法除治。历代官府也曾予以督促。清光绪《故城县志》载：“明永乐七年（1409年）遣使扑蝗。”“清咸丰六年（1856年）买蝻”。中华民国政府亦曾于1931年以奖励办法督促各地治蝗，然难敌蝗虫危害。中华人民共和国成立初，当地对病虫害防治，采用人工捕打和喷洒“烟梗水”“苦树皮”“石灰硫磺合剂”、肥皂水等自制药水土办法。20世纪50年代末，加强人工观察测报虫害，推广“防重于治”和“治早、治小、治了”的防治经验，并开始使用化学药剂和人工喷粉器，提高植保水平。20世纪70年代，建立县植保站、测报站和公社测报点，村设测报员，以较准确测报虫害。同时，普遍使用人工喷雾器除虫。1983年，虫情测报采用数理统计方法。1989年，又进一步采用微机技术，使农作物病虫害测报准确率提高到95%以上。20世纪90年代，普遍使用机动喷雾器喷洒药液除虫，效果和效率大为提高。21世纪初，河北省植保总站为故城县配备微机设备，实现省、市、县微机联网，达到信息资源共享，提高了预测预报能力。农业部批准故城县“农业有害生物预警与控制区域站”建设项目，总投资410万元，建有实验楼、病虫观测场及相关仪器设备。

病害 当地农作物发现病害主要有小麦锈病、黑穗病、白粉病、纹枯病、矮秆病等，谷子白发病、谷瘟病、玉米斑病、黑穗病，棉花立枯病、枯萎病、黄萎病红腐病、叶斑病、红叶茎枯病，甘薯黑斑病、病毒病、软腐病，蔬菜霜霉病等。

20世纪50年代，农作物病害较少较轻。20世纪60年代，病害呈发展趋势。小麦主要发生病害是条锈和叶锈，20世纪60年代初流行一次，1969年、1979年又流行两次。玉米主要病害为大小斑病，几乎年年发生。20世纪80年代初，小麦发生主要病害是白粉病，并逐渐成为当地常发性病害，20世纪80年代末，曾大面积发生。棉花发生主要病害是枯、黄萎病，曾于域内大面积发生。

瓜菜主要发生病害是白菜的软腐病、烂心病。20世纪90年代，各种病害有增无减，如棉花枯、黄萎病在一般年份都有发生，又如瓜类的枯萎病、病毒病明显增多。但由于防治及时有效，采用农药拌种、浸种和有针对性喷洒农药等科学防治方法，未出现病害严重不可控现象

小麦病害有白粉病、赤霉病、全蚀病、黑穗病、丛矮病、根腐病、纹枯病等。主要病害为白粉病、全蚀病和赤霉病。20世纪80年代，随着

小麦水肥条件的改善，白粉病成为小麦主要病害和常发性病害，每年均有不同程度发生，其中1990—1991年大发生，发生面积超过30万亩，病茎率一般达80%以上，最高达100%。1997年、1999年小麦白粉病再次大发生，发生面积均超过45万亩，最高病株率95%。小麦赤霉病和纹枯病分别于1998—1999年传入，属南方病毒，由于联合收割机跨区作业和品种调运传入。2008年始，小麦病害呈逐年加重的态势，其中小麦白粉病已呈常年发生性病害，小麦根腐病更呈加重趋势。2015年，小麦根腐病大发生，全县发生面积达25万亩，占小麦播种面积的50%以上，前期调查病株率平均为3%～11%，最高35%，后期个别严重地块病株率达100%。小麦叶锈病每年发生程度不一，2016年，发生面积21.7万亩，病株率一般20%～70%，严重达100%；2017年，小麦条锈病严重，发生面积0.114万亩，全县共有9个乡镇发生，一般发生地块发病中心病株率12%，严重地块病株率达50%。2018年，小麦病害主要有小麦锈病、黑穗病、白粉病、纹枯病、赤霉病等。均进行了科学防治。

玉米病害有病毒病、枯病、瘤黑粉病、茎基腐病、锈病、大斑病、小斑病、弯胞菌叶斑病、褐斑病等。主要病害为玉米病毒病，该病又分为玉米粗缩病和玉米矮花叶病，分别由灰飞虱和蚜虫传毒引起。1998年大发生，发生面积25万亩，占玉米播种面积的62.5%，病株率一般10%～20%，最高66%。是年，发现弯胞菌叶斑病和玉米锈病，当年弯胞菌叶斑病发生面积36万亩，病田率90%，病株率88%，病叶率85%。玉米锈病当年发生面积30万亩，一般病株率10%～30%，最高74%，病叶率一般15%～26%，最高45%。2004年，发现褐斑病，当年发生面积2.25万亩。2013年，玉米褐斑病发生严重，发生面积29.4万亩；2015年，玉米病害发生严重，其中玉米黑穗病发生面积21.6万亩，玉米锈病发生面积38.7万亩，玉米顶腐病发生面积15.1万亩。2018年，玉米病害主要有玉米斑病、黑穗病、顶腐病、褐斑病等；棉花病害主要有立枯病、枯萎病、黄萎病、红腐病、叶斑病、红叶茎枯病等。

域内棉花病害有枯萎病、黄萎病、疫病、角斑病、炭疽病、立枯病、红腐病、煤污病、红叶茎枯病等。主要病害为棉花枯、黄萎病和红叶茎枯病，每年均有不同程度的发生。其中1989年发生较重，发病面积11.5万亩，占全县棉花面积的30%以上，其中2.7万亩有不同程度死苗现象。另外，种植抗虫棉后，棉花枯、黄萎病有加重发生趋势。2000年，棉花枯、黄萎病每年发生面积均超过10万亩，一般维持在20万亩左右，占棉田面积的60%～70%。2004年，棉花枯、黄萎病大暴发，全县近40万亩棉田95%以上地块发病，病株率80%～100%。是年8月下旬棉田几乎全部落叶成光杆，亩减产籽棉50公斤。发病面积之大、发病程度之重为历年罕见。防治用药棉枯净、菌毒清等，主要用于喷雾和灌根。

红叶茎枯病是棉花次要病害。种植常规棉时，红叶茎枯病发生较轻，1996年，种植抗虫棉后，由于抗虫棉有早衰习性，加上地膜棉的普及，使红叶茎枯病发生日趋严重。特别是遇到棉花生长后期气候干旱年份，红叶茎枯病更是暴发成灾，成为棉花上的主要生理性病害。1997年首次发生较重以来，每年发生面积在10万亩以上。其中，2004年发生面积24.6万亩，病田率60%，严重影响棉花的产量和品质。在防治上主要选用磷酸二氢钾、有机钾肥等进行叶面喷雾，实施补钾，可有效地预防和减轻该病的发生。2015年，棉花立枯病发生严重，发生面积15.8万亩，占播种面积的近80%，病株率一般10%，最高34%。

蔬菜生产中主要病害有韭菜灰霉病、黄瓜白粉病、黄瓜灰霉病、黄瓜黑星病、番茄病毒病、白菜病毒病、白菜软腐病、辣椒疫病等。这些病害每年发生程度不一，主要根据当时的气候条件进行预防。

虫害 虫害种类主要系麦蚜、麦叶蜂、红蜘蛛、玉米螟、黏虫、毛虫、蛴螬、蝼蛄、棉蚜、棉铃虫、蝗虫、菜青虫、菜蚜、菜螟等。

故城县最初记载为蝗灾，清光绪《故城县志》载："唐开元二十五年（737年）有蝗。"危害较重的为"清咸丰六年（1856年）秋，飞蝗蔽天"。20世纪50—60年代，以蝗虫、黏虫、毛毛虫、玉米螟危害较重。1950年秋，有34个村4123亩作物遭虫害，减产三成以上。20世纪80年代，随棉田面积增加，棉蚜、棉铃虫每年均有发生，均需用农药除治3遍以上，方能控其危害。域内农业突出有害生物为棉铃虫。1987—1989年，以化学防治为主。1990—1995年，防治棉铃虫采取综合防治措施：农业措施为冬耕冬灌，合理施肥，种植玉米诱集带；物理措施为安装高压汞灯；化学措施为适时用药、混合用药、交替用药；生物措施为棉田释放赤眼蜂。1996—2008年，随着抗虫棉的普及，棉铃虫危害减轻，仍以化学防治为主。其他农作物病虫害的防治是根据防治指标（标准），结合其他因素，采取化学防治，蔬菜病虫害也主要采取化学措施预防。2018年，科学防治能力不断加强，域内农作物虫害主要有小麦的麦蚜、麦蜘蛛、小麦吸浆虫、麦叶蜂等；玉米的玉米螟、黏虫、玉米棉铃虫、玉米蚜、耕葵粉蚧、二点委夜蛾等；棉花的棉蚜、红蜘蛛、棉铃虫、造桥虫、蓟马、盲蝽象等，均以化学防治为主物理、化学措施兼用，病虫害得到科学防治。

草害 域内杂草以马唐、麦蒿、节节草、荠菜、藜、狗尾草等为棉田、玉米田、麦田主要草害。中华人民共和国成立前后主要靠人工除草。21世纪，全县已普及农田化学除草，除草机械以电动喷雾器为主，以大型机械为补充，对控制农田杂草发挥了积极作用。麦田杂草麦蒿、荠菜等对化学农药苯磺隆、二甲四氯钠抗药性日趋严重，防效不佳。2008年，全县发生面积6.2万亩，以后逐年扩大。2017年始，推广施用双氟磺草胺、唑草酮防治麦蒿、荠菜、节节草等麦田禾本科杂草。2018年发生面积已达24.3万亩，占小麦播种面积的一半，域内化学除草21万亩。

化学控制 以农药防治虫害为主。20世纪60年代，使用农药有六六六、滴滴涕、砒霜、石硫合剂。20世纪70年代，更新为1605、1059、3911、乐果、敌百虫、敌敌畏等。20世纪80—90年代，又增溴氰菊酯、速灭杀丁、呋喃丹、氯氰菊酯等高效低毒农药。用药途径主要系手摇或机动喷雾器、喷粉器向受害作物喷洒药液药粉，亦有用药拌种治虫者。

农业防治 多采用充分熟化农家肥，灭杀害虫虫卵；适时播种小麦，减少小麦丛矮病发生；选用抗病品种，减轻病害；轮换作物茬口，防止棉花枯黄痿病扩大等办法，均收到一定效果。

植物检疫 故城县作为植物检疫代省签证县，按照2001年河北省出台的“两单一规定”（即种子生产产地植物检疫报告单、河北省植物检疫证明编号申请单和植物检疫证明编号的规定），全面执行植物检疫法规，开展植物检疫工作。2004年，贯彻落实《河北省植保条例》，在全县实行植物检疫登记备案制度，使植物检疫规范化程度明显提高，确保了全县农业生产安全。此政策方法沿用至今。

九、农药与药械

农药管理 1997年5月8日，国务院《农药管理条例》颁布实施，条例明确县级以上农业管理部门负责各自辖区农药生产经营管理。1999年，域内成立农药监督管理站，与县植保站合署办公，负责全县农药监督管理工作。

农药经营 1999年，按照河北省颁布的河北省实施农药管理条例办法，在全县实行农药经营许可证制度，加强对农药经营人员培训。2003年国家将杀鼠剂经营从农药范畴中分离出来，杀鼠剂经营单位需具有农药经营资格并取得《危险化学品许可证》后，方可经营，取缔非法经营单位和流动摊点，至2008年，域内确定23家杀鼠剂经营单位。2010年，域内剧毒杀鼠药基本停销。

农药使用 1987年，随着人们环保意识的不断增强，低毒农药、生物农药得到推广，高毒、高残留农药受到抑制。1993年，农业上停止使用杀虫脒。2002年，农业部发布再次明令禁止使用六六六、滴滴涕、毒杀芬等18种农药。另外，蔬菜、果树、茶叶、中药材禁止使用甲胺磷、甲基对硫磷等19种农药。

智能电动喷雾器

药械 境内农民长期以来使用“工农-16”型手动喷雾器，跑、冒、滴、漏现象严重。1990年，推广机动喷雾器。2002年，域内拥有机动喷雾器3300台，其间曾使用过改进型手动喷雾，静电喷雾器，均未实现大面积的推广和应用。2003年机动喷雾器需求增加，2008年年末，全县拥有机动喷雾器3.6万台，户均0.45台。2018年，全县机动喷雾器3.96万台。

第五章　林果业

故城县地处华北平原地区，植树造林历史悠久。明朝万历四十二年（1614年）《故城县志》记载：“城壕四面柳色、围环相映，实为壮观，故烟笼池柳。”时为故城八景之一。清光绪《故城县志》载，清咸丰七年（1857年）知县胡桂芬“奉伐城乡树木，运防海口”，抵御外患，林业可见一斑。

中华民国中期于县城北建有苗圃场，为纪念孙中山逝世11周年开展植树活动，然数量甚少。

1939年后，日本侵略军实行“三光”政策，林木资源遭严重摧残。

1949年，人工造林42亩，有零星树木32.8万株，人均1.3株。中华人民共和国成立后，中共故城县委、县政府重视林业发展。20世纪50年代初，大面积植树造林，先后建立饶阳店林场（时属武城县辖）和里老林场。1957年，全县有林木350万株，片林达12100亩。1958年，刮起“共产风”，大多林木遭砍伐。1963年，县人委颁发林木所有证，国家、集体和群众个人植树造林积极性得以调动。建立白佛寺、贾黄村、东辛庄等一批林果生产基地。1966年，全县造林25600亩，“四旁”（村旁、宅旁、路旁、水旁）植树600万株。1971年，全国林业会议后，林业生产迅速发展。1974年，始于军屯试点，未久普及军屯经验，全县基本上实现农田林网化。全县建成点、片、网、带相结合防护林体系，出现林茂粮丰局面。

中共十一届三中全会后，林业政策进一步落实，并适时调整农业内部结构，林业生产获长足发展。1983年11月、1986年6月故城县两次被林业部命名为全国平原绿化先进县。境内树木已达151个种类，其中枣、梨、桃、杏等果树普及全县，鸭梨畅销国内外，冬枣一枝独秀。1986年，通过农业种植结构调整，果园面积迅速发展。1987年，全县拥有“四旁”林木1800多万株，片林42500亩，林木蓄积量达60多万立方米，森林覆盖率达12.7%，果品产量684万公斤，林业产值164万元。

1995年，为林业发展鼎盛时期，果园面积10.6万亩，森林覆盖率达9.2%，是年，被全国绿化委员会评为“全国造林绿化百佳县”。2002年，承担“退耕还林（匹配）”“防沙治沙”等国家重点造林绿化项目，相继实施通道绿化、河渠绿化、闲散荒地绿化、农田林网建设等绿化工程，基本形成点、片、网、带相结合，比较完备的平原生态体系。2005年被河北省绿化委员会评为“河北省绿化先进单位”，2007年，被评为“河北省农田林网建设先进县”。2008年年末，全县共有林地面积162945亩，果园面积59685亩。树木保有量达4080万株，是1987年的2.3倍，林木覆盖率增加到15.8%。林业总产值8235万元，占农业总产值的3%。2011—2015年“十二五”以来，故城县把植树造林作为当时工作的重中之重，以县城绿化、通道绿化及林业园区建设等工程为重点，兼顾村庄绿化及农田林网建设工程，全力推进植树造林工作，造林绿化和生态建设取得了明显成效。2018年，全县造林绿化总面积44万亩，绿化覆盖率达31%。

县域内的气候和土壤等条件适宜种植以阔叶树为主的多种林木生长。在历史上占主导地位的树种有柳树、榆树、槐树、毛白杨树、桑树、枣树、梨树、杏树、桃树、苹果树等果树。20世纪60年代，发展107杨树、刺槐等。20世纪90年代，发展以苹果为主的20多种果树新品。2018年，用材林主要有17科20属30多个品种；经济林有9科14属42个品种；灌木林有6科18属9种。

第一节　林木种类

域内属暖温带半湿润季风气候，适宜多种乔、灌树木生长，境内自然分布树木以温带植物区系单成分阔叶树占优势，据1987年林业资源调查，境内自然生长及人工栽培主要树木品种有28科39

属 151 种。20 世纪 90 年代，发展以苹果为主的 20 多个果树新品种；经济林有 9 科 14 属 42 个品种；灌木林有 6 科 18 属 9 种。

用材树 域内主要用材树种系毛白杨、大关杨、小美国杨、沙兰杨、榆树、柳树、刺槐等。毛白杨为乡土优良树种，多用于农田林网及村庄绿化；大关杨、小美国杨主要用于农田林网；榆树主要分布于农家庭院和村庄周围，亦用于林网建设；刺槐多用于瘠薄地盐碱地造林、果园围墙和“四旁”绿化；柳树分布于沟、岸、坡、堤及村庄坑塘周围，零星分布树种系香椿、臭椿、桑树、泡桐、苦楝、悬铃木、国槐等。

20 世纪 70 年代，域内用于造林绿化的树种以杨、柳、榆、槐为主，以杂交杨为最。20 世纪 90 年代，用于绿化以毛白杨为主。1996 年，引进中华国杏；1997 年，引进速生杨品种中林 46；21 世纪，杨树、柳树等速生树种逐渐发展成主栽树种。域内引进的杨树以中林 2001、2025、欧美 107、108 为主，柳树以速生柳和黄金柳等为主，黑杨品种的杨树和柳树成为境内用于绿化的主要树种。2008 年，主要品种有杨树、柳树、榆树、槐树、椿树、桐树、栾树、楸树、银杏、白蜡、柏树等品种。2018 年，主要有杨树、柳树、槐树、榆树、桐树、柏树等，杨树、柳树等速生树种逐渐发展成主栽树种。

灌木 主要灌木树种系柽柳（红荆）、杞柳、枸杞、紫穗槐等。其中柽柳耐盐碱干旱，一般生长在沟边路旁，即盐碱地段，多分布在黑龙港流域。20 世纪后期因盐碱地减少而不多见。

果树 主要果树品种系梨、苹果、杏、桃、枣、葡萄、山楂、柿子等。梨、枣、杏集中分布

庭院柿子喜获丰收

于辛庄、庙灵乡一带；苹果多分布于故城、青罕、原隰等乡镇；枣树为历史栽培品种，农家庭院及村庄周围多有栽培。2008 年，经济林品种主要有苹果、梨、杏、桃、枣等十余个品种。2018 年，经济林主要有梨、桃、杏、苹果、葡萄等品种。

观赏树 20 世纪 90 年代，随着城镇园林绿化水平的提高，一些观赏树种逐步引入。主要观赏树木系松柏、合欢、木槿、海棠、无花果、月季、夹竹桃、石榴、小叶黄杨、悬铃木、山桃、玫瑰等。2018 年，主要有桧柏、玉兰、紫叶李、碧桃、木槿、女贞、丁香等。

特色树木 冬枣又名苹果枣，为名、特、优、稀果品之一。其肉质酥脆、味甜多汁，有多种人体生长发育所需成分。1986 年 10 月，经河北省红

域内特产农家冬枣

枣测评会测定，故城县冬枣含水分 59.9%，肉核（干核）8.4 毫米，总糖 18.41%，总酸 0.38%，维生素 C382.2 毫克 /100 克，单果重 7.9 克，为优良鲜食滋补果品。域内有冬枣成树 5000 余株，新植 8000 余株，密植丰产田园 50 亩，年产量 30 万公斤左右。成树多零星分布于辛庄、庙灵、青罕、杏基等乡十几个村庄农家庭院内外。1986 年，故城县冬枣列入衡水地区果品发展规划。为使冬枣增值，后于 1989 年，县林业局农业技术开发办公室联合里老林场建冬枣恒温库，是年 9 月 30 日竣工。经验收达到技术要求标准，设计容量 300 吨。省拨款 23 万元，地区拨款 12 万元，县拨款 11 万元，县林业局自筹 4 万元，共投资 50 万元。

冬枣树势较弱，树姿开张，树冠乱头形。主干灰褐色，皮粗易剥落。枝条密度中等，一年生枝红褐色，较光滑，二年生枝灰褐色，多年生

枝黑色，布有长圆形皮孔。叶片中厚，深绿色，叶尖为钝尖，叶基圆形，叶缘锯齿细小。母树200～250年生，树高4米，冠幅5×4米。4月中旬萌芽，5月中旬开花，10月上中旬采收果实，10月下旬落叶。树蘖苗自然发生少，主要依靠嫁接繁殖。自然落果少，不裂果，较丰产，一般单株产量70公斤左右。

果实圆形，每公斤106粒。果皮薄，熟后淡红色，果顶平，柱头遗存，梗洼浅宽，果肉白或白绿色，肉质细嫩多汁，果核纺锤形，核纹深、长，核内含种仁一粒。冬枣适应性较强，抗旱，抗寒，耐盐碱，高产优质。

抱头白：即抱头毛白杨，该树种树干通直，树冠窄小，冠呈锥形，侧枝弯曲向上生长。自1942年由景县引入，目前仅青罕石东村及郑口镇沙窝庄村有零星几株。1979年，山东夏津等地曾来此采集枝条，用于繁殖。1983年，衡水地区林业局进行树木优选时，青罕石东1株被选为优树，并挂牌保护，已高达15.9米，胸径29.5厘米，材积为0.45立方米。抱头白适应性强，可做“四旁”及防护林建设。其木质优良，居杨树之首，可为家具、建筑、造纸、火柴与工业生产用材。

故城县用材树种一览表

表8-14

科　名	属　名	树　种
柏　科	柏	侧柏、桧柏、龙柏
杨柳科	杨	毛白杨、北京杨、北京杨、大官杨、青杨、钻天杨、107杨、106杨、108杨、欧美杨
杨柳科	柳	旱柳、龙爪柳、垂柳
榆　科	榆	白榆、黑榆、家榆、大叶榆
蝶形花亚科	槐树	黑槐、白槐、龙爪槐
蝶形花亚科	刺槐	有刺洋槐、无刺洋槐
苦木科	臭椿	臭椿
槭树科	槭树	复叶槭
玄参科	泡桐	紫花泡桐、白花泡桐
木樨科	白蜡	小叶白蜡
楝　科	楝	苦楝
蔷薇科	梨	杜梨
卫矛科	卫矛	丝棉木
紫薇科	梓树	楸树
含羞草科	合欢	合欢
梧桐科	梧桐	梧桐
桑　科	构树	构树
悬铃木科	悬铃木	法桐

续表 8-14

科 名	属 名	树 种
胡桃科	枫树	五角枫
楝 科	香椿	香椿

故城县经济树种一览表

表 8-15

科 名	属 名	树 种	品 种
蔷薇科	苹果	苹果	金冠、元帅、国光、美夏、富士、红星、嘎啦、印度青、 红玉、沙果
蔷薇科	梨	梨	鸭梨、雪花梨、皇冠梨、苹果梨、晚秋梨、香水梨、杜梨
蔷薇科	桃	桃	五月鲜、久保、深州蜜桃、雨花露
蔷薇科	李	杏	金太阳、银白杏、麦黄杏
蔷薇科	海棠	海棠	北美海棠、西府海棠
蔷薇科	山楂	山楂	大金星、小金星
鼠李科	枣	枣	小枣、铃枣、马连枣、冬枣
葡萄科	葡萄	葡萄	牛奶、玫瑰香、红提、巨峰
胡桃科	胡桃	核桃	绿岭 1 号
茄 科	枸杞	枸杞	园果枸杞
安石科	石榴	石榴	黄石榴
无患子科	文冠果	文冠果	文冠果
柿树科	柿属	柿子	磨盘柿
桑 科	无花果	无花果	无花果

故城县灌木及其他树种一览表

表 8-16

科 名	属 名	树 种
怪 柳	怪柳	怪柳
蝶形花亚科	槐	紫穗槐
蝶形花亚科	锦鸡	拧条
蝶形花亚科	槐	龙槐

续表 8-16

科　名	属　名	树　种
杨柳科	柳	杞柳
桑　科	桑	鲁桑
锦葵科	木槿	紫红重瓣木槿
锦葵科	木槿	斑叶木槿

故城县树木名录一览表

表 8-17

科　名	属　名	树（品）种名称
柏　科	侧柏属	侧柏、千头柏、洒金柏
	圆柏属	桧柏、龙柏、蜀桧
松　科	雪松属	雪松、塔松、马尾松
杨柳科	杨属	毛白杨、加拿大杨、钻天杨、小叶杨、箭杆杨、合作杨、小美国杨、沙兰杨、北京杨、大关杨、青杨、214 杨、69 杨、72 杨、山海关杨、银白杨、新疆杨、唐杨
	柳属	旱柳、垂柳、龙曲柳、杞柳、杆子柳
榆　科	榆属	白榆、黑榆、大叶榆
蝶型花科	槐树属	国槐、龙爪槐
	刺槐属	刺槐
	紫穗槐属	紫穗槐
苦木科	臭椿属	臭椿
悬铃木科	悬铃木属	二球悬铃木
槭树科	槭树属	夏叶槭
玄参科	泡桐属	白花泡桐、紫花泡桐
木樨科	白蜡属	小叶白蜡
楝　科	楝属	苦楝
	香椿属	香椿
卫矛科	卫矛属	大叶黄杨
	南蛇藤属	南蛇藤
含羞草科	合欢属	合欢
桑　科	桑属	桑树
	无花果属	无花果
安石榴科	石榴属	石榴

续表 8-17

科 名	属 名	树（品）种名称
木槿科	木槿属	木槿
茄 科	枸杞属	枸杞
柽柳科	柽柳属	柽柳
柿树科	柿树属	柿树、黑枣
芸香科	花椒属	花椒
皂角科	紫荆属	紫荆
忍冬科	金银花属	金银花
胡桃科	胡桃属	核桃
水杉科	水杉属	水杉
黄杨科	黄杨属	小叶黄杨
蔷薇科	蔷薇属	月季
	苹果属	海棠、沙果、元帅、金冠、国光、白龙、美夏、红玉、倭锦、印度、大国光、鸡冠、黄魁、胜利、红魁、红富士、国庆、新红星、祝红、醇露、秀水国光、赤阳、伏花皮、葵花、金丰、向阳红、红丰、陆奥、玫瑰红
	山楂属	山楂
	梨属	杜梨、鸭梨、雪花梨、胎黄梨、酸梨、白面梨、巴梨、鸭广梨、冬面梨、香水梨、洋梨、慈梨、石当山酥梨
	樱属	蜜桃、雪桃、大久保、五月鲜、蟠桃、土桃、岗山白、白风、京红肥城桃、烟台水、大土杏、大水白杏、红花接、麦黄杏、饺子杏、金典杏、大叶里藏杏、面桃杏、满包杏、白砘轱辘杏、中八斗
鼠李科	枣属	串杆小枣、紫枣、苹果枣（冬枣）、婆枣、铃枣、马连小枣、脆枣、小枣、金丝枣、普通小枣、辣椒枣、小紫枣、核桃纹枣、鹰不落
葡萄科	葡萄属	巨峰、玫瑰香、牛奶、龙眼、北醇、保尔加尔、黑奥林、白玛瑙、白玫瑰、白香蕉

第二节 植树造林

域内有植树传统，辛庄、庙灵、青罕一带植有大片果树，辛庄乡后孟疃一带曾植有大片用以制作农具木叉的柳树林，里老、饶阳店有大面积林场。各村边、道旁、院内房前屋后都栽有树木，墓地、坑塘、沙丘等处栽种的树木则更多。中华人民共和国成立后，植树造林成为各级党委、政府一项重要工作，每年植树节期间有组织地采种、育苗、植树造林。

一、育苗

民国中期，林业亦有进展。据民国实业部全国造林成绩考成表载，1931 年前后于县城（今故城镇）北建有县苗圃场，南北长31.75丈（1丈≈3.333米），东西宽19丈，计地10亩。苗圃场由专人负责（主任、事务员各1人）。河北省建设厅对苗圃负责人业绩亦检查总结，并督促制定年度施业计划，是时苗圃场施业计划于义冢、公地造林，苗圃凿井，增辟苗圃。1934 年，苗圃场建设动支经费 135 元。新辟苗圃南北长 7.7 丈，东西宽 113.5 丈，计地 15.3 亩，为浇灌苗木，于苗圃中间凿井 1 眼。是时，有苗圃 25.3 亩，造林 17.9 亩。苗圃品种以杨树、榆树、椿树、枣槐树和夜合槐树为主，育苗方式有种子（刺槐、夜合槐等）、扦插（杨、柳等）。年产树苗 60228 株，其中杨树 38857 株，榆树 9436 株、刺槐树 8673 株、夜合槐树 3262 株，以备自行造林兼作推广之用，并以造经济林为主。1935年春，苗圃场将所有苗木无偿发予各乡民众。同时，苗圃场于西辛庄村后植刺槐105株、杨树240株，占地7.1亩；于县城北门外植刺槐树55株、杨树47株，占地1亩；于农业推广所处植榆树173株、椿树20株，占地2亩。是年，苗圃场完成施业计划后，除于公路边、河堤侧、公地里植树外，又将大部分苗木分给乡民栽种，树木成活率62%。

中华人民共和国成立后，始由各社队林业专业队育苗，以国有林场为主，社队育苗为辅进行林场育苗。里老林场、饶阳店林场兼营苗圃，面积250亩，以杂交杨、毛白杨育苗为主，年产苗20万株。除满足县内用苗外，并售往外地造林。1981年，农村实行联产承包责任制后，始有群众育苗。群众性育苗为林业生产打下基础。为解除群众育苗后顾之忧，1982年，实行合同育苗，由林业部门与育苗户签订合同，并发展育苗专业户和重点户，形成国家、集体、个人育苗一齐上格局，育苗最多时面积达8000余亩。后随着市场经济的发展和深化，苗木繁育进入市场化轨道。出现众多育苗专业户、重点户。育苗数量、品种、质量均有大幅度提高。1987年，苗圃面积仍保持1200多亩。育苗类型系种子育苗，如刺槐树、海棠树、酸枣树、桃树、杏树、侧柏树、国槐树、黑枣树等；枝条育苗，如杨树类、柳树、葡萄树等；根蘖育苗，如枣树、泡桐等。育苗方式系播种、扦插、分根、断根、嫁接、压条等。

1990年，房庄乡鹿冢村、郑口镇前香坊村、西半屯乡书村等均已形成育苗专业村。国营里老林场、饶阳店林场等已形成具有一定规模的育苗基地。1993年，里老林场、杏基湖开始调入桧柏、千头柏、银杏等绿化、美化苗木，归圃育苗，之后供应本地或销售京、津等城市绿化。故城镇东南镇、刘庄、武官寨镇梁庄等乡村，相继出现苗木、花卉育苗专业户，专事绿化、美化用苗，并进入城市，承包城市街道、广场等绿化、美化工程。1999年，县城出现养花户，建温室大棚，内养多种花卉常年出售。2001年，随着植树造林的快速发展，苗木需求缺口较大，不少农户看准商机，大力发展速生杨等育苗。2010年，全县育苗面积1485亩，当年新增育苗面积720亩，年产苗量43万株。2016年，育苗面积10245亩，当年苗木产量118万株。2018年，育苗面积10200亩，当年苗木产量102万株。植树造林主要苗木品种有：速生杨107、108、中林46、毛白杨、毛杂等；绿化美化苗木主要有国槐、龙爪槐、桧柏、千头柏、洒金柏、小檗、法桐等。

苗圃种植管理

二、片林营造

中华人民共和国成立后，党和政府极为重视植树造林工作，号召广大群众积极参加。1949年、1960年，分别建饶阳店、里老林场，造林1万多亩。“大跃进”期间，掀起群众性植树造林活动，投入8万多人，奋战7昼夜，植树2500多万株，但因缺乏科学管理，成活率较低。

1974年，结合农田基本建设，开展以河渠绿化和方田造林为主体的农田防护林建设，在军屯公社取得经验后，迅速在全县范围内推广。至1978年，全县绿化河渠14条，长360公里；干线公路7条，长180公里；方田路700条，长3300公里，林网控制面积达78万余亩。

1981年，故城县成立绿化委员会。此后，县委、县政府每年春季均召开植树造林动员大会，安排部署当年植树造林任务，由各乡镇和有关职能部门负责分工落实。一般春季完成全年任务的70%，冬季完成30%。20世纪90年代初，随着自然条件变化，造林任务变为冬季完成60%～70%，春季完成30%～40%，县委、县政府召开现场会、调度会，推动工作开展。每季植树造林结束后，都进行检查验收，并对植树造林工作突出的乡镇、村和个人进行表彰奖励。1984年，进行用材林基地建设，营造以沙兰杨、214杨、69杨、72杨为主栽培品种的速生丰产林1500亩。1987年年初，郑口镇第二代农田林网更新完成，全面启动林网更新，是年末，全县宜林地52000亩，已造片林49000亩。1994年，二代林网建设完毕，新植树木390万株。是年，域内开展公路绿化带建设，郑口至三朗段公路每侧植树4行，以毛白杨为主，每侧路沟至少2行，以速生柳树为主。第二年春季完成郑口至龙华公路和郑口至清河段两侧绿化。冬季完成邢德、石王、机德公路两侧绿化。绿化长134公里，共植树30余万株。

2002年秋，以"退耕还林""防沙治沙"等项目为依托，在县级以上骨干公路两侧植树，即"通道绿化"。省级公路两侧植树宽度各100米，其他公路两侧植树宽度各50米，树种以速生杨、速生柳为主。苗木胸径3厘米左右，当年冬季和第二年春季全部完成六条县级以上公路两侧绿化任务，植树140万株。2003年至2004年春，域内开展以河渠绿化及村周围闲置地、废弃窑厂、墓地、坑塘、场院等为主的闲散地绿化工程，共完成造林面积79500亩，植树420万株。绿化主干河渠8条，每侧绿化宽度30米，绿化长度215公里，植树132万株。2005年，沿大外环、新修建军路及郑清路植树绿化，植树24万株。2006年，实施农田林网、闲散荒地绿化、村庄绿化等工程，造林面积5985亩，植树33万株。2007年，实施农田林网建设工程，造林面积10005亩，植树70万株。2008年，实施林棉间作、农田林网建设等造林工程，造林面积5010亩，植树30万株。2010年，造林面积6405亩。2016年，造林面积6705亩。2018年，实施廊道绿化、环县城绿化、村庄绿化、林园区建设和农田林网建设五大造林工程，完成造林面积2.3万亩。重点打造运河文化带，1000米范围内森林覆盖率达40%，完成造林面积1.2万亩。

三、"四旁"植树

故城人民素有于宅旁院落植树传统。"大跃进"期间，因"共产风"干扰，群众个人植树受限。1963年，县人委发放林木所有证，划定自留树，群众植树始有发展。"文化大革命"期间，受"左"的思想干扰，林地使用权和树木所有权收归集体，群众个人植树积极性受挫。

1981年，林业政策得以落实，全县实行林业"三定"（即稳定地权、林权，划定自留地，确定林业生产责任制）。发放林木所有证64180件，下放散地1万亩，群众植树积极性高涨。1988年，"四旁"植树180万株。1998年，"四旁"植树172万株。2005年，"四旁"植树380万株。部分"四旁"树树龄已至几十载。2010年，"四旁"植树4万株。2016年，"四旁"植树4.8万株。2018年，"四旁"植树5万株。

四、林业园区建设

2012年，为提升森林覆盖率，增加绿量，以"绿色发展、生态富民"为目标，适应市场需求，按照"因地制宜、突出特色、科学布局、灵活多样、连片推进"的原则，建设规模化、现代化林业园区。推进全县林业快速发展，提升全县生态建设水平。2013年，以林业园区绿化为重点，在衡德工业园、营东工业园、西苑开发区种植以杨树为主的林业园区3000亩。

2014年，针对河北省地下水严重超采的现实，实施还林还湿工程，调整种植结构模式，以非农作物替代农作物项目造林3000亩，以"提升县城品味，建设美丽故城"为目标，提升全县生态建设水平，在城区内建设千亩森林公园一座，占地面积1600亩。

2015年，以改善大气环境质量为目标，结合节水压采林业项目，郑口镇冯杏基建设白蜡林业园区500亩，房庄乡董学村建设核桃示范基地1400亩。2016年围绕"绿色崛起、生态振兴"战略，进一步巩固和拓展"一人一亩林"成效，继续推进千亩林业园区建设，在饶阳店镇饶阳店村、刘辛庄村建设林业园区2100亩，郑口镇芦庄村建设林业园区1000亩，500亩以上林业园区3个。

2018年，大力推进现代果园建设，县政府进一步加大政策扶持力度，对现代果园新造林单体面积50亩以上千亩以下的，每亩每年补贴600元，连续补贴3年；对单体面积千亩以上的连续补贴4年，第一年每亩补贴1200元，第二年至第四年每亩补贴600元；对单体面积200亩以上新植生态林，每年每亩补贴500元，连续补贴3年。在东大洼建设以桃、苹果、梨为主的现代果园1530亩；里老乡大马坊村在原有基础上种植黄桃、晚熟桃2190亩，辐射带动全县发展桃树种植面积1320亩；军屯镇赵庙村种植苹果1395亩。

五、通道绿化建设

通道绿化建设始于2012年秋冬季，域内实施"四级公路"通道绿化，为确保通道绿化工程顺利实施并长久保存，县政府制定了通道绿化占地每亩补贴200元，连续补贴五年的政策，共完成通道绿化造林面积5134.8亩。2014年，以招商引资、大户承包方式开展通道绿化。省级公路邢德线、高速引线、郑昔线以每侧绿化宽度均不低于50米，县级公路（郑清线、郑龙线、石王线、机德线）和裘都大道以每侧绿化宽度均不低于50米的标准进行绿化，绿化面积7950亩。2015年，高速公路贯穿故城县青罕镇、辛庄乡、房庄乡三个乡镇，按照每侧绿化宽度均不低于100米的标准进行绿化，绿化长度18公里，绿化面积5805亩，主要以种植白蜡、杨树、椿树的混交林为主。2017年，郑昔路、邢德路两侧各建设宽度不低于10米的景观绿化带，采用常绿与落叶树种、灌木与花卉相结合的绿化模式，实现四季常绿三季有花两季有果的绿美效果，绿化里程40公里，绿化面积1500亩。

六、其他造林工程

21世纪，域内植树造林工作逐步由以营造生态林为主向以营造经济林为主转变，突出林（果）棉（粮）间作、通道绿化补植提高等重点工程，全县共完成造林6100亩，植树30.3万株。

2015年，按照建设美丽乡村的总体要求，在村周围要建宽度不低于20米的绿化带或村旁种植不低于30亩的片林，村内主干道路街巷、宜林隙地全部绿化，村庄绿化覆盖率达30%以上，美丽乡村建设完成植树18.39万株，新增绿地1750亩。

2017年，采取“林水相依、绿廊相连、绿块相嵌”的模式，重点打造大运河生态景观长廊建设工程，按照运河单侧宽度1000米范围内森林覆盖率不低于40%的总体要求，建设宽度不低于300米的景观长廊。为确保任务完成，县政府加大补贴政策，对乔木林以每年每亩250公斤小麦市场价格计算，连续补贴7年；经济林（指果树）按每年每亩275公斤小麦的当年市场价格给予补贴，连续补贴5年。2018年，运河绿化长度75公里，绿化面积1.59万亩。

七、义务植树

民国中期，县国民政府曾开展义务植树。1936年4月4日，故城县国民政府及各机关团体学校百余人，于县城附近举行孙中山总理逝世11周年纪念植树活动，县政府要人骑车率队赶赴现场，与职员一起植树。劳动之余，摄影留念。另据1940年《统计年编》载，故城县原植树644棵，又造林5亩，成活仅142棵，株高5～6米。

网络志愿者义务植树

1979年，国家确定“3月12日”为植树节始，中共故城县委、县政府每年于植树节前，号召全县人民植树造林，义务植树。并成立县绿化委员会，具体负责全民义务植树和林业生产规划、安排、检查、落实及奖惩等各项工作。石（槽）王（疃）公路、郑（口）三（朗）公路及环城路、康宁路、青年街等街道，年均参加植树18万人次，植树55万多株。

1987—2018年故城县林业发展统计表

表8-18

年度	林地（亩）		育苗（万株）		“四旁”植树（万株）
	当年营造	年末实有	当年营造	年末实有	当年营造
1987	1470	42461	638	1184	121
1988	2533	44434	537	1077	121

续表 8-18

年度	林地（亩）		育苗（万株）		“四旁”植树（万株）
	当年营造	年末实有	当年营造	年末实有	当年营造
1990	4500	44500	900	1400	120.0
1991	4500	42200	1000	1600	125.0
1992	5589	42215	1330	2197	9800.0
1993	300	—	1335	1845	105.0
1994	3315	45360	1065	2010	152.0
1995	5085	50310	1035	2025	204.0
1996	240	—	1005	1695	235.0
1997	1080	—	1065	1590	—
1998	1530	47505	1110	2130	172.0
1999	1590	—	1320	2190	185.0
2000	3525	47505	1455	2280	2655.0
2001	1185	47505	2145	2985	166.0
2002	20265	66705	3615	4905	265.0
2003	44700	54630	4470	5760	330.0
2004	92040	70410	4200	6090	355.0
2005	50100	89625	1350	4230	380.0
2006	5985	98295	2250	3090	960.0
2007	10005	113295	1185	2970	705.0
2008	5010	162945	1080	1845	960.0
2009	6100	168940	1694	6840	3.5
2010	8800	177550	1037	6710	4.0
2011	14200	191440	320	7020	5.0
2012	13200	204340	1100	7960	5.0
2013	14920	219060	880	8840	5.2
2014	16800	235120	2895	9375	5.1
2015	18190	251340	270	9640	5.0
2016	17600	262890	1260	10245	4.8
2017	15190	277680	750	10200	4.5
2018	18405	295740	—	8340	5.0

说明：表内“—”为无统计数字

第三节　农田林网

农田林网建设始于1974年冬，初于军屯公社南大方试点，继则完成武官寨公社东大方、西大方，庙灵公社北大方，故城公社老庙洼方等重点方田林网建设。同时，各公社结合农田基本建设实行“兵团作战”。1978年，全县适宜建设农田林网的78万亩土地，全部实行林网化。共修方田路700条，长30万米，建成网格6100个，林网植树622万株，基本实现排、灌、路、林配套。林网主要规格为百亩左右，东西宽250～300米，南北长300米。主干路为一路两沟四行树，排灌配套，宽度在10米左右。田间路每边1行，路宽4～5米，株距2×1米或1×1米。林网植树多为速生树种杂交杨，次为榆树、刺槐和柳树，少有毛白杨和泡桐。林网共存树林447.3万株，其中主要有杨树352.5万株、榆树46万株、柳树38万株、刺槐10万株，其他树木8000株。林网活立木蓄积约为14万立方米。

农田林网化实现后，域内形成较为完整的防护林体系，产生防护效益。据调查观测，全县大风次数由建林网前的每年18次降为10次。林网内风速比空旷地降低50%，空气湿度增加5%，蒸发量减少，干热风危害得以不同程度控制，对农业高产稳产发挥较大作用。林网直接经济效益更为明显，从幼苗到成树，一般每公里方田路生长木材70立方米，价值2万多元。

1984年，大部分树木已到成材期，部分树木由于病虫危害，生长受到影响，为改善和提高农田林网防护效益和经济效益，需有计划地进行林网采伐更新。1986年春，经上级主管部门批准，进行一次性林网更新，郑口镇更新树木20万棵，至翌年末，全镇一代林网基本更新。绿化路渠35公里，发展果园500亩，造片林2000亩，新植树60余万株，成为全县二代林网建设楷模。是年，青罕、夏庄、原隰等乡相继更新。1990年年末，全县更新林网40余万亩。在农田林网更新建设中，县、乡镇、村均建立防护林组织，加强树木管理。郑口镇率先成立林果督查站，配备督查员6名。村设护林员，一般每2公里路设护林员1人，全镇共配备护林员108人。督查员、护林员统一着装，工资来源以村为主、镇为辅，并订立各项规章制度，按管护情况好差，实行浮动工资。护全镇新植树木成活保存率达95%以上。全县共建林业督查站23个，配备督查员150余人，护林员1200余人，林木得到有效保护。

2015年，结合土地整理、农业综合开发项目，按“一路两沟四行树”的标准，科学选用杨树、白蜡、法桐等具有生态效益和经济效益的树种，全面修复农田防护林体系。2018年，全县农田林网面积8.79万亩。

第四节　果树果园

境内果树以枣、杏、梨、苹果、葡萄为主，梨、枣、杏、桃多为传统品种，立地条件差，管理粗放，多分布于沙河两岸。苹果、葡萄多为20世纪60年代初期引进品种，立地条件较好，水源充足，管理精细，产量较高。

陈庄村杏园一角

实行果园联产承包责任制始于1981年。责、权、利与承包者紧密相连，承包者生产投入和技术管理明显改善，果品产量、质量大幅度提高。1984年冬，县政府颁发文件，鼓励群众种植果树，是年，发展果树7000亩，多数成活，长势良好。1986年，县委、县政府把3年发展果树10万亩，更新林网50万亩列入县、乡镇主要领导干部任期目标责任制内容，把发展果树作为调整农业内部结构，振兴故城经济，领导域内人民致富的重要措施。全县掀起了种果树热潮，农民自发地在部分责任田里种植果树。饶阳店乡焦庄果园1987年总产由1986年6万公斤增至12万公斤，

西辛庄村苹果园

杏基乡贾黄村果园亦由1986年15万公斤增至25万公斤。

县科委、林业局把普及科学技术，加强生产管理，改造低产果园，定为林业工作中的“短、平、快”项目，组织12名技术干部对果园实行抵偿技术承包，共承包低产园30个，承包面积3500余亩。大多老果园焕发青春，产量成倍增长，全县果品产量达6841万公斤，经济收入明显提高。1987年，果园发展到234个，面积48000亩，枣粮间作5000余亩。全县果树面积4.5万亩。1990—1995年，加快发展果树生产，果园面积达10.6万亩。2008年，全县果园面积下降到6万亩，果品总产39770吨。2018年，全县果树面积18795亩，产量15050吨。

1987—2017年部分年度故城县果品生产一览表

表8-19

年　度	果园面积（亩）	果品产量（吨）	年　度	果园面积（亩）	果品产量（吨）
1987	45400	6841	2000	74640	27533
1988	47800	7140	2001	71805	27459
1989	45100	6324	2002	70680	29059
1990	45500	7290	2003	66255	29987
1991	45700	7374	2004	67260	31205
1992	52400	7532	2005	63915	34018
1993	62085	7677	2006	62475	37020
1994	102780	13342	2007	60780	37450
1995	106650	17840	2008	59685	39770
1996	101865	10660	2010	58110	47752
1997	94620	13388	2016	50790	50579
1998	82200	21988	2017	50205	51159
1999	79920	26270			

附

故城县人民政府

关于进一步放宽林业政策的几项规定

（故政〔1984〕51号）

为发展林业生产，加快故城县立体农业的步伐，调整好农业内部结构，实现农业总产值的翻两番规划，县政府决定进一步放宽林业政策，鼓励集体和个人植树造林发展果树的积极性，特作规定如下：

一、政府鼓励国营、集体、个人植树造林，谁种、谁管、谁受益，永远不变。

二、对现有的闲散荒地、河渠两岸弃土，在不影响统一规划的情况下，全部下放给社员，由大户承包种树，谁种谁有，长期不变。因规划需要调整，要合理作价，维护承包者的经济效益。

三、各级政府要组织社员植树种果。对于造林地块，要统一规划成片种植。但需与群众充分协商，统一行动，到期完不成者，要收缴土地资源费。

四、社员在责任田种植的果树或其他林木，谁种谁有，在有收益后不增加提留。要签订合同，30年不变，子女有继承权。

五、用于种果树造林地块，一般不参加土地调整，个别非调不可的，应通过协商实行有偿转让。

六、用于种果造林责任田，可适当减少提留，具体提留的办法，由各乡镇或村根据自己的具体情况制定具体办法。

七、现有果园要全面实行联产承包责任制，要让那些信技术、会管理的行家里手来承包。可以一户，也可联户，一般不宜分树到户。

八、现有“四旁”树木要承包到户，责任到人，明确责、权、利，兑现奖惩。

九、下放闲散荒地，责任田里造林、种果以及株果的承包等项事宜，都要签订好合同，进行公证，一经公证即产生法律效应。

十、社员在自己承包的责任田里育苗1亩以上，种果树3亩以上，造片林5亩以上，即视为家庭苗圃，家庭果园，家庭林场。并按林业专业户对待，享受专业户所享受的一切待遇。

十一、县政府对全县林业生产随时检查督促，并选择一定时机进行总结评比，对涌现出来的模范人物，先进事迹，贡献大专业户、重点户和活动好的单位，将进行表彰、奖励。

1984年12月21日

第五节　林业科技与林场建设

一、苗木引进

林业生产注重科学技术，始于20世纪50年代初专门林业机构建立之日。

1963年，从山东烟台等地引入红元帅、大国光、小国光、红玉、倭锦、印度等苹果品种，建立白佛寺、贾黄村等果园，同时引进昌黎、石家庄等地管理技术。1964年，从山西夏县引进箭杆杨，是年从沧州地区、北京海淀林场等地引入杂交杨、加拿大杨、小美国杨及育苗造林技术，后广泛用于林网建设和“四旁”植树。1973年，从昌黎果树研究所引进胜利、葵花、向阳红、红丰、陆奥、金丰等苹果品种。是年从易县及中国林科院引入沙兰杨、健杨、合作杨、小美国杨、大关杨、北京杨等在里老林场区域化栽培。1975年，从湖北引入水杉在里老林场栽培成功。1980年，从江苏泗阳县引入214杨、69杨、72杨、63杨，在里老林场育苗、区域化栽培。1984年，从山东平原县引入沙兰杨、69杨、72杨，用于营造速生丰产林和林网建设，是年，从山东泰安、烟台等地引入红富士、新红星、玫瑰红、秀水国光等苹果品种，在西半屯、建国、要庄等乡镇建苹果园。1985年，从遵化及山东泰安等地引进山楂树，在郑口镇前沙岗试种230亩获得成功。20世纪90年代初，在石家庄农业现代化研究所引入巨峰葡萄，在域内广泛发展。20世纪90年代末，由县林业技术人员经过反复试验研究，冬枣芽接获得成功。域内用于造林绿化的树种以杨、柳、榆、槐为主，以杂交杨为最，20世纪80—90年代初，用于绿化以毛白杨为主，1989年，引进白杨派杨树品种毛杂；1996年，引进中华国杏，1997年，引进速生杨品种中林46；2000年，引进的杨树以中林2001、2025、欧美107、108为主，柳树以速生柳和黄金柳等为主，黑杨品种的杨树和柳树成为境内用于绿化的主要树种。

二、病虫害防治

境内林果主要害虫，根据林果部位划分，主要有危害根部害虫系食芽象鼻虫、蝼蛄、金针虫、蛴螬、小地老虎；危害叶片害虫系蟋蟀、沙鸡、金钟、飞蝗、蚱蜢、木筹、尺蠖、天社蛾、天幕毛虫、舟形毛虫、潜叶蛾、柳毒蛾、蚜虫、燕尾水青蛾、刺蛾、卷叶蛾、苹果顶梢卷叶蛾、金龟子、枣黏虫、枣步蛆、斑蝥、斑衣蜡蝉、梨椿象、红蜘蛛、榆兰叶甲；危害枝干害虫系白杨透翅蛾、青杨天牛、光肩星天牛、梨茎蜂、小蠹虫、梨瘤蛾、大青叶蝉、蝉；危害果实害虫的桃小虫、梨小虫、苹小虫、桃蛀螟、杏仁蜂、刺槐夹螟，榆树金花虫，多年来泛滥成灾。20世纪80—90年代，河北省进行联防联治，白杨透翅蛾、红蜘蛛漫延得到基本控制。林果主要病害系干腐病、根腐病、泡桐丛枝病、杨树溃疡病、枣疯病、苗木立枯病、毛白杨锈病、毛白杨煤污病、梨黑星病、褐斑病、炭疽病、轮文病。2018 年，防治办法已有突破。

林果病虫害防治已引起各级实际工作者重视，群众对果树病虫防治，已有较为扎实的防治理论基础知识和实践经验。根据防重于治的原则，广泛应用现代先进药物，防治效果提高。并实行刮树皮、涂白、绑草把、除草、刨晒树坑等措施。病虫发生后，按照发生发展规律予以药物、生物及人工进行单独或综合防治。

林木管护

1987 年，拥有林木 1800 多万株，片林 4.25 万亩，林木蓄积量达 60 万立方米。病虫危害相继发生，林木上主要以蛀干害虫为主，由此展开病虫预测预报和防治工作，1991—1995 年，运用人工防治，化学药物除治、树木更新和生物防治等综合防治办法。1999 年，省林业厅开始在故城县实施河北省杨树蛀干害虫防治工程治理项目，为期 7 年，每年由省林业厅拨付防治器械及药品，主要防治林木的蛀干害虫有光肩星天牛和桑天牛，食叶害虫有杨扇舟蛾。2000 年，国家林业局列故城县为国家级森林病虫害中心测报点，每年投入测报经费 2 万元。2002 年，全县建立中心测报点 6 个，观测点 67 个，配备测报人员 79 名，按病虫害发生的时期进行预测预报，每年发布虫情测报信息 24 期。同时，县林业局配备 6 名专职检疫人员常年对境内和出入故城县的林果及其产品进行检疫。2008—2017 年，为做好美国白蛾、春尺蠖、杨扇舟蛾等林业有害生物的防控工作，为科学防治提供科学依据，共设置 71 个监测点，其中有中心测报点 5 个，市级系统测报点 1 个，一般监测点 65 个。2018 年 5 月，对全县范围内的主干公路、苗圃、运河大堤、高速公路等森林病虫害高发区进行飞机喷药防治，共飞防 100 余架次飞防面积 7 万余亩。

三、林业科技推广

中华人民共和国成立后，县林业局、乡林业站、村林业员系技术推广主体，推广育苗、栽培、嫁接、剪枝、除虫、浇水、施肥等系列技术。20 世纪 70 年代，推广并普及以果品无公害生产技术为主的林果生产技术，包括果实套袋、蜜蜂授粉、配方施肥、生物防治等。20 世纪 80 年代，技术推广逐渐市场化。域内发挥基地种植、园区管理的科技示范作用，大力发展“苹果三优技术栽培体系”“密植梨、桃”“设施葡萄”等栽培模式，2010 年，加大薄皮核桃等优新品种的引进和栽植。2015 年，核桃栽植面积达 2250 亩。2017 年，以建基地、创品牌为举措，强力推行区域化、规模化、特色化、标准化、机械化果品生产，发展现代果园 3150 亩。2018 年，通过进一步完善水肥一体化灌溉设施，机械割草、弥雾机喷药等先进设备的引进，完善现代果园的建设的基本条件，改造、新建现代果园达 6900 亩。

四、林场建设

域内有两个县属林场，即里老林场、饶阳店林场，隶属县林业局，原建于沙河故道，经营总面积 1.01 万亩。林场建立后，进行大规模的人工造林绿化，使沙区风沙危害减轻，改善了生存环境和生产生活条件。随着改革开放的不断深化，林场积极进行改革，广泛招商引资，由单一林木经营走向开放式多种经营。

里老林场 1960 年 3 月建场，地处县域东北部。东距山东省德州市 10 公里，北邻景县，为衡水市唯一保留国有建制的省级备案的国有林场。

里老林场一角

1985年始，实行事业单位企业管理，自主经营，自负盈亏。1987年，部分林片已老化，或由于立地条件差，形成小老树，或因病虫危害，树木枯死。林场开始对片林进行择伐，主要伐除枯死木、被压木，对部分林片进行间伐更新。1989年，在场部建设300吨恒温库一座。1991年，在山东省冠县林业局苗圃场引入三倍体毛白杨，在林场繁育10亩。1993年始，在抓好传统的毛白杨、杂交杨、刺槐苗木培育的同时，开始进行绿化、美化苗木的引进培育，从江苏、河南调入桧柏、银杏、丁香等幼苗，归圃育苗，销往城市用于城镇绿化。2001年3月，在北京昌平县引入欧美速生杨107、108种条5万余根，育苗30亩。至2005年，总经营面积5700亩，其中有林地面积4000亩，主要树种有刺槐、毛白杨、速生杨和柳树，苹果园430亩，果杏园50亩。苗圃地面积700亩。是年，林业局、里老林场与石家庄河北贝克有限公司达成协议，建设林畜一体化项目，公司投资8000万元，租用林场林地1500亩，在完成区域内绿化的前提下，建设一现代化养鸡场。项目占地103.25万平方米，种鸡养殖占地8.3万平方米，占总占地面积的8%，种植用材林、果树30万株，项目区绿化面积达90%以上。2015年，县政府出资修建了一眼深机井，并配套一台50千伏安变压器，给林场育苗育材用水、用电提供了便利条件。

饶阳店林场 始建于1949年3月，位于县境内饶阳店镇，清凉江东岸。1989年始，林场实行个人承包经营。林场林地相继由周围村民承包，按林场规划和提供的苗木植树，间作农作物，每亩每年承包费30元，承包期20年。1998—1999年，按国务院《关于保护森林资源、制止毁林开荒和乱占林地的通知》及省市县相关文件精神将原有饶阳店镇政府及周边村户租种农作物的1500亩林地收归林场重新发包种植林木。2002年，为提高林场林地利用率，对原有散户承包终止合同，收回土地，实行大户承包。2004年，林场300亩林地重新招标承包全部完成，承包费每年每亩60元，承包期为30年。对林场林地植树绿化进行了规划调整，加速了林场植树造林进程。2005年，由县委、县政府主要领导协调，饶阳店镇党委、政府具体落实，在饶阳店林场邢德路两侧占用林地350亩建设营东皮毛小区。2010年，林场总面积4400亩，有林地面积3800亩，主要树种有速生杨、毛白杨、果树。林场内有50千伏变压器1台、深井2眼、浅井10眼。2018年，仍实行林地大户承包的政策，提高了林地利用率，增加森林覆盖面积。

第六章 养殖业

域内沙荒闲散地、河渠堤坡低洼地较多，牧草蓄量丰富，发展牧业生产有良好自然条件。旧时因受封建生产关系束缚，畜牧水产业一直处于小农经济状态，发展缓慢，基础较弱。

中华人民共和国成立后，县委、县政府采取一系列措施，建立健全管理服务机构，改良畜禽品种，加强防疫灭病工作，畜牧水产业始渐发展。中共十一届三中全会后，伴随农业家庭联产承包责任制推行，农业生产结构调整，自然资源优势得以发挥，畜牧水产业发展较快。据统计，1987年，全县畜牧水产总产值1876万元，比1978年418.8万元增加3.5倍，比1949年的98.3万元增18倍。畜牧水产总值占农业总产值比重，由1949年的5.6%，1978年的3.7%，增至9.2%。

1989年，全县在畜禽饲养形式、畜禽舍建造、饲料配制和管理方法等方面都有很大改变和提高。1993年，县畜牧水产局获农业部丰收奖一等奖。1995年后连续10年被评为市级畜牧生产先进单位；多次被省畜牧局评为秸秆开发利用先进单位、重点动物疫病防治工作先进单位。

21世纪，规模化养殖发展较快。全县新发展规模养殖户600多户，养殖示范村50个，养殖小区36个。2000年，被列为全国秸秆养牛示范县。2002年，县委、县政府提出“优粮、稳棉、增菜、营林、扩畜”农业结构调整十字方针，以瘦肉型猪产业为支柱的畜牧业迅速发展，在稳定发展猪、鸡养殖的同时，大力发展牛、羊、特种养殖业，涌现出一大批规模养殖户，各类养殖小区，畜牧养殖业出现了前所未有的发展局面。2008年年末，全县大牲畜存栏19万头（其中牛存栏15万头），羊存栏34万只，猪存栏30万头，分别比1987年增长4倍、6倍和4倍，家禽存栏总数达860万只。肉类总产5057万吨，蛋总产量2.4万吨，分别比1987年增长12倍和10倍，奶产量达0.48万吨。畜牧业产值92871万元，占农业总产值的33%，比1987年增长44倍。渔业产值达1061万元，比1987年增长55倍。2017年8月11日，省农业厅、省畜牧兽医局、畜牧业处等领导先后到河北康宏牧业有限公司调研了奶牛养殖、正大肉鸡项目建设现场，到东大洼调研了河北康宏牧业有限公司的苜蓿种植、包裹青贮，到衡水新希望六合有限公司调研了生猪养殖工作，对畜牧工作给予肯定。2018年年末，畜牧业总产值13.5亿元，渔业总产值达2007万元。

第一节 畜类养殖

域内养殖畜类品种主要系牛、驴、骡、马、骆驼、猪、羊等。21世纪，规模化养殖发展较快。2018年年末，随着养殖结构的调整，养殖小区已逐渐退出。大型养殖企业相继落户故城县，其中康宏牧业有限公司、衡水新希望六和、河北福航汉世伟、河北河欣、茂丰农业科技等龙头企业快速发展。

一、品种

牛 清代仅见牛只饲养，未载数量。1940年有耕牛1445头（此为故城县北部数，下涉中华民国期间数同）。1949年，全县有耕牛26597头。

中华人民共和国成立后，伴随农业生产发展，国家制定保护耕牛措施，制止任意宰杀、草率淘汰，耕牛得以保护发展。1954年，全县有耕牛29017头。后连年下降，1962年，降至12014头，是年，国家重申保护和鼓励发展耕牛政策，耕牛数量又呈增长趋势。1965年始，先后引进南阳牛、蒙古牛、北京黑白花牛、拉脱维亚短角牛、秦川牛等品种，并推广全县。牛群结构杂交牛占全县牛只存栏的92.3%，蒙古牛占3.64%，鲁西牛占3.46%，冀南牛占0.34%，南阳牛占0.13%，北京黑白花牛占0.06%，拉脱维亚牛占0.02%，短角牛、秦川牛各占0.01%。1971年，发展到21075头。此后，伴随农业机械化发展，耕牛不再成为农业生产主要动力，加之市场牛价偏低，耕牛再次减少，1981年，降为7851头。后随农业家庭联产承包责任制（以下简称生产责任制）推行，耕牛又成为农家生产主要动力之一，加之活牛出口，市价上升，市场肉、奶需求量增加，饲养量呈逐年上升趋势。1987年，全县存栏19200头，其中，奶牛、肉役两用牛8000头。是年牛肉产量156吨，牛奶产量4吨。

康弘牧业奶牛现代化养殖

1990年，农业生产机械化发展使役用牛逐渐减少，牛以饲养使用转向了养殖增收。养殖量从1987年的19200头增长至2008年的86000头。随着农村劳动力的转移和秸秆还田的普及，2009年牛饲养量逐渐减少，2018年年末存栏降至58000头。奶牛饲养量成倍增长，由1987年的几乎为零，增长至2008年的4000头，产奶量达5000吨。随着人民生活水平提高，膳食结构的改变，乳制品消费俱增，奶牛养殖逐步走向规模化、标准化，2018年，奶牛存栏达19500头，奶产量达72000吨。

驴 旧时系耕作、碾磨、驮运主要动力之一。清代仅见养驴记载，未载数量。1940年有驴1980头，1949年6942头，1951年9165头。1962年，全县有驴2956头。20世纪70年代又趋回升，1979年，达5496头。20世纪80年代初期，因驴省草料，易役养，倍受农家重视，再度成为农家生产动力之一，养驴数量随之增加，1985年，达15337头。1986—1987年随小拖拉机增加，养驴数量略有下降，1987年，全县有14700头。1990年，驴逐步以役用变为食用，饲养的目的由农田生产转向养殖增收，由于驴的饲养周期长、繁殖率低、经济效益相对较差，越来越不受农民群众重视，数量逐年下降，饲养量从1987年的14700头减少至2008年的2000多头。2018年年末，存栏1000多头。随着国民经济快速增长，人民群众生活水平逐步提高，膳食结构也相应发生变化，驴肉成为餐桌美食。

品种主要是渤海驴，东北小毛驴、杂交驴，德州黑驴。渤海驴，为本地品种，东北小毛驴为外地引进品种，杂交驴。群体构成，依次占全县存栏16.14%、74.82%、9.04%。

马 马的饲养历史悠久，据明万历四十二年（1614年）《故城县志》载，明代初期，故城“地多空阔、马易孳养，原额种儿骒700匹”，上解太仆寺，以充国库军役，因地薄民贫，喂养不周，“所孳养马驹无中太仆之选者”。明弘治元年（1488年），因巡抚都御史史林建议，按“每百亩养马1匹，故城境内狭小，实养马170匹”。明万历三年（1575年），“奉例变卖马匹，将银解太仆寺讫”。时种马为税收种类之一。明初，故城辟有牧地2处，一在裴别王（今故城镇）5顷，一在赵村（今三朗镇师召村）等3顷。明万历四十二年（1614年），增裴别王88顷62亩4分9厘，另辟大花厂（今夏庄镇大化村）4顷10亩，尹里厂（今三朗镇尹里村）4顷，共有地96顷72亩4分9厘。

清代，仅见养马记载，未载数量。

1940年，有马28匹，为少数富裕户役养。1949年，有马193匹。中华人民共和国成立后随集体农业生产需要，有较大增长。1978年，达3539匹。后随生产责任制实行，马已成为农家生产主要动力之一，饲养量随之增加，1987年达4100匹。随着农业机械化程度的不断提高，马的饲养量逐年锐减，1990年，以拖拉机、三轮农用运输车为主的小型农用机械进入千家万户，加速了马的淘汰使用速度，全县的饲养量从1987年的4100匹，减少至2008年的不足200匹。2018年年末已不足百匹。

骡 清代仅见养骡记载，未载数量。1940年，有骡400头。1949年523头，后略有增加。1972年844头，1979年2667头。实行生产责任制后，骡已成为农家生产重要动力之一，饲养量大增，1986年6271头，达中华人民共和国成立以来最高水平。骡作为农家生产重要动力之一，后逐渐被农业机械替代，饲养量大幅下降，养殖量从1987年的6271头下降至2008年的不足500头。2018年年末已不足百头。

20世纪50年代，骡多为当地土种驴、马杂交后代。20世纪80年代随优种马、驴引进、杂交，多数为优种杂交骡。

骆驼 骆驼养役历史较短，始于20世纪70年代，1972年全县有骆驼33头，多为集体养役。因其使役不便，农户极少养役，饲养量大减，现已罕见，1986年仅有5头。20世纪90年代后，域内已无饲养骆驼记录。

猪 域内养猪历史悠久，向居家畜之首。清代仅有养猪记载，未载数量。解放前养猪者多为有地农户、少数食品作坊及部分城镇商户。1940年，有猪888头。1949年，猪只大增，多数农户喂养，是年，达30603头。1954年，国家对生猪实行计划收购，养猪业得以促进，饲养量增加。1957年，达48386头。1958年，多数公社建猪场，但因缺乏科学管理，未久纷纷解散。1959年，猪只饲养量降至32923头，较1957年下降15463头。20世纪60年代初期，因国民经济暂时困难，饲养量锐减。1960年、1961年饲养量依次为22511头、16675头。1963年，经济状况好转加之1964年贯彻国家“以私养为主，公养私养并举”的发展养猪方针，集体按社员养猪量分给饲料地、饲料粮，并实行生猪派购和奖励政策，猪只饲养量迅速回升。1963年、1964年年末存栏分别达35806头、36596头。后饲养量呈曲线回升，仍在三五万头。1971年，贯彻国家“积极发展集体养猪，继续鼓励社员家庭养猪”方针，故城县提出一人一猪，一亩一猪的发展猪只目标，对养猪实行饲料补助，积肥计酬，繁殖奖励，是年，猪只饲养量达96864头。后猪只年以万计增长，1975年年末，存栏高达154826头，为猪只发展历史最高水平。多数社队建有猪场，但仍因缺乏科学管理饲养，集体猪场大多下马，猪只存栏复趋回落。1979年年末，存栏降至76648头。20世纪80年代伴随农业生产责任制实行，商品经济发展，集体养猪骤减，社员家庭养猪激增。1987年年末，存栏82500头，多为社员饲养。

1994年，家庭庭院式养殖逐步走向规模化养殖，涌现出大量的规模养猪场、养殖专业户。同时受养猪效益高的诱惑，许多从事其他行业的工商业户转产投入养猪业，瘦肉型猪存栏逐年增加，猪的品质亦有所提高，杜洛克、长白、大白、“PLC”“斯格”“冀合白”等优质猪大量引进。种猪的大量引进，造成新的疫病流行，生猪存栏一度下降。2003年，规模化养猪的经验日趋成熟，在一些规模较大的养猪场执行了无公害标准化生产，生猪存栏逐年回升，2008年，存栏31.2万头，出栏38.7万头。2009年，一场“高热病”席卷全国，由繁殖呼吸综合症变异株病变引起的高致病性蓝耳病导致母猪流产，育肥猪死亡，2010年，全县生猪存栏降至10万余头，2015年，衡水新希望六和有限公司、河北福航汉世伟有限公司等大型养猪企业陆续投产，2018年，生猪存栏22.5万头，出栏43.8万头。

羊 清代仅见养羊记载，未载数量。1940年，有羊649只。1949年，全县存栏13516只，其中，山羊9248只，绵羊4268只。1960年，因经济暂时困难，且羊价偏高，饲草偏多，饲养量大增，达40512只，其中山羊29466只，绵羊11046只。20世纪70年代前期，视社员个人养羊为“资本主义尾巴”，横遭批判，羊只大减。1975年降至17216只，其中山羊9639只，绵羊7577只。1978年，束缚农民养羊的禁锢得以解除，随人民生活水平提高，羊肉、羊奶需求量与日俱增，且市场行情看好，饲养量激增。1987年年末，羊只存栏达51600只，其中山羊28100只（奶山羊200只）、绵羊23500只。1990年，家庭式零散养殖逐年减少，商品羊养殖越来越多。1998年，羊只存栏235100只，其中山羊121700只、绵羊113400只。2013年，以小尾寒羊为主的圈养式养殖方式逐渐兴起，2018年年末，存栏19.9万只，出栏30.2万只。

羊只品种，山羊以肉用居里山羊为主，占山羊总数的97.7%，奶山羊为沙能奶山羊后代，占1.9%，羔皮用济宁青山羊占0.4%。绵羊多为大尾寒羊、小尾寒羊，其比例为1.56:1。1976年，又引进部分高加索、美丽奴、茨盖等细毛、半细毛羊及改良羊，1987年，优良品种仅占绵羊总数的7.2%。2018年，山羊品种以肉用本地山羊和波尔山羊为主，绵羊品种以小尾寒羊为主，亦引入过无角道赛特与小尾寒羊杂交，提高了域内肉羊的生产性能。

兔 20世纪70年代，伴随外贸部门收购裘皮服装，裘皮行业兴起，兔只饲养量大增，1978年，全县年末存栏21968只。1980年，有38660只。后因随裘皮业国际行情波动，兔只饲量一直徘徊于二三万只。1987年，养兔出现2次养殖小高峰。1997年，以养殖皮、肉兼用品种兔为主，出现了规模养兔场，存栏量出现短期回升。2002年，受国际裘皮价格的上扬的影响，在清凉江沿岸地区出现以养殖獭兔为主的皮用兔存栏量上升。2008年，兔只存栏量达21.9万只。2018年年末，存栏25.5万只。

兔只品种，青、紫、蓝兔占66.1%，中国白兔占21%，黑兔占2.1%，獭兔占0.7%，杂交兔10%。20世纪60年代引进安哥拉长毛白兔、青兔、紫兔、蓝兔，20世纪80年代引进獭兔。2018年，兔只品种主要有獭白兔、中国白兔、獭兔、青、紫、蓝兔等，其他良种较少。

特种养殖 特种经济动物主要分以下四类：毛皮兽类有貉、鼠、狐貂等；食肉类有蛇、蜗牛等；珍禽类有鹌鹑、鸽、鸵鸟、孔雀等；药用类有梅花鹿、蝎子、土元等。

蓝海孔雀养殖

1990年，域内规模化特种养殖兴起，品种有鹿、甲鱼、螺旋藻、山鸡、狐狸、貉、貂、青蛙、蚯蚓、土元等十多个品种。其中甲鱼、鹿、螺旋藻曾有故城“三特”之称，存栏量高时鹿为上千只、甲鱼的精养水面为30多亩，养殖水面200余亩、螺旋藻养殖面积为60亩，相继开发鹿茸血酒、螺旋藻片等深加工品，产品销往北京、天津等大中城市。2000年，在皮毛产业的带动下，故城县以狐、貉、貂等毛皮动物养殖为主的特种养殖业迅速发展，成为畜牧养殖业的一支突起异军。2005年年末，狐、貉、貂的种用存栏数量达2万余只，年出栏打皮10万余张，特种养殖户418户，饶阳店镇、武官寨镇和西半屯镇三个镇较为集中。

狐狸养殖

狐、貉、貂是高附加值畜产品，当年繁殖，当年见效，每胎可存活5只以上仔畜，饲养180天左右打皮。2002—2005年，每张皮价格一般在350～500元，扣除各种养殖成本，可盈利200元以上，是带动农民增收致富的产业。另外，域内地处北纬37度，属大陆性季风气候，四季分明，冷暖差异较大，有利于毛皮动物繁殖生长。

2008年，随着皮毛市场的滑坡，狐、貉、貂等毛皮动物养殖呈逐渐减少，土元、金蝉等药用动物养殖发展呈上升趋势，其他特养动物因市场和消费等因素影响，逐渐减少。2016年，域内部分农民饲养孔雀，养殖量达800余只，主要供应各地公园、动物园等观赏，孔雀蛋作为高档礼品销售，价格达40元一枚。

二、饲养管理

耕畜 明代作为赋税之一的马匹饲养在牧马草场内，由马头（养马监工）监督，集体饲养。中华人民共和国成立初期，耕畜属私有，农家自养。1954年，初级农业合作社（简称农业社）时，大部仍为社员家庭所有，因家庭管理精心，膘情良好，能满足使役。是年部分初级农业社为便于使役，私有耕畜集中到社由专人合槽饲养。时因户户关心饲养，耕畜膘情尚好。1956年，转为高级农业社时，私有耕畜一律作价归集体所有。1957年后，因交接、奖励制度松弛，饲养员责任心减弱，耕畜膘情下降。1959—1961年，因粮食紧张，饲料短缺，殃及耕畜，膘情急剧下降。后实行耕畜分户饲养，集体补助饲料，适时检查膘情等方法，耕畜膘情趋向好转。

20世纪70年代，伴随农业机械化发展，除骡马作为主要运输动力，饲养员仍较精心外，对牛驴饲养放松，膘情下降。1980年后，伴随耕地承包到户经营，集体耕畜先后作价卖与农家私养或几户合槽饲养，旋即合槽者各自养，因饲养精心，耕畜生长、繁殖、膘情均优于集体饲养时期。

猪牛羊饲养 域内养殖业以圈养猪为主，一般为个体饲养。集体养猪始于1963年，是年，集体养猪896头，后逐年增加，至1966年达7056头。各公社多建有猪场，旋因“文化大革命”冲击，公社机构瘫痪，几近无人管理，猪只骤降。1969年降至434头，20世纪70年代初，猪只大发展，1975年，社队养猪50912头。后因缺乏科学饲养，饲养员缺乏责任心，社队猪场先后停业。1984年，集体养猪全部停办。1987年养牛专业户20个，养羊专业户60个。21世纪，规模化科学化养殖形成规模。2018年，全县牛养殖专业户20个，猪养殖专业户640个，羊养殖专业户126个。

三、饲草饲料

饲草 有自然饲草地12700亩，其中弃荒草地占总草地的12%，河渠堤坡草地占30.7%，林果树下草地占57.3%。据测算，草地年产干草285.7万公斤。天然牧草丰富，杂草少，未发现毒草。牧草分为14科49种，其中42种可为家畜饲草。人工种植饲草，以苜蓿、地丁、紫穗槐、草木樨为主。1987年，有苜蓿5万亩、地丁2.3万亩、草木樨0.1万亩，年产干草数量依次为2053万公斤、852万公斤、5.5万公斤。另有紫穗槐、田青。20世纪90年代中期，每年贮存量在3吨左右，20世纪90年代末秸秆青贮兴起，随着肉、奶牛规模养殖数量的增加，部分养殖户为解决牲畜饲草问题，开展秸秆青贮，青贮量达千吨左右。农作物副产品及树叶较丰富。据测算，谷子、小麦、玉米、花生、红薯、豆类、高粱等作物秸秆、秧蔓、皮壳年产量达9411万公斤。榆树、果树、刺槐、国槐、杨树年产树叶310万公斤。均为牲畜饲草，少数（红薯、花生秧蔓、皮壳）兼作饲料。

2001年，全县推广国家级秸秆养牛示范县建设项目，极大地促进了秸秆青贮工作的开展，秸秆青贮量一度达29万吨，占全县秸秆总量的11%。2008年，随着肉牛存栏逐年减少，秸秆青贮量逐年下降。随着奶牛养殖业的发展，秸秆的氨化、微贮也随着牲畜规模养殖数量的增加而相应扩大产量，特别是“粮改饲”试点项目的实施，全株玉米、苜蓿等青贮量逐年增加，2017年，苜蓿全株青贮玉米等饲草种植面积10万亩。2018年年末，全株青贮量达15万吨。

饲料 改革开放前，多以草料秸秆饲草为主。县粮食局于1978年建饲料公司，县畜牧水产总站于是年建饲料加工、饲料销售门市部，科学配制饲料，成为养殖专业户、个体户必备饲料。仍有部分农家猪只以红薯、花生秧蔓，经加工拌以杂粮面、麸糠煮拌喂食，或喂以鲜红薯等。1984年，饲料向科学化发展，按科学比例配方。为满足饲养需要，饲料工业的发展伴随猪、鸡等精饲料饲养畜禽规模化发展而相应产生。1987—1990年，据测算棉饼年产1500万公斤、花生仁饼26万公斤、向日葵籽饼10万公斤、大豆饼36万公斤、粉渣70万公斤、酒糟和酯糟80万公斤。另，产麸皮340万公斤、谷粒149万公斤、饲米粮2500万公斤，均用于牲畜饲养。

20世纪90年代后期，饲料工业生产相对简易，产品相对单一，主要生产预混饲料、全价饲料，没有形成大的气候。2002年，相继出现4个规模较大、生产量较多、技术设备先进的中、小型饲料加工厂，年产饲料在5万吨左右。主要产品有配合饲料、浓缩饲料、添加剂预混合饲料。2018年年末，发展大、中型饲料厂4个，年产饲料8万吨。主要产品有配合饲料、预混饲料。

第二节 禽类养殖

一、禽类品种

鸡 域内农家养鸡历史悠久。明、清两代即有鸡只饲养记载，但未载数量。20世纪50年代鸡只饲养遍及农户，城镇多数干部职工亦有饲养。

鸡品种以华北柴鸡为主，占鸡只总数的

规模化种鸡场

73.3%。1976年引进蛋用型来航鸡，并进行推广，占4.2%，杂交鸡占22.5%。另有少量白洛克、九斤黄、芦花、庄河、澳洲黑、寿克、美国罗斯等，仅占0.05%。

蛋鸡：1987年，蛋鸡一直保持平衡发展态势，保持自产自食，略有剩余的状态。20世纪90年代初，出现一些蛋鸡养殖专业户，规模养殖技术成熟。出现以专业户组成的养殖专业村，同时多数农户不再饲养蛋鸡，零散养殖呈现出逐年减少的态势。20世纪90年代末，随着品种的更新和饲养管理水平的不断提高，养殖量虽略有下降，但鸡蛋产量仍呈上升态势，单产水平由1987年的不足10公斤上升至2008年的15公斤。2010年、2012年，河北河欣牧业有限公司先后从西班牙引进两批次祖代罗曼蛋种鸡，共计2万套。蛋鸡的品种有海兰青、海兰褐、罗曼。来航鸡等老一批品种被淘汰。2018年年末蛋鸡存栏441.75万只，产蛋量6.1万吨。茂丰农业开发科技有限公司生产的土元鸡蛋注册“本草精华丹”商标，并取得无公害产品认证。

肉鸡：1987年，域内专用型肉鸡养殖稀少。20世纪90年代初，饶阳店镇开始引入和发展，1994年塑料大棚饲养肉鸡技术得到大面积推广和应用，养殖规模和养殖数量在全市均位居前列。2008年，全县的肉鸡饲养量稳居全市第一位，全县的肉鸡存栏量达400万只以上。2009年，受国际贸易影响，鸡产品出口量减少，小规模的塑料大棚养殖全部退出，2018年年末存栏199.5万只，出栏793万只。肉鸡养殖开始向大规模、全产业链发展，随着正大食品衡水有限公司1亿只肉鸡全产业链项目的开工建设，全县肉鸡养殖将进入跨越式发展时期。肉鸡的品种主要是艾维因、AA、817等。

鸭　鹅　中华人民共和国成立前，沿河及坑塘较多村庄少有饲养，饲养量尚无统计。品种以当地麻鸭、白鹅为主，少有北京鸭、康贝尔鸭、北京鹅，此品种引进于20世纪70年代末，产肉率、产蛋率优于当地品种。1987年，随着羽绒制品市场专销，带动了养鸭、养鹅生产，饲养量有所提升，后因养鹅破坏植被，饲养量略有下降。21世纪初，随着旱地肉鸭品种的推广，养鸭有了较快的发展。在六和、鑫鑫、建堂等养鸭合作社的带动下，全县肉鸭养殖业蓬勃发展，2018年年末，肉鸭存栏94.8万只，出栏427.2万只。在方舟农业开发有限公司的带动下，域内蛋鹅产业近几年呈现出较大上升态势，蛋鹅存栏20.7万只。品种主要有当地麻鸭、白鹅，后来引进了朗德鹅、大三花、樱桃谷肉鸭。

鸽　当地素有养鸽习惯。群体大小不等，少则几只，多则几十只。20世纪80年代，鸽饲养量增加，较大集镇多有鸽市。1984年，引进肉鸽、信鸽，数量不具。后烧鸽（即烧熟肉鸽）成为饭店餐桌一道佳肴，鸽子饲养得以促进。1985年，青罕石西、辛庄庙灵等地有饲养过千只养户。1990年，仍多为户散养。21世纪，域内有中达信鸽养殖企业及部分村民棚养肉鸽，无具体统计数字。

大刘孝子村棚养肉鸽

1949—2017年部分年度故城县畜禽业发展情况统计表

表8-20

年度	大牲畜					生猪（头）	羊（只）	家禽（只）
	牛（头）	驴（头）	骡（头）	马（匹）	骆驼（匹）	年末存栏	年末存栏	
1949	26597	6942	523	193	—	30603	13516	—
1950	28773	7030	594	223	—	30937	14006	—
1951	28563	8742	670	263	—	31525	14182	—
1952	28809	9165	691	285	—	33792	14706	—
1953	28575	7919	658	255	—	29748	15599	—
1954	29017	7101	575	226	—	25109	15728	—
1955	28305	6723	603	211	—	30346	19369	—
1956	26190	6096	523	222	—	31434	23752	—
1957	23932	5493	479	287	—	48386	34900	—
1958	20359	4587	303	198	—	39907	33914	—
1959	18018	4842	318	204	—	32923	29866	—
1960	13971	4282	310	289	—	22511	40512	—
1961	12788	3692	250	226	—	16675	15716	—
1962	12014	2956	226	339	—	30122	49708	—

续表 8-20

年 度	大牲畜					生猪（头）	羊（只）	家禽（只）
	牛（头）	驴（头）	骡（头）	马（匹）	骆驼（匹）	年末存栏	年末存栏	
1963	13854	3198	226	374	—	35806	32459	—
1964	15570	3631	279	496	—	36596	16540	—
1965	16268	3835	302	498	—	33527	11278	—
1966	18104	4262	337	485	—	50593	9848	—
1967	20301	4586	413	557	—	60631	17604	—
1968	20480	4787	428	480	—	35556	20406	—
1969	20087	5180	492	549	—	24464	24867	—
1970	20773	5607	662	749	—	61374	22673	—
1971	21075	6155	762	1018	—	96864	12306	—
1972	19797	6085	844	1524	33	61436	15892	—
1973	18336	6300	1111	1943	27	70207	11912	—
1974	17933	6248	1373	2442	22	64030	14549	—
1975	16764	6577	2308	2826	17	50912	7577	—
1976	14984	6380	2012	3378	19	55029	19029	—
1977	13354	5853	2225	3583	38	35959	18769	—
1978	12015	5608	2417	3539	33	78360	23897	281952
1979	10732	3502	5496	3502	36	76648	36117	321826
1980	9578	5406	2865	3699	24	80059	55140	365200
1981	7851	6059	2851	3463	11	73766	53289	—
1982	9681	10473	3768	3817	—	73431	44778	—
1983	12600	13300	5100	3800	—	71800	33900	—
1984	14213	14470	5801	3945	—	71811	28736	—
1985	16064	15337	6053	3980	4	81400	29200	647082
1986	17547	15171	6271	3592	—	81000	37141	—
1987	19200	14700	6000	4100	—	82500	51600	—
1990	36	13	4	6	—	73100	38200	196900
1995	162	38	5	14	—	12400	71900	3608600
2000	208	73	6	16	—	18410	256700	6208700
2005	482	107	5	34	—	36600	470000	1045200
2010	1001	197	29	69	7	78800	208300	5340800
2017	946	199	8	51	18	86019	205933	4521258

说明：表内“—”为无统计数字

二、饲养管理

域内农家饲养鸡、鸭、鹅等家禽历史悠久。1960年后因粮食偏紧，农民无力多养。在“文化大革命”和“农业学大寨”时期，因限制饲养，农民个体饲养积极性受到压抑。中共十一届三中全会后，大力提倡，积极扶植农民饲养家畜家禽，饲养量显著增加，并涌现出一批专业户、重点户。1987年，共有养殖专业户93个，其中，养鸡专业户10个、养鸭专业户3个。因采取科学饲养，效益较佳。如故城镇北关村农民张跃增，1982年养鸡1000只，同时，养蚯蚓（用以出售种蚓兼喂鸡）、种公猪，次年获利13000元，成为县内闻名养殖专业户。1985年以来，又出现养殖专业村，如袁庄乡田庄村43户，养鸡百只以上者35户，受到县政府表彰奖励。青罕乡石西村杨红康，年养肉鸽2000只，成为全县鸽饲养首户，次年获利近万元。20世纪90年代始，个体养殖专业户不断增加。21世纪，域内标准化规模养殖初具规模并形成产业链。2018年，正大集团出栏一亿只肉鸡。饲料厂建设已完成；薛官屯、李官屯、高西村3个肉鸡场建设已完成；东化村种鸡场建设已完成。禽存栏756.77万只，出栏1563.95万只。

三、品种改良

20世纪60年代至2018年，先后引进来航、京白、尼克、星杂288、星杂579、罗斯等。除罗斯、尼克为肉蛋兼用鸡外，其他品种均为蛋用鸡。来航鸡一般5个月产蛋，年产蛋200枚以上，蛋为白色，蛋重54～60克，此鸡约占存栏50%，与华北柴鸡杂交后代约占20%。杂交后代适应性强，产蛋率较高，蛋重约50克。尼克、京白、星杂579数量较少，约占存栏5%左右。纯华北柴鸡已极少，多为优种鸡杂交后代，约占存栏40%左右。

第三节　水产养殖

域内除河渠外，坑塘星罗棋布。全县计有水面190300亩。20世纪60—70年代，因管理技术水平较低，且连年干旱，水产业不景气。20世纪80年代，水产业渐现生机。1987年，域内的水产养殖除河渠野生繁殖外，主要以坑塘养殖为主（主要为季节性坑塘养殖），域内养殖面积3600亩（季节性坑塘占1900亩），1988年后，由于连年干旱，农业用水灌溉需求量增大，造成水资源严重缺乏，水产业并不景气。后随着管理技术水平的不断提高，优良品种的大面积推广，水产养殖产量虽有所提高，但水源不充足，制约了水产业的发展。2014年，创建了“故城县堤口湖养殖专业合作社”和“故城县双才养殖专业合作社”两个农业部水产健康养殖示范场，对域内水产养殖业起到了龙头带动作用。2017年、2018年在衡水市水产技术推广站的指导下，在域内推广泥鳅养殖技术。2018年年末，水产品产量达0.2万吨。

一、种类

水生动物　有鱼、虾、蛤蜊、鳖。以鱼为多，自然繁殖生长鱼有6种。人工繁殖鱼以鲢、花鲢、鲤、草鱼、团头鱼为主，另有少量非洲鲫鱼。2018年，域内鱼的主要品种为白鲢、鲤鱼、草鱼、鲫鱼、鳙鱼为主。

水生植物　主要有莲藕、芦苇。其中莲藕为人工栽植，芦苇系自然繁殖，后经人工栽植始有发展。1963年，尚有菱角种植，后灭绝。1987年后，因水资源的日趋锐减，水生植物也相应减少，现存的水生植物主要是以莲藕为主，芦苇等其他水生植物相对甚少。

二、生产经营

鱼　河渠、坑塘内自然繁殖、生长鱼类，向为自由捕捞。1949年，产鱼4吨；1957年30吨。20世纪50年代历年产值多在2万～3万元之间。

人工养鱼始于20世纪50年代至60年代初，始在房庄、辛庄、故城、郑口等公社部分村庄放养草鱼、鲢鱼苗等。因管理不善，加之缺乏养管知识，死亡、逃窜严重，效益很低。全县年产值仅1万～2万元。1980年，渔业出现生机，出现单户、联户承包坑塘养鱼。据1983年畜产部门统计，全县共有150个坑塘承包到户，签订10～15年承包合同，亦有承包期更长者。1984年，辛庄乡康廷柱于旧河道、盐碱地开挖大小坑塘14个，水面300亩，承包期30年，3人管理喂养，年产鱼苗30万尾，成为县内产鱼苗首户。另有部分农民利用荒地、窑洼地改建鱼池，亩均收入在300元以上。是年，赵行乡前排村潘长根养鱼水面15亩，年纯收入8000余元。夏庄乡曹桑营村万金江建联片坑塘10个，水面50亩，年亩产商品鱼200余公斤。1984—1987年连续4年均产鱼130吨，收入3万余元。

1987年，有人工湖40个。其中百亩以上者3个（杏基湖、鹿冢湖、饶阳店湖），水面计370亩，百亩以下至50亩者6个（故城湖、青罕湖、坛村湖、李庄湖、辛庄湖、西半屯湖），水面计390亩；50亩以下至10亩者30个，水面计380亩。人工湖属季节性坑塘，雨季则蓄水，春冬则干涸，人工补水困难。全县有200余村坑塘养有鱼类，养殖水面4500亩。20世纪90年代，因蓄水困难。养殖水面有所减少，域内实施规范性科学养殖，产量有增无减。1998年内陆养殖鱼类达1073吨。2017年，域内水产养殖面积达3657亩，产鱼2102吨。

莲藕 20世纪50年代前仅有个别富户利用坑塘植栽莲藕。60—70年代发展缓慢，80年代发展迅速。1981年，植栽59亩，1987年，近500亩，多分布于要庄、建国、郑口等乡镇，亩产250公斤以上。为充分利用水池，郑口镇张庄村民自士强于藕池内养鱼获成功。藕已成为故城春冬市场大路菜之一。至21世纪，域内仍有部分村民零散种植。

芦苇 中华人民共和国成立前，县内部分农户于坑塘及壁坡植有少量芦苇，任其自然繁殖生长。20世纪60年代初，部分社队为发展集体副业，于河滩、坑塘根植。据1987年统计，除郑口、武官寨、赵行、青罕等乡镇未植栽外，其余乡镇均有面积不等种植，全县苇地共3284亩，其中坑塘内种植2144亩，年产量100吨左右。芦苇当时已成为人民修房盖屋必备材料。至21世纪，域内池塘、河渠边坡只有零星野生。

第四节 疫病防治

一、传染病及防治

传染病为发生面广，流行时间长之养殖业疾病。在县内发生和流行传染病主要系炭疽、口蹄疫、马传染性贫血、耳鼻疽、牛流行性感冒、牛气肿疽、猪传染性肠胃炎、破伤风、猪瘟、鸡新城疫、禽霍乱等传染病。

炭疽 1965年8月，袁庄公社大刘庄村发病牛5头，全部死亡。辛庄、房庄、三朗、饶阳店、赵行等10个公社73个大队先后发生口蹄疫。以牛为主，猪羊次之。发病牛89头；发病率12%；猪17头，羊8只。病牛全部治愈，猪羊均捕杀深埋。后此病得到控制。

马传染性贫血 1969—1976年间每年均有此病发生，遍及全县各公社。发病较重者为建国、武官寨、郑口、青罕、故城等公社。其间连续8年进行防治，大规模普查4次，普查马属动物3万匹，共查出病畜767匹，全部捕杀深埋，疫病得以控制。

马鼻疽 1968年6—7月，青罕公社柴庄大队发病马40匹。传染源为自山西引进役马36匹中有鼻疽病耳，以地霉素治疗全部治愈。

牛流行性感冒 1965年7月、1983年9月上旬两次发生牛流行性感冒，遍及全县各公社。1965年，较重，发现病牛2960头，约占存栏总量的57%，死亡30头。1983年，病牛达3000余头，占存栏总量的30%，死亡17头。后此病得到有效防治。

牛气肿疽 1957年郑口、青罕、故城所属37村，发病牛67头，死亡64头，治愈3头。1978年后，此病得到控制。

猪传染性胃肠炎 1977—1984年，各乡镇均有此病发生，病猪约12000余头，死亡730头。1990—2000年，科学防御技术不断提高，发病率、死亡率大幅度下降。至2018年，此项疾病得科学防治。

破伤风 此病各乡镇均有发生。20世纪50年代发病率较低，但死亡率较高，20世纪60年代发病率较高，20世纪70年代至80年代初为高发期。1983年后连续3年进行破伤风类毒素预防注射，发病率始渐降。1980—1983年羊发病455只，死亡122只，猪发病22头，死亡20头。1990—2000年，域内牛羊猪进行破伤风类毒素预防注射，发病率死亡率大幅降低。至2018年，病情得到有效防治。

猪瘟病 1957—1987年各乡镇均有不同程度发生。发病猪8万头，死亡约万头。以1983年为重，发病猪3万余头，死亡近3000头。后注射疫苗，发病率死亡率得到控制。

鸡新城疫病 又称亚洲鸡瘟，是由病毒引起的急性、高度接触性传染，常年发生。1950—1987年各乡村均有不同程度发生，死亡率较高。以1982年为重，发病鸡36万只，死亡近10万只。该病尚无有效防治药物，一般采用新城疫灭活苗（油苗）和活苗（冻干苗）进行免疫接种。1999年，故城县在免疫鸡群发现了非典型新城疫的病例。2008年，该病仍是对养殖业威胁最严重的传染病之一。2018年，由于接种防御、科学防治等技术提高，域内未发生此病例。

禽霍乱 各乡镇均有不同程度发生。1982—1985年间较重。发病鸡15万余只，死亡6万余只。20世纪90年代始，科学防治使发病率死亡率大幅度降低。

口蹄疫 该病为人畜共患病，传播快，发病率高，病死率一般不超过5%，一年四季均可发生，但秋冬春季易流行。1999年，部分乡镇发生口蹄疫，全县采取病畜及同群畜进行无血扑杀、深埋、无害化处理和严格消毒，易感动物疫苗预防接种等综合防治措施，疫情基本控制，共无血扑杀牛12头，猪103头，2000年后无此病例发生。至2018年，仍把此病列为春、秋季防疫重点。

狂犬病 该病为人畜共患的急性传染病，接触性强，死亡率高。1993年前个别乡镇先后发现狂病犬。此后，全县开展狂犬病疫苗预防注射，加强犬的管理，此病基本得到有效防治。

猝死症 该病是由魏氏梭菌引起，发病快，死亡高，一般来不及治疗而死亡，马、牛、羊、猪均可发生。1994年，域内首次发现该病例，1996年开展羊四联苗、猝死症多价苗免疫接种，2000年后，疫情得到科学防治。

猪瘟 1990—2000年该病在域内流行，对境内养猪业造成严重危害。1999年列入计划免疫，每年春秋两季定期进行猪瘟弱病疫苗预防接种，同时坚持常年不针，注射密度和免疫密度均达98%以上。通过严把产地、运输、屠宰检疫关，开展圈舍常年消毒，基本控制了此病发生和流行。

猪肺疫 该病又称猪巴氏杆菌病，锁喉风，多呈散发。1987年全县有零星发生。通过开展口服猪肺疫疫苗免疫和病畜抗生素、磺胺类药物治疗，发病率逐年下降，到2000年此病得到科学防治。

猪细小病毒 猪是该病唯一已知的易感动物，主要危害初产母猪。1999年8月在域内首次发现该病例，有效预防措施是用弱毒苗或灭活苗接种，在配种前两个月左右注射。2008年，该病仍时有发生。2018年，基本得到科学防治。

繁殖与呼吸综合症 又称猪蓝耳病，2002年故城县发现第一例。感染对象是猪，主要侵害种猪、妊娠母猪及仔猪，尚无有效的疫苗和药物，依靠检疫、隔离、封锁、消毒等综合性预防措施，对全县养猪业危害较大。2018年，仍作为防治重点。

伪狂犬病 该病多发生于冬、春两季，发病最多的是妊娠母猪和哺乳仔猪。2001年，在域内发现首例该病，有效防治措施是用弱毒苗和油苗免疫接种。2018年，通过免疫接种，未发现此病例。

“7·27”禽病 2001年7月27日，夏庄镇四新村发现1500只病死鸡，经查由景县流入。此事件引起省、市畜牧主管部门高度重视，派专人进行查办，1500只病死鸡全部进行深埋和无害化处理。因鸡腐烂严重，无法诊断，故命名为“7·27”禽病。由于进行了科学处理，未造成危害。

传染性法氏囊病 该病是病毒引起主要危害幼龄鸡的一种急性高度接触性传染病。发病急、感染率高、病程短、死亡率高。1985年，域内首次发现该病。防治措施主要是通过中等毒力苗、二价苗、油苗进行免疫接种。2008年，该病仍呈流行趋势。2018年，此病得到科学防治。

禽流感 禽流感又称真性鸡瘟，是一种高度接触性、急性、致死性传染病，死亡率高，一旦爆发流行，可造成严重经济损失。2003年1月至2005年年末，全国大部分省、市爆发该病。域内少量发病。2005—2018年，未出现此种病例。

草鱼出血病 由病毒引起，对草鱼、青鱼有较大的危害。病鱼体表呈暗黑色，无光泽。口腔、头部、鳍条基部等处往往充血、呈紫红色，下腭、鳃盖、眼眶和腹部出现淡红色血斑。眼球突出，肌肉斑块状充血，严重者全身肌肉出血。肠全部或局部呈鲜红色并渗血，有时有腹水。

此病的预防主要采用草鱼出血病灭活疫苗注射法。6厘米大小鱼种一般于腹腔注射0.2～0.5毫升，1龄鱼种每尾注射1毫升左右。域内2003年有小部分池塘出现此病，后全部鱼塘均采用防御注射，此病得到科学防治。

肠炎病 是养殖鱼类中最严重的细菌性疾病之一，对草、青、鲤鱼有较大的危害。病鱼不摄食，体色发黑，离群独游或漂于水面，腹部有红斑，肛门处凸红肿。典型症状肠管发炎，肠壁微血管充血或破裂，呈红褐色，肠黏膜溃烂脱落肠内无食物。1998年、2005年域内出现此病。均得到控制。

用磺胺呱或呋喃唑酮拌入饲料制成药饵进行防治。每50公斤鱼用药5克左右，连续喂6天为一个疗程，同时用0.5毫克/升强氯精或用生石灰每亩10～25公斤（水深1米）全池遍洒防治。若能彻底清塘消毒，保持水质清洁，投喂新鲜饵料，加强饲养管理，可以减少此病流行。

烂鳃病 由细菌引起，对养殖鱼类都有一定的危害。域内此病流行甚广，终年都有发生是饲养鱼类严重疾病之一。

治疗用0.1～0.2毫克/升呋喃酮或0.3～0.5毫克/升强氯精全池遍洒，也可用大黄或乌桕浸出液，前者用0.3%氨水浸泡，后者可2%石灰液浸泡，然后用2.5～3.7毫克/升浸出液浓度泼洒。

赤皮病 亦称出血性腐败病。由细菌引起，主要危害于草、青、鳃、鲫、鳊等鱼类。

预防此病主要是细心操作，避免鱼体受伤，鱼种在放养时经漂白粉或强氯精液浸洗消毒。治疗则用0.5毫克/升强氯精遍洒或食场挂篓。同时投喂磺胺噻唑药饵，第一天每50公斤鱼用药5克，第二天至第六天减半。

白头白嘴病 为鱼苗培育池中常见的严重疾病之一，危害鲢、鳙、草鱼等。鱼苗饲养20天以后，若不及时分塘，容易发生此病，且来势迅猛，往往一日之间可导致大量鱼苗死亡。域内鱼塘时有此病发生。

预防此病重要是鱼苗培育密度要适当，治疗方法与烂鳃病相同。

预防治疗措施 传染病以预防为主，早在20世纪50年代始用疫苗预防传染病。炭疽疫苗预防牛驴骡马羊。羊炭疽病发病率由1983年0.95%降至0.077%。20世纪50年代至60年代初，始用气肿疽、猪瘟、鸡新城疫、猪丹毒、口蹄疫等疫苗，上述传染病发生得以控制。后预防各种传染病疫苗种类逐年增多，先后推广马传染性贫血、布氏杆菌病、牛肺疫、破伤风类毒素等疫苗。先后对在县内发生的炭疽、牛气肿疽、口蹄役传染病，省、地、县兽医部门进行防疫或扑灭，县人委、县革委及时组织民兵配合兽医人员，对病死畜进行无害化处理，监视病情，省、地发布封锁令，与德州、景县联防，采取封锁、设伏、已消毒等措施，迅速将疫病扑灭，上述传染病已基本绝迹。20世纪70年代末，始推广马立克氏病、

养殖户饲养防疫

兔病毒性败血病等疫苗，每年开展春秋两次大防疫。20世纪80年代始，坚持常年采取窝猪补针、集市防疫和综合性防疫等措施，控制主要传染病发生。1980—1983年县内马属动物破伤风发病头数、密度逐年增加。县畜牧局在省、地畜牧兽医站指导下，于1984年承担河北省畜牧兽医站马属动物破伤风防治试验观察科研项目，组织全县畜牧兽医人员，对马属动物进行破伤风类毒素预防注射，共防21540头份，防疫密度达95.3%，此病发生得以控制。人均经济损失由1982年0.42元，1983年0.52元，降至0.01元。为防止家禽家畜疫病传染，确保人畜安全，促进畜牧业发展，1990年始故城县人民政府颁发《关于加强畜禽检疫工作的布告》，根据布告要求，健全防疫、检疫制度，畜牧、工商、交通、公安、卫生、供销、外贸等部门通力协作，加强对集贸市场、禽畜收购、调运屠宰等防疫、检疫各个环节管理。并于县内4个交通要道各设公路检查站，全县集

市各设肉检点，各种传染病传播得以有效控制。21世纪，根据动物疫病的发病特点，建立了县、乡、村三级重大动物疫病防控体系，圆满完成了全县春、秋两季动物防疫为主的疫病综合防治工作，全年共计免疫牲畜口蹄疫104万头只；禽类高致病性禽流感230免疫密度均达100%。保持14年连续无重大动物疫病的发生，确保了全县畜牧业的健康快速发展。至2018年，共计免疫牲畜口蹄疫10.4万头只；禽类高致病性禽流感230万只，免疫密度均达100%。保持14年连续无重大动物疫病发生。

二、常见病治疗

域内马、驴、骡常见病系结症、冷痛、胃扩张、肠鼓气等；牛、羊常见病系瘤胃积食、瘤胃弛缓、瘤胃鼓气等；猪常见病系胃肠炎。另有大家畜感冒、肺炎及各种家畜中毒症、外伤等。

20世纪50年代初期，兽医人员采用单一的中药方法治疗如结症、瘤胃积食等里实症用攻里剂，大承气汤、当归苁蓉汤等，治愈率仅50%左右。20世纪50年代至60年代初，采用中西医结合治疗，西医针剂、片剂、肌肉注射、静脉滴注等应用于兽医临床。后西药品种、治疗器械、手术器械逐步完善。20世纪80年代后，兽医临床医生得到科学系统培训，对各种禽畜疾病采用科学治疗方法。手术器械、医疗设备均有大幅度提高。剖腹产、开腹破结等大手术也应用于兽医临床，各种常见病治愈率达70%多。

三、生物病害

青泥苔绿藻如水绵等在池塘里大量繁殖时，形成团絮状和网眼状的藻群，幼鱼误入，即被缠住，以致死亡。与此同时池中养料消耗殆尽，水变清瘦，会影响鱼的生长，造成鱼苗及早期夏花鱼种的死亡。用生石灰清塘可预防。用0.7毫克/升硫酸铜遍洒，可杀死。

第五节　基础队伍与建设

一、基础队伍

乡级机构　中华人民共和国成立前，全县有民间兽医人员8名，实行个体行医。1951年，全县有兽医13人。1953—1957年，全县兽医大联营，有兽医人员30余人。1958年人民公社化时，全县建8个畜牧兽医中心站，共有兽医37人。1964年，各公社建畜牧兽医站，共有兽医45名。1984年，全县各乡镇兽医站实行“三定一选择”（即定人员、定站长、定任务，站长选择兽医）组阁招聘制。全县各乡镇兽医站有兽医68人。畜牧系统由原来的行政事业单位改为服务型事业单位。2005年完成兽医体制改革。

技术队伍与服务　20世纪50年代，伴随畜牧业发展，畜禽技术人才数量、素质已远不适应。为此，1958年，组织8名民间兽医，赴定县兽医学校学习。后每年培训2名，至1973年，共培训民间兽医38名，先后分配各公社兽医站。1974年，故城县农技校办4期畜牧兽医培训班，培训新学员200名，学期半年，学习内容以各种传染病预防、治疗为主。学员学习期满后大部成为村级畜牧兽医防疫员。1975年，在辛庄、十二里庄先后举办2期饲养员培训班，共培养饲养员1000余人。伴随国家教育事业发展，由国家分配县内畜牧兽医机构大、中专毕业生渐增。1987年，县级畜牧机构共有大、中专毕业生53人、乡级68人、村级防疫员200余人。1998年3月，县畜牧局组织12名技术骨干成立快速服务小分队，也称畜牧服务“110”，实行24小时服务和“三供一保四到家”服务（供仔苗、供饲料、供技术；保产品收；送仔苗到家，送饲料到家，送技术到家，产品回收到家）。2005年，国家推进兽医管理体制改革，设立了13个乡镇畜牧站，人、财、物属于乡镇政府，县畜牧水产局负责业务指导，是年，全县完成奶牛改良2800多头，生猪改良3万多头，全县斯格猪、西门塔尔杂交肉牛、黑白花奶牛等优良畜禽品种均占到78%以上，全面提高畜禽的综合生产能力和单产水平，增加养殖业效益，帮助建设养殖项目。2009年招聘110余名村级动物协防员，逐步形成了县、乡、村三级动物防疫体系，对有效防控重大动物疫病奠定了基础。域内利用区位、技术、资源等优势，大力发展优质斯格猪、奶牛和特种养殖、肉蛋鸡四大畜禽品种，加大品种改良力度，大力实施良种工程和绿色增收计划。

二、基础建设项目

国家级秸秆养牛示范县项目　2000年故城县开始实施秸秆养牛示范县项目，总投资304.89万元，其中国家投资100万元，省、市、县配套80万元，群众自筹124.89万元。以秸秆资源开发利用为重点，发展产业化养牛业，建立健全县、乡、村三级服务网络，完善和充实产、供、销服务体系，狠抓示范乡、村、户建设。三年累计存栏牛35万头，出栏7.88万头；青贮秸秆62.7万吨，氨化、微贮22.7万吨；建永久性青贮、氨化池1260个，容积35545立方米；黄牛改良站（点）30处；全县13个乡镇畜牧兽医站进行了新建和扩建，举办培训班39期，培训技术员15000多人次，做到了“三个一”（乡镇有一个高标准畜牧兽医站，村有一个技术骨干，户有一个明白人），圆满完成了示范县建设的各项任务目标。2003年顺利通过国家验收。

低酚棉副产品饲喂利用研究项目 1990年至1992年12月实施，采用化学分析、消化代谢试验、现代生物学方法、病理组织学监察、饲养试验等综合试验手段，系统地研究低酚棉副产品的饲用价值、饲喂方法和安全性，为充分开展这一潜在的饲料资源，合理使用农田废物提供了依据，填补国内空白。该项研究技术居国内领先水平，1994年，获地区科技进步二等奖，省科技进步四等奖，省畜牧局科技进步一等奖。

平原农区开发草业发展牧业综合配套技术推广项目 1988—1990年实施，利用沙荒、盐碱地种植苜蓿等牧草6万余亩，发展家庭牧场30余个，县畜牧水产局作为项目第九完成单位，获农业部“丰收奖”一等奖。

肉鸡小规模大群体塑料中棚区域饲养模式研究与开发项目 1992年2月—1994年12月实施。采用小规模、大群体区域饲养模式，通过自然立体通风和以水散热，在炎热的夏季创造适宜肉鸡生长的小环境，从而结束全国长城以南农村夏季塑料棚不能养肉鸡的历史。通过覆盖保温、采光增温等措施解决冬季增温、保温与通风换气的矛盾，降低肉鸡饲养成本，为实现农村一年四季连续饲养肉鸡创出路子。经三年研究与开发，肉鸡产量达9440.76吨，总效益697.085万元，纯经济效益637万元，投入产出效益比为1:10.6，达到国内同类研究先进水平，该项目获地区一等奖。

三、基础设施建设

畜牧兽医技术服务中心建设项目 1990年，为加强畜牧兽医服务网络建设，报请省、市主管部门批准，由农业部立项，设立故城县畜牧兽医技术服务中心。主楼于1991年12月3日破土动工，1992年10月1日建成投入使用，总投资60万元，其中中央拨款15万元，省配套10万元，市、县配套15万元，畜牧水产局自筹5万元。该中心占地3亩，建筑面积1670平方米。负责全县畜牧科技推广、防疫灭病、良种繁育、药品、饲料供应以及畜产品流通方面的综合服务工作，人员定编15人，隶属县畜牧水产局，列入事业单位编制。

“三站”建设项目 “三站”即省级动物疫情测报站、省级公路动物防疫监督检查站、乡镇动物防疫站。项目资金分别为35万元、9.6万元、27.5万元，2005年年末全部完成。三个项目的实施，使故城成为全市唯一“三站”齐全的县。

基层动物防疫基础建设项目 2000年，域内开始实施，总投资140万元，其中国家投资94万元，地方配套46万元。扩建改造实验室300平方米，购置必备仪器设备71件，采样车一辆。全县动物疫情诊断、监测和预报系统得到进一步完善，提高了疫病控制、应急反应的能力，全县动物疫病防控水平达到国家标准。

第七章 农业管理

第一节 管理机构

一、农业管理机构

常设机构 明、清两代县衙之工房兼管农事。1928年，故城县国民政府建设局，专事农工商各业。据中华民国农业部全国林业技术人员考成表载，1931年，建设局内农事试验场，设场长1人、事务员1人。1934年4月1日，农事试验场易名农业推广所。场长易名指导员，并设一事务员。址置故城镇北，占地20亩，试种农作物，指导考察全县农事及答复农民咨询。

抗日战争时期，由中国共产党领导的故城县抗日民主政府于1943年3月设建设科，兼管农业工作。1952年，县人民政府将农业科、建设科合并为农建科。是年12月，建立县农业技术推广站。1954年，县设农林局，下辖各行政区建立的农业技术推广站。至此，指导农业生产专门体系初步形成。1962年9月，水利科、农林局、农机局、畜牧科合并为农林水利局。“文化大革命”初期，机构瘫痪。1972年，重建农林局。1974年，农业、牧业分建各设局。1983年10月，农机局、农业局、畜牧局合并为农业局。1986年5月，农业、农机、畜牧分建各设局。1987年，农业局设人秘股、农经股、农业技术推广站、农业科学研究所、种子站、植保站、土肥站、原种场、良棉种子公司、良棉轧花厂。是时设局长1人、副局长3人。1990年1月，农业开发办公室成立，为事业单位，编制15人。1996年，机构改革，编制12人。2002年，机构改革，编制10人。2008年，增加扶贫职能，易名为农业开发扶贫办公室，编制10人。2011年10月，成立故城县农牧局，2015年8月，成立故城县农林局，作为全县农业、农机、畜牧、林业行政主管部门承担管理职责。

临时机构 域内曾设临时管理机构，以临时机构指导和管理全县农业生产始于1967年，是年10月设“抓革命，促生产指挥部”。1968年，县革命委员会内设生产指挥部，统管全县经济工作，至1972年撤。1974年设“农业学大寨”办公室，专管全县农业生产工作。未久，又设棉花生产办公室，专管棉花生产。1979年“农业学大寨”办公室易名为农业生产办公室，1983年，又易名商品生产办公室。是年12月，原农业生产办公室与原棉花生产办公室从商品生产办公室中分离，划归农业局所辖。另，曾设农田水利基本建设指挥部，抗旱办公室等临时机构。临时机构直属中共故城县委或县人民政府（县革命委员会）所辖。除指导管理农业生产外，并兼有协调有关部门支农工作的职责。

二、林业管理机构

1954年10月，故城县人委设农林局，农林局下设林业股，配备专职林业干部和技术人员。

1973年农林局分为林业局和农业局，林业局时有干部职工7人，其中技术人员5人。1974年9月始，每公社配备一名脱产专职林业协助员。自此，各公社配有专职林业工作人员，林业队伍始有发展。至1987年，县林业局有干部职工27人，其中技术人员17人，具体负责全县林业工作的计划安排、实施、科技服务等工作。1996年，林业局内设林果技术站和督查检疫站，同时管理林产品公司和里老林场、饶阳店林场，业务上领导23个乡镇林业站。1996年12月，林业局编制22人，内设人秘股、林政股、林果病虫害防治检疫站、林果技术服务站，下属单位里老林场和饶阳店林场。13个乡镇均设有林业站，编制3～5人。至2008年年末，县林业局有在职人员24人。两个林场有在职人员29名。2014年，设人秘股、林政管理股、植树造林股、林果技术服务站，下属单位有里老林场和饶阳店林场。2015年8月机构改革，与农业局合并为农林局，下属单位有里老林场和饶阳店林场。

三、养殖业管理机构

县级机构 20世纪50年代前域内未设畜牧专管机构。1951年，农业科设专人负责畜牧工作。1953年农业局设畜牧股。1974年，始建畜牧局。1984年，农业、农机、畜牧合并为农业局。1986年，建畜牧水产总站。1987年，县设畜牧水产局，局内有干部职工51人，其中局长1人，副局长2人。下辖23个乡镇兽医站。畜牧水产局属国家行政事业单位，局机关下设人秘股、畜牧股、动物检疫股、兽医股、水产股。局下属机构有鱼种场、13个乡镇兽医站、13个乡镇防检分站。2011年10月，畜牧水产局并入农业局，成立故城县农牧局，2015年农林局成立。

局属单位 1958年，建兽医院，1971年，建配种站，1975年，建兽医防疫股，是年兴建杏基湖鱼种场隶属县畜牧水产局。1976年春竣工。占地320亩，其中人工湖水面200亩。1977年，建水产工作站，1985年，建动物检疫站。2000年始，杏基湖鱼种场研发苗木花卉培植。

四、农机管理机构

故城县农业机械管理局（简称农机局）始建于1961年8月20日，设于故城公社。1963年7月21日，县农机局易为农业机械电力管理局。1964年，局驻地由故城公社迁入郑口。1970年10月，易名县生产指挥部机电组。1972年11月5日，又易名生产指挥部机电局。1976年11月21日，原机电局分为农业机械管理局和电力管理局。1983年10月，农机局与农业局、畜牧局合并为县农业局，原农机局改为农机管理站。1986年5月27日，农机从农业局分离，建县农机管理总站。1987年4月，县农机管理总站易名为县农业机械管理局。1996年10月，由“二级局”升格为“一级局”。2005年，农机公司完成改制。

第二节 农业经营管理

1956年，伴随农业集体经济建立，农业管理遂纳入国家计划经济体制轨道，生产计划由国家下达，产品由国家收购，管理重点多为生产环节上的督查。至1979年，国家实行有计划的商品经济体制，全县农业管理亦随之转化，演变为以农户为单位的生产与经营并重的管理格局。

计划管理 以农业生产计划为主，以行政手段层层落实国家指令性生产计划。1958年，因急躁冒进，生产计划严重脱离实际，并由此导致“高估产，高征购”连锁反应，加之其他因素影响，造成人民生活暂时困难。1960年后，农业工作中“左”的错误有所纠正，生产计划管理渐趋切合实际。但“文化大革命”中又将生产计划管理扭曲到“以粮为纲”的“单打一”上来，农业生产全面发展受阻。1979年后，随农业生产责任制普遍实行，生产计划管理亦随之变革，由指令性变为指导性。农民在生产计划及其他管理上的自主权得以扩大，农业发展获巨大促进。

劳动管理 劳动组织：农业合作化时期，以作业组为主。人民公社化时期盛行“大兵团”作战，劳动组织混乱。1962年，以生产小队为基本核算单位后，劳动组织多为季节性、临时性作业组。1979年，伴随农业生产责任制建立、巩固、完善，原劳动组织大部自行消亡，承包户成为相对独立的生产经营单位，也有以村为核算单位下设专业组的劳动组织，但数量较少。

劳动计酬：酬标为“工分”，是产品分配重要依据之一，农民对此十分重视。计酬依据有四种：其一，按时计酬，即根据劳动时间计算报酬，群众称之为“卯子工”。合作化时期及“文化大革命”期间，均曾实行。其二，按量计酬，即根据完成农活的数量，计算报酬。多在1962—1966年期间实行。另有带奖惩者，即在规定时间提前完成有奖，延时受罚。其三，按年计酬，专为生产大队、生产小队脱产干部计酬所用。不管工作好坏，皆可获得一定工分报酬。其四，自报公议，即由本人先提出所获报酬数量，然后由众人按其政治表现、劳动态度予以评议，多则减少则加的计酬办法。“文化大革命”中曾盛行一时，但大多流于形式。

1979年，实行农业生产责任制，农民劳动数量、质量与所得报酬得以紧密联系。

财务管理 主要由基本核算单位施行。其管理内容仅反映生产分配情况，尚未达到通过制定、控制和分析经济指标来促进农业发展的水平。

财务人员设置：生产大队、生产小队各设主管会计1人，现金会计1人，分管财务工作的队长1人，分工中执行“三不准”，即会计管账不准管钱（物），现金保管不准管账，队长不准兼出纳或保管。

账簿设置：1983年前，各核算单位设现金（存款）收付账、实物收付账、劳动工分账、往来明细账、固定财产登记簿、低值易耗品登记簿。1983年后，增设总账，取消工分账。

财务公开：1956—1964年，每年终向社员公布一次集体经济收支账和劳动工分账，后变为每月公布。1965年后，除口头外，并实行现金收付、实物收付，劳动工分每月上墙公布做法

财务监督：实物保管实行“三把锁”，分管财务的队长、保管员和社员代表各持一把。“四清”运动中，社员代表改为贫协代表。对全年收支计划、年终收益分配方案、兴建基本建设工程以及购置大型固定财产等，须经社员大会讨论通过方能实施。后由乡镇财政所统筹。

1979年，实行农业生产责任制，账簿、财务管理皆采用公开透明管理监督办法。

收益分配 1952—1955年按劳动与土地比例分配。土地占纯收益的40%左右，劳动报酬占纯收益的60%左右。1955年，实现高级农业生产合作社后，取消土地分红，实行按劳分配。但在分配具体产品时又略有差异。现金纯收益则全部按劳分配；粮食分配除保证基本口粮外，以少

量按劳分配；林果、瓜菜产品少量按劳，大部按人分配。收益分配时间，始为夏季预借，秋后决算，后易为夏、秋两次预分，年终决算。1958 年，建人民公社后，以工资制和供给制相结合形式进行分配。公社统一支配部分，包括公共食堂伙食费、社办文教卫生和福利事业经费、社员困难补助费等。供给部分主要为粮食及伙食费，即在公共食堂“吃饭不要钱”。工资部分以现金支付形式兑现，按事先划定等级标准发给。1962 年，实行“三级所有，队为基础”经济体制，后遂以生产小队为核算单位进行分配，具体办法：现金纯收入全部按劳动工分分配，粮食按人口和劳动工分比例分配，有人七劳三者（即人口分配占分配总数的 70%，劳动工分占分配总数的 30%），另有人八劳二者，对少量果品、蔬菜或按劳、或按人分配。1982 年后，分配形式表现为“缴足国家的、留足集体的，剩下全是自己的”。2004 年，国家实行粮食直补政策。2006 年，国家取消农民农业税，中国农民结束千年来缴纳皇粮国税的历史。

第三节　林业经营管理

林业生产经营管理水平伴随科学技术的发展不断提高。同时，与之相适应的管理办法受各历史时期方针、政策的影响而逐步完善。

一、林权演变改革

中华人民共和国成立之初，社员宅旁院内树木归个人，其余分别为集体和国营所有。由国家修建的公路、河渠旁树权属国家，其他地方树权绝大部分属农户。“大跃进”时期，个人树木被无偿平调，林业生产受挫。1958 年，人民公社化前后，林权属国家、集体、个人三种形式，村边、场院及个人居住的房屋前后与院落内树权属个人所有，村周围区域树权属村集体所有，国道、河渠旁树权属国家所有。1963 年，发放林权证时进一步明确大路旁树权归国家，其他道路、河渠、农田林网树木归集体，村边及场院四周的树木大部分由村作价归集体，少部分树权仍归个人。林业生产恢复。“文化大革命”时期，林权再度混乱。1978 年中共十一届三中全会后，实行土地联产承包责任制。1981 年，县政府颁发林权证，重申宅旁院内及自留地树木归个人，谁种谁有，允许继承和转让，公共林木分别归集体和国有，经县政府（及其委托部门）或上级主管部门批准后方可采伐。20 世纪 90 年代初，郑口镇和饶阳店镇在林木权属上做出积极探索，郑口镇主要以股份合作的形式分离林木所有权，饶阳店镇则尝试拍卖树木所有权。1981 年、1982 年的两个冬季完成了牵动千家万户的林业“三定”。在“三定”工作中，处理林权纠纷达 496 起。林业责任制亦相应落实，23 个乡镇的 538 个村对用材林落实“大包干”、专业承包、树随地走、设立护林岗位等林业责任制，域内有 18 个乡镇的 103 个村对果园投标承包、专业承包“大包干”、分树到户等。“四旁”树亦实行以承包为主的责任制。1989 年年末，林业实行生产责任制的面积逐渐扩大，并日趋完善。“四旁”植树亦实行专业队承包、联户承包、单户承包及树随地走等责任制形式。

21 世纪，为落实“明晰所有权，放活经营权，落实流转权，确保收益权”政策，以“政府要绿、群众得利”为主导原则，积极创新造林营林机制，采取“大户承包、招标买断、比例分成”等有效

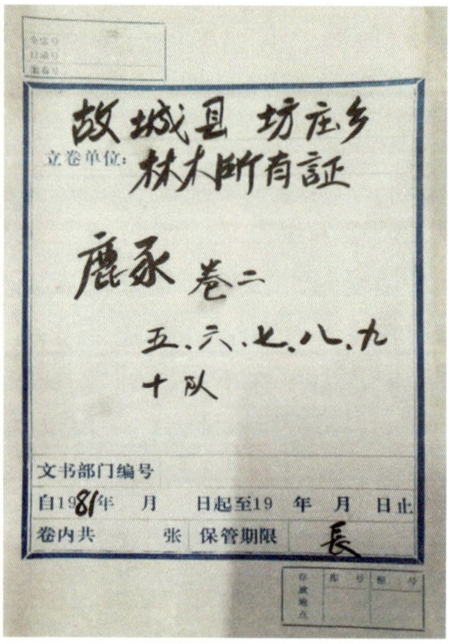

1981 年房庄乡鹿豕村林木所有证

形式，将林木确权到户，同时统一核发林权证书，切实保障营林者权益。形成多主体参与，多元化投入的造林新格局。一批造林上百亩、上千亩大户，对全县的造林绿化起到示范带动作用。随着原有树木的采伐，域内普遍推行“两权分离”做法，放宽政策，推进林权制度改革，即分离林地

使用权和林木所有权，把宜林地拍卖或承包、租赁给造林单位和个人，由其按规划自行投资投劳造林，树权归个人；由国有和集体单位统一规划、统一种植树木后，通过拍卖和承包等形式把树木所有权归属私有。为维护树木所有权者的利益，除签订有关合同或协议外，从2001年始，由县政府对其颁发全国统一制式、统一编号的中华人民共和国林权证，明确责、权、利，确保造林成果。河务局把运河大堤分段承包给农户，农户交纳承包费后自行造林管护，收入归农户。2003年，全县林地确权发证工作全面展开。2008年后，树木全部落实以家庭、联户承包为主的责任制。同时各村委会划定区域，包括路旁、河渠旁、闲散地实行植树招投标制，归种植者所有、管护、采伐、补植，全县新造片林和林网及闲散地上的林木大部分归属到个人，至2017年年末，全县共核发林权证3371份。

二、林木保护

20世纪80年代，县林业局承担《中华人民共和国森林法》等林业法律法规的执行任务。执法人员持证、着装，经考核合格上岗。1985年，县局成立林业督查站和林果病虫防治检疫站，负责林木保护、采伐审批、林业案件的查处。依照《中华人民共和国森林法》及有关法律法规，查处乱砍滥伐等违法案件，使林业生产管理走上法治轨道。

1978年，各乡镇均建立林业工作站，负责本乡镇林业发展、树木保护等林业工作。各乡、村护林队伍，一般由乡镇林业站进行组织管理。1981年以前，主要以专业队护林为主，1981年后，农村实行土地承包生产责任制，各村配备护林员。护林员一般由乡、村统一领导，主要任务为护树、护路。1987年，郑口镇成立林果督查站，每2公里路段设立一名护林员，共配备护林人员108名，统一着装，由镇林果督查站统一领导，经费来源以村为主镇为辅。之后进行二代林网建设的饶阳店镇、青罕镇、房庄乡等，纷纷效仿郑口镇的做法，建立专门护林组织，确保新植树木的成活保存。

随着市场经济的不断发展，林业生产由过去单一的政府办林业，走向社会多种经济成分多元化办林业，林木保护也有了新变化。21世纪始，主要护林方式有专职护林员护林、专业队护林、植树者管护和受益者管护。护林方式基本上体现谁种谁管谁受益。植树造林成活率、保存率明显提高。

第四节　农机经营管理

1979年，农业机械管理主要内容系计划管理、财务管理、机务管理和劳动管理。旨在提高农业机械完好率、利用率，降低修理费、耗油费，充分发挥农业机械效率，达到高效、优质、低耗、安全。是年，县农机站因管理工作科学化、规范化，被评为省、地先进单位。1980年，农村实行生产责任制后，因出现个体经营和联户经营农业机械，农机管理工作着重于农机的经营管理、农机技术状态管理和安全管理，各社队建立不同形式的农机服务队、站、公司。1983年，农用柴油由县农机部门分配管理。县农机局对农用柴油按农机作业量合理分配，定量供应。1984年，袁庄乡在原拖拉机站基础上，建立农机服务站，改原来单一农机作业为油料经销、配件、供应、修配、培训多种职能，效果较好。1986年，建国镇良尧村，在原机务队基础上建农机服务队，该村实行四统一（经营、管理、核算、收费），防止重复购置，减轻农民负担，既降低机械成本，又提高机械效率。按农机作业合同供油，同时施用油料净化节油技术。1987年4月，易名为故城县农业机械管理局（简称农机局）。为适应形势发展，主管部门对农机具的管理实行转轨变型，变为以服务为主。为提高农机检测技术，是年末，推广清洗剂14吨。全县乡级达标服务站7个，村级达标服务队413个，派出24人下乡，对全县拖拉机、柴油机技术状况进行检测，使被检测机械平均功率提高2.5马力，油耗降低。1996年10月，农机局内设5个股级科室，分别为人秘股、管理股、农机化技术推广服务站、农机技术培训学校、农机安全监理站。农机化事业随着农村改革的深入，经营形式发生了根本转变，农业机械由改革前的集体统一管理和使用，转变成为农户所有，个体经营。2015年，农机局并入农林局。农机服务领域已由单纯种植业向林牧副渔业生产和农村经济发展多个环节扩展。

2004年始，国家正式实施农机购置补贴政策，2006年，加大补贴力度，2012年，补贴大幅度提高，极大地调动了农民购买大型农机的积极性，加快了农业机械化及自动化进程。2015年，全县购买大型机具936台，其中动力机械372台，补贴531.48万元；耕整地机械110台，补贴28.6万元；收获机械159台，补贴653.7万元；种植施肥机械295台，补贴36.22万元，总计1250万元。2016年，上级拨付域内农机购置补贴资金共计1300.5万元，补贴各类农业机械537台件。2017年，拨付域内农机购置补贴资金2075.44万元，补贴各类农用机械计1191台。2018年，国家拨付域内农机购置补贴资金达2100万元。是年，拖拉机注册登记453台，联合收割机注册登记210台，新培训拖拉机驾驶人员110人，联合收割机人员90人，换发驾驶证112本，安全技术检验732台次，补发行驶证20本、驾驶证41本，定期开展了农机法律法规宣传下乡安全生产知识培训活动。

第九编 工业 建筑业

明清时期，故城是运河航运商埠要地，历史上传承了一些工艺作坊及能工巧匠，尤其是铁器、木器、竹麻、窑业、建筑、铸造、皮毛、缝纫、食品加工及烧酒等，家庭手工业发展历史悠久。清末民国初，民营手工业始见兴盛，以故城挂面较为有名。中华人民共和国成立后，对私营工业、手工业进行社会主义改造，生产厂家规模不断扩大。20世纪70年代，第四个“五年计划”实施，工业运动兴起，域内国有集体企业达38家，工业总产值2446万元。1986—1990年，深化经济体制改革增强企业发展动力，形成了一批重点骨干企业，1995年域内县乡工业达379家，完成工业总产值10.8亿元。21世纪，故城县工业宏观上不断改革、精简、优化管理机构，以科学制定与落实工业生产为目标，逐步实施工业兴县战略，2001—2017年，大力发展民营企业，培植与壮大重点骨干企业，设立工业园区，扩规增容，高标化、高起点规划建设，招商引资，着力打造“一城三区四基地”经济隆起带，调整与日趋优化三产比例。微观上激励企业引入竞争，采取厂长负责目标管理等，旨在适应市场，激活内部管理举措，提高企业管理水平为目标的经济机制改革，提高企业效率为目标的产权制度改革，县内工业量扩张，质量提高。

2018年，全县制造业注册登记企业2818家，二产总产值达227亿元，上缴税金达4.65亿元。

第一章 工业发展历程

故城县工业经济的发展壮大经历了由小到大、由弱变强的历史过程。1949—1952年，工业总产值每年不足10万元，随着对手工业、资本主义工商业进行社会主义改造，1957年，工业总产值达196万元，20世纪70年代，随着全国工业发展，1975年，国有、集体企业工业总产值增至2446万元。1978年中共十一届三中全会以后，工业生产总值连年增加。1985年，县乡工业总产值完成1.36亿元。1995年，工业企业增至163家，完成工业总产值10.8亿元。21世纪，大力发展民营企业，设立工业园区。

2006年，完成工业总产值84亿元。2008—2018年，工业企业由658家增至2818家，完成工业总产值227亿元，税收达4.65亿元。

第一节 清末民国初工业发展状况

清末民国初，故城县仅见民间铁木器具铸造、粮油食品加工、服饰布料纺织、竹苇柳荆草编等小手工业生产，多为当地销用。清末民国初，民营手工业始见兴盛，较有名气者为故城挂面（又名故城贡面、龙凤贡面）、长林铸造，产品销售北京、天津、保定、济南等地。故城镇“马观泰”“德聚源”烧酒销往天津、保定等地（年产高粱酒8.1万公斤）。1929年国民政府设故城县第一工厂生产毛巾（时有木机6台，年产毛巾2400打）。

1939年，为抵御侵华日军，在抗日民主政府支持下，集中张长林、王长林、李长林、赵长林4

个村10余家铸造工匠，建起故城县“广聚功”号铸造厂，为抗日军民铸造手榴弹、地雷，年产万余枚，时有“军火基地”之称。

第二节　中华人民共和国成立后工业发展状况

1949年后，故城工业渐趋恢复，工业生产逐步发展。20世纪50年代，初期的社会主义改造和合作化建设时期，国家实行公私合营发展集体经济，对私营业主、个体手工业者进行社会主义改造，取消个体私营生产，成立合作社组织。1953年，全县3425名手工业者（业主和劳动者）走上社会主义合作化道路，成为集体合作社社员。1954年成立故城县手工业生产联合社。此间政府将合作社社员组织起来，相继建立了铁业、竹麻、纺织、缝纫、农具、自行车修配、皮革、木器、窑业、印刷等生产合作社工厂企业10余家。工业生产仍以手工业为主，辅助以半机械设备器械，社厂规模小、设备简陋，劳动作业水平低，产品简单、不定型。1957年，全县工业生产总产值达196万元，比1950年的6万元，7年增长31倍。

1958年“大跃进”“大炼钢铁”运动在全国兴起，全县工业生产掀起新高潮，新华铁业社与铸锅厂合并扩建，更名故城县五一铁厂，在全县考试招录年轻工人100余名，从业人员达260人，成为县级首家大企业。生产以铸造和车床、切削、钳工等机械加工工序为主，主要产品机械铸件、轴承、农用水泵、农机具等机械配件和器具。同期在国家“大炼钢铁”“大上工业”政治形势推动和影响下，县建立大炼钢铁指挥部，层层下达任务指标，全县机关干部、职工、工人、农民、学生纷纷参与，上阵助阵、贡献力量。一时期炼铁铸造“土炉”林立，纷纷开工点火，仅郑口一道街、二道街就建有土炉20余座，各公社所在地亦建有土炉。但不久后一哄而起的小炼铁厂大部分终因设备简陋、原料紧缺、产品粗制滥造而停产下马。因盲目仓促建厂，盲目追求产量，产品粗制质劣，造成物料资源浪费，加之生产不计成本，投入产出失调，致使生产虚高、潜亏，遗留问题较多，1962年工业总产值下降至281万元。

1963—1965年，国民经济调整时期，工业系统贯彻落实“调整、巩固、充实、提高”八字方针，期间开展工业学大庆运动，倡导自力更生，艰苦奋斗，劳动生产力改进提高，生产规模逐步扩大，产量产值和效益逐年增加。1965年，总产值达475万元，比1962年的281万元年增长69%，三年年均递增长19%。1966—1967年间，正值“文化大革命”前期，受“左”倾思潮和派性运动影响，工业生产放缓，1966年，当年完成工业总产值降至309万元，比1965年的457万元下降32%，1967年比1966年虽有所增长，但仍处于低速。1968—1970年，出现恢复性较大幅度增长，工业总产值分别达413万元、517万元、757万元，年均递增21%。

1971—1975年，随着全国投资建设“五小”“六小”工业运动的兴起，金属制品、机械加工、皮革、皮毛、建筑、建材、纺织、粮油、食品加工等工业相继在故城县兴办，工业产品品种增多产量产值增高。至1975年，国有、集体企业个数达38家，工业总产值增至2446万元，年均递增28.4%。

第三节　改革开放后工业发展状况

1978—1980年，经过拨乱反正，工作重点转至经济建设，工业呈现持续较快发展势头，尤其是社队企业异军突起，迅速发展。1980年，全县工业总产值增至5434万元，比1975年的2446万元增长了1.22倍，年均递增17.3%，其中社队企业总产值2122万元，占工业总产值的39%。20世纪80年代，是故城县国有集体企业上规模、上水平，加快发展的年代。1981—1985年，伴随着国家以经济建设为中心开放搞活方针政策的贯彻落实，扩大企业生产经营自主权，实行厂长经理负责制，改造提升现有企业，增建、扩建经济效益好的企业，工业生产开创新局面。1985年，县乡工业（含村办集体）企业完成总产值1.36亿元，比1980年5434万元增长1.5倍，年均递增21.8%。1986—1990年，深化经济体制改革，增强企业发展活力和动力，推动企业扩规增效、晋档升级，形成了一批重点骨干企业，工业生产速度与效益实现同步增长。1990年，全县县乡工业（含村办）完成总产值3.8亿元，比1985年增长1.8倍，年均递增22%。1995年，县乡工业企业个数达163家，村办企业216家，完成工业总产值10.8亿元，比1990年增长1.83倍，年均递增23%。初步形成以金属制品、皮毛皮革、地毯、汽车配件、机械配件、建筑建材、白酒酿造、粮棉油加工八个行业为主体的多门类工业生产格局。其中甘陵春酒、钢丝绳、手工羊毛地毯、砂轮被评为河北省优质产品，龙凤贡面全国行评位居前列。

1998—2000年，按照国家政策全县推行国有集体企业产权制度改革，企业实施股份制改造，国有、公有产权出售，国有资本退出一般性竞争领域。至2008年，域内共有32家县办（含局办）国有集体工业企业和118家乡镇办及村办集体企业实施了不同类型的企业改制，改制面达90%。民营股份制企业在党的改革开放方针政策指引鼓舞下迅速崛起、不断发展壮大，成为县域国民经济的主力军。

21世纪，是故城县民营股份制企业，持续稳步发展较快的时期，2003—2005年，县域经济实施以工强县、项目立县、产业兴县发展战略，规划建设工业园区，搭建平台，招商引资，引企入园，助企发展。2005年，全县工业总产值达76亿元（折合增加值15.6亿元），比2000年的33亿元增长1.3倍，年均递增18%。2006年工业总产值达84亿元（折合增加值17.1亿元），比2005年增长10%。2007—2018年，县委、县政府顺应时代发展潮流，积极践行新发展理念，大力实施工业化、产业化、城镇化“三化互动”战略，工业园区扩规增容，高标准、高起点规划建设，招商引资加大力度，多措并举讲求实效，企业发展招大育强、扶优扶强、改造升级、创新创优，着力打造创建“一城三区四基地”经济发展隆起带，推动工业经济迈向了高质量快速发展轨道。21世纪故城工业经济发展历程是“十五”扎实起步，“十一五”期间打好基础，“十二五”“十三五”期间提质提速发展。2008—2018年，经济发展提质增效，稳步推进，制造业注册登记企业从2008年年末的658家增加到2018年年末的2818家，企业个数十年增长了3.3倍，年均增加企业216家，后五年增长了1.8倍，年均增加企业357家；二产制造业增加值（GDP）从2009年的21.2亿元增加到2015年的36.6亿元，2018年达43.2亿元，十年增长1.03倍，年均增长10.1%；二产总产值从2009年的105亿元增长到2015年的183亿元，2018年达227亿元，年均增长11.6%；二产制造业上缴税金从2009年的1.33亿元增加到2015年的3.89亿元，2018年达4.65亿元，十年增长2.4倍，年均增长20%。

第四节　国有　集体企业发展

20世纪60年代初期至中期，为提高经济效益，巩固经济发展，党中央、国务院在全国贯彻落实“调整、巩固、充实、提高”八字方针，号召动员各级各地加强企业管理，振兴国有、集体经济。1960年，学习推广“鞍钢宪法”，加强党的领导和企业民主管理，充分发动群众，实行“两参一改三结合”，即干部参加劳动，工人参加管理，改革不合理的规章制度，领导干部、工人群众和技术人员三结合，发挥主观能动性和创造性，积极开展技术革新、技术改造，提高企业发展水平；1961年贯彻执行《国营工业企业工作条例》（简称“工业七十条”），强化社会主义企业的计划管理、劳动管理、技术管理、生产协作和经济核算、财务管理，明确职工工资福利待遇，调动全员劳动积极性；1964年，全国开展“工业学大庆”运动，号召学习大庆铁人王进喜事迹，树立为国争光、为民族争气爱国主义精神，独立自主、自力更生的艰苦创业精神和“三老四严”（最早出现于1962年，1963年形成了完整表述。是指作风与精神：“对待革命事业，要当老实人，说老实话，办老实事；对待工作，要有严格的要求，严密的组织，严肃的态度，严明的纪律”）的科学求实精神。按照上级指示部署，对企业进行调整合并、扩建改造、巩固提高，五一铁厂、竹麻社、缝纫社、农具社、修配社等合作社企业亦改进生产工艺，提升技术水平，增加产品品种，扩大生产规模，同时强化党的领导和企业民主管理，实行党委或党支部领导下的厂长负责制和职工代表大会制度，干部以身作则参加劳动，工人主动参加企业民主管理，增强主人翁意识和作用，企业经营管理水平得以提高。至1965年，全县工业企业由24家调整压缩到19家，当年累计实现工业总产值457万元，比1957年的196万元增长1.3倍，比1962年的281万元增长0.63倍，实现利润115万元。

20世纪70年代，国家经济社会形势日渐稳定，县域经济较快发展。1970年，故城县县乡工业总产值增至757万元，比1969年增长46%。在实行计划经济体制下的“四五”“五五”时期，国家重点支持支农便民生产资料加工服务型地方经济发展，伴随着全国各地兴起的投资“五小”“六小”（小钢铁、小机械、小煤矿、小化肥、小水泥、小加工）工业生产热潮，故城县工业发展再现新起色。一批县办、局办国有集体企业和社队办集体企业应势而生，一批国有或集体所有制性质工厂和小型加工企业相继兴建设立。县办工业相继投资兴建和改扩建兴办企业15家，包括酿酒厂、皮毛厂、地毯厂、化肥厂、弹簧厂5家地方国有企业和钢丝绳厂、制线厂、染织厂、皮鞋厂、砖瓦厂、木建厂等10家集体企业；部门（粮食、商业、农机、水利、供销等）办工业相继兴建设立了农机修造厂、机井修配厂、粮机厂、郑口面粉厂等生产加工型国有企业6家，社队企业相继兴建了故城镇贡面厂、原隰长林铸造厂、军屯砖瓦厂、武官寨乡皮毛厂、饶阳店乡皮毛厂、瓦子庄乡皮革厂、故城镇地毯厂、原隰地毯厂等20余家加工生产型集体企业。1977年4月，全国工业学大庆会议在北京召开，国家再次掀起“工业学大庆”新高潮，各地企业纷纷制定创建“大庆式企业”发展规划；1978年4月，中共中央颁布《关于加快工业发展若干问题的决定》，即“工业三十条”。随之各企业按国家规定实行利改税，打破“大锅饭”，改变统购统销，实行自购自销，扩大自主经营，实行自负盈亏，开展挖潜、革新、改造，厉行节约节支，扩大积累。1979年，县乡工业企业个数达60多家，小型生产加工厂点百余家，工业生产已涵盖金属制品、机械加工、建材、轻工、粮油、食品、皮毛皮革等10多个行业。“四五”末的1975年，全县累计完成工业总产值2446万元，实现利税346万元，其中县办国有、集体企业（包括部门办）完成工业总产值1686万元，利税248万元，社队企业完成工业总产值759万元，利税98万元。

1978年12月，中共中央第十一届三中全会召开，确立了全党全国工作重点转移到以经济建设为中心，实行改革开放，集中力量建设现代化社会主义的路线方针。中华人民共和国经济发展进入了重要的历史转折时期。县乡企业以提高经济效益为中心，深化体制机制改革，调整改造、放开搞活，实行厂长负责制，扩大经营自主权，落实“各尽所能、按劳分配、多劳多得”分配原则，充分调动干部职工生产经营积极性；推行目标成本管理、全面质量管理和全面经济核算，进一步提高企业管理水平和经济效益。这一时期县办工业发展提速增效，乡镇企业崛起。1980年，全县国有集体工业完成工业总产值5434万元，比“四五”末的1975年（产值2446万元）增长1.22倍，年均递增22%。伴随着国家以经济建设为中心开放搞活方针政策的贯彻落实，激发了企业发展的活力和动力，1980—1990年，国家加大对国有、集体企业的投资，推动企业技改扩建上规模。县域经济实施技改升级项目，改造提升原有企业，扩建增建效益好的企业，进档升级、提质增效，涌现出了钢丝绳厂、甘陵酒厂、皮毛厂、地毯厂、抽纱线厂、胶鞋厂、棉纺厂等十余家利税超百万元大户企业，河北钢丝绳厂1991年获评国家大二型企业。1990年，县办局办工业企业达36家，乡镇办企业达117家，村办企业216家，全县工业累计完成总产值3.8亿元（其中乡镇企业1.98亿元），上缴税金1766万元。1995年，全县工业累计完成工业总产值10.8亿元，上缴税金4310万元。国有集体企业成为这个时期国民经济的重要支柱和财政收入的主要来源。

第五节　主导产业

故城工业历史上以铁器铸造、布料制衣、砖瓦烧制和粮油食品加工业闻名。20世纪60—70年代，兴起设立了金属制品、五金修配、皮毛皮革、化工化肥、建筑建材等新建企业。20世纪80年代，兴起涌现了皮毛裘革生产加工业、汽车配件、制造业、有色金属加工业等区域特色产业。20世纪90年代中后期，初步形成了金属制品（钢丝、钢丝绳及铸造、机加工等）、裘皮裘革、汽车配件、机械配件、玻璃钢复合材料制品、轻纺地毯、建筑建材、白酒、粮棉油加工等主要产业。21世纪，科技创新、产业变革、生态文明和绿色环保成为引领经济社会发展的潮流。故城工业按照国家政策和上级部署，大力调整产业产品结构，优化产业发展布局，改造提升传统产业，引进高端高效企业，发展战略性新型产业，淘汰落后产能，关停重污染企业、治理整顿低端产业，构建适应经济社会发展和生态文明要求的新型产业结构。故城工业按产业划分，至2018年，基本形成服装服饰、装备制造和新能源新材料三个主导产业，绿色食品及农牧畜禽产品加工、纸塑包装、出版印刷、节能环保、高端装备制造、轻工、化工等新型产业初步发展显现。

服装服饰产业 服装服饰（裘皮裘革）是故城县的传统特色产业，纳税重点产业，也是以外贸出口为主的外向型出口创汇重点产业，产品70%外销出口，主要出口俄罗斯、韩国、日本和东欧国家。有560多家中小微生产经营企业，51家中型规模企业，加工经营个体户3860户，从业人员1.8万人。主要集中在裘皮裘革和针纺服装产业链上，点多面广，生产经营辐射范围大，产业聚集以县西苑高新技术产业园区和营东新区裘皮产业园为主，辐射分布到郑口镇和县城西南部的饶阳店镇、武官寨镇、西半屯乡等乡镇。产品包括裘皮服装、裘皮制品饰品、裘革皮革制品、针织纺织服装（羊绒衫、羊绒大衣、运动衫、休闲装等）、纺织品五大系列百余个品种。年纳税超500万元重点大户企业有兆鑫裘革制品公司、亚华裘革公司、日出纺织品公司、共创服饰公司、维丽娜皮草、鸿业皮草、方柏皮草、远发皮草等20余家企业。

故城县的皮毛裘革产业发展历史悠久，经营基础深厚，区域特色明显，具有生产经营厂家企业众多，加工制作厂点和从业人员众多，皮毛技术人才和经营行家里手众多的特点，形成了较强的产业集群和产业基地区域发展优势。相继被国家和省有关部门授予“中国运河裘都”“河北省皮毛出口基地”“河北省出口裘皮工业品标准化示范区”“河北省皮毛特色产业名县”等称号。随着国际市场行情的发展变化，故城县的裘皮裘革产业呈波浪式发展轨迹，1998—2005年，皮毛行业进入较快发展兴盛期，年营业收入70亿～80亿元，外贸出口创汇额6亿～8亿美元。2014年，受国际政治经济形势变化，市场行情剧变、需求下降、销售滑坡、价格下跌，给皮毛裘革产业的发展造成了很大影响。故城县皮毛裘革企业积极应对困难，实施转型升级，多元化经营，增品种上档次，扩大销售领域，开创发展新空间；在巩固原有外销市场的同时，多措并举开拓新市场，扩大国内市场销售，开辟北欧北美和亚洲市场，使故城县皮毛裘革产业在市场行情低迷时期抑制了指标滑坡，保持了可持续发展。2018年，皮毛裘革产业随着国际市场行情的复苏好转，外销内销稳步提升，产销量和外贸出口额大幅度增长。是年，裘皮裘革产业累计完成销售收入71.2亿元，上缴税金1.52亿元，外贸出口46亿元，分别比上年同期增长9.3%、11.6%、19.8%。

兆鑫裘皮裘革加工车间

装备制造业 故城县的装备制造业在行业细分领域主要包括六个系列：汽车刹车片制动器系列、轨道交通设施（高铁动车内配装备装饰系列）、金属制品（钢丝绳、铁塔钢构、钢模板、金属阀门等）、风机设备及机械配件、环保节能通风设备、玻璃钢复合材料制品（冷却塔、风机等）。2018年有生产经营企业316家，规模企业38家，主要分布在县西苑高新区、金宝产业园、县经济技术开发区和县城东北部青罕镇、故城镇、房庄镇等乡镇。装备制造业年实现销售收入40亿～46亿元，上缴税金8000万～9000万元，其中汽车配件制造业，有生产经营企业96家，规模企业18家，年实现销售收入15亿～20亿元。装备制造业重点骨干企业为星月制动元件公司、同心风机配件公司、株丕特玻璃钢制品公司、博得交通设施公司、众诚摩擦材料公司、正大摩擦材料公司、冀中能源金宝钢丝绳公司等企业。

故城县的装备制造业基础源于原县办工业和乡村集体企业，是在改革开放和发展民营经济的大潮中成长起来的。随着国民经济的发展，经济社会、生产生活对产品的需求不断扩大，故城县装备制造业逐步壮大。特别是在工业园区、工业项目建设规划发展带动下，经过引企入园、技改扩建、招商引资、新上项目，使产品种类不断增加，产业链条扩充延伸，规模总量不断扩大。汽车配件、金属制品、风机配件、交通设施、机电设备、玻璃钢暖通设备、人防设备、节能环保设备等装备制造企业快速发展，技术装备、经营管理和质量品牌提升，形成产业发展优势。

新能源新材料业 新能源新材料属战略性新型产业，是国家重点支持发展的产业。故城县的新能源新材料产业起源于21世纪初，新能源包括奥冠公司蓄电池及储能电池、新能源电车、泰达生物质能发电、风力发电等，新材料包括北新建材公司新型建材、青竹画材公司无甲醛新型画材、同业冶金科技公司的尼龙衬板、鑫泉公司的金属粉沫合金材料、合金刀头等，该产业现有生产经营企业136家，中型规模企业21家，主要集中在县衡德经济技术开发区、西苑高新区和建国镇、军屯镇。年完成销售收入20亿～23亿元，上缴税金5000万～6000万元。

奥冠公司组装车间

农牧产品加工和食品工业 “十二五”“十三五”期间，故城县充分利用农业农村农产品“三农”资源优势，积极构建农产品深加工和资源循环综合利用产业体系，打造形成集种植养殖和深加工增值相结合的全产业链优质绿色农副产品供应区和高端食品生产加工基地，在建项目包括正在建设的总投资23亿元的泰国正大集团年产1亿只肉鸡养殖及全产业链深加工项目，总投资5.16亿元的康宏牧业万头奶牛养殖及奶制品项目，总投资4.9亿元的新希望六和集团年出栏肉猪35万头及年产25万吨饲料项目等。该产业主要分布在县西苑高新区正大食品产业园、城北康宏牧业基地、以岭大健康食品医药基地和东大洼现代农业示范园。这些食品种养加工项目建成投产后，形成工业总产值60亿～100亿元。

出版印刷、纸塑包装及智能家居等北京、雄安转移产业 京津冀协同发展战略实施以来，北京迁移出版印刷、智能家居，雄安迁移纸塑包装、乳胶、制鞋等企业，通过落地“即租即产”创新模式，搬迁落户故城县工业园区，开工生产。域内现有北京和雄安产业转移入园企业百余家，其中雄安纸塑包装企业已形成全产业链条结构，新的产业集群初具规模。2018年，县经开区和高新区已有北京和雄安产业转移入驻园区企业110家。

第六节 国有企业

一、发展概况

故城县最早之国营企业（亦称全民企业）为郑口油棉厂、故城油棉厂，始建于1949年，先后名为第一征棉站、第二征棉站。1958年，两厂均为国营油棉厂（1980年后又改为供销联合社集体企业，故此节不细述）。至1975年，先后发展粮油食品加工、机械制造、修配、酿酒、皮毛等行业企业15家，系县磷肥厂、县酒厂、县皮毛厂、县粮机厂、郑口面粉厂、机井修配厂、农机修造厂、故城面粉厂、郑口油棉厂、武官寨油棉厂、故城油棉厂、郑口食品厂、建国食品厂、武官寨食品厂、故城食品厂。当年国有企业有干部职工558人，年产值1018万元，实现利润（盈、亏相抵）60万元（磷肥厂亏损18万元），上缴税金87万元。1987年调整合并为11家，为县酒厂、县化肥厂、县皮毛厂、县弹簧厂、县地毯厂、郑口面粉厂、故城面粉厂、粮局油厂、粮局饲料公司、农机修造厂、机井修配厂。共有职工2161人，年末固定资产原值2411万元，年总产值2150万元，较1975年增长1.1倍，较1978年增长71%。1984年

3月，县钢丝绳厂易名为河北故城钢丝绳厂。1989年6月，增资扩建由二轻集体工业联社集体企业转变为地方国有企业，成为故城县规模最大的国有企业。1990年，国有工业企业个数为10家，共有职工3116人，合计完成总产值5869万元。1995—2008年，县办局办国有企业全部实施企业改制。国有资本退出一般性竞争领域。

二、主要厂家

河北金宝钢丝绳集团有限公司　该公司前身是河北故城钢丝绳厂。原位于县城郑口广交路中部南侧，先后隶属县工业局、经委、经计委、经委、经贸局管辖。起初由20世纪50年代的竹麻生产合作社发展而来，1957年设立，有工人70人，租赁民宅为场地，生产竹器麻绳，手工操作，年产值14万元，实现利润1万元，上缴税金8000元。1963年，时值农村兴办水利设施，打井需要钢丝绳，其开始将收集的废钢丝绳、旧轮胎口丝拆下，将可用者挽扣相接，仍用打麻绳工具，靠手摇马拉，在运河堤捻股合绳，开发生产出了钢丝绳产品。时年生产钢丝绳4.1吨。1964—1966年，产量逐年增长，分别为6.5吨、8.3吨、13.4吨。“文化大革命”期间，工人仍坚守岗位，坚持生产。1967—1979年，为摆脱笨重的手工劳动和落后的生产方式，始转向机械制作。1967年，先后研制成功铁木结构的7股、12股、18股捻股设备。1968年，研制成功合绳机，同时购进一台35马力柴油机作动力。至此，结束马拉、手摇历史。3年间，自制捻股机5台、合绳机1台、长度计数器5台。1969年，产量、产值、利税、全员劳动生产率依次提高到57.4吨、16.2万元、2.4万元、3852元/人，比1966年依次提高328%、76%、140%、75.9%。1970年，竹麻生产合作社易名东方红钢丝绳厂。为进一步提高生产效率、经济效益，1970—1974年，累计自制独罐拔丝机6台、联二拔丝机4台、联四拔丝机4台、联六拔丝机2台、电焊机1台。修建热处理炉1座（马沸炉），购进80马力柴油发电机组1套，生产工序全部实现机械制造。1974年，全员劳动生产率达4490元/人，较1970年增长40.2%。为此，引起河北省冶金工业局（下简称省局）重视，是年，省局下达试制矿用钢丝绳生产任务，1975—1976年，先后拨款12万元，厂又自筹1台，自制联四拔丝机2台、水箱拉丝机4台、筐篮式合绳机2台。1976年，拥有各种机械设备96台，产品由9种增至37种，并执行《制绳用钢丝》（GB1178-74）和《国产钢丝绳标准》（GB1102-74）检验标准。1977—1978年，在省冶金工业局支持下，进行技术改造，新增固定资产33万元，年产量由1976年的963.4吨增至1206吨，1977年，获衡水地区“大庆式企业”称号。

1983年，县钢丝绳厂与河北省冶金工业总公司轧钢公司联营，投资4000万元，进行第一次大规模技术改造，1984年金属制品生产能力由原来的3000吨增至6000吨，产品品种（钢丝、钢丝绳钢绞线等）有37种增至120余种。是年3月企业易名为河北故城钢丝绳厂。是年该厂实现利税133万元（利润101万元），成为全县工商企业中首家“百万富翁”企业。获衡水地区“明星企业”称号（1991年8月，被评为国家二级企业），产品质量达部颁标准。1985年金宝牌6×19-ø12.5毫米和ø15.5毫米钢丝绳，评为河北省优质产品。1986年，根据钢丝绳产品供不应求状况，进行第二期技术改造，利用兼并皮毛厂、木建厂搬迁后腾出的场地，扩大生产规模。同时改革工艺，试制成功磷化酸洗新工艺，提高防锈、防腐能力。1987年拥有固定资产值992万元，职工949人。钢丝绳、钢丝、钢绞线年产量共达6600吨，总产值1419万元，实现利税384.2万元（利润288.5万元），成为县内利税首户、利税大户。其间，与河北省冶金研究所、北京钢铁学院等科研机构挂钩，共同研制开发成功镀锌钢丝（1985年）、稀土合金钢丝（1986年）、席梦思弹簧钢丝（1987年）、轮胎钢丝（1987年）四种新产品，先后通过省级鉴定，其中稀土合金钢丝填补国内空白，各种产品不仅畅销国内28个省市自治区，镀锌钢丝绳、稀土合金钢丝还远销澳大利亚、日本和中国香港地区，在全国同行业中，钢丝绳生产规模居12位，为河北省独家钢丝绳生产专业厂。厂设有一拔丝、二拔丝、三拔丝、模具、热处理、镀锌、合绳、机修、机电、席梦思床垫、皮毛11个车间，综合生产、技术开发2个办公室，供销、财务2个科和服务公司。有干部职工1033人。厂有设备126台，其中拉丝机46台、热处理平炉4座、收线机4台、捻股机35台、打轴机13台、合绳机6台、维修设备16台、2.4吨锅炉2台。厂占地面积83000平方米，其中建筑面积24728.7平方米。1989年，河北故城钢丝绳厂实施第二次大规模技术改造，投资555万元，增上先进设备30台套，使金属制品年生产能力由1987年的6600吨提升到12000吨。1990年，国家推行以兼并、出售、租赁为主的企业体制改革，当年6月河北故城钢丝绳厂兼并故城县弹簧厂，1991年兼并故城县化肥厂。是年8月河北故城钢丝绳厂获批晋升为国家大二级企业。1993年6月，以钢丝绳厂为核心增资扩本，成立河北金属制品企业集团有限公司，由集体企业转为地方国有企业。公司注册资本7432万元，其中故城县国资局持股比例97.9%，河北省冶金厅持股比例2.1%。1996年10月成立河北金宝钢丝绳集团有限公司。企业实行内部经营管理体制改革，划小核算单位，完善生产经营内部承包责任制，成立了钢丝绳公司、钢帘线公司（北厂）、轮胎钢丝公司、东方金属制品公司、美乐达床垫公司五个独立核算的子公司，各司其职、职责明确，生产经营活力增强。但因该集团公司受20世纪90年代中后期政策性兼并扩张影响（兼并危困企业），产能过剩加剧，加之此期金属制品钢丝、钢丝绳市场行情需求下跌、供大于求，致使企业产品库存增大、销售货款占压、应收账款沉积，债务负担加重，最终因包袱沉重生产经营萎缩，效益下降。

2002年，故城县积极响应上级关于加快县城建设的号召和部署，大力推进县城拆迁改造、城建升级。县政府按照国企改革政策，对位于县城黄金地段的地方国企（钢丝绳厂、酒厂、人民商场）统一实施改制、“退城入园”。当年金宝钢丝绳集团公司实施产权制度改革，对外公开出售土地、房屋、设备等有效资产，出售资产所得优先用于安置职工，2003年，为金宝集团1308名职工买断置换国企身份，共发放职工置换身份工龄补偿金1074.915万元，补交企业欠缴职工养老保险金818.66万元。浙江宁波中鼎投资有限公司购买金宝钢丝绳集团主厂区土地房产成立了故城县天都房地产开发有限公司，开发建设了中央商场、中央花园小区项目。衡水泰华（春岭）公司购买金宝钢丝绳集团生产设备和北厂土地房产成立了股份制民营企业故城县春岭钢丝绳有限公司。公司注册资金5060万元，经营范围：钢丝绳、钢绞线、钢丝制品，年生产能力2万吨。

故城县化肥厂　县化肥厂位于邢（台）德（州）公路南侧与郑口镇张庄村东西为邻。1976年建厂，由省、地投资和社队集资计629万元，1978年11月竣工投产，年产合成氨3000吨。后因设备老化、损缺，连年亏损，为此1983年中共故城县委、县政府发动群众集资150万元，进行配套改造。1987年，年生产能力由3000吨提高到1万吨。企业固定资产值992万元，干部职工175人。是年，总产值501万元，实现利润100.4万元，获衡水地区明星企业称号。产品销往故城县及山东、安徽、江苏、广西等省市。化肥厂设有保卫、财务、销售、供应、煤炭、技改、动力7个科，厂生产办公室和化一、化二、化三、机加工4个车间。主要设备有SHC6.5-13型锅炉2台、ø2260造气炉3台、ø2800变换炉1台、ø1980碳化塔2台、ø500铜洗塔1台、600合成塔1台、L3.3-17型高压机6台、2DE5.5-1.8型循环机2台，占地77372平方米。20世纪90年代，国家实施经济结构优化调整，清理小化工小化肥，对产能不足5万吨小化肥厂实行关停并转。1991年，故城县化肥厂被河北金宝钢丝绳集团有限公司兼并。

故城县地毯厂　地毯厂位于郑口汽车站东西两侧，厂区隔西环路（现京杭大街）分东西两部，占地面积19774.3平方米。该厂初始建于1978年，原为皮毛厂一车间，对外挂皮毛厂、地毯厂两块牌子。1987年8月单独设立，迁至本址。主要产品90道、120道、180道手工羊毛地毯和羊毛胶背地毯，产品90%出口国外。其自行研制生产的HC90道中档手工羊毛地毯，被英国客商包销，并畅销美国、日本、加拿大及中国港澳地区。1985年，HC90道中档地毯荣获河北省工艺美术百花奖。地毯专用原料绵羊毛来自西宁，辅以当地产绵羊毛。1985年，产量达7000平方米，为扩大生产规模，多创外汇，1986年投资250万元进行技术改造，迁址原郑口汽车站东厂区。主要设备有洗毯机1台、平活机2台、梳毛机和毛纺机各2台、烘干机1台、锅炉2台、染槽5个。1987年10月完成技改搬迁任务，成龙配套，扩大产能，年生产能力由7000平方米增至2.5万平方米，年创汇100多万美元，成为河北省出口地毯重点生产厂家。为解决织毯能力不足问题，其与乡、村、户联营，将部分织作工序分解下放到农村，办“厂外厂”，形成“众星捧月”之势。1987年年末，地毯厂拥有固定资产净值284万元，职工288人，年产值260万元，创利润13.5万元，被评为地区级先进企业。1988年实施二期技改扩建，投资600万元增上扩大5万平方米羊毛地毯生产能力项目，使地毯生产能力扩大了1倍，企业固定资产达660万元。1990年年产值达903万元，实现利税106万元。1991年故城县地毯厂更名为故城县地毯工业总公司。1991—1993年，连年完成总产值超千万元，实现利税超百万元，先后被评为衡水市先进企业、河北省先进企业。1995年，受国际市场地毯行情需求下降、销售滑坡的影响，地毯出口价格大幅度下降，而国内劳动力用工费用逐渐增高，织作加工成本剧增，造成售价与成本倒挂，生产经营微利。1999年6月，地毯工业总公司实施合资改造，与河北方达集团合资设立股份制企业河北方达故城地毯工贸有限公司，是年12月，河北方达故城地毯工贸有限公司改为河北省故城县方达地毯厂。

2007年，故城县方达地毯厂因产品劳动用工成本不断增高、外销出口量持续下降，经营出现亏损。按照地方国企产权制度改革的政策，县政府于2008年年末对其实施改制清算，国有产权及有效资产对外出售，所得资金用于支付欠发职工工资、欠缴社会统筹养老保险金和发放国企职工置换身份费。

故城县弹簧厂 弹簧厂为1978年磷肥厂下马后转产厂家。主要生产民用沙发弹簧，年生产能力400万个，产品销往15个省市自治区。1984年经营较佳，年实现利润12万元。1986年与钢丝绳厂配套，新建麻纺车间，年产钢丝绳专用麻芯400吨。1987年，弹簧厂拥有固定资产80万元，职工122人。因弹簧行情多变，销路不畅，经济效益不佳，是年总产值65万元，仅实现利润1万元。1990年，故城县弹簧厂被河北金宝钢丝绳集团公司兼并。

故城县机井修配厂 机井修配厂位于郑口三道街南首东侧，隶属县水利局，以修配钻井机械为主。1971年1月，伴随钻井会战，机井修配厂建立。时有干部职工15人，承担钻井机械修理。1975年，在原机械加工、钳工车间基础上又增设铸工、锻工车间。1979年始，钻井业务日渐萧条。1980年，机井修配厂由事业单位转为企业单位，自负盈亏，独立核算。为摆脱困境，开展以机井修配为主的多种经营业务，增设面粉加工车间，承揽钢丝绳厂电加热炉、席梦思床垫附件加工业务。机井修配厂有干部职工62人。占地4600平方米，建筑面积1931平方米，其中厂房面积1290平方米。主要设备有620型车床4台、皮带车床3台、万能铣床1台、牛头刨床2台、平面磨床1台、钻床4台、空气锤1台、加板锤1台、电焊机4台、发电机组、面粉机组各1部。1987年总产值36万元，实现利税3万元。20世纪90年代，因修配加工业务竞争激烈，经营日渐萧条，于1996年停产停业。

故城县粮油厂 粮油厂建于1970年9月，原名粮食机械厂，位于原县粮食局院内（郑口育红街），后迁至北甘泉村运河大堤西侧。时有5人维修油棉厂、面粉厂机械。1971年先后购进无锡产40马力柴油机，4米、3米、27米皮带床，280型、C620-1型、C616型钻床、铣床，10米龙门刨床等机械共20台。设钳工、车工、铸工、电工、木型工车间，有干部职工36人。制造280型车床、扬场机、扒谷机、粮食输送机、电动机、复式磨粉机等。年实现利润5万元。1984年3月，转产粮油加工，主要生产棉籽油、葵花籽油、豆油。投资13万元，购进江苏产20型榨油机1台，日加工能力15吨。1987年创利润3.9万元。固定资产值16.5万元，占地2085.5平方米。1992年改制转产。

故城县农机修造厂 位于郑口镇张庄村东，与化肥厂前后为邻。始建于1971年1月，初隶属县革委机电组，1977年后，隶属农机局。有干部职工95人。车床3台、磨床、钻床、锻锤、刨床各1台。以修配农机具为主，同时试制2105型、195型柴油机体。是年投入批量生产，纳入国家计划，为河北省机电生产定点厂家。生产原料（钢、铁、煤等）均由衡水地区农业机械管理局按计划调拨，产品由地区农机公司包销。1975年，试制生产190型柴油机成功，翌年投入批量生产。1977年，总产值达152.9万元，利润8.3万元。1979年，地区农机公司不再包销产品，业务日趋萧条，连年亏损。1987年转产水磨石板，并添置淀粉生产流水线一条，但仍未产生明显效益而摆脱亏损困境，企业内部结构亟待调整。是年，农机修造厂有干部职工199人。占地48291平方米，其中建筑面积8943平方米。设有铸工、机加工、维修、淀粉、水磨石车间。主要设备有车床7台、钻床5台、磨床7台、铣床15台、刨床6台、锻床3台、台钻9台，拥有固定资产133.1万元。1999年农机修造厂实行对外租赁，由县药材公司租赁经营，易名为医药淀粉厂，主要产品医药用淀粉。2011年因产品销售不畅停产。

故城面粉厂　位于故城镇大街中侧，占地面积194平方米，其中建筑面积1827平方米。1961年，由省、地粮食局投资11万元，建故城县首家大型面粉加工厂，隶属县粮食局，担负县内7个粮站与里老机场驻军及非农业人口和部分农村人口面粉加工。1971年生产面粉3989吨，杂粮面102吨。1981年生产能力4000吨，净产值12万元，利润8万元。1987年生产面粉2338吨，净产值31400元，利润8400元，拥有固定资产值33万元，面粉厂主体建筑一座三层砖木结构面粉加工楼，建筑面积455平方米。设备有淄博产500型复式面粉机3台，石家庄产六分式、挑担式平筛各1架，北京产800厘米麦筛3架，潍坊产135型柴油发电机组1套。1997年，因经营困难停产改制。

郑口面粉厂　1971年，由省、地粮食局投资33.3万元筹建。位于郑口帝君庙村，与县石油公司隔邢德公路西东相对。占地面积10466.7平方米，建筑面积3389平方米，年生产能力6250吨。是年，产面粉1283吨，杂粮粉917吨，年产值66万元。主要设备有县粮机厂产500型复式磨粉机3台，石家庄产六分式平筛一熟自制80厘米振动筛1架，济南产5吨洗麦机1台，潍坊产130耳力柴油机1台。1987年，厂自筹资金25万元，贷款75万元扩建一座四层面粉加工楼，建筑面积1121平方米。安装单传动600型复式面粉机4台。年生产能力1.8万元，利润1.2万元。1998年，因经营困难停产改制。

故城县酒厂　县酒厂位于郑口青年街南首东阳市场以南郑口运河大堤西侧。1970年，由木建厂白酒车间发展而来，建厂初期，全厂30余人，仅能生产粉渣白酒。1978年，产值44.4万元，实现利税19.2万元。因产品质次价高，又因以市场调节为主，生意日渐萧条。是年“外学内创”，研制成功浓香型曲酒，以优质红粮（高粱）为主要原料，以纯小麦大曲为发酵剂，采用双轮底发酵，清蒸辅料工艺酿制的烧酒，按醇香、浓甜、净爽标准，精心勾兑而成。因故城历史上曾属甘陵郡辖，遂定名为甘陵春酒。甘陵春酒以入口绵软，回口微甜，芳香浓郁、醇厚、回味酱香、浓香兼具特点，赢得消费者赞誉，是年正式列入省计划内产品。1979年，产量增至370吨。1980年易名为河北甘陵酒厂，1985年，甘陵春酒评为河北省优质酒，在华北地区享有盛誉，后又生产新品种东阳酒，于1988年9月，评为全省31种同类产品第三名。是年12月，甘陵牌58°甘陵春酒、甘陵春牌55°东阳酒均获首届中国食品博览会铜奖。伴随酿酒行业发展，1985年，投资280万元，兴建投产一条年产3000吨液体酒生产线。因扩建需要，1986年兼并原县商业局所属郑口食品厂。1987年，产液体白酒1427吨，酒精2348吨，固体白酒300吨，产品系甘陵春酒（低度、中度、精制3种）、上皇大曲、李仙醉、东阳、龙吟、华宴、双凤楼等20余种。是年，全厂干部职工479人，拥有固定资产原值337万元，年总产值501万元，实现利税38.4万元，成为县内利税大户。酒厂设有固体、液体、包装、动力、食品、酿造、自然色素7个车间；厂长、企业管理、新产品开发、生产、经营5个办公室；生产、财务、供应、销售、质检、设备、保卫7科。有干部职工479人。主要设备有曲酒甑桶1套、6.5吨锅炉1台、180千瓦发电机1台、深井泵2台、酒精生产线、包装流水线各1条。占地面积48932平方米，其中建筑面积15144平方米。

1991年4月，甘陵牌系列酒获第二届北京国际博览会铜奖，产品畅销。1993年，甘陵酒厂增上镀铝护栏项目，是年7月，组建成立河北中通镀铝护栏厂。1994年，在甘陵酒厂基础上组建成立了河北省故城县甘陵工业公司，下属河北甘陵酒厂、河北中通镀铝护栏厂和故城县辣椒色素厂三个独立核算企业。1997年，中通护栏厂分立，1998年，中通护栏厂与故城县三利公司（民营企业）合资组建成立河北中通交通设施有限公司。2000年，河北甘陵酒厂与甘陵工业公司分立，2001年7月，河北甘陵酒厂改制，组建成立股份制企业衡水甘陵酒业有限公司，是年，县甘陵工业公司宣告破产、河北甘陵酒厂注销。衡水甘陵

甘陵酒业公司储酒库

酒业有限公司继续生产经营。其产品“甘陵春”牌浓香型系列白酒以其入口绵软、回口微甜、回味芳香的特点和优良稳定的品质赢得消费者信赖，畅销当地和河北、河南、安徽等全国各地。

附

甘陵春赋

文 / 周冉

东阳形胜，卫水汤汤，冀之东南，运河西畔。千里京杭，迢迢燕赵，民殷地沃，钟灵毓秀。沃野千里，民风淳朴。漫步长堤，酒香盈袖，甘陵美酒，绿蚁新醅，匠心独制，古法酝酿。

初，两岸先民，得古法以传承，自酿佳醅于李唐。运河渡口，酒旗烈烈，商贾亨通，来饮于此，宋时已负盛名，激扬酣畅，赞誉尤嘉。此酒性醇味厚，入口留香，甘美绵柔，远近名扬。明清之时，更具盛名，诗酒蔚兴。

寻常百姓，场圃举杯，共话桑麻；文人骚客，月下持觞，醉饮乾坤；纵无丝竹悦耳，琴瑟和鸣，亦能抒臆骋怀，平添豪情万里。

乙未年春，是县相集，聚诸酒坊于一处。岁至壬子，曾其旧制，定其名曰：“甘陵春”。有牛氏者，绘图标于瓶壁，传至今矣。

日与时驰，弹指如烟。壬午马年，国运兴隆，政通人和，海晏河清，百姓乐业安康。有陈公树生者，传酿造之秘艺，集甘陵巧匠，承古方而汇新法，以图大业！汲运河深水，凝酒之魂；萃南北五粮精华，铸酒之肉；辅桃花春曲，收为艳骨；聚醇香于一甑，再造传奇。承千年古法，酿成百世风华！

视其技艺，拙朴犹存，千百年往，初心不改。甄选五粮，固态发酵；老窖陈泥，以养丰柔之质；凭老五甑蒸馏，其艺无双。

原酒初成，佐以窖藏，曾其品质。酒窖阴阳各半，深约两米，贮以陶罐，红绸草纸封之。数日之后，入木酒海，桑树之皮、白鹿之血、鸡卵之清，百花之蜜以为内胆，辅以天然钙质，酒品更胜。经年累月，入精钢之罐，加之以氧，施变温以流转，采日月之精，天地之华，久而封藏，酒方大成。开坛之日，馨香怡人，十里知味；绵厚净爽，虽妙语而难陈，品之怡情忘忧，饮之唇齿留香，不忍却也。

欣逢盛世，黍稷沉穗，运河明珠，天下名扬。对饮华堂，花前把觞，盛誉不负众望，工艺源远流长。

后生饮之，旷达豪爽；中岁饮之，慨当以慷；长者饮之，老当益壮；游子饮之，他乡即故乡；仕途饮之，宠辱偕忘！

古有杜康可饮，今有甘陵佳酿。红尘繁盛，家国隆兴！举杯以高歌，赞山水之徜徉；敬八方之宾客，品历史之清芳；贺国泰而民富，鉴五粮之浓香！金浆玉醴，甘洌绵长，醇柔静雅，饮之安康。

运河之畔，秋月春花，诸君雅聚，东风浩荡，怀古惜今，盛事盈怀，兴之所起，共尽此觞！

第七节　集体企业

一、发展概况

1954年，对私营工商业进行社会主义改造，组织个体手工业者走合作化道路。先后建竹麻社、缝纫社、印刷社、窑业社、运河木器社、自行车修配社、农具社、皮革社、新华铁业社等合作社企业。20世纪70年代中后期，伴随“五小”工业运动，应运而生10余家县办集体企业，系五一农机厂（后又名通用机械厂）、五金厂、钢丝绳厂（后转为国有企业）、修配厂、制线厂、皮革厂、木器厂、砖瓦陶瓷厂、印刷厂、橡胶厂、辛庄铁厂。20世纪80年代，经过贯彻落实“调整、改革、整顿、提高”方针政策，对微利、亏损、无生存前途企业实行关停并转和分业增建措施。1987年，县办集体企业个数调整到13家，共有干部职工3425人，年总产值5560万元。1990年，共有集体产权性质县乡（镇）工业企业126家（不含原私人投资兴建挂靠集体牌子企业），其中县属集体企业（包括部门办集体性质企业）20家，乡镇办集体企业106家。完成工业总产值19063万元。后通过改制重组、租赁承包、拍卖出售和破产清算等改革转制措施集体企业逐渐减少。至2008年，县乡集体所有制产权工业企业全部实施企业改制。

二、主要厂家

故城县通用机械厂　通用机械厂位于郑口镇五大院村邢德路西侧，隶属县经委，隶属变更同钢丝绳厂。为故城县建立最早厂家，始建于1953年，由中华人民共和国成立前的枪械修理所吸收郑口镇的烘炉、刀剪、白铁、风弓、轧车等作坊联合而成，时名新华铁业社。

1955年，时有职工100余人，主要生产铁木农具、风弓轧车、薄铁制品、提水工具等。1958年5月1日，新华铁业社与私营倒锅厂合并，易名为五一铁厂。至1961年，其生产发展较快，时有职工460人，已能生产皮带车床、农用水泵、轴承等机械产品。1962年，压缩规模，全厂干部职工减少到60人。1969年，在省地机械部门帮助下，试制投产X195、X1105柴油机汽缸盖列入河北省计划内产品，原材料由上级调拨，产品由国家包销。1969—1978年，为兴盛时期，1976—1978年，产值分别为175万元、11.8万元、178.9万元（无利润数字资料），成为县内首家大工厂，企业挂五一铁厂和汽缸盖厂两块牌子。1979年，因农机产品市场饱和，国家不再包供包销，企业转轨变型不及时，生产形势急转直下，除继续生产少量汽缸盖外，重操旧业生产部分农用水泵、车床、棉花打包机，并对外承揽炉排加工业务，是年亏损15.7万元。1985年与天津第二电缆厂联合，主要生产电工机械，企业生产略有回升，实现利润7万元，上缴税金1万元。1986—1987年，生产经营再度跌入低谷，1987年仅实现利润2.7万元，企业内部结构待调整。县通用机械厂设有生产、财务、供销、检验、技术、后勤、保卫7科和办公室。铸工、修配、机电、机电加工一、机加工二5个车间。有干部职工302人。厂拥有固定资产133万元，主要设备有切削机床52台、齿轮加工机1台、锻压设备5台。占地51065平方米，其中建筑面积6606平方米。1993年因经营困难连续亏损停产停业，自此厂房、设备对外租赁承包经营。因厂区地处偏僻，企业资产出售变现困难，且变现收入不足以支付职工安置费用，2018年，企业破产。

故城县修配厂　县修配厂位于郑口青年路南端西侧，与东阳市场隔路相对，隶属县经委。厂区占地2906.7平方米，其中建筑面积1687.2平方米。始建于1970年，由1954年自行车修理合作社发展而来，时由分布在郑口镇的修表部、五金经理部、一、二、三车辆修理部等组成。主要从事农机具、家具、钟表等维修。时有职工55人。是年总产值4.9万元。1971年增至23.3万元。1987年，有干部职工83人，是年实行承包经营，新上轻工刃具，主要从事机具修配、绳盘制造等多种经营。年净产值12.3万元，实现利润3.5万元，上缴税金1.2万元。厂设有刃具、绳盘、电焊、修表、汽修等车间。拥有固定资产净值25万元，主要设备有各种车床18台，电焊机8台，空压机3台，剪切机2台，卷筒机，空气锤，气泵，小拖拉机各1台。1997年，实施产权制度改革股份制改造，成立民营股份制企业故城县顺达钢模板公司。2006年，顺达钢模板公司技改扩建迁址至故城县西苑工业园区，并逐步发展成为故城县规模企业。

故城县制线厂　县制线厂初始位于县城郑口三道街南端，由20世纪50年代，缝纫合作社发展而来，先后隶属县工业局、县经委。1973年在保留服装加工的基础上，又兴办制线业务，是年，加工服装29103件，产绣花线31件，年产值41万元，实现利润3万元。1979年，主要经营制线业务，年产绣花线267.1件，年产值187.万元，实现利润13.2万元，上缴税金7.2万元，是年，获衡水地区“大庆式企业”称号。

1983年，绣花线开始滞销积压，仅完成年产值97万元，实现利润6.1万元。为保持企业发展，积极寻求新业务、开发新产品。1985年与北京橡胶一厂联营合作，增上新项目，引进解放鞋生产技术，贷款130万元，兴办胶鞋厂，新上年产150万双解放鞋生产线，业务始渐回升。期间故城县制线厂下属制线、胶鞋两大项目，对外挂故城县制线厂、故城县制鞋厂两块牌子。

制鞋厂：1987 年，企业拥有固定资产 220 万元，职工 810 人，年产解放鞋 82.89 万双，篮球鞋 7.94 万双，绣花线 150 件，编织线 526 件。完成总产值 897 万元，实现利润 25.6 万元。拥有主要设备：打眼机 5 台，成型机 2 台，平板硫化机 3 台，裁断机 80 台，硫化罐，空气压缩机，合布机，切胶机各 1 台，180 千伏安变压器 2 台，合线机 4 台，槽筒机 2 台，脱水机，丝光机各 1 台。厂内设合线、烘毛、漂染、整装、络线、机电、锅炉、维修、缝纫和胶鞋一、二、三、四车间。全厂占地面积 14000 平方米，其中建筑面积 7858.8 平方米。1993 年，故城县制鞋厂实施重组分立，成立故城县制鞋工业公司和故城县旅游鞋公司，分别实行承包经营。2002 年，深化企业改革，实施产权（净资产）出售，故城县制鞋工业公司改制为民营企业故城县天安鞋业有限公司。

制线厂：1987 年，绣花线、编织线销售业务明显好转，外贸出口需求量增大，在此基础上，为适应市场、扩大规模、增收增效，1988 年县经委主持兴办设立了集体所有制企业故城县京津冀工贸联营抽纱线厂，注册资金 69 万元，并与北京、天津、河北省三地外贸进出口公司开展合资合作、工贸联营，投资 530 万元实施建设外贸编织线产品扩大产能技改项目，企业扩建迁址至县城广交区太兴西路原郑口汽车站西新厂区，产品全部通过外贸公司出口。该企业 1990 年完成编织线年产量 1360 件，产值 663 万元，实现利税 76 万元。1991—1993 年，完成经济指标连续大幅度增长，年产值达 876 万元，利税 103 万元，成为故城县百万元利税大户企业、衡水市先进企业、河北省外贸出口先进企业。

2002 年 9 月，故城县抽纱线厂内部职工筹资入股组建成立了股份制企业故城县彩达线业有限公司，租赁抽纱线厂集体资产从事编织线、绣花线制品生产经营。2006 年，县城建重点项目富邦花园小区开发建设，线厂厂区列入拆迁改造范围，厂房及房屋、建筑物等固定资产评估作价出售，以此变现资产实施抽纱线厂改制清算，出售变现资金全部用于支付职工身份置换补偿金和企业欠缴社会统筹保险金等费用。同期故城县彩达线业有限公司迁址至故城县郑口镇大坛村。

故城县棉纺厂 故城县棉纺厂始建于 1988 年 8 月，位于县城京杭大街中段西侧，建筑总面积 27009 平方米，其中主厂房建筑面积 16255.9 平方米，单层钢筋混凝土结构，生产区建有锅炉、深井、浅井、空调等设施，生产规模为纱锭（环锭纺）31080 枚，气流纺 336 头，主要生产纯棉纱、涤棉混纺纱及涤纱。设计年生产能力 3500 吨。企业有员工 520 人，1992 年申报注册“财达”“中发”两个商标。1997 年增资扩规，实施改制，与台商台湾祯兴实业有限公司合资成立衡水衡荣制线有限公司，注册资本 300 万元，合资企业租用棉纺厂厂区厂房和部分设备生产涤纶缝纫线和无纺布，产品台商包销全部出口，销往欧美、中东、日本、韩国等国家和地区。是年 11 月，在衡水市工商局外资科领取营业执照，成为台商合资企业。2000 年增加厂房 4000 平方米，增添环锭纺、枚线锭纺及配套并纱、槽筒、蒸纱等设备，扩招工人 200 多人，生产规模在原棉纺织厂 31080 枚纱锭基础上，增加环锭纺 8856 枚纱锭生产能力和 21888 枚线锭纺深加工能力，产品由单纱转产加工涤纶缝纫线，年生产能力 6500 吨，当年创外汇 328.8 万美元。2001 年该公司获得自营进出口权，是年创汇 414.64 万美元。2003 年创外汇 423.9 万美元，完成总产值 6330 万元。被授予“河北省外经贸工作先进单位”“出口创汇先进企业”“十佳三资企业”等多项称号。2009 年衡荣公司合资合作营业期限到期，产品出口量下降，销售难以保障，生产经营出现困难。此间正值县棉纺厂厂区列入城建道路拓宽和美林水岸住宅小区规划建设之中，因此按照国家政策对县棉纺厂实施改制清算，有效资产评估作价出售，资产变现收入用于支付职工安置费用、社会统筹金和其他应付欠款。

故城县五金厂 五金厂位于原邢德公路西侧，与郑口面粉厂前后为邻，厂区占地面积 20555 平方米，其中建筑面积 6545 平方米。隶属县经委（隶属变更同通用机械厂）。由 20 世纪 50 年代农具生产合作社发展而来，时有职工 20 余人，烘炉 3 盘。以打造锄钩、镰刀、铁锨等小农具为主，兼营修理业务。年盈利 2000 余元。1966 年，购置柴油机 1 台、皮带车床 3 台等设备，以修配小型农业机械为主，并制造柴油机配件，厂名故城县农业机械修配厂，1970年易名为故城县五金厂。

1970—1972年，增设制造刹车片铝铆钉设备。1972年产铝铆钉7万盒。生产万能粉碎机355台，小型脱粒机265台。1978年因农用机械饱和，增上圆钉产品。1980年，圆钉已成为主要产品，年产量达533吨，年净产值28.4万元，实现利润4.8万元，上缴税金7.4万元。企业又挂出故城县制钉厂牌子。1986年，圆钉获衡水地区优质产品称号，并出口阿拉伯国家。年产量达671吨，净产值52.8万元，实现利润7.9万元，上缴税金12.1万元。1980—1986年间致力于皮毛、化工新产品开发，先后投产裘皮服装、玻璃钢制品、镉系染料等产品。至1987年拥有固定资产67.6万元，总产值151万元，实现利润5万元。厂内设制钉、化工、皮毛、维修4个车间，生产、财务、供销3个科和办公室，有干部职工213人，主要设备有制钉机12台、拔丝机11台、车床8台、刨床3台、锻压设备3台、发电机3台套、锅炉1台。20世纪90年代该厂出现产品滞销、经营亏损，1991年实施破产改制。

故城县染织厂 染织厂位于县城郑口隔康宁路与县医院南北相对。先后隶属县工业局、县经委。厂区占地面积13860.6平方米，其中建筑面积4783.5平方米。该厂拥有固定资产值6.7万元，设有织造、整理、准备、机电4个车间和生产、财务、供销、技术、政办室5个科室，有干部职工147人。主要设备有1157米144型织机7台、K611-71型丝织机8台、发电机组2套、锅炉1台、维修设备3台、附属设备12台。染织厂前身为色织厂。色织厂始建于1977年8月，由当时县皮革厂发展而来。1978年8月正式投产，时有织机70台，主要生产纯棉劳动布、白市布。是年，完成总产值98.2万元，实现利润7.12万元。1979年又增上织机8台，增加锦纶丝被面、床单、里格布、灯芯绒、帆布、棉纶布等品种。1980年后，因管理不善，连年亏损，至1984年，累计亏损70万元。1985年年初，县政府决定其下马，由银行挂账停息。为解决工人就业生活问题，县经委重新调整领导班子，租赁原色织厂厂房、设备，易名故城县染织厂，重新组织生产，但仍未扭亏增盈。1986年，县政府与衡水地区棉纺厂达成协议，将染织厂租赁给衡水棉纺厂经营。1990年租赁期满，回归故城县后实行内部职工竞标承包经营。其间生产经营呈现新起色，1996年工业总产值达500多万元。1998年，染织厂西厂区与东厂区分立重组，成立了故城县棉织厂（原隰厂区）和故城县色织厂（原东厂区）。1999年，棉织厂实施改制，由原厂内部职工入股持股设立的股份制企业故城县丰华工业用布公司购买其有效资产，承接其干部职工，从事帆布和军工用布生产经营；是年，色织厂因经营亏损资不抵债，抵押固定资产被农村信用联社依法清收，色织厂人员和剩余资产（设备和产成品）划转县抽纱线厂兼并经营。至2006年，县城帝奥家园小区开发建设，辖区房屋建筑物拆迁改造，故城县丰华工业用布公司迁址至县西苑高新产业园区。

故城县皮鞋厂 皮鞋厂位于郑口青年路西侧，与东阳市场隔路西东相对。皮鞋厂始建于1973年，由县修配厂橡胶杂品车间发展而来。时有干部职工30人，固定资产不足5万元，主要对外加工和生产橡胶杂品。1975年，根据市场要求，开发模压皮鞋新产品之后，产品30余种。1980年，产量8万双，净产值114万元，利润4万元。后于1982年、1986年，研制成功微空橡胶板和仿牛皮橡塑板两种新型鞋底材料，填补省内两项空白。1986年实现产值216万元，利润17万元，产皮鞋85400双。1987年，因皮鞋行情变化，企业生产开始滑坡。年产值151万元，利润仅1.9万元，产皮鞋6.7万双。产品积压，经营亏损企业。厂设有制鞋一、二、三车间，制品一、二车间。拥有固定资产值108万元。主要设备有皮鞋缝纫机20台、轧胶机3台、电动模压机8台、皮鞋打茬机4台、皮鞋打毛机2台、下料机3台。厂区占地面积8000平方米，其中建筑面积5333平方米。1990年，该厂因经营亏损，资不抵债，停产注销。

故城县印刷厂 印刷厂位于郑口广交路西首南侧，与郑口镇政府东西为邻，先后隶属于县工业局、县经委。印刷厂由原印刷合作社发展而来。原印刷合作社始建于1956年，时有职工11人。1975年，仅能印刷学生用本、账页、发票。是年，净产值28万元，利润1.7万元。1987年，拥有固定资产值32万元，职工110人。年净产值23.2万元，利润4万元。主要承担书刊、商标装潢、印刷烫金，与石家庄、济南、北京、太原、大同等地、市有固定业务关系。

厂设有印刷一、二，排版，装订4个车间。主要设备有各种印刷机械17台，折页机、烫背机、三面切书机、修版机、成型机、模版锯床、浇版机、切版机、刨版机、打版机、烧型机、压痕机各1台，烫金机、切纸机、铸字机、订书机各2台。全厂占地面积8745.3平方米。其中建筑面积2683.3平方米。1997年，印刷厂实施产权制度改革，净资产出售，成立故城县印刷业有限公司。

故城县砖瓦厂　砖瓦厂位于赵行乡刘堂村西，占地面积90430平方米。先后隶属于县工业局、县经委。砖瓦厂前身为陶瓷社，以生产土陶为主。1971年，扩建时，迁往今址。建28门砖窑一座，房屋3630平方米，以生产黏土红砖、红瓦为主，易名故城县砖瓦厂。后又因生产农具、曲轴，易名农具厂、曲轴厂。1982年始称故城县砖瓦厂。年生产能力红砖2000万块。1984年以来因经营管理不善，至1985年，累计亏损40万元，企业濒临倒闭。1987年，实行承包经营，生产能力提高一倍，企业扭亏为盈，年产红砖4000万块，瓦40万片。年产值达100万元。厂原有干部职工116人。拥有固定资产66.9万元。主要设备有32门轮窑1座、350型制砖机、183.75千瓦柴油发电机组。2016年河北省实施取消黏土砖生产企业和摊点，保护土地生态资源政策，县政府对砖瓦厂实行全部关停、拆除设备设施。

故城县第二砖瓦厂　第二砖瓦厂位于赵行乡兀兰屯村西南，先后隶属县工业局、县经委、经贸局、工信局。第二砖瓦厂始建于1985年，原名光华砖瓦厂，占地面积5.16万平方米，拥有固定资产49.5万元，有干部职工58人。年生产能力红砖2000万块。1986年，光华砖瓦厂划转县砖瓦厂管理，成为县砖瓦厂一个分厂。1987年生产红砖1100万块，年产值60万元，利润1.5万元。主要设备有34门轮窑1座、350型砖机1台、183.75千瓦发电机组1台、200千伏安变压器1台。2016年，实行政策性关停，占用土地复耕还田。

故城县木建厂　木建厂位于郑口京航大街（原隰环路）与康宁路交接处西北侧，先后隶属县工业局、县经委。由1956年的故城县建筑社发展而来。1958年，故城县划入吴桥县时，易名吴桥县建筑社。1960年，故城县分置后，易名故城县建筑社。时有干部职工28人，仅承担少量民房修建业务。1970年，新上木器车间，时有干部职工165人，承担地区下达的木制家具、农具、炊具等计划内产品生产。是年产量3000余件，产值1.7万元。1971年，易名故城县木建厂，有干部职工237人，年产值8.7万元。木建厂拥有固定资产值60万元，占地面积2400平方米，其中建筑面积812平方米。主要设备带锯、盘锯、压刨、打眼机、打槽机、磨锯机、轧锯机、锉锯机、铣床等设备20台套。设有木器、带锯两个车间和建筑维修部。1973年增上制酒车间，1986年新增景泰蓝车间，先后发展壮大，分离设立后成为故城县酒厂，故城县工艺美术厂。至1987年，木建厂木器加工业务日渐萧条，遂专营建筑业，1988年，易名为故城县建筑安装工程公司。1992年，隶属县计划委员会。2001年8月改制，更名为河北兴奥建筑安装有限公司。

故城油棉厂　故城油棉厂位于故城镇北首邢德公路北侧，隶属故城县供销联合社（下简称县社）。曾因隶属关系变更，先后为县社、商业局、县社所辖（人员属全民，业务属集体，以下郑口、武官寨油棉厂亦同）。该厂前身为故城县第二征棉站，始建于1949年，后发展成为棉花加工厂。1958年进行扩建，自此正式建厂，为油棉厂之始。时有半机械设备打包机（人工脚踩）1台，32寸轧花机（人工脚踩）28台，当年产量3396吨。1960—1962年，因设备落后，劳动强度大，加之值逢国民经济困难时期，企业连续几年亏损。1980年，为适应日益增长的棉花加工业务需要，在不断健全和完善各项生产责任制同时，根据厂内实际，狠抓技术设备革新改造，更新换代，初步形成一套具有新老设备结合特色的棉花加工生产体系。县社投资2万元，厂自筹6.8万元，用于购置设备。时增上141型脱绒机4台，年加工能力320吨，年产量94.4吨。5571型80片轧花机1台，年生产能力1200吨，年产量695.4吨。150型打包机1台，年生产能力1851吨，年产量695.4吨。200型榨油机1台，年生产能力720吨，年产量211吨。是年实现产值39.9万元，利润6.1万元。1986年获衡水地区优质油合格证书。1987年，有干部职工313人，固定资产净值45.9万元。拥有脱绒机 7 台、轧花机 3 台、打包机 2 台、榨油机 1 台。是年，脱绒 298.5 吨，轧花 2075.8 吨，打包 2075.8 吨，榨油 472.3 吨。年净产值 63.8 万元，利润 30 万元，上缴税金 4 万元。故城油棉厂设有轧花、脱绒、打包、榨油、回收 5 个车间，生产、业务、行政、保卫 4 股室和棉站。全厂占地面积 4.2 万平方米，其中建筑面积 6249 平方米。1999 年，国家不再对棉花收购、销售做统一规定，完全由市场决定，油棉厂经营放开。2007 年完成改制，资产、人员安置完成。

郑口油棉厂 郑口油棉厂位于郑口镇大坛村南，与郑口镇中学为邻，南接邢德公路。

郑口油棉厂前身为故城油棉厂所属郑口轧花厂一车间。1949 年，县供销合作社于郑口镇东的运河堤侧下设第一征棉站，并附设人力轧花点。1967 年，在郑口轧花车间基础上正式建立故城县供销合作社棉麻经理部郑口油棉厂。1967—1979 年，先后购置 18.38 千瓦、58.8 千瓦、99.23 千瓦柴油机各 1 台、5571 型 80 片锯齿轧花机 1 台、141 型脱绒机 2 台、绞车打包机、五辊榨油机各 1 台。1967 年，生产能力轧花 120 吨、脱绒 160 吨、打包 1200 吨，是年加工皮棉 270 吨，脱绒 51 吨，实现总产值（无净产值数字资料）51.8 万元，利润 1.4 万元。

1980 年，进行企业整顿和主要设备更新换代，生产条件、生产规模、产品数量、质量发生显著变化。增添新设备 75 千伏安变压器 2 台、发电机 1 台、5571 型轧花机、141 型脱绒机、150 型打包机 1 台、200 型榨油机 1 台。是年，实现净产值 9 万元，利润 3 万元，上缴税金 5000 元，被衡水地区棉麻公司评为短绒生产先进单位，并奖给 7.5 千瓦电动机 1 台。至 1987 年，初步实现主要设备、设施更新换代、成龙配套。有 5571 型轧花机 3 台，150 型打包机 1 台，141 型脱绒机 8 台。拥有固定资产净值 64.9 万元。是年，实现净产值 78.5 万元，利润 39.3 万元，税金 1.8 万元。年加工皮棉 1604.5 吨，短绒 267.6 吨，榨油 411.4 吨。厂设有轧花、榨油、脱绒、打包、动力、修配 6 个车间，财务、业务、生产、消防、保卫、质检、计量 7 个股，厂办公室、全面质量管理办公室和收棉站。有干部职工 294 人。全厂占地 47800 平方米，其中建筑面积 7674 平方米。1999 年，棉花流通市场放开，影响到油棉厂经济效益。2008 年完成改制，资产、人员均置换。

武官寨油棉厂 武官寨油棉厂位于武官寨乡武官寨村东郑清公路西侧。始建于 1959 年，时由山东武城县社投资建厂。厂区占地面积 66700 平方米，其中建筑面积 7538 平方米。

1964 年，区划调整后，由故城县棉麻经理部武官寨棉站占用。1967 年，衡水专社与故城县社联合投资，正式建立故城县供销合作社武官寨油棉厂。时有干部职工 90 人，主要机械设备仅有 5571 型 80 片锯齿轧花机 2 台，150 型打包机 1 台、141 型脱绒机 4 台、90 马力柴油机 3 台。是年，实现净产值 53 万元，加工皮棉 295 吨、打包 295 吨。

1987 年，拥有固定资产 112.8 万元，全厂拥有轧花机 4 台、脱绒机 12 台、打包机 3 台、榨油机 2 台（诸机型号同上）。拥有固定资产净值 62.7 万元。是年加工皮棉 3710 吨、脱绒 329.3 吨、榨油 639 吨、饼 2128 吨，实现净产值 104.9 万元，利润 74.5 万元，上缴税金 4.5 万元。皮棉产品被衡水地区供销社评为优质产品，厂被衡水地区标准计量局评为三级计量单位，并获河北省商检局棉花出口许可证。武官寨油棉厂设有轧花、脱绒、榨油 3 个车间，生产、业务、保卫、计量、财会 5 个股和办公室，全厂有干部职工 370 人。棉花流通市场放开后，影响到油棉厂经济效益，2006 年，完成改制。

故城县工艺美术厂 工艺美术厂位于三朗乡韩庄村。1986 年 7 月，属县木建厂（1988 年易名建筑公司）一车间，主要生产景泰蓝产品。后随创汇额增加，于 1988 年 6 月独立建厂，迁于郑口西环路（今京杭大街）南端与郑口镇中学东西为邻。1990 年创汇额由 1987 年的 1 万美元增至 30 万美元，固定资产值达 70 万元。主要景泰蓝产品有瓶、屏风、条屏等，产品经天津口岸行销意大利、新加坡、马来西亚、美国、法国、日本及中国港澳地区。主要原料紫铜板、釉料、黄金来自北京有关厂家。厂设有胎工、丝工、蓝工、烧焊、磨工、装潢、包装 7 个车间，生产、财务、业务、保卫 4 个科和办公室。全厂干部职工 260 人，其中技工 230 人。全厂占地面积 8190 平方米，其中建筑面积 6200 平方米。20 世纪 90 年代末，受市场环境及原材料价格上涨等因素影响企业倒闭。

第八节 重点企业

一、发展概况

规模企业、骨干企业是县域经济发展的主力，也是工业经济发展的重要体现和标志。故城县的重点规模企业、骨干企业顺应时代发展，应对市场竞争，经过企业家和经营管理员工队伍艰苦创业，逐步发展壮大。各个时期的重点企业规模标准和发展进度各有不同，20 世纪 70 年代，年产值或销售收入达 200 万元即为县办重点企业，当时域内仅有 3 ～ 5 家。20 世纪 80 年代后期，国家有关部门将年销售收入超 500 万元工业企业定为入统规模企业（重点企业），1988 年故城县拥有县办和乡镇办工业入统规模企业（重点企业）18 家，1998 年工业入统规模企业达 43 家；至 2008 年增加到 69 家，其中年纳税超百万元以上重点规模企业达 28 家。2011 年，国家有关部委按照中小企业促进法调整修订中小企业划型标准，将工业中型规模企业划型入统标准调整为年销售收入达 2000 万元及以上，从业人员达 300 人及以上。按此标准故城县 2011 年重新入统规模企业 53 家，其中年纳税超百万元企业达 46 家。至 2018 年，入统规模企业达 89 家，其中已入统年纳税超百万元重点规模企业达 83 家，年纳税超千万元重点骨干企业 6 家。

二、主要厂家

河北青竹画材科技有限公司　河北青竹画材科技有限公司，是美术画材、美术颜料、文化用品专业生产厂家，中国文化产业示范基地企业、河北省重点骨干企业。青竹公司位于故城县（衡德）经济技术开发区，占地面积 130 亩，拥有总资产 21873 万元，企业员工 523 人，获得并拥有国家专利 37 项。“青竹牌”系列产品包括：水粉画颜料、丙烯画颜料、中国画颜料、广告画颜料、油画颜料、美术画材等 30 大类 1900 多个品种与规格，产品品种齐全、色彩丰富、品质优良，青竹商标先后获河北省著名商标、中国驰名商标。青竹公司已成为中国最大的美术画材生产基地，其主导产品新型无甲醛绿色健康水粉颜料成为全国美术绘画行业引领产品；生产工艺、技术装备水平和产品品质、市场占有率均居国内领先水平，产品畅销全国各省、市、自治区，并出口外销欧美国家和日、韩及东南亚各国，年产值和销售收入达 3 亿元，年纳税超 2000 万元。企业规模、品牌在全国同行中位居第二名。

青竹公司前身隶属故城县供销合作社的一家小型美术颜料厂，始建于 1985 年，初期仅有员工 20 余人，租赁厂房占地面积 10 余亩，产品以生产销售广告宣传色为主，年产量几十吨，年产值不足百万元。2004 年 7 月，按照国家政策美术颜料厂实行企业改制，由集体所有制产权改制为民营股份制企业，企业创始人刘其通携手业务技术骨干共同出资购买原厂净资产，筹资入股，发起组建成立了河北青竹美术颜料有限公司。2004 年 9 月，青竹牌水性玻璃画颜料、水性陶瓷画颜料研制成功，填补了同行业国内空白。2005 年，企业实施扩建搬迁技改项目，入驻故城县高新技术开发区，在园区征地 80 亩，建设厂房车间和办公楼及职工宿舍，建筑面积 1.3 万平方米，购置增添美术颜料生产工艺设备 60 台套，实现了第一次扩规升级，使年产能上升到万吨，年产值达 6000 万元；是年 8 月，青竹公司研制成功并推出了无甲醛水粉美术颜料，产品以其安全、无毒、生态、健康的特性在业内引起轰动与赞赏，成为无甲醛健康画材首创者；2006 年 7 月，青竹绘画颜料荣获中国国际专利与名牌博览会金奖，是年 11 月，企业通过 ISO9001 国际质量体系认证；2007 年 10 月，青竹美术颜料被中国质量监督检验学会评为“中国优质名牌产品”；是年，青竹美术颜料成为北京奥运会开幕式艺术绘画指定供货用品；2009 年，青竹公司被中国文教体育用品协会评为“中国文教体育用品行业优秀企业”。

青竹画材公司走进非洲为肯尼亚小学捐赠画材

2013 年 6 月开始实施了第二轮技术装备改造

升级和产能翻番扩建项目，总投资3.2亿元，扩充土地50亩，建设青竹画材基地和青竹文化产业园，全面实施企业技改扩建、升级改造工程，淘汰落后设备和落后产能，扩大绿色健康无甲醛美术颜料生产能力，将传统的磨料工艺升级为砂磨工艺，使产品质量更加稳定，生产效率提高10倍。一期、二期工程共建设厂房2.8万平方米，引进国内外先进工装生产线5条，增上自动配料、自动灌装美术颜料生产线、油画棒生产线、铝管包装生产线，增上自动化生产智能控制车间、智能管理装卸仓库，购置增添先进工装设备、检测设备和节能环保设备230台套，形成了年产美术颜料3.6万吨的生产能力，年产值达3亿元。

2016年7月，“青竹研发中心”被中国文教体育用品协会评定为中国美术绘画材料行业研发中心，成为同行业第一家国家基地研发中心。建成了中国第一家以美术颜料为主题的博物馆——青竹博物馆。在全国各省市建立了500多家青竹产品形象店、旗舰店，在清华美院、广州美院、天津美院、鲁迅美院、衡水中学等10院校设立青竹奖学金。

青竹公司先后获各种荣誉、奖励50多项，获得省级以上荣誉有“河北省文化产业示范基地”“河北省优质产品”“河北省名牌产品”、河北省著名商标、河北省文化科技融合示范企业、河北省高新技术企业。

青竹公司自2005年技改扩建入驻工业园区后，2007—2009年，连续三年实现年产值超千万元，年纳税超百万元，2010—2012年，实现年产值超5000万元、每年纳税超300万元，2013—2014实现年产值超亿元，每年纳税超600万元；2015—2017连续三年实现年产值超2亿元，年纳税超千万元；2018年实现产值3.5亿元，销售收入3.6亿元，上缴税金2249万元。

河北奥冠电源有限责任公司 奥冠公司是一家集蓄电池研发、生产、销售以及再生铅回收、循环利用于一体的科技型高新技术企业、民营股份制企业，也是中国胶体电池领导品牌企业、中国储能电池行业标准起草单位、国家火炬计划产业示范项目实施单位。奥冠商标系河北省著名商标，中国驰名商标。

奥冠公司成立于1987年，位于故城县经济技术开发区（衡德工业园），占地面积300亩，厂房车间及研发办公综合楼总建筑面积4.2万平方米，现拥有总资产2.6亿元，下设生产、技术、企管（质检）、销售、采购、财务、行政办公7个科室，和铸板、涂板、修板、组装、化成、包装6个车间，有员工520人。主要产品为电动汽车电池、太阳能光伏发电风力发电储能电池、电动车电动助力车电池、计算机蓄电池、UPS不间断电源蓄电池，包括动力型蓄电池、储能型胶体蓄电池、锂电池、小密封蓄电池4大类100多个规格品种，广泛应用于动力能源、新能源储能及通信、电力、金融、军工、机关办公等领域器材设施储能蓄电。蓄电池年产能200万千伏安时，年实现销售收入1.5亿～2亿元、上缴税金超1000万元。

奥冠蓄电池车间一角

河北奥冠电源有限公司的前身是故城县福利电器厂。1987年5月，奥冠公司创始人孟繁友在县城郑口西城区租用一处厂房不足千平方米的小院，创建成立了故城县第一家福利性电器加工厂——故城县福利电器厂，主要产品家用电热毯、照明灯具、电器和配件。电器厂原有员工50余人，其中安排残疾人30多名在厂上班就业从事力所能及的工作。1988年6月，开发研制成功了第一款节能储能产品——电子灯用铅酸蓄电池，10月，研制成功了开口式启动电池，从此开启了节能储能事业的征程。产品投入生产并推向市场后，先期批量销售河北、山东等周边市县和天津、济南、石家庄等地市区，后逐步发展扩大销售到全国各地。1992年，企业名称、产品品牌以“奥冠”正式命名，成立了民营企业河北奥冠电源总厂，并注册使用“奥冠”商标。1994年4月，公司自主研发的“铅酸蓄电池防脱落极板”获得国家实用新型专利授权，是年5月该款电池获“中国第二届科技之星国际博览会金奖”；1995年10月，公司研发成功了阀控式全密封免维护铅酸蓄电池并投入批量生产；1999年3月，奥冠全密封免维护蓄电池通过了邮电部（现工信部）电信研究院泰尔认证，是年奥冠电源总厂被中国电源学会接纳为会员单位；2001年，被河北省科技厅授予“高新技术企业”称号。2002年，奥冠公司在原奥冠电源总厂的基础上扩股增资588万元，组建设立了河北奥冠电源有限公司，公司迁址入驻县经济技术开发区，并投资1600万元实施年产10万千伏安全密封免维护蓄电池技改项目，使蓄电池年生产能力达10万千伏安时，销售收入达6500万元。是年7月，奥冠公司竞标获得中国人民解放军总参谋部“国防通信网设备器材进网许可证”，奥冠蓄电池产品销售和应用进入军工领域。

2010年，奥冠公司致力于产品研发、科技创新，聘请高级专家顾问，招聘高学历专业人才，强化壮大产品技术研发团队力量，公司聘请德国胶体电池发明者、德国电池学会主席KDMerz（默茨）为首席技术专家，德国Peter.sharf（彼得沙夫）电池专业博士为技术指导顾问；与德国专家合作成立了河北奥冠中德胶体电池技术研发中心，与德国柏林应用科技大学合作建立胶体蓄电池产学研基地，与山东大学合作建立锂电池研发中心；高薪聘请国内外高级专家、博士后教授、专业技术研发人员组成研发团队，建立研发中心院士工作站。2013年6月，奥冠公司主持研发的“全胶体动力电池”获得国家发明专利，是年7月，奥冠公司获河北省高新技术企业称号。此后公司获得省级以上科技成果鉴定6项，国家专利8项。

2015年，奥冠公司实施二次创业，以市场为导向转型升级扩大产能，总投资5.6亿元实施了年产200万千伏安时胶体电池技改扩建项目和奥冠循环经济产业园项目，技改扩建项目使奥冠公司电池生产能力提升了10倍，在扩大产能的同时大力开拓市场，积极与铁塔公司、国家电网和各行各业大数据中心等高端客户相继建立全面合作关系，UPS电源、动力及储能电池销售呈突破式增长；循环经济产业园项总占地400亩，其中正在实施的占地200亩的“年处理10万吨废铅酸蓄电池及年产50万千伏安时高性能电动汽车储能电池再生资源综合利用项目”采用国际一流生产技术工艺和循环经济模式，在行业内起到领先典范作用。2016—2018年，奥冠公司完成各项经济指标大幅度增长，连续3年销售收入超亿元，纳税超千万元，2018年，完成销售收入1.66亿元，上缴税金1263万元。

河北兆鑫裘革制品有限公司 兆鑫裘革制品公司是一家集裘皮裘革制品研发、设计与生产、加工、销售于一体的股份制民营企业。始建于2001年5月，公司前身是故城县武官寨裘皮裘革制品厂。2003年8月，技改扩建迁址入驻故城县西苑高新技术产业开发区，入园建厂初期占地135亩，二次扩建后占地320亩。公司拥有固定资产1.6亿元，员工630人，厂外加工户5100余户。主要产品裘皮服装、毛革手套、皮革手套、帽子、童鞋、皮包、腰带等系列产品，年生产能力手套300万副，尼克服、裘皮服装30万件。产品主要销往俄罗斯、罗马尼亚、土耳其、美国、德国、加拿大及北欧等多个国家与地区。兆鑫公司推出的“梦思”牌系列手套、鞋帽、皮包等产品品种200余种，2004年，获河北省著名商标。

兆鑫集团外景

兆鑫公司自技改扩建入园发展以来，加大研发设计投入，培养、引进专业技术人才。公司有大学本科以上学历经营管理人员12人，大学本科以上专业技术人员11人，包括服装设计、工商管理、环保分析、对外贸易、外语翻译、互联网应用等多个门类。2016年，公司实施二次技改项目，增上“高档裘皮服装及裘革制品项目”，总投资6600万元，增建厂房车间，引进国际先进设备，淘汰原有落后设备，提高工艺水平和装备水平，新上电脑缝纫机、平整机、干洗机等设备及更新设备共计210台套，聘请高级著名裘皮服装设计师2名，培养研发设计技术人员10余名，成立裘皮裘革制品研发设计部，提升研发设计能力、打造自主自有品牌。并且积极扩展中东欧市场，开拓新的发展空间。2008年、2009年、2010年，连续3年完成年销售收入超5000万元，年上缴税金超500万元；2011年，成为全县纳税超千万元企业后，连续五年销售收入超亿元，年纳税超千万元；2016—2018年，连续三年销售收入超亿元，年纳税超500万元。企业先后获河北省产业化集群龙头骨干企业、河北省“五一劳动模范奖状”“衡水市创业功臣企业”等称号。

故城山水水泥有限公司 故城山水水泥有限公司是上市公司山东济南山水集团下属生产经营骨干企业，坐落于故城县经济技术开发区（衡德工业园），占地165亩。是故城县招商引资入园企业。2003年3月设立并投入建设，注册资金500万元，固定资产投资1.65亿元，2004年10月建成投产，年产水泥200万吨。公司生产配套有平阴山水万吨熟料材料供应基地，公司生产工艺先进，技术力量雄厚，产品质量优良，主要产品为“山水东岳”牌优质水泥，产品广泛应用于高速铁路、高速公路、桥梁、高层建筑等重点工程。优质水泥畅销山东、河北、天津、北京、河南、安徽等省市及所属县城，其中低碱P.O42.5水泥是高铁、高速公路等重点工程首选产品，可满足不同客户对不同品种、不同强度等级水泥的需求。国家重点工程京沪高铁、滨德高速、大广高速、沿海高速、沧廊高速等工程均指定使用该公司产品。公司先后获“河北省建材行业先进企业”“衡水市明星企业”。2005年，完成产值超亿元，上缴税金超千万元，成为故城县千万元纳税重点大户企业，连续十几年上缴税金超千万。2009年，上缴税金4493万元，创故城县单体企业年纳税额历史最高纪录。2017年，上缴税金1855万元，2018年，上缴税金1299万元。

山水水泥设备外景

故城北新建材有限公司 北新集团建材股份有限公司（简称北新建材）是国务院国资委直属企业中国建材集团旗下的A股上市公司，国务院39家重点央企上市公司之一，拥有总资产50亿元，是中国最大的新型建材产业基地。故城北新建材有限公司组建设立于2009年8月，项目由北新集团建材股份有限公司投资兴建，总投资5亿元（分两期建设），占地300亩，其中一期投资2.2亿元，占地150亩，建设年产3000万平方米的纸面石膏板和年产3000吨轻钢龙骨生产线。公司主要生产“龙”牌纸面石膏板和轻钢龙骨装饰材料，产品是利用电厂的脱硫石膏与专用的高质量护面纸加工而成的高档复合装饰板，具有防火、隔音、保温、抗震、质轻、新型等特点。公司成立以来一方面抓市场开拓，促销增产，一方面大力开展技术改造，工艺革新。2013年，实施项目二期建设，总投资2.8亿元，进行脱硫工艺改造，并增上新型石膏板生产线，扩大生产能力，企业呈现出良好的发展势头，保持了各项经济指标的稳步增长，2014年，完成产值1.4亿元，上缴税金1178万元，成为故城县纳税超千万元重点大户企业，

北新建材厂区外景

2015—2018年，连年完成年产值超亿元，纳税超千万元。

河北星月制动元件有限公司 始建于1987年，隶属于县经委、县经贸局管理的县办集体企业。星月公司组建成立于1991年，注册资本416万元。现坐落于故城县高新区金宝产业园，总占地面积216亩，总建筑面积48000平方米，拥有总资产1.5亿元。公司前身是民营性质企业故城县制动材料厂，星月公司是一家集汽车刹车片及制动器总成研发、制造、销售于一体的省级高科技型企业，公司注册的"星月"牌商标为河北省著名商标，星月产品为"河北省优质产品"。拥有自营进出口经营权，是中国北方区域摩擦材料产业龙头企业、故城县车辆装备制造产业龙头、著名民营企业。主要产品鼓式、盘式两大系列刹车片总成及制动器产品，其自主研发半金属、少金属、NAO、陶瓷型四大摩擦材料配方系列，2000多个品种产品与国内华晨金杯、天津一汽、吉利汽车、华泰汽车、众泰汽车、马自达、奇瑞、北汽福田、厦门金龙等二十几家大中型汽车主机厂配套，刹车片产品销售覆盖全国90%的汽车轿车制动系统维修及配件市场，还批量出口北美、中东等国家和地区。公司拥有多项国家发明专利，自主研发生产的ABS防抱死刹车片，经国家权威机构鉴定，技术质量水平居国内领先。自主研发研制的RV系列、LS1437、64AF系列等100多种跑车、拖车、赛车系列刹车片和制动器总成产品在国际市场具有较强的市场竞争力，远销美国、英国、意大利、加拿大、伊朗、澳大利亚等十几个国家。星月公司于1998年3月通过ISO9002国际质量体系认证；2001年入选"全国汽车摩擦片质量过硬十佳企业"；2003年2月，在国内首家通过具有国际权威的德国莱茵技术监督服务公司ISO/TS16949:2002汽车行业质量管理体系认证；2006年，"星月"品牌产品被评为中国消费品市场主导品牌；2012年9月，获得欧盟EMK产品质量认证，打开了出口欧盟的绿色通道。

为提升企业发展水平，星月公司自2012年技改扩建迁址至县高新区金宝产业园，两期总投资3.2亿元，实施了刹车制动产品工艺工装自动化、智能化升级改造，征地200亩，建设标准化厂房车间6栋，建筑面积5.6万平方米，增上行业领先

星月公司车间

设备设施，包括配料、混料、热压、二粘、合成、整修工艺流程和冲压件生产线，建成8条智能模块式摩擦制动器材自动化精装生产线，使刹车蹄片总成年生产能力达1200万片。并购置了中国台湾比压压机4台、韩国自动混料机2台，美国试验机2台等，建成了在国内同行业先进、省内一流的标准化产品试验检测中心、研发设计中心。经过连续实施企业升级技改扩建，星月公司实现了经营模式由单行到多元、经营品种由常规到特新、经营方向由中低向中高端转变的结构调整和发展，2000年，销售收入突破千万元，上缴税金超百万元，连续保持了各项经济指标持续稳步增长，2010—2013年，连续三年实现销售收入超2000万元，上缴税金超200万元；2014年，实现销售收入5500万元，上缴税金411万元，2015年，实现销售收入7161万元，上缴税金516万元。2016—2018年，连年上缴税金超500万元。

河北同心风机配件有限公司 同心风机公司位于县高新区，成立组建于2006年，注册资本660万元，占地面积45000平方米，有员工460人。公司前身是原隰乡的一家个体性质铸件加工厂，2006年2月，技改扩建入驻西苑高新技术产业园。经过十几年的创业发展，该公司已成为中国风机行业最大的铸件类配件生产企业，是中国通用机械工业协会风机分会会员单位、中国风机标准化委员会会员单位；成为在中国风机行业首家把轴承箱当成标准件生产而销售全国的企业，主要产品为轴承箱体、槽轮、联轴器、轴盘等风机配件，产品畅销全国30多个省、市、自治区，年生产能力15000吨。公司实行严格的自检、互检、专检制度，建有专门的质量检验室，从原材料进厂到每

道生产工序直至产品包装入库实行全过程质量管理和质量检验，确保产品质量优良稳定。同心风机公司生产的4-31.5#全系列风机轴承箱获2006年第三届中国国际流体机械展览会金奖。同心公司组织开展工艺技术改造和新产品开发，开发研制高精尖产品，增强产品市场竞争力。2008年，实施二次技改升级改造，增上铸造先进工艺树脂砂制造生产线，增添大型精装机械设备，增加了与罗茨风机、各种鼓风机及其他特种风机配套的大型复杂铸件，满足了各个层次风机制造企业的配

同心风机车间

套需求。并增上中频电炉，生产高强度铸钢产品。2009年，同心公司与河北工业大学联合组成铸造研发中心，与西安交通大学联合研制新系列轴承箱，产品填补国内空白，替代进口。2011年，同心公司经过市场调研和专家论证，增上处于国际领先的罗茨风机项目。年生产能力达15000吨。2017年，完成销售收入1.1亿元，上缴税金745万元，2018年，完成销售收入1.16亿元，上缴税金799万元。

河北博得交通设备有限公司 企业位于故城县经济技术开发区（衡德工业园），组建成立于2015年4月，是由位于北京大兴工业园区的北京博得交通设备有限公司整体搬迁而来。河北博得交通设备有限公司是北京博得交通设备有限公司在河北故城设立的子公司，公司注册资本3000万元，占地面积200亩，建筑面积52000平方米，拥有总资产5亿元，职工总数220人。主要产品：轨道交通自动门系统、轨道交通屏蔽门系统、高速列车自动门系统、高速大型客车自动门系统、磁悬浮列车转向架、集便器系统和车辆内饰系统，建厂初期主要客户有长春客车厂、唐山客车厂、青岛四方车辆厂、株洲机车公司、南京铺镇车辆厂等。1996年，陆续引进和研发生产车辆配套设备设施地铁车门系统、公路大客车门系统、动车车门系统和高铁车门系统。博得公司依托德国BODE公司技术支持，拥有从德国引进的世界一流的先进技术，关键的生产设备和零部件，严格执行国际先进的生产工艺和技术质量标准。企业拥有自主知识产权的专利和专有技术19项，涵盖了自动门系统的控制系统、机构、门板和附件四部分，尤其是在轨道车辆自动门系统关键核心技术及生产工艺上取得了突破，填补了国内空白，自此打破以往自动门系统一直依赖于进口的局面，公司产品占据了全国轨道车辆门系统50%的市场份额，其中更是占据了95%的北京市市场份额，天津、大连、长春、沈阳、西安、重庆、武汉、深圳等国内30多个城市的地铁轨道交通系统都有博得产品，部分产品远销英国、德国、沙特、伊朗、阿根廷等国。博得搬迁改造扩建项目总投资12亿元，新建轨道交通自动门系统、轨道交通屏蔽门系统等7个车间，新增建筑面积6.5万平方米，购置精密数控加工设备、焊接设备、检测设备、环保设备及其他辅助设备1500台（套），主要设备由德国引进。项目达产后，年产轨道交通自动门系统、轨道交通屏蔽门系统、高速车自动门系统、高速大型客车自动门系统、磁悬浮列车转向架、集便器系统和车辆内饰系统5万套，大型客车车门1万套，年产值可达2亿元。博得公司已发展成为全国乃至世界轨道车门系统最具实力和影响力的企业。2016年，河北博得公司为地方财政纳税644万元，2017年，纳税508万元，2018年，纳税511万元。

河北同业冶金科技有限公司 同业公司坐落于故城县经济技术开发区，前身是个企故城县同业高耐磨材料厂，创建于1998年。2007年6月成立同业公司。该公司是国内生产高耐磨含油尼龙系列产品品种最全的厂家。主要产品为：冶金行业轧钢机万向节球型衬瓦、万向节轴承系列衬板、轧钢机联轴器柱销、精整散冷辊道轴承；烧结圆筒混合机含油尼龙衬板、料仓、料槽、造球盘边、盘底衬板；矿车衬板、选矿矿箱、落料漏斗衬板、分矿器衬板；破胶机、炼胶机、压延机轴

瓦、轴套；皮带输送机尼龙托辊；纺织机械齿轮，空气锤齿轮；电厂、焦化厂输煤溜槽、落料漏斗衬板；工程运输车船衬板等10大类产品、280多个品种。公司与北京钢铁研究总院进行合作，成立了高耐磨材料研究所，多年来取得国家专利及发明专利11项。2006年扩规升级入驻工业园区以后，为扩销增收，保证企业持续稳步发展，在提高产品性能质量、开发生产适销对路新品种的基础上，进行销售战略调整，稳定巩固原有市场，大力开拓新领域、新市场，新用户。产品通过北方重工、中信重工、中国机械设备进出口公司等单位出口到越南、印度尼西亚、印度等东南亚国家和委内瑞拉等美洲国家。2001年实现销售收入超千万元，年纳税超百万。2014年，实现销售收入6631万元，上缴税金415万元；2015年，实现销售收入9100万元，上缴税金560万元；2016—2018年，分别上缴税金209万元、414万元、416万元。

同业冶金公司外景

河北（冀中能源）金宝钢丝绳有限公司 企业由冀中能源集团国际物流公司投资建设，是落实省国资委“省企进衡水”发展战略要求，在衡水落户投资的第一个项目。项目坐落于故城县高新技术产业园区金宝产业园，总投资12亿元，一期占地120亩，引进意大利先进生产设备，增上年产6万吨优质钢丝绳及钢丝制品生产项目，同时通过技改使金宝钢丝绳有限公司老厂区（春岭钢丝绳）的生产能力提高到1.5万吨，扩大河北故城钢丝绳生产规模，提高产品质量。项目一期于2013年6月竣工投产；二期项目建设矿用装备配件生产基地，生产输送带、高压胶管、高端PE管道等

冀中能源国际物流园

产品，年生产能力3.5万吨，并建设冀中能源物流园；为推进产品由低端向高端提升，冀中能源金宝钢丝绳公司加大研发投入，购置德国及意大利矿篮成绳机设备6台（每台造价500万元），其他附属配套设备以国产为主。

河北开门子肥业有限公司 公司位于故城县经济技术开发区，是建国镇招商引资项目入园企业。公司筹建于2012年10月，设立于2013年7月，2014年竣工投产。由江西省景德镇大型国企江西开门子肥业股份有限公司投资控股设立，公司注册资本2000万元，江西开门子肥业股份有限公司持股89%，景德镇市焦化能源有限公司持股2%。开门子肥业有限公司拥有国内一流的复合肥生产设备，工艺技术先进、成熟，实力雄厚，生产线先进设备率达80%。公司总资产规模4.3亿元，占地面积217亩，生产车间5570.96平方米，仓储95621.45平方米，总建筑面积10.19万平方米，年产能氮磷钾三元复合肥60万吨，产品销售面对全国种植户。该公司以“创优质高效、创优良品牌、服务于民、取信于民”为宗旨，积极贴近农村、帮助农民、服务“三农”，产品畅销全国各地。公司主导品牌开门子、鑫森淼、美佛罗系列复合肥为“中国驰名商标”。2016年完成销售收入4.1亿元，上缴税金664万元；2017年完成销售收入4.6亿元、上缴税金691万元；2018年完成销售收入4.7亿元，上缴税金1070.6万元。

河北珠峰铁塔有限公司 公司是一家集产品设计、制造、安装于一体的铁塔钢构专业生产企业。公司始建并设立于2005年，位于故城县西苑高新区，注册资金1.01亿元。企业占地110

亩，拥有大型生产制造车间3栋，占地及建筑面积2.8万平方米，总资产1.86亿元，有员工160人。主要产品：通信塔、电视塔、微波铁塔、装饰塔、电力塔、军事瞭望塔，一体化基站、钢结构等铁塔钢构产品，广泛用于中国移动、电信、联通、铁通，中国铁塔、电力、水利、民用航空、交通、军事、公安、石油、煤矿等十多个行业部门。年钢材吞吐量3万余吨，月可实现铁塔供货量300～600座。公司设备先进、技术力量雄厚，拥有各种生产设备110台套，具有同行业国内领先水平的法因角钢生产线3条、法因数控板机3台、大型液压剪板机3台和国际先进的程控等离子切割设备、美国海宝200等离子设备电源、开元埋弧焊接设备，具有设计、制作、安装100米范围内各种类型铁塔的能力。

珠峰铁塔公司成立十几年来，恪守“立足市场、以质取胜、以诚待人、创新发展”的经营方针，强化企业管理，提升工艺水平，扩大生产能力，为国家和地方建设提供高品质产品，为经济社会发展提供优质高效产能，实现了双赢，促进了企业快速发展。2016年，实现销售收入超6000万元，上缴地方财政税金483万元；2017年，上缴税金535万元；2018年，上缴税金362万元。

故城县顺达钢模板有限公司 公司由原县办集体企业故城县修配厂改制而来。产品主要是高速公路及高铁等基础设施桥梁涵洞用建筑钢模板、桥梁模板和异型钢模板。成立于1998年7月，2003年实施首次技改升级扩建工程，公司迁址故城县西苑高新区，占地面积76亩，其中厂房车间及宿办室建筑面积19000平方米，公司拥有总资产9760万元，员工280人，工程技术人员46人。首次技改扩建增上主要生产设备66台套，包括激光切割机、刻字机、等离子切割机、剪板机、折弯机、轧圆机、冲床、车床等，使钢模板生产达1万吨的生产能力。

2014年，为适应经济发展新形势，实施企业二次技改升级，对关键工序进行工艺改造、优化提升，提高精密化、清洁化、智能化生产水平，对后道工序进行完整配套，引进国内先进全雾净化环保达标设备，项目共计增添国内领先的钢模板生产设备和节能降排设备36台套，包括新上大型激光全自动切割机、电脑微机数控切割机、液压折弯机、大型伸缩移动式喷漆房、系列无泵水幕漆雾净化器、防爆净化排风设备、电气控制装置等设备设施，实现了生产自动化、工艺综合配套和产品提档升级，年产优质桥梁钢模板系列产品生产规模提升到2万吨。

产品销往并应用到全国各地桥梁涵洞基建工程用料市场，并外销巴基斯坦、肯尼亚、安哥拉等发展中国家。该公司与多家重点基建工程建设单位强强合作，完成了多项高速公路、铁路的特大桥、城市立交桥建设工程，大广高速、京石高速、邢衡高速、德商高速等重点工程均采用了该公司的桥梁钢模板产品。2014年，实现销售收入超5000万元，上缴税金超200万元之后，完成主要经济指标连年增长，上缴税金连年超200万元。2018年，顺达钢模板公司完成销售收入7600万元，上缴税金316万元。

河北正大摩擦制动材料有限公司 位于故城县西苑高新技术工业园区，前身是个体企业故城县青罕正大摩擦材料厂，公司成立于1999年6月。2003年，技改扩建入驻县西苑高新区，企业占地面积66亩，主要产品为汽车和工程机械刹车制动系统刹车片、制动器。公司主导产品——“正大彦钧”“正大摩王”“正大安顺”三个品牌的盘式鼓式刹车制动片总成，涵盖了轿车、微型车、轻型车、皮卡、农用车和工程机械等6大系列400多个品种，年生产能力210万套，其中汽车刹车制动总成年产量160万套，工程机械刹车制动器年产量50万套。其配套产品与一汽、二汽、金杯、江淮等大中型汽车生产主机厂配套，并与临工、柳工、龙工等大型工程机械生产厂家常年配套，其配件产品销售遍布全国30多个省、直辖市，并形成了以北京、天津、上海、杭州、哈尔滨、云南、贵阳、重庆等20多个大城市为中心、辐射周边500多个中小城市的刹车制动器材配件市场销售网络。

2013年，上缴税金超百万元，2018年完成销售收入6310万元，实现税金266万元。

河北株丕特玻璃钢制品有限公司 公司是由河北兴华玻璃钢制品有限公司与丹麦Jupiter公司于2005年7月成立的合资企业，位于县城青年路北首东侧。固定资产5800万元，厂区面积49900平方米，其中建筑面积33000平方米。致力于车辆整体卫生间系统、内部墙板、侧顶、导流罩等产品的研发、生产、销售和服务。2005—2018 年，先后为铁路客车开发出多种高科技玻璃钢复合材料项目在全国铁路推广，提高了国产客车设计、制造档次。公司主导产品为轨道车辆整体卫生间系统、内部墙板、侧顶、导流罩等产品。生产能力可达客车卫生间系统 2500 台 / 年，侧墙、顶板 2000 台 / 年，卫生间地板 5000 台 / 年。公司主要用户为长春轨道客车股份有限公司、青岛四方机车车辆股份有限公司、南京蒲镇车辆有限公司、唐山轨道客车有限责任公司、株洲电力机车有限公司、Siemens 交通设备有限公司、Alstom 交通设备有限公司、Bombardier 交通设备公司、美国 GE 公司、丹麦 SEMVAC 公司等。2016 年，该公司上缴税金 684 万元，2017 年，上缴税金 289 万元，2018 年，上缴税金 183 万元。

河北华信忠良玻璃钢有限公司　始建于 2005 年 9 月，是招商引资首批入驻县工业园区的重点企业。公司是民营企业北京华信忠良集团旗下控股骨干企业、中国玻璃钢协会常务理事，也是中国玻璃钢行业领先获得 ISO9001、ISO14001、GB/T18001 的三个体系认证的企业。公司拥有先进的复合材料管道自动化生产线 12 条、储罐生产线 6 条，可生产各种规格型号的玻璃钢夹砂管道、玻璃钢工艺管道，玻璃钢容器、塔器、冷却塔等玻璃钢及复合材料制品。产品行销全国各地，并批量出口外销。公司长期聘请科研院所专家担任企业技术顾问，技术力量雄厚，工装设备先进。先后建立了华信忠良高性能复合材料研究所，缠绕设备研究所和功能完备、设计先进检测试验中心，能够进行玻璃钢复合材料产品的结构设计、工艺设计，玻璃钢原材料分析、玻璃钢产品理化性能检验和各种玻璃钢缠绕设备的研究与制造。先后开发了 3 个国家级新产品、5 项国家专利。企业科技创新能力和核心竞争力不断增强，有力地促进了企业的可持续发展。2016—2018 年，该公司连续三年销售收入超 5000 万元，上缴税金 300 万元以上。

故城县日出纺织品公司　日出纺织品公司始建于 2006 年，坐落于西苑工业园区，占地面积 130 亩，是一家集加工生产羊绒、羊绒纱线、羊绒服装等系列制品的综合型企业。2013 年、2015 年两次实施技改扩建项目，总投资 1.2 亿元，拥有日本、意大利生产的纺纱流水线 9 条，德国生产的全自动电脑织机 30 台（套），半自动织机、走架细纱机 1 排、梳毛机生产线 1 条、FA186FG 梳毛机 2 台、全自动钠离子交换器 1 台等主要配套设备 60 台套。公司注册的“蒙古拉”品牌为河北省著名商标，在此基础上，又申报了“佳佳 1538”“北雪绒莲”两大品牌。2015 年，实现销售收入 1.1 亿元，上缴税金 960 万元，2016 年，实现销售收入 1.3 亿元，上缴税金 1100 万元。

河北众成摩擦材料有限公司　公司成立于 20 世纪 90 年代中期，2003 年入驻县西苑工业园区，是一家汽车刹车片专业化生产厂家，为中国摩擦材料协会会员单位，河北省高新技术企业，具有较强的研发能力，年设计生产能力盘式刹车片 400 万套，鼓式刹车蹄 200 万套。公司生产设备精良，检验设备齐全，配备国内最先进的制动器惯性试验台，定速试验机，剪切试验机等设备。

为提升生产装备及检测水平，公司总投资 500 万元，购置台湾全自动送料等比压压机 2 台，国内最先进的大惯量风电惯性研发检测实验机 1 台。2000 年同行业中，该公司是第三个拥有并使用大惯量风电惯性设备的厂家，为公司对标国内外同行高端，推进产品升级起到了关键作用。2002 年，通过 ISO9001 国际体系认证，2010 年，通过欧盟 TS/16949 认证。2015 年，实现销售收入 2100 万元，上缴税金 106 万元，2016 年，实现销售收入 2600 万元，上缴税金 230 万元；2017 年、2018 年连续两年销售收入超 5000 万，上缴税金超 200 万元。

衡水北方刹车片有限公司　位于故城县城北外环路，前身是青罕北方刹车片厂，始建于 20 世纪 80 年代初期。2002 年 6 月，成立有限责任公司，专业生产各种汽车、摩托车、装载机、火车等制动器衬片、制动蹄总成及各种制动附件等，年生产能力 300 万套。产品与松花江、昌河、长安、一汽佳宝、田野皮卡、一汽小解放、北汽福田等十几种国内车型配套，并出口外销到美国、德国、加拿大、尼日利亚、斯里兰卡、立陶宛、波兰、伊朗等国家的维修配件市场。2015 年，该公司投资 7000 万元增上“新能源汽车制动器及车桥项目”，新建厂房 1.2 万平方米，新增年产 10 万台套新能源汽车制动器及车桥配套产品生产能力，扩大了产能和销售，增加了收入和效益。2015 年该公司实现销售收入突破 2100 万元，上缴税金 116 万元；2016 年，实现销售收入 2400 万元，上缴税金 143 万元；2017—2018 年，连续两年销售收入超 5000 万元，上缴税金超 200 万元。

1998—2017 年故城县入统工业企业历年主要经济指标完成情况统计表

表 9-1

项目 年份	入统企业（个）	工业总产值（万元）	营业收入（万元）	实现利润（万元）	利税总额（万元）
1998	39	63657	59553	2157	5059
1999	39	59998	58375	1634	4481
2000	43	72762	70935	2542	6323
2001	43	70542	69726	1978	5313
2002	45	82155	79320	2607	5852
2003	53	80547	80999	3226	7109
2004	55	126126	116866	5966	9414
2005	65	170235	145465	7616	12239
2006	67	165203	140221	8699	12578
2007	68	175128	180771	10064	14561
2008	72	213420	210302	14745	15609
2009	75	246718	246549	18658	11503
2010	74	378540	374488	22858	31069
2011	66	545906	560646	22157	34602
2012	79	749493	742288	27422	51166
2013	100	1079164	1063336	43180	58937
2014	106	1099373	1053880	46372	61130
2015	107	1090283	898854	29989	—
2016	103	1144126	914236	29589	—
2017	87	819200	722856	26200	—

说明：表内“—”为无统计数字

第二章　民营企业

故城县手工业发展自明代始，铸造、编织、建筑、四坊（油坊、粉坊、豆腐坊、轧坊）等业兴起。清代，随人口增加，生产、生活条件初步改善，各业始渐兴盛。故城挂面作为贡品进入宫廷。民国年间，有纺织、酿酒、挂面、糕点、粉条、豆腐、榨油、烟、糖、首饰、编席、编篓、编筐、铁木器具、砖瓦、皮麻线绳等行业 20 余种。

1949 年前以民间作坊为主。20 世纪 50 年代初，在合作化运动影响下，多数乡驻地民间作坊组成合作社，郑口组成 11 个县属合作社，其他为乡属合作社。仍有散于村间修理、副食加工、铸造、编织等业。

1955—1965 年，企业分为公社办、大队办两级。20 世纪 70 年代中期又增小队办企业。1971 年，社队企业总产值 226 万元，较 1970 年 78.5 万元增 1.9 倍（按 1970 年不变价，下同）。自 1972—1975 年，总产值年均增 100 万元上下，依次为 344 万元、402 万元、577 万元、759 万元。1976 年后，社队企业迅速发展，是年，产值达 1156 万元，较 1975 年增 52.3%，1978 年，伴随农村家庭联产承包责任制推行，社队企业逐渐实行经营承包责任制。至 1984 年，原村办企业转为联户办、户办承包经营，企业由原 3 个层次增至 4 个层次，即乡镇办、村办、联户办、户办。是年，乡镇办、村办、联户办、户办企业计 924 家，其中乡办 108 家、村办 265 家、联户办 192 家、户办 359 家。1987 年，乡镇办企业 117 家、村 21 家、联户办 433 家、户办 1922 家，计 2688 家。

1987 年，企业总产值首次超亿元，达 12717 万元，其中乡镇办工业 3576 万元（包括基层供销社办工业）、村办工业 3429 万元、合作经营工业 2616 万元、个体工业 3096 万元。是年，全县乡镇企业摊点 2768 个，从业人数 20332 人。1990 年，乡镇企业完成工业总产值 1.98 亿元，1995 年完成工业总产值 4.81 亿元。

1995—2000 年，随着中国改革开放方针政策的贯彻落实，为适应社会主义市场经济体制，提高经济效益，乡镇企业推行产权制度改革，鼓励经营者筹资出资持大股、企业员工出资入股，实行股份制经营企业，形成多元投资主体并存的格局。2000—2003 年，国家深化企业经营管理体制改革，加速推进地方国有、集体中小企业股份制改造，扩大民营资本，发展壮大民营经济。全县乡镇企业（乡镇办、村办企业）普遍实行资产出售、破产、转产、拍卖、租赁经营等形式的改革改制。

2006 年，116 家乡镇及村办集体企业全部实施转型改制，成为民营企业。之后，乡镇企业统计名称、指标相应改为统计民营企业。

第一节　行业分布

据 1929 年《河北工商统计》载，故城县私营工业分有 15 个行业，系挂面、酿酒、糕点、粉条、食油、豆腐、织布、染坊、竹器、铁工、木工、首饰、苇席、糖、烟等业。均于作坊手工操作，兼以畜力相辅。大概分布：挂面，故城镇为主，郑口次之；铁工（铸造），原隰和四个长林村为主；酿酒、糕点、首饰、染坊、制糖等业，故城、郑口、三朗等居多；其他行业各乡镇不等。

中华人民共和国成立后，党和政府对工商业实行社会主义改造，原乡村私营企业多改为公私合营。1958 年，乡村企业多转为县办国营或集体企业。20 世纪 70 年代后期社队企业异军突起，20 世纪 80 年代趋于兴旺，成为全县经济一重要支柱。1985—1990 年，全县乡镇企业以皮毛、地毯、建材、建筑、农产品加工、轻纺、化工 7 个行业为主（前 4 个为骨干行业），交通运输、机械铸造、玻璃钢制品、铝制品、橡胶制品及工艺美术品亦有较大发展，各行业产品达 1200 余种。

皮毛皮革业　故城县皮毛皮革业兴办于清代。中华民国期间亦限于民间作坊手工鞣制，然而质量低下，产量亦少。

中华人民共和国成立初期，皮毛皮革摊点产品质量始有增加、提高。部分工匠赴枣强、南宫传授技艺，时皮革、皮毛业发展缓慢。据 1965 年统计，皮革产量 2000 张（此为各种皮张折牛皮数），产值仅 3 万元。20 世纪 70 年代中期，皮革皮毛业始渐兴盛。1978 年，农村实行家庭联产承包责任制，农村剩余劳动力始转向商品生产，皮革皮毛业获长足发展。1980—1984 年，皮褥子、皮手套、皮大衣等走俏国际市场。1985 年，皮革警服、猎服、青年服及翻毛裘皮服装已于国际市场兴时，皮毛、皮革业进入繁盛时期。加工摊点和人员主要分布在县城以西和西南部。1987 年皮毛皮革厂有 6 家（瓦子庄乡皮毛厂、皮革厂、武官寨乡皮毛厂、北皮毛厂、饶阳店乡皮毛厂、乡镇企业局皮毛厂），共有 175 个加工摊点，分布于建国、西半屯、要庄、军屯、赵行、武官寨、饶阳店、瓦子庄等 8 个乡镇。饶阳店、武官寨、瓦子庄成为皮毛之乡。共拥有固定资产 1400 万元，流动资金 1500 万元，其中技术人员达 6500 余人。皮毛、皮革产品达120余种，销往北京、天津、东北、西北等地的18个大中城市，以及苏联、日本、美国、联邦德国、菲律宾、泰国、新加坡、韩国、英国、加拿大及中国港澳地区。

建材业 建材业以黏土砖瓦烧制为主，兼有石棉瓦。据1935年《河北月刊·故城县各业作坊工人学徒统计表》记载，1932—1934年，时有制砖、瓦业作坊有13个（实为窑数），历年依次有工人35人、38人、39人。

1949年，伴随人民生活提高，翻修房舍增加，建材业遂发展。据1956年统计，全县产砖672万块、瓦2万片。1958—1959年，“一哄而上”的公共设施增加，砖、瓦生产量分别为3031万块、1652万片，9488万块、664万片。1960—1964年间，因经济暂时困难尚未扭转，又加洪涝灾害，人民缺少必要资金用于修建，建材业亦呈逐年下降趋势。砖、瓦生产历年依次为6420万块、846万片，3145万块、649万片，2649万块、318万片，2210万块、215万片，1976万块、197万片。1965年，为1462万块、437万片。20世纪70年代初，建材业成为社队企业一大行业。1972年15个公社（故城、袁庄、小屯、夏庄、辛庄、里老、庙灵、房庄、小庙、梧茂、三朗、杏基、青罕、军屯、西半屯）建有砖瓦窑厂，窑业产值计64.2万元，1978年，每个公社都建有砖瓦厂，年总产值达342.4万元，占乡镇企业总产值29.6%。另，故城公社石棉瓦厂产值24万元。1978—1987年，因农村经济政策放宽，人民生活水平提高，公共建设项目增加，人民急于翻新、增盖房舍，以砖瓦为主的建材业迅速发展。1987年，建材业已遍布全县各乡镇及部分村庄，共243家。拥有固定资产31008万元。砖瓦生产已由手工制改进为机械制。另有新产品石棉瓦、水泥制品、油毡、防水粉等。其中，机制砖瓦业队伍庞大，力量雄厚，全县有机砖砖厂128家，拥有大中型制砖机54台、制瓦机48台、小型制砖机93台、推土机68台、发电机组54套、大中型拖拉机94台，厂房、宿舍、办公室27281间。是年，产砖45184万块，瓦1461.6万片，年产值超亿元。是年4月，故城镇、庙灵乡、三朗乡砖瓦厂评为县级明星企业。21世纪，砖瓦厂全部改制为个体私营性质。

地毯业 故城县的地毯业兴办于20世纪70年代中期，产品为羊毛手工地毯，生产分为纺纱、绘图、染纱、织毯、平毯、片毯、投沟、修整等多道工序，以织毯工序最为费工耗时，适合利用农村剩余劳力分散加工生产。时有3个公社办地毯厂（即故城、青罕、原隰）。据1976年统计，是年3公社产值34.8万元，其中故城10.4万元、青罕17.2万元、原隰7.2万元；利润计15.7万元，其中故城4.5万元、青罕4万元、原隰7.2万元。1976—1987年收入、产值、利润、税金四项经济指标受国际行情影响，升降不定。1987年，全县有乡镇地毯厂14家、村办4家、联户办75家、户办387家，从业人员3564人，共有织毯机梁2900多架。厂家主要分布于杏基、原隰、青罕、梧茂、小庙、辛庄、夏庄、房庄、西半屯、故城、建国、郑口等乡镇，主要产品为京式、美术式、彩花式、素古式等。纯毛手工提花编织，规格齐全，图案新颖，色泽艳丽，质地精良。年生产能力为78967.58平方米。原材料大多由德州、衡水、清河、武城及县地毯厂供给。大部分产品通过河北、山东外贸部门、天津口岸销往英国、美国、日本和中国港澳地区。21世纪，部分乡镇仍有地毯加工、销售企业，产品多为订单定制。

铸造业 故城县铸造业兴办于明代，发祥地为今原隰乡李长林村，俗称长林翻砂。

旧时以炉具、炊具、小农具等为主。1949年后在党和政府支持下，铸造业产品由小型向大型、由简单向复杂发展。主要产品系用于冶金建筑、通用机械、风机配件、锅炉配件、农机配件等大中型铸件。铸造业主要分布于故城县西部和西北部乡镇（原西、房庄、三朗、青罕等），1987年企业和摊点达130多家，其中乡办11个，村办42个，户办21个，年生产能力达8000～15000吨。其中大中型机械铸造配件及加工件与太原、哈尔滨、齐齐哈尔、长春、秦皇岛等重型机械厂产品配套出口至美国、日本、韩国、联邦德国、波兰、捷克等国家。2010—2018年，为确保环保达标逐步取消高污染铸造业。

农副产品和食品加工业 20世纪70年代，农产品加工业以轧花、脱皮、粉碎、榨油为主，兼以熟食品加工辅之，始由人工、牲畜为动力，渐为电动机、柴油机所代替，遂农产品加工成为社队企业一大行业，大多社队亦有分布。后随柴油、电力等能源增加，20世纪80年代，农产品加工业已遍布各乡镇及较大村庄。20世纪90年代，乡镇农产品加工业主要是粮棉油及食品加工业。1995年拥有面粉厂、食品厂、挂面厂、棉花加工厂、榨油厂等食品企业百余家，食品加工经营户1100多家，年产值2800万元。21世纪初，新希望六和集团万头肉猪养殖及加工项目、康宏牧业万头奶牛及奶制品项目、泰国正大集团1亿只肉鸡养殖及深加工项目、衡水以岭药业保健食品项目等一批重点企业相继落户故城县，并已竣工投产，形成食品加工业年产值10亿～20亿元。

化工业 化工行业兴办于1958年，多数公社、管区驻地纷纷办起土化肥厂，因缺乏科学技术，产品实用价值小，各土化肥厂先后下马。1970年，部分公社（里老、武官寨）办磷肥厂。据1976年统计，是年里老、武官寨磷肥厂生产磷肥841吨，因磷肥增产效果初为农民认识，1979年产量、利税逐年增长。当时主要有化工、橡胶加工、塑料加工等十余厂家，从业人员875人。厂家主要分布于建国、青罕、郑口、辛庄、房庄、杏基、里老等乡镇，塑料产品以管、编织带、注塑制品、窗纱、儿童玩具为主；橡胶产品以密封圈垫为主，化工产品以清洗剂为主。1980年后，随外地磷肥调入，当地产磷肥因售价高（县内缺乏磷矿资源，须远途运输进境，生产成本高、价格高）而滞销转产。

纺织业 明、清两代，即有土纺土织。据清光绪《故城县志》载："女纺织最勤，长夜纺车轧轧，比户相闻。"

中华民国年间，单家独户的纺织始向三五几家手工作坊过渡。其间，纺织业颇具规模。据《河北省工商统计》记载，1929年，故城县有织布作坊240家，年用原料（皮棉）15.3万公斤，产布1.2万匹，价值2.4万元。

中华人民共和国成立后，纺织业亦有发展。1980年来，伴随着故城县棉花生产迅速发展，乡镇织布厂纷纷购置机械织布机扩大生产能力，主要产品系白帆布、白土布、白坯布、人造毛皮、针织品等。厂家主要分布于郑口、青罕、三朗、故城等乡镇，共拥有1.5万纱锭，年产21支棉纱3000吨。2000年后，在市场经济的影响下，纺织业优胜劣汰，小纺织作坊逐渐退出市场。

玻璃钢业 玻璃钢制品业兴办于20世纪70年代末，后逐渐兴盛，主要产品以空调设备、防腐、耐酸碱、输水、绝缘制品为主。因产品具有耐腐蚀、节能源、寿命长等特点，广泛用于建筑、冶金、轻纺、医药、航空、石油、矿山及大中型宾馆、影剧院等公共设施，产品销往27个省、市、自治区。厂家主要分布于郑口、西半屯、梧茂等乡镇。专业生产企业15家，从业人员350人。

工艺美术品业 工艺美术品制造业兴办于20世纪80年代中期，主要产品为贝雕、壁画、景泰蓝，企业3家，系武官寨乡工艺美术厂，建国镇景泰蓝厂，瓦子庄乡前孝兰村景泰蓝厂。贝雕、壁画主要内销北京、天津、石家庄等地。景泰蓝主要销往日本、新加坡、菲律宾、泰国、苏联、民主德国、英国、美国和中国港澳地区。20世纪90年代，因市场需求变化、产品成本上涨等因素工艺美术品行业逐渐转产或关闭。

第二节 个体企业

个体企业分散于乡镇村之间，以家庭工业为主。明、清代即有农产品加工、小农具制造等业，清末至中华民国中期始渐兴盛。据1929年，《河北省工商统计》载，全县计有手工业摊点393个，从业人员25188人，其中成年男工15042人，童工2769人；成年女工7295人，童工82人。侵华日军占领故城后，民不聊生，殃及各业，个体企业业务萧条。

中华人民共和国成立前夕，党和政府领导人民进行土地改革，组织发展生产，个体企业渐趋回升，翻身农民致力恢复农业生产，个体企业亦成为农业发展的必要补充。

中华人民共和国成立初，在互助组、合作化运动中，大多个体企业组织起来，在合作社内进行生产，仍有少数个体企业存在。据1949年统计，仅郑口即有207人从事个体企业。主要系铁工、木器、纺织、硝皮等。乡间主要系"四坊"、苇荆编织、小农具制造等，全县计有个体企业摊点999个，从业人员1392人。1953年，运河决口，涝洪成灾，殃及故城。党和政府组织人民大力发展副业生产，时以个体手工业为主，以弥补农业损失。据是年9月统计，全县计有粉坊66个、油坊63

个、轧坊215个、砖窑32个、木作铺67个、碾磨坊125个、皮革作坊13个、造纸作坊4个、铁匠铺36个、糖坊2个。1956年复水涝成灾，农业歉收。政府发放专项贷款233861元，发展副业生产。1958年，因受“左”的思想影响，社员家庭副业（以手工业为主）归队经营。1966—1976年，家庭副业视为“资本主义尾巴”横遭批判，亦被禁止。1978年始，渐回升。1980年，农村实行家庭联产承包责任制后，农民积极性得到充分调动，劳力出现剩余，加之农村政策放宽，个体企业崛起。1984年，个体企业已在部分农户中上升为主业，个体企业易名为专业户。工业专业户有单户承包集体生产项目者，有几户联营专业项目者。工业专业项目较多，按行业大体分为加工业、运输业、建筑业等，据1984—1987年统计，加工等业收入占家庭总收入比例（除1986年外）呈增长趋势。工业专业户的出现，促进农村由自然经济向商品经济发展。20世纪90年代，不成规模的小型专业户不在统计之列。

第三节　乡镇民营企业

20世纪80—90年代，是故城县民营企业兴盛时期，主要厂家有军屯乡砖瓦厂、建国镇散热器厂、瓦子庄乡皮革厂、瓦子庄乡皮毛厂、武官寨乡皮毛供销公司、饶阳店乡皮毛公司、三朗乡砂轮厂、故城县皮毛公司。

军屯乡砖瓦厂　砖瓦厂位于军屯乡治驻地，始建于1949年。全厂占地面积33350平方米，其中建筑面积2200平方米。主要产品系砖瓦，行销清河县、武城县及故城县南部乡镇。1987年，有员工120人。是年，实现总产值314万元。设有制坯、搅拌、晾干、发电车间。拥有固定资产65.8万元，实现利润21万元，税金10.6万元。其为县内建材行业中独家“明星企业”。主要设备有12马力拖拉机18辆、一代解放牌汽车2部、制砖机2台、搅拌机1台、12千瓦发电机组1套。2010年后实行政策性关停，占用土地复耕还田。

建国镇散热器厂　散热器厂位于建国镇治驻地，始建于1984年，系镇修配厂转产而来。全厂占地面积10672平方米，其中建筑面积2900平方米。主要产品系钢制散热器（暖气片）。1987年，有员工200人。是年，实现总产值565万元，利润44.6万元，税金27.2万元。设有电气焊、成型、机加工、除锈、喷漆、烘干车间。拥有固定资产72万元。主要设备有200吨冲压机1台、150吨冲压机1台、焊机2台、滚焊机1台、2米剪板机1台、冲床1台、冲剪机1台、电焊机5台、气焊4套、除锈机1台、试压设备2套、电烘炉1座、波兰乃茨汽车1部、雁牌汽车1部、12千瓦发电机组1套。21世纪初因经营不善倒闭。

瓦子庄乡皮革厂　皮革厂位于瓦子庄乡治驻地，始建于1979年。全厂占地30015平方米，其中建筑面积600平方米。主要产品系皮革服装。1987年，有员工230人。实现总产值705万元，利润80万元，税金14.3万元。设有糅制、裁剪、缝纫、染色、检验、发电车间。拥有固定资产80万元。主要设备有转鼓2架、缝纫机125台、红星牌面包车1部、波兰乃茨汽车1部、12千瓦发电机组1套。1990年改制为私营。

瓦子庄乡皮毛厂　皮毛厂位于瓦子庄乡皮革厂北，始建于1966年，由十二里庄中学迁至今址。全厂占地9571.5平方米，其中建筑面积1200平方米。主要产品系各种高中档裘皮服装，1987年，有员工112人。是年实现总产值350万元，利润16万元，税金17.2万元。设有熟制、裁剪、缝纫、染色、检验、发电车间。拥有固定资产85万元。主要设备有130型汽车1部、缝纫机64台、机井1眼、13千瓦发电机组1套。20世纪90年代后改制为私营。

武官寨乡皮毛供销公司　供销公司位于武官寨乡治驻地，始建于1970年。全厂占地6670平方米，其中建筑面积1000平方米。主要产品系高中档裘皮服装及皮褥子、皮手套。产品内销东北部分城市外，还销往苏联、日本等国家。1987年，有干部职工86人。是年，被评为衡水地区级“明星企业”。是年，实现总产值310万元，利润15万元，税金5.1万元。设有熟制、裁剪、缝纫、染色、检验车间。拥有固定资产35万元。主要设备有缝纫机38台。20世纪90年代后改制为私营。

饶阳店乡皮毛公司　皮毛公司位于饶阳店乡治驻地，始建于1974年。全厂占地6670平方米，其中建筑面积1000平方米。主要产品为高中档裘皮服装。内销广州、大连等地，外销苏联、日本等国家。1987年，有干部职工157人。实现总产值350万元、利润31万元，税金7万元。设有熟制、裁剪、缝纫、染色、检验车间。拥有固定资产31万元。主要设备有缝纫机94台，130型汽车1部。20世纪90年代改制为私营。

故城县皮毛公司 皮毛公司为乡镇企业局直属企业，位于郑口隔广交路与建设银行相对。始建于1985年。全厂占地6670平方米，其中建筑面积240平方米。主要产品系高中档裘皮服装。内销全国大中城市，外销苏联、日本等国家。1987年，评为衡水地区级"明星企业"。有干部职工155人，实现总产值150万元，利润70万元，税金30万元。设有熟制、裁剪、缝纫、染色、检验车间。拥有固定资产18万元。主要设备有缝纫机39台、丰田面包车1部、波兰乃茨汽车1部。20世纪90年代后期改制为私营。

三朗乡砂轮厂 砂轮厂位于三朗乡治驻地，始建于1980年。全厂占地10005平方米，其中建筑面积2300平方米，主要产品系树脂薄片砂轮。1987年，有干部职工188人。是年，实现总产值400万元，利润100万元，税金30万元。1985—1987年，均评为衡水地区精神文明、物质文明生产单位。厂设有配料、成型、烘干、烧制、检验车间。拥有固定资产96万元。主要设备有12千瓦发电机组1套、烘干炉1台、东风牌汽车1部、武汉吉普1部。20世纪90年代末期停产倒闭。

第三章 优质产品 传统产品

中华人民共和国成立后，域内工业发展迅速。"青竹颜料""奥冠电池""星月制动元件""梦思牌手套"等优质产品，均获得国家质量认证，远销国外。传统产品"甘陵春酒""长林铸造""龙凤贡面"等制作工艺得到保护传承的同时得到长足发展。

第一节 优质产品

皮革服装 瓦子庄乡办皮革厂产皮革服装，主要以羊皮为原料，经糅制、染色、裁剪等工序，赋予时新款式，深受北京、天津等地居民欢迎。1987年，评为地区级优质产品。1988年，被省皮革协会行评第二名。

钢制散热器 建国镇办钢制散热器产品有扁管和四柱两个系列，其特点（扁管系列）饰有时兴图案，散热快。1987年，先后评为省、地优质产品。

干粉灭火器 干粉灭火器为原隰乡办企业产品。分有手提式、推车式两种。其特点便于携带，使用方便，灭火迅速。1987年，评为地级优质产品。行销北京、天津、成都、大连等20多个大中城市。

增强纤维树脂薄片砂轮 简称树脂砂轮，系三朗乡办企业产品。具有寿命长、切割快（80米/秒）等特点。经国家郑州第三磨具研究所检测5项指标，3项超日本，4项超天津第三砂轮厂。行销国内400余家厂矿企业。1986年，出口伊拉克7万片，创汇30余万美元。1987年，评为地区级优质产品。是年，又获省级优质产品称号。

玻璃灯罩 杏基乡办玻璃灯罩产品，分为大面包、小面包、小玉兰、斜口橄榄、豁口圆球、长口圆球、平圆、半圆形等10多个品种。具有高雅华贵、新颖美观、经济实用等特点。此产品经烧结、吹塑而成，产品销往京津等地建筑领域。1987年，评为地级优质产品。

屋顶通风机、散热器 屋顶通风机、散热器系郑口镇果子口村办企业产品。产品具有风量较大、散流均匀等特点。其工序系做胎、布糊型、磨光、喷漆而成。行销兰州、郑州、成都、天津、石家庄等地棉纺织厂，并销往泰国、缅甸等国。1987年，被评为地级优质产品。

金属洗净剂、切削液 金属洗净剂、金属切削液系建国镇办企业产品。该产品用于清洗各种金属机件，是代替汽油清洗机件的换代产品。其特点是去污力强，经济实惠。1985年，先后获县、地科技一等、三等奖。1987年，被评为地级优质产品。

青竹颜料 河北青竹画材科技有限公司是生

产专业美术画材的企业，属于国家重点扶植的文化产业。在全国重点城市均设有办事处，在杭州、北京、沈阳、深圳设有分公司，在国内同行业中排名第二。“青竹牌”系列产品包括专业颜料、专业画材、少儿颜料、DIY系列产品，30大类，1900多个单品。

在国内率先研发推出了无甲醛颜料，获得中国轻工业联合会科技进步三等奖、国家专利30项。公司生产的美术颜料通过国际标准检测，深得国内外用户喜爱，使企业与国际接轨迈进了一大步，为中国美术文化事业的发展作出较大的贡献。

2007年10月，青竹美术颜料被中国质量监督检验学会评为“中国优质名牌产品”；2008年，青竹美术颜料成为北京奥运会开幕式艺术绘画指定供货用品；2009年，青竹公司被中国文教体育用品协会评为“中国文教体育用品行业优秀企业”。

河北奥冠电池 “奥冠”是中国电池行业领导品牌，公司主导产品为胶体电池和锂离子电池、氢燃料电池，涵盖光伏储能、电动汽车、电动助力车和UPS后备电源四大系列数百个规格，广泛应用于光伏、电力、通信、交通、金融、国防、军工等领域。是国家高新技术企业、国家火炬计划产业化示范企业，国家储能电池行业标准起草单位，CNAS中国认可国际互认实验室。并于2018年6月成为中国电器工业协会铅酸蓄电池分会副理事长单位，获了2017年度中国铅酸蓄电池行业质量五星级企业、国际科学技术最佳合作奖、铅酸蓄电池行业知名品牌等荣誉。

公司先后获得“河北省高新技术企业”“河北省企业技术中心”“河北省质量效益型企业”“河北省科技型中小企业”“河北省著名商标”“河北省中小企业名牌产品”“河北省守合同重信用企业”“河北省优质产品”等多项称号。

先后通过了ISO9001质量管理体系、ISO14001环境管理体系认证、OHSAS18001职业健康安全管理体系认证、欧盟CE认证、泰尔认证、金太阳认证、北方车辆研究所EV认证。

河北星月制动元件 河北星月制动元件有限公司成立于1991年，已有近30年发展历史。

公司是一家集汽车刹车片及制动器总成研发、制造、销售于一体的省级高新科技型的民营企业，是全国行业著名和当地摩擦材料产业龙头的企业。

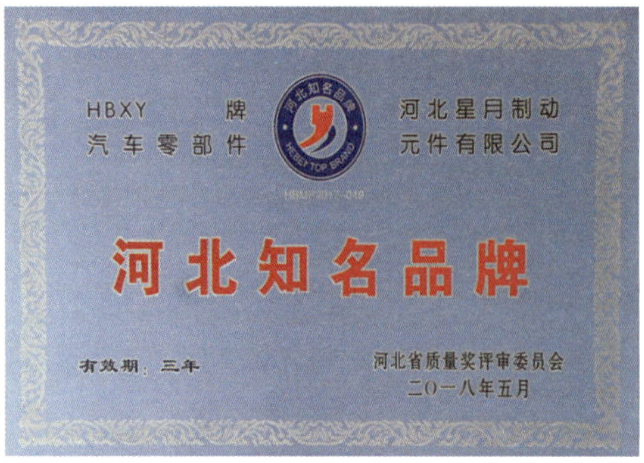

河北省知名品牌：“星月”牌商标

公司注册的“星月”牌商标为河北省著名商标、中国消费品市场主导品牌。

星月品牌先后获得“河北省优质产品”“国家级新产品”“河北省科学技术奖”“摩擦材料推荐品牌”“河北省中小企业质量信用管理示范企业”等称号，并且被评为“河北省著名商标”企业，摩擦密封材料工业协会理事单位，中国汽车工业协会、中国汽车工程学会制动委员会会员。2018年被评为“河北知名品牌”。

甘陵春酒 衡水甘陵酒业有限公司是由原地方国营企业故城县酒厂改制而来。其产品甘陵春牌系列浓香型白酒，以优质小麦、高粱为原料，采用双轮底纯粮大曲发酵，清蒸辅料工艺酿制烧酒原浆，在按醇香、清甜、净爽口味，精心勾兑而成，具有入口锦软，回口微甜，芳香醇厚的特点。企业和产品发展历史悠久，一直受到消费者称赞和信赖。特别是在华北地区甘陵春系列白酒在用户心目中具有良好的品质信誉，价位适宜、口感柔和、品质优良，消费需求广阔。自1985年甘陵春白酒年产量和销量突破500吨，实现销售收入超600万元之后，产销量、收入和利税连年增长，成为纳税大户企业。1985年6月，甘陵春

甘陵春酒酿造技艺河北省非物质文化遗产证书

酒被省技术质量监督管理局、省轻工业局评定为“河北省优质白酒”；1991年，获河北省优质酒行评第一名，是年4月获第二届北京酒类产品国际博览会铜奖；1993年始连续八届被河北省消协评为消费者信得过产品；1995年起连续五届被授予河北省著名商标；1996年被河北省政府办公厅定为外事招待用酒；2004年通过ISO9001国家质量体系认证，获河北省知名产品称号；2010年被评为河北名牌产品；2012年甘陵春酿造技艺列入省级非物质文化遗产。

梦思牌皮手套、樱尚美牌裘皮服装　河北兆鑫裘革制品有限公司是一家集裘皮服装、皮革手套、裘革手套、皮包及服饰产品，研发、生产、加工、销售（外销和内销）于一体的出口创汇型重点企业。公司位于县高新区，主要产品年生产能力：手套300万件，裘皮服装、裘皮挂里尼克服30万件。产品十几年来大部分自营出口到俄罗斯、土耳其、加拿大及东欧、北欧国际市场。其手套产品外销量占据俄罗斯市场80%的份额。并且该公司生产的裘皮服装、尼克服在国内华北、东北地区大中城市百货商场均设有专柜，在京东、淘

河北省名牌产品证书

编号:HBMP2012-187

河北兆鑫裘革制品有限公司

你单位生产的“裘皮手套”获2012年河北省名牌产品，特发此证。

注册商标：梦思
产品名称：裘皮手套
有效期：至二〇一六年四月

二〇一三年四月

兆鑫“裘皮手套”名牌产品证书

宝、天猫等网络电商平台入围登录上线销售。兆鑫公司产品在国内外市场形成了良好的品牌优势，具有较强的市场竞争力。2003年10月，兆鑫公司生产的“梦思牌”系列皮手套被省工商行政管理授予“河北省著名商标”：2004年，兆鑫公司裘革服装和裘革制品被省中小企业局授予“河北省中小企业名牌产品奖”；2014年6月，兆鑫公司皮手套、皮包产品通过欧美国际质量品牌体系kasablanka认证；2016年10月，兆鑫公司“樱尚美”牌裘皮服装被省技术质量监督管理局评定授予“河北省名牌产品”；“梦思牌”高档皮手套被评定为“河北省优质产品”。

第二节　传统产品

龙凤贡面　龙凤贡面因其条状圆（条状有圆扁两种）似“龙须”扁如“凤尾”而得名，因其质优进贡清廷。又因产于故城镇，惯称故城贡面、故城挂面。

龙凤贡面系“齐福源”号挂面坊始创，为故城西南镇人齐纪修经办。据今山东武城县良庄年近古稀老人齐纪修之女口述，其父少时母寡，家境贫寒。纪修16岁谋业，学做挂面。经八方求教，悉心钻研，吸收诸家之长，立志创新。10年后，制出“齐福源”独家挂面：条色微青，柔韧晶亮，条细如须（后又添扁条），根根空心耐煮，剩面回锅，仍如新面，味厚细软，且有口劲；面条吸水，一箸挑起，碗内无水，条再回碗，仍汤如故。此后，“齐福源”挂面一经上市，旋即抢空。其他挂面坊挖空心思仿造，致使“齐福源”挂面标签时常丢失。不久，被客商河运入京，成为达官贵人相互馈赠礼品。后由山东恩城县衙官员采办进贡清廷，“龙颜欢愉”遂名龙凤贡面。清光绪二十六年（1900年），八国联军入侵天津后，组织九国手工业品评比，龙凤贡面名列榜首，得一铜质奖章，外人不服，又于3年后比试，龙凤贡面再次夺魁。据1929年，《河北省工商统计·河北省各县名特产品一览表》记载，故城“齐福源”“荣兴茂”“恒春栈”“福和”号挂面5450公斤在天津展销，未久被抢购一空。是年，在津销量达53900公斤。年产量达134750公斤。

中华人民共和国成立后，故城镇龙凤贡面制作仍不乏人，行销多地。

1978年以来，龙凤贡面除选用精粉、蛋清、香油、精盐等原料外，又添加鸡汤、果汁、牛奶、味精、肉松等。

1986年，全国食品行评，故城镇贡面厂生产的“老来福”牌、“北贡”牌龙凤贡面分别获第二、第三名，并被农牧渔业部评为优质产品，行销京、津、冀、鲁、豫、晋等地。1987年，龙凤贡面获地区级优质产品称号。

“龙凤贡面”这一历史悠久的地方美食，经上

百年传承发展成为故城传统特色产业的靓丽名片。建民龙凤贡面厂为传承这一工艺的代表厂家，成为具有较强竞争力的自主品牌。2006年6月，建民龙凤贡面被河北省文化厅、河北省民间文化研究中心评定为河北省首届非物质文化遗产并颁发了证书和奖杯，为河北省同行业中唯一获此殊荣的手工工艺制作产品。龙凤贡面这一“中华老字号”产品历经岁月考验而兴盛如初。因其具有突出的地方特色和极高的营养价值而深受广大城乡居民的欢迎，成为馈赠亲友之佳品。

龙凤贡面生产车间

附

故城挂面

故城特产甚多，而以挂面为著，每年出售总额虽无详细统计，约亦不下数十万元。此面昔名挂面，后亦称贡面。面有圆条、扁条二种，圆曰“龙须”，扁曰“凤尾”。业此者咸居城关一带，据业此者之经验人谈：同一工人，同一面粉，在它地所制之面条，则不若故城产之精美适口，盖水土使然也。苟将此种事来研究改良，是以工业中之最有希望者，目下故城商号共百余家，内中以贡面为主业，及兼营贡面者，约占十分之四，以恒春栈、荣兴茂等家之出品较佳。制法：先购得上好之白麦，磨成面粉，在盆中和水及盐，揉成粗条，盘于如指之硬棍上，置草池内发润，然后取出，人悬梁间置之晒面杆上，慢慢抻面，使之垂地。迨至晒干取之案上，截取两头，只用中段，再断为二、三节，以棉线束成把状。每两把包一色纸，约重十三四两，即可置市待售。为购者携带便利，有另外加以木盒者，须另加木盒费一角五分。目前价目，分带料与不带料二种：带料者在和面时加入蛋清、海参、口磨、三鲜、鸡蛋等汤者即成。例如加蛋清者，即名蛋清贡面，其不带料者即普通贡面。现在价目，普通贡面每斤铜元四十八枚，大洋一元，可得十斤半。带料者价较昂，每斤铜元六十四枚，每元可购八斤半。故城贡面之优点，条细中空，久煮不化，面质细纯，味美可口，极易消化，合于卫生。餐时煮食一盘，能使人腹饱多时，因是能远近驰名。过故之旅客，莫不携带一二十斤，以为馈赠亲友之珍品。惜本地商人固步自封，不知改进，以故虽有极好之原料及水土，而仍乏惊人之成绩。且近来西之郑镇（即郑口镇），东之德县（今德州）亦有模制者，虽出品极差，但旅客不明真伪，鱼目混珠，易受其害。贡面之销路，为其侵夺不少。他如之制造方法之合理化，省人工而出品多，以及装潢式样引人入胜，亦应当及时改良而谋发展之。

（摘自1934年11月2日《天津益世报》）

长林铸造 长林铸造业（又名长林翻砂）源远流长，据《李氏族谱》记载，明永乐元年（1403年），“靖难兵止”，李义奉旨由三河县北曹桥迁至河间府故邑（故城镇）城西，披荆斩棘，垦荒稼穑，并取村名李长林。自此李家日出而作，日落而归，虽成年累月辛勤劳作，仍难糊口，生计艰难。岁月磨难，渐使李义父子悟之：摆脱贫困亦应掌握一门技艺。

约于明弘治八年（1495年），李义之曾孙李大用几经辗转，至冶铁铸造发达之地山西某处（详地待考）。因当地“艺不外传”，李则装哑充傻，被一家铸造厂收留做苦力。寒往暑来，三度春秋，哑人“偷”艺学成，遂开长林铸造历史。

李大用于当地兴办铸造业，给人带来诸多方便。其铸造犁铧等农具，备受青睐。其为黄官屯寺庙所铸大钟，高与人齐，造型美观，质地良好，每经撞击，铮铮作响，声传数里。虽经400余载，钟身“铁匠人李大用铸”字迹仍清晰可见。

李大用铸造技术为后人继承，因李长林与王长林、张长林、赵长林村村相接，地界相连，姻亲连带，铸造业遂普及三村。诸当农家种地之余，相继立起炉灶，铸造农具。后，长林铸造业渐向外地繁衍。李大用之子李栋迁至山东惠民县皂后乡一村安家，重操祖业。渐随人口增加，自成一村，名李栋村。虽岁月易逝，然李栋村铸造业在当地一直享有盛誉。

清末民国初，长林铁匠赴外地开办铸造业不乏其人。山东惠民、高唐、夏津、恩县、德州、武城、临清、禹城、平原、临邑、商河、聊城、茌平，河北南宫、巨鹿、威县、丘县、广宗、冀县、枣强等地相继建有长林铸造摊点，堪称星罗棋布。据1934年，《国货年刊·河北省各县特产品一览表》记载，仅李长林村复兴公、金聚、聚合、天祥成、同聚兴、德聚恒6家商号，铸造农具共64600件，并作为抵制洋货的上好国货到天津展销。

抗日战争期间，长林铁匠大显身手，为八路军制造地雷、手榴弹。时人称长林为"军火基地"。遂引起侵华日军百般仇视，于1942年10月29日，进行疯狂报复，3名村民遭枪杀，近百人被绑打。其间，部分共产党员铁匠分赴外地，为八路军制造子弹。张长林村张光远组织50余名工匠，设法筹资，于马田村（时属故城县，今为枣强县辖）为冀南区二分区赶制子弹、手榴弹，是时铸造摊点多遭日伪骚扰，仍日夜不辍。武城、张店、大名等长林铸造摊点，均成为八路军兵工厂。

中华人民共和国成立后，长林铸造业愈加兴盛。在割资本主义尾巴年代，长林几村仍保留一队办铸造厂，铸造犁铧、铁锅等农用器具，销往县内外。

1978年，长林铸造部分人工操作已渐由机械代替。产品也由犁铧、铁锅发展到机床、汽车等铸件。铸件小到几公斤大到几吨。1979—1980年，为长林铸造业鼎盛时期。据不完全统计，长林铸造摊点60多处，涉及200余户，占总户数的1/3。日产铸件多时重达10吨以上，主要产品系机件、农机具、生活用品等几十种。李长林村人董恒发铸造件除行销哈尔滨、齐齐哈尔、长春等地外，并随太原重型机械厂所产3150型水压机远销国外。长林铸造业为县城机械厂奠定基础。故城县通用机械厂（即五一铁厂），即由李长林村李新亭经办的七县联营铸锅厂发展而来，该家铁厂首开中华人民共和国成立后故城县机械工业发展之先河。据调查，长林村周围百公里内外，诸多县城机械厂如同心风机配件公司、隆鑫风机配件公司等企业前身多由长林铸造摊点发展而来，铸造车间技术骨干亦多为长林村人。1981—1995年，三朗镇建有长林铸造工业小区大小铸造企业达百余家，1996—2009年为兴盛时期，产品有风机配件、大中型机械配件等。年产值近2亿元，100万元以上企业达46家，500万元以上企业16家，1000万以上企业10家。2008年成为中国铸造协会会员单位。2010—2018年，为减少大气污染关闭拆除铸造企业21家。

1929年故城县民营工业分类统计表

表9-2

行业	家数（家）	资本（元）	原料		出品		销场
			年需量	总值（元）	年需量	总值（元）	
织布业	240	16800	153000公斤	—	12000匹	24000	当地
酿酒业	2	15000	1350000公斤	18900	81000公斤	32400	当地
染坊业	4	1600	700桶	2100	80000匹	4000	当地
糕点业	8	4000	10000公斤	1300	11000公斤	9600	当地
首饰业	6	2400	240两（粒）	340	20000件	6000	当地
粉条业	16	1600	380石	5844	293800公斤	3064	当地
制油业	5	10000	337500公斤	24300	112500公斤	29250	当地 天津
铁工	4	1600	100000公斤	2800	13000件	10088	当地 邻县
挂面	3	11000	1350石	34000	134750公斤	43120	天津 济南
豆腐坊业	48	240	500石	7500	210000公斤	10500	当地

续表 9-2

行业	家数（家）	资本（元）	原料		出品		销场
			年需量	总值（元）	年需量	总值（元）	
织席业	17	170	11245 公斤	562	3213 件	1928	当地
糖业	12	600	17000 公斤	4700	21600 公斤	6500	当地
木工业	8	400	500 株（林木）	360	2400 件	7200	当地
制烟业	5	4000	33000 公斤	9240	30000 公斤	15000	当地
竹器业	5	3000	—	—	24000 件	7500	当地

说明：1. 此表据 1929 年《河北省工商统计》整理

2. 表内"—"为无统计数字

1932—1934 年故城县各业作坊工人学徒统计表

表 9-3

行业	1932 年				1933 年				1934 年			
	作坊（家）	工人（人）	学徒（人）	工人学徒合计（人）	作坊（家）	工人（人）	学徒（人）	工人学徒合计（人）	作坊（家）	工人（人）	学徒（人）	工人学徒合计(人)
制鞋业	3	9	5	14	3	12	6	18	3	11	8	19
首饰业	8	12	2	14	8	12	4	16	8	11	5	16
麻绳业	6	15	13	28	6	16	15	31	6	13	14	27
制油业	38	38	8	46	37	38	8	46	37	33	6	39
糕点业	16	16	8	24	16	16	10	26	16	15	12	27
制烟业	9	19	0	19	9	19	3	22	9	19	4	23
砖瓦业	12	36	0	36	12	38	0	38	12	39	0	39
织染业	21	62	27	89	21	64	28	92	21	58	28	86
造车业	3	4	6	10	3	4	8	12	3	4	10	14
木工业	48	35	78	113	44	37	78	115	42	38	82	120
金属品业	7	26	15	41	7	25	17	42	7	26	18	44
毛皮业	1	0	10	10	1	0	10	10	10	1	0	8
合计	172	272	172	444	167	281	187	486	165	267	195	462

说明：此表据 1934 年《河北省工商统计》整理

1949 年 5 月份冀南区主要市场（郑家口）工业统计表

表 9-4

种类	户数（户）	人数（人）	资金（万元）	种类	户数（户）	人数（人）	资金（万元）
铁工厂	7	55	19.20	棉织工厂	3	14	12.9
手工卷烟	4	13	4.28	造毡毯业	1	11	10.0

续表 9-4

种　类	户数（户）	人数（人）	资金（万元）	种　类	户数（户）	人数（人）	资金（万元）
造木器业	14	27	57.14	麻绳业	4	11	8.27
硝皮业	4	12	4.70	篦子业	7	21	10.30
成衣铺	4	5	1.25	白铁业	2	2	0.50
刻字业	1	1	0.05	打铁炉	9	14	2.55
刮烟丝	6	14	11.30	风箱笼业	3	7	4.25
				合　计	69	207	146.29

说明：据河北省财政厅、税务局档案摘录整理

1984—1987 年故城县农村专业户基本情况调查统计表

表 9-5

年　份	行　业	专业户数（户）	家庭常住人数（人）	从事专业劳力（人）	请帮工带徒弟（人）	家庭全总年收入（万元）	其中专业收入（万元）	出售产品收入（万元）	家庭全年总收入（万元）
1984	加工	395	1811	807	—	318.2	238.0	203.3	—
	运输	141	710	215	—	103.1	76.0	4.8	—
	建筑	71	352	210	—	60.7	47.2	4.5	—
1985	加工	620	2991	1038	272	482.1	431.4	386.1	266.7
	运输	450	2200	544	103	365.6	306.6	—	171.4
	建筑	25	81	35	70	47.3	43.2	—	29.7
1986	加工	608	2983	735	170	518.2	425.4	415.1	269.5
	运输	319	1689	426	12	293.1	240.1	—	152.4
	建筑	17	95	40	24	26.3	21.5	—	13.7
1987	加工	674	3033	1371	500	950.0	814.0	706.0	475.0
	运输	463	2083	942	59	640.0	544.0	30.0	320.0
	建筑	43	193	87	398	59.0	51.0	8.0	30.0

说明：表内“—”为无统计数字

第四章　建筑业

故城县建筑业在 20 世纪 80—90 年代迅猛发展，21 世纪，建筑设计、施工、安装能力不断提升。施工企业技术力量持续增强，20 世纪 50 年代仅能修建简单的土瓦房，2018 年，域内建筑业团队在保质保量的前提下可承揽 20 层以下工业与民用建筑。

第一节　发展概况

中华人民共和国成立前，建筑业即于部分村庄不等分布。20 世纪 60 年代又有发展，1966—1976 年，因“左”的思想影响，建筑业被冠以“地下黑包工”之称而遭冷遇，但仍顽强发展，然

步伐缓慢。时建筑队多为农村生产队队办。1978年，建筑业得以正名，遂获支持，该业崛起。1986年，县二建公司于北京承建22层大板现浇高层住宅楼，经北京市建委验收，评为优良工程项目。1987年房庄乡建筑公司于天津中环线、西环线承担立交桥浇制工程，获天津市委好评。是年，武官寨乡建筑公司于山东潍坊承建120米混凝土烟囱，获化工部优质工程称号。是年县一建公司承担天津食品街建筑装修项目亦受光顾者称赞。是年年末，全县已发展到25家建筑公司，146个建筑队，技术人员1200名，其中913人获技术职称，设计、施工、管理、技术配套。建筑业分布多数乡镇，大多建筑队可承建6层以上楼房。外地施工常年活动于北京、天津、石家庄、哈尔滨、沈阳、齐齐哈尔及山东、内蒙古、山西等省、市、自治区。

21世纪，建筑行业不断发展壮大，可以承接28层及以下、单跨跨度36米及以下的房屋建筑工程；高度120米及以下的构筑物；建筑面积12万平方米及以下的住宅小区或建筑群体。施工企业遍及山东、河南、北京、天津、辽宁、黑龙江等地，完成的一些大中型建筑施工项目，均获得当地管理机构好评。

2018年，有建筑施工、安装企业39家，经济技术管理人员3000余人。

第二节 施　工

1949年前，故城县建筑业施工能力、技术设备低下，仅可以建设城乡平房。从20世纪50年代始逐渐改变。1978年，建筑施工行业逐渐发展，施工能力、技术水平、施工设备不断提高。21世纪，建筑业发展到全新水平。

一、施工能力

中华人民共和国成立后，县人民政府把分散在全县的木匠、泥瓦匠组织起来，成立故城县建筑社。学习先进技术，购置必要设备，施工能力开始提高。

20世纪50—60年代，县建筑社施工能力虽得到提升，但仅承担域内民房承建业务。一般使用砖瓦、土坯修建，建筑模式单一，施工简单。20世纪70年代末，已能够建造混合结构的多层建筑物及小型框架工程，如电影院、县钢丝绳厂生产车间等较大跨度的建筑物。1976年唐山大地震后，故城县派出一批技术过硬的建筑工人，赴唐山、天津等地参与灾后重建，是域内较早走出去的施工队伍。20世纪80年代，域内建设施工技术不断提高，施工队伍扩大，逐渐走向北京、天津、黑龙江、吉林、山东等省市，承揽各类工业与民用建筑。

建设施工中的郑口第四小学

2000年，随着科技进步，建筑施工技术也不断发展提高。域内二级企业具有框架结构、预制装配结构施工能力；具备建造28层及以下各类建筑工程能力；具备120米构筑物建造能力；掌握与建筑高层、框架结构建筑物相适应的滑模、升板等先进工艺；能够胜任一定规模的打桩、设备安装、建筑装潢等专业施工任务；基本形成具有综合施工能力的建筑生产体系。域内第四小学“U”形框架结构综合楼、故城县医院外科大楼、中医院病房楼（框架结构，地下1层、地上12层）、帝奥家园、金谷华府、洲海名城、星河湾等住宅小区的建筑施工，代表了域内建筑施工能力和水平。

2018年，域内备案的建筑公司、建筑劳务公司、钢结构安装公司、环保工程公司、通风设备安装公司、市政工程公司43家。

二、施工设备

20世纪50年代初，域内建筑施工设备简陋，仅有铁锨、镐头、瓦刀之类手工操作工具。20世纪50年代中期开始使用简易白灰搅拌机。20世纪60年代始用混凝土搅拌机、垂直运输物料的电动卷扬机、砂浆机，20世纪70年代中后期，这些机械设备已广泛使用。20世纪80年代至90年代初，塔吊、打桩机等设备逐步得到推广。90年代，各企业又增置塔吊、钢模板整形机、钢筋对焊机等大型施工机械和相应质量检测设备。

21世纪，建筑物地质勘探、打桩，主体施工、框架结构浇筑、混凝土输送、模板整形、砂浆搅拌、预制装配等重要工序实现大型机械施工。商砼泵及泵车在建筑施工、道路施工等方面得到广泛应用。

三、施工技术

基础处理　20世纪50年代所建工程多为土木、砖木结构，基础埋置深度较浅，地基处理一般使用三七灰土做垫层，人工夯实。20世纪60年代仍沿用传统夯实方法，只是夯实施工采用一些半机械设备，无科学数据标准。20世纪70年代基本掌握在软土地基条件下加固处理方法，使之达到承重标准。20世纪80年代后期基础施工技术进步较快，预压法、振冲法、深层搅拌法、高压喷射注浆法等技术得到广泛应用。在深基础工程中，桩基成为主要的基础形式，钻孔灌注桩技术也相应得到发展。20世纪90年代，人工降低地下水位以处理地基，地基技术开始使用，其技术从轻型井点喷射井点，发展到电渗井点等工艺，基本掌握28层及以下建筑物地基处理现代技术。

主体建筑　中华人民共和国成立前，域内民用房屋多是砖木结构，土坯（砖）墙体、木檩条、门口窗口用厚木做过梁，主体结构简单。20世纪70年代始，主体由砖木结构向砖混、框架结构发展。20世纪80—90年代，主体建筑技术有了较大进步，其中混凝土施工这一主要技术发展尤为显著。混凝土从人工搅拌发展到搅拌机集中搅拌，大大提高混凝土搅拌质量和效率；输送由肩挑人抬、手推车、机动翻斗车发展到搅拌运输车，全程实现机械施工。预制预应力混凝土构件由小型、单一品种发展为大型、多品种，并逐步转向高强度材料制作。现场浇注混凝土施工由小型到大型、由局部到整体发展。混凝土浇注支架模板技术推陈出新，主要有大模、台模、滑模等先进的支模工艺，模板材料由传统的散拆、散装木模板，发展到定型大模板、组合钢模板、塑料模板等，适应了大型、异型浇注混凝土工程施工。另外，随着域内钢结构工程逐年增多，钢结构施工技术兴起并逐渐成熟。21世纪，已全面掌握各类钢结构的拼装组合、起吊就位、结构校正、杠杆焊接、高强度螺栓连接、校验等系列施工工艺。

装饰装修　20世纪50年代，建筑物基本无装饰装修，大都是土房外墙抹泥巴或白灰，砖房是白灰勾缝。20世纪60年代，建筑装饰依然朴素单调，外墙始有在砖墙基础上点缀一些水泥断块。20世纪70年代，外墙开始采用水泥抹灰装饰，80年代，建筑装饰逐渐兴起，外墙刷涂料。90年代，建筑装饰逐步改变了色彩灰暗、单调的状况，注意在不同工程部位使用多种鲜明色彩的水刷石、水磨石、釉面砖等饰面材料；多层住宅外装饰采用104、苯丙、丙烯酸涂料刷饰；公共建筑外装饰或刷饰高级涂料，或粘贴彩色马赛克、玻璃马赛克、镶面砖、花岗石，或采用混凝土艺术装饰，或应用大面积玻璃幕墙、铝合金幕墙，使建筑物多彩时尚；内墙装饰应用各色乳胶漆、涂料、墙纸、瓷砖，门窗材质一般是铝合金、木质或塑钢。宾馆、办公楼内墙装饰采用彩釉瓷砖壁画、硬木地板、高级墙布、天然石材、人工合仿石材、毛织和化纤地毯等新型建材，使居住、办公条件发生根本变化。

21世纪，科技发展进步，人们更重视生活环境的舒适健康。新型建材、环保节能材料在建筑装饰装修中得到应用。

第三节　施工企业

河北兴奥建筑安装工程有限公司（原故城县木建厂）　1987年，木建厂木器加工业务日渐萧条，遂专营建筑业，更名为故城县建筑公司。2001年8月，改制更名为河北兴奥建筑安装工程有限公司，系房屋建筑工程施工总承包二级企业。主要从事工业与民用建筑施工，室内外装饰、装潢、土石方工程施工等，2018年，有职工2600人，有各类专业职称人员200人，其中，高、中级工程技术工人160人。主要机械设备200台（套），注册资金2000万元。技术力量雄厚，是专业配套、设施先进、施工能力较强的综合性企业。下设职能部门7个，并在北京、天津、石家庄、衡水、德州、齐齐哈尔、山东武城等地设有分公司、办事处。年平均纳税额达3375万元。交验工程合格率100%，优质品率80%以上，连年保持“重合同守信用单位”称号。多次被评为“河北省建筑业先进企业”和“河北省建筑业诚信企业”。

兴奥公司承建的衡水市饮食服务公司华澳迎宾综合楼及衡水会堂工程被评为省级“文明工地”；河北华阳电器有限公司住宅楼获“省优质工程”、石家庄市兴石杯（市优）工程；故城东方兴粮粮业有限公司平粮仓、路罩棚工程获“省优质工程”、市级“文明工地”；衡水华澳迎宾综合楼工程获“省优质工程”；故城县里老国家粮食储备库三期工程获“省优质工程”；衡水水岸金城住宅楼、衡水澜点家园住宅楼工程被评为省“结构优质工程”；帝奥三期住宅楼被评为省“用户满意工程”。

衡水建国建筑安装工程有限公司 公司的前身为20世纪60年代的建国瓦木社建筑队，20世纪80年代，更名为故城县建筑公司建国施工队，1996年12月成立为“故城县建国建筑工程公司”。建国公司经多年发展稳定壮大，企业具备了大型企业框架和经营模式，企业等级逐年升级，达到了国家二级企业标准，2005年12月31日，改制组建成立了衡水建国建筑安装工程有限公司。2018年，公司下属有12个施工队，员工1800人，工程技术和经济高级管理人员169人，技术工人650人。企业注册资金2100万元，固定资产4660万元，流动资金4100万元，净资产3900万元。主要机械设备428台套，动力设备率3.96千瓦/人，技术装备率1.49万元/人。

衡水建国混凝土有限公司厂区

公司下属混凝土有限公司，是故城县县城内最早的混凝土搅拌企业，2017年，新增投资600万元，新建一个双线混凝土搅拌生产线，形成混凝土搅拌、运输、浇筑一体化服务企业，各种机械设备百余套，检测试验设备齐全，确保混凝土生产的高质量。

衡水金厦建筑安装工程有限公司（原故城县第一建筑安装工程公司） 始建于1981年。2005年，企业改制，更名为故城县金厦建筑安装工程有限公司。2011年11月，企业升级（二级）后更名为衡水金厦建筑安装工程有限公司。公司下设10个科室及各类工程项目部、专项检测室、设计室。从业人员1600人，有职称的工程技术和经济管理人员150余人，公司注册资本2000万元，总资产4000余万元，大中型机械设备300多台，机械设备总功率9000余千瓦。

承建县域内太兴家园小区、美林水岸住宅小区、新华园小区、丽景名城小区、丽景名居小区、金都家园小区、中央花园小区、营东国际毛皮基地、营东裘都国际泰赫物流园、衡德工业园区厂房车间、联通基站、电信基站、移动基站。均无任何质量、安全责任事故及违法违规行为，得到了广大用户和社会各界的一致好评。

故城县宏盛建筑安装工程有限公司 创建于2010年11月，可承揽房屋建筑工程总承包二级、钢结构工程专业承包三级、市政公用工程施工总承包三级及预拌商品混凝土业务。公司注册资金2500万元。至2018年年末，有5个项目经理部、2个建筑安装工程队、1个商品混凝土搅拌站。在职员工1020人，各类管理技术人员153人。有各种建筑机械设备616台，预拌混凝土生产流水线3条，运输罐车17辆，47米、48米泵车各1辆，56米泵车2辆。

承揽县内外各类大中小型工程项目60多个，一次性交验工程合格率100%，安全达标率100%，合同履约率100%。年均生产商品混凝土30余万立方米，年产值近亿元。产品主要用于商品房开发和县内各种基础设施的建设。公司先后获得省、市、县住建部门和环保部门的嘉奖，并得到广大用户的好评与认可。

1992—2015年故城县部分施工企业获奖工程一览表

表9-6

年 度	工程名称	所获奖项	施工单位名称
1992	故城县通用机械厂办公楼	衡水地区优良工程	故城县第一建筑安装工程公司
1996	故城县地方税务局办公楼	衡水市优良工程	故城县第一建筑安装工程公司
2000	衡水师范教工住宅楼	河北省用户满意工程	故城县建筑工程公司
2004	河北华阳电器有限公司住宅楼	河北省优质工程	河北兴奥建筑安装工程有限公司
2006	故城县东方兴粮粮业有限公司粮食储运仓库	河北省优质工程	河北兴奥建筑安装工程有限公司
2006	华奥商业楼	河北省优质工程	河北兴奥建筑安装工程有限公司
2006	华奥商业楼	衡水市市级优质工程	河北兴奥建筑安装工程有限公司
2012	隆康小区3#4#5#住宅楼	河北省结构优质工程	河北成昊建筑有限公司
2014	衡水澜点家园1#4#住宅楼	河北省结构优质工程	河北兴奥建筑安装工程有限公司
2014	水岸金城2#4#住宅楼	河北省结构优质工程	河北兴奥建筑安装工程有限公司
2015	水岸金城1#3#住宅楼	河北省结构优质工程	河北兴奥建筑安装工程有限公司

第四节 行业管理

1980年后，建筑业行政管理部门设在县乡镇企业管理局，以故城县第二建筑公司为载体，除故城县建筑工程公司外，乡镇建筑队均属二建公司辖。1985年，成立故城县建筑总公司，行使全县建筑业管理职能，隶属县计划委员会管理，1987年撤销，成立故城县建筑管理办公室，主任由县计委主任兼任，行使全县建筑业管理职能，下辖27个乡镇建筑公司。

资质管理 2000年，国家实行新的建筑企业资质等级标准，企业实行资质就位，企业实行合并。2001年，全县房屋建筑企业为11家。2002年后，新增玻璃钢安装、铁塔制作安装企业。2003年后，根据国家资质标准，陆续成立了部门建筑劳务分包企业。

2018年，建筑施工、安装、钢结构施工企业，有二级资质证书企业4家、三级资质证书企业35家。

质量监督 20世纪80年代，没有专职部门对建筑工程质量实施监督。随着经济发展，域内工程项目增多、规模增大。1987年，成立故城县建筑工程质量监督站，负责对全县范围内的建设工程质量实施政府监督制度。落实建筑工程质量监督管理的法律、法规及有关规定；核查受监工程的建设、勘察、设计、施工、监理、审查、商混单位及建筑构件厂的资质等级和营业范围。根据国家和省、市规定的技术标准、规范、规程等，对建筑工程及进入施工现场的建材产品进行质量监督。负责故城县工程质量监督和检测机构的规划及管理，考核监督、检测人员的业务水平，参与重大工程质量事故的分析处理，掌握工程质量动态。全县建筑工程监督覆盖率已达95%以上。

2008年至2018年年末，共受理监督竣工的小区48个，面积314.35万平方米；学校建设项目25个，企业厂房建设项目42个，公用建筑22个，面积17.5万平方米。

安全监督 1987年，建筑质量监督站成立后，一并监管建筑工程安全工作。2009年2月，正式成立建筑工程安全监督站，专门负责组织实施县内建筑施工企业的安全资格审查、考核；与企业签订年度“建筑施工安全管理目标责任书”，并落实目标管理责任制；检查指导施工现场的安全生产，监督企业落实安全生产责任制和安全技术措施：签发“事故隐患整改通知书”，并督导企业限期整改；对存有人身安全隐患及逾期整改不到位的作业场所，有权责令停工整改，并对监督工程项目进行考核验收；组织开展安全培训考核工作，监督检查企业有关人员持证上岗情况；负责故城县内的建筑职工因工伤事故统计报告；组织并参与伤亡事故调查处理。2018 年，共受理监督工程项目包括住宅小区、企业厂房、学校教学楼、宿舍楼等，建筑面积约 350 万平方米，县内建筑行业未发生重大安全事故。

招投标管理 20 世纪 80 年代，实施计划经济体制下，建筑工程由政府下达计划安排施工，没有实施招投标管理。1987 年，故城县建筑工程招投标管理办公室正式成立，工程招投标工作逐步走向正轨。2000 年，根据需要招投标管理办公室适时发布招标投标信息，登记工程项目，审核招标投标文件及标底。2010 年至 2018 年年末，公开招标项目 400 余项。

第五节 农村建筑队

20 世纪 50—60 年代，域内农民住房多为土坯房，房屋质量很差，技术含量较低。农民修房盖屋多请村中能工巧匠帮忙，早期的农村建筑队，就是由各村的木工、泥瓦匠、小工组成。多则 20 余人，少则五六人，每个村都有或大或小的队伍，主要是帮助同村或周边村庄建设民房。此类建筑队农忙时解散，农闲时施工。农村建筑队施工价格低，机动灵活，深受农民欢迎，但它是季节性、临时性组织，一般无建筑资质，不能承揽大型建筑。

20 纪世 80 年代，随着农民生活水平的提高，农村 80% 农户翻盖新房，农村建筑队的业务范围增大，房屋多为砖木结构。20 世纪 90 年代起农村出现钢筋混凝土结构住房。翻盖的房屋一般单间长度 5 ～ 6 米，宽度 4 ～ 4.5 米，比原来长 4 米、宽 3 米的房间宽敞许多；外墙大都抹成水泥墙面，院内正房墙面粘贴瓷砖，门楼一般粘贴彩色图文瓷砖并镶嵌“吉星高照”“紫气东来”等横批，民居的建筑水平不断提高。21 世纪，新建的农村住宅，结构、样式更加复杂。农村两层以上住宅楼逐渐增多。

农村建筑队不仅完成农村建房工程，还源源不断地向有资质的建筑施工企业输送人才。

有实力的农村建筑队在不断发展壮大，在取得相应的企业资质后，开始外出承揽建筑工程，成为农民增收的重要手段。衡水建国建筑安装工程公司，20 世纪 60 年代是建国瓦木社建筑队，经过数十年发展，取得国家二级建安企业资质。

1992—2017 年故城县工业、建筑业主要指标完成情况统计表

表 9-7　　　　单位：万元

年度 \ 项目	第二产业增加值	工业增加值	建筑业增加值
1992	26545	24808	1737
1993	116503	107013	9490
1995	265722	243991	21731
1996	350291	308742	41549
1997	420426	374756	45670
1998	496502	447499	49003
1999	366856	308524	58332
2000	387283	350636	36647
2001	434432	393289	41143
2002	442736	399289	43447

续表9-7

年度 \ 项目	第二产业增加值	工业增加值	建筑业增加值
2003	461541	411577	49964
2004	108677	90250	18427
2005	498992	437654	61338
2006	177909	147413	30496
2007	509524	442915	66609
2008	203223	175575	27648
2009	738599	695465	43134
2010	223774	192374	31400
2011	1048473	968194	80279
2012	1325922	1238417	87505
2013	1630820	1538264	92556
2014	323355	262611	56077
2015	316371	262611	53760
2016	411015	349483	61532
2017	389510	326529	62981

第五章 管理机构

第一节 工业管理机构

县办国有集体管理机构 中华人民共和国成立前，县未专设工业管理机构。1953年，县供销合作社内设生产合作科，主管全县手工业生产。1954年11月，生产合作科改为县手工业生产联合筹备委员会，由县供销社析出，翌年建手工业生产联合社（以下简称手工业联社），同时选举产生理事会和监事会。1958年取消手工业联社，建工业局。1963年恢复手工业联社，与工业局一套人马、两个牌子。1971年撤销工业局，建县经济委员会（简称经委），下设工业、交通、农机、电力、社企5个公司。是年12月，交通、农机、电力、社企各公司分设为局，经委主管原工业局所属企业。20世纪70年代中后期，随着乡镇企业的兴起和发展，县级工业管理机构分为两部分，县办国有集体工业企业先后隶属县经济委员会、县经济贸易局、县经济发展局管理，社队企业（后为乡镇办企业和村办企业）先后隶属县社队企业局、乡镇企业局管理。1986年，县计划委员会（简称计委）与县经委合并，为计划经济委员会（简称计经委），统管全县工业、电力、乡镇企业工作。1987年，计经委分设，仍为计委、经委。经委主管工业系统生产、经营工作，内设办公室、生产技术科、财计科、劳动工资科、企业管理科、安保科、政治监察室7个股室，行政编制17人，事业编制18人，其中主任1人，副主任2人。经委下属单位有钢丝绳厂、甘陵酒厂、地毯厂、通用机械厂、抽纱线厂、五金厂、印刷厂、修配厂、药材公司、县砖瓦厂、胶鞋厂、轴瓦厂、染织厂、助剂厂。1997年3月，县经委更名为县经济贸易局。2002年6月，经济贸易局更名为经济发展局，由企业主管部门转变为综合管理部门，行政编制20人，内设办公室、政工股、财审股、经济运行股、技术股；事业编制28人。2011年10月，按照国家和地方政府机关机构改革合并“三定”方案，故城县经济发展局与故城县乡镇企业管理局合并为故城县工业和信息化局，负责全县工业行业、工业企业和信息产业、信息服务业的指导管理、综合协调。设定局行政编制20人，事业编制18人，局内行政股室4个，即人秘股、经济运行股、综合业务股、信息股。局属事业机构3个，即资产运营管理中心、三电及食品工业办公室、墙体材料革新办公室。

乡镇企业管理机构 机构设置：20世纪60年代中期，故城县乡镇企业未设专门管理机构。因故城县洪涝频仍，党和政府极为重视副业生产对农村经济之补充作用，县设生活办公室，主管社队副业生产的发动、组织等工作，农村则由供销社代管。1970年1月，县革命委员会设副业救灾物资办公室。1971年4月，易名为副业办公室，各公社相继建副业站，主要负责社队加工业、种植业、养殖业的组织协调。1973年4月15日，副业办公室内设县地方国营综合厂，各公社副业站易名为公社综合厂。主要负责社队企业的生产、销售、货物转运、托收承付、账目往来等综合服务业务。是年6月，县副业办公室分别于景县王瞳、龙华火车站各设一故城转运站。1976年11月22日，撤副业办公室，建社队企业管理局（下简称社企局），自此社队企业始有专门管理机构。翌年初，社企局又挂出第二工业局牌子（实为一套机构），并于德州设立供销服务处。1979年5月，社企局内设建筑公司。各社副业站易名社队企业管理站。1981年1月，社企局内设生产股、财会统计股及办公室。办公室设正、副主任各1人，其他2个股各设一负责人。是年6月，局内增设贸易服务公司、皮毛公司。另，建国、武官寨、瓦子庄、原隰公社设皮毛公司，建国、武官寨、原隰、郑口、青罕、饶阳店公社各设皮毛货栈。1982年，社企局属建筑公司易名为县第二建筑公司。1983年5月，社企局易名为故城县社队企业总公司，隶属县经委。是年12月，仍分设为局。设人秘股、生产业务股、财务统计股、综合股、第二建筑公司。县属公司扩建为6个，即贸易服务公司、皮毛地毯工业公司、建材公司、金属化工工业公司、农机、汽车配件公司及生产资料服务社。1984年3月，社企局随乡镇建制易名故城县乡镇企业管理局。局内设技术科、生产业务科、财务科、办公室。后又增设绒毛公司。

管理体制：20世纪50—60年代，社队企业（副业）人、财、物统由社队管理。干部由社队委派，工人由各村按劳力比例摊派。企业内部实行定额管理。“文化大革命”期间取消定额管理，多数企业不搞经济核算，工资不兑现，干部职工吃企业“大锅饭”。1979年后，伴随农村家庭联产承包责任制推行，社队企业恢复定额管理，超额奖励等制度。1982年农业生产实行“大包干”后，社队企业即实行利润包干、利润分成，定利润、超利润分成责任制。1984年5月，国务院关于进一步扩大工业企业自主权的暂行规定颁发后，乡镇企业仿效国营工业企业实行承包制，即企业人财物、产供销、奖罚、价格（国家允许范围内）完全由承包人自决，年终按承包合同，上缴乡（镇）、村一定承包金额，余者承包人自决。企业厂长实行自荐，民主选举，聘请等方式，由承包者组阁。

劳动报酬：1982年前，社队企业普遍实行“厂定等级，队记工分，回队分配”工分制分配办法，即企业给工人一定生活补助（每月15～20元），大队则根据工人素质记相应劳力工分。按其所在大队分配水平而定，标准不一。1982年，农业生产实行大包干后，社队企业取消工分制，实行工资制，郑口公社率先实行。由企业根据工人技术高低、工作质量、完成任务情况计件发放工资。

第二节 建筑业管理机构

1954—1958年，隶属手工业联合社，1958—1983年，隶属工业局、手工业联合社，1983—1988年，隶属经济委员会。1988—2018年，属故城县建设局（故城县住房与城乡建设规划局）。设有建筑管理科、建筑工程质量监督站、安全监督站、招标投标办公室。

第十编　商贸服务业

故城县依运河而居，历史上郑口码头曾为来往船客休憩之地。明、清两代，故城沿卫运河一线集镇商业渐兴。中华民国中期虽有发展，然因重农抑商，步履维艰，远居运河乡村集镇，自然经济占主导地位，而生意萧条。侵华日军占领故城县后，商路阻绝，各业凋敝，物资匮缺，人民购买力低下，商业濒临崩溃。

中华人民共和国成立后，人民政府在医治战争创伤，恢复国民经济中，于保护、发展私营商业同时，建立国营商业、供销合作社。伴随国家对私营工商业实行社会主义改造，逐步形成以国营商业为主导，供销合作商业为助手，公私合营及私营个体商业为补充的商品流通体制。

1958—1976年间，私营商业取消，国营、集体商业“一统天下”，网点集中，持续20余年。商品按国家渠道、区域、层次组织购销。因“左”的思想影响，服务质量低下，官商作风滋长。

伴随经济政策放宽和商业体制改革，形成国营、集体、个体商业与共的新格局，货源充足，品种齐全，购销两旺，商业呈现生机。

1987年，全县社会商品零售总额达1.342亿元（包括农民对非农业居民零售额，下同）。其中全民所有制商业（商业局、物资局、粮食局、医药公司、新华书店、农机公司、煤炭公司等所属商业）、集体所有制商业、个体商业零售额分别为4148万元、6178万元、2908万元，另有农民对非农业居民零售额188万元，所占比重分别为30.9%、46%、21.7%和1.4%。与1979年比，全民、集体商业零售额所占比重分别为基本持平和下降17.2%，个体商业零售额所占比重骤增26倍。1990年，国有、集体商业放开搞活，快速发展，社会商品零售总额为1.062亿元，1999年，社会商品零售总额为4.547亿元。

20世纪90年代，国有、集体商业放开搞活并快速发展，1990年，社会商品零售总额为10618万元，1999年，社会商品零售总额为45467万元。

20世纪末，公有制商业进行产权改革，大部分改为民营，国有和集体商业社会商品零售总额骤降，仅占全县的5.1%，私营商业占领市场，商业改革促进故城县商业发展。2001年，全县社会商品零售总额5.77亿元；2010年，全县社会商品零售总额达27.58亿元；2017年，全县社会商品零售总额达65.18亿元，比2000年增长11.7倍。

1949—2018年部分年份故城县社会商品零售额统计表

表10-1　　　　单位:万元

年　份	社会商品零售总额	年　份	社会商品零售总额	年　份	社会商品零售总额	年　份	社会商品零售总额
1949	954	1952	1312	1955	1517	1958	2383
1950	1043	1953	1427	1956	1906	1959	2358
1951	1116	1954	1764	1957	1944	1960	2439

续表 10-1

年　份	社会商品零售总额	年　份	社会商品零售总额	年　份	社会商品零售总额	年　份	社会商品零售总额
1961	1517	1974	3360	1987	13422	2007	157700.0
1962	1906	1975	3336	1990	10618	2008	192900.0
1963	1944	1976	4602	1995	26534	2009	234800.0
1964	2383	1977	4784	1997	38600	2010	275800.0
1965	2358	1978	5293	1998	42400	2011	324131.0
1966	2439	1979	5417	1999	45467	2012	372295.0
1967	2238	1980	6220	2000	51286	2013	424233.0
1968	2173	1981	6408	2001	57697	2014	475960.0
1969	1958	1982	6781	2002	65486	2015	522999.0
1970	2159	1983	7428	2003	73710	2016	583740.6
1971	1649	1984	9017	2004	87640	2017	651803.5
1972	2311	1985	10969	2005	122703	2018	711000.0
1973	3360	1986	13061	2006	136400		

第一章　商业体制

中华民国时期至中华人民共和国成立之初，域内有少许国有商业，绝大部分店铺商贩为私营性质。1953—1956 年，经过社会主义改造，大部分私营商业改造为国有或集体所有性质，至 1958 年私营商业基本消失。1978 年，改革开放后，私营商业迅速兴起，逐渐形成国有、集体、私营商业并存竞争之势。21 世纪，公有制商业竞争乏力，私营商业升势强劲，域内商业基本私营化。

第一节　国营商业

1957 年 8 月，故城县商业局建立，至 1978 年，逐步建立一套企业管理系统，局设干部科、业务科、计划科、财务科，干部职工由县人事劳动部门按国家政策统一管理、任免和调配。主要职能系搞好企业干部职工的调配和对企业给予业务指导。对工业品实行统购包销，按国家规定的商品流通格局划分固定区域、固定层次、固定渠道，组织商品流通。由主管部门逐级下达商品流转计划指标，根据上级分配的商业计划，合理分解，下达各专业公司，并负责督促检查，每月底将各企业计划完成情况汇总上报县财政局和地区商业局。下属企业严格按上级指标和要求从事购销活动，实行国家统一定价，统一管理。企业利润无论盈余多少均由县财政统收统支，亏损由县财政拨款弥补。企业按一定模式机械化运转，手脚受束缚，自身发展能力薄弱。

中共十一届三中全会后，伴随国家经济“调整、改革、整顿、提高”方针的贯彻执行及各项经济政策的逐步放宽，国营商业独家经营局面被打破。贸易市场出现“多种经济成分、多条经济渠道、多种经营方式、少环节”的新形势。遵照上级指示精神，在国营商业内部实行一系列改革，扩大企业自主权，拓宽进货渠道。实行深购远销，计划采购，期货与现货相结合，代购代销，跨行业经营。国家对企业下达计划由指令性改为指导性。

1983 年，在企业内部实行多种形式的经营承包责任制。对年利润10万元以下小型工业品零售企业，实行国家所有集体经营，对饮食服务业实行租赁制。1987年，对批发企业实行利润招标承包，一定三年。为提高服务质量加强对职工队伍管理，在企业内部进行职业道德教育，开展文明经商，礼貌待客活动，经营作风进一步转变，服务质量提高。改革之后，多年来职工吃集体“大锅饭”、企业吃国家“大锅饭”的管理弊端被克服，干部职工积极性得以调动，企业活力得以增强，经济效益得以提高。是年，全县国营商业系统商品流通资金周转118天，流通费用率为7.1%。1984年始，煤炭、石油分别移交国家有关部门经营，实现利税49.4万元

1987年6月，按照省商业厅《关于国营大中型商业企业实行承包经营责任制的意见》，故城县国营商业开始在商业系统内全面推行承包责任制改革。原则上以集体（全员）承包为主，亦可合伙（个人）承包，承包原则是“包死基数，确保上缴，超收多留，歉收自补”。

1991年，国有商业实行第二轮承包。1992年，县商业局在全市国有商业系统率先推行“四放开”改革（经济放开、价格放开、分配放开、用工放开）。之后的几年间，国有商业效益逐年递增，综合效益在全省县级国有商业系统排名前列。1994年，县人民商场以经营柜组为单位，在企业内部开始实行股份合作制经营。之后，百货商场、商业大厦、广交商场等几个骨干企业也都实行了内部股份合作制，五交化公司实行“三三制”模式（即入股比例为公司、柜组长、柜组职工各占三分之一）。至1996年年末，系统内骨干企业实行内部股份合作制改造的占企业总数的90%以上。1997年，受国家对国有企业实行“抓大放小”政策影响，各企业的经营和效益开始出现滑坡，五金、百货、糖酒几个公司相继破产。国有商业企业也开始在经营上实行“抓大放小”政策，即集中精力及资金重点抓好大宗骨干商品和大的商品柜组的经营，小的商品柜组全部实行职工买断流动资产，职工自负盈亏、自主经营。1998年，随着连锁店、专卖店、加盟店等多种新型业态的涌入，全县个体私营商业市场占有份额占到整个市场的三分之二。是年末，国有商业企业全部实行了承包经营责任制，企业的经济效益明显提高。1999年，国有商业企业对所有经营柜组全部实行了流动资产职工一次性买断，实现国有流动资产的彻底置换。

2003年11月，县市场贸易办公室开始对所属国有商业企业进行以“彻底置换国有资产、彻底置换职工身份”为主要内容的改制。2005年年末，改制全部完成。

故城县在对国有商业骨干企业进行经营机制改革的同时，对部分地处偏僻、不易管理的小型门店也进行了改革，主要有“国有民营”和拍卖两种形式。“国有民营”改革自1993年始，对国有小型门店实行国家所有、租赁经营后门店原性质不变，原有职工身份不变，职工调资、职称评定、离退休等同国有职工一样对待。国有民营的实行虽然调动了承租者的积极性，但也带来管理混乱、以次充好、重复经营等弊端。鉴于此，1995年，部分小型门店开始实行拍卖，2000年，国有商业小型门店全部拍卖完毕。

一、酒类商品监管

1990年，省政府颁布实施《酒类产（商）品专酿专卖管理规定》。1997年6月，贸易局内设故城县酒类商品专卖局，其职能主要是：对酒类商品的产销进行监督管理，严厉打击假冒伪劣酒的经营，规范酒类市场秩序。专卖局在县酒业批发总站设立执法大队，具体行使对酒类市场的行政执法职能。对酒类经营实行许可证制度，对省外酒的调入实行准运证。2002年，酒类商品专卖局改为酒类商品监督管理局，与市场贸易办公室一套人马、两块牌子，除对省外酒取消准运证外，原管理职责不变。

二、畜禽定点屠宰管理

1995年，国务院颁布实施《中华人民共和国生猪定点屠宰管理条例》（以下简称《条例》），按照“定点屠宰、集中检疫、统一纳税、分散经营”的十六字方针，对生猪实行定点屠宰。按《条例》要求，商业局内设故城县畜禽定点屠宰管理办公室，县肉联厂为定点屠宰场。办公室的主要职能是：对全县定点屠宰工作和定点屠宰场进行监督管理，严厉打击病害肉、注水肉的上市和私屠滥宰行为，规范整治全县肉类市场。定点屠宰工作首先在县城推开。是年10月，在全县范围内实行。全县23个乡镇均设立定点屠宰分厂，并在县定点屠宰场成立定点屠宰执法大队。定点屠宰场统一

猪肉定点屠宰

代收税费，再按政策规定分交各部门。21世纪，在生猪定点屠宰的基础上，定点屠宰的范围扩大到牛、羊、鸡等畜禽。按照机构改革的精神，执法与屠宰分开的要求，定点屠宰执法队纳入行政序列，设在县市场贸易办公室，与酒类和调味品执法合并组建为综合执法大队。畜禽定点屠宰管理办公室性质、职能未变。2018年，全县设有定点屠宰厂（点）7个，驻厂官方兽医6人。

三、调味品产销管理

1996年5月，省政府颁布实施《河北省调味品生产销售管理办法》，县贸易局内设故城县调味品生产销售管理办公室，具体职能是对调味品的生产销售进行监督管理，在生产和销售上实行许可证制度，规范全县调味品生产和经营。1997年，酒类商品专卖局成立后，调味品执法工作同酒类执法一并进行。2002—2008年，市场贸易办公室成立综合执法大队，对调味品产销的监管和执法工作由综合执法大队具体执行。

2008年，受市场经济的影响，国有商业逐步消退，国有商业管理职能重新构建，医药、石油等职能进行了分离，2010年，市贸办撤销，与招商局、外贸局合并组建商务局。

第二节　集体商业

中华人民共和国成立初期，基层供销合作社（简称基社）集资入股组建后，1951年春，联村供销合作社相继召开社员（向供销合作社缴纳股金、承认社章即为社员）代表大会，在此基础上，是年12月15日，全县供销合作社第一届社员代表大会选举产生县供销合作社（简称县社）理事会、监事会主任、副主任及其成员，通过县社社章，并就经营方针、年度计划及财务预算等作出决定。后于1952年9月3日、1954年6月、1956年9月17日、1983年12月26日分别召开第二、三、四、五届社员代表大会。历次社员代表大会由社员代表充分发表意见，行使民主权利，县社的组织上群众性，管理上民主性，经营上灵活性得以体现。1957年，农副产品收购、生产资料、生活资料销售品种、数量均有显著增长。1958年5月—1962年9月，县社并入国营商业，官商作风一度增长，社员合法权益受损，加之自然灾害及其他政治、经济因素，农副产品及大宗产品购销多数明显下降。1962年9月，县社集体性质恢复。1966年，农村商业呈增长趋势。1970年5月，县社再次并入国营商业，集体所有制性质复变。

1980年12月，县社再次恢复集体所有制性质后，在恢复和健全各项企业管理制度，大力进行企业整顿同时，效法、借鉴农村家庭联产承包责任制经验，结合供销社实际，始对自身经营管理体制进行初步改革。供销企业普遍实行浮动工资。第五届社员代表大会后，从农民入股、经营范围、劳动制度、分配制度、价格管理等方面进行改革，制定和实施一系列改革措施。人事管理，改县社各级领导干部由中共故城县委、县政府任命为同级社员代表大会选举产生。县社科室、专业公司领导干部改由县社理事会任命报县政府主管部门备案。劳动管理，改职工（包括合同工、临时工）统由县劳动局分配为县社根据实际需要有权对合同工、临时工招聘和辞退。商品经营打破行政区划和部门界线，按农民需求广辟流通渠道，按客观经济规律合理组织商品流通，同时以供销社为依托，实行在国家政策允许范围内联营联办。物价管理除按国家政策实行统一定价的商品外，其余二、三类商品、农副土特产品，要求在不损害消费者利益前提下实行谁经营谁定价，价格按需求浮动。利润分配使用，除按规定缴纳国家税金、交通能源基金和上缴上级社一定比例调剂基金外，其余提取项目和比例（如用于社员股金分红、充实企业发展基金，扶持农村商品生产等）均由社员代表大会或理事会决定。农商关系始渐密切，企业管理水平明显提高。

1983年，县社系统按照中共中央1983年1号文件《当前农村经济改革的若干问题》和国务院1983年21号文件《关于改革农村商品流通体制若干问题的试行规定》精神，开始自下而上进行全面经济体制改革。首先在杏基、饶阳店基社普遍完成清理社员股金、分红、备股扩股增加新社员，之后，相继召开社员代表大会，恢复基社理事会、监事会设置。第五届社员代表大会后，实行按经济区域建基社下设分社的建制，改变企业管理层次。1985年，县社实行联购联销计酬、利润分成、大包干等不同形式经营承包责任制，供销企业呈现生机。是年农副产品购销额、生产资料和生活资料零售额显著提高。

1986年始，县社按国家体改委、商业部、财政部《关于深化供销合作社体制改革的意见》，从完善农村商品生产服务体系，发展横向联合，改革经营体制，推行经营责任制，改革管理制度等方面深化企业改革，县供销合作社联合社（简称县联社）加快成为经济实体步伐。1987年年末，全部企业完成清产核资，落实厂长（经理）负责制和主任任期目标责任制，签订3年不变承包合同，将竞争机制引入企业内部。经营承包责任制落实，企业活力得以增强，经济效益得以提高。是年全县社员股金达193.4万元，比1980年增5.5倍。全部固定资产值由1951年县社初建时3.4万元增至1204万元。商品流通费用9.8%、商品流通资金周转为145天（1951年上述两项指标数据资料散佚）。年利润达285.49万元，比1981年增125.3%。是年，县社各项工作居衡水地区诸县之首，被省、地供销系统评为先进单位。

20世纪90年代，县供销合作社联合社由计划经济到市场经济，其间由社营一统天下到集体经营、社有民营、市场经营，历经艰难转变，初步建立适应市场经济发展需求的运营体系。

2005年年末，县供销系统年购进26318万元，销售26636万元，创汇416万美元，利税216.5万元。2008年年末，县供销系统年购进24801万元，商品总销售25025万元，年创汇325万美元。

进入市场经济后，棉花、生产资料等经营市场逐步放开，面对激烈的市场竞争，县社直属企业冗员多，包袱重，经营维艰的局面进一步凸显，因此，在政府主导下，先后对郑口油棉厂、故城油棉厂、武官寨油棉厂及副食品公司、银龙家具家电城等县直公司、基层供销社进行了改制。

第三节 个体私营商业

明代后期，故城因运河舟楫之利，沿河线，集镇商业始见兴盛，以郑口镇、故城镇为最。时“农商萃集”，“岁办商税、酒醋、门摊诸课钞”，已逾万贯。河西街亦为山东武城县运河西部商业街（今为故城县南部重镇）。

清代，郑口镇、故城镇、河西街商业愈加繁盛。郑口镇“舟车辐辏，商贾云集”。“郑镇（郑口镇）商船云集朝帆暮火，风景可观”，将“南埠商舻”“卫水飞帆”并列为故城八景之一。商业景况，可窥见一斑。清雍正五年（1727年）郑口镇、故城镇、小马坊、南化村、庙上（小庙乡治址）、牟村、三朗镇、碱场店等地，已发展为较大集镇，商业活跃。

1937年前，郑口镇、故城镇、河西街已为县级商业集镇之最。素有“小天津卫”之称的郑口码头，人流如潮，车船不息。每天装卸三四十吨货物船只四五十艘，山东夏津、高唐、武城、恩县，河北冀县、衡水、枣强、南宫、邯郸、邢台等地商人纷至沓来。北京、天津杂货布匹，山西大布（时洋布俗称大布，对土产粗纺小布而言），阳泉、焦作砟炭，浙江土纸、竹货，山东章丘丝绸、铁器，当地饼酱、油粮、布棉、卫粪（天津粪干）颇有销路。德国德士古煤油，美国南星靛水、面粉，美孚石油、英国卷烟、火柴，苏联大华煤油，于此设有公司批零兼营，时称五大公司。较大商号（多限商业）有贞益、贞泰、贞桓、洪

二十世纪三四十年代的郑口茶行广告

盛、洪兴、洪泰、洪顺、东合义、大成（时称三贞四洪、东合义大成）主营杂货、饼酱、漂染、烟酒糖。同生、广兴义、泰康号茶叶等广有销路。山西商人为经销便利，于清乾隆年间（1736—1795年）所建山西会馆已颇具规模。郑口当地商人所建南会馆亦可观。时郑口已为远近闻名货物集散地。

故城镇商业规模较郑口次之。商号（限于商业，下同）较大者有华泰、天祥和、德庆荣、怡和公、祥和公、祥和、魁兴公、鸿庆，主营煤炭食粮、布匹、绸缎、油盐酱醋，杂货楼点等。河西街时为武城县商业贸易中心，较大商号有天德茂、泰顺、义祥成、玉升栈、清源永、玉泰，主营杂货、糕点、饼酱、粮油、煤炭、酒醋盐酱等，时河西街商号鳞次栉比，门面景况今仍依稀可辨。

据1929年《河北工商统计》载，时故城县商号计有457家。

1929年故城县商号数目统计表

表10-2　　单位：个

种　类	数　目	种　类	数　目	种　类	数　目
洋货业	16	书坊业	2	铁工业	14
烧酒业	12	纸　业	2	估衣业	5
饭馆业	48	绳麻业	3	盐　业	1
印刷业	3	首饰业	7	鞋　业	5
杂货业	41	砖瓦业	3	肉　业	16
酱醋业	6	鲜果业	2	染　业	15
店　业	38	煤炭业	15	陶瓷业	3
油　业	4	教育用品业	2	五金业	3
食量业	9	煤油烟叶业	6	漆　业	1
绸缎布匹业	6	点心业	52	棉织业	2
药材业	58	木作业	14	烟丝业	4
钱　业	4	面粉业	21	皮革业	8

说明：1. 此表据1929年《河北省工商统计》整理

2. 表中项目有工业性质商业经营者，有工商兼营者，为保存史料，特原文照载

3. 此表仅为1964年前原故城县数字

1929年故城县商业分类统计表

表10-3

类　别	数　目（家）	资　本（元）	全年铺捐会费（元）	全年卖项（元）	每年纯益（元）	店　员（人）		
						总　数	入　学	未入学
杂货业	23	30000	1100	160000	10100	145	143	2
绸布棉业	9	20000	720	90000	3900	45	45	—
药材业	4	2000	200	8000	1200	22	—	22

续表 10-3

类　别	数　目（家）	资　本（元）	全年铺捐会费（元）	全年卖项（元）	每年纯益（元）	店　员（人）		
						总　数	入　学	未入学
盐　业	1	20000	3000	12000	2000	36	33	3
贩酒业	14	11200	140	28000	2400	42	39	3
煤炭石灰业	12	38000	960	18000	13200	108	106	2
书籍文具业	1	800	20	1600	200	4	4	—
洋货广货业	12	4300	120	16000	160	29	25	4
皮绳麻业	4	2400	80	6000	1200	20	14	6
煤油纸烟业	4	38000	1000	116000	7000	27	27	—
瓷器业	1	500	12	1000	200	3	2	1
嫁妆业	2	600	18	2200	600	8	4	4

说明：1. 此表据 1929 年《河北省工商统计》摘录整理

2. 此表“家数”与上表“商号数”有不一致者，据析，有一家数号者，有一号数家者，待考。为保存史料，特原文照载

3. 表内“—”为无统计资料

1938 年 11 月 22 日，侵华日军占领郑口镇，大肆焚烧，二道街、三道街一片废墟几近平地。昔日商业景况为之一扫，市面冷落异常，旋即故城镇为日军盘踞，苛捐杂税横生，殷实者仅可敷衍经营，小本经营者因无力支撑而倒闭，铺面骤减，景况惨淡。1945 年，抗日人民政府建立新商会。保护发展私营个体商业，商业日趋复苏。1948 年，郑口镇“大小商号与摊贩甚多，商业日渐繁荣”（据 1948 年 12 月 7 日冀南第二行署关于故城县郑口镇建立城关区公所呈文）。1949 年 5 月，仅郑口镇商业摊点达 353 个，从业人员 992 人（故城镇、河西街资料散佚）。

1949 年 5 月份冀南区主要市场（郑家口）商业统计表

表 10-4

种　类	户　数（户）	人　数（人）	资　金（元，旧币）	种　类	户　数（户）	人　数（人）	资　金（元，旧币）
货栈业	1	30	—	自行车业	11	39	172500
南花粮店	1	46	1051810	首饰业	3	7	30000
煤炭业	1	8	—	钟表业	2	2	8200
铜铁业	1	36	1576000	醋油业	5	20	208000
酒　店	1	14	551000	竹货业	6	19	125200
北花粮店	6	55	1030500	染　坊	2	4	10000
杂　货	60	156	1803100	轧花业	4	8	27900
广　货	14	34	357000	客栈业	10	28	34400
洋　布	4	10	74400	面馍业	32	50	2953
铁　铜	11	37	155000	挂面业	2	4	5200

续表 10-4

种 类	户 数（户）	人 数（人）	资 金（元，旧币）	种 类	户 数（户）	人 数（人）	资 金（元，旧币）
中 药	31	38	27900	饭 业	26	52	86330
西 药	4	4	38500	茶水业	6	8	8000
文具业	3	4	30000	理发业	7	11	5400
茶 叶	4	12	464030	烘饼业	7	15	31000
瓷器、玻璃	6	17	145000	油饼、酱	6	21	13800
染料业	7	13	119500	摊 贩	53	53	—
烟酒业	6	6	8000	茶食业	4	12	40200
鞋 业	6	9	23500	合 计	353	882	8760363

说明：1. 据河北省财政厅税务局档案摘录整理

2. 表内“—”为无统计资料

1954年始，对私营商业进行社会主义改造，1956年，对私改造形成高潮，是年末全县469家（657人）私营商业通过各种形式得以改造，组织单一或综合商店12个。

1957年后，私营商业发展受限，所剩无几。“文化大革命”期间全部取消。

中共十一届三中全会后，私营个体商业迅速发展，商品种类数量增多，成为国营、集体商业必要补充。据1987年统计，全县私营个体商业店、摊点2390户，从业人数3914人，投资165.6万元。

随着市场经济的不断成熟，商业形式出现民进国（集体）退的局面，个体私营商业轻装上阵的优势得以凸显，民营企业不断发展壮大。

1979年，故城县商业经营绝大多数由国营、集体承办，仅有1户由公私合营后保留下来的合作经济组织，即故城县建国合作商店。1980年，个体商业逐年增多，主要以经营服装、饮食、副食、小百货为主，分布于城镇和部分村庄。除个体饮食业主开设门店外，经营服装的个体户以流动于全县各集市经营为主，副食、小百货等种类则以售货车或摆摊经营居多。

1982年，《中华人民共和国宪法》首次写入“在法律规定的范围内的城乡劳动者个体经济是社会主义公有制经济补充”。随着改革开放的深入，故城县个体私营经济得到快速发展，至1984年，全县商业个体户4280户，从业人员6800人。

1987年，县政府出台《关于大力发展个体工商户和合伙经营组织的意见》，规定：凡是价格开放的三小商品，只要不是违禁商品和反向商品，都允许个体户经营，既可零售，也可批发；允许个体户根据市场变化情况及时调整经营内容和方式；对个体户和合伙经营组织的雇工人数不加限制；支持农民进城务工经商，解决农民进城务工经商的具体困难；对新开业的个体、合伙办家庭工业，资金确有困难的，可向所在地工商所提出申请，减免一定时期，一定数量的管理费。

1995年，故城县工商局按照县政府部署，把大力发展个体私营经济作为年度中心工作来抓，实现发展户数、从业人员及各项指标均比上年翻番。全县有证个体户12926户，从业人员33520人，注册资金9451万元。

1997年，县政府出台《个体私营经济工作目标考核实施办法》，全县个体私营经济发展与管理工作实行目标责任制，要求有关职能部门，引导个体私营经济上规模、上档次，不断增加资金和科技投入，拓宽领域，扩大生产，发展规模经营；通过联合、参股、兼并等形式，帮助组建一批重点骨干企业，有计划地扶持发展一批重点有条件、有实力、有知名度的私营企业组建企业集团，以发挥“龙头”企业的示范和带头作用，促进当地经济发展。年末，全县共有个体工商户21507户，从业人员20208人，注册资金5651万元，社会消费品零售额32814万元。

2001 年，河北省人大通过《河北省支持和鼓励个体工商户私营企业发展条例》，故城县政府随即出台《关于支持和鼓励个体工商户私营企业发展意见》，放宽经营条件和审批程序等方面限制，明确个体工商户和私营企业在贷款、出国出境、专业技术职务资格评审、产品评优参展、科研项目申报等方面享有与国有、集体企业同等待遇等，明确个体工商户、私营企业的合法权益和利益受国家法律保护，任何组织和个人不得侵犯。支持和鼓励个体工商户、私营企业依法承包、租赁、收购、兼并和参股、控股国有或集体企业。把个体工商户和私营企业发展纳入国民经济和社会发展规划。

2003 年，全县有证个体工商户 5731 户，从业人员 13381 人，注册资金 9131 万元。私营企业 247 户，雇工人数 3814 人，注册资本（金）20402 万元。随着改革开放的不断深入，个体私营经济得到快速发展。部分壮大后的个体户由单一服装销售、副食零售改为五金交电、家具乃至综合性商业，由摆摊经营变为租赁国有集体商场柜台和单独设立门市经营。由个体户改为独资企业或有限责任公司，经营规模、经营项目、经济类型均发生了变化。私营企业范畴的有限公司 5 家，大型超市 6 家。

2005 年，全县个体工商户实有户数 3674 户，从业人员 10112 人，资金 7573 万元。社会消费品零售总额 10108 万元。私营企业总户数 439 户，投资者人数 1164 人，雇工人数 6803 人，注册资本（金）34363 万元，实现总产值 26135 万元。

至 2009 年年末，个体工商户实有 6602 户，从业人员 14870 人，注册资金 17506 万元，私营企业 693 户，投资者人数 1422 人，雇工人数 4798 人，注册资金 90098 万元。在城区和乡镇农村建有大小超市 300 余家。至 2018 年，全县市场主体总量达 26878 户。

第二章　经营机构

第一节　国营商业经营机构

1943 年，故城县抗日民主政府设工商管理局兼管商业，后于 1946 年由工商事务所兼管。1947 年，由工商科兼管，沿至 1957 年 8 月。供销合作社与工商管理合并始名商业局。时，商业有百货、油脂、花纱布、烟酒专卖、煤栈等 5 个公司。另有百货门市部、合作商店、食品加工厂各 1 个，干部职工 157 人。1958 年，县商业局随故城县并入吴桥县商业局。1961 年，随故城县分置复建。1962 年 9 月，国营商业与供销合作社分设。之后，商业局相继下设百货、五金、食品、煤栈、石油、饮食服务、药材 7 个公司，另有食品加工厂、储运科、驻德州货栈和建国服务处。

改革开放以来，伴随国家经济“调整、改革、整顿、提高”方针的贯彻执行及各项经济改革的逐步放宽，商品市场日趋活跃，多种经济成分、多种流通渠道、多种经营方式并存，国营、集体、私营商业竞争日益激烈。21 世纪，商贸流通逐步发展成为自主经营、自负盈亏的经营实体。经营体制由过去的国营、集体单一模式，发展为国家、集体、个人多种模式共存的新局面，民营资本逐步成为经营主体。

1980 年 12 月，县药材公司划归衡水地区药材公司。1984 年 1 月，县煤栈公司划归县物资局。1985 年 1 月，县石油公司划归衡水地区石油公司。1987 年 1 月，县食品加工厂移交县酒厂。是年，县商业局下设人事、财务、业务 3 个科和百货、纺织品、五金、烟酒、食品、饮食服务等 6 个公司，驻德州转运站、驻建国批发站，另有百货、纺织品、五金、烟酒、蔬菜、肉食等 13 个门市部，饭店、旅馆、照相部各 2 个，理发部、浴池各 1 个。干部职工共 464 人，其中局长 1 人，副局长 2 人。是年，故城县有国营商业单位 52 家，从业人员 884 人，国营商业零售总额 2926 万元。对生猪定点屠宰、酒类专卖和化工、调味品的产销实施行政执法管理。随着计划经济向市场经济的转化，国营商业亏损日益严重，经营逐年萎缩。至 1991 年年末，全系统无一家企业盈利，外欠银行贷款 950 万元，累计内空 680 万元，积压有问题商品价值950万元，仅有百余万元周转资金。1992年商业主管部门根据本地实际，多种改革措施并举，包括骨干企业、大型商场的承包制、小型门店的国有民营、偏远分散单位的大包干和部分橱窗柜台门市的租赁经营等多种模式并存，充分发挥各种成分和全体职工的创造性，做到人散心齐队伍稳定；促使职工在激烈的风险竞争中各显其能，保护国有商业阵地和信誉。是年末，一举摘掉亏损帽子。1993年，实现利税45万元，其中利润11万元，较上年上升53%。1994年，国有商业系统推出大类商品连锁经营以及流动资产内部职工股份合作制。企业经营自主权得到落实，企业积极性高涨、销售活跃，是年全系统销售实现3500万元，利税51万元。1996年，国营批发企业逐步退出商品流通领域，国营零售业由抽本经营逐步过渡到租赁柜台、租赁门店经营。1998年始，国营流通部门实施“两抓两退”（抓住关系国计民生的重要商品，抓住一批大型骨干流通企业；逐步退出中小型批发、零售的国有资本、逐步退出县及县以下企业的大部分国有资本，扩大非公有制经济的发展空间）战略，国营商业国有流动资本退出。

一、国有批发商业

20世纪80年代，国有批发商业在组织商品流通、支持工农业生产、繁荣城乡市场和人民生活等方面，发挥了重要作用。百货、五金、纺织品、食品、糖酒几个公司均以批发业务为主，与零售业务分开，设有专门批发部。1990年8月，按照要求，百货、五金、纺织品、食品、糖酒几个公司在业务上开展对批发、零售实行统一管理，协调服务。1993年，国有批发商业改革步伐加快，在业务开展上实行多种批发方式灵活经营。百货商场、人民商场等零售企业也增上批发业务，与名优产品厂家联营，发展产销一体的厂商型批发商业。县五交化公司与天津自行车厂联营，飞鸽牌自行车批发销售到衡水、邢台、邯郸、聊城、德州、保定等地。县百货商场同山东海魂、金猴、意利等名优皮鞋厂家联营，皮鞋批发销售到周边10个县市。建立辐射网络，实行横向联合。几大批发公司打破条块分割、地区封锁局面，实行横向经济联合与协作，范围扩大到跨行业、跨地区、跨所有制，内容既有产销联合，又有购销联合，既有信息联合，又有市场联合，形成新型的批发互惠体。由批发向零售延伸，实行批零一体化经营。几个大公司利用规模、价格优势，以零售为依托，实行批零合一。

1995年后，随着“三多一少”（即多种经济成分、多种经营方式、多渠道、少环节）流通格局的形成和市场经济的逐步确立，集体、个体商业发展迅速，工业自销、直销进一步增多。批发商业由于历史包袱过重、营销方式单调等原因，经营业务陷入困境并逐步萎缩。百货、五金、针纺、糖酒几大公司的业务全部转向以零售为主，百货商场、人民商场停止批发业务。

二、国有商业网点

1987年前的商业批发服务网点在国民经济的发展和满足人民群众物质文化生活方面发挥了积极作用。1990年，故城县国有商业受经济体制和市场形势影响，几经变革，有分有合，有撤有建，有发展壮大，亦有改制破产。至2005年年末，国有商业系统共有酒类公司、五交化公司、针纺公司、百货商场、人民商场、商业大厦、鸿运五交化大楼、肉联厂和酒业批发总站9家企业。至2008年，受国家政策和市场形势的影响，国有商业企业仅存商业大厦、针纺公司、肉联厂和酒类公司4个。2010年后，受市场经济影响，商贸局系统国有商业基本实行改制或退出历史舞台。

百货公司 位于郑口广交路西段路北。1987年年末，干部职工91人。年经营额427万元，年库存168万元，利润4万元。

百货公司1951年年末由百货推销小组改建而成。1958年，与花纱布公司合并而名百货公司。1971年初，与五金公司合并易名百货五金公司。时百货五金公司实为百货、纺织品、五金三家公司联合体。1979年2月，五金交电业务分出，遂复称百货公司。1985年1月，纺织品业务分出另建公司。

百货公司为批零兼营联合公司，主营大小百货、文化用品。公司内设有批发部、零售商店各1个。批发部设于公司院内，有45平方米样品室，仓库面积1400平方米。1987年，批发额318万元，经营利润3.2万元。零售商店设于县城二道街大礼堂对面，名百货商场。1984年初，建成营业面积2076平方米楼1座，一、二楼有10个专柜组，经营商品4000余种。为县内柜组设备、经营品种较大零售单位。1987年零售额达109万元，经营利润0.8万元。1994年3月，受市场经济冲击，百货公司破产。

纺织品公司　纺织品公司与百货公司同院。1985年1月，由百货公司分设而建。1987年年末，干部职工64人，年经营额438万元，年末库存219万元，利润3.2万元。

纺织品公司为批零兼营联合公司，主营纺织、针织品等。设有4个批发部，批发部设在院内2个，青年路中段、德州货栈各1个，1个零售商店。公司院内设有100平方米样品室，900平方米仓库。1987年，批发额379万元，经营利润1.5万元。人民商场为公司零售商店，地处广交路与邢（台）德（州）路交叉口西南侧。营业面积480平方米。干部职工42人。设营业柜8个，经营商品4000余种。1987年，零售额107万元，利润1.7万元。1992年2月，纺织品公司并入百货公司。

五金公司　位于郑口镇一道街北端西侧。始建于1963年。1971年，与百货公司合并，1979年2月，从百货公司分出复设，为批零兼营联合公司。主营五金交电、化工等商品。设批发部、零售门市部各2个。批发部设于公司院内，有48平方米样品室、156平方米仓库。1987年年末，干部职工61人，年经营额536万元，年末库存102万元，利润13.8万元。

1987年，批发额394万元，经营利润6.5万元。零售门市部系地处县城一道街北段西侧的五金门市部和地处广交路中段的五金商场（1986年9月建成营业）。全部营业面积710平方米。干部职工38人。经营商品2000余种，年零售额143万元，利润7.3万元。1993年11月，五交化公司自五金公司分出，1997年五金公司破产。

烟酒公司　位于郑口镇青年路北段路西，建于1951年（时称烟酒专卖公司）。1957年8月，烟酒专卖公司撤销，1961年5月建副食品公司兼营烟酒业务。1962年9月，因国营商业与供销合作社分设而建食品公司兼营烟酒业务，1985年烟酒业务从食品公司分出单建。

烟酒公司为批零兼营联合公司。主管卷烟、糖酒、小食品的三级批发及零售。设有烟酒、蔬菜零售门市部各1个批发部。有1280平方米商品仓库。1987年，批发额502万元，零售额33万元。2个零售门市部。干部职工83人，年经营额502万元。1989年，酒类公司自烟酒公司析出。受市场经济冲击，1997年11月破产。

食品公司　与烟酒公司同院。始建于1961年5月（时称副食品公司）。

1962年9月，因国营商业与供销合作社分设而易名为食品公司。1978年年末，将食品加工业务分出，1980年1月，又将副食品业务分出，1985年，再将烟酒业务分出，主营全县猪、羊、蛋、禽等农副产品收购、外调和内销。收购毛猪最高年份为1977年，曾达43254头（其中外调17311头，均调往天津、衡水）。收购鲜蛋最高年份为1979年，曾达300587公斤（其中外调150239公斤，均调往天津）。伴随农村饲养业发展，1984—1987年，食品公司先后于郑口、建国、故城、房庄、辛庄、饶阳店、武官寨、原隰设收购站点，县城设肉食门市部、零售点各1个。1987年年末，干部职工76人，年经营额346万元，利润0.21万元。1994年3月，食品公司破产。

饮食服务公司　位于郑口镇二道街南段西侧，建于1973年11月。其前身为饮食合营（建于1956年）单位，1958年随故城县并入吴桥县，称郑口中心商店。1961年，故城县复置后，国营商业与供销合作社各单设饮食服务门市部。1971—1973年，饮食商店易名工农兵商店。1973年11月，易名饮食服务公司。1987年年末，干部职工163人。20世纪90年代，受市场经济冲击，2003年被人民商场、商业大厦两企业兼并。

驻建国批发站　位于建国镇。始建于1984年7月。主营五金、百货、纺织品、烟酒等，经销商品2500余种。除县内7个供销社外，另有山东武城、夏津县属7个供销社，清河县7个供销社及千余集体商贩前来批发商品。1987年年末，干部职工29人，年经营额359万元，年末库存62万元，利润2.5万元。1992年商业局驻建国批发站关停。

驻德州转运站　位于德州市盐店口办事处豆腐巷货栈街57号。始建于1953年3月，时称故城县供销合作社驻德州货栈。

1957年国营商业与供销合作社合并，易名为商业局驻德州转运站。此后，又经1961年分、1970年合、1981年再分（指国营商业、供销合作社分合），1982 年隶属县商业局。主要负责商业系统百货、纺织品、五金、烟酒 4 个公司的商品转运，并对县内 7 个供销社及山东德州、陵县、平原、武城 4 个县 13 个供销社和 100 余个体商贩批发商品。1987 年年末，干部职工 28 人。年经营额 655 万元，吞吐量 4000 余吨。仓库面积 903 平方米。1995 年商业局驻德州站撤销。

酒类公司 位于县城青年路北段路西，1989 年自糖酒公司析出。设有 2 个批发部和 1 个门市部，主营糖类及酒类商品的批发零售业务，批发部设于公司院内，商品仓库面积 1280 平方米。1997 年，经营糖、酒类商品的个体私营门店日渐增多，加之公司自身体制上的问题，业务经营日渐萎缩。1998 年 10 月，酒类批发总站从公司析出，公司业务处于瘫痪状态。后公司批发部、门市部及院落拍卖。21 世纪始，已无商品经营业务。

五交化公司 位于县城一道街北端西侧，1993 年 11 月自五金公司析出，设批发部、零售门市部各 2 个，主营五金、交电、化工类商品批发零售业务，批发部设于公司院内，有 48 平方米的样品室和 1500 平方米的仓库。零售门市部分别是地处县城二道街北段西侧的五金门市部和地处广交路中段的五金商场，全部营业面积 710 平方米，经营商品 2000 余种。1996 年五金商场扩建，改称五交化大楼。2000 年受市场形势影响，公司批发业务萎缩，经营日渐萧条，公司院落及五金门市部拍卖。2003 年 8 月，五交化大楼自公司析出，改称鸿运五交化大楼，升格为直属县市场贸易办公室的独立法人企业。2005 年年末，公司已无商品经营业务。2006 年 2 月公司破产。

针纺公司 位于县城广交路与体育街交叉路口东北角，1993 年 8 月，自百货公司析出，主营纺织、针织品批发零售业务。设有批发部 1 个，有 100 平方米的样品室、900 平方米仓库。其零售门店为广交商场，位于公司院落西南角，南邻广交路，西邻体育街，于 1996 年建成，营业面积 500 平方米，主营大小百货、日化洗涤、烟酒副食等几大类商品。1995 年，由于市场形式的变化，公司批发业务停止，零售业务亦受到冲击。1996 年，在建设广交商场的同时，把公司南邻广交路和西邻体育街的地段开发建成门市楼。2003 年，公司拆除原批发仓库，建成三联家电营业厅。2004 年，建成广交家具城。

肉联厂 位于县城青年街北段西侧，1993 年 8 月，自食品公司析出，主营生猪及肉品的收购、外调和内销业务。1995 年，国务院颁布实施《生猪定点屠宰管理条例》后，肉联厂被定为县畜禽定点屠宰场，业务上转为以屠宰加工为主。2003 年，在生猪定点屠宰的基础上，增加了牛、羊、鸡的屠宰加工业务。场内设 400 平方米屠宰车间 1 个，50 吨冷藏库 1 个。2008 年，共有干部职工 66 人。2018 年故城县设有屠宰厂（点）7 个。

酒业批发总站 位于县城体育街南首东侧，与县市场贸易办公室同楼办公。1998 年 10 月，自酒类公司析出，主要从事酒类商品批发零售业务。2001 年，受市场形势影响，总站内部实行流动资产买断，完全由职工自主经营。2008 年，共有干部职工 8 人，自身已无商品经营业务。

1989—2006 年故城县国有商业企业变革情况一览表

表 10-5

时　间	企　业　情　况
1989 年年末	酒类公司自糖酒公司分出
1992 年	商业局驻建国批发站关停
1992 年 2 月	纺织品公司并入百货公司
1992 年 2 月	隶属百货公司的百货商场升格为直属商业局的独立法人企业
1992 年 2 月	针纺公司自百货公司分出

续表 10-5

时　间	企　业　情　况
1992 年 2 月	隶属百货公司的青年商场与隶属纺织品公司的针纺楼和第三零售商店合并为人民商场，升格为直属企业局的独立法人企业
1993 年 8 月	肉联厂从食品公司分出
1993 年 11 月	五交化公司自五金公司分出
1993 年 12 月	商业大厦建成，为商业局直属独立法人企业
1994 年 3 月	百货公司、食品公司破产
1995 年	商业局驻德州转运站撤销
1997 年 11 月	五金公司、糖酒公司破产
1998 年 10 月	酒类批发总站自酒类公司分出
2003 年 8 月	鸿运五交化大楼自五金公司分出
2003 年 10 月	饮食服务公司被人民商场、商业大厦两企业兼并
2006 年 2 月	五交化公司破产
2006 年 2 月	鸿运五交化大楼破产
2006 年 2 月	人民商场破产

第二节　集体商业经营机构

一、机构沿革

1945 年秋，中共故城县委派干部顾殿一等于郑口三道街北端路东河左建县委机关生产单位——民生花粮店。1946 年 8 月，冀南军区独立四旅十团政委冉义林于故城县招工 8 人，于郑口三道街南端路西建机关生产单位——汇丰货栈。1947 年 3 月，民生花粮店与汇丰货栈合并为民生货栈，隶属故城县政府，仍设于原汇丰货栈处。1948 年 10 月，民生货栈易名为故城县生产推进社，隶属冀南军区建华二分公司，其人员与业务基本未变。

1949 年，生产推进社改组为故城县供销合作社，隶属衡水专区供销社及故城县人民政府，县长兼任主任。机关设业务部、组训部、会计部、秘书室。1950 年 6 月，县社机构整编，3 部 1 室分别易名为业务科、组训科、会计科、秘书室。年末，机关干部职工 50 人左右。1951 年 4 月，县社 3 科 2 室调整为计划科、组导科、人事科、财务科、采购科、贸易科、办公室。是年 12 月 15 日，建县供销合作社联合社。1952 年 1 月，县联社内部机构再行调整，人事科、采购科、贸易科分别易名为干部科、推销科、供应科。是年 11 月，增设保运科、生产合作科、推销加工企业科、训练班，办公室易名为秘书科。年末，县联社机关干部职工 75 人。1954 年 4、5 月间，组导科易名组织检查科。原棉经营部易名为原棉科。翌月，增设监事办公室。11 月，县联社按省统一规定易名故城县供销合作社（仍简称县社）。同月，生产合作社易名故城手工业生产联合社筹备委员会，由县社划出。1956 年 1 月，县社将计划科、推销科、保运科分别易名经济计划科、采购科、运输科，未久增设物价科。1957 年 7 月，组检科、干部科、计划科、运输科、监事办公室分别易名为基层工作指导科、组织干部科、计划统计科、储运管理科、监察科，同时撤供应、采购 2 科。年末，干部职工 45 人。

1958 年春，国营商业与供销合作商业合并（简称国合合并）为商业局。是年 10 月，故城县商业局随县并入吴桥县商业局，1961年5月，随故城县分置复设。1962年9月，国合分开，县商业局、县供销合作社分置。时县社机关设秘书科、人事科、财务科、计划科、组导科、物价科，干部职工32人。

1964年年末，山东武城县卫运河西部地区划归故城县，原武城县社机关干部9人及财产一部充实故城县社机关。是年县社增设政治部、保卫科和企业科，年末干部职工39人。

“文化大革命”初期，科室机构名存实亡。1970年，县革委抽调部分干部建商业组。1971年年末，干部职工21人。商业组的建立，使原有的商业、供销体制再次合一。1981年1月，复设县供销合作社，时县社沿袭原商业局科室编制即办公室、政工科、业务科、基层科、财计科，仅补充调整个别人员，在编干部职工26人。

1983年9月，县社恢复理事会设置，时名故城县供销合作联合社，干部职工36人。

1984年1月，县联社机关科室设有监事会、理事会、办公室、政工科、财计科、业务科、基层科、加工企业科、物价科、副业科。是年4月、5月间又增设纪律检查领导小组和仓储保卫科。7月，物价科并入业务科，副业科与加工企业科合并为副业加工科。8月，政工科易名劳动人事科，机关干部职工51人。

1987年，县社位于县城二道街北首，设理事会、监事会、办公室、劳动人事科、财计科、业务科、基层科、加工企业科、仓储保卫科和纪律检查领导小组，县联社除财计科增配专职审计干部外，科室机构未变，年末，县联社机关干部职工65人。

1988年，撤销机关基层科。1989年9月，县社迁至康宁路西首北侧。1993年4月，县社管理体制改为“一体两翼”，即以县社为主体，以棉麻总公司、商贸生资总公司为两翼。县社直属管理22个基层社和供销大楼、旅馆、冷库、副食品4大公司及毛皮经销处、液化气公司、药械厂等，棉麻总公司直属管理原棉麻公司、棉纺厂、郑口油棉厂、故城油棉厂、武官寨油棉厂及所属棉站；商贸生资总公司直属管理生产资料公司、边贸生产公司、土产公司、畜产公司、德州货栈、皮毛公司、三佳公司、皮毛经销处、建筑装饰处9个单位。是年，县社实行机关内部改革，进行人员分流，机关13个科（室）精简为3个，即综合办公室，财计科，法纪科。干部职工由80多人精简为20多人，精简分流人员56名，全部充实到直属公司。2002年8月，取消县社“一体两翼”管理体制，撤销棉麻总公司与商贸生资总公司建制，原机构直属县社管理，设立故城县烟花爆竹安全经营管理办公室。至2010年，县社设党组书记、理事会主任1人，党组成员、理事会副主任2人，理事会副主任1人，监事会副主任3人，共有干部职工33人。

供销社旧址

二、供销工作

1987年，故城县先后兴办蔬菜、红薯、刺绳等多种类型专业合作社37个，建农资服务部23个、农资服务站187个，形成自上而下一体化经营网络。1988年，建3万纱锭棉纺织厂。1990年，与德州火车站联办故城县铁路联运办事处，成功解决货运难问题。5月，与日本客商合资组建故城县三佳畜产品有限公司。1991年，按照上管并重的原则，采取统筹规划、分级兴办措施，建药械厂、装潢厂、织袜厂、针织厂等5个工业项目，其中药械厂投产后，填补衡水地区一项生产空白。1995年8月，创办棉花专业合作社，时有入社社员48353户，社员股金53.5万元。9月，创办果品专业合作社，时有入社社员2000户，社员股金60万元。10月，以生产资料公司为依托，吸收县直专业公司、基层社参加，创办故城县农业生产资料服务中心。1996年，社属商贸生资总公司投资40万元建成农药厂，填补县内该领域空白。县社投资300万元，建3000吨恒温库；1997年10月，社属棉麻总公司投资200万元，在原棉麻公司旧址建家具城。

2001年，社属棉麻总公司投资130万元，建成建筑材料装饰城，占地面积2600平方米，主营各式装修建筑材料；社属郑口供销社投资430万元建土产日杂商城，占地面积6300平方米，主营土产日杂等商品。2003年，社属农资公司投资110万元，建农资大市场，占地5000平方米，建筑面积1886平方米，以农资经营为主。2007年，县社建辛庄棉花加工厂、赵行棉花加工厂。2008年，完成郑口供销社改制，启动棉纺织厂改制工作。2009年，完成棉纺厂资产置换和棉纺织厂改制。2014年，申报“河北省供销合作社综合改革试点县”，通过省人民政府办公厅批复实施；对接衡水市鑫鑫废旧机动车回收拆解有限公司，设立故城县废旧机动车回收拆解分公司。

2015年，筹建县农村产权交易中心，注册成立“故城县农村产权交易有限公司”，完成有关证照办理、法规文件草拟、人员初期培训、电子交易平台建设以及交易规则和实施细则修订等工作。2016年，完成了全县142个贫困村扶贫网店建设；组建“故城县供销集团有限公司”，形成“供销合作社+农民专业合作社联合社+供销集团有限公司”“三位一体”的组织架构。2017年，对接河北省农村产权交易中心，推进交易平台和服务规范标准化建设，基本形成配套的业务操作和制度管理体系；对接省社“云供销”“八方联采”和“农交汇”电子平台，建立县、乡、村一体电商服务架构，形成了线上平台拉动与线下实体店支撑有机融合的特色运营模式。建立“开放办社”合作企业名录，吸收河北绿康蔬菜科技有限公司入社，并推荐为省供销社开放办社合作企业；依托合作金融服务中心，在全县13个乡（镇）设立金融服务部，538个行政村设立金融服务站；依托农村产权交易中心，在全县13个乡（镇）设立农村产权交易服务部；538个行政村设立农村产权交易服务站；实现金融服务和农村产权交易服务到村到户到人。

2018年，发挥合作金融服务中心平台功能，推进扶贫小额信贷和“政银企户保”农业合作贷款业务，制发《故城县关于进一步完善扶贫小额信贷机制助推脱贫攻坚的实施方案》《故城县关于进一步完善“政银企户保”机制助推脱贫攻坚的实施方案》等4个文件，依托县建风险补偿金撬动金融资本，发放扶贫小额信贷4196.5万元；依托县建担保基金撬动金融资本，发放农业合作贷款300万元；完成91户标注户电商扶贫网店资产的整体移交，移交村集体委托经营的电商网店全部签订协议，落实到人；推进“开放办社”，吸收河北梅颂园农业发展有限公司、故城县西孟西瓜种植专业合作社、故城县盛嘉种植专业合作社3家企业入社，是年，供销集团公司更名为“衡水嘉禾农业发展集团有限公司”。

三、基层供销社

1943年冬，三朗即有部分农民从事供销活动，至1945年故城县从事供销活动者达30余人。

1949年下半年，县社先后于一、二、三、四区驻地（今故城镇、西辛庄、房庄、西原隰）中心集镇建区供销社（简称区社）。区社设主任、指导员、会计及业务人员等，并设简易门市开展业务经营。

区社建立后，根据民主建社、群众办社方针，组建村社，即在人口稠密村镇，根据群众自愿，民主选举社员代表，组成供销小组，再由供销小组改为村社。至1950年9月，全县建辛宅、徐庄、郑口（太兴镇）五大院、甘泉、青罕、石槽、第什、中镇、西南镇、夏庄、殷庄、戴庄、陈庄、坟台、西辛庄、大马坊、中北化、房庄、董学、小庙、大月庄、潘屯、三朗、西原隰、东高才、白佛寺27个村社，村社由正副主任、会计、业务员等人组成，多由村干部兼任。村社少则三四人，多则六七人，并设有门市部，挑担走村串乡开展业务活动。因村社资金有限，设备简陋，缺乏经验，极不稳固。同月，县社按照整社与建设并行原则，对村社进行整顿与合并。

1951年春，由县直机关干部集资入股，县社在郑口二道街路西（现饮食服务公司处）组建机关团体联合消费社（简称消费社）。并结合整社并社，于上半年撤销二、四区社，同时将一区社改为县分社，三区社改为办事处。至年末县联社建立时，全县已形成以大小集镇为中心的基层供销社，有辛宅、徐庄、郑口、甘泉、青罕、西原隰、城关（即今故城镇）、夏庄、殷庄、西辛庄、房庄、小庙、三朗联村社，同时故城又设分社，房庄又设办事处。基社共干部职工179人。

1952年8月，县联社将辛宅、徐庄、郑口、甘泉消费社合并为郑（口）镇联村社。是年9月，又将夏庄、殷庄消费社合并为夏庄联村社。年末，9个联村社有干部职工300人左右。1953年5—6月，县联社又将小庙、三朗、房庄、西原隰、西辛庄、城关、夏庄7个基层供销社（时已更名）架子基本固定。故城分社与房庄办事处随之撤销。年末，基社有干部职工298人。1954年11月，7个基社冠以驻地地名称某供销合作社。

1958年5月，国营和集体合并后，仍为7个基社。是年10月，7个基社随县商业局归吴桥县商业局。吴桥县商业局将原故城县片7个基社划为西辛庄、故城、郑口、房庄4个中心商店。1961年5月，故城县复置后，县商业局根据分县后的政区变化，实行以社建社。即在原4个中心商店和所属分销店基础上，在各公社政区内改建或增设为西辛庄、故城、郑口、房庄、里老、庙灵庄、袁庄、夏庄、小屯、三朗、小庙、梧茂、青罕、杏基、原隰15个基社。年末，共有干部职工617人。

1962年9月，国合分设，县社将15个基社按经济区，划为故城、西辛庄、房庄、郑口4大基社。其他基社遂改为4大基社属分销店（处），因精简下放和整编机构，年末，基社干部职工474人。

1964年10月，政区调整时，原武城县所辖祖杨、武官寨、饶阳店3个基社和城关（今武城老城镇）甲马营基社部分人员划归故城县社，基社由4个增为7个，并相应增加干部职工340人。

1965年，归县商业局管理的祖杨合作商移交祖杨供销社。时有门市部10个，职工94人。

1971年年初，故城县革委会商业组按照河北省革委会《关于贫下中农管理农村商业的十条规定》，始以公社建购销服务社。在此次以社建社中，商业组对基社机构设置进行调整：在统一调整人员分割财产基础上，将原7个以地名命名按经济区划分的基社，各自改建为所在公社购销服务社（由此祖杨社改称建国社）；在原基社分支基础上增建要庄、军屯、西半屯、瓦子庄、赵行、青罕、原隰、杏基、里老、庙灵、三朗、梧茂、小庙、夏庄、小屯、袁庄16个公社购销服务社；在房庄、武官寨、建国3个交通便利、经济较繁荣的中心区域增设购销服务处，作为商业组派出机构，以承担该片购销服务社供应批发业务。是年4月，全县23个公社各建购销服务社（处）。年末，有干部职工840人（包括合作商店集体职工28人）。

1973年，各公社购销服务社易名公社供销社。

1974年，建国、武官寨、房庄3个服务处人员、财产、商品、账目分别移交有关基社和公司。

1980年9月，再次改变基社称谓，将某某公社供销社易名为某某（地名）供销社，以区别全民所有制与集体所有制、国营企业与社办单位。

1981年1月，国合商业再次分设，基社随归县社。年末计有干部职工1304人，其中固定工877人。

1982年2月，农村商业改革初步展开。翌年12月上旬，各基社相继召开社员代表大会，恢复理事会、监事会设置。年末，各基社计有理事会、监事会正、副主任74人。共干部职工1409人，其中固定工853人。

1985年2月，县联社根据上级指示，参照外县经验，对基社经营管理结构进行改革。将原23个基社按经济区，划为7个大基社，下设16个分社。即建国基社辖要庄、军屯分社，武官寨基社辖西半屯、瓦子庄分社，饶阳店自成基社，郑口基社辖赵行、原隰、杏基、青罕分社，房庄基社辖三朗、梧茂、小庙分社，辛庄基社辖庙灵、里老分社，故城基社辖小屯、夏庄、袁庄分社。各分社除小屯、庙灵实行简易核算报账制外，其余分社仍独立核算，自负盈亏。仍强调必须接受基社的统一指挥和领导。各基社对分社实行人员统配、资金调剂、业务分权。

1987年，各基社设置未变。理事会、监事会正、副主任共67人，共干部职工1694人，其中固定工749人。是年，各基社设置未变，属社办集体所有制企业，时有干部职工1694人。是年8月，基社对门店班组推行利润定额、利润含酬、包干，几定到组、百分考核和租赁经营等多种形式的责任制，分配制度与管理制度得以创新。1989年10月，撤销小屯供销社，划归故城供销社管理。1991年3月，在县内建23所融政（政策宣传）、技（农业生产技术）、物（农业生产资料）为一体的“庄稼医院”。其中21所当年被上级验收合格，数量、质量均列全区第一。1992年初，各基社推行“四放开”，即放开经营、放开价格、放开分配、放开用工。6月，推行全员风险抵押承包，把人事权、经营权、分配权下放，由班组按年度上缴承包金。1993年，以饶阳店基社为样板示范社，在各基社推行承包承贷。1994年2月，部分基社实行“小并大”管理模式，要庄、西半屯供销社划归建国供销社管理，杏基供销社划归郑口供销社管理，梧茂、小庙供销社划归房庄供销社管理。1995年，杏基社与郑口社、小屯社与故城社、小庙社与房庄社先后分立，独立核算。饶阳店、青罕、建国、要庄四社相继建农资专业合作社，1998年，袁庄社投资20万元建一蔬菜批发市场，占地面积26000平方米，当年售蔬菜45万公斤，成交额30万元。是年，夏庄社、里老社成立农业生产资料供应专业合作社。1999年，房庄社建集贸市场，占地9500平方米，设摊位1200个，当年见效2万元。2000年12月，郑口社投资430万元建土产日杂装饰材料商城，占地面积6300平方米，翌年10月建成营业。2003年，建国社、里老社引入中化国际化肥贸易公司资金，建2个农资超市。2004年3月，房庄社与石家庄以岭药业集团在房庄乡联办药材收购养殖基地，投资1000万元，以土元、蝎子养殖为主，集养殖、加工、运销为一体，实行“公司+基地+农户”“农工商一体化、产加销一条龙”运营模式，实现产值610万元，带动800多农户从事土元养殖，养殖户当年增收290多万元。2008年，该社投资300万元建酸枣仁加工厂，该厂年设计加工能力1万吨，年产值5000万元，当年实现投产达效。2010年年末，各基社设置未变，理事会、监事会正、副主任共62人，干部职工359人。2011年，按照省、市社要求，对房庄、里老和建国三个基层社进行组织体制创新，创办“容大”“联兴”“众泰”3个农民专业合作社联合社；2012年，对辛庄供销社、袁庄供销社、瓦子庄供销社实施改造，是年，瓦子庄供销社完成整体改造，辛庄、袁庄二社完成主体建设；2016年，注册成立了13家乡镇农民专业合作社联合社和1家县级农民专业合作社联合社；组建故城县“三农”服务中心。

四、直属专业经营机构

加工机构　郑口、故城、武官寨3个油棉加工企业（简称油棉厂）。从计划经济的棉花专营时期至放开棉花市场管理，郑口油棉厂、故城油棉厂、武官寨油棉厂属县办工业企业，隶属县社管理，曾一度被称为支撑供销社经济的三驾马车，为供销社的发展发挥了积极作用。2008年，因其冗员多，历史包袱重，市场竞争力薄弱等问题逐渐显现，在政府主导下，进行了企业改制，资产、人员进行了置换。

储运机构　驻德州货栈：前身为故城县社驻德州航运办事处转运小组。1949年县社改建后，外地采购及当地上调货物储运，主要靠德州市航运局代办。故城县社驻德州航运办事处设转运小组。1957年2月，故城县社呈请德州市人民委员会批准，购地基15亩，在转运小组基础上建转运站，时称货场。1958年，该货场隶属故城县商业局，是年随故城县并入吴桥县，隶属吴桥县商业局。1961年5月，故城县复置后，复属故城县商业局辖。1962年国合分设后名故城县供销社驻德州货栈，1976年国合再度合并。1981年1月，国合商业再次分设后，县社货栈位于南院（即德州市豆腐巷南侧），货栈承担县社及所属单位购进或外调物资到达后的储存和中转，兼为其他用户提供同样服务。1987年年末，干部职工15人，有正、副经理各1人，固定资产净值48000元，库房53间，仓储面积4900平方米，年吞吐量6万吨。1995年，德州货栈撤销。

运输服务公司：1950年4月，县社业务部下设储运组，1952年11月，建保运科，1956年1月，易名为运输科，1957年7月，又易名为储运管理科。1958年5月—1962年9月先后并入吴桥县、故城县商业局。1962年9月，国合分设后易名为故城县供销合作社储运科（驻今郑口镇甘泉村北，后于1963年迁入郑口三道街南首），1965年迁于五大院村北。1970年，国合合并，遂名故城县商业局储运站，后于1975年迁至现广交路12号定址。1981年1月，国合分设后名故城县联社储运科。1984年8月，又易名为故城县联社运输服务公司。

1984年前，运输服务公司负责供销系统内部运输管理和车辆维修。是年始，运输和维修增加社会服务，并增办染料加工厂。其业务经营呈时亏时盈或基本平衡状态。1987年年末，公司干部职工34人，其中正、副经理各1人；汽车4部，汽车修理厂和染料加工厂各1处。1987年，划归棉麻公司。

五、收购批零兼营机构

副食品公司 1952年11月，县社供应科下设生活资料批发站，后副食业务分离建副食批发站。1957年7月，县社建食品副食经理部。1958年，先后并入吴桥县、故城县商业局副食经理部。1962年，国合分设，县社再建副食品经营部。1965年3月再划归国营食品公司。1981年1月，国合再次分设，副食业务复从国营食品公司划出，由县社建立副食品公司，定址于郑口镇徐庄村南原食品公司副食仓库处，占地面积30亩。

1983年，增设门市、零售业务。1985年，又增办食品加工厂，加工生产故城传统物产“龙须凤尾贡面”及糕点、食品。1986年，以公司为依托，组建松散式联合经营的蔬菜生产合作社，为农村种植业提供购销服务。1987年年末，干部职工70人，固定资产净值32.3万元，全年完成购进额201.7万元，销售236万元，实现利润2.2万元。

1989年，建食品加工厂，生产糕点类副食品。1998年1月，盐类经营业务自公司剥离，人、财、物一并划转，独立核算，称“故城县副食品盐业公司”。是年，公司仍实行承包经营，主要形式为生产加工与批发兼零售，经营设3个临街门店，面积450平方米，主营副食、果品及日杂百货等商品。随市场经济发展，行业内竞争激烈，2005年年末，年购进100万元，销售120万元，利税3万元。2007年，公司改制。

生产资料公司 1952年11月，生产资料业务自县社供应科划出，建生产资料批发站。1957年3月，易名为生产资料经理部，1958年，国合合并后随故城县并入吴桥县商业局生产资料经理部。1961年5月，故城县商业局恢复后再设生资料经营部，1962年，国合分设再归县社系统。1970年，商业组建后易名为生产资料批发站，1974年，易名为生产资料公司。

生产资料公司主要业务为批零兼营农业生产资料，主营种类系铁木制小农具、耕畜、种子、人畜粪、饼肥、化肥、农药、农药械、大中型农机具、塑料薄膜等。1987年年末，有干部职工77人，固定资产净值11.9万元，商品购进总值955.9万元，销售额1124.4万元，实现利税16万元。

1992年，成立故城县边境贸易公司。是年，先后在新疆建阿拉山口办事处，在黑龙江建黑河办事处，在内蒙古建满洲里办事处，1993年4月，建商贸生资总公司。投资100万元于康宁路建生资综合楼，建筑面积1796平方米。11月，建信达畜产品公司。1994年3月，建化肥农药公司、凯达农资绒毛公司、华联土特产品综合贸易公司，时将德州货栈并入化肥农药公司。是年4月，撤销黑河边境贸易公司。1995年9月，建农资服务中心。1996年2月，故城县编制委员会批准商贸生资总公司为科级单位。是年6月，满洲里边境贸易公司撤回。是年12月，故城县农业生产资料服务中心更名为故城县农业生产资料专业合作社。1998年8月，建河北省农资公司故城分公司。2003年4月，生产资料公司迁至郑口青年路北首。2009年，该公司设经理1人，副经理1人，内部设办公室、财务科、业务科，占地面积16000平方米，建筑面积4583平方米，设有仓库180间，宿办室50间，临街门市20间，主要经营农药、化肥、种子等农业生产资料，年购进2000万元，销售2200万元。2010年后，生产资料购销完全为个体私营经济所代替。

棉麻公司 1952年11月，棉麻业务由推销科划出，建原棉经营部。1954年5月，易名原棉科。1956年2月，县社棉花业务及其人员移交故城县农产品采购局，原棉科撤销。1957年下半年，棉花业务归供销社经营，县社设棉烟麻经理部。国合合并后与土特产品经销部合一，名县商业局农产品采购经理部。翌年10月，随故城县并入吴桥县商业局农产品采购经销部。1961年5月，随故城县复置，县商业局复设农产品采购经理部，至1962年9月，国合分设重归县社所属。是年10—12月，棉花业务又从农产品采购经理部（土产杂品经理部）划出，建县社棉麻经理部，驻县社大楼东侧。1970年，县革委会建粮棉组，经理部属粮棉组，1972年10月，又归县商业局棉麻公司。1976年，公司驻地迁于广交路。1981年1月，国合分设，棉麻公司划归县社。

1987年年末，干部职工101人，正、副经理3人，固定资产净值282万元，经营商品棉利润42万元。1986年，商业部投资兴建为地区社代营的位于里老乡皮婆屯棉花中转站，由棉麻公司管理，时有干部职工42人，其中副经理2人。

1981年1月定名为“故城县供销合作社联合社棉麻公司”。1987年，公司由广交路迁至康宁路西首北侧，与县社驻一处，有干部职工62人，辖五户、兀兰屯棉花收购站及颜料厂、印刷厂、棉机件经营部、汽修厂等工副企业，固定资产220万元。1993年4月，建棉麻总公司。1995年8月，创办县、乡两级棉花专业合作社。1996年2月，县编制委员会批准该总公司为正科级单位。1999年，该公司申请注册“晶雪牌”棉花品牌，当年被河北省质量兴省、名牌兴企战略领导小组等六部门评为名牌产品，被全国品牌棉花评审委员会等权威部门评为“中国十大名牌棉花”。2002年8月，棉麻总公司撤销，其原属机构由县社直属管理。

土产日杂与畜产废旧物资回收公司 其前身为县社土产经营部。1952年11月，土产公司从推销科划出，建土产经营部，与县社机关驻一处。1956年7月，又易名土特产品经营部。1958年5月，国合合并后，与棉烟麻经理部合一，名农产品采购经理部，是年10月，随故城县并入吴桥县商业局农产品采购经理部，1962年9月，国合分设再归县社，名土产杂品经理部。1970年，商业组建立后易名土产废品批发站，驻地由县社大楼迁至五大院村北。1974年，易名为土产公司。1975年，易名为土产外贸公司。1980年9月，易名为县商业局土畜产公司。1981年1月，国合分设重归县社。1984年1月，易名故城县供销合作联合社土畜产公司。

其主要业务系批零兼营土产日杂、生产资料、建材、瓷器等，收购、推销畜产、废旧物资及其他农副业土特产品。

1986年9月，公司分设为土产日杂公司、畜产废旧物资回收公司。1987年年末，土产日杂公司有正、副经理各1人，共干部职工67人，固定资产净值87万元，销售总额383万元，实现利润1000元。畜产品废旧物资回收公司有正、副经理各1人，共干部职工72人，固定资产净值75000元，销售额118万元，实现利润1200元。另，设建筑公司、皮毛公司。20世纪90年代，逐渐萧条，以班组承包方式经营。1993年4月，并入商贸生资总公司。

供销旅馆 位于郑口镇二道街北端路西，县社机关大楼北邻，占地面积4.58亩，为县社直属独立核算饮食服务企业。

供销旅馆建于1981年1月，1982年，曾交郑口供销社经营管理，名郑口供销旅馆。1983年，为县社直属单位并独立核算。1984年，定名供销旅馆。其主要业务为过往旅客和机关、团体、企事业单位提供食宿、办公服务，亦对外包办酒席承办宴会，并设小卖部供应客人日常生活用品。1987年年末，干部职工26人，其中副经理1人，二级厨师1人，三级厨师2人。客房25间，床位71张。大小餐厅各1座，雅座6间。另有会议室、锅炉室、宿办室等配套设施。固定资产3.8万元，年经营额27万元，实现利润1万元。随着市场经济改革，转变为个体经营。

果菜冷储库 县社与郑口镇五户村合资联营仓储企业。建于1986年5月，是年9月投入使用。

位于五户村南，占地面积6.8亩，库房面积1200平方米，果菜储量750吨。主要设施有制冷机3台、风机3台，另有变压器、冷却塔等供电调温设施。

经营方式系商农联营，独立核算，自购自储自销，联营双方对等投资、管理、分红、摊派。设副主任2人（双方各1人）。县社方干部职工10人。20世纪80—90年代，平均每年商品购进值70万元，储量485吨，销售88万元，实现年利润1.5万元。21世纪始，改为个人承包经营模式。

棉花专业合作社 1995年6月，为遏制1992年以来棉花生产连续滑坡的局面，棉麻总公司向县政府提交《故城县棉麻总公司关于创办“故城县棉花专业合作社”大力扶持发展棉花生产的报告》，县政府以“故政〔1995〕22号”发文予以批准，是年8月，故城县棉花专业合作社成立并召开第一次社员代表大会。棉麻总公司兼为县棉花专业合作社，棉纺厂及总公司所属23个棉厂（站）兼为基层棉花专业合作社，县、乡两级专业社时有入社社员48353户，社员股金53.5万元。1995年，该社在县内实施“优种示范田”工程，当年示范村达35个，示范面积12000亩。1996年，在县内进行植棉新技术成果实验。1997年，在西半屯、里老、五户等乡村建棉花发展基地1300亩，推广种植转基因抗虫棉“33B”，较其他棉田每亩增收节支300元。1998年，在县内实施“四个一工程”，即每个基层社各承包一个100～1000亩的棉花高产示范方田；每个基层社各抓好一个10～100亩的夏播棉高产示范田；每个基层社各搞好一个10～100亩的棉花立体间作高产示范试验田；抓好1000户高产示范户。工程涉及棉田面积60000亩，亩均单产籽棉252公斤，农民增收1000多万元。1999年，全县推广种植转基因抗虫棉“33B”13万亩。21世纪始，随市场经济体制逐步确立与完善，棉花资源由市场配置，棉花生产受市场经济作用明显，种植自由性、交售随机性、经济诱导性增大，棉花专业合作社合作机制、约束机制与服务职能弱化。随着该趋势进一步加剧，县、乡两级棉花专业合作社功能大减，影响带动能力极为削弱，逐渐转换为个体私营模式。

县果品专业合作社 始建于1986年2月，前身为果品公司（五户冷库），位于故城县后沙岗村东，邢德公路北侧，隶属于故城县供销合作社联合社，独立核算企业。占地面积3000平方米，原建恒温库一座，仓储总量750吨。1995年前，由县社与五户村合营，主营各种地产水果、蔬菜。1995年5月，建果品专业合作社，时有入社社员2000户，股金60万元。1997年5月，果品公司自专业合作社剥离，独立经营。1998年，实行内部职工承包，为果农实行“三代制（代储、代运、代销）”经营，业务辐射河北、山东两省四县40多个乡镇，每年为果农销售各种果品350多万公斤。2000年，该社被衡水市农业产业化办公室评为“龙头企业”。该社占地面积8100平方米，建有一座1500吨恒温库，固定资产400万元，入社社员120户，入社股金2.4万元。后逐渐转换为个体私营模式。

美术颜料厂 始建于1985年，位于县城广交路中部，占地面积1200平方米，时设厂长1人，干部职工14人，生产设备有研磨机2台，主要产品为普通广告色，年产值10万元。1993年该厂对内狠抓产品质量管理，创新技术生产工艺，研发适应市场需求的新产品，质量、品种、规格均有提高；当年实现产值30万元，创效益8万元。1996年增上研磨机8台，高速分散机1台，灌装机10台；是年，申请注册了“青竹牌”产品商标，1998年，颜料厂改制，改名为青竹颜料有限公司。2002年，该厂被河北省质量检验协会授予“服务、质量双满意单位”。企业生产规模与经济实力日益增强，至2003年，企业新增生产设备105台（套），产品由原来单一广告颜料发展为丙烯画颜料、油画颜料、水彩颜料、水粉颜料、中国画颜料、广告画颜料、涂布颜料、玻璃画颜料、陶瓷画颜料、蜡笔、油画棒十大类，200多个品种与规格，年产值1000万元，产品国内销往北京、上海、沈阳、天津等28个省、市和地区，国外销往美国、欧洲、东南亚、中东地区等国家，产品符合美国ASTMD-4236安全标准和欧共体EN71-3安全标准。是年，该厂被中国文体用品协会评为理事单位。2005年年末，固定资产500多万元，占地面积10000余平方米。2008年8月，该公司整体搬迁至故城县经济技术开发区。

县棉纺织厂 始建于1988年8月，位于县城京杭大街中段西侧，生产规模为纱锭（环锭纺）31080枚，气流纺336头，主要生产纯棉纱、涤棉混纺纱及涤纱。设计年生产能力3500吨。机构设厂办室、劳资科、财务科、供销科、生产技术科、设备科、保卫科、基建科、总务科，生产设清花、前纺、细纺、后纺、机电、维修6个车间。1992年，申报注册“财达”“中发”两个商标，沿用至1999年年末。1997年5月15日，该厂与韩国有荣流通株式会社达成合资新上无纺布项目建议书，是年11月26日，成为合资企业，定名为“衡水衡荣无纺布有限公司”。1999年6月，企业更名为“衡水衡荣制线有限公司”。

2001年6月，发动员工自愿入股成立“故城县银龙工贸有限公司”。2001—2003年，经长城资产管理公司石家庄办事处与衡水衡荣制线有限公司协商，对中国长城资产管理公司所有38%的资产重新评估，以总值750万元的价格转让给衡水衡荣制线有限公司。至此，衡水衡荣制线有限公司合资双方为：故城县银龙工贸有限公司和台湾祯兴实业有限公司；该公司设总经理1人，副总经理1人，下设生产部、经贸部和8个科室、6个车间，生产规模与产品在原棉纺织厂31080枚纱锭基础上，增加环锭纺8856枚纱锭生产能力和21888枚线锭纺深加工能力，产品由单纱转产加工缝纫线。是年，公司获得自营进出口权，创汇414.64万美元。2002年，公司管理基本纳入ISO9001:2000质量管理模式。2005年，创汇385.9万美元。被授予“河北省外经贸工作先进单位”“出口创汇先进企业”等多项称号。2009年，衡荣有限公司合资合作营业期到限，产品销售难以保障，厂区列入美林水岸住宅小区规划建设中，按国家规定实施清算改制。

梧茂棉花加工厂　始建于1983年，前身为梧茂棉站，位于原梧茂乡梧茂村，占地面积7326平方米，固定资产30万元。1993年，隶属棉麻总公司，时有干部职工12人，承担全乡棉花收购、调拨任务，年收购籽棉100万公斤。1999年，划归郑口油棉厂，2001年，自郑口油棉厂剥离，棉麻总公司投资130万元组建棉花加工厂，时新建厂房700平方米，宿办室450平方米，置88片锯齿轧花机1台、200型打包机1台、皮清机1台、脱绒机6台及附属配套设施，年设计籽棉加工能力300万公斤，是年，更名为故城县梧茂棉花加工厂。占地面积13320平方米，建筑面积2000平方米，固定资产140万元。隶属故城县供销合作社联合社，由棉麻公司管理，2002年，棉麻公司撤销，加工厂改换为承包经营体制。

烟花爆竹采购供应站　始建于2003年7月，位于县武装部民兵训练基地北，距县城8公里，占地面积11000平方米，建筑面积560平方米，固定资产30万元。为烟花爆竹专营单位，隶属于故城县供销合作社联合社，主要经营烟花爆竹及从属系列产品。1997年始，实行鞭炮专营。2002年11月，成立故城县烟花爆竹安全经营管理办公室，负责对县烟花爆竹经营单位进行运输、保管、储存、销售、安全教育、销售点审批和核发许可证等管理工作。2003年，组建故城县烟花爆竹采购供应站。设立机构、配置人员，并建立健全各项规章制度及操作规程。该采购供应站组建以来，坚持安全第一，采购实行非正规厂家、非合法渠道、非质检合格产品“三不进”，运输、保管、储存、销售实行全程管控，销售点与核发许可证实行地点、人员、经营资质“三审核”，并应季进行安全教育，确保了县内烟花爆竹经营安全与市场保障。2010年，为股份制企业。

六、网点分布

县社建立初期，网点分布稀疏，设施简陋，层次单一，门类短缺。1950年年末，全县仅有33个供销网点。

伴随农村经济发展和商业体制、行政区域、经营范围、经营规模、管理层次变化，适时对机构网点进行规划调整，1987年年末，全县共有供销商业经营网点460个。其中县城20个，乡村430个，一个收购、销售、加工、生产、仓储、运输、技术服务综合配套的农村商业网络初步形成。20世纪90年代末，销售网点达1261个。21世纪，私营个体商业迅速发展，遍布县域各地，极大方便了居民生活。

第三章　经营场所

中华民国时期，域内县城和较大集镇都有一定数量的商铺和门店。中华人民共和国成立初期，农村集市是农民交易的主要场所，店铺经营以个体私营为主。私营商业改造后县商业局、供销社系统的公司门店遍布县城和农村，私营店铺基本被取缔，个体商贩在农村集市贸易仍较活跃，时县内有城乡集市23个。1966—1976年，推行“社会主义大集”，农村集市受到冲击。改革开放后，县商务局和供销社建起一些大型商场和门店，个体私营商户如雨后春笋迅速增长。20世纪90年代前，县城内门店多分布在二道街；2009年年末，县区内门店数量6602户，分布在中华街、体育街、京杭大街、青年路、康宁路、顺达路、幸福路等县城主要街道，形成农机、蔬菜批发等主要市场，城乡集市发展到28个。

第一节　综合商场　超市

一、综合商场

百货商场　始建于1984年，位于县城二道街南段东侧营业面积2076平方米，主体为三层营业楼，主营大小百货、日化洗涤、文体用品、针织布匹、钟表缝纫及服装六大类商品。商场原隶属百货公司，1992年2月升格为直属商业局的独立法人企业。1995年前，商场经营活跃，曾是国有商业的骨干企业。随着县城西扩和商业区的逐渐西移，商场失去地理位置优势，经营亦受到严重影响。2000年后，商场业务停止，职工部分调往系统内其他单位，部分离岗自谋职业，商场营业楼对外出租。

供销大楼 为县社直属批零兼营独立核算企业，建于1985年6月。

此楼位于郑口镇农贸市场（东阳市场）西北端，建筑面积2500平方米，营业面积1500平方米。内分批发、零售，下设16个班组。主营商品

20世纪80年代的供销大楼

20余种类，并设家电、钟表维修等服务项目，办理代购代销业务。1987年年末，干部职工97人，其中经理1人、副经理2人。固定资产净值78.5万元、商品购进368万元、销售373万元。上缴税金8.65万元。1995年，销售额408万元。21世纪初，受市场个体经营冲击破产。

人民商场 始建于1992年，位于县城青年街与广交路交叉路口西南角，由隶属百货公司的青年商场和隶属纺织品公司的针纺楼及第三零售商店合并而成。其时，商场主体除针纺楼为二层外，其他均为一层，商场营业面积1750平方米，主要经营大小百货、针织布匹、文体用品、日化洗涤、钟表缝纫、服装及副食七大类商品，品种17000多种。1995年、1997年，商场营业楼曾经过两次改建，改建后的营业楼为主体二层，局部三层，营业面积2900平方米。2005年商场干部职工193人，为国有商业骨干企业，亦为全县较大商场之一。2006年因城建拆迁，商场拆除破产。

鸿运五交化大楼 位于县城广交路中段南侧。人民商场西邻，原为五交化公司所属的五交化大楼。2003年8月，自五交化公司析出，成为直属县市场贸易办公室的独立法人企业。大楼主体为二层砖混结构，营业面积1400平方米，为全县经营五金、交电、化工类商品的专业商场。2005年共有干部职工113人。2006年大楼破产并拆除。

商业大厦 位于县城青年街与广交路交叉口东北角，与人民商场隔街相望。始建于1992年，翌年12月建成营业，大厦主体为框架式砖混结构，主体4层，局部5层，内部为旋转式错层布局，营业面积4700平方米，主营百货、针纺、文体、日化、服装、鞋类、五金、交电八大类商品，为全县较大购物场所之一。大厦建成之初，由人民商场、五交化公司、针纺公司、糖酒公司、百货商场6家企业联合经营，进厦经营柜组由大厦统一管理。1997年进厦经营柜组全部划归大厦。21世纪，超市兴起，市场经济繁荣，商厦日渐萧条，后渐改为租赁主营家具商场。

广源家电有限公司 前身广源家电音响城成立于1998年，2004年正式注册为故城县广源家电有限公司。商场坐落于县城广交路中段，面积近30000平方米，经营范围包括家电数码、建材家居、百货商场、电子商务等。商厦三楼设有健身会所、儿童乐园等。公司有员工240余人，经营网络覆盖本县城乡及山东、河北周边各县市。

广源家电外景

银龙家具家电城 始建于1997年3月，位于县城广交路中部南侧，占地面积2600平方米，以家具经营为主。经营品种150多个，家电城始建

于1998年3月，11月投入运营，位于家具城东侧，与家具城相连，占地面积2600平方米，以家电经营为主，兼营摩托车、自行车、五金电料等商品。商品汇聚国内170多个名优家电品牌。2004年，为提高该家具家电城市场竞争力，优化购物环境，投资20万元装修精品营业厅2000平方米。是年，县内家具家电经营业户由原来70家猛增至220家，其经营直接辐射周边各县市。2006年，家具家电城改制，资产、人员均置换。

二、超市

21世纪初，域内开始出现个体超市，有故城县东方第一超市、物美超市、昌明超市等。2010—2018年，域内已有多家现代化超市。超市内配有购物用车、筐、袋方便顾客，所购物品由收银员用计算机逐一扫描商品条形码计价打印购物清单，顾客以现金、信用卡付费，后以手机微信、支付宝付费为主。除有开设19家连锁分店的昌明超市，还有信之誉商厦、信誉楼百货商厦、盐百广场购物、商储连锁等多家超市。

昌明购物中心　开设于2003年，共在域内开设19家店，1家总店，14家分店，乡镇分店4家，营业总面积共计20000平方米，总店2011年1月1日开业，位于广交路，有员工360人，2018年销售额达8000万元，纳税32万元。

昌明购物中心外景

故城盐百奥友购物广场有限公司　占地面积21亩，营业面积2万平方米，于2015年11月28日开业，现有员工192人，2018年，销售额6314.59万元，纳税163.66万元。

信誉楼百货有限公司（故城店）　位于郑口镇幸福路与京杭大街交叉口西，营业面积14000平方米，经营项目涵盖万余种商品，是一家大型综合零售企业。该公司于2017年9月28日开业，有员工380人，2018年，销售额10152万元，纳税129万元。

信誉楼百货故城店外景

双隆信誉商厦有限公司　坐落于故城县的最繁华位置，京杭大街与广交路的交叉口东南侧，占地面积7905.5平方米，商场主体营业面积20000平方米。2012年5月1日正式营业，员工数量400余人。2018年销售额1176万元，增值税纳税额42万元。

第二节　市　场

一、集贸市场

集市　明万历年间（1573—1620年），故城镇逢农历（下同）单日为集，每月集日15天。临津街逢一、三日，弦歌巷逢五日，舞雩街逢七日，鸣玉街逢九日。郑口镇原集日无定期，至明成化元年（1465年）知府贾忠令以五日为市。三朗镇逢二、七日为市。至清光绪年间（1875—1908年）全县发展到城内文庙前、城外真武庙前、罗小营、夏家庄、三朗、青罕、西原隰、西辛庄、窦堡店、大马坊、小马坊、小庙12处集市，商品种类、数量远近闻名。

1938年，郑口水运码头商品贸易波及数百里，大宗货物经水路运抵郑口。尔后德州、衡水、邢台、大名商人以车辆外运。郑口商品流通的发展，为县内其他集市带来生机。时县城内外集市两处，逢农历一、五、九城里集，二、七城外集。辛庄集坐落于西辛庄，以牛驴、猪羊上市量为多，兼有各种农副产品、禽蛋类、蔬菜、水果等交易。三朗集则以手工制品上市多、质量好而闻名，各地客商、域内百姓多来集市采购。

1963年，全县12处集市，郑口日流量突破3万人。1964年年末，因与山东武城县区划调整，全县集市增至16处。“文化大革命”时期受“左”的思想影响，传统的“插花集”（附近集日交错）改为统一的农历一、六日。1979年始，恢复16个插花集，并发展新集市。1987年年末，全县集市达23处，上市个体摊点4084户、9129人，上市商品900余类，全县年赶集900余万人次，成交额2065万元。至2018年年末，域内集市仍保留23处，商品交易种类、成交额未做统计。

庙会（物资交流会） 即设于古庙附近，以古庙名称命名。多有戏班及其他民间艺术表演，并有进庙焚香许愿之人，系集文化、艺术、迷信活动和商品交流为一体的民间聚会。清光绪年间全县庙会5处，其中，故城镇庙会2处：城隍庙会每年农历（下同）六月初六与十月十五日各一次，每次4天；东岳庙会每年三月二十五日一次，4天；三朗镇、高邮务（时为贾务、于务、李务、孟务、王务、孙务）、小庙各四月庙会1次。至1945年，全县庙会18处，设于郑口、故城、建国、饶阳店、万庄、刘庙、毛店、前排、叩店、刘堂、付官屯、李官屯、垂麦、瓦子庄（上述建国及以下等12村原武城县辖）、大马坊、高务、杨付屯、小庙，一般每年春秋各一次。

故城县主要集市概况一览表

表10-6

集　名	立集时间	解放初日期	消失时间	1987年日期
郑　口	明代	四、八、十	—	四、八、十大集，二、六小集
故　城	明代	一、三、五、七、九	—	一、三、五、七、九
辛　庄	清代	二、七	—	二、七
夏　庄	清代	一、六	—	五、十
房　庄	—	四、九	—	四、九
青　罕	清代	一、六	—	一、六
里　老	—	二、七	—	二、七
原　隰	清代	一、六	—	一、六
袁　庄	—	—	—	五、十
杏　基	—	—	—	五、十
白佛寺	—	—	—	二、七
邢　庄	—	—	—	五、十
南岭踪	—	一、六	1960年	—
小　庙	—	五、十	—	一、六
三　朗	明代	二、七	—	二、七
梧　茂	—	—	—	三、八
建　国	隋开皇元年—九年（581—589年）	四、九	—	四、九
军　屯	—	五、十	—	五、十
赵　行	清光绪六年（1880）年	一、六	—	五、十
草　寺	—	二、七	1966年	—

续表 10-6

集　名	立集时间	解放初日期	消失时间	1987 年日期
武官寨	明洪武三十一年（1398 年）	二、七	—	二、七
饶阳店	—	三、八	—	三、八
李官屯	—	五、十	1966 年	—
郑儒林	—	四、九	—	四、九
瓦子庄	—	一、六	—	一、六
要　庄	1985 年	—	—	二、七
赵　庄	—	—	1966 年	—
李　店	—	—	1942 年	—
曹官店	—	—	1955 年	—

说明：1. 集日日期为农历

2. 表内“—”为查无来源或无内容

1945 年，庙会消极内容逐渐取消，演变为物资交流会，间有文艺、杂技等团体演出助兴，男女老少赶会（习惯称谓）兴致仍不减当年。1948 年，县城郑口举办首届物资交流会，于今故河街处，后几经兴衰，至 1966 年消失。

1979 年，伴随商品生产发展，较大乡镇多次于驻地举办物资交流会。郑口规模最大，1982 年秋季交流会，11 天成交额达 137 万元（工商业户 48 万元，供销合作社 52 万元，国营商业 37 万元）。20 世纪及以前的物资交流会成为城乡人民进行商品交换、文化娱乐不可缺少的组成部分，21 世纪后，随着市场经济的发展，超市等兴起，商品日渐丰富，各地的物资交流会逐渐成为历史。

1979—1987 年郑口历届物资交流大会统计表

表 10-7

年　度		会期（天）	起止日期	成交总额（元）	备　注
1979	春季	7	5 月 4—10 日	240778	5 月
	秋季	7	10 月	219087	10 月
1980	春季	12	5 月 27 日—6 月 7 日	123000	交流会期间
	秋季	13	10 月 15—27 日	137000	交流会期间
1981	春季	9	4 月 28 日—5 月 6 日	422885	5 月
	秋季	8	10 月 28 日—11 月 4 日	605403	11 月
1982	春季	15	4 月 29 日—5 月 4 日	593738	5 月
	秋季	11	10 月 24 日—11 月 3 日	1370000	交流会期间
1983	春季	7	4 月 29 日—5 月 6 日	636015	5 月
	秋季	14	10 月 22 日—11 月 4 日	1145880	11 月
1984	春季	11	5 月 10—20 日	838450	5 月
	秋季	9	10 月 29 日—11 月 7 日	1231075	11 月

续表 10-7

年　度		会期（天）	起止日期	成交总额（元）	备　注
1985	春季	10	5 月 12—21 日	884095	5 月
	秋季	9	10 月 29 日—11 月 7 日	1197100	11 月
1986	春季	10	5 月 15—24 日	894910	5 月
	秋季	7	11 月 9—15 日	497290	交流会期间
1987	春季	10	5 月 15—24 日	215000	交流会期间
	秋季	10	10 月 25 日—11 月 5 日	110000	交流会期间

说明：多数交流会期间成交额未单独统计，故以交流会期间月份成交额表示

二、专业市场

东阳市场　始建于1984年4月8日，1985年5月竣工投入使用。1988年10月前，名郑口贸易市场。据清光绪《故城县志》载，隋开皇六年（586年）故城地属东阳县。溯历史之属地，取东方太阳之吉意，故于1988年10月易名为东阳市场。

东阳市场位于故城县城东南隅，东临卫运河与山东武城县隔河相望，以桥相连，西靠邢（台）德（州）公路，地理位置优越。

东阳市场为大院化、顶棚化、柜台化综合性贸易市场。由中心市场和以供销大楼为主体的国营、集体商业楼群两大部分组成。南北长227米、东西宽150米，占地34050平方米。市场以楼房为主，辅之平房和顶棚，总建筑面积18313平方米，截至1990年7月，总投资492.2万元，其中县政府投资7万元，工商行政管理局投资70万元，企业和群众集资415.2万元。

中心市场建有固定门店102个，其中东西两侧为二层商业楼，共4栋224间，建筑面积4572平方米，固定门店73个；南北两端为平房门店，共45间，建筑面积815平方米，固定门店29个。

院内广场11730平方米，全部为顶棚市场，建有钢架结构、轻型玻璃钢罩顶，东西走向顶棚22栋，建筑面积5332平方米。辅之水泥结构背靠背两面营业售货台，设摊位1173个。其中2米摊位336个、1米摊位837个。

东阳市场有固定坐商600余户，并可容纳临商1500余户。市场内有商业、饮食、服务、手工、修理等五大行业。设成衣、布匹、百货、缝纫、杂货、烟酒、糕点、熟食、副食、扒鸡、熟肉、生肉、干鲜鱼、果品、蔬菜、调味品、蛋禽等市面。

市场服务亭位于市场中央，名兆隆阁，仿古造型，上下两层，底层系管理服务室，上层为宣传警卫室。集实用性、艺术性和观赏性为一体，为整个市场管理和服务中心。

市场大门为水泥钢筋质仿古建筑，名浩运楼，雕梁画栋，歇山式琉璃瓦飞檐，古色古香，为市场增添色彩。

供销大楼、经委服务楼、农行营业所、甘陵酒家、个协服务楼位于市场北端，为二三层楼房。供销大楼商品齐全，为县城最大商业楼；甘陵酒家、经委服务楼除经营部分日用品外，主要经营饭店、旅馆，可同时接待百余人就餐，50人住宿；个体服务楼由县个体劳动者协会投资兴建，系专为个体劳动者服务场所，设有游艺室、阅览室、招待所、医疗室、理发室、餐厅和幼儿园等服务设施。

东阳市场全面实行规范化管理，建立和实行岗位责任制、两公开一监督（办事制度、办事效果公开，接受群众监督）、编号定位、对号入市、行业管理标准、摊位证、卫生管理、档案管理、宣传教育、评比竞赛等制度。

东阳市场有较健全的服务设施和服务项目，实行系列化服务。广播室每天坚持4小时以上广播宣传；咨询服务部自早7时至10时，坚持宣传政策法规、介绍行情、解答问题、传递信息、代寄信函、代存物品；服务厅内设群众监督台、所长办公席、摊位安排处、咨询服务处、合同纠纷调解处，可随时接待来访群众，处理市场发生问题；治安派出所

昼夜值班，会同工商管理人员维护市场秩序及人民生命、财产安全；市场还设有医疗点4处、储蓄所3个、理发室4个，并备有邮政信筒、公平尺秤、扫帚、簸箕、针线包等便民用具用品。

1988年的东阳市场

东阳市场自投放使用以来，日益繁荣兴旺，经济效益和社会效益逐年提高。年商品成交额达千万元，市场管理费和税收成倍增长。

1986年，在创建"文明集贸市场"活动中，东阳市场连续4年获地区文明集贸市场称号，连续3年获省级文明集贸市场称号，1988年，被国家工商行政管理局命名为"全国文明集贸市场"。

王园子市场　1989年10月建成，占地121亩。复兴路以南为一期工程，占地51.5亩，其中东、南、西三面占地25.8亩，建二层以上楼房，建筑面积8430平方米，投资193.9万元，容纳固定商户50户，以刹车片、农机配件和生产资料为主。场内占地25.3亩，以蔬菜、水产、副食为主。复兴路以北为二期工程，占地65亩，其中市场占地56亩，有县机电设备公司投资，建成一个封闭式，顶棚式的以农用运输车，拖拉机为主的机动车辆专业市场。21世纪，大型现代化农业机械走向市场。销售日渐萧条。集市仍于此处。

蔬菜专业市场　于1995年秋兴建，位于东阳市场南，东到运河大堤西到青年路，全长600米，宽50米。有固定批发商家10户，运输机动车10辆，经营大宗蔬菜品种15种，日批发量10吨，辐射全县各乡镇及周边县，经营的应时蔬菜主要从石家庄和山东的寿光、德州等地进货。每日9时前批发最盛，至2018年，仍是蔬菜批发中心，发挥着重要作用。

建材市场　1995年3月建立，占地80亩，充分利用郑口紧邻德州、王瞳两个火车站的有利条件，由郑口五大院村投资兴办，县工商局管理。市场内有经营户46个，经营品种有圆木、檩材、板材、椽子等，年销售量2000立方米，辐射周边六县（景县、枣强、南宫、清河、夏津、武城）。市场内有专业运输队、装卸工，极大方便用户。

机动车辆专业市场　1998年建成，位于王园子市场福兴路以北，占地56亩，由县机电设备公司投资建设。以拖拉机、农用运输车辆为主。市场内建有大棚10座，全部为钢管角铁结构，玻璃钢瓦罩顶，路面全部硬化。2010年，销售小拖拉机1.3万台，农用运输车600余辆、农机配件200多万元，年销售收入1.5亿元，实现利税250万元。全部为个体私营性质。

商业一条街　于1999年11月8日正式启用，原为一条排水沟，1998年4月，动工改造为商业街，坐落于中华街至体育街，再至京杭大街两个自然段，全长1000米，两侧门店320间，路中心安排摊位320个。东西两段分别实行分行划市，安排有熟肉食、水产调料、蔬菜、干鲜果品、副食日用杂品，形成以食品为主的综合市场，为故城县的主要商品集散地之一。21世纪，熟食、蔬菜、果品等商铺迁出。多为成衣店、制衣店、养生馆等店面。

第四章　饮食服务业

明清时期，位于大运河畔的郑口镇是商贸繁华重镇，远近闻名。一、二、三道街店铺鳞次栉比，每逢四、八大集，街道上行人摩肩接踵，川流不息。二道街为主商业街，东西两侧有多家饭馆、茶馆、理发馆、裁缝铺、馃子铺、特色小吃铺。中华人民共和国成立后，县城内规模较大酒馆5家。1954年，供销系统有酒馆2家。1955年，郑口、故城、房庄、辛庄、青罕、原隰、夏庄7个基层供销社，各有公私合营副食商店2个，下设货摊及门市部（组）13个，从业人员128人，其中实行定息的私方人员93户122人。服务业商店3个，下设摊点8个，从业人员46人，实行定息的私方人员7户7人。主要门类为饭店、旅馆、理发、照相、修理等，多集中于郑口、故城两大集镇。

1958年，饮食服务机构随各基层供销社改由国营商业管理。1962年国合分设后，除郑口原有饮食服务机构基层供销社未重设外，其余基层供销社饮食服务机构得以延续保留。国营饮食业先后于1971年、1973年建工农兵商店、饮食服务公司、商业局招待所。1981年1月，县社于郑口建立首家直属饮食服务机构——县社招待所（今供销旅馆前身）。

1987年，国营饮食服务公司所属营业单位共15个，分7大行业。其中：饭店2家、旅馆2家、理发店1家、照相馆2家、工业品门市部5家、浴池1家、批发部2家。饭店、旅馆、理发、照相业共有干部职工86人。供销系统有饮食、服务网点41家，其中饭店19家、照相馆19家、理发馆3家。从业人员68人。国营系统营业收入100万元，利润1.3万元。供销系统营业收入571万元，利润3.76万元。21世纪，个体经营占市场主导，2018年，域内餐饮服务单位达750家。其他包含理发、影楼、浴池等服务单位628家。服务行业从业人员达1万多人。

第一节　主要行业

一、住宿业

郑口镇是古运河码头。自古商贾云集，经商业主，往来密集。中华人民共和国成立前，客商大多投宿大车店或者客栈。大车店环境简陋，但价格便宜，住宿客人一般睡通铺。客栈环境相对好些，有独立的房间，有些客栈可为客人提供饭菜。20世纪80年代前，县委、县政府建有招待所，地址分别在一道街北段西侧；康宁路东首路北青年闸渠东岸为公营性质，后建县社招待所、商业局招待所等。20世纪80年代末，故城县建有政府招待所。90年代改建故城宾馆（于2015年改制）。随后，私营旅店、宾馆业开始兴起。21世纪，域内出现加盟连锁酒店、宾馆，如“速8快捷酒店”“7天快捷酒店”“榴莲糖果酒店”等。2012年建成金都大酒店，主楼高16层，有客房136间。2018年年末，域内有从事宾馆住宿业经营89家、酒店注册企业78家，日接待能力达5000人以上。

二、餐饮业

明清至民国时期，域内主要街道有饭店、茶馆、酒肆、馃子铺、小吃铺多家。最具特色的名吃有扒鸡、烧鸽、熏肉、糖馃子、挂面、焖饼、肉饼、吊炉火烧等。中华人民共和国成立后，国营、集体饭店大多集中在县城、乡镇驻地只有不具规模的饭店。改革开放后，域内城乡既有可以承办宴席的大、中型酒楼饭店，也有以经营早点、小吃为主的各色早点摊、小吃店、快餐车和烧烤店、摊。2018年年末，域内从事餐饮酒店的注册企业有78家，餐饮类个体经营者1660家。

三、洗理、美容、保健、瘦身养生

洗浴　中华民国时期，县城建有澡堂。20世纪50年代，在三道街南段路西建有公办浴池。70年代，在一道街北段路西建国营“大众浴池”，90年代初关闭。原县社旅馆、钢丝绳厂、酒厂、棉纺厂等单位建有内部澡堂。改革开放后，私营浴池逐渐兴起，设施条件越来越好。21世纪，浴池从环境、装修、设施都更加完善，如永康温泉洗浴休闲、怡水温泉洗浴中心、天一池、三千水洗浴中心等。2018年年末，域内有洗浴服务35家。

理发　传统称为剃头，清朝时期男人把前额头发剃光，脑后留辫子。中华人民共和国成立初期，男子兴起光头、平头、背头等发型。理发师除了使用传统的剃头刀剪外，开始用推剪理发。中华人民共和国成立后，域内女性开始进理发店修剪头发。20世纪70年代，在二道街大礼堂对面设有国营理发馆。20世纪80年代，私营理发店兴起，理、烫、染、吹、养发护理等，花样繁多。21世纪，理发不再仅仅是传统的修剪头发，逐渐成为美发，注重发型的新潮，更注重头发的保养护理。2018年年末，域内从事理发行业经营商户达234家。

美容　20世纪90年代兴起美容护理新行业，人们开始追求形象完美。最初的美容院主要是为女性做面部皮肤护理、头部按摩，21世纪，美容护理进一步提升服务，女性美容从面部护理逐渐发展到肩颈、胸部、臀部等身体各部位护理、按摩。域内开业较早、规模较大的美容院有雅芳美容院、郑明明皇家美容会所等。2018年年末，域内从事美容服务的有490家。

保健 20世纪90年代，人们的保健意识增强，按摩、足疗等保健业逐渐兴起。2018年年末，域内有保健按摩服务门店59家。

瘦身养生 21世纪，女性更加追求形体完美，瘦身养生行业兴起。2018年年末，经营瘦身养生商户有44家。

四、健身娱乐业

20世纪90年代，健身房、台球厅、歌舞厅、棋牌室等健身娱乐业兴起，2018年年末，域内有歌厅13家，健身、台球厅43家。棋牌室分布较广，在各小区和一些街道均有分布。

五、摄影、录像、婚庆业

摄影俗称照相，中华人民共和国成立后，照相馆皆为国营。故城县照相馆位于二道街，分为照相一部（日光照相）和二部（电光照相），均为黑白照片。20世纪80年代初，照相馆改为私人经营，各乡镇所在地设有私营照相馆。20世纪80年代末，彩色照片进入家庭。域内早期的私营照相馆有新光照相馆、百乐照相馆、吉祥照相馆、霞光照相馆等。20世纪90年代，照相业发展迅速，开始出现专业婚纱影楼、儿童摄影等比较高档的门店，如丽的影楼、明星影楼等。21世纪，各家影楼开始从事实景拍摄婚纱照，在全国各地的风景区取景。影楼还兼营录像、扎婚车，为新娘化妆、盘头，婚礼跟妆、婚礼全程拍摄服务。

21世纪，域内兴起专事婚庆服务的公司，承揽婚事庆典各环节服务，组织庆典仪式，出租各类婚庆用品。婚庆公司亦承揽其他各类庆典业务。2018年年末，域内有摄影门店102家、婚庆公司51家。

六、刻字、文印、广告业

刻字 历史悠久，以摆摊、小门店形式存在，为家人谋生手段。主要刻公章、私章。公私合营后，刻字行业归国营，改革开放后，刻字行业允许个体经营。21世纪，刻字机出现，并且越来越先进，多与电脑结合使用，这种业务多在文印社、广告公司。

文印 20世纪80年代后期，域内开始应用计算机和复印机，出现以打印、复印业务为主的文印社。比较早的有凤麟彩印社、腾飞打印社等门店。其主要业务包括打字、复印、扫描、制图、印刷、装订等，制作产品包括名片、文稿、书籍、条幅等。2018年年末，域内从事打字复印服务商家109家。

广告 广告业兴起于20世纪80年代，是市场经济发展而出现的新行业。早期广告多为平面广告，即牌匾、条幅、墙体大字等。20世纪90年代，广告形式多种多样，广告彩页、灯箱广告、短视频广告、电视广告、电子显示屏广告等在域内出现，使用最多的是彩页广告。域内经营比较早的广告商家有紫旭广告、瑞丰广告、发达广告、佳鑫广告等。2018年年末，域内从事广告经营业户有625家。

七、租赁、维修

租赁 20世纪80年代前，在汽车站、集市有自行车出租，后增加三轮车、拖拉机、货车、汽车出租。随着改革开放的逐步深入，租赁业逐渐兴盛，汽车、住宅、写字楼、门店、机械设备等出租在城乡兴起。2018年，域内有各类租赁公司564家。

维修 传统的维修服务主要有打铁、补锅、锔盆锔碗、修锁配钥匙、修理自行车农具等，随着生产、生活用品的日益繁多，维修业务也日渐增加，如20世纪80年代修理钟表、收音机、录音机、摩托车、自来水、农机具等。21世纪，高档家用电器增多，维修业务逐渐增加修理电视机、电冰箱、空调、手机、电动车、汽车、电脑等，促进了维修服务业的专业化、行业化、规模化发展。至2018年年末，各种维修服务商户有1128家。

八、中介家政服务

中介服务兴起于20世纪90年代，主要包括房产中介、职业介绍、婚姻介绍、家政服务介绍、招生介绍、出国务工介绍等方面。2018年年末，域内有中介服务机构152家（房产中介16家、婚姻中介17家）、家政公司75家、搬家公司3家、其他商务服务机构16家。

九、安装、电气焊服务

安装 20世纪80年代兴起的新行业，主要业务包括水、电、暖、机械设备安装。安装服务队伍是厂家或商场售后安装（如广源家电、三联家电安装服务），也有承揽工程安装的专业队伍，如水暖、电气、中央空调安装等。21世纪，出现专业从事保温材料安装服务，如住宅墙体保温。2018年年末，域内有从事水暖安装业户43家，电气安装多以售后安装为主（如灯具、家用电器等）。

电气焊服务 服务于农机具修理、焊接，分布县城、乡镇。2018年年末，域内有从事电气焊服务业户140家。

十、家居装饰业

20世纪80年代，家居装饰业逐步兴起，且分工越来越细，地面包括做水磨石、铺瓷砖、木地板；墙面装饰分为内外墙装修，包括刷涂料、刮腻子、刷墙面漆、贴壁纸、壁布等；屋顶装饰包括吊顶、贴石膏板材、三合板、塑料板、金属板等材料。安装各类材料的门窗、各式窗帘、灯具、厨房和卫浴设施等。21世纪，人们追求品质生活，对家居装饰要求更高，讲究家性化装修。各大家居装饰品牌开始入驻故城，品牌加盟店出现，为客户量身设计、打造家居环境。2018年年末，域内有从事家居装饰商家2014家（包含建筑装饰材料销售）。

十一、物流配送

20世纪90年代，兴起委托运输中介服务业务组织，从事物流配送。主要通过互联网联系货物与货车车主，以减少货车空载，从中赚取中介费。21世纪，物流配送行业发展更快，加盟连锁物流公司出现。2018年年末，域内有从事物流配送服务公司、商户32家。

第二节　主要店铺

金都大酒店 位于顺达路与扬帆大街交会处，2012年12月正式投入运营。主楼16层，建筑面积3万多平方米，占地30余亩，由河北兆鑫集团投资1.5亿元建设。是一家集宾馆住宿、美食餐饮、商务会议、温泉康乐、量贩KTV为一体的高端商务酒店。有各类客房136间，床位218张；不同规格的餐厅37间，能够接待1000人次同时就餐；温泉康乐能同时满足300人桑拿冲浪、台球、乒乓球、器械健身的需求；40间KTV包厢可满足不同年龄层次人群的娱乐需求；各种规格的会议大厅

金都大酒店

共6间，能满足30～400人次会议的需求；酒店专设6～8人茶艺、棋牌室共计11间。日均接待顾客300余人次。

金都大酒店年营业额900万元，有员工80名，厨师16名（一级厨师5名）。

燕赵美食园 始建于2010年，位于顺达路中华街交叉路口。主楼5层，营业面积2000余平方米，可同时容纳600人就餐。个体经营，年营业额500万元左右。

燕赵美食园有员工50人，其中具备高级、中级、初级资格证书的厨师16人。饭店以家常菜、鲁菜、川菜特色为主，以当地特色熏、蒸、烤、炖、炒传统工艺，配以各色蔬菜，烹制各类美味佳肴。故城传统美食“故城扣碗”、熏肉、烤羊排、烧鸽、扒鸡等成为八方食客喜爱的主打菜品。面点以饺子、手工面条、蝴蝶烧饼、包子为主。

滨湖驿栈 始建于2013年，2015年正式对外营业，位于工业路南侧。主楼3层，营业面积1800余平方米，可同时容纳500人就餐。

滨湖驿栈

饭店有员工30多人，高级厨师2名，中级厨师2名。经营具有本地特色美味佳肴100余种，其中秘制红烧肉、扒鸡、羊排、臭鳜鱼等，配方独特，别具风味。

饭店经营理念为“新派美味、口味丰富、营养健康”。

老北京家宴饭店 始建于2008年，个体经营，2015年搬迁至顺达路，营业面积近2000平方米，可同时容纳800人就餐。

老北京家宴饭店有员工50多人，其中特级厨师1名，高级厨师5名。经营川菜、鲁菜、粤菜、火锅等，满足不同口味的食客。具有承办婚宴、生日宴等各类大型宴会能力。

顺达农家菜馆 始建于2008年，位于体育街北段，龙湖公园对面。营业面积270平方米。有厨师3人、服务员3人。个体经营，菜品以本地传统熏肉、扒鸡、烧鸽为特色，配以时令蔬菜，按鲁菜风格烧制。主食以特色水饺、包子、火烧、小米粥、面条为主，适合当地大众口味，深受食客喜爱。

县城区内餐馆多家，各具特色风味。快餐连锁店在2010年后发展较快，如永和快餐店等。有些饭店24小时营业，极大方便了顾客用餐。以经营早餐为主的小吃店，分布在城区大街小巷。如炸油条、羊汤馆、拉面馆、馄饨店、肉饼店、饺子馆等。有些小吃店经营已达30年之久，规模越来越大，如体委包子、吴家饺子、王家驴肉饼卷和老豆腐、印雪熏肉饼卷、体育街油条店等。

凤麟彩印社 是域内较早的打印复印商户，位于县政府东侧，2008年，由徐文岭投资兴办。营业面积70平方米，主要业务包括打字复印、雕刻、工程图纸、写真、喷绘广告、牌匾、印刷等，也是域内彩色复印和工程图纸打印较早的一家。

郑明明皇家美容会所 位于郑口镇顺达路，由李红梅于2003年投资运营。城区有三家分店，营业面积为1500平方米，员工25名。是一家集科技护肤美容、中医传播健康管理、产后恢复于一体的综合美容会所。

永康温泉洗浴休闲城 位于县城广交路与京杭大街交叉口西300米路南。是域内经营较早的洗浴场所，2000年开业，营业面积1600平方米，内设男女贵宾洗浴、桑拿浴和雅间。

迪桑轿车维修服务 该公司由武官寨镇前花园村霍瑞明于1992年投资创建。初建厂位于郑口镇青年路北段西侧，于2005年迁至县城平安大道中段南侧。主要承接国内外高、中、低档轿车销

迪桑轿车维修服务有限公司厂区

售、维修一体化服务、道路清障救援等业务。营业面积1600余平方米，有维修技术人员、销售人员18人。

第三节 特色名吃

故城熏肉 历史悠久，制作工艺复杂，域内从事制作熏肉的商户不止百家，印雪熏肉最具代表性。其创始人张丙存，早年在县食品公司负责加工熟食。张家父子俩制作熏肉的水平成为同行中的佼佼者，于2001年向国家工商行政管理局注册了“张印雪”商标。

印雪熏肉

印雪熏肉制作工艺讲究，选用优质鲜猪肉附件，加入丁香、肉蔻、草果、桂皮等20多种材料炖煮、熏制。主要特点是鲜、香、纯。鲜，是指肉质新鲜，讲究使用新鲜猪肉熏制，在3℃～5℃

恒温环境中保存，不能冷冻，冻肉口感上就会差很多；香，指肉香、材料香；纯，是不加任何添加剂，颜色偏浅，口味偏淡，突出猪肉本身的鲜香。深受广大消费者喜爱，成为酒店、家庭餐桌、馈赠亲友的美味佳肴。

郭庄煊饼 域内煊饼制作历史悠久，起源于建国镇郭庄村。煊饼制作技术是明初由山西洪洞县移民时流传到郭庄。明末，闯王李自成进京路过此地，发现路边席棚内烙制馅饼，便下马品尝，并大加赞赏，遂依其特点赐名“煊饼”。叫煊饼主要是因饼先是在手中、鏊子上不停煊转而得名，现做现吃更凸显其独特美味。

郭庄煊饼

郭庄煊饼的制作工艺经过世代传授，工艺日臻完善，风味独特。从清代中后期，煊饼师傅们开始外出赶庙会、串集市，支棚做煊饼。选料精良，制作讲究，选用上好面粉和面，馅料有猪肉、羊肉、牛肉，鸡蛋。外皮油酥焦脆，内馅松软香嫩，深受食者喜爱。

武官寨羊肉大饼 起源于清顺治年间（1644—1661年），创始人是一位流落在武官寨的蒙古族御厨，他把制作羊肉大饼的手艺传授给武官寨当地人，至今已有300多年的历史。

羊肉大饼用料讲究，馅料选用新鲜羊肉切成小碎丁，加葱、姜、香菜等18种调味料，面粉经过特种工艺处理，加清水揉匀。将面皮提起来把羊肉紧紧包裹，做到皮薄不破、馅足不漏。羊肉大饼约1公斤一个，皮薄馅大，在铁鏊上烙熟后色泽金黄、外焦里嫩，滋味醇香浓郁。

武官寨羊肉大饼在武官寨镇有多家厨艺传承，而且经营出自家特色。

武官寨海涛饭店正在制作羊肉大饼

原隰驴肉 故城特色名吃之一。其中最有代表的任记驴肉，已有100多年的制作历史，驴肉用陈年老汤（熬制多年而成），加秘制佐料，大锅炖制而成。选用的驴肉出自野外放养的小驴肉或比较肥的驴肉。加工好的驴肉，切盘佐以蒜泥，是待客上乘佳肴。大饼卷驴肉为本地特色。选用驴肉要肥些，饼卷要趁热吃，只有饼热才能把肥肉熔化，让香味渗透。驴肉火烧是另外一种美味，刚出炉的火烧侧边剖开，加入剁碎驴肉，浓香鲜美，暖胃健体。

原隰驴肉切盘

故城扣碗 是域内传统名吃，逢年过节招待客人、庆典喜宴必备佳肴。域内乡村，结婚、小孩做生日、老人做寿诞都会在宴席上用扣碗招待亲朋。人们赴宴习惯称为“坐席”，席上讲究吃“扣碗”，扣碗的数量代表席面的丰盛程度。在改革开放后，民众生活越来越富裕，扣碗的用料也越来越讲究精致，荤素搭配。扣碗有片肉、喇嘛肉、豆腐丸子、藕夹、甜饭、鹅脖、虎皮鸡蛋、杂烩菜。随着生活水平的提高，扣碗的内容也在不断创新丰富，有些宴席的扣碗增加到10碗、12

碗，数量为双数。

醋熘饹馇　域内食用饹馇始于明朝，饹馇主要原料是绿豆和面粉。把粗选绿豆磨成豆瓣，用水发泡，漂去豆皮，然后上水磨成汁，再加水过箩去渣，经过二次去毛浆，待成洁白的淀粉后，兑好汁，搅成糊状，用尖锅缓火摊成薄片，即成。

饹馇吃法多样，醋熘饹馇最为经典。饹馇切块过油，选用上好白菜叶切大块作配料，植物油烧热，以葱花、姜丝、花椒爆香，放入白菜，翻炒后加入饹馇，放醋，颠勺出锅，即成美味。

醋熘饹馇

清蒸脱骨丸子鸡　脱骨鸡创始人王海营（1924—1998），故城镇人，对祖传的烹饪手艺样样精通。公私合营后，在故城供销社饭店担任主厨直到退休。他钻研烹饪几十年，创出了许多名菜。仅鸡的做法就有几十种之多，脱骨丸子鸡更是其拿手菜。其女婿王春祥把岳父的手艺进一步发扬光大，1986年衡水地区举办烹饪行业晋级大赛，王春祥因成绩优异获全区“烹饪技术尖兵”称号。他制作的脱骨丸子鸡是家传绝活，要求整鸡宰杀后主要骨骼保持形体完整，在腹内填入肉丸子，过油、蒸制入味。菜肴浓香别致，造型美观，可谓独具特色。“开口不过五六（厘米），装水点滴不漏。鸡肉不带骨，鸡骨不带肉”，说的就是整鸡脱骨的制作技艺。他经营的“药膳园”因以民间传统脱骨丸子鸡为特色菜而在当地颇受欢迎。

面筋与卷卷　被誉为“故城一绝”，是建国镇、西半屯镇一带极普遍的农家小吃。起源于元末，已有700余年的历史。它的手工技艺独特，每种吃法都是一道美味佳肴。

面筋、卷卷均以面粉为原料，“一面两用”。面筋是在水中做成的，卷卷则是面粉提取了“筋”之后，由澄滗了的粉浆（湿淀粉）烙制而成，所以叫粉卷卷，人们习惯直接称之为“卷卷”。

面筋、卷卷

做面筋、卷卷要使用高筋面粉和面，面团饧好后，在水中揉搓，俗称洗面筋。反复四五次，才能洗出面粉中的精华——筋。面筋做成球状，俗称“紧面筋”。

洗面筋的浆水沉淀后滗去清水呈糊状，用中火把饼铛烧热，抹油，舀粉浆倒入，摊成均匀的薄薄的小饼，出锅晾干卷起来，卷卷即告做成。

面筋的吃法多样，可以炖肉、凉拌、爆炒等。卷卷最简单的做法是加入韭菜、鸡蛋炒卷卷，非常美味。

糖馃子　鸡蛋荷包　随着生活水平的提高，域内民众早餐更加丰富。域内人民习惯吃馃子铺里的炸糖馃子、炸鸡蛋荷包。糖馃子制作流传已久，一直受人们青睐。首先以红糖、面粉和油调制糖料，面剂比油条面剂稍大一些，加上糖料擀成方形，用刀在上面划上三两道，入油锅炸至金黄色，口感香甜酥脆。鸡蛋荷包（也有称鸡蛋布袋），先将方形面剂入油锅炸至面皮鼓起，捞出沥油，撕开一小口，将生鸡蛋磕破倒入其中，捏住口子，再入锅炸至金黄。食之有鸡蛋的清香又有馃子的香甜，深受食客喜爱。

糖馃子、鸡蛋荷包

第五章 商品经营

第一节 生活资料经营

人民生活资料购销经营，分不同种类，以不同渠道进行。20世纪50年代中期，各集镇供销社曾一度办起代批发商品机构，后被取消。1978年后，逐步恢复建立。商品货源的批发单位除对口按计划由衡水或跨区由德州购进外，不足部分由商业部门自行组织厂、点加工或外采。

1978年前，商业局系统零售供应服务对象以非农业人口集中区为主，供销社服务于所在公社范围；1978年后，逐步打破城乡、区域界限，国营、集体、个体竞争经营。

一、副食品种

食盐 经销始于1946年，至1956年供应无计划。1957年后，由上级主管部门按计划分配，年商品量在2000吨上下。后于1964年取消限量供应。随人口增加，商品量增长，1976年，商品量达2830吨，1978年后，商品量浮动于两三千吨，由供销社副食品公司调进批发。个体私营副食店、农村小卖部均零售食盐。1991年始，由县供销社副食品盐业公司批发经营业务。1995年始，故城县推广食用碘盐，改变传统的食用大盐历史。碘盐含有碘，加工精细，包装卫生无污染。1998年，故城县盐业公司成立，专营食盐，并负责监管稽查盐业市场。

食用碱面 经销始于20世纪50年代。20世纪60—70年代，因货源不足，供不应求，按供应范围限量供应，后货源充足，国营、集体、个体商业敞开零售。21世纪始，食用碱面用量逐渐减少。

食糖 1968—1978年，红、白糖紧缺，限量供应，红糖尤甚。产妇、病人用糖凭有关单位介绍信定量供应。后货源充足，品种增加，各种糖类均敞开供应。

肉食 肉食以猪肉为主，牛、羊肉次之。1959—1962年，生猪饲养量骤减，市场肉食奇缺，价格高昂。后随经济形势好转有所缓和，但随人民生活提高，肉食仍供不应求。除按上级分配任务调往衡水、天津外，余则按非农业人口定量供应，农村按缴售生猪奖售肉票供应。1978年始，猪、羊饲养量增加，购销价格敞开，域内肉类呈供大于求局面。

鲜蛋 县内经营鸡蛋居多，鸭蛋、鹅蛋甚微。20世纪60—70年代，鸡蛋紧缺，除按上级分配任务调往桑园、天津、衡水外，余则限量供应非农业人口。1978年始，鸡只增加，市场放开，经营部门少有收购，以做糕点之用，其余由民间自由买卖。

二、烟酒茶类

卷烟 1978年前，以中低档烟为主，1990年始、高档烟日渐畅销，低档烟（每包0.5元以下）销量日减。卷烟先后由食品公司、烟酒公司、烟草专卖公司批发，国营、集体、个体零售。

酒类 20世纪70年代，主要经营白酒，啤酒次之，果酒垫后，1985年前商品量数百吨。20世纪80年代，啤酒、红酒销售量增加，白酒销量略有下降，1987年，酒类销量达1632吨。20世纪90年代，为白酒销量高峰期。21世纪，市场酒水种类繁多。

茶叶 1949—1966年，境内以花茶、青茶为主，红茶少见。供应紧张，最多年度不足3000公斤。20世纪70年代，销量增加，1979年，达1.77万公斤。20世纪80—90年代，销量猛增，年销量可达7.2万公斤、29.2万公斤，品级由低档向中高档转移。21世纪，茶叶成为域内居民家庭必备饮品及赠送礼品。红茶、绿茶、普洱等种类繁多。

三、日用工业品

火柴 20世纪60—70年代，因供不应求而限量供应，后随打火机上市，加之货物充足，由百货公司批发，各门市、摊点敞开供应。市场需求量逐渐变小，21世纪始，市场销量极少。

棉布 20世纪50年代，供销社经营每人发布票6.6米；20世纪60年代，由百货公司批发，国营商店、供销部门零售，降至5米；20世纪70年代，增到8.3米。

1982年前，棉布按人凭布票限量供应。1983年，取消布票，敞开供应。后随化纤布增加，销量减少，销量最高为1980年，达254.1万米，1984年，降至147.8万米。后因化纤布贴身穿用不适，棉布销量复增。1985—1987年，依次增至188.9万米、211.7万米、153.9万米。20世纪90年代，各经营棉布商店均有零售。

自行车 20世纪50年代，由国营、供销部门采购、零售。20世纪70年代零售量增加，多由国营百货、五金公司供销部门零售。货源大部来自衡水、德州两地，自衡水进货多为天津、上海产红旗、飞鸽、永久牌手闸车，自德州进货多为青岛产金鹿牌脚闸车。1977年前，货源紧缺，品种单一，按城三乡七比例分配供应（县城30%，社队70%）1976年，销量仅1534辆，后随生产厂家增加，品种增多，销量猛增。

20世纪80年代，国营商业、供销部门共同采购、销售。1983年达10334辆。后随摩托车增加，自行车销量略有下降，至1987年均在8000～9000辆左右徘徊。凤凰、飞鸽、永久等名牌最受欢迎，货源仍不甚充足。20世纪90年代后，随着电动车、摩托车、电三轮车和汽车的普及，对自行车需求量日渐减少。域内自行车多以经营小型坤车、运动自行车为主。

缝纫机 1957年，由国营百货公司经营。1963年，增加供销社经营。1972年始，统由百货公司购进批发。商品量由20世纪60年代百余台升至数百台，呈供不应求之势（分配同自行车）。20世纪80年代，生产厂家增加敞开供应，加之人民购买力提高，至1987年，年销量均为三四千台左右。除上海、天津产名牌不甚充足外，其他品种均可满足供应。20世纪90年代，伴随成衣上市量增加，缝纫机销量渐次下降。21世纪，四季成衣服装进入千家万户，缝纫机从此退出家庭。

手表 20世纪50年代后期，始由国营百货公司购进，批发、零售销量极少，年销量仅为几十块，至1966年仅45块。20世纪70年代货源紧缺，20世纪80年代供需矛盾缓解，1980年，销售超过千块。后随货源充足，人民购买力提高，销量猛增，1984—1986年，年销量超过万块。1990年，随电子表上市和社会保有量增加，机械表销量开始下降，21世纪，手机普及，名牌机械表成为装饰品和财富身份的象征。

半导体收音机 20世纪50年代后，始由国营百货公司购进批发。20世纪60年代销量数百台，最高年度1969年销量900台。20世纪70年代初，除国营购进外，增加供销社自采供应。1976年，商品量达4023台。20世纪80年代骤增，除1982年、1983年、1987年不足万台外，其他年度均超万台。1986年，多达15240台。后随录音机上市和社会保有量增加，销量时有下降，1987年，商品量为9691台。20世纪90年代末，市场需求量逐渐下降。21世纪，电视、电脑、手机普及，仅部分老年人使用改良后的随身携带收音机。

录音机 1980年始，由国营百货公司购进批发零售。1984年始，增加供销社自采供应，是年，销量605台。后有增长，品种由低档向高档发展。1987年，商品量达1192台。20世纪90年代至21世纪，随着电子产品不断更新，录音机为手机、电脑所替代。

电视机 国营百货五金公司、供销社分别自1977年、1980年经营，始以黑白电视机为主，未久，彩色电视机增多，然仍以黑白电视机居多。1984年以来，年销量超千台。1987年，商品量3328台，其中彩色电视机444台。1990—1999年，电视机普及。彩色电视机销量大增。至2017年，域内共有居民199353户，每户拥有电视机一台。智能超薄电视走进故城人家。

电风扇 空调 20世纪70年代初，仅有少量速度单一式台扇及吊扇。20世纪80年代，国营百货五金公司、供销社几近同时批量经营。品种先后有摇头、变速、遥控式台扇、落地扇、吊扇等多种。落地扇居多，吊扇销量增加。各式电扇年商品量在三四千台。1987年，商品量4922台。20世纪90年代，电扇已在域内普及。21世纪，空调走向市场，销售量连年增长。空调走入千家万户。

洗衣机 1984年始由国营商业、供销社同时经营。品种有单缸、双缸。1987年，商品量842台。1990—1999年，双缸居多，销售量提高10.6倍。21世纪，洗衣机走进城乡百姓家庭，各种智能全自动品牌洗衣机相继上市，域内平均每户拥有洗衣机一台。

1949—1987年部分年度故城县商业局、供销社系统主要生活用品销售统计表

表10-8

品名＼数量＼年份	1949	1956	1966	1976	1980	1981	1982	1983	1984	1985	1986	1987
食　盐（吨）	670	1810	2193	2830	2930	2670	2159	1905	2100	—	2015	2345
鲜　蛋（百公斤）	163	3587	506	1171	950	859	433	52	276	—	—	10
卷　烟（箱）	134	2374	1526	2888	4686	4962	4088	1843	2395	1646	5828	7046
酒　类（吨）	49	503	68	237	718	684	561	483	630	789	1245	1632
食　糖（吨）	15	227	96	222	481	601	640	304	360	1447	5834	—
茶　叶（百公斤）	5	166	29	177	284	234	203	—	160	720	2920	2400
棉　布（百米）	5580	36960	9491	22306	25412	24208	24071	14831	14775	18887	21174	15387
化纤布（百米）	—	—	408	2006	3736	2497	1411	811	1060	1256	1123	3394
毛　线（公斤）	—	—	120	2550	2803	2319	2626	2200	2700	1840	3700	5600
棉毛衫裤（百件）	13	14	42	290	554	545	636	515	527	461	463	461
皮　鞋（百双）	—	—	—	—	34	116	152	98	91	47	96	169
自行车（辆）	—	—	—	1534	8341	5715	1456	10334	8542	6566	9578	7270
手　表（块）	—	—	45	840	1797	1375	5809	6100	10100	11100	10100	5700
缝纫机（台）	—	—	130	593	2577	4221	3551	2829	4178	4504	3830	3062
收音机（台）	—	—	—	4023	11728	10225	7395	6207	10893	14096	15240	9691
录音机（台）	—	—	—	—	—	—	—	—	605	1492	1314	1192
电视机（台）	—	—	—	—	107	71	274	259	1077	1170	2345	3328
电风扇（台）	—	—	—	—	—	—	—	—	1234	4828	5574	4922
洗衣机（台）	—	—	—	—	—	—	—	—	206	492	751	842

说明：表内“—”为资料散佚或无此项目

第二节　生产资料经营

工农业生产资料购销，按种类、渠道采购供应。对口批发单位系县物资局、县农机局所属农机公司，县商业局所属五金公司、石油公司（1985年移交地区直辖），县供销社所属生产资料公司，土产公司及各基层供销社，县经济委员会所属供销经理部。

在计划经济时期，按计划由对口批发单位调进，不足部分由有关厂家或外地采购调进，零售单位除由县内对口批发单位进货外，不足部分自行组织厂家加工或外采。商业局系统以服务县城、供销社以服务乡村为主，进行零售经营，物资局、农机公司、供销经理部则面向全县。此节仅记述县商业局、县供销社生产资料供应，其他由有关章节记述。

一、化肥农药

化肥　1952年，供销社始经营化肥（氮肥），是年，供应244吨。后随农民对化肥认识提高，供应量成倍增长。1956年，供应856吨。1962

年，因供不应求，始实行按耕地面积、粮棉交征量分配供应。1970—1979年间，因县化肥厂建立及外采增加，年供应量多在五六千吨，仍呈供不应求状态。1980年后，伴随农业家庭联产承包责任制推行，需求量更甚，化肥供应量达12527吨，较20世纪70年代供应量较高的1971年、1979年（供应量分别为6654吨、6649吨）增长1倍多。1983年，供应量高达41313吨。后随农民对培养地力认识提高，增加农家有机肥料施用量，化肥供应量略有下降，但年供应量仍保持在3万吨上下。20世纪90年代，化肥市场逐渐放开，化肥不再是紧俏物资。故城县化肥厂逐渐变为市场营销。

化肥品种在20世纪60—70年代只是氮肥，包括碳铵、铵水、硝铵、尿素等。初因农民对磷肥缺乏认识，加之外采部分含磷量低，增产效果不显著，销量较少。至1979年，供应量仅数百吨。20世纪80年代，增加磷肥、钾肥及硼、铁、锌等微量元素肥料，经营品种有尿素、硝酸铵、硫

硫酸铵肥料

酸铵、氯化铵、过磷酸钙、碳酸氢铵、磷酸二铵、复合肥、三料等。经宣传实践，加之外调、国拨磷肥（进口品种）质量上升，磷肥销量剧增。1982年后，除1985年（供应量6705吨）、1986年（供应量9877吨）外，至1987年，其他年度供应量均超万吨，1983年最高达16592吨。除上级计划分配的尿素、磷酸二铵，按粮棉交售奖供外，磷酸氢铵，计划外采优质化肥全部敞开供应。20世纪90年代，增添含氮磷钾多种元素的复合肥、复混肥以及棉花、小麦、蔬菜等作物专用肥。

随着化肥市场放开，县供销社垄断化肥经营状况被打破，个体私营业户逐渐增多，且渐成为经营主体。2017年，农用化肥施用量达105390吨。

农药　供销社经营农药始于1949年，时仅有六六粉、滴滴涕粉、敌百虫，年销量仅0.3吨。后随着1059、3911、1605、乐果、敌敌畏等高效农药品种增加，使用技术提高，销量猛增。1957年，供应581吨，1969年供应916吨。后随害虫抗药性增长，部分农药先后淘汰及各年度虫害发生程度不同，农药销量上下波动。1984年始，随农民外地自采增加，供销系统虽采取拆整卖零、送货下乡等服务措施，销量仍不高，1984—1985年，共供应900余吨。20世纪90年代，随着市场经济逐步建立，农药短缺状况逐步改善，域内农药销量大增。经营农药个体商户逐渐占据域内市场。21世纪，农药使用量逐年略有减少。2017年，农药使用量870吨，多为高效低毒农药。

域内最初销售的农药是剧毒信石（即“红矾”“砒霜”），用于防治地老虎等地下害虫，继而经营滴滴涕、硫黄等。20世纪60年代，增加“六六粉”“1059”。20世纪70年代，增加敌百虫（美曲磷酯）、敌敌畏、敌溴钠、乐果、退菌特、黏虫散、除虫散、硫酸铜和“3911”等。20世纪80年代，增加杀草丹、甲胺磷、久效磷、克螨特、溴氢菊酯、速灭杀丁等高效低度、低残留农药，淘汰“1059”等高残留剧毒农药。20世纪90年代始，经营品种多为高效低毒农药。

药械　供销社经营始于1952年，因农民对农药器械作用认识不足，至1955年，供应量仍不足百台。后经宣传实践和大面积种植棉花，农药器械需求量大增，1965年达1559台。20世纪80年代，农药器械需求量骤增，1984年达12625台，后因社会保有量和虫害发生程度不同，供应量亦在万台左右。1987年，因部分农药器械损坏淘汰而更新，加之虫害严重，供应量又现高峰，达32036台。20世纪90年代，电动喷雾器和背负式汽油喷雾器大量增多。

二、耕畜

始于1954年经营，以牛、驴采购供应居多，多在数百头（匹），1961—1963年增至千头（匹）以上。1964年1624头（匹）。20世纪70年代伴

随农业机械化发展，转以经营马匹为主，间有少量骆驼，仍在数百头（匹）。1972年，供应827头（匹）。供销社经营期间，以支农为目的，少盈不赔，甚至少赔，供应农村。1979年，市场开放，农民自购量增加，供销社停止经营。20世纪90年代后，农业机械化发展迅速，牲畜饲养量锐减，买卖多用于肉类加工。

三、农机具

农业机械 动力机械，供销社自1956年始经营，是年，仅售1台柴油机，至1959年超百台，1967年达220台，其他年度百余台、数十台。伴随电力发展，1969年，供应电动机160台。1975年，柴油机突破千台，电动机供应量增加。非动力机械，1950年后出现双轮双铧犁。1966年，先后出现粉碎机、铡草机、扬场机、水泵、钢磨等。1980年，此类机械需求量大增，后随社会保有量增加，供销社供应量略有下降。1986年后，经销手扶拖拉机，品种和销售量不断增加，至21世纪，随大型农业机械发展，销售量减少。2017年，故城县共有大中型拖拉机3572台，小型拖拉机35200台，大中型拖拉机配套农具6528台，小型拖拉机配套农具31210台，联合收割机2660台，机动脱粒机200台，排灌电动机9110台。

中小农具 因故城生产中小农具历史悠久，供应量向为可观。据1950年统计，是年供应量达6151件。1954年多达99632件，1965年达223300件，至1982年供应量一直多达十几万件、二十几万件。后随机械化程度提高，供应量有所下降，至1987年，仍保持在五六万件、八九万件。1995年后，农业机械化发展迅速，小农具需求量逐渐减少。

四、塑料薄膜

生产用塑料薄膜，供销社经营始于20世纪60年代中期，时仅有农业育苗用窄幅薄膜，加之人们对其作用缺乏认识，年销量甚微。1980年后，伴随薄膜覆盖育苗、菜棚种植，场垛、农具、车辆苫盖，因其使用存放方便，加之宽幅薄膜问世，广为农民应用，供应量成倍增加。1983年120吨，1985年23吨，1987年267吨。1995年比1985年增加8倍。2016年，农用塑料薄膜使用量229吨。2017年，发展蔬菜大棚，农用塑料薄膜使用量达1963吨，地膜覆盖面积达20365公顷。

附

修理业

1954年，供销系统有自行车修理点两个。后随新型农机具、农药械及日用工业品推广普及，修理业务应运而生。1956年为基社培训半机械化农具技术员23人。商品供应中，各基社经常深入农村田间地头，实施技术指导，修配服务。

1970—1980年，县生产资料公司、土产公司及各基社，均先后配备专业或兼职农业生产资料、日用百货技术人员，并有专业修配站、组，利用门市接客、上门服务、设点摆摊等形式，开展修理业务。

1981年以来，因形成国家、集体和个体修理业并举格局，加之农民注重科学技术知识学习与实践，自身修理水平提高，国营、供销修理业务日趋萧条。1987年，仅有储运、加工、生产型企业设有修理或代修理网点。

第三节　专卖品经营

一、药品经营

中华民国时期，县内有药堂18家，均为私营，以中药为主，仅有少量西药出售。1954年7月，县供销合作社在郑口设立药材批发站，经营数十种中药材。1955年，实行药业联营。1980年，分别在故城、郑口、房庄设批发部。1983年，药材批发站易名药材公司。1987年，全县经营药品859种、器械300件，年销售额348万元。1989年，卫生局设药政股，负责药品监督管理。药检所负责药品质量管理，医药管理局负责药品行业管理。

2000年1月，故城县药品监督管理局成立，负责全县的药品质量监督管理，规范药品流通秩序，另外承担行业管理职能。改革开放促进个体私营经济发展，2002年，故城县出现个体药店，国营药店独家经营模式被打破。2005年年末，全县13个乡镇均设有零售药房，有14家个体零售药房通过GSP认证，有12个行政村设置药房。2006年6月，故城县药品监督管理局更名为故城县食品药品监督管理局。2016年，故城县创建“省级食品药品安全县”顺利通过河北省人民政府食品安全委员会办公室、河北省食品药品监督管理局考核验收。

医药经营　1987年，故城县医药商业企业有3家，即故城县医药药材公司、故城供销社药房、建国供销社药房。故城县医药药材公司为全民所有制企业，下属3个批发部、3个零售部。1995年，成立东阳药材批发站，后增加2个零售部，即青年路药房和西环大药房。1999年5月，东阳药材批发站和医药药材公司合并，东阳药材批发站人员、财产全部并入医药药材公司，东阳药材批发站及下属青年路药房和西环大药房均归属医药公司统一管理。至此，全县医药市场又恢复了故城县医药药材公司统一经营的局面。

2002年，故城县出现个体药店。2005年年末，全县共有药品批发企业1家，下属批发部1个，零售药房56个。国有企业33家、集体企业1家、个体17个、连锁5个。2008年年末，全县共有药品批发企业1家，下属批发部1个，零售药房66个，其中连锁药店40个，个体药房26个。2010年后，采用自主营销，域内零售药店70家。2015年，发展至86家。2018年，域内零售药店110家。药品经营使用单位900多家。

药材公司　故城县医药药材公司成立于1954年7月，是县内规模最大、历史最长的医药商业企业，为全民所有制小型医药商业企业。位于郑口镇青年路40号，经营方式为三级批发兼零售。1987年，县医药药材公司隶属于故城县经济委员会领导，占地面积6767平方米，建筑面积3108.08平方米，中药库房12间，西药库房12间，加工场地2间，收购库2间，下设3个批发部（房庄、故城、建国），2个零售部（郑口镇二道街第一零售部和东阳农贸市场的第二零售部），1个门诊部，1个收购股，共有干部职工87名。经营药品2122种，其中西药859种，器械300种，中药材606种，中成药357种，固定资产原值16万元。1993年，随着药品市场由计划经济向市场经济转变，医药公司主渠道作用受到强烈冲击，公司实行承包责任制，销售收入和经济效益逐年下滑。至1995年年末，已累计亏损达99.6万元。是年，实行公司统一组织货源，批发部和零售部定人员、定销售额、定上缴利润，实行利润超额自留不足自补的承包责任制。2004年10月，医药公司通过省食品药品监督管理局认证，取得药品批发企业GSP认证证书。2005年年末，故城县医药药材公司共有1个批发部，32个零售部，固定资产340万元，占地面积4000平方米，建筑面积2000平方米。经营品种1600种，销售收入最高年份为2600万元，上缴利税40万元。2005年，故城县医药药材公司进行企业改制，成立了故城县龙马医药有限公司。原故城县医药药材公司下属32个零售药房全部更名为衡水龙马医药有限公司的连锁药店。2010年始，统一在衡水龙马医药公司批发，以个体私营自主营销为主。

二、烟草经营

烟草专卖　清末民国初，境内烟草多为自产自销。部分农民有种植烟叶的习惯，不成规模。1950年，故城县对烟草实行专卖。1958年，个体私营卷烟商贩经改造纳入公有制范围，卷烟逐渐由国有、集体商业网点经营。其后三年经济困难时期，曾实行定量凭票供应。

1983年9月，国务院发布《中华人民共和国烟草专卖条例》，县内开始实行烟草专卖管理制度。1989年，销售卷烟10790箱。1990年，县烟草局划归省公司领导后，烟草实行计划调拨，统一进货渠道。全年销售卷烟13632箱。

1998年，全面推行农村销售网络建设工作。流通领域改革不断深化，专卖管理逐步深入，非法经营得到遏制。全年共购进9967箱，销售卷烟9695箱。2004年，烟草经营体制改革，不再成为经营主体，易名为河北省故城县烟草专卖局。2005—2018年，烟草系统推行“电话订货，网上配货，电子结算，现代物流”的新型卷烟经营模式，专卖管理由“监管型”向“服务型”转变。

卷烟销售与专卖管理　1983年，县内开始实行卷烟销售管理，1989年，售出10790箱；1990年，售出13632箱；1998年，销售卷烟9695箱。21世纪，卷烟销售网络化。2008年，网上订货客户数量达1247户，占客户总数的89.5%。2009年，销售卷烟70907万支，比上年增加637万元，增长21.4%。2013年共销售卷烟79874.32万支，实现毛利5324.7万元，比上年增长8.52%。2017年，累计销售卷烟64837件，销售金额24654万元。2018年，销售卷烟68411件，完成全年任务的89.8%，实现销售额26584万元。

执法　1990—1998年，工商、司法、税务、物价等行政管理部门协助配合下，查出各种违章案件480起，无证经营169起。1999年始，配备稽查交通通信办案工具，增加专业管理人员，实行上岗资格证制。2001年，进行零售户分类管理。2005年，建立专卖管理监督检查站，与工商、司法等部门协作执法。2009年，查处违法案件33起，查获违法卷烟1105.8条，上缴罚没款1075.28元。2010，查处违法案件277起，其中一般程序115起，简易程序162起。上缴罚没款3598.22元。

2014年，共侦办涉烟追刑案件3起，其中省标案件2起，刑拘9人、批捕5人；查处无证运输案件7起，查获卷烟215.28万支，案值132.838万元；查获违规案件73起，查获违规卷烟57.614万支，案值11.3222万元，上缴罚没款0.8255万元；全年共受理行政许可799个，其中新办395个。2015年，共查获卷烟259.758万支，案值106.5657万元；查获违规案件50起。其中，一般程序案件47起，查获卷烟21.658万支，案值17.0271万元。无证运输案件3起，查获卷烟238.1万支，案值89.6296万元。侦办“5·5”无证运输案件，批捕2人，网上追逃2人。2016年，共查获卷烟211.264万支，查获违规案件203起。其中真烟201.16万支、假烟10.104万支。共批捕2人，判刑2人，刑拘2人。

2018年，全县累计组建自律互助小组73个，覆盖零售客户1498户，覆盖率为100%；其中，城网自律互助小组18个，覆盖城网客户346户，覆盖率为100%；农网自律互助小组55个，覆盖农网客户1152户，覆盖率为100%。是年，共查获各类涉烟案件220起，其中销售非法生产的烟草专卖品案件30起，查处5万元以上案件3起。全年共查获各类违法卷烟206.48万支，案值71.7342万元（其中查获假冒卷烟25.944万支，案值13.7952万元），上缴罚没款4.6691万元。侦破了“12·7”利用互联网销售假烟网络案件，涉案金额达220余万元，刑事拘留3人，批准逮捕3人。

三、盐业经营

明清至中华民国时期，域内官方设盐务机构，垄断食盐购销，私人经销食盐属违法行为。20世纪50年代初，食盐主要由县供销社经营，允许私人零售。1950年，由于食盐紧缺，故城县实行限量或与其他商品搭配销售。1956年，对私营商业社会主义改造后，食盐由县供销社副食品公司及基层供销社经营，批发兼零售。

1959—1961年，当地食盐供应一度脱销，至1962年恢复正常。改革开放后，个体私商副食店、农村小卖铺均零售食盐。1991年，按照上级政策规定，盐类产品由供销社专营，为加强市场管理，是年，设立盐业稽查队，负责净化县内盐业市场，打击非法私盐运销。1995年，在县内推行碘盐，改变传统的食用大盐历史，设碘盐经营网点400个，当年销售碘盐400吨。1996年，增设碘盐经营网点400个，经营网点达800个，县内城乡居民食用碘盐普及率达100%。是年，设盐政所，管理县内盐业市场，行使政府赋予的行政管理职能。盐政所辖盐业稽查队，对县内经营网点进行经常性检查。1998年1月，故城县供销社将所属副食品公司的盐业经营业务剥离出来，人、财、物一并划转，实行独立核算，成立故城县盐业公司，位于县城青年街南首，占地面积4000平方米，为集体所有制企业，主要经营食盐（碘盐）、畜牧盐、工业盐。1999年为河北省供销社提出的“规范年”，该公司开展下乡进村、送盐到户活动，当年完成食盐购进85.963万元，销售76.9125万元。同时，该公司增设专门送盐组，对县内所有经营网点全部送盐到店。2002年，对县内所有用盐单位、批发部、商店、村店、销售部进行登记造册，核发“食盐零售许可证”，建立联系制度，掌握购、销情况，当年完成购进110.0187万元，销售130.2187万元。2003—2018年，强化盐业经营网点建设，增设村级销售网点240个，使盐业经营网点遍布县内每一个村庄，初步形成横向到边、纵向到底的盐业经营网络。

第四节 粮油经营

民以食为天，粮食为历代政权所重视。明清两代，故城县衙均设官仓储粮，但设施简陋。中华民国中期，县国民政府曾拨公款建仓储谷。但民间粮食多为豪商巨富把持，贫苦民众食不饱腹，难度荒年。抗日战争初期县日伪政府及所属机构分于驻地控制粮食储存调运。县抗日民主政府迫于敌强我弱态势，四处游击，粮食储存无固定场所，粮食价格亦无力控制。

中华人民共和国成立后，中共故城县委、县

人民政府（下简称党和政府）为打击不法商人囤积居奇、哄抬物价，接管私营恒兴货栈，经办粮食购销调运，粮食价格趋于稳定。1953年11月，执行国家粮油统购统销政策，党和政府重视粮食工作，注重农业生产，关心人民疾苦，群众得以安居乐业，人民生产得以保障。随初级社、高级社、人民公社经济体制变革，粮油形势亦随之变化。1958年在“大跃进”中，忽视粮油生产丰收，浪费严重，后因自然灾害及其他原因，粮油一度窘迫。20世纪60年代初，中共中央制定发展生产政策，中共故城县委、县革委领导全县人民大力开展农田水利基本建设，打井挖渠，疏通河道，粮油产量明显增长，人民生活相应提高。1966—1976年，因“左”的思想影响，生产力和生产关系不相适应，粮油生产下降，农民口粮不足，市场粮价上涨，致使群众生活紧张。中共中央十一届三中全会后，农村实行家庭联产承包责任制，粮油生产大幅度增长，多数农民自给有余。为适应粮油增长形势，粮食部门扩建仓库，更新检测仪器，实行科学保管粮油。粮油管理并逐步由管理型向经营型、服务型转化。征购、销售、调运、储存、加工等环节相互协调。

20世纪90年代前使用的粮票

1987年，全县粮油继续实行统购统销，城镇居民仍实行票、证（粮票、粮食供应证）购买。1991年，粮食合同定购改为国家定购。粮食定购与供应平价化肥、柴油以及预约定金“三挂钩”。1993—1997年，城镇居民实行凭证半议价供应，地方粮票、全国粮票停止流通使用。国家收购继续执行合同定购。1997年后，全部取消供应制（军粮供应除外），城镇居民口粮由市场调剂。2001年3月，国家宣布从当年的5月1日取消《市镇居民粮食供应转移证明》，计划经济条件下形成的城镇居民粮食供应体制正式结束。2002年，粮食购销企业执行按保护价敞开收购农民余粮。2003年，各库站深化粮食流通体制改革，小麦退出保护价收购范围、放开价格、放开市场、放开经营。从此粮食购销完全转入市场化经营。国退民进，置换职工身份，解除劳动关系，职工实行人员买断。2004年，粮食价格及市场全部放开。2005年，国有粮食购销企业实施产权制度改革，个体粮油经营贸易逐步上升。自此以后，全县粮油购销全部市场化。

一、粮油购销

私营购销　粮食购销：清代及中华民国初中期，粮食商贩从山东临城、枣庄和山西大同等地购进小米、高粱、薯干及豆类零售。时粮食市场被投机商贩把持，并掺杂使假贱买贵卖，囤积居奇，粮价混乱。

抗日战争时期，沦陷区由日伪、汉奸控制粮食市场，有钱大户囤积居奇，小商贩则境内驴驮肩挑做生意。日伪政府向农民强征暴敛，致使粮价暴涨。解放后农民完成支援解放战争公粮外，可到集市调剂余缺。1953年，实行统购统销政策后，农民可到统一开放市场出售粮食。1966—1976年，粮食市场一度关闭。1976年后，粮食市场重新开放。完成征购任务者可自由出售余粮。1985—1997年，实行粮油合同订购致策之后改为保护价收购、市场购销政策。21世纪，粮食局所属企业改制为国有控股企业依托市场购销粮油。粮油经营由国营改为公私兼营。

油脂购销：中华人民共和国成立前，自由经营，农村有直接出售油料者，有油坊出售花生油、香油、豆油、棉籽油者。由小商贩走乡串村以油换油料。城镇亦有油坊，但无专门油店。中华人民共和国成立后购销情况与粮食略同。

统购统销　粮食：1953年11月，国家根据经济建设需要，对粮食实行统购统销，在农村向余粮户实行计划收购，对城镇居民和农村缺粮户实行计划供应。

1955年10月，河北省人民委员会发布关于执行国务院《市镇粮食定量供应暂行办法》实施细则的命令，始对城镇居民实行划分等级、按月定量供应，对农村缺粮户发证供应。是年秋，对农村实行“三定”（定产、定购、定销）到户政策。

此政策发布后，农业社及个体农民按定购数量向国家出售粮食，增产不增购，余粮自行处理，得到农民拥护。农民售粮自由，粮食市场繁荣，价格稳定，后根据国务院指示，在坚持粮食“三定”基础上，实行以丰补歉政策，对超过“三定”量者，再增购增产部分40%，对缺粮者则适当减购。

1956年，故城运河段多处决口，受灾严重，为解决灾民粮食供应，国家拨付农村统销粮2451万公斤。

1958年，刮起浮夸风，大办“公共食堂”，出现虚报高产，征购过头粮，留粮偏低。后又因沥涝成灾，农业歉收，致使1959—1961年生活暂时困难，无奈实行“瓜菜代”，由“公共食堂”将玉米轴、玉米皮、红薯蔓加工成“淀粉”，掺入少量粮食食用。为解决口粮不足问题，国家分别于1961年、1962年、1963年拨付粮食239.5万公斤、679.5万公斤（另有红枣、糖、八宝面、糠麸饼干、食油、小鱼各一部分）、1830万公斤（另有口粮款11.8万元，面粉、八宝面一部分）。

1965年实行粮食征购一定三年基数不变政策（基数为331万公斤），1971年，粮食征购改为一定五年基数不变政策（基数为772.5万公斤），超产部分按一定比例超购，超购价格适当高于统购价格。自1973年始连续5年完成全年粮食征购任务，位居衡水地区各县榜首。

中共十一届三中全会后，农民生产积极性空前高涨，生产迅速好转。为缩小工农业产品价格差，粮食统购价格从1979年夏粮上市起提高20%，超购部分在此基础再加价50%，是年，粮食社会占有量创中华人民共和国成立以来最高纪录。

1983年，故城县农村联产承包责任制全面推开，连年丰收，在包干不变、以丰补歉前提下，力争多购。粮食丰收社队多售粮食算作下年定购任务，歉收社队可缓购，征购时采用户交户结方式，随交粮随付款，交粮进度加快，品种质量提高。是年粮食企业开展购销、兑换、转化等业务，调剂余缺，增添品种，活跃市场，受衡水行署表彰，并获“振兴杯”奖。1984年秋，农民除完成包干任务外，迫切要求交售余粮，一时库容紧张。粮食系统尽力扩大库容或妥善露天存放，并采取推销、转化兑换、代储等措施，产销矛盾缓和。

1986年遇旱灾，仍超额完成调减后的粮食定购基数，并为国家代购粮食515万公斤，评为全区完成粮食定购任务先进县。1987年后，均每年超额完成定购任务。1990年，集体、个人可从事粮食、油料经营业务。1992年起，对粮食收购实行一季完成全年定购任务的方法。

食用油脂：与粮食统购统销同时进行，1953年11月，政府严格控制域内所有市场，禁止私商收购。以多产多购多留、少产少购少留为购留原则。生产单位按国家政策，留下种子、口油后，多余部分90%售予国家。1957年，棉籽油实行随棉带购。1965年，油脂按定产数量收购（亦名征购），是年，油脂任务73万公斤，足额完成。一般产油社队可留口油人均1～1.25公斤。1972年，核定油脂油科任务基数为27万公斤，是年完成28万公斤，超过部分加价20%。1978年，实行定产、定购，粮棉油统一算账。1979年，实行在原统购价格已提高基础上再加价50%。1983年，对花生、芝麻实行“倒四六”比例计价办法（40%按统购价格，60%按超购价格），对棉籽油实行“正四六”比例计价办法。

1985年，粮油统销包括农民口粮、口油、种子、饲料、奖售粮和民工补助粮；非农业定量口粮、口油，工业、食品业、副食业、事业、城镇饲料用粮油。1985年后，粮油统购改为定购，农民不仅完成定购数量，满足家庭消费，家家以中等水缸灌装棉籽油，而且有多余产品可自由出售，食用油及油料逐渐进入市场销售。

议购议销 1979年夏，遵照上级“高进高出，各有利润”指示精神，粮食油料实行议价收购议价销售（下简称议购议销），旨在充实库存，平抑市场价格，增加农民收入，调剂改善人民生活。

实行议购议销后，粮食市场调节范围逐步扩大，工业用粮全部退出平价计划，农村粮食实行购销同价，食品行业逐步扩大议价销售范围。伴随粮食流通体制改革逐步深入，平价经营日趋减少，议价经营日渐增多。1982年始，域内农村实行家庭承包责任制后，全县农民口粮全部达到自给自足有余，且大量出售，基本无缺粮现象，农村粮油统销成为历史。

合同定购 中共中央、国务院1985年年初颁发《关于进一步活跃农村经济的十项政策》，决定从当年4月1日始取消统购，实行合同定购。此举既是农村经济管理体制的一项重大改革也是粮油工作上的一项根本性改革。中华人民共和国成立以来，国家粮油收购主要采取统购形式完成。统购政策，时为解决供求矛盾尖锐权宜之计，曾为保证粮油供应，支持社会主义建设发挥积极作用。自1978年随着进行了系列改革调查粮油生产迅速发展和变化，商品粮油增加，粮油统购各种弊端逐渐显露。

粮油合同定购，即国家向粮油生产者以签订合同形式定购粮油，国家根据各方需要确立粮油收购计划，由各级人民政府逐级下达，通过农民签订合同落实下去。定购粮油，既按照国家计划规定的品种数量、价格要求，又照顾生产者的意愿，通过协商与农民签订合同。自施行合同定购粮油后，多交粮油、交好粮油成为广大农民的自觉行动，全县连年保质保量完成任务。

国营粮油购销　1987年，故城县粮油总产量突破2亿公斤，农村人均占有粮食421公斤。1996年，全县粮食总产量突破4亿公斤，人均占有粮食900公斤，创历史新高。此后粮食生产相对过剩，价格偏低，一度出现弃田经商、农民种粮受挫。1998年6月，国家制定出台《粮食收购条例》规定：敞开收购、顺价销售、收购资金封闭运行。实行按保护价敞开收购农民余粮政策，农民利益得到保护，并对收购市场封闭管理，取缔个体粮商，省内粮油一般不准出省，必须外运的须持省粮局和工商局联合统一签发的“出省准运证”进行流通，否则，视为违法。列入保护价收购的粮食品种为小麦、玉米。其他杂粮油料由市场流通，不执行保护价格。

2003年，国家对粮食收购政策进行调整，锁定以前年度保护价收购的政策性库存，以当年新粮上市起不再执行保护价，粮食收购一律按市场价收购，原则是“购得进，销得出，不亏损”，粮食购销全部实行市场化，由于价格放开，市场放开，全县粮食收购由上年的251302吨减到73194吨，与上年相比减少收购178108吨，粮食购销多元化并存，形成国营、私有、个体粮商参与市场竞争的局面。2008年后，粮食收购价格平稳，未出现大波动。随着粮食系统各库站深化粮食流通体制改革，粮食退出保护价收购范围、放开价格、放开市场、放开经营。2010年，粮食购销完全转入市场化经营。国有粮食购销企业实施产权制度改革，个体粮油经营贸易逐步上升。通过兼并重组，成立了三个国有购销企业：故城县兴粮粮油购销有限公司、中乾粮食收储有限公司、机场军粮供应站有限公司。

二、粮油储运

储藏　据明万历四十二年（1614年）《故城县志》记载，县衙治所故城设有预备仓，始建于明永乐十三年（1415年），储存粮食，以备官用。据清光绪《故城县志》记载，清雍正元年（1723年）知县蔡维义截留漕米，于县署东，捐盖仓庾9间（光绪帝时废）。清乾隆十六年（1751年），知县郑鸣岐奉上文书，组织乡民，分别于南官庄、南化、大杏基、杨梧茂、十里铺、骆家庄各建1处义仓（光绪帝时废）。清咸丰二年（1852年），知县胡桂芬动款重修旧义仓。时建有苇圆仓囤2座，外铺房4间，两配房6间，大门1座。时存谷92石（光绪帝时废）。清光绪七年（1881年）新义仓存谷2022石4升5合。清光绪八年（1882年）知县长秀筹款，仍在节孝祠西旧址建仓房5间，坐东向西。旋因淋雨坍塌。清光绪十年（1884年）知县张英与乡董议妥，重修为坐北向南仓房，仍为5间，并置有天窗。仓前增有东西院墙，开有小门。铺房、两配房及大门仍旧。该仓房由8乡董事经理。

据1934年，《河北省各县概况一览》载，故城县国民政府曾拨公款2000元，建造谷仓，存谷650石。

抗日战争初、中期，故城县抗日民主政府因迫于侵华日军侵扰，四处游击漂泊不定，无力建储粮食所。加之日伪频繁掠夺，民不聊生，粮食生产严重受阻，所剩无几粮食散藏于民间农户。抗日民主政府公粮由“堡垒户”秘密挖坑穴存。房庄、苏庄、马军寨一次野外穴存抗日公粮18500公斤。另，散于民间户中公粮，由抗日政府确定某日，晚间集中于房庄村北后由指定人即刻转移预定地点穴存。穴中四周铺1尺厚麦秸，上覆苇席，埋土后，上堆一假坟，即为妥当。1945年后，为储粮于民，或租用民房、祠堂、庙宇，或露天席围草垫，土坯垒就谷仓。趁冬季粮食干燥入库，品种大部为谷子、大豆、高粱。仓满后，耥平作记，加封上锁。待来年气温上升时从村里抽调劳力逐仓翻捣、通风、扬晒。霉烂变质、虫吃鼠咬时有发生。

1953年12月10日，沧县专署《财经会通报》载，故城县粮食局故城联村社给粮局代营玉米因铺垫不当，粮食局和合作社实施检查，由8月中旬至10月下旬，先后两次发生霉坏事故，霉坏玉米共2534公斤，内有461公斤已全部霉烂，贬值出售后共损款177.2元（新币折算）。1950—1953年，县有土坯结构仓库46间、后油房村41间、前香坊村5间，建筑面积926平方米，使用面积700平方米，容量175万公斤。1953年9月，增设4个代销粮站（河北涯、大马坊、三朗、小庙）。

1956年，开展无霉变、无鼠雀、无虫害、无事故的“四无”粮仓活动。后又开展无酸败、无混杂、无渗漏、无事故的“四无”油库活动，坚持贯彻“以防为主，综合防治”保粮保油方针。粮油储存水平显著提高，费用降低。1987年，全县20个库站均达“四无”标准。1950年，全县粮食保管费用平均5000公斤粮开支30余元，1987年，降至11.86元（按该年现行价比）。

20世纪60年代初，部分库站为晾晒潮粮，减少丢撒，始用砖砌货场、院落12320平方米。1964年，建国营仓，取消民房仓，按坚固防潮、防鼠雀标准建仓。占地少，容量大，有利安全贮粮，便于机械作业。1971年，始用水泥硬化库站院落地面、晒场9168平方米。1978年，国家投资45万元，在郑口建机械化粮库1座。该库职工自行研制有半自动磅（粮食出入库检斤提高工效10倍）；振动筛（粮食除杂）太阳能杀虫设备及分子筛制氮机（制冷降温）等机械。1983年11月23日，研制的冀DSX-40×45型固定输送线两翼卸粮机，经河北省技术鉴定，该机自动程度较高，使用该机入库，粮面平整，自动分级，省工省力，提高工效10倍。

检验粮油原仅凭感官估计，时有差错。1953年4月，国家颁布粮食检验操作堆积及粮食防治暂行办法后，始用上海仪器厂制造的双层钢烧瓶油蒸式测水器和铁杆米温计，防虫药品始用湿性滴滴涕、可湿性六六六。1968年，施用隧道式测水仪、电烘箱等。粮油储藏技术由简单通风、密闭和人工翻捣，逐步改为压沙密闭、低温缺氧、化学贮藏、仪器检测、机械通风。全县各库站均配备专职保化员。并投资1万元，县粮食局仓储股建化验室，配有电烘箱、干燥器、真空泵、万分之一天平、鼓风干燥机、量瓶、试管等210余件仪器设备。使用现代化检验仪器，省力省钱，准确安全，年均节约保管费7920元。

1987年始，改善仓储设施，时有21个国有粮站，其中粮库2个，分别是郑口直属粮库和里老粮库；粮站18个，分别为故城、夏庄、袁庄、小屯、辛庄、青罕、房庄、小庙、三朗、原隰、饶阳店、赵行、武官寨、西半屯、瓦子庄、建国、军屯、要庄粮站；军供专用站1个，为机场粮站。全县21个库站共有仓容4631万公斤。仓库库房有平方仓、土圆囤和简易仓。储油设施分为油罐和油桶，大型油罐仅郑口粮库有1个，小型油罐粮局油厂有2个，其他粮站全部使用油桶。1997年，全县21个库站除机场粮站外，在20个库站共修建了大跨度，高标准的平房仓256间，仓容4497万公斤。1998年，粮食局为改善储粮条件，在全县20个库站搭建简易仓20个，容量达1817万公斤。1998年7月，经国家计划委员会批准在里老建立国家粮食储备库，扩建仓容0.75亿公斤，建设资金全部由中央财政拨款，仓库为跨度24米、长94米长、高6米的储粮线平房仓，是年10月17日正式开工，建设为一期工程。2000年，里老粮库二期工程由省建库办批准扩建，建设仓容2500万公斤，中央财政拨款。是年8月26日开工建设，11月30日完工。2002年3月1日，里老粮库三期工程开工建设，建设仓容2500万公斤，中央财政拨款，是年8月30日工程竣工，并投入使用，里老三期共建仓容1.25亿公斤，成为衡水市最大的国家储备库。

1987年，全县国有粮站共存粮食26772吨，1992年，存粮24194吨；1997年，存粮86939吨；2003年，存粮44677吨；2008年，为22365吨。之后，粮油购销全部放开，以个体私营为主。2009年，故城县建立县级储备粮。2010年，粮食储备小麦6000吨；2011年，储备小麦8000吨；2018年，国家储备库存粮8000吨。

调运 20世纪50年代，调运粮食主要靠人挑、畜驮，木轮、铁轮、胶轮车推运，粮食一部分高价出售，部分装船运往德州、天津，换回其他商品。郑口地处运河左岸，水运称便，水路运输经久不衰，1966年后天旱不雨，运河干枯断流，粮食调进调出方靠汽车运输和铁路运输。

1961年3月15日，故城县于德州修建简易仓库5间。县粮食局1956年即与德州南仓库建有业务关系，时调出调入按数量缴纳费用。1958年免去一切费用。如1961年，因受灾调入粮食500万公斤，保管费、道岔租赁费、包装器材折旧费1.4万元未收。1983年，县粮食局建汽车运输队，有日本三菱汽车3辆、南京嘎斯1辆、解放牌汽车1辆及邢台面包车1辆。承担县内粮油调出、调入任务。

1987年，县粮局组建运输队，有汽车3辆，汽车全部由市局拨给，负责运输全县粮食。国营粮站的粮食继续执行国家统一调拨运输，各粮站的粮食根据县粮食局业务股开出的调拨单出库发货，短途及公路发达的省市县采用汽车运输，长途及外省调拨的粮食则用铁路运输，运出的粮食通过银行汇款全国统一价拨结算。时年汽车运输占全县粮油公路运输总量的56%。建立粮局车队开始，车队由粮局业务股管理，按计划调拨的粮食运营统一结算费用。1990年，全部汽车由地区粮局收回。粮油购销站及加工企业的粮油运输由国营运输公司承运，粮食部门按国家规定吨公里计价付运费。1992年，国营运输与个体运输齐头并进参与运营，后逐渐放开。21世纪，全县个体运输户占领了整个粮食运输市场。

第五节　农副土特产品

中华人民共和国成立后，国营食品公司、供销社系统，按国家不同时期方针政策，分别对农副土特产品按牌价、议价，实行统购、派购或自由交售、门市与下乡方式收购。品种主要有粮食（小麦、玉米、高粱、谷子、甘薯等）、棉花、土

故城县马厂村西瓜种植

布、麻类、油料（花生、芝麻、大豆、棉籽等）、蔬菜（大白菜、菠菜、韭菜、芹菜、大蒜、辣椒等）、瓜果（西瓜、红枣、梨、杏、苹果等）畜产（毛猪、鲜蛋、皮毛、肠衣等）、粉条、蜂蜜、苇箔、桑荆、柳编、野生药材等。多时达13类、60余种。其中棉花始收时间最早，延续年代最长，增长幅度最大，所占比重最高。其他诸如粮食、油料、毛猪、鲜蛋、西瓜、大白菜、红枣、杏、梨、苹果、蜂蜜等为骨干品种。伴随农业生产发展，收购量呈增长趋势。经营分工，除生猪、菜牛、菜羊由商业局所属食品公司为主经营外，其他均由供销社经营。1985年，改统购为合同订购。

一、棉花

县内自明代已种植棉花，棉花为输出县外重要商品之一（明、清代仅有品种记述，无数量记载）。据1929年《河北省工商统计·商业类》载，本县输出商品棉花238050公斤。

域内农民出售棉花

1949—1953年，收购无计划，由农民自愿交售。1954年9月，国家将棉花（含棉布）列入一类物资，实行统购统销，委托供销社代国家收购、加工、上调，禁止自由贸易，收购量呈增长趋势。1985年，创历史最高水平，皮棉收购量达30620吨，比1953年、1956年、1965年、1967年、1978依次增长24.7、11.0、10.6、29.2、27.1倍。后因化肥、农药、薄膜等农业生产物资涨价，加之出现此类伪劣商品，农业后劲不足，有所下降。1985年后，域内棉花生产迅速发展，1987年，皮棉收购量超较高年度1983年的15589.5吨，达16125吨。1989年，为缓解“卖棉难”，供销社采取以乡定点，按村排日，计划收购的办法，增添

了收购点。20世纪90年代至21世纪初，个体商贩进入棉花市场，加之供销社收购资金短缺，棉麻公司收购停业。个体收购占据市场。

棉花实行统购政策后，农民交百斤皮棉（籽棉折算），奖布票1.67米。1956年后，棉花由集体种植，国家规定每人每年留自留棉0.5公斤（亩产超40公斤者留0.75公斤，产量人均不足0.5公斤者，全部为自留棉），其余由国家收购。为鼓励支持商品生产，供销合作社边管收购边管生产，帮助农民引进良种，并做好化肥、农药等生产资料供应，每年春季向生产队发放10%预购定金（交棉时扣除）。按河北省政府规定，1963年始，亩交售皮棉50公斤，奖售粮50公斤，化肥3公斤，煤炭250公斤，布票33米，食糖0.75公斤，纸烟6盒。后随农业生产发展，生产生活资料供应好转，对奖励办法作若干调整，但奖售粮、化肥一直未变。鼓励棉花生产，即户交商品棉（籽棉折算）20%按牌价付款，80%按在牌价基础上再提高80%价格付款，同时奖售粮食、化肥。1977年调整收购政策，实行订购基数，超购加价办法，中共十一届三中全会后，国家购销政策连续4次调整，第一次是1984年，由基数加价法改为比例加价法，实行“倒二八”加价，即20%按牌价，80%加价。化肥奖售实行斤棉斤肥，每交1公斤皮棉另奖售粮食1.5公斤；不加价的棉花不奖粮，等外棉不加价、不奖售粮食和化肥；取消5%价外补贴。第二次调整为1985年，由统购改为合同订购。价格由“倒二八”改为“倒三七”加价；取消粮食奖售，保留棉农口粮补助，化肥实行包干奖售。第三次调整是1986年，合同订购价格由“倒三七”改为“倒四六”加价，故城县当年完成订购计划。第四次调整是1987年，订购数量不变，价格由“倒四六”改为“倒三七”加价。

1995年，个体商贩开始走村入户，收购棉花，奖励政策失去意义。21世纪，棉花购销已市场化，国家依据市场宏观调控价格。

二、畜、禽、蛋、奶

生猪 1949年，生猪收购由供销社经营，年收购量二三百头。1953年，收购量骤增10351头。1962年，国营食品公司建立后，归口经营，供销社代购。后按国家规定，对集体农户饲养猪只实行派购，完成任务后允许自宰自销。所购生猪，除按上级主管部门分配任务上调天津、衡水外，余则县内自销。为发展生猪饲养，凡交售国家者，均奖售定量饲料粮，此规定执行至1979年。

1980年，在商业体制改革中，为解决农民“卖猪难”问题，允许生猪多渠道经营，供销社恢复生猪收购、外调、屠宰、销售。1980—1990年，全县生猪收购量多在两三万头。21世纪，域内养殖业发展迅速，个体经营占据市场主位，除供给域内，还远销外省，2016年，猪出栏28.40万头。2017年，猪出栏29.25万头。

故城县武官寨生猪养殖场

菜牛、菜羊 1949年，国营食品部门、供销社收购菜牛（包括丧失役使能力耕牛）菜羊，主要用于城镇非农业人口节日肉食供应。菜牛除1955年、1960年、1975年、1976年、1977年，收购超千头，菜羊收购量多在三四千只。1982年，自由市场牛肉充足，仅收购15头。1987年，最多达11300只。2010年，域内养殖业发展迅速，各种肉类丰富，个体经营占据市场主位，2016年，牛出栏35500头，羊出栏334862只；2017年，牛出栏34898头，羊出栏334862只，满足了域内肉食供应需求。

兔 收购活兔始于1972年，县外贸局经办，由基层供销社代购或由其直接收购，兔只饲养大增，收购量随之增加（兔皮属乡镇、外贸、供销等部门多条渠道收购，无确切数字统计）。后因国际市场价格波动不稳，收购量时高时低。20世纪90年代，养兔属个体自养自销。

鸡 国营食品公司主营，由供销社代购。收购量不稳定。1977年，收购1万只。1980年来，随人民生活水平提高，收购量大增，1987年，达

47 万余只。20 世纪 90 年代后，以个体私营为主。21 世纪，域内发展禽类养殖，2016 年，活家禽出栏 1358.426 万只，其中，活鸡 1215.893 万只。

鲜蛋、奶 鲜蛋经营以鸡蛋为大宗，鸭、鹅蛋甚微。1949 年，由供销社收购经营。年收购量少则一两万公斤，多则四五万公斤。1955 年，按国家规定，对农村按鸡只饲养量实行派购，并每交售 0.5 公斤鲜蛋奖售 0.1 公斤红糖、0.06 米布票，1957 年，收购量达 10.8 万公斤。20 世纪 60 年代，收购量最多年度为 1967 年，达 19.4 万公斤。销往桑园、泊镇、天津、衡水。其间，1962 年，国营食品公司建立后实行归口经营，由供销社代购。1979 年，取消派购。1980 年，后鲜蛋购销渠道和价格逐步放开，鸡只饲养量增加，自由市场交易量骤增，收购量下降，此间除随行就市收购一部分用于加工糕点外，停止上调。1990—2000 年，个体私营占据市场。蛋类供应充足。2016 年，域内鸡蛋产量 36046 吨，牛奶生产量 11256.65 吨。至 2018 年，所产牛奶满足域内人民需求外远销全国各地。

鲜蛋包装车间

三、干鲜果品

苹果 主要产于今原隰、故城、郑口、青罕等乡镇。1958 年始产，当年收购量仅 0.05 吨，后呈增长趋势。1974—1978 年逐步增长，1978 年后，随农民自销量增加，供销社收购量下降，逐渐由市场交易。

梨 主要产于今庙灵、辛庄等乡，1949 年收购 807 吨，1970 年达 1335 吨。后自由购销量增加，收购量随之减少，年收购量降至五六百吨。1984 年，随外贸出口增加，收购量复逐年增长，1987 年达 1905 吨。供销社收购用于县内门市零售。外贸部门收购，由天津口岸外销，称为“天津鸭梨”。20 世纪 90 年代，以个体自主购销为主。

果农修剪梨树

红枣 主要产于今辛庄等乡，收购始于 1952 年，是年，收购 16.2 吨。各年度收购量极不稳定，升降幅度较大。收购品种多为干枣，多在县内销售。1978 年后，收购量时高时低。20 世纪 90 年代，由个体自产自销。

四、瓜菜

西瓜 故城县西瓜种植历史悠久，以个大皮薄瓤沙、味美著称。据 1934 年《河北月刊 · 故城县调查》载，“农产物以……西瓜为大宗”“夏日所产西瓜，味颇甘美，有种打瓜者，瓤不甚佳，籽大可食，运销天津一带”。1949 年前后，京津、东北等地驰名的“德州西瓜”，实为故城特产，因经德州火车站运销而得名。始于中华人民共和国成立初的驻德州转运站，每年夏季西瓜销运成为主要经营业务之一。1957 年收购 1014 吨，1981 年达 3250 吨。20 世纪 90 年代始，因人民生活水平提高，县内销量大，加之东北、京津等地多渠道进货，收购量下降。收购期间，国营商业经销，供销社为其代购。21 世纪，为个体自主购销模式。

蔬菜 以大白菜为主，久有销量。据 1934 年《河北月刊 · 商业类》载，是年销往天津大白菜 2000 吨。中华人民共和国成立初，商业部门于德州设转运站，向东北转运大白菜成为其主要运销业务之一。1957 年收购 1376 吨，1964 年收购 2500 吨，1981 年高达 7010 吨。后因城市抓市民“菜篮子”工程建设，郊区发展蔬菜基地，于 1987 年故城大白菜由县外销转县内销，收购量降至千吨左右。收购期间，国营商业经销，供销社为其代销。后完全转为个体购销。

第六章　物资供应

物资供应职能部门系故城县物资局。主要经营各种金属材料、机电设备、轻工、化工产品、煤炭、木材及各种建筑材料等。1963 年，建县物资局后，实行计划经济下的物资管理，根据国家计划对县内工农业生产所需物资进行调拨供应。1978 年后，伴随改革开放形势，物资部门亦实行商品经济，在严格执行国家物资政策前提下，面向社会，广辟货源，搞活流通，参与市场竞争。1987 年，实现利润 12.37 万元，销售收入 739.2 万元。

1987 年，故城县在有计划商品经济条件下对计划内划拨物资进行合理分配，物资局下属各专业公司到衡水地区物资局对口公司提货，直接供应到户或县各工业公司。1991 年，除煤炭、钢材、木材、水泥等单一品种和少量计划内供应物资外，其他计划内物资全部退出交易市场，各公司、经营处实行承包经营责任制，经营物资份额由计划内商品占主导逐渐向自主购进为主转移。1992 年，全县物资企业实现自负盈亏，自主经营。

21 世纪，市场经济发展，2005 年，全县国营物资系统 35% 企业破产，35% 企业停止经营，30% 企业陷入半停业状态，企业经营走入低谷。个体、私营物资市场逐步繁荣。

第一节　统配物资

1963 年，正值国民经济恢复调整时期，各行各业发展，致使各种物资呈现不足，客观要求加强计划经济下的物资分配管理。统配物资供应指标分配，由县计划委员会和物资局根据各企业生产能力及物资需求情况共同研究确定。由物资局负责物资供应的具体实施。供应物资主要系国家计划调拨木材、钢材、煤炭、水泥、玻璃及机电、化工产品等。供应形式有三：一是各企业上报所需物资品种、规格、数量，由县物资局所属各专业公司到衡水地区物资局所属对口公司提货，直接供应到户；二是适销对路物资供不应求，物资局以保证生产需要为原则，掌握平衡，统筹安排；三是根据物资分配后各企业使用余缺情况，组织调剂或串换。1964 年，总销售额 35.1 万元，盈余 0.5 万元。随国家经济好转，统配物资供应数量亦有所增加。至 1966 年，全年销售额 40.8 万元，政策性亏损 2.86 万元。

“文化大革命”期间，物资供应虽业务性质和方式未变，然因受某些厂家停工停产影响，国家统配物资货源紧张，致使物资供应基本处于停顿状态。1968 年，物资供应跌入低谷，全年总购进额仅 21.8 万元。

1978 年，随国家经济体制改革，计划外物资经营逐步放开。1983 年，系物资供应最佳时期。仅计划内物资购进，钢材 1077 吨、木材 362 立方米、水泥 7736 吨（上述各物资金额统计数散佚），机电产品 32.8 万元。20 世纪 90 年代始，国家实行计划商品经济，物资价格与市场持平或高于市场价格，计划内物资逐年减少，转为多元化经营。

第二节　议购议销物资

为弥补计划内物资供应不足，1976 年始，增加计划外物资经营，实行议购议销、代购代销、联合经营。打破地区界限，价格高来高去，低来低去，保本经营。1977 年 3 月，停止计划外物资经营，1980 年 1 月，恢复计划外经营，同时将经营自主权下放到局属各专业公司。是年，物资系统一举由亏损 3.9 万元扭转为盈利 4 万元。1983 年，销售额达 348.6 万元，盈利 5.32 万元。1984 年后物资政策进一步放开，经营额与利润亦逐步上升。至 1989 年，国家经济体制改革进一步深入，为提高物资企业经济效益和社会效益，物资管理部门对所属燃料公司实行承包经营。同时，各专业公司普遍开展大流通、大市场、大买卖。即实行多元化横向经济联合，多种经营或公司间交叉经营。经营区域发展到县外多地，于衡水、石家庄、北京、天津、济南等地建立购销网点。业务量明显上升，全年实现销售额932万元，利润14.6万元，为物资经营历史最高水平。20世纪90年代，随着市场经济的放开，物资购销随由个体私营替代。

第三节　物资体制

1987年，故城县物资系统普遍实行多元化横向联合，建立物资资源基地和销售基地，搞好一业为主多种经营或公司交叉经营，经营区域由县域农村逐渐扩张到邻近县市、石家庄、天津等地，业务量明显上升。县物资局根据实际情况，制定经济体制改革方案。机关由16人减少到8人，其余人员全部充实公司。各公司实行“招标承包”，打破大锅饭实行效益工资，调动职工积极性。

1987—1988年，为计划内物资销售最高峰。物资企业充分发挥主渠道作用，为全县工农业生产服务。1988年，全省出现水泥危机，故城县纺纱厂面临停建危险，县局抽调专职人员到获鹿、邯郸等地催调平价水泥200多吨，保证县重点项目建设。为支持农业发展，各公司采取让利销售、薄利广销等方式拓展销售渠道，仅1991年就让利销售水泥1200吨、木材1000立方米、机电产品60万元、化工产品73万元，有力支持了全县工农业生产。因“三角债”问题，1991年，物资系统应收款达499万元，阻碍了企业进一步发展。面对国家紧缩银根、国有物资企业失去垄断经营局面，计划内物资取消，企业转入市场经济体制下运营，以一业为主、多业经营、交叉和跨行业经营，打破单一经营模式，增设网点，1992年，同比上年增加近3000万元的销售额。1996年，县机电设备公司逐渐探索出以废钢换成材、换柴油机、小拖拉机一条龙连环经营的模式，即从社会上收购大量废钢销往钢厂，从钢厂换回优惠价钢材成材，成材再销往山东莱阳柴油机厂换回优惠价柴油机，柴油机再销往山东荣成、潍坊和石家庄拖拉机厂换回优惠价拖拉机，到市场上批量销售，机电设备公司在市区及临县广设网点，在衡水市区市场占有率达70%以上，连续几年全局销售额急增达到销售高峰。1996年，全年达26749万元；1997年，达29217万元；1998年，达23939万元。随着国家对国有企业的体制改革，县物资局对各公司经营处分类施策：对县木材公司、金属材料公司、燃料公司、煤建公司、再生利用公司实行破产。

2001年11月份，县物资局接收东阳农贸市场的产权和经营权，工作重点由物资经营转到东阳市场管理上来，集中收取摊位费和代收工商费，实行封闭式管理，并配合省市治理工作队、市场派出所对欺行霸市行为和假冒伪劣商品集中清理，营造了良好的物资流通环境。2003年，投资近200万元在市场西北角改建了两栋二层标准门市楼，进一步改善市场经营环境。2004—2005年，物资经营仅限于东阳市场经营管理及改建和煤炭经营业务，其他业务停止，企业经营陷入困境。2008年后，物资经营全部为个体私营所代替。

第七章　石油经营

中华人民共和国成立前，县内石油供应仅有煤油，供不应求。1961年，县煤建公司开始经营柴油、汽油、润滑油。1976年12月，石油经营业务自煤建公司析出，建立故城县石油公司，公司为三级批发兼零售联合公司。1978年，县内成品油实行统购、统配、定量供应。因县内车辆和农业机械不多，用油量较少，主要经营汽油、柴油和常用润滑油、润滑脂。1984年，设有郑口、王瞳两个油库，库容量2580立方米，年吞吐量2500吨，配有6辆油罐车，年运输量500吨。1985年，取消计划内供应，成品油供应全面市场化。1992年起，成品油购销以自采为主，价格上实行“双轨制”（平价、高价），计划内部按评价供应，自采部分以高价销售，成品油流通渠道增加。1998年，石油公司经营开始实行资源配置、调运、价格、结算、资金运作“五统一”管理。2005年，全县有中国石化加油站19座，中国石油加油站5座，其他加油站78座，个体零售点18处。2006年12月11日，国家正式放开成品油批发市场，国内成品油市场的竞争格局发生新的变化。2007年，国际油价持续走低，油品市场出现供大于求。石油企业面临激烈的市场竞争。2017年，受山东地炼资源冲击、价格竞争、限产限行、“双层罐”改造等因素影响，故城紧邻山东，采用限段分片供油等方法缓解了经营压力。2018年，域内有12座在营中国石化加油站，中石油加油站点4个。

第一节　购销业务

1978年，成品油分配供应按照国家石油产品统购、统销、定量供应的规定执行。1980年7月起，对农业、渔业用柴油一律按牌价供应，国家给予定额补贴。1983年，对拖拉机营业运输和个人承包车辆纳入统一供应渠道，定量供应。1985年起，平价油计划逐年减少，高价油资源紧张，计划外购销业务量不断增大。1992年，成品油购进以自采为主，主要进货渠道为沧州、石家庄、天津等炼油厂。1994年，全县成品油经营站、点达100多个，由于多头经营和地方小炼油、土炼油的低价销售，致使市场混乱，销量减少。1995年，随着计划内平价油的取消，成品油经营全面市场化。2000年，全县成品油销量0.6万吨。2005—2018年，全县成品油销量逐年均在万吨以上。

第二节　网点建设

1978年，县石油公司建成全县第一座油库，全部为卧式油罐，后又建成一座地下土油池，靠高压油罐通过流量表发油。成品油由供销社的7个油组经营，全部由石油公司供应。1987年5月，全县第一座加油站建成并投入使用。1992年11月，第二座加油站建成投产。是年12月第三座加

中石化广交路站进行消防演练

油站建成投产。1999年全县第一座个体加油站营业。2001年1月，收购新建网点，分别是青罕站、南环站、里老站。2004年，新建3座加油站，分别是新南环站、北外环站、京杭站。是年7月，加油站IC卡网络系统正式运行。2014年4月，广交路加油站建成投产。2018年，全县中石化在营加油站12座。

第八章　对外贸易

第一节　发展概况

1978年后，外贸工作以抓货源、保出口、多创汇为中心，从国际市场需求和本地优势出发，实行种、养、加工相结合，贸、工、农一体化的生产经营方式，购销渠道拓宽，出口额大幅度增加。1986年，出口金额达845.94万元，比1978年增加2.2倍。1987年，出口产品呈多渠道经营格局，县外贸部门出口额下降。至1987年，累计出口总额达4624.94万元，出口商品30余种，其中农副产品、畜产品、手工艺品已成为外贸出口三大支柱。21世纪，以皮毛制品、裘皮裘革、摩擦制动材料等为出口主体。2002年，出口金额1539万美元；2006年，出口额达3843万美元；2010年，出口总额达39299万美元；2013年为最高峰，出口额增至109090万美元；2016年，受国际市场经济影响，出口总额为52038万美元。2017年，故城县进出口实体企业390家，出口超百万美元的196家。2018年，新增进出口贸易国家17个。

第二节　出口产品

农副产品　故城县向为农业区，土地辽阔，农副产品资源丰富，可供出口产品有粮、棉、油类系玉米、黄豆、绿豆、红小豆、花生仁、棉仁饼、棉花短绒；土产类系芝麻、蓖麻籽、枸杞子、苜蓿草、苹果、鸭梨、麦麸、苦杏仁、槐米、柳叶、柳皮、蘑菇等。产品销往日本、苏联、朝鲜、匈牙利、土耳其等国家和地区。1979 年，出口红小豆 318.84 吨，1983 年，出口芝麻 832.18 吨。农副产品出口额占全县出口总额的一半以上。产品收购，主要采取门市收购和各乡镇设点收购办法。21 世纪，市场全部放开，逐渐改换为网络化个体出口经营方式。

畜产品　故城县畜产业发展迅速，加工能力较高，物资基础较厚，以皮毛加工为主。加工基地主要分布于饶阳店、武官寨、瓦子庄、建国等乡镇。1980 年前后，为皮毛加工鼎盛时期。出口各种皮褥子 50 万条上下，裘皮服装万件上下。可供出口的畜产品尚有山羊皮、兔毛、染皮、肉兔、鬃毛等。出口产品经天津、武汉、大连、秦皇岛等口岸转运，销运越南、日本等 16 个国家和地区。2005 年，故城县皮毛加工企业 438 家，2010 年，完成“河北省皮毛产业基地”报批工作。

手工艺品　故城县具有传统技艺优势，发展手工艺品，已成为扩大对外贸易的必经之路，主要出口产品系柳制品、地毯、景泰蓝、刺绣、儿童玩具、劳保手套、绣花线等。

柳制品采用精选优质柳条编制而成，主要生产面包篮、水果篮、花篮、礼品篮、食品盘等。柳编制品工艺精细、式样繁多、色泽光洁、美观大方，具有较高观赏价值和实用价值，深受外商欢迎。20 世纪 60—70 年代，年出口量达 11 万余件。由于柳条资源短缺，生产逐年下降，出口量减少。20 世纪 90 年代，随着生产技术和科学发展，柳制品编制成为历史。

地毯生产系县内一大优势。产品做工精细、图案逼真、造型新颖，倍受国外客商青睐，远销美国、英国、德国、法国、日本等 20 多个国家和地区。20 世纪 80 年代，县地毯厂生产的 HC 中档地毯被省评为优秀产品，并获省工艺美术百花奖。仅地毯一项，每年可创外汇 160 余万美元。

景泰蓝系县工艺美术厂产品，主要品种有“二龙戏珠观音瓶”“凤凰戏牡丹筒子瓶”“天女散花”等 10 余种。产品花样繁多，做工精细。远销美国、日本、意大利等 20 多个国家，年创汇 40 万美元。21 世纪后，出口销量逐渐减少。

第九章　管理机构

第一节　商业系统

1943 年，故城县抗日民主政府设工商管理局。1946—1947 年，由工商事务所和工商科监管。1957 年始名商业局。1958 年，随故城县商业局并入吴桥商业局。1961 年随故城县分置复建。1962 年与供销合作社分设。1978—1987 年，国营商业主管部门为商业局，全员 23 人。1996 年，商业局易名为贸易局。1998 年 3 月，局内设人秘股、政工股、财审股、业务股、监察室、安全保卫股。下属单位有人民商场、五交化公司、商业大厦、针纺公司、肉联厂、饮食公司、百货公司、糖酒公司、五金公司、电器厂、开发公司，事业编制 20 人。2002 年 10 月，贸易局易名为市场贸易办公室。内设综合股、人事劳动保障股、企业法制安全股、财务审计股和综合执法大队。2010 年 3 月，故城县商务局正式成立，内设股室 6 个，分别是办公室、财务与规划股、银商引资股、对外贸易股、市场运行调节股下属事业机构 3 个，分别是商务综合执法大队、市场管理服务中心、成品油再生资源管理中心。

第二节　供销系统

1948 年 10 月，民生货栈易名为故城县生产推进社。1949 年，生产推进社改组故城县供销合作社。1950 年 12 月易名为县供销合作社联合社。

1954年11月，按省统一规定易名为故城县供销合作社（仍简称县社）。1958年春，国营商业与供销合作社合并（简称国合合并）为商业局。是年10月，故城县商业局随县并入吴桥县商业局，1961年5月，随故城县分置复设。1962年9月，国合分开，为县商业局、县供销合作社。1964年年末，山东武城县卫运河西部区域划归故城县，人员及财产一部充实故城县供销社。

1971年年末商业、供销体制再次合一。1981年1月，又复设县供销合作社。1983年9月，县社恢复理事会设置，时名故城县供销合作联合杜。

1993年4月，县社管理体制改为“一体两翼”，即以县社为主体，以棉麻总公司、商贸生资总公司为两翼。2002年8月，取消县社“一体两翼”管理体制，撤销棉麻总公司与商贸生资总公司建制，原机构直属县社管理。至2010年，县供销社设党组、理事会，共有干部职工33人。

第三节　粮油系统

1943年，故城县抗日民主政府设粮秣科，负责军用粮草征收和供给。1947年，设粮食科，并于郑口设有粮店6个，郑口贸易公司易为郑口分店，隶属夏津总店管理。1948年1月1日，易为冀南贸易第二分公司郑口恒兴货栈。1949年9月1日，易为郑口粮食支公司，业务隶属衡水粮食分公司，行政隶属故城县工商科。有干部、职工29人，设有主任、统会员、保检员、警卫员、办事员等。1950年4月，易属华北粮食公司临清分公司。同月10日，郑口粮食支公司易为郑口粮站。1952年1月，建郑口粮食管理局，旋即易为县粮食管理局，下设郑口粮库、故城、房庄、原隰粮站。

1953年4月，粮食统购统销政策贯彻后，取缔私商粮食经营。因粮食数量骤增，品种复杂，保管任务繁重，对原粮食机构进行调整，时县粮食局内设行政股、财会股、业务股、保管股、直属库（郑口库），各区均设1粮食管理所（简称粮管所），所内各有7人。各区设1粮库，库设主任1人。直属库53人、故城库10人、辛庄库6人、房庄库8人、原隰库6人。粮食局共有正副局长3人，物价股、加工股、调运股各1人，仓储股3人。另，会计8人、科员3人，保卫、秘书、管理员、炊事员、采购供应员各1人。局与直属库同院办公。1955年10月6日，原区粮库改为中心粮食购销站，于原隰、烧盆屯、西辛庄、周官庄各增1粮食购销站，中北化购销站迁至马厂。各区粮管所设所长1人，干事2～3人。各乡设粮食委员会，委员5～7人（不脱产），每站负责3~5个乡粮食供应。是年6月，县供销合作社将全县7个基层供销社的11个粮站全部移交给粮食部门，同时交接人员30人，其中粮站主任2人，一般干部17人，长期雇员5人，警卫员6人。1958年，随故城县并入吴桥县粮食局，1961年，随故城县分置复设故城县粮食局。1964年年末，因区划调整，山东武城县粮食局将祖杨庄粮管所、甲马营站、武官寨站、周楼站、孙庄站、赵行站划归故城县粮食局，共62人，其中干部30人、雇员31人、勤杂1人。

1970年8月25日，粮食局易为粮棉组，隶属故城县革命委员会。是年，全县除杏基、庙灵、梧茂公社外，20个公社各建粮站。

1972年，易为故城县生产指挥部粮食局。

1984年3月，县粮食局建立议购议销公司。1985年1月，下属20个粮油购销站实行独立核算。

1987年，县粮食局设办公室、人秘股、业务股、购销股、会计股、议价股、审计股，局内全员64人，其中局长1人、副局长2人。下设饲料公司、议购议销公司、郑口面粉厂、食品厂、故城面粉厂、粮油厂，计451人。

1991年，隶属于故城县人民政府，业务受衡水粮食局指导。2000—2008年，粮食局机关设5个管理科室，即办公室、财务科、购销科、审计科、仓储科，下属20个购销粮（库）站，1个军供专用站。2009年，故城县粮食局设4个内设机构即人秘股、购销调控和政策法规股、仓储基建、财务会计股。2个下属事业单位即粮油购销中心、粮食执法大队。2015年8月，粮食局职责整体划入县商务局，职能不变，保留粮食局公章，挂粮食局牌子。

第四节　物资系统

物资管理机构的职能和性质分两阶段。1963—1976年为计划经济下的物资管理。其任务根据计划调拨，做好县内工农业生产所需物资供应。属国家规定政策性亏损单位。1976年后，改计划经济为商品经济，业务性质由政策性亏损转为参与市场竞争，计划内物资逐年放开，计划外物资经营额逐年增加。

1963 年 7 月，始建故城县物资管理局（辖王瞳木材站）。其前身系县计划委员会物资科，时有干部职工 9 人。行政受辖于县人委，业务和财务隶属衡水地区物资局。全局固定资产 1.1 万元，流动资金 6.2 万元。1966 年 12 月，易名故城县物资局。1970 年，易名故城县物资站。1974 年 10 月，复名故城县物资局。至 1976 年年末，局设办公室、业务组、财务组、外采组，全员增至 27 人。1983 年，县政府将商业局所辖煤炭公司易名故城县燃料公司划归物资局。翌年物资局财务关系划归县财政。局内实行政企分开。局设人秘股、业储股、财务股。全员 63 人，其中局长 1 人，副局长 3 人。下辖燃料公司、金机化公司、木建材公司、木材联营公司、王瞳木材站、建国物资站。1987 年，局属企业调整，将金机化公司分为金属公司、机电化轻公司，增设生产资料服务公司。除燃料公司直接对县财政核算外，其余均由局统一汇总对县财政。

1990 年，县物资局内设人秘股、业储股、财务股，下设县燃料公司、金属公司、木建材公司、木材联营公司、生产资料服务公司、机电化轻公司、王瞳物资站和建国物资站。2005 年年末，下设单位为煤炭经营处、化工建材公司、木材配送公司和东阳市场建设服务中心。2006 年，划入市场贸易办公室，物资局撤销。

第五节　石油公司

1961 年，故城县煤建公司负责经营柴油、汽油。

1976 年 12 月，石油经营业务自煤建公司析出，建立故城县石油公司，归故城县商业局管理。1985 年，故城县石油公司从县商业局划出，更名河北省石油产品销售公司故城县分公司。

1987 年，升格为科级单位，全员 12 人。1991 年 8 月，更名为河北省石油产品销售公司故城县公司。1992 年 11 月，更名为河北省石油总公司故城县公司。1997 年，更名为河北石油集团衡水石油有限责任公司。2002 年 11 月，为适应市县一体化改革的总体要求，按照经济区划、便于管理的原则，成立故景片区石油分公司。管辖原故城石油分公司、景县石油分公司、里老石油分公司。2008 年年末，公司全员 74 人，位于县城广交路，占地面积 2016 平方米，共有 19 座站和 1 个网点。2014 年 6 月，由于省市一体化改革，更名为中国石化销售有限公司河北衡水故城石油分公司。2018 年，公司全员 71 人。

第六节　烟草公司

1987 年 9 月，故城县烟草专卖局、故城县烟草公司成立，1988 年 1 月，建立故城县烟草公司驻建国镇批发站；是年 6 月，建立郑口第二批发部。1990 年 11 月，建立故城县烟草局驻故城镇烟草批发部。1991 年，《中华人民共和国烟草专卖法》颁发后，故城县统一制定烟草防伪标识，人员佩带执法标志，加强专营管理力度；同时成立稽查队，分片分线进行打假、治假。1998 年 1 月，建立 5 个批发部，分别为北环批发部、西环批发部、建国批发部、房庄批发部、青罕批发部。

2000 年 7 月，根据地理、人口分布实际状况，增设辛庄批发部。2004 年机构改革，取消县公司法人资格，不再作为经营主体，成立故城县卷烟营销部，分公司电话访销，县营销部送货。公司易名为河北省故城县烟草专卖局、河北省烟草公司衡水分公司故城县卷烟营销部，设政办室、配送中心、专卖科。2018 年，有干部职工 53 人，下设政办室、财务科、专卖监督管理科、内管派驻组、营销服务科等科室。

第七节　药材公司

1954 年 7 月，故城县供销合作社在郑口设立药材批发站，经营数十种中药材。1980 年，分别在故城、郑口、房庄设批发部。1983 年，药材批发站易名药材公司。1987 年，县医药药材公司隶属于故城县经济委员会领导。2000 年 1 月，故城县成立药品监督管理局，负责全县的药品质量监督管理。2005 年，故城县医药药材公司进行企业改制，成立了故城县龙马医药有限公司。原故城县医药药材公司下属 32 个零售药房全部更名为衡水龙马医药有限公司的连锁药店。2010年始，统一在衡水龙马医药公司批发，以个体私营自主营销为主。

第八节　外贸公司

1977年12月，故城县建对外贸易局，1978年，局下设办公室、财务股、土畜产股、轻工艺股。局全员17人，其中局长、副局长各1人。1987年，设办公室、业务室、财务室、工艺品进出口公司、粮油食品进出口公司、土畜产进出口公司。全员69人，其中局长1人，副局长3人。2010年3月，与招商局、市贸办合并成立商务局。承担招商引资、对外贸易、内贸流通、成品油市场监管、外派劳务市场监管等职责。内设股室5个，分别是办公室、财务与规划股（行政审批股）、招商引资股、对外贸易股、市场运行调节股；事业编制股室3个，分别是商务综合执法大队、市场管理服务中心、成品油再生资源管理中心。

第十一编　金融业

域内使用钱币的历史悠久，汉、唐、宋、元、明、清代钱币均有出土。清代，故城县金融事业以银号形式出现，货币以白银为主，辅之以制钱、铜元。中华民国时期，纸币代替金属币。因军阀混战，纸币贬值，物价飞涨，人民生活愈加困苦。抗日战争时期，日伪政府控制金融事业，强迫人民使用日伪币，对人民盘剥加重。抗日民主政府控制区通行冀南票，金融事业发挥经济杠杆作用。

1944年年末，故城县抗日民主政府始建银行。中华人民共和国成立后，尤其是1978年改革开放以来，金融机构日趋健全，国民经济发展得以促进。1987年年末，银行各项存款余额12733万元，比1949年增21221倍；各项贷款余额17856万元，比1949年增6867倍。城镇个人储蓄余额6149万元，比1949年增20496倍。2018年年末，故城县金融机构各项存款余额2160814万元；贷款余额246164万元。保险机构保费收入4686.12万元，短期理赔1389.88万元。金融工作为经济建设做出贡献。

第一章　银行业

第一节　货　币

故城县货币流通历史久远，货币起初以实物充当，称为实物货币。随着历史的发展，出现了贝币、金属货币和纸币。自战国末年至晚清时期，方孔圆钱作为历代封建王朝钱币的固定形制，前后铸制达2000余年，是流通时间最长、种类最多、范围最广的货币形态，直至辛亥革命后，逐步被机制铜元取代。历代流通各种方孔圆钱（取“天圆地方”之意）在域内均有遗存。清末至民国初年，域内流通货币主要有银两、银圆、铜元、制钱等金属币。1935年发行法币，并通令全国“禁止银圆流通”，纸币逐步取代金属币。

一、货币种类

银币　明代后期至清代初中期，故城主要流通货币系白银，计算单位为两、钱、分、厘、毫（下仍有计量单位）。除元宝外均系碎银，无银铸币。清光绪年间（1875—1908年）始流通银铸币，即银圆，惯称“现大洋”或“洋钱”。清光绪二十三年（1897年）流通天津北洋机器局铸银圆，正面中间铸有“壹圆”二字，周围环形分别用汉、满两种文字，铸有“大清光绪二十二年，北洋机器局造”字样，背面为盘龙图案。另有清光绪二十三年（1897年）、二十四年（1898年）所铸同样银圆。清光绪二十五年（1899年）天津北洋机器局改为北洋银圆局后，又流通北洋造光绪银币。常见版系光绪二十五年（1899年）、二十六年（1900年）、二十九年（1903年）、三十三年（1907年）、三十四年（1908年）等数种。此银铸币，正面中间分别有汉满文字铸“光绪元宝”，周围环形用汉字铸“北洋造·库平七钱二分”，背面为盘龙图案，龙旁有“三十四”字样者，即为光绪三十四年版。清宣统三年（1911年）所铸银币，正面中间为“大清银币”，周围环形上方铸有

中华民国时期银圆

满文，下方用汉文铸“宣统三年”，背面中间铸有“壹圆”二字，四周为盘龙图案，光绪银币、大清银币于故城市场流通较广。

民国初期，银圆于故城仍为主要流通货币。流通较广者系袁头银币（俗称袁大头）、孙中山纪念币。1914年袁世凯于天津造币厂开铸“袁头银币”，正面图案为袁世凯侧面头像，上方铸“中华民国三年”，背面“壹圆”2字围以嘉禾，周边共有185道线。后各地造币厂改铸，除年份更换外，均按旧样铸造。1927年北伐军于南京仿孙中山临时大总统纪念币模型铸造“孙中山纪念币”，翌年天津造币厂亦大量铸造，唯背面英文字较小，星花不同，市场称之为天津版。正面中间为孙中山侧半身像，周围铸有“中华民国·开国纪念币”，背面铸“壹圆”二字环以麦穗，周围铸有英文。1933年，上海造币厂所铸孙中山银币，正面为孙中山侧面头像，上方环形铸有“中华民国二十二年”，背面为帆船放洋图，两边铸有“壹圆”二字。是年3月，国民政府财政部公布为正式国币，故城市场流通较广。清末民国初，尚有少量外国银币流通，系英、日、美、法、德、奥及墨西哥、秘鲁、瑞士、荷兰等国银币。其中以墨西哥银币[清道光元年（1821年）铸造俗称鹰洋]、站人银币［清光绪元年（1875年）英国于香港铸造］较多，信誉较高。

铜币　制钱　明末、清代至民国时期，除流通银铸币外，尚流通制钱（俗称老钱）。制钱单位为吊，吊下为文（1枚为1文，百文为吊，亦有50当百者），其造型均圆形中间有方孔为铜铸币。正面铸有“崇祯通宝”“乾隆通宝”“光绪元宝”“宣统通宝”字样。自清道光帝后，国力衰竭，制钱粗制滥造，钱法渐坏，小钱、劣钱杂出，出现铅钱（以铅制造）、铁钱（以铁制造，铁的价值小，意味货币贬值）、红钱（以红铜制造）、砂钱（以粗铜渣制造）、小鱼眼（体积小，份量不足钱币）等。此类钱币信誉极低。为防假劣，保证足值，银号借贷，巨额贸易，均需事前讲清所要钱币种类，以秤称钱，以重量为标准。如买卖土地时，卖主讲明要“九八清钱”，即指98个钱为1吊（满数应为100个），重量为3斤12两或4斤（16两制）。钱虽够数，重量达不到者不能成交。

铜元　清光绪二十六年（1900年）制钱改变外形，取消方孔，称之为铜元（俗称铜子儿、大子儿），直径28毫米，每枚重2钱，正面有“光绪元宝”字样。清宣统年间（1909—1911年）改铸大清铜币。流通铜币系光绪元宝、大清铜币两类。

清朝铜元

此类币值较高，10枚铜币可购花生0.5公斤，100枚铜币为1吊，10吊可兑换1枚银圆（最低时8吊），1枚银圆可购谷物2斗（每斗约15公斤）。清光绪三十一年（1905年）后铜元贬值。1920—1929年银圆兑换铜元最多310枚，最少281枚（1929年《河北工商统计》）。1935年旧铜元多被销熔，加之抗日战争中期侵华日军掠夺，铜元几近绝迹。

纸币　据1929年《河北工商统计》载，时故城流通纸币，由15家杂货、布、铁、茶、杂面、酒、药、馍等商号使用。票面额数为20枚、30

1930年故城德祥永钱庄纸币

枚、50 枚、1 吊、2 吊、3 吊等，发行 1500000 枚、7200 吊，折 4750.77 元。

1930 年故城万盛德钱庄纸币

钱帖　清末私人银号，发行一种纸钱票，谓之“汇票”、亦称“钱帖”，多由银号和殷实商号发行，主要配合银圆和铜元发挥支付作用。发行钱帖商铺，要按照帖子票面记载金额，兑换银圆或铜元。

法币　1935 年，国民政府发行法币。市场流通法币分别系中央银行、中国银行、交通银行、农民银行四大银行印制。开始信誉较高，1 元法币可兑换铜元 1 元。抗日战争爆发后，国民政府加大货币发行量，法币贬值日甚，至 1947 年，400 多万元法币难兑 1 铜元。

伪币　1938 年，日伪“中国联合准备银行”于北平成立，发行伪币。故城平民称其准备票，其辅币为 1 角、5 分硬币（天坛图案），称其“毛克”。为与日伪“中央储备银行”发行的“储备票”相区别，故称“准备票”。币值极低群众被迫接受。“七七事变”后，县国民政府南逃，1938 年汉奸郭某茂在德县侵华日军支持下，建立伪县政府，并发行自制纸币，强行于市面流通。票面印有“故城县银行”（银行并非存在），惯称“故城票”。后郭被八路军九师东进纵队处决，“故城票”随之停止流通。

河北票　1935—1937 年，宋哲元主持冀察政务委员会时期，发行纸币，上有河北省银行字样，该币于故城市场信誉低于法币，币值较低，兑换铜元少于法币。

冀南票　系冀南抗日民主政府冀南银行于 1940 年发行之纸币，因故城为冀南老区，多使用冀南票。又因与山东接壤，属晋冀鲁豫边区，故与山东抗日民主政府北海银行发行北海票、晋冀鲁豫边区抗日民主政府发行边区票共同流通。冀南票纸张印制较粗糙，然一直享有信誉。1946 年 4 月为解决钱票缺乏，以铜元为冀钞辅币，10 文的大枚当冀钞 1 元，10 文的小枚当 5 角。1948 年因发行人民币（旧），冀南票逐步退出市场。时 100 元冀南票可兑换 1 元旧人民币，1 元冀南票兑换 1 元北海票。

白票　抗日战争时期，故城县抗日民主政府 4 个区，各自印发流通券，因系以白纸由区公所注明款额，签字盖章而成，故群众称之为白票，流通范围仅限于抗日民主政府区域。

人民币　于 1948 年 12 月发行，至 1950 年发行面额有 1 元、5 元、10 元、100 元、200 元、500 元和 1000 元、5000 元、10000 元等共 10 种。1955 年 2 月 21 日政务院发布《关于发行新的人民币，收回旧币的命令》，故城县市面于是年 3 月 1 日起流通新币，主币面额为 1 元、2 元、3 元、5 元、10 元五种；辅币面额为 1 角、2 角、5 角、1 分、2 分、5 分六种。中国人民银行规定：自新币发行之日起，凡机关、团体、企业和个人一切货币收支交换的计价、契约、合同、单据、凭证、账簿的记载，均以新币为计算单位；所有在新币发行之前的一切债权和债务（包括国家公债）一律按规定比例（1:1 万）折合新币计算和清算。发行新币同时进行旧币兑换，故城县设 15 个兑换点，6 个兑换组，是年 9 月基本兑换完毕。1957 年 11 月 9 日国务院颁发《关于发行金属分币的命令》，是年 12 月 1 日起发行。1964 年国家规定，1955 年发行由苏联代印的 1953 年版 5 元、3 元、1 元券，停止流通。1980 年 4 月 1 日按中国人民银行总行规定，故城县人行开始投放面额 1 角、2 角、5 角、1 元四种金属币，因发行量少流通不广。1987 年 4 月，按中国人民银行总行规定，故城县人民银行投放面额 50 元人民币和新版 10 元、5 角人民币，新版人民币与旧版同额人民币混合流通。1988 年，面额 100 元（蓝色）人民币开始流通，1999 年 10 月，陆续发行第五套人民币，有 1 元、5 元、10 元、20 元、50 元、100 元（红色）等面额，2018 年 5 月 1 日起，第四套人民币 100 元、50 元、10 元、2 元、1 元、2 角纸币和 1 角硬币停止流通。

二、货币流通

金银收兑　收兑金银主要来源于人民群众出售品，有黄金、银锭、首饰和银圆。据 1966—1987 年统计，收购金银共支付人民币 101.1 万元。其中 1966—1968 年收购量最多，因“文化大革命”初期一些金银收藏者慑于“红卫兵”破“四旧”

抄家搜查，遂将金银交售银行。1973年，金银价格调整后，金银收兑量大幅度增加。1982年后，银圆收兑量逐年减少，原因有二：人民群众手中银圆枯竭；民间买卖向沿海一带走私。自1973—1987年，金银收兑价格先后5次调整，黄金每克由3.04元调整为32元（1986年2月1日），白银每克由0.04元调整为0.56元（1987年1月27日）。银圆由每枚1元调整为13元（1987年1月27日）。后，金银收兑业务上交人行市中心支行，县人行不再办理金银收兑业务。

第一套人民币 自1948年12月1日发行，到1953年停止。

第二套人民币 自1955年3月1日发行主币面额为1元、2元、3元、5元、10元五种，辅币面额为1角、2角、5角和1分、2分、5分六种。同时规定自发行新币之日起回收旧版人民币，人民币旧币1万元折合新人民币1元比率兑回。1957年12月，发行铝制硬币，面额为1分、2分、3分三种，即俗称“钢镚子”或“钢镚儿”。

第三套人民币 自1962年4月20日发行。款式有“1960年版”1角、1元、2元、5元四种，“1962年版”1角（背绿）、1角（背褐）、2角三种，“1965年版”10元一种和“1972年版”5角一种，共计7种面额，9种不同版式。1980年4月，发行面额为1角、2角、5角、1元四种金属币。

第四套人民币 自1987年4月27日发行。版式为“1980年版”50元券和5角券二种。1988年5月发行100元、2元、1元和2角券四种，是年9月22日发行10元、5元和1角券三种。1992年8月20日发行“1990年版”50元、100元券二种，较“1980年版”增加防伪安全线。

第五套人民币

第五套人民币 自1999年10月1日发行。共有1角、5角、1元、5元、10元、20元、50元、100元八种面额，其中1元有纸币、硬币二种。2005年年末，发行“2005年版”人民币，主图案与“1999年版”一致，但变光数字、面额水印位置调整，背面面额数字加后缀“YUAN”等。

投入回笼 国民经济恢复时期，县银行对货币实行统一管理。私营经济之间货币流通，多表现为现金方式。公私之间货币流通，表现为货币投放与回笼。

1949年，全县现金总收入122.8万元，总支出115万元，收支基本平衡。1949—1956年，全县现金收付量逐年扩大，共收付现金总量14232.8万元，年均递增43.6%，货币回笼126.8万元。至1957年，全县市场货币流通量为88万元，年末商品库存569万元，社会商品零售额1944万元，每流通1元货币约有22元商品零售额，为中华人民共和国成立后，市场货币价值最高之年。

1958—1962年，因“大跃进”和三年经济困难影响，人民生活水平下降，货币流通一度失调。1962年，全县现金总收入1385.4万元，总支出1161.6万元，分别比1956年下降9.8%和20.4%。货币贬值，集市物价上涨，1元仅买1公斤胡萝卜，1公斤小麦价值12元，1辆自行车售价470元。1963年，国民经济始渐回升，全县市场货币流通量为128万元，社会商品零售额2159万元，货币流通量与社会商品零售额之比为1:16.9。1965年，全县现金总收入1773.7万元，总支出1732.8万元，收支基本平衡。

1966—1976年时值“文化大革命”，虽社会动乱，金融战线干部职工仍坚守岗位，积极调节市场，现金收支在波浪式逐年扩大。1969年始，县银行一举由回笼行变为投放行。1976年，全县货币纯投放633.8万元，比1969年增478万元，增长3倍。1976年，市场货币流通量为430万元，社会商品零售额为4784万元，货币流通量与社会商品零售额之比为1:11.1。1977年、1978年，市场货币流通量均为300余万元，年末商品库存均为2000余万元，社会商品零售额均为5000余万元。货币流通量与社会商品零售额之比仍高，分别达1:15.9和1:14.2。

中共十一届三中全会后，实行经济体制改革，全县经济发展较快。1980—1987 年，市场货币流通量年均递增 17.6%。1987 年，市场货币流通量为1980年的3倍。社会商品零售额年均递增9.7%。市场货币投放量偏高，致使经济增长过快。是年，全县货币纯投放比 1981 年增 56%，致使出现物价上涨、货币贬值现象。

1949—1987 年故城县货币流通统计表

表 11-1　　　　单位：千元

年　份	总收入	总支出	投　放	回　笼
1949	1228	1150	0	78
1950	4110	4066	0	44
1951	5835	5756	0	79
1952	10693	10951	258	—
1953	10692	10283	0	109
1954	11149	11077	72	—
1955	12899	12776	0	123
1956	15363	14600	0	763
1957	14521	13130	0	1391
1958	14134	12837	0	1297
1959	17959	16879	0	1080
1960	16782	15443	0	1339
1961	16334	14628	0	1706
1962	13854	11616	0	2238
1963	12728	11542	0	1186
1964	16230	14581	0	1649
1965	17737	17328	0	409
1966	17335	16736	0	599
1967	16336	15222	0	1114
1968	16473	16275	0	198
1969	19158	20716	15589	—
1970	17074	17652	578	—
1971	17650	18939	1289	—
1972	21597	25761	—	—
1973	21262	23780	2518	—
1974	23504	26005	2501	—
1975	22943	25812	2869	—

续表 11-1

年　份	总收入	总支出	投　放	回　笼
1976	20789	27127	6338	—
1977	23119	29690	6571	—
1978	27174	34119	6945	—
1979	33696	43341	9645	—
1980	44354	44092	—	272
1981	61675	88531	26856	—
1982	86159	108741	22582	—
1983	123794	159940	36146	—
1984	151236	190039	38803	—
1985	102214	140268	38054	—
1986	133070	180030	46960	—
1987	228058	277012	41954	—

说明：表内“—”为无统计数字

2006年7月12日，根据人行衡水中心支行关于撤销辖内县支库的批复，人行故城县支行发行库撤销。货币回笼投放业务由衡水中心支行直接统计、掌控。

1986—2005年故城县货币净投放统计表

表 11-2　　单位：元

年　份	货币净投放	年　份	货币净投放
1986	45759000	1996	99639000
1987	37093000	1997	100627000
1988	54240000	1998	150957000
1989	60833000	1999	234390000
1990	58570000	2000	295772000
1991	85675000	2001	198784000
1992	110535000	2002	293260000
1993	147908000	2003	233396000
1994	34507000	2004	182725000
1995	98577000	2005	317760000

说明：2005年12月6日，根据中国人民银行衡水市中心支行文件要求，中国人民银行发行库河北省故城县支库实行“零库存”，2005年12月16日，发行基金全部上缴，不再办理出入库业务。2006年7月12日，根据《中国人民银行衡水市中心支行关于撤销辖内县支行发行库的批复》银发（2006）115号，人行故城县支行发行库撤销

第二节　存　款

银行存款包括财政性存款、企业存款和居民储蓄存款。至2018年年末，全县银行金融机构各项存款余额达2160814万元。

一、财政性存款

1987年，受经济过热的影响，收入少，支出多，财政性存款首次出现负数，减少155万元，1988年，财政性存款仍然减少15万元。这种局面一直持续至1994年，财政状况才有所好转，银行财政性存款增加至322万元。1998年，财政性存款突破千万元大关。此后，除个别年份外，年年攀升，表明故城县财力不断增强。

随着金融改革不断深入，各专业银行逐步向商业银行转轨以后，效益、利润、成本观念逐渐增强。各行十分重视低成本存款，开始注重财政性和企业存款的吸收。上级银行每年考核存款余额都要下达对公存款或“低成本存款”指标。各行采取相应措施，改进服务，积极争取客户，防止财政性存款流失，使财政性存款不断稳定增长。2008年年末，财政性存款21900万元。

2010年，故城县财政存款由2009年的18258万元猛增到24523万元，增加了6265万元，增加25个百分点；2013年突破3亿元，达35261万元，比上年增长了40%；2015年猛增到133801万元，是2010年的5.4倍；2016—2018年，财政存款稳定在4亿～5亿元之间。

二、企业存款

20世纪80年代后，国民经济全面发展，各种经济成分并存，各类企业逐年增多，使银行组织企业存款有更广阔的空间；同时银行信贷管理体制不断完善，自“存贷挂钩，差额控制”至“存贷比例”管理，激发银行筹集资金的积极性，特别是国有银行和信用合作机构向商业银行转轨以后，更是从经济核算的角度，努力降低存款成本，大力发展对公存款，并将其当作一项重要指标来考核，进而刺激企业存款大幅度增加。

商业银行实行企业化经营以后，大力开拓企业存款市场，促使企业存款出现稳中有升、逐年递增的势头。2001年，县建行以狠抓企业基本结算户为起点，不断为客户提供超值化、个性化服务，至2003年全年共新增基本结算户20户，新增存款600余万元，有效地遏止住存款下滑的势头。2008年年末，全县金融机构企业存款余额33445万元。

2011年，企业存款首次突破10亿元大关，余额达131570万元，比上年增长53130万元，增长了67%。随着县域经济发展的需要，企业存款波动较大，年份存款余额最多的2014年和2018年均突破了30亿元，分别是2010年的4倍和3.8倍。

三、储蓄存款

为给国家经济建设积累资金，依照“存款自愿、取款自由，存款有息，为储户保密”原则，鼓励人民节约储蓄。

故城人民素有节衣缩食，勤俭持家习俗。中华人民共和国成立前受尽三座大山盘剥，生活凄苦，极少有剩余资金储蓄。1949年后，人民手中有限资金多用于恢复生产，重建家园，储蓄量微。1948年年末，银行储蓄余额仅57.4万元（冀南币）。

中华人民共和国成立初期，为广泛吸收社会闲散资金，尽快恢复国民经济，银行积极开办各种储蓄业务。1950年3月，开办折实存款，本息均以折实单位牌价为计算标准，整存整付，期限为1个月至1年，不满半个月不计息，1个月月息2厘，每加1个月增1厘，最高不超过1分。零存整付，期限3个月至1年，3个月月息2厘，每加1个月增1厘，最高不超过1分。整存零付，期限及利息同上。存本付息，期限3个月至1年，3个月月息3厘，每加1个月增1厘，最高不超过1分。1950年4月29日，开办保本保值定期储蓄。各种存款到期时无论牌价涨落，均按存户意愿付给本息（按折实单位数折实付给本息，本息均按货币储蓄存款办法付给，二者择一）。1950年，开办爱国有奖“双保”储蓄，实行本利折实办法。存款到期时，如折实牌价下落，按原存货币付给，如牌价上升，本金按到期日折实牌价计算。1952年第三季度，开展比任务、比速度、拔红旗的爱国主义储蓄竞赛活动。银行干部包村包片、赶集办理储蓄业务。下半年储蓄余额增至13.6万元（旧币），居沧县专区各县之首。在储蓄竞赛运动中，也曾一度出现违背政策强迫命令偏差，如实行投票（让群众投票，谁得票多谁将钱存银行）、“熬鹰”（为动员储蓄，对群众日夜攻心，不得睡觉）

等方式，强迫群众储蓄，受到河北省分行通报批评。

1954年，农民储蓄存单分定期，活期两种，只限农民使用，其他干部职工不得使用，对农民储蓄存款不可定期限，而按定期利率计息。支取时按实存时间，依期整存整取利率计息，不满10天者不计息；10天以上1个月以下者按实存日数，照活期利率计息；1个月以上者按实存日数，照同期整存整取利率计息；1年以上者仍按1年利率计息，不计复利。1958年，沧县专区中心支行提出“储蓄工作大跃进”过激口号，要求城镇储蓄在1957年基础上翻一番，同时所开办活期、定期（整存整取、存本取息、零存整取）、定期整存整取有奖储蓄和零存整取有奖储蓄等业务。是年9月，开办实物转存储蓄，专区召开竞赛大会期间，盐山县提出落实“双10万”口号，故城不甘落后，将双“10万”变为“双20万”元，致使储蓄信用降低。1958年，储蓄余额增长较快，但虚数较大。1959—1961年，国民经济三年困难时期，人民群众生活窘迫，储蓄额连年下降。1961年，开始在机关、企业建储蓄代办所。1963年，建立职工互助储金会。至1965年，机关、企业建会42个，参加人数1175人，吸收储金1.1万元。其间，国民经济调整，人民生活开始好转，储蓄额逐渐回升。

“文化大革命”开始后，社会上曾一度谣传：“要按存款多少定成分，存款多的是地主，少的是中农，不存的是贫农”，“以后存款要归公”等等，致使储蓄额上升缓慢，1971年，储蓄种类仅两种，利率两档（定期、活期），利率经济杠杆作用未得发挥。

中共十一届三中全会后，银行系统除积极宣传积累资金对社会主义四个现代化建设重大意义外，并多次提高储蓄利率，开办活期有奖储蓄、贴水储蓄等多种业务，储蓄工作出现稳步上升局面。储户存款已由十几元、几十元发展到上千上万元甚至几十万元。经济体制和金融体制改革深化，将信贷资金“大锅饭”打破，实行多存多贷政策，促进专业银行更加重视储蓄工作。1986年年初，出现各家银行储蓄业务竞争局面，县人行开办邮政储蓄业务，县农行在县城及乡（镇）政府驻地建立储蓄所，县工商行试行储蓄承包，县建行建立全区建行系统首家储蓄机构——郑口广交路储蓄所。1987年年末，全县储蓄余额比1978年增27倍。在专业银行业务竞争“储蓄大战”中，出现个别专业银行和金融机构滥发实物，变相和擅自提高储蓄利率现象，县人行对此作出纠正，于1987年1月19日发出“关于禁止变相提高储蓄利率的紧急通知”，要求以有奖储蓄为名，滥发实物变相提高利率的金融机构，立即停止活动；正在准备举办此类储蓄的金融机构停止筹备，保证储蓄业务得以正常开展。是年末，全县办理储蓄业务的金融机构达60家，城乡储蓄余额13925万元，储蓄定期活期比例已达76:24。

1988年，经济过热的空气开始膨胀，大量贷款逾期，城乡储蓄出现“滑坡”。由于物价暴涨，货币贬值，人们产生存钱不如存物的心理，一度出现提前挤兑。8月1—20日，20天时间全县城乡储蓄存款余额下降307万元，有些农村信用社支付发生困难，严重影响储户利益和银行信誉。人民银行被迫办理多笔临时贷款近百万元支持信用社燃眉之急。

金融工作面临的严峻形势和潜在的风险引起县政府的高度注意。1988年9—11月，县政府先后召开2次常务会、4次较大型金融工作会议，研究部署稳定金融的措施。其中最主要的措施是动员城乡人民大力组织储蓄。自9月20日开始，在全县范围内又开办三年以上定期保值储蓄业务，保值率为7.28%（即年贴补率），安定人心，稳定存款。各行还开办摸奖储蓄，扭转储蓄存款下降的局面。

1990—2003年，各专业银行进行业务调整，1990年，故城县邮政储蓄业务由代办改为自办。1992年，各专业银行发行大额特种储蓄存单。1996年4月停办保值储蓄业务。2003年8月1日起，人民银行对邮政储蓄业务又做重大调整，至是年7月31日前的存款仍转存人民银行，新增的存款则由邮政储蓄部门自主运用。

各行社在管理方式上不断改革。1989年，县建行对所有网点实行承包，促使储蓄人员走出柜台，广开门路挖掘储源。翌年，又进一步充实、完善储蓄所承包办法，将承包合同改为每月一兑现。农村信用社则在各村庄设立储蓄代办站，1996—2001年，年召开代办站工作会议一次，总结表彰先进。至2008年年末，全县共有农村信用代办站443个，储蓄余额452386万元。2009年，各行社越来越重视储蓄存款的宣传、服务工作，采取多种措施，多种办法大力组织城乡人民储蓄。2011年，县农村信用社联合社在全县农村区域，选择个体工商户发展助农取款点263户，域内群众足不出村，方便办理存取款业务。由于宣传力度加大，服务措施到位，在保险公司和各类投资公司拉存款竞争激烈的不利条件下，储蓄存款仍旧稳定增长，成为银行存款的主要来源。

附

邮政储蓄

自1986年7月始，故城县邮电局开办邮政储蓄业务。利用邮政部门已有营业网点，设置专柜方便群众储蓄，更多地聚集资金。其吸收的资金交县人行，人行按月平均余额付与2.2‰手续费。此项资金由中国人民银行作为支持各专业行发放流动资金贷款使用。

1949—1987年故城县储蓄统计表

表11-3

年份	全县储蓄合计（千元）	城镇储蓄		农村社员储蓄	
		小计（千元）	人均（元）	小计（千元）	人均（元）
1949	—	3	0.5	—	—
1950	—	6	1.0	—	—
1951	—	18	2.8	—	—
1952	—	99	12.4	—	—
1953	—	32	4.5	—	—
1954	—	60	8.0	—	—
1955	—	143	17.2	—	—
1956	330	136	18.4	194	0.7
1957	418	214	23.2	204	0.7
1958	1083	559	50.7	524	1.9
1959	1106	523	43.5	583	2.1
1960	952	481	43.3	471	1.7
1961	607	356	46.7	251	0.9
1962	459	304	55.4	155	0.5
1963	561	424	72.5	137	0.5
1964	—	641	98.8	—	—
1965	—	834	112.8	—	—
1966	1105	859	107.3	246	0.8
1967	1298	899	129.7	399	1.3
1968	1241	810	104.9	431	1.4
1969	1364	786	123.6	578	1.8
1970	1053	634	110.0	419	1.3
1971	1177	722	119.3	455	1.3

续表 11-3

年 份	全县储蓄合计（千元）	城镇储蓄		农村社员储蓄	
		小计（千元）	人均（元）	小计（千元）	人均（元）
1972	1438	852	104.0	586	1.8
1973	1872	902	108.4	970	2.9
1974	2257	1094	124.7	1163	3.5
1975	2806	1263	134.6	1543	4.6
1976	3173	1408	146.9	1765	5.2
1977	4152	1609	166.0	2543	7.4
1978	4982	1799	169.7	3183	9.2
1979	7038	2381	211.4	4657	13.5
1980	10825	3540	297.0	7285	21.1
1981	16271	4860	337.2	11411	32.6
1982	24824	7050	417.0	17774	50.0
1983	31543	9630	496.4	21913	61.1
1984	51807	14440	659.6	37367	102.9
1985	67541	22980	968.1	44561	123.2
1986	94958	36928	1535.7	58030	159.8
1987	139251	61491	2489.5	77760	213.9

说明：1. 表中数字来自县人行

2.1955 年以前“—”为无内容，1964、1965 年度“—”为资料散佚

1987—2018 年故城县各项存款余额统计表

表 11-4　　　　单位：万元

年 份	各项存款	财政性存款	企业存款	储蓄存款
1987	16375.7	-154.9	2562.5	13968.1
1988	19953.7	-15.4	2024.7	17944.4
1989	25665.1	147.5	1706.1	23811.5
1990	35377.4	-37.5	2223.5	33191.4
1991	45726.2	-112.9	3662.4	42176.7
1992	52871.7	-266.2	3503.8	49634.1
1993	71980.0	-102.0	2727.0	69355.0
1994	100861.0	322.0	5333.0	95206.0
1995	128295.0	586.0	6782.0	120927.0
1996	155556.0	827.0	7976.0	146753.0
1997	190084.0	846.0	8253.0	180985.0

续表 11-4

年　份	各项存款	财政性存款	企业存款	储蓄存款
1998	222703.0	1093.0	9335.0	212275.0
1999	234060.0	1215.0	7468.0	225377.0
2000	242604.0	529.0	9956.0	232119.0
2001	268974.0	1797.0	12329.0	254848.0
2002	286650.0	2607.0	28114.0	255929.0
2003	309201.0	2888.0	32047.0	274266.0
2004	325598.0	5056.0	31677.0	288865.0
2005	358899.0	8694.0	31067.0	319138.0
2006	387547.0	7506.0	34631.0	345410.0
2007	439453.0	19776.0	37484.0	382193.0
2008	507731.0	21900.0	33445.0	452386.0
2009	584793.0	18258.0	47861.0	518674.0
2010	719979.0	24523.0	78440.0	617016.0
2011	878579.0	25066.0	131570.0	721943.0
2012	1032788.0	20933.0	167308.0	844547.0
2013	1209930.0	35261.0	212875.0	961794.0
2014	1448251.0	38763.0	321030.0	1088458.0
2015	1566150.0	133801.0	176209.0	1256140.0
2016	1655957.0	51639.0	187185.0	1417133.0
2017	1802956.0	51549.0	241776.0	1509631.0
2018	2011002.0	41504.0	303187.0	1666311.0

第三节　信　贷

一、民间信贷

清末民国初，信贷活动主要由银号进行。故城县的银号与天津、德州银号和商号业务关系密切。如道生银号与天津温泰和斗店直接通汇，恒丰银号与德州道生银号业务关系密切。银号流通使用纸票，谓之汇票，亦称钱帖。除银号流通使用外，一些殷实商号亦发行使用。如天合利饼酱店等商号从天津购进杂货、饼粪等物品时，由商号开具汇票到天津指定商号或银号即可兑换现钞。除县城故城及郑口、河西街（时武城县辖）等较大集镇有银号外，乡村中有钱地主亦开设银号。如赵行（时武城县辖）地主赵国范曾开办洪顺银号，与天津银号通汇。1946 年，冀南银行在故城建立支行后，银号与银行建立业务关系，款项汇划通过银行。1948 年，义和成、溢华、隆远 3 家银号在银行商业往来中余额 51.3 万元，占银行全部往来款项 80.4%。

银号发生信贷业务，由借贷双方订立借帖，找人作保（多为有经济实力户），以地契文书作抵押，到期归还。如到期不能归还，可以更帖，即重立借据，连本带利一起计算，重新放出，称为“驴打滚”。另，可以地契顶账，即将地契交付债主，土地由其耕种，何时还清债务，何时再将田地归还债务人。

银号计收利息称为行息，据 1929 年《河北省工商统计》载，时年故城信用借贷月息高者 3%，低者 1.2%，即每元月息 3 分、1.2 分。再高者为加一，即月息 1 角。最高者为加一带蹦补，即借款 1

元，借款人实得9角，月息2角，1个月到期，归还本利1元2角，此为连蹦带补。

除银号办理信贷业务外，中华人民共和国成立前，民间又出现高利贷者，行息最高3年本利平。一般贫苦农民对银号及高利贷者的盘剥不堪重负，自发办起民间借贷组织——摇会。即因盖房、置地等如急需用钱，便召集亲友凑份子钱，以解决暂时短缺资金。此种借贷形式出于自愿，不行息，纯属民间信用互助组织。因其以摇骰子（俗称色子）办法确定庄主，轮流坐庄，故称摇会。

1950年，为尽快恢复生产，提出“广泛发展私人借贷关系”，明确“信贷自由，对象自由，利息自由”。时民间借贷形式为麦前借一斗粗粮，麦后还一斗麦子者较多，另有借1斗粗粮还1斗2升至1斗3升麦子者。1953年，农村出现高利贷现象，据10个村不完全统计，放高利贷者34户，其中26户放麦子11468.5公斤，4户放谷子1075公斤；4户放款710万元（旧币）月息3～5分。

1945—1948年冀南银行故城县支行各项贷款余额统计表

表11-5　　　　单位:万元（冀南币）

项目＼年份	1945	1946	1947	1948
工业贷款	2.60	40.0	395.0	35.8
农业贷款	0.49	434.1	2419.6	44.2
合作贷款	3.00	50.0	0	0
机关生产贷款	2.00	0	0	0
商业贷款	0	22.0	8.0	265.7
低利贷款	0	0	640.3	0
市民贷款	0	0	0	2.4
合　计	8.09	546.1	3462.9	348.1

二、工业信贷

县银行发放贷款有流动资金贷款和固定资产贷款两大类，其中工业流动资金贷款，分定额贷款、超定额贷款和结算贷款3种。1987年年末全县工业流动资金贷款余额4007万元，其中国营工业贷款比重为70%，集体工业贷款比重为30%。

1946年至1949年9月，银行主要支持翻身农民及农村互助合作组织发展生产。是年，工业放款17万元（冀南币）。1948年，达35.8万元（冀南币）。故城县解放前基本无有工厂企业，县城只有几家手工作坊，贷款对象仍然是个体工商业者和部分国营商业、供销合作社商业。1949年12月1日，中国人民银行河北分行颁发《城市工商业折实贷款暂行办法》，是年，故城县银行发放贷款。折实物资种类不论生产或经营的产品与商品，均须牌子明、销路快，以便偿还时折价。同时又避免一律只折小米、五幅布等几种物资，使贷户不易接受等偏向，折实贷款还款时一般折款偿还，除因其故意压低所折实物价格，不收取实物。1949年，全县工业贷款（集体）1000元（旧人民币折新人民币数）。1956年，重点扶植集体和国营工业，工业贷款为36.8万元，其中国营工业企业1.5万元，集体工业企业35.3万元。

1958年，信贷工作提出一些过激口号，如“资金需要多少供应多少；哪里需要哪里供应；什么时候需要什么时候供应”，银行信贷基本原则被当作“陈规陋矩”破掉，致使信贷资金管理偏松，货币发行过多。贷款余额上升到50.4万元，比1956年增37%。国民经济调整时期，工业信贷坚持高度集中统一与分口分级相结合原则，发放贷款按计划，追加贷款按程序，信贷工作管紧管严，促进无条件继续生产企业迅速按国家计划关、停、并、转；对经营管理不善企业，加强经济核算，降低成本，扭转亏损局面，定额流动资金占用压缩，不合理超定额贷款减少，流动资金周转加快，贷款额度基本控制在 1958 年水平。

1966—1970 年，工业贷款下降，其中 1970 年贷款余额 55 万元。1971 年，工业贷款出现回升，至 1975 年，全县工业贷款余额骤增至 247.7 万元。

1976 年，银行坚持区别对待，择优扶植和以销定贷原则，积极参与核定工业企业流动资金定额。1979 年始，发放中短期设备贷款，帮助企业革新技术，提高质量，为银行一项重大改革。是年为县酒厂、制线厂和色织厂发放中短期设备贷款共 40 万元。

1983 年，为把供应资金和管理资金结合起来，国务院决定企业流动资金改由人民银行贷款供应，改变“双轨供应”旧体制和财政、银行、企业主管部门都管都不管局面。1987 年，县工业企业流动资金中 85.1% 为银行贷。经济体制改革中，银行发挥经济杠杆作用，贯彻稳中求松、紧中求活货币信贷政策，在加强宏观控制同时，坚持微观搞活，不断改革流动资金管理办法以对企业升级排队清资挖潜、出示“黄牌”警告、颁发银行信用信得过证书等措施，加强对企业流动资金管理，促使全县商品生产稳定发展。1987 年，推行商业汇票承兑，贴现贷款，全年发放贴现贷款 184 万元，再贴现贷款 17 万元。1988 年，全国范围内出现严重的通货膨胀。按照“好中选优、确保重点”的原则，县人行先后对县工艺美术厂、地毯厂、制动材料厂、机电设备公司等企业发放专项贷款，支持这些企业的产品开发和销售增长。同时确定地毯厂、钢丝绳厂和甘陵酒厂为必保企业，当年为这三家企业发放贷款 3360 万元，占全部贷款总额的 50%，同时协助 22 家企业盘活资金 1321 万元。

1990 年，故城县金融系统把协助企业清理“三角债”作为全年的中心工作之一，帮助企业清仓挖潜加速资金周转，督促企业清查处理不合理商品物资、闲置设备和有问题资金，实现全部流动资金周转加速 4% 的目标。是年，县工行新增贷款的 85% 以上都投放至钢丝绳厂、地毯厂、酒厂、制线厂等效益好的企业和适销对路优质产品和出口创汇产品，其中支持优质名牌、出口创汇产品贷款增加 1100 万元。1991 年，继续向大户倾斜，全年国营工业生产企业共增加贷款 366 万元。1993 年，全县金融系统开展“盘活资金存量、提高贷款资产质量年”活动。县工行一方面积极转化、清收呆账贷款 423 万元，催收逾期贷款 2798 万元；一方面向上级行争取资金 3279 万元，仅钢丝绳厂一家即增加 2325 万元，顺利完成技术改造，酒厂镀铝护栏项目也竣工投产。1994 年，工行向骨干企业发放流动资金贷款 1905 万元，优化率达 100%。为更超脱地行使中央银行的职能，根据上级文件精神，人民银行不再直接向企业发放贷款。1995 年 5 月，县人行将余额为 450 万元的地方经济开发贷款分别划转县工行和第一城市信用社。1995—1997 年，工行共为重点企业增加贷款 6025 万元，清收、盘活“双呆”（呆滞、呆账）贷款 2907 万元。1998 年，故城县各家银行、信用社全面参与企业改制，防止企业脱逃金融债务。其中涉及工行的破产、改制企业 9 家，债权金额 6268 万元，当年落实、收回企业债权 4785 万元。1999 年在银根收紧的情况下，县工行依然根据故城县经济发展和产品销售情况，为金宝集团（原钢丝绳厂）贷款 698 万元，机电设备公司 300 万元，奥冠集团 1230 万元。县建行也积极实施“双大”（贷款面向大行业、大企业）战略，投放 200 万元支持邮电、电力、石油等行业和效益好的骨干企业。

随着中国特色社会主义市场经济的确立，21 世纪，故城县内股份制企业和个体私营企业发展迅速。多种经济体制并存的局面给银行信贷工作带来新的课题，银行经营日显困难。2001 年，上级行鉴于故城县经济发展的现状和银行支持的企业生产经营情况，停止绝大部分贷款的投放，只对机电设备公司发放 238 万元贷款。

1997 年，县建行根据国家政策，率先进行剥离不良资产工作。2008 年年末，工、农、建三家银行共剥离不良资产 40734 万元，一方面轻装上阵，提高自身经营效益，一方面减轻企业负担，对深化企业改革起到巨大促进作用。2010 年至 2019 年初，县农行开办了“纳税 e 贷”业务，对诚信纳税的小微企业提供免担保、纯信用、利率优惠的信贷资金支持，降低小微企业准入门槛，解决小微企业融资难的问题，支持诚信纳税经营的小微企业的资金需求。

三、商业信贷

1946年，县银行对商业贷款43.4万元，1948年，商业贷款余额增至265.7万元（均为冀南币）国民经济恢复时期，商业贷款主要用于扩大城乡物资交流，稳定市场物价，大力扶持国营、供销合作社经营。1952年，对手工业、商贩予以适当支持，优先支持供销合作社经营肥料，满足农民生产需要。对国营商业建立贷款关系，实行财务轧差办法，即以企业财务计划收支轧差，差额由银行贷款。是年，国合商业（国营商业、供销合作社商业简称）贷款13.5万元。1954年，商业非商品资金由县财政解决，商品资金及在途资金由县银行直接贷款，实行经济核算的基层单位，逐步建立有计划、有物资保证，按期归还贷款制度，贷款余额首次突破百万元大关。1958年，将商业企业在银行开立的存款、贷款账户，合并为一个账户，采取进货贷款、销货还款、存贷合一、活放活收做法，致使信贷失控，全县商业贷款余额达1067.3万元，4年增加9倍多。

1961年，根据中国人民银行总行关于积极参与商业系统清理资金、清理库存、清理账务（简称“三清”）改善经营管理群众活动指示，故城县银行组织力量参与商业系统“三清”。其间，商业资金潜力得到挖掘，自有资金得到扩大，贷款相对减少。1964年，降低389万元，经济调整见效。

“文化大革命”中，商业信贷管理松弛，致使商业盲目采购、重复进货，造成流动资金周转缓慢。或挪用资金搞基本建设，或用于其他财政性开支。1976年，商业贷款余额高达1684.4万元，比1964年增1006.1万元。

中共十一届三中全会后，银行与商业、供销部门紧密配合，进行整顿，帮助企业清仓利库，清资挖潜，组织商品回笼。经济体制改革中，对商业企业坚持区别对待，择优扶持和以销定贷原则。实行贷款定额管理，防止企业盲目采购和重复进货，处理“冷、背、呆、滞”商品，购进名牌、优质、适销、对路商品，改善商品库存结构，加速资金周转，活跃城乡市场。自1980年始，为大力发展商品经济，恢复对个体工商业户贷款，支持个体经济发展。1987年，全县商业贷款余额达9083.8万元。1989年，国家开始实行“控制总量、保证重点、压缩一般、适时调节”的信贷政策，各金融机构采取措施调整信贷结构，重点支持效益好的商业企业。为适应中国特色社会主义市场经济的确立，对国营、集体、股份制、个体、民营多种经济成分在信贷政策上一视同仁，自1991年起，国营商业贷款科目与其他商业贷款科目合并。1993年，根据上级行文件精神，实行“定贷”制度，严把贷款投向，帮助企业提高经营效益。1996年，成立农业发展银行以后，粮、棉、油料收购贷款资金实行封闭管理，即按照“购贷销还”“库贷挂钩”的原则，专款专用，根据收购计划及时调剂调度资金，粮食企业和棉花收购、加工企业贷款明显增加，给老百姓“打白条”的问题从根本上得到解决。

2002年，为适应农业经济结构调整和粮棉流通体制改革政策要求，农业发展银行业务经营种类有适当调整，开办粮食合同收购贷款业务，增加贷款投量。按照“购得进、销得出、有效益”的原则，县农发行实行“以销定贷，以效定贷”，积极支持粮棉收购，当年收购粮食33512万元，收购棉花7750万元。2003年，棉花购销比达18%，老粮销售达205%。销售的畅通，扩大了收息资金来源，全年实收息1820万元，利息收回率达74.01%。县农发行、农村信用社等金融机构还拓宽信贷营销门路。2004年，共发放粮食贷款10728万元，收购小麦6731万公斤；发放棉花贷款6722万元，收购皮棉139796担，棉籽69443担。

21世纪，国家着力扩大消费需求，扩大城乡消费市场，各银行根据市场实际，拓展渠道，优化客户结构，深化内部改革，各类贷款更加灵活、方便、快捷。

2009年，银行对个体经济恢复办理中长期贷款业务。2018年年末，个人中长期贷款余额达259174万元，比2009年增长了6.3倍，表明了域内个体经济的快速增长。

2016年，中长期贷款单位普通贷款余额突破10亿，当年余额达150561万元。2018年年末，全县中长期贷款单位普通贷款余额达246164万元，比2009年增长了351.6倍，重点支持了一批重点企业的基础设施建设。

四、农业信贷

农业信贷于金融工作中占有重要地位，1946年至1949年9月，贷款重点为“群众运动告一段落，过去有生产组织及生产基础的地区”“扶助贫雇农生产”“主要支持家庭手工业、副业生产及费劳力的运输业，而且要以有组织的生产为主或合乎方向的合作社”。贷款方法是依靠贫雇农，走群众路线，纠正过去由上而下分配的办法。贷款手续，以村为单位向银行立借据，户与户借贷或转贷由村公所负责，银行半年一收息，当中转贷复利息归村公所处理。贷款利息按月息3分，以贷一村解决一村的困难，贷一户解决一户的困难为原则。1946年，冀南第二专署分配故城县贷款220万元（冀南币，下同），年末实际余额达298.1万元。1947年，农业贷款2419.6万元；1948年，农副业贷款仅44.2万元。

国民经济恢复时期，农业信贷工作主要帮助翻身农民购买牲畜和农具，以扶持发展农业生产。其间，发放农业贷款原则为用途正当，保证重点。农村金融工作的基本方针是“深入农村，帮助农民，解决困难，发展生产”。银行干部携约带款下乡，贷款分货币或折实，即期限在6个月以内的贷款、用贷款还款或贷款折实办法；6个月以上的用贷款折实还款或贷实折实还款办法。贷实即贷放生产资料，如肥料。在贷款掌握上，首先农业生产合作社及长期互助组，其次老弱孤寡、无劳力的烈、军、工属，再次适当照顾个体农民。1949年，农业贷款2.4万元，1957年，骤增至301.6万元，8年间增长近300万元，以支持农户购置生产资料和油坊、粉坊、铁木作坊等副业生产。

1953—1957年，农业信贷工作由扶持个体农民为主转向扶持农业互助组、合作社为主。1956年，农业信贷为解决农民加入合作社的股金，除几次降低利率外，并专设贫农合作基金无息贷款。是年，发放贷款281.1万元比1955年增220.7万元，相当于1949—1955年全部农贷1.6倍。

1958—1962年，因人民公社建立和“大办”钢铁、水利、猪场，用农业贷款购买部分不适用机械设备。1961年，遭受严重干旱和沥涝灾害，银行对灾区和非灾贫困队发放农贷46.6万元，对灾区个别属于救济对象的困难户，通过信用社转账贷生活贷款3.47万元。1963年，遭受洪涝灾害，于1964年3月，豁免贫农合作基金贷款79.7万元。1971年经县革命委员会批准，1961年的旧农贷和赊销商品预付定金全部豁免。共豁免当年农业贷款484.9万元，占全部旧贷款的49%。

1966—1976年，农业贷款受“左”的思想影响，只支持集体农业经济，不支持多种经营，限制和取缔个人家庭副业，只支持穷队发展生产，不管归还能力，致使应放贷款放不出去，应收贷款收不回来，只得将收不回的贷款内部核销。1976年，全县金融系统恢复和健全各项规章制度，坚持有借有还，到期归还，扶优限劣原则和“贷前调查、贷时审查、贷后检查”制度，将工作重点转至发展农村商品经济轨道，支持农民发展商品生产，扶持多种经营和发展家庭副业。经济体制改革为乡镇企业注入活力，镇企业出现新局面。1986年，乡镇企业贷款余额1992.7万元，比1980年增594.1万元，增长42.5%。

1981年，农村实行家庭联产承包责任制（又称大包干）后，农业贷款用于支持重点户、专业户和联合体发展商品经济，比重逐年增加。至1987年，农民贷款额623万元，比1980年增57倍。银行对改革中出现的新情况缺乏工作经验，对农村以生产小队为基础的集体经济，转变为以农户家庭为主体的个体经济巨大变革估计不足，在土地承包中，没有及时落实债权债务，致使大量农贷资金无法收回，影响资金使用效益。是年，全县沉淀资金达1003万元。农行在县政府支持下，清理旧贷，落实债权债务，是年末，已收回“大包干”前旧贷181万元。

1949—1987年故城县银行系统历年贷款统计表

表11-6　　单位：千元

年　份	工业贷款	商业贷款	农业贷款	预购定金
1949	1	1	24	—
1950	1	1	21	—

续表 11-6

年 份	工业贷款	商业贷款	农业贷款	预购定金
1951	3	26	47	—
1952	12	135	144	—
1953	6	326	494	—
1954	10	1041	453	—
1955	116	1436	604	—
1956	368	3181	2811	169
1957	303	2963	3016	111
1958	504	10673	4409	846
1959	336	13420	3364	435
1960	328	11302	4919	1147
1961	587	12356	5975	1067
1962	506	7995	5998	481
1963	402	6407	7707	705
1964	330	6783	8618	745
1965	183	11526	7895	1043
1966	91	13474	8561	530
1967	79	12322	8793	513
1968	115	11980	8903	524
1969	74	13869	8482	290
1970	55	15471	3492	183
1971	461	9624	3463	301
1972	820	11000	4129	585
1973	1078	12602	3705	271
1974	1540	13313	3384	185
1975	2477	16840	3738	123
1976	3358	16844	4435	295
1977	3778	19374	4647	170
1978	4728	18327	5367	132
1979	5355	21378	6375	286
1980	6792	25062	14093	245
1981	6569	28690	14134	393
1982	7115	35892	12793	82
1983	6979	58950	13489	66
1984	10964	84686	15754	60
1985	12525	123986	16667	59

续表 11-6

年 份	工业贷款	商业贷款	农业贷款	预购定金
1986	23357	118117	27013	59
1987	40070	90838	35999	19

说明：1.1949—1955 年度为旧币折新币数

2. 表内“—”为无统计数字

围绕农业发展、农村稳定、农民增收，县农行、信用社筹集资金，积极支持“两高一优”农业和小康村建设，扩大“吨粮田”建设；支持农民调整种植结构，发展蔬菜生产。1996 年农村信用社与农行脱钩以后，贷款业务体现“三性”（独立性、灵活性、民主性）原则，立足于“三农”（农业、农村、农民），按照人民银行的要求，每年用于农业的新增贷款不低于当年全部新增贷款的 40%。1997 年，向县果品蔬菜专业合作社投放 80 万元，用于恒温库扩建，增扩后仓储面积达 2640 平方米，具备 1500 吨贮藏能力；投放县农工部鸡场扩建 60 万元，支持新上种鸡 5000 套，年产值可达 1875 万元，获利 70 万元；投放县兔业养殖基地 130 万元，用于种兔繁殖，实现产值 400 万元，获利 22 万元。

2000 年，故城县农村信用社坚持面向“三农”，立足扎根于农村，服务于农民，以建设信用户、信用村、信用乡镇为契机，向农民发放小额信用贷款和农户联保贷款，支持农民种养业和小批量农产品加工业。

2010 年 5 月 27 日，邮政储蓄银行故城县支行首个信用村在故城县三朗乡王长林村揭牌，并与王长林村签订“信用村”建设合作协议；2011 年 9 月 30 日，代发新农保业务正式启动，与故城县人事劳动和社会保障局签订代收付业务委托协议。

为进一步延伸服务触角，服务全县客户，建设银行故城县支行在乡镇农村全面推广“裕农通”业务，将现代金融服务送到农民家门口，解决农村偏远地区无金融服务网点给农民带来的现实困难。2018 年年末，全县成功开通了 80 个“裕农通”服务点，向广大农民提供小额取款、缴费、转账、查询等基本金融服务。主要经营业务包括存款、贷款、结算、汇兑、银行卡、代理保险、代收代付、票据贴现、国内结算、个人跨境结售汇、网上银行、手机银行、电话银行、微信银行、善融商务等 10 余项，业务产品多样齐全，服务水平便捷高效。2018 年年末，建行故城支行贷款业务量稳步增长，各类贷款余额为 72500 万元，比年初新增 16400 万元；实现利润总额 3243 万元。累计发放储蓄卡 142433 张，结算通卡 10865 张，燕赵乡情卡 17716 张，供销一卡通 977 张，京津冀旅游一卡通 1404 张，社保卡 356080 张，公积金卡 12373 张，信用卡 24213 张。

2018 年 11 月 14 日，邮政储蓄银行县支行成功发放首笔扶贫小额信贷。县农行全力支持农民脱贫，开办了“金奶牛”小额扶贫贷款业务，共为全县 5 个乡镇 518 户发放“金奶牛”小额扶贫贷款 2557.3 万元。同时改进服务，设置惠农服务点。共设立离行式自助 4 个、布放电子机具 1100 多台；设立惠农通服务点 466 个，行政村覆盖率达 100%，为全县农民提供了便捷的小额取现、转账、结算等基础金融服务。故城县农村信用社共发展 e 购商户 6300 户，为个体工商户提供收款业务。

为适应经济发展的新特点、新需求，银行服务对象从小微企业、个体工商户延伸至私营企业主、创业者和自然人，2013 年 2 月 28 日，邮政储蓄银行县支行与故城县工业与信息化局签订《关于发放创业小额贷款及贴息的合作协议》。建行小微客户实现“秒申秒批秒贷”“7×24 小时”全线上融资服务，贷款利率为 5.0025%，远低于其他第三方 10% ～ 18% 的利率水平，减少了企业资金成本，节约企业财务费用。至 2018 年 12 月 31 日，累计发放小微企业信用类贷款 18581 万元，贷款余额 3237 万元，惠及企业 220 家。全县短期贷款余额 491378 万元，其中个人贷款及透支 78226 万元，占 16%；单位普通贷款及透支余额 413152 万元，占 84%。

1988—2008 年故城县银行系统各项贷款余额统计表

表 11-7　　单位：万元

年　份	各项贷款	工　业	农　业	商　业	供　销	乡　企	中　长	个　体
1988	34425.0	5174.0	1551.6	12715	8297.5	5470.7	795.6	420.6
1989	39054.0	6340.0	1647.0	14507	9601.0	5990.0	675.0	294.0
1990	47200.7	9999.9	2080.0	16664	10504.0	6955.0	623.3	374.5
1991	—	10855.0	2645.6	20446	—	7856.8	1769.1	650.1
1992	—	11965.0	3420.1	23687	—	9723.8	3592.7	747.2
1993	—	13893.0	3987.0	29177	—	10844.0	4586.0	1624.0
1994	—	19222.0	4955.0	33687	—	12577.0	6155.0	6028.0
1995	—	21855.0	5545.0	46865	—	15785.0	7324.0	4793.0
1996	—	26847.0	12903.0	55100	—	15151.0	8187.0	5670.0
1997	—	29144.0	19331.0	57302	—	16259.0	9119.0	7106.0
1998	189939.0	32704.0	31042.0	71108	5805.0	17278.0	16547.0	15455.0
1999	203501.0	34854.0	33076.0	74995	6222.0	21672.0	14634.0	18048.0
2000	203260.0	14724.0	37999.0	66889	3150.0	47610.0	22656.0	10232.0
2001	221160.0	15095.0	53999.0	70999	3110.0	48630.0	18557.0	10770.0
2002	225717.0	10910.0	59492.0	72371	3038.0	50282.0	17395.0	12229.0
2003	220772.0	11052.0	66740.0	63970	531.0	51192.0	16452.0	10835.0
2004	211926.0	9767.0	77001.0	48821	526.0	47366.0	20605.0	7840.0
2005	215816.0	5296.0	74774.0	66193	471.0	31655.0	32656.0	4771.0
2006	—	20366.0	51746.0	120323	—	—	41328.0	4517.0
2007	—	16707.0	116130.0	80923	—	—	38660.0	5730.0
2008	—	443.0	118452.0	48919	—	—	35046.0	—

说明：表内“—”为无统计数字

2009—2018 年故城县银行系统各项贷款余额统计表

表 11-8　　单位：万元

年　份	各项贷款	短期贷款		中长期贷款	
		个人贷款及透支	单位普通贷款及透支	个人贷款	单位普通贷款
2009	237775	56585	139378	41112	700

续表 11-8

年份	各项贷款	短期贷款		中长期贷款	
		个人贷款及透支	单位普通贷款及透支	个人贷款	单位普通贷款
2010	277293	57161	170236	49496	400
2011	359033	34631	243354	64888	16160
2012	401718	48046	259009	62937	31726
2013	528947	73493	335644	78756	41054
2014	684622	74651	440720	112497	56754
2015	763364	66151	502271	133405	61537
2016	801484	57696	429744	163483	150561
2017	924369	71466	459023	199050	194830
2018	996716	78226	413152	259174	246164

第四节 债 券

中华人民共和国成立初期，为恢复经济，发展生产，克服财政困难，1950 年始，国家发行人民胜利折实公债。此公债因系以面粉、小麦、小米、白布、食油标价为单位折算，故称折实公债。是年 1 月 5 日开始发行，至 3 月末，4 月 1 日开始计息，年息 5 厘。1951 年始，每年 3 月 31 日—9 月 30 日兑付，期限半年，分 5 年偿还。1954 年，国家发行国家经济建设公债（五四公债），张数约为人民胜利折实公债 6.8 倍，53% 为职工、部队、农民所购买。五四公债本息面额均系旧币，年息 4 分，兑付时按每 1 万元折合新币 1 元的比价计算，每年 9 月 30 日—12 月 31 日兑付，期限半年。1954 年公债本金自 1955 年起至 1962 年，分 8 年作 8 次偿还。1955 年，公债本金自 1956 年起至 1965 年，分 10 年作 10 次偿还（折实公债和五四公债因资料散佚，发行数额无考）。

1981—1987 年，国家连年发行国库券。故城县自 1982 年发行。发行对象系国营企业、集体所有制企业、企业主管部门和地方政府机、机关、团体、部队、事业单位、农村富裕乡（镇）、村及城乡个人。

国库券面额为 1 元、5 元、10 元、50 元、100 元、1000 元共 6 种。1983—1987 年，发行 5 元、10 元、50 元、100 元共 4 种。单位认购的年利率为 4% ～ 6.5%，个人认购的 8% ～ 10%。1981—1984 年，发行的国库券期限 10 年，从第六年开始分 5 年偿还，1985 年后，发行的国库券期限为 5 年，第六年一次性偿还。由于人们对发行国库券的意义认识不清，所以积极性不高，开始发行时基本上是摊派性质，按工资级别分配，从工资中直接扣缴。

1987—1988 年，增加了单位国家重点建设债券，年利率 7.25%，期间故城县共发行 95 万元。1988 年始，国库券改为凭证式记账，当年还发行金融机构购买财政债券 33 万元，年利率 7.5%。1989 年，由于储蓄利率实行保值，国家除发行国库券外，还发行了个人保值公债和单位保值公债以及特种国债。保值公债年利率 14.14%；个人国库券年利率 14%。个人保值公债发行以后，受到人们的青睐，机关干部争相认购，一般很难发行到市面。1990 年，停止发行单位债券，只对个人发行，发行额 1048385 元，创历史之最，同时增加了财政债券。1991 年，个人购买国库券年利率降为 10%，1992 年，停止发行。

1982—1987 年故城县国库券历年发行及认购统计表

表 11-9

年份	发行面额	期限（年）	兑付起止年度	单位购买		个人购买	
				数量（千元）	年利率（%）	数量（千元）	年利率（%）
1982	1 元、5 元、10 元、50 元、100 元、1000 元共 6 种	10	1987—1991	117	4	332	8
1983	5 元、10 元、50 元、100 元共 4 种	10	1988—1992	105	4	354	8
1984	5 元、10 元、50 元、100 元共 4 种	10	1989—1993	94	4	630	8
1985	5 元、10 元、50 元、100 元共 4 种	5	1990 年一次还清	10	5	632	9
1986	5 元、10 元、50 元、100 元共 4 种	5	1991 年一次还清	108	6	638	10
1987	5 元、10 元、50 元、100 元共 4 种	5	1992 年一次还清	108	6	638	10

第五节　现金管理

1949 年，冀南区银行提出“紧缩资金”任务，规定“支金库一定要现款上解，不动用不存留，越快越好”,“各支行每月于 15 日、30 日各送一次，不管款项多少，余额解清”。1950 年，故城县人行对全县国营企事业单位、机关、团体、学校和部队及集体所有制单位实行现金管理。1952 年，现金管理采取“四常”工作法（常见面、常问库存、常看账目、常问现金出路）。国民经济恢复时期，分散在各单位的现金实行统一管理，集中调度。从资金上支持财政和贸易，迅速实现财政、现金、物资三平衡。1949—1956 年，全县现金收付总量逐年扩大，7 年收付总量 14233 万元，年均递增 43.6%。

1958 年，放松现金管理，取消现金支付登记制度。1962 年，全县现金总收入 1385 万元，总支出 1162 万元，分别比 1956 年下降 9.8% 和 20.4%。1963 年，国民经济开始回升。1965 年，故城县银行加强现金管理，人民银行、农业银行共同作出“不准以现金办理汇款”规定，各信用社现金库存量最多不得超过 200 元，超过限额须当日送交银行营业所。是年，全县现金总收入 1774 万元，总支出 1733 万元，收支基本平衡。

1973 年，县人民银行拟定《关于加强现金管理工作的几点意见》。1975 年，又制定现金管理六条措施：对农村社队购买生产资料实行限额支票结算；规定农村社队使用现金的范围；由信用社对所在社队和工副业单位核定现金库存限额；建立支现审批制度；做好柜面审查与监督；对集体之间的大额经济往来尽量办理转账结算。1976 年，全县货币纯投放 634 万元，比 1966 年增加 478 万元，增 3 倍多。

中共十一届三中全会后，全县商品经济迅速发展，现金收支逐年增加，县人民银行严格国家现金管理规定，在全县范围内重新核定各单位现金库存限额。1980 年，银行系统为保障市场货币流通，深入城乡、单位进行调研，核定各单位库存现金限额并设置工资登记台账、大额用现金单位台账、大额现金支付台账等，控制不合理现金投放，将各单位暂时闲置资金，集中起来充实信贷资金和银行现金业务库存。1981 年，人行修订和补充现金管理规定：各单位须执行银行核定的现金库存限额，限额不足时，应向开户银行提取，不得用业务收入来补充，不得用白条顶库和库外保留现金；不得随意扩大现金使用范围；不经银行审查同意不得自行坐支现金；单位外出采购，不准自带现金，也不准将采购款化整为零或通过邮局汇兑套取现金；单位支付工资，不准突破劳动部门批准计划，不准坐支，不准套取现金或变相支付；发放资金必须持主管部门批准的证明单据到银行支取；不准为套取银行现金“走后门”；单位向银行送存或支取现金凭证，必须如实注明来源和用途。1986年，实行对外开放，对内搞活政策，专业银行业务展开竞争，现金管理偏松，投放过多。1987年，全县现金收入22806万元，支出27001万元，分别为1978年的8.4倍、7.9倍。收支相抵货币累计纯投放4195万元，比1978年增3500万元。是年人民银行采取措施，限定专业银行业务库存现金，除必须保证3天业务需要外，多余现金及时缴回发行库。是年10月，域内金融机构认真执行国务院《现金管理暂行条例》和中国人民银行制定的《现金管理暂行条例实施细则》，重新核定了单位库存现金限额，监督各单位按国家规定范围使用现金，除收购单位向个人收购农副产品或其他物资价款，以及出差人员差旅费以外，一般每人一次支取现金不得超过1000元。1988年12月6—20日，县人民银行对辖内金融机构组织了现金大检查，对存在的问题进行了责任追究和处罚。1989年4月末，累计纯投放现金1352.6万元，占全年现金计划的29.4%。

1990年，清理多头支现，实行“现金许可证”和“现金管理检查证”制度，现金支付要经过严格的审批。1993年，在全县范围内开展了积极组织货币回笼的工作。1997年6月，县人行发出通知，重申继续实行现金计划申报制度，农采旺季每5日报一次计划，严格控制现金投放。

2003年，人民银行故城县支行的现金管理工作由计划或金管部门负责，中国人民银行职能调整以后，现金管理工作改由货币金银股负责。2004年7月，为进一步规范故城县现金收支行为，稳定现金存取秩序，成立了故城县现金管理领导小组并建立了现金管理联席会议制度，定期研究现金管理工作，不断加大检查频率和查处力度，为实现现金管理达标奠定了基础。

第六节　银行卡与网银业务

银行卡　银行卡产业的发展历程，大体可划分为四个阶段：

1985—1990年，为起步阶段；1991—1996年，为各行大中城市分行独立发展银行卡业务阶段，这一阶段，金卡工程启动；1997年至2001年年末，为中国银行卡逐步实现联网通用阶段；2001年后，为中国银行卡联网通用深入发展阶段，全国各银行机构的银行卡发卡量迅猛增长。

1994年12月28日，县工行牡丹卡业务部正式开通。牡丹卡分为金卡和银卡，金卡允许透支额度为10000元，银卡允许透支额度为5000元。牡丹卡的推出，当年即办理个人卡149张，单位卡60户、102张，存款余额170万元，保证金30万元，透支187万元，累计透支1500万元。以后，牡丹卡业务量逐年加大，至1997年发卡总数累计592张，其中单位卡114张，个人卡478张，专用卡2737张。1999年，牡丹卡业务部撤销，储蓄所均能办理牡丹卡业务，打卡签卡工作上收至市分行。2004年，又推出新的卡种，是年，为河北星月制动元件有限公司办理第一张牡丹国际卡；2005年12月，办理第一张个人贷记卡。至2008年年末，牡丹卡的种类发展为牡丹信用卡（金卡、银卡）、牡丹贷记卡（金卡、银卡）、牡丹国际卡。

银行储蓄卡

县农行、中行、建行也分别开办金穗卡、长城卡、龙卡等业务，除中行以外，业务量都逐年增大，极大地方便城乡人民生活。1995年，县建行大力发展信用卡业务，不但争取至较多的持卡小户，而且发展一些持卡大户。2000年后，更是将“一卡三代”（利用储蓄卡代发工资，代收代付，代股民结算）业务列为全年零售业务的重中之重，通过市场营销宣传，有力地提高龙卡、速汇通等个人银行业务产品的社会影响和市场占有率。

2013年2月25日始，全面执行国务院统一的银行卡刷卡手续费标准，刷卡费率总体下调幅度在23%～24%之间。2014年10月31日前，各发卡银行、收单机构将关闭境内POS渠道使用芯片磁条复合卡中磁条刷卡的功能，改为只能使用芯片进行交易。2015年始，各家银行将陆续停发磁条卡，只发行芯片卡。2017年5月1日始，银行全面关闭芯片磁条复合卡的磁条交易。

各行社银行卡业务发展迅速，仅据县农行和县信用社联社统计，至2018年年末，农行即办理借记卡总卡量560725张，信用卡总卡量25222张，信用卡客户存量数达19000户；全县农村信用社自2009年开通银行卡业务以来，共发卡495500张，向客户提供个性化、全方位、高效化的金融服务。

网银业务 网银业务具有快捷、高效、安全、方便的特点，开办以来深受企业和其他客户的欢迎。域内网银业务日臻完善，业务量不断扩大，仅据县农行统计，2018年年末，个人网银业务存量客户即达203128户。同时，开办掌上银行业务、微信银行业务等。

中国农业银行故城分行

2005年，县农行首次推出掌上银行业务；2010年，推出3G版掌上银行，再次丰富移动金融服务体系；

2013年，推出智芯系列产品，至此，县农行掌上银行服务体系基本成熟，接着开通了微信银行业务，多渠道共同合作，为用户提供了全方位的掌上银行需求。是年5月，故城县农村信用社网上银行也正式开通上线运行。

2016年1月，故城县农村信用社手机银行正式开通上线运行，是年7月，农村信用社微信银行正式开通上线运行。

2018年年末，县农行掌上银行存量客户达197656户；微信银行存量客户达82312户。

第七节　基建投资

故城县基建投资自1952年始，时由交通银行办理，县人行为交通银行河北省支行故城县代理处，主要负责对公私合营企业中公股公产的清理管理和财务监督，并办理基本建设拨款业务。1954年，交通银行撤销，故城县代理处业务归县财政管理，基建投资由县财政拨款。1979年，组建中国人民建设银行故城县支行（简称县建行），县建行具有财政、银行双重职能，系国家管理固定资产投资的专业银行。1980年，县基本建设投资由财政拨款逐步改为由建行利用吸收存款发放基建贷款。自此，新建、扩建项目必须自筹资金30%以上，谁批准项目谁拿钱，先存后用。使非生产性基建基本得以控制。是年固定资产贷款余额127万元。1985年，凡由国家财政预算安排基本建设投资，全部由财政拨款改为银行贷款（简称拨改贷）。是年，由于专业银行竞相发放贷款，信贷失控，致使固定资产贷款余额剧增，达174.7万元。

1987年，实行紧中有活货币信贷政策，银行加强宏观控制，贯彻保重点，压一般；保计划内项目，压计划外项目；保生产性建设工程，压非生产性建设工程的方针，收紧信贷，对计划外基建项目进行认真清理。固定资产贷款余额达553万元。

1988年，国家确定基本建设实行基金制，用经济手段管理国家投资，以控制建设规模，提高投资效益，促进国民经济协调稳定的发展。

2000—2018年，建设银行加强对建设机构的审核结果，进行严格复核的工作。对建设机构的工作质量和工作进度，制订并实施动态考核制度。针对施工单位不及时提供资料，人为拖延现场审计进度的问题，加强与建设单位及施工单位的协调，采取“先提资料后立项审计”的办法；并在送达审计结果初稿时，积极下达审计结果征求意见书，有效地控制了审计进度，提高了审计效率。通过政府投资审计，查处应招标未招标、多计工程款、违规超额拨付工程款、超计划投资、随意变更设计等问题。

第八节　国际金融业务

为适应国家外贸进出口业务发展，鼓励出口创汇，1992 年 12 月 19 日，中国银行故城支行成立。在当时金融环境下，办理国际金融业务的专业银行只有中国银行一家。中国银行成立后，主要办理外币兑换、本外币存款、外汇存款、进出口外汇汇出、汇入业务，为外贸企业、进出口企业发放人民币贷款、外汇贷款等业务。8 年间，故城中行累计支持外贸企业出口创汇 5600 万美元，发放外贸和外汇贷款折合人民币 2.6 亿元，吸收本外币存款折合人民币 1.82 亿元。2000 年，受外贸体制改革和金融政策收缩影响，故城中行撤销，故城县国际金融业务转入衡水中行办理。

随着国家改革开放力度的进一步加大，我国经济实力增强。故城县进出口贸易迅速发展，出国劳务客群不断发展壮大，国际金融业务也呈现出繁荣昌盛的大好局面。2010 年，故城县年国际进出口结算额已达 7 亿多美元，工商银行、建设银行、农业银行陆续开办国际金融业务，2015 年 10 月中国银行恢复设立。2018 年年末，故城县国际金融业务总量在衡水市所辖 11 个市区县位居第二位，在外出国务工人员突破 1 万多人，年劳务外汇收入折合美元达 1.5 亿美元，已成为河北省八个出国劳务基地之一。海关进出口贸易额已达 75071.64 万美元，其中出口 74245.39 万美元，进口 826.25 万美元，进出口企业 472 家。中国银行故城支行各项业务呈现出健康快速发展之势。2017 年，新增存款 1.6 亿元，2018 年新增存款 1.5 亿元。2018 年年末，各项存款余额 41347 万元，各项贷款余额 5277 万元，实现营业收入 733.21 万元。

第九节　农村信用合作

农村信用合作社是集体性质金融机构，其主要任务是组织资金支持农业生产，扶持农民脱贫致富，根据资金可能，有计划地支持乡村企业及其他集体、个体工商业发展。

中华人民共和国成立初期，农村信用业务是在同高利贷斗争中发展起来的。1952 年以来逐步发展壮大，在农村经济中发挥重要作用。

1953 年，运河决口，农村复出高利贷行为。银行为抵制高利贷，帮助农民解决生产、生活困难，开始组建信用社，受到农民群众欢迎。是年 2 月，西第三、董学、大曹庄信用社开始营业。至 3 月中旬社员发展到 395 人，收股金 617 万元（旧币，本段下同），存款余额 409 万元，贷款余额 399 万元。贷款额根据群众需要由 5 万至 40 万元，以 10 万～15 万元者最多。期限多为 20 天，最长 40 天。存款利率与银行相同，贷款月利率社员 2.52%，非社员 2.82%。1954 年，信用社业务进一步发展壮大，是年，全县信用社股金 23000 万元，存款余额 169000 万元，贷款余额 52000 万元。1955 年，银行与信用社划分贷款范围，一般期长额大设备性贷款由国家银行委托信用社按银行利率代理发放，期短额小的一般性生产贷款由信用社直接发放，资金不足时，银行给予支持。是年，信用社调整降低存贷款利率，农业生产和生活贷款由月息 1 分 3 厘 5 降为 1 分 2 厘，副业贷款由月息 1 分 5 厘降为 1 分 3 厘 5。

1958 年，信用社反“右倾”，鼓干劲，支持农业生产“大跃进”，规章制度被破除，日常业务被打乱。为“增加共产主义因素，”是年开办实物转存业务，将群众个人住房等折价归生产队，由生产队存入信用社。实则社员住房等仍为个人占有，集体仅图虚名。事后，群众纷纷持存单提取“存款”，致使信用社支付不灵，竟然有信用社干部躲到玉米地“逃债”者，信用社信誉降低。

1961 年，信用社将救灾工作作为重点，主要发放社员生产和生活贷款。1962 年，全县信用社股金和公共积累 16.9 万元，存款余额 39 万元，贷款余额 40.2 万元。1964 年，阴雨连绵，间降暴雨，灾情严重，部分村、队又出现高利贷者。据对夏庄、小庙、故城、小屯 4 个公社 9 个大队调查，发现 33 户放债户，金额 3280 元，月息 5 分、10 分不等，最高达 20 分。为抑制高利贷，信用社将灾区社员生活贷款改为灾区口粮贷款，及时发放。1965 年，继续发放社员口粮贷款 4.7 万元，支持贫下中农贷款 9.2 万元，同时积极收回到期贷款 10 万余元，实现当年平衡，略有回笼。

1966—1977 年，信用社管理体制被打破，“群众性、民主性、灵活性”被取消，业务遭受严重干扰。有的公社抽调信用社干部做“中心”（阶段内重点工作）工作，致使信用社业务停滞，出现一批亏损社。

1978年，国务院规定将信用社资金纳入国家信贷活动，通过认真贯彻执行区别对待、择优扶持和以销定贷的信贷原则，信用社事业又恢复发展起来，成为国家银行在农村金融工作中的有力助手。1984年，县建信用合作社后，资金、人员实行单独管理，在农行统一领导下开展工作，与专业银行开展业务竞争，信用合作事业活力增强。1987年，全县信用社各项存款余额8366万元，各项贷款余额5083万元，其中乡镇企业贷款2514万元，农户贷款623万元，信用社成为发展农村商品经济重要力量之一。2018年年末，域内农村信用联社存款突破100亿元，贷款总额超过60亿元。

1986年7月，故城县工商银行开办城市信用社（始称金融服务所）业务。聚集社会闲置资金，面向城镇集体企业、个体工商户，促进城镇集体和个体经济发展，为国家银行起到补充和助手作用。是年，有股金50万元，各项存款余额169万元，各项贷款余额245万元。

1987年5月6日，故城县人民银行组建故城县第一城市信用社。1988年8月，中国人民建设银行组建城市建设信用部，面向城乡办理存贷业务。1996年7月3日，更名为故城县中兴城市信用合作社。

1994年9月24日，衡水地区行署召开全区城市信用社脱钩会议，故城县3个城市信用社分别签订与各组建行脱钩及加入衡水市城市信用社联合社的协议书。1995年3月6日，3个城市信用社与联合社筹备组签订“入股协议书”，城市信用社开始接受市联合社的领导和管理。经人行天津分行批准，3三家城市信用社2000年12月改制为农村信用合作社，隶属故城县农村信用合作社联合社领导和管理，其中第一城市信用社更名为宏声区农村信用合作社；故城县城市信用社更名为康宁路农村信用合作社；中兴城市信用社更名为青年路农村信用合作社。

1953—2018年部分年度故城县农村信用社发展情况统计表

表11-10

年　度	信用社（个）	职工（人）	股金（千元）	存款余额（千元）	贷款余额（千元）
1953	4	—	1.0	1	1
1954	40	58	23.0	169	52
1955	46	60	44.0	433	136
1956	46	92	90.0	555	247
1957	19	51	105.0	348	243
1958	28	42	126.0	921	865
1959	28	42	129.0	804	555
1960	28	42	129.0	1184	782
1961	15	27	129.0	586	648
1962	15	31	129.0	390	402
1963	15	31	133.0	522	388
1964	37	77	169.0	—	—
1965	37	77	169.0	—	—
1966	23	60	169.0	659	905
1967	23	60	169.0	1264	955

续表 11-10

年　度	信用社（个）	职工（人）	股金（千元）	存款余额（千元）	贷款余额（千元）
1968	23	60	169.0	1182	1082
1969	23	60	169.0	2626	650
1970	23	61	169.0	2418	695
1971	23	67	169.0	2846	800
1972	23	64	169.0	2399	1157
1973	23	66	164.6	3588	1249
1974	23	74	164.6	4545	1355
1975	23	86	164.6	5574	1627
1976	23	98	164.6	6246	2005
1977	23	98	164.6	6223	3181
1978	23	102	164.6	7393	3129
1979	23	110	164.6	8600	2995
1980	23	115	164.6	13675	4761
1981	23	126	164.6	17929	6930
1982	23	131	164.6	23834	8481
1983	23	128	224.5	30706	12224
1984	23	126	269.5	45040	21615
1985	23	123	388.1	51889	23808
1987	23	174	1093.7	83660	50830
1996	33	259	—	477090	318660
1997	33	256	—	557710	361980
1998	33	260	—	684320	418910
1999	32	258	—	751800	473760
2000	34	259	—	1373220	299030
2001	37	251	—	1599070	629600
2002	35	254	—	1823790	458030
2003	31	251	—	1915640	748950
2004	31	249	—	1971150	826360
2005	30	249	199290.0	2099840	1151560
2006	31	250	201590.0	2180030	1414890
2007	31	498	201720.0	2235570	1424610
2008	26	437	201720.0	2601090	1489760
2009	29	486	201720.0	3028070	1724140
2010	29	460	201720.0	3650720	2096250

续表 11-10

年　度	信用社（个）	职工（人）	股金（千元）	存款余额（千元）	贷款余额（千元）
2011	29	455	201720.0	4327070	2495440
2012	30	442	201720.0	5141340	2844260
2013	30	433	201720.0	5932890	3491590
2014	30	426	201720.0	6897300	4082630
2015	30	406	201720.0	7919580	4651990
2016	30	411	351720.0	8757180	5344220
2017	30	394	351720.0	9486790	5982750
2018	30	371	376330.0	10517810	6447840

说明：1. 表中数字 1965 年以前来自县统计局《国民经济统计资料》；1966—1978 年来自县人民银行《30 年资料汇编》；1979—1986 年来自县统计局《国民经济统计资料》；1987 年来自县农行

2.1988—1995 年资料及表内“—”为资料散佚

第十节　金融监管

中共十一届三中全会以后，全国的金融体制改革步伐明显加快，中国农业银行故城县支行、保险公司相继恢复，中国人民建设银行故城县支行纳入金融系统的改革，城市信用社破土而出，农村信用社不断壮大，金融监管任务也越来越重要。1983 年 9 月，国务院发布《关于中国人民银行专门行使中央银行职能的决定》，明确自 1984 年起，中国人民银行专门行使中央银行职能。但是由于人民银行和工商银行一套人马，人事、行政关系归工商银行管理，人民银行业务由工商银行代理，人民银行县支行有名无实监管难以落实。1985 年，撤销县人行。1986 年 9 月 23 日，故城县人民银行恢复建制，自此，中国人民银行故城县支行开始行使中央银行职能，担负起监督、管理、协调全县金融机构和金融业务的重任。

1986—1993 年，故城县人民银行在上级行的领导下，按照国务院发布的《中华人民共和国银行管理条例》履行职责，具体负责各专业银行和非银行金融机构的设置、撤并与业务范围核准的审批审核，对非银行金融机构法定代表人业务资格进行审查，协调各金融机构之间的业务活动，并依法对违反金融管理规定的金融机构进行检查和处理；管理企业股票、债券、彩票；管理保险、典当、信托、黄金等金融市场。

1993 年，国务院颁布《国务院关于金融体制改革的决定》，作出对金融业实行分业经营、分业管理的决策。1995 年 3 月，第八届全国人民代表大会第三次会议通过《中华人民共和国中国人民银行法》，进一步确立中国人民银行作为中央银行的法律地位。故城县人民银行监管的主要对象是金融结构和金融市场，不再对保险业和证券、企业股票、彩票等实行监管。为保证执法公正，建立金融行政执法领导小组和行政复议委员会，同时设立法律事务办公室（与办公室合署办公），定期研究辖内《金融违法行为处罚办法》执行情况以及决定对违法金融机构的重要处罚和复议请求。

2004 年 1 月，衡水银监分局故城监管组成立，对外正式履行职责。是年 4 月，中国银行业监督管理委员会衡水监管分局故城办事处正式对外挂牌。2005 年，高风险农村信用社由年初的 15 个减少到了 1 个，比年初减少了 14 个。2006 年，故城银行业金融机构首次实现了存贷款“双增”，不良贷款“双降”，多数金融机构扭亏为盈，高风险金融机构得到有效化解，各银行业金融机构经营呈现了稳健发展势头的状况。2007 年，继续保持了存贷款双增，不良贷款“双降”的良好局面。辖内银行业金融机构实现了扭亏为盈，实现盈利 967

万元，比 2006 年同期减亏 1873 万元，增强了经营活力，提高了服务功能。2008 年 7 月，衡水银监分局批准中国邮政储蓄银行河北省故城县支行、康宁路支行、建国镇支行开业。2010 年 9 月，衡水银监分局批复衡水市商业银行故城支行开业。2017 年 10 月，故城家银村镇银行开业。

第二章　保险业

故城县开办保险业务始于 1950 年，时保险列入银行业务。遇有贷放款项时，其与贷款有关系的财产、货物，须附有保险，以资保障。1951 年 9 月，由县人行设保险股办理保险业务。1952 年 10 月，县保险支公司建立并独立开展业务。是年，开办企业财产保险、运输工具和牲畜保险，收入保险费 9870 元。1953 年 10 月撤销，建立沧州地区保险公司东光办事处，故城县设派驻员。1959 年停办，1982 年恢复保险业务后，不断增加险种，包含财产保险和人寿保险两大类。

第一节　险　种

1953 年前，保险业务主要任务是城镇普通保险和农村耕畜保险。具体办法，一般为一村或一村分为数组集体承保，特殊者也可个别承保。投保时先经民主评定，确保后以耕畜价值填写投保清单，签发正式保单。保期 1 年，到期再办理续保手续。生病或受伤牲畜也可再办续保手续，费率为 3%、4%、5% 三等。1958 年，保险被冠以“资本主义”而遭不公正待遇，致使保险业务开展受到压抑，处于半停顿状态。1959 年 3 月停办。

1982 年 3 月，恢复保险业务，由县人行信贷股代办。按照为生产服务、为群众服务和自愿的原则，开展以财产保险为主的人民保险业务。是年，县皮鞋厂两次火灾受损，理赔 4500 元。全年发生赔案 9 起，支付赔款 9000 元。至此出现企业纷纷投保局面。是年，参加财产保险 262 户，承保财产 6791 万元。是年 11 月，中国人民保险公司故城县支公司恢复建立，隶属故城县人民银行，为股级单位。1984 年 1 月，独立开展工作，为行级单位，业务量逐年扩大，至 1985 年，已发展到企业财产保险、机动车辆保险、承运货物保险等十几个保险种类，保险额达 13620 万元，保险费收入达 46.4 万元。1986 年，对农村家庭财产保险进行改革，将原来的家庭财产、耕畜、猪只、自行车保险条款 4 个险种综合为“一揽子”保险，实行一个费率，每户保费 7 元。是年，全县 12 个乡 310 个村 33517 户参加保险，占全县农户的 33%，引起省分公司重视，于故城县召开现场会，予以推广。但因此项改革费率太低，赔付率过高而未推开，半年之后停办。1987 年，重点承办学生平安保险、简易人身保险和团体人身意外伤害保险。全县学生承保率达 50%，险种发展到 22 个。是年，共承保财产总额 20083 万元，收保险费 111 万元，理赔 9266 起，支付赔款 133 万元。发挥保险防灾补损，保证人民财产和人身安全作用。1990 年年末，故城县被省政府命名“保险先进县”。21 世纪，域内主要开展财产保险和人寿保险业务。

一、财产保险

企业财产保险　中保财险公司故城支公司于 1989 年 7 月，按照总公司修订的企业财产保险条款开展业务。1990 年，为促进全县贷款企业和个人安全生产，弱化贷款风险，增强企业的还贷能力，中保财险公司还和工商银行、农业银行联合发出通知，要求贷款企业和个体经济参加财产保险，对促进企业财产保险业务的发展发挥积极作用。1993 年以来，故城县各行业经营不景气，一些大企业无力出资投保，企业财产保险业务受到很大影响，一度停滞不前并且下滑。2004 年，保费收入突破 600 万元大关。2008—2018 年，中保财险故城支公司累计收取保费 35960.58 万元，除 2008 年以外，均完成了衡水市分公司下达的保费计划，保费收入从 2008 年的 728.02 万元发展到 2018 年的 5980.65 万元。累计实现考核口径利润 3823.33 万元。

太平洋保险公司于 1994 年在故城县拓展业

务，企业财产保险是首批开办的业务。财产保险分为基本险和综合险两个条款，使保户在保险责任、赔偿处理、费率执行上都有选择性，为积极拓展业务创造条件。县棉纺厂、棉麻公司及其下属厂（站）均在太保公司故城服务部投保企财险。由于费率按行业进行分类，企业投保受到一定限制。2003 年，太保故城服务部以攻大户、拓宽保险服务范围为重点，加大对企业财险的工作力度，县供销合作社等单位也在该部投保企财保险。2004—2018 年，保费收入累计 315 万元。

机动车辆保险 1986 年 5 月 1 日，中保财险公司实行机动车辆保险新条款，新条款进一步明确，为保险车祸受害者第三方的经济利益，使第三者责任保险与交通安全管理部门更好的结合，对于无正式驾驶证或酒后开车及人工直流供油行车所造成的经济损失，由肇事方自负赔偿责任。因市场汽车价格的调整，大部分单位的公有车辆，账面上车辆原值与重置价值相差较大，因而新条款规定由保险双方协商确定。为增强被保险人及驾驶人员责任心，让被保险人承担一定的经济责任，新条款中规定“第三者责任险和车辆损失险的绝对免赔额，汽车险为 200 元，拖拉机和摩托车为 30 元”。

1987 年 8 月始，按照上级公司的要求，故城县支公司对机动车辆保险第三者责任险的保险金额分为 5 个档次（5000 元、10000 元、20000 元、30000 元、50000 元），被保险人按档交费，保险人按档限额赔偿。企事业单位的车辆过去均按“非营业车”承保，然而自事营业的，保险公司不负赔偿责任。1996—2008 年，故城县支公司国内机动车辆保险业务发展迅速，保费收入急剧上升，成为国内财产保险的首要险种。为扩展业务，县支公司分别在衡水、故城交警队设立服务网站。2008 年年末，两个服务站共签单 30000 余份，保费收入达 500 余万元。共承保埠外车辆 400 余辆，保额 1846 万元，保费收入 500 万元。2012 年，人保公司车辆保险业务激增至 1674.11 万元，车辆保险业务发展在县域业务份额占比中始终保持领先的位置。

2013—2018 年，车险保费基本处于逐年递增的状态，至 2018 年年末，人保财险故城支公司收取车险保费总量增长至 3506.89 万元。2012—2018 年，累计实现车险保费收入 18174.64 万元，实现保费增长率分别为 16.08%、33.27%、15.51%、20.03%、28.59%、13.99%。

2002 年，太保财险故城服务部成立，年保费收入由原来的几十万元猛增至年过百万元，保险车辆也由原来的私营大货车增加至行政用车、生产用车、私人生活用车、农用车和各类特种车辆以及二轮摩托车，附加险种由原来的几个增加至十几个。由于机动车保费连年增加，2005 年，经省分公司批准，太保故城服务部被授以出单的权力，成为太保财产衡水中心支公司下属的各县服务部中唯一拥有出单权的机构。2008 年，太保公司全年保费收入 316 万元，2018 年，实现保费收入 2018.26 万元，每年递增约 20% 左右，其中车险保费 1133.65 万元，非车险（包含农险）保费 884.6 万元，为故城百姓的生活生产、教育卫生、企业发展等提供风险保障近 20 亿元。

家庭财产保险 1985 年，中国人民保险公司故城县支公司开办家财险（以下简称人保）。1986 年，适应经济改革的需要，县保险公司大胆创新，对农村家庭财产保险进行改革，将原来的家财保险条款、耕畜保险条款、猪只保险条款、自行车保险条款等四个险种综合为一揽子保险，实行一个费率，每户保费 7 元，实行整村、整乡统保。是年，全县有 12 个乡、310 个村、33517 户参加农村家庭财产保险，占全县农户的 33%。

1989 年 6 月，人保衡水中心支公司开始执行新条款规定的浮动保险费率和储金率。是年 10 月，按照上级公司的要求，凡公、检、法、司、纪检、监察、工商管理、税务以及机关、企事业单位的保卫和计划生育干部、企业的厂长、经理、律师、记者，均可按条款规定范围的本人财产投保城镇家庭财产保险。该保险负责被保险人执行公务，引起他人恶意报复，采用故意纵火、爆炸、敲诈等手段，造成保险财产损失的赔偿责任。

1991 年，县支公司通过各乡镇政府开展农村家庭财产保险业务，每个农户以交余粮的方式折合保险费，全县 70% 的农户投保“农村家庭财产常效保险”，保额达 8530 万元，保费收入 105 万元。

2011 年是人保财险故城支公司家财险业务的转折点，此年始，公司先后重点推广的金锁组合型家庭财产综合保险、和谐家园治安家庭财产非定额组合保险，家财险签单数量193个，签单保费2.05万元。立案数量45件，赔案数量62件，赔款金额7.84万元。2012年，家财险签单数量92个，签单保费0.99万元；赔案数量39件，赔款金额4.61万元。2013年，签单数量373个，签单保费3.9万元；赔案数量42件，赔款金额5.41万元。2018年年末，家财险核保保费达26.1万元。

农业保险 1989年前，中保公司开展牲畜、生猪、麦场火灾、水果雹灾等保险业务。1989年，上级公司要求继续开展麦场火灾保险，根据近年小麦价格上涨的实际情况，及时调整火灾保险金额，保额按国家收购价和市场价的平均价格确定，麦子一般以每公斤0.8～1元确定，收储金的参照银行现行存款利率确定保额与保费。1991年，对麦场火灾长效还本保险做修改，保险期限最短5年，只要不退保，保险长期有效；储金按标准计收，满5年以上退保的，退全部储金；不满5年退保的，扣除储金的3%；不满1年退保的，按普遍险收费标准计收，在储金中扣除。1992年，在保持各大险种稳定的前提下，重点开展农业保险业务，“麦场火灾险”，“棉田雹灾险”等业务，当年实现农业险保费收入108万元，保额9341万元，受到省保险公司奖励，奖金20万元。1993年，根据上级公司的要求停办“棉田雹灾险”业务。1995年，对小麦收获期火灾保险的保险责任、保额、费率、人身意外伤残给付标准及理赔办法等方面又作较大变动，保险金额按平均亩产量和国家收购价格确定（掌握在每亩300～400元之间）。1996年，太平洋保险故城营销服务部也办理麦场火灾险。2002年，因农民麦田收割方式的变化，中保公司停办“麦场火灾险”。2002年后，营销服务部也停办农业险。2013年，域内出现罕见的暴雨灾害，种植业损失严重，赔款高达1700余万元。

宣传保险知识

人保财险2010年开办政策性种植险，承保小麦保险、玉米保险、棉花保险。2012年，开办政策性养殖险，包括能繁母猪保险、奶牛保险、育肥猪保险。农业保险增长迅速，当年实收保费976.14万元，至2018年年末，实收保费为2026万元。

故城支公司结合保险优势，进行保险业务知识宣传，并对无劳动能力、无生活来源、无赡养人和抚养人的困难孤寡老人，给予供给米面油、副食品、被褥等生活用品（捐赠物品价值10000元）。

二、人寿保险

1996年，人民保险公司分为财产公司和寿险公司，财保公司不再经营简易人身险、个人养老金险和其他寿险业务。是年，中保人寿保险衡水营业部故城业务部主要开办福寿安康保险、简易人身保险、子女婚嫁备用金保险及家庭成员、团体意外伤害保险、安乘险等一年期意外伤害保险。

1997年，营销险种业务主要以99鸿福保险（1997年版）为主，是年10月，开办66鸿运B型（1997年版）保险。当年收取保费118.7万元，承保金额812.9万元。直至1999年，这两个险种一直是人寿业务部的市场主打产品。

2000—2004年，三种重大疾病保险共承保3994件，承保金额5398.6万元，保费收入519.6万元。2003年，鸿泰两全保险、红瑞两全保险、鸿宇、鸿鑫、鸿星保险保费收入达2052.4万元。2000年，营销险种逐年增多，品种由单一型向多元化迈进，重大疾病保险、子女教育保险、养老型保险及理财分红型保险相继投放市场，2004年，承保险种达26种。其中重大疾病保险一直是长期寿险中期交险种的首选险种。是年，寿险首年风险型保费604万元，比上年同期增长176%。2005年，人保财险公司成为2008年“奥运”合作伙伴，故城支公司抓住这一机遇，与县教文体局联系承保“校园方责任险”，使全县25000多名中小学生投保，保费收入18万元。中国人寿故城支公司承办新农合意外险业务。

2013年，县人寿保险公司业务保费总量为8400万元，全年共增员59人。公司积极与文教局沟通，为全县13000名学生提供了保险保障。2014年公司业务保费总量为10918万元；全年共增员101人。是年，公司继续为全县17000名学生提供保险保障。2015年公司全年总保费达1.21亿元，随着人们对保险的认可程度及求职的需求，全年公司共增员374人，其中个险渠道330人，银行保险渠道37人，团险渠道7人，一年共晋升主管18人。是年，中国人寿故城支公司承办新农合意外险业务。2016年公司长险首年期交保费5200.47万元，财险业务达396.86万元。2017年个险渠道增员1184人，员工队伍达1305人；主管晋升53人，主管队伍达108人，为衡水国寿的第一支千人队伍。继2015年、2016年后，连续第三次进入全省综合实力前20强。2018年，中国人寿保险故城支公司共实现期缴保费收入4686.12万元，短险保费828.15万元，短险理赔1389.88万元，赔付比例为167.76%。财险业务达成346.01万元，公司整体业务占据故城寿险市场主导地位。服务网络覆盖全县、拥有12个农村营销服务部、18名正式员工和1000多名寿险营销员。

中国人寿保险股份有限公司故城分公司

中国太平洋人寿股份有限公司故城县支公司，于2003年7月经中国保险监督管理委员会批准设立。2007年，员工一度突破500人，一跃成为系统内河北省标杆。

2016年年末，太平洋寿险故城支公司保费规模连续三年同比正增长，机构由丙A级晋升为甲A级。2017年，太平洋保险公司故城支公司以"健康燕赵行，太保寿险情"为中心，组织了一系列的客户服务活动，包括与河北以岭药业合作开展的"体检大巴车"活动，组织客户与老百姓参与体检，为大家带来更专业的检测。2018年，太保公司推出了"太保蓝本"服务，该服务针对老百姓"看病难，看病贵"的现状，首次在保险行业内为客户推出一系列的免费服务，包括院前、院中、院后等，广受社会各界好评。

第二节　理　赔

随着商品经济的发展和市场经济的确立，保险公司的赔付额也越来越大。1987年，共处理赔案9266起，赔款134.4万元。是年8月19日，故城县化肥厂合成塔严重变形报废，人保支公司赔付133094.7元，使其尽快恢复生产。是年8月26日，县酒厂遭受暴雨袭击，降雨量达135.4毫米，使该厂酒糟、淋浆池全部报废，酒糟池围墙塌陷22米，倒塌55米，部分车间灌水，浸泡发酵池23个，霉变5吨，造成损失18700元，人保支公司核实后，按条款规定赔偿损失10781.8元，使该厂迅速恢复生产。1988年12月11日，故城县钢丝绳厂电焊工因焊接起重机不慎起火，造成火灾，损失严重，支公司赔付96500元。

1991年8月10日，故城县三朗、梧茂、小庙等7个乡镇遭冰雹袭击，棉田受灾面积7260亩，人保支公司赔款92136.59元。1994年，军屯、要庄、建国、里老、夏庄、小庙等乡镇遭龙卷风袭击，大部分村民家庭财产受损，人保支公司总共赔款10万余元。1998年10月，县胶鞋厂发生火灾，人保支公司赔付13万余元。

1987—2005年，机动车辆出险赔付金额超过5万元的共有23起，占赔付总金额的75%，是出险率最高的险种。2001年5月26日，建国镇树人学校发生芸豆碱食物中毒事件，105名学生入院治疗，经核实，赔付保险金12622.72元。

2017年，故城县珏佳家居发生火灾，中保财险故城支公司赔款520万元。是年，中国人寿保险故城支公司与故城县扶贫办结合为贫困户办理"扶贫保险"，故城人寿共计赔付1479人，赔付款335.02万元。为了更好地服务于百姓，公司客户在公司可以享受线上线下六个渠道保险服务，线上包括公司官网、“95519”客服电话、微信公众号、手机APP，线下包括亲临柜面和销售人员上门服务，线上智能服务，为公司开通了微信理赔，全国“通赔通付”系统有效运转，为客户提供异地理赔服务，免去了客户往来奔波之苦。理赔案件的平均结案时长不到一天半，5日内结案率98.98%。2017年10月，公司为全县广大保户提供各类给付金和赔偿金共795万元，给付分红金3000万元。2018年，太保公司共受理理赔案件812件，实际赔付897.5万元。充分发挥医疗保险在脱贫攻坚工作中的作用，中国人寿保险故城支公司以“专设部门、专属队伍、专门系统、专业服务”，确保参保群众享受到高效、便捷、专业的保险服务。支付意外补偿金859万元，有效遏制因病致贫、因病返贫。

第三章　金融机构

第一节　银　号

清末民国初，郑口经营规模较大银号有3家，系道生银号（地址在今二道街百货商场处，历史最久，声誉最大，经办人不详）、寿真堂银号（地址在一道街北首，为武强县籍人故城训导贺锡璜办，故城人惯称贺学钱庄）、义和成银号（地址在今三道街南首，经办人不详，其兴办年代晚于道生银号）。至1948年，故城镇尚有公益银号、恒丰银号，郑口有隆远银号、益华银号、新生银号、民生银号等。河西街（原武城县辖）有德盛兴银号。清光绪年间（1875—1908年），故城镇尚有当铺2座。

第二节　银行机构

中国人民银行故城支行　1942年，冀南银行两名人员曾于今故城南部开展工作，1944年年末，故城县始建银行。银行业务隶属晋冀鲁豫边区冀南银行，银行设会计、出纳、业务各1人。1946年，正式建立冀南银行故城县支行，全员8人。1948年11月，易名为华北银行故城县支行。1949年年初，易名为中国人民银行故城县支行（农村支行），隶属河北省分行衡水办事处。1958年，故城县并入吴桥县，遂易名中国人民银行吴桥县支行郑口办事处。1961年，随故城县复置，重组中国人民银行故城县支行，是年，全员44人。1970—1973年4月，工商局（时与商业、税务合称工商局）、银行、财税局合并为财税组，此后银行析置。1984年1月1日，另挂中国工商银行故城县支行牌子，与人行一套人马，两套账务，合署办公。是年，全员76人。1985年，取消县级人行，其业务由县工商行代理。

1986年9月23日，复建县人行。1987年年末，人行内设办公室、业务股、会计发行股，全员24人，其中行长1人，副行长2人。县人行作为中国人民银行的分支机构，系国家管理金融的行政机关，隶属中国人民银行衡水中心支行。其根据国家金融法规，对县域内专业银行和其他金融机构实行业务“领导、管理、监督、协调、稽核”；掌管货币发行；管理存款、贷款利率，编制信贷计划和社会信用规划，集中管理信贷资金，统一管理国营企业流动资金；经理国库业务；管理金银，外汇储备；审批专业银行和其他金融机构设置或撤并；管理企业股票、债券；管理金融市场以及代表政府从事有关的国际金融活动等。

1999年1月1日，撤销中国人民银行河北省分行以后，中国人民银行衡水分行受天津大区分行的领导，故城县支行亦随之属于天津辖区。2004年，将审批商业银行和其他金融机构设置或撤并，集中管理信贷资金等业务移交新成立的银监办，新增征信业务。2008年2月，根据上级批复和《故城县支行内设部门及岗位优化整合工作实施细则》，县支行内设机构改为“两部两室”，办公室改为综合办公室，国库会计股改为综合业务部，调查统计股与金融管理股合并为金融管理部，纪检监察审计室名称不变。

2018年年末，中国人民银行故城县支行共有干部职工21名。其中行级领导3名、股级干部8名、一般行员10名。内设机构仍为“两部两室”，即综合办公室，综合业务部，金融管理部，纪检监察审计室。

中国农业发展银行故城支行 1996年11月1日，由县农行析出组建，为故城县唯一的政策性银行。农发行内设办公室、会计结算部、信贷业务部，现有干部职工15人。其业务范围主要是办理粮食、棉花、油料等主要农副产品的国家专项储备和收购贷款。21世纪，除了粮棉油购销、存贷款业务以外，还办理重大水利工程专项过桥、水利建设、农村路网、新农村建设、农业综合开发、县域公共基础建设、整体城镇化建设、异地扶贫搬迁、农村人居环境建设、棚户区改造等贷款业务和农发行投资建设基金项目。

中国工商银行股份有限公司故城支行 1984年1月1日，组建中国工商银行故城县支行，时与县人行一套人马，两套账务，两块牌子，合署办公。1983年县人行撤销，部分业务由工商银行代理。1987年，县工商行内设办公室、人教股、信贷股、计划股、会计股、出纳股、储蓄股。下设机场办事处。全员88人，其中行长1人，副行长2人。

中国工商银行办公楼

县工商行起始系办理城镇储蓄和工商企业信贷业务的专业银行，为独立核算经济实体，隶属中国工商银行衡水中心支行。结合市场供求需要实行现金管理和工资基金管理，办理城镇储蓄和工商信贷业务。2005年10月28日，中国工商银行股份有限公司故城县支行宣告成立。主要业务有存款、贷款、结算、汇兑、银行卡、票据贴现、个人综合消费贷款、住房贷款、外汇结、售汇、外币汇款等。除传统业务品种外，新开发电话银行、网上银行、手机银行、银证通等服务品种。

2008年，故城县工行大力发展中间业务，尤其是个人理财业务，拓宽盈利渠道。2010年利润首次突破1500万元大关。国际业务结算突破亿美元大关。2014年1月，故城支行康宁储蓄所升格为二级支行。2015年，支行拆迁项目被省行批准，2018年5月故城支行迁址至幸福路，极大改善了网点环境和办公环境。

中国农业银行股份有限公司故城支行 1956年，由中国人民银行故城县支行分设中国农业银行故城县支行，于1957年5月与人行合并。1963年12月复设，1965年12月与人行复并；1979年7月第三次复设。1987年年末，县农行内设办公室、人秘股、会计股、计划股、信用合作股、农业信贷股、企业信贷股、存款股、审计股、保卫股、纪检股。下设武官寨、建国、郑口、饶阳店、房庄、故城、辛庄7个营业所，25个储蓄所，辖故城县信用合作社联合社。全员131人。

县农行起始系办理农村金融业务的专业银行，隶属中国农业银行衡水中心支行。其负责组织农村信贷资金，统一管理国家支援农业资金，集中办理农村集体经济和个人信贷业务，办理供销合作社贷款，指导农村信用合作社。1998年3月24日，中国农业银行股份有限公司故城县支行挂牌成立。1999年，农行完成由专业银行向商业银行的转变，坚持以业务经营为中心，以利润为目标，以资产经营、负债经营、中间业务经营和恢复“三铁”（铁规章、铁账本、铁算盘）为重点，成为一家集存款、贷款、结算、汇兑、银行卡、票据贴现、外汇结售汇、外币汇款等多项业务于一体的综合性县域大型金融机构。2008年，农行进行股份制改革，机关为三部一室：财会监管部、客户经理部、信贷管理部、综合办公室。下设县支行营业室、武官寨分理处、建国分理处、青年西路分理处。2009年，综合办公室更名为综合管理部。2012年，机关由四部增加到五部，客户经理部分设为个人金融部和公司业务部。2018年，设运营财会部、个人金融部、公司业务部、扶贫开发金融部、风险与信贷管理部、综合管理部。下设县支行营业室、武官寨分理处、建国分理处、青年西路分理处，员工 79 人。

中国银行股份有限公司故城支行　1992 年 10 月 24 日，经省人民银行批准，同意筹建中国银行故城支行。是年 12 月，中行故城支行正式成立。受上级行压缩县域网点政策影响，2000 年 9 月，衡水人行批复衡水中行，撤销故城中行。其人民币存款业务全部划转县工商银行，外币和对公存款划转中行衡水营业部，长城卡业务由枣强中行办理销户手续。2015 年，经中国银行股份有限公司衡水分行申请，中国银行业监督管理委员会河北监管局批复，中国银行股份有限公司故城支行于 2015 年 10 月 9 日正式成立。

中国建设银行股份有限公司故城支行　1979 年 5 月组建中国人民建设银行故城县支行。2018 年年末，内设行长室、办公室、营业室、客户部，全员 34 人。其中正行长 1 人，副行长 2 人。下设一个网点营东支行。

县建行初始系国家管理固定资产投资专业银行，具有财政、银行双重职能，隶属中国人民建设银行衡水中心支行。其负责管理国家基本建设支出预算和财务管理制度，地方基本建设的财务计划和财务决算，财政拨给企业的挖潜革新和改造、留用资金。1980 年，建行利用吸收存款发放基本建设贷款，成为独立核算经济实体。

1996 年 3 月，经中国人民银行批准，其总行更名为“中国建设银行”，县支行随之更名为“中国建设银行故城县支行”。2004 年，国务院决定，中国建设银行实行股份制改革，按照“产权清晰、

中国建设银行办公楼

权责明确、政企分开、管理科学”的现代企业制度和现代商业银行要求，故城县建行更名为“中国建设银行股份有限公司故城县支行”。县支行主要办理存款、贷款、结算、汇兑、银行卡、票据贴现、代办保险、代收费、代发工资等金融业务。下辖饶阳店镇营东支行，县城内分别在体育街、县医院、六岔路口、顺达西路、美林水岸五处设有自助银行。2018 年，在全县开通 80 个“裕农通”服务点，向广大农民提供小额取款、缴费、转账、查询等基本金融服务。

中国邮政储蓄银行有限责任公司故城支行　中国邮政储金汇业局是经国务院和中国人民银行批准，对邮电部原来的邮政储金汇业局改组而成的邮政金融机构。其行政上接受邮政总局的领导，业务

邮政储蓄银行举行公益活动

上接受中国人民银行的监管（2004 年以后受银监委监管）。故城县邮政储蓄自开办以来，根据人民银行规定，2003 年 7 月 31 日前的存款仍转存人民银行，新增存款则自主运用。

2008 年 7 月，中国邮政储蓄银行有限责任公司故城县支行正式成立。

2009 年 7 月，邮储银行与故城县邮政局签订《代理银行业务框架协议》；2012 年 1 月，邮政体制改革更名为中国邮政储蓄银行股份有限公司故城县支行。2018 年，共有员工 42 人，其中班子成员 2 人；内设部门 2 个，分别为综合管理部和三农金融部；自营网点 2 个，分别为县行营业部和建国镇支行；邮政代理网点 5 个。

农村信用合作社　中华人民共和国成立之初，农村信用业务是在同高利贷斗争中发展起来的。1953 年 2 月始建西第三、董学、大曹庄信用社。

是年，共建社4个（后增马田村信用社），社员发展到794人。1954年，共建40个信用社，其中乡社37个、联村社1个、单村社2个。分布于39个乡210个村。占全县46个乡的85%，占261个村的80%。1955年，信用社发展到46个，达到乡乡有社，社员30184户，占全县农户的84%。1957年，随行政区划调整，将46个信用社合并为19个。1961年，各人民公社建信用社。1964年年末，与山东武城县区划调整，原武城县所辖部分信用社归故城县农行管辖。1966年，各公社共建信用社23个。1984年，建故城县信用合作社联合社。1987年，全县各乡（镇）均建信用合作社，计23个，职工174人，468个村建信用站，占全县总村数87%。

农村信用合作社系农村群众性集体合作金融组织，隶属故城县农行。其管理程序：县农行—县信用合作社联合社—农村信用合作社—信用站。其业务受县人行领导和管理。农村信用合作社资金由社员交纳的股金和吸收的存款构成，实行独立核算，自负盈亏，具有组织群众性、管理民主性、经营灵活性。主要经营对农村个人和集体经济单位和存款、贷款和结算业务。

1992年，撤销中心社，改由农行营业所领导和管理信用社，县联社对外称联社，对内称农业银行信用合作股，实行一个机构，两块牌子。1994年4月，全面恢复联社功能。1996年9月，成立故城县农村金融体制改革领导小组。12月25日，农村信用社正式脱离与农业银行的隶属关系。脱钩后，故城县农村信用合作组织实行县联社和农村信用社两级法人，故城县农村信用联社

农村信用社办公楼

升格为科局级经济实体，归衡水农村金融体制改革领导办公室和中国人民银行衡水市中心支行农村信用合作处领导和管理，业务定位于支持农村经济服务于农业发展。1997年，改由衡水市联社领导和管理，同时各项工作接受县人民银行监管。2000年，县联社开始对农村信用社进行规范。撤销原隰、袁庄、小屯等三个信用社，分别并入三朗、夏庄、故城信用社。

2006年，中国银行业监督管理委员会河北监管分局下达了《关于核准故城县农村信用合作联社开业的批复》银监冀局复〔2006〕326号文，同意故城县农村信用合作联社开业。是年12月，故城县农村信用合作联社揭牌开业，实行一级法人、统一核算、分级管理、授权经营的管理体制，下设32个分支机构，内设8部1室。

2015年，原故城县农村信用合作联社成功改制，成为全市第一家改制开业的股份有限公司联社。2018年年末，故城县农村信用联社股份有限公司共有营业网点30个，其中联社营业部1家、信用社27家，分社2家。联社机关设有9部2室，分别为办公室、人力资源部、纪检监察室、审计部、计划财务部、授信审批部、会计结算部、风险监控部、安全保卫部、客户经理部、科技部。共有在编职工378人，劳务派遣职工36人。

衡水银行股份有限公司故城支行 衡水银行是经中国银行业监督管理委员会批准设立的地方性股份制商业银行，成立于2002年1月，其前身是由原衡水市城市信用联社筹备组办公室及所辖5家法人社组建而成的衡水市城市信用社。2009年6月和2013年1月，经原中国银行业监督管理委员会批准，先后改组、更名为衡水市商业银行和衡水银行。是衡水唯一一家市属地方法人银行。

衡水银行故城支行于2010年10月开业，内设部室4个，下设社区支行1个。主要经营业务包括存款、贷款、票据贴现、国内结算、网上银行、手机银行、电话银行、微信银行等业务。截至2018年年末，衡水银行故城支行各项存款余额156703.5万元，当年新增9164.8万元；各项贷款余额43788万元，实现利润1504.6万元，发放金鼎卡16353张。

故城家银村镇银行 经中国银行业监督管理委员会批准的一家新型农村商业银行，2017年10

故城家银村镇银行营业厅

月正式对外营业。2018年，有员工24名，行领导班子4人，设置职能部室4个，分别为办公室、营业部、风险部、财务部。

是年，各项存款余额为11444万元，较年初增加5994万元；各项贷款余额为1685.01万元。主要经营业务包括：吸收公众存款；发放短期、中期和长期贷款；办理国内结算；办理票据承兑和贴现；从事同业拆借；从事银行卡（借记卡）业务；代理发行、代理兑付、承销政府债券；代理收付款项和代理保险业务；经银行业监督管理机构批准的其他业务。

第三节　保险机构

2005年，故城县各类保险公司纷纷设点开业。除在原中国人民保险公司基础上重新组建的中国人民财产保险股份有限公司故城支公司、中国人寿保险股份有限公司故城支公司外，还有太平洋、平安等保险公司营业网点。

中国人民财产保险股份有限公司故城支公司　1952年10月，组建中国人民保险公司故城县支公司，1953年10月撤销，1982年复建，为县人行股级单位。1984年，独立开展业务，为正科级单位。保险股与人民银行县支行分设，恢复中国人民保险公司故城县支公司。

1996年4月，中国人民保险公司故城县支公司更名为“中保财产保险有限公司故城县支公司”。1999年，重新更名为“中国人民保险公司故城支公司”。2003年，中保公司全称改为“中国人民财产保险股份有限公司”，故城县支公司是其派出机构，实行法人再授权下的业务经营。主要办理各种企业财产保险、机动车保险、责任险、人身意外险、家财险、货物运输险等。公司下设业务科、理赔分部和综合部3个科室，在郑口镇、青罕镇、建国镇和饶阳店镇设立4个营销服务部。

2018年，班子成员3人，共有合同员工18人。公司内设综合部，营销团队一部、二部、三部和续保团队共5个部门，下辖京杭、青罕、建国、饶阳店4个三农营销服务部。

中国人寿保险股份有限公司故城支公司　1996年4月，中国人寿保险公司营业部在故城设业务部。1999年1月，中国人寿保险有限公司衡水分公司故城营业部更名为中国人寿保险公司衡水分公司故城营业部。2003年8月中国人寿保险公司重组为中国人寿保险（集团）公司，并独家发起成立中国人寿保险股份有限公司。2003年6月，故城营业部经中国保险监督管理委员会批准为中国人寿保险股份有限公司故城支公司。2003年7月，经中国保险监督管理委员会批准设立青罕、建国、三朗、城区营销服务部。

2006年，累计保费收入5355万元，同比增长47%；代理人300余人，为全县4.9万人承保了各类保险，全年支付理赔款183万元，给付养老金、生存金218万元，2008年，全年累计保费收入8650万元，理赔案件956件，支付各种赔款185万元，给付生存金、养老金2360万元。2013年，公司业务保费总量为8400万元，全年共增员59人。2014年，公司业务保费总量为10918万元；全年共增员101人。2015年，公司全年总保费达1.21亿元，全年公司共增员374人。2016年，公司长险首年期交保费5200.47万元，财险业务达成396.86万元。2018年，公司共实现期缴保费收入4686.12万元，短险保费828.15万元，短险理赔1389.88万元，赔付比例为167.76%。财险业务达成346.01万元，公司整体业务占据故城寿险市场主导地位。中国人寿故城支公司服务网络覆盖全县、有12个农村营销服务部、18名正式员工和1000多名寿险营销员。

中国太平洋财产保险股份有限公司故城营销服务部　1993年3月，有5名业务员为中国太平洋保险公司衡水办事处代理财产保险业务，当时无机构编制，业务实行报账制，不单独核算，保险业务种类有机动车保险、企业财产保险、家庭财产保险。1996年7月，根据中国人民银行衡水分行文件批准，中国太平洋保险公司衡水办事处在故城县设置兼职代理处。开办的险种有机动车保险、企财险、家险、受精保险、人寿保险（小福星、少儿乐、养老保险、步步高等业务）。1998年10月，撤销中国太平洋保险公司故城办事处，但仍保留5名业务员为中国太平洋保险公司衡水支公司代理业务。1998年3月，开办的险种主要有机动车保险和企财保险。

2002年6月，设立中国太平洋财产保险股份有限公司衡水中心支公司故城营销服务部，各项业务活动步入正轨。2008年8月，太保故城支公司成立，2018年末，共有合同员工7人。公司设个销渠道，交叉销售渠道，车商渠道，理赔渠道，电销渠道，农险渠道，分工明确，密切合作。公司设有行政经理，副经理各1名，内勤6名。下辖5个业务部，20个业务室，从业人员230余名，另外有售后服务人员80余名，服务于故城10万余个客户。

第十二编　综合经济管理

20 世纪 80 年代，政府经济管理部门的改革主要体现在逐步缩小指令性计划范围和数量上。1992 年以来，计划经济体制逐步向市场经济过渡，加快了建立社会主义市场经济步伐，政府在经济管理方面趋向宏观、管大、放小、搞活。管理手段转为依法行政，切实执行国家相关法律法规，规范市场秩序。管理模式也由行政型转为服务型。故城县经济管理职能部门主要有发展和改革创新局、工商行政管理局、统计局、国家税务总局、地方税务局、财政局、物价局、国土资源局、审计局、质量技术监督局，各部门根据市场经济特点卓有成效地开展工作，加大宏观调控力度，不断调整和规范经济行为，履行经济管理职责，对故城县的经济发展起到积极的推动作用。

第一章　计　划

中华人民共和国成立后，国家实行计划管理体制，国民经济按比例发展，生产生活物资按计划配置，集中必要的财力、物力，确保域内重点建设，有效调解收入分配。中共十一届三中全会后，进行计划管理体制改革，逐步扩大市场调节范围，使计划与市场相结合。计划管理始以市场为导向，确定国民经济和社会的发展。

第一节　计划体制

1955 年，计划工作主要是制定工农业生产计划并协调部门间关系。1978 年后，国家计划管理由过去的单一指令性计划转变为开始重视市场机制作用，贯彻“计划经济为主，市场调节为辅”方针。计划工作转变为通过下达年度计划确定每年的经济发展目标、固定资产投资方向、投资规模、计划物资分配使用。中共中央十一届三中全会后，对工农业生产、主要农副产品收购分别实行指导性计划和指令性计划，对工业企业的管理逐步放权。1984 年，改国民经济计划为国民经济和社会发展计划，实行以中长期计划为重点的计划体系，逐步形成指令性计划、指导性计划和市场调节相结合的经济管理形式。1989 年后，市场调节作用逐渐加大。1992 年，市场调节作用占据主导地位。在市场经济体制下，计划管理手段开始从主要依靠行政手段转向主要依靠经济和法律手段，综合运用财政、税收、价格等经济杠杆调控经济运行，改善市场及投资环境，协调各有关行为主体的利益。1993 年始，年度计划指标全部为非指令性指标，并增设经济效益指标。

1998 年后，市场管理采取“宏观调控、微观搞活”的原则，除关系国民经济全局的重要项目外，其余项目彻底放开；在指导性计划管理方面，采取以市场预测为基础，测算社会需求总量，预测行业和重要产品的发展态势，确定经济参数，提供市场需求信息和制定配套政策意见，同时对行业、企业及时提出导向，使微观经济活动能遵循市场规律运行；重点建设计划方面，采取对重点项目考察与论证，并增列前期项目工作计划，确保每年有新项目建成投产。2008—2018 年，计划工作的内容逐步转变为研究制定全县国民经济和社会发展战略、发展规划并监督实施，对重大建设项目进行监督，将一般生产计划和经济增长指标改为预测性、指导性指标，对企业建设项目的管理方式由行政审批改为登记备案等。

第二节　计划编制

一、短期计划

短期计划即年度计划，始于1953年，主要内容是当年度县域经济增长速度、主要生产指标、基本建设和重点项目、居民收入及人口增长率等短期计划，还有分年度编制的农业生产、工业生产、交通运输、基本建设投资、主要原材料分配财政预算和信贷、商业购销、劳动工资、科学技术等专项计划。

1978年前的年度国民经济计划，由县计划委员会提出草案，经衡水地区计划委员会和县政府批准后下发。计划内容主要包含国民生产总值、工农业总产值、全社会固定资产投资、主要商品收购、物资分配等指标，并由专项计划具体分解到各个基层单位。

1979年度的农业生产计划具体到各种农作物、牲畜的种养规模和基础设施的配套，将具体任务分解到每个公社；工业计划中，将主要工业产值分配到企业；对社会固定资产投资和生产、生活资料的流动方向均做出明确规定。1983年，年度计划提出解决农民物质利益和生产自主权问题、调整经济布局，发展多种经营。1984年，将国民经济计划改为国民经济和社会发展计划。计划内容涵盖农业、工交、主要商品收购、人口、教育、科技推广、毕业生分配、物资管理分配、基本建设投资等方面。1985年始，对农业生产、工业总产值、固定资产投资规模实行指导性计划，农业生产计划指标由18项减少到12项；工业产品的品种、产量实行市场调节；首次将科技发展经费分为有偿、部分有偿和无偿使用三部分。

1993年，年度计划突出宏观调控特色，简化指标体系，计划指标全部为指导性，并增设工农业经济效益指标。1995年，年度计划提出实施外向带动战略，提高经济素质和运行质量。年末三产业比例为48:30:22。

2000年，年度计划突出优化个体私营经济发展环境，提出提高对外开放水平，开展区域经济发展战略研究。2001年，年度计划重点：发展“两增两创”（农业增效、农民增收、财政创收、农业创汇）农业，提高农业产业化水平；膨胀壮大骨干企业，加快工业化步伐；培育开发市场，加快发展第三产业；加大投融资力度，加强基础设施和重点项目建设；实施“科教兴县”战略，促进社会各项事业全面发展。2002年，年度国民经济和社会发展计划重点：加快结构调整步伐；培育工业区优势产业，抓好农业内部结构调整，推进经济民营化，加快发展第三产业；加快园区建设，培植壮大骨干企业和重点民营企业；立足产业基础和资源优势，形成区域特色经济，促进经济结构调整。2004年，年度计划提出“以工强县、特色富民、产业兴城”三大战略，突出抓好招商引资、重点项目、企业改制、基础建设、特色农业六大重点。加快县城改造步伐，加大招商引资力度，扩大对外开放，大力发展民营经济，加快城镇建设和服务业发展步伐，推进结构调整和制度创新。年末，全县国内生产总值达38.7亿元；三产业结构比例为29.0:37.9:33.1，首次转变为“一、三、二”型；地方财政收入11703万元，地方全社会固定资产14.9亿元，社会零售品销售总额8.8亿元；全年利用外资6.8亿元，其中境外资金720万美元。2005—2008年，全县政治和社会稳定，经济得到较快发展，县域综合实力明显增强。2008年年末，全县地区生产总值实现54.6亿元，财政收入完成1.8亿元，全社会固定资产投资达22.5亿元。

2010年，全县国内生产总值完成634494万元，同比增长13.6%，其中一产完成208467万元，二产完成223774万元，三产完成202253万元，财政收入完成3.1508万元。2014年，全县国内生产总值完成903493万元，同比增长8.5%，其中一产完成198708万元，二产完成323355万元，三产完成381430万元，财政收入完成114124万元。2016年，全县国内生产总值完成1161866万元，同比增长7.4%，其中一产完成250450万元，二产完成411015万元，三产完成500401万元，财政收入完成94698万元。

2018年，全县国内生产总值完成1199000万元，同比增长6.5%，其中一产完成213000万元，二产完成432000万元，三产完成554000万元，财政收入完成114100万元。

二、中长期计划

中期经济计划即“五年计划”。1950—2018年，故城县曾编制“三年恢复”“三年调整”和12个“五年计划（规划）”等阶段性经济发展计划。2016年编制《故城县国民经济和社会发展第十三个五年规划纲要》。

“三年恢复”计划(1950—1952年)主旨是扶持工商业正常经营和农业正常生产，尽快医治战争创伤。

“一五”计划(1953—1957年)要义是完成对农业、手工业和资本主义工商业的社会主义改造，粮棉油实行统购统销，建立以公有制经济为主体的计划经济体制。

“二五”计划（1958—1962年）。1958年“大跃进”使工农业生产受损，国民经济失调，未能执行。

“三年调整”计划(1963—1965年)。按照“调整、巩固、充实、提高”方针，依“农、轻、重关系安排生产”编制计划，进行三年国民经济调整。

“三五”计划（1996—1970年）、“四五”计划(1971—1975年)。为“文化大革命”时期，以“狠抓阶级斗争，促进国民经济新飞跃”和“加速建立为战备、为农业服务的工业体系”为指导思想，逐年度下达农业生产等计划，建立铸造、化工、机械及农产品加工企业，意在突出工农业建设。

“五五”计划（1976—1980年）、“六五”计划(1980—1985年)。中共十一届三中全会后，逐步缩小计划经济范围，减少指令性计划，扩大指导性计划，发挥市场调解作用。1978年6月，制定《故城县国民经济发展第五个五年计划（后三年计划）》和《故城县国民经济发展第六个五年计划》，包括农业生产、购买农业机械资金、工业生产和交通运输、基本建设和技术改造投资以及主要工业产品新增生产能力五项内容。

“七五”计划（1986—1990年）。1985年3月，《故城县国民经济和社会发展第七个五年计划》，指导思想：努力提高经济效益，稳定发展农业生产，搞好企业挖潜改造，大力发展第三产业，促进科技进步，全面振兴故城经济。

“八五”计划（1991—1995年）。1990年3月，《故城县国民经济和社会发展十三年规划及第八个五年计划》（简称计划）经县人民代表大会审议通过批准实施。该计划提出十年全县国民经济和社会事业发展的主要任务：壮大全县经济基础，增强发展后劲；因地制宜，发挥优势，调整经济结构，促进国民经济持续稳定协调发展；积极争取并适当集中财力、物力，建设一批骨干项目，提高自身发展能力；强化农业基础地位；大力发展第三产业，加快科技、教育事业发展，努力提高人民生活水平。经济发展的总体目标以1990年不变价计算。

“九五”计划（1996—2000年）。1996年3月，《故城县国民经济和社会发展第九个五年计划及2010年远景目标纲要》（简称纲要）经县第十一届人民代表大会第四次会议审议通过。该纲要确定第九个五年计划期间总任务：实施“科教兴县、外向带动、城乡建设”三大战略，提高农业，强化工业，搞活流通，努力转变经济增长方式，培植起以工业为主导的现代产业结构体系。

“十五”计划（2001—2005年）。2001年2月，《故城县国民经济和社会发展第十个五年计划纲要》经县第十二届人民代表大会第四次会议审议通过。该纲要提出第十个五年计划期间经济和社会发展的总体任务：实施结构优化、科教兴县、经济民营化、体制创新带动四大战略，推进农业产业化，壮大骨干企业，培育开发市场，扩大对外开放，加快城镇建设，加快经济结构战略性调整，培植新的经济增长点，全面提高经济运行质量和效益。

“十一五”规划（2006—2010年）。2006年年初，《故城县国民经济和社会发展第十一个五年规划纲要》经县第十三届人民代表大会第四次会议审议通过。该纲要提出“十一五”规划关系到建设小康社会、落实晋档升位的大局，必须贯彻“全党抓经济，重点抓工业，关键抓项目”的方针，总体要求：以科学发展观总揽全局，高扬树正气、讲团结、求发展的主旋律，深入实施以工强县、特色富民、产业兴城、和谐故城四大战略，促进经济增长方式的根本转变，调整产业结构，推进体制创新，提升特色经济，实行三化互动，增加居民收入，净化发展环境，保持社会稳定，全力推动经济发展和社会进步。指导原则和主要工作任务：做好特色经济、缩小城乡二元矛盾、化解三农问题、推进四化（市场化、工业化、农业产业化、城镇化）进程、提升五大经济（园区、民营、生态、劳务、配套）、处理好六大关系（人地关系、改革和发展、政府和企业、引进外资和盘活存量、引进人才和留住人才、资金制约和项目建设）。

“十二五”规划（2011—2015年）。2011年年初，《故城县国民经济和社会发展第十二个五年规划纲要》经县第十四届人民代表大会第五次会议审议通过。该纲要提出“十二五”时期的指导思想：以邓小平理论和“三个代表”重要思想为指导，深入贯彻落实科学发展观，以科学发展为主题，以转变经济发展方式为主线，突出加快发展第一要务，牢固树立“党建是基础、稳定是保障、发展是重点、民生是关键”的工作理念，着力推进工业化，统筹推进城镇化、农业现代化，全力保障和改善民生，努力开创故城经济社会发展新局面。总体目标：全县地区生产总值翻一番，年均增长13.5%，到“十二五”末，一、二、三产业占地区生产总值的比重调整为20:50:30。财政收入年均递增25%以上，突破10亿元，力争翻两番；地方一般预算收入占全部财政收入的比重逐年提高。全社会固定资产投资年均递增30%，其中城镇固定资产投资五年翻两番，年均递增35%。

“十三五”规划（2016—2020年）。2016年2月，《故城县国民经济和社会发展第十三个五年规划纲要》经县第十五届人民代表大会第五次会议审议通过。纲要阐明“十三五”期间奋斗目标、战略布局和政策取向，明确政府工作重点，引导市场主体行为，是全县各级政府和部门依法履行工作职责、编制和实施各类规划、计划及制定相关政策的重要依据。

三、专项计划

1990年11月，制定《故城县经济和社会发展战略》提出全县20世纪最后十年经济和社会发展战略重点是：依靠科技，增加投入，加强粮食、棉花、蔬菜、林果四大农业基地和金属制品、建筑建材、皮毛皮革、玻璃钢生产四大工业体系建设；大力发展外向型经济；加快社会事业发展，促进物质文明和精神文明建设；深化改革，调整优化经济结构，改善经济环境，依靠科技进步，提高劳动者素质。

1991年11月，制定《故城县国土综合开发利用规划》。在全面分析评价全县国土资源的基础上，提出全县国土开发整治的战略指导思想、重点、目标、生产力布局以及实现规划的具体工作措施，对水土资源的开发利用、人口与城镇发展、工农业生产、基础设施建设、社会事业发展以及环境治理与保护做出规划布局。

2002年3月，结合全县经济发展实际情况与故城县建设局配合，制定了《故城县县城总体规划（2003—2020）》，提出以县城为中心的一级城镇、二级城镇、三级城镇及三级建制的城镇体系。确定一级城镇1个，二级城镇4个，三级城镇8个。并对各级城镇的功能提出明确要求。县城建设规划到2010年城区面积达13.8平方公里，城区人口达12万人。对县城未来的发展描绘出了美好蓝图。

2004年5月，编制制定了《故城县服务业发展“十一五”规划》。对全县各级各类服务业进行了客观公正地评价，并提出了在新形势下服务业发展的规划目标。到2010年全县服务业（第三产业）增加值达18亿元，比2005年翻一番，全县服务业人员增加到7万人。

2011年9月，编制制定了《故城县综合防灾能力“十二五”专项规划》。结合故城实际提高防灾减灾工程设施标准，建设一批具有全局性、关键性的防灾减灾工程，增强防范能力，提高防灾减灾现代化水平，搞好灾害预警、预报、预防，建立防灾减灾信息网络系统；健全灾害管理体制，完善防灾减灾组织体系，强化政府宏观调控作用，建立有效的防灾减灾机制和符合县情的政策措施；提高全民防灾减灾意识和知识水平，趋利避害，搞好生态建设，减轻各种自然灾害对全县国民经济和社会发展的影响，使灾害造成的直接经济损失显著下降，人员伤亡明显减少，从而保证故城县国民经济和社会的可持续发展。

2013年2月，编制制定了《故城县天然气综合利用规划》。结合故城实际，围绕进一步优化县域能源结构，推进高效清洁能源利用和促进节能减排，保护生态环境，加快天然气设施建设，指导天然气事业发展，积极拓展天然气在民用、工业、汽车加气和分布式能源等领域的应用，进一步提升天然气的利用水平，提高天然气管网覆盖率和市场容量，到2015年，力争天然气占一次能源结构比重达10%；城区居民用户气化率达75%以上，出租车气化率达80%以上，并逐步推进社会车辆油改气。

2014年4月，编制制定了《故城县衡德物流园总体规划》。全面完成园区5平方公里的开发任务，基本建成布局合理、设施配套、技术先进、运转高效的现代物流产业体系。物流规模进一步扩大，整体运行效率进一步提高；公路、铁路、航空、港口多交通运输方式高效衔接的综合交通运输方式，多式联运得到广泛应用；物流园区与周边工业园区产业联动加强，物流一体化运作方式成熟；现代物流信息平台完善，园区物流专业化、社会化、组织化水平大幅提高，形成若干具有较高知名度的物流品牌和第三方物流企业，将衡德物流园建设成为面向冀东南、鲁西北的综合服务型物流枢纽地。

第三节　计划执行

国民经济计划确定后，进行指标分解，故城县分解到乡镇、科局，再由乡镇、科局向下分解到村和企业。县计划部门跟踪调查计划分解执行情况，半年进行一次总结检查，经县政府讨论研究后向人大常委会报告执行情况，下半年再按人大常委会决议和审议意见，抓好落实。“一五”至“五五”计划期间，在国家计划经济体制下，执行指令性计划管理，计划难以实现。

“六五”“七五”计划期间，国家计划经济逐步向社会主义市场经济转化，指令性计划范围日渐缩小，指导性计划范围扩大，促进了计划落实。

“八五”计划期间，国民经济和社会发展取得较大成就。1995年，国民生产总值达10亿元，年均增长13%；工农业总值20亿元，年均增长15%；地方全社会固定资产投资5亿元；地方财政实现自给；社会商品零售总额达5.5亿元，年均增长12%。

“九五”计划期间，故城县培植工业为主导的现代产业化结构体系，全面提高结构运行和效益。2000年，国民生产总值达42亿元，年均增长29.5%（以1990年不变价计算），人均国民生产总值9200元，固定资产投资累计达30亿元，新口径财政收入超过6000万元，年均增长25.6%，社会商品零售总额达6亿元；三次产业比例调整为30:45:25，农产品商品率达70%；全县城镇化水平达20%，县城区面积扩大到10平方公里。完成教育“普九”达标任务。

“十五”计划期间，推进农业产业化，实施科教兴县、结构优化，加快城镇建设，壮大骨干企业。2005年，国民总产值突破43亿元（以2000年不变价计算），年均增长12%以上，人均国民生产总值达9180元，固定资产投资5年累计完成40亿元，地方财政收入达1.4亿元，社会消费品零售总额达9亿元；三次产业比例调整为24:40.7:34.9，高新技术产品产值占全县工业总产值的20%以上；城镇居民人均可支配收入、农民人均纯收入分别达5800元、3150元；科技对经济增长的贡献率达50%。

“十一五”规划期间，实施以工强县，调整产业结构，推进体制创新，增加居民收入。2010年的预期目标：地区生产总值达85亿元，三次产业比例调整为17:53:30，财政收入力争达3.3亿元，全社会固定资产投资达50亿元，农民人均纯收入4800元，城镇居民可支配收入10200元，人口自然增长率控制在6.8‰以内。工业固体废物利用率达90%以上，工业废水处理率达55%。五年单位GDP能耗降低率20%，年均降低必须达4.5%。

“十二五”规划期间，着力推进工业化、城镇化、农业现代化。2015年，城镇化率达50%以上，县城建成区面积20平方公里，人口达16万人。城镇居民人均可支配收入和农民人均纯收入年均增长8.5%以上。城镇登记失业率控制在4.5%以内。人口出生率控制在13‰以内，计划生育率达95%以上，人口自然增长率控制在7.3‰以内。单位生产总值能源消耗、二氧化碳排放量降低率，主要污染物排放总量消减量，全部达到国家及省市要求；城市生活垃圾无害化处理率达95%；森林覆盖率达23%。

第四节　机构设置

中华人民共和国成立前，未设专门计划管理机构。1971年，建县经济委员会，1986年，县计划委员会（简称县计委）与县经委合并，为计划经济委员会（简称县计经委），统管全县工业、电力、乡镇企业工作。1987年，计经委分设，仍为计委、经委。1996年，按照机构改革要求，计划委员会撤销，建计划局。2011年10月，更名为发展改革局。2015年8月，与物价局、科技局合并，更名为发展改革创新局。

第二章　统　计

据清光绪《故城县志》载，域内有统计数据始于明清，仅限于县域面积、土地数量、人口数量、粮食产量等。中华人民共和国成立后，域内的统计体系与统计制度逐步健全，统计职能和统计内容日臻完善，统计方法也趋向科学、准确，统计数据为制定县域发展规划、指导经济发展提供可靠依据。

第一节　统计报表

故城县统计报表工作始于20世纪50年代初。20世纪50年代中期，在行政事业单位和企业建立统计报表制度，分月报、季报、半年报、年报。20世纪50年代末，在农村普遍实行“队为基础逐级上报的统计报表制度”。1984年始，由村委会对农村人口、土地、面积、大型农具、大牲畜进行全面调查统计，对夏秋产量采取评估调查，对实产、收益分配按账面数字统计。

1987年，故城县统计工作实行传统定期报表制度，按照规定统计项目，自下而上定期逐级上报。随着各项经济建设事业的迅速发展，统计范围和内容逐步扩充完善，共有核算、农业、工业、交通邮电、基建、物资能源、商业、劳动工资、农产量、农村住户、农村经济等11个统计专业。1988年，全县各主要专业统计年报140余种，统计内容包括：国民生产总值、国民收入、国民财产、工业农业、固定资产投资、交通邮电、建筑业、物资能源、商业、外贸、财政金融、劳动工资、人民生活、科学教育文化、人口和计划生育等方面。

1992年，国民经济核算与国际接轨，试算国际通行的国内生产总值（GDP）指标，综合统计指标体系包括社会总产值、国民收入、国民生产总值，消费与积累等指标。1993年，年报正式核算，核算国民经济总量建立以国内生产总值为核心的指标体系，剔除了产业链中中间投入的重复计算，与国际通行的核算规则接轨，这项改革使国民经济核算更加科学、完善。1995年，增设小康监测专业、城镇住户专业、外经专业。1997年，新增科技专业。1998年，新增农业增转化专业。逐步建立以周期性普查为基础，以抽样调查为主体，以重点调查和典型调查为补充的统计调查体系，弱化传统的各项定期报表制度。2001年，新增工业品价格专业统计项目，2003年，新增服务

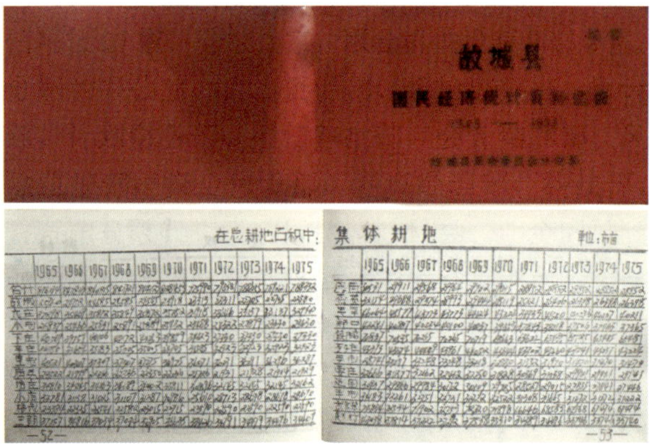

1949—1975统计资料选编内容

业专业统计项目。是年，统一规定将国内生产总值更名为地区生产总值。2005年，新增民营经济专业统计项目。是年，已增至19个业务专业统计，每个专业中又细分为几个小专业。各专业随经济社会发展的要求均相应增加价格指标和经济效益指标，从内容和形式上更有利于全社会经济的核算。年终向以上涉及不到的行业和部门搜集相关资料，建立起覆盖各行业、信息丰富的数据库系统。2011年，增加文化产业统计。

2018年，常规统计报表涉及法规科、国民经济核算科、综合科、农业科、工业科、能源科、贸易外经科、投资与建筑业科、人口就业与城镇

化科、社科与文化产业科、服务业科、社情民意科、住户科、普查中心、数管中心等科室。各专业随经济社会发展的要求均相应增加价格指标和经济效益指标；从内容和形式上更有利于全社会经济的核算。

第二节　统计调查

一、人口普查

域内先后进行了6次人口普查，1953年进行第一次人口普查，调查内容包括家庭人口、家庭状况、文化程度、职业构成等9个方面，普查结果全县人口为291540人。1964年，进行第二次人口普查，共12个方面的内容。全县有人口293389人。1982年，进行第三次人口普查，普查内容包括年龄、职业、文化程度、健康状况、婚姻生育等18个方面，全县有人口384882人。1990年，进行第四次人口普查，全县登记人口427606人。2000年，进行第五次人口普查。主要统计人口数量、户数、男女劳动力、职业构成、文化构成、育龄妇女和生育情况等49项内容，全县有人口451467人。2010年，进行第六次人口普查。主要普查内容包括：性别、年龄、民族、受教育程度、行业、职业、迁移流动、社会保障、婚姻生育、死亡、住房情况等。人口普查的对象是在中华人民共和国（不包括香港、澳门和台湾地区）域内居住的自然人。全县有人口487025人

人口普查每10年进行一次，位数逢0的年份为普查年度，在两次人口普查之间开展一次较大规模的人口调查，也就是1%人口抽样调查，又称为“小普查”。2015年，开展了全国1%人口抽样调查，查清了2010年以来人口在数量、素质、结构、分布以及居住等方面的变化情况，为科学制定国民经济和社会发展规划，提供了科学准确的统计信息支持。这次人口抽样调查主要调查人口和住户的基本情况，内容包括：姓名、性别、年龄、民族、受教育程度、行业、职业、迁移流动、社会保障、婚姻、生育、死亡、住房情况等。

二、工业普查

1952年进行第一次全国工业普查。1985年进行第二次全国工业企业普查，项目增加乡镇企业的产、供、销、人、财、物等指标。1995年12月进行第三次全国工业普查，普查对象为25个行业，内容300多项。域内共有乡级及乡级以上工业企业149个，产值（按当年价）8449万元。

三、农业普查

1996年，进行第一次全国农业普查。普查内容：从业人口、种植情况、劳动力素质、农机具拥有情况等。2006年进行第二次全国农业普查。普查对象为农村住户、城镇农业经营户、农业生产经营单位、村民委员会和乡镇人民政府，普查主要内容包括：农业生产条件、农业生产经营活动、农业土地利用、农业劳动力就业、农村居民生活等方面情况。2016年，进行第三次全国农业普查。此次普查主要包括6个方面内容：从事第一产业活动单位和农户的生产经营情况；乡（镇）、村委会及社区环境情况；农业土地利用情况；农业和农村固定资产投资情况；农村劳动力就业及流动情况；农民生活质量情况。

四、经济普查

2003年，进行第一次全国经济普查。普查对象为除农业以外的所有生产经营单位。（含各类法人单位、产业活动单位、个体经营户）主要指标为规模总量、经济效益、从业人员和基本属性。这是中华人民共和国成立以来最大型的综合性普查。县政府成立了领导小组，下设以统计部门人员为主的办公室，负责普查的具体组织协调。2008年，进行第二次全国经济普查。2013年，进行第三次全国经济普查。2018年，进行第四次全国经济普查。第四次全国经济普查的对象是在我国域内从事第二产业和第三产业的全部法人单位、产业活动单位和个体经营户。具体范围包括：采矿业，制造业，电力、热力、燃气及水生产和供应业，建筑业，批发和零售业，交通运输、仓储和邮政业，住宿和餐饮业，信息传输、软件和信息技术服务业，金融业，房地产业，租赁和商务服务业，科学研究和技术服务业，水利、环境和公共设施管理业，居民服务、修理和其他服务业，教育，卫生和社会工作，文化、体育和娱乐业，公共管理、社会保障和社会组织等。普查目的是全面调查我国第二产业和第三产业的发展规模、布局和效益，了解产业组织、产业结构、产业技术、产业形态的现状以及各生产要素的构成，摸清全部法人单位资产负债状况和新兴产业发展

情况，进一步查实各类单位的基本情况和主要产品产量、服务活动，全面反映供给侧结构性改革、新动能培育壮大、经济结构优化升级等方面的新进展。

五、投入产出调查

按国务院要求，从1987年开始，每5年（逢2、逢7年份）开展一次全国投入产出调查。2012年、2017年，分别开展了故城县投入产出调查。2017年，投入产出调查的内容是分行业重点法人单位的投入结构和固定资产投资构成调查。包括：农业投入构成调查，规模以上工业企业产品制造成本构成调查，规模以下工业企业成本费用调查，建筑业及服务业的投入构成调查，固定资产投资构成调查，运输费构成等补充调查，以及进口货物使用去向调查。

故城县国民经济统计资料

除了常规性大型调查，还根据上级部门安排开展一些临时性调查，如小康监测满意度调查、生态环境公众满意度调查等。

附

1985—2018年故城县农民收入调查报告

按照省农村调查队（国家统计局河北调查总队）的调查部署和标准，1985—2018年对农民收入采取抽样调查方式进行入户调查。调查结果：农民收入不断增加，生活水平显著提高。

一、调查方式

抽样方法 按照国家调查方案，以全省为总体，综合采用分层次、多阶段、与人口规模大小成比例的PPS方法和随机等距离抽样相结合方法，抽取一定数量村庄及农村住户作为调查对象，调查队对所抽中村户作跟踪调查。

抽样步骤 分六个步骤开展。一是国家统计局提供各省农业普查和人口普查等相关资料，由省建立抽样框；二是被抽中县市以县市为单位整理抽样框，并进行资料核实；三是由省采用PPS方法从抽中县抽取10个村；四是各县市对所抽中村名录进行核实，并摸底清查；五是由省从抽中村抽取100户；六是由省对所抽中村户有关数据资料计算平均数和抽样误差。1985—2018年，故城县始终是被省抽中调查县，对所抽中村五年一改变，重新抽取，每次抽样均是10个村100户。

调查实施 一是由调查队对所抽中村户进行开户，包括宣传动员、记账培训、拒访户妥善处理等；二是保证抽中户记录有关账目，调查队对农户所记账目按季度调查汇总；三是调查队对有关内容编码，对有关数据进行处理，将结果按季度上报。

指标体系 完全按照国家制定的统计指标体系和计算方法进行调研。

公布数据 由河北调查总队对上报资料审定后，公布数据及结果。

二、收入增加

1985—2018年33年间，农民人均纯收入从409元增至11973元，增长28倍。

1985—1995年，随着家庭联产承包责任制的普及，农业生产快速发展。同时，农业产业结构调整逐步深入、非农产业迅速发展，农产品流通体制改革加快，价格大幅度上涨，农村产业结构进一步优化。农民人均纯收入大幅度增加，绝对数增1297元，2018年，农村经济发展步入一个新阶段，农产品价格上升，国家免除农业税，农业产业结构调整力度加大，特色种植收入显著，农民进城务工人数增加，收入来源拓宽，农民人均纯收入增长迅速，由1995年的1706元增至2018年的11973元，增长600%。

三、生活提高

1985—2018年33年间，生活消费支出由325元增至9112元，增长27倍。

食物讲质量 主食消费下降，副食消费上升。

衣着讲时尚 人均增至557元，穿着越来越时尚、高档。

居住讲宽敞 人均住房消费由31元增至1372

元，面积增大，结构变好，造价趋高。

精神生活多样化　农村经济繁荣，农民物质生活提高的同时，精神文化生活也日渐丰富，文化教育娱乐等方面消费支出增加，由8.5元增至583元。

第三节　统计服务

统计局成立以来，坚持每年编辑《故城县国民经济统计资料》。1989年起，定期为县领导和有关部门提供“故城县统计资料活页夹”。1998年起，每月定期编辑《故城统计月报》，及时送达县四大班子和各经济管理部门。1990年、1997年、2002年，先后编印出版《第四次人口普查资料》《第三次工业普查资料》《第五次人口普查资料》三套资料书。2005年，研究制定经济强镇、强村、强企业检测指标体系，并完成全县强镇、强村和强企业的排序。2010—2018年，围绕全县中心工作，密切跟踪监测经济运行态势，着眼县委、县政府领导及社会公众需求，精准分析形势、科学研判走势，多维度开展统计监测分析，每年提供统计分析十余篇，为县委、县政府及社会各界提供统计服务。

第四节　机构设置

1987年，统计局下设一室二股一队，即办公室、工业股、农业股、农村经济调查队。在业务上以市统计局为领导，行政上以县政府领导为主，是条块结合、受双重领导的部门。1991年8月，增设人口调查队；1994年11月，增设法规股，1995年9月，增设监测考核股、城市经济调查队。2002年6月，机构改革后，编制部门重新审定统计局下设3个职能股（人秘股、综合统计股、法规股）和2个全额事业单位（普查中心、城市经济调查队）。其中行政编制14名，事业编制17名。受省统计局委托，代管农村经济调查队（全额事业编制6人）。2007年12月，在农村经济调查队的基础上正式组建了国家统计局故城调查队，属正科级单位，业务由省调查队垂直管理。2008年9月，新增加能源统计股。至2018年，县统计局设普查中心、城市调查队和农村调查队。

第三章　国土资源保护

域内曾使用“鱼鳞图册”进行地籍、税赋管理。1946年2月，开始土地改革。1948年，开始土地登记申领土地证。1949年，全县完成发证工作。故城县原无专门土地管理机构。20世纪60年代始，土地征用先后由财政科、民政局、生产指挥和计划委员会办理。1958—1982年，人民公社时期，农村土地实行“三级所有，队为基础”的管理形式。农村土地实行家庭联产承包责任制后，县政府于1984年为农户发放“集体土地长期使用证”。1985年5月1日，根据衡水行署土地征用会议精神，县政府组建城镇征迁办公室，行使城建局职能。其间，各乡土地征用由农业局办理。是年，征用耕地3亩以下（不含3亩）、非耕地10亩以下（不含10亩）由县政府批准；耕地10亩（不含10亩）以下、非耕地20亩以下（不含20亩）者，由衡水地区行署批准报省政府备案，超限额者，报省政府批准。1986年7月15日，根据河北省文件精神，城镇征迁办公室与农业局农经股合并，另建故城县土地管理办公室，负责全县土地管理。县政府需要审批的用地，均报省、地主管部门批准。

1987年，《中华人民共和国土地管理法》颁布后，土地管理、土地监察等依法开展。是年2月29日，建故城县土地管理局；4月29日，《河北省土地管理条例》随即执行。自此，土地管理纳入法制轨道。是年，共征土地1544亩，其中耕地894亩、非耕地650亩。1991年8月始，推行国有土地使用制度改革。1997年，开展土地利用总体规划编制工作，使故城县的土地管理进一步规范化。此后，建立建设用地审批管理制度，严格用地管理，并对违法用地加大执法和监督力度，积极规范培育土地市场，开展土地普查、登记发证和建立地籍档案。

2016年11月25日，成立故城县不动产登记局（二级局），下设不动产登记服务中心。2018年，国土资源管理的范围涵盖土地资源管理、地籍管理、土地开发利用、不动产登记等内容。

第一节　地籍管理

一、土地调查

1984年5月第一次全国土地调查，1990年年初，故城县进行土地利用现状调查，通过土地调查、绘制地籍图，确定权属，登记发证，依法对土地进行管理。域内的土地地籍普查工作先后分试点和全面推行两个阶段，按规范类型调查全县土地资源。1993年9月，调查结束。此后，在此基础上进行年度动态监测和年度土地统计，及时掌握各类土地的分布、面积及变化情况，为土地管理和保护工作提供基础依据。2008年年末，域内土地总面积125.19万亩。2009年年末，完成了第二次土地调查，土地总面积141.19万亩，其中耕地91.47万亩、建设用地2.21万亩、未利用地1.25万亩。2010年年末，土地总面积141.19万亩，其中耕地面积91.47万亩、未利用地面积1.25万亩。2017年年末，土地总面积140.21万亩，其中耕地面积90.5万亩、园地面积3.72万亩、林地面积3.97万亩、草地面积3.58万亩、居民点及工厂用地21.64万亩、交通用地7.38万亩、水域及水利设施用地8.21万亩，未利用地1.66万亩。2018年9月，启动第三次国土调查。

1996—2018年故城县土地利用现状统计表

表12-1　　单位：万亩

年　份	总面积	耕地	园地	林地	牧草地	居民点及工厂用地	交通用地	水域	未利用土　地
1996	141.20	86.39	6.50	2.02	0.15	21.56	5.30	12.40	6.88
1997	141.17	86.77	6.49	1.84	0.15	21.65	5.30	12.39	6.58
1998	141.18	86.77	6.49	1.78	0.15	21.66	5.32	12.42	6.59
1999	141.17	86.77	6.50	1.78	0.15	21.52	5.32	12.55	6.58
2000	141.17	86.77	6.50	1.78	0.15	21.52	5.32	12.55	6.58
2001	141.19	86.84	6.50	1.78	0.15	21.55	5.32	12.64	6.41
2002	141.18	86.87	6.49	1.78	0.15	21.57	5.32	12.63	6.37
2003	141.18	86.90	6.48	1.78	0.15	21.60	5.33	12.62	6.32
2004	141.18	86.89	6.48	1.78	0.15	21.62	5.33	12.62	6.31
2005	141.17	86.97	6.48	1.78	0.15	21.63	5.33	12.62	6.21
2006	125.32	87.00	6.62	1.75	0.15	21.70	0.55	1.41	6.14
2007	127.58	88.44	7.22	1.74	0.15	21.78	0.53	1.44	6.28
2008	125.19	86.84	6.47	1.75	0.15	21.94	0.55	1.40	6.09
2009	141.19	91.47	3.86	4.22	3.78	20.58	7.13	8.90	1.25
2010	141.19	91.47	3.86	4.22	3.78	20.58	7.13	8.90	1.25
2011	141.27	91.47	3.85	4.21	3.78	20.63	7.13	8.90	1.30
2012	141.20	91.26	3.82	4.13	3.72	20.81	7.19	8.88	1.39
2013	141.21	91.15	3.81	4.10	3.69	20.89	7.20	8.84	1.53
2014	141.21	91.12	3.78	4.06	3.67	21.07	7.21	8.72	1.58

续表 12-1

年 份	总面积	耕地	园地	林地	牧草地	居民点及工厂用地	交通用地	水域	未利用土 地
2015	141.20	90.84	3.75	4.01	3.65	21.28	7.38	8.70	1.59
2016	142.02	90.97	3.73	3.99	3.61	22.24	7.39	8.49	1.60
2017	140.21	90.05	3.72	3.97	3.58	21.64	7.38	8.21	1.66
2018	141.21	92.26	3.12	3.72	3.55	21.72	7.38	7.82	1.64

二、土地登记

初始登记 鱼鳞图册：域内地籍管理，自明代初期始用地籍登记簿鱼鳞图册。鱼鳞图册“以田为本以人户为子，凡分号数，稽四至，则用之”。一般以村为单位编制一总册，各户田地按实地形状挨次排列，形似“鱼鳞”。鱼鳞分图以每一方田地为单位，图内绘明方内每块地的地形、面积、四至、田土形态、等级、赋、业主姓名等。至明代中期，已形成较完备的土地登记簿册鱼鳞图册。鱼鳞图册由县级财粮部门管理，土地拥有者以地契为证，民间土地买卖后到县粮税管理部门登记扣章画押。使地籍从户籍中独立出来，此地籍管理一直沿用至1946年中国共产党领导的土地改革前夕。

土地证：1946年2月，故城县开始土地改革，3.3万多农户实现“耕者有其田”。1948年6月起，土地登记、申领土地证工作在全县开展，以确认农民已得土地的所有权土地登记方法是以村为单位召开群众大会。之后，各村组织发证小组，召集群众上报土地块数、亩数、界址、四至等，再经群众代表认定属实后，统一填写证书，经村初审，再经区审查盖章，报县备案。整个发证工作于1949年完成。1956年农村实行合作化后，土地证失效。

集体土地长期使用证：农村土地实行家庭承包责任制后，于1984年年初开展“集体土地长期使用证”发证工作。登记发证以村为单位进行。各登记小组依据各农户承包集体土地块数、亩数、坐落方位等情况填写证书，经各户确认签字后，报村委会审查，再报乡审核，最后由县政府盖章颁证。此项工作于是年10月结束，全县共发放证书80106份。

农村宅基地使用证：20世纪80年代，故城县乱占滥用耕地建房或占而不用现象较严重。原土地房产所有证多数已毁坏或遗失，权属纠纷问题日渐增多。1986年，由县政府统一领导，县土地管理办公室对现有宅基地勘查发证。1988年，县土地管理局对全县农村宅基地进行清理，对未发证书的宅基地进行补充登记。新增建设用地用于农民建住宅，属于占用村内空闲地的，由乡（镇）政府批准，报县政府登记发证；占用耕地的，由县政府批准后登记发证。现场勘测由乡镇政府土地管理人员负责。至2018年全县发放宅基证274462宗。

非农业建设用地使用证：1993年1月至1994年8月，进行非农业建设用地登记、发证工作。登记对象是国有企业、党政机关、全民集体、企事业单位、乡办村办企业、城镇居民住宅等非农业建设用地。对国有土地和乡镇企业用地，凭合法办理用地手续登记发证。此后，为尽量做到准确无误，土地使用者取得合法用地批准文件后，由县土地局工作人员进行现场实地调查，实地勘丈后登记发证。至2008年，已登记发证的国有土地有10917宗，面积合计0.91万亩，乡镇企业用地72宗，面积合计0.026万亩。全县先后发放农村宅基证274462宗。2009—2016年，登记发证的国有土地2017宗，面积1.26万亩，乡镇企业用地23宗，面积0.039万亩，农村集体用地223宗，面积0.010万亩。2018年年末，国有土地使用申报登记13460宗，登记发证的国有土地414宗，面积0.10万亩。农村集体建设用地169宗，面积0.008万亩。

土地变更登记 1951—1955年，土地变更登记相对较少。1955年7月，对农村婚娶产业、交换产业者，均免立契约，改用申请书进行变更登记。是年末，变更土地登记工作基本停止。自1986年12月故城县恢复变更登记工作，至1996年12月的10年间，对农村居民建房用地与使用权变更，非农业建设用地新建与使用权变更及时办理变更土地登记手续，全县共办理各类非农业建设用地变更登记200余宗。1997—2007年，共办理非农业建设用地变更登记1560宗。2008—2018年，共办理非农业建设用地变更896宗。

第二节　建设用地管理

一、国家建设用地

1987年前，城镇建设征用土地由计委管理，农村由农业局管理。之后，全县的土地征用全部由土地管理局负责。2008年，全县共办理和补办征地2.15万亩，其中耕地0.95万亩、非耕地1.20万亩；2009—2018年，全县共办理和补办征地1.52万亩，其中农用地1.07万亩、建设用地0.08万亩、未利用地0.06万亩，较好地保证了城镇建设、工业项目区和企业的用地需要。

审批权限　1982年5月14日起，故城县征用土地的审批权限按照国务院公布的《国家建设征用土地条例》执行。1987年1月1日起，遵照《中华人民共和国土地管理法》《河北省土地管理条例》规定的审批权限执行：征用耕地3亩以下、其他土地10亩以下，由县人民政府批准；超过上述面积，由省、市人民政府批准。1999年1月1日起，按新修定的《中华人民共和国土地管理法》规定，凡新增建设用地，均由省级以上人民政府批准。至2018年年末，仍由省级以上人民政府批准。

1987—2018年故城县建设用地土地征用统计表

表12-2　　　　单位:亩

年　份	合　计	征地面积				
		耕　地	非耕地	农用地	建设用地	未利用地
1987	4.80	0	4.80	0	0	0
1988	5.10	0	5.10	0	0	0
1989	5.25	0	5.25	0	0	0
1990	5.85	0	5.85	0	0	0
1991	3.15	0	3.15	0	0	0
1992	8.25	0	8.25	0	0	0
1993	9.15	0	9.15	0	0	0
1994	3.60	0.75	2.85	0	0	0
1995	4.65	0	4.65	0	0	0
1996	7.35	2.55	4.80	0	0	0
1997	4.95	3.90	1.05	0	0	0
1998	4.80	1.05	3.75	0	0	0
1999	3.75	0.90	3.60	0	0	0
2000	39.75	39.75	0	0	0	0
2001	58.35	58.35	0	0	0	0
2002	115.65	85.05	30.60	0	0	0
2003	680.70	450.9	229.80	0	0	0

续表 12-2

年 份	合 计	征地面积				
		耕 地	非耕地	农用地	建设用地	未利用地
2004	749.10	605.85	143.25	0	0	0
2005	506.70	170.70	336.00	0	0	0
2006	1207.65	937.35	270.30	0	0	0
2007	332.25	179.85	152.40	0	0	0
2008	1877.85	735.15	1142.70	0	0	0
2009	1409.25	0	0	1019.55	110.85	278.85
2010	259.95	0	0	259.95	0	0
2011	643.80	0	0	567.15	76.65	0
2012	1353.45	0	0	664.95	448.35	240.15
2013	1304.10	0	0	653.70	650.40	0
2014	2047.65	0	0	946.80	1100.85	0
2015	2199.00	0	0	1878.30	308.55	12.15
2016	912.15	0	0	635.85	269.10	7.20
2017	1897.95	0	0	1793.40	77.55	27.00
2018	3152.70	0	0	2287.65	822.75	42.30

征地程序 故城县征用土地的一般程序：申请选址—协商征地数量与补偿—安置方案—核定用地面积—划拨土地。申请必须报送的材料：用地单位的书面申请、上级主管部门的立项批复、上级主管部门批准的设计任务书或可行性研究报告、县级以上计划部门批准的基建投资计划、经县城建部门批准领取的建设用地规划许可证。经县土地管理部门审核后，根据规定的批准权限，分别报县或县级以上人民政府批准。

二、国有土地使用权出让

1990 年 5 月，国务院发布《中华人民共和国城镇国有土地使用权出让和转让暂行条例》，自 1995 年 1 月起，故城县除党政机关、公共设施、公益事业用地继续以划拨形式使用土地外，其他凡属经营性用地（含城镇居民住宅用地）均以出让方式取得，即新增建设用地在对所用集体土地实行征用后，按一定使用期限，出让给用地单位和个人，并由用地者向国家交付土地出让金。出让最高年限：居住用地 70 年；工业用地 50 年；教育、科技、文化、卫生、体育用地 50 年；商业、旅游、娱乐用地 40 年，综合或其他用地 50 年。上述用地中原划拨使用的土地，在土地使用权转让时，必须先补办土地使用权出让手续，方可实施转让。1999—2008 年，先后办理国有土地使用权出让手续 392 宗，面积 0.093 万亩，多为协议出让。2009—2018 年，先后办理国有土地使用权协议出让手续 144 宗，面积 0.041 万亩，国有土地使用权转让手续 164 宗，面积 0.018 万亩。

三、乡（镇）企业用地

20 世纪 80 年代，故城县曾掀起兴办乡镇企业的高潮，企业用地管理不够规范。1987 年，对之前的非法占地进行手续补办，对之后的企业用地规范管理。1999 年至 2008 年年末，共办理乡（镇）企业用地手续 0.39 万亩，其中耕地 0.25 万亩、非耕地 0.13 万亩。2009 年至 2018 年年末，共办理乡（镇）企业用地手续 0.014 万亩，全部为建设用地。

四、农村宅基地

1987 年，故城县对农村宅基地实行实地审批管理，审批依据为《河北省土地管理条例》第五十一条、第五十二条、第五十三条、第五十四条、第五十五条以及第三十四条“农村居民需要宅基地，由本人申请、经村民讨论、村民委员会同意，使用原有宅基地和村内空闲地的，由乡镇人民政府批准；使用耕地和其他土地的，经乡镇人民政府审查、报县人民政府批准”。据此规定，1999年前，除占用耕地外，均由乡镇政府批准。之后，凡新增建设用地（含补办手续）均由县政府批准。2009年，全县停止办理农村宅基地审批。至2018年年末，共办理农村宅基地总面积0.96万亩。

五、补偿与安置

1995年前，征用土地的补偿与安置，由用地单位同被征地单位协商解决，补偿费用总额，一般为被征用土地年产值的6～10倍。补偿办法有2种：按与被占地单位制定的合同，按年度逐年缴纳占地补偿费；按照占用土地合同约定的期限，一次性缴纳占地补偿费。占地费用总额参照《河北省土地管理条例》规定的标准，每年不超过土地年产值的2～3倍。1999年新土地管理法实施后，该项目用地的审批权同国家建设征用土地一样，全部归省以上人民政府。乡（镇）企业占用其他农民集体所有的土地进行异地建设的，按国家建设征用土地的批准程序，办理征用和出让手续。

2008年前，征用土地的补偿与安置，由用地单位同被征地单位协商解决。征收耕地的土地补偿费，为该耕地被征收前三年平均年产值的6～10倍；征收耕地以外的其他农用地和建设用地的土地补偿费，为该土地所在乡（镇）耕地前三年平均年产值的5～8倍，征收未利用地的土地补偿费，为该土地所在乡（镇）耕地前三年平均年产值的3～5倍。征收耕地的安置补助费，为该耕地被征收前三年平均年产值的4～6倍；征收耕地以外的其他农用地和建设用地的安置补助费，为该土地所在乡（镇）耕地前三年平均年产值的4～6倍；征收未利用地的，不支付安置补助费。补偿办法有两种：一种是按与被占地单位制定的合同，按年度逐年缴纳占地补偿费；另一种是按照占用土地合同约定的期限，一次性缴纳占地补偿费。

2009年始，按照《河北省人民政府关于实行征地区片价的通知》（冀政〔2008〕132号）文件精神，征收土地按被征土地的区片价乘以被征土地的面积计算土地补偿费。土地补偿费20%归集体经济组织，80%归被征地的土地使用权人或者按照家庭承包方式承包土地的农户；被征土地没有土地使用权人和集体经济组织未发包以及实行其他方式承包的土地，土地补偿费全部归集体经济组织，由村集体经济组织依法分配或者使用。

第三节　土地监察

一、土地监察机构

中华人民共和国成立之初，土地监察由县政府直接兼管，后由县计划委员会负责。1987年10月成立县土地管理局，行使土地执法监察权。1988年，成立土地监察大队，土地联合监察执法组，土地监察大队与土地管理局监察组联合办公，隶属于土地管理局，是土地管理局的外业执法队；土地公安派出所，由公安局派干警与土地管理局监察人员联合组成，行政关系隶属于土地管理局，业务上受公安局指导，公安局颁发公安局工作证，土地局颁发监察证。土地监察联合执法组由土地管理局与法院联合组成办案组，办公地点设在土地管理局。1989年10月，全县23个乡镇陆续建立2～3人土地管理所，兼职行使土地监督监察权。是年末，全县538个行政村全部建立土地管理组，设置土地监察员1人。1991年5月，土地管理局内设法制科，专司土地执法监督检察工作。至此，全县健全县、乡、村三级土地监察网络。

1995年，域内越权审批、私批乱占、不经批准将农用地转为非农用地、侵占基本农田等各类违法案件增多。故城县不断加大执法力度，加强对违法案件的查处工作，配备专职执法干部，成立了执法办案领导小组，专职行使土地执法监察职能，对土地违法案件进行查处。1996年，故城县合乡并镇，23个乡镇土地管理所合并为13个。2003年，按照13个乡镇区域，县国土局组建6个执法中心所全权负责辖区内的土地违法案件、信访及土地权属纠纷案件，行使土地执法监察职能，对违法案件进行查处，有效遏制违法占地问题的发生。

二、土地违法案件查处

1987年土地管理局建立后，全县23个乡镇进行非农业建设用地清查工作。共清查692个单位，涉及占地面积24509亩，其中国营单位356个，面积4691亩；乡镇企业199个，面积1295亩，窑厂137个，面积18523亩，其中没有经过审批，属于违法占地440个单位，面积8491亩，通过补办手续和处罚的单位229个，占地3317亩。

1987年，在砖瓦窑占地和占耕地种果树方面同时清理，全县建砖瓦窑137座，占地18523亩，其中没有批准手续的60座，占地11552亩。栽种果树共占地18300亩，未经批准的6400亩，占总面积的34%。

1988年2月，故城县政府及乡镇土地管理部门集中力量对非农业建设用地情况进行了清理。全县清查人数达2000人，共查处1982年以来三项建设违法占地152起，属国营集体19起，个人宅基地134起，涉及占地244.2亩，其中耕地138亩，非耕地106.2亩。在152起违法占地案件中，擅自占用的120件，越权审批的10件，买卖租赁的12件，其他违法案件10件，拆除违法建筑3处，面积0.65亩，退还土地11.7亩，罚款107041元，3人受到党纪政纪处分。

1989年，查处干部违法占地建私房的991户，占地407亩，属于违法违纪行为的966户，是年末做出处理。超面积建房的966户，罚款27万元。1991年对个人建私房进行清理，共清查出违纪建房84户，共建房303间，占地面积30.35亩，罚款22408元。

1990年清查出非农建设用地228起，占地329亩，其中乡镇企业用地265亩，宅基地104亩。越权批地311起，占地94亩。

1996年，故城县进行合乡并镇机构改革，将23个乡镇整合为13个，乡镇土管所相应合并。至1999年，土地管理局按照区域管辖成立3个执法监察室，以郑口镇为试点对农村宅基地进行清理清查，清理范围涉及郑口镇87个村，对未批先建、违法建设的宅基地补办用地手续或查处，清理宅基地32150处。是年，全县范围内开展了土地证书年检，进一步规范了用地行为。2000—2008年，查处违法占地798宗，涉及违法占地面积1446.164亩。

2009年起按照国土资源部工作部署，利用卫星遥感监测比对，实施土地动态管理，建立“批、供、用、补、查”信息管理系统，对查处的违法用地拉条挂账，逐项整改。至2017年年末，全县查处违法占地4872.923亩，其中未使用面积1304.123亩；公共设施1756.7亩；学校、医院等公共服务配套设施用地252亩；企业用地1560.1亩。2018年5月起开展违法占地三年专项行动（2018—2020年），将所有存量违法占地纳入违法占地三年专项行动进行整改，对不符合土地利用总体规划或不符合产业政策的违法占地纳入“双违”整治范围，涉及拆除违法占地56宗，面积130.33亩。

三、土地违法案例

非法转让集体土地案例　故城县某村委会在未经县级以上人民政府批准的情况下，于1999年至2005年4月，非法转让本村土地22.7亩，其中基本农田6.8亩（已垫土方）、坑塘4.9亩、场院6.8亩、村内空闲地4.2亩批为住宅用地，共计40处，非法收取宅基款16万余元。形成非法转让集体土地事实。

2005年4月7日，县国土局依照《中华人民共和国土地管理法》第81条之规定做出行政处罚决定：一是责令该村委会自接到处罚决定之日起即改正其违法行为，并在十五日内收回发放的40处宅基地，清除所垫土方，恢复土地原貌。二是没收某村委会非法所得的16万元人民币，并处14000元人民币罚款。

该村委会接到处罚决定后不申请复议，不向人民法院起诉，也不履行行政处罚决定。执法人员多次制止无效，继续向6.8亩基本农田垫土，改作村民宅基用地。经国土局分析研究，认为已涉嫌触犯《中华人民共和国刑法》第228条第一款的规定，国土局于2005年7月15日将有关案卷移送公安机关侦查，公安机关于2005年7月22日对该村主要负责人进行刑事拘捕。

国土局于2005年7月15日依法申请法院强制执行，清除了所垫土方，恢复了土地原貌，没收的款项用于乡、村公益事业，收缴罚款14000元人民币。

企业违法占地案例　2005年7月20日，河北某某有限公司在未经县级人民政府批准的情况下，擅自占用郑枣公路北侧14.05亩土地，修建棉花品种实验基地，执法人员多次制止无效，该公司形成违法占地事实。其行为违反了《中华人民共和国土地管理法》第59条之规定。

是年8月11日，县国土局依照《中华人民共和国土地管理法》第76条之规定作出处罚决定。一是限该公司十五日内自行拆除在非法占用的14.05亩土地上修建的围墙及其他设施，恢复土地原貌。二是对该公司处以93670元人民币罚款。

公司接到处罚决定后，立即停止修建，自行拆除围墙，恢复土地原貌，缴罚款93670元。

村民未经批准建住宅案例 2003年3月，贾某在未经县级人民政府批准的情况下，占用村西北角东西16米、南北22米、计0.53亩土地作为宅基地，盖成房屋4间，形成未批先建的违法占地事实。其行为违反了《中华人民共和国土地管理法》第62条之规定。2004年4月20日，县国土局依照《中华人民共和国土地管理法》第77条之规定作出处罚决定。限村民甲某自接到处罚决定之日起十五日内自行拆除在非法占用的0.53亩土地上新建的房屋，恢复土地原貌。国土局多次督促村民贾某履行处罚决定书内容均无奏效，7月28日，在国土部门的督促协助下，县法院对违法建房户强制执行，恢复地貌。

违法占地案例（一） 某驾校于2010年3月未经县级以上人民政府批准私自占用村集体土地19.20亩建设驾校，执法人员多次制止无效，该驾校修建跑道及办公室等设施行为形成违法占地事实。其行为违反了《中华人民共和国土地管理法》第59条之规定，2010年4月1日国土局立案，依据《中华人民共和国土地管理法》第76条之规定，做出行政处罚决定，并于4月16日下达行政处罚决定书：一是责令该驾校退还非法占用的土地；二是限十五日内拆除在非法占用的土地上修建的建筑物和其他设施，并恢复地貌；三是对该驾校处以12.8万元人民币的罚款。该驾校接到处罚后虽停止了修建，但迟迟不予整改，企图蒙混过关。国土局于2011年6月2日将该案移交至公安局追究其法人梁某的刑事责任，同时将该案申请法院强制执行。2011年7月公安、法院、乡镇政府、国土局等多部们联合共同对该驾校修建的建筑物和其他设施进行了强制拆除，恢复了地貌。

违法占地案例（二） 某企业于2014年3月未经县级以上人民政府批准私自占用某村集体土地58.14亩修建车间，执法人员多次制止无效，该企业形成违法占地的事实。其行为违反了《中华人民共和国土地管理法》第43条之规定，2014年11月12日立案，县国土局依据《中华人民共和国土地管理法》第76条之规定，做出行政处罚决定，并于12月3日下达行政处罚决定书：一是责令该企业退还非法占用的土地；二是限十五日内拆除在非法占用的土地上修建的38765.6平方米建筑，恢复土地原状；三是对该企业处以562329元人民币的罚款。该企业接到处罚后立即停止修建。国土局于2015年1月23日将该案移交至公安局追究其法人周某的刑事责任，2015年2月10日，该案申请法院强制执行。2015年4月27日，在市国土局的督办及多部门配合下对该企业修建的38765.6平方米地上建筑进行了拆除，恢复了地貌。

该案例在2015年全国案卷质量评查获奖的8个优秀案卷中位列第一名，该案例由市局印制成册，在全市作为执法标准卷宗，在全市推广。

闲置土地处罚案例 某公司于2009年9月和2010年6月，以出让方式取得三宗国有土地使用权，该公司未按照合同约定进行开发建设，造成29.43亩土地闲置。县国土局2013年3月4日立案调查，2013年4月10日，县国土局向县政府请示收回该公司闲置土地使用权的请示报告。2013年6月25日，县政府下达了关于对该公司收回闲置土地使用权的批复。2013年7月15日，县国土局向该公司下达了收回国有建设用地使用权决定（故国土闲收字〔2013〕07号），并于2013年7月20日向该公司送达，并将三宗土地证书注销，三宗土地被依法收回纳入土地储备库。

第四节 基本农田保护

1993年，故城县制定出台《故城县基本农田保护区规划》，在全县范围内进行粮田保护区划工作。首先在各乡（镇）土地利用现状图（1:10000）上标出规划期内各类建设用地的位置、范围，从而确定可供保护的耕地范围。然后，根据各地块的土地质量、水源条件、各乡（镇）需要保护的基本农田面积指标等因素，勾绘出保护地块的具体范围。

是年，全县保护区面积 60.12 万亩，其中，一级基本农田 18.47 万亩，占保护区面积的 30.7%，粮食亩产在 400 公斤以上；二级基本农田 30.45 万亩，占保护区面积的 50.6%，粮食亩产一般在 200 ～ 400 公斤；三级基本农田 11.20 万亩，占保护区总面积的 18.6%，多为旱地，粮食亩产在 200 千克以下。

基本农田保护标示牌

1997 年，故城县对保护区重新进行规定。根据国家土地管理局颁发的《县级土地利用总体规划编制规程（试行）》中的有关条款规定，除近期规划非农建设占用范围之外的，全部耕地均应作为基本农田，全县基本农田保护区面积达 85.74 万亩。其中，一级保护区 32.17 万亩，占保护区总面积的 37.5%；二级保护区 27.95 万亩，占保护区总面积的 32.6%；三级保护区面积 25.6 万亩，占保护区总面积的 29.9%。2008 年，依照新《中华人民共和国土地管理法》精神，对基本农田保护区控制指标的落实措施进一步完善，土地资源得到了更加充分合理的利用。

划定基本农田，实行永久保护，是保证粮食生产、保障粮食安全、促进农业现代化发展的根本。2017 年，故城县按照国土资源部和农业部工作部署，在各级政府的统一领导下，规范有序地完成了全县范围内永久基本农田的耕地调查摸底、核实举证、论证核定、方案制定、组织实施、成果验收及备案等工作。2018 年年末，全县共划定 618 个永久基本农田保护区，1712 个基本农田保护片块，10385 个基本农田保护图斑，涉及全县 13 个乡镇，498 个行政村，划定总面积 74.62 万亩。

第五节　土地开发与复垦

域内土地开发始于明永乐年间（1403—1424 年）。为“填充京畿”，自山西等地迁此的移民开荒垦地，修房建村，使耕地面积逐渐增大。中华人民共和国成立后，域内人民开垦荒地的积极性提高。1957—1967 年，开发和利用各类荒地达 4000 余亩，1970—1980 年，全县农用地开发重点转入中低产田改造，主要以兴建农田水利设施，施肥养地为主。1991 年，县人民政府制定措施鼓励开垦荒地，对开垦出的荒地免收农业税。1995 年，故城县开展“平沙造田”活动，推平辛庄、庙灵等地的沙丘，改良成耕地。

1999 年 3 月，县土地局组建成立土地整理中心，将土地复垦开发整理工作列入重要工作议程，通过在全县范围内实施土地整理，以增加全县有效耕地面积，提高土地质量和利用效率，改善生产、生活条件和生态环境。由土地整理中心组织对全县范围内未利用地进行调查摸底，实施土地整理。2013 年始，加快推进高标准农田建设。2016 年，将西半屯镇湖心寺村、辛庄乡崔庄村、西半屯镇康庄村、里老乡小马坊村、饶阳店镇黄官屯村、西半屯镇西半屯村 6 个废弃砖瓦窑和郑口镇王园子鞭炮厂列入城乡建设用地增减挂钩复垦项目，折旧区总面积 0.11 万亩，新增耕地总面积 0.082 万亩，总投资额 1148.64 万元。至 2018 年，实施高标准农田建设涉及 13 个乡镇，413 个村，验收面积 42.09 万亩，累计总投资 19353.97 万元。实施土地整理复垦项目涉及 13 个乡镇 354 个村，土地整治总规模 9.17 万亩，新增耕地 3.39 万亩，累计总投资 12151.34 万元。通过实施土地整理，全县耕地总量实现动态平衡。

第六节　管理机构

1987 年，县土地管理局行政编制 5 人，事业编制 8 人。下设土地管理服务站、地产开发公司。1996 年，行政编制 8 人，事业编制 10 人。下设土地管理技术服务站、地质矿产股（下属单位地矿地热开发中心)。2008年，县土地管理局，行政编制8人，事业编制17人。设办公室、监察室、财务股、地矿股、市场股、用地股、地政股技术站、土地整理中心及建国、房庄、青罕、故城、武官寨、郑口6个国土中心所。2012年12月，故城县人民政府印发《故城县国土资源局主要职责内设机构和人员编制规定》(故政办〔2012〕72号)，设立县国土资源局，行政编制12人，内设行政股室5个，分别为人秘股、耕地保护股、地籍管理股、土地利用规划股、执法监察股。2014年1月，故城县编制委员会《关于故城县国土资源局所属事业单位机构设置 人员编制 职责任务的通知》(故机编〔2014〕27号)设所属事业单位12个、编制72人，分别为建国中心土管所、房庄中心土管所、青罕中心土管所、武官寨中心土管所、故城中心土管所、郑口土管所、土地交易中心、土地执法大队、地矿服务中心、土地收购储备中心、土地管理服务中心、地热中心。2016年12月，成立故城县不动产登记局(二级局)，下设不动产登记服务中心。至2018年年末执行该编制。

第四章 劳动和社会保障

20世纪50—60年代，县政府设劳动科负责劳动就业等事宜。20世纪70—80年代后，各项事业发展迅速。固定工、合同工、临时工等大量增加，故城县先后完成对知青、待业青年、技校毕业生的全部安置。1998年始，按照国家有关政策进行身份置换，不再统一分配安置。2008年，随着经济体制改革的不断深入，政府采取“部门引导，政策扶持，分类招聘，鼓励自主择业和自主创业”相结合的政策。

计划经济时期要求人员按计划流动，由劳动部门统筹管理。1986—2000年，随着市场经济发展，国家对企业放开搞活，企业可自主安排用工量及采用各种不同用工方式，职工也可自行选择企业，各种人才通过劳务市场自由流动配置。

至2018年，劳动主管部门只是为企业和职工提供服务，进行劳动人事代理，培育管理劳务市场。

第一节 劳动就业与调配

一、就业安置

中华人民共和国成立前，故城县劳动力大多从事农业生产，仅有少数经商或经办手工业，自谋生路。中华人民共和国成立后，无地或少地农民分得土地，获得正常生产劳动条件，同时兴办工业和服务业，基本解决中华人民共和国成立前遗留的失业问题。1958—1966年，国家对城镇非农业人口劳动力实行统包统配办法，县内劳动力基本得到妥善安排。

知青就业安置 “文化大革命”期间，正常用工制度被打乱，城镇出现待业人员，其中一部分被安排下乡劳动。1966年前，县接收外地回乡知识青年(简称知青)7人。1966年后，接收外省市(主要系北京、天津2市)插队和回乡及县内下乡知青，至1977年，共计接收插队回乡知青1472人。知青来源：北京145人、天津956人、其他城市55人、县内316人。

知青待遇。1973年，每人年补助150元，与社员同吃、同劳动、同分配。1974年始，建知青点，将大部分知青集中居住，时称集体插队。是年，共建4个知青点，系郑口公社张庄、李庄，杏基公社红旗、贾黄村。随知青增加，至1976年，又新建4个知青点，系袁庄公社袁庄，郑口公社五户，青罕公社南王庄、吴夏庄。1974年，每人年补助800元，其中建房费200元，其余为医药费、学习费、生活补助费。1975年始，于知青点增派带队干部，负责教育和管理知青。至1979年，除大部分回城外，其余知青全部安排工作。是年末，知青办公室撤销。

待业青年就业安置 1987年后，随着农村经济体制改革，多种经济成分并存，就业门路扩大，本着“在国家统筹规划和指导下，实行劳动部门介绍就业，自愿组织起来就业和自谋职业相结合”的办法，1979年始，由县劳动部门统一组织，经各工商企业单位全面考核，择优录用招收工人。1982年，县建劳动服务公司，兴办集体企业，安排部门待业青年。遵照省政府《关于大力组织城镇待业青年发展集体经济的暂行规定》，县劳动服务公司兴办城镇待业青年集体企业：劳动服务批发部、知青一店、知青二店、劳动服务公司服装厂、综合货栈、兴华春饭店、文教知青饭店、郑口镇中印刷厂和贸易商店等14个摊点，上缴利税5.2万元。

国内计划劳务输出 1985年，县劳动服务公司向北京一建公司输送农民合同工619人。后劳务输出逐步拓展到铁道部建工局、华建四公司、北京化工局、石家庄三建、二建、省四建等单位，至1987年年末，共向外地输送1400人、县内安置1100人，1987年为县增加收入3500万元。职业技能鉴定以促进就业准入、职业资格证书、劳动预备役三项制度落实为主业。至2018年12月，全县共完成鉴定1314人次，涵盖计算机操作员、育婴员、家政服务员等工种。

二、用工形式

全民所有制职工 即列入国家计划的全民所有制职工。1949年有1608人；1987年增至7275人。20世纪90年代，全县进行用工制度改革。企业用工均实行合同制。

合同制工人 1984年始，改革用工制度，除技校毕业生外，县内不再招收固定工，采取考试录用方法招收合同制工人。至1987年年末，合同制工人795人，其中不转农村户口粮食关系160人。20世纪90年代，合同制工人倍增。

计划内临时工 由省劳动部门下达招用指标，列入国家劳动工资计划。1972年，根据国务院文件精神，将1033名计划内临时工转为固定工。此后仍按省劳动部门分配名额招用临时工（合同工），至1987年，全县计划内临时工983人。21世纪，随着经济体制改革企业改制县内不再招收计划内临时工。

集体所有制职工 即不列入国家计划的集体所有制单位工人。1987年年末，全县集体所有制固定工7662人。20世纪90年代，集体所有制职工有所增加。

计划外临时工 县内有两种，即亦工亦农和合同工，两种用工均属计划外用工。1975—1987年，县内共招收计划外临时工3769人，其中全民单位1789人、集体单位1980人。20世纪90年代至2018年，私营企业、个体企业遍布城乡，均采用自主招工形式。

三、职工调配

计划经济时期要求人员按计划流动，由劳动部门统筹管理。1986年后，随市场经济发展，国家对企业放开搞活，企业可自行安排用工量及采用各种不同用工方式，职工也可以自行选择企业。1994年后企业用工完全自主，各种人才通过劳务市场自由流动配置，劳动主管部门只是为企业和职工提供服务，进行劳动人事代理，培育管理劳务市场。

第二节 工资福利

一、工资调整

中华人民共和国成立初期，对职工付酬形式有供给制和工资制。1950年，改供给制为“小包干”，即将生活费折米包干供给。服装、技术津贴、保健费、老年优待金、住房等，仍实行供给。1955年，始随国家机关实行货币工资制，在企业工人中实行八级工资制。部分企业根据生产需要和特点，实行计时、计件、奖金、津贴等激励工人积极性的辅助工资形式。1956年和1963年调整均为工资向险种和艰苦岗位倾斜。

1971年，县内全民所有制企业、事业干部职工调整低工资，对1957年年末以前参加工作的三级工、1960年年末前参加工作的二级工，1966年年末前参加工作的一级工，普调一级工资。1977年，调整十八级以下低工资，调级面40%。1978年，全民所有制职工2%升级。1979年，国务院批转《全国物价工作会议纪要》中规定部分职工升级，升级面40%。1981年10月，企业职工普遍升级。1984年，调整职工偏低工资。1985年1月，国务院《关于国营企业工资改革问题的通知》将国营企业的复杂工资，改革为干部工资和工人工资两部分，之后干部职工工资升级主要为工效挂钩办法。1996年、1999年、2004年工资分别上调。

2008—2014年，职工年均工资由24767元增至45114元，年增长率为11.38%。国家第四次工资改革后，工资增长较快，2015年、2016年、2017年、2018年，年均工资分别为46239元、55334元、63036元、65266元。2015—2018年，不计物价因素，平均增长率为13.75%。

二、职工奖金

中华人民共和国成立之初，在开展爱国主义劳动竞赛中，县内小型企业实行“流动红旗”和少量实物奖励办法。1956年，依照国务院《关于工资改革的决定》精神，各企业普遍建立节约原材料、燃料或电力，提高产品质量以及超额完成任务等奖励制度，此制度于1958年“大跃进”中被取消。

1961年，按劳分配原则重新得到确认和恢复。企业开始实行超额奖、节约奖、质量奖等，在“四清”运动和“文化大革命”期间，被诬为“奖金挂帅”“物质刺激”，奖金制度遂取消。

1978年6月，国务院发出《关于实行奖励和计件工资制度的通知》，部分企业开始恢复奖金制度。1980年，全县所有企业全部实行奖金制度。

1985年，企业由单一八级工资制改为计件工资、定额工资、浮动工资、提成工资、承包工资等多种形式。1988年，全县国营企业推行工资总额同经济效益挂钩，并实行工资基金管理手册。不具备挂钩条件的企业一律实行工资总额包干办法。1990年后，资金使用权下放给企业，企业厂长有每年对3%职工的晋级权，劳动部门宏观掌握工资总额，控制奖金发放。2000年后，缴纳税金后的资金使用权全部归企业，职工奖金由各企业自主决定。

三、劳保福利

按照国家1969年有关规定，提取工资总额11%作为企业职工福利基金。其中，2.5%用于职工集体福利及医疗卫生。企业职工医药费改为“包干”，每季发放或每月随工资发放。2005年，全县大部分企业办有职工食堂及职工文体活动室，职工医药费大部分实行“包干”，每季度每月随工资发放。2010年后，全县职工福利由企业自主发放。

独生子女费：1979—2015年，凡终身只要一孩并向计划生育部门申请领取独生子女证者，夫妻双方每人每月领取相应的独生子女费，此项费用部分企业从职工福利费中开支。

第三节　劳动争议与仲裁

1986年，按照中共中央国务院文件精神，建县劳动争议仲裁委员会，办事机构设于县劳动人事局即劳动仲裁股。同时建县社会保险事业管理所。

1987年，根据国务院文件和省人民政府实施细则开展工作。对县内405名全民合同制职工和320名集体合同制职工实行合同鉴证，解决处理劳动争议。是年，在劳动人事局设立劳动争议仲裁机构。仲裁办即是仲裁委员会的办事机构，又是劳动行政部门的职能机构，具体办理劳动争议案件日常工作，负责劳动争议及其处理方面的法律法规咨询，监督检查用人单位执行劳动法规和政策的情况，做好宣传教育工作。1993年，国务院发布《中华人民共和国企业劳动争议处理条例》，1995年颁布实施《中华人民共和国劳动法》。劳动部门先后印发宣传材料，举办各类培训班，组织知识竞赛，接待咨询3000余人。2004年10月，全县成立劳动监察大队，2004年11月1日，国务院发布《劳动保障监察条例》，全县劳动保障监察工作纳入正规。2006年始，每年开展清理整顿劳动力市场秩序专项行动，定期对用人单位进行劳动用工执法检查。连续开展了整治非法用工打击违法犯罪专项活动。被省团委评为“青少年维权岗”。2008年后，伴随国家法治化进程，调解成为仲裁的主要手段，依据相关法规对劳动争议案进行处理，仲裁案件实行一裁终局。至是年末，全县接受投诉案例80余件，追回拖欠农民工工资40余万元，取缔非法职业中介机构8户，有效地维护了用人单位和劳动者的合法权益。2008—2018年，全县共完成合同签证1.25万人次，受理来信来访2536起，调解劳动争议1035起，调解成功率95%。其中，2018年，共解决欠薪案件19起，涉及劳动者320人，追回农民工工资382.63万元。至是年末，全县受理劳动争议案件100余件，均通过调解或调裁处理。仲裁机构在依法进行案件仲裁的同时，搞好劳动合同鉴证工作，鉴证合法劳动合同，纠正违法合同条款，帮助企业依法建立厂规厂纪、审查备案厂纪厂规。劳动部门加强劳动监察工作。每年定期、不定期深入企业进行劳动监察。

第四节 社会保障

一、社会保险

按照中共中央、国务院文件精神，建立县社会事业保险所。社会保险制度系国家通过立法形式，对劳动者丧失劳动能力或暂时失去工作时给予物质帮助的一种社会保障制度。社会保险事业管理所主要任务系统筹、发放劳动合同制工人保险金（退休养老保险金）和企业单位离退休费。

企业养老保险 1986年，实行企业职工养老保险制度，社会保险事业管理所挂靠劳动人事局，实行退休费的社会统筹，变养老保险由国家完全包为国家、企业、个人三者共同负担，职工按照工资比例缴纳养老保险金。保险范围逐步扩大到集体企业和私营企业。1988年，试行临时工养老保险制度。1992年全县国有企业纳入省级统筹。到1994年，采取不同企业性质职工同等对待的办法，对缴纳的养老保险金实行统一标准、统一筹

职工办理养老保险业务

集、统一使用管理。是年实行企业职工工伤保险，企业参保率达98%，基金征集率达94%，结算率100%。1995年实行企业女职工生育保险，当年参加率95%，基金征集率94%，结算率100%。实行职工个人缴费制度，比例为本人工资总额的2%，1994年调整为3%，1997年单位缴纳比例由18%调整为20%。2004年1月起调整到8%，个人缴费记录职工养老保险手册，作为职工退休时记发基本养老金的依据。1994年10月始，改革养老金计发办法，改革后的基本养老金由四部分组成：社会性养老金、缴费性养老金、个人账户养老金、各种补贴。1996年2月，省政府印发《河北省企业职工养老保险制度实施方案》(冀政〔1996〕7号)、职工个人账户按缴费工资的11%规模建立。2003年，全县不断加强基金征缴力度，扩大养老保险覆盖面。至2008年年末参保职工人数5473人，离退休人员1280人。离退休人员工资均能按时足额发放。全县不断加强基金申报、征缴力度，千方百计扩大养老保险覆盖面。至2018年年末，养老保险覆盖面达33545人，其中离退休人员13803人；企业基本养老保险申报缴纳15243万元，足额发放离退休金33814万元。

机关事业养老保险 全县机关事业单位职工的退休养老制度同全国一样，根植于“国家保险”，采用国家和单位包揽的“现收现付”式基金筹集方式。1994年始，全省开始进行机关事业单位养老保险试点改革。1996年7月，全县机关事业单位职工的养老制度按照衡水市统一安排进行试点工作。2003—2014年，故城县先后将交通局、卫生系统、标准计量局、粮食局、经贸局下属事业单位、林业局下属两个林场，纳入机关事业养老保险。至2018年年末，基本理顺工作职能，正常开展各项业务。试点征缴416.82万元，试点支付145.96万元；改革征缴12244.15万元，改革支付19360.52万元。

农村养老保险 1991年，省农村养老保险试点工作正式启动。按照上级要求，故城县于1992年在赵行乡开展农村养老保险试点工作，是年，参保人员3000余人，征缴保险金15万元。1996年1月，国务院办公厅转发民政部《关于进一步做好农村社会养老保险工作意见的通知》，是年秋，农村养老保险工作在全县展开，县政府制定出台了《关于建立农村社会养老保险工作制度实施意见》，并与各乡镇签订“工作目标责任状”。有6000人参保，收缴养老保险基金301万元。1997年，民政局内建立农村社会养老保险所，为股级自收自支事业单位。2000年，农保工作由民政局移交劳动人事局。2011年启动新农保试点工作，县人力资源和社会保障局成立农保中心，负责全县的农村养老保险工作。2018年，全县征缴2098.16万元，参保率99.6%；发放养老保险金10274.79万元，发放率100%；城乡居民基础养老金也由原来的90元增加到108元，实现五连涨。

医疗保险 在计划经济体制下，全国主要执行公费医疗和劳保医疗制度，依据为1952年《关于全国各级人民政府、党派、团体及所属事业单位的国家工作人员实行公费医疗预防的指示》和1953年《中华人民共和国劳动保险条例》。机关、事业单位公费医疗经费由同级政府财政预算拨款，从各单位“公费医疗经费”项目中开支；企业在职职工从“福利费”中开支；离退休人员从劳动保险费中开支。1998年12月，国务院发布《关于建立城镇职工基本医疗保险制度的决定》。1999年5月，省政府出台《河北省建立城镇职工基本医疗保险制度总体规划》，要求全面建立基本医疗保险制度。2003年12月全面启动城镇职工医疗保险，实施范围覆盖城镇所有用人单位和职工。随后县政府相继出台《故城县城镇职工基本医疗实施办法》《故城县城镇职工大额医疗保险管理暂行规定》等几个配套性文件。本着先易后难的原则，全县实施范围和顺序：首先是县本级财政全额供机关事业单位、中省直单位；其次是乡镇财政供养的机关事业单位、中小学校；再次是差额拨款的事业单位、自收自支事业单位和有条件的企业。在职职工按工资总额的2%缴费，离退休人员本人不缴费；2005年，全县财政供养机关事业单位人员全部纳入医疗保险，当年征缴医保资金320万元，支出260万元。从2006年1月1日起对单位缴费比列、报销比例、年度最高支付限额做了调整：单位缴费比例提高到35%；个人账户划入比例退休职工退休金提高到2%；在职职工住院报销比例的提高；退休人员报销比例分别提高3个百分点；大病统筹保险金每人每年60元提高到90元。至2008年年末，全县县、乡两级所有财政供养机关事业单位人员全部纳入医疗保险，参保人员达1.5万余人，当年征缴医保资金1178万元，支出702.46万元。县医疗保险基金管理中心是人力资源和社会保障局下属全额事业单位，共有人员14人。负责全县城镇职工和城镇居民医疗保险。2017年1月，城镇居民医疗保险并入新农合，至2018年年末，所有财政供养机关事业单位全部纳入医疗保险，参保人数达23201人，基金征缴总额6189万元，基金支出6435万元。

2016年8月1日，根据国家、省级改革文件精神，原由卫生部门管理的“故城县新型农村合作医疗管理中心”划归故城县人力资源和社会保障局管理。2017年1月，根据省级文件精神，城镇居民医疗保险并入新农合，“故城县新型农村合作医疗管理中心”更名为“故城县城乡居民医疗保险基金管理中心”，2018年，共有参保居民426842人，参保率96.09%；全县筹资总额为31721.54万元，全县参保居民报销266664人次，异地就医直报人数达7446人次，占总转诊量人数的67.91%，基金支出27345.6万元。

二、失业再就业

1986年7月12日，国务院颁发《国营企业职工待业保险暂行规定》。1994年，政府部门正式使用失业的概念。失业保险金的征缴比例为职工标准工资的1%，覆盖范围为四种人：破产企业职工、濒临破产企业法定整顿期间被精简职工、终止解除合同的工人、企业辞退职工。1993年5月，国务院颁发《国有企业职待业保障规定》，扩大实施范围，提高待遇水平。1999年1月，国务院发布《失业保险条例》，正式将保险制度称为“失业保险”，将失业救济金改为“失业保险金”，将范围由国有企业扩大到各类企事业单位，将缴费调整为单位缴纳工资总额的2%，个人缴纳本人工资总额的1%。

2003年，组建故城县就业服务局，为副科级全额事业单位，负有职业技能鉴定、培训机构管理、劳动市场管理、就业再就业培训等项职能，各乡镇建起劳动保障事务所，承担人事劳动和社会保障局赋予的各项劳动保障职能。故城县政府贯彻落实省市文件精神，出台《关于进一步促进失业再就业的意见》，将培训对象扩大到城镇新增劳动力和进城求职人员，享受一次免费职业技能培训和三次职业介绍。至2008年年末，参保人员达12000，占从业在职职工的60%。2009—2018年，共完成培训3000余人次，为2000余人次就业困难人员发放社保补贴900余万元。至2018年年末，故城县共为下岗失业再就业人员11368人发放就业失业登记证、就业创业证。具有劳务派遣资质的2家劳务派遣公司和职业介绍机构为5000余名求职者提供了求职登记和职业指导等服务，成功介绍了1000余名下岗失业人员实现了再就业。

根据相关政策文件对域内特困职工提供最低生活保障。

三、职工退职 退休

1963年，全国职工精简，故城县始有部分工人退职，对退职工人按有关规定付给退职金，“文化大革命”期间停办退职。

退职 1978年后，按国务院有关规定，男年满60周岁，女年满50周岁，连续工作满10年者；从事井下、高空、高温特别繁重体力劳动或其他有害身体健康工作者，男年满55岁，女年满45岁，连续工作满10年者；经医务劳动鉴定委员会确认为完全丧失劳动能力者；因工致残，有医院证明并经医务劳动鉴定委员会确认为完全丧失能力者；患二、三期矽肺病离职休养和患一期矽肺病合并活动性肺结核者，如本人自愿可以退休。不符合退休条件者，办理退职手续。职工退职，逐月发给退职费，按本人标准工资40%发给，低于20元按20元发给。

退休 1949年前参加工作的，按本人标准工资100%发给。中华人民共和国成立后，参加工作者根据工龄长短，按本人标准工资60%～75%发给，退休费低于25元按25元发给。因工致残，饮食起居需人扶助者，按本人标准工资90%发给，按实际情况发给护理费。退休费低于35元按35元发给。因工致残、饮食起居又需人扶助者，按本人标准工资80%发给。患矽肺病者，按本人标准工资90%发给，并享受原单位矽肺病人离职休养期间的待遇。根据上级规定，1974年始，工人办理退休、退职手续时，可申请一名子女补员，经考核合格准予参加工作。

根据国家文件规定，凡1957年前参加工作的老工人，可招收1名符合条件的子女参加工作。

1988—2008年，工人退休、退职年龄仍执行1978年国务院颁布的工人退休、退职暂行办法，即男60岁、女50岁为法定退休年龄，规定因身体有病经医院证明完全丧失劳动能力的工人可提前办理退休手续，凡不足退休年龄的工人，因完全丧失劳动能力，可办退职。2018年继续执行原退休政策。

第五节 劳动培训及管理

一、劳动培训

对新技术工人培训由老技术工人直接在生产过程中言传身教，一般需1～3年。这是最初的“以师带徒”培训。

针对特种行业职工培训采用办班培训的办法。1972—1987年，全县共举办各种培训班36期，培训职工2258人。1990—1999年，举办特种行业培训班52期，共培训2473人。2000—2018年，企业根据各自特点有针对性地选择培训内容，共培训25745人。

为使职工提高技术水平，由企业自行决定和组织，定期或不定期举行岗位练兵，通过这种办法，达到全员培训的目的。

1972—1987年，主管局或企业每年举办专业全员培训，共举办企业会计、统计、质检、安全等各种培训56期，培训职工1365人。1990—2018年举办企业会计、统计、质检、安全、电算化、微机等各种培训多期，培训职工3000人。

职业技能就业再就业培训坚持“以需求定培训”的原则，采用“订单培训、定向就业”“就近培训、就地转移”“整合资源、联合培训”等培训模式。

“阳光工程”培训贯彻落实“政府推动、部门监管、学校主办、农民受益”的原则，逐步探索和完善了阳光工程监督管理体系和组织实施体系。2011年，开展技能性培训4900余人，引导性培训21800人，就业转移率90%以上。

二、民办培训机构管理

发展和审批民办职业培训机构，增强职业培训能力。至2018年12月，共审批民办职业培训机构3所，各类培训机构共完成技能培训、引导性培训6000余人次，有1400余人获得不同级别职业资格证书。

第六节 劳务输出

1995年，在人们还不认识出国打工、更不愿意交钱出国打工的情况下，县劳动服务公司毅然决策，用单位房产做抵押贷款200万元，为家庭困难的出国打工者做出国费用，在优惠的政策和艰苦的动员工作下，当年就向以色列输出劳动力105人，开辟了农民出国打工挣“洋钱”的先河，从此故城的境外劳务工作蒸蒸日上，境外劳务收入成为故城县广大农民经济收入的主要支柱。2002年4月20日《河北日报》，曾以《故城300多农民出国挣

"洋钱"》为题，进行了专题报道。河北电台也对故城的境外劳务工作进行过专题报道，2008年2月25日，劳动保障部雷朋主任考察故城县劳务输出基地时对故城劳务输出工作给予了充分肯定。

至2018年年末，故城县劳务输出9万人次，其中境外输出4000余人次，年收入超亿元。培育形成境外劳务输出专业村40多个。输出国有日本、韩国、沙特、阿联酋、美国等10余个国家和地区，使故城县的劳务输出工作对接了国际轨道。衡水市政府对故城的劳务输出工作给予了高度评价。

第七节　安全生产管理

中华人民共和国成立后，中国共产党和人民政府十分关心职工的劳动保护和安全生产，各工厂设有人数不等的兼职安全监察员。1979年，县政府设安全生产委员会，由县经济委员会（简称县经委）、计委、工会、公安局、卫生局、粮食局、商业局、乡镇企业局、劳动人事局联合组成办公室。劳动人事局设安全监察股，具体负责全县安全生产工作和各种压力容器的监察、防火，及时查处不安全因素，帮助企业搞好劳动保护。遵照上级规定，及时对各企事业单位中的伤亡事故、其他事故进行调查处理。1978—1987年，共处理各类事故25起。

1987年，故城县全县安全生产由故城县安全生产委员会管理，办公室设在县劳动局。1990年，县安全生产委员会组织开展全县安全生产大检查，对全县在用锅炉、压力容器等进行检查，逐步实现经常化、制度化。是年始，县内各大企业先后建立厂长为第一责任人的安全制度，每年5月开展"安全周"活动。1992年始，对全县在用的锅炉、压力容器进行注册登记，培训作业人员。1993年起，安全生产纳入法治化、制度化管理的轨道。1995年，县安全生产委员会制发《故城县安全生产责任目标管理办法》，实行安全生产风险抵押金制度。1998年，劳动部门开展安全生产检查和锅炉压力容器监察工作，各企业相继建立安全科室设专职安全人员110人，兼职安全员230人，班组安全员200余人。县以上集体和全民企业均建立安全机构和安全生产规章制度；伤亡事故的统计、报告、调整处理步入法制轨道。此后，每年6月都积极组织"安全生产月""安全生产宣传周""安全生产咨询日"等宣传教育活动，定期或不定期地开展专项治理，清隐患、堵漏洞，确保安全生产。2004年，成立故城县安全生产监督管理局，正科级行政单位。建立县、乡、村和政府、主管部门、企业两条线为主的三级安全生产管理制度，对全县存在重大安全隐患的单位进行查封、整改。2007年，组建故城县安全生产监察大队，副科级全额拨款事业机构，负责全县安全生产日常执法监察，参与重特大安全事故调查处理等工作。1989—2018年，对特种作业工人进行分类培训，统一考核发证年检。共计培训特种作业工人6000余人，对全县建筑安装企业全部进行了安全资格认证，认证率达100%。2006—2018年，危险化学品、烟花爆竹等高危行业实现了全员培训，持证上岗率100%。

2007—2018年，每年开展"企业法人安全生产承诺"活动。域内所有企业签订"安全生产承诺书"，山水水泥制品有限公司被评为省级"安全生产承诺先进单位"。在全县各企业中开展"安全生产星级企业创建"活动，多家企业被市政府评为安全生产星级企业。深入开展"安全生产隐患治理年"活动强化隐患整改措施，提高企业安全水平，确保全县安全生产形势的稳定。各类事故大为减少"安全第一，预防为主"已列为工厂企业生产首位，最大程度保护了职工劳动安全。

第八节　管理机构

中华人民共和国成立后，由县计委设专人负责劳动就业工作。1972年，设劳动组，2人专管。1981年，劳动组与知识青年上山下乡办公室合并，建劳动局。1983年年末，又与人事局合并，即劳动人事局，设局长1人、副局长3人，共有干部16人（含劳动服务公司）。局内设干部调配股、工资福利股、工人计划调配股、奖惩任免股、劳动服务公司。1986年，根据国家文件精神，增设仲裁股、社会保险事业管理所和安全监察办公室。1987年，根据衡水市文件精神，于劳动人事局设编委办公室。

2002年1月更名为人事劳动和社会保障局，2012年12月12日更名为人力资源和社会保障局。

2018年，内设机构12个：办公室、劳动监察股、基金监督和财务股、调仲裁管理股、培训就业股、工资股、福利退休股、养老保险股、工伤医疗保险股、职称管理股、事业单位人员管理股、公务员管理股。下属事业单位11个：劳动监察大队、企业职工养老保险所、机关事业养老保险所、城乡居民医疗保险基金管理中心、城镇职工医疗保险基金管理中心、医疗保险稽查管理中心、农保中心、劳动就业服务局、人事考试培训中心、人才交流中心、劳动人事争议仲裁院。

第五章　工商行政管理

故城县因京杭大运河而兴，商业发端较早。工商行政管理始于明代，时主要管理盐、酒等交易。至清代又加强市场和执照管理。

1939年，郑口被日军侵占，工商行政管理受控于日伪商会。

1943年后，抗日民主政府设工商局。

中华人民共和国成立后，工商行政管理工作一度曲折。1978年，工商行政管理工作步入正轨，发展集市贸易，改造引导私营经济，鼓励工商业发展，扩建集贸市场，实行商标广告管理和经济合同管理。发展集贸市场23处，年集市成交额逾2000万元，有部分集市被命名为地级、省级、全国文明集市。1992年，县工商局被人事部、工商部命名为“全国工商行政管理系统先进集体”。

1999年9月，县以上工商行政管理部门划归省政府垂直管理。是年，故城县工商行政管理局被省文明委评为“三星级窗口单位”。2001年，被省工商局评为“财务管理先进单位”，还先后被省工商局评为“廉政建设先进集体”“廉政防范先进单位”“岗位职务培训先进单位”。

2015年8月，故城县人民政府印发《故城县食品和市场监督管理局主要职责内设机构和人员编制规定》，将原县工商行政管理局的职责、原县质量技术监督局的职责、原食品药品监督管理局的职责整合划入县食品和市场监督管理局。

第一节　市场建设与管理

一、市场建设

因传统习惯，集市多设于交通要道两侧。而社会发展又带来交通发达，车辆增多。逢集日，交通时常堵塞，城镇尤甚。商品经济发展较快，交换范围、规模扩大，交易场地与货流量不相适应。工商行政管理部门采取国家、集体、个人共同投资方式，筹集资金450余万元，对全县商品交易市场进行不同程度地迁移、拓宽和改造。

1984年4月8日，中共故城县委、故城县政府决定于县城郑口镇东南隅新建贸易市场，系由平房、楼房组合而成的四合大院。东西楼房、南北平房、中间市场。1985年5月6日竣工使用，成为行业齐全，品种繁多的综合性贸易市场。同时为县城增添一大景观（后于1988年更名为东阳市场）。故城、饶阳店、建国、武官寨、房庄、辛

20世纪90年代的农贸市场

庄、原隰等市场亦进行迁移和改造。全县制木质、角钢、钢管、水泥等结构售货床2135张、售货台351个，肉杠189根、肉案39张、市面标牌64块、政策宣传栏30块、公平秤70台（杆）。既增加了市场容量，适应商品交易的发展，亦使交通堵塞得以缓解。1985年，郑口贸易市场被河北省工商局命名为文明集市。1986年，郑口、建国、故城、武官寨贸易市场被衡水地区工商局命名为文明集市。1987年，郑口贸易市场被省、地工商局命名

为文明集市，故城、建国、武官寨、辛庄农贸市场被地区工商局命名为文明集市。

故城县东阳市场竣工投入使用后，为进一步满足广大群众日常消费需求，为众多个体经营者提供良好的经营环境，有效地繁荣县域经济，又在县城相继建设了洲海商贸城建材市场、运河电动车市场等专业市场，进一步为广大经营者提供了广阔的平台。

网络市场监管 21世纪，网络市场不断发展，网络交易日益增多，随之带来的问题和隐患也逐渐增多。为有效维护广大网络消费者合法权益，进一步净化网络市场，县工商行政管理部门采取了一系列有效措施，制定《故城县网络市场监管联席会议制度》《故城县网络市场监管专项行动及责任分工方案》，联席会议成员单位包括县工商局、县网信办、县发改局、县公安局、县商务局、县通信局、县邮政局，明确各成员单位的工作任务，确保监管不缺位、不失位、有效衔接、不留死角。2017—2018年，共检查网站、网店489家次，责令删除虚假、夸大宣传内容12条，有效防止侵害网络消费者合法权益行为的发生。受理和调解网络市场消费纠纷，共受理网络消费投诉185起，为消费者挽回经济损失45万元，调解成功率为100%，有效维护了网络消费者的合法权益。

成品油和煤炭市场监管 随着国家对环境保护工作力度进一步加强，按照职责分工，对成品油市场和煤炭市场加大了监管力度。2017—2018年，对全县65个加油站点进行了抽样检验，共抽检成品油371个批次，共罚没款项39.89万元。2017年，对全县61家散煤经营者进行了抽检，共抽检散煤101批次，罚没款项共计10.44万元；2018年5月末，对全县161家煤炭经营户进行了注销或变更，共查处违法销售散煤案件46件，没收散煤302.96吨，罚款33.62万元。通过以上监管，对进一步提升空气质量起到了关键作用。

二、市场管理

明代县衙户房设架阁库，管理盐、酒等交易，并向各业商店收税征费。清沿明制，并加强市场和执照管理。对当铺、牙行等业分等级发执照（贴），无执照者不准营业。中华民国时期市场管理由商会具体负责。日军侵占故城初，市场贸易遭难，管理混乱。1939年，故城县抗日民主政府暗中控制商会，旨在打破日伪经济封锁，运送紧缺物资支援抗日战争。1943年，抗日民主政府设工商局，主要保护生产、繁荣市场，巩固根据地货币和保证军需民用供应。

1945年，县城迁至郑口。人民政府会同工商界扶持发展传统集市贸易。时因日军刚刚投降，百业待兴，市场仍为封建势力、行帮把持，投机买卖、欺行霸市、市场混乱，人民叫苦不迭。值此，人民政府立即改组旧商会，设工商事务所管理全县市场，下设郑口、故城、夏庄、辛庄、青罕、原隰交易所，由部分旧商会人员、牙行人员及热爱市场管理工作者65人组成。

1951年，交易所易名为市场管理所，市场管理员对私人商业采购农副产品指定地点查验证明。在主要集镇划分粮食、牲畜、棉花、土布、蔬菜、木料、柴草、手工制品等交易区，方便人民交易。

1953年11月，按照国家政策，对粮食、棉花、油料统购统销。集市一度出现抢购农副产品现象，投机商贩乘机浑水摸鱼，影响国家计划购销，县工商管理部门及时采取措施。如协助被取缔的粮食商贩转行，允许民间生产少量用粮互通有无；无贩卖行为又不影响市场管理者，在固定粮食市场进行交易；与邻省邻县接壤地带加强同友邻地区联系，掌握市场情况，杜绝不法粮贩投机活动等。

1956年，集市贸易日趋繁荣，按照河北省市场管理办法，对走私行贿、偷税漏税进行查处。1958年，农村家庭副业（禽蛋、蔬菜等）生产被挤掉，集市贸易名存实亡。

1961年，贯彻中共中央《农村人民公社工作条例》（六十条），允许和鼓励农民发展家庭副业，恢复集市贸易。市场管理执行“管而不死、活而不乱”方针。集市贸易又趋活跃。1963年，全县有12处集市，青罕、辛庄、郑口、房庄、三朗、里老等集市均设牲畜市，各集市均设粮食市。全县年上市物资总值1032万元，成交总额428万元。商品成交价格下降，小麦、玉米、红粮、山芋干比1962年同期平均下降55%，牲畜下降25%，尤其禽蛋旺季有时低于牌价。是年，社会上一度出现倒卖生产、生活资料和商品供应票证倾向，工商管理部门会同有关部门进行严肃查处。是年10月，郑口集市被国家工商行政管理局、国家统计局和全国供销合作总社列为全国重点集市，统计数据直报上述国家工商行政管理总局、全国供销合作和商业部、粮食部。

“文化大革命”初期，受“左”的思想影响，视集市贸易为“资本主义尾巴”“产生资产阶级的土壤”，禁止粮、棉、油、猪、羊、禽、蛋等农产品上市，集市贸易处于不正常状态。1976年，市场管理工作趋向正常。1977年，郑口工商所被评为全国市场统计工作先进单位。是年7月，郑口工商所统计胡希荣出席国家工商行政管理局于桂林召开的城乡集市贸易统计经验交流会议，并代表河北省工商系统作书面发言，受到国家工商行政管理局领导的肯定和赞扬。

中共十一届三中全会后，粮、油市场逐步开放，集市贸易规模迅速扩大。1979年上半年对1970—1978年间经济违法案件全面复查，纠正错案22起、38人，退还当事人款3634元。是年，全县集贸成交额550余万元。至1986年，全县23处集市，上市摊位4476人，商品900余类，成交额2065万元。此间，工商部门坚持“大的方面管住管好、小的方面放开搞好”原则，对新形势下不法行为予以打击。1979—1987年，共查处经济违法大案、要案133起，罚没金额253427.6元，没收粮票14450公斤、布票3000米、冒牌自行车1000辆、赌具25件、银圆30块、碎银1020克、金戒指5枚、走私手表70块、假冒伪劣化肥905.5吨、石油30吨、羊毛1550公斤、农药7103瓶等物资47种。

1987年，县工商局设立经济监督检查股；2000年，更名为综合执法股。2001年，增设稽查大队，专门负责监督检查全县市场主体的交易行为，打击投机倒把活动，制止垄断和不正当竞争，依法或根据授权查处走私、贩私等经济违法违章，严重损害消费者权益的行为，保护国家、集体和人民群众的利益。1987—1992年，对经济监督察的重点是打击计划经济下的以牟取非法利润为目的，违反国家法规政策，扰乱社会主义经济秩序，倒买倒卖重要生产资料、紧俏耐用消费品、强买强卖、欺行霸市、哄抬物价等投机倒把行为。

1993年始，经济监督检查的重点逐步由维护计划经济向维护社会主义市场经济转变。由打击投机倒把为主向反不正当竞争、反垄断、打假、打私转变。对市场主体交易行为的监督检查，故城县工商局坚持日常检查与转向集中治理相结合、突出重点抓大案。

2008年，共开展专项治理活动184次，主要有每年春季、秋季的农资打假，夏季的饮品，春节和中秋两节的食品、日用品专项治理。倒买倒卖重要生产资料、专营专卖商品专项治理；乱开金融业务、乱集资专项治理；非法印制销售假商标、假发票、假证件专项治理；商标侵权专项治理；共查处各类违章违法案件6542件，罚没款641.7万元。工商局分别在1995年、1996年、2001年三次被省政府、省工商局评为“打假先进县”。

至2018年，共有乡村级集贸市场28个，在方便群众日常消费的同时，也大大拉动了乡村经济发展。工商行政部门对全县大型专业市场及集贸市场进行监管。严厉查处强买强卖、以次充好、缺斤短两、欺行霸市等不法行为。

1979年、1987年故城县主要集市个体工商户坐商情况对比一览表

表12-3

乡 镇	1979年						1987年					
	总户数	修理	商业	服务业	饮食业	其他	总户数	修理	商业	服务业	饮食业	其他
郑 口	18	2	0	2	4	10	222	42	35	65	73	7
建 国	18	2	0	0	3	13	56	3	18	17	12	6
故 城	3	0	0	0	0	3	138	5	94	17	15	7
辛 庄	16	7	0	3	0	6	27	9	6	5	6	1

续表 12-3

乡 镇	1979 年						1987 年					
	总户数	修理	商业	服务业	饮食业	其他	总户数	修理	商业	服务业	饮食业	其他
房 庄	16	7	0	3	0	6	32	5	5	10	5	7
武官寨	20	6	1	3	0	10	31	2	14	8	5	2
饶阳店	5	2	0	0	0	3	21	2	6	8	5	0
合 计	96	26	1	11	7	51	527	68	178	130	121	30

1987 年故城县主要集市旺季情况统计表

表 12-4

集 名	摊点（个）	上市人员（万人）	上市品种（类）	成交额（万元）	集 名	摊点（个）	上市人员（万人）	上市品种（类）	成交额（万元）
郑 口	4195	5.0	900	7.9	房 庄	1100	1.2	300	1.0
建 国	1577	2.0	500	1.5	饶阳店	600	0.5	200	0.7
故 城	1200	1.0	450	1.0	辛 庄	856	0.7	300	0.9
武官寨	1100	1.2	300	1.3					

第二节 企业登记管理

清乾隆年间（1735—1795 年），故城县个体工商业已有发展，山西商人在郑口建有山西会馆。本地商人亦有建会馆，名南会馆。会馆负责商业有关事宜，上呈下达。

1949 年年初，经第一次工商企业普查登记，全县有个体工商业 1771 户，其中，坐商 515 户、摊贩 1208 户、行商 48 户。1954 年下半年，县设私营工商业改造小组，下设办公室。县城驻地对私营工商业改造，由县供销合作社计划科私商改造股负责日常工作，并指导全县；各基层供销社设私商改造管理员。1955 年下半年，开展第二次工商业普查登记，全县有工商业 1168 户、1563 人。城镇纯商业 117 户、195 人，饮食业 50 户、88 人，乡村纯商业 805 户、968 人，饮食业 196 户、322 人。在全县所有商户中，合作社零售网点 90 个（不包括固定摊位），其中门市部 59 个、分销处 13 个、代销处 6 个，国营零售门市部 12 个。此次普查旨在为私营工商业进行社会主义改造提供依据。是年，人民政府组织私人联营、合作商店和合作小组等经济企业。至 1955 年 6 月，全县共改造私营工商业 384 户、从业人员 452 人。同时建中级形式合作商店 11 个、43 户、59 人，合作饭店 10 人、47 户、56 人，代购代销 14 户、16 人，共计 104 户、131 人。低级形式购销店铺 280 个、321 人，安置困难户 153 户、183 人。

1955 年下半年，根据中共中央统筹兼顾、全面安排、积极改造方针，加速对私营工商业改造，中共故城县委制定私营工商业社会主义改造规划，全行业实行公私合营。

1956 年下半年，社会主义改造达到高潮，90% 以上私营工商业、手工业、交通运输业成为公私合营企业、合作店、生产合作社（组）等经营组织。组织综合高级合作商店 1 个，设 2 个分店，计 18 户、21 人，共有资金 38790 元，其中流动资金 2557 元；组织一般合作商店 3 个，计 37 户、37 人，共有资金 5539 元，其中流动资金 2350 元；国营代销员 7 户、7 人，资金 684 元，其中流动资金 400 元；国营经销员 12 户、12 人，共有资金 1172 元，其中流动资金 556 元；转回农业的 35 户、35 人；吸收合营 8 户、9 人，吸收饮食合营 6 户、7 人，合营经销员 3 户、3 人；组织高级服务店 27 户、29 人，转回农业 3 人；组织一般服务店

1 个、3 人。

对手工业的社会主义改造，贯彻由初级到高级、逐步发展原则和自愿互利政策。全县共组成手工业生产合作社 12 个、手工业小组 4 个，社（组）员 1042 人。同时鼓励未参加合作的个体工商户守法经营。至年末，全县基本完成对私营工商业改造，共改造商业饮食业 469 户、647 人，手工业 1007 人，运输业 64 人，组织单一行业和综合商店 12 个。至 1958 年，仍有个别小本经营个体工商户。1959 年，个体工商业被取消。1962 年，贯彻国民经济“调整、巩固、充实、提高”方针，恢复一部分个体商户。为加强管理，于 1963 年下半年至 1964 年，进行第三次工商企业普查登记，登记结果基本为 1956 年工商改造后的情况。

“文化大革命”时期，正当的私营活动被取缔。

中共十一届三中全会后，鼓励个体工商业发展，于 1980 年进行第四次工商企业普查登记，时公社、大队、小队三级企业、工业摊点增多。全县登记 504 户，按经济性质分：国营、地方国营工业企业 24 户，县集体办工业企业 6 户、社队办工业企业 474 户。按隶属关系分：工业系统 13 户，其中地方国营 8 户、县集体 5 户；机关团体 16 户，其中地方国营 15 户、集体 1 户；部队办 1 户，社队集体办 474 户。按企业部门分：化学工业 66 户，机械工业 187 户，建筑材料 89 户，森林工业 4 户，食品加工业 8 户，纺织工业 105 户，造纸及文化艺术用品工业 2 户，其他工业 43 户。在此基础上建立工商企业经济户口，为监督工商企业提供条件。1983 年 10 月，对全县工商企业第五次普查登记，在普查登记基础上于 1984 年年初换发全国统一营业执照。

清理整顿登记 1987 年始，同全省、全国一样，故城县也出现公司发展过热现象，1988 年年末，经工商局登记的公司达 106 户，占企业总户数的 13.3%。按照中共中央、国务院和省政府的决定，1988 年 12 月始进行清理整顿，主要纠正不符合条件的公司，查处公司的违法行为，解决政企不分、官商不分、倒买倒卖、中间盘剥、牟取暴利等问题。通过整顿被撤销的 24 个、合并的 5 个、变更名称的 17 个，变更经营范围的 8 个、重新登记注册的 60 个。

1988 年、1994 年两次对全县党政机关和机关干部经商办企业进行清理整顿。共清理出党政机关和机关干部所办企业 71 户，除停业 10 户外，其他 61 户全部与机关在人、财、物三方面脱钩，有 104 名机关干部、离退休干部与所办企业脱离。

清理“假集体”登记 鉴于集体企业与个体私营企业在税费、信贷等政策方面存在的差异，以及对个体私营经济政策的理解所产生的后顾之忧，一些个体私营业者采取申报虚假材料领取集体营业执照，故城县这种现象在 1994 年前尤为突出。这种现象的出现和存在扰乱了国家政策的执行，影响了国家机关的管理。1988 年、1992 年，两次进行了集中清理整顿，共查出名为集体实为个体的企业 64 户和无资金、无场地、无机构的企业 35 户。2004 年，就清查无照经营累计达 6495 户。2008 年，检查企业和个体户 7500 户次，查处无照经营 1654 户，取缔无照经营 116 户，新办理营业执照 2706 户。自此，集体企业与个体私营企业的发展步入正轨。

企业注册登记 1987 年 1—11 月，国家发布一系列企业法人登记法律法规，企业登记管理发展到企业法人登记管理新阶段，登记管理的范围扩大，登记的性质、作用从一种管理措施变为一种法律行为。为适应这种变化，1989 年 6 月始，对全县工商企业进行普查，按照新条例对企业的经济性质、经营范围、经营方式、注册资本（金）等重新进行核定、换发营业执照，1990 年 9 月，对换照后的企业进行回访。重新登记后，全县有 571 个企业领取了企业法人营业执照。此后注册登记管理工作一直坚持“登记管理程序化、登记事项规范化、档案管理科学化”的原则和目标，被省、市工商局评为先进单位。

至 2008 年年末，全县各类企业达 1397 户，农、林、牧渔业 121 户，制造业 592 户，建筑业 32 户，计算机服务信息传输业 72 户，批发和零售业 411 户、住宿餐业 8 户，房地产业 22 户，金融业 50 户，交通运输及邮政业 17 户，居民服务和其他服务 44 户，其他行业 28 户。

2011 年 1 月 1 日始，取消工商注册登记费，2013 年，县政府积极鼓励全县农民组建农民专业合作社，广大人民群众积极响应号召，2013—2014 年，共登记注册 1097 户农民专业合作社。2014 年 5 月 29 日，故城县工商局制定了《故城县工商局关于贯彻落实河北省支持全民创业实施方案的工作意见》，该意见放宽了企业名称登记、注册资本登记、放宽住所登记条件。允许“一照多址”和“一址多照”、放宽企业集团登记条件，该项工作意见缩短了核准时限，提高可登记效率，由申请人对其提交材料的真实性、合法性负责。

2014年，全年共注册企业1546户。2015年，国家工商行政总局颁布《工商总局关于严格落实先照后证改革 严格执行工商登记前置审批事项的通知》（工商企注字〔2015〕65号），公布了《工商登记前置审批事项目录》和《企业变更登记 注销登记前置审批指导目录》，2015年10月1日起，实行“三证合一”登记改革，取消组织机构代码证和税务登记证，由企业注册部门核发加载有统一社会信用代码证的营业执照，申请人只需到税务部门办理备案登记即可。2016年8月始，实行“多证合一”登记制度。同时，开始实行简易注销登记和企业名称自主申报制度并积极探索电子营业执照改革。

第三节　个体私营经济管理

中共十一届三中全会以后，县内的个体经济得到迅速发展，到1987年，全县个体工商户达5924户、从业人员11934人、注册资金931.3万元，分别比1982年增加3924户9007人、889.5万元。

1989年，全县第一家私营企业注册登记。允许从事的主要行业是家庭工业、手工业、服务业、修理业和进入流通领域的重要生产资料和紧俏耐用消费品。在政策上对个体户“政治上鼓励，经济上支持，政策上放宽，组织上保证”；对私营企业“允许存在，加强管理，兴利抑弊，逐步引导”。1991—1994年，实行控制过剩、查漏补缺、因地制宜、简化手续、减少许可、鼓励发展的政策。1994年年末，全县个体工商户5700户，从业人员12793人；私营企业5户、从业人员104人。全县个体户基本稳定在5000户、10000人，注册资金2000万元上下。

1995年始，省市县各级政府加大对个体私营经济扶持发展力度，制定了“制造条件，改善环境，深化服务，扶持发展”的方针，建立了“量化发展指标，层层签订责任状，先进评比、经济奖惩，职务升降”的紧逼加压激励机制。在这种大环境下，县工商局按照每年递增30%的指标，在个体工商户和私营企业登记上也放大市场主体、放开经营范围、放活经营方式、放宽经营领域、简化审批手续，允许先开业后办照。全县掀起“不限速度、不限比例、不限人员、不限规模”的登记发展高潮，个体私营经济得到快速发展，至1997年年末，个体工商户达21507户、从业人员56450人、注册资金15812万元，分别是1994年的3.7倍、4.4倍、6.5倍；私营企业达340户，从业人员6915人，注册资金9923万元，连续两年被省工商局评为“个私经济发展先进县”。

2001年3月，《河北省支持和鼓励个体工商户、私营企业发展条例》公布实施，是年7月，又根据国务院《关于整顿和规范市场经济秩序的决定》和省市政府对工商行政管理机关的要求，提出《关于整顿规范市场经济秩序加强前置审批严把市场准入关的意见》，本着“严格登记程序，用足用活政策，严把市场准入，积极扶持发展”的原则开展工作，使个体私营企业登记发展逐步恢复到一个稳定状态。2008年年末，个体工商户实有户数6602户，从业人员14870人，注册资金17506万元，私营企业693户，投资者人数1422人，雇工人数4798人，注册资金达90098万元。

自商事制度改革以来至2018年年末，故城县共注册企业5709户，个体工商户11822户。

第四节　商标广告管理

中华人民共和国成立前，故城县因工业落后，产品未进行商标注册。故城县广告管理始于1979年。《中华人民共和国广告管理暂行条例》颁布后，全面开始办理商标注册和装潢登记。1979—1987年，共核转商标26份，其中已办理商标注册8份。其间，实行县工商局和企业分别建档，注册商标定点印刷。1986年8月，经衡水地区工商行政管理局批准，故城县印刷厂、郑口镇塑料印刷厂为商标、装潢、标签印刷单位。县工商局为加速注册商标核转，对全县30份未注册商标逐一登记建档。

依照《中华人民共和国商标法》，对任意改换、滥用、侵犯注册商标专用权的违法行为予以查禁，维护商标专用权的法律效力。

至1986年，经地区工商局批准，县广播站为广告兼营单位。是年，于县城设广告政策宣传栏6处、广告张贴栏6处。至1987年年末，共办理广播广告64条，张贴政策宣传公告30条，张贴广告506条。1991年后，注册商标进入规范化发展阶段。1993年，注册商标100余件。2000年，为加强商标、广告管理，先后对全县广告经营单位进行全面检查。2005—2018年，在帮助企业发展名牌目标的基础上，积极帮助企业申报省级著名商标，多家商标被认定为河北省著名商标。

广告管理　1987年，故城县有广告经营单位2个，广告经营人员13人，年经营额25万余元。1988年6月，故城县工商行政管理局制定了《故城县户外广告管理办法》。1989年4月，故城县工商行政管理局制定实施《故城县广告事业发展规划》，根据故城县经济发展的实际情况和地理特点，在县城建立了以汽车站为中枢，以郑口—德州、郑口—三朗、郑口—饶阳店、郑口—建国等主要交通干线及其沿途村镇为主题的广告宣传网络，各集设立广告牌，在故城县形成了一个宣传企业，宣传产品的生动局面。1997年，《故城县工商行政管理局关于对户外广告管理的暂行规定》印发实施。2005年，广告经营单位发展到11家，广告经营人员56人，年经营额110余万元。2008年，衡水市工商行政管理局为三家广告经营单位颁发了广告经营许可证，分别是故城县广播电视台、故城县气象局和故城县邮政局。1995—2008年，故城县工商行政管理局查处广告违法违章案件59件，罚没金额14.812万元，涉案金额95万元。2013—2018年，共办理广告违法案件12件，其中发布虚假广告案件6件、使用驰名商标进行广告宣传案件2件、其他广告案件5件，共罚款122470元，没收非法所得2500元。

商标注册　1987年，故城县商标注册工作严密规范，4月，县工商行政管理局被地区工商局评为“商标核转先进单位”。1993年2月，县工商行政管理局将全县注册商标图案计193件编辑成册，分发到县直有关部门及企业单位。1996年，被衡水市工商局评为“商标广告先进单位”，1997年，被河北省工商行政管理局评为“商标发展先进单位”。为加强商标印制管理，保护注册商标专用权，维护社会经济秩序，规定从事印刷、印染、制版、刻字、织字、晒蚀、印铁、冲压、烫印、贴花等项业务的企业个体工商户，需要承接商标印制业务的，要依法进行登记，取得印制商标单位证书才能印制商标，从源头上制止商标侵权行为，保护商标专用权。故城县17家印制企业，经衡水市工商行政管理局依法登记为商标定点印制单位。1992—2008年，故城县工商行政管理局共查处商标侵权假冒案件151件，罚没金额38.35万元，收缴销毁商标标识41598（件套）。随着市场经济的活跃和发展。商标战略的实施，企业和个人的品牌意识逐年增强，商标注册量大幅度提升。随着企业品牌意识的增强，商标战略的实施以及商标兴企活动的大力开展，全县一些具有规模的企业先后申请认定了“河北省著名商标”和“衡水市知名商标”，至2017年，认定河北省著名商标19件，评定衡水市知名商标13件。2013—2018年，共办理商标违法案件27件，其中侵犯商标专用权案件18件、冒用注册商标案件9件，共罚款34.67万元，没收非法所得7240元。

2018年，协助河北青竹画材科技有限公司的“青竹画材”商标、河北奥冠电源有限公司的“奥冠”商标申报2018年度“中国驰名商标”。到2018年年末，全县有效商标注册达2706件，涉及45个类别。

知名商标　1988年12月26日，故城县有5件商标被认定为“地区著名商标”，分别是故城县酿酒厂的“甘陵春”商标、河北钢丝绳厂的“金宝”商标、故城县龙凤贡面厂的“北贡”商标、河北省故城县皮鞋厂的“健芳”商标、故城县化工厂的“新芽”商标。1992年12月29日，河北故城县酿酒厂“甘陵春”商标，河北省故城钢丝绳厂“金宝”商标被河北省工商行政管理局认定为“河北省著名商标”。河北省著名商标认定期限三年为一届。河北故城县酿酒厂“甘陵春”商标1992年、1995年、1999年、2003年，连续四届被河北省工商行政管理局认定为“河北省著名商标”。

2003年年末，故城县国营、集体、私营、个体企业共注册商标347件，25个类别，110多种产品。是年9月，故城县有3件商标被河北省工商行政管理局认定为“河北省著名商标”，分别是故城县奥友家具有限公司的“奥友”商标、河北省故城县兆鑫有限公司的“梦思”商标、衡水正大摩擦材料有限公司的“彦均”商标。是年12月，故城县有3件商标被衡水市工商行政管理局评定为“衡水市知名商标”分别是故城县星月制动材料有限公司的“星月”商标、故城县北方制动材料有限公司的“炳胜”商标、衡水郑成功酒业有限公司的“郑成功”商标。

2006—2008年，故城县有5件商标被评为河北省著名商标，分别是河北正大摩擦制动材料有限公司的“彦均”商标、衡水北方刹车片有限公司的“炳胜”商标、故城县三豆产销专业合作社“甘珠”商标、衡水甘陵酒业有限公司“甘陵春”商标、衡水郑成功酒业有限公司“郑成功”商标。

2013—2015年，故城县有河北省著名商标26件，分别是河北龙甲冶金设备有限公司的龙甲商标、河北同德鼓风机有限公司的同德tongde商标、故城县龙凤贡面专用麦产销专业合作社的刁建民商标、故城县凯帝皮草有限公司的kaidishengdanni商标、河北金宝钢丝绳有限公司（合并前为故城春岭钢丝绳有限公司）的金宝Jinbao商标、河北星月制动元件有限公司的星月商标、河北神牛农业科技有限公司的图形商标、河北金良重工机械有限公司的金良商标、故城县凯帝皮草有限公司的依丝奴商标、衡水张衡酿酒有限公司的张衡商标、故城县九和制动元件有限公司的刘如根LIURUGEN商标、河北青竹画竹科技有限公司(原名称为河北青竹美术颜料有限公司)的青竹商标、衡水众成摩擦材料有限公司的惠众商标、衡水甘陵酒业有限公司的甘陵春商标、衡水北方刹车片有限公司的炳胜bingsheng商标、河北同心风机配件有限公司的第7556012号图形商标、故城县三豆产销专业合作社的甘珠商标、河北兆鑫裘革制品股份有限公司(原名称为河北兆鑫裘革制品有限公司)的梦思商标、衡水郑成功酒业有限公司的郑成功商标、河北青竹画材科技有限公司的青竹画材CHINJOO商标、河北奥冠电源有限责任公司的奥冠商标、故城县北贡龙凤贡面厂的北贡商标、故城县日出纺织品有限公司的濛沽拉商标、衡水江源酒业有限公司的衡记商标、衡水瑞德鑫皮草有限公司的花貂公子HUADIAOGONGZI商标、河北省故城县奥友床具有限公司的奥友AOYOU商标。

2019年年初，河北青竹画材科技有限公司青竹牌和河北奥冠电源有限公司奥冠牌申报中国驰名商标成功，填补了故城县无驰名商标的空白。

商标管理 1979—1983年，故城县工商行政管理局商标管理工作由故城县工商行政管理局市场股管理。1984—1994年，商标管理由故城县工商行政管理局企业股管理。1995年1月，故城县工商行政管理局增设商标广告管理股。2000年3月，内部机构实行股室合并，商标广告管理股与经济检查股合并为综合执法科。

第五节　经济合同管理

中华人民共和国成立初期，工商各业之间即开始订立加工、订货、经销合同，时由工商科签证。如发生纠纷由各业务主管部门解决，不能解决者由工商科调解。1956年，对私营工商业改造完成后，经济合同被忽视。“文化大革命”时期又遭破坏，企业间虽订立合同，然流于形式。

1981年，全县共鉴证经济合同487份，总金额3845万元。其中工商合同190份，金额2545万元；农商合同17份，金额69万元；商业合同79份，金额454万元；其他合同201份，金额777万元。

1982年7月1日，颁发《中华人民共和国经济合同法》，于1984年7月县设经济合同仲裁委员会。1987年，于各工商所设立仲裁庭。其任务系根据《中华人民共和国合同仲裁条例》规定，负责受理、调查、调解、裁决50万元以下经济合同纠纷。在调解、仲裁合同纠纷方面，执行以事实为依据，以法律为准绳原则，以调解为主仲裁为辅方针，将矛盾解决在萌芽中，减少国家和企业损失。1985年，调解经济合同纠纷2起，争议额1万元；1986年，调解11起，仲裁1起，争议额131万元；1987年，调解47起，争议额807万元，协助企业索回欠款400万元。是年，对乡镇及县直企业进行经济合同监督检查。检查的主要内容是签订合同的条款是否齐全、完备、公平、合理，履行合同是否全面彻底。共计检查企业700家，检查各类合同15000份，确认无效合同59份。

1988年，县工商局成立县经济合同仲裁委员会，设立故城县工商局经济合同仲裁庭的基础上，经故城县编委同意，在全县基层工商所分别设立了郑口仲裁庭、建国仲裁庭、武官寨仲裁庭、饶阳店仲裁庭、房庄仲裁庭、辛庄仲裁庭、故城仲裁庭7个派出仲裁庭。在乡镇展开了全面受理经济合同纠纷案件工作。当年就解决经济合同纠纷案件 61 起，确认无效合同 59 起，裁决合同拖欠纠纷案一起。全年受理经济合同纠纷案件 39 起，结案 39 起，解决争议金额 38 万元。收回企业拖欠款 25 万元。

1989 年，增设派出仲裁庭，增加受案面，全县受案结案达到高峰。共计调解仲裁合同纠纷案件 1789 起，解决争议金额 115 万元。故城县工商行政管理局仲裁委员会和 7 个派出仲裁庭分别受到河北省工商行政管理局仲裁委员会和衡水工商行政管理局仲裁委员会的表彰及通报表彰。1990 年，全年共举办合同法规培训 35 期，培训企业负责人及业务人员 2300 人。鉴证合同 7 份，金额 130 万元。调解仲裁合同纠纷案件 1853 起，争议金额 187 万元。协助企业避免损失 30 万元。发放合同文本 400 本，资格证书 1800 本。发展重合同守信誉企业 24 家。

1991 年，共受理合同纠纷案件 2019 起，金额 157.7 万元。帮助企业避免损失 29 万元。为企业追缴欠款派出人员 12 人，追回拖欠款 35 万元。发出调查信函 40 件。鉴证合同 6 份，金额 122.5 万元。发放各种合同文本 550 本，资格证书 2000 本。发展重合同守信誉企业 24 家。1992 年，调解仲裁合同纠纷案件 53 起，解决争议金额 24.6 万元。发展重合同守信誉企业 24 家。1993 年，鉴证经济合同 54 份，金额 67.8 万元。备案合同 735 份，金额 202.8 万元。发展重合同守信誉企业 15 家。解决合同拖欠纠纷案件 1950 起，争议金额 134.5 万元。纠正有误合同 26 份，避免经济损失 44 万元。检查备案各类合同 927 份，金额 9892 万元。鉴证经济合同 177 份，金额 655 万元。推行示范合同文本 1200 本。为企业追缴拖欠款 835.3 万元。协助当事人避免经济损失 31.5 万元。解决合同纠纷 1054 起，解决争议金额 76.5 万元。发展重合同守信誉企业 15 家。全年办理企业动产抵押物登记 22 份，抵押金额 903.3 万元。检查企业合同 184 份，金额 158 万元。发展重合同守信用企业 15 家。

1997 年，为加强成品油市场管理，净化石油市场，打击违法经营行为。县工商局组织力量结合县石油公司对全县全部成品油代销单位及代销点的经营许可证进行了统一检查换发，统一规范签约了成品油代销合同。全年鉴证合同 132 份，鉴证金额 4415 万元。办理抵押物登记 29 份，抵押金额 2574 万元。发展重合同守信用企业 18 家。全年共监督检查企业合同 105 份，金额 3169 万元。鉴证各类合同 103 份，金额 878 万元。办理企业抵押物登记合同 30 份，抵押金额 1056 万元。发展重合同守信用企业 50 家。

2000 年，共监督检查企业合同 315 份，金额 7900 万元。鉴证合同 50 份，金额 150 万元。办理抵押物登记合同 4 份，抵押金额 576.5 万元。发展重合同守信用企业 15 家。2001 年，共监督检查企业合同 540 份，金额 3800 万元。鉴证合同 9 份，鉴证金额 1100 万元。办理抵押物登记合同 13 份，抵押金额 865 万元。发展重合同守信用企业 11 家。

2002 年，办理抵押物登记合同 20 份，抵押金额 258.3 万元。发展重合同守信用企业 11 家。2003 年，办理抵押物登记合同 3 份，抵押金额 255.8 万元。发展重合同守信用企业 11 家。2004 年，办理抵押物登记合同 4 份，抵押金额 93.1 万元。发展重合同守信用企业 11 家。2006—2008 年，共为 21 家企业办理了动产抵押登记贷款业务。

2017 年，为 11 家企业办理了动产抵押登记，共抵押贷款 10.35 亿元。2018 年，为故城县郑口金良冲压件厂等 9 家企业办理了动产抵押登记，抵押贷款 3775 万元；办理动产抵押注销登记 8 件，共 3380 万元，使企业的经营资金得到了充实。

第六节　维护消费者权益

1994—2008 年，故城县工商局广泛开展以《中华人民共和国消费者权益保护法》为主的有关法规政策的宣传。向广大消费者解释应享受的权利，提高自我保护意识；传授维权知识，提高自我保护能力；打击侵权活动，提高自我保护信心；在全社会形成了浓厚的维权气氛。举办收缴物品公开展览、销毁现场会 15 次，接受宣传教育和咨询超百万人次。遭到侵害不再自认倒霉，而是依靠法律找政府、找工商保护，成为多数消费者的共识，投诉人次逐年上升。

1994 年，故城县工商局设立“3 · 15”专线投诉举报电话，各工商所设有投诉举报电话共 10 部；局、所驻地和较大集市设有投诉举报箱共 25 个；建立领导值班制度，每个工作日都有局所领导接待消费者咨询、投诉、举报；各工商所驻地集日设有所长办公席，集面设有公平尺、公平秤，固定摊位实行明码标价、亮证经营，方便了消费者监督和投诉，加快了问题的发现和解决。至2008年，共受理消费者投诉举报5580人（件）次，80%以上在落实后通过调解、查处、移交得到解决，为消费者挽回经济损失200多万元。是年，全县经立案查处的侵犯消费者权益案件共1880多件，主要涉及化肥、农药、种子、农机、油料、生活日用品、肉蛋、米面、奶饮、食品、烟酒等制假售假、破坏生产、坑害消费者行为。共查获假劣质种子45吨，假劣质农药240吨，假劣质化肥2800吨，劣质柴油1300吨，假劣质白、啤酒1100件，变质食品、饮品2460件。

开展“3·15”消费者权益日维权宣传活动

2008—2015年，县工商局持续加大抽检力度，严厉打击无证照、超范围经营等违法行为，消费者权益得到强有力的保障。共抽检食品、保健品、化肥等农资产品1200批次，对不合格产品全部依法处理。2015年，原工商局、食药监局、质监局实质性整合后新组建的市场监管局明确职责，定人、定岗、定责，全县人民的消费安全得到更加有效的保障。查处食品案件600多起，药品案件200多件，处理消费者投诉举报4253起，为消费者挽回经济损失200多万元。

第七节　个体劳动者协会

故城县个体劳动者协会成立于1984年4月9日，系个体工商业者自我管理、自我教育、自我服务的群众性组织。凡经县工商行政管理局核准发给营业执照的个体工商业户，承认本会章程，均可申请入会，如以后经核准歇业，即自动退会。协会主要任务是接受工商行政管理部门指导，保护会员合法权益，使会员遵纪守法，端正经营作风，进一步繁荣社会主义经济。协会选举产生委员会主任、副主任、秘书长、委员。郑口、建国、故城、武官寨、饶阳店、辛庄、房庄等7个乡镇分别建有个体劳动者分会。至1987年年末，全县有会员11870人。2016年，域内共有非公企业4256家，从业人员共计43836人。共有党员563人。建立党组织15个，联合建立党组织26个。

由于成绩突出，故城县个私协被评为“河北省个私协会系统先进单位”，张希武被评为“全国个私协会系统先进工作者”。

第八节　管理机构

明代，故城县工商管理事务由县衙户房统管，户房内由架阁库具体负责。

清沿明制，仍由架阁库主管。咸丰年间（1851—1861年），县设厘金局兼管牙行业。

中华民国期间，由县国民政府建设科负责，商会具体管理。

日军侵占故城后，伪县政府建设科负责，伪商会具体办理。1939年，故城县抗日民主政府建立后，工商管理由政府财政科和建设科共同负责。1943年，建工商行政管理局。1946年3月，易为工商事务所。1946年8月，恢复工商行政管理局。1947—1954年，易为工商科。1956年10月30日，工商科易为工商局。1958—1961年，故城县并入吴桥县，未单设工商行政管理机构，由吴桥县商业局代管。1962年11至1966年6月设市场物价管理委员会，负责工商行政管理。“文化大革命”期间机构瘫痪。1968年，故城县革命委员会财税组内设工商管理负责人员。1970年，工商管理与税务、财政合并称财金局，下设市场股负责工商管理，1972年，改为财税组，仍下设市场股负责工商管理。1979年，复建工商行政管理局，设人秘股、市场股、企业股，相继建合同股、经济检查股等，并在郑口、建国、武官寨、饶阳店、故城、辛庄、房庄7个公社各设工商行政管理所。1984年1月1日，工商系统全体干部职工统一着装，遂为国家正规经济执法部门。至1987年年末，全系统干部职工，增至113人，其中局长1人、副局长2人。

故城县工商行政管理局　1987年，故城县工商行政管理局编制人员共120人。管理体制实行条块管理，即行政（人、财、物）隶属县政府，业务工作属上级工商行政管理机关。基层工商所为事业单位，直接隶属工商局管理。是年5月，成立故城县消费者协会，由工商局代管。1988年1月，增设个体经济管理股；1989年4月，成立集贸市场治安派出所，所长由县公安局委派；1992年8月，撤销郑口工商所，成立故城县工商郑口分局，配副科级局长一名；1999年9月，县以上工商行政管理部门划归省政府垂直管理，省编办为县工商局重新定编170人，工商所全部纳入公务员序列。2002年3月，增设“3·15”投诉举报中心，增设稽查大队和个体车辆管理所。2008年年末，全局在职人员总计166人。

2010年10月，河北省工商行政管理局印发《故城县工商行政管理局主要职责内设机构和人员编制规定》，故城县工商行政管理局编制136名。2011年7月，接到河北省人力资源和社会保障厅《关于故城县工商局所属四家事业单位岗位设置的批复》，故城县工商局下属个体劳动者协会、私营企业协会、消费者协会、维修行业管理办公室四家事业单位共设岗位28个。2015年10月，衡水市人力资源和社会保障局、衡水市工商行政管理局印发《关于故城县工商行政管理局系统人员移交地方政府管理有关问题的通知》将工商行政管理局在职及离退休人员随相应机构移交故城县政府管理。

故城县食品药品监督管理局　2008—2010年，故城县药品监督管理局编制人员共14人。管理体制实行垂直管理，隶属衡水市食品药品监督管理局管理。机构设置有办公室、药械市场监管股、稽查股。2010年，药品监督管理局划归地方管理，隶属县政府管理。人员编制、实有干部职工不变。2013年，食品监管职能划转至药品监督管理局，按照“人随事走”的原则，卫生局25人、商务局4人、工商局2人和质监局2人划转至食品药品监督管理局，内设股室增加了综合协调股，直属单位增加了药品不良反应监测中心。2018年，机构改革，县食市监督局设置药械监管股，将全县药械监管工作集中统一由一个股室管理，将农村卫生室监管工作下放至7个基层所管理。

故城县食品和市场监督管理局　2015年8月，故城县人民政府印发《故城县食品和市场监督管理局主要职责内设机构和人员编制规定》，将原县工商行政管理局的职责、原县质量技术监督局的职责、原食品药品监督管理局的职责整合划入县食品和市场监督管理局。故城县食品和市场监督管理局编制136名，下设13个内设股室：办公室、行政审批股、财务装备股、政策法规股、食品生产流通监督管理股、餐饮服务监督管理股、化妆品保健食品监督管理股、药品医疗器械监督管理股、综合协调股、标准计量股、特种设备安全监察股、质量监督与商标广告管理股、市场监督管理股（消费者权益保护股），8个派出机构：郑口、故城、辛庄、三朗、饶阳店、武官寨、建国食品和市场监督管理所、经济监察大队。原工商行政管理局、质量技术监督局、食品药品监督管理局所属事业机构划入新组建的食品和市场监督管理局，事业编制91名，共8个事业机构：食品药品稽查大队、食品药品检验检测中心、药品不良反应监测中心、质量技术监督检验所、个体劳动者协会、私营企业协会、消费者协会、维修行业管理办公室。

第六章　物价管理

日军侵占故城县期间，奸商勾结官府，垄断市场，贱买贵卖、囤积居奇、致使物价暴涨暴落，平民百姓受尽盘剥。中华人民共和国成立后，人民政府打击投机倒把，平抑物价，市场渐趋稳定。至21世纪，各项收费项目、收费标准进一步细化、规范、公开、透明、科学，收费管理纳入法治化轨道。故城县物价管理部门始终以“民生至上，和谐万家”为宗旨，紧紧围绕“稳增长、促改革、调结构、惠民生”这一宏观目标，力促工作上台阶、上水平。先后被省物价局评为“价格信息工作先进单位”“依法行政先进单位”“价格认证先进单位”。物价局价格认证中心被国家发改委价格认证中心授予2017—2018年度“全国价格认定学习提升年活动先进机构”称号。

第一节　价格调整及管理

一、价格调整

物价管理机构按照国家物价方针、政策，会同商业、物资、工业等部门编制物价长期、中期和年度计划，经综合平衡纳入县国民经济、社会发展计划。按价格管理权限规定县直各业务主管部门作价原则和方法，制定调整部分工农业产品价格、物资管理费标准、交通运输价格等。分期分批审定县直各业务主管部门提出的商品购销差价、批零差价、地区差价、规格质量差价、季节差价和调拨价、供应价，对违反物价方针、政策、纪律行为者，按规定及时通报、罚款没收非法所得，或建议有关部门给予行政处分，追究法律责任，并及时调解处理各业务部门之间价格争议。根据国家制定的物价方针、政策及法规，至1987年年末，先后进行10次较大规模物价调整。

1958年，贯彻国家对农副产品、食品、畜产品及丝绸等商品实行分级分类管理政策，按规定先后提高粮食、花生、大豆等农副产品价格。

1961年，按国家规定组织全县商业部门在保证平价定量供应18类生活必需品同时，对糖果、糕点、自行车、钟表等一度实行高价零售（其中自行车提高4.4倍）。1963年，按上级有关规定，先后5次下调肉食、熟食价格。

1964年，对96种工业品价格下调。

1978年，按国家规定上调粮棉油等18种主要农副产品收购价，同时上调肉蛋奶制品等8种副食价格。

1981年，按省人民政府通知，对完成收购、派购任务的农副产品，允许多渠道经营，议购议销，价格浮动。

1982年9月，始按国家规定，分3批陆续放开1000余种小商品价格，实行市场调节。

1983年1月，按国家规定，组织全县商业、供销系统对化纤纺织品降价，对棉织品提价。

1984年，按国家规定，下调电视机、收音机等商品价格。

1987年，按国家规定对名牌自行车、缝纫机、手表等工业品提价。是年，国务院、河北省先后发布《中华人民共和国价格管理条例》和《河北省收费许可证暂行管理办法》，1988年至1999年年末对经营性收费、行政性收费、工农性收费实行规范化价格管理。

二、价格管理

经营性收费：1988年，管理收费项不足100项，收费标准3000条左右，如电影票价、汽车客运价、理发、照相、洗澡、宾馆、招待所收费等。1989年，随着市场经济的发展，经营性收费大部分由市场调节。1994年前，地价评估收费标准，按每宗地评估标准的50%；1995年后有所下降，按每宗地评估标准的30%执行。1998年，对汽车维修价格再进行管理，但对车辆燃油系统清洗收费标准进行管理，并办理收费许可证。

行政性收费：1987—1989年，故城县行政性收费很少，仅有100多项，随着市场经济的发展，收费标准、项目逐年增加。收费管理主要是对收费许可证进行管理，控制收费项目、收费标准，变更和取消收费项目、收费标准。1989年，收费项目365项，标准2423条。1998年5月1日，《中华人民共和国价格法》正式出台以后，开始逐步治理乱收费。2000年，取消收费有财政部门的控购商品附加费，建设部门的绿化管理费、建筑施工管理费、市政公用设施配套费，公安部门的治安费、特种行业管理费、烟花爆竹合格证工本费，土管部门的土地权屋变更费、土地过户费、土地办证费、土地出让管理手续费等收费项目40项，收费标准78条。2001年，取消电力部门的用电附加费、电网改造费，统计部门的统计登记费、统计登记证工本费，税务部门的税务证年检费、税务发票管理费，银行部门的银行开户许可证费、货款卡收费等收费标准666条，收费项目666项。

2003年，取消环保部门的排污许可证费、机动车尾气检测费，工商部门的建筑市场管理费、私营企业管理费、商标注册证验证费、家电维修管理费，劳动部门的劳务用工管理费、出国政审费、招工手续费，畜牧部门的畜禽定点屠宰许可证工本费、兽医从业许可证收费、兽医卫生合格证费等收费项目512项，收费标准516条，调整收费标准1615条。

2005年，取消交通部门的汽车维修行业管理费、公路运输管理费（出租车收费部分）、新购车辆交通建设附加费、异动费、车辆安全管理费、道路建勤费，林业部门的植物检疫费、木材运输证费、司法部门的律师事务所管理费、乡镇法律服务所管理费、律师执业证工本费、公证员执业证工本费、律师事务所执业许可证工本费，乡镇企业管理部门的乡镇企业管理费，民政部门的社会福利生产管理费，计生部门的照顾二胎生育费、流动人口婚育证明工本费，农业部门的土地肥料测试费、农作物品种区域试验费，烟草部门的烟草专卖许可证收费，卫生部门的民办医疗机构管理费，农机部门的农机维修厂点管理费、农机监理年审收费、农机事故处理费，武装部部门的城市民兵训练费，电信部门的固定电话初装费，取消省各项自认性基金等收费项目975项，收费标准2076条，调整标准776条，调整收费项目11项。

工农业产品：20世纪80年代，随着社会主义市场经济的发展，价格改革逐步深入，改革手段由以调为主、调放结合转向以放为主、调控结合。1987年，全部放开小商品价格。1988年8月，全国发生通货膨胀，物价上涨迅速，县物价局对化肥价格制定统一售价，尿素900元/吨，二铵1400元/吨；对煤炭、钢材、电力、化工等生产资料进行以提价为主的调整。1989年，按照国家制定的一系列政策和措施，实行控价目标责任制，严格控制出台新的提价项目，集中提价审批权限，对彩电实行专营并征收特别消费税和国产化发展基金，下浮13种名烟、名酒价格，整顿棉纺织品、铁锅、铝锅等日用工业品价格。经过一年的价格监控，物价猛涨势头得到遏制，1990年，物价形势明显好转。

1993年，放开部分粮食品种和部分煤炭、钢材价格，调整电力、石油、工业用盐、水泥、食盐、报纸期刊、部分化学药品、市区公共汽车票、自来水等价格，同时先后放开和多次调整肉、蛋、菜和调味品等生活必需品价格及日用品、服务项目价格。1994年，一季度提高电力价格和粮食收费价格，后又陆续放开化肥价格，提高棉花、原油和天然气价格。是年6月再次大幅度提高粮食销售价格。为稳定大幅度上涨的市场价格，对20种居民生活必需品和服务项目价格实行“监审制度”。1995年，国家为抑制通货膨胀，严格控制价改项目出台，统一部署价改措施。县物价局规定把化肥价格控制在进价加合理费用和1%～3%的范围内，由国家定价变为政府指导价。之后，电、水、药品价格都有调整。

2013年，审验行政事业性收费许可证94个，经营服务收费证24个，撤销电信、移动等单位经营服务收费证6个。2015年1月1日始，全国停止收费许可证年度审验工作。是年10月，按照定价程序，对绿源地热能开发有限公司供热价格进行成本监审、价格听证，报县政府常务会研究制定。确定供热价格为居民18元/平方米，非居民22元/平方米。2016年1月1日始，全国统一取消收费许可证制度。2017年3月，按照定价程序，对域内南水北调终端水价进行调查，经过成本监审、价格听证、政府常务会研究审批，根据河北省文件“南水北调”终端水价启动一次成本监审和价格听证，分别确定调价总水平，调价周期和分年度调价幅度，调价幅度一般不超过20%；居民用水目标价格为3.79元/立方米，低保和特困职工用水价格2.40元/立方米，其他用水目标价格为6.30/立方米，特种行业用水目标价格为30.70元/立方米（均不含污水处理费），2018年，根据《行政事业性收费标准管理办法》，行政事业性收费标准实行中央和省两级审批制度。

第二节　物价检查

随着改革开放的力度加大，价格违法的案件呈逐年下降趋势，由重罚转向重服务的方式。物价检查是对企事业单位执行国家价格政策和计划价格的情况进行监督与检查，主要包括专项重点检查、日常巡查。

2008—2010年，开展全县医疗服务专项检查、全县教育收费专项检查及涉农收费、电力专项检查，对在检查中发现的超标准收费分别进行没收违法所得和罚款处理，警示职能部门依法依规进行收费。

2011年5月1日始，国家发展改革委出台《商品房销售明码标价规定》，对商品房标价行为予以规范，从而成为调控房地产价格的有效措施之一。

2011年6月，按照国家规范房地产市场的有关规定，开展对故城县域内房地产企业实行明码标价、落实商品房“一房一价”的检查。

2012—2014年，开展医疗卫生服务价格专项检查和学校住宿费检查、电力收费专项检查。2016年，对房地产开发商按规定进行“明码标价、一房一价”专项检查，对未开展公示的企业进行处罚。2018年，开展物业收费专项治理，重点对小区物业收费及代收水费等下发价格提醒告诫函。

第三节　物价监测

2008—2018年，价格信息科分品种、类别对176种（2017年9月，改为111种）商品价格实施全程监控。其中，面粉、食用油、鲜肉（猪肉、牛肉、羊肉）、鲤鱼、鸡肉、鲜蛋、牛奶、蔬菜等主要食品、副食品和小麦、玉米、大豆、花生果、生猪、仔猪、化肥、柴油、饲料等主要农产品和农资共计50种，每周将平均价格上报衡水市物价局并做价格情况分析；每月将包含生活必需品类、日用工业消费品类、工业生产资料类、城镇居民服务类、涉农产品和涉农收费类共计176种商品价格上报衡水市物价局并做价格情况分析；根据对鸡蛋、鲤鱼、小麦、玉米这些主要食品和农产品的监测记录显示，每500克分别由2008年的3.37元、6.68元、0.82元、0.8元增长到2018年的4.12元、7元、1.22元、0.9元，涨幅分别是22.26%、4.79%、48.78%、12.5%；猪肉由2008年的每500克12.75元回落到2018年的每500克10.64元，降幅16.55%；花生油由2008年的每桶（5升）117.5元，增长到2018年的每桶141.1元，涨幅20.09%。

第四节　管理机构

1946年至中华人民共和国成立初期，物价由县工商管理局（科）管理。1956年，建县市场管理委员会。1958年，与计划委员会、财贸经济办公室并为经济计划市场物价管理委员会。1962年11月，建市场物价管理委员会。“文化大革命”期间先后并入财金局、商业局、计划委员会。1981年6月，建物价管理委员会。1983年12月始建物价局，设办公室、物价检查所。物价检查所为局属事业单位。1987年年末，全员12人，其中局长、副局长各1人。

1992年，故城县价格事务所成立，1996年5月，价格鉴证中心成立，主要从事涉案资产评估，属于局属自收自支的事业单位，全员11人。2002年，物价局改为政府直属事业局。2003年，物价局由行政局变为行政事业局。2008年，全局在职干部职工40人，其中局长1人，副局长2人，物价检查所11人，价格鉴证中心18人。2015年8月，物价局撤并，与科技局、发改局组成发展改革创新局。

第七章　质量技术监督管理

中华人民共和国成立前，故城县标准计量器具仅限于尺、斗、秤。20世纪60年代，实行计量改革，推行公制，加强计量器具生产管理。20世纪80年代标准管理加强。20世纪90年代，标准计量管理工作重心由过去长期侧重器具的检定修理和计量监督，逐步向工农业标准化管理、产品和商品质量监督等新的领域拓展。随着《中华人民共和国计量法》《中华人民共和国标准化法》《中华人民共和国产品质量法》相继公布实施，质量技术监督职能日益加强。县质量技术监督部门大力开展打假治劣活动，做到打击与教育结合，处罚与规范结合，严格执法与规范管理并重，认真查处质量伪劣案件，倾听消费者投诉，为企业挽回经济损失。深入市场，解决群众反映强烈的热点问题。检测各类计量器具，检查商品包装质量，查处计量违法案件，为消费者挽回经济损失，有力地净化市场，保证工商业的健康发展。质量监督部门新开辟标准化管理、质量认证、计量认证、生产许可证发放等多方面的质量技术监督工作。2018 年累计完成强制检定计量器具 55549 台件，有 23 家企业通过 ISO9000 质量体系认证，培育省级名牌 1 个、市级名牌 2 个、省优质产品 2 家、服务质量奖 1 个。

第一节　计量监督管理

1958 年，对杆秤进行逐件鉴定。1959 年 3 月 22 日，改革中医处方用药计量单位，改制戥秤被衡水地区计量管理局指为定点县，负责全区戥秤供应。是年 5 月 27 日，国务院颁发《中华人民共和国计量管理条例（试行）》，据此，按鉴定周期在全县范围内对计量器具普查，合格率达 85%。

1983 年 4 月 25 日始，对全县度量衡器全面普查，全县拥有各种型号台秤、地秤、案秤 1305 台，营业用杆秤（木、铜、骨、铝质）5700 杆，竹木直尺 300 把，量提具 450 件。尔后，对各种旧杂制不合格计量器具全部没收，对利用计量器具投机倒把行为进行批评教育，没收器具并罚款。自此，各商业经销单位实行群众监督，均设立标准尺、秤，各基层单位将斤足、提满、尺码够列入服务公约内容，并明文上墙公布于众。1986 年 7 月 1 日后计量器具受检率达 95%，合格率 90%。

1987 年，全面推行法制计量单位，改市制为公制各类衡器 863 台，商业用市尺全部改用米制尺。计量器具法定计量单位使用率达 98%。是年，故城县酿酒厂、故城县皮毛厂、故城镇贡面厂、故城县通用机械厂、三朗乡砂轮厂、建国镇化工厂、瓦子庄乡皮革厂先后获得三级计量合格证。至此，全县累计有 10 家企业取得三级计量合格证。计量定升级工作使企业达到节能降耗的目的，1989 年 1 月 1 日始，各种包装物及印刷物中一律使用法定计量单位。1989 年 4—7 月，与县卫生局先后两次联合发出通知，分别对全县医疗机构的心电图机和血压计进行强制检定。

1991 年，建立全县第一本强制检定计量器具"初始台账"，根据计量器具的型号、数量、检定日期、地理位置，绘制了高 2 米、宽 1.2 米的全县计量器具网络分布图。1995 年 4 月，对全县社会公用计量标准器具、企事业单位最高计量标准器具和用于医疗卫生、贸易结算、环境监测、安全防护等方面的列入强制检定目录的 55 项 111 种工作计量器具，列入强制检定手册，实行强制检定。

2004 年 7 月，对全县企事业单位最高计量标准进行清理整顿，金宝集团（原县钢丝绳厂）等单位的计量标准证书均在有效期内。2006 年 10 月，完成 11 项计量标准到期复审的考核验收，增强了计量技术机构服务于经济建设的能力。2007 年 10 月，完成对列入强检目录的计量器具建档工作，对强制检定计量器具进行动态管理。2009 年，通过开展"关注民生，计量惠民"活动，共完成计量器具检定 11762 台（件）。2010 年，深入开展民生计量"四进"活动，实现计量器具建档率、受检率 100%。2011 年，对全县 84 个加油站、860 条在用加油枪进行了周期检定，对新建住宅小区待安装的 13500 块燃气表进行了首次检定。2012 年，对 19 家重点耗能企业进行重点帮扶，指导企业建立健全能源计量检测体系，帮助企业制定降耗措施 19 项，累计为企业节约资金投入近 1000 万元。2015 年，全年检定衡器等计量器具 48926 台件，检验产品 1830 批次，有效降低企业的生产成本，减少不必要的资源浪费；积极配合县水务局做好水网改造计量服务工作，全年共检定水表 4 万块。2017 年，为服务大气污染治理工作，发挥技术、设备、人员优势，开展燃气表免费检定服务，共计检定燃气表 11212 块。2018 年，为工农商业免费计量检定校准突破 35000 台件大关。可为各业降低生产成本 1200 多万元，创历史最高纪录，列全省前列。被评为全省十佳计量检定技术机构。

第二节　标准化监督管理

1979 年 9 月，国务院颁发《中华人民共和国标准化管理条例》，故城县人民政府于 1982 年 9 月召开全县广播大会，会上对实行标准化管理工作进行总结，并部署下步如何加强标准化管理的安排意见。县标准科随之编写《标准化解答》，举办标准化培训班和广播讲座，利用幻灯片进行宣传，并对全县工业产品执行标准情况进行普查。县直 23 家工业企业产品，执行国家标准的 15 种、部颁标准的 13 种、企业标准的 7 种、合同标准的 7 种。至 1987 年，依照《中华人民共和国食品卫生管理条例》和 54 种食品卫生标准，对全县食品卫生进行三次检查，督促236家乡镇企业产品，其中150家执行国家标准，86家执行部颁标准和合同标准。故城县酿酒厂、故城县皮毛厂、故城镇贡面厂、故城县通用机械厂、三朗乡砂轮厂、建国镇化工厂、瓦子庄乡皮革厂先后获得三级计量合格证，全县标准器具受检率达100%。

1987年8月，县钢丝绳厂成为故城县第一家采用国际标准和国外先进标准的“双采”试点单位。1988年，三朗砂轮厂、钢丝绳厂通过采用国际标准和国外先进标准的“双采”验收。1989年4月，深入域内50个单位进行《中华人民共和国标准化法》宣传发放张贴《中华人民共和国标准化法》300份，为社会各界提供标准资料270份。

1990年9月，清理已有地方标准，帮助县钢丝绳厂制定轮胎钢丝内控标准，该产品当年获利21万元。是年12月1日，县政府成立故城县《食品企业通用卫生规范》标准实施监督组织机构，由县标准计量局、县卫生局、县食品工业办公室联合组成，县标准计量局牵头落实对该标准执行情况的监督检查。1991年9月27日，《河北省标准化管理暂行办法》发布并实施。1992年5月1日始，对域内国旗升挂单位国旗使用情况进行监督检查。1995年4月，对19家企业的23项企业标准按照标准的基本规定进行清理复审。

1999年7月28日，召开全县消灭无标生产县动员大会，同日，印发《故城县消灭无标生产实施方案》，成立故城县消灭无标生产工作领导小组，成为全省第二批消灭无标生产县之一。通过消灭无标生产工作，域内批量生产的366家工业企业，涉及产品519种，标准覆盖率100%。

2004年，县质量技术监督局积极与农业部门联合，对域内棉花、大蒜等优、特色农产品进行标准化培育，制订并推广农业标准化的实施战略。2008年，筛选农业标准化示范项目2个，制定企业标准3个，企业标准复审2个。指导、帮助企业制订备案企业产品标准153个，办理企业产品执行标准登记证书52个。

2010年8月，完成故城山水水泥有限公司采用国际标准认可1项。同时，申报河北联通通信公司故城分公司为服务业标准化试点，申报故城山水水泥有限公司、河北星月制动材料有限公司、河北甘陵酒业有限公司3家企业为省级标准化良好行为企业试点。2012年，帮助6家企业完成企业标准备案的上报工作，完成1项县级农业地方标准（拱棚有机菠菜生产技术规范）的制定工作，并做好1项省级服务业标准化试点，1家省级“标准化良好行为企业”试点申报前期的情况摸底、材料准备工作。2013年，整理申报摩擦材料相关行业标准材料，并研究确立了1家为省级服务业标准化试点培育对象，和1家省级标准化良好行为企业培育对象。2017年年初，将手工特产“故城龙凤贡面”列入国家地理标志产品申报项目，通过国家技术性验收。

第三节　质量管理

1988年6月16日，与县生产资料公司合作创建化肥农药化验室。是年，与县棉麻公司、县酒厂合作分别创建天平检验室、食品实验室。1991年4月，对全县各级医疗卫生机构使用的列入生产许可证发证范围的一次性输液器、输血器，注射针，全玻璃注射器及青霉素钾、钠盐及其制剂进行监督检查。1992年2月，启动条码办理工作。

质量监督人员深入刹车片生产企业监督检查

1993年9月1日，《中华人民共和国产品质量法》实施，县技术监督局在全县开展《中华人民共和国产品质量法》宣传活动，发放宣传册3000多本，在各乡镇主要集市街道张贴宣传标语1000多幅。1994年7月，县政府成立“九四农资质量年”活动领导小组。对全县生产和销售无生产许可证化妆品进行监督检查，共检查23个单位，52个品种的商品，查处违法案件10起。

2004年，完成第一批662家企业的质量档案的建档，实现对全县生产企业质量状况的动态管理，为质量诚信体系建设打下坚实基础。2008年年末，培育省级名牌1个、市级名牌2个、省优质产品2家、服务质量奖1个。2009年，扎实开展“名牌兴企、质量兴县”活动，帮助五家企业申报河北名牌。建立健全企业质量信用体系，对失信企业建立“黑名单”制度，实行“曝光”等惩戒措施。办理组织机构代码3271个、条码91家，两码工作继续保持全省县区领先地位。2010年，完成2家获证实验室复评审，辖区内五家获证实验室基本信息全部录入河北省实验室监督管理系统，协助完成二家获证实验室的监督评审工作。代码工作电子档案复查完成3000余份。

2012年，标准计量局牵头组织工商、公安、电力等部门成立联合工作组，全力开展区域性产品（摩擦制动材料）的规范提升工作，成为各项工作开展中的亮点工作之一。摩擦材料产品质量，通过省区域性产品质量提升考核小组验收。河北星月制动元件有限公司先后获得“名牌企业”和“质量效益型先进企业”等奖项。2014年年初，质量监督局与所有食品生产企业签订食品质量安全生产责任书和承诺书。有3家取得省名牌，3家取得省优质产品企业，1家取得省服务名牌，1家取得省质量效益型先进企业，1家取得县政府质量奖。2015年，对已经获得名优名牌的6家企业进一步细致规范，扶持做大做强。2016年12月，省政府在故城县召开了全省区域性产品质量提升经验交流会议，肯定县区域产品质量提升的做法并在全省推广。2017年，完成申报省名牌产品3家，优质产品2家，质量效益型企业1家，质量信用评价3家，首席质量官2家。2018年，故城县被列入全国区域产品质量提升示范区。

第四节　执法监督

县质量监督行政执法工作结合地方经济特点，重点对刹车片、小麦粉、烧结普通砖、建材、农资、农机及其零配件等全面加强执法监督检查。1987年8月，对夏季饮料、食品进行执法检查。

1990年9月20日，在域内开展亚运会期间执法检查，重点对流通领域超期变质、无质检证、无生产许可证的商品进行监督检查。1995年5月，对全县的28家食品生产销售企业进行监督检查，查处劣质超期饮料、罐头等劣质食品17种。1996年9月，为配合全省除涝救灾、恢复生产工作，按照省技术监督局统一部署，开展秋季市场商品质量大检查和打假活动。

2002年10月，开展“查农资、保秋种”专项监督检查，共抽取以化肥为主的农资样品347批次，不合格42个批次，涉及不合格农资15个品种，计200余吨。2003年4月，开展非典型肺炎医疗用品专项检查。2007年8—11月，开展了为期4个月的产品质量和食品安全专项整治行动，初步建立起产品质量和食品安全监管长效机制。自2008年3月30日始，对域内刹车片企业进行为期2个月的专项治理整顿。通过帮扶整改，在国家质检总局组织的验收工作中，全部企业达到细则要求的标准。2010年，域内被列入整治范围的重点产品生产企业包括区域产品刹车片获证企业30家、电热毯企业1家、电线电缆1家、水泥企业1家，均100%建立质量档案，消除了无证生产行为。2015年，辖区内38家获证企业进行许可证年度自查，配合审查组对5家获证企业实地核查，督促企业整改，确保企业产品质量安全。2016年，帮扶企业达到产品合格率100%。2017年，辖区内有55家获证企业，其中包括32家摩擦材料、7家铁塔、2家砂轮、2家橡胶软管和软管组合件等企业。2018年，50家获证企业开展了生产许可证年度自查工作，对3家危化品包装企业、1家水泥生产企业、1家砂轮生产企业及10家刹车片生产企业进行实地核查，对发现检验室检验设备检定标签粘贴不到位、生产车间上下工序混乱、工艺卡放置不到位等情况督促企业进行有效整改。

第五节　特种设备安全监察

2001年1月1日，特种设备安全监察职能由县劳动人事局转入县技术监督局，由综合业务室承担其职能。7月，对全县103台锅炉进行检验。每年7—8月份协助衡水市特种设备检验所对域内的特种设备进行检验。2002年6月，开展加油机防爆监督检查。2003年3月，成立特种设备安全监察股，挂靠在质量监督股。2003年6月1日，《特种设备安全监察条例》实施。是年7月，对压力管道和气瓶进行普查登记和整治。是年9月，开始按《河北省特种设备使用动态管理实施方案》对特种设备进行调查摸底，利用计算机初步创建数据库。2004年，建立特种设备台账和重点危险源台账，利用计算机数据库对特种设备实行动态管理。制定突发事故救援预案。建立第一责任人制度，明确特种设备使用单位负责人是第一责任人的责任机制。2005年，出台《故城县特种设备安全监察事业发展三年规划》《全县特种设备管理工作的实施方案》《故城县特种设备重特大事故救援预案》《关于严禁非法安装 维修 改造使用锅炉的通知》等文件，制定和落实目标管理责任制。制度体系建设初步建立。特种设备安全监察工作每年根据工作实际进行整体安排部署，加强日常监管。注重加强日常巡查和敏感时期重点排查，在重大节假日期间对特种设备使用单位进行重点检查。

2008年开展奥运安保特种设备大检查活动。检查特种设备使用单位60余家、各种特种设备100余台，整改各类事故隐患18处，下达监察指令书20余份，依法拆除土锅炉1台，查封非法运行特种设备3台。2009年，以贯彻实施新修订的《特种设备安全监察条例》为契机，对全县2491台在用特种设备实施了有效监察，针对中华人民共和国成立60周年纪念活动，开展特种设备安全大检查。

2010年，对195台件特种设备，涉及使用90家单位，进行4次大规模的巡查。2011年，增加对涉及12个单位总长度1935米压力管道的监管。2012年，检查企业116家次，共清理维护在用特种设备动态监管数据30余条，检查重点监控单位16家、重点监控设备46台件，查出并督促整改各类隐患20项。2013年6月，开展特种设备安全大检查工作，检查的主要内容是使用单位安全生产责任制的落实情况，安全操作规程、事故预案和安全生产规章制度的建立情况；特种设备的使用登记注册情况；设备安装监检及定期检验情况；作业人员持证上岗情况等。2014年，特种设备有锅炉（在用68台，已停用31台）、压力容器（在用122台，停用1台）、电梯（在用405台，停用8台）、起重机械（在用271台，停用56台）、厂（场）内机动车辆23台。设备使用登记发证率达100%，现场全面检查率达90%。2015年，特种设备检验登记备案率、录入率均达100%，实现了动态管理；监督检查特种设备使用单位175家，现场全面检查率达76%；重点监控使用单位及重点监控设备现场全面检查率、定期检验率达80%；气瓶充装单位现场检查率达100%；在共有电梯使用单位41家，在用设备578台；起重设备使用单位118家，在用设备312台。2017年，开展“两会”“五一”“十一”“十九大”等节假日期间的特种设备安全大检查，向电梯使用单位统一发放“电梯安全注意事项牌”，告知张贴每个电梯的轿厢。特别对液化气站、县医院和学校等138家重点危险源的安全措施加大巡查。2018年，特种设备监管安全突破十五年无事故大关，创特种设备安全零事故的历史最高纪录。

第六节　管理机构

1933年，域内设有全省唯一的度量衡鉴定所，隶属故城县国民政府建设科。

中华人民共和国成立后，县人委设市场物价委员会兼管计量，由各业务管理部门（县供销社、商业局、粮食局、工业局等）具体执行。1965年1月1日，建计量站，隶属县市场物价委员会。1973年，易为标准计量所，改属县科技局。1980年9月，县政府组建标准科，全员5人。1984年，标准科与标准计量所合并，称故城县标准计量局。1987年5月，设产品质量监督检验所，隶属标准计量局。1987年年末，局设办公室、质量监督检查所和计量所。全员9人，其中局长1人、副局长2人。

1991年8月，进行机构调整，增设标准股、计量股、监督执法股、产品质量检验所、计量测试所。1993年8月19日，故城县标准计量局更名为故城县技术监督局。1996年10月30日，故城县机构编制委员会批准建立科级故城县技术监督局，行政编制8人，事业编制6人。1998年3月18日，技术监督系统实行省以下垂直管理，故城县技术监督局为衡水市技术监督局直属机构。

2001年1月1日，经省人事厅、省质量技术监督局批准，县技术监督局105名在职人员、12名离退休人员正式划归省质量技术监督局，至此，人、财、物全部实行垂直管理。2002年1月1日，故城县技术监督局更名为故城县质量技术监督局。

2003年3月，按照省编制委员会、省质量技术监督局下发的河北省文件规定的人员、编制、机构方案，局加挂故城县质量技术监督局稽查队和故城县打假办牌子。2005年3月，特种设备安全监察股从质量监督股分离单设。2007年8月，食品安全监管职能从质量监督股分离，单独设立食品质量安全监管办公室。

2014年，根据上级文件要求，质监系统人员、技术、职能等全部移交地方政府，即由省垂直管理划转地方政府管理。2016年，质监局、工商局、药监局三局合并改为食品和市场监督管理局，挂故城县质量技术监督的牌子。

第八章　财　政

明代，县内设户房，执掌财政收支、赋税等事务，沿至清末。

民国初期，故城县国民政府设理财所，执掌财政收支，后设财务局（年代不详）。1933年，易名财政局。

中华人民共和国成立前，域内经济与财政秩序混乱，尤以日伪统治时期为最。统治者靠强征暴敛苛捐杂税和名目繁多机构的钱物摊派，以及清乡抢粮，维护其统治。1939年，县抗日民主政府设财政科或财粮科，科长1人，科员2人。

1945—1949年，县政府均设财政科或粮秣科，各区亦设财粮干事或粮秣干事。20世纪50年代逐步建立完善财政体制，伴随经济恢复发展，财政收支规模逐渐扩大，并将收入部分用于发展农业、工业、文化、教育、卫生、科技等事业。2018年，实现财政收入114406万元，财政总支出300045万元。

第一节　财政体制

一、中华人民共和国成立前财政体制沿革

明、清两代实行地丁折银，大部上缴，小部存留作为县地方支出。中华民国初年仍沿清制。中华民国中期县设财务局，实行中央、省、县三级财政体制，赋税上缴，县办公经费由上级拨付。1912—1934年，田赋正税、牙税正税按制征收，上解省财政厅。县内以田赋附加、牙税附加和附捐、杂捐征收支用。

抗日战争时期，故城县国民政府、日伪政府无正规财政体制，乱行摊派、滥而无制。抗日民主政府主要为人民武装部队筹措粮款，视村庄政权控制程度而定筹措多寡。然因战争环境所致，财政体制亦无明文规定。解放战争时期，县政府按照冀南区合理负担办法，征收有关税款；同时派征实物，支援前线。然因战争原因，仍未制定正规财政体制。中华人民共和国成立后，按照“取之于民，用之于民”原则和“发展经济，保障供给”方针，财政体制渐趋正规。

二、中华人民共和国成立后财政体制变革

改革开放前财政体制　1950—1952年，为医治战争创伤，尽快恢复经济，国家实行高度集中统收统支的财政体制，即收入全部上解中央、支出逐级下拨、收支两条线。此间，县不属一级财政。故城县财政收入，全部上解衡水专署，支出由上级财政部门逐月拨付。

1953年，地方财政管理权限扩大，故城县成为一级财政，纳入省级预算，实行统一领导、分级管理体制。

1954年至1957年10月，实行中央和地方划分收支，分类分成，分成比例一年一定体制。

1957年11月，国务院颁发《关于改进财政管理体制决定》，自1958年始，实行收支五年不变体制，但仅执行一年。1959年，国务院决定实行收支下放、计划包干、地区调剂、总额分成、一年一定体制。该体制实行使县财政计划同国民经济得以衔接，地方收入与支出挂钩，地方组织收入积极性得以发挥。

1960—1970年，管理体制除年度之间在收入划分上做过相应调整外，基本上执行总额分成、一年一定体制。1965年始，收入上解各半。1967年始，留成比例为80%，支出仍如上年数额。支出预算遵循勤俭节约、瞻前顾后、统筹安排、保

证重点、兼顾一般原则。1960—1975年，有所增加，每年上解、留成比例各半。

1971年，实行定收定支、收支包干、保证上缴（或差额补贴）、超收分成、结余留用、一年一定体制，简称收支包干。超收部分省、地、县按比例分成。

1974年，实行收入按固定比例留成、超收另定分成比例、支出按指标包干体制。

1976年，实行定收定支、收支挂钩、总额分成体制。收支范围和管理权限较1960—1975年有所增加，每年上解留成比例各半。

改革开放后财政体制 1980年，实行划分收支、分级包干财政体制，一定五年不变，即工商税收全部上解中央，企业利润所得税、农业税、其他收入作为地方收入。

1981年，工商税上解56%，其他收入留县支用。1982年10月，县财政局与税务局分设，收入总额上解、留县分别为45.1%、54.9%。1983—1984年，核定额上解、留县分别为44.4%、55.6%，超收留县。1983年，域内建立乡一级政权，相应进行乡财政工作，组建乡财政所。从此，故城县财政分县乡两级管理。1985年，收入总额上解、留县分别为31%、69%。据经济体制改革精神，国务院自1986年起一律实行划分税种核定收支、分段包干体制，一定五年不变。此体制进一步明确各级财政权利、责任，基数不挤不让、不统不包。为适应新因素变化，1986—1987年，对地方固定收入和中央与地方共享收入仍实行总额分成办法。局内设股室机构5个，即人事秘书股、预算股、企业股、农财股及财政综合计划股。基层单位有23个乡（镇）财政所。1996年，"合乡并镇"后，乡（镇）财政所为13个。

三、县级财政

1990年，实行"递增包干上缴"的财政体制。财政收支基数的调整以1986年决算参与分成收入为基础计算。

1992年6月，增设"国有资产管理股"，对外挂"故城县国有资产管理局"牌子，定事业编3人，设股级干部1人。是年8月，建立故城县税收、财务、物价大检查办公室（简称三查办），配主任1人，副局长级待遇，定员4人，所抽人员带行政编制组成。是年，县财政实行"定额上缴"的管理体制，每年定额上缴市235.8万元，财政收支基数、收入留成比例和上解比例不做调整，仍执行衡水市文件下达的收支基数和分成比例。

1993年始，县财政恢复"上缴递增包干"办法。在体制实行期间，年递增比例为5%。1994年1月起，实行分税制。原财政体制分配格局暂不变，实行"定死基数，递增上解，超收全留，短收自负，一定三年"的乡级财政体制，即将核定的乡镇财政收入上解县，以1993年上解数为基数，递增率按原比例不变。

1996年，文教卫生事业费开始单列，列为文教事业费、卫生事业费、新增国防支出，商业部门事业费调整为流通部门事业费。是年12月，故城县对行政事业单位进行机构改革，县财政局编制58人。内设机构：人事秘书股、预算股、企业股、农财股、三查办公室、控购办公室、中华会计函授辅导站、会计事务股、征管股、稽查股。

1998年，支出结构进一步细化和调整，文教事业费调为教育事业费和文体广播事业费，其他部门事业费调为税务、统计、财政、审计部门事业费，新增社保补助支出类等。

2002年，行政事业单位进行机构改革，财政局划入职能是原国有资产管理局承担的职能和原预算外资金管理局的职能及国税局、人民银行承担的地方金融企业财务监管的职能；减少的职能是不再承担组建大型支柱性企业集团职能，取消财政信用周转金制度，不再审批与之相关的生产经营项目；当年行政编制22人，事业编制36人。内设机构有人秘股、预算股、企业股、农财股、监督检查股、文行股、农税办公室、政府采购中心、财政集中支付中心、函授站、会计事务管理中心、预算外资金管理中心、收费所、拍卖行。是年10月，衡水市财政局、国税局、地税局、人行联合下发《关于财政体制改革后有关预算管理问题的通知》，企业所得税、个人所得税、增值税、营业税为省、市、县共享收入，按比例分别上缴省、市、县财政。资源税、城镇土地使用税为市、县收入，按征收级次缴入市或县财政。各县净上划中央所得税返还数额，以2001年为基数核定，每年定额返还各县。

2003年，市对各县实行"四税"超额完成增长率收入全返政策。此规定自2003年1月1日起执行，到2005年12月底，一定三年。此间，市财政局《关于财政体制改革后有关预算管理问题的通知》中有关省市财政“四税”返还的规定停止执行。

2005年，乡级财政所仍为乡镇管理。调整后的县局机构有26人，其中局级干部3人、股级干部8人、一般干部14人、职工1人。

2008年年末，内设机构仅做了小的调整：函授教育归属会计事务股管理，控购办公室归属政府采购中心管理，内部增设综合股，具体负责涉外及卫生防疫工作。

2012年12月，财政局职责进行了调整：取消已由县政府公布取消的行政审批事项；将耕地占用税、契税征收管理职责划给地方税务局。机关行政编制19名，其中局长1名，副局长3名，股级领导职数14名。机关工勤人员编制2名。内设机构有人秘股（办公室）、预算股、国库股、文行股、社保股、农业开发股、经建股。

2014年1月，确定县财政局所属事业单位的机构编制。所属的股级全额事业单位有国库集中支付中心、政府采购中心、财政投资评审中心、国资监督条法中心、农村综合改革管理中心、企业金融管理中心、会计综合管理中心、非税收入管理中心、综合治税办公室、县农业开发扶贫办公室。

2016年8月，根据省、市文件精神，设立政府采购办公室，为财政局内设行政股室，核定股级职数1名，人员编制由财政局内部调剂。将原财政局所属股级事业单位“政府采购中心”机构职能从财政部门分离，交由公共资源交易中心代管，原从事采购职能的事业编制2名（含股级职数1名），一并划转。

四、乡（镇）财政

1949—1974年，域内未专设乡（镇、公社）财政机构。全县分7个税市所，负责征收工商各税、农业税和市管费，收入全部上缴县财政局。支出归口管理，实行报账制，由县财政局统管。

1975年12月，在省、地工管部门指导下，学习借鉴湖北省建公社一级财政经验，于是年4月，建公社财政所10个（故城、辛庄、房庄、郑口、建国、武官寨、饶阳店、军屯、小屯、青罕），是年7月，扩至全县各公社，即一社一所。各所负责各自辖区财政收入，支出由归口管理改为公社财政统管。

1982年，财税机构分设后，各公社财政所解体，由1人负责农业税征收工作，支出由县财政统管。1984年，易名为乡（镇）财政所，分管或兼管出纳、农业税、支农支出预算资金、国库券等项业务。财政所除所长、会计各1人外，视需要配备4～5名工作人员。郑口、赵行、武官寨、建国、军屯、饶阳店、原隰、房庄、辛庄、里老、故城、青罕所各配5人，西半屯、瓦子庄、杏基、三朗、梧茂、小庙、夏庄、小屯、袁庄、要庄所各配4人。

1984年1月建乡（镇）财政后，实行定收定支、收支挂钩、总额分成、一年一定、超收奖励、节余留用、超支不补的管理体制。其原则是核定收入任务，按照支出范围，视各乡（镇）实际，核定分成比例，实行权、责、利结合。既有利于调动乡（镇）政府积极性，又有利于国家和县财政收入稳定增长，以适当集中资金、保证重点建设。

设乡（镇）财政收入包括工商各税、农业税、其他收入。支出本着由简到繁、逐步下放的精神，首先下放支农专款和周转金，后下放文化教育、卫生、计划生育、公费医疗优抚救济、自然灾害救济、乡（镇）行政管理费、财政、税务、工商行政管理事业费等项支出。乡（镇）财政不设金库，收入全部上解县金库，支出按核定分成比例，吃定补乡（镇）的定额补助，由县返还乡（镇）财政，为支出资金。

超收奖励和支出节余，为乡（镇）财政机动财力，用于弥补经费不足、发展事业。超额奖励比例由县财政根据各乡（镇）收支情况一年一定。

1987年，县财政局制定乡（镇）财政体制：定收定支，收支挂钩，总额分成，超收奖励，短收自负，一年一定。对乡财政收入超收部分，按档次分别计算分成的办法，对超额完成收入任务部分，扣除乡留成和上交地区外：超收3万元以内的五五分成，即县乡各半；超收3万～8万元的，按四六分成，即乡留40%，县分60%；对超收8万元以上的按三七分成，即乡留30%，县分70%。对完不成收入任务的乡镇，其影响支出部分，由乡镇负担。在确定乡（镇）财政体制、定死收支基数后，经多方测算，确定乡镇分成比例。全县各乡镇分成比例为27.47%，较上年有所增加。乡级收入项目：工商各税，农业税、农特税、耕地占用税，上述后三税暂不列入收入基数。支出项目为教育事业费、计划生育费、公费医疗费、优抚和社会救济费、行政管理费、乡财政干部经费、农业事业费、农机事业费、林业事业费。是年末，各乡（镇）财政总收入8783839元，占全县财收入总额的63.6%。其中工商各税为6593650元，占全县财政总收入的75.1%，农业税2190189元，占全县财政总收入的24.9%。各乡（镇）财政总支出2844133元，其中农林水事业费61742元，占乡（镇）财政支出总额的2.2%；文教卫生、科技事业费1141441元，占40.1%；抚恤、社会救济537635元，占18.9%；行政管理955104元，占总额的33.6%；乡（镇）财政干部事业费148211元，占财政总收入的5.2%。

1988年8月，对乡（镇）财政所由系统统一管理，调整为由乡（镇）政府管理，即人员、编制、人权、事权、工资均由乡（镇）政府管理，此次调整共有61名干部职工划归乡镇管理，其中：所级干部23人、一般干部19人、职工19人。

1989年9月，建立“税收、财务、物价大检查办公室”，人员从财政、税务、物价、审计四个部门各抽一人组成，编制工资关系暂不动，工作与原单位脱钩。建立“控制社会集团购买力办公室”，定编3人，增事业编制3个。增设“事业股”，不增编制，人员由财政局内部调剂。财政局使用农业税干部专项事业编制3个，增为局内事业编制。

1991年，县财政对乡镇递增比例参照近三年工商税收的平均增长比例和乡与乡之间经济条件近似、大体拉平的原则确定。收入基数：按照税务局下达的工商税收任务和财政局下达的农业税任务（耕占税、农特税暂不作收入基数）与乡镇挂钩，实行单独结算的办法。支出基数：总的原则是按编制保人头费，安排公用经费，超编人员由乡镇自行安排。

1994年，收入基数按税务局下达的工商各税任务和财政局下达的农业税任务；支出基数按1989年支出基数加政策性增支因素等核定支出基数。递增上解比例及任务，收入基数减支出基数为1992年上解任务，从1993年起，逐年递增上解。农特税、耕占税、契税实行单独结算。1995年，乡镇财政体制为：定死基数，定额上解，定期兑现，超额分成，短收自负，一定三年。

1996年，故城县行政区划改革，原有23个乡镇合并为13个，乡级财政所相应调整为13个。乡镇财政因行政区划调整，超收分成调整为超收全留。之前一定三年体制随着机构变化作了调整。是年，乡镇财政体制确定为“定死基数，定额上解，定期兑现，超收全留，短收自负，一定二年”。收入范围亦调整为中央两税（即增值税和消费税）、地方工商税、农业税、农业特产税。支出范围无新变化。超收全留与短收自负，保证上解任务。中央两税超收入基数部分按75%上解中央，25%返还给乡镇，达不到基数，由乡镇财力负担。地方税收超基数部分全部返还，达不到收入基数，短收部分全部由乡（镇）财力负担。收入基数减支出基数为1996年上解基数。

1997年，仅就上解基数递增。此年体制按文件规定应执行到1997年，实际延续到2001年，故1996—2001年，收支内容及类别没有大的调整。

2002年，再次调整乡财政体制，基本原则是维持原体制介入的多种因素法原则，转移支付补助中的平衡性原则，税费改革后维护乡镇实际利益的原则，分灶吃饭的原则。体制内容为确定基数，分灶吃饭，定额上解，分期支付，超收分成，短收倒扣。此体制暂定三年，并结合税费改革新精神，适时进行调整。此体制暂定三年（至2005年），并结合税费改革新精神，适时进行调整。

2015年，根据衡水市行政审批制度改革工作领导小组办公室《关于我市“扩权强镇”改革试点工作的实施方案》的文件精神，对建国镇实行“核定收支、保障基本；超收分成、自求平衡”的乡镇财政管理体制。衡德工业园实行“核定基数、保障基本；收入返还、自求平衡”的财政管理体制。

第二节　财政收支

一、明、清、民国时期财政收支概况

明代财政收支　明代，据明万历四十二年（1614年）《故城县志》载，洪武至正德年间（1368—1521年），以在册地亩一定实物为财政收支对象（未载上解国库、留支地方数额），万历四年后，财政收支形式由征实物，改为折银两，财

政收支主要有田赋、均徭、里甲银两。县支用银两主要有三：之一是存留银738两9钱1分2里7毫（此数为夏税、秋粮、马草存留银两合计数），占夏税、秋粮、马草征银3636两5钱5分7厘4毫（内含25两8钱8厘9毫脚价银）的20.3%，用于县内费用支出。之二为里甲银611两6分5厘（此为额支、待支、杂支银合计数），用于赴县官客柴炭油烛等项支用。之三系驿站工料银1195两2钱7分6厘2毫，用于驻县驿站诸项费用，余则银两上解。另有起运银2873两1钱5分9厘7毫，种马银901两5钱1分7厘，兵饷银135两3钱9分1厘4毫，草料银171两3钱6分，均徭银6800两6钱7分2厘3毫，另有不入条鞭法钱粮，共银441两8钱6分1厘3毫（此为给爵籽粒银，牧地籽粒银，河道淤地银，班匠价银合计数），课税（工商税）14014贯480文，诸项上解。

清代财政收支 清代，据清雍正《故城县志》载，雍正五年（1727年），县存留银2440两4钱4厘零（“零”为以下计量单位省略字，下同），闰年加银50两4钱9分5厘5毫零，共银2490两8钱9分9厘5毫，占全县国年征银17556两9钱3分2厘5毫的14.2%。除总河河工支银32两3钱7分5厘4毫，车纤夫工食支银89两外，余则县内支用。另，起运银15066两3分2厘8毫上解。据清光绪《故城县志》载，光绪十年（1884年），县存留银1726两3钱4分2厘，遇闰加银24两8钱5分9厘，共银1751两2钱1厘，占全县田赋正银17886两6厘零的9.8%。县内支用银两仅载有养济院支口粮银54两，支冬衣银4两1钱7分5厘，留养局支经费银200两，铜钱200枚。另，起运银15175两9钱6厘7毫，遇闰加银674两3钱4分6厘，课税37两4钱6分5厘7毫（当铺、案租征收银两合计数）上解。

中华民国财政收支 据1928年，河北省各县富力统计表载，故城县年收入120629.965元，其中上解国家58707.966元，地方留用61921.999元。据河北省各县地方经费支出概况总表载，1932年，岁入80426元，岁出80880元，其中经费支出76020元，临时支出4860元。岁出超岁入454元，以增抽附加捐弥补。据1934年，《河北省月刊·各县调查·故城》载，省款岁入61923.3元，每年留支13440元，地方款岁入66523元，支出73525元，地方款收入来源主要为田赋附加、各项杂捐、牙税附加等。

二、中华人民共和国成立后财政收入

中华人民共和国成立初期，县财政收入包括农业税、屠宰税、牲畜交易税、事业收入，其他及上年结余。1954—1987年财政收入项目虽有变化，仍以税收为主，数额呈上升趋势。

改革开放后，财政收入项目虽有变化，仍来源于农工商税收、国营企业收入、专项收入和其他财政收入。随着域内经济发展，财政收入数额呈上升趋势。

20世纪80年代初，域内经济发展迅速，财政收入不断提高，财政收入为925.4万元。1987—2005年，故城县财政收入主要有工商各税、农业税及其他收入，总体呈逐年递增趋势。20世纪90年代初，域内财政收入为1733.9万元。2006年，国家取消农业税，域内财政收入主要包括国税、地税、财政系统非税收入、政府性基金收入、一般预算收入等，至2018年，财政收入稳中递增。域内财政收入已达114406.0万元。

1955—1987年故城县财政收入统计表

表12-5 单位：千元

年份	总计	企业收入	工商各税	农业税	其他收入
1955	800	0	318	310	172
1956	768	0	232	504	32
1957	1006	1	209	345	451
1958	6416	1084	1043	1289	3000
1959	13636	3436	3499	6646	55

续表 12-5

年 份	总 计	企业收入	工商各税	农业税	其他收入
1960	13333	3502	4366	5403	62
1961	1921	487	1035	314	85
1962	1243	-164	940	433	34
1963	1164	-21	836	315	34
1964	1231	-3	840	390	4
1965	2719	254	1437	922	106
1966	2647	384	1121	1107	35
1967	2304	223	894	1176	11
1968	1690	247	881	554	8
1969	3609	532	1691	1302	84
1970	4374	1069	1894	1391	20
1971	4608	1046	2277	1249	36
1972	6649	833	4366	1446	4
1973	6283	1434	3821	1008	20
1974	7508	1135	5092	1277	4
1975	8715	1060	6376	1270	9
1976	9792	1152	7345	1267	28
1977	11113	1064	8900	1145	4
1978	11588	1225	9084	1229	50
1979	9597	1420	6840	1319	18
1980	9254	1336	6906	1021	-9
1981	10493	1314	7549	1575	55
1982	9421	1276	6720	1393	32
1983	9632	1851	6326	1400	55
1984	10783	1938	7185	1536	124
1985	10652	22	8602	1905	123
1986	11823	539	9314	1856	114
1987	13811	978	10779	1847	207

1988—2005 年故城县财政收入统计表

表 12-6　　单位：万元

年 份	总 计	工商各税	农业税	企业所得税	契 税	基金收入	专项收入	其他收入
1988	1567.2	1316.3	204.0	0	0	0	4.8	42.1
1989	1735.8	1469.0	188.1	0	0	0	8.0	70.7
1990	1602.2	1340.9	196.0	0	0.6	0	22.2	42.5

续表 12-6

年　份	总　计	工商各税	农业税	企业所得税	契　税	基金收入	专项收入	其他收入
1991	2128.2	1541.1	198.0	148.8	3.0	53.6	38.2	145.5
1992	2244.5	1888.7	230.0	0	4.4	0	48.9	72.5
1993	3124.0	2699.0	225.0	0	6.0	0	57.0	137.0
1994	1819.0	1323.0	0	263.0	0	0	91.0	142.0
1995	2188.0	1665.0	0	415.0	0	0	86.0	22.0
1996	3370.0	2192.0	0	516.0	0	0	255.0	407.0
1997	4247.0	2924.0	0	526.0	0	232.0	0	565.0
1998	9946.4	6918.8	734.0	1133.0	20.0	120.6	112.0	908.0
1999	9718.8	8012.8	557.0	759.0	31.0	147.0	145.0	67.0
2000	8886.1	7139.5	555.0	448.0	50.0	469.6	224.0	0
2001	9013.9	7679.3	400.0	528.0	50.0	61.6	169.0	126.0
2002	10828.0	6123.0	3772.0	102.0	12.0	689.0	130.0	0
2003	12015.0	6876.0	3951.0	59.0	14.0	992.0	95.0	28.0
2004	12601.0	8263.0	2142.0	80.0	36.0	1492.0	570.0	18.0
2005	14005.6	12523.6	1013.0	91.0	55.0	0	280.0	43.0

2006—2018 年故城县财政收入统计表

表 12-7　　　　单位：万元

	一、财政收入				二、政府性基金收入	三、一般预算收入	其中：非税收入
年　度	合　计	国税系统	地税系统	财政系统			
2006	13453.0	7946.0	3798.0	1709.0	245.0	4620.0	1646.0
2007	15866.0	9497.0	4626.0	1743.0	4118.0	5283.0	1538.0
2008	18006.0	11433.0	5569.0	1004.0	3481.0	6013.0	911.0
2009	25008.0	14305.0	7961.0	2742.0	6938.0	10785.0	1136.0
2010	31551.0	17789.0	11906.0	1856.0	7132.0	13522.0	1856.0
2011	43688.0	23648.0	16250.0	3790.0	20697.0	20219.0	3790.0
2012	58000.0	30816.0	22001.0	5183.0	23145.0	27492.0	5183.0
2013	80000.0	43157.0	28740.0	8103.0	46454.0	38835.0	8103.0
2014	114124.0	49650.0	38969.0	25505.0	45855.0	65833.0	25505.0
2015	100203.0	40759.0	39776.0	19668.0	25774.0	57645.0	19668.0
2016	94698.0	39135.0	29523.0	26040.0	28634.0	59653.0	26040.0
2017	102167.0	51399.0	26276.0	24492.0	36035.0	59843.0	24492.0
2018	114406.0	59024.0	28050.0	27332.0	60298.0	66633.0	27332.0

农业税　计税范围：1987 年后，故城县农业税征收管理制度较健全，计税范围无新变化，谁种地、谁受益、谁负担。1996 年，乡（镇）由 23 个划为 13 个，农业税自是年始，从 13 个乡镇征收。2002 年，全县实行农村税费改革。之后，国家三年内减征农业税，2006 年，故城县全部减征

农业税，取消农业税计税范围。

税率税负：1987—2001 年，全县农业税税率较平稳，平均税率均在 9.2% 以下。此间，计税土地面积、税率、常产，均无大变化，所增税负主要是国家为适应市场经济需求而调整的小米单价，由每 500 克 0.217 元几次调整达每 500 克 0.57 元。2002 年始，全县实行农村税费改革，国家为减轻农民负担规定：农业税税率不能超过 8%，全县平均税率为 6.84%，2003 年、2004 年、2005 年逐年递减，分别为 6.76%、3.76%、1.76%。2006 年后无农业税负。

优待与减免：1987 年以后除 1999 年度外，其他年份均有不同程度农业税减免，最少的 1998 年减免 32.4 万元，最多的 2002 年减免农业税 282.7 万元。此间，鉴于农村土地普遍实行承包责任制，农户收入有明显差别，农业税的减免，均由乡镇政府和村委会分别情况核定到户，该免的免、该减的减、不该减免的不减免。社会减免税额重点照顾烈军属、五保户和残废军人及遭受意外灾害的困难户。

征管与核算：县农业税分夏秋两季征收，征收方式为征收实物与代金两种，多为征收代金。不论以何种方式征收，均以粮食为计算单位。1987—2001 年以小米为计算单位，2002—2005 年以细粮标准面粉为计算单位，结算方式为户交户结，以乡村结算完成后，报解县财政局农财股、农税股入库。

1965—1987 年故城县农业税征收统计表

表 12-8

年　度	计税常产（公斤）	税率（%）	计征税额（小米）	减免及照顾	减免照顾后应征		实征税额	
					正税	附加	正税	附加
1965	52105386.5	9.25	4821545.0	850000.0	3971545.0	436264.5	471545.0	436264.5
1966	51375398.5	9.20	4727995.0	373432.0	4354563.0	631498.5	4354563.0	631498.5
1967	51319188	9.20	4722287.0	275118.5	4447168.5	66070.0	4447168.5	666070.0
1968	51253199.5	9.20	4723308.5	571403.5	4151905.0	262768.5	4151905.0	262768.5
1969	51253199.5	9.20	4723308.5	0	4723308.5	708404.5	4723308.5	708404.5
1970	51253199.5	9.20	4722208.5	0	4722282.5	708404.5	4722208.5	708404.5
1971	51253199.5	9.20	4722282.5	124457.0	4597825.5	689646.5	4597825.5	689646.5
1972	51253199.5	9.20	4723308.5	571403.5	4151905.0	443645.0	4151905.0	443645.0
1973	51070190.0	9.20	4723308.5	0	4723308.5	708535.0	4723308.5	708535.0
1974	49149915.0	9.20	4526844.0	0	4526844.0	679092.5	45268440	679092.5
1975	49155689.0	9.20	4526860.0	0	4526860.0	698634.0	4526860.0	698634.0
1976	49155689.0	9.20	4526860.0	0	4526860.0	672432.5	4526860.0	672432.5
1977	49155689.0	9.20	4526860.0	307934.0	4218926.0	662711.5	4218926.0	672711.5
1978	49155689.0	9.20	4526860.0	0	4526860.0	678923.5	4526860.0	678923.5
1979	49155689.0	9.20	4526860.0	485552.5	4041307.5	611081.5	4041307.5	611081.5
1980	49155689.0	9.20	4215714.0	989614.0	3226100.0	481435.5	3222610.0	481435.5
1981	49155689.0	9.20	4526860.0	989614.0	4040105.0	606055.5	4040105.0	606055.5
1982	49155689.0	9.20	4526860.0	486755.0	4040105.0	606055.5	4040105.0	606055.5
1983	49155689.0	9.20	4526860.0	486755.0	4040105.0	606055.5	4040105.0	606055.5
1984	49155689.0	9.20	4526860.0	486755.0	4040105.0	606055.5	4040105.0	606055.5

续表 12-8

年　度	计税常产（公斤）	税率（%）	计征税额（小米）	减免及照顾	减免照顾后应征		实征税额	
					正税	附加	正税	附加
1985	49155689.0	9.20	4526860.0	0	4526860.0	678839.5	4526860.0	678839.5
1986	49155689.0	9.20	4526860.0	0	4526860.0	678839.5	4526860.0	678839.5
1987	49155689.0	9.20	4526860.0	13746.0	4513114.0	677082.5	4513114.0	677082.5

说明：1. 计征税额减免及照顾税等于减免照顾后应征正税

2. 据县财政局农财股决算数

1988—2005 年故城县农业税收入统计表

表 12-9

年　度	农业户数（户）	计税土地面积（亩）	常年产量（小米）（万公斤）	平均税率（%）	依率计征税额		减免税额（万元）	应征税额（万元）	本年实征正税	
					小米（万公斤）	金额（万元）			总额	小计
1988	90000	880000	4916	9.20	452	210.00	7.00	203.0	204.0	203.0
1989	90000	880000	4916	9.20	452	227.10	39.00	188.1	188.1	188.1
1990	90000	880000	4916	9.20	452	218.00	22.00	196.0	196.0	196.0
1991	93287	876250	4914	9.20	452	224.50	26.50	198.0	198.0	198.0
1992	95264	875875	4910	9.20	452	272.50	42.50	230.0	230.0	230.0
1993	96476	875733	4911	9.20	452	272.50	46.50	225.6	225.6	225.6
1994	96618	875523	4910	9.20	451	487.80	54.00	433.8	433.8	433.8
1995	97428	873503	4894	9.20	450	486.50	50.00	436.5	438.7	436.5
1996	97578	872716	4889	9.20	450	765.00	32.00	733.0	745.0	733.0
1997	97876	872122	4884	9.19	449	763.30	50.00	713.3	737.4	713.3
1998	98524	871091	4878	9.20	449	736.40	2.40	734.0	734.0	734.0
1999	98739	870999	4878	9.20	449	556.80	0	556.8	640.3	556.8
2000	98739	870668	4876	9.19	448	555.50	0.50	555.0	638.2	555.0
2001	100485	870608	4875	9.19	448	510.77	11.07	400.0	400.0	400.0
2002	100509	767049	52006	6.84	3557	1.14	282.70	3772.3	—	—
2003	100336	765512	51894	6.76	3507	1.14	47.90	3950.7	—	—
2004	100599	764528	51797	3.76	1948	1.14	78.60	2142.1	—	—
2005	100799	764528	51797	1.78	921	1.14	36.50	1013.2	—	—

说明：1.2005 年全县实际平均数率 1.78%，比是年税改方案确定的平均税率 1.76% 高出 0.02 个百分点，主要因素是由于各乡镇年终结算四舍五入造成的结果

2. 表内“—”为无统计数字

农村税费征收　2002 年，故城县制定农村税费改革试点方案，是年 4 月起组织实施。主要政策可概括为“三取消”“两调整”“一改革”。“三取消”，即取消乡统筹费、农村教育集资等专门面向农民征收的行政事业性收费、政府性基金和集资，取消屠宰税，逐步取消统一规定的劳动积累工和

义务工。

“两调整”，即调整农业税政策，农业税按照农作物常年产量、计税土地面积、省政府统一规定的计税价格和经批准确定的税率依法征收；调整农业特产税政策，根据农业税和农业特产税不重复交叉征收的原则，对在非农业税计税土地面积上生产的农特产品继续征收农业特产税；对在农业税计税土地上生产的农特产品，按上级规定，故城县属非集中产品，统一按改革后农业税征收，严禁两税重复征收；农业特产税将逐步取消为征收农业税。

“一改革”，即改革村提留征收和使用办法，对村干部报酬、五保户供养和村办公经费采用新的农业税附加、农业特产税附加方式。农业税附加最高不超过正税的20%，农业税附加属于村集体资金，由农业税征收机关负责统一征收，实行乡管村用，在乡镇财政按村记账、分村核算、专款专用，乡镇不得截留，村级之间不得平调，由乡镇经营管理、部门监督管理。

2005年，系征收农业税的最后一年。2006年，结束了2000多年征收农业税的历史。

农业其他三税 农林特产税：1987年，《河北省关于农林特产收入征收农业税的暂行办法》规定：从当年1月1日起，农林特产收入计征农业税，由财政部门直接征收。1988年，域内开始征收农林特产税。农业特产税的减免，按照1989年5月12日《河北省征收农林特产税实施办法》规定：各种野生农林特产品收入、宅旁隙地零星少量农村特产品收入、农林科学研究机构和农业院校属于实验性而取得的少量农林特产收入，免征农林特产税；新垦荒山、荒坡、荒地、滩涂水面的农林特产，自有收入之年起，经县人民政府确定免征3—7年和1—3年农林特产税；凡按税务部门当时规定已征收产品税的农林特产，暂缓征农林特产税。

1993年8月，县财政局转发省财政厅颁发的《关于调整农林特产税税率的通知》，降低部分产品的税率。凡这次全省没有调整的品目税率，仍按1989年省政府第27号令发布的《河北省征收农林特产农业税实施办法》执行。农林特产税的征收范围，仍按照省政府过去的规定执行，对列举的应税产品，必须依法征税。各地未经省政府批准，一律不准扩大征收范围。1993年省分配各地方的农林特产税征收任务不变。在任务增加、税率降低的情况下，故城县圆满完成征收工作。

耕地占用税：1987年4月1日，国务院发布《中华人民共和国耕地占用税暂行条例》（已下简称《暂行条例》），7月6日，河北省财政厅下发了《河北省耕地占用税实施办法》冀财农字［1987］113号，从1987年4月1日在全国范围内开征耕地占用税。《暂行条例》对耕地占用税的税额作出明确规定；河北省政府发布的实施办法对耕地占用税的征收范围及管理作了具体规定，耕地占用税收入纳入国家预算，其中：50%列中央预算、交中央财政，50%列地方预算，作为农业发展资金，不得挪用。留地方的50%，省级留10%，地市留10%，县留30%。至2018年，该税种继续执行。

契税：1981年，财政部发出《关于改进和加强契税征管工作的通知》，要求各地按《契税暂行条例》和当时有关规定，把城乡契税工作开展起来。故城县于1990年恢复契税征收工作。税率：1990—1996年执行6%、1997年为5%，契税实行幅度比率税率，税率幅度为3%～5%。1998—2004年为4%，2005年为3.9%，2007年为4%。

2008年11月—2010年9月，对个人购买家庭唯一住房（家庭成员范围包括购房人、配偶以及未成年子女），面积为90平方米及以下的，减按1%的税率征收契税；对个人购买家庭唯一住房面积为90～144平方米减半征收，按1.5%征收契税；面积为144平方米以上按4%征收。

2010年10月1日始，对个人购买家庭唯一住房（家庭成员范围包括购房人、配偶以及未成年子女），面积为90平方米及以下的，减按1%的税率征收契税；面积为90平方米以上的，减按1.5%的税率征收契税。对个人购买家庭第二套改善性住房，面积为90平方米及以下的，减按1%的税率征收契税；面积为90平方米以上的，减按2%的税率征收财政契税。

工商税：1987年工商税开设的税种有13个，分别为产品税、增值税、营业税、集体企业所得税、城乡个体工商业所得税、城市维护建设税、车船使用税、房产税、屠宰税、牲畜交易税、建筑税、国营企业所得税。1988年，增加印花税。1989年，增加城镇土地使用税。1991年，增加固定资产投资方向调节税。1994年，国家实行财税体制改革，同时税务机构分设为国家税务局和地方税务局，国家税务总局负责征收中央两税（即增值税和产品税）等中央税种。是年，增收企业所得税、城镇土地使用税、房产税、土地增值税等。2006年，域内征收由国家税务总局（简称“国税局”）征收税种6种，地税征收含印花税、城镇维护建设费等11种，至2018年，征收的税种主要15种。

三、中华人民共和国成立后财政支出

中华人民共和国成立后，域内财政支出本着“取之于民，用之于民”和量力而出、统筹兼顾、全面安排、有效使用原则，合理安排资金，财政结构进一步优化，财政支出逐渐增加，支持全县经济发展和各项事业发展。

1990年，财政支出主要有5项。一是经济建设支出。该项支出支援农业生产投资占绝大比例。依照自力更生为主，国家支援为辅原则，既保证重点支援农田水利基本建设，又充分利用当地自然条件，因地制宜，发展生产。重点建设资金，多有上级专项拨款，列入县财政支出预算；二是文化教育支出。教育部门各类学校经费，民办教师补助费和校舍修缮，设备购置等。还有县级文化部门经费，支出呈上升趋势。三是卫生支出。卫生部门所属各类医院、防疫站、公费医疗及其他卫生事业支出。四是抚恤救济支出。抚恤为革命残疾人员残疾金补助费、烈军属、复员军人补助安置费，和民政部门交组织人事部门管理的离退休人员离退休金等。救济主要为城镇和农村救济和自然灾害救济等。五是行政管理支出。包括国家机关人员工资、办公费、旅差费、修缮费和电话业务费等。

故城县财政支出包括上解支出和县级一般性支出。随着国民经济的发展，亦呈逐年增长趋势。2008年，财政支出56386万元，比1987年的1426.2万元增长38.5倍，比1990年的2688万元增长了20倍。2018年，财政支出300045万元，比2008年的56386万元增长4.3倍。

1954—2006年故城县财政支出统计表

表12-10　　单位:万元

年份	总计	主要项目支出							
		科技三费	支援农业	农林水费	文教科卫费	其他部门费	抚恤社救费	行政管理费	其他
1954	133.9	—	—	—	77.2	—	7.1	49.6	—
1955	70.3	—	0.6	2.4	30.7	—	5.9	29.0	—
1956	105.4	—	0.3	5.3	49.3	—	11.5	35.3	0.3
1957	94.5	—	1.2	5.2	45.3	—	5.2	35.8	0.8
1958	577.2	—	6.3	45.2	232.7	—	26.9	154.4	7.2
1959	720.1	—	111.0	71.4	289.7	—	23.4	113.8	11.7
1960	797.9	—	135.0	69.1	412.3	—	38.5	129.3	13.7
1961	198.1	—	28.8	28.5	57.3	—	36.5	46.5	0.5
1962	162.7	—	6.8	10.7	43.4	—	67.5	33.0	1.3
1963	236.9	—	23.6	12.7	50.2	—	112.2	36.0	2.1
1964	295.3	—	37.2	25.9	62.6	—	120.9	43.9	4.8
1965	311.6	—	15.7	10.2	94.6	—	118.1	58.9	14.1
1966	356.7	—	37.3	22.8	108.7	—	100.9	61.0	26.0
1967	308.2	—	24.0	19.1	111.6	—	82.0	58.1	11.9
1968	231.4	—	32.3	15.5	90.2	—	39.6	49.3	4.5
1969	373.5	—	47.1	12.2	88.6	—	109.9	69.7	5.9
1970	338.1	—	81.9	8.3	98.3	—	41.7	57.6	28.1

续表 12-10

年份	总计	主要项目支出							
		科技三费	支援农业	农林水费	文教科卫费	其他部门费	抚恤社救费	行政管理费	其他
1971	403.6	0.3	134.8	7.2	126.0	—	43.1	62.1	9.5
1972	426.9	3.2	123.0	13.6	138.8	—	48.7	82.4	4.1
1973	525.2	1.2	185.3	14.9	158.5	—	62.3	70.8	6.5
1974	482.3	1.0	134.5	21.5	172.5	—	37.9	91.1	13.3
1975	507.9	6.6	141.9	28.1	180.4	—	41.2	74.7	8.4
1976	597.7	1.0	190.6	30.9	176.0	—	63.4	89.5	8.1
1977	582.5	3.1	140.2	62.7	197.3	—	51.9	95.5	8.1
1978	810.8	0.9	223.5	33.0	248.0	—	64.0	98.9	8.3
1979	969.2	2.0	313.9	60.1	247.0	8.5	61.0	118.4	112.8
1980	821.2	2.8	204.4	54.0	304.5	18.1	68.5	128.4	11.4
1981	846.2	5.8	90.5	47.7	321.3	19.6	84.3	115.8	129.5
1982	907.5	1.9	115.0	55.0	364.8	28.5	74.3	154.8	72.4
1983	852.8	9.5	43.9	54.0	366.9	37.1	51.4	181.4	96.0
1984	951.5	4.2	55.7	62.6	363.1	46.9	105.5	260.9	14.3
1985	1061.3	4.7	71.1	63.0	472.2	57.9	79.3	220.9	8.2
1986	1467.7	29.6	98.4	69.1	538.1	102.3	121.3	305.5	12.5
1987	1462.6	12.0	58.7	72.8	519.0	116.2	130.9	322.6	28.8
1988	1913.9	11.9	93.5	103.5	705.2	210.4	152.0	302.5	10.0
1989	2340.4	7.0	121.7	106.0	1125.8	99.8	146.6	348.7	85.0
1990	2688.0	18.8	239.4	112.6	1346.5	125.7	172.2	343.2	16.0
1991	2353.9	8.8	196.3	109.4	872.3	156.1	177.7	380.3	42.4
1992	3096.7	6.7	306.9	175.8	1098.4	212.5	212.0	446.0	91.7
1993	3838.0	18.0	248.0	157.0	1660.0	275.0	246.0	584.0	170.0
1994	4388.0	4.0	314.0	240.0	1651.0	404.0	304.0	751.0	83.0
1995	5070.0	17.0	160.0	286.0	1849.0	580.0	407.0	779.0	139.0
1996	6644.0	27.0	159.0	411.0	2058.0	750.0	394.0	932.0	467.0
1997	7267.0	133.0	316.0	356.0	2397.0	930.0	370.0	1193.0	343.0
1998	8419.0	104.0	315.0	384.0	2230.0	—	424.0	1161.0	442.0
1999	8662.0	133.0	172.0	330.0	2540.0	—	491.0	1053.0	411.0
2000	8469.0	21.0	97.0	397.0	—	—	382.0	1142.0	793.0
2001	11585.0	34.0	244.0	412.0	2264.0	—	372.0	1518.0	239.0
2002	13085.0	42.0	274.0	351.0	3285.0	629.0	434.0	2586.0	221.0
2003	15396.0	3.0	—	506.0	5598.0	551.0	837.0	3488.0	500.0
2004	19363.0	31.0	—	1174.0	5491.0	623.0	1085.0	3562.0	710.0
2005	28088.0	102.0	—	1377.0	6076.0	1118.0	1528.0	5313.0	967.0
2006	34338.0	25.0	—	1382.0	8276.0	1267.0	1650.0	5472.0	1923.0

说明：表内“—”为无统计数字

2007—2018 年故城县财政支出统计表

表 12-11　　　　单位：万元

项目 \ 年份	2007	2008	2009	2010	2011	2012	2013	2014	2015	2016	2017	2018
一般公共服务支出	9560	1169	12530	15672	21941	24297	31806	36722	33335	35294	24038	25718
国防支出	—	—	—	—	—	—	—	—	34	—	—	—
公共安全支出	2175	2549	3669	3811	4517	5888	4924	5860	6196	6522	7518	10388
教育支出	10302	11755	14810	16501	27460	30940	32248	35991	37465	43833	45005	53091
科学技术支出	111	124	139	164	166	178	176	281	261	387	690	708
文化体育与传媒支出	211	246	507	524	606	785	1082	814	1489	1322	1371	2778
社会保障和就业支出	7554	10722	11751	11045	8489	10190	16049	21563	24209	25668	30268	39479
医疗卫生与计划生育支出	2816	5205	8324	11048	17971	14765	21019	23263	33006	26488	34244	45291
节能环保支出	269	2944	2596	1599	5689	6215	3139	2272	6333	2812	6736	9626
城乡社区支出	2454	2723	3174	3329	937	1796	2440	4416	3968	7461	9312	20910
农林水支出	3978	4567	8835	10740	12599	14586	16889	56867	60556	33046	54649	51927
交通运输支出	993	378	239	3253	2474	3909	5728	8293	10339	8487	5419	22091
资源勘探信息等支出	—	—	301	420	879	894	2561	1580	763	776	584	664
商业服务业等支出	—	—	—	1933	3122	4425	2979	636	225	919	212	503
国土海洋气象等支出	—	—	—	92	335	482	867	15830	1867	2559	2705	5591
住房保障支出	—	—	—	1612	2611	5905	8701	7890	7886	6862	12747	7624
粮油物资储备支出	—	—	1858	59	42	51	96	105	847	807	108	729
债务付息支出及发行费支出	—	—	—	36	61	55	51	123	211	674	1154	2155
金融支出	—	—	—	—	—	—	—	—	—	—	150	—
其他支出	2545	3193	1167	951	653	639	754	781	1628	721	576	772
一般预算支出总计	—	56386	69900	82789	110552	126000	151509	223287	230618	204638	237486	300045
基金预算支出	—	—	11243	9040	24832	36100	56593	65321	27084	30055	47621	60157

说明：表内“—”为无统计数字

经济建设费 20世纪80年代后，域内经济建设费逐年增多，主要包括：基本建设支出、企业挖潜改造资金、科技三项费用、农林水气象等部门事业费、支援农村生产支出、简易建筑费、工业交通等部门事业费、商业部门事业费、城市维护费及城镇青年就业经费等。基本建设支出：1995年始，由每年的几万元、十几万元到2005年达995万元，累计支出2568万元。企业挖潜改造资金：1987—2002年，累计支出2506.7万元，2003年后，支出结构调整，取消了此项支出。简易建筑费：仅在1998年间有，全年支出6万元。科技三项费用：包括新产品试制费、中间试验费和主要科学研究辅助费。1987—2005年，支出734.2万元。支援农村生产支出：主要包括小型农田水利和水土保持补助费、支援农村合作生产组织基金、农村开荒补助费、农村农技推广和植保补助费、畜禽保护补助费、农村造林和林木保护补助费、农村水产补助费，1987—2002年，累计支出3315.5万元，2003年之后，调整支出结构，取消此支出项目。农林水气等部门事业费：1987—2002年，累计支出4004.1万元，2003—2005年，调整了支出结构，调整后，农业事业费、林业事业费、水利气象事业费，此间三项费用支出为4178万元，加大了农林水的投入。工业交通等部门事业费：1987—2005年，累计支出1994.6万元。商业部门事业费：1987—1995年，为商业部门事业费，1996年，调整为流通部门事业费，累计支出为633万元。城市维护费：系城市公用事业经费，随着经济建设和市政建设的发展而逐年增长。1987—2008年，累计支出136847.0万元。2008年，农林水费支出4567万元，2018年达51927万元。2009年，节能环保支出2596万元，至2018年升至9626万元。2014—2018年，城乡社区累计支出达46067.0万元，投入逐年增加。

文教卫生事业费 随着社会经济的发展，财政用于文教卫生事业的支出逐年增多。1987—1995年，累计支出1082.32万元；1996—1997年，支出结构调整，文教与卫生事业费分列，共支出4455万元；1998—2002年，支出结构再次调整，教育事业费支出13810万元，卫生事业费支出2107万元，文体广播事业费支出1466万元；2003—2005年，支出结构第三次调整，教育支出为18164万元，医疗卫生支出1059万元，文体广播支出1791万元。2008—2018年，教育支出为337344万元。文化体育与传媒支出为11278万元。

抚恤和社会救济费 抚恤和社会救济费包括抚恤事业费、社会救济费、自然灾害救济费等。抚恤事业费是财政支给阵亡、殉难烈士的抚恤金，因公致残军人、党政人员和民兵的抚养安置费。社会救济事业费包括农村社会救济费、城镇社会救济费、社会福利事业单位经费、殡葬事业费、残废福利事业费等。自然灾害救济事业费是解决农民吃、穿、住困难户的救济费和发生特大自然灾害时用于农民的抢救、转移、安置、治病等费用。抚恤和社会救济类支出所占比重较大，1987—2005年，支出8165.4万元，投入经费逐年增加。抚恤和社会救济费合称社会保障，2008—2018年支出209433万元。

行政管理费 行政管理费是财政用于国家机关、各党派和人民团体，为巩固政权、组织等费用开支，包括行政支出、党派团体补助等。随着形势的发展、人员的增多，多次调整工资和各项补贴，加之物价上涨等因素，此项支出呈逐年增多趋势。按用途分两大部分，即人员经费和公用经费。人员经费主要是给个人部分；公用部分包括公务费、设备购置费、业务费、修缮费及其他费用。1987—2005年，行政管理费累计支出26205.3万元。后，行政管理费称为公共服务支出，2008—2018年累计支出272522万元。

公检法支出 1988年起，国家预算科目，把公检法部门的机关经费从行政管理费中划出单列。其费用是指公安机关、安全机关、审判机关、检察机关，为维护国家政权、打击违法犯罪活动以及法律宣传等业务活动所发生的业务支出。1988—2005年，此项费用支出达8479.4万元。2008—2018年，公共安全支出达59293万元。

科学技术支出 科学技术支出是财政用于科学技术研究方面的支出，是财政支出的重要组成部分。2008—2018年，科学技术支出为3274万元。

其他支出 其他支出，历年变化较大，支出项目不完全统一，主要类别不包括在内的均可列为此项支出，1987—2005年，累计支出为5754.4万元；2009—2013年，累计支出为4170万元；

2014—2018 年，累计支出 4532 万元。

四、乡（镇）财政收支

1983 年始，河北省开始陆续建立乡（镇）一级政权，并逐步建立乡（镇）财政工作机制。1984 年 1 月，故城县按照地区行署的部署相继在 23 个乡（镇）建立乡级财政所。1986 年 7 月，为加强乡（镇）财政的建设和管理，河北省颁布《河北省乡镇财政管理条例》，规定乡财政责、权、利相结合的原则，确定合理的收支基数和分成比例。

1987—2005 年，乡（镇）财政经历几种类型的财政体制和分税制财政体制的改革，乡级财政充分发挥作用，乡级财政收入和支出有了明显增长。

乡级财政收入主要包括工商各税和农业四税收入。乡级财政支出主要包括：农业、农机、林业、教育、公费医疗、计划生育、抚恤、社会救济、离退休费、行政管理费、乡财政经费。2008 年年末，乡级财政收入 2322 万元，比 1987 年的 874.4 万元增长 1.7 倍，乡级财政支出 13085 万元，比 1987 年的 284.8 万元增长 44.9 倍。从 1987 年到 2001 年收入和支出持续、稳定增长。从 2002 年始，按照上级要求，实行农村税费改革，乡级取消了“三提”“五统”费改为征收农业税，乡级收入增至 4595 万元，比 2002 年增加 2000 万元，持续至 2003 年。从 2004 年，国家出台三年内在全国范围内取消征收农业税的政策，到 2004 年、2005 年，分别减收 2000 万元。财政支出从 2001 年开始，国家加大转移支付力度，由 3000 万元到 2008 年年末增至 13842.0 万元，加大支出基数。2018 年，乡镇财政收入达 73931.0 万元，比 2005 年增加 71609.0 万元。

1987—2018 年故城县乡镇财政收支统计表

表 12-12　　　　单位：万元

年　份	收入合计	支出合计	年　份	收入合计	支出合计	年　份	收入合计	支出合计
1987	874.4	284.8	1998	2706	2129	2009	14959	15416
1988	899.5	363.9	1999	2275	1447	2010	29695	17360
1989	1023.6	830.6	2000	2520	1766	2011	39898	16805
1990	949.7	1053.0	2001	2529	3267	2012	34456	16838
1991	1186.8	642.4	2002	4595	6173	2013	49229	14824
1992	1391.0	802.4	2003	4692	7179	2014	57680	22356
1993	1512.0	1044.0	2004	2647	9182	2015	52842	25528
1994	1299.0	1071.0	2005	2322	13085	2016	51274	20545
1995	1798.0	1410.0	2006	6145	9340	2017	60809	22942
1996	2518.0	1536.0	2007	8345	12961	2018	73931	42717
1997	2670.0	1590.0	2008	10791	13842			

第三节　财政管理

一、预算管理

1949—1958 年，域内国营企业尚处萌芽阶段，国营企业实现利润，除提留部分奖励基金外，其余上缴县财政，企业所需资金由财政拨付。

1958—1962 年，实行利润分成办法。

1969 年，按职工工资总额 11%，提取职工福利基金。

1978 年，实行提取国营企业基金办法，即据企业完成国家下达的产量、品种、质量、消耗、劳动生产率、成本、利润、流动资金占用 8 项指标后，按职工全年工资总额 10% ～ 12%，由企业实现利润中提取，作为企业基金，用以发展生产和职工奖励。

1979年7月，实行利润留成办法，财政留成30%，为预算外收入，由县财政直接掌握用于弥补亏损企业和挖潜、革新、技术改造等。

1980年，实行全额上解财政返还办法。

1983年6月1日，实行第一步利改税（即由企业上缴利润改为征收所得税），国营企业按一定标准（依据1980—1982年的3年间决算为基数，预算出大中小微利企业第一步利税改革方案）管理。大中型企业实现利润征收55%所得税，再根据不同企业和税后利润多少，核定留利水平。对盈利少企业，视其实现利润多少，按八级超额累进税率交纳所得税，纳税后企业自负盈亏。税后利润较多企业，核定收取一定比例承包费，上缴财政，税利并存。

1985年1月1日，实行第二步利改税，由税利并存改为征收所得税和调节税，亏损不补，自负盈亏。大中型企业（不含粮食企业）按固定税率55%缴纳所得税后，参照1983年企业留利基数，核定比例调节税，小型企业实行八级累进税率，税后利润超过1983年后留利基数者，核定上缴承包费。由财政征收，按预算经济级次，分别以企业收入类别缴入金库。小型零售企业上缴50%承包费，列入预算，其余用于企业自身建设。

1987年，故城县财政实行的是“总额分成，超收全留”的财政体制，留成比例为75%，上解比例为25%，以此为依据，考虑增减因素，编制预算相应编制决算。收入类92项，支出类24项。

1988—1990年，实行“递增包干”的财政体制，财政收支基数的调整是在1986年决算、参与分成收入为基础计算的，调整了四项，确定上解比例为17.2%，递增比例5%。开展“双增双节”运动，在预算编制上本着量财办事、量入为出的原则，采取“以人定额、总额包干、结余留用、超支不补”的包干办法，体现了有保有压精神，保就是保人员经费和必需的行政性支出，压就是压缩公用经费和一切不合理开支。

1991—1992年，实行“定额上缴”的财政体制，财政收支基数、收入留成比例和上解比例未做调整，仍执行衡水市相关文件下达的收支数额和分成比例。

1993年，恢复“递增包干”办法，财政收支基数、留解比例未做调整，收支科目未有大的调整，是年决算取消了城市青年就业经费。

1994年始，实行“分税制”财政体制，县级预算收入包括：县级预算收入、中央与地方固定比例分成收入中县级分成部分、地对县税收返还收入、地区体制补助收入、专项拨款补助收入、特殊拨款补助收入、下级财政体制规定上解的收入、年结余收入、调入资金。预算支出包括：按分税制体制规定应由县级财政承担的各项支出、对下级财政税收返还支出、体制补助支出、专项拨款补助支出、特殊拨款补助支出、专项结算支出。1996年，国家以大力推进支出管理为重点，调整支出结构，成效明显。是年，文教卫生事业费分列为文教事业费、卫生事业费，新增国防支出、价格补贴支出。

1998—2001年，收入与支出结构再次调整，收入分为24个科目，支出为27个科目，教育与卫生分设，文化与体育、广播合并，新增社保补助支出。在预算安排和年终编报决算均考虑增减因素。

2002年，收入格局细化，收入分为中央与地方分成收入和县级一般预算收入，收入科目为21个、支出项目为23个，此次调整延续三年。是年，实行农村税费改革，农业税由2001年的400万元，增至3772万元。之后逐年递减，到2005年年末仅为1013万元。2006年，免征农业税和特产税，在预算科目和决算中相应按上级精神作出调整。

2008年，河北省采取新一轮激励性财政体制。是年末，故城县以实行“统收统支加激励”模式为核心内容的县乡财政体制改革试点覆盖全县。

2009年，为推进财政体制改革、促进农业发展，河北省建立统一规范的省直管县财政体制，故城县纳入省直管县范围当中，明确省市县财政收入占比。衡水市原则上不再承担故城县相应的新增支出责任。故城县作为省直管县，在做县级预决算时暂时仍作为衡水市总预决算的组成部分。

2011年，推进国库集中收付制度改革，深化财税体制改革、完善公共财政体系框架，于年末，按照规范模式完成国库集中收付制度改革，将所有预算单位、所有财政资金全部纳入改革范围。

2014年，县级预算方式向全口径预算方式转变，所有收支都要纳入预算管理。在明确收支范围的基础上，分别编制一般公共预算、政府性基金预算、社会保险基金预算，建立政府预算体系。政府性基金预算、社会保险基金预算和一般性公共预算做好衔接。一般公共预算审核重点由收支规模、平衡状态向部门全面实施绩效预算和支出政策拓展。

2015 年，全面实施新《中华人民共和国预算法》，建立了跨年度预算平衡机制，推进国库管理改革。全面实施绩效预算管理体制，明确绩效预算目标任务、职责分工和实施步骤，预算科在绩效预算管理改革中，初步形成了“预算编制有目标、预算执行有监控、预算完成有评价、评价结果有应用、绩效缺失有问责”的全过程绩效预算管理新机制。

2016 年，对财政局全面实施内部标准化绩效管理。对重点民生项目、基础建设等 8 个项目进行全过程绩效评价。对项目立项情况、资金投入和使用情况、资源配置，物质保障方面，项目绩效目标最终达到的效果进行全年评价，总体属优良水平。

制定《故城县进一步规范津贴补贴发放有关问题的通知》《财政专项资金清理重点检查工作方案》，要求各部门要重新界定领取岗位津贴的人员，岗位津贴的发放实行动态管理，具体对资金发放、项目申报、项目审批、资金分配、资金拨付、政府采购、资金使用、项目实施、项目验收等各环节开展检查。

2017 年，要求各单位严格按照本单位实际情况和“三定”方案编制单位绩效预算活动表。完善绩效跟踪监控，加强财政支出项目过程监控，定期对纳入绩效目标管理的项目进行台账核对、完善县级财政激励性财政体制。

规范津贴补贴发放工作，制订财政专项资金管理办法，扩大绩效评价范围，建立债务风险预警和监测机制。

2018 年，修订完善财政资金管理办法，规范财政资金管理。坚持“先有预算、后有支出”，严格控制预算追加，加快支出进度，对切块资金督促单位落实到具体项目跟踪预算执行动态，密切关注预算执行情况；对年度预算执行中的项目结余资金及不实施项目资金及时进行调整，统筹用于其他急需支出。加强“三公经费”支出管理，进一步完善公务支出相关制度体系，加大“三公经费”预决算公开和监督检查力度。

二、预算外资金管理

1987 年前，故城县预算外资金由预算股管理。此后由财政综合计划股管理，至 1997 年。其间管理方式为“专户储存，计划管理，财政审批，银行监督”。10 年间，管理数额小，呈扩大上升趋势。1990 年，专户储存金额为 61.7 万元，至 1997 年达 1477.1 万元，增长 22.9 倍。至 2017 年，各项存款余额为 1908103 万元。

1997 年 6 月，省政府颁发《河北省预算外资金管理办法》，进一步系统规范收入管理、支出管理、收支计划管理、奖惩等规定。

1998 年 2 月，故城县人民政府制定《故城县预算外资金管理办法》，文件共计 32 条，规定：预算外收费收入内容是行政性收费收入、事业性收费收入、专项资金收入、管理费收入、集资捐款收入、其他收入。按支出性质划分为固定资产投资支出、城市维护支出、福利奖励支出、行政事业支出转作抵支收入、其他支出。集中的行政性收费收入作为政府的调控资金，主要用于弥补预算内资金缺口或县重点建设项目。返还给单位的行政事业性收费收入用于弥补单位经费、改善办公条件或集体公共福利设施。

是年 10 月，故城县人民政府下发《乡镇预算外资金管理办法》，规范乡镇预算外资金管理体制、收入范围、管理与监督等。系统地确定乡镇收费的单位 17 个，涉及收费项目 60 个，收费标准 225 个。

2005 年年末，预算外资金管理的有 74 户，预算外收入达 3970 万元，已成为县财政的第二预算。

2006 年，涉及的收费单位总共 58 个，其中县直 45 个、乡镇 13 个。涉及的收费项目总共 122 项，其中县直 121 项、乡镇 1 项。罚没收入 731.6 万元；专项收入 199.3 万元；基金收入 853.1 万元；纳入预算的行政事业性收费 964.5 万元；纳入专户的行政性收费 4218.2 万元。合计收费 6696.7 万元。

2011 年，删除全部预算外收入科目，增设政府性基金和教育收费科目，并调整有关支出功能科目。是年，非税收入共计完成 24487 万元，其中：罚没收入完成 1562 万元，专项收入完成 670 万元，基金收入完 20697 万元，行政事业性收费完成 1403 万元，国有资源有偿使用收入完成 155 万元。

2012 年，非税收入共计完成 28328 万元，其中：罚没收入完成 2991 万元，专项收入完成 777 万元，基金收入完 23145 万元，行政事业性收费完成 1245 万元，国有资源有偿使用收入完成 167 万元，其他收入完成 3 万元。

2013 年，取消或停征涉企收费项目共计 12 项。是年，非税收入共计完成 54557 万元，其中：罚没收入完成 3255 万元，专项收入完成 1047 万元，基金收入完 46454 万元，行政事业性收费完成 2740 万元，国有资源有偿使用收入完成 1005 万元，其他收入完成 56 万元。

2014 年，非税收入共计完成 71360 万元，其中：罚没收入完成 3570 万元，专项收入完成 1340 万元，基金收入完 45855 万元，行政事业性收费完成 18568 万元，国有资源有偿使用收入完成 1949 万元，其他收入完成 78 万元。

2015 年，非税收入共计完成 45442 万元，其中：罚没收入完成 9332 万元，专项收入完成 1481 万元，基金收入完成 25774 万元，行政事业性收费完成 3678 万元，国有资源有偿使用收入完成 2822 万元，国有资本经营收入完成 2300 万元，其他收入完成 55 万元。

2016 年 3 月，县财政局收费管理科负责一问责八清理“乱收费、乱摊派”清理工作，下发了《故城县乱收费乱摊派问题清理工作方案》《关于建立健全防范乱收费乱摊派长效机制的通知》等一系列文件，有效制止了乱收费、乱摊派现象的发生。是年，非税收入共计完成 54674 万元，其中：罚没收入完成 3544 万元，专项收入完成 7393 万元，基金收入完成 28634 万元，行政事业性收费完成 5990 万元，国有资源有偿使用收入完成 8859 万元，国有资本经营收入完成 212 万元，政府住房基金收入完成 34 万元，其他收入完成 8 万元。

2017 年，取消或停征 41 项中央设立的行政事业性收费，将商标注册收费标准降低 50%。非税收入共计完成 60527 万元，其中：罚没收入完成 2906 万元，专项收入完成 15553 万元，基金收入完成 36035 万元，行政事业性收费完成 2679 万元，国有资源有偿使用收入完成 3314 万元，国有资本经营收入完成 2 万元，政府住房基金收入完成 25 万元，其他收入完成 13 万元。

2018 年 1 月，根据上级文件通知，排污费改为排污税。为健全和完善财政票据管理制度，进一步规范财政票据行为，是年 4 月，县财政局转发《河北省财政票据管理办法》的通知，通知中明确规范了财政票据的种类、适用范围和内容。是年末，非税收入共计完成 87630 万元，其中：罚没收入完成 4113 万元，专项收入完成 13328 万元，基金收入完成 60298 万元，行政事业性收费完成 3603 万元，国有资源有偿使用收入完成 5186 万元，国有资本经营收入完成 1001 万元，政府住房基金收入完成 101 万元。

三、控制社会集团购买力

1977 年至 1982 年 10 月，财税机构分设，至 1989 年 9 月，控购工作皆由预算股兼管，行使控购工作管理职能。1989 年，省对社会集团购买小汽车实行定点供应。当年 7 月 1 日，取消“小汽车控购专供点”，建立“小汽车销售供应点”。

1991 年，国家规定的专项控购商品目录为 32 种。是年末，国家规定控购商品目录由 32 种调减为 29 种。1993 年 5 月始，国家为适应市场经济新形势，控购工作及时调整。控购商品从 29 种降为家具、地毯、钟表、衣料、彩电、冰箱、复印机、名烟酒等 8 种。1961—1993 年，33 年中陆续纳入指标管理的 20 多种控购商品全部放开。1995 年，省政府下发《关于改进小汽车专供点办法的通知》。1996 年，省政府控制社会集团购买办公室下发《关于社会集团单位配车标准的通知》，凡拖欠公教人员工资的县和所属县有发不了工资的市地直属行政事业单位，除报废更新以外，一律不准购买小汽车。党政机关和行政事业单位，一律不准购买进口小轿车。

1999 年，县控购办公室撤销，此项工作纳入政府采购管理。

2001 年 7 月，市政府控办室《关于小汽车审批有关问题的通知》，党政机关车辆配备要坚持使用国产汽车的原则。党政机关的公务用车配备排气量 2.0 升以下，价格 25 万元以内的轿车。党政机关和领导干部配置和更新车辆，必须采取政府采购方式，公开竞价，统一购置、配备，严格小汽车编制。党政机关、事业单位购买小汽车仍然实行编制管理，从严控制，办理相关审批手续。

2016 年年初，域内正式进行公车改革，是年 5 月全面完成，全县保留车辆编制共计 172 辆。车改前统计 296 辆，保留 140 辆，上缴 156 辆。上缴车辆调剂了 23 辆，剩余 133 辆全部进行了拍卖或报废处置。

四、政府采购管理

1999 年 10 月，制定《故城县政府采购管理暂行办法》。办法共 30 十条，规范了政府采购范围、采购方式、采购程序、资金来源及拨款方式等 8 项内容。其中：采购范围规定了公务机动车辆购买，办公自动化设备、办公定点接待及大宗印刷等 13 项，实行政府采购。

2002 年 8 月，县财政局出台《关于 2002 年度党政机关、事业单位锅炉维修及冬季取暖用煤实行政府采购的通知》。是年 12 月，出台《2003 年政府采购集中采购目录》，共两大项，其中货物类 11 种、服务类 3 种。

2004 年，《政府采购集中采购目录》为二大项，其中货物类 12 种、服务类 4 种。是年 4 月，下发《2004—2006 政府采购定点单位通知》。规定：汽车维修类有 8 个定点厂，汽车用油类 7 个站点，汽车保险类 3 个公司，办公招待类 4 个宾馆，大宗印刷、打印、电脑耗材、办公用品类 10 个定点单位，各自均有承诺措施。1999—2005 年，政府采购项目已发展为 4 大类 40 多个品种，采购金额 3000 万元，节约资金 350 万元，节约率为 11.6%。2006 年政府采购金额 1250 万元，节约 170 万元，节约率为 11.97%。2007 年政府采购金额 1771 万元，节约资金 269 万元，节约率为 13.19%。2008 年政府采购金额 2330 万元，节约资金 398 万元，节约率为 13%。

2008 年至 2018 年年末，政府采购项目是 3 大类、117 个品种。

2011 年 1 月，制定《故城县政府采购管理暂行办法》，以规范行政事业单位使用财政性资金集中采购目录以内和采购限额标准以上货物、工程、和服务行为。

2016 年 8—11 月，顺利完成“管采分离”任务和集中采购代理业务平稳过渡。全年组织集中招标采购 106 批次，采购金额达 14592.66 万元，节约资金 651.37 万元，节约率为 4.27%。

2017 年，全年组织集中招标采购 66 批次，采购金额达 5637.75 万元，节约资金 389.33 万元，节约率为 6.46%。

2018 年 1 月，采购中心正式承接集中采购业务。是年 7 月，实施新的政府采购专家抽取方式，统一从省级评审专家库自动抽取评审专家；从故城县征集政府采购评审专家 9 名；2018 年，全年组织集中招标采购 82 批次，采购金额达 11979.2 万元，节约资金 708 万元，节约率为 5.61%。

五、会计管理

预算会计管理　1987 年，随着财政经济体制改革的深入，故城县进一步健全预算会计制度。是年，预算会计记账方法为资金收付记账法，预算资金会计科目仍设资金来源、资金运用和资金结存三大类。

2001 年 3 月，故城县成立财政集中支付中心，全县 39 个行政事业单位全部纳入财政集中支付，实行统一管理、统一核算。县财政局于 2001 年 4 月成立财政集中支付中心并正式启动。有 39 个预算单位一次性纳入集中支付，实行统一财政一个账户，堵塞了漏洞，规范了财务制度，基本实现工资发放银行化、账目核算电算化。

2005 年年末，平均每年纳入预算收入 5389.8 万元，支出 5191.3 万元，拒付不合理支出 260 万元。

2007—2018 年，将全县 19 处中学、109 处小学，特教小学 1 处，纳入集中支付中心管理，实行财政集中支付。同时成立教育集中支付分中心，对义务教育保障机制经费实行会计集中核算。基本实现财政集中支付工作的全覆盖。

企业会计管理　域内财政事务管理始于 1985 年颁布《中华人民共和国会计法》后，负责全县财务会计管理。贯彻执行国家会计法令、规章、准则，组织和实施会计考试、对会计人员进行业务培训、指导和监督会计电算化。1992 年 12 月，财政部印发《工业企业会计制度》的通知，并在 1993 年 7 月起执行。会计科目分为资产类、负责类、所有者权益类、成本类、损益类，共计 60 个会计科目。

21 世纪，私企不断增加，网上银行、网上交易和银行卡为域内通用，县财政事务管理部门培训会计电算化、网络报账等技能。2018 年，全县有 1300 多名会计从业人员。域内出现多家会计事务公司负责代办会计业务。

六、国有资产管理

组织机构　1992 年 6 月，组建故城县国有资产管理股，对外挂“国有资产管理局”牌子，全县进行国有资产管理，初步形成国有资产管理雏形。1995年，正式成立“国有资产管理局”，为二级局，行使管理国有资产职能。2002年10月，全县机构改革，取消二级局，改为股级机构，管理职能没有改变。

保值与增值 1997年3月，域内31家国有企业参加市国有资产管理局对1996年度国有资产保值增值考核，年初国家权益10206万元，年末所有者权益14812万元，年末国家所有者权益14338万元，扣除客观因素后国家所有者权益9621万元，保值增值率为94%，净利润负555万元。2002年2月，市国资局对1999年度国有工业生产企业国有资本金保值增值进行考核，故城县年初核定考核指标100.2%，年末完成考核指标100.21%。2000年市国资局下达保值增值任务为100%，是年9月末共完成97.43%。考核基数12130万元，期末权益12253万元，考核口径9175万元，利润 - 242万元，保值增值率为97.43%。

产权界定与登记 年检 1996年，国家下发国有资产产权界定和产权纠纷处理暂行办法中，第二章详细叙述国有资产所有权界定，规定全民所有制企业的产权界定有6项，集体所有制企业的产权界定有4项，中外合资企业中国有资产产权界定有6项，股份制企业中国有资产产权界定有4项。1998年4月，县政府印发《关于国有资产管理若干规定》。

2004年年末，企业资产总额6.3亿元，负债总额4.7亿元，所有者权益1.5亿元，国家资本1.4亿元。2008年年末，全县国有资产总值达3.5亿元，其中国有资产存量为1.4亿元，行政事业单位国有资产存量为2.1亿元。

2017年年末，故城县国有资产总值达40.45亿，其中行政事业单位国有资产存量为14.8亿元，经管资产及国有自然资源性资产25.65亿元，比2008年年末增长36.95亿元。

第四节 财政监督

财政监督始于1989年，连续开展了10年税收、财务、物价大检查，系财政史之最。1989年9月，故城县成立税收、财务、物价大检查办公室，为副局级单位，并给予定编，成为常设机构。1998年，按照国务院要求，各级相继取消大检查办公室，故城县取消了大检查办公室机构和全县性的大检查工作，进而成立监督检查股，仍具有财政的监督职能。

2000—2004年，每年均有侧重不同的检查。2009年，重点对自收自支事业单位和企业化管理事业单位财政法规执行情况、收支管理及票据使用进行监督检查。2011年，重点对自收自支事业单位和企业化管理事业单位财政法规执行情况、收支管理及票据使用进行监督检查。2012年，加大专项资金检查力度，重点围绕“三农”、教育、科技、卫生、就业社会保障民生资金的使用情况组织专项检查。2013年，加强预算执行监督检查。2014年，开展专项资金的绩效评价工作。2015年，开展专项资金绩效评价、会计信息质量检查和其他专项资金检查的工作。2016年，开展会计信息质量检查工作。2017年，开展“小金库”及违反财经纪律问题清理整改工作和“小金库”及违反财经纪律问题清理整改“回头看”工作。2018年，开展“小金库”及违反财经纪律问题清理整改“大起底”工作和财政扶贫资金专项检查工作。

第五节 “金财工程”建设

“金财工程”建设，即政府财政管理信息系统，它包括省网、市网和县网三级互联的财政系统信息化建设，涵盖预算编制审核系统、国库集中收付系统、工资统一发放系统、政府采购管理系统、基本建设项目管理系统等方面，是支持财政改革与发展的平台。2000年8月，按照省财政厅、市财政局的统一部署，进行资源摸底调查和测算，制定了初步计划。2001年，网络建设初期实现一般布线，利用DDN专线，设置20个内网终端，全部投入使用，初步形成网络建设雏形。2003年8月，为适应财政改革与发展的进一步需要，网络建设进入二期工程改造，重新规划布局、扩容、增配设备，实现网络规范化的布线、机房装修。共计设置159个终端，其中外网61个、内网49个、IP电话49个。启用光缆宽带专线，增上小型机和视频设备。

2008年，省、市、县系统内IP电话直达，信息联网安全畅通，功能齐全，视频会议县内收视，业务软件广泛应用，数据存储备份安全可靠。具备了支持财政改革与发展的网络建设适度规模。实现了微机无纸化办公，电子记账取代了传统手工记账，银行工资发放网络化，提高工作效率，提升财政管理水平。

2009年11月，按照省财政厅统一部署，实现省财政厅、市财政局、县财政局、各乡镇四级联网，财政业务实现纵向到边、横向到底。

2016年12月，实现县域范围内县直各部门接入财政业务专网，全省财政系统测试河北省财政管理信息系统，2017年1月正式上线运行。

2018年初，河北省财政一体化业务平台正式运行，运行系统包括预算编审、预算项目库、电子支付、总预算会计系统、单位会计核算系统、工资管理、非税收入系统、行政绩效管理、办公自动化等。

第六节　管理机构

1958年10月，县人民政府财政科随故城县并入吴桥县财政局。1961年6月，故城县析置，县人委设财政科，是年8月，财政、税务各分设为科。财政科设企业股、预算股、农财股。1970—1971年，工商行政管理、银行、财税合并为财税组，隶属县革命委员会。其中财税机构内设财政组、工商所、税政组、企业组、人秘组。1972年10月至1973年4月，财税组解体，银行析置，财政、税务并为财金局，1975年12月，易名财政局。

1977年，财政局与工商局分设，财政局设预算、税政、会计、农财、监察5个股。

1982年10月，财政、税务分设为局，财政局下设预算、企业、农财、监察、人秘5个股。后又增设综合股，监察股与综合股合并，预算股兼行控制社会集团购买力办公室职能。1984年1月，各乡（镇）始建财政所。

1987年，财政局全员115人，其中县局内31人、基层84人，设局长1人、副局长2人、股长9人、所长23人。是年，局内设股室机构5个，即人事秘书股、预算股、企业股、农财股及财政综合计划股。基层单位有23个乡（镇）财政所。1988年8月，对乡（镇）财政所由系统统一管理，调整为由乡（镇）政府管理，即人员、编制、人权、事权、工资均由乡（镇）政府管理，此次调整共有61名干部职工划归乡镇管理，其中所级干部23人、一般干部19人、职工19人。1989年9月，建立“税收、财务、物价大检查办公室”，人员从财政、税务、物价、审计四个部门各抽1人组成，编制工资关系暂不动，工作与原单位脱钩。建立“控制社会集团购买力办公室”，定编3人，增事业编制3个。增设“事业股”，不增编制，人员由财政局内部调剂。财政局使用农业税干部专项事业编制3个，增为局内事业编制。1992年6月，增设“国有资产管理股”，对外挂“故城县国有资产管理局”牌子，定事业编3人，设股级干部1人。是年8月，建立故城县税收、财务、物价大检查办公室（简称三查办），配主任1人，副局长级待遇，定员4人，所抽人员带行政编制组成。1996年，故城县行政区划改革，原有23个乡镇合并为13个，乡级财政所相应调整为13个。

1996年12月，故城县对行政事业单位进行机构改革，县财政局编制58人，其中行政编制26人、事业编制32人。领导职数1正5副。股级职数24人，其中行政编制15人、事业编制9人。内设机构有人事秘书股、预算股、企业股、农财股、三查办公室、控购办公室、中华会计函授辅导站、会计事务股、征管股、稽查股。1997年6月，正式成立故城县预算资金管理局，为二级局，下设2个股（稽核股和征管股），负责全县的预算外资金管理。2002年10月，行政事业单位深化机构改革，撤销二级局，建立预算外资金管理中心。同时，原国有资产管理局承担的职能和原预算外资金管理局的职能及国税局、人民银行承担的地方金融企业财务监管的职能划入财政局；不再承担组建大型支柱性企业集团职能，取消财政信用周转金制度，不再审批与之相关的生产经营项目。据此确定人员机构、编制、职数，是年行政编制22人，事业编制36人。内设机构有人秘股、预算股、企业股、农财股、监督检查股、文行股、农税办公室、政府采购中心、财政集中支付中心、函授站、会计事务管理中心、预算外资金管理中心、收费所拍卖行。2005年，乡级财政所仍为乡镇管理。调整后的县局机构有26人，其中局级干部3人、股级干部8人、一般干部14人、职工1人。2008年年末，内设机构作了小的调整：函授教育归属会计事务股管理，控购办公室归属政府采购中心管理，内部增设综合股，具体负责涉外及卫生防疫工作。

2018年，设16个股室，辖13个乡镇财务所。财政系统编制110人。

第九章 税 务

域内税收制度由来已久，封建社会朝代更替税制不一，税法有别，但有田则赋、有力则役。

中华人民共和国成立初期，政府根据调查进行评议，分级征收工商税。按常年产量征收农业税，以征粮为主。全国实行统一税收政策，对税收机构实行统一管理。工商税由县税务局征收、农业税及农业附加税由县财政局征收。1961年，征收工商统一税，包括商品流转额和非商品流转额两部分。“文化大革命”期间，改复税制为单一税制，税务机关裁撤，税收工作受扰，工商税收制度被破坏，曾出现错征、乱征现象。1978年，实行工商税制。1982年，县税务局成立。1984年3月，实行第二步利改税。除农业四税由财政部门征收外，工商税由税务部门征收。1994年1月，进行税制改革，实行分税制，国税、地税机构分设，并对征收范围作具体划分。至2008年年末，全县税务系统负责征管的税种主要有17种。2018年7月20日，由故城县国家税务总局、故城县地方税务局合并成立的国家税务总局故城县税务局正式挂牌。

第一节 税 制

明洪武十三年（1380年）始定田赋立户籍。元末河间（故城属之），土地荒芜，人烟稀少。明永乐后，迁民附籍，任其开垦，亩数田数无定额，只从轻起科。清光绪《故城县志》载，劝农屯（乡）新南（新义南乡）、新北（新义北乡），比照洪武年间（1368—1398年），山东、河南制，民间开垦，不问多寡，永不起科。正统七年（1442年），始开查地数，按地输租，然科亦仍轻。万历年间（1573—1620年）实行一条鞭法，即赋税合一，按亩计税。为简化手续，改征实物为征收银两。

清代，顺治至康熙年间（1644—1722年）仍沿用明万历“一条鞭法”税制。自雍正三年（1725年）实行摊丁入地法征收，即将丁银逐渐摊入地亩，实行地丁合一。丁银和田赋统以田亩为征税对象。税种、稽征手续简化。据清雍正《故城县志》记载，时按额外更名籽粒地、屯田充饷地、牧马草场地、河道淤地亩数、级别，各征银不等。另，闰年加征地粮，以及均摊丁匠丁闰银两。清光绪年间（1875—1908年）税制同雍正年间（1723—1735年）税制。

民国期间，赋税捐之一为田赋，初仍沿用清代摊丁入地法征收。以征银两为主，实物次之。因科目不同，税率不一。1914年、1919年先后删除杂项名目，一律改征银圆。地粮（田赋）每正银1两折银圆2.3元，地租每正银1两折银圆2元。分上下两忙期完纳（即2—4月和8—10月分别为上下忙期），次年1月为停征期。另有田赋附加，属直隶省时，无营业税名，牙当等税含有营业税性质。

抗日战争时期，据《华北革命根据地工商税收史料选编》载，1938年以来故城县抗日民主政府始终执行冀南区公平负担税制。

1949年，县税务局根据调查进行评议，分级征收工商税。按常年产量征收农业税，以征粮为主，惯称公粮。公粮分华粮（国有税收）、地粮（地方税收）。1953年，全国修正税制，合并有关税目，减少纳税环节，简化征收手续。是年，颁布《中华人民共和国农业税条例》，对农业税收制度做若干调整，县实行比例税制，继续按常年产量计征，以征收粮食为主。根据国家在基本保原税负的基础上简化税制方针，将货物税、商品流通税、营业税和印花税合并，试行工商统一税。

1960年，开征文化娱乐税。1961年，对农村社队企业征收工商所得税。1962年1月25日，开征集市交易税，1966年5月18日停征。1973年，试行《中华人民共和国工商税条例（草案）》，将统一税（工商）及其附加、车船使用牌照税合并为工商税。为贯彻合理负担政策。

1982年7月始征收银行工商税。1983年6月，根据国家税收体制改革部署，对县内国营企业初步实行第一步利改税，开征国营企业所得税。1984年3月，实行第二步利改税，将工商税划分为产品税、增值税（1983年始在县农机厂、县通用机械厂试征）、营业税等。对国营企业征收所得税、调节税，税后利润归企业支配。1983年10月，开征建筑税。1985年，开征国营企业奖金税。是年执行国务院《城乡个体工商户所得税暂行条例》，是年开征城市维修建设税、教育费附加。1987年，恢复征收房产税、车船使用牌照税。

故城县税务局举行职工主题党日活动

1991年，开征固定资产投资方向调节税，是年国营企业所得税、能源交通建设基金、调节基金、粮食补贴基金停征。1992年，建筑税停征。1994年，国家实行分税制，故城县税务局分为国家税务局和地方税务局，分别征收中央和地方税收，税质改革按照统一税法。故城国税开征的税种有增值税、消费税、企业所得税、外商投资企业和外国企业所得税，是年完成收入2354万元。1997年，税源趋于稳定，完成国税收入3540万元，同比增长2.14%。1999年，全县开始征收个人所得税，是年故城完成国税收入3790万元。

2001年，开征车辆购置税。至2008年，全县完成国税收入11494万元，相当于1994年的4.88倍。2018年7月20日，国、地税机构合并成立国家税务总局故城县税务局。

第二节 税率 税种

一、明清时期税种税率

明代，主要税种为地丁，即地赋、丁赋。地赋以地亩为课税对象，丁赋以户口为课税对象。据明万历四十二年（1614年）《故城县志》记载，正统至正德年间（1436—1521年）按在册地亩，分夏秋两季征税。夏税征小麦、丝绢，秋粮征粟米、谷草、棉花绒（皮棉），均为实物。税种系田赋（其分夏税、秋粮、马草、种马、驿站工料、兵饷等项银，均在全县优免地、行差地、寄庄地征收）、均徭（其分银差银、力差银）、里甲（其分额支银、待支银、杂支银）征银，尚有不入条鞭法钱粮征银，系给爵籽粒银、牧地籽粒银、河道淤地银、班匠价银、课程银（其分商税、酒醋门摊）。万历四十年后地亩人丁共征银13470两9钱6分6毫，凡遇闰年轮该本府当夫之年加银96两1钱5分2厘，钱钞工料加银102两5钱2分7厘4毫零，钱差、力差加银463两6钱7分8毫零，沙压地、优免地亩加银4毫零，行差地亩加银3厘零，寄庄地亩加银4厘3毫零，每丁加银7厘。

据清光绪《故城县志》记载，田赋按行差地、寄庄地、沙压地、河淤地、更名地、牧马草场地、屯田充饷地征收。各地征银不等，不分额内额外，并遇闰年加征。另，当铺、案租、田房、牛马、猪羊、花布、牙行、经纪分别征银不等。光绪十一年（1885年），全县共有土地2722顷47亩6分5厘5毫零。地分7等，各地征银不等，共征银17219两4钱4分7厘，遇闰年加征，全县共计征银17886两2钱7分6厘零。另，当铺每年征银5两，案租年征银27两4钱6分5厘7毫，田房税银向无定额，300两、400两、500两不等，牛、驴、猪、羊、花布、牙行、经纪，年共计征银27两零。

二、中华民国期间税种税率

中华民国期间，故城县国民政府征税系田赋、田赋附加、契税、营业税、杂税、差徭。

内分警察费、学校费、建设局费、区公所费、财政局（科）费、度量衡鉴定所费、自治费、保卫团费、医费、公安队费、堤工费、归还支应军费、讲演所费、河工桩木费、农事试验场费、平民工厂费、临时枪价费、民团费、保安队费、仓款费等；赋税捐之二为契税，分买契税、典契税、推契税、契纸费用、用户费用、附加税；赋税捐之三为营业税。1932年始有正式营业税，内分牙税（牙税时分牲畜斗行、棉花、布绒、木行、油麻糁、油饼、鸡鸭鱼肉、鸡鸭卵、估衣等）、屠宰税、牲畜税、当税、一般营业税；赋税捐之四为杂捐，据1934年河北省最近县有捐税概况表记载，故城县捐目为牙税附加捐、商铺捐、戏会捐、摊捐、度量衡捐（全省仅故城一县征收）、牲畜交易税附加（其中有牲畜绳捐、牲畜过路捐、牲畜喂养捐、猪印捐、捆猪捐、牲畜税票捐等319种）；赋税捐之五为差徭，随粮带征。

田赋 据1933年《河北省各市县概况一览》载，1932年应征粮地458376亩，亩均额银0.03992两，计17389两。据1933年河北省田赋正税收入概况表载，田赋正税收入额征数39911.077元，实收数36394.012元，田赋附加各款数目33389.767元（无实收数资料）。

田赋附加 以田赋正税每元附加8角零8厘7毫。

契税 买契税每元征正税6分，附加学费6厘。典推契税每元征正税3分，附加学费3厘。田房费用买方每元征收6分，卖方每元征收2分，契纸每张收5角。据1936年《河北省政府工作报告》载，故城县1933年契税原定比额13751元，1933—1935年实收数依次为15530.351元、10431.228元、12354.745元。此报告虽称“各县契税征不足者比比皆是……按各县3年平均数，拟定比额标准”。故城县3年平均数应12722.141元，然1936年拟定比额仍为13751元。

营业税 牙税除粮食、棉花、土布、绳麻、纸按1%纳税外（买主负担70%，卖主负担30%），其他牙行及大宗行货，均按3%纳税。屠宰税以猪、羊、菜牛为限，每头依次纳税6角、4角、3元。牲畜税以骡、马、牛、驴、猪、羊、骆驼为限，不分大小公母均按买价3%纳税。当税，以典当铺盈利多寡为准，年盈利5000元、4000元、3000元以下，依次纳税额为250元、200元、150元、100元。

杂税 据1934年河北省最近县有捐税概况表载，故城时有捐系牙税附加捐，包商认缴，平有定额。商铺捐按商铺大小征收。戏会捐按日或台征数不等。摊捐每摊纳铜元2枚至银圆4元不等（以上捐额因故城与外县共为一总数，故未载税额）。度量衡摊捐，全省仅故城一县征收，商会每年摊交300元，4个区共摊120元，计1500元。

差徭 每银圆2元征1.25分，是年额征495.302元。

附

1939—1945年域内税赋

日军占领故城时期，1939年故城县日伪政府始有额内优免地、行差地、寄庄地、沙压地、额外淤地、更名地、牧马草场地、屯田充饷地、退回地，征银、征收税率不一。

据1940年《编年统计》载，是年故城县日伪政府征田赋31825.37元，契税3412.65元、牲畜税495元、屠宰税1350元、牙税7890元、营业税2484.96元、烟酒牌照税948元，田房费用755.6元，计49161.58元。1940年后，伪县政府成员为虎作伥，时常威逼工农商人缴税纳物，以补侵华日军之需，遂税率、税额滥而无制，沿至解放。

三、故城县抗日民主政府时期税种税率

抗日战争时期，故城县抗日民主政府执行冀南区公平负担暂行办法规定，依据纳税人当年收入多少，累进征收，占有财产（土地等级、存粮存款、固定资产等）按比例征收现款、粮食、谷草等。税种系农业税、工商业税、出入口（境）税、货物税、营业税、印花税、交易税、屠宰税、捐税等9种。

农业税（即农业负担） 以标准亩为计算单位，将全家地亩折成标准亩后，扣除全家人口基本土地，再除全家人口数，为人均地亩，按此数查对数表，得每人负担地，再乘全家人口数，即全家负担土地。负担地数与每标准亩负担数（一标准亩负担一石二斗）相乘为全家负担数。

工商业税（即工商业负担） 工业纯利每15市斗谷折1标准亩，商业及房租收入者纯利每10市斗谷折1标准亩，工商业混合者其纯利每12市斗谷折1标准亩，以下计算同农业负担。

出入口税（即出入县境税） 1939年执行冀南区征收外贸入境办法，生活必需品税率为5%、非必需品为10%、奢侈品为20%。

货物税 1941—1946年，土产水烟10%、土产旱烟10%、土产卷烟20%。1946—1949年，水旱烟10%、卷烟20%、酒类30%。

营业税 1947年始，实行十二级累进税率。资本满4万～10万元（冀南币，下同），税率为20%，410万元以上为第十二级，税率为31%，再不累进。超过40万元者，每50万元累进一级，每累进一级，税率增1%。

印花税 印花税最低为1分，最高为20元。

交易税 1940—1946年，牲畜交易税率为1%，1946年为2%，征买方。1946年始，粮食交易税率最高不超过交易额3%，征卖方。

屠宰税 1946年8月始，猪从价征7%，羊从价征7%，牲畜从价征20%。

捐税 1939年始对运销外地棉花，收救国捐，以价格为准，按每百市斤籽棉12元，皮棉每百市斤34元计征，捐5%。

1941—1946年故城县货物出入境税率统计表

表12-13

出境税率		入境税率			
货　物	税　率（%）	货　物	税　率（%）	货　物	税　率（%）
药　材	5～10	日用品	5～10	皮制品	30～40
果品蛋类	5～10	文教用品	3～10	卫生品	20
禽、挂面、酱类	20	染　料	5	糖　类	10～20
烟　类	5	漆　类	5	灯烛类	10
山货、毛发类	10～20	杂食品	5	植物油	50
麻油类	30～40	棉丝品	20～50	其　他	5～50
麻皮类	20	颜　料	20		
麻　绳	15	果　品	30		
其　他	5～10	烟　类	10～20		

1947—1949年故城县货物出入境税率统计表

表12-14

出境税率						入境税率	
货　物	税　率（%）	货　物	税　率（%）	货　物	税率（%）	货　物	税　率（%）
食品类	5～10	皮　类	10～20	棉　花	20	日用品	20～30
植物油	5～10	禽　畜	10	草帽辫	2	杂用品	5～30
动物油	30	木　料	20	蚕　丝	5	拖纸拖料	30
羊毛绒	2	燃　料	10			文教用品	10～30
药　材	5	猪　鬃	10			自行车及配件	20

1948 年故城县工业纳税统计表

表 12-15

行　业	机关数（个）	私营数（个）	手工业（户）	税额（元）	税率（%）
铁工厂	1	0	0	9419	—
篦子厂	0	0	7	13250	8.7
麻绳厂	0	0	7	11859	7.3
硝皮厂	0	0	5	7219	3.8
笼罗厂	0	0	3	2140	66.8
铁工厂	0	3	0	9140	207.3
磨米、成衣	0	0	0	3993	8268.0
照相、刻字	0	0	0	1400	37.3
毡毯业	0	0	0	480	4.6
风弓业	0	1	0	7962	26.5
旱烟业	0	0	3	3929	14.9
卷烟业	0	0	11	17162	11.0
合　计	1	4	43	87953	

1948 年故城县商业纳税统计表

表 12-16

行　业	合作户（户）	私　营（户）		税额（元）	税率（%）
		坐　商	摊　贩		
鞋　业	0	5	0	1340	10.7
银钱业	0	2	0	53750	12.4
杂　食	0	4	0	6842	20.2
合作社	1	0	0	10000	24.6
果子业	0	2	0	1589	10.6
文具业	0	6	1	8000	12.8
染　坊	0	2	0	6000	40.0
饭　业	0	34	0	24966	24.1
挂　面	0	9	0	5131	19.3
客　栈	0	9	0	4023	15.2
糖　摊	0	0	5	2369	12.4
首　饰	0	7	0	10187	17.9
修自行车	0	18	0	33263	22.8
竹　货	0	6	0	44450	40.0
大　布	0	2	0	2200	26.4

续表 12-16

行业	合作户（户）	私营（户）		税额（元）	税率（%）
		坐商	摊贩		
茶叶	0	3	1	9950	26.9
烧饼	0	1	0	10331	21.2
茶水铺	0	8	0	3020	31.0
粉房	0	2	0	1800	13.6
合作社	4	0	0	339750	32.5
木业	0	17	0	16927	16.4
铁业	0	15	1	13595	8.5
磨面业	0	18	0	18151	23.8
馍馍业	0	16	0	18442	19.4
轧坊	0	11	0	14658	16.4
线货业	0	6	0	12562	12.0
油饼业	0	10	0	288311	9.2
杂货业	0	43	4	344503	19.9
西药业	0	7	0	15420	17.5
宰猪业	0	2	0	250	4.1
醋油业	0	9	0	62863	25.8
中药业	0	15	0	99139	49.7
皮箱业	0	1	0	360	3.1
理发业	0	10	0	3133	28.7
瓷器业	0	4	1	24719	33.4
草料铺	0	2	0	348	31.0
合计	5	306	13	1512342	

四、中华人民共和国成立初期税种税率

1949 年 6 月，县税务局根据调查情况分配商业征税任务，按评议分数征收，郑口镇坐商每分征 5 市斤 4 两米，故城镇坐商每分征 5 两米，集镇乡村按牌照，以资本多少分级，累进征收。第一区分配任务 104400 市斤米、二区 3900 市斤、三区 5300 市斤、四区 4800 市斤、五区 7400 市斤。1950 年，根据国家颁发的《全国税征实施要则》，开征交易税、印花税、屠宰税、货物税。1953 年，开征工商税、商品流通税、货物税、交易税、印花税等。1965 年，全县征有统一税（工商）、工商所得税、牲畜交易税、集市交易税、文化娱乐税、车船使用牌照税。时，县征有工商税、工商所得税、屠宰税、牲畜交易税。伴随机关团体、企事业单位所属宾馆、饭店、招待所营业收入增加。

根据经济发展实际，将税种税率进行调整。

工商税 对工商盈利单位，按其性质就其营业额、所得额征收，1950 年开征。

营业税 对商业、服务业经营单位和个人，就其收入征收 3% ～ 5%。

产品税 对从事生产应纳税产品的单位和个人征收，按比例税率征收。

增值税 对应纳税产品生产过程中的增值额，按比例税率征收。

国营企业所得税 对国营企业生产经营所得

和其他所得，大中型企业按比例税率55%，对小型企业按新八级超额累进税率。

集体企业所得税 原为工商业税一部分，1958年独立为工商所得税，实行过二十一级金额累进税率、八级超额累进税率、幅度比例税率、五级金额累进税率、比例税率、九级超额累进税率。1984年始实行新八级超额累进税率。其中对合作商店和个体经济，1963年始征收所得税，合作商店实行九级超额累进税率；个体经济实行十四级金额累进税率，如全年所得额超一定限度，要加成征收。1979年，对合作商店加成征收。1962年月1日始对县供销社（简称县社）基层社按39%税率征收，县社各经理部、工厂自1963年起执行。

个体工商业户所得税 对城乡个体工商户利润所得，实行十级超额累进税率。

奖金税 对企业事业发放的奖金按超过国家规定的限额部分征收。

建筑税 对使用国家预算资金、自筹资金进行基本建设，征税10%～30%。

城市维护建设税 对缴纳产品税、增值税、营业税单位的个人征收，专用于城市维护建设。纳税人在郑口、建国、故城3个镇，税率为5%，其他均为1%。

车船使用税 此税原名车船使用牌照税，1973年，并入工商税。第二步利改税时改为车船使用税。其中1964年，畜力胶轮三套大车，年税额25元，畜力胶轮两套大车20元，人力两轮车10元，自行车2.4元，每年1月缴纳。1986年，载人汽车10人以下者每辆每年110元，11～30人者120元、31～50人者150元、51人以上者180元，载货汽车载重每吨每年42元，三轮摩托车每辆每年48元。

集市交易税 1949年9月始，《河北省税务局通令》对牲畜、皮毛、粮食、棉花、布匹等征收交易税，征买方。税率：牲畜4%（起征点1头，下括号内均为起征点）、皮毛5%（皮1张、毛10市斤、猪鬃0.5市斤）、粮油3%（粮食1市斤、花生30市斤）、棉花3%（籽棉30市斤、皮棉10市斤）、土布（72市尺）。猪羊税率为15%，买方负担。旧钟表、旧自行车税率为15%，征卖方（旧钟表1962年10月停征）。

牲畜交易税 对牛、马、驴、骡等牲畜，待买卖成交后，向买方征收，税率为5%（其中1981年10月—1982年12月，税率为3%）。

屠宰税 对专供食用的猪、羊等牲畜，待屠宰时向屠宰单位和个人征收，其税率1949年8月为60%，1950年改为10%，1963—1964年改为8%，1980年改为猪每头2元，羊每只5角，大牲畜每头3元。

文化娱乐税 对电影、戏剧、娱乐等事业经营单位征收，1964年对戏剧征税2%。

印花税 对因商事、产权等行为所书立或使用的凭证，由凭证书立人、领导人或使用人交纳。

教育费附加 系随同产品税、增值税、营业税同时征收一种附加费，用于发展教育事业，税率为1%。

五、1983—2018年税种税率

国营企业所得税 1983年10月开征，改税种征缴税率为比例税率和累进税率两种。

国营企业调节税 1983年10月开征。对部分国营企业缴纳所得税后利润超过规定合理留利进行调节。该税于1993年废止。

产品税 1985年初，县产品税适应税目有59种。1986年1月—1988年1月，国家先后对部分产品试行增值税、产品税的征收范围逐渐缩小。1993年年末，县征收的产品税只有煤、焦炭、鞭炮、焰火、橡塑制品、其他橡胶制品、水产品、食用生猪、毛绒9个税目。产品税月税率为鞭炮焰火30%，橡塑制品10%～20%，煤炭3%，焦炭9%，氮肥5%，生铁3%，生猪、菜牛菜羊3%，电石10%。

增值税 随着国家税制改革的深入，县增值税的税目持续增加。1984年10月1日，施行的增值税条例规定4个税目，1986年增加8个税目，1987年增加7个税目，1988年增加3个税目，1989年增加1个税目，至1993年年末共有31个税目。税率分为三个档次13个税率，最高为16%，最低为6%。纳税人销售货物、劳务、有形资产租赁服务或者进口货物自2018年5月1日起，税率由17%降为16%、10%；交通运输业、建筑、基础电信服务等行业及农产品等货物的增值税税率从11%降至10%；销售服务、无形资产以及增值电信服务行业，除另有规定外，税率为6%；出口货物、劳务或者域内单位和个人发生的跨境应税行为，税率为零。纳税人提供适用不同税率或者征收率的货物、应税劳务和应税行为，应当分别核算适用不同税率或者征收率的销售额；未分别核算的，从高适用税率。

营业税　由于第三产业的发展，县营业税逐年上升。营业税采用比例税率，交通运输业、建筑业、邮电通信业、文化体育业税率为3%，金融保险业、服务业、转让无形资产、销售不动产税率，最高为16%，最低为6%。

工商所得税　实行收入总额扣除成本、费用等允许扣除的项目后的应纳税所得额，按八级超额累进税率计算应纳税额。

集体企业所得税　域内于1985年开始征集集体企业所得税。其税额为纳税人每一纳税年度的收入总额，减除成本费用、国家允许在所得税前列支的税金和营业外支出后的余额，为集体企业所得税的计税依据。实行“多得多征，少得少征”的原则，其税率多次调整。1985年4月规定了新的八级超额累进税率。

城市建设税　该税种从1985年开始征收，凡在故城县交纳产品税、增值税、营业税的单位和个人，都是城市建设税的纳税义务人。在城市城区内的为7%，在县城县属镇的为5%，在县城和县属镇以外的为1%。

建筑税　《中华人民共和国建筑税暂行条例》规定从1987年7月1日起，地方政府、机关、团体、部队、国营企事业单位、城镇集体企业单位，在国家计划内安排的自筹基本建设投资和技术改造项目中的建筑投资，税率为10%；自筹基本建设全年投资额，超过国家计划的部分，税率为20%；未列入国家计划的楼、堂、馆、所，税率为30%。从1991年起，国家开征固定资产投资方向调节税，停征建筑税。

屠宰税　1985年7月1日起，猪每头由2元改为4元，羊每只由0.5元改为0.8元，牛和其他大牲畜每头由3元改为6元；从1988年4月1日起，猪每头由4元改为6元，羊每只由0.8元改为1元，牛和其他大牲畜每头由6元改为8元。

房产税　1986年10月1日起施行，采用比例税率，税率分为两种：一是按房产原价值一次减除10%～30%后的余值计征，税率为1.2%；二是按房产出租金收入计征，税率为12%。

国营企业奖金税　该税种1988年开始征收。凡未实行工资总额随经济效益挂钩浮动的国营企业，其发放的各种形式的奖金，都要缴纳企业奖金税。奖金税按超额累进办法计征，全年发放经济总额不超过4个月标准工资的免税；超过1～5个月标准工资的部分，税率为30%；全年发放奖金总额超过5～6个月的标准工资的部分，税率为100%；超过6个月标准工资部分，税率为300%。1992年1月1日始，国营企业奖金税改征企业事业单位工资调节税。

国营企业所得税　该税计税依据是纳税人每一纳税年度的收入总额（含营业外收入）减除成本费用，国家允许在所得税前列支的税金和营业外支出后，其余额为纳税所得额。其余税分别为大中型企业适用55%固定的比例税率；小型企业、饮食服务业和营业性的宾馆、饭店、招待所、适用八级超额累进税率。

能源交通基金　凡一切国营事业单位、机关团体、部队和地方政府的各项预算外资金以及这些单位所管的城镇集体企业所得税后的利润和国营企业及其主管部门提取的各项专用基金，都属此项税金的缴纳范围。其征集率为10%。1993年7月1日起上调为15%。从1987年5月1日起，国家对原来未开征能源交通基金的城乡集体企业和个体工商户的税后利润，开征能源交通基金，征集率为7%，并规定起征点为5000元。税后利润不足5000元的免征能源交通基金。

集体企业奖金税　《集体企业奖金税暂行规定》1985年起实行。故城县1986年开始征收，其征收和管理比照《国营企业奖金税暂行规定》办理。集体企业计算奖金税的工资标准：凡执行国营同行业工资标准的，比照国营同行业工资标准计算；未按国营同行业企业工资标准执行的，每人每月工资统一按60元计算，1990年调到100元，超过部分视同发放奖金。该项税收从1992年1月1日起改征企事业单位工资调节税。

事业单位奖金税　该税种1986年开始征收。凡在银行单独开设账户，并按行政事业办法进行工资改革的事业单位，都要缴纳奖金税，并按超额累进税率计征。事业单位奖金税从1992年1月1日起，改征企事业单位工资调节税。

城乡个体所得税　1986年，开始征收城乡个体所得税。按其每一年度的收入总额减除成本、费用、工资、损失以及国家允许在所得税前列支的税金后的余额，为应纳税所得额；采用超额累进税率。1000元以下7%，最高3万～5万元的部分为60%，应纳税所得额超过5万元部分，每增加1万元加征10%。

车船使用税 该税种从1986年开始征收。属于企业单位的车船，按年份两次缴纳，上半年3月和下半年9月征收；属于个人的车船，应于是年3月一次性缴清全年税款。按照种类、吨位大小、乘人多少和使用性质，实行定额征收。乘人汽车按乘人座位计税；载货汽车按载重吨位计税，载重吨位尾数在半吨以下的按半吨计算，超过半吨的按一吨计算；汽车的拖车按汽车7折计税；拖拉机的拖车，按汽车的5折计税；客货两用，乘人部分按乘人汽车减半计税，载货部分按吨位计税；摩托车按辆计税。

教育费附加 《河北省征收教育费附加实施办法》1986年7月1日起施行。凡缴纳产品税、增值税、营业税的单位和个人都要依照该实施办法缴纳教育费附加。附加率为1%，从1989年始上调为2%。

盐税 据《中华人民共和国盐税条例（草案）》规定，按每吨152元征收，1992年2月1日起，河北省盐税定额税率调整为122元，粉精盐每吨95元，粉洗盐每吨110元。

印花税 该税种从1988年10月1日开始征收，共13个税目、50个细目。采用比例税率。财产租赁、仓储保管合同规定税率为1%；加工承揽合同、建设工程勘察设计合同、货物运输合同税率为5%；购销、建筑安装合同税率为0.03%；借款、财产保险合同税率分别为0.005%和0.1%。

国营企业工资调节税 该税种1989年开始征收。凡按照国务院关于国营工资制度改革的规定，实行工资总额随经济效益挂钩的国营企业，都应按当年增发的工资总额超过国家规定的上年工资总额7%以上部分，计征工资调节税。1992年1月1日，国营企业工资调节税改征企事业单位工资调节税。

城镇土地使用税 《中华人民共和国土地使用税暂行条例》1988年11月1日起施行，故城县第二年开始征税。征税对象为县城、建制镇、工矿区范围内使用土地的单位和个人，以每平方米税额0.2元征收。

国家预算调节基金 《国家预算调节基金征集办法》从1989年1月1日起执行。所有国营企事业单位、机关团体、部队和地方政府的各项预算外资金，所有集体企业、私营企业及个体工商户交纳所得税的利润，都列入该项基金的征集范围。国家预算调节基金的征集率为10%，当年缴纳调节基金的预算外资金收入和集体企业、私营企业、预算外企业的税后利润不足5000元的，个体工商户税后利润不足2000元的，可给予免征调节基金的照顾。

固定资产投资方向调节税 该税种从1991年开始征收。税率为0%、5%、10%、15%、30%五个档次；主要新建、扩建项目为0%、5%、15%、30%四种税率；现有企事业单位设备更新的技术改造项目为0%、10%。

消费税 消费税的税率，有两种形式：一种是比例税率；另一种是定额税率，即单位税额。消费税税率形式的选择，主要是根据课税对象的具体情况来确定的，对一些供求基本平衡，价格差异不大，计量单位规范的消费品，选择计税简单的定额税率，如黄酒、啤酒、成品油等；对一些供求矛盾突出、价格差异较大，计量单位不规范的消费品，选择税价联动的比例税率，如烟、白酒、化妆品、鞭炮、焰火、贵重首饰及珠宝玉石、摩托车、小汽车等。

车辆购置税 车辆购置税的纳税人是指在中华人民共和国域内购置应税车辆的单位和个人。我国车辆购置税实行统一比例税率，税率为10%。

国税 在组织收入工作中，牢固树立"经济税收观"，严格贯彻落实有税尽收、无税禁收、坚决不收过头税的组织收入原则。2009年，故城县国税局成立松散型纳税评估团队，提取风险数据，建立风险模型，对皮毛、刹车片、合金等行业进行纳税评估，发挥了以评促收，以评促管的职能。至2018年12月，共评估入库税款12045.65万元，加收滞纳金85.34.82万元，调减留抵591.8万元，调减亏损1134.43万元。

地税 1994年，地税负责征收的税种有营业税、企业所得税、个人所得税、城市维护建设税、房产税、城镇土地使用税、车船使用税、印花税、资源税、教育附加、车船使用牌照税、城市房地

故城县税务局智能办税服务厅揭牌

产税、屠宰税。1996年，教育附加税率调整为3.5%。1999年，固定资产投资方向调节税取消。2001年10月，停征屠宰税。2002年代征社保费，2003年，开征地方教育附加、代征残疾人就业保障金；是年，教育费附加税率调整为3%。1994年，全县地方税收1437.4万元。2008年，累计组织地方收入9669.1万元，其中税收收入5569.1万元，15年间累计为国聚财63411.9万元，其中税收收入44702万元。2018年，全县地税收入45457.4万元，同比增长11.99%。

1987—2008年国税税收收入统计表

表12-17

年　份	任务数（万元）	完成数（万元）	占任务（%）
1987	1042	1311	110.7
1988	1358	1383	101.8
1989	1579	1594	101.2
1990	1790	1464	81.7
1991	1596	1698	106.4
1992	1754	2057	117.3
1993	2315	2931	126.6
1994	2050	2355	114.9
1995	3086	3134	101.5
1996	3245	3466	106.8
1997	3810	3540	92.9
1998	3970	4080	102.8
1999	3859	3863	100.1
2000	4132	3939	95.3
2001	4200	3776	89.9
2002	3935	3896	99.0
2003	4400	4191	95.3
2004	4381	4742	108.2
2005	5280	8093	153.3
2006	10115	7946	78.6
2007	9497	9516.3（含车购税）	100.0
2008	10930	11494	104.6

2009—2018 年国税系统组织收入统计表

表 12-18

年　份	市政府收入计划（万元）	累计完成（万元）	超减收（万元）	占任务比例（%）
2009	14290	15119.80	829.80	105.80
2010	17200	17789.58	589.58	103.43
2011	21600	23648.59	2048.59	109.48
2012	30700	30816.80	116.80	100.38
2013	43140	43156.79	16.79	100.04
2014	53925	49651.00	-4274.00	92.07
2015	53925	40758.66	-13166.34	75.58
2016	44850	39134.07	-5715.93	87.26
2017	47500	51399.02	3899.02	108.21
2018	58000	59024.00	1024.00	101.77

1994—2008 年地税系统组织收入统计表

表 12-19　　单位：万元

年　份	累计组织收入	税收收入	社保费	教　育费附加	文化事业建设费	地方教育附加	残疾人就业保障金
1994	1458.9	1437.4	0	21.5	0	0	0
1995	1509.9	1491.0	0	18.9	0	0	0
1996	2327.2	2213.7	0	113.4	0	0	0
1997	2898.4	2870.0	0	27.9	0.5	0	0
1998	3539.5	3509.8	0	29.7	0	0	0
1999	3546.5	3490.7	0	54.3	1.5	0	0
2000	3358.5	3292.1	0	64.9	1.5	0	0
2001	2776.1	2774.6	0	0	1.5	0	0
2002	2783.4	2100.3	627.6	54.0	1.5	0	0
2003	3213.2	2195.6	950.4	58.7	1.5	0	6.9
2004	3445.1	2334.0	981.5	113.3	1.5	19.9	13.4
2005	4390.1	3000.0	1196.0	124.4	1.5	34.3	33.3
2006	6417.0	3797.6	2415.6	121.1	1.5	42.7	37.8
2007	12079.0	4626.1	7161.8	184.3	3.1	62.8	40.6
2008	9669.1	5569.1	3738.2	237.0	3.0	78.5	43.0
总　计	63411.9	44702.0	17071.1	1223.4	18.6	238.2	175.0

2009—2018 年地税系统组织收入统计表

表 12-20 单位：万元

年　度	累　计 组织收入	税收收入	基　本 养老保险	失业保险费	残疾人 就业保障金
2009	12208.0	7961.00	3664.00	145.00	47.50
2010	22034.3	11906.20	9225.70	183.00	52.30
2011	27425.5	16250.30	9922.50	209.70	63.00
2012	32765.2	22001.20	9246.40	222.00	72.30
2013	39188.1	28740.30	8574.00	316.10	85.40
2014	51895.3	38968.62	10672.69	391.99	89.16
2015	52407.3	39776.26	10385.00	395.00	77.03
2016	41809.4	29523.39	10229.68	357.49	78.67
2017	40592.2	26276.09	12133.87	227.36	102.01
2018	45457.4	27058.97	15327.26	240.05	108.10

第三节　税收减免

明代，据清光绪《故城县志》载，“永乐六年（1408 年）除荒地租”。

清代，因水旱灾害，农业歉收或无收，皇帝南巡经运河故城，税收时有蠲免，以示“曾沐皇恩”。据清光绪《故城县志》载，自顺治元年至光绪十年（1644—1884 年），240 年间减免税收计 27 次。其中，康熙三年（1664 年）因夏旱歉收蠲免顺治十五年（1658 年）前民欠钱粮。乾隆四十年（1775 年）乾隆帝下江南，翌年诏免天下钱粮，故城县当年首免。咸丰元年（1851 年）因道光二十三年（1843 年）、道光二十六、道光二十八年运河决口，豁免故城积年民欠钱粮。另，据清雍正《故城县志》载，康熙五十八年（1719 年）“革除四大地方”（县分四路，各路设总管一方事之人，派索颇多）。雍正二年（1724 年）“停止军租”（屯军田地纳租），雍正三年（1725 年）革除津贴（里地之费），雍正四年革除“纳粮均耗”（赋税正项外加征之税收）等。

民国期间，仅见 1934 年《河北月刊 · 河北省财政报告书》载，“拟裁故城县猪肉、羊肉捐、熟肉捐”文字，未载结果。

据《华北革命根据地工商税收史料选编》记载，1939 年，故城县抗日民主政府据冀南行署关于征收外货入境税办法，为支援抗日战争，暂时免征入境军用、军需品税。其中，军用品系电话材料、中西药品、化学物品、枪械机件、钢铁、煤炭、面粉、粮食等，其他需用品系纸张、油墨、蜡纸、铅石、石油、书籍文具、工业用机件、电料、国产蓝、木料、牲畜等。1942 年，规定两项免税内容（时称免负担）：一是凡合作社股金、水利投资、畜养、存款、银行与工商管理局之商号及一切生产工具、公营资金及各级政府团体基金存款，生产学田及另有名文规定免税之资产，均予免税。二是不毛之地，不长禾苗又不出产小盐（硝盐）之碱地，经常存水毫无收益之洼地，河流公路、铁路、沟壕占地、堤地、房基地及开垦不满 5 年之新垦地均免税（抗日路沟不在内）。1947 年开征营业税后，免征下列营业税，系纯供给性质的公营工厂及试验性工厂，群众性合作社，从事生产、运输、供销等基本业务，非营利性质者，灾民经营之运输业，农民纺织、运输、纺织、副业生产、残废（时称）荣誉军人工厂，营业本身即为税收性质者（如工商之管理酒厂等）、出版资金不满 4 万元者，政府法令规定免税者。同时减征下列营业税，系法定机关生产减半征收，合作社（交易社在内）按其业务服务于群众程度减征10%～30%，生产工具制造业、造纸业、印刷业、棉毛纺织业等减征20%；榨油业、肥皂业等生活必需品和奖励输出之工厂、作坊及医药业减征10%；烈属营业减征30%；荣军及军属营业减征20%；工属、老弱孤寡和政府法定减征者，减征10%。1949年5月，据《冀南行署公平负担修正办法》，对出故城县境部分货物免税，系农副产品（各种瓜果、土药材、桑杈）、手工业产品（小盐、土碱、草帽、草帽辫、柳编、苇席、土布、土绒、迷信品、土制草纸、陶瓷器、毛毡、毛毯、毡帽、毛织品、棉织品、纸张）、其他（古董、兽骨、烟酒、卷烟、水烟）。凡入故城县境者部分货物免税，系生产用品（农工器具、钢针、煤炭、桐油、漆、鳔、罗底等）、生活用品（火柴、火纸、油布、近视镜、草纸、毛头纸等）、工业用品（机械及零件、硝酸、硫酸、五金原料、机油、汽油、火硝、火碱、青红白布、粉纸、盘纸、纸胚子、白粉、漂白粉、卷烟机等）、文化用品（笔墨、印油、印泥、仪器、运动器械、教育用品等）、军用器材（枪炮、子弹、指南针、军号、炮药、望远镜、地图、擦枪油、生发油、风镜）、医药卫生用品（中西药品、诊疗器材、卫生器材）、印刷器材（青石、滚子、铅字、字模、药纸、药墨、石印油、松香、钞票纸、模造纸、蜡纸、油墨、香粉、钢板、铁笔等）、颜料、其他（脚踏车及零件、汽车零件、照相器材、烟叶）。

中华人民共和国成立后，县税务部门严格贯彻国家规定税收减免政策，以促进工商业发展。

一、灾情减免

1949年后，故城县时遭水旱、风雹、虫等自然灾害侵袭，人民政府为支援灾区人民开展生产自救，鼓励受灾乡村个人发展工副业生产，并给予免征工商统一税照顾。

1962年8月20日，县人民委员会在《关于灾区灾民经营副业减免工商税的通知》中规定，灾区生产队和社员，出售自己生产的工业产品和农副产品，除工商统一税税目、税率表中列举的产品（如羊毛、土烟叶、酒类、糖、砖瓦、原木、皮革、皮货、焚化品、化妆品等）须按税法规定征税外，其余均免征工商统一税；灾队灾民接受国营企业委托，从事加工或代理购销所得收入，灾民翻修受灾房屋，所用自烧砖瓦和购买的原木，生产队用于供给灾民盖房所烧制砖瓦均免征工商统一税；灾队灾民购买牲畜自用，免征交易税；灾队灾民从事运输所得收入免征工商统一税，其从事运输车船，除自行车外均免征车船使用牌照税；国营企业接受人委指定任务，以进货原价救灾物资，免征零售环节工商统一税；以生产大队为单位计算灾情，歉收五成以上者视为灾队，灾队中生活困难社员视为灾民，享受上述免税照顾。

1963年故城县享受工商税收减免规定的灾队一览表

表12-21

公社名称	村庄名称
郑口	南镇、帝君庙、前香坊、后香坊、后油坊、王园子、小马庄、沙岗、翟庄、黄村、大坛村、二坛村、三坛村、堤口、野庄、南甘泉、北甘泉、徐庄、太兴镇、夏家庙
庙灵	前孟疃、后孟疃、魏家院、北马庄、庙灵庄、大寒布、小寒布、陶户庄、东化庄、沙窝庄、新化村、田小麻、白小麻、周小麻、碱场店、十美村
里老	周鸭鹅、刘鸭鹅、李鸭鹅、里老、林场、后里老、西小屯、焦庄、皮婆屯、刘庄、梁庄、二南庄、前赵鲁、后赵鲁、赵鲁屯、大马坊、小马坊、寒下、朴庄
辛庄	北官庄、牛卧庄、西辛庄、东辛庄、李仙寨、万小麻、张小麻、崔庄、高庄、东孙庄、北侯庄、高小营、窦堡店、孙务
夏庄	罗小营、滩头、犁谷庄、坟台东、坟台西、龙凤店、张庄、刘庄、王庄、小化、丞相营、夏庄西、徽王东、徽王西、曹桑营

续表 12-21

公社名称	村　庄　名　称
小　屯	十里铺东、十里铺西、大文庄、小文庄、北袁庄、陈庄、复立村、周庄、芦庄、二屯南、二屯北、裴别庄、贾别庄、小屯、北郭庄
袁　庄	西第三、东殷庄、骆庄、田庄、第七、第九、四面佛、东魏庄、大刘庄、小刘庄、潘庄、大第五、袁庄一、袁庄二、袁庄三、杨务、头屯、河北涯、胡塘、东王庄大曹庄、小曹庄
故　城	三里口、东南镇、西南镇、西关、北关、赵庄、霍廖庄、大第八、小第八、东万庄、新庄
小　庙	孙裕村、刘皁村、贾丰村、李家庄、西北化、中化
原　隰	张长林、李长林、赵长林、王长林、东牟村、白佛寺、庞田村、车田村、张田村、陈田村
杏　基	冯杏基、翟杏基、齐杏基、后沙岗、陆黄村、师黄村、秘黄村、贾黄村、高庄、红旗、红庙
青　罕	南王庄、刁南庄、柴庄、白庙、千户庄一、千户庄二、千户庄三、千户庄四、千户庄五、李王庄

1964 年故城县享受工商税收减免规定的生产小队一览表

表 12-22

公社名称	生　产　小　队
郑　口	五户二、五、六队，太兴镇一、三、四、五、六队
故　城	东万庄一、二队，东南镇四、五队，西关一、二队，西南镇三、十队，北关一队
小　屯	十里铺东二、三队，十里铺西一、三队，东郭庄一队，周庄一至三队，二屯南一、二队，二屯北四、五队，裴别王一、二队，桑塘一、二队，陈庄一至三队
夏　庄	坟台东一至四、六队，坟台西一、三、五队，犁谷庄一至五、七、八队，小化三至八队，王庄一队，丞相营一、二队，罗小营一至四队，徽王庄东二、三、五队，徽王庄西一至三、五、六队，滩头二至四队，龙凤店一、四队，刘庄一、二队，桑营一队
袁　庄	骆庄一至八队，小曹庄一至三队，四面佛一至四队，第七一至四队，东殷庄一、二队，河北涯一至八队，大曹庄一至四队，杨务一至七队，王庄一至四队，袁庄一一、二队，袁庄二二、四队
辛　庄	万小麻一、四、五、七至十队，西辛庄一队，李仙寨三、四队，北官庄一至十二队，牛卧庄一、四、七至十、十二队
庙　灵	前孟疃一至四队，小寒布一、二队，沙窝庄五、六队，魏家院二队
房　庄	大月庄一至六队，北沙窝庄一队，乔庄一至四队，潘屯一至四队。
小　庙	西化村一、二队，刘皁村一至八队，贾丰村一至八队，李家庄一队，孙裕村一至三队
三　朗	居召村一、二队

1965年故城县享受灾区工商税收减免规定的生产小队一览表

表 12-23

公社名称	生　产　小　队
夏　庄	徽王庄东三、四、六队，徽王庄西二、三、六队，坟台东三队，小沼六队，龙凤店一、四队，滩头二、三、四队，小化一至八队
袁　庄	骆庄四、七、八队，胡塘一、三、四队，四面佛一至四队
故　城	赵庄一、二、四队，新庄五队
小　屯	二屯二队、大文庄三、四队，袁庄一、二队，郭庄一、二队，何庄一、二队
辛　庄	高庄一至四队，孙庄一、二队，牛卧庄四队，万小麻一、二、六、八队，窦堡店一队，孟务一至四队，王务一队
庙　灵	庙灵三队，大寒布一队，小马庄一、三队，东化村一、三队，新化村五、六队，周小麻一至四队，后孟疃二至四队，前孟疃一至四队
里　老	周鸭鹅八队，朴庄六队，林场一至十队，小马坊一至十二队，赵鲁屯一至八队
房　庄	大月庄二队，北獐鹿二、八队
饶阳店	赵庄三队，刘堂二一至五队，孟庄一队，刘堂三一至四队，温庄二队，李庄二、三队
武官寨	香炉坡三队，孟村六、七队，叩庄六、七队
祖　杨	庄科三、四队，大商庄一、二、五队

二、老区减免

1979年，河北省革命委员会第125号文件规定，凡革命老根据地（惯称老区）生产队1978年社员每人平均收入在50元以下者，其队办企业均可从1979年1月1日起享受工商所得税免征5年照顾。凡老区大队超过半数以上公社，在1978年度全社社员平均收入在50元以下者，其社办企业亦从1979年1月1日起享受免征工商所得税5年照顾。通过核实故城县有下列大队享受免征工商所得税5年照顾。

1979年故城县享受免征工商所得税5年的大队一览表

表 12-24

公社名称	村　庄　名　称
郑　口	周辛庄、后油坊、孟庄、翟庄
原　隰	陈田村、新崔庄、大李庄
赵　行	齐家庄、东曹官屯、西曹官屯、西排、西夏庄、西南屯
小　屯	北郭庄、复立村、南郭村
夏　庄	庄子刘、罗小营
辛　庄	崔庄、高小营、窦堡店、万小麻、北官庄
里　老	二南庄、李鸭鹅、刘鸭鹅、朴庄、后赵鲁屯

续表 12-24

公社名称	村 庄 名 称
庙 灵	新化
房 庄	宋庄
小 庙	小庙、西化、中化、太平庄、万家庄、楼子村、小杨村
梧 茂	齐梧茂、祁庄、东京村、苏庄
西半屯	时庙、前赵、后赵、于洪屯、李洪屯、徐董屯、双屯、牛庄、盐厂
袁 庄	袁二、潘庄、骆庄、田庄、王庄、西第三、杨务、小曹庄、四新
三 朗	新召村、韩庄
饶阳店	朱辛庄、杨辛庄、黄草洼、北马前、东马村、盛树林、水东屯、小杨庄、东镇、时庄、南庄、曹庄、西丁庄、焦庄
瓦子庄	西里屯、王洼、乔庄、康庄、臧庄、北梁庄、姚庄
建 国	二里庄
武官寨	李店、杨刘庄、垂麦、君王庙、南柴庄、马庄、叩庄、西言村、前屯、后屯、东孟庄、西孟庄、北半屯、武官寨、仓上、小曲店、孟村、苏庄、武庄、冯庄、杨五头、李尧头
军 屯	贾庄、牛庄、刘行杖、杨寺、丁里村
要 庄	辛堤、叶庄、树庄、曹庄、杨庄、姜庄、张庄、许店

三、生产减免

20 世纪 80 年代，部分乡镇企业开办初期，因借贷较多，产品质量低，盈利较少，照章纳税有困难。为扶植乡镇企业发展，1979—1987 年，先后对 267 家次乡镇企业实行税收减免照顾。减免时间为半年至两年。减免税种有工商税、所得税、产品税、增值税、营业税。

1980 年，旱灾严重，农作物减产。根据 1975—1979 年粮棉油统一折粮后，平均年总产量减产 30% 以上社队企业，减半征收工商税和所得税，减产 50% 以上社队全部免收。受灾减免期限为 1980 年 11 月—1981 年 1 月。

对微利经营项目（馒头、烙饼、油条、烧饼、熟食），1986 年 7 月起暂免征零售环节营业税。

1979—1987 年故城县乡镇企业税收减免统计表

表 12-25

年 份	企 业 数 量（家）					减免金额（元）	备 注
	村办	乡办	集体	国营	校办		
1979	4	1	1	—	—	—	
1980	56	15	1	1	—	—	
1981	—	—	2	—	—	—	
1982	6	1	—	—	—	—	
1983	6	1	—	—	—	—	
1984	—	11	1	—	—	—	
1985	62	21	5	1	1	—	

续表 12-25

年份	企业数量（家）					减免金额（元）	备注
	村办	乡办	集体	国营	校办		
1986	15	20	13	2		1195306	不含 3 个集体办
1987	5	6	16	—	—	66064	不含 7 个集体办 1 个乡办

说明：表内“—”为无统计数字

1993 年，国家宏观政策调整，连续出台了一系列新的税收政策。1994 年年初，取消地方减免税权限，仅保留政策性减免规定。县地税局 1994—2008 年，共为符合条件的企业减免税款 425 万元，为 70 名下岗职工减免税款 5.2 万元。2018 年，享受增值税减免 41486 户，减免税额 40818.86 万元。

第四节　稽征管理

一、组织

缉私队　抗日战争时期为打击日伪经济特务活动，保护协助稽征机关查稽过境走私，冀南区派驻故城县边境缉私队从事稽查事宜。凡查获走私或漏税货物，将人、货送往税务局处理，缉私队有查获权无处分权。

1949 年，县内贸易自由，撤销缉私队，收回缉私证。出入货物，除外来烟酒征税外，其余货物概不征税。毒品、伪钞、法币仍严查没收。

检查站　1949 年，县建征收指导委员会（简称征委会），区建征收委员会，村以小区（非行政区）为单位，召开村长临时联席会议，进行登记，分配任务。集市摊贩以集市管理委员会（简称集委会）为主负责征收。郑口镇、故城镇以商会为主，并吸收行业代表组织评征委员会，负责坐商征收。

二、实施

征管原则　执行上级政策，依法办事。依率计征，文明征税，扶持生产，增辟税源，依靠群众，协税护税。

1949 年，工商业税征收方法有三：自报查账、依率计征；自报公议，民主评定；定期定额。城镇，由税务所、集委会派专管员、交易员分行业集中管理或驻人管理，村由税务所或村征收委员会负责征收（王园子鞭炮，盖章方可出售，猪羊白条亦同，否则视偷漏税）。1951 年 9 月上旬，瓦子庄查出漏缴交易税者 27 户，共补税款 238 万元（旧币）。1952 年上半年，有集委会 8 个 23 人，有交易员 289 人，村税委会 259 个。此间为控制税源，查处偷漏税，并建有集市、村联合管理办公室（简称联办室）5 个、10 人。该组织伴随私营工商业改造完成，1955 年解散。

1958 年，公社化后，对国营、合营企业和集体企业实行以户定人，专人进厂，各税统管。农村税收，实行社队包户，巡回征收。

1978 年后，各企业实行定员定户，各税统管。个体工商户，集贸市场，实行分片分行，定人专管。1987 年，集市实行分行划市，分段包干，持票上集。郑口非集日商贩由 2 名帮集工负责征税。较大企业派协税员，代征代扣。

1987 年，各乡（镇）村普建护税组织，198 个企业为代征代扣单位。1985—1987 年，郑口、建国、故城 3 镇个体协会各建协税组织。协税组织为国家代征、代扣税额 223 万元，提供线索 750 余条，补征税款 50 万元。1999 年，县国税局取消协税组织。2007 年，县地税局取消协税组织。

征管工作　严格执行国家《税收征管条例》，应纳税单位和个人按时限进行税务登记，办理变更或注销手续。税务机关年初对其全面核实鉴定。帮助、监督纳税户建账建制，按时填报纳税申报表。1987 年，规定经营额在 3000 元以上者建复式账，3000 ～ 12000 元者建单式账，1200 元以下者实行定额征收。全县 1515 户个体工商业，建账 468 户。全县 401 家国营、集体企业进行纳税鉴定，占全县企业总数的 90%。2000 年后，落实国税地税征管体制改革，严格执行《中华人民共和国税收征收管理法》，对纳税单位和个人按时限进行税务登记、办理变更或注销手续。税务机关严格规范符合要求的纳税人建账建制，对于未达起征点的纳税人进行定期定额管理。至 2018 年 12 月

31日，域内共有单位登记纳税人4048户，其中国有、集体企业118户；个体登记纳税人1888户，其中定期定额902户。

发票管理　1964年，县人民委员会发布关于加强工商企业发货票管理通告，个体手工业、商贩一律使用故城县加盖“个体经济专用”戳记统一发票；农村企业及商店，经税务机关批准可自印发票；交通运输、搬运等收据由交通主管部门统一印发管理；国营合作企业可自印发票，须注明企业名称。县统一发票由县税务机关统一印制，由使用者凭“购买发票手册”购买。税务机关严格执行以旧换新制度，以防发票流失，并经常检查印制、出售、使用情况。税务机关依照《中华人民共和国发票管理办法》加强发票管理和财务监督，保障国家税收收入，维护经济秩序。依法办理税务登记的单位和个体，在领取税务登记证件后，向主管税务机关申请领购发票后自行开票；个人（自然人）如需开发票，需到政务大厅税务窗口代开发票。县统一发票由省税务局机关统一印制，并统一在市税务局机关领取。使用者凭身份证和金税盘等资料购买领取。税务机关在申报风险、库存管理和票种核定等方面，做好发票管理的日常监控，及时排查并处理发票管理风险，遏制虚开虚抵发票现象。

三、检查

中华人民共和国成立之初，税务机关设有检查员，查处偷漏税违法行为。税务机关可将偷漏税者送交公安部门处理，亦可自行依法处理。

20世纪60年代始，定期进行纳税检查，全面联查与专项清理相结合，纳税逐步制度化。片管员每月一自查，税务所每季一互查，税务局半年一联查。至1985年县税务局将半年联查改为联查抽查贯彻始终。1986年8月始，由县检察院、县税务局共建税务检查室，运用法律手段保证纳税。

1989年，县税务局设稽查大队。1994年8月，故城县国家税务总局成立后，成立稽查队。1995年4月，经市局批准成立稽查分局。是年，地税局建立稽查局。1997年12月，国税稽查分局改建为稽查局。是年，建立以计算机为依托的管理监控体系，实行微机选案，审计与侦稽相结合的稽查方式，对重点企业、重点行业及举报案件进行监督检查，严肃税收法纪，采取稽查不到户，一人不稽查的调账稽查办法，依法治税。1999年3月，国税局设综合股、稽查一队、二队、审理执行股，实行选案、稽查、审理、执行四分离。是年，县局和各基层分局建立税务公示栏，每月将税法条款与纳税户的纳税情况进行公示。是年地税局将稽查局的日常稽查职能移交征收机关，统一改称为日常检查，强化了日常管理，提高了征管效率。2000年，设立举报电话、举报箱，聘请老干部和企业界人士为义务监督员，此后定期召开各种类型的座谈会。是年，建立县、乡、村护税组织。2005年，查补入库243万元，罚款25万元。至2008年年末，国税累计查补税款2694万元。1999—2008年，地税局累计检查纳税人1400多户，查补税款1960万元。2009年，县国税局以案件查处、税收专项检查为重点，集中力量查处大案要案，规范稽查执法行为，推进以查促收、以查促管。2009—2018年，共入库税款、滞纳金及罚款4005.75万元。

第五节　管理机构

明代，故城县衙内户房执掌赋税，沿至清末。

1922年3月，郑口设百货局专征百货统税，其他赋税由县政府财政局（初名理财所）兼理。1931年1月1日，裁撤，复由财务局兼理。至1935年，县政府设经征处，上属河间征收局。经征处设田赋股、税务股、捐务股。经征处设主任1人，各股设事务员1人，书记不等。

1938年，故城县抗日民主政府设稽征所，隶属冀南税务征收局。时稽征所设主任1人，并设稽征员、文书、会计、勤务人员，稽征所随政府办公。县财政科设税款代理金库。1940年5月，稽征所改为税务股，隶属县政府财政科，1942年7月，工商、税务合并，建工商管理局。1946年1月，郑口设工商管理事务所兼理税务。是年4月，建税务稽征局，局长兼财政科长。时任务为办理工商税、烟酒税、出入口（县境）税、屠宰税及交易费等。是年工商、税务再度建为工商行政管理局。1948年年末，建税务局，下设行政股、会计股，有局长1人、秘书1人，及勤务员、伙夫、股长、股员、会计共12人。

1949年，为完善、统一税务机构，局又设税政、秘书、会计3个股。1950—1959年，面对多种经济形式并存和全国实行复税制现实，又增设郑口、故城、三朗税务所。其间局增设1名股级专职监察员。

1958年，故城县并入吴桥县，故城税务、财政遂合并于吴桥县财政局。1961年，故城县分置后，仍财税合并。是年8月，财税分设为科，至1966年5月，除恢复原来3个股外，三朗税务所撤，又先后增设辛庄、房庄、原隰、武官寨、饶阳店、建国5个税市所。加原有郑口、故城2个所，域内共7个所。

1970年，县工商行政管理、人民银行与财税合并为财税组，隶属县革命委员会。1975年12月，易名财政局，设有税政股、7税市所，管理全县税收工作。

1982年10月，财政税务分开后，复建税务局，下设税政、企业、监察、人秘、计统5个股。1983年年末，撤企业股，建县直企业所，各公社并设税务所。1985年，又增设征管、政工2个股和检察室。干部由1949年30余人增至1987年的148人，形成较为完善的税务征收管理体系。

分税制前管理 1987年，故城县税务局内设办公室、政工股、税政股、征管股、计会股、税务检察室、稽查队、税务咨询所8个股室，有干部职工24人，下设23个乡镇税务所。是年，为促进税款及时入库，建7个中心税务所，分别为县直、郑口（辖郑口所、青罕所、杏基所、赵行所）、房庄（辖小庙所、梧茂所、三朗所）、故城（辖小屯所、夏庄所、袁庄所）、饶阳店（辖原隰所）、建国（辖军屯所、要庄所）、武官寨（辖瓦子庄所、西半屯所）中心税务所。

地方税务管理 1994年8月组建地税局，设办公室、政工股、计会股、征管股、税政股、稽查局6个股室，辖县直、郑口、饶阳店、武官寨、建国、辛庄、房庄、故城8个税务所。1998年，机构改革，成立税务咨询所，税政股和征管股合并为税政征管股，县直税务所改为县直分局，郑口税务所改为郑口分局，撤销饶阳店所并入郑口分局，撤销辛庄所设青罕所，增设税务派出所；2008—2018年，县地方税务局机构内设办公室、政工股、税政管理股、征管法规股、征收计会股、城区办税服务厅、税务派出所。辖稽查局和城区分局、青罕税务所、故城税务所、房庄税务所、武官寨税务所、建国税务所6个中心税务所，全系统干部职工122人。

国家税务管理 1994年，县国税局主要职责为组织税收收入，调节经济，促进国民经济协调发展，丰裕和扩大财源，加强税收征管，对纳税人和征税对象进行监督管理。内设办公室、政工股、税政股、征管股、计会股、税务检察室、稽查队、税务咨询所8个股室，下设县直、郑口、辛庄、房庄、饶阳店、武官寨、建国8个税务所，实行属地管理，负责全县纳税人的税收征管。

故城县税务系统机构改革动员部署会召开

1995年1月，设立涉外税务所，负责外商投资企业和中外合资企业的税收管理。1995年4月，撤销稽查队，成立稽查分局。1999年3月，内设办公室、人教监察股、税政征管股、发票管理股、计财股和稽查局，下设县直、郑口、青罕、故城、房庄、饶阳店、武官寨、建国8个税务所，是年5月，撤销人教监察股，改设政工股。2004年，实现国家、省、市、县、所五级联网。开票系统使一般纳税人全部利用微机开具增值税专用发票；2008年11月，根据《关于规范国家税务局系统机构设置明确职责分工的意见》等文件精神，按照省、市局关于派出机构不低于20%的收缩比例，减并了税务分局，并规范了机构名称。

2008—2018年，一般纳税人实行多元化报税、集中征收、分行业管理；实行网上报税；小规模纳税人实行电话报税；定期定额户实行简易申报。

第十章　审计监督

中华人民共和国成立至20世纪70年代，域内审计以财政收支审计为主，税务部门和银行部门依其职责行使审计监督职能。改革开放后，经济建设发展，审计监督日益重要，1982年，新修订的《中华人民共和国宪法》规定“县级以上的地方各级人民政府设立审计机关”。1983年，故城县成立审计局，履行国家审计、内部审计、社会审计等职能。

第一节　国家审计

按照国家及省、地(市)政府的有关法令和法规，县级审计部门国家审计的内容，主要是财政预算执行和预算外资金使用情况审计；行政事业单位的财务收支审计；行政事业单位和国有企业经济责任审计；国有资产使用及保值情况审计、经济效益审计、承包经营审计，财经法纪审计等。

一、预算执行审计

预算执行审计作为审计部门每年必审的法定项目，是“两个报告”(应加说明)的重要组成内容。县审计局高度重视该项工作，按照“审计促改革、促发展”的工作思路，以推动建立现代财政制度、维护国家经济安全为目标，加大预算执行和决算草案审计力度，审计中重点关注财政资金存量、政府债务及民生、基础设施建设等领域的资金分配占比等情况，加强审前调查和审计延伸力度，从账户入手，摸清家底；严格审计程序，提高审计效率；坚持边审计边督促被审计单位整改，边审计边取证。通过审计有效促进了全县财政预算编制更加科学合理，资源配置更加优化，为领导宏观经济决策提供了有力参考。2008—2018年，共完成预算执行审计项目88个，审计查出主要问题金额49.66亿元。

二、行政事业审计

1985—1990年，对行政事业单位实行定期审计，每年审一次，审计内容主要是财务收支的合理性、合法性。1991年始，增加对各机关部门领导干部的任期和离任审计，加大对挥霍浪费、反

对司法局进行行政审计

腐倡廉的审计力度。2008—2018年，完成行政事业财务收支审计项目共62个，审计查出主要问题金额约1.3亿元。在审计中，一方面严格执法，严肃查处违反国家财经法规行为；一方面注重服务，根据被审计单位的实际情况，从规范管理制度入手，提出操作性强的审计意见和建议，帮助被审计单位提高财务管理水平。

1987—2018年故城县行政事业审计情况统计表

表12-26

年　份	审计单位（个）	查出违规资金（万元）	上缴财政（万元）
1987	43	4.6	—

续表 12-26

年　份	审计单位（个）	查出违规资金（万元）	上缴财政（万元）
1988	46	11.00	9.00
1989	50	95.00	1.00
1990	33	111.00	7.00
1991	—	—	—
1992	—	—	—
1993	—	—	—
1994	—	—	—
1995	17	161.00	1.03
1996	57	367.00	42.00
1997	23	316.20	40.00
1998	6	349.34	2.07
1999	7	438.00	3.00
2000	9	48.00	6.00
2001	6	54.00	2.00
2002	3	168.00	25.00
2003	2	640.00	1.00
2004	4	987.00	20.00
2005	2	113.00	7.00
2006	6	502.00	5.00
2007	4	2217.00	3.00
2008	12	1374.00	17.00
2009	12	1394.00	45.00
2010	10	3147.00	17.00
2011	2	67.00	2.00
2012	4	455.16	12.56
2013	5	895.04	22.11
2014	1	80.97	1.40
2015	4	271.98	13.20
2016	3	65.04	2.48
2017	2	5.68	2.38
2018	1	—	—

说明：1.1991—1994 年行政事业审计融入金融审计中

2. 表内“—”为无统计数字

三、财政金融审计

财政预算执行审计是《中华人民共和国审计法》赋予审计部门的一项重要职责。1985—1987年，县审计机关对县财政和乡镇决算的审计尚未涉及。1995年后，开始代表政府向人大常委会提交一年一度的财政预算执行情况的审计报告。该报告主要是对本级政府组织的财政税收进行审计，重点延伸审计财政用款较多的部门和单位。对重点审计的单位的财务收支、财政资金使用情况、专款专用情况进行系统审计，揭示出了虚列财政支出、违规退库、非预算拨款单位拨款、漏缴税金以及有关部门乱收费乱摊派、乱发补助奖金、违规列支等突出问题。每年按50%的比例审计乡镇政府的预决算。

1989始，县审计局开展金融审计业务，主要是农行、工行、建行、农村信用联社和保险公司等金融系统的审计。重点审查国有信贷资产的完整性和国家金融政策的落实情况，揭示高息揽储、不规范信贷、呆滞贷款多、逃避税收等问题，有效地扼制了信贷资金风险。1995年，审计法实施后受审计管辖权限制，县级审计机关未经授权不再对国有商业银行进行审计，2004年农村信用社改革后，农村信用社由省级审计机关进行审计，县级机关未经授权不得审计。

2000年始，县审计部门按照上级提出的“账户入手、下审一级”工作思路，对县、乡（镇）两级财政进行审计，尤其是对银行开户情况进行重点审查。按资金性质压缩银行开户，对财政资金实行统一制度。2000—2018年，县财政组织力量对13个乡镇的年度财政收支情况进行审计。在注重1996年并乡扩镇后财物交接真实性基础上，重点审查各乡镇资产真实性、执行财税纪律及财政预算内、预算外资金开户情况。查出财政收入不实、预算外资金开支范围扩大、乱收费、乱罚款、违控购置、会计记账不规范和银行开户过多过乱等问题，作出收缴财政入库、罚款、没收非法所得的审计处理决定，提出对13个乡镇加强会计业务人员电算化培训、清理银行账户审计等建议，促进了乡镇财政管理工作。

四、经济责任审计

2001年始，每年对4个党政领导及国有控股企业领导开展审计。2002年后，党和国家把对领导干部的任期经济责任审计列入了审计工作重要内容，以加强对领导干部的经济监督。该项审计的对象是县级审计机关，主要审计党政科级一把手和国有企业领导人。经济责任审计以财政收支审计为基础，以重大的经济决策管理效益审计为核心，以正确评价领导干部经济责任为目标，对地方党委政府领导干部进行经济责任审计，围绕被审计领导干部的重大经济决策、重大财政支出决策、重大专项资金使用决策、重大投资项目的决策、国有资产运营管理方面的重大决策等重要经济活动，搞好决策效益和效果的审计，评价其任期经济管理与发展责任的履行情况。2008年，县委组织部提高了对经济责任审计工作的重视程度，制定《中共故城县委组织部关于县委管理的领导干部任期经济责任审计实施办法》。接受县委组织部委托，县审计局积极开展领导干部经济责任审计，2008—2018年，共完成71名党政领导干部的经济责任审计。2002年，成立经济责任审计中心后，经济责任审计工作不断创新工作方法，总结制定了《乡镇党政领导干部经责审计操作规程》，从审计实施程序、审计内容和重点，包括同步审计内容、审计评价、审计结果运用、评价指标等方面都做了详细指导，进一步促进了乡镇党政领导经责审计工作的规范化。2016年，为加强经济责任审计项目质量控制，制定《故城县审计局经济责任审计项目审核暂行办法》。

五、专项资金审计

各级政府安排的各项专项资金是保障人民生命财产安全和切身利益的重要资金。随着国家对专项资金拨付数额增加，审计任务越来越大。2002年，重点进行了五项专项资金审计，主要是救灾救济、水利建设、教育卫生事业费、科技三项经费、养老失业保险基金。重点审查资金的划拨使用是否符合财政部门规定的开支范围和标准，有无挤占、挪用、损失浪费、贪污盗窃、私设“小金库”、滥发钱物、公费旅游、违控购置、划预算内为预算外等，保证专款专用。是年，专项资金审计单位2个，查出违规金额168万元，上缴财政25万元。2003年，专项资金审计单位4个，审计专项资金总额1461万元，查出违规金额1万元。2004年，专项资金审计单位2个，查出违规金额27万元。2006年，专项资金审计单位7个，查出违规金额1070万元。2007年，专项资金审计单位13个，查出违规金额847万元。2008年，专项资金审计单位12个，查出违规金额184万元。2009年，专项资金审计项目5个，查出违规金额19万元，上缴财政2万元。2010年，专项资金审计项目1个，查出违规金额297万元，上缴财政9万元。2011—2017年，专项资金审计项目共6个。2018年，专项资金审计项目1个，查出管理不规范资金923.73万元。

六、政府投资审计

2000—2018年，共完成政府投资工程造价审计项目约900个，审定造价约30亿元，审减资金约4亿元，为政府投资节约建设资金。2015年，为进一步规避政府投资领域腐败行为，确保工程质量，提高政府资金使用效益，促进发挥政府投资对结构调整和经济发展的引导作用，起草《故城县政府投资项目审计监督办法》，并以"人民政府令"的形式印发。2016年，为提高政府投资建设项目审计效率和质量，降低审计风险，通过公开招标，选出5家公司入围备选库，接受故城县审计局委托对政府投资项目开展结算审计工作。2017年，政府投资审计法制建设进一步完善，根据审计署规定，及时上报废除《故城县政府投资项目审计监督办法》。2018年，为适应经济社会发展新常态，促进投资审计转型发展，根据2017年9月份审计署召开的全国审计机关进一步完善和规范投资审计工作电视电话会议及《关于进一步完善和规范投资审计工作的意见》要求，县审计局及时向县政府提出投资审计转型报告，县政府第十二次常务会议明确审计局不再单独承担政府投资建设项目的结算审查任务。

七、工商企业审计

1985—1993年，对工商企业的审计主要是进行承包经营审计和奖惩兑现审计。1993后，企业扩大经营自主权，国家审计主要是对国有及其由国家控股的重点企业进行审计，包括对具有行政管理职能的粮食企业、交通企业、电力企业等部门，加强宏观经济调控。审计内容主要是通过财务收支审计查处税收交纳和国家相关政策落实方面的问题并试行了经济效益审计。对企业的审计按照"一审二帮三促进"的原则，坚持审计一个单位做一件好事的"一加一"工程，实行重点企业的系列化管理制度。1993年，健全了骨干企业经济档案，为企业改制和提供宏观调控决策做出了贡献。1994年，对8个工商企业系统，共计20个单位进行了个人拖欠公款调查，由审计牵头组织收欠，两个月内，共清收干部职工拖欠公款600万元，盘活了企业周转资金。2009—2018年，共审计企业4家，查出违规资金249.76万元，上缴财政7.4万元。

夏庄镇乡镇经济责任审计见面会召开

1987—2018年故城县工商企业审计情况统计表

表12-27

年　份	审计单位（个）	查出违规资金（万元）	上缴财政（万元）
1987	4	25.87	20.14
1988	8	175.00	19.00
1989	149	410.00	21.00
1990	149	410.00	21.00
1991	27	327.00	32.00

续表 12-27

年　份	审计单位（个）	查出违规资金（万元）	上缴财政（万元）
1992	47	116.00	11.10
1993	58	460.00	14.00
1994	57	4.05	4.80
1995	61	2491.00	1.12
1996	64	1897.00	21.00
1997	34	237.50	22.00
1998	29	1472.81	15.09
1999	31	2639.20	20.00
2000	10	4186.20	20.00
2001	6	178.00	6.00
2002	1	126.00	13.00
2003	1	5.00	1.00
2004	2	84.00	1.00
2005	—	—	—
2006	2	1649.00	13.00
2007	1	0.14	0.30
2008	1	1240.00	10.00
2009	1	1.00	—
2010	2	220.00	6.00
2011	—	—	—
2012	—	—	—
2013	—	—	—
2014	—	—	—
2015	—	—	—
2016	1	28.76	1.40
2017	—	—	—
2018	—	—	—

说明：表内“—”为无统计数字

八、乡级财政决算审计

以乡镇财政收支真实性、合法性为基础，重点审计决算编制情况，收入、支出情况，决算结余、结转情况等，真实地反映资金的使用效益。摸清乡镇财政收入、支出、结余及管理效益的真实情况，客观地反映乡镇政府运行状况、管理状况和收支结构；重点检查资金支出的合法性和资金使用的效果；着重分析乡镇政府财政资金管理运行中存在的普遍性、倾向性问题，分析问题原因、提出整改意见、促进其加强财政资金管理；查处问题与促进规范管理相结合。通过审计，促进乡镇政府建立健全制度、规范财务管理，提高乡镇政府财务管理水平，提高财政资金的使用效益和社会效益。2008—2018 年，共完成乡级财政决算审计项目 61 个，审计查出主要问题金额 13389 万元。

2008—2018 年，审计项目中查出主要问题金额 11.5 亿元，上缴财政资金 1774 万元。

1989—2018 年故城县财政金融审计情况一览表

表 12-28

年　份	审计单位（个）	查出违规资金（万元）	上缴财政（万元）
1989	5	95.00	2.00
1990	—	—	—
1991	45	36.00	1.50
1992	17	2009.00	8.00
1993	13	5647.00	20.10
1994	12	5828.00	10.50
1995	7	1059.00	15.00
1996	81	3200.00	64.00
1997	57	964.80	20.50
1998	23	2372.00	9.48
1999	59	2257.00	22.00
2000	6	2200.00	30.00
2001	17	3443.00	7.00
2002	23	4356.00	6.00
2003	2	2807.00	1.00
2004	3	27.00	5.00
2005	—	—	—
2006	6	137.00	2.00
2007	6	422.00	3.00
2008	6	459.00	4.00
2009	16	1721.13	36.82
2010	13	1695.59	29.23
2011	11	1568.33	29.57
2012	11	648.28	21.76
2013	9	1893.35	646.57
2014	13	2598.62	52.17
2015	12	773.65	31.67
2016	11	1127.59	13.97
2017	8	153.45	123.45
2018	5	270.36	270.36

说明：1. 1990 年、2005 年没有财政金融审计

2. 表内“—”为无统计数字

第二节 内部审计

审计部门主要负责对全县内部审计机构协调促建和业务指导。故城县的内审工作，1988年开始初建，在卫生系统、经委、邮电系统、钢丝绳厂、物资局、四大专业银行建立了审计科或稽查科，从业人员20名。1996年后，随着企业改制和机关事业单位机构改革，一些专业的内审机构撤销。2003—2004年，随着市场经济向法治化发展，全县内审机构由原来的9家发展到12家，从业人员增多。至2008年年末，全县从事内审工作人员35人，取得内部审计资格证书的有21人。随着机构改革，各内审机构和内审从业人员逐渐撤销。

第三节 社会审计

1985年，县审计局聘请几位退休财会人员组建“会计咨询服务公司”，这是故城县最早的社会审计组织。会计咨询服务公司主要是协助审计局查账，帮助各单位的会计规范账目。1989年始，开始配合工商局对企业的年度检查，对工商企业实行年检审计。对新设立企业的注册资金进行验证。1990年3月，经县编委批准，县审计事务所正式成立。1993年，县审计局及其他科局负责内部审计的人员中，共有15人经国家审计署和河北省审计厅考核批准为“注册审计师”。1994年，对当时改制的故城县地毯厂及故城县星月制动元件有限公司实施审计，出具审计报告。并协助当时的桃城区审计事务所对上述两厂的资产进行评估。积累了资产评估方面的经验。1995年始，开始对域内部分企业进行单项和整体资产评估。在县印刷厂、修配厂和五金厂的改制工作中，独立完成了审计和评估业务。1996年，故城县审计事务所的人员逐年增加，最多时曾达50多人。1997年，参与了县纪检、检察院对建国镇姜圈村、西半屯乡前赵村村级财务的检查工作。1998—1999年，为帮助乡镇党委、乡镇政府推进村乡管理工作，由故城县审计事务所对故城县房庄、三朗、青罕、西半屯、武官寨、辛庄、夏庄、饶阳店等8个乡镇共253个村的财务账目进行普查。查出有问题资金83万元，纠正错账386笔，计804.7万元，提出改进意见501条，涉及违纪干部26人，给予处分5人，退赔款8万元，当年压缩招待费40万元，促进建村务公开栏100个。《河北日报》《河北经济日报》给予了报道。1999年8月，按照《关于印发会计师事务所脱钩改制实施意见的通知》（财协字〔1999〕37号）文件和河北省财政厅有关文件要求，县审计事务所实施了脱钩改制，即与原挂靠单位县审计局在人员、财务、职能和名称四个方面实施脱钩，改变所有制性质，成立由注册会计师自建的有限责任会计事务所。

第四节 机构设置

1949年，县财政科始设审计员。

1951—1954年，审计员负责审核行政、事业单位预算，预算经审批后方可拨款，开支后持单据向财政报决算，审计员对原始单据进行审核，无误后方准报销。1953年，召开全县三级（县、乡、村）干部会议，会后报决算时发现有购买戏票开支，审计员不预报销，遂向县领导提出并报沧州专署财政科。随即分管财贸工作的专署负责人，向县负责人提出批评并责成县负责人写出书面检查报专署。至此，类似问题得以杜绝。

1954年年初，审计工作由会计人员负责；“文化大革命”期间，审计工作形同虚设。

1983年10月，据国务院文件，故城县始建审计局，隶属县政府和上级审计机关双重领导，行政上以县政府领导为主，业务上以衡水市审计局领导为主，先后由县直有关单位调入10名专业人员。1984年，审计局共配备5人，1984年7月始，县审计局对各单位财政收支进行试审。是年，审计石油公司、电力局、计划生育办公室、地震站，查出违纪资金4.2万元。1985年年末，发展到9人，审计单位14个，其中，行政事业单位7个、商业粮食企业3个、工交企业3个、金融企业1个，共查出违纪资金49.1万元，其中应上缴财政资金22万元。1986年始，对44个行政事业单位实施定期审计。另外，审计工交企业2个，商业粮食企业4个，共查出违纪资金39.7万元，其中应上缴财政0.23万元。

1987年11月，据上级有关文件精神与开展承包经营需要，在县审计局提议下，经县政府批准，经委、商业局、粮食局、县联社、邮电局及工商

故城县志

GUCHENG XIANZHI

故城县地方志编纂委员会 编

下 册

方志出版社
Publishing House of Local Records

要　　目

上　册

下　册

卷　三

卷　四

卷　五

目　录

下　册

卷　三

第十三编　政　党

第十四编　人民代表大会

第十五编　政　府

第十六编　人民政协

第十七编　群团组织

第十八编　综合政务

第十九编 法 治

第二十编 军 事

卷 四

第二十一编 教 育

第二十二编 科 技

第二十三编 文 化

第二十四编　艺　文

卷　五

第二十五编　医疗　卫生

第二十六编　体　育

第二十七编　社　会

第二十八编　人　物

Essentials

Volume 1

Volume 2

Catalogue

Volume 2

Roll Ⅲ

Part 13 Political Parties

Part 14 People's Congresses

Part 15 Government

Part 16 People's Political Consultative Conference

Part 17 Mass Organizations

Part 18 Comprehensive Government Affairs

Part 19 Rule of Law

Part 20 Military

Roll Ⅳ

Part 21 Education

Part 22 Science and Technology

Part 23 Culture

Part 24 Art and Literature

Roll Ⅴ

Part 25 Medical and Health Care

Part 26 Sports

Part 27 Society

Part 28 Characters

卷 三

政　党
人民代表大会
政　府
人民政协
群团组织
综合政务
法　治
军　事

第十三编 政 党

20世纪20年代后期，中国共产党和中国国民党相继在域内建立组织并开展活动。中国共产党故城县支部（简称党支部）始建于1926年7月。1928年4月，中国国民党在故城县公开进行党务活动，1937年“七七事变”，故城县国民党组织南逃，其组织溃散，域内存在9年。

中国共产党故城县委领导机构始建于1938年9月。自此，中共故城县委（工委）领导全县各阶层人民建立抗日根据地、创建抗日武装，经过艰苦卓绝的斗争，取得抗击日本侵略者的全面胜利。解放战争时期，故城县委领导全县人民除奸反霸，建立人民政权，开展土地改革运动，斗地主、分田地，展开大生产，使广大贫苦农民成为土地的主人。

中华人民共和国成立后，中共故城县委带领全县人民进行艰苦卓绝的斗争和卓有成效的工作，积极进行社会主义革命和建设。改革开放以来，县委以改革开放精神总揽全局，领导全县人民以经济建设为中心，翻开崭新的历史篇章。

21世纪，中共故城县委以马克思列宁主义、毛泽东思想、邓小平理论、“三个代表”重要思想、科学发展观、习近平新时代中国特色社会主义思想为指导，以经济建设为中心，充分发挥区位优势，创造性开展工作，制定了一系列符合县情的重要决策，加强党员队伍思想政治作风建设、党的基层组织建设和党风建设，宣传、政法、统战、信访等工作得到进一步加强，城乡面貌发生巨大变化，人民生活不断改善，社会文明程度明显提升。

第一章 中国国民党地方组织

中国国民党于1928年4月在域内公开活动，8月始建立组织。建立初期，办刊物宣传民主革命思想，披露士绅丑闻，拆庙宇建学堂，鼓励妇女“放足”，反对封建迷信，参加抗日活动，曾发挥一定的促进社会进步作用。

第一节 组织机构

国民党故城县党务登记处 1928年6月，国民党河北省党务指导委员会为指导各县、市成立党务机关，开始向各县、市选派指导员。被选派的指导员经省党部（设在天津）考察、登记后，经过培训便前往被分配的市、县开展活动。1928年8月由河北省党务指导委员会（简称省指委会）授权郭登岭、骆兴文、柴耀先3人任执行委员，于故城县建立国民党党领导机构故城县党务登记处，隶属河北省党务指导委员会。

外围组织 1929年3月，县党务登记处依照省指委会组织条例，于故城县党部建立外围组织，分别是农民协会、妇女协会与商民协会，设立3个区党部（胡塘、郑口、西辛庄）、9个区分部（故城、骆庄、马厂、郑口、柴庄、青罕、庙灵、北化、孙庄）。区党部、区分部均有1名书记、1～3名执行委员。

国民党故城县区党部 1930年4月因阎（锡山）冯（玉祥）联合反蒋（介石），故城县奉令停止党务活动。翌年6月，河北省党部委派筹备审查员吕文禄到故城县建立河北省直属故城县区党部（简称县党部），党务活动遂恢复。

第二节　主要活动

1928年4月，中国国民党始于故城县公开党务活动。其主要任务：根据省指委会所颁发的条例，根据该会所制定的国民党员登记表，在故城县发展党员。参加第一批登记者有70余人，其中多为小学教员、高小师生及教育局管理人员。随党员人数不断增加，组织机构逐渐健全和复杂。

国民党故城县区代表大会　1931年，河北省直属故城县区党部（简称县党部）建立，是年召开国民党故城县区代表大会，选举殷树芬、康资清、骆兴文等为县党部委员。其中常务执行委员1人，负全面责任，执行决议案；执行委员2人，1人负责组织训练、1人负责宣传；监察委员1人，负责监察财政及党员活动。另设文书干事1人，负责编辑文件、保管卷宗；事务干事1人，管理账目、日常事务；书记1人，负责上下行文、抄写文件。所属区党部、区分部亦恢复常务活动。人员编制，组织活动与县党部略同。

国民党组织活动　1933年5月31日，蒋介石国民政府与日本侵略军签订《塘沽协定》，为日本侵略军控制整个华北提供便利条件。时故城县党部复奉令停止党务活动。1937年“七七事变”，日本侵略军发动全面侵华战争，蒋介石为加紧镇压抗日运动，阻挠前线抗战，采取不抵抗政策，致使日本侵略军长驱直入。故城县国民党组织随国民政府县长段桂田等仓皇南逃，其组织溃散。至此，故城县国民党未复正式建立组织。

第二章　中国共产党地方组织

中国共产党故城县支部（简称党支部）始建于1926年7月。县领导机构始建于1938年9月。自此，中共故城县委（工委）成为全县各阶层人民进行抗日战争、解放战争及中华人民共和国成立后的社会主义革命和社会主义建设的领导核心，并进行艰苦卓绝的斗争和卓有成效的工作。党的各级组织逐渐发展壮大。1939年3月，建中共故城县委员会，成为县内清匪、锄奸、抗日斗争的领导核心。下辖4个区委、19个党支部。1945—1949年隶属冀南二地委，县委下辖5个区委，1956年，设常务委员会为县委核心决策机构；1958年故城县划入吴桥县，故城县撤销；1961年复置。“文化大革命”开始后，县委被造反学生夺权，造成县委瘫痪。1968年9月，建故城县革命委员会（简称县革委），行使党政领导的双重权力。1971年，新县委重新产生。1978年12月中共十一届三中全会召开后，各级党组织经过拨乱反正，落实党的各项政策，平反了大批冤假错案，实现了安定团结的政治局面。1980年4月，领导全县人民推行家庭联产承包责任制。1987年10月，县委下辖25个党委、554个农村党支部、21285名党员。1992年，故城县认真总结历史经验教训，坚持以经济建设为中心，深化改革，加快对外开放步伐。21世纪，以招商引资为重点的经济建设成为全党的中心工作，故城县人民在县委的正确领导下，团结拼搏、勇于创新、自我加压、奋力赶超，经济社会发展实现了新跨越和大突破。2002年7月始，县乡党政机构进行改革，精简分流人员1209人，占乡镇干部职工总数的54.5%。2008年年末，县委下辖县直工委及13个乡镇党

党员入党宣誓

委，党员发展至23749名。带领全县人民积极开展社会主义经济建设，坚持四项基本原则，全县物质文明、精神文明、政治文明发生了翻天覆地的变化。

2008—2018年，中国共产党故城县委组织领导全县人民在中国特色社会主义理论指导下，以经济建设为中心，不断深化改革，励精图治，锐意进取，实现了经济的健康持续快速发展和社会事业的全面进步。2018年年末，县委辖县直工委及13个乡镇党委，党员24816名。

第一节 党员发展

早期党员 1926年春，周浩然（周庄村人）在天津第一师范学习时，由赵明介绍加入中国共产党。是年7月受济南特委派遣，返回西十里铺村，以教书为掩护宣传革命，发展党员有骆玉林、张东义、马善方、张德（女）4人。1938年6月13日西牟村小学教员陈登崑（陈田村人）由冀南特委秘书胡一宁（胡惠民）、东进纵队干部闻敬宇介绍入党。陈根据上级指示，先后在青年学生和知识分子中发展王修斋、韩化普、李铁锋、董郁庭、郭孔、邢贵德、孙新德、陈芳洲、李培新、王群五、梁再生、刘建、韩如镜、尹之席、王其汉（王濯之）入党。至1939年，今县境北部已有党员77人。今县境南部，小辛庄村人宋步祺、韩强、王中、庄风昌于1938年年初，由孙榜宽介绍入党，后宋步祺、韩强以大小辛庄为中心，先后发展宋步山、宋玉文、宋玉珍、宋玉琢、王玉行、李中海、李有彬、赵墨轩、魏章、高步宣、于帮殿、张伯钢、王庆芬等人入党。至1945年，域内解放时，今县境北部有党员1671人，南部（时为武城县党员活动主要地区）有党员910人，其中大部分党员在艰难危困环境中，与侵华日军、国民党顽军进行殊死斗争，涌现一批优秀党员。在1946—1947年土地改革运动中发展一批党员。1947年，县境北部党员达4005人（以下凡涉“北部”字样均不包括南部资料）。

中华人民共和国成立后党员 中华人民共和国成立后，结合政治运动发展党员，党员队伍日渐壮大。1965年年末达8885人。“文化大革命”期间，大搞突击入党，1966—1976年，发展党员7895人。1978年至1987年年末，故城县党员达21286人。1988—1992年，党员队伍不断发展壮大，共发展新党员1323人，其中一线工人、农民和知识分子892名，占发展总数的67%。其间，曾一度出现农村党支部不发展党员的问题。至1990年，有80个村支部3年未发展党员，党员队伍老化。对此，县委当年出台《关于在企业、农村生产一线发展党员工作的意见》，将发展党员的重点放在工农业生产一线。1992年，把一线工人和青年农民作为发展党员工作重点。1993年，下发《1993—1995年发展党员规划》和《关于加强发展党员工作通知》。每年发展党员300名左右。1996年，解决农村党员老龄化现象严重的问题。1999年，把发展党员工作的重点放在35岁以下、高中以上文化程度、工作在一线的优秀青年群体上。2002年，故城县推行“农村发展党员工作专用记录本”，每村一本，要求乡管村用，发展党员实行县委组织员谈话制度和发展党员公示制，严格党员入口关。2008年，全县共有党员23749名，其中农民党员15408人，占乡镇党员总数的96.5%，党员平均年龄53.8岁，高中以上学历的有3944人，占农民党员总数的25.6%；有11.3%的外出打工党员。党员中高中以上文化程度由1987年的6%提高到53%，35岁以下党员由1987年的2.1%提高到16.5%。2018年年末，共有党员24816名，其中农村党员17735名，乡镇直党员2915名，县直党员4166名。党员总数中，35岁以下的党员5527名，占党员总数的22.3%；高中及高中以上的党员14935名，占党员总数的60.1%；妇女党员3510名，占党员总数的14.1%；少数民族党员21名，占党员总数的0.08%；1949年前入党的老党员82名，占党员总数的0.33%，其中抗日战争时期入党的16名，解放战争时期入党的66名。

中华人民共和国成立后，域内党员人数持续增加，党员文化素质不断提高。1980年，域内党员人数18851人，其中高中、中技、大中专以上学历462人；1990年，党员人数21833人，其中高中、中技、大中专学历达3604人，党员文化程度普遍提高；2000年，域内党员25509人，其中高中、中技、大中专和大学、研究生学历9761人；2018年，域内党员达24816人。大学以上学历4895人，高中以上10040人，其中研究生56名。

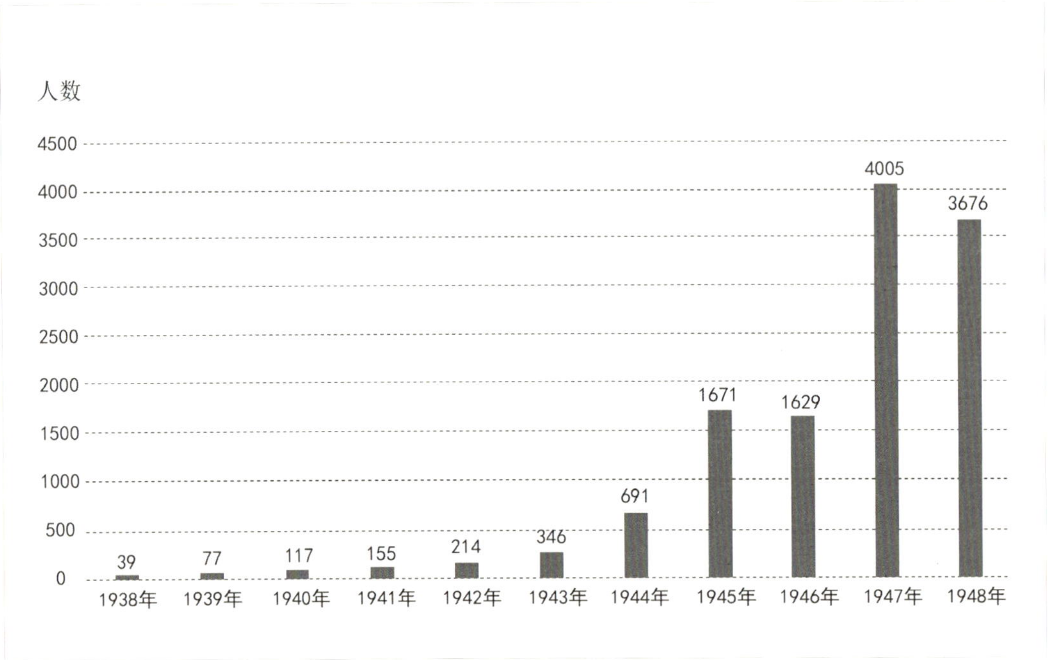

图 13-1　1938—1948 年故城县中共党员发展情况示意图

1949—2018 年党员统计表

表 13-1　　单位：人

年度	总数	男	女	年龄					文化程度					
				30 岁及以下	31 至 35 岁	36 至 45 岁	46 至 60 岁	61 岁以上	初中及以下	高中中技	中专	大专	大学本科	研究生
1949	4811	4030	781	25 岁以下 1055		25 岁以上 3756			4805	6	—	—		
1950	4839	4014	825	25 岁以下 954		25 岁以上 3885			4838	1	—	—		
1951	4641	3856	785	25 岁以下 925		25 岁以上 3716			4631	10	—	—		
1952	4647	3901	746	25 岁以下 716		25 岁以上 3931			4644	3	—	—		
1953	4512	3785	727	25 岁以下 783		25 岁以上 3729			4509	3	—	—		
1954	4874	—	—	—		—			—	—	—	—		
1955	5198	4292	906	25 岁以下 1142		25 岁以上 4056			5193	5	—	—		
1956	5081	3987	1094	25 岁以下 1070		25 岁以上 4011			5072	9	—	—		
1957	5213	4396	817	25 岁以下 990		25 岁以上 4223			5198	14	—	大学 1		
1958	5067	4248	819	25 岁以下 860		25 岁以上 4207			5016	14	—	大学 1		
1961	4963	4227	736	25 岁以下 523		25 岁以上 4440			4928	270	—	大学 8		
1962	5271	4530	741	25 岁以下 372		25 岁以上 4899			5216	47	—	大学 8		
1963	5315	4549	766	25 岁以下 322		25 岁以上 4993			5259	46	—	大学 10		

续表 13-1

年度	总数	男	女	年龄					文化程度					
				30 岁及以下	31 至 35 岁	36 至 45 岁	46 至 60 岁	61 岁以上	初中及以下	高中中技	中专	大专	大学本科	研究生
1964	8894	7699	1195	25 岁以下 180		25 岁以上 8614			8826	62	—	大学 6		
1965	8885	—	—	—		—			—	—	—	—		
1971	14053	11631	2422	35 岁以下 7066		35 岁以上 6987			13718	292	—	大学 43		
1972	14470	12004	2466	—		—			—	—	—	—		
1973	14923	12469	2454	35 岁以下 7294		35 岁以上 7629			14509	352	—	大学 62		
1974	15006	12533	2473	35 岁以下 7005		35 岁以上 8001			—	—	—	—		
1975	15645	13074	2571	35 岁以下 7367		35 岁以上 8278			—	—	—	—		
1976	16780	13986	2794	35 岁以下 1349		—			—	—	—	—		
1977	17039	14571	2738	—		—	—	—	—	—	—	—		
1978	17598	14849	2749	35 岁以下 8149			9449		17518		—	大学 80		
1979	18317	15507	2810	—		—	—	—	—	—	—	—		
1980	18851	16040	2811	35 岁以下 7863		4791	4595	1602	18389	355	—	大学 107		
1981	19292	16455	2837	35 岁以下 7586		5044	4916	1746	18759	402	—	大学 131		
1982	19638	16803	2835	35 岁以下 6945		5459	5358	1867	19054	439	—	大学 145		
1983	19870	17044	2826	35 岁以下 6368		5591	5834	2077	19189	509	—	大学 172		
1984	20408	17610	2798	35 岁以下 6087		6102	6012	2207	19535	624	—	大学 249		
1985	20911	18046	2865	35 岁以下 5512		7076	5981	2342	19694	930	—	大学 287		
1986	21156	18318	2838	35 岁以下 5505		8371	4829	2451	20018	821	—	大学 317		
1987	21285	18529	2756	35 岁以下 4583		7837	5989	2876	20017	913	—	大学 355		
1988	21703	18973	2730	1525	2971	7845	6167	3195	18347	2012	964	大专以上 380		
1989	21792	19059	2733	1497	2468	8024	6330	3473	18258	2126	1009	大专以上 399		
1990	21833	19112	2721	1511	2560	8067	6319	3376	18229	2169	1020	大专以上 415		
1991	22106	19380	2726	1472	1847	7752	7256	3779	18168	2374	1092	大专以上 472		
1992	22360	19629	2731	1392	1728	7426	7865	3949	18155	2535	1157	大专以上 513		
1993	22616	19871	2745	1406	1780	7531	8394	3505	18222	2613	1206	大专以上 575		
1994	22883	20137	2746	1428	1763	7767	8449	3476	18239	2786	1237	大专以上 621		
1995	23103	20334	2769	1467	1758	7803	8543	3532	17969	2930	1274	大专以上 663		
1996	23350	20552	2798	1401	1757	7865	8745	3582	18570	3085	1301	大专以上 394		

续表 13-1

年度	总数	男	女	年龄					文化程度					
				30岁及以下	31至35岁	36至45岁	46至60岁	61岁以上	初中及以下	高中中技	中专	大专	大学本科	研究生
1997	24454	21524	2930	1403	1996	7941	9222	3892	18418	3460	1601	大专以上 975		
1998	24454	21719	2735	1699	1568	5893	10705	4589	14019	5685	2621	1679	449	1
1999	23497	20989	2508	1588	1603	5543	10374	4389	13819	5535	2421	1329	392	1
2000	25509	22559	2950	1656	2020	5923	11110	4800	14739	5955	2746	1509	559	1
2001	25270	22459	2811	1663	1990	5884	10998	4734	14182	6391	2689	1470	536	2
2002	22803	20059	2744	1548	2101	5777	9152	4225	12948	5564	2485	1380	424	2
2003	22803	20059	2744	1548	2101	5777	9152	4225	12948	5564	2485	1380	424	2
2004	23079	20234	2845	1580	2205	5917	9152	4225	12948	5639	2575	1480	424	13
2005	23301	20356	2945	1642	2203	6057	9174	4225	10948	4748	3601	3551	438	15
2006	23605	20550	3055	2058	2250	6152	9124	4021	10726	4751	3852	3772	489	15
2007	23933	20776	3157	2505	2302	6472	9112	3542	10614	4759	4105	3951	489	15
2008	24057	20840	3217	2606	2600	6593	9131	3127	10426	4821	4305	3983	507	15
2009	23469	20404	3065	2601	2880	6857	8115	3016	10259	4684	4420	3583	508	15
2010	23749	20650	3099	2830	3001	6589	8246	3083	10142	5017	4415	3624	536	15
2011	23922	20751	3171	2966	3240	6457	8232	3027	10375	5019	4317	3441	739	31
2012	24292	21054	3238	2399	2807	5957	8832	4297	10260	5316	4217	3427	1039	33
2013	24382	21084	3298	2450	3037	5650	8244	5001	10280	5336	4233	3439	1059	35
2014	24515	21163	3352	2551	2928	5686	8269	5081	10280	5416	4243	3470	1071	35
2015	24727	21342	3385	2644	3011	5702	8209	5161	10280	5572	4255	3493	1092	35
2016	24965	21570	3395	2882	3161	5812	7969	5141	10093	5939	4258	3495	1139	41
2017	24505	21079	3426	2895	3161	5613	7668	5168	9859	5694	4217	3514	1175	46
2018	24816	21306	3510	2995	3262	5663	7718	5178	9881	5760	4280	3594	1245	56

说明：1948 年前统计数字仅为故城北部数字；表内“—”为资料散佚。

第二节　党代表大会

一、党代表的产生

中共故城县党代表大会代表的产生。首先确定代表候选人，代表候选人以党支部为单位自下而上提名，选举单位按分配名额和比例要求，由党支部召开党员大会民主推荐，提出初步候选人，报上级党组织考察。再由选举单位召开党委会或支委会确定候选人预备名单。候选人预备名单，经基层党代表大会筹备处同意后，选举单位召开党员大会选举正式代表，代表选举采用差额办法产生候选人，采取等额办法产生正式代表。选举时，候选人名单排列以姓氏笔画为序，采用无记名投票方式进行。

二、中共故城县历次代表大会

第一次代表大会 1950年3月19—23日召开，出席代表248人。大会以贯彻省、地关于选举县、区村三级人民政府，密切党群联系，巩固人民民主专政为主要内容。大会由组织部部长杨建华作《关于统一战线和民主建设》工作报告。

会议以无记名投票（下除县革委会建立外均为此形式）选举荆刚、金曼宇、杨建华、郑继安4人组成县委员会。委员会选举荆刚为书记，后补选赵淑英、徐芳、高新华、王亚东、吴奇珍、王一明、程佩华、杨建平8人为县委委员。

第二次代表大会 1956年5月1—6日召开，出席代表227人，列席22人（此为换届，以下各届同）。

大会审议批准县委原负责人向大会所作两个报告：关于1951年以来的工作总结报告，主要总结全县对农业、手工业和资本主义工商业的社会主义改造情况。关于1956年工作任务的报告，主要任务是全面整顿、巩固农业生产合作社，不断提高质量，开展农业增产竞赛活动及各项农业基本建设，继续完成对手工业和私营工商业的社会主义改造。

根据1956—1967年《全国农业发展纲要（草案）》要求，会议制定全县《十二年农业生产规划》，明确提出36项任务。

提案审查委员会收到代表提案341件，并向代表作审查处理情况的报告。

大会选举县委委员20人：高新华、李忠惠、孙健、牟泽民、霍福顺、薛禄江、刘殿宝、曹和、曹登山、王世清、卢臣、杨斌、王殿陛、赵仁、刘福祥、吕勇为、白方玉、张雁程、李锐锋、吴奇珍。委员会选举杨斌、王殿陛、赵仁、刘福祥、吕勇为、白方玉、张雁程、李锐锋、吴奇珍为常务委员。张雁程为书记，李锐锋、吴奇珍为副书记。

第三次代表大会 1962年3月13—15日召开，应出席代表230人，实出席212人，列席2人。

大会由赵望林、许云华、刘国梁、王殿陛等27人组成大会主席团。

大会审议通过县委书记赵望林向大会作《关于几年来的工作总结报告》和《1962年工作任务的报告》，从农业救灾、工业、党的建设等方面进行总结。并安排1962年工作任务，认真贯彻中共中央提出的农、轻、重的方针和全国“一盘棋”思想；抓好工农业生产和救灾等工作，搞好整风整社；转变领导作风，实事求是，搞好调查研究。

提案审查委员会收到代表提案166件，并向代表作审查处理情况报告。

大会选举县委委员26人：赵望林、许云华、李锐峰、王殿陛、刘国梁、徐芳、吕勇为、王金云、孙佩芝、徐步新、牟泽民、徐培安、米欣伟、滕秀清（女）、赵金香、白金华、李振波、孙健、王世清、曹登山、康占才、姚宗礼、刘殿宝、梁振东、李敬禹、王印海。田宝庭、李忠惠为候补委员。委员会选举赵望林、许云华、李锐锋、王殿陛、刘国梁、徐芳、吕勇为、王金云、孙佩芝、徐步新为常务委员，赵望林为书记，许云华、李锐锋、王殿陛、刘国梁为副书记。

第四次代表大会 1971年3月28—30日召开。应出席代表653人，实出席631人。

由王瑞璞、关全发、李德春、王朝玺、田义申等47人组成大会主席团。

大会审议通过关全发代表县革命委员会党的核心小组作的《沿着毛主席的无产阶级革命路线继续革命乘胜前进》工作报告和《关于加强学习进行思想和政治路线教育的决定》文件，衡水地区革命委员会核心小组负责人到会讲话。大会选举于国良、于书琴（女）、王瑞璞、王朝玺、田义申、冯春、石万山、边立善、关全发、刘廷、任玉媚、李德春、李和义、李秀和、陈宝明、赵英双、赵新、赵金香、张砚生、张俊英（女）、胡宝圣、胡海峰、郑秀瑞（女）、荣书成、高广和、徐芳、梁振东、焦雪涛等28人为县委委员。王景山、孙全深、刘文清、李玉虎、姜凤仙（女）为候补委员。委员会选举常务委员8人：王瑞璞、关全发、王朝玺、田义申、任玉媚、李德春、赵英双、高广和。王瑞璞为书记，关全发为副书记。

第五次代表大会 1980年4月5—9日召开。应出席代表365人，实出席357人。

大会由田义申、柳连珩、卢汝泽、赵英双等35人组成主席团。

大会审议通过县委书记田义申代表上届县委向大会作《加强党的建设，改善党的领导，为加速祖国四个现代化做出更大贡献》的报告。并通过两项决议：中共故城县委第五次代表大会工作报告的决议；《关于加强党的纪律性改进党的作风和发扬党的优良传统的决议报告》对揭批开展真理标准大讨论及落实政策平反冤假错案，改变农业生产条件、粮食产量、社队工副业、县办工业生产、财贸战线、科学教育、文化、卫生、体育广播等项事业所取得成绩进行总结。同时总结4条教训。提出1980—1982年经济建设奋斗目标及实现目标的方针措施。号召全县党员紧急动员起来，响应中共十一届五中全会号召，为四化建设做出更大贡献。

大会提案委员会收到代表提案186件，进行认真审理，并将提案分交有关部门研究，提出具体实施意见。

大会选举县委委员27人：马端榜、王文安、王金利、王悦正、田义申、田宝庭、卢汝泽、冯东臣、关全发、刘殿宝、米欣伟、许秀阁（女）、李玉虎、李振波、杨月桥、陈宝明、陈金旺、陈留振、张文祥、张国强、柳连珩、赵英双、姜书才、荀年龄、徐芳、梁振东、薛逢富。候补委员4人：刘森贵、张海营、胡立荣、郭居娥（女）。委员会选举马端榜、田义申、田宝庭、卢汝泽、关全发、柳连珩、赵英双、徐芳、薛逢富为常务委员。田义申为书记，柳连衍、卢汝泽、赵英双为副书记。

大会第一次全会选举纪律检查委员记田宝庭，副书记刘森贵，委员白玉栋、桑凤祥、张国强、胡庆升、栾文州。

第六次代表大会 1986年2月3日召开。应出席代表363人，实出席296人。

大会审议通过县委书记万德仓代表县委作《发扬愚公移山精神，继续坚持改革，社会主义物质文明和精神文明建设推向前进》的工作报告。报告首先对过去5年多工作进行回顾，各项工作出现令人鼓舞局面，工作重点已转移到经济建设为中心的轨道上；各项农村政策得到认真落实，农业实现持续全面增长；企业体制改革步步深入，经济建设效益逐步提高；商品流通渠道得以疏通，城乡呈现中华人民共和国成立以来少有的繁荣景象；长期存在的轻视知识、歧视知识分子的错误倾向得到逐步纠正，教育、科技、文化、体育事业有新的发展；精神文明建设得到加强，党风和社会风气有明显好转；新时期党的建设得到加强，党的领导作风进一步改善。并对今后3年3项任务作以部署：创新务实，坚持改革，努力加快经济建设和社会发展步伐；进一步建立健全社会主义民主和法制，推进社会主义精神文明建设；加强党的建设，提高党的战斗力，保证改革、四化建设顺利进行。大会听取县纪律检查委员会书记刘石营作的工作报告。为加强党的组织，加强农村思想建设，实现党风根本好转，大会通过《关于增强党性的决议》。

大会选举县委委员28人：万德仓、尹久成、吴金生、张延恩、王敬忠、李增泉、郭居娥（女）、刘石营、孔德诗、田宝庭、薛逢富、李玉珍、李金卫、刘森贵、吴丙文、李庆云、冯东臣、任桂兰（女）、荀年龄、陈中和、姜福生、高瑞英（女）、张彦秀、贾彦明、陈连生、陈振昌、曹惠民、解洪安。候补委员4人：李继云、桑树声、张家通、秘恩孚。委员会选举万德仓、尹久成、吴金生、张延恩、王敬忠、李增泉、郭居娥、刘石营、孔德诗为常务委员，万德仓为书记，尹久成、吴金生、张延恩、王敬忠为副书记。

大会第一次全会选举县纪律检查委员会书记刘石营，副书记刘森贵、白玉栋，常委胡庆生、闫明春、苏敦越、韩仁义，委员王风廷、张立坡、秦立廷、袁运昌、高尚和、张德恩、马洪章、李福印。

第七次代表大会 1989年12月18日，中共故城县第七次代表大会在县委礼堂召开。应到代表172名，实到代表171名，占全县党员总数的0.1%。其中，专业技术人员35名，占20.5%；各条战线模范人物30名，占17.5%；机场、武警、人武部代表3名，占1.8%；其中，妇女代表35名，占20.5%。45岁以下代表89名，占52%；少数民族代表2名，占1.2%。大会列席人员66名。大会听取并审议通过县委书记万德仓代表中共故城县第六届委员会作的《奋发图强，团结进取，为全面振兴故城而努力奋斗》的工作报告、耿国英代表中共故城县纪律检查委员会所作的工作报告。按照大会通过的选举办法，产生中共故城县第七届委员会委员32名，候补委员5名，纪律检查委员会委员15名。县委委员、候补委员平均年龄45.6岁，大专学历16人，占43.2%；高中、中专学历8人，占21.7%；初中以下学历的13人，占35.1%；有技术职称的3人。

1989年12月20日，中共故城县第七届委员会召开第一次全委会议，选举产生常务委员会委员10人、书记1名、副书记3名。常委平均年龄41.9岁，大专学历8人，占80%，初中学历2人，占20%。1992年1月10日，召开第二次全委会议，印发了《中共故城县委1992年工作要点》《关于县办工业的改革意见（草案）》。徐殿仓代表常委会就1992年的经济工作讲了意见，县委书记孙志人就如何联系故城实际，进一步加强全县农业和农村工作，作了题为《认真贯彻落实八中全会精神，努力开创全县农业和农村工作新局面》的报告。1992年11月，召开第三次全委会议，研究决定第八次党代表会召开的具体时间，讨论提出第八次党代会的各项议程，审议修改县委的工作报告。

第八次代表大会 1992年12月15—17日，中共故城县第八次代表大会在县礼堂召开。应出席代表173名，实到165名，代表全县22135名党员。代表中各级领导干部101名，占58.4%；各类专业技术人员34名，占19.7%，较上届增加0.3%；武装部、武警、机场代表3名，占1.7%；少数民族代表1名，占0.5%；45岁以下代表99名，占57.2%，较上届增加4.4%；高中以上学历的121名，占69.9%。列席代表75名。大会听取和审议了县委书记孙志人代表中共故城县第七届委员会所做的工作报告和张孟元代表中共故城县纪律检查委员会所做的工作报告。确定了今后五年全县经济和社会发展目标和党的建设任务。通过无记名投票、差额预选和等额正选的方法，选举产生由33名委员、5名候补委员组成的中共故城县第八届委员会和16名委员组成的中共故城县纪律检查委员会。县委委员及候补委员平均年龄44.6岁，最小年龄27岁，最大年龄58岁。大专以上学历17名，占总数44.7%，妇女4名，占10.5%。

1992年12月17日，中共故城县第八届委员会召开第一次全委会议，选举产生书记1名，副书记4名，常务委员11名。1994年7月，召开第二次全委会议，出席会议委员33名，候补委员5名，通过了《解放思想，抓住机遇，为实现“富民强县”战略目标而奋斗》的报告。1995年12月，召开第三次全委会议，出席会议委员33名，会议研究制定故城县“九五”计划及2010年远景目标规划，全面部署1996年经济和社会发展的各项任务。1997年1月，召开第四次会议，出席委员33名，会议的主题是进一步深入贯彻中共十四届五中、六中全会和经济工作会议精神，按照省市部署和“九五”计划要求，确定全县1997年工作的指导思想。1998年3月，召开第五次会议，出席会议委员33名，会议听取审议选举筹备情况的各项事宜，审议县委第七届委员会任期五年来的工作报告和县纪委工作报告。

第九次代表大会 1998年3月6—8日，中共故城县第九次代表大会在县委礼堂召开，应到代表180名，实到180名。其中，妇女代表19名，占总数的10.6%；各级领导干部代表108名，占60%，较上届增加0.5%；各类专业技术人员代表36名，占20%，较上届减少0.9%；先进模范人物代表32名，占17.8%，较上届减少0.1%；少数民族代表1名，占0.5%；高中以上学历代表144名，占总数的80%。列席人员96名。大会听取审议了郭金强代表第八届县委所做的题为《高扬发展主旋律，为建设跨世纪的新故城而努力奋斗》的工作报告和宋英璞代表中共故城县纪律检查委员会所做的工作报告。确定了今后五年全县经济和社会发展目标和党的建设任务。选举产生了由34名委员、5名候补委员组成的中共故城县第九届委员会和由15名委员组成的中共故城县纪律检查委员会。县委委员及候补委员平均年龄42.9%岁，最小年龄32岁，最大54岁。大专以上学历27名，占总数的69.2%，妇女2名，占5.1%。

1998年3月6日，中共故城县第九届委员会召开第一次全委会议，选举常务委员会委员12名，书记1名，副书记4名。1998年8月27日，召开第二次全委会，主要议题是对信访工作实行“一案四治”的意见、推进农村基层民主建设的三年规划、关于发展农村集体经济的三年规划、1998—2000年基层组织建设规划、关于净化企业外部环境促进经济迅速发展若干问题的规定、审议通过县委书记郭金强所做的县委工作报告。1999年3

月，召开第三次全委会议，听取县委书记郭金强关于1998年县委工作报告和纪委书记宋英璞关于县纪委的工作报告，审议通过1999年工作规划。2000年2月，召开第四次全委扩大会议，总结九届三次会议以来的工作，安排部署2000年各项工作。2001年2月，召开第五次全委扩大会议，听取了关于“九五”计划执行情况的简要回顾，审议并通过“十五”计划的奋斗目标和工作重点，听取并通过1999年县委工作汇报和县纪委工作报告。2002年3月，召开第六次全委扩大会议，听取县委书记何同恩关于《统一思想、艰苦奋斗、为再创故城辉煌而努力奋斗》的报告，安排部署2002年各项工作。2003年2月，召开第七次全委扩大会议，听取县委书记何同恩关于《统一思想，振奋精神，为圆满完成2002年全县各项任务目标而努力奋斗》的报告，安排部署2003年各项工作。2003年4月，召开第八次全委扩大会议，审议并通过关于筹备召开中共故城县第十届代表大会事宜。

第十次代表大会 2003年4月22—24日，中共故城县第十次代表大会在县礼堂召开。应到代表218名，实到215名。其中各级领导干部156名，占总数的71.6%；专业技术人员30名，占13.8%；先进模范人物28名，占12.8%；解放军、武警4名，占1.8%。妇女37名，占16.9%；少数民族1名，占0.4%。列席人员96名。大会听取审议了县委书记张建中代表第九届县委所做的工作报告和王亚杰代表纪律检查委员会所做的工作报告。大会选举产生了由38名委员和5名候补委员组成的中共故城县第十届委员会和15名委员组成的中共故城县纪律检查委员会。县委委员及候补委员中，平均年龄42.5岁，最小年龄31岁，最大年龄53岁，大专以上学历19名，占总数的44.2%。妇女代表2名，占4.7%。

第十一次代表大会 2006年7月11—12日，中国共产党故城县第十一次代表大会在县委小会堂召开，会议出席代表217名。大会听取并审议通过了《中共故城县第十届委员会工作报告》和《中共故城县第十届纪律检查委员会工作报告》。大会选举产生了中共故城县第十一届委员会委员38名，候补委员7名；中共故城县纪律检查委员会委员15名，出席衡水市第二次党代会代表33名。中共故城县第十一届委员会第一次全体会议选举产生了中共故城县第十一届委员会常务委员11名，选举张建中为县委书记，李哲民、李增军、王亚杰为县委副书记。

第十二次代表大会 2011年9月7—9日，中国共产党故城县第十二次代表大会在县委小会堂召开，会议应出席代表259名，实际出席代表253名。大会听取并审议通过了《中共故城县第十一届委员会工作报告》和《中共故城县第十一届纪律检查委员会工作报告》。大会选举产生了中共故城县第十二届委员会委员44名，候补委员7名；中共故城县纪律检查委员会委员17名，出席衡水市第三次党代会代表34名。中共故城县第十二届委员会第一次全体会议选举产生了中共故城县第十二届委员会常务委员11名，选举陈登泉为县委书记，刘勇、左俊勇为县委副书记。

第十三次代表大会 2017年2月15—17日，中国共产党故城县第十三次代表大会在县委小会堂召开，会议应出席代表259名，实际出席代表253名。大会听取并审议通过了《中共故城县第十二届委员会工作报告》《中共故城县第十二届纪律检查委员会工作报告》《中共故城县第十二次代表大会以来全县党费收缴、使用和管理情况报告》。大会选举产生了中共故城县第十三届委员会委员45名，候补委员8名；中共故城县第十三届纪律检查委员会委员19名，出席衡水市第四次党代会代表35名。中共故城县第十三届委员会第一次全体会议选举产生了中共故城县第十三届委员会常务委员10名，选举马玉来为县委书记，王立峰、师东升为县委副书记。

中国共产党故城县第十三次代表大会开幕

中共故城县委员会历届主要负责人一览表

表 13-2

机构名称	书　记	副书记	常　委
中共故城县委员会（1949 年 10 月—1950 年 3 月）	荆　刚（1949 年 10 月—1950 年 3 月）	—	荆刚、金曼宇、杨建华
中共故城县第一届委员会（1950 年 3 月—1956 年 5 月）	荆　刚（1950 年 3 月—1952 年 10 月） 金曼宇（1952 年 11 月—1954 年 5 月） 彭广峰（1954 年 5 月—1956 年 5 月） 第二书记（1953 年设）： 彭广峰（1953 年 1 月—1954 年 5 月） 张家驹（1955 年 4 月—1955 年 12 月） 张雁程（1955 年 12 月—1956 年 5 月）	杨建华（1952 年 7 月—1953 年 6 月） 李锐峰（1954 年 12 月—1956 年 5 月） 吴奇珍（1956 年 4 月—1956 年 5 月）	荆刚、金曼宇、杨建华、彭广峰、吴奇珍、王殿陛、李锐峰、张雁程、刘云亭、赵仁、傅琪瑛、张家驹
中共故城县第二届委员会（1956 年 5 月—1958 年 11 月）	张雁程（1956 年 5 月—1958 年 11 月） 第二书记：李升才（1957 年 5 月—1958 年 11 月）	李锐峰（1956 年 5 月—1958 年 11 月） 吴奇珍（1956 年 5 月—1957 年 8 月） 王殿陛（1956 年 9 月—1957 年 8 月）	吴奇珍、王殿陛、李锐锋、张雁程、赵仁、李升才
中共故城县委员会（1961 年 5 月—1962 年 3 月）	第一书记：赵望林（1961 年 7 月—1962 年 3 月） 书记处书记：许云华（1961 年 7 月—1962 年 3 月） 李锐锋（1961 年 7 月—1962 年 3 月） 王政民（1961 年 7 月—1962 年 3 月） 刘国良（1961 年 7 月—1962 年 3 月） 王殿陛（1961 年 7 月—1962 年 3 月）	—	赵望林、许云华、李锐峰、王政民、刘国良、王殿陛

续表 13-2

机构名称	书　记	副书记	常　委
中共故城县第三届委员会（1962 年 3 月—1967 年 1 月）	赵望林（1962 年 3 月—1967 年 1 月）	许云华（1962 年 3 月—1962 年 7 月） 李锐峰（1962 年 3 月—1965 年 10 月） 王殿陛（1962 年 3 月—1964 年 11 月） 刘国良（1962 年 3 月—1962 年 11 月，1964 年 4 月—1965 年 10 月） 杜　健（1962 年 11 月—1967 年 1 月） 田健民（1964 年 12 月—1967 年 1 月） 吕健民（1964 年 12 月—1967 年 1 月） 王毓民（1965 年 10 月任，未到职） 秦凤歧（1965 年 10 月—1967 年 1 月）	赵望林、许云华、李锐峰、王政民、刘国良、王殿陛、徐芳、吕勇为、王金云、孙佩芝、徐步新、杜健、田健民、吕健民、袁振奎、王毓民、秦凤歧、田宝廷
中共故城县临时委员会（1964 年 11 月—1965 年 10 月）	代理书记：杜　健（1964 年 11 月—1965 年 10 月）	—	代理常委：王世清、王梦周、康占才
故城县革命委员会党的核心小组（1968 年 9 月—1971 年 3 月）	组长：王毓鑫（1968 年 9 月—1968 年 10 月） 王庆恩（1968 年 10 月—1968 年 10 月） 王瑞璞（1968 年 10 月—1971 年 3 月）	—	成员：王毓鑫、孙佩芝、杜健、田健民、胡海峰、康占才、张玉伦、关全发、王庆恩、杨志棠、王瑞璞
中共故城县第四届委员会（1971 年 3 月—1980 年 4 月）	王瑞璞（1971 年 3 月—1973 年 1 月） 关全发（1973 年 1 月—1974 年 1 月） 马连宝（1974 年 1 月—1978 年 2 月） 平义杰（1978 年 2 月—1979 年 4 月） 田义申（1979 年 4 月—1980 年 4 月）	关全发（1971 年 3 月—1973 年 1 月，1974 年 1 月—1976 年 1 月） 李德春（1972 年 2 月—1972 年 9 月） 王朝玺（1972 年 2 月—1976 年 1 月） 田义申（1972 年 11 月—1979 年 4 月） 马连宝（1973 年 4 月—1974 年 1 月） 高广和（1973 年 5 月—1975 年 4 月） 张恩满（1975 年 1 月—1979 年 5 月） 姚恩波（1976 年 2 月—1979 年 4 月） 薛逢富（1978 年 1 月—1980 年 4 月） 柳连珩（1979 年 2 月—1980 年 4 月） 卢汝泽（1979 年 4 月—1980 年 4 月） 赵英双（1980 年 1 月—1980 年 4 月）	王瑞璞、王朝玺、田义申、关全发、任玉媚、李德春、赵英双、高广和、冯小春、陈宝明、米欣伟、田宝廷、徐芳、梁振东、石万山、马连宝、马端榜、张砚生、张恩满、姚恩波、郭居娥（女）、柳连珩、平义杰、卢汝泽、薛逢富

续表 13-2

机构名称	书 记	副书记	常 委
中共故城县第五届委员会（1980 年 4 月—1986 年 2 月）	田义申（1980 年 4 月—1982 年 2 月） 卢汝泽（1982 年 9 月—1986 年 2 月）	柳连珩（1980 年 4 月—1983 年 11 月） 卢汝泽（1980 年 4 月—1982 年 9 月） 赵英双（1980 年 4 月—1983 年 11 月） 宫培林（1983 年 11 月—1985 年 12 月） 吴金生（1983 年 11 月—1986 年 2 月） 张延恩（1983 年 11 月—1986 年 2 月） 王敬忠（1985 年 6 月—1986 年 2 月） 尹久成（1985 年 12 月—1986 年 2 月）	田义申、关全发、赵英双、马端榜、田宝庭、徐芳、郭居娥（女）、柳连珩、田全国、李增泉、万德仓、吴金生、王敬忠、卢汝泽、张延恩、张洪跃、刘石营、薛逢富、宫培林、尹久成
中共故城县第六届委员会（1986 年 2 月—1989 年 12 月）	万德仓（1986 年 2 月—1989 年 12 月）	尹久成（1986 年 2 月—1989 年 3 月） 吴金生（1986 年 2 月—1989 年 1 月） 张彦恩（1986 年 2 月—1989 年 11 月） 王敬忠（1986 年 2 月—1988 年 8 月）	万德仓、尹久成、吴金生、张彦恩、王敬忠、刘石营、孔德诗、李增泉、郭居娥（女）、刘文水
中共故城县第七届委员会（1989 年 12 月—1992 年 12 月）	万德仓（1989 年 12 月—1991 年 9 月）	孙志人（1989 年 12 月—1991 年 9 月） 高际海（1989 年 12 月—1991 年 6 月） 刘石营（1989 年 12 月—1992 年 12 月）	万德仓、孙志人、高际海、刘石营、孔德诗、刘文水、李玉珍、耿国英 许清林、李庆云
	增补成员		
	孙志人（1991 年 9 月—1992 年 12 月）	孔德诗（1991 年 6 月—1992 年 12 月） 徐殿仓（1991 年 9 月—1992 年 12 月） 齐本莹（1992 年 11 月—1992 年 12 月）	徐殿仓、齐本莹、秦子来、张孟元、刘志新
中共故城县第八届委员会（1992 年 12 月—1998 年 3 月）	孙志人（1992 年 12 月—1994 年 8 月）	徐殿仓（1992 年 12 月—1994 年 8 月） 刘石营（1992 年 12 月—1998 年 3 月） 孔德诗（1992 年 12 月—1998 年 1 月） 齐本营（1992 年 12 月—1996 年 4 月）	孙志人、徐殿仓、刘石营、孔德诗、齐本莹、刘文水、李玉珍、许清林、张孟元、刘志新、秦子来
	增补成员		
	徐殿仓（1994 年 8 月—1998 年 1 月） 郭金强（1998 年 1 月—1998 年 3 月）	石金义（1994 年 8 月—1998 年 1 月） 郭居娥（女）（1998 年 1 月—1998 年 3 月） 刘志新（1998 年 1 月—1998 年 3 月） 王 辉（1998 年 1 月—1998 年 3 月）	石金义、王大虎、杨宝达、刁志新、王金刚、葛殿鹏、宋英璞、郭金强、王辉、袁振兴、郭居娥（女）、刘志新

续表 13-2

机构名称	书　记	副书记	常　委
中共故城县第九届委员会（1998 年 3 月—2003 年 4 月）	郭金强（1998 年 3 月—1999 年 5 月）	王　辉（1998 年 3 月—2003 年 2 月） 刘石营（1998 年 3 月—2003 年 4 月） 郭居娥（女）（1998 年 3 月—2003 年 4 月） 刘志新（1998 年 3 月—2000 年 1 月）	郭金强、王辉、刘石营、郭居娥（女）、刘志新、刘文水、宋英璞、许清林、刁志新、王金刚、葛殿鹏、袁振兴
	增补成员		
	何同恩（1999 年 5 月—2003 年 2 月） 张建中（2003 年 2 月—2003 年 4 月）	宋英璞（2000 年 6 月—2003 年 4 月） 王亚杰（2002 年 5 月—2003 年 4 月） 王金刚（2000 年 1 月—2000 年 6 月） 李哲民（2003 年 2 月—2003 年 4 月）	何同恩、张建中、王亚杰、李哲民、赵洪毅、韩金水
中共故城县第十届委员会（2003 年 4 月—2006 年 7 月）	张建中（2003 年 4 月—2006 年 7 月）	李哲民（2003 年 4 月—2006 年 7 月） 宋英璞（2003 年 4 月—2005 年 3 月） 张忠辉（2003 年 4 月—2004 年 3 月） 王亚杰（2003 年 4 月—2006 年 7 月） 刁志新（2003 年 4 月—2006 年 4 月）	张建中、李哲民、宋英璞、王亚杰、刁志新、张忠辉、韩金水、赵洪毅、周瑞兴、王书田、王化平
	增补成员		
	—	张凤国（2005 年 6 月—2006 年 6 月） 李增军（2006 年 3 月—2006 年 7 月）	齐学勇、张海英、闫文举
中共故城县第十一届委员会（2006 年 7 月—2011 年 9 月）	张建中（2006 年 9 月—2007 年 4 月）	李哲民（2006 年 9 月—2007 年 4 月） 李增军（2006 年 9 月—2011 年 9 月） 王亚杰（2006 年 9 月—2007 年 5 月）	张建中、李哲民、李增军、王亚杰、齐学勇、张海英、赵洪毅、周瑞兴、王化平、闫文举、师东升
	增补成员		
	李哲民（2007 年 4 月—2010 年 4 月） 陈登泉（2010 年 4 月—2011 年 1 月）主持县委全面工作 陈登泉（2011 年 1 月—2011 年 9 月）	陈登泉（2007 年 4 月—2011 年 1 月） 姚幸福（2011 年 4 月—2011 年 8 月） 刘　勇（2011 年 8 月—2011 年 9 月）	陈登泉、尹占民、左俊勇、何印强、于磊、张相会

续表 13-2

机构名称	书 记	副书记	常 委
中共故城县第十二届委员会（2011 年 9 月—2017 年 2 月）	陈登泉（2011 年 9 月—2013 年 4 月）	刘 勇（2011 年 9 月—2015 年 8 月） 左俊勇（2011 年 9 月—2013 年 4 月） 专职副书记空缺（2013 年 4 月—2013 年 7 月）	于磊、左俊勇、师东升、刘勇、刘素云（女）、刘新营、齐学勇、闫文举、陈登泉、范庆法、秦立堂
	增补成员		
	王亚杰（2013 年 4 月—2016 年 12 月） 马玉来（2016 年 12 月—2017 年 2 月）	马玉来（2015 年 8 月—2016 年 12 月） 王立峰（2016 年 12 月—2017 年 2 月） 闫文举（2013 年 7 月—2015 年 2 月） 专职副书记空缺（2015 年 2 月—2015 年 6 月） 姚世周（2015 年 6 月—2016 年 1 月） 专职副书记空缺（2016 年 1 月—2017 年 2 月）	—
中共故城县第十三届委员会（2017 年 2 月—）	马玉来（2016 年 8 月—2018 年 4 月）	王立峰（2017 年 2 月—） 师东升（2017 年 2 月—）	马玉来、马立俊、王立峰、王洪军、师东升、回爱军、刘帅、林丰、郝欣（女）、秦立堂
	增补成员		
	彭晓明（2018 年 4 月—）		金永健、李云浩

第三节 组织整顿

域内建立党组织后，即按照中共中央及上级党委部署，结合各历史不同时期形势及中心任务，多次有计划、有步骤地进行组织整顿。1938 年 9 月底，建立的中共故城县工作委员会（时称工委）仅由书记、组织委员、宣传委员各 1 人组成。1942—1943 年，为抗日战争最艰苦岁月。1943 年 7 月，县委书记朱斌到任后，首先向全体党员传达中共中央提出的“咬紧牙关，度过艰苦的最后两年”的战斗号召，随即整顿各级党组织。整顿后故城县委由 8 人组成，朱斌任县委书记兼宣传部部长，石大洲任委员兼县长、游击大队长，冉义林任委员兼县游击大队副队长，梁再生任委员兼组织部部长，辛甫任委员兼抗日联合会主任，黄世忠任委员兼武装委员会主任，李铁锋任委员兼敌伪工作部部长。

1948 年 1 月 9 日至 2 月 18 日，夏津地委将包括今故城县南北两部的所属各县、区党员干部（留守人员除外），集中至夏津，根据中共中央指示，结合土地改革运动，开展以查阶级、查思想、查作风、整顿组织、整顿思想、整顿作风为主要内容的整顿运动。是年冬，故城县对农村党支部进行整顿，重点解决组织、思想、作风不纯问题。具体步骤，将党支部分类排队，分批进行。1948 年冬第一、二批，1949 年春第三批。整党之后，党员受到教育，将混入党内的阶级异己分子、蜕化变质分子清除。

中华人民共和国成立后，中国共产党成为执政党，在人民中享有崇高威信。但部分党员出现居功自傲、作风不纯、官僚主义、贪污腐化等问题。县委按照党中央统一部署，于 1951 年至 1954 年年末，分期分批对党组织进行全面整顿。1951 年 8 月 4 日县委始于党员队伍素质较低的一区大化村、二区芦庄村、三区千户庄村、四区白庙村作为整党试点，是年9月17日结束，历时45天。上述4个村支部共有党员81人，其中清除坏分子7人、自愿退党2人、劝其退党1人、留党察看2人、延长候补期1人、撤职3人、警告5人（南部曹口、马庄时为武城县委试点村，党员数字不详）。

通过党员八项标准教育和党员登记，党员思想觉悟与工作效率得以提高，组织得以纯洁，制度得以健全。1951年8月14日，故城县委作出《关于执行整顿党的基层组织的决议（草案）》，全县整党铺开。1952年1月，结合社会上开展的“三反”运动（反贪污、反浪费、反官僚主义）整顿党组织，至6月底结束。其间，开除党籍9人，留党察看93人。1957年6月至1958年8月，根据中共中央决定，在党内开展“整风反右”运动，后期反右斗争扩大化。

1964—1965年，开展的社会主义教育运动中，对基层党支部领导班子进行整顿，把一些人民内部问题看成是阶级斗争或阶级斗争在党内反映，致使一些基层党员干部受到不应有的打击。

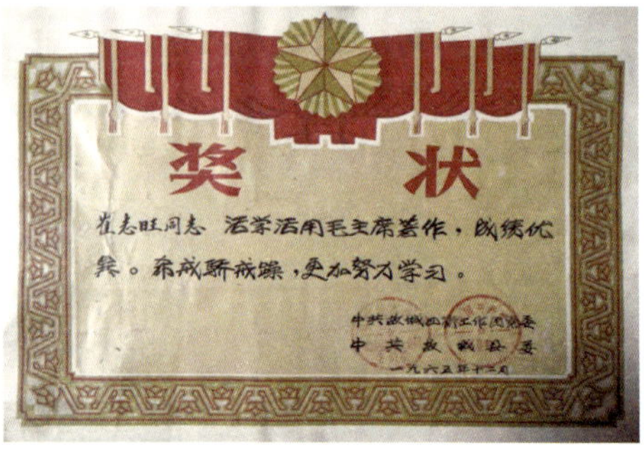

1965年崔志旺获活学活用毛主席著作奖状

1966年“文化大革命”开始后，各级党组织受到冲击，组织生活停顿，大部分干部被罢官揪斗而靠边站。1969年下半年在“清理阶级队伍”基础上，按照“六厂二校”所谓“经验”，错误地实行群众性整党建党做法，在“以阶级斗争为纲”“无产阶级专政下继续革命”建党方针指导下，进行“吐故纳新”，将许多党性强、群众威信高、有多年基层工作经验的党员排斥于领导班子之外。1976年粉碎江青反革命集团后，对造反起家而担任各级领导职务者，均进行调整处理，党组织建设日趋加强。

1987年，根据省委文件精神，恢复组织员制度，县委配备6名组织员。1989年，在县直单位中开展民主评议党员工作，工商企业和乡镇的民主评议党员工作相继展开。1992年，各乡镇和县直各单位根据实际情况单独建立党支部或党小组，并根据中央和省市有关规定，重新规定党员交纳党费的办法，全面推行党员目标管理制度。1995年，全县农村年龄在45岁以下的中青年党员根据个人能力和支部工作任务，与党支部签订目标责任书，目标责任内容包括党的组织生活、完成指令性任务、帮贫致富、遵纪守法四个方面。同时，为强化对乡镇企业党组织和流动党员的管理，县委组织部研究出台《加强乡镇企业党组织设置若干规定》和《外出流动党员管理意见》。1996年，在农村党组织中开展“学先争优”活动，乡镇党委书记和农村支部书记学先进争上游，红旗支部和小康村支部开展对手赛，在富裕村和贫困村之间开展姐妹村互帮互促活动，涌现多位中共先进支部和个人。2005年，县委组织部首次组织200多名入党积极分子进行集中培训。2006年，在全县农村基层党组织中广泛开展评选优秀星级农村党支部书记活动。共评选出30名优秀星级农村党支部书记，分别享受2000元大奖的星级奖励。2008年，制定了《关于县委管理的领导干部任期经济责任审计实施办法》，规范党政领导干部经济责任审计工作程序。十年来，先后对80余名党政主要领导干部进行了任中或离任经济责任审计，强化了对领导干部特别是党政“一把手”的监督。2014年11月，制定了《关于从严监督管理干部的若干办法》，有效保证信念坚定、为民服务、勤政务实、敢于担当、清正廉洁好干部标准的贯彻落实。2015—2018年，安装开通了“12380”举报信息管理系统，拓宽了干部监督渠道，延伸干部监督触角，建立起电话、信访、网络“三位一体”的举报平台，构筑人民群众监督举报的“快车道”。结合县乡换届、巡视整改、选人用人专项检查、一问责“八清理”等活动，先后组织开展了违规进人、超职数配备、领导干部违规经商办企业、领导干部违规兼职任职、“裸官”、假户口假身份证、违规因私出国（境）、“认干亲、拜把子”等系列专项整治行动，全力打造风清气正的良好政治生态。

第四节 党员教育

抗日战争年代敌强我弱，缺乏安定环境、固定场所，各级党组织对党员教育多采用流动、分散形式，或一二十人，或三五十人，集中于树林、坟地、庙宇、场屋、“青纱帐”等进行教育，或通过党小组会、生活会，开展批评、自我批评。内容多为理想、气节、纪律和敌我形势教育。

1946年下半年土地改革运动中，县委于鹿冢等地先后举办3期集训班，每期三四百人。内容主要为提高对土地改革认识、站稳阶级立场、应掌握的政策界限等。

中华人民共和国成立初期对党员教育多采用小组会、生活会、支部大会等形式，党员干部教育多会代训。内容以《中国共产党章程》为主，结合国内外形势和党的各项方针政策，教育党员在农业生产合作化及政治运动中发挥模范带头作用，团结群众，共同完成各项任务。1950年8月后，多采用集中党校办集训班方式，轮训基层支部书记、委员、县直科级以下干部。时间30天左右。主要内容除学习《中国共产党章程》、马克思列宁主义基础知识外，结合学习党的方针政策，并印发党员教育材料。

1962年后，仍采用党校办培训班方式对党员进行教育。1963年，县委党校办班7期，培训县、公社、大队党员干部34122人次。农村主要以《农村人民公社工作条例（修正草案）》（即六十条）为内容，县直以学习《中国共产党章程》《做一个好的共产党员》为主。

1965年，以中共中央关于《农村社会主义教育运动中目前提出的一些问题》（即二十三条）和毛泽东主席《为人民服务》《愚公移山》《纪念白求恩》等文章为主要学习训练内容。

“文化大革命”期间党员教育、培训停顿。1976年，县、公社采取以会代训或办集训班等形式教育党员，主要内容为揭批江青反革命集团篡党夺权罪行。1977年以来，党员教育以“三会一课”（党小组会、党员大会、党支部委员会和党课）或党校集训为主。1979年3月6日至4月8日，县委党校办班2期，每期15天，受训的公社党委委员、大队党支部正副书记、党员干部，计460人。主要学习《中国共产党第十一届中央委员会第三次全体会议公报》。是年4月26日至5月8日、5月22—25日，分别举办集训班，受训人数分别为310人、270人。学习内容分别为《中共中央关于加快农业发展若干问题的决定（草案）》《农村人民公社工作条例》《邓小平在理论工作务虚会上的讲话》，以提高对党的工作重点转移到社会主义经济建设上来的客观必然性和重大意义的认识。

1985—1986年，县委进行了全面整党，按照“统一思想，整顿作风，加强纪律，纯洁组织”的要求，认真纠正党内存在的各种不正之风。全县参加整党的党员为2万名，整党后期进行了党员重新登记。1987—1989年，县乡两级利用党校培训、以会代训、广播讲座等形式，共举办各类培训班、学习班486期，受训人员达32万人次。县委根据中央批转的中组部《关于民主评议党员制度的意见》和地委通知精神，结合故城县实际，制定了《故城县民主评议党员的实施意见》，成立了以县委书记万德仓为组长的评议党员领导小组。抽调14人组成评议党员办公室，并由46名科局级干部组成工作组，赴各单位检查指导评议工作。各乡镇也建立了相应领导小组。通过分类排队，群众举报，领导分片负责，典型引路等几项措施，对全县23各乡镇、65个县直单位、95个党支部、2470名党员进行评议工作。共评出基本不合格党员39名，不合格党员12名，对这些人分别进行了妥善处理。其中劝退2名、除名6名、开除党籍1名、留党察看2名、限期改正40名。从而纯洁了党的组织，提高了党员队伍素质。1992年以来，加强乡镇科局干部的在职理论教育和岗位培训，到发达地区学习经验，分期分批选派乡局级干部参加市、县委党校理论学习班，把学习《邓小平文选》（第三卷）和中共十四届三中全会精神摆在思想建设和理论教育的重要地位。

“鱼水工程” 1996年4月15日，县委在全县组织实施“鱼水工程”，并制定《关于密切党群干群关系、实施“鱼水工程”的意见》。学理论、学党章、学孔繁森，树科学世界观、人生观、价值观，克服个人主义、拜金主义、享乐主义。坚持全心全意为人民服务的宗旨。重点解决各级党政机关和领导干部的思想作风问题。为使此项工作切实抓出成效，5月4日县委结合全县的工作特点，制定1996年度“鱼水工程”实施方案。经过一年的工作，一些群众关注的热点问题开始降温，难点问题得以化解，党群、干群关系进一步密切，为故城县社会政治稳定、经济快速健康发展，提供了有力的基础保证。为巩固成果，进一步解决党群、干群关系方面还存在的一些问题，1997年4月，县委制定1997年度“鱼水工程”实施方案。围绕实施“富民强县”战略，重点加强党员干部的思想道德建设和政府行业部门的职业道德建设，在不同层次、不同领域、不同行业有针对性地开展教育活动，解决难题，办实事，推动“鱼水工程”不断深入，进一步密切了党群干群关系。

“三讲”教育活动 2000年4月，按照省委部署，衡水市开展第一批县（处）级以“讲学习、讲政治、讲正气”为主要内容的“三讲”教育活动。6月，故城县召开“三讲”教育动员大会。之后，县委成立“三讲”教育领导小组，制定县级四大班子“三讲”教育工作责任制，四大班子主要领导为第一责任人，带头搞好学习，严格剖析自己，深入开展批评和自我批评，认真整改。制定了县级干部必须认真遵守的学习纪律、工作纪律和各项规章制度，在全县邀请12名老干部作为县委“三讲”教育联络员，广泛听取、收集和反馈社会不同阶层的意见。从县委办、组织部、宣传部等6个部门抽调40余名精干人员组成“三讲”教育领导小组办公室。县委先后3次召开全体县级干部会议，要求县级领导干部严格按照中央、省、市有关文件精神，查找问题。活动分两批进行，有四个阶段：征求意见、查摆问题、解决问题、制定整改措施。年末，活动结束，取得良好效果。

“三个代表”学习 2001年，根据省、市委安排，故城县在县、乡、村广泛开展“三个代表”重要思想学习教育活动，县及各乡（镇）、县直各部门以及农村干部6000多人受到教育；同时全县共抽调97名干部组成34个督导组，深入到县直单位和乡（镇）村进行督导检查，共计召开大型动员会、转段会12次；至2002年活动结束时，有48个单位和8名先进个人分别受到了省、市、县委的表彰；列入整改方案的4275个问题，有4201个得到解决或基本解决。

“立党为公、执政为民”学教活动 2003年8月，在县级领导干部中开展“立党为公、执政为民”学习教育活动。同时，组织全县县直部门和乡、村两级领导班子开展“立党为公、执政为民”集中学习教育活动。特别是对全县1076名新一届农村支部书记和村主任进行了为期一周的任职资格和岗位素质封闭式培训，培训期间共发放征求意见表2万份、个人自查材料3万条，共梳理归纳出问题800条，撰写班子剖析材料524份、个人自查材料1076份。在此基础上，制定各级领导班子整改方案507个，个人整改措施1908条；县内党员先后协调处理各类热点问题370个，解决了8个软弱涣散农村班子建设问题，为群众办实事792件。

共产党员先进性教育 按照中央的统一部署，自2005年1月，在全县901个党组织23079名党员中，深入开展以实践“三个代表”重要思想为主要内容的保持共产党员先进性教育活动。县委成立以县委书记为组长的先进性教育活动领导小组，组建领导小组办公室，下派教育活动督导组。

此次活动分三批进行，第一批为县级党政机关和部分直属事业单位；第二批为乡镇机关及直属单位、县派驻乡镇的基层单位、各类企业；第三批为农村基层及农村中小学党组织。教育活动分学习动员、分析评议、整改提高三个阶段，每批集中教育活动结束后，都用2～3个月时间，开展巩固和扩大整改成果及“回头看”工作。在第一批先进性教育活动中，开展了县级党员干部“六个一”活动（进行一次学习交流、听一次优秀党员事迹报告、上一次党课、确定一个联系点、开展一次调研、建立一个帮扶对子）等十项主题实践活动。在第二批教育活动中，深入开展了参观西柏坡精神巡回展等六大主题实践活动。在第三批教育活动中，围绕中共十六届五中全会提出的建设社会主义新农村“二十字”目标要求，深入开展了“调整生产布局，发展主导产业，美化乡村环境，改善村庄面貌，倡导婚育新风，破除封建迷信，提倡团结互助，促进和谐发展”为主题的“改善一批基础设施、建立一批产业基地、兴办一批经济实体、健全一批产业市场、培养一批致富能人、建设一个农民新村”等一系列活动；

在农村党员中广泛开展了“当先锋、做模范”为主题的“带头掌握一门实用技术、带头找到一条致富门路、带头发展一个经济项目、带头帮扶一户贫困户”的“四带头”活动。

在整个教育活动中，全县共有8200余人申请入党，培养入党积极分子2900余人，发展新党员1510人。党员与群众结成帮扶对子5700余对，为群众办实事，解决生产生活难题10900余件，8800余名农民党员接受了实用技术培训。治理整顿软弱涣散党支部班子30个，健全充实9个党组织，新建党组织18个，选派538名干部到基层党组织担任党建指导员。解决了群众行路难、上学难、就医难等大批群众期盼的突出问题，党员干部作风有了新改进，干群关系得到新改善。

故城县开展“我到基层讲党课”志愿活动

解放思想讨论 按照河北省委统一安排部署，以深入贯彻落实科学发展观为主题，在党员干部中开展解放思想大讨论，集中安排三个月时间，重点围绕以下五个方面的问题展开讨论：树立科学发展理念，进一步增强深入贯彻落实科学发展观的自觉性；树立又好又快的发展理念，进一步转变经济发展方式；树立社会主义市场经济理念，进一步加大经济体制改革力度；树立国际化大市场的理念，进一步提高对外开放的整体水平；树立环境就是生产力的观念，进一步优化发展环境。

2007年11月21日，省委下发《关于在全省党员干部中开展解放思想大讨论活动的意见》。要求各级各部门各单位都要建立相应的工作机构，一把手负总责，确保大讨论在解放思想、统一认识、推动工作中取得实实在在的效果。

学习实践科学发展观活动 2009年3月开展第二批深入学习实践科学发展观活动。学习实践活动分为学习调研、分析检查、整改落实和测评总结四个阶段十三个步骤。四大领导班子和42个乡科级领导班子参加了学习实践活动，112个基层党组织的2236名党员参与其中。是年9月，在社区开展了第三批深入学习实践科学发展观活动。

创先争优活动 2010年4月，按照省市委统一安排，启动创先争优活动。全县共有696个党组织（包括13个乡镇党委、1个城区办党委、76个县直部门、540个农村党组织、66个“两新”及企业党组织），23469名党员（其中农村党员16736名）参加创先争优活动。

采取组织联建、阵地联用、活动联搞的“三联”形式，建立群团组织612个，建立工青妇文化教育阵地567多个，社区和家政服务网为基础的服务阵地39个，这一经验做法被中组部组工信息刊登。

在创先争优活动中，开展了百名优秀共产党员先进事迹、百项基层党组织创先争优经验做法“双百”评选活动，并汇编成《楷模》一书。活动期间，培树了优秀企业家、村官苏金荣和王吉英及舍己救人好党员赵福来等先进典型。

群众路线教育实践 2014年1月起，按照中央和省、市、县委统一部署，全县党的群众路线教育实践活动大体安排8个月时间，到9月基本结束。在县、乡机关及其直属单位和企事业单位，村、社区，非公有制经济组织、社会组织和其他基层组织中展开。

教育实践活动分为学习教育、听取意见，查摆问题、开展批评，整改落实、建章立制三个基本环节，同时集中抓好“五个一批”，即查找和解决一批“四风”问题，开展一批专项行动，真正办成一批惠民好事实事，整顿一批后进组织，制定一批制度规矩。教育实践活动共征求到意见建议3864条，解决问题1780多个，为群众办实事1020件，实现了对全县538个村的全覆盖，真正让领导干部在走访群众中接受了教育，让人民群众在活动中感受到温暖。

“三严三实”专题教育 2015年，按照中央和省市委要求，在县处级以上领导干部中开展“三严三实”专题教育。这次专题教育，以县委书记讲党课启动开局，融入领导干部经常性学习教育之中，做到抓住重点、突出特点、用好载体、务求实效。

29名县级党员领导干部分系统、分乡镇、分部门讲专题党课。全县1600余名党员干部接受了党课教育，取得良好效果。县委三次召开常委扩大会议，开展了“严以修身”“严以用权”“严以律己”专题学习研讨。县级领导干部累计撰写研讨文章132篇。县“三严三实”专题教育联系办公室制定了《关于“三严三实”专题教育征求各界人士意见建议的建议方案》，向50名工作在一线的人大代表、政协委员、党代表，企业负责人、乡镇基层干部、支部书记和窗口单位职工代表征求意见建议，共征集领导干部不严不实具体表现26条，征集民生、干部作风、社会管理意见建议34条。33名县级领导干部围绕基层组织建设、城乡环境整治、农村经济发展等内容，采取召开座谈会、走访联系群众等方式，分别到联系点进行了专题蹲点调研，建立了蹲点调研台账和调研记录。共收集专题教育意见建议78条，慰问困难群众66户，帮助解决生产生活难题36件次。

“两学一做”学习 根据中央和省市委安排部署，2016年在全县党员中开展“学党章党规、学系列讲话，做合格党员”学习教育（以下简称“两学一做”学习教育）。

县委严格按要求精心组织、扎实推进，确保规定动作不走样、见实效。县委书记带头参加常委班子和机关支部双重组织生活，到分包后进村实地调研4次，指导帮助解决问题6件次。乡科级以上党员领导干部，围绕项目建设、三区同建、扶贫攻坚、美丽乡村建设等主题，到基层联系点蹲点调研和讲党课，累计讲党课615堂。4月29日，组织县级党员领导干部、部分县直部门、部分乡镇主要负责人，到冀南“四二九”烈士陵园红色教育基地，开展党性教育。6月28日，县委组织召开了纪念建党95周年暨“两学一做”学习教育经验交流会，从不同领域、不同岗位评选命名了56名“两学一做”岗位先锋。组织广大共产党员开展向李保国学习活动。统一购买了24000余枚党徽，17000余个党员户标牌，积极开展“戴党徽、亮身份”活动。建立了县乡村三级“支部微课堂”学习平台，实现基层党员“点菜式”学习。组织12000余名党员开展了纸质答题和网络答题，

故城县召开“两学一做”学习教育经验交流会

参与网络答题率全省排名第六、衡水市排名第一。9月20日，组织乡镇党委书记、组织委员，县直部门主管副职、党务工作者参加了“两学一做”学习教育专题培训班。10月28日至1月8日，分4期对1000余名农村“两委”正职进行了培训，提升政治素质。

基层班子成员培训 乡村班子成员的培训短期班为主体班次，培训对象为副乡局领导干部、中青年干部以及农村支部书记等为主，培训内容是党的现行路线、方针、政策等时事政治以及科学种田、普法、国防、计生等内容为主。2005年，共举办128期短期培训班，参加人数达27442人次。2006年，举办二期科局级干部培训班，参训人数450人。2007年，举办二期青年干部培训班，参加人数215人。2009—2010年，党校举办了全县农村“两委”正职干训班，共5期，培训学员达1200多人。培训内容：科学发展专题辅导、城镇化建设、规模化养殖等。2015年，在党校举办了4期“两委”正职培训班，参训人员达1000多人。培训内容：争做一名新时期优秀的农村基层干部、

2017年故城县农村“两委”正职举行集中培训

论新常态下农村支部书记如何更好地凝聚民心等。2016年，举办“两学一做”专题培训班，培训各乡镇、各局干部200多人，培训内容为习近平总书记“七一”讲话、践行准则遵守条例严肃党风党纪等。“两委”正职培训班约1100多人，培训内容为全面理解把握习近平总书记“四个全面”战略布局的治国方略、消防知识等，2017年，举办两期“乡局级领导干部”专题培训班，培训各乡镇、各局干部200多人，2017年度的“两委”正职培训班，约1100多人。2018年12月13—18日分两期举办了乡科级领导干部理论培训班，培训人员由各乡镇、园区、县直各部门科级干部，共计500多人，培训内容为贯彻习近平新时代中国特色社会主义思想、中共十九大精神，习近平总书记扶贫开发战略思想、践行准则遵守条例严肃党风党纪等内容。

第三章 组织机构

第一节 县工委 县委

县工委 1938年9月经冀南区党委批准，于郑口建中共故城县工作委员会（简称县工委），隶属冀南五地委。设书记、组织委员、宣传委员各1人，下辖10个党支部，领导故城抗日斗争。后因斗争形势变化，县工委工作重点转向农村，其驻地亦由郑口转移到偏僻农村，先后在前后响沟、前土营等十几个农村发展党员，建立党支部或党小组。

县委 1939年3月，经冀南区党委批准，在县工委基础上，建中共故城县委员会（简称县委）。隶属冀南五地委，设书记、组织委员、宣传委员各1人，成为县内清匪、锄奸、抗日斗争的领导核心。时县委下辖4个区委、10个支部。

1943年2月，为巩固抗日根据地，加强县委领导力量，增设副书记1人，委员6人，隶属冀南五地委（1941年11月隶属冀南六地委）。1945—1949年隶属冀南二地委。

1940—1949年县委下辖5个区委。

中华人民共和国成立后，于1950年3月召开的第一次代表大会上，新县委重新产生，隶属衡水地委，于1952年11月隶属沧州地委，始设委员4人，旋即增至12人，包括书记1人。1956年5月，召开第二次代表大会，重新产生县委，设委员20人，其中常务委员（简称常委）9人，包括书记1人、副书记2人。自此设常务委员会（简称常委会）为县委核心决策机构。时仍隶属沧州地委。1958年，故城县并入吴桥县，故城县委撤销，1961年故城县复置后，于1962年3月召开的第三次代表大会上，故城县委重新产生，设委员26人、候补委员2人，其中常委10人，包括书记1人、副书记4人，复隶属衡水地委。

“文化大革命”开始后，于1967年1月29日，县委被“造反派”夺权，县委机构瘫痪。1968年9月9日，建故城县革命委员会（简称县革委），隶属衡水地区革命委员会，县革委行使原县委、县人委职权。

1971年3月，召开第四次代表大会，新县委重新产生，设委员28人、候补委员5人。其中常委8人，包括书记、副书记各1人。下辖23个公社党委及县直党委。后于1980年4月、1986年2月，召开第五、六次代表大会，重新产生新县委。1971—1987年，故城县委隶属衡水地委。1987年，县委设委员28人、候补委员4人，其中常委9人，包括书记1人，副书记4人，仍下辖23个公社党委及县直党委。

1996年合乡并镇，原来的23个乡镇合并为13个乡镇。至2018年末仍为13个乡镇。

第二节 县委部门

1939年3月，县委始设宣传部、组织部，各设部长1人。未久设县抗日救国联合会（简称抗联）、青年抗日救国会（简称青救会）、县农民抗日救国会（简称农救会）、县妇女抗日救国会（简称妇救会）群众组织，各设主任1人。1942年11月，增设敌伪工作部（简称敌工部），1943年2

月，设秘书处，1945 年 4 月，增设民运部，设部长或主任 1 人。1945 年 6 月—1949 年 9 月，县委设秘书处（后易名办公室）、宣传部、组织部、民运部、社会部、青委会、妇委会、农协会（后易名农委会）工会，设正、副部长或主任各 1 人。

1949—1957 年，县委设办公室、组织部、宣传部、监察委员会（简称监委）、农工部、统战部、财贸部、工业交通部、党校。

1958 年 10 月—1961 年 5 月，县委所属部门随故城县并入吴桥县委所属部门。故城县分置后，除于 1963 年增设县直党委外，其他部门不变。

“文化大革命”开始后，于 1967 年 1 月，县委部门随县委瘫痪，1967 年 3 月，县建“抓革命，促生产第一线指挥部”，行使原县委、县人委部门职能。

1968 年 9 月 9 日，建县革命委员会后，设政治部，内设办公室、组织组、宣传组、群团组，代行“文化大革命”前原县委所属部门职能。1971 年，新县委产生后，其下属职能部门亦随之复建。

1976—1987 年，县委下设办公室、组织部、宣传部、农工部、政法委员会、县直机关党委、党校，并设总工会、青年团、妇联会，部门负责人多是 1 正 2 副。

1987 年，县委下设 12 个工作部门，分别是办公室、组织部、宣传部、统战部、政法委员会、农工部、老干部局、机要室、信访办公室、县直机关党委、党史资料征编办公室、党校。1991 年 8 月，增设县委研究室。1994 年 6 月，增设保密局。1995 年 5 月，设县委督察室。机要室、党史研究室、保密局、督察室由县委办公室负责管理。信访局挂靠县委办公室。精神文明建设工作由宣传部负责。

1996 年 9 月，县委常设工作机构实行合、并（入）、挂（靠）、归（口），保密工作由县委办负责，机要工作在县委办公室内相对独立、单独核编，对外挂机要局的牌子；干部考核委员会办公室挂靠组织部；老干部工作、县直机关工委工作由组织部负责；保留县直机关工委和老干部局牌子，老干部局编制单列；县机构编制委员会既是县委机构，又是政府机构，挂靠县劳动人事局，编制单列；撤销精神文明办公室，工作由宣传部负责；国防教育工作由宣传部和人武部共同负责，办公地点设在武装部；对台工作由统战部负责；政法委员会负责社会治安综合治理工作；撤销脱贫致富办公室，工作由农工部负责；廉政建设由纪律检查委员会负责；档案局仍为局馆合一，一套机构，两个名称，为县委、县政府直属事业机构，列政府序列。

2002 年 4 月，农村工作部更名为农村工作委员会（政府农业委员会与其一套人马，两块牌子）。2008—2018 年，县委工作部门有县委办公室、组织部、宣传部、统战部、农村工作委员会、政法委员会、县直机关工作委员会。部门管理机构有信访局、老干部局。

一、组织工作

干部任免 1939 年 10 月故城县 4 个区各建区委会，1940 年增至 5 个区委。区委设书记、组织委员、宣传委员、区长兼委员（兼武委主任）、秘书。1945—1949 年减至 4 个区委（曾于 1949 年 4 月设 5 个区委，是年 9 月撤至 4 个区委）。1953 年复设 5 个区委。

1953 年建 46 个乡（时称小乡）总支，设书记、副书记各 1 人（脱产），委员 3 人左右。

1958 年公社化时故城县并入吴桥县。原故城县设郑口、房庄、辛庄、故城 4 个大公社党委，党委设书记、副书记 3 ～ 5 人，委员 5 ～ 7 人。

1961 年故城县复置时，全县建 15 个公社党委，党委设书记 1 人，副书记 2 ～ 3 人，委员 5 ～ 7 人。

1964 年原山东省武城县运河西部划归故城县辖时，建 19 个公社党委，党委设书记 1 人，副书记 2 ～ 3 人，委员 5 ～ 7 人。

“文化大革命”开始后，各公社党委相继瘫痪。1968 年各公社先后建革命委员会，代行党委职权。

1971 年复设公社党委，党委由书记、副书记、宣传委员、组织委员、武装部部长、秘书组成。

1984 年公社改建乡（镇）建制，乡（镇）党委由书记、副书记、组织委员、纪检委员、武装部长、秘书组成。郑口、故城、建国、武官寨乡（镇）等设书记 1 人，副书记 3 人。其他乡党委书记 1 人，副书记 2 人。

1987 年乡镇党委 23 个，县直党委 1 个，县直科局建总支 13 个。

1988年起采用民主推荐组织考察的方法确定后备干部人选。每年选拔县级后备干部10名，科局级56名，乡镇级27名。

1996年全县合乡并镇，对县乡领导干部进行调整优化过程中实行“三个优先”，即乡镇正职优先从经过锻炼的乡镇副职中选拔；乡镇副职同等条件优先选拔乡镇干部；县直单位主要干部优先从乡镇干部中选调。

2008年以来，县委认真贯彻落实中央和省委、市委关于干部工作的新思想、新要求，以务实、负责的态度加强和改进干部选拔任用工作，努力提高干部队伍素质能力，全力打造良好的政治生态，为全县创新发展、绿色崛起提供了有力的组织保障。

2010年3月，县委对部分政府部门机构进行了改革，县委坚持“平稳过渡、人随事走、出缺补充、保留待遇、逐步消化”的基本原则进行，充分听取了各相关方面的意见和建议。首先从保持干部队伍相对稳定出发，撤并机构的干部原则上安排到新组建或职责转入的机构，保持干部队伍的相对稳定。其次，从加强领导班子和干部队伍建设出发，通过领导班子整合和干部交流，使领导班子年龄、知识结构进一步优化，整体功能进一步增强。最后，从妥善安排干部这一原则出发，采取保留待遇、逐步消化等形式，对干部进行妥善安排。这次机构改革涉及12个政府组成部门，其中撤销3个（招商局、外贸局、市贸办），新组建1个（商务局）。

2011年3月，故城县乡镇党委进行了换届，县委提出了“坚持正确用人导向、保持乡镇党委领导班子总体相对稳定、优化乡镇党委领导班子结构等政策性要求”的总体原则，积极稳妥推进乡镇党委换届工作，这次换届调整中，13个乡镇党委班子117名领导干部中，留任82名，调整24名，新提拔干部11名。是年10月，按照省市关于机构改革的有关要求，县委还对部分县直部门进行了机构改革，其中，撤销3个（计划局、经发局、乡镇企业局），新组建3个（发改局、工信局、农牧局），并分别建立了党组，配备了主要领导干部。是年末，故城县乡镇人大、政府进行了换届，调整科级干部72名。其中，平职调整干部52名，提拔干部19名，免职1名。通过乡镇领导班子换届，乡镇班子成员中的年龄结构、知识结构更加合理，整体功能得到增强，乡镇干部的工作积极性和创造力得到进一步激发，凝聚力和战斗力得到进一步提高。

2015年8月，故城县委对政府部门进行了机构改革，此次机构改革主要掌握以下几条原则：以大并小、以强并弱的原则。职能弱化、规模较小单位服从职能强化、规模较大单位；岗位需要结合个人实际的原则。年富力强、任职时间较长、任职经历丰富的部门正职优先考虑安排担任新组建部门的正职；积极稳妥、逐步推进的原则。除部门正职外，改革单位的其他科级干部整体划入新组建单位，职务原则上不做调整，因机构改革造成的超职数配备干部问题，今后逐步消化解决。机构改革的具体情况为卫生局和计生委合并，组建卫计局；将农业局、畜牧局、农机局和林业局合并，组建农林局；将食药局、质监局、工商局合并，组建食品和市场监督管理局；将发改局、物价局、科技局合并，组建发展改革创新局；将粮食局并入商务局；将农开办并入财政局；将档案局并入政府办，新成立了城市管理综合执法局；将住房和城乡建设局更名为住房和城乡规划建设局。这次机构改革涉及干部调整共78人，其中平职调整77人，免职1人。

2017年1月，故城县乡镇党委、人大、政府进行了换届，县委在这次换届工作中，严格程序、规范操作、周密部署、密切配合，使乡镇领导班子换届有序平稳推进，并在衡水市率先完成了换届工作。换届干部调整分两个步骤进行，首先确定乡镇党政正职拟任人选，然后待征求新任党政正职意见之后，再对副职进行调整。这次乡镇领导班子换届共涉及169人，其中留任94人，新提名63人，新提拔69人，因年龄或身体等原因不再提名的5人，从县直机关交流到乡镇任职6人，乡镇交流到县直6人。换届结束后，乡镇领导班子共有157人，比上届减少1人；157名科级干部当中，妇女干部23人，比上届增加8人；大学以上学历72人，比上届增加20人；具有两年以上乡镇工作经历的150人；37岁及以下的49人，比上届增加23人，“90后”年轻干部3人；换届后乡镇领导班子平均年龄38.81岁，比上届减少2.87岁。

干部培训 1988年，对全县各乡镇和县直科局420名领导干部进行定期培训，同时举办一年制普通干部中专班。1989年，举办了二年制党校中专专修班，共招收学员57名。1990年，先后有14名副县级领导干部参加了省、地两级举办的各种培训班，46名正乡级干部完成地委党校举办的正乡级干部岗位培训。并利用党校、电大、成人教育及各部门的力量，对45周岁以下423名初中学历干部进行中专教育，占应培训干部的90%；对副乡级干部进行岗位职务培训，结业214人。1990年10月，举办第一个农村后备干部培训班，参训学员45名。1991年，培训下乡社教队员、部分乡镇和企业干部1324人。1992年为使干部培训工作达到规范化、制度化，县委依据上级有关文件精神，制定了《故城县干部培训“八五”规划》。1994年，开展“基层组织建设年”活动，在全县农村基层组织实施能人战略、后备干部、骨干培训和落后村改造工程，以提高各级党组织的战斗力和党员干部的整体素质。2008年，干部培训工作坚持以中共十七大精神为指导，认真落实科学发展观，在县委党校举办了中青年干部培训班一期，参训人数达到187名。2009年，举办了1期副乡局级以上领导干部理论培训班。2010年，深入学习贯彻中共十七届四中全会精神，举办春季干部培训班，对全县部分副科级以上领导干部、县直各职能部门中层干部进行集中培训。2011年，先后选派48名各级领导干部参加了11期省、市培训。2012年，举办了1期新调整、新提拔副科级领导干部岗位培训班，培训150人。积极学习宣传贯彻中共十八大精神，开展“千名书记讲党课”活动。2013年，开展了“县级干部带头讲党课活动”。培训各级干部2300人次，2014年，组织各级干部参加了在省、市举办专题培训班11期，参训53人次。2015年，精心选派各级干部参加了在省、市举办专题培训班12期，参训39人次。2016年，组织各级干部参加省、市调训14期，参训人数达到55人次。在县委党校举办了一期由乡镇党委副书记、组织委员、宣传委员、县直部门分管副职和政工科长160多人参加的专题培训班。2017年，选派各级干部参加省、市调训21期，参训人数69人次。2018年，把学习宣传贯彻中共十九大精神作为首要政治任务来抓。以乡镇、部门为单位先后开展各类主题培训32期，全县各级干部3740人次参加了形式多样的培训。组织县乡村三级20000多名干部和群众代表开展系列大培训。分2期在县委党校举办乡科级干部理论培训班，特邀衡水市委党校孙晨光授课。

干部管理与监督 1987年6月，制定县委《关于加强党内监督的几条暂行规定》，强化党内外监督。1991年1月，县委制定《关于加强干部宏观管理的暂行规定》和《大、中专毕业生基层锻炼制度》，进一步加强干部、人事工作的约束和监督。实现干部管理制度化、科学化、规范化。1997年4月，县委制定《关于加强干部监督管理工作意见》。对领导干部和干部选拔任用工作实施监督，促使干部“自重”“自省”“自警”“自励”。1999年，县委制定《关于农村干部规范化管理的实施意见》，在全县建立选、管、育相结合，绩、奖、惩相统一的农村干部规范化管理机制。2008年，制定了《关于县委管理的领导干部任期经济责任审计实施办法》，规范党政领导干部经济责任审计工作程序。先后对80余名党政主要领导干部进行了任中或离任经济责任审计，强化了对领导干部特别是党政“一把手”的监督，2014年，制定了《关于从严监督管理干部的若干办法》，有效保证信念坚定、为民服务、勤政务实、敢于担当、清正廉洁好干部标准的贯彻落实。2015—2018年，安装开通了“12380”举报信息管理系统，拓宽了干部监督渠道，延伸干部监督触角，建立起电话、信访、网络“三位一体”的举报平台，构筑人民群众监督举报的“快车道”。

基层组织建设 1987年10月，中共故城县委下属25个党委，农村党支部554个，党员21285名。全县逐步建立健全“三会一课”制度和民主生活会制度。1988年，在对农村基层班子搞好调查摸底的基础上，进行了分类排队，并通过换届选举等方式调整一批基层班子，其文化、年龄结构和基本素质均有明显提高。依据农村党员活动特点制定“党员活动日”制度。1989年，全县的基层组织建设主要以整顿落后村班子为重点，并在全县推行农村党支部任期目标责任制。全县抽调机关干部20名，组成20个工作组，整顿后进村38个。1998年，县委制定《农村党支部工作规范》，规范农村党支部的工作。1999年，开展以“六个好”(好班子、好队伍、好路子、好体制、好环境、好制度）为目标的五星党支部活动。2008年年末，县级优秀乡镇党委达10个，农村优秀党支部达112个，27个不合格支部全部转化。2009年，完成村党组织和第八届村民委员会换届选举工作，被评为衡水市唯一一个“全省村两委换届选举工作先进县”；2010年，组织全县基层党组织和全体党员扎实开展创先争优活动。2011年，继续深化开展创先争优活动，做好农村“两委”换届前期准备工作。2012年，组织开展基层建设年活动，从省、市、县直机关和部分企事业单位选派162名优秀干部，组成54个工作组，驻村开展重点帮扶；顺利完成村党组织和第九届村民委员会换届选举工作。2013年，开展深化加强基层建设年活动，继续选派工作组，对新确定的54个村

农村基层党支部

进行重点帮扶。2014年，扎实开展群众路线教育实践活动；开展千名干部下基层“蹲点服务”行动，组织1000余名县乡机关干部，到农村、社区、企业，收集群众意见建议2864条，解决问题1180多个，为群众办实事720件；在农村“两委”换届工作中，被省委命名为“农村两委换届工作先进县”。2015年，精心组织“三严三实”专题教育，当好“参谋部、作战部”，开展解放思想大讨论活动。2016年，开展“两学一做”学习教育活动。2017年，深入推进“两学一做”学习教育常态化制度化，创建“故城基层党建微平台”、县乡村三级“微课堂”，组织“学党章党规、学系列讲话”知识竞赛，设立党员先锋示范岗895个，帮办实事3200余件。2018年，把全县扶贫脱贫工作作为首要任务，驻村结对帮扶工作得到国家考核组“零差错”评价；在衡水市率先完成农村“两委”换届工作，各项指标均符合省市要求。

二、宣传工作

1939年县委始设宣传部，至1945年主要负责抗日宣传工作。1946—1957年，宣传部设正副部长或主任各1人，负责全县宣传工作。1958年，宣传部随故城县委并入吴桥后负责该区域宣传工作。1961年5月恢复故城县建置设故城县宣传部。1968年，建革命委员会宣传组，1971年复建宣传部。1978—1986年，宣传部受县委领导，主管域内宣传工作。1987年，设4个科室，分别是办公室、理论科、宣传科、报道科。行政编制14人。2008年，设7个科室，新增党员教育科、社会宣传科、调研室、企业政工办公室，撤销报道科。挂靠宣传部的有正局级单位文明办，副局级单位国防教育办公室、外宣局。行政编制9人，工勤人员1人，事业编制3人。

2013年，设互联网信息办公室，核定全额事业编制6名，设主任1名（副科）、副主任1名（正股）。挂靠宣传部的有正局级单位文明办；副局级单位国防教育办公室、外宣局；副科级事业单位网信办。

2018年，行政编制9人，工勤人员1人，文明办事业编制3人，网信办事业编制6人。

理论教育 宣传部成立之初由1名干事专职负责理论教育工作。1978年，设立理论科。为提高党员干部思想理论素质，组织党员、干部通过自学、党校培训等方式，学习党的理论。1980—1987年，故城宣传部连续5年被评为衡水地区理论教育工作先进单位。1988年11月，县委在全县开展主题为学习贯彻中共十三届三中全会精神，以治理经济环境，整顿经济秩序，全面深化改革为中心内容的形势教育。1989年，全县各级党组织，向干部群众反复宣传必须旗帜鲜明地反对动乱，努力维护社会安定团结。8月，县委举办乡镇、科局党政领导干部轮训班，学习邓小平《在接见首都戒严部队军以上干部时的讲话》和中共十三届四中全会文件。宣传江泽民《在庆祝中华人民共和国成立四十周年大会上的讲话》和中共十三届五中全会文件，以一要稳定、二要鼓劲的指导思想，搞好治理整顿和深化改革。1990年，县委先后举办5期（每期两周）科级以上干部学习马克思主义哲学轮训班，系统学习中共中央宣传部理论局主编的《马克思主义哲学学习纲要》。

基层干部学习马克思主义哲学常识。1991 年 9 月，县委印发了《关于在全县进行社会主义思想教育的意见》，按照县委提出的“三个三分之一”（即每年搞三分之一的村，县直党政机关每年抽调三分之一的干部搞“社教”，县级领导每年有三分之一的人员在农村社教第一线具体指导）的总体要求，9 月组织第一期“社教”工作队，会同省、地相关单位“社教”队员，深入全县三分之一的村开展“社教”活动。1993 年后，为使干部加深对建设中国特色社会主义理论的理解，先后 3 次组织县、乡、村干部和企业负责人到江苏华西村、山东寿光、河北固安、清河、江苏灌南等地参观学习。1995 年，开展“特色”理论和党章学习活动。以《邓小平文选》《邓小平同志建设有中国特色社会主义理论学习纲要》以及中共十四届五中全会文件为主要教材。采取集中办班和自学等办法，组织副科级以上干部和普通党员进行学习。1999—2000 年，针对邪教及各种封建迷信活动，部分人政治信仰出现危机，利用县乡党校举办“马克思主义唯物论”“无神论”和中共十五届五中全会文件等内容的培训班，对副科级以上党员干部进行教育。至 2008 年，共举办党政干部培训班 39 期，参学 4390 人次。举办农村党支部书记和村委会主任培训班 467 期，参加学习 18000 人次。2015 年，各乡镇部门举办宣讲活动 95 场次，深入乡镇、园区、企业、学校开展“菜单式讲座”“千名书记讲党课”等宣传活动 70 余场次，2016 年，各乡镇部门举办宣讲活动 60 场次，参与群众达 6 万余人次，进一步拓展了党员干部理论教育的覆盖面，在全县上下营造了干事创业的浓厚氛围。2017 年，组织开展县委理论中心组学习 16 次，印发了《关于进一步加强和改进各级党委（党组）中心组学习的实施意见》《学习贯彻党内法规制度工作机制》和《基层干部理论知识学习考核长效机制》，有效推进了全县各级党委（党组）理论中心组学习的规范化、制度化、常态化。组织发放《习近平谈治国理政》《习近平的七年知青岁月》《十九大文件辅导报告》等学习书目 1.6 万余套，营造了各级党员干部学习近平总书记系列讲话和中共十九大报告的浓厚氛围。2018 年，下基层巡讲 15 次、“建经济强县、美丽故城”主题宣讲 13 次、365 百姓故事汇宣讲比赛 1 次。其中 365 百姓故事汇宣讲比赛，于 3 月 23 日在河北电视台《河北新闻联播》栏目播出。

新闻宣传 1966 年前，故城县委宣传部设有 1 名干事负责新闻报道工作。1977—1989 年，故城县各类新闻通讯报道分别在《人民日报》《河北日报》《北京日报》、河北人民广播电台、《衡水日报》等国家、省、市等媒体上发表、播出。1990 年 4 月，在河北钢丝绳厂、电力局、人行分别设立新闻报道基地，每年在省级以上新闻单位刊播稿件 50 篇以上。1992 年 10 月，邀请《人民日报》《经济日报》《农民日报》《工人日报》《人民公安报》《国际商报》、中央人民广播电台、中央电视台等 17 家媒体、主任记者、编辑，到故城进行实地

衡水日报

灾区损失我们补 灾区担子我们担

故城县委号召全县人民增干劲、增措施，加强秋作物管理，誓夺高产，支援灾区

1977 年故城县在《衡水日报》发表的报道

采访，在国家级媒体一次刊稿近百篇。自此，与国家级媒体建立了联系，争取了支持，赢得了主动。1994 年年初，吸收各乡镇、县直科局骨干通信员 40 多名，成立了新闻外宣小组，落实新闻工作制度，确定新闻基调，正确把握舆论导向，采取以会代训形式，聘请上级新闻单位编辑、记者和从事新闻工作多年的老同志讲经验，举办培训班，不断提高外宣工作者素质。2003 年 11 月，创办《今日故城》小报。集中刊登县内经济发展的新成果、新举措及各乡镇发展情况。至 2005 年年末，在省市新闻媒体发表稿件万余篇，在国家级报刊发表千余篇。其中《政务公开是密切干群关系的“金钥匙”》《要富口袋先富脑袋——故城十万农民进课堂》在《人民日报》和《人民日报》（海外版）刊登。2008 年 10 月，河北卫视在《午间视野》分上下两部分头条播报了故城《财政困难县

的城建突围之路》这一典型先进经验，在全省引起了强烈反响，为“三年大变样”工作起到了模范引领作用。2009年12月13日，河北省中等城市科学发展论坛在故城召开，近20家主流媒体的记者共计50多人参与了论坛的宣传报道，这次论坛累计刊发稿件120多篇。图片100余幅。2010年，新华社记者采写的《河北故城70余家单位牵手百名孤贫儿童》一文，新华社发了电视通稿，10多家媒体转发；2011年4月15—16日，由新华社、《人民日报》《光明日报》《经济日报》、中央人民广播电台、中央电视台、《农民日报》等12家媒体记者一行15人组成的采访团到故城县，就裘皮裘革产业、劳动力转移、土地流转等亮点工作进行实地采访。新华网、新浪网、中国新闻网、搜狐网、网易、中国网、《农民日报》《中国农村工作通信》《中国工商时报》等媒体发稿15篇，宣传推介了故城。2015年，新华社（新华网）、中国新闻社、中国网、《河北日报》《河北经济日报》《河北工人报》、河北电视台、《燕赵都市报》《衡水日报》《衡水晚报》、衡水电视台等近20家主流媒体的记者共计50多人对刘石营藏品艺术展活动进行宣传报道，共在各级媒体刊播转发稿件150余篇，大大提升了故城对外的影响力。2017年，故城县在新华社刊发文字稿件4篇、图片新闻34篇。新华社记者王民采写的《听，那远逝的运河船工号子》《河北故城发现清代大运河山西会馆基址》《运河第一湾怀古》3篇稿件在新华社以通稿刊发，20多家媒体转载。提升了故城的知名度和美誉度。2018年，在新华社、《人民日报》《光明日报》《农民日报》刊发文字稿件11篇、新华社图片新闻26组，中央电视台播发新闻稿件2篇。新华社刊发了《河北雄安新区雄县将在故城县共建产业生态城》《河北故城一退休干部自办“中国地契文化展”》《核心价值观百场讲坛走近河北故城》5篇文字通稿，26家媒体进行了转载；图片新闻《让群众伴着蓝天过新年》《打造数字印刷文化产业基地》《健康扶贫送诊到家》《“扶贫车间”让贫困人口增收》《冬桃种植助脱贫》《“扶贫专岗”助增收》等26组新闻组图成为故城县的名片。中央电视台播发的《河北故城攻坚克难创新扶贫组合拳》《“核心价值观百场讲坛”走近河北故城》在全县引起强烈反响。

精神文明创建　（详见第二十七编第四章精神文明建设）。

网络管理　2013年，成立互联网信息办公室，为宣传部管理的副科级事业单位，核定全额事业编制6名。打造微信矩阵群，形成以“故城宣传”为龙头，各部门协调联动的政务新媒体平台，做到了主题宣传广、理论宣讲深、解决问题实。2013—2017年，被省、市委网信办授予“舆情处置工作先进单位”“衡水市特色品牌新媒体”“优秀政务新媒体”“网络评论工作先进单位”“2017年度，河北省政务新媒体十强县”等称号；在公众号“故城宣传”开辟宣传专栏11个，精心制作系列H5宣传作品26个，累计阅读量达10万人次。

2018年，共编发舆情简报167期、专报64期，其中县委、县政府主要领导亲自批示81次，责令相关部门回复网民诉求107次。是年末，督促全县网络意识形态责任制的落实，维护网络意识形态安全。严格落实网络意识形态工作责任制，明确党委（党组）负责人是第一责任人。督促各级党委（党组）把网络意识形态工作纳入重要议事日程，推动网络意识形态工作与行政管理、行业管理、社会治理紧密结合，形成党委统一领导、党政齐抓共管、宣传部门组织协调、有关部门分工负责的网络意识形态工作格局。

三、统战工作

抗日战争时期统战工作　抗日战争期间，党的各级组织根据中共中央“发展进步势力，争取中间势力，孤立打击顽固势力”统一战线方针，结合故城实际，进行有效工作。1939年3月，故城县委建立不久，在发展进步势力同时，对开明绅士、地方上层人物、伪军政人员，利用拜访、座谈等形式，晓之以民族大义，争取团结改造他们，支持抗日斗争。1939年3月，重建故城县抗日民主政府后不久，县政府设参政室，将故城县原国民党部宣传委员吕守元及当地开明知识分子吸收为主要成员，协助抗日工作。

1943年，抗日斗争艰苦时期，在组织上加强党的一元化领导，在政权建设上贯衔统一战线方针，实行“三三制”原则（共产党员、左派进步分子、中间分子及其他分子大体各占三分之一），保证中国共产党对政权的领导，发展进步力量，孤立顽固派，对汉奸和反动势力头目实行专政。充分调动各阶层人民抗战热情，严厉打击日伪军。敌工部、敌工站为瓦解敌伪，采取拉出来、派进去的方法，于敌内部开展斗争。在侵华日军中散发在华日本人反战同盟、冀南日军觉醒联盟支部印发的宣传品，利用内线关系，与日军交“朋友”、请喝酒，谈家乡，扩大其思乡厌战情绪。如驻故城县日军顾问二宫，经敌工站宣传，思乡厌战情绪渐增。其办公桌抽屉内发现抗日宣传品（日文）并不追究，对其职责则应付搪塞，抗日统一战线工作人员还采取多种方式对伪军人员进行爱国教育和个人前途教育。并向他们提出“身在曹营心在汉”的口号，开展“黑红点”活动（即伪军每做一好事记一红点，做一坏事记一黑点，红点多者予以表扬，黑点多者予以惩罚打击）。后敌工站与敌军“谍报队”及故城、郑口、东辛庄、白佛寺等较大据点内伪军均建立内线联系，日军行动计划多事先知晓。如日军1942年“九一二”大扫荡，即被郑口敌伪“谍报队”人员张某惠，事先通过与日军士兵喝酒谈心方式获得情报。他乘夜深人静，跳下城墙涉水过河将情报送出。敌工站速将情报告知冀县瓦窑一带冀南军区首长。军区闻讯转移，致使日军“扫荡”扑空。事后奖他小米150公斤。武官寨、饶阳店、十二里庄等较大据点均与武城敌工站有秘密联系，由此对战胜困难，渡过难关，夺取抗日战争最后胜利发挥重要作用。如东辛庄、夏庄、武官寨日伪据点的迅速攻克，解放全故城、武城，均与内线情报准确有直接关系。为争取地主参加抗日或保持中立，根据中共中央没收土地改为减租减息政策精神，1942年3月，于境内抗日根据地与部分较稳定游击区实行减租减息，减轻农民负租，缓和农民同地主矛盾，保证地主人权、财权、地权，使诸多地主愿意与人民一道抗日。对顽固不化、罪大恶极的汉奸、特务、匪首则坚决打击。扫清抗日民族统一战线障碍，抗日救国运动向纵深发展。

解放战争时期统战工作 县委联合各被压迫阶级、各人民团体、各少数民族和其他爱国分子，组成人民民主统一战线，多次打退国民党残余势力的反攻和地主阶级“还乡团”反扑，人民政权得以巩固，加速解放战争胜利进程。

中华人民共和国成立后统战工作 为加强统战工作，于1955年建统战部。按照党的过渡时期的总路线、总任务，把工人阶级同民族资产阶级的矛盾作为人民内部矛盾处理，对资本主义工商业实行利用、限制、改造政策，1956年年末，完成对私营商业改造，将公私合营企业改造为全民所有制企业。1957年5月，发动非党知识分子、工商业人员和各界人士提意见，帮助共产党整风。

“文化大革命”期间，因“左”的思想影响，统战对象多被诬为“牛鬼蛇神”遭揪斗。

中共十一届三中全会后，全面开展拨乱反正，落实各项统战政策，为“右派分子”103人摘帽、“反社会主义分子”34人平反，并安置24户受株连家属农转非，调整24人因错误处理降级问题，对原国民党军政起义投诚人员91人重新发证（30余人享受国家生活定补），为20世纪60年代下放未领股金的30个工商业者每人月发生活费32元。

1987年，设对台领导小组办公室，隶属统战部。1993年，工商业联合会复建，与统战部合署办公，一套人马，两个牌子。2001年3月，乡镇设统战委员，副乡级待遇。2003年5月，各乡镇全部配齐，负责乡镇统战工作。2016年7月27日，县委常委会同意《中共故城县委统战部关于整合统战力量的实施方案》，并批准了以县委书记王亚杰为组长的故城县推进统战力量整合领导小组，县编委办公室适时出台了《关于统战力量机构编制整合的意见》，组建侨联、台办。并整合统战部、工商联、民族宗教局机构，构建大统战格局，五部门实行合署办公。在统战部加挂工商联、民宗局、侨联、台办牌子。

党外干部工作 1987年6月9日，县委推荐党外干部一名为省政协委员、县级党外后备干部人选。1989年4月5日，根据地委选派党外人士工作会议精神，县委将党外人士工作纳入干部队伍序列。1991年4月，统战部对全县23个乡镇，县直58个部、室、委、办、局的党外人士进行调查摸底，对重点人物建立档案，对有关档案重新进行了整理。1993—1995年先后推荐4名党外人士为副县级干部。1998年建立起一支183人的党外后备干部队伍，建立档案，实行动态管理，成熟一批，推荐一批，提拔一批。2000年在党外干部中开展“四抓四促”活动，调整建立了52人的党外后备干部。2006年调整建立了40人的党外后备干部队伍，建档立案并加强对他们的培养，积极向县委推荐任用。2007年10月，县委统战部对全县党外干部培养使用基本情况进行调查摸底。曾配备过党外科级干部的单位有城建局、科技局、司法局、物价局、教文体局、卫生局。2008年6月，故城县委统战部在全县无党派人士中开展以“自觉接受中国共产党的领导，坚持走中国特色社会主义道路”为主题的政治交接活动。2009年，县直党外干部实职安排有了新的突破，县法院、监察局、人事劳动和社会保障局、计划局、教文体局、林业局都配备了党外副职。2012年积极向县委推荐，公开选拔2名优秀党外年轻干部到乡镇任职，实现了乡镇党外干部实职安排零的突破，党外领导干部结构更趋合理。2015年安排正、副科级党外干部各1名。2017年会同县委组织部，公开推荐选拔党外后备干部51人，建档立案并加强对他们的培养，积极推荐，按要求配备党外领导干部人选已报送县委主要领导，提请县委常委会研究。2017年政协换届安排副处级党外实职干部1名。

党外知识分子工作 1980—1987年，实行召开党外知识分子为四化建设做贡献经济交流会制度。召开故城县各界人士为四化服务经验交流会，少数民族代表杜福来、台属代表田玉梅、杜声亮等在会上介绍经验。1988年起，县委除坚持与民主党派、无党派人士举行“双月座谈会”外，并不定期地邀请民主党派、无党派人士举行谈心会或情况通报会。对有关科教兴县等重大决策征询意见和建议。1990年9月30日，统战部邀请全县各界人士和有关代表召开座谈会，就“纠正行业不正之风”问题听取意见。至2008年年末，全县有党外知识分子2.8万余人，其中副高职称以上高级知识分子340人。2009年建立了100人的各界代表人士积极分子队伍，建档立案并加强对他们的培养，积极向县委推荐任用。2017年对全县党外知识分子重新进行了全面摸底调查，整理归类，建档立案，重点联系和培养了60人的非党知识分子代表人士队伍。2018年开展了新的社会阶层人士摸底调研，建立了联席会议制度，出台了《关于加强新的社会阶层人士统战工作的实施意见》。

故城县党外知识分子联谊会第一次会员代表大会召开

对台工作 1949年，故城县共有赴台人员168人，有台属820余户3000余人。进入20世纪80年代，统战部门通过广交朋友加强联系，向他们宣传“一国两制”“三通”等有关统一祖国的方针，并热情接待大陆探亲定居台胞。1981年4月，武官寨公社张金海由中国台湾绕道沙特阿拉伯、菲律宾经香港回乡定居，被安排在县色织厂工作，后被选聘为政协驻会常委，工资定为行政19级，安排住房2间。1985年1月，台胞袁化丰回乡定居，安排为城镇户口，月发生活补助费65元，医疗费15元。1986年春，台胞李洪勋由美国寄来一信，要求帮其寻找失散40余年之子，县统战部、县政协通过多方联系，终于在河南滑县找到其子，李洪勋夫妇得知后，迅即返乡登门致谢。1987年11月，台湾当局放宽民众赴大陆探亲政策以来，台胞纷纷回归故里探亲，扫墓祭祖，是年共有41名台胞回乡探亲。

为加强联络，增强台胞对祖国对家乡的向心力和凝聚力，利用重大节日向在港澳台的重点人士寄发贺年卡、挂历和慰问信。共向台胞、台属发出慰问信10000多封，接待到故城县探亲、投资的台胞、台属近500人。1988年12月24日，地区筹备召开港、澳、台同胞眷属振兴经济促统一经验交流会。全年共接待回乡探亲台胞33人。1990年10月7日，故城县对台办将《河北省关于鼓励台胞投资的若干规定》翻印成册，分发给全县115名台属台胞，并通过他们向海外宣传规定精神，介绍家乡的投资环境，鼓励亲人到家乡投资建厂。2000年，成立故城县海外联谊会并召开第一届理事会议。2001年台湾荣晖投资公司对衡荣制线公司追加投资50万美元。2011年1月，向台胞寄发了慰问信40余封，发动港、澳、台同胞眷属通过书信、电话、互联网等形式加强与其亲属的联系，宣传故城的大好形势和招商引资的优惠政策。三次看望了因病住院的台属杨荣会，并送去慰问金600元。2013年，统战部负责人专程看望了台属杨荣会，并送去慰问金1000元。2016年，成功接待了包括台湾《中国时报》《旺报》、台湾中国电视公司、《中时电子报》等媒体的一行9人采访团，对故城县进行了专题采访报道。借助台湾媒体全方位的报道，实现台湾民众对衡水市的了解和对中华传统文化的认同，提升故城县在台湾的知名度。

参与经济工作 1987年，非公有制经济蓬勃发展，统战部在搞好宣传、加强引导的基础上，积极动员非公有制经济人士参与各种招商引资活动，合同引资额3000多万美元，4家台资企业，到位资金1000多万美元。特别是兴华玻璃钢成为故城县纳税大户。为解决企业贷款难问题，在1997—1998年全县金融系统和民营企业中开展“银企合作伙伴关系”活动，为企业贷款74670.7万元。其中非公有制企业贷款40055.9万元。2003年12月25日，召开故城县摩擦制动材料行业协会成立大会，县委统战部部长任会长。组织两批共8名企业家到清华大学学习、深造，15位企业家参加了衡水市委统战部举办的企业经理人培训。2008年，通过积极争取，促成总投资1000余万元的德州阳光电器公司落户西苑项目区。全县参与光彩事业的非公有制经济人士达700余人，实施光彩事业项目6个，安置下岗职工和社会剩余劳动力1000余人，捐助贫困学生49人。2012年，在皮毛招商月活动中成功办理一般纳税人两个，并促使该项目落户营东工业区，项目总投资4000万元。以故城县皮毛协会为载体，开展了“创建银企合作伙伴关系”活动，建立起企业同银行间有效的对话渠道，定期召开座谈会，促进双方的互惠合作，民生银行在故城投放资金过亿。2015年，成功引进了冀中能源（故城）矿用装备制造基地项目，这也是“省企进衡水”在衡水落户的第一家。2016年，河北星月制动元件有限公司技改项目，从征地到建设以及相关手续及资金的跑办全程帮扶，并协调县工商银行解决资金2700万元。2016年，在工商联换届中创新非公有制经济人士综合评价工作的做法得到了时任省委常委、秘书长、统战部部长范照兵的充分肯定并批示：“要认真研究总结”，省委统战部副部长栗慧英批示：“建议研究室工商经济处将此工作做法纳入实践创新案例进行筛选”，市委统战部发专刊在衡水市予以推广；县委统战部被中央统战部宣传局评为全国统战宣传工作先进单位。2017年，会同工商联、扶贫办开展“百企帮百村”活动，助力精准扶贫，共组织动员全县142家民营企业，结对帮扶142个建档立卡贫困村，通过信息、项目、市场、技术等多种途径，帮助贫困村拓宽致富门路，开发特色资源，培育主导产业，改善生态环境，提高发展能力，确保2018年年末所有贫困村、户全部实现脱贫出列。累计帮助300余户贫困户稳定脱贫，资助贫困学生99人，其中泛海助学66人。2018年《中国统一战线》第7期、《河北统战工作》第10期分别对故城的做法予以刊发。

民族宗教工作 中华人民共和国成立以来，对信教群众及少数民族注重政策教育，尊重信仰自由，把信教群众的意志和力量集中到社会主义建设上来，团结和帮助域内少数民族进行社会主义经济建设。1987年，会同组织部和少数民族聚居村、教徒聚居村所在乡镇党委联合工作，深入乡村宣传政策、了解情况，加强对宗教的综合治理，打击非法宗教活动。1990年8月，统战部会同公安、民政和有关乡镇和宗教聚居村党支部分别对全县广大信教群众及有关神职人员积极进行宣传教育工作，及时掌握动向，消除不安定因素。1995年年初，县内最大的天主教聚居村十二里庄教会申请要求开办一诊所，可引进资金4万美元，统战部积极请示上级，协调有关部门于1997年解决资金17万元。是年5月，配合公安部门在军屯镇胡官屯村取缔了一个非法宗教组织。2000年，

市委常委、统战部部长商黎兵调研指导故城县宗教工作

召开故城县第一届天主教代表大会，选举产生故城县天主教爱国联络小组。2004年，统战部协调关系，帮助伊斯兰教聚居村南镇村修柏油路3.6公里。有千余人的十二里庄信教群众占70%以上，该村积极配合县农业产业结构调整，种植辣椒900余亩，亩均收入2800元以上，种植果树400余亩，亩均收入2000元，带动周边信教群众勤劳致富的热情。2013年，驻十二里庄工作队结合基层建设年活动，协调相关部门为该村硬化了路面，修缮美化了广场。高度注重和神职人员和重点人士的沟通联谊，部领导多次看望神父、阿訇。2014年，为天主教聚居村十二里庄安装变压器2台，消除了教堂多年的火灾隐患，解决了教堂用电和非信教群众蔬菜大棚种植户用电摩擦的问题；妥善解决十二里庄村民林胜利与教堂间三年未果的宅基纠纷。2017年，举办宗教干部培训班2期，宗教知识培训班1期，发放宗教政策读本600册。落实少数民族发展扶持资金27万元，为赵鲁屯村硬化道路400米，安装LED路灯25盏，为南镇村安装LED路灯39盏。2018年，印发《宗教事务条例》3100册，对五大宗教教职人员、场所负责人、部分信教群众进行培训学习。开展了民族团结宣传活动，促进了民族团结进步事业，维护了社会稳定。

四、农村工作

县委负责农村工作的职能部门是农村工作部。1987年，行政编制10人，设部长1人，副部长4人。1999年3月，县委农村工作领导小组制定关于组建农工委和农委初步方案，实行一套人马，两块牌子。2002年8月，正式设立农工委。2005年，农工委编制12人。内设办公室、基层民主建设办公室、农业产业化办公室、综合调研办公室。2007年10月，按照省编办通知精神，撤销农工委、农委，组建农村工作领导小组办公室，其职能、人员不变。2011年9月，撤销农村工作领导小组办公室，恢复农工委，其职能、人员不变，下设产业化建设办公室。

土地承包　20世纪80年代初，全县实行家庭联产承包责任制，此后，全县农业生产逐渐得到恢复和发展，农民的温饱问题得以解决。1987年，继续完善承包责任制，当时阻碍农村经济发展的因素有：地块零散不便于耕种；有些农户从事第二、三产业的收入较高，土地已成为负担，要求转让；也有部分农民要求多承包土地，建立家庭农场，家庭果园；部分坑塘、苇田、林木、闲散撂荒地责任制没有落实。针对这些实际，为改变“按人均田，无偿使用”的格局，发展壮大集体经济，增加农业投入，提高农业效益，健全管理制度，使农业生产力得到进一步发展，本着大稳定小调整的原则，在1988年小调整的基础上，1989年分期分批调整零散地块69300亩，有50%的农田实行“双田制”“代营制”，签订和完善农村各种承包合同8.7万份，明确了承包的权利和义务，理顺了双方的经济关系。

1998年12月，全县启动第二轮土地延包工作。规定1998年到期的承包地，须在1999年3月底前全部完成延长承包期合同签订和发证工作；1999年到期的承包土地要提前介入，做好准备，到期一批，延包一批，发证一批；个别1999年仍不到期的承包地，只要群众对承包方式没有意见，可采取平稳过渡的办法直接延长承包期30年。1999年年末，全县408个村完成顺延承包，如期完成市委下达的第一阶段土地延包任务，并完成顺延承包村的发证和签订合同工作。

村务公开　1996年，域内普遍推行村务公开。全县13个乡镇、538个村经思想发动、树立典型、分类指导，普遍推行，全部实现政务公开。1997年，扩展延伸到“七所八站”和县直14个试点部门，在公开内容、公开形式和操作运行的规范化、制度化等方面进一步完善。1998年，每季度均要进行一次政务公开大检查。公开率达100%，群众满意率在95%以上。域内50户以上的村全部建立村民代表会制度，80%的村建立起民主议政日和民主评议村干部制度，100%的村建立起民主理财和村级财务审计制度。2001年，村务公开列为加强农村基层民主政治建设的重要工作内容，以此促进农村基层民主政治建设的深入开展。从1998年开始，规定每年1月20日和7月20日为“民主议政日”活动时间，县委、县政府以两办名义下发关于搞好民主议政日活动的实施意见。各乡镇、村对民主议政日活动非常重视，规范民主议政的内容、时间、参加人员、活动程序。届时，市、县、乡镇领导都分赴所包村参加民主议政日活动。

2014年，县委、县政府办公室又印发了《关于进一步加强村务公开的意见》，在拓展公开内容、明确公开时间、丰富公开形式、严格公开程序、完善公开档案、建立健全民主理财组织、深入开展“民主议政日”活动等七个方面提出了明确要求，使乡镇、村在抓工作时有据可依、有章可循。2017年，制定了全县村务公开的指导意见，对公开内容、时间、流程做进一步规范。2018年，将村务公开作为预防农村领域腐败和作风问题、预防基层“微腐败”的有效途径，以扶贫出列村、矛盾突出村、集体经济较雄厚村以及城郊村为重点，按照县委、县政府办公室《关于进一步规范完善村务公开工作的指导意见》要求，对公开的内容、程序、时间、形式、监管做进一步规范。

农业产业化 故城县农业产业化工作，起步于1995年，开展大规模农村产业结构调整，农工部代县委、县政府起草《农村产业结构调整的保障措施》；试行公粮制，提高税费透明度。制定了《关于调整产业结构的实施意见》。1996年，加大宣传力度，为推进农业产业化创建良好的舆论氛围，印发种、养、加各方面的典型致富材料，下发到全县538个村，电视台开辟农业产业化专栏，报道产业化方面的典型事、典型人、典型经验做法。1997年，提出故城要建成粮食生产大县、畜牧养殖大县、农副产品加工大县，突出抓好小麦、玉米、林果，蔬菜、鸡、牛、猪、羊主导产业，围绕主导产业，着重抓好生产基地建设和龙头企业建设，并实施区域化布局。2002年，三豆专业合作社晋升为省级农业产业化重点龙头企业。2004年，河北银田种业有限公司晋升为省级农业产业化重点龙头企业。2008年年末，故城县市级以上农业产业化龙头企业达20家，非市级农业产业化龙头企业74家，农民专业合作经济组织36个，产业化基地产值达34596万元，农业产业化经营率为49.2%。2009年农业产业化经营率达49.2%，市级以上农业产业化龙头企业达15家，农民专业合作社35个，农民参与产业化经营的达6.8万户。大力推进劳务输出业，充分利用“全国外派劳务基地县”的优势，不断搞好政策实验，做大做强劳务产业，每年输出劳力5万多人次。2011年，出台了《中共故城县委故城县人民政府关于促进农民专业合作社又快又好发展的意见》，切实抓好农民专业合作社建设，农民专业合作社达159家，培育省级示范社5家，市级示范社11家，市级农业产业化龙头企业达18家。到2014年，龙头企业发展到117家，其中省级6家、市级20家。全县农业产业化经营总量达35.6亿元，产业化经营率达58%。2015年，以农业结构调整、龙头企业培育、农业产业化项目引进、农业园区建设为抓手，强力推进农业产业化进程，全县农业产业化经营持续稳定健康发展。市级以上龙头企业达27家，其中省级6家。东大洼现代农业示范园区稳步发展，入驻龙头企业达8家，被评为省级现代农业示范园区，建国设施蔬菜园区被命名为市级现代农业园区。全县农业产业化经营总量达35.6亿元，产业化经营率达64.31%。全县有规范登记的农民专业合作社1475家。2016年，新增规模以上农业产业化龙头企业3家，龙头企业总量发展到120家。市级以上龙头企业达26家。通过规范化建设，全县有市级以上标准农民合作社52家，其中被认定省级农民合作社示范社10家，国家级示范社2家。2017年，农业产业化经营总量达51.6亿元。是年，为故城县厚丰良种棉专业合作社等4家合作社申报了翌年中央财政扶持项目，申请项目资金100万元。2018年，加快培育以专业合作社、家庭农场、农业企业为主的新型农业经营主体，促进小农户和现代农业发展有机衔接。农民合作社达1578家，市级以上龙头企业29家，年内新获农民合作社市级示范社9家、省级示范社3家，国家级示范社1家，获批河北省合作社整县推进高质量发展示范县。是年，故城县乾鑫种植专业合作社发展大棚蔬菜种植项目，获省级新型农业经营主体示范带动项目转移支付资金50万元。是年，出台《故城县农村集体产权制度改革实施方案》《故城县农村集体资产清产核资工作方案》《故城县农村集体经济组织成员身份界定指导意见》等文件，在郑口镇（葛村、后油坊村、小马庄村）三个城中（郊）村、夏庄镇（东杨庄、曹桑营村、小刘庄）三个经济发达村、房庄乡（堤口村、刘阜村、房庄村）三个一般农业村开展农村集体产权制度改革试点，探索路径、积累经验，为全县全面开展农村集体产权制度改革提供可复制、可推广的经验做法，并获批农村集体产权制度改革省级试点县。

新农村建设 2005年，县委、县政府成立新农村建设领导小组，县委书记、县长为组长，县委、人大、政府、政协、组织、宣传、农工、农业、财政等部门的骨干力量成立专门办公室，负责对这项工作的具体组织协调。同时在组织部设立转化后进班子办公室、在宣传部和农办设立文明生态村建设办公室、在农办设立建设新农村工作办公室，三个办公室密切配合，合力推动。领导小组定期召开会议，适时组织观摩会。各乡镇也成立相应机构，全县形成上下联动、齐抓共管的良好氛围。

《故城县建设社会主义新农村工作实施方案》要求把新农村建设与文明生态村建设结合进行，根据经济发展、基础条件、班子状况等，把全县538个村分为五批，向每个村派驻工作队，包村一年，每个工作队由一名科局级干部任队长，加强具体指导和帮扶。根据新农村建设结合文明生态村的要求，每个村都提出具体的任务目标，为帮助解决创建过程中的困难和问题，县委要求：每个帮建单位至少要拿出1万元，帮扶所包村新农村建设。2007年4月，在河北省新农村建设会议上，故城县被省委、省政府命名为“社会主义新农村建设先进县”。5月，被省委、省政府列为社会主义新农村建设试点县。7月，故城县作为衡水市唯一新农村建设试点县参加省农办在迁安召开的新农村建设调度会。

至2008年，全县新农村建设已有190个村达标。2009年，全县共建成文明生态村227个，占全县总行政村数的42%。是年，确定“群众自愿，镇村主体，规范运作，市场回迁”的建设原则，县委、县政府出台了《故城县新民居建设实施意见》。2010年，按照省、市分配的新民居示范点建设任务，结合实际，确定8个示范建设农村社区，共涉及39个村，其中省级示范村14个，市级示范村8个，其他联建村20个。是年，省政府批准建设的林苑社区（长林社区）被省政府列为全省新民居建设示范社区，故城镇古城佳苑社区被列入省重点扶持建设社区，得到80万元重点社区扶持资金。2011年，县委决定对36个村进行重点帮建，由36个县直部门分包，向36个村派驻工作队，共抽调干部80多人，包村一年，每个工作队由一名科局级干部任队长，加强具体指导和帮扶。

2013年，故城县按照省市农村面貌改造提升工作部署，精心谋划，创新举措，按照因地制宜、重点推进的原则，在具体工作推进中注重“三个到位”“四个结合”，农村面貌改造提升活动取得了阶段性成果。2014年，农村面貌改造提升工作全面展开，按照“点上一步到位，面上分项推进”的工作要求，共确定了27个农村面貌改造提升重点村庄，其中省重点村12个、市重点村15个。全县农村面貌改造提升总投资达8000万元。

2015年，围绕美丽乡村建设、农村面貌改造提升工作，确定省级重点村9个，按照整体推进、重点突破的原则，还确定了13个扶贫开发重点村、12个乡镇所在地村，以这些村为重点，全面实施面貌改造提升，为全面推开改造提升工作，发挥了示范带动效应。2016年，故城县省级美丽乡村建设重点村共31个，结合故城实际，确定了8个美丽乡村建设精品村和1个重点示范片区。2017年，故城县委、县政府研究确定美丽乡村重点打造“一片一线一带”（“一片”即房庄片区，“一线”即房庄至东大洼沿线，“一带”即东大洼现代农业园区观光带）。筛选确定了35个省级美丽乡村重点村（17个贫困村、18个非贫困村），涉及7个乡镇，共计8870户，31366人。是年，打造7个精品村。

夏庄镇龙凤店村休闲广场

2018年，获批河北省农村人居环境整治全域完成示范县，省财政支持资金4300万元。

五、政法工作

1981年7月，故城县委成立政法委员会（简称“政法委”）。职能是指导和协调政法方面的工作，贯彻执行上级有关政法工作的方针、政策和指示，研究全局性的部署，涉及政法工作方针、政策、社会治安形势的变化和应采取的对策，及时向县委提出建议；提出加强政法队伍建设的措施，探索政法工作改革的路子，理顺政法各部门的关系；支持各部门严格依法行事，协调解决部门之间有关业务工作中的重大问题等。1989年4月6日，县委按上级相关规定决定撤销政法委员会，成立政法领导小组。1990年5月31日，撤销政法领导小组，恢复政法委员会，各乡镇建立相应组织。1991年6月22日，县委按上级相关规定决定建立社会治安综合治理委员会，下设综合治理办公室（简称“综治办”），与政法委合署办公，各乡镇也建立相应机构。按2002年县编委办“三定”方案，故城县委政法委共有编制7人。

专项打击行动 2012年，尤其是中共十八大召开后，故城县政法战线每年开展多次专项打击行动，始终坚持对各类违法犯罪“严打”高压政策。2013年，先后6次开展集中清查搜捕巡控统一行动，抓获各类犯罪嫌疑人287名，其中逃犯90名，刑事拘留215名，起诉256名，逮捕147名。2014年，开展了“亮剑湖城、追逃会战”“打盗抢、保民安、惠民生”“打黑除恶、消霸扫痞”等多次打击行动，破获各类刑事案件351起，抓获犯罪嫌疑人362名，刑拘319名，逮捕172名，起诉382名，打掉犯罪团伙42个，实现了破案数、抓获犯罪嫌疑人数、逮捕数与上年同比“三提升”。2015年，共破案600余起，抓获犯罪嫌疑人389名，刑拘283名，逮捕179名，起诉369名，其中逃犯61名（历年逃犯7名）。2016年，深入开展对“盗抢骗”等一系列打击行动，抓获犯罪嫌疑人336名，其中刑事拘留314名，逮捕210名，取得明显的打击效果。2017年，通过严打方式提升严打力度，全年共刑事拘留339名，逮捕257名，抓获网上逃犯68名，其中外省逃犯16名，县公安局被评为“全国公安情报工作示范单位”。

“涉危涉爆”整治 2013年，开展“涉危涉爆”行动中，全县进行拉网式排查打击，先后端掉非法储存、非法生产烟花爆竹窝点4个，剔除了重大社会治安隐患。“两抢一盗”专项打击行动，全年共破获案件360余起，抓获犯罪嫌疑人123名，逮捕61名，起诉106名，收缴赃款赃物总价值300余万元，极大地提升了群众安全感。2014年，通过开展打击“黄赌毒”、危爆物品管理、重点行业场所整治等专项行动，查处“黄赌毒”案件36起，抓获犯罪嫌疑人55名，刑事拘留15名，取缔黑场所8家，收缴子弹231发、枪支4支、仿真枪122支、管制刀具324把。乡村两级共投资292万余元，安装监控视频探头1113个，强化了治安防控技术设施建设。2015年，注重社会治安“人防、物防、技防”建设。县城、乡、村建立巡防大队，分区分片日夜巡查，实现“白天见警察，晚上见警灯”；重点单位、重要部门全部安装防盗门、防盗栏，购置保险柜，使犯罪分子无机可乘、无孔可入；投资560余万元在农村主要道路、场所安装监控探头2300余个，公共复杂场所覆盖率90%，党政机关、金融部门、网吧、油、气、电、通信等重点部位覆盖率100%。2016—2018年，突出强化公共安全管理，重点对行业场所、涉危涉爆、消防隐患、交通违法领域开展了全方位整治行动，大大地提升了公共安全保障水平。2018年年末，加强重要敏感节点、重点部位巡控，抽调

故城公安案件管理中心工作人员进行网络登记

120余名民警，设立各类检查站11个，昼夜查控嫌疑车辆和人员，开展实有人口、实有房屋“清源”专项行动，落实了娱乐、旅馆、寄递、开锁等特殊行业从业人员实名制；严格消防、道路、交通隐患排查治理，查处各类违法行为3404起，处理交通事故644起；主动应对舆情导控，做到主动应对，坚持第一时间发声，公布事实真相，依法严处造谣诽谤行为，共查处网络诽谤、侮辱他人案件13起。

交通事故现场取证

综合治理 2013年，政法委、综治办全力推进构建“三位一体”大调解格局，进一步健全完善了县“三位一体”矛盾纠纷排调中心和13个乡镇排调中心的机制制度建设，专人负责，并聘请法律服务工作者、人大代表参与调解工作，各综治成员单位均建立内部调解组织，建好综治维稳工作的第一道防线。县城区建成3所社会管理综合服务站，吸纳公安、司法、城建、民政、交通、信访等综治成员单位工作人员进驻服务站开展有关工作，全年受理各类矛盾纠纷85件，调解79件。同时推进乡镇、村、部门、企业、校园、医院“平安建设”创建活动，努力探索新形势下综治工作新机制。2014年，印发了《故城县星级创建实施方案》，推进全县13个乡镇“综合服务管理中心”建设，强化综治网格化管理和网格员培训工作，致力于解决基层群众的服务需求。2015年，重点推进综治工作“网格化”管理机制建设和法治农村建设工程，出台了《关于推行县城区网格化管理意见》，在迎瑞社区、帝奥小区进行试点推进工作。2016年，贯彻落实省、市有关文件精神，推动农村治安保险工作开展，实现全县14555户农户入保签单。出台了故城县《关于实施严重精神障碍患者监护人以奖代补和监护人责任险的暂行办法》，为全县1870名精神障碍患者监护人办理了责任险，为15名三级以上精神病患者办理了“以奖代补”，并将两项经费纳入财政预算。2017—2018年，推进县综治中心和郑口、青罕、建国、夏庄、饶阳店5个镇综治中心建设工作，综治信息采集录入工作顺利完成，完成速度和质量在衡水市领先。为全县2100多名精神障碍患者监护人办理了责任险，为6名三级以上精神病患者办理了“以奖代补”。

维稳工作 2013年，集中开展矛盾纠纷排查活动10次，受理矛盾纠纷案件2086件，调解2051件，调处率100%，成功率98%。成功化解处置县城广交路拉面馆和营东开发区拉面馆两起涉回（族）案件，有效地维护了全县稳定大局。2014年，开展信访难案集中攻坚活动，大力推动涉法涉诉积案化解工作，省初访案11件全部办结，市初访案5件全部办结。2015年，建立了县、乡、村、户“四级”矛盾纠纷排查调处网络平台，全县大排查大调处工作格局基本形成，共受理各类矛盾纠纷2093件，全部及时调处化解。端掉邪教聚集窝点14个，抓获邪教分子14人，采取刑事强制措施6人，收缴邪教组织宣传资料3万余份。2016年，故城县社会管理综合治理委员会先后出台了《关于加强行业性、专业性调解委员会建设的实施方案》《关于开展信访、稳定、矛盾排查和治安整治专项攻坚行动的实施方案》，用以指导全县维稳工作。全年受理调处各类矛盾纠纷2249件，其中涉法涉诉信访积案22件，重点案件15件。2017—2018年，故城县维稳办大力推进以涉军维稳为重点的各类利益诉求群体的维稳工作，全年接收推送各类维稳信息1700多条，下发文件和督办函600余份，圆满完成了中共十九大、全国“两会”“一带一路”国际合作高峰论坛等重要敏感时间节点的维稳任务，在衡水市率先出台了《故城县涉法涉诉信访工作条例》，处理省交办信访积案47件。建成县、乡、村三级矛盾纠纷调处化解综合工作平台，强化人民调解信息化，利用“民调通”软件，打造人民调解“百米服务圈”，受理矛盾纠纷2393件，调解2393件，调处率100%。

政法建设宣传 2013年6—8月，政法系统开展“抓学习、提素质、正警纪、转作风、强服务、做贡献”为主题的纪律作风整顿活动，运用召开政法干警动员会、民主生活会、和部分人大代表政协委员座谈会等多种形式进行宣传教育，提升政法队伍的整体素质。开展法律服务、法律援助

干警对群众进行法制宣传

进企业、进乡村、进社区活动，受理法律服务案件225件，代书300多份，义务咨询1500余人次。2014年，集中开展正风肃纪专项行动和“百村（企）千户警民结对子活动”，全年出动政法干警1000多人次，走访群众650户、企业30家、企业员工310名，提高了广大政法干警的群众观念和服务意识。制定了《故城县政法委司法公开工作的制度》，督导政法部门依法公开执法信息，提高了“司法公开”的及时性和实效性，得到了社会各界的好评。2015年，开展了法律工作向基层延伸活动。故城县检察院向三个工业园区派驻了检察室、故城县法院推进“一乡一庭”建设和法治建设进农村，实现了“一村一警一顾问”。印发了《关于建立完善国家司法救助制度的实施意见》，县财政投入17万元，争取市级司法救助金37万元，切实解决了司法救助对象的生产生活困难。2016年，政法委以创新法制宣传教育为抓手，搭建农村“五个一”平台（一支法律宣传队伍、一所法制夜校、一条法律宣传街巷或法治广场、一间法制阅览室、一种以上法律宣传新媒介）；打造“公交普法品牌线”，以公交候车亭作为宣传阵地，打造法治文化站牌。同时稳步推进司法责任制改革顺利开展，法院首批31名法官、检察院23名检察官完成入额工作。2017—2018年，依法推进检务公开、审判公开和“智慧法院”建设，提升司法公开工作实质进展。

六、县直工委工作

县直工委前身是县直机关党委，始建于1963年5月，为县委派出机构，统一领导县直机关党的工作。1996年12月，经批准改为“中共故城县委县直机关工作委员会”。按2002年三定方案，设4个行政编制，书记1人，副书记1人，纪委书记1人，武装部长1人。2007年，编制缩减为3名。2018年年末，机构改革三定方案行政编制增至9名。下辖基层党委、党支部192个，其中基层党委6个，党总支15个，共有党员4198名。

思想政治建设 严格落实党内政治生活，用党的理论武装思想。1992年举办纪念中国共产党成立71周年大型展览，1993年纪念毛泽东100周年诞辰举办大型橱窗图片展览，1994年对“两优一先”事迹进行展览，1998年举办“我看改革开放20年”大型党课比赛，建立业余党校3个，党员活动站20处，2004年开展“树立新形象，创造新业绩”五比五树活动，2005年举办“树正气、讲团结、求发展、保先进”知识竞赛，“爱我中华，强我故城”大型演讲比赛。至2008年，共举办形势报告会30余场、知识竞赛12次、党员领导干部讲党课45次、专题讲座44次、演讲27场、传统教育13场、电化教育340余场，办理论培训班1800人次，录制党教专题片10部，放录像227场。

2013年，深入学习贯彻中共十八大精神，采取革命传统教育、警示教育、集中培训、分期分层次学习等形式增强党性教育；2014年开展中共群众路线教育实践活动，精心组织，制定方案，统筹安排，按照“照镜子、正衣冠、洗洗澡、治治病”总要求，认真自学，开展集中学习，广泛征求意见，查找“四风”问题；2015年开展“三严三实”专题教育，突出学习习近平总书记“三严三实”重要讲话精神，把思想教育、党性分析、整改落实结合起来，学习、对照、剖析、检查、整改贯穿始终；2016年开展“两学一做”学习教育活动，学党章党规，做合格共产党员，深入推进党员干部讲党课；2017年深入学习十九大报

告，推进“两学一做”学习教育常态化、制度化；2018年全面学习贯彻习近平新时代中国特色社会主义思想，订阅发放《中国共产党章程》《中国共产党党史》4800余本，系统学习《中国共产党章程（修正案）》，教育党员干部不断增强“四个意识”，坚定“四个自信”，做到“两个维护”；2018年年末推进“平语近人”进机关活动。

组织建设　县直工委自成立以来，规范党组织机构设置。1978—2000年，根据各基层党组织的情况和工作实际及时调优各基层党组织架构，配强党组织成员。2013年3—4月用两个月的时间对县直各基层党总支、支部及党员的基本情况进行了详细摸底统计录入，全面掌握县直机关基层党组织及党员基本情况。县直基层党组织共5个基层党委、18个党总支、200个支部，县直工委管辖18个党总支、165个党支部、3126名党员。2016年9—10月，全面开展基层党组织换届，认真研究相关政策、程序、步骤，制定工作方案和具体流程，召开各基层党组织会议，进行安排部署，加强业务指导和工作督导，分阶段严程序进行换届选举，理顺各基层党组织关系，选配过得硬的基层党组织领导班子，换届调整后县直工委辖基层党组织共19个党总支、168个支部、3279名党员。2018年，理顺基层党委、总支、支部隶属关系，公安局、个私协、郑口中学、供电公司、城区办等5个基层党委归属县直工委管理，县直工委辖5个基层党委、18个党总支、196个支部、4132名党员。2019年年初，指导督促机构改革中撤并、整合、新设的部门，合理设置、调整基层党组织机构，调优配强党组织成员。

基层党组织标准化建设：2013—2018年，每年督促指导检查县直各基层党组织组织生活会、民主评议党员等组织生活制度200余次，按时间节点高标准落实“三会一课”800余次。各基层党组织认真开展谈心谈话、主题党日、入党宣誓、党员志愿服务等活动。2015年11月，开展基层党建重点任务集中攻坚月活动和集中督导验收，解决了党员队伍和基层党建工作中的问题。2017年县直工委承担省委第七巡视组七项重点巡视之一的机关党建工作，县直工委召开各基层支部会，传达省委巡视组要求，汇总各支部基本情况，真实全面反映机关党建基本情况，顺利完成对机关党建的巡视。2018年贯彻《中国共产党支部工作条例》，选树培育交通局等典型示范单位，打造精品支部。号召组织引领县直各基层党组织开展建党系列庆祝活动，举办朗读演讲比赛和书画作品展。

抓党建促扶贫：2018年制定《县直机关党建促扶贫工作小组脱贫攻坚实施方案》，开展扶贫知识培训300余人次，在脱贫攻坚一线培育选拔入党积极分子45名，预备党员13名，表彰脱贫攻坚先进基层党组织38个，优秀共产党员73名，促进各基层党组织党员干部在脱贫攻坚一线发挥模范带头作用。

党员教育管理　加强党员干部培训：邀请市委、县委党校教授集中授课，重点讲解党章党史、习近平系列重要讲话，提高党员干部的政治素养，坚定理想信念。每年培训入党积极分子和新党员260余人次，支部书记、党务干部200余人次。

县直新党员暨入党积极分子培训班举行

党员发展：按照“控制总量、优化结构、提高质量、发挥作用”总要求，严格发展党员程序，2013年发展党员55名，2014年发展党员28名，2015年发展党员50名，2016年发展党员23名，2017年发展党员30名，2018年发展党员43名。

党员激励教育：每年“七一”评选表彰“两优一先”基层党组织40多个，优秀共产党员100余名，优秀党务干部30余名；每年慰问老党员30余名，送去价值万元的慰问品；每年组织党员到烈士陵园开展纪念活动100余人次，缅怀先烈，祭扫瞻仰烈士墓，面对烈士碑重温入党誓词，激发广大党员的爱国热情和爱党情怀。

党员排查管理：2015年8—11月，逐一排查“七清理”“三不”党员，查找“失联”党员，连续

15天发布电视通告，查阅档案资料3000余份、张贴公告1000余份，恢复党员关系400余人，按程序处置不合格党员20余人。

创建党员教育新平台：2015年，宣传推广共产党员微信教育平台，将订阅共产党员微信的意义、要求和方法传达到每个党支部、每名党员，县直3000多名党员点击使用共产党员微信，共产党员微信平台成为县直党员接受党员教育的新平台，传播党的思想理论新载体。

党员信息化管理：2017年6—8月，有序开展党组织和党员信息采集工作，制定具体的实施方案，召开各支部动员及培训会，通过培训，基本信息采集、初核、反复6次复核，高质量完成县直4132名党员录入工作，联网河北省党员信息管理平台。

作风建设 2017年，在县直深入开展机关作风整顿，2018年开展纠“四风”和作风纪律整治工作，统一建立县直纠“四风”和作风纪律专项整治微信交流群，制定实施方案，建立专项整治台账，设立举报箱，对各单位持续开展督导检查，对发现的问题下发整改告知书，共查找问题216条，全部整改到位；制定《全县执法、监督、管理、服务单位和重点行业开展“三深化三提升”活动群众满意度测评实施方案》，对36个执法、监督、管理、服务单位和20个重点行业部门进行测评，促进干部作风转变。

党管武装 全面落实党管武装责任，广泛宣传发动适龄青年进行兵役登记，动员有志青年参军入伍，严格体检、政审，每年发放张贴征兵公告千余份，各社区悬挂征兵标语50余条，协调城区办、各高中、社保所、公安局进行兵役登记400余人次，每年向部队输送优质兵源6人；每年组织协调民兵应急连集中训练和点验300余人次，为各高中新生开展军训3000余人次，参加衡水军分区集训和练兵比武、衡水湖马拉松赛安全保卫工作任务100余人次。

其他工作 人大代表选举：2016年11月，县直工委制定实施方案，划分选区，召开县直人大代表换届选举工作会议，周密安排，把握节点，通过选民登记、选民张榜、提名推荐初步候选人并张榜、确定正式候选人并张榜到正式选举并公告，顺利产生17名故城县第十六届人大代表。

党代表选举：2017年，经过精心部署，充分酝酿，细致工作，县直顺利选举产生故城县第十三次党代会代表25名，圆满完成党代表选举工作。

增比进位工作：2017年县直工委负责牵头7个责任单位12项工作的增比进位，县直工委积极开展工作，每周一调研、半月一调度、一月一汇总，督导各责任单位采取有效措施，攻坚克难，顺利达成了年度目标。

助力扶贫脱贫：2017年帮扶武官寨镇齐庄村实现脱贫；2018年派驻工作队帮扶故城镇贾别王村，所帮扶贾别王村、郑口镇后香坊村、坊庄镇小月庄村6户贫困户顺利脱贫。

故城县脱贫攻坚工作推进会暨业务提升培训会召开

七、党校工作

故城县委党校成立于1942年7月。1966年党校解体。1970年恢复后设教研室、后勤科、办公室。1999年1月，增设学管科。2003年7月，增设电教室。由县委主管书记兼任校长，设常务副校长1人，副校长2人。

党校概况 1945年始建之初位于现郑口镇东高才村。1945年开始，由于战争形势的变化，党校随县大队活动于大月庄、北獐鹿、鹿豕、刘庄一带，宣传抗日。1948年，重新定址在青罕镇裴庄村，配合土改运动，宣传《中国土地法大纲》。1951年，由裴庄迁往郑口镇前香坊。1958年，故城县合并到吴桥县，党校随迁于吴桥县桑园镇。1961年夏，故城县复置，党校回迁郑口镇前香坊。1966年“文化大革命”开始后，党校解体。1970年，重新恢复，地址在原郑口中学旧址。1971年，

党校综合办公楼

迁瓦子庄乡十二里中学旧址。1974 年，在郑口镇宏声区光明路筹建县委党校，1975 年由十二里搬迁至此。1978 年，干校合并到县委党校。1984 年 11 月，被省委党校、省教委批准为中专体制，1985 年 9 月，举办第一届二年制党政干部中专班，1995 年 9 月，招收第一届函授大专班。1997 年始，招收函授本科班。2018 年年末，学校内设办公室、教研室、组教科、行政科、电教室。

学员培训 短期班为主体班次，培训对象为副乡局领导干部、中青年干部以及农村支部书记等为主。2005 年，共举办 128 期短期培训班，参加人数达 27442 人次。2006 年举办 2 期科局级干部培训班，参训人数 450 人。2007 年，举办两期青年干部培训班，参加人数 215 人。2009 年 12 月 20 日—2010 年 1 月 8 日，党校举办了全县农村“两委”正职干训班，共五期，培训学员达 1200 多人。2015 年，举办了 4 期“两委”正职培训班，参训人员达 1000 多人。2016 年，举办了“两学一做”学习教育专题培训班，由各乡镇、各科局干部 200 多人参加。2018 年，分 2 期举办了乡科级领导理论培训班，共计 500 多人参加培训。

长期培训班主要是学历培训，分为两个阶段：第一阶段自 1985 年 9 月—1991 年 7 月，共招收三届党政干部中专班，其中 2 届两年制脱产和一届两年制半脱产。第二阶段为函授教育。1997—2004 年招收经济管理和法律专业函授本科班 5 届，参加学习的学员共 404 人。2005—2007 年招收法律专业函授本科班 3 届，共录取学员 264 名。2018 年举办全县科级干部理论培训班 2 期，培训副科级以上领导干部 500 多人，安排 2 名讲师到县直单位与乡镇宣讲中共十九大精神和习近平新时代中国特色社会主义思想，举办新党员入党和入党积极分子培训 200 余人次。

八、信访工作

机构沿革 县委信访局由 1954 年县委信访办公室演变而来，1990 年，乡镇建立信访民调站，村实行十户联防制，设民调员。1997 年 3 月 5 日，升格为中共故城县委、故城县人民政府信访局。1998 年，全县 13 个乡镇建立信访办公室。2001 年，全县各科局均建立信访办公室，县、乡、村三级信访组织逐步建立，大量信访问题在基层得到及时、妥善的处理。2011 年，建立故城县处理信访突出问题及群体性事件联席会议机制，办公室设在故城县信访局。2012 年，经县编委会研究同意，信访局由部门管理机构调整为单独设置，既是县委的工作机构，又是县政府的工作机构。2017—2018 年，乡镇建立群众工作站，全县 538 个村全部建立群众工作室。

信访工作 1961—1979 年，信访办公室负责接待受理全县群众来访来信。1980—1989 年，全县受理群众来信来访 1062 件，均得到妥善处理。为全面处理群众反映的问题，1990 年始，县级领导干部坚持接待群众来访，阅批群众来信。1991 年，县委建立通报制度，凡是到省、地的集体上访和重大信访问题，均以故城信访情况通报形式报县委、县政府领导及各乡镇、部门一把手。1992 年，县委出台《乡镇信访工作目标管理及考核办法》，提出“分级负责，归口办理”信访原则，明确乡镇信访工作责任。

1996 年，县委制定“信访工作领导接待日”“定期研究信访工作”等 15 项信访工作制度，信访工作纳入科学化、规范化、制度化管理。

2000 年，县委制定《信访工作年度责任目标及考核办法实施意见》，对信访工作的目标、任务实行明确的量化管理。2001 年，县委出台《关于大力推行依法信访严格双向责任的决定》，提出依法治访，依法规范信访工作和依法规范群众信访行为。2004 年，县委出台《关于集中处理信访突出问题和群体性事件的实施方案》，进一步规范全县信访秩序。2006 年 5 月，县委制定了《关于进一步加强信访工作的意见》和《信访工作千分制考核办法》两个文件，深入贯彻落实国务院《信访条例》，落实责任，严明奖惩，进一步规范信访工作。10月，县委出台了《关于构建人民调解、行政调解、司法调解“三位一体”社会矛盾纠纷调解工作体系及落实信访工作责任制的意见》，人民调解、行政调解、司法调解“三位一体”调解体系形成。2007年3月，开展学习第六次全国信访工作会议精神和中央5号文件《关于进一步加强新时期信访工作的意见》。县委印发《故城县解决信访稳定突出问题集中会战工作方案》《关于切实做好当前和十七大期间维护社会稳定工作的通知》《关于集中开展矛盾纠纷排查调处活动的方案》文件，全力做好中共十七大期间的信访稳定工作。县委、县政府制定《关于开展县委书记大接访活动的实施方案》，在全县开展县委书记、县长、其他县级领导、乡镇部门党政主要领导公开接访、主动约访和带案下访活动，确保奥运会的成功举办和改革开放30周年活动的顺利举行。2008年10月，辛庄乡李仙寨村王某上访，反映该村党支部书记利用职权阻拦水利建设，该村政务不公开，财务混乱等问题。信访局、辛庄乡、县纪委进行调查处理，经调查，在查清账目的基础上，给予责任人相应的经济和政治处分，树立了党和政府的形象，挽回了人民群众的集体财产。

2010年，全县信访工作按照省、市《关于深入推进社会矛盾化解、社会管理创新、公正廉洁执法“三项重点工作”的贯彻落实意见》。

2012年，全县信访工作按照中央、省、市信访工作会议的安排部署，围绕做好中共十八大期间的信访稳定工作，开展领导干部接访约访和下访活动、矛盾纠纷排查化解和选派机关干部下基层活动，协调解决复杂疑难案16件。

2013—2014年，按照“教育实践活动”的要求，印发《全县教育实践活动“化解信访积案”专项行动实施方案》。对应结未结或未实现案结事了、息诉罢访的信访事项攻坚化解。

2015年，按照“三严三实”的要求和中央、省、市信访工作会议的安排部署，开展领导干部接访约访和下访活动、矛盾纠纷排查化解和“下基层，解难题，保稳定，促发展”活动，协调解决复杂疑难案13件，确保重要节日的平安度过和重大政治活动的顺利进行，为全县各项工作的顺利开展营造和谐稳定的社会环境。

2016年，根据国家信访局《关于开展化解信访积案集中攻坚的通知》和省、市工作要求，县联席办自2016年5—9月在全县开展了化解信访积案集中攻坚行动。按照“属地管理、分级负责、分类处理”和“谁主管、谁负责”的原则，落实工作责任。成立中共故城县委群众工作委员会及其下设机构故城县群众工作中心，实施联合接访。中心于2016年6月底建成并投入使用，总面积700多平方米，其中接待大厅200平方米，设置3个约谈室。

群众给故城县信访局赠送锦旗

2017年，认真学习习近平总书记“7·26”重要讲话精神，确保了中共十九大的胜利召开及社会稳定。故城县信访局被评为“河北省十九大信访维稳工作先进集体”，是衡水市信访系统唯一先进集体单位。

2018年，扎实推进四大攻坚和涉暑信访隐患排查化解工作。坚决打好“四大攻坚战”。共涉及省领导包案1件（涉法涉诉，执行案件）、市领导包案2件（涉军案件已办结息诉）；中央巡视组转交办14件（含重），已全部办结；省巡视组交办14件，已全部办结。

建立县级领导及各基层职能部门主要领导日常接访的长效机制，使领导干部们接访、约访、下访活动规范化、制度化。党政主要领导带头开展公开接访、重点约访和带案下访活动，各乡镇、县直各部门党政主要领导公开接访，敞开接待群众来访，确保随有随接。县级领导接访安排（实行AB岗）。确保群众诉求反映畅通渠道，不断增强同群众的血肉联系，增强基层吸附力。确保及时消化解决问题。

九、老干部工作

建立干部离休制度初期，主要工作由县委组织部老干部科负责。1982 年，故城县成立组建县老干部局，实行离休干部统一管理，根据中央关于老干部工作的政策、方针、规定，结合故城实际情况，制定做好老干部工作的具体措施，检查督促落实老干部政治、生活待遇，搞好老干部管理服务，宣传老干部历史功绩，表彰老干部在“两个文明”建设中的新贡献，抓好老干部党支部建设，做好老干部的思想、政治工作，协助做好老干部的医疗保健和故后事宜处理。1984 年后，离休干部人数达到高峰期。为加强老干部工作管理，经县编委批准，设立老干部干休所，老干部局下属事业单位，负责组织老干部的文体活动。1996 年，增设老干部服务科，主管老干部待遇落实。1998 年，设关心下一代工作委员会办公室(科级单位)，挂靠老干部局，组织老干部开展关心教育青少年活动。是年筹建县老年大学，负责全县老年教育工作的开展。2002 年，县委老干部局定为负责全县老干部工作机构，由中共故城县委组织部管理，在原有职能上增加负责组织协助做好副县级以上离退休干部参加政治、文化、体育活动工作职能。老干部工作逐步规范，老干部待遇全面落实，老干部各项活动蓬勃开展。1988 年，全县有离休干部 733 人。1993 年，全县有离休干部 601 人。2002 年，全县有离休干部 348 人。2008 年年末，全县离休干部人数减至 236 人。2013 年，中省属离休干部、代管外地离休干部因政策、体制、管理经费拖欠全部脱离县委老干部局管理，全县有离休干部 109 人。2018 年，全县有离休干部 58 人，其中机关事业单位离休干部 44 人，企业离休干部 14 人。全县有退休干部 4791 人，其中机关事业单位退休干部 4430 人，企业退休干部 361 人。

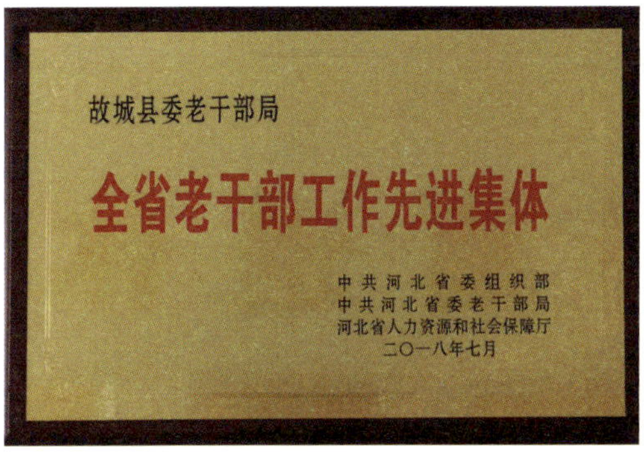

故城县委老干部局获评全省老干部工作先进集体

老干部管理 1983 年，建立 29 个离退休干部党支部，实行联络员例会制度。老干部局每月组织一次联络员例会，调查掌握老干部工作动态，指导工作的开展。1984 年，撤销县城 6 个老干部党支部，老干部回原单位过组织生活。是年设老干部干休所，为老干部局下属事业单位，负责组织老干部的文体活动。1996 年，设老干部服务科，负责老干部待遇落实工作。2014 年，县机构编制委员会加强事业单位机构编制管理，故城县关工委办公室、干休所、老年大学全部定为老干部局下属事业单位，规范了职责职能，调整了编制职数。2018 年，全面加强退休干部的管理，完成全县 4791 名退休干部的调查统计和基本信息的微机录入工作。

老干部待遇 离休干部统管后，本着“老干部离休后政治待遇不变、生活待遇从优”的原则，加强老干部各项待遇的落实。政治待遇：坚持老干部阅读文件、订阅报刊、参加座谈会、外出参观疗养、重大节日慰问等八项制度，老干部局具体负责组织实施。派专人负责，送文件到老干部家中，供老干部参阅。每位老干部每年征订一份《半月谈》、一份《共产党员》，其余报纸、杂志到老干部活动室参阅，费用全部由县财政负担。每年召开 2 ～ 3 次老干部座谈会，通报全县政治、经济形势。重大节日，由县级领导干部带队，逐一慰问老干部。加强老干部党的组织生活管理，1983 年，县城建立 6 个离退休干部党支部、23 个公社各建一个离退休干部党支部。各离退休干部党支部由各系统 1 名负责政工的副职担任支部书记，1 名政工干事和 1 名离休干部担任副书记，另选 2 名离休干部任委员。实行联络员例会制度，担任老干部党支部副书记的老干部同时兼任老干部联络员。老干部局每月组织一次联络员例会，调查掌握老干部工作动态，指导工作的开展。1984 年，根据上级文件规定，撤销县城 6 个老干部党支部，老干部回原单位过组织生活，各种会议的参加区别对象对待，各乡镇老干部的阅读文件，由各乡镇党委、乡镇政府提供，离退休老干部党支部负责组织。1987 年，老干部待遇提升后，享受县级待遇的老干部人数急剧增加，报刊订阅上，本着“平衡兼顾”的原则，按照上级要求，享受地级待遇的老干部订阅三报一刊，享受县级待遇的老干部订阅两报一刊，一般老干部一报一刊。春节、重阳节等重大节日，由县级领导干部带队，统一走访慰问任过县级实职以上老干部。其他离休干部，由原单位负责，进行走访慰问，送去慰问品和慰问金。1996年，合乡并镇后，乡镇老干部党支部由原来的24个合并为13个。2003年，改变县级实职老干部慰问和全县老干部的报刊征订等制度形式。实行重大节日，县委办、县政府办、老干部局统一组织县级老干部座谈会，县委、县政府主要领导参加，汇报全县工作情况，征询老干部的意见和建议。2014年，创建老干部工作信息平台，建立老干部个人及家庭成员电子信息档案库，定期向老干部及家庭成员编送党委、政府重大决策和老干部政策待遇信息。2015年，加强老干部党组织建设，调研摸底老干部党员基本情况，建立离退休干部党支部49个，2018年，组织开展征询老干部对改革发展和脱贫攻坚意见座谈会、老干部参观工业项目和扶贫攻坚成果活动、老干部参加中宣部和光明网开展的“社会主义核心价值观百场讲坛”走进故城现场录制等活动，老干部局被评为河北省老干部工作先进集体。

生活待遇：按照“妥善安置、生活照顾”的原则，遵照上级要求，老干部办理离休手续后，继续实行老干部的薪粮供应制政策。1985年，全县老干部工作联席会议上，制定特殊政策，粮油等紧缺商品的供应，除按规定的以外，根据老干部的需求，酌情按比例额外予以优惠照顾。县医院设立老干部门诊，方便老干部的就医治疗。1986年进一步加强老干部生活待遇的落实，补发老干部年终生活补贴，严禁部分单位老干部药费实行包干制，老干部医药费实报实销、及时报销。1996年，建立“减一补一”制度。县财政开支离休干部每减少一人，即由困难企业离休干部中递补一人，工资、医药费全部由县财政负担，先后累计把78名困难企业离休干部纳入县财政。1998年，县委常委会议定，建立乡镇离休干部工资“乡筹县管”制度。老干部工资由乡镇筹集，县财政统一划拨到老干部局，统一发放，乡镇老干部工资做到按时足额发放。2003年，故城县率先在衡水市建立了离休干部工资、医药费保障机制和财政支持机制。2015年，落实了老干部病故一次性抚恤金的文件精神。2018年，再次提高生活不能自理离休干部护理费至每人每月2500元；落实提高离退休干部交通费，2016—2018年，每年落实特困老干部帮扶资金，为30名特困老干部解决生活问题。

老干部团体活动 1984年，故城县建立老年协会，之后相继成立老干部书画学会、健身学会、花卉学会。2005年，桑玉治、贾培绪等老干部成立编委会，组织老干部回忆革命历程，编写《光辉岁月》一书。2008年，梁振东、李雪茹等老干部自发捐献特殊党费支援四川地震救灾。2011年，县老干部活动中心离退休干部党支部、饶阳店镇离退休干部党支部被评为衡水市先进离退休干部党支部，离休干部党员梁振东、杨庆澜、杨月桥被评为衡水市离退休干部先进党员。2014年，调整县老年书画研究会和县关心下一代工作委员会领导班子组成人员，增强老干部作用发挥组织领导；组织开展庆祝中华人民共和国成立65周年老干部书画展、刘石营百岁老人摄影展等活动；老干部局离退休干部党支部被评为全省离退休干部先进集体。2015年，组织老干部开展“展示阳光心态、体验美好生活、畅谈发展变化”主题活动，老干部集中参加县城创建省级园林城市和全县交通建设参观提建议、巡回到各种小学校演讲抗日革命战争史16场次、与学生儿童共庆“六一”儿童节和为孩子们赠送学习用品、纪念抗日战争胜利70周年等活动。2016年，创建县关工委戏剧社，完成全县戏剧社团的统一组织领导，开展定期送优秀剧目下乡村、进学校、到企业丰富群众文化生活演出活动；县关工委被评为全省关心下一代工作先进集体，县关工委主任刘石营荣获全省关心下一代工作先进工作者。老干部局、关工委联合举办“不忘初心、薪火相传、喜庆十九大刘石营书画展”，展出的175幅作品全部捐献给河北青竹画材有限公司。2018年，老干部局被省委组织部、省委老干部局、省人社厅授予“全省老干部工作先进集体”称号，老干部局党支部被授予全县“扶贫攻坚先进基层党组织”称号；衡水市关工委工作经验交流会在故城召开；在衡水市率先开展的“平语近人”进校园进课堂活动得到省、市关工委的肯定，全国人大常委会原副委员长、中国关工委主任顾秀莲，省关工委常务副主任侯志奎、市关工委主任徐学清等领导作专题调研，在全省引起强烈反响。

老干部文体活动 1984年，故城县始建老干部活动正式场所，投资6万元建成县老干部活动室，面积386平方米。设乒乓球室、阅览室、棋艺室、休息厅、接待室，购买图书600册，报刊38份、彩电、台球、门球、气枪、麻将、象棋、京剧乐器、康乐牌等多种文化、娱乐、体育设施和器材。此后，各乡镇，各部门陆续建设小型活动室。1986年，修建老干部活动中心，建成一个门球场和活动广场。是年，举办第一届老年人运动会。1987年，全县23个乡镇、县直10个科局都建立了各自的活动室，形成遍布全县的老干部活动网络体系。除日常活动外，还定期组织老干部开展多种多样的文体活动。成立老年乒乓球队、象棋队、门球队、京剧演唱队、秧歌队、气功训练班等。1990年，老年京剧爱好者协会发起德州、夏津、武城、故城“两省一市三县”京剧联唱会，每年每县轮流举办一次，参加老干部人数400多人。1998年，建立县老年大学，配备在职专职副校长一名，老干部局工作人员兼任。

故城县举行老干部戏曲演唱会

2012年，县委、县政府筹资2000万元建成老干部活动中心综合楼，老干部局机关、老干部活动中心、老年大学迁入老干部活动中心综合楼。老干部活动项目逐年丰富，老干部活动室每年订阅的报刊达20多种。老年大学增设音乐教室、书画教室，制定完善教学制度；老干部活动室更新增添活动器材。2016年，老干部局与城区办党委开展组织联建、活动联搞、阵地联用，联建16个老年社团组织，带动吸引社区群众参加，成为社区文化生活的亮点；举办纪念建党95周年和长征胜利80周年老干部书画展、迎新春老干部书画展、重阳节书画展等活动；老干部活动中心成功创建为衡水市示范性活动中心。2018年，投资50万元建成投入使用的高标准老干部门球场；组织老干部开展“我看改革开放新成就”和“传承红色基因”系列主题教育活动，举办纪念改革开放40周年、迎重阳老干部书画展，迎重阳老年戏曲演唱会、纪念改革开放40周年征文等活动；创刊《故城老年文学艺术作品选》，辑印2000余份向老干部发放。

十、党史研究

机构沿革 1981年10月，根据省地委文件精神，故城县成立党史资料征集编审办公室（简称党史办），隶属故城县人大常委会。1983年11月，故城县进行机构改革，隶属县委办公室。1985年根据河北省委编委文件精神，党史办升格为科局级，并定为事业单位，为中共故城县委工作机构。1990年4月，党史资料征集编审办公室更名为中共故城县委党史研究室。2014年1月，事业单位清理规范后，改为县委办公室所属股级事业机构。

主要工作 挖掘整理出故城县第一个中共党员。王其鹏（别名王其朋、王忠秀），故城三朗村人，1923年在北京大学学习期间，经罗章龙介绍加入中国共产党，后在河南郑州二七铁路大罢工运动中牺牲，年仅28岁。挖掘整理出故城县第一个中共党支部。支部书记：周浩然（周有纪、周秀五）。1926年春，在天津第一师范学校读书期间，经赵民悦介绍加入中国共产党，地点在天津英租界义庄里40号，谈话人江振环。周浩然在故城高小期教书期间，在十里铺村（周的外祖母家）建立故城县第一个中共党支部，刘格平曾受津南特委派遣巡视认可该支部。挖掘整理第一个中共故城工委（县委）。书记陈登崑，1934年在河北泊镇师范学校读书时，加入中国共产主义青年团，参加反帝大同盟和左翼作家联盟，参与领导学潮，被校方开除，回乡任教。1938年3月，组织青年奔赴南宫，参加一二九师东进纵队政治部干部训练班学习。1938年6月，经冀南特委胡一宁（扈惠民）和东进纵队闻敬宁介绍加入中国共产党。

1938年9月，筹建中共故城县工作委员会，陈登崑任书记。1939年3月，建立中共故城县委员会，陈登崑任书记。

1986年，编辑出版《中共故城县党史（1937—1949年）》第一卷约10万字，印1000册。

《中共故城县党史（1937—1949年）》《中国共产党故城历史（1949—1978）》

1983—1987年分别为中共衡水地委党史资料征集办公室编写的《千古颂》《英雄赞——衡水地区抗日斗争故事选》《纪念四二九反扫荡四十五周年资料专辑》和河北省党史资料征集编审委员会出版的专刊《党史博采》供稿。其中《纪念四二九反扫荡四十五周年资料专辑》一书，以故城党史办提供的资料为主。编写《河北省故城县组织史资料（1926—1987年）》。1985年11月始，由县委组织部、党史资料征集办公室和县档案局共同组织实施，包括党委、政权、军事、统战、群众团体五大系统，1989年年末完成自编本的修改定稿，1993年1月，河北人民出版社出版，共计365000字，印1000册。

1986年参与冀南“四二九”烈士陵园重修，并举办“四二九”反扫荡四十五周年纪念活动。征编《中共故城县党史大事记》。1987年至1990年年末，编印出《1949—1956年故城县党史大事记（征求意见稿）》，编写《1957—1960年党史大事记（初稿）》。1991年年末，整理和充实中华人民共和国成立前故城县25年党史大事记资料，编写出《1914—1927年党史大事记（征求意见稿）》和中华人民共和国成立后《1960—1966年党史大事记（初稿）》。

1990—1991年，为《河北抗日斗争故事》和省委组织部《燕赵星火》提供稿件。1992年12月，完成《故城县党史大事记（1949—1960年）（初稿）》。县委党史研究室共征集1926—1949年故城县革命斗争和党组织活动的文字史料157篇计50余万字，音像史料2盒，图片史料200余张。

1998—2005年，分别为《河北省故城县组织史资料（1998—2003）》第四卷和《河北省故城县组织史资料》第五卷供稿。

2014年，召开抗日战争时期老干部座谈会，整理抗日战争老干部回忆资料近百份。是年10月—2016年4月，启动《中国共产党故城历史（1949—1978年）》第二卷编写并完成第一稿，约30万字。2017年12月启动修改《中国共产党故城历史（1949—1978年）》第二卷。2018年1月，重印《中共故城县党史（1937—1949年）》第一卷500册。2019年年初，出版《中国共产党故城历史（1949—1978年）》第二卷，是年由河北人民出版社出版，约30万字，印3000册。

第三节　纪检监察

组织机构　中共故城县纪律检查委员会（简称纪检委）建于1951年8月，1956年改为监察委员会（简称监委），始由一名组织部部长，后由一名县委副书记兼任书记。“文化大革命”期间，停止工作。1968年9月，在县革命委员会政治部内设监察组。1971年3月，由县委组织部兼管。纪检9月重建，列为县五套班子之一。设书记、副书记各1人，有专职委员3人，下设办公室，办公室主任1人，副主任2人。1983年11月，机构改革时，设书记1人，副书记2人，常务委员4人，专职委员5人，兼职委员3人。下设办公室、信访科、检查科、审理科。1987年4月，建国、武官寨、饶阳店、郑口、故城、里老6个乡镇配备专职纪检书记，其他乡设纪检委员或纪检干事。粮食局、工商局、电力局、交通局、城建办公室、物资局、卫生局、税务局、外贸局、文教局、乡镇企业管理局、法院等设纪检组，各配备纪检组长1人，享受副科级待遇。其他科局设立专职或兼职纪检委员，享受股站级待遇，分管各自科局的纪检工作。

纪检负责党的纪律检查工作，对党员进行党

性、党风、党纪教育，受理党员和人民群众来信来访，调查处理党员违法乱纪案件，确保党的路线、方针、政策贯彻实施。

1978年，后按照党的政策，对“文化大革命”中受处理党员全面检查，为错误批斗处理的883名脱产干部职工（含非党员干部）、919名农村基层党员恢复名誉，其中，为785起冤假错案平反，对开除党籍、免登、劝退的817名党员恢复组织生活，对开除或降职的219名脱产干部（含非党员干部）重新安排适当工作。1980年以来党内出现个别党员干部以权谋私的腐败现象，经济犯罪活动上升，为此，于1984年县委成立打击经济领域犯罪活动办公室（简称打办室），由县纪检代管（打办室设主任1人，副主任2人，共有7人组成）打办室建立以来，共查处各类经济犯罪案件160起，为国家挽回经济损失900多万元。对于端正党风，遵守党纪，保证中共十一届三中全会以来的路线、方针、政策贯彻落实，保证改革开放的顺利进行，巩固和发展安定团结的政治局面发挥重要作用。

县纪检始终把群众来信来访工作列入重要议事日程，因成绩突出，1979年，被中共中央纪律检查委员会评为全国信访工作先进县。1983年11月，县纪检副书记刘森贵代表县纪检参加在北京召开的全国信访工作会议，并在会上以《加强纪检干部队伍建设，是做好信访工作的基础》为题发言。

1984—1987年，中共故城县纪律检查委员会有书记1名，副书记2名，纪检常委5名，下设办公室、纪律检查科、案件审理科、信访科。是年11月，郑口镇、建国镇设立纪律检查委员会。1988年3月，设立县监察局，时有局长1名，副局长1名，下设办公室、监察股、综合审理信访股。9月，设立行政干部违法违纪举报中心。1989年4月，在故城县范围内建立起监察组织，有32个县直部门和23个乡镇设立监察室。1989年，县廉政建设指导小组办公室，挂靠县纪委。是年，县纪委内部设置由“一室三科”改为“四室”，即办公室、纪律检查室、案件审理室、控告审诉室。1991年，域内23个乡镇均设立乡镇纪委，配备专兼职纪委书记23名。1993年4月，县纪委、监察局合署办公，编制38人。内设办公室、检查一室、检查二室、信访室、审理室、教研室、廉政建设室。1995年，增设监察综合室。1996年1月，故城县合乡并镇，23个乡镇纪委并为13个，各设书记1名，副书记2名，是年9月，党风廉政教育室改为党风廉政建设室。1997年1月，增设执法监察室和案件审计室。2000年，党风廉政建设室撤销，设立县政府纠风办和党风室。2002年，机构改革，内部设置为办公室、第一纪检监察室、第二纪检监察室、案件审理室、党风廉政建设室、行政执法监察室、信访室、审计室。县政府纠风办挂靠县纪委。2008年12月，县纪委（含监察局）编制29人，设书记1名，副书记2名；县监察局设局长1名、副局长2名（1名由县纪委常委兼任，1名民主副局长）。域内共设13个乡镇纪委、6个纪工委、4个县直纪检组。2009年增加编制5名，增设纠正不正之风办公室和宣传教育室，各配副科级主任和正股级副主任1名。2013年，全县538个村全部成立村民监督委员会，农村干部监督制约机制得到加强。2015年，按照“减少职能交叉和向执纪监督倾斜”的工作思路，对内部机构进行调整，科室由原来17个减为10个，在保持原有纪工委总数、编制不变的基础上，撤销了面向乡镇的3个纪工委，全部改为面向县直，统一名称，重新把全县39个政府部门分为6组，每组一个纪工委，分别驻6个重点部门办公，归并监督数个其他部门。2016年12月，县纪委编制52名，调整县纪检监察机关内设机构，撤销6个纪工委、监察分局，将编制和领导职数收归县纪委机关统一管理，调整机构设置，增设6个监督室，县巡察机构设在县纪委。2018年年初，按照国家监察体制改革部署，故城县如期完成监委组建工作，并于2018年2月9日正式挂牌成立县监察委员会，实现县纪委、监委合署办公，联合使用编制79名，撤销县监察局。

案件查处 1987—1989年，故城县纪检监察工作着重清理党政机关、党政干部及其子女、配偶经商办企业、以权谋私、贪污受贿、企业干部职工借欠公款、个别单位不合理招工、无偿用公车办私事等问题，共查处违纪党员44人，其中刑事处分3人、行政处分1人、开除党籍17人、留党察看3人，党内严重警告5人、党内警告15人。

1993年9月，县委制定《关于近期反腐斗争工作的实施意见》，查结一批大案、要案，集中清理和纠正群众反映强烈的不正之风，共计查办各类违纪案件339起，其中大要案104起、经济案件177起，给予党政纪处分的338人，为国家和集体挽回经济损失33.1亿元。

1998—2002年，域内各级纪检监察机关共查办违法违纪案件526件，结案518件，处分512人，其中党纪处分447人、政纪处分87人；查处科级以上干部36人，万元以上的大案207件，共挽回经济损失368万元。至2008年年末，共立案1028件，结案1028件，其中大要案66件、经济案件549件，涉及1036人，通过查办违纪违法案件，维护了党纪国法的严肃性，教育了广大党员干部，增强了人民群众同腐败现象做斗争的信心和决心。

2009—2012年，域内纪检监察机关共处分506人，其中党纪处分474人、政务处分42人、双重处分10人；处分科级干部39人。2013—2018年，纪检监察机关共处分1162人，其中党纪处分1101人、政务处分111人、双重处分50人；处分科级干部111人。

廉政建设 1987年9月，故城县制定出台《党员干部“过五关”“十不准”》。1988年开展狠刹吃喝风、清理整顿公司、清理干部建私房等专项检查。1989年9月，成立廉政建设领导小组，具体研究、安排、协调、指导廉政工作。自1989年开始，对部分干部职工在县城建私房、对管钱、管物、管人及部分执法部门以权谋私；用公款请客送礼、大吃大喝、行贿受贿，红白事大操大办；落实政策中的不正之风；职称评定中弄虚作假；机关事业单位纪律松弛；赌博等六大方面群众比较关心的热点问题，进行了认真清理整顿。1995年，对693辆干部所用摩托车摸底分类，清理公费购车22辆，清退资金1.59万元。1996年，清理县城建私房工作，收缴超面积罚款12.3万元。2002年，对党政机关、企事业单位自1999年以来购置使用小汽车情况进行了专项检查、清理，共清理小汽车135辆。2003年，在副科以上领导干部中推动定期述廉、民主评廉、及时访廉、组织考廉活动、解决廉洁自律方面存在的一些突出问题，有16名干部因公款吃喝问题受到查处。2004年，规定16名县委常委、正副县长平时全部在机关食堂就餐，全县13个乡镇和36个科局均建立机关食堂。2009年，把查办案件作为反腐倡廉建设的重要环节，增强执政能力的有效手段，预防腐败的前提条件，实行“三四五五”工程化办案管理模式，建立惩防一体办案工作新机制，充分发挥办案的治本功能。2013年，在推进故城各项事业逆势上扬、增速领先的同时，坚持把反腐倡廉建设摆上更加突出的位置，注重自身建设，制定完善了《县委常委工作责任管理制度》《县委权利公开透明运行工作机制》等7项工作制度，县四大班子带头落实中央“八项规定”精神，带头转变作风，带头廉洁自律，带头团结干事，有力促进了全县党风廉政建设和反腐败工作的深入开展。2014年，围绕落实“两个责任”，出台了《关于落实党风廉政主体责任的实施意见》和《关于落实党风廉政建设纪委监督责任的实施意见》，制定了《全县党

全县干部作风建设暨警示教育大会召开

风廉政建设责任制分解方案》。2016年，积极推进“双权双责”监控机制，专项清理单位职责权利、班子成员权利、科室岗位权利，建立公开权力目录和行权依据，树立廉政风险点3606个，指定防控措施4366个，梳理工作效能点675个。2017年，出台了《落实中央八项规定精神改进干部作风的实施办法》《加强和改进干部作风建设的十项要求》等一批常态化、长效化的机制和制度。2018年，抓好对全县学习贯彻习近平新时代中国特色社会主义新理论和中共十九大精神、党内政治生活状况、执行党的路线方针政策、落实民主集中制等情况进行监督检查，坚定不移践行“两个维护”，严肃查处违反换届纪律问题，严把党风建设意见回复关，共审核5500余人次。对全县88个单位7863名监察对象进行信息采集，一人一卷建立廉政档案，录入数据369561项，实现对行使公权力人员监督“全覆盖”。

1987—2018 年故城县党纪政务处分人员情况统计表

表 13-3　　　　单位：人

年份	处分人员				党纪处分						政务处分							受到双重处分人数	免予处分		组织措施	移送检察	刑事处理
	合计	科级	一般干部	其他人员	小计	警告	严重警告	撤销职务	留党察看	开除党籍	小计	警告	记过	记大过	降级	撤职	开除		党纪	政务			
1987	24	2	6	16	24	5	2	1	2	14	3	0	0	0	0	0	0	3	—	—	—	—	—
1988	2	0	0	2	2	2	0	0	0	0	0	0	0	0	0	0	0	0	—	—	—	—	—
1989	16	2	7	7	16	8	3	1	1	3	0	0	0	0	0	0	0	0	—	—	—	—	—
1990	7	1	3	3	7	4	2	0	1	0	0	0	0	0	0	0	0	0	—	—	—	—	—
1991	21	0	10	11	21	5	4	0	5	7	0	0	0	0	0	0	0	0	—	—	—	—	—
1992	13	3	3	7	13	4	1	1	1	6	1	0	0	0	0	1	0	0	—	—	—	—	—
1993	11	0	3	8	11	1	3	0	1	6	1	0	0	1	0	0	0	0	—	—	—	—	—
1994	30	5	5	20	30	3	2	2	5	18	1	0	0	1	0	0	0	1	—	—	—	—	—
1995	8	3	3	2	8	1	3	0	2	2	0	0	0	0	0	0	0	0	—	—	—	—	—
1996	2	1	12	9	12	0	4	1	5	2	0	0	0	0	0	0	0	0	—	—	—	—	—
1997	32	0	17	15	32	6	6	4	10	6	0	0	0	0	0	0	0	0	—	—	—	—	—
1998	120	5	37	78	100	35	30	5	8	22	22	3	1	1	0	6	11	11	—	—	—	—	—
1999	94	10	28	56	75	21	28	3	14	9	17	2	3	2	6	2	2	2	—	—	—	—	—
2000	89	7	13	69	77	30	24	3	12	8	20	0	7	5	2	2	4	4	—	—	—	—	—
2001	98	2	15	81	90	39	29	4	11	7	12	1	4	2	2	0	3	3	—	—	—	—	—
2002	102	6	34	68	95	58	22	6	6	3	10	2	4	2	0	0	2	2	—	—	—	—	—
2003	106	8	25	73	97	41	32	4	9	11	10	0	7	2	0	0	1	1	—	—	—	—	—

续表 13-3

年份	处分人员				党纪处分						政务处分							受到双重处分人数	免予处分		组织措施	移送检察	刑事处理
	合计	科级	一般干部	其他人员	小计	警告	严重警告	撤销职务	留党察看	开除党籍	小计	警告	记过	记大过	降级	撤职	开除		党纪	政务			
2004	107	5	97	55	97	44	29	6	7	11	12	2	6	2	0	0	2	2	—	—	—	—	—
2005	108	6	43	59	92	56	22	7	3	4	18	1	10	3	2	1	1	1	—	—	—	—	—
2006	102	9	18	75	99	43	32	4	9	11	10	0	7	2	0	0	1	1	—	—	—	—	—
2007	107	5	47	55	97	44	29	6	7	11	11	1	6	2	0	0	2	2	—	—	—	—	—
2008	108	6	43	59	92	56	22	7	3	4	17	1	10	3	1	1	1	1	—	—	—	—	—
2009	106	8	36	62	90	30	46	9	4	1	17	2	0	14	0	0	1	1	0	0	0	0	1
2010	134	10	27	97	131	67	56	4	2	2	3	0	0	3	0	0	0	0	0	0	0	0	1
2011	141	11	13	117	138	69	62	1	1	5	7	3	1	3	0	0	0	4	0	0	0	1	5
2012	125	10	22	93	115	41	66	4	0	4	15	9	5	0	0	1	0	5	0	0	0	2	3
2013	99	8	10	81	92	39	31	3	7	12	12	5	0	3	0	4	0	5	0	0	1	8	3
2014	148	17	36	95	142	85	39	8	8	2	18	4	1	2	7	1	3	12	3	1	2	0	3
2015	200	17	35	148	181	80	57	12	16	16	27	7	7	1	3	7	2	8	2	0	0	5	8
2016	233	28	45	160	216	95	55	7	17	42	26	13	4	0	1	8	0	9	1	0	0	0	41
2017	242	25	21	196	236	130	56	6	17	27	14	6	0	0	2	3	3	8	0	0	40	4	17
2018	240	16	47	177	234	116	66	2	6	44	14	3	3	0	2	4	2	8	1	0	31	3	29

说明：表内“—”为无统计数字

1980—2018年故城县历任纪委书记一览表

表13-4

姓 名	职 务	任 期	籍 贯
田宝庭	县委常委、县纪委书记	1980.4—1984.3	故城县辛庄乡北官庄村
刘石营	县委常委、县纪委书记	1984.10—1989.11	故城县房庄乡乜宁村
耿国英	县委常委、县纪委书记	1989.11—1991.6	冀县漳淮乡中冯迎村
张孟元	县委常委、县纪委书记	1991.9—1995.12	武强县孙庄乡法台村
杨宝达	县委常委、县纪委书记	1995.12—1996.12	枣强县恩察镇杨黄洼村
宋英璞	县委常委、县纪委书记	1997.3—2000.6	安平县安平镇北张活村
王亚杰	县委常委、县纪委书记	2000.6—2002.2	安平县马店乡马店村
王亚杰	县委常委、县委副书记、县纪委书记	2002.2—2007.5	安平县马店乡马店村
何印强	县委常委、县纪委书记	2007.5—2011.8	衡水市阜城县
左俊勇	县委副书记、县纪委书记	2011.8—2013.4	衡水市阜城县
刘素云	主持纪检工作	2013.4—2013.12	衡水市景县
林 丰	县委常委、县纪委书记	2013.12—2016.1	衡水市枣强县
刘 帅	县委常委、县纪委书记 县委常委、县纪委书记、县监委主任	2016.1—2018.2 2018.2—2019.7	张家口市康保县
金永建	县委常委、县纪委书记 县监委副主任、县监委代主任	2019.7—	衡水市饶阳县

政务公开 1996年，县委常委扩大会议研究制定出《中共故城县委关于加强乡（镇）村政务公开活动的实施方案》，确定由县委书记负总责，由县纪委牵头主办，成立县委政务公开领导小组，抽调相关10个部门的得力干部人员组成办公室，13个乡镇、538个行政村全部建立相应的政务公开组织。28名县级干部分包13个乡镇，并就乡、村两级政务公开阵地建设、公开内容、公开程序、档案管理及村民监督，作出全面部署，提出具体要求。1998年，县委、县政府制定年度政务公开工作实施方案。公开内容包括：村务活动公开、乡镇政务公开、“七所八站”公开、县直部门公开。除上级明确规定保密事项外，其他工作均列入公开内容。各村、各所站、各乡镇和县直部门都要建立与要求公开内容相适应的永久性政务公开栏，公开时间故城县统一为每季度一次，同时各单位都成立公开领导小组和监督小组，并制定有关公开的规章制度。按照县委、县政府的部署和要求，13个乡镇、县直部门及27个重点部门的96个下属事业单位实行政务公开，公开内容涉及政务公开领导小组名单、财务收支、政务开展情况、计划生育和举报电话等内容，并设立意见箱，自觉接受群众监督。2008年，全县推行政务公开的部门达55个，除13个乡镇外，县级政务公开工作按照上级有关文件要求完善落实。

2007—2009年，实行税费定额征收公开试点在县城内全部铺开。将行政职权项目名称、实施的法律依据、收费的依据及标准、每项权利的流程图及办理时限全部公开。2011年，坚持落实好“阳光行政、全方位公开”原则，积极推行政务公开示范工程，统一和规范了公开内容和程序，确定了15个政务公开示范点。对各乡镇、各部门的政务公开工作实行监察部门台账化管理和群众监督举报“双结合”，增强了群众的知情权、参与权和监督权。

第四章　历次重大政治运动

中华人民共和国成立后，曾先后多次开展政治运动。历次运动对故城社会和人民生活影响巨大。

第一节　“镇反”

1950年开展镇压反革命运动（简称镇反）时，县建立镇反领导小组，各区、村均建立相应组织。1950年10—12月共捕获反革命分子118人，其中处决14人。另管制168人。1955年县公安局作出《关于继续深入镇压反革命和严厉打击各种犯罪分子的破坏活动，保卫中心工作顺利进行实施的计划》，同时制定《关于1955年逮捕修订计划》。

对大案、要案公安机关组织力量侦查、破获。抗日战争期间，伪警备队长阎某珍效忠侵华日军，组建自卫团，发展伪军700余人，多次带领伪军伙同日军“扫荡”抗日根据地，残害抗日干部群众。解放郑口时，阎某珍负隅顽抗，曾打死一名劝其投降的伪军队长。郑口解放后，将其逮捕，在押往衡水专署途中，他逃跑，潜逃天津等地。1951年2月16日公安机关于天津将其捕获归案，是年3月15日将其处决。

第二节　“三反”“五反”运动

1951年6月始，中央人民政府根据中共七届三中全会决议，对已有工商业进行合理调整，市场出现一片繁荣景象，不仅国营经济迅速发展，资本主义工商业亦有较大发展。但伴随资本主义工商业发展，资产阶级唯利是图、损人利己、投机取巧的本质和发展资本主义的强烈愿望充分暴露出来，为牟取暴利，采取一切不法手段，危害国家建设，破坏抗美援朝，给人民生活造成严重困难。同时在资产阶级糖衣炮弹的袭击下，共产党和国家机关部分工作人员滋长贪污、浪费和官僚主义之坏习气。资产阶级的猖狂进攻，在经济上、政治上给党和国家造成很大危害。据此，中共中央决定在全国范围内掀起大规模的“三反”（即反贪污、反浪费、反官僚主义）和“五反”（即反行贿、反偷税漏税、反盗骗国家资财、反偷工减料、反盗窃国家经济情报）运动。

根据中共中央关于“五反”运动主要在大、中城市进行，县以下开展“三反”运动的指示精神，故城县主要开展“三反”运动，“五反”运动在工商业部门中仅限于学习、宣传，未深入进行。

“三反”运动先后分两次进行，首先县直单位于1952年1月中旬开始，至6月结束。县直机关干部和工作人员377人参加运动（中共党员186人）。根据中共中央指示精神和《人民日报》社论“三反”运动必须充分发动群众，形成一个广泛的群众运动的要求，中共故城县委员会（简称县委）多次开动员大会，学习上级文件精神，进行组织发动。“三反”运动分三阶段进行。第一阶段，1952年1月中旬至2月中旬，为学习发动阶段，同时从贪污、浪费、官僚主义三方面进行批评和自我批评。第二阶段，1952年2月下旬至3月底，为集中全力开展反贪污斗争阶段，结合群众来信来访和个人自查，重点围剿大贪污分子，即打“老虎”（“老虎”系有严重贪污行为之人）阶段（时定贪污千元以上者为“老虎”，系重点对象）。第三阶段，1952年4月至6月28日，为查赃、定案处理阶段。

县直机关“三反”运动时间虽短，但激烈、迅猛。运动中查出有较大贪污者共196人（千元以上者4人、百元以上者49人、百元以下者143人），其中中共党员干部93人属自我交代，有政治经济问题的133人。“三反”运动清查出各种贪污和盗骗国家资财共计折款23777.4元。此间，开除党籍9人、留党察看2人、党内警告19人、行政处分50人、撤职10人、刑事处分2人，其他未进行处分。

以运动揭发问题之性质可分五种情况：贪污腐化、假公济私，如县供销社9名科级干部，均有贪污行为，其中供应科某副科长先后贪污1300余元，挪用公款2230元供己非法使用。铺张浪费，如县委某会计3年共吃喝浪费600余元，加各区浪费全县共3058元。在干部政策上和组织手续上有严重问题。吃请受礼，勒索群众，如公安局共有干部32人，除5人外，其余人员多有吃请问题，其中多者达200余次，少者六七次。投机经营、放高利贷，如县委某干部用贪污的250公斤小麦放高利贷，得利息（麦子）175公斤。

运动中本着自查问题从宽、被揭发问题从严、处理定案从宽的原则，做到严肃与宽大相结合，惩治与改造相结合。因政策得力，县直机关“三反”运动健康发展，但也存有一定问题，在运动第二阶段出现急躁情绪和逼、供、信等现象。未久，诸类现象得以纠正。

在县直机关“三反”运动取得经验教训基础上，于1952年11月全县区级结合整党进行“三反”运动，将生产、财政干部，全部集中到县学习，整党与“三反”同时进行历时一个月，步骤大体与县相同：首先学习文件提高认识，其次批评与自我批评，再次交代处理问题，最后思想、政治鉴定。区级“三反”运动中未提“打虎”口号，亦未采取分配“老虎”数额方法，运动健康发展。

第三节 “肃反”运动

1955年下半年，在社会主义改造高潮即将到来之际，残余的反革命分子的破坏活动又现抬头之势，他们采取各种手段从事破坏活动。某些部门还暗藏着一些反革命分子，有的已混入党和政府机关。据此，是年7月1日，中共中央发出《关于展开斗争肃清暗藏反革命分子的指示》，根据中共中央指示，故城县于1955年7月—1959年4月先后分五批进行“肃反”运动（即肃清暗藏的反革命分子运动）。“肃反”运动主要在国家机关、人民团体和共产党、各民主党派内部进行。为加强对运动的领导，中共故城县委建五人小组，领导全县“肃反”运动。县委副书记吴奇珍为“肃反”专管书记兼五人小组组长，五人小组其他成员：组织部部长刘福祥、法院院长武忠会、检察院副检察长田宝庭、公安局副局长曹登山。各单位亦建以党支部书记为组长的领导小组，专门领导各单位的“肃反”运动。

1955年4月20日至1956年4月24日，在县直财贸系统、郑口中学等单位开展第一批“肃反”运动。1955年4—7月，主要进行调查摸底。8月5日始，集中发动。经调查摸底、学习发动、检查揭发、小组斗争、甄别定案等阶段，查出反革命坏分子12人，经上级批准逮捕1人、判处劳动教养2人、开除公职2人、免予处分7人。

1956年7月15日至10月25日在区乡级财贸系统、县直工厂、全县小学（全体教职员工）和中学（教员职工）等单位开展第二批“肃反”运动。有11人被定为反革命分子，其中逮捕2人、管制劳动4人、开除公职5人。

1957年3月22日至6月30日在县级党政群团系统、乡级党政群团系统等单位开展第三批“肃反”运动，查出反革命分子3人，均判处劳动教养。1958年4月20日至6月30日在公私合营企业、县手工业社、县运输队、县搬运公司、县剧团、县电影队、民办中小学、联合诊所等单位开展第四批“肃反”运动。有少数人被定为反革命坏分子，其中逮捕4人、判处劳动教养3人、开除公职2人、劳动管制1人、免予处分4人。

1958年9月，县委五人小组进行调整，县委副书记李升才为“肃反”专管书记兼五人小组组长，其他成员为监委副书记吕勇为、组织部部长张志、财贸部长孙健、检察院副检察长田宝庭。

1958年4月4日—1959年4月14日，开展第五批“肃反”运动。列入第五批“肃反”运动的单位有县搬运站、县运输社、新建的县级工厂、郑口中心商店所属的工厂、乡级（公社）工厂、乡（公社）医院、中小学（新增加人员，包括民办中小学）、信贷部、经济企业部门合并升级和新增人员，经甄别定案，23人被定为反革命分子。1959年4月中旬，做以下处理：逮捕2人、开除公职4人、开除管制3人、留用管制2人、免予处分12人。

此次运动，使广大干部群众受到一次阶级斗争教育，识别反革命分子、划清敌我界限能力增强，政治思想觉悟提高。但因运动发展迅速，材料准备不足，缺乏经验，未能严格划清反革命问题同政治历史问题、政治问题同思想问题界限，以致发生斗争面过宽等现象。未久，此偏向得到甄别后平反并妥善处理。

第四节 “整风反右”运动

1957年4月27日，中共中央发出《关于整风运动的指示》，即在全党进行以正确处理人民内部矛盾为主题，以反对官僚主义、宗派主义、主观主义为内容的整风运动。此间极少数资产阶级右派分子利用整风机会，乘“大鸣大放”之机向共产党、社会主义制度放肆地发动进攻，诬蔑攻击社会主义制度。随即，展开反对资产阶级右派分子进攻的运动（时称“整风反右”运动）。

根据上级“整风反右”运动方针政策，中共故城县委作出《关于县级开展“整风反右”运动的计划》，建立7人组成的“整风反右”领导小组，下设5人组成的办公室。

县直党支部分批“整风反右”。中学、业校、卫生院、兵役局、法院、检察院、公安局等7个单位为第一批；县供销合作社、县手工业社、百货、纺织品、煤栈、邮电局等为第二批；粮食局、人民银行、县委、县人委和运输站、汽车站为第三批。

农村基层的“整风反右”运动与县直机关同时进行，县委抽调60余名干部深入农村指导运动。为取得经验以点带面，确定刁孝子为试点村。全县农村255个党支部亦分期分批进行，73个村为第一批，182个村为第二、第三批。

“整风反右”运动自1957年5月29日始，至1958年8月结束。前后经过鸣放、辩论、反右派斗争、“双反”（反浪费、反保守）反省检查四阶段。第一阶段共提意见15474条，涉及各方面，其中有13581条属正确，有47条系存有模糊认识，有1846条为错提，运动中对右倾保守思想提出批评，对贪污浪费进行揭发批判，对不合理的规章制度提出修改意见。

第五节 “四清”运动

“四清”运动即在农村开展的社会主义教育运动（简称社教运动或四清运动）。“四清”运动分粗线条和细线条两个阶段，各有重点。粗线条以清经济为主（清工分、清账目、清财物、清仓库）。细线条转入以清政治为主（清政治、清经济、清组织、清思想），运动后期逐步提高到两个阶级（无产阶级与资产阶级）、两条道路（社会主义道路与资本主义道路）的斗争高度上来，造成阶级斗争扩大化。

1964年1月8日，中共故城县委在农村工作部建“四清”运动办公室，设主任、副主任各1人，共11人组成。办公室对“四清”工作进行及时总结引导，发现问题及时解决。同时县委组织17名干部，由县委副书记李锐锋挂帅，分别到梧茂、郑口、青罕、原隰等公社开展“四清”试点工作，及时总结经验，在全县各公社推广。按照县委部署，1964年1月11—21日，首先在梧茂公社试点，召开公社三级干部和贫下中农代表会。公社党政全体干部、公社企事业单位负责人、生产大队（简称大队）党支部书记、支部委员、大队长、会计、共青团书记、妇联会主任、治保主任、民兵连长、生产小队（简称小队）长、政治队长、小队会计等参加会议，并吸收大队贫下中农委员会专职副主任和小队贫下中农代表参加会议。与会人员主要学习和讨论“前十条”[中共中央《关于目前农村工作中若干问题的决定（草案）》]、“后十条”[《关于农村社会主义教育运动中一些具体政策的规定（草案）》]（又简称“双十条”）进行社会主义教育，提高广大干部的阶级觉悟，联系实际揭盖子，个人“洗手洗澡”放“包袱”。一般干部重点检查，书记、主任逐人检查，与会干部和贫下中农代表采取自由结组，背靠背、面对面个别谈话，重点发动，写条子等方法，实行教育为主，处分为辅，区别情况，分别对待，批判退赃从严，组织处理从宽，抗拒从严，坦白从宽的政策原则。从经济上，着重清理1963年来的贪污、盗窃、浪费、超支、挪用、多吃多占、占便宜、受贿、索要等问题。后全县各公社效法试点公社办法，先后开展“四清”运动。

1964年3月中旬，县委抽调271名干部参加粗线条“四清”工作队，进驻试点大队，县委书记、县委常委和部、科、局第一把手，全部蹲点指挥运动。9月22日，县委召开三级干部会议，传达中共中央和地委工作会议精神，学习讨论中共中央《关于农村社会主义教育运动中一些具体政策的规定（修正草案)》，要求搞好“四清”运动。12月30日，县委召开由1700余名贫下中农代表参加的会议。会上，县长杜健作《认真贯彻阶级路线，紧紧依靠贫下中农，彻底搞好社会主义教育运动》动员报告。

1965年1月上旬，全县普遍进行粗线条“四清”运动，至3月下旬，共揭发出犯有“四不清”错误的干部16732人，其中县级干部423人、公社级干部1510人、大队和小队干部14799人。共贪污粮食和粮票3997794.5公斤、布和布票112475米、现金385219元、其他实物折款337730元。8月上旬，县建“四清”工作团，由县委书记赵望林任团长，于馨任党委书记、张治平任政委。同时分别于饶阳店、辛庄、故城、青罕、郑口、夏庄、里老、祖杨、武官寨、房庄、赵行、小庙、杏基等13个公社建“四清”分团，分团设政委、分团长。各大队建工作队，设工作队长、指导员。1965年8月16日，县“四清”工作团召开贫下中农代表和三级干部联席会，与会代表4509人，会期5天。会上，“四清”工作团政委张治平作“四清”工作报告，强调“四清”重点解决的四个问题一是放手发动群众，解决县、社干部中政治、经济、思想、组织方面存在的“四不清”问题；二是打退资本主义的进攻，清除资产阶级思想影响；三是整顿组织，精简机构，建立健全革命化的领导核心；四是反官僚主义，改革不合理规章制度。会议期间“四清”工作队员学习中共中央《农村社会主义教育运动中目前提出的一些问题》(“二十三条”)，县委书记赵望林、县长杜健在会上首先做“洗澡”检查。会后各公社书记、社长均在公社贫下中农代表大会上做“洗澡”检查，代表们分组讨论、揭发问题。至9月21日，县、社两级共清出贪污、盗窃、投机倒把、多吃多占、超支挪用共折款336700元（其中实物折款5万元）、粮食11350公斤、粮票2万公斤、布和布票8333米。

1965年9月始，先后由北京广播学院部分师生、天津南开大学物理系、外文系师生到县参加农村“四清”工作，加上故城县党政干部共923人。9月12日，“四清”工作团再次对“四清”队员培训10天，全体队员深入学习中央“二十三条”，结合学习“双十条”、华北局“二十条”和省委有关文件，以中央政策武装头脑，统一思想，明确认识。

1965年11月13日，各“四清”分团召开万人大会，全县农村细线条“四清”运动开始。时有饶阳县、安平县及故城县数百名领导干部带队参加。细线条“四清”于农村采取梅花式布点，分两期进行。第一期，1965年11月—1966年4月“四清”工作队进驻264个大队，占全县大队总数的47.8%，小队1546个，占全县小队总数的66.4%，投入“四清”的队员达4601人，第二期，1966年4—7月工作队进驻283个大队，782个小队，每大队均5～7名工作队员，每小队均2名工队员。细线条“四清”工作队进村后，首先组织阶级队伍，以成分好、劳动好、历史好、品质好、群众关系好为阶级队伍的基本条件，建立贫下中农协会筹备委员会（简称贫协）。后大队、小队干部“洗手洗澡”、放包袱、解疙瘩，自查“四不清”问题，再由贫下中农或社员大会讨论，充分发动群众，分小组背靠背提意见。同时建立查账班子，实行账内查与账外查、全面查与重点查相结合，做到账目、单据、实物“三对口”。对干部检查和揭发的问题查证落实后，工作队即召开忆苦思甜会，干部群众共同总结清算“四不清”在政治、经济上带来的危害，挖根子，查上当，进行阶级归队，思想归队。对已确认的经济问题，有条件者一次彻底退清，暂无条件者分期分批退赔。对退出款物，除适当留一部分支持生产外，其余部分按其队分配办法全部分予社员。

在农村“四清”运动中，犯有“四不清”错误者计20290人，占干部总数的76.1%。从经济方面，共清查出贪污多占粮食2.5万公斤，款294万元。从政治方面挖出有严重历史问题者97人，其中反革命子63人（特务14人、反动党团骨干3人、顽伪军31人、反动道首15人)。地、富、反、坏分子共缴出大枪2支、短枪8支、子弹279发、手榴弹1枚、刀剑5把、地契682张、家谱186部、银币682元、金戒指1个、元宝2个、铜币440元、赌具50副。对上述物品，“四清”工作团按政策规定进行处理。全县对885名党员进行清查，共清除蜕化变质及不够党员条件者1274人（开除360人、清洗37人、劝出420人、不予登记457人)，占党员总数的14.3%。

1966年2月26日，县“四清”工作团在郑口小礼堂举办阶级斗争展览，后分期到房庄、里老、夏庄、故城、辛庄、祖杨、武官寨、饶阳店、原隰等公社及机场巡回展出，共展出62天，78481人次受到阶级教育和路线教育。

“四清”运动中，驻村工作队员纪律极严，他们发扬老八路作风，严格执行“三大纪律、八项注意”，坚持与群众同吃、同住、同劳动、同搞运动，轮流到户吃派饭。访贫问苦，帮助生产队建俱乐部，教唱革命歌曲，学习毛主席著作，组织青年编排文艺节目，搞板报宣传。“四清”运动中发展新党员4639人。至1966年7月运动基本结束。

第六节　“文化大革命”

1966年5月16日，中共中央政治局扩大会议发出《中国共产党中央委员会通知》，即“五一六通知”，“文化大革命”正式开始。

5月中旬，中共故城县委号召全县广大干部群众，认真学习《解放军报》的《千万不要忘记阶级斗争》和《高举毛泽东思想伟大红旗，积极参加‘文化大革命’》两篇社论，集中力量，采取多种形式向“三家村”（邓拓、吴晗、廖沫沙）开火。随即向郑口中学派驻工作组，协助学校领导“文化大革命”。6月1—2日，《人民日报》连续发表《横扫一切牛鬼蛇神》《触及人们灵魂的大革命》社论。郑口中学全体教职员工及学生在工作组的组织下收听广播，读学报纸并开展大讨论。贴有决心书、挑战书的各种专栏校园内到处可见。6月25日郑口中学停课，开始“停课闹革命”。学校建“文化大革命领导小组”，各班遂建立相应组织。在工作组指挥下，以批判资产阶级反动教育路线为由，展开一场“联系实际，触及灵魂，引火烧身，向资产阶级反动教育权威开火的革命大批判”。一日之间，大字报满墙，具有丰富教学经验，已桃李满天下、受人尊敬、为教育事业做出突出贡献的语文教师王济民，首先遭到攻击诬蔑。一批教师相继遭到批判。

1966年年初，中共故城县委建“文化大革命领导小组”（后称官办文革）。是年8月8日，中共中央发布《关于无产阶级文化大革命的决定》，即“十六条”，全校教职员工及学生进行学习讨论，集体收听新闻广播，工作组和“文化大革命领导小组”进行宣讲。在校“文化大革命领导小组”领导下，有组织、有计划地建立和发展红卫兵，对师生进行分类，将所谓“根正苗红”（即工人、贫下中农、雇农出身者谓之）的师生发展为“红卫兵”，其他师生则被排斥在外。师生之间、学生之间、教师之间，思想上产生隔阂，对立情绪日渐增大。8月18日，毛泽东主席在天安门接见首都参加庆祝“无产阶级文化大革命”大会的百万群众。县第一批“红卫兵”部分师生在驻校工作组带领下，赴北京接受毛泽东主席检阅，8月22—29日《人民日报》连续发表报道，称“红卫兵”“破四旧”（破“资产阶级旧思想、旧文化、旧风俗、旧习惯”）“立四新”（立无产阶级新思想、新文化、新风俗、新习惯）活动为革命行动，予以支持。是时，故城县“红卫兵”及群众组织随之掀起“破四旧”“立四新”“横扫一切牛鬼蛇神”高潮，随即抄、砸、烧、掘坟之风四起。凡属“五类分子”（地、富、反、坏、右）均被抄家；古书、字画、唱片被禁，文物古迹被毁；书店仅售《毛泽东选集》《毛主席诗词》，及有关“文化大革命”的小册子等，大部书籍被查封；养花喂鸟视为资产阶级生活方式；男人穿尖皮鞋，留大背头，妇女蓄长发、辫子均在被扫之列。妇女不敢搽粉涂膏、穿花衣服，男女一律留短发、着军服、戴军帽、腰系武装带。自此，学校无政府状态迅速向社会蔓延。9月中旬，城乡中小学、机关干部、工厂、企业相继建“红卫兵”组织；是时，农村各生产大队亦建“文化大革命领导小组”，“红卫兵”已发展到2万多人。各基层单位“文化大革命领导小组”取代党政领导机构。“红卫兵”开始揪斗教师、学校领导及各级干部。是时，车站及主要街道路口有“红卫兵”或“红小兵”站岗设卡，不背诵几段《毛主席语录》不得通过，打电话、买商品、上下车打招呼，也以背诵“最高指示”（《毛主席语录》）代之。10月21日，新华社报道大连海运学院“红卫兵”徒步赴京串联消息后，县内各中学“红卫兵”亦组织“长征队”纷纷赴北京、延安、韶山、井冈山、瑞金等地串联。串联队伍自发组织，自由结合，自定路线，走奔大江南北，长城内外。由开始徒步发展为乘车，由食宿交款变为免费。各主要交通路口均设供水站，大多机关、学校成为“红卫兵”接待站。11月底，名目繁多的“战斗队”“造反团”纷纷建立。各“造反”组织自行组织力量推荐领导。全县各小学亦建“红小兵”组织，给教师贴大字报，亦名造老师反。农村各生产队“造反”组织应运而生，农村老干部受到冲击。是月，中共故城县委在县供销社二楼会议室召开县直科局长以上干部会议，县委书记赵望林传达衡水地区会议，要求干部学习冀县县委书记孙华峰“三不倒”（斗不倒、压不倒、打不倒）精神，要顶住“红卫兵”冲击，保护好国家机密，保护好首长安全。

1967年1月，郑口中学建“毛泽东思想红卫兵”和“北京公社红卫兵”两大派学生组织。是时，天津南开大学学生朱殊等带领饶阳店中学、房庄中学、十二里庄中学部分学生，来县城“造反”。1月9日，“造反”学生以“绝食斗争”向县委施加压力，迫使县委答应各种“造反”要求。同月29日，朱殊等带领一批“造反派”到县委、县人委抢走机关的所有公章，谓之“夺权”。旋即各公社、大队先后被“夺权”，全县陷入一片混乱。各级党政领导机构彻底瘫痪，领导干部靠边站，县委书记、县长均系所谓“走资本主义道路的当权派”（简称“走资派”）。4月1日，《文汇报》《人民日报》发表有关“革命大批判”社论，全县掀起“革命大批判”热潮，两派组织争先恐后到处游斗“走资派”。大字报、漫画霎时糊满大街小巷，并以张贴大字报张数、面积为各派“革命性”与否的标准。致使大字报朝贴暮盖，满街废纸飞扬。8月，故城县先后建立“无产阶级联合司令部”和“红色政权”两大社会派系组织（分别简称“联司”“红政”），原“北京公社红卫兵”为“联司”主力，原“毛泽东思想红卫兵”为“红政”主力。

社会群众组织分为两大派系后，各自标榜自己的观点正确，相互间辩论、围攻夜以继日，尤其逢郑口大集之日，两派头头站于街中心桌子上相互攻击，各自为该派辩说，表白该派为捍卫毛主席革命路线的革命派，围观群众也各自为该派呐喊助威。各种“传单”“号外”在街道人群中飞扬不息，高音喇叭震耳欲聋。

是年9月9日，经河北省革命委员会批准，建故城县革命委员会（简称革委会），于郑口中学体育场召开万人庆祝大会。9月中旬，各公社、大队均建革委会或革命领导小组，在“工人阶级必须领导一切”口号下，贫下中农管理委员会和工人组织的毛泽东思想宣传队进驻学校、工厂。10月，因部队换防，由2577部队接替3564部队“支左”工作。至12月全县各中学在校生全部“毕业”回家，“接受贫下中农再教育”。

1969年4月1日，中共九大召开，全县各级革委会及群众组织进行大规模游行庆祝，男女老幼手执“向阳花”、肩扛毛主席巨幅画像，擎着横幅标语、彩旗，口号阵阵，锣鼓喧天，载歌载舞，规模空前。之后，“三忠于”（永远忠于毛主席、忠于毛泽东思想、忠于毛主席的革命路线）、“四无限”（无限热爱伟大领袖毛主席、无限忠诚伟大领袖毛主席、无限信仰伟大领袖毛主席、无限崇拜伟大领袖毛主席）活动达到高潮。机关、工厂、学校、街道大多墙壁涂成红色，书以《毛主席语录》，时称“红海洋”（喻“全国山河一片红”之意）。较大机关院内塑有毛主席像。文艺活动以唱“革命样板戏”（《智取威虎山》《沙家浜》等）、语录歌、跳“忠”字舞代之，佩戴毛主席像章风靡一时。各单位、各生产队“早请示”“晚汇报”盛行（即早饭前面对毛主席像，述说一天活动计划，晚饭前对一天工作和思想情况进行总结汇报），如做有错事，晚上面对毛主席像做检查。多数日用商品及包装上印有“最高指示”或毛主席头像。1969年8月24日，县直机关召开全体干部职工大会，传达中共中央关于制止武斗，促进联合的布告。同月27日，县革委会发出收缴武器的号召。先后由机关单位缴出大枪5支、子弹322发、手榴弹14枚、长矛枪头和匕首50个、地雷3枚、枪支零件1批；由个人缴出长短枪8支、土炮2门、子弹148发、手榴弹172枚、凶器31件和其他军用物资1批。

同时，县建斗批改办公室，共15人组成，由县革委会主任王瑞璞挂帅。县抽调1228名宣传队员分两批进驻大队，第一批14个公社369个大队，第二批9个公社178个大队，开展农村斗、批、改运动。此运动共揪斗59人定案处理131人，属敌我矛盾按人民内部矛盾处理12人，定人民内部矛盾100人、开除公职3人、受记过处分13人；有经济问题369人，共计贪污公款46684元。

1970年2月，全县开始“一打三反”（打击反革命破坏活动，反贪污盗窃、反投机倒把、反铺张浪费）运动。此运动共揪斗重点人2081人，其中捕判102人、管制和戴帽35人，敌我矛盾按人民内部矛盾处理5人，属人民内部矛盾1316人。是年8月27日，县革委会在十二里庄中学举办毛泽东思想学习班，历时90天。县400多名干部职工参加，解决一些干部职工的所谓政治思想问题，其实质为再次整干部，搞人人过关，时称“下楼解放”。

始于1974年的“批林批孔”运动与1976年“批邓（小平）反击右倾翻案风”，全县仅限于面上一般宣传。

1976年10月，粉碎江青反革命集团，“文化大革命”结束。

第十四编 人民代表大会

故城县人民代表大会是故城县地方国家权力机关。1949年故城县实行各界人民代表会议。1951年县第二届各界人民代表会议代行人民代表大会职权，选举县人民政府领导成员。

中华人民共和国成立后至1954年，共召开3届各界人民代表大会。1954—1968年，召开第四、五、六届人民代表大会。

自1980年第七届人民代表大会始，八届、九届、十届每隔三年召开一次。1993年第十一届人民代表大会始每隔五年召开一届代表大会。1993—2017年，故城县召开六届人民代表大会。

历届县人大及其常务委员会依法行使国家和人民赋予的各项职权，积极推进社会主义民主法治建设，保障国家宪法、法律法规和各级人大决议、决定的正确实施，促进全县国民经济健康、持续、快速发展和社会全面进步。通过认真贯彻落实国家各项法律法规，坚持和完善人民代表大会制度，为推进民主法治建设发挥了重要作用。

第一章 代表选举 历届大会

1954年始实行人民代表大会制度，县乡两级均称人民代表大会。“文化大革命”期间，县、公社两级人民代表大会活动停止，1980年4月恢复。

1980—1993年，县人民代表大会三年一届。1993年起，改为五年一届。至2017年共召开16届人民代表大会。在贯彻落实国家法律法规，完善人民代表大会制度，推进全县民主法治建设过程中取得了明显成效。

第一节 代表选举

县各界人民代表会议代表，按照1949年12月2日中央人民政府委员会第四次会议通过的《县各界人民代表会议组织通则》第四条有关规定，在中共故城县委领导下，通过工会、农会、青年团、妇联会、工商联等群众组织和民主党派、社会人士民主协商产生。

1954年实行普选，普选前建立选举委员会。按1953年2月11日中央人民政府委员会第二十次会议通过《中华人民共和国全国人民代表大会及地方各级人民代表大会选举法》（以下简称《选举法》）规定，选出县、乡两级人民代表大会代表。县人民代表会议代表选举，自第一届至第五届均采用间接选举方式产生，即由乡（公社）人民代表大会选出县人民代表。自1980年第七届人民代表大会始，县人民代表采用直接选举方式产生，即由选区选民直接选举县人民代表。公社、乡（镇）人民代表会议代表由该公社、乡（镇）选民直接选举产生。

县人民代表具有广泛代表性，各界代表占有一定比例。

县乡（镇、公社）人民代表大会代表有提出议案权利，发言和表决不受法律追究，有参与罢免国家机关主要领导成员的权利。并有模范遵守宪法和法律，听取反映人民意见、要求，保守国家机密，协助实施宪法和法律的义务和责任。

依据《选举法》规定：县人大常委会由代表选举产生。

选举程序大体分四个步骤：

第一步，建立领导组织和办事机构，制定实施方案，层层召开会议进行具体部署，搞好宣传发动，划分选区，登记选民。县人民代表大会换届选举时，由县人大常委会任命选举委员会。选民登记、人大常委会代表选举等换届选举中的重大事项都在选举委员会的领导下进行。选举委员会，由县委、人大常委会的领导人及有关部门负责人组成。选举委员会下设办公室，作为选举委员会的办事机构。各乡镇及县直单位建立选举领导小组，作为县选举委员会的派出机构，负责主持各区域和各单位、各系统的选举工作。县选举委员会受县人大常委会领导。选民登记以上届选举时的选民名册为基础，注销迁出各选区、死亡和依法被剥夺政治权利者的名单，增登上新满十八周岁、从外地迁入和恢复政治权利者的名单。

第二步，代表名额分配、公布选民名单、提名协商和酝酿人大常委会代表候选人，并按规定日期分别张榜公布选民名单和提名推荐的代表候选人名单及确定的正式代表候选人名单。

第三步，选举县级人大常委会代表工作。在选民直接选举人民代表大会代表时，选民根据选举委员会规定，凭身份证或选民证领取选票，选举采用无记名投票方式进行，当选区全体选民的过半数参加投票，选举有效。代表候选人获得参加投票选民过半数的选票时，始得当选。选举结果由选举委员会根据选举法确定是否有效，并予以宣布。

第四步，组织召开各届县人民代表大会第一次会议。

故城县第七届至第十六届人民代表大会选举情况统计表

表 14-1　　单位：人

届别	选民登记情况	参选人数		无选举权人数			当选人民代表	
		人数	占 %	剥夺选举权	精神病患者	暂停行驶选举权	代表数	妇女代表数
第七届	212505	201445	94.80	51	277	0	382	56
第八届	239384	222068	92.77	7	344	0	303	57
第九届	245718	226066	92.00	5	238	0	177	35
第十届	252329	237311	94.05	16	271	0	230	47
第十一届	261457	239938	91.77	10	393	0	243	49
第十二届	296700	278898	94.00	12	406	0	209	39
第十三届	297440	281973	94.80	13	408	0	207	43
第十四届	307206	291370	94.85	23	632	16	201	34
第十五届	362652	324260	89.41	44	77	61	204	41
第十六届	346822	257310	74.19	8	142	21	203	40

说明：第一届至第六届人民代表大会选举资料散佚

第二节　历届大会和会议

县各界人民代表会议共召开3届（会议次数及部分资料散佚），县人民代表大会共召开16届。

一、各界人民代表会议

故城县自1949—1954年共召开3届各界人民代表会议。

第一届各界人民代表会议　1949年12月27—

30日于郑口召开。会议应出席代表200人，实出席188人。其中男153人、女35人。包括农民98人、职工9人、党政军27人、妇女代表11人、教育战线10人、青年学生5人、自由职业者5人、荣誉军人2人、英模6人、开明人士4人、工商11人。

第二届各界人民代表会议　1951年3月召开，应出席代表256人。选举金曼宇为故城县各界人民代表常务委员会主席，王宗周为副主席。

第三届各界人民代表会议　第三届各界人民代表第一次会议于1952年1月上旬召开。会议听取和通过县人民政府关于爱国增产节约运动和开展"三反"斗争的决议，关于加强武装建设的决议，关于进一步贯彻《中华人民共和国婚姻法》，坚决保障妇女生命安全的决议，关于常务委员会工作的决议。选举荆刚为故城县各界人民代表会议常务委员会主席，王力行、张秉洋为副主席，委员22人。

第二次会议于1952年3月中旬召开。会议通过县人民政府关于抗旱、春耕生产、救灾工作计划的报告。第三届各界人民代表大会第三次会议，于1953年11月28日—12月3日召开。实出席代表155人。会议听取中共故城县委书记彭广峰关于党在过渡时期总路线和总任务的传达报告，副县长任风翎关于统购统销与秋征工作的传达报告，以及贯彻落实上述四项工作的决议。会议期间对因工作调动长期缺额的委员进行补选。

二、县人民代表大会

第一届人民代表大会　第一次会议于1954年4月9日召开。实出席代表170人，其中男136人、女34人，汉族168人、回族2人，中共党员94人、非党员76人，工人4人、机关工作人员31人、农民105人、手工业者6人、文教卫生科技工作者16人、民主人士2人、工商业资本家4人、部队2人。会议贯彻《中华人民共和国宪法（草案）》，听取审查县人民政府工作报告，作出关于1954年工作任务的决议，关于提案审查处理决议，关于拥护《中华人民共和国宪法》的决议，大会采取无记名投票方式（以下各届同）选举王宗周、李玉芝为出席省人民代表大会代表。举手表决选举产生县人民武装部主任委员、副主任委员和委员。

第二次会议于1954年11月16—18日召开，实出席会议代表121人，其中男96人、女25人。大会审查批准县长张雁程代表县人民政府作的1954年冬季农业生产、互助合作、农业税征收和粮、棉、油统购统销工作报告（草案）和普遍召开一次乡人民代表会议的决议。

第三次会议于1955年1月16—19日召开。应出席代表170人，实出席代表115人，其中男95人、女20人。会议听取审议县长张雁程代表县人民政府作的关于执行国务院征集补充兵员的命令（草案）和副县长王宗周传达国务院总理兼外交部部长周恩来声明的报告，作出拥护总理声明，坚决反对美蒋共同防御条约，支持解放台湾的决议。会议根据国务院的指示，将县人民政府改为县人民委员会。选举张雁程为县人民委员会县长，白方玉、王宗周为副县长，人民委员会委员12人，武忠会为县人民法院院长。

第四次会议于1955年12月27—29日召开，应出席会议代表187人，实出席代表125人，列席代表39人。会议审查讨论1955年农业生产工作和1956年农业合作化发展计划及当前征兵工作报告。补选代表17人。

第二届人民代表大会　第一次会议于1956年12月22—27日召开，实出席会议代表157人。会议审查副县长白方玉作的两年来人民委员会几项工作执行情况的报告、副县长王宗周作的关于当前几项工作安排意见的报告，财政科关于1955年财政决算和1956年财政预算以及县人民法院的工作报告。选举杨斌为县人民委员会县长，白方玉、王宗周、梁振东为副县长，委员13人。

第二次会议于1957年12月27—31日召开，实出席会议代表138人。大会听取审查县长杨斌代表县人民委员会作的1957年工作报告，讨论审查1958年农业发展计划（草案）并作出的相应决议。补选杨健为县人民委员会县长，杨斌、刘国梁为副县长。

第三届人民代表大会　第一次会议于1958年5月23—25日召开，实出席会议代表136人，列席7人。会议听取审查县长杨健代表县人民委员会作的关于1958年1—5月几项主要工作执行情况的报告和关于当前几项主要工作意见的报告，人民法院院长武忠会作的关于四年来人民法院工作的总结报告，以及作出的决议。选举杨健为县人民委员会县长，杨斌、刘国梁、王宗周为副县长，委员9人，武忠会为县人民法院院长，选举杨健、张秀英为出席河北省第二届人民代表大会代表。

第四届人民代表大会 1958年10月故城县并入吴桥县。吴桥县第四届首次人民代表大会于1961年1月25—27日在桑园召开。共出席会议代表535人，其中原故城县出席代表117人。第二次会议于1962年3月18—20日召开。实出席会议代表130人。大会审议县人民委员会工作报告、财政预算及人民法院工作报告，补选县人民代表大会代表48人，选举许云华为县长，刘国梁、徐芳、王宗周为副县长，委员21人，刘仪亭为县人民法院院长。

第五届人民代表大会 第一次会议于1963年10月27—29日召开。实出席会议代表199人，其中汉族195人、回族4人，男149人、女50人，机关工作人员48人、文教卫生22人、工商企业10人、部队3人、农民112人、退休干部4人。大会报告筹备工作情况，选举大会主席团，通过代表资格审查委员会、提案审查委员会、财政预决算审查委员会和秘书长人选。会议审议县人民委员会工作报告、财政预算报告和人民法院工作报告。大会选举杜健为县人民委员会县长，刘国梁、徐芳、王宗周为副县长，委员21人，刘仪亭为县人民法院院长。选举王文华、滕秀卿（女）为出席河北省人民代表大会代表。

第五届人民代表大会届满时，适逢“文化大革命”开始，计划召开的第六届人民代表大会未能如期召开。

第六届人民代表大会 1968年9月9日，“县革命委员会”成立大会召开。根据河北省革命委员会1968年9月6日批复，故城县革命委员会设委员57人（缺1人），其中常务委员19人（暂缺3人），实有委员54人，王毓鑫为主任委员，孙佩芝、杜健、田健民、胡海峰为副主任委员，常务委员16人，参加这次大会的有全县23个公社的干部、社员、学生、解放军代表、县直全体干部职工，衡水地区各县代表共计1万余人。

为不割断历史于1980年恢复召开人民代表大会。中共衡水地委、故城县委根据1975年1月第四届全国人民代表大会通过的《中华人民共和国宪法》第二十二条“地方各级革命委员会是地方各级人民代表大会的常设机关，同时又是地方各级人民政府”的规定，将县革命委员会成立大会视为故城县第六届人民代表大会。1980年恢复召开人民代表大会。

第七届人民代表大会 第一次会议于1980年4月15—20日召开。应出席会议代表382人，实出席会议代表359人。县革命委员会主任柳连珩代表选举委员会作会议筹备情况报告，通过大会主席团名单和代表资格审查委员会，提案审查委员会，大会秘书长及主席团名单。会议听取和审议县革命委员会工作报告，县人民法院、县人民检察院工作报告，审查批准1979年财政决算和1980年财政预算报告。并根据第五届全国人民代表大会第二次会议通过的《中华人民共和国地方各级人民代表大会和地方各级人民政府组织法》第三十五条“省、自治区、直辖市、自治州、自治县、市、市辖区人民代表大会设常务委员会”的规定，设立故城县人民代表大会常务委员会；恢复故城县人民政府，取代县革命委员会，以差额选举的办法，选举田义申为第七届人民代表大会常务委员会主任，徐芳、米欣伟、梁振东、陈宝明、周金乃为副主任，委员7人。选举柳连珩为县人民政府县长，卢汝泽、薛逢富、陈金旺为副县长，范福成为县人民法院院长，栾文周为县人民检察院检察长。

第二次会议于1981年4月10—16日召开。实出席会议代表382人。会议听取和审议县人民政府工作报告、县人大常委会工作报告、县人民法院及县人民检察院工作报告，审查批准1980年财政决算和1981年财政预算报告，并作出相应决议。

第三次会议于1982年4月10—13日召开。实出席会议代表375人。会议听取和审议县人民政府工作报告、1981年财政决算和1982年财政预算报告，县人大常委会工作报告及县人民法院、县人民检察院工作报告，并作出相应决议。

第四次会议于1983年3月2—5日召开。实出席会议代表288人。大会听取和审议县人民政府工作报告、县人大常委会工作报告、县人民法院和县人民检察院工作报告，并作出相应决议，选举杜福来、国秀梅、徐芳、高根基、李作虎为出席河北省第六届人民代表大会代表。

第五次会议于1984年3月5—6日召开。出席会议代表243人，会议免去徐芳县人大常委会代理主任职务，米欣伟、陈宝明县人大常委会副主任职务，张玉庄县人大常委会委员职务（均因年事已高，本人申请，上级批准离职休养）；决定免去柳连珩县长职务，薛逢富、陈金旺、吴希昆、国秀梅、阎树成副县长职务（机构改革）。补选薛逢富为县人大常委会主任，马端榜、陈金旺、吴希昆为县人大常委会副主任，吴洪印为县人大常委会委员。补选宫培林为县人民政府县长、李增泉、李玉珍、李金卫、曹立功为县人民政府副县长，卢振忠为县人民法院院长，姜树勤为县人民检察院检察长。

第八届人民代表大会 第一次会议于1984年12月7—10日召开。应出席会议代表303人，实出席会议代表303人，其中汉族299人、回族4人，男239人、女64人，中共党员142人、非党员161人，工农160人、知识分子67人、干部61人、部队4人、各界人士11人。大会审议县人民政府、县人大常委会、县人民法院、县人民检察院工作报告与1983年财政决算、1984年财政预算报告，并作出相应决议。选举薛逢富为县人大常委会主任，马端榜、陈金旺、吴希昆、李作虎为县人大常委会副主任，宫培林为县人民政府县长，李增泉、李玉珍、李金卫、曹立功为县人民政府副县长，卢振忠为县人民法院院长，姜树勤为县人民检察院检察长。

第二次会议于1985年5月12—13日召开。实出席会议代表303人。大会听取审议县人大常委会、县人民政府、县人民法院、县人民检察院工作报告，听取审议1984年财政决算和1985年财政预算报告，并作出相应决议。

第三次会议于1986年5月15—17日召开，实出席会议代表220人。会议听取审议县人大常委会、县人民政府、县人民法院、县人民检察院工作报告，1985年财政决算和1986年财政预算报告，并作出相应决议。补选尹久成为故城县人民政府县长。

第九届人民代表大会 第一次会议于1987年3月23—25日召开，应出席会议代表177人，实际出席会议代表177人。其中汉族174人、少数民族3人，男143人、女34人，工农88人、知识分子46人、干部34人、部队2人、各界人士7人。会议听取审议县人大常委会、县人民政府、县人民法院、县人民检察院工作报告，1986年财政决算和1987年财政预算报告，并作出相应决议。选举薛逢富为县人大常委会主任，李继云、吴希昆、李作虎、陈中和为县人大常委会副主任，尹久成为县人民政府县长，李增泉、李玉珍、李金卫、曹立功为县人民政府副县长，卢振忠为县人民法院院长，姜福生为县人民检察院检察长。

第二次会议于1988年3月25—26日召开，应出席会议代表177人，实际出席会议代表138人。会议听取审议县人大常委会、县人民政府、县人民法院、县人民检察院工作报告，1987年财政决算和1988年财政预算报告，并作出相应决议。会议选举尹久成、李作虎、秘立桥为出席河北省第七届人民代表大会代表。

第三次会议于1989年3月21—22日召开，应出席会议代表177人，实际出席会议代表152人。会议听取审议县人大常委会、县人民政府、县人民法院、县人民检察院工作报告，1988年财政决算和1989年财政预算报告，并作出相应决议。会议补选孙志人为县人民政府县长和出席河北省第七届人民代表大会代表。

第十届人民代表大会 第一次会议于1990年3月6—8日召开，应出席会议代表230人，实际出席会议代表215人。其中汉族227人、少数民族3人，男183人、女47人，工农132人、干部35人、知识分子54人、部队2人、各界人士7人。会议听取审议县人大常委会、县人民政府、县人民法院、县人民检察院工作报告，1990—1992年国民经济和社会发展计划报告，1989年财政决算和1990年财政预算报告，并作出相应决议。会议选举李增泉为县人大常委会主任，李继云、李作虎、陈中和、刘廷香为县人大常委会副主任，孙志人为县人民政府县长，李玉珍、李金卫、郭居娥（女）、王长春、曹立功、邵学良为县人民政府副县长，卢振忠为县人民法院院长，姜福生为县人民检察院检察长。

第二次会议于1991年4月10—11日召开，应出席会议代表229人，实际出席会议代表204人。会议听取审议县人大常委会、县人民政府、县人民法院、县人民检察院工作报告，国民经济和社会发展"八五"计划和十年规划报告，1990年财政决算和1991年财政预算报告，并作出相应决议。会议补选李继云为故城县第十届人民代表大会常务委员会主任。会议作出了关于强化税收工作的决议和关于大力发展棉花生产的决议。

第三次会议于1992年3月25—26日召开，应出席会议代表223人，实际出席会议代表197人。会议听取审议县人大常委会、县人民政府、县人民法院、县人民检察院工作报告，1991年财政决算和1992年财政预算报告，并作出相应决议。会议补选徐殿仓为县人民政府县长。

第十一届人民代表大会 第一次会议于1993年1月11—13日召开，应出席会议代表243人，实际出席会议代表235人，其中汉族240人、少数民族3人，男194人、女49人，工农134人、知识分子60人、干部40人、民主人士2人、宗教人士22人、军人2人。会议听取审议县人大常委会、县人民政府、县人民法院、县人民检察院工作报告，1992年财政决算和1993年财政预算报告，并作出相应决议。会议选举李继云为县人大常委会主任，陈中和、姜福生、李作虎、刘廷香、石玉清为县人大常委会副主任，徐殿仓为县人民政府县长，李玉珍、郭居娥（女）、李庆云、曹立功、王大虎、高岭福为副县长，樊根福为县人民法院院长，张喜民为县人民检察院检察长，选举孙木森（参选）、徐殿仓、李作虎、秘立桥为出席河北省第八届人民代表大会代表。

第二次会议于1994年3月16—17日召开，应出席会议代表242人，实际出席会议代表234人。会议听取审议县人大常委会、县人民政府、县人民法院、县人民检察院工作报告，国民经济和社会发展“八五”计划执行情况和调整意见的报告，1993年财政决算和1994年财政预算报告，并作出相应决议。会议作出了关于大力发展棉花生产的决定。

第三次会议于1995年3月21—23日召开，应出席会议代表241人，实际出席会议代表227人。会议听取审议县人大常委会、县人民政府、县人民法院、县人民检察院工作报告，国民经济和社会发展“八五”计划执行情况和调整意见的报告，1994年财政决算和1995年财政预算报告，并作出相应决议。会议补选石金义为县人民政府县长。

第四次会议于1996年1月24—25日召开，应出席会议代表238人，实际出席会议代表223人。会议听取审议县人大常委会、县人民政府、县人民法院、县人民检察院工作报告，国民经济和社会发展“九五”计划及2010年远景目标（草案）的报告，1995年财政决算和1996年财政预算报告，并作出相应决议。

第五次会议于1996年9月12—13日召开，应出席会议代表235人，实际出席会议代表216人。会议选举产生36名出席衡水市第一届人民代表大会代表。

第六次会议于1997年2月25—26日召开，应出席会议代表232人，实际出席会议代表215人。会议听取审议县人大常委会、县人民政府、县人民法院、县人民检察院工作报告，1996年国民经济和社会发展计划执行情况与1997年国民经济和社会发展计划调整意见的报告，1996年财政决算和1997年财政预算（草案）报告，并作出相应决议。

第七次会议于1997年9月29—30日召开，应出席会议代表231人，实际出席会议代表193人。会议补选张喜民为县人大常委会副主任，魏冠奇为县人民检察院检察长。

第十二届人民代表大会 第一次会议于1998年2月15—18日召开，应出席会议代表209人，实际出席会议代表202人。其中工农112人、党员142人、知识分子62人、解放军2人、宗教2人、妇女39人，少数民族3人。会议听取审议县人大常委会、县人民政府、县人民法院、县人民检察院工作报告，1997年国民经济和社会发展计划执行情况与1998年国民经济和社会发展计划草案的报告，1997年财政预算执行情况和1998年财政预算草案的报告，并作出相应决议。会议选举孔德诗为县人大常委会主任，刘廷香、魏振国、姚义珍、张喜民、石玉清为县人大常委会副主任，王辉为县人民政府县长，王金刚、秦子来、张海国、张克勤、张海英为县人民政府副县长，于建海为县人民法院院长，魏冠奇为县人民检察院检察长，选举产生38名出席衡水市第二届人民代表大会代表。

第二次会议于1999年3月3—5日召开，应出席会议代表209人，实际出席会议代表201人。会议听取审议县人民政府工作报告，1998年国民经济和社会发展计划执行情况和1999年国民经济和社会发展计划（草案）报告，1998年财政预算执行情况和1999年财政预算（草案）报告，县人大常委会、县人民法院、县人民检察院工作报告，并作出相应决议。

第三次会议于2000年2月22—24日召开，应出席会议代表205人，实际出席会议代表200人。会议听取审议县人民政府工作报告，1999年国民经济和社会发展计划执行情况和2000年国民经济和社会发展计划（草案）报告，1999年财政预算执行情况和2000年财政预算（草案）报告，县人大常委会、县人民法院、县人民检察院工作报告，并作出相应决议。补选柴彦勤为县人大常委会副主任。

第四次会议于2001年2月9—10日召开，应出席会议代表206人，实际出席会议代表199人。会议听取审议故城县国民经济和社会发展“十五”计划纲要报告，故城县2000年国民经济和社会发展计划执行情况与2001年国民经济和社会发展计划草案的报告，故城县2000年财政预算执行情况和2001年财政预算（草案）报告，县人大常委会、县人民政府、县人民法院、县人民检察院工作报告，并作出相应决议。

第五次会议于2002年3月19—21日召开，应出席会议代表209人，实际出席会议代表202人。会议听取审议县人民政府工作报告，2001年国民经济和社会发展计划执行情况与2002年国民经济和社会发展计划（草案）报告，2001年财政预算执行情况和2002年财政预算（草案）报告，县人大常委会、县人民法院，县人民检察院工作报告，并作出相应决议。补选王友来为县人大常委会副主任，石玉清、沈丙旭为县人大常委会委员。

第六次会议于2003年2月18—19日召开，应出席会议代表205人，实际出席会议代表180人。会议选举产生38名出席衡水市第三届人民代表大会代表。

第十三届人民代表大会　第一次会议于2003年4月26—28日召开，应出席会议代表207人，实际出席会议代表202人。其中中共党员139人、工农100人、干部31人、解放军3人，妇女43人，少数民族3人。会议听取审议县人民政府工作报告，2002年国民经济和社会发展计划执行情况与2003年国民经济和社会发展计划（草案）报告，2002年财政预算执行情况和2003年财政预算（草案）报告，县人大常委会、县人民法院、县人民检察院工作报告，并作出相应决议。会议选举刘石营为县人大常委会主任，柴彦勤、王友来、于磊、周德全为县人大常委会副主任，李哲民为县人民政府县长，张忠辉、张海英、张相会、赵振川、单文咏、于建军（女）为县人民政府副县长，于建海为县人民法院院长，郭华为县人民检察院检察长。

第二次会议于2004年2月17—18日召开，应出席会议代表207人，实际出席会议代表198人。会议听取审议县人民政府工作报告，2003年国民经济和社会发展计划执行情况和2004年国民经济和社会发展计划（草案）报告，2003年财政预算执行情况和2004年财政预算（草案）报告，县人大常委会、县人民法院、县人民检察院工作报告，并作出相应决议。

第三次会议于2005年2月26—28日召开，应出席会议代表206人，实际出席会议代表206人。会议听取审议县人民政府工作报告，2004年国民经济和社会发展计划执行情况和2005年国民经济和社会发展计划（草案）报告，2004年财政预算执行情况和2005年财政预算（草案）报告，县人大常委会、县人民法院、县人民检察院工作报告，并作出相应决议。表彰2004年度“十佳代表”和优秀代表。

第四次会议于2006年4月9—11日召开。应出席会议代表206人，实际出席会议代表195人。会议听取审议县人民政府工作报告，故城县国民经济和社会发展第十一个五年规划纲要，2005年国民经济和社会发展计划执行情况和2006年国民经济和社会发展计划（草案）报告，2005年财政预算执行情况和2006年财政预算（草案）报告，县人大常委会、县人民法院、县人民检察院工作报告，并作出相应决议。会议补选刁志新为县人大常委会副主任，高宗义为县人民法院院长。

第十四届人民代表大会　第一次会议于2007年5月30日至6月1日召开。应出席会议代表201人，其中中共党员155人、工农60人、干部40人、知识分子40人、妇女34人，少数民族3人，实际出席会议代表197人。会议听取和审查了县人民政府工作报告，审查和批准了故城县2006年国民经济和社会发展计划执行情况和2007年国民经济和社会发展计划草案报告、故城县2006年财政预算执行情况和2007年财政预算草案报告，听取和审查了故城县人大常委会工作报告、故城县人民法院工作报告和故城县人民检察院工作报告，并作出相应决议。会议选举刁志新为县人大常委会主任，秦立堂、吴海丰、徐印武、刘桂英为县人大常委会副主任，陈登泉为县人民政府县长，左俊勇、闫文举、王洪臣、于建军（女）、徐占华、史立朝为县人民政府副县长，高宗义为县人民法院院长，王占生为县人民检察院检察长。

第二次会议于2008年2月21—23日召开。应出席会议代表200人（原有代表201人，因触犯法律被判刑，暂停代表职务1人），实际出席会议代表194人。会议听取和审查了县人民政府工作报告，审查和批准了故城县2007年故城县国民经济和社会发展计划执行情况和2008年故城县国民经济和社会发展计划草案报告、故城县2007年财政预算执行情况和2008年财政预算草案报告，听取和审议了县人大常委会工作报告、县人民法院工作报告和县人民检察院工作报告。会议选举产生43名出席衡水市第四届人民代表大会代表。

第三次会议于2009年2月10—12日召开。应出席会议代表197人（原有代表201人，因触犯法律暂停执行代表职务1人，夏庄代表团、里老代表团、房庄代表团调离该行政区域代表各1人），实际出席会议代表192人。会议听取和审查了故城县人民政府工作报告，审查和批准了故城县2008年国民经济和社会发展计划执行情况和2009年国民经济和社会发展计划草案报告、故城县2008年财政预算执行情况和2009年财政预算草案报告，听取和审查了故城县人大常委会工作报告、故城县人民法院工作报告和故城县人民检察院工作报告。会议补选马立俊为故城县十四届人大常委会副主任。

第四次会议于2010年3月2—4日召开。应出席会议代表201人（夏庄代表团、里老代表团、房庄代表团、辛庄代表团、建国代表团调离该行政区域代表各1人，西半屯镇代表团去世1人，实有代表195人，补选代表6人），实际出席会议代表194人。会议听取和审查了故城县人民政府工作报告，审查和批准了故城县2009年国民经济和社会发展计划执行情况和2010年国民经济和社会发展计划草案报告、故城县2009年财政预算执行情况和2010年财政预算草案报告，听取和审查了故城县人大常委会工作报告、故城县人民法院工作报告和故城县人民检察院工作报告。

第五次会议于2011年2月19—21日召开。应出席会议代表200人（原有代表201人，调离该行政区域代表1人），实际出席会议代表191人。会议听取和审查了故城县人民政府工作报告，审查和批准了故城县国民经济和社会发展第十二个五年规划纲要、故城县2010年国民经济和社会发展计划执行情况和2010年国民经济和社会发展计划草案报告、故城县2010年财政预算执行情况和2011年财政预算草案报告，听取和审查了故城县人大常委会工作报告、故城县人民法院工作报告和故城县人民检察院工作报告。

第十五届人民代表大会 第一次会议于2011年12月31日—2012年1月2日召开。应出席会议代表204人，实际出席会议代表204人。会议听取和审查了故城县人民政府工作报告，审查和批准了故城县2011年国民经济和社会发展计划执行情况和2012年国民经济和社会发展计划草案报告、故城县2011年财政预算执行情况和2012年财政预算草案报告，听取和审查了故城县人大常委会工作报告、故城县人民法院工作报告和故城县人民检察院工作报告。会议选举刁志新为故城县十五届人大常委会主任，冯振东、刘桂英、吴海丰、沈崇瑞为故城县十五届人大常委会副主任，刘勇为故城县人民政府县长，于建军（女）、马立俊、王洪臣、史立朝、闫文举、徐占华为故城县人民政府副县长，李兰生为故城县人民法院院长，常彦杰为故城县人民检察院检察长。

第二次会议于2013年3月11—13日召开。应出席会议代表204人，实际出席会议代表191人。会议听取和审查了故城县人民政府工作报告，审查和批准了故城县2012年国民经济和社会发展计划执行情况和2013年国民经济和社会发展计划草案报告、故城县2012年财政预算执行情况和2013年财政预算草案报告，听取和审查了故城县人大常委会工作报告、故城县人民法院工作报告和故城县人民检察院工作报告。会议选举出席衡水市第五届人民代表大会代表39人。

第三次会议于2014年2月17—19日召开。应出席会议代表206人（原有代表204人，自故城县十五届人民代表大会第二次会议以后，调离该行政区域代表5人，罢免代表1人，补选代表8人），实际出席会议代表193人。会议听取和审查了故城县人民政府工作报告，审查和批准了故城县2013年国民经济和社会发展计划执行情况和2014年国民经济和社会发展计划草案报告、故城县2013年财政预算执行情况和2014年财政预算草案报告，听取和审查了故城县人大常委会工作报告、故城县人民法院工作报告和故城县人民检察院工作报告。会议补选王爱军为故城县人民法院院长；齐金铭、杜志强为故城县十五届人大常委会委员。

第四次会议于2015年3月1—3日召开。应出席会议代表197人（原有代表206人，自故城县十五届人民代表大会第三次会议以后，调离该行政区域代表2人，暂停代表职务6人，去世代表2人，补选代表1人），实际出席会议代表178人。会议听取和审查了故城县人民政府工作报告，审查和批准了故城县2014年国民经济和社会发展计划执行情况和2015年国民经济和社会发展计划草案报告、故城县2014年财政预算执行情况和2015年财政预算草案报告，听取和审查了故城县人大常委会工作报告、故城县人民法院工作报告和故城县人民检察院工作报告。会议补选闫文举为故城县第十五届人大常委会主任。

第五次会议于2016年2月19—21日召开。应出席会议代表202人（故城县十五届人民代表大会第四次会议实有代表203人，暂停代表资格代表6人，有代表资格代表197人）。故城县十五届人民代表大会第四次会议以后，调离该行政区域代表3人，辞去代表职务6人，（故城县十五届人民代表大会第四次会议暂停代表资格的6人，补选代表8人），实际出席会议代表190人。会议听取和审查了故城县人民政府工作报告，审查和批准了故城县国民经济和社会发展第十三个五年规划纲要、故城县2015年国民经济和社会发展计划执行情况和2016年国民经济和社会发展计划草案报告、故城县2015年财政预算执行情况和

故城县第十五届人民代表大会第五次会议召开

2016年财政预算草案报告，听取和审查了故城县人大常委会工作报告、故城县人民法院工作报告和故城县人民检察院工作报告。会议补选马玉来为故城县人民政府县长，杨希华、苏宝信、张福德、崔广兴、崔金桥为故城县十五届人大常委会委员。

第十六届人民代表大会　第一次会议于2017年2月18—20日召开。应出席会议代表203人，实际出席会议代表196人。会议听取和审查了故城县人民政府工作报告，审查和批准了故城县2016年国民经济和社会发展计划执行情况和2017年国民经济和社会发展计划草案报告、故城县2016年财政预算执行情况和2017年财政预算草案报告，听取和审查了故城县人大常委会工作报告、故城县人民法院工作报告和故城县人民检察院工作报告。会议选举闫文举为故城县十六届人大常委会主任，刘桂英、李同旺、吴海丰、沈崇瑞为故城县十六届人大常委会副主任，王立峰为故城县人民政府

故城县第十六届人民代表大会第一次会议召开

县长，李洪杰、杨磊、林丰、赵广宇、秦迎春、徐长彬为故城县人民政府副县长，李占芳为故城县人民法院院长，朱同辉为故城县人民检察院检察长。

第二次会议于2018年2月7—9日召开。应出席会议代表203人（故城县十六届人民代表大会第一次会议实有代表203人，会后，4名代表提出辞去代表职务，依照代表法的有关规定，这4名代表资格终止。根据选举法的有关规定和工作需要，补选代表4人），实际出席会议代表190人。会议听取和审查了故城县人民政府工作报告，审查和批准了故城县2017年国民经济和社会发展计划执行情况和2018年国民经济和社会发展计划草案报告、故城县2017年财政预算执行情况和2018年财政预算草案报告，听取和审查了故城县人大常委会工作报告、故城县人民法院工作报告和故城县人民检察院工作报告，表决通过了故城县第十六届人民代表大会第二次会议关于设立故城县第十六届人大常委会专门委员会的决定。会议选举刘帅为故城县监察委员会主任，补选李金强、胡树凯为故城县十六届人大常委会委员。

故城县第十六届人民代表大会第二次会议召开

1980—2018年历届故城县人大常委会主任、副主任一览表

表14-2

届　别	职　务	姓　名	任职时间	籍　贯
七届	主　任	田义申	1980.4—1982.2	饶阳县
		徐　芳	1982—1984.3（代理）	枣强县嘉会镇徐水堤村
		薛逢富	1984.3—1984.12	饶阳店镇饶阳店村
	副主任	徐　芳	1980.4—1982	枣强县嘉会镇徐水堤村
		米欣伟	1980.4—1984.3	南皮县小乔庄
		梁振东	1980.4—1984.12	山东夏津县
		陈宝明	1980.4—1984.3	建国镇小林庄村
		周金乃	1980.4—1984.12	南宫市
		马瑞榜	1984.3—1984.12	枣强县
		陈金旺	1984.3—1984.12	郑口镇后响沟村
		吴希坤	1984.3—1984.12	郑口镇果子口村
八届	主　任	薛逢富	1984,12—1990.3	饶阳店村
	副主任	马瑞榜	1984.12—1987.3	枣强县
		陈金旺	1984.12—1987.3	郑口镇后响沟村
		吴希坤	1984.12—1987.3	郑口镇果子口村
		李作虎	1984.12—1987.3	江苏省徐州市

续表 14-2

届别	职务	姓名	任职时间	籍贯
九届	主任	薛逢富	1987.3—1990.3	饶阳店镇饶阳店村
	副主任	李继云	1987.3—1990.3	郑口镇大杏基村
		吴希昆	1987.3—1990.3	郑口镇果子口村
		李作虎	1987.3—1990.3	江苏省徐州市
		陈中和	1987.3—1990.3	郑口镇张庄村
十届	主任	李增泉	1990.3—1991.4	西半屯乡于洪屯村
		李继云	1991.4—1993.1	郑口镇大杏基村
	副主任	李继云	1990.3—1991.4	郑口镇大杏基村
		李作虎	1990.3—1993.1	江苏省徐州市
		陈中和	1990.3—1993.1	郑口镇张庄村
		刘廷香	1990.3—1993.1	三朗镇西高才村
十一届	主任	李继云	1993.1—1998.2	郑口镇大杏基村
	副主任	李作虎	1993.1—1998.2	江苏省徐州市
		陈中和	1993.1—1998.2	郑口镇张庄村
		刘廷香	1993.1—1998.2	三朗镇西高才村
		姜福生	1993.1—1998.2	建国镇于姑屯村
		张喜民	1997.9—1998.2	河南省长葛市
		石玉清	1993.1—1998.2	饶阳店镇李官屯村
十二届	主任	孔德诗	1998.2—2003.4	河北省雄县
	副主任	刘廷香	1998.2—2003.4	三朗镇西高才村
		魏振国	1998.2—2003.4	河北省景县
		姚义珍	1998.2—2003.4	河北省藁城市
		张喜民	1998.2—2003.4	河南省长葛市
		石玉清	1998.2—2003.4	饶阳店镇李官屯村
		柴彦勤	2000.2—2003.4	青罕镇柴庄村
		王友来	2002.3—2003.4	武官寨镇张庄村
十三届	主任	刘石营	2003.4—2007.6	房庄镇乜宁村
	副主任	刁志新	2006.4—2007.6	青罕镇刁孝子村
		柴彦勤	2003.4—2007.6	青罕镇柴庄村
		王友来	2003.4—2007.6	武官寨镇张庄村
		于　磊	2003.4—2007.6	河北省武邑县
		周德全	2003.4—2007.6	故城镇周庄村

续表 14-2

届　别	职　务	姓　名	任　职　时　间	籍　贯
十四届	主　任	刁志新	2007.6—2012.1	青罕镇刁孝子村
	副主任	秦立堂	2007.6—2012.1	建国镇东冯村
		吴海丰	2007.6—2012.1	房庄镇北獐鹿村
		徐印武	2007.6—2008.7	军屯镇徐里村
		刘桂英	2007.6—2012.1	里老乡刘庄村
		马立俊	2009.2—2012.1	饶阳店镇西曾村
十五届	主　任	刁志新	2012.1—2015.3	青罕镇刁孝子村
		闫文举	2015.3—2017.2	房庄镇北獐鹿村
	副主任	冯振东	2012.1—2017.2	西半屯镇十二里庄村
		吴海丰	2012.1—2017.2	房庄镇北獐鹿村
		刘桂英	2012.1—2017.2	里老乡刘庄村
		沈崇瑞	2012.1—2017.2	房庄镇鹿豕村
十六届	主　任	闫文举	2017.2—	房庄镇北獐鹿村
	副主任	吴海丰	2017.2—	房庄镇北獐鹿村
		刘桂英	2017.2—	里老乡刘庄村
		沈崇瑞	2017.2—	房庄镇鹿豕村
		李同旺	2017.2—	房庄镇邢庄村

第二章　人大常委会

县各届人民代表会议设常务委员会，县人民代表大会第一至五届闭会期间未设常务委员会（第六届为非常时期人民代表大会）。自第七届人民代表大会第一次会议始，根据《中华人民共和国地方各级人民代表大会和地方各级人民政府组织法》第二条“县级以上的地方各级人大设立常务委员会”规定，于1980年4月，经县第七届人民代表大会第一次会议选举产生故城县人民代表大会常务委员会作为县人民代表大会的常设机关。县人大常委会人员由县人民代表大会从人大代表中选举产生。

根据《中华人民共和国地方各级人民代表大会和地方各级人民政府组织法》第三十条“常委会根据工作需要，设立办事机构”规定，于1980年4月县人大常委会设办公室，1984年增设检察督导科。

1987年7月8日，故城县人大常委会下设办公室和检查督导科，1988年进行改建，撤销检查督导科，改建为办公室、工交财贸科、科教文卫科、政治法律科。建立一室三科后，办公室增加了代表联络任务。各科正副职均按河北省人大常委会相关文件和县人大常委会《人事任免暂行办法》规定，由县人大常委会主任提名，人大常委会议决定任免。1990年4月27日，故城县十届人大常委会第一次会议作出决定：故城县人大常委会办事机构，在原来一室三科的基础上，再增设代表联络科。

2008—2018 年，故城县人大常委会办事机构内设为办公室、工交财贸科、科教文卫科、政治法律科、代表联络科。

第一节 重大事项审议决定

重大事项决议决定权是宪法和法律赋予人大及其常委会的一项重要职权。故城县历届人大及其常委会坚持围绕县委工作中心和事关全县发展大局的重大事项，作出决议决定。在作出决议决定过程中，常委会深入基层开展调研研究，力求作出的决议决定体现党委意图，符合人民的意愿，维护人民群众的根本利益。

自第九至十四届人民代表大会第二次会议共作出关于加强书刊、音像等文化市场管理、村政建设、保护林果资源、推行执法责任制、全县农村实行公粮制、大力发展棉花生产、加强县人民法院执行工作、大外环工程建设、黄河水费收缴、故城生态县建设规划等决议、决定 58 个。

自第十四届人民代表大会第三次会议至第十六届人民代表大会第二次会议，共作出批准县政府《故城县县城总体规划（2009—2020 年）》、批准县政府《故城县县城专项规划》、国有土地上房屋征收与补偿暂行办法草案、邢德公路故城段养护改造、故城现代循环农业园项目、国民经济和社会发展第十三个五年规划纲要调整、贫困村基础设施项目贷款资本金和还款资金列入县财政预算、衡德工业园旧路改造、农业综合开发创新园区试点、棚户区改造项目、政府购买服务等决议、决定 35 个。

第二节 行政监督与视察调研

历届县人大常委会坚持组织委员和代表开展专题性调查视察和行政监督，先后对农村中小学办学条件、教师待遇、教学质量、食品卫生、城镇建设、计划生育、市场管理、社会治安等工作进行规模较大视察活动，组织专题调查监督上百次。通过座谈、调研、抽查与专项普查相结合的方式，写出分析建议报告。推动“一府两院”各职能部门工作开展。

一、行政监督

法律监督 1995 年 6 月，县人大常委会作出关于建立错案追究制度的决定，在全县司法机关和行政执法部门推行“两错”追究制度。为确保“两错”追究制度落到实处，作出关于建立大案要案汇报制度的决定，要求各执法部门特别是县人民法院、县人民检察院、县公安局、县监察局、县审计局、县工商局、县技术监督局七个执法部门，每季度向县人大常委会主任会议汇报一次大案要案情况。1999 年 5 月，县人大常委会作出关于推行执法责任制的决定，将全国人大及其常委会、国务院、省人大、省政府等有关部门颁布的 180 余部法律、法规、条例分解到全县“一府两院”及有关单位，并将其确定为实施有关法律法规的主管部门。为加强对县人民法院、县人民检察院和公安、司法行政机关的法律监督，2000 年，制定《故城县人大常委会关于个案监督试行办法》，进一步完善县人大常委会对司法机关及其执法人员涉嫌违法办理的错案和执法办案中的过错进行的监督工作。

人大代表开展调研活动

第十四届人民代表大会第三次会议至第十六届人民代表大会第二次会议，故城县人大常委会对《河北省扶贫开发条例》《中华人民共和国环保法》《中华人民共和国大气污染防治法》《中华人民共和国预算法》等 32 部法律的贯彻实施情况进行了监督检查。

工作监督 历届县人大及其常委会加强对计划、财政预算工作的审查监督，除了在每年召开的人民代表大会上听取和审议上年度国民经济和社会发展计划执行情况及财政预算执行情况的两个报告外，县人大常委会每年两次听取县政府关于计划、财政预算执行情况的报告。责成县人民政府及有关部门严格执行预算，保证预算收支平衡。通过听取“一府两院”工作报告、视察、执法检查等方式，加强对该行政区域内经济社会发展中的大事和人民群众普遍关心的热点难点问题的监督。

1994年4月，作出关于组织县人大常委会组成人员评议“一府两院”被任命人员的决议。对评议指导思想、范围、内容、方法提出具体要求，坚持党管干部和人大依法任免干部的有机统一，加强县人大常委会对被任命干部的工作监督。

历届人大常委会不断探索完善评议制度，坚持对县“一府两院”被任命干部和垂直管理部门工作进行评议，在搞好调查、听取被评议人员述职报告和被评议部门工作报告的基础上，常委会组成人员或县人大代表以无记名投票表决方式对被评议人员或部门工作作出综合评价，评议结果及时向县委汇报，为县委科学任用干部提供重要参考依据。

自第九届至第十四届人民代表大会第二次会议，共召开常委会会议119次、主任会议410次，听取“一府两院”工作报告408个，组织调查、视察、执法检查182次，评议“一府两院”被任命干部820人（次），驻故城县垂直管理部门38个。

自第十四届人民代表大会第三次会议至第十六届人民代表大会第二次会议，共召开常委会会议69次、主任会议130次，听取“一府一委两院”工作报告248次，组织调研、视察、执法检查106次。

二、视察调研

1987—2008年，县人大常委会围绕县域经济发展中的大事和人民群众普遍关心的热点、难点问题，组织常委会组成人员和人大代表开展专题调查和视察。先后就农业产业结构调整、学校危房改造、食品卫生、工业项目建设、公路建设、城镇建设、粮棉收购、监所管理、环境保护、计划生育、植树造林及方田林网、新型合作医疗及基层医院建设、桥闸涵及人畜饮用水项目建设、牲畜养殖龙头企业等工作进行69次规模较大视察活动，组织专题调查132次。在视察、调查过程中针对发现的问题，及时向政府及有关部门提出意见、建议，推动政府改进工作。

人大代表视察教育工作

人大代表走访敬老院

2009—2018年，故城县人大常委会围绕县域经济发展中的大事和人民群众普遍关心的热点难点问题，组织常委会人员和人大代表开展专题视察和调查。先后就企业转型升级、工业项目建设、城市建设、公路建设养护、环境保护、五保供养、食品药品安全、学校基础设施建设、医疗卫生事业发展、饮水安全、植树造林、安全生产、现代农业发展等工作进行了55次较大规模的视察活动，组织专题调研73次。

第三节　人事任免

在县人民代表大会闭会期间，县人大常委会决定县人大办公室主任、副主任、科长、副科长，县人民政府各委办局主任、局长，县人民法院副院长、庭长、副庭长，县审判委员会委员、审判员，县人民检察院副检察长、检察委员会委员、检察员任免；决定县人民政府副县长的个别任免；在县长、法院院长、检察院检察长因故不能任职时，决定代理人选。县人民政府除县长、副县长外的其他组成人员（委、办、局主任、局长）每次换届均须重新任命。

1990 年 8 月，常委会通过《故城县人大常委会人事任免办法（试行）》，对人事任免范围、程序作出详细规定，进一步规范常委会人事任免工作。1998 年，作出《故城县人大常委会关于对被任命干部实行拟任报告制度的决定》，并坚持实行任前法律考试制度，推进人事任免工作趋于合理化、科学化、规范化。

1980—2018 年故城县人大常委会及“一府两院”人员任免情况统计表

表 14-3　　　　单位：人

届别	人大常委会		政府		法院		检察院		合计	
	任	免	任	免	任	免	任	免	任	免
第七届	10	4	57	3	25	3	22	1	114	11
第八届	7	4	85	11	62	36	35	4	189	55
第九届	7	5	48	16	42	18	7	1	104	40
第十届	2	1	48	17	15	2	10	2	75	22
第十一届	15	6	63	24	21	4	27	2	126	36
第十二届	4	0	61	21	99	16	29	0	193	37
第十三届	0	0	44	16	29	1	3	1	76	18
第十四届	2	6	53	29	56	27	12	13	123	75
第十五届	0	0	56	26	109	29	9	5	174	60
第十六届	0	0	25	3	6	0	1	5	32	8

说明：第十六届任免情况资料截至 2018 年年末，期间还任命监察委员会工作人员 6 名

第四节　代表工作制度

在实行各界人民代表会议期间，各界代表按区出代表，每季召开一次会议，并与常委会保持经常联系。在常委会议召开前，通过代表会议收集群众意见。常委会议后将会议决议事项通过代表贯彻到群众中。

县第一至五届人民代表大会期间，代表联络制度略同于各界人民代表大会联络制度，但不经常。第六届人民代表大会正处“文化大革命”中，代表联络中断。

第七、八届代表联络制度尚未健全。1987 年第九届第一次会议始，根据中共河北省委相关文件精神，在全县各乡（镇）于 3 月召开乡（镇）人民代表大会上，普遍建立人大代表联络组。乡（镇）人大代表联络组由乡（镇）代表小组组长和联络组组长组成。形成县人大常委会与县、乡（镇）人民代表、选民之间的联系网络。代表联络组每季召开一次会议，会议学习、讨论有关国家政策、法律和上级文件，收集汇总代表工作情况和代表对有关部门的意见与建议。各乡（镇）政府则向联络组通报工作情况和代表提案处理情况，总结安排联络组工作。联络组组长及其成员经常保持同人民代表广泛联系。代表联络组每半年召开一次工作经验交流会，不定期地向乡（镇）党委汇报工作。县人大常委会每年召开两次代表联络组组长工作经验交流会。常委会委员分工下基层联系人民代表参加小组活动，并不定期召开人民代表座谈会，听取代表意见，了解收集情况。县人大常委会视察工作邀请联络组组长和部分代

表参加，并邀请联络组长列席常委会议，组织部分人民代表就地参加工作视察，开辟多条渠道，加强代表联系，提高代表依法履行代表职责和参加管理国家事务的积极性、自觉性。

1990 年 4 月，县人大常委会制定《关于办理代表建议、批评和意见的暂行办法》，从代表建议提出、办理程序、监督检查等方面作出规定。人代会议期间代表提出的意见，没有在会上做出答复的，会后由县人大常委会负责转交“一府两院”在规定时限内办结，由县人大常委会统一向代表答复。人代会闭会期间，代表向县人大常委会提出有关“一府两院”工作的建议，由县人大常委会代联科整理汇总后，呈送主任或分管副主任批转县“一府两院”研究办理。属于县人大常委会职权范围内的建议，经主任或分管副主任同意后，提交县人大常委会主任会议研究办理。县人大常委会负责监督、催促代表建议的办理，及时征询代表对有关部门答复的意见满意情况。代表对办理结果不满意的，责成有关承办单位重新办理。《故城县人大常委会联系县人大代表暂行办法》规定：常委会驻会主任、副主任定点包片联系代表小组，掌握代表活动情况，协助代表组开展活动。每名常委会组成人员至少与 3 ～ 5 名代表保持经常性的联系，每年两次普遍走访一次人大代表，收集代表建议、批评和意见及时转交有关部门办理。

1996 年 6 月，常委会通过《故城县人大常委会关于开展人大代表议政日活动的暂行规定》，明确代表议政日活动坚持以党的基本路线为指导，以宪法和法律为准则，紧紧围绕经济建设这个中心，以推进民主与法治建设与社会经济发展和社会稳定为根本目标，开展代表议政日活动。人大代表议政日活动以代表小组为单位进行，代表小组由人代会期间的代表团组成。代表团的正、副团长为代表小组的正、副组长，负责召集和主持代表小组的议政日活动。人大代表议政日活动每季度开展一次。代表议政日活动一般不超过一天。开展代表议政日活动议题由县人大常委会主任会议定，内容围绕经济建设、民主与法治建设和人民群众普遍关心的热点、难点问题确定。同时，建立代表议政日征求意见卡，对代表在议政日活动中提出的建议、批评和意见及时记录整理研究，转交并督促有关部门，对全局性问题或重要建议、批评和意见，人大常委会作出相应决议或决定。

1998 年 8 月，建立关于对县及县以上人大代表所提建议实行“直达快车”制度，规定：县人大常委会代表联络科向每位代表发“人大代表专用信封及专用建议纸”。“一府两院”凡收到人大代表专用信封后，不得压、转，收件领导要亲自阅看。任何部门对县级领导批转的代表建议不得推诿、扯皮，要认真办理，向代表做出答复。1999 年，作出《关于县级国家机关向县人大代表通报重要工作和重大事项的试行办法》，规定：县人大常委会、县人民政府、审判、检察机关的重要工作情况每季度向全体代表通报一次，明确领导，专人负责，形成制度。

2003 年人大代表开展“三下乡”服务

2004 年，制定《评选“十佳代表”和优秀代表实施方案》，评选产生 2004 年度“十佳代表”，并在县十三届人民代表大会第三次会议上给予表彰。

2017 年，按照省市人大常委会关于在各乡镇设立“人大代表之家”的要求，故城县人大常委会制定了一系列的工作制度。主要包括《人大代表之家管理制度》《人大代表之家活动制度》《人大代表视察调研制度》《人大代表接待选民日制度》《人大代表履职登记制度》《人大代表建议办理制度》等。

第五节　办理提案和建议

自故城县召开第一届各界人民代表会议始，即进行提（议）案（第七届人民代表会议前称提案，后称议案、建议、批评和意见）处理活动。未设常务委员会期间，提（议）案由县人民政府（县人民委员会）负责处理。自1980年召开第七届人民代表大会始，提（议）案处理成为制度。

第一至三届各界人民代表会议，据不完全统计共收集代表提案460件。第一至五届人民代表大会共收集代表提案1319件。第七届至第九届人民代表大会共收集代表议案、建议、批评和意见638件，议案涉及农业、工业、财贸、交通、城镇建设、文教卫生等方面。按照案案有交待原则，均作以答复解释和解决，如第七届第三次会议代表建议“严格控制短缺物资‘走后门’”，大会责成县供销合作社答复，县供销合作社对柴油、农药、尿素等物资采取直接分配到基层，并加强干部职工教育等措施，对杜绝短缺物资“走后门”发挥作用。

第七届人民代表大会第三、四次会议上，代表提出房庄公社房庄大队社员季某峰“文化大革命”期间蒙冤入狱，多年申诉，未能解决案。大会责成人民法院复查，经查原判材料不实，迅即平反。

第七届人民代表大会第三次会议上，代表对市场物价混乱问题反映强烈。会后，人大常委会同县人民政府有关部门进行较大规模市场物价视察活动，分赴郑口、建国、故城等3个集镇，对85106种商品价格和192件度量衡器进行检查。发现有些商品价格不一，度量衡器不准，商品斤两不足等问题，就地进行处理和纠正，日后市场物价趋于稳定。

第八届人民代表大会第二次会议上，诸多代表对粮食部门1984年棉奖粮过期作废办法有意见。会后责成县人民政府及粮食部门共同研究处理。经请示上级批准后，由粮食部门拿出一批大米，抵偿棉奖粮，深受棉农欢迎。此次会议上代表提出部分乡教师工资拖欠数月不发问题，县文教局受理此案后，采取措施，较快将工资发放到教师手中。

第七届人民代表大会前代表提出提案县人民政府（县人民委员会）作简要答复，办理结果不再另行向代表汇报，自第七届人民代表大会后，由提（议）案审查委员会审查立案，向大会作审查情况报告，并交有关部门承办。人民代表大会督促并适时听取“一府两院”（县人民政府、人民法院、人民检察院）关于处理情况的报告，办理单位均须将办理结果向人大常委会汇报并答复代表。

第九届人民代表大会第一次会议代表提出的建议、批评和意见48件，其中：农业、林业、水利方面14件；工业、交通、电力方面7件；财贸方面7件；文教、卫生、科技方面11件；政法方面2件；其他方面7件。

第九届人民代表大会第二次会议代表提出建议、批评和意见32条。其中：农业、水利方面7件；交通、电力、财贸方面11件；教育、卫生方面9件；其他方面5件。

第九届人民代表大会第三次会议代表提出建议、批评和意见111条。其中：农林水利方面7件，交通、电力、财贸方面11件；文教、卫生、计划生育方面12件；其他方面81件。

第十届人民代表大会第一次会议代表提出建议、批评和意见136件，归纳整理为48件，其中：农业方面6件；工交财贸方面18件；文教卫生方面10件；政法方面5件；其他方面9件。

第十届人民代表大会第二次会议代表提出建议、批评和意见58条，其中：农业方面5件；工交财贸方面27件；文教卫生方面6件；政法方面2件；廉政、勤政方面4件；其他方面14件。

第十届人民代表大会第三次会议代表提出建议、批评和意见115条，经审理归纳为56件。其中：工交财贸、电力方面20件；农林水利方面10件；文教卫生方面10件；政法方面6件；其他方面10件。

第十一届人民代表大会第一次会议代表提出建议、批评和意见115条，经审理归纳为42件。其中：农业方面8件；工交财贸方面16件；文教方面6件；政法方面3件；其他方面9件。

第十一届人民代表大会第二次会议代表提出建议、批评和意见111条，经归纳整理为77件。其中：农林水方面23件；工交财贸方面21件；文教卫生方面13件；政法方面5件；其他方面15件。

第十一届人民代表大会第三次会议代表提出建议、批评和意见122条，经归纳整理为72件。其中：农林水方面14件；工交财贸方面33件；教科文卫方面14件；政法方面2件；其他方面9件。

第十一届人民代表大会第四次会议代表提出建议、批评和意见41条，经归纳整理为32件。其中：农业方面5件；工交财贸方面10件；文教卫生方面9件；政法方面4件；其他方面4件。针对代表提出的解决学生上高中难的建议，县政府及有关部门克服资金困难，采取先盖平房，逐步健全的方法，保证1997年新建高中的招生。

第十一届人民代表大会第六次会议代表提出建议、批评和意见45条，经归纳整理为30件．其中：农业方面5件；工交财贸方面11件；文教卫生方面3件；政法方面8件；其他方面3件。

第十二届人民代表大会第一次会议代表提出建议、批评和意见46条，经归纳整理为36件。其中工交财贸方面14件；农林水方面11件；文教方面2件；政法方面5件；其他方面4件。

第十二届人民代表大会第二次会议代表提出建议、批评和意见42条，经整理归纳为30件。其中：农林水方面8件；工交财贸方面12件；文教卫生方面5件；政法方面2件；其他方面3件。

第十二届人民代表大会第三次会议代表提出建议、批评和意见81条，经归纳整理为30件。其中：农林水方面7件；工交财贸方面10件；文教卫生方面6件；政法方面3件；其他方面4件。

第十二届人民代表大会第四次会议代表提出建议、批评和意见66条，经归纳整理为35件。针对农林水方面9件；工交财贸方面11件；文教卫生方面7件；政法方面3件；其他方面5件。其中，武官寨镇代表团提出的不应对农用车辆管理过死的建议，经常委会主任会议召集交通、交警、农机部门协商，三部门一致表示要从优化经济发展环境出发，在农用车辆管理上转变作风，搞好服务，为广大农民提供方便。

第十二届人民代表大会第五次会议代表提出建议、批评和意见74条，经归纳整理为37件。其中：农林水方面10件；工交财贸方面13件；文教卫生方面6件；政法方面4件；其他方面4件。

第十三届人民代表大会第一次会议代表提出建议、批评和意见59条，经归纳整理为29件。其中：农林水方面7件；工交财贸方面8件；文教卫生方面7件；政法方面2件；其他方面5件。针对代表提出的京杭大街、顺达路拓宽改造建议，在新一届县委、县政府领导下，通过全县上下共同努力，使京杭大街打通改造、顺达路拓宽这一多年人们想解决的问题得到落实。

第十三届人民代表大会第二次会议代表提出建议、批评和意见61条，经归纳整理为38件。其中：农林水方面11件；工交财贸方面10件；文教卫生方面9件；政法方面3件；其他方面5件。

第十三届人民代表大会第三次会议代表提出建议、批评和意见32条，经归纳整理为18件。其中：农林水方面4件；工交财贸方面11件；文教卫生方面2件；其他方面1件。

第十三届人民代表大会第四次会议代表提出建议、批评和意见52条，经归纳整理为28件。其中：农林水方面6件；工交财贸方面12件；文教卫生方面3件；其他方面7件。

第十四届人民代表大会第一次会议代表提出建议、批评和意见65条，经归纳整理为27件。其中：农林水方面7件；工交财贸方面10件；文教卫生方面2件；政法方面2件；其他方面6件。

第十四届人民代表大会第二次会议代表提出建议、批评和意见36条，经归纳整理为17件。其中：农林水方面5件；工交财贸方面6件；文教卫生方面3件；其他方面3件。

第十四届人民代表大会第三次会议代表提出建议、批评和意见32条，经归纳整理为22件。其中：农林水利方面7件；工交财贸方面12件；文教卫生方面1件；其他方面2件。

第十四届人民代表大会第四次会议代表提出建议、批评和意见38条，经归纳整理为27件。其中：农林水利方面6件；工交财贸方面9件；文教卫生方面2件；政法方面4件；其他方面6件。

第十四届人民代表大会第五次会议代表提出建议、批评和意见38条，经归纳整理为25件。其中：农林水利方面6件；工交财贸方面13件；文教卫生方面2件；政法方面2件；其他方面2件。

第十五届人民代表大会第一次会议代表提出建议、批评和意见31条，经归纳整理为23件。其中：农林水利方面5件；工交财贸方面12件；政法方面4件，其他方面2件。

第十五届人民代表大会第二次会议代表提出建议、批评和意见22条，经归纳整理为13件。其中：农林水利方面1件；工交财贸方面5件；文教卫生方面4件；政法方面1件；其他方面2件。

第十五届人民代表大会第三次会议代表提出建议、批评和意见42条，经归纳整理为30件。其

人大代表视察交通执法工作

中：农林水利方面7件；工交财贸方面12件；文教卫生方面4件；政法方面3件；其他方面4件。

第十五届人民代表大会第四次会议代表提出建议、批评和意见40条，经归纳整理为28件。其中：农林水利方面7件；工交财贸方面7件；文教卫生方面4件；政法方面3件；其他方面7件。

第十五届人民代表大会第五次会议代表提出建议、批评和意见58条，经归纳整理为43件。其中：农林水利方面14件；工交财贸方面14件；文教卫生方面10件；政法方面3件；其他方面2件。

第十六届人民代表大会第一次会议代表提出建议、批评和意见58条，经归纳整理为33件。其中：农林水利方面9件；工交财贸方面13件；文教卫生方面4件；政法方面5件；其他方面2件。

第十六届人民代表大会第二次会议代表提出建议、批评和意见61条，经归纳整理为35件。其中：农林水利方面6件；工交财贸方面13件；文教卫生方面5件；政法方面6件；其他方面5件。

对以上代表提出建议、批评和意见均转交相关部门进行办理，县人大常委会全部做到件件有答复、有办理结果，推动和促进了故城经济的发展。

第六节　信访案件办理

常委会专门设立信访接待室，明确专职人员负责，对来人来访接待和信访案件记录、转办、交办、督办等项工作。建立《故城县人大常委会接待处理人大代表和人民群众来信来访的暂行办法》等相关制度，从信访机构与职责、受理范围、办理程序、督办、结案方面作出明确规定，推动信访工作科学、规范有序开展。常委会自1986—2018年共接待群众来信来访4120多（人）次，严格按信访程序，做到信访案件件件有登记、件件有人办、件件有交办、件件有回音，实现信访案件登记、办理、答复率100%，使信访案件得到解决。

第三章　乡镇人民代表大会

1981年，全县实行乡镇人民代表大会制度。1987年，23个乡镇均设立人大代表联组。1990年3月，在原乡镇联组的基础上成立乡镇人大主席团，选配主席团常务主席，明确主席团及其常务主席的职责任务。各乡镇人大主席团负责同级人代会闭会期间的日常工作，主席团成为乡镇人大常设机构。1996并乡扩镇，全县13个乡镇圆满完成换届选举工作。各乡镇主席团设主席1人，副主席1～2人。至2018年，各乡镇人大机构未变。

第一节　代表选举与会议

1987—2002年，各乡镇分别召开第九届、十届、十一届、十二届、十三届、十四届人民代表大会第一次会议，时间分别是1987年3月、1990年3月、1993年4月、1996年2月、1999年2月、

房庄镇人大代表座谈会

2002年4月。第九至第十四届任期为3年。2004年10月，全国人大修订地方组织法，将乡镇人大任期由原来的3年改为5年，县乡两级人大同步换届，故第十四届任期延长为5年3个月，届内召开了第二、三、四、五次会议。2007年5月召开第十五届人民代表大会第一次会议、2012年1月召开第十六届人民代表大会第一次会议、2017年2月召开第十七届人民代表大会第一次会议。

各乡镇人民代表大会会期两天，听取和审议乡镇政府工作报告和财政预决算报告，人大工作报告，并通过相应决议。进行换届选举，各产生常务主席1名、乡镇长1名、副乡镇长若干名。

第二节　乡镇人大主席团

1987—2004年，乡镇人民代表大会每届任期三年。2004—2017年每届任期五年。乡镇人民代表大会选举主席团。由主席团主持会议，并负责召集下一次的乡镇人民代表大会会议。乡镇人民代表大会主席团从乡镇人大代表中选举产生，对本届人民代表大会负责。在乡镇人民代表大会闭会期间，主席团负责处理代表大会的日常工作。主席团成员一般由7～11人组成。主席团每3个月至少召开1次会议。乡镇人民代表大会设主席，并设副主席1～2人。个别乡镇设有专职人大秘书。

第十五编　政　府

故城县历史悠久，隶属归附易来易去，按古籍《禹贡》推演，夏、商、西周三代，故城隶属兖州。西汉时，今故城南半部属清河郡东武城县，北半部属信都郡广川县。

隋开皇十八年（598 年），改东阳县为漳南县，元至元二十三年（1286 年）置故城县。同时南部属山东武城县，北部属直隶河间府景州故城县。

1928 年，南部属山东省国民政府武城县，北部属河北省国民政府故城县。1937 年“七七事变”后，故城县国民政府不战自退，先后流亡。1938 年 4 月，于郑口建立故城县抗日民主政府。1941 年，建立晋冀鲁豫边区，设属冀南第十四专员公署故城县。1945 年，故城地域全部成为解放区，县政府驻地由原故城镇迁至郑口镇至今。

1954 年，召开人民代表大会，选举产生第一届故城县人民政府。历届故城县人民政府围绕各时期工作重点结合县域实际开展工作，执政能力和施政水平不断提升。

中共十一届三中全会后，故城县人民政府贯彻党的路线方针政策以经济建设为中心，坚持改革开放，紧紧围绕县委的决策部署，深化经济体制改革，提升经济运行质量，推动全县健康、协调、快速发展和社会事业全面进步。

第一章　县衙公署

县衙俗称“衙门”，县之长官称知县，县治所设于故城（今故城镇），县衙下设县丞署、教官署、游击署、千总署、把总署等。知县下属县丞、主簿为佐式官，县丞、主簿协助知县执掌钱粮、户籍、征税、巡捕等事宜。据清光绪《故城县志》载，清康熙三十二年（1693 年）复设管河县丞，建署城外东南迎恩街过河岸处。据清雍正《畿辅通志》载，清雍正五年（1727 年）故城县设知县、县丞及主簿，下属有教谕、训导、典史、巡检各 1 人，并设有把总、千总，教谕、训导分管教育，典史分管缉捕，巡检分管武备，把总、千总分管统率运军。县衙设六房、四班，吏房管民政、人事，户房管户籍、财政，礼房管教育，兵房管武备，刑房管司法，工房管工商。四班为壮班、皂班、快班、捕班。四班统设总管称四班总头，各班设置人员称衙役。

中华民国时期故城县公署封

第二章　地方国民政府

辛亥革命后至1945年，域内曾先后成立县公署、县政府、国民党军政府。

第一节　县公署

清宣统三年（1911年）辛亥革命后，故城县衙仍设于故城镇。1912年县衙改为县公署。知县易名为县知事。县公署除省委派1名帮审员（1913年易名为承审员）审理诉讼外，尚设有总务、民政、财政、司法等4个科，各科设1名科长，科员、书记员若干。

第二节　县政府

1928年，全国行政统一，县公署易名县政府，县知事易名县长，1937年5月31日，故城县政府下设3个科：第一科内分总务、计政2个股，第二科由原财政股升格为财政科，第三科内分教育、建设2个股（时将此科由财政股分出）及公安局。1937年5月《河北省政府公报》载，各科局均设科局长1人，科员、书记员若干，科、局长均由省甄试合格或经训练者充任。

1937年"七七事变"后侵华日军南犯，以段桂田为首的故城县国民政府闻风逃亡。

第三节　国民党军政府

国民党军政府　1938年5月，国民党杂牌军队胡和道从鲁西北率部至郑口，重建国民政府（又名第二国民县政府），先后委任曹汉英、李长清为县长。是年9—10月，河北省国民政府主席鹿钟麟委任其亲信王镜如为县长，以王镜如为首的国民政府不事抗日，专与抗日政府制造摩擦，扣押、捆绑、屠杀抗日党政军民，以反共为其能事。后，中共故城县委、县抗日游击大队根据人民强烈要求和上级党组织指示，在八路军东进纵队配合下，于1940年2月，将国民党军政府及其武装组织全部摧垮。同月8日将国民党军政府末任县长处死，其他成员除少数投靠日军外，大部分销声匿迹。

1945年6月27日，全县解放后，原故城县国民党军政府残余势力曾于德县组织"还乡团"，对解放区进行破坏，妄图卷土重来。然终未在故城地再建政府机构。

第三章　人民政府

故城县抗日政府成立于1938年4月，领导域内人民进行艰苦卓绝的抗日斗争。解放战争时期，为早日实现全国解放，积极动员域内人民参加解放军，支援前线打击敌人。1948年，故城县抗日政府易名为故城县人民政府，之后，职能使命随时代不断完善。中华人民共和国成立后，故城县人民政府带领域内人民积极开展工农业生产投入社会主义建设。逐步摆脱了贫困，走向幸福富裕的生活。

第一节　机构沿革

一、抗日战争时期

1938年4月于郑口建立故城县抗日民主政府，由董郁庭任县长，下设教育科、行政科，各科设科长1人，另设政府秘书1人。是年5月，胡和道打起抗日"挺进军"旗号，自称司令，先后委任其部下为县长。故城县抗日领导权一度为胡和道部属掌握。1939年3月6日，经冀南行署批准，县抗日民主政府重新组建，胡子寿任县长。设政府秘书、民政科、财政科、总务科、武委会，后增设司法科（又名承审处）及参议会，各科设科长1人。后，县抗日游击大队建立，胡子寿兼任大队长。此时，故城县境内出现三种政权并存局面（抗日政权、国民党政权、日伪政权）。1940年，抗日民主县政府增设公安科，设正副科长各1人。时故城县抗日形势急剧恶化，3、4月间，为保存抗日实力，上级决定县党政机关领导、骨干和部分干部坚持地下斗争。1941年6月，抗日民主政府工作再度活跃，张警吾任县长。1943年，抗日民主政府内设秘书，民政科、教育科、公安科、财政科、粮秣科、建设科，下辖5个区政府，自1939年至1945年6月，县抗日民主政府无固定办公地点，经常游击活动于三朗、南岭踪、崔庄、李庄一带。

二、解放战争时期

1945年6月，故城县全境解放，抗日民主政府易名为故城县政府。是年县治驻地郑口。县政府先后设有民政、教育、财经、司法、建设等科及武委会、工商局、公安局、银行等。1946年增设交通局、邮政局。1947年增设粮食科。

三、中华人民共和国成立后

1948年，故城县政府易名为故城县人民政府，县人民政府编制39人，实有37人，张勇为任县长，在原机构不变基础上又增设硝磺局，改武委会为人民武装部，下辖5个区政府。1949年，设县人民政府办公室、卫生科及税务局。1950年，增设县供销合作社，是年8月改卫生科为人民卫生院。1951年8月，增设纪律检查委员会（简称纪检），将供销合作社改为供销合作联合社，县人民武装部由地方建制编入中国人民解放军序列。1952年，农业科和建设科合并为农建科，将沧县粮食总公司郑口支公司易名为郑口粮食管理局，是年9月，复建卫生科。1953年3月，增设人事科。是年6月，增设县邮电局和人民检察署。1954年3月，撤纪检。下辖5个区46个乡。

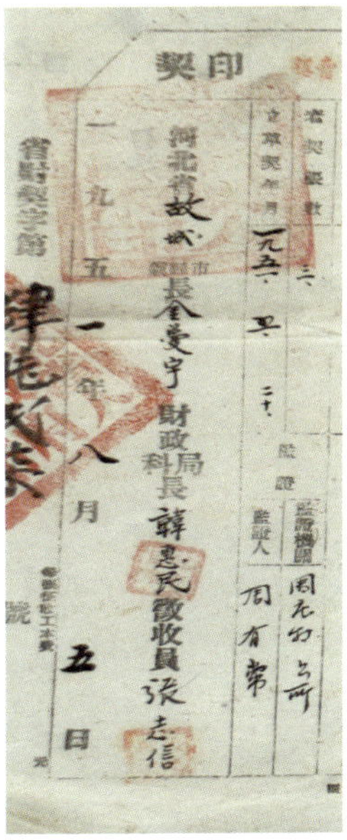
契印
河北省故城县长金曼宇
财政局科长韩惠民
征收员张志信
一九五一年八月五日

1951年故城县县长金曼宇签名的印契

1955年1月，故城县人民政府易名故城县人民委员会（简称人委）。下设人委办公室、民政科、财政科、统计科、文化科、教育科、人事科、卫生科、林业局、工商局、计划委员会、财经办公室、法院、公安局、检察院、邮电局、粮食局、人民银行、农业银行等。1957年增设商业局。1958年5月，撤人事科，将其工作移交人委办公室接管，同时增建县广播站。是年10月，故城县并入吴桥县，县治所驻地桑园镇。1961年5月，恢复故城县建制，县治所仍设郑口镇原县人民委员会处。故城县人委下属各科局随之恢复。是年增设农机局、工业局。是年8月，县文教局、卫生局合并为文教卫生局。是年9月，水利科、农林局、农机局、畜牧科合并为农林水利局，新建人事监察科。是年11月，将郑口粮食管理局易为故城县粮食局，并建县市场物价委员会，将工业局易名手工业联合社。1963年，设交通科，撤销原交通运输局。是年7月增设水利科，并将农机局易为县农业机械电力管理局。1964年1月，县农业银行从人民银行分离。是年5月增设县计划生育办公室，增建物资局。并将原文教卫生局分为文教科、卫生科。1965年1月，县农业银行并入县人民银行。是年6月，手工业联合社易名为工业局。是年12月，增设县计量站，交通科易为交通局。

1966年5月，“文化大革命”开始，人委及各科局尚能正常工作。1967年1月29日，南开大学学生带领房庄、十二里庄中学学生向人委、县委“夺权”，致使人委机构瘫痪。1968年9月9日，建故城县革命委员会（简称县革委会）实行一元化领导，统管全县党政财文大事。革委会下设政治部、生产指挥部、办公室，原人委所属各科局降格为若干组。公安局、法院、检察院三单位合并，由驻军介入，建军事管制小组。县革委会下辖23个公社革委会。

1972年科局恢复，有民政科、卫生科、文教科、财税局、水利局、邮政局、电信局、农业局、计划局、商业局、工业局、粮食局、机电局、物资局、公安局、法院、人民银行。另有计划生育

故城县政府办公大楼

办公室、供电所、广播站、副业办公室等。是年12月，又增建科技局。1973年6月，增设林业局。是年9月，邮政局、电信局合并，名邮电局，财税局易名为财金局。1974年，增设畜牧局。1975年，将隶属商业局的供水站改为城镇建设管理站，隶属县生产指挥部。1976年5月，将原副业办公室易为社队企业管理局。是年11月，撤机电局，同时将广播站建为广播事业局。1977年，增设房产管理局，易科技局为科学技术委员会（简称科委）。同时易计划局为计划委员会（简称计委）。并将计划生育办公室从卫生局分离，建计划生育办公室。1979年，易计划局为统计局。是年6月，增设人事局，7月增建工商行政管理局，同时，农业银行从人民银行分离单建。

1980年4月，根据中共中央指示宣布撤销革命委员会，再设故城县人民政府，时设政府办公室、人事局、公安局、司法局、民政局、外贸局、统计局、科委、城建局、电力局、物资局、工业局、新能源办公室、标准计量科、环保科、地震办公室、邮电局、农业局、林业局、水利局、畜牧水产局、社队企业管理局（简称社企局）、农机局、财政局、人民银行、农业银行、建设银行、商业局、粮食局、工商行政管理局（简称工商局）、文教局、卫生局、计划生育办公室、体委、广播局等单位。1981年1月，复建县供销合作社。是年4月建劳动局。7月建物价委员会。1982年1月，城镇建设管理局易名为基本建设局（简称基建局）。是年10月，恢复税务局。1983年6月，撤销工业局，将电力局改为电力公司，同时与农机局、社企局、工业局并为县经济委员会（简称经委）。是年7月，广播局易名为广播电视局，计划生育办公室易为计划生育委员会。是年10月，农机局、农业局、畜牧局合并为农业局。是年12月，劳动局、人事局合并为劳动人事局、物价委员会易名为物价局，县供销合作社易名为供销合作社联合社，局级单位新能源办公室降格为股站级单位，同时增设审计局。1984年1月，建中国工商银行故城县支行，是年6月基建局易为城乡建设办公室。8月，社企局易名为乡镇企业管理局，新能源办公室又由股站级升为局级单位。1985年，电力公司复名电力局。1986年4月，县人民武装部改归地方建制，名兵役局。是年5月经委、计委合并为计划经济委员会（简称计经委），同时农机、畜牧从农业局分离，易名为农机管理总站、畜牧水产总站。1987年4月，农机管理总站复名农机管理局，是年6月撤计经委，重建计划委员会和经济委员会。自1984年春始，公社改乡（镇）建制，同时县人民政府下辖20个乡政府，3个镇政府。1996年，机构改革，列入政府序列的有23个部门。23个乡镇合并为13个。2002年，机构改革，政府工作机构22个。2018年，机构改革，政府工作机构23个。

故城县人民政府自建立以来，以“为人民服务”为根本宗旨，围绕人民生产生活施政。在发展农业、工业、基础设施建设、文教卫生诸方面，落实当地党委重大决策，根据实际情况，出台并组织实施相关政策与措施，推动域内经济建设和社会各项事业协调发展。

第二节　施政辑要

一、农业与农村工作

1987年2月，县政府常务会议议定：当年的粮油定购中，粮食按1600万公斤，总油脂按90.25万公斤下达。在合同定购任务以内，农民每交售50公斤粮食，供应平价柴油4公斤（中央拨1.5公斤，省从地市抽指标2.5公斤）；交售50公斤皮棉供应柴油5公斤（从县内农用柴油中解决）；交售50公斤油脂供应柴油25公斤（按省文件执行）。

1987年3月，县政府常务会议议定：为加强农电管理，实行乡电管站人员工资与农电管理效益挂钩，规定最高电价，解决农村电价过高和一些电管人员不负责任的问题。同时强调加强内部管理，搞好工作定额、人员定额，控制增人，解决“以电养人”的问题。

1991年8月，建立故城县综合服务领导小组和故城县中心庄稼医院，主要职能是做好农业生产中的各项服务，特别是科技服务，指导农民科学用药，合理施肥，降低成本，提高效益。要求各乡镇都要建立相应组织，创办各乡镇的庄稼分院，促进农业生产的发展。

1992年6月12日，召开县长办公会，对鼓励农民进城务工经商问题进行专题研究。对郑口镇的王元子、太兴镇、后油坊、南镇、帝君庙5个村实行如下办法：每办一个进城务工经商人员，交纳增容费5000元，其资金来源，农民自筹2500元，村里补助500元，镇政府承担2000元（逐年在镇财政收入中偿还）。

1994年5月，县政府常务会议决定：在农村实行“公粮制”改革。夏粮收购价格可按麦收后小麦市场情况确定，执行过程中的风险由财政和粮食部门共同承担；超公粮任务部分，保证及时兑付现金，杜绝“白条”现象发生；对于没有承包耕地的农户，可经乡镇政府核实，不缴农业税，按有关规定承担社会费用。

1995年8月，县长办公会就如何帮助棉农除治第四代棉铃虫，最大限度地减小虫灾危害，确保棉花丰产丰收问题进行专题研究，要求广播电视和宣传部门要举办专题节目，搞好跟踪报道和连续报道，大造声势，形成浓厚气氛，促进除虫工作的开展。

1995年10月，县政府常务会议议定：为充分调动棉农售棉积极性，督促各棉站改进服务态度，真正让棉农交上顺心棉，督促各棉站改进服务态度，确定当年县域内棉农可自由流动、跨乡镇售棉，但不出县售棉和收购。

1997年3月29日，县政府制定实施1996—2000年农业产业发展规划，要求全县以市场为导向、以效益为中心、以建设龙头企业为突破口，逐步实现以市场牵龙头、龙头带基地、基地连农户，集种养加、农科教、贸工农、产供销于一体的农业产业化运行机制。

2002年8月23日，县长办公会议定：由副县长张海英把关进行林权证发放工作，提出要防止集体资产流失，要慎重确权，以张榜公开方式保证合法合理，批准万亩林业生态园县建设规划。

2009年3月6日，县政府常务会议议定：新农合运行两年来，取得一定成效，县政府对此给予充分肯定。原则同意《加强新型农村合作医疗定点医疗机构监管的规定》，以县政府文件形式印发。卫生部门要加强调查研究，掌握工作细节，及时发现问题、解决问题，在发展中逐步完善各项规定。

2010年9月6日，县政府召开常务会议，议定：加速提升农业产业，是落实上级工作要求的具体体现，更是故城县实现农民增收的实际需要，关键是要将既定方案抓好落实。要以无公害蔬菜、金银花和土元三大种养基地为重点，明确目标，细分任务，积极做好技术推广、市场建设、规模扩大文章，通过新闻媒体广泛宣传、示范村户典型带动等多种形式，引导更多的群众参与发展，在尽短时间内把基地进一步做大、做强。

2011年11月12日，召开县长办公会，听取建设领域农民工工资管理情况的汇报。农民工工资问题，是非常重要的民生工作，尤其是当前正处于年终岁尾，必须引起高度重视，确保不发生因拖欠农民工工资而引起群访问题。

2013年11月8日，县政府常务会议决定：同意县农牧局关于开展农村土地承包经营权登记试点工作实施方案的汇报，并报县委常委会研究。县农村土地承包经营权登记试点工作领导小组要抓紧研究经费问题，提出具体意见，报县政府批准后，由县财政全额拨付。

2014年3月，县政府常务会议决定：建设农村生态型公益性公墓及骨灰堂式公墓。这是移风易俗，文明殡葬，节约土地，深入推进农村面貌改造提升行动的重要举措。

2014年11月3日，县政府常务会议决定：原则上同意《故城县人民政府关于健全农村土地承包经营权流转机制的实施意见》，要以科学有序、利益共享为原则，加紧建立健康良性的土地流转机制。要抓紧建立县、乡、村三级流转服务机构，县级土地流转服务中心要设在县政务服务中心，统筹做好全县土地流转登记、管理、指导工作；各乡镇要建立以乡镇司法所为主体的土地流转仲裁调解机构。县农牧局、国土局对土地流转情况进行定期抽查，确保严格按照流转协议使用土地，防止违法使用、改变用途等情况发生。

2018年6月9日，召开政府常务会议，会议研究了《故城县2018—2020年种养产业扶贫规划》。要求要按照会议研究意见，对该规划进行细化和完善，使其更具可行性、操作性、实效性。结合各乡镇资源优势和种植传统，合理开发种养扶贫产业，努力形成切合实际、特色鲜明、效益良好的扶贫产业体系。充分发挥正大肉鸡、康宏牧业等农业产业化龙头企业，以及各类农民合作社作用，通过建立完善利益联结机制，把贫困群众融入产业发展链条，获得长期稳定收益。是年8月28日，召开县长办公会，听取县水务局关于《故城县2018年农村饮水安全巩固提升项目实施方案》的汇报。议定：原则同意《故城县2018年农村饮水安全巩固提升项目实施方案》。水务局作为项目主体单位，要严格按资金政策要求实施，依法依规落实好项目的各项工作。公平、公开、公正地做好项目各项招投标，确保资金安全，按时按质完成任务。

二、工业经济建设

1988年7月，县政府常务会议议定：为使县办工业逐步向高标准、规模化方向发展。凡开发新产品，增上新项目，与原产品、项目关系不大的，都要尽量重新建厂，与老厂分离，实行一厂两制，单独核算。

1992年6月22日，县政府召开常务会议，对钢丝绳厂翻番改造工程进行专题研究。决定产量由1.5万吨扩产为3万吨，新建厂址定在原县化肥厂。原县化肥厂的银行贷款由县财政负担，其土地及能利用的设备作为县财政对钢丝绳厂的投资，按账面净值划给钢丝绳厂使用，其生产人员及离退休人员由钢丝绳厂负责安排。

是年8月，县政府制定下发《关于在县办工业企业推行“晋档升级”承包经营责任制的实施办法》，加强基础管理，深化企业内部改革，实行管理干部和专业科技人员聘任制，推行劳动优化组合和全员合同化管理。在33家县办工业企业中实行“利税统算，上缴递增包干，超收全留，歉收自补”的办法。

2006年3月10日，召开金宝集团改制工作会议，要求全县上下以大局为重，齐心协力把金宝集团改制重组工作做好。

2009年2月3日，县政府常务会议通过《故城县人民政府关于加强工业项目区建设用地管理的暂行规定》。规范工业项目区用地，对于正确处理保障经济发展与保护土地资源关系，强化集约节约用地，优化工业项目配置，促进招商引资工作，具有非常重要而现实的意义。

2011年8月1日，县长办公会议就“一城三区”污水处理厂和垃圾处理场建设有关事项进行研究。在西苑工业园已建成一家生活污水处理厂，在衡德工业园、西苑鞣制硝染园、营东工业园新建三家污水处理厂。已建成的污水处理厂实行第三方运营，保障其正常运行、发挥作用；新建的三家污水处理厂全部采用“BOT”模式，对外公开招标，选择有实力的企业建设和运营，运营年限期满，再移交给县政府。

2013年5月31日，县政府常务会议听取县工信局关于实施“工业倍增”计划、扶优扶强骨干企业的意见，以及促进传统产业升级、加快新兴产业培育的意见有关情况的汇报。将实施“工业倍增”计划、扶优扶强骨干企业与促进传统产业升级、加快新兴产业培育两个意见合二为一，政策一致，组织合并，人员统一。

2014年4月30日，县政府常务会议，听取县发改局关于《故城县关停实心粘土砖瓦生产企业实施方案》有关情况的汇报。除列入2014年关停企业名单的8家企业外，对原已列入关停计划但尚未关停的实心粘土砖瓦生产企业，由发改局牵头，组织相关乡镇、部门制定具体方案，确保尽快关停到位。相关部门要依据上级政策和文件要求，依法依规进行吊销证照等工作；相关乡镇要切实做好企业所在地村的沟通解释工作，确保工作快速有序推进。

2018年，县政府就发改局关于《故城县2018—2022年铸造产业发展规划》有关情况进行研究，规划符合故城县铸造产业的实际，要按照规划要求，逐一研究解决产业发展中存在的问题，壮大群体、做强龙头，促进产业快速健康发展。

三、民生与就业

1988年10月，县政府常务会议讨论关于招收合同民警，组建治安联防队的议题，决定招收46名合同民警充实乡镇派出所力量，小乡2～3人，大乡5人，新招收的合同民警由乡政府直接管理，业务上受公安局指导，所需费用由乡镇自行解决。

1991年8月，故城县劳务市场成立，为需要劳动力的单位和个人提供管理、职业介绍、技工交流、劳务合作、家庭劳务、职业培训、信息咨询等服务。是年，县政府成立县红十字会，办公地点设在县卫生局，县委副书记刘石营任名誉会长，政府副县长郭居娥任会长。其职责为动员和组织全县人民开展群众性救护和社会福利活动，弘扬革命人道主义思想，加强社会主义精神文明建设。设副会长8人，秘书长1人，理事会理事50人。是年9月，县长办公会专题研究筹建县职教中心集资问题，决定：全县农业人口每人5元一次性筹集；非农业人口中，在职干部职工每人15元，城镇居民每人10元一次性筹集。

1993年4月，县政府转发劳动人事局《关于建立企业补充养老保险的实施办法的通知》。规定：养老保险的对象应当包括各单位的固定职工、劳动合同制职工、1991年年末前的长期临时工和已经参加养老保险的其他临时工以及离退休职工；建立养老保险所需费用，从各单位自有资金中的奖励基金、效益工资或福利基金中列支，并免征奖金税和工资调节税。

1995年6月，县政府下发《关于个体劳动者和私营企业及乡镇企业职工全面实行劳动合同制和参加养老保险的实施意见》，规定：养老保险基金缴纳标准参照国有企业职工办法管理，用人单位缴纳工资总额的18%，个人交纳工资总额的3%。社会保险所定期通过银行划拨或单位定期缴纳。该项基金专户储存，专款专用。是年12月，县政府下发《故城县大病医疗费用社会统筹试行办法》的通知，实施原则为互助互济，保证基本医疗，以支定筹，略有节余，严格制度，克服浪费。基金收缴标准为在职职工每人每月3元，离退休职工每人每月5元。开支范围为一次性就医费用超过500元的病症。

1996年6月15日，故城县人民政府发出《关于全面建立农村社会养老保险制度的通知》，加强对农村社会养老保险基金的管理。

1998年3月10日，县人民政府发出《关于东阳市场实行封闭式管理的通知》，经县长办公会研究决定，由工商部门设立市场管理办公室具体实施对东阳市场综合性管理，严格遏制三乱。

2005年8月11日，县政府和县人民武装部在县境内开展核生化危害源普查。

2009年4月16日，县政府常务会议议定：敬老院、殡仪馆建设是政府工作报告中承诺的民生工程。在民政部门的积极运作下，两项工程取得一些进展，但进度缓慢。民政局要列出详细工程进度表，加强监督，加速推进。敬老院、殡仪馆五一前要正式开工建设，9月竣工，年底前全部投入使用。

2009年8月28日，县政府常务会议议定：同意人劳社保局关于启动城镇居民医疗保险工作的实施方案。城镇居民医疗保险工作，事关广大人民群众的切身利益，涉及面广、政策性强，相关部门要充分利用现有资源，精心准备，抓紧运作，快速有序启动。

2010年12月6日，县民政局就关于完善县中心敬老院管理机制情况进行汇报。由于民政局当前财政投入不足、人员短缺、经验不够的实际，决定走托管运营或合作管理的路子。但是，敬老院的性质不变，仍为隶属于民政系统的事业单位，在业务上接受县民政局的监管指导。择优选择一家有资质、有能力、有意愿的机构或个人，由驻民政局工作小组组长冯希恩牵头，认真起草合作协议，并与合作方沟通后，提交政府研究，抓紧投入运营。

2011年7月4日，县政府召开常务会议，听取县卫生局关于全县基层医药卫生体制综合改革工作实施意见的汇报。由县审计局负责，对乡镇卫生院财务收支情况进行清理审核，县卫生局配合工作。科学调整布局，撤销10所非乡镇所在地卫生院，医务人员、医疗设施向13个乡镇卫生院整合；着手加强村级卫生室和县急救指挥中心建设，妥善安置人员。要根据人员性质区别对待，对在职正式职工，全部竞聘上岗，聘用后纳入编制管理；对不愿回原单位的借调人员，取消参与原单位竞岗资格，并予以除名，养老保险政策参照离岗人员执行；离岗人员一律不再上岗；临时工予以辞退。

2013年11月，县政府常务会议研究县民政局关于2012年转业士官和城镇退役士兵安置工作的请示。今后面向社会公开招聘工作人员时，要在符合条件的前提下，优先招录故城县籍的退役士兵。

2014年2月，县政府常务会议听取县人劳社保局关于《公开招聘乡镇事业工作人员实施方案》有关情况的汇报。会议议定：鉴于当前各乡镇普遍存在的缺编严重、年龄结构偏大、学历水平偏低，有的乡镇已影响到工作正常开展的实际情况，原则同意《公开招聘乡镇事业工作人员实施方案》。要按照公平、公正、公开的原则，严格程序，阳光操作，择优录用。

2015年10月，县政府按照《河北省乡镇机关事业单位工作人员实行乡镇工作补贴实施办法》（冀人社发〔2015〕34号）要求，自2015年1月1日起，为规定范围内的机关事业单位工作人员落实工作补贴。

2016年6月，县政府常务会议讨论《故城县整合城乡居民基本医疗保障制度实施方案》，原则同意该实施方案。由常务副县长林丰牵头，具体组织推进方案落实。

2018年9月28日，县政府常务会议，听取县人社局关于机关事业单位在职工作人员正常晋升工资及退休人员增加基本养老金的请示。会议原则同意该请示，县人社、财政等部门要按照相关程序抓紧组织落实。

四、城乡基础设施建设

1994年11月，县政府常务会议决定：县广播电视局迁址并修建140米高的普通型铁塔，所需资金，按农民人均2.5元，干部职工人均5元，由县财政局负责资金的筹集、管理和支出。

同月，县政府常务会议决定：同意邢德线清凉江至德州段新改建二级路工程，所占耕地由涉及乡镇负责解决，所需资金不得向农民集资，桥涵、拆、迁占需当地政府解决的费用，与整个工程费用一并由贷款解决。

2004年1月30日，召开城镇建设会议，京杭大街配套工程建设问题，棉纺厂桥至邢德公路两侧人行道和绿化带隔离池新建工程以及修建临时排水口工程，由市政工程公司负责。是年8月10日，召开城镇建设会议，对文化体育活动中心建设问题做出如下决定，在保证施工效果和质量的前提下，对文化体育活动中心的区域下沉部分原设计图纸作出变更，将原混凝土垫层由原设计的20厘米变更为10厘米加筋，将铺装的大理石厚度由原设计6厘米变为按照投标预算价格2厘米以上。

2005年7月20日，故城县城镇建设会议召开，加快实施“西进北扩”战略，扬帆大街向南延伸至郑清线，按50米控制红线、24米宽油面进行设计，由交通局负责按郑清线延伸段执行。广交路西段按50米控制红线、24米宽油面进行设计。中华大街北段按50米控制红线、24米宽油面进行设计，待完成顺达路东段建设工程后开始建设。

2006年2月10日，召开县长办公会，关于邢德公路拓宽段道路的规划和建设问题，责成工程技术部拿出设计方案和预算方案，报批后，通过招投标方式确定建设队伍。是年2月13日，召开天都世纪城项目建设协调会，要求建设局按物价局的评估报告，首先与甘陵酒业、古泉酒厂、县供销社签订拆迁协议书，进入施工阶段，提前进入第二拆迁阶段（人民商场、五交化大楼、美乐达床垫公司、12户个体户的房屋拆迁）的协议签订。拆迁阶段所有集体单位均无拆迁补偿金。国土局与城建局结合，依法收回全部土地证。是年2月16日，召开扬帆大街建设协调会议，扬帆大街隶属县城规划范围，将此上报省交通厅、市发改委。属省级道路。扬帆大街北段（前沙岗村至堤口排渠）为50米控制红线，24米的油面，大坛村段（堤口排渠至二坛村村北涵洞）为36米控制红线，16米的油面，二坛村村内为20米的控制红线，16米的油面。

2007年8月9日，就故城县棉花中转储备库土地出让问题召开专题会议，会议议定故城县棉花中转储备库闲置多年，为充分发挥其效益，盘活国有资产，同意对该企业改制。县供销社及有关部门要做好企业职工安置补偿等项工作，确保职工思想稳定，县国资部门要搞好对国有资产的监督，实现保值增值不流失。棉花中转储备库138.8亩土地，由国土部门按程序以招、拍、挂的形式进行出让。是年11月19日，县政府就搞好第二农贸市场的有关问题进行专题研究，会议议定事项：对搬入第二农贸市场的商户一年内免收各种行政事业性收费。工商局向运输蔬菜和农产品的合法车辆发放有交通、交警、农机三部门签发的绿色通行证。由工商局牵头郑口镇、公安局、交通局、建设局、农机局、物价局、畜牧局、市贸办、王园子村各派代表组成市场管理办公室，负责第二农贸市场的管理工作。

2008年，共完成投资10亿元，太兴家园、中央商城等住宅小区、专业市场投入使用；富邦家园、东方香湖美地社区等小区、东阳市场、浩天建材城投入紧张建设。

2009年，全年共拆迁2500户，置换土地近2000亩，新建面积200万平方米，新上城建工程46个，新建翻修城区街道6条共18公里，新增绿地面积80万平方米，新建住宅小区14个，新建龙湖公园等5处公共设施。

2010年，扎实推进30项城建重点工程，全年共完成投资8.6亿元，拆迁3万平方米，新建68万平方米；翻建康宁路，延伸幸福路、和平路共8.3公里。污水处理厂、垃圾处理场投入试运行。市场化运作卫生管理，一体化运作绿化管护，县城环境逐步改善。城镇面貌三年大变样工作成效明显。

2011年，启动堤口渠景观改造、南湖公园建设等21项基础功能工程，开工建设6万多平方米保障性住房。五年间，县城建成区面积由7.6平方公里拓展到16平方公里，常住人口由5万人增至12万人，城镇化率达41%。建国、夏庄、饶阳店、里老等重点小城镇建设取得积极成效。

2012年，累计投资12亿元，拆迁拆违8.5万平方米，完成新建52万平方米，绿化面积10.6万平方米。建成投用怡水公园、体育活动中心等一批文化休闲设施。县城承载能力不断增强，管理水平不断提高。

2013年，星河湾等4个旧城改造工程顺利推进，累计征收房屋946户；完成信誉家园、康宁新城等城建工程扫尾工作；县游泳馆、老干部活动中心等配套工程建成投用；新建、续建保障房2600多套；投入3500多万元，翻修改造二道街、商业街等6条主次街道，硬化107处小街小巷出入口，新建公厕3座。

2014年，总投资近亿元的城区电网升级工程竣工投用，县城供电保障能力大幅提升；城管水平逐步提高，城区环卫市场化实现全覆盖，城镇数字化综合指挥系统启动建设。县城功能日益完善。

2015年，成功创建省级园林县城，围绕创建国家级园林县城目标，启动实施城建项目80多个。新建住宅小区18个；新建翻修平安大道、中华街北延、金宝大道等50余条主干街路，铺设道路46万平方米；平安生态公园、运河风情公园一期、南湖公园等一批配套工程建成投用；建成区新增绿地面积174公顷，绿化覆盖率41.3%，位居衡水市前列；翻修改造商业街、镇中路等小街小巷6.9万平方米，安装路灯1000余盏。南水北调净水厂及配套管网一期建设完工，具备供水条件。县城功能品位大幅提升。城管水平逐步提高。

城市管理综合执法局组建成立，数字化城管平台建成投用，县城公交开通运行，环卫保洁实现城中村、乡镇镇区、美丽乡村建设重点村全覆盖，市容市貌综合整治取得良好效果。

2011—2016年，美丽乡村加速推进。累计投入20多亿元，实施13个乡镇镇区面貌改造提升工程，完成51个省级美丽乡村重点村建设。建国镇被住建部等七部委列为“全国重点镇”，被农业部评为“全国一村一品示范村镇”；房庄乡堤口村获评“全国文明村”。2014年农村面貌改造提升，累计投资3亿多元，衡水市现场观摩会议在故城县召开。继夏庄镇大曹庄村、三朗乡尹里村获评“河北省美丽乡村”后，2016年夏庄镇徽王庄、龙凤店、东杨庄、滩头村及郑口镇后响沟、故城镇周庄、青罕镇南王庄7个重点村获评省美丽乡村精品村，故城县被评为“河北省美丽乡村建设先进县”。2017年“两改一清一拆”扎实推进，郑口镇翟庄村、建国镇东冯村等7个村获评“省级美丽乡村精品村”。2018年，完成棚户区改造1047套，完成危房改造118户；黑臭水体治理，完成青年干渠和郑口排渠垃圾和淤泥清运共9.63万立方米；铺设截污管网6280米并投入使用。

青罕镇美丽乡村新民居

五、依法行政

1993年2月，县政府下发《关于进一步加强依法行政的通知》，要求：政府办公室设立法制科；各乡镇政府、县政府各部门尽快成立和完善行政复议机构；政府组织有关人员，每季度进行一次行政执法检查，并随时搞好监督。

1993年10月，县政府制定《故城县人民政府关于集中清理和纠正乱收费、乱罚款、乱摊派不正之风的实施方案》，确定自10月8日开始到年末，对乱收费、乱罚款、乱摊派的“三乱”不正之风，在全县进行集中清理和纠正。

2006年4月28日，故城县颁发故城县人民政府令《故城县村级集体财务管理制度（试行）办法》，发布实施。

六、现代农业建设

2008年，小麦、玉米、棉花等基本农产品继续保持稳产高产。全县蔬菜面积达11.1万亩，其中设施蔬菜面积6.5万亩，建国镇成为衡水市最大的小拱棚韭菜种植基地。市级以上农业产业化龙头企业达13家，农民专业合作社达35家，故城县被命名为“河北省农民专业合作社建设与发展示范县”。

植树造林面积完成5500多亩。

2009年，市级以上农业产业化龙头企业达16家。故城县成为全省三个土地流转试点县之一。

2006—2011年，特色种养效益明显，增收渠道趋于多元；依托18家市级以上农业产业化龙头企业、122家农民专业合作社，农产品转化增值步伐加快；农村土地流转面积达6.9万亩，被列为全省三个土地流转试点县之一。

农村富余劳动力境外务工累计达3万余人次，故城县被评为“全国优秀外派劳务基地”。

2011年，农民人均纯收入达4696元，比2006年增加1190元。

2013年，建国镇农业产业化“建国模式”得到上级肯定。

2014年，现代农业加快发展，东大洼现代农业示范区获批“省级农业开发示范区”，成为衡水市现代农业发展的典型；建国镇“省级现代蔬菜产业园”通过验收、“智慧农业”试点初见成效；新增造林面积4万余亩，提前一年实现“一人一亩林”；地下水超采治理累计投资近5亿元，衡水市投资额最大。

2011—2016年，东大洼现代农业示范区基础设施累计投入4.2亿元，达到“六通一平”标准，新希望六和、绿康蔬菜等一批大型产业化项目集中入驻，先后获批“省级现代农业综合开发示范区”“省级现代农业园区”。

2016年，茂丰现代农业园区晋升“省级现代农业园区”，工作考核衡水市第一。农村土地承包经营权、集体土地确权登记发证工作顺利推进。故城县被省商务厅确定为“河北省电子商务进农村综合示范县”。

2017年，东大洼现代农业园区，建成投用天然气大型沼气等一批基础项目，建设推进食品检测中心、康博莱冷链物流等配套项目；茂丰现代农业园区一期基础设施加快推进；新增饶阳店北仁庄、故城福航汉世伟2个市级现代农业园区，省、市、县级农业园区达14个。完成投资7.6亿元，创近年来农业项目投资新高。河北绿康公司在石交所成功挂牌上市。

农村产权制度改革有效推进，在衡水市率先完成农村集体土地确权登记颁证工作。

2018年，东大洼现代农业示范区获得“市级农业科技园区”称号，县级以上农业园区达14个。获批“全省农村集体产权制度改革试点县”，完成全县农村集体资产清产核资，积极稳妥开展农村集体建设用地和宅基地制度改革，农村土地承包经营权确权颁证工作全省名列前茅。获批“河北省农村人居环境整治全域完成示范县”。

七、园区建设

2010年，全年落地、开工建设投资亿元以上项目30个。南资北移项目加速集聚，实现历史性突破。

衡德工业园投资近亿元，完成硬化、绿化、拆违等基础工程，完善供排水、供电、商住等配套功能，全年工业项目、商住建设面积达2平方公里，成为衡水市年度唯一获批的省级工业园区；西苑项目区以占地1200亩的“闽浙服装产业园”为平台，在承接南资北移项目、聚集服装产业要素方面迈出重要一步；营东新区借力皮毛招商突击活动，入区企业达243家，产业聚集、企业扩张均取得突破性成效。故城县外贸出口表现上佳，被确定为“河北省裘皮产品出口基地”。

衡德、西苑、营东三区总规划面积64平方公里，发展空间全省首屈一指，衡德工业园升级为省级开发区。

2011年，实现税收1.5亿元，五年增长11倍，连续三年成为全县税收第一支撑；皮毛类产品出口5亿美元，五年增长14倍，成为河北省最大的皮草出口区，故城县被批准为全省唯一的“河北省裘皮产品出口基地”，被命名为“中国裘皮裘革产业集群示范基地”。

汽车配件等传统产业升级加快，被确定为“河北省摩擦材料特色产业基地”。

2012年，开门子肥业、金宝汽配城等项目加紧建设；与冀中能源集团正式签约，投资52亿元，共建冀中金宝矿用装备制造基地。

2013年，兆鑫公司在石交所挂牌上市，实现故城县内生企业上市零突破，被商务部评定为“国家级外贸转型升级专业型示范基地”。

衡德、营东两区学校、医院、污水处理厂等配套工程相继建成。

2014年，上海光明乳业饲料加工等一批项目签约落地；总投资100亿元的泰国正大1亿只肉鸡全产业链项目一期成功签约。

2016年，总投资103亿元的泰国正大绿色安全食品全产业链项目一期正式开工，实现超百亿元项目零突破。奥冠电源、星月制动等一批龙头企业快速发展，青竹公司被评为“全国先进个体私营企业”。兆鑫、日出两家企业成功在石交所上市。

是年，举办全省区域性产品质量整治提升现场会，故城县工作经验成为全省典范。行政审批制度改革深入推进，企业注册“三证合一、一证一号”全面落实。

2017年，招商引资成效明显。积极抢抓京津冀协同发展、雄安新区建设等重大机遇，新签约落地项目101个，总投资300多亿元。创新“即租即产”模式，盘活闲置低效土地1100余亩、厂房69万平方米，73家京津雄企业快速落地投产，300余家企业入驻；高标准规划建设北京绿色印刷、北京智能家居、安新三台制鞋、雄县纸塑包装、雄县乳胶制品5个产业园。绿色数字印刷文化产业园被省新闻出版局授牌“河北京津冀协同发展新闻出版产业承接园区”，是全省四个授牌县之一。正大饲料厂主体竣工，食品加工厂奠基开工。

2018年招商引资成效突出。制定出台《故城县招商引资优惠政策》，设立北京、上海招商小组，积极对接，精准招商。吉恒锋工业机器人、京林一创实验室装备等27个重大项目签约落地，总投资554亿元。正大肉鸡全产业链项目饲料厂建成、食品厂开工；以岭康养综合体开创3个月主体完工的“以岭速度”，被评为河北省首批“大健康、新医疗”产业示范基地。纳税超千万元企业达5家；新增规模以上企业9家；工业技改投资完成51.2亿元，同比增长34%，位居衡水市第一，3个技改项目入选省千项技改项目库；龙凤贡面国家地理标志保护产品通过国家技术性验收；青竹公司产品市场占有率跃居全国首位，奥冠公司成为全国第三家，全省唯一通过中国合格评定国家认可委员会（CNAS）权威认证的新能源企业。新增高新技术企业4家、科技型中小企业63家，建成创业孵化基地2个，培育省级众创空间1家。创客电子商务孵化基地被评为“省级农民工返乡下乡创业园”。园区贡献更加突出，故城经济开发区获河北省“外贸出口先进开发区”“军民结合产业示范园区”称号。

八、交通建设

2008年，完成广交东路、体育街等6条街道的翻修，和康宁路中段、扬帆大街北端的绿化美化工作。投资8000多万元，交通部门完成郑昔线大修改造和村村通工程，同时积极争取上级资金，翻修顺达路、青年街，故城县被评为衡水市唯一的“省级农村公路管理养护达标县”。

2009年，建国新运河大桥竣工通车，新建“村村通”公路53公里，改造翻修桥梁9座。

2010年，累计投资1.2亿元，完成郑口新运河大桥引线、新汽车站、84.6公里农村公路建设和4座农村公路桥梁改造。衡德高速公路故城支线项目获省发改委批复。

2011年，建国运河大桥如期通车，郑口新运河大桥建设进入尾声；新汽车站正式投用，群众出行更加方便。

2012年，累计投资2.4亿元，完成裘都大道新建、东大线修缮、邢清公路养护、郑昔线中修，完成郑龙线、石王线、建军线3条公路养护改造，新建、修缮27座农村桥梁。

2013年，邢德公路东段养护改造工程正式启动；累计投资近2亿元，完成工业路西延段、西苑街等道路新建，18条连村公路改造及大东环、大西环、机德路等道路挖补；城乡客运一体化建设开始实施，县域通行能力日益提高。

2014年，新建翻修郑昔公路南延段、邢德公路城区段等12条道路，环城交通体系基本成型；新增绿化51万平方米，改造供排水管网4.5万米。交通路网加速完善，全年累计投资20.7亿元。邢德路养护改造东段工程建成通车，主路面由11米拓宽至23米；郑昔线升级国道，故城县成为衡水市唯一有国道起点的县；改造翻修农村公路110公里。

2015年，衡德高速故城支线建成通车。

2016年，与德上高速实现对接贯通，北上南下更趋便捷。省级邢德公路养护改造工程全面完成，东西出行更加通畅。启动郑龙线升级改造、223公里县乡公路新建维修工程。

2017年投资9300万元，完成郑龙线升级改造工程。投资1.1亿元，完成118公里农村公路新建维修工程。投资4900万元的东大线郑口至建国段翻修改造工程正式启动。圆满完成省“四好公路”创建验收工作。群众出行更加安全便捷。

九、教育事业建设

2008年，投资1800多万元的新育才中学投入使用；青少年活动中心主体落成；投资980万元，改造7个乡镇11所学校及全县243间危房；投资800万元，完成159所学校11万平方米的取暖工程。

2009年，完成郑口第二小学迁建、3栋学校综合教学楼新建；完成4所学校危房改造；被评为省依法治校达标县、省教育收费示范县。

2010年，撤并2所初中、12所小学，学校布局不断优化；实施中小学安全工程，改造7所学校校舍；高级中学迁建工程主体已竣工。故城县被评为“全国全民健身活动先进县”。

2012年，累计投资近3亿元，完成城南中学、衡德中小学和营东小学等一批学校新建，以及23所学校改造工程；顺利通过省政府四年一度的教育教学综合督导评估。

2013年，教育资源日趋均衡。完成县教师进修学校迁建，并通过省级验收。

2014年，投资5300多万元，维修改造23所中小学校及4所幼儿园；县图书馆投用并免费对外开放；公开招录145名基层教师，师资力量不断加强。

2017年，县第二幼儿园迁建、县职教中心实训楼新建工程投用；投资4000多万元，完成聚龙小学等一批学校改造工程，公开招录160名基层教师，高质量通过省教学评估。校园体育蓬勃发展，运河中学、县第二小学被评为“全国足球示范校”。

2018年，完成县直第四小学主体工程、太兴小学基础工程、10所农村中小学改造提升工程，实施郑口中学教科研楼、高级中学实验楼建设工程。为乡村学校公开招聘人事代理教师179名。

十、医疗卫生事业建设

2008年，县医院高层病房楼主体竣工，中医院门诊楼和6个乡镇卫生院改扩建后投入使用。

2010年，县乡医疗机构医疗水平实现新提高；新农合参合率达91.08%，6.6万人次受益；作为全省第一批基层医药卫生体制综合改革试点县，乡镇医疗机构已全部实行药品零差率销售。

2012年，县医院新门诊楼投入使用。

2013年，县医院衡德分院、营东分院建设完成；新中医院主体完工；县级公立医院改革试点工作正式启动；村卫生室标准化建设任务全部完成。

2014年，投资7000多万元的新中医院建成投用，5.4万平方米建筑规模名列衡水市第一、全省前茅。

2017年，在衡水市率先启动县域医共体试点改革，县医院被评为“全国医联体探路先锋”。成功创建“省级妇幼健康优质服务示范县”。建国镇卫生院获“国家级群众满意乡镇卫生院”荣誉称号。县医院新病房楼、县妇幼保健院新门诊楼完成主体工程。

2018年，县医院成为全省首批纳入三级医院管理行列的县级医院，举办“中国县域医院改革发展高峰论坛”。是年，故城县被授予“河北省中医药强县”称号。

第三节　施政方式

一、制定任期目标

县长在人代会上一年一度的政府工作报告中，对各部门、各系统提出当年工作任务与奋斗目标，县长负责全部任务与目标的实现，各副县长按分工提出的任务、目标，细化归口，抓好协调督促落实。

二、实行县长分工制

根据“首长负责制和分工负责制”相结合的原则，县长负责县政府全面工作，常务副县长除负责协助县长抓全面工作外，并分管几个方面的工作。其余副县长根据工作需要和个人业务专长，分口负责。副县长分工，基本按照农业、工业、财政金融、科教文卫等划分。

三、举行会议

举行各类会议，并推进落实是故城县人民政府施政的重要方式。会议形式主要有6种：

县政府全体会议　根据《中华人民共和国地方各级人民代表大会和地方各级人民政府组织法》规定，县政府全体会议由县长主持。政府全体组成人员出席，邀请县委、人大、政协和武装部主要领导参加，各乡镇长、县直有关部门负责人列席。其他列席人员根据会议内容需要确定。主要讨论和部署政府工作重大事宜。2008—2018年，县政府共召开23次全体会议。

县政府常务会议　会议由县长或县长委托常务副县长审批，县长、副县长出席，邀请人大、政协和武装部领导参加，政府办公室主任、有关副主任、法制办主任、督查室主任，有关工作人员及列入会议议题的相关部门负责人列席。会议主要讨论决定政府工作中的重大问题；讨论决定部门、乡镇请示政府的重大事项；决定对有关单位和人员奖惩；讨论贯彻落实省、市重要工作部署安排意见；听取县政府各副县长工作汇报；分析形势、通报情况、总结工作以及其他需政府常务会议决定的事项。县政府常务会议一般每月召开1～2次。根据工作需要不定期召开，有关部门、单位负责人列席会议。2008—2018年，共召开常务会议94次。

县长办公会　由县长或常务副县长审批，重要事项由主管副县长向县长通报情况后由县长确定。会议议题和与会人员由召集会议的县长或副县长确定。主要研究解决一个部门或涉及较多部门的工作业务问题。县长办公会是县政府主要施政方式。内容为县内日常工作的重要问题。2008—2018年，召开县长办公会84次。

县长现场办公会　现场办公会由县长或副县长主持，相关部门负责人参加。一般由有关部门或单位，向政府办公室提出申请，先由办公室主任协调有关问题后，再呈县长或副县长审批。2008—2018年，县长现场办公会次数不断增加，使县政府施政效率和效果明显提高。

县长碰头会　会议由县长主持，各副县长、办公室、研究室及相关部门负责人参加。碰头会通过分头报告政府各项工作阶段性进展情况，解决存在问题，并即席安排当前工作。

县政府协调会　由副县长受县长委托或按照分工召开，研究、协调和处理县政府工作中分工范围内的专门问题。

四、公文制发

种类 县政府制发的公文主要有命令（令）、议案、决定、指示、公告、通报、报告、请示、批复、函、会议纪要等。另有简报、快报、专报等。

程序 政府拟发公文，由办公室主任或副主任指定专人草拟。要求必须符合中国共产党的路线、方针、政策，国家法律、法规及有关规定，全面客观反映实际情况，完整准确地体现领导机关的意图，观点明确、结构严谨、条理清晰、层次分明、文字精炼，篇幅力求简短。

以县政府名义发文，一般经主任审核后由县长或副县长签发。以办公室名义发文，由主管副县长或主任签发。政府会议议定的事项需批转的文件和简报、快讯、快报等，一般以政府办公室名义由主任或主管副主任签发。

第四节 基层政权

一、区、乡（镇）级机构

1939年3月，中共故城县委、抗日民主政府建立后，6月，于辖区内设区公所（区政府），各区公所设区长1人，秘书、民政、工商、财政助理员各1人。中华人民共和国成立初始设4个区政府。1953年，全县置5个区政府，区政府机构与原机构略同。1956年7月，撤区并乡，全县将原46个乡合并为19个大乡。各乡民主选举人民代表，由乡人民代表会议选举乡长、副乡长和乡人民委员会。乡人民委员会一般设生产合作、文教卫生、治安保卫、人民武装、民政、财粮、调解7个委员会。1958年1月再次合并为13个乡。乡人民委员会设正、副乡长各1人，秘书、财粮主任、财贸委员、武装治保主任、民政委员、文教主任各1人。亦有乡秘书兼任民政委员、中心学校校长兼文教主任者，乡下设生产建设委员会，主任由副乡长兼。是年9月建4个政社合一的人民公社，设公社管理委员会主任1人，副主任2～3人，下设办公室、工业交通、农业水利、财贸、政法、军事、文教卫生、生活福利等部门，办公室即是公社党委的工作部门，亦是公社管委会的办事机构。各部设正、副部长、主任1～3人，干事1～3人。公社下设管理区，为公社派出机构。管理区设主任、秘书各1人，并有文教、统计、财粮助理员各1人。是年10月并入吴桥县，1961年5月，故城县复置，撤销管理区。同时全县共15个公社，公社管委会设社长（主任）、副社长（副主任）各1人，下设秘书、公安、生产、财粮、文教助理员各1人。1964年年末因区划调整，山东武城县一部分划归故城县，同时全县辖19个公社。1966年，原武城县划归故城县的3个半公社分为8个公社，同时全县辖23个公社。1966年，“文化大革命”开始后，基层政权机构瘫痪。1968年9月，各公社建革命委员会，取消公社管理委员会。革命委员会设主任1人、副主任和委员若干，组成人员由县领导机构任命。办事机构设办事组、政工组等。1980年春，公社革委会易名为管理委员会。1984年，政社分开，复建乡（镇）政府，并各设乡（镇）长1人、副乡（镇）长1～3人，秘书、民政、司法、财政、文教、农业、水利、林业、计划生育助理员各1人。此外，各乡（镇）建农工商联合社，设社长1人，副社长1～3人，负责管理乡（镇）企业、联户办、个体办企业。

三朗镇政府驻地

2008年，乡镇内设机构调整为党政办公室、农业办公室、财经办公室、计划生育办公室、社会综合治理办公室。事业机构有农业综合服务中心、计划生育服务中心、文化广播服务中心。在2011年，进行乡镇机构改革，按照精简、统一、效能的原则，内设机构根据所辖乡镇人口数量进行设置。人口5万人以上的郑口镇、建国镇2个乡镇设置党政办公室、经济发展办公室、社会事务办公室、综合治理办公室、乡村规划建设办公室、计划生育办公室6个综合办公室。人口3万～5万人的西半屯镇、夏庄镇、房庄乡、武官寨镇、饶阳店镇、辛庄乡6个乡镇设置党政办公室、经济发展办公室、社会事务办公室、综合治理办公室、计划生育办公室5个综合办公室。人口1万～3万人的三朗乡、故城镇、青罕镇、里老乡、军屯镇5个乡镇设置党政办公室、经济发展办公室、社会事务办公室3个综合办公室。事业机构综合设置为社会保障服务中心、综合便民服务中心、财经服务中心。

二、村（大队）级机构

抗日战争时期，中共故城县委、县抗日民主政府下设4个区公所，下辖256个村，并各设村公所，村公所各设村长1人，先生（相当秘书、记账员之职）1人。1945年，侵华日军投降后，全县272个村普建村公所，设置略同。

中华人民共和国成立初期，村公所设村长、副村长各1人，治安、教育委员和会计各1人。1958年，建人民公社后，村改为大队，设大队长、副大队长、治保主任、民调委员、治安委员、会计、妇联主任等。1964年后，大队政权一度由贫协代替。1968年9月，各大队建革命委员会，由革委会统管党、政、财、文诸权。1981年，村革委会易名为大队管理委员会。1984年，大队管理委员会易名为村民委员会。设村长1人，会计、民政、治保、文卫、民调、妇联、计划生育委员各1人。村内设村民小组，设组长1人。

1987年，全县538个行政村均建立村民委员会，设有村主任1人，会计、民政、治保、文卫、民调、妇联、计划生育委员各1人。村内设村民小组，设小组长1人，2008年至2018年年末，故城县各村村委会定员依村之大小而定，最小村2～3人，较大村5～7人，最大村9～11人，主任1人。

第四章 元代至今县长名录

元代依照人口、户数，分上县、中县、下县，设达鲁花赤（代表成吉思汗的军政、民政和司法官员，也就是督官）和县尹各一名。明、清设知县一名，多由外地举人、贡生、监生担任。民国期间，政府县长始由上级政府任命。中华人民共和国成立后，县人民政府设县长并始设副职，分管县域内诸项工作。1968年至1980年4月，故城县革命委员会设主任、副主任。1980年4月—2018年12月，政府县长、副县长由人民代表大会选举产生。

元代故城县知县一览表

表15-1

姓 名	籍 贯	任 职 年 代	备 注
万复中	—	至大年间（1308—1311年）	—
乌 延	—	天历年间（1328—1330年）	—

明代故城县知县（明洪武至崇祯年间1368—1644年）一览表

表15-2

姓 名	籍 贯	任 职 年 代	备 注
李 勋	—	洪武年间（1368—1398年）	贡生
薛 庸	—	洪武年间（1368—1398年）	—

续表 15-2

姓 名	籍 贯	任 职 年 代	备 注
钱本中	江苏武进	洪武年间（1368—1398 年）	—
王 善	—	永乐年间（1403—1424 年）	—
唐 孚	河北咸宁	永乐年间（1403—1424 年）	—
王 麟	安徽天长	永乐年间（1403—1424 年）	监生
戴 恕	江苏兴化	宣德年间（1426—1435 年）	—
金 镇	—	正统年间（1436—1449 年）	—
赵 禹	河南开封	正统年间（1436—1449 年）	监生
南 昱	山 西	正统年间（1436—1449 年）	—
李康祖	江苏溧水	正统年间（1436—1449 年）	—
唐 高	河 南	天顺年间（1457—1468 年）	—
杜 中	河南卢氏	成化年间（1469—1487 年）	监生
李 纪	山 西	成化年间（1465—1487 年）	举人
党 俊	陕西富平	成化年间（1465—1487 年）	举人
郭 宏	辽 东	弘治年间（1488—1505 年）	监生
杨 凯	山西浑源	弘治年间（1488—1505 年）	—
岳 玉	河南息县	弘治年间（1488—1505 年）	监生
李宗仁	山西仪封	正德年间（1506—1521 年）	举人
杜 泰	山东长清	正德年间（1506—1521 年）	进士
崔 仁	山西泽州府	正德年间（1506—1521 年）	监生
刘 明	山西大同	正德年间（1506—1521 年）	监生
方 衮	安徽宣城	正德年间（1506—1521 年）	监生
赵荣显	安徽凤阳	嘉靖年间（1522—1566 年）	举人
李 春	山西平定	嘉靖年间（1522—1566 年）	举人
李文林	甘肃秦州	嘉靖年间（1522—1566 年）	监生
赵 琬	山西太原	嘉靖年同（1522—1566 年）	举人
来应山	浙江萧山	嘉靖年间（1522—1566 年）	举人
陆 木	江苏沛县	嘉靖年间（1522—1566 年）	监生
王 准	湖南永州	嘉靖年间（1522—1566 年）	监生
薛 昆	河北怀安	嘉靖年间（1522—1566 年）	监生
曹 风	山东泰安	嘉靖年间（1522—1566 年）	举人
陈 雍	江西泰和	嘉靖年间（1522—1566 年）	监生
王 官	江苏泰州	嘉靖年间（1522—1566 年）	监生
雒应吉	陕西南郑	嘉靖年间（1522—1566 年）	举人
李 爵	山西阳曲	嘉靖年间（1522—1566 年）	举人

续表 15-2

姓 名	籍 贯	任 职 年 代	备 注
孙国隆	福建福州	嘉靖年间（1522—1566 年）	举人
邢 化	山东临邑	嘉靖年间（1522—1566 年）	—
任 鲁	山东济阳	嘉靖年间（1522—1566 年）	举人
陈继儒	辽宁盖平	嘉靖年间（1522—1566 年）	举人
戚孕秀	山东东平	嘉靖年间（1522—1566 年）	举人
宁 策	河南沁阳	嘉靖年间（1522—1566 年）	举人
李绍先	山西盂县	隆庆年间（1567—1572 年）	举人
党 田	陕西登城	隆庆年间（1567—1572 年）	举人
曹 楠	河南沁阳	隆庆年间（1567—1572 年）	举人
彭 程	河南淇县	隆庆年间（1567—1572 年）	举人
李春藩	广西筹城	万历年间（1573—1620 年）	贡生
蒋 论	广西全州	万历年间（1573—1620 年）	举人
杨 焕	山西霍州	万历年间（1573—1620 年）	举人
李承露	贵 州	万历年间（1573—1620 年）	举人
吴能进	四川内江	万历年间（1573—1620 年）	举人
顺 述	江苏无锡	万历年间（1573—1620 年）	举人
杨光明	山东濮州	万历年间（1573—1620 年）	举人
颜思忠	山东潍县	万历年间（1573—1620 年）	举人
傅文华	江苏高安	万历年间（1573—1620 年）	举人
杨绍中	湖北云梦	—	举人
张羽风	山 东	—	举人
解充淑	陕 西	—	举人
李元忠	山 东	—	举人
乔可人	—	天启年间（1621—1627 年）	举人
彭华辉	—	天启年间（1621—1627 年）	举人
王之民	湖北武汉	崇祯年间（1628—1644 年）	举人
王际昌	—	崇祯年间（1628—1644 年）	举人
郭 峥	—	崇祯年间（1628—1644 年）	举人
睢 坤	河北邱县	崇祯年间（1628—1644 年）	举人
王应恒	山东益都	崇祯年间（1628—1644 年）	举人
吕弼周	山 东	崇祯年间（1628—1644 年）	举人
王 鼎	—	崇祯年间（1628—1644 年）	—
局永兴	陕西三原	崇祯年间（1628—1644 年）	举人
泰金柱	—	崇祯年间（1628—1644 年）	—
周 鼐	江苏扬州	崇祯年间（1628—1644 年）	举人

清代故城县知县（清顺治至宣统年间 1644—1911 年）一览表

表 15-3

姓　名	籍　贯	任 职 年 代	备　注
李允贞	山东德州	顺治元年—顺治二年（1644—1645 年）	举人
王来觐	辽　　宁	顺治二年—顺治四年（1645—1647 年）	贡士
孙　茂	辽　　宁	顺治四年—顺治五年（1647—1648 年）	贡士
×××	—	顺治五年—顺治七年（1648—1650 年）	—
王俊昌	辽　　宁	顺治七年—顺治十二年（1650—1655 年）	贡士
李一新	山东曹州	顺治十二年—顺治十四年（1655—1657 年）	贡士
张乃星	陕西富平	顺治十四年—顺治十六年（1657—1659 年）	贡士
胡献瑶	辽　　宁	顺治十六年—顺治十八年（1659—1661 年）	进士
罗大伾	江西丰城	顺治十八年—康熙元年（1661—1662 年）	举人
黄维祺	山东济宁	康熙元年—康熙三年（1662—1664 年）	进士
许代岳	山东聊城	康熙三年—康熙六年（1664—1667 年）	拔贡
吴友闻	甘肃会宁	康熙六年—康熙十三年（1667—1674 年）	贡生
黄挺华	广东海南	康熙十三年—康熙十八年（1674—1679 年）	举人
宋尔祁	杭州钱塘	康熙十八年—康熙十九年（1679—1680 年）	贡生
白方鸿	山西阳城	康熙十九年—康熙二十八年（1680—1689 年）	举人
巢　亮	贵州黄平	康熙二十八年—康熙二十八年（1689—1689 年）	举人
许国藩	江苏淮安	康熙二十八年—康熙三十年（1689—1691 年）	进士
王之璋	陕西大荔	康熙三十年—康熙三十二年（1691—1693 年）	举人
沈嘉珍	江苏苏州	康熙三十二年—康熙三十七年（1693—1698 年）	贡生
陈维庸	江苏青浦	康熙三十七年—康熙三十九年（1698—1700 年）	副榜
张帮宪	浙江绍兴	康熙三十九年—康熙四十二年（1700—1703 年）	监生
张允浣	山西翼城	康熙四十二年—康熙四十四年（1703—1705 年）	—
沈　宜	陕西长安	康熙四十四年—康熙四十七年（1705—1708 年）	—
文水丰	江苏吴县	康熙四十七年—（1708 年—）	监生
蔡维义	—	康熙五十八年—雍正六年（1719—1728 年）	监生
邹玉璋	河南沁阳	雍正六年—雍正六年（1728—1728 年）	进士
向德华	湖北武汉	雍正六年—（1728 年—）	进士
钟象山	广　　西	—	举人
胡　玠	山　　东	—	举人
陈宏模	浙　　江	—	—
郑鸣岐	福　　建	乾隆十六年—乾隆二十二年（1751—1757 年）	贡生

续表 15-3

姓 名	籍 贯	任 职 年 代	备 注
李得御	陕 西	乾隆二十二年—乾隆二十三年（1757—1758 年）	—
王学壁	江苏太仓	乾隆二十三年—（1758 年—）	监生
赵延革	—	乾隆四十一年—乾隆四十五年（1776—1780 年）	—
纪 蒂	—	乾隆四十五年—乾隆五十一年（1780—1786 年）	—
沈 绚	—	乾隆五十一年—乾隆五十三年（1786—1788 年）	—
乔维庸	—	乾隆五十三年—（1788 年—）	—
张风翥	河南浚县	嘉庆三年—嘉庆五年（1798—1800 年）	举人
朱晋鳞	江 西	嘉庆五年—嘉庆十三年（1800—1808 年）	附生
翟萼云	—	嘉庆十三年—嘉庆十六年（1808—1811 年）	—
陈锡熔	浙江海盐	嘉庆十六年—嘉庆十八年（1811—1813 年）	监生
徐寅第	山西五台	嘉庆十八年—嘉庆二十二年（1813—1817 年）	拔贡
李长棣	安徽太湖	嘉庆二十二年—嘉庆二十四年（1817—1819 年）	监生
成 諴	浙江杭州	嘉庆二十四年—嘉庆二十五年（1819—1820 年）	举人
徐 彬	江苏丹徒	嘉庆二十五年—道光二年（1820—1822 年）	举人
沈 锐	浙江吴兴	道光二年—道光四年（1822—1824 年）	—
冯季曾	山西屯留	道光四年—道光七年（1824—1827 年）	监生
朱述曾	江苏南京	道光七年—道光九年（1827—1829 年）	监生
林安佐	浙江上虞	道光九年—道光十一年（1829—1831 年）	监生
张 钓	山西沁水	道光十一年—道十二年（1831—1832 年）	举人
李孝偷	江苏吴县	道光十二年—道光十五年（1832—1835 年）	监生
许 瀚	江西南昌	道光十五年—道光十六年（1835—1836 年）	副榜
金承诏	安徽桐城	道光十六年—道光十七年（1836—1837 年）	监生
张 起	甘肃古浪	道光十七年—（1837 年—）	监生，代理
黄 维	江西南昌	—	监生
乔巨英	江苏太湖道	道光十八年—道光十九年（1838—）	监生
温世泽	云南元江	道光十九年—（1839 年—）	举人
周 昕	江苏无锡	—	举人
朱瑞金	浙江乌程	道光二十年—（1840 年—）	贡生
吴中顺	江苏镇洋	—	举人
孟毓藻	—	—	进士
黎极新	河北永清	—	举人
俞飞鹏	浙江慈溪	道光二十六年—道光二十七年（1846—1847 年）	举人
陈述之	湖北武昌	道光二十七年—道光二十九年（1847—1849 年）	举人

续表 15-3

姓　名	籍　贯	任 职 年 代	备　注
卢运昌	江西南晶	道光二十九年—（1849 年—）	举人
姚　煦	浙江绍兴	—	监生
匡庆榆	湖北罗田	道光三十年—咸丰二年（1850—1852 年）	进士
尹　芳	山东历城	咸丰二年—咸丰二年（1852—1852 年）	进士
胡　塍	浙江绍兴	咸丰二年—咸丰四年（1852—1854 年）	举人
汪　桂	浙江桐乡	咸丰四年—咸丰五年（1854—1855 年）	监生
陈寿琪	云　　南	咸丰五年—（1855 年—）	举人
刘　灏	甘肃会宁	—	进士
曲江湄	河南偃师	咸丰七年—（1857 年—）	举人
胡桂芬	河南夏邑	—	—
郭会昌	河　　南	—	举人
何　芳	山东历城	咸丰九年—咸丰十年（1859—1860 年）	进士
周　灏	贵州贵阳	咸丰十年—同治元年（1860—1862 年）	进士
汪　度	山东历城	同治元年—（1862 年—）	监生
王文田	山东黄县	—	举人
张学权	江苏南京	同治二年—同治四年（1863—1865 年）	举人
连　有	内府镶黄旗人	同治四年—同治八年（1865—1869 年）	—
段绣锦	山西新绛	同治八年—（1869 年—）	贡生，代理
耆　龄	满洲镶蓝旗人	—	监生
王敷政	河南光山	同治十年—同治十一年（1871—1872 年）	监生
倪昌燮	浙江吴兴	同治十一年—（1872—）	监生
丁　灿	贵州汉阳	—	举人
王立勋	安徽太平	光绪元年—光绪三年（1875—1877 年）	荫生
郑　骧	江苏金溪	光绪三年—（1877 年—）	拔贡
丁绍基	江苏武进	—	副贡
武九经	山西汾阳	光绪四年—（1878 年—）	监生，代理
赴景扑	浙江归安	—	监生
包增澍	江苏南城	光绪六年—光绪七年（1880—1881 年）	监生
长　秀	—	光绪七年—光绪八年（1881—1882 年）	监生
张　瑛	浙江嘉兴	光绪八年—光绪十二年（1882—1886 年）	进士
沈　政	浙江吴兴	光绪十二年—（1886 年—）	—
洪寿彭	安徽祁门	光绪二十三年—光绪二十七年（1897—1901 年）	监生

续表 15-3

姓 名	籍 贯	任职年代	备 注
林 学	福建闽县	光绪二十七年—光绪三十二年（1901—1906 年）	监生
姜宗泰	山东莱阳	光绪三十二年—宣统三年（1906—1911 年）	进士
德 润	满洲镶蓝旗人	宣统三年（1911 年—）	监生

1918—1937 年故城县县长一览表

表 15-4

姓 名	任职年代
袁澍滋	1918 年—
方 茂	1928 年 10 月—1929 年 2 月
张连璜	1929 年 2 月 24 日—
赵介寿	1932 年 5 月 28 日—
边树栋	1932 年 10 月—1934 年 5 月
任甫亭	1934 年—
段桂田	1936 年 2 月—1937 年 7 月

1938—1945 年故城县县长一览表

表 15-5

姓 名	任职年月	籍 贯	姓 名	任职年月	籍 贯
曹汉英	1938 年 5 月—	—	潘义林	—	—
王镜如	1938 年 5 月—	巨 鹿	李长清	—	—
			朱凝志	1940 年 2 月	—

1938—1945 年故城县抗日民主政府县长一览表

表 15-6

姓 名	任职年月	籍 贯
董郁庭	1938 年 4 月—1938 年 5 月	故城县
胡子寿	1939 年 3 月—1941 年 3 月	雄 县
张警吾	1941 年 3 月—1941 年 11 月	衡水县
石大州	1941 年 11 月—1942 年 5 月	枣强县
张郁轩	1942 年 5 月—1943 年秋（代理）	—
石大州	1943 年秋—1944 年 6 月	—
张郁轩	1944 年 6 月—1945 年 8 月	—

1945—1949年故城县政府长一览表

表15-7

姓　名	任职年月	籍　贯
张郁轩	1945年8月—1945年8月	—
杨敬桥	1945年8月—1948年2月	武邑县
张勇为	1948年2月—1948年5月	衡水县
赵长春	1948年5月—1948年8月	南宫县
程焕兴	1948年8月—1949年3月	巨鹿县

1949—1968年故城县人民政府县长、副县长一览表

表15-8

姓　名	职　务	任职年月	籍　贯
金曼宇	县　长	1949年3月—1952年10月	枣强县金吕嘉村
任风翎	县　长	1952年10月—1954年2月	故城县牟村
张雁程	县　长	1954年2月—1956年12月	—
赵靖宇	副县长	1953年8月—1953年11月	清河县
王宗周	副县长	1955年1月—1968年9月	故城县故城镇
白方玉	副县长	1955年1月—1957年12月	—

1956—1968年故城县人民委员会县长、副县长一览表

表15-9

姓　名	职　务	任职年月	籍　贯
杨　斌	县　长	1956年12月—1957年12月	—
	副县长	1957年12月—1962年3月	
梁振东	副县长	1956年9月—1957年5月	山东省夏津县
刘国梁	副县长	1957年12月—1968年9月	—
杨　健	县　长	1957年12月—1962年3月	—
许云华	县　长	1962年3月—1963年10月	山东省陵县
徐　芳	副县长	1962年3月—1968年9月	枣强县徐水堤
杜　健	县　长	1963年10月—1968年9月	深　县
郭荫通	副县长	1962年8月—1963年	—
徐步新	副县长	1962年8月—1963年1月	宁晋县

续表 15-9

姓 名	职 务	任职年月	籍 贯
王梦洲	副县长	1957 年 1 月—1958 年 10 月	深 县
李金铎	副县长	1965 年 10 月—1966 年 5 月	故城县军屯
赵金湘	副县长	1965 年 10 月—1966 年 9 月	故城县大马庄

1968—1980 年故城县革委会主任、副主任一览表

表 15-10

姓 名	职 务	任职年月	籍 贯
王毓鑫	主 任	1968 年 9 月—1968 年 11 月	—
王庆恩	主 任	1968 年 11 月—1969 年 8 月	藁城县
	副主任	1969 年 10 月—1969 年 11 月	
杜 健	副主任	1968 年 9 月—1980 年 4 月	深县
孙佩芝	副主任	1968 年 9 月—1968 年 11 月	山东省陵县
田健民	副主任	1968 年 9 月—1976 年 1 月	河南范县
胡海峰	副主任	1968 年 9 月—1969 年 6 月	故城县夏庄
王瑞璞	主 任	1969 年 8 月—1973 年 1 月	献 县
李德春	副主任	1969 年 8 月—1971 年 1 月	武邑县
关全发	副主任	1970 年至 1973 年 1 月	山西省侯马市
马连宝	副主任	1973 年 4 月—1974 年 1 月	景县马堡定
	主 任	1974 年 1 月—1978 年 2 月	
梁振东	副主任	1973 年 5 月—1979 年 4 月	山东省夏津县
平义杰	主 任	1978 年 2 月—1979 年 4 月	安国县
田义申	副主任	1970 年 7 月—1979 年 4 月	饶阳县
	主 任	1979 年 4 月—1979 年 8 月	
柳连珩	副主任	1977 年 7 月—1979 年 8 月	阜城县
	主 任	1979 年 8 月—1980 年 4 月	
米欣伟	副主任	1977 年 2 月—1980 年 4 月	南皮县小乔村
李立旺	副主任	1977 年 7 月—1978 年 7 月	故城县后吴村
姚恩波	副主任	1977 年 7 月—1979 年 4 月	山东省平原县
陈金旺	副主任	1978 年 11 月—1980 年 4 月	故城县后响沟
薛逢富	副主任	1979 年 8 月—1980 年 4 月	故城县饶阳店
陈宝明	副主任	1979 年 8 月—1980 年 4 月	故城县小林庄
徐 芳	副主任	1979 年 8 月—1980 年 4 月	枣强县徐水堤

1980—2018年故城县人民政府县长、副县长一览表

表15-11

届别	职务	姓名	任职时间	籍贯
七届	县长	柳连珩	1980年4月—1983年12月	阜城
	副县长	卢汝泽	1980年4月—1982年9月	冀县
		陈金旺	1980年4月—1984年3月	故城县后响沟村
		薛逢富	1980年4月—1984年3月	故城县饶阳店村
		曹立功	1982年3月—1984年3月	河间县管家庄
		吴希坤	1982年3月—1984年3月	故城县郑口镇
		国秀梅（女）	1982年3月—1984年3月	黑龙江鸡西市
		李增泉	1982年9月—1989年10月	故城县于洪屯
八届	县长	宫培林	1984年12月—1985年12月	阜城县
	副县长	李增泉	1983年3月—1987年11月	故城县于洪屯
		阎树成	1983年3月—1984年3月	唐山县
		李玉珍	1983年12月—1993年11月	故城县西第三村
		李金卫	1984年4月—1992年3月	景县龙华镇
	顾问	李培浩	1984年8月—	故城县三朗村
九届	县长	尹久成	1985年12月—1989年2月	丰润县
		孙志人	1989年2月—1990年2月	景县贾村
	副县长	李增泉	1987年11月—1990年2月	故城县于洪屯
		曹立功	1987年11月—1990年2月	河间县管家庄
		李玉珍	1987年11月—1990年2月	故城县西第三村
		李金卫	1987年11月—1990年2月	景县龙华
		邵学良（挂职）	1989年3月—1990年2月	阜城县孟庄
		郭居娥（女）	1989年11月—1990年2月	故城县霍庄
十届	县长	孙志人	1990年2月—1992年3月	景县贾村
		徐殿仓	1992年3月—1992年12月（代理） 1992年12月—1993年1月	阜城县徐村
	副县长	李玉珍	1990年2月—1993年1月	故城县西第三村
		李金卫	1990年2月—1992年3月	景县龙华
		郭居娥（女）	1990年2月—1993年1月	故城县霍庄
		王长春	1990年2月—1992年12月	枣强县东岳庄
		曹立功	1990年2月—1993年1月	河间县管家庄
		邵学良	1990年2月—1991年3月	阜城县孟庄
		齐本莹	1991年3月—1992年12月	冀县北齐庄
		王大虎	1991年11月—1993年1月	武邑县紫塔
		李庆云	1992年12月—1993年1月	故城县后吴村
		高岭福	1992年12月—1993年1月	故城县西原隰

续表 15-11

届别	职务	姓名	任职时间	籍贯
十一届	县长	徐殿仓	1993 年 1 月—1994 年 9 月	阜城县徐村
		石金义	1994 年 9 月—1995 年 3 月（代理） 1995 年 3 月—1998 年 1 月	阜城县石管庄
		王　辉	1998 年 1 月—1998 年 2 月（代理）	冀州市南午村镇
	副县长	李玉珍	1993 年 1 月—1995 年 2 月	故城县西第三村
		郭居娥（女）	1993 年 1 月—1998 年 1 月	故城县霍庄
		李庆云	1993 年 1 月—1998 年 2 月	故城县后吴村
		曹立功	1993 年 1 月—1994 年 12 月	河间县管家庄
		王大虎	1993 年 1 月—1996 年 12 月	武邑县紫塔
		高岭福	1993 年 1 月—1996 年 12 月	故城县西原隰
		王金刚	1993 年 6 月—1998 年 2 月	饶阳县西支沃村
		秦子来	1994 年 12 月—1998 年 2 月	建国镇东冯村
		魏振国	1996 年 4 月—1998 年 2 月	景　县
		张海国	1997 年 1 月—1998 年 2 月	枣强县马屯乡
		张克勤	1997 年 1 月—1998 年 2 月	武邑县清凉店
		张海英	1998 年 1 月—1998 年 2 月	里老乡小马坊村
十二届	县长	王　辉	1998 年 2 月—2003 年 2 月	冀州市南午村镇
		李哲民	2003 年 2 月—2003 年 4 月（代理）	深州市后康王村
	副县长	王金刚	1998 年 2 月—2000 年 6 月	饶阳县西支沃村
		秦子来	1998 年 2 月—2003 年 4 月	建国镇东冯村
		张克勤	1998 年 2 月—2000 年 6 月	武邑县清凉店
		张海国	1998 年 2 月—2000 年 2 月	枣强县马屯乡
		张海英	1998 年 2 月—2003 年 4 月	里老乡小马坊
		葛殿鹏	2000 年 6 月—2003 年 4 月	深州市唐丰镇
		张相会	2000 年 2 月—2003 年 4 月	枣强城关镇
		赵振川	2000 年 2 月—2003 年 4 月	阜城杨庙乡
		单文咏	2001 年 10 月—2003 年 4 月	枣强肖张镇
十三届	县长	李哲民	2003 年 4 月—2007 年 4 月	深州市乔屯乡
		陈登泉	2007 年 4 月—2007 年 5 月（代理）	冀州市
	副县长	张忠辉	2003 年 4 月—2004 年 3 月	枣强县
		张海英	2003 年 4 月—2007 年 5 月	里老乡小马坊
		张相会	2003 年 4 月—2006 年 7 月	枣强县城关镇
		赵振川	2003 年 4 月—2006 年 7 月	阜城县杨庙乡
		单文咏	2003 年 4 月—2006 年 6 月	枣强县肖张镇
		于建军	2003 年 4 月—2007 年 5 月	枣强县大营镇
		徐占华	2005 年 6 月—2007 年 5 月	军屯镇徐里村
		史立朝	2006 年 7 月—2007 年 5 月	里老乡小马坊
		王洪臣	2006 年 7 月—2007 年 5 月	里老乡小马坊

续表 15-11

届别	职务	姓名	任职时间	籍贯
十四届	县长	陈登泉	2007 年 6 月—2011 年 4 月	冀州市
		姚幸福	2011 年 4 月—2011 年 8 月（代理）	滦南县
		刘　勇	2011 年 8 月—2012 年 1 月（代理）	广宗县
	副县长	左俊勇	2007 年 6 月—2011 年 9 月	阜城县
		闫文举	2007 年 6 月—2012 年 1 月	房庄乡北獐鹿
		王洪臣	2007 年 6 月—2012 年 1 月	里老乡小马坊
		于建军	2007 年 6 月—2012 年 1 月	枣强县大营镇
		史立朝	2007 年 6 月—2012 年 1 月	里老乡小马坊
		徐占华	2007 年 6 月—2012 年 1 月	军屯镇徐里村
		马立俊	2011 年 8 月—2012 年 1 月	饶阳店镇西曾村
十五届	县长	刘　勇	2012 年 1 月—2015 年 8 月	广宗县
		马玉来	2015 年 8 月—2016 年 2 月（代理）	深州市
		马玉来	2016 年 2 月—2016 年 12 月	深州市
		王立峰	2016 年 12 月—2017 年 2（代理）	抚宁县
	副县长	闫文举	2012 年 1 月—2013 年 8 月	房庄乡北獐鹿
		王立峰	2013 年 8 月—2016 年 1 月	抚宁县
		林　丰	2016 年 2 月—2017 年 2 月	枣强县
		赵光宇	2016 年 2 月—2017 年 2 月	武官寨镇赵庄村
		王洪臣	2012 年 1 月—2016 年 8 月	里老乡小马坊
		于建军	2012 年 1 月—2013 年 8 月	枣强县大营镇
		史立朝	2012 年 1 月—2017 年 2 月	里老乡小马坊
		徐占华	2012 年 1 月—2016 年 1 月	军屯镇徐里村
		马立俊	2012 年 1 月—2013 年 12 月	饶阳店镇西曾村
		李金禄	2014 年 1 月—2017 年 1 月	枣强县
		徐长彬	2013 年 12 月—2017 年 2 月	饶阳店镇水东屯
		龙红华	2013 年 12 月—2017 年 1 月	冀州市
十六届	县长	王立峰	2017 年 2 月—	抚宁县
	副县长	林　丰	2017 年 2 月—2019 年 5 月	枣强县
		赵光宇	2017 年 2 月—2018 年 8 月	武官寨镇赵庄村
		徐长彬	2017 年 2 月—	饶阳店镇水东屯
		杨　磊	2017 年 2 月—	抚宁县
		李洪杰	2017 年 2 月—	衡水市冀州区
		秦迎春	2017 年 2 月—	郑口镇后沙岗村
		王连彬	2019 年 4 月—	郑口镇太兴镇村
		王洪军	2019 年 8 月—	西半屯镇徐董屯

说明：此章表内“—”处为资料散佚

第十六编 人民政协

中国人民政治协商会议故城县委员会（简称“故城政协”），始建于1961年1月24日（时故城划归吴桥县）。1961年5月故城县分置，至1982年政协工作中断。1984年3月召开政协故城县第二届委员会第一次会议，恢复政协机构。

至2017年，故城县政治协商会议共产生十届委员会。历届县政协就人民群众关注、领导重视的问题开展调查研究，向县委、县政府提出建议和意见，鼓励委员通过各种形式，为故城县改革开放和经济建设建言献策。随着政治协商制度的不断完善，政协的政治协商、民主监督和参政议政三大职能日益发挥出巨大效能，使故城县政协工作走上规范化、经常化、制度化的发展轨道。

第一章 政协委员

1958年10月—1961年5月，故城县并入吴桥县。1961年1月24日，第一届政协全体会议即中国人民政治协商会议吴桥县委员会（简称县政协），到会委员68人。属原故城县委员20人，其中常委5人。至2017年共召开十届全体会议，第十届政协委员有203人。

第一节 委员的产生与构成

一、委员产生

坚持党管干部的原则，严格委员的产生程序，对于加强党对政协工作的领导，保证委员质量，充分发挥政协组织的优势和作用，具有十分重要的意义。委员产生的基本程序：

酝酿准备 在中共县委的领导下，县委组织部、县委统战部会同县政协党组做好换届调研工作，并建立相应的协调机制。对上一届政协委员的情况进行全面细致的了解，摸清各方面的情况，做好退留情况的分析和测算，对上一届委员是否继续提名提出意见。对新的拟进人选进行了解，掌握一批新的代表人士。

制定方案 根据中央和省、市委有关文件精神和换届工作实施意见，结合故城实际，县委组织部、县委统战部研究提出新一届政协委员的名额分配方案和推荐提名部署方案，征求县政协党组意见后，报县委常委会研究审定。

推荐考察 根据县委批准的实施方案中委员名额分配表，各推荐单位经过充分酝酿，提出拟推荐人选，并进行严格考察。中共党员人选由县委组织部考察，非中共党员人选由县委统战部考察。重点了解委员人选的政治素质、思想品行、履职能力、廉洁自律、群众基础、遵纪守法、社会形象等情况。所有人选必须经过考察并在一定范围内公示，各推荐单位将推荐人选报县委统战部。

县委审定新一届政协委员建议名单 县委常委会研究确定新一届政协常务委员建议名单。政协中共党员常委建议名单由县委组织部提名，政协非中共党员常委建议名单由县委统战部提名，听取县政协党组和有关部门意见，在充分沟通协商的基础上，形成县政协常委建议名单草案，报县委常委会研究确定。

召开县政协常委会，协商决定县政协委员名单 在党内外协商确定的基础上，由上一届政协委员会发委员聘请书，做好委员的聘请工作。

二、历届政协委员构成

中国人民政治协商会议故城县委员会委员由上届委员会协商提名，并经筹备委员会审定后，确认为故城县政协委员。委员来自全县中共党员、无党派民主人士、工商联、工会、共青团、妇联、科协、农林水利、经济、教育体育、文化艺术、工业交通、科技、医药卫生、新闻、社会科学、侨联、民族宗教、社会福利、三胞眷属和特邀人士。根据省、市换届工作的相关要求，统筹平衡委员人选结构，在政协换届时党外委员不少于60%，常委中党外常委总数不少于65%；妇女委员、少数民族委员要占一定比例，非公经济人士的比例要适当，适当增加新的社会阶层人士。

1987—1991年，共进行了第三届、四届委员推选工作，委员任期3年。从1992年第五届政协会议开始，委员任期改为5年。至2017年，共计召开10届政协委员会议。

1983—2018年政协故城县委员会委员构成情况统计表

表16-1

届别	时间	委员数（人）	党派				大中专以上学历比例		女委员比例		委员来自届别数（个）
			中共党员		非党人士						
			人数	%	人数	%	人数	%	人数	%	
第一届	—	—	—	—	—	—	—	—	—	—	—
第二届	1984.3	83	36	43.4	47	56.6	37	44.5	14	16.0	15
第三届	1987.3	114	46	40.4	68	59.6	48	42.1	—	—	13
第四届	1990.3	155	61	39.4	94	60.6	45	29.0	—	—	14
第五届	1993.1	164	66	40.2	98	59.8	36	22.0	—	—	11
第六届	1998.2	170	80	47.0	90	52.9	88	51.8	17	10.0	19
第七届	2003.4	228	92	40.4	136	59.6	138	60.5	28	12.3	21
第八届	2007.6	227	91	40.1	136	59.9	141	62.1	38	16.7	23
第九届	2012.1	227	104	45.8	123	54.2	219	96.5	38	16.7	19
第十届	2017.2	203	78	38.4	125	61.6	183	90.1	46	22.7	19

说明：以每届第一次会议召开时情况统计；表内“—”为无统计数字

第二节 政协委员会全体会议

一、第一届委员会全体会议

1958年10月—1961年5月，故城县并入吴桥县。1961年1月24日，中国人民政治协商会议吴桥县委员会（简称县政协）召开首届政治协商会议第一次全体委员会，到会委员68人。会议选举常务委员22人，其中主席1人（梁希勤）、副主席4人（郭宇涵、刘国梁、王宗周、李宗和）。

1961年5月，故城县分置，至1982年8月，政协工作中断。是年9月，在中共故城县委统战部协助下，建故城县第三届政协筹备委员会，代行第一届政协常务委员会职权。

二、第二届委员会全体会议

第一次会议 1984年3月4—7日召开，恢复政协机构，聘请委员83人，到会79人。选举常务委员19人，其中主席1人（田宝庭），副主席4人（国秀梅、石万山、尹丕杰、李作虎）。

共有委员83人。其中男69人，占83%；女14人，占17%；中共党员36人，占43%，非党员及其他党派人士47人，占57%；涉及23个团体、界别，其中归侨、台、港属4人，宗教、民主党派4人，文教卫生7人、农民17人、社会知名人士1人。

第二、三次会议资料佚失。

第四次会议　1985年9月2日召开，增选委员31人、常务委员2人和秘书长。

县政协第二届第一至四次会议中，对全县工农业、文教、卫生、交通、基建等方面，先后提出议案87件，建议250余条。

三、第三届委员会全体会议

第一次会议　1987年3月22—24日召开。出席会议的委员114人。其中中共党员46人，非党委员68人；党政干部17人，各人民团体3人，工交科技界17人，卫生界7人，文体教育界13人，工商财贸界16人，少数民族3人，宗教界2人，民主党派3人（含台归2人），侨联1人，侨眷台属5人，农业界25人，社会知名人士2人。会议审议通过三届一次会议筹备工作报告、二届委员会常务委员会工作报告和关于提案的审查报告；三届一次会议有关政治决议。

第二次会议　1988年3月27—28日召开。会议听取、审议并通过县政协主席马端榜代表政协故城县第三届委员会常务委员会作的工作报告；听取、审议和通过政协故城县第三届委员会提案工作的报告；听取和讨论县委领导讲话；全体委员列席故城县第九届人民代表大会第二次会议；听取、审议并通过1988年政协工作要点。

第三次会议　1989年3月19—20日召开。会议审议通过县政协主席马端榜代表第三届政协委员会作的工作报告；听取和讨论县委领导讲话；审议通过提案审查委员会提案办理和审查情况报告；全体委员列席故城县第九届人民代表大会第三次会议，并通过三次会议政治决议。

四、第四届委员会全体会议

第一次会议　1990年3月5—9日召开。应到委员155人，实到150人。其中中共党员61人，占委员总数的39.3%；非中共党员94人，占委员总数的60.7%；大中专以上文化程度的干部45人，占委员总数的29%。会议听取和讨论了县委副书记刘石营的讲话；听取和审议县政协主席马端榜作的三届政协委员会工作报告，县政协副主席陈连生作的三届政协一次会议以来提案情况报告；通过四届委员会一次会议政治决议和三届委员会工作报告决议。全体委员列席县十届人大一次会议，听取和讨论人大会议各项报告，提出意见和建议。选举产生政协第四届委员会主席、副主席、秘书长和常务委员。会议期间共收到委员提案76件，提案委员会向大会作提案审查情况报告。

第二次会议　1991年4月8—9日召开。会议听取和讨论县人民政府工作报告、《关于1990年财政决算和1991年财政预算的报告》《关于国民经济和社会发展十年规划和“八五”计划的报告》；听取和审议县政协主席马端榜代表政协故城县第四届委员会常务委员会作的工作报告；听取和审议县政协副主席陈连生作的政协工作情况报告；听取和讨论县委副书记刘石营的讲话；列席故城县第十届人民代表大会第二次会议，通过政治决议和有关报告。会议期间，共收到委员提案53件，会议提案审查委员会向大会做了提案审查情况的说明。

第三次会议　1992年4月25—26日召开。会议听取和审议县政协主席马端榜代表政协故城县第四届委员会常务委员会作的工作报告；听取和审议县政协副主席陈连生作的二次会议以来提案办理情况报告；听取并讨论县委副书记刘石营的讲话；通过第四届三次会议政治决议和提案审查情况报告；列席故城县第十届人民代表大会第三次会议；听取并讨论政府工作报告及其他报告。会议期间，共收到委员提案40件。

五、第五届委员会全体会议

第一次会议　1993年1月10—12日召开。参会政协委员164人，其中中共党员66人，占委员总数的40.2%；非中共党员98人，占委员总数的59.8%；大中专以上文化程度的干部36人，占委员总数的22%。县委、县人大、县政府主要领导应邀出席会议。会议听取和审议县政协主席张彦恩代表第四届委员会常务委员会作的工作报告；县委领导讲话；听取和审议县政协副主席陈连生作的政协故城县四届一次会议以来提案工作的报告；选举产生政协第五届委员会主席、副主席和常务委员；通过五届委员会一次会议政治决议和提案审查情况报告。

第二次会议 1994年3月15—17日召开。大会听取和审议政协故城县第五届常委会工作报告和提案委员会提案工作情况报告；县委领导讲话；列席故城县第十一届人民代表大会第二次会议；增选政协故城县第五届委员会委员；听取并审议通过五届二次会议决议和审查意见报告决议。

第三次会议 1995年3月20—22日召开。会议听取和审议政协故城县第五届常委会工作报告和提案委员会二次会议以来提案工作情况的报告；县委副书记刘石营讲话；列席故城县第十一届人民代表大会第三次会议；通过政协故城县五届三次会议决议和审查意见的报告的决议。

第四次会议 1996年3月19—20日召开。会议听取和审议政协故城县第五届常委会工作报告和提案委员会三次会议以来提案工作情况报告；县委领导讲话；列席故城县第十一届人民代表大会第四次会议；通过政协故城县五届四次会议决议和审查意见报告决议。

第五次会议 1997年2月24—26日召开。会议听取并审议政协故城县第五届常委会工作报告和提案委员会四次会议以来提案工作情况的报告；补选徐乃起为县政协五届委员会副主席；列席故城县第十一届人民代表大会第六次会议；审议通过政协故城县五届五次会议决议和审查意见报告决议；县委领导讲话。

六、第六届委员会全体会议

第一次会议 1998年2月15—17日召开。参会政协委员170人，其中中共党员80人，占委员总数的47%；非中共党员90人，占委员总数的53%；妇女委员17人，占委员总数的10%；大中专以上文化程度的88人，占委员总数的51.8%。县委、县人大、县政府主要领导出席会议，会议听取和讨论县委书记郭金强的讲话；听取和审议县政协主席张彦恩代表政协故城县第五届委员会常委会作的工作报告；听取并审议政协故城县第五届委员会第一次会议以来提案工作情况的报告；选举产生政协第六届委员会主席、副主席、秘书长和常务委员。

第二次会议 1999年3月3—4日召开。会议听取和讨论县委书记郭金强的讲话；听取和审议县政协主席张彦恩代表第六届常务委员会作的工作报告；听取和审议政协故城县六届一次会议以来提案工作情况报告。审议通过政协故城县六届二次会议政治决议和提案审查情况报告。

第三次会议 2000年2月21—22日召开。会议听取和讨论县委书记何同恩的讲话；听取和审议县政协主席张彦恩代表第六届常务委员会作的工作报告；审议通过政协故城县六届三次会议政治决议和提案审查情况报告。

第四次会议 2001年2月8—9日召开。会议听取和讨论县委书记何同恩的讲话；听取和审议县政协主席张彦恩代表第六届常务委员会作的工作报告；听取和审议故城县六届四次会议政治决议和提案审查情况的报告。

第五次会议 2002年3月13—20日召开。会议听取和讨论县委书记何同恩的讲话；听取和审议县政协主席张彦恩代表第六届常务委员会作的工作报告；听取和审议政协故城县六届四次会议以来提案工作情况报告；审议通过政协故城县六届五次会议政治决议和提案审查情况报告。会议补选夏建民为政协六届委员会副主席。

七、第七届委员会全体会议

第一次会议 2003年4月25—28日召开。参会政协委员228人，其中中共党员92人，占委员总数的40.4%；非共产党人士136人，占委员总数的59.6%；妇女委员28人，占委员总数的12.3%；少数民族委员4人，占委员总数的1.8%；大中专以上文化程度的干部138人，占委员总数的60.5%；连任委员117人，占委员总数的51.3%。会议听取和审议政协故城县第六届委员会常务委员会工作报告和政协提案委员会提案工作情况报告；列席故城县第十三届人民代表大会第一次会议；选举政协故城县七届委员会主席、副主席、秘书长和常务委员；通过政协故城县七届一次会议各项决议。

第二次会议 2004年2月16—18日召开。会议听取县委副书记宋英璞的讲话；听取并审议政协故城县七届委员会常务委员会工作报告；听取并审议政协故城县七届委员会常务委员会提案工作情况报告；列席故城县第十三届人民代表大会第二次会议；审议通过政协故城县七届二次会议政治决议和提案审查情况报告。

第三次会议 2005年2月26—28日召开。会议听取和讨论县委副书记宋英璞的讲话；听取并审议政协故城县七届委员会常务委员会工作报告；听取并审议政协故城县七届委员会常务委员会提案工作情况报告；列席故城县第十三届人民代表大会第三次会议；审议通过政协故城县七届三次会议政治决议和提案审查情况报告。

第四次会议 2005年4月15日召开。会议宣读政协故城县第七届委员会第十次常委会决议；表决通过政协第七届四次全会选举办法；大会选举；县政协主席郭居娥讲话。会议补选史立朝为政协七届委员会副主席，接受夏建民辞去政协副主席、常委、委员职务。

第五次会议 2006年4月8—10日召开。会议听取和讨论县委常委、组织部部长赵洪毅的讲话；听取并审议政协故城县七届委员会常务委员会工作报告；听取并审议政协故城县七届委员会常务委员会提案工作情况报告；列席故城县第十三届人民代表大会第四次会议；审议通过政协故城县七届五次会议政治决议和提案审查情况报告。

第六次会议 2006年7月5日召开。会议宣读政协故城县第七届委员会十五次常委会决议；表决通过政协七届六次全会选举办法；大会选举；县政协主席郭居娥讲话。会议补选秦立堂为政协七届委员会副主席，接受史立朝辞去政协副主席、常委、委员职务。

八、第八届委员会全体会议

第一次会议 2007年5月30日至6月1日召开。参会政协委员227人，其中中共党员91人，占委员总数的40.1%；非共产党人士136人，占委员总数的59.9%；妇女委员38人，占委员总数的16.7%；大中专以上文化程度的干部141人，占委员总数的62.1%。会议听取和讨论县委副书记李增军的讲话；听取并审议政协故城县第七届委员会常务委员会工作报告和政协提案委员会提案工作情况报告；列席故城县第十四届人民代表大会第一次会议；选举政协故城县八届委员会主席、副主席和常务委员；审议通过政协故城县八届一次会议各项决议。

第二次会议 2008年2月21—23日召开。会议听取了县委常委、组织部部长尹占民的讲话；听取并审议了政协主席张海英所作的政协故城县八届委员会常务委员会工作报告；听取并审议了政协副主席田登书所作的政协故城县八届委员会常务委员会第一次会议以来提案工作情况的报告；列席了故城县第十四届人民代表大会第二次会议；7名政协委员作了大会发言；表彰了20名优秀政协委员；补选了3名政协故城县第八届委员会常务委员；审议通过了政协故城县第八届委员会第二次会议决议和提案审查情况的报告。

政协故城县第八届委员会第二次会议召开

第三次会议 2009年2月10—12日召开。会议听取了县委常委、组织部部长尹占民的讲话；听取并审议了政协主席张海英所作的政协故城县八届委员会常务委员会工作报告；听取并审议了政协副主席田登书所作的政协故城县八届委员会常务委员会第二次会议以来提案工作情况的报告；列席了故城县第十四届人民代表大会第三次会议；9名政协委员作了大会发言；表彰了25名优秀政协委员；审议通过政协故城县第八届委员会第三次会议决议和提案审查情况的报告。

第四次会议 2010年3月2—4日召开。会议听取了县委常委、组织部部长尹占民的讲话；听取并审议了政协主席张海英所作的政协故城县八届委员会常务委员会工作报告；听取并审议了政

政协故城县第八届委员会第四次全体会议召开

协副主席田登书所作的政协故城县八届委员会常务委员会第三次会议以来提案工作情况的报告；列席故城县第十四届人民代表大会第四次会议；7名政协委员作了大会发言；表彰了27名优秀政协委员；补选了1名政协故城县第八届委员会秘书长；审议通过了政协故城县第八届委员会第四次会议决议和提案审查情况的报告。

第五次会议 2011年2月19—21日召开。会议听取了县委常委、组织部部长尹占民的讲话；听取并审议了政协主席张海英所作的政协故城县八届委员会常务委员会工作报告；听取并审议了政协副主席田登书所作的政协故城县八届委员会常务委员会第四次会议以来提案工作情况的报告；列席了故城县第十四届人民代表大会第五次会议；6名政协委员作了大会发言；表彰了26名优秀政协委员；补选了4名政协故城县第八届委员会常务委员；审议通过了政协故城县第八届委员会第五次会议决议和提案审查情况的报告。

政协故城县第八届委员会第五次全体会议召开

九、第九届委员会全体会议

第一次会议 2011年12月31日—2012年1月2日召开。参加会议的政协委员有227人。其中中共党员委员为104人，非中共党员委员为123人。女委员38人。县直委员132人，乡镇委员95人。民主党派3人，少数民族2人。

会议由主席团主持。会议听取了县委副书记、纪委书记左俊勇的讲话；听取并审议了第八届政协主席张海英所作的政协故城县第八届委员会常务委员会工作报告；听取并审议了主席团常务主席周德全所作的政协故城县第八届委员会常务委员会提案工作情况的报告；列席了故城县第十五届人民代表大会第一次会议；选举产生了政协故城县第九届委员会主席、副主席和常务委员；审议通过了政协故城县第九届委员会第一次会议决议和提案审查情况的报告。

第二次会议 2013年3月11—13日召开。会议听取了县委副书记、纪委书记左俊勇的讲话；听取并审议了政协主席张海英所作的政协故城县第九届委员会常务委员会工作报告；听取并审议了政协副主席周德全所作的政协故城县第九届委员会常务委员会关于九届一次会议以来提案工作情况的报告；列席了故城县第十五届人民代表大会第二次会议；6名政协委员作了大会发言；表彰了25名优秀政协委员和5名优秀提案者；审议通过了政协故城县第九届委员会第二次会议政治和提案审查情况的报告。

第三次会议 2014年2月17—19日召开。会议听取了县委副书记闫文举的讲话；听取并审议了政协主席张海英所作的政协故城县第九届委员会常务委员会工作报告；听取并审议了政协副主席周德全所作的政协故城县第九届委员会常务委员会关于九届二次会议以来提案工作情况的报告；列席了故城县第十五届人民代表大会第三次会议；补选了2名政协故城县第九届委员会常务委员；4名政协委员作了大会发言；表彰了25名优秀政协委员和5名优秀提案者；审议通过了政协故城县第九届委员会第三次会议决议和提案审查情况的报告。

第四次会议 2015年3月1—2日召开。会议听取了县委书记王亚杰的讲话；听取并审议了政协主席张海英所作的政协故城县第九届委员会常务委员会工作报告；听取并审议了政协副主席周德全所作的政协故城县第九届委员会常务委员会关于九届三次会议以来提案工作情况的报告；列席了故城县第十五届人民代表大会第四次会议；7名政协委员作了大会发言；表彰了27名优秀政协委员和5名优秀提案者；审议通过了政协故城县第九届委员会第四次会议决议和提案审查情况的报告。

第五次会议 2016年2月19—20日召开。会议听取了县委书记王亚杰的讲话；听取并审议了政协主席张海英所作的政协故城县第九届委员会常务委员会工作报告；听取并审议了政协副主席

政协故城县第九届委员会第五次全体会议召开

周德全所作的政协故城县第九届委员会常务委员会关于九届四次会议以来提案工作情况的报告；列席了故城县第十五届人民代表大会第五次会议；补选了1名政协故城县第九届委员会常务委员；5名政协委员作了大会发言；审议通过了政协故城县第九届委员会第五次会议决议和提案审查情况的报告。

十、第十届委员会全体会议

第一次会议　2017年2月18—19日召开。参加会议的政协委员有203人。其中中共党员78人，非中共党员125人，女委员46人，县直委员113人，乡镇委员90人，民主党派6人，少数民族5人。会议由主席团主持，听取了县委书记马玉来讲话；听取并审议了第九届政协主席张海英所作的政协故城县第九届委员会常务委员会工作报告；听取并审议了第九届政协副主席周德全所作的政协故城县第九届委员会常务委员会提案工作情况的报告；列席了故城县第十六届人民代表大会第一次会议；选举产生了政协故城县第十届委员会主席史立朝、副主席周德全、郭金玉、王连彬、关志清，并选举产生常务委员；审议通过了政协故城县第十届委员会第一次全体会议决议和提案审查情况的报告。

第二次会议　2018年2月7—8日召开。听取了县委书记马玉来讲话；听取并审议了政协主席史立朝所作的政协故城县第十届委员会常务委员会工作报告；听取并审议了政协副主席周德全所作的政协故城县第十届委员会常务委员会关于十届一次会议以来提案工作情况的报告；列席了故

政协故城县第十届委员会第二次全体会议召开

城县第十六届人民代表大会第二次会议；补选了1名政协故城县第十届委员会常务委员；8名政协委员作了大会发言；审议通过了政协故城县十届二次会议决议和提案审查情况的报告。

第二章　政协常委会

根据政协章程规定，故城县政协常务委员会由政协主席、副主席、秘书长和常务委员组成，经政协委员会全体会议选举产生，由常务委员主持政协委员会会务。

政协常委会是全会闭会期间主持政协工作、行使政协权利、履行政协职能的常设机构。县政协常务委员会由全会选举产生，下设专门委员会，开展有关方面工作。

第一节　领导机构

第二届常务委员会（1984.3—1987.3）　政协故城县第二届委员会选举产生于1984年3月，选举产生主席1人、副主席4人。

第三届常务委员会（1987.3—1990.3）　政协故城县第三届委员会选举产生于1987年3月，选举产生主席1人、副主席2人、秘书长1人、常务

委员 19 人。

第四届常务委员会（1990.3—1992.12） 政协故城县第四届委员会选举产生于 1990 年 3 月，选举产生主席 1 人、副主席 4 人、秘书长 1 人、常务委员 23 人。

第五届常务委员会（1992.12—1998.2） 政协故城县第五届委员会选举产生于 1992 年 12 月，选举产生主席 1 人、副主席 3 人、秘书长 1 人、常务委员 29 人。1994 年 3 月，政协故城县第五届二次会议增补常务委员 3 名。1997 年 2 月，五届五次全会增选副主席 1 名。

第六届常务委员会（1998.2—2003.4） 政协故城县第六届委员会选举产生于 1998 年 2 月，选举产生主席 1 人、副主席 6 人、秘书长 1 人、常务委员 39 人。2000 年 2 月，政协故城县六届三次会议增补常务委员 5 名。2002 年 3 月，政协故城县六届四次会议增选副主席 1 名，增补常务委员 11 名。

第七届常务委员会（2003.4—2007.5） 政协故城县第七届委员会选举产生于 2003 年 4 月，选举产生主席 1 人、副主席 3 人、秘书长 1 人、常务委员 45 人。2005 年 4 月，政协故城县七届四次全会增选副主席 1 名。2006 年 7 月，政协故城县七届六次全会增选副主席 1 名。

第八届常务委员会（2007.6—2012.1） 政协故城县第八届委员会选举产生于 2007 年 6 月，选举产生主席 1 人、副主席 4 人、常务委员 43 人。常委会常务委员 43 人，其中中共党员 15 人，非中共党员 28 人。

第九届常务委员会（2012.1—2017.2） 政协故城县第九届委员会选举产生于 2012 年 1 月，选举产生主席 1 人、副主席 3 人。九届常委会常务委员 43 人，中共党员 12 人，非中共党员 31 人。

第十届常务委员会（2017.2— ） 政协故城县第十届委员会选举产生于 2017 年 2 月，选举产生主席 1 人、副主席 4 人。十届常委会常务委员 31 人，其中中共党员 13 人，非中共党员 18 人。

1984—2018 年故城县历届政协主席、副主席一览表

表 16-2

届别	职务	姓名	任职时间	籍贯
第二届	主席	田宝庭	1984 年 3 月—1987 年 3 月	河北省故城县
	副主席	国秀梅	1984 年 3 月—1987 年 3 月	黑龙江省鸡西市
		石万山	1984 年 3 月—1987 年 3 月	河北省阜城县
		尹丕杰	1984 年 3 月—1987 年 3 月	山东省武城县
		李作虎	1984 年 3 月—1987 年 3 月	江苏省徐州市
第三届	主席	马端榜	1987 年 3 月—1990 年 3 月	河北省枣强县
	副主席	尹丕杰	1987 年 3 月—1990 年 3 月	山东省武城县
		陈连生	1987 年 3 月—1990 年 3 月	河北省故城县
第四届	主席	马端榜	1990 年 3 月—1992 年 12 月	河北省枣强县
	副主席	张彦恩	1990 年 3 月—1992 年 12 月	河北省巨鹿县
		尹丕杰	1990 年 3 月—1992 年 12 月	山东省武城县
		陈连生	1990 年 3 月—1992 年 12 月	河北省故城县
		姚义诊	1990 年 3 月—1992 年 12 月	河北省藁城县

续表 16-2

届　别	职　务	姓　名	任　职　时　间	籍　贯
第五届	主　席	张彦恩	1993 年 1 月—1998 年 2 月	河北省巨鹿县
	副主席	王增义	1993 年 1 月—1998 年 2 月	河北省故城县
		姚义诊	1993 年 1 月—1998 年 2 月	河北省藁城县
		黄凤忠	1993 年 1 月—1998 年 2 月	河北省故城县
		徐乃起	1997 年 2 月—1998 年 2 月	山东省武城县
第六届	主　席	张彦恩	1998 年 2 月—2003 年 4 月	河北省巨鹿县
	副主席	李庆云	1998 年 2 月—2003 年 4 月	河北省故城县
		黄凤忠	1998 年 2 月—2003 年 4 月	河北省故城县
		徐乃起	1998 年 2 月—1999 年 2 月	山东省武城县
		张彦秀	1998 年 2 月—2003 年 4 月	河北省故城县
		张德恩	1998 年 2 月—2003 年 4 月	河北省故城县
		翟占禹	1998 年 2 月—2003 年 4 月	河北省故城县
		田登书	1999 年 2 月—2003 年 4 月	河北省枣强县
		夏建民	2002 年 3 月—2003 年 4 月	河北省故城县
第七届	主　席	郭居娥	2003 年 4 月—2007 年 6 月	河北省故城县
	副主席	翟占禹	2003 年 4 月—2007 年 6 月	河北省故城县
		田登书	2003 年 4 月—2007 年 6 月	河北省枣强县
		夏建民	2003 年 4 月—2005 年 4 月	河北省故城县
		史立朝	2005 年 4 月—2006 年 7 月	河北省故城县
		秦立堂	2006 年 7 月—2007 年 6 月	河北省故城县
第八届	主　席	张海英	2007 年 6 月—2012 年 1 月	河北省故城县
	副主席	田登书	2007 年 6 月—2012 年 1 月	河北省枣强县
		周德全	2007 年 6 月—2012 年 1 月	河北省故城县
		冯振东	2007 年 6 月—2012 年 1 月	河北省故城县
		李善群	2007 年 6 月—2011 年 4 月	河北省故城县
第九届	主　席	张海英	2012 年 1 月—2017 年 2 月	河北省故城县
	副主席	周德全	2012 年 1 月—2017 年 2 月	河北省故城县
		刘三林	2012 年 1 月—2017 年 2 月	河北省故城县
		李希旺	2012 年 1 月—2017 年 2 月	河北省故城县
第十届	主　席	史立朝	2017 年 2 月—	河北省故城县
	副主席	周德全	2017 年 2 月—	河北省故城县
		郭金玉	2017 年 2 月—2017 年 11 月	河北省故城县
		王连彬	2017 年 2 月—2019 年 4 月	河北省故城县
		关志清	2017 年 2 月—	河北省故城县

第二节　主要活动

一、政治协商

政治协商是人民政协的三大主要职能之一，故城县政协坚持通过政协全体会议、常务委员会会议、主席会议、视察座谈专题协商会议，就事关故城发展和稳定的重要问题在决策之前和决策执行过程中进行协商。

1987年以来，县政协通过听取政府工作报告及五年规划、十年远景规划参政议政，对全县政治、经济、文化及社会生活中的重大问题的决策建言献策。随着政治文明建设不断深入发展，县政协对一些重大课题及群众关注的热点、难点问题，通过政协专门委员会，加强与县委、县政府有关职能部门进行联系协商。同时把了解到的社情民意，通过提案等形式及时提交县委、县政府或有关部门，对稳定社会秩序起到了积极作用。1987—1997年，县委、县政府和县政协先后制定有关规范政治协商的一系列规定和条例，使县政协的政治协商作用得到充分发挥。1998年，县政协进一步完善各专门委员会对口联系制度。对口协商通过定期召开联席会议、组织调研视察、召开专题研讨会、举办论证会和意见听取会等形式进行；县委、县政府职能部门召开重要会议，应邀请县政协有关专门委员会负责人参加；有关部门的文件、简报、资料应抄送县政协对口部门；职能部门制定重要计划和措施，应提前与县政协对口专门委员会协商并研讨论证。2003年，县政协制定《县政协第七届专门委员会组织通则》，对政治协商制度进行完善。

全体会议整体协商　1987—2018年，故城县政协共召开34次全体会议。县政协充分利用政协全体会议这一政治协商的最高形式，认真组织全体政协委员，对政协常委会工作报告、政府工作报告和其他各项报告进行了协商讨论。全体会议期间，邀请县委、县政府主要领导参加委员小组讨论，与广大委员面对面沟通、坦诚交换意见、共商发展大计。围绕“建设绿色新故城 服务县域低碳经济”“加快完善基础设施建设 促进园区经济健康快速发展”“发展农业特色经济 加快农业产业化进程”“加快故城县城镇化建设 打造运河文化名城”等方面开展协商发言。通过分组讨论、大会提案等方式，围绕优化企业发展环境、加快建设农业园区、统筹城乡发展等重大问题开展协商活动、提出意见建议。

常委会议协商　2008—2018年，县政协共召开47次常委会议。每次召开常委会议，县政协都邀请县委、县政府分管领导通报全县相关工作发展情况，听取相关部门工作汇报，组织常委、委员，围绕县委、县政府中心工作，开展专题协商活动。八届委员会二次会议至九届委员会一次会议期间，围绕县委中心工作，重点对故城县城镇建设、新农村建设、特色产业提升、招商引资、全民创业、提升城市管理水平、推进农业产业化等重大课题精心组织开展协商议政活动。九届委员会期间，就全县经济运行和重点项目建设、优化发展环境、发展现代农业、城建交通事业发展、提高教育教学质量、卫生体制改革等重大课题组织召开县政协常委会议，常委们针对相关课题，提出富有建设性的意见和建议180多条，同时形成协商报告5个、专题发言材料15篇。2017—2018年，围绕工业转型升级，三朗乡、房庄乡撤乡建镇，政协提案办理，“如何发挥好委员主体作用”“治理黑臭水体”“助力脱贫攻坚”“加快推进城乡建设”“提高脱贫政策掌握能力”等课题深入开展协商议政活动、提出意见建议70多条篇，为相关部门改进工作拓宽了思路。

视察座谈界别协商　2008—2018年，县政协积极为委员知情明政、履职尽责创造条件，为实现政企对接、银企对接发挥作用、搭建平台。八届委员会期间，共组织开展委员视察、座谈会议共计56次，内容涉及园区经济发展、农业产业合作社建设、城建交通建设、食品药品安全监管、新农合机制完善、学校规范化管理、“两院”法制建设、平安故城构建等一系列专题协商议政活动。通过视察、座谈，委员在增进了解的基础上，提出专业化、操作性强的意见和建议累计达476条。九届委员会期间，积极组织界别委员加强与相关部门的沟通联系，利用对口协商平台，掌握部门工作动态，助推难题解决。2017—2018年，围绕推进项目建设、优化营商环境、加快贫困村基础设施建设、乡村振兴战略实施等课题开展视察调研活动，通过实地查看、座谈交流等形式，积极为部门开展工作献良策、出实招。

二、民主监督

民主监督是人民政协三大主要职能之一，县政协通过不断健全监督常态化机制，切实履行监督职能，有力推进了社会的和谐经济的健康发展。

监督活动　1987年后，县政协不断加强民主监督，对全县重要方针政策的执行情况，国民经济和社会发展计划及财政预算的执行情况，国家机关及其工作人员履行职责、遵纪守法、为政清廉等方面的情况进行批评和监督。通过委员视察、专项调查或参加县委、县政府和有关部门组织的调查、检查活动等形式，充分发挥监督职能作用。1992年，县政协四届三次会议常委会通过了《政协故城县委员会关于县政协委员持证视察工作的暂行办法》，对政协委员视察工作作出明文规定。1999年，县政协重新修订《政协故城县委员会关于县政协委员持证视察工作的暂行办法》，进一步完善、规范民主监督制度。至2018年，县政协常委会组织委员就加快贫困村基础设施建设，教育基础设施建设、饮用水安全、农村面貌改造提升和新型农村合作医疗等方向，深入施工现场，开展民主监督专项活动36次，提出了有针对性、可操作性的意见建议，有效加快工程建设进度。

提案督办　至2018年，县政协在强化委员提案督办方面，始终坚持“一听、二看、三促、四评”以及“委员是否满意”的工作反馈机制，采取召开提案交办会、定期听取提案办理情况、带案视察、重点提案跟踪督办等多种方式，促进提案的办理落实。县政协常委会由主席、副主席领衔督办，督办领导主动联系提案委员和承办单位，采取上门走访、现场督办等方式，围绕改善小微企业发展环境、进一步加强农村卫生室建设等方面事关全县发展大局和人民群众关心的热点难点问题开展提案督办11次。

民主评议　民主评议是政协实施民主监督的重要途径和有效形式，也是县政协一项重要的工作任务。2001年，县政协从保障治安、增强服务意识、公正执法等方面对全县公安干警警风警纪开展调查评议活动。2005年，30余名政协委员被县行政执法部门聘为行风监督员，6名委员被特邀担任县委公开选拔乡镇干部面试答辩现场监督员，12名委员被提名参加市委对故城县2005年实绩考核的问卷调查。按照县委、县政府主要领导安排，至2018年，县政协常委会组织政协委员对全县各县直部门、中省直部门进行了民主评议，并及时将评议结果报送县委、县政府主要领导，切实履行了政协民主监督职能，进一步提高了全县的机关效能建设，促进了故城县经济社会的发展。十届常委会探索新的评议方式，2018年，常委会以视察的形式对全县现代农业发展情况、医疗服务体系建设等工作进行了评议，使相关部门加强了自身建设、改进了工作作风、提高了为民服务意识，有效推动了重点工作的落实。

三、参政议政

参政议政是人民政协三大重要职能之一。故城县政协坚持围绕故城县政治、经济、文化和社会生活中的重要问题以及人民群众普遍关心的问题，开展调查研究，进行协商讨论，通过调研报告、提案和社情民意等形式为故城县健康快速发展提出意见和建议。

议政发言　在每次召开全体会议和常委会议之前，都要组织委员围绕全县工作重点、精心准备大会发言材料。2008—2018年，全体会议发言59人次，常委会议发言83人次。发言内容涉及农林水利、工业经济、城建交通、教育卫生、企业管理等各个方面。委员的发言材料被县委、县政府主要领导批示，并转交有关部门办理。

视察座谈　县政协常委会紧贴全县工作重点和人民群众关心的热点、难点问题积极开展视察活动。1987年起，县政协坚持每年都召开社会各界知名人士为振兴故城经济献计献策座谈会、发展商品经济知名人士座谈会、部分农村支部书记带领群众共同致富座谈会等多种形式座谈会，为全县改革开放和经济建设献计献策。在全县范围

政协委员调研城建拆迁工作

内成立各级技术咨询服务机构，做好多层次、多学科的技术推广，组织大批科技人员入厂下乡。并开展了“进一言　献一策　一季一信”等活动，鼓励委员们为县委、县政府决策提供有价值的意见和建议。1992—1998年，县政协共邀请40多个县政府职能部门和单位到会通报情况，向县委、县政府及有关职能部门提出合理化建议和意见206条。

2008—2018年，围绕故城县工业项目建设、园区经济发展、现代农业产业化、城建交通事业、教育基础设施建设、农村面貌改造提升、新型农村合作医疗、农田水利基本设施建设、平安故城构建等重点工程开展专题视察活动98次。委员们通过现场看点、听取汇报、召开座谈会互相交流等方式，详细了解各单位发展情况，深刻分析问题根源，并针对问题提出合理化建议781多条。

专题调研　2003—2006年，县政协先后组织较大规模调研59次，向县政府呈送调研报告40余篇。2003年，县政协11条关于优化故城县发展环境的建议被县委、县政府采纳。2004年，先后派出8个调研组，采取多种形式深入调研，形成了《抓规范　促发展　实现发办教育的新跨越》等一批有价值的调研报告。2005年，县政协在深入调研的基础上形成《关于实现金融与地方经济良性互动的调研报告》《关于构建和谐故城提高县城文化品位的调研报告》《关于积极推进文明生态村建设解决空心村问题的调研报告》《关于建立农业科技推广体系的调研报告》。2007—2018年，县政协常委会组织由政协各位主席牵头，各委室和相关界别委员参加的调研小组，围绕故城裘皮裘革产业转型升级、优化故城县经济发展环境、农业产业化发展、当前故城县企业发展面临的问题及对策、加快产业深耕转型、提高项目招引实效、农村土地确权颁证工作的现状调查及对策建议、故城县企业、协会商会的现状调查及对策建议等方面开展调研活动，共形成调研报告69篇。这些调研报告经政协常委会议协商通过后报送县委、县政府主要领导，为党委、政府的决策提供参考。

政协委员考察监督学校食品安全工作

服务中心　县政协常委会积极投身经济建设和社会发展第一线，深入到所联系的乡镇、村和企业指导工作，帮助他们梳理存在的困难和问题，并积极协调处理。各位班子成员多次深入企业、园区，就项目审批、征地拆迁等问题与相关部门沟通协调，积极帮助企业解决实际困难。各届政协期间，积极完成县委交给的各项工作任务。八届政协期间全力支持和服务县城建设“三年大变样”活动中，具体承担了中华街综合整治工程、堤口渠景观改造、南湖公园项目涉及拆迁户的工作。九届政协期间，圆满完成了县委交办的中华街综合整治、农村面貌改造提升、扶贫、农村后进班子转化等项工作，赢得了县委的肯定。2012年，防汛排涝期间，县政协机关人员在第一时间冒雨深入一线调查灾情，疏通沟渠、及时排涝，并积极帮助农民群众开展生产自救，同时为故城镇捐献水泵9台、水龙带160米、电缆700米。2017—2018年，县政协深入调研故城县商会协会建设，报送学习考察成果3篇，为县委、县政府科学决策提供了参考依据。同时，班子成员还亲自参与全县招商引资、扶贫脱贫攻坚、农业园区建设等重点工作，撰写报送调研报告6篇。

四、委员提案

政协提案是参加政协的民主党派、团体和政协委员向政协全体会议或常务委员会提出的，经提案委员会审查立案后交付有关单位办理的书面意见和建议。办理委员提案是政协实施协商和监督的重要渠道。1987—1992年，县政协先后修订完善了《关于提案工作的意见》《关于委员提案处理的暂行办法》《关于提案征集和处理办法》《提案工作试行条例》等提案规章制度，对提案质量和办理情况做出明确规定。1993年，县政协会议审议通过《县政协提案工作条例》，并以《条例》为依据，拓宽提案办理新方法，实施“一号提案”工程。规定

“一号提案”由县政协主席包案，主管县长亲自办案。组织承办单位和委员召开提案办理沟通协调会和公开答复会；对带有普遍性、群众性、社会性的提案，由承办单位领导面对面直接听取提案人意见和直接公开答复。2016年12月1日，县政协九届十九次常委会议再次修订《中国人民政治协商会议故城县委员会提案工作条例》。按照提案工作条例有关要求，开展提案工作。

基本要求 提案坚持严肃性、科学性、可行性，围绕县委、县政府的大政方针、中心工作，经济建设、政治建设、文化建设、社会建设以及生态文明建设中的重要问题，人民群众普遍关心的问题建言献策；提案须一事一案、实事求是、简明扼要，在深入调查研究的基础上，做到有情况、有分析、有具体的建议；委员联名提案，发起人作为第一提案人签名列于首位；联名者必须亲自参与提案的调研和撰写；在闭会期间，可将有关调研报告或者在政协全体会议、常务委员会会议和专题协商会议上的发言按照要求转化为提案。

提案交办 政协全体会议结束后，对确定立案的提案，由县政协会同县委办公室、县政府办公室采取召开提案交办会议等形式，按归口管理的原则，集中送交有关单位办理；政协全体会议闭会期间提出并经审查立案的提案，提案委员会及时交有关单位承办。2008—2018年，共召开提案交办会11次。

提案情况 1987—1992年，两届政协提案工作委员会共收到委员提案245件。1992年后，县政协提案委员会采取联合办案、追踪反馈、协商座谈等方式，提案的征集、审查、交办、反馈基本实现了经常化、程序化、规范化。1992—2003年，县政协共收到委员提案778件，经提案委员会审查立案591件，办理456件，列入跨年解决计划的84件，不能解决作出解释说明的51件。2003—2006年，县政协共收到提案280件，经审查立案221件。县政协八届委员会，期间共收到提案280件，经审查立案242件。县政协九届委员会共收到提案270件，经审查立案196件，其中合并立案32件。未予立案的42件，经与提案者沟通，分别做了妥善处理。县政协十届委员会两年期间，共收到提案121件，经审查立案交有关部门办理的104件，其中合并立案6件，未予立案的11件。

五、文史资料整理

1987—1995年，县政协先后搜集、整理并出版《商震将军》《冯治安传》《甘陵今古》等书籍。还为省、市政协提供、撰写多篇抗日救国文章和论文。其中，《商震将军》一书获省政协奖励；《冯治安传》一书正式出版并被省政协指定为重点书刊，入选河北省政协举办的大型书展。是年，县政协文史工作获省政协二等奖。2005年后，县政协先后组织人员整理、出版了《冀南运河中学》《铁血狂飙》《昨日硝烟》等书籍。

2008年，县政协着力发挥文史资料存史、资政、团结、育人的作用，将其作为宣传故城、联系“故城人”的重要渠道。县政协八届委员会采取电子邮件、传真、发函等多种方式共搜集到故城名人、名村名镇、经济史料等方面的资料20多万字，协助市政协完成了《衡水人物志》《衡水名村名镇》《再现根治海河》等书籍的资料搜集整理工作。在《燕赵政协新闻网》《新农民》《乡音》《衡水经济与信息》《文史精华》等媒体刊物发表稿件142篇。九届委员会先后3次组建文史编写队伍，系统挖掘整合故城县历史文化资源，编辑出版《故城人文轶事集萃》《马中锡文集选译》《发展中的故城摄影作品集》。编发《故城政协》期刊76期，向上级政协报送稿件52篇。十届委员会组织搜集编写有关运河文化的资料13篇；为纪念改革开放40周年，向省政协报送参赛作品3篇；向市政协报送《衡水记忆》图片350张，报送文史书籍33册；编辑出版“纪念改革开放40周年”摄影作品集。

六、海外联谊

开展联谊活动 1987年以来，县政协非常重视与港澳台同胞、各界人士及团体的联系和沟通，海外联谊工作不断有新的进展。

1988年10月，县政协会同县委统战部，多方筹集资金，对冯治安之父、弟骨灰进行迁葬，对其母墓碑进行修复，并请原中央民革主席屈武题词。这一事例经《团结报》发表后，在国内外引起很大反响。1991年，办理和接待孙际洲骨灰回原籍安葬事宜，其台湾亲属多次来信表示感谢。1994年8月，县委、县人大、县政协领导到湖北、湖南两省慰问南下老干部及其亲属，加强故城县与南下老干部的联系。在传统宗教节日和春节期间，县政协对宗教界人士进行走访慰问，征求意见，加强与宗教界人士的联系，宣传贯彻和落实民族宗教政策。

至2008年，县政协共召开16次台归人员及台属、侨眷为家乡“四化”建设献计献策座谈会，沟通原国民党投诚人员、台属、侨眷与党和人民政府的感情，加深其“爱国不分先后”“只要爱国就是团结对象”的理解，并自觉为扩大统一战线服务。县政协委员张明诚（原国民党将领冯治安副官）表示要奉劝台湾好友，为和平统一祖国贡献力量。1987—2008年的22年间，共接待回大陆探亲、旅游台湾同胞及海外华侨690余人次。

八届常委会分别组织和参加了市政协组织的下乡义诊、民族聚居村调研、庆祝中华人民共和国成立60周年和人民政协成立60周年书画展、银企对接会、外资企业座谈会、政协机关创先争优经验座谈会等活动。九届常委会，县政协配合衡水市政协就“项目立市·工业强市”、农村面貌改造提升督导、环境保护、文化产业发展、百年回族史等项工作进行了17次专题调研活动，撰写并提交调研报告8篇。县政协十届一次会议以来，承接了省、市政协赴故城考察调研、走访慰问等任务22次，接待其他地区政协学习考察16次，受到了上级政协领导的好评。

第十七编　群团组织

域内各群众团体组织一直充分发挥自身职能，并结合故城县实际情况，积极开展希望工程、春蕾计划、光彩事业、扶贫助残、科普培训等服务基层和群众的一系列活动，积极参与全县社会发展和经济建设，为推进故城县物质文明、政治文明和精神文明建设发挥了重要作用。

第一章　农民组织

20 世纪，中国农会制度发展大体可分为四个阶段：清末民国初整理农业之枢纽的农会；大革命农民运动时期行使国家政权的农会；国民政府政治社会秩序的农会；解放初期进行土地改革的农会和“文化大革命”时期进行阶级斗争的贫下中农协会。

域内农民组织最早出现在清宣统三年（1911 年），中华民国期间农会组织进一步发展。抗日战争爆发后，成立农救会，组织域内农民在中国共产党的领导下打击日军、减租减息反霸斗争和生产运动等多项活动，在抗日战争中起到不可忽视的作用。

第一节　农　会

据 1928 年《河北省政府半年工作撷要》记载，故城县农会建于清宣统三年（1911 年）。

民国期间，据 1934 年 9 月 18 日河北省各级农会职员表载，故城县农会下辖 4 个区农会、127 个乡农会。县农会设于县城（今故城镇），设干事长、副干事长各 1 人，干事 4 人。区农会分别设于区治驻地（第一、二、三、四区治所依次为故城镇、李仙寨、三朗镇、郑口镇），均设干事长、副干事长各 1 人、干事 2 人；各区农会会员依次为 36 人、43 人、34 人、15 人。1928—1934 年，农会统属国民党县党部。1935 年后，改属县国民政府。农会会员视学历、职务高低、占有土地多少取得任职资格。农会负有提倡改良农事之责任。然因成绩平平，故城县属“宜加整顿”之列。1937 年，日军侵入华北后，县农会随县国民政府逃亡。

第二节　农救会

1939 年 6 月，建立故城县农民抗日救国会（简称农救会）。隶属中共故城县委、抗日救国联合会（简称抗联会）。机关驻地在偏僻农村，部分农村亦相继建立农救会，农救会主要任务系于在农村广泛发动农民，尤其是贫雇农，参加抗日斗争，并推行农民合理负担，开展减租减息，雇工增资等活动。1940 年 8 月，县农救会于响沟村遭日伪军破坏，主任陈芳洲被捕，是年 11 月，在故城镇被日伪军杀害。1943 年，故城县全境遭受严重旱灾，农救会发动域内群众，向地主、富农借粮以度灾荒，农民抗日情绪日益高涨。1945 年，日本侵略军投降后，农救会易名为农民协会。

第三节　贫下中农协会

贫下中农协会筹备委员会（简称贫协）产生于社会主义教育运动（“四清”运动）期间，系中共故城县委领导下的贫农、下中农组成的群众阶级组织。1964年11月15日，建立故城县贫下中农协会筹备委员会（简称贫协会），是年12月，全县各公社、各大队普遍建立贫协会，同时，中共故城县委召开了贫下中农代表大会，出席代表共1700人，列席900人。1966年2月，夏庄乡被誉为“硬骨头”的胡海峰当选为河北省贫下中农协会委员。“文化大革命”后期，各级贫协组织自行停止活动。

各级贫协组织均设主席1人，委员若干。该组织系社会主义教育运动主要依靠阶级。村级贫协主席曾一度行使党政财文权力。1983年11月，各级贫下中农协会撤销。

第二章　工人组织

域内于20世纪40年代始分别成立农工会、工会。定期召开工会代表大会，完善职工代表大会制度，组织工人签订集体合同，进行劳动保护，通过开展劳动竞赛、技术革新、帮扶救助、医疗互助等各种活动提高工人待遇，维护职工权益。

第一节　组织机构

农工会　1945年6月，建故城县综合性群众组织农工会。是年12月，县工会由农工会分开单设。

工会　1951年4月，召开首届工会会员代表大会，选举产生县工人联合会主席1人、委员3人。1951年后，各系统建基层工会18个，会员1175人。1958年10月，随故城县并入吴桥县总工会后，设故城工会办事处。1961年5月18日，故城县析置，县总工会恢复。1966年，随着“文化大革命”开始，总工会陷于瘫痪。1973年6月，县总工会复建后，各系统亦恢复基层工会共13个。1984年春，县总工会建职工俱乐部大楼1座，内设图书阅览室、游艺室、棋类室、学习室、展览室。是年6月1日正式开放。

1987年，县总工会内设办公室，行政编制8名。1993年5月，成立县金融工会。1998年，全县13个乡镇均建立工会组织，配备专职工会主席。1998年，县总工会内设办公室、经济保障部、基层工作部，行政编制6人，事业编制6人。1999年12月，撤销金融工会。2000年，县新建企业工会180家，三资企业、乡镇企业、私营企业工会组建率分别达100%、95%、90%。是年10月，撤销交通工会。2001年，县新建企业工会12家，新增会员340人。2003年，县建会单位295家，会员20058人，其中新建企业工会169家，发展会员5200人。2006年，撤销物资系统工会，县总工会所属系统工会组织6个，乡镇工会13个，基层工会组织355个，工会会员26984人。2008年，县基层工会14个，基层工会组织304个，会员17315人。

2008年，县总工会内设办公室，下设工会俱乐部，行政编制6名（其中工勤人员1名），事业编制4名；县总工会所属系统工会组织9个（即经委、供销、商业、粮食、文教、卫生、农业、水利、农机系统工会组织），其中经委、供销、商业设有专职主席，其余均为兼职；基层工会组织147个，其中16个设有专职主席或副主席；会员9261人，其中工会干部735人（包括专职干部32人）。

2009年，根据河北省总工会印发的《关于加强乡镇街道村（社区）工会工作的实施意见（试行）》的通知，乡镇（街道）工会委员会、工会联合会和工作委员会都向总工会的组织形式过渡，从而建立了13个乡镇总工会。2010年，县总工会所属系统工会组织仅剩2个，即文教、卫生系统工会，基层工会组织448个，会员39497人。2011年，县成立了1个社区工会，非公事业单位建会数124家，较上年新增了40家。2012年，县新建联合基层工会40个，新增会员2394人，非公企业单位建会数113家，比上年新增18家。2013—2016年，基层工会数和工会会员数维持动态平衡。

2017年，县基层工会539家，发展会员人数超过了5.5万人。2018年，县新建基层工会16个，新增会员1416人。

根据《关于加强开发区（园区）工会工作的意见》的通知，建立了营东、衡德和西苑3个开发区（园区）工会工作委员会。2018年4月，因园区调整，3个开发区（园区）工会工作委员会合并成故城经济开发区工会工作委员会。

第二节　会员代表大会

1951年4月，召开首届工会会员代表大会，选举产生县工人联合会。1954—1986年，分别召开6次代表大会。

1992年11月10日，故城县工会第八次代表大会召开，出席代表192名，特邀代表10名。会议审议了县总工会主席徐印春所作的《组织和发动全县职工在加快改革和经济建设中发挥主力军作用》和县工会副主席李留锁所作的《适应形势深化改革把故城县财务工作推上新台阶》的工作报告，并做出相应决议；会议选举产生故城县总工会第八届委员会主席、经费审查委员会；选举产生县总工会主席、副主席、常务委员，县总工会第八届经费审查委员会主任、副主任。至2008年，故城县总工会设主席1名、副主席2名、私营企业工会联合会主席（副科级）1名。

2000—2018年，故城县总工会没有召开代表大会，仍按照1992年11月10日故城县工会第八次代表大会决议执行。至2018年，故城县总工会主席1名、常务副主席1名、副主席2名。

1951—1992年故城县总工会代表大会一览表

表17-1

届别	时间	代表人数（人）	主要内容	基层工会数（个）	会员人数（人）
一	1951年4月9—11日	30	选举工会委员会、经费审查委员会，审议工会工作报告	18	1175
二	1954年年初	38	选举工会委员会、经费审查委员会，审议工会工作报告、财务工作报告	27	1650
三	1957年年初	40	选举工会委员会、经费审查委员会，审议工会工作报告、财务工作报告	43	1895
四	1964年4月23—26日	55	选举工会委员会、经费审查委员会，审议工会工作报告、财务工作报告	38	1720
五	1973年5月29日至6月1日	130	选举工会委员会、经费审查委员会，审议工会工作报告、财务工作报告	52	2759
六	1979年4月18—21日	231	选举工会委员会、经费审查委员会，审议工会工作报告、财务工作报告	107	5123
七	1986年9月20—21日	323	选举工会委员会、经费审查委员会，审议工会工作报告、财务工作报告	147	9261
八	1992年11月10日	228	选举产生了县总工会第八届委员会、经费审查委员会、审议工会工作报告，财务工作报告	145	11000

第三节　主要活动

解放战争时期，县工会主要开展多出产品，支援前线打胜仗，尽快解放全中国活动。

中华人民共和国成立后，县工会引导广大职工，开展爱国劳动竞赛，动员会员买公债，支援社会主义建设，号召会员捐献衣服，支援抗美援朝。同时开展扫盲活动。各基层工会做出保证工人安全、店主不得随意开除店员、保证工人8小时睡眠、不得干预工人参加工会活动之规定，依法全面维护职工权益。

1963年，县总工会组织会员学习毛泽东著作，并利用业余学校进行理论培训和文化学习。

“文化大革命”前期，工会因组织瘫痪而停止工作。

1973年6月，县总工会复建后，逐步建立健全工会规章制度。自1978年始，县总工会组织基层工会施行职工代表大会制度。至1982年年末，各级工会普及，职工主人翁地位得以确定，职工合法权益得以维护，工会工作群众化、民主化得以发挥。

1984年，县总工会组织各基层工会及其成员开展“双争一创”（争当职工之家，争做职工之友，创一流工作水平）、“双增双节”（增产节约、增收节支）、技术练兵、技术比赛及合理化建议活动。1984—1987年，连续4年获衡水地区“双增一创”优胜单位；有36名职工获地区级技术能手称号，4人获省级技术能手称号；在合理化建议活动中，职工献计献策，共提出建议13570条，其中被采纳6109条。1986年，县总工会主席曹慧民获全国五一劳动奖章和河北省劳动模范称号。

1987年始，故城县各级工会组织充分发挥自身作用，在企业中推行民主管理，促进企业健康发展。

签订集体合同　1988年，县总工会适应企业改革需要，围绕推行企业承包经营责任制，签订“双保集体合同”，由厂长代表行政保证实现职工集体福利事业，工会主席代表职工保证完成企业的各项承包经营目标。1995年，参与现代企业制度试点工作，与12家企业签订集体合同，实现对职工权益从个案维护向整体维护、源头维护转变。1996年4月，召开全县签订集体合同交流大会，成立由劳动部门、企业主管部门参加的签订集体合同领导小组，推动签订工作进展，全年共签订集体合同62家。1997年，新签订集体合同企业达32家。1999年，探索区域性集体合同签订工作，与企业法定代表人签订集体合同，扩大集体合同覆盖面；对亏困企业集体合同区别处理，把企业如何走出困境、最低工资、基本生活费发放、下岗分流纳入集体合同内容。2001年，27家企业实现工资集体协商。2004年，规范县级劳动关系三方协商机制，延伸至9个乡镇，并开展“劳动关系和谐单位”创建活动。2007年，以创建“劳动关系和谐企业”为重点，向和谐医院、和谐校园、和谐工业园区延伸拓展，并把工会维权工作纳入创建范围。2010年，县总工会与县人事劳动和社会保障局联合印发《关于在全县开展工资集体协商“百日行动”的实施方案》，合力推进各类企业建立工资集体协商机制，积极探索推行区域性工资集体协商机制建设。2011年，开展工资集体协商工作的企业173家，签订合同73份，其中企业单独签订的69家，建立区域性工资集体协商3个、行业性工资集体协商1个，共覆盖职工14292人，建制率达90%以上。河北省兴奥建筑安装工程有限公司获“2010年河北省AAA级劳动关系和谐单位”。2012年，企业单独签订工资集体协商合同89个，建立区域性工资集体协商12个，行业性工资集体协商2个，共签订工资集体协商合同103个，覆盖企业675家，覆盖职工17261人，完成建制率94.4%。2013年，全县单独签订工资集体协商合同89个，建立区域性工资集体协商15个，行业性工资集体协商3个，共签订工资集体协商合同107份，实现了建会企业的全覆盖，覆盖职工18960人。2014年5月，故城县总工会被衡水市总工会授予“衡水市先进工资集体协商工作优秀单位”称号。2015年，全县签订行业性工资集体协商合同4个，覆盖企业180家，职工3936人。2016年年末，全县完成区域性工资集体协商合同13个，行业性工资集体协商合同4份，企业单签合同142个。2017年，举办基层工会干部、指导员培训班两期，培训160人次。2018年，继续推行并完善“点、线、面”相结合的工资集体协商网络模式，重点推进行业性工资集体协商，全县签订合同297个，其中单签企业281个，区域性集体协商14个，行业集体协商2个，覆盖职工22881人。

完善职工代表大会制度　1987年以来，为适应企业改革的需要，县工会在全县企业中建立完善职工代表大会（以下简称职代会）制度，发挥职代会审议企业重大决策、监督企业领导的作用。1991年3月，开展职代会达标竞赛，达标单位59个。1991年4月—1992年10月，培训职工代表2030人。1997年，实行职代会召开催促单制度，18家企业重新修订《职代会实施细则》，28家企业建立业务招待费报告制度。1998年，县总工会对企业职代会进行整顿和完善，先后整顿健全了企业职代会9个；18家企业结合实际，重新修订《职代会实施细则》，全县国有集体企业职代会组建率达100%，28家企业建立了业务招待费报告制度。2001年，13家新建企业建立职（员）工（代表）大会制度。2006年，6家直属及控股企业建立职工代表大会制度和厂务公开制度，16家事业单位建立职工代表大会制度和校务、所务、院务公开制度。至2008年年末，国有、集体及其控股企业职代会建制率100%。2009年，以推行职工代表大会制度、平等协商集体合同制度、厂务公开等民主管理制度为主线，依法规范劳动关系，稳定就业岗位和劳动关系。2010年，积极开展职代会星级达标认证活动，促进职代会的制度化、标准化。2011年，有2家单位被认定为“河北省职代会星级单位”（三星级），5家单位被认定为“衡水市职代会星级单位”（二星级）。2012年，3家单位被认定为“衡水市职代会星级单位”（二星级）。2016年，广泛开展厂务公开民主管理示范单位和职代会创建活动，新增职代会制度建设达标单位29家。2018年年末，百人以上民营企业职代会建制率达85%。

劳动竞赛与技术革新　1987年3月，组织全县职工开展“双增双节”运动，组织女职工开展“双学双比”（即学文化、学技术、比成绩、比贡献）活动，实现效益271.62万元。至1992年年末，参加技术练兵和技术比赛的职工达58000人次。其中，获省技术状元2人；省技术（业务）能手13人；地区状元13人，地区技术（业务）能手128人次。

1993年，开展以“科技进步年”为主题的社会主义劳动竞赛，建立34个技术攻关小组，完成技术攻关课题176项，完成技术改革项目139件，开发新产品82种，创经济效益201万元，1家企业扭亏为盈。1994年，技术革新、发明创造共125项，创经济价值280万元。2000年2月，开展“提一条新建议、学一门新技术、创一项新成果”活动，当年实现技术攻关11项，创经济效益131万元。2008年，创建活动从窗口行业向所有领域拓展延伸，以工业和项目建设、节能减排、城镇面貌三年大变样为重点，开展形式多样的劳动竞赛和争当“金牌工人”“能工巧匠”活动。实现较大经济价值创新成果161项；实施合理化建议7839条；获衡水市“工人先锋号”称号单位1个、衡水市“创业新星”称号1人、衡水市“能工巧匠”称号2人。

1990年王彦来获河北省职工技术状元选拔赛荣誉证书

2009年，开展“同舟共济保增长建功立业促发展”劳动竞赛活动。

2010年，深入开展“保发展调结构促转变当先锋”劳动竞赛活动。

2011年，广泛开展“当好主力军，建功‘十二五’实现新跨越”主题劳动竞赛活动，参加劳动竞赛的企事业单位达260家，参赛职工21500多人。

2013年，组织开展“凝心聚力促发展建成小康当先锋”为主题的建功立业竞赛活动，县总工会被河北省劳动竞赛委员会授予“劳动竞赛优秀组织单位”称号。

2014年，职工技能选拔赛，参加衡水市首届职工技能比赛，其中6名选手名列各自工种前二十名，其中1名选手名列第五，被授予衡水市“能工巧匠”称号，其他5名选手被授予“技术标兵”称号；故城县获“衡水市职工职业技能大赛决赛总分优胜奖”和优秀组织奖，同时获钳工团体优胜奖、维修电工团体优胜奖。

2015年，组织参加衡水市第二届职工职业技能大赛，有4名选手进入了衡水市工种前十名，有2名选手获得“金牌工人”称号，有2名选手获得“能工巧匠”称号。

2016年，广泛开展“践行新理念建功‘十三五’”主题劳动竞赛，组织了车工、钳工、电焊工、维修电工等工种参加衡水市第三届职工技能大赛。4月份，河北同心风机配件有限公司机加工车间被中华全国总工会授予“工人先锋号”称号。

2017年，以创建“工人先锋号”活动为载体，重点组织了三个层面的竞赛活动。4月，河北星月制动元件有限公司压制车间被全国总工会授予“全国工人先锋号”。

2018年，围绕汽车配件等主导产业开展了制动材料行业质量第一、安全至上劳动竞赛活动；在全省劳动竞赛经验交流会上作了典型发言。4月，河北青竹画材科技有限公司生产二部被中华全国总工会命名为“全国工人先锋号”。

选树劳模 1993年1月，县政府正式颁布《关于县级职工劳动模范管理暂行规定》，为故城县职工劳动模范（以下简称劳模）正规化管理奠定了基础。4月28日，县首次工业系统劳模表彰会召开，33人被授予劳模称号。4月29日，衡水地区召开劳模表彰会，故城县8名职工被授予劳模称号。1996年4月，县第一届职工劳模表彰大会召开，16个系统的41名劳模受到表彰奖励。1998年，县9名职工被评为衡水市首届职工劳模。2003年4月，县12名职工被评为衡水市第二届职工劳模。2007年4月，县13名职工被评为衡水市第三届职工劳模。至2008年年末，县共有省部级以上劳模称号18人，其中1人被授予全国劳模称号；市级劳模46人。

2009年，在省级劳模的评选工作中，有2名职工劳模、1名农民劳模和1个先进集体受到省政府命名表彰；有1人被市政府授予“创业新星”称号（相当于市级劳模）。2010年，有1人被市政府授予“创业新星”称号（相当于市劳模）。2012年，刘其通等17人被评为衡水市第四届职工劳动模范。2013年，1人被市政府授予“创业新星”(相当于市劳模）称号。2014年，2人被河北省人民政府授予“河北省劳动模范”称号；1人被授予“河北省先进工作者”称号。2015年，1人获“河北省五一劳动奖章”。2016年，2人被省总工会授予“河北省五一劳动奖章”。至2018年年末，故城县共有全国劳模1人，省部级劳模28人，市级劳模80人。

劳动保护 县总工会不断推进企业劳动保护工作，持续开展了“安康杯”竞赛活动。2009年，与安监部门联合开展了“安康杯”竞赛活动，参赛企业60家，参赛职工8000人。2010年，全县62家企业参加安康杯竞赛活动，参赛职工10210人，组织2113名职工参加了安全卫生电视培训，签订安全卫生专项集体合同41份。2011年，组织75家参加安康杯竞赛活动，参赛职工11500人，组织2200名职工参加安全卫生电子培训，签订安全卫生专项集体合同70份。2012年，组织1400名女职工参加女职工安康团体保险，其中2人得到救助。2013年，组织77家企业的10000名职工参加了“安康杯”竞赛活动，参赛企业班组达100%，提高职工自我防护能力。2014年4月，河北星月制动配件有限公司压制班组获全国“安康杯”优胜班组称号。2016年，开展“安康杯”竞赛和“保安全我健康 促发展”职工安全生产承诺活动，参加“安康杯”竞赛企业64家，参赛人数7218人。积极推动签订劳动安全卫生专项集体合同120份，夯实安全生产基础。2017年，联合安监局组织全县79家规模以上企业7286人开展“安康杯”活动，有4597名职工参加了安全生产知识电视培训。

帮扶救助工作 1992年12月始，开展“进千家门知千家情解千家难暖千家心”活动，共出动800多人，慰问2019人，开支慰问补助款82300元。1994年，积极扶持基层工会兴办职工互助补充保险，共有12个基层工会兴办职工互助养老保险、工伤残废保险、大病医疗保险组织。县总工会出资2000元，对4个系统5户特困职工代表进行慰问，各基层筹集18170元，组成57个慰问小组，走访512户困难户，补助困难职工478户。1995年9月，建立县送温暖基金会，筹得资金11.4万元，慰问困难职工312户。1996年，建立贫困职工档案，贫困职工生活状况信息管理制度，将节日慰问与日常救助相结，共慰问职工65户。2001年，建立困难职工群体重点监控企业调查统计制度、困难职工群体工作档案，实现由对职工个案的维护转向对困难职工群体的维护。2005年5月，将送温暖工程、促进再就业、法律援助、职工互助互济纳入困难职工帮扶中心。帮扶困难职工子女9名，帮扶资金1.7万元；至2008年年末，共帮扶困难职工子女31名，帮扶资金6.7万元。

2009年，为150名困难职工建立了电子档案和纸质档案，对在档的困难职工进行了走访慰问，筹资4.9万多元。为15名特困职工子女申请发放助学资金3.9万元。

2010年，为52户特困职工和173户困难职工建立了电子档案，并实行动态化管理；开展“金秋助学”活动，为15名特困职工子女申请，发放助学资金1.5万元。

2011年，全年共为困难职工家庭送去帮扶救助款物合计3.8万元。为14名特困职工子女申请发放助学资金2.8万元。2012年，共建立困难职工档案154人，其中特困职工48人，帮扶困难职工180余人次，发放救助金3.8万元。

2013年4月，县职工服务中心正式挂牌办公，成为集救助、维权、服务于一身，融困难帮扶、互助保障、就业服务、职工信访、争议调处、法律援助、咨询服务为一体的崭新综合服务平台。开展送温暖活动，帮扶困难职工500余人次，发放资金6万元。

2014年，开展夏季送清凉活动，为一线职工送去价值2万多元的防暑降温物品。

2015—2017年，实施夏季送清凉活动，深入31个单位为一线职工送去价值9.26万多元的防暑物品；实施“金秋助学”，为13名考入大中专的困难职工子女发放助学救助金3.65万元；实施送温暖工程，先后两次对在档的375名困难职工发放医疗、助学、生活救助金、慰问品共40.7万元。

2018年，开展送温暖活动，先后对263名在档的困难职工发放医疗、助学、生活救助金、慰问品共23.7万元；为5100多名一线职工送去价值11万多元的防暑物品，看望并慰问20名县电视台一线记者、44名困难职工和358名困难农民工；开展小额贷款扶持，完成创业就业项目申报4个，完成项目还款6个，共9万元；组织开展“遵法守法·携手筑梦”服务农民工公益法律服务行动和“千名律师进万家企业法律服务”活动；关心关爱女职工，为一线566名女职工和385名环卫工人进行了免费体检。

医疗互助　1994年7月始，积极扶持基层工会兴办职工互助补充保险，全年共有12个基层工会兴办职工互助养老保险、工伤残废保险、大病医疗保险组织。1997年，针对特困职工看病就医困难的实际，经与县医院协商，为26名“两停一亏”企业特困职工发放住院优惠卡，特困职工本人住院，可享受床位费、检查费、吸氧费、手术费分别减收50%、医药费减收10%待遇。2007年12月4日，故城县第一期工会会员医疗互助活动正式启动，参加会员10710人，救助患病会员17人，补助资金27.2万元。2008年4月5日，成立故城县工会会员医疗互助补偿责任处理工作小组。12月17日，故城县第二期工会会员医疗互助活动全面开展，参加会员10320人。

2009年，第二期工会会员医疗互助活动全面开展，共为20名会员申请补助金共计27.6万元，为14名会员申请二期医疗补助金共计4.2万元。2010年，共为31名会员申请领取了补助金45.8万元，为13名会员申请三期医疗补助金2.6万元。2011年，全县共收医疗互助资金41.892万元，共为64名会员申请领取补助金56.6万元。2012年起，“医疗互助”和“一日捐”完全并轨，统称为“职工互助一日捐”活动。2013年，第二期职工互助一日捐活动，共有50人次领到医疗互助金32.1万多元。2014年，开展职工互助一日捐活动。收到互助金52.95万元。共有24人次领到医疗互助金24万多元。2015年，广泛宣传新修订的《衡水市“职工医疗互助”活动管理办法实施细则》，全年有47人领取互助金30.58万元。2016年，“职工医疗互助”全年收到互助金63.156万元，有34人领取互助金36.97万元。2017年，为38名患病职工申请救助金31.96万元。2018年，参加职工医疗互助活动达11650人，占会员总数的21%。共有80名职工得到救助，救助金额为807482元。

第三章　青少年组织

抗日战争时期，域内组织青救会发动青年积极抗战、支前。少年儿童团担负站岗、放哨活动。中华人民共和国成立后，青年团和少年儿童组织定期召开代表大会，组织发动广大青少年参加创建与评选、志愿服务、宣传教育、希望工程等各种活动。

第一节　青年组织

一、组织沿革

1939年6月，中共故城县委为开辟抗日根据地，建故城县青年抗日救国会（青救会），各抗日中心村建有青年抗日先锋队（简称青抗先）组织，16～25岁青年为其成员。1949年，建立中国新民主主义青年团故城县委员会。1951年，召开首届代表大会。1957年，易名为中国共产主义青年团（简称共青团）故城县委员会（简称团县委）。“文化大革命”前，团县委共召开5届代表大会。1968年，团县委被县革命委员会政治部群团组取代。1973年，重建团县委。

1984年，有基层团委27个，团支部850个，共青团员18362人。各级团委设专、兼职干部，团县委机关设办公室、组织、宣传、青工（青年工作）、青农（青年农民）、学少（学校少年）等科。1987年，全县计有青年123746人，其中共青团员19782人，占青年总数16%；共有团支部993个，23个乡镇团委。1988年，团县委成立县直团工委，统一负责县直团委工作。1992年，全县共有基层团委34个，其中乡镇团委23个。1996年，乡镇团委调整为13个，团县委增设希望工程办公室。2008年，团县委内设组织部、宣传部、学少部、青工部、青农部、办公室、希望工程办公室，行政编制6人；全县共有基层团委39个，团总支（支部）1035个，团员18042人。2018年，全面落实从严治团要求，严格入团程序和标准，提高团员发展质量，全县共有基层团委21个，团支部374个，团员8100人。

二、代表大会

第一次代表大会　1951年召开，会议选举产生团委正、副书记。

第二次代表大会　1955年10月召开，代表人数152人，会议主要内容为“协助县委宣传农业合作化及粮食‘三定’政策，动员团员青年投入到以农业合作化为中心的增产运动中，学习科学文化，加强团的建设”，时有团员4876人。

第三次代表大会　1957年8月召开，代表人数216人，会议主要内容为“动员全县青年紧急行动起来，在水利建设养猪积肥活动中发挥突击作用，为农业生产‘大跃进’积极奋斗”。

第四次代表大会　1962年5月召开，代表人数350人，会议主要内容为“加强团的基层组织建设，开展整治思想工作”。

第五次代表大会　1963年7月召开，代表人数260人，会议内容为“贯彻以农业为基础，以工业为主导的方针，高举总路线、‘大跃进’、人民公社‘三面红旗’，发展农业生产，对团员青年进行共产主义教育”。

第六次代表大会　1973年1月召开，代表人数666人，会议内容为“组织团员青年学习马列主义、毛泽东思想，不断提高识别真假马列主义的能力，积极投入到三大革命运动中，发挥突击作用”。

第七次代表大会　1978年9月召开，代表人数976人，会议内容为“围绕四个现代化建设，做又红又专的新一代接班人，加强团的思想工作，把团员青年的思想，统一到四化建设上来”，时有团员19263人。

第八次代表大会　1982年4月召开，代表人数335人，会议内容为“加强团的思想政治工作，围绕社会主义物质文明和精神文明建设，开展争当新长征突击手活动”，时有团员17432人。

第九次代表大会　1987年召开，代表人数192

人，会议主要内容为“加强团的思想政治工作，围绕社会主义物质文明和精神文明建设，开展争当新长征突击手活动”，时有团员15851人。

第十次代表大会 1992年5月召开，与会代表150名，其中妇女代表33名。选举产生共青团故城县第十届委员会，选举书记1名、副书记2名。

第十一次代表大会 1998年3月召开，与会代表148名，选举产生共青团故城县第十一届委员会，选举书记1名、副书记2名。

第十二次代表大会 2004年召开，与会代表136名，选举产生共青团故城县第十二届委员会，选举书记1名、副书记2名。

三、主要活动

抗日战争期间，青救会在组织发动广大青年抗日、参军、参战、支前等斗争中发挥积极作用。中华人民共和国成立初期，团县委带领广大团员青年积极参加一系列民主改革和恢复发展国民经济等活动。尤其中共十一届三中全会后，在中共故城县委领导下，各级团组织团结广大青年，充分发挥共青团先锋作用，积极投入社会主义物质文明和精神文明建设，做出卓越贡献，涌现一批先进青年和先进集体。1979年10月，袁淑芹、张金波被团中央命名为“全国新长征突击手”，贾黄村大队团支部被团中央命名为“新长征突击队”。1982—1992年，各级团委共组织演出文艺节目35000场次，组织学雷锋小组68000个，做好事76万余件，青年助工助农服务队2407个，植树造林3500亩。

创建与评选活动 1994年起，团县委在全县范围内开展“青年文明号”创建活动，县内交通、电力、邮电、贸易、卫生、金融、税务、工商、供销等主要窗口行业的85个青年集体、6000多名青年参与创建“青年文明号”活动。1995—2010年，全县共创建国家级青年文明号1个，省级青年文明号7个，市级青年文明号26个，县级青年文明号35个。2018年，故城县政务中心获评市级“精神文明号”。

志愿服务活动 1996年，故城县青年志愿者协会成立，组建志愿者服务队56个，志愿者3000余名。开展文艺演出、科技宣传、上街便民服务300场次，做好事15000余件，义务植树13万株。1996年，京杭运河发生洪水灾害，为配合抗洪抢险工作，全县成立6支青年抢险队、1支医疗服务队，奔赴抗洪一线。团县委被团省委授予“抗洪抢险先进集体”称号。2008年10月，团县委招募志愿者842人，并组建10支应急志愿者服务队。11月5日，举行亦以“奉献爱心、共建和谐”为主题的青年志愿者服务队授旗仪式。

2013年，组建农村环境整治青年志愿服务突击队，以“清脏、治乱”为主要任务，深入农户及大街小巷开展清扫活动，带动村民全面开展“四清”“净化”志愿实践活动，并运用“微博”新媒体渠道开展宣传教育引导和动员，广大农村青年对提升农村面貌的自觉性与主动性高涨。2014年，建立微信公众号“故城团县委”，努力打造团建宣传新媒体平台，团组织的吸引力与凝聚力有效提升。2018年，组织开展“精准扶贫圆梦微心愿”“庆六一送关爱”“情暖乡村志愿服务”“金融知识下乡宣传”“同心话党恩我的脱贫故事讲宣比赛”“青年大学习”“争做新时代好队员”“扬爱国情立报国志圆中国梦”等系列活动，用实际行动为全县打赢脱贫攻坚战贡献了青春力量。团县委被团省委评为“河北省优秀团县委”。

开展青年志愿服务活动

宣传教育活动 1987年起，团县委通过各种形式，深入开展了党的基本路线、国情、民主与法制教育，社会主义信念教育，革命传统教育。同时围绕两个文明建设，组织开展了适合青年特点的多样活动，活跃了团的生活，激发了广大团员青年为振兴故城县经济贡献力量的决心。

1989年始，每年3月5日和“五四”青年节期间，都要开展学雷锋活动，利用广播、电视进行宣传发动，组织便民队伍上街开展为民义务服务。1990年，为配合县委“刹风整风树新风”活动，在全县青年团员中开展了“四提倡四反对”活动，即提倡艰苦奋斗、反对铺张浪费、提倡婚事新办、反对大操大办、提倡科学文明、反对封建迷信，提倡文明健康的娱乐活动，反对低级趣味的腐败行为。团县委在4个乡镇为50多对青年举行了集体婚礼，促进了全县精神文明建设的发展。

2000年，在青年中开展“为团徽添光彩为团旗增光辉”活动，增强共青团员意识教育，发挥团员模范表率作用。2005年清明节，800名共青团员、少先队员，邀请离退休干部在“四二九”烈士陵园举行“继传统三代同祭英烈”活动和县青少年革命传统教育基地挂牌仪式。在“学雷锋做好事树新风”活动中，全县涌现出63支学雷锋优秀青年服务队。2006年5月，为纪念“世界无烟日”，开展以“从我做起远离烟草”为主题的宣传教育活动，并在郑口镇中学举行签字仪式，全县各学校组织万名青少年参加此次活动。8月，开展“学‘八荣八耻’做时代先锋”活动及“八荣八耻”大讨论，通过演讲会、板报比赛、征文比赛等形式，引导青少年牢固树立社会主义荣辱观。2007年10月，确定13个基层团建薄弱村作为帮建试点，以先进带后进的形式，从物质资助、经验交流、活动带动等方面进行帮扶。2008年9月，联合公、检、法等部门，对9所中小学4300余名学生开展“预防青少年犯罪”法治报告会，引导和帮助他们健康成长。

2010年，团县委举办“阳光工程联想项目农村青年电脑技能培训班”，110名农村青年通过一个月的免费培训，掌握了电脑基本知识、营销技巧、网上开店等实用技术，为就业创业打下了扎实的基础。2011年，开展以“行动起来，向零艾滋迈进”为主题的防治艾滋病宣传教育活动，提高广大青少年对毒品和艾滋病危害的认识，引导广大青少年自觉抵御不良诱惑。2014年，开展以“弘扬雷锋精神，践行群众路线”为主题的系列志愿服务活动，通过为孤寡老人送义诊、举办农业病虫防治讲座，对养牛技术现场指导，开展安全知识进校园等活动，着力引领广大青少年培育社会主义核心价值观，为经济社会发展做出积极贡献。2018年，开展“普及金融知识，提升金融素养，共建和谐金融”为主题的金融知识下乡活动，有效提升农村青少年金融知识水平。开展“网络安全青少年日”活动，进一步增强广大青少年学生网络安全意识，提高了网络安全技能，共同建立一个和谐的网络环境。举办“青年大学习”主题系列活动11场次，向青年传导不忘初心，牢记使命，向上向善的理念，教育引导广大青年形成正确的世界观、人生观、价值观。

实施“希望工程” 1992年，故城县被河北省青少年基金会批准为“希望工程”实施县。1993年，成立“故城县希望工程领导小组”。1996年，团县委增设希望工程办公室。至2005年，累计筹集资金8万元；救助贫困失学儿童274名；救助贫困大学生21名；为夏庄镇大刘庄村捐赠价值2万元的希望影库1套；为郑口镇杏基中学捐赠价值1万元的希望工程书库1套；发行省青少年发展基金会希望工程明信片76000张，筹款6.1万元。

2006年，在郑口镇中学举行迎瑞公司爱心希望工程助学金发放仪式，发放助学金1万元，资助贫困学生50名。为县内贫困大学生争取市希望工程明德奖学金1.2万元；争取山东古贝春酒厂捐款25万元，建西曹官希望小学1所。2007年，为县内6名家庭贫困大学生争取市希望工程明德奖学金1.8万元。联合邮政局发行爱心救助明信片1万张，筹集资金6000元，资助贫困学生30名。2008年，团县委筹资2.5万元，资助50名家境贫困学生。针对县农村小学图书缺乏的现状，发动县城四所小学学生进行图书捐赠活动，共募集图书1.6万余册，在农村建立4所“城乡少年手拉手”小书屋。

2012年，团县委联合信誉家园启动了希望工程助学活动，现场发放助学金8万元，惠及104名贫困学生。2016年，争取希望工程助学金1.2万元，捐助贫困学生19名。2018年，团县委一方面积极组织爱心企业家捐助，另一方面努力争取各级“希望工程”助学项目，累计筹集助学资金5.8万元，帮助48名贫困学生圆了上学梦。

四、组织建设

1987年以来，为增强团组织的战斗力和凝聚力，团县委加强了基层组织的整建和团员的管理、教育和发展工作。1988年，团县委成立县直团工委，统一负责县直团委工作。并相继建立了钢丝绳厂、酒厂、棉纺厂、县社、商业局、个体协会6个团委和一大批团总支、支部。

1990年，以农村社会主义教育为契机，对社教乡镇有关团支部进行整顿，消除乡镇团组织工作空白点，极大地提高了全县农村团组织的战斗力和凝聚力。至1992年年末，全县共新建团委5个、总支45个，调整充实245个支部。1990年9月，创办了河北省第一个县级团校共青团故城县团校。以团校为阵地，对部分团员青年和新上任的团委书记、支部书记等进行系统培训，提高他们的政治水平和业务素质，加强团的阵地建设。1991年起，团县委开展"青年之家"和"团建室"活动，全县50个村团支部、16个乡镇团委、县直60多个团组织，建起高标准团建室和青年之家；25所中学开办业余团校；3个乡镇建立青年活动中心；建立和恢复村、厂青年之家（又名"双文明活动园地"）300多个，全县团员青年有了自己的活动场所。

2000年，针对有些团委、支部工作没头绪，无从着手的现象，团县委采取以会代训形式对乡镇、县直团干部进行整顿，逐步使团的工作正规化。全县70%的团组织建立了"三簿一册"，即"团的会议记录簿""团的活动记录簿""团费收缴记录簿""团员青年花名册"，基本改善了团员档案管理混乱的局面。2005年，开展创建"四个好"（班子建设好、主题活动好、支部建设好、阵地建设好）的"五四红旗团委"，经过努力，把基层团建工作提高到一个新水平。2012年，开展"举团旗、戴团徽、读团史、学团章、上团课、过团日、交团费"七项活动，进一步明确团员权利义务，增强团员意识，使团员青年真正成为各项工作的模范带头人，进而增强团组织的凝聚力。2016年，以把基层团组织"建起来、用起来、活起来、强起来"为目标，团县委组织开展"团组织基础信息、共青团阵地建设、干部队伍建设、工作制度建设、团组织特色活动"亮化行动，在全县掀起了争创"服务型团组织建设"高潮。2018年，为推进共青团改革，落实从严治团要求，团县委强力推进"智慧团建"系统建设工作，旨在打造各级团组织基本信息、基础团务、组织生活等信息的网上管理平台，推动共青团自身建设互联网转型。

第二节　少年儿童组织

一、组织机构

少年先锋队　1953年后，根据团中央指示儿童队易名中国少年先锋队（简称少先队）。至1958年，故城县中小学普遍建立少先队，其组织分大、中、小队，各设队长。"文化大革命"开始后，少先队被"红小兵"取代。1978年，恢复少先队。

二、主要活动

1963年，全县少先队掀起"向雷锋叔叔学习"活动。1978年，恢复少先队后，在校外聘请辅导员，进行革命传统、革命思想教育。1983—1987年，全县少年儿童贯彻执行德、智、体全面发展方针，努力学习文化知识，积极学雷锋、做好事、植树造林、慰问军烈属，并开展"五讲四美"（讲文明、讲礼貌、讲卫生、讲道德、讲秩序，心灵美、语言美、行为美、环境美）、"三热爱"（热爱祖国、热爱人民、热爱社会主义）和"小红花"等活动。

1987年，少年先锋队开展"达标创优争做模范少先队员"活动，进一步增强少先队员先锋模范意识。1993年，为配合基础教育从应试教育向素质教育的战略转变，开展"中国少年雏鹰行动"，帮助广大少年儿童学会生存、服务、创造和自律，全面提升综合素质。1995年，联合县建设银行创办全省首家学校小银行，先后在县城7所中小学开展储蓄业务。全省学校小银行现场会在故城召开，团省委书记张绍廉、省建行行长现场观看小银行运作情况。

1999—2008年，先后开展"手拉手""红领巾爱党行动""新世纪我能行""知心家庭学校"等一系列富有时代特色、符合少年儿童特点的主题活动。2006年7月，开展"感受北京 我锻炼 我成长 我能行"夏令营活动，并结合活动对学生进行社会主义荣辱观教育。2008年3月，举行"学雷锋讲公德争作环保小卫士"活动启动仪式后，全县400余名少先队员积极参加。

2009—2017年，少先队注重提升服务少年儿

少年先锋队开展活动

童的能力，适时开展“文明城市创建”“文明使者进社区”“校园美化”“网络安全教育”“爱心义卖”“儿童环保绘画大赛”等主题活动，激活少年儿童主动参与意识和主体能力，体现了少年儿童的自我价值。2016年，开展“春暖童心”活动，关爱农村留守儿童、贫困家庭、残疾、孤独和患重大疾病等困难少年儿童，促进少年儿童身心健康成长。

2018年，领跑少先队改革工作，10月份召开“中国少年先锋队故城县第四次代表大会”。开展“圆梦微心愿”活动，帮助全县102名贫困儿童实现梦想、达成心愿。组织开展“争做新时代好队员”主题活动，广大少先队员积极响应，用丰富的活动形式阐释了“少年先锋队”的先锋模范作用，开创了故城县少先队工作新局面。

第四章　妇女联合会

1939年6月，建故城县妇女抗日救国会（简称妇救会）。内设宣传、组织、秘书、生活等负责人员。各区亦相继建妇救会。中华人民共和国成立后，易名为妇女联合会（简称妇联会），各区、村均建妇联会。县、乡、村妇联会带领全县妇女在政治建设、经济建设、文明建设中发挥积极作用。

第一节　组织机构

1951年，故城县召开首届妇女代表大会，选举产生县妇联会主任、副主任。1958年10月，随故城县并入吴桥县妇联会。1961年5月18日，随故城县分置，恢复妇联会。1967年年初，因“文化大革命”冲击，县妇联会瘫痪。1968年9月9日，县革命委员会建立后，政治部设群团组，妇女工作为其工作之一。1973年，恢复县妇联机构，各公社、大队妇联机构亦相应恢复。

1987年，县妇联定编10人，其中主席1人、副主席2人、干事7人；各乡（镇）、村均设主任1人，全县有23个乡镇妇联，乡镇妇联干部25人；县直党政机关、事业单位建立5个妇委会，均设专职妇女主任1人（正股级待遇），委员3～5人。1996年，县妇联编制7人，其中主席1人、副主席2人、股级秘书1人、科员3人；1996年合乡并镇后，全县有13个乡镇妇联，专职妇联干部14人。2002年，《故城县妇女联合会职能配置内设机构和人员编制方案》确定故城县妇联机关行政编制6名，实设主席1人，副主席2人，股级职数1人，机关工勤人员1人。2008年，县妇联编制7人，内设办公室、组织宣传部、城乡工作部、权益部、儿少部；全县党政机关及事业单位共有专职妇委会12个；乡镇妇联13个，均设主席1人；县直妇委会57个（其中12个为专职，其余为兼职）。2018年，县妇联编制7人，实设主席1人，副主席2人，股级职数1人，机关工勤人员1人；全县党政机关及事业单位共有专职妇委会13个；乡镇妇联13个。

第二节　代表大会

故城县自1951年召开首届妇女代表大会至1994年共召开8届代表大会。自第八届妇女代表大会至2018年年末，未召开代表大会。

1951—1994 年故城县妇女联合会历届妇女代表大会情况一览表

表 17-2　　单位：人

届　别	召开年度	参　加 代表人数	大会决议主要事项	选　出 委员人数
一	1951	—	选举产生第一届故城县妇女联合会	8
二	1954	—	选举产生第二届故城县妇女联合会	66
三	1962	104	通过第二届执委会工作报告，选举产生第三届故城县妇女联合会	17
四	1973	738	通过关于妇女工作情况和今后工作的报告，选举产生第四届妇女联合会，选出出席衡水地区妇女代表会代表	41
五	1978	756	讨论制定故城县妇女联合会新时期新任务，选举产生第五届故城县妇女联合会	43
六	1983	370	通过第五届执委会工作报告，选举产生第六届故城县妇女联合会	35
七	1989	207	听取和审议第六届妇联工作报告，选出第七届故城县妇女代表大会执行委员会	9
八	1994	94	听取和审议第七届妇联工作报告，选出第八届故城县妇女代表大会执行委员会	12

说明：表内“—”为资料散佚

第三节　主要活动

1939 年，县妇救会建立后，在中共故城县委、县抗联会领导下，县妇救会深入农村，建立农村妇救会，扩大妇女组织，宣传抗日，发动妇女缝军衣、做军鞋、探敌情、送情报，开展抗日救亡运动。1940 年，东高才战役中诸多妇女为八路军侦察敌情，送水送饭，护理伤员。其间，涌现诸多可歌可泣的动人事迹，县妇救会主任韩志新未婚夫于战斗中牺牲，其掩埋好亲人尸体，擦干眼泪，化悲痛为力量，迅即投入战斗。县妇救会干部张明，负责宣传工作，两次被捕，受尽严刑拷打，未向日军低头。“时大娘”“黑二嫂”均为农村妇女，以掩护抗日干部而闻名全县。

解放战争时期妇女部动员全县妇女送子、送郎参军参战，参加土改、纺线、织布，做军鞋 20 万双支援解放战争。

中华人民共和国成立后，县妇联发动妇女努力生产，在国民经济恢复中发挥“半边天”作用。1950 年，县妇联动员妇女送亲人参军，拥军优属，捐钱捐物，支援抗美援朝。1952 年，发动青年妇女参加民校学习文化，带动家庭参加互助组、合作社，走集体化道路。诸多妇女破除旧俗，走出家门参加打井、修渠等水利工程。1956 年遭水灾，动员全县 10760 名妇女打捞残秋，织土布 25000 匹，割草 300 万公斤。1976 年，大搞农田基本建设时，组织“妇女兵团”23 个，计有 3000 余人，修方田路 3000 余条、长 620 公里，植树 195 万株。

1978—1986 年，全县广大妇女在经济建设中开展学文化、学科技活动，成为农业、商业、卫生等行业主力军。据 1986 年统计，全县 18 ～ 40 岁妇女 62891 人中受技术培训者 58932 人，9109 人有一技之长，2492 人成为专业户，以妇女为主体的联合体 298 个。郑口镇太兴镇村杜秀菊创办一家

130名工人、12万元固定资产的塑料厂，年缴国家税金1万余元。

进入20世纪90年代后，广大妇女积极投身到经济建设活动中来，2016年成立了故城县女企业家协会，在自身经济发展的同时，自觉承担起社会责任，在经济发展、扶贫助困、促进就业、公益事业等各个方面做出了积极贡献。

参政议政 1987年后，妇女干部比例不断提高，人大女代表的比例一直保持在22%以上，政协女委员的比例在10%以上。1989年，县妇联选派2人到中国妇女管理干部学院进修学习。1995年，落实村妇代会主任退休待遇。下发《故城县妇联关于加强基层妇女组织建设的实施意见》，强调村两委班子中，至少要有一名妇女干部。1990年社教活动中，从大中专毕业生中择优选配了9名乡镇妇联主任。至1998年，县直各单位共设立专兼职妇委会主任42名。在妇女总数超过50人的单位设专职妇委会6个，保障了妇女工作在县直各单位的顺利进行。县妇联还在各单位选拔有工作能力，责任心、事业心强，有政治头脑的年轻女性作为后备干部向组织部门推荐，先后共向组织部门推荐90名，增强了女性的参政意识，增加了女干部的比例。1999年4月，建立女后备干部人才库。13个乡镇配齐女副乡镇长。2000年，县直单位12名妇女后备干部被提拔为副科级。2006年2月20日，在青罕镇南官庄村举行故城县首届村级妇代会直接选举试点活动。2008年以来，按照省、市妇联要求，积极探索做好乡镇妇联组织区域化建设工作，将区域化建设作为推动妇联改革创新的重要途径，在青罕镇创建了省级乡镇妇联区域化建设示范乡镇，在南王庄村创建省级示范妇女之家，为基层妇联开展活动提供了阵地保障。坚决贯彻落实村“两委”换届有关会议和文件精神，以村“两委”换届为契机，推动落实村委会妇女委员专职专选，促进妇女进“两委”。全县538个行政村中有489个村“两委”中有女性成员。全县副科以上女干部44人，其中正科7人、县处级3人。至2018年，乡镇（街道）妇联全部完成换届，100%村（社区）完成“会改联”，新增镇、村妇联执委3273名。全县副科级以上女干部64人，其中正科12人，县处级4人。

未成年人教育 1987年以来，县妇联利用家长学校，通过集中授课、分散讲座、编印小报、座谈会、家庭智力竞赛等形式，提高家长家教水平，为儿童成长创造良好家庭环境。1990年，全县建立12所家长学校。1991年，成立故城县儿童少年工作委员会，办公室设在县妇联。全年共举办家教、“优生优育优教”培训班62期，参加人数1347人。新建5所家长学校。1994年，实施“春蕾计划”，帮助500名贫困女童完成九年义务教育。1997年，开展“代理爸爸妈妈”活动，对全县14岁以下的500名孤贫儿童登记建档。52名贫困儿童与代理“爸爸妈妈”结成爱心家庭。2001年，成立社会捐助接收站。2003年4月，举行小公民道德建设计划启动仪式。县妇联联合民政局开展“济困助学”活动，救助贫困学生36名，连续救助2年。2005年5月26日，县妇联聘请省家庭教育专家席中华，举办“如何做合格父母”专题讲座，教育引导广大家长转变育人观念、教子观念、争做合格父母，500余名家长参加专题报告会。2006年6月1日，举行“百名孤贫儿童救助”仪式，全县73个县直部门和106名孤贫儿童结成救助对子。2007年，争取省妇联“孤星之光”救助款13000元，救助65名孤儿。2008年6月24日，深圳腾讯有限公司为辛庄乡万小麻小学捐助总价值5万元的校服和文具。

2008年以来，持续开展“扬家风传美德正品行共成长”家庭亲子朗读竞赛活动，引导广大家长与孩子快乐阅读，同学习、共成长。2018年3月31日，联合故城县神墨教育举办了亲子朗读比赛。通过阅读传递良好家风，让书香充溢每个家庭。组织开展“好家风　好家训　好家规”主题书法大赛，成立了“家庭教育指导服务中心”，更好地为广大父母和家庭提供家庭教育指导服务，定期邀请讲师团专家开展家庭教育讲座，已组织开展讲座10余场。为特教学生陈某伟（父母双亡，患有听力障碍）提供心理疏导2次，县妇联干部陪同心理医生为其做面对面沟通，帮助她摆脱心理阴影、重拾生活信心。

妇女维权 1987年，县妇联通过举办法律知识培训、法律知识竞赛、法律咨询等形式引导广大妇女学法用法、依法维权。1989年，全县538个村均成立禁赌、禁毒协会和失足妇女帮教组织。1999年，在衡水市率先成立集招工、招生、法律咨询、代理诉讼于一体的家政服务中心，常年为下岗女工、待业青年服务。2001年11月25日，开展以消除家庭暴力、共建文明社会为主题的“白丝带”活动。2005年7月，故城县“妇女维权解困资金”正式启动。11月9日，故城县“妇女伤情鉴定中心”在县医院正式揭牌成立。

县妇联开展反家暴创建和谐家庭宣传活动

县妇联以保障和维护广大妇女合法权益为宗旨，通过发放宣传材料，张贴标语、书写黑板报、设立咨询台等形式大力宣传妇女群众学法、守法、依法维护自身权益的典型，着力解决热点、难点问题。2013年，县直各妇委会在各乡镇利用集日开展了法律宣传和咨询活动。活动共张贴宣传标语1500条，办宣传板报800多块，接待群众咨询6000人次，各乡镇还出动6辆宣传车到各村巡回宣传妇女法律法规，受教育人数达12000多人。2014年，共接待来信来电来访共129人次，其中涉及政治权利的14人次、涉及婚姻家庭22件、社会劳动保障权益37件、人身权益6起、财产权益10件、文化教育权益的13件，结案率98%，群众满意率近100%。2016年，县妇联将妇女普法工作融入政府普法总体规划之中，并开展层层培训。全年县妇联干部担任陪审员，参与“维护妇女权益合议庭”，共审议各类典型案件7起，使1名被遗弃的妇女得到损害赔偿、2名儿童的抚养归属得到妥善解决、2名未成年犯罪得到从轻量刑。同时成立了县法律援助中心妇联工作站，为弱势妇女儿童提供一系列法律服务，为她们维护合法权益提供了有力保障。2017年，开展了“木兰有约”法制宣讲活动，共接待上访妇女189人次，3名受害妇女得到市妇联维权解困资金救助。2018年，开展了以“遵国策促平等妇女维权齐行动”为主题普法宣传活动。同时，妇联协同县法院在政务大厅成立婚姻调解中心，在离婚前充分调解家庭矛盾，进一步保障妇女合法权益，促进社会和谐，全年共接待来电、来访妇女120人次。

创建活动　1991年，成立县“巾帼建功”竞赛活动领导小组，在城镇开展“巾帼建功”活动。1992年，在教育、卫生、商业、工业等行业中开展各类业务竞赛，激励广大妇女爱岗、敬业、建功、成才。1998年，组织商业、金融、卫生等系统开展“巾帼建功岗位练兵”活动，激发广大妇女争当行业能手、行业标兵、创文明示范岗的热情。1999年，在城镇妇女中开展“十行百岗千颗星”竞赛和架桥活动，引导广大下岗女工从事社区服务。2002年，县妇联开始对已取得“巾帼文明示范岗”的单位或窗口实行动态管理。2004年，举行故城县第一届“巾帼十杰”评选活动。

2014年，故城县妇联围绕美丽庭院创建，印发了给全省农村妇女的公开信40000多份。2015年，成功申报省示范妇女之家香湖社区。2016年，在全县4个乡镇的9个省级美丽乡村建设了100户“美丽庭院”，制定了《故城县妇联关于开展“美丽庭院”创建活动的工作方案》，系统化推进美丽庭院创建工作。在夏庄镇滩头村举办了“美丽庭院”擂台赛，评比出6户示范户，颁发了“美丽庭院”示范户牌匾。2017年，印发《共建清洁绿色家园共享健康文明生活》倡议书，开展了“美丽庭院‘微’擂台”赛活动，以微信为平台在美丽庭院重点村成立“美丽庭院‘微’擂台”微信群5个。县级评选出20户美丽庭院示范户。2018年，制定了《2018年美丽庭院创建实施方案》，不断挖掘美丽庭院的“人美”内涵，加大对美丽庭院成果的推介，积极开展“美丽庭院擂台赛”活动。评选出美丽庭院示范户12户，并为他们授牌、颁发奖品。

创业培训　为适应商品经济的发展，发挥妇女在全县经济建设中的作用，县妇联先后举办养殖、种植、加工等多种类型的培训班，使全县妇女文化素质、业务素质有了大幅度提高。1988年，县妇女组织在全县妇女中开展了“双学双比”活动。通过广播、电视、板报、集日印发小册子等多种形式进行宣传发动，举办了“银花高产赛”“养殖状元赛”“吨粮田赛”“加工能手赛”“绿色工程赛”等多种竞赛活动，使全县广大妇女学习掌握了一门技术，涌现出一批种植能手养殖能手。1989年，以妇女之家、妇女活动中心、妇女中心户为阵地，对全县16～45岁的2万名农村妇女进行培训，使其掌握1～2门实用技术，包括鸡、猪、兔、牛的新法科学养殖、刺绣加工技术、大田作物的高产栽培、抗虫棉丰产技术及果树的整形、修剪、浇水、施肥等栽培技术等，受到广大农村妇女的欢迎。全年建立生产、培训、服务一体化“双学双比”基地2个。

1995年，对农村有一技之长的妇女实行职称评定，颁发女农民技术员证书516个。饶阳店养殖女能手王焕荣争取国际工合组织6万元贷款开办综合养殖场，成为全国第一个国际工合妇女合作社。1999年，开展“万名农家女推广十项新技术”培训活动，培训妇女1357人次。2001年，县妇联与

县妇联开展“美丽庭院”创建宣讲活动

县职教中心联合举办“微机培训班”。2002年，先后4次组织技术人员进村入户，帮助农家女解决在种植方面遇到的技术难题。2004年，在全县开展“巾帼文明生态庭院创建”活动，共举办沼气池建设培训班8期，举行现场观摩会3次，受训妇女达1200人次。

2005年，根据全省启动实施的“百万名妇女学习培训工程”，建立县级妇女培训学校。以妇女培训学校为依托，协调农林牧、卫生等部门深入开展“科普之冬”“科普之春”送科技、文化、知识下乡活动，共举办各类妇女培训班20期，培训妇女3500人次。

2006年，开展“万名农家女推广新技术”活动。县妇联协调“双学双比”各成员单位整合社会资源，开展全方位的培训39期，4000余名农村妇女参加了培训。

2008年，县妇联在劳动服务公司举办了8期创业培训班，培训内容为“创办你的企业”系统培训，全县共有51名女老板、下岗女工、待业女青年参加了培训班。举办了农村妇女创业培训班，培训农村妇女60余人。

2010年，与全国农家女杂志社联合开展了妇女创业培训、幼儿教育、计算机等免费培训项目。共有40多名女青年参加了幼教培训，妇女创业培训、计算机培训。

2016年，开展“互联网+”巾帼创业创新行动，推进电商进农村，鼓励女性在电子商务等互联网领域创业就业，为推进故城大众创业，万众创新发挥好“半边天”作用，举办了10期农村妇女创业培训班。

2018年，举办乡镇妇联干部培训班3期，提高了基层妇联干部的履行能力。建好网上妇联，切实让新媒体与妇联工作深度融合，努力构建“互联网+妇联”工作新格局。乡镇妇联建立微信公众号和微信群，主要用于宣传扶贫攻坚、妇女儿童维权、最美家庭、美丽庭院。在武官寨镇、青罕镇、房庄镇开展手套加工技能培训、服装加工培训、家政服务培训、贫困残疾人实用技术培训，共计6期，培训447余人。广大农村妇女通过培训不仅掌握了先进的农业技术，有的还成为科技致富带头人。为带动全县妇女投身到经济建设的发展中贡献了一份力量。

第五章　科学技术协会

故城县科学技术协会始建于1980年，是县委、县政府领导下的科技组织。协会负责科学技术普

及和各专业协会的联络工作。

第一节　组织机构

1980 年，故城县科协成立并召开第一次代表大会。1987 年，县科协编制 8 人，主席 1 人、副主席 2 人、其他人员 5 人；全县共设 23 个乡镇科协；乡镇科协普遍配齐了专、兼职领导干部和工作人员。县级专业协会由原来的 4 个发展到 12 个，会员由 455 名发展到 1351 名。同时，全县有科技学会 7 个、会员 85 人。1996 年，乡镇科协合并为 13 个，主席由主管组织的党委副书记担任，副主席由科技副乡镇长担任。1998 年 3 月，科协事业编制 8 人，其中主席 1 人、副主席 2 人、其他人员 5 人。2002 年，县科协事业编制 7 人，主席 1 人、副主席 2 人。2005 年，全县科技学会增至 13 个，会员 1927 人。2008 年，县科协编制 7 人，主席 1 人、副主席 2 人；乡镇科协设主席 1 人、秘书长 1 人、科普员 1 人，主席由副乡级领导兼任；全县科技学会增至 30 个，会员 8326 人。至 2018 年年末，13 个乡镇均配齐了乡镇科协并成立了科技工作者之家；新增农业专家工作站 4 家，企业科协组织机构 3 个，新增科协个人会员 232 人。全县 538 个行政村，村村配备了专管科技工作的专职干部。农民专业技术研究会发展到 66 个、2364 名农研会员，涉及种植养殖等各个领域。工厂建科协的工作也开始起步。

第二节　主要活动

科技推广　1987 年起，在域内推广农作物栽培、科学施肥、节水灌溉、植物保护、优良品种、畜禽防疫、大棚蔬菜栽培等一批先进适用的科学成果。1992 年，共推广优良品种 63 个，全县 80 多亩粮田基本实现优种化；推广新技术、新成果 124 项，赵行乡普及了麦田一体化和吨粮技术。1993 年，林业学会在薛官屯、邢庄、西南镇村进行苹果病防治技术试验，提高坐果质量。1995 年，县农学会 32 名科技人员开展棉花种植技术试验，每亩增产 30%，随后全县推广，此经验被《人民日报》《科技日报》《河北日报》报道。1998 年，畜牧学会开展下基层服务，推广畜牧养殖技术，全县 538 个村受益。至 2003 年，共组织动员 900 名科技人员到农村搞技术服务，推广新技术、新产品、新成果 33 项；深入乡镇培养养殖户，推广畜禽防疫防病品种改良、棚养等技术，建成龙头企业 3 家；开通“0318-5366817”科普服务热线；建成故城县食用菌研究开发中心，每年为群众提供优质菌种 100 多万公斤，群众增收 2000 多万元；实施“金桥工程”，共完成“金桥工程”立项 13 项，实现经济效益 800 多万元。2006 年，故城县三豆农技协苏云桥被中国科协评为“科普带头人”，获奖金 5 万元。2008 年，故城县三豆农技协、故城县运河无公害蔬菜协会被评为河北省百强农技协会；故城县三豆产业化经营合作社、河北省东盛亿源牧业有限公司被评为河北省科普示范基地；河北省东盛亿源牧业有限公司被中国科协评为先进单位，获奖金 20 万元。2009—2018 年，科技推广工作重心转移到科普惠农方面。

学术研究　1987—1992 年，全县 40 多名科技工作者参加省、地举办的专题学术会议，发表 50 多篇论文，其中有一批获省、地科技成果奖。科协组织各种类型论证会 17 次，提科技方面建议 174 条，与 20 个科研单位、大专院校建立了联系。1999 年，林学会《故城县社会林业工程项目基础资料综述》获中国林业科学院社会林业工程优秀论文三等奖，农学会“黑龙港地区夏玉米中产示范区”获省科技进步一等奖，畜牧水产学会“中华鳖高密度工业化养殖技术”“真空甲鱼”获省三等奖。2000—2014 年，参加国内学术会议 40 次，参加人数 7600 人，发表交流学术论文 630 篇，学术听讲人数 12 万人，150 多名科技工作者参加省地举办专题学术会，发表 400 多篇论文，其中有一批获省地科技成果奖。县科协与 40 多个科研单位、大专院校建立了联系。

2015—2018 年，县科协在鼓励科技人才进行科技创造的同时，积极向省市科协推荐优秀科技助力精准扶贫工作者和最美科技工作者，经评选 21 名科技工作者受到表彰。对优秀科技工作者的举荐表彰，宣传了一批扎根基层的一线科技工作者，在全县营造了尊重知识、尊重人才的浓厚氛围。

培训与科普　1987—2008 年，县科协配合“星火”“燎原”“丰收”计划的实施，动员社会各界力量，进行技术培训。举办培训班 290 期，培训人数累计16万人，向农民发放科普资料7万余份，26500多名农民掌握了实用技术成为科技致富示范户、专业户。编印《农村实用技术》4万份；自办《科技简报》，每周一期；在电视台开辟《科普知识》《农村园地》栏目，每周一期。

2009—2015年，县科协加大科普工作力度，扎实开展丰富多彩的科普宣传活动，全力提升公民科学素质。“科普下乡”“科普进社区”“科普进校园”等一系列科普活动，让科普知识走进乡村、走进社区、走进校园，提升全民科学素质，营造良好的科学氛围，使广大人民群众懂得许多生活中的实用科学知识；“科普宣传周”“科普日”“科技工作者日”等一系列科普宣传活动，通过发放宣传资料、制作宣传展牌、组织专家现场解答群众咨询等方式为广大人民群众解决种植、养殖、合理用药、中医养生等方面的咨询近万条，发放宣传手册数万册。2016—2018年，县科协牵手县医院、县中医院、农业局多次组织医务工作者、农业专家深入农村、社区为群众进行体验、推广新品种、新产品，从人民群众的实际需求出发，以送温暖、送文化、送健康、送平安、送新风为主要内容，扎实开展多种形式的科普活动。

青少年科技活动 1987年，在全县青少年中开展科技活动。1989年，共有14件小制作、小发明，20余篇小论文获省级奖励。1998—2005年，共有562所中小学的20余万名青少年参加活动，共制作发明作品6750件，撰写论文4500篇，创作科幻画3600余幅，获得科技小论文全国二等奖1篇、三等奖2篇，省一等奖5篇、二等奖4篇、三等奖14篇；科幻画获省一等奖1幅、二等奖4幅、三等奖3幅。2006年4月，在第二十一届河北省青少年科技创新大赛中，县科协推荐的33件作品获省级奖；县科协获河北省青少年科技创新大赛优秀组织奖。2007年，在二十二届青少年科技大赛中，县中小学生参赛作品获省级奖项39个，市级36个，省组织奖2个，优秀科技教师2名。在全国十五届青少年科技辅导员论文征集中，获奖5个，省级奖12个。2008年4月，在第二十三届河北省青少年创新大赛中，25件作品获省级奖励，县科协获河北省青少年科技创新大赛优秀组织奖。

开展青少年科技活动

2017—2018年，中国流动科技馆二次落户故城，有效弥补了故城县科普资源短缺、科普阵地薄弱的现状，为更多公众、特别是广大青少年提供了学习科学、体验科学魅力的平台，参观人数达23689人次，深受广大青少年及科技爱好者的好评。

第六章　工商业联合会

域内商事活动较早，据1929年《河北省工商业统计·河北省商会概况一览表》载，1912年3月，于郑口镇建故城县商会。1945年，商会易名为故城县商业联合会，1949年，易名为故城县工商业者联合会。21世纪，工商联积极发挥职能作用，广泛联系非公经济组织，为全县经济建设做出贡献。

第一节　组织机构

1912年3月，建故城县商会。设常务、执行、监察、候补、公断、会董，各委员共30人，另有文牍、书记各1人。入会商号133家。经费由入会商号交纳。

1949年后，故城县商会更名为故城县工商业者联合会（简称工商联）。“文化大革命”开始后，县工商联解体。1993 年 5 月，县工商联恢复，正科级单位，与县委统战部合署办公；全县共有会员 539 人。2000 年，县工商联独立办公。2008 年，县工商联编制 4 人。自恢复工作以来，工商联会员不断增加，基层分会组织不断扩大。至 2018 年，全县共有会员 1059 人，分会 14 个。工商联作为业务管理部门的登记商协会有 3 家：故城县裘皮裘革行业协会，法人代表万升国，会员 260 家；故城县工商业商友会，法人代表范卫卫，会员 86 家；故城县雄安鞋服商会，法人代表孙国忠，会员 52 家。全县建立党支部的非公有制经济组织 26 个，重点联系代表人士近百人。

第二节　会员代表大会

1949—1964 年，共召开 2 届工商联代表会，选举产生工商联正、副主任。自 1993 年恢复建立以来，故城县工商联共历 6 届会员代表大会。会员代表大会每 5 年举行一次，届中执委会每年举行 1 次（第三、四次会员代表大会因故未能召开）。

第五次会员代表大会　1993 年 5 月 28 日召开，出席代表 85 名，列席代表 9 名。会议听取和审议刘石营代表筹委会做的筹备工作报告，并通过相应决议；选举产生第五届执委会，共选举产生执委 59 人，常委 21 人，会长 1 人，副会长 9 人，秘书长、副秘书长各 1 人。

第六次会员代表大会　1997 年 1 月 21 日召开，出席代表 212 名。会议听取和审议黄凤忠代表第五届执委会的工作报告；选举产生第六届执委会，执委 84 人，常委 45 人，名誉会长 1 人，名誉副会长 4 人，顾问 6 人。会长 1 人，副会长 20 人，其中一名副会长兼任秘书长。其间，1998 年 4 月六届二次执委会选举刘玉聪为会长。

第七次会员代表大会　2001 年 11 月 9 日召开，出席代表 150 名。会议听取和审议刘玉聪代表第六届执委会的工作报告；选举产生第七届执委会，执委 78 人，常委 58 人，会长 1 人，副会长 22 人，秘书长 1 人。

第八次会员代表大会　2006 年 11 月 30 日召开，出席代表 189 名。会议听取和审议韩文礼代表第七届执委会的工作报告；选举产生第八届执委会，执委 95 人，常委 53 人，会长 1 人，副会长 13 人，其中 1 名副会长兼任秘书长。温建华当选为会长。

第九次会员代表大会　2011 年 11 月 10 日召开，出席代表 202 名。会议听取和审议温建华代表第八届执委会的工作报告；选举产生第九届执委会，执委 99 人，常委 49 人，主席 1 人，副主席 14 人，其中 1 名副主席兼任秘书长。

第十次会员代表大会　2016 年 11 月 15 日召开，出席代表 205 名。会议听取和审议温建华代表第九届执委会的工作报告；选举产生第十届执委会，执委 97 人，常委 49 人，主席 1 人，副主席 14 人，其中 1 名副主席兼任秘书长。

第三节　主要活动

故城县商会时期，商会负责商界选举，催收商税，搜集市场行情，代表商人向国民政府陈述意见，并出资招募丁勇，装备武器、马匹，设立商团，保护商号，为商人护送贵重商品与金银、现钞。

日伪县政府建立的伪商会，除把持商界选举外，还负责催收商业税，以维护日伪政府统治。

1945 年后，故城县商业联合会在中共故城县委、县政府领导下，组织发动商号店铺筹粮捐款，支持前线，为解放战争做贡献。

1949 年后，工商联在中国共产党和人民政府领导下，团结教育工商户遵纪守法，拥护社会主义，宣传贯彻党的方针政策，学习时事政治，改善经营作风，协调公私关系，帮助国家做好税收工作，引导工商户逐步由个体走上合作化道路。

故城县工商联自 1993 年恢复工作以来，积极参政议政，参与全县经济建设，为发展故城经济发挥了重要作用。2017 年，县工商联被全国工商联办公厅评为全国“五好”县级工商联。

教育培训　教育培训对象主要为全县会员，教育形式有座谈会、研讨会、培训班、宣传广播等。1993 年，共召集学习座谈会、研讨会 2 次，印发学习辅导材料 700 份，对全县会员开展培训活动。1994—1998 年，联合县职教中心举办职业中专班，对非公有制经济人士的家属子女以及部分社会青年进行培训，5 年共培养学员

800人。联合县财政局举办2期非公有制经济企业会计培训班。培训内容包括会计原理、工业会计、金融、税法等的知识，共培训会计200名。1999年，举办企业推销员资格鉴定考前培训班。2000—2007年，在国税局和地税局配合下举办非公有制企业税法培训班，全县上百名厂长、经理及财会人员参加培训并通过结业测试。2008年，组织10人免费参加2期“清华企业管理高级培训班”。同时，针对行业和企业发展需求，帮助会员企业聘请各类人才28名；2014年，先后帮助企业聘请各类高端人才17名；举办专题培训班3期，培训200余人次，促进了企业家管理队伍整体素质的提升。2015年，会同商友会主动和工商部门联系，由工商部门派专人到商会指导会员单位学习网上自我年报工作。共召开培训会议3期，免费培训企业会计300余人。2016年，根据会员企业需要，举办专题培训班2期，并积极组织企业参加省市工商联举办的各类培训班，进一步提高非公有制经济企业管理人员的经营素质和管理水平。2017年，帮助企业聘请各类高端人才18名，举办专题培训班3期，培训企业厂长、经理以及管理人员150余人次，2018年，组织企业参加衡水市“双创报告会”受训300多人次，为广大非公企业和人士走好发展新路打下坚实基础。

参政议政 1993年以来，县工商联通过调查研究对非公有制经济发展中遇到的问题，积极向县委、县政府建言献策，充分发挥参政议政的作用。2002年10月，针对全县铸造业滑坡情况，3次到原隰铸造小区的12家企业进行调研，帮助企业谋划思路，走出发展困境。2003年6月，开展以“访民企排障碍促发展”为主题的拜访重点民营企业活动。抽调7部门18名人员，分6个小组，对全县24家重点民营企业走访座谈，将意见和问题收集汇总，撰写了《关于进一步优化民营企业发展环境的调查报告》，提出建议12条。县委、县政府研究采纳了10条。2004年8月，对全县28家企业进行调研，调查全县经济发展环境及治理整顿企业“三乱”政策落实情况，形成《全县企业发展情况的调查报告》。2005年7月，对全县民营经济发展情况，特别是项目建设、招商引资进行专题调研，撰写了调研报告。2008年10月，就如何应对危机及部分企业反应强烈的出口退税、国外市场萎缩等问题进行调查研究，为县委、县政府决策部署提供科学依据。2009年，配合有关部门加大对非公有制经济党建工作的力度，并按照县委统一的安排，牵头成立了全县非公有制经济组织学习实践科学发展观活动指导小组，明确了全县13家非公有制经济组织为参学对象。2010年，对工商联常委以上30多家民营企业逐一走访座谈，听取他们的意见、建议，就环境、资金、技术、企业文化、人才等方面征求意见，撰写了《积极应对金融危机促进故城县非公有制经济稳健发展》的调研报告，供县委、县政府领导参考。2013年，以故城县皮毛协会为载体，开展了“创建银企合作伙伴关系”活动，建立起企业同银行间有效的对话渠道。2015年，充分发挥工商联在非公经济人士参与政治和社会事务中的主渠道作用，引导会员中人大代表、政协委员在各级“两会”期间为经济发展提出意见、建议。认真履行参政议政职能，积极组织撰写人大代表议案和政协委员提案11件。

投身“光彩事业” 1995年3月，县工商联成立“光彩事业”推动委员会，协同统战部联合向全县发出《推动“光彩事业”发展的实施意见》和《动一份真情献一份爱心投入到“光彩事业”中来》的倡议书。制定实施了1511工程、“四个一”工程。2003年，故城县会员企业共捐款3万余元，支援全县抗击“非典”。2004—2005年，开展民营企业与贫困在校中小学生结对帮扶活动，企业共捐款37600元，自认救助了76名贫困在校生。2008年，南方大雪灾中，全县非公有制经济人士和民营企业积极向灾区捐款、捐物，折合人民币27.6万元。“5·12”汶川大地震发生后，全县会员企业积极行动奉献爱心，共向地震灾区捐资52.3万元。2009年，在非公有制经济人士中大力开展“致富思源富而思进”教育活动，全县参与光彩事业的非公有制经济人士达700余人，实施光彩事业项目6个，安置下岗职工和社会剩余劳动力1000余人。2010年，动员重点民营企业为贵州毕节捐助“同心水窖”，捐款5万多元。2013年，在“六一”国际儿童节期间，副主席企业青竹美术颜料公司向全县低年级小学生赠送了价值20余万元的绘画用品。2014年，工商联会员企业在县委、县政府组织的爱心捐助活动中，捐款金额达上百万元。2015年7月19日，工商联会同故城县商友会举行大型捐助公益演出活动，社会爱心人士积极参与，共募集捐款7.9万元，全部资助给8个贫困儿童。2017年开展“百企帮百村”活动，助力精准扶贫，共组织动员全县142家民营企业，结对帮扶142个建档立卡贫困村。2018年5月，全面开展了“百企帮百村”行动，助推村企共建工作，引导131家民营企业，按照自觉自愿原则，与全部142个贫困村建立扶贫长效机制。

第七章　残疾人联合会

故城县残疾人联合会，是将残疾人自身代表组织、社会福利团体和事业管理机构融为一体的残疾人事业团体，履行“代表、服务、管理”职能。2018年，全县有残疾人13773人。其中一、二级重度残疾人占47.3%。视力残疾占7.9%，听力残疾占4.1%，言语残疾占0.3%，肢体残疾占63.1%，智力残疾占9.4%，精神残疾占8.3%，多重残疾占6.8%。建档立卡贫困残疾人占18.4%。残疾人男女性别比为138:100。

第一节　组织机构

故城县残疾人联合会成立于1989年11月，正科级编制，由民政局代管（简称“县残联”）。县残联的常设办公机构为执行理事会，负责日常工作，执行理事会实行理事长负责制，机关事业编制4人。1990年，建立康复办公室。1997年，故城县人民政府下发通知，成立乡镇残疾人联合会，各乡镇设立“残疾人服务社”和“志愿工作者联络站”，乡镇残疾人联合会理事长由各乡镇民政所长兼任。1999年11月，理事长实行专职。2000年9月，成立“故城县肢残人协会”。2004年9月，县残联理事会调整，增设党组，党组书记由理事长兼任。2005年10月，县残疾人联合会独立办公，内设办公室、组联部、康复部、教育就业部，下辖盲人协会、聋人协会、肢残协会、智力残人亲友协会、精神残疾人亲友协会。全县538个村中有512个村建立了村级残疾人协会，主席由村委会主任兼任，副主席由优秀残疾人担任；县城6个社区全部成立了残疾人协会，聘请了专职委员。2013年，全县538个村成立了残疾人协会。

第二节　代表大会

第一次代表大会　故城县残疾人联合会第一次代表大会，于1989年11月召开。出席大会代表116人。会议听取和审议工作报告；选举故城县残联第一届主席团。选举产生故城县残联第一届主席团委员37人，其中残疾人委员18人。主席团选举县残联主席1人、副主席2人，聘请名誉主席2人，选举执行理事会理事长1人。

第二次代表大会　材料佚失。

第三次代表大会　2001年12月，出席大会代表140人。大会选举产生故城县残联第三届主席团委员，选举县残联主席1人，选举执行理事会理事长1人。

第四次代表大会　2007年9月，故城县残疾人联合会第四次代表大会召开，出席大会代表147人。选举产生残联第四次主席团委员26人，其中残疾人委员13人；选举县残联主席1人，选举执行理事会理事长1人。

第五次代表大会　2013年3月，召开残疾人联合会第五次代表大会，参会代表91人，选举残联主席1人，副主席2人，选举执行理事会理事长1人，副理事长2人。

第六次代表大会　2017年12月，召开残疾人联合会第六次代表大会，参会代表92人，选举残联主席1人，副主席2人，选举执行理事会理事长1人，副理事长2人。

第三节　主要工作

1990年，建立康复办公室，以白内障复明为基础，对76名患者进行治疗。共安置145名残疾人就业。1991年，通过社会募捐，为筹建残疾康复中心筹款17万余元。共安置358名残疾人就业。1992年，完成全县残疾人普查工作，全县共有各类残疾人13100人。1995年5月，县残疾人联合会协调卫生、文教等部门，聘请省小儿麻痹矫治专家邢金亭在故城县医院开展儿麻矫治手术，成功22例。1999年年末，全县开展按比例安排残疾人就业工作，对安排残疾人达不到1.5%的党政机关、企事业单位、城乡集体经济组织及中央、省、市驻县单位依法收缴残疾人就业保障金，以此促进各单位分散安排残疾人就业。至2004年年末，累计收取残疾人就业保障金20余万元，培训残疾人12名，分散安排8名残疾人就业，集中安排3名残疾人就业。投资30余万元建成残疾人综合服务中心，内设办公室、就业培训室，建有盲道、扶手、盲牌等无障碍设施。开展残疾人入户普查工作，为4373位残疾人办理发放残疾人证书，为8692位残疾人建档立卡。2005年，县残疾人联合会独立办公后，在全县残疾人中进行了医疗康复、教育就业、扶贫开发、社会保障、维护权益、文化体育等项工作。

至2008年，免费为视力残疾人做白内障手术850例；为重度肢体残疾人发放轮椅120辆；为听力残疾人配备助听器35例；为10名儿童做肢体矫治手术；通过家庭训练和学校训练等方式，对130名聋儿进行语言训练，争取省彩票农村贫困残疾人危房改造项目资金30万元，为60户贫困残疾人进行危房改造，每户补贴5000元；慰问残疾人78户，发放慰问金和慰问品折合人民币2万余元；为300名贫困残疾人办理低保。

2008—2018年，县残联帮助152名残疾人就业；为8136名残疾人提供了康复服务，争取上级资金25万元对残疾儿童通过特教学校接受教育，为省、市选拔残疾人运动会输送8名运动员。累计为6000余名残疾人发放两项补贴650多万元；争取上级资金27万元将学前适龄残疾儿童迁入特教学校接受教育，补贴资金17万元资助65名贫困残疾大学生进入大学校门。

2017年6月，在故城县医院成立了衡水市第一家县级脑瘫儿童康复中心。

2018年，县残联实施贫困残疾人信息动态监测、社保扶贫、就业扶贫、教育扶贫、康复扶贫，保证残疾人如期脱贫。全县有2533名建档立卡贫困残疾人，县残联通过配合相关部门落实各项帮扶政策，帮助1782名建档立卡贫困残疾人实现脱贫。

第十八编　综合政务

明清时期，故城县知县及附属官吏由朝廷任命，负责辖区综合政务。中华民国时期，县政府公职人员多数是上级委派。中共领导的抗日民主政府成立后，人事任命由中共故城县委负责。中华人民共和国成立后，机构设置、工作人员编制及人事管理制度逐步完善。中共十一届三中全会之后，编制管理和人事制度不断改革，县人民政府的各项政务工作依据各自职能分工，积极服务于故城县的经济建设和社会发展。

第一章　编　制

中华人民共和国成立后，故城县人事管理机构、劳动管理机构不断完善。中共十一届三中全会后，按照省市有关机构改革文件精神，在上级主管部门的具体指导下，对全县党、政、群机关、县直各部门、乡镇进行机构改革，科学调节人员编制。

第一节　管理机制

1949年，故城县机构编制定额由中共冀南区委下达。1951年由衡水专署下达。1952—1958年由沧县专署编委下达。1958年10月，故城县并入吴桥县，1961年5月，故城县复置后，编制仍由沧州专署下达。1962—1987年，由衡水地区编委下达。

人事管理机构　1950年，县人民政府建人事监察署，设1人。1951年，县人民政府秘书室内含人事科，设科长1人、科员1人。1953年，人事科独立，设科长1人、科员1人。1961年，建人事监察科，设科长1人，科员2人。自1968年人事工作先后属县革委政治部、县委组织部。1980年，建人事局，设正、副局长各1人、科员7人。局内设干部调配组、奖惩任免组、工资福利组。1983年年末，与劳动局合并为劳动人事局，成立劳动管理机构。

劳动管理机构　中华人民共和国成立后，由县计委设专人负责此项工作至1966年。1972年，

故城县委机构编制委员会办公室揭牌

计划局设劳动组，2人专管。1981年，劳动组与知识青年上山下乡办公室合并，建劳动局。1983年年末，与人事局合并，即劳动人事局，设局长1人、副局长3人，共有干部16人（含劳动服务公司）。局内设干部调配股、工资福利股、工人计划调配股、奖惩任免股、劳动服务公司。1986年，根据国务院文件精神，增设仲裁股、社会保险事业管理所和安全监察办公室。1987年根据衡水地区文件精神，于劳动人事局设编委办公室。2012年，人事劳动和社会保障局合署办公的机构编制委员会办公室单独设置，为故城县机构编制委员会办公室，是故城县机构编制委员会常设办事机构，负责全县行政管理体制和机构改革以及机构编制日常管理工作，既是县委的工作机构，又是县政府的工作机构，列县委机构序列。

第二节　机构改革

一、1983年机构改革

1983年，故城县党政机构共设39个，编制914个（含公法编制291个），实有1055人。其中干部840人（县级干部18人、科级干部145人），职工215人。乡镇机关编制506个，实有人员619人。

二、1996年机构改革

县直机构改革　1996年，衡水市批准下达故城县党政机构改革方案，确定故城县县级党政机构共设32个，其中县委机构7个，政府机构25个；挂靠机构3个（信访局、招商局、编办室均为正科级）；部门管理机构3个（干部考核办公室、国有资产管理局、预算外资金管理局均为副科级）；县委直属事业机构1个（党校）；政府直属事业机构7个（广播、林业、体育、畜牧、环保、农开办、农机）；档案局实行局馆合一，为县委、县政府工作机构，归政府管理。对部分机构做了调整变化。

1996年，根据衡水市下发文件，故城县老干局予以保留，归组织部管理。将贸易局列为政府直属事业机构。根据故城县实际，经市机构改革办公室批准，将故城县外贸局列为政府直属事业机构。这次机构改革后，故城县县级共设党政机构33个，直属事业机构11个（含档案），群团事业机构1个（科协）。1996年机构改革，故城县县级共核定行政编制554个，机关内及部分下属事业编制557个，直属事业机构事业编制245个，待分行政编制46个，公法部门专项编制344个（公安165个、检察院51个、法院84个、司法44个）；党政群机关实有1109个，其他事业实有5878个。共核定科级职数144名，其中正职37名、副职107名，核定直属事业机构领导职数41名，其中正职12名、副职29名。

乡镇机构改革　衡水市机构编制委员会核定，故城县乡镇行政编制612个，事业编制664个。实有人员2300人，其中干部710人，职工1590人。

三、2002年机构改革

县直机构改革　2002年，根据衡水市文件批准故城县机构改革方案，确定故城县县级党政机构共设30个（其中县委工作部门8个、县政府工作部门22个）；部门管理机构2个（信访局、老干局）；议事协调的办事机构3个（经济体制改革办公室、机构编制委员会办公室、人民防空办公室）；政府直属事业机构7个（广播电视局、畜牧水产局、档案局馆、林业局、农业开发办公室、外经贸局、物价局）。2002年机构改革，故城县县级共核定行政编制467名（另工勤编制41名），实有人员633名；直属事业编制129名（另工勤编制12名），实有人员210名；公法编制346名，实有人员435名。乡镇核定行政编制458名（另工勤编制26名），实有人员553人，乡镇事业编制542名，实有人员1180人。

乡镇机构改革　2003年8月，故城县进一步落实乡镇机构改革。2005年年末，乡镇实有人员1022人，空编20人。

四、2010年县级政府机构改革

根据2010年衡水市政府办公室文件精神，实施调整优化组织机构。

组建工业和信息化局，不再保留工业促进局（中小企业局）；组建交通运输局，不再保留交通局；组建住房和城乡建设局，不再保留建设局；组建人力资源和社会保障局，不再保留人事劳动和社会保障局；组建教育体育局，不再保留教育文化体育局（新闻出版局）；组建文化广电新闻出版局，列县政府直属事业机构，不再保留广播电视局；原与人事劳动和社会保障局合署办公的机构编制委员会办公室单独设置，列县委机构序列，又是县政府的工作机构；将科学技术局（地震局）、物价局的职责划入发展改革局；将农业开发办公室的职责划入财政局，挂农业开发办公室牌子；将畜牧兽医局的职责划入农牧局，不再保留畜牧兽医局；将粮食局列为县政府直属事业机构。

经调整和整合，县政府设置工作部门22个：办公室（挂人民防空办公室、档案局牌子）、发展改革局（挂科学技术局、物价局、地震局牌子）、工业和信息化局、教育体育局、公安局、监察局（与纪律检查委员会机关合署办公，列入县政府工作部门序列，不计入政府机构个数）、民政局（挂民族宗教事务局牌子）、司法局、财政局（挂农业开发办公室牌子）、人力资源和社会保障局、国土资源局、环境保护局、住房和城乡建设局、交通运输局、水务局、农牧局、商务局、卫生局（挂爱国卫生运动委员会办公室牌子）、食品和药品监督管理局、人口和计划生育局、审计局、统计局、安全生产监督管理局。政府直属事业机构3个：文化广电新闻出版局（版权局）、林业局、粮食局。

五、2011年乡镇机构改革

根据2011年上级文件精神。核定乡镇行政编制总量458名，事业编制总量为442名。

乡镇党政机构设置：人口5万人以上的郑口镇、建国镇设置6个综合办公室；人口3～5万人的西半屯镇、夏庄镇、房庄乡、武官寨镇、饶阳店镇、辛庄乡设置5个综合办公室；人口1～3万人的三朗乡、故城镇、青罕镇、里老乡、军屯镇设置3个综合办公室。

乡镇事业单位机构设置，均综合设置为社会保障服务中心、综合便民服务中心、财经服务中心3个财政性资金基本保证事业单位。

六、2015年县级政府机构改革

根据2015年上级文件精神，实施调整优化组织机构。

组建县卫生和计划生育局，不再保留县卫生局、县人口和计划生育局；组建县食品和市场监督管理局。将县工商行政管理局、县质量技术监督局由省垂直管理改为县政府管理，并与县食品和药品监督管理局的职责进行整合，组建县食品和市场监督管理局。不再保留县工商行政管理局、县食品和药品监督管理局；组建城市管理综合执法局，为县政府工作部门；组建农林局，不再保留农牧局、林业局；将发展改革局更名为发展改革创新局；撤销县粮食局，将县粮食局职责划入县商务局。

改革后，县政府设置工作部门22个：办公室（挂人民防空办公室、档案局、法制办公室、金融工作办公室牌子）、发展改革创新局（挂京津冀协同发展领导小组办公室、科学技术局牌子）、教育体育局、工业和信息化局、公安局、监察局（与纪律检查委员会机关合署办公，列入县政府工作部门序列，不计入政府机构个数）、民政局（挂民族宗教事务局牌子）、司法局、财政局（挂农业开发办公室牌子）、人力资源和社会保障局、国土资源局（挂地理信息局牌子）、环境保护局、住房和城乡规划建设局、城市管理综合执法局、交通运输局、水务局、农林局、商务局（挂商务局、粮食局牌子）、卫生和计划生育局（挂爱国卫生运动委员会办公室牌子）、食品和市场监督管理局（挂县政府食品安全委员会办公室、质量技术监督局牌子）、审计局、统计局、安全生产监督管理局。政府直属事业机构1个：文化广电新闻出版局（挂版权局牌子）。

七、2018年县党政机构改革

根据《中共衡水市委办公室、衡水市人民政府办公室关于印发〈故城县机构改革方案〉的通知》〔2019〕9号文件要求，调整优化党政机构和职能。

党委机关 组建县监察委员会，不再保留县监察局；组建县委网络安全和信息化委员会办公室，作为县委工作机关；县委机构编制委员会办公室，作为县委工作机关，归口县委组织部管理。县委组织部统一管理公务员工作；县委宣传部统一管理新闻出版和电影工作；将县委县政府信访局更名为县信访局，列县委工作机关；将县委老干部局由县委组织部管理的机关调整为县委工作机关，归口县委组织部管理；县委统战部统一管理民族宗教、侨务工作；县档案馆调整为县委直属事业单位。党委机构设置分别为县纪委监委机关、县委办公室（挂县委保密机要局县国家保密局、县国家密码管理局牌子）、县委组织部

（挂县公务员局牌子）、县委宣传部（挂县精神文明建设委员会办公室、县政府新闻办公室、县新闻出版局县版权局牌子）、县委统一战线工作部（挂县委台湾工作办公室县政府台湾事务办公室、县民族宗教事务局、县政府侨务办公室牌子）、县委政法委、县委网络安全和信息化委员会办公室（挂县互联网信息办公室牌子）、县委机构编制委员会办公室、县委巡察工作领导小组办公室、县直机关工作委员会、县信访局、县委老干部局。

政府部门 组建县自然资源和规划局，不再保留国土资源局（地理信息局）；组建县农业农村局，不再保留县委农村工作委员会、县农林局；组建县文化广电和旅游局，不再保留文化广电新闻出版局（县旅游局）；组建县卫生健康局，不再保留卫生和计划生育局；组建县应急管理局，不再保留安全生产监督管理局；重新组建县司法局，将法制办公室的法制工作职责划入；组建县市场监督管理局，不再保留食品和市场监督管理局（县工商行政管理局、县质量技术监督局）；组建县退役军人事务局；组建县医疗保障局；县发展改革创新局更名为县发展和改革局，不再保留单设的商务局（粮食局）、工业和信息化局；县住房和城乡规划建设局更名为住房和城乡建设局，不再保留单设的城市管理综合执法局；县水务局更名为县水利局；县教育体育局更名为教育局；组建县行政审批局。政府部门设置分别为县政府办公室（加挂人民防空办公室、地方金融监督管理局金融工作办公室、县政府外事办公室牌子）、县发展和改革局（加挂科学技术局、工业和信息化局、商务局、招商局、粮食和物资储备局、数字经济发展局牌子）、县教育局（加挂体育局牌子）、县公安局、县民政局、县司法局、县财政局、县人力资源和社会保障局、县自然资源和规划局（加挂林业局牌子）、县住房和城乡建设局（加挂城市管理综合行政执法局、城市管理局牌子）、县交通运输局、县水利局、县农业农村局、县文化广电和旅游局（加挂文物局牌子）、县卫生健康局（加挂爱国卫生运动委员会办公室牌子）、县退役军人事务局、县应急管理局（加挂地震局牌子）、县审计局、县市场监督管理局、县统计局、县扶贫开发办公室、县行政审批局（加挂政务服务管理办公室牌子）、县医疗保障局。

新设置机构 县扶贫和农业开发办公室更名为县扶贫开发办公室，作为县政府工作部门。

县人大、政协机构改革 深化县人大机构改革，组建县人大社会建设委员会；深化县政协机构改革，组建县政协农业和农村委员会。

机构改革后，故城县共设置党政机构35个。党委机构12个，其中，纪检监察机关1个，工作机关11个。政府工作部门23个。

故城县深化机构改革动员部署会议召开

八、园区管理机构

2013年2月，衡水市机构编制委员会批复同意故城县衡德工业园区管理机构，规格副处级，设置5个副科级内设机构，核定行政编制30名。

2017年1月，撤销河北衡德工业园区管理机构，组建中共河北故城经济开发区工作委员会、河北故城经济开发区管理委员会。设置5个内设机构，不再核定人员编制，实行人员控制数管理。

第三节　人员编制

1984年12月17日，衡水地区编制委员会（简称编委）召开全区编制工作会议，下达故城县直党政群机关行政编制590人。同月25日，经中共故城县委常委会研究，行政编制分配方案：县委103人，占总编制17.5%；群团34人，占总编制5.8%；县人大20人，占总编制3.4%；县人民政府418人，占总编制70.8%；县政协15人，占总编制2.5%。

1985年4月2日，县编委议定：对1984年12月25日，县委常委研究的故城县行政编制分配数进行局部调整，县委增 12 人，县人民政府减 12 人。调整后：县委 115 人，占总编制数 19.5%；县人民政府 406 人，占总编制数 68.8%；县人大、县政协和群团按常委会分配数不变。编制调整后，于 1985 年 4 月 2 日，确定县直各部门行政编制分配方案。

1985 年故城县行政编制分配方案一览表

表 18-1　　　　单位：人

系　统	工作部门	定编人员	系　统	工作部门	定编人员
总　计	全　县	590	县政府部门（406 人占 68.8%）	财政局	23
县委部门（115 人占 19.5%）	书记、副书记	3		税务局	23
	县委办公室	34		商业局	18
	组织部	17		审计局	9
	宣传部	11		标准计量局	5
	统战部	8		交通局	10
	农工部	10		文教局	12
	纪　委	23		卫生局	15
	县直机关党委	4		体　委	6
	老干部局	5		农业局	30
群团（34 人占 5.8%）	团县委	8		林业局	11
	妇　联	10		水利局	23
	总工会	8		乡镇企业局	15
	科　协	8		计　委	15
县人大（3.4%）	县人大	20		经　委	23
县政府部门	县长、副县长	5		科　委	14
	顾　问	1		计生委	6
	政府办公室	41		城建办公室	4
	民政局	13		粮食局	18
	劳动人事局	21		企业整顿办公室	2
	统计局	11		待分配	6
	物价局	6		县政协	15
	工商局	20	县政协 2.5%	—	—

1985 年故城县事业编制分配方案一览表

表 18-2 单位：人

机构名称	定　编	机构名称	定　编	机构名称	定　编
合　计	4774	标准计量所	企业经营	农村经济管理股	7
党　校	25	文教局教研室	26	粮棉种子公司	企业经营
档案科	7	教学仪器站	8	乡农业技术公司	36
党史办公室	5	郑口中学	114	乡农机管理员	21
智力开发办公室	待定	师　范	32	乡农经管理员	9
县招待所	20	文化馆	12	农机公司	企业经营
郑口烈士陵园	2	电影公司	企业经营	农机研究所	5
“四二九”烈士陵园	1	人民礼堂	企业经营	农业局种子站	企业经营
火化厂	5	幼儿园	18	农机监理站	4
光荣院	3	中小学教职员工	3225	农机管理站	10
地名办公室	2	县医院	210	原种场	企业经营
劳动服务公司	4	中医院	57	畜牧工作站	10
农经调查队	5	妇幼保健站	17	畜牧改良站	企业经营
地震监测站	1	防疫站	32	水产站	企业经营
农业区划办公室	3	卫　校	8	农技校	8
新农源办公室	8	地段医院	135	农科所	4
乡财政所	80	乡镇卫生院（集体）	240	林业局下属场站	企业经营
乡工商所	95	计生委宣传站技术站	20	水利局属站队闸厂	企业经营
乡税务所	122	计生委驻乡技术员	6	交通局征费厂	6
物价检查所	4	农业技术站	7	交通局运输站	8
城乡建设办公室	企业经营	农业经作站	4	交通局公路站	21
自来水公司	企业经营	农业土肥站	5	广播电视局	32
城建办建材公司	企业经营	农业植保站	7	广播电视服务部	企业经营
城乡办建材公司	企业经营	—	—	—	—

说明：表内“—”为无统计内容

1987 年 4 月，根据衡水地区编委相关文件精神，于故城县劳动人事局内设编委办公室，确定 3

人负责编制管理工作。自此，编制工作由劳动人事局干部调配股分离，单独办公。

1987年9月9日，衡水地区编委下达故城县编委办公室专项行政编制3人。

县公安局、检察院、法院、司法局编制，自1985年10月16日，由衡水地委、政法委、组织部、编委、财政局按相关文件下达。

2008年年末，故城县共有党政机构30个（党委部门8个、县政府工作部门22个）；部门管理机构2个（信访局、老干部局）；议事协调机构的办事机构1个（机构编制委员会办公室）；直属事业机构5个（广播电视局、档案局、林业局、农业开发办公室、物价局）。县级行政编仍为467名（另工勤编制41名），实有人员551名；公法编制346名，实有人员365名。乡镇行政编制458名（另工勤编制26名），实有人员455名；乡镇事业编制542名，实有人员415名。

2019年年初，故城县机构设置如下：乡镇政府13个、开发区管理机构1个、县直党政机关35个、群团7个（团委、妇联、工会、工商联、残联、科协、红十字会）、其他机关4个（人大、政协、法院、检察院）、县委直属事业单位2个（党校、档案馆）、部门所属事业单位215个。行政编制总量为1552名，其中：县直714名，乡镇428名，政法专项410名。事业编制总量为7723名，其中，县直7281名，乡镇442名。

各机关单位参加脱贫攻坚万名干部培训专题会议

第二章　人　事

人事管理主要包括贯彻上级有关政策和规定，制定本地人事管理工作计划和改革措施；政府系统一般干部的考核、录用、调配、任免、培训、奖惩及人才流动工作；故城县行政机关、事业单位干部、职工人数和工资总额的计划与统计；军队转业干部、志愿兵、城镇义务兵、大中专毕业生的安置和待业人员就业；推行公务员制度，配合有关部门搞好机构改革；故城县干部职工的工资管理、工资升级、工资评定及故城县事业单位专业技术职务评定等工作。

第一节　干部队伍

中华人民共和国成立之初，故城县干部队伍存在着文化水平低、人数较少的现象。后大批军队干部转业到地方工作，同时将一批优秀的农村干部转为国家干部，1949年，故城县干部总数270人。1979年后，大中专毕业生充实到干部队伍中，干部文化素质明显提高。1989年，故城县干部总数6299人。1996年，干部总数为6498人。2003年，干部总数达6970人。2008年始，军队干部转业到地方、大中专毕业生的接受和安置以及通过社会公开招录竞聘引进的优秀人才，不断充实到干部队伍中来，干部队伍呈现逐年成长壮大趋势。至2018年，干部总数达8440人。

1987—2004年，在全部干部人员中，妇女干部占干部总数的比例由26%增至31%；共产党员干部保持在50%～60%之间，中专以上文化程度的干部占80%，其中大专以上文化程度的干部达40%；35岁以下干部比例由30%增至35%，36岁以上干部比例有所下降。2018年，全部干部人员中，妇女干部占干部总数的比例由原来的37%增至39%。中共党员干部基本保持在50%～60%之间，中专以上文化程度的干部占80%，其中大专以上文化程度的干部达60%以上，35岁以下的年轻干部由35%增至41%。

2008—2018年度故城县干部情况统计表

表18-3　　　　单位：人

年度	总数	性别		文化程度			政治面貌			年龄				人员分布		
		男	女	大专以上	中专高中	初中以下	党员	团员	无党派	30岁以下	31至40岁	41至50岁	51岁以上	行政机关	事业单位	企业单位
2008	7639	4223	3416	3380	4259	—	5645	—	1994	1058	3917	1225	1438	—	—	—
2009	7648	5432	1816	4589	2648	918	4589	1021	2038	1748	2435	2251	1214	2562	3098	1988
2010	7780	5875	1905	4668	2489	623	4668	1056	2056	1719	2476	2476	1109	2717	3272	1791
2011	7900	5947	1953	4740	2528	632	4740	1123	2037	1568	2383	2317	1632	2874	2898	2128
2012	7990	5998	1992	4794	2574	622	4794	1241	1955	1657	2568	2286	1479	2418	3451	2121
2013	8075	6080	2015	4845	2584	646	4845	1047	2183	1769	2152	2613	1541	2564	3216	2295
2014	8180	6135	2045	4908	2617	655	4908	986	2286	2352	2276	2349	1203	2965	3079	2136
2015	8291	6216	2075	4975	2720	596	4975	1073	2241	1832	2612	2518	1329	2378	2976	2937
2016	8320	6240	2080	4992	2662	666	4992	1045	2283	2131	2418	2717	1054	2231	3417	2672
2017	8398	6309	2099	5039	2697	662	5039	928	2431	2624	2489	2358	927	2356	3312	2730
2018	8440	6340	2100	5064	2700	676	5064	974	2402	2163	2876	2183	1218	2293	3526	2621

说明：表内"—"为资料不详

第二节　干部来源

故城县中共党政干部来源，除中华人民共和国成立前参加革命工作、外地调入及临时借调者外，主要有三条渠道：

社会招录　20世纪50—60年代，从农村招收录用农村基层干部骨干系国家干部主要来源。

抗日战争时期，为加强政权建设，巩固农村阵地，1937—1945年，从农村招收干部66人。1947年，上级派"黄河大队"一批干部来故城县农村开展土地改革运动，此批干部撤离后，随即从农村基层干部及教师骨干中选拔234人，充实各级政权组织。

1952年，按照"任人唯贤、德才兼备"原则，再次从农村基层干部中选拔297人为国家干部。其间，在参加整党人员中挑选一部分农村骨干录用为国家干部。1953年，为适应经济建设需要，从农村和学校招考400余人为国营企业、事业单位固定职员（包括雇员），而后大部分转为国家干部。1956年，实行机构改革，撤区并乡，从合并前在原小乡工作的干部中选用一批，录用为国家干部。1964—1966年，在参加"四清"运动的农村借调干部中选拔35人为国家干部。1972年，从农村中共支部书记与"斗、批、改"宣传队队员中选拔40人为国家干部。至1976年，从农村党支部书记中选拔27人为中共公社党委副书记（半脱产）后均转为国家干部。

根据河北省人事厅相关文件规定，对不包分配的大中专毕业生，经市、县人才交流中心推荐就业。由所在企业单位申报，主管部门签署意见，可以由市人事局录用为国家干部。民办教师转正216人，从全民、集体所有制单位中录用干部1611人。1996年，机构改革过程中，从政府机关分流到企业的"以工代干"人员中录用干部226名。

2008—2018年，通过社会公开招聘、跨地区引进各类专业人才和有特殊贡献人员35人。

大中专毕业生分配　大中专毕业生分配亦是干部主要来源之一。中华人民共和国成立初期，处于国民经济恢复发展阶段，国家兴办大中院校较少，致使20世纪50年代分配学生为数甚微。60

年代后期至70年代中期，受“文化大革命”干扰，全国文化教育处于非常阶段，历年分配学生仍很少。“文化大革命”结束后，教育事业步入正轨，至1980年，每年均有少量或批量学生分配党政机关及企事业单位。

1988年，大中专毕业生的分配已由过去的“统一分配”转变为“供需见面”的办法，根据“适当集中，加强重点，照顾一般，统筹兼顾”和“学用一致、优才优用、人尽其才”的原则，与用人单位和学校共同商定分配分案，共有67名大中专毕业生分配到外贸、轻纺、机械轻工行业的重点企业和医疗、教育等事业单位。1987—1996年，共有85名不包分配的大中专毕业生录用为干部。

2001年始，大中专毕业生就业进入人才市场，故城县根据实际情况，建立平等竞争机制，优生优配，努力拓展就业领域。2008年年末，共有1063名大中专毕业生到企业、第三产业、教育、科技及乡镇、个体、私营企业就业。

2009—2018年，大中专毕业生走向人才市场进入党政机关、事业单位一律实行公务员考试录用。

军队转业干部安置 军队转业干部系干部来源组成部分之一。20世纪50—60年代，接受少量转业干部，营职以上安排局级职务工作。70年代始批量接受，团职安排副县级、局级职务工作，营职以下安排公社、股（站）级职务到企事业单位任职。1980年，为1969—1975年复员的军队干部改办转业干部手续，安排适当工作。1987年后，军队转业干部遍及故城县党政机关及企事业单位。

1949—2008年故城县安置大、中专毕业生统计表

表18-4 单位：人

年　度	安置总数	党群系统	政府系统	企事业单位
1949—1959	20	1	3	16
1960—1965	111	3	25	83
1966—1971	260	36	0	224
1972	131	0	21	110
1973	50	0	0	50
1974	18	7	0	11
1975	102	14	0	88
1976	107	5	0	102
1977	123	12	0	111
1978	165	3	0	162
1979	131	13	0	118
1980	220	7	12	201
1981	122	0	7	115
1982	220	11	7	202
1983	120	8	14	98
1984	146	0	15	131
1985	127	11	5	111
1986	140	0	6	134

续表 18-4

年　度	安置总数	党群系统	政府系统	企事业单位
1987	194	8	9	177
1988	67	5	15	47
1989	80	2	17	61
1990	80	7	19	54
1991	85	4	14	67
1992	106	6	15	85
1993	126	11	18	97
1994	150	7	16	127
1995	186	7	30	149
1996	168	6	22	140
1997	205	7	17	181
1998	200	5	20	175
1999	210	2	18	190
2000	240	4	19	217
2001	260	3	20	237
2002	250	13	17	220
2004	266	3	6	257
2005	287	2	3	282
2006	307	4	14	289
2007	315	5	12	298
2008	323	4	13	306
合计	6418	246	449	5723

第三节　干部管理

中华人民共和国成立后，以党管干部为干部工作总原则，采取分级分口负责管理办法。对干部进行任用、调配、教育和晋升。

根据上级有关规定确定管理权限。中共故城县委员会（简称县委）书记，县人民政府、县人民委员会（简称县人委）县长由省委管理；县委副书记，县政府、县人委副县长由地委管理；科局级干部及公社党委正副书记、正副社长由县委管理，股站长、经理、厂长正职由县委组织部管理，副职由县委农工部、财贸部、宣传部分口管理。“文化大革命”时期，实行党的一元化领导“党政合一”，局正副职均由县革命委员会（简称县革委）核心小组管理。“文化大革命”之后，县委书记、县革委主任、县长由省委管理，县委副书记、县委常委、县人大正副主任、县政府副县长、县政协正副主席、县法院院长、县检察院检察长由地委管理。科局级干部由县委管理。1984年年末，县政府将股级干部任免权下放各主管局。1985年，又将审批权收回县政府党组。是年，根据上级“缩小干部管理范围，下放干部管理权限”精神，县委对干部管理权限作如下调整：正副局职干部、县纪律检查委员会（简称纪委）委员及中层干部，县人大、县政府、县政协中层干部，各委、办、局纪检组长，均由县委管理。县、乡（镇）党群系统一般干部和人大、政协、法院、检察院其他干部、乡（镇）党委委员由县委组织部管理。局属公司（厂、库站、所、院）正副职由县政府党组管理。中级知识分子由县科学技术委员会（简称科委）管理。1986年，正副股级干部审批权限分别由县政府党组、劳动人事局管理，企业厂长、经理分别由主管局党组管理。

干部任职有必须经过选举产生者，如县委、县人民政府、县人大、县政协领导成员、县法院院长、县检察院检察长及群团组织和乡镇领导成员等按任免审批权限，各级管理部门按各种法律（章程）规定程序产生或任命。

县劳动人事局负责大中专毕业生转正定级，按干部管理权限与组织部门分工，接收安置军队转业干部，招收录用干部及办理干部退职、退休手续等。

1987—1996年，故城县共调动300人，解决夫妻分居、照顾家庭困难的214人。1996年机构改革后，县各单位人员的增配面向基层，充实生产、科研第一线，严格控制企业人员调入行政机关、事业单位，鼓励引导行政机关事业单位人员到生产第一线工作。2003年，故城县委出台《关于进一步加强机构编制人事与财政经费管理的规定》，凡涉及职能调整、机构编制、人员调配等事宜，要严格执行“三个一”制度，即：由机构编制委员会一家承办；机构编制委员会集体审议，机构编制委员会主任“一支笔”审批；机构编制委员会及其办公室一种文件下达。

一、任免

按照党管干部的总原则，故城县干部由县委统一管理。采取分级分口负责办法，对干部进行任用、调配、教育和晋升。2008年后，根据上级文件精神，县委对干部管理权限进行进一步的明确：正副局职干部、县纪律检查委员会委员及中层干部、县人大、县政府、县政协中层干部，各委、办、局纪委组长均由县委管理。县、乡镇党群系统一般干部和人大、政协、法院、检察院其他干部，局级公司厂、库、站、所、院正副职有县人民政府党组管理。中级知识分子由县科学技术委员会简称科委管理。正副股级干部审批权限分别由县人民政府党组、劳动人事局管理。

二、考核

1993年，《公务员条例（试行）》颁布，1994年，故城县实行党政机关事业单位公务员年度考核。具体由县委组织部和县人力资源和社会保障局组织实施。考核在科级及以下公务员中进行，机关工勤人员按照事业单位工作人员年度考核的方法、步骤和相关政策进行。考核结果分为优秀、称职（合格）、基本称职、不称职（不合格）四个等次。机关公务员年度考核结果作为公务员调整职务或岗位、级别、薪级工资以及对工作人员实施奖惩、培训、辞退的依据。

三、奖惩

1994年，《国家公务员暂行条例（试行）》颁布后，奖励种类有嘉奖、记三等功、记二等功；纪律处分条例分为：警告、记过、记大过、降级、撤职、开除6种。根据《公务员奖励规定（试行）》（中组发〔2008〕2号）规定，在公务员年度考核中被确定为称职或合格以上等次的：被确定为称职以上等次的公务员享受年度考核奖金；累计两年被确定为称职以上等次的公务员，按规定在所定级别对应工资标准内晋升一个工资档次；累计五年被确定为称职以上等次的公务员，按规定在所职务对应级别范围内晋升一个级别；被确定为称职以上等次，且符合规定的其他任职资格条件的，具有晋升职务的资格；连续3年以上被确定为优秀等次的，晋升职务时优先考虑；被确定为优秀档次的，当年给予嘉奖；连续3年被确定为优秀等次的，可给予记三等功奖励。公务员年度考核被确定为基本称职等次的：对其进行诫勉谈话，限期改正；本考核年度不计算为按年度考核结果晋升级别和级别工资档次的考核年限；一年内不得晋升职务；不享受本年度考核奖金。行政机关事业单位人员年度考核被确定为不称职或不合格等次的：公务员降低一个职务层次任职；年度考核不称职的公务员，本年度不计算为按年度考核结果晋升级别和级别工资档次的考核年限；不享受年度考核奖金；连续两年考核被确定为不称职等次的公务员，予以辞退。受奖人员一般从年度考核确定为优秀等次的人员中产生，受奖人员比例一般不超过参加考核人数的15%。

2009—2018 年故城县副科级以下干部考核情况统计表

表 18-5　　　　单位：人

年　份	合　计	优　秀	称职（合格）	基本称职（基本合格）	不称职（不合格）	不定等次	试用期不定等次
2009	8716	1189	7527	0	0	0	0
2010	8746	1046	7686	0	14	0	0
2011	8761	1148	7609	0	4	0	0
2012	8819	1194	7625	0	0	0	0
2013	8823	1195	7626	0	2	0	0
2014	8768	1243	7509	0	16	0	0
2015	8619	1180	7404	7	27	1	0
2016	8486	1171	7256	1	35	23	0
2017	8678	1160	7440	0	20	34	24
2018	8727	1156	7192	6	11	22	340

2009—2018 年故城县干部培训情况统计表

表 18-6

年　份	培训次数（次）	培训人数（人）	年　份	培训次数（次）	培训人数（人）
2009	1	50	2014	2	110
2010	2	110	2015	2	110
2011	2	95	2016	1	50
2012	1	50	2017	3	135
2013	2	105	2018	2	100

四、干部离休、退休、退职

干部离休　1981 年，国务院颁布干部离职休养制度：凡中华人民共和国成立前参加革命工作，享受供给制待遇干部，可离职休养，工资照发。并按参加工作不同时期，每年增发 1～2 个月工资作为生活补贴。男年满 55 周岁，或未达到规定年龄，因患有严重疾病不能坚持正常工作的老干部，按照基本政治待遇不变，生活待遇略有提高原则可办理离休手续。对符合条件的原按退休办理者亦改为离休。是年，故城县有 63 名退休干部改为离休。1983 年以前，离休干部由组织部、人事局管理。之后，改为在老干部局指导下由所在单位管理。1987 年年末，故城县按国家规定共批准离休干部 784 人。

干部退休　1955 年 12 月，国务院颁发《国家机关工作人员退休处理暂行办法》，规定：凡男年满 60 周岁，女年满 55 周岁，工作 15 年以上者，河北省劳动人事厅、河北省财政厅下发《关于给退休职工困难补贴的通知》（冀劳人险〔1987〕143 号）称，可根据参加工作的时间长短，分别提高 20%、15%、10% 困难补贴。工作年限已满 10 年，因劳至疾丧失工作能力。因公残废丧失工作能力者，经批准可退休，按本人工资70%发给退休金。因公致残丧失工作能力，工作年限15年以上者，发给本人工资80%。

中华人民共和国成立后参加工作的干部退休金标准：工作年满20年，按本人标准工资75%发给；工作年满15年不满20年，按本人标准工资70%发给；工作年满10年不满15年，按本人标准工资60%发给；月退休费低于25元按25元发给。

干部退职　1952年，按政务院批准颁发《各级人民政府工作人员退职处理暂行办法》办理，凡参加革命工作满2年工作人员，因年老（55岁以上）体弱或残废，不能继续工作，自愿申请退职，经医生检查证明，所在机关同意，并经同级人民政府人事部门核准者，应予退职。1955年12月，国务院颁发《国家机关工作人员退职处理暂行办法》。1958年3月，国务院对《关于工人职员退职处理暂行规定（草案）》作修订规定：连续工作不满1年者，发一个半月本人工资；1～10年者，每满1年，加发一个月本人工资。10年以上者，从第11年起，每满1年加发一个半月本人工资。但退职补助费总额最多不得超过30个月本人工资。1962年6月，国务院《关于精减职工安置办法若干规定》对1958年以后参加工作的精减职工又规定，1年以上不满2年者发给一个半月本人标准工资，3年以上不满4年者发给两个半月本人标准工资，4年以上者发给3个月本人标准工资，执行至1978年5月。申请退职干部，经人事部门核准后，由所在单位发给一次性退职补助费。

1978年6月，国务院颁发《关于安置老弱病残干部的暂行办法》。规定：经医院证明，完全丧失劳动能力，又不具备退休条件的干部应当退职。退职后，按月发给相当于本月标准工资40%生活费，低于20元按20元发给。按此规定批准退职干部2人。

1978—2018年，干部退休、退职仍执行1978年国务院颁布的退休退职暂行办法和1994年颁布的《中华人民共和国公务员法（试行）》规定的：男年满60周岁，女干部年满55周岁，女工人年满50周岁，参加革命工作年满10年；或男年满50周岁，女年满45周岁的，参加革命工作年限满10年，经医院证明完全丧失工作能力，又具备退休条件的可办理退职。

1949—1987年部分年份故城县退休干部统计表

表18-7　　　　单位：人

年　度	总人数	党群系统	政府部门	事业单位	年　度	总人数	党群系统	政府部门	事业单位
1949—1966	123	2	15	106	1980	4	0	0	4
1971	77	20	0	57	1981	8	1	1	6
1972	58	7	0	51	1982	3	0	0	3
1973	15	5	0	10	1983	295	4	31	260
1974	405	53	0	352	1984	139	0	52	87
1975	0	0	0	0	1985	21	0	4	17
1976	1	0	0	1	1986	21	0	9	12
1977	0	0	0	0	1987	11	2	2	7
1978	0	0	0	0	总　计	1200	94	114	992
1979	19	0	0	19					

说明：1967—1970年因“文化大革命”退休工作暂停

2009—2018 年故城县副科级以下干部退休退职情况统计表

表 18-8　　　　单位：人

年　度	退休退职人数	年　度	退休退职人数
2009	133	2014	239
2010	116	2015	234
2011	97	2016	223
2012	106	2017	158
2013	93	2018	308

第四节　工资福利

一、工资

实物供给制　中华人民共和国成立前，国家对县级机构工作人员实行实物供给制。标准每4年发棉被1床，按季节发服装，冬装每年1套（亦可领取土布2.27米、絮棉1.5公斤、小米6公斤的工费）。3年发蚊帐1挂。1945—1952年，供给制按大、中、小灶待遇，大灶每人月60分、中灶85分、小灶110分（分值为斤米，按国家每月末公布米价折款），时享受供给制国家机关干部597人。

工资制和津贴包干制　1952年7月，执行政务院颁发的各级人民政府享受供给制工作人员津贴标准，县机关工作人员由供给制改为包干制，是年9月，故城县执行。部分国营企业、事业单位实行工资制。同时对少数家庭困难机关工作人员，经组织批准，提前实行工资制。

货币工资制　1955年7月，按国务院规定，将国家机关中执行包干制人员一律改行货币工资制。1956年，进行工资改革，取消供给制基础工资，统一工资标准，全国划为十一类工资区。故城县执行三类工资区标准，国家机关干部职工统一级别，统一工资标准。1963年，国家对部分机关工作人员调整工资。

1971—1984年，按国家统一规定，故城县先后7次给部分或全部干部职工增加工资，并于1980年后，陆续执行四类、五类、六类工资区工资。

1952—1955 年故城县执行供给制（小包干）津贴标准及人数统计表

表 18-9

等　级		合　计（分）	个人生活费（分）		津　贴（分）	干部人数（人）
			伙　食	服　装		
五等	14	227	77.5	17.5	132	1
	15	207	77.5	17.5	112	1
	16	188	77.5	17.5	93	5
六等	17	145	52.5	17.5	75	2
	18	132	52.5	17.5	62	14
	19	123	52.5	17.5	53	20
	20	118	52.5	17.5	48	8

续表 18-9

等级		合计（分）	个人生活费（分）		津贴（分）	干部人数（人）
			伙食	服装		
七等	21	114	52.5	17.5	44	25
	22	110	52.5	17.5	40	28
	23	105	52.5	17.5	35	48
	24	96	52.5	17.5	26	55
八等	25	93	52.5	17.5	23	45
	26	92	52.5	17.5	22	15
	27	91	52.5	17.5	21	18
	28	88	52.5	17.5	18	5
	29	85	52.5	17.5	15	—

1959 年故城县执行货币工资制标准及人数统计表

表 18-10

级别	人数（人）	标准工资（元）	级别	人数（人）	标准工资（元）
14	1	128.00	22	34	51.50
15	1	114.50	23	58	45.50
16	5	102.50	24	66	40.00
17	2	91.00	25	59	34.50
18	16	80.50	26	16	30.00
19	21	72.00	27	20	27.50
20	11	64.50	28	5	25.50
21	28	57.00	合计	343	

说明：1956 年全国划为十一类工资区，故城县执行三类工资区标准

1985 年故城县党政机关干部工资改革统计表

表 18-11

职务	行政事业单位工资（元）						升级人数(人)	月增资总额（元）
	一	二	三	四	五	六		
县级	165.5	156.0	146.0	136.5	127.5	119.0	5	231.5
副县级	146.0	136.5	127.5	119.0	110.0	102.5	17	577.8
局级	119.0	110.0	102.5	94.5	86.5	80.0	127	3359.1

续表 18-11

职务	行政事业单位工资（元）						升级人数（人）	月增资总额（元）
	一	二	三	四	五	六		
副局级	102.5	94.5	86.5	80.0	74.0	68.0	291	6480.6
科　员	86.5	80.0	74.0	68.0	62.5	56.5	956	17897.0
办事员	80.0	74.0	68.0	62.5	56.5	50.5	315	5795.8

说明：全国划为十一类工资区，1980 年后故城县执行五类工资区标准

1985 年故城县中小学教师工资改革统计表

表 18-12

等级		中小学教师改革工资（元）														升级人数（人）
		一	二	三	四	五	六	七	八	九	十	十一	十二	十三	十四	
中学	基础工资与职务工资合计	165.5	156.0	146.0	136.5	127.5	119.0	110.0	102.5	94.5	86.5	80.0	74.0	68.0	62.5	747
小学	基础工资与职务工资合计	127.5	119.0	110.0	102.5	94.5	86.5	80.0	74.0	68.0	62.5	56.5	50.5	—	—	527

说明：全国划为十一类工资区，1980 年后故城县执行五类工资区标准

1985 年故城县卫生事业人员工资改革统计表

表 18-13

职务	基础工资、职务工资两项合计（元）								升级人数（人）
	一	二	三	四	五	六	七	八	
主任医师	258.0	229.0	204.5	185.0	175.5	165.5	156.0	—	—
副主任医师	185.0	175.5	165.5	156.0	146.0	136.5	127.5	119.0	—
主治医师	146.0	136.5	127.5	119.0	110.0	102.5	94.5	—	9
医　师	110.0	103.5	94.5	86.5	80.0	74.0	68.0	—	29
护士长	119.0	110.0	102.5	94.5	86.5	80.0	74.0	68.0	—
护士、医士	94.5	86.5	80.0	74.0	68.0	62.5	56.5	50.5	111

说明：五类工资区；表内“—”为无统计数字

1985 年，全国实行工资改革，对国家机关、事业单位干部、职工工资普遍进行套改，将原错综复杂的工资关系改为结构工资制，即包括基础工资、职务（岗位）工资、工龄工资、奖励工资 4 部分。

1985 年工资改革后，1988 年故城县由五类工资区改为六类工资区，增资 2 ～ 3 元。是年，给凡是 1987 年实行工资总额同经济效益挂钩（后来又扩到未挂钩企业），经济效益较上年增长或有较充足工资储备的企业职工工资升级。1989 年，为

部分中年专业技术人员及1966年年末参加工作的非专业技术人员调整提高工资。1991年，调整企业工资标准，提高粮油补贴，增资6元。1993年，调整企业工资标准，企业干部、工人起点工资分别增加5元，干部、工人工资标准分别向上延升三个工资等级和两个工资等级。1994年，调整提高企业工资标准，起点工资增加22元。1996年，根据省文件要求经营者收入由各级劳动部门归口管理。故城县有24家企业实行经营者收入审批制度，以后工资调整主要实行工效挂钩办法。1997年，根据衡水市相关文件对故城县各企业职工进行调整工资标准。2006年，根据河北省相关文件和《河北省公务员工资制度改革实施办法》对故城县公务员工资制度进行整改。

2014年10月前，故城县执行2006年第三次工资改革的标准。即行政机关工作人员工资由职务工资、级别工资、工作补贴和生活补贴（科员900元、副科级1050元、正科级1100元）三部分组成，人均增资约130元。事业单位工作人员工资由岗位工资、薪级工资、绩效工资和津贴补贴构成，其中绩效工资、津贴补贴未执行，人均增资约180元。2014年，国家进行第四次工资改革。根据《国务院办公厅转发人力资源和社会保障部关于调整机关事业单位工作人员基本工资标准和增加机关事业单位离退休人员离退休费三个实施方案的通知》（国办发〔2015〕3号）和《人力资源和社会保障部办公厅财政部关于完善机关事业单位工资制度实施中有关问题的通知》（人社厅发〔2015〕47号）精神，2014年10月始，调整公务员基本工资标准。调整后，职务工资标准由现行的340～4000元分别提高510～5250元；级别工资各级别起点标准由现行的290～3020元分别提高到810～6135元。其他各级别工资档次标准相应提高。在调整公务员工资标准的同时，适当调整机关工人技术等级（岗位）工资标准。根据中共中央办公厅、国务院办公厅所发《关于县以下机关建立公务员职务与职级并行制度的意见》的通知精神和河北省相关文件精神，2015年7月，故城县党政机关开始实行公务员职务与职级并行制度。公务员设置5个职级：科员级、副科级、正科级、副处级、正处级。晋升职级主要依据任职年限和级别：晋升科员级须任办事员满8年；晋升副科级须任科员满12年；晋升正科级须任副科级或乡科级副职、副主任科员满15年。晋升副处级须任正科级或乡科级正职、主任科员满15年。公务员晋升职级后，享受相应职务层次非领导职务的工资待遇。

二、福利

机关事业单位福利待遇主要包括休假制度、福利费、福利津贴和补贴。

福利费　为解决干部及其家属生活困难，每年县财政提取一定数额福利费，由各单位掌握使用。

干部实行供给制期间（包括工资制人员）按政务院规定，每人每月按6分（分值为斤米，按国家每月末公布米价折款）提取福利费。全部实行工资制后，按工资总额2%提取。1964年后，按工资总额2.5%提取。

1978—1988年，福利费主要用于工作人员家庭生活、医疗困难补助，工作人员及其家属探亲旅差补助，独生子女补助，对本单位哺乳室、托儿所、幼儿园、理发室、浴池补助，开展业余文体活动及必要集体福利开支，慰问患病工作人员所购物品开支及特殊困难补助等。1990—2005年，故城县大部分企业办有职工食堂、家属院及职工文体活动室，职工医药费大部分实行“包干”，每季度每月随工资发放。2009—2018年，故城县机关事业单位福利费按干部年工资总额2.5%提取，要求企业按国家有关规定提取，自主发放。

假期　1952年开始实行节假日，规定：春节3天，劳动节1天，国庆节2天，元旦1天，妇女节（限于妇女）半天。1999年9月，劳动节和国庆节假期改为3天。相关人员可享受妇女节、青年节儿童节、建军节等假期，个人有重要事情可请事假。在各种规定假期中仍享受各种福利待遇。

1953年，实行妇女产假30天。1988年，对妇女产假进行修订，规定产假90天，一胎多育的，每多生个婴儿增加产假15天；晚育者奖励产假45天。

1955年，正式实行病假。1998年，对病假进行修订，病假两个月工资照发，超过两个月按工资年限长短和病假长短扣发10%～20%基本工资。

1958年，实行探亲假。1981年，对探亲假进行修订，夫妻两地分居每年30天探亲假；已婚职工探望父母4年一次，假期20天；未婚职工探视父母，每年一次，假期20天。

1995年5月1日始，规定职工每天工作不超过8小时，平均每周工作不超过40小时。

津贴和补贴 随工资调整，与工资一同发放的津贴项目时有变化。至2014年10月，工资第四次改革，机关事业单位工作人员各种补贴进一步提高。2016年，故城县对党政机关公务用车进行改革，取消一般公务用车，对公务交通进行补贴，补贴层次分为五个层次，县处级正职每人每月1040元，县处级副职每人每月900元，正科级每人每月650元，副科级每人每月500元，科员及以下每人每月400元。

奖金 1983年前，县未实行干部奖金制度。1984年始，故城县行政事业单位干部职工每人月发奖金5元。奖金随工资发放，如长期缺勤，则据情况按规定扣发奖金。

三、丧葬抚恤

2011年8月始，国家机关工作人员及离退休人员死亡，一次性抚恤金发放标准调整为：烈士和因公牺牲的，为上一年度全国城镇居民人均可支配收入的20倍加本人生前40个月基本工资或基本离退休费；病故的，为上一年度全国城镇居民人均可支配收入的2倍加本人生前40个月基本工资或基本离退休费。

第五节 专业技术人员管理

专业技术职务评聘 1981—1993年，故城县认真贯彻省、市《关于解决部分专业技术干部农村家属迁移城镇由国家供应粮食问题的规定》，陆续为科技干部家属办理“农转非”。为切实加强农业、林业、水利、畜牧、文教、卫生科技队伍建设，专业技术干部由县科技局和人事局两家管理。1985年12月，根据国务院及河北省关于改革职称评定办法，施行专业技术职务聘任制。1986年，故城县调整并健全职称改革领导小组及其办事机构。包括故城县工程、农业、卫生、新闻、高教、中专、统计、图书资料、农业经济、群众文化、体育锻炼、档案、文物、畜牧等系列的职称改革工作全面展开，1994年年初，科技干部管理工作由科技局划归劳动人事局，是年12月完成移交，设科干股。是年，根据省一系列文件精神，为在农林、卫生等第一线工作的123名科技人员向上浮动一级工资。根据中共中央、国务院《关于给做出贡献的专家、学者、技术人员发放政府特殊津贴的通知》（中发〔1991〕10号）要求，经县人事局选拔、推荐，省委、省政府同意报国务院批准，故城县有1名专家（故城县医院院长、主任医师曹玉良）享受政府特殊津贴。至2005年，先后为6742名技术人员评定职称。

随着职称改革的不断深入，部分专业的评价机制由评审改为考试。2006年，按照河北省相关文件要求，对职称计算机应用能力考试和职称外语考试进行了调整，按不同专业、不同层次调整为免试、参考、合格三种不同要求。至2008年，故城县有558人通过职称考试分别获得不同专业、不同级别的专业技术资格。《2016年全市职称工作意见》（衡职改办字〔2016〕5号）规定：“2016年始，职称申报评审，对职称英语、计算机应用能力考试成绩不作统一要求，原有政策规定属于免考范围的，仍执行免考；不属于免考范围的，由主管部门会同用人单位，根据工作需要确定是否作为申报评审的必要条件。”专业技术人员的学习形式以网络为主，通过学习，学分达到规定要求即可申报职称。2018年，故城县共有293人通过评审取得了初级、中级、高级职称。其中初级职称156人，中级职称84人，高级职称53人。其中涉及中小学教师、工程、文化艺术、农业畜牧等系列。卫生系列通过考试57人取得了初级职称；74人取得了中级职称。是年，故城县在岗专业技术人员总数6129人，其中正高级职称32人，副高职称695人，中级职称2390人，初级职称3012人。

专业技术人员培训 根据县委组织部、宣传部关于在广大知识分子中深入开展“弘扬爱国奋斗精神、建功立业新时代”活动安排部署，依托各主管部门、用人单位对广大专业技术人员开展学习活动。学习范围普及到故城县各行业的专业技术人员，目的是不断提高专业技术人员的业务能力和道德修养。至2018年年末，故城县机关事业单位共有技术工人1078人，其中技师94人，高级工248人，中级工417人，初级工154人，未定级165人。

第六节　人才市场

故城县人才交流服务中心建于2002年4月。主要职责是管理流动人才人事档案和人才市场，负责故城县人才引进和培养，企业干部流动，实施“人才代理”。人才交流服务中心为全额（股级）事业单位，定编3人。

人才市场招聘会现场

人事代理是指政府行政部门批准或授权的人事代理工作机构，接受用人单位和个人委托，管理委托单位和个人人事关系及人事档案，申报职称、出具与人事档案相关证明材料等。2018年，故城县人才交流服务中心为734名各类人才办理人事代理业务。

第七节　人事制度改革

人员分流　1990—2005年，故城县按照衡水市委、市政府的部署，采取“改、调、下、清、退、养”六项措施，对党政机关机构设置和人员编制进行了四次改革，共撤并机构28个，精简人员165人。乡镇缩编人员1209人，占当时故城县乡镇干部职工半数以上。对于精简人员，县委、县政府制定《县级党政机构设置和人员编制实施方案》和《关于党政机关、事业机构人员分流的实施意见》，严格执行离退休制度和鼓励接近离退休年龄的干部提前离岗。鼓励机关干部男52周岁，女50周岁以上或工作年限男满30年，女年满20年者，本人自愿，组织批准，可提前离岗；离岗人员不再参加单位日常工作，也不再占用机关编制。提前离岗人员可上浮一档职务工资，享受在职人员待遇，达到离退休年龄后，再办理离退休手续。分流和清理混岗范围：县直党政机关、群众团体、全额拨款事业单位编外人员和上述单位中在干部岗位的工人，聘用制干部（不包括副科级以上干部）及借用人员、临时工。为了做好安置工作，县委、县政府首先出台保障措施，参照城镇下岗职工低保做出决定，分流人员第一年待遇不变，第二年发工资总额的70%，5年内发给基本生活费。在保证分流人员的基本生活费的前提下，县、乡两级政府多措并举，为下岗者再就业创造机会。主要办法是支持分流人员自谋职业，以及领办、创办企业或中介组织，使他们在注册登记、缴纳税费、优惠贷款等方面享受优惠。协助他们解决创业中各种难题。所有分流人员的人事关系由县人事劳动和社会保障局进行代理，为分流人员再就业提供方便。西半屯镇、武官寨镇、郑口镇等先后扶持130多名分流人员办起了个体养殖或个体摊点。青罕镇一职工与他人合作投资200多万元创办衡水科锐制动材料有限公司。夏庄镇将十几名分流人员介绍到山水集团工作。

推行公务员制度　2008年后，故城县贯彻执行《国家公务员暂行条例（试行）》，严格执行《故城县国家公务员制度实施方案》。即县政府机关中除工勤人员以外的工作人员，均实行公务员制度。根据国家和省公务员制度有关规定，又陆续对故城县干部进行国家公务员制度基础知识培训、计算机培训。县委、县政府按照《中华人民共和国公务员法》规定，对行政机关新录用人员进行规范，采取公开考试、严格竞争等办法，公开招录；除按干部人事制度管理权限由上级委任或选任领导职务的人员外，未经公开招录，不具备公务员身份的人员，一律不得占用行政编制进入行政机关或参照公务员法管理的事业单位。

公示制度　县委按照有关规定，制定乡局级干部选拔任用实行公示制办法，即对提拔为副乡局级领导职务、非领导职务的干部，由助理职务转为实职或试用、挂职期满正式任职的乡局级干部，在各单位由副职提拔为正职的干部原则上都要予以公示。公示的内容主要包括拟提拔人的姓名、工作单位、现任职务、出生年月、参加工作时间、学历、政治面貌、年度考核结果、拟任职务等，公示时间一般不超过7天。

第三章 行政审批

故城县行政审批局前身是成立于2004年7月的政务服务中心。为认真贯彻落实上级建设行政服务中心的指示精神，深化行政审批制度改革，推进政府职能转变，提高行政服务效率，营造良好投资环境，按照“三集中、三到位”(“三集中”是指行政审批职能向一个科室集中、承担审批职能的科室向行政服务中心集中、行政审批事项向电子政务平台集中。“三到位”指做到事项进驻大厅到位，审批授权，窗口到位，电子监察到位)的工作要求，2012年10月成立新政务服务中心，全县28个部门入驻中心。2016年10月，行政审批局正式挂牌运行。

第一节 行政审批制度

行政审批局为县政府工作部门，封存县直18个部门的24枚行政审批专用章，确立了“一枚印章管审批”的行政审批管理体制。2017年11月，设立公共服务中心、中介服务管理中心两个事业机构，与行政审批局形成“一局两中心”的格局。公共资源交易中心挂牌“衡水市公共资源交易中心故城分中心”，组织开展工程建设、土地交易、产权交易、政府采购等公共资源交易活动。

主要职责是负责行政审批局审批事项的办理、指导监督全县行政审批工作；协调指导全县公共资源交易市场工作；负责全县“放管服”和行政审批制度改革工作；指导协调全县政务服务管理工作；统筹推行全县“互联网+政务服务”工作；负责全县社会信用体系建设。

打破按部门设立审批窗口的运作模式，重新调整优化窗口布局，设市场经济管理、社会事务、投资项目、农业农村及综合业务五大板块，实行“一窗分类受理、受审分离、内部流转、限时办结、统一制证”的审批模式，构建多元化监督体系，采取“制度+科技”的管理方式，出台有关业务办理和服务管理方面的制度20余项。

承接全县170项行政审批业务，审批盖章由原来的17枚减少为1枚，初步实现了“一枚印章管审批”，通过对划转的行政审批事项进行了科学合理的关联和融合，做到一个窗口承接原来多个部门的行政审批事项，突出“一窗多项、一岗多能、一人多专”，进一步简化并规范了审批权，完成了从“物理整合”到“化学融合”。平均办结时限由原来的9天，压缩到6.5天，电子营业执照由原来的4天压缩到半天。不动产登记、交易、税收实现“一窗受理”“并联审批”、信息共享，群众排队时间由原来3次减为1次，等待时间平均减少2小时，现场审批率达100%，行政效率明显提高，行政成本降低。

故城县政务服务中心大楼外景

全面推行“多证合一”和“多项合一、证照联办”营业执照，不涉及前置审批的市县级企业实行企业名称自主申报制度，由“一审一核”制转化为“审核合一”，实行市场主体简易注销，切实降低企业准入准营门槛，营业执照实现了立等即取。

实行“容缺审批”和重大项目“领办代办”制度，局分管领导领办，亲自担任领办人，指定科室负责人进行全程代办，在法定要件齐全的情况下，启动容缺审批，企业承诺后快速完成业务办理，确保项目落地。实行行政审批服务到一线工作，坚持将审批服务“搬进园区”“搬进工地”，坚持深入故城经济开发区对企业集中进行走访调研，重点帮助新引进企业办理相关建设手续，促进企业早落地早开工。

2018年，出台《进一步优化公共资源交易平台的意见》，建立完整的制度体系来规范公共资源交易行为，着力构建统一、开放、透明、高效的公共资源交易服务平台，切实做到公开、公平、公正、阳光交易。建设类项目和政府采购项目已全部实现电子化招投标，是年完成各类交易159宗，交易额达17亿元以上。

第二节　“互联网+”政务服务

2016—2018年，对接河北省政务服务网，建立省、市、县、乡同步网络系统，服务事项“应上尽上、全程在线”，全县90%以上政务服务事项、行政审批局的全部行政许可事项、全县13个乡镇15项政务服务事项全部实现网上办理。真正形成了线上线下功能互补、相辅相成的政务服务新模式，整体提升了互联网的服务能力。

不动产登记工作实现“一窗受理、集成服务”。通过整合政务资源，打破行政部门界限，完成不动产登记、税务、房产交易、金融窗口整合工作，推进不动产登记业务“一窗受理、集成服务”模式转变，统一收取一套申请材料，实现了部门间信息推动和实时共享，减少部门证明数量和个人身份证件复印件提供次数，改变过去群众跑部门“多个单位”为找政府“一个窗口”，排队时间由原来3次减为1次，等待时间平均减少2小时，申请材料由原来17件减为6件，大幅度压缩了办事时间，提高了办事效率。

政务服务中心办公大厅

通过整合压缩环节并联简办、马上响应立即办、延时服务帮代办、在线服务网上办等措施，深入推进“最多跑一次”改革。通过深化梳理，涉及投资项目、企业注册、食品经营许可、医师护士注册、再生育审批、交通运输等60多项高频事项实现了申请人到现场办事只跑一次，变过去“一事找多窗”为“一窗办多事”，由过去的群众跑办改为部门协同办，实现了数据代步跑，干部代民跑，多次归一办，切实提升行政效率。

第四章　外事侨务及港澳台事务

中华人民共和国成立初期，侨务工作由故城县民政科负责。1978年，故城县外事侨务工作逐步进入正轨。1980年，县政府成立故城县外事侨务办公室，负责全县外事侨务工作。1987年，故城县被列入衡水地区首批对外开放县后，到故城县考察参观、商谈业务的外商和出国考察参观、学习的人员不断增加。外事侨务办公室积极做好外事接待、执行侨务政策，为经济建设做好服务。

第一节　外事及港澳台事务

中华人民共和国成立后，特别是改革开放以来域内出访和对外接待活动逐渐增多。

出访　1987年后，出访、来访人次增多。1997年，因公出国人员达67人，接待华侨、外国人来访13人次，县长石金义率团出访日本、以色列考察工农业。2003年，组织卫生代表团出访欧洲考察农村、社区医疗改革。至2005年，故城县因公出国访问510人次，外国人、华侨、港澳同胞来访170人次。

2015年4月，县长刘勇率故城经贸团访问斯洛伐克、匈牙利、西班牙，就推动故城企业“走出去”开拓欧盟市场，扩大对欧进出口贸易举办推介会。是年11月，县委书记王亚杰出访泰国，就正大集团1亿只肉鸡养殖、加工落户故城事宜进行洽谈。

2018年12月，县委书记彭晓明率领相关部门、企业访问日本、韩国，就故城东盟电机引进韩国高端精密度生产技术设备，河北铭福隆农业开发有限公司引进日本高端育种、育苗事宜进行洽谈。

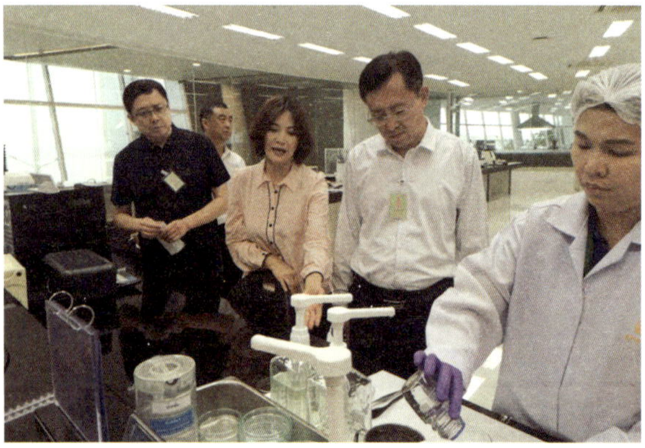

县委书记彭晓明调研泰国正大集团

对外接待 自21世纪，多次接待投资外商。2017年，接待加拿大多伦多市议员詹嘉礼，考察加拿大独资垃圾氧热解气化发电项目，洽谈其到故城县落户相关事宜。

2018年，接待肯尼亚体育与文化遗产部文化理事等7人，参加河北青竹画材科技有限公司成立中非基金会签约仪式。是年，接待贝宁驻中国大使馆助理胡朗，喀麦隆驻中国大使馆商务参赞科文，多哥驻中国大使馆文化参赞可库等6人率经贸促进会到故城县考察洽谈。

第二节 侨务及港澳台事务

故城县侨务工作始于1978年。1980年，建县外事侨务办公室，隶属县政府办公室。几年来认真贯彻执行侨务政策，利用、创造条件为华侨、外籍华人、港澳同胞服务。在摸清海外人员底数，做好侨情调查基础上，建立健全档案，发动侨眷向海外人员介绍故城县解放后变化，改革开放十年来成就，欢迎海外人员回国旅游观光、探亲访友、投资办厂。外事侨务部门及时转变职能，坚持侨务工作为经济建设服务的指导思想，积极配合有关部门为发展外向型经济牵线搭桥。1980—1987年，共向海外人员发信78件、贺年片434张。海外人员回国探亲97人次。美籍华人张俊生向家乡亲属捐赠农用小拖拉机1辆，价值5000余元。共收到各渠道侨汇40000.42元。时故城县共有对外开放点4个，系县钢丝绳厂、县地毯厂、县皮毛厂、五户村。是年，衡水地区行政公署又将故城县列入全区首批对外开放县之一，对故城县经济建设发挥促进作用。是年，故城县计有侨眷194户，有通信、经济往来者134户。华侨、外籍华人67户，分布苏联34户、蒙古6户、美国14户、泰国2户、日本3户、巴西2户、印度1户、联邦德国1户、法国1户、西班牙1户、意大利1户、梵蒂冈1户。归侨11户，分布县钢丝绳厂1户、县印刷厂1户、县地毯厂1户、南岭踪村1人（其他为眷属）。

1987年11月，台湾当局放宽民众赴大陆探亲政策，台胞纷纷回故里探亲，扫墓祭祖。故城县有41名台胞回乡探亲。为加强联络，增强台胞对祖国对家乡的向心力和凝聚力，利用重大节日向在港澳台的重点人士寄发贺年卡、挂历和慰问信。1988年，国家分配故城县蒙古国归侨3户、17人，对其住房和4成人工作进行安排。是年末，衡水地区筹备召开三胞眷属振兴经济促统一经验交流会。全年共接待回乡探亲台胞33人。1990年，故城县出国定居20人，多为留学、投亲人员，此后有所增加。是年10月，故城县对台办将《河北省关于鼓励台胞投资的若干规定》翻印成册，分发给故城县115名台属台胞，并通过他们向海外宣传规定精神，介绍家乡的投资环境，鼓励外胞到家乡投资建厂。1992年5月18—30日，河北省对外经济技术合作项目发布会在深圳召开，故城县统战部邀请2名故城县籍在台人士和客商参加此次洽谈会。2000年，成立故城县海外联谊会并召开第一届理事会议。2001年，台湾荣晖投资公司对衡荣制线公司追加投资50万美元。2002年7月以前，侨务工作由外事办公室管理。是年7月后，外事办公室析为外事办公室和侨务办公室。侨务办公室的工作主要是落实侨务政策，开展侨情调查，接待探亲侨胞等。侨胞主要分布在美国、加拿大、蒙古等国家。2005年，故城籍台胞389人。是年4月，统战部举办各界代表人士参加的《中华人民共和国反分裂国家法》座谈会。会上，代表们畅所欲言，并达成共识，热烈拥护祖国和平统一。2006年9月，台胞田莹、田园姐弟一行三人回乡讲学探亲，并参观三个工业项目区以及新建的顺达路、京杭大街和休闲体育广场。2008年年末，共向台胞、台属发出慰问信10000多封，接待来故城县探亲、投资的台胞、台属近500人。

2018年，外事工作由政府办公室负责，侨务工作转由县委统战部具体负责。是年，对故城县归侨、侨眷进行筛选，符合贫困政策的9户，侨办及时了解每户实际情况进行产业帮扶，结合自身特长申报项目进行市场调研，确定每个贫困户的项目类型，其中以于金花、安长利养羊项目，安顺新水蛭养殖，安长锁、祁文颜养鸡，祁文爱皮毛编织，祁文冰理发店，于金海鞋店，祁文富手套加工为特色。有了资金支持帮扶，归侨各自投身自己项目中。争取上级扶持资金28万元。通过努力，贫困户已全部摆脱贫困。

第五章　档案管理

档案馆档案旨在存史利用。中华人民共和国成立之后，故城县档案事业迅速发展，1956年建县档案馆，1980年设档案科，1986年易名为档案局。期间，共协助指导70个县直机关、企事业单位和部分乡镇建立健全文书、业务、会计档案。档案门类逐步增加，从仅有一文书档案到建立科技、会计、人事、地域资料等类别。21世纪，服务范围逐渐扩大，档案管理日趋科学规范，实行档案开放，提供公开文件阅览服务。至2018年，故城县档案馆实行档案数字化管理，实现了快速便捷查询，为群众查阅利用档案资料提供了方便。

第一节　存档设施

1956年，初建馆时有档案库房15平方米，木制档案橱10套，收集、整理、保存文书档案915卷。1980年，档案库房60平方米，档案橱30套，馆藏档案4919卷、资料3212册。档案资料不断整理充实，管理井然有序，至1987年年末，库房面积增至121平方米，添置档案橱90套，其中铁制10套。工作人员增至10人。馆藏档案资料全宗共计88个、档案14182卷，其中文书档案13237卷、科技档案68卷、专门档案877卷，并收藏照片档案312张，资料6563册。

1988年，档案馆馆藏档案14182卷、资料6563册。之后，每年接收到期档案、征集珍贵资料进馆。2000年，县档案馆档案管理达到省三级标准。2003年，县档案馆安装科怡2000档案管理软件。至2008年，共录入馆藏档案文件级目录118230条，馆藏档案88个全宗共29288卷另7189件（其中革命历史档案37卷）、馆藏资料9641册、照片档案325张。

2002年，对“立卷”制度进行改革，取消案卷成卷，实行文件级管理。至2008年，故城县110个单位建立专门档案室，有专兼职档案员115人。故城县档案管理工作达到省一级标准的单位12个，达到省二级标准的单位3个，达到省

档案存放

三级标准的单位67个，达到国家二级标准的单位1个。

2011年，完成县档案馆新建项目的前期工作，争取中央财政资金226万元。2013年，县综合档案馆主体竣工并投入使用。

2018年，县档案馆在综合办公楼一楼新增馆库面积240平方米，添置服务器1台、控制系统管理软件1套、库房加去湿调控仪2台、库房自动灭火器2套、监控设备16路、密集架200立方米、空调4台、电脑5台。

第二节 档案收藏

2007年1月，将馆藏清光绪年间（1875—1908年）旧版《故城县志》（共12卷，8册，1650页）翻印1000套。

档案征集 县档案馆征集清嘉庆九年（1804年）版《枣强县志》1套8册、《周氏族谱》3册、《张氏族谱》3册、《师氏族谱》2册、《刁氏族谱》1套7册、《三朗乡（南镇北镇）村志》5册、《故城县水利志》1册、《故城史话》3册、《故城年鉴（2019）》15套，丰富了地方特色档案资料库。

档案接收 2009年，县档案馆接收档案2082卷另3310件。2018年，新增馆库面积240平方米，接收利用率最高的2005—2013年婚姻档案，共50516件，故城县土地确权档案共93836卷另6474件，大大丰富了馆藏资源。

档案馆藏 至2018年，馆藏档案98个全宗，馆藏档案按历史时期布有中华人民共和国成立前档案37卷（属1944—1949年革命历史档案），中华人民共和国成立后档案125169卷另67489件，馆藏资料10400册，照片档案325张。

档案数字化 按照《全国档案信息化建设发展规划》的要求，县档案馆启动馆藏档案全文扫描工作，购置服务器、安装科怡软件等必要设施，首先扫描利用率较高的婚姻档案、农村土地确权档案及县委、县政府两办档案。2018年，全文扫描200万幅，并实现馆藏2013年以前全部婚姻档案扫描著录无缝挂接，开启了故城县档案数字化新篇章，实现了由手工检索到快速便捷的电子查询，提高了查阅效率，且对纸质档案的保护起到了重要作用。

第三节 档案利用

开发利用 故城县各级档案管理机构重视档案信息的开发利用，根据档案资料，先后协助编纂《故城县志》《故城县组织机构沿革》《大事记》《基础数字汇编》《故城县人大志》等书籍。注重档案的利用效果，收集整理《档案利用效果实例汇编》。2003年9月4日，故城县编委会批准建立县档案馆的“现行文件阅览中心”，成为政府信息公开阅览场所。是年11月，被县委宣传部批准为“故城县爱国主义教育基地”。至2018年，通过查阅利用馆藏档案资料，为机关工作查考、研究故城县历年灾情和救灾工作、婚姻登记、解决土地争议、落实工龄办理退休、办理购房贷款等，提供了翔实的凭证依据，解决了大量的问题。

档案开放 根据《中华人民共和国档案法》关于“国家档案馆保管的档案，一般应当自形成之日起满30年向社会开放”的规定，逐年开放年满30年档案。至2018年，县档案馆开放档案2583卷。

工作人员整理档案

档案室管理 县档案局制定故城县行政区域档案事业发展规划、计划，并负责指导、检查、监督、协调故城县各单位的档案工作。2011年1月，河北省档案局印发新的《河北省机关档案工作目标管理认定办法》，办法规定全省各级机关档案工作目标管理均由之前的“省一级”“省二级”“省三级”等改为“AAAAAA级”“AAAAA级”“AAAA级”等认定等级。

1987—2018 年县档案馆档案利用情况统计表

表 18-14

年　份	人次	卷（册）次	年　份	人次	卷（册）次
1987	912	2630	2003	356	3628
1988	5227	13255	2004	1340	1980
1989	5328	12231	2005	1188	5649
1990	6251	13451	2006	539	3118
1991	3679	7958	2007	371	2315
1992	3325	7500	2008	165	1930
1993	1688	3841	2009	230	2050
1994	2013	3214	2010	220	1865
1995	1083	3500	2011	86	680
1996	5800	13000	2012	255	1220
1997	156	2326	2013	270	2260
1998	185	2635	2014	311	2865
1999	213	2639	2015	288	1792
2000	164	2184	2016	296	2210
2001	179	2325	2017	260	1230
2002	164	2184	2018	460	1130

第六章　地方志编修

故城县于明清时期修志 11 次，成书 8 部且存世。民国时期未续修县志，仅重印清光绪版《故城县志》。中华人民共和国成立后，直至 21 世纪 90 年代完成第一轮《故城县志》并出版。2005 年，第二轮修志期间只形成部分文字资料，未能成书。自 2018 年 5 月始，县委、县政府调整地方志编纂委员会，组成县志编辑部，重新编写《故城县志》。

第一节　旧志编修

故城编修地方志书源远流长。追溯故城最早的古籍文字，明清两朝编成《故城县志》8 部存世，之前并无文字留存。据清光绪《故城县志》记载，故城县历史上共修志 11 次。明永乐十六年（1418 年），训导赵恕（考城人）奉命修成第一部县志，后称永乐旧志。明正统元年（1436 年），时任处州知府的马伟（马中锡之父），广搜博采，历时 10 余年写成第二部县志。明嘉靖四年（1525 年），邑令赵荣显在永乐旧志基础上加以增补，后经邑人孙绪润饰并作跋。明万历二十二年（1594 年），夏维藩纂，周世选、李尹等删润而成第四部县志。明万历四十二年（1614 年），李元忠、沈元昌对万历二十二年旧志加以增修，成书并刊。清代为志书纂修盛期。清康熙六年（1667 年），吴友闻倡导重修新志，未能成书。清康熙十一年

（1672 年），因皇帝征志天下郡邑备修一统志，迫于期限，对旧志拾遗补缺，删其所不当，增其所未详，成书 6 卷并刊。清康熙十八年（1679 年）宋尔祁等续补旧志。清康熙三十三年（1694 年），沈嘉珍续修宋尔祁本。清雍正五年（1727 年），蔡维义等续修旧志，成书6卷。清同治十一年（1872 年）王诛德主持新修县志，历时 13 载稿本告成，未刊。清光绪八年（1882 年），张罪在同治十一年未刊稿基础上，经三年而成，出 12 卷并刊行，该志较为完备。1932 年，曾组织修志，初稿告竣，后因战乱流失。

清雍正《故城县志》卷一首页由故城县事蔡维义纂序。依次为康熙十一年（1672 年）、康熙十九年（1680 年）、康熙三十三年（1694 年）吴友闻、宋尔祁、沈嘉珍等续修故城县志序；依次记载明邑人马伟、方贵、赵荣显、孙绪、周世选、夏维藩、李元忠序跋与凡例五则。目录分卷一、二、三、四、五、六。卷一为星野、沿革、疆域、山川、古迹、建置、街巷、里镇、集期、赋役、坛庙、寺观、坊表；卷二为“官职”；卷三为“人物”；卷四为“风俗、物产”；卷五、六为“文翰”。开卷为“图说”分城池图、县治图；故城八景图卫水飞帆、窦堡晴烟、斜阳古渡、甘陵返照、烟笼池柳、佛井燃灯、西岑春晓、南埠商舻。

清雍正五年（1727 年）版《故城县志》由故城县知事蔡维义裁定；由县丞事秦永清，邑人贾炳，邑进士贾如玺，共同修校；邑举人秘王正、县儒学教谕王泮、儒学训导刘祚昌、邑贡生贾念祖共同参订。此部《故城县志》存世。

清光绪十一年（1885 年）版《故城县志》由故城县知事张煐撰序，前任知县丁璨、教谕王堉德纂修，由知县张煐，教谕范翰文、训导贺锡璜、典史吴兴纲续修，由王树德、贾衍肇参订，由贾敦慧等 19 人采访，校对协修。该志卷首，依次刊有邑人马伟、赵荣显、方贵、孙绪、李元忠、周世选、夏维藩、沈嘉珍、孙爌、柴应辰、宋尔祁、蔡维义、王锡绶等人序跋与凡例 29 则。

卷一刊有县域图，其中分别刊县河图、县城图、县署图、县学图、坊厢图、乡总图。该志为 12 卷，依次为建置沿革、星野、纪事、疆域、河防、城池、公署、学校、兵制、乡村、户口、田赋、仓廒、风俗、物产、坛庙、寺观、古迹、陵墓、官迹、秩官表、选举表、人物、列女、杂志、文翰等，分 28 个篇目。

1921 年将清光绪《故城县志》重印。因此，中华民国至中华人民共和国成立之前，仍有续修《故城县志》。直至 1986 年成立故城县地方志编纂委员会正式部署《故城县志》的编修工作。

第二节　新修县志

1986 年，故城县成立地方志编纂委员会，县长尹久成任主任，常务副县长李增泉、县政协副主席尹丕杰任副主任，39 个有关委、办、部、局负责人任委员，下设办公室。4 月，召开动员大会，正式部署《故城县志》编修工作。各主要编撰人员到北京、天津、上海、南京、保定、石家庄等地图书馆、档案馆搜集资料。各分志编撰人员重点对中华人民共和国成立后资料进行查阅、筛选、整理。1990 年 12 月，完成送审稿 100 万字。分别送省、地主管部门及河北大学历史系、河北省科学院历史研究所，请业务领导、专家、教授、学者审查。翌年 3 月召开省、地两级《故城县志》稿评审会议。之后，大改大修 2 次，小改小修 2 次，历时 1 年。1992 年 4 月 15 日定稿。1994 年 1 月，经省地方志编纂委员会终审，又行小修后交付出版社付印。《故城县志》上限始于立县之时，下限至 1987 年年末，详记中华人民共和国成立后县情，尤以 1978 年 12 月中共十一届三中全会后实行经济体制改革时期为重点。全书共计 109 万字，共 24 编。

第三节　续修县志

2005 年 4 月 12 日，县政府召开续志工作动员会，正式启动第二轮修志工作。故城县成立县志编纂委员会，县长李哲民任主任。此次续志，上限为 1987 年与前志下限衔接，下限为 2004 年。为保证续志质量，聘任主编 1 名，副主编 2 名，编辑人员 2 名。是年 5 月，召开故城县修志工作者业务培训会，后根据工作进度确定续志下限延至 2005 年。2009 年 9 月，根据工作进度确定续志下限延至 2008 年。历经 3 年，形成部分文字草稿。由

县委书记彭晓明座谈了解县志编纂工作

于县方志办人员工作调动相继调离，使此项工作搁浅停摆。致使第二轮《故城县志（1988—2008年）》未能成稿出版，且一直停滞至2018年。2018年5月，在省、市地方志办公室的督导下，故城县政府召开县长办公会议研究安排此项工作，二次修志重新启动，确定县长王立峰为主任，常务副县长林丰（2018年5月）、王洪军（2019年8月）主抓，并调整了故城县地方志编纂委员会。确定聘请县人大常委会原主任刘石营担任主编，朱红梅、周冉担任副主编，组成县志编辑部。2018年7月3日召开故城县修志工作启动动员会议，各乡镇、县直各单位确定了1～2名撰稿人员，并把修志的下限延至2018年。会上明确了此次修志的任务、时间和具体要求。由于县委、县政府的重视，全县上下的共同努力，至2019年2月底，各乡镇、县直各单位基本完成了资料报送任务。为确保2020年完成全国第二轮修志的总体部署，按照省、市方志办的具体要求，由县编委会挑选有一定文字功底、熟悉县域情况、掌握电脑操作的

县长王立峰、常务副县长王洪军座谈了解县志编纂工作

22名人员组成编审队伍。

确定2019年年末完成县志初稿的编写任务。并送省方志办终审。2020年5月河北省地方志编纂委员会终审小组对《故城县志》稿完成终审。在此基础上编辑部认真修改，后送方志出版社进行初审、复审、终审。根据方志出版社提出的修改意见，编辑部又进行认真修改、核对、校对，于9月底完成定稿任务。《故城县志》成稿28编，志稿文字达260多万字。

第四节　其他志书类编修工作

《中国共产党故城历史》 为全面系统地总结故城县党的历史经验，中共故城县委于1981年成立县党史资料征集领导小组及办公室，历时4年，征集资料达60万字，经甄选、核实，《中共故城县党史（1937—1949年）》第一卷于1987年印刷出版。2014年10月，《中国共产党故城历史（1949—1978年）》，第二卷编写工作正式启动，2016年4月完成初稿。2017年12月—2018年8月进行第一次修改，形成28万字修改稿。2018年9月至2019年年初，编写组对本书进行了3次全面修改完善。形成22万字征求意见稿，并再次进行细节修改。2019年5月，经故城县委常委集体审议后，报衡水市委党史研究室审批后出版发行。

《中国共产党河北省故城县组织史资料》 自1990至2018年，故城县组织史资料编辑共完成（内部刊）四卷。

1990年6月，故城县出版《中国共产党河北省故城县组织史资料（1925—1987年）》第一卷。该资料是根据中共组织史资料中央编辑领导小组的统一要求，在中共河北省组织史资料征编领导小组、中共衡水地委组织史资料征编领导小组的具体指导下，由中共故城县委组织部、党史资料征集编审办公室和故城县档案局共同编纂的一部资料书。上限为1925年中共故城县地方组织的创建始，下限为1987年10月中共十三大召开。以县、区（乡、人民公社）党、政、军、统、群的5个系统分编，收录组织机构沿革及领导人。全书7章124页，共计36.5万字。

1996年，出版《中国共产党河北省故城县组织史资料（1987—1992年）》第二卷，是中共十三

大以后组织史资料的续编。续编时限为1987年11月—1992年12月中共故城县第八次代表大会召开，12月26日党代会开幕之后的各方面资料不再收编。续编资料是根据中共河北省委办公厅相关文件要求，在省、地委组织部的具体指导下，由中共故城县委组织部编纂而成。续编资料由《中国共产党河北省故城县组织史资料》《河北省故城县政权系统组织史资料》《河北省故城县地方军事系统组织史资料》《河北省故城县统一战线系统组织史资料》《河北省故城县群众团体系统组织史资料》《河北省故城县部分工厂学校组织史资料》《河北省故城县组织史文献资料》共7部分资料汇编合订。党、政、军、统、群5个系统的综述，与中共十三大以前征编的概述相比，在内容上比较广泛，不仅限于组织机构沿革，而且囊括了组织建设、思想建设、作风建设等诸方面的有关情况，反映了以经济建设为中心，组织路线服从和服务于政治路线，更好地体现时代特征。全书分6部分，30万字。

2000年，《中国共产党河北省故城县组织史资料（1992年12月—1998年3月）》第三卷出版，本书由中共故城县委组织部编纂而成。内容为《中国共产党河北省故城县组织史资料》、附编一《河北省故城县政权系统组织史资料》、附编二《河北省故城县地方军事系统组织史资料》、附编三《河北省故城县统一战线系统组织史资料》、附编四《河北省故城县群众团体系统组织史资料》、附编五《河北省故城县部分企事业单位组织史资料》。采用“以党组织为主编，其他组织为附编，以组织机构立条目，纵横结合”的编纂体例。收录级限及内容与第二卷相同。全书341页，35万字。

2004年12月，《中国共产党河北省故城县组织史资料（1998年3月—2003年4月）》第四卷出版，由中共故城县委组织部编纂而成。本书分为县级地方组织、县级纪律检查机关、县政军统群组织党组（党委）、乡镇党委、纪委、部分企事业单位党组织五章。收录级限及收录内容与上卷相同，全书297页，30余万字。

《故城县水利志》 1984年7月，《故城县水利志》开始编修。县水利局成立修志领导小组，用2年时间重点编写水利大事记，至1986年，完成征求意见稿，并进行篇目设计和部分史志资料收集工作。1987年，正式成立水利志编纂委员会，明确由郭念文担任主编。1988年，在查阅县内档案、广泛征询资料的同时，先后赴河北、山东两省有关地、县，以及北京、天津等市各级主管部门、流域机构、大专院校、科研单位等30多个图书馆、档案馆、资料室，收集古、近现代文字资料210余万字。1989年，开始按既定篇目整理资料、进行志稿试写。1990年4月，正式进入志稿编纂阶段。1992年9月，进入系统修改总纂。经两延下限，反复修改，1993年5月，初稿付印，经专家学者审查，广泛征求意见后，于7月召开座谈会，通过志稿初审。是年9月进行二审。之后进行了系统整理和修改补充，于1994年4月完成修改终审稿并通过复审。1994年8月，由天津古籍出版社印刷出版，全书15章，62节，共计42万字。

第七章　民　政

清代，故城县衙吏房执掌民政、人事等事项。

中华民国初期，国民县公署（后为县政府）民政科执掌社会事业、人民生活、土地管理、户口统计、仓储救恤。1939年3月，故城县抗日民主政府民政科执掌选举、抗战动员、劳资佃租、优抚救济等有关事项。1945年后，民政事务含各级政府建立、撤销、改隶、合并，各级政府编制经费、发印信、购枪买马、干部任免、调动、考核、行政区划、选举、优抚、兵役、抚恤、战勤、民兵、武器弹药、劳资、土地、社团、民族、宗教、社会礼俗、社会治安、妇女婚姻、儿童保育、卫生行政、户籍、禁烟、禁毒等。县政府所辖行政区分别设有民政助理、优抚助理人员，协助县政府管理民政工作。

中华人民共和国成立后，县人民政府设民政科承办民主建设、优抚、复员安置、社会救济、生产救灾、困难补助、地政、户籍、国籍、行政区划、民工动员、移民安置、游民改造、老区建设、宗教、侨务等事务。

1966—1971年，县革委会建民政组，承办民政、卫生事项。

1973年，建县民政局。1987年始，故城县各乡（镇）均设专职民政助理员。1990—2000年，民政工作主要系社会救济、社会福利、抚恤优待、复员安置、婚姻登记、丧葬管理、民族宗教、地名管理诸业务。2001—2018年，民政工作服务日臻完善，各种优抚救助资金不断增加。

第一节　赈　灾

社会救济古已有之，然时因生产力低下，劳动人民经租税盘剥，积蓄无几，抗灾能力极低。虽有赈济，杯水车薪，于事无补，病饿而死及流离失所者时有发生。中华人民共和国成立后，伴随生产发展，人民生活提高，抗灾能力增强，在生产救灾同时又行社会赈济，人民再无饥寒交迫，背井离乡之难。

1991年成立故城县民族宗教局与民政局合署办公。2017年12月民族宗教局从民政局分离出来与统战部合署办公。

赈济　据清光绪《故城县志》记载："康熙二十三年（1684年）大饥，赈。""乾隆二十年（1755年）大水，有司奉文赈济。"清道光三年（1823年）发生水灾，109个村庄放赈用来"筹积蓄，恤贫穷，以备灾荒"。另有"养济院，现存8间，即元之孤老院，明洪武八年（1375年）易今名，每月供给口粮银4两5钱，每年十月领冬衣布花4两1钱7分5厘"。

中华民国年间，据《河北民政统计》载，由县残废所、施医所，拨经费用于社会救济。

1942年，为抗日斗争最艰苦时期，适逢久旱不雨，庄稼几近无收。中共故城县委、县抗日民主政府在压缩抗日经费、工资、减免税收同时，发动群众向地主、富农借粮，以度灾荒，抗日热情愈加高涨。

1949年夏，沥涝成灾，县委、县政府号召故城县人民开展生产自救活动，每人准备干菜2.5公斤，机关干部每人每天节约50克米。

1950年春，县委、县政府号召机关干部开展"一碗米"活动，是年2—5月，每人每月节约2.5～5公斤米。

1952年旱灾，政府发放贷款375万元（旧币），组织灾民生产自救，帮助灾民在原有工副业、手工业基础上，兴办粉坊、油坊、豆腐坊、铁木作坊、编织业等100多个，同时组织运输业以工代赈，灾民获利共计59837万元（旧币）。

1953年，沥涝洪水成灾，政府拨急赈款14500万元（旧币）。

1954年，衡水专署拨故城县灾区房屋修建补助款6亿元（旧币），河北省拨故城县老区修建费2500万元，共补助240个村、1457户、4796人，修建房屋457间。故城县人民政府对灾区拨社会救济款11500万元（旧币）。衡水专署民政局对灾区拨社会救济款50960万元（旧币）。

1956年，沥涝洪水成灾，县人委发动群众筑堰顺水，用船抢救老弱妇幼1900余人，解决300余生活无着落农民吃饭问题，发放急赈款4447元，又分期分批发往灾区救济款192409元。支援灾区棉衣、被褥、布鞋11633件，发放粮食558290公斤。补助牲畜饲草款2万元，发放副业贷款233861元。

1957年春荒，在救济款发放上实行定工生产、定额救济办法，为解决灾民生活，稳定情绪，支持春耕生产，至3月底共发放款95026元，粮21500公斤。救济范围，重灾占50%、一般占40%，涉及7747户、38341人，占受灾人口的42.4%。

1961年，先旱后涝，上级拨款14万元，拨粮339000公斤，县人委同时号召群众自救度荒。

1962年，故城县沥涝成灾，衡水专署拨救济款7万元、棉布6000米、絮棉4250公斤、短绒棉11250公斤、木材60立方米、医药款7000元。

1963年春夏之交，为提高农民度荒能力，县人委于1月、3月、5月先后发放粮食5428公斤、款57000元、38000元。8月，故城县遭受特大洪灾，县人委先后于11月、12月分别发放社员口粮救灾款67000元、41000元、救灾棉13788公斤，衡水专署先后两次分别拨款14000元、10000元、食糖8000公斤。天津市支援八宝面4500公斤。

1964年，沥涝、蝗虫成灾，全年国家共给故城县拨粮899万公斤、款94万元、棉布3万米、絮棉33400公斤、代食品43万公斤、菜1596万公斤、煤2167吨，其他药品、衣物等。

1965年旱、雹成灾，衡水专署拨故城县医药款25000元，无偿营养粮1500公斤，县发放代食品款8000元、粮27万公斤。

1968年，干旱成灾，故城县各公社共6983头牲畜运抵邢台地区寄养（1969年返回）。

1989年，故城县遭遇旱灾、涝灾和风雹灾三大自然灾害，故城县缺粮人口达15万人。故城县共拨救灾款20万元，救济灾民1050户，解决口粮10.3万公斤，修复房屋125间。

1990年8月，遭受沥涝灾害，9月，遭遇病虫害和特大风灾，致使秋作物减产，部分绝收，树木和房屋受到不同程度损坏，直接损失1698万元，故城县共拨救灾款31万元，救济灾民8500户，35700人，解决口粮100万公斤，修复房屋3210间。

1991年，故城县受灾面积16.5万亩，成灾面积11万亩，损坏房屋107间，受伤人数28人，直接损失2500万元，缺粮人口123.2万人。5.1万亩秋作物绝收，故城县积极动员社会力量捐款。发放救灾款28.5万元，救济灾民86050人，解决化肥75吨，口粮160万公斤，修复房屋4210间。

1992年5月15日晚8时至11时30分，故城县两次降冰雹持续时间分别30分钟和20分钟，伴有7.8级大风，故城县受灾面积11.5万亩，成灾面积9.9万亩，直接损失2946万元，农业局迅速调进棉种33万公斤，及时发放救济款16万元，农业银行也及时发放贷款。是年还遭遇旱灾，受灾面积79.94万亩，成灾面积58.94万亩，绝收6万亩，成灾人口97764人，缺粮3753吨，缺粮人口26390人。故城县群众互救互济粮食78万公斤，现金45万元。

1993年6月22日下午5点20分左右，遭特大暴风灾害，风力均在8级以上，持续时间30～40分钟，直接损失642.19万元，发放救灾款52万元，被褥270床。

1994年，故城县范围内各种自然灾害频繁发生，接连遭到风、雹、暴雨、病虫等自然灾害的袭击，共发放救灾款53万元

1995年，故城县在普遍遭遇春旱的情况下，夏秋又出现严重的病虫害和风雹灾害。9月下旬，玉米大面积倒伏，棉花桃腐烂并成片干枯，故城县共发放救灾款73万元，使1.2万户共3.8万人得到救济。

1996年8月6日，卫运河洪水抵达故城境内。12日、13日洪峰通过，郑口最高水位27.88米，水位高出地面3米以上，洪水袭击故城县7个乡镇62个村12831户53619人受灾，其中重灾户9971户42967人，淹地10.07万亩，农业经济损失10194万元，损坏堤防5000米，险工护岸600米。部分乡镇遭受洪涝灾害，对2156户缺粮户和9971户重灾户发放救灾款18万元。

1997年夏，遭受严重的旱灾，共发放救灾款34万元。

1998年6月21日7时，故城县发生严重的暴风雨灾害，大风8～9级，造成直接损失2716.7万元，故城县共发放救灾款76万元。

1999年，故城县遭受严重旱灾，33.5万亩农作物受灾，成灾面积12.4万亩；5月18日故城县遭到暴风雨袭击，造成15万亩小麦倒伏，成灾面积10.5万亩，故城县共发放救灾款41万元。

2000年6月下旬，故城县遭到风雹袭击，造成6200亩棉田，1600亩果园受灾，故城县共发放救灾款21万元。

2001年5月29日，故城县遭受风雹袭击，受灾面积69920亩，直接损失1050多万元。

2002年入夏以来，干旱少雨，造成秋作物受灾575804亩，成灾面积421063亩，共发放救灾款69万元。

2003年，主要有风雹灾和暴雨灾，雹灾分别在5月30日和6月13日，涉及里老、辛庄、夏庄、故城四个乡镇。暴雨灾分别在7月30日和10月9—12日，故城县共有受灾人口13.8万人，成灾人口6.4万人，农作物绝产2.56万亩，房屋倒塌2328间，共发放救灾款39万元。

2004年，郑口、饶阳店、三朗、房庄、武官寨、夏庄、里老7个乡镇，发生旱灾和风雹灾害，受灾农作物19126公顷，其中棉花减产8成以上的1195公顷，小麦减产3～5成的2733公顷，农业直接经济损失5982万元，共发放救灾款55.5万元。

2005年春季干旱，夏秋季出现沙尘暴和局部风雹及暴雨灾害，主要涉及建国、夏庄、故城、里老、三朗、房庄、郑口7个乡镇。受灾面积4449.2公顷，其中800.2公顷绝收，共造成农业直

接经济损失2085万元，共发放救灾款73万元。

2006年，春夏持续干旱，故城县小麦受灾面积1.98万公顷，农业直接损失2834.1万元。6月19日和7月5日，风雹灾涉及房庄、建国、辛庄、里老等乡镇，其中房庄乡较重，农业直接经济损失2400万元，全年共发放救灾款140万元。

2007年，旱灾面积33840公顷，减产5～8成的达5960公顷，造成农业直接经济损失5280万元；雹灾受灾面积2541公顷，减产八成以上的180公顷，农业直接经济损失50万元；阴雨灾中棉花因霉、烂桃造成2.4万公顷，平均减产百分之五；2.01万公顷玉米，因雨水浸泡发芽霉变平，均减产百分之十，两项直接经济损失5252万元。发放救灾款135万元。

2008年5月3日的强风暴雨，致使1354公顷小麦倒伏，减产5成，728公顷棉田被淹，基本绝产，造成直接经济损失1391万元。6月29日的冰雹灾害，造成农作物成灾面积540公顷，主要是棉田和果木蔬菜，其中减产5成的167公顷，减产3成的373公顷，造成直接经济损失293万元。发放救灾款181.3万元。

2011年，故城县风雨灾害，发放救灾款84万元。2012年，发放雪灾救助20万元，冬春灾害救助金163.99万元。2013年，发放救灾款367.2万元。2014年，发放救灾款168万余元。2015年，发放救灾以及生活救助款263万余元。2016年，发放救灾款182万元。2018年，发放救灾款129万元。

救灾捐赠　1976年，唐山丰南地震，县革委会发动干部职工捐献衣物17316件，食品8228公斤，及时运往灾区。

1991年，故城县向张北地震灾区捐款173248.37元。1996年，运河洪涝淹地，故城县捐赠款51.497万元。1998年，长江、松花江洪涝，故城县捐赠衣被8653件、钢锨200把，捐款197585.79元。2001年，承德、张家口及秦皇岛、唐山北部山区遭罕见特大干旱，故城县开展“向灾区人民献爱心”捐赠活动，捐款30220元。2003年10月，县域内连日暴雨，居民住房倒塌2328间，故城县开展“向灾区人民献爱心”捐赠活动，捐款30220元。2004年，故城县举行“献爱心”捐赠活动，捐款68525元。2005年，故城县局部遭受严重风暴、干旱、沙尘暴，冬季灾区困难群众缺少过冬衣被问题突出。故城县开展“冬衣暖人心”捐赠活动，共捐棉衣1301件、毛衣183件、棉被594床。

2006年，为救助故城县旱灾和局部雹灾区灾民，故城县共捐赠救灾款10.17万元。

2007年为救助故城县旱灾、阴雨灾和局部雹灾区灾民，故城县共捐赠救灾款22.98万元。

2008年，为支援四川汶川地震灾民，发扬“一方有难，八方支援”的人道主义精神，故城县各界共捐款433.68万元，捐衣物1274件。

第二节　拥军　支前

拥军　自1939年故城县抗日民主政府建立来，各级政府发动群众开展拥军活动，形成传统，历年相沿。抗日战争及解放战争中，县区各级干部亲临烈军属家庭进行慰问，帮助他们解决柴、粮等实际生活困难。

20世纪80年代，拥军优属工作基本做到经常化、制度化、群众化。1980年，县人民政府对故城县烈军属门楣上悬挂铁制“光荣人家”标记，并制定《拥军优属公约》，各乡村青年、团员、学生给烈军属担水、扫院、买粮、送煤、贴对联、挂光荣匾，给战士写慰问信，赠送慰问品等；每逢建军节、新年、春节，县党政领导登门慰问当地驻军、军队离退休干部、荣退军人。召开联欢会、茶话会、座谈会，检查落实优抚政策，对孤老烈属固定专人重点照顾。

2000年，相继出台《故城县军人优待抚恤暂行办法》《故城县双拥工作领导小组各成员单位职责》《故城县优抚对象抚恤补助标准自然增长机制暂行办法》《故城县城镇退役士兵暂行办法》等地方性优抚安置法规，把优抚工作进一步细化、量化，并认真贯彻执行。对烈士遗属（及因公牺牲的军人遗属、病故军人遗属）、伤残军人、在乡老复员军人、带病还乡的退伍军人、参战涉核人员、现役军人家属，按照国家有关政策和规定，定期发放抚恤金、优待金、生活补助金。随着经济的发展，多次调整、提高抚恤补助金额标准，确保优抚对象的生活相当或略高于当地人民群众的平均生活水平。2018年，故城县共有各类优抚对象

6051人。驻故城县的部队有故城县人民武装部、县武警中队、消防大队、空军某部驻里老机场团级单位2个、营级单位1个。

支前 抗日战争期间故城人民在共产党领导下，为前线指战员做军鞋、抬担架，并配合部队扒拆日伪铁路、公路，协助部队构筑工事，运送弹药、粮草，支援抗日战争。1940年7月，故城县、景县数万民工配合冀南军区新七旅、新九旅，利用夜晚，对日伪白天赶修的德石铁路进行破击，致使德石铁路通车推迟3个月之久。1941年5月4日，故城、枣强、冀县7万名民工配合冀南军区部队，发起“五四”破击战，仅四五天，即铲平郑口至冀县封锁沟墙，并破坏公路95公里。

1949年，解放太原时，故城县出担架队500余。是年4月17日，东北野战军南下解放全中国，路经故城，凡部队经过村庄均备粮草、住处，村村路口设饮水站。学生演戏、扭秧歌，群众夹道迎接。西城镇、太兴镇妇女募捐买布绣旗。郑口小学凑钱做慰问袋，赠送部队。

1950年6月25日，美国发动侵略朝鲜战争，故城县掀起抗美援朝运动。翌年4月，县区均建抗美援朝委员会，具体组织领导抗美援朝运动。组织报告团巡回区间，向群众宣传前方战况，教唱《打败美帝野心狼》等歌曲。县文化馆并以高跷队、秧歌队下区演出，师生利用广播筒、黑板报等形式宣传发动群众。是年5月1日，县直机关团体2000余人组成抗美援朝游行示威队伍，活动于郑口大街小巷。未久，村村设“和平宣言”专栏，户户订爱国公约。是年6月，故城县掀起捐献“飞机大炮”活动。郑口供销社主任郑茂林将戒烟节省之钱悉数捐献。劳动模范孙玉锋所在互助组捐献棉花225公斤、粮食800公斤。同时，县区机关企事业干部职工及郑口部分村庄捐资15万元（旧币）。同时，青年积极报名参军。第二批（无第一批资料）自愿报名达3500人（实征270人）。

1987年，故城县籍战士赴老山前线参加对越自卫反击战，县人民政府本着“特事特办”原则，多方给予优待，切实为战士家属排忧解难。此间，为其家属调动工作单位者10人、调换上班时间者2人，维修旧房14间、安排住房6间、宅基9处，并解决平价柴油、化肥（每人各25公斤）。前线战士刻苦习武、奋勇杀敌蔚然成风，据统计1986—1987年，故城县立功军人70名（包括非老山前线军人），其中立一等功2人，二等功3人，三等功65人。20世纪90年代至21世纪继续为国家积极输送优质兵源。

第三节 军人安置

抗日战争时期，故城县抗日民主政府设立荣退军人管理委员会。1957年，建转业建设委员会。1968年，易为复退军人安置办公室。1983年，易为退伍军人、军队离退休干部安置办公室。

1955年，实行义务兵役制后，故城县每年约有500～700人应征入伍。本着“从哪里来，回哪里去”原则，分别安置在不同生产岗上。

1987年，故城县复员退伍军人安置实行“从哪里来，回哪里去”，城镇退役士兵安置实行“按系统分配任务、包干安置和直接向用人单位下达任务”，均衡负担。在保证安置的前提下实行政府指令性分配为主、安置部门推荐和用人单位挑选相结合的办法。根据城镇退役士兵总量和各行业职工人数、经济效益等情况，合理制定安置计划。对立二等功（含二等功）以上的，给予安排工作；因战、因公致残的二、三等革命伤残军人，原征集地有条件的，可以在企业、事业单位安排适当工作，不能安排的，按照规定增发残疾抚恤金，以保障他们的生活。城镇的义务兵退出现役后，由县政府安排工作。为鼓励先进，鞭策后进，实行“区别对待”的政策。入伍前是机关、人民团体、企业、事业单位正式职工的，原则上回原单位复工复职，因战、因公致残的二、三等革命伤残军人，由原征集地的退伍军人安置机构安排力所能及的工作。服役期间立二等功（含二等功）以上的，予以安排工作。是年末，接收安置离退休干部7人、无军籍职工46人。

1997年始，故城县对城镇退役士兵实行安置卡进行安置，2001年，该安置卡由衡水市发放改由省发。2005年，鼓励城镇退役士兵自谋职业。政府制定相应的优惠政策，给予一次性经济补助等。对志愿兵，凡服役满10年的退出现役后，由县政府安排工作，或由衡水市政府甚至省政府在本地区内统筹安排。自愿回乡务农或者自谋职业的给予鼓励，由当地政府给予一次性经济补助费。

服现役满30年或者年满55岁的作退休安置。

2010年，随着部队体制改革，大部分退役士兵选择自主就业的方式退出现役，安置压力有所减轻。2017年年初，故城县为进一步落实退役士兵各项待遇，县政府投入财政资金1亿多元，为军队退役人员解决了上岗就业、养老保险、困难救助等实际问题。其中落实待安置期生活费190万元；为安置后因单位未上岗人员落实养老保险及基本生活费6586万元；为安置后下岗失业人员280人落实养老保险及基本生活费2000万元；为待安置期间超出1年以上的人员办理期间的养老保险，为单位原因选择自谋职业的人员补缴期间养老保险及生活费。为个人原因未按时到安置办或接收单位报到的人员办理自谋职业。对上岗意愿较强的，统筹安排政府购买服务、政府开发岗等岗位133个，公益性岗位200多个。2018年，对符合安排工作条件的退役士兵，继续采取自谋职业和推荐工作相结合的安置方法，鼓励、提倡自谋职业，对要求政府安置的，按故城县惯例，安排到有自收自支岗位的事业单位。对确有困难的接收单位，县财政按每人2000元/月的标准适度增加办公经费并列入财政预算。对城镇退役士兵选择自谋职业的，给予一次性经济补助。

第四节 优待抚恤

明清时期，域内官府对在维护地方治安中伤亡人员，给予适当财务抚恤，有的树碑建祠发放牌匾以示纪念。民国时期，政府曾先后颁布过一些优抚“条例”“细则”。抗日战争和解放战争时期，域内中共领导的县政府机关均设立专门机构管理优待抚恤事宜，县、区（乡）、村优抚工作得到落实。中华人民共和国成立后，故城县政府更加重视优抚工作（包括扶贫工作）。按照国家制定的各种抚恤和优待条例及法规，实行国家、社会、群众三结合优待制度。优待抚恤对象系革命烈士家属、革命残疾军人、复员退伍军人。

一、国家抚恤

抚恤对象系革命军人、革命工作人员及参战民工、民兵中之牺牲、病故、残疾人员。

死亡抚恤 革命军人、革命工作人员、参战民兵、民工牺牲或病故后，除由政府妥善安葬外，对其家属发给一次性抚恤粮，1953年改为一次性抚恤金，标准较低，伴随生产发展和国家财政状况好转，于1952年、1953年、1955年、1977年先后进行调整。1980年6月，国家颁布《革命烈士褒扬条例》后，抚恤标准明显提高。

1985年，河北省有关部门规定，即对革命烈士家属、因公牺牲军人家属、病故军人家属发给定期抚恤金。

1987年，故城县“三属”人数为271人，2005年减为214人。自2003年1月1日起，“三属”定期抚恤金、革命伤残人员伤残抚恤金以及在乡老复员军人定期定量补助金列入了县财政预算，在县民政局设立了优抚事业费专户，每季度初财政局将该季度所需资金拨付到优抚事业费专户，在每季度的15日前民政局发放到乡镇，由乡镇民政所代县发放到优抚对象手中。抚恤金年发放总额1987年为113820元，2005年为539280元，是1987年的4.7倍。2008年为724500元，是1987年的6.4倍。

2018年，故城县“三属”人数为49人。根据河北省民政厅相关文件规定，“三属”抚恤金发放标准：城镇（2009年）烈属8060元、因公7230元、病故6810元；农村（2009年）烈属4760元、因公4550元、病故4350元。2016年不分城镇和农村，改为统一标准。2018年，“三属”标准分别为每年烈属21030元、因公18050元、病故16980元。

致残抚恤 上述人员因战、因公致残后，根据残疾轻重、丧失劳动工作能力程序划分四等六级。从评定残疾等级之月起，按年度发给抚恤金，以粮代替。1953年后，始发人民币。1965年始，对三等残疾军人由原来一次性抚恤改为长期抚恤。分别于1978年、1982年、1984年，先后对在职在乡因公致残人员抚恤金额进行调整。

1987年，故城县伤残军人690人，包括三等五个级别十种情况，其中：一等19人，二等甲级97人，二等乙级134人，三等甲级229人，三等乙级211人。每个级别又分别区分为“在职与在乡”两种情况。抚恤金发放标准各等各级情况均不相同。

2018年，故城县残疾军人232人。共分十个等级，其中1～6级类别（因战、因公、因病）6个等级、7～10级类别（因战、因公）4个等级。

抚恤金发放标准各类各等级情况均不相同。根据河北省民政厅相关文件规定，调整抚恤标准。后经多次调整、提高到2018年抚恤标准。

先烈褒扬 悼念先烈：为褒扬先烈，故城县、武城县分别于1958年在建国公社霍庄、郑口公社五大院建烈士陵园。

每年4月29日，中共故城、武城县委、县政府均组织社会各界人士及广大群众在冀南“四二九”烈士陵园举行盛大活动，悼念1942年4月29日与日军浴血奋战牺牲的革命先烈。每年清明节，故城县委、县政府组织机关、团体、学校等均在郑口烈士陵园为烈士扫墓，有时举行入党、入团、入队仪式，以褒扬先烈，继承遗志，光大传统。

换发、补发烈士证书：1956年，经摸底调查故城县有长期无音信革命军人267人，其中，确证已牺牲者47名，均补发纪念证，同时发放抚恤金计9500元。1983年，根据民政部指示精神，对故城县各乡（镇）烈、军属进行核实登记，分别对203户军属、98户烈属换发、补发革命烈士证书。2014年为故城县161名烈士换发烈士证书；为226名伤残军人换发伤残证。

老复员军人定补 1987年故城县在乡老复员军人共1252人，至2005年，减为1086人。对在乡老复员军人的定补标准：1987年，每人每月25元，每人每年为300元，2005年增加到每人每月200元，每人每年为2400元。1987年故城县发放在乡老复员军人定补金总额为31300元，2005年为217200元，是1987年的6.9倍。

至2018年年末，故城县在乡老复员军人共61人。根据河北省民政厅相关文件规定，在乡复员军人的生活补助在现行标准基础上，每人每月增加70元。调整后生活补助发放标准为抗日战争时期不低于每年4740元、解放战争时期不低于每年4200元，中华人民共和国成立后不低于每年4140元的标准。随着经济的发展，多次调整、提高在乡复员军人的待遇，是年为在乡复员军人发放的标准为抗日战争时期14340元、解放战争时期13800元、中华人民共和国成立后13740元。

带病回乡退伍军人 2018年，故城县带病回乡退伍军人共59人。根据河北省民政厅相关文件规定，带病回乡退伍军人按每人每月不低于220元、不高于十级残疾军人抚恤金的标准的执行，生活补助金标准为：不低于2640元，不高于2700元。根据相关政策，生活补助金年年递增，2018年标准为不低于6600元，不高于7620元。

参战涉核人员 2018年，根据河北省民政厅相关文件规定，部分参战涉核人员按每年每人2400元标准发放生活补助金。是年，生活补助金发放标准提高到每人每年7200元。

60周岁退役士兵人员 2011年根据上级相关文件规定，故城县2011年8月1日始，对部分农村籍60周岁退役士兵按每服役一年义务兵役（不满一年的按一年算）每人每年发放120元生活补助；随着经济的发展，多次调整，2018年补助标准提高到每人每服役一年年发放420元。

烈士子女补贴 根据河北省民政厅相关文件规定，2011年7月1日始，给部分烈士子女每人每年1560元标准发放定期生活补贴；2018年补贴标准提高到每人每年5280元。

二、补助优待

定期定量补助 定期定量补助系国家对优抚对象按月发给一定数量生活补助费。1951年，省民政会议后，始对少地缺劳生活困难之烈属、军属按期予以实物补助。1953年，实物补助1268户3513人、13663万元（旧币）。1965—1979年，对部分优抚对象实行定期定量补助（简称定补），每人每月3～6元，是年，补助共4万元。

1980—1984年，人均定补增至10元以上，是年补助52125元。1985年始，对在乡复员退伍军人普遍实行定补，其中抗日战争时期入伍者每人每月10元，解放战争时期入伍者每人每月8元，上述孤老者每人每月再增5元。

临时补助 临时补助系解决优抚对象生活困难的一项专款。抗日战争和解放战争时期，每年春冬发放优抚粮。1953年始，给400名贫苦烈军属和带病还乡复员军人发放优抚款，是年发放2244元（旧币），1956年8000万元（旧币），1962年10000元、1980—1984年共发放优抚款355000元，1985—1987年烈军属改办定期抚恤，每年按人头发放优抚款，无临时补助。

1983年1月13日，据河北省相关文件规定，军、烈属每户每年按一个劳力全年收入2/3至少不低于1/2优抚。故城县均以优待现金为主，采用

“春评、夏查、秋兑现”方法，全年对4197户优待现金249100元。

1985年，衡水地区各市县在故城县里老乡召开优待工作经验交流现场会。故城县普遍改村统筹为乡（镇）统筹，将“一刀切”平均优待办法改为基本优待加奖励，在优待对象中引起强烈反响。战士争立功，家属争上进蔚然成风。据1986年评定，应优待对象3349户，户均230元。对烈属、残疾军人、年老体弱带病还乡复员退伍军人仍给适当优待。对现役军人家庭优待标准，1987年故城县1885户，户年均300元以上，最低150元者仅1个乡（梧茂），高达400元者有6个乡镇（赵行、里老、武官寨、瓦子庄、要庄、故城），故城县年平均优待标准位居全区榜首。

1965—1987年部分年份故城县享受定补情况统计表

表18-15

年　度	人　数（人）	人均款数（元）	年款数（元）	烈　属（人）	复员军人（人）	备　注
1965	794	3～6	40000	—	—	1985年始，烈属改定期抚恤
1980	416	125	52125	180	96	
1981	416	125	52125	180	96	
1982	416	125	52125	180	96	
1983	416	125	52125	180	96	
1984	416	125	52125	180	96	
1985	1156	163	188000	110	96	
1986	1156	163	188000	110	96	
1987	1156	163	188000	110	96	

说明：1952年、1954—1964年、1966—1979年资料散佚

1987年，故城县优待烈军属2910户，优待现金97500元。

现役军人家属优待　1987年，故城县农村现役军人家属共315户。2005年，有202户。优待金发放标准：1987—1994年，每户每年100元。1995—1999年，为200元。2004年始，把优待金列入了县财政预算，优待标准也有了很大提高，由原来的每人每年500元左右提高到1500元，由县民政局统一发放和管理，在每年的征兵动员时发放到户。1987年，故城县发放优待金总额为31500元。2005年，为303000元，是1987年的9.6倍。另外，对立一等功者，每次奖励300元；立二等功者，每次奖励200元；立三等功者，每次奖励50元。

随着经济的发展，经多次调整，2018年，故城县现役军人家庭优待金标准：义务兵的优待金分别每人每年11194元（农村户口）、17760元（城镇户口）；进疆进藏的为26791元（农村户口）、36640元（城镇户口），大学生的家庭优待金分别为：大学生义务兵每人每年29450元、大学生义务兵进疆进藏46600元。获评优秀士兵的一次性奖励1000元；立三等功的一次性奖励3000元；立二等功的一次性奖励5000元；立一等功的一次性奖励10000元。

第五节　社会福利

一、三孤老供养

为供养丧失劳动能力、无人照料老烈属、老革命残疾军人、老复员军人，县办光荣院1所，现驻房庄乡政府驻地。1958年建，有土地7亩、房17间，收养老人16名。时称烈属养老院。是年郑口、故城、辛庄公社亦建烈属养老院，因条件所限，于1966年后与房庄烈属养老院合并，共有院

民34人。1979年，易房庄烈属养老院为故城县光荣院，系以国家开支为主的集体福利单位。是年有院民23人。生产队拨款每人月5元，粮每人月15公斤，国家补助每人月4元，油料每人月0.2公斤，伙食费每人月9元，医疗费由国家报销，衣被由院民自备，国家定期更新。种地6亩，产粮718.5公斤、菜750公斤，用于生活补助。

1987年，房庄光荣院有房30间、床130张，彩电、洗衣机各1台，菜地1亩。收养老人15人，其中烈属3人、残疾军人3人、复员军人9人。供养情况：人年180公斤商品粮，由所在村供给，生活费月31元，其中集体供给5元，国家补助26元。据1985年河北省民政厅相关文件精神，为开辟新生产服务门路，增加收入，改善老人生活，1988年，在院门东侧设小卖部，对外承包，每年收入千元左右，于院内进行种植蔬菜禽类养殖，改善老人生活。

20世纪90年代，各乡镇均建敬老院，三孤老供养就近安置。至2018年年末，故城县有孤老人员6名，在光荣院集中供养。

二、残疾人安置

1987年4月始，建以安置残疾人就业为主的扶贫福利企业——故城县福利电器厂，设于县民兵训练基地。安置15名残疾人员，占生产人员50%。至年末又建5个福利厂，其中县办3个，系防腐制品厂、玻璃钢化工厂、皮毛厂，共安置残疾人30人，人均月收入70元左右；乡镇办2个，系赵行乡综合厂、故城镇综合厂，安置残疾人5人。1992年，“故城县福利电器厂”企业名称变更为“河北奥冠电源总厂”。1993年6月，成立故城县第二家福利企业故城县风动工具厂。2002年2月，河北奥冠电源总厂改制后易名为河北奥冠电源有限责任公司。后搬迁至夏庄工业项目区。

2012年，为税务局退税政策调整，两家不再符合退税条件，退出福利企业名录。之后故城县再无福利企业。

县残联为适应残疾人实现就业和稳定就业的需要，大力开展残疾人职业培训，鼓励引导有就业愿望和培训需求的残疾人接受相应的职业培训，掌握就业技能，提升技能等级，帮助残疾人就业创业。至2018年，稳定就业创业的97名残疾人发放就业创业补贴10.41万元。是年末，482人参加“计算机应用”“农村实用技术”等培训。

三、收容遣送

中华人民共和国成立初期，面对以前遗留的大批散兵游勇、难民、灾民、游民及其他流浪乞讨人员，县民政科即承担收容遣送工作，每年收容遣送百名以上。20世纪70年代，收容遣送人数逐年减少。80—90年代域内收容人员222人，遣送157人，安置31人，转其他部门处理者22人，送福利事业单位12人，均得到妥善安置。

2003年8月1日起，国务院颁布实施《城市生活无着的流浪乞讨人员救助管理办法》，将收容遣送改为救助管理。2012年，救助12人；2013年，救助35人；2014年，救助46人；2015年，救助41人；2016年，救助22人；2017年，救助39人；2018年，救助19人。绝大多数为外来人口。

四、农村“五保户”、低保人员供养

农村“五保户”供养　1965年始，国家《高级农业生产合作社示范章程》颁布后，故城县对农村生活无靠老弱、孤寡、残疾人员实行以保吃、保穿、保烧、保教、保葬为内容的“五保”政策，由集体供养，辅之以国家补助。1957年，故城县共有“五保”对象246户、319人。

1980年，故城县共有“五保”户986户、1137人。始建第一所敬老院。集中供养13人、分散供养973户、1124人。全年集体供养折款82000元，国家救济款10300元。之后，“五保”内容逐渐发展为保吃、保穿、保住、保医、保葬、保教（幼儿），形式为敬老院集中供养、村供养、村供亲养、亲供亲养，有劳动能力者自保。1986年，袁庄乡建成一座内设4个厅室的仿古园式敬老院，并实行乡统筹“五保”，成为全地区一流文明敬老院。1987年，故城县有“五保”老人990人，乡（镇）办敬老院12所，收养院民88人，村供养258人、村供亲养285人、亲供亲养22人，自保137人。实行统筹“五保”的5个乡（镇），建立“五保”服务中心的5个乡（镇），办有副业的3个敬老院。使“五保”工作围绕家庭、集体、国家、社会发展，“五保”户生活标准相当或高于当地人均生活水平。

2006年，国务院《农村五保供养工作条例》第六条规定农村五保供养对象的认定条件。是年10月，民政部印发《特困人员认定办法》（民发〔

2016〕178 号)，农村五保户更名为农村特困人员。

2009 年年末，故城县共有农村五保户 2545 人，其中集中供养 142 人、分散供养 2403 人，分散供养标准每人每月 100 元，集中供养每人每月 125 元，供养金每季度发放一次。2017 年 1 月，衡水市民政局下发《关于开展特困人员认定工作的通知》，按照文件精神，故城县组织各乡镇于是年 2—3 月对五保户开展了重新认定工作。对部分丧失生活自理能力、完全丧失生活自理能力的特困人员发放护理费。2009—2018 年，发放特困供养金 4077.2 万元；2017—2018 年，共发放特困失能人员护理费 37.8 万元。

2018 年年末，故城县共有农村特困人员 1611 人，其中集中供养 256 人、分散供养 1355 人。12 月，故城县共有失能半失能农村特困人员 90 人，其中半失能 35 人、失能 55 人，分散供养标准每人每月 425 元，集中供养每人每月 450 元。

农村低保人员供养　对城乡因病、因残、因灾、因不幸事故等原因造成的困难户或个人，经本户（人）申请，村委会、居委会、乡镇出具证明，县民政局审批，给予临时困难救济。1998 年和 2006 年，故城县先后对城镇居民和农村居民实行最低生活保障。2003 年，城镇居民中的生活困难人员已实现最低生活保障全员覆盖，应保尽保。至 2006 年，在农村居民中实行该制度。对城乡居民的最低生活保障，县民政局实行动态管理，对超出低保条件的随时取消，对新申请低保的及时调查审批，以保障应享受最低生活保障人员的基本生活。2006 年，故城县农村低保保障标准为每月每人 12 元，共有 784 户、2500 人，发放低保金 36 万元。

民政工作人员入户调查农村低保户情况

农村低保是党和政府的一项亲民惠民政策，也是社会救助的最后一道“安全网”，在保障困难群众基本生活，促进农村和谐发展发挥着重要的作用。2009 年始，对故城县农村低保金实行银行化发放，即低保户在农村信用社开具个人结算折或银行卡，农村信用社根据县民政局提供的名单金额，直接将资金打入低保户的存折。2008—2018 年，共发放农村低保金 11153.4 万元。

五、城市低保及老弱救济

职工救济　1963 年第四季度，始对原 1962 年精简下放退职老弱、病职工，给予其原工资 40% 的救济、照顾。是年救济 1 人，款 75 元。至 1987 年职工救济年平均人数 90 余人，年救济费 3 万余元，其中医药费 2000 余元。1997 年继续让困难职工享受各类救助政策。至 2018 年采用精准帮困、帮扶医疗费报销等救济政策解决职工困难。

城镇低保　2007 年，对各乡镇年人均收入低于 700 元的困难户（含已报低保对象）逐村逐户进行核查登记，一、二季度保障农村低保对象 1257 户、3065 人，保障标准为每人每月 20 元，发放低保金 36.78 万元。三、四季度保障农村低保对象 1620 户、3441 人，保障标准为每人每月 20 元，发放低保资金 412920 元。

2012 年 9 月，国务院下发了《国务院关于进一步加强和改进最低生活保障工作的意见》（国发〔2012〕45 号），是年 12 月，省政府下发了《河北省人民政府关于进一步加强和改进最低生活保障工作的实施意见》（冀政〔2012〕10 号）。

规范低保对象认定条件　户籍状况、家庭收入和家庭财产是认定最低生活保障对象的三个基本条件。

规范审核审批程序　申请：凡认为符合条件的城镇居民都有权直接向其户籍所在地的乡（镇）政府（城区办事处）提出最低生活保障申请。

审核：在村（居）民委员会协助下，乡（镇）政府（城区办事处）对最低生活保障申请家庭逐一入户调查。

审批：县级民政部门对乡（镇）政府（城区办事处）报送的调查材料和审批意见进行全面审查，对照当地最低生活保障条件作出审批。

城市特困（三无）供养　按照衡水市人民政

府办公室《关于加强城市“三无”老人保障工作的实施意见》(衡政办发〔2015〕3号)文件精神，要将城市“三无”老人(城镇居民中无劳动能力、无生活来源、无法定赡养人和扶养人或者其法定赡养人和扶养人确无赡养或扶养能力的60周岁及以上老年人)的供养经费纳入县级财政预算，并确保供养经费及时足额到位，专款专用、按时发放。文件规定供养标准要按照当地上年度城市居民人均可支配收入的50%确定集中供养“三无”老人供养标准，按照当地上年度城市居民人均可支配收入的45%确定分散供养“三无”老人供养标准。国家统计局故城调查队经抽样调查表明，2014年故城县城镇居民人均可支配收入为17745元。按照文件规定测算集中供养“三无”老人供养标准为739元、分散供养“三无”老人供养标准为665元。故城县自2016年1月城市“三无”老人供养资金列入县级财政预算，并根据城市“三无”老人人员数量据实发放。

2016年10月10日，民政部印发《特困人员认定办法》(民发〔2016〕178号)，城市“三无”人员更名为城市特困人员。

2018年，提高城市特困人员供养标准，分散供养标准每人每月720元，从4月开始供养金每月发放一次。

高龄补贴 2013年，根据衡水市人民政府办公室《关于建立85周岁以上高龄老人生活补贴制度的通知》(衡政办〔2013〕16号)要求，故城县开始为具有故城县户籍的85周岁以上高龄老人发放高龄补贴。发放标准：85～99周岁每人每月50元，100周岁(含)以上老人每人每月100元，自2013年1月1日起执行。2015年1月1日起，高龄补贴发放人员范围扩大到80周岁以上。

孤儿保障 根据国务院办公厅《关于加强孤儿保障工作的意见》(国办发〔2010〕54号)、河北省人民政府办公厅下发《关于加强孤儿保障工作的实施意见》冀政办〔2011〕17号要求，2011年始，故城县建立了孤儿基本生活保障制度。

根据河北省民政厅及衡水市民政局相关文件规定，孤儿养育标准为：社会散居的孤儿每人每月600元；集中供养的孤儿每人每月1000元。2013年6月，河北省民政厅、财政厅下发《关于进一步规范孤儿基本生活保障制度的通知》(冀民〔2013〕67号)，明确了孤儿基本生活费发放范围：具有河北省户籍，未满18周岁，失去父母或查找不到生父母的未成年人；具有河北省户籍，未满18周岁，父母双方同时出现以下任意一种情况的未成年人，视同孤儿：双方重残或服刑；一方死亡，另一方重残或服刑；一方失踪，另一方重残或服刑；一方重残，另一方服刑。

2013年11月11日，河北省民政厅、河北省发展和改革委员会、河北省财政厅、河北省统计局制定下发了《关于最低生活保障、农村五保供养、孤儿养育三项社会救助标准制定和调整的指导意见》(冀民〔2013〕118号)。2014年4月始，故城县孤儿基本生活最低养育标准调整为散居孤儿每人每月700元；机构养育孤儿每人每月1150元。

2008—2018年故城县农村低保情况统计表

表18-16

年　份	低保对象户数(户)	全年发放低保金额(万元)
2008	2614	382.7
2009	8590	771.4
2010	9118	870.0
2011	9329	1053.1
2012	7933	914.0
2013	7771	978.6
2014	5793	1308.0

续表 18-16

年　份	低保对象户数（户）	全年发放低保金额（万元）
2015	5385	1082.4
2016	3399	1015.1
2017	3391	1279.1
2018	3471	1499.0

1999—2018 年故城县城镇居民最低生活保障情况统计表

表 18-17

年　份	受保户数（户）	发放保障金额（万元）	年　份	受保户数（户）	发放保障金额（万元）
1999	39	7.2	2009	1900	667.4
2000	99	9.7	2010	1630	539.2
2001	209	15.2	2011	1789	730.4
2002	888	46.9	2012	611	441.3
2003	1013	137.5	2013	667	269.3
2004	1705	249.0	2014	369	348.9
2005	1705	325.6	2015	498	279.0
2006	1915	357.7	2016	358	260.3
2007	2300	417.0	2017	342	241.0
2008	1541	555.4	2018	215	177.7

2016—2018 年故城县城市特困人员资金发放情况统计表

表 18-18

年　份	总人数（人）	分散供养人数（人）	集中供养人数（人）	发放资金（元）
2016	11	11	0	87780
2017	14	14	0	111720
2018	16	16	0	138240

2013—2018 年故城县高龄补贴发放情况统计表

表 18-19

发放时间	80 ～ 84 周岁			85 ～ 99 周岁			100 周岁以上		
	人数（人）	标准（元/月）	发放金额（元）	人数（人）	标准（元/月）	发放金额（元）	人数（人）	标准（元 / 月）	发放金额（元）
2013 上半年	—	—	—	2084	50 元	530150	4	100 元	2100

续表 18-19

发放时间	80～84周岁			85～99周岁			100周岁以上		
	人数（人）	标准（元/月）	发放金额（元）	人数（人）	标准（元/月）	发放金额（元）	人数（人）	标准（元/月）	发放金额（元）
2013下半年	—	—	—	2241	50	650850	4	100	2200
2014上半年	—	—	—	2323	50	718200	8	100	4050
2014下半年	—	—	—	2480	50	726550	11	300	14450
2015上半年	3881	30	666600	2791	50	802960	18	500	51050
2015下半年	4222	30	726000	2876	50	852870	15	500	29700
2016上半年	4212	30	724320	3117	50	903590	15	500	36350
2016下半年	4265	30	737220	3026	50	880260	17	500	40400
2017上半年	4545	30	782160	3427	50	983130	15	500	37350
2017下半年	4514	30	789360	3248	50	1018920	15	500	33700
2018上半年	4449	30	769590	3330	50	958650	11	500	27250
2018下半年	4173	30	725280	3431	50	1000790	13	500	32150

说明：表内“—”为无统计数字

2011—2018年故城县孤儿基本生活费发放情况统计表

表 18-20

发放年份	散居孤儿			集中供养孤儿		
	人　数（人）	发放标准（元/月）	发放金额（元）	人　数（人）	发放标准（元/月）	发放金额（元）
2011年	45	435（实发）	231855	14	800（实发）	130400
2012年	45	600	311400	14	1000	168000
2013年	100	600	467400	15	1000	174000
2014年一季度	108	600	192600	16	1000	48000
2014年二季度	109	700	228900	16	1150	55200
2014年三季度	115	700	240800	17	1150	58650
2014年四季度	115	700	240100	16	1150	52900
2015年一季度	117	700	245700	15	1150	51750
2015年二季度	117	700	252000	16	1150	55200
2015年三季度	119	700	247800	16	1150	55200
2015年四季度	119	700	261100	15	1150	51750

续表 18-20

发放年份	散居孤儿			集中供养孤儿		
	人 数（人）	发放标准（元 / 月）	发放金额（元）	人 数（人）	发放标准（元 / 月）	发放金额（元）
2016 年一季度	124	700	275800	15	1150	51750
2016 年二季度	121	700	252700	15	1150	51750
2016 年三季度	122	700	252700	15	1150	51750
2016 年四季度	122	700	261100	15	1150	51750
2017 年一季度	122	700	259700	15	1150	51750
2017 年二季度	121	700	256200	15	1150	51750
2017 年三季度	122	700	264600	15	1150	51750
2017 年四季度	130	700	272300	15	1150	51750
2018 年一季度	137	700	286300	15	1150	51750
2018 年二季度	137	700	287700	15	1150	51750
2018 年三季度	135	700	283500	15	1150	51750
2018 年四季度	132	700	277200	15	1150	51750

六、敬老院建设

1980 年域内始建第一座敬老院，之后不断增建，至 1987 年，建敬老院 12 座，院民 88 人。20 世纪 90 年代末，每个乡镇建一所敬老院，全县共 23 所，归乡镇管理。域内敬老院设施环境均有改观。

2008 年，故城县始对乡镇敬老院进行区域性整合改造，确定建设四所区域性敬老院，实行县建县管，进一步提升了敬老院的硬件设施和管理服务水平。

故城县中心敬老院

武官寨敬老院：位于武官寨镇马庄村，占地面积 7 亩，建筑面积 1800 平方米，于 2008 年开工建设，2010 年 1 月投入使用，总投资 230 万元。共有 48 个房间，130 张床位，有工作人员 13 人。2013 年，省民政厅命名一星级敬老院。

夏庄敬老院：位于夏庄镇村，占地面积 8 亩，建筑面积 1100 平方米，于 2008 年改扩建设，2010 年 1 月投入使用，总投资 150 万元。共有 41 个房间，110 张床位，有工作人员 11 人。

中心敬老院：位于郑口镇五户村，占地面积 20 亩，建筑面积 2700 平方米，于 2009 年开工建设，2011 年 1 月投入使用，总投资 500 万元。共有 52 个房间，140 张床位，有工作人员 12 人。2013 年省民政厅命名一星级敬老院。

杏基敬老院：位于郑口镇前响沟村，占地面积 8 亩，建筑面积 2100 平方米，于 2010 年建设，2013 年 1 月，投入使用，总投资 230 万元。共有 66 个房间，130 张床位，有工作人员 8 人。

故城县老年公寓：2017 年 5 月，项目开工建设，该项目建设地点位于郑口镇大坛村，扬帆大街与工业路交叉口西南，项目占地面积5.3亩，建筑面积6500平方米，新建老年公寓宿舍楼1栋，地上7层、地下1层，框架结构，设计床位150张。建设给排水、供电、消防、采暖、绿化等公用配套设施。地下1层为设备房、1～2层办公用房、地上3～7层为老年人用房。该项目总投资1500万元，上级拨付建设资金600万元。

心怡天健养老公寓：2017年6月，项目开工建设，该项目建设地点位于衡德工业园，占地面积5.88亩，建设面积5200平方米，设计床位110张。建有一栋6层主体楼，一栋三层附属楼。2018年7月，主体工程建设完工。该项目总投资1250万元，其中上级拨款644万元。

第六节　婚姻登记

实行婚姻登记，是区别新旧婚姻制度的显著标志之一。旧政权对有关人民健康、家庭幸福、人口素质的婚姻大事不重视。存在包办强迫、男尊女卑、漠视子女利益的封建主义婚姻家庭制度。

中华人民共和国成立初期，故城县广泛宣传贯彻《中华人民共和国婚姻法》，改革旧的婚姻家庭制度，废除封建婚姻制度，男女结婚、离婚或复婚受到法律保护。同时明确规定男女结婚，须持村公所介绍信、健康证明，男女双方一起到区公所登记，区管理人员审查，用毛笔书写结婚证，加盖公章，发予男女双方。

县下行政机构虽经区、乡（镇）、公社变化，婚姻登记工作始终由县下基层政府管理，由秘书办理。城镇非农业户口则由县民政部门管理，由办公室办理。为加强对婚姻登记工作管理，1987年，故城县政府转发县民政局关于要求婚姻登记工作实行对口管理的报告后，乡（镇）结婚登记由县民政助理员办理，并启用婚姻登记专用钢印。其间先后两次培训婚姻登记人员，业务素质有明显提高。通过对《中华人民共和国婚姻法》《婚姻登记办法》宣传，群众懂法、守法自觉性显著增强，故城县婚姻登记工作呈现良好局面。

1978年，农业人口在户籍所在地的乡镇民政所办理登记手续，故城县非农业人口在县民政局办理登记手续。1981年1月起，执行修订的《中华人民共和国婚姻法》，男性年满22周岁、女性年满20周岁为结婚登记最低年龄。1985年，婚姻登记管理工作移交县民政局办理，建立了婚姻登记档案。1987年，婚姻登记要求当事人提供的证件为：双方居民身份证或户籍证明；所在单位或村委会（居委会）出具的写明本人出生年月和婚姻状况的证明，离过婚的还持离婚证件。1991年，规定的结婚登记年龄为：男性年满22周岁、女性年满20周岁。1994年，《婚姻登记管理条例》规定：户口证明、居民身份证、所在单位或村（居）民委员会出具的婚姻状况证明、婚前健康状况证明。2000年，婚姻登记推行婚检，婚姻登记需提供身份证、户口本原件、复印件、婚检证明及单位出具的婚姻状况证明。自2001年7月1日，县民政局成立婚姻登记处，负责婚姻登记管理。2003年10月1日，新的《婚姻登记条例》规定男女双方持户口证明和身份证，不再需要单位证明和婚前健康检查证明。是年1月，成立了故城县婚姻服务处，组织婚姻当事人观看婚前教育录像，进行婚前教育，提供结婚证照、婚前教育手册、结婚证盒等服务。婚姻登记2015年1月始，全省范围内免收婚姻登记工本费。2018年，根据河北省民政厅《关于全省婚姻登记机构为当事人免费复印存档材料的通知》（冀民函〔2018〕83号）要求，故城县民政局婚姻登记处，自2018年6月1日起，免费为当事人复印身份证、户口簿等存档材料。

1959年的结婚证

1987—2018年，故城县共办理结婚登记手续106333对，年均3322对。最多年份是2008年，为5032对；最少年份是1987年，为1121对。同期办理离婚登记手续共9822对，年均306对。最多年份是2018年，共1117对；最少年份是1987年，共16对。离婚率呈上升趋势，2018年与1987年相比，增长近70倍。

1980—2018 年故城县婚姻登记情况统计表

表 18-21　　　　单位：对

年　份	准予结婚	准予离婚登记	年　份	准予结婚登记	准予离婚登记
1980	2125	—	2000	3528	136
1981	2074	—	2001	3879	127
1982	2211	—	2002	3769	147
1983	2413	2	2003	3943	154
1984	2549	3	2004	4261	196
1985	2407	—	2005	4835	183
1986	2485	4	2006	4204	236
1987	1121	16	2007	5032	298
1988	1146	34	2008	4686	343
1989	1627	51	2009	4616	527
1990	1783	49	2010	5010	488
1991	2348	58	2011	5943	644
1992	1874	61	2012	5597	579
1993	2021	49	2013	4540	654
1994	2166	52	2014	3412	649
1995	2456	73	2015	3686	762
1996	2873	79	2016	3211	893
1997	3027	101	2017	2784	1017
1998	2973	98	2018	2656	1117
1999	3621	104			

第七节　殡葬改革

殡葬改革是党和政府一贯倡导的社会改革，通过宣传，不仅有利于建立科学、文明、健康的生活方式，促进社会进步，也有利于促进社会风气的好转。同时是保护中华民族生存环境和生存条件的迫切需要。

1985 年，故城县召开殡葬改革会议，调整各级殡葬改革组织。1987 年，故城县各级成立红、白理事会。1998 年 4 月，故城县召开殡葬改革工作会议，在故城县推行以火葬为主要内容的殡葬改革工作。县委、县政府成立殡葬改革工作领导小组，各乡镇也成立相应的组织，殡葬改革工作在故城县展开。是年，民政局投资 40 余万元对县火化厂进行整修，添置了新型火化炉。1999 年春，故城县统一行动，开展了平坟复耕工作，并取得明显成效。由于缺乏骨灰堂、骨灰公墓等配套设施，和“入土为安”“动祖坟为不孝之举”等传统思想的影响，“二次装棺”、坟头堆建等现象反弹。2000 年，民政局在县电视台开辟专栏，宣传殡葬改革的好处，同时利用宣传车、广播喇叭、墙体标语等多种形式宣传殡葬法规。加大制止丧事大操大办的力度，部分乡镇取缔吹唱队，对办理丧事的规模给予限制，消除群众办理丧事的攀比思想，减轻了群众经济负担。

2002—2018 年开展殡仪馆火化炉和焚烧炉排

放不达标专项治理工作，安装总投资185万元的环保设施，改造焚烧炉3台，增加环保遗物焚烧炉、环保祭品焚烧炉等设备，确保废气排放达到《大气污染物综合排放标准》（GB13801-2015）要求。

第八节　地名管理

一、管理机构

1982年成立县地名委员会，常设办公室，挂靠县政府办公室。1986年县地方志办公室成立后，县地名办公室与之合署办公。1992年4月，县地名办公室划归县民政局。

二、地名工作

1987—2018年，依照上级有关地名管理法规，推进地名管理规范化建设，1996年始，地名命名更名工作由城镇向农村延伸。

地名命名与更名　基本控制有地无名、一地多名、一名多写、随意命名现象，到2018年年末，陆续对县城区内（除主干街路）的胡同、巷、居民小区（楼院）等进行了标准化命名或更名。对县城区主干街道、休闲场所、桥梁进行了标准化地名命名或更名。

地名标志设置　域内普遍设置县城主干街路在内的各类地名标牌，陆续设置县境内沿干线公路两侧农村村标。完成538个行政村村名设标。1992年，县政府发布《故城县地名标志管护规定》，为地名管理确立了法规依据。是年，开始设置、安装国道、省道、县道标志。1997年12月，编印《县城党政机关和居民住户门牌号码图录》，在县城主要路街设置标志。2018年，故城县538个行政村进出村主干道路设置标准化村庄标识牌。

县域地图绘制　1993年，在首次地名普查取得各类标准地名的基础上，以国家航测蓝图资料为准，绘制出版彩色大对开张挂式《故城县地图》，版面含有县全境图、县城区图，为故城县第一次标准绘制出版的地图，填补故城县无标准地图的空白。1996年，根据扩乡并镇后乡镇行政区划发生变动的新情况，改版绘制出版与前同比例规格彩色《故城县地图》。2004年，绘制出版《故城县区划地名图》。

地名资料撰写　1981年6月，故城县开展地名普查工作，对故城县1116条地名的现状和历史进行了全面调查。1982年，出版《故城县地名资料汇编》。1996年，为国家编纂《中华人民共和国县乡大辞典》，撰写县、乡（镇）政区地名词目释文9篇，约6000余言。1997年，为省编绘出版《河北省地图》征集县、乡、村等标准地名500余条，是年12月，按省、市要求，对故城县13个乡（镇）、538个行政村名称用字及读音，进行审定并上报有关部门。为加强地名资料档案管理，更好地为社会服务，开展地名咨询，2000年，县民政局建立县地名资料档案室，2015年，出版《河北省政区大典》，2017—2018年，出版《第二次全国地名普查地名成果表》。

第八章　扶贫脱贫

中华人民共和国成立后，各级政府每年拨出一部分公积金、公益金，对生活贫困群众进行救济。1953—1965年，共拨放返销粮2667万公斤，1961—1965年，共拨款37万元，1980—1983年，共拨款35万元，涉及12066户、66887人。

1984年，由县民政局牵头，由有关部门筹措一定款物，对有脱贫能力贫困户（人均收入120元以下者）的农业生产、家庭副业等进行扶持。故城县各乡（镇）全面开展扶贫工作。故城县时有贫困户10080户，占故城县总户数的12%，44352人，占总人口的11.5%。其中无脱贫能力者2052户、8608人。至1987年，故城县共扶持7102户贫困户，已脱贫5253户。涉有种植、养殖、加工、运输等业。共创办14个扶贫经济实体、30个扶贫联合体、4个扶贫福利厂。

20世纪90年代，贫富差距不断拉大，城镇、农村存在大量低收入人群。2012年，故城县被列为省级扶贫开发重点县。故城县扶贫工作以产业扶贫、贫困村基础设施建设、扶贫培训、小额贴息贷款等举措入手逐步展开扶贫脱贫工作。2017

年，深入贯彻落实中央“精准扶贫、精准脱贫”基本方略，着力构建专项扶贫、行业扶贫和社会扶贫“三位一体”的扶贫格局。2018年4月，举全县之力扶贫脱贫攻坚，以脱贫攻坚统揽经济社会发展全局，统筹打好产业扶贫、就业扶贫、金融扶贫、科技扶贫、文化扶贫五大“组合拳”，促进和支撑贫困户长效稳定增收。是年，实现高质量脱贫摘帽。故城县“百企帮百村、助力村企共建”典型做法入选全国十大优秀扶贫案例。

县委书记彭晓明、副书记师东升调研扶贫工作

第一节　贫困识别纳入

2012年，贫困识别纳入程序尚不完善，识别纳入的贫困户较多，存在个别贫困户识别不精准的问题。2014年，通过建档立卡，识别确定贫困村142个，贫困户3.38万户，贫困人口7.87万人，贫困发生率18.2%。2017年8月，开展农村贫困人口建档立卡“回头看”工作，识别贫困户2638户5589人，脱贫贫困户2371户3901人。2018年5月，开展扶贫脱贫基础工作规范提升，识别纳入严格遵循“两公示、一比对、一公告”，认真开展贫困人口数据信息比对工作，做实每个环节、做细每个步骤，并广泛动员各村党员群众对比对结果进行评议审核，做到了应纳尽纳、应退尽退。2018年年末，未退出贫困村1个，未脱贫户4687户、9562人。

2014年故城县建档立卡贫困村一览表

表18-22

乡　镇	建档立卡贫困村
郑口镇	贾黄村、翟杏基、前响沟、后响沟、五户、大杏基、师黄村、前排、西排、后排、刘辛庄、小街子、高庄、西夏庄、温庄、杜坟、刘古庄、东南屯、西南屯、高东、高西、高中、李庄、前野庄、后野庄
青罕镇	白庙、南官庄、裴庄、骑马寺、青罕、陈庄
故城镇	周庄、南二屯、贾别王、马厂、霍廖庄、西十里铺、小屯
夏庄镇	大曹庄、西殷庄、西第三、东第三、四新、瑞谷村、大刘庄、骆庄、大第五、杨坞
里老乡	梁庄、周鸭鹅、皮婆屯、李鸭鹅、刘庄、小马坊
辛庄乡	李仙寨、高小营、万小麻、西辛庄、东三务、前孟疃、牛卧庄
房庄乡	霍梧茂、堤口、刘阜、南獐鹿、北獐鹿、后吴村、王庄、南林子、乜宁村、大梧茂、大月庄、董学、鹿豕、西京村、庞庄、小庙
三朗乡	东牟村、南镇、居召村、李长林、后土营、张田村、朱往驿
饶阳店镇	南马村、北仁庄、西镇、黄官屯、北马后、北马前、水东屯
武官寨镇	齐庄、苏庄、冯庄、军王庙、东孟庄、周楼、张庄、大店、后屯、张尧头、李尧头、杨五头、梁庄、柴庄、张洪屯、杨刘庄、五台坡、垂麦、付官屯、马庄、前屯、后花园、北半屯
西半屯镇	前孝兰、瓦子庄、西半屯、南梁庄、孙庄、随庄、盐厂、何刘屯、时庙、天水屯、张庄
建国镇	南陈庄、罗马庄、徐店、马寺、齐庄、程村、吕华、姜圈、徐尧、燕庄、藏庄
军屯镇	小辛庄、徐里村、张里村、庄科、大辛庄、军屯

第二节 扶贫责任分工

县级体制机制 2018年，调整充实县扶贫开发和脱贫工作领导小组，实行书记、县长“双组长”制，县党政领导班子全员纳入，吸收49个县直部门、13个乡镇主要负责人参加，负责故城县扶贫脱贫工作重大决策部署和重点问题研判处理。领导小组下设办公室和40个具体工作推进落实组。

逐级明确责任 全体县级干部对分管领域和分包乡、村的扶贫脱贫工作负重要领导责任；乡镇党委政府对本地扶贫脱贫工作负主体责任，乡镇党政主要负责人和分管副职负主要领导责任；帮扶部门“一把手”与所派驻村工作队长同岗同责，有功同奖，有责同罚；驻村工作队、镇村干部对所驻所包村负直接帮扶责任；2879名县乡局机关驻村工作队员、帮扶责任人对所包贫困村户负具体帮扶责任，形成了三级联动、全员参与的大扶贫责任落实格局。

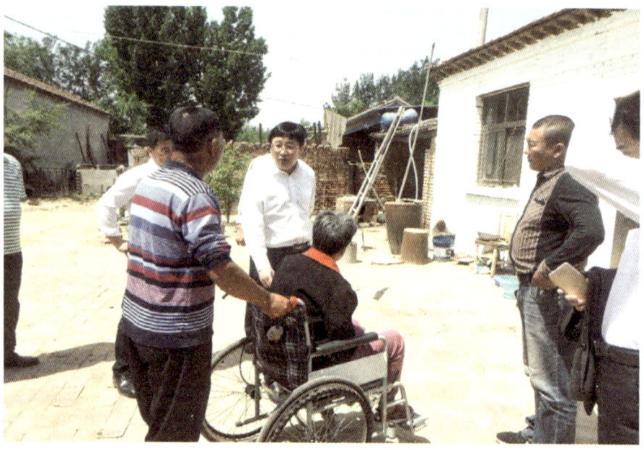

县长王立峰深入贫困户了解脱贫情况

强化督导考核 2016年，县委、县政府制定出台《扶贫工作考核办法》，把扶贫脱贫成效作为各级领导班子和领导干部的重要考核指标，充分调动了党员干部的积极性。2018年，研究制定《扶贫脱贫攻坚工作考核问责办法》《驻村工作队考核奖惩办法》《帮扶责任人考核奖惩办法》等3个考核文件，对乡局班子、驻村工作队、帮扶责任人定期进行考核。出台《脱贫攻坚战督导巡察问责办法》，建立“专职队伍督导巡察、党政督查室督查、新闻媒体暗访暗查”等3重督查体系：县纪委牵头组建8个督导巡察小组，以巡视巡察的方式，进行全覆盖常态化督导巡察；县“两办”督查室针对突出问题、共性问题、反复问题，进村入户，核查复查。

健全规章制度 2018年，故城县各级各部门共制定修订各类制度性文件166件。特别是以加强扶贫资金动态监管为重点，配套出台《推进脱贫攻坚统筹整合使用财政涉农资金管理办法》《全面加强各级各类扶贫资金管理的实施意见》等5个制度性文件，建立扶贫资金动态管理电子平台，对扶贫项目进展即时跟踪监控，发现问题及时预警、挂账督办，有效保障相关项目的进度和质量。

第三节 扶贫资金

2012年，故城县年度财政扶贫资金共1304.3万元，其中，中央财政专项扶贫资金885万元，省级财政专项扶贫资金217.3万元，县本级投入专项扶贫资金202万元。

2013年，故城县年度扶贫资金规模1807万元，其中，中央财政专项扶贫资金1414万元，省级财政专项扶贫资金123万元，县本级投入专项扶贫资金270万元，年度增长33.7%。是年，成立故城县农户自立服务社，通过开展农户小额信贷业务，以缓解贫困农户发展种植、养殖项目资金难问题，鼓励贫困农户通过发展产业脱贫致富。

2014年，故城县年度扶贫资金规模2918万元，其中，中央财政专项扶贫资金716万元，省级财政专项扶贫资金1812万元，县本级投入专项扶贫资金390万元，年度增长44.4%。

2015年，故城县年度扶贫资金规模3730.5万元，其中，中央财政专项扶贫资金1728万元，省级财政专项扶贫资金1324.5万元，市级财政扶贫资金18万元，县本级投入专项扶贫资金660万元，年度增长69.2%。

2016年，故城县年度扶贫资金规模10995.18万元，其中，中央财政专项扶贫资金2762万元，省级财政专项扶贫资金845万元、市级扶贫资金278万元、整合其他涉农资金6440.18万元，县本级投入专项扶贫资金670万元，年度增长1.52%。

2017年，故城县年度扶贫资金规模21326.75万元，其中，中央专项扶贫资金3553万元，省级财政专项扶贫资金837万元、市级扶贫资金298万元、整合其他涉农资金15898.75万元，县本级投入专项扶贫资金740万元，年度增长10.4%。

2018年，故城县年度扶贫资金规模8685万元，其中，中央专项扶贫资金2060万元，整合其他涉农资金5775万元，县本级投入专项扶贫资金850万元，年度增长14.9%。

第四节　社会扶贫

故城县扶贫工作在发挥政府主导作用的同时，积极发动骨干企业、群团组织等社会各界力量，同频共振，协同发力，助推脱贫攻坚。

企业扶贫　将县内131家骨干企业与142个贫困村、13个乡镇、35名县级领导干部紧密联接，政府搭台，企业唱戏，村户参与，充分发挥各自优势和特点，互帮互助，促进发展，实现共赢。通过互利合作，各贫困村年集体收入全部达2.4万元以上，并带动了一批贫困户和边缘户就业增收。

群团扶贫　县工会将358名贫困农民工纳入工会组织，开展普惠化服务，全部免费办理“医疗互助一日捐”，使其住院治疗可享受300元到3万元不等的医疗救助。团县委为400余名建档立卡贫困家庭14周岁以内的儿童，帮办申报了2018年河北共青团精准扶贫“健康宝贝成长计划”保险项目。县妇联组织开展“巾帼脱贫攻坚”活动，引导贫困家庭妇女树立脱贫信心，帮助寻找致富门路；组织故城女企业家协会救助贫困母亲20名、贫困儿童30名，发放救助金近3万元；开展北斗关爱新行动——关爱留守儿童公益活动，为近千名留守和困难儿童发放总价值30余万元的安全礼包。

“学雷锋志愿者”零距离关爱贫困患者

社会捐助　故城一批爱心志愿者资助贫困家庭学生80多人，对70多个特困家庭长期帮扶，向100多名贫困群众捐助了生活用品。60多名青年志愿者义务服务贫困群众120多人。一大批人大代表、政协委员主动与贫困村户结对帮扶，通过生活救助、就业帮扶、捐资助学等方式，帮助贫困群众克服困难、树立信心。

社会帮扶　2013年，省市安排帮扶单位17个（省级2个、市级15个）对口帮扶故城县18个扶贫工作重点村。各帮扶工作队为帮扶村制定了可行的发展规划，并协调投入资金200万元用于改善帮扶村基础设施建设。

第五节　政策落实

故城县扶贫脱贫工作，重点抓好扶贫政策的落实。

健康扶贫　精细落实医疗保障、健康扶贫、大病保险等政策，有效解决了贫困人口因病致贫、因病返贫问题。9562名贫困人口基本医疗保险参保率100%，政府代缴率100%。全面落实县域内定点医院住院“先诊疗后付费”和“一站式”报销结算。对所有贫困人口开展免费体检。为4631人办理了慢性病认定手续，发放了门诊特殊疾病专用证。由县乡村830名医护人员组建74个家庭医生签约团队，对所有贫困户实现了家庭签约医生全覆盖。

教育扶贫　2018年，共资助建档立卡贫困学生1749人次，发放资助资金234.26万元。全面落实高等教育生源地助学贷款政策，共办理助学贷款63人、45.04万元，实现故城户籍高校贫困生资金需求全覆盖。落实“雨露计划”，资助建档立卡贫困学生274人次、40.8万元。义务教育阶段无一名学生因贫辍学。投资5067万元，对10所中小学进行了改扩建。

住房保障　2017—2018年，完成危房改造499户（其中建档立卡贫困户437户），各级投入资金809万元，其中省以上危改专项资金527.5万元，县级扶贫整合资金281.5万元，提前超额完成了危房改造工作。

兜底保障　2018年，农村最低生活保障标准由每人每年3600元提高到3900元，全年发放低保救助金1547.79万元，惠及3532户、5939人。农村特困人员供养标准由每人每年4320元提高到5100元，全年发放供养金860.4万元，惠及1611人。困难残疾人生活补贴由每人每月55元提高到66元，全年为2070名困难残疾人发放生活补贴147.1万元；重度残疾人护理补贴由每人每月50元提高到60元，全年为5043名重度残疾人发放护理补贴347.1万元。为建档立卡贫困人口代缴养老保险费76.06万元，贫困人口参保率100%、政府代缴率100%。

保险扶贫 2017年，县财政安排扶贫资金280.2万元，为故城县建档立卡贫困人口（集中供养的五保户除外）集体投保，险种包括疾病住院补助、意外身故、意外残疾、疾病身故、医保目录外药品和材料费用报销等，有效解决贫困人口因病、因意外致贫返贫问题。

第六节　五大扶贫

产业扶贫 2012年，制定了《故城县“十二五”扶贫开发规划》，重点推进设施蔬菜种植产业和以肉鸭养殖为主的绿色养殖产业。2018年，科学制定故城县种养产业三年扶贫发展规划，着力培育肉鸡、奶牛、生猪、中药材、蔬菜、杂粮杂豆、饲草、林下养殖八大扶贫种养产业，产业项目覆盖6809户，实现了建档立卡贫困户全覆盖。

就业扶贫 从贫困户千差万别的就业条件和就业需求出发，因户施策、因人而异，灵活务实推进三种就业模式：“用工企业＋技能培训＋贫困户”对口就业模式。对劳动能力较强、有一定生产技能的贫困户，协调服装服饰等劳动密集型企业提供就业岗位2100多个。开办劳动技能培训班13期，培训522人。开展贫困劳动力专场招聘会4次。通过多种渠道企业吸纳就业208人，劳务输出488人。“企业＋扶贫车间＋扶贫中转站＋贫困户”扶持就业模式。对不能外出的贫困户，组织佳霖手套、昊翔服饰、养元核桃等多家企业按照“宜建则建”“宜改则改”的原则，利用闲置校舍、厂房，建设扶贫车间、扶贫中转站29个，将适合分散生产的工序移至乡村，带动贫困群众居家就业230多人。“公益岗位＋贫困户”安置就业模式。对劳动能力较弱的贫困户，2018年县财政投入467.4万元，开发保洁、护林等公益性岗位，安置就业1069人，人均年可增收7200元。

金融扶贫 县级财政投入3300万元风险补偿金，与承办银行签订了风险分担协议，为建档立卡贫困户获得扶贫小额信贷提供风险保障。“政府＋银行＋农业龙头企业＋保险公司＋贫困户”协调联动，创新实施“政府增信、户贷购牛、企业代养、企业投保、财政贴息、户得利益、户还本息”的“金奶牛”扶贫模式，带动贫困群众发展奶牛养殖产业。2018年，共发放“金奶牛”扶贫信贷4035万元，带动824个贫困户增收322.8万元。全年累计发放扶贫小额信贷4196.5万元，带动881个建档立卡贫困户增收331.2万元。2018年，贴息87120元。

科技扶贫 实施项目拉动。申报并立项实施2个省级农业科技转化项目，其中“棉花新品种邯218中试与示范”项目，繁种面积5000亩，区域示范田10万亩，亩均增收150元；“红小豆新品种冀红16号”种植面积1.5万亩，亩均增收70～80元。两个项目带动12600多农户，其中贫困户130多户。实施平台带动。建成农业科技小巨人企业5家、省级“星创天地”4家、市级农业科技园区1个。通过平台引进农业新品种14项，示范、推广色素用紫薯、冀酿2号红高粱、盛丰优质绿芦笋、太空2008优质草莓等新品种1.6万亩，亩均增收3200多元，带动530多户贫困群众从中获得土地流转和务工收入760多万元。开展培训扶智。选派30名一线农业科技特派员组成13个小组，分包故城县142个贫困村，开展农业技术培训、指导服务。

文化扶贫 每周在各贫困村组织一次“扶志扶智”夜校，将扶贫政策、帮扶措施、脱贫典型和自强精神深深根植于贫困群众心脑。2018年，共组织“扶志扶智”夜校2000多场次。广泛开展文化下乡活动，举办文化惠民演出54场次。

第七节　驻村帮扶

2012年，驻村工作队充分发挥一线作战作用。至2016年，24个市级工作队、118个县级工作队全部入驻142个贫困村，实现了村村都有帮扶队、户户都有帮扶责任人。

2018年，制定出台《故城县扶贫脱贫驻村干部管理办法》《故城县贫困户帮扶责任人管理办法》，选派工作队118个、驻村干部354名。118名驻村工作队长，科级以上干部51名，占比43%；事业及国企单位中层以上干部19名，占比16%；后备干部48名，占比41%，均具有较强的组织协调能力。354名驻村干部，35岁以下的69人，占比20%；35岁～50岁的221人，占比62%；50岁以上的64人，占比18%，经验丰富、年富力强的干部成为中坚力量。是年，县财政列支944万元，为118个县派驻村工作队全部按标准落实了8万元工作经费。县委组织部、县财政局联合制发《扶贫脱贫驻村工作队工作经费管理使用办法》，确保工作经费管理规范、发放使用有序。按照每人140元标准为驻村干部缴纳了意外保险。县委组织部协调县医院，每年12月为驻村干部体检。

第八节　减贫成效

减贫任务完成　2014年脱贫5139户14658人；2015年脱贫6196户14952人；2016年贫困村退出30个，脱贫10291户22477人；2017年贫困村退出51个，脱贫1546户2932人；2018年贫困村退出60个，脱贫2002户3810人。

农民收入增长　2015年，故城县农民人均可支配收入8447元，同比增长11.8%；2016年达9503元，同比增长12.5%；2017年达10662元，同比增长12.2%；2018年，达9389元，同比增长13.9%。

2016年故城县建档立卡贫困村退出一览表

表18-23

乡　镇	退出贫困村
郑口镇	贾黄村、翟杏基、前响沟、后响沟、五户
青罕镇	白庙、南官庄、裴庄、骑马寺
故城镇	周庄、南二屯、贾别王
里老乡	梁庄
房庄镇	霍梧茂、堤口、刘皋
三朗镇	东牟村
饶阳店镇	南马村
武官寨镇	齐庄、苏庄、冯庄、军王庙、东孟庄
西半屯镇	前孝兰、瓦子庄、西半屯
建国镇	南陈庄、罗马庄、徐店
军屯镇	小辛庄

2017年故城县建档立卡贫困村退出一览表

表18-24

乡　镇	退出贫困村
郑口镇	大杏基、师黄村、前排、西排、后排、刘辛庄
青罕镇	青罕
故城镇	马厂

续表 18-24

乡　镇	退出贫困村
夏 庄 镇	大曹庄、西殷庄、西第三、东第三、四新
里 老 乡	周鸭鹅、皮婆屯、李鸭鹅
辛 庄 乡	李仙寨、高小营、万小麻、西辛庄
房 庄 镇	南獐鹿、北獐鹿、后吴村、王庄、南林子、乜宁村
三 朗 镇	南镇、居召村、李长林
饶阳店镇	北仁庄、西镇、黄官屯
武官寨镇	周楼、张庄、大店、后屯、张尧头、李尧头、杨五头、梁庄、柴庄
西半屯镇	南梁庄、孙庄、随庄、盐厂
建 国 镇	马寺、齐庄、程村、吕华
军 屯 镇	徐里村、张里村

2018 年故城县建档立卡贫困村退出一览表

表 18-25

乡　镇	退出贫困村
郑 口 镇	小街子、高庄、西夏庄、温庄、杜坟、刘古庄、东南屯、西南屯、高东、高西、高中、李庄、前野庄、后野庄
青 罕 镇	陈庄
故 城 镇	霍廖庄、西十里铺、小屯
夏 庄 镇	瑞谷村、大刘庄、骆庄、大第五
里 老 乡	刘庄、小马坊
辛 庄 乡	东三务、前孟疃、牛卧庄
房 庄 镇	大梧茂、大月庄、董学、鹿豕、西京村、庞庄、小庙
三 朗 镇	后土营、张田村、朱往驿
饶阳店镇	北马后、北马前、水东屯
武官寨镇	张洪屯、杨刘庄、五台坡、垂麦、付官屯、马庄、前屯、后花园、北半屯
西半屯镇	何刘屯、时庙、天水屯、张庄
建 国 镇	姜圈、徐尧、燕庄、藏庄
军 屯 镇	庄科、大辛庄、军屯

第九章　安全生产管理

安全生产重于泰山，中华人民共和国成立初期，故城县建立安全生产委员会。中共十一届三中全会后，建立安全监察机构进行安全检查。20 世纪 90 年代，建立安全责任制，实行安全生产抵

街头安全生产宣传活动

押金制度，并相继建立安全科室，完善安全生产制度，安全生产纳入法治化。2004年，成立故城县安全生产监督管理局后建立县、乡镇、村和政府、主管部门、企业为主的三级安全生产管理制度。2007年组建故城县安全生产监察大队。加强安全生产执法监察。2018年，调整安委会，采用分级负责制，明确监管职责，领导制度进一步加强。对重点区域有效管控，对问题隐患落实整改。严格执法检查力度，为全县社会经济高质量快速发展创造了安全稳定的环境。

第一节 机构沿革

20世纪50—60年代，故城县建立安全生产委员会，各单位成立安全生产领导小组，制定安全公约，不定期进行安全生产联查。1978年，国务院下发《关于加强劳动保护通知》，故城县在劳动行政部门建立劳动安全监察机构，并进行安全检查。1987年，故城县安全生产由故城县安全生产委员会管理，办公室设在县劳动局。

1990年县内各大企业先后建立厂长为第一责任人的安全制度。1993年，安全生产纳入法治化、制度化管理的轨道。1995年，县安全生产委员会制发了《故城县安全生产责任目标管理办法》，实行安全生产风险抵押金制度。1998年，各企业相继建立安全科室，设专职安全人员110人，兼职安全员230人，班组安全员200余人。县以上集体和全民企业均建立安全机构和安全生产规章制度；伤亡事故的统计、报告、调整处理步入法制轨道。

2004年，成立故城县安全生产监督管理局，正科级行政单位。全县建立县、乡、村和政府、主管部门、企业两条线为主的三级安全生产管理制度，对全县存在重大安全隐患的单位进行查封、整改。2007年组建故城县安全生产监察大队，副科级全额拨款事业机构，负责全县安全生产日常执法监察，参与重特大安全事故调查处理等工作。2018年，调整县安委会，县委书记任第一主任，县长任主任，有关副县级领导为副主任，主管副县长担任安委办主任，安监局局长为县安委办常务副主任，各成员单位一把手为成员，领导力度进一步加强。全县13个乡镇、3个工业园区全部成立了由党政主要领导负总责的安全生产委员会，538个行政村逐村明确了安全员。县安委会各成员单位都成立了一把手为安全生产第一责任人的安全生产管理机构，明确了主管副职、责任科室和直接责任人。

县委、县政府定期召开常委会、常务会，学习相关法律，听取工作汇报，安排部署工作，主要领导定期调研、督导、检查实施领导包联制度，县级领导包联乡镇园区及所有高危行业企业、规模以上企业，定期开展督查暗访。是年，排查企业289家，整改隐患477处。督促整改火灾隐患2802处。

第二节 安全生产监督

1990年开展“安全周”活动。1991年，推行安全生产责任制，明确企业法人代表为安全生产第一责任人。1998年6月，积极组织“安全生产月”“安全生产宣传周”“安全生产咨询日”等宣传教育活动，定期或不定期地开展专项治理，清隐患、堵漏洞，确保安全生产。

2007年，开展“企业法人安全生产承诺”活动，200多家企业签订“安全生产承诺书”，山水水泥制品有限公司被评为省级“安全生产承诺先进单位”。2008年开展“安全生产星级企业创建”活动，16家企业被市政府评为安全生产星级企业。

2009年，督促企业采用新技术、新工艺，增加安全投入，改善工人劳动环境和工作条件。王元子烟花爆竹厂投资120万元进行了工房、仓库扩建和路面硬化，时庙花炮厂投资50多万元增加安全设施和路面硬化。

2011年，完善责任体系，落实一岗双责。严格实行安全生产工作由党委负总责，政府主要领导负直接责任，其他党政领导“一岗双责”，各乡镇、各有关部门主要负责人为安全生产第一责任人，上下齐抓共管的安全生产责任机制。出台《故城县安全生产委员会组成及职责》和《故城县安全生产监督管理工作及分工规定》，明确各乡镇、各部门职能职责，确保各行各业、各个层面都能得到有效监管。县政府与13个乡镇、25个部门签订安全生产目标责任书，并将控制目标纳入年度考核内容，实行一票否决。按照“四不放过”的原则，加大对责任事故的调查处理和问责力度。

2012年，对4处重大危险源基本情况进行登记，建立台账，实行分级监控，动态监管。72家企业完成了网上申报备案。提升应急救援水平。进一步完善了应急救援预案的编制和修订工作。

2013年，深入推进安全生产标准化、应急救援体系建设，职业健康、重大危险源等各项工作，努力实现安全监管无缝隙全覆盖。完成标准化企业3家。近4000人接受安全教育。150家职业危害企业完成了网上申报。2014年，进一步健全责任体系。严格落实安全生产“党政同责”“一岗双责”，实现齐抓共管。印发《关于落实安全生产“党政同责”“一岗双责”的意见》，并逐级落实，形成齐抓共管的良好局面。进一步加强基层安监机构建设，各乡镇、各园区都成立安监站。开展安全生产承诺制建设，督促企业法人履行安全生产第一责任人责任，提升企业本质安全水平。深入开展“1+1”“六打六治”、特种设备、涉爆粉尘行业、油气管道等重点行业的专项整治活动。

2015年，按照“五级五覆盖”的要求进一步明确了党委、政府的安全生产职责，严格落实安全生产“党政同责”“一岗双责”，强化“属地管理”“三个必须”，形成齐抓共管。各乡镇、园区安监站近40人参加委托执法培训，取得委托执法资格。2016年，扎实开展了安全生产攻坚行动和安全生产大检查、“风暴行动”“打非治违”百日攻坚行动、“利剑行动”等专项整治，有效遏制了事故发生。2017年，将安全生产监管执法纳入县财政保障范围，足额拨付经费31万元。县安监局安全监管岗位津贴全部落实到位。制定《故城县生产经营单位安全生产主体责任落实“攻坚年”实施方案》，邀请省安全生产专家对全县140余家重点企业负责人进行了落实主体责任方面的培训。成立2个督查组，加强督查，消除安全隐患281处。

2018年，认真贯彻落实中共十九大精神，牢固树立安全发展理念，强化红线，坚守底线，警钟长鸣，常抓不懈，深入推动各项工作落实，安全生产事故零发生。

按照“三个必须”和“谁主管、谁负责”的要求，梳理、规范了26个职能部门的103项安全生产工作职责，制定了责任清单。共检查企业215家次，查处隐患863处，立案92起，处罚60.13万元，责令停产企业1家。

第十章　管理机构

第一节　编制机构

1983年，人事局和劳动局合并为劳动人事局。1987年，于故城县劳动人事局设编制委员会办公室。2012年，从劳动人事局析出单独设置故城县机构编制委员会办公室。负责管理审核全县机构编制工作，审核结构设置人员编制职数核定等事宜。至2018年未变。

第二节　人事机构

新中国成立初期，干部由县委统一管理。1950年，县人民政府建人事监察署，1951年，县人民政府秘书室含人事科，1953年，人事科独立，管理行政科级干部，一般干部由系统对口管理。“文化大革命”期间，全县在编干部归县革委政治部干部组、县委组织部管理。

1980 年，人事局成立，负责县直科局级以下干部管理。1983 年 12 月，人事局与劳动局合并，成立故城县劳动人事局。2002 年，更名为故城县人事劳动和社会保障局。2011 年 8 月更名为人力资源和社会保障局。2018 年，故城县人力资源和社会保障局内设机构 12 个：办公室、劳动监察股、基金监督和财务股、调解仲裁管理股、培训就业股、工资股、福利退休股、养老保险股、工伤医疗保险股、职称管理股、事业单位人员管理股、公务员管理股。下属事业单位 11 个：劳动监察大队、企业职工养老保险所、机关事业养老保险所、城乡居民医疗保险基金管理中心、城镇职工医疗保险基金管理中心、医疗保险稽查管理中心、农保中心、劳动就业服务局、人事考试培训中心、人才交流中心、劳动人事争议仲裁院。

第三节　行政审批机构

2004 年 7 月成立政务服务中心进行行政审批工作。2012 年 10 月，响应“承担审批职能的科室向行政服务中心集中、行政审批事项向电子政务平台集中，行政审批事项进驻大厅到位，审批授权，窗口到位，电子监察到位”的文件精神，成立新政府服务中心，全县 28 个部门入驻。2016 年 10 月，行政审批局正式挂牌运行。2018 年，设立公共服务中心、中介服务管理中心 2 个事业机构，与行政审批局形成“一局两中心”格局，承接全县 170 项行政审批业务。

第四节　外事侨务及机构

20 世纪 70 年代，故城县外事侨务工作由县革命委员会办公室负责。1980 年，故城县建外事侨务办公室，至 2002 年，隶属故城县政府办公室。2002 年 7 月，外事侨务办公室析为外事办公室和侨务办公室。2018 年，外事办公室属政府办公室科室单位，侨务办公室划归县委统战部管理。

第五节　档案机构

县档案馆建于 1956 年，设馆长 1 人。1980 年 5 月，中共故城县委建档案科，设副科长 1 人，与档案馆合署办公，工作人员 3 人。至 1984 年，档案设科长 1 人、副科长 2 人、工作人员 2 人。1986 年 4 月，中共故城县委档案科易名故城县档案局，归属县政府领导，与其他各委、办、局同级。设局长 1 人、副局长 2 人、工作人员 4 人。下设档案馆，仍与局合署办公。

1996 年，县档案局与档案馆合并，挂两块牌子，履行档案事业行政管理和故城县档案保管、利用两种职能。内设人秘、业务指导、档案管理股，行政编制 5 人，事业编制 9 人。2002 年，县档案局调整为县委、县政府直属事业机构，由县政府管理，授权行使故城县档案事业行政管理、执法和档案保管、利用两种职能。2002—2015 年，县档案局调整为县委、县政府直属事业机构，由县政府管理，授权行使故城县档案事业行政管理、执法和档案保管、利用两种职能。2015—2018 年，县档案局（馆）并入县人民政府办公室管理，挂故城县档案局牌子。

第六节　地方志机构

1985 年县政府建立地方志、地名委员会，是年，成立故城县地方志、地名办公室，挂靠政府办公室，为常设机构、事业编制。1988 年，地名办公室划归民政局，县政府专设地方志办公室（简称“方志办”）。1996 年，实行机构改革，地方志办公室定为政府办公室管理单位。2018 年，属县政府办公室管理。

第七节　民政机构

清代，故城县民政、人事事务由衙吏房执掌。中华民国期间县公署民政科负责域内民政事务，1939 年，抗日民主政府设民政科负责抗战动员优待抚恤等事务，1945 年，域内民政机构逐步健全，各区设民政助理人员，协助政府管理民政工作。中华人民共和国成立后，县政府设民政科负责社会救济、救灾等。“文化大革命”期间县革委会建民政组，承办民政卫生事项。1972 年 8 月民政、卫生分开。1973 年建民政局。1986 年始，各乡镇设专职民政助理员。1995—2000 年故城县民政局除各科室外，下属单位有光荣院、烈士陵园、地名委员会办公室、殡葬管理所等。2018年故城县民政局设12个股室：办公室、计财股、优抚股、安置办、社会福利和社会事务股、救灾救济股、城镇低保股、农村低保股、基层政权股、行政审批股、募捐委员会办公室、城镇特困人员救助股。下属事业单位11个：老龄办、殡仪馆、婚姻登记中心、中心敬老院、夏庄区域敬老院、杏基区域敬老院、武官寨区域敬老院、军离所、光荣院、县烈士陵园、冀南“四二九”烈士陵园。

第八节　安全生产管理机构

20世纪50—60年代，故城县成立安全生产委员会。1978年，在劳动行政部门建立劳动安全监察机构并进行安全检查。1987年，安全生产委员会办公室设在劳动局。1998年，域内各企业建立安全科室，设专职安全员。2004年，成立故城县安全生产监督管理局。2007年，组建安全生产监察大队。

第十九编 法 治

故城县司法机构古已有之。中华人民共和国成立后，人民司法机构逐步健全完善，公安局、检察院、法院共同执行国家法律，明确分工，各司其职，互相制约，司法局负责司法行政。为巩固人民民主专政，维护社会治安，保护国家、集体和个人财产及人民群众生命安全发挥重要作用。“文化大革命”期间，公、检、法实行军事管制。中共十一届三中全会后，公、检、法、司等机关逐步恢复，严格按照司法程序，依法处理各类案件，法治不断完善。至2018年，故城县政法部门围绕经济发展，强化政法队伍建设，行使各自职能，开展严打整治、扫黑除恶专项斗争，推进社会治安综合治理，维护社会稳定，为经济建设营造良好社会环境。

第一章 公 安

1940年秋，故城县抗日民主政府设公安科，下设公安队。后因斗争形势严峻，根据上级指示，公安科工作暂停。1942年6月，复建公安科，1945年6月，公安科随抗日民主政府迁驻郑口。是年9月，公安科易名为公安局。

中华人民共和国成立后，公安机关先后开展锄奸反特、镇压反革命、取缔会道门等一系列专项行动，为保卫新生民主政权做出贡献。在社会主义建设时期，在治安管理、户籍管理、特种行业管理、消防管理、羁押看守等方面逐步实现科学化、规范化、制度化。改革开放后，公安机关强化职责，服务发展，服务于民。

第一节 专项治理

锄奸反特 故城县抗日民主政府治安机构，围绕抗日斗争中心服务，进行锄奸反特，配合八路军反“扫荡”、反“围剿”，打击侵华日军。

抗日民主政府财政科原通信员张某廷叛变革命，投靠日军，出卖组织，多次为日伪军提供粮食等物资储藏地点的情报，给县抗日工作造成极大损失。1943年4月12日，公安人员李荣深化装进城，于郑口二道街首将其击毙。

反动党团登记 1949年，县人民政府建反动党、政、军、团、特骨干人员自首坦白办公室，各区设登记处。村治安员访问调查，广泛发动群众检举揭发，动员反动军政人员家属劝其亲属早日归案。通过一系列工作，大部分人员进行登记。

取缔反动会道门 1950年，县人民政府建取缔反动会道门工作指挥部。经查有一贯道、九宫道、圣贤道等65个会道门。据统计，仅一贯道有男徒1802人，女徒1458人。对罪大恶极者依法捕判和管制。

1972年11月，县公安局侦破一起反动道场门案，道首为瓦子庄公社西桥大队人。此道于县内已有300余年历史，发展到20余大队，道徒500余人，涉及枣强、南宫、威县、永年、曲周、鸡泽、武安、邯郸、肥乡等9个市县。案件侦破后，依法将道首和骨干分子捕判。

1984年，青罕乡石槽村圣贤道复活，县公安局于是年6月侦破该道复辟案。该道活动范围涉及景县、冀县、德州、黑龙江省甘南县。该道复辟后，发展道徒并散布反动言论。破案后逮捕道首，处理一批骨干分子。

20世纪90年代初，圣贤道、金真道等反动会道门残余妄图借实行对外开放、对内搞活之机，破坏经济建设，均被公安部门及时制止。90年代末，将绝大部分反动会道门组织摧毁。

21世纪，域内公安部门以正面宣传教育为主，结合各村镇社区进行严密防控，预防残余反动会道门地下活动，有效地维护了社会稳定。

禁赌 域内赌博方式主要有打麻将、推牌九、押宝、玩纸牌、搬点、砸金花等。人民生活富裕后，打麻将、玩纸牌成为人们一种普遍的消遣娱乐方式，但以营利为目的的赌博活动也日益蔓延泛滥。一些村庄赌博人员多、赌注大、时间长，严重影响正常的工作、生产和家庭生活，甚至加剧婚姻关系恶化。有些地方出现赌博集团、职业赌博者。县公安局组织干警进行查禁，并按相关规定对查出的参与赌博或为赌博提供条件者，处15日以下拘留，并视情节轻重并处3000元以下罚款，构成赌博犯罪的追究刑事责任。1991年起，每年春节前后开展以禁赌为中心的专项行动。至2018年年末，查处赌博违法人员近千人，端掉赌博窝点60余处，收缴赌资10万余元，罚款15.23万元。

打拐禁娼 20世纪80年代后期，县内流动人口大增，以盈利为目的的卖淫嫖娼活动抬头。1988年起，县公安局重点对容易发生卖淫嫖娼的场所进行治安检查和防范，一经查获卖淫嫖宿者，根据情节轻重给予15日以下拘留、警告、责令其悔过或劳动教养，并处以5000元以下罚款。对全县旅馆业和公共娱乐场所统一登记备案，共查处卖淫嫖娼案件81起，处理违法犯罪人员142人。2000年，清查县城娱乐服务场所113家，停业整顿25家。2006年，在全县范围内集中开展“扫黄打非”行动，查处卖淫、嫖娼案件3起，处理卖淫嫖娼人员4人。2013年以来，立拐卖妇女儿童案件25起，侦破16起，抓获违法犯罪分子36人，解救妇女儿童21人。

2018年，开展“加强娱乐服务场所管理，严厉打击卖淫嫖娼等违法犯罪活动”专项行动，查处卖淫嫖娼案件5起，出售淫秽物品案件1起，行政拘留12人。

信息网络安全监察 1994年起，公安机关负责全县计算机信息系统安全保护工作。1996年，成立计算机安全监察办公室并挂靠公安局通信科，对县内联网单位、家庭用户、网吧审核备案，与网吧经营业主签订安全责任书。2011年6月，故城县公安局网络安全保卫大队成立。主要职责是打击网络犯罪、舆情监控、维护网络信息安全。协调、监督、检查、指导域内党政机关和金融机构等重要部门公共信息网络和互联网的安全保护管理工作，以及计算机信息系统使用单位安全组织和安全员工作等。

2018年，全县共有网吧18家，全部安装监控设备和实名登记软件，并落实网吧各项安全管理措施。落实上网实名制，确保公安机关大情报平台网吧基础数据准确可靠，并通过自查、复查、交叉检查等方式督促网吧全面落实上网实名制，确保网吧上网实名率达100%，利用网吧实名系统抓获逃犯数名。

严打整治 根据1983年8月25日中央政治局做出的《关于严厉打击刑事犯罪活动的决定》和9月2日，全国人大常委会颁布的《关于严惩严重危害社会治安的犯罪分子的决定》《关于迅速审判严重危害社会治安的犯罪分子的程序的决定》，故城县严打整治行动于1983年9月迅速展开，重点打击流氓集团、抢劫、盗窃等犯罪活动，1983—1987年，破获各类刑事案件2286起。

1996年，通过严打整治解决域内较为突出的治安问题。1996—1999年，破获各类刑事案件2969件，社会治安明显好转。2000—2001年，增加网上追捕逃犯行动，提高了办案效率。2004年，严格依法从重从快打击黑恶势力、暴力和盗窃三类严重的治安犯罪，社会治安、群众安全感明显增强。

2008—2018年，持续开展严打整治专项斗争，共破获各类刑事案件4604起；抓获各类犯罪嫌疑人3066名。

清网行动 2011年，全体民警积极投入到为期8个月的“清网行动”中。抓获网上逃犯31名，抓获外省命案逃犯3名。

扫黑除恶　全国性扫黑除恶专项斗争始于2018年。故城县公安局把打击的锋芒直指人民群众反映最强烈，最深恶痛绝的各类黑恶势力。围绕土地项目、交通运输、涉赌场所、民间借贷、市场交易、建筑市场6个重点领域，推进专项斗争向纵深开展。全年刑事拘留涉恶类犯罪嫌疑人158名，逮捕114人，移送起诉136人，破案92起，打掉恶势力犯罪集团1个，恶势力团伙2个。

公安局举办扫黑除恶专项斗争成果展

附

会道门

会道门是中华人民共和国成立前反动统治集团所掌握利用的封建迷信组织。解放前，故城县有会道门及其同类组织65个、18215人，分布在全县大多村庄。其中会11个，即佛教会、泰山会、坐山会、还乡会、十字会、太阳会、黄沙会、扶栾会、红枪会、十五会、道德会；道22个，即一贯道、圣贤道、华山道、皈依道、雾会道、九宫道、金丹道、长生道、敬天道、陈爷道、朝元道、龙华道、无生道、乾古道、先天道、首元道、玉皇道、芙蓉道、礼祖道、金山道、恩农道、仙姑道；门21个，即重善门、老天门、后天门、洪都门、黑门、佛门、如意门、孔教门、金丹门、道场门、摸索门、讲道门、小红门、九三门、八卦门、三保门、绝户门、泰安门、狐仙门、盈道门、南海老母门；其他同类组织11个，有道德学社、同善社、一炷香、十大碗、家礼、老君佛、白灵教、秋玉皇、活鸡角、武场、青帮。

第二节　刑事犯罪侦查

一、刑警大队

刑警大队前身为刑侦大队，刑侦大队正式建立于1980年2月。1997年7月，预审股正式并入刑侦大队，实现真正意义上的“侦审”一体化。12月，按照公安部刑侦机构改革的统一部署，建立4个责任区中队和2个直属中队，形成“六队一室”的格局。是年，刑侦大队变更为刑事警察大队，简称刑警大队。2018年年末，刑警大队下设7个中队，其中含内勤中队1个，辖区中队3个（县城、城北、建国），职能中队3个（禁毒、图侦、技术），设大队办公室。

二、打击刑事犯罪

1987年，县公安机关加强对刑事犯罪的打击力度，有效地维护社会治安。1989年3月，县农行11万元现金被盗，刑侦大队连续工作260个日夜，破获此案，刑侦队被河北省公安厅记集体三等功。

20世纪90年代，随着经济的发展和对外交流的不断扩大，外来流动人口大量涌入故城县，杀人、绑架、抢劫、巨额诈骗等恶性案件时有发生；盗窃犯罪案件频发，主要盗窃摩托车，其次为拖拉机、三轮车、汽车；黄、赌犯罪十分猖獗。刑侦队以“破、追、打”为主攻方向，重视现行案件的侦破工作，相继侦破一批大案、要案，为群众挽回重大损失。

1997年10月，组建郑口、西半屯、故城、原隰4个驻乡中队，以及技术和特勤两个直属中队责任区刑警中队，增强快速反应能力。1998年年初，刑侦大队借鉴霸州经验，结合故城县实际，制定目标核发和记分管理办法，将工作任务量化分数，解决“干好干坏一个样，干与不干一个样”的问题，调动了干警们的工作积极性。

1999年7月，开展“追逃”严打斗争，共抓获各类犯罪分子127名，抓获公安部网上逃犯32人，居衡水市榜首。刑警大队被河北省公安厅记三等功。是年8月，县内发生特大分尸案，全体刑侦民警辗转行程上千公里，连续鏖战8昼夜，将此案破获。

2006年，在严打整治专项斗争中，共抓获各类犯罪嫌疑人103人，破获各类刑事案件230起。

2007年，在严打整治专项斗争中，共抓获各类犯罪嫌疑人96名，破获各类刑事案件210起。2008年，在严打整治“百日会战”中，共抓获各类犯罪嫌疑人119人，侦破命案12起，实现当年命案全部侦破。衡水市政法委在故城县召开命案侦破工作表彰现场会。

2008年，刑警大队侦破命案12起。连续工作三昼夜，侦破“11·23”出租车司机被杀案，抓获牛某（男，20岁，郑口镇西城镇村人）等3名犯罪嫌疑人。

2009年，刑警大队侦破各类刑事案件158起，抓获犯罪嫌疑人106名，打掉恶势力团伙3个，侦破命案6起。奋战两昼夜，成功抓获“7·15”杀人案犯罪嫌疑人李某某（绰号“三英”，男，23岁，郑口镇大坛村人）。

2010年，刑警大队侦破各类刑事案件236起，抓获各类逃犯102名。侦破命案4起。侦破省厅督办的张某系列抢劫出租汽车案。

2011年，刑警大队侦破各类刑事案件1322起，抓获犯罪嫌疑人626名，侦破命案5起。侦破孙某峰、刘某持枪抢劫、绑架案。

2012年，刑警大队侦破各类刑事案件360起，抓获犯罪嫌疑人160名，侦破命案4起。连续奋战15个昼夜，侦破“4·17”恶性杀人案，5月3日，将凶手王某（男，25岁，山东省临邑县王家庄人）抓获归案。

2013年，刑警大队侦破各类刑事案件570起，抓获犯罪嫌疑人367人，侦破命案7起。侦破“1·19”幸福时光杀人案，抓获东北籍犯罪嫌疑人6名。

2014年，刑警大队侦破各类刑事案件638起，抓获犯罪嫌疑人375名，侦破命案6起。侦破“10·7”马某夯故意杀人案。

2015年，刑警大队侦破各类刑事案件122起，抓获犯罪嫌疑人389名，侦破命案2起，侦破涉毒案件6起。抓获涉毒犯罪嫌疑人6名，缴获冰毒0.96克，缴获仿德国“瓦尔特”手枪1支。

2016年，刑警大队破获各类刑事案件116起，抓获犯罪嫌疑人100人，侦破命案6起。侦破省厅督办的侯某文等人系列流窜入室盗窃案；周某、葛某强等人特大冒充军人系列电信诈骗案；蔺某平绑架案；王某国故意杀人案等。

2017年，刑警大队侦破各类刑事案件55起，抓获犯罪嫌疑人97名。侦破闫某、崔某贩卖毒品案、孟某迪拐骗儿童案等。

2018年，刑警大队侦破各类刑事案件65起，抓获犯罪嫌疑人158名。抓获涉黑、涉恶犯罪嫌疑人38名；打掉涉黑、涉恶团伙3个。

第三节　经济犯罪侦查

1987年后，随着社会经济的不断发展，经济案件出现增长趋势。为打击经济领域犯罪，经济侦查列入刑侦工作范畴。1997年7月，刑侦大队特勤中队变更为经侦中队，主要办理全县涉税、金融诈骗、非法传销、侵犯知识产权等经济领域犯罪。为加大对经济案件的侦破和打击力度，2006年7月，经侦中队脱离刑侦大队独立组建经侦大队，并增加打击假币、破坏市场经济秩序等职责。2007年，针对公安管辖的制假、售假案，结合烟草、工商、技术监督、药检等部门，破获制假、售假案10起，查获涉案价值2万余元的假烟、价值3万余元的假冒农药、涉案价值5000余元假冒“追风膏”，规范市场经济秩序。2016年，办理非法集资、诈骗等经济犯罪案件22起，抓获犯罪嫌疑人22名，逮捕17人，挽回各类经济损失5000余万元。2018年，受理各类经济犯罪案件34起，刑拘23人，逮捕20人，移送起诉29人。至2018年年末，经侦大队共受理各类经济案件400余起，挽回经济损失3亿余元。

第四节　治安管理

群防群治　1988年，公安机关对全县基层治保组织进行教育培训，参训人员500人次。1989年，域内组建治安联防队，538个行政村全部建立治安联防队。1991年，公安机关对辖区村庄治保组织提出达标要求。是年6月，故城县社会治安综合治理委员会成立。1992年，建立社会治安综合治理领导机构658个，办事机构48个，群防群治组织2174个，妇女禁赌会538个。1995年，全县组建专职治安联防队14个，兼职联防队413支。至2005年年末，全县共有专职治安联防队13支、98人，农村治保会组织538个、1614人。

2008—2018年，故城县42个警务区全部建立治安巡逻队。

枪弹爆炸危险物品管理　1989年，公安机关开展“彻底收缴散失在社会上枪支弹药”专项工作，清理检查村庄538个。1994年，加强对民用枪支的安全管理，完成建档工作，收缴非法枪支42支，炸药5公斤，钢珠300颗。雷管12枚，军用子弹498发，手榴弹18枚。1999年，侦破1起涉枪案件，收缴六轮小口径手枪1支、子弹27发。2006年，开展收缴枪支弹药、爆炸物品专项行动，达到辖区内无非法枪支弹药、爆炸物品的目标，杜绝各类涉枪、涉爆案件和事故的发生。共收缴管制刀具500余把、仿真枪500余支。2013年查处涉爆案件6起，收缴管制刀具160把，排查出各类安全隐患600余件（处），增强人民群众的安全感。

1989年起，开展打击非法制贩烟花爆竹工作，取缔非法销售点。1997年，根据省公安厅指示，一律取消个体爆竹生产、销售，实行供销社统一归口经营。至2018年，取缔非法销售、制作、储存烟花爆竹窝点30余处。

打防结合　全县共开展集中清查、巡控统一行动。查处治安案件1300起，教育、调解、处罚并用，有效预防民转刑案件的发生。查处非法购买易制毒化学品案件2起。查扣涉嫌盗抢机动车2辆。打掉“门徒会”窝点1个，抓获骨干分子2名。抓获各类网上在逃犯罪嫌疑人50余名。2018年，全县78家旅馆、12家歌厅、3家洗浴中心、8家足疗、23家机修、3家印章单位进行备案和信息化建设，对全县88家寄递物流网点、4家开锁单位进行备案。组织开展行业场所大整治活动，开展网上和网下大排查，严厉打击“黄赌毒”违法行为。取缔黑旅馆5家、停业整顿行业场所4家。查封无证网吧9家。查处治安案件31起，行政处罚37人。

社会面控制　2011年，在县委、县政府的支持下，新招特警12名，加强巡、特警的力量。在县城实行网格化布警，以步巡和车巡相结合的方式加强社会面管控。在迎瑞花园、太兴家园、富邦花园、香湖小区设立警务室。“天网工程”投入使用，110指挥中心监控平台可以对城区主要路口、县境出入口及重点保护部位实施全天候24小时监控。2018年，社会风貌日益好转，公众安全感不断提升。

故城县公安局组织常态化巡逻

打击“黄赌毒”　查处“黄赌毒”案件36起。处罚违法犯罪嫌疑人55人，刑事拘留15人；查处网络传播淫秽物品12起，刑拘29人，抓获29人，起诉30人，行政拘留1人；卖淫嫖娼行政案件1起，行政拘留19人。查处网络赌博刑事案件1起，刑拘3人，逮捕2人，起诉2人；查处涉恶赌博1起，刑拘2人，逮捕2人，起诉2人，行政拘留8人；查处赌博行政案件24起，刑拘128人，收缴涉案手机108部，计算机38台，麻将等赌具48副。

抓获吸毒、贩毒犯罪嫌疑人2名，缴获毒品10克。2015年，抓获吸毒人员14名，隔离戒毒6人，缴获毒品70克。2016年，管控新增吸毒人员23人，抓获涉毒犯罪嫌疑人5人，缴获毒品13.3克。

第五节　户籍管理

1949年于郑口镇、河西街（时属武城县）试行户口管理工作，并建立组织，核对户口，登记挂门牌。1953年建里老派出所，相继实行户口管理。其他乡户口由乡政府负责登记、管理。1982年后户籍管理相继归驻地派出所接管。同时，对旅店、刻字、旧货等特种行业普遍登记，并建立临时户口呈报、常住户口呈报、店簿送查等项制度。乡镇负责户籍管理的有小庙、辛庄、饶阳店、庙灵乡。郑口、杏基、青罕、武官寨、瓦子庄、里老、军屯、西半屯、要庄、赵行、原隰、三朗、袁庄、故城、夏庄、建国、房庄、梧茂、小屯由驻地派出所管理。

管理机构 1989年，由派出所接管乡镇政府代公安机关管理的户口，派出所负责户口登记、人口统计、居民身份证发放与管理。1991年6月，县公安局设置户政股，负责全县的户口管理、居民身份证和重点人口的管理指导工作。是年，各乡镇户口全部移交公安派出所管理。至此，户政工作开始走上正规化、标准化管理轨道。

户口管理 1984年，随着流动人口增加，公安机关开始加强对流动人口的登记管理。1990年9月，成立公安局户政股，负责全县户口管理工作。户口管理一律使用户口专用章，分为农业户口和非农业户口两种。1995年，全县完成农村户口城市化管理工作。一村一图一标，一户一本一牌（一人一表）。1997年10月，全部完成户口本和常住人口登记表的换发工作，自此，故城县结束手写户口本的历史。1998年，故城县户政全部实现人口信息微机化管理。2003年，取消非农业的粮油供应关系；取消收取边境管理区通行证工本费。2004年11月，全县完成各级人口管理系统升级改造和建设工作，为换发“第二代居民身份证”工作提供技术保障。2005—2018年，域内逐渐完全实现网上户政审批业务工作。

身份证管理 1985年9月起，故城县实行居民身份证制度。1988年，开始对公民中年满16周岁以上的城乡常住人口颁发第一代居民身份证。居民身份证有效期分10年（16～25周岁）、20年（26～45周岁）和长期（46周岁以上）3种。至1990年，全县共发证21万个。1999年起，居民身份证号码由15位升到18位，确保身份号码的唯一性和准确性。全省范围内利用邮政特快专递寄递居民身份证，全程时限为40天。至2005年，全县持证人数30.2万人，持证率达97%以上。2006年5月1日起，全县开始办理第二代居民身份证。2009年至2018年年末，办理身份证205054人，临时身份证24886人，居住证1751人，2008—2018年办理公民出国（境）证照50732人。开通中、高考学生办证“绿色通道”，为12名学生办理考试、报名的急需身份证件。

流动人口管理 中华人民共和国成立之前的流动人口，主要是因为社会动荡，战乱频繁，民众流离失所，形成流民潮。解放后，流动人口由公安部门登记管理。改革开放之后，外出打工和流入故城县务工、经商的人口逐年增多。1989年起允许流动人口办理临时身份证。故城县流动人口主要来源于省内各市，其次来自黑龙江、吉林、四川、湖北和浙江等省市。主要从事务工、经商、服务行业。对流动人口暂住管理采取“谁接纳，谁负责；谁留宿，谁负责；谁雇佣，谁负责”原则，及时对流动人口落脚点、临时聚集区和活动场所清理整顿，并做好收容遣送工作。至2018年年末，全县有流动人口2025人。

第六节 消防管理

1976年建消防队，配备消防车1辆，1978年10月撤。1979年公安局建消防股。消防工作坚持以预防为主消防结合方针，对各防火单位和乡（镇）村进行定期检查、监督指导，宣传消防条例，督促火险隐患整改。1983年1月1日，公安局消防股人员转为现役军人，由衡水地区消防科直接领导，1996年撤地建市后，隶属衡水市消防支队领导。1997年6月10日，故城县第一支公安专职消防队成立，共有消防队员6名，消防车1辆。2008年有水罐消防车4辆。2018年有泡沫消防、车城市主战消防车、水罐消防车共10辆。

消防工作 20世纪90年代，在电视上加大对消防工作的宣传力度，并在城乡街道上粉刷消防

消防指战员进行常规应急训练

标语，尤其是每年麦收季节，都要出动消防宣传车和大量人员进行广泛宣传。推行“谁主管、谁负责”的消防管理办法，提高各系统和单位自防、自救能力，有效控制火灾事故的发生。2000年以后，消防工作以宣传《中华人民共和国消防法》为主，增强广大人民群众的防火意识和法律意识，为消防工作走上法治化奠定基础。全县消防工作逐渐采取微机管理，对重点单位和部位进行微机控制，工作效率大大提高。

县消防部门依照新建筑规范的个体技术标准，对工业民用建筑的耐火等级、建筑构造、水防车道、消防给水、灭火装置、电气等方面进行防火监督检查，并启用“建设防火审核专用章”，未经消防机关审核、盖章的建筑设计不得施工。2003年后，县消防大队加大对园区及住宅内开展摸底排查力度，督促企业补办消防审核和验收手续。

2018年年末，消防大队先后开展人员密集场所、加油加气站、醇基燃料、高层建筑、电气火灾综合治理、文物古建、医疗机构、电动自行车、城市综合体等专项整治，累积对社会单位检查12000余家次，发现并整改火灾隐患30000余处，行政拘留60余人。

消防设备 2017年6月故城县建国镇政府专职消防队正式入驻建国镇，辐射辖区范围：建国镇、西半屯镇及军屯镇。有水罐消防车1辆。

2018年年末，消防大队新购置4部消防车到位，并投入执勤（1辆城市主战消防车、1辆25吨水罐消防车、1辆20吨水罐消防车、1辆12吨泡沫消防车），大队车辆达10辆。

第七节 交通管理

中华人民共和国成立初期，县公安局协助有关部门维护交通秩序。1984年11月于主要道口设立交通警察4人。1987年7月县交通局监理站划归公安局管理，每年对全县机动车辆进行检查，并对驾驶员审核、培训。1990年，改称为故城县公安局交通警察大队。大队内设综合办、车管所、执法办、事故股、秩序中队等部门科室。2013年大队被评为衡水市文明单位，2017年大队被评为河北省文明单位。2018年大队总人数102人。其中在编民警12人，工勤1人，辅警89人。辖区公路通车总里程1041.42公里，其中省道三条（邢德线、郑昔线、邢清线）共78.678公里，县级公路三条共76.02公里，乡级公路172.344公里，农村道路637.122公里。县城区主要道路50多公里，高速公路27.25公里。

车辆管理 1984年7月始行自行车管理。县公安局根据公安部相关文件发布通告，县公安局、乡（镇）派出所均设自行车管理所。统一对自行车打钢印、发证照。每年对全县自行车进行检查、验证。1984年以前，车辆管理工作依照1960年11月10日国务院批准发布的《机动车管理办法》的规定，对机动车的上照、检验进行管理。1984年，按照交通部、公安部《关于使用新的机动车号牌的通知》，进行车辆上照、换照工作。1984—1987年，打钢印、发证照的自行车15万余辆。2004年，根据公安部《机动车登记规定》，对二轮摩托车、三轮摩托车、三轮汽车和低速载货汽车办理注册登记、变更登记、转移登记、抵押登记、注销登记和检验工作。2005年，辖区共有二轮摩托车、三轮摩托车41288辆，三轮汽车和低速载货汽车9050辆，各类驾驶员36874名。2008年年末，辖区共有二轮摩托车、三轮摩托车47088辆，三轮汽车和低速载货汽车11123辆，摩托车、三轮汽车和低速载货汽车驾驶员共25653人。2018年，全县机动车保有量80052辆。辖区有28家正常运输企业，其中客运企业2家、校车公司3家、货运企业23家。共备案重点车7509辆，其中校车62辆、接送学生车8辆、公交客运91辆、公路客运52辆。

驾驶人管理 1987年，按照省公安厅统一制发的《机动车驾驶员训练大纲》，强化驾驶员基础技术训练内容，按准驾车型规定必须训练的时间。1988年9月起，开办驾驶员培训学校，先向当地公安机关书面申请，当地公安机关同意后逐级上报，经省公安厅车辆管理部门审批后，方准开办。1997年起，不再办理驾驶员培训，只进行考核。2004年4月起，根据公安部《机动车驾驶证申领和使用规定》，对二、三轮摩托车、三轮汽车和低速载货汽车驾驶人办理申请、考试、发证、换证、补证、注销和审验工作。2018年辖区有备案重点驾驶员9132人，驾驶人109738人。

交通事故处理 20世纪90年代，县内车辆不

交警进行交通事故现场勘查

断增加，人们的交通意识却相对滞后，加之道路与车流量不相适应，事故呈上升趋势，且事故处理工作难度越来越大。1990年1月—2005年12月，辖区共处理交通事故4800余起，共追究刑事责任80人，行政拘留187人，均无错案、民警违法违纪和上访上告案件。为做好事故处理工作，2005年，县交警大队设立“122”报警电话，做到及时接警、出警。并对现场勘查、责任认定、经济调解等环节做出具体规定，实行审批制度、集体研究制度，严格按照程序办案。同时加强对事故处理人员的培训。2016年，为更好地体现以人民为中心，便民高效的原则，大队全力推进“交警在线”手机APP事故处理模式，简化事故处理程序，同时加强推动“警保联动”充分发挥人保财险和公安交警双方资源优势，以便民利民为根本宗旨，实现交通事故的快处、快赔、快撤。2016年至2018年年末，全县共发生一般程序道路交通事故1767起，死亡176人，无民警违法违纪和上访上告案件。

第八节　羁押看守

监所设施　1950年建看守所，并制定《看守工作条例》。监狱工作的方针是教育感化、改造挽救犯人，使之能改邪归正，改恶从善。狱所工作对犯人实行人道主义政策，不虐待、不打骂、不施非刑。2000年看守所搬迁并新建。看押和食宿条件有了很大改善。看守所设有生活区、办公区、提审室。监区大墙上建有电网和照明设备，监室设有报告装置、应急照明装置，监区设有民警巡视管理系统、全方位监控系统等设施。2017年10月，看守所在原址拆除重建。

管理教育　1987年以来，县看守所在开展军事化管理和正规化管理的同时，引入人性化管理机制，看守工作日趋规范。1996年，省公安厅为看守所记集体二等功一次。1997年3月，衡水市看守系统规范化经验交流会在故城县召开。1999年，省公安厅为县看守所记集体二等功一次。2005年，县看守所在勤务模式上进行大胆改革，摒弃以前“一看、二守、三送走”老工作模式，实行管教民警和看守民警分开的勤务模式。安装脉冲式电网、全方位监控系统和应急报警装置，通过人防、技防和物防结合，提高看守所的安全系数。2006年7月，按照上级看守所和行政拘留所分开的要求，看守所负责羁押依法被采取刑事拘留、逮捕等强制措施在押人员及被人民法院判处有期徒刑余刑一年以下的刑事罪犯；行政拘留所收押被公安机关决定治安拘留、被人民法院执行司法拘留的被拘留人。是年，县看守所被公安部评为“全国优秀公安基层先进单位”。

人犯羁押　2008年看守所和拘留所分开，对一般刑事犯罪嫌疑人采取集中看守，对犯罪团伙成员隔离关押，对死刑犯和特大刑事犯罪嫌疑人戴械具重点管理。对在押人员除强制监管，防止闹监、越狱，确保监区安全外，按时进行自省教育，按规定进行作息，生病者给予救治，重病者可保外就医。

第九节　安全保卫

政治保卫　随着改革开放和经济建设的发展，以反革命为目的的各类案件逐渐减少，政保工作逐渐转向维护社会政治稳定和国家安全为中心，加强阵地控制和基层基础工作上来。20世纪80—90年代中期，破获会道门复辟案件、查禁取缔邪教组织“门徒会”5起，制止非法宗教活动11起，涉及人员80余名。2007年，国保大队开展以整治反动标语传单和网上有害信息为主要内容的“清仓行动”。2008年，为切实加强奥运安保工作，组织开展情报信息专项行动和“08飓风”行动，并加强对国保重点人员管理控制。奥运会期间各单位均成立安保小组，由一把手负总责。克服“通常”观念，工作中坚持“预防为主，单位负责，突出重点，保证安全”的16字内保方针。2009—2018年，制止非法宗教活动15起，涉及120人；搜集网上情报信息2000余条，被市局采用600余条；破获3起非法传播暴恐音视频案件，行政拘留2名违法犯罪嫌疑人，教育训诫1人；及时化解各类利益诉求群体上访300余起，涉及700余人。2011年以信息化建设工作为契机，开展“秘剑工程”建设，物建各类秘密力量10人。2013年开展“412”专案会战，打掉《故城真言》专刊的编辑、刊发窝点。2014年开展“4·15”专项行动，依法打击邪教组织在故城县的破坏活动；破获“0108”非法生产销售“伪基站”案件。2017年、2018年开展“敲门行动”和“敲门行动回头看”工作，掌握了邪教动态，震慑邪教分子；开展涉军“107”专案，取得明显震慑、教育作用，维护了全县政治稳定。

内部保卫　1987年后，按照内保工作职责范围及省174号令要求，全县118个内部单位建立保卫科（股），内部保卫组织进一步健全和完善。尤其针对金融系统，加强防范措施落实，制定全县金融系统经济民警押运、守库、场所执勤工作若干规定，新增设防盗门、报警器、保险箱等保护设施，减少隐患漏洞发生，提高安全保险系数。2006年，全县63个内部单位全面开展防控工作，并加强途经县境西气东输管道、港枣输油管道巡逻防控工作，实现全县35家金融单位与110指挥中心联网监控。

2018年年末，域内共有重点内部单位和部位273处，其中党政机关25处，供水、供电、供油等21处，金融系统47处。签订安全责任状116份，做到万无一失。

特种行业管理　1980年后，域内特种行业经营者逐年增加。1990年公安机关对全县特种行业进行统一汇总，逐一备案登记审查。1994年加强对特种行业整顿，清理整顿饭店、刻字、旧货经营场所84家，冶炼摊点132个，查处违法营业点12处，治安处罚21人。1996年，公安机关从调查核实、从业人员录用审查和培训特行证审批发放三个环节着手强化特种行业管理。查处治安案件8起，处理违法人员39人。1998年，开展“机动车修理拆解业”专项治理、“扫黄打非”“扫黄禁毒”等整治行动，依法取缔旅馆业12家，机动修理业24家，同期整改17家，补发特行证25家。1999年，对特种行业的底数进行排查，逐户建档，举办培训班24次，受训人员480余人次。2003年，公安机关检查旅馆等各类场所3580处，发现整改隐患23处，打击处理违法犯罪人员27人。

2016年年末，全县76家旅馆，15家歌厅，7家洗浴中心，8家足疗店，23家机修单位全部安装监控系统，同时启用备案管理制度。28家废旧物品收购站，25家快递公司，4家专业开锁店启用备案管理制度。69家加油站建立了微信群，同时启动备案管理制度，实行散装汽油实名购买双向认证。对3家刻字印章业进行了治安管理信息系统改革。

2018年年末，全县65家旅馆，12家歌厅，4家洗浴中心，10家足疗店，5家专业开锁店启用备案管理制度。对3家刻字印章业进行治安管理备案。

第十节　出入境管理

1987年，县公安局政保股负责出入境管理工作，设外事接待室，负责出入境人员材料审核、接待、调查等工作。入境者多为台胞回乡探亲人员，至1992年，接待台胞回乡探亲人员79起，共147人；办理出境探亲、定居人员8人次，接待临时入境外国人9人。探亲台胞多为解放前随国民党部队到台湾，对家乡变化比较满意，部分台胞表示愿意回大陆定居。

1993年起，出入境人员增多。至1998年，接待台胞回乡探亲30人次，接待临时入境外国人29人次，主要为马来西亚人、菲律宾人、日本人，办理出境153人次，办理台胞回乡定居2人次。

2000年后，出境人员多为出国考察或外出务工。接待临时入境外国人39人，办理出境手续709人，查处非法居留外国人4人。2004年12月，出入境工作改为县公安局国保大队管辖。

2006年始，出入境管理任务日趋繁重，为适应工作需要，经县编制委员会批准，成立出入境管理股，单独实行出入境管理职能。2008年7月，根据公安部机构设置要求，出入境管理股改称出入境管理大队，该年度查处外国人非法入境案

1 起。

随着域内出国劳务人员增多，出现部分不法中介坑害出国劳务人员利益情况。出入境管理大队采取服务、管理、打击相结合方式，相继查处多起组织劳务人员出国打工的非法经营案件，为出国劳务人员创造了良好的出境环境。

故城县出入境服务窗口办理业务

2015 年，出入境管理大队全年共办理群众出国护照 5783 件，港澳通行证 1416 件，实行“一站式”办结服务，推行身份证“满意拍”、临时身份证属地派出所办理等便民措施。方便群众，擦亮了窗口。2016 年，全年办理各类出国证件 8043 件，被省厅列为衡水市唯一首批赴港澳再次签注的县级公安机关。2017 年，全年接待群众 2 万余人次，办理出境证件 8790 件，赴台通行证 172 件，港澳通行证再次签注 183 人次。2018 年，办理出境证件 7903 件，赴台通行证 355 件，港澳通行证再次签注 4699 人次。

第十一节　110 报警服务

县 110 报警服务台成立于 1997 年 7 月，负责全县报警服务工作。2005 年，110 指挥中心实现 110、119、122“三台合一”，110 指挥中心新增 119、122 火灾事故报警、交通事故报警接处警职责。2006 年，成立 110 指挥中心，负责接报警和指挥出警，授权的警务指挥和协调，公安情报信息的收集、汇总、研判，调查研究和起草重要文件以及机要、通信等工作。至 2008 年，共接处警 6879 次，抓获各类现行违法犯罪嫌疑人 600 余人次，救助危困群众 400 余人次，有效维护全县社会治安稳定。2015 年，健全 110 接、处警工作机制。2018 年，接、处警 35844 起，其中有效报警 6133 起。

第十二节　公安机构

中华人民共和国成立前治安机构　明、清两代，故城县衙设刑房，由巡检、典史辅佐县令，掌管缉捕、刑狱诸项事宜。据清雍正《畿辅通志》载，清雍正十一年（1733 年），故城县设典史 1 人，郑口设巡检 1 人。

1928 年，故城县国民政府设公安局，为二等局。时有局长 1 人，职员 17 人，警长、警士 125 人，枪支 65 支（不堪用者 12 支）。1933 年 9 月县国民政府于县治驻地故城镇设警察局，分别于区驻地故城镇、东辛庄、北獐鹿、郑口镇各设警察分局，设局长、分局长、局员、巡官、警长、警士。时有官员 18 人，警长、警士 103 人。1938 年，侵华日军占领故城后，治安机构随县国民政府流亡。

1945 年 9 月公安科易名为公安局。设行政股、审讯股、侦察队、公安队。下设郑口、故城分局，郑口派出所。并于分局设公安分队。1946 年 10 月公安局增设治安股。1949 年，公安干部大部南下，郑口、故城分局和郑口派出所撤。

中华人民共和国成立后的治安机构　中华人民共和国成立初期，故城县公安局设有行政、审讯、侦察、治安 4 个股，1 个看守所、1 个公安队。各区设公安助理员，村设公安员。1953 年随飞机场建立，公安局遂设机场派出所。1956 年撤区并乡时，各乡均设有公安特派员。1958 年随人民公社建立，各公社设公安特派员。1963 年 4 月建辛庄、故城、郑口、房庄 4 个派出所。1964 年随山东省武城县河西地区划归故城县后，建河西（建国）、武官寨、饶阳店派出所。1966 年 10 月公安局、检察院、法院合并，名公检法。1968 年撤辛庄、故城、房庄、武官寨、饶阳店 5 个派出所。是年公检法实行军管，名中国人民解放军故城县公检法军事管制委员会（简称军管会或军管小组）。1973 年 3 月军管会撤，公检法分设，恢复公安局，隶属县革委会。1982 年撤公社公安特派员，各公社均建公安派出所。

1987年，县公安局设办公室、政工办公室、政治保卫股、刑侦队、治安股、预审股、消防股、看守所、武警中队、交通警察队，各镇设公安派出所。在故城、郑口、建国等8个镇各建治安保卫委员会。全县各村民委员会设治保主任1人。

2018年，按照《深化党和国家机构改革方案》，公安消防部队转隶到应急管理部门。至此，公安局下设办公室、指挥中心、情报中心、政治处、警务保障室、纪检委、警务督察大队、控申室、国内安全保卫大队、治安管理大队、治安基层基础业务大队、治安大队户政管理中队、刑事警察大队、经济犯罪侦查大队、经济保卫股、巡特警大队、出入境管理大队、网络安全保卫大队、食药安全保卫大队、环境安全保卫大队、法治大队、看守所、行政拘留所、交警大队、工会和13个基层公安派出所。有编制216名，公务员203名，事业编制67名、辅警166名，其中一级警督9人，二级警督69人，三级警督21人，一级警司42人、二级警司45人、三级警司6人。交警大队编制12名。

1940—2018年故城县公安局历任局长一览表

表19-1

姓　名	职　务	任　职　时　间	籍　贯
张耕野	公安科长	1940—1943	—
杨静桥	公安科长	1944—1945	武邑县
刘　剑	公安局局长	1946—1948	—
杨建平	公安局局长	1949—1950	—
金曼宇	公安局局长	1950	枣强县
郑吉安	公安局局长	1950—1952	—
刘云廷	公安局局长	1952—1954	—
庞如宝	公安局局长	1955—1958	—
王化民	公安局局长	1959—1961	—
王世清	公安局局长	1961—1966	故城县
陈宝明	公安局局长	1966—1977	故城县
王文安	公安局局长	1977—1984	故城县
秘思孚	公安局局长	1984—1992	故城县
时清湘	公安局局长	1993—1995	故城县
王长在	公安局局长	1995—2004	武邑县
姚世慧	公安局局长	2004—2007	深州市
李增军	公安局局长	2007—2011	平乡县
息　渤	公安局局长	2011—2012	阜城县
李金禄	公安局局长	2012—2017	枣强县
杨　磊	公安局局长	2017—	抚宁县

说明：表内“—”为资料散佚

第二章　检　察

依照法律规定，人民检察院独立行使检察权，不受行政机关、社会团体和个人干预。

县人民检察院实行集体领导，对重大案件及重大问题，以少数服从多数原则处理。如检察长不同意多数人意见，报县人民代表大会常务委员会决定。

1983年始，集中打击刑事犯罪期间，由县政法委员会组织公、检、法3家联合办公，解决重大疑难案件。

1987年，故城县人民检察院履行法律监督职能，全面开展各项检察业务，强化人员素质教育，加强装备建设，检察业务水平和办案能力明显提高，检察工作稳步推进。1987—2008年，共侦查贪污贿赂案件326件，批捕刑事案犯2031人，有力惩治各种刑事犯罪，维护了国家和人民的利益，为国家和受害单位及个人挽回经济损失2675万元，促进了全县的经济发展和社会稳定。2009—2018年，共审查案件1621件，批捕2232人，切实维护和谐安定的社会秩序，营造稳定的发展环境。三次被河北省人民检察院评为“五好检察院”；是全省先进基层检察院、省级文明单位、全省模范检察院。两次被最高人民检察院评为“思想宣传工作先进单位”。2017年，驻看守所检察室被评为“全国二级规范化检察室”。

第一节　反贪污贿赂检察

1978年检察院重建后，设经济检察科。经济检察即对国家机关、企业单位的国家工作人员在经济领域中的违法犯罪行为行使检察权，依法保护社会主义全民所有制财产和劳动群众集体所有制财产不受侵犯。重点惩处贪污、行贿受贿等经济犯罪行为，用法律手段维护和建立新经济秩序、经济关系，促进深化改革经济搞活顺利进行。1978—1987年，经济检察科共受理各类经济犯罪案件93件，立案38件，逮捕31人，共为国家和集体挽回经济损失887734.56元。

根据反腐败斗争的需要，1992年12月故城县检察院设立反贪污贿赂检察科，负责对故城县国家工作人员贪污贿赂等经济犯罪案件进行立案侦查。1996年7月，撤销反贪污贿赂检察科，设立反贪污贿赂局，设局长1名，工作人员14人，内设侦查科和综合科。贪污贿赂检察工作，重点查处党政机关、经济管理部门和严重亏损企业中国家工作人员贪污、受贿、挪用公款等犯罪活动，突出查办有影响、有震动的大要案。

20世纪90年代，经济型职务犯罪案件呈现以下特点：案件集中在贪、贿、挪三类，分别占案件总数的48%、26%、13%；案件多发生在企事业单位、行政执法机关、农村两委班子、金融系统等部门；涉案人员集中在单位部门一把手、负责人，项目审批、财务等岗位人员。1997年，受理各类经济案件193件，立案侦办117件，为国家、集体和企业挽回经济损失763万余元。1990—2008年，共受理贪污贿赂案件110件，立案侦查92件，其中大要案68件，共挽回经济损失1050余万元。

2009—2017年，共侦查贪污贿赂案件170件173人，为国家和受害单位及个人挽回经济损失5300余万元。尤其是2009年以来，成功查处中纪委、高检院交办的中国民航、铁道部系列大案，在全国交通运输系统掀起一场反腐风暴。2017年

故城县人民检察院“12309”检察服务中心实体大厅揭牌

年末反贪污贿赂检察局的工作人员和职能转隶至监察委员会，检察院不再行使此项职权。2018 年“12309”检察服务中心和案件管理服务中心建成并投入使用。

1987—2017 年故城县人民检察院查处经济案件统计表

表 19-2 单位：件 / 人

年　份	受理案件数	立案侦查数	年　份	受理案件数	立案侦查数
1987	12/12	8/8	2003	14/15	12/13
1988	10/13	4/4	2004	12/12	9/11
1989	11/14	6/8	2005	16/18	13/13
1990	14/15	13/14	2006	7/11	6/10
1991	13/16	5/8	2007	8/11	7/9
1992	22/31	10/12	2008	25/26	25/26
1993	23/25	13/15	2009	24/25	24/25
1994	21/26	9/12	2010	22/23	22/23
1995	20/23	15/15	2011	24/24	24/24
1996	11/13	8/8	2012	12/12	12/12
1997	12/14	17/18	2013	13/13	13/13
1998	14/16	11/11	2014	15/15	15/15
1999	17/19	10/12	2015	14/14	14/14
2000	13/14	13/14	2016	13/13	11/11
2001	15/16	12/12	2017	8/13	10/13
2002	15/16	12/12	—	—	—

第二节　刑事检察

检察机关在刑事诉讼活动各不同阶段，以侦查人员、国家公诉人和法律监督者不同法律身份参加诉讼。1978—1987 年刑事检察科共受理提请逮捕 440 案 616 人，批准逮捕案件 421 件，574 人，受理移送起诉 407 案，586 人，向法院提起公诉 396 案，562 人。

1988—2008 年，共办理公安机关提请批准逮捕和本院侦查部门移送审查逮捕案件 1537 件，1675 人。1987—2008 年，检察院共受理审查起诉案件 1783 案，2462 人；向县人民法院提起公诉 1347 案，1976 人；移送衡水市人民检察院审查起诉 164 案，263 人。对法院提出口头或书面纠正违法通知书 32 次，对确有错误的判决，提出刑事抗诉 10 件。

2009—2018 年，共批准逮捕 1575 案，2241 人；提起公诉 2532 案，3502 人。对 23 件严重犯罪案件实行提前介入、快捕快诉，对社会危害性不大的 42 件案件适用轻缓刑事政策，最大限度地化解消极因素，促进了社会和谐稳定。

2018年，与公安、法院通力合作，对于涉黑涉恶案件快捕快诉，案件批捕率和提起公诉率均超过90%。在村“两委”换届中严格把关，不让一人带病进入“两委”班子。顺利通过中央第一督导组检查督导。

1987—2018年故城县人民检察院出庭支持公诉情况统计表

表19-3

年　份	出庭支持公诉（件/人）	公诉词（份）	年　份	出庭支持公诉（件/人）	公诉词（份）
1987	30/33	30	2003	81/108	66
1988	42/42	41	2004	109/139	87
1989	42/58	40	2005	171/240	154
1990	33/52	33	2006	146/217	47
1991	42/49	39	2007	149/209	47
1992	27/47	24	2008	167/174	98
1993	33/44	32	2009	181/198	166
1994	30/41	29	2010	209/239	187
1995	18/21	18	2011	230/253	60
1996	32/36	30	2012	242/272	91
1997	30/34	27	2013	252/268	140
1998	59/79	55	2014	303/312	133
1999	58/77	49	2015	312/329	139
2000	68/82	50	2016	327/347	124
2001	75/89	54	2017	262/370	142
2002	127/164	80	2018	363/514	153

附

青少年犯罪及预防

2018年，故城县人民检察院对域内青少年犯罪问题进行了认真总结、分析。全年审查批准逮捕未成年人刑事犯罪案件21案，38人，对9名未成年犯罪嫌疑人作出不捕决定，审查起诉14案，32人，其中未成年人17人。

青少年犯罪的主要特点　犯罪类型多样化：青少年犯罪已几乎涉及整个犯罪领域，其中主要集中在盗窃、抢劫、寻衅滋事等方面，但凶杀、强奸、敲诈、吸贩毒案件的比例也有所上升。从犯罪性质看，盗窃犯罪最为突出。

犯罪年龄低龄化：青少年犯罪成员从年龄上看日益低龄化，18岁以下的青少年犯罪不断上升，在受到刑事处罚的未成年人中已满14岁不满16岁的人数逐渐增多，而因不满14岁不负刑事责任的人数也占相当大的比例，有些青少年从10～13岁就开始走上犯罪道路。

犯罪人员低文化：从某市少年犯管教所近几年来对青少年文化程度调查显示，犯罪青少年的文化较低，小学文化水平占40.2%，初中文化水平占47.5%，可见少年犯中具有小学、初中文化水平者最多。

犯罪团伙化突出：资料表明，青少年违法犯罪中90%是团伙作案。他们一哄而起，临时组合，互相壮胆，结伙作案。一般随违法犯罪活动的终结而自行解体。

犯罪形式智能化：随着社会经济的不断发展，当今世界已进入高科技迅速发展的时代，他们把聪明才智运用到犯罪手段的更新上，不断搜集、吸收影视文艺作品中描写的犯罪方式、作案手段以及反侦查的方式，并加以模仿，使犯罪手段、方式更加趋向智能化、成人化。

青少年犯罪的主要原因 不良的社会文化：在文化市场上，图书报刊、音像制品、文化娱乐等充斥着大量的封建迷信、凶杀暴力、淫秽色情以及其他有损人民群众健康的内容，既对社会文化环境造成了一定程度的污染，又对涉世不深生活在这种环境下的青少年产生极大的消极影响。

不正确的家庭教育：家庭是青少年的第一课堂，父母是第一任教师，正确的家庭教育对青少年的健康成长是极其重要的。不正确的家教在青少年的心理形成人格障碍，形成不正确的人生观。父母的行为对孩子起着潜移默化的作用。因此父母要特别注意自己的不良行为，青少年在不良的家庭环境耳濡目染，久而久之，使他们孤独、自卑、怨恨、狂妄，极易被坏人所利用，极易走上犯罪的道路。

不全面的学校教育：一是素质教育已实行多年，但不少学校还热衷于应试教育，片面追求升学率，忽视德育教育，对一些基本的社会常识、做人道理和社会公德规范的教育还不够；二是法治教育缺乏，很少对学生上法治课、出法治黑板报等进行普法教育；三是学校缺乏与家长的联系、沟通，没有及时掌握学生的心理、情绪变化，无法及时对学生的不良“苗头”性的问题进行抑制。在校学生在这样的一个环境中学习，极易走上邪路。

青少年犯罪的有效预防对策 2002年9月，中央综治委预防青少年违法犯罪领导小组会议强调，预防青少年违法犯罪要立足教育，保护和预防，需设立三道防线。

构筑社会防线：全社会的人都要有“幼吾幼以及人之幼”的博大爱心，大力支持“希望工程”，把那些失学、辍学、生活无着落的孩子当作自己的孩子关心、爱护；积极开展社区教育活动，发挥综治办、民政、团委、妇联等部门作用，对青少年进行法治、行为规范和科学知识教育；举办青少年父母的法治学习班，对不完善家庭子女和临近犯罪边缘青少年关心和照料；对刑满释放、解除劳教违法犯罪青少年，及时做好帮教和安置工作，减少重新犯罪。

构筑学校防线：通过培训和再教育等途径提高教师队伍素质，尤其是品德和法治观念；全面推进素质教育，加强对后进学生帮教和关心，不把“双差生”推向社会；坚持开设思想品德课，把德育教育和法治教育纳入学校整体计划，系统进行道德、法治教育和爱国主义、集体主义、人生观、世界观教育。

构筑家庭防线：搞好家庭教育是预防和减少青少年违法犯罪的基础。家长要以身作则，为子女树立楷模，尽到抚养教育子女义务，创造良好家庭环境，为其走向社会奠定坚实基础。

第三节 监所检察

监所检察即对刑事案件判决、裁定的执行，监狱看守所、劳动改造机关的活动是否合法实行监督。检察院通过监所检察活动，保障依法羁押人犯，准确、及时地惩罚犯罪分子，保护无罪人不受非法拘禁和追诉。通过贯彻“改造第一，生产第二”的教育、挽救、感化方针，实行惩罚管制与思想改造相结合、劳动生产与改造教育相结合、阶级斗争与革命人道主义相结合的政策，化消极因素为积极因素，把罪犯改造成为自食其力的新人。1978—1987年，监所检察科对监外5种人进行220人次回访考察，与公安看守干警密切配合，以安全防范为重点，实现连续9年安全无事故。

1988—2008年，刑罚执行监督工作中，对看守所收押的犯罪嫌疑人和服刑人员依法进行检查，未出现无证收押、超期羁押、违法释放等问题。安全防范工作中，检察院单独检查620余次，与看守所和武警总队联查290多次，及时发现并排除事故隐患36次。教育改造工作中，召开帮教大会260余次，个别教育1700多人次，敦促犯人揭发检举出犯罪案件线索130余条。在对监外执行犯考察工作中，先后对289人次监外执行罪犯表现及帮教工作等情况进行全面了解考察，对保外就医条件消失的5名犯人及时予以收监。

检察范围 2008年，检察院监所监察科在故城县看守所设有驻所检察室，驻所检察干警及时掌握在押人员思想动态和监管制度执行情况，对看守所监管情况进行监督，查办看守所监管干警利用职权实施的虐待被监管人罪、失职致使在押人员脱逃罪等犯罪行为，维护看守所安全，保障刑事诉讼顺利开展。2012年，司法局社区矫正工作监督，公安局执行剥夺政治权利人员工作监督，刑满释放人员执行监督纳入监所科监督范围。2013年，看守所在押人员羁押必要性审查工作，指定居所监视居住监督也纳入监所科工作职责。2017年，监督法院刑事裁判涉财产刑执行工作正式实施。2018年，新增重大案件讯问合法性核查工作。多项刑事执行检察工作的增加扩大监督范围，丰富了监所检察工作内涵。

检察活动 2009年查处监管干警帮助犯罪分子逃避处罚案1案1人，针对看守所安全隐患等存在问题提出口头和书面建议85次，发出书面纠正违法9份，保障了故城县看守所59年安全无事故。2009—2017年，监所检察科对看守所进行安全检察253次，同在押人员谈话2400余人次，个别教育163人，与看守所、武警中队召开联席会议118次，同时加强驻所检察硬件建设，建设监控机房，与看守所监控联网，实现24小时不间断监控和硬盘刻录，驻所检察室被最高人民检察院评为全国“二级规范化检察室”。2017年10月，因故城县看守所需要重建，所有在押人员移送枣强县看守所关押。

2017—2018年，监所检察科更名为刑事执行检察部以来，积极开展各项刑事执行检察工作，办理羁押必要性审查案件46件，财产刑执行监督工作向故城县人民法院发送书面纠正违法61份，社区矫正检察工作向故城县司法局发送书面纠正违法62份，送达检察建议37份。

第四节　反渎职侵权检察

1978年，检察院重建后，设法纪检察科。法纪检察即对国家工作人员和公民是否遵守宪法和法律行使检察权。法纪检察将非法拘禁、刑讯逼供、报复陷害、贪赃枉法等严重侵犯公民民主权利和人身权利的犯罪列为工作重点，保障公民对于违法犯罪的国家工作人员和公民提出控告权，维护社会主义民主和法治。1978—1987年，法纪检察科共受理各类法纪案件49件，立案15件，逮捕13人。

1988—1997年，检察机关重点查处侵权案和重大责任事故案件79件，立案侦查54件66人，责任事故占70%。与1987年以前相比，案件的案发率有所下降。1997年新《中华人民共和国刑法》实施后，法纪检察受案范围有所调整，新罪名增加，犯罪主体仅限于国家机关工作人员，不再受理责任事故案。法纪检察重点转移到突出查办司法腐败案件和行政执法人员新型犯罪案件上。1998—2008年，共查办渎职“侵权”案件42案52人，其中大要案28件。

2009—2017年，共查办渎职侵权犯罪案件55案62人，其中大要案28件，有效促进有关部门依法正确履行职责和干部作风的转变。特别是针对部分企业强烈反映的“三乱”问题，查办个别行政执法部门滥用职权乱收费、乱罚款案，为优化招商引资环境营造了良好的氛围。2017年年末，反渎职侵权检察局的工作人员和职能转隶至监察委员会。

第五节　控告申诉和举报检察

控告、申诉检察是本着实事求是、有错必纠原则，受理申诉，依法纠正冤假错案，以保障公民的合法权益，保证党和国家的政策、法律正确实施，维护社会主义法治严肃性。1978—1987年，共受理公民来信来访881次，自行查办案件302件，向其他业务科提供案件线索、复查历史老案14件，平反冤假错案1案2人。

1988年始，控告申诉工作，以信访接待工作为重点，实施首问责任追究制和群众监督评判制，坚持检察长接待制度，变坐等上访为主动下访，受到群众欢迎，激发群众举报热情。为有效控制越级上访，与公安、法院、县信访办、纪检委、监察局等部门建立定期联系制度，与重点乡镇、有关职能部门建立二级防范网络。2007年，安装并成功运行远程视频接访系统，实现上下接访一体化。至2008年年末，县检察院控申科共接待来信来访869件，受理举报795件。通过认真梳理举报线索，共向自侦部门提供案件线索76条，移交有关部门124件，平息集体上访185次。2009年至2018年年末共受理群众来信来访543件次，并积极运用非诉讼手段，消除涉检访隐患6起，消除不稳定隐患，提升了司法的公信力和权威。

第六节　民事行政检察

1991年4月9日，《中华人民共和国民事诉讼法》颁布实施之前，检察机关未开展民事、行政检察业务。1991年6月—1997年6月，为工作初始阶段，因人员编制不足等原因，具体业务由刑事检察、控告申诉部门先后兼管，工作基本处于半停顿状态。1998年起，民事行政检察工作步入正轨。至2008年，共受理民事行政案件110件，其中提请衡水市人民检察院抗诉51件，下达再审检案建议21件，息诉38件。2009—2018年，故城县人民检察院民事行政检察科共受理不服对法院民事、行政判决、裁定、执行行为和审判执行人员违法案件共计269件，立案审查95件，提请抗诉26件，提出再审检察建议和纠正违法建议43件，对裁判正确案件，疏导息诉36件。发出督促行政机关履行职责检察建议57件，办理公益诉讼案件32件。

第七节　职务犯罪预防

1987年始，随着职务犯罪的不断增加，县检察院加大职务犯罪预防力度。1997年，成立预防职务犯罪科。1998年，先后在工商、税务、技术监督、环保、土地、文教、卫生等部门和金融、电力、粮食、烟草、网通、石油等系统开展法治宣教，以案释法。县检察院还与县委组织部共同组织开展预防农村基层干部职务犯罪活动。1999年，配合县委制定的“整顿作风、整顿环境、加快经济发展”的工作安排，结合检察职能，送法进企业，先后协助工商系统、金融系统建立联系预防工作机制。2000年，成立“故城县维护公民合法权益中心”。2003年，参与村干部经济案件的查处工作，配合县委组织部举办2期农村干部培训班，500余名村干部参训。2005年，报请县委调整和充实县预防职务犯罪指导委员会，继续实行干警联系单位责任制。2007年，全面启动查办职务犯罪案件同步录音录像工作。2008年，为加强廉政建设，预防职务犯罪，制作成预防教育宣传图板，在全县各机关部门巡回展出。县检察院的网站与各预防主体单位的网站链接，与国税、国土、教育、建设、工商等行业部门开通互联网，并将工商等12个行政执法部门的200条执法信息和处罚决定输入信息库。为加强廉政建设，预防职务犯罪，县检察院将发生在各领域的职务犯罪典型案例以及相关司法解释等方面的内容，制作成预防教育宣传图板，在全县各机关部门巡回展出。2009年至2017年年末，深入国税、地税、金融等有关部门开展警示教育47次、预防咨询78次，向3个园区管委会、12家行政执法部门赠阅《检察日报》和《河北法治报》，以实际行动践行送法进机关的要求。2017年年末，职务犯罪预防科的工作人员和职能转隶至监察委员会。

第八节　检察机构

1949年前故城县未设专门检察机构。中华人民共和国成立后于1953年建县人民检察署。1954年4月建县人民检察院。1958年随故城县并入吴桥县检察院，1961年随故城县析置复设。“文化大革命”期间，检察院为军管会代替，1978年6月重建。设刑事检察科、经济检察科、法纪检察科、监所检察科、控告审诉检察科和办公室。

1987年，检察院设办公室、经济检察科、刑事检察科、法纪检察科、监所检察科、控告检察科，干部职工41人。是年，增设驻税务局检察室。1992年，增设民事行政检察科、法律政策研究室、驻县供销社检察室，全员46人。1993年，增设驻农业银行检察室、驻商贸公司检察室。1994年，原刑事检察科分设为批捕科、起诉科。1995年，增设驻棉麻公司检察室、法警大队。1996年，经济检察科更名为反贪污贿赂工作局，增设政工科、技术科。1997年，成立预防职务犯罪检察科，撤销驻农业银行、商贸公司、棉麻公司、供销社、税务局检察室。1998年3月，内设办公室、法律政策研究室、政工科、贪污贿赂检察局、法纪检察科、批捕科、起诉科、监所检察科、民事行政检察科、职务犯罪预防科、控告申诉检察科、技术科、法警队、郑口检察室。1999年，成立驻郑口镇检察室，反贪局内增设侦查一科、侦查二科、综合科。2002年10月，机构改革，定编定员，检察院内设机构14个，新增计划财务装备科，撤销郑口检察室，政工科更名为政治处，法纪检察科更名为渎职侵权检察科，行政编制51人。2006年3月，渎职侵权检察科更名反渎职侵权局，增设人民监督员办公室，检察院内设机构为15个，行政编制52人。2007年6月，增加地方编制8人。2008年，县检察院内设办公室、法律政策研究室、政治处、贪污贿赂检察局、反渎职侵权局、批捕科、起诉科、监所检察科、民事行政检察科、职务犯罪预防科、控告申诉检察科、技术科、法警队、计划财务装备科、人民监督员办公室，行政编制52人，地方编制8人。2008年9月，增加地方编制2人。2010年下半年，增加行政编制9人。2013年成立案件管理中心和未成年刑事检察部门，检察业务应用系统上线运行，全面实行网上办案。2015年，增加行政编制4人。2016年下半年，进行司法体制改革，全院共有23名检察官纳入员额。2017年，增加行政编制9人。是年末，贪污贿赂检察局、反渎职侵权局、职务犯罪预防科三部门职能和5名行政编制人员转隶至监察委员会。2018年10月，增设“12309”检察服务中心。

1953—2018年故城县检察院历届检察长任职情况一览表

表19-4

姓　名	职　务	任　职　时　间	籍　贯
庞如宝	检察长（署长）	1953年至1955年3月	—
牟泽民	检察长	1955年3月—1958年10月	故城县
田宝廷	检察长	1961年5月至1965年	故城县
王世清	检察长	1965年至1967年4月	故城县
栾文周	检察长	1978年6月—1983年12月	故城县
姜树勤	检察长	1984年3月—1987年3月	故城县
姜福生	检察长	1987年6月—1993年1月	故城县
张喜民	检察长	1993年1月—1997年2月	河南长葛县
魏冠奇	检察长	1997年2月—2002年10月	景　县
郭　华	检察长	2002年10月—2007年4月	深州市
王占生	检察长	2007年4月—2011年12月	深州市
常彦杰	检察长	2011年12月—2016年12月	深州市
朱同辉	检察长	2017年2月—	深州市

第三章　法　院

中华民国期间军阀混战，无法可依，权即是法。国民党统治时期，视人民革命为“犯法”。日伪统治时期，遇有抗日者，格杀勿论。

中华人民共和国成立后，司法机关代表无产阶级和广大劳动人民意志利益行使法律职权，法院审判案件，遵循法律分别为1950年、1951年、

1952年、1954年依次颁布的《中华人民共和国婚姻法》《中华人民共和国惩治反革命条例》《中华人民共和国惩治贪污条例》《中华人民共和国宪法》。中共十一届三中全会后，社会主义法治日益加强，法院审理案件，纳入以事实为依据，以法律为准绳的轨道。

故城县人民法院于1950年年初建立，时，院长由县长兼任。1958年法院随故城县并入吴桥县法院，时仅存郑口法庭，受理原故城县内案件。1961年随故城县析置复设。1968年法院为军管会代替。1973年3月故城县法院再度复设。

故城县人民法院办公大楼

随着故城县社会各项事业的发展，特别是民主法治进程的加速推进，审判工作重心逐步从严厉打击各种刑事犯罪转移到维护社会稳定与化解人民内部矛盾、保障经济建设与打击刑事犯罪并重的轨道上来。故城县法院围绕“公正与效率”主题，不断加强队伍建设，推行审判制度改革，审判领域逐步扩展，审判工作日臻完善。

第一节　审判制度

人民法院建立后，各种审判制度逐步建立，随《中华人民共和国刑事诉讼法》和《中华人民共和国民事诉讼法》实施，审判制度日臻健全、完善。

两审终审制　故城县法院裁判权限范围之内案件为一审，如当事人不服，可上诉于衡水地区中级人民法院（简称中院）。二审为终审裁判，当事人不得再行上诉。1987年，一审判决各类刑事案件40件、上诉4件；中院维持原判1件、改判3件；判决民事案件212件、上诉8件；中院维持原判7件、改判1件。2018年一审判决各类刑事案件363件、上诉38件；中院维持原判15件、改判12件；判决民事案件877件、上诉216件，中院维持原判94件、改判34件。

公开审判制度　除法律规定不得公开审判案件外，县所审结案件均公开审理，允许群众旁听，以便监督法院审判活动，接受法治教育。1987年公开审判刑事案26件，民事案178件。为扩大教育面，有时法院派员携卷到当事人所在基层单位公开审判，是年下基层审判民事案162件。2018年，公开审判刑事案374件，民事案2015件。

合议制度　法院审判案件时，除独立审判外，由审判员、陪审员共同组成合议庭，对案件全面评议，合议庭人员意见不一，则少数服从多数，作以合议庭意见，对少数人意见均记录在案。

回避制度　与案件有利害关系的审判员、陪审员、书记员、鉴定人、勘验人、翻译人员，必须自行回避。案件当事人认为上述人员与案件有利害关系，可能影响公正处理，可申请要求其回避。是否回避，审判人员由院长决定，院长任审判长时，由审判委员会决定，其他人员审判长决定。

辩护制度　被告人有权对案件辩护，可委托律师为其辩护，亦可委托其他未被剥夺政治权利的公民或亲属为其辩护，但须经法院许可。

陪审员制度　县人民陪审员经乡（镇）人民代表大会选举产生。在审理案件时，与审判员享有同等权利。1980年，县法院设陪审员27人，2018年，县法院设人民陪审员86人，轮流担任陪审。

调解制度　法院审理民事案件、商事案件、轻微刑事案件、自诉案件时，在查清事实、分清责任基础上，以利于人民内部团结为原则，实行调解，尽量使当事人互谅互让，息诉止争。1987年，调解民事案件166件，占结案80%。调解经济案件379件，占结案99%（仅1件未调解）。2011—2018年，共调解民事案件3589件。

审判监督制度　法院审理案件，受该院院长、县人民检察院、县人民代表大会常务委员会和上级法院监督。1987年县法院按照有关监督程序，处理刑事审诉案件510件，其中驳回473件、改判37件，2018年处理民事审诉案件16件，其中驳回8件、改判4件、维持原判1件、撤诉2件，无刑事审诉案件。

第二节 刑事审判

刑事审判由刑事审判庭办理，分公诉、自诉形式。1966—1979年，审判按国家有关政策、法令、条例等办理。1980年1月1日，《中华人民共和国刑法》《中华人民共和国刑事诉讼法》颁布实施后，刑事审判遂有依据。是年审结各类刑事案件34件，其中杀人案1件、强奸案10件、伤害案2件、诈骗案2件、盗窃案14件、放火案2件、抢劫案2件、破坏通信设备案1件。1983年8月人民法院同各司法机关协同作战，依法"从重从快"严惩一批严重危害社会治安犯罪分子，是年依法审结各类刑事案87件、重点案41件、普通案46件。1987年40件，其中普通案22件、重点案18件。

1987年始，遵照中共中央关于"有反必肃，有错必纠"政策，对"文化大革命"中判处的各类刑事案复查373件，平反纠正7件。现行反革命案复查134件，平反纠正73件。1986年复查中华人民共和国成立后政治案510件，其中改判37件，平反37人。

1988年起，县法院依法实施严厉打击破坏社会治安刑事犯罪分子斗争，坚持"坚决、慎重、搞准"，法院干警快立案、快开庭、快合议、快判决，提高审判效率。2000年，县法院坚持严打方针不动摇，突出打击重点，强化打击效果，认真贯彻宽严相济的刑事政策，严格执行《量刑规范化意见》，全力维护社会稳定。2000—2018年，累计审结盗窃、诈骗公共财物案879件，审结贪污、行贿、受贿案145件，审结偷税抗税、挪用公款案19件，为国家、集体挽回经济损失5080万元。县法院共审结刑事案件3577件，共判决发生法律效力的犯罪分子4930人。其中判处5年以上有期徒刑的占11%，判处5年以下有期徒刑、拘役和管制的占85%，免于刑事处分和宣告无罪的占4%。此间，刑事案件之中盗窃居于首位，共审结755件，占刑事案件总数的21%，判处徒刑的盗窃分子859人；其次为杀人、故意伤害、放火、抢劫、强奸等重大恶性案件，计566件，占刑事案件的15%。

1987—2018年故城县刑事案件审判分类统计表

表19-5　　　　单位：件

年 份	结 案	故意杀人案	强 奸	抢 劫	盗 窃	交通肇事破坏电力	其 他
1987	40	1	5	0	18	0	16
1988	38	0	7	0	21	0	10
1989	46	1	5	0	17	8	15
1990	33	0	5	4	16	4	4
1991	39	0	9	2	20	0	8
1992	27	2	6	0	16	3	0
1993	15	0	2	0	13	0	0
1994	30	1	5	2	21	0	1
1995	21	0	7	6	6	1	1
1996	33	0	1	2	17	0	3
1997	40	0	4	5	17	1	13
1998	58	1	5	1	28	1	22
1999	31	0	2	5	17	1	6
2000	68	0	7	6	26	3	26

续表 19-5

年 份	结 案	故意杀人案	强 奸	抢 劫	盗 窃	交通肇事破坏电力	其 他
2001	45	1	5	2	12	4	21
2002	143	1	8	4	26	2	102
2003	90	0	6	9	20	6	49
2004	92	0	4	3	14	5	66
2005	144	0	11	10	51	18	54
2006	152	3	11	9	36	25	68
2007	149	2	8	9	44	20	66
2008	54	2	2	7	31	7	6
2009	134	0	3	1	28	22	80
2010	132	0	5	5	35	21	66
2011	127	1	1	2	22	26	75
2012	109	0	8	1	19	30	51
2013	201	0	4	1	20	28	148
2014	301	0	6	4	35	34	222
2015	241	2	10	4	26	25	174
2016	300	1	9	1	25	20	244
2017	273	2	8	1	29	23	210
2018	371	2	5	2	29	23	310
合计	3568	23	184	108	755	361	2137

1987—2018 年故城县判处罪犯统计表

表 19-6　　　　单位：人

年 份	罪 犯	10 年以上	10～5 年	5～3 年	3 年以下（含运用缓刑）	拘 役	其 他
1987	55	0	15	20	18	2	0
1988	41	2	13	16	5	21	2
1989	54	0	20	23	3	1	5
1990	54	0	20	19	13	2	0
1991	39	15	13	12	5	0	4
1992	35	2	15	8	8	1	1
1993	21	1	3	6	7	3	1
1994	37	2	14	13	6	2	0
1995	26	0	10	8	5	2	1
1996	37	0	11	10	10	2	4

续表 19-6

年 份	罪 犯	10 年以上	10～5 年	5～3 年	3 年以下（含运用缓刑）	拘 役	其 他
1997	45	5	12	10	12	3	3
1998	78	5	19	19	26	6	3
1999	37	3	9	12	10	2	1
2000	80	7	16	27	27	2	1
2001	48	3	8	11	19	3	4
2002	146	5	14	39	78	3	7
2003	113	4	16	26	6	2	9
2004	110	0	15	30	53	5	7
2005	160	1	29	47	68	9	6
2006	196	10	40	43	80	8	15
2007	212	0	9	98	92	6	7
2008	71	2	3	27	30	5	4
2009	291	3	6	33	249	0	0
2010	268	8	11	24	225	0	0
2011	233	9	9	29	186	0	0
2012	301	4	15	30	252	0	0
2013	297	7	12	27	251	0	0
2014	348	5	9	45	289	0	0
2015	267	5	10	24	228	0	0
2016	371	5	9	38	319	0	0
2017	360	8	12	43	297	0	0
2018	499	5	9	42	443	0	0
合计	4930	118	426	859	3353	75	87

第三节 民事审判

民事案件主要由基层人民法庭审理，县法院民事审判庭指导，重大疑难民事案件由民事审判庭审理。1982 年 10 月 1 日《中华人民共和国民事诉讼法（试行）》颁布实施后，民事审判程序遂有依据。1983 年审结民事案件 163 件，其中婚姻案 95 件、赡养案 6 件、债务案 3 件、赔偿案 15 件、宅基房产案 22 件、继承案 5 件、财务案 12 件、其他 5 件。1987 年审理民事案件 212 件，其中婚姻案 117 件、宅基案 18 件、赔偿案 14 件、赡养案 18 件、继承案 1 件，其他 44 件。

国家《民法通则》及相关司法解释出台，为民事案件审判提供较为明确的法律依据，彻底改变过去主要依靠民事政策调判案件的“无法可依”局面。20 世纪 90 年代，民事案件居高不下，以婚姻家庭案件和债务案件为主。案件涉及离婚和解除非法同居关系、抚养、抚育、赡养、收养等方面，占全部民事案件的 50%。债务案件涉及借贷、借用、买卖等方面，居第二位。

2003 年，县法院设立民事办案大厅，制定案件流程管理机制，严把立案、事实证据、适用法律、卷宗复检四关，发现不当，严格责任追究。2009 年始，县法院依然坚持实施“一步到庭，抓

运用“三方庭审”跨县域开庭审理案件

住焦点，分段辩论，居中裁判”的审理模式，以辩论式庭审为核心，法官发挥主导作用，引导双方当事人举证、质证、辩论，以利于最终依法判决。不断健全和完善民事审判组织、民事诉讼制度，主要采取以调解为主的原则，案件调解率达35%以上，大量民事纠纷在基层得以解决。不断完善“三调联动”机制，坚持能调则调，民商事案件调撤率达56%。注重对合法权益受到侵害但经济确有困难的当事人实行诉讼费减、免、缓，切实保护老人、儿童、妇女、退休职工、企业下岗职工、失业人员、残疾人员等困难群体的合法权益，充分体现司法的人文关怀。

2009年至2018年年末，县法院受理民事案件34747件，结案33494件，审结率96.4%。

第四节 经济审判

简单经济纠纷案由基层人民法庭审理，复杂经济纠纷案由经济审判庭审理。经济案件审判，依据《中华人民共和国民事诉讼法（试行）》《中华人民共和国经济合同法》，及有关经济法律法规办理。1985年始设经济审判庭，是年审结案772件，诉讼标的94.4万元。1986年审结案423件，诉讼标的98.1万元。1987年审结案394件，诉讼标的95.6万元。

20世纪90年代，县法院围绕经济建设，不断加大经济审判力度，坚持下企业走访、培训业务人员协助完善合同等形式，为县域经济发展服务。1992年，县法院加强经济审判力量，审判庭由4人增加到10人，建立经济服务中心，先后在全县128个企事业单位设立经济审判联络员。1999年，《中华人民共和国合同法》颁布实施，成为人民法院经济审判的主要法律依据，经济审判范围也逐步确定为以合同纠纷为主。2000年后，经济审判开展上门服务。2002年，建立大民事审判格局，经济案件统一纳入民事范畴。

在民商事审判工作中，积极推行新的审判方式，扩大简易程序的适用范围，扩大合议庭的职能，减少案件审判手续，解决审判手续繁杂、审判时间冗长等不足。

第五节 行政审判

随着群众法治意识的不断增强，“民告官”案件逐渐出现。县法院于1987年10月，设立行政审判庭。1990年10月1日，《中华人民共和国行政诉讼法》施行。1993年6月和1994年3月，行政庭分别设立交通巡回法庭和土地巡回法庭，为行政执法机关提供法律咨询服务。非诉行政执行案件的执行工作统一移交行政庭受理、审查和执行。

县法院行政审判工作始终坚持从促进依法行政和维护社会稳定的大局出发，积极做好疏导和协调工作，及时化解行政争议，减少社会不稳定因素。在非诉行政执行案件中，注重加强与政府有关部门的沟通，研究制定最佳执行方案，同时又注意维护行政相对方的合法权益。坚持维护、监督与支持并举，依法维护合法行政行为，协调公共权力与公民权利的关系，维护和监督行政机关依法行政，积极向相关行政部门提出意见建议，维护社会和谐稳定。1988—2008年，受理各类行政案件82件，审结27件，裁定55件。至2018年，受理各类行政案件276件，审结248件，审结率89.9%。

第六节 审判监督

审判监督程序是法院诉讼程序中的重要组成部分，是人民法院维护司法正义，保护当事人的合法权益，防止冤案、假案、错案，建设和谐社会的重要手段，更是诉讼当事人实现司法救助的主要途径。审判监督程序又叫再审程序，分刑事、民事、行政再审三大类，依照诉讼法的规定而产生，案件评查工作亦是审判监督的重要手段。

1987年，县法院审判监督职责由告诉申诉审判庭负责。1988年，县法院建立“四化”（经常化、具体化、制度化、程序化）、“三主动”（主动汇报、沟通、征求意见）、“两请一批”（从人大代表和政协委员中聘请执法监督员或人民陪审员，参与法院审判活动，通过民主评议行风，向各级人大代表发出征求批评意见建议公开信，由人大代表评议工作）的审判监督机制，接受县人大常委会和人大代表、政协委员的监督。1989年，县法院设接待室，有专门干警接待办理群众来信来访。实行院长接待制，专设院长接待室，正副院长轮流接待，专办急件急访。是年，累计办理来信865件、接待来访335人次。1998年，由于民事经济抗诉案件的增加，审判监督程序案件采取由告诉申诉审判庭立案后移送其他业务审理的办法。2002年，审判监督庭设立后，审判监督职责由审判监督庭承担，实现审判监督工作的专门化。至2018年，县法院依照审判监督程序审理案件279件，其中再审案件122件，抗诉案件157件。

第七节 执 行

1989年，根据民事、经济执行案件迅速增长的实际，将执行工作作为专门业务从审判工作中分离到执行庭执行。1990年后，受执行案件数量激增与执行力量不足矛盾影响，执行工作一直面临严峻形势，实际执结率一直在60%左右。1997年，实行《审执分离暂行规定》，进一步放宽案件移送执行庭执行的标准，加速执行工作的专门化，并采取多项措施全面加强执行工作。2000年，把加强执行工作、解决“执行难”问题，作为全院工作的一个重点。2004年始，对审理期限长、长拖不决、执行不力案件，院长签发督办令，限定审执人员、审期，限期结案。2009年，为解决社会反映强烈的“执行难”问题，采取认真贯彻执行穷尽理念，对有履行能力拒不履行法定义务的被执行人，穷尽所有执行手段，对已查明的被执行人可供执行的财产，依法坚决采取强制措施予以执行，以保护债权人的合法权益；实行债权凭证制度，提高执行效率。2010年，县法院执行庭从强化执行管理、完善联动机制入手，构建综合治理执行工作新格局。共受理执行案件803件，执结794件，执结率98.88%，为企业和个人挽回经济损失3000余万元。2015年，县法院将执行工作重点放在提升实际执行率、执行标的到位率等关键实质性的指标上。至2018年，受理各类执行案件8485件，执结7744件，执结率91.26%。

第八节 审判机构

中华人民共和国成立前审判机构 明、清两代，县令亲自执掌案件审判。1913年故城县公署设审检所，帮审员为审判员。1915年帮审员易名承审员，审理民、刑诉讼。1931年县国民政府已设承审处（始设时间不详）。故城县为河间地方法院13个管辖区之一，案件终判由其裁决。至1938年侵华日军占领故城后，司法机构随县国民政府流亡。

1939年，抗日民主政府设司法科，设科长1人、科员2人。解放后县政府仍设司法科沿至中华人民共和国成立。

县人民法院 1950年年初，故城县人民政府改司法科为人民法院（简称法院）。县长兼任院长，副院长1人。刑事审判厅1人、民事审判厅2人、法警1人、接待室2人。1952年11月法院设问事处。1953年年初问事处易名人民接待室。是年11月设第一、二巡回法庭，各有3人组成。分别活动于第一、二、三、四区。是年设审判委员会。1956年3月，设刑事庭、民事审判庭。是年10月分别于辛庄、房庄设人民法庭。县法院分别于房庄、辛庄、故城公社所在地设法庭分管其所在片民事、刑事案件审理。后撤故城法庭。1963年1月，设河西街（建国）法庭，同时恢复故城法庭。1973年3月，故城县法院设刑事、民事2审判庭。并恢复房庄、故城、辛庄、河西街（建国）法庭。1977年，设辛庄、饶阳店法庭，1981年5月设经济审判庭。1982年增设郑口、武官寨、要庄、青罕、小庙、夏庄法庭。

至1987年，县人民法院内设办公室、刑庭、民庭、纪检组、行政庭、告诉申诉庭；设郑口、饶阳店、武官寨、河西街（建国）、青罕、故城、夏庄、辛庄、要庄、房庄、小庙等11个法庭。行政编制73人（含基层法庭）。1988年12月，增设法检室。1989年7月，增设政工科。1995年8月设法警大队。1999年，撤销告诉申诉庭，增设立案庭、审判监督庭、政治处。2002年，撤销经一庭、经二庭，设民一庭、民二庭。2003年，法院内设民一庭、民二庭、民三庭、民四庭、刑事审判庭、行政审判庭、立案庭、执行庭、办公室、政治处、纪检监察室、法警队、审判审监庭，下辖11个法庭，行政编制82人。

2009年，县人民法院内设办公室、政治部、研究室、立案一庭、立案二庭、刑事审判庭、民事审判第一庭、民事审判第二庭、民事审判第三庭、行政审判庭、审判监督庭、审判管理办公室、执行一庭、执行二庭、执行协调处、法警队、纪检监察室，行政编制88人（含基层法庭）。是年7月，增设司法辅助工作办公室。2012年8月，增加派出机构3个，分别为衡德工业园区人民法庭、西苑工业园区人民法庭、营东工业园区人民法庭。2014年4月，立案二庭更名为信访办公室。2014年9月，增加派出机构9个，分别为郑口人民法庭、武官寨人民法庭、夏庄人民法庭、军屯人民法庭、青罕人民法庭、辛庄人民法庭、里老人民法庭、三朗人民法庭、房庄人民法庭。2015年8月，增设诉前调解室、审判辅助事务办公室。

1996年3月，实行法庭人员合署办公，由原来15个基础法院合为8个人民法庭：建国、武官寨、饶阳店、郑口、青罕、故城、辛庄、房庄，其他7个人民法庭保留建制。2008年，县人民法院共有人民法庭建制15个，合署办公法庭8个。至2018年，县法院共设立4个中心法庭（衡德工业园区法庭、西苑工业园区法庭、营东工业园区法庭、建国法庭），9个乡镇法庭，包括郑口法庭、武官寨法庭、夏庄法庭、军屯法庭、青罕法庭、辛庄法庭、里老法庭、三朗法庭和房庄法庭。2018年8月开展“一乡一庭”工作，共调解纠纷64起，参与执行案件23件，协助送达90余次。

1949—2018年故城县人民法院院长任职情况一览表

19-7

姓名	职务	任职时间	籍贯
金曼宇	院长	1949年12月—1953年9月	枣强县
刘仪亭	院长	1953年9月—1954年11月	故城县
武忠会	院长	1954年11月—1958年11月	故城县
刘仪亭	院长	1961年6月—1965年1月	故城县
范福成	院长	1965年1月—1983年5月	故城县
郭华臣	院长	1983年5月—1983年12月	阜城县
卢振忠	院长	1984年1月—1993年1月	故城县
樊根福	院长	1993年1月—1996年12月	冀县
于建海	院长	1998年1月—2006年4月	景县
高宗义	院长	2006年4月—2011年4月	饶阳县
李兰生	院长	2011年4月—2013年7月	武邑县
王爱军	院长	2013年8月—2014年2月（代理） 2014年2月—2017年1月	武邑县
李占芳	院长	2017年1月—	武强县

第四章　司法行政

司法行政包括普法宣传教育、人民调解、公证事务、律师事务、司法鉴定等工作，并负责对“两劳释放”人员安置帮教与社区矫正。

1980年11月7日，建故城县司法局。局设办公室、宣教组、民调组。时有工作人员7人，其中局长1人。1981年7月，建法律顾问处，1982年7月，建公证处。1986年，各乡（镇）陆续建司法所（亦名乡镇法律服务所），每所配备2～3人，其中所长1人。

第一节　普法宣传

自“一五”普法始，成立故城县法治宣传教育领导小组，制定法治宣传教育五年规划。各执法科局和有关部门上街开展法律宣传，张贴标语、散发宣传单、悬挂横幅，营造浓厚的学法、守法、用法氛围。县司法局每年还组织全县干部进行法律知识考试，将考试成绩记入档案，以此提高广大干部科学执政、民主执政、依法执政的能力和水平。1987年，全县普法教育工作由司法局宣教组负责。1990年，在全县范围内创建《法治专栏》。1992年，举办2期经济法律法规培训班，对域内200余名厂长、经理及其他企业干部进行培训；举办农村法律法规知识培训班共6期，对各乡镇及农村有关领导干部进行培训。1995年，对各部门、各单位的干部、执法人员采取系统培训，脱产轮训，以会代训的方法，对公、检、法等重要的执法部门，把日常学法与学历教育活动相结合，激发广大干警学法热情。1998年，举办一期法律中专班，共招收学员85名。2000—2003年，共有30余名政法干警参加政法函授本科学习。2004年，把校园文化活动作为法治教育的载体，定期对中小学生进行法治教育。2005年，全县累计有近100名政法函大学生通过自学考试，取得大专或本科学历。

在2008年、2010年、2012年、2014年、2016年对全县各级党员干部、公务员进行法律知识考试，每年参考率达98%，及格率100%。2014年故城县被授予“全国依法治理创建活动先进县”称号；2014年、2017年房庄堤口村、建国罗马庄村先后被司法部、民政部评为“全国民主法治示范村”；2016年、2018年故城县先后被中共河北省委组织部、省委宣传部、省人力资源和社会保障局、省司法厅、省总工会、省法治宣传教育领导小组办公室授予“2011—2015年全省法治宣传教育先进县”、全省“七五”普法中期先进县称号。

2018年年末，司法局共发放各类法律知识书籍20万余册，法律宣传资料30万余份，现场共解答群众法律咨询1800余人次；在全县各中小学校举办法治讲座42场次，受教育学生达4万余人次。在乡镇所在地建设法治街13条，在26个行政村有法治文化广场或法治文化一条街。

第二节　人民调解

1980年11月7日始，原县法院民事调解工作由县司法局分管。时有司法助理员8人。1984年各乡（镇）均配有司法助理员。村建人民调解委员会。1980—1987年，共调解各类民事纠纷9400件，避免非正常死亡340人。

调解组织　1987年以来，县内人民调解工作由县乡两级机构负责。县级调解机构为县司法局，乡镇调节机构为乡镇司法所。1990年始，县司法局成立民间纠纷排查治理领导小组，乡镇成立乡镇疑难纠纷调解中心，538个村成立村调委会，设立乡镇、村调解干部和“十户调解员”，人民调解工作日趋完善。2000年，乡镇疑难纠纷调解中心更名为乡镇司法调解中心。至2003年，共有“十户调解员”21350名，乡镇调解干部48名，村调解干部1614名，基本形成以县司法局为中心，以乡镇司法所、乡镇调委会为依托，以村调解干部和村“十户调解员”为基础的三级人民调解网络。

至2008年，共建立乡镇、村级人民调解委员会551个。2012—2017年，分别成立医疗纠纷、交通事故、劳动纠纷、消费纠纷、物业纠纷、诉前调解等6个专业性调解委员会。共有专兼职人民调解员1743人，“十户调解员”16037人，培训人民调解员10.7万人次。自上而下形成一个纵横交错、覆盖面广、渗透力强的组织网络，为域内民间纠纷的化解提供坚实的保障。

调解活动　县司法局始终坚持民间纠纷排查制度。1988—2018年，排查出各类民间纠纷和隐患8.2万余件（次），及时调处8.2万余件，其中重大疑难案件126件，挽回经济损失150余万元，制止群体性上访10余起，防止民间纠纷激化10余件。

人民调解表彰　2012年4月，故城县郑口镇人民调解委员会主任冷明起被河北省司法厅授予“河北省人民调解能手”称号；8月，被司法部授予“全国模范人民调解员”。2013年8月，故城县夏庄镇人民调解委员会主任刘洪军被司法部授予“全国模范人民调解员”称号；11月，故城县房庄乡人民调解委员会被河北省司法厅授予“全省模范人民调解委员会”称号；故城县三朗乡人民调解委员会主任曲希成被河北省司法厅授予：“全省模范人民调解员”称号。2016年12月，郭兴山等23名调解员被河北省司法厅评定为“河北省金牌人民调解员”。2017年5月，故城县三朗乡人民调解委员会主任曲希成被司法部授予“全国模范人民调解员”称号。

第三节　基层法律服务

1987年，故城县有专职法治宣传员4人，乡（镇）、村兼职5150人。司法、县直机关、企事业单位有百余干部参加法律函授大学学习。

1983—1987年，司法局先后于城乡办法治宣传栏535期，编印各种法治宣传材料12663册（份），举办法治讲座和报告会229场次。其间为配合严厉打击严重刑事犯罪活动和维护妇女儿童合法权益，举办以典型案例为内容的展牌1783块，法治展览12期。

乡镇司法所负责域内538个村的基层法律服务工作。至2008年，域内13个乡镇司法所共排查化解各类民间纠纷12500件，成功率99.8%，防止民转刑70件，制止群众械斗125起，劝阻群众上访115起。举办各种培训班120多期，在各中小学开展法治讲座230多次，受教育人数达30万人。全县乡镇司法所均达到办公用房5间的建设标准，并配置电脑、摩托车等办公设备，4个乡镇配置面包车。

2018年，域内共有乡镇司法所13个，城区司法所1个。司法所有工作人员57人，14个司法所的政法专项编、人事、工资由县局统一管理使用，司法所实现以县局管理为主的垂直管理，司法所政法专项编工作人员已全部落实政法工作津贴。饶阳店、夏庄、郑口、故城、城区、三朗、建国、西半屯等八个司法所先后被命名为省级规范化司法所。

至2018年，14个司法所共排查化解各类民间纠纷26684件，成功率99.8%，防止民转刑20件，制止群众械斗25起，劝阻群众上访15起。所有司法所均达到办公用房5间的建设标准，并配置电脑、打印传真一体机等办公设备，配备执法记录仪、录音笔、摄像机、照相机等执法装备，为司法所配备执法执勤汽车6辆。

第四节　律　师

故城县法律顾问处有工作人员3人，其中律师2人、主任1人。1981—1987年，共办案21件，代写法律文书269件，挽回经济损失82.7万元。

1987年，故城县律师事务所全员7人，其中律师3名，见习律师1名，其他工作人员3名，办公地点设在司法局。1995年，更名为广厦律师事务所，人员增至11人。为24家行政、事业、企业单位担任法律顾问，办理有重大影响的案件多起。随着律师制度的改革，1997年，广厦律师事务所变更为“自收自支”的事业单位。2000年，律师事务所纳税改制工作正式开始。2001年3月，合伙制律师事务所广厦律师事务所成立。至2018年年末，域内共有2个律师事务所，分别是金箭律师事务所和广厦律师事务所。律师事务所共办理刑事、民事等各类案件5000余件，解答法律咨询16400人次，代书10700件，受聘担任29家企业常年法律顾问，办理经济法律事务1350件，依据经济合同及相关法律法规挽回经济损失15100万元。

第五节　法律援助

故城县法律援助中心2002年3月19日成立，多方位为贫弱群众解决诉讼难的问题，维护当事人的合法权益。共有工作人员5名，全部达到法律本科学历，其中3人具有律师资格。2003年9月1日《法律援助条例》正式颁布实施，为法律援助提供依据。2005年1月，“148”法律服务协调指挥中心并入法律援助中心，实现统一管理。各乡镇均建立法律援助站，同残联、工会、妇联、共青团建立联络网，形成覆盖全县的法律援助网络。是年末，共免费办理法律援助案件208件，受援人数达260余人，其中为未成年人进行刑事辩护35件，为拟判死刑的被告人无偿辩护8件，办理追索扶（抚）养、赡养费案件26件，追索劳动报酬案件14件，为人身受到损害的当事人提供服务58件，行政非诉类30件，为老年人、妇女、儿童、免费代理诉讼37件，为当事人挽回经济损失近200万元，减免诉讼费用10余万元。

2014年5月，故城县司法局设立故城县公共法律服务中心，与法律援助中心合署办公，整合法律服务资源，为群众提供一站式、窗口化法律服务。至2018年年末，域内共有3家基层法律服务所，分别是政通法律服务所、顺达法律服务所、方正法律服务所。基层法律服务所共办理案件950件，代书法律文书4500件，依据经济合同及相关法律法规挽回经济损失3700万元。在县法院、看守所、人社局、残联、工会、妇联、共青团等部门设立32个法律援助工作站，建成覆盖全县的法律援助网络。

第六节　公　证

故城县司法局，于1982年建立公证处，受理国内民事和经济公证。县公证处始建时有3人组成，其中副主任1人、公证员2人。1986年，乡（镇）先后建法律服务所6个，村设法律服务员，负责联系公证、律师业务，配合公证、律师人员取证办案，代写有关法律文书，进行法律咨询和宣传。

1987年增至8人，其中主任1人、副主任2人、公证员5人。1982—1987年，共办理各种公证6585件。

1997年，取得涉外公证的权力。根据自然人、法人或者其他组织的申请，办理下列公证事项：合同；继承；委托、声明、赠予、遗嘱；财产分割；招标投标、拍卖；婚姻状况、亲属关系、收养关系；出生、生存、死亡、身份、经历、学历、学位、职务、职称、有无违法犯罪记录；公司章程；保全证据；文书上的签名、印鉴、日期，文书的副本、影印本与原本相符。

2003年起，公证业务呈现上升的趋势，业务范围拓展到民事类的收养、继承权、产权、亲属关系、房屋转让、租赁、遗嘱、遗赠抚养协议、赠予合同、证明书、现场监督、房产转让协议、房屋拆迁协议、证据保全、合伙协议、夫妻财产约定等领域。2008年年末，共办理各类公证16458件，履行率99%；共接待来访6520余人次；处理来信400余件。县公证处被河北省司法厅授予“河北省优秀县域公证处”称号；于2010年被河北省司法厅记“集体二等功”。

至2018年年末，共办理公证业务国内经济案卷1842本，国内民事案卷5135本、涉外经济案卷67本，涉外民事案卷5784本，接待群众咨询多次。

附记四：

为青罕苹果园维护合法权益公证事

故城县青罕乡青罕村有300亩苹果园，因原村林业队经营管理不善，十几年未见收入，群众意见颇大。1984年年初村委会采用投标方式，将苹果园承包于该村东三队，多数群众拥护，县、乡两级政府支持。1985年5月经县公证处调查核实，办理公证。但原林业队部分群众害“红眼病”，对此不满。先后到中共故城县委、衡水地委蹲门告状。地委派工作组处理此事。工作组未做全面调查，匆忙作出取消公证撤销合同决定，并以“下级服从上级”胁迫县、乡两级政府同意其决定。消息传出，青罕村顿时议论纷纷。告状者得意洋洋，燃放鞭炮，以示庆祝告状成功。并说“公证书管嘛用！”承包者憋一肚子气，跑到公证处质问："法大还是权大？公证书还有用吗？"公证处以师家声为主的工作人员一面做承包者的思想工作，一面与工作组交换意见，据理力争，并向中共故城县委、衡水地区司法局汇报。地、县司法局又做调查，认定公证有效，同意师家声的意见。苹果园仍由东三队承包。承包者效法当初告状者，买来鞭炮鸣放。为青罕苹果园维护合法权益公证一事曾一度成为故城县人民茶余饭后的谈资。

1988—2018 年故城县经济、民事公证统计表

表 19-8　　单位:件

年份	合计	其中			
		国内民事	涉外民事	国内经济	涉外经济
1988	1457	510		947	
1989	1611	541		1070	
1990	897	192		705	
1991	1496	186		1310	
1992	359	190		169	
1993	324	215		109	
1994	878	152		726	
1995	834	39		795	
1996	600	207		393	
1997	455	218		237	
1998	432	221		211	
1999	175	92		83	
2000	140	73		67	
2001	208	133		75	
2002	191	113		78	
2003	565	348		217	
2004	329	168		161	
2005	380	147		233	
2006	746	357		389	
2007	1304	607		697	
2008	3823	1693		2130	
2009	1891	332	1512	41	6
2010	1714	359	1326	21	8
2011	2039	279	1730	24	6
2012	2520	217	2269	28	6
2013	2423	381	2000	26	16
2014	3389	579	2687	85	38
2015	3858	389	2735	713	21

续表 19-8

年份	合计	其中			
		国内民事	涉外民事	国内经济	涉外经济
2016	3410	486	2036	869	19
2017	2709	718	1794	153	44
2018	3144	817	2241	48	38
总计	44301	31289		13012	

第六节　安置帮教和社区矫正

安置帮教　域内13个乡镇和1个城区所分别成立安置帮教办公室，形成统一的帮教网络。因能及时落实帮教措施，刑满释放和解除社区矫正人员无重新犯罪。重点刑释解教人员接回率100%，安置帮教率100%，至2017年12月，已安置帮教1565人次。

社区矫正　2009年9月，最高人民法院、最高人民检察院、公安部、司法部印发《关于在全国试行社区矫正工作意见》，是年12月，故城县全面试行社区矫正工作。2010年1月，故城县成立社区矫正领导小组，办公室设在司法局。2011年7月，故城县公安局将监管的管制、缓刑、假释、暂予监外执行、剥夺政治权利等五类人员移交县司法局实施社区矫正。2012年3月，最高人民法院、最高人民检察院、公安部、司法部印发《社区矫正实施办法》，社区矫正适用于判处管制、宣告缓刑、裁定假释、暂予监外执行四类罪犯适用社区矫正。

县司法局社区矫正工作始终坚持以严格执法为主线，以创新管理模式为新思路，积极探索社区服刑人员管理、教育和社区服务工作的新途径，极大地提升了社区服刑人员的教育矫正效果。2017年年末，全县累计接收社区服刑人员1603名，累计解除1319名，监管社区服刑人员284人，累计对暂予监外执行收监执行1人，累计给予社区服刑人员警告45人，矫正期间再犯罪率始终保持在0.12%以下的低水平。

第七节　司法机构

县级司法机构　1987年，县司法局内设办公室、宣教组、民调组、公证处、律师事务所，编制23人。1990年，设人秘股，撤销民调组。1992年6月，撤销宣教组，组建宣教股。1995年10月，增设政工股。1996年合乡并镇后，有13个乡镇司法所。2008年年末，县司法局内设办公室、政工股、宣教股、法治宣传教育办公室、基层工作管理股、公证处、法律援助中心，编制21人。2012年，核定司法局内设机构6个，分别是人秘股、政工股、基层股、宣教股、社区矫正股、法治股；核定司法局派出机构13个，正股级建制。

2014年，核定公证处为司法局所属股级全额事业单位，编制4名；法律援助中心为司法局所属股级全额事业单位，编制4名。2018年，有政法专项编制46个，事业编8个。局长1名，副局长3名，纪检组长1名，副主任科员、党组成员2名。

乡镇司法机构　1987年，域内共设23个乡镇司法所。1996年合乡并镇后，乡镇司法所合并为13个。2015年，明确乡镇司法所为县司法局的派出机构，实行县司法局和乡镇人民政府双重管理，以县司法局为主的管理体制。2016年，批准设立故城县城区司法所，核定城区司法所政法专项编制2名，所长1名，副所长1名。

第二十编 军 事

故城县地处政区边界，从古至今，历代兵家均不惜代价为夺取和控制此地而征战。隋末，邑人窦建德、刘黑闼揭竿起义，来往于高鸡泊；明建文年间（1399—1402 年），“李景隆合兵，50 万讨燕（燕王棣）”；明末李自成建立大顺政权后，即于故城设农民政权；清末捻军首领张宗禹率部队反清廷等，战事频仍。这些反抗和起义，虽然都遭镇压而失败，但也有力地震慑、打击和动摇了当时的封建统治。

在抗击帝国主义列强的侵略中，故城人民在人力、物力、财力等各个方面做出了不朽的贡献。1857 年，英法联军侵华，攻占广州后蓄意北上，故城知县胡桂芬伐树木送往海口，支持抗击外敌侵略。19 世纪末爆发了旨在反对帝国主义的义和团运动。故城县不仅是义和团活动的主要地区，而且是整个运动高潮的中心之一。

1921 年，中国共产党成立。1926 年春，故城县第一个中共党支部创建。在中国共产党的领导下，故城军民不屈不挠、英勇顽强，为民族解放和中华人民共和国的成立建立了不朽的功勋。1938 年 9 月成立中共故城县委工作委员会。1939 年 3 月，中共故城县委员会（简称县委）建立，故城县抗日民主政府重建，故城县抗日游击大队建立（简称县大队）。1940 年，故城县委、故城县抗日政府、县大队配合八路军主力并独自开展了针对国民党顽军及日本侵略者的斗争。1944 年，故城县党政军民开始对日本侵略者的反攻。1945 年 5 月 8 日，十九团配合县大队攻克郑口据点，至此故城县解放。

在解放战争期间，广大民兵和群众积极支援前线，担负修路架桥、运送粮草、抬担架、救护伤员、押送俘虏等勤务，为解放战争做出了应有的贡献。

中华人民共和国成立后，人民解放军和民兵预备役建设进入建设现代化、正规化国防军的历史时期。驻故部队和故城县人武部，始终坚持政治建军的原则，加强自身建设，大力开展拥政爱民活动，积极参加抢险救灾和社会主义物质文明、精神文明和政治文明建设，传统的军政、军民关系在新的历史条件下得到继承和发扬。

第一章 驻军 地方武装

域内从隋至清朝皆有驻兵记载。中华民国时期，国民党、共产党部分师团曾驻军于此。时，共产党冀南军区八路军积极抗日，先后取得“东高才伏击战”胜利，粉碎了日伪“铁壁合围”。中华人民共和国成立后，中国人民解放军空军部队进驻至今。武警故城县中队 1958 年成立以来，协助县公安机关打击犯罪、处理各类突发事件，为维护社会治安，保障故城人民生命财产安全做出贡献。

第一节 驻 军

一、隋末漳南高鸡泊起义军

据清光绪《故城县志》《河北简史》载，隋大业七年（611 年）清河郡漳南（今故城县）人窦建

窦建德起兵反隋图画

德招集隋廷逃兵及无业者数百人，交孙安祖统领，并面授机宜，要他充分利用高鸡泊（今故城西南时为大泽广数百里）有利地形，聚集力量，且观时变，以就大计。稍后，清河郡鄃县（今山东夏津县）人张金称、风县（今景县）人高士达亦聚数百人起义，来往于漳南。郡县官吏以“贼徒交结”，悉捕窦家，无少长皆杀死。窦率200人起义，同高士达会合。高自称东海公，以窦为司兵。未久，孙安祖为张金称并杀，其兵数千人尽归窦，自此渐盛，兵至万余人，仍来往高鸡泊中。至大业十二年（616年）窦即以高鸡泊为义军基地，聚集人马数万余众。

清光绪《故城县志》载，郑口镇东有旧陈家桥，传为窦建德济兵处，城（今故城镇）北窦堡店（今辛庄乡辖，名仍旧）、南太子营（今名东化、新化）、北太子营（今名中北化、西北化）为驻兵处。

二、唐初刘黑闼起兵漳南

据《资治通鉴》卷186《唐记》5载，唐武德四年（621年）七月，窦建德于长安为李世民所杀。其部下共推贝州漳南县（今故城县）人刘黑闼为首，设坛于漳南起兵反唐，为窦建德复仇。

三、宋代王则起义军

据《河北简史》载，涿州人王则，因岁饥流至贝州（时今故城县属之），卖身为人牧羊。北宋庆历一年（1041年）应募为兵，后升任小校。其利用流传于河北之弥勒教为组织手段，联络州吏张峦等人，与德州、齐州、河间一带教徒聚众数万人。庆历七年（1047年）十一月于贝州起义。《续资治通鉴长编》卷161载：“王则潜号‘东平郡王’……建国曰‘安阳’，……改元‘得圣’，以十二月为正月。百姓年十二以上、七十以下，皆涅其面曰：‘义军破赵得胜’，旗帜号令率以‘佛’为称。后被开封知府明镐、参政知事文彦博领兵讨平。”

四、元代也速驻军

据清光绪《故城县志》《河北简史》载，元至正十七年（1357年）二月农民起义将领毛贵由山东攻陷青（今青县）、沧（今沧州）二州，遂居长芦镇。三月又陷蓟州漷州（今通县南22.5公里），遂略柳林，逼近大都（今北京），折回济南。至正十八年，元丞相也速守陵州（今德州），其大营驻德州、杨坞，伺机镇压毛贵起义军。

五、明代驻军

据清光绪《故城县志》载，明制河间诸县（故城县时属直隶中书省河间府景州）皆有民壮50人，典史领之。诸县镇巡检有弓手若干名，又各有百夫长、千夫长领百人或200人。

六、清代驻军

清光绪《故城县志》载，清初袭明制，后因政局不稳，屡有更置，至康熙八年（1669年）故城县驻军为河间协左营五汛之一故城汛（清兵制，凡千总、把总、处委所统率的绿营兵称汛，其驻防巡逻地称汛地）。据清雍正《畿辅通志》载，故城汛时设把总1人、马战兵10人、守兵39人，每岁俸饷、马、干米等折银1071两6钱。据清光绪《故城县志》载，雍正元年（1723年）郑口镇驻防满营，设“城守尉一员、佐领六员、防御六员、骁骑校六员、甲兵六百名”，“其俸饷银俱由户部支领。其裁撤年代无考”。雍正十三年（1735年）故城汛改属景州营（时景州已改汛为营），时“设千总一员、马兵六名、守兵四十一名，岁支俸饷银八百零六两三钱八分”。道光元年（1821年）于“郑口设游击营，时游击一员、把总一员、额外外委一员、马兵二十名、大饷步兵十四名、小饷步兵二十三名、守兵七十名、官马八匹、营马十一匹。岁支俸饷米马干牧青折银三千零九十两一钱六厘”。

乾隆三十九年（1774年）八月山东寿张王伦以清水教组织教民反清起义，连陷寿张、堂邑、阳谷，直趋临清，截阻运河漕运。清廷命大学士舒赫德征讨。时直隶兵由景州移驻故城县，以攻其背，知县纪蒂亦随营筹应。

七、中华民国时期驻军

国民党驻军 胡和道部即国民党第六十八军骑兵团。1938年5月国民党第六十八军骑兵团由鲁西进驻郑口，名北上抗日挺进军，胡和道自称司令。是年11月22日曾抵抗侵华日军，后因兵寡而撤。1939年3月，胡率部返回故城县，建国民党军政府，奉“不抵抗政策”，专与抗日党政军制造摩擦，刁难、迫害，扣留抗日工作人员。后经冀南行署主任杨秀峰与河北省国民政府主席鹿钟麟交涉，派国民党第十军团一八一师兵围胡部于召村、岭踪、崔庄，将胡生擒，并收编胡部600余人。

石友三部即国民党第十军团一八一师。1939年5月，国民党第十军团一八一师自枣强东部进驻故城县白佛寺、田村、前土营与原武城县饶阳店、李官屯一带。石友三为国民党冀察战区副司令兼该师师长。时与抗日党政军民摩擦升级，日趋尖锐。1939年12月冀南军区无奈发起讨伐石部战役，石友三遂率部南逃。后石意欲投降日军，被高树勋（原国民党将领，后于邯郸起义）处死。

张栋臣部即张八师。1937年年末张栋臣（山东夏津人，土匪出身，外号张八）统领国民党杂顽军，自称“抗日义勇军”（其部人员多土匪组成，为民痛恨），自夏津出发抢占武城县城（县城西部为今故城县建国镇治址），武城国民政府县长徐占奎率一连兵力，在民团协助下，炮轰县城。张栋臣不敌，遂率部逃往夏津、恩县、高唐、平原交界地域。1938年6月八路军肖华支队将其打垮。张率部逃往潍县，后于1939年3月张率部500余人，打“忠义救国军”旗号，重返武城。是年4月于原武城县西里屯（今故城县辖）为石友三编为冀察战区暂编八师（当地称张八师），张栋臣任师长。其间，张部常窜扰武城、清河。1939年12月张部殿后掩护石友三南逃。石友三被高树勋处死后，张栋臣率部东逃，被国民党军汤恩伯部收编。

共产党驻军 1939年8月，八路军冀南军区部冀南军区新七旅十九团、新九旅二十五团进驻东高才及附近村庄。在故城县抗日游击大队配合下，发动群众破击德（州）石（家庄）铁路，拆道轨、平路基，奇袭据点，烧毁炮楼，使日伪军胆战心寒。是年8月21日于东高才一带打一出色伏击战。

1942年冀南军区骑兵团、特务团，八路军一二九师新七旅、旅直、十九团、二十一团，进驻北仁庄、兀兰屯、前后花园、西半屯、西里屯（上述几村原属武城县）一带，扩大根据地，发展抗日斗争。是年4月29日于十二里庄、霍庄一带粉碎日伪3万余兵力之“铁壁合围”。

八、中华人民共和国时期驻军

中国人民解放军空军部队 1951年始建故城县场站。1955年进驻空军独立五团（代号资料散佚），1956年进驻空军3564部队，1968年3564部队调防，空军2577部队进驻，1979年2577部队调防，空军86326部队进驻至今。

武警中队 1958年故城县并入吴桥县时，建武装警察吴桥县中队。1961年随县析置，建武装警察故城县中队。1966年建中国人民解放军武装警察故城县中队。武装警察职能系维护国家主权和尊严，维护社会治安，保卫党政领导机关、重要目标和人民生命财产安全。内卫勤务担负看守所、拘留所外围武装看押任务。1983年1月1日，衡水地区故城县武装民警中队正式改称中国人民武装警察部队故城县中队，在县公安局领导下进行工作，同时接受中国人民武装警察部队衡水地区支队领导，担负故城县看守所外围武装警戒，防止人犯逃跑、越狱、暴乱和制止敌对分子袭击破坏，确保看守目标绝对安全；协助管教干警预防、处置灾害和事故；协助地方公安机关执行逮捕、拘捕、押解、追捕以及处置其他各类突发事件，维护社会稳定，保障人民财产安全。

1996年，衡水地区撤地建市，县中队改称为中国人民武装警察部队衡水市支队故城县中队。2018年1月，编制体制调整为武警衡水支队执勤三大队故城县中队。

2001年，县中队获衡水市支队军事比武总分第一名。2003年4月，全国暴发“非典”（非典型性肺炎）疫情，为控制疫情在县内发生并传播，县武警中队设卡、设哨，消毒、宣传，积极抗击“非典”。2005年，协助县公安局到枣强县大营镇追捕涉黑团伙，抓获犯罪嫌疑人9名。2018年6月，中队圆满完成“上合组织峰会”衡德交通检查站警戒任务，并成功处置一起车辆冲卡事件。

故城县中队在押犯转厂过程中严密组织，未发生过任何事故。

第二节　地方武装

一、清代地方武装

团练　为清代县衙之武装组织。清咸丰至同治年间（1851—1874 年），曾于小庙一带弹压农民起义军——捻军入境。

二、国民政府地方武装

保卫团　中华民国初期，故城县国民政府保卫团有常备丁 312 人，散在丁 1600 人。枪 1458 支（包括不能用枪 352 支），子弹 52226 发。保卫团分常备队、预备队。征集 20～24 岁男子，分为现役、补充役。以抽签决定现役、补充役。县设总团，团长由县长兼任，副团长 1 人，下设分团长。分居各驻地。

联庄会　1930 年 9 月，山东武城县国民政府建联庄会。县长兼联庄会总会长，并设副会长 1 人，总教训 1 人。联庄会设 4 个分会。其中 3 个会设于今故城县境南部。凡有集镇地均设甲部，甲部设教练、文牍兼会计 1 人。甲部设于今故城县境建国、草寺、武官寨、饶阳店等地。购枪支会员均为 40 亩地拥有者。枪支多为“老套筒”“汉阳造”“苏连珠”等。每月轮流集中一次，不愿参加者可雇人代替持枪前来集训。后于 1937 年随国民政府南撤。

还乡团　1945 年中共故城县委领导广大贫苦农民于境内开展对地主、富农斗争，进行土地改革运动。部分罪大恶极地主、富农及反动顽固分子为逃避斗争，逃亡到尚未解放的德县、济南等地，被国民党反动派收容，组成政工大队。旨在等待时机，还乡报复，破坏中共领导的村级政权，暗杀村干部、民兵和土改骨干。故人民称其政工大队为“还乡团”“暗杀团”。以故城县外逃地富分子冯某荣为主组成故城县政工队，故城县南部以谭某明、姜某月为主组成武城县政工队，于 1946 年 3—5 月先后制造有“丁庄惨案”。

1946 年 6 月，德县解放，冯某荣、谭某明等先后被人民政府缉拿归案，处以死刑。

三、人民政权地方武装

县抗日游击大队　为国民革命第八路军冀南军区第五分区第六大队。1939 年 3 月，深县抗战学院毕业生郝诚、张志等 14 名学生与枣强县 30 余名干部、战士，由冀南行署武装科长（同时被冀南行署任命为故城县抗日县长）胡子寿带领，枣强县抗日民主政府拨给 1 班武装（7 名战士、3 条枪），由枣强县独立团团长王小石派 1 连（60 人左右）护送，来故城开辟抗日根据地。1939 年 3 月 6 日，王与中共故城县委书记陈登崑接上关系后，重建故城县抗日政府，组建故城县抗日游击大队（时称县大队）及群众团体。胡子寿兼任县大队队长，郝诚任县大队副大队长，贾厚岑任武装科长。1940 年年初，将原武城县独立营改编为武城县游击大队，多活动于故城县南部（即武城县运河西部），抗击日伪军。

故城县大队下属五区各建中队，区以下设农民自卫队（主要由民兵组成）。1939 年冬，故城县游击大队发展到 200 余人。

1943 年 9 月，县大队已扩建为 2 个基干连，加各区中队共 300 余人。

县大队为故城抗日主要武装力量。自建立后，历任县委书记陈登崑、刑贵德、郭孔、李培新、朱斌曾先后兼任县大队政委，县长胡子寿、何曼、张景吾、石大洲、张郁轩先后兼任县大队队长。抗战时期县大队开展机动灵活的游击战争，大量消灭敌人，保存自己，同时为正规部队输送一批兵源，为解放故城，支援解放战争发挥重大作用。

1941 年 1 月初，县大队由大队长何曼、教导员张志带领，奉命调离县境补充正规部队。

1946 年 7 月 29 日，故城、武城、枣强三县县大队在夏津新盛店合编组成冀南军区第六分区二十八团，亦名冀南军区六分区运河支队。

战委会　武委会　1938 年 3 月，部分爱国人士于郑口建故城县抗日民族解放战争战地总动员委员会（简称战委会），主任曹泽洲。是年 4 月，改选战委会，由董郁庭任主任，周浩然、陈登崑等任常务部长。1939 年 3 月，遵照冀南行署指示，随县抗日民主政府及县大队建立，重建战委会，主任王向吾。是年改为故城县人民武装委员会（简称武委会）。各区亦相继建区武委会，多为区长兼任区武委会主任。1939 年 3 月—1942 年 2 月，战委会、武委会先后隶属冀南军区、冀南六军分区。

县武委会设正、副主任各1人，下设作训股、政治股，各股设股长1人，股员2人。另设秘书、总务各1人。区武委会设主任1人，下设自卫队（亦称区小队）。设队长、教导员各1人，队员主要由民兵组成。

县、区武委会主要配合党政组织，发动群众，发展壮大人民武装，与日伪军进行斗争。王向吾、黄世忠、米栋（原名魏京顺）、贾伯林先后任县武委会主任。机关随抗日民主政府驻偏僻农村。解放后机关驻地由农村迁往郑口镇。1945年8月—10月县武委会属冀南军区二分区。

武装部　兵役局　1948年，县武委会易名为县人民武装部（简称人武部）。县人武部设部长（多由县长兼）、副部长各1人，下设作战、政工、后勤3个股，作战股设股长、参谋各1人，政工股设股长、干事各1人，后勤股设股长、秘书、供管员各1人。区人武部设部长（一般区长兼）、参谋、干事各1人。

1951年6月，县人武部由地方建制编入中国人民解放军序列，名中国人民解放军故城县人民武装部，隶属衡水军分区和中共故城县委员会领导。县委书记兼人武部第一政委。设正、副部长各1人，干事3人，勤杂1人。是年12月，增设秘书1人、干事3人。其下属区人武部，设部长及政治、军事、统计干事各1人。

根据1955年7月30日颁布的《中华人民共和国兵役法》第十四条规定和上级指示，县设兵役局，兵役局与人武部合署办公，两块牌子，一套人马。设民兵、动员、征集、预备役军官和统计5个科，各科设科长1人，助理员不等。

1956年11月，兵役局复名人武部。为加强领导，增设政委一职。1958年9月，根据中共中央关于民兵问题的决定，各公社设人武部，增设专职武装干部（一般每公社1～2人）。公社人武部在县人武部及公社党委双重领导下，负责民兵管理、指挥和训练。1958年10月—1961年5月，并入吴桥县人武部，后复置。

1961年，故城县人武部设部长、政委、副部长、副政委各1人，下设作训、组织、动员、政工4科。各科设科长、副科长各1人，参谋、干事若干。另设秘书、管理各1人。公社人武部一般配部长1人。

1966年4月，县人武部作训组织动员科分为作训、动员2个科。“文化大革命”期间县人武部奉命“三支两军”（支工、支农、支左、军管、军训）工作时，配有在部内和地方工作的两套班子。设部长、政委各1人，副部长、副政委共6人，各科设科长、参谋、干事不等。1977年7月，将作训科、动员科并为军事科。1979年1月，复将军事科分为作训、动员2个科，并增设装备科。是年10月，各公社人武部增配干事1人。

1981年1月，县人武部又将作训、动员2个科并为军事科。1983年7月，县人武部不再设副政委。再度将军事科分为作训、动员科，撤装备科。各科设科长1人，参谋、干事若干。另设秘书、供管员、打字员、司机、炊事员各1人。1984年4月，公社人武部改为乡（镇）人武部，编制仍旧。

县人武部机关驻地始终为郑口镇，隶属衡水军分区。1952年，改属沧州军分区。1958年10月—1961年5月并入吴桥县人武部，故城县原人武部仅少数人员留守郑口。1961年5月，故城县复置后人武部复建。1962年7月，县人武部又归属衡水军分区，相沿至今。

1938—1946年故城县战委会、武委会主任一览表

表20-1

姓　名	任 免 年 月	姓　名	任 免 年 月
曹泽洲	1938年3月—1938年5月	董郁庭	1938年5月—1939年3月
王向吾	1939年3月—1941年5月	黄世忠	1941年5月—1945年8月
米　栋	1945年8月—1946年12月	贾伯林	1945年12月—

1939—1949年故城县抗日游击队大队长、政委一览表

表20-2

大队长	任 免 年 月	政　委	任 免 年 月
胡子寿	1939年至1941年5月	陈登昆	1939年3月—1939年10月
何　曼	？—1941年秋	刑贵德	1939年10月—1940年2月
张景吾	1941年年初—1941年11月	郭　孔	1940年2月—1941年5月
石大洲	1941年11月—1944年6月	李培新	1941年5月—1942年2月
张郁轩	1944年6月—1945年6月	郭　孔	1942年2月—1943年2月
杨敬桥	1945年9月—1948年2月	朱　斌	1943年2月—1946年5月
张勇为	1948年2月—1948年5月	郑　华	1946年5月—1947年8月
程焕兴	1948年8月—1949年3月	赵长春	1947年8月—1948年8月
金曼宇	1949年3月—1952年10月	韩芳宇	1948年8月—1949年3月
		荆　刚	1949年3月—1952年10月

附

抗日战争时期日伪驻故城县部队和机构

1939年2月，日本侵略军侵占故城县河西街、郑口镇、故城镇（县城），至1942年先后在县境内建30余个据点、碉堡，驻有日军600余人，另建有警备队、警察所、铁心队等伪军组织。

侵华日军 1938年11月5—22日侵华日军千余人，由临清向武城、故城进犯，依次侵占河西街、郑口。翌年2月侵华日军（下简称侵华日军）又由德州向故城县进犯，侵占县城故城镇。同时烧杀抢掠，无恶不作（详见本编第五章抗日战争）。至1942年，先后于今县境内河西街、武官寨、何刘屯（以上3个村均原武城县辖）、郑口、故城等村建据点30余处，驻有日军600余人。于武城、故城县城所在地河西街、故城镇各驻1联队日军，各设有指挥部。联队长分别为秋菊、木村荣一。

伪军 亦称皇协军，系协助侵华日军捕杀抗日军民的军事组织。

伪警备队 侵华日军扶持的伪县政权（即日伪县政府）所建警备队。时除郑口镇、故城镇、河西街、武官寨、北獐鹿各建1警备大队外（人数不一），东辛庄、白佛寺、夏庄、三朗、饮马河、小马坊、小屯、青罕、大坛村、赵长林、红庙、陈田村、京村、陆黄村、（以下村原属武城县辖）何刘屯、十二里庄、饶阳店、刘堂、西里屯、五房头、双冢屯、车庄、温庄、董洪屯、黄草洼、香炉坡各驻1警备中队（人数不一）。虽号称中队，实人数仅为小队。

伪警察所 设于县城内（今故城镇），下设4分所，第一、二、三、四分所分别设于十里铺、东辛庄、北獐鹿、郑口镇，并在董故庄（今属景县）、白佛寺各设分驻所1处，城关西南镇设派出所1处，后白佛寺分所移驻东辛庄。伪警察所官员共180人，大小枪120支、子弹866发。

铁心队 40余人，由叛徒、汉奸组成，以专事捕杀抗日军政干部为能事，为死心塌地效劳侵华日军的别动队。

以上日伪军事组织，均于1945年6月前后，为故城、武城抗日军民先后歼灭、摧毁。

1938—1945年故城县日伪军据点和兵力部署分布一览表

表 20-3

据 点	建立时间	驻军人数及种类	解放时间
故 城	1938年11月	日军联队300人，伪警备大队134人	1945年6月27日
郑 口	1938年11月	伪警备大队300余人	1945年6月27日
北獐鹿	1939年秋末	日军30余人，伪警大队100余人	1944年6月
东辛庄	抗战时期	伪警备中队140余人	1945年3月19日
白佛寺	抗战时期	伪警备中队30余人	1938年—1945年6月
夏 庄	抗战时期	伪警备中队20余人	1945年3月20日
三 朗	抗战时期	伪警备中队20余人	1944年6月
董故庄	抗战时期（今景县）	伪警备中队30余人	1944年下半年
饮马河	抗战时期	伪警备队独立中队100余人	1944年下半年
小马坊	抗战时期	伪警备中队10余人	1938年—1945年6月
小 屯	抗战时期	伪警备中队7人	1938年—1945年6月
青 罕	抗战时期	伪警备中队10余人	1945年3月20日
大坛村	1941年	伪警备中队5人	1938年—1940年6月
赵长林	1941年	伪警备中队20人，日军1人	1941年6月
红 庙	1941年春	伪警备中队10余人	1943年—1945年6月
陈田村	1941年春	伪警备中队10余人	1943年—1945年6月
河西街	抗战时期	伪警2个中队200余人	1945年6月2日
武官寨	1939年3月	日军30余人，伪警备大队200余人	1945年12月25日
何刘屯	1939年3月	日军10余人，伪警备中队300余人	1941年11月12日
十二里庄	抗战时期	伪警备中队30余人	1944年春
饶阳店	抗战时期	伪警备中队30余人	1945年
陆黄村	抗战时期	伪警备中队30余人	1943年—1945年6月
刘 堂	抗战时期	伪警备中队30余人	1943年—1945年6月
西里屯	抗战时期	伪警备中队20余人	1943年—1945年6月
五房头	抗战时期	伪警备中队10余人	1943年—1945年6月
双冢屯	抗战时期	伪警备中队10余人	1945年12月24日
车 庄	抗战时期	伪警备中队7人	1943年—1945年6月
温 庄	抗战时期	伪警备中队10余人	1943年—1945年6月
董洪屯	抗战时期	伪警备中队16人	1945年12月24日
黄草洼	抗战时期	伪警备中队10余人	1943年—1945年6月
香炉坡	抗战时期	伪警备中队10余人	1943年—1945年6月

说明：自河西街以下（除陆黄村外）日伪据点时属武城县运河西部，今均处故城县境南部地域

1942 年故城县伪警备队人员枪弹配备一览表

表 20-4

项目		县城	十里铺	东辛庄	北獐鹿	董故庄	郑口镇	红庙	青罕	饮马河	总计
官警数	官佐（人）	15	2	4	1	1	5	1	1	10	40
	士兵（人）	119	64	38	29	29	65	29	19	90	482
枪弹数目	大枪（支）	120	66	34	28	28	62	28	20	61	447
	子弹（发）	3240	1776	697	560	560	625	300	400	4295	12453
	手枪（支）	8	—	—	—	—	—	—	—	13	21
	子弹（发）	—	—	—	—	—	—	—	—	120	120
备考		1. 轻机枪 2 挺，列入大枪数内。2. 掷弹筒 6 具，列入大枪数内									
附记		1. 查故城县警备队兵额因防地增多，不敷分配，于 1942 年 8 月招募战斗警 70 名，加以训练。训练完毕，分别补充于各中队内派遣驻防，以厚实力 2. 查驻饮马河警备队为独立中队 3. 查故城县警备队能用枪支约为 1/2，其余多不堪使用，由特务机关购配之樱式步枪 50 支，尚未转发，合并注明									

说明：据河北省档案馆资料复制整理，此表仅限今故城县北部资料；表内“—”为无统计数字

第二章　兵　役

兵役制度是我国历代军制中的一项重要制度。

故城作为县级地方组织，实行的兵役制度与全国大致相同。历代实行的有世兵制、募兵制、征兵制；抗日战争时期，故城人民武装建立后，实行志愿兵役制；中华人民共和国成立后，实行义务兵役制、义务兵与志愿兵相结合的兵役制度、民兵与预备役相结合的预备役制度。

第一节　1937 年前兵役制度

自唐代至中华民国前为募兵制，即雇用兵役制。唐初有兵募之称（兵指府兵，募指征人），征人名义上为自愿投充，实则仍为征发。《旧唐书·刘仁轨传》载：“州县发遣兵募，人身少壮家有钱财，参逐官府者，东西藏避，并即得脱；无钱参逐者，虽是老弱，推背即来。”此兵役制，倍受历代封建王朝、北洋政府和国民政府推崇，故沿袭久远。

中华民国期间故城仍实行摊派买兵招募兵丁制度，即县政府将省政府分发到县之兵丁名额和每征一兵所用之银两数额，按全县人口、地亩数，分拨各乡村，各乡村亦按此摊款买马。不愿出兵者，以钱粮顶替，出兵者给予钱粮。

日本侵略军占据故城后，其为扩大侵略，极力扩充伪军，县内不少青壮年被逼当兵（亦有甘当亡国奴为日军效力者）终或妻离子散、家破人亡，或背井离乡、逃荒要饭、四处流浪、死无下落。

第二节　人民政权兵役制度

中国共产党领导下的人民军队兵役制度，始

自1927年。1937年7月—1955年7月，故城实行的是志愿兵役制；《中华人民共和国兵役法》颁布后，故城县开始实行义务兵役制；1978年3月，开始实行义务兵与志愿兵相结合的兵役制度；1984年起国家实行义务兵役制为主体的义务兵与志愿兵相结合、民兵与预备役相结合的兵役制度。

志愿兵役制度 抗日战争时期至中华人民共和国成立初期，中共领导的八路军、新四军和中国人民解放军实行志愿兵役制。为抗击日本侵略军，保家卫国，推翻国民党反动统治，在中共故城县委、县政府领导下，县、区、村各级发动党员、干部带头参军参战，广大青年民兵踊跃报名上前线。母送子、妻送郎、姐送弟上前线事例不胜枚举，一年一度（有时一年两度）征兵任务多超额完成。

1948年平津战役中，全县一次参军2000余名。

为抗美援朝巩固国防，至1951年全县征集新兵两次。第一次为1950年12月20日—1951年1月9日。衡水区参委会（参军委员会）分配故城县350名任务，实际到县集中460名。第二次1951年8月25日至9月30日，共征集270名。两次征兵在任务分配上，根据过去出兵和青年多少以及劳动力充裕情况定额，不搞平均主义，灾区酌情照顾。征集年龄在18～28周岁。其动员步骤和方法：一县委下达动员令；二要求适龄青壮年自愿报名；三召开四个会，即区干部会、抗美援朝代表会、村干部会和群众大会；四大造声势，广泛动员教育，讲明政策意义，开展“唇亡齿寒”宣传教育活动，以提高青年认识，调动参军积极性。并于村、区开展参军竞赛，掀起参军热潮。批准入伍青年，在乡亲们热烈欢送下披红戴花，多以大车或骡马送行，奔赴前线。

据统计，1946—1951年，故城、武城两县参军参战人数达4800多人。

义务兵役制度 义务兵役制，亦称征兵制。是依照国家法律规定，公民在一定年龄内都有义务服一定期限兵役的制度。

1949年9月29日，中国人民政治协商会议第一次全体会议通过的《共同纲领》规定：“准备在适当的时机实行义务兵役制。”1955年第一届全国人民代表大会第二次会议，审议通过了《中华人民共和国兵役法》。从此，故城县开始实行义务兵役制。

1955—1977年，故城县实行义务兵役制，遵照《中华人民共和国兵役法》关于“每年6月30日前年满18周岁的男性公民，应被征集服现役”规定，自1955年1月16日至3月10日，进行第一批义务兵征集工作。为保质保量地完成征兵工作任务，各乡召开党委会、乡人民代表会、党团员会、青年、民兵及群众大会，搞好宣传发动，提高广大公民依法服兵役和参军光荣重要意义认识。县建征兵办公室，圆满完成340人第一批义务兵征集工作。自此，上级征兵命令逐年对适龄青年进行预备役登记和训练，1961年、1967年、1971年无征兵任务。县委、县政府、县人武部严格按征兵工作的各项法律法规和程序办事，实现了自1980—2018年30多年无责任退兵的纪录。

义务兵与志愿兵相结合兵役制度 1978年3月7日，经第五届全国人民代表大会常务委员会第一会议通过、颁布《关于兵役制问题的决定》。规定从1978年起，将义务兵役制改为义务兵与志愿兵相结合制度，在部队服现役满6年的技术骨干和专业人员，根据部队需要和本人自愿，经团以上机关批准，可由义务兵转为志愿兵。志愿兵退出现役后，由国家负责安置。

义务兵与志愿兵、民兵与预备役相结合兵役制度 1984年5月30日，经第六届全国人民代表大会第二次会议通过，颁布新《中华人民共和国兵役法》，实行以义务兵役为主体的义务兵与志愿兵相结合、民兵与预备役相结合的兵役制度。县基干民兵均列为第一类预备役，普通民兵列为第二类预备役。

预备役登记 故城县的预备役登记工作始于1955年，对年满18～20岁符合服兵役条件而未被征服现役的应征公民进行了预备役登记，并确定服第二类士兵预备役，颁发了兵役证书。除对当年应服现役而未被征服现役的人员进行服第二类士兵预备役进行登记外，还对符合条件的1950年至1957年6月，由部队复员的士兵进行了预备役登记，编入了第一类士兵预备役。1957年6月后，通过试点，实行了预备役和民兵合而为一，规定民兵就是预备役。1958年，“大办民兵师”实行“全民皆兵”，预备役登记工作即行中止。

1980 年，开始恢复预备役登记工作。是年 12 月，人民武装部门，按照中国人民解放军总参谋部规定的条件和 294 个专业编号，首先对当年退伍士兵进行了预备役登记。后又集中时间对 1980 年以前的退伍士兵进行了预备役的补充登记。1983 年，结合接收安置退伍军人和整顿民兵组织，每年对预备役军人进行一次登记和核对，对已达到预备役最高年龄或有其他变故者，及时从预备役名册中注销。

第三节 兵役管理

兵役登记 故城县自 1984 年“新兵役法”颁布后正式建立实施兵役登记制度。在此之前，每年进行一次征兵调查摸底，由各级兵役机关将 18 ～ 22 岁的男性公民数量、质量和分布情况登记统计，作为分配征集任务的依据。建立兵役登记制度后，在每年 9 月 30 日前，所有适龄的男性公民，根据县兵役机关的安排，到专设的兵役登记站进行兵役登记。一般 2 万人以下乡、镇设 1 ～ 2 个登记站，2 万人以上的设 2 ～ 3 个登记站。每站设站长兼调理员（负责登记人员的组织）1 人，由乡、镇领导或专武干部、派出所所长担任，登记员 2 ～ 3 人，医务人员 2 人。兵役登记站负责对上站的公民进行体格目测和政治初审。通过登记，县兵役机关根据兵役法关于应征、缓征、免服兵役或不得服兵役的规定，确定当年的征集对象

兵役登记的具体实施，由全县 13 个乡镇武装部组织实施，各乡镇派出所，乡镇医院派出专门的公安人员和卫生医务人员具体组织。各乡镇兵役登记结束后上报县武装部。县武装部在对适龄公民登记的基础上按照上年度征兵任务的 4 ～ 5 倍选定各年度的预征对象。预征对象的选定实行村、乡、县三级把关责任制。

征兵工作 故城县为人民革命武装（包括八路军进驻部队、地方抗日部队、县抗日游击大队）进行兵员征集工作始于抗日战争初期。兵员征集主要是收编自发组织抗日的人民武装和游杂武装。广大工农群众、革命知识分子、青年学生和爱国人士以极大的抗日热忱，自动组织起来，成立了游击队、义勇军、自卫军等抗日武装。

中华人民共和国成立后，特别是 1955 年《中华人民共和国兵役法》的颁布实施，征兵工作走上了有序的、正规的道路。

征兵工作由县政府、县人武部统一安排，由民政、公安、文教、财政、卫生、广播、劳动、交通、团县委等有关部门组成征兵领导小组，下设征兵办公室。县长、县人武部长担任领导小组组长，县人武部政委担任副组长。

县人武部按照上年度征兵任务 4 ～ 5 倍选定每年度预征对象。县人武部和各乡镇人武部对预征对象分别建立档案资料，作为征兵审查的基本依据。县人武部根据兵役法关于应征、缓征、免服兵役或不得服兵役规定，确定当年征集对象。

征集对象年龄 18 ～ 20 周岁（高中放宽到 21 周岁，大专以上文化程度可放宽到 22 周岁）。高学历青年和各级各类院校应届毕业生为优先征集对象。政治条件，按照公安部、总参谋部、总政治部《征兵政审工作规定》执行。体格条件，按照国防部《应征公民体格检查标准》和国防部征兵办公室《关于调整部分征兵体检标准问题的通知》执行。

光荣入伍

1985 年后，根据交通状况和部队驻地远近，新兵交接工作采取县、市派人送兵、组织新兵自行到部队报到和部队派人到征兵地区接兵三种办法进行。1987 年起，恢复由部队接兵的集结起运新兵办法。2004 年，实行征兵制度改革，北京战区接兵部队不参与体检和政审，只在新兵起运前将新兵接到部队，其余战区仍采用部队派人接兵办法。1985—2018 年，故城县按照上级下达的新兵征集任务，圆满完成了各年新兵的征集任务数。

第三章 民 兵

抗日战争时期，域内组建民兵组织，在中国共产党领导下成为不脱离劳动生产的群众武装组织，曾为故城县解放事业做出突出贡献。中华人民共和国成立后，民兵成为中国人民解放军的助手和后备力量，民兵进行军政、军事训练和生产建设，积极参与抗险救灾、维护社会治安，成为社会主义革命和建设事业的重要力量。

第一节 组织建设

民兵组建 抗日战争初期，故城县各区、村多建地方武装组织，协助抗日军政机关侦察敌情，破敌交通，打击日伪，积极配合主力部队作战。

1940年，于抗日中心村将16～55岁村民编入自卫队。其主要任务系侦察敌情，掩护群众转移。时，县设抗日先锋大队队部，区设中队部，村设分队部。

1943年，根据上级关于民兵工作指示，各地自卫队员易名为民兵。时，各区设武委会，同时各片设立民兵中队（每个中队编数百人乃至千人不等），其中队长、副中队长人选，均由各村民兵干部中选配；村中共支部书记兼任中队指导员。各村建民兵队（一般编制一二百人）。

1948年，为适应解放战争需要，将18～30岁青壮年编入民兵队，31～50岁者编为参战、勤务保障队，主要承担站岗、放哨、后勤等任务。

1949—1958年，实行民兵与预备役相结合制度，民兵数量和年龄相应减少降低，一般大村留20～30名基干民兵，小村留10余人，主要承担维护社会治安任务。

1958年，中共中央作出“大办民兵师，实行全民皆兵”的指示，故城县对民兵组织进行调整，除地、富、反、坏、右分子及残疾者外，凡16～45周岁男女公民编入基干民兵（并以复员军人为骨干），其余编入普通民兵。是年10月，在县城举行有县直各单位全体民兵干部及各公社党委领导成员共计5000余人参加的民兵师建立大会。县人武部部长兼任民兵师师长，县委书记兼任民兵师政委，各公社设民兵团，大队建民兵营或连。

“文化大革命”前期，民兵组织尽管编制未动，但军事训练停止。

1970年8月，建故城县民兵武装基干团，县人武部部长任团长，县革委会主任任政委。

1973年1月，中共故城县委加强民兵工作领导，重整民兵师、团组织，确定民兵师领导成员由9～11人组成，其中师长、政委各1人，副职若干，各公社民兵团领导成员由5～7人组成。县人武部部长任民兵师师长、县人武部政委任民兵师政委。

1974年4月28日，为贯彻毛泽东主席“要准备打仗”指示，本着老、中、青三结合、一正多副，并有妇女干部参加的兼专结合原则，县武装基干团领导班子进行调整。每公社编为一个民兵基干连，各公社人武部部长任连长，公社书记任指导员，连副职由公社脱产干部或大队民兵连干部兼任。全县共选配连级干部117人（其中脱产干部107人，妇女干部5人，农村民兵干部5人）。县人武装部部长任团长，县委书记任政委。

1975年10月，全县对民兵组织进行整顿，以新老结合，一正多副，兼专结合，以专为主，男女兼顾的原则配备民兵干部。

1978年，建县民兵独立团，县人武部部长任团长，县委书记任第一政委，县人武部政委任政委。

1981年，根据中共中央11号文件精神，本着“抓好基础、实事求是、减少数量、提高质量”原则，对全县民兵组织又行调整，将民兵年龄由16～45岁调为18～35岁，其中基干民兵年龄规定为18～28岁。同时，又重建基干民兵独立团，县人武部部长任团长，县委书记任第一政委，县人武部政委任政委。

1983年8月，县民兵独立团领导机关及营、连、排干部再度调整，县人武部部长任团长、县委副书记任政委。

1985年始，根据中央军委“减少数量、提高质量、抓好重点、打牢基础”之方针，农村行政村组建民兵连，基干民兵一般以乡镇为单位编连（营），行政村编班（排），一些县属企业、工厂、乡镇企业组建民兵连（营），分别由县直和乡镇人武部管理。1988年，逐步加大专业技术分队、对口专业技术分队编组力度，民营企业开始建立民兵组织。1989年6月10日，根据上级要求，故城县建立民兵防暴应急分队，稳定局势，维护社会治安，随时执行应急任务。县乡人武部门分别制定了应急方案，明确了应急分队的重点保卫目标，并进行小范围的演练。

1990年，本着“平战结合、专业对口、就近联片、形成建制”原则，在基干民兵中编组高炮、高机、侦察、通信、工兵、防化、军械等民兵专业技术分队。1997年，按照“合理负担、突出重点”原则，基干民兵数量有所减少，编组逐步向重要目标和交通干线转移，农村民兵编组向乡企转移。

2004年，组建了重点民兵应急连，提高了民兵应急应对能力。至2005年，全县有专职武装干部40名，其中人武学校毕业5人；大专以上学历占45%，高中和中专学历占55%；33～38岁占18%，32岁以下占55%；有5人参加省军区和衡水市军分区组织的业务培训和其他培训。乡镇人武部机构单设，编制专列，人员到位，8个乡镇人武部达到正规化建设标准。随着民兵任务的更新，至2018年，县民兵共按照上级明确的四项任务（即反恐维稳、抗震救灾、森林扑火、抗洪抢险），建立了一支应急民兵连，另外13个乡镇各建立应急排。

至2018年，全县有专武干部32名，其中，大专以上学历占75%，高中和中专学历占25%；中共党员占90%，团员占10%；33～38岁占40%，32岁以下占60%。有20人参加了省军区和衡水市军分区组织的业务培训和其他培训，做到各乡（镇）武装部机构单设，编制专列，人员到位。基层专武干部、全县整个民兵干部队伍整体素质得到提高，组织结构得到优化。

民兵领导体制　民兵领导体制实行军事系统与中共地方党委、政府双重领导制度。县委、县政府对民兵工作的领导，主要是建立与健全人民武装委员会（领导小组）。县委书记兼任县人民武装部的第一政委（党委第一书记）。

人民武装委员会　人民武装委员会，由党、政、军、群（县工会、妇联、团县委等）有关负责人组成，由县委书记或副书记兼任主任，在县人民武装部设办公室，承办日常业务工作。其主要任务是根据上级关于人民武装工作建设的方针与任务，结合故城县实际情况，研究与拟定贯彻实施计划和措施，研究解决人民武装工作中的重大问题，组织与推动各种组织的力量，保证各个时期人民武装建设任务的完成。

1939年3月，中共故城县委成立了故城县人民武装委员会，1953年，故城县委又根据中共中央《关于建立各级人民武装委员会的规定》，对人民武装委员会的组织进行了充实和加强。1960年，故城县人民武装委员会改为故城县委民兵工作领导小组。1962年1月，根据中共中央、国务院的通知，又将故城县委民兵工作领导小组改为中共故城县人民武装委员会。1966年，“文化大革命”开始后，人民武装委员会停止工作。1978年，人民武装委员会恢复工作。

人民武装部门　人民武装部门是负责各地区（单位）民兵作战指挥、组织动员、军事训练、政治教育、武器装备管理和兵役工作的职能部门。从抗日战争开始，随着故城县党政军领导机构的建立和民众抗日武装的产生，设立县、区人民武装部门。人民武装部门从建立起经历了“民族革命战争战地总动员委员会武装部”“人民武装自卫队队部”“武委会”“人民武装部”几个阶段，组织经历了由不完善到不断完善的发展过程。从抗日战争初期至2018年，70多年间，人民武装部门的名称和组织编制虽有多次更迭变化，但其职能未变。

第二节　军政训练

政治教育　民兵政治教育是围绕党的基本任务和中心工作进行的，基本思想是坚持用革命理论、革命思想和革命精神教育民兵热爱祖国、强化国防意识。基干民兵教育按《参训民兵政治教育纲目》规定时间、内容实施；民兵应急分队和专业技术分队政治教育，主要在集中训练时进行。平时按照县人武部安排，由所在单位人武部、民兵营（连）集中授课。

1987年始，在中国共产党成立纪念日、建军节、国庆节和新年、春节等重大节日，或者结合执勤、训练、生产等各项任务对民兵进行系统的任务教育；请老党员、老民兵讲革命斗争历史，组织民兵瞻仰烈士陵园，参观革命斗争展览，缅怀革命先烈，学习英雄模范人物的英勇事迹，对民兵进行光荣传统教育。

1997年后，为适应社会主义市场经济新形势的要求，民兵政治教育进行了较大改革，民兵政治教育纳入了法治化轨道。教育采取集中教育和抓点带面的方法进行，集中教育时间全年不少于4课，每课不少于2小时。集中训练期间，政治教育纳入训练计划，统一组织实施。普通民兵的政治教育结合整组、征兵、重大节日活动进行。

2000年，故城县多数民兵组织建立起“青年民兵之家”，广大民兵以此为阵地，学科学学文化知识，学先进生产技术，交流市场信息和致富门路，开展有益的文化娱乐活动。陶冶了革命情操，提高了文化素质。同时，针对民兵外出务工人员的实际，县人武部采取对民兵成建制劳务输出以及与务工所在地武装部门联系等方式，对民兵进行跟踪组织纪律教育，保证遇有重大任务时实现召之即来的目标。县人武部还把教育阵地纳入基层武装部和民兵连队正规化建设规划，加大对“青年民兵之家”“国防教育展室”“民兵政治教育流动学校”等阵地的投入，民兵教育设施不断完善，教育内容不断丰富，教育管理日趋规范。至2018年年末，全县教育阵地拥有率达80%，达标率达70%。

军事训练　抗日战争时期各级人武部门每年利用农闲和战斗间隙，组织各村自卫队员和民兵进行射击、投弹、埋雷等军事课目训练。

1943年，县人武部组织民兵100余人进行以投弹、爆破、埋雷为主要科目的军事比武。

解放战争时期，县人武部每年集中训练一批民兵，每村参加1～2人，其余民兵干部由各区负责集训。训练课目以射击、投弹、爆破、埋雷为主。1945—1949年，县人武部每年举行一次不同类型的民兵比武，评比优秀，奖励先进。

1961年，《民兵工作条例》颁布后，民兵政治教育和军事训练，按总参谋部、总政治部颁发的《民兵教育训练大纲》逐步实行制度化。教育训练内容主要根据当时国内外形势，对民兵进行党的路线、方针、政策教育，民兵性质、任务及革命传统教育。军事训练主要系射击、投弹、爆破、战术等。教育训练重点对象是民兵干部和基干民兵。

1964年，开展民兵大比武活动。县人武部在夏庄公社小沼、坟台大队试点，并在该大队召开全县民兵比武动员大会。在开展比武活动中，各级民兵组织均培养出一批先进典型，如郑口公社小马庄大队女民兵董焕印，在衡水军分区组织的比武大会上，射击开花靶，成绩突出，被授予“神枪手”称号，军分区首长奖其半自动步枪1支。是年8月，故城公社东南镇女民兵毛兰起，参加河北省军区民兵比武大会，获冲锋枪点射第二名。

1970—1975年，县人武部根据上级训练精神，坚持两年一度的周期训练，训练内容除射击、队列、战术、土工作业外，还进行“三打三防”（打飞机、打坦克、打空降，防原子弹、防化学、防细菌）及部分专业技术训练。主要训练方法：公社专职人武部干部由军分区教导队负责轮训，其他民兵干部由县人武部负责集训，基干民兵由各公社人武部负责训练。排以上干部基本达到三会（会讲、会做、会示范）、两能（能组织训练、能带头生产）。

1976年秋，县武装基干团在郑口中学进行民兵军事比武。参加大会者系县委及公社党委主要领导、武装基干团全体干部共1000余人，每社参加一基干班。比赛内容系投弹、刺杀、战术、射击、爆破。获前五名者系郑口公社三坛村、故城公社大第八、辛庄公社牛卧庄、建国公社和平村、县钢丝绳厂民兵班。比赛结束后，县委、县民兵基干团主要领导检阅基干团队，并向获奖单位发奖。

自1986年来，共选用部队技术人员300余人，帮助训练基干民兵6000余人，较好地完成了训练任务，达到了出色的训练效果。

训练基地与后勤建设　1984年4月，根据国务院、中央军委指示精神，县委、县政府、县人武部决定投资30多万元，建民兵训练基地。是年11月，建成并投入使用。自此，全县武器统一保管，民兵集中训练，并开展民兵育才、致富活动。自1985年始，每年在基地训练民兵，社会效益、战备效益和经济效益均有提高。

民兵训练基地建成后，人武部把握有利时机，适时组织民兵训练。民兵在基地集中训练，有比较完善的教学设施，教员、教材、器材都有保障，便于组织领导，便于安排教学，时间、内容得到落实，因而训练质量明显提高。训练基地不仅保障了民兵军事训练的需要，而且为政治教育、科学文化知识学习提供了场所。民兵在基地训练期间，既学军事，又学政治，还学科学技术和生产知识。在训练基地完成规定的军事训练任务之后，还举办民兵科技、育才班200多期，培训各类技术骨干6000多人。这些人回到生产建设第一线后，2456人成为不同类型的生产专业户，有200多人在乡镇企业中担任了厂长、经理等职务，为发展生产、繁荣经济做出了贡献。2016年，故城县民兵训练基地建成了"军民融合"的共用训练场地。

第三节　民兵活动

抗日战争时期全县民兵紧密配合主力部队及各地方武装组织，开展歼匪扰敌活动。全国解放后民兵建设进入新时期，尤其毛泽东主席号召"大办民兵师"以来，民兵组织有明显发展。

1940年7月—1945年6月，故城县大队配合冀南军区部队作战，先后发动和组织数万名民兵和少先队员，对德（州）石（家庄）铁路、公路网以及故城县境内日伪据点进行破袭、拔除，为全境解放做出了贡献。

1953年8月21日，在西第三、第五村运河堵口工程中，以民兵连为主力的3070名民工，于9月2日将决口堵复。

1958—1979年，为贯彻落实毛泽东主席"一定要根治海河"号召，全县23万民兵，先后参加开挖温庄干渠、辛堤干渠、武北沟及滏阳新河清淤工程等十几项重大活动。施工中，坚持劳武结合，实现行动军事化，施工战斗化，自觉培养平、战结合的战斗作风。

1972年9月12—15日，县革委、县人武部联合召开民兵工作"三落实"（军事、组织、政治落实）经验交流会，有52个单位和个人在会上发言，表彰83个"三落实"连、523个排、1564个班、3694名个人。

1973年8月31日，中共故城县委批转县人武部关于"深入学习毛主席'大办民兵师'指示的通知"。通知要求：各民兵连队认真开展学习、宣传月活动。各公社在宣传月活动中，均举办有线广播、电影、黑板报、宣传栏及召开小型民兵座谈会等不同形式活动。

1976年8月1日，在郑口中学操场举行故城县武装基干团战斗演练。

1983年9月2日，县委、县政府、县人武部联合发布基干民兵团独立团集结演练动员令，并于9月3日组织县独立团进行战备演练。此次演练按照实战要求，做到组织严密、队伍整齐、精神抖擞，圆满完成任务。衡水军分区司令员、政委、参谋长以及全区各县人武部部长、动员科科长观摩此演练。

民兵支前　解放战争中民兵踊跃开展支前活动，紧密配合主力部队作战。在硝烟弥漫的战场上，冒枪林弹雨，抢救伤员，护送病号，修工事，送弹药。1945—1949年先后参加攻济南、克太原及平津战役、淮海战役支前活动，全县支前民兵达1500余人。

1945年4—5月，为解放全中国，东北野战军南下，经过故城、武城两县的部队共有两路：一路由景县经三朗去枣强大营方向；路由景县经郑口去河西街方面。凡部队经过村庄，民兵协助群众安排过境部队食宿、马匹饲养草料等工作。村村路口设饮水站，并与干部、群众、师生一起献花，夹道迎送。

1946年3月，在解放太原时，故城县杨建平、武城县陈丙玉各带500名以民兵为主体的民工担架队，支援太原前线。是年6月为贯彻执行冀南二地委关于《紧急动员起来，实行自卫战争，给各县的紧急通知》，故城县于6月21日派一支由1000名民兵组成的铁锹队，奔赴高唐执行任务，坚持20天。是年8月，中共故城县委召开参军动员会，向全县发出"紧急动员起来，开展大规模支援前线运动"号召。按照县委要求，广大民兵纷纷报名参军，全县建2个营，1000余名新兵分别由第一营营长贾铁轮、政委陈仪，第二营营长孙金荣、政委王群伍带队，迅速到达部队。

“双文明”建设 1978年始，民兵建设进入新时期，全县广大民兵在大力开展社会主义物质文明同时，并积极参加社会主义精神文明建设（简称“双文明”），为改变社会风气，振兴经济做出贡献。

1981年3月，县人武部向全县发出《民兵应成为学雷锋树新风，开展社会主义精神文明的骨干力量》的通知。各公社人武部为认真贯彻通知精神，广泛发动各民兵连利用黑板报、有线广播和上政治课等形式，对广大民兵进行宣传教育。同时，各民兵连先后建“为人民服务小组”，制定相应经济措施，推动全县精神文明建设活动开展。

是年8月，郑口公社人武部，在全县率先建民兵政治教育联合辅导站。10月，县人武部组织全县各公社全体专职人武干部在五户大队召开文明村建设和建立民兵教育联合辅导站现场会，推广其办站经验。年终郑口公社人武部和五户大队民兵连，被衡水军分区树为精神文明先进集体。1982年，郑口公社人武部先后出席河北省军区、北京军区民兵政治教育经验交流会。

1982年4月，五户大队、县制线厂民兵连、郑口、小庙、建国公社人武部被衡水地区评为精神文明先进单位。

1983年3月，中共衡水地委宣传部、军分区政治部联合赠郑口公社张庄、马庄、五户、前沙岗、葛村、果子口6个村“青年民兵之家”镜匾。翌年4月9—11日，中共衡水地委、行署和军分区联合于故城县召开军民共建文明村现场会，地、市、县有关部门和部分公社负责人共180人参加会议。中共故城县委、县人武部和郑口公社党委介绍文明村经验。会议期间对郑口公社五户大队、故城公社文化站和马厂、新庄大队的“青年民兵之家”等军民共建文明村试点单位进行参观。是年9月，北京军区政治部通报表彰民兵政治教育工作中取得显著成绩的五户大队民兵连，并奖其图书、乐器、球类、棋类等文体用品。衡水军分区司令员、政委、政治部主任等专程前往祝贺，并转发奖品。县人武部紧密围绕经济建设大局，在全县广泛开展以劳养武活动，瓦子庄公社人武部，自筹资金，组织40余名青年民兵，办起贸易货栈和皮毛加工厂，至1985年年末盈利20余万元。

1986年5月28日，县人武部组织各乡镇专职人武干部在瓦子庄乡召开以劳养武现场会。瓦子庄乡人武部部长介绍经验，县人武部部长宣读县人武部党委《关于学习瓦子庄乡人武部组织民兵开展以劳养武活动的决定》，副县长到会讲话。

至1987年年末，全县已有16个乡（镇）人武部办有企业，总盈利30余万元。在开展“双文明”活动中，全县共建“青年民兵之家”490个，以民兵为主的经济联合体462个，民兵“双文明”户1140户。

生产建设 在抗日战争时期，由于日军不断“扫荡”“蚕食”和封锁，人民生产受到干扰和破坏。民兵一方面打击敌人，一方面进行劳动生产，保证了军需民食，支援了抗日战争。在生产斗争中，为了保卫生产，民兵下地劳动时背枪，坚持生产和战斗相结合。在夏收、夏种和秋收、秋种时节，民兵们抢收、抢种，不误农时；快收、快藏，不让敌人抢走一粒粮食。解放战争时期，大批民兵和青壮年参军、参战支前，劳力缺乏，后方生产任务更加艰巨。为了发展生产，支援前线，后方民兵广泛组织互助组，实行拨工换工，保证了支前民兵、烈属、军属的庄稼及时收割和播种。

1987年，全县有16个乡（镇）人武部办有企业，以民兵为主的经济联合体462个。1989年起，全县各乡镇及民兵连重点兴办以劳养武企业。1992年年末，县办以劳养武企业34家，乡、村以劳养武企业31家，产值2000万元。1994年，县人武部组织民兵11000多人次参加农田基本建设，共挖渠46条，修路71条，植树11万棵。2000年后，开展以信息、科技、销售、农机农资“四个服务”为主要内容的民兵社会化服务活动，共建民兵科技示范大棚500个，养殖示范基地30个，花木苗圃基地5个。

中共十六大提出全面建设小康社会的奋斗目标，全县把组织民兵为建设小康社会做贡献作为服从服务于经济建设大局的具体行动，坚持要把服务“三农”作为组织发动民兵参加全面建设小康社会的主攻方向。把开展活动作为组织发动民兵参加全面建设小康社会的有效载体，引导民兵带头抓好精神文明建设，带头发展特色产业，带头发展民营经济，带头搞好劳务输出，带头创办龙头企业。发挥民兵队伍的宣传作用，发挥民兵队伍的示范作用，发挥民兵的卫士作用。把扶贫帮困作为组织发动民兵参加全面建设小康社会的一项长期任务，为故城经济发展做出了突出贡献。

抢险救灾 1953年8月21日，在西第三、第五村运河堵口工程中，以民兵连为主力的3070名民工，于9月2日，将决口堵复。1963年，因连降暴雨发生大洪水，县人民武装部组织218个民兵连，3万多名民兵不分昼夜加固大堤，保卫重点目标，抢堵决口，抢救被淹群众。1958—1979年，为贯彻落实毛泽东主席“一定要根治海河”号召，故城县累计23万名民兵，先后参加开挖温庄干渠、辛堤干渠、武北沟及滏阳新河清淤工程等十几项重大活动。施工中，坚持劳武结合，实现行动军事化，施工战斗化，发扬平、战结合的战斗作风。1996年8月，衡水市各县遭受大范围的洪水袭击，故城县人民武装部组织2000多名民兵紧急驰援饶阳县滹沱河险堤。

社会治安维护 在八年抗日战争中，日军、汉奸和国民党顽固派，除以大军进攻、“扫荡”外，还派奸细、特务刺探情报，扰乱社会安全。因此，除奸防特、维护社会治安就成为民兵的一项重要任务。广大民兵除不定期实行戒严、清查户口、捉拿暗藏的汉奸特务外，还以民兵为主体设置明岗暗哨，注视敌人动向，清查敌探、汉奸，保卫村民安全。

在土改运动中，反动地主不甘心其亡，勾结土匪、特务和反动分子，竭力进行破坏。当时解放军主要在前线迎击国民党军队的进攻，后方剿匪、反特和保卫土改的任务，主要由民兵担任，被群众称为“土改运动中的中流砥柱”。

中华人民共和国成立后，我国进入了社会主义建设的历史时期。广大民兵，除积极配合参加社会主义建设和随时准备参军参战，打击侵略者，保卫祖国外，主要任务是配合部队、公安部门打击反革命破坏活动，保卫重要目标安全，维护社会秩序，保卫社会主义建设。

1987年后，全县不断加强民兵队伍建设，提高民兵应急应对能力，维护了社会的稳定。2003年4月，全国暴发“非典”（非典型性肺炎）疫情，全县民兵投入到抗击“非典”第一线，设卡、设哨，消毒、宣传，控制了疫情在县内发生并传播，维护了社会稳定。

第四章 战 事

故城县紧依运河，毗邻齐鲁，为历代兵家重地。从隋唐至清朝末年，域内战事连绵不绝，兵革不息。

第一节 明代前战事

一、隋、唐代战事

义军大败官兵 据《河北简史》载，隋大业十二年（616年）十二月，涿郡通守郭绚率精兵万余人，前来清河郡（故城县属之）镇压高士达起义军。高士达推窦建德统领义军，袭杀官兵数人，获马千余匹，郭绚被杀，官兵大败。

窦建德略贝州 继郭绚之后，隋太仆卿杨义臣率军进入高鸡泊地区镇压农民起义，高士达轻敌，不采纳窦建德计谋，为杨所杀，起义军遭重创。窦率少数义军，奋勇突围转移，袭取饶阳县城。待杨退兵后，窦建德复还高鸡泊，为高发丧，并招集散兵数千人，军势复振。皇泰年间（618—619年），窦建德遣将程名振率义军千余人略贝州。

刘黑闼聚众反唐 唐武德四年（621年）七月窦建德被杀后，其部下共推刘黑闼为首聚众反唐。是年八月，刘黑闼率义军首袭漳南县城，攻占贝州所属县。贝州刺史戴元祥、魏州刺史权威等与战，皆战败身亡。刘黑闼又率义军先后击败李玄通、李神通、李艺、李世绎等。战斗中，原窦建德部下将卒争杀唐官吏以响应，未至半年，尽复窦建德之故地。

官军混战 唐后期社会矛盾加深，政治腐败，形成割据局面。唐兴元元年（784年），朱滔攻贝州百余日不下。是年五月，李抱贞、王武俊合兵大破朱滔于贝州，朱滔夜焚营遁归范阳（今河北涿县）。

唐光化二年（899年）正月，幽州刘仁恭发兵10万攻占贝州。

（注：今故城时属贝州，距州旧城15公里，兵燹逼近，事在未分域前，故记，下同。）

二、五代战事

晋克贝州 据清光绪《故城县志》载，后梁贞明二年（916年），张源德为梁将，刘浔守贝州，晋以兵5000人堑而围之。时黄河以北，太行山东西四面千里六镇数十州之地皆归晋，独贝州围逾年不可下。贝人惧，遂杀源德，又惧城破，乃告晋：欲披甲执兵得赦而后释甲兵，晋许之。贝州3000人出降，释甲，晋兵围而尽杀之。

三、宋代战事

王则反宋 北宋庆历七年（1047年）十一月王则率弥勒教徒数万，擒贝州知府张得一，开牢狱，放囚徒、杀贪官、取军资，占据大名城，自称东平郡王。宋廷指挥使马遂曾作说客，以威胁利诱手段企图劝降，王则鄙视朝廷一言不答，面不动容。据《宋朝事实类苑》卷53载："宋廷闻之，大恐。"速令开封知府明镐为河北安抚使前去宣诏："有能缒索引官军致得城者，与诸卫上将军，赏钱一二千贯。"王则义军终不为功名利禄所诱。城守仍固。宋廷无奈，再遣参政知事文彦博为河北安抚使前来镇压。宋军先佯攻北门，而暗凿地道偷入南城。王则夺东门突围，旋即被俘押往开封，英勇就义。

第二节 明、清代战事

一、明代战事

徐达、常遇春会师德州 据清光绪《故城县志》《河北简史》载，元至正二十八年（1368年）

徐达、常遇春经故城会师德州图画

朱元璋即皇位，改元洪武，国号为明，建都南京。是年十月，朱命徐达为征虏大将军，常遇春为副将军，率25万大军北伐中原。明洪武元年（1368年）闰七月，常遇春攻克德州，徐达于山东临清沿运河长驱北伐，经故城至德州，与常遇春部会师，民相率归附。

靖难之役 明建文元年（1399年），明惠帝朱允炆命都督韩观练兵德州，七月燕王朱棣起靖役。九月讨燕大将军李景隆合兵50万进营河间，后退还德州。建文二年（1400年）四月，李又图自德州进兵北平，与武定侯郭英、安陆侯吴杰合军60万进营白沟河（今雄县北）。双方经激战，李复大败，死者十数万，横尸百余里。李单骑走德州，燕军迫至，奔济南，又大败。至建文四年，德州兵马络绎近故城。后战不绝，导致"河北数千里，几无孓遗"，"燕京以南，所过为墟，屠戮无遗"之惨景。

残明反扑 明崇祯十七年（1644年）三月十八日，闯王李自成攻陷北京，建立大顺政权，委任梁盘石为故城县令，时郑口集日。"诸乡村肩荷而来，日中为市，至晚方散。太平景象，于兹仅见"。是年四月二十七日，前明御史卢世淮（德州人）网罗明朝残余势力于德州起兵附清。七月梁被卢杀。

二、清代战事

捻军反堵御战 据清光绪《故城县志》载，同治元年（1862年）十二月底，张夕诛率10万捻军由武邑向阜城经景州广川镇兵发三路（县之正北、西北、东北）逼近故城县境。时故城知县王文田命地方武装团2万余人由崔德昌（练总）率领，于县正北、西北朱往驿、马军寨、榆林、吴令史、吕疃、小庙等村堵御。同治二年（1863年）正月五日午，捻军北路先头部队骑兵数十人，由景州隆兴入县境楼子村。捻军望村东沙岗虑有伏兵，乃改道西遇团练陈钟元部，对峙相望，各按兵不动。捻军后队纷至，始发数炮，打死执旗队长1人。因炮药车自焚，停止进攻，改道向西南方向转移。即日下午西北方向捻军，分别占领董学、朱往驿、蒋召村、南北獐鹿、尹里、齐杏基等数十村。是夜初更伊始，驻扎境内捻军遭团练袭击搜杀，遂与团练展开夜战。捻军将练总崔德昌、蒋玉铤、崔丹书、沈琅、阎文郁等13名团练头目击毙，死亡团丁179名，伤者无数，捻军战士亦有伤亡。三路捻军于次日黎明分别由红庙、饶阳店、德州、恩县、四女寺、旧城（今武城县旧城镇）进发。

义和团抗击清兵 清光绪二十六年（1900年）六月二十三日凌晨，义和团百余人突至华庄（今属武城县），与乡团团丁展开激战，武城县防营兵丁踵至。义和团战士与清兵厮杀，因清兵渐多，众寡悬殊，义和团遂撤。此战击毙清兵、团丁数名，义和团战士牺牲2名。

义和团炮击洋教堂 清光绪二十六年（1900年）六月二十日午后，何刘屯武秀才栾老超（义和团首领）率众与其他三路人马（包括红灯照）千余名，声称攻打十二里庄（时属武城县）教堂。至二十二日，义和团连续鏖战，接连4次猛攻。教堂内几外国神甫，集中大批教民，持有快枪百余杆、大炮多门并依仗教堂四周围墙，负隅顽抗。同日，义和团战士由郝家营（今南宫地）郝老吹家借来大炮，连打3昼夜。至六月二十六日，武城知县调来一连清兵，与教民前后夹击义和团。义和团奋力拼搏，后为避免伤亡，是夜易装撤离。

第五章 抗日战争

为保家卫国，打击日本帝国主义侵略行径，域内人民在中国共产党的领导下进行了艰苦卓绝的抗日斗争，为故城县解放事业做出贡献。

第一节 共产党军队抗日战事

东高才伏击战 1940年8月20日晨，冀南军区新七旅新九旅抵达东高才村附近。经侦察，决定伏击日伪敌军。斯役由新七旅旅长易良品、新九旅旅长桂干生、副旅长杨宏明现场指挥，新七旅十九团、新九旅二十五团、故城县大队配合。十九团驻南北岭踪，新九旅旅部驻杨福屯，二十五团团部随一营驻东高才，二营驻西高才，三营驻饮马河。于东、西高才之间构筑工事，形成北向开口钳形阵地，并派出警戒部队封锁郑口、白佛寺、北獐鹿3个据点出路，以防敌增援。翌日拂晓，指战员进入阵地。10时掩护修筑德（州）石（家庄）铁路的500余名伪军，在冈岛指挥官率领下，由德石铁路青兰站（属景县）出发，兵分三路向东西高才、南北岭踪犯来。始，日伪军未敢冒进，以八八式野炮向东西高才方向轰击，尔后步兵跟进。十九团二营、二十五团二营分别击退南北岭踪、西高才两路之敌。该两路之敌死伤惨重，遂向东、西高才之敌靠拢。一营遭敌三面围攻，仍沉着应战，坚守阵地，旨在将敌大部兵力吸引于伏击圈内。十九团二营、二十五团二营退敌后，按预定计划，直插敌后，断其退路，形成关门打狗、瓮中捉鳖之势。顿时枪声大作，东高才包围圈渐小，敌仍作困兽斗，伺机逃窜。新七旅预备队一、四、七班与十九团一营二、四连合击敌炮兵阵地，日伪死伤200余。缴获八八式野炮1门、机枪4挺、枪支弹药1批。

“四二九”反“扫荡” 1942年4月下旬，冀南军区、冀南区党委、冀南行署机关及部分直属部队转移至兀兰屯。4月28日晚，又迁至武官寨一带。军区驻前后花园村，区党委、行署驻大言村、付官屯、军王庙一带。军区骑兵团驻盛树林一带，新七旅十九团与旅直骑兵连驻饶阳店北侧杨庄、北仁庄，军区特务团随军区机关驻前后花园附近，新七旅二十一团驻西半屯一带休整。

冀南军区至此地休整情况，为武城伪县长吴寄朴之特务探知，遂密报德县日军头目松岛。松岛又速报日军华北驻屯军司令冈村宁次，冈村宁次迅即纠集分驻石家庄、济南、德州、邢台等日军第十二军独立一、七、八、九等混成旅各一部约万余人，清河、武城、郑口、枣强、王均、大营、德县等地伪军2万余人，以飞机、坦克、装甲车前导，骑兵、摩托化部队跟进，北起德（州）石（家庄）铁路，南至邢（台）济（南）公路，西至王（官庄）高（封）公路，东至卫运河，形成“铁壁合围”。

抗日军民以故城县为主战场（时属武城县运河西部一带，现属故城县）与日伪展开浴血奋战。

4月29日凌晨1时，军区司令部情报科副科长程诚向军区司令部报告，大营附近日军夜有活动。7时许新七旅十九团向军区报告：“枣强、大营、王均大股敌人向我驻地扑来。”参谋长范朝利、政治部主任刘志坚（时军区司令员陈再道、政委宋任穷去太行山开会，副司令员王宏坤赴部队检查工作未归）研究决定：十九团、新七旅骑兵连从大营与枣强之敌中间插过，断其后路。十九团冲出后，驻枣强李相一带。六地委机关亦巧妙转移，驻故城、武城两县边界之故城县大队，几经周旋，跳出包围圈。

位于霍庄的冀南“四二九”烈士陵园

上午10时许，诸路日伪加快围进。时郑口方有日军坦克部队，东面为运河，西过清凉江即为抗日根据地。据此，决定向西、西北方向突围，骑兵团从十二里庄向西北突围，新七旅旅直及二十一团向西南突围，党政机关断后，特务团于后掩护。骑兵团猛冲猛打，旋即冲破第一道防线，至清凉江东岸，特务团冲至清凉江西岸枣强油故村一带。因联络欠妥，致使前后脱节，党政军机关未及跟出，骑兵团返回救援。向西突围部队亦遭多路日伪拦截，被迫退回。此时，南面侦察员报告，王行杖、刘行杖一带日伪军力量薄弱，日伪主力已调向西南。范朝利、刘志坚当即决定向南突围，骑兵团前导开路，特务团于左翼，二十一团于右翼，骑兵团、特务团、二十一团各留1连断后。

下午2时许，突围即始，3时许，狂风大作，黄尘弥天，日军飞机、坦克顿失方向，乘此良机，范朝利、刘志坚率部冲破敌第一道防线，后于大辛庄附近又遇敌第二道防线，敌已调集大批兵力，妄图将骑兵团压回。骑兵团迫退壕沟内，遂集中12挺机枪，伏于沟顶。待敌至前，同开火，敌阵脚顿乱，死伤一片，掉头溃逃。骑兵团就此撕开1公里宽的缺口，至此，日伪“铁壁合围”“墙残壁缺”。待大队人马冲出后，敌复调集大批坦克、摩托车、骑兵将南口堵住。未冲出的零散部队与故城、武城县委部分干部，转移至敌兵力薄弱的河西街，沿运河大堤分向南北疏散而去。

傍晚，部分未冲出的干部战士，隐藏霍庄村，遂被包围，惨遭杀害。

“四二九”反“扫荡”后，为适应形势变化，根据刘伯承、邓小平指示，精简机构，化整为零，深入敌后，展开斗争。

齐庄歼灭战 1944年3月29日，武城县大队和冀南军区十九团六连、区中队班长训练班共约160余人，埋伏于齐庄村（时属武城县，下刘堂同），计划伏击刘堂炮楼外出伪军。敌一天未出，晚下大雪。县大队副政委广育与大队其他干部研究决定，由特派员刘振亚带勤杂人员撤走，其他50余人仍原地设伏，又等一天，正于济南开会的伪武城县县长吴寄朴获知齐庄有抗日力量后，连夜赶回县城，纠集6个中队、1个手枪队，日伪军650余人，于次日凌晨，带大队人马至甲马营后，即命其支队长刘新德、胡振峰渡河西去，包围齐庄。

广育据此敌情，决定兵分三路，歼灭来敌。第一路于运河堤构筑工事，正面接敌。第二路伏于村东，侧面御敌；第三路迂回敌后，断敌退路。敌前队接近大堤，第一路指战员机枪、步枪、手榴弹一齐开火，敌虽几次冲锋，均被打退。敌见正面受阻，企图迂回村东，又遭第二路指战员痛击。伪支队长胡振峰率队逃往堤下洼地，数百伪军拥挤不堪，火力难展。第一、二路指战员乘机将手榴弹投向敌群。胡带卫兵逃向河边，伪军见官回逃，亦蜂拥至河边，恰被第三路指战员截断退路。

经45分钟围歼，共击毙、淹死伪军274人、俘虏415人、生擒中队长以上伪军11人，缴获机枪7挺、六〇炮5门、短枪475支、手榴弹、子弹1批。

战后，冀鲁豫军区发通报，称“齐庄战斗是以少胜多歼灭战的范例”。

攻克武官寨据点 1944年12月24日，冀南军区六分区建前敌指挥部，决定攻打武官寨伪据点，分区参谋长刘明建任总指挥、十九团政委王光华、武城县大队政委王新任副总指挥。战前，前敌指挥部得到攻打武官寨据点时武城伪军将来增援情报，指挥部决定，围点打援，先消灭援敌，再集中兵力攻打据点。战斗开始，故城、武城、枣强3个县大队和十九团4个连，出一小部分兵力包围武官寨据点，又通过内线，将武官寨附近半壁屯、双冢屯、董洪屯、梁庄等炮楼相继占领，并由1个重机枪排占据董洪屯炮楼，控制公路；大部兵力埋伏于武城县城至武官寨公路两侧。12月25日，伪军副大队长宫东坡率13个伪军中队增援武官寨据点，同时日军河防队亦前来增援。上午10时许，伪军大队人马进入伏击圈时，占据董洪屯炮楼的重机枪排及周围伏兵一齐开火，公路上敌人倒下一片，余者惊慌失措，四处逃窜，埋伏于公路两侧的战士们又乘机发起冲锋，与残敌展开白刃格斗。

宫东坡带一手枪排和一个伪军中队仓皇逃往梁庄，埋伏于梁庄的武城县大队随即将敌包围。战士们从房上、墙头上将手榴弹投向敌群，用机枪将钻进胡同伪军又打倒大部。基干连和区中队乘机冲进敌群，仅几分钟，剩余伪军投降。战斗进行2时余，共毙伤日军30余人、伪军300余人、俘虏400余人，并活捉伪军副大队长宫东坡及伪军支队长3人、中队长7人和小队长16人。

歼灭援敌后，各路指战员又顶风冒雪投入攻打武官寨据点战斗。战士们趴在雪地上连续3天挖掘地道，将地道挖至3座炮楼底下，悄然放上炸药。引爆前对据点内的日伪军开展政治攻势，给伪军指明出路，令其在限定时间内放下武器。在敌工站负责人孙冠生和吴其珍配合下，据点内2个中队伪军出炮楼反正，剩余少数顽敌被击毙，1小队日军无奈投降。

攻克东辛庄据点　东辛庄据点有大炮楼2个，地势险要，易守难攻。其中由伪警备队1个中队，自卫队1个排住一炮楼，伪警察所住一炮楼。伪警察所长孙鑫与副官张朋均系死心塌地的铁杆汉。1945年3月19—20日，冀鲁豫军区六分区决定拔掉该据点，由分区主力部队一部配合故城县大队。斯役战斗激烈，围攻一夜，终因缺乏攻坚武器未果。翌日夜，挖一地道，计划由地下炸毁又未成功。此时指挥部决定采取政治攻势，争取伪中队长冯荣先与小队长王长友反正，孤立打击汉奸孙某、张某。最终冯荣先、王长友率部挖开围墙、退出碉堡起义。生擒孙某、张某。该炮楼攻克后，又集中力量攻击伪警察所炮楼。经激战，迫使警察所40余人投降。孙某、张某因罪大恶极，被击毙。斯役共击伤敌伪军10余人、俘敌125人，缴获长短枪100余支、掷弹筒11具。

攻克郑家口据点　在抗日军民打击下，驻故城县日伪军于1944年下半年，先后撤离饮马河、北獐鹿、董故庄（今景县）等据点。1945年3月19—20日，又拔除青罕、东辛庄、夏庄3个据点，故城、郑口2个据点守敌已孤立无援。

1945年6月，郑口系伪警备队第二大队阎某珍部及伪警察所防守。同月8日，军分区指示：坚决消灭郑口之敌。同日晚，故城县大队配合冀南军区六分区十九团，攻开郑口北门，将伪警察所之敌消灭，阎某珍部已处包围之中。同时于石槽、刁孝子、南范家圈、运河南岸一线3处设防，阻击故城镇、德县来援之敌。次日对阎某珍部进行阵地喊话，令其放下武器，立即投降。阎某珍表示同意谈判，商议后再行答复。日后仍无音信。阎某珍企图以谈判为幌子，拖延时间，固守郑口，等待故城、德县（德州）来援之敌。11日，德县、故城的日伪军来援郑口，妄图与阎某珍部内外夹击，解围逃走。待德县、故城的日伪军沿运河行至刁孝子村时，阻击部队突然出击，援敌大败，残部逃窜。斯役毙伤日伪军80余人、俘32人（日军22人），缴获武器一批。十九团、县大队亦伤亡70余人。12日，部队采取坑道作业，逼近阎部主岗楼，遂向阎某珍部发起攻击。以全部轻重机枪、迫击炮、掷弹筒同时开火，严密封锁敌之火力迫敌于院内活动受阻。在强大火力掩护下，突击队员架起梯子，身披湿被，手持短枪、手榴弹等，分数路强攻入城。梯子打断，旋即竖起。敌只招架，不得还手，后余敌投降。斯役毙伤伪军30余人，生擒阎某珍及其部下180余人，缴获轻机枪1挺、掷弹筒3具、长短枪160支。

1945年6月27日晨，困守故城镇据点之敌不击而溃，弃城逃往德县。至此故城县全境彻底解放。

攻克河西街据点　1945年5月下旬，冀南六分区、中共武城县委决定，攻打河西街敌伪据点前，先烧毁运河桥，切断日伪军东西往来通道。同月29日，武城县大队在三区（今故城境）中队配合下，由政委王新、副大队长李佳川率领，首先除掉河西街哨兵，继续向河西街中心两炮楼发起攻击。在政治攻势和炮火打击下，东侧炮楼伪军被迫投降。时，六分区司令员周发田、政治部主任曹中南率十九团4个连赶到，将伪据点包围。县大队与三区中队围攻桥头西侧炮楼。伪军仰仗火力配备强，仍作拼死抵抗，几挺机枪同时扫射围攻部队。县大队基干连一排爆破组在机枪掩护下，迂回左侧炮楼下，将炮楼炸毁，并将残敌歼灭。同时三区武委会主任张文光、区中队长吴静波率领区中队，攻占桥头右侧炮楼。

6月1日晚，基干连二排长于太城率数名战士，与张、吴统领的区中队配合，用3只木船装满豆秸浇上煤油，自河上游将点火木船顺流放下，行至木桥下，桥桩火起，遂木桥烧毁。2日凌晨，十九团、县大队、三区中队及民兵对盘踞于河西街中心据点内伪军、伪警察人员开始政治攻心和军事攻击，迫使敌伪200余人全部投降。

此役缴获轻机枪1挺、小炮2门、长短枪66支。至此，武城县运河西部（今均故城县辖）地域全部解放。

第二节　国民党军队抗日战事

徐占奎迎战侵武日军　1938年11月15日，日军独立第二混成旅团及一一四团各一部共计3700余人对冀南区全面“扫荡”。日军1000余人在坦克、飞机配合下，由临清方面向武城进犯。武城国民政府县长兼武城游击队长徐占奎，率游击队与二、四区队共300余人，于大小商庄、王同庄、南高庄（均今故城境村）一带迎击日军。因对日军兵力估计不足，兵力众寡悬殊，虽经奋力激战，游击队与区中队战士仍伤亡较重，达100余人。徐占奎遂率游击队员投往胡和道部。日军首次侵占武城县，进城后将文庙及县政府等部分房舍焚毁，翌日，日军退出武城，向北犯去。

胡和道部郑口伏击战　1938年11月下旬某日，驻郑口国民党第六十八军骑兵团团长（自称司令）胡和道闻知日军欲犯郑口镇，胡和道遂召开紧急会议，研究决定痛击来犯之敌。

同月21日，胡和道观察郑口地形后，遂于镇内几主要路口布下伏兵。22日上午9时许，日军列队由徐庄向郑口进发。当敌进伏击圈后，各路口机枪一齐开火。日军遭突然袭击，乱作一团，东窜西撞多被击毙，仅郑口大街南首感觉寺一路口，日军死尸200余具。斯役击毙日军300余人。胡和道部抵抗半日后，撤离郑口。

日军遭此惨败，恼羞成怒，随后又重新调集兵力，对郑口进行血洗。

翌年1月2日，胡和道部移驻付官屯（原武城县辖），又打一次伏击战，击毙日军逾百，胡和道部亦有伤亡。后其不事抗日，专与中共抗日军政制造摩擦。

附

抗日“保垒户”小记

抗日战争期间，故城地涌现诸多不惧刀枪，不计名利，不辞艰辛，奋勇机智掩护抗日干部的坚强“保垒户”。兹以可征者数例，分述如下：

孙风臣　（1871—1955）男，建国镇霍庄村人，清光绪十五年（1889年）参加清军，后任帅官。光绪二十六年（1900年）八国联军侵入中国，清廷妥协卖国，腐败至极。孙风臣义愤填膺，但无力回天。次年毅然离开清军，讨饭归家，在河西街开茶馆，以此维持全家生计。

“四二九”反“扫荡”时，下午5时许，被困于孙风臣家的10余名冀南区机关干部怕连累孙家欲走。同时，日军皮鞋踏地声入耳，孙风臣紧拉干部手臂说“在这节骨眼上，你们千万不能出去”。遂将干部领至南院扣于小船下。旋即，10余日军闯入北院，孙风臣迎上前去，日军百般引诱、恐吓，虽未发现破绽，仍不死心。日军抓住他，抡起巴掌，左右开弓，打掉他两颗牙齿，顿时血流满嘴。后，日军又奔向南院，孙风臣急中生智，顺手将鸡窝放开，“咯咯”鸡声，引住日军遂满院捉鸡而出。夜幕降临，他将借来的布衣给干部化装，乘日军村南集合之机，由村北送干部安全转移。

刘希文　（1906—？）女，梧茂乡祁庄村人，生于穷苦农民家庭。来婆家后，生活亦甚艰难。抗日战争爆发后，她毅然投入抗日运动，于1939

年9月12日加入中国共产党。其家境虽贫寒，仍把仅有食粮给抗日干部食用。为抗日干部应急掩身，其于祁庄村东的祁家坟和村北官道分别挖有假坟。时，杨敬桥、李恒英、王群伍、辛甫等诸多抗日干部曾于此隐藏。因其对抗日干部关怀备至，被亲切地谓之“黑二嫂”。她利用各种方式传递抗日情报。将信件藏于头发内，缝于鞋底里，压于草筐下，来往于县区联络站之间，机智勇敢地与敌人周旋，多次遇敌化险为夷。一次地委送来紧急情报须立即转交县委，她一出门即被汉奸跟踪，她若无其事地在村中串几个门儿后，甩掉汉奸，终将情报送出。1942年大旱，粮食歉收。刘希文自己挖野菜充饥，却给抗日干部送纯面窝头（对菜面混合窝头而言），并将自己过年的一点白面烙饼给干部送去，孩子乘大人不备偷吃一块，刘知晓后，打得孩子直哭，干部闻之，赶紧阻拦，不忍下咽，感动不已。

王保忠（1906—1957）男，建国镇霍庄村人，祖辈务农，家境甚贫，靠打短工、干零活度日糊口。抗日战争时期，多次掩护抗日军政干部战士脱险。“四二九”反“扫荡”下午4时许，一抗日干部被追，欲躲他家，见其院内无隐身之处，怕连累王家，转身欲走，他上前一把拉住他说：“眼下你不能走，鬼子来了你就说是我弟弟，在天津读书，来探亲。”话音刚落，日军进院抓住干部手端详之后，连打耳光，欲将其抓走，他抓着干部手说：“他是我弟弟，在天津读书刚回来。”日军不信，遂将王保忠打致头破血流，但终不改口。时其妻也拉着干部的另一只手说：“俺弟弟从小在外面读书，没干过庄稼活，这是回家探亲哩。”敌仍不信，又将她打致鼻青脸肿，两人始终拉住干部死死不放，此时他的小女爱爱跑上前来抱住干部腿喊：“叔叔你不能走，你和我玩。”敌方信以为真离去。夜晚，王保忠让该干部换上自己的衣裳，安全转移。

刘金景（1912—？）女，原隰乡西原隰村人。1939年秋任村妇救会主任。她在积极完成抗日工作期间空出两间房，安排抗日干部住宿。干部开会，其则门外放哨，时常通宵达旦。遇有敌情，便拿出家人衣服让干部化装脱险。中共故城县委书记郭孔、朱斌，抗日政府县长胡子寿，区政委王群伍，区长黄世忠、陈信及四区中队指战员时常食宿其家。1942年、1943年旱灾严重，庄稼无收。为使抗日干部吃上细粮，她忍痛卖掉4亩良田。其多次被评为县区模范抗日干部。1943年加入中国共产党。1944年秋因其支前、生产成绩突出，被评为县劳动英雄，县抗日民主政府奖其大黄牛1头，粮食2袋（约100公斤）及耠子、锄头等农具。

李现魁（1917—1989）男，建国镇西冯王庄人，世代务农，家境贫寒。

抗日战争时期，李任西冯王庄村民兵班长时，冒着枪林弹雨配合抗日军民攻打何刘屯日军炮楼。

“四二九”反“扫荡”时，适逢他为其母办丧事，几个八路军干部跑进其家，李借机将他们化装、隐藏。时日军已围住李宅，见悬挂丧事标记（据说日军迷信，见白事不吉利），故而在门外鸣放几枪走开。李现魁见敌走远，遂将印鉴和文件交还给八路军，拿出家中仅有的几个窝头，送八路军脱险寻找部队。

附

日伪军、国民党反动派武装暴行

郑口惨案 日本侵略军遭胡和道部重创后，恼羞成怒，后遂调集大批兵力，于1938年11月22日二次进攻郑口镇。胡和道为避其锋芒，率部撤离郑口东去，日本侵略军进入郑口见人即杀，见房即烧。惨遭杀害者百余人。时商贾云集之郑口二道街、三道街一片火海，灰烬满街，断壁残垣，废墟一片。

霍庄惨案 “四二九”反“扫荡”中，抗日党政军大队人马虽多突出重围，然仍有部分妇女、干部、文工团员、医生、伤病员等被困包围圈内，虽经霍庄一带群众多方掩护，仍有部分人员落入敌手。

日伪将被俘军民逼至霍庄，分别集中两地进行逼问和屠杀。一地于村北一干涸湾坑，穷凶极恶之日军将49名伤病员、干部、学生和十几名群众分别捆住双手，逐个推下坑去。荷枪实弹之日军站于坑沿围，先将伤病员、地方干部和群众上衣撕掉，进而舞动着棍棒、皮鞭，疯狂抽打。酷刑过后，便开始逼问冀南区党政军首长下落。大家强忍疼痛，紧咬牙关，无一人吭声。日军见棒打鞭抽毫无效果，便又耍弄花招，拿出大把钞票和金银首饰引诱，换来声声痛骂。敌气急败坏，遂用机枪疯狂向坑内扫射，无一人幸免。另一地于村外一场院。日军将被捕80余名干部伤病员及群众带进场院，逼10人一排趴于地上，刺刀对准背后，逐个捅刺，一刀捅死者扔一边，不死者用刺刀剖腹。第一排被刺杀后，其他伤病员和群众面对日军凶残忍无可忍，挥动双拳，怒吼着冲向敌人，日军吓得连连后退。有夺过日军枪支便刺者，有与日军拼命厮打咬其手指、耳朵者，但终因寡不敌众，个个惨死于日军屠刀下。

日军在此次“合围”中，共杀害抗日干部、战士和群众300余人，其中霍庄村被杀害130余人。

慕庄惨案 1942年12月14日夜，故城县大队为给八路军准备棉衣，由副大队长冉义林率领20名战士，于邢（台）德（州）公路侧慕庄南巧设埋伏，截获日军从故城运往德县15辆汽车的棉花，并击毙几名押车日伪军。为此，驻故城据点日军小队长川岛极为恼火。翌日凌晨，川岛率日伪军300余乘村民熟睡之机将该村包围。

日军进村后，挨家搜查八路军和棉花（截获棉花已于当晚转至景县龙华），遂将全村男女老少赶往村东南场院，面南而跪，周围架设七八挺机枪。妇女秀荣怀抱不满周岁娃娃，手牵3岁孩童。面见凶神恶煞哇哇叫的日军，孩童吓得哭着往回跑，秀荣转身去追。两名军将秀荣迫回，“啪啪”几个耳光后，将其怀中孩子高高举起，狠命向地上摔去，孩子摔昏。另一日军，上前一刀将孩童一胳膊砍下。秀荣见状扑向孩子。两名日军拦住，喝问八路军和棉花下落。秀荣怒骂，拒不回答。一日军遂扒去其上衣，另两名军用刺刀挖其乳房。秀荣丈夫见状，怒火满腔，佯装看孩子，欲夺敌枪。几日军拥上前来，连打数枪，秀荣夫妇倒于血泊之中。

金玉之父系一教员，腰扎一皮带，日军说其是八路军，严刑拷打，追问八路军住处和棉花去向。其怒视敌人，拒不开口，日军将其全身衣服脱光，吊于树用皮鞭狠狠抽打，片刻皮开肉绽。日军向其胸部连刺数刀，又用火烧其头部，终被折磨而死。中年农民文喜，身带卖牛钱币，日军搜出后硬说是送于八路军之钱，毒打之后，吊于树上，活活烧死。后又几名群众遭枪杀。日军仍未获八路军线索。

川岛狂吠，令机枪对准群众，欲全部杀害，一张姓翻译良心未泯，急向川岛打一手势，耳语几句，全村200余名群众方免遭毒手。

日伪临行前，将全村付之一炬，顿时全村废墟一片。劫后余生群众无奈远走他乡。慕村成没村（因此地“慕”“没”同音）。解放后又重建家园，为求吉祥名复立村。

丁庄惨案 1945年秋，故城县丁庄村地主分子冯某荣，在减租减息运动中被揪斗，怀恨在心，伺机报复。是年冬逃往德县。在国民党先遣军第十三指挥部直接授意下，网罗一批地富伪顽成员，组成国民党反动武装组织——故城县政工队与德县第四区队组成德县暗杀团（亦称“还乡团”）。此组织旨在反攻倒算，破坏土改，暗杀农会干部和积极分子，制造混乱以求乱中夺权，恢复既往。

1946年3月19日晚，丁庄农会于村西庙堂召集群众开会。冯某荣等9名暗杀团成员，悄然进村将庙堂包围。其随从孙某桂、白某中、刘某州等先持枪闯入会场，威逼群众交出农会干部及全部钱财。与会群众默然不语，会场沉寂。孙某桂再三狂叫：“谁是村干部快出来！”群众怒目而视毫不理睬。孙某桂等人气急败坏，便操起刺刀冲向人群，当即数人受伤。村长岳春盈不忍群众继续受害挺身而出，孙某桂上前一刀将其刺出门外，守在门外的冯某荣举刀连砍数下，岳春盈即倒于血泊之中。旋即冯某荣窜入会场，指挥随从揪住农会主任岳春茂及一名农会积极分子，将其拽出门外乱刀砍杀。

会场内匪徒们仍在查找农会干部、积极分子。村自卫队长冯治全已被白某中扭住，但其不慌，猛抱白某中的腰部，狠狠咬住他的脸与其滚打。虽冯治全身中数刀，仍与白某中搏斗不止。两人滚至窗口，冯治全乘机摆脱白某中的纠缠纵身跳出。白某中忙举枪，一弹中冯治全之左膀，他强忍疼痛，趁夜色掩护远遁而去。白某中等恼怒至极，向人群连开数枪，即刻又有两人中弹身亡，数人受伤。冯某荣指引孙某桂、刘某州至民兵队长家中，将其夫妇二人连刺7刀，并抢走家中7万元钞票（旧币）。余则掠抢一番，逃之夭夭。1946年6月，德县解放，冯某荣、白某中、刘某州等均先后被人民政府缉拿归案，处以死刑。

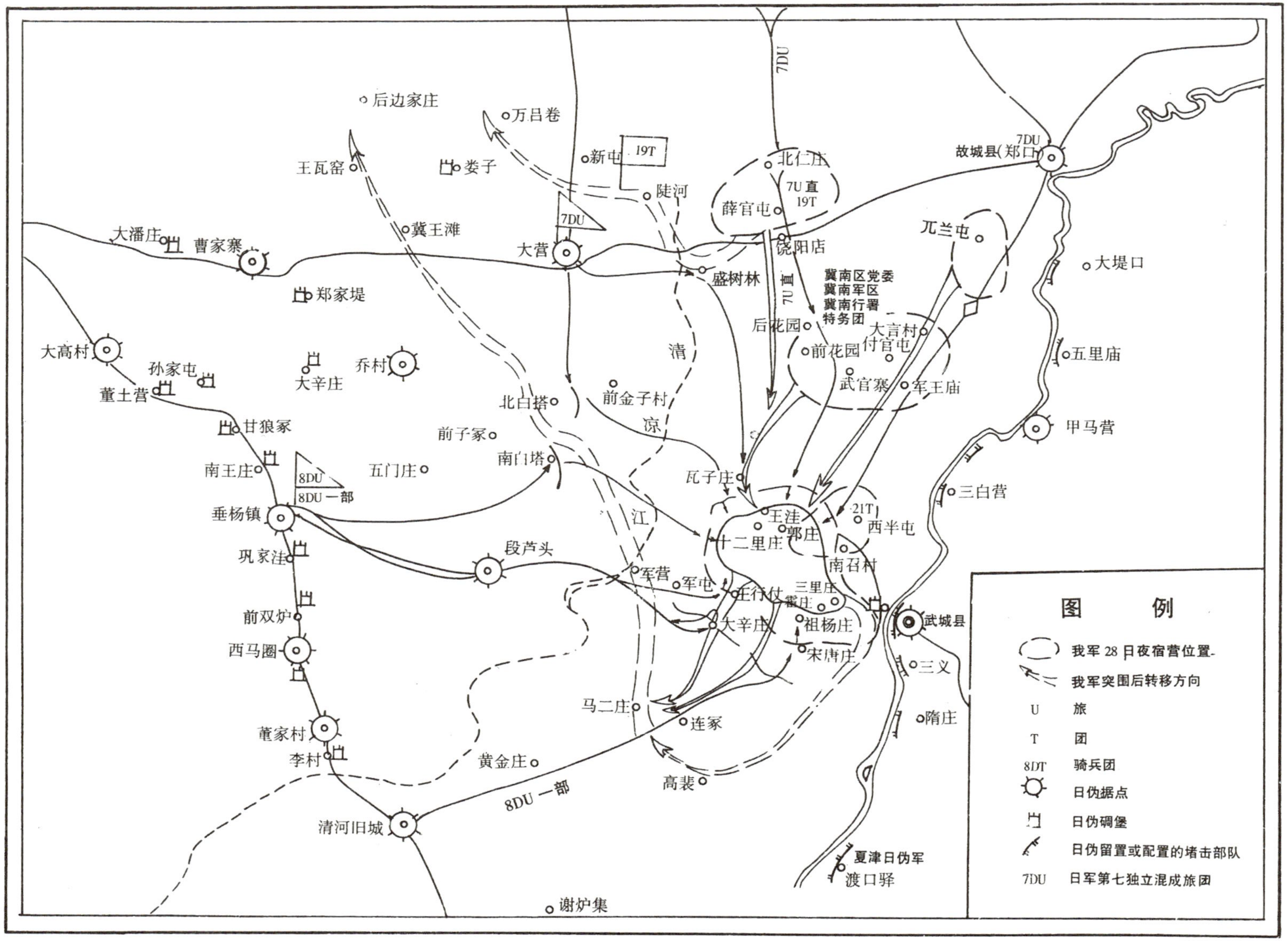

图 20-1 “四二九”“反扫荡”突围战斗示意图（摘自 1998 年《“四二九”反扫荡纪实》）

第六章　国防教育与人民防空

中华人民共和国成立后，域内各级党组织、人民政府、驻军部队积极组织进行国防教育。20世纪60年代，域内成立防空委员会。1992—2003年，设立国防教育办公室专门负责域内全民国防教育，后成立国防教育领导小组。21世纪，受国防动员委员会领导，根据故城区域、群体特点确定国防教育内容，建立国防教育基地，采用各种形式进行国防教育。

故城县人防组织建立通信网络与组织专业队伍，多渠道进行人防教育规划与建设防控工程，通过防空警报试鸣增强域内人民国防观念。

第一节　国防教育

国防教育是建设和巩固国防的基础，是增强民族凝聚力、提高全民素质的重要途径。国防教育同时也是国防动员的基础性工作之一。

国防教育机构　抗日战争时期，国防教育工作由中国共产党领导下的各级党组织、驻军在抗击日本侵略者的每次战争和国防动员工作中穿插落实。抗日战争胜利后，县境解放，随着各级党组织、政府的健全和加强，国防教育工作以推翻国民党反动派为主要目标。中华人民共和国成立后，国防教育由各级党组织、人民政府、驻军落实。1985—1992年，国防教育工作明确有武装部和县委宣传部分别落实，没有专门的机构。1992年，按照上级指示精神，县武装部增设国防教育办公室（下称国教办），专门负责全民国防教育工作，从此国防教育工作有了专门的办事机构和人员。1996年县武装部收归部队，县国防教育机构作了新调整。按省市的有关精神，县成立以县委副书记为组长，人武部政委、部长、县委宣传部部长、主管副县长为副组长，县有关部门主要负责人为成员的国防教育领导小组。领导小组下设办公室，编制2人，在县委宣传部列编，设主任1名（副局级），干事1名，办公地点设在县人武部；业务上接受人武部和县委宣传部的双重领导。2004年，在改建国防动员委员会的同时，撤销国防教育领导小组，国教办归国防动员委员会领导，成为国防动员委员会下属的一个办公室。

国防教育内容　多年来在国防教育的实践中，逐步探索和形成了一套具有故城特点、针对不同群体的国防教育内容。

国防理论教育：国防理论教育主要针对党员干部，特别是各级领导干部、专职武装干部、基干民兵等群体，通过国防理论教育使大家了解建设国防、保卫国防对于国家和民族生存发展具有重要意义，提高人们履行国防义务的自觉性。

爱国主义教育：爱国主义教育是国防教育的核心内容，爱国主义思想是国防观念的基础。在开展爱国主义教育过程中，一方面加强祖国壮丽河山、祖国悠久历史的宣传教育，以及热爱党、热爱社会主义的教育；另一方面结合县情，编写了故城县革命斗争史、“四二九”反扫荡纪实、故城县成就展等具有浓郁地方特点的内容，以此教育激发公民的爱国热情。

中学生接受国防教育

国防形势教育：定期整理和归纳国防形势，通过报告会、影像宣传等形式对公民进行国防形势的宣传教育，使全体公民及时了解一段时期的国防形势，增强大家国防建设的紧迫感。

国防法治教育：国防法治教育是国防教育内容的重要组成部分，也是依法开展国防教育的基础性工作。结合整组、征兵等工作开展国防法律、法规的宣传教育，促进了各项中心工作的落实。

国防教育形式 在党校每期的干部培训班上设立国防教育内容，每年300余名党员干部接受国防教育。普及学校国防教育，加强对青少年的国防教育。严格落实《中小学国防教育纲要》，重视少年军校建设。1999年，文教局、国教办联合下发了《故城县少年军校建设实施细则》，2002年郑口镇育才中学被授予省级先进业余少年军校称号，郑口镇第三小学被授予市级先进业余少年军校称号。至2018年年末，全县已成立8所各种类型的业余少年军校。

国防教育阵地 县内有省级国防教育基地一个——冀南“四二九”烈士陵园；县级国防基地三个——故城县烈士陵园、空军某部故城场站、故城县国防教育活动中心。每年的4月29日，故城和山东武城两县的党、政、军领导、党员干部、民兵预备役人员、青少年学生以及部分群众上千人，在冀南“四二九”烈士陵园举行纪念活动，缅怀先烈、祭扫烈士墓、在纪念碑前宣誓等教育活动。

学生军训 学生参加军事训练，是《中华人民共和国兵役法》《中华人民共和国国防教育法》的根本要求。1955—1957年，根据教育部、国防部对学生进行军训的指示，个别高级中学进行了军事训练试点。1984年，新“兵役法”颁布后，故城县成立了学生军训领导小组，并在郑口中学恢复了学生军训试点。20世纪90年代中后期，县内高中以及职业学校普遍开展新生军训工作，个别初级中学以及少年军校也分别按照《中小学国防教育纲要》开展学生军训工作。至2018年，全县已有3所高中及职业学校学生军训工作制度健全，军训工作坚持良好。全县创建省级少年军校1所，市级少年军校2所，县级少年军校5所。

新生入学军训

第二节 人民防空

20世纪60年代，故城县成立人民防空委员会，县长任主任。1969年，响应中共中央主席毛泽东“深挖洞、广积粮”号召乡镇村庄农户、各机关单位、工厂企业、修建防空洞。

组织机构 2000年3月，故城县人防组织正式建立，列入政府编制序列，称“故城县人民政府人民防空办公室”（简称“人防办”），级别为正科级，编制3人，设主任1名，由政府办公室1名副主任兼任，副主任1名，由县人武部1名现役干部兼任，科员1名，由县政府办公室人员担任。

通信网络与专业队伍 县人防指挥部建立通信枢纽，拥有无线通信、有线通信、运动通信、简易信号通信等各种手段并用的通信网络；成立了医疗救护、通信、运输、抢险抢修（包括工程抢修、道桥抢修、供水抢修、供电抢修）、治安、消防、防化7个人防专业队，各队部均设立办公地点。由于故城县人防建设起步较晚，专业队尚未组织训练。2015年，先后又配备了车载电台和地面电台、海事卫星电话等通信设备，满足了与省市连接通信的需求。

人防教育 在中小学开设人防知识课程；县委党校设立人防教育内容；每年进行人民防空防灾知识宣传。至2008年印发防空防灾知识宣传单4万份，《人民防空防灾知识手册》1万份。至2018年，宣传教育活动先后进入大型社区、企业、机关、学校，路边设立人防宣传台，将资料发放给行人，通过多种方式进行人防主题宣传活动。

工程规划与建设 2013年始，人防办按照《河北省结合民用建筑防空地下室管理办法》《故城县总体规划》开展批收批建人防工程工作。

防空警报试鸣 2004年9月，在县委、县政府办公楼安装了立式电动（400瓦）警报器。2014年相继又安装了5台电声警报器和1台LED显示器，基本达到满足覆盖县城面积的需求，实现警报试鸣自动化控制。每年7月7日10时，全国防空警报试鸣日，准时警报试鸣，强化人民群众的忧患意识，居安思危，警钟长鸣，增强国防观念。

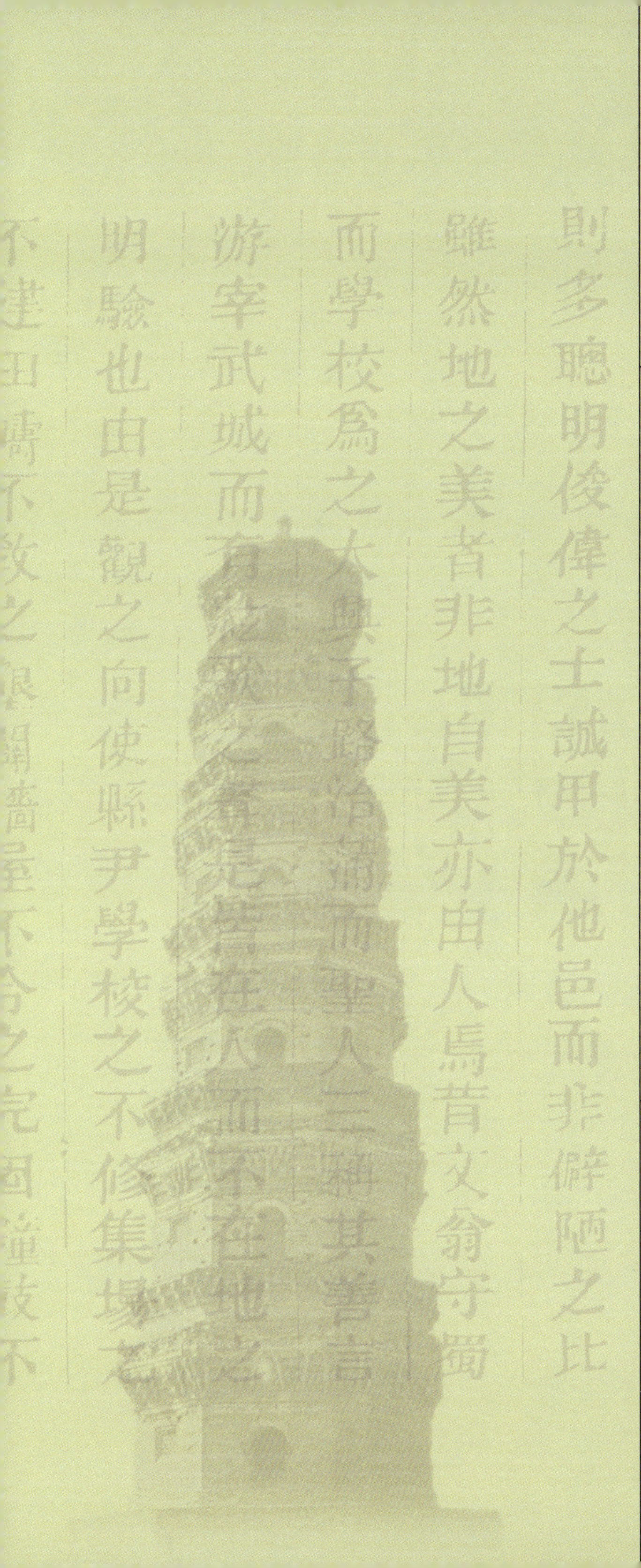

卷四

教育
科技
文化
文艺

第二十一编　教　育

明、清两代故城县城（今故城镇）设县学（亦称儒学）、书院、社学、义学，较大村镇设有私塾。清光绪二十八年（1902 年）始设新式小学堂。

中华民国初年学堂易名为学校。此后，故城县相继创办女子初等小学校、模范小学校、教会小学校、乡村师范学校。并于故城镇、郑口镇创办一批私立小学。

抗日战争时期抗日民主政府创办三朗、小庙、军屯、子路等抗日高级小学和一批抗日初级小学，坚持“抗战、学习、生产”相结合方针，为革命事业培养一批优秀人才。

1945 年，中共故城县委、故城县政府（下简称党和政府）领导全县广大师生支援解放战争，参加土地改革运动，接管旧学校，改造旧教育。

中华人民共和国成立后，故城县教育事业迅速发展。

“文化大革命”期间教育事业受到一定冲击。

中共十一届三中全会后，经过拨乱反正，落实“调整、改革、整顿、提高”方针，故城县教育事业重新得到恢复与发展。

20 世纪 80 年代后期，故城县通过贯彻执行《中华人民共和国义务教育法》，注重基础教育和职业教育，教学质量和儿童入学率、巩固率、普及率、及格率都有明显提高。20 世纪 90 年代，故城县不断增加教育投资，改善办学条件，普及九年义务教育；扩大高中和职业教育办学规模；2002 年始，故城县义务教育管理体制进行重大改革，中小学教师工资实现县财政统筹，按时足额发放。2005 年，故城县被省教育厅评为“基本普及学前三年教育达标县”和“基本普及特殊教育县”。

2008—2018 年，域内有九年义务教育阶段公办学校 125 所，其中小学 109 所，初中 16 所，在校生 65014 人；普通高中 2 所，职业学校 1 所，在校生 12809 人。特教学校 1 所，教师进修学校 1 所。小学适龄人口、初中适龄人口入学率均为 100%。

第一章　科举教育

故城的科举教育，主要为私塾、社学、义学、县学、书院。

私塾为私人创办的学校；义学为限额招贫困子弟免费读书的场所，经费来源主要是义学地租；县学既儒学，为准备科举考试之正规学府；书院层次较高，可公办亦可私办。清代，域内甘陵书院、历亭书院最为著名。

第一节　私塾　社学　义学

清末，故城县较大村镇均设有私塾。私塾无统一教材与修业年限，学生不受年龄限制。

私塾有三种类型：一为地主豪绅自请教书先生教其子女；二系几家富裕户摊钱粮聘请教书先生执教；三即一村按户摊钱粮聘请教书先生执教。

第一、二种形式私塾教材为“四书”（《大学》《中庸》《论语》《孟子》）“五经”（《诗经》《尚书》《周易》《礼》《春秋》），加学唐诗、宋词和《古文观止》。中举者多为此两种形式教出的富家子弟。第三种形式乡村私塾主要学习《百家姓》《三字经》《名贤集》《弟子规》《四言杂字》等，并兼学珠算、记账、帖条等应用知识。贫家子弟因家庭生计所迫，入私塾者甚少。

私塾教学方法，为诵读唱念，死记硬背，一般前3～5年为读写，后5～8年为开讲，开笔作文教育。

学习期间学生除年节外，别无假日。私塾上下课时间，学生出入教室，须在教室门口拿木牌出示方可。学生对孔子要绝对尊崇，讲堂正面供有孔子牌位，学生每到必先拜孔子，然后背转身在先生监督下背书。先生训教，学生绝对服从。学生有过，先生以训诫、责骂、罚跪、顶砖、打板子等手段予以惩罚，学生在接受文化知识的同时身心也受到一定的禁锢。不少私塾房屋狭窄，光线不足，学生身心发育受限。

清光绪《故城县志》载：“社学旧在县治东，今无考。”清光绪十一年（1885年）故城县有义学2处。一为蔚仁义学，借用甘陵书院址，建于光绪九年（1883年），每年招收学生20人，须家境贫寒无力读书者方准入学。二系二贤祠义学，旧学经费不足，荒废已久。是年知县张瑛重建，每年招收学生12人，入学标准同蔚仁义学。

义学以学田地租与地方士绅捐赠为办学经费。

第二节　县　学

县学亦称儒学。故城县学创办于明洪武三年（1370年），学宫设于县治（今故城镇）东南宾旸门内兴文街，基址约20余亩。

明、清两代县学系一县之正规学府，为生员进行研习、准备参加科举考试之场所。教学内容为“四书”“五经”之类经史典籍。县学又系一县之教育行政机关，设正、副教官。正教官称教谕，副教官称训导。

县学生员成绩优异者为廪膳生（廪生），一般为增广生（增生），初入学者为附学生（附生）。廪生、增生为县学正式生员，学额由国家规定，附生不在名额之内。清代故城县学学额每年录取文童18名、武童15名、廪生20名、增生20名。同治元年（1862年）清廷下诏增广学额故城县加取7名，2年一贡。

清末中小学堂　袁世凯奏为故城县郭培魁捐款助学请照案给奖事述：

清朝末年，各地的中学堂、小学堂如雨后春笋般纷纷成立，光绪二十八年（1902年）九月，在各省纷纷设立学堂的浪潮中，故城创办了高等小学堂。这所高等小学堂设在甘陵书院内。

光绪三十三年（1907年），直隶故城县的署理知县朱远缙贴出了一则劝学告示，鼓励平民子弟去上新设立的初等小学堂。为了让更多的人能看明白上学堂的好处，他特意把告示写成了大白话。

那个时候，学堂被视作“洋学”，一般民众都不愿把孩子送去念书。尤其在义和团曾经比较活跃的故城县，这种情况更加严重。不但招生屡屡碰壁，就连办学都是一波三折。

清末，故城的私塾教育相当发达。全县240个村子，私塾就不下百余处。光绪二十二年（1896年），训导贺锡璜创建历亭书院时，官绅捐款十分踊跃，甚至有人一出手就是一千两银子。可一说办学堂，大家都不愿意出钱了。因为在一般百姓的眼里，学堂是“洋学”。

当时的故城知县是福建闽县人林学瑊，这件事令他十分头疼。

清光绪二十九年（1903年），办学的事情突然有了转机。一天，一个叫郭培魁的财主找到林学瑊，表示愿意捐出地产，作为学堂的常年经费。这笔捐赠是他继母郭王氏的遗产，包括山东德州卫境内土地二顷四十六亩五分四厘，本邑粮地五十三亩七分八厘，以及铺房一所。据估值，这些田地铺房价值三千五百两银子，是当时县衙35年办公经费的总和。

有了这笔巨款，办学经费问题迎刃而解。林学瑊大喜过望，当即就向直隶总督袁世凯报告了这件事。袁世凯迅速上奏，郭培魁获得了监生身份和县丞的职衔，他的继父母也获得了五品封典。

有了这笔钱，不但高等小学堂的经费有了着落，林学瑊还一口气建了11处初等小学堂。

清光绪三十年（1904年），林学瑊升署景州，浙江海宁人查美咸署理故城知县。在他任内，人们的观念开始转变，各乡纷纷设立初等小学。仅在清光绪三十一年（1905 年）四月初一日，就有 17 处新成立的初等小学堂同时开学。由于新开设的学校太多，老师竟然不够用了。

为解决这一问题，查美咸创办了一所专门培养教师的研究所，培训那些 30 岁以上、50 岁以下的秀才，以及连秀才功名都没有的童生，以期把他们培养成初等小学堂的教师。培养这样的人当老师，有很大弊端。查美咸也明白这一点。但因为风气未开，教育尚在幼稚，只好“因陋就简”。

在县城的高等小学堂院内，查美咸也开办了一所初等小学。第一届学生共有 44 人，分为两班教学。因为师资不足，他从高等小学堂找了 6 名学生，给初小的孩子轮班上课。查美咸在给上级的禀文中说，他自己也经常来学堂督课，挑选县志里面有教育意义的故事给孩子们讲。

到了清光绪三十二年（1906 年），办学的接力棒传到了广西举人朱远缙手里。朱远缙是明朝靖江王后裔，出身于书香世家。他在任一年有余，主要办了两件事：倡导实业，发展教育。

在办学上，朱远缙主要做的是推广工作。学堂有了，老师有了，没有学生也不行。在直隶地区，民众对学堂普遍不信任。听说学生上格致课，就认为是“洋学”；看到学生上体操课，就认为是要让学生当兵。为了破除迷信，朱远缙很是下了一番功夫。

高等小学堂毕业考试，他把试题登在了《北洋官报》上，引来了全省围观。

清光绪三十四年（1908 年），故城共有 65 所初等小学堂，在校生 1294 人。初等小学教员共有 65 人，其中 58 人是师范毕业。到宣统二年（1910 年），故城已经拥有初等小学堂 73 所，在校人数 1812 人。

劝学告示　故城县朱远缙劝谕各家子弟入初等小学堂告示，《北洋官报》第一千四百零十册，清光绪三十三年（1907 年）告示。

为出示劝谕事：

照得前年八月间，奉过一道上谕，是立停科举，兴办学堂。已经直隶学务处，把停科举的意思，兴学堂的好处，编成白话告示，晓谕你们看了，本县不用再说。但恐你们乡民，安于旧日积习，不知何者利何者害，何教法有损，何教法有益，不肯改良。一见初级学堂，改了新教法，就说是洋学，并不知当今新政，是力图富强教育民智大开主意。虽仿外洋，是学其所长，并不学其所短，其与吾民无益之法，断不肯教你们学他。你看城里及各镇，已办成的初级学堂内，所教功课，俱是实在于学生有益的。

先说每日内有一小时体操工课（注：原文如此），是教学生身体强壮，精神充足。人生一世非身子结实，精神足壮，不能成就事业。比以前旧教法，学生一入书房，终日坐着闷倦念书，身子日久即弱，精神日久即衰，所以尝言学生为书呆子。你们将新旧两法仔细思想思想，就知何教法好，何教法不好。切不可听糊涂人的谣言，以教体操是叫学生当兵去。

再说内有一小时教字的功课。教习每日往功课板写上十个字，教给这几十名学生，认熟写熟，又将各字义讲熟。学生们俱在十岁上下，一经懂的字义，认写俱熟，就如印在心里一般，毕生不能忘记。一日懂此十个字，一年就按三百数十日合算，就能懂认三千多字，将四书五经一念就可通熟。从前十年进个秀才，也不准就能懂认三千个字。比以前旧教法，八九年的工夫，四书五经，虽念的通熟，尝有只会念，尚不会写。所念的字不懂所念的字义。你们再仔细想想，更知何教法好，何教法不好。

再说内有一小时的算学。大凡人生，勿论何项事业，离了算学不行。人生不懂算学，即为不识数的迷人，所以算书上云：知书不知算，如在暗室昏昏。比从前旧教法，上过十数年学，尚不知算法为何事。你们再仔细思想思想，更知何教法好，何教法不好。

及一切修身博物格致等科，与那孔孟之道，一一互相对证。更知何所谓洋学呢？总而言之，各大宪俱是爱国爱民的赤心，因吾国民无有教育，所以比外国人民太愚，人才缺少，难图富强。所以想法子兴学堂。初级学堂，又是教育根本，所以屡屡劝谕，多立初等学堂，指望教育普及，民智大开，共图富强。所以三令五申，诰诫劝谕。如与国民无有好处，与国家无有益处，各大宪又何苦费如许心思，费若干款项，发下师范教员，招考教学的先生们，入师范学堂学习教法，半年毕业后，教授你们子弟？劝你们千万不可听乡愚无知的谣言，说是洋学，疑惑观望，自误了子弟终身。

朱夫子治家格言说过，子孙虽愚经书不可不读，目下可以改作了子孙虽愚，学堂不可不入也。古人尝言，天下无仲尼，万古如长夜。是极言不识字不懂文义，不会算学，人生一世，就如睡梦一般。况且现在已奉到各大宪的明文，入了初级学堂，四年毕业，选入县城高等小学堂，就是进学秀才，就算绅衿豁免差徭。如不入初级学堂，就是绅衿也得与平民一样出差徭。还说如不入学堂，将来定然设立罚章，实行强迫教育之法，如到那个时候，既误了自己子弟，又得认罚。

且四年工夫得选，就是秀才。比从前得十余年工夫才能进个秀才，一切学费学规，至少也得花钱六七百吊。目下入学堂，既省工夫气力，又省钱财。即便选不上，你们子弟，已经识字数千，文义皆懂，算学已会，身体也壮。即就农工商业，写书信管账目，看书看报，写写算算，已成通达之人。如不入学堂不识字，即所谓睁着眼的瞎子，做一世的迷人。你们既有子弟，谁不愿教子弟成人，千万不可惜小费，以误其终身。

本县为你们计，所以编成白话告示，可使识字不多的人，一看便易明白，就是不识字的人，一听也可懂得。为此谆谆告诫不负本县劝谕之苦心，有厚望焉。

为了解决初等小学堂的生源问题，朱远缙写出白话告示，引起了全省的轰动。在这份告示中，朱远缙一改行政命令式的口吻，而是把新学堂的优点一一写出，并与旧私塾一一对比，孰优孰劣，让民众自己判断。每写一条，他必问一句：“你们再仔细想想，更知何教法好，何教法不好。”

要说告示里最吸引人的，倒不是这些，而是那些实实在在的好处。朱远缙说了：“入了初级学堂，四年毕业，选入县城高等小学堂，就是进学秀才。就算绅衿，豁免差徭。”如果运气好，四年就能当秀才，与过去十几年才能中个秀才相比实在太值了。

朱远缙的白话告示起到了立竿见影的效果。根据直隶学务公所的统计，到清光绪三十三年（1907年）年末，故城的初等小学堂达了42所，在校人数953人。这一年的九月，故城县官立初等女学堂成立，该校由劝学员刘文锡负责，故城县人李灏担任教员。8名女童成为了该校第一批女学生。

高等小学毕业试题 清光绪三十三年（1907年），在天津出版的《北洋官报》上，罕见地刊登了一套小学试题。这套试题来自直隶故城县高等小学堂，是当年二月初三日该校毕业生考试的题目。自明朝洪武三年（1370年）故城县重修县学以来，还没有一次考试如此受到外界的关注。

国文题：

论汉党锢所以致败之由。

算学题：

（一）四十六两六钱八分化为分，该得若干？

（二）有火车每日行二度百五十里九十七丈一步四尺，问：一周间能行若干？

（三）求十五度二十六分三秒、十度四十六分八秒、二十四度五十六分九秒、十二度、三十二度七秒之和。

（四）一人有田十四顷九分三方丈二方步四方尺，欲留一半自种，其余平均作三分出租，问：每分得地若干？

（五）从八里百四十六步二尺、十二里、二百里五十八步一尺、九十里四十八步四尺之和，减百二里百四十九步一尺、七里二百十二步三尺和，该得若干？

历史题：

（一）周末学派有几？试言其略。

（二）秦始皇汉武帝互为优劣之处，试比较言之。

（三）泰西人通中国始自何时？

（四）历代外戚宦官之祸以何朝为最烈？

（五）元太祖时诸王分封何处？其中某国最为强大？

地理题：

（一）昆仑山脉下分几支？某支下为某山？行经何方？

（二）中国海线起迄共长若干里？某湾岛堪称头港？

（三）中国全国航路共有几支？某支历经某地？

（四）亚洲除中国外，某国政治风俗最良最劣？

（五）世界宗教大端有几？某国信奉某教？统计某教最盛？

格致题：

（一）详言蛙之生长次序并绘图以明之。

（二）风媒花与虫媒花植物之区别，并举其一二名称。

（三）物理变化与化学变化之异点。试举例以明之。

（四）人之生活赖有食物，而食物之消化赖有消化器。试详述其功用及其部分。

（五）寒暑表构造之方法及其升降，升降之理由。能详言之欤？

根据清末《教育杂志》的记载，这场考试共有 25 名学生参加，第一名叫朱其荫，成绩是 84 分。分数虽然不算高，但要让今天的人做这套卷子，未必能拿得了这个分数。

这套试题最大的亮点，是最后的五道“格致”题。格致是清末对物理、化学等自然科学的统称，小学考试中加入这一科目，昭示着教育史上的一场重大变革正在发生。庚子之变后，清廷主动变法改革。清光绪三十年（1904 年），清廷颁布“癸卯学制”，制订了从学前教育到大学教育的章程。清光绪三十一年（1905 年），千年的科举制度被终结，育人、取才合于学校一途。故城高等小学堂的成立，也正是基于这一历史背景。

审视这套试题，不难发现时代的烙印。五科之中，算学题难度最低，只是考察了简单的加减乘除以及单位换算；国文题虽然只有一道题，但是难度颇高；历史、地理两科，也是清末新政的成果，部分题目的难度甚至相当于今天的高中水平；格致题虽然都是常识，但也是前所未有。

各科题目难度差距如此之大，既有师资的关系，也有学生的原因。清光绪三十一年（1905 年），知县查美咸在给上司的汇报中说，因为风气未开，教员又多“墨守之辈”，学校教课“多未合法”。但因为师资紧缺，又不能把这些墨守之辈统统辞退，只能在每个星期六组织各个小学堂的教员们研究“各种科学及教授管理诸法”，相互学习。连老师都是边学边教，所以，算学、格致等科目的出题也就谈不上难度了。

清光绪三十三年（1907 年），查学陈恩荣来到故城视察学务，发现高等小学堂的学生年龄从十几岁到二十几岁不等。给这样的学生出题，自然也不能出得太简单。

考试结束之后，直隶省的学务部门对这批毕业生进行了复试，并进行了全省公示。

附

清光绪三十三年（1907 年）故城高等小学堂毕业生全榜

学生姓名	毕业分数	复试分数	平均分数	等次
朱其荫	八十四分	七十一分	七十七分	优等
苏文澜	八十二分	七十分	七十六分	
王庆升	八十一分	六十九分	七十五分	
刘封三	七十九分	六十八分	七十三分	
申化蒲	八十二分	六十二分	七十二分	
袁天枢	八十分	六十三分	七十一分	
李汝庚	七十七分	六十三分	七十分	
李汝兰	七十一分	六十七分	六十九分	中等
秘裕宸	七十三分	六十六分	六十九分	
张研谱	六十五分	七十一分	六十九分	
李荫培	七十分	六十三分	六十六分	
刘振海	七十七分	五十三分	六十五分	
王佩卿	七十六分	七十一分	六十五分	
陈庆诰	六十九分	五十九分	六十四分	
王清濂	六十八分	六十一分	六十四分	
李树人	七十三分	五十二分	六十二分	
吴清波	六十一分	六十一分	六十一分	
冯世祺	六十八分	五十二分	六十分	
李金镛	六十四分	四十八分	五十六分	
周书声	五十九分	五十二分	五十五分	
曹滋芳	六十四分	四十七分	五十五分	
田丕承	六十一分	四十九分	五十五分	
王树风	六十六分	四十三分	五十四分	
贾厚汸	四十九分	五十四分	五十一分	
刘瑞珽	五十三分	三十七分	四十五分	最下等

第三节 书 院

清代，故城县有书院 3 处。一为甘陵书院，设于县治弦歌巷五侯祠，清雍正五年（1727 年）由县令蔡维义倡设。建有正堂 3 间、厢房 3 间，年久倾圮。清道光二十三年（1843 年）县令黎极新重建于明伦堂左。二为卫阳书院，清光绪二十七年（1901 年）创办，设于郑口镇二道街南端（今郑口第一小学）。清光绪二十八年（1902 年）改建为郑口初等小学堂，有讲堂3间，东西房各3间，由郑口镇士人经理。三为历亭书院。历亭书院始建于清光绪二十二年（1896年），由时任故城训导贺锡璜倡导创建。书院主持人称山长（亦称院长），由知县聘请有学识、有声望之士绅充任。教员由山长延聘在籍学行素著之举人、进士充当。学生均系县内立志进学之童生。教学内容为儒家经典（“四书”“五经”）、宋明理学、诗赋制艺（又称诗文、八股文）。

清光绪末年始推行新式教育，书院遂废。

甘陵书院

附

历亭书院条规

仿照冀州书院章程通详立案。书院房屋永不准官场借住，亦不准借作别项公所，勒石遵守勿替。

道光二年前督宪松奏定，整顿书院章程，内开书院掌教，应由本处绅士延访文行兼优之科甲，呈本府、州、县官聘请，不得将乾食束脩未亲到馆之人滥充讲席。本邑书院应遵奏定章程，每年山长由绅士访定，呈官聘请。住院主讲本县教官暨籍隶本邑者均不延聘。

聘请山长每年束脩京钱三百千，薪水一百四十千，川资三十六千，节敬二十四千。按季致送。

官绅公议，官课生童试卷，由绅董公访邻邑品学兼优素有文名之孝廉，禀县关聘，按月包封送阅修敬京钱八十千文。按季致送。

每年自二月起至五月止，八月起至十一月止，共考八个月。遇闰一体照加每月一官课一斋课。

官课定于每月初二日考试，斋课初三日考试，以省往返。

官课生卷额，取超等六名，第一名膏火三千，加奖一千。二名三名每名膏火二千，加奖八百。后三名每名膏火二千。特等十名，前五名每名膏火一千五百，后五名每名膏火一千二百。童卷额取上取五名，第一名膏火一千四百，加奖六百，二名三名，每名膏火一千加奖四百。后二名每名膏火一千。中取八名，前四名每名膏火八百。后四名每名膏火六百。其生卷，一等童卷、次取均无膏火，亦不限定额数。

斋课取额与官课同，不给膏火，择优给奖，每课不逾八千之数。

每月十六日加课试赋一篇，七律二首。生卷取超等二名，给奖一名二千，二名一千四百。特等二名，每名给奖八百。童卷，上取二名，中取二名。上取给奖一名一千二名八百。中取二名，每名六百。一等不限额，不给奖。

考课限定生员坐东号，舍童坐西号舍，不准搀越。

膏奖均给清九八京钱司事者永远不许搀扣。

二月初二日，官课每名给饭钱三百。各该生童自备供给。次日斋课暨以后官斋两课，均由书院每名备面点一分，不给饭钱。

试卷由书院备办，各该生童毋庸再给卷费。

每届课期各该生童均于前一日报名，以便造册备卷其有临点始行报名者，概不收考。

生卷考取超特，童卷考取上中者，其膏奖均于下课交卷时给领，以杜冒混。如有考取在前逾三正课不到者，即将其膏奖注销，后不得再行请领。

生卷考列超等，童卷考列上取者，均于下课提堂面试，如有文理前后不符相差悬远者，即将膏奖扣留不给。其隔一课隔两课者，一体提堂照办。

官课考列优等，斋课无故不到者，其膏奖扣留不给；禀明有事者，准给一半。

官课临点误名，仍愿考试斋课者，亦准收考。

官斋两课一体扃门考试，如有怀携试卷私出及传递倩代等弊者，罚其一年不许应课。

携带成文，交易生侥幸之心难获就将之益。兹无论官课斋课，止四书诗韵，准其携带。其余洋印坊刻各小本概行禁止。如有携带进院者，一经搜获即行当堂销毁，并将携带之生童立即扶出、罚其一年不许应课。

读书以植品为先，抄袭雷同最为无耻之尤。如查有轻犯者，除不取外，仍将该生童严刑戒斥；

再犯者罚其一年不许应课。

文诗不知敬避圣讳御名及先师孔子讳者，与诗内抬头谬误，及窜点抬头字样並漏押官韵、出韵、失粘至二字以上者，文诗虽佳概不前取，诗失粘一字者，取后罚其膏奖一半。

课期黎明点名，交卷限以日入为度，继烛者虽有佳作概不收录。收卷者亦不得瞻徇久候。

遇农忙之月或人数太少，佳卷不敷额取，仍随时酌量裁减，能缺勿滥。

遇大比之年及县、府、院考之期，不能按期考课者，或提前或并课，临时再行酌量牌示。

二月初二日为首次开课，各须衣冠整齐，以崇体制，余课均便衣应考。

八乡绅董轮流值课，每课来往车费，酌给京钱二千。

从住院生员中慎选品行端谨一人，作为监院。其有进院看书者，由监院立簿登记，注明某月日某名，抽阅某书第几函第几本，限几日交还，不准携带出院。並稽查院内各种器物，不准徇情外借。每至年终，同绅董将书籍器物查点一次，如有遗失短少惟监院是问。岁给薪水京钱四十千文，按四季分支。

院役一人，随时在院听差。每年给工价京钱二十千文。课期另给饭钱一百六十文。

礼房办理册榜文卷等件，每年给纸笔费京钱十千文。课期在院另给饭钱一百六十文。

官斋试卷由书院刊刻板片，发交礼房备办。自光绪二十三年起，酌定价值每本给京钱三十文，永不准加增。每课总计用卷多少，随时领价。

山长上下馆，各备酒席一次，每次约不逾京钱十千。

课期官、绅供给早晨点心各一分。早晚饭俱用四大盘，两小碗、两大碗米饭。面饭参用。跟役止添大锅菜一两碗。包办厨夫用过，随时领价。

课期需用柴炭、茶叶、油烛零星等物，值课绅董稽查用钱确数，随时给发。

应课生、童，每名面一大碗，馒头半斤。值课绅董稽查应考人数，照料备办。面每碗京钱四十八文，馒头按照市价，用过随即发钱。

书院间房数间，原为在院肄业诸生住所。有愿亲炙讲席者，准于每月官课之期，当堂禀请，听候核定示遵。不得擅自入院，致启纷争。住院后如有非分妄为，有玷士品者，查明立即逐出。

书院成本无多，不得不概从俭约。每年岁修及添置器物等事，须量入为出，必使岁有赢余，永远不准动用成本。

书院租息，除照章开支外，每岁节存钱文至积有成数，即公同商酌，或发商生息、或添置地亩，务令结实牢稳，不至虚縻暗耗。

书院经费，无论本钱息钱租钱，均不准他项公事移挪借用。

成本发商生息，各家长落不齐，责成各绅董随时稽查，如有应提之处，即时禀明，请官提取，一面公同会议或仍另发殷实富商生息，或置买地亩，总期随提随发，不使稍有空间致减生息。

书院成本，各铺户承领生息，每年定章，六月二十日交春夏季生息。腊月二十日交秋冬季生息。如过期延宕不交，由绅董禀明请官票催。

书院成本及各项出入，立定四柱、清薄照样三本：一存县署，一存学署，一存绅董，每年上半年七月初结算一次，下半年至次年正月初结算一次。须会同八乡绅董在书院逐项清算，核计各项总数，按照四柱，一律书写其平时流水账片，随时毁销以省烦冗。

历亭书院钱款成本及息租各项

光绪甲午今，直隶臬宪季在长芦都转任内筹发纹银一千两作京钱三千串官绅倡劝捐集京钱二万零四百四十四千五百三十文，字纸会存款京钱三千二百千，除建院购买郑镇铺宅并书籍外实存成本京钱一万五千串内。

本城公济当承领成本京钱二千串，长年一分生息，遇闰照加，公济当承领成本京钱五百串按月一分生息，本城和顺号承领成本京钱一千串以下十项均长年一分生息，遇闰照加，本城绵昌公承领成本京钱二千五百串。本城恒德号承领成本京钱一千串。郑家口全济当承领成本京钱二千串。郑家口德裕成承领成本京钱一千串。郑家口贞恒号承领成本京钱一千串。三朗镇世德堂水承领成本京钱一千串。朱林子长盛和承领成本京钱一千串。吴令史庆和永承领成本京钱一千串。孙家庄德和成承领成本京钱一千串。共十二项各有借帖一纸交总董收存。道光年间，甘陵书院废后，有地五十一亩八分，久经归并学田项下，由两学收租。自光绪十一年教谕范君训导贺君倡议设立惜字会，将此项地租让出入会作培植文人之用，今历亭书院告成仍将此项地亩归还书院，向由东路门斗催交租价无工饭钱文。每年夏季交租京钱三十五千文，秋季交租京钱四十五千文，此地坐落城北周家坟，后置自何年买之何人文契久经失落无从查考今经绅董亲履勘丈，协同中保迎邀集各租户及四至地邻丈量清楚，范家圈新出河淤地亩，光绪二十年因武城民王锡朋等与邑人刁姓控争数年，由县断结详明准王锡朋等种地二十五亩，每年端节后交书院租钱七千五百文，立有合同字据，一给王锡朋等收执，一交总董收存。光绪甲午购买郑家口铺宅一所，计瓦平房门楼共六十六间，除拆去瓦平房十间为修建书院之用，下余房十间又新修土房间并租给铺户居住，每年按两季收租共租价京钱一百八十五千。恒通号租前北院平房七间大门一间，价钱五十千。长发祥福盛永租中段南院楼一间，平房十二间，北院平房八间。德盛永租前院平房八间，门楼一间，价钱二十七千。和义成租前院平房六间，价钱二十三千，共五项各有租契一纸交总董收存。

历亭书院藏书目

经类：钦定七经三十函一百七十本。皇清经解四十函三百六十本。十三经注疏十八函一百八十本。左传合注二函十二本。左传杜注二函十本左传读本一函十本。公羊传一函四本。谷梁传一函四本。

注：历亭书院资料系北京图书馆现存的《故城县公事章程》一书所载的内容。

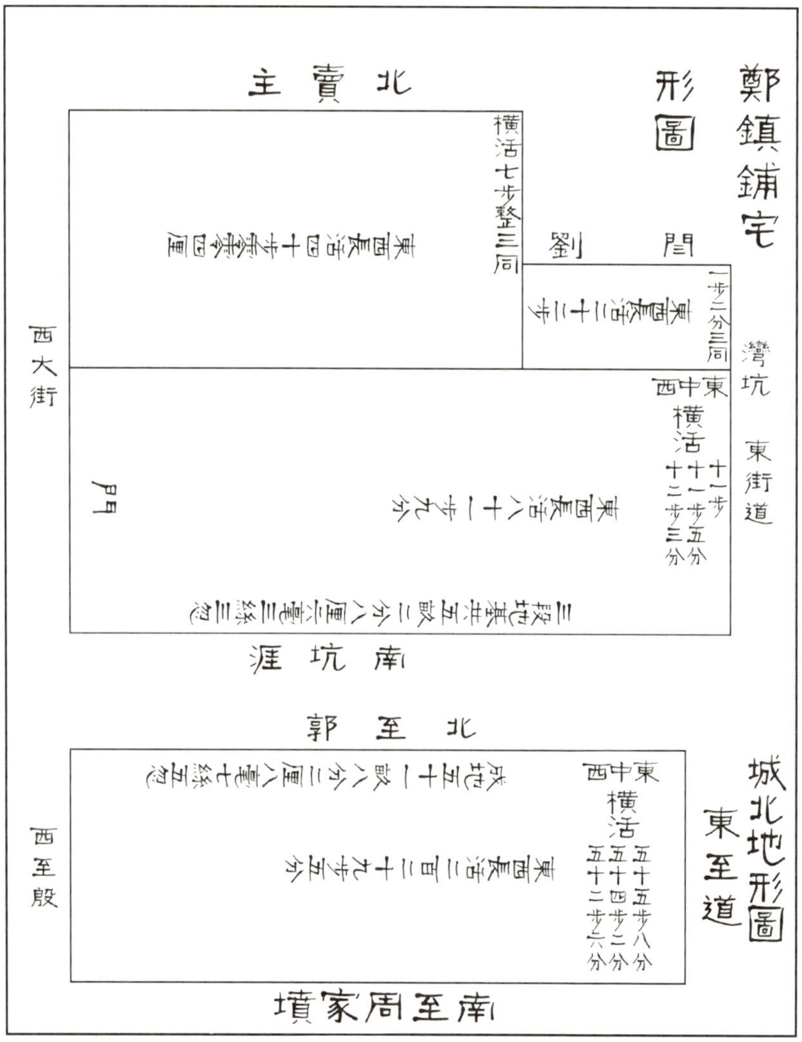

图 21-1　历亭书院地产示意图

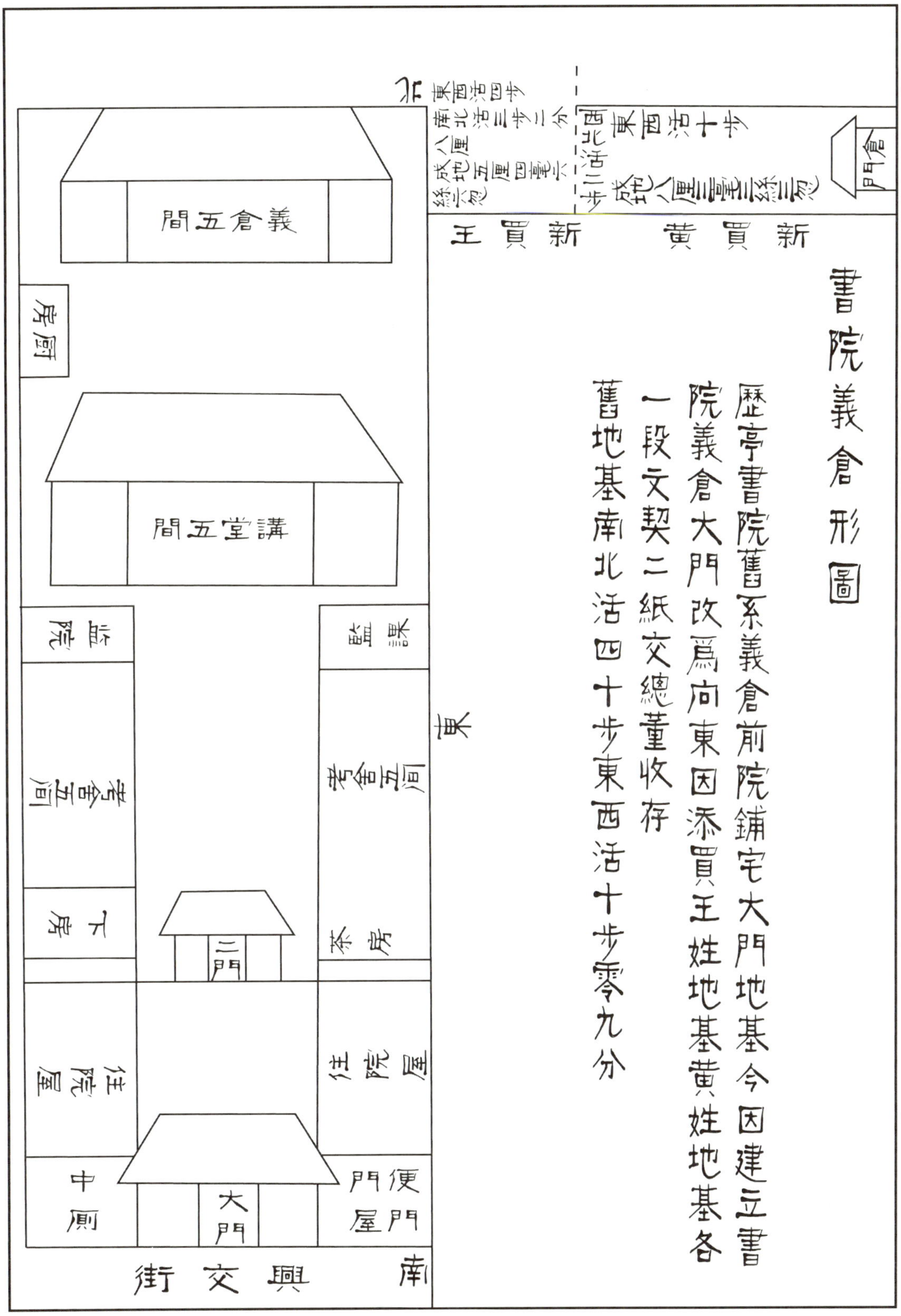

图 21-2　历亭书院建成后布置示意图

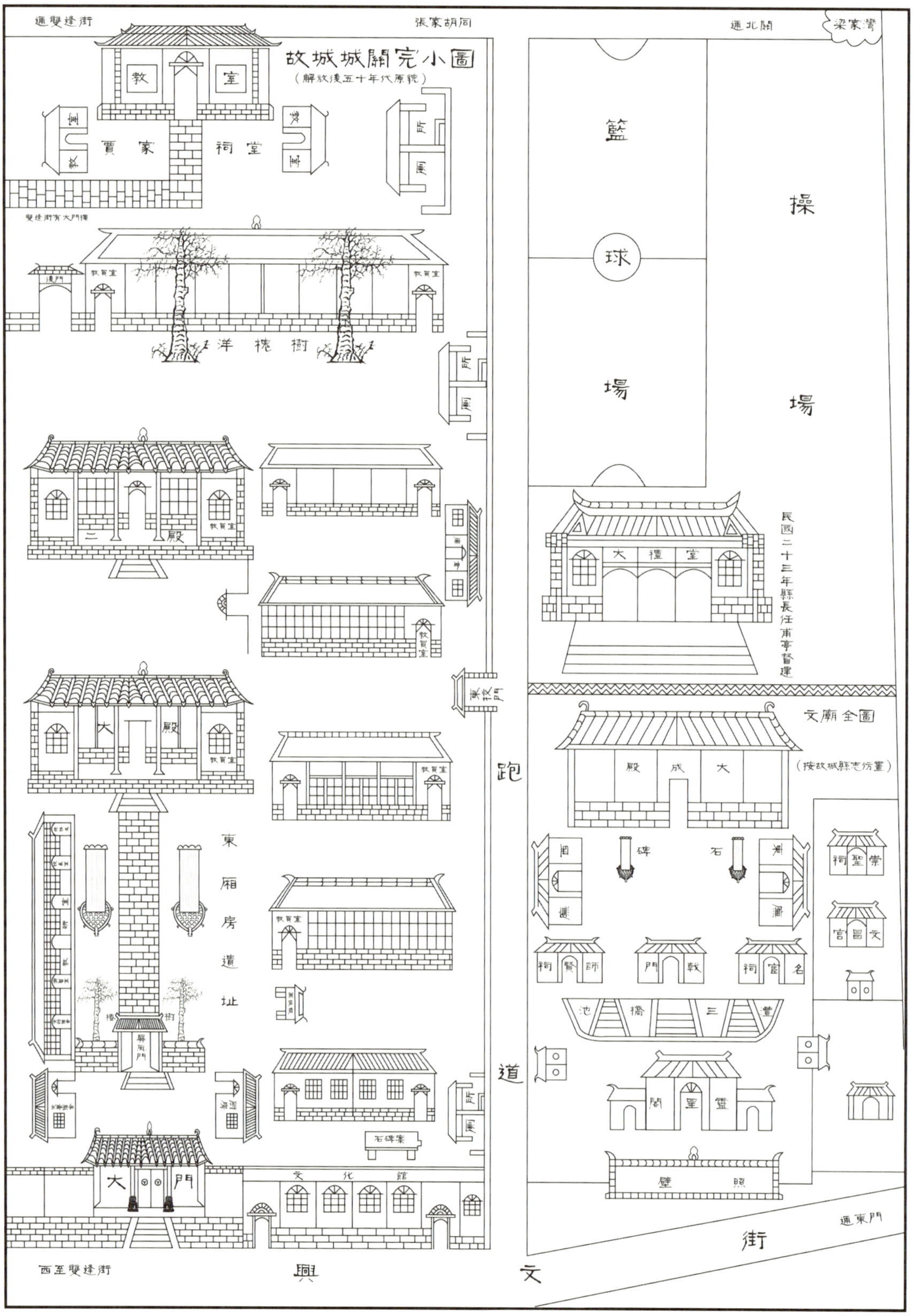

图 21-3　原甘陵书院布置示意图

第二章 学前教育和特殊教育

新中国成立前，域内学前教育主要为家庭教育，基本形式多为对孩子讲民间故事教唱民间歌谣等。仅少数富裕家庭和读书人的后代在幼儿期学习识字、算数，进行礼仪教育。1948 年，域内曾招收少数适龄学前班幼儿。新中国成立后，家庭教育重视度提高。20 世纪 50—70 年代，城乡有部分幼儿园，农村成立季节性托幼组，但条件较差，仅限于识字，“文化大革命”前停办。1972—1978 年陆续成立“育红班”“幼儿园”。80 年代，公社大队重视发展幼儿教育，幼儿入班率增长，开设课程增多，幼儿教育得到普及。为逐步提高人口素质打下基础。90 年代，全县幼儿园学前班托儿所注册登记办学管理走向制度化。进入 21 世纪，故城县幼儿教育事业规范快速发展，2018 年，域内公、民办幼儿园达 200 余所。

故城县特殊教育于 1998 年起步。2018 年，故城县特殊教育学校被确定为“河北省志愿助残教育基地”。

第一节 学前教育

1948 年，故城完小始开办学前班，招收 6 ～ 7 周岁学龄前儿童 100 人。无正式课本，以识字为主。

1957 年 6 月，农村始办幼儿队，由教养员负责教育儿童学习基本知识。每中心校在基础较好农业社办一重点幼儿队，中心校长、小学教师定期帮助幼儿队做教育工作。

1958 年 10 月，故城县农村普遍办“寄宿制”幼儿队，幼儿队分大、小班，并置有一定数量教具与玩具。

1959—1961 年，因国民经济困难，故城县农村幼儿教育停办。

1961 年秋，创办县直幼儿园。时有教师 3 人，招收幼儿 27 人，分大、小班，园内设施简陋。1962 年，农村始办季节性托幼组（农忙办、农闲停），据 1965 年 7 月统计，全县有托幼组 377 个，入组幼儿 6988 人。“文化大革命”前期，全县农村幼儿教育停办。

1972 年，故城县有部分大队办学前班，时称“育红班”，均附设于小学内。无正式教材，多采用小学一年级教材筛选进行教学。

1975 年，故城县制线厂办起幼儿园，为县内首家厂办幼儿园。此后，较大工厂均陆续办起幼儿园。

1978 年，故城县农村学前班 301 个，入班幼儿 9764 人。县文教局进一步完善幼教管理制度，纳入普通教育统一管理，幼教工作渐趋正规，成为普通教育重要组成部分。

1977—1987 年故城县直幼儿园发展情况统计表

表 21-1　　单位：人

年　份	1977	1978	1979	1980	1981	1982	1983	1984	1985	1986	1987
教师数	5	7	8	10	10	12	15	18	25	25	29
幼儿数	7	54	79	120	125	160	198	142	200	200	240

1983 年 9 月，故城县实行教育体制改革，公社、大队重视发展幼儿教育。赵行公社坚持“五统一”（统一布局规划、统一教师管理、统一收费标准、统一业务管理、统一质量评估）办幼儿教育，全社 4 ～ 6 周岁幼儿入班率 83%，其中 6 周岁幼儿入班率 97%。

1984年2月，中共故城县委、县人民政府向全县推广赵行公社经验，幼儿教育有较快发展。1987年，域内有幼儿班482个，入班幼儿19106人。4～6周岁幼儿入班率66.3%，其中6周岁幼儿入班率91%。

1988年，幼儿教育主要开设语言、计算、常识、音乐、美术、体育等课程。3～6周岁幼儿入班人数达19106人，占3～6周幼儿总数的78.1%，6周岁幼儿入班率为91%。域内有11个乡镇办起幼儿班，但适龄儿童入园率较低。1993年，故城县实行幼儿园、学前班、托儿所注册登记制度，幼儿园（所、班）办学管理走向制度化。2001年，幼儿园、学前班登记备案制度全面展开，蓝天、小天使、盼盼、集美、育红、太兴镇、小天使第二幼儿园7所幼儿园获得办园许可证。

为解决农村乡镇规范化幼儿园发展缓慢的现状，故城县制定《2004—2010年故城县教育工作发展规划》，其中提出幼儿教育抓普及的工作思路，各乡镇结合各地实际，通过联建、改建或小学附设幼儿园等形式发展学前教育。是年暑假，房庄乡率先建起房庄乡中心幼儿园，随后，郑口镇利用合并闲置的帝君庙小学、五大院小学旧址重新改建成郑口镇第一幼儿园和郑口镇第二幼儿园。2005年，13个乡镇全部建起乡镇中心幼儿园。域内幼儿园达111所，其中公办幼儿园30所，民办幼儿园81所，适龄幼儿入园率和在规范化幼儿园的幼儿数达到或超过省定标准。是年12月，省教育厅按“普三”标准分别对房庄乡、郑口镇、故城镇、青罕镇、武官寨镇、县直、特教等12所幼儿园进行抽查验收，批准故城县为“基本普及学前三年教育达标县”。

2008年，各幼儿园室外有大型玩具3～5种以上，地面绿化、硬化、美化，有沙区、植物角，墙壁美化，有涂鸦墙；每班有教具10套（件）以上，小型玩具10种以上，每种不少于5套（件）；有教学用的风琴、手风琴或电子琴，并有一定数目的自制玩、教具和自制活动器械。

2018年，域内公办幼儿园达62所，学前三年入园率达93.5%，适龄儿童入园率达到省标准，各幼儿园室外有大型玩具3～5种，地面绿化、硬化、美化，有沙区、植物角，墙壁美化，有涂鸦墙；每班有教具10套（件）以上，小型玩具10种以上，每种不少于5套（件）；有教学用的风琴、手风琴或电子琴，并有一定数目的自制玩、教具和自制活动器械。幼儿教育主要开设语言、计算、常识、音乐、美术、体育等课程，办学管理走向规范化。

县直第一幼儿园 1961年，县直幼儿园于郑口公社前香坊村（原县委党校）建立。1963年停办，1967年2月复建。园址迁至郑口三道街南端公安派出所院内。是年8月再度停办。1976年12月，再度恢复，园址迁至人民礼堂西原电影队院内。1977年，县直幼儿园始按幼儿教育大纲施教，使用统编幼儿教材，开设计算、常识、语言、美术、唱歌等课程，教学和管理逐渐正规。教师人数、入园幼儿逐年增加，园内设施不断增置、更新。1987年，县直幼儿园有教师29人，入园幼儿240人。有房舍24间、幼儿用小床46张、小桌子80张、小椅子240把、文艺表演服装80套，滑梯、秋千、压板、转椅、摇船、转亭各1个，手风琴、电子琴、幻灯机各1架，脚踏风琴4架。

县直第一幼儿园举行庆祝国庆活动

1998年，故城县直幼儿园迁址重建，新园址在中华街北段路东150米处。占地面积2.88亩，建筑面积600平方米，设有厨房、盥洗室、休息室、舞蹈室、多功能活动室等幼儿生活活动场所。并配有滑梯、转椅、转亭、秋千、攀登架等大型玩具。实行“二教一保”（教师2人、保教1人）的班级人员配备制度，招收7个教学班，幼儿280人。幼儿园有在职教师30人，其中，本科学历11人，专科学历13人，其余6名教师均为中专学历，学历合格率100%。幼儿园除开设五大领域的活动课程外，还开设手工、识字、舞蹈、绘画等活动课程。2005年，县幼儿园培养学龄前儿童近5000人。2006年成立域内第一所幼儿家长学校，向家长传授正确的教育理念和方法，受到社会各界及家长一致好评。2007年被评为“衡水市三八红旗集体”，2008年被衡水市妇联评为“优秀家长学校”。是年被评为“河北省城市一类园”“语言文字规范化示范学校”“幼儿教育先进学校”。

2011年，县直第二幼儿园成立，县直幼儿园更名为故城县直第一幼儿园。

2018年，在职教师24人，共招收幼儿350人。课程以语言、数学、健康社会、科学、艺术五大领域为基础面，以生活教育为基础，以游戏为教育方式，以养成教育为主线，以棋类教育为特色。尊重生命特征，做本真教育，育完整儿童。

县直第二幼儿园 位于县城扬帆大街南段，创办于2011年3月，是一所教育体育局直属的公办幼儿园。幼儿园占地面积8.79亩，楼舍建筑面积3152平方米，绿化面积2000多平方米。设有7个教学班，在园幼儿278人。有教职员工28人。幼儿园内各种设备设施齐全，设有先进的儿童活动室，美劳室、舞蹈室、围棋教室，多功能厅，保健室，休息室、图书室、电子备课室、档案室等幼儿生活活动和教师办公场所；同时还拥有多种大型玩具和游乐设施；按国家标准每班配有教学钢琴，多媒体电教设备、图书、玩具、空调等先进的教育教学及生活设施，园区内种植着各种花草树木；活动场地宽敞明亮；各类设施卫生安全，是一所集绿化、美化、儿童化、知识化、教育化于一体的绿色生态幼儿园。先后获衡水市卫生先进单位、衡水市三八红旗集体、故城县学前教育办学先进单位、故城县安全文明校园、县教育督导先进学校、故城县女职工示范岗等称号，通过河北省城市一类幼儿园验收。

县直第二幼儿园

第二节 特殊教育

故城县特殊教育学校创办前，残疾儿童采取随班就读的方式入校学习。1998年9月，县特殊教育学校成立，位于县城京杭大街北首，校园占地面积5.94亩，建筑面积1702平方米。2005年，县特教学校共投资10余万元购置康复器材，美化校园环境，教室配备电视机和VCD，新建多媒体电教室。2006年，学校装备多媒体、远程教育接收系统、光盘播放室，并安装暖气。2007年，特教老师刘秀萍获河北省特教基本功大赛三等奖。2008年，校内路面全部硬化，教室均安装空调，办学环境进一步优化。2011年获河北省“志愿助残示范基地”。

特教学校举行百米画卷颂党恩活动

随着办学经验的不断丰富，进一步立足特殊学生群体的实际，以“自尊、自信、自爱、自强”为校训，强化“生活适应性康复训练”为办学理念。由原来单一的听障九年义务教育一类残障儿童办学模式逐渐发展成为一所集听障、智障两类残障儿童学前康复教育、义务教育和送教上门服务多元化综合性特殊教育学校。2014年，在省教育厅举办的特殊教育论文和多媒体课例评选活动中，9名教师分别获论文一、二、三等奖；2015年，3名教师分别获得国培“优秀学员”“优秀微课”等荣誉。是年，学校推送节目获河北省第六届特殊教育学校学生艺术表演三等奖。2018

年，学校有6个班，在校学生75人，送教上门服务学生51人。学校专业教师27人，学历达标100%，校内设普通教室、专用教室、活动场所、生活用房及现代化的设备设施较完善。学校的各项建设为特殊儿童的学习和成长提供了保障。

第三章　小学教育

清末民国初，废除科举制度，改革国民教育形式，改建书院、社学、义学为高等、初等小学堂。乡村亦设初等小学堂。民国期间，高等、初等小学堂分别易名为县立高等小学校和国民小学校，创办县立女子国民小学校。中华人民共和国成立后，尤其1992年“普六”和1996年“普九”验收，小学教育办学条件发生很大改善。进入21世纪，域内办学规模和数量根据需要不断调整，小学办学水平逐步提高，走上健康发展道路。2018年，域内小学适龄人口入学率达100%。多媒体教学发展迅速。

第一节　发展概况

清末民国初小学教育　清光绪二十七年（1901年），清廷诏谕各地“废科举、兴学堂”。翌年甘陵书院易为县立高等小学堂，卫阳书院易为郑口初等小学堂。之后几年间，县城社学、义学均易为初等小学堂，乡村亦始设初等小学堂。至清宣统二年（1910年），故城县有高等小学堂1所、初等小学堂170所，在校学生共5631人。

1912年，县立高等小学堂易名为故城县立高等小学校，其他初等小学堂易名为国民小学校。

1914年，创办县立女子国民小学校（初等小学），1924年，增设五年级，遂易校名为故城县立女子完全小学。

1916年，创县立模范小学。模范小学系在废除私塾基础上建立的国办初级小学，学生须从模范小学毕业后，方准入县立高小学习。

1920年，于县城天主教堂创办教会小学校1所，其为一至四年级复式班初级小学，学生免收学费、书费，学校经费由教会负担。1945年，学校停办。

1922年，推行“壬戌学制”。高等小学校易名为高级小学校，国民小学校易名为初级小学校。

1935年，郑口初级小学校增设五年级，学校升格为故城县立第二高级小学校。

1935年故城县初级小学观摩会奖品

1937年，“七七事变”爆发。是年8月侵华日军迫近德县（德州），县立高小和县立第二高小被迫停办。

20世纪30年代初，故城县陆续办起一批私立小学。私立小学由当地富商或士绅充任校董，各校聘请较高水平教师任教。著名私立小学有导群小学（在故城镇）、贺家小学（俗称贺学，在郑口镇）、大月庄私立高小（在房庄乡）。据1935年统计，故城县有私立小学11所，在校学生689人。

1939年秋，恢复故城县立高级小学校。同时，将县立模范小学、东南镇、西南镇、东万庄、张庄4所初级小学并入县立高小，遂易校名故城县立城关完全小学校。全校6个班，学生185人，教师9人。是年，原县立第二高级小学恢复为郑口初级小学。1942年，郑口初级小学始增设五年级。

抗日战争时期，中国共产党领导下的县抗日民主政府于故城县西部、南部创办三朗抗日高小。

三朗抗日高小（简称抗高）创办于1943年11月。学校直属中共故城县委领导，经费由县抗日民主政府拨付，校长宫念武（晋冀鲁豫边区参议员），副校长刘良才（学校党支部书记）。教师9人，校址设在三朗镇一所破旧庙宇中。课程设有国语、算术、政治、时事、自然、地理、历史、美术、唱歌。学校有地40亩，师生经常参加劳动，劳动收入用于补充教育经费、改善师生生活。学校注重思想政治教育，向学生进行抗日救国教育，培养学生民族意识、民族自尊心和抗战必胜信念。

学生一面学习文化知识，一面参加各种社会活动。如参加助民劳动、土改运动、站岗放哨、当民校小先生等。学校文艺宣传队经常到集市、农村宣传。

在教学中，注重理论联系实际。根据农村实际，加强珠算、契约、文书等知识教学，增强学生解决实际问题能力。教师并从报刊上和有关文件中选编教材，既让学生学到文化知识，又进行思想政治教育。抗高学生具有较高政治觉悟，许多学生根据革命需要提前毕业参军参干。三朗抗高第一届招收学生两个班，100人。至1947年，全校共4个班（五、六年级各2个班），学生200余人，学生待遇分自费生、半自费生、全供给生。1947年秋三朗抗高与小庙抗高合并迁至大梧茂村，易名为梧茂完全小学校。

另创办有小庙、军屯、子路等抗日高小。抗日高小实行“抗战、生产、学习”三结合方针，培养一批革命人才。

1945年秋，县立女子完全小学并入县立城关完全小学。

中华人民共和国成立后小学教育 1949年秋，故城县完全小学（包括高小）增至8所，初级小学增至364所，在校学生共达22375人。

1952年，中共故城县委、故城县人民政府根据河北省人民政府颁布的《纠正各级学校教育中的混乱现象》及《认真克服小学教师忙累现象，提高教学效果》两个文件精神，作出《关于纠正各级学校教育中混乱现象的决定》。县教育科会同区、乡、村对小学教育进行整顿。经过整顿各校制定以教学为中心的各项制度，小学教育逐渐正规。1953—1957年，“一五计划”时期故城县教育事业稳步发展。1957年，故城县完全小学（包括高小）达54所，初级小学383所，在校学生共40198人。1958年，受“大跃进”影响，小学教育发展过快。盲目增设学校，扩大招生，盲目扩大学校规模，合班并级，搞多轨制大学校，学生经常参加劳动，正常教学秩序打乱，教育质量下降。

1961—1962年，贯彻“调整、巩固、充实、提高”方针，适当压缩一批小学校。1963年，在初等教育方面贯彻执行“全日制学校与半工（农）半读学校并举”方针，始办耕读小学。是年7月至翌年10月，共办各种形式耕读班（组）600余个，有学生8900余人。1964年10月，衡水专区教育局在辛庄公社召开耕读教育现场会，向全区推广故城经验。同月24日，《光明日报》发表题为《故城县耕读小学稳步发展》报道。1964年，原山东武城县运河西部地域划归故城县。至此，故城县完全小学（包括高小）78所，初级小学538所，在校学生共达49322人。

“文化大革命”前期，部分小学停课。

1967年2月4日，中共中央发出《关于小学无产阶级‘文化大革命’决定的通知（草案）》。故城县遂贯彻通知，虽有部分小学教师卷入运动，学校领导及部分教师遭受批斗，但各小学教学活动未中断。1969年冬根据上级部署，故城县小学全部下放大队办，取消教师工资与商品粮，改为工分加补贴。学校由贫下中农管理。“文化大革命”中，故城县初级小学均改为五年制完全小学，至1975年，故城县有小学（五年制完小）521所，在校学生57984人。

1978年后，贯彻“调整、改革、整顿、提高”方针，对教师队伍，教学秩序进行整顿，各校恢复“文化大革命”前行之有效的管理制度及教学常规。1980年，县文教局调整小学布局。根据就近入学原则，增办五年级集中班，三、四年级实行穿插走读。1983年始，各公社在五、六年级集中班的基础上试办中心小学。中心小学有只设五、六年级者，有一至六年级完全小学者。是年9月，根据中共河北省委《关于办农村中小学的意见》（亦称“八条意见”），故城县实行教育体制改革，故城县农村小学全部划归社队办。1984年年末，经省、地联合检查组验收，故城县小学适龄儿童入学率、在校学生年巩固率、毕业率、普及率均超过教育部关于普及初等教育标准，故城县小学基本实现“七有一无（有校舍、桌凳、院墙、大门、厕所、花池、活动场地，无危房）”。省政府向故城县政府颁发普及初等教育达标证书。1987年，年满6周岁的儿童，不分性别、年龄、种族，一律进行义务教育。小学分设初小、高小、完小；课程为语文、数学、思想品德、自然、社会、地理、历史、音乐、体育、劳动。每学期进行期中、期末考试，小学毕业统一进行考试，小学毕业生升入初中，亦有少数学生辍学。1988年，故城县有小学524所，在校生人数53541人，

384所学校达到“七有一无”（有教室、办公室、宿舍、桌凳、院墙、大门、厕所，无危房）。1989年，故城县小学普及率达98.5%，436所学校达到“七有一无”。

1990年，改建、新建大批小学校舍，教学设备大量增加，小学办学条件逐步改善。1992年，故城县小学入学率、巩固率、合格率和普及率均达99%以上，小学在校生61061人，基本普及小学阶段义务教育。1994年，故城县实行义务教育入学通知书制度，对拒不入学的儿童，由政府或授权的教育部门对其监护人依法处罚，并强制入学；因疾病等特殊情况需要免学的要依法按程序办理免学程序。1995年，乡镇中心小学办学规模达6个班以上，人数不少于300人；乡镇小学达到“九有一无”标准（有标准教室、有木质课桌凳、有院墙、有大门、有厕所、有操场、有图书室、有阅览室、有花池，无危房）。至1996年，小学入学率99.99%，在校生巩固率达99.9%。1997年，取消小学升学考试，小学毕业生全部就近直接升入初中。小学教育推行素质教育，推广成功教育、愉快教育、启发式教学、开设活动课等教学模式，培养发展个人兴趣和特长，减轻学生课业负担。举办艺术节、科技节活动，通过科技制作和书写绘画比赛，培养学生创新能力。1999年，故城县根据农村小学布局分散、规模小、教学质量差的现状，逐步取消复式班、1人岗学校和200人以下学校。

2000年，故城县加大教育投资力度，优化教育环境，农村小学推行学区一体化管理，改善和提高了农村小学的办学条件和办学水平。2001年，县城小学开设英语课。2002年，各乡镇所在地小学和有条件的小学学区开设英语课。2004年，按照省市要求，县教文体局要求各中小学校根据各校实际，建立“快乐健身园地”，为学生课外活动提供场地器材。郑口镇第三小学、青罕刁孝子小学、饶阳店薛官屯小学、军屯完小充分利用废旧器材，建立学生快乐健身园地。2005年暑期，县教文体局结合郑口镇政府，将撤并后的原杏基中学改建为聚龙小学，学校设五、六两个年级，实行寄宿制全封闭管理。2005年，域内小学减至123所，小学适龄人口入学率达100%。小学招生全部实行划片招生、免试就近入学；三年级以上年级全部开设英语课；小学加强校园网建设，向多媒体教学发展；123所小学中，65所学校的学科教学仪器的数量和种类达到省一类标准。2008年，小学分设初小、高小、完小、教学点；课程为语文、数学、思想品德、自然、社会、地理、历史、音乐、体育、劳动。故城县有小学106所，在校生人数30876人。

2010年，改建、新建大批小学校舍，教学设备大量增加，小学办学条件逐步改善。故城县小学入学率、巩固率、合格率和普及率均达100%，基本普及小学阶段义务教育。小学毕业生全部就近直接升入初中。小学教育推行素质教育，推广成功教育、愉快教育、启发式教学、开设活动课等教学模式，培养发展个人兴趣和特长，减轻学生课业负担。郑口镇一、二、三完小定期举办艺术节、科技节活动，通过科技制作和书写绘画比赛，培养学生创新能力。2018年，故城县公办小学减至78所，其中教学点31所，在校生42534人，小学适龄人口入学率达100%。小学招生全部实行划片招生、免试就近入学；三年级以上年级全部开设英语课；小学加强校园网建设，向多媒体教学发展。

1949—2018年部分年份故城县小学基本情况统计表

表21-2

年度	学校数（所）	学生数（人）						
		合计	一年级	二年级	三年级	四年级	五年级	六年级
1949	372	23155	—	—	—	—	—	—
1953	422	32671	—	—	—	—	—	—
1955	425	34195	—	—	—	—	—	—

续表 21-2

年 度	学校数（所）	学生数（人）						
		合计	一年级	二年级	三年级	四年级	五年级	六年级
1957	437	40198	—	—	—	—	—	—
1958	440	42516	—	—	—	—	—	—
1960	440	40986	—	—	—	—	—	—
1962	453	34851	—	—	—	—	—	—
1965	479	50758	—	—	—	—	—	—
1966	505	43027	—	—	—	—	—	—
1970	510	50362	—	—	—	—	—	—
1978	574	56311	—	—	—	—	—	—
1985	520	48091	—	—	—	—	—	—
1987	524	53541	—	—	—	—	—	—
1988	524	54956	12709	10687	8976	7930	7794	6860
1989	520	55553	12870	10889	9100	7966	7822	6906
1990	517	56684	13173	11014	9256	8088	8101	7052
1991	514	58867	13235	11207	10205	8844	8192	7184
1992	513	61061	13272	12258	10373	9614	8256	7288
1993	501	63527	13879	12143	10903	10165	9020	7417
1994	460	66856	13725	12681	11721	10764	9540	8425
1995	457	68144	13059	12585	11797	11272	10258	9173
1996	466	69758	11057	12214	12986	12158	11287	10056
1997	465	68472	10367	10864	12095	12633	11751	10762
1998	464	68669	10323	10858	12108	12716	11891	10773
1999	433	62768	8800	9391	10148	10714	11796	11919
2000	406	65565	8722	9467	10275	11106	12638	13357
2001	311	52325	6466	8015	8429	9141	9863	10411
2002	255	46101	6401	6340	7677	8002	8606	9075
2003	177	40803	5255	5618	6186	7515	7869	8360
2004	123	38404	5803	5382	5577	6137	7645	7860
2005	123	33476	5008	4883	4682	5395	5988	7520
2006	123	32501	5450	5141	5297	5070	5537	6006
2007	122	32130	6280	5382	4862	5019	4923	5664
2008	122	30990	6813	5508	5049	4509	4685	4426
2008	106	30876	5588	5483	4981	4911	4968	4945

续表 21-2

年 度	学校数（所）	学生数（人）						
		合计	一年级	二年级	三年级	四年级	五年级	六年级
2009	106	32290	6265	5612	5350	4901	5199	4963
2010	106	32999	6131	5752	5571	5255	5139	5151
2011	106	34082	6420	5991	5673	5283	5642	5073
2012	106	35274	6614	6311	5748	5519	5577	5505
2013	106	37256	7520	6640	6213	5650	5760	5473
2014	106	38982	7378	7262	6394	6024	6011	5913
2015	106	39982	6793	7308	7183	6389	6444	5865
2016	106	40885	6344	6883	7378	7243	6668	6369
2017	106	41610	7003	6241	6811	7310	7592	6653
2018	78	42534	7259	7037	6205	6713	7686	7634

说明：表内“—”为无统计资料

第二节 城镇小学

郑口第一小学 郑口第一小学位于运河堤畔的郑口镇育红路。前身为卫阳书院，清光绪二十七年（1901年）创办，位于郑口二道街南端。清光绪二十八年（1902年）改建为郑口初等小学堂。1935年始设五年级，校名为故城县立第二高级小学。因“七七事变”爆发，学校停办。1939年恢复为郑口初级小学校。1942年增设五年级。1945年学校增设六年级。

1949年春一至四年级迁至现址（育红路）。分南、北两院，中间隔粮食供销点和机器油坊，为郑口小学初级部，五、六年级为郑口小学高级部。1951年高级部迁至机器油坊。1956年高、初两部合并，校名为故城县郑口小学。一至六年级共18个班（三轨制，学生900人，教师24人）。此后学校一直保持18个班规模。1970年郑口小学将三年级以上班级迁往郑口中学，并办戴帽初中班3个、高中班1个。1973年秋小学各年级又迁回原址。1986年因建郑口第二小学，遂易名为郑口第一小学。

1987年全校共15个教学班（包括两个学前班），学生1030人，教职工48人，其中专任教师39人。学校占地面积17.5亩、建筑面积1762平方米、操场面积1980平方米。41个教室还有教师办公室、宿舍、电教室、教具室、锅炉房浴池等。图书室藏书1031册、各种乐器133件、体育器材266件、教学仪器650件。

1998年，新建三层教学楼，结束了县城小学无楼房办学的历史。2005年，新装配微机室，新建多媒体教室、教师电子备课室、语音室。学校先后被授予“全国红领巾读书读报奖章活动先进集体”“河北省体育传统项目先进学校”“河北省优秀雏鹰大队”等称号。在中国小学生作文评选活动中获全国组织奖，全国青少年科技创新大赛中获优秀组织奖，市小学生拼读写大赛中获团体二

郑口第一小学进行爱国教育

等奖。2008 年，学校有教学班 22 个，在校生 1562 人，教职工 72 人，高级教师 32 人，大专以上学历教师 48 人，学历达标率为 100%。

2018 年，学校有教学班 38 个，在校生 2843 人，教职工 136 人，其中，高级教师 5 人，一级教师 43 人；本科学历 56 人，大专学历 75 人，学历达标率为 100%；普通话合格率 100%；是一个年轻教师多、文化层次合理、充满蓬勃朝气的集体。

学校先后获评衡水市文明单位、河北省绿色学校，校长李爱茹先后被评为“衡水市巾帼十杰”“衡水市劳动模范”“河北省骨干校长”“河北省优秀教育工作者”，2008 年当选省人大代表。

郑口第二小学 郑口第二小学建于 1986 年，当时校址位于宏声路中段，占地面积 6.63 亩，为双轨制完全小学。2008 年，有教学班 19 个，学生 1230 人，教职工 64 人。学校建有多媒体电教室、电子备课室、微机室、科技活动室、图书室、阅览室、实验仪器室等专用教室。学校坚持“质量为本、创新为魂、科研先导、特色立校”的办学思想和“以人为本、和谐发展”的教育理念，形成“自主、和谐、活泼、进取”的校风。

2009 年迁至县城扬帆大街与幸福路交叉口处。新校园占地面积 78 亩，建筑面积 10088 平方米。到 2018 年，教学班增至 46 个，学生 3150 人，教师 108 人，学校调整树立以“为学生一生的发展奠基”为办学宗旨，以“责任教育”为核心，秉持“文化立校，特色兴校，质量强校”的办学思想，坚持“立德树人”，实施素质教育，实现师生全面、和谐、自主的发展。

学校积极实施新课程改革，在课堂教学理念转变上下大功夫。探索实施“6+1”（导、思、议、展、评、检练）自主高效课堂教学模式，构建高效课堂；通过“名师工程”“师徒结对”“学术沙龙”建立教师成长档案等活动加快青年教师成长；通过集体备课、课例研讨、同课异构、教师基本功大赛、课题研究等方式，提升教师专业素养。

学校坚持以学生为本，积极构建“课堂 + 活动”的教育模式。根据学生的不同个性、兴趣、需求，成立国画、古筝、围棋、茶艺、轮滑、花样跳绳等 26 个社团，力争使每位学生都能拥有适合自己的兴趣活动团队；同时，“校园读书节”“百花园艺术节”“校园英语风采大赛”“迎新年体育游

郑口第二小学进行平“语”近人千人诵读活动

戏比赛”成为每年系列活动的固定动作，让学生更好地张扬个性、放飞梦想。2016 年“衡水市校园文化暨常规管理现场会”在该校举行。

学校把“践行社会主义核心价值观，培养有责任感少年”作为学校德育工作的主线。通过升国旗仪式、主题班队会、读书演讲比赛等形式，丰富德育内涵。通过“少年·责任·中国梦”“争做新时代好少年”“时刻听党话，永远跟党走”“红领巾环保护绿行动”等主题活动的开展，帮助学生树立正确的价值观、人生观，形成良好的道德行为习惯。2018 年 6 月该校三名学生在河北省第三届“关注时事，胸怀天下时事知识竞赛”中取得小学组第一名，获特等奖。

2018 年，学校在河北省率先启动平“语”近人进校园活动，中国关工委主任顾秀莲到校调研给予高度评价。故城县、衡水市平“语”近人现场推进会先后在该校召开。

学校先后被授予“全国青少年校园足球特色小学”，河北省绿色学校、衡水市常规管理示范学校、市德育工作先进学校等称号。校长宣平侠获“河北省骨干校长”“市十佳校长”“市管专家”，2016 年当选为河北省第九次党代会代表。

郑口第三小学 郑口第三小学始建于 1992 年 12 月，位于县城体育街北首，占地面积 24.17 亩，建筑面积 2652.6 平方米。建有微机室、语音室、多媒体电教室、电子备课室、仪器实验室、图书阅览室和少先队科技活动室等 10 多个专用教室。2008 年，有教学班 20 个，学生 1450 人，教职工 69 人，具有小学高级教师职称教师 31 人。学校以“面向未来，科研先导，全面育人，发展特色”

为办学宗旨，以“教人求真，学做真人”为育人理念，立足于中华传统美德弘扬和行为习惯养成，努力构建立体化德育网络。先后被授予“河北省示范性家长学校”“河北省安全文明校园”等称号，学校少先大队被全国少工委命名为“雏鹰大队”。

2018年，学校建筑面积增至8063平方米，46个教学班，在校生3448人，教师达106人。省级骨干教师2人，市级骨干教师5人，县级骨干教师10人，镇级骨干5人，是一支素质优良，结构合理的教师队伍。学校配备15个功能室，能满足教学的需要。校园评估系统覆盖所有教学班，教师人手一机，实现管理办公现代化。

郑口第三小学进行庆“六一”儿童节活动

学校坚持以“德育为首，教学为主，育人为本”的办学理念和“一切为了学生，一切为了学生发展”的办学目标，全面推进素质教育，努力提高教育教学质量。是年，河北省“十三五”规划课题“小学中高年级语文阅读教学中读写结合点的研究”已立项，同时学校被命名为“衡水市第三批英语学科教研基地”。

学校以活动为载体，开展“推行雅行教育，培育雅行文化”，学校办学出特色，活动有新举措，真正落实“立德树人”的根本任务。先后获得“全国爱国主义读书活动二等奖”“第二十二届全国青少年读书活动二等奖”“三十二届省青少年科技创新大赛优秀组织奖”“省燕赵读书活动优秀组织奖”“省首届校本课程一等奖”，获评“河北省第二批中小学心理健康教育特色学校”“省优秀家长学校”。

郑口第四小学 郑口第四小学于2017年选址筹备，位于郑口镇光明街中段。2018年7月开工兴建，建筑面积1.4万平方米，2019年9月正式招生6轨36个班，学生2430人，教师109人。

郑口第五小学 郑口第五小学位于京杭大街南段徐庄村，始建于1991年，前身是徐庄小学，当时校园占地面积10.68亩，建筑面积944.58平方米。学校有6个教学班，学生365人，教师22人，教学环境狭小，教学仪器简陋。2016年9月整体搬迁至京杭大街南段职教中心东邻。

新校园占地面积22.5亩，教学楼建筑面积4797平方米。学校配备标准实验室、仪器室、音乐室、美术室、体育器材室、微机室、图书室、阅览室、多功能室、少先队活动室。有篮球场、乒乓球场、200米环形跑道，学生用体育器材一应俱全。

学校认真贯彻党的教育方针，秉承用6年影响孩子一生的办学理念；坚持内强素质、外塑形象，彰显特色，争创一流的办学思路。

为了使学校管理系统化、高效化，学校在设备上采用评估系统、安保监控系统、听课系统，各班拥有先进的多媒体，教师人手一机，以互联网多媒体技术，打造高效课堂，智能校园。以规矩定方圆，以改革谋新生，以创新求发展，学校力求抓好教学工作，通过师徒结对、集体备课、课例研讨、同课异构、教研等活动，提升教师的专业素养，学校教师新老搭配，坚持“爱生、严谨、善教、博学”之作风，携手并进，互相切磋，取长补短，形成团结、奋进、求实、创新的校风和文化氛围。学校在关注学生德育发展的同时发展以学生为主体，通过举办“六一儿童节文艺演出”“我运动我健康”“文明班队评比”“路队观摩”“卫生评比”“板报评比”等活动，培养学生的良好行为和学习习惯，不断加强德育工作建设，

郑口第五小学

为学生成长奠定坚实的基础

2018年9月，学校有教职工52人，本科学历26人，大专以上26人，教学班17个，在校学生1056人。

第四章　初中教育

域内初中教育起步于20世纪40年代，1950—1976年，“河北故城初级中学”“河北故城郑口中学”“房庄初级中学”等建立。“文化大革命”期间，教育质量受到影响。80年代，域内初中学校达27所，入学率增加。1996年，普及九年义务教育，入学率达99%。21世纪，全面素质教育的同时注重德育教育和体育训练。2003—2018年，域内初中整合教育资源，加快校园网、远程教育网、电化教育进程，办学质量和教学水平得到提升，被评为“河北省教育先进县”。

第一节　发展概况

1945年7月，冀南行署第二专署创办的冀南运河中学随行署和军分区迁至十二里庄（时属山东武城县）。该校系一所于抗日战争烽火中诞生，以培养革命干部为目标的新型学校。

1952年，县文教科在原故城县师范学校基础上筹建中学，校址迁至郑口南镇西北处。1954年正式建校，校名为河北故城初级中学。

1956年根据上级指示，分别在故城、房庄、小庙、原隰4所完小招收完小戴帽初中班。

1958年，县文教局将完小戴帽初中班改为初级中学，学校隶属文教局。是年7月，故城初级中学招收高中班成为一所完全中学，遂易名为河北郑口中学。是年10月，故城县并入吴桥县，河北郑口中学遂易名为河北吴桥第四中学。

1960年9月，创办房庄初级中学。

1961年，故城县复置，河北吴桥第四中学复名河北郑口中学。

1963年，停办小庙、原隰两所初级中学，并压缩西辛庄初级中学规模，使其成为故城初级中学分校。

1964年，行政区划调整，原山东武城县武城第一中学、饶阳店中学划归故城县。至此故城县有中学6所，在校学生2091人。

“文化大革命”开始后，各县办中学66届、67届毕业生于1968年9月离校，68届毕业生于是年末离校。1969年，“复课闹革命”后，故城县采取大队办、大队联办、公社办及小学戴帽等办法发展初中。原县办初级中学均易为公社办中学。是年故城县初中51所，在校学生2785人。

1975年，提出“上高中不出社、上初中不出片、上小学不出村”的口号，故城县中学大增，高中26所、初中64所，在校学生达15021人。但师资严重匮乏，无奈采取“小学教师教初中，初中教师教高中”层层拔高方式以应急需。学校无教学计划，教材多次变动，“以阶级斗争为纲”“以劳动为中心”“学朝农”（辽宁朝阳农学院）、“开门办学”，大办“小四场”（小农场、小工厂、小饲养场、小林场），教育质量受到影响。

1983年故城县中学实行分级办学、分级管理。故城县初中教育普及率为64%。初中毕业生毕业后升入中专类学校、高中，由于农村学生急于跳农门带来“中专热”，初中生复读现象普遍。1988年，故城县中学27所，在校生13445人。1992年，初中实行学籍卡制度，严禁初中毕业生复读。1994年，取消初中入学考试，实行划片招生、免试就近入学，取消重点初中。随着“中专热”的降温，初中毕业生入高中的学生人数逐年增加。1995年，故城县相继增建了郑口镇育才中学、兀兰屯中学，里老乡第二中学，青罕镇第二中学，加强初中教育。1996年，基本普及九年义务教育，初中入学率达99%以上。1997年始，教育模式由传统教育向素质教育转轨，学科类课程适当删减教学内容，部分教学内容改为选学内容，增设活动课，国防安全、青春期、法制教育等内容列为专题教育内容。初中生物、历史、地理实行衡水市统考；逐步取消期末考试以外的各种非毕业考试。1999年，故城县通过省第二轮“普九”复检。

2000年，初中教学开始“自主学习”研究实践，全面推进素质教育，培养学生创造能力。2001年，故城县初级中学为加强中学生德育教育，开展“以德治校”活动。2002年，为控制初中生源外流严重的形势，经衡水市教育局批准，故城县成立聚龙初级中学，实行封闭式管理，配备一流师资，提高初中办学质量和教学水平。2003年，故城县初中加快校园网、远程教育网建设，加快了电化教育进程。2004年，故城县调整初中学校布局，整合教育资源，实行规模办学。先后撤销三朗中学、杏基中学、赵行中学、庙灵中学、兀兰屯中学、梧茂中学。2005年，故城县通过河北省第三轮“普九”检查验收。2008年，故城县中学18所，在校生14343人。是年，坛村中学、聚龙中学被评为省级“依法治校示范校”。

2013年，初中实行全国学籍统一注册，严禁初中毕业生复读。随着高中招生规模的增加，初中毕业生入高中的学生人数逐年增加。初中入学率达99%以上，故城县通过省教育督导评估，并被评为“河北省教育工作先进县”。

2009—2016年，故城县调整初中学校布局，整合教育资源，实行规模办学。撤销邢庄中学，合并到房庄中学，将里老一中和里老二中调整为一所中学。2017年，进一步规范办学行为，减轻学生负担，对寄宿制和非寄宿制学生夏、冬季在校时间及家庭作业量作出规定，减轻学生课业负担。2018年，故城县共有公办中学16所，在校生20258人。

1949—2018年故城县初中基本情况统计表

表21-3

年　度	学校数（所）	学生数（人）			
		合计	七年级	八年级	九年级
1949	1	198	—	—	—
1953	2	948	—	—	—
1955	2	1245	—	—	—
1957	2	1742	—	—	—
1958	4	1809	—	—	—
1960	5	2675	—	—	—
1962	5	2257	—	—	—
1965	4	2157	—	—	—
1966	4	2157	—	—	—
1970	76	10364	—	—	—
1978	118	19410	—	—	—
1987	27	14828	—	—	—
1988	27	13445	4955	4453	4037
1989	25	13285	4895	4393	3997
1990	25	13972	5111	4752	4109
1991	25	15031	5550	5019	4462
1992	25	15881	5611	5252	5018
1993	25	16395	5830	5482	5083

续表 21-3

年 度	学校数（所）	学生数（人）			
		合计	七年级	八年级	九年级
1994	25	17655	6256	6088	5311
1995	27	19958	7614	6256	6088
1996	26	21443	8273	6914	6256
1997	26	22613	9856	7339	5418
1998	26	21913	8318	7592	6003
1999	26	24857	10398	8328	6131
2000	26	27262	9684	8630	8948
2001	26	27781	10150	9801	7830
2002	26	25558	8716	8911	7931
2003	26	25021	8828	8602	7591
2004	25	23764	8682	8113	6969
2005	23	21442	7934	7467	6041
2006	22	21781	7860	7400	6521
2007	22	19525	6146	7059	6320
2008	18	14343	4806	4676	4861
2009	17	13931	4549	4706	4676
2010	17	13270	4316	4473	4481
2011	17	13390	4428	4470	4492
2012	17	13453	4827	4337	4289
2013	17	14348	5495	4809	4044
2014	17	16035	5891	5427	4717
2015	17	16932	5711	5856	5365
2016	17	17804	6335	5669	5800
2017	16	18533	6654	6283	5596
2018	16	20258	7328	6646	6284

说明：表内“—”为资料散佚

第二节 乡镇中学

运河中学 前身是郑口镇坛村中学（原名郑口镇中学），始建于1978年，校址位于二坛村，为国办初级中学，占地面积6亩，建筑面积9000平方米。开办高中班和初中班，1992年后停办高中班。到2002年累计投资100多万元，翻建教室80间，新建电子备课室1座，多功能电教室2座，建起校园网，投资80多万元，建起故城县初级中学唯一的听评课系统。2007年，新建三层教学楼1

栋。2008 年原兀兰屯中学并入坛村中学，成为坛村中学南校区。学校共有教职工 233 人，32 个教学班，在校生 2310 人。学校本着“严谨治校、精心育人”的办学宗旨，围绕“创一流学校、育一代新人”的奋斗目标，坚持“以德育为先导、以质量求生存、以特色谋发展”的路子，教学成绩逐年稳步提高，先后被授予省级“德育示范性学校”“素质教育先进学校”“综合治理先进单位”“安全文明校园”等称号。2013 年，县委、县政府新建一所高标准寄宿制学校，将郑口镇坛村中学整体迁入。2015 年 9 月，学校举行揭牌仪式，决定把新学校更名为运河中学。

运河中学位于县城京杭大街南首西侧，学校占地面积 120.06 亩，总建筑面积 41441 平方米。学校按高标准、现代化设计，实行寄宿制、封闭管理。主体建筑包括行政办公楼、综合实验楼、教学楼、学生餐厅、宿舍楼。学校现 58 个教学班，在校生 3282 人。有教职工 205 人，专任教师 192 人。专任教师学历合格率为 100%，本科学历 145 人。

运河中学一角

学校先后被授予“衡水市职工读书活动先进集体”“衡水市安全文明校园”“河北省体育传统项目学校”“河北省依法治校示范校”“河北省全民科学素质教育示范校”“河北省学校思想政治教育先进集体”“全国青少年足球特色学校”“全国国防教育先进学校”“衡水市文明校园”等称号。

聚龙中学 建于 2002 年 8 月，按照县委、县政府要求经市教育局批准兴建的一所初级中学，办学之初在县民兵训练基地租用场地办学，实行封闭式管理。2003 年 9 月，搬迁至郑口镇五户村南新校区。学校占地面积 50 亩，建筑面积 2 万余平方米，设有教学实验综合楼、宿舍楼、多功能餐厅三大主体建筑。学校重视现代化教学设施对教育教学工作的促进作用，按一类标准配备理化生实验室和仪器器材、校园广播系统、多媒体电教室等，建有 2 个微机教室。2008 年，学校有 26 个教学班，在校生 1560 人，教职工 98 人。2018 年，学校有 41 个教学班，在校学生 2237 人，专任教师 131 人，其中中级及以上教师 81 人；本科学历 106 人，学历合格率为 100%。

学校秉承的办学理念：让学生成才，让家长放心，让社会满意。办学方略：以德立校，依法治校，民主理校，科研兴校。办学目标：激发兴趣，弘扬个性，培养特长，全面发展。大力实施素质教育，坚持“全面发展、学有所长、办有特色”，提高办学质量，培养高素质人才。全体教职工敬业爱岗，乐于奉献，有强烈的事业心和责任感。细化安全保障措施，确保校园安全稳定。

先后投资 103.46 万元配备教室多媒体教学设备、教学评估系统、录播室、电子备课室，实现所有教学班多媒体教学、教师人手一机办公。学校按课程标准规定，开全课程，开足课时，以德育统领教育教学工作，全面打好基础，发展爱好特长，培养创新精神，提高学生素质。

学校以“俭朴勤奋、宜强致远”为校训，教学成绩占据故城县初中龙头位置。先后被授予河北省依法治校示范校、省体育传统项目学校、省全民科学素质教育示范校、省学校思想政治教育先进集体，全国青少年足球特色学校、全国国防教育先进学校，衡水市安全文明校园、校本教研先进学校、绿色学校、五四红旗团委、市职工读书活动先进集体，被县委、县政府授予教育教学先进单位、基础教育先进单位、学校管理先进单位、教育督导评估先进单位、创新教育先进学校、校园环境示范学校等称号。

育才中学 始建于 1994 年 6 月，当时校址在县城西外环路，占地面积 6.9 亩，建筑面积 8159 平方米。设有物理实验室、化学实验室、微机室、语音室、多功能多媒体教室等各种教室 30 座。2003 年配备校园远程教育网，实现网上教学。2008 年，学校有专任教师 115 人，其中本科学历 42 人，学历合格率达 97.5%。学校先后获得省级

“国防教育先进单位”“现代教育技术实验学校”“先进业余少年军校”“心理健康教育实验学校”等称号。学校还是河北省中学生行为习惯养成教育和多媒体技术在历史课教学中的应用两项省级教研课题的教研单位。

2008年6月，迁至县城幸福路与顺风街交叉路口处新校址，校园占地面积84.15亩，总建筑面积16459平方米，建有综合教学楼、学生宿舍楼，学生食堂及其他教学辅助用房，总投资1800万元，是一所半封闭寄宿制学校。有普通教室37个，全部配备多媒体教学设备，另设理、化、生实验室，微机教室，多功能教室、阶梯教室、音乐美术教室、图书阅览室、卫生保健室、心理咨询室、录播室等教学功能室。学校建有400米环形跑道操场，三个高标准的篮球场和充足的乒乓球和羽毛球运动场地，软件、硬件建设基本上满足了学生学习、生活的需要。

2018年，在校学生2050人，专任教师139人，学历合格率达100%，其中具有本科学历的教师104人。全校师生恪守“厚德、博学、慎思、笃行”的校训，坚持“立德树人，育人为本，德育为先，能力为重，全面发展”的办学理念，学校曾先后被授予“河北省依法治校先进学校”“河北省现代教育技术实验学校”“河北省心理健康教育实验学校”“河北省国防教育先进单位”“河北省输送体育人才先进学校”“河北省红旗团委”“衡水市绿色学校”“衡水市语言文字规范化示范学校”“衡水市电化教育示范学校”“衡水市体育工作先进单位”等称号。

房庄中学 房庄中学始建于1960年，占地面积58亩，建筑面积10690平方米。21世纪，新建综合楼、学生宿舍楼、学生餐厅各一座。全部教室都安装多媒体教学系统、听评课系统、班级广播系统，办学条件得到根本改善。学校建有理化生实验室、仪器室、准备室、微机室、图书阅览室、音乐室、舞蹈室、美术室、体育器材室、卫生室、心理咨询室等。学校先后获得“衡水市绿色学校”“衡水市德育先进学校”“衡水市控辍保学先进单位”“衡水市义务教育示范学校”“衡水市常规管理先进学校”“红旗团委”等称号。2018年有28个教学班，在校生1355人，教职工73人。

故城中学 始建于1968年，原校址位于故城镇中镇村。学校前身为甘陵书院。1939年秋，学校恢复教学。同时将县立模范小学、东南镇、西南镇、东万庄、张庄四所初级小学并入县立高小，称故城县立城关完全小学校。

1945年秋，县立女子完全小学校并入该校，称故城县立城关完全小学。1963年，该校改名为中镇小学，是年，该校被定为河北省重点小学。1964年，被授予“河北省先进单位”，出席河北省教育系统先进单位和模范个人代表会议。1966年“文化大革命”中，学校停办。1968年改办为故城公社中学。1984年改称故城镇中学，1996年中学迁建于故城镇东万庄村，324省道北侧。

2018年，学校投资537万元新建三层建筑面积3174.79平方米综合教学楼1栋。学校占地面积36.08亩，建筑面积5665平方米。有8个教学班，在校生380人，教师33人，其中专任教师30人。学校先后获得“衡水市依法治校先进学校”“衡水市绿色学校”“故城县德育工作先进单位”“故城县安全文明校园”等称号。

衡德中学 是故城县委、县政府建设“一城三区”、优化教育布局重点建设学校，由原故城县夏庄中学、袁庄中学合并而成。学校坐落于衡德工业园南首，地处冀鲁两省交界之处，2013年9月学校正式开学。

2018年，学校占地面积60.27亩，建筑面积17716平方米，设有29个教学班，在校学生1730人，教师85人，是域内农村全日制公办初级中学中办学规模较大、教学质量领先的学校。

复立村中学 始建于1957年，是县办五处初级中学之一，时称“故城县故城初级中学”，1960年，由故城镇内迁至复立村。校园占地面积35亩。“文化大革命”开始后，学校随之进行了重大改革，教学受到影响。1969年，县办初级中学全部下放到公社，故城初级中学下放到小屯公社，称“故城县小屯公社复立村中学”。1970年，复立村中学开始招高中班，实现高中不出社的目标。十一届三中全会后，教育教学秩序开始趋于正常。1979年，故城县调整学校布局，复立村中学恢复初级中学建制。1996年，河北省实施合乡并镇，小屯乡并入故城镇，称故城镇复立村中学。

为改善教学条件，2015年，投资550万元，建教学楼、宿舍楼各1栋。又陆续投资近100万，新建筑面积达5000平方米，教室全部配备多媒体教学设备，另配置物理、化学、生物实验室仪器室，微机室、音美教室、图书室、心理咨询室、卫生保健室等功能室。学校软件、硬件建设基本满足学生学习、生活需求。

2018年，复立村中学寄宿生353人，专任教师23人，学历合格率100%，其中本科学历教师21人。学校始终坚持以质量求生存、以改革促发展、以特色创信誉、以教改升品位的办学宗旨。提出“为师生的全面发展奠基、为师生的个性发展着想、为师生的终身发展负责”的办学理念。2018年，复立村中学被授予“故城县义务教育先进学校”。

辛庄中学 始建于1954年，位于辛庄乡辛庄村，占地面积63.42亩，建筑面积9200平方米。2017年10月，投资1250万元，用于教学楼、宿舍楼、餐厅的建设，新建筑面积8100平方米。学校设有16个教学班，学生834人，教职工42人，行政人员4人，专任教师36人。其中高级教师职称10人，一级教师职称12人，二级教师职称18人，专任教师专科及以上学历36人，学历合格率100%。

2015—2018年，按省定标准配齐学校理、化、生教学用实验仪器及设备，并基本配齐音、体、美教师的教学器材及设备，同时各教室配备多功能多媒体教学设备。使学校教学仪器设备总值达48.2万元。教师都能熟练利用网络资源，实现多媒体教育教学工作；物理、化学、生物实验室及教学，都是由多年从教经验和专业学校毕业的教师操作教学；音、体、美从教教师，通过教育局组织的学科培训、教师远程教育和上级的国培计划培训考核，进一步提高了教学能力。

军屯中学 位于军屯镇军屯村东，始建于1972年，学校占地面积62.33亩，建筑面积8900余平方米，其中2015年建成2370平方米教学楼1栋。2018年年末，建成3200余平方米学生宿舍楼、1200余平方米的教师宿舍楼。每个班级和功能室均配备多媒体教学设备，并实现互联网和远程教育网实现互联。教师办公电脑人均1台，有学生学习电脑65台。图书32600册。学校有16个教学班，教师41人，在校学生894人。

里老中学 始建于1968年，时校址位于里老乡前里老村。1995年，迁建小马坊村，学校占地面积41.37亩，建筑面积524平方米。

2018年投资1128.3万元建成3838.76平方米四层教学楼、3217.76平方米四层学生宿舍楼、1066.64平方米二层学生餐厅，极大改善了师生的学习及生活环境。学校教职工42人，13个教学班，在校生692人学生。

学校先后获得“国防教育先进单位”“德育教育先进单位”“教学管理先进单位”等称号。

青罕中学 始建于1968年，1996年“普九”达标时新建，迁至青罕村西。学校占地面积88.92亩，建筑面积9248平方米，2015年以来累计投入1100万元，用于改善办学条件，新建3430平方米教学楼、3510平方米学生公寓楼、853平方米学生餐厅，学校有400米跑道的标准操场，师生健身园地3处。理化生实验室、准备室、仪器室，各类仪器均达到省基本配置标准，有音美专用教室，体育器材室、图书室、阅览室，每个教室和专用教室都配置多媒体，建有3个电子备课室，加强现代信息技术教育“三通两平台”建设。教学条件的改善，促进学校教育教学质量的不断提高。至2018年，学校有18个教学班，教职工57人，在校生971人。

饶阳店中学 始建于1958年。学校坚持“以人为本、关爱学生”的办学理念，以办人民满意的教育为宗旨，以全面实施素质教育为中心，以加强教师队伍建设为重点，开全课程、开足课时。学校管理逐步走上了科学化、规范化、精细化之路，教育教学质量稳步提高。

学校占地面积78亩，建筑面积1.2万平方米，运动场11300平方米，环形跑道300米，有篮球场、足球场。学校建有教学楼2栋、宿舍楼2栋、教工周转宿舍楼1栋。建有理化生实验室、仪器室、准备室，图书阅览室、计算机教室、音乐教室、美术教室、录播室等功能教室，设施齐全、功能完备。教室班班有多媒体，老师办公人手一台电脑，安装有视频监控系统、网络听课系统、视频会议系统。2018年接入2条中国移动500兆光缆专线。

是年，学校在校生1650人，教职工64人，高级职称6人，中级职称20人。学历合格率100%。

学校重视环境和文化建设，校园绿化、美化、净化、硬化。学校先后被授予“衡水市常规管理先进单位”“衡水市德育示范校”“衡水市校本教研建设基地”“故城县安全文明校园”等称号。

武官寨中学 始建于1968年，学校占地面积45.99亩，建筑面积8402平方米，1995年建成综合楼2座，合计1400平方米；2010年，投资135万元建成1600平方米教学楼1栋；2016年，投资546万元建成综合楼1栋、餐厅、运动场等附属设施。投资80万元改造升级理化生实验室和计算机室。2018年，投资291万元新建教师周转宿舍楼2栋，共计1257平方米。学校20个教学班，在校生987人。专任教师58人。学校先后被授予“衡水市常规管理先进单位”“衡水市绿色学校校”“故城县安全文明校园”“故城县德育先进学校”等称号。

西半屯中学 创建于1972年，坐落在西半屯村南，占地面积39亩，建筑面积7570平方米。

2015年7月，投资350万元建教学楼1栋，2015年10月，投资21万元安装12台多媒体一体机；2016年7月，投资8万元硬化楼前地面；2017年1月投资15000元更新部分化学仪器；2017年3月，投资8万余元更新图书室部分图书；投资3万余元更新体育器材；投资6万多元更换440余套课桌凳；投资8万多元新建微机室1座；学校图书室藏书4.7万册，生均44册。2018年，学校有19个教学班，学生1071人。教职工60人，专任教师52人，学历达标率100%。计算机教室、多媒体教室、电子备课室、远程教育网、校园网齐备，光纤宽带接入互联网，理化生实验室、现代化办学设施初具规模，为教育教学奠定坚实基础。

学校连续被授予“故城县教育工作先进学校”“教学工作先进学校”“后勤管理先进学校”等称号。

原隰中学 始建于1956年，占地面积60亩，建筑面积1.2万平方米，2018年，学校有学生1116人，教职工62人，22个教学班。教学设施齐全，理化生实验室、美术室、微机室、多媒体室、阶梯教室一应俱全，电教、实验条件达一类标准。学校坚持“崇尚一流，保证优良，追求卓越”的办学目标，秉承“不放弃每一个学生”的办学理念，育人环境不断优化，教育质量稳步提升，取得显著的办学声誉和社会效益。2017年被河北省教育厅、人力资源和社会保障厅和总工会授予“河北省教育系统先进集体”称号。

祖杨中学 成立于2009年（与建国中学合并而成），前身为“河北省祖杨农业技术学校”，学校占地面积72.69亩、总建筑面积18647平方米。2015年以来，累计投入资金380余万元新建教学楼1栋，综合楼1栋，学生宿舍楼2栋、多功能餐厅1处，操场10130平方米，完善各项辅助配套设施建设。装备有高标准的多媒体教室22个，微机室2个，录播室1个，各实验室、活动室配置齐全，教师实现围格办公，人手1台电脑。

学校全面实施素质教育。坚持“五育并举、德育为首”的办学理念，努力为孩子提供优质教育。2018年，有22个教学班，学生1183人，教职工73人，专任教师66人。

附

运河中学

1944年10月，运河中学创办于枣强县南部清凉江畔姚家庄。郭鲁任校长，任仲全任党支部书记，谷寿堂任副校长，贾平任教导主任。学校系根据抗日战争需要，为培养革命干部而创办。学校初创时对外公开用名“乡村简易师范”。学校招生不考试，由抗日高小和村干部推荐。

1945年7月，随运河以东地区开辟，学校随行署和军分区迁至十二里庄天主教堂。是年9月，迁至武城城里文庙。1948年，又迁回十二里庄。1944—1949年，共招收初中班10个，师范班3个，总计学生600余人。

初创时，运河中学无固定学制和班级。根据

运河中学旧址

战争需要，学生随时抽调补充地方政府或编入军队，其余学生同新招收学生再编为新班继续学习。学校无正式教材和固定上课地点。开设有国语、数学、边区建设、政治思想指导、音乐、体育等课程。教材由教师根据报纸和内部刊物选编油印。学生除学习文化知识外，主要接受爱祖国、爱人民、反侵略、反内战和抗战必胜的教育，树立为中国人民革命事业而献身的坚定信念，学生经常配合中心工作，参加各种社会活动。如开会宣传、拥军优属、站岗放哨、生产自救、减租减息、组织发动土改、动员参军参战等。学生白天在田间、树林上课，夜晚分散住宿老百姓家中，学生经常帮助群众劳动生产。

自 1948 年始，学校逐渐正规，正式开设初中全部课程，学生亦按时毕业。

中华人民共和国成立后，运河中学成为一所全日制中学，1950 年，为省办学校，校名先后为河北省立武城中学、河北武城第一中学。1952 年，武城县划归山东省，遂改校名为山东省武城第一中学。1958 年，武城县并入夏津县，改校名为山东夏津第二中学。1961 年，武城县复置，学校改为县办，校名为山东武城第一中学。1964 年，学校划归河北省故城县，校名为河北省故城县十二里庄中学。1949—1965 年，共招收初中班 17 届，65 个班，招收高中班两届，4 个班。培养毕业生 3200 余人。

1970 年后，学校成为社办中学，校名为故城县瓦子庄公社十二里庄中学。1970—1979 年，高、初中共招收学生 950 人（属县办）。至 1987 年高、初中共招收学生 2050 人。是年，根据县政府决定，十二里庄片中学停办。

运河中学为革命和建设事业培养一批优秀人才。1944—1949 年，共培养 600 余名毕业生，均参加革命工作，许多人在省、地、县担任领导工作，省军级干部达数十人。

20 世纪 50—60 年代，学校具相当规模。师资力量雄厚，教学设施齐全。学校总面积达 15000 余平方米，建有物理、化学实验室，教学仪器基本配套。并建有图书馆和阅览室，图书馆藏书 10000 余册。学校教学质量较高，在鲁西北一带享有盛誉。1949—1969 年，共为高中、中专、大专输送新生 600 余人。1979—1987 年，共为高校输送新生 200 余人，为高中、中专输送新生 100 余人。

第五章　高中教育

域内高中教育起步于 1958 年，由故城初级中学招收高中班易名为河北郑口中学。1970 年，域内各公社设高中。1978 年，郑口中学收归县办，1979—1980 年，设辛庄、十二里庄、房庄 3 所片办高中，停办各公社高中。1987 年，停办片办高中合并于郑口中学，此后，郑口中学高考成绩连续创优。1997 年，增建故城县高级中学。进入 21 世纪，故城县高中教育进行系列新课程改革，注重学生素质品德教育。向高校输送了大批人才。

第一节　发展概况

1958 年 7 月，故城初级中学始招收 2 个高中班，学生 100 人，成为 1 所完全中学，遂易名为河北郑口中学。是年 10 月，故城县并入吴桥县，河北郑口中学遂易名为河北吴桥第四中学。1961 年故城县复置，河北吴桥第四中学复名河北郑口中学。

“文化大革命”开始后，故城县中学“停课闹革命”。根据上级指示，各县办中学 66、67 届毕业生于 1968 年 9 月离校，68 届毕业生于是年末离校。1969 年，“复课闹革命”后有高中班 10 个，在校学生 500 人，是年高初级中学学制均改为 2 年。

1970 年，郑口中学成为郑口公社社办中学继续开设初中和高中。

自全国恢复高考以后，县委、县政府十分重视高中教育事业，强化教学管理和师资培养，层层选拔优秀管理干部和教师充实高中学校。1978 年，县文教局对中学教育进行整顿与改革，首先把郑口中学收归县办，恢复河北郑口中学，面向全县招生，从全县选调优秀教师到郑口中学任教，促使故城县高中办学和高考成绩尽快提升。

1979 年，县文教局决定于辛庄中学、十二里庄中学办片办高中，同时停办各公社高中。

1980 年，又依据生源需求增设房庄中学为片办高中。

1983 年 9 月，贯彻中共河北省委《关于办好农村中小学的意见》，故城县中学实行分级办学、分级管理。各公社初中由公社办，郑口中学、郑口镇中学及十二里庄、房庄、辛庄 3 所片办高中为县办。

1987 年，县政府决定集中力量办好优质高中学校，停办 3 所片办高中，合并到郑口中学和郑口镇中学的高中班。是年，河北郑口中学高中在校生达 1159 人，为提高学生身体素质，培养良好的意志品质，高中新生入校后，进行 7～20 天军事训练，训练内容按“学生军训大纲”进行，由学校配备专职军事教员组织实施。训练结束后，按规定进行考核，考试成绩记入成绩册。1989 年高考中，故城县初选率名列衡水地区第一名，万人升学率亦居全区之首。

1992 年，高中学生学籍由学校和市教育行政部门管理。1997 年，为扩大高中办学规模，在郑口中学原址上，按省级市范学校标准新建县高级中学，八轨制。2005 年年末，故城县高中教育形成由教导处、政教处、总务处、团委组成的教育教学管理体系，教育教学管理日臻完善。2008 年，域内共有 2 所普通高中，均为省级示范性高中。是年，公办普通高中不再招收复读生，高一新生全省统一注册学籍和会考考籍，并实行高中会考网上报名。高中学校开始新课程改革前期准备工作。

2013 年，高一新生统一注册全国学籍，由初中毕业生学籍升级生成。2017 年，着手新课程改革工作，注重教学成绩的同时关注学生身心健康发展提升学生素质。2018 年，域内有高中 2 所，在校生 9589 人。

第二节　河北郑口中学

河北郑口中学始建于 1949 年，其前身为故城县师范学校。1952 年，县文教科购买现郑口青年路南端路西处筹建中学，1954 年，正式建校，校名河北故城初级中学。1958 年，开始招收高中班，易校名河北郑口中学，1978 年，收归为县办中学，恢复河北郑口中学校名后，面向全县选调教师和择优招生办学成效明显提高，教学成绩日渐上升。

1987 年，学校行政机构设校长 1 人、副校长 3 人、下设政工处（兼办公室）、教导处、总务处、勤工处、团主任 3 人、副主任 5 人，有专任教师 105 人。学校占地面积 102.05 亩、建筑面积 46402 平方米、教学楼建筑面积 3300 平方米，可容纳 24 个教学班，另有平房教室。学校设有物理、化学、生物实验室，教学仪器、标本、药品齐全。可按教学大纲要求开齐全部实验课。另设有地理馆、图书馆、阅览室、电教室、体育室、医务室、资料室、档案室、打印室。打印室有 4 台中英文打字机和 2 台速印机，阅览室订有各种报刊 150 种，图书馆藏书 2 万余册。教学活动实行分科管理体制，教导处下设 8 个教研组，即语文组、数学组、物理组、化学组、英语组、政治组、体育组、综合（史、地、生、音、美）组。各学科在课堂教学同时，并积极开辟第二课堂。语文组办有《春苑》《翔宇》报，以及书法小组。学校每年组织一次学生书法绘画展览，两次智力竞赛。图书馆、阅览室经常向学生开放。1987 年，郑口中学在校学生 1524 人，其中高中 1159 人、初中 365 人。1978—1987 年，共招收初中班 14 个，学生 740 人；高中班 55 个，学生 2760 人。

1978—1987 年，郑口中学共培养高中毕业生 2020 人，向大中专院校输送新生 1250 人。

1989 年，学校增设政教处、勤管处，学校管理日趋完善。教学质量逐年提高，高考成绩一直位居衡水市前列。1995 年 7 月高二学生赵蕾以 688

20 世纪 80 年代的郑口中学

分成绩考入中国科技大学少年班。

1999年，郑口中学迁至郑口镇五户村南新校区，学校占地面积230亩，建筑面积6000平方米，年招生规模升至900人。是年，葛红以总分683分排名河北省理科第一名；杨华杰以总分678分的成绩排名河北省理科第二名。至2000年，郑口中学高考成绩连续五年名列衡水市第二名。2002年10月，郑口中学经省政府验收成为省级示范性高中。杨金星以理科615分的成绩考入中国科技大学少年班。2004年始，郑口中学公助生指标全部分配到各乡镇初中。2005年，在校生达6000多人，在岗教职工400人，其中特级教师5人，高级教师85人。2006年，郑口中学完成二期扩建，招生人数从1000余人增至1800人，郑口中学成为衡水市同类学校中年计划招生数最多的学校，缓解了故城县升高中难、接受优质高中教育难的矛盾。

2008—2018年，学校共有15人次受到国家级表彰，30多人次受省级表彰。学校先后被授予“河北省中小学德育工作先进学校”“河北省文明单位”“河北省德育先进集体”“河北省教育系统先进集体”“河北省依法治校示范校”。

2018年，学校占地面积增至254亩，建筑面积达9万余平方米。共有80个教学班，在校生6467人，正式教职工332人，专任教师324人，其中特级教师5人，全国骨干教师3人，省级骨干教师20人。市级学科带头人6人，市骨干教师7人。高级教师112人，中级教师135人。学校高考录取率达98%。

郑口中学实验楼

第三节　故城县高级中学

故城县高级中学创建于1997年，在郑口中学原址上兴建，1998年竣工。学校占地面积90亩，建筑面积30000平方米，是年，招生500人。学校有35个教学班，学生2600人，专任教师121人。按省级示范学校标准，建有学生宿舍楼、学生餐厅、图书楼。投资近80万元（纯仪器投资）按国家一类标准装备9个实验室（物理4个，化学4个，生物1个），并按规定配备仪器室、准备室等辅助用房。

2000—2005年，连续6年升学率在衡水市同类学校名列前茅。学校先后获得“河北省安全文明先进单位”“河北省红旗团委”“衡水市安全文明先进单位”“衡水市学校后勤管理工作先进单位”等称号。学校图书馆被评为省“一级图书馆”。

2004年6月，故城县高级中学晋升为河北省示范性高中。

2011年11月28日，学校整体迁至和平路，新校园占地面积207.79亩，一期工程建设投资4500万元，建有2栋教学楼、2栋学生公寓、办公综合楼、多功能餐厅等建筑总面积达29000万平方米。校内道路完全硬化，绿化面积达41558平方米，生均绿化面积17.5平方米。已建成标准塑胶篮球场3个，乒乓球、排球休闲运动场2个，400米环形标准运动场地。

学校认真落实新课改方案，积极创建和改进适应课改要求的现代化装备：34个教室全部安装了多媒体；更新了2个学生微机室和1个教师电子备课室；图书馆藏书13万册；建有10个标准配置的理化生实验室（生物3个、物理4个、化学3个），2个美术教室，2个音乐教室（琴房），1个舞蹈教室；音、体、美专业器材齐备，满足艺术、体育教学需要。

故城县高级中学致远广场

2017年，筹集资金300多万元，新购置学生微机、教师办公桌椅，添置微机98台，实现了教师人手一机，添置学生课桌凳400套。

2018年，有教职工151人，研究生7人，高级职称47人，特级教师1人，省、市学科带头人和骨干教师18人。学生2760人，35个教学班。学校专任教师学历达标率100%。学校先后获得“中国师德建设示范单位”“青年文明号”、衡水市“优秀学校”等称号。学校坚持以人为本、全面实施素质教育，促进学生全面发展，着力提高学生的社会责任感、勇于探索的创新精神和善于解决问题的实践能力，尤其是创新德育教育形式，创办高中阶段音乐、美术、体育特色教育方面取得突出成绩，高考成绩不断提高，为高校输送了大批人才。

第六章 师范教育 职业教育

民国期间，故城域内创办县立师范和女子师范学校，几经停办。后由郑口中学招幼师、短师班。1983年，故城县师范成立。1985年，加挂故城县教师进修学校名称。1988年撤销，保留县进修学校进行教师培训。

域内职业教育前身是农业中学，开设文化课和农业技术课。有规模的职业教育始于1958年，20世纪60—70年代创办祖杨农校、“五七”技校。80年代，加快中等教育调整，职业教育迅速发展，开办职业技术培训班，建农业技术中等专业学校。90年代，故城县职业技术教育中心创建并投入使用。1995—1996年，分别被授予国家级“重点职业高级中学”、省级“重点中职学校”。21世纪，故城职教对接高校，实行对口高考并连年创优，被评定为“国家级重点中职学校”。故城县职业教育为当地经济发展培养了大批实用技术人才。

第一节 师范教育

1931年创办故城县立简易师范学校，学制2年，培养初级小学教师。1934年易名为故城县立乡村师范学校，学制4年，“七七事变”后停办。

1936年创办县立女子师范学校，“七七事变”后停办。

1949年春，创办县师范学校。校址在原县人武部位置。占地面积1.63亩，建筑面积200平方米。1949—1954年，共培养毕业生350人。

1954年，沧州专区调整师范布局，县师范停办。

1958年，郑口中学招幼师班、短师班各1个。开设课程除教育学、心理学外，其他学科与初中同。1959年秋，幼师班学生毕业后分配任小学教师。短师班开学不到半年即改为初中第25班。

1978年，衡水师范委托郑口中学为其代办1个班，经费由衡师拨付。

1983年9月，根据河北省人民政府决议，创办故城县师范学校，学制2年，为中等师范学校，学生毕业后任小学教师。师范学校经费由县财政拨付。学校占地面积4.84亩，建筑面积1213平方米，教学楼建筑面积800平方米。图书馆藏书3400册，订有各种报刊70余种，教学仪器300件（套），价值4万余元。体育、音乐、美术器材共

100余件。1983—1987年，故城县师范学校共招收5届学生，计275人。

1985年，根据全省的统一部署县师范学校加挂县教师进修学校名称，采取一套人马、两块牌子办学。1988年衡水行署调整县级师范布局时撤销故城县中等师范学校，保留故城县教师进修学校进行业务培训、学历培训、函授培训和现代化教育技术培训。

故城县教师进修学校2014年5月迁址后坐落于光明街与和平路交叉口的西北角，占地面积6.12亩，建筑面积2413.72平方米。2018年，有教职工34人，其中高职10人，中职20人，初职4人，负责故城县教师的进修培训工作。

第二节　职业教育

1956年始，故城县开办农业中学，是年故城县有农中8所，16个班，学生600人。农中除开设初中课程外（未设外语），增设农业技术课。1958年，域内农中发展到13所，20个班，在校学生893人。1958—1959年，县教育行政部门和企事业单位创办各类职业技术学校12所，14个班，在校学生680人。公社办各类职业技术学校16所，43个班，在校学生2200人。

1960年，贯彻“调整、巩固、充实、提高”方针，大部分职业技术学校停办，同时压缩一批农业中学。1962年，有农业中学2所，在校学生180人。是年9月，祖杨农业中学创办成立。学校坚持“为农村经济建设培养人才”宗旨，历经艰难曲折，不断发展壮大。1978年，被定为河北省重点农业中学。1985年，升格为农业技术中等专业学校，设农、林、牧专业。1987年，在校学生183人。1965年，故城初级中学改办为职业中学，除学习初中全部课程外（未设外语），增设农业技术课、劳动课。1970年9月，在郑口中学校园内创办故城县“五七”技校（曾名“五七”大学），共招4届学员，培养毕业生840人，1978年停办。

1983年10月，县文教局举办幼儿师资培训班，招1个班，学员34人，学制2年。1987年，招第二期学员，1个班，26人。1986年，郑口镇中学开办职业技术培训班。开设农林、农机、电器、农副产品加工等专业，招收学员55人。1987年始，故城县不断改变中等教育结构单一化状况，加快职业教育发展。是年，故城县农业技术中等专业学校初中部与农校分离，迁至建国镇齐庄办学，县农业技术中等专业学校成为真正意义上的农业职业技术学校。

1990年，县教育局设职业技术教育科，负责职业技术教育办学方向、教学改革试验、办学质量评估、职业教育经验总结和推广等工作。1991年，县委、县政府按照省政府关于每县建立一所职教中心的部署，多元化筹资922万元，开始兴建故城县职业技术教育中心（简称职教中心）。1992年9月，故城县职教中心一期工程竣工，10月，学校正式开学，招生248人。至此，故城县职业学校达2所。因履行世行贷款手续之需，县职教中心当时挂牌校名：河北省故城县综合职业技术学校。1993年3月，中共中央政治局委员、国务委员兼国家教委主任李铁映到故城县职教中心考察工作，对学校的建设发展给予充分肯定。1995年，被评定为省级重点中职学校，1996年被国家教委审批认定为河北省首批“国家级重点职业高级中学”，2004年12月教育部评估认定为“国家级重点中职学校”。

故城县农业技术中等专业学校　位于建国镇西祖杨庄。其前身为山东省武城县祖杨公社农业中学，创办于1962年9月。1963年5月，学校迁至原祖杨公社农场3间土房内，1964年年末，迁至现址（原祖杨公社所在地），1965年，易校名为祖杨农业中学，确定“面向农村，为农村建设培养人才”办学宗旨。1978年，被确定为河北省重点农业中学。

1985年，升格为河北省故城县农业技术中等专业学校，国家承认学历，不包分配。1987年，学校有砖木结构标准教室177间，8个教学班，学生330人，教职工57人。设有农业、林果、畜牧、兽医、财税专业，建有农化、生物、物理实验室，图书馆和阅览室，教学仪器基本配套，图书馆藏书8000余册，校办农场50亩。校办工厂有玻璃厂、天花板厂、农机修配厂、汽车防尘罩厂，拥有发电机组1套，拖拉机2台，汽车1辆。在县城郑口镇设有分校，占地面积2.7亩，校舍30间。

在教学上，农校坚持理论联系实际，实行教

学、生产、科研三结合。1974年，学校试验成功“五尺一带”棉麦间作新技术，创亩产小麦500余公斤、棉花百余公斤的高产纪录。1978年始，农校共承担中国农科院及省、地、县交办的科研、实验项目169项，引进优良品种100余个。培育出“祖杨1号”“祖杨2号”小麦优种。1978—1987年，共向乡村提供优种10余万公斤。河北省人民政府授予祖杨农校“科研战线先进单位”称号。1985年，始农校加强经营、服务两个环节，逐步形成教学、生产、科研、经营、服务相结合的运行机制。不仅拓宽教学内容，并使勤工俭学收入逐步增长。1983年，勤工俭学收入1.8万元，1987年，增至4.67万元。

1978—1987年，农校共培养毕业生1200余名，除69人升入大中专学习外，绝大部分回到农村，为建设文明、富强的新农村贡献力量。

1988年，学校开设农学、林果、牧医3个专业，农场由45亩增加到52.8亩，林果实习基地50亩，开辟了农学、牧医、化学、物理4个实验室，实验开出率达100%，图书达13000册。根据农村实际，学校又增设了裁剪缝纫、拖拉机维修、家用电器维修、畜牧养殖、建筑识图、预算等12个短班。1990年5月，县政府成立县农业技术中等专业学校办学委员会，对县农业技术中等专业学校进行改造建设，改善办学条件。是年，经省教委全面评估，县农业技术中等专业学校被认定为“河北省示范性职业学校”。1992年10月，在全国“双高一优农业”学术研讨会上，学校的《试论农业推广中的三个基本要素及其运作模式》获优秀论文奖。1993年3月，学校被省政府授予“河北省职业技术教育先进学校”。1993—1998年，学校连续在衡水职业教育年终考评中评为同类农职中第一名。在历年农、林、牧专业对口升学中，名列衡水地区同类学校前三名。1996年，被省教委授予“校园经济达标学校”。2003年，经河北省教育厅评估认定为“河北省合格职业技术学校”。

2005年，祖杨农校争取到国家发展职业教育专项资金900万元，对原有校舍进行翻新和改造，新建教学办公楼、宿舍楼、餐厅，年招生规模500人。学校实行联办专业招生，并恢复职业高中班。外事旅游服务专业学生上学期间可不交学费，学费从学生就业后第一年的工资中扣除。首届与青岛联办生8人在青岛开发区就业。职业高中学生可参加对口升学，不能升学的农学专业学生，由学校安排到县内养殖场和饲料厂就业；艺术类毕业生通过动画设计考试后可在县内安置就业。实现升学和就业、长班和短训相结合的办学模式。2005年11月，故城县农业技术中等专业学校加挂河北省故城县祖杨职业中学校牌，学校由单一的农、林、牧职业中专发展成融农业、林果、牧医、化学工艺、机电一体化、电子技术应用、计算机应用、现代服务、物流、焊接技术等专业于一体的综合性职业学校。

2006年3月，学校和中国中旭投资公司达成意向，由中旭公司每年投资20万元作为学生奖励基金，奖励基金定名为“中旭奖学金”和“中旭助学金”。凡进入学校就读，有正式学籍的同学均能享受“中旭奖学金”和“中旭助学金”。

2009年，河北省祖杨农业技术学校与建国中学合并更名为祖杨中学。

故城县职业技术教育中心 创建于1992年10月，经省政府批准建立的中等职业教育学校，河北省首批国家级重点职业高中，国家级重点中等职业学校，河北省中职学校专业实训示范基地，2006年，衡水市政府批准加冠“衡水建筑工程技术学校”校名。有教职员工223人，专任教师206人，其中高职54人，中职89人，全日制在校生3220人。

学校位于县城京杭大街南段，占地面积150亩，建有教学楼、综合教学楼、实验实训楼、教师办公楼、学生宿舍楼、礼堂餐厅、实习训练厅、车间等系列教学配套设施，总建筑面积5万平方米。开设有电子应用技术、计算机应用、会计电算化、工业与民用建筑、旅游管理、学前教育管理、数控技术应用、现代农学、动物科学等9个专业。先后获评河北省职业教育先进单位、省教学改革先进单位、省级绿色学校、省安全保卫先进单位、市优秀中职学校、教学管理标杆学校、德育教育先进集体等。

1992年10月，故城县职教中心学校挂牌并招生。至1994年3年累计招生达1248人，招生人数逐年迅猛增加。职教中心中专班成为报考高等院校以外的热门学校，曾一度有衡水、阜城，唐山等地的学生来故城县职教中心就读。1995年，学校被省教委认定为省级重点职教中心，1996年，县职教中心被国家教委审批认定为河北省首批“国家级重点职业高级中学”。

职教中心匠心亭

2001—2005年，每年招生超千人，学校推出职普分流、拓宽对口高考、增开新专业、加大实训教学等系列举措。对口高考冲入河北省前列，故城职教的学生能够跻身天津大学、中国矿大、西北农林科大等高校，省市多次给予表彰推广。2004年，接受教育部评估验收被评定为国家级重点中职学校。2010年，初中毕业生总量减少，职教中心依然年年招生保持1100人以上。

2012年，全面实行中职学生免除学费教育，职教中心办学规模和质量大幅度提升，与京津联合办学、拓宽就业渠道等方面取得新进展，新增计算机IT、航空、铁路运输服务多种现代职技专业。学校建筑面积、师生数量、实训设备均比建校时翻番增长，学校被评定为“河北省中职名校”。

2018年，近8000平方米实训大楼投入教学使用，新购置宏基D430联想计算机304台，组建学生实习机房4个；为社会文化艺术专业新增电钢琴40台，设电钢琴室1个；为航空服务专业新建航空模拟仓1个；为旅游、社会文化艺术、航空服务专业新建形体室2个；教学设备仪器投资总价值已达1120万元，纸质专业图书数量7.8万册，电子图书50万册。

第七章　成人教育

民国期间，域内设有民众学校等进行成人教育。中华人民共和国成立后，20世纪60年代，此类学校以扫盲为主，培养具有初等文化的农民。70年代后，扫盲工作重心转移到提高干部职工和农民的文化素质方面。其教育方式、基础设施不断完善，教育水平不断提高。

第一节　扫　盲

民国期间，故城县设有民众学校、国民训练讲堂、国民实习学校，进行民众教育。1931年，县建立识字运动宣传会，每月举行一次宣传活动。有民众学校5所。1933年，有民众学校43所。1934年，有民众学校114所，国民训练讲堂145所，国民实习学校160所。

1945年县、区、村均建冬学运动委员会。1946年冬，故城县“冬学”覆盖率达80%。

中华人民共和国成立后，党和政府发布一系列加强农民业余教育指示。1951年2月，教育部发出《关于冬学转为常年民校的指示》。是年县召开工农教育会议，贯彻上级指示精神，故城县共组织常年民校99所，学员共5725人。是年5月，各区均设民校总校长，以加强对农民业余教育领导。

1952年始，推广祁建华识字法。举办3期学员培训班，各民校普遍采用速成识字法进行教学。是年10月，经对4所重点民校检查，优秀学员不仅可识2000余字，且能写一般书信和千字左右短文。一般者可识七八百字，能阅读通俗读物。较差者，可识四五百字。1956年，每乡办1个业余高小班，学制3年，两乡合办1个业余初中班（组），学制4年。1958年，因受浮夸风影响，农民业余教育出现盲目冒进偏向，民校挂起红专大学牌子，并于是年8月6日宣布实现所谓“无文盲县”。1959年，县农民业余教育停办。

1962年，县农民业余教育恢复。各公社设业教辅导站，并配备业教辅导员。既注重政治学习，又注重文化和技术学习，各生产大队均建有常年民校。1965 年，域内各生产大队办有“三合一”（政治、文化、技术）民校，学员近 5 万人。学习内容以毛泽东著作为主，并进行阶级教育、革命传统教育、集体主义和爱国主义教育，适当安排一些军事、农业技术和文化课。

“文化大革命”开始后，农民业余教育停办。1972 年，农民业余教育恢复。

1974 年，域内各大队均办有“政治夜校”。有集中班、联户班等形式。以学习毛泽东著作为主，适量学习农业技术知识，学习时间多于晚间进行。

1978 年，国务院发出《关于扫除文盲的指示》，各公社均建农民业教机构，配备有专职干部（业教校长或业教辅导员），聘用扫盲教师 650 人。

1983 年 7 月，省、地联合检查组对故城县的农民业余教育工作检查验收。检查结果表明：全县农村文化人（包括脱盲学员）已占青壮年人数 85%，达到基本无文盲县要求。1984 年 3 月始，各乡（镇）办有农业技术学校（班）。由乡（镇）农业技术员授农业技术课，乡（镇）中学教师兼任文化课。县农业局在农科所开办农业中等技术学校，为乡（镇）农技校（班）培养师资。1986 年，故城县大多农村办有农业技术普及班。1987 年，各乡（镇）共办长期班 24 个，学员 1270 人，村业校 360 所。县、乡（镇）村举办短期培训班 140 期，培训学员 17800 人，私人办学 38 所，学员 2700 人。

1987—1990 年，根据省、市扫盲工作安排，故城县利用乡、村成人学校举办扫盲班，业余小学等形式，每年安排 1300 人左右青壮年文盲学习，有 1000 人通过考试获得脱盲证书。1990 年，全国第四次人口普查，由于此次普查主要依据居民户口，故城县户口中学历一栏未能及时变更，导致全县青壮年文盲数达 2 万人。1991 年，重新对文盲进行逐村、逐户、逐人核实，故城县约有 6000 误统人员进行户口变更手续。是年，实有青壮年文盲 14667 人。县委、县政府制定扫盲五年规划，五年完成扫盲任务。扫盲工作实行扫盲教师包班，“小先生”（高年级的学生）包人的方式，至 1996 年，共扫除青壮年文盲 1.4 万人，青壮年非文盲率达 99.8%，顺利通过省验收。1997 年始，故城县扫盲工作重点是对脱盲人员进行提高培训，提高脱盲人员实用技能，防止复盲现象发生。

第二节 干部职工教育

1950 年，创办故城县干部业余文化补习学校。分扫盲班、高小班和初中班。采用课堂授课与巡回辅导相结合方式教学。参加学习学员为中共故城县委、县人民政府机关及各科局干部、企业单位职工。

1952 年，县办速成识字实验班 2 个，学员为服务行业和手工业社职工。是年又办 1 所速成干部识字学校，2 个班，学员 71 人。1953 年，域内各区均建干部业余文化补习学校，各校设专职教员 1 人。1958 年，各公社业余文化补习学校设专职教员 1 人，专职政治教员 1 人。县干校易名为红专学院。县、社干校均于 1962 年停办。

1972 年，县文教局建工农业教育办公室专抓业余教育工作，干部职工业余教育恢复。1978 年，各企业建职工业余文化补习班 21 个，共有学员 712 人，函授大学学员 76 人。1979 年，中央电视大学于故城县招收首届学员，共 31 人。

1981 年，县工农业余教育办公室根据上级指示，决定对 1969—1980 年参加工作的初、高中毕业生文化技术补课。共办补习班 53 个，学员 1315 人。补习课程除语文、数学外，并开设专业技术课。1984 年 7 月，进行统一考试，合格率为 86.6%。是年，故城县建电视大学（简称“电大”）工作站，隶属县文教局，办公地点设于县委党校内。是年始，故城县始组织自学考试，自学考试分高等教育自学考试与中等教育自学考试。1985 年，参加自学考试者 310 人，其中中师 200 人。

1986 年 9 月，县总工会县创办职工业余教育学校，有兼职教师 2 人。学校主要举办短训班。1986—1987 年，共举办短训班 7 期，参加学习职工 450 人次。

1987 年，故城县有电视大学、函授大学、职工大学学员 1200 人。是年，县职工教育以县城为重点，以工厂、企业职工培训学校为主要培训场所。除县钢丝绳厂职工学校上挂大专院校，适时开展中级技术培训以外，县化肥厂、酒厂、粮食局等职工学校多以岗位技术培训为主，培训形式为以老带少、以师带徒。

衡水市招生办（1987—1995年衡水撤地建市前称衡水地区招生办）在各县设立高校函授、成人高等教育自学考试的报名点，故城县负责组织报名工作，组考在市招生办，阅卷、录取、发证等工作均由省教委负责。1991年起，民办教师报考衡水市师范专科学校，随高考报名、考试。1995年，取消此类考试。1997年后，成人高考报名时间定为每年3月10—15日。自学考试报名时间，分别为每年6月10—15日和12月10—15日。2000年，取消民办教师报考县师范学校考试。

2008—2018年，干部职工教育实行学历提升继续教育，或专业性业务提升培训，省委党校、中央党校函授学院、省或国家行政教育学院的本科、研究生学历教育，信息化网络学习等。县职教中心多次协同其他部门举办计算机办公、会计电算化、特种行业岗前岗后培训。

第三节　农民科技教育

1987年，故城县农民教育工作主要是开展农村实用技术培训，提高广大劳动者素质；继续扫除青壮年文盲，抓好扫盲后继续教育，使脱盲人员巩固文化知识，并学会1～2门实用技术。至1995年，域内有成人教育总校（县职教中心）1个，乡镇成人学校23个，村成人学校538个；从事成教的专职干部100余人，专、兼职教师1000余人。通过实施“燎原”计划，种植、养殖、加工等方面实用技术得到推广，培训质量明显提高，人员数量不断增加。1996年，23个乡镇合并成13个，成人学校随之合并为13个。由于编制限制，从业人员较大调整，专职成教教师大部分变为兼职，各类培训随之减少。各乡镇农技站业不断配合上级农业部门做好农业技术推广培训。

2006—2010年，职教中心开设了送教下乡“双带头人”新型农民中专学历班，学制2年，在郑口、里老、武官寨、建国等乡镇建立教学点，教学方式突出专业理论与生产实践紧密结合，有2700多名农民在家门口学到了种植养殖技术，又取得了中等职业教育学历。

2009—2016年，县职教中心、县农业局、县农开办被定为“阳光工程”培训基地实施单位，广泛开展农民工就业与创业培训，校外中专毕业生2700人“阳光工程”短训达5800多人次。

第八章　民办教育

故城县现代民办教育始于20世纪80年代，90年代迅速发展，21世纪，域内民办学校、民办幼儿园规范办学行为，教学管理水平健康发展。2018年，域内民办学校、民办幼儿园达200余所。

第一节　发展概况

民办学校　20世纪80年代，个体企业经济得到迅猛发展，广大农民盼望致富急需各类技术和知识。1984年，故城县最早的私立学校新华缝纫学校成立，采取理论讲授和实际操作相结合的授课方式，教授缝纫和裁剪技术。诸如类似的私立家电维修、农机具维修培训班逐渐多起来。但由于这些培训规模很小仅限于家庭作坊式的教学，学员数量及效益有局限性，所以没有发展壮大。90年代后期，域内出现的一些电脑培训学校、皮毛技术培训学校等，同样因为规模、教学能力等问题而自生自灭或转型经营。

1998年，域内第一所义务教育阶段私立学校致远学校建立，学校以小学为主，初中为辅，最大招生规模达800人。随着成龙、建国育才、兴华、树人、饶阳店镇新世纪等学校先后成立，民办中小学校快速发展，经市、县审批民办学校达12所。由于管理、师资等因素，个别私立学校停办，2008年，故城县共有学历教育私立学校8所，非学历教育短训学校12所。其中，成龙、建国育才、精英、博文学校在校生均超过500人。2018年，故城县民办中小学8所，在校生6380人。是年8月17日，县政府召开全县综合治理民办教育机构专项行动会议，按照“属地负责、疏堵结合、平稳取缔、长效治理”的原则，坚持政府主导、部门联动、分类指导和标本兼治，开展民办教育机构的综合治理，规范办学行为，促进了民办教育事业健康有序发展。按照“规范一批、整改一批、取缔一批”的工作思路，妥善清理整顿民办教育机构，进一步规范民办教育机构办学行为，是年末，基本消除无证民办教育机构综合治理盲区和安全隐患，形成健康有序的民办教育机构发展格局。

民办幼儿园　20世纪90年代，域内始有民办幼儿园。2007年，县主管教育部门经审核认证后首个为建国中心幼儿园发证。2017年5月27日，县教体局组织召开了普惠性民办幼儿园基本认定工作培训会议，按照属地管理原则，具备条件的幼儿园首先向所在乡镇中心校书面提交相关证件材料，各乡镇中心校严格根据《河北省普惠性民办幼儿园认定及财政扶持管理办法》，在6月2日前完成了对申报园的初审工作。10月24日，根据《衡水市教育局关于对故城县申报普惠性民办幼儿园复核情况的意见》（衡教基函〔2017〕27号）文件精神，县教体局成立普惠性民办幼儿园评估工作小组，对初次申报的21所民办幼儿园再次审核、实地考察和评估，依据市局严格申报标准，精简申报数量，确保申报质量的要求，对本年度普惠性民办幼儿园做出重新基本认定。是年11月1日，衡水市教育局发文，最终认定郑口镇翔宇幼儿园等12所幼儿园为河北省普惠性民办幼儿园。根据河北省教育厅、财政厅相关文件精神，2018年故城县12所民办普惠幼儿园享受上级财政扶持政策。是年7月，教体局在集中清理整顿的基础上，强化民办幼儿园的日常管理，完善民办幼儿园的长效机制，制定《关于进一步加强民办幼儿园管理的意见》，从建章立制、规范民办幼儿园办园行为、实行民办幼儿园责任督学制度、定期开展清理整顿民办幼儿园专项行动、积极引导督促整改无证幼儿园办园行为走向合法化，加强对民办幼儿园监管。域内民办有证园69所，在园幼儿共17359人。

第二节　成龙学校

故城县成龙学校始建于1998年，为九年一贯制寄宿式民办学校。是故城县最大规模、办学成效较好的民办学校。

办学初有小学一年级至初中一年级7个年级，8个教学班，在校生200余人，任课教师18人。1999年8月，成龙学校初中部迁至中华街北段（现校址），时有初一、初二2个年级，4个教学班120人，任课教师13人。2000年6月，成龙学校新宿舍楼投入使用后，小学部合并到初中部校址。2001年，第一届初三毕业生63人升入重点高中14人。此后，中考升入重点高中人数逐年递增，2005年，突破百人，2006年，升入重点高中176人，重点高中升学率达50%。2008年，专任教师67人，全部为大专以上学历，学历达标率为100%。

2010年，获衡水市教育局颁发的“先进民办学校”称号。2011—2015年，连续获得故城县教体局颁发的“先进民办学校”称号。

成龙学校宿舍楼

2016年，获河北省民办教育协会理事单位称号。学校乒乓球队获故城县中学生乒乓球赛第二名。2017年，学校篮球队获全县中学生篮球赛获第一名，代表故城县参加衡水市中学生篮球赛获第二名。

学校奉行“以人为本，没有爱就没有教育”之理念，以德育教育为先，不放弃任何一个孩子。为保证学生身心全面发展，学校宿舍楼实行校领导、班主任、值班老师、生活老师昼夜值班负责制保证安全的同时使感受到关爱和陪伴。

学校致力于班级管理创新改革，推广试用“班级民主自治管理”方案，各个班级以学队为单位进行民主自治，让学生在日常教学中学会自主自律、自立自强，管理培养效果显著，深受家长赞誉和有关部门认可。制定并推广“大密度阶梯课堂”方案，以刻意练习为主导原则，让学生在课堂上人人会思考、时时有事做，大大提高了课堂效率，学生的学习成绩和思维能力有显著提高。

2018年，学校有23个教学班，在校生1483人，教职工103人。持续优化精办学生社团，开设音乐、美术、体育、科技、文学、围棋、象棋、书法等各类学生社团十几种，学生在学期初可以轮换社团种类，社团活动使学生在艺术审美方面得以陶冶，在特长技能方面得以提高，增强了学生自信，拓宽了学生视野，丰富了学生的校园生活。

第九章　教　师

清末废科举之初，故城各类教育执教者除秀才、举人外，多数只受过几年私塾教育。民国初期，受过师范教育的教员加入到域内教育工作中，虽逐渐增多，但仍占少数。至1941年，受过正规师范教育的初等师范生在故城任教，达教员总数50%以上。中华人民共和国成立后，域内教育事业蓬勃发展，初级、高级小学普遍设立，中等学校陆续兴建，生源增多，教师队伍迅速扩充。十一届三中全会后，教师待遇不断提高，教师文化素质提高。2010年始，采用公开招聘、择优录用的方式录用事业编制教师。2018年12月，故城县共有教职工4094人。高中、职教、初中、小学教师学历达标率分别达95%、96%、99.8%、100%。

第一节　教师队伍

清末，故城县学教谕和训导均由知县兼任，书院先生由院长延聘在籍学行兼优举人、进士担任，私塾先生由雇主自行聘任。

中华民国时期，小学及乡村师范教员均实行聘任制。校长有权辞退教员，教员亦有权弃教。私塾教员由雇主聘任。

1945年始，县教育科于每年春举办一次教师培训。动员社会闲散知识分子和旧学校教师参加培训，使之积极从事人民教育事业。县教育科并从高小毕业生中选聘优秀者任小学教师，称其为“小先生”。

中华人民共和国成立后，除继续任用原学校教师外，并逐年分配师范毕业生充实教师队伍。1957年，公办教师已呈不足状态，县教育科从在乡知识青年中录用民办教师31人。1958年，又录用一批民办教师。

自1960年下半年始，县文教科调整教育规模，压缩学校数量，精简教师队伍，下放部分小学教师回乡务农，有部分中学教师下放到小学任教。未久，县人委再次分配调压任务，县文教科动员部分小学教师回村领粮，拿国家工资，成为吃农业粮的公办教师。

1964年始，随着国民经济状况好转，吃农业粮公办教师恢复商品粮。同时，因耕读小学大量发展，各社队从回乡知识青年中录用一批耕读教师。1968年，中小学数量剧增，民办教师亦大增，教师队伍素质明显下降。1975年，中小学民办教师再度剧增，占教师总数75%。

“文化大革命”期间教师队伍管理一度混乱，随意增加民办教师，有的公立教师被长期借用到其他单位。仅1975年、1976年故城县被借调教师达51人。高等、中等师范毕业生不能如数分配到教育部门，自然减员不得补充。1973—1977年，中小学教师自然减员273人，仅补充172人。1978年，故城县革命委员会决定整顿教师队伍，加强教师队伍建设，明确公办教师调动、民办教师任免均由县文教局负责。1981年，为压缩超编人员，从根本上纠正民办教师管理上的混乱现象，县文教局对民办教师进行综合分析，由公社签署意见，报文教局审批。有民办教师1881人领取任用证书，民办教师291人被辞退。

1985年，经考试与有关部门批准，116名民办教师转为公办教师。因调整、改革中等教育结构，取消社办高中，压缩社办初中，部分中学教师复回小学任教。

郑口第三小学举行教师队伍培训活动

1987 年 10 月，始评定中、小学教师职称，故城县共评出中学高级教师 13 人、中学一级教师、小学高级教师 418 人、初级职称 1224 人。

是年，县文教局结合中小学教材教法合格证书考试，重新建立民办教师档案，民办教师的管理日臻完善。1992 年，县文教局对民办教师清理整顿，对合格民办教师登记造册，上报地区、省教委管理。1996 年，共有 216 名民办教师转正。1998 年 8 月，师范类大中专毕业生全部面向农村、一律到乡镇中小学缺编学校任教。1999 年 5 月，衡水市教委制定《关于进一步加强中小学教师队伍建设和管理的意见》，规定：教师管理权在县以上政府教育行政部门，教师任用、调配须经县以上政府教育行政部门批准，2001 年 8 月，师范毕业生就业政策：本科毕业生回生源所在地安排工作，专科以下师范类毕业生，可根据所在县的教师编制情况确定是否安排就业。就业采取聘任制，三年一聘。是年，根据省、市统一部署，对代课教师进行清理清退。2003 年，进一步规范教职工调动、招录工作，严格调动程序，根据有关政策，毕业生实行双向选择、自主择业的方式，不再实行分配制。2004 年，教师调配管理制度不断规范，教师队伍管理日趋规范。2008 年，教师队伍中，初级职称 2288 人，中级职称 1766 人，高级职称 143 人。2018 年，在原有基础上评定出 2 级助理教师职称 123 人，1 级教师 80 人，中高级教师 37 人。

1949—1987 年部分年份故城县各级各类学校教职员工统计表

表 21-4　　　　单位：人

年度	教职员工					专任教师				
	总计	中专	农中	普通中学	小学	总计	中专	农中	普通中学	小学
1949	611	18	—	20	573	561	10	—	20	531
1952	982	15	—	71	896	930	8	—	71	851
1957	1213	—	16	137	1060	1163	—	16	137	1010
1958	1469	8	43	171	1247	1413	4	43	171	1195
1962	1205	—	8	194	1003	1084	—	8	119	957
1965	1962	—	116	184	1662	1853	—	116	121	1616
1966	1941	—	128	178	1635	1836	—	128	118	1590
1970	2322	—	—	828	1494	2219	—	—	736	1483
1978	3434	—	—	1500	1934	966	—	—	618	348
1981	2963	—	—	1074	1889	3132	—	—	1056	2065
1985	3546	37	30	1269	2210	3261	18	31	1024	2188
1987	3919	61	32	1390	2436	3575	43	23	1121	2388

说明：“—”为资料散佚或无此项内容

1989—2018年故城县教师队伍情况统计表

表 21-5 单位：人

年份	教职工		教职工性别		学历层次			新分配的大中专毕业生
	在岗	离退休	男	女	本科	大专	中师	—
1989	3347	—	1850	1497	67	365	2702	—
1990	3355	—	1850	1505	78	397	2603	91
1991	3524	—	1939	1585	92	564	2566	79
1992	3617	476	1980	1637	103	770	2445	151
1993	3637	423	1845	1792	124	810	2404	119
1994	3641	716	1821	1820	157	1230	2291	64
1995	3042	835	1513	1529	191	1363	2210	79
1996	3497	946	1530	1967	204	1420	2156	117
1997	3896	1012	1756	2140	278	1523	2039	136
1998	4034	1128	1816	2218	320	1630	1928	123
1999	4874	1013	1954	2920	440	1711	1859	310
2000	4830	1244	1964	2866	552	1711	1858	116
2001	4793	1282	1962	2831	617	1760	1802	109
2002	4715	1308	1905	2810	756	1770	1773	—
2003	4610	1389	1844	2766	818	1800	1742	—
2004	4552	1483	1821	2731	837	1822	1720	—
2005	4498	1525	1800	2698	846	1852	1686	—
2006	4481	1701	1792	2689	1083	1956	1301	44
2007	4415	1741	1772	2694	1232	1727	1256	88
2008	4333	1857	1689	2644	1333	1731	1156	39
2009	4306	1942	1593	2713	2442	1464	370	—
2010	4347	2036	1564	2783	2465	1478	373	137
2011	4212	2168	1601	2541	2383	1426	666	—
2012	4245	2297	1698	2547	2411	1443	365	166
2013	4243	2443	1655	2588	2406	1443	365	135
2014	4250	2579	1615	2635	2410	1445	365	142
2015	4126	2720	1527	2599	2339	1403	355	—
2016	4202	2817	1512	2690	2383	1427	362	159
2017	4212	2972	1474	2738	2388	1432	362	158
2018	4094	3175	1364	2748	2321	1392	352	—

说明：表内“—”为资料散佚或无此项内容

第二节　教师管理

教师资格管理　域内在1995年年末始行教师资格证制度。1995—1996年，发教师资格证幼儿园、小学、初级中学、初级职业学校文化课、专业课高级中学教师资格证书3497本。2008年，新认定的教师资格证，使用全国教师资格认定管理信息系统进行证书验证。2013年，河北省教育厅下发《关于进一步推进中小学教师资格定期注册制度试点工作的通知》，开展教师资格注册试点。是年，河北省教育厅印发《河北省中小学和幼儿园教师资格认定实施方案》，幼儿园、小学、初级中学教师资格由市级人民政府教育行政部门认定。2015年，教师资格注册全面铺开，取得相应教师资格的人员，初次聘用为教师时申请首次注册。经首次注册后，每5年申请一次定期注册。

教师队伍管理　十一届三中全会后至20世纪90年代初，域内主要采用分配教师，因数量不足选用民办、代课教师。随着教育事业的蓬勃发展教师队伍不断扩充规范。教师队伍管理日趋完善。2010年10月，故城县开始公开招聘、择优录用的方式录用事业编制教师。2014年1月，县编委制定下发《关于故城县教育体育局所属事业单位机构设置、人员编制、职责任务的通知》，细化学校设置、教师编制、职责任务。2015年9月，故城县落实国务院《事业单位人事管理条例》要求，事业编制教师与所在学校签订聘用合同，实行合同制管理。2016年8月，故城县人民政府办公室印发《故城县推进县域义务教育学校教师校长交流工作实施意见》，在同一所公办学校任校长超过8年、任教师超过9年，在县教体局统一安排下，参与县域内教师校长的交流；是年8月，故城县人民政府办公室还印发《故城县乡村教师支持计划（2016—2020年）实施办法》，提出支持乡村教师发展的七条举措，明确“退一补一”“及时确定每年乡村学校教师补充计划”的专任教师补充机制。2016年8月起，经县政府批准，开始公开招聘人事代理教师，缓解事业编制教师严重不足的矛盾。

第三节　职称管理

职称评聘　自20世纪80年代对域内教师进行职称评聘，职称设置分五个等级。2009年3月，开展专业技术人员普查登记建立信息库及换证工作，至6月30日完成。文教系统普查换证4479人，其中在职副高190人、中级1874人、初级2208人；退休副高5人、中级99人、初级103人。

2010年，完成文教系统各单位的岗位设置方案核准工作，对专业技术任职资格证书（聘书）不再收取工本费，组卷中增加了申报人的申报职称诚信承诺书。

2011年，开展符合条件的少先队大队辅导员按照中小学教师职称评聘的工作。将大队辅导员少先队工作内容、工作量和工作质量纳入中小学教师职称评价范围，少先队工作中获得的市级以上各种奖励和研究成果与中小学教师在教学方面获得的奖励和研究成果同等对待，并作为考核聘用、职务晋升的重要依据。

2012年，开展调查摸底，为中小学教师职称制度改革全面铺开做准备。2013年，按省职改办要求对职称材料开展学历认证、论文检索工作并规范各类奖励证书、课题成果等业绩材料。

2014年，根据新修订的《关于进一步规范职称申报评审材料的通知》进行填写和组卷；县以下专业技术人员评审（考试）专业技术人员任职资格免试外语。

2015年，中小学、幼儿园申报晋升高级教师的人员，在向人社职改部门推荐前，由县教育局会同人社局组织说课，说课作为量化评分排序的重要依据，记入量化排分情况表。

2016年，中小学教师职称制度改革，按照《河北省深化中小学教师职称制度改革工作方案》的通知组织实施了人员过渡、职称申报推荐、岗位聘用和聘后管理工作。6月30日完成教师职称过渡工作。136个单位在编在职教师符合过渡条件的人员共3715人：中学高级教师共507人、中学一级教师858、小学高级教师913人、中学二级634人、小学一级教师800人、中学三级教师1人、小学二级教师2人。民办学校1所，共15人过渡。过渡后聘任合计3719人，其中高级教师507人：岗位七级395人、岗位十级112人；一级教师1771人：岗位十级1528人、岗位十二级243人；二级教师1434人：岗位十二级1227人、岗位十三级207人；三级教师7人：岗位十三级7人。

8月，进行教师职称信息录入工作，10月15日结束。注册录入3757人。其中：高级505人、中级1761人、助理级1443人、员级48人。是年，岗位核算执行新修订的河北省中小学专业技术岗位结构比例控制标准。下放职称申报资格审查权限。中级职称申报资格审查，下放到县职改办负责。中小学及中专系列师申报评审条件按照2016年新修订的《河北省中高级专业技术职务任职资格申报评审条件》要求执行参评人员组卷不再提交学历、论文等查询和检索的佐证材料。职称申报评审，对职称英语、计算机应用能力考试成绩不做统一要求。

2017年，在职称申报评审中首次使用河北省职称（专家）管理系统进行职称申报评审数据传送，实现了网上查询验证以及人才统计分析。中小学（职业中学、幼儿园）教师晋升高级教师，论文不作为必备条件，申报评审时要提交本人近5年任教中某一个学期的完整教案。将年度考核、担任班主任、教学质量、发表论文等情况，作为单位推荐和评委会评审量化打分项目。对任现职以来承担2门及以上学科教学任务的小学教师，申报时需明确一个主学科，教学工作量可以累加计算。

2018年，对中小学高级教师职称评审和聘用工作新要求，按照省下达的推荐指标组织申报推荐，科学合理分配，坚持向一线倾斜。中小学正高级教师推荐人员中，担任学校和教研机构行政领导职务的不超过30%。将中小学教师到乡村学校、薄弱学校任教1年以上的经历作为申报高级教师职称的必要条件。

教师队伍职称分布 2009年1月，对2001—2006年，取得教师职称职务的予以聘任并落实工资待遇。共聘任2304人，其中高级85人、中级1163人、助理1046人，高级工8人、中级工2人。

2014年4月，对2007—2009年取得教师职称职务的予以聘任并落实工资待遇。共聘任804人，其中高级140人、中级481人、助理183人。

2016年5月，对2010—2012年取得教师职称职务的予以聘任并落实工资待遇。共聘任611人，其中高级172人、中级290人、助理149人。

1990—2017年故城县省特级教师一览表

表21-6

姓　名	性　别	工作单位	称　号	批准部门	年　度
姚泽生	男	河北郑口中学	河北省特级教师	河北省政府	1990
李欣荣	女	河北郑口中学	河北省特级教师	河北省政府	1999
刘　洋	男	县第一小学	河北省特级教师	河北省政府	1999
刘　涛	男	县文教局	河北省特级教师	河北省政府	2000
常希平	男	河北郑口中学	河北省特级教师	河北省政府	2002
陆桂兰	女	县第三小学	河北省特级教师	河北省政府	2003
高凤芝	女	县第一小学	河北省特级教师	河北省政府	2003
曹国庆	男	河北郑口中学	河北省特级教师	河北省政府	2004
杨凤兰	女	县第一小学	河北省特级教师	河北省政府	2008
陈宝友	男	郑口中学	特级教师	河北省人民政府	2010
韩石俊	男	故城镇中心小学	特级教师	河北省人民政府	2014
赵会刚	男	高级中学	特级教师	河北省人民政府	2016
苏月英	女	郑口中学	特级教师	河北省人民政府	2017

第四节　教师培训

故城县有教师进修学校1所，承担着全县中小学教师和教育行政干部的培训任务。

业务培训　1983年，故城县中等师范学校开始招收教龄满3年的优秀民办教师，2年脱产学习，考核合格，颁发中师毕业证，回原单位任教。至1997年年末，五届7个教学班共招收学员240人。

1984年始，域内中小学教师参加“教材教法”过关学习。至1987年，有3034人获得“教材教法合格证书”。

函授　1985—1998年，招收四年制中师函授学员449人，二年制中师函授学员508人（高中毕业程度），三年制专科函授学员12人，本科函授学员13人；招收二年制中师卫星电视学员454人，师专卫星电视学员76人；招收三年制“三沟通”学员433人。故城县在职公办一线教师学历基本达标。

学历培训　1996—2001年，县教师进修学校招收“三年制幼教大专班”“小教大专班”“专升本”学员，采取集中面授分散自学、定期考试的形式，对中小学骨干教师进行学历提高培训。5年共招收幼教大专班学员58人，小教大专班学员562人，“专升本”学员419人。1996—2002年，对1063人新教师进行职业培训；对532人进行“民转公”教学岗位培训。

2001年始，县教师进修学校按照河北省中小学教师继续教育中心每年确定的专题，负责域内中小学校长、教师职务培训、考试考核。利用公休日、寒暑假集中授课、分期自学，组织参加省考试。同时，举办音、体、美、幼教、小学英语、计算机、新课改等短训班。至2005年，小学专任教师学历达标率为100%，初中专任教师学历合格率为94.2%，继续保持全省领先位次；小学教师专科学历比例提高到30.42%，初中教师本科学历的比例提高到21.89%。初中具有中级职称的专任教师比例提高到31.2%。

2006年始，以部分学校为试点进行教师校本研训，帮助教师提高教育教学能力和教研水平。广大教师更新教育理念，掌握新的教学手段和教学方法，保证课程改革的顺利进行。

现代教育技术培训　2010年，在教师培训工作中实施“青蓝工程”、实施“农村学校教育硕士师资培养计划”发挥名师传、帮、带的作用。2011年，按河北省教育厅规定，开始将中小学教师继续教育远程网络培训纳入年度工作计划并认真组织实施。是年4月，河北省中小学教师综合教育技术应用能力考试，故城县2568人参考。成绩全部合格。7月，教体局举办了首届中小学教师师德论坛活动，共评选师德标兵20人，优秀奖30人。

2013年9月开展河北省特级教师讲学团送教下乡活动。10月河北省教育厅、财政厅、人力资源和社会保障厅、河北省机构编制委员会办公室《关于推进县级教师发展中心建设的意见》下发，整合现有县级教师进修学校、教研室、电教站机构编制，设置县级教师发展中心。

国省级教师培训　2009年，参加教育部中西地区中小学教师培训4人，省级培训：骨干教师培训20人。英语口语、骨干班主任、新教师技能33人。

2010年，国培项目：农村中小学骨干教师33人。集中培训44人，培训者培训13人；省级培训：学科骨干教师培训11人、名师、英语口语、骨干班主任、新教师技能9人。

2011年，国培项目：骨干教师27人、培训者培训7人、学科骨干教师远程培训200人、幼儿园教师26人。省级培训：骨干教师17人，短期集中培训28人、名师、英语口语、骨干班主任、新教师技能9人。

2012年，国培项目：骨干教师15人，短期集中培训16人、培训者培训2人、学科骨干教师远程培训468人。省级培训：骨干教师13人，短期集中培训22人、园长1人、英语口语强化4人、教研员2人、现代教育技术2人。

2013年，省级培训项目：骨干教师7人，短期集中培训29人。国培项目：幼师35人，骨干教师7人、薄弱学科7人，学科骨干教师远程培训239人，培训者培训5人、特教1人名师、高级研修1人、教育技术培训项目50人。全员培训2796人。至2017年，小学、初中、高中、职中、特教幼儿园教师进行国培、省培，达3018人次。2018年，故城县中小学教师远程培训3838人，新教师入职培训159人，代理教师入职培训180人。

第五节　教师待遇

政治待遇　中共十一届三中全会以后，教师地位不断提高，尊师重教之风日盛。每年教师节县委、县政府都召开表彰大会，为教学工作成绩卓著的教育工作者、模范教师授予称号，并给予一定的物质奖励。春节、“五一”等节日，县、乡镇政府、教育主管部门对部分教师及教师家属进行走访慰问。教育工作者、教师，在历届的党代会代表、人大代表、政协委员都有一定比例。

2018年故城县教师节庆祝大会召开

工资待遇　20世纪80年代后期，故城县国办小学教师平均月工资为87.36元，中学教师平均月工资91.87元。是年，教师职称与工资挂钩，小学一级教师最低74元，小学高级教师最低月工资94.5元，中学高级教师最低月工资119元。民办教师中，小学民办教师每月工资51元，中学民办教师每月工资53元。农村中小学教师的工资大部分来源于“三提五统”和农村教育费附加，文教局机关及下属单位、郑口中学、祖杨农校、县师范、县幼儿园教师的工资大部分由县财政拨付。1990年10月，教师工资先后进行两次普调，还有少数工资偏低教师进行第三次调整。1993年10月，教师工资进行套改。套改后分职员工资制、专业技术人员职务工资制、工人岗位技能工资制。工资包括职务工资、津贴（职务工资七分之三）、剩余补贴54元、职务津贴、教龄津贴。1995年10月，普调一级教师职务工资，平均月增30元。1997年10月1日，普调一级教师职务工资。1998年，郑口镇坛村中学、育才中学、第一、二、三小学教师工资改由县财政统筹发放。1999年10月1日，再次普调一级教师职务工资。2001年，两次调整教师职务工资标准，教师工资平均月增180元。2002年6月，在编教师工资全部由县财政统筹，统一标准，统一管理，统一由银行按时、足额发放。2003年7月1日，调整教师职务工资标准，教师工资平均月增50元。2006年、2007年，教师工资进行套改，平均月增480元。

根据《国务院办公厅转发人力资源社会保障部财政部教育部关于义务教育学校实施绩效工资指导意见的通知》，省、市均下达贯彻落实通知精神相关要求。故城县委、县政府高度重视义务教育学校绩效工资实施工作。

2009年9月下旬，教文体局对中小学校长进行政策宣传和业务培训，要求各学校把相关政策传达给每位教师；同时把绩效工资的相关政策在故城教育网公布。11月初，完成故城县义务教育学校3524名在职教职工摸底测算任务，摸清了绩效工资增资底数，随之县人事、财政、教育部门协调联动、密切配合，全面进入义务教育学校绩效工资落实阶段。12月底，县财政局1000余万元的所需资金筹集到位。

为了体现对农村学校，特别是条件艰苦学校的政策倾斜。鼓励和吸引各类优秀人才到农村义务教育学校从教。农村教师津贴要在奖励性绩效工资中建立，由人事劳动和社会保障局、财政局、教文体局根据学校的地理环境，以县政府为中心到学校所在地的乡镇政府距离远近，分为三类学校：一类学校为15公里之内的乡镇；二类学校为15公里之外25公里之内的乡镇；三类学校为25公里以外的乡镇来确定。一、二、三类的农村学校教师补贴每人每月分别是10元、20元、30元。

2016上半年，域内有在职教职工4041人，发放奖励性绩效工资总量1122.51万元。是年7月1日起，调整事业单位工作人员基本工资标准，同时将部分绩效工资纳入基本工资。调整后的岗位工资标准，专业技术人员由现行的每月1150～3810元，分别提高到每月1390～4850元，管理人员由现行的每月1150～3770元分别提高到每月1390～4770元，工人由现行的每月1130～1640元分别提高到每月1360～2010元；薪级工资标准，专业技术人员、管理人员由现行的每月 170～5795 元分别提高到每月 215～6355 元，工人由现行的每月 150～1855 元分别提高到每月 185～2047 元。是年 9 月，郑口镇坐落在县城城区外的 6 所农村小学（西曹官小学、赵行小学、刘古庄小学、杏基小学、贾黄村小学、五户小学）也开始执行乡镇工作补贴。

此次调整基本工资涉及教师 4025 人，人均月增资 552 元。

2018 年年末，事业单位在职人员普调两级薪级工资。

原民办代课教师教龄补助待遇 2012 年 4 月，根据河北省《关于为农村原民办代课教师发放教龄补助实施方案》，要求对不在岗的农村原民办、代课教师发放教龄补助。2012 年 8 月，故城县农村原民办代课教师发放教龄补助工作领导小组成立，制定具体的实施方案，是年末完成认定以及发放教龄补助工作。2013 年，相继完成其他申报人员的身份及教龄认定工作。2014 年 8 月，省教育厅、省财政厅、省人力资源和社会保障厅下发《关于进一步做好为农村原民办代课教师发放教龄补助工作的补充通知》，要求“对符合教龄补助发放条件、但已经参加企业职工养老保险的原民办代课教师，各地可比照河北省政府相关文件规定的认定条件、发放标准、发放时间等要求”，9 月起先后完成县、市、省三级认定审核。2016 年 12 月，省教育厅、省财政厅、省人力资源和社会保障厅下发《关于做好为农村原民办代课教师发放教龄补助有关工作的通知》。自 2017 年 1 月 1 日起，将现有教龄补助标准提高 30%，教龄补助标准提高部分所需资金，由市县财政落实解决；原在河北省农村公办中小学（幼儿园）任教的原民办代课教师，现为外省户籍，其所在省（市）未与河北省达成互认的，由原任教单位所在县（市、区）和设区市政府，按照河北省政府相关文件和河北省教育厅相关文件规定的条件、发放标准、发放时间等要求予以解决。

第十章 教学研究

中华人民共和国成立后，故城县文教局成立教育机构从事教研工作，通过设立教研组进行教研活动，承担教学改革和课题研究，组织、高考、中考、小升初等考试。

第一节 教研机构

1954 年，故城县教育科建县小学教学视导研究室（简称“教研室”），指导域内小学教师开展教学研究活动。之后，中学、小学均设立教研组。

1966—1976 年“文化大革命”期间，教研工作受到干扰几近停滞。1978 年，各中小学复设教研组。

1980—1999 年，文教局教研室设小学教研组和中学教研组，教研和工作人员 12 人。同时建起四级（县、乡、学校、学科）教研网络，各乡镇教委（2002 年改称“中心校”）均配备中小学教研员，成立以主管业务校长为组长，教研员为副组长，各完小校长、骨干教师为成员的乡镇中心教研室，为教研活动提供组织保障。1997 年设立教科所。

2000—2018 年，教研室设小学教研组、初中教研组与教科所两个机构、一套人马，专职人员 10 人，各级学校专兼职人员 38 人。教研内容增添美术、品德、体育、音乐、法制、特教、信息技术等学科，配备专职教研员。构建了“教体局领导—教研机构—校长—学科教研组—教师”五级网络机构。

第二节 教研活动

私塾和中华民国时期教学，采取教师讲授，学生死记硬背的“填鸭式”教学法。

中华人民共和国成立初期，采用教师讲、学生听的“注入式”教学法。

1952 年，故城县开始提倡苏联凯洛夫教学法。在教学中运用“五项教学原则”（即直观性原则、巩固性原则、量力性原则、系统性原则、自觉性原则），坚持“五个教学环节”（即组织教学、检查复习、讲授新课、巩固练习、布置作业）。

1954 年，县教研室成立后在郑口完小、中镇完小进行语文、算术教学改革试验。1956 年 10 月，沧县专区教育局召开小学教学改革经验交流会。郑口完小、中镇完小分别在会上介绍经验。

1958 年，师生参加劳动过多，原有教学秩序一度被打乱，教学研究受到冲击。

1962 年，教学工作逐渐恢复正常。在教学方法上提倡“少而精”“启发式”“精讲多练”，教学质量始渐提高。

1963 年，开始在郑口小学、中镇小学、河西街小学进行学制改革试验。县教研室经常于上述学校举行教学观摩课，探求“教”与“学”关系及处理方法，总结经验向全县推广。郑口中学教学研究与教学改革较为活跃。以教师王济民为首的语文组，进行多项改革式验，并在语文教学中总结有“多读、多写、多思”经验。其所任高中班语文高考成绩一直居全专区重点中学前列。

“文化大革命”期间强调“以阶级斗争为主课”，实行“开门办学”，忽视文化知识学习，“双基”（基础知识和基本技能）教学成为禁区。1977 年后，教学工作受到重视，“双基”教学恢复。

1978 年，各中小学复设教研组。各中小学积极进行教学改革试验，探索教学规律，改革教学方法。着重研究教与学、知识与能力的辩证关系。曾先后进行小学低年级语文“分散识字”小学高年级及初中语文“读写结合”，中学数学黎氏“六课型”、中学物理、化学“图表教学”，中学英语“实践教学法”等试验，教学成绩明显提高。

1987 年始，为加强教学研究活动，提高教研水平，县教研室制定《关于教学教研工作的几项具体要求》《教师备课的要求》《学生作业及批改的要求》《课堂教学的要求》等常规教学管理细则，对学校教学、教研工作管理进行规范性指导。通过不断完善教研管理体系，对各个学校进行量化评估，推广先进学校的经验。县教研室还通过听推门课活动，了解老师的课堂教学工作。举行中小学优秀教师示范课、观摩课、教学标兵活动，提高授课水平。

1990 年，教研室创办《教学研究》，定期发表教师的优秀论文，优秀论文向上级刊物推荐。县教研室颜建河结合教学进行考试、研究性学习等方面的研究，先后在《中国教育报》《教育实践与研究》《教育研究与评论》《中学化学教学参考》等 20 多家国家、省级报刊上发表论文（文章）300 余篇，其中 10 篇获国家和省级奖励。

1999 年，教研室在全县中小学教师中推广“三个一”（即每人确定一项研究课题，每学期每人写一篇教学教研论文，每学期每人上一节公开课）活动。2000 年，故城县掀起课题实验活动，坛村中学、育才中学、袁庄中学、房庄中学、郑口第二小学、郑口第三小学等学校申报市级课题。各学校也办起《教学研究》，不定期发表教师的优秀论文，在各学校推广交流。

2004 年，围绕新一轮新课程改革进行教学科研和教学实践，提高教师素质和业务水平，提高教学质量，开展正常有序的教学活动。重点扶持一些教改课题，进行了“自主学习、自主发展研究实验”“心理健康教育实验”“创新教育实验”“中小学信息技术教育实验”，以及“校本教研实验研究”，调动中小学教师参与教育教学研究的积极性，大面积普及了先进的教育理念和教育教学研究的理论方法。由于“双自主研究”的深入，为故城县基础教育课程改革奠定了思想基础、知识基础和人才基础。

教育局组织小学教师开展教研活动

2005 年，每学期开展中小学优质课、中小学学科带头人和骨干教师评选活动。是年，推选出中小学市级学科带头人 10 人、骨干教师 39 人，向省、市推荐优秀论文和创新教育成果多篇（项）。推选 6 名教师参加省级骨干教师培训，其中 1 名教师参加了高级研修班。2006 年，评选出县级学科带头人21人，衡水市优秀课改教师4人；向省、市推荐优秀论文和创新教育成果200余篇，其中100多篇获省、市各奖项；教研室被授予“河北省教育学会先进单位”。2008年，故城县顺利通过河北省教学评估验收。健全了“教研督导促进制、学校管理激励制、学科探究合作制、教师成长目标制”四层管理机制，层层落实责任，落实和推进了教研工作规范化、制度化、科学化。

2012—2018年，故城县教师承担省级课题共计18项，承担市规划课题35项，37人在省优秀论文评选中获奖，1个课例被教育部评为优质课，11人在全国教师技能大赛中获奖，17人次代表衡水市参加河北省教学展评获奖，302人次在市课堂教学评比中获奖。

第三节　招生考试

1949年前，故城县小学实行百分制闭卷考试，主要有学期考、学年考、毕业考、升学考。学校按考试成绩优劣，确定学生升级、留级、升学。

中华人民共和国成立初期，中小学招生由学校自行命题组织考试，择优录取，仍采用百分制。1953年学习苏联“五级记分法”（即一、二、三、四、五分）。1961年恢复百分制。初、高中招生统一考试，分校录取，先重点学校，后一般学校。“文化大革命”期间废除考试制度，实行开卷考试。大、中专招生采取“推荐与选拔”相结合方法，招收工农兵学员。1977年，恢复闭卷考试择优录取招生制度。是年12月15日，大中专招生考试中，时任中共故城县委书记马某宝等违反在校学生选优报考规定，为使其女考上大学进行营私舞弊活动。此举波及整个郑口考点（郑口考点为全县3个考点之最，设15个考场，考生740人），严重影响了正常考试，致使该考点此次考试无效，于1978年1月底重新考试。中共衡水地委对此事件主要责任者人及其他有关人员共11人做以严肃处理，撤销马某宝县委书记职务、开除党籍，《人民日报》对此事做详细报道，在全国引起极大震动。自1978年始故城县在以后的中、高考中，认真吸取历史教训，加强领导高度重视组考工作，严肃认真把握各个环节，使中、高考工作秩序井然。

中考　1978—1991年（1986年除外），高中招生由地区统一命题，故城县组织故城县考试、阅卷及录取，按照先重点后一般，先普中后职中原则逐次选拔新生。1987—1999年，河北省初中升中专考试科目为政治、语文、数学、物理、化学、外语。衡水市将历史、地理、生物三科用一套试卷进行考试。1991年始，实行高中毕业会考，由招生办负责报名考试工作。是年，普通中专与高中招生考试由全省统一考试，按志愿分别录取。1994年，中考加考体育。1996年，普通高中毕业会考工作由招生办移交普教股。是年，故城县高中招生改为与中考统一进行，志愿单报，郑口中学提前录取。1997年，中考加考理化实验操作，计入中考总分。是年，县重点高中公助生指标按一定比例分配到各乡镇中学。全县中考报名、考场编排、成绩登统、分数线划定、录取全部实现微机操作，结束了中考各环节人工操作的历史。

1997—2000年，郑口中学公助生指标的30%分配到各乡镇中学。2000年，河北省中考科目设置改为语文、数学、英语和文科综合、理科综合。2001年，中考考试时间由6月21—23日变更为6月21—22日。2008年，初中学生毕业和升学考试分开的办法，毕业考试由学校自行组织；升学考试由县级教育行政部门统一组织，考试科目由省、市制定，文化考试科目由省统一命题。衡水市在初中毕业生升学考试科目上，增加了体育考试考查、信息技术测试两个科目。升学考试科目改为语文、数学、外语、理科综合（包括物理、化学两门学科）、文科综合（包括思想品德、历史两门学科）、体育测试、信息技术测试、物理或化学实验操作，总分650分。

高考　1981—1998年，全国普通高校统一考试时间为每年的7月7—9日。1990年国家教委、人事部、计划委员会、公安部、商业部联合发布《普通高校招收自费生暂行规定》，自此，各校自费生招生计划逐年增加。1999年，全国普通高校招生考试制度改革，高考科目推行“3+X”科目设置方案，录取方式实施计算机网上录取。2001年后，河北省实现计算机现场局域网和远程广域网相结合的录取方式，建立考生电子档案，取消考生纸质档案。

1977—1987 年故城县升入大中专人数统计表

表 21-7　　　　单位：人

年　份	大　专	中　专	备　考
1977	66	120	中专只招高中生
1978	83	98	中专只招高中生
1979	121	78	中专只招高中生
1980	79	111	中专只招高中生
1981	98	60	中专只招高中生
1982	111	57	中专只招高中生
1983	144	58	包括初中升入中专学生
1984	122	63	包括初中升入中专学生
1985	182	63	包括初中升入中专学生
1986	191	32	包括初中升入中专学生
1987	178	34	包括初中升入中专学生
合　计	1375	774	

说明：1949—1965 年资料散佚；1966—1976 年未进行考试录取

2008—2018 年故城县中考报名及录取情况统计表

表 21-8

年　份	参考人数（人）	录取人数（人）			录取率（%）
		郑口中学	高级中学	职教中心	
2008	5333	1600	800	1156	66.7
2009	5182	1600	800	1300	71.4
2010	4260	1500	800	1200	82.2
2011	3936	1300	600	1100	76.2
2012	3638	1400	600	1000	82.5
2013	3806	1300	600	968	75.4
2014	3599	1300	600	894	77.6
2015	4116	1300	600	953	69.3
2016	4604	1300	800	938	66.0
2017	5107	1350	1000	1087	67.3
2018	5001	1350	1155	1059	71.3

1987—2008年故城县文史类高考成绩统计表

表 21-9

年 份	参 考 总人数（人）	上 线 总人数（人）	上线率（%）	重点院校		一般院校		专科院校	
				控 制 分数线（分）	上 线 人 数（人）	控 制 分数线（分）	上 线 人 数（人）	控 制 分数线（分）	上 线 人 数（人）
1987	195	76	39.0	585	12	468	38	445	26
1988	252	55	21.8	489	5	468	28	450	22
1989	216	45	20.8	503	4	480	26	472	15
1990	198	56	28.3	462	3	441	29	435	24
1991	125	44	35.2	492	2	475	19	468	23
1992	214	28	13.1	488	3	474	12	468	13
1993	203	32	15.8	464	2	449	10	426	20
1994	123	35	28.5	527	9	508	16	497	10
1995	121	51	42.2	529	12	515	28	507	11
1996	108	44	40.8	533	19	513	17	505	8
1997	170	127	74.7	503	41	482	63	465	23
1998	186	109	58.6	516	27	492	62	483	20
1999	153	132	86.3	529	38	510	59	499	35
2000	170	160	94.1	520	62	499	90	380	8
2001	456	312	68.4	537	68	510	173	480 本三	71
2002	578	319	55.2	539	47	505	170	430 本三	102
2003	509	307	60.3	531	80	496	162	415 本三	65
2004	511	359	70.3	582	82	550	143	458 本三	134
2005	677	539	79.6	536	137	500	155	416 本三	247
2006	696	602	96.5	561	74	530	123	472 本三	226
2007	679	657	96.8	566	53	538	131	475 本三	309
2008	713	669	93.8	573	23	503	109	430 本三	328

说明：本三即大学本科第三批；自2009年起随着高考制度改革不再对高考成绩作具体统计

1987—2008 年故城县高考理工类成绩统计表

表 21-10

年 份	参考总人数（人）	上线总人数（人）	上线率（%）	重点院校		一般院校		专科院校	
				控制分数线（分）	上线人数（人）	控制分数线（分）	上线人数（人）	控制分数线（分）	上线人数（人）
1987	385	157	40.8	510	50	470	74	455	33
1988	543	176	32.4	507	38	483	106	472	32
1989	416	167	40.1	520	39	495	74	481	54
1990	407	127	31.2	504	48	481	65	473	14
1991	305	152	49.8	520	24	497	89	488	39
1992	621	141	22.7	538	35	521	80	513	26
1993	476	153	32.1	490	30	469	84	456	39
1994	362	225	62.2	552	63	522	121	507	41
1995	314	177	56.4	544	49	513	113	500	15
1996	503	260	51.7	533	96	493	154	481	10
1997	476	355	74.6	524	87	482	228	460	40
1998	530	441	83.2	559	127	517	266	501	48
1999	625	538	86.1	546	151	504	311	488	76
2000	652	646	99.1	543	208	501	417	400	21
2001	965	898	93.1	572	194	533	570	500 本三	134
2002	1204	986	81.9	571	180	527	600	450 本三	206
2003	1416	1160	81.9	513	295	469	734	392 本三	131
2004	1701	1171	68.8	590	377	543	493	383 本三	301
2005	1988	1506	75.8	551	415	511	484	380 本三	607
2006	1768	1580	89.4	577	325	540	368	461 本三	588
2007	2149	2119	98.6	587	427	549	543	459 本三	856
2008	2073	2029	97.9	552	419	514	481	422 本三	829

2008—2018 年故城县高考报名及录取情况统计表

表 21-11

年　份	报　名（人）	录　取（人）	录取率（%）
2008	3767	3220	85.5
2009	3798	2960	77.9
2010	3734	3133	83.9
2011	3678	3214	87.4
2012	3510	2923	83.3
2013	3195	2772	86.8
2014	3016	2755	91.4
2015	2861	2640	92.3
2016	3066	2900	94.6
2017	3002	2907	96.8
2018	3578	3438	96.1

第四节　教研成果

1972 年年初，郑口中学、郑口小学按照“因陋就简、就地取材、土法上马、服务教学”原则，开始自制教具活动。县文教局认真总结两校经验，是年 10 月，在郑口小学召开故城县中小学自制教具经验交流会。至 1973 年 9 月，全县中小学共制教具 10 万余件（套）。

1974 年 4 月、1975 年 8 月，河北省教育局先后两次于故城县召开中小学自制教具经验交流会。会后，18 个省、市、区近 9 万人次到故城参观学习。

1978 年，中央电视台于郑口小学拍摄题为《我们研制的小学科常教具》电视片。是年 10 月，故城县代表衡水地区出席教育部在北京召开的全国中小学幻灯教学研究会，并在会上表演，得到中国科学院院长方毅的肯定与表扬。1979 年 8 月，教育部电影制片厂于郑口小学拍摄题为《自制教具成果》科教片。

1982 年 4 月，故城县绘制的 139 幅地理学幻灯片，经河北省电教馆审定，决定在全省推广使用。是年 10 月，故城县代表衡水地区出席教育部在广州召开的物理教学研究会。自制教具“洛伦磁力演示器材”“电子束磁致偏转演示器”“等位面演示器”，受到中国教育学会与中国物理学会联合嘉奖。为加强教具使用与管理，1983—1985 年故城县修建仪器室 622 间、实验室 56 间、打制仪器橱 1012 个、实验桌 242 张。各校设有专职或兼职保管员，教具完好率保持在 90% 以上。

1987 年 10 月，国家教委在衡水召开由华北、东北、华东、中南、西南地区参加的小学教具配套现场观摩会。会议期间与会代表到故城县考察，对故城县小学自制教具配套工作给予高度评价。

2000 年，郑口第一小学教师刘洋申报的《自主发现与自主发展》在“特级教师园丁工程”中被立项为国家级课题。县高级中学《开展三结合教育、提高育人水平的研究》申报国家课题，郑口中学、第一小学分别进行省级课题的研究，

2000—2018 年，故城县由于在教研诸多方面成绩突出，县教研室连续被授予国家基础教育研究会“教育科研先进单位”、中国教育学会“课题实验先进单位”、中国教育学会“中小学学科优质课评比优秀组织奖”“河北省教育科研成果宣传推广先进单位”“河北省教育学会系统先进单位”“衡水市‘十一五’基础教育教科研工作先进单位”“衡水市教育科学研究工作先进集体”“衡水市教育学会系统先进集体”。

2005—2018 年故城县各级课题一览表

表 21-12

级别	主持人	单位	课题类型	课题名称	研究状态
国家级	河北郑口中学		国家级重点课题	国家教育科研创新型学校	结题
	谢志新	河北郑口中学	专项重点课题	高中语文教学中实施合作学习的实践研究	
			专项重点课题	新课改中语文有效教学实践与高效课堂的研究	
省级	杨风兰	郑口第一小学	专项课题	构建小学数学自主有效课堂教学模式的研究	
			立项课题	对新课程背景下课堂评价的研究	
	张书环	郑口第一小学	专项课题	小学语文课堂学生主体性研究	
	杨玉国	聚龙小学	专项课题	小学校园英语文化创建的实践与研究	
	曹丽丽	武官寨第一小学	专项课题	小学综合实践与相关学科整合的研究	
	李云霞	教育局	专项课题	学科基地资源的有效开发和利用的研究	
	于天茹	河北郑口中学	专项课题	高中英语个性化作业设计的有效性研究	
	李雪莹	聚龙中学	专项课题	初中语文课堂阅读教学课型创新的研究	
	李爱茹	郑口第一小学	立项课题	生本高效课堂教学策略研究	
				对新课程背景下课堂评价的思考	
	曹国庆	河北郑口中学	立项课题	新课程改革背景下高中教师教育与培养机制的研究	研究中
	马爱华	县第二幼儿园	立项课题	废旧材料在幼儿园户外体育游戏教学中的应用研究	
	李云霞	教育局	立项课题	初中数学课堂生成性资源校本化的实践与研究	
	韩文生	运河中学	立项课题	初中数学核心素养背景下“课题学习”模式的建构	
	曹端霞	郑口太兴小学	立项课题	小学数学多元化评价的研究	
	郭永华	教育局	立项课题	县域小学低年级绘本阅读及教学策略的实践研究	
	王红霞	郑口第三小学	立项课题	小学阶段语文阅读教学中读写结合点的研究	
	宣平侠	郑口第二小学	立项课题	小学社团活动课程化的实践研究	
市级	曹国庆 郭慧敏	河北郑口中学	立项课题	新课程背景下学生自主参与与管理的研究与探索	
	刘秋蕙	河北郑口中学	专项立项课题	新时期师生有效沟通创新性研究	结题
	李月涛	河北郑口中学	专项立项课题	高中班主任工作方式、方法研究	
	于天茹	河北郑口中学	专项课题	高中英语作业的个性化设计及有效性研究	
	李欣荣	河北郑口中学	专项立项课题	高中新课改背景下构建“和谐课堂”的实践研究	
	陈宝友	河北郑口中学	专项课题	利用物理实验培养学生创新能力的研究	
	胡玉波	河北郑口中学	立项课题	落实立德树人、深化核心素养融入高中课堂教学研究	
	苏月英	河北郑口中学	专项课题	课堂教学问题化对提高数学教学质量研究	
	李爱茹	郑口第一小学	重点课题	校本课程的开发与教师素养的研究	
	胡玉波	河北郑口中学	立项课题	高中新课改背景下构建“和谐课堂”的实践研究	
	苏华	郑口太兴小学	立项课题	小学数学课堂教学评价语言的研究与实践	
	张荣华	原隰中学	立项课题	课堂有效教学的应用研究	
	马爱华	县直幼儿园	立项课题	幼儿园创意手工与废旧物品再利用的实践与研究	
	宣平侠	郑口第二小学	立项课题	小学信息技术与各学科整合的研究	
				小学语文教学有效性的研究	

第十一章 教育经费 勤工俭学

清末，域内县学、书院、由学田课银、存款生息供给。义学经费来自学田地租、地方绅士捐赠，私塾经费由雇主负担；民国期间，教育经费源于地粮附加等；抗日战争时期由政府拨付；中华人民共和国成立后，教育经费来源于财政拨款、集体筹集、收取学杂费等。2006年，国家实施义务教育，国家不断增加教育投入，免收学费杂费。域内勤工俭学起源于民国时期，中华人民共和国成立后，以学生日常勤工俭学和开校办工厂、农场为主要方式，收到一定经济效益。

第一节 教育经费

清末故城县学、书院经费由学田课银、存款生息供给。清光绪《故城县志》载："县学学田在城西南官庄，共小地1顷16亩5分4厘8毫1丝，明时士绅义捐，以为学校教养之资。""甘陵书院周家坟后有地51亩8分，以为师生膏火日课经费纳粮修葺之用。""卫阳书院有生息租钱数10贯延师课徒。"义学以学田地租，地方士绅捐赠为办学经费。私塾经费由雇主筹措。

中华民国期间县公办学校经费源于地粮附加、存款生息、学产地租等。

抗日战争时期抗日高小经费由抗日民主政府拨付。

中华人民共和国成立后，域内各高级小学经费由县财政科拨款，各村初级小学经费由区、村筹措。为迅速发展教育事业，采取"两条腿走路"方针，多渠道集资办学。20世纪50年代末，公办学校经费由县随国家公粮征收地方附加公粮解决。1958年后，教育经费由县财政拨款，另有社、队（乡、村）集资，学杂费收入，勤工俭学收入，及单位、个人捐资。

随教育事业发展，教育经费呈增加趋势。

集体筹集 20世纪50年代末，根据农村经济需要，开办一批民办中、小学，耕读小学。此类学校教师报酬，校舍修建及维修、教学设备购置、办公等经费，除国家补助部分外其余均由乡、村（社、队）公益金解决。1983年，实行教育体制改革，农村中小学经费一律由社队集资解决，所筹经费主要用于教师工资。是年，乡（镇）筹集教育经费35万元。1985年，乡（镇）筹集教育经费212.3万元。1987年，乡（镇）筹集教育经费293万元。

财政拨款 1987—2018年，教育经费的来源机制和拨付形式经历了四个不同阶段。

1987—1991年，教育经费的拨付原则是分级办学、分级拨付。县办学校由国拨教育经费开支；农村中小学的教育经费由乡（镇）村集资解决，国拨经费给予适当补助。农村中小学教师的工资、人头费、办公经费大部分来源于"三提五统"和农村教育费附加，文教局机关及下属单位、郑口中学、祖杨农校、职教中心、县师范、县幼儿园的工资、办公经费大部分由县财政拨付。1988年郑口镇坛村中学、育才中学、第一、二、三小学教师工资改由县财政统筹发放。

1992—2002年，教育经费的拨付原则是分级办学，以县为主，分级拨付。教育经费从"三提五统"中按规定比例划拨。根据农村教育费附加实行乡征县管，由县财政局按教师编制及学生数，下拨至乡镇财政所和县直学校，乡镇财政所再拨至乡镇所属学校。教育公用经费筹集发放标准为中学每生每年25元，小学每生每年10元。义务教育阶段中小学公用经费一部分来于向学生收取的杂费，一部分来于城市教育费、城市建设维护税。郑口中学、高级中学、职教中心、祖杨农校等高中和中专学校办公经费大部分靠收费解决。

2003—2004年，取消乡村"三提五统"，教育经费由县财政统筹。县财政按教师编制及学生数，适当补助县直各学校及各乡镇教育经费。教师工资由县财政统一发放。学杂费（一费制）收入和勤工俭学收入实行收支两条线。2003年，故城县高中招生收费执行省政府“三限”政策（限分数、限人数、限钱数），择校生人数不超过学校招生总数的30%，一般高中择校生三年收费不超过6000元，省级示范性高中三年收费不超过12000元。2004年起，义务教育阶段中小学实行“一费制”收费标准。

2005年后，国家取消农业税，对农村义务教育阶段的家庭困难学生免除学杂费，免费提供教科书。补助寄宿生生活费。免除学杂费后，由国家补助学校办公经费。

2008年，教育经费投入是11755万元，2013年秋季始，全国中职学校实行免除学费制度，县职教中心每学期末按实际在校生人数报省市复核后，由中央财政和省级财政拨付补助资金作为学校教学办公经费，编制内教职工工资由县级财政列支。2017年，教育经费投入达53967万元，是2008年的4.6倍。

坚持教育公益性质，对贫困家庭学生免除学杂费、免费提供教科书和补助寄宿生生活费（“三免一补”），健全学生资助制度，保障经济困难家庭、进城务工人员子女平等接受义务教育。

学杂费 各中小学按照上级规定向学生征收学杂费。经济上确有困难学生，学校减收或免收其学杂费。“文化大革命”期间不再征收学杂费。1978年后复征学杂费，由县文教局根据上级规定制定征收标准。2006年9月开始实施义务教育免收学费、杂费。

第二节 勤工俭学

勤工俭学起源于民国时期，中华人民共和国成立初期，域内各中小学每周开设两节劳动课。由教师带领学生开展校内劳动，或开展“小麦收”“小秋收”活动，以培养学生劳动观念。

1958年，贯彻“教育为无产阶级政治服务，教育同生产劳动相结合”教育方针，勤工俭学活动出现高潮。主要项目系拔草、积肥、拾麦、打野菜、采草药、搞运输、拣废品、编织等。学生还经常去工厂、农村参加劳动。是年，故城县勤工俭学总收入16.5万元。

20世纪60年代初，各中学、完小于学校土地内种植粮食、蔬菜，以解决师生生活困难，未开展大规模勤工俭学活动。

自1964年始，耕读小学、农业中学勤工俭学活动开展较好。其收入用于解决学校办公费及学生学杂费、书籍费。

“文化大革命”期间，各中小学均办起“小四场”（小农场、小林场、小工厂、小饲养场），劳动成为学校任务之一。1974年，域内有校办工厂39个，总收入4.594万元；农场占地1262.9亩，林场占地515.4亩，产粮19万公斤，农副产品总收入9290元，其他勤工俭学收入43200元。

1977年，勤工俭学活动出现低潮。

1980年，根据上级指示，县文教局设立勤工俭学办公室，负责组织全县勤工俭学工作。各乡（镇）、县直各学校均设立勤工俭学领导机构。是年全县勤工俭学总收入为10.2万元，1987年，增至35.14万元。1980—1987年，全县勤工俭学总收入144万元。

20世纪80年代，故城县校办工厂发展较快，涌现了祖杨农校、郑口中学、军屯乡牛庄小学等一批规模大、效益好的勤工俭学先进学校。1987年，中小学勤工俭学收入为41.73万元。1988年，共有476所学校开展勤工俭学活动，占全县总校数的87%，总收入为65.94万元，学生人均收入达10.98元，创历史最高水平。祖杨农校1988年勤工俭学收入为51250元，学生人均达165元。1985—1988年，4年内完成46项科研项目，为乡（村）提供优良品种10多万公斤。1988年，郑口中学新上印刷机、切纸机、电焊机、自动轧弯机等近30000元的生产设备，健全勤工俭学的职能机构——勤工俭学处，具体负责全校的勤工俭学工作，学校形成一支具有一定管理能力和技术水平的勤工俭学队伍。1985—1988年，勤工俭学总收入为233700.4元，学生人均收入41.87元。1991年后，军屯乡牛庄皮毛厂、郑口镇印刷厂、河北郑口中学校办工厂、文教局校服厂、文教局印刷厂、职教中心皮毛厂、职教中心玻璃钢厂等企业先后停业、破产。1996年，校办破产企业负债达18万元。

2000年始，故城县调整勤工俭学思路，以创办绿色学校为目标，以发展校园经济为切入点，一次规划，分步实施。共投资4万元购置树苗8000棵，育蜀绘苗12000棵，育白蜡4000棵，育槐树5000棵，其他苗木2000棵，进行学校的绿化、美化工作，至2001年年末，共育苗木4万棵，移栽苗木5000棵，节省绿化、美化资金1.5万元。

2003—2018年，域内学校以校园经济开发和校园环境建设为契机，在校园绿化、美化过程中，注重校园花草树木的经济开发。既绿化了校园，又给学校带来了经济效益。

第三节　捐资助学

故城人民素有尊师重教的传统，广大人民群众致富不忘教育，慷慨解囊，捐资助教。自1985年“教师节”始，县直各单位、各乡（镇）人民政府及乡镇企业均捐资赠物支援教育事业。

1983年，国家干部、职工、农村专业户纷纷捐资支援教育事业。

1983年9月，原隰乡李长林村铸造专业户董恒发向该村小学捐款2500元。1984年7月，向郑口乡中学捐款10000元，并无息转借给学校7000元。每年教师节，董恒发均向郑口中学教师赠送物品。为表彰董恒发捐资兴学义举，中共故城县委、故城县人民政府向董恒发赠镜匾，董恒发被郑口中学聘为名誉校长。1984年8月28日《光明日报》、10月17日《人民日报》均对董恒发捐资兴学事迹作以报道。

1983—1988年，县内专业户捐款20余万元（包括物折款）支持教育建设。

1989年，房庄乡后吴村刘志行捐款5万元修建后吴小学。县委、县政府为表彰刘志行的义举，将后吴小学命名为“志行小学”。1996年，武官寨镇垂麦村村民齐书忠、齐志军、宋元起分别捐资1万元、5000元、3000元支援小学建设。故城镇霍廖庄孟召勤捐资2万元建设霍廖庄小学和故城镇中学。郑口镇西城镇村橡胶加工专业户苏彬捐资3万元，购买图书2400余册赠送给郑口镇坛村中学。西半屯乡何刘屯村王金河为本村小学捐献写字台14张、三屉桌6张。青罕镇王会臣捐资1万元用于青罕中学迁建。县政协、工商联向故城镇大第八小学、庙灵乡前孟疃小学捐资1.35万元。“两基”达标期间，县内社会各界人士、工商业者捐款总额达169万元。1997—1998年，吴梧茂村吴以岭捐资5.8万元，建成以岭希望小学；房庄乡马军寨村白殿臣捐资11万元，新建马军寨小学；西半屯乡何刘屯村孙玉苛捐献价值1万多元锅炉给西半屯中学，解决师生喝开水问题。2004—2005年，夏庄镇坟台村金荣捐资1.6万元翻修坟台完小校舍；故城镇马厂村康延彬捐献价值1万余元的电脑，装备马厂小学电子备课室。2005年，西半屯镇于洪屯村辛传山、李春岗、曹瑞祥、梅涛等捐资7.5万元，为于洪屯小学新建校舍，添置桌凳。

第十二章　教育管理

清末废除科举制度兴办学堂后，故城县先后设劝学所、教育公所、教育局、教育科、文教科等教育机构，中华人民共和国成立后，随着教育事业的蓬勃发展，域内教育行政机构职能不断增加，管理趋于完善，教育设施日益完备。

第一节　管理机构

县级管理机构　清末故城县教育行政机构名学署，学署设教谕和训导各1人。

清光绪三十二年（1906年），县始设劝学所，所长、劝学员各1人。

1916年，改劝学所为教育公所。未久，复名劝学所。设所长1人、劝学员2人、巡行教员3人、学务款产员1人、学务委员1人、书记员1人。1923年，改劝学所为教育局。设局长1人、督学1人、课员3人、教育委员2人、事务委员2人、录事员1人。1934年，县教育局易名为县政府第五科。设科长（兼视学员）1人、督学1人、教育委员1人、科员2人、录事员1人。1935—1937年，易名为县政府第四科。设科长1人、督学2人、视学员2人、庶务员1人、文牍1人。1938年8月，教育机构随国民党军政府迁往今原隰乡崔庄一带。

1939年3月，故城县抗日民主政府建立，设教育科，有科长1人。1945年，人民政府设教育科，科长1人、科员3人。

中华人民共和国成立后，县人民政府设教育科，设科长1人、科员3人。1952年，文化科与教育科合并名文教科。设科长1人、科员4人。1954年，复置教育科，设科长1人、副科长2人、科员4人、会计1人。1958年，教育科与文化科再度合并名文教局。设局长1人、副局长2人、秘书1人、会计1人、科员4人。是年10月随故城县并入吴桥县文教局。

1961年，故城县复置，文教科复设。设科长1人、副科长2人、科员2人、秘书1人、会计1人。1963年，文教科、卫生科分设。1968年，县革命委员会建立后，内设政治部宣教组，文教工作为其业务之一。

1971年，再复置文教科。1976年，复置文教局。

1987年，文教局设办公室、普教股、计财股、文化股、成人教育股、教学仪器站、教研室等。全员74人，其中局长1人、副局长3人。是年，县文教局内设办公室、普教股、文化股、财务审计股、成人教育股、纪检组（后改称监察室）、教育工会，下属单位有招生办公室、教研室、教学仪器站、勤工俭学办公室、电大工作站等。1988年，增设督导室、人事股，人事股与办公室合署办公。

1992年，增设职教股。1995年5月，县文教局由郑口镇育红路南侧迁至青年街中段西侧。1996年，人事股从办公室分离，成为独立股室。2002年10月，故城县文教局与体育局合并，改称故城县教育文化体育局。2008年，内设机构为办公室、计财股、人事股、职教股、普教股、成教股、文化股、体育股、督导室、监察室、教育工会；下属单位有教研室、招生办公室、勤工俭学办公室、教学仪器站、电大工作站等。2018年，故城县教育体育局为县政府工作部门，设立办公室、人事股、计财股、普教股、职教股、成教股、安全股、体育股、督导监察室9个内设机构，分管职责明确。

乡镇管理机构 1987年，23个乡镇分别设立乡校长、成教校长、中学校长。1996年，域内乡镇合并为13个，13个乡镇设立教育委员会，教委主任负责本乡镇的教育工作。2002年，13个乡镇撤销乡镇教委，设立乡镇中心校，乡镇中心校校长负责本乡镇的教育教学业务管理。

2018年，故城县分别设立郑口、青罕镇、故城、辛庄、里老、夏庄、房庄、三朗、饶阳店、武官寨、西半屯、建国、军屯共计13个乡镇中心校，分别管辖本乡镇的中小学、幼儿园及成人教育等方面的教育管理工作。

第二节　教育设施

校园建设 1987年，域内95%以上的学校实现“两有一无”，即班班有教室、人人有课桌、校校无危房。1989年，对域内3246间校舍进行新建、翻建、维修校舍4482间，新建学校143所，添置木制桌凳6623套。

1990年始，不断增加中小学校园建设投入，为普及六年小学教育和九年义务教育做准备。1992年，新建校舍835间，25所学校新建了大门，新制木质课桌凳2466套；是年末，域内有7所小学启用教学楼，小学生人均占地面积21.5平方米，人均建筑面积3.26平方米。1994—1999年，迁建、新建学校26所，翻修、新建校舍3286间，新建、翻建实验室143个；添置课桌凳5530套；域内10所学校建起教学楼，6所学校安装自来水，中小学全部通电，9所学校建起微机室，29所学校安装卫星地面接收站。

2000年，域内在巩固“普九”成果基础上，增加教育设施投资，完善学校教育功能，优化办学条件。2003年，出台《关于中小学校园环境管理的规定》，在郑口、房庄乡召开现场会。通过争取专项资金、利用闲置校舍、筹集社会资金三种途径，进行中小学危房改造和寄宿制学校建设。是年，完全小学以上学校基本实现绿化、硬化、美化。2005年，域内列入国家危改数据库的学校全部改造完毕。房庄完小、郑口镇一、二、三完小、西半屯镇于洪屯小学、建国曹口小学先后建成花园式学校。2007年，各乡镇在推进农村中小学标准化建设的基础上，重点建设3～5所星火学校。房庄小学，青罕镇小学，故城镇何庄小学，武官寨镇武官寨小学、东升小学，建国镇曹口小学成为校园环境优美、管理规范的学校。

至2018年，县政府优先保障教育用地需求，逐步推进学校标准化建设。域内有2所省级示范性高中和1所国家重点中职学校，普通中小学校125所，特教学校1所。学校建设布局合理，占地和建筑面积达标率高，教学用房充足。

教学设备配备 1987年，各乡镇采取自制为主、购买为辅方式，开展自制教具活动，新增教具2510件，实现了小学教学仪器配套，通过省市检查验收。1989年，故城县“三达标”（教学仪器达标、体育器材达标、图书资料达标）学校增加到394所，占学校总数的78%以上。1992年，中小学共制作和购买教学仪器24.3万件、体育器材17.3万件。1994—1996年，购置各类教学仪器、器材25万件，基本达到“普九”仪器、器材达标标准。1997—1999年，购买音乐美术器材1万余件，添置实验教学用具5870件、实验器材15720件。2000后，中小学校根据教学需要，及时更新、购置教学仪器、器材。2003年3月，县教育信息中心建成并投入使用。2004年，13所乡镇中心校、34所中小学完成与县教育信息中心的连接，建成校园局域网45个，实现电子政务办公和优质教育资源共享。2005年，新建多媒体电教室31个，12所学校建起电子备课室，县城及乡镇所在地的中小学全部装备多媒体电教室，现代化的教学手段得到普及和应用。

2018年，各类学校按照国家标准与学校实际情况相结合改进教学设备配备。拥有中小学计算机教室105个、计算机7303台、多媒体教室1442个、录播室29个，学校实现了“宽带网络校校通”，实现了班班多媒体。教师办公人手一机，多媒体教学设施、科学教学仪器设备等学校必须配备基本趋于合理，能保证学校教学教研活动的正常进行。

郑口第二小学计算机课

图书室建设 1987年始，县内中小学图书室建设以及图书管理工作不断得到加强，图书室从无到有，从小到大，图书数量逐年增加，图书质量逐步提高。各学校建立健全图书管理各项规章制度，如建立图书登记册、图书借阅卡片、学生借书登记表、学生借书证等，实行开放式借阅等，并配备专职或兼职图书管理人员，图书管理工作日臻完善。既方便师生借阅，又提高图书利用率。1996年，全年新增图书57万册，图书室建设及管理工作通过普九达标验收。1997—1999年，新增图书54521册。2000年，所有中小学图书都按中国图书分类法进行分类，共分为5个大类22个小类，并粘贴书标和色标。2004年，故城县高级中学图书馆通过省教育厅验收，被评为省“一级图书馆”。1999年、2002年、2005年，图书室建设及管理工作先后通过省级普九复检。至2008年，域内共有图书室156个，其中高中部3个，初中部23个，小学部130个。图书180万册，其中高中部38万册，人均46册；初中部70万册，生均35册；小学部72万册，人均25册。电子阅览室2个，电子图书及读物50多万册。2018年，中小学均建有一定规模的图书室，藏书共计800多万册，基本能满足学校师生用书。还有一部分学校建有电子图书室、图书吧，拓宽学校用书的范围。

第三节 督导监察

1988年，县文教局成立督导室，监督、检查下级教育行政部门和学校贯彻执行国家有关方针、政策、法规情况，对学校管理水平、教育质量进行全面评估，并指导教育工作。1992年，以创建“小学义务教育必备办学条件达标县”为契机，全县掀起改善办学条件高潮。是年，故城县作为衡水地区整体达标县通过省政府验收，实现普及小学六年教育目标。1995年，教育督导重心向“两基”工作倾斜，在巩固发展“普六”成果基础上，重点开展初级中学标准化建设，督促乡镇党委、乡镇政府加强学校建设，加大资金投入。1997—1999年，故城县制定和完善中小学千分量化管理评估体系，开展学校分类晋级活动，教育、工商、劳动、司法等部门联合执法，严格控制中小学生流失，以普及实验教学为重点，加大教育投入。1999年，基本普及实验教学，实验教学一类学校达18所（高中2所、初中14所、小学2所），实验教学二类学校达217所（初中11所、小学206所），演示实验开出率达100%，学生分组实验开出率达90%。

2000—2002年，重点督导农村小学合校并点、乡镇初中分类晋档升级、现代信息技术装备、控辍保学、实施素质教育五个方面。2003年，逐步加大校园环境建设、教育信息化建设、中小学布局调整、危房改造等方面的教育督导力度，不断优化办学环境，改善办学条件，提高办学水平。2004年5月，故城县推广军屯镇中心校合校并点工作经验，继续推进合校并点工作。

2008年，故城县通过省政府第一轮教育综合督导评估，被授予“河北省2008年度教育工作先进县”称号，获省政府奖励资金20万元。

组织实施教育综合督导，对办学效益等进行评估，发布县教育督导报告；履行教育职责、贯彻实施教育法律、法规、规章和政策的情况进行监督、检查和指导；组织开展域内基础教育发展水平和质量检测；行使县政府赋予县教体局的教育督导职责权，向县政府反映情况，提出建议。

2018年，承担拟订语言文字工作方针政策和中长期规划；监督、检查语言文字应用情况；组织推行《汉语拼音方案》；指导推广普通话和推行规范汉字，监督社会用字规范工作。

第二十二编　科　技

中华人民共和国成立前，故城县科技事业落后，经济发展缓慢。农业虽有品种引进和改良，但仍沿用传统耕作方式。在医学领域除中医、兽医等有少数靠祖传授艺成才外，受过专业教育的科技人员甚少。

中华人民共和国成立后，故城县科学技术逐步发展。20 世纪 50—60 年代，中共故城县委员会、县人民委员会团结原有各界科技人员，邀请一批行家里手、能工巧匠，为恢复和发展经济发挥促进作用。

1978 年，全国科技大会后，科技政策逐步得以落实，科技队伍日渐壮大，科技机构相继健全。20 世纪 80—90 年代，科技活动日趋活跃。21 世纪，科技事业发展迅速，科技成果颇丰。

第一章　科技体制改革

中华人民共和国成立之初，科技人员为中国共产党和人民政府重视，但未专门就科技人员政策形成正式文件下达基层，晓于科技人员。

“文化大革命”中，部分科技人员被下放劳动。20 世纪 70 年代前期情况略有好转，但科技人员仍未获得足够重视。

1978 年，全国科技大会后，科技人员政策得到落实。是年 12 月，县政府对未分配工作的 114 名大中专毕业生全部安置适当工作。“社来社去”工农兵学员按大中专毕业生安排工作。1979 年 4 月，全县对 15 名用非所学人员进行调整归队。1984 年 1 月 25 日，县委、县政府制定关于加强知识分子工作，改善知识分子待遇的规定，科技人员的政治待遇、工作、学习、生活条件有较大改善。至 1987 年，85 名科技人员药费、书报费从优，308 名优秀科技人员被吸收加入中国共产党；250 名成绩卓著者被提拔到各级领导岗位；对长期在基层工作的初级职称和专业的科技人员家属、子女农转非 195 户、559 人；解决历史遗留问题 190 件，为 32 人平反纠正冤假错案；给 510 人清除载有不实之词的档案资料；为 11 人补发“文化大革命”中被扣发工资共计 59339 元，清还“文化大革命”中被查抄财物补偿款；给因受株连的 10 人恢复城镇户口；为 2 名下放农村大专生重新安排工作。进入 21 世纪，政府注重科技人才培养，进行科技体制改革，鼓励科技人员搞技术承包、出台优惠政策、实行科技创新、进行实绩考核，经过系统改革取得多项国家、省市科研成果，域内科技水平显著提高。

第一节　技术承包

1988 年，鼓励科技人员下厂搞承包经营，促进人才向基层、向生产一线流动。到 1990 年，全县有 380 多名技术骨干下厂、下乡搞技术承包，农业技术人员承包农作物占总面积的 60% 以上。1995 年，326 名科技人员实行政、技、物相结合的集团技术承包，小麦、玉米、红小豆三项增加产值 1600 万元。2000 年，有 79 名科技人员实行技术承包，共签订合同 47 份。创经济效益 121 万元。有300余人参加技术承包，组成5个技术承包集团，承包农作物种植面积45.8万亩，林果3896亩，畜禽防疫2.6万头（只），农机修理检测4296台，签订技术承包合同116份。是年，域内粮食增产428万公斤、棉花增产48万公斤、果品增产156万公斤、节油60万公斤，增加经济效益1290.2万元。“双放”人员的有效承包，系其主要因素之一。

第二节　科技投入

1986年，故城县改革科技投入办法，建立了科学技术奖励基金。1990年，把科技三项经费（新产品试制费、中间试验费、重大项目补助费）纳入县财政预算。在县农业银行、农村信用合作联社、农业发展银行、工商银行增设了科技贷款专项科目。在县、乡重点企业建立厂办科研机构，规定科技开发投入标准。鼓励各级各单位围绕科技工程项目开展招商引资，并制定引进外资数额的标准及奖励办法。同时积极鼓励广大农民增加科技投入。由此在故城县形成财政拨款、银行贷款、企业投入、社会投入的多元化科技投入渠道。2008年，县科技经费投入5163万元，占GDP总量54.6亿元的0.9%以上。2018年，除故城县投入外获省技术创新资金240万元，省市财政补贴76.54万元。

第三节　科技创新

科技人员是知识分子队伍的重要组成部分。县委、县政府加大对科技人员优惠政策落实力度，1988年《关于进一步放活科技机构、放活科技人员的规定》。1990年，出台《选拔县管专业技术拔尖人才》的实施意见。1992年，制定吸引高技术人才的优惠政策，《奖励为推动科技进步作出突出贡献人员暂行办法》，成立故城县科技进步基金会，设定科技发展基金。1993年，县领导中配备科技副县长，具体分管全县科技工作。1995年，制定科技拨款管理办法。1996年，颁布《科技兴县奖实施办法》。1997年、1998年，先后出台县办企业、乡镇企业科技进步、技术开发奖励办法。2000年，出台加强技术创新，加快发展高新技术及其产业的决定。2013年，鼓励各类科技人员创办科技型企业，可以享受注册资本“零首付”等优惠政策。2014年，县委组织部出台县管专业技术拔尖人才享受有关政治生活待遇的红头文件，26名拔尖人才享受了政治生活待遇。为做好科学技术奖励工作，分设科学技术进步奖和技术发明奖两个奖项。2018年，县委、县政府下发《故城县骨干企业发展激励办法（试行）》的红头文件，鼓励广大企业转型发展，并给予不同的奖励和补助支持。是年，加快落实优惠政策，按照国家和省相关文件政策要求，出台《落实河北省技术转移体系建设实施方案工作意见》等加快科技创新、促进科技成果转移转化政策文件，开展“送政策进企业”行动，高新技术企业所得税减免政策、研发经费加计扣除政策、专利费补助政策等。加大对“科技功臣”“科技明星”的激励力度，优化引才、育才、用才、励才环境，完善人才政策体系。

第二章　科学普及科技服务

中华人民共和国成立后，域内采用多种形式进行科普宣传，组织科技培训，使域内科普得到全面、广泛的普及，科技事业日趋发展，各类科技创新服务不断增多，科学技术服务遍及全县。

第一节　科普宣传

1949年后，科普宣传活动逐步得到发展。20世纪50年代初期，多以黑板报、房顶广播、幻灯、印发小册子、知识讲座等形式进行科普宣传。50年代后期科学技术开始通过现代化手段传播，电影科教片广为农民喜闻乐见。1978年，县科委购置放映机1部，建立3人科技放映队。针对攻关项目、农时季节，配合县电影队，走社队、下工厂巡回放映。为发展养猪事业、开辟肥源，1975年，放映《5406抗生菌肥》《中曲发酵饲料》等影片。1977年，组织县农业局、农机研究所观看《美国农业机械化》、日本《明天的农业》等影片。1978年，在县化肥厂筹备、试车、投产各阶段，多次放映《氨的合成》等片。根据农业需要，放映《巧施化肥》《千斤小麦创高产》《红薯高温大屋窖》等片。配合地震宣传工作放映《天体的来龙去脉》《世界屋脊》《地震》等影片。至1987年，共放映各类科教片2500多场次，观众达80多万人次。科学技术已进入千家万户。

1973—1987年，先后创办《故城科技》《科技情报》等刊物，累计印发77期，达3.85万份。1983年创办《故城科技》小报。1985年8月，县科委于郑口建科技市场，设图书资料室。采取订购、选购、函索、征集等办法，广辟资料来源。至1986年共铅印出版16期，7.8万份。为报道宣传县内新技术、新成果、新经验，普及科学知识，反映科技工作者建议和呼声，先后编辑《优选法》《磷肥生产技术资料》《腐殖酸肥料的制作及施用方法》《养鸡必读》《平菇栽培》《康贝尔鸭饲料管理技术问答》《蔬菜栽培技术》等20余种小册子达4万多册。1987年年末，科技市场有偿提供信息6000条，咨询7900余人次。图书1126种达1726册，读者持借阅卡即可查阅有关资料。

21世纪，科普宣传形式多样，2000—2018年，举办科技展览达50余场次。以墙报、板报、广播等形式介绍科技知识。累计出动科技宣传车300车次，举行科学技术信息发布会20余场次，举办科普讲座，听众近30万人次。科普宣传主要是利用发放小册子、办培训班、咨询服务等多种形式进行宣传。科技局利用集日、“5·12防震减灾日”、普法宣传日上街宣传、散发资料、布置展牌、巡回宣讲共计散发宣传资料8000余份。同时利用网络媒体微信公众号宣传科技科普知识。

第二节　科技培训

20世纪50年代后期，开办短期科技培训班。60年代中期，仍以举办短训班为主。1978年全国科技大会后，科技培训工作走向正轨。1984年10月20日，故城县人民政府印发县科委《关于冬季大培训的安排意见》。1986年4月17日，中共故城县委办公室、县人民政府办公室联合制发《关于故城县科技干部继续教育规划》，把全县科技培训工作列入议程，长计划、短安排，常抓不懈。

进入21世纪，随着计算机、网络的日益普及，科技培训的方式不断更新，各行业、系统的业务、学科培训，更加专业化、系统化、高科技化。2001年，共培训各级各类专业技术人员和企事业单位管理人员2300人，其中高、中级职称人员500人，初级人员1800人。计算机应用能力培训1100人，其中高、中级职称200人，初级以下人员900人。2008年，增加到中级职称81人，初级720人。利用县、乡培训中心、农技校、成人教育等基地开展培训，每年12月至翌年2月，进行集中培训。2009—2018年，科技培训每年1次，培训任务落实到单位，培训内容为新技术、新产品的引进和推广。对各类专业技术人员和企事业单位培训管理人员达50%以上。每年3月定为“科普宣传月”，利用1个月的时间突击培训，年培训20万余人次。

一、系统培训

农林牧水系统培训　1949年，县农业局主要通过参观和召开劳模会、现场会等形式培训农业技术人员。1954年后，培训工作始向较大村庄普及，每逢春冬两闲季节将村中“文化人”集中起来办短期培训班，并印发除治害虫及化肥施用技术、棉花整枝技术等资料。县农业局自1956年始创办县农业中学，学制1～3年。1979年后，培训工作获

技术人员进行果树栽培技术指导

长足发展，各公社相继建有形式不同的农业技术学校，培训内容由普及农业基础知识转向农业技术规范化、模式化培训。县林业局自1983年采取办短训班与现场教学相结合的办法，将农村林业技术人员集中到县培训，学习理论知识，讲授果树修剪技术，并聘请外地专家来县讲学。1987年年末，各公社共培训200期，70余万人次。农林局共培训72期，1.2455万人次。县水利局根据各乡镇水利员年龄大、文化低、技术水平差状况，自1984年始，办有各种形式培训班。培训内容主要系勘探、设计、测量、施工、微机等，共培训12期230人次。1990—2018年，有关科局共办工业、农业、水利、护士、兽医、会计、艺术、粮食保管、化验、棉花检验等14个专业培训班，共培训2250人次。科技局与农林局、农业产业化龙头企业、农业科技小巨人企业、“星创天地”等企业联系，充分利用技术力量搞好技术培训。至2018年年末，举办养殖、种植、电商等专题技术培训会23场次，培训农民650余人次，认真落实科技特派员制度，选派了30人的科技特派员队伍，分包13个乡镇，开展农业技术培训、田间地头技术指导320多次，指导农民1300多人次，有效解决了贫困家庭产业增收技术缺乏问题。科技局通过向各乡镇下发关于做好“故城县贫困户种养殖技术需求摸底调查”的通知，对贫困户进行一次养殖技术需求摸底调查，培训采取按需送课、因人订课的方式进行使贫困人员增强了脱贫的信心。

粮食供销农机系统培训　县粮食局于1954年培训粮食保管人员。20世纪60年代初中期，各粮库均办有职工夜校进行业务培训，开展技术练兵活动。70年代，伴随粮食保管测温、测水逐步向仪表化、电子化发展，各种新型高效除虫药剂相继问世，提高粮食职工技术素质日显重要，为此每年培训百余人次。1989年年末，共办培训班130期，培训2117人次。县供销社于1970年始培训棉检员。每年培训60人次；1980年，先后办有统计、财会、商品生产与经营等培训班；1986年，办有珠算、食用菌、轧花、财会、统计、厨师培训班；至1989年，累计办班25期，培训2461人次。县农机局于1977年始，培训专业人员，1979年，建县农机学校，培训农机人员7919人。1986年，对全县拖拉机驾驶员、农村修配技术工人及各种农机手进行短期培训。1987—1989年，县农机培训学校有教职员工28人，教室2间、宿舍8间。另有教研室、图书室、仪器室，并购置放映设备和教练车。

1990年始，粮食供销农机系统体制改革，经营方式发生变化，各级各类培训不再统一组织。

二、“星火计划”人才培训

故城县于1986年实施国家“星火计划”有关项目。由县科委组织协调各部门开展多层次培训。培训以短期为主，培训内容与“星火计划”项目紧密结合，形式因地制宜。培训对象包括科技干部、工人、农民、在校中学生等，涉及31个专业。是年，办班38期，培训2547人次。1987年，办班36期，培训6190人次。1995年始，每年实用技术培训不少于10万人次，做到每户至少有1名科技明白人，学会1～2项实用技术。

2008年，故城县被列入国家产粮大县，县级各业务部门共建立农业技术推广、林果、农机、畜禽防疫等技术服务中心18个，全县13个乡镇建立了包括农业、农机、水利、工业等综合技术服务站13个，各种专业服务站113个，有400多个村建立了技术服务点，同时发展科技示范村87个，示范户4230个。各类技术服务中心、技术服务站及服务点都根据各自特点开展季节性培训，农业新技术普及率达98%。

2008—2018年，科协系统共办培训班317期，培训农民3.8万人次，技术讲座86次，印发资料9万多份，制作展牌28块，参加科普工作的科技工作者每年都有460人。通过培训、学术讲座、自学等形式共培训科技人员3600人次。由于职称改革加大对科技人员的业务和理论知识的培训，接受新理论、新技术、新信息的专业技术人员比率每年达90%以上。县科技局与衡水市科技局，故城县农林局等部门联系沟通，利用“三区”(西苑、营东、衡德工业区)优势，传授各类果树栽培技术指导和蔬菜种植技术推广及应用知识，通过课堂授课、座谈研讨、参观考察等形式开展学习交流活动，为“三区”培训蔬菜水果种植大户。

第三节　科技服务

伴随科技事业日趋发展，以科技情报服务和

技术服务为重点。1975年，县科技局确立1人专管，2人兼管，对科技情报资料搜集、整理、加工、报道、传递交流和情报调研等工作，有计划有组织地开展服务。由各行业科技骨干、科技示范村、户的120人组成情报网。各情报人员将所得科技情报相互交流与传递。为得到更多情报信息，1975年始与全国部分大专院校、科研单位、省、地科技部门463处取得联系。利用培训班、听录音、看录像、科技晚会、科技橱窗等形式进行资料服务和音像服务。对人民群众的科技疑难问题开展科技咨询服务，定点设咨询处。利用集日开展咨询服务活动并发放科技小册子。1983年，县建农业技术推广服务中心，先后建林果、农机、畜禽防疫等18个技术服务组织，帮助400多个村建立技术服务站。1984年，县科研部门根据当地资源优势和产业结构调整布局，先后选择一批投资少、见效快、周期短科研项目，组织科研活动，围绕农业结构调整，发展林果、畜禽，小麦、玉米优质高产等一系列问题，进行优质棉及副产品加工利用，小麦规范化栽培，低产果园快速丰产，棉花、小麦优良品种选育等项目开发研究。1985年始，全县各乡镇均建综合技术服务公司，由农、林、水、牧、工等各业技术人员组成，5～7人。如青罕乡、赵行乡、饶阳店乡、郑口镇、建国镇服务公司，在新农药、新品种、新技术的引进、推广服务上成绩显著。1987年，贯彻放宽、放活科技人员政策（简称“双放”），鼓励科技人员合理流动，下乡下厂开展技术承包活动，充分发挥一技之长。伴随“双放”工作深入开展，承包活动由个人承包发展成为集团承包。是年，在全县工业和乡镇企业开展创建科技型企业和乡镇科技达标活动。将县钢丝绳厂、酒厂、地毯厂列为创建科技型企业重点，科技人员帮助企业制定长远科技发展规划，使其各项指标达到和超过规定标准，使企业注入新的活力。

1990年5月，县人民政府组织工程技术人员，组成支援乡镇企业科技服务队。62人服务队成员分别情况调离、辞职、停薪留职到乡镇承包、租赁、领办、创办各类企业，或定点、定期开展技术咨询、技术开发等活动，帮助乡镇企业提高技术水平，开发“拳头”产品，增加经济效益。1991年，科技部门向全县推广有中低产田改造、配方施肥、优种繁育、病虫害虫防治、农作物模式化栽培、节水灌溉、棉麦一体化、高效益田等技术20余种。根据工业产品结构调整，先后对金属制品、食品、化工、地毯等行业进行技术开发和研制工作。

1992—1999年，各类科技创新服务不断增多，科技服务以到企业指导、申报项目和技术服务为重点，帮助企业提高技术水平增加经济效益。科技技术服务遍及全县。

2000年，科技人员深入到企业，帮助企业制定长远的科技发展规划，对全县100多家中小型企业开展创建科技型企业和科技达标活动，使企业各项指标达到和超过规定指标，使企业注入新的活力。2010年，全县共有各类科技创新服务机构23个，其中：行业生产力促进中心3个、农业技术传播站2个、行业协会5个、各类民间学会13个。“故城县三豆产业技术传播站”是省科技厅认定的省级农业技术传播站。“罗曼鸡养殖技术传播站”为市科技局认定的市级传播站。通过协调故城县生产力促进中心和故城县摩擦材料生产力促进中心，使星月公司与河北工业大学联合成功开发了一套“汽车制动器专业设计系统”应用软件，该系统可方便设计人员高效、快速地进行制动器设计、性能分析预测和摩擦片配方优化设计等并在全县摩擦材料企业中进行了推广和应用。

2011—2018年，申报立项科研项目，获得省级技术创新无偿资金。科技局申报的高新技术企业、科技小巨人企业、星创天地等，获得省、市财政补助。推进省厅高新技术企业后备培育工程，对域内具备条件的企业进行筛选和培育。至2018年，有11家企业进入高新技术企业培育库进行培

技术人员操作无人机喷洒农药

育，新申报高新技术企业6家，5家在库培育。

为大众创新创业提供服务平台，开展众创星创空间建设。县农业科技园通过认定并挂牌，编制了《农业科技园区建设规划》。

第三章 科技研究

中华人民共和国成立后，故城县科技部门和企业积极开展科学实验，实施技术革新。农业科技多进行发明和改进农具，科学使用种子化肥，改良土壤等活动。1978年全国科技大会后，域内科技组织健全，科技队伍充实加强，科技成果不断增多。科技技术的推广应用促进了工业、农业、气象测报、地震监测、医疗卫生业的发展和提升。

第一节 科研成果

中华人民共和国成立后，尤其是1978年后，取得不少科研成果，1987年年末，全县共取得科技成果213项，其中185项受县以上奖励，有达到国内先进水平者，有填补国内空白者。

1992—2005年，故城县科学技术成果主要分为六大类：中华鳖、螺旋藻、鹿、香猪、乌鸡等特种养殖技术；特养专用饲料开发生产技术；特养产品加工增值技术；夏玉米、抗虫棉、无毒棉等主要农作物新品种引繁技术；以钢丝为原料的系列工业产品开发生产技术；以摩擦材料为主的汽车配件开发生产技术。

2005—2008年，随着农业产业结构的调整和特色产业的发展以及医疗体制的改革，通过实施特色产业技术开发，形成了一批包括三豆（红小豆、绿豆、黑豆）引繁技术、摩擦材料新产品开发等工农业科技成果，以及多项卫生医疗技术成果，科技成果的推广应用促进了故城县的经济发展以及医疗水平的提升。

2008—2018年，全县共取得科技成果72项，工业项目42项，卫生项目30项，其中28项获得县级以上奖励，有达国内先进水平者，有填补国内空白者。

一、主要科技成果

钢丝热镀锌铝——稀土合金 系县钢丝绳厂产品，采用常规溶剂法热度工艺。其镀层厚度AL小于0.2%、RE小于0.2%。接近或略低常规纯锌镀层，而耐蚀性为同厚度纯锌镀层2～3倍。镀层同基体结合的牢固性优于纯锌镀层。1986年4月17日经河北省冶金厅冶金研究所鉴定，达到国家标准。镀层外表比纯锌光亮。钢丝力学性能各项指标均达到国家标准。

金刚砂剥绒机 系武官寨油棉厂研制，由圆筒、转子、机架、集绒、喂籽等部分组成。

圆筒系剥取短绒的工作部分，由金刚砂磨料的半圆筒、弧形板、齿型板排杂栅等组成同半径圆筒，用于剥三类绒。在半圆筒上装配46号金刚砂磨料，齿形板中部有喂籽口，两端为出籽口。根据排绒和进排棉籽需要，弧形板有4个曲率半径不同的圆弧组成。齿型板作用为散开棉籽，以利短绒排出。在弧形板与齿型板中间形成一个出口，上接出绒管道，将短绒排出，排杂栅设在圆筒底部排除杂质，以提高短绒质量。

转子由主轴、轴盘、翼片、轴承等组成。机架由两个铸铁机臂组成。

工作原理：棉籽喂入机内后，由转子翼片带动旋转，靠离心力作用使棉籽贴附于圆筒金刚砂磨料上。以10米/秒速度运转，与磨料相摩擦，使棉短绒与棉籽分离。棉籽与短绒混合物经齿型板扩散后密度降低，短绒被翼片旋转时所产生风力送至短绒道，集结于集绒尘龙上。棉籽借助转子抛射力和自重落于下方。继续由转子带动旋转反复剥绒。在反复过程中，不断被挤向出籽口一端，最后排出机外。1978年7月，经第一机械工业部和国家供销合作总社棉麻局鉴定通过，正式投入生产，推广到外地。

旱薄地小麦“四改一早”技术 系县科委与县农业局联合研制项目。此技术即改高水肥品种为抗旱耐瘠薄的优种“昌乐5号”，改分层施肥为集中一次底肥，改深耕为适当浅耕，改机播大小行为沟播等行距，适时早播。1983年，旱薄地小麦“四改一早”栽培技术示范10万亩，平均亩产130.5公斤，总产1304.5万公斤，比对照田亩增37.03%，平均增产30.3公斤。

黑龙港地区夏玉米中产示范区建设项目　该项目是1997年河北省科委的招投标项目，由故城县农业局、科技局联合投标并中标。通过选育品种、免耕机播、增密度、平衡施肥、化控防倒、防病虫害等手段，到1998年项目验收时，40万亩项目示范区内夏玉米平均亩产的530.4公斤，比项目实施前三年平均亩产434公斤，增产了96.4公斤，亩增产值106.04元，总增产3856万公斤，总增产值4241.6万元，总纯增经济效益3326.6万元，推广投资收益率1:28.5。

低酚棉副产品饲喂利用研究　该项目为1993年河北省科技计划项目，在国内首次采用综合试验手段系统地研究低酚棉产品的饲用价值、方法和安全性，合理利用这一潜在饲料资源的技术措施。10%精加工低酚棉饼替代等量豆饼喂种鸡、商品代鸡，每只增收1.2～1.7元，15%～25%粗加工低酚棉饼替代7%～15%豆饼，加7%～10%普通棉饼喂种母猪，每头每窝增收369.1元，5%青绿低酚棉叶粉可替代等量苜蓿粉喂蛋鸡，每只增收1.73元，低酚棉秸秆可补饲喂羊，日增重117.5克，增收6.86元。

汽车制动器专用设计系统开发与示范　该项目为2007年省科技厅组织的特色产业基地共性技术研究与开发项目，由河北星月制动元件有限公司与河北工业大学、故城县摩擦材料生产力促进中心协作投标而中标的项目。该项目针对行业需要，组织力量，成功开发了“汽车制动器专用设计系统”，该系统主要有六个模块构成：辅助计算模块、参数化设计模块、性能分析模块、摩擦片配方优化设计模块、用户管理模块和帮助信息模块等。该系统软件的推广应用实现了摩擦材料新产品开发设计的科学、快速、高性能、低成本。特别是系统中摩擦片配方优化设计模块的应用，可使摩擦片新产品开发平均由原来的开发周期35天降为20天，试验次数由原来20次左右降为10次左右，缩短了开发周期15天左右，减少了人工费、材料费、制作费、电费等费用约4800元。该项目于2008年11月通过省级鉴定，成果水平到达国际先进，并在全县进行了推广应用。

早期冷刺激在重度颅脑创伤后吞咽障碍患者中的应用研究　早期冷刺激在重度颅脑创伤后吞咽障碍患者中的应用研究，是故城县医院的研究课题。重型颅脑创伤患者占20%，死亡率为20%～60%，30%～50%的颅脑创伤存在吞咽障碍，如果吞咽障碍长期存在，或者处理不当就会出现并发症。县医院于2008年1月开始对重度颅脑创伤后吞咽障碍患者进行早期冷刺激应用治疗，明显改善患者吞咽功能，是一种行之有效的治疗吞咽障碍的方法，其技术水平国内领先。

杂豆浆挂面　杂豆浆挂面是故城县三豆产销专业合作社产品。杂豆浆挂面是将原料杂豆（绿豆、红小豆）经精选、清洗、浸泡、磨浆后，直接加入优质小麦面粉和面，采用智能控制热风温度、湿度、集中处理挂面干燥技术等加工工艺生产。克服了普通挂面加工中存在的不足，与传统用杂豆干粉和小麦干粉混合加水和面生产的杂面挂面相比，杂豆浆挂面保留了绿豆、红小豆的全部营养成分，既实现了挂面在干燥过程中不裂条，整齐一致，出品率高，又减少了电能消耗，降低了生产成本。该成果于2010年4月通过了河北省科技成果转化中心组织的技术鉴定，鉴定结论其总体技术在面制品和豆类深加工领域达到国内领先水平。

除尘设备用风机轴承箱　由河北同心风机配件有限公司研制。该项目产品除尘设备用风机轴承箱是大、中型除尘风机设备的主要部件，该风机轴承箱由底座、上盖、侧盖、压盖和挡油环构成。通过对产品进行受力分析，开展结构优化设计，对上盖中部不受理部分进行减薄处理，减少原材料用量，两侧的轴承实际承载点部位进行加强，并在表面设计有加强筋，可增加承受力强度，又能起到散热的作用。将上盖两头设计成台状，按测温表的两个测温孔，由原来的设计在一块连接在一起的铸铁上，改成分开状，这样可以减少因局部厚大而造成缩孔等铸造缺陷，也可以分散热节点，节约原材料。通过优化设计，产品整体强度提升了10%，重量减轻了20%，节约了20%左右的铁质原材料。通过改造铸造工艺设计，解决了产品内应力的问题，改善了产品外观质量，实现了半机械化操作，提高了工作效率。该项目产品获得相关实用新型专利授权。

1973—1987年故城县主要科研成果一览表

表22-1

成果名称	科研单位	时间	功效	获奖情况
三用水车（人、畜、机）	原隰公社李长林村	1973	扬程20米、机带24吨/时	—
701-石油助长剂	县磷肥厂、郑口中学	1974	提高发芽率5%～15%	—
脉冲式CJSS-5型自动测水仪	建国粮站	1975.5	—	—
粮食干湿分离器	县粮食局	1977.7	—	—
利用动物心脏提取细胞色素丙	县防疫站	1977.7	—	—
CY-1型半导体测氧仪	建国粮站	1977	—	—
CJSS-6型数字显示测水仪	建国粮站	1978.12	—	—
金刚砂剥绒机	武官寨油棉厂	1978	—	省四等奖
木制手摇苇帘机	县外贸局	1979.1	提高功效3倍	—
双气包冷却器	县酒厂	1979	—	—
“奶蜜醇”酒	县酒厂	1979	—	填补省空白
“风演示器”教具	郑口完小	1979	—	国家三等奖 省一等奖、
振动筛太阳能杀虫设备	县粮食局直属库	1979	—	—
便携式搅龙灌包机	县粮机厂	1980	12000公斤/时	—
太阳能制冷储粮	县粮食局	1980.7	—	—
ZPGG-40型自动扒谷机	县粮食局	1980.9	—	—
风力插样器	县粮食局	1980.10	—	参加省展览
机动卷放机	县电力局	1980.12	提高功效5倍	—
两用压水机	县通用机械厂	1982.7	人工、电机两用	—
塑料喷涂储粮工艺	县粮食局	1982	—	—
旱地麦“四改一早”栽培技术	县科委、县农业局农技站	1982	—	省四等奖
特殊金属洗净剂	建国化工厂	1983	—	—
棉花“一抗二增三适时”丰产技术	县农业局农技站	1983	—	省农业厅一等奖
棉花大面积增产栽培技术	县农业局	1983	—	省农业厅二等奖
小麦氮磷混施技术推广	县农业局农技站	1983	—	地区一等奖
自动扒粮机	县粮机厂	1983	—	地区一等奖
棉花优种关键技术	县科委农业组	1983	—	地区二等奖
夏谷优、早、密、增防丰产技术	县农业局农技站	1983	—	地区二等奖
微孔胶板	县皮鞋厂	1983	—	地区二等奖
中小学自然、地理幻灯片	郑口中学仪器站	1983	—	地区二等奖

续表 22-1

成 果 名 称	科 研 单 位	时 间	功 效	获奖情况
水泥管大口井实验	县水利局	1983	—	地区三等奖
半自动弹簧平牙器	青罕兽医站	1983	—	地区三等奖
平面自动卸粮机	县粮食局直属库	1983	—	地区三等奖
夏玉米关键技术示范	县科委农业组、县农业局农技站	1983	—	地区三等奖
塑料喷涂气密储粮固定设备	县粮食局直属库	1983	—	地区三等奖
方田林网设计与建设	县林业局	1983	—	地区三等奖
皮鞋底新型材料	县皮鞋厂	1983	—	地区三等奖
麦田圆盘耙耕法	县农业局农技站	1984	—	省四等奖
缺水麦田“蓄、培、抗旱”丰产技术	县农业局农技站、县科委农业组	1986	—	地区三等奖
冀棉八号繁种推广	县农业局农技站、良棉种籽公司	1986	—	地区二等奖
TFJ-A 表面活性金属清洗剂	建国化工厂	1986	—	地区三等奖
S195 汽缸盖	县通用机械厂	1986	—	地区优秀产品奖
400 型绞对机	县通用机械厂	1986	—	省优秀新产品奖
钢丝热镀锌铝	县钢丝绳厂	1987	—	省三等奖
夏秋粮均衡增产综合技术推广	县科委、农业局	1987	—	省一等奖
旱薄盐碱地棉花增产技术推广	县科委、农业局	1987	—	省一等奖
连续自动供水	县城建局	1987	—	省科技奖

说明：表内“—”为未做统计或未分等级

1988—2008 年故城县主要科研成果一览表

表 22-2

成 果 名 称	完 成 单 位	主要完成人	年 度	级 别	技术水平
BZB 变虑速中和 - 曝气塔	故城县复合材料研究所	张振华 周德全	1988	省级	国内先进
低酚棉在畜牧业上的应用	农业局	高连新 杨文栓 王鹏才	1989	省级	国内先进
县级农业课题强化激励管理法	科委	郭元奎 任丙义 刁殿瑞	1990	市级	国内先进
低酚棉副产品饲喂利用研究	畜牧局	高连新 杨文栓 王鹏才	1993	省级	国内先进
WBS 系列无石棉半金属刹车片	故城县制动材料厂	申文清	1994	省级	国内领先
胸腔减测压装置的制作及临床应用	县医院	桑志武 赵岩红 曹青青	1994	市级	国内领先
塑料中棚饲养肉鸡配套技术推广	畜牧局	王鹏才	1994	省级	国内先进
棉花新品种引繁及配套增产技术	农业局	冯月新 刘荣峰 张素敏	1997	省级	国内先进

续表 22-2

成果名称	完成单位	主要完成人	年度	级别	技术水平
抗虫棉病虫害综合防止技术推广	农业局	冯月新 任丙义	1997	省级	国内先进
河北省特种养殖技术推广示范基地建设	科技局	夏两化 刁殿瑞 任丙义 秘留柱	1997	省级	验收
鹿茸血酒	河北省鹿研究所	王增升 贾延生	1997	省级	国内领先
美国抗虫棉的示范推广	农业局	冯月新 张素敏 刘荣峰	1998	省级	验收
黑龙港地区夏玉米中产示范区建设	科技局、农业局	夏两化 冯月新 任丙义	1998	省级	验收
中华鳖高密度工厂化繁殖技术研究	河北省甲鱼研究所	王增升 贾延生 任丙义	1998	省级	国内领先
脑出血致多器官功能障碍机理研究	县医院	王国强 孟庆莲	2002	省级	国内领先
非金属复合纤维新型盘石制动片	衡水正大摩擦材料公司	王彦钧 杨风岭	2003	省级	国内领先
汽车制动系统重点科技成果推广	科技局	夏两化 周德全 郝荷英 申坤瑞	2003	省级	验收
四联疗法治疗感音神经性耳聋	县医院	曹国斋 韩瑞 桑志武	2003	市级	国内领先
谷维素治疗高血脂临床研究	县医院	张聚静 吴少泉 韩 瑞 张桂英	2003	市级	国内领先
小型阀控密封式免维护铅酸蓄电池	河北奥冠电源有限公司	孟凡友 孟凡钢 商明海	2004	省级	国内领先
螺旋藻北方工厂化养殖技术推广	河北北方生物科技有限公司	蒋丙静 郝荷英 秘春丽	2004	省级	验收
新型环保有机硅防水涂料	故城县康宁化工厂	蒋丙静 蒋丙奎 许爱华 鲁连献	2004	市级	国内领先
甘蓝冬春一号选育与示范	故城县博丰种苗商行	任丙义 任 博 秘春丽 邢兰春	2004	市级	国内先进
胶体免维护蓄电池	河北奥冠电源有限公司	孟凡友 孟凡钢 商明海	2005	市级	国内先进
陶瓷纤维增强材料制动器衬片	河北星月制动元件公司	申坤瑞 田红灵 郝荷英 孙金鹏	2005	市级	国际先进
nm23、COX-2 异常表达与胃癌生物学行为关系的研究	县医院	王文丽 胡克强 王文杰	2005	省级	国内领先
灯盏花素对肺心病急性加重期凝血功能	县医院	张聚静 钟文萍 吴少泉 王风杰 郭丙彦	2005	市级	国内领先
胃腔定植菌迁移与呼吸机相关肺炎的相关性研究	县医院	张聚静 韩玉贞 姜洪新 韩 霞 吴彦生	2005	省级	国内领先
复合矿物纤维增强型汽车用制动器衬片	河北正大摩擦材料公司	王彦钧 杨风岭 周德昌	2006	省级	国际先进
CTA 和血管曲面重建在缺血性脑血管病诊断中的临床应用研究	县医院	姜洪新 任国星 张红丽 冯平永 张聚静	2006	省级	国内领先

续表 22-2

成 果 名 称	完 成 单 位	主要完成人	年 度	级 别	技术水平
复方大黄汤剂改善脑水肿临床研究	武官寨中心卫生院	倪宝琢 王文杰 扈景英	2006	省级	国内领先
脑苷肌肽对急性脑梗死患者血清 NSE 及神经功能的影响	县医院	许 燕 蒋振平 王春彦 张瑞菊 王秀菊	2006	省级	国内领先
瘦素与神经肽 Y 在妊高征中的表达及相关性研究	县医院	居燕梅 郭 靖 刘焕英 扈景英 夏爱萍	2006	省级	国内领先
心脏不停跳室缺房缺修补术	县医院	刘洪新 刘凤金 刘焕英 张振海 石 岩	2006	省级	国内领先
心肺复苏器在猝死院前急救中的应用研究	县医院	韩玉贞 刘建锋 张玉清 曾庆霞 姜洪新	2007	省级	国内领先
亚低温与颅内压监护治疗急性重型颅脑损伤的研究	县医院	李立森 王树亮 高 洁 于铁生 王会云	2007	省级	国内领先
吸烟对不稳定心绞痛患者脂联素水平的影响研究	县医院	郭炳彦 张延军 崔志红 张聚静 韩霞	2007	省级	国内领先
汽车制动器专用设计系统	河北星月制动元件公司	申坤瑞 孙金鹏 郝荷英 曹梦新	2008	省级	国际先进
阿德福韦酯联合“鳖甲软肝汤”对慢性乙肝	县医院	王春彦 王秀菊 张洪霞 赵志刚 许 燕	2008	市级	国内领先
呼吸双相 CT 扫描对肺气肿的定量研究	县医院	霍丙胜 赵希智 于海峰 刁胜林	2008	市级	国内领先
妊高患者血清脂联素水平与胎盘基质金属蛋白酶关系的探讨	县医院	赵岩红 郭炳彦 桑志武 曹青青 王会云	2008	市级	国内领先
血清对氧磷酶 -1 活性与冠状动脉病变程度的相关性研究	县医院	孙其兰 薛令芳 于 丽 王景志 王文皋	2008	市级	国内领先

2008—2018 年故城县主要科研成果一览表

表 22-3

成 果 名 称	科 研 单 位	年 度	鉴定情况	获奖情况
自润滑含油尼龙筛分机滚筛辊	河北同业冶金科技有限公司	2008	市级鉴定	—
汽车制动器专用设计系统成果推广	故城县生产力促进中心	2008	市级鉴定	—
红豆沙全粉	故城县三豆产销经营合作社	2008	市级鉴定	已评奖
棉花秸秆热解气化产品生产及成套装置	故城县博采科技有限公司	2009	国家级验收	—
旱地肉鸭标准化养殖技术研究与示范	故城县明发养鸭专业合作社	2010	省级验收	已评奖
除尘设备用风机轴承箱	河北同心风机配件有限公司	2010	国家级验收	—
风力发电机偏航刹车片	河北同心风机配件有限公司	2011	国家级验收	—
优质抗虫棉新品种银硕 19 中试与示范	河北银田种业有限公司	2011	国家级验收	已评奖
早期冷刺激在重度颅脑创伤后吞咽障碍患者中的应用	故城县医院	2011	—	一等奖

续表 22-3

成果名称	科研单位	年度	鉴定情况	获奖情况
二甲双胍联合“益气固体降浊方”对肥胖型空腹血糖受损 C 钛的影响研究	故城县中医院	2011	—	二等奖
杂豆浆挂面	故城县三豆产销专业合作社	2011	—	二等奖
进展性脑梗死患者的危险因素研究	故城县医院	2012	—	三等奖
高强防水装载机制动片	河北正大摩擦制动材料有限公司	2012	省级验收	—
精品杂豆标准化生产及加工技术研究与示范	故城县三豆产销经营合作社	2012	省级验收	已评奖
特种陶瓷纤维增强型汽车用制动器衬片	星月公司	2013	国家级重点	—
数控快速液压冲床	故城县郑口金良冲压件厂	2013	省级验收	—
清洁生产和循环利用新工艺鞣制加工水貂皮	故城县海青皮草有限公司	2013	国家级验收	—
消水膏治疗软巢癌腹水的临床研究	故城县医院	2013	—	二等奖
旱地肉鸭标准化养殖技术	故城县六兴养殖专业合作社	2013	—	三等奖
新型环保无甲醛美术绘画颜料	河北青竹美术颜料有限公司	2014	国家级	—
渤海粮仓工程	故城县微咸水补灌吨粮技术示范	2014	国家级	—
故城县皮草产业科技信息服务平台	故城县科技局	2014	省级验收	—
中博板金属构件数控冲压生产系统研究开发	河北金良重工机械有限公司	2015	省级	—
新型高压胶管用补强网眼布	河北运河化纤制造有限公司	2015	国家级	—
新型橡胶用尼龙高强骨架材料	故城县金光工业用布有限公司	2015	国家级	—
盐酸多奈哌齐联合帕罗西丁血管性痴呆合并抑郁症的临床研究	故城县医院	2015	—	—
参一胶囊配合放化疗治疗恶性肿瘤的临床观察	故城县医院	2015	—	—
全胶体动力电池	河北奥冠电源有限公司	2016	省级	—
农林废弃物连续式热解炭化炉	河北序然秸秆能源技术有限公司	2016	国家级	—
河北东磊科技机械有限公司数控技术研发	河北东磊机械科技有限公司	2016	省级	—
獭兔高效繁殖技术研究	故城县鸿霖养殖专业合作社	2017	省级	—
方便即食谷物营养片	故城县三豆产销经营合作社	2017	省级	—
高耐磨自润滑含油尼龙锥形逆流衬板	河北同业冶金科技有限公司	2017	省级	—
智能制造中高档汽车制动钢背项目	故城县龙马冲压件有限公司	2017	省级	—
金属冷冲压自动生产线移动机器人研究与开发	河北东磊机械科技有限公司	2017	省级	—
河北序然秸秆能源技术有限公司农林废弃物连续式热解碳、气、油联产炉创新团队	河北序然秸秆能源技术有限公司	2017	省级	—
新型多层减震消音板的研究与开发	故城县衡岳汽车刹车总成附件厂	2018	省级	—
河北奥冠电源有限责任公司石墨烯电池技术创新技术	河北奥冠电源有限公司	2018	省级	—
18826320D 棉花新品种邯 218 中试与示范	河北神牛农业科技有限公司	2018	省级	—

说明：表内“—”为未做统计或未分等级

二、重点科技企业

1987—2018年，全县共获得专利授权782项，其中发明68项、实用新型688项。涌现出一批重点科技企业。

河北星月制动原件有限公司发明的“刹车片总成的一次性成型工艺”，于1996年获得发明专利授权。该项发明是刹车片总成生产的一次重大创新，其解决了总成生产中蹄、片铆制或粘合生产中的费工、费时和耗材的问题。该专利的保护和实施，使企业得到长足发展。2001年以来，星月公司已成为摩擦材料行业的佼佼者，在全国摩擦材料企业综合评价第四名，成为故城县的龙头骨干企业，年纳税250万元以上。

故城县同业高耐磨厂自行研制的“自润滑浇铸油尼龙轴承及其加工工艺”于2001年获得发明专利授权，该专利产品为该厂主导产品，为该厂发展奠定了坚实的基础。2008年，该厂实现产值6200万元，上缴税金510万元，成为故城县的第三纳税大户。

故城县海青皮草有限公司发明的“节能环保型的水貂皮鞣制方法”，于2012年获得发明专利授权，该发明使水貂皮制作加工简单、水消耗污染小，具有较高的节能环保效果，年纳税50万元以上。

河北奥冠电源责任有限公司发明的“阀控式密封铅酸蓄电池”，于2016年获得发明专利授权，该发明在使用过程中能够降低极板表面硫酸盐化，降低电池的充电电压，使电池易于充电，保持组内各单体电池充放电的一致性，使电池容量衰减缓慢，延长了电池的使用寿命。该产品多年来一直是该厂的主导产品，为该厂发展奠定了坚实的基础，年纳税860万元。

第二节　气象与地震

域内有关部门分别负责气象预报、地震监测、天气干预等职责。

气象测报　1958年8月，故城县气象服务站建立。1963—1969年，属衡水地区气象局。1996—2018年，属衡水市气象局和故城县人民政府领导，负责域内气象测报、气象研究和服务工作。

故城县气象站是省基本站，承担云能见度、天气现象、气压、气温、湿度、风、降水、地温、日照、蒸发、雪深、冻土的观测任务。每天14时向省、地气象部门拍发小图报及灾害、雨情、墒情并进行旬报、月报。5月20日至10月2日8—20时向省气象局增发小图报，报表上报省、地气象局。1975年因测报工作成绩突出，县气象站出席了于青岛召开的全国气象工作先进代表会议。1984年增加了小麦产量遥感观测。

1985年6月，县气象站安装传真机，使仅以抄收省气象台播发的真空地面2张小天气图做测报的状况得以改变。每天可定时接收北京、东京两气象中心播发的传真图。是年9月，甚高频电话又将县与地区气象台直接沟通。测报能力和准确率提高。并根据不同季节向县有关部门提供季、月旬农作物播期等测报。

气象观测

根据国务院办公厅相关文件精神，自1985年始实行专业有偿服务。

1995—2018年，气象局配备计算机及传真打印、扫描一体机等现代化办公设施，购置自动咨询系统。1996年7月，开通“121”电话服务，同时开播天气预报节目，并将天气预报搬上电视荧屏。2000年，安装使用“X·28”分组数据交换网，测报、传输数据，提高气象观测质量。翌年，使用微机编报，建立PCVSAT小站和以MICAPS为平台业务流程，使用亚洲2号卫星与中国气象局、河北省气象局、衡水市气象局联网，随时接收各种气象信息，进一步提高了测报质量。

1997年，购置防雷检测仪1台，在全县开展了防雷检测，排除生产环境及各类建筑可能遭受雷击的隐患，同时强化雷电灾害防御工作。1999年，购置WR-98火箭发射架1套，用于人工增雨和驱雹作业。2017年，更换LPZ-82-42车载自动发射架1套，发射效果增强。2018年，采取火箭作业方式，及时开展防雹增雨作业，域内共发射人影火箭弹30枚。

车载自动发射架

地震监测 1975年5月，建立故城县地震测报站。1976年成立地震局。后地震局并入科技局，改为地震办公室。1996年，地震办公室为全额股级事业单位编制3名。2015年，随科技局并入发展改革创新局，原地震办公室易名为防震减灾中心。

故城县位于华北古地台的中偏东部，属于华北平原沉降带的一部分，根据市县地震监测部门的监测记录表明，历史上没有五级以上破坏性地震发生的记录。

地震监测站多次向省、地主管部门作出测报意见，其中对1976年7月28日唐山丰南7.6级地震，是年11月15日天津、宁河6.9级地震，从地点、时间、震级做出较为准确的测报并总结出故城县单台土地磁预报地震三要素。利用气象资料及历年同期地震测报数据，绘制成综合分析图，探索相关性规律，报省地震局。另，先后研制成功埋设电极、10米大型取土钻、远距离井水位遥测仪、八方位灯光倾斜报警仪、仪器供电双功电源、地仪自记钟、自记光源灯故障光电自动报警仪，获地区科研三等奖。

1980—1999年，地震办公室认真贯彻执行“以预防为主，走综合防御道路，最大限度减轻地震灾害”的地震方针，在“地震监测预报、震灾预防”方面切实做好“陶瓷偏角磁变仪、地电监测仪、重锤式八方位灯光音响报警器”等仪器的观测记录，作图分析、存档。每周五震情会商，向衡水市局报告技术数据，定期与山东德州市地震局、国家邢台红山地磁台交换数据，互通信息，联网会商。同时在全县各乡镇合理布局，建立6个以井水观测、禽类、畜类饲养为主的群众宏观哨，观察宏观异常情况。

21世纪，宣传地震知识让群众切实掌握地震预测预防的科学知识，最大限度减轻地震灾害。通过赶科普大集等形式先后发放防震减灾宣传单，并进行媒体网络宣传，印制《故城县地震应急预案》《故城县人民政府突发公共事件总体应急预案》等文件。每年7月28日为唐山大地震宣传周。

2010—2018年，每年5月12日“防灾减灾日”宣传指导防灾减灾知识。地震监测站实行昼夜值班。每日（8、12、16、20、24时）观测，各种测报数据及时绘图分析处理，上报下传。主要测报手段有4种：用陶瓷偏角磁变自记仪，对大地磁场偏角进行连续测量；用W-40水位自记仪，对107米非开采层承压咸水井水位动态连续记录；用SJ-01数字式电算器自动记录仪对家鸡、白鼠活动规律连续观测；用JW-Ⅱ型双笔自记仪对大地电场进行连续实验观测。

第四章　科技人才

明清时期，域内匠人在京师从事建筑、建材、木器制作、酱菜腌制等行业颇具盛名。中华民国年间，故城人在京城经营的桂馨斋、兰馨斋酱菜园是历史最悠久最负盛名的老字号之一，培养了一批具有独门绝技的人才。20世纪50—70年代，专业科技人员主要分布于工业、农业、林业、畜牧、教育、医疗卫生等行业。中共十一届三中全会后，科技队伍不断发展壮大。1978年，全县各类科技人员1386名。1987年，故城县科技人员增至7684名，是年职称改革，实行专业技术职务聘任制，中高级科技人员大幅增长，科技人员学历提高，年龄结构不断优化。1990—2000年，科技人才学历显著提高。至2018年，分属近20个系列的专业技术人员达6626名。

第一节 科技人才构成

科技人才学历 1987年年末，故城县科技人员7684人，大学本科毕业生173人，占全县科技人员总数的2.3%，其中1966年以前（含是年，下同）毕业生35人，占该学历总数的20.2%；大学专科毕业生663人，占全县科技人员总数的8.6%，其中1966年以前毕业生87人，占该学历总数的13.1%；中等专业学校毕业生2205人，占全县科技人员总数的28.7%，其中1966年以前毕业生627人，占该学历总数的28.4%；高中和初中毕业生4643人，占全县科技人员总数的60.4%。

至2018年，科技人员6626人，本科以上学历1922人，占全县科技人员总数的29%，大专和中专学历4704人，占全县科技人员总数的71%。其中文教系统本科以上学历的占的37%，大专学历占53%，中专占10%。

卫生系统本科以上学历的占33.8%，大专（中专）占66.2%。建筑、农牧林等其他专业本科以上学历的占29%，大专（中专）占71%。

科技人才年龄 1987年，7684名科技人员中，35岁以下科技人员3880人，占全县科技人员总数50.5%，其中中级专业技术职务75人，占该年龄人数的1.9%；36～55岁科技人员3635人，占全县科技人员总数的47.2%，其中中级专业技术职务906人，占该年龄人数的25.0%；高级专业技术职务36人，占该年龄人数的0.99%；56岁以上科技人员168人，占全县科技人员总数的2.2%，其中中级专业技术职务49人，占该年龄人数的29.2%，高级专业技术职务6人，占该年龄人数的3.6%。

至2018年年末，科技人员6626人中，50岁以上的占总数的30%，40～50岁的占25%，30～40岁的占45%。其中小学教师50岁以上的占40%，初中教师50岁以上的占25%，高中教师50岁以上的占20%。卫生系统50岁以上的占20.9%，40～50岁以上的占35.5%，30～40岁以上的占35.07%。其他类50岁以上的占11%，50岁以下的占89%。

科技人才分布 1987年，科技人员按从事工作部门、行业划分其分布情况：农林牧水系统（包括农业、林业、水利、畜牧、农机等部门科技人员）278人，占全县科技人员总数的3.6%；工交系统719人，占全县科技人员总数的9.4%；财贸系统990人，占全县科技人员总数的12.9%；卫生系统746人，占全县科技人员总数的9.7%；文教系统3191人，占全县科技人员总数的41.5%；党政机关（包括乡、镇）和公检法司系统782人，占全县科技人员总数的10.2%；其他部门978人，占全县科技人员总数的12.7%。

2018年，科技人员按从事工作部门、行业划分，其分布情况：文教系统3909人，占全县科技人员总数的59%；卫生系统1523人，占全县科技人员总数的23%；建筑、农林牧等其他类1194人，占全县科技人员总数的18%。

第二节 职称评定

专业技术职称评定 1978—1983年，在各类专业技术人员中开展专业技术职称评定，此间全县套改评定中级职称42人、初级职称434人。1987年，根据省地职称改革领导小组部署，县建专业技术职务聘任制度。设置专业技术岗位，明确技术人员职责和任职条件，先后分两批评聘，后通过复查评审确定全县各类专业技术职称获得者6553人，其中高级42人、中级1030人、初级5481人。是年，故城县7684人科技人员中，有专业技术职务6553人。高级技术职务42人，占全县科技人总数的0.6%，其中高级工程师4人，副主任医师8人，高级农艺师2人，二级公证员1人，副编审1人，中学高级教师26人；中级专业技术职务1030人，占全县科技人员总数的13.4%，其中经济师122人，中专讲师30人，统计师11人，群众文化馆员3人，会计师59人，畜牧师4人，工程师102人，兽医师11人，主治、主管医师55人，图书资料馆员1人，档案馆员1人，体育教练2人，一级播音员1人，新闻编辑、记者4人，农医师24人，公证员3人，出版编辑4人，中教一级226人，小教高级357人，律师3人，工艺美术师1人，艺术师5人，农经师1人；初级专业技术职务的5481人，占全县科技人员总数的71.3%。未定专业技术职务1131人，占全县科技人员总数的14.7%。1997年，全县继续教育人数为1800人，其中高中级职称人员500人，初级职称及未评聘人员1300人。1998年，增加到中级职称70人，初级600人。是年，达2000人。2008年，故城县建有省级职教中心1所，职业中专2所，农广校一所，各乡镇建有农民技校，全县有专职专业技术教师102名，兼职专业技术教师355名。故城县工业企业系统各类科技人才5600人，其中高职125人，中级870人，初级2750人，各占各自系统职工人数的比例为0.23%、1.56%、4.9%。2018年，全县科技人员6626人，其中高级职称1034人，占全县科技人员总数的16%；中级职称2279人，占全县科技人员总数的34%；初级职称3313人，占全县科技人员总数的50%。其中文教系统高级职称495人、中级职称1881人、初级职称1533人。卫生系统高级职称79人、中级269人、初级669人。建筑、农林牧的其他类高级职称119人、中级501人、初级574人。

初级专业技术职务任职资格证书

非公职技术职称评定 1983年始，先后对农民科技人员进行职称评定。至1987年年末，授予387人技术职称。乡（镇）建筑技术人员职称评定始于1984年12月，至1987年年末评定建筑技师8人、助理技师150人、技术员835人。乡（镇）工业技术职称评定始于1985年12月，至1987年年末评定技师7人、助理技师26人、技术员92人。1995年，绿色证书持证者达300名。2005年，每20户有1名绿色证书持证者，建立起一支农民技术骨干队伍。同时开展农民职称评定工作，故城县农业技术人员中有职称的达240人，其中中级40人、初级200人。2006—2018年，各乡镇建有农民技校，县乡企业中科研开发机构有107家，321人，其中高职45人、中级98人、初级131人。全系统共有从事技术开发和技术服务的人员1530人，在农民专业技术职称评定工作中，共评定农业、经济、林业、工程、卫生等农民技术人员691人，其中高级28人，中级98人。

第三节　表彰奖励

对科技人员表彰奖励始于1980年1月，同月16日，中共故城县委、县人民政府表彰科技先进集体6个、先进个人124人，并颁发奖状、奖金。1982年3月1日，表彰先进集体50个、先进个人63人。1983年，表彰先进集体31个、先进个人125人。1986年8月，表彰先进集体10个、先进个人40人。此间，61名科技人员获国家、省、地奖励。

1992年，制定并颁布《关于奖励为推动科技进步做出贡献人员的试行办法》，成立故城县科技进步基金会，设立科技发展基金，对做出贡献的科技人员实施重奖。是年7月15日召开全县科技大会，对一批为发展故城经济做出贡献的外地专家和故城县科技人员分别颁发了政府特别奖证书和科技立县奖证书。1996年，颁布了科技兴县奖实施办法，在当年召开的科技大会上，特别奖表彰了外聘常驻故城科技人员5人，故城县科技人员9名。1997年后，先后制定《关于加快科技进步的决定》《故城县"九五"科教兴县规划纲要》，并出台10余份配套政策性文件。对全县各乡镇、县直单位、重点企业实行科技工作实绩考核，每年根据考核结果，分块排序，在全县通报，对乡镇和县直单位分别排在前三名和企业排在前六名的直接定位为科技工作先进单位。

2014年，县委组织部出台了县管专业技术拔尖人才享受有关政治生活待遇的红头文件，26名拔尖人才享受了待遇。

第五章 科技组织

随着科学技术的发展，故城县各级科研机构、科普团体应运而生，科技管理机构健全，研究推广机构不断增加，科普团体积极研究实施科技项目，创造经济效益。1987—2018 年，全县获得专利授权 782 项。

第一节 科技机构

1918 年 12 月，顺直水利委员会于河西街（原武城县属）设水文站。1919 年故城县国民政府建设局始设农事试验场，1934 年 4 月 1 日，农事试验场易名为农业推广所。

中华人民共和国成立后，伴随科技事业发展，科技管理、研究和推广机构相继建立，20 世纪 80 年代末科技组织已健全成网。

一、管理机构

县科学技术领导小组 1983 年 5 月 14 日，建故城县科学技术领导小组，由 9 人组成，一名副县长任组长。1985 年，领导小组增至 12 人，由县长任组长，领导全县科技工作。

县科学技术委员会 1972 年 12 月，建故城县科技局，隶属县革委会生产指挥部，设副局长 1 人（局长缺），专职工作人员 4 人。1972—1978 年，科技人员无专门管理机构。科技人员按所任职务分别由中共故城县委组织部、县革委人事局管理。是年，县科委明确一名干部从事科技干部管理工作，负责自然科学研究人员职称评定、考核晋升，并协助有关部门管理科技人员，调整技术人员用非所学问题。1978 年 4 月，县科技局改建为县科学技术委员会（简称县科委）。下辖计量站、地震办公室、新能源办公室，县科委与县科学技术协会（简称县科协）合署办公。1984 年 12 月 20 日，县科委设科技干部管理股，有专职干部 2 人，管理权限明确，管理范围扩大，变单一职能为多重性管理，由单纯项目转向全面科学管理。乡（镇）村科技干部分别由各乡（镇）科技副乡（镇）长、科技副村长管理。1987 年，县科委设农业、工业和科学技术干部管理等科室，各科室均设主任、副主任 1 人。县科委设主任、副主任各 1 人。1996 年更名为科学技术局。

县科学技术局 故城县科学技术局原名科学技术委员会，是县政府综合管理全县科技工作的职能部门。时科学技术委员会内设办公室、工业股、农业股、科干股，行政编制 14 人。1996 年 12 月，根据衡水市相关文件，科学技术委员会更名为科学技术局，内设办公室、工业股、农业股、科管股，地震办公室、新能源办公室，编制 23 人（行政编 13 人，事业编 10 人），同时根据故城县人民政府相关文件科干股划归人事局管理。2002 年 7 月，根据故城县人民政府相关文件，撤销办公室、工业股、农业股、科管股，成立人秘股、科技管理股，行政编制 10 人，工勤编 1 人，事业编制 7 人。2004 年 1 月，新能源办公室划归农业局管理。2008 年，科技局内设人秘股和科技管理股，行政编制 10 人，其中局长 1 名，副局长 2 名，股级领导指数 4 名。机关工勤人员编制 1 名。地震办公室为全额股级事业单位，事业编制 3 名，其中主任 1 名。

2015 年 8 月，根据中共衡水市委、衡水市人民政府《关于印发故城县人民政府机构改革方案的通知》（衡办字〔2015〕25 号）文件精神，设立故城县发展改革创新局（挂故城县京津冀协同发展领导小组办公室、故城县科学技术局牌子），为政府工作部门。科技局、物价局一同并入故城县发展改革创新局，原地震办改名为防震减灾中心，为股级全额事业单位，2016 年 7 月，科技局由县政府四楼迁至幸福路综合楼三楼办公。2018 年 1 月，根据相关文件，原党组成员、副局长不再担任发展改革创新局党组成员职务。

乡镇科技机构 1978 年后，各科局及企事业科技机构由各业务主管部门兼管并设专职人员管理科技工作，各乡（镇）科技管理工作由一名副乡（镇）长分管并配备科技助理员。1985 年以前，乡级科技管理工作由一名副乡长兼管，1985 年后各乡（镇）相继由乡（镇）长、科技助理员及农、林、牧、农机、水利、乡镇企业技术员组成科技领导小组，领导管理科技工作。1985 年，青罕乡被列为实行农村科技体制改革试点，成立了由乡长及农、林、水、牧、农机技术人员组成的乡级科技领导小组，负责乡级科技管理工作。1988 年，各乡镇成立乡镇科委，由县科委、组织部、人事局三方联合进行科技副乡、镇长选拔。经过理论考试、面试，23 人从 100 多名竞选者当中脱颖而出，成为故城县有史以来的第一批科技副乡、镇长，同时，全县 268 个村选配了科技副村主任，538 个村选配了科技宣传员。至此，故城县的科技管理体系基本健全，科技进步渗透到全县的各项经济工作中。到 1997 年 5 月，由于机构改革和乡镇建制变动，原有的科技机构已不适应新形势的发展，原有的乡镇科委统一更名为科技站，原有职能不变。

二、研究机构

农业科学研究所 建于 1974 年，隶属县农业局。科研基地设于郑口公社周辛庄，占地 105 亩。科技干部 3 人，技术工人 5 人。1987 年科技干部增至 5 人，技术工人增至 6 人。其任务系对农作物新品种进行栽培试验，并推广适宜当地栽培新品种。

农业机械化研究所 1972 年，建故城县农机具研究所，时有工作人员 6 人。1980 年，易名为故城县农业机械化研究所，时有干部职工 11 人，隶属县农业机械管理局。其任务系引进、推广、改革和研制耕作、施肥、播种、收获、动力等农业机械。2000 年撤销。

粮食局科研组 1976 年，县粮食局及所属库站均建科研组，各组科研人员 2～3 人。1987 年年末，科研组规模扩大，由一名副局长兼任组长。此后，曾先后完成粮食检测、入库、出库、贮藏等 54 项科研项目。2003 年粮食系统改制，此组撤销。

气象服务站 1958 年 8 月 6 日，建故城县气象服务站，是年 10 月，易名为吴桥县气象站郑口分站（时故城县并入吴桥县）。1961 年，随故城县分置，复名故城县气象服务站。

气象站隶属关系变更频繁，1963 年 6 月前，属县人委，1963 年 7 月至 1969 年属衡水地区气象局；1970—1972 年由县人民武装部军管；1972—1980 年属县革委；1981 年后属衡水地区气象局和县人民政府双层领导；1996—2018 年，属衡水市气象局和县人民政府双层领导，其任务系气象预报、研究及服务工作。

地震监测站 1975 年 5 月，建故城县地震监测站。位于郑口公社后香坊村东，辛宅村西南。1976 年 8 月，易名为故城县地震办公室，时设正、副主任各 1 人、工作人员 4 人。1984 年 1 月，复原名。设站长、副站长各 1 人，工作人员 6 人。其任务系地震监测及研究工作。2002 年，机构改革时并入科技局，成为股级单位。2009 年 3 月，旧址撤销。2015 年 8 月，科技局并入发改局，原地震办改名防震减灾中心。

新能源办公室 1976 年 3 月，始建故城县沼气办公室，隶属县科委。1980 年 8 月从科委分离出去，扩建为新能源办公室，并升格为局级单位，1983 年 12 月，机构改革时，新能源办公室降为股站级，再次隶属科委。1984 年 8 月，恢复局级建制。新能源办公室主要负责全县新能源开发、利用和推广。2004 年，新能源办公室归属农业局。

三、推广机构

农业科技推广机构 故城县良种繁殖场：1965 年 12 月，建设于杏基公社红庙大队西，名故城县农场，隶属县农业局，时有干部职工 36 人，土地 850 亩。1967 年，设场长 1 人。1971 年，易名为故城县良种繁殖场。其任务系繁殖推广粮棉优良品种。2005 年，繁殖场完成改制。

故城县农业技术推广站：1952 年，县农业科设农业技术站，时有技术干部 3 人。1954 年，设农业局技术股。夏庄、西辛庄、房庄、原隰乡分建农业技术站，共有技术干部 15 人。1968 年，定名故城县农林局农业技术推广站。是年全县各公社分建农业技术推广站，各站技术员 2～3 人。1974 年，共有 432 个生产大队建农业技术组，各生产小队配备不脱产农业技术员。农业技术推广站推广农业作物优良品种及其栽培技术，培训基层农业科技人员，总结群众在生产实践中创造的作物栽培技术和经验。1984 年，农牧渔业部、林业部、国家经委联合授予农业技术推广站“全国农林推广工作先进单位”称号，衡水地区行署并通令嘉奖。故城县农林局农业技术推广站主要任务是推广农作物优种及栽培技术，培育基层农业科技人员。2018年，有技术干部4人。

推广食用菌技术

故城县农业局种子站：1962年建，设于郑口公社李王庄农场，时有职工3人，有库房2间。主营小麦、玉米、高粱等优良品种。年经营量1000公斤。1970年，站址设于县粮食局直属库院内。借用库房3间，有职工4人，年经营量1万公斤左右。1973年，设于郑口北隅郑（口）德（州）公路东，占地10亩。职工增至9人。1987年年末，干部职工增至20人，库房600平方米，晒场600平方米。主营小麦、杂交玉米、杂交高粱、谷子等优良品种，年经营量50余万公斤。到1998年，增至46人。主要任务是贯彻种子工作的自选、自育、自繁、自用，组织乡村就地选种、引种、繁殖、推广工作。2003年，原种子站改名为河北丰诺有限公司，2006年完成改制。

故城县农业局植物保护站：1974年建，设于县农业局院内，时有职工4人，1987年，增至8人。其任务系进行植物检疫、病虫害测报，并负责农用药品、药械的经营、试验、示范、推广及病虫综合防治技术。2009年完成改制为农业局种植业股。

农业局土壤肥料站：1976年建，时有2人，1987年增至9人。其任务系对土壤养分进行监测、改良土壤与土壤普查，推广诊断施肥和配方等科学技术。2018年年末有技术人员3人，其中站长1名。

农业局良棉种子公司：1984年建。其任务系引进、繁育、推广良棉种子，兼营良棉种子加工、销售业务。至1987年，全县建立良棉种子繁殖村31个。1984年成立以来，工作任务是引进繁育、推广粮棉种子，兼粮棉种子的加工、销售业务。2005年公司改制，成为股份制企业。

林业科技推广机构 1954年10月农林局设林业技术股，有林业技术干部4人。1973年隶属县林业局，有技术干部5人，各公社均设有专职林业技术员。1987年县林业技术员增至19人。是年增设林果技术站，隶属县林业局。其任务系全县林业计划实施及科技服务。2015年8月，隶属故城县农林局，内设林果技术服务站，为股级全额事业单位，核定编制4名，股级职数1正1副。

畜牧技术推广机构 故城县兽医工作站，1956年建，属县农林局，时有6人；1963年，分建畜牧股和兽医工作站，其任务系管理兽医院、站。故城县兽医院，1958年建，时名故城县兽医站，设于郑口西城镇大街路北，时有4人。后各公社相继建兽医站，人员多为民间兽医，共20余人。1986年易名为兽医院。1987年全县兽医工作人员增至68人；县畜禽改良站，1972年建，从事畜禽品种改良、繁殖和推广工作。1981年于梧茂公社董学建一分站，1987年于西半屯乡何刘屯村、瓦子庄乡树儒林村各建一技术辅导站。2018年，建立县乡村疫病防控体系，各乡镇均建有兽医门诊部。

第二节 科普团体

1987年12月19日，建故城县科学技术普及协会，同县科委合署办公。1980年7月，由县科委分出单设。此间，全县各公社均建科协，共408人，1987年，科协会员1000余人。

1979—1987年故城县自然科学学会、协会、研究会共20个。农学会下设植保、土肥、水利、气象、畜牧、林业专业学组，共有会员111人。工学会下设机械、轻纺、电讯、电力、粮食加工、农机修造专业学组，共有会员80人。医学会下设西医内科、西医外科、中医科和辅助科专业学组，共有会员43人。基础科学学会下设数学、物理、化学专业学组，共有会员44人。全县先后建科普创作协会和珠算会计、林果、西瓜、棉花、油料、小麦、玉米、机械、金属、纺织、食品、酿造、鞋帽服装、皮毛加工、烹调等专业研究会。

1986年8月8日，建县无毒棉技术研究会，有会员44人。是年11月20日，建县农机修理协会，有会员92人。至1987年年末，全县建各种农民专业技术研究会84个，会员886人。

各自然科学学会、协会、研究会系学术性群众团体，适时进行学术交流，组织重点学术课题探讨和技术开发，科学考察和科技论证，编辑、印发学术书刊和技术资料，普及科技知识，推广先进技术，开展科技咨询和科技培训，培养科技人才，为科技工作者和广大群众服务，1987年年末，各科技团体共实施科技项目12项，创经济效益222万元。

参照河北省科普示范基地创建工作的规定与要求，2009—2018年县科普技术协会命名以茂丰现代农业园区、康宏牧业有限公司、正大肉鸡集团为代表的科普示范基地共34个。共获得专利授权648项，其中发明39项，实用新型609项。

2009—2018年故城县科普示范基地一览表

表22-4

基地名称	基地名称	基地名称
故城县绿康鸡养殖基地	故城县梦园养殖专业合作社	故城县西孟西瓜种植协会
故城县兴泰金银花种植基地	故城县厚丰种植专业合作社	故城县三和养猪协会
故城县东盛亿源牧业养殖基地	故城县民乐种植专业合作社	故城县益民土元养殖科技协会
故城县建国臧庄韭菜基地	故城县运河无公害蔬菜种植专业合作社	故城县三豆农业技术协会
故城县东耀种植基地	茂丰现代农业园区	河北康宏牧业有限公司
故城镇千亩苗木种植基地	河北绿康蔬菜科技有限公司	河北梅颂园农业发展有限公司
故城县丰泰苗木种植协会	故城县梓航奶牛养殖基地	故城县爱民农业种植专业合作社
故城县联兴养殖协会	故城县同富奶牛养殖基地	故城县乾鑫种植专业合作社
故城县润民养殖科技协会	故城县瀛雪园林苗木种植基地	故城县睿瀛奶牛养殖专业合作社
故城县特种毛皮动物养殖协会	故城县众益生猪养殖基地	故城县华秀养殖专业合作社
衡水市正大1亿只肉鸡全生产链项目	东大洼农业示范基地	
故城福隆养殖有限公司	新希望六和集团养殖基地	

第二十三编　文　化

勤劳、智慧的故城人民，创造了绚烂多姿的文化。明代曾出现一些文人学者，他们著书立说，名播海内。清代，故城境地近京畿，深受京城文化影响，因文字狱猖獗，仅出现了贾氏一族和贺氏家族等有影响的文士。民间仅存几家业余戏曲科班活动。清代中叶“盐厂秧歌”形成独特剧种。

民国期间，兵连祸结，又无专门文化机构，仅于1923—1936年，于故城镇（旧县治所）一度创立通俗图书馆、阅报所、讲演所及民众教育馆，未久即废。其间，仅有郑法祥、孟小如等几位杰出戏曲演员，分别于上海、北京学艺成名。民间文化娱乐活动，除少数业余剧团演出一些剧目外，春节前后，历代流传于境内的高跷、秧歌、龙灯、旱船等民间艺术，较为活跃。

抗日战争时期在日伪统治区，侵华日军推行殖民主义文化侵略政策。中国共产党领导下的抗日民主政府重视群众性文化娱乐活动，以“一切为了抗战，一切服从抗战”为宗旨，以革命文化艺术占领农村文化阵地。在抗日根据地，广大抗日军民利用多种文艺形式，宣传“抗日救国、抗战必胜”的革命道理，推动民众抗日救亡运动。

解放战争时期，中共故城县委、县政府贯彻中共中央在解放区的文艺方针“使文艺成为整个革命机器的一部分”，“作为团结人民，教育人民，打击敌人，消灭敌人的有力武器，帮助人民同心同德地和敌人作斗争”，为保卫胜利成果，支援全国解放战争，在一些条件较好乡村组织起业余剧团、高跷队、秧歌队、腰鼓队，人数较多的学校组织起文艺宣传队，县委机关创办油印、石印《故城小报》，紧密配合全县开展参军支前、土地改革运动。

中华人民共和国成立后，党和政府重视文化事业，积极开展文化娱乐活动。设立文化管理机构，先后建文化馆、文化站、电影队、影剧院和新华书店等文化单位，加强对文化工作的组织和领导，逐步提高群众文化艺术水平。

中共十一届三中全会以来，文化事业蓬勃发展，尤其县、乡、村、户四级文化网的形成，推进了社会主义精神文明建设。在文学艺术方面更是人才迭出，多人在全国、省市报刊刊登作品，多次参加省、市文艺会演。

21世纪，特别是中共十八大、十九大以来，在习近平新时代中国特色社会主义思想的指导下，以推进大运河文化带为契机，以电视、书籍、网络媒体、微信公众号等现代化传媒工具为载体，凸显故城县的文化特质，推动故城文化事业的繁荣发展。

第一章　文化单位

域内文化单位场馆齐全，在不同历史时期均有不同形式的文化活动，丰富了域内人民的精神文化生活。

第一节　文化馆、站

文化馆　县文化馆建于1947年春，位于郑口二道街中部路西。前身是民众教育馆，中华人民共和国成立后更名为文化馆。设馆长、馆员各1人。开展读书、阅报活动，春冬两闲举办文化补习班。1951年，迁至郑口二道街南端路东，占房9间（二层小楼），增加馆员1人。1953年，迁至郑口二道街中部路东。1954年，编制5人，设有群众文艺（简称群艺）、图书、美术3个组。1957年，增至7人。翌年，随故城县并入吴桥县。1961年，随故城县分置，复设文化馆迁回原址。1964年，迁至郑口正大街中部路北，建房15间，编制6人，设有群艺、美术创作、图书4个组。1979年，扩建文化馆办公室、宿舍24间。全馆占地面积3000余平方米，编制21人，增设文物组、摄影组。

1984年，编制22人，其有关人员（创作除外）负责辅导和组织城乡文化站、俱乐部开展各项文化活动，挖掘、整理民间文化遗产。1987年，文化馆工作人员25人，分图书组、创作组、美术组、书法组、摄影组、群艺组和文物组，业务门类较为齐全。1988—1995年，由于文化体制改革，活动经费缺乏，文化馆骨干业务人员或改行，或调离，业务门类出现空缺，有的活动不再开展，只能任务性地搞一些重大节庆日的演出，但演出质量不高。馆内图书阅览室因城建拆除，不再开展图书阅览业务。

20世纪90年代后期，随着文化活动周及文化下乡活动开展，文化馆活动出现起色各种文化活动活跃。

2001年，文化馆获“全国婚育新风进万家活动先进单位”。2008年，县文化馆工作人员15人，其中馆员3人，设有曲艺、器乐、舞蹈、创作4个专业组，馆藏图书8000册。2009—2018年，开展舞蹈、声乐、器乐、美术、书法、摄影等艺术专业的普及型辅导及培训工作。含基层文化指导员培训、农民工子弟培训、贫困学生培训等活动。组织了舞蹈培训200余场，声乐辅导及培训10余次，器乐培训120多场，美术和书法培训80余次；举行美术、书法、摄影等群文公益性展览60场，群众性的艺术品展览20次。非物质文化遗产成果展10场；开展节庆文化活动30场，主题宣传演出，欢乐广场文艺演出，群众性文化技艺展示活动等；围绕中心工作开展方针、政策、法律法规、文化艺术、“非遗”知识、健康与生活等方面的群文讲座30场；文化惠民送文艺演出（进乡村、进校园、进社区）200余场。艺术展览、文化辅导到街道、学校、企事业单位50余次，加强与当地的文化互动，丰富基层文化生活；多次参与省、市、县各级组织的各类创作、文化演出活动，有38项艺术创作节目在省、市获奖。

李志勇创作的第一小学校歌、第二小学校歌、第三小学校歌、聚龙小学校歌，祖阳中学校歌等作品为校园文化建设起到良好的促进作用。其创作的《燕儿飞》《老街坊》《拉纤的汉子》《看看咱们新农村》《扶贫来了贴心人》等歌曲、戏曲作品获省、市奖项。

文化站 1952年，于故城镇首建文化站。1953—1957年，全县有文化站5个，分设于故城、辛庄、房庄、原隰、饶阳店（原属武城县）。1957年9月20日，县人民委员会决议文化站改为县文化馆派出单位。每站编制1～2人，房屋10余间，设有图书室、游艺室、阅览室。负责组织农村业余剧团、花会等活动。1958年，文化站停办。1981年，故城、建国重建公社文化站。1982年年初武官寨、饶阳店、辛庄、西半屯、青罕等公社建文化站。其中故城文化站因设施、活动俱佳受上级重视，衡水地区文化局曾于此组织各县参观学习。1984年，各乡镇均建文化站。每站2～3人。设有专用房间，置有图书报刊、球类、棋类、乐器等文化娱乐用具。一般设有图书室、游艺室、展览室、电视室、电影放映队等。乡镇文化站负责对所属农村俱乐部进行业务辅导并组织文化、科技、体育活动。1987年，乡镇文化站经县乡考核配备专职人员。文化站由县文教局管理，业务活动由县文化馆布置协调，每年春冬两季组织文化站工作联查，县委主管副书记、副县长带队，旨在相互学习，共同提高。其间，各乡镇文化站根据农忙、农闲季节都开展不同规模的多种文化活动。衡水市文化站工作现场会多次在故城县召开。

1989—1996年，受多种原因影响，工作人员多被派作他用，房屋被挤占或出卖。全县文化站基本停用。1997—2001年，乡镇文化站已被新兴文化场所代替。2015—2018年，各村均建有文化广场和农家书屋。

第二节　图书馆、室

图书馆 1929年，于故城镇设通俗图书馆。主任、职员各1人，附设图书借阅、民众阅报处。1936年，归属民众教育馆。

1947年，县建人民文化馆，内设图书室。1952年，图书室占房3间，管理人员1人，藏书5100册、报刊19种。1953年，随文化馆迁至郑口二道街，占房4间，图书、报刊均有增加。1964年，图书增至2万余册。是年，随文化馆迁至正大街。展厅3间、耳房2间，使用面积252平方米，管理人员1人。藏图书7000余册。“文化大革命”开始后，大部分古书和部分新书被当作“四旧”或“毒草”付之一炬。

1980年，图书增至1.1万册，报纸、刊物每年分别保持在30种、170余份。工作人员5人，日开馆7小时，每星期一休息，到馆借阅人数日均60人次。馆内设综合阅览室，有座位50个。图书室负责指导文化站、俱乐部的图书借阅业务。1985年，于郑口康宁路东部南侧（帝君庙村）建科学技术市场，藏书1.5万余册。1995年，2.5万册。2000—2010年，科学技术图书类书籍及期刊报纸达3.5万册。

故城图书馆读书阅览室一角

2013年10月，市政文化广场南侧二层建筑修缮后划拨故城县图书馆使用，建筑面积900多平方米，于2014年10月9日免费向公众开放。是年，图书馆开馆当年文献外借量达784册次，持证读者400人，入馆读者约0.3万人次。2015年8月，设置故城县文化馆（图书馆），一套人马，两块牌子。是年10月，建立理事会制度，聘请文化、法律、财政、教育等行业专业人士担任理事会成员。2016年6月，与运河中学、青罕中学、原隰中学三所中学联办图书分馆，分馆藏书5600册流通借还。

故城县图书馆

2014—2018年，文献外借量60225册次，持证读者5656人，接待入馆读者50000多人次，三个分馆年均接待学生读者9000多人次；是年末，持证读者已达5900人，服务量每年持续大幅增长。年均开办文化展览10余场次，打造了“春节猜灯谜”“绿书签”护航青少年、“4·23世界读书日”等品牌阅读推广活动。2018年5月，被国家文化和旅游部评为三级馆。馆内纸质藏书8.9万余册，期刊、报纸104种3200余册，馆内设置有成人阅览室、期刊阅览室、儿童阅览室、电子阅览室、地方文献室、培训自修室等功能室，提供办证、存包、饮水、复印、检索咨询、公益展览、讲座、阅读推广等服务。

图书室 1948年，河北郑口中学建校亦设图书室，图书仅千余册。1966—1976年，图书散佚。20世纪70年代至80年代初，域内24所中学先后建成图书馆、室，除郑口镇中学图书室藏书近2万册外，其他藏书均在千册左右。1984年，郑口中学重建图书馆，藏书3万余册。1985—1995年，各乡（镇）文化站（即公社文化站）均设图书室。1996—2000年，各学校各单位办图书角图书室。2018年，全县3所高中、16所中学、109所小学、8所民办中小学和故城县进修学校均建有图书馆、图书室，共藏书达157万余册。域内538个村均设有规模不等、藏书数量不同的村图书室，平均每村有图书1000～2000册。

第三节　书局　书店

书局 1936年，故城、郑口有“政文书局”“华北书局”（书店）和私人售书门市，主要发行销售《三字经》《弟子规》，及“四书”“五经”之类读物。据1990年《河北出版史志资料选辑》第八辑第四期载，1944年4月，故城县设有“魁元书局”“重光书局”。

书店 1948年夏，县人民政府组织人员于郑口二道街北端设立课本发行组。1949年11月，建故城县书店，兼营部分文具，职工3人。1951年，易名为新华书店故城支店，人、财权直属河北分店，配备干部、职工5人。房屋5间，其中门市3间。1952年，县支店业务由衡水专区管理。1958年，人、财权改归县支店，县支店名故城县新华书店。是年，随县并入吴桥县，易名为吴桥县新华书店郑口门市部。1961年随县复置，仍名故城县新华书店，其业务由衡水地区新华书店管理，干部、职工6人。1964年，县新华书店南徙郑口二道街中部西侧，建房14间，其中门市4间，库房4间。

1982年，将原房拆除，新建营业办公楼1栋，总建筑面积396平方米、营业面积189平方米。1983—1989年，域内由一家新华书店增加到5家。1990年，人员编制增至21人（1991年，迁康宁路西端南侧），其中8名业余发行员。下设发行网点1个。县城有个体书店8家，1991年，在康宁路西段南侧新建营业楼，建筑面积820平方米，营业面积355平方米。

2005年9月，河北省新华书店进行事转企改革，县新华书店由文化事业单位转制为经营性文化企业，是域内唯一持有图书发行资质的宣传发行部门和国家出版发行机构，书店实行以岗定薪、工效挂钩企业工资制度。是年，书店有干部职工26名，业余发行员56名。

新华书店

2008年，书店主营中小学教科书、图书、图片、教学辅导、音像电子制品等。图书类别包括政治、经济、军事、法律、文化教育、艺术、哲学、文学、医药卫生、工业技术、农业技术等。所营销的全部品种，都是由国家正式出版社出版的正版读物。图书分类有政治经济、哲学军事、工农业科技、医药卫生、文化教育、综合类等20多种。陈列品种5000余种，陈列面积达500平方米。

新华书店举办书香节

2013年，销售利润成绩显著，在衡水市系统综合排名第一名。2017年，发行《胡锦涛文选》和中共十八届六中全会学习用书共计2580册；《习近平讲故事》2553册；《习近平的七年知青岁月》778册。2018年，发行《习近平重要讲话读本》14000册、《习近平谈治国理政（二）》3867册、《习近平新时代中国特色社会主义思想三十讲》13000册、《新时代面对面》13136册、《中华人民共和国宪法》760册、《党的十九大报告辅导读本》800册、《中国共产党章程》4400册、《决胜全面建成小康社会夺取新时代中国特色社会主义伟大胜利》2400册。

2018年年末，新华书店有限责任公司故城分公司被河北省新华书店有限责任公司评为“先进县店分公司”。是年，全县注册的个体书店有29家，各乡镇均有书店。

发行网点　20世纪50年代，有故城、房庄、辛庄基层售书点。60年代初，有22个基层供销社经营图书项目，兼职发行员45人。1964年，于驻军基地机场普区设售书亭。1979年，除原有发行网点外，在境内中小学校聘用课本发行员28人，发行点28处。1983年，县有4个公社文化站、9个个体书摊经营图书、年画等，发行渠道扩大。建国镇书店扩大规模增加图书经营项目，销售量连年位于基层销售网点之首。1994年年末，有网点9个，分别为故城、饶阳店、房庄、原隰、武官寨、军屯、瓦子庄、三朗、青罕，年销售图书11000册，销售额45000元。2000年年末，有网点8个，年销售额8万元，3200册。2004年，下设网点8个。2008年，故城分公司郑口中心门市部陈列面积356平方米，图书年销售额82万元，2013年，图书年销售额207.95万元，2016年，一般图书销售额594万元，2018年，一般图书销售额达540万元。

第四节　演出团体

一、电影放映队

县电影公司　1952年，县文化馆购置一台无声电影放映机。1955年6月，沧州地区电影公司分配故城县3人，组建电影放映队（俗称电影队）名故城县九〇电影放映队。同月6日晚，于郑口剧院召开“电影欢迎会”，首次映出《梁山伯与祝英台》。1958年10月，故城县并入吴桥县，原故城县电影放映队易名为吴桥县第三电影放映队。1961年，随县分置复设，有放映员3人，机器2套。1962年组建2个电影队，共7人。1964年随运河左岸武城县地域划归故城县，分来放映员5人，时有4个电影队。1973年，易名为故城县电影管理站。1977年，购置35毫米主座机1台，是年，易名为故城县电影发行放映公司。组织电影队在全县放映电影。

公社（乡镇）电影队　1973年，赵行、小庙、军屯公社先后建电影队。1974年，县电影管理站举办电影放映技术培训班，为全县培训学员50人。自此，全县各公社相继建电影队27个（含县直4个）。1981年，故城、建国、武官寨等公社先后购进35毫米提包式放映机5台。并分别建成置有固定座椅的露天影剧院，1984年，乡、镇拥有875毫米放映机31台。1987年，全部更换为16毫米放映机，年末全县计有200余名放映员，电影队113个，为广大群众放映电影。

大队（村）及个体电影队　1975年，五股河、五户、张庄、三里口、新庄、刁孝子等12个大队先后建电影队。至1976年，先后又有戴庄、霍廖庄、河沟、千户庄等49个大队建成电影队，其中新化大队同时建队2个，县直海河指挥部、皮毛厂、电力局、科委、科协、计生委6个单位各建电影队，各公社中学均置有8.75毫米放映机。1975—1976年，建电影队89个。

1978年始，先后有孔辛庄、东冯王庄、仓上、吕华庄、太兴镇、北官庄、大刘庄、二屯等23个村庄23户自费购置电影放映机，成为一支农民个体电影队伍，形成县、乡、村、个体四级电影放映网。

1984年后，随着电视机的普及，电影观众上座率显著下降。20世纪90年代，电视普及，农村放映队改制。21世纪，随着电视、手机、网络的全覆盖，电影放映队成为历史。随着文化事业的发展，域内有私人建影院2家。

二、县职工俱乐部

县职工俱乐部系县总工会所属工人文化福利事业单位。20世纪50—60年代，职工俱乐部活动场所仅5间平房。1984年，县总工会于郑口正大街东部路北建职工俱乐部楼，建筑面积830平方米。设图书、游艺、展览、学习、文娱5个活动室。室外设灯光球场、舞场，是年6月1日正式开放，由专职人员负责俱乐部内图书借阅、会场组织等工作，自此，文化活动不断。1984—1990年，五一劳动节、十一国庆节均组织职工歌舞联谊、象棋比赛、篮球比赛、乒乓球比赛、书画展览等活动，俱乐部全天开放。90年代中期，随着各单位改制和电视普及，活动次数渐少。2000年后，电视、互联网、手机被广泛使用，歌厅、影院等娱乐场所增加，职工俱乐部停办。

三、专业剧团

黄毛科班　故城县黄毛科班建立年代不详，据郑法祥所著《谈悟空戏表演艺术》一书载，郑长泰（郑法祥之父）七八岁投奔故城镇黄毛科班学艺［郑长泰清道光十七年（1837年）生，按8

岁学艺推算，即道光二十五年（1845年）]，时黄毛科班已有名气（班主姓黄，又长一头黄发，人称“黄毛”）。

黄毛科班剧种为直隶（河北）梆子。学员进科班要打铺保。初生、旦、净、末、丑均学，后归工某一行当。学员边学艺边演出，常演出于保定、北京一带。在京于肉市广和楼与田际云（河北梆子演员、戏剧活动家，艺名响九霄）合演《借扇》等戏，深受群众喜爱。

黄毛故去后由郑长泰领班。郑继承黄教戏法，生、旦、净、末、丑全教。其戏路较宽：长靠戏《反西凉》《战马超》《伐子都》《单骑救驾》等，短打戏有《武松打虎》《狮子楼》《十字坡》《快活林》等，武老生戏有《战长沙》《剑锋匕》《八蜡庙》等。尤擅演悟空戏《水帘洞》《闹天空》《闹地府》《借扇》《通天河》《泗州城》《摇钱树》等。科班讲究“一招鲜，吃遍天”，每出戏均有绝活，戏路独特。演员姚桂喜（老生）、陈丽卿（花旦、武旦、刀马旦），程永龙（武净、红净）、范宝亭（武净），均系郑长泰亲授弟子。

清光绪元年（1875年）冬，于保定城洞阳空演出时，清兵寻衅闹事，引起械斗，科班打死一清兵，为避清兵追杀，遂各自另谋生路。自此，科班解体。

故城县评剧团 故城县评剧团前身系天津新进评剧社分支——天津互助评剧团。1953年归属故城县，名故城县实验评剧团。为集体所有制，

20世纪70年代末河北梆子演出剧照

实行固定工资。时有演员44人。1954年，陆续增聘老生、老旦、小生、正旦等行当6名演员，剧团阵容大振，先后排演《相思树》《孟姜女》《桃花庵》等十几出传统戏。1959年11月，参加沧州地区戏剧会演，被评为沧州地区先进剧团。是年招收学员17人。

1958—1961年，故城县一度归属天津专区，剧团始进入天津市、郊区演出。王玉清、孙永发分别扮演正旦、小生，声蜚津地，上座空前。自此，剧团长期在天津、唐山、塘沽、杨柳青一带巡回演出。扣除一切开支，剧团每年盈余10万元。1961—1963年，剧团拥有银行存款14万元，房屋38间，服装道具价值20余万元，土地40亩。

1964年，剧团演职员67人，全部编入“四清”工作队，于饶阳店、薛官屯等村参加“四清”运动。1969年，剧团解散，有14名演员合并到阜城县评剧团，个别演员分配到故城县红旗农场，其他人员均回原籍。

1970年8月，中共故城县委派员建文艺宣传队（简称文宣队），编排各种形式歌舞表演唱，并排演现代戏。1973年，恢复县剧团，县文宣队为基础组建故城县京剧团。聘请武强县李庄人李秋和为导演兼武功教师，收学员50人，原评剧团演员陆续安置，部分演员重返剧团。首演剧目京剧《红嫂》时演员全部登台。后又演京剧《龙江颂》《铁流战士》等十几个现代剧目，1974年，易名为故城县河北梆子剧团。是年，农林部于景县召开19个省、市、区养猪生产会议，故城县剧团到会演出河北梆子《山鹰》，受到农林部副部长罗玉川、中共河北省委书记马力、中共衡水地委书记韩培甫接见。至1976年，为衡水地区剧团输送演员9人。

1978年后，剧团实行承包责任制，演出场次增加，年均400余场，演出范围扩大到山东惠民、聊城、德州，山西晋东南，天津市与沧州地区。1981年，演职员达63人。1984年，参加河北省河北梆子青年演员大奖赛，演员孙文根获二等奖。

1984年，戏曲受电视、歌舞冲击，剧团入不敷出。至1987年，一些主要演员改行，剧团处于瘫痪状态，后经县政府批准解散。

四、城乡业余剧团

1949年前，已有故城镇京剧班、高小营四根弦三合班、三朗少年河北梆子剧团等业余组织，

演出传统剧目。1952年，业余剧团兴起，配合党和政府方针政策、各时期中心任务进行宣传，活跃城乡文化生活。1953年，农村建业余剧团16个，1954年，建54个，至1965年春节达237个。其中大多可演大型剧目，如《借东风》《奇巧冤》《秦香莲》等。且大多数组织健全，有正、副团长、导演、剧务、化妆、文武场面等，演员四五十人，大部分为共青团员和青年积极分子。常见父子、夫妻、翁媳同台演出。水平较高者不仅在自己村演出，还应邀到外村义演。1957年，故城、三里口、头屯、河沟、三朗等已列为县内重点业余剧团。是年于红旗农场建立戏校，且经常组织会演、调演，以提高业余剧团演出水平。1958年后，部分公社从农村业余剧团抽主要演员组成公社剧团，其中以故城、三朗水平较高。业余剧团节目排练，多于夜晚或农闲时进行，演员不要报酬，大队记工分。其经费来源于大队和演员捐献。1968年后，业余剧团全部由工厂、农村大队组织的文宣队取代，文宣队占用生产时间排练，由生产队记工分，原传统戏剧的服装、道具以“破四旧”为名被销毁。1978年后，部分俱乐部建文艺演出队，演出小型多样文艺节目。后随电视增加，演出活动渐少。此后多为群众自发娱乐。

故城镇京剧班 故城镇（由东南镇、中镇、西南镇组成，总称故城镇）于20世纪初即有京剧、河北梆子班社在城内城隍庙戏楼演出、打冬（学员冬季在此训练），影响颇深。

1934年，县国民党部从天津请一侯氏来县城教戏，刘玉秀、陈乃大、王双枝、宋有岭等学会京剧《桑园寄子》《法场换子》等7个剧目。1937年，以王润水、尹长江、贾文成为主，向常驻县城之河北梆子剧团“中华第一班”主要演员东方亮、西方亮、小秃红（皆艺名）学艺，创办河北梆子剧团。首演《大登殿》《南天门》剧目，深受好评，时已有演员53人。

1945年冬，中镇以刘玉秀、赵吉华为主，改组本镇秧歌队、梆子团为京剧团。是年演出《黄金台》《花子拜杆》《坐宫》《武家坡》等戏，影响较大。1946年春，其他两镇秧歌队成员相继参加中镇京剧团，组成三镇联合京剧团。1947年，剧团发展到72人，总负责人陈凯生。农闲排练，冬春出演。乐器、服装、道具自备自制，参阅《名伶百影图》扮戏，演出水平日渐提高。1949年，剧团演出京剧、河北梆子剧种。至1957年演出剧目达59出。1958年，故城公社以此剧团为基础，组建文工团，演员84人。1960年解散，大部演员分配到故城农场当工人。1970年，故城公社组建文宣队，演出现代京剧《沙家浜》《红灯记》等选场、选段。1972年，曾代表故城县农村业余文宣队参加衡水地区戏剧会演，受省、地表彰。其曾于辛庄、小屯、夏庄、赵行等公社驻地及附近农村义演。1979—1983年，排演的传统剧目《草棚记》《女起解》《武家坡》《遇皇后》和尹丕杰编导的《杀鸡上路》，被县评为优秀节目。随着电视普及，演出减少，加之体制改革，于20世纪80年代末解体。

高小营四根弦三合班 高小营四根弦三合班建于清光绪年间（1875—1908年）。时年，高小营15名小戏迷，赴山东夏津学会四根弦调，与故城县后沙岗、武城县五屯30余师兄弟组成戏班，遂名三合班。

三合班兴盛于中华民国初期，常年于外地演出，演出范围：景县、枣强及山东高唐、夏津、武城、齐河等县。班主沈连贵、主演沈印中（生）、李振海（净）、王德昌（丑）、李希春（武生）、李孝中（旦）。后因演出水平提高，演出范围逐步扩大到献县、济南。1937年，先后在济南大观园、南岗子两大剧场连演10个月，日演两场。1939年，日军侵占华北后，三合班被迫解散。1945年原班主沈连贵同李振海重整旗鼓，将原班人员组成业余剧团。1981年，先后排演《杀楼》《赶斋》《告扇子》《北平府》等20个传统戏。2次受到故城县人民政府嘉奖。

三朗镇少年河北梆子剧团 1958—1961年，三朗镇河北梆子剧团曾名天津市吴桥县少年河北梆子剧团。

清乾隆二十五年（1760年），三朗镇请来1名教师，从艺6人，建三朗子弟班。利用春冬两闲学唱河北梆子（秦腔）。清道光三十年（1850年），邀花脸张七（曾于济南名噪一时），演出月余，后子弟班代代相传。1957年，以李同禄为首，以子弟班为基础，建专业剧团。聘请教师6人，考试招收10～16岁男女学员50余人。演出《回荆州》

《南北和》《王宝钏》《蝴蝶杯》《秦香莲》等40余出剧目。1958年，剧团长期在外地演出，家底渐厚。是年，接受山东滕庄剧团全部行头。1959年，增至80余人，上演剧目60余出，演出范围：枣强、南宫、巨鹿、广宗等20余个县市，深受欢迎。1959—1960年，吴桥县、天津市及某部队文工团多次与其接洽联系归属，因大队干部不舍出手，仍为队办剧团。1962年，三朗镇分为南镇、北镇，剧团随之解散。

盐厂大秧歌坊 盐厂大秧歌坊，据传建于清代乾隆末年。盐厂村小蚂蚱（小名）祖父到河东给地主扛活，与年老长工巩固林要好，巩遂将南方老家秧歌调赐教于他。小蚂蚱祖父回盐厂过年时试唱，故里父老皆喜，随学者甚众。

盐厂村土地盐碱。村民多以淋硝或到运河拉纤为生，人们学会秧歌调，渐与船工号子、打堤夯歌融为一体，形成一种优美曲调。盐厂人以此曲调排演大戏，深受乡村欢迎和喜爱，遂建专业班，少则10余人，多则20余人，沈振纲为班主。巡回于故城、武城、临清运河两岸村庄、码头演出。清末秦腔、京剧盛行，大秧歌处劣势，后转为业余。每年年末开唱，次年初即止。排演《拾玉镯》《卖水》《看闺女》等30余出剧目。大秧歌板式简单，又无弦乐伴奏，村中老少皆会。中华人民共和国成立后，党和政府重视大秧歌发展，武城县、故城县文化馆曾先后多次前往挖掘、整理、扶持大秧歌。1984年，村党支部书记郝金华兼任团长。是年排演县文化馆崔衍泽根据故城县地名故事编写的小戏《屈驴店》。盐厂大秧歌坊及其沿革已载入《中国戏曲志·河北分卷》。

第五节　剧场影院

1938年前，故城县仅有故城镇城隍庙、郑口山西会馆、宝积庵3座设施简陋古戏楼。

20世纪50年代，郑口建戏园子1座。1964年，建国镇原武城县人民礼堂划归故城县。1971年后，陆续兴建新型影剧场院。

故城县人民礼堂 故城县人民礼堂坐西朝东，位于郑口二道街南段西侧。总建筑面积1522.1平方米。

1946年，以小五洞（艺名）为首的晨光剧社常驻郑口，经沈明新（中共党员）牵头，向县人民政府捐款，于郑口筐市街（原人武部东侧南北胡同）中部西侧修建旧式砖木结构戏园子1座。正排座席为40张连椅，每张连椅可坐10人，其他为木板凳；池子后座、两厢为观众楼，可容观众1300余人。1947年，配备工作人员2人。1958年，将木板舞台重新修整，座位全部换为大连椅，名为人民礼堂。1964年，舞台顶被暴风刮毁，遂进行一次较大维修。舞台扩大为宽12.8米、深11.4米、高11米、左右附台40.4平方米、后台（化妆室）51.2平方米，原二楼观众席全部拆除。

1971年，建国镇礼堂拆除，所有拆扒物资，全部用以扩建县人民礼堂。是年，县财政拨款27万元，扩建县人民礼堂。地基由原筐市街向前延伸至二道街，座席全部更换为折叠背铸铁腿固定椅，增设二楼后依座、三楼前门脸，观众厅北侧附设80平方米休息室。可容观众1601人。

故城县人民礼堂（郑口剧场）旧址外景

1984年，县财政拨款5万元，将礼堂顶棚全部吊装为树脂泡沫防火天花板。中国京剧院一、二、三团、河北省京剧团、天津青年京剧团、明角刘长瑜、冯志孝等曾多次在此演出。20世纪90年代，电视普及，地方剧团进行体制改革，演出逐渐停止。21世纪，县人民礼堂因年久失修，定为危房。

故城县电影院 位于郑口康宁路东端南侧，坐南朝北。1979年筹建，1981年，按河北省统一图纸破土动工，1982年年末，竣工使用。建筑面积1200平方米，可容观众1165人，办公用房配套，内装冷风设备。2001年，筹资近9万元，对观众大厅、楼顶及舞台进行修缮和简单装饰，满

故城县电影院旧址

足了大型会议及各种文艺演出的需求。2005年，随着电视网络普及，影院利用率降低，逐渐停用。

乡村影剧院 20世纪50—70年代，故城、建国、武官寨3个公社各建有设备比较先进、完善的影剧院，其他乡镇建有可容千人以上露天影剧院共12座。

故城影剧院：建于1971年，位于故城镇南北大街东北侧，内有连椅，可容千余名观众，每年春秋物资交流会聘请剧团在此演出或放映电影，于20世纪90年代末拆除。

建国影剧院（建国镇人民礼堂）：建于20世纪50年代，位于建国镇东西大街北侧，每年春秋两季或重大节日聘请剧团演出或放映电影，内有连椅，可容纳观众千余人。于20世纪90年代末拆除。

第二章 群众文化

明清时期，故城民间有庙会、花会、曲艺、戏剧等群众文化活动，每年春节进入高潮，异常活跃。中华民国期间，除固定的庙会、花会外，城乡活跃着民众自发组织的业余剧团，走村串乡演出。中华人民共和国成立后，城乡先后建立俱乐部、图书室、活动室等。“文化大革命”期间，群众文化活动内容局限性强，政治色彩浓。20世纪80年代，传统民间花会，歌舞表演日渐繁荣。20世纪90年代，精神文明建设、经济大发展助推群众文化发展，（县）文化管理部门每年组织重大节日庆典活动。2000—2018年，每年都开展文化下乡、文化广场活动，以举办群众文化艺术节等形式极大地丰富了域内群众的精神生活。演出曲目中，既有大型团体大秧歌、武官寨架鼓，也有京剧、评剧、河北梆子、吕剧等传统戏曲，亦有歌舞、曲艺表演。

第一节 群众文化组织

故城县民间艺术团队以舞蹈团队为最。中华人民共和国成立前后，为县内舞蹈活动鼎盛时期，高跷、地秧歌、花棍、花船等团队除人口较少、条件稍差村庄外，几乎遍及域内城乡。其舞蹈团队规模大小不一，少则几十人，多则近百人。历史久远，闻名县内外有故城镇、建国镇的龙灯、高跷队，高小营、西殷庄地秧歌队，头屯中帆花船队，帝君庙狮子舞队，杨梧茂村花棍队等。

舞蹈团队，系于太平年景春节、元宵节期间之民间娱乐。

抗日战争时期，侵华日军于其辖区推行殖民主义文化，中共故城县委、县抗日民主政府则针锋相对，于根据地积极组织民间秧歌队，开展抗日救国宣传。1945年后，为保卫胜利成果，支援全国解放战争，利用文宣队、秧歌队、高跷队，积极开展“参军支前”“土地改革”宣传与庆祝活动。

中华人民共和国成立后，党和政府重视发展群众文化活动，民间秧歌队得以巩固。

“文化大革命”期间，民间艺术曾一度被诬为“四旧”遭到扫除。中共十一届三中全会后，民间舞蹈恢复，1987年后，历年元宵节演出不辍。

20世纪90年代，人民生活水平提高，农村机械化代替体力劳动，县内众多村庄都有自己的文艺活动，形式多种多样，在众多乡村文艺团队中，同一文艺形式也有独到表现。文艺团体自娱自乐、自导自演，县文广新局多次组织文化下乡和表演培训，每年举行全县大型活动。域内文艺舞蹈团体众多。

高小营秧歌队 高小营秧歌队约建于清乾隆

年间（1736—1795 年）。初，由沈书田教其子秧歌技艺、套路，后祖孙相传，至沈玉海已是沈书田第四代孙。沈玉海传于高立吉，高立吉又传于李孝忠，李孝忠又将全身技艺传于中青年高立照、王世新等，使此村秧歌渊源流传。

1920—1955 年为高小营秧歌队兴盛时期，队员多时达 50 余人。每年腊月排练春节演出至二月二（农历）。除于村内连演外并应邀到邻村义演，秧歌队演遍方圆 10 多公里村庄。秧歌穿插有花鼓、花棍、蚌舞等，又有几位高水平演员精彩表演，使高小营秧歌愈添异彩，名扬远近，对全县乃至景县南部影响颇深。

1945 年 3 月，高小营秧歌进入东辛庄日军据点演出，旨在麻痹敌人，配合冀南军分区部队和故城县抗日游击大队攻克据点。解放战争期间扭着秧歌“送子参军”“支援前线”，中华人民共和国成立后，高小营秧歌队受到各级政府重视和扶持。“文化大革命”期间，秧歌队解散。1984 年又恢复组队，春节文艺会演时，于县人民礼堂示范演出，中共故城县委、县人民政府予以嘉奖。21 世纪初，县文化部门对传统秧歌表演文化艺术，进行挖掘整理保护和传承。

夏西文艺队 夏西文艺队成立于 1995 年冬，主要剧种为京剧，主要剧目有《坐宫》《望江亭》《拾玉镯》及现代京剧《红灯记》《沙家浜》选场。文艺队常年坚持活动，技艺不断提高，除与德州业余团体共同排练演出，还应邻近村庄之邀演出。一般春节后搭台演出 3 ～ 5 天。

夏庄老年协会京剧文艺队 1990 年，由离休干部夏洪祥组办。该组织活动从不间断，为提高技艺，时常与德州、夏西等文艺队联系切磋技艺，同台演出。演出剧目主要有《武家坡》《空城计》《铁弓缘》等 10 余出。

故城镇业余文艺队 20 世纪 80 年代，演出活动纳入文化站组织管理。90 年代，活动陷入低谷。2002 年春节，中镇、西南镇、东南镇三村组织了秧歌队，多在农闲时活动。在三村带动下，东关、马厂、大第八、新庄、小屯等十几个村也成立秧歌队。2003 年春，成立戏剧爱好者演唱队，30 余人，以唱京剧为主，兼唱河北梆子、评剧。主要剧目有京剧《贵妃醉酒》《霸王别姬》《锁麟囊》《红娘》《空城计》《甘露寺》《打渔杀家》《武家坡》《打龙袍》《沙家浜》《红灯纪》《智取威虎山》，河北梆子《大登殿》，评剧《刘巧儿》《花为媒》，吕剧《李二嫂改嫁》《小借年》等。

西殷庄戏剧社 2003 年成立。由退休教师、退休老干部、有特长的村民组成。除演出戏剧外，还自编许多以真人真事为原型的小节目，业余时间排练，逢节庆日皆有演出，体现文明生态村的精神风貌。

河沟村河北梆子业余剧团 该剧团活动发源于抗日战争时期，多年来活动不断，参加人数达 80 人之多。活动多利用农闲和晚上进行。将单一的剧种发展为多种艺术形式并存，自编自演一些小型娱乐节目。

千户庄业余演出队 千户庄村早年间有唱戏的习惯，主要剧种是京剧。每逢农闲总有一批爱好者自发组织起来，在自己村或邻村搭台演唱，春节开演，农历二月二结束。农村实行联产承包责任后停顿。2001 年，在刁秀荣老人倡导下又组织起来，一为秧歌队，以传统的跑驴、旱船、八戒背媳妇、大头人、花棍等形式为主。另一为演唱队，演唱适合农村口味、且有教育意义的歌曲、戏曲唱段。

千户庄流传着几套锣鼓经，为承袭所得。主要名称有大鼓点、一封书、撞金钟、老翻袍、三门九转、吹底语等，此锣鼓经初为该村早年在戏剧班社的鼓师传授，已流传近 200 年。该锣鼓点演奏与一般戏剧不同，别有特色。

1990—2018 年，故城县各行政村大多组建秧歌队、文艺队等，自编自演节目，丰富群众的文化生活。

第二节 群众文化活动

农村俱乐部 1953 年，域内计有农村俱乐部 46 个。1957 年，县人委对俱乐部进行整顿并加强领导，使 80 个农村俱乐部得以巩固。1958 年后，属公社中心俱乐部兼管。多数农村俱乐部设阅览室、游艺室、业余剧团等。1962 年，农村俱乐部解散。1966—1976 年，多数俱乐部易为毛泽东思想宣传队，唱“语录歌”，跳“忠”字舞，编演以阶级斗争为内容的文艺节目。1981 年，随文化站建立，部分农村重建俱乐部。1982 年年末，全县计有 86 个，1984 年有 168 个。活动较好俱乐部系高小营、河沟、五户等。俱乐部文艺骨干每年均参加县文化馆举办的戏剧、音乐、舞蹈等培训班培训。1987 年，郑口镇所属村镇，村村建俱乐部，中共中央军委、中宣部活动于此镇召开全国文明镇现场会。20 世纪 90 年代，逐渐减少、弃用。

传统文化艺术节 为着力展示民俗艺术精髓，挖掘、保护、传承、弘扬优秀传统文化，积极营造欢乐祥和的节日氛围，更好地激发全县人民干事创业的热情，由县委宣传部、县文旅局、县广播电视台主办的故城县传统文化艺术节 2013 年开始，至 2018 年已经举办了 6 届，形成了弘扬优秀传统民俗文化，丰富城乡群众精神文化生活，充分展示故城县经济社会高质量快速发展的良好局面。

文化艺术节在每年正月元宵节前后举行。是故城县民间艺术的大荟萃，大展演，也是一次大检阅。传统文化艺术节会演让群众欣赏到了丰富多彩的民间艺术，也更好地展示故城深厚的传统文化底蕴。通过举办传统文化艺术节活动，不断推进民间艺术的传承和发展，让优秀传统文化艺术生生不息，代代相传。

故城县第五届传统文化艺术节

架鼓 架鼓是县内民间欢庆节日的重要形式，一般表演队伍 30 ~ 50 人，主要乐器为鼓、锣、镲、铙、钹。其中饶阳店、武官寨架鼓较出名。架鼓平常由长辈在家中口传心授并不外传，除节庆日外，有时也到县城或外地表演。现表演活动日趋见少，学习者也寥寥无几。21 世纪常山战鼓传入，太兴镇村组织百余人的常山战鼓习练队伍，演出时气势雄壮，盛况空前。

武官寨架鼓，因在故城县武官寨村传承而得名，迄今已有 100 余年历史。它是一种纯打击乐合奏，由鼓、铙、镲和锣等乐器组成，鼓又分大鼓、小鼓。乐队的组成分为大小两种，大队一般有三十面鼓、二十面镲、五面铙、四面锣组成。小队一般有八到十面鼓、十面镲、两面铙、两面锣组成。每种乐器都有独特的音效特点，鼓声雄壮有力、威武；镲声音响亮、穿透力强；而锣发出的声音则低沉、宽广。

河北省非物质文化遗产武官寨运河架鼓表演

武官寨架鼓其鼓点独特，节奏铿锵有力，有鼓点丰富多变、声音洪亮威武、气势磅礴雄伟的特点。武官寨架鼓演出时长达 20 余分钟，有大鼓、小鼓，有齐敲、分敲、单敲、领鼓等项目，花样繁多、震耳欲聋、气势恢宏、场面壮观。

文化下乡活动 中华人民共和国成立后特别是改革开放以来，文化馆积极组织群众文化活动，在重大节日组织专题文艺演出和美术、书法、摄影展览等。同时，深入工厂、农村、学校等基层单位辅导和帮助编排文艺节目，并经常举办美术、书法、舞蹈、乐器、文学创作培训班。至 2018 年，文化下乡惠民、文化广场活动，年年出新，丰富多彩。

为搞好文艺下乡演出，自 1990 年春天始，文化馆结合当前县委、县政府重项工作，每年举办主题演出活动，以文化馆工作人员为主体，与各单位抽调的文艺骨干组成文艺宣传小分队，深入乡镇、村庄巡回演出。送文艺演出（进乡村、进校园、进社区）200 余场。艺术展览、文化辅导到街道、学校、企事业单位 50 余次，丰富基层文化生活。2004—2018 年，结合政策和民情创作了《燕儿飞》《老街坊》《拉纤的汉子》《扶贫来了贴心人》等一系列作品，将党的政策宣传，建设和谐社会等元素融入表演全过程，提高政策知晓率，充分展现了党和政府“文化惠民”政策的温暖，丰富了群众的文化生活。

文化广场活动 随着人民生活水平的提高，城区、乡村广场、公园等一批公共文化基础设施逐步建成，文化活动由室内向广场转移。2000 年始，每年 7—9 月，在迎瑞广场举办“消夏文化周”系列文化活动举办“百姓大舞台”群众表演，弘扬主旋律，传递正能量。展演活动中，立足“贴近实际、贴近生活、贴近群众”，着眼于满足广大人民群众的精神文化需求，遵循求新、求美、求实、求精的创意原则，突出特色和风格，广泛开展传统戏曲、歌曲、舞蹈、武术、太极、曲艺等健康有益、特色突出、形式多样的群众性文化娱乐活动，营造浓厚的社会文化氛围，充分展现故城县政治稳定、经济发展、社会和谐、各项事业欣欣向荣的大好局面。“百姓大舞台”的顺利举办，为全县人民群众提供了一个展现自身才华、实现自身理想的平台，丰富了全县人民的精神文化生活，推动了域内文化事业的繁荣发展。

百姓大舞台剧照

第三章 文学创作

故城县历史文化基础厚重，古人著述颇丰。民国期间，通过创作进行反封建斗争和抗日宣传。新中国成立后，文学创作渐多。十一届三中全会召开后，域内文学创作队伍不断壮大，创作体裁广泛、内容丰富。21 世纪，域内文学爱好者纷纷通过互联网随时发表作品，或出版个人专著，文学创作活动更加活跃。

第一节 发展概况

故城县文化源远流长，文学创作代有传人。明、清《故城县志》均载录部分域内传世文赋、诗歌、碑文。明清两代县内文人贤士辈出。马中锡、孙绪、周世选、沈嘉客、李咨等著作名播海内；清代，贾、秘、贺家族曾出几著述之士。

民国时期，社会动荡文化渐衰，文学作者自行创作，作品传世较少。

中华人民共和国成立前后，中共故城县委办公室有石印《故城小报》，由蒋希钧主编。历时 1 年，印发 240 期，每期均载有诗歌、快板等文学作品。

1954 年，县文化馆设立创作组，组织县内群众进行文艺创作。1955—1956 年，印行《故城群众文艺》24 辑。王德通所作诗歌《青年农民和布谷鸟》于全国几家报刊载发，并选入小学语文课本。阎一强于省以上报刊多次发表诗歌、散文并出版诗集。1957—1958 年，孟振东在山东、天津等报刊发表小说。1964—1976 年，县文化馆先后创办刊物《海河之光》《文艺月刊》《革命文艺》，发表县内业余作者散文、诗歌、音乐、戏曲、小说等作品 132 辑。

1963 年，张九岭创作歌曲《对秧歌》，备受文艺界赞誉。苏敦华于 1964 年发表处女作《夜班车上》，后续在《北京日报》《戏剧电影报》《电视月刊》等 10 家报刊发表特写专访、报告文学、小说、诗歌等作品，其报告文学《为何起了个大早赶了个晚集》，不仅在影视界引起关注，在广大读者中亦激起反响。王曙亮自 1966 年起在全国演奏创作曲目 40 余首，多次获大奖。

1979 年始，尹丕杰创作的新编河北梆子神话

《猛虎泪》获河北省创作奖。出版传记著作《冯治安传》《商震将军》（与人合著）。崔衍泽擅写民间小戏、故事、曲艺段子，和尹丕杰合写的小戏《屈驴店》《桃园会》在省以上刊物发表。

1985 年，县内业余作者搜集整理民间故事、传说 105 篇，民间歌谣 400 余首，并分别打印成集；衡水地区《民间故事》选用 6 篇，《民间歌谣》采用 40 余首，《中国歌谣报》刊用 5 首。

1987 年，域内有业余作者 86 人，其中 30 余人在国家、省市、地区报刊发表作品。计有中国作家协会会员 1 人、河北分会会员 2 人、民间文艺协会河北分会会员 1 人。

20 世纪 90 年代，故城广大文学爱好者继承传统、讴歌时代、展望未来，创作出一批在燕赵大地较有影响的作品。文风朴实、泼辣，蕴藏着浓郁的乡土气息。文学爱好者活跃在各行各业。

进入 21 世纪，一批文学新人崭露头角，形成了具有较高水平的业余创作队伍。主要创作小说、散文、诗歌等。多在各类报纸、杂志发表。

第二节 文学创作者

故城为董仲舒下帷讲学处，文化厚重。历代文人中，明文学家马中锡、“甘陵第一才子”孙绪、明末清初西溪先生沈嘉客、清代贾臻及贾汝愚等均有文集存世。另有一批故城籍文人诗文载于旧志。21 世纪域内文学创作颇丰，今录部分本地作者及作品。

刘石营 男，1950 年 10 月生。房庄镇乜宁村人，退休干部，文学爱好者，现任《故城县志》主编。出版《岁月留痕》《故城史话》等文集。

宫瑞华 男，1951 年 4 月生，郑口镇前排村人，退休干部。出版诗集《未老集》、长篇小说《命运》。

卢宝行（南尔邨） 男，1959 年 10 月生，故城镇南二屯人，退休干部。出版长篇小说《蒺藜草》《铮铮铁骨马中锡》。

叶景涛 男，1960 年 10 月生，建国镇叶庄人，故城县运河文化研究会会长。著有《运河旧事》3 卷。

刘县生 男，1963 年 6 月生，郑口镇西夏庄村人，河北省作协会员。出版《刘县生散文选》。

孙树环 女，1963 年 7 月生，西半屯镇双屯村人，退休教师，河北省作协会员。出版《舒欢的散文》。

张秉庄（苇子） 男，1964 年 10 月生，郑口镇东北屯村人，河北省作协会员。出版诗集《野芦苇》《从春天到冬天的路上》等。

陈砚祥 男，1965 年 9 月生，郑口镇秘黄村人，河北省散文学会会员。出版文集《百草集》。

朱红梅 女，1969 年 4 月生，武官寨镇付官屯人，现任《故城县志》副主编。出版《好母亲教出好孩子——写给儿子的 100 封信》等。

周冉（刘可舟） 女，1972 年 12 月生，辛庄乡后孟疃人，现任《故城县志》副主编。中国散文学会会员，出版诗集《鱼翔》；散文集《梨花香处是我家》等。

周云燕 女，1973 年 12 月生，郑口镇孟古庄村人，教师，衡水作协会员。出版文集《几瓢清饮》。

域内部分作者作品

王鑫 男，1981年2月生，青罕镇刁孝子村人。出版小说《你是我的那片海》《重回民国上学堂》等。

袁海亮 1982年8月生，三朗镇南岭踪村人。衡水市作协会员，出版诗文集《往事并不如烟》《蝶儿飞飞》。

第四章 民间艺术

故城县依运河而居，受大运河文化影响，戏剧文化源远流长，表演艺术形式多样，戏曲曲艺流传至今。域内亦涌现出一批在剪纸、雕塑、篆刻等方面的艺术人才，且具有鲜明的地方艺术特色。

第一节 戏 剧

故城流行剧种可分为京剧、评剧、河北梆子、四根弦、歌剧、盐厂秧歌、高小营四股弦等。盐场秧歌地方色彩浓厚，但未经整理传承，濒临失传。高小营的四股弦，流传已久，多于正月十五日前后活动。每到农闲，村民自发组织，时常聚集同唱选段，演唱整出大戏已相当困难。

受多元文化及国内电视普及的影响，戏剧艺术专业团体一度陷入低谷。改革开放以来，群众业余文化活动逐年繁荣。戏曲票友越来越多，剧种以京剧为主。20世纪90年代初，县城内由大小演唱团组四五个，逐渐发展为十几个。参加人员为干部、工人、农民、教师，以中老年居多。

20世纪末至2018年，县内戏剧爱好者不断增加，自发的演出活动渐多，建国镇、西半屯镇政府曾多次组织戏剧爱好者与大营等地戏剧爱好者联谊演出，并接待多地票友到故城联谊演出。故城县关工委戏剧社自2016年成立以来，多次组织故城县票友及德州、景县、济南、武城等地票友联谊活动。

河北梆子 据《中国戏曲·曲艺大词典》介绍，此剧种形成于清乾隆年间（1736—1795年）。清乾隆二十五年（1760年），三朗镇已有河北梆子子弟班。故此，故城县为河北梆子剧种发祥地之一。初以演《火龙驹》《王宝钏》《蝴蝶杯》而闻名。20世纪50年代后，于故城县流行较广剧目有《秦香莲》《辕门斩子》《牧羊圈》等。1974年，故城县剧团易名为河北梆子剧团，于城乡演出《苗岭风雷》《江姐》《蝶恋花》等现代戏。1978年后，主要演出传统剧目《杨六郎招亲》《三看御妹》《追鱼》等。

20世纪80—90年代，仍时赴各乡村演出，21世纪初，随着电视、手机、网络的发展盛行，演出渐少，剧团改制，演员多调往文化教育单位。

四根弦 清末民国初年，由山东高唐、夏津传入故城县原隰、高小营、后沙岗、大月庄等村。高小营曾组织过四根弦三合班，影响波及枣强县。足迹曾南达济南、北至献县。最早演出《双官诰》《王定宝借当》《包公案》等；后传统剧目日渐增多。流行剧目系《丁生扫雪》《打花园》《西岐州》等，现代剧目系《小扛活》《红灯记》《锔大缸》等。“文化大革命”后此剧种未曾复演。

京剧 18世纪末传入故城县。初在商绅阶层流行，后渐普及。京剧子弟班尤以故城镇业余京剧团为最，能演出数十出传统剧目，并演出《闯王进京》《逼上梁山》《通天荡》等新编历史剧。在县内有影响剧目，因时代不同而异。中华人民共和国成立前主要有《玉堂春》《钓金龟》《借东

李芳玉等票友表演京剧《绣红旗》剧目

风》《甘露寺》《乌龙院》等古装戏。中华人民共和国成立后传统剧目增多，除上述剧目外，又增《空城记》《金玉奴》等。20世纪60年代初，演出剧目多为现代戏《红嫂》《山地交通站》《绣红旗》等。“文化大革命”期间主要演出《红灯记》《沙家浜》《智取威虎山》等。20世纪末至2018年，故城京剧票友组织的业余团队仍进行各种剧目的演出，为传承和弘扬传统京剧表演艺术做出贡献。

评剧　1931年，“九一八”事变后，大批评剧演员自东北流入平津地区，逐步向南发展并及故城。1953年，故城县建专业评剧团后为配合宣传《中华人民共和国婚姻法》，主要演出《刘巧儿》《小女婿》；20世纪60年代初，县内流行传统戏《三看御妹》《梅香》《三滴血》《恩与仇》《秋江》《珊瑚传》等，现代戏《千万不要忘记》《夺印》《收租院》及《红姐妹》《八女颂》等。1966年后，主要演出现代戏《沙家浜》《红灯记》等。70年代，有演出剧目《向阳商店》。今仍有业余票友时有演出。

歌剧　流行于20世纪30年代末40年代初，为争取抗战胜利，团结人民，打击瓦解敌人，配合武装斗争，八路军冀南军区、中共冀南二地委文工团、黄河大队、日军战俘反战同盟文工团、新安旅行团（简称新旅）曾于三朗、杏基、庙灵、前黄村、刘孝子等地，演出大型歌剧《赤叶河》《血泪仇》《兄妹开荒》《九件衣》《刘胡兰》及自行创作剧目《男女二流子转变》《牧牛郎》《放下你的鞭子》《翻身》等。演出效果较佳，影响久远。

第二节　曲　艺

故城县流行曲种主要为西河大鼓、木板书、河南坠子，间有演唱山东快书、琴书、天津时调、单弦、京东大鼓者。曲艺艺人多分散于农村，自由结伙售艺演唱，靠赶集、赶会、串乡卖唱度日，生活窘迫。清代末期青罕人何老凤（约1860—1910年，原名何凤仪）演唱山东大鼓名噪一时。其常带五六徒弟骑毛驴赶会演出，以嗓音洪亮、吐字讲究、表演传神，赢得观众好评。于山东西部、河南北部、河北南部影响颇大。擅长《三全镇》《瓦岗寨》等曲，人称“活罗松”。时有“南有何老凤、北有马三峰（西河大鼓创始人）”之誉，成为山东大鼓亦称梨花大鼓老北口（老牛摔缰调）之代表人物。其名载入《中国戏曲·曲艺大词典》。

县内流行曲目为《杨家将》《呼家将》《大八义》《小八义》《隋唐演义》《包公案》《施公案》等。

中华人民共和国成立后，党和政府关心曲艺艺人生活和艺术发展。由县文化馆组织管理，且不断进行艺术培训。除演出传统段子外，多以小段子配合政治中心任务，宣传党的方针政策。“文化大革命”前期曲艺一度冷落。1974年，县文化馆重新组织曲艺团体，对艺人进行造册登记、举办培训，审查曲目，发放演出证。至1975年，为衡水地区曲艺队输送5名演员。是年，演员温俊杰赴省曲艺会演，演唱山东琴书《夜校新学员》，获观众好评，被河北电视台录像播放，并作为优秀节目向省领导汇报演出。

1984年之后，曲艺艺人年事已高，且后继乏人，随影视普及，人们欣赏水平提高，县内曲艺演出日趋萧条。至1987年年末，县内从艺者仅有5人，唯王金榜、郑燕夫妇，一弹一唱，演唱西河大鼓于石家庄、保定一带。郑燕出身曲艺世家，演唱基本功扎实，韵味十足，曾获全国曲艺比赛奖项，为中国曲艺家协会会员，2004年，被河北省曲艺家协会评为“德艺双馨演员”；王金榜的妹妹曾就读于中国北方曲艺学校，毕业后加入王金榜的夫妻搭档，作品曾登上中央电视台曲苑栏目。

业余曲艺演员闫洪岗，能演小品，说快板，尤以山东快书见长。1991年，山东快书《拐子郭娶亲》在省电视台《农家乐》栏目播放。1992年，山东快书《机要员夜话》获省保密工作文艺会演三等奖。1997年，山东快书《二饼书屋》获省会演一等奖。1999年，山东快书《送礼》获省财政厅、文化厅优秀创作奖。2002年，山东快书《送礼》获省首届读书成果二等奖。

李玉格创作的小品《先尝后买》《茅台酒的旅行》获中国国际文学作品博览会特别等级认证。李志勇创作的小品《电话风波》1999年与文化部组织的心连心艺术团同台演出。

20世纪80年代末，民间艺人韩章凯以表演硬气功演出，后因年事已高停演。王观兰组建个体杂技魔术团，后因管理改制等原因解体。

21世纪初，已无专业从艺者。至2018年，党和政府注重文化建设，文化下乡文化惠民活动活跃，县文化馆组织编排多个曲艺节目。内容多结合生活实际，宣传党的政策和歌颂美好生活。

第三节　剪纸　雕塑　篆刻

一、剪纸

故城县剪纸艺术历史悠久，系优秀民间艺术之一，流行于民间。其工具简单，制作方便，易于普及，且为群众乐见。在民间剪纸多作窗花、灯花、喜花、礼花、刺绣花、纹样装饰及边饰顶棚、丧事旌幡、纸钱等，具有独特艺术效果，“一剪之趣夺神功，美在民间永不朽”。旧时剪纸被视为“雕虫小技”，难登大雅之堂。

崔树青剪纸作品

剪纸能工巧匠以妇女居多，仅需一把剪刀，虽无设计图案，却心中有谱，剪到花成。其作品朴实典雅，自然美观，浑然天成。多见于“福、禄、寿、禧”字，且饰以花边或配以“喜鹊登梅”“娃娃抱鱼”“五谷丰登”等，亦有取材于民间故事、传说、戏剧人物。1949年之后，剪纸艺术发展迅速。作品多以现实生活为题材，热情歌颂社会主义革命和建设。如“参军光荣”“互助合作”“勤俭持家”“致富光荣”等作品。剪纸多在民间流行，逢年过节或喜庆日，常以剪纸挂贴，渲染气氛。域内剪纸艺术造诣较高的有辛庄乡沙窝庄村孙秀荣、后孟疃村武秀梅、郑口镇太兴镇村李金菊、武官寨镇付官屯村薛凤兰、东言村王树爱、大言村王秀焕、饶阳店镇饶阳店村崔树青等。

孙秀荣　女，1928年出生，故城县辛庄乡北沙窝庄人，自幼爱好剪纸艺术，能用剪纸生动的表现农村生活的方方面面，“土气”十足，却惟妙惟肖，栩栩如生。剪纸内容多为农村花鸟、六畜、传说故事等，其剪纸作品《门神》在第三届中国农民书画展中获一等奖。2000年11月，74岁的

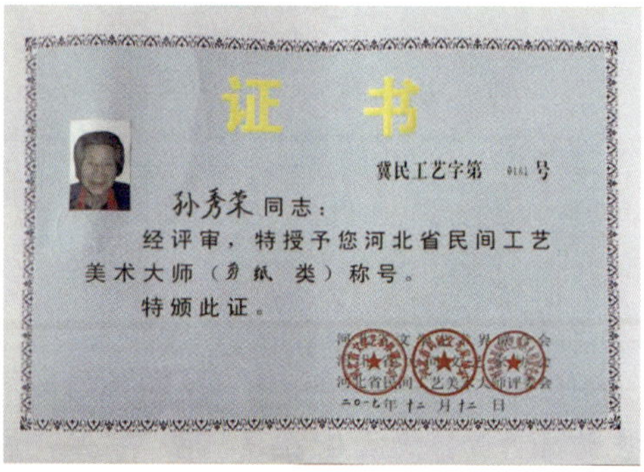
证　书
冀民工艺字第　号
孙秀荣 同志：
经评审，特授予您河北省民间工艺美术大师（剪纸类）称号。
特颁此证。
二〇一七年十二月十二日

孙秀荣“河北省民间工艺美术大师”证书

纳鞋底

老鼠娶亲

十二生肖之牛鼠

十二生肖之虎兔

十二生肖之马羊

十二生肖之猴鸡

孙秀荣在衡水市百货大楼举办“孙秀荣剪纸艺术展”，展出以农业生产、人物、动物、京剧脸谱、枕花等为内容的100余幅作品。2006—2008年，作品《八仙出游图》《门神》入展全国农民书画展并获奖。2015—2017年，获河北省一级美术家河北省美术大师称号。

二、雕塑

故城县自古不乏雕塑与篆刻人才，民间雕塑有石雕、砖雕、木雕、泥塑、面塑等。建筑或家具装饰，多为浮雕，透花、砖雕、石雕、木雕多见于古寺庙，故城镇文庙、城隍庙前石狮，雕工精美，形象逼真。泥塑多见于庙堂神像、农家供龛、儿童玩具等，面塑多见于丧事大祭供品。

尹海金致力于微雕艺术。其于一米粒之大象牙片上，雕刻有700余字的《前出师表》，于3.5平方厘米微型竹筒上刻有7000余字的《孙子兵法》全文，且保持书法神韵。在北京军事博物馆举办的“中、日首届硬笔书法大展”上，其象牙微雕及石刻、瓷刻等多种作品参展，引起海内艺术界瞩目。

三、篆刻

域内不乏篆刻爱好者，以刘石营、王砚华、郑学峰等为代表，选录部分篆刻作品。

刘石营 字山斋，号清泉山人。1950年生，河北省书法家协会、篆刻委员会委员。

印文：闲云野鹤

印文：宽堂门下

印文：金石寿

印文：不让人牵着鼻子走

印文：永寿

印文：九九归一

王砚华 字石庐，号知止斋主人，又号大寒布衣。1969年生，祖籍河北省故城县。中国工艺美术家协会会员、沧海印社社员、天津印社社员、新疆书法协会会员、昆仑印社社长。

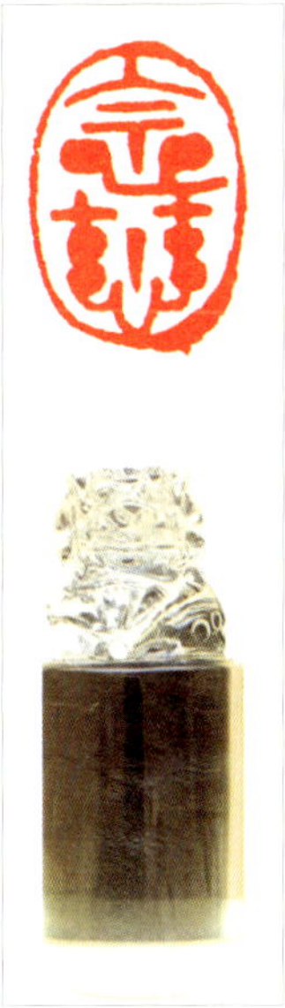

印文：谷场核桃满瓢

印文：毕淑敏　印文：念慈　印文：印记衡水

郑学峰 1962年生，故城县郑口镇太兴镇村人，教育工作者，多年来喜循览品赏书画篆刻艺术，曾受邀入选“河北省篆刻艺术进校园”专家评审组。

印文：承前启后

印文：神工鬼斧

印文：学而不厌

印文：墨池清兴

印文：天趣

印文：丁卯

第四节 票 友

故城县位于冀、鲁两省交界处，是一个历史悠久的古商埠。它以水运码头这个得天独厚的地理位置，吸引了大批外地客商前来投资经商，成为商家“风水宝地”。

因各地商贾前来经商、落户，逐渐形成了一个小城镇，三街五镇，店铺栉比，客货川流，自古以来素有“小天津卫”之称。“山西会馆”修有戏楼，郑家口每年2月和9月有两次传统庙会，将盛大的商业、娱乐活动汇集一起，形成节日般的热闹景象。每届会期，八方客商蜂拥而至，周围群众不远一二十里赶来，欣赏戏剧、曲艺表演，购买生产、生活用品。京剧等戏曲表演逐渐在故城落地生根。

18世纪已在故城县绅阶层流行。20世纪70—80年代，京津冀各大院团每年都到故城演出且场场爆满，刘长瑜、杨春霞、裴艳玲、钱浩亮、尚长荣等京剧表演艺术家都曾在故城大礼堂登台献艺。

京剧子弟班渐多，尤以故城镇业余京剧团为最。改革开放后，电视网络的普及使得传统戏剧表演日渐萧条。21世纪，人民生活不断提高，党和政府号召弘扬传统戏剧文化，丰富全民精神文化生活，故城县关工委戏剧社等社团的成立，为戏剧爱好者搭建了展示平台。民间戏剧票友不断增加。

受传统文化影响，故城戏曲演唱爱好者众多，以国粹京剧为主。经常组织业余演出。仅选录域内部分戏剧票友。

尹丕杰 男，1926年10月生，原籍武城，居故城。中国戏剧家协会会员，戏剧评论家，工老生，老旦，擅演《打渔杀家》《白毛女》《望儿楼》等。出版戏剧评论《戏林拾薪》一书。

刘桂森 男，生于1937年12月，郑口镇二坛村人。学谭派老生，擅演《沙家浜》《铡美案》等，1998年，获衡水票友大赛三等奖。

周钦友 男，1947年2月生，郑口镇人。衡水市戏曲协会理事，师从京剧教师新良玉、王桂庭和琴师孟庆昌，善于演奏和自制道具。

李桂莲 女，1956年10月生，饶阳店镇饶阳店村人。原故城县梆子剧团演员，衡水戏曲协会会员。1986年，主演剧目包括河北梆子《秦香莲》《三看御妹》《画皮》等，获得衡水地区专业剧团青年演员大奖赛二等奖；1995年，获衡水地区评优一等奖；2017年，获河北电视台《绝对有戏》票友赛优秀奖。

李芳玉 女，1958年1月生，建国镇和平村人。原故城县梆子剧团演员，擅长河北梆子和京剧。多次演唱现代戏《江姐》《蝶恋花》，古装戏《秦香莲》《宝莲灯》等。2004年，获故城县京剧票友会演一等奖。

岳文英 女，1959年7月生，房庄镇南獐鹿村人。擅唱京剧老旦。2017年，参加河北永清京剧票友大赛获三等奖。

王巧云 女，1959年9月生，郑口镇贾黄村人。酷爱京剧张派艺术。2009年，获德州京剧票友大赛金奖；2016年，获衡水市票友大赛金奖、京津冀票友大赛金奖；2017年，获全国京剧票友大赛金奖。

姜大稳 女，1966年2月生，辛庄乡新化村人。自幼受外祖父熏陶学习京剧，酷爱张君秋张派艺术。在2016年河北电视台农民频道《绝对有戏》第五届票友大赛中获金牌票友称号。

第五章 音乐 舞蹈

音乐古已与人类生活劳动共生，随人类发展而繁茂。故城县民间音乐历史特色鲜明。故城县临运河，早间受漕运影响，地方舞蹈种类繁多，县内流行秧歌、高跷、花棍、狮子、龙灯、花船等舞蹈。

第一节 音 乐

春秋战国时期，故城县为“五方杂厝”之地，音乐已列入重要教学科目，正所谓“移风易俗，莫善于乐”。据《子思·孟子·乐府》载，

“礼、乐、刑、政其极一也，所以同民心而出治道也”。汉代亦注重音乐教育，“庆其制时，制作乐以成之”。

据清光绪《故城县志》载，明清两代旧城（故城镇）文庙每行施奠礼，除礼器、祭品之奢侈外，礼乐仪程所用乐队亦为可观，其编制达51人。

清末民国初年，县内宗教音乐一度兴盛。逢庆典、庙会、祭祀等场合，由寺观和尚、道士组成之乐队亦可谓壮观。多使用笙、管、笛、箫、唢呐、埙等吹奏乐器和鼓、锣、镲、铙、云锣之类打击乐器。音乐在民间绚丽多姿，乐种极为丰富，其表现于戏曲、说唱、器乐和民间歌曲之中。

抗日战争和解放战争战时期，《义勇军进行曲》《保卫黄河》《解放军进行曲》激励着故城党政军民团结战斗，奋勇杀敌。音乐发挥其特殊战斗力作用。

中华人民共和国成立后，党和政府重视音乐教育，县内从幼儿教育开始暨小学、中学、师范均设立音乐课程，以普及乐理知识，提高音乐素质。中共十一届三中全会以来，音乐已成为故城人民精神生活中不可缺少组成部分。从每天收听收看广播、电视乃至欣赏电影、戏剧，参演观看文艺晚会诸项活动中，寓于音乐艺术熏陶之中。

故城县民间音乐历史特色鲜明，以吹歌、架鼓、运河号子为代表。

一、民间吹歌

民间吹歌历史源远流长，多用喜庆丧葬等民间活动，县内民间吹歌艺人众多，使用乐器与周边县区比，尤以大黑杆出名，此乐器形似唢呐，杆长、碗大，吹奏曲目独特，声音低沉，如泣如诉，农村丧事多用。其代表人物为房庄张凤春、沙岗董延生。唢呐吹奏更是流行，其曲目广泛，将歌曲、戏曲融入吹奏，表现力很强。

二、运河号子

运河号子高亢、有力，富于变化。歌词多即兴创作，具有独特艺术魅力，是劳动人民智慧和血汗的结晶。1974年前，郑口镇、故城镇、建国镇一直是商品集散运河码头，木船往来如梭，为便于协作，提高劳动效率，增加生活情趣，在船工劳动中逐渐形成运河船工号子。其音乐节奏与劳动节奏相应相和，具有鲜明的律动性。2008年，运河号子申报省级非物质文化遗产。2010年，李志勇对运河号子进行了整理。

三、音乐演奏

音乐演奏、创作方面，以王曙亮为代表。故城县王曙亮自1966年起，执教20年，硕果累累。为国家培养数十名二胡演奏员，中央、河北人民广播电台，多次播放其创作并演奏的曲目，河北电视台为其录制专题音乐片，广受赞誉。

王曙亮1944年8月生，故城县南岭踪村人，河北省艺术学校高级讲师。系中国音乐家协会会员暨二胡学会理事、中国民族管弦乐学会理事、河北省音乐家协会二胡专业委员会副会长。

1958年考入河北省艺术学校二胡专业，从师于张韶、刘明源教授；1964年毕业，留校任教。1962年，他发明了扩大二胡音域的新技法——弯柱法，使二胡的内空弦向低音处扩大了小三度音域，其音量、音色与常用音毫无差异，丰富了二胡的表现力，受到专家好评，收入《中国音乐年鉴（1988年）》。

王曙亮演奏二胡

主要作品：编写二胡教材10册；创编二胡练习曲、独奏曲200余首，其中20余首由电台、电视台播放。主要作品有《琵琶怨》《乡景》《剪窗花》《放风筝》《恋歌》（合作）等二胡曲，其中《琵琶怨》《剪窗花》入选《二胡艺术概览》一书。《琵琶怨》1988年获河北省器乐作品一等奖。1990年，主编、主演并作曲、演奏的《凡师仙徒》，拍摄成神话音乐电视剧。同年，出版个人二胡独奏专辑《琴之梦》。长期从事二胡教学，48年教学生涯中，培养二胡专业学生80多名，大都成为艺术单位的骨干。1981年，被河北省委、省人民政府授予“河北省劳动模范”称号；1989年，被文化部列为“尖子演员”。2011年被评为河北省德艺双馨艺术家。

四、音乐培训

20世纪90年代后期，县内出现音乐补习班，以电子琴、二胡培训为主。1999年，县文化馆组建管乐队，以文化馆人员为主，吸纳县城音乐教师参加，多次参加市级演出。李晓演奏的萨克斯曾获衡水市乐器比赛专业组一等奖。甘陵酒业公司、成龙学校、郑口第一小学、第二小学等相继组织了以迎宾礼仪管乐队。2003年，全国举办的电子琴大赛中，县内三人获铜奖；在河北省电子琴比赛中县内参赛人员囊括初中组、小学组前三名。

21世纪，广文艺术中心、超越音乐艺术学校、九拍音乐体验中心、悦民葫芦丝工作室等以培训钢琴、吉他、架子鼓、葫芦丝为主。域内各类培训学校逐渐兴起。

刘宜嘉获肖邦国际青少年钢琴中国业余组独奏金奖

故城县广文艺术中心由李广文创建于1994年5月8日，是故城县教学质量较高的艺术人才培训基地。现为中国音协考级定点单位。多次获全国、省、市大赛优秀组织奖，多次获县民办教育先进单位称号。李广文从事音乐教育30多年，培养了众多音乐艺术人才。现任中国音乐家协会会员，中国电子键盘学会会员，山东省音协会员，德州市音协理事，德州市钢琴学会副会长。

20多年来，学校学生已有600多人次在全国、省、市少儿艺术大赛上获奖，多次获全国钢琴、电子琴大赛第一名。在第十一届世界华人国际钢琴大赛上获金奖；第四届香港国际艺术节钢琴大赛获两个金奖；肖邦国际钢琴大赛连续多年获金奖；中央音乐学院钢琴大赛金奖；截至2018年已连续13年在河北、山东两省钢琴、电子琴大赛获团体第一名；连续21年获衡水、德州两市钢琴、电子琴大赛第一名，包揽前六名。3000多名学生考取钢琴、电子琴、古筝等级证书。

有多名学生考入国家高等音乐艺术院校或出国留学，为故城县培养了大批优秀艺术人才。

五、歌曲

抗日战争时期《义勇军进行曲》《黄河大合唱》《生产大合唱》《打砖歌》《卖报歌》《铁蹄下的歌女》，在县内群众中广为教唱。解放战争时期故城人民在中国共产党领导下，广泛开展参军支前、土地改革运动，群众性歌咏活动出现高潮，群众创作、改编、演唱民歌极为普遍。如将《送情郎》改为《送郎参军》，《五更调》改为《骂老蒋》；“街头剧”“秧歌剧”“活报剧”随处可见。运河中学音乐教师于平创作大量歌曲，在《群众日报》《人民日报》发表40余首，其中《大反攻》《十月礼赞》等广为流行。

1949年后，革命歌曲于县内盛行。主要系《没有共产党就没有新中国》《东方红》《国际歌》等。20世纪50—60年代，盛行《打靶归来》《洪湖水浪打浪》《学习雷锋好榜样》《社会主义好》等。1966—1976年，除演唱《东方红》《国际歌》外，大多演唱《大海航行靠舵手》和毛主席语录歌。此间，故城县也创作了一些优秀歌曲。1984—1985年，全县创作校歌、厂歌、村歌10余首。其中，县文化馆创作的《青春年华多宝贵》在“河北音乐之春”活动中获省优秀歌曲创作奖。20世纪90年代末至21世纪，域内歌曲创作渐多，2008—2015年，李志勇创作了第一小学、第二小学、第三小学、聚龙小学、祖阳中学等校歌。刘石营于2016年首创故城县歌《我爱你，美丽的故城》、为河北青竹画材有限公司创作歌曲《青竹图》；2017年，为郑口中学创作校歌《郑口中学是我心中的太阳》。

故城县多现代歌曲创作，特选录8首代表曲目。

我爱你，美丽的故城

女声独唱

1=G $\frac{4}{4}$ $\frac{2}{4}$

刘石营 词
章荣强 曲

♩=72 优美、深情地

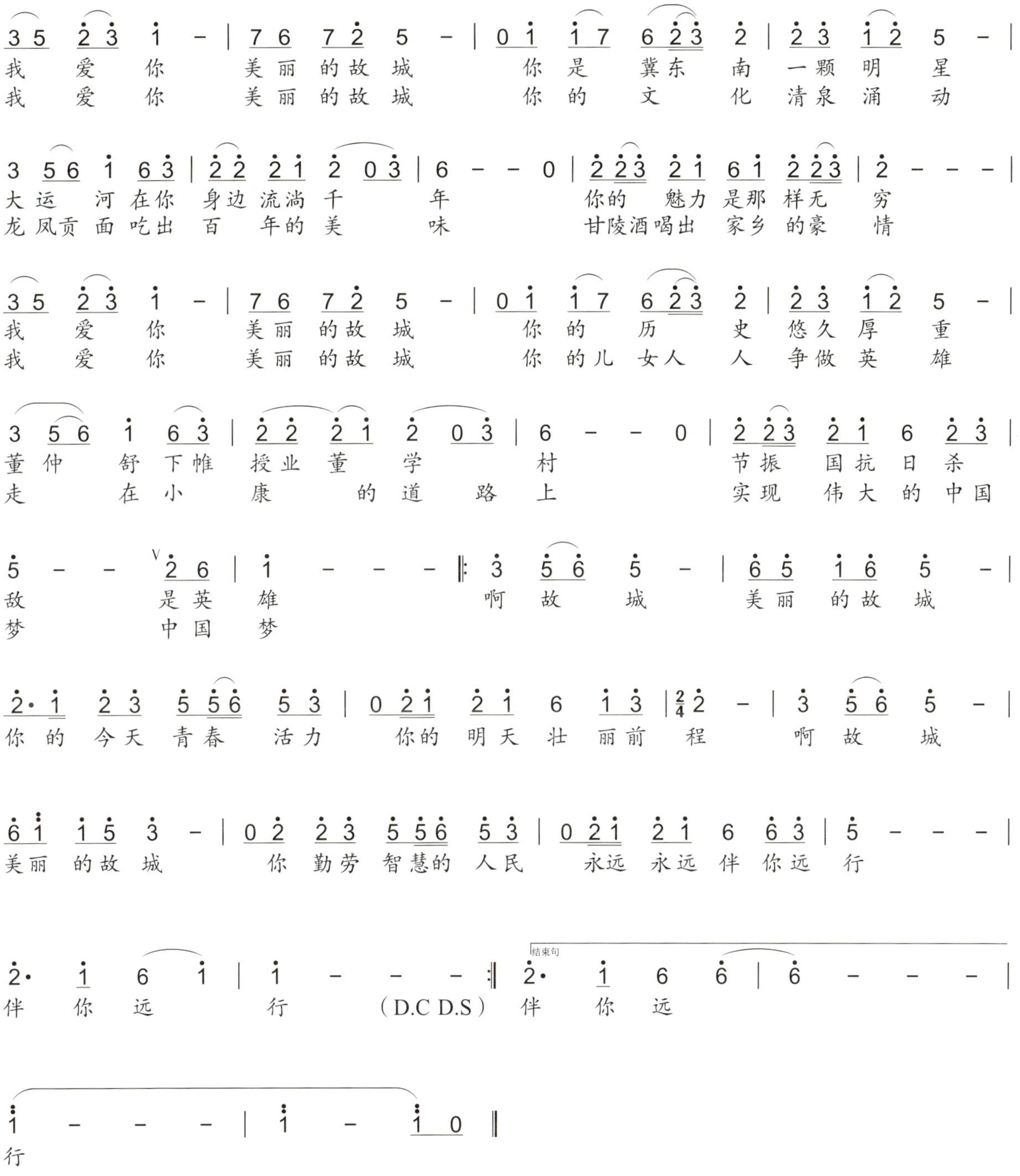

青竹图

女声独唱

1=♭B $\frac{4}{4}$

每分钟68拍　深情　委婉地

刘石营　词
章荣强　曲

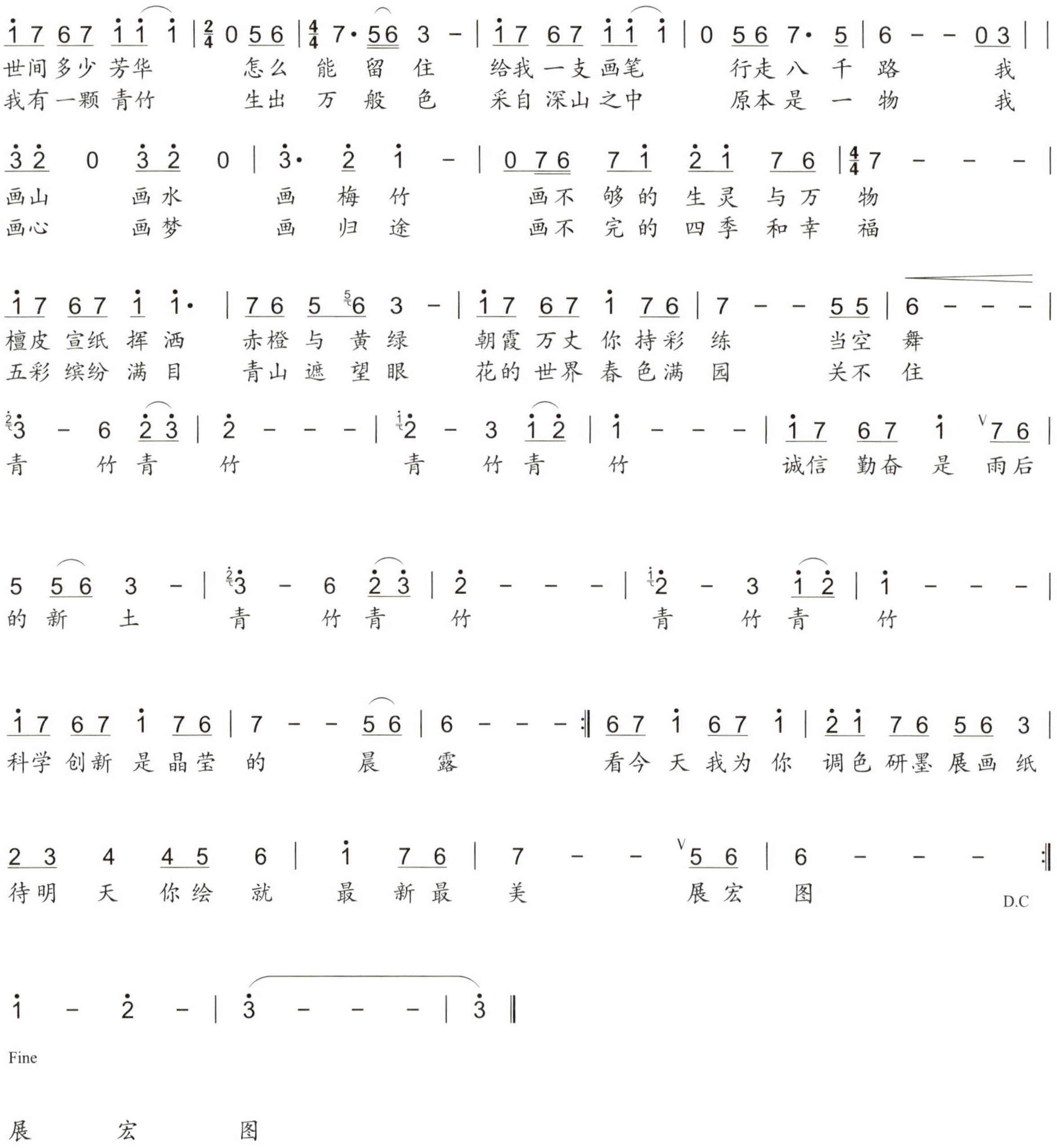

郑口中学是我心中的太阳

——郑口中学校歌

领唱、合唱

刘石营 词
章荣强 曲

1=A 3/4

♩=142 欢快、自豪地

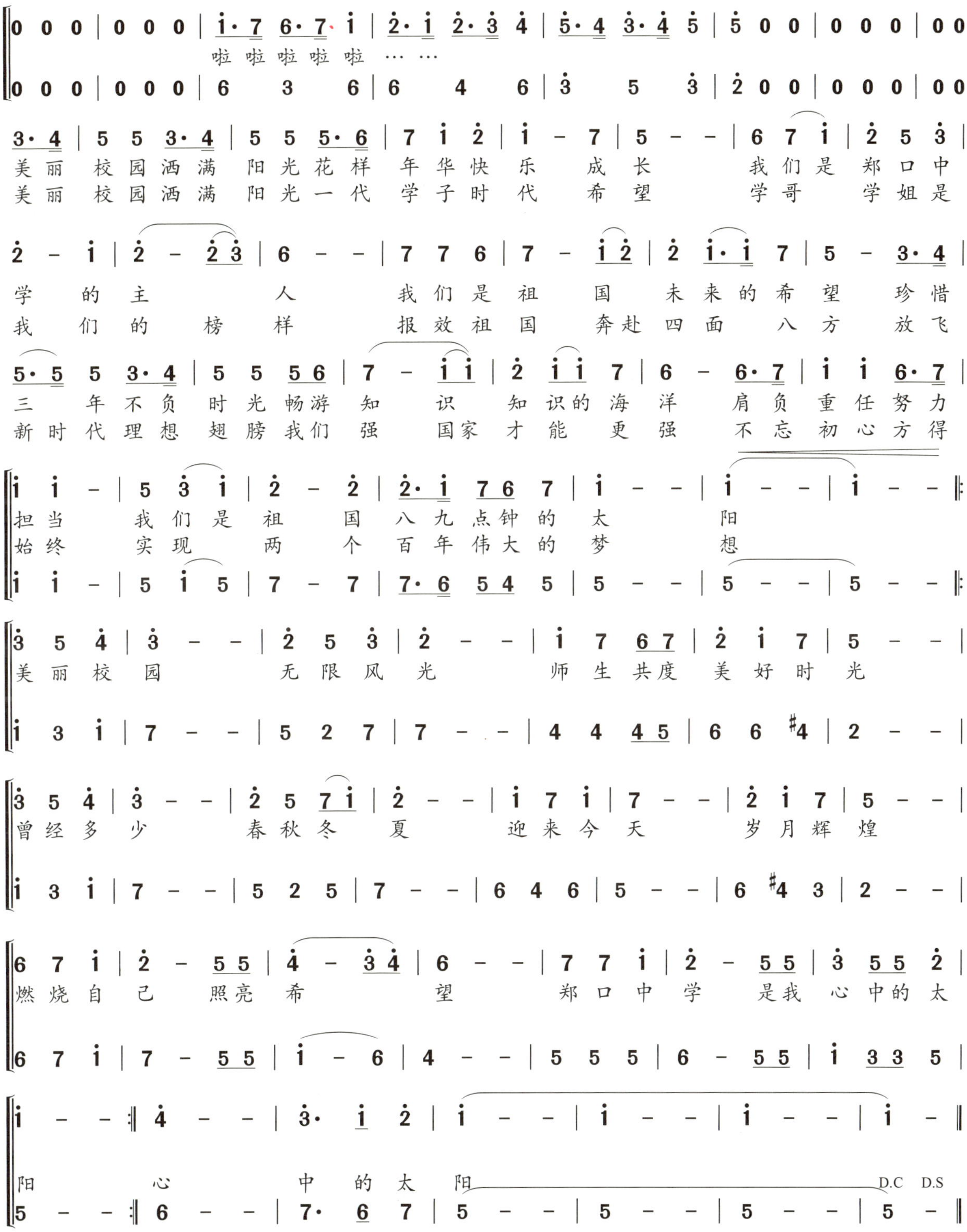

拉纤的汉子

李志勇 韩中波 词
孙磊明 赵 丽 曲

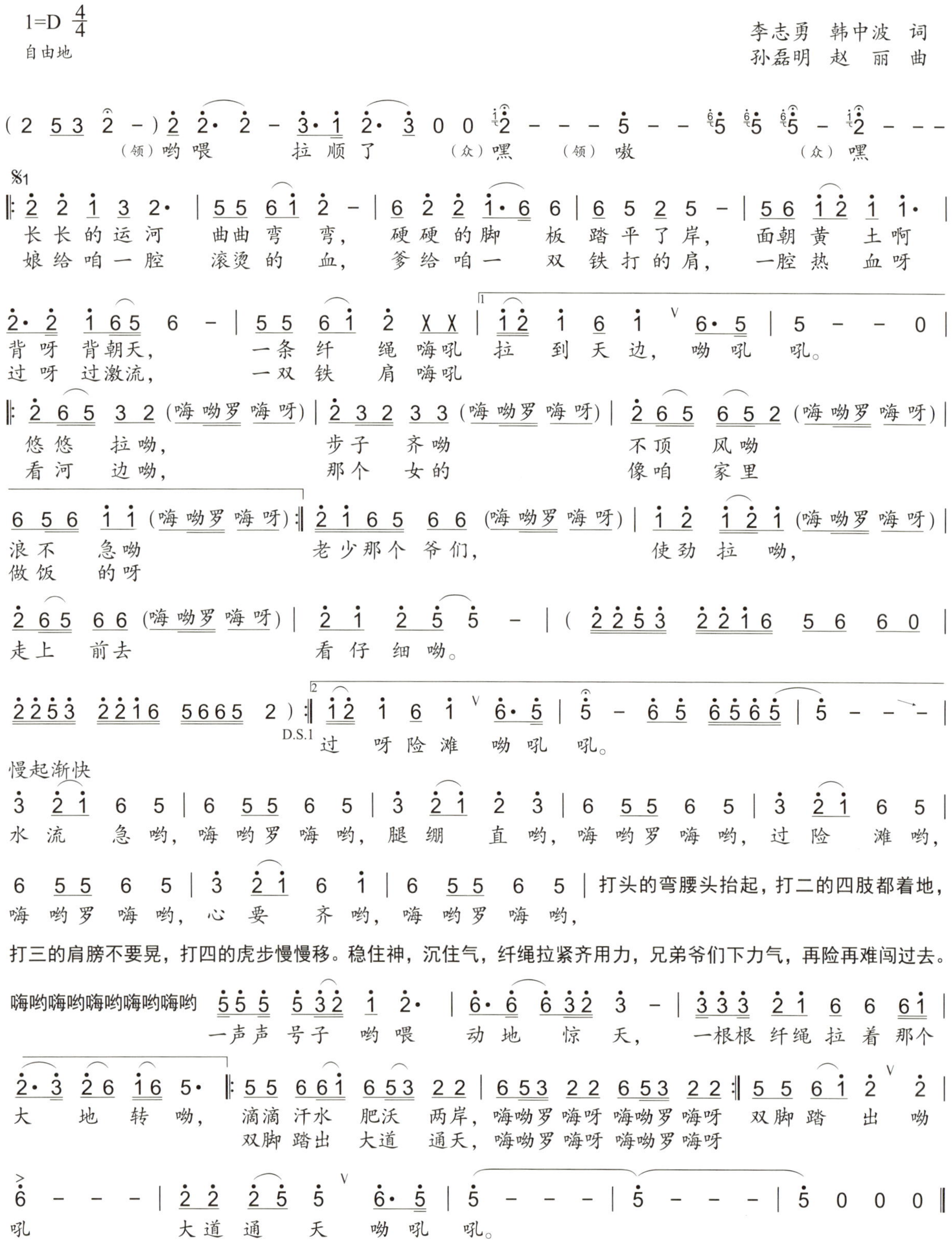

老街坊

女声表演唱

1=F $\frac{4}{4}$

行板 热情洋溢地

李志勇 词

张志辉 曲

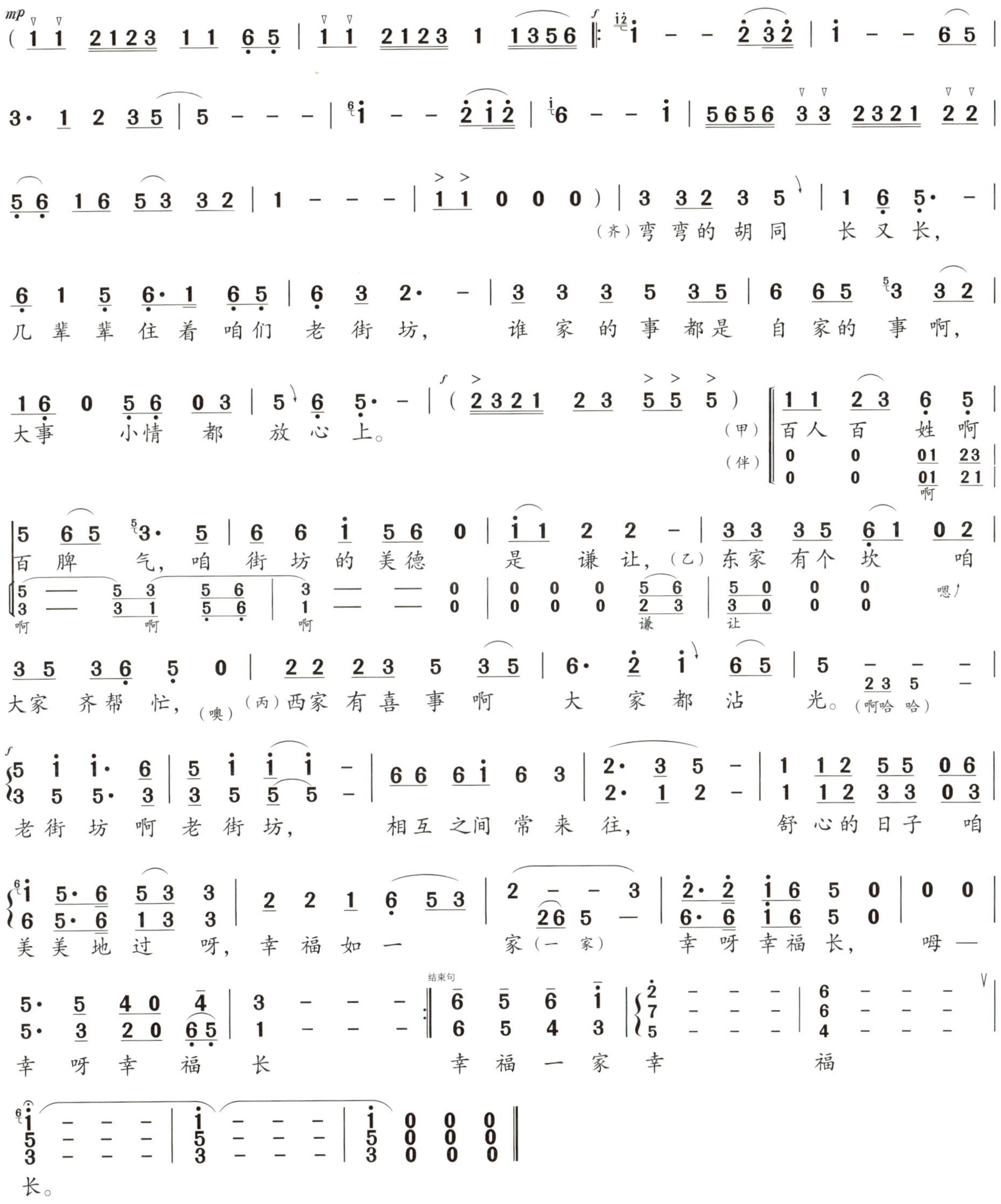

咱们的新农村

1=D $\frac{4}{4}$

兴高采烈地

词　李志勇

曲　孙磊明　李红艳

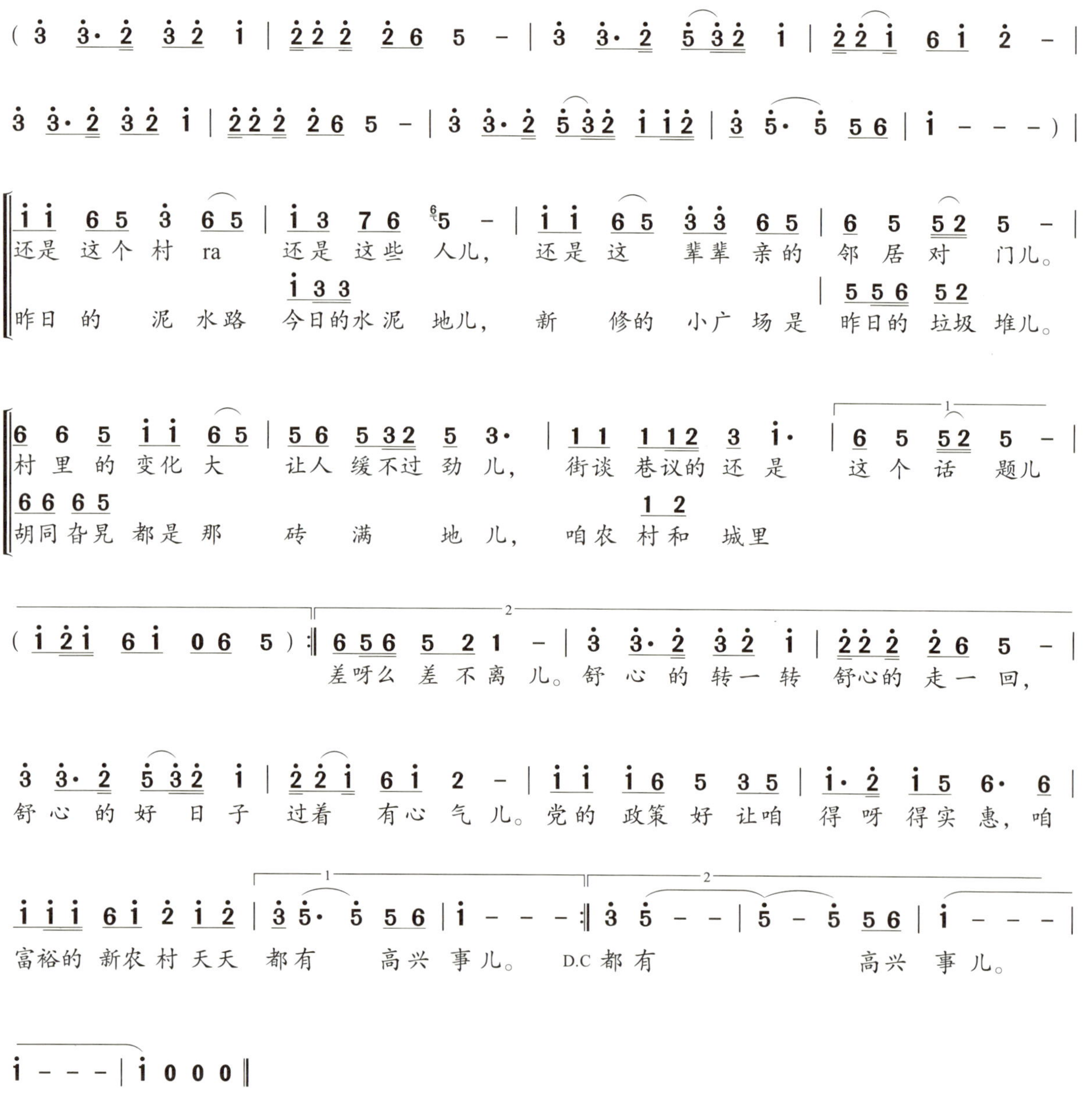

诗韵衡水情

女声独唱

1=G $\frac{2}{4}$

中速、抒情地

周冉 词
一凡 曲

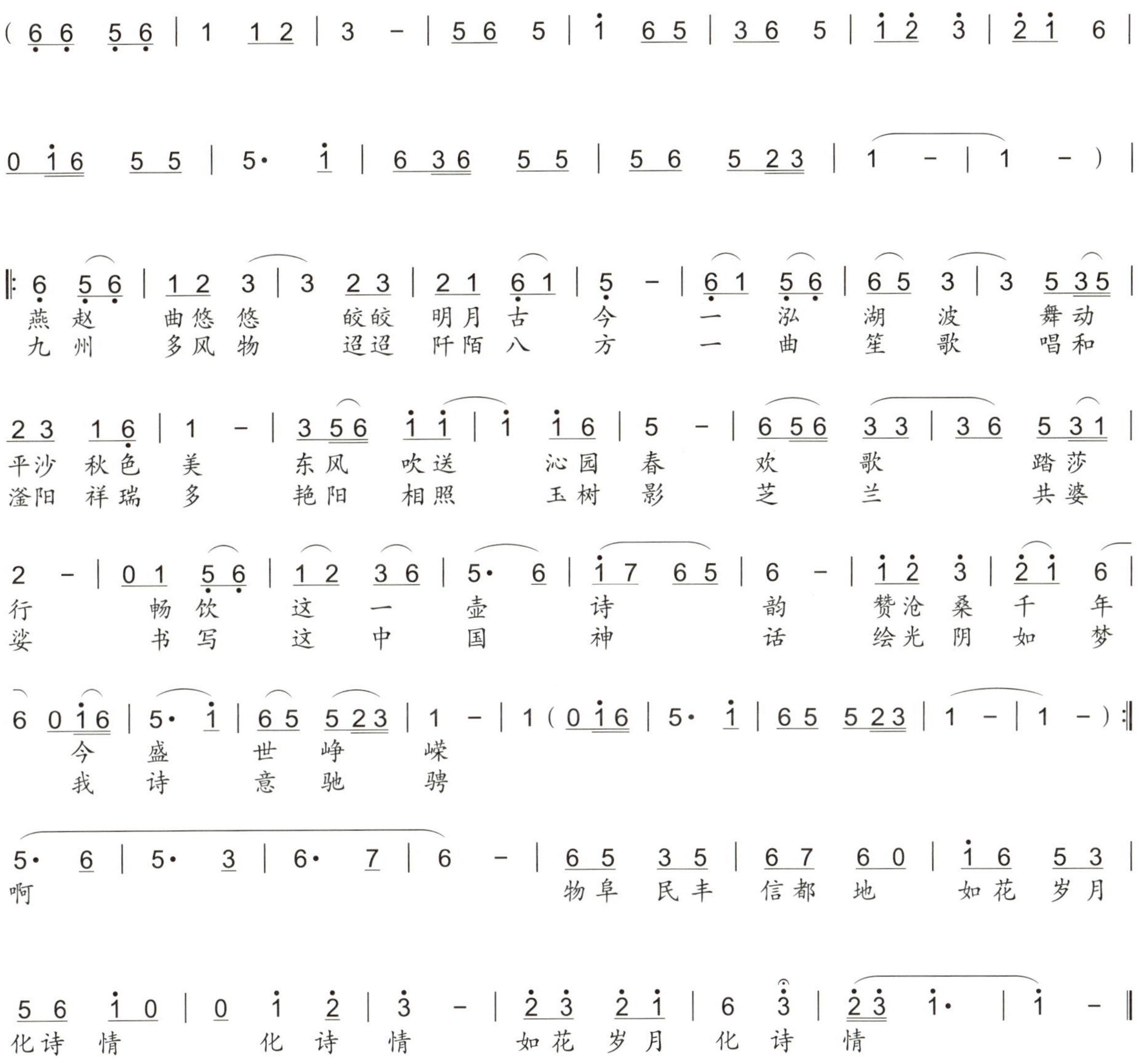

夜临颜帖

（男女对唱）

1=D $\frac{4}{4}$

周　冉　词

张华斌　曲

稍慢、沉静地

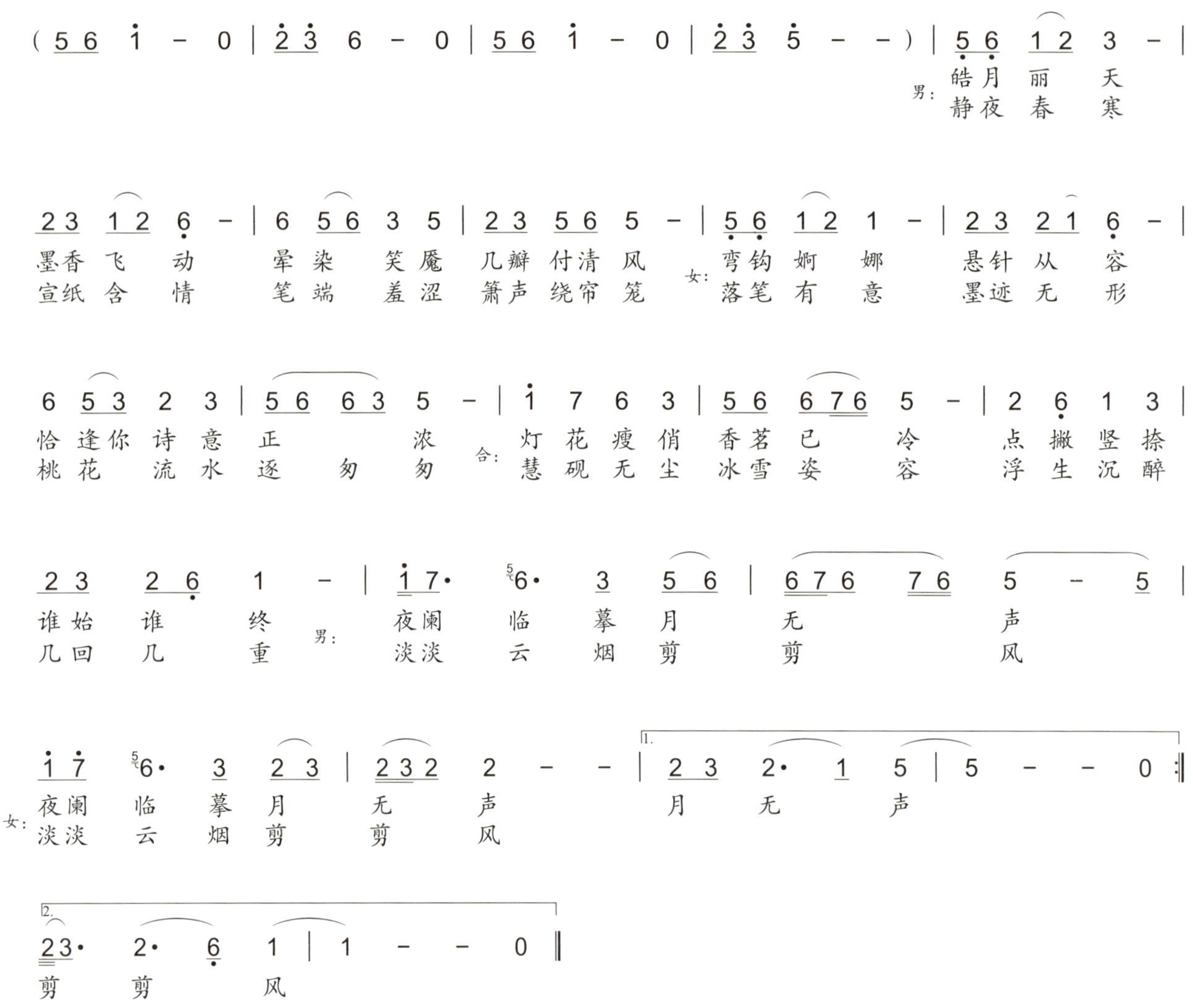

七、民歌

故城县蕴藏和流传着极为丰富的民歌艺术。既有传统旧民歌、战争年代民歌，又有粗犷嘹亮夯歌。它们多侧面地反映出故城人民对封建礼教控诉（如《爹妈别管俺》），对封建统治者反抗如(《抓壮丁》《庆祝共产党过生日》《新四季歌》)，体现了故城人民对中国共产党拥护、热爱和对幸福生活歌颂与向往。20 世纪 80—90 年代随着电视普及，民歌逐渐被流行歌曲及其他表演形式所替代。

特选解放战争时期及中华人民共和国成立初期 8 首流行民歌予以录入。

抓壮丁

一呀一更里呀，
月儿在正东，
奴在房中泪盈盈，
骂一声蒋中正。
一心打内战呀，
四处抓壮丁，
奴的丈夫不敢在家中，
抛下奴家多苦情。
先抓弟兄仨呀，
后抓弟兄俩，
奴的丈夫是个独根生，
抓他当兵为何情。
一不埋怨天哪，
二不埋怨地，
骂了一声蒋介石没脸皮，
抓了奴的丈夫去。
给他捎个信呀，
带上这双鞋，
千万别把良心坏，
奴的丈夫快回来。

爹妈别管俺

一呀一更里呀，
月儿未出现，
小奴家正在打算盘，
真正为了难。
有心去参军呀，
爹妈把俺拦，
参军的女儿赛过男子汉，
爹妈别管俺。

庆祝共产党过生日

七月一呀七月一，
男女老少皆欢喜。
打锣敲鼓开大会，
庆祝共产党过生日。
你献旗呀我献旗，
咱们要献好东西。
什么东西最宝贵，
信仰共产党信到底。
救生船呀有罗盘，
罗盘的方向指正南，
南方有个太阳照，
照得全国皆温暖。
一人唱，众人合，
胸中的热血赛黄河。
歌声越唱越想党，
因为唱的是“七一”歌。

军民是一家

打了大胜仗，
八路到我家。
好比亲人来，
大家笑哈哈。
爸爸来接待，
妈妈烧开茶。
我也来帮忙，
咳！
军民是一家。

儿童团

小兄弟，
小姐妹，
咱们大家一条心，
都来参加儿童团。
学识字、学放哨，
还要帮助人民军队赶走那反动派，

建立中华人民共和国。

新四季歌

春光明媚三月天（得儿哎咳哟），
风和的（那个）日丽艳阳天，
红了（那个）桃树绿了柳（得儿哎咳哟），
运河两岸春播（得儿哟呵）欢。
红日高照六月六（得儿哎咳哟），
小麦的（那个）满仓看谷秀，
绿海（那个）千顷波连波（得儿哎咳哟），
运河两岸飞银（得儿哟呵）锄。
天高云淡九月九（得儿哎咳哟），
金谷的（那个）银棉织彩绸，
秋风（那个）阵阵硕果香（得儿哎咳哟），
运河两岸闹丰收。
白雪飘飘腊月八（得儿哎咳哟），
人欢（那个）马跃热汗洒，
农田（那个）建设春潮涌（得儿哎咳哟），
运河两岸美如画。

正十朵花（大夯歌）

其一

（领）说了一个一呀，谁能对上一？
（合）什么开花在水里？
（领）这朵花名么别问我（连吧呀儿哟），
（合）水仙开花在水里么一个呀儿哟。

其二

（领）说了一个二啦，谁能对上二？
（合）什么开花一根棍？
（领）这朵花名么别问我（连吧呀儿哟），
（合）韭菜开花一根棍儿么一个呀儿哟。

其三

（领）说了一个三呀，谁能对上三？
（合）什么开花在道边？
（领）这朵花名么别问我（连吧呀儿哟），
（合）蒺藜开花在道边么一个呀儿哟

其四

（领）说了一个四呀，谁能对上四？
（合）什么花开一身刺？
（领）这朵花名么别问我（连吧呀儿哟），
（合）黄瓜开花一身刺儿么一个呀儿哟。

其五

（领）说了一个五呀，谁能对上五？
（合）什么花开一嘟噜？
（领）这朵花名么别问我（连吧呀儿哟），
（合）葡萄花开一嘟噜儿么一个呀儿哟。

其六

（领）说了一六呀，谁能对上六？
（合）什么花开一大溜？
（领）这朵花名么别问我（连吧呀儿哟），
（合）扁豆花开一大溜么一个呀儿哟。

其七

（领）说了一个七呀，谁能对上七？
（合）什么花开把头低？
（领）这花名么别问我（连吧呀儿哟），
（合）茄子花开把头低么一个呀儿哟。

其八

（领）说了一个八呀，谁能对上八？
（合）什么花开吹喇叭？
（领）这朵花名么别问我（连吧呀儿哟），
（合）北瓜花开吹喇叭么一个呀儿哟。

其九

（领）说了一个九呀，谁能对上九？
（合）什么花开晒烧酒么？
（领）这朵花名么别问我（连吧呀儿哟），
（合）高粱花开晒烧酒么一个呀儿哟。

其十

（领）说了一个十呀，谁能对上十？
（合）什么花开去赶集？
（领）这朵花名么别问我（连吧呀儿哟），
（合）石榴开花去赶集么一个呀儿哟。

注：于清咸丰十年（1860年）左右，流行于故城县。此曲系《大夯号子》曲之一，劳动中一人领众人合，每唱完一段打六夯，对鼓舞劳动情绪、统一劳动节奏起了重要作用。

十道黑（夯歌）

其一

（领）丈八（那个）长枪呀，
乌木（那个）杆儿呀，
耍将（那个）起来呀，
一道（那个）黑呀呼咳！
（合）哎哟呼咳，
哎哟呼咳！

耍将（那个）起来呀，
一道（那个）黑呀呼咳！

其二

（领）二姐（那个）楼上呀，
去描（那个）眉呀，
一来（那个）一往呀，
两道黑呀呼咳！
（合）哟呼咳，哎哟呼咳！
一来（那个）一往呀，
两道（那个）黑呀呼咳！

其三

（领）张飞（那个）李逵呀，
会敬（那个）德呀，
三人（那个）见面呀，
三道（那个）黑呀呼咳！
（合）哎哟呼咳，
哎哟呼咳！
三个（那个）见面呀，
三道（那个）黑呀呼咳！

其四

（领）八仙（那个）桌子呀，
乌木（那个）腿，
翻将（那个）过来呀，
四道（那个）黑呀呼咳！
（合）哎哟呼咳，
哎哟呼咳！
翻将（那个）过来呀，
四道（那个）黑呀呼咳！

其五

（领）旱地（那个）甜瓜呀，
不落（那个）地呀，
放到（那个）瓮里呀，
五（捂）道（到）（那个）黑呀呼咳！
（合）哎哟呼咳，
哎哟呼咳！
放到那个瓮里呀，
五（捂）道（到）（那个）黑呀呼咳！

其六

（领）才买的（那个）小牛呀，
不吃（那个）草呀，
牵到（那个）道上呀，
六道（到）（那个）黑呀呼咳！
（合）哎哟呼咳，
哎哟呼咳！
牵到（那个）道上呀，
六道（到）（那个）黑呀呼咳！

其七

（领）才买的（那个）小马呀，
好腿（那个）脚呀，
披上（那个）鞍子呀，
七道（骑到）（那个）黑呀呼咳！
（合）哎哟呼咳，
哎哟呼咳！
披上（那上）鞍子呀，
七道（骑到）（那个）黑呀呼咳！

其八

（领）姐妹（那个）二人呀，
去割（那个）麦呀，
丢了（那个）镰刀呀，
八道（拔到）（那个）黑呀呼咳！
（合）哎哟呼咳，
哎哟呼咳！
丢了（那个）镰刀呀，
八道（拔到）（那个）黑呀呼咳！

其九

（领）八月（那个）韭菜呀，
开了（那个）花呀，
丢了（那个）篮子呀，
九道（揪到）（那个）黑呀呼咳！
（合）哎哟呼咳，
哎哟呼咳！
丢了（那个）篮子呀，
九道（揪到）（那个）黑呀呼咳！

其十

（领）老头（那个）上集呀，
籴黑（那个）豆呀，
口袋（那个）摔了呀，
十道（拾到）（那个）黑呀呼咳！
（合）哎哟呼咳，
哎哟呼咳！
口袋（那个）摔了呀，
十道（拾到）（那个）黑呀呼咳！

注：此歌流行故城县已久，1977 年，经县文化馆搜集整理，载入《河北民歌》一书。

八、吹歌、吹奏

故城县民间吹歌历史悠久，吹歌艺人俗称吹鼓手。以唢呐为主奏乐器（属吹管乐），当地人称“喇叭”“啊啊”等。

艺人演奏音韵浑厚、风趣，又多配以笙管、笛、二胡、三弦、鼓、钹，富有乡土情趣，深得民众喜爱。吹歌多用于婚丧、典仪。它既能独奏、合奏，亦能为秧歌、戏曲、歌舞伴奏。1966—1976年，吹班停止活动，后复流行。

民间吹奏，可追溯百年前，一般为家传或拜师学艺。清末民国初年故城镇寺观道士多收徒传艺。1958—1962年，县组建专业吹歌队，成员15人。为县集体群众组织，常驻郑口二道街。县内吹歌艺人众多，代不乏人，名者以袁庄纪风田、前沙岗董延生为最。打对（两个以上吹班在一块比赛）时，吹奏嘴鼻并用，头顶大碗，两肘托盘，屡见不鲜。20世纪80—90年代，有8组吹班，吹奏艺人60余人，常于外地活动。至2018年，故城县有吹班5～7组，用于民间表演，多用于丧葬活动。

第二节 舞 蹈

20世纪50—60年代，翻身秧歌、胜利花鼓传遍境内城乡。在青年干部、职工中流行交谊舞。“文化大革命”期间“忠”字舞随处可见。1975年，县文宣队创作演出的独人舞《养猪姑娘》代表衡水地区参加省歌舞会演，河北电视台录像播放。80年代来，城乡流行迪斯科舞。后青年喜跳霹雳舞。1985年，县文化馆对境内运河畔侧流行民间舞蹈进行挖掘、整理，改编成富有故事情节的“花船”“背人”“跑驴”，并搬上舞台。于1986年参加衡水地区民间舞蹈会演，获“繁荣奖”。20世纪90年代始各类舞蹈传入域内以舞健身者愈多。21世纪初，盛行秧歌、舞狮、舞龙灯、跑旱船等多在郑口及以南，其中以建国镇周边几村、郑口镇内五镇为代表。秧歌、踩高跷则分布在郑口以北，以故城镇为代表。由于农村经济发展迅速，多数村庄组织了秧歌队。2004年，青罕镇北官庄曾代表故城县参加了衡水市花会会演。广场文化活动由县城兴起漫延至各乡镇村庄，秧歌舞、交谊舞、腰鼓舞、健身操等兴起。2010年，群众自发组织舞蹈团队20余个。各种舞蹈培训学校兴起，培训民族舞、爵士舞、拉丁舞等。

民间秧歌在境内流传久远，分布较广，在群众喜闻乐见的民间舞蹈中，秧歌为其主要形式。原始秧歌有歌有舞，后渐演为纯舞。秧歌队排列前导为1名打伞手，次为4名打棒手，继为读书公子、大家闺秀、算命先生、渔樵夫、乞儿丐妇、贩夫走卒，三教九流无所不有。有增添历史、戏剧中人物者，如老莱子、猪八戒、孙猴子等，队伍最后是相貌端庄、稳重徐缓的老太婆。

秧歌队穿街过巷谓之“走街”。始于人群中列队表演为“走场”。走场有“二龙戏珠”“盘肠编寨”等队列形式：后有单出节目，单出节目系《瞎子摸象》《后老婆打孩子》《顶灯》《二鬼摔跤》《猪八戒背媳妇》等。现秧歌化妆多为古装，道具多用手帕、扇子、烟袋、棒槌等。伴奏以锣、鼓、钹打击乐器和唢呐、笙、管等吹奏乐器。其打击套路与吹奏曲牌繁简不一。高跷秧歌与地秧歌基本相同，与其区别限于脚踩一米多高“腿子”，技术要求较高。民间高手均能做“劈叉”“单脚跳”“越板凳”“骑马骆驼桥”等高难度动作，尤为群众喜爱。以千户庄秧歌、帝君庙舞狮等最具代表。

千户庄秧歌 20世纪50年代初，最为盛行，逢年过节或有大的聚会时在村中主要街道上表演，有高跷、旱船、花车、花扇、彩绸等，锣鼓队前面开道。过完春节还搭台唱戏，“文革”时期后一度中断。20世纪末，由刁秀荣倡导，群众自愿成立秧歌队，发展到100多人。

帝君庙舞狮 帝君庙舞狮起源于武术教练张东云，在武术中提炼出基本动作用于舞狮。狮子又分大狮子和小狮子，大狮子有两人扮演，小狮子有一人扮演；大狮一般由青壮年担任，小狮子一般由小孩或初学者担任。演员都有武术功底，故舞动起狮子来刚劲有力，常伴以武术表演和长枪、大刀对打，颇具观赏性。伴奏配以锣鼓，声势浩荡，响声震天，逢春节和元宵节都要“撂场”表演，博得沿街老百姓一片赞誉之声。

和平舞狮 建国镇和平村的狮子舞始于清中期，盛于20世纪50年代。表演时，狮子舞表演队呈一字长蛇阵排开。走在最前面是两面狼牙旗，旗上印有“狮”字，狼牙旗后面是横标，上面写有“和平村文艺宣传队”字样，横标后面是十几人的彩旗队，再后面依次是并排走的一个方灯和两个条灯、一面令旗（晚上表演时将令旗换成令灯）、一套鼓锣打击乐（鼓、锣、镟子、大镲、小镲各一个）、四个唢呐、一个旋转绣球、双人大狮子四个、单人小狮子两个，最后又是一套鼓锣打击乐（鼓、锣、镟子、大镲、小镲各一个），狮子队两侧有民主村群众手持白蜡杆儿打场子。

狮子舞表演时，舞狮者仅露双脚，下身穿与狮毛色的裤子和狮爪花鞋。当鼓乐一响，武士装扮的“引狮郎”便手持绣球，脚踩乐点，开拳踢打，引逗狮子起舞。狮子看到绣球在眼前摇晃，一个“饿狮扑羊”扑过去，艺人手中的彩球迅速传到另一只手，“狮子”似乎不甘心自己的失败，又扑了上去，艺人飞快地闪到右侧。他又用球向左一引，“狮子”就在地上打起滚来，一会儿向左一会儿向右，滚来滚去。更精彩的是“狮子”滚球，“狮子”上桌子，人们都为这精彩的表演鼓掌叫好。每到这时，旁边的锣鼓手也不含糊，越敲越急，越敲越响，越敲越有劲，霎时锣鼓声、鞭炮声、笑声、叫好声响成一片，“狮子”舞得更欢了。舞狮常表演的动作有“狮子出洞”“翻山越涧”“踏山跳岭”“二狮相戏”“登高直立”等。其表演技巧高超，动作优美，惟妙惟肖，生动有趣，深受群众的喜爱。

20世纪80年代后，中断数年的狮子舞又在各村活跃起来。

建国舞龙灯 建国镇建国村的舞龙灯始于清中期，盛于20世纪50年代。表演时，舞龙灯队呈一字长蛇阵排开。一面令旗（晚上表演时将令旗换成令灯）、一套鼓锣打击乐（鼓、锣、镟子、大镲、小镲各一个）、四个或六个唢呐、一个滚珠、多节的火龙（少时9节，多时16节），最后又是一套鼓锣打击乐（堂鼓、锣、镟子、大镲、小镲各一个）。晚上表演时整个队伍用两个明灯开道。龙灯的制作与造型，一般用竹篾、铁丝、木棍、纱布、花布、绸缎、纸等材料。表演时，前面一武生或武旦角色装扮者，手持彩珠，引龙戏耍，后面由数个乃至十数个精壮汉子，双手撑持木棍儿，高举龙灯，伴以锣鼓吹奏音乐，碎步作舞。表演技巧和形式一般有“老龙出海”“龙蟠虎踞”“巨龙腾飞”“头尾齐钻”“龙吐烟火”“龙转弯”“龙摆尾”等，飞腾跳跃，蜿蜒起伏，忽而高耸，似飞冲云霄，忽而低下，像人海劈浪，此景此情，令人叹为观止。

良尧竹马舞 建国镇良尧村的竹马始于清末，盛于20世纪50年代。竹马舞的人数近百人，由竹马和秧歌两部分人员组成。竹马用竹篾扎成，外糊数层厚纸，彩绘后上涂桐油，马脖系铃铛，下用黄布围裙，上面画作奔驰状的马腿。“马”腹两侧画有骑马状的假腿假脚。良尧竹马舞表演多为一人装扮的独马，竹马队伍共八匹“马”。秧歌队都是古装打扮，其间有一个花车、一个花船，花车、花船都用黄布围上，画上车船图案。表演时，呈长蛇阵排开，一人举大旗走在队伍前面，大旗后面是两人打的写有“良尧文艺宣传队”的横标，横标后面是十几人的彩旗队，接着是一套鼓锣打击乐（鼓、锣、镟子、大镲、小镲各一个）、2个唢呐、1人举的指挥的令旗、16人表演的竹马、20～30人的秧歌队。表演队敲锣打鼓，鞭炮轰鸣，唢呐吹奏《奔马令》，表演者走着十字步。表演者腰间系着马形道具，分马头与马尾两截，舞动时象是骑在马上，马儿忽而徐行、忽而疾驰、跳跃，边走边舞，以健美的舞姿表现少年驯马手的飒爽英姿。夜间表演竹马舞，在马头和马肚中安放上蜡烛或彩灯，在马脖颈系上五彩串铃，舞起来铃声清脆，灯火辉煌，十分壮观。秧歌表演者踩着鼓点，迈着十字步，扭动上身，眉开眼笑。坐花车的女子羞羞答答，驾车的男子朝气活泼。坐花船的花旦步履轻盈，弧步穿梭，冲花船的老生舞动船桨，信步有力。

五大院秧歌 五大院秧歌主要形式为旱船、花车。旱船、花车的原型为农具小推车和水中小船，动作是从劳动动作之中演化而来，通过“抖肩”“吊膀”“飞眼”“收胯”等民间舞蹈动作来表现人物。解放初期每年元宵节都要大街上表演。20世纪80年代后，由于人们忙于发展经济，加上电视的普及，互联网等传媒工具，该秧歌逐渐淡出人们的娱乐方式。21世纪，随着全民健身和人民文化生活水平的提高，秧歌队重组定期组织表演，重新成为村民的健身娱乐方式。

民主高跷 建国镇民主村的高跷舞始于清末，盛于20世纪50年代。1950年后，民主村的高跷舞在徐金良、祁文生的组织排演下比较活跃，一到每年的元宵节后，活动十几天，并到武城县城演出。高跷舞按照鼓点走的有十字步、八字步，有时好似秧歌步。队形由单列变双列，变四列，变方阵，变圆圈等，表演人数近百人，各个都古装打扮。表演的节目有钓鱼、捕蝶、撑花船、王二小打驴赶脚。表演时各自按扮演的角色，表演出相应的动作和神色。老渔翁则表现出步履维艰的形象和神态，秦琼背锏，关公挥舞大刀，各显英雄气概，白蛇拿手帕，许仙持花情意缠绵，俊俏的花旦飘逸大方，温文尔雅。丑角公子表演时挤眉弄眼，左顾右盼，略表低级、庸俗之气。油嘴滑舌好事的傻婆子，惹人嬉笑。傻小子则傻气十足，见女喊姨，见男喊姨夫，无物不要，无物不拿，喊声个姨夫就走，闹得沿街大小商主哭笑不得。傻小子多是把抢拿的东西送进傻婆子的花篮里，傻婆子则喜笑颜开，夸奖傻小子孝顺，不断惹得人们捧腹大笑。

三朗舞狮 舞狮子是三朗镇特色表演节目。表演的主要动作有蹦狮子、蹦板凳、过大桥、狮子探水、拿大顶等。春节、元宵节及重大庆祝活时表演。自1962年年初，南北镇分开后，此活动停止。1973年后，北镇村重新组建舞狮队，几年后又停止。2006年，北镇村重新组建舞狮队，有十多人组成，配备大小狮子各一对、锣鼓队、服装和道具。市、县电视台曾专门采拍并播放他们的表演节目。至2018年，三朗舞狮队规模渐大，多次参加各地会演。

随着群众文化生活提高，自发健身、舞蹈团体渐多，仅城区内，健身队、广场舞蹈队、模特队达10余个，多活动于广场，部分团队经常参加县、市组织的演出活动。

二鬼摔跤 民间杂技舞蹈二鬼摔跤有80多年传承历史，表演时由一人穿特制假道具表演，数人打击锣鼓等乐器，在大街或舞台表演。表演时，真人在道具里面控制假人，随鼓乐声打斗，做各种摔跤动作，发出“叭叭”声响，堪比真人摔跤。21世纪，仅有寥寥数人业余进行二鬼摔跤表演。

城区舞蹈队 于2016年8月组建，全队人数15人，原名为“城区舞蹈队”，后改为“淑雅旗袍舞蹈队”。以中老年女性为主，以跳民族舞蹈和现代舞蹈为主，兼表演服装模特秀，在故城县内多次演出。2016年11月，参加山东省日照市举办的全国模特大赛，12月，参加衡水舞蹈大赛获第二名。2018年5月，参加了邯郸涉县的全球模特大赛，取得了好的成绩，2次登上县春晚的舞台。

故城县城区舞蹈队表演节目

2018年年末，参加了张家界全球模特大赛。秉承全民健康、提高大众的精神文明素质之宗旨，充实了居民的文化生活，展现了21世纪新女性的精神风貌。

第六章 书画 摄影

古往今来，故城县书画艺术有成就者颇多，中华人民共和国成立前，多出于富家子弟。中华人民共和国成立后，域内书画界人才辈出、流派纷呈。十一届三中全会后，随着经济文化水平的提高，故城县书法、美术、摄影专业人员和业余爱好者的艺术水平不断提高，逐渐形成地域性艺术特色。

第一节 书 画

一、发展概况

故城县书法绘画源远流长，人才辈出。清代进士贾臻有书法作品传世。秘云书，文才高而擅书法。其书尤为古朴、典雅、清丽。20世纪40年代，幼童入学伊始，即执笔习字，摹练书法。而贫苦百姓，无力学习，则以沙为纸，以木棍为笔。故水平较高者，多出于富家豪门。

20 世纪 50 年代，党和政府重视群众文化生活，于文化馆设立专职书法干部，不断组织群众性书法绘画展览，使其得以发展。秘道存、郑亚卿等人书法，各有其独特风格，不仅名扬乡里，且在民间广为流传。

“文化大革命”期间，书法艺术亦遭摧残，习练书法谓之“四旧”，民间流传的历代名家法帖多被付之一炬。

中共十一届三中全会后，书法绘画艺术得以推广，其爱好者日增，1986 年 9 月，成立故城县书画协会，会员 43 人，其中擅书法者 28 人，擅绘画者 15 人。1993 年，成立老年书画研究会，每年举办书画活动。2012 年，故城书画院成立，经常举办书画作品展览。2017 年始，青少年活动中心承担举办一些书画展览活动。2018 年全县举办书法展览 20 余场。

20 世纪 90 年代，县内硬笔书法日渐盛行。魏方木、木树坤、孙树璋等人硬笔书法曾参加省、地大展。高子厚硬笔书法参加全国大展，曾获优秀奖。刘石营致力于行草新意探索，其作品作为馈赠礼品远渡重洋。熊甫瀛勤于临池，夏德馨擅书大字，县内多家牌匾出自其手。尹海金成就尤甚，幼年即从祖父学书，参加工作后仍迷于墨海，真草隶篆，无体不涉，尤以行草见长。

中华人民共和国成立后，党和政府重视美术事业，随着社会经济发展，群众性美术活动蓬勃兴起。县文化馆建立后，即设专职干部指导全县美术工作。1958—1975 年，主要配合当时政治运动，在全县城乡大搞壁画、漫画、宣传画。1974—1976 年，县“五七”大学设立专业美术班，培养了一批美术骨干。之后，全县逐渐开展美术创作活动。1980 年，有农村业余书画爱好者，进城办书画门市者，以售艺为生，成为个体专业户。1986 年，县书法协会成立后，多次在县内组织书画展，有部分作者参加省市展览并获奖。1990 年，刘石营加入中国书法家协会河北分会。其书法作品，于 2001 年在中国美术馆与国内名家同时展出。

故城籍在外书画家王怀骐曾任河北美协主席，河北画院院长。王怀骐擅长连环画和人物画。其代表作连环画《红旗谱》充满着中国画的众多文化元素，蕴含强烈的河北地域文化特征，享誉大江南北。获第六届全国美展铜奖，全国连环画评奖获荣誉奖、河北省美术特等奖，并被中国美术馆收藏，入选《中华人民共和国文艺大系》，及《中国美术全集》连环画集。1985 年，王怀骐的另一部连环画《男人的一半是女人》入选第七届全国美展，获河北省连环画一等奖。1990 年、1991 年、1997 年，曾 3 次在日本举办个人画展。2004 年，王怀骐应邀为邯郸博物馆中央大厅主创的铜浮雕《邺城之光》获全国首届壁画大展大奖，入选第十届全国美展。

21 世纪，域内书画人才辈出，创作颇丰。

二、书画作者

刘石营 男，字山斋，号清泉山人。1950 年 10 月生，房庄镇乜宁村人。1975 年毕业于河北师范学院中文系。1990 年加入中国书法家协会河北分会，河北书法家协会篆刻委员会。衡水市书协副主席，故城县书协主席，衡水老年书画研究会副会长，故城县老年书画研究会会长。

李晓平 男，1973 年 10 月生，房庄镇大月庄村人。酷爱书法艺术，河北省书法家协会会员，衡水市书协理事，故城县书协副主席。

李凤印 男，1935 年 9 月生，三朗镇李长林村人。衡水市书协会员，衡水市老年书画研究会创作员，故城县老年书画研究会副会长。2014 年，出版个人书画集《翰墨丹青醉夕阳》；2018 年，举办个人书画展。

孙明媚 男，1941 年 12 月生，辛庄乡沙窝庄村人。衡水市书协会员，故城县老年书画研究会副会长。2002 年，毕业于河北省老年大学书法提高专业班，隶书作品经省书协评审为六级。

许振亚 男，1944 年 1 月生，故城镇何庄村人。衡水市书协会员，衡水市老年书画研究会创作员，故城县老年书画研究会副会长。主要研习“二王”行草书，书法作品多次在书展中获奖。

骆云 男，字云飞，号醉石，又号云峰山人，1957 年 11 月生，夏庄镇骆庄村人。职业画家，河北省美术家协会会员，国家画院范扬工作室画家。

张凤英 女，字凤子，号天香阁主，1960 年

11月生，里老乡周鸭鹅村人。北京东城区书法协会会员，衡水市美协会员。从事美术教育。进修天津美院，师从著名画家贾宝珉，获中国书法考级中心八级证书。

刘靖 男，1963年4月生，里老乡寒下村人。专职美术教师，河北省美术家协会会员。曾在首都师范大学美术学院研究生课程班学习，师从马志丰学习花鸟画。作品曾在省、市美展中获奖。

刘金发 男，1967年5月生，军屯镇大王里村人。毕业于衡水师专中文系，擅长行草。河北省书法家协会会员，衡水市书协理事，故城县书协副主席。

马英宝 男，1969年9月生，建国镇罗马庄村人。衡水市美协会员，自幼酷爱书画，曾多次参加市、县画展，现为职业画家。

吕彦福 男，1974年12月生，武官寨镇北半屯村人。教师职业，以小楷见长，现为河北省书法家协会会员，河北省硬笔书协会员，衡水市硬笔书协主席团委员，故城县书协秘书长。

姜文武 男，1976年11月生，建国镇姜庄村人。书画爱好者，故城县书协副主席，曾多次参加省、市书画展览。

姜道峰 男，1978年2月生，原籍武城现居故城。中国书法家协会会员，中国硬笔书法协会会员。

王彦来 男，1964年9月生，房庄镇魏庄村人。衡水市书协会员，故城县老年书画研究会副会长。酷爱书画艺术，积极参加市、县书画作品展览并获奖。

罗长江 男，1970年1月生，青罕镇柴庄村人。就读于中央美术学院，现为河北省中国画研究会会员，衡水美协会员。

李会君 男，1967年4月生，聋哑人。辛庄乡北官庄村人。自幼酷爱绘画，以工笔画见长，擅画老虎，尤擅画钟馗。其作品曾多次在省、市、县获奖。

三、域内部分书画作品

作者：刘石营

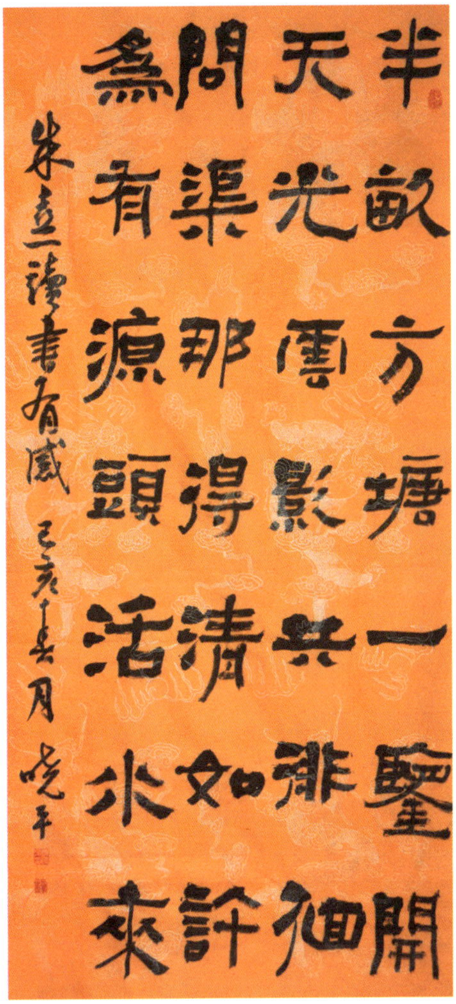

作者：李晓平

作者：罗长江

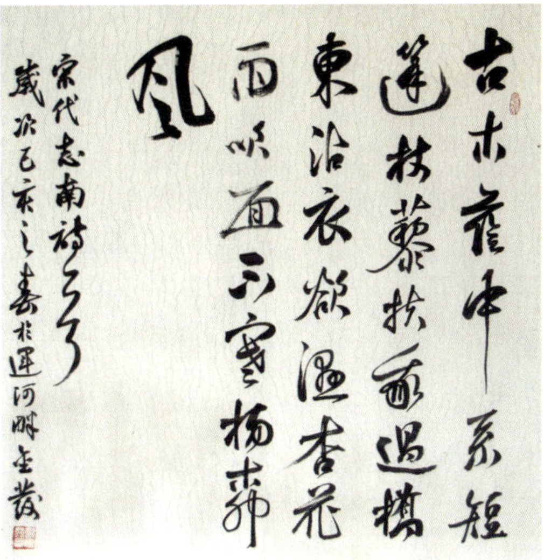

作者：刘金发

作者：李会君

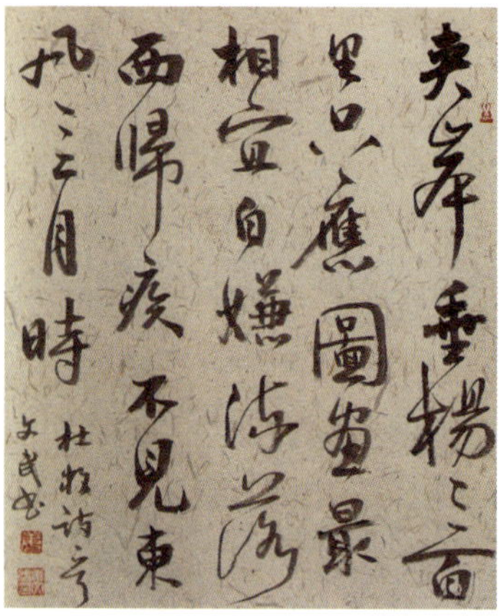

作者：姜文武

作者：王书鸿

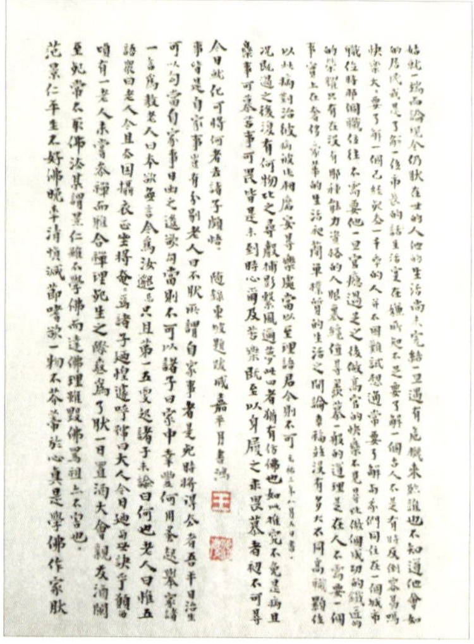

作者：王书鸿

作者：姜文武

作者：骆云

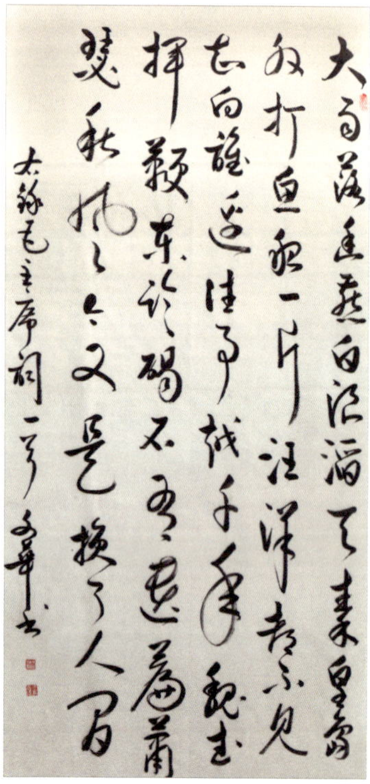

作者：康文华

作者：刘靖

作者：张凤英

作者：马英宝

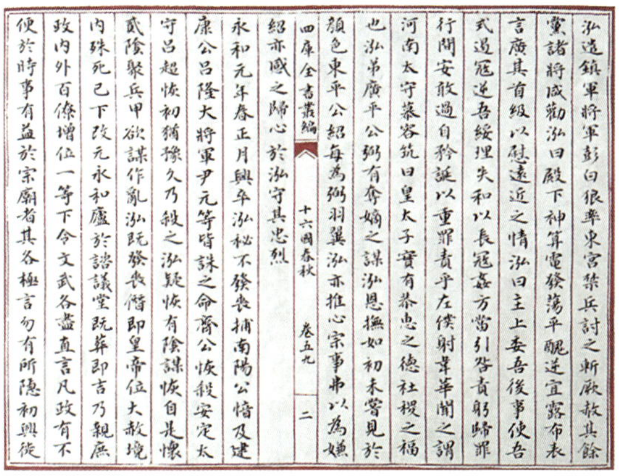

泓遣鎮軍將軍彭白狼率東宮禁兵討之斬廞赦其餘
黨諸將咸勸泓曰殿下神算電發蕩平醜逆宜露布表
言廣其首級以慰遠近之情泓曰主上委吾後事使吾
式遏寇逆吾綏理失和以長寇姦方當引咎責躬歸罪
行間安敢過自矜誕以重罪責乎左僕射韋華聞之謂
河南太守慕容筑曰皇太子實有恭忠之德社稷之福
也泓弟廣平公弼有奪嫡之謀泓恩撫如初未嘗見於
顏色東平公紹每為弼羽翼泓亦推心宗事弗以為嫌

四庫全書叢編　十六國春秋　卷五九　二

紹亦感之歸心於泓守其忠烈
永和元年春正月興卒泓秘不發喪捕南陽公愔及建
康公呂隆大將軍尹元等皆誅之命齊公恢殺安定太
守呂超恢初猶豫久乃殺之泓疑恢有陰謀恢自是懷
貳陰聚兵甲欲謀作亂泓既發喪僭即皇帝位大赦境
內殊死已下改元永和廬於諮議堂既葬即吉乃親庶
政內外百僚增位一等下令文武各盡直言凡政有不
便於時事有益於宗廟者其各極言勿有所隱初興從

作者：吕彦福

作者：李凤印

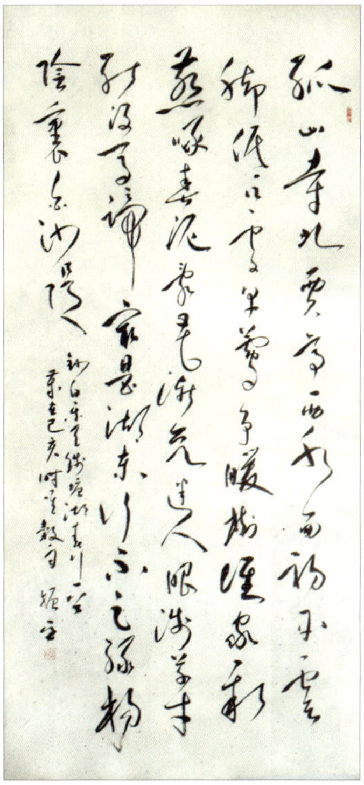

作者：许振亚

作者：赵海峰

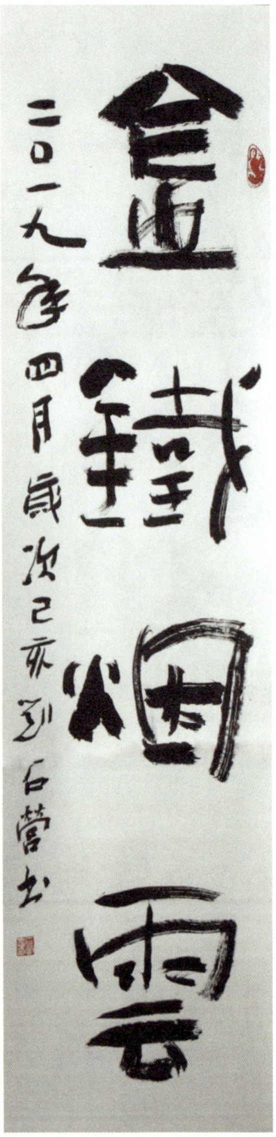

作者：刘石营

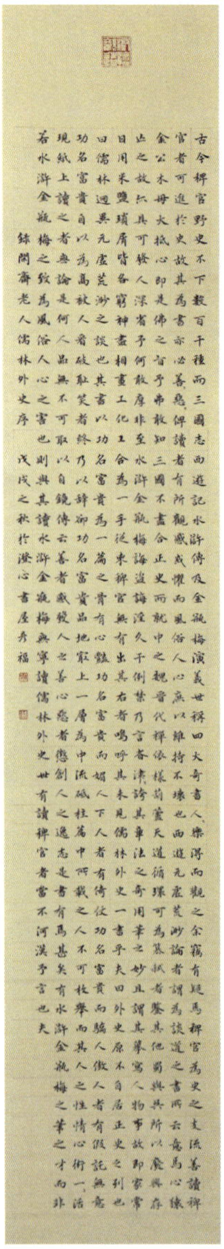

作者：吕彦福

作者：刘石营

作者：韩振明

作者：韩振明

第二节 摄 影

一、发展概况

中华人民共和国成立初期，县内仅一家私营照相馆，1957年，县商业局于郑口二道街设照相门市部。设备简陋，从业人员3人，仅能拍摄黑白照片。1958—1965年，县人武部、公安局、文化馆、电影队、农林局先后购置手提式摄影机。1970年，县商业局于里老、建国增设照相馆。1978年后，伴随农村经济体制改革，人民群众物质、文化生活水平提高，业余摄影工作者不断增多，城镇、农村陆续出现摄影个体户。1984年后，彩色摄影遍及城乡。县文化馆专职摄影干部，除辅导群众摄影外，并拍摄新闻图片，用于阵地宣传、新闻报道和多种展览。

1987年后，随着人民群众生活水平的提高，精神文化生活的丰富，摄影爱好者不断增多，韩振明作品《歌》展出于首都博物馆；故城籍孙国田酷爱摄影，坚持不懈，摄影作品多次参加各类摄影展并获奖。《幸福岛》获“中日第七届乐凯摄影艺术大奖赛综合类钻石奖”；《珍惜生命、关爱地球》获2002年第十届佳能杯“亚洲风采”华人比赛二等奖；《梦驮铃》获2004年中国摄影、书法“文苑杯”大赛特等奖。2005年9月，孙国田在平遥国际摄影节上举办了个人摄影作品展。

21世纪，域内摄影代表人物有刘石营、韩振明、牟明宏等。2005年，刘石营出版《刘石营摄影集》；2010—2016年，叶景涛出版摄影集《运河从我门前过》《天朗气清画故城》；2014年，刘石营为全县108位年逾90岁的老人摄影留念，在故城书画院举办“百岁老人摄影展”，新华社、《河北日报》等省内外50多家媒体相继做了报道。青少年参观人数达万余人次。展览结束，刘石营把装有相框的百岁老人照片和《百岁老人摄影集》全部赠送给老人。2016—2018年，韩振明作品《亭亭净植》《运河雪域风情》《郑口挑水坝》等作品获国家级奖项。是年，县政协组织刊印《改革开放四十年摄影集》。

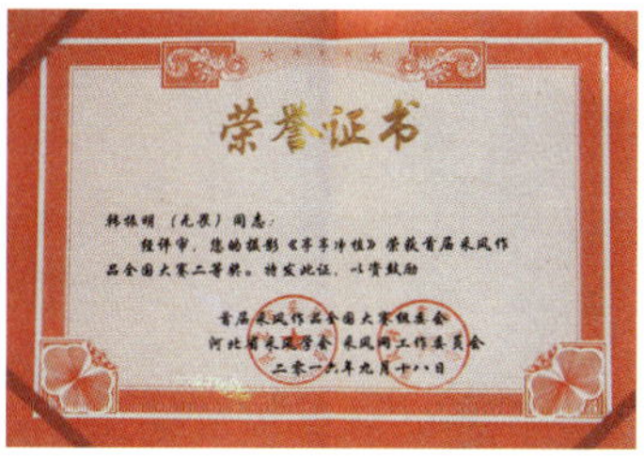
荣誉证书

韩振明（无界）同志：

经评审，您的摄影《亭亭净植》荣获首届采风作品全国大赛二等奖。特发此证，以资鼓励

首届采风作品全国大赛组委会

河北省采风学会 采风网工作委员会

二零一六年九月十八日

韩振明摄影作品获奖证书

二、摄影者

韩振明 男，1955年6月生，原籍山东德州市，现居故城，退休干部。中国摄影家会员、中国摄影著作权协会会员、河北省摄影家协会会员、河北省美术家协会会员、衡水市摄影家协会理事。

杨志华 男，1960年8月生，郑口镇刘古庄村人，就职故城县医院，衡水摄影家协会会员。

齐玉峰 男，1962年10月生，建国镇齐庄村人，教师职业。衡水市摄影家协会会员，从事校刊编辑及摄影工作等。

王彦来 男，1964年9月生，房庄镇魏庄村人，供职于供销系统。衡水市摄影家协会会员。

张华斌 男，1969年2月生，原籍武城，现居故城，教师职业。衡水市摄影家协会会员。

牟明宏 男，1970年10月生，青罕镇千户庄村人，供职于县医院。中国卫生摄影家协会会员，河北省摄影家协会会员，长河摄影网版主。

三、部分摄影作品

秋意（韩振明摄）

600年古槐树下的守望（刘石营摄）

旖旎运河（张华斌摄）

101 岁的离休老教师刘敬先（朱红梅摄）

龙湖公园一角（王彦来摄）

龙湖春韵（齐玉峰摄）

运河夕照（周怀静摄）

运河挑水坝上（张华斌摄）

运河生灵鹬鸟（叶景涛摄）

运河牧羊人（张华斌摄）

运河之冬（牟明宏摄）

水天一色（牟明宏摄）

争购（崔献静摄）

收获（崔献静摄）

示范（崔献静摄）

童韵（韩振明摄）

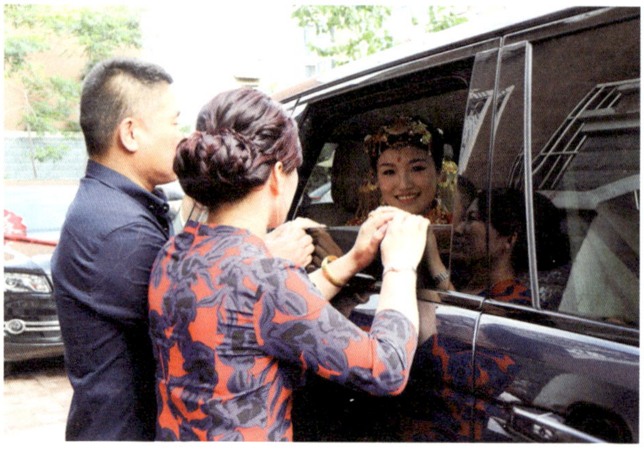

依依惜别（朱红梅摄）

丝乐曲悠扬（韩振明摄）

成人礼（齐玉峰摄）

城镇新貌（韩振明摄）

舞起来（牟明宏摄）

老有所乐（周怀静摄）

第七章　报刊　广播　电视　网站

民国期间，域内始创办内部报刊。中华人民共和国成立后，报刊种类逐渐增多，中共故城县委宣传部成立通讯报道组，在全国、省、市报纸发表稿件。21世纪，以故城县委宣传部为主的各单位每年向各媒体发送稿件多篇。

中华人民共和国成立后建立广播站，十一届三中全会后，域内广播设备不断更新，各乡镇均建广播站，20世纪90年代，乡镇广播站陆续撤销。域内行政村安装高、低音喇叭村村通广播。

20世纪80年代初，域内始有电视机。后逐渐增多，1985年建故城县电视转播台，1996年，电视转播台发展为有线电视直播。2018年，全县538个行政村均开通有线电视。

网站的兴起与运行于21世纪初，至2018年，域内网站管理与运行已具规模。

第一节　报刊　通讯

报纸刊物　中华人民共和国成立前后，中共故城县委机关办有石印《故城小报》。历时一年，印行240期。

1958年10月，创办铅印《故城县报》。每周1期，每期8开3页。未久，人员、设备随县并入吴桥县。改革开放后至20世纪90年代，部分单位油印内部宣传资料，21世纪初，文化事业兴盛，县委宣传部编印《今日故城》，为内部报刊。

通讯报道　1959年前，中共故城县委宣传部设有通讯组，由1名干部兼管。1961—1966年，通讯组划归县委办公室。“文化大革命”期间通讯报道由县革委宣传组兼管。1970年7月，由县革委政治部宣教组管理，后改属宣教科。1971年3月，建通讯报道科，设科长1人、科员4人。

1977年4月，通讯报道工作归属宣传部通讯报道科。县企事业单位及基层配有业余通讯员，计200人。通讯报道科每年举办两期培训班。年投稿量5000余篇。

1976年，李林英撰写的对台宣传稿《西瓜地里话今昔》被新华社采用，对外广播后，香港《大公报》《新晚报》和加拿大一家报纸相继转载。1977年5月28日，朱新良等撰写的长篇通讯《模范生产队长王金兰》刊登于《河北日报》头版，并配有插图及编者按语，引起中共河北省委领导重视。是年，刘石营撰写的通讯报道《灾区损失我们补、灾区担子我们担》在《衡水日报》刊登；1979年，刊登通讯报道《幸福的晚年》《她比奶奶亲》；1980年，刊登通讯《共产党员的胸怀》《做群众的表率》《同心同德干四化》《马连琴孝敬公婆受称赞》；是年，在《河北日报》刊登新闻报道《故城酒厂实行三项管理办法面貌大变》；1982年，《故城县毛店村农民自愿包产到户》《小麦喜获丰收》刊登于《河北日报》；1983年，《人民日报》刊登《县委书记进京召开座谈会请老乡助力家乡发展》，同年，《北京日报》刊登《宣武医院送医到故城》。1984年10月17日，卢宏达撰写之通讯《庄户人家敬教师》刊登于《人民日报》并配有短评，中央人民广播电台广播，被评为《人民日报》1984年优秀稿件。1990年始，人民生活水平提高，通信设备日渐先进，通讯报道内容多表达新时代、新风尚的当地新闻。2000—2018年，各单位积极投稿，仅县委宣传部每年向各级媒体发通讯稿件年均达600余篇。

第二节　广　播

广播站　1958年5月，于郑口镇二道街北端西侧始建故城县广播站，时有4人。1958年10月，名吴桥县广播站，时有干部5人，职工4人。1962年6月，县广播站停办。1965年3月，复建县广播站，时有干部职工4人。后因事业发展，人员不断增加。

1975年10月，建故城县广播事业管理局。局、站合署办公。1980年10月，县局、站迁至郑口镇宏声西路北端。1983 年 7 月，易名为故城县广播电视局。1987 年年末，全员 40 人。自 1969 年 10 月，筹建公社广播放大站，至 1971 年 4 月，全县各公社均建广播放大站。1984 年，名乡镇均建广播站。

广播设备 县站初建时，有 TY 型 250 瓦扩音机、电唱机各 1 台、钟声牌录音机 2 台、话筒 1 个。1961 年，增加 500 瓦扩音机 2 台、输出功率达 1250 瓦。1965 年，复建后增置 7.5 千瓦发电机与 1105 型柴油机各 1 台。自此，广播再不受停电影响。1966—1970 年，先后购置 810、601 与鹦鹉牌录音机各 1 台，并配备 25 瓦扩音机 1 台、150 瓦扩音机专供县内大会使用。1971 年，随公社广播站增多，县站原 2 台旧日式扩音机更新为 GY550 瓦扩音机，并新增 601 录音机 2 台，至 1979 年，又购置 602 录音机 4 台，原 1 台调幅式接收机更换为海燕牌调频接收机，增置会议用 15 瓦对讲机 1 台和 26 千瓦发电机组 1 套。1985 年，安装 20 千伏安变压器 1 台。

各乡镇广播站所有播音、机器设备均由县站配备。初，每站有红波牌与长征牌 150 瓦音机各 1 台、电唱机 1 台、话筒 1 个。并利用电动机改发电机，保证正常广播。自 1972 年始，逐步进行设备更新，每站有电唱机、录音机 1～3 台，并新建质量较高机房、播音室与控制台。

广播线路 1968 年前，主要靠电话线传输广播讯号。后逐步有计划地架设广播专线，是年秋，架设郑口通入青罕、辛庄、故城、杏基公社广播专线，总长为 24 杆公里；1969 年 10 月，使用载波发射音频，距离县城较远公社接受效果差仍借用电话线传送。1974 年，自制方形水泥杆 380 余根，架通由郑口至武官寨、西半屯、建国公社广播专线，全长 26 杆公里。翌年，制方形水泥杆 480 根，架通建国至要庄，西半屯至瓦子庄、郑口至赵行、建国至军屯公社广播专线。1976 年，架通其他 15 个公社广播专线，基本实现广播干线专线化。1977 年，域内各大队通播，总长 875 杆公里、1370 线公里。至 1986 年，县乡两级广播专线入级标准线路 530 杆公里，全部实现专线传输，县、乡、村通广播。20 世纪 90 年代，全县实行无线广播。

广播喇叭 建站初期，于县城街道安装 12 个高音喇叭。在故城、房庄、辛庄公社及较大村庄安装 120 个小舌簧喇叭。1961 年，县城街道又增设 5 瓦、10 瓦高音喇叭 20 个。社队小舌簧喇叭增至 300 个。1965 年，复建县广播站时，县城街道安装 25 瓦高音喇叭 7 个、12.5 瓦高音喇叭 15 个，农村入户小喇叭 8022 个，入户率 12%。1966 年县、社通播，入户小喇叭 11831 个，入户率 17%，通播村 108 个，通播率 20%。1967—1970 年，通播村 160 个，占 29%；共安装入户小喇叭 16200 个，入户率 23%。1971—1972 年，通播村 370 个，通播率 68%。1981 年，全县共安装高、低音喇叭 1612 个，村通播率 90%。1985 年，高低音喇叭 1840 个，通播率和覆盖率 95%。1986 年年末村村通播。

广播节目 广播时间：建站初每天早、午、晚 3 次播音，时间 5 小时。1965 年，播音时间逐步增加。“文化大革命”期间广播宣传遭破坏。中共十一届三中全会后，广播事业恢复生机，走向正轨，每天仍分早、午、晚 3 次播音，全天播音时间 6 小时。

转播节目：建站初期以转播上级电台文字和文艺节目为主，占总播时间的三分之二。1965 年后，自办节目增加，转播节目减少。1979 年，县站节目设置进行改革，转播节目改为固定时间：早 6:30 转播中央台“新闻和报纸摘要”、中午转播河北电台“全省联播”、晚 20:00 转播中央电台“全国各地联播”节目。1983 年 4 月起，重点转播中央、河北省、衡水地区“新闻和报纸摘要”“对农村广播”“科学技术”及文艺节目，占总播时间的 40% 左右。

自办节目：建站初自办节目固定时间，设故城县新闻和文艺节目。1965 年，增设县领导机关公开发布的政令通知、文件及部分知识性、教育性文章。1979 年后，县站采、编、播人员逐年增加，素质渐高，自办节目设置从内容与形式，不断丰富。新闻（全县联播）每天播出 3 次，农业科技每周播出 6 次（两组），每年播稿约 300 篇，24 万字。学习园地每周播出 3 次（一组），每年播稿 100 篇，12 万字；生活园地每周播出 6 次（两组：包括卫生与健康、生活顾问等），每年播稿约 24 万字。1985 年 3 月，开办广播学校节目，每天播出 1 次，每年播稿约 180 万字。1987 年，故城县调频广播电台建成，安装有 50 瓦功率发射机 1 台，共 8

个频道，广播覆盖半径15公里。1988年3月，建县人民广播电台。主要节目有故城县新闻、农村服务、生活园地、听众信箱、文艺、长篇评书连播等。1992年，全县实现无线广播。1995年，因设备老化、电视普及等原因停播。

第三节 电视 网络

概况 1985年3月，于郑口镇宏声西路北端（即县广播电视局址）建故城县电视转播台。设有电视机房3间，宿办室2间，占地面积153平方米。是年6月，完成铁塔基础建设，10月，完成铁塔和室内设备安装，11月试播成功，总投资共计32万元。

电视转播台设备有立式铁塔1座，通高84.75米，装有8频道蝙蝠翼式发射天线4层。台内装备1305调制测示仪、BT3、BT10扫频器、毫伏表、高频电压表各1台。置有50瓦电视发射机、索尼牌电视监视器各1台，北京牌22英寸电视监视器2台，控制台、配电盘各1套。可保证维修和测试。覆盖半径12公里。每晚转播中央、河北省、衡水地区各台新闻联播节目。

1988年3月，县人民广播电台建立，事业编制32人，内设人秘股、农网股、电视转播台、调频广播电台，下辖各乡镇广播站。1996年，县广播局内设人秘股、财务室、总编室、新闻股、广告文艺股、专题股、播出股、有线电视台，事业编制40人。2006年，县广播局全额事业编制28人，工勤编制2人，自收自支事业编制30人。内设办公室、财务室、总编室、新闻股、广告文艺股、专题股、播出股、制作股、音像股。下属单位有线电视台。2008年，县广播局内设办公室、总编室、新闻部、专题部、广告部、播出部、音像设备部、财务室、有线电视台，事业编制60人。

2008年1月，河北省有线电视行业整合，故城县有线电视台从故城县广播电视事业管理局分离，并改名为河北省广播电视网络集团故城分公司。2009年，县电影公司从教文体局剥离，整体划归故城县广播电视台。2011年，根据河北省文化体制改革文件精神，故城县成立文化广电新闻出版局，广播电视行政管理职能被剥离，广播电视台成为县委宣传部所属的正科级事业单位。2017年设“新媒体部”，负责发票摇奖、“两微一端”等新媒体业务管理。至此，故城县广播电视台设办公室、总编室、新闻部、专题部、播音制作部、广告部、播出部、财务室、新媒体部等9个部室。

电视转播 1988年，建卫星地面接收站。1990年，新上300瓦发射机、小型摄像机各1台。1992年，电台、电视差转台、农网股合并。1995年10月，建成高158米电视发射塔，电视信号覆盖面进一步扩大。是年，新上29频道1000瓦微波发射机1台，12月30日正式开播，发射半径50公里。至此，县广播电视局拥有两套节目，其中8频道转播中央电视台一套节目，每天转播四个半小时；29频道为自办节目。1996年，增上M9000摄像机4台、高低兼容的编辑机4台、字幕机1台、切换机1台，改变了电视节目采、编、制、播不配套的状况，自办节目质量明显提高。2003年，增上5千瓦和3千瓦发射机各1台，故城一、二台电视节目实现全天播出。2005年，投资60万元，新增非线性编辑机3台，数字摄像机4台，100千伏安变压器1台。2008年，增上新世界5000瓦大功率发射机2台、3000瓦发射机1台、非线性编辑机8台、硬盘播出设备1套、数字摄像机10台、数字录像机5台、字幕机4台。故城电视台采、编、制、播设备全部实现数字化，电视信号覆盖面扩大到75公里。故城广播电视事业建设跨上新台阶，跻身衡水市先进行列。2010年，投资80多万元，增上模拟电视信号上传有线插截播出设备，全县电视信号实现无线、有线全覆盖。2015年，筹资50万元，建成直传信号发送到用户的现场直播设备，至此，全县的各种大型会议可实现现场直播。2017年，投资70多万元将现场导播、直播、传输和采编设备全部进行了数字更新，使全县大型会议的直播信号更顺畅清新。

有线电视 1996年1月，故城广播电视局与石家庄银厦电子公司合作，兴建有线电视台。投资近百万元兴建两座卫星地面接收站，设计为300兆周，一套共用天线，一套中频处理高频传输设备，铺设5公里主干线路，安装电视屏幕墙及其附属设备。2005年，建高标准电视墙，全面完成有线网络自动化监控和县城网络升级改造工程，共建设主干线路全长25公里，光接点58个，有线用户达7200户，城区有线电视入网率达80%以上。全县13个乡镇有线光缆主干线全部开通。至2008年7月1日，域内538个村全部接通光缆，有线电视入村率达100%，有线电视用户达65000户，入户率超过50%。随着互联网技术的发展和普及，有线电视行业受到较大影响，有线电视呈萎缩态势。2018年，全县有线电视用户3万余户，入户率30%。

融媒体中心 伴随着“互联网+”技术的突飞猛进和传播渠道多元化的新形势，县级媒体融合发展成为时代所需。为积极贯彻落实习近平总书记全国思想宣传工作会议上赋予的“要扎实抓好县级融媒体中心建设，更好引导群众、服务群众”的新使命、新职责，2018年9月开始，积极筹备建设“故城县融媒体中心”，购置了一批融媒体中心中央厨房主要设备和融媒体外围采编设备。2018年11月，故城县融媒体中心建设正式进场施工，仅用2个月的时间就完成了融媒体中心中央厨房的硬件设施建设，指挥系统、采编系统、媒资系统、直播设备全部到位，总投资330万元。

故城县融媒体中心中央厨房

网站 随着网络媒介的发展与普及，2005—2018年，域内陆续创建并运行了一批地方网站。2005年9月，故城县政府创建“中国·故城”网站。2006年10月，中共故城县委宣传部创建并运行“故城文明网”网站。2005—2018年，域内较大企业和机关、学校等纷纷创建并运行网站。域内网站的创建与运行，在扩大对外开放，改善民生环境，发展地方经济、传播地域文化，推动社会进步等诸多方面发挥着不可替代的作用。域内还有在“百度”运行的“故城吧”等十几家网页。2018年10月，故城县政府门户网站全面改版，对网站所有栏目进行分类检查，历史栏目、重复栏目和与群众无关的栏目进行删除或整合，合理布局网站页面，做到图文并茂，保证页面质量。

中国·故城网站（www.gucheng.gov.cn）：该网站开设走进故城、故城要闻、新闻资讯、经济动态、公示公告、政民互动、政务公开、政务服务和部分政府部门业务专栏，外联河北省、衡水市行政网站。

故城县文明网站（www.gcwmw.gon.cn）：网站开设综合新闻、通知公告、领导动态、工作提示、主题活动、文明创建、道德建设、志愿者服务、未成年人建设、他山之石、美丽故城共11个专栏。

第八章 文物古迹

故城历史文化丰富，自秦汉至明清，各代文物均有发现。1990—2018年，有馆藏文物196件。域内有董仲舒祠、庆林寺塔、甘陵书院、运河郑口段6处挑水坝、十二里庄教堂等古建筑，并有古遗址、古墓等。建有烈士陵园2座。

第一节 文物保护与管理

文物保护单位概况 1979年，故城县文化馆设文物专职干部，负责县内文物管理、文物保护工作，并进行《中华人民共和国文物保护法》宣传。

1987年，故城县文物由县文化馆监管。1990年，成立故城县文物管理所，隶属于县教育文化体育局，2011年5月列为文化广电新闻出版局管理负责对馆藏文物进行清理、登记、造册、建档。1998年、2010年先后出土唐代、北齐石造像、石刻等10处。1997年，对县内文物进行普查、搜集和整理工作。

至2018年，有馆藏文物196件（套），一般文物178件（套），其余为未定级文物。其中一级2件：唐代白釉凤首盖贴花皮囊壶、唐龙朔三年（633年）四面佛石造像；二级1件：北齐石造像；三级15件：白釉敞口碗、青釉钵、青釉执壶、墨书八纹青釉碗、均窑折腹碗、青釉双系罐、串珠、青釉和尚座化纹瓮棺等。

域内主要文物保护单位有4处：庆林寺塔为北宋建筑，坐落于饶阳店村东头路南。塔身为砖木结构，分7层，高34.67米，为国家级、省级重点文物保护单位；郑口挑水坝为国家级重点文物保护单位；十二里庄教堂古建筑；冀南“四二九”烈士陵园为省级文物保护单位。

馆藏文物　域内馆藏文物自汉、唐、宋至明、清皆有发现、出土，现录12件陶瓷文物。

唐·白釉凤首盖贴花皮囊壶

唐·白釉执壶

元·青釉双系罐

唐·青釉执壶

汉·大型绳纹陶罐

元·灰釉鼓腹罐

汉·粗绳纹陶罐

唐·黄釉钵

元·钧瓷碗

元·钧窑折腹碗

元·墨书八纹青釉碗

宋·白釉敞口碗

第二节　古建筑

庆林寺塔　位于县城郑口西南12.7公里饶阳店村东，邻邢（台）德（州）公路。该塔坐落于原庆林寺内部。庆林寺内其他建筑已荡然无存，唯古塔独在。

该塔呈八面棱锥体，塔表用青砖砌就，内修盘旋而上砖木结构阶梯，共7层，塔高35.67米。底座以上各层均建有东、西、南、北4个券门。门上有窗，窗棂雕刻别致。塔身为穿心式与壁内折上式相结合。每层均有青砖砌就叠涩。二层呈八角形、三层为十字形、四层系八角形藻井叠涩。四壁有大小各异神龛、灯龛。塔体向上每层高度递减，收分递增。塔刹为铜铸葫芦形。整个塔形外观宏伟、古朴。1983年9月，被定为河北省重点保护文物。2006年5月25日，庆林寺塔被确定为第六批全国重点文物保护单位。

庆林寺塔建筑年代，史籍均无记载。明嘉靖《武城县志》载，明嘉靖年间（1522—1566年），邑人侍郎王士嘉赞庆林寺塔诗一首。云：“浮屠何代建，峭拔入云端。绝顶登临处，摩挲星斗寒。”

1980年，中国科学院自然科学研究所教授张驭寰对此塔实地考察，根据该塔风格、特点，认定系北宋建筑。

董仲舒祠　位于故城县董学村，距县城15公里，相传，董学村为董子“下帷”之处，即董园。后又易为董学村相沿至今。《汉书》所载“下帷讲诵……，盖三年不窥园”即指此地。董于此下帷讲学，以儒学为正统，亲授弟子数以千计。时曾

苏丙寅捐资重修董子讲学堂

颇受汉武帝赏识和重用。明清以来备受帝王推崇，据清光绪《故城县志》载，清同治九年（1871年），文生苏鸿勋于此村为董仲舒修祠堂1座、立碑1通，即今董学村董子祠。该祠历年失修，残垣断壁，破败不堪。2007年，由董学村退休工人苏丙寅捐资5万元在原址附近又重修一处“董子讲学堂”。

甘陵书院 甘陵书院位于故城镇东关村，原有院落现仅存甘陵书院一处大殿，其他建筑已毁。县志记载，甘陵书院创建于清雍正五年（1727年），县令蔡维义倡设甘陵书院。书院坐北朝南，砖木结构，灰瓦青砖，飞檐耸脊。后又在甘陵书院增建大门、二门、大殿、二殿、廊房、配房，南北依次排列于中轴线上。大门阔2丈余，气派宏大，两边配耳房，房内矗立两通石碑，一通为汉白玉石质，一通为青石。大门前六步青石台阶，台阶两旁各有一石狮踞于基石之上，显得庄严、凝重。三进院落均为青砖铺地，中间修一南北甬路贯通大堂、二堂。讲堂各为5间，四梁八柱，九檩架构，前出廊厦，恢宏轩敞。讲堂两侧，建有东西厢房各6间，将三院连接，使建筑群错落有致，浑然一体。今存的甘陵书院为清末重修，虽已过百年，原貌基本完好。

天主教堂 孤儿院遗址 位于西半屯镇十二里庄北端有教堂、圣母无染原罪堂各1座，欧式楼房3座。据《故城县地名资料汇编》载，清康熙年间（1662—1722年），由教民集资修建，规模较小。清光绪三十一年（1905年）后，重新翻修，规模扩大，为砖、木、石结构，附设孤儿院，内设育婴堂、圣母无染原罪堂。1930—1932年，重建楼房3座及圣母无染原罪堂。1967年，拆除教堂前门两侧30余米高亭子，改建为一般会堂。历年多有修缮，至今原貌基本完好仍为宗教活动地点。

明、清县衙旧址 今故城镇是明、清时期的置县治所。虽历经几百年历史沧桑，但在一些边角地方仍然保留着旧时期建筑的影子。

沿着故城镇南北大街南行至中镇村路东边有一处大院子，权属县粮食局故城粮站。院子里有一座在老房基上盖好的房子，这片老房基曾承载过明、清时期的县衙大堂。

县衙大堂在旧县城双峰街与承流街交叉路口东，大门前照壁、大门、仪门、戒石坊、大堂、内宅由南而北排列在中轴线上，二进院落有甬路相通。大门为一发券拱门，面阔3丈余，青石台阶，两侧各有石狮一尊。朱漆大门上一对铺首闪闪发光。大门上建有谯楼，为重檐歇山顶，青砖灰瓦，前后出厦，前后廊厦中各有两根红漆圆柱耸立其间，上有雕花花棂装饰。正殿面阔5间，进深3间，前出厦，青石台阶，4根红漆圆柱耸立厦中，下垫石鼓墩，上饰有木雕花棂，硬木雕花门窗。单檐硬山顶，飞檐耸脊。进大门后为仪门，仪门东西对峙为吏舍。东南为土地祠。仪门外东西各为役班房。大堂后为架阁库，后为听事房，宅门一座，宅门南为退思堂。进宅门，左右院为幕客厅，最北为内宅，是知县寝房。内宅正房面阔5间，进深3间，东西厢房各3间，四周围廊相通。单檐硬山式屋顶，前后带廊，东西廊有便门与跨院相通。院中花池相错，有假山、凉亭、环境清静幽雅。典史宅于仪门偏东处，管河县丞署原于城外东南临河处。教官署于承流街西端南侧，与县署隔街为前后邻。演武场于城北0.5公里处，接官厅于城北1公里处。

20世纪50年代，政府将废弃的县衙大堂改为储粮仓库。由于年久失修，60年代，屋顶破旧漏雨，政府在原址重建粮站，今仅存青砖地基。

第三节 古遗址

卫运河沉船遗址 位于建国镇卫运河建国大桥正南200米、河底3米下，距运河左岸约80米。1966年以来，河水多枯干，先后暴露瓷片、陶片与腐朽船身。为此，传说纷纭，多说为古沉船，另说为被洪水淹没古瓷店。1984年，出土宋、元代白色瓷碗20余件。遗址以运河主航道为界，东属山东武城县，西归河北故城县。为县级文物保护单位。

山西会馆遗址 位于郑口镇康宁路东端路北，面积约1.5万平方米。清乾隆年间（1736—1795年），郑口镇“舟车辐辏，商贾云集”，晋人贸易于此修建该馆。原建筑有正殿、厢房、关帝行宫及古戏楼等，20世纪50年代拆除。

北镇真武庙遗址 该庙建筑年代为元末明初。位于三朗镇北镇村北一高台上，台高出地面约2米，东西长约50米，南北宽约30米，面积约1500平方米。地表散落大量砖瓦片，砖为素面砖，瓦为布纹瓦。采集有瓦当及滴水，瓦当为圆形兽面纹，滴水有龙纹、花草纹、三圆环草叶纹及蝙蝠纹等几种，原址有石造像4尊，青石质，其中一尊保存较好，两尊缺首，一尊破坏严重。保存较好的一尊为真武大帝坐像，中部有断裂缝，鼻子稍有损坏，通高约220厘米，其头部高50厘米，身宽90厘米，真武大帝端坐于石凳之上，慈眉善目，大耳披发，身着龙袍，右手握护带，左手扶膝，两腿分开，赤足。石凳长120厘米，高70厘米。此像精雕细刻，纹理清楚，特别是胸部及膝盖部的龙形图案雕刻特别精美，有较高的艺术价值。另三尊石像为立像，缺首，为武士及侍女像。据村民说，此处原有石造像15尊，真武大帝前东西两侧南北向排列各7尊。建筑在20世纪50年代已不存在。2010年前后此真武大帝造像被文物贩子盗走，现有存照。

真武大帝石造像存照

第四节 古墓葬

秋胡墓 据传位于建国镇罗马庄村东300米、宋庄正北250米处，封土高1.5米，占地30平方米。

据传，秋胡墓内仅葬有春秋时期鲁国大夫秋胡之妻罗氏，而秋胡墓则于此墓百米范围内。经实地勘查，并未发现相关信息痕迹。原有石碑一通，于1985年被毁。据《武城县志》记载，此墓年代久远无从查考。

唐墓群 位于西半屯镇西半屯村红旗湖底。1982年7月，挖掘此湖时于距地面3米下发现。1984年，已清理4座。墓室为青砖砌就，由单室、墓道组成，呈叠涩穹隆顶形。其中一座出土有彩釉壁画、青瓷执壶、盘、碗、陶罐、铜镜等物。河北省文物研究所与石家庄市文管所有关人员曾到此考查鉴定。现存唐墓7座，墓室多已塌陷，遗址为县级保护单位。

西南屯古墓 墓葬位于郑口镇西南屯村西。2004年11月，省级荒废土地复垦施工中被发现，距地表深6米，砖砌圆形墓，墓葬大小不一。其中一墓葬直径2.5米、深3米，内有壁画、水波纹、黑色鱼鳞纹，墓室有特殊风格的斗拱建筑，占地大约800平方米，出土唐末宋初小白釉碗3个。6座墓呈不规则形分布于一个南北长160米，东西宽70米的长方形取土坑内，因施工单位用推土机作业，故墓葬均遭不同程度破坏。根据发掘先后顺序将墓葬分编为1～6号墓。

皮婆屯唐代墓葬 该墓葬为一唐代晚期墓葬，已有1200多年历史，位于里老乡皮婆屯村。因墓葬年代久远，地面已无任何遗迹，因村民浇地该处屡遭大水浸泡，地面出现塌陷。打开墓室时，墓内甬道已坍塌，但其他部位仍保存完好。墓室平面呈圆形穹隆顶，直径4.05米，墓底距墓顶3.58米。天井式墓道位于墓室的南部，东西长3.4米，南北宽1.4米，甬道已坍塌。残高1.25米，宽1.2米。甬道西侧墓壁凸雕假窗、手杖、高腿条桌三组图案，甬道东侧墓壁凹雕假窗、月亮、万年灯三组图案，全部砖雕图案表面涂朱砂红色。在墓室棺床部位出土黑釉碗、白釉碗、酱釉执壶、两对朱红漆盒（已腐朽）、塔形红陶罐、铜带饰、钱币，在墓室天井部位出土灰陶罐（已残）、银头簪、一对朱红漆盒，因年代久远加之水浸泡，漆盒已严重腐朽。同时在墓室南部共发现3个人头骨和散乱的骨架。

双屯汉墓　墓葬年代为汉代，位于西半屯镇双屯村北。现存东西两座大封土堆，相距约10米，平面都为方形，顶部边长约10米，底部边长约20米，高约2米。

徐董屯墓群　墓群为唐代墓群，位于西半屯镇徐董屯村西。此墓群占地南北约100米，东西约80米，面积约8000平方米。墓葬开口距地表约6米。墓地所在取土坑处堆放有十几堆墓砖，大部分墓结构不清，只有两座长方形墓及一座圆室墓可看清轮廓。多数墓砖为绳纹砖，只有圆形墓的砖为素面。在墓地地表采集有饼形底碗残片及青瓷壶残片、黑釉壶残片、红陶盆口沿等。

曹庄墓地　该墓地年代为汉代。位于饶阳店镇曹庄村东南，砖室墓两座，墓砖厚大，素面磨光。东侧一座只存墓室西壁，残长350厘米，墓壁上部内收，具体形制不清。此墓葬西北侧为另一砖室墓（记为1号墓，另一墓为2号），两墓东西相距约2米。1号墓结构较清楚，保存较好，为多室墓，南北向，南北中轴线上有墓道、前甬道、前室、后甬道、后室，前室东侧有侧室，前甬道西侧有耳室，甬道为券顶，各墓室为穹隆顶。

唐代古墓　1996年4月，郑口镇高庄村村民在村南推土施工时发现此古墓，共清理出随葬品瓷碗、瓷碟、瓷瓶、墓志铭等17件文物。

第五节　古碑刻

古碑刻包括古代碑石及题刻。碑石多为刻于碑上，记述历史事件、诗文游记、墓志铭文及神道碑文等。古代碑刻题记可为研究当地历史提供可靠资料。

一、碑记

唐故曹府君神道之碑　碑通高330厘米、碑文高210厘米、宽102厘米、厚23厘米。碑额3行，每行3字，篆书。碑文21行，满行52字，隶书。此碑刻于唐永泰元年（765年）三月十九日，碑文为：

大唐曹征君神道碑铭并序

右卫胄曹参军崔鹏撰

曹征君，有唐之外臣，名辽，字行志，谯郡谯人也。世禄河□，别筑漳南，永言维桑，必承敬上。其先，后稷之胤。文王之昭，封茅锡社，□□□□，盛烈光乎来裔，余庆传乎不休，钟鼎弈□，□豪间起，大父□□□□马允□邦教左右□符，九元以宁，官吏用劝，虽庞统解绊、王祥佩刀，议其功绪，彼有惭德，王考表摄左卫中郎将，□辞□难，鼓行而东，谋纵七擒，功收一箭，遂令无骇八极，费岑父胜之，朝鲜之乡，唯求贡楛，辰韩之地，不叹为鱼，则平壤之役，勋无与二，□居狼□光，殁于广来侯。丧圣主之谋臣，悲门人之薤露。征君羁贯之岁，痛失所天。蓼蓼者莪，泣尽继血，吴隐之哭，岂念存之，何□之毁，□□灭性。太夫人诫曰：汝为吾子，吾赖汝全，汝苟不全，吾将及矣。征君唯唯，收泪而前，陆绩童心，愿言怀橘；孟轲才敏，终为择邻。自此，循□□兰馨，好服勤就养，破涕承颜，耕耘忠信之□，遨翔礼义之□，由是孝闻宗族，悌达州间，蒸蒸以理，不言而化。以先君之故，绝弃浮荣，乃周览群籍，潜思众妙，咏先王之风教，探圣人之情旨，蹑高举之遐轨，遗纷浊之烦务，养浩然之气，见天地之心，可谓道行矣。每州郡致礼，公卿交辟，辄辞疾遁去，乡人以济时劝之，公□曰：天地既官矣，运化既制矣，五气既养矣，百□既遂矣，□奚为□焉？且古成□王□先尧者，而称之曰：能则天，能则天，孰与乎天自理？子去矣，无害之，竟不起。夫圣贤济万物而外其身，非为利禄，遗万物而守其真，非以响俗，征君守真者也！及丁太夫人忧，哀毁过礼，积成先妄，以到膏肓。开元十七载十二月九日恒化于漳南县中兴里之私第，春秋七十有一。夫人北平田氏，家本王齐，门兴佐汉，承大家之丕训，遵敬姜之格言，躬服勤俭，动成礼节。征君之德，合其高夫人之行，□于□二美，不替延洪将□，天宝十五年四月廿五日终于家，享年八十有六。永泰元祀二月廿二日合葬于冀州枣强县东南三里，万岁之原，礼也。

唐故曹府君神道之碑

呜呼，先大夫为其主而忘其身，我征君思其亲而终于世。忠孝之列，尽在一门。所谓道大不官，人深垂裕，教义传于后，胤□昌于家，其是已。嗣子曰瑾、曰环。环，沂州费县尉，早卒。瑾，进士高第，中散大夫水部员外郎，筹划参成德节度军事，以□□□于就养也，故哀荣倍于送终，名迹阙于匿端也，故颂述光乎垂范，躬竭力于宅兆，不忘服勤，命纂行以刊刻，是之谓显亲。颂曰：

猗征君，轻禄位。傲浮荣，有余贵。合天真，去世伪。养浩气，和光尘。□□□，同乎人。物算□，道为邻。有佳偶，德可记。怀贞顺，抱婉嫕。从夫子，乐方外。既同欢，亦偕老。掩重泉，悲宿草。刊贞石，称有道。

试左武卫长史兼冀州司兵参军樊晖书

永泰元年三月十九日建

碑文属唐代隶书，结体严谨端庄，用笔瘦劲如铁，厚重有力，寓奇险于平正。

重修丹阳公祠堂记碑 “重修丹阳公祠堂记”碑为明成化元年（1465年）立，由翰林学士周洪谟撰文。史书记载，孔子大弟子子游被称为“丹阳公”。2500年前，子游20多岁，任“武城宰”（县令）。古武城县城治所坐落于此。相传弦歌台榭与丹阳公祠为子游教书育人之所，台榭9丈，方圆数百坪。台榭上有丹阳公祠5间，后有寝堂，殿堂及东西庑为教室。“重修丹阳公祠堂记”碑高1.80米、宽0.70米、厚0.20米，上部雕刻二龙，二龙中间有一块长0.3米、宽0.2米的平面，刻有“重修丹阳公祠堂记”8个篆字阳文。碑文为阴刻楷书，落款为大吴兼修史周洪谟撰，大明成化元年乙酉冬十有二月既立。周洪谟对子游执政推崇儒学文化，发展与传播孔子学说，用弦歌之声教化民众的做法给予高度评价。碑文记载：

昔者吴公言子游为勾吴人，而悦吾夫子之道，北学于中国，卒能以文学擅科而得夫圣人之一体，至其宰武城也……自公之没余一千年，而蕞尔武城奉祀不怠，岂非道之在人心者不泯！偕县僚李缙、刘智、典史段铸捐俸以新其屋宇，饰其像位，每月朔望率父老诸生结拜祠下，春秋致享益严无懈，可谓景慕效法而见诸力行者矣。

该碑由碑额、碑身、碑座组成。碑身为汉白玉石质，碑文记有494字，经年风化，已残缺不全，难读成文。

附

故城孔子弟子祠堂记碑失窃

2005年，故城县军屯镇关庙村存放在村委会院子里的明代石碑以及安置石碑的赑屃底座不翼而飞。这块失窃的石碑是明代时重修孔子弟子子游祠堂记碑，素来为村民所看重。

古代文物重见天日

关庙村属于故城县军屯镇，据村中的老人们介绍，在“文化大革命”之前，关庙村叫“子游庙村”，村中有一座供奉着孔子弟子子游的祠堂，因为种种原因，“子游庙村”几经周折改叫关庙村，而原本房舍俨然的子游祠堂，也渐成一片瓦砾之地。

2005年春天，故城县人大常委会主任刘石营听说有子游祠堂遗址，驱车前去探访。在村委会院南杂草丛生的坑塘斜坡的泥土中发现了失落已久的石碑。据刘石营观察，此碑通高2米、宽约1米、厚约40厘米，顶部为半圆形，碑上部雕刻有二龙，二龙中间有“重修丹阳公祠堂记”8个篆字。由于年代久远，碑面有多处剥落，但有些字迹清晰可辨，其中有“昔者吴公言子游为勾吴人……至其室武城也，夫子人……而开弦歌之声。”碑文为阴刻楷书，落款为：“大吴兼修史周洪漠撰，大明成化元年乙酉冬十有二月既立。”

文物存放在村委会

关庙村的子游祠堂遗址，原本是一片瓦砾成堆的废墟，全村人都将这块地方当作圣地。2006年4月份，关庙村村支书李振山决定清理这片废墟，在上面修建关庙村村委会，工程很快开工了。在施工过程中，人们又挖出了一个很大的赑屃底座，将先前挖出的石碑放到赑屃背部的凹槽内，石碑竟也能直立不倒。后来村委会建成后，关庙村的村民就把石碑、赑屃还有其他一些石刻散片放在了村委会大院里，大院的铁栅栏门用锁锁住。从此以后，这些文物就成了全村的镇村之宝，关庙村村民路过村委会大院的时候，大都要在栅栏外面细细瞅上一会儿。

文物在半夜丢失

据了解，关庙村是孔子七十二弟子之一的丹阳公子游祠堂供奉之地。子游，姓言名偃，字子游，据说比孔子小 48 岁，但由于勤奋好学，深得孔子赏识，被孔子列为文学第一。子游对古典文献及礼乐教化似乎深有研究，与子夏齐名，对孔子学说的发展与传播有着相当的贡献。关庙村子游祠堂的来历，据说和子游曾经在此地讲学有关。子游祠堂文物丢失的夜间，附近村民曾听到“咕咚咕咚”搬东西的响声，但由于害怕并没有出来察看。11 日早上，人们在村委会门口发现了两行胶皮车轮印，在村南的大道上还发现了四轮机动车的痕迹，人们怀疑这就是偷盗石碑者留下的，于是马上报了警。

注：此碑已失窃 10 多年，至今下落不明。

故城县新建玉皇庙记　碑高 266 厘米、宽 86 厘米。碑文 20 行，满行 73 字，楷书，此碑上部断裂。此碑刻于明万历年十五年（1587 年）孟夏，碑文为：

故城县新建玉皇庙记

赐进士第、太中大夫、南京太仆寺卿、前户科右给事中、奉勅巡视京营侍经筵官、邑人周世选撰文

赐进士第、文林郎、湖广荆州府推官、邑人马邁篆书

夫司化机者，于烝人之情，将挽其习之嚣，而启以嗜为善也。以理喻之不若惧以罪福之报，为足以惕其心，以法驱之不若威以神明之鉴，为足以励其行。盖古圣人神道设教，亦有妙用，寓乎其间也。今示于人曰：福善降祥，有不爽之神，有难谌之天在焉。要使人鉴于天而趋于善，如是焉耳已。挽近世祷祠繁兴，不知尊天，而或以淫祀徼福，其流至于信妖邪而忘理道，尊巫觋而诡贤圣。风之不淳，习之愈下，又何惑焉？吾邑界在燕赵之间，古淳风其在，乃成、弘而后，渐入于漓，渐趋于不善，而理所未易喻，法所未易驱矣。是时，前御史大夫东田马公之子曰师言，太学

故城县新建玉皇庙记

之秀也。捐地倡众建祠，礼玄武之神，于城之西南，岁时祷赛，俾乡人严神明之临，生罪福之恐，而冀以复淳古之旧事在世庙。初，同卿沙溪孙公记之详矣。厥后，太学从侄省相滨又谓：神明之至者，莫踰于天，而以罪以福，天实司之也，欲趋于善，宜鉴于天，而人所尊天之号，则曰玉皇上帝，复于城东南独立创玉皇上帝庙。规制甫就，而省相不禄矣。其从子思材亦游太学，而身承相业者，乃缵先志，竟其绪。殿廊门庑，悉恢大以制，丹垩金碧，悉焜耀以饰，而庙貌尊严，宛然帝居焉。客岁，余自省垣迁官南都，过家时，适当其成，思材征记于余，近复移书促之。

余闻上帝位钧天之上，宅云房之中，其无取于尘世之居也甚明，而以圜丘祀天，自备有天子之礼，尤非凡庶可得而干也，玄武祠之外若可以无建。然而诗则有云：昊天曰明，及尔出王。昊天曰旦，及尔游衍。是天无一日不与人俱，而恶人斋戒可以事帝，是致诚昭事，亦人人可自竭者。由是庙而貌之，不独居高群，而祠之不独王制，固义之未为悖而建立所不容已也。世之人指天而誓，凛凛犹不敢易辞。今也俨然而望咫尺，天之颜肃然，而谒奉将天之威矣，而犹或肆心于不善，殆弗然哉？上帝临，汝勿贰尔心，乃马氏叔侄立庙之志，与古圣人设教之意合。使吾邑之人与其叔侄之意合，则淳风再睹，亦何难也？而一邑皆善士，由马氏善之矣。天鉴在兹，福善先马氏乎？庸纪以需之。庙正殿四楹，两庑各四楹，龙鳞照壁一座，大门四楹，斋室庖屋共十二楹。省相公经始于嘉靖三十九年三月十二日，其后落成于万历十五年二月二十四日。凡迎神送神皆有词，因系之于后，俾送迎者歌焉。

击鼓其镗，于殿之阳。帝之来思，缥缈云房。肃肃龙驭，群伺其傍。湛兹清酤，于以灌将。居歆所祈，降福穰穰。今此下民，无乃太康。

右迎神。

帝之降矣，滋我天休。帝之归矣，不可淹留。九阍既返，六幕焉求。云旗杳杳，霞路悠悠。居歆可再，岁事维修。再拜而辞，去矣鸾辀。

右送神。

皇明万历十五年岁次丁亥孟夏上浣之吉。

此为明代新建玉皇庙碑，取唐欧楷笔法，而增以灵动，结体端庄，用笔细腻，洋洋千字，蔚

为大观，允为上乘之作。

故城县新建玉皇庙万福碑记 碑高245厘米、宽92厘米，碑文19行，满行59字以上，楷书，右下残缺。此碑刻于明万历十九年（1591年）孟夏，碑文为：

故城县新建玉皇庙万福碑记

赐进士第、资政大夫、四川……

敕抚治重夔兵备、后江西右布政、前尚宝……

赐进士第、承德郎、户部广东清吏司主……

尝闻帝出乎震，成乎艮。是帝者，天之主宰，自古迄今，帝王受命祀于圜丘。所以事上帝也。帝之说其来远矣。若而人尊……玉皇上帝。是时，前左都御史东田马公之孙省相曰滨者，谓神明之中，独上帝之名为甚彰，而吾人之敬畏亦独上帝之祠为……南隅距河百武，愿施基址，盖殿三座。正殿通明，东殿三元，西殿三帝，奈材料楞微，不数年沦于倾颓，神像暴露、倏焉，省相不禄……是恕一日谒庙，见得左右缺童男玉女，两傍少太宰元辅。即塑像装颜，焕然更新，神明洋洋如在，供卓奕奕可观，残甓断础悉易……宛然帝居焉。自是望者改观，过者起敬。省相公经始于嘉靖三十九年三月十二日，太学生落成于万历十有九年孟夏四月，渠阳公……生人，可以杀人，可以贵富人，可以贫贱人，归向则稔恶亦休，不然则盛德亦祸。灾福不关于慝淑，关庙祀之从违，予夺不原于降里。原瞻……浅于待神，亦未识马氏之心矣。盖始而创立者，悔过迁善之义也，而今重建者，继志述事之孝也。何也？渠之为人，心慈悲，好施舍，其鸠材僦……役既伙，不能完备，情愿将鳖洼村地卖金肆佰，又将附廓地一顷余卖与二守秘巽池，得金二百余两，量今之入，计后之出，犹然不足也，又向富……银贰拾两，尽入庙内修葺，岂有他哉？只为年七十有九，衰老恐不得完成大功，无以继先人之志，无以述先人之事也。是以弃先业而不惜惟期缵……崇銮驾时止之所，亦不可不谓之仁人也。仁人之事天，在天为肖子，孝子之事亲，于人为完人，□哉为善，其惟马氏乎？天鉴在兹，保佑命之福善，其先……已也。欲其善与人同也，与其福一人也，宁福万人也？复浼族弟马遵度看庙，刘佐捧香，道人张云山相传于人，共成盛事。闻之者知其虔诚鼎新，非假……所输者虽不多，各欣然乐舍，而无难色。是固吾人各修善缘之真念，亦渠阳乐与人为善之至意，不亦尤可嘉尚乎？故锲为万福碑，以表众人向善之心，益……宁终昧乎？遂无所忌讳而为之记。

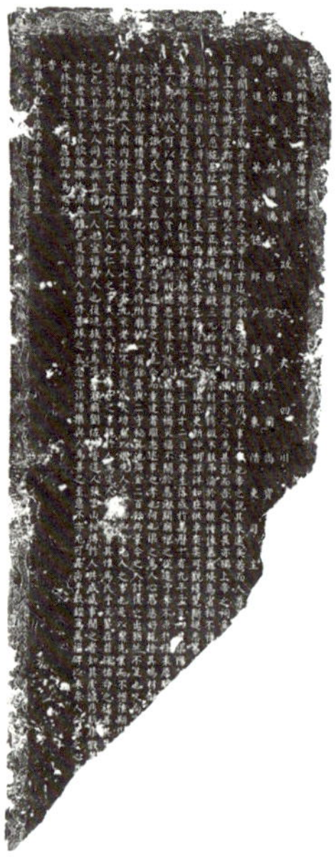

故城县新建玉皇庙万福碑记

时万历十九年岁次辛卯孟夏吉旦。

此碑结体方正，用笔工稳，整体气息古雅平淡。

大司马周公祠堂碑记 碑高300厘米、宽92厘米，碑文17行，满行72字，楷书，碑文四面饰有花纹。此碑刻于明天启五年（1625年）孟夏，碑文为：

大司马周公祠堂碑记

赐进士出身、经筵日讲官、记注起居管理、诰敕编纂两朝实录、奉直大夫、左春坊、左谕德兼翰林院侍讲、通家侍生王祚远顿首拜撰文

赐进士出身、提督河南学政副使、中宪大夫、通家晚生何应瑞顿首拜篆额

赐进士出身，刑部广东司主事、承德郎□□□□刘应召顿首拜书丹

今上御极之五稔。历亭大司马周公，宰木之拱亦已廿载，俎豆学宫久矣。其乡人犹咨嗟惋惜，至泣下沾襟者。乃醵金特为祠祀焉，征予文以记。

予惟公遗迹载在国史，以至神道有表，墓石有铭，详哉言之，又复奚赘。独念公才器如震雷划地，杲日中天，涵清则水镜无光，吐赤则朝霞失色。岂非世所称斩鲸之剑、烹鳌之鼎乎？当其

大司马周公祠堂碑记

□疏格君上□无驰射之马，千畦赡众，中都绝洪雁之鸣，绩著廉能，功高镇压天下，后世谁不知之？然通籍四十余年，林居强半，即回翔九列，犹淹息陪京，直道不容于时，恬节甘居其后。于是而公之须眉飞动，九原之□，予始得占叙万一，以光阐公。盖公起家司李，践扬戎枢，中间拜夕郎，司尚玺，越卿寺，秉斋旄。或蹶而再起，或久而量迁。不挠不阿，可进可退。意之所是，虽掣肘而必行，意之所否，虽炙手而不附。用是一赋松菊，长逐山阿；四壁萧然，图书适志。东山之卧耶？傅岩之锄耶？南阳之耕耶？钟鼎可口，上流洗耳。霓虹秘曜，抱膝长吟。其度汪汪然，其容落落然，其德气恢恢然、穆穆然。山农野叟遇之而夷然，家人稚子对之而欣然。二十七载之间，几不知其为名公钜卿也。抑有人言：海纳其所出，故能大轮复其所过，故能远善博者，不欲□胜。不恐不胜，得算必多。善驱者不贪，最先不怯，独殿马力，必尽公之效已。征力已竭，为利于社稷生民已。普四十年间，何渠非公展布之日，必以得君之专自见乎？钳且大丙之御也。除辔衔、去鞭策，不事咄叱，而过归雁于碣石，轶鹍鸡于姑余，以弗御之也。方公家食时，三相握权，走者入鹜，一编自爱，去恐不速，蹇蹇谔谔之意，几与春云秋水，同其疏散。乃不用而大用寓焉。故中流之砥柱，犹存疾风之世界。复返公之挺干，日星齐烂矣。比身没之后，贤者叹慕不休。有高其品者，以为扶风霜之远韵，撷芝桂之幽芳；有雄其才者，以为图应起于咄嗟，英风流于俯仰；有诵其学者，以为综瑶毡之密牒，纬五笥之奇葩；有服其识者，以为览事变于不穷，洞物（世）情而靡眩。若是者粉斧峻其品题，月旦通其声价，龙鸾缀其菁藻，磬琯扬其音□。士禀之为程，国倚之为重。勋流揭日，誉擅旋天，为世所艳，岂偶然哉？语云：道之户牖，在所从窥，钓可以教骑，骑可以教御，御可以教刺舟。公之为教育远矣。圣天子表彰，函异行且易名为，况乡人沐膏泽而炙休嫩者，能不奉牺牲而争致之庑楹之下乎？

天启五年孟夏吉日，中宪大夫、原任云南武定、知府不肖孙男□承祖熏沐勒石。

此为明代大司马周公祠堂碑，取唐欧楷法，修长严谨，笔画劲爽，结体稚拙。

明重修蓨侯周亚夫神祠记　碑身高2.2米，宽（残）0.44米，厚0.22米，满行38字，楷书。左侧残缺。此碑刻于明正德元年（1506年），碑文为：

明重修蓨侯周亚夫神祠记

赐进士出身、从侍郎刑科给事中、甘陵马中锡撰文

赐进士出身、文林郎、广西道监察御史、古蓨张玮篆额

直南薰殿中书舍人、黄大经书丹

汉丞相周亚夫，绍封蓨侯，去之千百载下，踪迹磨灭，漫不可寻。暨而考民风，披地图，仅得蓨地。所在介古齐、赵之间，今并入景州。州之西去三里许，有台岿然，相传以为亚夫墓，人始即其筑屋而祠之。先帝正统纪元□□□守者从而修完。其破坏历年既久，风雨剥落，祠日就废，行道伤嗟。成化丙□□……祠耶！而独芜废不□如是也。因白□…

明重修蓨侯周亚夫神祠记

此碑额文为篆书，有汉篆遗风。碑文为楷书，结体端庄、严整，用笔精巧不失厚重，有唐人李邕笔意。碑身曾遭雷击，现仅存右半截，字迹残破较多。书丹者黄大经，麻城人。篆额者张玮（1429—1507），字汝器，号介夫，河北景县人，明成化丙戌科进士，官终总督漕运兼巡抚凤阳诸郡。撰文者马中锡（1446—1512），字天禄，号东田，河北故城人，文学家，著有《东田集》。

明代玉皇庙记碑　2007年6月，青年东干渠清淤施工时出土，已残。碑上截断为40厘米，下截为2.3米。此碑为明万历十五年（1587年）镌刻的“故城县新建玉皇庙记”碑，通高2.7米、宽1.0米、厚0.3米。碑面竖排为17行，每行字数多达74字，整个碑面文字近千字。碑阴文字22行，有300多字。碑文为：“敕赐进士第太中大夫南京大仆寺卿前科右给事中奉巡视京管侍筵官、邑人周世选撰文；赐进士第文林郎湖广荆州府推官、邑人马藹篆书。”碑面、碑阴四周与石碑两侧都刻有清晰的云龙纹，生动逼真，活灵活现，雕刻技艺精湛。碑刻

书法结体缜密，匀衡瘦硬，骨力遒劲，爽利挺秀。

清康熙进士云鹤陈公墓碑 故城县大马坊村南有一坟丘，前立一墓碑。此墓碑为一块青石，通高2米、宽60厘米、厚20厘米。碑首为半圆形，长方体碑座高出地面60厘米，四周浅浮雕刻缠枝莲纹。由于年代久远，又无后人祭扫添土，坟头已平。碑面正中自上而下雕刻一行楷书大字：“皇清敕授文林郎原任江南上海县令辛丑科进士云鹤陈公墓”。该墓碑至今已近300年，青石颜色已变成灰白，但石碑表面并没有侵蚀剥落，字迹清晰可辨。

清康熙进士陈云鹤墓碑

碑阴分竖排6行，首行为“陈氏佳城记”正文皆繁体文字：“且夫葬，乘生气，脉应来龙，稽兹佳城，发源西北，自李家庄，起伏开帐，穿田渡水，屈曲而来，杨枝转脉，八字水分，日月过峡，鹤膝蜂腰，癸龙入首，结成平洋，一突内外，龙虎包裹严密。左山右水，关锁层叠，艮峰插天，应科甲之盛，官星拖案，现玉笏之奇，高峰数十，罗列于巽巳丙丁，主富贵而多寿，吉水朝迎，窍通于辛戌乾亥，必财聚而丁昌，坐用子山午向，方显乙丙之祥金，分丙子丙午，始神炎上之灵穴，深四尺五寸，福兆亿万斯年。”

落款为：“大清康熙五十六年岁次丁酉十月吉日扦江右兴邑回龙山人萧宗菊季芳氏预识。”此碑在动乱年代幸免于难实数不易。此碑内容简要，行文异于其他碑文。

经查，陈公云鹤即陈之佐，清康熙年间（1662—1722年）进士，《故城县志》有记。上海的地方志亦有记载，陈之佐，河间府故城县人，清康熙十一年至康熙十四年（1672—1675年）任上海知县。康熙十一年知县陈之佐疏浚薛家浜、筑坝郎家桥，并建吴淞江三洞石闸。姚廷遴《历年记》又记载上海知县陈之佐事，称“陈县酷虐异常”。康熙十四年（1675年），调离原任。康熙五十六年（1717年）卒后葬于故里故城，立有此碑。

山西会馆碑 该碑为青石料。碑通高2.20米、宽0.80米、厚0.18米。碑文清晰可见，记有清乾隆年间（1736—1795年）捐资建造山西会馆诸项事宜，亦可证实郑口镇当时“舟车辐辏，商贾云集”，晋人于此贸易之情形，对考查故城县商业历史具有重要参考价值。碑文为：

直隶河间府故城县郑口镇山西会馆碑文

文林郎知故城事加□级纪录八次王学壁撰文

盖闻函明之理虽殊，而神人之道本一。惟可公诸人者，斯可□诸神，亦谓可以事科神者，斯可服人科人也。然推如在之，诚俾得群沾呵护，而信善无穷竭，相助之力方足仰答威灵。而桑梓有赖必如是，而后垂万古不朽必如是，而后济万人而无绻也。孰谓崇德报功之庙地不得为讲信修□之令区哉？郑口，清河重镇也。舟车辐辏，商贾云集晋人贸易斯土者□□□□正丁未岁，商人张迎吉等尝议，建关帝行宫以为公会之所。属在回里，量力捐资。建于丁卯卜吉一区而众志延。又垂十年未克集事。洎丁丑，李春佥举尚鼎教为之董治庄材鸠工，经营缔造三载，兹楼殿堂庑即次就理□清和月朔爰庆落成，将勒石以记其事，而来请余文，乃因□有感矣。夫帝君于两间，如天之覆如地之载，奚取沾沾庙貌为？而晋人本亲睦之心形为崇奉，较有血气之伦其尊亲为独切则。帝君西眷榆仁覆闵下者，亦有独至是知兹馆三，成必赖帝君之庥，而俎豆衣冠于不替矣夫。能尽崇德报功之忱，即为讲信修睦之地，以视惑于祈福，徒以庄严喜舍为善果者□□何如哉？又况以是和上下厚，乡党戢商旅谨财用，亦人心风俗之厚，而为守土之所乐闻也。故不辞而为之记。

县丞加二级　　罗玉琰

儒学教谕加一级　　李新其

儒学训导　　解　瑾

巡检　　顾　溥

典史　　庄时泰

把□加二级　　籍永焕

外委　　马尽孝

乾隆十二年会首尚鼎孝　张昆　张褚　冯起禄　王永泰□经置会馆地基一所价银二千两计东至河　西至大街　南至如□号　北至大道

部经理尚眉孝　张岐　张奇　马俊　曹贤杰　李宪武　曹贵贤　谭建果　□

乾隆二十五年岁次庚辰五月十三日立

乾隆四十七岁壬寅五月初六日阖令重镌

汾阳　马楷书丹

　　　住持寂宝

石工　李春会　李春帮　李春孝

注：1. 原文竖排。2. □为残缺字

二、墓志铭

隋大业三年（607年）清河郡武城县邢君墓志铭　此青砖墓志，志石方形，长宽37厘米，砖厚6厘米，为隋大业三年（607年）刻制，墓主人为外兵官职的军官，在世前后共娶两位崔姓妻子。其青砖墓志比青石质墓志尺寸略小，已逾1400年历史。此墓志铭在故城地出土，志石铭文为：

志石

清河郡武城县融化乡邢君，讳骞，字符凤。土在齐帝任为外兵。仁风叔傥，载诞英灵，才蓡奇凝，惟时杞梓。乃岁在子之年建午之月终已。呜呼哀哉。拘疾不久，奄捐馆舍。妻安崔氏景羡之女。后妻亦是崔氏爱永之女。隋大业三年，岁次丁卯十一月丙午朔四日己酉，葬在武城县西北十余里，东有大阡，西有崔氏，北至圣佛。乃作铭云：惟山有玉，惟泽有珠，品蓡俱最，仁伦并殊，挺其英秀，譬彼琼琚，怡神绝俗，秉志清虚，别鹄驯弦，照镜抱字，越鸟南準，胡风北驶，六卯再闻，于金一隧，泉门风掩，礼事天地。

隋大业三年（607年）清河郡武城县邢君墓志铭

此青砖质墓志较稀见，碑文刻功精湛，楷体遒劲有力，金石韵味浓郁，是一方不可多见的志铭。

大周故宣义郎、行忠州南宾县丞张君墓志铭　志长43厘米、宽42厘米、厚11厘米。志文17行，满行15字，楷书。此墓志铭刻于周天授（武则天）二年（691年）十月二十三日，志文为：

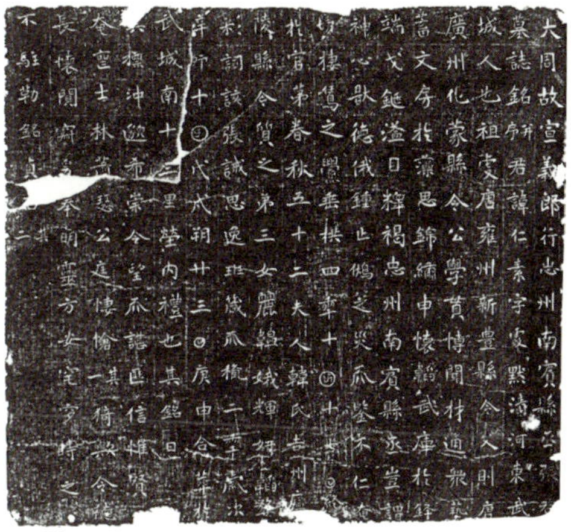

大周故宣义郎、行忠州南宾县丞张君墓志铭

大周故宣义郎、行忠州南宾县丞张君墓志铭并序。

君讳仁素，字处默，清河东武城人也。祖虔，唐雍州新丰县令。父则，唐广州化蒙县令。公学贯博闻，材通众艺。蓄文房于藻思，锦绣申怀；韬武库于锋端，戈铤溢目。释褐忠州南宾县丞。岂谓神心厌德，俄钟止鵩之灾；天鉴不仁，奄切栖鸞之釁。垂拱四年十月十七日，终于官第，春秋五十二。夫人韩氏，吉州庐陵县令质之第三女，丽韫娥辉，妍韬婺彩，词该张诚，思逸班箴。天授二年岁次辛卯十月戊戌朔廿三日庚申，合葬于武城南十二里茔内礼也。其铭曰：

□标冲邈，希崇令望。天谌匪信，惟贤奄丧。士林萧瑟，公庭凄怆。猗欤令德，长怀阒寂。爰奉明灵，方安窀穸。时之不驻，勒铭贞石。猗欤令德，长怀阒寂。爰奉明灵，方安窀穸。时之不驻，勒铭贞石。

此墓志为大周天授（武则天）二年（691年）墓志，含武氏造字数个，志文字体工整，体势飘逸而又谨肃，用笔结体尚有北魏墓志意趣，为墓志中之上品。

德玮墓志铭　碑身质地为青石，志长45厘米、宽49厘米、厚12厘米。志文13行，满行13字，楷书。唐总章二年（669年）十月二十七日，碑文为：

公讳德玮，字元宝，贝州漳南人也。原夫丽山分氏，启驾岫之鸿基；程树开祥，构鹑郊之盛业。公年甫弱冠，声华籍甚，以功授云骑尉，寻加朝散大夫，又转右八骠骑长史，心不愿也，挂衣冠而遐蹈，抚琴书而暮年，屡加征辟，皆非其志。以大唐总章元年三月廿九日薨于私第，春秋八十二。即以二年十月廿七日，迁窆于旧茔礼也。嗣子如遂，心摧陟岵，思结风枝，敬撰家声，传征翠琬，乃为铭曰：

弋钓文史，摈落弼华。身归朽壤，志逸丹霞。

此为唐代墓志，字体工整，用笔以方笔为主，结体宽博而又体势谨肃，风格为北魏墓志时期的书风延续。

德玮墓志铭

唐故刘府君、夫人合附墓志铭 志长37厘米、宽37厘米、厚15厘米。志盖文3行，每行3字，篆书。志文18行，满行20字，楷书。刻于唐大中三年（849年）十一月二十二日，志文为：

唐故刘府君、夫人合附墓志铭

□刘氏之望，有□□。府君讳□，即□城郡人也。昔剪灭强楚，大霸□□，为二十□帝之□者，汉高皇帝，君即其云孙也。皇祖、皇考□皆拔俗出尘，不想名位，逍遥自恣，幽□□□居者哉。府君绍祖父

唐故刘府君、夫人合附墓志铭

之业，日益桑榆，好水乐山，曲肱是乐。不幸早岁，奄逝泉门。君夫人李氏，体□殊世，礼则无背。肓瘵降临，针饵无及，身归大夜，邑养长辞，以大中元年闰三月四日，谢于名庄之私室。夫人育子二人，长曰宝受，次曰宝常，皆谦谦君子。绍业成家，有女两双，并归他室。爱子等居丧礼毕，光远有期，龟兆□从，责在今日，以大中三年十一月廿二日陈附礼于庄西南一里新茔，礼也。恐陵谷迁改，物变人殊，乃立坚铭，以记他日。

其辞曰：美哉府君，帝王之孙。当年结发，李氏夫人。矍祭先后，俱逝泉门。礼从先远，合附今晨。恐移时代，松杨不在。立此坚铭，以记幽坟。

此为唐代墓志，书丹者不计结体用笔，勒石者不计工拙。用笔率真，结构萧散，呈现一派天真烂漫之象，对后人探索唐人民间书风提供一丝线索。

大唐天水故赵君墓志铭 2007年6月，于建国镇发现。墓志铭长、宽各为51厘米，厚10厘米，为青石质。铭文清晰可辨，为小楷书写，字体有1厘米大小，内容共分3个段落，竖排24行，每行字数30字左右，约700余字。主要记载了墓主人的姓氏、籍贯、生平事迹、历史年代、家庭背景、郡望、官爵等。首行为“大唐天水故□□□□铭并序”，12字中间缺少4字，是在此墓志铭出土时被掘土机不慎剐去的，墓志铭通篇连贯完整，700余字仅有12个字无法识别。墓主人为赵宗爽，唐贞元年间（785—805年）到贝州武城（今山东武城县）居住，后在赵郡（唐代赵国）宁晋县（今邢台宁晋县）为官。根据铭文分析，唐贞元年间，这位赵宗爽来到今山东武城县一带居住（今故城建国镇原属山东武城），后“乾符四年（877年）正月十六日，俄然奄忽于通坊之寝室”，即死于877年。从书法艺术角度分析，墓志铭文既可窥见师法晋人功力，又熔魏碑的方

大唐天水故赵君墓志铭

劲、颜体的浑厚、欧书的险峻于一炉，别开生面。

明故晨岩秘公暨配郑氏、左氏、张氏合葬墓志铭 志长73.5厘米、宽74厘米、厚21厘米。志文30行，满行29字，楷书。刻于明崇祯十年（1637年）十月二十六日，志文为：

明故晨岩秘公暨配郑氏、左氏、张氏合葬墓志铭

兵部武库司主事、年家弟李昌拜文

丁卯科举人、弟应奇书丹

癸酉科举人、侄允升篆盖

按状，公姓秘氏，讳元煜，字以含，晨岩其别号也。先世顺天府通州里□寺人，永乐初，始祖成，占故城籍，遂家焉。至五世义官钊，是为公曾祖，六世诰封奉直大夫、陕西□州知州。天时是为公王父。公父则平凉府同知、心师是也。兄弟三，长元辉，邑廪生，中万历癸卯科副榜。次元熙，中天启辛酉科举人，公其季也。

明故晨岩秘公暨配郑氏、左氏、张氏合葬墓志铭

公幼聪颖不凡，七岁日诵万余言。甫十龄，能属文，下笔多不凡语，时游恩俊李柏森门下，每击节赏之，曰："训人多矣，未有如此子者，平凉公其有后乎！"未弱冠游庠，雄才伟抱，名藉甚。辛酉科周易经高荐以重熙累朝四字叠见，为主者疑忌而止，仅列名副榜中。吁！亦命之不辰也哉！公卷在陆博士文献房。同邑孝廉陆介石，亦博士所取士也，后博士遇介石，每每询及公，曰："秘生犹不第乎？"即此可以见公之举业顷动海内矣。嗣是，台试辄高等，屡战秋闱不利。公益肆力诵读，每曰："丈夫不博一第，要此鹿鹿七尺何用？"竟以是郁郁成疾，齿落发脱，形削貌减，见者共为之惧，公自若也。癸酉王正，扶病候台试，吐血数升而归，奄奄至十月初三日，遂不起云。公早孤，事母以孝著，事兄以悌著，抚孤侄以慈著，处邻里以睦著，交朋友以信著，种种大节，俱堪于古人中求之。如斯行谊，如斯蕴藉，未克大展以为世用，竟如斯而已乎？距生万历二十二年十二月初三日，仅享年四十年。概人世所最重有三，曰功名，曰子嗣，曰耆寿。全而享之，上也，得此而遗彼，则次矣，公固三穷之耶？才不显于位，年不称其德，又子不永其传，彼苍茫茫，胡可问哉？元配郑氏，继左氏，继张氏，俱先公卒。女一，适邑庠生夏凤岩次男钟泰，左出。今年十月二十六日，将启三孺人圹为合葬计，孝廉侄允升持所为状谒余言，以志不朽。念与穆岩同登贤书，又以公是年登乙榜，犹之同籍兄弟，千秋一片石，非余而谁也？因志而系之铭。

铭曰：行谊早荦，学问渊源。胡为不售，遽沦于阡？是谁为之？主宰曰天。天能厄公之名、厄公之嗣、厄公之寿，而不能厄公之□籍之声贤。后之凭吊公而考德者，其览郁葱之佳气，而视我之铭篇。

崇祯十年十月二十六日。

此为明代墓志，取法欧颜，结构修长，字体平正，笔法严谨，字势略显拘谨，气息如兵列阵，整齐美观。

朱世岳妻高孺人墓志铭 志盖长72厘米、宽67厘米、厚13厘米。盖文4行，满行3字，篆书。志长72厘米、宽67厘米、厚13厘米。志文29行，满行27字，楷书。刻于明嘉靖二十年（1541年）十一月二十日，志文为：

朱世岳妻高孺人墓志铭

赐进士出身、太中大夫、太仆寺卿致仕、前吏部文选司郎中、沙溪孙绪撰

孺人世家山东肥城县，生有淑质，幼时随父端避地景州贾岛村。盖阆仙尝买田筑室于此，遗址尚可寻，故以其名名村。村有大姓朱氏，见孺人容止异常流，遂委禽焉。年十七，归朱氏，为大老讳纲介妇、处士世岳讳山之妻。值岁大侵，旧业渐落，姑张氏，性严急，事少不如意，辄盛怒，世岳又英猛刚毅，时时揎手号詈不可犯。孺人年虽甚少，能以和颜善词当其意，进慰庭闱，退相夫子，熙熙如也，坦坦如也。姑常谓人曰："自新妇来，吾得一孝女。"世岳亦常曰："自吾妻入吾家，吾得一良佐。"乡人亦咸曰："朱氏自纳仲妇姻戚，俱改观。"弘治壬戌癸亥间，征役严

急，髡钳号哭者盈路。世岳义激于衷，罄所蓄以代亲故，薪炊至不给，乃谋逐什一利于河南原武县，孺人从之行，间关途次荒寂，旅寓一室，若悬罄，然孺人不至忧以悴。未几，复归故居，折节治生。世岳农商于外，孺人纺织于内，数年遂饶于财，家声赫奕，孺人不敢挟以骄。嘉靖庚寅，岁又侵，众咸谓世岳：当鉴前覆辙，不肯再为援手。孺人时已得痿痹疾，呼世岳于床箦，恳恳为言，嘱其亟为倒囊发廪，以拯饥冻，不肯怠以弛。夫阴性吝啬、翟冠霞帔者，尚不肯捐一毫以利物，况孺人铢积寸累，掇拾于凋落之余，南去北来，甫集于奔走之后，而又沉痾日厉，去死无几，孰能兴一念于乡闾，广仁恩于不报也，呜呼贤哉！孺人卧病十六年，善饭，神虑不昏。年来二子一女相继没，世岳又没，哀苦不自胜，疾遂亟。属纩之夕，呼仲子驿丞汉曰："汝兄渊、汝弟瀛，皆蚤死，幸有遗孤，吾所轸念，幼弟洋，颇豪纵，然有奇气，吾所钟爱，可俱善视，勿忘吾言。"语毕而瞑，嘉靖辛丑正月二十五日也，距其生成化乙酉九月四日，得寿七十七。将以十一月二十日，祔世岳之藏于西冈之阡。汉介德庠刘生珑状来谒铭，始余未识汉，有难色，继闻其官上蔡时，颇为故太学士李公希贤所礼待，又闻其欲建祠祀阆仙，当非俗吏，故不辞。铭曰：

吾堂有姑，吾室有夫，吾何畏于荒荼？充焉吾庐，枵焉吾闾，吾何忍于安居？勤以振衰，聚而能散。蚕熟暮春，鸡鸣昧旦。吁嗟孺人，恨不为男。彼鄙而纤，或莪而冠。松梧郁郁，西冈莪莪。勒我铭诗，千古弗磨。

朱世岳妻高孺人墓志铭

此志为孙绪撰文，书丹人未署姓名。志盖为篆书，体势婉畅，双钩刻石。志文为楷书，结体方正，用笔稚拙，似民间写手书丹。

皇清例授文林郎、候选光禄寺典簿、议叙加一级、乡饮大宾兴子周府君墓志铭 志盖长80厘米、宽83厘米。盖文6行，满行6字，篆书。志长80厘米、宽83厘米、厚18厘米。志文30行，上下两开，满行16字，楷书。刻于清乾隆十五年（1750年）十一月十五日，志文为：

皇清例授文林郎、候选光禄寺典簿、议叙加一级、乡饮大宾兴子周府君墓志铭

皇清候选光禄寺典簿、兴子周府君墓志

赐进士出身、翰林院编修、广川棘人宋弼顿首拜撰文

壬子科举人、候选内阁中书、同邑贾廷泰顿首拜书丹

赐进士出身、原任知山西临汾县事、前翰林院庶吉士、东武苏襄云顿首拜篆盖

往予居里中时，读书中书封丈别业。中书与先君子同自出也，因于宾坐中，识其姻家故城周府君兴子。府君年六十余，容貌甚壮，坐上坐，连引大白与少年角饮，浩浩落落然，无世俗龌龊态，予心识其为人也。又十余年，予宅先君子忧，归里中，而府君孙衍曾，乃介其舅封君懋嘉，乞予铭府君之墓，盖距其卒逾三年，而封丈之下世亦已久矣。周氏之先世，居当涂采石镇，永乐中，徙民实畿甸，而周氏至故城。始祖思诚，数传至南大司马世选，为隆、万间名臣，殁赐特祠。司马生邑学生问，问生承芳，崇祯庚午举人，风流文雅，与吾州德水、泰云诸先生为诗酒之交，是为府君曾祖。祖讳勷，邑庠生。考讳章成，附监生，妣贾孺人。府君八岁而孤，依贾孺人以长，以慈以孝，人无间言。于时内外□，波摇飙竖，交错纷纭。府君以幼岁独撑门户，弥缝镇定，克以就宁，人以为难。府君既席世业，性复仁厚，

每戚友有所请，必给其需，饥岁出粟数百石，以活乡里，名闻于上。至于花晨月夕，延宾命酒，必尽醉乃□，亦其天性然也。令有某者，与府君交，觊得厚贿，以其非义，弗之应，俄以细故兴狱，牵连无辜，以撼府君费数千百缗，旁观皆愤惋不平，而府君处之坦然，不以累其怀抱。其为善于乡如故，饮酒亦如故也。此可以见其为人矣。邑举乡饮，礼为大宾，人以为允。

府君讳麟征，兴子其字，例援光禄寺典簿，生康熙九年二月初八日，卒乾隆十二年七月二十八日，年七十有八。元配刘孺人，长沙太守刘公承家女，继配陈孺人，皆有妇德。子绳祖，贡生，早卒，娶中书封丈珂女；女适候选中行许博贾公炯男，候选州同知连城，俱陈孺人出。孙即衍曾，贡生，娶候补国子监典簿贾公念祖孙女，贡生裕昆女。曾孙二，长肇庆，聘候选州同知封公昌绩孙女，太学生承硕女；次肇祥，聘原任刑部员外郎罗公值孙女，贡生以深女。曾孙女一，幼未字。以乾隆十五年十一月十五日合葬府君于刘陈两孺人之墓，寔祖茔之次。铭曰：

与古为徒，而厚厥德。与天为徒，而游厥域。与造物者为徒，而此焉息。

承重孙衍曾泣血勒石。

此为清乾隆年间（1736—1795年）墓志，小楷书，字体工整，笔力劲健，一丝不苟，结体宽博，法度谨言，有晋唐之风。

皇清诰授奉政大夫、光禄寺署正、澹园周君暨原配诰封宜人封宜人、继室罗宜人、朱宜人合葬墓志铭 志长69厘米、宽69厘米、厚14厘米。志文36行，满行36字，楷书。刻于清嘉庆四年（1799年）三月二十七日，志文为：

皇清诰授奉政大夫、光禄寺署正、澹园周君暨原配诰封宜人封宜人、继室罗宜人、朱宜人合葬墓志铭

诰授奉政大夫、山东临清直隶州知州、宛平张光熙撰文并书丹

诰授朝议大大、山东济南府知府、仁和金棨篆盖

直隶故城县南澹村周氏，其先世江南当涂县采石镇人，明永乐时迁此。隆、万时，南大司马世选公以名臣赐特祠，炳耀史册，至君已八世。乾隆四十年乙未，君援川运，例授光禄寺珍馐署署正、兼掌醯署事，假宅于京师之潘家河沿，延余课其子，至是始识君，晨夕交欢，恨相见晚也。明年丙申，君以母贾太宜人年老乞归，奉诏报可，余亦挈眷，偕至其里。君为人朴易，温蔼达于颜面，凡与之游者，皆不能卒舍而去。其侍贾太宜人之疾也，起居床下年余，无倦容，与罗宜人亲视药饵，虽盛暑严寒不假手仆婢。居丧哀号擗踊，不为毁礼灭性，乡里称之。越五年，辛丑，余以知县拣发山东，君亦服阕，需次入都，仍留光禄寺行走。逾年，而君以疾去，又不逾年，而君讣音至矣，余闻而深痛之，痛知己之难再，又痛君之赍志以没，未克大竟其施也。嘉庆四年己未三月二十有七日，孤子儒绅奉其父母继母合葬于祖茔之次，余适官临清，相距仅百里，匍匐具状而请墓志于余。嗟乎！余虽不能名，而与君交厚，知君之梗概最悉，余又何敢以不文辞。谨状：

皇清诰授奉政大夫、光禄寺署正、澹园周君暨原配诰封宜人封宜人、继室罗宜人、朱宜人合葬墓志铭

君姓周氏，讳肇庆，字谷亭，号澹园。曾祖讳麟征，候选光禄寺典簿。祖讳绳祖，父讳衍曾，俱贡生，诰赠奉政大夫。君六岁失怙，赖重慈鞠养，得以成立。自幼醇谨，喜从贤士大夫游，无文人儇佻之习。家虽中产，而遇人艰难，捐千金濡毛发，不嗛嗛惮于为。里人有负子母钱，锱铢寸积，几于无算。将私售茔地者，君恻然动念，立解囊数十万缗以代偿之。族有贫子弟，辄割己产授之，毫无德色。又以愚民易惑，未可以诗书晓也，刻浮屠氏因果报应书盈千亿帙，薰其德而善良者不可胜计。君疾革之夕，闻诸儒绅，毋论识与不识，皆于邑咨嗟，不能自已。余读广川宋太史为君曾大父作铭词，称其厚戚友与出粟救饥事，斯真克绍诒谋，前后一辙者。易称积善之家，不其然与？顾典簿翁寿至八旬，君年未四十而卒，修短不一，岂天道不可知与？夫先世悉单传，君已三子四孙，皆循循然，克自树立，又所谓不于其身，必于其后者邪！况君官署正时，恭遇□□封□

代，亦足以遂显扬之志，而建奕世之业，呜呼！君亦可以无憾也已。

君生于乾隆十一年□月□日寅时，卒于乾隆四十九年八月八日申时，年三十有九。原配封宜人，生于乾隆十年正月二十又三日申时，卒于乾隆二十九年十二月十日未时，年二十。继室罗宜人，生于乾隆十三年十二月十有四日卯时，卒于乾隆三十八年十二月二十有三日戌时，年二十有六。子二人，长儒绅，娶张氏。次佩绅，娶张氏。女一人，适枣强张昭明。继室朱宜人，生于乾隆□□年九月三日未时，卒于乾隆四十年十二月二十又三日戌时，年二十有□。皆□淑□，□□□风。最后配罗宜人，子一人，书绅，娶田氏。孙四人，锎、铰、铭、録。孙女二。铭曰：

□□之□，□□□□。子姓兮繁兮恢先烈，不遐其龄而绵其胝。彼新阡之郁，苍松邪，楸邪，□□□□□□既固既安兮，千载永藏。

济南刘恒久刻石。

此为清嘉庆年间（1796—1820年）墓志，小楷书，字体工整严谨，笔力清瘦，笔笔不苟，结体法度谨严，有晋唐之风。

第六节　其他古文物

奉天诰命　“奉天诰命”圣旨长2.2米、宽0.32米，黄绞面料，宣纸托裱。旨面颜色由两边依次向中间集中：紫、深蓝、浅蓝、浅黄、黄、浅黄、浅蓝、深蓝、紫。两端均为蓝色提绣龙图案，二龙中间夹绣汉、满文字：奉天诰命。正文亦分汉满文字，清晰可见。汉文为蓝红黑色相间楷书。保存基本完整，唯两端旨轴已失，现藏于县文物保管所。

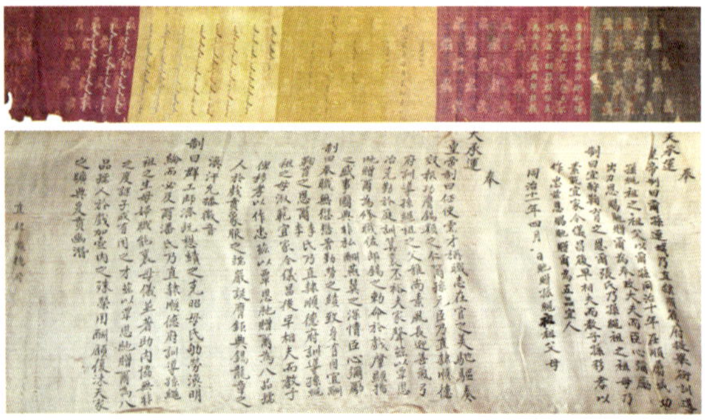

奉天诰命与敕命封书

敕命封书　敕命封书长1.7米、宽0.31米，黄绫面料。书有汉、满两种文字，汉字为黑色楷书，尚有0.08米宽朱红方形印文，已难辨认托裱、边幅已失。正文仍清晰可见，现藏于县文物保管所。

汉代铁釜　2007年5月，故城县头屯村出土汉代铁釜。铁釜（别称汉代行军锅）距今2000多年，在故城农村发现实属罕见。该铁釜敞口，腹部圆鼓而环底，呈半球形，敞口径52厘米，腹深30厘米，釜沿下肩部排列6只厚度为2厘米的长方形釜耳，与铁釜一体，系一次性铸成。显示了当时较为先进的冶铁铸造工艺。据专家考证，这口铁釜散落此地2000多年，当年在此地曾驻扎过军队，或在行军过程中丢弃。这件铁釜在故城尚属首次发现，具有一定的历史研究价值和考古价值。

汉代铁釜

北齐石造像　1998年4月6日，故城县毛店村村民在打井时发现一件石造像，该造像虽无纪年题记，但纹饰图案体现出北齐时期佛教造像艺术风格，其时代应为北齐。

该造像由一铺五尊像和基座两部分构成。佛像由主尊、胁待、像座、台座、背光组成，系一块白石雕凿而成。背光上部残缺，通高122.5厘米，底座高47厘米、长114厘米、宽83厘米。

北齐石造像

五尊像为一佛二弟子二菩萨。主尊佛面相长圆，削肩，体略修长，身着双领下垂式袈裟，右手施无畏印，左手施与愿印，跣足立于尖角单片覆莲座上。像高80厘米。内侧两弟子面相同佛，有圆形头光，体修长，身着双领下垂式袈裟，跣足立于莲蓬座上，座下雕莲茎与佛脚下的莲座相连。像高47.5厘米。左外侧菩萨残，服饰不清。右外侧菩萨头戴花冠，宝缯带垂至双肩两侧，面相、体形同弟子，有圆形头光，戴项饰，披巾沿体侧下垂至像座上。上身裸，下着贴体长裙，斜披璎珞，左手执莲蕾，右手执串珠，跣足立于莲蓬上，莲蓬座下有莲茎伸至台座。

佛脚下台座为佛坛，正面中央浮雕一力士，双手托举香炉，两侧各雕蹲狮一只，力士举身背光残断。青光正面有一组雕饰，两侧各残存一尊小化佛，其他无法辨识。主尊双肩两侧各凿一圆孔，背面光素无饰。

基座正面及两侧面均凿横长方形浅龛，有龛楣、龛柱，龛内雕像。中央雕力士顶托香炉，左右各一狮及牵狮人。外右侧雕一身菩萨像，左侧雕一身力士像。龛柱为龙缠束莲柱，龙口吐莲花，莲上雕伎乐天坐像。龛楣呈凸起的横梁状，上凿6个圆拱形小龛，龛内各雕一尊小化佛。两侧面各雕4个圆拱形龛，以束莲柱相隔，每龛内各雕一身神王像。神王头戴宝冠，身体健壮，盘坐姿，右腿翘起，左侧龛内分别为河、风、珠、火诸神，右侧龛内为山、狮、鸟诸神。龛上部有尖形龛楣，楣上有横梁，梁上雕4个圆拱形小龛，龛内各雕一尊小化佛。基座上面后部凿长方形浅槽以安放佛像，槽长71.5厘米、宽28厘米、深3厘米。槽四周共凿有12个小圆孔，左、后、右侧孔稍大，前面四孔稍小，分两行排列。孔外均雕方形莲花图案，槽前中央为一方形莲花图案。图案雕刻精美，纹饰繁缛。

清代火炮 1986年11月19日于西半屯乡何刘屯村出土大、中、小式6门（每式2门）炮。各长依次为1.5米、1.3米、1米。口径依次为8厘米、7.5厘米、6厘米。经中国人民军事博物馆军械处有关人员初步鉴定，6门炮均为清道光年间（1821—1851年）制造，现陈放于衡水地区文管所。

佛头井 位于今故城镇邮电所北15米处张氏住宅内。古时称故城县八景之一“佛井燃灯”即此。入夜燃灯烛系入井中，井底琉璃光彻，仿佛佛头，故名佛头井。清光绪《故城县志》载：“琉璃井，泉甘洌，深不可测。”现经长年淤积仅深26米。明代马中锡《甘陵辩》中认为此井为甘陵通气处。现属县级文物保护单位。

佛头井

唐代白釉凤首盖贴花皮囊壶 1996年，在故城县北高庄村东南，出土白釉凤首盖贴花皮囊壶。该皮囊壶高24厘米、底径10.3厘米，拱形提梁、短流，凤首形壶盖与壶身为分体式，扁圆形垂腹、饼形足，胎坯细白坚硬，釉色白中泛青，釉面平整光润，造型精美、装饰华丽。

唐代皮囊壶

该皮囊壶系唐代邢窑精品，经文物专家鉴定，为国家一级文物。

“节茂松筠”匾额 2006年，在故城县崔庄崔姓废旧屋内发现清道光年间（1821—1850年）一块木匾，此匾刻有“节茂松筠”四字，字体清劲隽秀。匾额老旧气势轩昂，透出大家的威严和气派。

“节茂松筠”匾额

匾额上款为“钦命内阁学士兼礼部侍郎提督顺天学院加三级朱嶟为已故处士崔钟璇之妻刘氏立”，下款为“大清道光二十九年岁次巳酉二月谷旦。”匾额的中上方刻有一长方形篆书官印。《故城县志》记载：“刘氏，崔庄崔钟璇妻，夫故，氏21岁守节67年，同治十二年87岁卒。”清道光二十九年（1849年），正是刘氏守节63岁之年。时任内阁学士兼礼部侍郎的朱嶟依清代惯例为崔钟璇之妻刘氏题写匾额。

山西会馆木质楹联 故城县退休职工霍宝生家中，存放着清咸丰二年（1852年）一副精美木刻楹联。楹联的发现见证了晋商在故城县的经商历史，此联为故城山西会馆楹联。

具有较高的历史艺术欣赏价值，对研究故城县运河文化、商业发展、经贸交流方面有一定的价值。

附

清咸丰年间（1851—1861 年）山西会馆楹联惊现故城

故城县电力局住宅小区的退休职工霍宝生家中，珍藏了清咸丰二年（1852 年）一副精美木刻楹联。此副楹联充分见证了晋商在故城县的经商历史。

此副楹联由两块木板刻制而成，高 2 米、宽 40 厘米、厚 3 厘米。上联为“自修齐至平治不啻四书内十章大学”，下联为“寓褒贬别善恶恍若五经中一部春秋”。上联下方落有“经理三元店、永泰昌、德泰公、德泰远、合德同、源懋号、万丰店、丰泰协公立”字样，下联落款为“大清咸丰二年岁次壬子孟秋上浣七日石艾朱琳敬书”并钤印两方。

京杭大运河绕城而过，郑家口优越的地理位置吸引了各地商贾前来经商、落户，逐渐形成了一个小城镇，三街五镇，店铺栉比，客货川流，自古以来素有“小天津卫”之称。在众多客商中，尤以晋商居多。为了叙乡谊，通商情，接官迎仕，祭神求财，经常来往于沧州、河间等地的晋商看中了这块风水宝地。史料记载，清乾隆年间（1736—1795）山西商人在郑家口建造了宏丽的，建有戏楼的“山西会馆”，作为他们同乡聚会、娱乐、交流经济信息的场所。

据老人们叙述，山西会馆是一座庙宇和会馆相结合的建筑群体。整个建筑布局紧凑，错落有致。远看，琼楼玉宇，璀璨多姿；近看，雕梁画栋，气势宏伟。会馆坐北朝南，为三进院。大门上方悬挂“山西会馆”匾额。最值得一提的是会馆的匾额“山西会馆”4 个大字出于书法家祁隽藻之手。祁隽藻（1793—1866 年），从 21 岁中进士，因其父祁韵士、弟祁宿藻、子祁世长均为进士，故有“一门四翰林”之称。山西商人能求得他的墨宝，悬以会馆，实在是荣耀之至。这块馆匾抗战初期还悬挂“山西会馆”大门，可惜后来战乱、天灾，加之年久失修，山西会馆逐渐退出人们的视野，匾牌也不知去向了。

此副“山西会馆”的楹联为什么今天会现身老霍的家中？笔者近日对老霍进行专访，终于揭开了谜底。

据老霍介绍，他家祖上明万历年间（1573—1620 年）从山西平定迁徙故城，至今已有 400 多年。他家的老宅子就是在原会馆的东邻，老霍小时候经常在会馆玩耍，直至今日记忆犹新。为了不使这段历史断档，他还把记忆中的会馆草图绘制整理在自己的家谱上。

由于山西会馆的塌圮，使老霍的祖父、父亲对楹联更加钟爱，生怕发生意外。因此，他们把楹联悄悄地藏在自家偏房的房梁上，尽管历经多次政治运动和动乱年代，此副楹联终究躲过一次次厄运。老霍的父亲去世后，老霍把这副楹联看作“传家宝”，精心保护，并且跟随老霍一次次地搬家，一直到今天示人。

仔细赏读楹联的文字，以及公立楹联的八家商号，足以证明晋商在故城经商的繁荣景象。不难看出晋商所推崇的儒家文化和进取、敬业、团结、和谐的“晋商精神”。这种精神也贯穿到晋商的经营意识、组织管理和心智素养之中，可谓晋商之魂。楹联上下联都以儒家文化的“三字经”中的内容起首：自修齐，至平治。意思就是提倡孔子的弟子曾参倡导的实现“修身齐家治国平天下”的抱负。寓褒贬，别善恶。意思是，孔子对天下大乱他没有别的办法，只有编订《春秋》。孔子作《春秋》并不仅仅是为记录这一段历史，而是把褒贬之意，把他要表扬的，要批判的东西，包含在《春秋》里。并且增强对现实政治的褒贬以及对善恶行为的分辨。楹联内容提倡人们做人做事不仅仅只是读懂了“四书”“五经”，而是修身齐家治国平天下的胸怀抱负。

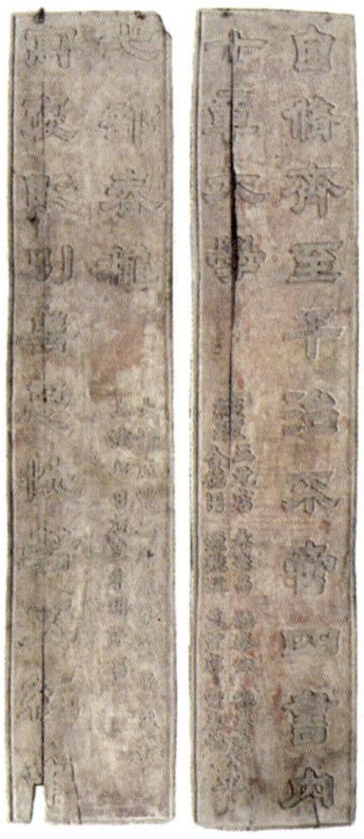

山西会馆木刻楹联

题写楹联的作者是当时的清代学者朱琳。朱琳是石艾（今天的阳泉平定）人，楹联由两种字体组成，正文大字为隶书，结体扁平，工整，精巧，蚕头燕尾，一波三折。落款小字为魏笔，字体浑厚、豪放，规整、粗犷，具有较高的艺术欣赏价值。这样一位清代学者为故城的“山西会馆”题写楹联，可见对此会馆的重视、鼓励和厚爱。

在这副楹联的背后折射出明清时期的山西已经形成了一个具有相当文化的商人群体。由于他们把儒家的教育、文化引入商界，从而才有了晋商的繁盛。同时也彰显出运河河畔的故城人杰地灵市井繁荣吸引了全国各地商家到此兴业。

龙凤贡面百年老字号“齐福源”匾额 龙凤贡面为故城特产，工艺独特，品味兼优，因作为宫廷贡面，起源于明宣德年间（1426—1435 年），为故城县齐氏始创，以故城县西南镇老字号“齐福源”挂面坊最为著名。1996 年，收藏家刘石营于故城西南镇收得长方形木质匾额一块，上书“齐福源”三字，传为乾隆御笔亲书。

百年老字号“齐福源”匾额

四面佛造像 2010 年 2 月在故城县周辛庄出土唐龙朔三年（663 年）四面佛造像一尊，同时出土一方形青石，上刻有铭文 36 行，行 7 字，计 250 余字。铭文记述崔姓与李姓合家为先亡父母存眷属等同时供养。该四面佛造像为释迦牟尼佛。佛像面相丰满，肉髻高耸，大耳下垂，神情庄重，身材比例匀称，结构合理，体态自然舒展，具有很强的动态感。佛像慈眉善目，稍稍内收的唇角蕴含着亲切的笑容，使其面容栩栩如生。释迦牟尼佛左右各有两位胁侍菩萨，雕刻工艺完美精湛，其艺术风格透露出盛唐时人们的审美意识。

四面佛造像

该造像供养有确切纪年，通体除雕刻胁侍菩萨外，还雕刻精美的瑞兽和吹奏、弹唱协侍。此尊释迦牟尼佛像堪称唐代石雕艺术精品，对研究唐代佛教文化及雕刻艺术都有极高的价值。

第七节 古 树

古树是域内悠久历史之佐证。21 世纪始，对所有已经掌握基本情况的古树名木逐一进行现场复查，核对原有调查数据，采用 GPS 进行准确定位，补充完善普查资料，建立古树名木信息管理系统。为制订古树名木保护和管理措施提供科学依据。域内古树 24 株，其中国槐 12 株、刺槐 2 株、杨树 2 株、椿树 1 株、柘树 1 株、杜树 2 株、文冠果树 1 株、枣树 2 株、旱柳 1 株。录入具代表性的 7 株。

大马坊村古槐 树址：里老乡大马坊村；土壤类型：潮土；中文名：国槐，拉丁名：Sophora japonica Linn；豆科槐属。树龄：800 年；胸径：89 厘米；树高：16 米；冠幅：19 米；保护等级：一级。

东高才村古槐 树址：郑口镇东高才村；土壤类型：潮土；中文名：国槐，拉丁名：Sophora japonica Linn；豆科槐属。树龄：600 年；胸径：105 厘米；树高：8 米；冠幅：9 米。此树主干已空，但长势依然繁茂。保护等级：一级。

大马坊村古槐

东高才村古槐

南于庄村杜梨树

刘堂村古槐

附

古槐小记

郑口镇东高才村有一棵历经沧桑的古槐树，树龄已有600年之久。每逢夏季来临，树身都会披满纷繁的枝叶，郁郁葱葱，生机勃勃。

古槐树位于东高才村西，远远望去，犹如一个昂起的龙头，又如一把撑起的巨伞映衬在蓝天白云之下，显得苍劲、挺拔。仔细观察这棵古槐，它的躯干高约3米，通高约8米，空中展开的树冠直径达9米，树干胸围接近4米，两个成年人尚难以合抱。因年代久远，树干的半侧已经枯死，但木质仍坚硬无比，看上去已接近钙化，好似木化石一般。树干另半侧的树皮虬结嶙峋，向枝繁叶茂的树冠供给着丰富的养料，展示着坚毅的生命力。树膛里有一个年久朽烂形成的空洞。

这棵古槐在这里生长的具体年限无人详知，据测树龄在600年以上。每逢夏季到来，古槐的叶茎上就盛开朵朵娇嫩欲滴的黄心白花，犹如一串串张开着的小喇叭，散发出浓郁的清香。

刘堂村古槐 树址：郑口镇刘堂村；土壤类型：潮土；中文名：国槐，拉丁名：Sophora japonica Linn；豆科槐属。树龄：600年；胸径：96厘米；树高：10米；冠幅：9米。此树枝叶茂盛，树干有上下两个树洞，中间呈中空状，侧枝有一直径30厘米的树瘤。保护等级：一级。

附

古槐葳蕤话沧桑

刘堂村的古槐，至今已有600多年的历史。600多年前，正是元末明初，华北中原一带兵祸迭起，旱涝蝗疫之灾超过任何一个朝代，造成民众大饥，甚至出现“民食蝗，人相食”的惨状，人口骤减。为填充京畿刘唐村当时就有“五李、三赵、一曹、一褚、七八王”将近20来户人家从山西洪洞大槐树迁徙过来，这20户人家有的同一姓氏但并不同祖。一李姓人家出于对祖先的思念之情，便栽种了三棵小槐树。600多年过去了，三棵槐树有一棵不知何年何月死掉，另一棵在20世纪80年代初被大风拦腰折断。只存一棵古槐虽然历经600年的风雨沧桑，依然生机勃勃，枝叶茂密。

刘堂村的李家第二十二世李明河说，这棵古槐就是他的一世祖栽种。一棵古槐见证了600多年的沧桑岁月，祖先留下的不仅是一棵古槐，更是给后人历经磨难仍坚韧不拔、繁衍生机的精神传承。

仰视这棵古槐，敬佩之情油然而生。树身原高4米，多年的泥土淤积，使树身下半截已被埋在地下。树洞能容一人，树干四人合抱不拢。树高10米左右，树冠超过9米，远远望去就像一把大伞遮天蔽日，给人一种沧桑之感。紧依树身，春风过处，好似听到他在诉说着陈情往事。

草寺村柘树

草寺村柘树 树址：建国镇草寺村；土壤类型：潮土；中文名：柘树，拉丁名：Cudrania tricuspidata（Carr.）Bur；桑科柘属。树龄：600年；树高：8米；胸径：25厘米；冠幅：5米。此树果实表面凹凸不平，呈球状。保护等级一级。

前孟疃村龙爪枣树 树址：辛庄乡前孟町村；土壤类型：潮土；中文名：枣树（龙爪枣），拉丁名：Zizyphus jujuba；树龄：450年；胸径：38厘米；树高：3.5米；冠幅：6米；保护等级：二级。

龙爪枣树是枣树的变种，它的树枝自然盘旋，弯曲自如，犹如苍龙巨爪。此树树干和地面有30度夹角，据树主人介绍，此树于明景泰年间（1450—1456年）栽种，树冠直向东南方向生长，长势旺盛，结出的枣口感脆甜。

前孟疃村450年龙爪枣树

贾庄村古槐

贾庄村古槐 树址：军屯镇贾庄村；土壤类型：潮土；中文名：国槐，拉丁名：Sophora japonica Linn；豆科槐属。树龄：400年；胸径：70厘米；树高：14米；冠幅：16米。树冠茂盛，树下可容百人。保护等级：二级。

南于庄村杜梨树 树址：西半屯镇南于庄村；土壤类型：潮土；中文名：杜梨树，拉丁名：Pyrus xerophila；蔷薇科梨属。树龄：300年；胸径：96厘米；树高：12米；冠幅：9米。此树树干已空，但长势非常茂盛。保护等级：二级。

冀南“四二九”烈士陵园

第八节 陵 园

故城县烈士陵园 故城县烈士陵园位于县城郑口东北处，占地面积5525平方米。建于1951年。

1975年1月故城县革命委员会投资7000元，于故城县烈士陵园中心修建革命烈士纪念碑（高8米，底座边长为2.32米），呈四方体，向上收分，矗立于1米高、边长9.65米方台基上。台基四周围有水泥雕栏，东、西、南、北各有一宽1.65米台阶。四面有醒目碑文：“为国牺牲，永垂不朽”“星星之火，可以燎原”“为人民而死，虽死犹荣”“故城县革命烈士纪念碑”。台基四周为长青苍松，在郁郁葱葱林木中有无名烈士墓94座。北面为一排3间别具特色的出檐纪念堂，堂内南墙上悬挂着93位烈士英名录牌；中堂安放着7名烈士骨灰盒、照片、遗物以及各界人士悼念烈士敬献的挽联、花圈。陵园碑、堂、墓、松柏浑然一体，庄严肃穆。

冀南“四二九”烈士陵园 冀南“四二九”烈士陵园坐落于建国镇霍庄村北，始建于1958年，时隶属山东武城县。1986年11月着手重修，1987年4月竣工。陵园安葬着213位烈士。建有烈士墓纪念碑、纪念堂、资助碑、英雄像和接待室。整个陵园占地面积12.15亩。陵园大门上首正中镌刻着刘志坚手书“冀南四二九”烈士陵园。

步入大门，首先映入眼帘的是高4.5米英雄群雕。整个雕像系由花岗岩雕刻而成，重7吨。再现八路军指战员和民兵紧密配合，英勇突围壮烈场面。显示着冀南军民横扫敌军、勇往直前的英雄气概。托起群雕的圆形大理石底座有3个缺口，象征着冀南英雄儿女浴血奋战，从三面突破“铁壁合围”，粉碎日伪妄想一举歼灭冀南党政军机关、部队的梦想。

烈士墓位于群雕西侧，为一半径3.75米圆柱体墓群，安葬着49位烈士，群墓东侧半米处系由花岗岩雕刻墓碑，碑高2.392米、宽0.919米。碑正面镌刻“四十九位烈士之墓”8个镏金大字。背面镌刻“四十九位烈士碑志”。碑文为：

一九四二年四月二十九日，在霍庄一带中共领导下的冀南抗日军民浴血战斗，突破了日本法西斯的“铁壁合围”，成为我国以少胜多，载入战史的重要纪念日，也是四十九名志士，集体壮烈殉国的祭辰。

同日，穷凶极恶的日寇将搜捕到的四十九名革命战士集押到霍庄村村北湾坑里，扒掉衣服，施以灭绝人性的酷刑，逼供我党政军首长下落。他们被打得遍体鳞伤，拒不回答，却愤怒高呼“打倒日本帝国主义！”“中国共产党万岁！”

四十九位烈士，头可断，血可流，而志不可屈，被日寇集体屠杀在湾坑中。他们为了祖国，为了解救在敌人铁蹄下呻吟的人民，沥尽了碧血。烈士的革命精神与日月齐辉，与山河共存。伟大的党、伟大的人民哺育了的英雄永远活在人们心中。

四十九位烈士永垂不朽！

中共故城县委员会
故城县人民政府　　敬立

一九八七年四月二十九日

陵园北面，是青松和翠柏掩映下的单人墓群，有164位为冀南抗战事业而英勇献身的革命烈士安葬于此。

陵园正中矗立着高达12.719米烈士纪念碑。整个碑体为54块花岗岩和汉白玉火炬组成。纪念碑上镌刻着领导过冀南或曾在这里战斗过的革命前辈的题词：

四二九反扫荡牺牲的烈士永垂不朽！

——徐向前

一九八六年十月十日

向坚持抗日平原游击战争而英勇牺牲的烈士致以崇高的敬意。

——宋任穷

一九八六年十一月一日

烈士业绩永垂青史！

——陈再道

一九八六年十一月一日

四二九狂风助战惊天地，

红五月阴雨洒泪吊英魂！

——王任重

一九八六年十月

业绩永存，启迪后人！

——刘志坚

一九八六年

纪念碑底座南面，镶嵌着由汉白玉雕成的花环，中间为五星。

纪念碑后为纪念堂，纪念堂南壁面用藏青色花岗岩砌成，镶刻着冀南“四二九”烈士陵园碑志。碑文如下：

一九三七年“七七事变”，日本法西斯发动了全面侵华战争。翌年春，中共领导的八路军一二九东进纵队，挺进冀南和冀南党密切配合，领导人民奋起抗战，挖路沟、筑人山，建起冀南抗日根据地，频繁打击敌人，屡破敌寇侵华战略，日寇惶惧，经常侵扰，拼死肆虐。

一九四二年四月二十九日，冀南区党政军领导机关及新七旅旅直、二十一团、特务团、骑兵团等在武城霍庄一带，同时，四分区党政军在临西贺伍庄周围被敌包围。我骑兵团等部队三进三出敌包围圈。

同时，弹雨枪林，狂风蔽日，掩护首脑机关和群众杀出重围，粉碎了日伪军三万余人之“铁壁合围”，打乱了日寇妄图摧垮我冀南党政军领导机关和主力部队，以建立其华北兵站基地的战略狂想。继“四二九”又击败了“六一一”“九一二”等扫荡。军民协力，同仇敌忾，敌进我进，我们的工作一直渗入敌占区，根据地日渐扩大。我越战越强，为冀南人民的抗战事业建立了不可磨灭的功绩。

同时，王一夫、范立轩、梁振之、张立民等干部及群众三百多位英雄儿女，壮烈殉国，他们是人民的英雄，为打倒日本侵略者建立中华人民共和国献出了宝贵的生命。

烈士的革命精神与日月齐辉，与山河共存，他们将永远活在人民的心中。

先烈用鲜血浇灌的革命之花，在社会主义四化建设中将更加瑰丽，激励后人，发奋图强，振兴中华，保卫世界和平。让光明四射的共产主义事业光照人间，走向胜利的明天。

中共故城县委员会
故城县人民政府　　敬立

一九八七年四月二十九日

主体碑志两侧系由12块花岗岩组成的浮雕。上面雕刻着八路军骑兵、步兵指战员持枪挥刀与民兵紧密配合，协同作战，英勇杀敌的壮观场面。

纪念堂内悬挂着老一辈革命家徐向前、宋任穷、王任重、陈再道、刘志坚的题词，里面是“四二九”事迹展览，由24块展牌组成，分3部分叙述“四二九”反扫荡冀南英雄儿女胜利突围经过。

碑亭坐落于群雕正东20米处，中央矗立着由花岗岩雕成的石碑，碑正面系“冀南四二九烈士陵园重修记”，背面镌刻拨款和资助单位款物之数额。

第九章　俚语　民歌　民谣　轶闻传说

域内民间俚语、民歌、民谣、轶闻传说丰富多彩，颇具地域特色，反映了故城民风民情。

第一节　民谚俚语

一、民谚

民谚通俗而简练，富有哲理，具有强大生命力。故城民谚丰富多彩，可分为时政、事理、修养、团结、生活、天象、农时几大类，时政类生动地体现人民对国家、共产党、社会主义的无限热爱；如“国家国家，先国后家”“治国为民，立党为公”等，既继承和发扬革命优良传统，又不失历代“燕赵”之风。修养、团结等类揭示人民高尚的道德情操及勤奋上进、积极进取精神。

故城民谚，是劳动人民千百年来社会生活的高度总结和概括。民谚“人勤地生宝，人懒地生草”教人以勤；“一天省一把，三年买匹马”导之以俭；“冻的闲人，饿的馋人”反对懒惰等。

时政类

国家国家，先国后家。

治国为民，立党为公。

在家样样好，出门事事难。

家贫出孝子，国乱显忠臣。

天不怕地不怕，就怕政策变了卦。

不怕烂摊子，就怕烂班子。

有金有银，不如有个能人。

做官日短，做人日长。

事理类

一人难称百人心。

好货不怕选，好人不怕贬。

羊群里藏不住骆驼。

好记性赶不上烂笔头。

豆芽长一房高也是菜。

画人难画手，画马难画走。

药可治假病，酒不解真愁。

十八的做了再想，八十的想了再做。

不怕初战不利，就怕灰心丧气。

眼睛不亮，到处不当。

池中有水养鱼易，腹内无书作文难。

细嚼出滋味，勤奋出天才。

路在人走，事在人为。

做到老学到老，七十八十不算巧。

一块臭肉满锅腥。

远亲不如近邻，近邻不如对门。

奸出人命，赌出贼性。

好歹是家，秃瞎是娘。

儿不嫌母丑，狗不嫌家贫。

穷家难舍，故土难离。

亲是故乡人，热是灶炕土。

毒蛇不分粗细，坏人不分男女。

人敬富的，狗咬破的。

流水千转归大海，人行万里回老家。

苦干实干，科学种田。

不光投工投肥，还要科学种田。

种地不上粪，等于瞎胡混。

要想庄稼壮，就要勤拆炕。

修养类

人争一口气，佛争一炷香。

不怕人不敬，就怕己不正。

马好不在鞍，人美不在衫。

花开在春天，学习在少年。

没有好牙口，别啃硬饼子。

花美在外边，人美在心里。

常思己过，莫论人非。

屋怕不稳，人怕忘本。

人不学不知义，玉不琢不成器

书到用时方恨少，事非经过不知难。

不入迷，难求奇。

师傅领进门，修行在个人。

宁肯学而不用，不可用而不具。

时间一分，贵如千金。

勤学好问，不怕心笨。

擅书者不择笔。

不实心不成事，不虚心不知事。

瓜没滚圆，人没十全。

天燥有雨，人躁有祸。

脚跟站得稳，不怕影子斜。

团结类

一人不抵二人计，三人肚里唱大戏。

三人成众，众人成圣。

人心换人心，四两换半斤。

主雅客来勤。

自私自利人人憎，大公无私人人敬。

有理走遍天下，无理寸步难行

人敬我一尺，我敬人一丈。

木直用处大，人直朋友多。

衣不如新，人不如故。

良言一句三冬暖，恶语伤人六月寒。

生活类

吃不穷，喝不穷，算计不到光受穷。

吃饭穿衣量家当。

一天省一把，三年买匹马。

儿行千里母担忧。

干亲续女，来往净东西。

不养子不知父母恩。

孝父母做榜样，到老子孙都一样。

妻贤夫祸少，子孝父宽心。

亲家别共财，共财两不来。

十里地去赶嘴，不如在家喝冷水。

在家孝父母，何须远烧香。

能穿朋友衣，不欺朋友妻。

饱带干粮，热带衣裳。

家有万贯，不如日进分文。

人勤地生宝，人懒地生草。

不当家不知柴米贵。

冻的闲人，饿的馋人。

男人勤吃得饱，女人勤穿得好。

家有千金，不如一技在身。

休前妻，毁稚苗，后悔到老。

俊脸蛋子，不如巧手腕子。

独木难烧，独子难教。

好汉怕病魔，好女怕孩多。

天文气象类

朝霞不出门，晚霞行千里。

缸穿裙，大雨淋。

西北棉花云，大雨必来临。

大雾不过三，就要变雨天。

日晕知更雨，月晕午时风。

云彩带红边，苞子砸脚尖。

雷公先唱歌，有雨也不多。

早上雨不用惊，一会儿天气就放晴。

云乱跑，雨不小。

空中鱼鳞天，不雨也风颠。

天旱一大片，雹砸一条线。

春冷麦不收。

靠天种田，一年玩完。

云彩往东一阵风，云彩往西，庄家老头披蓑衣，云彩往南水连连，云彩往北一阵子黑。

东虹雾露西虹雨，南虹出来摸鲶鱼，北虹出来卖儿女。

早看东南，晚看西北。

云从东南长，下雨不过晌。

日晕有风，月晕有雨。

鱼鳞天下满湾。

燕子钻天下满湾。

七阴八不晴，赶九放光明。

不怕初一阴，但怕初二下。

初一阴，初二下，半月没好天。

九月九阴，一冬温；九月九晴，一冬凌。

小雪封地，大雪封河。

腊七腊八，冻死叫花。

立了夏，把扇架；立了秋，把扇丢。

今日火烧云，明天晒死人。

傍晚老云接驾，夜里不阴就下。

八月十五云遮月，正月十五雪打灯。

（正月）初一（晴天收）高粱初二黍

一九二九不出手，三九四九冰上走，五九六九杨花开柳，七九河开八九雁来，九九加一九耕牛遍地走。

早起浮云走，中午晒死狗。

日出红云升，劝君莫远行；日落红云升，来日是晴天。

日出胭脂红，无雨也有风。

日落西北满天红，不是雨来就是风。

日出猫迷眼，有雨不到晚。东方日出白，就要有风发。

月着蓑衣，天要下雨。

半夜无星，大雨快临。

要知明天热不热，就看夜星密不密。

乌云接日头，半夜雨稠稠。

日落乌云洞，明晒得背皮痛。

天上起了鲤鱼斑，明天晒谷不用翻。

天上钩钩云，地上雨淋淋。

东风急溜溜，半夜雨稠稠。

小暑起燥风，日日夜夜好天公。

虹高日头低，明着蓑衣；虹低日头高，明日晒得背皮焦。

雷打立春节，惊蛰雨不歇；雷打惊蛰后，低地好种豆。

早雾一散见晴天，早雾不散是雨天。

六月里迷露，要雨到白露。

三朝雾露发西风，若无西风雨不空。

早晨落雨饭后停，饭后下雨不得晴。

蛇过道，大雨到；蛇上树，有大雨。

鸡啁风，鸭啁雨，蚂蚁拦路要落雨。

蜻蜓成群绕天空，不过三日雨蒙蒙。

河底泛青苔，必有阵雨来；烟囱不出烟，一定阴雨天。

立春晴，雨水均。

腊月立春春水早，正月立春春水迟。

农事类

早谷晚麦，少收莫怪。

谷毁谷，守着哭。

芒种芝麻夏至豆，秋分种麦正时候。

到了芒种急种田，早种一天是一天。

头伏萝卜二伏菜，三伏有雨撒荞麦。

立秋三天种白菜。

入伏不点豆，点豆打不够。

过伏不种秋，种秋也不收。

寒露至霜降，种麦要慌张。

种地惜籽，饿死老子。

有钱买种，无钱买苗。

天旱锄地，下雨浇园。

棉花入了伏，三天两头锄。

伏天草，不拉倒。

立了秋，挂锄钩。

蚕老一时，麦熟一晌。

芒种不开镰，不过三五天。

麦怕三月冷，棉怕八月阴。

种麦泥窝窝，来年吃馍馍。

谷小怕暴雨，麦小怕胎旱。

七月枣、八月梨，九月柿子红了皮。

小雪不起菜，必定有一害。

年逢双春雨水多，年逢无春好种田。

三年不选种，增产要落空。

好儿要好娘，种田要好秧。

作物不好胡搭配，乱点鸳鸯要吃亏。

麦秀寒，冻煞看牛团。

棉花入伏，一天一锄。

白露早，寒露迟，秋分麦子正当时。

麦子不怕草，就怕坷垃咬。

今冬麦盖三层被，明年枕着馒头睡。

人误地一时，地误人一年。

伏里打破皮，强似秋后倒二犁。

春争早，夏争时。

谷雨前后，种瓜种豆。

秋耕宜早，春耕宜晚。

蛤蟆打哇哇，四十天拌疙瘩（麦子早熟的征候）。

四月芒前，五月芒后。

桃三杏四梨五年，枣树当年就变钱。

枣芽发，种棉花，谷雨前后把种下。

立冬不倒股（小麦分蘖），不如土里捂。

霜降不刨葱，必定一场空；小雪不砍菜，必定受冻害。

深栽茄子浅栽葱，西瓜十年不重茬。

六月六，看谷秀。

庄稼一枝花，全靠肥当家。

碱地压沙，多种棉花。

春不种，秋无收。

立夏不下雨，犁耙倒挂起。

二、俗语

俗语是群众所创造并在口语中流传的，具有口语性和通俗性的定型语句，反映人民生活经验和愿望，也称常言、俗话，具有趣味性和地方特色。

有水才有谷，无水守着哭。

土肥长谷，猪肥长肉。

万物土里生，全靠两手勤。

只要功夫深，土里出黄金。

斗大的字不识半升。

公说公有理，婆说婆有理。

井底儿的蛤蟆，没见过多大天儿。

井水不犯河水。

内行看门道，外行看热闹。

内练一口气，外练筋骨皮。

牛不喝水强按头。

牛皮不是吹的，泰山不是垒的。

水过地皮儿湿。

心急吃不了热豆腐。

心静自然凉。

天桥的把式，光说不练。

天塌下来有高个儿顶着。

天无绝人之路。

天要下雨，娘要嫁人。

天有不测风云，人有旦夕祸福。

王八吃秤砣，铁了心了。
王八瞅绿豆，对上眼儿啦。
龙生龙，凤生凤，老鼠生来会打洞。
光脚的不怕穿鞋的。
鱼找鱼，虾找虾，花里虎专找疥蛤蟆。
长袍大褂，没有会不着的亲家。
狗眼看人低。
常年栽树，穷的变富。
狗三猫四猪五羊六，兔子一月一窝。
养母猪，栽桐树，十年一个小财主。
春到人间，绿化当先。
若要富，多种树。
喂鸡喂兔不间断，家里不缺零花钱。
喂上鸡兔养上羊，好比家里廾银行。

三、歇后语

歇后语形象诙谐，内容丰富且语言质朴，具有浓厚的地方色彩，为人民所熟悉运用。录入如下（个别语句引用谐音和当地方言均附以注明）：

门缝里吹喇叭——名（鸣）声在外。
凿打木儿（啄木鸟）掉水里——毛湿嘴硬。
老鼠钻到风箱里——两头受气。
锥子剃头——一个师傅一个传授。
老虎拉碾子——不听那一套。
家雀落到牌坊上——东西不大，架子不小。
碾子倒了砸着磨——实打实。
狗头上长角——羊（洋）相。
哑巴吃黄连——有苦也难言。
捋着胡子过河——谦虚（牵须）。
土地爷放屁——神气。
灶王爷打跟斗——离板。
攥着拳头拉屎——暗使劲。
担着杜梨上市——假充果木行的人。
鸭子掉到粪坑里——臭溜。
山西核桃——满人（仁）。
八月十五打年糕——趁早（枣）。
老鸹落到猪身上——看不到自个黑。
洋鬼子看戏——傻眼。
风箱杆子打棺材——挨了半辈子拽还装人。
傻小拜年——赶不上点儿。
飞机上挂暖壶——水平（瓶）提高。
唱戏的胡子——假的。
老鼠尾巴——不出血。
屎克郎吃屎——滚蛋。
光着屁股坐板凳——有板有眼。
丈母娘见女婿——无话哒拉话。
头顶上长疮脚后跟流脓——坏透。
小孩子拉屎——挪挪。
武大郎卖豆腐——人孬货软。
外甥点灯笼——照旧（舅）。
推小车扭屁股——身不由己。
玩猴的敲锣——虚张声势。
王八翻跟头——窝脖。
武大郎卖面包——人土货洋。
捂着鼻子闭着嘴——憋气。
西瓜掉进油锅里——又圆又滑。
壮牛追兔子——有劲使不上。
抓住张飞当李逵——认错了人。
自由市场做买卖——讨价还价。
芝麻开花——节节高。
拔了萝卜——窟窿在。
拔了毛的凤凰——不如鸡。
秃子头上的虱子——明摆着。
大眼贼儿抱夜猫——一窝不如一窝。
老鼠拖木锨——大头在后头。
猪八戒照镜子——里外不是人。
上坟烧报纸——骗鬼呢。
大姑娘上轿——头一回。
老太太生孩子——放下的活。
老太太的裹脚布——又臭又长。
厕所的石头——又臭又硬。
老太太吃柿子——捡软的捏。
屎壳郎趴在公路上——装小吉普。
光着腚推磨——转着圈地丢人。
叫花子唱戏——穷乐呵。
狗戴嚼子——瞎胡勒。
狗咬吕洞宾——不识好人心。
水仙不开花——装蒜。
高射炮打蚊子——大材小用。
夜猫子进宅——无事不来。
黑瞎子掰棒子——掰一个掉一个。
剃头挑子——一头热。
老太太撸鼻涕——把里攥。
聋子宰猪——不听哼哼。
茶壶煮饺子——有嘴倒不出。

脱裤子放屁——两倒手。
千里送鹅毛——礼轻情谊重。
狗拿耗子——多管闲事。
黄鼠狼给鸡拜年——没安好心。
骑驴看唱本——走着瞧。
聋子的耳朵——摆设儿。
榆木疙瘩——不开窍。
马尾巴拴豆腐——值不得一提。
卤水点豆腐——一物降一物。
猪八戒啃猪蹄——自残手足。
秃子当和尚——就搭材料。
做梦娶媳妇——光想好事。
走道拨算盘——手脚不闲。
诸葛亮焚香操琴——故弄玄虚。
丰都城里说评书——鬼话连篇。
关公的胡子——然（髯）也。
喝稀饭吐沙子——吃软不吃硬。
火柴盒做棺材——成（盛）不了人。
驾驶员罢工——想不开。
江西碗——词（瓷）好。
孔夫子唱戏——出口成章。
拉弓不放箭——虚张声势。
老头老婆大联欢——非同儿戏。
土地爷吹唢呐——神气十足。
绿豆蝇坐月子——抱屈（蛆）。
麻子唱戏——群众观点。
檀香木盖茅坑——香臭不分。
土地爷捉迷藏——神出鬼没。
歪嘴吹灯——满嘴邪气。
变戏法的绝技——要花招。
乌龟爬旗杆——想要高升。
虫子啃沙梨——暗中使坏。
小鬼开城隍——小人得志。
小炉匠补碗——修辞（瓷）。
卸了磨杀驴——恩将仇报。
学生背书——不忘（望）本。
雪里埋人——久后自明。
胸脯中箭——伤心。
楼梯上打架——阶级斗争。
车站上的表——群众观点。
扛着铁耙子上山——平吗？（凭嘛？意思是说“凭什么？”）
二十一天不出鸡——坏蛋。
当天井（当院儿），当场子（明间儿），家东（东面）家西（西面）吗行子！（什么！）
光着腚泥（抹）房——对不住四邻。
枣核儿落在醋缸里——又尖又酸。
丈母娘举砘子——看他老娘这个劲儿。
牛梭子（牛鞅）在口袋里——横撑（逞）弯弯劲。

四、谜语

谜语是民间文学的一种，在故城有其悠久历史。伴随社会的进步，其形式、结构不断变化和发展。它能启迪和发挥人们的联想，活跃、锻炼人们的思维，给人以精神上合艺术上的享受，得到社会各个阶层的喜爱并广泛流传。故城县历来有元宵节猜谜习俗。

不用似根棍，用时半个球，人在底下走，水在上边流。

——打一物（伞）

一物生来真稀奇，身穿三百多件衣，每天给它脱一件，年底只剩一张皮。

——打一物（日历）

满屋娃娃，圆圆脑瓜，出门一滑，开朵红花。

——打一物（火柴）

一座军营百个兵，列好队伍等命令，一旦需要就出去，牺牲自己换光明。

——打一物（火柴）

会吃没有嘴，会跑没有腿，过河没有水，双方来对垒。

——打一物（象棋）

一座弯大桥，造得顶天高，七色见分明，都夸手艺好。

——打一物（彩虹）

一物生的奇，越洗越有泥，不洗还能吃，一洗吃不得。

——打一物（水）

说鸟不是鸟，躲在树上叫，自称啥都懂，其实全不晓。

——打一物（知了）

胡子不多两头翘，开口说话妙妙妙，黑夜巡逻眼似灯，厨房粮库它放哨。

——打一物（猫）

左右开弓，百发百中。

——打一字（弼）

本来圆又圆，写出是九点。

——打一字（丸）

你没有他有，天没有地有。

——打一字（也）

高山被风刮倒，小村树木刮跑。

——打一字（寻）

牛打架。

——打一字（斛）

良又少一点。

——打一字（艰）

加倍才算多。

——打一字（夕）

聊斋志异。

——打一成语（鬼话连篇）

木偶戏。

——打一成语（装腔作势）

枕头。

——打一成语（置之脑后）

金银铜铁。

——打一地名（无锡）

外头四方里头圆，又湿又干又发黏。

——打一物（膏药）

西间屋儿里撩门帘。

——打一当地村名（董学。“董学”为县内一村名，当地念“东瞧”故有此歇后语）

房庄儿南里捯肠子。

——打一本地地名（鹿冢。“鹿冢”为县内一村名，当地读为“捋屎”）

鹿冢东里半尺布。

——打一本地地名（“吴村”，与“五寸”同音）

墙头儿上耕地——难耕。

——打一地名[南京（当地“耕”读为“京”）]。

第二节 民谣 歌谣

一、民谣

民谣于县内历史悠久，具有广泛深厚的群众基础。直接源于劳动群众生活之中，且不断产生和发展，深受广大劳动群众喜爱。

故城民谣，内容广泛，大体可分苦情谣、翻身谣、爱情谣、童谣、生活谣等。不同历史时期，具有不同的社会内容。这些民谣通俗易懂、风格清新、结构严谨、形象鲜明，热情歌颂真、善、美，猛力鞭挞假、恶、丑，成为社会历史、时代生活和风土人情的一面镜子。

童谣系民谣又一形式。它语言简练，形式活泼，适于儿童传唱与接受。启发儿童热爱祖国、热爱家乡、热爱科学、热爱劳动、热爱社会主义。多在幼儿班，幼儿园传唱。21世纪，文化繁荣，民谣渐少，歌谣兴盛。

苦情谣

讨饭

手拉着枣木棍怀抱着瓢，
东门里要来西门里讨。
要一碗来吃一碗，
要半瓢来吃半瓢。
白天吃的千家饭，
夜里睡地大破窑。
下铺地来上盖天，
头下枕着半头砖。
说不定一口气上不来，
有地方死来没地方埋。

童养媳

清早起来打柴回，
婆婆又叫把磨推。
挨打挨饿不当人，
婆婆太把良心亏。

娶媳妇是喜还是苦

瞎子聋子三百五，
不聋不瞎往上数。
金枝玉叶论斤称，
娶媳妇是喜还是苦？

我是一穷汉

我是一穷汉，
少吃没有穿。
爹妈受罪儿女叫，

老婆一个劲地瞎泛泛。
有心借点米和面，
大利行着俺。
种地没牲口，
粪肥也难攒。
几亩碱场地，
哪能多生产。
想做小买卖，
哪里有本钱。
想个办法搪过今儿，
来日怎么办？
财主过年真欢喜，
穷人逢年赛过关。
想来想去没办法，
拿根绳子梁上拴。
撇下一家老和少，
撂给谁人来照管？

翻身谣

穷人一条心

穷人一条心，
黄土变成金。
穷人一分手，
黄牛变死狗。
快快手拉手，
团结往前走。
穷人把身翻，
日子才美满。

靠党生活日日高

红太阳，当空照，
穷人莫把富人靠。
林内小树受欺凌，
靠党生活日日高。

五劝姐妹歌

一劝姐妹要上学，
世上大事都明了，
又读书，又看报。
二劝姐妹要剪发，
又省梳子又省刷，
没有一根乱头发。
三劝姐妹要放脚，
又能担来又能挑，
身子该有多活跃。
四劝姐妹练体操，
齐步正步全都学，
神神气气兴致高。
五劝姐妹要武装，
扛起枪来上战场，
定把鬼子杀个光。

盼八路

月儿出东方，
日落西山岗。
我在房中好悲伤。
可恨日本炸弹扔在郎身上。
有心去报仇，
小脚不能走。
手捧着郎的帽子泪水流。
单等那个八路来了俺才有盼头。

男女要一样

妇女们，
提起那好伤心。
挨打又受气，
实在不如人。
现在要提倡，
男女都一样。
共产党领导妇女求解放。

爱情谣

回家请媒把亲提

男：船打水儿水送船，
百灵就是唱得甜。
问声妹妹你何来，
你的歌唱进我心。
女：妹是东海龙王女，
驾涛踏浪为择婿。
你若有情我有意，
回家请媒把亲提。

不愿那小郎打赤脚

放牛放到运河坡，
运河坡上蒺藜多。
哪个大姐好担心，
做双新鞋送给我。
可恨那蒺藜扎着哥，
点起那油灯把绳搓。
情愿那小妹煎干眼，
不愿那小哥打赤脚！

回来看你不便当

金钩钩月牙挂星辰，
年轻人爱着年轻人。
柳叶落在树根底，
天南海北想着你。
头茬韭菜长不高，
二茬韭菜冷水浇。
旁人都说咱俩好，
不哈不吭你跑了？
小胡同驾车回不过牛，
提起出门泪花流，
不是我狠心撂下你，
只因我穷走西口。
冰盖的房子雪打的墙，
咱俩相好不久长。
你在家里我在外，
回来看你不便当。

别忘妹妹情意深

哥哥你要走，我即把泪流。
丢下小妹我，何人肯收留？
哥哥下关外，妹妹挂心怀。
悄悄算个卦，盼哥快回来。
想你想的迷心窍，睡觉不知颠和倒。
想你盼你怨恨你，三天没吃半碗米。
哥哥关外行，怕你贪花红。
挖参淘金别变心，别忘妹妹情意深。

童谣

小白兔

小白兔，去赶集，
拿着辣椒当鸭梨，
咬一口，怪辣的，
下次不买带把儿的。

小熊猫

小熊猫，上学校，
老师讲课他睡觉，
左耳朵听，右耳朵冒，
你说可笑不可笑。

拍手歌

你拍一，我拍一，
看谁考试得第一。
你拍二，我拍二，
看谁不当小淘气。
你拍三，我拍三，
“五讲四美”谁当先。
你拍四，我拍四，
电铃催咱上课去。

黑布头，白布头

黑布头，白布头，
我帮叔叔擦铁牛。
擦得铁牛真漂亮，
好像披着红彩绸。
拖着犁来拉着耧，
嘟嘟叫着夺丰收。

金豆豆，银豆豆

花花衣，花花袖，
掉下一颗小豆豆。
金豆豆，银豆豆，
那是一颗小纽扣。
捡起来，放在手，
针线顺着扣眼走。
自己钉，自己缝，
奶奶夸我巧妞妞。

树立社会好风气

好叔叔，好阿姨，
撞了车子别着急。
你说一声“对不起”，
她说一声“没关系”。
你让我来我让你，
树立社会好风气。

小小子儿拿钥匙儿

小小子儿，拿钥匙儿，
开了前门儿开后门儿，
后门儿有棵小枣树儿，
打一竿儿，落一地儿，
够他娘们儿吃一顿儿。

花公鸡

俺家有只花公鸡，
船上有个花闺女。
闺女闺女跟俺来，
俺娘送你红绣鞋。
闺女闺女跟俺跑，
俺娘送你大花袄。
穿花袄，穿花鞋，
呜哇呜哇（唢呐声）把你抬。

小猫偷桃

小猫儿小猫儿，
上树偷桃儿。
听见狗咬，
下来就跑。
掉了花鞋，
回来再找，
一找找了件大皮袄。

大公鸡尾巴长

大公鸡，尾巴长，
娶了媳妇忘了娘；
把娘背到山后头，
媳妇供到炕头儿上。
媳妇要吃大鸭梨，
明儿套车，去赶集，
他娘要吃大苹果，
伸手递给她大窝窝。

生活谣

好儿好女好孙子，不如自己好身子。

冷饭不入口，吃饭减三口。饭后百步走，能活九十九。

春捂秋冻，老来少病。

早睡早起，两眼欢喜。

牙不剔不稀，耳不掏不聋。鼻不挖不破，眼不揉不红。

朝食三片姜，如喝人参汤。吃米带点糠，助你体健康。

媳妇娶进门，婆婆掉了魂。媳妇睡懒觉，婆婆拉长套。媳妇一翻脸，婆婆吓破胆。媳妇娘家走，婆婆精神抖。（讥讽媳妇不孝敬婆母。）

时弊谣

彩礼

钢笔手表电把子，
绒袄绒裤绒袜子。（50 年代）
平绒条绒人造棉，
挂瓦房子砖镶檐。（60 年代）
毛衣毛裤尼龙衫，
扁砖到顶房五间。（70 年代）
自行车要冒烟的，
缝纫机要锁边的，
收音机带唱片的，
电视机要彩色的。（80 年代）
瞎子聋子三百五，
不瞎不聋往上数，
媳妇玉叶论斤称，
娶金枝是喜也是苦。（90 年代）

上工听打钟

上工听打钟，
下地一窝蜂。
出工不出力，
干活磨洋工。
好坏一个样，
一天十分工。

盼承包谣

派活乱点兵，下地乱哄哄。粮食减了产，分红一场空。社员问队长，为啥不包工？

包工不要命，日工不要腚（坐）。坐到日偏西，照记十分工。

包工干，日工磨，自留地里看好活。

耪地耪两头，身上少流油（汗）。工分不少挣，省两个窝窝头。

分了责任田，种也由俺管也由俺。丰收在俺不在天。大米白面，一日三餐，时兴衣裳身上穿。长也称心，短也如愿。

大承包，小承包，铁饭碗，打破了。定额月月超，鼓起钱荷包。

责任田，责任田，吃得饱，有余钱。大沙发，电风扇，小电影（电视），屋里看。

颂党谣

党的英明传天下，优惠政策喜亿家；农民种地不缴税，学生免交学杂费；鳏寡病残有低保，百姓看病有医疗；慢病药费减一半，特殊困难全报销。

二、歌谣

故城民间歌谣体现了人们善良的愿望，美好的梦想，语言朴实、流畅，具有浓厚的地方色彩和乡土气息，表达了人们的爱憎、褒贬和对美好生活的追求。

嫁郎曲

有女不嫁读书郎，
日日夜夜守空房。
日后他要做了官，
还有娶个小姨娘！
有女嫁个庄稼汉，
又出茅厕又出圈，
又挑水，又担担，
一天三时来见面。
嫁鸡跟鸡，嫁狗随狗，
嫁个屎壳郎疥蛤蟆，
也是爹娘一句话！
不爱金，不爱银，
爱的是黄褂子佩星辰。
一个星的嫌小，
两个星的正好，
三个星的难找，
四个星的嫌老！
光板满街跑。
不嫁工，不嫁干，
跟着队长吃饱饭。
鸡鸭猪羊喂的全，
伙种伙收伙卖钱，
小康人家天天过大年！

二月二（一）

二月二敲梁头，
金子银子往家流。
二月二敲炕沿，
蝎子蚰蜒不见面。
二月二敲锅台，
金子银子往家抬。
二月二敲勺子，
一年一个胖小子。
二月二敲笆斗，
一年一个小丫头。
二月二敲门框，
金子银子往家扛。
二月二扫炕席，
清清爽爽到年底。
二月二烙火烧，
越吃越有好活着。

二月二（二）

二月二，敲敲瓢，
老鼠出来碰见猫。
二月二，敲门框，
添个小子白又胖。
二月二，敲囤帮，
风调雨顺粮满仓。
二月二，敲锅沿，
少下米来多出饭。
二月二，敲锅底，
又省柴火又省米。

烤火谣

（正月十六晚上，孩子们在街头巷尾架柴生火，围着火堆边烤边说）

你烤腚，我烤腚，
一年到头不生病。
你烤手，我烤手，
一亩地打粮十八斗。
你烤脚，我烤脚，
黑天走道不摔跤。
你烤脸，我烤脸，
四邻和睦不翻脸。

看嫁妆

大金砖，小金砖，
抱砖不如抱个汉。
汉有高，汉有低，
高低都能撒种子。
种有儿，种有女，
有儿有女好福气。

洞房铺炕谣（一）

（新婚之夜由嫂子铺炕，一层层铺，一层层扫，边扫边念唱）

一抄金，二抄银（抄的意思是“扫”），
闺女小子一大群。
他娘屋里成不了，
往他奶奶屋里跑。
抄，抄，抄窗台，
闺女小子一大排。
炕上睡下一个班，
炕下摆着一趟鞋。
抄，抄，抄炕头，
小子多了不用愁。
抄，抄，抄炕梢，
闺女多了不心焦。

洞房铺炕谣（二）

铺铺盖盖，
过日子真不赖。
这头枣，那头枣，
一年生个大胖小。
这头拍，那头拍，
不到三年就叫伯（bāi）。
这头量，那头量，
不到三年就叫娘。
这头掖，那头掖，
不到三年就叫爹。

迎亲喜歌

宝轿一落保平安，
福寿星君在眼前。
双喜与双寿，
双喜与双安。
双喜人人乐，
双庆人人安。

求雨歌

关老爷庙门朝正南，
关老爷家住青龙山。
头戴乌纱帽，
红袍披身肩。
鞋袜穿脚上，
大刀亮闪闪。
关老爷的马缰抄手里，
关老爷手中扬马鞭。
咿吆喔嗬上天空，
对着龙，讲分明。
讲得大龙下大雨，
讲得二龙下濛星。
讲得三龙不下雨，
扒开天河往下涌。
高粱红来谷子青，
回头就来谢关公。
说到这里算一段，
怎么说来怎么办。

收魂歌

鸡上树，狗絮窝，
孩子丢魂灶间摸。
摸来摸去摸好了，
孩儿啊孩儿啊快好了。

贴门神

贴门神，贴门神，

贴上门神守大门。
左边贴上秦叔宝，
右边贴上敬德神。
秦爷双锏银光闪，
尉迟铁鞭镇乾坤。
妖魔鬼怪不敢凑，
合家老少安又稳。

葬礼送山歌

送你一程又一程，
合乡亲友送总程。
早住店，晚出城，
冥关大道往前行。
若是恶狗来挡道，
打狗饼子往外扔。
若是小鬼来挡道，
抬轿童子来护行。
走金桥，过银桥，
一送送到丰都城。
丰都城挂着两盏灯，
一盏暗来一盏明。
明的照着阳间路，
暗的照着丰都城。
你在那时把城进，
金童玉女来接迎。
往里走，往里来，
前面就是望乡台。
望乡台，回头望，
合乡亲友来送城。
满堂儿女你别挂，
子孙后代有人疼。
往里走，往里行，
见了阎君奏分明。
感叹人生是悲伤，
争名夺利空自亡。
满堂儿女有何用，
谁也不能替五常。
人生在世高北斗，
难免生死这一场。
今日送你归西去，
金童（玉女）接你上天堂。
燃烧纸，点面灯，
孝子回头放悲声。

拉箩箩

拉箩箩，
筛箩箩，
下来面蒸干粮，
蒸了干粮给谁吃，
给你吃，给我吃。

小小子儿

小小子儿，坐门墩儿。
哭哭啼啼要媳妇儿。
要媳妇做嘛？
做鞋做袜，暖脚说话。
上大门，关二门，
堵鸡窝子拿尿盆。

小蚂蚱

小蚂蚱，土里生。
前腿爬，后腿蹬。
一飞飞到枣树上，
遇见知了老先生。
老先生，会算卦。
算算俺多咱死呀啥时生？
算算俺什么时候大运通？
“三月四月把你生，
五月六月把运通，
七月八月衰败运，
九月十月归阴城。”
再算算俺死了谁给穿重孝？
谁来给俺刨坟坑？
什么人哭的两眼红？
“蚊子给你穿重孝，
屎壳郎给你刨坟坑，
绿头苍蝇哭的两眼红。”

说瞎话长不大

说瞎话，长不大，
脑袋像个茄子把。
说瞎话，长不高，
长来长去像水筲。
说瞎话，长不好，

一长长个倭瓜枣。
说瞎话，长不强，
一长长个武大郎。

娶了媳妇忘了娘

野麻雀，尾巴长，
娶了媳妇忘了娘。
把娘背到湾坑里，
媳妇背到炕头上。
亲娘要吃大鸭梨，
哪里有钱给你买。
媳妇要吃苹果梨，
赶了东集赶西集。

板凳子罗罗

板凳子罗罗，
里面住着哥哥，
哥哥出来打水，
里面住着个小鬼。
小鬼出来买菜，
里面住着奶奶，
奶奶出来烧香，
里面住着姑娘。
姑娘出来磕头，
里面住着黄鼬。
黄鼬出来拉鸡，
吱呀吱叫半宿。

板凳子

板凳子，四条腿儿，
我给奶奶磕瓜子儿。
奶奶嫌我磕得慢，
我给奶奶下挂面。
奶奶嫌我下得稠，
我给奶奶倒香油。
奶奶嫌我倒得多，
我给奶奶蒸窝窝。
奶奶嫌我蒸得大，
我给奶奶说好话。
奶奶嫌我做的差，
我给奶奶吵一架。

小老鼠（一）

小老鼠，上谷囤儿，
掉下来，没了气儿。
大老鼠哭，小老鼠叫，
一对蛤蟆来吊孝，
给它孝帽它不要，
呱呱真热闹。

小老鼠（二）

小老鼠，上灯台，
偷油吃，下不来，
叫爷爷，叫奶奶。
爷爷奶奶不敢来，
啪嗒一声掉下来，
灯油洒了一锅台。

月姥姥

月姥姥，月光光。
开开门，做衣裳。
洗得白，浆得白，
找个女婿不成材，
又喝酒，又打牌，
赶集去，到黑来。
不给孩子买个烧饼来，
气的孩子打扑拉，
一扑拉扑拉到锅底下，
一下子烧了个糊尾巴。

三、号子

号子是与劳动节奏密切结合的民歌，产生于劳动过程之中，直接为生产劳动服务，反映着劳动状况和生产者的精神面貌。域内广为流传的有“夯歌”“运河号子”等。

夯歌

今天好日来行夯，
众位师傅来帮忙。
周公绘图鲁班修，
这块宝地圣人堂。
诸葛亮看得吉星地，
东家要修五丰楼。
北楼修得阁老府，

阁老府里抱太子，
圣人堂里念文章。
东楼修得金银库，
西楼修得万年仓；
金银库里有财宝，
万年仓里有余粮。
四座名楼全修齐，
穿心楼修到正当央，
起脊的门楼按走兽，
两丈的旗杆立两旁。
上下马石两边摆，
影背前面爬山虎，
影背后边荷花缸。
荷花缸里满缸水，
五彩金鱼闹秧秧。
门前有棵梧桐树，
梧桐树上落凤凰。
凤凰不落无宝地，
单落东家大门上。

屠宰歌

猪羊一刀菜，
阎王爷不怪，
他家不请我不来，
他家不吃我不宰。
我把你收拾得干干净净的，
褪下这身毛，
揭下这身皮，
来世盼你托生个大闺女。

卖针歌

头号大针真正快，
缝被子，缝麻袋，
又禁蹬，又禁踹，
十年八年也不坏。
二号针，一寸三，
毛主席领导把身翻。
翻了身，把地种，
缝缝补补它中用。
三号针，数它小，
插花描云离不了。
插上山，插上水，
绣对凤凰嘴对嘴。
当家人有当家心，
赶集上店都买针。
大哥你要不买针，
嫂子要和你打离婚。
买的买来包的包，
包包里面是钢条。
（白）大哥大嫂如嫌少，
再搭上一箩筐，
装上一火车！
（白）还嫌少呵？
再添一两箩。

卖五香面

来了来了又来了，
走走东来你望望西。
来了多年老主道，
这买卖不是一样的。
真老包来假老包，
真假老包下阴曹。
包一包来又一包，
包包都是好材料。
大茴香，小茴香，
劈山救母是沉香。
有丁香，有桂香，
各样的材料都搁上。
九岁打虎是杨香，
还有良姜和槟榔。
刘备过江龙凤配，
五马下山遇虎坠。
有花椒，有肉桂，
各种材料往里兑。
包饺子，烙馅子儿，
拿回家中氽丸子。
蒸包子，喂喂肉，
各种材料齐全了。
你爱听，我爱唱，
各种材料都搁上。
两毛钱，使不了，
还有一毛往外找。
你说添来咱就添，
光添材料不添钱。

（白）来一包，大嫂子。
什么？不主事？
当家不在大小，
主事不在老少。
要一包落不了埋怨。

拉洋片

这边瞧，头一张，
这张讲的真是强。
日本鬼子修了条德石路，
天天坐车去扫荡。
八路军一见心好恼，
藏在路边青纱帐。
忽听轰隆一声响，
（白）怎么了？
鬼子的火车轮朝上。
往里看，你别分心，
共产党领导的八路军。
穷八路，爱人民，
神出鬼没打敌人。
不要脸的皇协军，
杀人放火同日本。
往里看，有一片，
这一片，实在全。
好坏军队在上面。
打人的，吃大饼，
骂人的，吃白面。
不打不骂的八路军，
吃的是小米家常饭。
往里瞅，有一张，
这一张，好悲伤。
青罕青，黄村黄，
毁了谷子毁高粱。
毁了庄稼怎么过，
扛起大刀上战场。

注：拉洋片（类似看幻灯片，其器物形如旧式照相机。观者只能一、两人钻到其黑蒙布下避光观看。其间主人就每张投影故事予以解说）在20世纪30年代至50年代中期在故城县盛行，至60年代末已绝迹。

运河号子

不顶风，流不急，
悠悠拉，步要齐。
看河边，洗衣女，
十七八，好年纪。
低着头，搓又洗，
咱喊号，她不理。
怎么办？听我的，
撞三步，看仔细。
那小妮，笑嘻嘻，
抬起头，甩辫子。
红嘴唇，白玉齿，
杏仁眼，叫人迷。
一朵花，照水里，
饱眼福，长力气。
过回流，腿绷直！
猫下腰，闯过去，
伙计们，看河西。
新媳妇，穿红衣，
河堤上，骑毛驴。
回娘家，多欢喜，
弟弟送，摇鞭子。
催一鞭，撒开蹄，
盼太阳，快歇息。
日头落，月亮起，
照纱帐，男和女。
小两口，搂脖子，
两相亲，不分离。
加油干，卖力气，
使劲拉，过险滩。
要齐心，别草鸡，
努把劲，闯过去。
打头的，弓着腰，
打二的，汗砸脚。
打三的，撅着腚，
打四的，带着病。
打五的，空肚肠，
打六的，背太阳……

第三节　轶闻传说

故城县历史悠久，民间轶闻传说流传甚广，仅选录代表篇目。

铁拐李送锅

李仙寨村传说着铁拐李（即八仙之一）送锅的故事。

铁拐李自幼丧父，母子相依为命，生活艰难。铁拐李对母亲百依百顺。一天晚上，家中仅有的一口饭锅漏水，又无钱买锅，母亲十分为难。铁拐李看在眼里，急在心里，担心母亲愁坏身体，好言良语伺候老母入睡后自己却不能入眠。翻来覆去间忽然想到：村中马家大户有钱有粮，何不去偷他家的锅！主意打定，待鸡叫三遍悄悄而起，趁夜深人静潜入马家大院，拨开马家厨房大门，揭起铁锅消失在黑夜之中……

李母醒来，喊几声儿子没有回音，忙坐将起来，点燃油灯，围被而坐。不大工夫儿，见儿子头顶一口铁锅气喘吁吁进屋，忙问："儿啊，这锅从何处弄来？"铁拐李轻轻放下铁锅，双膝跪在老母面前，把偷锅经过细禀一遍。李母听后十分恼火，又可怜儿子一片孝心，便有气无力地说："儿啊，你偷锅为咱家做饭，可人家明早用何造炊……"一席话说得铁拐李哑口无言，面红耳赤。他叩头说道："娘，儿子想得不周，待我把锅送回马家便是。"李母听罢微微点头，不由地手卷窗帘往外一瞧："噢！天这亮了！"

"天再黑一阵儿多好！"铁拐李顿足念道。果然，天色又黑下来。据说，每夜五更"天亮了又黑一阵子"，即自铁拐李黎明送锅开始。此为老天为做错事之人留有悔过机会和时间。

铁拐李趁黑将锅送回马家，恰被马家更夫发现。一声呐喊，看家护院的围来一大群，他被生擒活捉。一阵捆绑吊打，将其折腾得死去活来。铁拐李无奈，只好把偷锅又送锅经过说个明白。马家人听后，见他能知错改错，实为难得。于是，立即松绑，放他回家。可他的一条腿被打折，难以走路。马家见状，也为之可怜，从厨房里拿出一条捅火铁钩子，说："你拄着走吧！"从此，铁拐李为吸取教训，腿痊愈以后，走路也总不离那条"铁拐"。天长日久，人们便称呼他"铁拐李"。

龙凤店的传说

明代，有王氏夫妇开一小饭店，经营时令小吃。因以凉面擅长，故人称"冷饭店"。

天顺元年（1457 年），徽王出巡，路经此地，微服私访，暂憩小店。时值酷暑，随即向店家要碗凉面，一则消暑，二则充饥。荒野僻壤，虽不似宫廷山珍海味一应俱全，但能佐以通红的胡萝卜码、翠绿的黄瓜丝、浓香的米醋、白净的蒜泥、喷香的芝麻盐，吃起来别有一番风味。事也凑巧，徽王兴致正浓地品尝着这村野风味，不料挑出一团疙瘩面，徽王便问："店家，这做何讲？"

王氏见景生情，答道："客官有所不知，这面条系游龙盘踞，面团乃凤卧其中，名曰龙凤面。此面非贵人不能食，客官有缘品尝，幸甚、幸甚！"徽王听罢，笑道："如此说来你这店就是龙凤店了。"说罢，留下银两，扬长而去。

事后，方知这位客官就是徽王。店主人为招徕顾客，遂大肆张扬。一时间"龙凤店"闻名遐迩，慕名而来吃面者络绎不绝，生意越发兴隆，由此招徕八方谋生求利之人，渐成村落，延续至今。

龙母三娘的故事

"先有龙母庙，后有徐里村"这句流传在徐里村的俗语，是说徐里村在迁徙来之前就已经有龙母庙了。"龙母三娘"的故事，在村里流传至今。

传说在很早很早以前，有位姑娘途经一村落，自称姓李，说家中已无亲人，愿在村里找户人家，不再沿街乞讨。村子里的人见姑娘身怀有孕，十分可怜，就收留了她。后来，就好心给她介绍了一户徐姓人家。小伙子见姑娘长得十分俊秀，心生爱慕，也就不嫌弃她有身孕，便成了一家人。因姑娘说在家中排行老三，故此，丈夫就称她为三娘。

转眼间，三娘就到了生产的时候，这天夜里，天上无月，黑云压顶。丈夫焦急地等待小生命的降临，忽听婴儿哭声，十分高兴。不多时，接生婆面无血色地抱着孩子走出来，刚刚还是万分高兴的丈夫，面对初生的婴儿，有种不祥的预感，赶忙接过孩子仔细端详，"啊？"这孩子不仅皮肤挺黑，屁股后面居然还长着条尾巴！

丈夫惊悸之余不禁心生怒意，生了个怪胎，传出去如何见人？思虑万千后，他把孩子放到床上，到院中取了把镰刀，"咔嚓"一下把孩子的尾巴给砍了下来。瞬间，一道闪电直冲东北而去。丈夫再回头时，发现孩子已不见了，外面大雨倾盆，雷声轰鸣。

原来，三娘是东海龙王的三公主。东海龙王欲将三公主嫁给西海龙王的大公子。可这个大公子整日游手好闲，不务正业，三公主很讨厌他。而且，三公主早与知书达理、仪表堂堂的南海龙王的二公子私订终身。于是，三公主与二公子偷偷私奔。东海龙王大怒，派出所有兵将，将三公主抓回来。东海龙王见三公主无悔改之意，又性格刚烈，遂将其逐出龙宫。流落凡间的三公主当时已怀有身孕，所以，在村子里生下的孩子其实是条龙。

三娘自失去孩子之后，痛不欲生，每天晚上站在窗前向东北遥望，眼泪哗哗流淌。

几年后，村里赶上百年不遇的大旱，土地龟裂，寸草不生，人们饥渴难耐。见此情景，善良的三娘暂时忘掉失子之痛，组织村子里的人在自己房子后面打了一口井，井水清澈无比，甘甜可口，方圆数十里的人都来取水。

三娘的丈夫死后，从东南方来了一阵大风，要把三娘给旋走。人们蜂拥而上，拽住三娘。原来是三娘的父亲东海龙王思念女儿，原谅了三娘，要把女儿带走。三娘含泪向大风叩头跪拜，乡亲们也随之跪拜，大风才刮向东南，三娘从此留在了村里。

不知又过了多少年，三娘去世。十里八村的乡亲们为了纪念她，便以三娘和丈夫姓定村名为徐李村（后演化为徐里村），并在西头为她建起一座庙。庙刚建成之时，从东北方刮来了一阵大风，紧接着大雨倾盆，连下了三天三夜，风雨中伴有龙吟之声。当地人都说，这是三娘的儿子“秃尾巴老李”祭奠母亲来了。

从此以后，龙母三娘的故事传遍徐里村周围各个乡村。每到初一、十五，逢年过节，来此烧香的人络绎不绝。直到今天，人们祈求平安、为子女求学、祛病免灾，都来进香跪拜。

据传，龙母庙非常灵验，大运河决堤，大水就没有进过村子；“闹鬼子”的时候，日本兵听说村子里有龙母庙，就没有敢进村子祸害老百姓。

村子西头至今留有龙母庙的遗迹和龙母三娘的墓冢，徐里村徐姓人家至今还供奉着龙母三娘的塑像。塑像前摆放着一个铸铁香炉，香炉正面和背面都铸有文字：“临清州武城县城西十五里徐家里村龙母庙”字样，香炉背面有“光绪三十三年弟子宋通界”字样。香炉为后人“还愿”所铸。

孝兰话古

西半屯镇有两个孝兰村，分别名前孝兰、后孝兰。相传，明代初年，燕王（朱棣）扫北，残酷至极，故城遭蹂躏，而孝兰村却免遭洗劫，于战乱中幸存，此有耐人寻味传说。

时，两个孝兰（时不名孝兰）系一个村庄。村中有人丧母，7日头上，正待发丧，忽然传来消息：“燕王的官兵就要进村了！”顿时，村中鼎沸。有些人埋怨孝子，说：“在这兵荒马乱的年月，死个人停灵3天也就行了，偏要停灵7天，赶上官兵进村了，怎么办？”

“咱们赶快逃命吧……”

灵棚下的孝子们六神无主，跪在丧礼主持人面前，求他做主。

丧礼主持原是颇有声望之长者，见此情此景，说：“死生由命，现在跑也来不及了，听我的，各复其位！”本来慌乱的人们见他稳如泰山，便也安定下来。他趁此部署指挥，法度井然，进退有序，一切恢复正常。只见丧家门外，丧幡高扬，一帮吹鼓手分列两厢，远近族人依次祭拜，鼓乐声不时奏鸣迎客，灵棚下孝子，哭得昏天黑地。

起灵时刻到，棺木上丧舆，孝子亲朋放声恸哭，送殡队伍银山雪海，犹如一道银河庄严地向村外墓地倾泻而去。

这时，燕王官兵涌进村庄，一个个如狼似虎，杀气腾腾。但看到如此庄严的送殡队伍，竟动了恻隐之心，却无一兵一卒前去干扰，更不忍在此烧杀抢掠。不大工夫，燕王来到跟前，正要追问官兵为何对该村心慈手软，一大臣叩头进谏道：“王爷，古来丧礼最重，天子以孝治国。以臣之见，此村守孝之人甚众，万万不可毁也。”话音刚落，那边一阵哭声随风飘来，军前帅旗忽地倒向一边。燕王微微颔首，然后搭弓拈箭，“嗖”的一声，朝着帅旗倒去的方向射去，官兵们呼啦啦离开村庄，向箭头射去的地方奔驰而去。

村庄保住了，村民得救了，是孝子之心感动了燕王，才使该村免遭洗劫。于是人们便给此村更名为“孝子拦村”，后演变成孝兰村，孝兰村名相沿至今。

徐店村的来历

明万历初年，徐店村一带原是一片大洼，苇草丛生，时有土匪出没。过往行人早晚之时不敢在此经过，即使白天，单个旅客也时常被劫。附近百姓、远道商贾都把这里视为雁过拔翎之地。

这年，路旁芦苇丛中不知何时搭起几座草棚，一根竹竿斜插棚顶，竿头黄色旗幡上写着“徐家店”三个大字。周围村民惊疑不解，南北行人止步观望，等聚集多人后，才敢上前打听。原来是新近刚来的江湖义士徐霸公和两个儿子在此开店。

这徐霸公为人刚直，专喜扶危济困。儿子徐虎、徐豹，一个使枪，一个用棒，都十分了得。父子三人流落到此，听闻土匪猖獗，遂立志为民除害，在此开店，实为寻机捉匪。当夜父子3人正围坐休息，突然，苇丛中唰唰一阵响，钻出十几个持枪舞刀的匪徒，气势汹汹地围上来，齐喊道：“夺俺饭碗子，休想活着回去！”霸公白须一抖，二子会意，三人一跃而起，各挡一面，转眼工夫，匪徒个个被打趴在地，父子三人像缚鸡拴羊一样把匪徒捆起来，狠狠教训了一顿。

三天后，徐家店正式开业，周围村民齐来祝贺。这时，北面大道上过来十几个人，只见他们担得担，抬得抬，红红绿绿，俱是礼品。有人认出其中一个就是匪头，哗然惊散。胆大的藏到苇塘偷看，只见徐霸公指挥儿子把匪徒所送礼物全部扔进道沟里，老人白髯抖动，厉声喝道：“俺堂堂正正之人，岂收这不义之财！徐家店开定了，以后小子们哪个敢再糟害百姓，休想活命，官家再敢纵匪害民，俺砸了他衙门！”十几个匪徒见势不妙，夹着尾巴溜走了。

从此，徐家店越开越兴旺，来往客商不住武城城里（此处距县城较近），却赶到这里投宿，人们说：“宁住徐家店，不住武城县。”后来，仰慕霸公勇义的人纷纷迁此居住，逐渐形成村落。

义侠单刀降淫僧

清道光年间（1821—1850年），故城县出一武林好汉，姓孙名万春，此僧到武林圣地少林寺拜师学艺，仗义行侠，武艺高强，颇有名气。

有一山西商人，押送货物车辆路过故城县地。忽然，从路边高粱地内钻出一伙强人，拦截货物。这商人也是武林中人，武功不凡，出手就打倒几个。强人一看事情不妙，冲着高粱地大喊：“孙万春师父为何还不出来！”这商人一听此言，弃下货物车辆就走。原来，这位商人从前曾与孙万春交过手，败其手下，因此一听说孙万春的名字，自知不是对手，就到县衙告了孙万春一状。孙万春真是有口难辩，有冤难言，他知道那伙强人盗用自己姓名，为非作歹。现在，无证无凭即使有千张口万只舌，也难以把自己洗白干净，便任凭发配到江州。

服罪期满，孙万春一路行乞回家。一日，天色已晚，来到黄河岸边一个村子里。村前绿荫丛中，有一大户庄院。他上前敲门，庄客听得，开一扇门探出头来，问：“你是干啥的？”

“我是河北人，由此路过。欲求贵庄借宿。”孙万春赔着小心，恭恭敬敬地回答。

庄客一听，战战兢兢地说：“不是不留你，只是庄主有为难之事。”万春疑惑不解，问他缘故。庄客说：“村东十里有座山寺，寺里有个和尚，长的狰狞凶悍，手持双刀，且武艺高强。他虽是和尚却不行善，专事寻花问柳，糟蹋良家妇女。近两个月，那和尚看上我家小姐，不知哪天就来。太公也没有办法，正愁得唉声叹气。”孙万春听罢，哈哈一笑：“区区小事，何足挂齿，快去告诉你家主人我帮他降服恶人！”

“你？”

“怎么，你不相信？我就是曾在少林寺学过艺的孙万春。别说一个和尚，就是来他三五个，也无可畏惧。”

庄客听罢，入院通报去了。

不一会儿，太公亲自出来迎接，把孙万春让进客厅，请到上座，又吩咐家人摆设宴席。席间，孙万春便把受诬发配的事细细讲述一遍。然后又说：“这贼和尚来时怎样进院？”太公说：“和尚来时不走大门，院子东南角有三间房子，每次都从房子与院墙之间的夹道里下来，直奔绣楼。那和尚手持双刀，蹿房越脊，如走平地。”宴毕，孙万春又让太公带他查看了和尚来去的路径。

“家里有没有兵刃？”孙万春问。

“家中倒有几件，不知是否应手？”遂领孙万春进了库房，他挑选了一把单刀。

太公担心地问他：“一把刀行吗？那和尚用的

可是双刀。”

孙万春微微一笑：“太公放心，家里不知有没有判官笔？”太公不知判官笔是何武器。孙万春解释说：“这东西像一截铁棍，七寸长。头略尖细，后尾有个套，把它套在中指上，专为定身点穴之用。”

“家里还没见过这东西。”

“那就算了，吩咐人把牲口套上的小棍拿来就行了。”

找齐兵刃，把小姐请下绣楼另室居住。太公吩咐杀猪宰羊，摆设筵席款待孙万春。夜晚已到，孙万春即躲进小姐绣楼，专等那淫僧到来。

到了那天晚上，也是那和尚活该倒霉，若是早来，孙万春刚刚出狱，身子骨比较虚弱，或许那和尚能占上风。在这近一个月的时间里，每天浑腥酒菜地养着，孙万春的身体已恢复了元气。那和尚仍从院子东南角房子与院墙的夹道里下来，径直来到小姐的绣楼上，进了楼门，他左手反腕，把刀藏在身后，右手用刀尖挑拨门帘，这正是贼和尚的狡猾之处。会武艺的人都知道，刀尖挑拨门帘，这样可以预防不测。贼人自有贼心眼，时时刻刻有防备。那坏和尚嬉皮笑脸地凑到床前，问道：“小姐，我好久没来，想我吗？”

孙万春蒙着被子，侧身趴在床上，左腿伸直，单刀压在右腿下面。他用手指捏着鼻子哼哼唧唧装作女人的声音说：“俺可想你哩。”一个练武大汉的腔调，哪能像千金小姐声音。那和尚一听声音异样，知事情不妙，抽身下楼便走。说时迟，那时快，孙万春掀掉被子，双腿一弹，一个鲤鱼打挺，从床上跳将下来，口里骂道：“秃驴休走！”手持单刀，脚尖点地赶下楼来。趁着月光，两人翻转腾挪，各施绝技，打作一团。单刀对双刀，缠头、裹脑、劈、砍、抹、截、拦刀法齐全，3把刀舞得“刷刷”直响。渐渐地那和尚气力不支，边打边往院子东南角退，退到夹道里，那和尚纵身往院墙上一窜，想逃之夭夭。孙万春上前一步，套棍儿代替判官笔，照和尚脚踝骨上顺势一点，那和尚立时栽了下来。

孙万春把那和尚从夹道里拖到院里，朝上屋喊道：“太公，快出来，要死的还是要活的？”太公一家躲在屋里，浑身还在不住地筛糠，如何敢出来。孙万春冲那和尚骂道：“你身为出家之人，本应从佛行善，却做些不伦不类的勾当，还不如畜生，留你何用！”说罢，抡刀要砍。

“好汉爷饶命，小人从今往后再也不敢了。”那淫和尚吓得趴在地上，哆哆嗦嗦不住地求饶。

“那今日就留你一条性命，不过，给你留下个记号，以后若是再干坏事，千刀万剐！”说完，一刀把那和尚的左手跺了下来，喝声：“滚！”那和尚托着血淋淋的手臂，侧歪着身子从夹道中爬上院墙，狼狈跳窜。

子路买瓜

故城县有个村，村名为子路。

春秋时期，此村有一古稀老翁，老伴早年离开人世，膝下无儿无女，他凭一手种西瓜技艺为生。他种的西瓜，个大皮薄，红艳艳的瓤，沙凌凌的甜。十里八乡，都知道他种的西瓜好。他给自己立下一条规矩：每年只种100棵，1棵瓜秧只结1个瓜。这样，他的瓜就更让人稀罕了。

一年夏天，天气闷热。村里几个游手好闲的泼皮凑到一块。这几个只要凑到一块，村里人就要遭殃。这个说：“真他妈的热，难受死了。”那个说：“洗澡去吧，泡一会儿！”

“好！”有人表示同意。其中一个最坏的小子说：“洗澡才没劲哩，我看还是吃西瓜好，解渴又解热。”一拍即合，他们向老人瓜地走去。

这一年，雨水不多，正适宜西瓜生长。老人整天待在瓜地里，打尖压蔓，拾掇不停，西瓜长势喜人。老人瞅着瓜，一个也舍不得吃。那几个人走进瓜地，看着又大又甜的西瓜，馋得直流口水。

“老头儿，你的瓜不错呀！”

“托老天的福。”老人说。看他们几个贼眉鼠眼，走路歪歪斜斜没个正经样子，心里直发毛。

“老头，摘个瓜吃。”几个人嚷道。

“几位兄弟，瓜还没长好，等熟了再吃吧。”老人知道惹不起他们，急忙说好话。那几个人把眼一瞪，蛮不讲理起来：“胡说八道！吃你的瓜是瞧得起你，别人的瓜还不吃哩，你不给摘，我们自己动手啦！”几个人摘下西瓜，扬长而去。老人无奈。眼瞪瞪地看着他们把西瓜抢走，气得两手发抖，跺脚大骂：“畜生！畜生……”

这时从南边路上走来一个书生，嘴里念念有

词，之乎者也，不知说些什么。他穿的长褂已被汗水湿透。心中如火烧，嗓子直冒烟，抬头看见前面有片瓜地，想起吃西瓜的滋味，顿时来了精神。来到瓜地边，见一老者正在擦眼抹泪，心想：这位老汉独自哭泣，定然遇到心烦之事，不妨上前解劝一番。于是，上前问道："老丈为何暗自伤心？"

老人一看是位书生，和气可亲，即把刚才发生的事情前前后后细说一遍。

书生听完很为同情，说道："老丈不要伤心，善有善报，恶有恶报，弟子身带几钱，不妨收下。"

老人急忙施礼："老夫怎能无故收下你的钱，你日吃我一个西瓜。"这句话正中书生下怀，急忙还礼："谢谢老丈。"老人左挑右选，摘下一个最好的瓜，用刀切开让书生品尝。

书生早已饥渴难耐，狼吞虎咽，连声赞叹："好瓜！好瓜！"他又掏出钱，说："老丈，弟子平生第一次吃到这等好瓜，真是大饱口福，再卖给弟子一个如何？"

老人见这书生有礼貌，会说话，便爽快地答应下来。书生正要拿瓜赶路，老人问其姓名？

"弟子子路。"

子路是孔子的学生，他周游各地讲学，从此路过。

后来，村人知晓此事，将村名改为子路，期望人们像子路那样成为知书达理之人。

屈驴店与曲里店

明代初期，在运河西岸，有一名叫张百万的在此开店兼种田，接待过往旅客商贾。

一年冬天，有一清河客人骑着一匹驴子到张百万店投宿。第二天清早，张百万诬说客人驴子啃吃了他家麦苗，要客人出钱赔偿，否则就将驴子扣下相抵。客人知道这是故意敲他的竹杠，无奈跑上公堂告状喊冤。县官倒还清正，令差役传来了张百万。遂让人把驴子牵上公堂。县官审此案情，张百万痛哭流涕，禀天明誓。三寸不烂之舌说得条条有理，有凭有据，县官一时难以明断。

张百万自以为得计，想："畜生兽类，有嘴难说，这肚皮里的事，就算你县官再多长上两只眼也难看透……"

忽然，县官眉头一皱计上心来，冲着驴子喝道："你夜闯民田，啃噬麦苗，该当何罪？"三班衙役，高喝堂威，吓得驴子踢腿尥蹶，"哇哇"直叫。县官一怒，拍案而起，喝道"大胆畜生搅闹公堂，戏弄本官。来人！拉下去杀了！将它抽筋剥皮，剜心剖腹……"

那张百万一听，顿时慌了六神，乱了七魄。心想，这驴子哪里吃过麦苗，我本是讹诈，真要把它杀了岂不真相大白！到时候定我个"讹诈客旅，欺弄官衙"之罪，却如何吃得消？又一想："咳！我这不是做贼心虚吧？县官说杀驴他那是作戏弄局，哄我诉出真情。将驴子杀了，那客人也不干呀。大老爷，去你的吧，我张百万可不吃你这一套。"想到此，张百万又将提到嗓子眼上的心"扑通"一下落了地，踏踏实实地跪在堂下不动声色。

县官瞅了瞅张百万，心中暗想，莫非驴子真的吃了麦苗？若不然那张百万为何如此镇定？县官倒是真的为起难来。

忽听一声禀告，跪在堂下的客人说了话："启禀老爷，速将驴子杀了，剖腹验证，明察公断，以白小客冤屈。"

县官闻此，干脆假戏真唱，当场剖开驴腹检验。细细察看，驴肚子里哪里见得麦苗，张百万实属诬告。县官横眉怒目，喝令将张百万重责四十大板，而后，令张百万身披驴皮游街示众，并判其赔驴一匹，将店改为屈驴店以示惩戒。

此后，店业萧条，渐渐倒闭。后来山西移民来此定居者渐多，为了记住张百万之耻，人们便将屈驴店改为曲里店，随着住户增多，此村分成两个，并将村名简化，即今大曲店和小曲店村。

李娘娘的传说

家喻户晓的京剧曲目《二进宫》中的李艳妃相传就出生在饶阳店村。

明年间，饶阳店村李氏人家，有一个叫李良的人，生有四女，个个容貌俊美，可惜三女儿是个秃子，且生性顽皮。

穆宗皇帝意欲选妃，告诉选妃大臣说："我昨晚梦见一个紫杆绿叶开黄花之地，在一有古塔的村庄看见一骑龙抱凤之女，长得如花似玉，如果发现此人，那就是皇妃娘娘。"于是大臣奉命南行，一路鸣锣开道，好不热闹。一日来到一片野洋姜处，此地野洋姜生长茂盛，一望无际，大臣便吩咐随从到村庄探听，询问此地有没有古塔的村庄。一村夫告知东行六华里饶阳店村有塔，于是选妃队伍直奔饶阳店村而去。行有三、四里左右便看到了古塔，随从告诉大臣："前面果然看到了古塔，想必就是饶阳店村了。"当来到饶阳店村时，人们听见鼓锣喧天，看见旌旗招展，纷纷出来看热闹。李氏三女儿也在看热闹的人群中。因她生性顽皮，竟爬上了一座墙头，墙头上趴着一只公鸡，便顺手逮住抱在怀中。随从一见此女抱鸡骑墙，连忙告知选妃大臣，大臣一听甚是欢喜，赶紧出轿观看，但一见是个秃子，疑虑万分，难道这就是皇帝所说的贵妃娘娘吗？怎么竟是个秃子？然而君命难违，也就把秃女接上了轿。到了宫中，急忙给她更衣梳洗打扮。秃女趁机从头上摘下了一个银碗，便说："快把我累死了，她在我头上整整压了十八年呀！"梳洗完毕后出屋，大家不看则罢，一看个个都目瞪口呆，这难道就是那个秃头女子吗？"指头嫩似莲塘藕，腰肢若比章台柳，头上青丝黑如墨，回眸一笑生百媚，好似仙女下凡尘。"大臣喜出望外，急忙带其晋见皇上，皇帝见后龙颜大悦，重重封赏了选妃大臣。这就是万历皇帝之母李娘娘。

自从当了贵妃娘娘，其父李良便成了当朝太师，皇帝赏地千顷，赐饶阳店为李良的放马场。因李良生性奸诈，企图谋害万历皇帝，篡位登基。结果李良被万历皇帝杀了，李娘娘非常生气，整日啼哭。万历皇帝无奈，命人把李良的尸体换上金头银臂，从北京到饶阳店埋了72个坟，据传饶阳店村北有李良的坟墓。

后人据此事编成《二进宫》这出戏。

无梁寺的传说

在清光绪年间（1875—1908年），一位不知从何方云游的和尚来到三朗镇的清凉江畔，自称是智能大法师。他时常驻足清凉江两岸，并煞有介事，神神秘秘地走来走去，引起了当地人们的好奇。一日，这位法师来到三朗镇老十字街口，就地打坐，双手合十，两眼微闭，口中念念有词，霎时引来许多人围观。智能见围观的人越来越多，便提高嗓音高声唱道：此地物华天宝，人杰地灵，不出三年将有帝王之人出自贵宝地。但此江中有一蛇龙妖在此作怪，需造一座十三级塔将此妖镇压之下，还需建一座无梁大庙将塔罩住。不然，帝王之人难以出首，黎民百姓也将会被蛇龙妖残害殆尽。众人闻听此言，喜忧参半。喜的是三朗地界也将出帝王了；忧的是必须赶快把妖怪镇住，不然的话不知何时被其所害。一时人们议论纷纷，深信不疑，与这位智能法师商谈建造无梁寺事宜。这位法师见人们上当，又故弄玄虚地测地形、观星相，不知从何方找来十几位和尚模样的人，用数日造出了所谓"庙中塔"的模型，让人们观看。最后定址南镇老十字街为庙宇中心，整个庙宇占地300余亩。

建造一座如此宏大的所谓无梁大庙，还要将十三级高的一座塔罩住，当时的建造技术是根本办不到的。善良的人们却不能识破骗局，反而有钱的出钱，有力的出力，围田拆迁。当时除一个和尚主持建庙的前期准备工作外，智能则率领众和尚云游化缘，募捐到难以数计的金银珠宝。智能回来后，择日举行了隆重的开工仪式。可在人们翘首等待庙中塔落成的日子里，智能法师却不知何时无了踪影，人们这才发觉上了大当。时间虽已过去了100余年了，在三朗镇老十字街附近仍然时有挖出当时建庙地基的大蓝砖，成为人们上当受骗的见证。

丞相营的由来

元朝末年，丞相也速到各地考察民风。一日，来到一地，天色已晚，他便传令一行人马停下，在此安营扎寨。当地官员赶快找来当地的名厨，杀鸡宰鱼，忙得不亦乐乎。酒宴上，鸡鸭鱼肉、瓜果蔬菜、各种小吃，样样俱全，丞相特别高兴。

饭后，当地艺人表演了唢呐演奏、小曲清唱、武术表演等节目，博得阵阵掌声。夜深了，丞相一行人便在此地安然入睡。一觉醒来，天已大亮。用过早饭，丞相一行人便继续前行。临行前，丞相也速赞叹道："此地民风淳朴，人民热情好客，真让人留恋！"后来，为了纪念这个事情，此村便更名为"丞相营"。

古代捕蝗与八蜡庙

中国几千年的封建社会是一个农耕社会，生产力低下，无法抵御频发的自然灾害，只能靠天吃饭。人们把各种自然现象和各种自然灾害视为神主宰的活动，设立祭祀的庙宇，定期举行祭祀仪式，故城即有风云雷雨庙，龙王庙，火神庙，马神庙，社稷坛，八蜡庙等。这些庙宇都集中在西南镇弦歌巷北头半步桥北侧护城河西岸庙宇中祭祀的神灵与自然现象和农事活动息息相关。

对于八蜡庙，人们较为陌生。故城八蜡庙规模不大，坐北朝南，正殿两楹，设有东西厢房，大门。始建于明成化初年，后倾圮。清乾隆十年重修，正殿扩为三间。

我国对“八蜡”的信仰由来已久，最早见诸《周礼》《礼记》等儒家经典，其祭祀称为“八蜡之祭”，“大蜡之祭”或“蜡祭”，于每年腊月农事完毕之后，祭祀诸神，以求来年丰收。八蜡者，即为八种神：一为先啬，即神农；二为司啬，即后稷（舜的农官）；三为农，即古之田畯（古代管农事的官）；四为邮表，即始创田间茅舍、开道路、划疆界的人；五为猫虎（因为它们吃野鼠，野兽，保护禾苗）；六为坊，即堤防；七为水庸，即水沟；八为昆虫，即蝗螟之属，祭之以免虫害。以上诸神皆为主宰农事之神，“八蜡”信仰的兴起，与农事活动和农业自然灾害的发生密切相关。八蜡庙一度香火很盛，人们祈求神灵护佑以保风调雨顺，然而随着时代的变迁，八蜡庙的功能也发生了变化，逐渐演变成专为祭祀蝗虫或者驱蝗神的庙宇。它的这一演变与频发的蝗灾密切相关。故城是蝗灾重灾区每年春夏之交，灾害发生时，“遮天蔽日，人马为之所阻，草本俱尽蝻之初生，乡人皆呼为神，初不敢捕打，渐至滋蔓。难图。为害实甚，虽尽力捕之，岂可尽乎”。庙中祭祀的驱蝗神是元末指挥刘承忠人称猛将军。他性情刚直，为人忠厚，作战英勇。“适江淮千里飞蝗遍野，挥剑追逐，须臾，蝗飞境外。正直以为神，能驱蝗保穑，有司奏请，遂授猛将军之号。”

朝廷及地方政府屡颁治蝗条令，督促各地治蝗，并有严厉的惩罚办法。据清光绪《故城县志》载；“乾隆二十四年，御史史茂条陈蝗政：道光十六年，省颁捕蝗录；同治十三年，府颁治蝗书；奚存祠内。”地方官员治蝗不力者，将被撤职查办。明代故城县设有治蝗公所，也称蝗政公所。负责灭蝻，捕蝗及宣传防治知识，但收效甚微。

故城人民在长期同蝗灾的斗争中，积累了一些经验，采取了些较为有效的方法，其中之一是灭蝗蝻，除蝻种。每年二三月初春季节，为预防蝻子化生，一有萌动便动员百姓，多拨兵夫进行捕杀，或于水涸草枯之时，纵火焚烧，或深掘取种，并移至他处深埋。不使蝻子生翅飞腾。捕蝗灭种仍不能有效根治蝗灾发生时，不得已只得采取人工捕杀成虫的办法灭蝗。蝗灾发生时，官员百姓齐动员，用最原始的办法和工具捕杀蝗虫。按《治蝗录》规定，地方官员治蝗不力者，朝廷当重罪不贷。因此，官员不敢懈怠，与民同上阵，共捕杀。孙绪（瀛洲第一才子）写赠县令赵荣显的《捕蝗谣》一诗就是很好的证明，现将原诗照录如下：

捕蝗谣序：今年五六月，侯亲捕蝗于境内，炎风酷日，劳苦万状，余往侯之，见其唇焦口燥，面黑如漆，不胜叹服，仁哉，侯之心也。民有捕不尽力者，重罪不贷。故蝗飞蔽天，禾无少损，作《捕蝗谣》：蝗莫飞，蝗莫飞，闾阎赤子方啼饥。蝗莫育，蝗莫育，田野青苗未成熟。汝飞漫天复育子，将使吾民骈首死。吾受命，吾专城，誓与吾民同死生。汝不尽灭吾不去，吾曹与汝元无情。手疮痍，面黧黑，郊原弥望黄云色……这首诗字里行间充满对县令赵荣显的赞美之情，赵县令亲民、爱民、与民同甘共苦，实在令人敬佩。

赵荣显，安徽凤阳人，明嘉靖四年（1532 年）始任故城县令。他是一位清正廉明的良吏，在任期间体恤民情，关心百姓疾苦，经常微服私访；不畏权势，为民做主留下许多佳话，为后人所传颂。赵荣显是一位学识渊博的才子，同时又是一位热心教化的有识之士。由他亲自执笔修成的第三部《故城县志》在故城修志史上具有里程碑意义。名家孙绪亲为这部志书修润，不仅史料翔实，内容丰富，且语言流畅、优雅，特别是《文翰》篇，集中了马中锡、孙绪等人之作，具有较高的文学价值。孙绪的这首民谣体的《捕蝗谣》诗以通俗的语言，真挚的感情生动地刻画了赵荣显勤政爱民的形象，展现了官民捕蝗的辛劳，也反映了当年蝗灾为害之烈。

第二十四编　艺　文

故城县临卫水而居，挟德武邻枣清，民风淳朴，物产丰富，与山东武城隔河相望。故城崇文尚武，齐风鲁韵、燕魂赵魄兼而有之。特别是明清年间，县内文人贤士辈出，诸多文存流传于世。

明、清两代《故城县志》对域内艺文创作多有记录。此编除摘录原志作品，加录诏、谕、禀文、碑文、铭文、杂文、轶文及历代县治或当地名人为《故城县志》、续修《故城县志》所作序、跋，并录当地文人及历代墨客雅士吟故城之诗、词、赋、谣，近200余篇、首。内容丰富，不乏文采。

为传承和弘扬传统历史文化，此编选择性地记述陈、周、贾氏等12姓氏谱牒。

此志所设艺文选录，旨在承前启后，传承文脉。

第一章　邑人编著存目

邑人编著以明清为多，至民国时期代有编著存目。经核证验对，现予辑录。

明　马伟（1397—1485），著明景泰六年（1455年）《故城县志》。

明　马中锡（1446—1512），著《东田文集》15卷、《马东田漫稿》6卷、《东田集》3卷、《宣府志》10卷。

明　孙绪（1474—1547），著《沙溪稿》40卷、《无用闲谈》12卷、诗7卷、《易经奇语》《尚书杂义》《大学中庸放言》2卷、《陂东新论》《四书小说》《语孟毛诗》《蒙求族谱》等。

明　周世选（1531—1606），著《大司马周卫阳先生全集》14卷、《四库总目》《故城县志》5卷。

明　沈嘉客（1590—1672），著《西溪先生文集》。

清　贾臻（1809—1869），著《退崖公牍文字》8卷、《洛中吟》1卷、《退崖日札》4卷、《叩槃集》1卷、《接护越南贡使日记》1卷、《郡斋笔乘》6卷、《如京集》上下卷、《如京续集》2卷、《蕴声诗略》1卷、《洛言》1卷、《后洛中吟》1卷。

清　贾汝愚　著《故城贾氏手泽汇编》4卷、《孟门草》1卷、附录1卷、《椿庄文辑》1卷。

清　卢碧筠　著《碧云轩剩稿》1卷。

清　贾棠　著《马东田孙沙溪两公遗集合编》《瞿瞿堂遗稿》《琼州府志》。

清　贾如玺　著《随中子遗稿》《随子斋诗稿》《竹风窗文集》。

清　贾天申　著《宜亭金助药叟遗稿》《秘侍御公小像赞并序》。

清　贾润　著《从吾所好轩遗稿》。

清　贾延泰　著《静者居遗稿》。

清　贺涛　著《贺涛文集》。

清　贺葆真（1878—1949），著《贺葆真日记》41卷。

清　贺培新（1903—1951），著《天游室集》包括《天游室文》2卷《天游室诗》75卷、《口字韵集》1卷、《岁寒集》1卷、《天游室杂著》《趋廷记》1卷、《泳斋说邮》1卷、《文学社题名录》《钞注本古文范》4卷、《钞注本古今诗范》16卷、《文编》2卷、《随园文钞》1卷、《觚庵诗存》4卷、《孔才刻石首集》4卷、《孔才刻石第二集》14卷、《潭西书屋诗抄》《说印》《徐世昌年谱》《贺培新集》（上册、下册）。

清　董郁庭（1901—1983），著有《兰墀诗草》。

第二章　诏谕禀文选录

明清《故城县志》载录诏谕类仅数篇，今加录宣德皇帝赐予吴中制命原件圣旨及诏谕禀文3篇。

第一节　诏　谕

吴中圣旨　吴中（1373—1442年），字思正，明史中有记载。吴中为武城大吴村吴氏族人，明代永乐、洪熙、宣德、正统四朝工部尚书。《吴氏宗谱》亦有详细记载。吴氏二支族人今故城县郑口镇果子口村（原武城县辖）。吴某现珍藏宣德皇帝赐吴中的一件制命原件。抄录如下：

吴中圣旨首端

奉天承运皇帝，制曰：

朕恭绍鸿图，允怀至理。辅弼之重，所资非轻。况冬官司卿者，成周司空之职，居四民时、地利，此其务也。岂专典五材九范之法，董缮作之，勤以为贤哉。尔太子少保兼工部尚书吴中，以儒发身，事皇祖于靖难之时，录其劳勤，升赞大理，进长宪台，遂长冬官，属北京，肇建营缮繁般，殚力尽心，夙夜夙认弗解，简在上心。迁长秋官，皇考临御。复冬官卿，命兼辅朕于春宫。今朕惇用保民之政，特升荣禄大夫、少保，仍兼工部尚书。夫古之三孤二公，弘化寅亮天地，以弼一人而六卿之职，皆率其属，以昌九牧，阜成兆民，往稽古训，勉钦职任。上必有以光辅朕德，下必有以厚民之生，尔钦敬哉。夫仕至一品，百僚具瞻，四方属望其端。乃心持、乃操庶，以副朕任用旧人之意，而其茂哉。

初任营州后屯卫试经历；

再任大宁右卫经历；

三任前北平都司经历；

四任大理寺右司丞；

五任大理寺左少卿；

六任都察院左都御史；

七任工部尚书兼詹事府詹事；

八任刑部尚书；

九任工部尚书兼詹事府詹事；

十任太子少保兼工部尚书；

今任少保兼工部尚书。

宣德二年十月二十四日。

第二节　禀　文

陈言封事

（明）马中锡

臣闻天下之治，忽其几甚微，而其发甚大。其坏于小人也常易，而集于君子也常难。故陈蕃诸贤不能重扶汉鼎，而林甫独相乃至卒乱唐室。司马光、范镇诸君子，遇神宗励精图治，群起辅之，尚多扞格；一王安石坏之，卒酿靖康之祸。正邪进退之际，天下安危之几也，可畏哉。恭维陛下嗣位以来，黜左道、用正人、开言路、塞幸门，其于君子小人之进退谨矣。然君子虽进，未必无遗珠之恨；小人虽退，未必无滋蔓之虞。臣请为陛下试言之，愿陛下察臣愚悃而试听之。然后抵臣于罪，据法而论臣之罪不敢辞，死且不朽。臣自为诸生时，闻朝臣有所谓王竑者，忠贞公亮，勇烈抗直。在正统末，乘舆播迁，既尝廷击大憝；在成化初，群阉窃柄，又尝力辞要津。求之古人，可谓有汲长孺之戆，而兼申屠蟠之见几者矣。臣以为，陛下求旧人辅新政宜莫先于竑者。

今乃迟之数月，言以累人，卒未起用，其故何欤？意者，同列忌其贤而不欲其同升耶？或近幸衔其怨而不为之延誉耶？抑陛下去竑之日久，尚未知其人而渐忘之耶？不然何当用而不亟用也？他如尚书尹旻，居官清谨而选事亦颇练达；大学士刘翊，才识明敏而为人亦颇剀直。然自昔至今，皆为权奸所忌，构以他事，中以危言；讽台谏使攻其去，假诏旨以杜其来，使之赍志林泉，终身不白。陛下岂宜概弃而不一轸念录用乎？夫耳目所击者类尚如此，则闻见未逮者又复几何？臣所谓遗珠之恨以此。臣筮仕来，遭际圣明，内除诡宦，外屏奸臣，天讨允惬于舆论，而宪纲尚漏于吞舟。如兵部尚书某者，鼯鼠其技，虎狼其心。昔守西安，括取民财，厚遗朝使，沽其延誉享之终身；次抚延绥，则边墙之修不减于蒙恬长城之过惨；及总制三边，则墩台之筑何异王钦？若闭门之可羞，方且恬不知耻，斥去复来。臣以为，陛下初政，所宜退莫有先于此者。今乃迟疑濡滞，伫乎有闻而卒未闻也。岂在廷之群臣皆不逮其才欤？或在野之士不复有其人欤？抑其人奸邪如杞，誉言如阿，而陛下卒难知欤？不然，何当去而不亟去也？其他如大学士某之奸邪，某之贪滥，都御史某之老懦，尚书某之刚愎已遭斥矣，不尚有其党与乎？今朝列之中，由台省以及监院，自郎署以泝大僚，虽皆先帝旧臣，尚多奸邪余孽，暂能革面，终不革心。似此庸陋，何益于国？然又首恶者，具招在官。言事者屡陈于疏，陛下何乃爱惜之甚而不忍斥去乎？夫稂莠不除，终能害谷，死灰复炽，犹可燎原。臣所谓滋蔓之虞者以此。伏愿陛下，断自宸衷，毋摇群议，任贤勿二，去邪勿疑。将王竑等起而用之，则君子毕集，可以共成天下之事；将某某某等屏而勿庸，则小人退，断无复更败天下之事矣。若再因循不决，下之诸部则嫉贤妒能者必多辞抑沮，而君子终无可进之时。若再念其为先朝旧臣姑留办事，则包羞忍耻者，必伺时窃发，而小人终无可退之理。故臣尝考于远古，元凯登庸则君子彙进而野无遗贤，四凶诛殛则小人尽去而朝无幸位。所以尧舜之德，荡无能名，唐虞之治，卓不可及。假使当时元凯有一之或遗，四凶有一之幸免，虽于尧舜之德无所亏，而于唐虞之治恐或病也。诚以调停之说，行一薰一莸，善齐者不能同其器，薰且不胜于莸矣，朋党之祸作。一凤众鹗，善奏者无以措巧机，凤且见忌于鹗矣，不特凶邪蟠据未易翦除，而后俊良登崇徒为故事。臣之愚忠实为此惧。臣不胜拳拳。

鸣冤疏

（明）马中锡

见监左都御史臣马中锡奏为乞恩辩明诬枉等事：近该御史吴堂劾奏廷臣会议情由，谓臣久驻山东拥兵不进，名曰提督军务，其实自保身家。节该法司，将臣捉问。伏念臣师出无功，罪当万死，尚复何言？但委屈衷情冤苦始末，一息尚存，犹有未能终默默者，敢昧死为圣明披陈，死且不朽。臣自正德六年四月十二日离京至本年八月十四日取回，莅任四月有余，亲历四十州县，前后斩获首级一千五百名颗。所过城邑俱有符檄公移。而所获功次亦当仰沐恩奖。使臣果如御史之言廷臣之议，拥兵不进，自保身家，则前项功绩，奚从而得？九重恩命，岂容以幸致哉！臣不敢一一敷陈。仰尘睿览，如蒙暂宽斧钺之诛，少缓须臾之命，将臣禁锢诏狱，择遣刑官备历。臣经历地方及与贼对敌所在要见臣某月某日在某处振旅以凯旋；某年某月某日在某地刑诛于逗挠；某地鏖战互有疮伤；某日追奔致贼走死；某日曾惩宋振之无功；某日曾责冯安之退怯，备陈具奏。参考臣言，若有一言不实，虚张功次，粉齑臣躯亦无所怨。且臣自幼读书，宁不知事君致身死忠全节！夫身且不惜，死亦不顾，家计何为而忍负吾君委负之重，切切以自保哉？但臣所领逸兵止八百余人，而贼徒众且数万。总兵官张伟所领京军仅千人，又多膏粱子弟，不但强弱不敌，亦且众寡不侔，以故动即窒碍，卒难成功。且偾事之罪小，蒙蔽之罪大。臣仗天威穷追逐，贼见势渐凭陵恐终难免屡屡哀鸣欲首罪自新，以求生路，臣岂敢蒙蔽不一敷陈以罹重罪乎！臣子职分，惟当备细上陈，伏听圣明裁处耳。故臣疏内有言，合无容其自新，赦罪归农？惟复照旧进兵剿杀；而行移各境州县，亦有若彼敢再放火杀人，照旧剿杀之语。则臣之不才，岂轻信其诳诱者哉？夫御史言官也，廷议国论也，彼有论列臣，岂敢深辩。但其言亦有自相牴牾不容以无言者。且既曰信贼诳惑，则臣无疑贼之心矣，既不疑贼，何用拥兵以自卫？既曰拥兵不进，贼当感臣活命之恩，终无害臣之意矣，臣又何用自保身家？臣既自保身家，是犹忌贼之袭臣也，何以为信贼诳惑？只此数言，漫无伦序，他可知矣！且廷臣与御史于臣非有私憾，必欲陷臣于死地也。亦非罔以事理，所无以肆强辩也。言之发也有由，而事之端有据。臣之始计谓山东德州为水陆要冲，各省之文移递送臣等之符檄征索，四通八达，道里适均，四环有警，易以策应。而避地士夫逃难宾旅多轰聚其间，朝暮噪呼，千百横议，不审虚实，不量强弱，辄欲斩敌人于旦夕，霁妖氛于咫尺。喋血近郊，一刻千祓。此固臣等专阃外者之事，顾彼数十万之死命剧贼，岂臣等千八百之纨绮一蹴可尽歼哉？稍有异同即是非蜂起，此倡彼和，浸润肤诉，往往殽乱惑聪，吠声疑盗，传谤京师，牢不可破。臣虽百喙何以自明？伏望皇上轸穷兽之疾呼，怜秋虫之哀诉。除遣官亲诣各该地方查访外，再敕法司吊臣前后遣兵牌卷及各该有司应付、官军底关粮册到官，通查明白，与臣辩理。便见臣有无拥兵不进，自保身家及曾否信贼诳诱，屡失事机实情。夫衔恨飞霜，抱冤致旱，臣今日实类于是！瞻望天阍，何啻万里？臣不胜痛苦恋慕之至！

回籍复起原任第五次乞休疏

（明）周世选

奏为五恳天恩俯容休，致以延残喘事。本年正月初八日接到吏部咨文，内开本部覆臣第四次辞疏，奉圣旨周着遵屡旨上紧赴任供职，钦此。臣遂扶病焚香，北向叩头谢恩。乞伏念臣拥肿朽才，苦窳贱质，何裨于国，何济于事，而屡蒙皇上勉留若此。从来留都疏远之臣，未闻徼此殊常之遇者。臣即有胸无心，宁不感激思奋哉！第命蹇灾仍，病日委顿，有力不从心者。盖臣自上年三月抵家，闭门调理，倏忽经一载矣。延医饮药，殆无虚日，然病势以久而益深，元气以病而益耗。今春所感，视往更剧。始因风邪伤外，继以寒凉伤内；喘嗽屡而不停，脾胃败而失职；饮食减损，形体尫羸。凡睹臣面貌者，无不为臣危惧。即臣自揣，当此迟暮之年，构此危笃之症，恐无复起之望矣！夫臣情迫辞穷，艰苦之状百不宣一。惟祈皇上洞鉴，至情毫无矫饰，垂怜危病，蚤赐罢免。庶偃仰牖下，毕愿首丘，则体恤之恩逾于任用之荣。臣不胜迫切控吁之至！

第三章　碑文选录

旧志载录碑文数十篇，现将马中锡、周世选、孙绪、程绍、贺涛、贺培新、王树枏、于慎行等碑文验核校对，一并录入。

第一节　碑记选录

故城县新迁县治碑记

（明）周世选

赐进士礼科右给事中邑人周世选撰

赐进士户部广东清吏司主事邑人张守贞篆额

赐进士户部陕西清吏司郎中邑人宋诺书丹

故城古蓨县膏池地。唐贞元间始置今县名。历宋而元，为县为镇，或置或废。尝隶贝州，今为河间府属邑。征诸志，旧无城郭，惟官署列卫河之滨。成化二年，府守贾公忠奉诏建城濬池于署北里许。嗣是，吏治因循，惮于改作，积有岁年，城垣倾圮。

今上纪元之四月，兵宪水峪曹公科知状议曰：县有城池以资藩翰，备不虞；有治所以宅官徒，联众庶。城无民则邑虚，治不迁则民涣。兴革重务，莫是过也。上之抚巡，抚巡是之，乃符县亟督之理。

时沱南李公绍先始知县事，承札顾而言曰：先信后劳，若古有训。吾未施于民而遽劳之，众其谓我何？既数月，大张化瑟，群情效顺，乃即城之中度地亢爽，布位经营。厅序屋宇，门屏阶垣，广狭延袤，各有规制。樽栌口（左木右店）楔，埤埴瓴甋，垩茨丹垩诸材，括旧以需用。其所不备者，斟酌增饰之。城池之尺度，楼橹埤堞之规模，达观隐广，弗遗弗疏。揣工量费计金七百有奇，不使或靡。总境内编氓而籍记之，里有定夫，夫有定日，日有定役，不使或滥。出纳有稽，分董有官，十人五十人百人各有伍长，互相觉察，不使或渔或逸。李公又自阅朝暮，较勤惰以总其凡，不使或偏或徇。

九月鸠工从事，明年二月官廨以次就完。城堑筑凿甫施工力，李公被征为南道御史，县幕詹君相乃承专理之檄。无何，新尹徐川党侯田至，协心殚虑，画廛定衢。秋九月，爰告成事。内而堂宇宏邃，门闼洞豁，长二尉属视事燕憩，翼翼委委，咸适所宜。吏舍神祠，深靓严肃。仓庾狴禁，奥固扃密。逵达横术，市环周庐。伟丽博厂，井如涣如。外而高墉峨峨，重郛言言，女墙宿列，鸱尾云连。襟抱峻流，背绕沃壤，岿然盘踞，屹成钜坊。士而游息，宾而馆谷，旅于途，商于市，熙熙倓倓，改观易望，物象风景蔚然其顿殊也。自此通贸迁则以藏富，销奸宄则以弭乱。锺奇孕秀，地灵人杰，澹董辈出，龚鲁肩立，不日畿辅之一望邑哉！

是役也，水峪公创谋省成，沱南公虑事率作，兴举旷典。绩为较著，若巡按少泉郝公杰省风采议，首振纲维；巡抚南贞庵曹公亨、函野温公如璋绥猷明法，继覃经制；太府平皋朱公裳宣度达情，体要明察；党尹则恪励承事，克底成绩；詹幕则督办勤敏，无稽无缺。是皆有功斯邑。

民用永裕，沱南濒行，以记石见托，既党与詹再为之请选。惟天下事，或兴与废，各以其时。而应时与事，实惟其人。人非时曷因，时非人曷成。吾邑百余年来，县治凡几议迁置，城池凡几议修筑，移文频仍，苟且承应。司监牧之寄者方逆旅视官，望望然计资年以去，顾此弹丸，置而弗理。际其时遇，其人孰意有今日乎？

圣明御极，贤哲奋庸一时分符，列采济济。得人以谋以断，慎固封守，务崇实政，罔具粉饰。一邑如此，推之一路，又推之天下，举可知也。识者将深为世道幸，岂直曰一邑攸繁已哉？虽然有善作，贵有善继。善继之者明也，不善继之者怠也。继之弗能，又从而败之者悖也，善继未几，旋惑异说而徙改不常者，妄也。后之人不足于明怠邪？悖邪？妄邪？视此亦可省矣。若夫兴造之后，继以恬休，平徭减赋，息讼招流，黜猾禁侠，以息肩吾民，填实邑井，庶人和笃，而地利弥固，又在当事诸君子加之意焉尔。谨记。

重修庙学碑记

（明）马中锡

凡天下郡县，莫不有庙学。庙以祀神，学以造士。其废其兴，则有司者之责也。弘治丙辰冬，故城知县杨君凯重建，撤旧而鼎新之。庙之制自礼殿而下，若两庑，若戟门，若棂星门，若厨库宰牲所，为屋凡四十有三楹。学之制自讲堂而下，若两斋，若馔堂，若经阁，若射圃，若公廨学舍官廪，若门，若坊，为屋凡二十有七楹。合之百有七十楹。惟礼殿，惟棂星门，神所妥灵，则缘以翠瓦，承以彩椽。金碧镂绘如国学庙貌然，余皆常制，但施素垩尔。惟讲堂，惟东西斋，士所肄业，则峨以脊兽，饰以文璧，弘厂壮丽如部省厅事然，余皆常制，但崇廉隅尔。其神像用偶不以为卖，文昌有祠不以为淫，皆仍其旧也。财办于官，不予民力，出于赁不于役，呜呼，亦盛矣哉！工既讫，砻石将记岁月，以中锡邑人也，属为记。稽之地志，元季丧乱，市朝变迁，庙学大坏。洪武初，知县薛庸奉诏创建之。文皇帝渡江靖难，戎马践踏，庙学再坏。知县王善重建之。章皇帝讨汉庶人，驻跸棣州，庙学又坏。知县戴恕重修之。正统末，灭月弥久，风雨飘飖，庙学复坏。知县李康祖重建之。四五十年间，倾圮殆尽，补罅塞漏，虽聊蔽风雨，而短墀垝垣终负于天日。然则鼎新革故，理数诚有待予今兹，而恪守善述人情，不能不颙望于后来耳。且国初至今才百三十年，废兴屡屡若此，土木之罪耶？抑人之罪耶？得人不优其不兴，无人则其废也，犹羸婴也。后之视今亦犹今之视昔，则今日杨侯之志，宁非后之所当知乎！若夫推崇先圣之道则近于僭，称述有司之能则近于谀，勖励士子之业则近于赘，皆所不敢也。唯巡抚秉礼罗之权，提学司考试之柄，守令任宾兴之责，儒官领乐育之事，则并列其衔，名于碑左云。

弘治十四年春正月立石。

重修儒学碑记

（明）周世选

余邑为汉儒董子故里。是时，董子崛起秦火之后，精核经术，究斯道之大，原其所论著，直足以衍洙泗而开濂洛，两汉儒者无以过之。盖甚盛也，历代以来斯地学脉寖以微矣。我明御宇二百余祀，广置学宫，偏于九有士，盖家礼乐而户诗书，郁郁彬彬，超越前代。余乡迩隶京师，涵濡德化且久以洽然，而士鲜问学天人之际，究者廖廖，何欤？岂古今人之不相及欤？抑鼓舞振作之无其人欤？故庠建自国初，时圮时葺，惟宋太守岳独著。比岁则又圮矣。邑侯杨君至，旋视怃然，亟议修理，捐俸为倡，邑士大夫及博士弟子员相与协赞，工不逾时而讫。敝者易，剥者完，阙者增。由殿而庑、而堂、而舍、而门、而坊桥、而泮池、而奎楼、而文昌阁，如翚如棘，如砥如拱，焕然改观。于是，学博吴君遇辈千里命使征余文为记。余惟人才之盛衰，视学校之兴废。汉初立太学，设博士，诏郡国，举孝廉，而增广学宫，弟子诸儒经明者，咸得立其间。有大政事，则贤良文学与公卿大夫，杂议洋洋乎金口而木舌，诚重之矣！维时广川董子号称醇儒，可以征汉初养士之效。其在于今士习何如哉？平居诵法孔氏，明一经之子，非不以儒学自命，乃一日得志，辄等弁髦弃之。名行之不修，政事之不达，甚至贼民而误国。则经术之谓何？远贻先贤之羞，而近重有司之忧，此余之所以兢兢为吾党惧者也。夫学宫之荒芜令为政，学术之荒芜士为政。革故鼎新，有感而作，见贤思齐，迈往千古，吾党能无意乎！董子有言：勉强学问，则闻见博而知益明；勉强行道，则德日起而大有功。尊其所闻，则高明矣！行其所知则光大矣！又言：正其谊，不谋其利；明其道，不记其功。由前之言，可以诲学；由后之言，可以定志。持此求之圣贤之域，可得而优入也。愿与吾党之士共勖焉。董子去今千有五百余年，而其声光不可磨灭如是，方来英杰雍雍济济，安知不有继董子其学者而与董子并传于不朽也哉？余深望之矣！凡兴学育才，有司美政，况衰朽之夫得与士髦交励此学，敢不辞而记之。杨侯名光明，东省濮阳人也。万历辛丑仲春立石。

重修庙学碑记

（明）孙绪

绪修庙学既讫工。客谓绪曰：子之是举礼欤？是虽一时以为美谈，然而有司责也。犯非其分，竭筋力，破资产，供辽渺不可诘之费。其曰：少伸涓涘，无不可者。安能人人谅子之心乎！曰非吾敢侵有司职也。彼势不能及，吾代其能耳。故城本小邑，又当水陆之冲。供亿不时，戕于盗，殍于水旱，编氓存者十二三，帑藏既殚，民财亦竭。庙学倾圮，有司弗敢问；间有问者，才一计费，即缩颈吐舌而止。吾出吾赀而理之，何与于人而以为罪乎？绪往岁阻雨学宫，目击屋室尽倾，圣贤肖貌大半肢体败缺，僵卧泥淖，不觉毛发森竖。夫目有所触，则踧踖人情也。使见于此而漠然不动，岂复人也乎？且从容暇豫，而后顾忌之心生，卒然遇此恨，未能一刻集事以自慰。人之议吾后，固不暇计也。今庙貌尊崇风雨不动，绪心恔然无恨，不韪之责，亦俯首受之耳。曰：子之摈斥有年矣。进不能敷经国之远图，退不能浚先民之遗泽。举世莫知，有言不信占俾猥陋，为孔氏无穷之玷。门墙之靡，将必有在，复何敢强颜于其门，且安知非藉此邀誉以媒仕乎？噫嘻！孔子之道，天下所恃以为命者，固天下之人皆可以自尽者也。天下之人皆可以自尽，绪之不肖。盖尝服膺圣训，忝冒科目独有怀而不得尽焉，圣门绝人不若是之甚也。恶人沐浴可以事天，野夫芹曝可以献君。绪固尝得罪于天子守法之吏，然未尝得罪于名教。窃附此义，奚为不可？若曰要誉，天下之事多矣，凡可矫情售伪，何者非要誉之地讵忍藉孔子乎哉！故垝垣败址，悉因其旧不以为瘠。自殿廊门庑以及堂斋库舍，取足于坚，不必于华，不以为陋。廪食不继，货簪珥、市袍笏不以为羞，不谋之朋友，不告之姻戚。虽以去任，方侯衮之贤，未尝一言达之，不以为专要之取慊吾心耳。然则方侯终不知耶！曰：侯方怏怏有去志，而怂恿慰问于于，然其意可知也。其恶非己功而忌人成事，摧排阻抑，彼此俱无所成而后为快者比比。侯一听绪所为，略不作梗，其赐亦大矣！何必手付俸金，身亲版锺而后为功乎？曰：子之志诚伟矣！吾恐志向之非，一而骞凌之如旧也。愿得一言以示久远，庶善者知劝，或可望嗣葺之功；不善者知戒，亦可免侵损之患。惟吾子图之。曰：古以悲歌感慨称燕赵，挥金赴义，盖其余事。彼梵宇淫词之兴废，于世何所损益，而一经号召，雷动从之。儒者亦或往从事，夫其谬悠无稽之谈，曾不满一笑人趋之犹尔厌，况吾夫子乎？秉斯文之麾柄，明伦以亲小民，正经以胜邪慝。则人皆知所向往，移其所以从事于彼者而事孔氏。羡墙蚤夜之思，当不可御后。岂不有英隽之士卓荦之才，悲歌感慨于吾之后寻堕。绪访遗踪，易陋而闳，易痹而崇。子来于学宫者乎？若必哓哓以号于众惧人以浅而议我也。然则所谓知向往，非子言。其孰从而示之，亦孰从而守之，且子之语默士之从违繄焉。曰：今江宁赵侯荣显，清约爱士，于书无所不读。以若人而秉麾尘于上，潜驱默挽，绰有余地。王莲幕文翰复以贤佐之士，当有定志。钱学谕麒，郭司训明，郜司训声，经明词富，浓于义而澹于势，严许可谨章程士，当有定业。属耳于謦欬，逊志于观示。亦趋亦步，无非可学。所见闻皆足为训，士当有余师。今日为良士，他日为良臣，皆于是乎！在幺麽如绪，尚复何言徒以韁聒招罪耳！既以是谢客。顾旧碑卧浅草中，欲言兴意，渐不可制。乃述七诫，命石工刻其上以要同志，知我罪我，惟此石在耳。圣道若元气，入在人肝脾。举目见日星，举足见山溪。岂必媚神物，吾性自无涯。父子恩相亲，君臣义相资。于心少不安，九死不可移。枵腹西山巅，窃负东海湄。是之谓天理，是之为民彝。为学之要，诚敬为门。何以持之，莫约于言。孔贵忠信，程戒易烦。百发百中，不如默存。况非我职，冒险市恩。责人甚明，自顾则昏。愿言静一，以养灵根。义精则入神，利近则污人。舜跖之分，近在鸡鸣之晨。市而计利，犹足浇淳。矧彼化机，系我缙绅。一念少差，其害无垠。援古以文奸，聘辩以惑民。利源既深，道心以湮。亲族载离，风教用屯。若此者，何异乎贱商？何减乎孔壬？守则思强，竞则思尫。道则赫然而彰，名则奄然而藏。藏欲善其踪，彰欲掩其锋。强不必于攻，尫不必于从。修道于家，名之为士；布令于民，名之为仕。仕而失职，司败之俟。士而失德，获罪君子。司败之法，一时之耻。君子之讥，贻笑百世。所以昔贤，惟重责己。士不可以无师，师不可以无友；师而句读，友而杯酒。其外则然，其中何取？朝闻一善，吾师其有。暮见不善，吾谨吾后。天壤之间，孰非吾偶。深讳勿发，盛气勿折。理直勿贬，以徇词达。勿甘以悦，豢养盛则。桀骜气识，近则猥屑，优游学废，闲懒痴绝。冀根株之尽除，阅百世以芳洁。

重修乡贤祠碑记

（明）孙绪

一乡之贤，一乡之人之山斗也。然而甚难焉。里巷指摘隐伏，莫逃月旦讥评，毫发不贷。乡人翕然以为贤，斯诚贤矣。而孔子又谓，当使善者好，恶者恶。似又有不然者，夫十人誉之，而一人不应，人将以为病，况恶于人而谓贤乎？古今异宜毁誉，难合类如此，必使善者劝，而力不能者企，而慕狡者信，暴者化，然后翕然贤于乡，而又不戾于孔子之所取，不亦难哉？孟子论乡之善士，极而进友天下，尚论古人！然则一乡之贤，固，天下士与故君子重之。故城古燕赵区，面漳河，背渤海，屹然文献旧邑。县西南三十里曰澹村，澹台灭明故澹也。西北五十里曰董学村，董子下帷地也。昔者澹村隶武城，董村隶景州，今皆为故城地。二公者，百代师表，固非一乡一邑所敢私。而高踪徃躅，桑梓于斯，谓非故城乡先生不可也。乡先生没祭于社，舍二公其谁？继公之后，善居室，慎有位，表宅式，闾者先后相望。而禋祀无所，名氏渐湮，感慨悲歌徒寄之遗黎故老之口，识者恒为之掩泣。嘉靖壬午冬，凤阳赵侯来为令，谂知乡无贤祠，大惧。鉴戒不昭，习俗放驰，乃构堂三楹于明伦堂西，迎寘二公尸而祝之。盖二公者，从祀孔庭，天下之公义也。享祀乡祠，一邑之私淑也。义各有差，礼不厌数，固如此乃复谂耆旧质生徒，将益求昔贤配食左右。人恒以为难其选，侯曰：吁！是何择之严而责之备也？必以二公律乡贤？天下无全人矣。天资之偶合，一行之近似，平居引分以自安，登仕随分以自尽，皆其所与进也。惟于人，不惟于官；必于心，不必于迹。诚贤邪？岩穴、韦布皆可俎豆于斯；不贤而背驰焉偾蹷焉，营营以趋呶呶以附焉，虽禄位崇重，吾不敢取咎以私。以是概于中，可思过半矣。众韪其言，退而殚心力，博咨询，得少司徒沈公、素庵马公而下数人。以复于侯，侯质之寮属，寮属曰都示之吏民，吏民曰俞论遂定。间示余，属为记。余尝见郡、邑修志，乡祠祀贤，不究名实，不要终始。凡厕迹科名，滥觞仕版者，概谓之人物，概谓之乡贤，是何贤者之多也？迹类题名，事涉序爵。而名世之英，厉俗之节，以屈沈陇亩未施于政，泯灭澌尽，无一人齿及。岂通者皆贤，而穷者独无人邪？势使然也。市谀于既往，掠美于将来；遗遐于隐逸，绝望于高尚。尊贤之典固若是乎？惜哉！侯惟贤是与，穷通一途，不但草泽、农圃皆思自立于贤者之域，宦成名遂亦有所畏，而不敢肆民生；秉彝士习趋向皆于是乎？在所系岂小哉？季孙之锺鼎，颜氏之箪瓢，后必有轩轾之者矣。侯名荣显，字士亨，号十松，梁国公七世孙，南畿乡进士。清约博雅，有古人风节。因记祠并及之。嘉靖九年提学御史，陈讲西蜀，名士也。按节至县谒祠后移檄增置器料仪度，著为令比前为尤盛云。

重修城隍庙碑记

（明）孙绪

城隍祀典神也，先儒或谓既祀社稷，不必复祀城隍。夫幽明人鬼，理非二途。藩臬有伯，郡邑有长，独于鬼神而疑之乎？彼巍然而高者为城，窅然而深者为隍，井然而列纷然而沓者为巷陌，为墟市。要必有神以主宰其中。而漠然不与于人，岂理也？哉岁时禋祀，望朔展拜，盥荐有肃，肸蚃有灵固国制所当遵，而亦理所当然，非过也。故城城隍庙在城东南隅，学宫之左。崇冈亘前，潴水映左右。古木蔽亏平衍靓深，足以妥灵而虔祀。历岁滋久，木俱被伐，庙亦渐倾。嘉靖甲申春，邑人张鸾慨然兴念，亟请于邑大夫凤阳赵侯荣显，侯曰：吾责也。顾岁比弗登，民生用艰，吾不可以重困。乃属学谕钱君麒题疏示民，谕以大义，意真语切，闻者洒然以快疏词成于一时，欢声达于四境。争先于来，不忍或后，数月工讫。堂室门庑焕然一新。侯落成而燕，举爵言于坐曰：事有似缓而急，似急而缓者，君辈知之乎？故城当水路之冲，上承下逮，民情政理，百责攸萃。一庙之系，若甚缓焉。然而民有抑则质于官，有疑则质于神。一邑主宰，庭庑芜秽，人将玩而易之矣。神之有无在人心，人玩而易，神将渺茫不可知。恶孰与惩，善孰与休？亢阳淫雨孰与平？妖氛螟螣疠疫孰与驱？顾无急于此者。迨夫经书载初，百工交作，知者献谋，巧者献技，富者赀，壮者力，梓人以材，陶人以甓，攘臂骈肩，飞步疾走，何其急也？而吾未敢凿凿以刻期，汲汲以视晷也。勤者吾劳之，惰者吾弗问也。熙然相语，煦然相亲，闲情和衷，舒迟攸纾。施于前祈报于后，损于躬或益于子孙。延之终身，要之他日。天下之缓孰大于是。夫缓而急所急者，卫民之生；急而缓所缓者，惜民之力。今日之举，凡以为吾民而已。言未既，沙溪孙绪起为寿，曰：侯于民深矣！考绩之法，以事神为第一，义而治民次之。侯虔于神，犹不肯斁于民，况其他乎。百为庶政，可推而知也。且以官府临之何事不济？而谆谆于言，煦煦于恩。此何为者，常恐苦其所未堪而强其所不欲耳。听其来不究其去，戒以休不董以威，悦先而劳忘，气和而声应。使守令皆若是，闾阎之下，安得有叹息愁恨之声乎？请记诸石，庸示久远。并为乐诗一章，侑神且咏公德。侯作而谢曰：敢不质约于神，蚤夜淬砺，期无负先生之言。诗曰：学之东，神来融融。瞻视孔堂，如坐春风。城之隅，神来于于，万夫骏奔，有殽有醹。我醹既醇，我殽亦熏。神之来思，烟销日昕。醹醇伊何？维侯之泽。酌而沃之，既醉而怿。殽熏伊何？维侯之芳。遗馨剩馥，千里洋洋。于以振衣，甘陵之巅。于以濯缨，漳河之泉。何以祝之，亿万斯年。

重修董子祠碑记

（明）周世选

大儒先生以德猷勋业节义文章炳耀今古，卓乎无以议者，代每维乎其人。至于探本真，翼圣道，继绝开来，崇正黜谬，粹然超然，不惑异说，不溺俗好俾，统绪弗淆，而后世得有所籍以发明，斯其不尤难矣乎！粤自姚姒，授受精一执中，万世心学肇其源矣。嗣是圣哲应运叠出，斯道布濩如日中天。盖至子思、孟氏而降，申、韩、荀、列之徒，心心喙喙，驰骛争衡，而秦火继之。教骤人亡，莫可收拾。炎汉习成马上，罔事诗书。数百年间，道之不绝于天下者，如线。惟天牖民，文不遽丧笃生董子，能自得师于灭学之余，颛志发愤心乎大业，足不及园者，盖三年。精思极诣，渊粹真纯，烛大道之本原，明礼乐教化之治具，达天人流通往来相应之至理。黜百家，崇孔氏，尊王道，卑霸术，发正谊明道之谈，揭尊闻行知之训。洞识邃养，直步趋于距诐放淫羞管晏。称仁义以远绍乎，诚明博约惟精惟一之旨也。汉庭诸彬彬文学士，无能闯其藩篱，而从谏者忌且倾挤，偃蹇终身。不事家人生业，日与诸弟子讲学明道，宛然邹鲁家法。奈何后学谫肤不加深考，泥汉史阴阳纵闭之说而訾之。不知其求雨作用一事，亦月令出土牛类耳。班氏初无贬辞，而何后世之呶呶也？窃怪夫韩昌黎氏《原道》，而云轲后无传，未始一语及董氏；然至于荀杨，以不精不详致疵焉，意可识矣。魏、晋以还，士议舛驳，承伪踵谬者，纷纷退之。岂不窥董生之奥？盖亦不敢轻加轩轾，以俟后之论定云尔？不然，何于荀、杨而无少含蓄也？迨有宋诸大儒，或谓其度越诸子，功不在孟子下，或谓其本领纯正，最有功于学者，然后知孔孟之道，不遂澌灭。濂洛诸君子藉以寻流而穷其原，咸于若人乎攸赖。则夫天生董子于汉也，而岂徒哉！董子之生，实汉广川，今入景州版图。所谓广川镇者，即其故居也。吾邑城西北三十里所，有村曰董学，去镇仅数里。相传为董子下帷地，旧有祠在焉，毁于兵燹。故址茫不可识。弘治间，居氓得断碑荒草中，字画多漫灭不可读，隐隐辨董祠数字，以是知名村之义，以董子下帷故无疑也。村著姓苏氏，世衣冠旧家礼义望族。讳岷者，雅德君子也。喜其居为前哲游息之所，谋于弟岢辈暨乡耆儒绅，醵金协力，复建祠于邮之西，岁时祭享，以寓高山景行之思。历岁既久，渐就倾圮。时岷子贡士浐，率族人某，彻新之布置，结构惟坚惟称，以永前人志事之存。迄今庙貌言言，过者生敬。浐子乡进士权，余同年友一且姻契也，谓不可无言以纪颠末。今年春，复率族众树石丽牲，因谒余文勒之，以为昭往示远之谋。文未就绪，有过者云，董儒从祀庙庑，载祀乡贤，是祠之建，不几于渎乎而文之也？曰：不然。庙庑之祀，朝廷隆儒之典也。乡贤之祀，邑侯尚德之公也。是祠也，乡晚后进企慕先达、恭敬桑梓之谊也。礼有攸当，事各协宜，且孔孟不祀于海内乎？阙里之庙，邹之庙，又何为也此？岂不可窃比者耶？矧苏氏祖孙父子汲汲焉，惟先贤之祠是图，其向往可知。世德焯焯，脍炙月旦，夫固有所师承云。是故余不容以不文辞也。因缀之以铭。曰：道在天下，万古如斯。所以不坠，人焉是资。人不世出，道有绝续。前者懵懵，后将何瞩？惟世教隆，倡之斯易。榛塞荒芜，艰哉力辟。虞夏殷周，以君以师。云何季世，决裂支离。执有崇玄，立言各异。汉接嬴秦，愈昌愈炽。爰有大儒，奋起于兹。力挽颓波，障川东之。天人三策，据悃彤墀。道义两言，起痼当时。六经表章，伊谁之方。孙马卜儿，走而且仆。洙泗流派，伊洛宗依。承前启后，斯人庶几。后贤定论，曰汉醇儒。宇内钦仰，矧兹故区。有庙峩峩，有像堂堂。尸而祝之，骏奔皇皇。骏奔者谁？苏氏子姓。来奠来献，偕彼同盟。献也彝轨，奠也瑶觞。神之格思，霓盖霞裳。高风雅韵，洒洒洋洋。云树苍苍，漳水茫茫。

二贤祠碑记

（明）周世选

盖闻山川灵秀之气，毓为人才。所谓人才者，非必附凤攀龙都津陟要，而高风大节，足以师表百世，令后世称先贤，梓里者因以重其地焉。至若褒扬往哲，兴起后人，又为民父母之责也。吾邑西北三十五里，有董学村。县西南二十五里为郑家口镇。镇西三里有澹村。澹村为子羽故里，盖旧属武城地也。董学村即仲舒下帷地也。二先生去今垂二千年，然传所称乡先生，殁可祭于社者，孰有加于二先生哉！明典建学育才，式重乡贤之典。二先生之祀，无论故城，在景、德、冀三州，枣强、武城二县皆然，二百年来不废也。为邑侯者循习故事，谓二先生飨此足矣！无有专设祠宇，合二先生而表著之者，盖执节劳省费之议，未镜阐幽示则之要机也。穆庙时，山西李侯绍先始书董子故里，勒石竖通衢，以光一邑。而竟遗澹台，若有所俟者。今上乙酉，贵州李侯承露甫下车，即按地图语群吏曰：予生万里外，佩服孔门遗训，窃欲北游邹鲁间，冀得高迈端醇之贤如澹董其人，而与之游。今兹作宰，即未遽臻弦歌，以为君子小人倡举贤良方正以称上指使，敢不率尔士民共师二先生于百世下乎？时遂慨然为专祀。计属岁不登，急于民而缓于神，然惓惓念之不置也。丙戌九月岁成，侯度民力可用，于卫河之阳创二贤祠。设堂三楹，肖二先生像于其中。前后各五楹，为岁时奉祀祝人栖息之处。阅七月而毕工。复竖丰碑于道左，书澹董故里，以为往来轺舸之所瞻竚。皆侯捐俸为之，士民乐而助之，民不告劳，财不告费。而二千年来未有之盛举，实自侯始。且令百世下之乡人，瞻其像而思齐焉，不肖者亦藉以愧而争自励。侯不特有功于二先生已也？后有由捷径非公事请谒者，有发愤向学而未免窥园，所事如胶西江都，而不匡以正直者，过二先生之祠，亦可以奋志矣。嗟夫！澹台一遇子游，遂获为圣人徒。董子称述天人，受知武帝，见嫉公孙，竟以病免。则上之人由邑宰以至宰天下，能留意人才者自古难之。有子游而后知澹台，有李侯而后专祀澹台与董子。侯其善学子游，而羞比曲学阿世者哉？予不佞生二先生里中，仰止者素矣。值祠成，李侯弛书滁阳问记。予虽不文，然诵李侯嘉惠之德，勉乡人景行之思，因次第其语，俾镌之贞珉庶祠之下河之滨。水浮陆走者，咸知二先生能，为故城重。而窃庆故城有贤令如李侯者，乃克褒扬往哲兴起后人如此云。

东田先生祠堂碑记

（明）孙绪

太学生马君师言，建祠于新第后，祀厥考左都御史东田公，东田之上世皆在焉。不书公志也。马氏旧祠，河决圮坏，公欲创未果。公没，师言踵公志，成之，因为东田祠云。祠既成，沙溪孙生为之记。曰：才维应变为难，应变得可为之时为尤难。吾才矣，吾能应变矣。而一时论者，乃不知变，迂腐固执，胶泥糟粕，而吾适遭其所穷。其如彼何哉？吾曰当居，人曰当趋；吾以为功，人以为凶。谋虑未施，陷阱已在其后矣。管乐复生，吾知其无能为也。阃外之寄天子尚不敢与闻，况多言之云云乎？公雄才宿学，清风劲节，既已无愧古人，而谕贼一事尤奇特。且古昔已试之方，古人以之取勋名，公乃以之贾祸患。吾独悲公之不遇也。汾阳单骑见回纥，近于仓卒无策；昌黎入镇州谕王庭凑，迹似持两端；澶渊之役，类城下之盟；元昊之谕，类境外之交。当时无一人一语及之。去今远者近千年，近者五六百载，休光炳然于汗青之上。诵其书，想见其人，犹能使人击节称叹。使当时少付之喋喋者之口，数君子皆将为理受诬，为法受恶，而天下无全士，古今无完名矣。幸而成功，亦未足以赎，况惴惴焉求免罪戾之不暇，而暇计功之成否耶！文深者败，成功论刻者扼俊才，岂非升降之一机乎！夫屡战而克，未若不战而屈；动而有获，不若静而观变。公尝抚治宣府、辽东、大同三镇，三镇之人至今思之。敌每谈其名，辄啮指相顾，则夫辕门机变，公筹之熟矣。使一听公所为，少假岁月，不以多言参之，静观其势，而徐为之图，间谍乱其心，悬购倾其众，坚壁清野老其师，先声耀武骇其情，弱而示之以强离而用之以合，奇而正正而奇，皆公掌握中物，可不血刃平矣。而中途沮坏，赍志以没，吾又悲斯世斯民，不得睹公之成功磊落奇伟也。故曰：天下之事，要其终而后知。君子之用心，医工之治疾也。察脉理，审病势，曰此愈在旦夕；曰此非旦夕可愈，当积以岁月。夫岂不欲旦夕之间愈哉？病势既深，当缓以除之，急则败矣。药才七剂，势方瞑眩，遽谓术之谬，岂医之过耶！以公之才，仗天威，受庙算，剪此群丑，岂有前顾？乌合既成，计非一时猝破；毒天下，枯万骨，公所不忍谈，故俛首默默，以要其心。心服矣，然后势不可久。虽目前不足取，深思远虑，久安长治之策，无出于此；而活人之功亦多矣。活万人者有封，公后世其兴乎！继公者，以公为鉴。草薙而禽狝之委命锋镝，奚啻亿万万数。自以为功高韩、范，业并伊、周矣，而身投遐荒，名列叛党。公则士论翕然，旧誉未改。先皇帝亲谕以祭，录荫后昆，天道岂远也哉？敢因记公之祠，极论如此。冥漠有知，当欣然是。吾谣以歌曰：吾无功兮，民则有生兮；吾不侯兮，人宁我忧兮；云变而浮兮，风荡而靡；师出否灭兮，臣罪当死；甘陵郁郁兮，漳水粼粼；流泽无穷兮，以裕后人。

周大司马卫阳公乡祠碑记

（明）程绍

大司马周公，吾师也。殁之十五年，而乡之人，思而祠之。工竣，征程生为记，以勒于丽牲之石。孔子曰：观于乡而知王道之易易也。程生曰：观于乡而知人品之有真也。古者，儒行修民功著大者，乃在天下，次在郡邑，祀之瞽宗。明兴，大典不轻瘝。其诸家之宗祊，则孝子顺孙以是伸报，本追远之念。而不足轻重于世道者，以于乡祠难矣。盖乡之为地近，为习久，为道常，窥之极其微，而防之不及。摄也而无迹，德也而无功，一瘼之微也而蔽其全。率皆难之，不知非乡之难，而处于乡者之难真也。真本在孝弟真，事在处人真，真之或失，而炎凉殊地，必喧寂易心，非不兢兢于天子之庭。退而与乡人居，惟其所欲，或卒不得伸其志，而牢骚幽怨，先施密迩，且有扬历中外，秉全居要。归视役使一世，而乡于何有？此不待盖棺已定，安所得乡之人祠之？而且祠于十五载后？为来者劝如周公者。公弱冠，游黉序，负笈从师百里外，即已志圣贤之学。嘉靖壬戌成进士。理毗陵平允，至旁郡奔诉倭警，力请监军海上，大破之。擢居言路，谏止庄皇帝禁中乘马。论列大臣中贵诸不法，忤新郑相落职。凡里居十七年，复补谏职，又诤止内廷练兵诸弊政。抚河南，定乱，仓卒开荒田十余万顷。历陟南大司马，劾妆全贵。乞休归。屡起六曹正卿，辞不赴。以止足自灭。榜其斋曰存敬。终于里。计闻晋宫保赐祭葬。自公入仕四十六年，而居乡者二十有七年。先后仕南都八年，立殿陛间五年耳。公非以直道行于天下，未必退而家食与父老子弟习其孝友忠厚，俾诵义无穷，亦惟久于林泉，澹泊明志，有以养其刚大之气。故再起再振，百折不回。主鉴其忠，友信其直，而卒永令誉。至于今遗爱在吴保，绩在洛直，声在朝廷，真醇在里闬。礼祭为大，安得不思所以俎豆公者？公孝友天性，居常以亲不逮养，展墓挥泣，至老不衰。而转笃于继母及弟族姻间，党虽食贫而随宜周恤。守令造庐请益，为之剖晰民隐卒不以私间。公其佐丘月林蒙宰之殓救，石东泉司马之不祭，天下高其谊，闻其风，莫不立名砥。行其孝弟处人何如也。公立朝大节，载在国史。兹乡之大夫士民，闾史邑史在焉越在尸祀。庶无愧辞。是役也以尊往以劝来，以维世风，以敦末俗。一举而数善备。非人品真而民风醇不至此。故曰：王道之易易不诬也。欲使天下后世瞻其像而考其人，因尚论其生平而为之记。

重修蓨侯周亚夫神祠碑记

（明）马中锡

汉丞相周亚夫绍封蓨侯，去今千余载。所谓蓨地者，踪迹磨灭，漫不可寻。盖其地介古齐赵之间，今省入景州，无复蓨之名，故渐以湮没。州之西二里许，有台岿然，相传以为亚夫墓，人始即其上屋而祀之。正统纪元，有刘守者徒而修完，其破坏历年既久，风雨剥落，祠日就废。姚江杨君文判景州，之明年，见而叹曰："是宁淫祠邪！淫祠咸谓能祸福人，所在壮丽，贤如蓨侯独芜废若此，非有司之罪耶！"因白之山右张守。守曰："是尝事汉文景者。文帝劳军细柳，称为真将军，戒太子，称其有缓急，可独任。景帝命击吴楚，踣濞颠戊，深著扶汉鼎嘘炎烬之功，英风真节，濒死不衰。卒撄鞅鞅，非少主臣之祸。高明卓行，多材与艺，足以为万世委质者训，是役岂可少缓。"乃即符杨侯任其事而新之。择材于木，舁土于邱，需甓于陶，付铁于冶，求粉雘青黄金碧之属于垩，鸠工于肆，将徒事乃进诸工及烝徒。曰："往济吾事，毋淫巧，毋苦窳，毋靡，毋渝精诚。是输神，其来栖，汝当多福与归。"众受命退。运斧斤，操镘锸，为范模，鼓橐龠，施藻绘，无敢懈其力者。数月，祠果告成。张侯喜其输奂聿新，足以歆明灵而耸瞻仰，偕同寅与绅士大夫赋诗，悼前日之久荒侈，今日之兴作，言人人殊。又树坊于门曰：汉将军周亚夫神祠。徒帝赏也，莳柳于垣曰"柳营"，取细柳义也。于是过者、拜者、祷祀焉者，无敢弗虔。樵者、牧者、嬉游而酣醉者无敢睨闯于其侧。蓨侯于汉，厥功固钜，而吾守吾判，其有功于侯，亦匪细矣。杨君献绩来京，谒予言，故不辞。

河间府学宫乐器碑记

（明）马中锡

今祀神用雅乐者，惟祀天地，祀太庙，祀先师夫子，余祀未之或闻。释老氏，朝廷固亦崇重，庙貌之丽肖法宫，加封之尊埒徽号齐供之，置拟尚飨。至于乐，则听其自用里韵俗歌而已，例不得用雅乐。然则朝廷尊崇吾夫子，将与天地祖宗等矣。读儒书峨儒冠者遭际何幸耶？河间旧有雅乐在学宫，用以侑春秋时祭，岁久废缺。成化丁未，太守全州谢公道显，以侍御史来知府事。览之叹曰：言游治一邑，尚以礼乐化齐民，今吾治一郡，乃以废礼缺乐祀先师，何以奉吾职？矧河间献王尝以礼乐教化藩屏于其地。今吾治固献王地也，礼乐不备，仰负先师，独不愧献王乎？肆出官镪，稽古制审正乐章，具造礼器，复成童若干人为乐舞生，而延太常工之精于音律者授之业。踰七年，为弘治癸丑，乐乃大成。始奏于上丁之祀，八音铿锵于堂，八佾翩翻于庭。与祭者始而骇观，继而易听，又既而翖然称善。欢欣鼓舞，雅雅鱼鱼，上以钦仰圣灵，而下以颂述贤守之德。既讫祀，太守视事于堂，诸生俨然造谒，跽而请益，曰：作兹盛事，实俾化理，不有著述勒之金石，曷以昭示将来？太守曰：唯唯。则以书来京师，属予记其事。呜呼！礼乐者治天下之本，和神人之具。而制礼作乐以光昭祀典者，圣人事也。品节声容，式遵往度，缉废补弊，使礼备乐和以韵格明灵者，贤人事也。然则吾守其贤乎？且祀神为有司第一事，天地祖宗之祀，其祀大矣，非远臣所得而与也。而先师之祀，为祀典第一义。以吾夫子之圣，周礼所素学乐正于反鲁。而老聃、苌宏之属，有不足言者。则制礼作乐，夫子之余事，而乐音不备，其何以肸蚃之乎！然则斯举固足以昭吾守之贤，而亦情之不可已也。圣泽既湮，崩坏已久，礼乐之兴，良非易事，必际其时，得其人以司其柄，而又有其地以和于气，三者兼而有之，尤非易事也。鲁两生谓礼乐积德百年，而后可兴，是谓不得其时。宋儒谓礼乐待人而后可行是谓不得其人。而北鄙杀音，圣门所斥；南冠楚絷，操韵凄哀；郑卫咬哇，秦晋急蹙，是谓不得其地。今国家承平，百二十余年。于兹治定功成，民安物阜，是其时矣。皇上承祖宗之统，建中和之极，幸遭圣人焉。而河间为畿辅近郡，汉时周礼雅乐，俱自其地献于西京是其地矣。而谢公方以章逢弦诵之士，来守兹郡，是百年之期，建极之主，文献之邦，三者会逢其适矣。继是安知不有以成礼乐之治，致神人之和，而远追隆古之盛哉？至若学宫乐舞之举，是特诸生所时肄。而祀神一事，未足为谢公多也。起朝仪者，或藉绵蕞；成大祀者；或藉刍狗。今之乐舞，岂但绵刍此哉！庸记石以俟之。

枣强县知县徐君生祠碑记

（明）马中锡

进士永康徐君朝仪为枣强令。甫数月，民若有苏焉；既一年政，若底绩三年则咸熙矣。凋民敝政正籍于栟幪，乡井街衢市改观于旧日，君去为监察御史，不可留矣。邑之父老，江淮袁霆崔温，庠生武备诸君子，怀往日之恩，旭思其人而不见，乃偶君之像，屋而祀之，求予记诸石。予家密迩枣强，闻其治行，已稔君子乐道，人善兹役，固义所不当辞也。夫茇棠思召憩柳思李由二公之化，有以得民之心否。则民心一失，怨恶是生，兴戎于貌肖，毁祠于先世，尚何像之偶、何祠之栿、何碑之纪邪？今兹之举，诚诸君之盛心；而徐君为理之佳，固自不可诬。盖其以廉律己，以惠临民，以严驭吏，以明烛奸，以公临政。廉则不黩民财，惠则不戕民生，严则吏不民扰，明则奸不民殃，公则政不民欺。君今去矣，坦坦以安，无隳突叫号之患；熙熙相语，无叹息仇恨之声。谁之赐也？若之何而不思耶？观其拒逆瑾之庶孽，斥侦事之逻卒，旧罹于毒者，翕然以称快。麾囷人之薪疏赡流民之饘粥不给于需者，黯然以兴怀。兴学课农，弭盗平狱，邻讼来归，乡豪摄服。凡所以系属民心，而致其思者尤，不可殚述。若之，何而不思耶？祠既立，钟鼓晨昏，鸡豚伏腊。过者泣涕，展拜遐想于高风；谈者哽咽，陈述极口而未厌。休名之布濩愈彰而流泽之联属愈固。吾见愈久，愈思愈不能忘矣！古之为令者，安阳之祠，柏人之祠，须昌之碑，肥乡之碑，一代循良，千年嘉话。以今日方之尚何慊哉！归镵吾说于石，嗣君后者，安知不闻风而起，以嗣绩休美于无穷乎！审若是，则兹祠固枣强之民之庇厦，而吾邑亦将沾河润之余泽矣。

故城训导贺苏生先生墓表

（清）王树枏

光绪丙戌，余应礼部试，同年生直隶有兄弟一榜举于乡，而是科又同成进士者，曰贺涛贺沅。沅以翰林改令福建。而涛则浮沉部曹，倡伟古文之学，开河朔宗派。时余主讲冀州书院，始知涛为吴挚甫京卿高足弟子。而其尊人苏生先生，则京卿牧深时所奉为国人矜式者也。先生讳锡璜，苏生其字也。贺氏自明永乐初由山西洪洞县迁居直隶，占籍武强，世为巨族。康熙时有贡生讳琇者，孝弟能文。安溪李文贞公督学畿辅，取其文以冠真定三十六属。于先生为高祖。是生乾隆己卯举人讳仁声，嘉庆元年预千叟宴，蒙赐御制诗、寿杖及尚方诸珍物，赠奉政大夫。奉政公生嘉庆己卯进士讳云举，历宰江苏靖江、镇洋、震泽、阜宁、高淳诸县，江宁府督粮同知，所至有政绩。同知公生赠朝议大夫讳式周，两中道光壬辰、庚子副贡生，终官泸州州判，则先生之考也。先生生而嗜读，书工，为文能世其家学。同治三年举于乡，既得知县以不乐烦钜改就学官，任故城训导二十余年以终。先生善事亲，凡父母喜怒爱恶，能先其意而通之微漠之中，口之所嗜体之所安，则非先生躬治之而心不适也。更推其所爱以逮其从，父母兄弟及诸姑姊妹，莫不各得其心之所安，而无几微毫末遗憾也。庚午之岁，先生之弟铁君与其子涛沅兄弟同应京兆试，而铁君独见遗。先生戚形于色，贺者入门至无所措其躬，其笃于友于如此。先生乐善出于天性，尝岁饥出粟赈乡里，来岁偿前贷者，填喧于门却之不能得，曰贺氏不自食而食人，今负一钱一粟非人也。先生家居不轻履公室，然邑有大利巨害宜兴革者，未尝不毅然出而为民请命也。尝痛故城文学衰敝，乃建义塾，创历亭书院，挚家财以为之倡。并购田亩，岁取其租而储跱时之。庚子变法，议起檄诸州县广立学堂，皆绌于资不能举，故城独从容改置，事济而民不扰。而尤喜表章先哲，若营己私。马公中锡，明节义士也，为之建祠立石以表其忠；孙沙溪先生绪，文学士也，为之搜其遗著，属定州王文泉刊之，以行于世。故城望族首推贾氏，复商之同县校刻其丛书，及所刊明儒学案，以饷士子。其所以为学术人心计者，至深且远。吴京卿叹为古之有道人，不诬也。光绪二十六年，解组归里，而故城人思之不能忘，先生亦时时念故城，不忍一旦舍去。逾二年，乃移家故城，卜居于郑家口。此与汉朱邑之于桐乡何以异？君子于是益叹先生德教之入人深也。先生卒于癸丑六月十六日，距生于道光乙酉某月日，春秋八十有九。配陈恭人，献县贡生陈憬之女，明敏善断事，能以勤俭起其家。咸丰九年，生子女各二人而殁，享年三十有五。继娶陈氏为恭人，从父姊妹，父讳怡，道光进士，官终山西祁县知县。相夫教子一踵前规，宣统二年六月十六日卒，享寿七十有五。某年月日葬先生于故城尹里之新阡，恭人祔焉。子二人，长即涛字松坡，刑部主事；次即沅字革村，福建上杭知县。女二人，长适束鹿李造，次适任邱宗树柟。孙四人，葆初先亡。葆真优廪生，候选巡检。葆良葆文。孙女一，适聊城傅乐嘉。曾孙五人，曾孙女二人。某年月日，故城人士及先生之弟子，谋树石墓上，以告其年家子。新城王树枏曰：吾邑沐先生教泽久，先生之殁距今且十有二年，其言行大端，恐岁远烟灭，无以开来学诏后人，愿得吾子一言表而出之，则先生为不死。而吾邑之人，所以志吾思者，亦永无既极矣。树枏曰是里表也，乃为书其厓略，俾归而镌之石。

重修故城马公祠记

（清）贺涛

生不出里闬无鞠育人之权，而顿颠于我乎起，傲悍于我乎折。蹈德游艺，我掖我匡，迩昵遐跂，父仰师戴。没，人不忍其死，则相与尸祝之不敢忘。若其游仕四方，声烈横被而庙食于乡者，有司以故事行，乡之人或未尝濡沫偈阴，蹈刁辙迹，则敦刑簋俎之侧，裸荐鞠跽之顷，精神意气莫强而属。马公仕明，为左都御史，伉厉忤奄宦，后坐事死于狱。迹厥始卒，固无衣被于其乡矣。人乃远睎慕思，作屋而垣，以栖其神。古之魁材俊杰，其守之身而措之世，与夫文章述造，腾播于人人之口，而厌乎其心，历百世而名益白者相接也，而俎豆之报，乃独在刳诚触戮、死而不得其所之人。刚直郁堙之气，瀹忿于人之心，弥久而弥不能释，故人之致崇之，虽旷时异代，犹若亲熏其德而濯其风也。不然公之不挠于奄宦，因事坐死，自成其节耳，于乡人何与？而乡之人乃独嘉其志，悲其不终，祠而厕之忠义之列者何哉？旧祠在县城之南，啮于河，康熙某年移而北，重修于乾隆某年，近又百年矣。桷桡阶陁，垣圮树秃，余过而伤之，与教谕范君某议加修葺，出私钱为县人倡。适浙江张君某为县，于此善是举也，亦以赀助。既讫功，刻石记之。章公伟节与始建祠者之意，俾后进知所崇尚，踵今之为，无陨神依，以事以格，肸乎其相翕，浡乎其交发，其阴召默殴，繇是而偕逝于道，将犹吹爑以眂墨圻，而为拾发矢者释其获也。公讳中锡。

光绪十年岁次甲申六月上浣

张府君碑记

（清）贺培新

府君讳从典，字崇五，姓张氏。明永乐间由江南迁居故城之饮马河。曾祖讳直方，妣氏李氏。卜祖讳荣德，考讳人杰，皆县学生，皆赠通奉大夫。祖妣氏孙、妣氏师皆赠夫人。兄弟四人，府君次居第三。张氏世习儒业，有明末造科第，屡出涵濡，数百年号为世族。高曾以来，家业丰厚，至君考以不事生产，家遂中落。府君躬丁其会，顾瞻内外，蹙蹙靡骋，因与昆季蠲书策，习耕贾，蚤夜作思服，勤以营升斗之奉，困窘挫折，卒以起家。生平慷慨好义，忠于为人。与乡邻戚族，谋谟必尽。遇事审而后行，不为操切意气，诚慎和易，貌如其心。与人交，不为煦煦热，久乃相悦益亲，尤为笃友爱。仲嫂寡居，事之独至，人叹为难。配刘夫人，克孚其德，节衣缩食，不靡一粟一缕，而厚于待人。于村人无远近，一接以恭谨，以所余周给不足，屡施不厌。乡人感府君及夫人惠，戴若亲长。先是，相者谓夫人无子，咸相与嗟叹，不置晚而生子，又皆踊跃趋贺，谓为积善之报。府君以光绪四年正月一日卒，夫人则同治十三年七月十三日卒，年俱六十一。以光绪五年四月十日合葬村西祖茔。之次子麟兆，刘夫人生。麟禄、麟笏，县学生，侧室张氏生。女一，适同邑武庠生任剑堂。孙宝贤，光绪丁酉举人，陆军部员外郎，以庆典貤赠府君为中宪大夫，刘为恭人。宝聚、宝兴。曾孙以镇。

往者，培新曾王父苏生公，官故城训导二十有六年，遂家故城之郑家口。是邦先后数十年，学者无虑皆出门下，而以聘三先生宝贤为首屈。王父松坡公，以古文之学诏海内，晚而退隐乡曲，鲜可与语。独聘三先生，时往来两村间，与相讲说古文义法及武昌张濂亭先生之书，穷昕夕不倦。培新十余岁时犹在乡井，时先生考瑞征先生年已笃老多病，先生尝迎至郑家口，僦屋而居左右，奉侍无违，百役必亲，私心窃叹其孝。而瑞征先生质直，公正屹为乡望，又未尝不敬其为人。未几曾王父、王父俱下世，培新宦学旧京，远离乡井，忽忽余二十载。于乡父老之声音笑貌渺不相接，独时时思念聘三先生，以硕德耆年，楷模乡邦为不可及。今岁三月，先生赍所撰王考府君事状来故都，属为墓碑，于是又知府君夫人之懿行。夫子孙称述其亲，与人之褒崇盛美，诚属理之当然。而立言要自有度，动则曰媲贤侔圣，君子所不为也。不顾心之所不安，涂塈粉饰相售以欺荣焉，而适足以为辱褒焉，而适足以为侮。若此者，盈天下皆是也。吾闻聘三先生称述先德，词无溢美而适如其分，以为难常德常行，足以信今而传后。较之铺扬藻饰名实悬绝者，岂可同日而语哉？遂不辞而为之铭，铭曰：

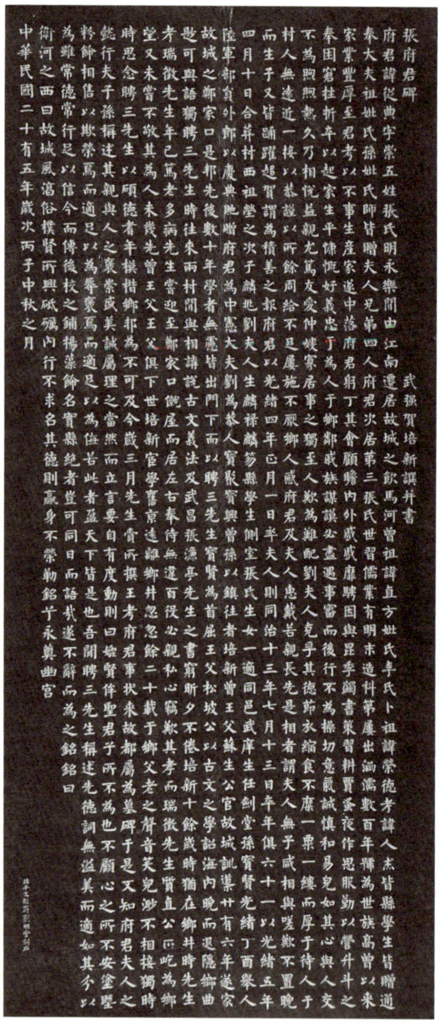

贺培新撰张府君碑记

卫河之西曰故城，
风淳俗朴贤所兴，
砥砺内行不求名，
其德则赢身不荣。
勒铭兮永典幽宫。

中华民国二十有五年岁次丙子中秋之月

北平文楷斋刘明堂刻石

第二节　墓碑　墓志铭选录

清光绪《故城县志》载墓志铭神道碑文 2 篇，后核校整理数篇，现载录 3 篇。

太仆寺卿沙溪孙公绪神道碑

（明）王崇庆

公讳绪，字诚甫，沙溪其别号也。世为东海人，曾大父元季避地来故城，季子讳五者因占籍焉，遂为故城人。五生振，富而尚义，乡邻赖之。举火尝以岁荒焚券，里中父老为相率立祠焉。后以公贵，封吏部主事，赠文选员外郎。母苏氏，累封太宜人。成化甲午（成化十年，1474 年）八月二日生公。于前一日寝后忽产，异花奇香袭人，凡七日乃已。

公生而警敏异常，五岁未能言尝手书一贵字，文选公见之喜，屡试弗爽。八岁出就外傅，能赋诗。十七入邑庠，声称卓然。弘治戊午，中乡试第二。明年登己未进士，廷试二甲第一。授户曹主事。辛酉，火筛入寇，遣朝臣往御。公被简改本兵为参谋以行，画策隽奇，酌以权变，总戎以下咸改容礼之。是时许襄毅公为户侍，每见公辄咨诣叹赏。事竣，调稽勋主事，钧阳马太宰深器重之。

癸亥丁外艰，先是文选公病亟，公欲终养，再具疏弗获请，乃微行归省于私第。数日还京将乞休，而讣音至矣。既免丧，复除原官。未几，转员外郎考功文选郎中。时逆瑾尝械系某御史于市，士夫莫敢申理者。公过而恻然，因诣瑾曲救得破诚出。浙江有褚知府者，自知当免以在势者为之地，而怀金谒公，公峻却之。卒不以其事白诸人。及转太仆少卿，迎苏太宜人官邸。岁暮大雪，日晏而养具未备，因婉辞以悦母心。太宜人喜曰：惟愿终始

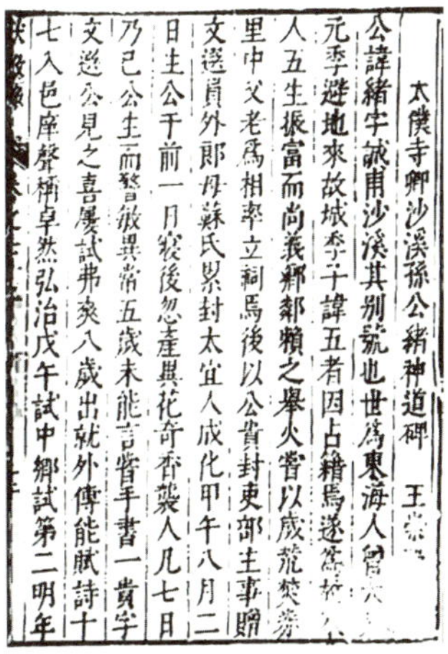
太僕寺卿沙溪孫公緖神道碑　王崇慶
公諱緖字誠甫沙溪其別號也世爲東海人曾大父
元季避地來故城季子諱五者因占籍焉遂爲故城
人五生振富而尚義鄉郡賴之舉火嘗以歲荒焚券
里中父老爲相率立祠焉後以公貴封吏部主事贈
文選員外郎母蘇氏累封太宜人成化甲午八月二
日生公于前一日寢後忽產異花奇香襲人凡七日
乃已公生而警敏異常五歲未能言嘗手書一貴字
文選公見之喜屢試弗爽八歲出就外傅能賦詩十
七入邑庠聲稱卓然弘治戊午試中鄉試第二明年

《国朝献征录》卷之七十二

不渝耳。乙亥晋正卿时，大司马王德华交结钱宁，势颇张，移文太仆语涉不逊，公作书数之，王引咎。浙人胡逢者隶知印，公见其少年雅秀教之读书，后举乙酉乡荐，胡感知遇至以父事之。旧例太仆供边骡以千计，岁久无用。公上疏，罢其役。先是淮安凤阳诸郡饥馑，马俱小弱，公察其故，咸与交兑省费至于万缗，民赖之不破产者千余家，至过公之里有醵金设醮为祈福者。

南陵丞韩思义贪残目着，公庭杖之而按以法。思义席权宦张雄，凡与思义素者皆为之言，雄亦托亲信寇锦衣来致意，皆不之答会。思义以病死，雄欲以故勘诬公，而丁凤刘恺于外助之，乃系御史台。阅月幸庵彭公力主邂逅律还职，雄乃矫报褫为民。今上龙飞诏复太仆卿。致仕家居，足不及官府，朝夕侍母愉愉如也。母性严急，或怒，公长跪，暑月挥汗如雨。遇初度，愀然块坐，终日蔬食曰：吾念母氏劬劳也。母没后，筑汉阴亭、剪韭轩于陂东柳曲，自署陂东居士。迹入城市者岁不二三。间招朋旧看云度壑，赏花赋诗，投壶对弈，累日夜不倦，挥斥万累，若将终身。当道多所论荐。

公生而美，丰神颀身，玉立须髯，望之如画。重交游，慎然诺。与人语必倒衷曲。至于疾邪恶佞，则又毫发莫之假借。虽古之豪贤何以加焉？然性慈惠，虽草木雉兔鱼虫之细，罔不注意欲其生。喜音乐。生平不饮，乃劝人饮则又弗之厌也。为文响振汉魏，雄视屈宋，诗则冲淡含畜，浸浸乎逼大雅矣。博及群书，天文地理老佛医卜莫不洞究，若乃国家仪文典礼，则又无俟论也。所著有《沙溪稿》四十卷，《无用闲谈》十二卷，《蒙求族谱》《大学中庸放言》《易经奇语》《陂东新论》《四书小说》《语孟毛诗》《尚书杂义》各若干卷，藏于家邃庵。公至评其作为近代宗匠允哉。嘉靖丁未（嘉靖二十六年，1547 年）十月十八日卒。是夕有巨星陨于巽隅，其光如炬，空中有声如雷。其异如此。年七十有四。

兖州府知府宋公诺墓志铭

（明）于慎行

公讳诺，字子重，河间故城人。生有奇质，九岁能属文。父封郎中公，故诸生也。而公甫垂

髫，亦为诸生。郎中公从邑先达受经，所闻师说归以语，公无不解。郎中公窃自喜。嘉靖乙卯举京兆。其后十年，乙丑第进士。高等授户部主事，历员外郎、郎中，咸有能名。同舍郎主藏有所亡失，诖误及公，谪四川忠州知州。忠去长安几万里，险远矣。公忼慨叱驭往。抵任五日，召为南京户部员外郎，未至，擢为郎中。居无何，以久次拜知东昌府。视事五月，以内艰去。服阕除，知郧阳。郧中丞荐公才任治剧，徙知河南。视事四月，闻郎中公病甚，即解印绶自免去。而丁郎中公艰外，吏法无予告，又非独子，不得归养免，辄致仕。久之，部使廷臣争上书，言故河南守良吏，以将父弃官，其人才可用。有诏起知兖州。公往居三府，不甚久，然所至廉平执法，名声流闻。及守兖几三年得尽其才，治行愈著。兖属二十七城，直两京道，吏刓民敝，征发绎骚，公既熟其利病，务为拊循安息。煦以岂弟至，所兴除钩校，无不精核。即有骩骳奸法，辄绳以重典，不少贷吏兢兢奉要束，毋敢饰情以免。部使上疏，言兖治状者牍相踵矣。至是肆觐，阙下主爵计毕述职，且以高第擢公，而公溘及大故。廷中诸卿大夫相与叹惜之。

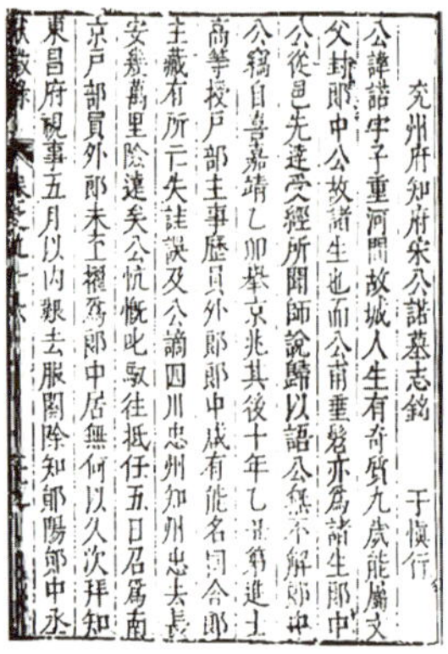
兖州府知府宋公諾墓志銘　于慎行
公諱諾字子重河間故城人生有奇質九歲能屬文父封郎中公故諸生也而公甫垂髫亦為諸生郎中公從邑先達受經所聞師說歸以語公無不解郎中公竊自喜嘉靖乙卯舉京兆其後十年乙丑第進士高等授戶部主事歷員外郎郎中咸有能名同舍郎主藏有所亡失詿誤及公謫四川忠州知州忠去長安幾萬里險遠矣公忼慨叱馭往抵任五日召為南京戶部員外郎未至擢為郎中居無何以久次拜知東昌府視事五月以內艱去服闋除知鄖陽鄖中丞

《国朝献征录》卷之九十六

公为人俊伟玉立，容貌甚修，坦夷诚悫，不为矫饰。然亦强直自遂，即于意不当，未尝少有所诎，其才博大通敏，游亦有余。论事衎衎，洞于指掌，然常本人情，无迂恢语，未第时甚贫，竭力奉亲，甘旨无缺。及后贵，迎养官邸，朝夕侍食，职事鞅掌终不少废。有同胞三弟，悉推父赀让之子女婚嫁，又佐以私财。故人子杨生孤贫，召置家塾，与子同业，亲督课之，生后学成为名士。他所周恤孤嫠尤众。

公之先山西屯留人，洪武中，五世祖德成奉诏徙故。德成子一公，一公生云，云生鸾，皆服田有隐德，或推择为吏。亦不遂而至封郎中公。郎中公讳良筹，娶封宜人王氏。以嘉靖庚寅生公，距卒年五十有六。

资善大夫都察院左都御史东田马公中锡墓志铭

（明）靳贵

呜呼！此东田马公之墓也。公讳中锡，字天禄，号东田。先世大都人，曾祖归义驿丞周始居故城。祖显，父处州知府伟，以公贵，俱赠右副都御史。公幼，颖敏不凡，处州公先为唐府长史，以直谏忤王，械送京师，公时童稚，已能随母走诉于朝，得白。

成化甲午，举乡闱荐第一。乙未，登进士。丙申，拜刑科给事中。遇事敢言，两被杖于朝不为变。汪中贵势张甚，人莫敢犯，公力陈其不法十余事，汪怒欲中伤之，满三考竟无一隙可乘。升云南按察司佥事，以忧不赴。服阙，复除陕西佥事，督粮延绥。革岁例，公一钱不受。弘治己酉，以监陕西乡试，为吏部尚书三原王公所奇，改本司提学，升副使。壬子，召为大理寺右少卿。时南京内守备蒋某擅兴大狱，朝廷两遣官审问弗能决。公请行，尽得其情，乃抵之于法。乙卯，升左少卿。丙辰，升右副都御史，巡抚宣府。首革门下工之诸匠，奏罢将官之奸横者三人，不使播毒于下。府官隶故为势家擅夺者，悉禁革之。又疏诸入关者率诣巡抚，给符验如。后府式边弊肃清而萋斐之言兴矣。

己未，引疾谢事。家居七年，足不及公府，筑西庵以自适，若将终身，而荐者不已。自给事中张文、御史费铠、知府施盘，前后至十三疏，吏部亦以为言。乙丑冬，今上命巡抚辽东，公以边军屯田多为势家占种，而仍代纳子粒，乃疏其弊，力请还之。军镇守招商市马渔民利，公一裁以法，谪其党，充用事者一人戍广东。辽人大悦。丙寅，升兵部右侍郎转左。逆瑾腹心有冒功请官者，公弗可，瑾憾遂矫诏，改南京工部左侍郎，寻勒致仕。瑾怒未释，乃以辽储损腐，追罪巡抚为名，即公家械送辽东狱。辽人雅德公，愿贷偿者盈路。公曰：如此，将重吾罪。固谢之。尽卖田庐贷亲知以偿。久之褫为民。

庚午，瑾诛。上复起公巡抚大同，革弊任怨，如在宣府辽东二镇，名益重。明年，山东剧贼刘七兄弟暨齐彦明、杨虎等起，跳梁近甸两河间，猖獗甚，师征久无功。廷议咸谓非公不能灭贼。乃以惠安伯张伟为总兵，升公右都御史，督军务。

公兼程至，首败贼于彰德，又败之于河间、泊头，升左都御史。贼势转炽。公遣参将宋振救枣强，振逗遛弗前。贼屠枣强县，知县以下死者七千人。

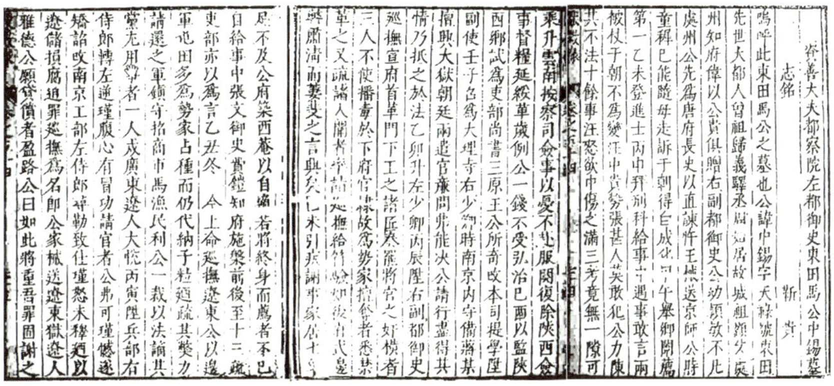
資善大夫都察院左都御史東田馬公中錫墓
志銘　靳貴
嗚呼此東田馬公之墓也公諱中錫字天祿號東田
先世大都人曾祖歸義驛丞[illegible]居故城祖顯父庭
州知府偉以公貴俱贈右副都御史公幼穎敏不凡
虞州公先爲唐府長史以直諫忤王械送京師公時
童稚已能隨母走訴于朝得白成化[illegible]午舉鄉闈薦
第一乙未登進士丙申拜刑科給事中遇事敢言兩
被杖于朝不爲變汪中貴勢張甚人莫敢犯公力陳
其不法十餘事汪怒欲中傷之滿三考竟無一隙可
乘升雲南按察司僉事以憂不赴服闋復除陝西僉
事督糧延綏革歲例公一錢不受弘治己酉以監陝
西鄉試爲吏部尚書三原王公所奇改本司提學歷
副使壬子召爲大理寺右少卿時南京內守備蔣某
擅興大獄朝廷兩遣官廉問弗能決公請行盡得其
情乃抵之於法乙卯升左少卿丙辰陞右副都御史
巡撫宣府首革門下工之諸匠[illegible]將官之奸橫者
三人不使播毒於下府官[illegible]故爲勢家[illegible]者悉禁
革之又疏諸人[illegible]
[illegible]
尼不及公府築西菴以自[illegible]若將終身而薦者不已
自給事中張文御史費鎧知府施槃前後至十二疏
吏部亦以爲言乙丑冬今上命起撫遼東公以邊
軍屯田多爲勢家占種而仍代納子粒疏其弊力
請還之軍鎮守指商市馬漁民利公一裁以法論其
黨尤用[illegible]者一人戍廣東遼人大悅丙寅陞兵部右
侍郎轉左逆瑾腹心有冒功請官者公弗可瑾憾遂
矯詔改南京工部左侍郎尋勒致仕瑾怒未釋廷以
遼儲損腐追罪巡撫爲名即公家械送遼東獄遼人
雅德公願貸償者盈路公曰如此將重吾罪固謝之

《国朝献征录》卷之五十四

公乃单车入贼垒，谕以福祸，欲不事兵革招狭之。贼惧，听且为感泣，公遂以贼愿听招抚奏闻。俄而，贼焚劫如故。言者劾公为贼愚诳，以重民祸，乃并伟俱诏征下狱，系凡八。越月，感疾卒，实壬申五月二日也，年六十七。公性孝友，事继母能得其欢，抚诸孤侄有恩。居官刚介，不受私嘱。其子当荫，或请援例陈乞。公曰：乞字岂宜出吾口？竟弗乞。慷慨尚义，挥金如土。博学，工诗，豪于文。语多奇丽可传，尤长四六。所著有《甘陵志》《族谱》《笺经》《寓言》，宦迹所至各有稿。

十一年，巡按御史卢雍追讼其冤，谓贼实听招，而佥事许承芳忌之，密请益兵，以疑其心。后虽更受中锡约束，方至军门，而征入之命下矣。朝廷是其言，赐祭一坛。中锡历官俱有可观，而忤瑾得罪尤为时所重。招降之谬未必尽如言官所论，而刘七辈横行猖獗，其势非可招者，或不免于怯云。

第四章　序跋选录

明、清旧志载录志书序跋十余篇，现载录10篇。加录明朝马中锡《赠湖州太守序》；清贾润、贾朴、贾念祖《明儒学案》序跋；1998年版《故城县志序》；2006年民国重印清光绪版《故城县志》再版序。

第一节　明清文集序跋选录

赠景州胡太守序

（明）马中锡

景为河间属州，而吾故城则景之属邑也。密迩京畿，政务填杂，盖君威如雷霆。臣工近则多惧如燎火，氓庶近则先焦。故铨司于景守，恒难其人。而景守于政务，恒疚于志。今上二十一年，前守以冗不见治去，汤溪胡君孟修来知州事。君雅重力学，不嗜声利。既发身贤科，恒欲得文字职任以自表，见于铅椠卷帙间。兹授今职，非其志也。君季父彦昭先生为工部员外郎，与予交甚稔，谓予曰："吾家仲容，廊庙才也。但为人廉静，州县非所宜尔。正恐赵魏之长，不堪于滕薛之繁；社稷之器，不治于广都之事。用非所期，任非所负，相左奈何！"予曰："然先生亦知今之为州县者乎？受赇多者为能吏，奔竞捷者陟美官。故其人于高位，惟虑意之或违而宠之或移；于民惟恐取其室之不空而朘其肉之不尽也。向使其人持于廉，则贿赂之门杜。主于静则奔竞之路塞。斯民何以至此极哉！是则今之为州县者，正患其弗廉静耳。廉矣而民财不匮，静矣而民力不扰，何患乎繁难？何难乎守令？且吾州之民，数年以来财力竭矣，今诚得廉静君子抚而治之，一二年后，民之延喘待哺者可以更生，而疮痍瘘痹者亦渐以起立而健步。廉静何负于人？而先生云云若此也？若夫贪得冒进之人，虽其一时擅能名膺美陟，终忝窃耳，君子所不敢也。"先生曰："吾言过矣，吾言过矣。探本之论经世之虑，惟吾子之图。"于是乎书。

马东田漫稿序

（明）孙绪

心不大则无远韵，气不劲则无昌言。诗者性情礼义之宗，言韵之精英也。浅胸卑局，而欲有轶尘迈俗之作，难矣。魏晋而降，论诗例称唐人，唐人例称李杜昌黎三君子之什，脍炙千载不俟评议。然蠛蠓贵近，傲睨强藩，勇犯人主，此其人为何？如秋空江汉，沆瀣无涯，泰华匡庐，俯视万象，神龙怪鳄，莫可馽羁，读其诗想见其人，使人毛发森竖。高岑王孟而下，达者摸棱庙堂，穷者曳裾权幸。扬扬施施，营营呶呶，昏酣陷溺相率，而不自知。是其铿锵巧丽之音，非不足以竦动视听，而献谀售佞，希恩觊宠之怀，牢横不可破。嗫嚅观望，委靡消缩，情隘而莫伸，气卑而不畅，言惴惴而不敢尽，故奄然莫能自振。长庆之后，作者类无取焉。东田先生马公，蚤以诗名海内，海内士翕然宗之。半联一语，篇什未成，辄远播数百里外。公何以独雄一世哉？观其所存可知。己亥，万二梁方汪直检科，嘉祥长公主田，盖尝屡犯宸威，屡濒于死，而烈衷直节。愈老愈劲。正德初，逆瑾当国，虐焰炽天，公以直婴之，瑾怒，捃摭下之狱，陈梃负校，死生在毫芒，狱吏引对，奋色亢膺，无沮无慑。目睫之下，初不知有刘瑾，瑾竟无以加也。至今谈及往昔，凛凛犹有生气，志士想望风采，思执鞭而不可得。此其人为何如，故其诗类其为人，悯时痛俗以极于体物尽性，而要诸变雄浑深沈，无急蹙狭小之病。间于闺情幽思，旅怀宫怨以自况，而闲情逸兴时得之讽咏之外，洪音广调沨如也，泱如也。若不见纷庞于中，而崄巇于外者。玄圃不生砺石，沆瀣不受污浊，即此可以谈诗矣。瑾诛后，婴祸者类擢不次，以旌直风。公才节资望，回出时右，而婴祸又最酷，端揆之任，谓不能舍公。他适顾畀以赢卒属以巨寇，功摧未成，志赍以没，天邪人邪？众方睢睢，公独崖崖。孰不思毁折以快，谗妬又肯使之雍容，紫禁完名清世哉？语云，直道而事人焉，往而不三，黜公之谓矣。遗稿十袠七八，公子监生师言，得诗赋歌辞乐府若干于虫鼠之余，属绪为评。时议拟公诗，足迈许浑高者，当在刘长卿、陆龟蒙间。今三子之集俱在，试取而读之，有公之胸次乎？使公得列庙堂，虚衷融心和鸣，国家之盛，昌言远韵，当与李杜昌黎下上。惜哉，公不值也。欲读公诗，先观其人；欲学李杜昌黎诗，当先论世以自历。不然窃词组捋数字，规规于声韵步骤，吾恐模仿愈工背驰愈远矣。

东田文集序

（明）孙绪

故左都御史东田先生马公，总角时即有能文名，既以解头登进士，列官法从名，遂震天下。盖公不为俗学，不作凡近语，高远独出，能尽道其意又能道人意，故敷对详明剀切，足以悟当，宁悚台谏。台谏之良得公章疏，咸庄诵为法简书则。慷慨奋激，足以壮国威，增士气。盖当抚治上谷、云中、辽阳三镇，骄兵蝓将，持公片檄，夔夔瞿瞿，不敢肆于惰。散言俪语，多不为烦，少不为略，幽寂著兰芷之洁，华润灼桃李之艳。信手乘兴落笔辄惊人。朝端鸿儒若西涯李公𫛞庵、杨公木斋、谢公守溪、王公诸君子争招致入坛社。科举之文，横陈旁贯，高翔逸骛，趯然脱略于畛域畦迳之外，而凌迈不踰，闳侈不纵，从容于呈文锯度，不失尺寸。一时应试计偕士得公一字一句味之，以自得师师，即掇巍科称作者。公殁，今三十年，口脍炙而心醉饫若一日也。公子监生

《东田文集》

师言，裒遗集属绪校雠且俾序首。简忆先吏部与公同笔砚，尝训绪曰：小子欲读古文且先读东田文，以昌志气，庶他日无绮靡语。绪退而俯读，仰思数年，然才什一耳。乃今尽得观其文，千态万状，怵心刿目，风霆怒而江河流，六骥调而八音谐，泰华雄而星蟾丽，点瑟天机。邵酒淡味非可以声臭，怡悦古称代不数人，人不数篇，公真数人之一人也乎者！太史公周览四海山川，故其文

疏宕有奇气。东坡归自海外文益神俊。公足半天下而尤熟于西北，凡山峭拔水悲壮，及古战场敌出没地，奚囊走筒篇什盈溢，所养所得充富若此，宜其开口有言不愧古人，而人之宗之不置也。窃见今之学者，索然于养，怅然无所得。词不能达意，然必欲以一二词尽衷曲，故词滞言不能悉事，又必欲以一二言备始末故事晦乃曰文不贵多，言贵简肃。简肃固若是乎？新唐书事增文省君子，讥之晋人爱下转语，流为清谈，卒乱天下，非简肃之过邪？士习之敝世道之忧也。又甚者则曰道贵无言，不贵有言；遐想鸿荒，缅怀象罔，即可入圣域宰六合，言语何为也哉？槁形灰心桃梗土偶未能窥，告子强制藩篱，而腾说于李延平未发之中。强颜郭子綦隐几嘘嗒，曾不足抵陆九渊禅学之土苴。士才涉于言，即谓非善学；见效颦学步者，兀居块坐，即亟称之曰：是知忘言矣，是可以悟心学矣。谓伏羲奇偶，可不必画太极，易通正蒙为糟粕影响，屈宋班马而下皆赘疣也。忘言心学乃若是耶？士之为学，冀以用世。而人君之求士，亦将以为世用，使士皆若，而人率天下于暗哑吃讷痴聋蒙瞽，昭代之盛孰与鸣？设有大变故大疑议相率低眉默默，孰与详评定国是？于世何所用？而亦安用建学以储临轩以策也？是固昏愚者掩拙之，良图才辩者亦复为之。盖以其易于攫名径于要路，心知其不可亦勉焉。以徇狂澜烈炎一至于此，为世道虑者，宁不思所以力挽而扑灭之乎！观公之为学何如也？平生清操直节，不以一毫疚于志，亦不以一日忘静定操存之功。而集中诸作意趣所会，多或至千万言不能自止。窃以为新学三昧，公真其人也。造诣如公矜持涵育，如公有言可也无言亦可也。不如公而徒曰心学，心学正恐言即滞晦，无言益滞晦矣。绪窜伏水滨久与世忘然，尚未能忘于言也。君子其谓绪言为妄乎？不敢避也。如不谓为妄而或有取焉，尚足以为反身还淳之一助，而古人崇有辨奸诸作亦可僭逾以附矣。开州已刻公诗，别有笺经寓言数卷未刻，不在集中。

孙沙溪文集序

（明）周世选

尝谓文章关乎气运，故世代隆污，人文高下因之。然渊蓄骏发美全道备，则又系乎所养。我太祖高皇帝汛扫胡元，一洗腥膻侏儒之岁，而復自古帝王礼乐文物之区，列圣相承。文教宣朗，浸渍而至。成弘之际，贤豪辈兴，擅名作者之坛，足以追古初而轨来叶者，斌斌然盛矣。维时，沙溪孙先生崛起吾邑，称巨擘焉。先生幼禀奇质，成童即善声律，长游靳文僖公之门，渐涨淬砺，文誉辙威蕤著京师。既以亚元登己未进士二甲第一，历官文选郎太仆卿。一时作家名流争愿结社，遂为艺林嚆矢。然亦以是招忌，年逾强仕，遽尔悬车归来，杜门却扫，不事他营。大肆力于篇章，吟咏兴至，携诗文啸傲于云丘烟林胜处，气益豪得益闳深，词章日益辉耀燕瀛齐晋间，不啻千里。函币丐文者，履恒接户外，先生任意矢口对客立就。而旧典古辞若鬼神，默输以翼，其毫端者流传遐迩，亡虑数十百万言。今先生没具三十余禩矣，穹碑丰碣，长轴短册，人诵而家传者，炯炯如也。先生冢嗣太学生，若谷惧久而放失湮灭，乃搜罗四方，得诗赋序记杂文各若干卷，手录成帙，装置家塾。余尝取而览诵焉，云蒸雾变郁乎流霞，百耀星辉烂然夺目。其规格如绮级画台，拱揖乎殿阁，亮冠大戟森列于左右也。其色泽如玄黄青紫斗丽于晴和，璜琚珩瑀并粹于温厉也。其纵横迭发如弈棋参差，而白黑不淆如盘珠动荡，而卒莫为之入出也。其舂容大章如长江洪河，层涛叠浪浩浩渺渺而无穷际也。其寂寥短篇，如奇峰异巘，独伸精彩，累累然，翼翼然，灿可观睹也。大抵宣泄理道，阐发性灵，意兴所适笔锋辄到，不为轧茁。骫骳棘塞诡众之语，闯然入古作者阃奥矣。盖先生之文，步趋于昌黎坡老夫子。五七言律绝古诗，依稀乎盛唐风骨。词赋乐府有汉魏名人遗响，诸体兼备，夷险一则。伟哉，烺烺乎可以征所养矣，可以传于世矣。余把玩兼旬，不能释手。既而思之，昔人以乡邦先达文献泯灭无闻引为己愧，余独无愧于此乎？因走书白故于河南太守金齐宋子，宋子曰：吾事也。遂捐俸寿梓郡斋，以广其传。复以书来曰：子其序之。序曰：功名赫于当代，一时之盛也。文章垂之简册，千古之休也。籍第令先生久于位而跻要陟台，尽摅所蕴，可伯仲萧丙无难者，然未必著述宏富可传如今日也。有道者观之，当不以彼易此矣。然则先生其不朽哉！先生讳绪，字诚甫，别号沙溪。其行业具载大司徒海樵王公所为碑记中。

注：此文录自《大司马周卫阳先生全集》卷八。

周世选（1531—1606年），字文贤，号卫阳。河间府故城人。幼年家贫，靠苦读成才。明嘉靖四十一年（1562年）进士，初于刑部实习，后任常州府推官，南京兵部尚书。周世选指挥常州郡传檄拒敌，大破倭寇。善诗文，后留有《大司马周卫阳先生全集》14卷。

周粲甫稿序

（清）沈嘉客

吾友周粲甫既已留长安，五月书来，辄椷其近文一帙，贻余为言："春明门内二三同人，视今而感于斯文，则胥有其说焉。以怼之者，吾无取也。即其揆量情事，揣斥囊今，而多其公正之说，则矫枉之甚者，岂能为时逭哉！虽然天下事往复乘除，大率如此矣。此亦理势之常焉者。即吾子今日亦岂能逭乎哉！此数者，皆吾僦居燕市，阖户拥被，嚼雪饮水之余，发手注墨断断如也。退而循省，吾与子之所抱，以硁硁者如故。而进退俯仰之间，犹恐有异于畴昔，子其谓我何，余则曰：吾与子之乐其硁硁而守之，其始今日哉！抑宁今日而悔其畴昔之硁硁者，而遂思以易其所守哉！彼我之鲜所同异而郛裹之，罕其囊今，自有其不甘焉者，何也？硁硁故也。"吾读粲甫之近文，硁硁者不变而增华加厉，情事则又一变矣。噫！变矣而有其不变者，则硁硁如故也。盖今日者，转念其矫焉者之不可为训虑，必愤焉。而思一涤其所丑，安知仇今者之不更滨于诅向乎。前事者后事之师也，天下事往复乘除大率若此，此亦理势之将焉者。吾子今日亦岂能逭乎哉！虽然江河不返，曷其有极？孤明历历，寸心不昧，我二人勖哉！要吾与粲甫尽心焉！一而已悫心焉，一而已余之憔悴，奈何不足为世砥。则此事固吾粲甫独焉矣！

注：此文录自《西溪先生文集》卷五。

沈嘉客（1590—1672年），字无谋，直隶故城人，明天启元年（1621年）拔贡。性孤迥，有洁癖，结交名士，以诗相唱和。与容城孙钟元（奇逢）尤善。著有《西溪先生文集》10卷等。中年作闭关疏，送客不出篱落。一亩之宫，花竹清深，图书充牣。县令至必式庐，复其徭役。年八十余乃卒。

《明儒学案》序

（清）贾润

余伏处畿南，雅闻浙东多隐居乐道之儒，而姚江黄梨洲先生为之冠。梨洲之门，名公林立，而四明仇沧柱先生尤予所宿契者。每欲南浮江、淮，历吴门，渡钱塘，遍访姚江支派，各叩其所学，而道里殷遥，逡巡未果。已而沧柱先生居天禄、石渠，操著作之任，益大昌其学。余因遣儿辈执经其门，将由此以上溯姚江，庶几获闻绪论。儿朴往来都下，得睹《明儒学案》一书，则梨洲先生所手辑也，凡明世理学诸儒，咸在焉。余阅之惊喜，喟然叹曰："此后学之津梁，千秋不朽盛业也，盍梓之以公诸天下。"盖明儒之学多门，有河东之派，有新会之派，有余姚之派，虽同师孔、孟，同谈性命，而途辙不同，其末流益歧以异，自有此书，而支分派别，条理粲然。其于诸儒也，先为叙传，以纪其行，后采语录，以列其言。其他崛起而无师承者，亦皆广为网罗，靡所遗失。论不主于一家，要使人人尽见其生平而后已。学者诚究心此书，一披览间，即有以得诸家之精蕴，而所由以入德之方，亦不外是。其间或纯或驳，则在学者精择之而已，尝慨前代所编《性理大全》，极有功于后学，但于有宋诸儒，采之未备，而《皇极经世》《家礼启蒙》《律吕新书》《洪范皇极内篇》，本自别行于世者，亦复混入其间，殊觉繁而鲜当。他日有人汇宋、元诸儒之说，仿此体而重辑焉，宁不更快人意耶！余老矣，不能苦心励行，窥先贤之堂奥，儿辈年方少壮，得是书以为指南，其可不迷于向往矣乎！因书此以识之。

时康熙辛未岁仲夏月

故城贾润谨题于南村书室

《明儒学案》跋

（清）贾朴

朴忆幼入家塾，习制举业，塾师严督，不敢旁有涉猎，每侍先君课诵，见先君手一编不置，皆《性理》《皇极经世》《近思录》等书。问，尝指以示朴曰："此圣贤心脉，后学津梁也。孔、孟之学，自秦、汉以来，穿凿支离，汩没于章句训诂之间。赖有大儒辈出，求之于心性之际，而证其所为独得者，在宋则有周、程、张、朱五君子，在明则有敬轩、康斋、白沙、姚江诸儒。冥搜静悟，宗旨炯然。其间虽不无异同之见，而其求至于圣道则一也。”朴闻先君之绪论如此。时方工帖括，因循畏怠，未获研究。后先君闻甬江仇先生入中秘，讲学京邸，乃呼朴，谓“仇先生文章学术，源本《六经》，为东南学者，尔其往受业焉”。朴乃执经先生之门。未几，手授《明儒学案》一书，朴携归以呈先君。先君读而卒业，曰：“梨洲先生之于斯道，其功钜、其心苦矣。学者诚体验于此，其于圣人之道，庶有得焉。如欲游溟渤者，历江、汉，涉淮、泗，虽所阅之途各殊，而泝之不已，终归于海无疑也。”遂命朴等朝夕校雠，授诸梓以广其传。工起于辛未春，竣于癸酉之孟春。呜呼！先君遗命在耳，而几杖已不获亲矣。朴捧读斯篇，唯有策愚鞭驽，朝夕孳孳，期省身寡过，以无负于父师之明训已耳。

《明儒学案》上、下册

岁在癸酉夏月
后学贾朴敬跋

《明儒学案》跋

（清）贾念祖

先王父若水公精研理学，于宋、元、明诸儒之书，无不泝委穷源，彻其底蕴。尝谓先大夫素菴公云：“人生为功名中人易，为圣贤中人难。”盖其生平立脚为着实工夫者在此，所以训示子孙者亦在此。晚年读姚江黄黎洲先生《明儒学案》一书，深嘉而叹服之。盖取先生各载诸儒所得力之语，以俟学者之自择，殊途同归，百虑一致，诚高出于牴牾异同者流也。先王父承命授梓，自康熙癸酉书成，垂四十余年。四方笃学力行之士，来索是书者，踵相接也。念祖敬凛先志，尝手一编为订正其鲁鱼之谬者百有余字，命儿裕、昆、延、泰修补旧帙，公诸海内，亦以景仰先贤，不敢有坠家训云尔。

雍正十三年七月上浣甘陵后学贾念祖识

第二节　明清县志序跋选录

故城县志旧序

（明）马伟

国家混一区宇，图籍悉入天府。我太宗文皇帝，嗣位十六年，诏遣儒臣分布天下，纂修志书，甚盛举也。维时故城县学训导考城赵君恕实领志事。然刻于限期，未免有遗逸之歉。正统戊辰予以公务道经故里，邑宰括苍李公康祖，偕僚属造余，谓故城为河间属邑，隶在畿甸之内，负景蓨而临卫水，挟安德而跨棘津，民物风化之盛甲于他邑。而志不详著，阙典之憾，将贻讥于后，因属修之。余每有志于斯，未敢僭越。窃思朱晦菴守南康，甫下车即问郡志。今诸公以是为属，可谓知政教之先务矣。乃于翊导之余，旁搜子史，博采闻见，因旧本而增辑之。若建置沿革，土产形胜，酌古准今，备述无遗。至宦迹人物，则务录其治行足称者，他未遑及也。又若县之八景，先是虽未有品题，余亦妄意考著。盖欲境内形胜白后世耳。他如董学，本汉董仲舒之别墅，澹村乃澹台子羽之故居，则又据遗墟断础与故老相传之言附载焉。编次即定，用录厥成间有缺略，尚俟后之同志汗生于斯长于斯，所以增修。是志者，非徒示人方兴风物而已，盖欲官于斯者，视此必思所以兴废起坠，而使政教之义举产于斯者，视此必思所以考德问业，而使文献之足征，则是志未必无补于世教云。

时景泰六年三月
邑人马伟

故城县志旧序

（明）赵荣显

文以载道，后世之文载事而已。专于载事义当发者，泯泯焉。休戚利病之原，鼓舞变通之机。若有未尽，君子观之歉然不快也。志一方例当详实，不宜从略。而山川、境土、习俗、往迹，必藉重巨笔，庶不湮没。尝见人观郡、邑志，辄从后快读，前卷曾不一目。盖藉重者悉列志后，志前专事记载，视为长物，无怪也。嘉靖壬午冬，荣显承乏故城。既数月，政本化机稍稍就绪，询邑志，得断烂数纸于太学生马君嘉贞。盖其祖若父括苍太守素菴公，左都御史东田公，取旧志先后编纂者。二公游宦往来暂过梓里，去今四五十年。继公后者未知，出公前者未尽。且今昔异状，传闻不同，施之政化有未能尽合者，因谂吏民、谘耆艾、补旧遗、增近事，续成此编。僭不自量，每事类下，辄伸谬语以发义，虽笔力猥近，不足以尽纤悉，而闾阎隐痛亦略具备。古今词翰各以类系。倘言足藉重故城境地，不患不闻于世也。类不能尽系者，乃萃志末。分十七类，共四卷。付之梓工，明示境内，政务方填，寡陋是惧，幸博洽之教我也。

嘉靖乙酉冬十月

邑令赵荣显

故城县志旧跋

（明）孙绪

邑大夫凤阳赵侯纂县志既成，以示沙溪孙生。孙生读之既作而叹曰：绪于此有以见侯之为政也。夫郡邑得君子以为之主，山灵地秀，恒望依讬以有闻于时，而缙绅德业，闾阎疾苦觊显，扬思保障，其意右切。俗有雕朴，故政有宜违，法有利弊，故术有变通。典籍不存，何以遡其原而执其要。县有志，若缓焉而实急也。侯于此知先务矣。及观其据事理，晰利害详实剀切，长虑隐痛时，溢发于文词之外。而援右御今，斟酌损益，惟恐一民一物不置诸衽席之上。其心何仁哉！后之君子抚卷遐思，能不恻然兴念矣乎？且敬亭山山之寻常者耳。自鲍明远、李太白诸君子有诗，遂与匡庐、泰、华相埒。柳州僻在远徼，得柳子厚依归，而柳之山川遂以得名者，不可胜纪。吾乡典刑文献不足征也久矣，得贤侯缀拾而揄扬之，饬于躬者举，得不澌灭于后。固斯文莫大之遭际，而岩壑丘阜亦何其幸哉！窃尝怪守令，于民父母，是司躯命攸，讬取足目前筌蹄刍狗，竭智而渔，穷法而取，虽令誉昭彰，致位通显而民之怼则深矣。视吾侯何如也？疮痍感刻或寿于金石，里巷风谣或公于荐剡得失，彼此当有辨之者矣。敢题数语而归之。

嘉靖乙酉冬十月

邑人孙绪

故城县志旧序

（明）周世选

夫邑志，史类也。史贵纪实，而浮夸点缀采辑失真适取姗于三长君子，以故作者修者往往慎而难之。吾邑有志，历有岁年。弘治以前，先达马素庵暨其子东田与吕西田诸公，相继创修卷帙，久逸。今可考者，惟嘉靖壬午赵邑侯荣显所为续纂而孙沙溪所润色者，迨今七十余祺。前之纪者或湮没无征，而今宜收录者更复不少。然官于斯，产于斯，号称能文者，竟相视逡巡，莫肯受载笔之任，诚难之也。盖邑仅八里，真弹丸地闾巷湫隘，物业萧条。过其地者，每窃笑其陋，徒以古有澹董，浚文教之源流。明兴以来，如东田、沙溪辈，以高科显仕，文章气节，树人文标的，而益衍其流，今之游庠泮者已近三百人，其文盛可知已。乃观邑志者，谓其记载多文，而无他盛。概将欲删之，病于搜罗之无具；将欲存之，嫌于体裁之失准。是故难之，而鲜克任其役也。万历癸巳冬，余奉上命赴南都参赞任，过里，里人夏大夫维藩，以修成新志一编付余，挈至南中删润之。盖邑侯吴君能进恳属大夫偕二三士人校修竣事。大抵纲领节目一因其旧，而增益其新。惟于所甚无当者尽削焉。去取褒贬词义严正。余方壮大夫之果于任事，而克成数十年一邑之缺典，又何可以不文而不其成厥美哉！顾南中称闲曹，而余以庸朽，适值务冗不暇为也，因托上元乡耆李大尹登于，凡规格之裁定，词旨之修饬，字句之订正，一皆犁然郁然，不浮不舛，庶几哉可类良史矣。噫嘻！是志也，昔修于赵侯，而赞成于孙公。兹修于夏大夫，而克襄于李尹。赵与李皆金陵人也。以吾邑文献之托，两有藉于金陵之君子，讵不谓之奇事也乎？书成，将付剞劂氏，以垂久远，余因序其颠末，以弁于简端云。

万历二十二年秋九月

邑人周世选

故城县志旧序

（明）李元忠

古者体国经野，必先辨其土俗所尚，民风所宜。故九州岛详于禹贡，职方备于周官。汉酂侯入丞相府，收图籍为第一事。则古人用意良可知矣。今明兴二百年来，雍和景铄莫盛于兹。不佞居恒每念当今所为润色鸿业鼓吹休明者，莫过于内修列署之志，而外修各郡邑之志。盖典故备，而后百度贞，百度贞而后府事治。上可以备国史之采择，下可以垂来禩之法守，甚盛事也。甲寅岁，承乏故城。甫视事，得府牒，以修府志而征志于县。时太侯杜公，以旦奭之才茂龚黄之治；郡丞张公，以锦心椽笔珠联璧映。不佞不文媿，无以佐亟鼎，乃按旧志辑之。适得沈学博田进士，两君以绣虎之技相为纂述而操断简。后则不佞不敢辞。志既成，乃抚卷叹曰：故城古甘陵，盖弹丸地耳，燕齐交壤，旁临卫河，数十万之岁运及冠盖之舳舻，上下旁午。其地苦于瘠而冲。夫瘠则民难，冲则吏难。既不能不困于冲，而又思调其瘠，则又难之难。此非详考先民之文献，变通易世之人，情未易言也。故于贡赋马政等类，先加详焉；而其他种种，亦悉具备。补缺正纰，传信辨淆，务详务核，一遵府教。至若政事人文，弥新弥盛，如颜侯之去，思周司马之里，德俱表表海内，而踵者且多继起。摭实详列，未必非采风之一助也。夫鸿都钜邑，若钟鼎之家，丰美华盛，稍铺张点缀，便觉藻缋满眼。兹地直若一荜门窭室，聊聊可数者已尽于此。虽然，使操家计按籍而深维之，欲歌咏勤苦，而沐浴膏泽，则固已有余矣。两公他日司魁杓之柄，竟酂侯之业，子室单民，悉被其赐，宁遗此百室之邑哉！因帙成而序其前简。

万历四十二年十一月

邑令李元忠

故城县新志序

（清）吴有闻

郡、邑之有志，犹古列国之有史也。凡户口之登耗，赋役之繁简，物产之盈绌，风俗之淳漓，职官之贤否，人物之隆替，莫不于志焉。备之此，司牧者当以是为敷政设教之端，非可一日忽焉者矣。故城旧志创于明初永乐间。及后相继修辑，大都因仍旧本，而增其所未及。万历壬子以降，缺而未续，邑之钜典，几于废堕。丁未秋九月，余承乏兹土。取旧志，读之见户口、赋役等类，揆之时事，多有不合，可以稽古，不可以准今。而职官人物之宦迹乡评，率皆湮没。于是亟欲纂修，昭示来兹。第县务当积驰之后，凡百丛脞整顿未遑。且邑无梓人，艰于雇觅，因循数稔，职此之由。迨今拮据五载，案清课完，庶政厘举。退食之暇，正与外翰柴君采访商订，期毕初愿。恭遇皇上允阁臣请征志天下郡、邑，俻修一统志，而宪檄已至县庭。然余职任簿书，迫于期限，急难载笔，因以属之柴君。删繁就简，补缺拾遗，润旧加新，不文不漏，固多柴君功。至日与过从裁去取决可否，参互考定。余则不敢惮其劳。帙成，付剞劂。爰弁言简端，以志其事。若以谓籍此猎誉也，则吾岂敢！

康熙十一年岁次壬子长至月吉

文林郎知故城县事关西明生吴友闻撰

续修故城县志序

（清）宋尔祁

今上之十有八年春王正月，来尹故邑。窃惟宜民，端在乎通变而考献，莫急于征文。乃耴县志省览，因势而利导之，期无负父母斯民之责焉尔矣。第志成于壬子，十数年来，更宜收录者不少，愿搜罗近绩，补缀成书，载一隅之麻光，亦足扬一代之盛治，非过举也已。复念续补之举，非博览多识，鲜克胜任。以弇鄙而从事操觚，能免伧父之讥乎！然事虽中止，而缺典之憾至今未忘。适蒙宪檄，督俾续补，实获我心。徧谘绅士，凡事关劝惩，有裨风教者咸登焉。阅月，而拮据告成。上有以应宪台采辑之盛心，下亦得毕末吏纂修之私愿矣。忆宰吉阳时，曾有是役，今复为此。何预身谋，但使后之人流览其中，见政绩宦业之不磨，良有司或因而励廉能之志。嘉节懿行之可爱，都人士益勉而兴，则效之思庶于通变宜民之道，不无小补云。

康熙十九年八月

文林郎知故城县事钱塘宋尔祁撰

续修故城县志序

（清）沈嘉珍

今夫郡、邑之有志，凡山川之形胜，道里之远近，古迹名区之所，星罗而棋置，征徭土俗之所，繁简而肥跷，以及贤守令之善政鸿猷，都人士之嘉言懿行，科名甲第，奇节殊勋，悉于是乎著之。上以备王朝之采择，下以垂奕禩之仪型，诚钜典也。然其间有一定而不易者，亦有俟乎继起之修明者，如山川、道里、古迹名区之所在，亘古常存，诚无烦于踵事增华之美。若夫政教文章可歌而可咏，圭璋闻望可法而可传。则月异而岁不同，骎骎乎有日盛之势。使惮其补缀之劳，而不力为表彰，以示劝惩。斯不亦主持风教者之过乎？故城县志，自庚申岁钱塘宋公某来令是邑，因仍旧本而增订之，已犁然大备矣。但十余年来，宦业炳如人文蔚起，而芳徽令范之彰彰在人耳目者，又难更仆数。去夏，余承乏兹土，即欲广搜博采补集成簿，以昭兹来许。而莅任伊始，簿书期会丛脞未遑。今岁，恭遇皇上加恩，畿辅近邑蠲免岁额，喜无催科征役之扰。退食之暇，爰与邑之缙绅耆宿，咨询商榷，期毕初愿。但余自愧弇鄙，不敢冒昧从事。外翰王君、孙君，皆博洽士也，操觚之任，因以属之两公。至于搜罗见闻，广资笔削，余亦不敢辞其瘁。不两月而新志告成。显微阐幽，征信考实，凡堪登录者，备载无遗。洵煌乎上可以备王朝之采择，下足以为奕禩之仪型也已。

康熙三十三年岁次甲戌蒲月

文林郎知故城县事平江沈嘉珍撰

续修故城县志序

（清）蔡维义

志识也，识一邑之事实而定为成书，所以继往开来，兹政治之得失于是乎？鉴风化之淳漓于是乎？考缙绅之贤否于是乎？别庶汇之兴替于是乎？辑自古多采郡邑之政俗，以为国史实录。是国史者，邑志之会流，而邑志者，国史之支脉也。邑志所关不綦重乎？然时移势易，其中升降隆污，沿革损益，互更递变。有数十年以浚，殊异于数十年之前者。不有以增损而修辑之，则残缺失次渺无凭藉，采风者之言而无征，抑亦司土之过也。故邑地界青、齐，民淳俗朴，固称易治；乃当水路之冲，差繁赋重，犹俟振兴。余下车以来，悉心殚力，若赋役之未平者，均之；杂派之病民者，革之。一切有利可兴之，有害当除者无不乘其机而顺导之。顾才力踈慵，簿书鞅掌，且因康熙壬寅効力西陲，雍正癸卯始返官舍，王事靡盬启处不遑，是以邑志之修，迟延有待兹。丁未春，谋诸署丞锡山秦君及邑绅中翰贾君辈诸公，既相与采辑，而余乘公暇，于凡升降隆污、沿革损益之处，复为反复参订，而备述焉。越两月，告竣。将付之梓，余曰：是志也，修于关西吴侯明生，而继之以余，俾览者，知故邑数十年浚之政治风化，缙绅庶汇，与数十年以前稍稍有别，以无负余司土之责，诚重之也。方今圣天子励精图治，其于皇舆一统大志，见饬纂修。一旦太史陈风以备采择。宁独遗诸此乎？昌黎云：莫为之先，虽美勿彰；莫为之后，虽万物勿传。今余既承吴公以踵事增华，而志所载，得失漓贤否兴替班班可考者，不有随时势而愈多移易，愈觉改观耶？是增损修辑，余更望夫浚此之莅任斯土者。

雍正五年岁次丁未蒲月谷旦

文林郎故城县事加四级纪录三次上京蔡维义撰

续修故城县志序

（清）张熯

光绪八年，余来莅兹邑。灾祲之余，民力未复，万务休息，他不暇及也。惟念邑乘，为一邑纪实之书，征文考献采风问俗胥。于是乎在及时修辑，是诚守土者之责。同治间通志局开通，饬各府州县修志。时丁公灿知故城，县事属前任教谕王公堉德操笔政。书成，而丁公调任去。王公亦捐馆舍。复因时际多艰，事遂中辍。莅任后迭奉宪札催办，集绅董筹之。众皆唯唯，而卒无以应，余亦深念闾阎凋敝之形，不忍操之太促。去岁颇称丰稔，今夏麦亦有秋，复集绅董妥为筹办。检阅旧版可用者仍之，残者补之，诸求樽节，期于有成。顾事经数载，不无增益。以余之不敏，益以案牍纷繁，笔削之权势难兼及，乃属教谕范公翰文、训导贺公锡璜，取前所纂辑者，详加考核，又复博采乡闾事有可纪者，即行增入。迄两月脱稿。爰召手民付之。计王公纂辑此书，始壬申，迄甲戌，极三载精力，而身亲其事，未睹其成。今即其书而续修之，曾不数月而工竣，岂非创之难而因之易耶？且自丁公去后，历经数任而适成于余，此其中盖又有数存焉？爰书此以志幸。至于编辑之功，校阅之详，采访之勤，诸公已分任其事，余则何力之有？

光绪十一年岁次乙酉小阳月

知故城县事古嘉禾张熉识

第三节 现代序言选录

故城县志序

吕志毅

一

方志之名，始见于《周礼》一书。它是记载周王室官制兼及战国时代各国制的专书。《周礼·春官·外史》云："外史掌书外令，掌四方之志。"又《周礼·地官·诵训》云："诵训，掌道方志，以诏观事。"上述所谓"方志"，即"四方之志"简称。郑玄注"外史"条云："志，记也。谓若鲁之《春秋》，晋之《乘》楚之《梼杌》。"可见方志原是四方诸侯国历史的原始记录。方，即地方之意，它是针对王权中央而言，即王畿之外各诸侯国以及四方少数民族、部落等。当时各诸侯国的史书，王朝中央统称之为"方志"或"四方之志"，故梁启超谓："最古之史，实为方志。"其论甚是。郑玄注"诵训"条云："说四方所识久远之事，以告王观博古所识。"意即诵训官将外史所掌四方之志内所记久远之事，报告国王，使能广泛了解各种情况以作为天子施政发令之依据。可见方志对于国王施政具有重要意义。其后，郡县取代侯国，地方志的资政作用显得尤为重要。地方志在漫长历史发展过程中，内容逐渐丰富，体例日臻完备。汉、唐、宋、元、明、清以至民国，累修不止，成书甚多。地方志是以历代行政区划为单位，将一地的自然、地理、政治、经济、文化、军事、人物等诸多方面的历史和现状，汇集于一书，其所承奉的任务，已远远超出原始单一的历史和地理范畴，已经形成一种多科性、综合性的地方百科全书。由于地方志具有"经世致用"功能，深为历代统治阶级及学人所重。它是中国传统文化不可缺少的一个组成部分。从数量上看，尽管有相当数量地方志书散佚无存，然流传下的旧志仍达8200余种，10万余卷。包括通志、府志、州志、厅志、关志、岛屿志等。这一数字还不包括山、水、寺庙、名胜等志。有人统计，全世界现存的中国方志达1100种。且全国古今各行政区划，电括省、府、州、厅、县皆修有志书，数量相当可观。如此纷繁、系统的地方史料，是二千余年里陆续编成的。它是从地方微观角度研究中国社会历史不可缺少的基本资料。中世纪以前，其他国家很难找到与中国地方志相似或相同的文献。英国李约瑟博士认为，希腊和希腊化的古代文化没有留下与此相似的文献，而且从中世纪初期以来，这类著作似乎也不多，一直到了公元13世纪，才出现了一部法文的《耶路撒冷城志》，还有《希伯来地方志》，在近代初期英国出现了《大不列颠志》。可见，地方志是中国文化的一项特殊结晶，是独具中国特色的地方文献。

关于地方志功能，前人之论甚为精辟。例如近代史学家、方志学家吴宗慈认为："大抵学术之应用，有属于精神者，则哲学之范围；有属于物质者，则科学之范围，吾今持此以论方志，方志因有其精神、物质二者之用地。"吴氏还认为，方志优于国史，"吾国正史所留之缺憾，为现代新史家疵议者，每谓正史二千年来之记载，只有国家而无社会。然则方志之所重者，诚有超乎正史之上者。"这是因为一地之人"自述其地方之历史沿革"甚为清楚，记述更为准确；对于山川道里之险阻通塞，距离远近，颇为熟悉，记之于方志，"国家有大兴革，俯拾即是"，学校书院之废兴，教育政策之演进，从实地记述，能"定推动之万策"；方志记述民情，若加汇集，能"求折衷尽善之方"；一切农工商矿等生产之记载，"唯方志是赖"。所以吴氏称方志为"吾国一切所有之总底册"，"国家无量之宝库"，"有系于全国大计"，这些论述恰到好处，深刻揭示了方志的史料价值所在。

著名史、地学家顾颉刚在将方志同"正史"和报纸类比较之后，认为就材料集中、分类明确来说，地方志书"以较正史，则正史显其粗疏；

以较报纸，则报纸显其散乱”。方志之编纂在我国已有多年历史，但真正利用资料进行学术研究，在20世纪30年代时还如凤毛麟角，为此，顾氏慨叹道：“如此缜密系统之记载，顾无人焉能充分应用之，非学术界一大憾事耶？”从以上所论可知，我国地方志数量虽大，资料虽富，价值虽高，而利用者鲜少。此种现象亟待改变。方志之可信程度高，在于其资料主要来自地方官府档案、各种史籍以及史籍之外的经书、子书、诗文集、笔记、信札、金石碑碣以及调查采访等。适如方志学家朱士嘉所说：“其足资征信之程度，更有非意想所能及者。”地方志书，其包举之深广，沾溉之宏富，可与国史媲美，其材料之可信，又可与国史互证，并补充国史之不足，实具价值甚高的第一手地方史料。近代方志学家瞿宣颖特别总结了地方志有益于研究者六大功用称：“就现存之方志历数其裨益治史者之途，犹有六焉：社会制度之委曲隐微不见于正史者，往往于方志中得其梗概，一也；前代人物不登名于正史者，往往于方志中存其姓氏，二也；遗文佚事散见在集部者，赖方志然后能以地为纲有所统摄，三也；方志多详物产税额、物价等类事宜，可以窥见经济状态之变迁，四也；方志多详建置兴废，可以窥见文化升降之迹，五也；方志多详族姓之分合，门第之隆衰，往往可与其他史事互证，六也”，瞿氏在天津天春园阅读大量地方志书，写成《方志考稿》甲集（1930年出版），他对六百余种旧志进行考察研究，辨其体例，评其得失，“尤其注意于所包之特殊史料”，这乃是地方志有别于“廿四史”、《通鉴》《九通》、各会要、会典等史书的精华所在，或不见载于国史者。

各种体裁的国史，内容服于国家大体，而于地方社会情形绝少载录，即“只有国家而无社会”之谓也。我国治史者，历来以治国史者为多，即使新中国建立以来，此况仍因循未改，有人认为治地方志为雕虫小技，有伤学者大雅，违背传统治史观念等等，其实不然，事实上凡属有成就的治史者，大多能够利用地方史志资料进行研究获得成果。如郦道元《水经注》为“集六朝地志之大成”之作。顾炎武博采各府、州、县等地方志以及其他资料，撰成《天下郡国利病书》；朱彝尊、陆心源皆据地方志分别撰成《日下旧闻》及《宋史翼》；陈垣据至顺《镇江志》撰成《元也里可温考》一文，张星琅据闽粤地方志撰成《菲律宾史上李马奔之真人考》一文；日本人桑原骘藏据闽粤方志多种撰成《蒲寿庚事迹》一文；郭沫若据《崖州志》撰成《李德裕在海南岛上》一文；罗尔纲、朱子爽等参阅大量地方志获得许多有关太平天国资料。以上诸例，仅就治史所获部分成果而言，至于利用地方志取经济、政治、地理、文化等其他方面的成果亦不胜枚举，这里不再赘述。当然，总的看，学者们利用地方史志研究史学，尚不普及，亦尚待深入。有待于从地方史料中披沙炼金，洞察我国社会底层情形；各地租赋、徭役、税收情况；各地风土民情，以及地方职官、选举、地理沿革等情况，地方志则是大量记载。由于地方志历代累修，具有连续性特点以及多科性特点，它可以与连续编写的国史并列成为中国史学的两朵奇葩。

二

中国地方志从其产生到形成为一种特定体裁的著作，经历了长期复杂演变过程，它既受全国总志影响，如《尚书·禹贡》《周礼》《山海经》及《汉书·地理志》等；同时，又经历了地记、图经到地方志等几个主要历史发展阶段。例如，自西汉后，由于地方经济发展和地方豪族势力成长，地记著作（如风土、山川、物产、人物等）出现。魏晋之后，地记著作显著增多，内容多为风土记与风俗传性质，有的侧重志地理物产，有的侧重志人物史传。图经之作，虽始见于东汉，然图经之盛行，乃是隋唐以来之事。图经之书，以图为主，文字为辅，至北宋末年，图经向大量文字记载方向发展，图退居于附录，有的甚至摈弃不用，只保留经文部分。事实上，图经已经演变为地方志了。如北宋元丰年间《九域志》，是王存据《九域图》重修而成。由于不绘地形，难以称图，更名为志。至南宋，图经之名，已成为地方志通称。如《严州图经》改称《新定志》即其显例。上述例证说明图经发展至南宋已完成了向地方志的过渡。此后的一统志、通志、府志、州志、县志中，一般卷首皆附有地图，这不仅说明全国版图与地方地图在志书中的地位及作用日为重要，也说明以往图经形式对志书的影响。可见一部内容充实，体例完整的志书，应该是图文并茂的。清代史志学家章实斋强调史志立图之要义云："史部要义，本纪为经，而诸体为纬。有文辞者，曰'书'，曰'传'；无文辞者，曰'表'，曰'图'虚实相资，详略互见。庶几可以无遗憾矣。"章氏在论及表和图在史志中作用时云："史不立表，而世次年月犹可补缀于文辞；史不立图，而形状名象必不可旁求于文字……虽有好学深思之士，读史而不见其图，未免冥行而擿埴矣。"此言甚确。史志之书，仅有文字，事物形象难以肖妙地描绘出来；仅有图像，复杂事物则难以反映全面。只有图文并用，相辅相成，详略互见，虚实相资，才能正确、形象地表现事物的本来面貌。南宋史家郑樵云："图成经，书成纬，一经一纬，错综而成文。古之学者，左图右书，不可偏废。"古人为学，至纤至备，诸多门类，无所不具，是图与文相配，以明学术之真谛。由是可见，图学（主要指地图及其他各种图像）在史志中占有重要地位，甚至最初地理知识的表达，很可能是用图而非文字。这是因为图先于文字而出现，且最为直观。图学之中，特别是地图与方志不能截分两途。一个时代的制图成就，应该反映于该时代的图经、图志以及各类志书之中，这是符合客观实际情况的。北宋李宗谔云："昔汉萧何先收图籍，赵充国图上方略，光武按《司空舆地图》封诸子，李恂使幽州图山川，并燮定封域，章施丹采。今闰年诸州上地图，亦其比也。图则作绘之名，经则载言之别。"北宋王存提出图、志、籍三者会为一书，而成方志，其论云："臣闻先王建国，所以周知九州封域与其人民之数者，诏地事则有图，诏观事则有志，比生齿则有籍，近世撮其大要，会为一书，趣时施宜，文约事备，则唐之《十道图》、本朝之《九域图》是也。"此皆为志、图一体之证。

志书体例乃是志书独特编纂形式，这种形式是经过千百年修志实践而逐渐形成的而且继续在演化，然其基本模式业已约定俗成。志与史虽属相近学科，同属社会科学范畴，然其所不同之点也很显而易见。从记载内容及范围看，志详史略。史存大体，志务详尽。史所记内容比较专一，志所记内容范围极广。史以记过去为主，志以记现状为主，兼及以往。从编纂体例和方法看，撰史要求史论结合，要有作者观点，要总结事物发展规律，可述可论；志书一般不论证，不议论，基本上是资料的科学排比，从资料排比中体现事物发展规律性。史一般用编年体，或纪事本末体，或纪传体，以大事记为主要线索；志则用志书体，横排竖写，各体兼用。通常使用志、纪、传、图、表、录等体裁，以志为主，各有专用。撰史以年代为经，以事件为纬著述往事，一般纵写，采用历史分期法，侧重从纵的方面反映历史连续性，故史体纵看；志侧重从横的方面来表现各种事物的广泛性，要求按事物类别记述一方历史和现状，注意横排，纵横结合，以横为主，志体横看篇目横排是志书特点所在，篇目在旧志中称为"门类"，它是志书的框架、蓝图。瞿宣颖云："凡志之佳恶，不待烦言，但阅其门目，便知有无鉴裁之力。"又云："故欲精志例，先求分目之允。"这里所云："门目""分目之允"，是指横排门类以及是否得当，方志基本编纂形式是以类系事，所以制定篇目，实际就是科学横排门类。具体言之，是将要叙写之内容，首先进行科学分类，先分大类，再分小类，小类下设目若干，反映到志书上即编（篇）、章、节、目等层次，逐层相辖，这样横剖既尽，则以前千头万绪，纷然陈杂的史料，便在大类别之下显示出了它们的般性，在小类别之下显示出了它们的特殊性。条目叙写，一般按时间序列将史实加以编制，经过这样编制，则史料所突出来的便不仅仅是它的性质，而且也是该史实发展演化过程。凡属可以做时间追溯的事物，都要经过这样条分缕析，按照时间序列进行编制，显现在我们面前的便是某种事物的规律性。这就是方志叙事之法则。

三

我国新编县志现行体例的总体结构，一般是由概述（总述）、大事记、各专志（含人物）及附录四个部分构成，也有人将人物从专志中独立出来，形成概述、大事记、各专志、人物及附录五个部分。从实践看，这种结构模式比较合理，尽管尚有未尽人意之处，然其影响巨大。如新编省、市、区、县、乡、厂矿企业及各事业单位等志书，基本沿用此例，事实上，已成为80年代以来我国各地撰修志书的通行体例。

1987年秋，我应邀赴河北省衡水行署，为地、市、县各级方志编修人员讲授方志学理论。1988年4月，又受故城县人民政府地方志编纂委员会之聘，为该县修志学术顾问，同月下旬，应故城县志办公室之邀前往讲授方志学理论。此后，与故城县往来颇多，凡属有关县志编纂事宜，多所参与、指导。如设计与调整志书篇目，审定修改县志初稿及定稿等。1991 年 3 月参加故城县志评稿会，对志稿提出了具体修改意见，在会上作了题为《从新志体例演变趋势看深入研究旧志体例的必要性》的学术报告。

故城旧志创于明永乐间，至清末已有数修，今所存旧志，有明万历间纂修二种，清康熙、雍正、光绪间各一种。民国十年（1921 年）有重印光绪《故城县志》之举。关于故城旧志详情见拙撰《故城旧志源流考》一文，载于该志书中。

本届故城修志，距光绪旧志已有百年之久，时间相隔之久可以想见，从新编县志内容体例看，一承 80 年代以来我国新编县志通行体例，设总述、大事记、各专志、人物及附录，前有序言，凡例，图表插入有关章节，述、记、志、图、表、传、录诸体并用，采用中编形式，较好地体现了故城地方特点和时代风貌。专志为县志主体部分，析为 24 编，即建置、自然地理、人口、水利、农业、工业、交通邮电、能源、商业、工商管理、财政金融、城乡建设、中国共产党基层组织、党派团体、政权政协、司法、民政、人事劳动、军事、教育、文化、科技、卫生体育及民情等，人物专设。框架结构严谨，符合志体要求。

故城县地处河北省东南边界，与山东省仅有卫运河之隔，全境为黄河冲积平原地带，地势平缓。县界及境内河流纵横交错，素有“水陆要冲”之称，宜于农、商业和交通业发展，故城人民具有光荣革命斗争历史，如邑人窦建德及其友刘黑闼等聚众高鸡泊反抗隋王朝统治；清末，县民加入义和团向八国联军展开英勇斗争；抗日战争和解放战争时期，故城人民为争取民族独立和解放曾做出了巨大牺牲。

故城县志者坚持实事求是，立足当代，详今略古原则，着力载述解放后，特别是 80 年代以来的新成就、新变化和新气象。比较全面系统地反映该县自然和社会诸多方面的实际情况，为地方和上级领导决策提供了充分的科学依据，保存了大量系统的地方文献资料，又是一部具有现实意义的乡土教材。

新编故城县志，是一项巨大的系统工程，任务艰巨，县政府领导十分重视这次修志工作，多次运筹部署，这是修志事业成功的可靠保证。县志编纂过程中，主编崔衍国，历经全过程，从设计蓝图，搜集资料，删削整比，加工润饰到通纂全稿，作用显著；全书风格统一，文笔较佳，与诸位副主编及全体修志人员通力合作，历时 6 载，大功告成，成绩斐然可观。在故城县志即将出版之际，特为之序，以致祝贺。

吕志毅　谨序

1992 年 5 月于河北大学历史系

民国重印清光绪版《故城县志》再版序

刘石营

故城县历史悠久，故城文化源远流长。时光如水，弹指百年。知故城今日者众，知故城昨日者寡；众不过八九，寡不足一二。故城百年之前，今人知之甚少，故城千年之事，今几人知焉？知故城沿革之更迭变迁，将昨天之事与今日之情相对相识，从中可感悟今非昔比，继往开来，长江后浪推前浪之真谛，尤为珍贵。

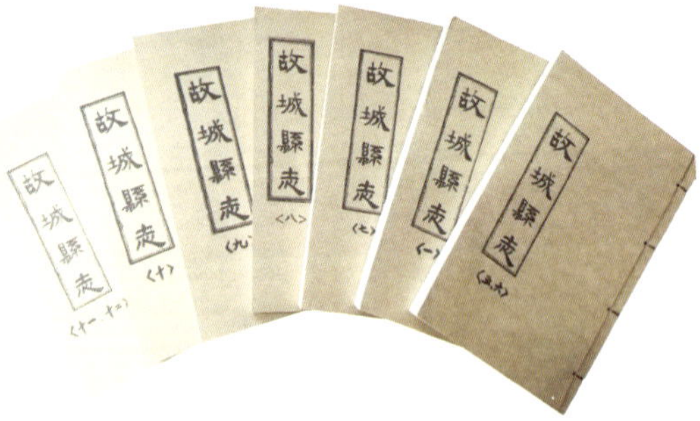

再版清光绪《故城县志》

以史为鉴，借古喻今。民国重印光绪版《故城县志》再版，重溯故城上百年乃至上千年沿革发展史，故城人民必能由此书鉴古而知今，以超人的智慧、超常的胆识，总结历史经验，改革创新、献计出力，为绘就故城明天宏伟蓝图而拼搏奋斗！

昨日之故城，今人知之足矣，今日之故城，更须脚踏实地，书写崭新的历史篇章。

这部《故城县志》是县档案馆仅存的一部古籍旧藏本，她久藏深闺人不知，无缘与世人谋面。

为更好发挥这部旧志作用，让县内县外有识之士重新释读，县委书记张建中、县长李哲民决定把这部志书请出档案馆，让世人一睹她的芳容。

史书如镜，知史而可明志，手中之再版《故城县志》可相互传阅，而不可亵玩，更不可附庸风雅、装潢门面。要有所思、所想、所悟、所言，直至有所行。故城之历史、文化、政治、经济汇于其中，一部县志即是一部地域大百科全书。

故城发展成绩斐然，有目共睹；回望故城之昨天，思考故城之今天，展望故城之明天，愿此部再版旧志为你了解故城历史创造故城新辉煌注入智慧和力量。

只言片语，由感而发，斗胆称序，贻笑大方。

刘石营

2006年12月21日

第五章　杂文　轶文选录

明、清邑人杂文创作颇丰，现载录代表篇目13篇。

第一节　杂文选录

澹台子辩

（明）夏维藩

万历庚辰等年，予备员东昌奉檄查盘。道嘉祥，过城南则有澹台桥。乃吾邑则有澹台村，去今高唐之武城盖百里。而近予因考之图经国志，古武城本在费县西北七十里，则子游所宰邑也。澹台子羽实生其乡，今费祠。子游于名宦，子羽于乡贤是已。若今武城去费凡七百里，本汉所置，初名东武城，盖别之也。至隋始去东字。嘉祥去费五百里，而遥然复有澹台桥，何也？史记称：灭明，名施。诸侯南游至江，从弟子三百人。吴国东南因有澹台湖。括地志又记：滑之延津为子羽斩蛟投璧处；而图经所载，吾邑则为其故居。曹县复有澹台祠，邹则有澹台墓，岂古之贤豪游四方以为常，苟有其迹，人争识之。安知吾邑非其所常居地，而汉之置东武城非以澹村故邪！未可以彼而疑此也。

注：夏维藩，字汝介，号滑楼，直隶故城县夏庄人，明嘉靖二十八年（1549年）己酉科举人，出任山东单县知县时持法严正，政绩突出，后升任曹州知州，单县百姓不舍，于城北为其立生祠，四时供奉。擢升兖州府又补任东昌府。明万历年间，与同乡周世选（字卫阳）参与编纂《单县志》《故城县志》。享年八十，无疾而终。

董子辩

（明）马伟

余曩校德州学，其郡名俗称曰广川。又学宫西庑后为董子读书台，城西卫河桥匾曰广川桥。考之史传参之诸志皆无所载，其冀州枣强县亦志董子为枣强人，妄说纷纷，莫知所指。而景州之与故城不预焉。按汉书，广川董仲舒，少治春秋，为博士，进退容止，非礼不行，学士皆师尊之。及举贤良方正，汉武帝三策之以江都相，两事骄王，皆正身以率下，所居而治。及去位家居，不问产业，专以讲学著书为事，且德州之与景州与枣强与故城相距密迩犬牙，盖仲舒有名当世，及去位家居之时，其邻邑文学士夫必有从而师之者。一则曰读书台，二则曰广川桥，后人慕其名而好为之也。又按广川今景州嘉谷乡有曰：广川镇故城清和北乡，有曰董学村，其二村相去甚近。稽之元朝文类载，翰林学士曹元用撰董子祠堂记云：“广川属汉冀都郡，今景州蓨县是也。县西南乡有广川镇，其别墅曰董家里，有祠在焉。”且董学村东旧有董子祠，金承安间内翰冯子俊所撰碑文。元至元间，御史宋绍明所题壁咏，元末皆废于兵。洪武初，以广川为景州之地，以董学为故城县之辖。以此验之，则广川为董子故居，而别墅岂非故城县之董学乎？又曰，县北门道右故有董子祠，大德初，县人林士豪常加补葺。天历元年，县尹吕思诚，以谓祠当通衢湫隘，若此非所以居董子也，乃迁于县治之东，命教谕刘澄权主祠事，则蓨为董子故里无疑矣。至元壬辰，礼部郎中陈刚中奉使交趾过景州，留题广川大夫庙，注云：在景州北门逮至国朝行在，刑部侍郎宋性，翰林学士杨士奇晚次景州，皆有怀古咏歌，则董子为景州人又明矣。余既历叙出处于志，复详辩之。庶有以释众说之疑，而览者亦有所据云。

宁盗说

（明）孙绪

使天下知所畏，不若使天下知所愧；严天下以法，不若厉天下以心。人之所以冒禁犯法敢为而不顾者，固其心之放肆，不知所畏而然，亦其利染，既深知有利而不知有愧耻也！夫苟不知愧耻也，则法不足以制之；纵有可制者，亦惟靡懦弱腐者耳，而强梁傲睨者视之，蔑如也。夫人君所恃以治天下者，法也。法不足以制之，则所以驭天下之术，始穷而寇贼奸宄，凡决裂吾法，自放于轨度之外者，其将何以宁之！而亦何时而宁耶！端庙堂之本以清天下之风；拔介特之操以厉天下之节；倡舆论之公以正天下之俗。风清则苞苴无所售，而盗无所庇。节立则困穷非所患，而人讳于自污俗正，则议评不少贷，而盗无所容，不烦刑诛，盗可渐平矣。间有一二负固不悛者，是则乱民无人心者也。乱民而无人心则直付之刑诛而已，而又何难焉？且盗何为而起乎？饥寒切身，罹法亡命，呼啸于党类以逋逃，冀得于旦夕之苟活，而今之盗则非以是也。般富子姓豢养骄騃，肥马华裾，任意游侠骋力，势则动辄杀人，压乡闾则刚狠武断。而群不逞者，又从而慕，效之怂恿而夸奖之。是昔之盗也以贫，今之盗也以富，昔之盗也以畏法，今之盗也以玩法。无惑乎，盗之日炽也？然则盗何时而宁乎？有搜捉之官，有巡徼之卒，间谍伺察，足以谂其所如比邻姻识足以掩其不备。而今则不然也，耳闻其风声则皇皇如不及，目炫于服饰则啧啧而心醉，司督察者以多赇而通音问，主案牍者以稔熟而窜姓名势家为之居停。主人门地严邃，人不敢以物色高位，为之保庇恩主，请托关节，吏不能以尽法。是昔人御盗之具，今人以为利盗之资，昔之盗人之所憎而畏，今之盗人所慕而爱。如之何盗之不横也？盖尝与卫日闲逻者四出，而盗略无顾畏之心，严立限期厚募赏格，与闻有诛容，隐有诛而人之秘盗自若也。揆厥所原，岂非风俗之未淑，节行之日隳，人知有利而不知有义。始焉玩法而不知畏，终则至于丧心而不知愧乎？然则宁盗之说可知也。诚使居庙堂者先之，以节俭而淡然无欲，使天下知所景从，则凡列庶府者，皆知苞苴之无所投其好，而渐觉贪蔑之可愧矣！司部使者礼隆于清介而颙然敬仰，使天下知所歆慕，则凡为守令者，皆知苦节之足以延于誉，渐觉多赀之可愧矣。为守令者又月省而日戒之，曰：守分而静处者良民也，良民困窭饥饿，吾周之且崇重焉，非分而攘夺者乱民也。乱民吾不但不齿而已，刑诛将及焉！彼富盛何为也，如是则人皆知所趋避而渐觉为盗之非计。夫人皆知盗之非计也，彼将无以自容里巷，耻与人居侪辈，耻与之游，踽凉无侣，茕茕孤立，彼亦何取于是而必欲为盗哉！夫盗也者，随所遇而夺人所有以为衣食者也，无所用于财者也。无所用于财而今之盗所以急于财者，要必有所用也。叩门户于昏夜，以求援赂狱吏于圜扉以求脱，是财为民命尤为盗所恃，以死而复生者也。使天下之人合上下贵贱，而皆知所愧风清节立而俗善，则彼胠箧之所贮，斩关之所获，南金拱璧无所投畀。彼之财将无所用，踪迹少露则有捕获而已，杀戮而已，潴其居籍其家而已。财无所于用，不足恃也，彼又安肯身死不测之祸，以博无用不足恃之物哉？渐习既久，良心犹存，则盗亦渐知所愧，不期于宁而自无不宁矣！而又有阴尼之几有默挽之术，慎嚬笑以风示严毁誉，以警惕表宅里以劝惩，如是而盗犹如故，万万无是理也。宁盗之方，无出于是。若曰用闻望以慑其气，结诚信以倾其心，妙谋算以决其势，亲矢石以折其锋，招徕于携二离间于啸聚，如古之李固、张纲、赵广汉、韩世忠之流皆未也。虽然，季康子患盗，孔子责之以不欲；盖制盗非难，制欲为难。验之于人情而反之于原本，管蠡之见尚有进于是者。

中山狼传

（明）马中锡

原文：赵简子大猎于中山，有狼当道，人立而啼。简子一发饮羽，狼失声而逋，简子驱车逐之。时墨者东郭先生将北适中山以干仕，策蹇驴，囊图书，夙行失道，望尘惊悸。狼奄至，曰："先生岂有志于济物哉？今日之事，何不使我得早处囊中，以苟延残喘乎？异时倘得脱颖而出，先生之恩，生死而肉骨也！敢不努力输诚哉！"

先生曰："墨之道，'兼爱'为本，吾终当有以活汝，脱有祸，固所不辞也。"乃出图书，空囊橐，徐徐焉实狼其中，三纳之而未克。狼请曰："事急矣，惟先生速图！"乃跼蹐四足，引绳而束缚之，蛇盘龟息，以听命先生。先生内狼于囊，引避道左以待赵人之过。

已而简子至，求狼弗得，盛怒。拔剑斩辕端示先生，骂曰："敢讳狼方向者，有如此辕！"先生匍匐以进，跽而言曰："行道之人何罪哉？且鄙人虽愚，独不知夫狼乎，性贪而狠；君能除之，固当效微劳，又肯讳之而不言哉？"简子默然，回车就道。

狼度简子之去远，而作声囊中曰："出我囊，解我缚，我将逝矣。"先生举手出狼，狼咆哮谓先生曰："我馁甚，馁不得食，亦终必亡而已。先生既墨者，思一利天下，又何吝一躯啖我而全微命乎？"遂鼓吻奋爪，以向先生。

《中山狼传》故事图画

先生仓卒以手搏之，且搏且却，引蔽驴后，曰："狼负我！"狼曰："吾非固欲负汝，天生汝辈，固需吾辈食也。"相持既久，遥望老子杖藜而来，须眉皓然。先生舍狼而前，拜跪啼泣曰："乞丈人一言而生。"丈人问故，先生因述始末，顿首杖下。丈人闻之，以杖叩狼曰："夫人有恩而背之，不祥莫大焉。儒谓受人恩而不忍背者，其为子必孝；又谓虎狼知父子。今汝背恩如是，则并父子亦无矣。"狼曰："初，先生救我时，束缚我足，闭我囊中，压以诗书，我鞠躬不敢息。是安可不咥？"丈人曰："是不足以执信也。试再囊之，吾观其状果困苦否。"狼欣然从之。先生复缚置囊中，丈人目先生使引匕刺狼。先生曰："不害狼乎？"丈人笑曰："禽兽负恩如是，而犹不忍杀，子固仁者，然愚亦甚矣。解衣以活友①，于彼计则得，其如就死地何？先生其此类乎！仁陷于愚，固君子之所不与也。"言已大笑，先生亦笑，遂举手助先生操刃共殪狼，弃道上而去。

（取材于马中锡《中山狼传》）

注：①左伯桃与羊角哀为友，闻楚王善待士，同赴楚。困于途中，值雨雪粮少；伯桃遂绝食，且解己衣与羊角哀，入树洞中冻饿而死。羊角哀独行仕楚，显名当世；后启树发伯桃尸葬之。

第二节　轶文选录

董子祠堂记

（元）曹元用

汉中大夫董仲舒邃于春秋，其学醇正有原。武帝时对策三篇，切中时弊，致武帝表彰六经，罢黜百家。先儒以为其功不在孟子下。两相骄王，动必由礼，守正不阿。时公孙弘方以容说位宰相，故终身不得复进。夫孔子殁既久，异端并兴，学者愈失其传。秦汉以来，知道者鲜。惟董子能言正谊而不谋利，明道而不计功，以仁义礼乐正心修身为治国平天下之具。论道之大原及明于天性之说，多得圣人之旨。其言奥衍弘深，沛有余味。或者乃议其见道未明，窃以为过矣。夫以游、夏之言方诸孔子，犹为有疵，况董子承秦灭学之后而能造道如是，讵易得哉！使其游于孔门可与十哲亚，使居相位可兴三代之治。刘向以为有王佐之才，管、晏弗及也。真知言哉！按《汉书》，董子广川人。广川属汉冀（州）（信）都郡，今景州蓨县是也。县西南乡有广川镇，其别墅曰董家里，有祠在焉，唐、宋碑刻犹存。县北门道右，故有董子祠，不知创于何时。国朝大德初，县人林士豪尝加补葺。天历元年，承务郎县尹吕君思诚视事始，拜谒祠下，顾瞻而叹曰："祠当通衢，湫隘若此，非所以居董子也。"八月迁于县治之于东。东有崇台三丈，杰阁二层，旧为官僚游憩之所。遂新其敝仆，定为董子祠。更其衣冠，悉遵古制。明年某月落成，聿修祀事。蓨旧无县学，吕君又筑讲堂祠下，为东西两斋。命教谕刘澂权主董子祠事，朔望先谒孔子庙，次则及焉。又为孔子像，置之社学，使民知所向。慕吕君字仲实，平定州人。由国子伴读擢进士第。补同知辽州事，以母忧去官。终丧，而有蓨之命。清勤无私，临事明决。讼十年不绝者，谆谕以理，辄两已之。子爱其民，事集而民不扰，咸畏威怀惠，境内大治。安陵道士以久旱，持庐师（谷中）蛇名小青者至。郡僚罗拜以祷。君怒，欲取而杀之。道士泣请，得免。后数日乃雨，其不惑于邪如是。余与乃父廉访君昔联仕宪台，今嘉其有子而能官也，故为作董子祠堂记，仍赋享神辞以继之。其辞曰：蓨之土平原膴膴，爰有哲人兮道传千古。道传千古兮为纪为纲，徽猷允塞兮嘉言孔彰。天既佑我蓨兮笃生元哲，不克取而师兮是日自绝。层台兮巍巍，杰阁兮翚飞，神灵兮有托，祀事兮无远。想高风兮如在，期进德兮逾励，继自今兮，毋忽毋怠。

注：曹元用（1268—1330年），字子贞。元代大臣，祖籍阳谷阿城（今阳谷），后随家人迁徙至汶上大张村（今嘉祥县梁宝寺镇）。幼时嗜书，过目成诵，尤精于《易经》《春秋》，读书常达旦不寐。任镇江路儒学正，在大都时为翰林学士承旨阎复所赏识，任御史台掾史。元延祐六年（1319年），为太常礼仪院经历。与清河元明善、济南张养浩并称为“三俊”。文宗天历二年（1330年）卒，赠正奉大夫、江浙行中书省参知政事、护军、东平郡公。谥“文献”。著有诗文集40卷，名《超然集》。

与东田先生书

（明）孙绪

昨者文旆出京，绪方以罪咎谢恩宥，未得拜送。古人有言，贫贱别更苦。今日老先生与不肖，所谓流离患难之别，又非贫贱可拟，苦当如何？近日邸报曾见否？浮梁戴公以直见斥中贵，夜半持寸纸，远召钧阳刘某，握掌宪度风纪之长，进身若此，他日之所弹压整肃，可以预量。姚崇未相，先以十事要说必尽从而后肯，即任前辈之谨始然也。彼人者，庞然大物，目不知古今，而心不涵义理也。久矣，此举此态是固其所独怪。

夫今之士风，喜通恶穷，知附势而不知有性分。如此，事不知去者为是，而来者为非友。以被召为荣，而被斥为辱。江河之趋日愈就下，其何以长庙廊台阁，愧山林泉石多矣。大抵古之高士，不以应金紫之贵为荣，而以全始终之名为惬。我公既出之，后士夫识与不识，及走卒贩夫儿童妇女皆咨嗟，扼腕若失所庇。

志节之士，思欲执鞭而不可得。完名良节照映朝野，如连城照乘，莹无瑕颣。观此正未可以南北为轻重也。老司马鸣佩于庭，安坐于堂，呼唱于衢，了无怍色。然而，见者障面，闻者掩鼻，士类斥之则曰秦人，秦人外之则曰陇人，陇人不有则曰原非陇人。乾坤漠漠，殆无所容。气息奄奄，何异泉壤。彼方黼藻文具，备饰边幅，人之可笑，一至于此，亦斯文之不幸耳。

绪母老身单，戆直孤立。居今之世，突梯滑稽，俯仰狡诈，犹恐有非意。若绪者其何以免累，谋以病投劾。此时侦伺逻卒满衢巷，恐事露真诚，则祸且不测。颇类惧覆舟而先投水矣。俟秋间声势稍宁，当更徐图。然而，溪山之梦无夕不然也。老先生素谅绪者，故敢布衷曲。

与吴司空献臣书

（明）孙绪

绪僻居村落，去县四十余里。或有事抵县，岁二三焉。故邸报绝不闻知。数月前，蒲汀李少宰过敝地，维舟枉顾。始闻往岁，执事有荐札，推及不肖，议订大礼，且置之二三耆儒之列。顾绪何人，敢以当此。

绪资品庸下，才力绵薄，虽勉强随分读书，终不能自拔于凡品。而先民遗训则硁硁固守，不敢失尺寸。故当路诸君子屡尝推荐，然不过谓犯非其罪，才尚可用而已，未有如明公谬许如是者。绪虽未得见佳章全文，而朝廷大礼，谓绪堪当考订之责，则其意可推而知也。感恩轻重宜何如为报耶？恭惟执事，文章道德为世儒宗。昔年逆瑾窃柄虐焰煽天，于时人皆少贬以殉，甚者投好以希合，重赂以取宠。公独毅然行所学，不顾卒中奇祸。祸愈大志愈厉，所守愈坚。天挺贤豪，固自异于人邪。即欲作书上布鄙衷，而蒲汀舟去甚急，不肯少待。路隔江山，使者绝少。寒家又无得力人可以远出，迁延至今，耿耿之私未尝一日不在左右。

兹者，敝县赵尹改任杭州，便道过南京，托彼专人敬渎台下小诗四首，薄旌下情。近日弄笔汉阴亭，得杂言十二首，录博一笑。谅大年当大拜归庙堂，谨于卫河之湄候谒光霁。惟为道自重以慰苍生之望。

讲武图记

（明）马中锡

弘治丁巳夏，北卤寇上谷，云中上将誓师讨之。命户部左侍郎兼都察院左佥都御史，东山刘公出督军饷。公首至上谷，集部使者及仓庾吏于庭，而告之曰：上谷去京师迩甚，军储不足，师行之眚也，一节告匮九重之忧也。禹贡先于冀州，周制南北军，总卫三辅根本之地。臣子所当，先怀其亟，谋画勿怠。咸受命而退。翌日，簿饷数以进，公览之。乃酌缓急、计虚实，移檄郡县，招徕商贩。

自晋冀并代，以及兖豫齐鲁，瀛鄚魏博，凡刍若粮，皆令输于边。其在境内，则露积于场，梱载于箱。白粲于市者，皆令售于官。规画既定，公驾即西，曰：吾志可少纾，可趋云中矣。数月边庾尽充，士无忧色。公复至自云中，元戎即近郊阅武速公视师，公笑曰：尼父以军旅为未学，以甲兵为未闻，若欲以是窘书生邪？始吾为职，方即尝阅禁卫羽林军，继参藩闽广，又阅海上岭南军。寻为右辖旬宣，两浙为中丞，塞河汴州，又阅吴会水犀，大梁武卒若军能尔。

吾固当拭目，至期城门启钥，牙将肃坛，三军尽甲，万马既同。公乘肩舆，俨然造焉。元戎大珰，盛服从事。禆校而下属，櫜鞬祇候辕门外。公入坐讲武堂，诸将士跽听矢命，惟谨公谕。以朝廷养兵之周，练兵之勤，用兵之急之意，至再至三俾退，而事事謦欬之余，应者万人，响震林谷。少选部伍，各正中军，建大将旗鼓开壁傅令。步兵阵内，骑兵阵外，四象在旛，四兽在队。或列而方，如鱼贯然。或环而圆，如棋布然。或分为三，左右应援。或析为六，隅落钩连。驰若相先，偶若相联，围若相搏，绰若相骞。伏者如眠，昂者如轩。如珠斯穿，如绠斯牵，委蛇蜿蜒，娇厉骈填。有旗斯搴，有钺斯虔，肃肃娟娟，奕奕干干，千态万状。而军容之极观备矣。良久阵定，别将率骁骑为卤办，直犯大军。谍报元戎偏师出应，执者露刃彀者，彀弦合战，移时步骑分番，奇正倚伏敌，乃败。北献俘中军，大行赏罚。

公观已叹曰：吾行天下，未见精兵若此也。今北卤未庭，当宁旰食疆埸之事，若等责耳。努力多贺，乃一揖而退。未几，卤款。云中塞表，献马六千匹。而公饷事适完，有旨征还朝。中锡以此军尝辱公鉴赏也。于其行绘图以赠公，因命中锡为记。如此调燮之暇，时寓目焉，庶鄙人之常侍侧也。

沐恩堂记

（明）马中锡

堂以沐恩名，沐天恩也。恩出天子，藩王播而扬之，人因得以沐之也。沐之者谁？山东贾少詹事之仲原也。仲原世大梁人，尚宗室光城县。主脉系周王。王择婚，诗礼阀阅无踰贾氏者，遂与之订盟。又阅贾氏诸子琼辉玉立、读书习礼无踰仲原者，遂馆之二室。朝拜京师，赐四品服，进阶亚中大夫以归。冠服俨然，牙笏金带。布衣而突然有此，以抗礼于缙绅之间，亦荣矣哉！因匾其堂曰沐恩，示不忘也。夫大梁去京师千余里，而恩波沾溉近在一堂。则仲原之饮德，当永永无极，而圣泽之浸渍亦云遐矣。走介都下求予记。夫人凡富可润屋者，孰无堂堂复有高且钜于仲原者然。朝坐而堂齐货财，暮坐而堂角势力。歌舞宴酣乎堂，踞傲洗澳乎堂，颐指气使，急叱嫚骂，睢睢盱盱乎堂。挟其富势，自视无前，意气横出，谓皆自我庸，讵知其安居无恙，一啄一饮皆吾君所赐乎！迨至权柄一折，匍匐来归，跼蹐无所容，视其堂若蜗舍然。然后知前日之间，敞钜丽优游伴奂皆吾君之赐，吁亦晚矣。然则凡有居者皆当以沐恩名，独堂乎哉？独仲原乎哉！推类而精于义，宅心有广居，礼贤有厦屋，取友有兰室，在仲原勉之而已。果若是，则德名所就，直与古之杜悰、王晋卿者伍，而恩泽之来悠长，深浚饮餟不暇给也。敢并规仲原，匪直纪岁月而已。

退思轩记

（明）马中锡

天下事有进则有退，有行则有思。不但谢事乞休为退，自堂陛而寝室，应酬而燕居皆退也。不但玄理精义当思，言语应答仪文交际皆当思也。思则得，不思则失；思则理，不思则乱。其大且重者，自天子公卿大夫佐理天下，思共成正大光明之业；下而农工商贾，思恒于产而勤其业以需衣食。思之时义大矣哉！顾动而有所事纷拏，胶扰不及于思，既退而静，神疲力倦，方欲弛肩息虑，引被高卧，孰肯复有所思？惷愚者，又不知有所思，知所思而又不良于思。若今太监朱公，遭际盛时出入禁闱，锦衣玉食近幸莫比。进无理乱之责，退无俯仰之累，宜若可以优游暇豫，无所庸其思者。而构轩揭匾以“退思”名，盖不敢倦疲于兵戎政务之繁，而窃附于古人刻盘杆铭几杖，可不谓贤矣乎！汉唐以来，曰小黄门，曰中常侍，曰观军容使，皆中贵人职也。珥珰左貂，代不乏人，然孰肯有所思而又良于思耶！独吕强、张承业、杨复光之徒差强人意，然青史寥寥，亿兆之一二而已。公居轩遐思，尚友论世要，不必于他求。见侪辈之贤而思与之齐，则亦可以能自得师。又进而巷伯诗歌，子长雄才，则又浸淫乎章逢矣！高风遐躅，非公之所当自致乎？若曰视干戈则思斗，视货贿则思取，视膏粱则思饱，视酒醴则思酣，视丝竹则思乐，视犬马则思猎，视衽席则思逸，则何贵于思也？公谦退和易，读书谈理，道稽往事能浩然不穷，而韬泷韫藉，略不事表襮，黯黯默默，常若有深思者。故予因记公轩，而极论如此。

寅庵记

（明）马中锡

都宪太和萧公节镇陕西，中锡承乏陕臬间，以事谒公于行台。公谓中锡曰：吾以寅名庵，今三十余年，庵存名亦不易。子以文鸣世者，其为予记之。辞不获，作而叹曰：大哉寅乎！其百事之祯，万事之鉴，而天地物彙之栟幪乎！自寅宾之义发于尧，而惟寅之义继于舜。咎陶陈谟曰同寅。成王训官曰寅亮。观于寅而天地万物之情可见矣！然而公之庵衡茅耳，非有丹桷彩椽之丽，崇廉广庑之等也。衡茅以为庵，书屋耳，非为画戟之森卫，庶政之临决，百执事之奔走也。则亦何取于书而以寅名哉？盖士之所居，得志则为南阳之庐，不得志则为洛阳之窝。梁甫长吟安乐打乖地，岂有二哉！初，公居庵也，读天下书，论天下事，其志固欲以济天下。然以其志尚未得也，则弄九余暇，风流若将终身，今志得大行矣！然则抱膝曩时，有心于开济，而窝居安乐，内圣外王之学实以是成之。以寅名庵，将无不可者，况寅者敬也。君子所以修己，所以安百姓，所以体信达，顺四灵毕至，事天飨帝者也。曩时修己时也，今则安百姓时也。然则敬何往而不宜，而亦何所往而可少驰于敬邪！敬不可少驰，无往而不易；则寅之为义，固合穷通出处一道也。且寅宾出日敬天事也，同寅协恭安民事也，夙夜惟寅宗伯事也，寅亮天地公孤事也。今圣人在上，敬天勤民，而公以长才膺此重寄，丕图化理乾清坤宁，行将入履端揆，燮调化机，上下一于恭敬，以成忘言无为之化，然后角巾私第归老兹菴；则开济老臣不得专美于前，而风流人豪将不愧其后尘矣！公笑而不言，爰取以为记。

崇谷堆记

（明）马中锡

缙云负县有小山形累累焉，起若露积，然田父野老廹而熟之不谙。所谓露积也，因而以谷堆名。封君虞先生实居其北，以朝暮对而望之，曰何物谷堆而宁馨高也？乃冠崇字于俗名之上，至今目为崇谷堆。云是山，本万景山之庶孽。自虞川之前而起，每云散雨收，登万景山望之，逶迤迢遰，夭矫绵亘，若游龙走蛇态状，蜿蜒载望，崇谷堆则若抚巨蛟之背，见虹之饮川而骧首也。春夏间花发鸟鸣不知其数。仰面观之，红者、白者、苍而黄者、浅深而高下者杂然前陈，五采绚烂，不觉夺目。伏而听之，如笙如簧，如裂帛，如水激石穴，如瀑布落悬崖；雄呼而雌应，母鸣而子和，或三两声而辍，或千百声而不休，或自呼其名，或转相效语，真若玩石家之锦帐，而听金谷之弦歌也。封君鹿车鸠杖，日逍遥其侧，而乐意相关，尘香不断，亦有未易以语人者，客至则与之卷帘以观栽酒，以听指山之花木，而告客曰：此吾之绮罗也，指鸟雀曰：此吾之弦歌也。吾终不学石季伦，费锦栽步障，费珠市妖姬以污吾之花鸟，而亦岂肯学韦宙崇谷堆多至累百，意犹未厌以污吾山灵哉？计其一时之富，般赫奕秖，足以为万世讥笑之资，而今安在耶？顾吾山无恙，吾乐常存，彼二子者尚不足以为吾之一鉴，而亦何足以赘之齿颊间也。吾生虽有涯而吾山与天壤俱无涯，吾子吾孙，世世对山以飨斯乐，无不可者。客笑曰：有是哉。公之子大廷评虞公托予为记，予不能他有所述，谨概括先生之言，以为记。

书故城沈氏孙氏先世事

（清）贺涛

明洪武中，人多辟兵海上。有孙太公者，豪侠有胆略，为众所推服，遵其约束，得免于难。太公流寓故城，与沈氏同里。沈故盛族，有官户部侍郎者，其弟。家居有威望，乡人呼为沈翁，不敢与钧礼。翁亦自尊贵，不齿乡人，而独乐与太公交，倾吐诚款，饮食必偕。翁无子，乞太公少子为子。太公以异姓难之，翁曰：“我两人犹一身耳，君子即我子，何嫌忌而不我畀？”时少子生方逾年，即抱与之。太公贫甚，翁欲分以田产，笑曰：“子知我者，将复东之海上耳，奚以田为？”不告径去，莫知所终。翁既养太公少子为子，妻韩氏日提携之，恩勤甚至。后生男，而爱太公少子不閒于初。太公去时，少子尚幼，稍长，以不得见父为恨。又以翁已有子，当还所生，欲往寻父，而不敢言，数悲泣。翁诘得其情，惊曰：“儿何遽萌此念？吾无子而子汝，有子而弃之，人其谓我何？且何以对而父？吾固绝爱儿，不忍使去。而父不知所在，虽去何之？儿勿遽萌此念。”少子知翁意坚，终不听所请，乃潜去。翁夫妇皆大号，韩氏遂得心疾，日益剧，使人四出寻之。少子既不得父，知翁夫妇之思己也，亦急归。翁大喜，而韩氏病即日已，少子由是安于沈氏。少子生振，振生绪，历三世，至绪乃复孙氏。两家故多以才德发闻，翁及太公既皆有古人之行。侍郎名元亢，峻厉风节，劾官者十余人奸贿，寘之法，卒以毁死。少子性笃至，而敏于事，思报沈氏，聚精厉气，益昌其家。喜释氏之说，既以哭韩氏失明，遂用其教，坚定淡寂，能人所难。振长者，退若无能，时有灾厄，众倚以生。没，而乡人祠祭之。绪以二甲一名进士，官至太仆寺卿，所建白，多施行，亦以忤权阉再夺官。绪子若谷，通博而有文，太仆寺卿集若谷编定，所自著亦可观。绪既复孙氏，仍以翁为曾祖，立碑其墓，记翁待其祖及其祖之致孝于翁，虽还所生，沈氏之德百世不敢忘，其辞甚质，而发于至诚。沈翁、孙太公《记》不载其名，亦不言太公始为何处人及其家属所在。今两族皆盛，睦如一家，不相婚姻。某某以旧碑漫漶，乞记其事，以示后人。予喜其事足以厉薄俗，而后人承其先志久且弗替也，遂书以遗之。

注：贺涛（1849—1912年），字松坡，祖籍武强。父锡璜，官故城训导，因孝友敦谨有学行，故城人爱而留之，故移居故城。涛少承家学，清同治九年（1870年）与弟沅同举于乡，考取国子监学正学录，改官大名县教谕。清光绪十二年（1886年）又同成进士。桐城吴汝纶知冀州，邀之主讲信都书院，因调署冀州学正。清光绪十五年（1889年）殿试以主事分刑部，仍兼冀州讲席，凡十有八年以目疾归。大总统袁公创文学馆于保定，属意于涛，涛不至而馆废。盖继吴汝纶后一大家。民国元年（1912年）五月一日卒。

第六章　诗词　谣赋选录

故城县因大运河而兴，历史悠久，古典文学作品丰富。明、清《故城县志》辑录诗作数首，今选载收录邑人马中锡、孙绪、贺培新及历代文人雅士咏故城之诗、词、谣、赋。内容多涉及故城之景之事。

第一节　诗词选录

故城县古曰甘陵，以运河古渡郑家口码头闻名，清雍正五年（1727年）《故城县志》载，明代“甘陵八景”为邑人马伟所定并与乡贤赋以诗文。清光绪《故城县志》所载甘陵八景与明朝八景记述有所不同。明、清八景诗皆从不同角度吟诵域内代表景物之特色。本章录入元、明、清“甘陵八景”诗及邑人、历代文人雅士吟故城诗共187首。

一、元、明“甘陵八景”诗十二首

澹台古里

［明］李际可

成周淳俗已无多，砥柱谁争挽逝波。
径路荆榛羞独往，门墙桃李奈公何。
四时俎豆犹亲炙，千古儒林有咏歌。
愧我枌榆瞻拜晚，流风祠外挹长河。

澹台古里

［明］马伟

禾黍离离入望平，昔贤曾此事幽贞。
田园几易新时主，父老犹传旧日名。
春雨落花当昼静，夕阳幽鸟隔林鸣。
地灵自古人多杰，况是弦歌化已成。

澹台古里

［明］孙绪

仕路终南捷径多，阳鱎随处趁狂波，
偏由古道从吾好，不到公庭奈若何。
一代孤标曾藻鉴，几年四境已弦歌。
至今墟里依然在，半界黄泸半卫河。

注：清雍正版与清光绪版《故城县志》对部分明朝“甘陵八景”诗记载不同之处以雍正版《故城县志》诗句内容录入。

董子遗墟

［明］李际可

炎汉儒臣满石渠，江都独不见廻车。
千年有庙瞻遗像，三岁忘园此故居。
度越迥如云外凤，穷探深愧壁间鱼。
平生怀抱天人策，徒使空言尽有余。

董子遗墟

［元］宋绍明

汉代贤良独数君，至今三策有余芬。
英灵耿耿临乡土，芳草啼鸦映夕曛。

董子遗墟

［明］马伟

先生养晦不求伸，诏下宁教遂隐沦。
家学几年明道义，廷陈三策贯天人。
连村禾黍名犹昔，故地荒芜草自春。
慨想江都为相日，高风千载许谁伦。

卫水飞帆

［明］马伟

雪消春水绿生波，掩映帆樯向晓多。
击节岂无人自誓，扣舷应有客来歌。
依依带雨随流去，渺渺冲烟隔树过。
我亦有怀山水趣，朝簪未解奈渠何？

双峰晚照

［明］马伟

碧草萋萋满废丘，昔人曾此起双楼。
登临漫访千年迹，感慨空怀万古愁。
霞衬残红天欲暮，云凝深翠雨初收。
太平民乐凫鹥业，结社时来庆有秋。

两湾柳色

［明］马伟

流水依依映带青，春深烟柳翠蛾横。
浓含钓艇千蓬影，暗锁流莺百啭声。
曲径似通陶令宅，长堤拟接亚夫营。
芳丛不向章台下，浪与离人管送迎。

黄泸云稼

［明］马伟

雨剪风梳穟叶齐，掌平千顷绿云低。

穰田不用豚蹄祝，卜岁何须鸟腹稽。
漠漠暝烟迷属玉，穰穰清露振沙鸡。
太平鱼梦多佳兆，万户欢声动耄倪。

窦堡朝烟

［明］马伟

百年风物总成非，遗堡烟横日未晞。
鸡犬不惊春漠漠，桑麻初长晓霏霏。
浓连宿雾迷樵径，翠挹清光上客衣。
犹似貔貅酣野战，氤氲万灶起重围。

新街午市

［明］马伟

承宣美有邑侯贤，商贾源源集市廛。
化洽已无专垄断，政平谁敢膺梔鞭。
千门尘起风生昼，万井烟横雨霁天。
试向双峰楼上望，舟车辐辏漫争先。

二、清朝“甘陵八景”诗四十七首

卫水飞帆

［清］蔡维义

流分南旺暗通潮，柳映长堤路转遥。
尽挂千帆秋水稳，遄行一邑野烟消。
西临汲郡风如驶，东去平原浪岂跳。
已是神京三辅地，源源辐辏自来朝。

卫水飞帆

［清］柴泽清

历亭郭水绕清流，挽粟输金几度秋。
过去水声通夜静，到来帆影半空浮。
千樯带月临官驿，百雉参天倚市楼。
知得朝宗多百派，燕南赵北近瀛洲。

卫水飞帆

［清］秦永清

绕城河势自逶迤，衔尾楼船晓夜过。
树杪帆开轻若驶，岸头舻转捷如梭。
流通津海回湍急，源出铜台作态多。
恰喜寒曹无俗事，溯洄时作扣舷歌。

卫水飞帆

［清］贾如玺

卫水曲流南绕岸，河宽风正任扬帆。
晚烟淡罩千樯月，朝雾浓添万树杉。
溜急波恬轻似叶，湍洄舟转捷如帆。
临流不尽乘秋兴，极目惊飞芦雁衔。

卫水飞帆：城南御河为南北运道，水路冲衢，粮艘往来，差舫络绎，欸乃鼓吹之声昼夜不息颇为巨观。

卫水飞帆

［清］赵珩

卫水向东流，朝宗归大海。
莫嫌破浪迟，自有长风在。

卫水飞帆

［清］贺培新

疑是钱塘渤澥潮，飞帆历乱大荒遥。
临流浩浩黄沙涌，隔岸青青暑气消。
莽荡兴亡斜日照，奔驰车马市尘嚣。
侧身四望苍茫久，万派千涛欻此朝。

窦堡晴烟

［清］柴泽清

逐鹿空怜古夏王，河山无分有村庄。
茂林已失旌旗色，芳草谁怜粉黛香？
犁破陇云春漠漠，幪连堤柳月茫茫。
几回凭眺情何极，半在朝晖半夕阳。

窦堡晴烟

［清］秦永清

杏花村店及春耕，千载犹传建德营。
钲鼓不闻惊细柳，桑麻无事听雏莺。
高低树接层沙亘，浓淡烟开断陇平。
野老嬉游生盛世，蒙头白发未知兵。

窦堡晴烟

［清］蔡维义

燔火争明事莫论，到今仅得姓遗村。
一林鸟语春烟暮，几处花香晓日暾。
白屋都非征士戍，碧萝岂是阵云屯。
董园澹径悠然远，却有残碑字可扪。

窦堡晴烟

［清］贾如玺

宿雨初妆草色鲜，晨炊万灶起晴烟。
风清绣陌歌声作，日丽花村塔影悬。

窦堡朝烟：漳南窦建德定都乐寿，即今献县，尝屯兵于窦堡，人烟聚集为大村落，每旦若有烟笼其上。

轻漾丹霞凝碧树，徐飞白鹭破青天。
升平景物堪描写，遗堡空名道路传。

窦堡晴烟

［清］赵珩

遗堡漾晴烟，村名已千载。
曝背白头人，何当知壁垒。

窦堡晴烟

［清］贺培新

晴空烟缕碧云平，三五农夫携子耕。
漠漠风沙荒野路，依依杨柳昔人营。
弓刀想见腾戎马，林浦空余好燕莺。
遗老尽亡无可说，千年旧迹感平生。

甘陵返照

［清］秦永清

弹丸城郭渺人烟，犹指甘陵记汉年。
三尺未遑留姓氏，千秋宁复论愚贤。
不闻金椀人间出，那问涂车地下坚。
可惜内人斜上土，碧花掩映落霞天。

甘陵返照

［清］贾如玺

纵步登城宜晚眺，萧萧木叶流西照。
空余尺土说当年，漫惜寸阴将古吊。
世世千秋何足悲，襟怀一泻任长啸。
弹琴人在夕阳楼，数点雁声来远调。

甘陵返照

［清］柴泽清

汉室遗陵岁莫穷，隆隆隐隐夕阳中。
千年故宅成黄壤，一片残碑断碧空。
雨后草擎珠灿烂，雪余冰结玉玲珑。
等闲那许牛羊牧，好映明霞落处红。

甘陵返照

［清］赵珩

汉室有荒陵，岿然一抔土。
日影带朝阳，幽人自千古。

甘陵返照：学宫南甘陵有城市山林之气，朝烟夜月风景萧疏。

甘陵返照

［清］蔡维义

河流晓夜束孤城，取次登临趁晚晴。
乾土一抔宫粉坠，老槐几树幕烟横。
玉颜久谢徒遗迹，金椀长埋孰指名。
只见昭阳红日影，寒鸦飞处有余明。

烟笼池柳

［清］秦永清

半天柳色绕城濠，拂面长条似灞桥。
曲曲欲描张敞黛，纤纤几学小蛮腰。
青帘微动清阴转，画舫轻移翠影摇。
贮得绿烟深万斛，啼莺恰听数声娇。

烟笼池柳

［清］蔡维义

最怜高柳压高陂，濯濯风流忆昔时。
好试晚妆呈舞态，悄临朝镜学颦眉。
马蹄尘软应留迹，鱼网云轻欲挂丝。
不信莺簧笼不住，数声清啭破烟枝。

烟笼池柳

［清］贾如玺

湛湛绕城储浅浏，迷离深锁池塘柳。
灞桥春色接楼台，张绪风流当户牖。
青眼朦胧倦欲舒，画眉黯淡愁难久。
黄莺点破绿杨烟，乘兴时时凭载酒。

烟笼池柳

［清］柴泽清

新柳环池景自殊，春云夜月满城隅。
翠眉锁处分浓淡，青眼迷时半有无。
向外飞飞双燕子，就中恰恰一莺雏。
风流可得逢张绪，便似灵和殿上图。

烟笼池柳

［清］贺培新

弱柳低垂到水平，风飘枝舞唱蝉惊。
松排晴野阴遮路，柳拂春波水上城。
遗泽空留碑上字，颂芬犹有路旁声。
卅年文教今何若，寄语诸公慎养成。

烟笼池柳：城濠四面柳色围环，相映实为壮观。

烟笼池柳

［清］赵珩

万柳荫台隍，胜如花作县。
濛濛翠欲流，何处春莺啭。

佛井燃灯

［清］蔡维义

怪得传灯古甃边，一泓翻作小诸天。
琉璃界现青螺髻，玳瑁光涌碧玉莲。
社柳火新金镜启，井梧露滴宝珠悬。
莫疑初地还无地，色相空归卓锡泉。

佛井燃灯

［清］贾如玺

井底无端色相凝，沉沦何处觅传灯。
劫灭万古难超脱，檀水千层误上乘。
珠火眉开终有障，金精髻耀总无凭。
漫言妙象琉璃咽，古甃堪容异域僧。

佛井燃灯

［清］赵珩

万佛一灯传，灯燃井佛现。
投石动慈源，潮音浑莫辨。

佛井燃灯

［清］柴泽清

何年佛井旧传疑，掩映金身境却奇。
投石有声鸣铸磬，悬灯无象影须眉。
空诸色相非非想，歆动人心隐隐窥。
东土西方同一幻，自应芥子纳须弥。

佛井燃灯

［清］秦永清

由来色相总非真，井底无端现佛身。
趺坐观天应厌小，低眉映水不求伸。
灯明岂必开迷觉，泉响犹能解怒嗔。
莫讶法王多幻境，可知眼意最疑人。

佛井燃灯：即城内佛头井燃灯夜照洞然光微。

佛井燃灯

[清]贺培新

翻江倒峡益纷然，法相光明耿耿宣。
慧炬高悬一井亮，慈源独向九幽涓。
漫嗤阴域甘微火，会见阳精澈大千。
世上斜飞冰与雪，幽灵万古一灯传。

斜阳古渡

[清]蔡维义

却立长堤暮色黄，萧萧驿馆隔梁庄。
日斜凫渚渔千艇，天际燕云雁几行。
市集到来趋北岸，客程归去入南塘。
褰裳底事临流叹，带水城壖一苇杭。

斜阳古渡

[清]秦永清

清河屈曲太苍茫，问渡何人趁夕阳。
日色渐低长陇没，水光初映半天凉。
神鸦舞阵声声急，社燕衔泥点点忙。
客子不须愁逐役，好吟佳句满奚囊。

斜阳古渡

[清]贾如玺

游子行来嗟日暮，小舟撑向柳阴渡。
棹声响急逐眠鸥，帆影飞来惊浴鹭。
散市老农持鲤归，辍耕牧竖横鞭呼。
渔人指点旧时津，犹是当年系缆树。

斜阳古渡

[清]柴泽清

清河蟠屈绕孤城，不放舆梁渡口横。
东省界边留古驿，北平地际近神京。
杭之一苇民无息，行矣皇华使有程。
莫笑篙师长鹿鹿，挥戈谁与日轮争。

斜阳古渡

[清]赵珩

日夕下牛羊，归人争厉揭。
一苇快如梭，乘舆那用济。

斜阳古渡：卫河滨处处野渡横舟，夕阳西下，疏旷之气接人眉睫。

西岑春晓：故城无山，惟邑西北十里小麻一带土岭起伏，望之俨然山翠可挹春间一路花柳争妍，朝霞露湿堪厌心目。

西岑春晓

［清］蔡维义

十里红芳翠霭沉，行人指点到西岑。
问津可记桃源路，对策谁矜桂树林？
清晓梦酣禽语足，软香尘衬马蹄深。
叮咛父老膺隆盛，应共扶筇日醉吟。

西岑春晓

［清］秦永清

公余我亦欲寻春，不负西岑景物新。
十里村明鲁扫径，一行山翠可迎人。
负雏好鸟传娇语，逐队飞花设锦茵。
况是桑麻多劝课，晨征孰避马头尘。

西岑春晓

［清］贾如玺

西村一带沙堤绕，最是宜人春渐晓。
露湿丛花香暂收，烟迷远柳枝偏袅。
高低断岭阻游车，明灭朝星惊宿鸟。
为爱寻芳早起频，村沽不惜杖钱少。

西岑春晓

［清］柴泽清

最是春阳艳郭西，沙冈逶迤复高低。
陇云初破桃花笑，社火新开柳叶齐。
酒解酡颜曾醉月，诗成驴背不留题。
厉亭此地堪乘兴，软泥香尘衬马蹄。

西岑春晓

［清］赵珩

何必武陵源，夹岸多花柳。
我欲听黄鹂，携双柑斗酒。

西岑春晓

［清］贺培新

满陌桃花万里春，红飏翠荡送行人。
雨开晓霁铺霞绮，风扫昏烟邈市尘。
大地沈沈几泓水，穹天莽莽一微身。
穿林黄鸟跳波鲤，乘化宁须要路津。

南埠商舻：郑镇商船云集朝帆暮火风景可观。

南埠商舻

［清］贾如玺

何事人烟聚此都，飞帆衔尾集商舻。
构成贸易通功市，写出升平辐辏图。
稳泛三更樯带月，安眠一枕岸啼乌。
闲来不阻登临兴，句满奚囊酒满沽。

南埠商舻

［清］蔡维义

万里车书一版图，燕南粤北此通衢。
楼台映水烟初合，舸舰迷津浪欲无。
鸡鹊雨晴香饽饦，鲤鱼风暖荫菰蒲。
怀来最是升平事，满载扬帆乐转输。

南埠商舻

［清］柴泽清

不尽飞凫落水滨，南来北去那辞频。
解维木定依青柳，鼓枻初开动白苹。
纵极风前驰马足，直教雨后断车尘。
甘陵独立清宵望，一片红灯次比鳞。

南埠商舻

［清］时廷珍

两岸多停估客舟，樯帆影里酒家楼。
橹声摇曳喧前渡，灯火高低照乱流。
乐府谁翻商妇怨，踏歌争唱大堤头。
六如老去繁华歇，莫向清溪纪旧游。

南埠商舻

［清］秦永清

郄子桃花绝泛洪，舳舻云拥日方中。
恤商自得熙熙意，趋市应余嗥嗥风。
浪起悬帆朝汛白，灯连结榜夜光红。
无忘郭外来宾旅，千里长河一邑通。

南埠商舻

［清］贺培新

千里舳舻势蔽空，汤汤亦是顺流东。
漫疑孟德周郎事，会有欧西海上风。
粤北燕南孤派达，凫飞雁集两间通。
可怜战遍东西海，赢得狻猊百载雄。

南埠商舻

［清］赵珩

一水通燕齐，舳舻云乍集。
底用两经年，所居始成邑。

三、马伟诗二首

经汤阴题精忠庙

［明］马伟

鄂王故里在汤阴，奉使经过感悼深。
驻马含悽询邑老，趍祠作礼泫衣襟。
生期宋祚重恢复，死恨金酋未就擒。
庙食此邦兼浙上，圣明恩典慰人心。

西湖祀岳坟和赵文敏公韵

［明］马伟

忠良何事中谗离，坏尔长城国事危。
茂绩光生南宋史，黠胡瞻落大军旗。
坤舆日蹙凭谁筑，厦屋山颓不自支。
落日荒祠拜遗像，湖山风木有余悲。

注：马伟（1398—1485年），马中锡之父，为唐府长史，终处州知府。伟尝乘轺经汤阴，朝廷新建岳武穆祠，僭留题邺城。岁甲戌冬官于杭，履任之十有二日值除夕。郡遵故事祭王墓于西湖，因睹赵孟頫所作感悼不已。遂次韵勉成一律，并以前所题于邺之作并录于此。

四、马中锡诗十首

送冀文华郎中弟文绪偕其侄还淮南

［明］马中锡

为客思南国，还家下北州。
大冯才共被，小阮又同舟。
回首莺花暮，惊心兔麦秋。
可堪图画里，池草重添愁。

题渔舟便面

［明］马中锡

不了烟波事，非关傲列侯。
悬崖斜出树，折苇倒侵舟。
天阔雁愁度，水寒鱼倦游。
科头蓬底坐，话尽忽惊秋。

石渠阻雨

［明］马中锡

沙村孤馆回，客到亦应稀。
木落山新瘦，泥深雨正肥。
长途愁去马，薄冷透征衣。
欲发还成住，空劳咏式微。

坝北马房

［明］马中锡

按节来沙苑，驱驰半日间。
地宽饶白草，林厚隐青山。
落日鸦还树，寒天马入闲。
主人留饮处，灯火夜斓斑。

春　雪

［明］马中锡

春雪深三尺，柴门仅一开。
炕温儿懒下，路扫客初来。
压树枝垂瓦，烹茶水沸雷。
所希能瑞国，忍冻把诗裁。

村庄秋熟

［明］马中锡

茅屋斜连白板扉，差科未动吏人稀。
稛禾高下山重叠，果树红黄锦一围。
鹅鸭沤池秋倚睡，牛羊隘巷晚知归。
邻庄酒熟田翁醉，稚子双双更换衣。

偶　述

［明］马中锡

偶思田里卸尘冠，一卧空林岁又阑。
纸帐夜寒吟魄爽，布衾年久瘦躯安。
空中怪事书何益，暗里愁肠遣自宽。
却似嗣宗非达者，穷途终日泪阑干。

砚

［明］马中锡

抱璞文房不记秋，虚名嘶拜石卿侯。
貌因顽钝金同寿，性本刚方笔并投。
广殿策时旗影动，空斋吟处匣尘留。
而今洗墨鱼应笑，铁已磨穿人白头。

折枝梅花

［明］马中锡

谁剪梅花插胆瓶，雪中人见谩遥警。
暗香未入林逋句，冷蕊虚牵杜甫情。
只耐月窗分瘦影，岂堪风笛度悲声。
相逢若问调羹事，已与春光似隔生。

琴

［明］马中锡

锦囊韬后暗尘侵，凤沼朱题岁月深。
彭泽归来空有趣，茂陵消渴久无音。
春风羯鼓夸谁手，秋水鱼竿恻此心。
一鹤暮年犹欲煮，子期何必铸黄金。

注：马中锡（1446—1512年），明代官员、文学家。字天禄，号东田，明永乐初，马氏祖先自大都迁徙至河间府故城县，祖父马昱，赠都察院右副都御史。父马伟，曾为唐府长史。中锡成化十一年（1475年）中进士，官至左都御史。著《东田文集》15卷、《马东田漫稿》6卷、《东田集》3卷、《宣府志》10卷。

五、孙绪诗词二十四首

古　松

［明］孙绪

万壑千岩里，谁怜孤立情。
临风杂鹤唳，过雨带龙腥。
绕径霜根滑，当窗月影清。
岁寒终未改，不慕大夫荣。

旅中早秋

［明］孙绪

商飚动凉吹，谁念旅中孤。
白发二亲景，黄尘千里途。
家山秋断雁，庭树夜多乌。
凄凉悲往事，潦倒笑今吾。

三忠祠

［明］孙绪

拂袖拜三贤，云霞映暮天。
孤忠徒自许，一死竟谁怜。
玄化昭心事，丹诚付简编。
明理逢盛世，肸蚃自年年。

送刘子静侍御两淮巡盐

［明］孙绪

孤鹤扬州路，双旌淮水波。
风霜看豸尸，花柳怨骊歌。
夜久江声远，天空月色多。
估客俱含笑，豪家奈我何。

池亭晚坐有怀

［明］孙绪

池上晚成趣，雨余凉不禁。
湿云低阁水，痴雾远迷林。
去马凭谁辨，哀蛩识此心。
美人在何处，良夜自沉沉。

居庸关公署晚眺

［明］孙绪

一径崎岖万岭横，居民无地问农耕。
霜摧落叶晚山绿，雨溜荒苔秋水清。
沙鸟远从天外度，寒蛩爱向月中鸣。
峰峦徙倚休回首，何处孤云是故城。

送友人还济南

［明］孙绪

伐檀踪迹满河干，欲振家声剑自弹。
侍采又添冠服好，扫松未觉岁时难。
舟移汶水愁分郭，酒尽燕山愧识韩。

问后停云如有什，年年鸿雁到长安。

牡丹次韵

［明］孙绪

半卷罗帏识卫娥，东风清露醉颜酡。
分来天上香犹在，欲问洛阳春几何。
明媚不须还解语，招摇若为对高歌。
花前莫惜日沉醉，回首南薰绿树多。

冬夜私归省父望家有作

［明］孙绪

村巷无人树有声，皎星寒月照孤城。
缁尘征橐几千里，白发高堂夜屡惊。
膝下承欢真梦寐，灯前细语自叮咛。
回头莫语燕山道，一品公孤俱浪名。

挽黄兵部实夫乃正

［明］孙绪

青鸾飞去夜堂寒，身后身前万虑殚。
失口有时谈旧事，伤心何日到新安。
短床衾枕如相念，破釜糟糠不可餐。
莫羡上林花卉好，一春风雨坐凋残。

野鹤图

［明］孙绪

云来雨满溪，天迴风生壑。
山水谐于心，独树孤琴鹤。

松下问童子图

［明］孙绪

羽客朝元去久，山翁有约来迟。
风驭遥遥何在，云飞处处堪疑。

雪　景

［明］孙绪

松僵竹折雪未休，北风落日寒飕飕。
水边梅树著花未，试问扁舟王子猷。

赠医士王廷弼

［明］孙绪

古医不可见，世医恒碌碌。
方书盈架阁，谁识机与轴。
王君飘洒姿，石泉浸寒玉。
平生秘异术，一览不复读。
晓雨沐杏花，清风荡兰谷。
月夜琴数声，永日棋一局。
都将国手能，写作阳春曲。
我生与君游，弱冠藉君育。
作诗三致敬，韶光正红绿。

云深图

［明］孙绪

云从山气生，远向山中住。
苍生望霖雨，玄豹文烟雾。
幽人爱静观，结屋云山路。
绕径莓苔润，当窗编简护。
杖藜腰脚健，歌咏风雷布。
云来冥思迟，云去天光著。
俯首见人寰，尘氛自来去。

谢孟都宪时元四首

［明］孙绪

一

我爱鲁仲连，气吞天下士。
谈笑解纷争，黄金等敝屣。
拍天东海波，勇蹈固无怼。
九原如可作，执鞭亦何愧。
渔阳隔重云，漳河注双泪。

二

淮阴非萧相，竟作逋逃客。
世无汾阳王，谁矜李太白。
援手坎穽中，寘之云梦泽。
勋名登庙堂，休光照简册。
感此国士知，一死安足惜。

三

明月游太空，下映漳河水。

侯门灯烛光，不照衡茅裏。
清澈易生辉，秽汙难具美。
如何鲍叔牙，却荐巾车士。

四

泽州孟夫子，娇娇人中龙。
一德濯江汉，万古罗心胸。
我本疏狂士，久为贤者容。
上书熙帝载，谓我当奋庸。
我罪如丘山，我才如菲葑。
顾我岂敢当，夫子意则颙。
晚岁有甘菊，秋水有芙蓉。
翘首望燕蓟，江云千里重。

送族兄炳分教广灵

［明］孙绪

惜别时时问去程，桑乾西下暮山平。
缁尘双眼还云树，清夜孤灯此弟兄。
官舍独寒怜郑老，夷门未许困侯嬴。
春风桃李看勋业，况复庭槐渐长成。

戏题儿子若谷扇

［明］孙绪

火云烧空千万里，高堂都似薰笼里。
正须纨扇一挥扬，纤尘不敢来衣裳。
须臾怀袖清风遍，却笑炎凉轻易变。
时舒时卷亦自如，而今久卷何时舒。

重游陵县乾明寺

［明］孙绪

不扣禅关三十年，遥岑烟水故依然。
雀归古堞客方到，虫篆残经僧未眠。
黄叶一庭秋瑟瑟，清风四壁夜娟娟。
侯芭渐老知无用，惭愧何人守太玄。

戊子除夕

［明］孙绪

日日头颅白发增，乖疏终老汉阴亭。
江山今古此除夕，朋辈几人如晓星。
古岁细看新凤历，引年深负旧熊经。
角声处处东风外，坐惜韶华不忍听。

书董子祠壁

［明］孙绪

云满空庭水满渠，颓垣曾见驻安车。
九天不尽三篇策，繁露无惭一亩居。
漫说韩彭悲犬兔，肯同马郑注虫鱼。
茂陵勋业今安在，俎豆春风自有余。

注：孙绪（1474—1547 年），明代文学家、经学家。河间府故城人，字诚甫，号沙溪。弘治十二年（1499 年）进士，官至吏部郎中，嘉靖初起太仆卿。孙绪才华横溢诗、赋、散文堪称大家，在世已获“甘陵才子”之美誉。著有《沙溪稿》40 卷、《无用闲谈》12 卷、诗 7 卷、《易经奇语》《尚书杂义》《大学中庸衍言》《陂东新论》《四书小说》《语孟毛诗》《蒙求族谱》。《四库全书总目》称其《无用闲谈》多深切著明之语，论文论诗，亦各有确见。

六、周世选诗十二首

中秋月夜宿鹿豕庄

［明］周世选

万里秋空气色清，夜阑风定半阴晴。
危楼徙倚灯花暗，孤枕萧条魂梦惊。
身世当回归鹿覆，心旌常欲恋鸥盟。
晓来自料生涯拙，杖策西畴一问耕。

初秋晨出观河水泛滥

［明］周世选

茫茫烟水浪花新，村北村南不见人。
远寺依稀三岛岸，平畴渺漠五湖津。
田家坐苦秋场废，园守空嗟露井堙。
眼底凄凉无限事，西风回首自沾巾。

郊　行

［明］周世选

迴看远近芊芊草，路转村墟兴杳然。
拂拂平畴禾满地，遥遥断垅树含烟。
点衣野马麾难尽，极目长虹望更悬。

安得及时霖雨足，不教太史记无年。

雨坐栖云楼

［明］周世选

凭栏徙倚望空濛，叠献层峦香霭中。
风拥溟云千树合，雨笼平野万畦同。
闲衙徒抱苍生虑，晚种犹欣造物功。
安得遐方忧旱处，滂沱均被报年丰。

重过黄村寺有感

［明］周世选

三十年前此借居，近因许饮暂停车。
同游豪隽升深邈，识面头陀语笑疏。
黯淡秋光盈碧落，荒凉僧舍半丘墟。
古来兴废那堪拟，仙梵尘沙任所如。

过唐家庙

［明］周世选

日午郊行汗夹衣，荒芜野庙暂停骈。
钟悬清画人何处，风撼古槐鸟自飞。
绕砌连云禾黍地，残檐剩照夕阳晖。
独怜碑上昔贤字，万古令人感慨归。

过三义祠

［明］周世选

勋名赫赫人争仰，遗像堂堂自拜瞻。
帝蜀只缘汉统重，报君不避身同歼。
吞吴挫魏雄图壮，取义成仁祀事严。
试问徘徊俎豆者，今祠何故偏闾阎。

送宋金斋河上归夜寤赋此

［明］周世选

长把鱼竿逐渐波，更从陇畔听农歌。
自拚枯朽为时弃，忽有鳞鸿拂目过。
斗望天边悬注久，疏怀林下溉沾多。
期君北上知何日，还肯停棹问薜萝。

酬金山人

［明］周世选

偶然倾盖便知心，谈尘雕龙擅艺林。
湖海行藏人似玉，吴山才望众推金。
卷中烂熳张华赋，席上峥嵘伯兮琴。
愧我慵疏荒笔砚，勉酬佳句一闲吟。

送怀盖蒋父母应召北上

［明］周世选

曾说虞城李太白，春初始得话清裁。
广吕自是三公器，蒋琬原非百里才。
腾踏飞黄空北冀，悬黎结缘映中台。
圣明天子思贤佐，为报丹霄风诏来。

澹村记梦

［明］周世选

（时万历壬午九月六日也）
别君三载隔幽明，夜夜从君宛若生。
梦里殷勤情蔼蔼，觉来悲怆泪盈盈。
床头衾枕昔时物，窗外雨风别是声。
欲赋悼亡明此憾，几回搦管不能成。

赠陈瀛南按蜀

［明］周世选

凤池仙羽振朝端，奋融澄清四野寒。
回首圣云临密勿，天门万里拜金銮。

注：周世选（1531—1606 年），字文贤，号卫阳。河间府故城人。幼年家贫，靠苦读成才。明嘉靖四十一年（1562 年）进士，初于刑部实习，后任常州府推官，南京兵部尚书。周亲指挥常州郡传檄拒敌，大破倭寇。善诗文，后留有《大司马周卫阳先生全集》14 卷、《四库总目》《故城县志》5 卷传世。

七、沈嘉客诗七首

里老壮乘船入来阳

［明］沈嘉客

雪苑当时感慨多，断肠携手问长河。
睢阳遗迹风烟尽，犹向墙东呼奈何。

清明花柳诗

［明］沈嘉客

生事乘春半未归，养残寂寞掩柴扉。
今朝说是清明节，昨日柳条已弄辉。

燕　忙

［明］沈嘉客

燕子忙时我正闲，穿花渡水去仍还。
主人偶到溪头坐，一些忙闲都不关。

寄答孙启泰寓苏门

［明］沈嘉客

遥遥千载望容城，千里许谁共月明。
往事苏门亦已矣，几人重叩孙先生。

怀马庄旧游

［明］沈嘉客

马庄遗事信难全，已历四旬又五年。
所过应当无故物，痴思弱柳犹含烟。

芦沟夜雨

［明］沈嘉客

离离禾黍满成秋，夜雨荒祠古道周。
一点一声桥下水，依然伏地向东流。

送周粲甫偕计

［明］沈嘉客

送君偕计奏明光，把酒临风再举觞。
所折长条惟柳绿，故当上苑见花香。
风云万里长途内，烟雨千山大道傍。
搔首故人天上去，几回重念沈东阳。

注：沈嘉客（1590—1672年），字无谋，直隶故城人，天启元年（1621年）拔贡。性孤迥，有洁癖，结交名士，以诗相唱和。与容城孙钟元（奇逢）尤善。著有《西溪先生文集》10卷等。中年作闭关疏，送客不出篱落。一亩之宫，花竹清深，图书充。县令至必式庐，复其徭役。年八十余乃卒。

八、乾隆皇帝咏董学诗五首

董学村

［清］爱新觉罗·弘历

三策原非时事疏，醇儒惟董岂虚誉。
天人注尽春秋理，繁露翻嫌太凿诸。

注：选自《四库全书》《御制诗》三集卷四十四。

董学村

［清］爱新觉罗·弘历

汉儒醇者斯入耳，疾自公孙岂系心。
三策童时即成诵，推行惭愧至于今。

注：选自《四库全书》《御制诗》四集卷六十六。

董学村

［清］爱新觉罗·弘历

汉儒贾董并称之，系颈单于董弗为。
以此二人分伯仲，春秋繁露却邻奇。

注：选自《四库全书》《御制诗》五集卷二。

董学村

［清］爱新觉罗·弘历

三载下帷独著书，却言灾异祸招诸。
择交自是学人重，弟子何容吕步舒。

注：选自《四库全书》《御制诗》五集卷五十四。清太平行宫乾隆御碑，现存河间市文化局院内。

读董仲舒传①

［清］爱新觉罗·弘历②

不问苍生问鬼神，犹蒙宣室席前亲。
谁知寂寞江都相，老抱春秋一远臣。

注：①选自《四库全书》《御制乐善堂全集定本》卷二十八。

②乾隆（1711—1799年），清高宗爱新觉罗·弘历的年号。在位60年，一生创诗作数万首。乾隆皇帝沿运河六下江南，途经今故城郑家口吟董学村留有诗存。

九、贾如玺诗三首

岁暮夜寒拟闺怨

［清］贾如玺

银蒜垂垂气候寒，围炉返自怯衣单。
霞衾熟透薰香歇，无那寻思欲睡难。
支头不语意何如，灯下翻抛占梦书。
数尽余冬三五夜，今年甲子乙年除。
听罢更筹懒卸妆，称身还是嫁时裳。
侬心已冷幽闺里，莫把闲愁搅寸肠。

除夕贻张峻天嵩索和

［清］贾如玺

听卖呆痴叫正长，祭诗酒脯亦肥香。
我今衰老从分岁，商陆亲添傍卧床。
乖童笑指醉颜酡，拥鼻吟成欲放歌。
记得儿时理砚处，可怜强半病中过。
爆竹千竿客里听，灯红蚁绿不胜情。
劝君暖热随缘过，四气推迁漫自惊。
辛盘簇簇似前时，耐老医愁不免痴。
迎送一宵更漏永，迟君隔岁和新诗。

小饮自贻

［清］贾如玺

欲浇垒块倒金樽，琥珀光浮染泪痕。
世味遍尝浓似酒，此中真可度朝昏。

注：贾如玺（1702—?）字信章，号珥峰。直隶故城人，清代诗人、书法家、篆刻家、画家。故城望族世家贾氏十一世孙，贾际熙之子，贾棠之孙，雍正二年（1724 年）癸卯春闱举人，甲辰秋闱进士，官授主事，亦养乞归，补户部主事。贾如玺年 23 岁辞官归里，研习书法、篆刻、绘画、医学等，皆有建树。四乡慕其才学，纷纷携子拜于门下，故曾教书授业，著有《随中斋诗稿》《随中子遗稿》《竹风窗文集》。

十、贾臻诗十首

题朱石翘戎马省亲图

［清］贾臻

子孝臣忠赖母慈，终天风木不胜悲。
欲思戎马驰驱日，犹是晨昏定省时。
勋业他年照青史，人生何计遂乌私。
鸾章五色光荣甚，好补南陔小雅辞。

送乡人晢归

［清］贾臻

燕市苍凉共一樽，等闲枯菀不须论。
白云此去依亲舍，清节由来重里门。
终是汉廷容汲黯，未应蜀道走王尊。
重逢便拟梅开候，才说分携已断魂。

忆惺儿秦中

［清］贾臻

长安消息近来无，一日肠迴九曲珠。
安得王师过枕席，尽销兵气事耕锄。
浮名身外关前定，拙宦家传误老夫。
元亮归时有松菊，未应乞郡便良图。

初冬得锦桥海上书

［清］贾臻

千里书来慰岁寒，周南留滞一加餐。
幸无狗监知司马，岂有苍生望谢安。
旧雨多情容乞米，妖星堕地看登坛。
输君入海随烟雾，白石沧波倚钓竿。

家书至

［清］贾臻

家书汴州来，儿女各无恙。
苦诘得甘答，转使心旌飏。
未知齑与盐，尔来复谁饷。
小儿学应官，迂拙恐无当。
慎勿效老夫，念此神不王。
山妻近少疾，药力庶可仗。
应念苦吟身，衰朽作何状。
问我胡不归，欲语羞屡诳。

书 意

［清］贾臻

美人无寿耇，才士多清贫。
名宦恐不免，隽语含悲辛。

弦歌环堵中，花柳摇青春。
客来觅衣冠，强著不称身。
世用信无裨，身谋岂不仁。
神仙决可学，必非富贵人。

赠友人

［清］贾臻

跃马横戈百战归，封侯骨相未全非。
善交廉蔺今安有，判死荆高古亦稀。
横绝词场兼酒国，裁成道服换戎衣。
何年此愿真偿了，一上天山雪打围。

秋雁同冯芸甫作

［清］贾臻

渺渺西风起，征鸿不暂停。
沙含汾水白，云入楚山青。
孤月凉如此，清砧不可听。
谁嗟异乡客，踪迹尚飘萍。

岳阳楼

［清］贾臻

暮色苍然里，人来最上头。
浪花随幔卷，雁影入云遒。
木叶忽焉下，仙踪不可求。
雨峰屹相向，黄鹤又高楼。

读放翁诗

［清］贾臻

我读放翁诗，时时作壮语。
呼鹰汉庙秋，赴战榆关下。
奇想结梦寐，快意泻肺腑。
传檄下西凉，尽复汉唐土。
公卿翳何人，醉歌杂嘲侮。
不独示儿诗，感人涕如雨。
大声而疾呼，于事竟何补。
一腔忠爱心，有触便倾吐。
每饭不忘君，上配少陵杜。
岂于声律间，乖合较铢黍。
根源在诗外，五字足千古。
掩卷发长叹，悲风荡庭户。

注：贾臻（1809—1869 年），直隶故城人，字退崖，号运生。诗人，翰林出身，道光十二年（1832 年）进士。道光二十九年（1849 年）授河南府知府。咸丰三年（1853 年）移开封府知府。咸丰十年（1860 年）升河南布政使，署河南巡抚。咸丰十一年（1861 年）任安徽布政使。署理安徽巡抚。帮办钦差大臣袁甲三军务。著有《退崖公牍文字》《洛中吟》等丛书。其中《退崖日札》《郡斋笔乘》为记所见所闻及追录前言往事之杂记类著述，《退崖公牍文字》为其任河南知府时所撰之公文等。《接护越南贡使日记》具有史料价值。有清道光咸丰间贾氏躬自厚斋刊本。

十一、历代文人雅士吟故城诗词

故城二贤祠

［清］陈锦

貌取须防误品题，仰瞻曩哲故城西。
澹村有径空啼鸟，偃室无人但割鸡。
入巷闻歌风已古，渡河投璧迹俱迷。
羡他不朽青云附，留得馨香在大堤。

《补勤诗存》二首

［清］陈锦

其一

百尺高楼表旧庐，下帷何处不相于。
岂因对策忘明道，便是窥园也读书。
崇祀独先苏氏庙，流芳犹认广川居。
贤良继起关风土，三百年前圣泽余。

其二

故城绅士有从河堤迎师者饮，军士不受，值令市人贸易无争，其法甚良，诗以美之。

蕞尔孤城间水滨，梁庄古驿路迎宾。
师行万里逢东道，此地原难貌取人。
扉屦资粮已早供，民膏都在不言中。
毋争市价哗军士，便是弦歌俗不同。

舟行故城梦后志感

［清］陈锦

朦胧孤枕逐宵征，却忆妆台望远情。
故剑忽迴秋水盼，碎琴犹臬落花声。

断魂无着偏随我，独客思归岂为卿。
生死由来同是别，梦中恰好不分明。

感梦再得二首

［清］陈锦

其一

不随神女误高唐，只为慈云殢帝乡。
几度缄愁怀宋远，有人含泪续班香。
生憎北望君多病，梦逐南来我断肠。
枕箧急搜遗稿读，征衣无奈裹戎装。

其二

替君惜别替君愁，一样含情在陌头。
万里除非同作客，九京应不悔封侯。
芳魂天上来容易，锦字人间寄得不。
错恨吟诗增万感，抽刀断水水还流。

注：陈锦（1821—1887年），字昼卿，号补勤。浙江山阴人。清道光二十九年（1849年）举人。历官江苏知县、山东候补道。著有《橘荫轩诗文集》38卷，《补勤诗存》24卷、《诗存续编》6卷，浙江图书馆藏其集写本二种：一为《补勤诗存续编》6卷；一为《补勤子诗存》7卷。

闽中许天锡过故城怀孙吏部诗

［明］许天锡

已过烦嚣地，晨兴自懒梳。
忘传递中信，贪了读残书。
雪瓮看浮蚁，风帘见买鱼。
美人在何处，时复梦蘧蘧。

注：许天锡（1470—1558年），字启衷，号洞江，闽县人，明弘治六年（1493年）进士，授庶吉士。明弘治十一年（1498年）任吏部给事中。明弘治十三年（1500年），福建建安书林火灾，天锡上奏请，刊行有益经史书籍。次年五月，鞑靼火薛攻大同，锡巡查。明弘治十七年（1504年），奏改官员考核制度，明武宗继位，天锡上疏，请广求直言，升工部左给事中。明正德元年（1506年），奉命册封安南国王，国王赠以金，辞不受。安南人为锡建“却金亭”。正德三年（1508年），核查内库，得刘瑾数十事，决心尸谏。乃夜草弹劾刘瑾疏，而后自缢死。明嘉靖年间，其子许春上疏。诏赐祭葬，墓碣大书“赐一品祭葬洞江许公之墓”。天锡好诗，有晚唐风格，著有《黄门草》《旅途杂咏》，已佚。今存遗诗18首，见于郭柏苍《全闽明诗传》。过运河故城怀念故城孙绪留有诗存。

《抱冲斋诗集》卷九

［清］斌良

舟抵郑家口，适豫河水涨，两岸淹浸，势甚浩瀚，溯流而上，牵挽维艰，日行数里不胜悆闷，因用东坡苇园会猎诗韵书意。

齐粮八月浮星槎，使君岂是蔡少霞。
秋水灌河漭无涘，白浪深浸黄芦芽。
龙骧万斛费推挽，腰环百丈徒雄夸。
风镫水枕信漂泊，野林凫雁云为家。
溪回港口走之字，柁转葑被眠柳遮。
下帷闭置宛新妇，沙棠枯坐逾巾车，
长房术妙令地缩，三老计拙徒手叉。
颇思就陆舍舟楫，驿厅扃鐍劳鞭挝。
归心迅驶遇风翼，流光荏苒赴壑蛇。
平生云梦吞八九，望洋迩际兴嗟呀。
关键七十二闸阻，兽困罗落围罘罝。
恕而飞起游广莫，接翅翻羡风前鸦。
吴门匹练睇莫及，时悄短脰同麞麚。
臧获嚄唶余有训，邪许且息声啾哗。
传其翼者两其足，断鳌尚尔烦女娲。
而我行役虽濡滞，静一乐志益倍加。
文林枕葄饫班马，书淫刘峻恣矜奢。
吏人桥外少通谒，腰笏不诣宣政衙。
褰香说剑有底急，如此解嘲殊亦佳。
明日南风转五两，枫江红叶秋帆斜。

晓过武城用高青邱早过南湖韵

［清］斌良

露泫杞柳泽，风掠蒲稗凄。
雉堞隐晓雾，咫尺望眼迷。
弦歌古邦邑，声教开东齐。
遗俗犹善讴，贴水琵琶低。
陇耘叱晨犊，饭熟啼午鸡。
庐舍抱城隈，烟水半向西。
不图尘埃里，蟹断环幽棲。

甲马营八月二十夜大雷雨侵晓晴霁

［清］斌良

宕激刁骚草木兵，骄雷挟雨怒涛争。
墨云忽敛西南阵，石碍帘窗好月明。

武 城

［清］斌良

蕞尔弦歌地，曾传夫子之。
柳凉多傍水，城古不宜诗。
鸡哺喧荒圃，鸦翻认废祠。
寄言新令尹，能否动讴思。

注：斌良（1771—1847年），字吉甫又字笠耕，号梅舫，瓜尔佳氏，清满洲正红旗人，闽浙总督玉德子。由荫生历官刑部侍郎，为驻藏大臣。善为诗，以一官为一集，得8000首。其弟法良汇刊为《抱冲斋全集》，其早年诗，风华典赡，诗格坚老。

送王允修复任故城知县[①]

［明］黄淮[②]

昔闻薏苡遗谗日，正及先皇晏驾时。
圣主中兴新治化，汉官重复旧威仪。
秋风杨柳漂残叶，春日桃花发故枝。
想见邑民瞻望久，征途莫遣马行迟。

注：①选自《介庵集》卷二。

②黄淮（1367—1449年），明朝内阁首辅，字宗豫，号介庵，永嘉（今温州市鹿城区）人。明洪武二十九年（1396年）进士。历事太祖、惠帝、成祖、仁宗、宣宗五朝，为一代名臣。官至"荣禄大夫少保户部尚书兼武英殿大学士知制诰国史总裁"。著有《省愆集》《介庵集》。

故城夜泊[①]

［清］尤侗[②]

早起开新闸，黄昏宿故城。
无边秋草色，不断夜涛声。
水国空三户，天涯独五更。
明朝看清镜，白雪满头生。

注：①选自《西堂诗集》。

②尤侗（1618—1704年），字展成，一字同人，明末清初诗人、戏曲家，苏州府长洲（今江苏省苏州市）人。清顺治帝誉为"真才子"；清康熙誉帝为"老名士"。清康熙十八年（1679年）举博学鸿儒，授翰林院检讨，与《明史》，分撰列传300余篇、《艺文志》5卷，著述颇丰，有《西堂全集》留存。

庆林寺塔

［明］王士嘉

浮屠何代建，峭拔入云端。
绝顶登临处，摩挲星斗寒。

注：王士嘉（1369—1455年），字道亨，号裕庵，明代东昌府（今德州市）武城县人。幼年聪颖善辩，《武城县志》曾记载士嘉6岁与县官争辩之事。12岁题诗咏武城庆林寺塔（现位于河北故城县饶阳店村）。与宋、元、明、清历代文人的诗文刻于殿壁。明洪武二十一年（1388年）考取拔贡，进入南京国子监。后任山西山阴县知县、陕西右参政官至礼部右侍郎。士嘉善决疑案、忠勤任事、清廉好施，深为英宗皇帝器重。

雨泊故城寄嶰谷半槎

［清］厉鹗

不待迷途觉昨非，扁舟寥落寸心违。
孤城风雨秋更断，千里关河旅梦飞。
幸讬良朋全远志，莫教慈母寄当归。
平生浪说交游遍，更有何人重芰衣。

注：厉鹗（1692—1752年），字太鸿，又字雄飞，号樊榭、南湖花隐，钱塘（今浙江杭州）人，清代诗人、学者，浙西词派中坚人物。清康熙五十九年（1720年）中举。进京以后，以诗为汤右曾所赏识，但因试题诗文顺序之误未能考中进士，终身未仕。厉鹗在词方面具有极高的造诣，为浙西词派中期的代表。长于写诗，尤善五言。著有《樊榭山房集》《宋诗纪事》《辽史拾遗》《东城杂记》《南宋杂事诗》等。

故城道中遇戬甫遂招同舟

［明］沈德符

已幸逃君去，翻疑为我留。
寿偏长钝汉，赦不普穷囚。
道梗宜偕泊，囊空难异舟。
预愁携酿少，酢我未能酬。

注：沈德符（1578—1642年），字景倩，又字虎臣，明朝文学家，浙江秀水（今浙江嘉兴）人。明万历四十六年（1618年）中举。其祖父、父亲都是科举出身。曾任职监司词林，德符自幼聪敏好学，精通音律，熟谙掌故。撰《万历野获编》《清权堂集》《敝帚轩剩语》3卷、《顾曲杂言》3卷、《飞凫语略》3卷、《秦玺始末》1卷。

道经故城县留别致仕廖太守

［明］史杰

懒向青云振羽翰，赋归赢得此身安。
一壶秫酒闲中醉，几卷葩经静里看。
篱菊吐香偏耐晚，涧松挺翠不知寒。
相逢又作匆匆别，始信人生会合难。

注：史杰（生卒不详），字孟哲，湖州人，明朝文学家，明弘治年间（1488—1505 年）大河卫百户，由运河途径故城留有诗存。著有《秫线集》。

是夜宿武城题弦歌台（四首）

［清］陈庆镛

其一

朝发郑家湾，夜泊武城宿。
上有弦歌台，知为子游筑。

其二

嘉祥古武城，昔偃树风声。
访识澹台里，相违又几程。

其三

莞尔牛刀喻，解愠来南熏。
或者礼乐教，疆无彼此分。

其四

曾子居南武，鼓琴旧有堂。
一参一为偃，二武费推详。

注：陈庆镛（1795—1858 年），字颂南，福建晋江（今泉州）人。清道光十二年（1832 年）进士，选庶吉士，散馆授户主事，迁员外郎，江南道监察御史，著有《籀经堂文集》《三家诗考》《说文释》《古籀考》。

放舟郑家口挥杯月下听讽法华时予有内子之痛

［明］范凤翼

枫叶凋秋冷绣江，秋风吹月入船窗。
归人抚枕嗟身独，疏树边河讶影双。
除却进贤狂自在，兼之乐圣病俱降。
悟来那问尘耶法，居士前生本姓庞。

注：范凤翼（1575—1655 年），明万历二十六年（1598 年）年进士。范凤翼为宋代范仲淹直系后裔，著有《范勋卿诗集》12 卷。

赠李贡士嘉

［明］顾炎武

顾炎武赠故城人李嘉诗。李嘉，故城人，时年八十。

居然汉代表遗民，犹向甘陵说党人。
久矣泥涂嗟绛县，不妨渔钓老河滨。
花香元亮篱前酒，雨垫林宗野外巾。
此日耆英谁得似，饮和先作一方春。

注：顾炎武（1613—1682 年），本名绛。因为仰慕文天祥学生王炎午的为人，改名炎武。明朝南直隶苏州府昆山（今江苏省昆山市）千灯镇人，因故居旁有亭林湖，学者尊为亭林先生。明末清初思想家、经学家、史地学家和音韵学家，与黄宗羲、王夫之并称为明末清初“三大儒”。著有《天下郡国利病书》。

故城即事

［清］顾嗣立

已入山东境，重来古历亭。
雾笼秋树黑，风过午天青。
野岸人喧集，荒城雁落汀。
更愁直北望，平野自冥冥。

晓发武城

［清］顾嗣立

（县有言子弦歌台）

风送东樯万马行，弦歌台忆管弦声。
一帆晓色悬秋影，细雨濛濛过武城。

注：顾嗣立（1665—1722 年），清代学者。字侠君，号闾丘，江苏长洲（今常熟）人。清康熙五十一年（1712 年）进士，授知县。喜藏书，尤耽吟咏，性豪于饮，有酒帝之称。博学有才名，尤工诗，著有《秀野草堂诗集》。

宿郑家口题壁

［清］黄本骥

客岁夏季入都亦寓此。

古镇重来地，邮亭旧主人。
鸣蜩朝饯夏，啼鴂夜残春。
月暗虚簷瓦，灯昏败壁尘。

一年成底事，回首一沾巾。

注：黄本骥（1781—1856年），字仲良，号虎痴，宁乡县人，清朝著名学者。清道光元年（1821年）举人。道光十七年（1837年）授黔阳县教谕，建教泽堂。览群书，对经史、地理、目录之学都有研究。尤癖爱金石，聚秦、汉以来金石文字数百种及琴砖、书画等，名其居曰"三长物斋"。著述30余种，大多收入《三长物斋丛书》中。

送同年鲁杜瞻尹故城①

［明］倪宗正②

同年三百半年少，杜君年少何老成。
崑山片玉初辞璞，姿采蕴藉生光明。
扣之铿然清以越，合补庙堂之五英。
赤墀承命作民牧，一琴横道风尘清。
看花河阳正及时，驻马棠阴仍问耕。
恺悌如君真父母，循良自古登公卿。
大山出云兴于穹，□何霖雨苏苍生。

注：①选自《倪小野先生全集》卷四《送杜泰赴故城》。

②倪宗正（约1514年前后在世），字本端，余姚人。明弘治十八年（1505年）进士。历迁兵部武选司员外郎，尝以言事廷杖。后终于南雄府知府。嘉靖中赠学士。撰有《倪小野集》22卷，《四库总目》中有《突兀稿》《观海集》《太仓稿》等并行于世。

郑家口对月

［清］徐倬

十五夜郑家口对月同玉宾夏重二岐求雯小孙莘分韵得月字。

园魄渐东升，风埃旋已歇。
小步入村虚，凉气生巾袜。
沙路净干鲧，烟柳柔如发。
清辉与幽意，脉脉两相发。
回首望京华，千里同明月。

注：徐倬（1624—1713年），字方虎，号苹村，浙江德清新塘（今德清士林镇徐家墩）人。清康熙十二年（1673年）进士，改翰林院庶吉士，以选入史馆，授编修。后任国子监司业。康熙三十二年（1693年），充顺天（今北京）乡试考官。著有《全唐诗录》《读易偶钞》《古今文统》等数卷合刊，统名《苹村类稿》《清史列传》行于世。

夜过故城梦先兄当世

［明］彭孙贻

月白风高夜，长河转玉绳。
清流澹台里，古木汉甘陵。
久客愁如海，寒天酒似渑。
十年兄弟梦，命被偲姜肱。

郑家口

［明］彭孙贻

其一
店大唤行舟，卖梨明月下。
相如未消渴，一任梨花谢。
其二
郑家口上月，梦欢与分梨。
梨开子当见，传喜报空闺。
其三
野庙狻猊坐石塘，鬼门关冷月如霜。
同舟相唤看明月，已卧芦花雪一床。
其四
天高霜冷有微风，叫唱鹅梨夜月中。
不为夜寒慵看月，梦中人约楚江东。

注：彭孙贻（1615—1673年），字仲谋，一字羿仁，号茗斋，自称管葛山人，浙江海盐武原镇（今浙江海盐市）人。明末清初学者，博闻才辩，五试于学使，皆列第一。明崇祯十五年（1642年）乡试，主试定为第一因病不能终场，次年以贡，生首拔于两浙。明朝灭亡后，杜门侍母，拒不出仕。其著作甚丰，有《茗斋诗文集》《茗斋诗余》《茗斋杂记》《彭氏旧闻录》《客舍偶闻》《方士外纪》《国恩家乘录》《明朝纪事本末补编》《虞台逸史》《甲申以后亡臣表》《靖海志》《平寇志》等。沿运河途径故城留有诗作数篇。

过故城即事①

［明］姚夔②

积水初消地力腴，老农称暖任耕锄。
郊原历历多生意，民宿纷纷缉故庐。
天命久知归正统，人心应遂乐华胥。
经行喜见年光转，四海咸歌化日舒。

注：①选自《文敏公集》卷四。

②姚夔（1414—1473年），字大章，号损庵，桐庐人。明

正统七年（1442 年）进士第一。迁吏科给事中。陈时政八事，立见施行。明景泰初年（1450 年），擢南京刑部右侍郎，寻改礼部。后累官礼部尚书，知贡举，加太子少保。著有《姚文敏集》8 卷。

过故城遂泊八里屯

［明］倪岳

萧条门巷不成村，细柳深藏卫尉屯。
回首故城三十里，月明风冷送黄昏。

注：倪岳（1444—1501 年），字舜咨，上元（今江苏南京）人。好学能文，通晓经世之务。明天顺八年（1464 年）进士，授编修。成化中，累迁为礼部右侍郎。弘治中，官礼部尚书，历南京吏、兵二部尚书，还为吏部尚书，著有《青溪漫稿》。

五子诗①

［明］孙奇逢②

畿辅有五子，斐然著文场。
受知左忠毅，同登有道堂。
乙丙珰焰烈，于度见侠肠。
隰子忠信资，崎岖亦康庄。
静穆兮鸡泽，绳检者肥乡。
予曾过其庐，鹤鸣子欲翔。
沈郎晚多病，音韵犹锵锵。
五子虽藜藿，颜色无凄凉。
读书友古人，气谊何轩昂。
张子从予久，埋骨苏山阳。
谁谓世运薄，五子老弥疆。
姓字挂天壤，留以阅沧桑。

注：①选自《夏峰集》。

②孙奇逢（1585—1675 年），字启泰，号钟元，直隶容城人。少倜傥，好奇节。明万历二十八年（1600 年）举人。后不屑为训诂词章之学，以名教为己任。明清两代，朝廷 11 次征聘他做官，他都拒招不仕，因此世人也称之为“孙征君”。晚年在河南辉县夏峰村开堂讲学，所以又有“夏峰先生”之称。

初发至故城望董祠

［明］朱长春

津鼓递邮程，云帆动远征。
天涯今浪迹，舟楫寄残生。
雨色凝新绿，春花冷故城。
祠南对芳草，凄恻古贤明。

注：朱长春（1511—？），字太复，浙江乌程人。明万历十一年（1583 年）进士，知尉城、常熟、阳信三县，入为刑部主事，后削籍。著有《朱太复文集》。

故城舟中对月

［清］韦谦恒

滹沱一片水，衮衮接荒城。
泽国秋先冷，孤舟月更明。
微闻木叶下，渐觉晚潮生。
把酒忽长啸，谁知此际情。

注：韦谦恒（1715—1792 年），字慎古，号约轩，芜湖人。清乾隆二十八年（1763 年）殿试第二，授编修、一统志纂修；官任山东督学、翰林院侍读、贵州按察司、贵州布政使司、陕西正主考、国子监祭酒、鸿胪寺少卿。著有《传经堂文集》40 卷，诗钞 10 卷，《瓦山房馆课钞存》2 卷，《古文辑要》80 卷。

郑口道中有感

［清］苏珏

无端翘首问苍穹，驴背垂鞭思不穷。
尘世相知多白眼，胸襟何处吐长虹。
梅开雪里存孤赏，柳眉风前任化工。
古往今来皆若此，宁须咄咄效书空。

注：苏珏（生卒年不详），山东武城（今故城县）甘泉苏氏十世裔，清嘉庆十二年（1807 年）举人，好学不倦，与物无忤，著有《铅椠集》，与弟珍、璋、琏，皆以孝友著闻。《武城县志》收录其诗作《丁卯乡试道中》《郑口道中有感》。

《怀古田诗节钞》一首

［清］徐荣

拟由郑家口西行访藉毅庵，于藁城闻儿村水阻不果。

滚滚滹沱入梦来，故人消息碧云隈。
月中杨柳同谁咏，酒畔芙蓉待我开。
绕道秪须三百里，相思何止一千回。
儿村便是银河水，隔着红墙尽费猜。

注：徐荣（1792—1855 年），原名鉴，字铁孙（一作铁生），先世湖北监利人，家辽东，少试十台诗荣为冠，人称徐

十台。隶汉军正黄旗，驻防广州。清道光十六年（1836年）进士。历官浙江临安县知县，玉环厅同知，绍兴府知府。升福建汀漳龙道未赴任。统兵征太平天国军，殁于阵。著有《怀古田舍诗钞》33卷，《清史列传》《日新要录》《大戴礼补注》，并行于世。其中《怀古田舍诗钞》在《清代稿钞本》中有收录。

题郑家口主人书室

［明］阎尔梅

其一

床上书千帙，墙阴竹十枝。

何处笙簧奏，湘帘叫书眉。

其二

暑雨乘花绿，秋空映午蓝。

高楼临卫水，帆影接江南。

其三

主人常卧病，客到送迎稀。

留我西风外，花香染葛衣。

澹村题周閤夫荷亭

［明］阎尔梅

其一

大火昏中憩故城，穷交偏有许多情。

葡萄架下风微细，吹散琵琶数百声。

其二

人言腊月与炎天，莫山门庭好醉眠。

宁知放意山川者，到处酣呼不论年。

其三

二十余年归未归，今年归矣又依违。

莲花深处弹筝唱，骤有风塞刺葛衣。

其四

天正晴时忽起云，霏霏小雨湿罗裙。

当垆酒客争移座，出塞铙歌隔院闻。

注：阎尔梅（1603—1679年），明末诗文家，字用卿，号古古，又号白耷山人，江苏沛县人。明崇祯三年（1630年）举人，为复社巨子，清初剃发号蹈东和尚，著有《白耷山人集》。

送李柽铭之故城

［明］王象春

海上酒狂李云许，向我十言九夸汝。

我疑海上芦苇场，未必两雄一棲处。

见汝乃更胜所闻，冷冷酋寞飞风雨。

汝才岂以百里见，聊试畿南之小县。

翼虎飞狐久食人，破屋流离满畿甸。

舳舻又值封亲藩，仿佛隋堤起行殿。

殿脚女子罗裙茜，千羊百牛供一膳。

疲民望汝眼流血，牵船清夜闻歌谚。

过里春酿休久恋，郄子河边已有雁。

注：王象春（1578—1632年），原名王象巽，字季木，号文水，又号虞求。山东济南府新城县（今山东淄博市桓台县新城镇）人。明万历三十八年（1610年）进士，官至南京吏部考功郎，著《济南百咏》《问山亭集》，结集为《齐音》。

郑家口

［清］姚燮

有月非乡月，沙云似水云。

风从芦淀过，梦作海声闻。

河远星垂越，天长雁入汾。

□尊余宿酒，聊以续残醺。

注：姚燮（1805—1864年），字梅伯，号复庄，又号大梅山民等，文学家、画家。浙江宁波府镇海县（今属宁波市北仑区）人，祖籍浙江诸暨。清道光年间（1821—1850年）举人，以著作教授终身。著有《复庄诗问》《疏影楼词》《红楼梦纲领》《退红衫》《苦海航》等，所著编为《大梅山馆集》传世。

沧州饮马倩若参军

［明］方文

暮秋曾过此，转眼又新秋。

两宿暑斋冷，三年官况愁。

酒深鸡易唱，风急雁难留。

借问高常侍，如今有后否。

七夕泊故城

［明］方文

残暑不曾退，新秋犹未交。

川原正浩森，风日又炎歊。

晚见初弦月，光生古树梢。

微凉思一饮，佳节莫轻抛。

注：方文（1612—1669年），字尔止，号嵞山，原名孔文，

明亡后更名为一耒，安徽安庆府桐城人，方大铉长子。明末诸生，入清不仕。早年与钱澄之齐名，后与方贞观、方世举并称“桐城三诗家”，著有《龛山集》。

声声令·舟泊故城县作

［清］邹只谟

收将残照，衬作飞霞。征帆千尺向归鸦。思亲万里，望故苑，被云遮。听风外、城头鼓挝。身在异乡，为逐客，恨天涯。书行绿树罩黄沙。弹丸黑子，因战后，长荒葭。空留得，三两人家。

注：邹只谟（生卒年不详），字吁士，号程村，江苏武进人，清顺治十五年（1658年）进士。与陈维崧、黄永、董以宁号毗陵四子。性颖特读过目不忘，经籍、子、史、天文百家、古今人爵里姓氏、世次年谱，无不悉记。著有《远志斋集》。

十二、马中锡、孙绪词三首

木兰花慢·咏怀

［明］马中锡

向名场宦海，才马去，又牛来。喜近日林间，陶腰缓摆，阮眼狂开。从人翻云覆雨，更不需，计较与安排。说甚兰台栢府，何妨草阁茅斋。思量多病为多才，把似学痴騃，且领耳余年。惊枝乌定，骇浪船回，春来，访邻寻里，对故人无限好情怀！新醉梨花美酒，旧干荷叶深杯。

八声甘州

［明］孙绪

中丞使夜发，古常山一骑，路尘红道，古来守令循良有传，今见于公，好办笙箫樽俎，为我宠良工。尚厉鹰鹯志，不日横空。试问公家何有？但一帘明月，万斛清风，对福星一点，漳水碧流东。念水滨泥涂，沟壑凭谁去！万里问重瞳，吏民曰：惟我公在，自有帡幪。

蝶恋花

［明］孙绪

短剑孤囊朝天阙。马蹄瑟缩怯彼燕山雪。冻云布冷天廖泬，敝裘其奈刚风折。瀛南谁复坚贞节，漳水东流千里同澄澈。明夜抱琴清梦彻，梅花香映彭城月。

第二节 谣赋选录

一、七谣赠璞冈赵明府

自枚乘七发之后，作者遂以七为体。曹植七启、张协七命、傅毅七激、张衡七辨。以至于崔骃、马融、王粲、陆机之属，各有七依、七广、七释、七征之作。腴词丽旨，脍炙百世。当时被揄扬者，固已天壤与敝矣。惟我侯善政，无非可师。余不敏，不足形容万一，勉为七谣续貂前烈，格调卑陋，不足以言诗，故以谣名耳。情见乎辞侯，观风者採之。

孤高谣

［明］孙绪

近日谀佞成风，见贵势畏若神明，趋拜称谓，有不忍言者，至对寒士，则倨傲若无人。然侯上交不谄，下交不渎，于学宫师友尤有恩礼，其万夫之望欤？作孤高谣。

群哇向人争呜呜，雅音大吕声为孤。
洪流四野钟波涛，远洲小渚形方高。
假令郑卫无淫声，韶頀何由得雅名。
下流沮洳无溟渤，岱宗华岳何突兀。
濛濛乎，憧憧乎。
吾虑其忒，人以为特。
昔以为同，今以为崇乎。

寒冰谣

［明］孙绪

自下车来，万染俱忘。平日巧苞苴善关节者，侧目而过。作寒冰谣。

中州淇水来泼泼，介鳞无数沾涓沫。
流入漳河愈觉清，临流谁识源头活。
化作膏池一片冰，炎威都被清风夺。
冰之清，贮玉壶兮凝水精。
纤尘无地可附著，瑶池月色光盈盈。
冰之寒，冷风积雪山纥干。
乌鸱燕雀不敢近，沟穴深处藏狸貆。

乞儿一任附炎热，仙人笑抚碧琅玕。

弭盗谣

［明］孙绪

近日多盗，非尽吾民之罪也。盗生无禁治之术，乃保庇之人，有擒盗诣公庭者，又罪责之人，孰不为盗也。侯来甫数月，四境肃然，禾稼遍郊，马牛被野，然则前日之多盗，果民之罪邪？非邪？作弭盗谣。

往年盗如云，云生顷刻成氤氲。
今年盗如雨，一霁清明还快睹。
往年城市纷匕首，今年村落镕刁斗。
风鸣犬吠总不关，夜夜黄鸡与白酒。
衣蓑衣，绾墨绶，严使君，慈父母。

息讼谣

［明］孙绪

吾邑素以讼为耻，近日来官府畏健讼者之持其后也。恒以恩煦之，有诉即理，有控即胜，往往获大利，人争效慕，昆弟子侄，至以注律，相授受侯，衡平水止，物无遁情。此辈屏迹，效慕者悚惧。作息讼谣。

小民愆乾糇，健讼水赴壑。
堤防犹恐溃，况乃轻排凿。
年来讼牒纷如毛，朝呼夜捉声嘈嘈。
省台部使等闲事，直叫阊阖干西曹。
自从去岁冬十月，实臜灭迹喧声歇。
仲尼贵明德，君子戒谋始。
狡诬不敢尽无情，敢再强颜探风旨。
空庭啼鸟和琴声，永日一帘清若水。

慑暴谣

［明］孙绪

豪强横行街市，武断乡曲，甚至酗酒，直至县庭，捽胥吏，出不逊语，令据案，噤不敢发言已七八年。于兹数月来，此辈望风远去，巷陌寂然。作慑暴谣。

豪强视法等儿戏，长揖长官捽胥吏。
妖狐假得虎威归，犊麛鸡豚避无计。
西风一夜明严霜，蒿莱杀尽妖狐藏。
老稚相看笑哑哑，手指门阑谈庭堂。
何为近来不见恶少至，裸身号叫堂中央。
郭解死，齐民歌，鲁朱门外张雀罗。

捕蝗谣

［明］孙绪

今年五六月，侯亲捕蝗于境内，炎风酷日，劳苦万状。余往候之，见其唇焦口燥，面黑如漆，不胜叹服。仁哉，侯之心也！民有捕不尽力者，重罪不贷。故蝗飞蔽天，禾无少损。作捕蝗谣。

蝗莫飞，蝗莫飞，闾阎赤子方啼饥。
蝗莫育，蝗莫育，田野青苗未成熟。
汝飞漫天复育子，将使吾民骈首死。
吾受命，吾专城，誓与吾民同死生。
汝不尽灭吾不去，吾曹与汝元无情。
手疮痍，面黧黑，郊原弥望黄云色。

甘霖谣

［明］孙绪

吾邑凋瘵，比他邑为甚，然顾以代他邑，征役银多，至数千两，侯恒以为病，尝吁嗟自诧曰：以殷富代凋瘵可矣，乃以凋瘵代殷富乎？今年夏久不雨，侯毅然曰：冤抑召旱，是岂不在，我急移牒高位，乞为豁除。天乃大雨，远近沾洽，岁谷用登，民欣欣以相告，古称随车雨，御史雨其此类耶？作甘霖谣。

今年夏月久不雨，枯朽朝朝望天宇。
使君俛首坐堂上，无言心念三农苦。
古来仁覆称旻天，旻天忍不吾民怜。
却恐民心百冤控无地，和风乖戾高阳愆。
君不见东海湄，冤孝妇，三月亢旱成焦土。
又不见政不节，祷桑林，自责片语天为霖。
急寻案牒理故事，眼底纷纷拂人意。
强将征役代他邦，忍朘膏脂媚大位。
短章一骑飞红尘，任他郡臬怒詈台端嗔。
一章犹自可，再章惊人心。
三章四章语转峻，和风旭日成阴森。
得请公移犹未下，行潦水溢漳流深。

二、孙绪赋七篇

沙岗赋

（明）孙绪

余家别业在沙溪之南数里，村西沙碛旧为溪水拥成丘阜，大小相望，故老因名之曰沙冈。岁久渐平，然故址皆可认。从侄执砚，耕凿于中，筑园圃，莳花木间。请曰：愿叔父一言。余喜其力田而好文，不忍峻拒，援笔戏为之赋曰：

沙溪南去，十里其余，拥沙而冈，依冈而庐。茫茫无际，累累相如。列若斥堠，绳若贯珠。有人隐于其间兮，日抚弄以为娱。朝风埃之与邻，夜氛翳之与居。客疑而问曰：若是乎？君子之愚也，士当择于所居，物恒期于有用。相彼沙兮，炊不可糜，穿不可洞。飞砾疾飙，为祟种种。透帷敲窗，心焦目眚。眘乱障碍，龌龊拥肿。狂蔽天日，瘗没腰领。垢樽罍，填溪井，污芸编，痼毛颖。不惟无致用之资，抑将为斯世之梗。谓宜夙择而亟去，胡为守若虀盐酣若酩酊也？爱身之至者常欲洁，而慕道之玄者归诸静，吾子其尚听余言哉？

沙冈主人哑然而笑曰：君知其一，未知其二。天下之生久矣，迹固难于强合，物恒忻于所遇。或心乐于水山，或性同于姜桂。或雍雍于都俞，或飘飘以高逝。虽好尚之不同，要之各适其意如吾者，陇亩耕耘，么么琐细。进不能以流芳，退未果于忘世。饱食而心无所用，慨堪舆之疣赘，取物以象。吾身固斯冈之侪类，故居则若参，行则若俪。向我若宾，环我若卫。登望若台，倦眠若灟，祛暑若箪，燠寒若毳。染既久而与化，不觉形之同异。方冬春之际，乘风而起也，若怒若奔，若排若惊。溟溟蒙蒙，訰訰懵懵。门无辙迹，巷无行踪。上下天宇之一色，了不辨南北之与西东。没纵横之岐路，喜大古之一同。若混沌之始凿，浑乎气化之鸿蒙。朋侪阻隔，音问莫通。缘念尽息，浮游规中。吾自以为无怀葛天之民，而亲履华胥之提封也。

于斯时也，岂不有达人宦士，败子征徒。掩目而趋，障面而嘘。攫金市区，乞哀通衢。偪侧崄巇，仓皇泥途，睢睢盱盱，伈伈抒抒。流离秽污，曾不能满吾之一嗤，吾则有堂若厘，有室若渝，巷衢若墟，庭阶若迷。交睫不舒，贲趾不移。箦笫不离，阈限不踰。阖扉而卧，有梦蘧蘧。炙灯而酌，有俎于于。其寐媞媞，其觉祁祁。徐徐愉愉，雅雅鱼鱼。匪没于衢，匪柅于车。人将投刺，我门鸣佩，我闾然诺。有符庆吊，有需过从。有期醵宴，有饲良马。素丝白饭，青刍纵人。不我即吾，讵能安心于庭，除定志扰于应酬。罯景胜于冲虚执，随一变于初心。今我顿非于故吾，而我亦若人之如也。然则沙冈者，扃户之固鐍，当关之健夫。洗心藏密之士，何可一日而无。

若夫夏秋之交，遇雨而受也。点滴则淅沥，有声少间，则涓沫无迹。有燥湿之功勲，有容纳之器识。慎密入于精微，谦冲虚以受益。苹而不杂，盈而不溢。积而能推，罅而能塞。险境知夷，亨衢知阸。至于海立涛泷，阴连晦朔，潢潦载途，雷霆起壑。沙渗而波愈清，水沐而冈愈洁。粲粲如星，皑皑如雪。漠漠铺云，辉辉映月。茅掩而黄竹映，而白波之青兮，可溉可沐，可湘可濯。冈之洁兮，可藉可立，可玩可掬。披而拣兮，可以得金。汰而磨兮，可以琢玉。崇之可以荐宗庙，筑之可以迎相国。握算手抟可以醒迷，拥囊唱筹可以慑敌。鸟下而篆文，兴鹏射而藩篱。撤画而藏机拨，而售术。湘流忆贾傅之才，汨罗怀屈原之溺。

偶语启知士之谋，龙荒泣孤臣之血。程可久之誉望，阅世如新；陈公甫之乡闾，过者必式。是不独癖于野夫，而亦实睠于名德。冈侧之居陋亦可营，冈上之田薄亦可耕。居陋而矮屋卑垣，令后世师吾俭。田薄而力作省费，虽荒岁亦可生。宜阴宜晴，宜醉宜醒。吾抚兹土而有之殆不减，夫玄圃之与蓬瀛，彼隰田黑壤，膏原沃土，江乡水村，沮洳污下。稔则蓊郁连阡，潦则摧塌环堵。沈灶产鼃，斜风注雨。漏屋尽化为淖泥，经旬未得出门户。视吾之莎径芜汀，沙水渟滢，溅泥不上于襟袖，勺水不潴于阶庭者，何如也。

若必曰居延断魂，射工伺影，缁尘染衣，弱水绝境，以为沙之罪，是役于物者之累，未可以辄议也。人固有类斯者矣，岂可专疵于沙哉。甘言断金，伪情执袂，投分明霜，矢心皎日，白首按剑，转眼下石，阴谋潜偵，兴祸不测。蓄矛戟于俎豆，伏陷穽于几席。白衣苍狗，幻无定形，巫峡太行，翻于顷刻，而或拘情蒽心，腐才弱质。

碌碌逡巡，谫谫偪侧。万事狐疑，六用龟缩。牝鸡狂恣，仗马喑立。拔毛不为，视死莫恤。拜尘献谀，脂韦软习。战战栗栗，愔愔默默。

是二者将不巧于海虫之伺人，而甚于恒沙之无力也。亦有目阅芸缃，情怀贪墨。貌骞凤而志鹰鹯，口夷齐而心蹻跖。蝜蝂忘死以高缘，饿夫垂涎于腐骨。君恩师训，弃之若遗，天理民彝，荡然尽斵。众摈弃而不知，心蔽锢而冈觉。荠麦茂困于猗兰，蔷薇将化为荆棘。遗臭恶于无穷，为斯文之大贼。甚者紊乱条章，突㯽保甲，罗织深文，沈命新法。朝开告密之门，暮启投书之匣。倾百口之赀业，充一刻之庖厨。殒数人之命躯，希半纸之赏格。槚楚哀号，髡钳枕藉。然则利势污人，不独京洛，而儒绅戕物，或横于寇敌也，可不悲夫？吾闻之，今古无一定之盛衰，造物忌百度之妍好。聊取足于欢悰，还不尽于苍昊。佳胜独擅以自奉，则怒睨之目，日圜歆艳，一动于人心，则攘夺之谋日巧。前轻后轩，东搬西倒，郭令旧第，古槐夕阳，奉诚西园，遗尘芳草。

李崧之别墅，终贾苏逢吉之灾；平泉之佳石，乃为陶秀实所宝。恸慈孙之永思，伤感客之怀抱。是固易穷则变，理不得以永存；然亦物大必争，势不容于常保，岂非一鉴哉？若吾沙冈之陋区，不但可据以终老，幸世人之共弃，将云仍而远绍。且海尚成尘，吴其为沼，宁知数世之后，蒺藜之沙，终不为琅琊之稻乎！正恐变而肥饶，又将立窥伺之标矣。吾子顾病其瘠硗，不亦迂哉？客自知其言之失，局蹐踧踖，頳頩顿足，乃击节而歌以自讼歌曰：沙冈之颠兮，春日暄妍兮，与子往彼田兮。沙冈之趾兮，泠泠秋水兮，与子酌彼兕兮。歌既阕，客散于庭，酒尽于榼，明月满冈，萧然一榻。

召和赋

（明）孙绪

武邑刘腾善音律，余友卢君廷彦极喜之，累乞余言，且曰要令后世知今时之盛，虽歌工亦不减古昔也。余重其请，作召和赋以贻之。

南溪居闲，卢君过访，雾袭裳衣，春生屦杖，延坐虚斋，高谈象罔，庭轩载启，极目苍莽。维时初春，零雨未降，旷野赤以不毛，怪云幻而多像。妖氛沴气，天蒙蒙飞砾浮埃，风荡荡破屋萧条。移民鞅掌，怆景物以凄，其顾草木而如丧。卢君愀然，请问所以，南溪唯唯，竟陈终始，教尼不行，经残乐毁，弦歌无闻，闾阎多诡，俗失太和，道丧廉耻，和气载伤，天泽尽弭。必得妙手补天，至术亨屯，和以移风，说以先民，挽江河之趋下，庶回化工于无垠。卢君莫喻，请竟其意。

先生曰：吾人之生，大造补葺，声和气应，诗成鬼泣。琴调则六马仰秣，韶奏则九苞来集。物有相感，情有相挹。圣知莫窥其端倪，鬼神未究其张翕。今俗好风靡，物情日磷。惟转移之要道，虽家喻而莫信。匪甄陶其性情，终未瘳于宿疢。盖雷霆之鼓无形，而山泽之通以润，象物理以召和，疏浊流于既浚。学道则民将易使，正心则天亦可问。祥光照夜，大有无衅。将终岁以皞熙，是何忧乎饥馑。言未既，卢君曰：止今所谓乐，昔之太师氏乎？正恐大音声希，古调和寡。瓦缶鸣雷，郑卫乱雅。丽曲争妍，妖容售冶。欲荡邪秽，舒隐忧，召佳瑞，来天休，犹治丝而棼，恶溺而泅，不亦难哉？

先生曰：不然邪！正无定评，妍媸无定形。求其正，虽村巷呼号，俚俗歌谣，亦足以观风而示戒。泥其迹，则明良之赓，比兴之精，亦徒见夫音韵之铿锵。故时世异尚，情悰异爱，铭鼎非饔飧之常，结绳非书契之代。随世变以高下，何今古之相背。彼商玲珑之于元稹，李龟年之于少陵，汪伦之踏歌，何戡之渭城。宁不知其习，非律吕之旧业，非君子之贞。数公者，会合则爱莫能助，离背则悲不自胜，慨歌则壮怀激烈，哀吟则老泪纵横。岂独抱幽郁之气，锺儿女之情，诚以愤纾于鸣，心通于声，志以之宁，气以之平。不知在我之好恶，而在彼之亏盈。动物无间于雅俗，请于是乎是征？噫！君子不见，有恒是思，美人既没，俳优自怡。太上卒难逢，流亚可相期。一人之身，万变是司。审若子言，则仕必灵，鸟乘必风，骓卧必西。山之隈食，必内府之奇乎？

卢君曰：先生之言是也，今得其次矣。武邑刘腾，愿而多能，儒绅爱其秀，贵势安承。其先生之言果不谬，则彼亦可望永令名矣。可无一言以期其成乎？南溪俯而思，仰而笑，袖手屡叉，援笔三叫，疾挥成章，风生云绕。已而日谢山峦，雀喧庭院，卢君登车，前途既眩。望云树之茫茫，眺双旌而不见。

超然楼赋

（明）孙绪

柳塘先生结楼于东园之东，前临绿陂，后枕高墉。饰不采椽，邃不玄宫。土筑而台，甓砌而层。奇莩拱列，古木巃从。隙驷朝度，窗蟾夜通。自题其额，曰超然之，楼日焚香，冥坐于中。陂东渔客慕而谒焉，且叩其命名之意。

先生曰：吾茹贫毕世，与物多忤，栖迟衡门，风雨环堵。不但登高作赋，久绝念于生平，而长天远林，曾未入于阿睹。盖偪侧咫尺于穷檐，宜尘氛堆盈于庭户。自吾之有斯楼也，洞视层霄，俯阅万象。沆瀣夜下，旭日朝上。微雨孤村，天低野旷。翘首跂足，千态万状。超然于尘寰，嗒尔于世网。荆川王粲坐暇日以销忧，汉城孟郊聊乘春以骋望。于斯时也，无怀葛天，冥迷滉瀁。盖不知运世之为悠长，宇宙之无限量。群仙宛其同游，十洲涉于想象。彼西涧孤舟，南风五两，纷万变以交驰，引大利而自向。吾凭阑以睨之，盖不啻虫，蠛蠓聚腥，几粪壤也。楼之名义，庶其在兹。客曰：是超出于庸众人矣。然圣门不暇方人，君子贵于无我，达人通士不若是之琐琐也。

先生曰：吾尝倅华岳二济州，爱峦峰之嵂崒，抚汶泗之交流。寻种魏之高躅，思贺李其与俦。惟高标之永怀，乃簿领之日休。坚不可破，乱不可筹。如石之顽，如木之樛。复有部使，监司贵近，藩臬盛气，虎踞于堂，陛下吏鱼，贯于班列。怒赫则壮頄而頳，势张则炙手可热。雨覆云翻，天摧地裂。今回首遐思，盖深数古人之不可作，而未尝不笑。若人之躞屧，登兹楼以俯仰，尽往迹而涤雪。抚后园之奇花，延吾乡之名德。白酒黄鸡，杂蔬丹荔。胜日良辰，云朝月夕。挈榼喧壶，矢之笑声。推窗玩花，莩之容色。晴景朝酣，浓雾夜湿。一一巧妆，两两斗饰。落落若疏，密密若织。艳若妖姬，润若良玉。含苞若孕，鲜明若拭。向者若呈，背者若匿。仰者若诉，俯者若息。深红若日，丹诚血赤，嫩白若雪，缟素为质。馥馥郁郁，纷纷籍籍。念昔贵位威福情，人人殊其异。于兹花者，曾未什一。谓得志以大行，乃草木与同匹，哀哉。吾辈凭借轩楹，脱略形迹。陆务观之肝肺易输，庞德公之宾主莫识。今我顿忘于故，吾怀抱肯伤于宿。昔黄堂白屋，混于大观，乐境畏途，本同一致。虑寂则万缘俱灭，澄然则两忘无事。如甑之破，如屣之弃。塞马得失，枯蝉遗蜕。冥然漠然，无听无视。客曰：是固然矣！已超出于荣辱间矣。至诚无倚着于心，君子贵推移于世。不谓吾子之昧于是也。更端上乘，无为左次。

先生曰：吾年余七衰，童颜豁齿，抚来日之无多，谅欢游之能几。嘉绩终不可以与立，老冉冉其至止。匪寄兴于物象，将百虑其未已。聊凭高以远眺，时块居而徙倚。望苍梧之暮云，泝鼎湖之逝水。古之圣哲安在哉？徒点笔于青史。杜少陵之得失，目注寒江；郭子綦之嘘嗒，坐而隐几。齐死生于蒙庄，宗虚无于老氏。聊与化以优游，知究竟之何似。此则鄙人之意指也，彼龙钟者为谁，方跛鳖而攫市。客曰：似矣！然犹未也。吾夙知吾子之挟负，请进一步以展衷愫。

先生曰：嘻！一元之理无尽，而气则有涯。以有涯而囿于无涯，安能得两在而无参差。固宜天地有否泰，日月有盈亏，海山有变迁，气化有淳漓。况人又囿于阴阳两间者，其孰能逃于五行之外，百年之期？苟闻道于昧旦，虽夕死其何辞。吾少学易，若咀枯柨，若捧漏卮。既稍有见，若索奔骏，若追晷曦。今老矣，亦岂敢谓有闻，而沈酣浸液，亦时得于管中之一窥。试博观于天下之大，万事之伙，曾何外于一画之偶奇，至一不容以或二，而浑涵圆融，安可剖析而离披。故得于一，则乾坤之清宁，即此而在，不得于一，而浩繁文字，只见其丧羊于多岐。负苓者尚以先天之图为赘，而尼父直谓作易者为世衰。彼业并四家，道微九师。玄英流演，王弼穷微。京房卦气，司马潜虚。义海析蕴，太玄火珠，词支说剿，安能知吾栋宇之崇卑。阅卷帙于高阁，窃取义于弦韦，倦枕易而假寐，恍然亲见于庖牺。道通天地，有形之外；心游鸿蒙，未判之初。窃以是为远览，为独到，舍是则无可为词矣。

若夫滕阁之朝暮雨云，岳楼之廊庙江湖。东坡台记，吊古寻幽，栾城楼赋，蔬盘酒壶，兴固各有所寄。而斯楼之陋隘，则莫我敢图。乃振衣而起，拍槛而歌曰：楼之前槛兮，塘水泠泠兮，孰与我濯缨兮。楼之北壁兮，硕果未食兮，孰与我谈易兮。客悚然听，黯然不言，飘然长揖以去，竟莫测其所存。

凤鸟赋

（明）孙绪

余一斥林丘，半生洪涊，愧凤鸟多矣。对图濡笔，凄然兴怀。吾闻凤凰之为瑞兮，乃在夫炎海之外，丹穴之山。去中国不知几万里兮，性不累于尘寰。随治棼以显晦兮，世固不可得而见。觌风神于缣素兮，宛海山之在面。梧竹荫而青青兮，醴泉溜而汍汍。依云霞以栖息兮，溥沆瀣以为飡。凤若鸣而锵锵兮，凰若应而哕哕。晞朝暾之融融兮，扬羽毛之翙翙。百鸟飞鸣而环列兮，若拱卫而钦崇。

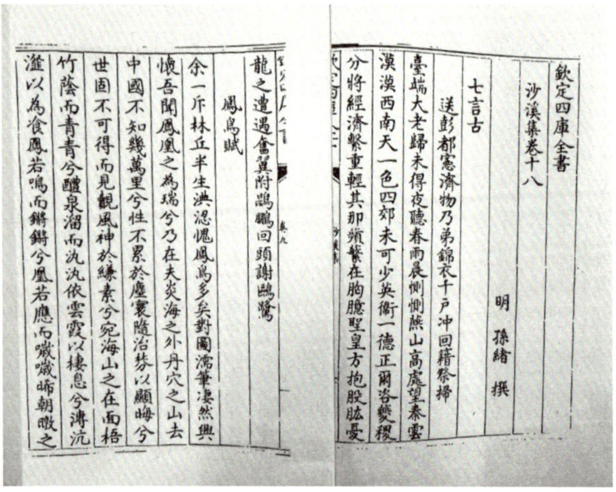
龍之遭遇奮翼附鵾鵬回頭謝鷗鷺

鳳鳥賦

余一斥林丘半生洪涊愢鳳鳥多矣對圖濡筆淒然興懷吾聞鳳凰之為瑞兮乃在夫炎海之外丹穴之山去中國不知幾萬里兮性不累於塵寰隨治棼以顯晦兮世固不可得而見覘風神於縑素兮宛海山之在面梧竹蔭而青青兮醴泉溜而汎汎依雲霞以棲息兮溥沆瀣以為飡鳳若鳴而鏘鏘兮凰若應而噦噦晞朝暾之

欽定四庫全書

沙溪集卷十八

明 孫緒 撰

七言古

送彭都憲濟物乃弟錦衣千戶冲回籍祭掃

臺端大老歸未得夜聽春雨晨惻惻燕山高處望秦雲漢漢西南天一色四郊未可少英衛一德正爾咨夔稷分將經濟繫重輕其那嚬蹙在胸臆聖皇方抱股肱憂

孙绪诗文谣赋收录于《四库全书》

斯固气类之感召兮，诚亦爱戴其长雄。抚鲜氄之陆离兮，揽余涕之潺湲。彼盈堂之燕笑兮，方濡首而酡颜。孰粉绘以畀君兮，孰投余以长慨。系遐思于千古兮，谂元化于大块。胡假之以文彩兮，不使之羽仪于世。远江海以孤立兮，污沮洳以永弃。日窅窅而韬光兮，风浩浩而无穷。痴雾昏而迷天兮，狂砾起而洒空。鹏怒飞而垂云兮，鲸奔吸而倒海。横六合而决九山兮，懔孤标之安在。鹓濡味以在梁兮，鹤偃蹇以乘轩。有鸱蹲于池兮，有隼墉据而风骞。何希有之灵瑞兮，独不得藉于一枝。纷喧啾之万喙兮，奚足为上林之盈亏。

昔轩辕之无为兮，览德辉以巢阁。亦尝来仪于舜廷兮，应九成之圣乐。盖自圣王之不作兮，始俭德以深藏。吾固不暇哀斯鸟之弗遇兮，维斯人之永伤。于惟善感之鸣于唐兮，亦有士元之伏于汉。重斯文之耿光兮，焕良史之嘉叹。跨一代之英贤兮，得此尚至今以为荣。乃如之人兮，㚢么么以有生。惟人性之为贵兮，顾藉重于羽族。去污浊以自藏兮，孰不攀附而钦淑。高踪远而寥寥兮，岐路蓁而琐琐。

余既不得于今之士兮，或古人之知我。念尼父之周流兮，楚狂病其德衰。欲自得于舒卷兮，嗟余舍此其谁师。哀扬雄之好古兮，驾凤说于君子。售谀佞于美新兮，曾不自知其无耻。举平山之勤渠兮，只资于抚掌之噱。谈傥不负于九苞兮，饮一瓢其何惭。盼颓景兮西下，搔短发兮毵毵。

莎汀赋

（明）孙绪

古蓨戈君宇清，爱漳水之胜，自号曰：莎汀主人。甘陵孙绪为之赋曰：

泳淇水之崧流，见漳河之奔放。掠沧景以东下，渺天津之在望。越瞬息其千里，鼓洪波而欲涨。迅舟樯之纷纭，类萍踪之荡漾。忽一块以横亘，立孤标于冲浪。逝水歧而安流，奔涛洄而拱向。惊者杀势，狂者止荡。边城绝徼，抗一旅之师。砥柱中流，屹百川之障。如盘之承，如原之平。绿漪映而可爱，青莎缛而易生。过客徙倚以忘去，主人谦洽而有情。蔚乎经世之文，含而内蕴。俨若渊泉之性，湛以中明。欹剑而航木横，而蹈日来百回，兴出独到。以咏以觞，载色载笑。蛙鸣鼓吹，稊稗至道。晚桥识拄杖之声，嘉宾咏蒸然之罩。澧有兰而沅有芷，未忘公子之思。朝采蔬而暮采鱼，雅称散人之号。林边雨后，记春种之薛能；水北原南，慕闲行之贾岛。草一也，莎独可依；土一也，汀独可重。盖莎之丛生近于仁，而汀之独立近于勇。激之不鸣，撞之不汹。水流而意自闲，泽虚而气不壅。镇重之士，不逐于疾。驱隽永之才，不困于纷冗。念绩学之弦韦，定名义以怂恿。

彼累榭崇台，名园异沼，境地夐绝，林木深窅，工疑鬼输，景出天巧。嘉宾供具以来游，骚人载笔而幽讨。万卉秀而争妍，累世玩以为宝。

情一动于豪右，势不容以永葆。睥睨之涎，方垂施夺之谋。愈狡一失足于坎穽，纷下石于幽眇。家罹褫籍，身膺席藁。李崧之别业，尽取于人；张佑之荒田，责征未了。故入云之甲第，未易以擅；而环堵之衡茅，终焉可保。然则蓄十朋之大贝，曾不若半汀之芳草。得于我而非贪，格于人而非啬。智不来谋，力不来逼。商不往售，农不往植。抚枝蔓之滋荣，窥化工之莫息。萋萋斐之文章，愆贝锦于谗贼。闭门要地，细检东风。到世情孤，鹜落霞远，望长天与同色。夫言有浅而致不可穷迹，有粗而奥不可测。洛阳数亩，候天下之盛衰；兰亭一觞，齐生死于今昔。事匪希踪，情深自得。诚寄兴于一笑，即神游于八极。

乱曰：莎之蓁蓁兮，可席可裀。莎之囷囷兮，可樵可薪。刈而萎兮，可以秣吾驹，以荡吾趋；束而篛兮，可以缉吾庐，以奠吾居。安能置生计之种种，而捕梦幻之蘧蘧。若乃踏莎有行，秋水有述，被发狂吟，天幕地席。言论张皇，形迹诡谥。蹈海逾河，枕流漱石。纤靡奇丽之句，江绕郴山；恍惚虚谬之谈，筹添海屋。非性分之乐所存，抑池塘之梦方熟。惟渭滨之钓丝，与伊洛之流泽。进则为股为肱，退则为宾为客。蒹葭霜露，伊人宛在水中央。廊庙江湖，天威不违颜咫尺。

乃生平之愿学，亦古今之不易。盖宇宙之大，此道独出，万物之先，君臣之伦，天下不可一日而斁必也。令誉彰闻，征书交骛，披草莱之新恩，袭瀛洲之故步。宣室求贤之问细细，天风汗漫，骑鲸之游。茫茫烟雾，润一世之枯槁，为斯文之津渡。期无愧水鱼之相投，庶不负云龙之遭遇。奋翼附鹍鹏，回头谢鸥鹭。

恤徭赋

（明）孙绪

恤徭赋者，颂吾景贤守，豫章陈侯也。我国家酌定古制，每三年一编征徭，轻重随其亏盈，簿书狗以迁就，饰治蛊坏，更张条格。且虑夫富者以巧贿而脱，贫者以无告而承。富益富，贫益贫，将至于无所安集。今年实当其期侯，精察缜密，物无遁情。而矜怜恻怛，时溢发于伸纸；点笔之下，故以恤徭名篇。州之胄监诸友，介余甥刘监生化淳来索言，先是余尝三致意于侯矣。因作短赋以见意，取足于不为复词耳。

大荒落之岁序，建困敦于天枢。杀景怒而布令，寒风劲以示威。方无衣以卒岁，属版图之重稽。爰率由于典，则寓仁爱于乘。除阅三载，而更张乂四民之嗟咨。时有向背，政有违宜。业有轩轾，役有盈亏。此刱法者之远虑，而忧世者之所当知。盖物理无一定之强弱，生计有俄顷之盛衰。或先倨而后恭，或昔瘠而今腴，或鹑衣而朝出，乃鹤氅而夕归。方洋洋于夏屋，倏凄凄于夜扉。加以宇宙之间，何事不有机械之设。其变无涯巧，捷曰厚淳，庞曰漓溟。渤为峻泰，华为卑兔。脱雉获鱼，网鸿离遂。使义利失大界限，而人心无公是非。絜矩为方，必无戾民物之性；中流砥柱，庶少障江河之趋。

于斯时也，絷者思释，困者思纾，饥者思哺，抑者思舒。涸辙枯鱼，想西江之斗水；纥干冻雀，望北陆之隆曦。豫南先生，明炳物初，忧先天下，畏此简书，形销渥赭。块居咫尺之庭，神游广漠之野。载谘载询，以挥以洒。赝无所售，眚不轻舍。开谕惟藉于语言，廉威不专于楚榎。敛奔放而涟漪，革涣散于陶冶。缕缕纷纷，鱼鱼雅雅。政教风驰，聪明天假。深封植于孤根，切垂戒于三瓦。盖尝期大人天下为度物，与民胞于焉体。君子易象之谦，裒多益寡。无事于京兆之缿筒，俯同于户牖之宰社。进不失朝廷一时之新令，退不废风雨万间之广厦。故居人爱屋上之群乌，而征途羡车中之五马。即此一端以措诸事，业举万类如倾泻，充斯类也。

窅窅可易，岩岩可摧。熇熇可扑，落落可徕。嚣嚣可寂，琐琐可骇。可以推移凝滞，可以通变化裁，可以一凫鹤通。瓶罍弭沴，厉和祥灾。齐物论以平价，解民愠而阜财。下可以均谷禄方井地以正疆界；上可以调四时齐七政以平泰阶。挽皇风于邃古，跻葛天与无怀。

嗟伊人之胶柱，徒观望而徘徊。旁观斯世，孰与侣侯，何以独得于此哉？盖汝南得中州之正，淮康居潢水之隈。摩云地灵毓，清淑西湖；活水为培栽，仰止高嵩。宜富有于梁栋，余波伊洛；远流泽于莓苔，固宜有斐。君子独抱奇才，了牒檄于指顾，着勋绩之奇瑰。佳石移云，谅补天之有在；明珠孕月，久媚泽于胚胎。是以生色蔷郡，增光董台，漳流莹澈甘陵。崔嵬标望与瀛洲，高揭才华与渤海。争洄馆阁，班鹓本固。有丘壑车马，空惊猜行。见下征诏之黄麻，纳调燮之盐梅。却恐召父杜母，崇秩于槐棘；风霾雾瘴，又遍于蒿莱矣。盼流光而孤啸，蟠灏气于九垓。

凝神赋寿韩南园明府

（明）孙绪

南园韩先生今年登八袠矣，诸乡友谋举庆典，相与问言于绪。忆先生家食时，每过先子之庐，窃窥其豪迈磊落，非时务琐琐者所能羁，谓布衣之士，当尔也。既令招远，愈疏宕横逸，滑稽戏谑，终日不可穷。犹以为亨衢顺境然耳，得榭后尊酒弦歌，日徜徉啸傲于春园秋水之间，气象胸次，与昔略不少，异始知其禀于天者，无局蹐狭小之病，非有所慕向而为之也。夫不戚戚于贫贱，不汲汲于富贵，以无伤冲和之气，故得寿若此，非邪？作凝神赋以见意，其辞曰：

世有先生簪投东海，趾贲南园，眉宇既佶，杖屦聿尊。芸香有子，兰茁其孙。向平无婚嫁之，陶令多车马之喧。旅核载列，佳宾日圜。帷袂扬而成云，丝簧鸣而沸天。先生左据吴娃，右拥越姬。今日高阳，明日习池。羽翮既老以弥劲，调谑曲中而多奇。觥兕交错无倦色，应酬终日无厖辞。桧柏与姿，山泽同癯。昂昂青田之鹤，泛泛沧江之凫。玉山欲颓回风之偃修竹，青瞳炯射寒蟾之映冰壶。客有造者曰：吾闻之寿得于初，成于静。惟闼伏之贞，常斯期颐之可幸。今子年登八袠，身役群听。肥腯醇酎燎其衷，欢嚣盘辟挠其定。撞撼不利于桑榆，酿郁虑汨于水镜。拊吾心而窃疑，请伸喙以闻命。子昔官蓬莱之滨，岂不见仙灵之居？云霞为餐，楮栎为裾，木石为侣，泉风为誉。彼岂恶声华爱，虚无乐冲，澹忘膏腴。盖将慕翛翥之天衢，固当避偪侧之尘区。矧欲不可以多纵，志不可以久逾。此不易之至理，庶吾子其更途。

先生曰：吁！子知事之于形，不知神之于情。凡人之情欲有所寄，苟饱食而无用，将多欲以为累。故懿公好鹤，屈子嗜芰，阮籍猖狂，刘伶酣醉。虽各殊其情悰，要同归于维系。易载艮止，诗咏塞渊。先民有静安之训，南华著逍遥之篇。岂欲如木之槁，如灰不然。盖机械去而天真合，形骸放则灵根坚。色象是屏，泓澄是潜。寄兴于偏，宁嗡其全。光与众和，神以一玄。此古昔所以垂训，乔铿所以修年。彼简出奥居，杜门却轨，轾轩永税，冠裳尽毁，衽簀肢体，堂阶步履。天日莫窥于容仪，里闬不通其姓氏。名成大隐，迹类高士，然而朝觊乞播，暮心媚灶。望终南之快捷，投宫中之玩好。得丧日萦，幽轇恒蹈。甚者王戎布筹，和峤婴癖。万钱一食而未厌，千金屡散而复积。丛忧既并，热中可炙。

震于邻而先惊，任过力而多踬。若此者为劳邪？佚邪？徒使方士献巧，医工补阙，奇术驻颜，大药换骨，屈伸偃仰，嘘嗒嗟咄。惜溅沫于涓细，戒时晷于丝发。立言近似于根据，奏功终成于恍惚。且寿于天为遗，于德为符；于世为典型为文献，于人为福先为庆孚。观黄流于玉瓒，岂彼哝喁澳涊，猥陋琐屑者可得而诬。今吾静以动制，白以黑守。执名御实，名名者未名；即有抑无，有有者未有。碧潭云物，青铜妍丑，马医夏畦，虎贲佣走。老宿吾师，强戆吾友。英英为铦，坦坦为厚，哓哓为敷，默默为受。猖狂乖戾，和风醴酒。号怒诟骂，金鋺玉叩，幻缘外浮，谷神独偶。春馥秋葩，欢悰噱口。吾方抔泰华，杯瀴溟，瞬息运会，蚊蝻雷霆。忆广成，拉弥明。驾虬鲲骖，鳌鲸。登瑶阙，朝玉京。振衣昆仑，张乐洞庭。跂太空之辽邈，了不辨非有之与无生。是乃白云之寿乡，清世之仙瀛。夫宇宙为笼，尘雾为网。毁誉爱憎，纷纭鞅掌。将毕世以莫殚，苦何求而受想。惟志中于圣贤，庶神凝于象罔。绎子言以泝吾言，竟孰拘而孰广。客于是惭然沮，恍然悟，抠衣下堂，失其故步。

第七章　姓氏谱牒选录

为记录祖先功德，传承家族优良传统，自唐代始，民间就有纂修家谱之文化传统，明、清愈繁盛。"文化大革命"时期大多家谱被焚毁，保存者甚少。21世纪，民俗传统文化兴盛，诸多家族恢复续修家谱之习俗。

现选录故城县陈、周、贾、刁、吴、秘、袁、刘、苏、王、师、高12家族谱，这些族谱记录了祖先美德良风、置田兴业、婚姻家庭等状况。

陈氏 《陈氏族谱》始修于明正德四年（1509年）。明崇祯十年（1637年）第一次续修；清康熙五十年（1711年）第二次续修，之后，赓续连绵至2006年进行第十次续修。《陈氏族谱》共记序文13篇，详细记述了陈氏家族500多年的迁徙、繁衍历史。时至今日，已衍至23世。

陈氏先祖世居苏州府西华县，其先祖陈士亨官至刑部主事，后移家至江苏淮安府清河县。明永乐九年（1411年），陈士亨长子宗敏奉旨率领该支族人北迁至故城县劝农屯。从此，陈氏家族在故城县扎根，繁衍子孙后代。

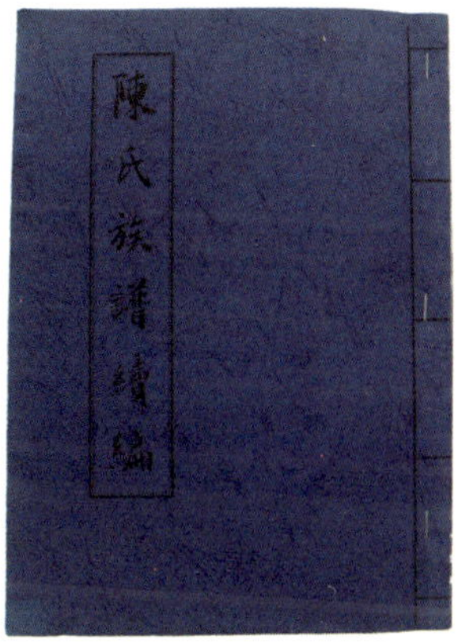

《陈氏族谱续编》

现今，故城陈氏后人分布于故城县部分乡镇的大马坊、小马坊、李仙寨、候庄、十里铺、寒下、朴庄、响沟、大杏基、饮马河、千户庄、张庄、马厂、犁谷庄、西京、大化等村镇及周边县市和山东、京津等地。

《甘陵陈氏族谱》序

人生戴履间，一身之生，岂无所自哉！实本乎祖，生而相传矣！自古逮今，四海九州之内凡有血气而为人者，无不本乎祖以生之焉。若人，而非祖则子孙族派流传，胡得以承绪百年之久？奉祀继业之远哉！是一家一姓创业之始祖，为子孙千百年之根本源流也。欲重本源之念，以尊乎祖者，然亦莫重于修乎谱矣。谱牒之修，尊祖敬宗之心在于斯，别族分代之意寓于斯。代继代世继世子孙奉祀，永远无穷，人岂外于斯谱乎？余适弘治壬戌典教故庠斯邑致仕，太公讳俭，谨承光祖遗命，肃然礼请属予作谱序于卷首遗命之意欲修谱以尊祖，余遂询其旧世、而问其源流：祖之父讳士亨，贯南直隶淮安府清河县金城乡民。籍由科第。洪武间，先任陕西巩昌府阶州文县令，后钦陞南京刑部主事。罄忠贞以补衮，竭明清于单辞，恪慎厥职而终世矣。生长子宗敬，字仲钦，守祖业于清河，传子孙以奉祀；次子宗敏，字仲达，自永乐九年仲春，时为弗从钦选官吏事，奉旨迁于北直隶河间府景州故城县劝农屯，填实京畿。厥祖仲达实起家之始祖。居故邑而开阡陌、建垣墉而造堂室，劳心，以创有千有年之业，积累以成，乃慰乃止之基。其为子孙怀永图之，虞者深且长哉。夫君素崇尚德礼庭教，循守义方。内而笃恩义，正伦理；外而和乡党、恭长上。为士者严训以业于学；为农者催督以耕于野，若为工为商者，亦各指示以务其业，宛然古人之家法也。君生厥子有七，继子以孙，举繁昌洵雅辈，君之行四讳灏，两任苏州常熟、昆山二县管粮主判簿，致仕以终年。子行六讳晟，由岁贡以入太学，至历满以进天曹未仕而殒世矣。及晟之子讳俭，乃祖之孙也，适弘治壬戌年季秋时，钦除陕西西安府，同州韩城县知县，继又任凤翔府麟游县尹，两地居官，一行仁政，庶务毕举，而民皆悦服矣。兹当正德己巳愿解组以归，致仕乐田园以吟梁父，非洞见林下之佳趣者能如是耶！余尝观君之族，子孙相传间百余年而愈茂者，盖由祖盛德余善以为之基之所致耳。使无德以培其本，无法以遗其后，虽欲传家、保业数载之久，亦难矣，矧今子孙相传，守家、守法、守业已逾百年。余兹传曰：功加于时，德垂后裔不亦信乎！所谓人生本乎祖，亦于此乎足征。余不揣陋，遂备述以书谱序首，俾后世子孙景仰遵奉，知所自也。

时正德己巳孟夏上旬辛酉科乡贡进士故城县儒学训导大同傅岩谨书。

《陈氏族谱》序

吾师慎庵先生陈公，既谢韩城大尹，政暇曰准大宗小宗之法辑为家谱。问以示门下士孙绪，且曰：家谱者谱一家之人也，合涣散、广孝思、识遗忘、垂久远。一事而众善存焉。然他人可无作，吾不可不作也，子尚识吾志乎？盖吾家世居苏州西华县，五世祖兴娶程氏生季安；季安娶王氏生士亨，以京闱进士累官南京刑部主事。娶王氏，封孺人。宫辄往来，因占籍淮安清河不去。士亨生宗敏，永乐九年以闾右填实河间故城。宗敏吾大父也，五世之上不可考矣，所可考者又迁徙若此，昔人谓数世之后，情尽则为涂人。然犹得安其乡闾而守其丘墓。今江南巨族唐宋第宅犹有存者，即故居以忆精神，念旧游以思笑语，情庶几有感通焉。吾家两地遗迹，荡然不可复寻，斯真途人矣。此吾日夜附心疾首而不遑宁处，若谱可无作也哉。吾祖娶游氏生六子：昱、昇、昂、鼎、灏、晟。灏仕为常熟昆山二县主簿。晟吾父也，应贡入太学未仕卒，娶母张氏。顾诸父履历，其子孙且不能知，吾祖若父虽吾之弟与子，亦不能尽知。吾生八十一年矣，恒惧溘光朝露，文献无征，后将无所稽。吾邑邻境数百里，壤土垣夷无高山绝壑，为金汤固守之地。往岁鼠辈弄兵，辄避地四出。今明君贤相惠养有道，固万无是事。然寇贼奸宄，唐虞世所不能无或有之，则此后其去其否，吾亦不能预知矣。吾谱之所以作也，吾谱既作俾子孙，他日按文而有考焉，庶不致泯灭澌尽。虽去此犹弗去也矣。子为我述斯意。绪曰：唯唯。夫事有似缓而急，似迂远而实，切于身者，非明者莫之辨也。世降教驰，襁褓则为父子，嬉戏则为兄弟；至家室载宜町畦，遂判妻妾厌罗绮、而亲肤无完衣。厨御饫肥脓而兄弟恒饥色，况族人乎！斯固物欲之蔽锢、习俗之效尤，然亦水木本源之思曰湮曰微，无以悚动其所性之天耳。先生斯谱将以传之无穷，善者固惕然有感于里，间有不然，独不畏子孙之议其后乎？人之为不善，恒畏人知，其犷傲凶狠不畏人知者，亦必畏其子孙知。然犹自诿曰：久则等亡羊耳。谱作则愈久愈新，瑕类毕露，子孙将耻录其祖先，以为之后不但不可训而已也？夫至亲而不可解于心者，莫如吾之所生与所以生吾者，立身一败，所生者亦不吾齿，而吾所以生者吾亦不齿，斯重可悲也！故观先生之谱，而验诸人情，则士之自治益不敢以不严，人心转移之机、史笔斧衮之权，罔不是具请。以是复先生，何如？先生哑然笑曰：吾所虑者，事也；子所谈者，理也，事与理常相因而未始相离。虽然，此一也彼一也，愿疾书于端，毋让。

大中大夫太仆寺卿前进士吏部文选郎中门下士孙绪诚甫氏敬书。

周氏 周氏家族原籍为安徽太平府当涂县北采石镇，明永乐年间（1403—1424年）迁至故城劝农屯，迄今已600余年的历史，后世繁衍24代。

明嘉靖四十一年（1562年）进士、兵部尚书周世选在《周氏族谱》中有“宗系小引”记：

吾家原籍太平府当涂县采石镇人。永乐中迁闾右填实畿甸。有祖讳思诚者，奉例为故城劝农屯民，遂家焉。先高祖时，谱牒俱存，后以回禄失之。所可考者，先祖遗寝祭一神牌而已，近于族祖琏所得一齐状盖。正德二年，高祖谢世时五七，追荐疏也，也具载上世颇悉，自吾身而上得八世，与前神牌相合。尝闻先祖云，当涂宗派实盛，原有作某官者。正德以前，南北宗人往来不绝。然无可据不敢妄为之说。弟世懋儿鼎听讲，暇见吾属目前疏请焉。因示其所以，而列家世大略于左方界之，使知木本水源之义。若夫谱之作也，姑有所俟云。

八世孙世选薰沐谨述

《周氏族谱》

族谱中记载：清康熙六十年（1721年）、清雍正十三年（1735年）、清道光二十六年（1846年）、清同治十三年（1874年）、1918年、1930年、1998年各续修族谱一次。

周氏后世各支系分布于太兴镇、后孟疃、前孟疃、大坛村、三坛村、李长林、东南镇、周鸭鹅、小沼、周小麻等村。

《周氏族谱》名序“有容德乃大、圣贤传钰沛、昭毓贞尚钧、庆宪至钦胤、广锦焕昌闻”。

贾氏 故城贾氏始祖公11人，于元朝末年由江苏无锡移籍山东莱阳，明永乐年间（1403—1424年）始祖贾翚长子一支移籍河北故城，至今已600余年。

贾氏宗谱自清康熙三十三年（1694年）始，每20年修谱一次，至1928年共续修11次，后因种种原因辍修80余年。至2002年，第十二次续修完成。

《故城贾氏宗谱》序文于清康熙三十三年（1694年）由九世裔孙贾棠、贾枚、贾朴续写。

《故城贾氏宗谱》序

余昔读顺治丙戌北直贾解元闱义大雅不群，复闻正始允为本朝开科十五国之冠冕。辛未年候补选，曹见有明霍学业一书。仇沧柱谓予曰：此故城贾若水先生所刻也，夫学案一书，人读未终卷，辄欠身欲卧。顾独梓板行世以嘉惠后学，叹服者久之。及与贾君青南同官，水部郎交称莫逆。迨丁丑岁，余奉命督学东粤，贾君旋擢守珠崖又得同官一方，喜不自胜。较士之暇相与晋接间，询知即君之叔祖伯父。欣其家学渊源，有自因出所新修族谱曰：子其为文序之。余应之曰：然。曰：有是哉！诗有之矣，绵绵瓜瓞民之初生。说诗者曰：大者曰瓜。小者曰瓞瓜。之近本者初生必小，至末而后大。今贾氏始祖其先遣自莱阳一人耳，二世、三世传至六世而日益昌大。以至于今九世矣，堂构肯承之余，播种日贡月累驯致繁衍。传曰丰水有芑武王，岂不仕贻厥孙谋？以燕翼子，数世之仁也。我躬不阅遑恤，我后终身之仁也。夫世有仁而仅终其身者乎？有终身之仁，而即有数世仁。其致此岂伊朝夕哉。近世谱牒混淆，惟以门第相高，不复顾同宗所出。胥途人而兄弟之，途人而伯叔之，则亦将胥途人而高曾之矣。至于族有饥寒而莫之恤，戚戚兄弟化戈，予则又视兄弟而途人之，视伯叔而途人之矣！青南与诸功巷，巷兄弟敦天显念民彝当世官显荣之，日而汲汲以尊祖敬宗，收族为先，其作谱也。世系分明昭穆森列，宁补毋华，宁简毋诞，陈白沙曰：家之谱，国之史也，本始必正，远迩必明，同意蕃不援高微而不附彰，缺其不可。知者存其可知者秩然也。余故乐书以为序。赐同进士出身广东提学道按察司佥事，前工部水司员外郎中。旧寅年，家眷弟东鳞左岘拜撰。康熙三十六年岁次丁丑孟冬上浣。《明儒学案》书名凡六十二卷，清黄宗羲撰。搜采明代诸讲学诸儒儒文集语录，辨别宗派辑为此书。其余诸儒源流分合之故叙述颇详。参阅宋元学案条《宋元学案》书名清黄宗羲撰全祖望修王梓材增补凡百卷，梓材又有补遗百卷，惜已佚。是书述宋元诸儒之师承派别颇详，而多为客观的纂述，不轻下主观的批评。梁启超为此“书明儒学案”为宋、元、明三朝理学之初记录，实创作的学术史也。世居莱阳贾家夼（音匡）洼地，纂修族谱，引吾家世居山左。自始祖公从莱阳移籍故城，至今三百余年矣，生殖繁衍，谱系无存。因念祖者吾身之所自出族者，皆吾祖之所也，故吾族逝矣，虽不可作而气脉则贯族人众矣！虽不可革而本原则同非藉，于谱则逝者远，而或忘众者涣，而或离苏老泉。所谓其始一人之身而其后以途人相视，可不念哉！爰按宗支用加考订，序世次纪称讳著行略，述官绩庶开卷之顷昭穆瞭然，尊卑秩如。往者，由斯可知来者，由斯可继矣！虽然谱之重轻擎于人，而人之贤否揆诸德诗书克绍箕裘不坠，使先泽与江汉同流，增吾谱以泰华重，更不能不望于同宗共族之人也。

康熙三十三年岁次甲戌秋日

九世裔孙枚、棠、朴同沐手拜引

《故城贾氏宗谱》

贾氏家族自明永乐二年（1404年）始，至今已繁衍后世23代。前谱排十六字“敦厚衍绪、方正为心、式循前宪、以葆令闻”。2002年新谱再接续十六字“荣祖玉坤、懋赫恒辉、祉贵宸畅、超奎兴沛”。

刁氏 刁氏族谱载：刁氏家族自明永乐二年（1404年）由京东遵化迁徙于故城，至今已有600多年的历史。刁氏家族主要分布故城县孝子等村及周边30个村庄。至1962年第十二次续谱时，已繁衍子孙至23世。

《故城刁氏族谱》创立于清康熙二十五年（1686年），续修由本族九世裔璧序记。

《故城刁氏族谱》序

物本乎天，人本乎祖。至大莫如天地，最亲莫如祖宗。为人而不知天地者有乎哉！为人而不知祖宗者有乎哉？是奚事乎，谱奚事乎。修璧曰否，否正惟知有祖宗，则谱所以不得不修，而续修尤不容或已也，自我始祖相传，五世不过刻木，主以题先人之讳。未有谱牒也。至我六世曾伯祖时享，见子孙众多，始编谱以联属之，并繁以总序。以志吾族。得姓之所由来，知曾伯祖欲以传之后世。令子若孙洞悉其本源之所自也，及吾伯父讳维醇者，与知微叔父重修，又著明官衔，节孝功名、年寿忌辰，虽布衣之嘉言懿行，亦各载之本名之下，而不敢没焉。知伯与叔欲示后人，仰祖德而克自，振拔考世系而益加劝勉也。呜呼！此璧少时，所尝翻阅者也，无如明亡之秋寇盗时发，屡遭焚掠，已致损坏，无有已，四十年于兹矣。近日余家命名，有以孙而重祖者，以侄而重叔者，否则任意造字，与前辈相排，小加大，少凌长，下犯上，卑逾尊，将自此始。盖由父兄之教，不先故子弟之率，不谨欲其知，所教知所率而谱，顾可少乎哉！璧曰：是余之责也，夫是余之责也！夫璧谨按家庙木主所书复忆，少时所见，又得从堂叔讳明纲所录之蠹册与纹石吏拾遗补缺，纵不及先辈总序之。的确分传之详明，而于枝派庶不至舛错云，是为序。

《故城刁氏族谱》

九世裔璧谨题

康熙二十五年十一月冬至日

刁氏各世名序以“其殿呈庆裕、广善晋永清、文公兆彦益、国安福立增”二十字排序。秉承和睦仁孝之风。

六世时亨于明万历二年（1574年）创谱文。清顺治三年（1646年）、清康熙二十五年（1686年）、清康熙四十六年（1707年）、清雍正五年（1727年）、清乾隆十八年（1753年）、清嘉庆十五年（1810年）、清同治五年（1866年）、清光绪十一年（1885年）、清光绪三十一年（1905年）、1936年、至1962年共进行12次续修。

吴氏　吴氏家族原籍山西，明洪武初年，其二世祖自山右赴任直隶任丘知县，择居于武城县吴家庄。四世吴中曾任少师工部尚书、刑部尚书、兵部尚书兼詹事府詹事等要职。吴中后裔，至十世已全部失续，吴中的三个弟弟，则是枝繁叶茂，人丁兴旺，已衍至28世，主要分居在山东武城、河北故城等31个村庄。故城县吴氏子孙主要分布在果子口、李庄、王园子等村。

《吴氏族谱》序

从来家之有谱，犹国之有史，邑之有志。国之史，纪一国之迹。俾一国之人知所观感也。邑之志，纪一邑之迹，俾一邑之人知所观感也。家之谱，独有异于此乎。祖功宗德，百世不迁。孝子慈孙万代如见一家之人，其不可不知所观感也，为尤甚慨。自世之人有视族人如路人者，贵贱相欺，贫富相耀。少陵长，小加大，甚且因睚眦微忿，斗于私，讼于公，各逞所欲而后快之，由不思今日之枝分派远即昔日之一本同源耳！按谱而叙，当必有恍然内愧者。犹有说后人之起名起字多有重及先人者，虽属无心之愆，亦谱之不存故也。家誊一册，时时翻阅岂有此乎？谱之所系诚非浅鲜矣！弦邑吴门，鼎族斗望。洪武初，其二世祖讳兴者，自山右任直隶任丘县知县，择居于武城县东北五十里许处焉。吴家庄之名所由来欤！迨四世，发迹于大司空公光，著史册为靖难时一代名臣。嗣后，登显科隶仕籍者不乏其人。亦越于今，蛰蛰诜诜，衣冠林立犹见培之者厚、养之者深。但谱之不存，恐难以动继起振兴之思耳。朴斋兄慨然修之，格式悉遵庐陵欧阳，联络则从眉

《吴氏族谱》

山苏氏分枝，别派昭昭不爽，阅之可起敬宗之心，睦族之志，贵贱相卫，贫富相恤，少长循其序，大小安其分，不至视族人如路人焉。皆朴斋之功也，倘更衣跃然起者，登显科隶仕籍光著史册，为一代名臣以追随大司空公之骥尾焉。忝属至戚，余亦与有荣施矣。因其请而乐为之序。

《吴氏族谱》于清雍正五年（1727 年）首次修谱，后于清乾隆三十年（1765 年）、清嘉庆十年（1805 年）、清光绪八年（1882 年）、1914 年、1923 年、1930 年、1941 年、1950 年、1962 年、1992 年、2015 年分别进行 13 次续修。

秘氏 《秘氏族谱》载，秘氏家族自通州迁徙于故城，主要分布在大运河两岸的五户、八屯、刘家庄、大化、前沙岗、刁南庄、秘孝子、西南镇、石东、红庙、东闫村、贾黄村、后屯、西排、五大院、后香坊、三朗、大化、第什等村庄，至今已繁衍子孙 24 世。

《秘氏族谱》创立于明朝天启元年（1621 年），由该族七世裔元烇序记：

《秘氏族谱》序

夫族奚以谱？亦取记载意也。族奚以记载为葢，以溯木本水源之。自而寓人道亲亲之意耳，所以国有史，邑有志，而谱并列而三之，此谓也。尝考王制大夫去国犹冠，娶必告，死必赴，重宗法类然而。况居同里閈者哉！范文正公义田一记，大是敦睦之雅，较父族无不乘车者，不啻倍之。无奈会食之化渐远，而骨肉间动成胡越，祖宗一体，中不胜跖戾矣。亲亲之谓何余？族中丁不满百，及不肖身已七传矣。试从始祖顺数而下，堂奥个别，门户渐异，不无隔缌麻而外者，若不加意联络之，恐歧之又歧。究与平常人等，起先灵于九原，许我不也。况自通州来家故邑者仅我始祖之昆弟三人，而正定之晋，之平山，皆自通分派者，不知其几矣。至兖之滕，东昌之茌平，又从我故邑迁去者，其人众又何如也？余尝与族长言：皆知为里儿寺其原籍也，至叩以某祖之子，若孙为谁某祖之子，若孙若干，多茫然无以置对。夫今日去始祖仅数传耳，其缺略如是，矧后日哉？不知族，安望睦族亲？亲之谊所以渐邈也。偶从族兄故纸中得族谱一折，私幸。可为敦睦者也，然诠注未确，不无待于修纂。余再从僧疏中细加咨访而为之。订证如斯识者一翻阅之，知今日之分门异爨者，皆当年之同体一气者也。有不默动亲睦之思，而敢于胡越以玷家乘者哉？且持是谱，以质之通，质之平山，质之晋，质之滕与茌平，其并知我秘氏也夫。

故城县《秘氏族谱》

寻根溯源，赓续连绵，秘氏之祖训、先辈事迹，发展历程，源远流长。《秘氏族谱》第一次雕版印制于清康熙三十三年（1694 年）六月，再版刻于清雍正七年（1729 年），第三次于清道光二年（1822 年），清咸丰（1855 年）续修未成，清光绪七年（1881 年）续修后誊写并未刊刻，清宣统二年（1910 年）续修刊印，1933 年第八次续修，2011 年冬，第九次修订完成，此家谱采用简体字，图文并茂。

《秘氏族谱》二十辈字按“仁有智同振、清衍豫善存、一传宗大道、维厚乃可敦”排列顺序。

秘氏族人思想道德守则

一、遵纪守法，做爱国公民；
二、百姓一家，反宗族主义；
三、敬老爱幼，弘传统美德；
四、赡养父母，思养育之恩；
五、尊兄让弟，记骨肉相连；
六、夫妻同心，求和气生财；
七、教子读书，尽父母职责；
八、团结和睦，创五好家庭；
九、族人相见，须长幼有序；
十、传统节日，要祭奠祖先；
十一、相信科学，勿近亲结婚；
十二、起名查谱，防名重辈混；
十三、宽厚待人，当四邻表率；
十四、济贫好义，多行善积德；
十五、文明诚信，建和谐社会；

十六、勤劳致富，走阳光大道；
十七、勤俭持家，靠聚沙成塔；
十八、读书深造，奠大业宏基；
十九、奋力拼搏，创千秋伟业；
二十、奉献社会，为世人楷模。

袁氏 《甘陵袁氏族谱》载，袁氏家族于明永乐年间（1403—1424年）自山西洪洞迁于故城袁庄，已有600多年的历史。至民国二次续谱时袁氏已繁衍子孙19世。

《袁氏族谱》续修于清光绪三十三年（1907年），1929年二次续修。

《甘陵袁氏续修族谱》序

盖闻水源木本，九族之支派，宜明春露秋霜，四时之祀典当备。谱牒之修，所系不甚重哉！西袁庄袁氏者，余之外家也。旧有家乘所存，历年久远，遭兵燹而遂失。余舅长庆读书数载，未能遂续修之志。及舅族侄鸿翥，受业于余，读途十载，辛博一衿，年踰三旬，犹期上进。尤幸鸿翥堂侄锡智勤学好问，亦连科而入泮，同邀合族人等协力续修。告竣以后，适余敝舍，语次告曰：吾山右洪洞苗裔也，始祖筠以太学生丞长安、高陵、聊城三县，所在皆有惠政，未及解组，遂奉旨迁于故城，填实京畿于焉。开阡陌，造堂室，以为子孙万世之业。二世、三世未甚显贵，传至四世潼，聪明天亶，下学上达，而会进士，然而仕宦情淡，未尝用世。其子柳枢皆入泮池，考之碑文凿凿可据。吾尝念及于此，恐家乘不修，芳徽未能久著，今续修之事已告竣矣，愿求吾师以为之序。余瞿然曰：近者余甚荒疏，鄙陋之言何足光汝家乘乎！虽然有举，莫废义，莫大焉，不可以不志也。余考袁氏，系出于陈，实为舜后，历代以来不乏伟人：盎安以政绩流芳；淑宏以文章名世；太史氏有可征矣！鸿翥、锡智当抱残守阙之，时能穷流溯源考订世系，不使一脉相传之谊至后世而紊。其序此可谓不忘厥祖者也。即间有祖讳失传，仅记其世，亦如郭公夏五之遗意焉尔。噫！鸿翥、锡智此举，上可以慰祖宗在天之灵，下可以贻子孙无疆之休。本源也自此而悉明，昭穆也自此而攸分。人非一本茑萝之依附，有必防系出同宗葛藟之根本，有必庇源远流长，相传勿替一举而数善，兼赅者此也。余虽不文，聊志数语以赞其成，又何恤贻笑于方家乎！

《袁氏族谱》

时大清光绪三十三年岁次丁未桃月上旬
刘宝善谨序
十六世锡智睿斋氏敬书

刘氏 《甘陵刘氏族谱》载，刘氏始祖于明永乐年间（1403—1424年）自山西洪洞迁于故城，至今已有600多年的历史，此谱序文为小刘孝子村清光绪十年（1884年）《刘氏族谱》所记。

《甘陵刘氏族谱》序

吾祖之始居何所哉，然代远年湮故恍惚无稽也。余仅追远报本之思，欲修一谱牒，以示后人敬祖尊宗睦族之意。而杳杳无迹，徒深藐躬以泪下之感，呜呼！吾祖之相去至今不过数百年，其缺略如是，况后日哉？余闻祖墓有碑掩埋土中，清明祭墓掘土甫出，即而视之，其碑文模糊踪迹残缺，似此以未可考。余又向我邑耆老（故城东南镇五世祖讳芍字耀文）询究，面我祖长详确查缘。知讳元字会祯公乃吾始祖也。结宇故邑西孝子村，率八子依桑麻力稼穑机织为业，朴厚传家，遂地有千顷，派分八门。其此一堂萃处，家著丰亨，亦何乐之至也。

永乐二年天灾告警，托居斯土者大约自洪洞县迁来者多，余闻吾祖素号良善，特免苦灾，其聚庐与此者，历有年所盖指不可胜屈矣，是古之孝里，即今吾之故土也。夫村何以孝子为名，因吾祖事亲有礼，不徒将奉敬进馔之虚文，教子有方，胥感发罔极深恩之至，念传延数十世曾未闻有以片币入公门者，此孝子村所由称也，自上而溯之其名子不可改。世系不及知使仿佛书之将后世有志于祖者，执谱以证之，不仍茫然莫辨呼，则是有谱也等于无谱也，又何怪尊卑之分不明，长幼之序皆紊呼。余尝为此虑焉，以故约远近村庄族人询明，某与某系近枝，某与某系远门，略据所知者以次第序之：则马厂德禄，故城德远，河南郑庄德深之子肖庵此一枝也；孝子村凤鸣，郑口凤临（后代名润昌）此一枝也；故城九集街大杨，龙凤店北田，石槽村小廷，四女寺小雨，此一枝也；河南青州厂文若，故城第六屯进孝、五户村士宾，此一枝也。四枝以外俱不可考，是今日之分门者皆昔日同体一气者也。由是序则尊卑之分定焉，将百世之后其支派亦不至于失传焉。复何先灵之痛于九泉乎。所幸者先则之留有田地数十亩，是以后人之余润也。时届孟春，谱牒告成，后世之人之庶，不至数典而忘其祖云。

光绪十年桃月

苏氏　《苏氏族谱》载，苏氏家族于明永乐年间（1403—1424 年）自山东濮州迁至故城董学村，至今已有 600 多年历史。至 2006 年续谱时，已繁衍 21 世。与冀州枣强苏杨村同属一脉。

《苏氏族谱》序

语有之：水有源，木有本。明夫物之不能无所资，以始无所资以生也。君子观于此而悲矣，悲夫！水之源一也，而众派分焉。及其分则派远而易忘其派之所由来；木之本一也，而孙枝繁焉。及其繁则枝疏而反昧其枝之所自生，此其道如祖孙。

然今夫祖先一人耳，引而子又引而孙，虽至为千、为亿在祖先视之固无异乎！一人之四肢百骸也，乃忽焉而怨詈相加，忽焉而斗讼相构，即泽诗画知礼义者，犹不能无任性恃势忿不顾亲之意。而况于朴鲁无知世系茫然者，又何怪乎路人宗党也！君子于是乎笃水源木本之思也，粤自大明。

《董学苏氏族谱》

洪武初载，定鼎金陵。永乐移都燕京之二年，我始祖母氏李，避花子军乱，携成祖去献邑文大夫村，而卜居于此。当是时，母子萍踪，寄身兹土，不知其果出于囊底之有素也；不知其果出于懋迁之有素息也；抑不知其果时和年丰躬耕力田而获京坻之有积也！成男仁义祖因纳粟而得义官，其详盖不可得而考也。厥后仁义祖得四子：子通祖其长也，由岁贡而两任通判者；拯祖其次也，拯祖嫡焉。继仉而侧黄惟终。义子惠也。惠男三：曰英、曰保、曰起，而俱灭其踪也。女户则冯敏也，今荆村冯氏族犹存焉。幼习诗书，长托空门，既而辞三宝、正五伦终，仍释子之名者；音能祖其三也；其四则子敬祖也。门庭渐以显，家道日以隆。明珠五诞而克昌之势成也。由是言之：自一世而二世而三世以及十余世其焉子孙也伙矣！以言乎科名：则有宪焉，有权焉；继权祖者，有甲焉。继甲祖者，有雯焉、有霁焉、有腾蛟焉、有瑁焉；以言乎武举则有时秀焉，有弘谟焉；以言乎岁荐则有拯、有浐、有日炌焉、有霖、有芝焉；至于例贡则有恕、有涞、厚福、锡福、振若；而人至于椽仕则有宏、淮、若；而人至于散官，则有恩、珉、缙、溱、佑、福、若而人若夫生员则有廪者，有增者，有附者，指不胜屈也。呜呼！衣冠聊翩，青衿林立，绵绵延延，相继无失，虽无地连阡陌之家，宝有书香嗣世之人。亦何殊于万脉之分流，千枝之繁盛也哉！虽然枝于此而繁也，即于此而疏派于此而分也，即于此而远君子贻深虑。夫子孙秀朴之不一而有忘源昧本之惧也，因为之建立宗祠，修明宗牒详悉条贯，俾后之人略一展视，而知今日之千亿统于四肢。四肢之由来，本于一脉，庶无懵然于所生。即无懵然于所生之同本共源，则油然而生亲睦之感也。或在斯乎，或在斯乎！

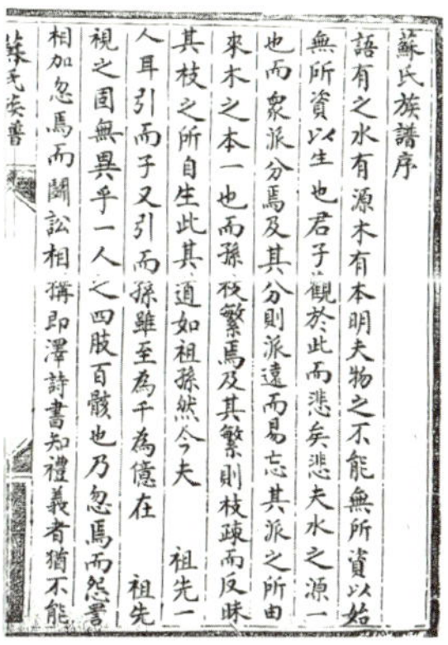
蘇氏族譜序
語有之水有源木有本明夫物之不能無所資以始
無所資以生也君子觀於此而悲矣悲夫水之源一
也而衆派分焉及其分則派遠而易忘其派之所由
來木之本一也而孫枝繁焉及其繁則枝疏而反昧
其枝之所自生此其道如祖孫然今夫　祖先一
人耳引而子又引而孫雖至爲千爲億在　祖先
視之固無異乎一人之四肢百骸也乃忽焉而怨詈
相加忽焉而鬬訟相搆即澤詩書知禮義者猶不能

《苏氏族谱》序原文

日炌作序

中华民国十四年岁次乙丑阴历二月初八日

凤魁沐手敬书

王氏 《甘陵王氏族谱》系故城县朱往驿村王氏族谱。此谱是1914年夏由族人十六世裔孙、举人王景源受族人之嘱续写完成的一部族谱。王氏始祖于明永乐二年（1404年）自江南镇江府溧阳县沙石牌房之东迁直隶故城朱往驿村。至今已历时600余年，衍续已24世。

《甘陵王氏族谱》序

古者，敦宗睦族，孝友成风，门闾之内蔼如也。洎后世，耰鉏德色，箕帚谇语，骨肉乖矣。况复支分派，别亲尽服，穷不益疏欤。益自角弓刺兴，江河日下，锲薄者蔑弃，常机变者，隐含妬忌而犹饰口。于人以为仁孝者，吾也敬爱者，吾也岂弟者，吾也敦笃者，吾也窃其名而亡，其实势必忘本。源而胡越视之，其不至摧残歇绝者，几希是在念切懿亲者，诚有所大不忍也。

我王氏原籍江南镇江府溧阳县沙石牌房之东。明永乐二年，始祖讳三公迁直隶故城之朱往驿。历十余世，务农守业，罔敢失坠。吾伯祖英男公发愤读书，举孝廉，官学正。自是文学接踵代不乏人，皆英男公德泽之所遗也。惟自占籍以来，派分三支，世远人众居渐涣情疏。非有族谱以辑和其志气，固结其心思，何以使涣者萃疏者亲，相敬相让相睦相恤，广孝思于无穷也哉！第英男公，有志未逮仅列先人，位次于布端以代谱。兹族昆弟复拟兴修，责序于余，余曰唯唯。夫人有恒言曰：家之有谱志盛也，叙宗派之蕃衍，书香之绳继，世泽之绵长，皆足以昭示来许启，后人以穆然远望之。思然食旧德服先畴，所贵世济其美不陨，其名有是谱，以联合族众。弭其乖睽庶，尊祖敬宗，蔼然孝弟，正非仅溯宗派，夸书香享世泽之，留贻叙。

《甘陵王氏族谱》

礼曰：尊祖故敬宗，敬宗故收族祖者宗之所，自出宗者又族之所自出也，自宗法亡而上治下治旁治之道湮。往往宗支蕃衍，而或居徒地异，或菀枯势殊，或云泥分隔，必至情相背志，相离。饮食不相聚，昏丧庆吊不相往来，籍非有谱牒之作，以维宗法之穷。即以萃族情之涣匪，惟数典忘祖。且将有苏明允途人之慨矣，夫族也，而至于途人为后裔者，可不惧哉噫。此吾族谱所以亟亟于作也。

我大祖自明永乐初由江南乃居兹土，迄五百有余岁，宅宅畋田食旧德矣，惟其间阙失而莫考者，不识凡几。迨十三世男公、十五世岱宗公、温伯公，屡拟修谱而皆未果。同治间，之先堂伯馨广公，只敬公先考辅君公创修宗祠，祠成而资绌，而作谱之事遂寝。今又数十年矣，癸丑春余自古蒲告归，族人即以谱事相躅。窃虑才浅弗胜中辍半途，致贻他人诮，亚为我祖宗羞也。故议而中止者，再抑又思之，继志述事乃为孝谱，则志事之大者，使犹畏难苟安。将历年愈久，生齿益繁数传而后子孙辈，有不知其所自出者，非吾之罪而谁之罪也？盖用是益滋惧矣。于戏世变无极欧化，醉心后生小子日掇拾平等自由之诞说，以相矜尚甚，或门第相高妄事攀援，而一本之爱、九族之亲，反不惮视。同秦越漠然无所动，于中宁非人道之大患耶。夫事不贵炫奇，务期于正道。不必求远履，端于迩况谱者，详昭穆辨宗派，述遗泽、展孝思。俾集十数世祖，若孙于一堂，而通其謦欬俾服。穷而志不穷，亲尽而情不尽，诚有如苏明允所谓：孝弟之心不觉油然而生者，斯可不审慎将事，以竟前人未竟之事也。兴爰不揣固陋，集合族众，上溯旁搜支别派析，几有可撸据者，必著于册，知不敢略也，其弗可考者。姑从，阙如不知，不敢妄也，所出必详者，亲亲之义，非徒矜似续也。戚属必载者，睦姻之谊非仰附阀关也。历数月，将蒇事因纪其颠末书之简端。后世裔孙，苟由敦宗睦族之意，重水源木本之思，因是谱而益衍之。以至于无穷庶，不失吾作谱之旨也。

民国纪元三年四月十一日即阴历甲寅三月

十六世裔孙景源谨书

师氏 故城县《师氏族谱》始于明永乐初年（1403年），之后在清康熙、雍正、乾隆、嘉庆、道光、同治、光绪时期及1932—2014年共有12次续修。记载师氏始祖自明洪武元年（1368年）由山西洪山口迁至故城师召村，至今已有650年的历史。已传衍26世。据统计，师姓人家分布故城师召村、师黄村、前黄村、秘孝子等17个村庄，迁徙山东一支现分布3个村庄。师姓人口达12300人，仅故城籍人口超过4500人。《师氏族谱》自17世始，定有“树恩立本、家庆延长、绍述承志、世守其昌、继发祖训、德传风扬、永续万代、富国有方”等字的辈分排序。

《师氏族谱》序

族谱何为而设也，明世系正宗派也。而亲亲之典，实寓焉。尝观古之君子，仁孝性成，九族敦睦。恤孤怜贫，救困扶危，非要誉也。诚体祖宗在天之灵，溯源穷流，虽于服尽情疏之外，殷然有一体同气之思，良足慕也。吾家原谱失于患难流离之际，通生也晚，仅闻始祖自明初占籍故邑，结庐召黄两村。编入务本南乡五甲为民，忠厚存心，耕读裕后数传。而降宗庶甚蕃衍也，家道亦可封也。名列胶庠者，亦世不乏人也。及遭兵火之余，继以凶荒罹锋镝者，不知凡几；为饿殍者，不知凡几；散而至四方者，不知凡几，求其艰守于蓁莽颓壁之中。不弃坟墓，不离乡井者，南北两村不越十数人。兹值升平又六十余年矣。子孙家道虽不及前，较之兵荒交至之会，则已骎骎乎，有生气矣。嗟乎，凡为人后孰无木本水源之思。特世远失传邈远焉，莫辨徒增惆怅莫可如何耳。幸托祖宗在天之灵，忽型远式远家获遗谱于败壁中，往观跪读方知：始祖原居召村，至四世孟祖讳范者始迁黄村，而四世仲祖讳容者，季祖讳忠者仍守故里。仲祖至七世竟无稽焉，求其世系厘然，宗派不紊者，惟我召村季祖之裔。修谱者谁？即季祖十三世裔式远、子宏泰是也。至我黄村孟祖之裔世系宗派显然可考者，惟通一家而已。若可为可证等，之先于九世十世间传递无稽，良可慨也。然犹幸知其出自某支得序其为某支，之子孙云尔，他如宰单世则孝则等并不详其出自某门也。仅以尊卑犹辨，故附之谱末，不泯其为同宗共祖焉耳。呜呼！四世之后同出一门，于九世十世犹有汶汶难辨者，则奕世之下愈难辨矣，斯修谱之不容或缓者也，一本之初分为四门，于第一门之无稽者已不能稽，则第二三四门之无稽者愈难稽矣，斯修谱者之不能遗憾也，曷憾乎尔憾夫，以同宗共祖之人，因无稽之故，即觌面如途人，斯固无可如何耳，至若谱中幸为稽辨之。所及者虽有远近亲疏之殊，推而上之何，莫非一本同气之遗。尚其笃亲亲之谊，永相保聚。不至等族人于途人。此亦为人后者之一要事也。至于恤怜扶救心窃慕之，其如贫懦之无力何愿。以俟后之显达仁孝者。

《师氏族谱》

康熙四十三年甲申端阳月

十一世裔通谨序

《师氏次修族谱》序

我师氏之族谱也，其来久矣。虽相传太始祖在洪山口，究未知洪山口之所在也，余遇西人辙询访而讫无一得，于康熙五十九年春遇一补锅赵姓者，问籍贯渠云：系山西太原府定襄县洪山口人。余因是遂恍然，于洪山口之所在也。问有姓我师氏者乎，曰有其蕃衍若何闻望若何？渠云：人丁不下千余，成名者不可胜数。是年秋八月，余堂弟庭永遇一西人打壶者，询其籍贯姓氏，渠云：师姓原籍太原府定襄县洪山口，现今寄居文水县。庭永弟喜，其为同姓益加钦敬。细询我师氏之门第家声，所言与赵姓无异词，弟述其事以告余，余私心窃喜喜夫，我师氏之源流大有征矣，故志之以示后来俾族人咸不昧我师氏之由来焉尔，至修谱之意，则我子游堂伯言之悉矣，不复赘。

雍正元年癸卯月

十二世庭模复修谱序

高氏 故城县高行杖高氏始祖一支于明永乐五年（1407年）自山东莱阳县杏花村迁至故城县军屯镇高行杖屯居，至今已600余年，繁衍25世，人口逾万。

《高氏族谱》序

族之有谱非古也，盖起于周秦之末，秦废诸侯爵无世次故宗法不行。或以国以官以赐为姓，或以地以字为氏，近似乎小宗之法也，或又有胄佗姓氏，屡世不复而遂以为族者，自今求之，即其人亦不能原其所自始矣，予祖之来始于青齐之高氏有大夫名傒者，其所先也。谱牒自汉唐而下。莫盛于宋然惟江南多有之。北方即贵燹者，止存数世之影堂耳。故于世次无考凭焉。后之涣而无统，视之若行路然。何所关喜戚也。宗次大小亡已久矣，南方虽存谱系。率皆授撚，前達不可，以讯诘者，辙为之祖，以倾动时俗，曾未瘢起源本。则以非古宗法意矣。即有谱亦为也。予祖出今之莱阳杏花村产甲生齿兹繁。以前土屡经兵燹。户籍残竭无以供赋役。遂迁业于前。当时高祖讳德新公奉郡符，离东亩分之所发。予祖当过新泰。中途而殡因葬焉，祖妣李氏手摘杨枝插于墓左，顿成盛荫，李携二子有才、有贵，垦田于子游庙之西数百十步，是后予祖畜产沃盛，诗书炳奕籍绶联结。支庶业蜜。其后族有一、二尚恩者，因醵为社收其余息，以满宗盟相议采石刻谱。此于一家之小三代也。何也三代人心与圣王相孚合。内奉所亲。外睦宗党。其在一本者也。族之人幸共勉之。勿使后人目其石而叱之可也。

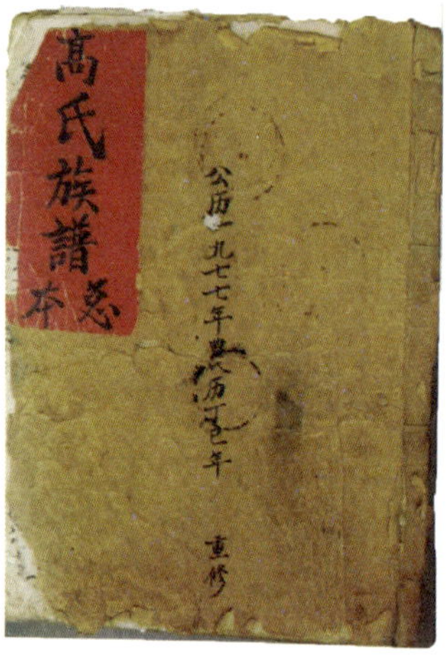

《高氏族谱》

大明万历十二年九月十一日

六世孙乡进士高可大撰

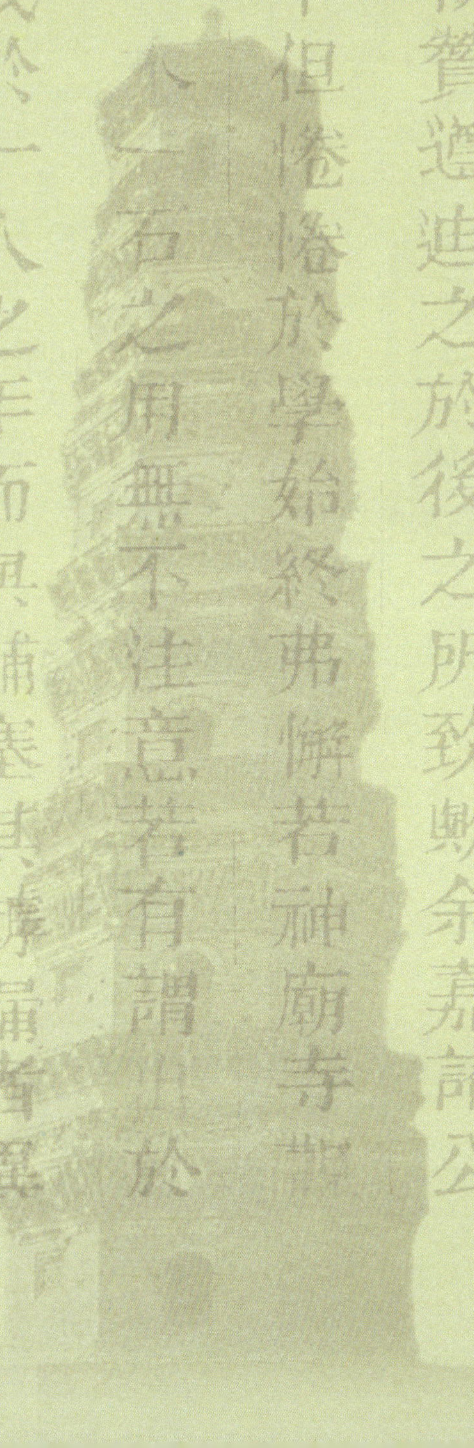

卷五

医疗　卫生
体　育
社　会
人　物

第二十五编　医疗　卫生

民国时期，故城县医疗卫生事业落后，各种传染病连年流行，人民身体健康无以保障。据1929年统计，故城县国民政府设1个施医所，私立诊所5个，年就医人数仅七八百人次，且多集中城镇，大多农村缺医少药严重。

中华人民共和国成立后，县委、县政府重视医疗卫生事业，加强医院建设，普及卫生知识，开展爱国卫生运动，卫生事业获长足发展。

20世纪80—90年代，故城县卫生技术队伍日渐壮大，医疗水平显著提高，已形成县、乡（镇）、村三级医疗卫生保健网。伴随爱国卫生运动与除害灭病工作的深入开展，烈性传染病已有效控制。县级、乡级医院购置大型医疗设备，改善住院环境，提高医疗水平，逐步从根本上改变了域内缺医少药状况。县医院“风湿性心脏二尖瓣狭窄分离术”，开创全国县级医院先例。

进入21世纪，随着社会和经济的发展，故城县卫生事业不断发展，医疗环境得以改善，医疗设备逐渐更新，医疗队伍不断扩大，诊断和医疗水平有了很大提高。故城县实行新型农村合作医疗制度，减轻农民医药费负担，卫生事业不断发展。

第一章　医　疗

1947年6月组建故城县群众医院（今县医院前身）。

中华人民共和国成立后，域内先后建立健全县、区、乡、村医疗卫生机构，烈性传染病得以基本控制，常见病、多发病得以及时治疗，故城县医疗卫生状况明显改观。

中共十一届三中全会后，各级政府加强医疗卫生机构基本建设，不断更新医疗设备。

20世纪80年代，有县属医院7所，乡（镇）卫生院19所，工厂、学校等企业单位及个体保健机构52个，平均每万人有卫生技术人员19.4人。

1991年，实施初级卫生保健，农村卫生三项建设（设施设备、改造建设、人才培训）步伐加快。2000年，实现“人口享有初级卫生保健”的规划目标。2008年，有县直医疗机构7家，乡镇卫生院13家，非乡镇所在地医院8家。

随着政府逐步加大对医疗卫生事业投入，医疗机构增加，设备日趋完善，医疗技术水平不断提高，医疗条件大为改观。至2018年，故城县在职医疗卫生人员1230人，病床2400张。其中县级医院配备了大型医疗设备。乡镇卫生院拥有X光机、心电图、B超，化验器材等常规医疗设备。

第一节　医疗机构

一、城镇医疗

据《河北省政府统计概要》载，1928年，故城县普通医院（设于故城镇、郑口镇）系庆兰、东亚、秀东、慈善、济慈5家医院，均设医士、护士各1人。就医人数、治愈者依次为156人、20人、189人、136人、128人。中华人民共和国成立前，故城镇、郑口镇、河西街（今建国镇）

均设有中药堂。较大者为故城镇同春堂、永春堂、丰和堂，郑口镇为怀德堂、赞化堂、庆仁堂、诚德堂、慎德堂、仁和堂，河西街为德生堂、恒德堂、恒声堂、同济堂、益元堂等，多为中医内科，坐堂先生开具处方，堂属伙计司药，医疗、售药与共。时，故城镇有奉系退役军医郭跃亭（北郭庄人）所办“人民医院”。郑口镇有杨秀东所办“爱德医院”（原秀东医院）。河西街康子山所办“大康医院”，主治红伤，门面狭小。均名为医院，实为诊所。因西医尚不为时人所识，3所西医院业务萧条。另有主治梅毒的“法国九一四”“德国六〇六”西药药店。中医有尹亳臣（三朗乡尹里村人）、崔英贤（房庄乡南獐鹿村人）、傅勤台（青罕乡青罕村人）、贾松南（三朗乡北岭踪村人）、师宪斌（郑口镇辛宅村人）。多为废科举、兴学堂后老秀才，弃学从医。另有故城镇吴金兰、王兰洲，郑口镇高希贤、王华轩、张文灿，河西街刘金枝等中医，亦在当地小有名气。

1947年6月，于县城郑口创办故城县群众医院。时有中医4人，西医3人。置有简易药柜、药箱。1949年，易名为故城县人民医院，1950年6月，易名为故城县卫生院，1961年，易名为故城县医院。

1964年，县城设有医院、卫生院各1所，故城、建国各有卫生院1所。1979年，郑口增设妇幼保健站、防疫站。故城公社、建国公社亦各设有卫生院。1982年7月，创办故城县中医医院。此为一所以中医为主辅以西医组成的综合型医院。

1987年，郑口已成为故城县医疗中心。设有县医院、中医医院、防疫站、妇幼保健站。较大企业和部分事业单位（县钢丝绳厂、化肥厂、制线厂、地毯厂、胶鞋厂、五金厂、缸盖厂、印刷厂、农机厂、酒厂、弹簧厂和经委、外贸局、老干局、药材公司）设有保健站。县医院建国镇分院有中医4人、西医12人、个体开业中医2人、西医1人。故城镇卫生院有中医3人、西医4人、个体开业中医2人、西医1人。郑口镇卫生院有中医5人、西医8人、个体开业中医15人，西医13人。

2008年，有3个县直医疗机构，即县医院、县中医医院、县妇幼保健院。5个中心卫生院（故城、辛庄、房庄、武官寨、建国），另有18个乡镇卫生院，个体诊所642个。

2018年，故城县医疗卫生服务机构857个，其中县级综合医院1个、中医医院1个、妇幼保健院1个、疾控中心1个、卫生监督所1个、乡镇卫生院13个、非乡镇所在地医院8个、社会办医院13个、个体诊所36个、卫生室782个。其中不乏烧伤、骨科、痔瘘等特色专科社会办医院。

故城县人民医院 1947年6月，由4名中医、3名西医、1名会计组成群众医院，中共故城县委书记赵长春兼任院长。置有药箱2个、药柜2个、药品百余种（含中草药）及刀剪、注射器等简易医疗器械。1949年，院址在郑口北广顺（即原广播站处），是年，易名为故城县人民医院。1950年6月，由北广顺迁郑口三道街，易名为故城县卫生院，正式纳入国家编制，有12人。1958年，随故城县并入吴桥县医院。1961年，随分置复设。1976年4月30日，迁至康宁路中段。

1977年的故城县医院

县医院初期仅有房10间。1952年，有房57间。后分别于1964年、1976年、1978年、1981年、1984年、1987年多次增建，共投资1034670元，建有内科、外科、妇科、儿科、五官科、老干部门诊、病房、制剂室、锅炉房、伙房、库房、宿舍楼等，总建筑面积9063平方米，全院占地面积36073平方米。

县医院设有4个行政科室，系院长办公室、医务科、总务科、财务科；9个临床科室，系内科、外科、妇产科、小儿科、中医科、五官科、口腔科、急诊科、传染病科；9个医技科室，系检验室、放射科、心电图室、胃镜室、理疗室、病理室、供应室、手术室、制剂室。

1987年，全院有医疗设备220台（件），其中千元以上30台（件），万元以上8台（件）。

建院初期，仅能对内外科、妇科常见病多发病进行一般处理。可行脓包切开、轻度外伤的清除等小手术和中医诊治。1978年，内科对大咳血、呼吸衰竭、休克、心肌梗塞、严重心律失常、急性心力衰竭抢救、消化道出血、急性肝昏迷处理、脑血管意外、各种脑炎、急性胃炎、甲亢危象、糖尿病、酮症、酸中毒脑栓塞、腹水还钠、冠心病可行治疗。1984年，始以院长曹玉良为主刀，相继开展断指再植术、开颅术、肺叶切除术、食道癌弓上吻合术、肝硬化腹水、颈内静脉脑导管吻合术。

1985年，县医院被省委、省政府授予“文明单位”称号。1986年被评为“全国文明医院”。是年，筹划建设门诊和病房楼。相继建成3140平方米的门诊楼，1540平方米的医技楼、5516平方米的病房楼和572平方米的供应室小楼。1986—1988年，连续三年被评为“全国卫生文明先进集体”。1993年，以全省最高分被省卫生厅审核批准为“二级甲等医院”。1995年，被卫生部命名为“爱婴医院”。1999年8月，县医院在全国6.7万多所二甲及以上医院中脱颖而出，被卫生部、国家中医药管理局、解放军总后卫生部联合评为“全国百佳医院”。

2000年，新建三层1200平方米的高级病房楼。2002年，被省建设厅评为“园林式单位”。2005年起，陆续新建了1000平方米的手术室综合楼、4521平方米的急诊楼。2008年，医院占地面积42363平方米，总建筑面积23000平方米，业务用房面积达19300平方米。全院拥有万元以上设备230余台。

2009年，医保慢性病门诊、城镇居民医疗保险相继广泛推行。开展了医院管理年活动，创建“全国百姓放心示范医院”活动，切实解决“看病难、看病贵”问题。2010年，被评为“全国百姓放心示范医院”。

2016年，围绕全民大健康的理念，深化医院内部改革，推进各项便民利民举措。是年，院工会被全国总工会评为“全国模范职工之家”。2017年，被评为“河北省卫计系统先进集体”“中国医联体探路先锋”。

2018年，密切京津冀医疗协同发展，建设县域医共体省级试点，创建三级医院规范管理，建成启用了覆盖全县21个乡镇卫生院的远程心电诊断中心，开启了乡镇卫生院做图，县医院诊断的新模式；胸痛中心通过国家胸痛中心考核；被国家卫健委、省卫健委授予“示范卒中中心”。医院编制床位由496张扩展为900张，以高分顺利通过省卫健委评审专家组现场考核，成为河北省第一批纳入三级医院管理的县医院。

2018年建成的县医院外科大楼

是年，医院完成门诊45.21万人次，住院39322人次，手术11046例，业务收入3.63亿元。较2009年分别增长123%、74.94%、32.1%、297%。医院先后被命名为全省、全国“综合医院中医药工作示范单位”。是年，被中国卒中学会授予“优秀红手环志愿单位”称号。

是年末，医院已有干部职工1073人，卫生技术人员995人。其中执业医师364人、执业助理医师27人；护士460人；药师38人；其他卫生技术人员106人。硕士研究生27人，大学本科364人，大学专科529人，中专93人，高中及以下60人。中级以上职称336人，其中正高职称29人，副高职称69人。医院先后有11人获“县级专业技术拔尖人才”称号，“省突出贡献中青年科学技术管理专家”“省管优秀专家”“市贡献突出优秀人才”各1人、“省政府特殊津贴专家”1人、“市管优秀专家”2人，入选河北省新世纪“三三三人才”工程11人。

故城县中医医院 为以中医为主、西医为辅的综合型医院。始建于1982年7月，隶属故城县卫生局。占地面积5770平方米，建筑面积1770平方米。设病床59张。设有中医内科、儿科、妇科、肛肠科、针灸科、正骨按摩科、家庭病床科、西

故城县中医医院大楼

医内科、外科、放射科、化验科、心电图室、胃电图室、脑血流图室、中西药房。A 超诊断仪、200 毫安 X 光机、脑血栓检测仪各 1 台。中医医院系故城县中医事业核心。1985 年，被命名为衡水地区文明医院，建院初期日均门诊量 100 人次，年业务总收入 9.7 万元。至 1987 年日均门诊量为 200 余人次，年总收入 45 万元。是年，有干部职工 55 人，其中技术人员 45 人。建糖尿病攻关小组，与河北中医学院教授薛芳共同组成糖尿病协作组，以萸精汤治疗非胰岛依赖型糖尿病，有效率为 90% 以上。此外，该院对急、慢性肝炎及脑血栓治疗亦有研究。

1987 年，被衡水地区评为卫生系统先进单位。

1995 年，全员 83 人，增设肛肠科，新上 200 毫安 X 光机、中风预报仪、黑白 B 超、心电图机。2001 年 8 月，中医医院被评为全国“二级甲等”中医医院。2000—2005 年，中医医院业务收入连年翻番，五年增长 8 倍多，固定资产由 80 万元增至 504 万元。2005 年，干部职工 118 名，其中主治医师以上技术人员 13 名。全院设置有 11 个临床科室，10 个职能科室，4 个二级中医专科，4 个重点中医专科，病床 70 张。年住院 1800 余人次，年门诊 11 万余人次。2007 年 12 月，又被省中医药管理局批准为 200 张。2007 年 7 月，又投资 450 万元，购买一座新建的建筑面积为 2500 平方米的门诊楼，医院的固定资产增长至 1537 万元，增长 3 倍多。2015 年迁至平安大道 99 号。

新院占地面积共 95 亩，总建筑面积 27000 平方米，建有门诊楼、医技楼、病房楼各一栋及配套设施，投资 8000 万元，设计病床 469 张。2018 年，医院再次开工建设一栋 12 层病房楼，预计投资 6000 万元。是年，医院完成业务收入 5100 万元，接治门诊病人 12 万人次。干部职工 336 人。主任医师 3 名，副主任医师 10 名，主治医师 33 名。科室设有内科、外科、妇科、儿科、急科、康复科、“治未病”等 18 个临床科室。其中肝病专科、心血管病科、脑病科为河北省中医重点建设专科，康复科、脾胃病科为衡水市重点专科。

医院突出中医特色，弘扬中华医学，继承中医传统，挖掘中医秘方，加强中医药专科建设，使医院的中医特色更加突出，被衡水市评为“三好一满意医院”。2015 年，省级中医药文化建设创建示范医院。2017 年，省级标准化县级中医医院。

故城县中医医院名医堂

故城县妇幼保健院 前身为故城县妇幼保健站，主要职能是指导和监督各医院和卫生院的妇幼保健工作，负责全县女职工的妇女病普查普治和托幼机构管理。1987 年有职工 20 人，设 7 个科室，病房与县中医医院合用，固定资产 4.9 万元。1992 年 10 月，妇幼保健站新业务楼落成，投资 55 万元，建筑面积 1700 平方米。1993 年 1 月，更名为妇幼保健院。内设妇女保健科、儿童保健科、婚前保健科、妇产科、儿科、内科、外科、检验科、B 超室、药剂科、门诊部及办公室。2005 年，全院共有干部职工 96 人，其中卫生技术人员 65 人，高级职称 2 人，初、中级职称 63 人。设有临床、医技、行政科室 32 个，开设床位 45 张，年门诊病人 39415 人。固定资产 350 万元。主要设备有双探头彩超、全自动生化仪、彩色乳腺透照仪、治疗仪、血流变仪、光热复合糜烂治疗仪、新生儿疸治疗箱等。能够开展妇产科、儿科各种常见

故城县妇幼保健院

病多发病及部分疑难病的诊断治疗和急、危重症抢救等。

2005—2006 年开展“送医下乡行”活动，为 6 个乡镇、4720 户、25000 多人进行了健康体检。2007 年，对全县 132 个幼儿园全部建立档案，体检儿童 7200 人（次），培训幼儿教师 463 人，排查出儿童常见疾病 776 人，隐形病 318 人，指导治疗 977 人。2008 年年末，共对全县 500 名孕产妇进行贫困救助，救助金额 50000 元。全院共有职工 145 人，固定资产 536 万元，拥有美国 GECT、意大利四维彩超、500MA 遥控胃肠、全自动生化分析仪、胎儿监护仪等大中医疗设备 20 余台件、开设病床 70 张，业务用房面积 1805 平方米。2015 年，随着医疗保健业务的开展，万元以上的设备增至 90 台件，全院干部职工增至 172 人。是年 11 月，搬迁至原中医医院，业务用房面积 5000 平方米。2018 年，设备增至 120 余台件，其中百万元以上彩超 2 台，CT、核磁各 1 台，床位增至 90 张，全院干部职工 213 人。“十三五”期间，县妇幼保健院申请国家建设项目资金 1690 万元，新建妇幼保健院业务用房面积 11000 平方米，项目批复总投资 3730 万元。

二、乡村医疗

1949 年，乡村医生多为私营，仅有简易医疗设备。1953 年，分别于区公所驻地夏庄、辛庄、房庄、原隰、郑口各设卫生院 1 所。1956 年，在联合诊所基础上，各乡建医院，但规模较小，设备简陋，机构不全。1958 年，乡医院归入人民公社中心医院。是年故城县并入吴桥县，原故城县所辖区域，分别于郑口、故城、辛庄、房庄 4 个公社各建 1 所中心医院。1961 年，故城县复置，分别于公社驻地郑口、袁庄、故城、小屯、夏庄、辛庄、里老、庙灵庄、房庄、北林子、梧茂、三朗、原隰、杏基、青罕各设 1 所医院，并易名为公社卫生院。因区划调整，1964—1966 年，故城县增至 23 个公社，各公社均设卫生院。1976 年，各卫生院均配有心电图机、A 型超声波机等。1984 年，公社卫生院易名为乡（镇）卫生院，据 1987 年至 1990 年年末统计，故城县地段医院（即县医院分院）有床位 170 张，医疗技术人员共 141 人，其中，中医师 4 人、西医师 9 人、中医士 7 人、西医士 45 人、护士 20 人。乡（镇）卫生院 19 所，床位 140 张，医疗技术人员 227 人，其中，中医师 6 人、西医师 3 人、中医士 33 人、西医士 44 人、护士 7 人。地段医院及乡镇卫生院均装备 30 毫安、50 毫安、200 毫安 X 光机、显微镜及小型手术器械，大多可做放射、化验、心电图等检查项目。武官寨、建国、房庄、辛庄地段医院可做痔、瘘、疝、阑尾手术，饶阳店乡卫生院白内障、青光眼眼科手术，庙灵乡卫生院针灸治疗脑血栓，梧茂乡卫生院中医治疗糖尿病，赵行乡卫生院中西医结合治疗精神病等均有较高水平。

1956 年，伴随农业合作社发展，村个体卫生所大多转为集体合作的联合诊所，是年末故城县有联合诊所 27 所。1968—1969 年，故城县实行合作医疗，424 个大队实行，占全县大队总数的 96%。“赤脚医生”（时称谓）939 人。1977 年，农村合作医疗由联合办转为公社办。方法为公社建立合作医疗站，统一核算。公社投资，社员在队就医免费，在公社卫生院或转院免费 70%。此办法受到省卫生厅重视。是年 6 月，在省卫生厅召开的全省农村卫生工作会议上，故城县卫生局介绍此做法。后有省内外 70 多个县市前来参观学习。据统计，是年故城县参加合作医疗 330672 人，占全县总人口的 95.8%。各社办合作医疗站办起小药厂，大多可制丸、散、片、酊剂。共有药物粉碎机 7 台、摇丸机 4 台、轧片机 7 台、高压蒸馏锅 6 台、小型电动机 16 台、离子交换器 7 台。采集草药 9000 公斤。1979 年，农村医疗亦实行自负盈亏，承包经营，即谁看病谁拿钱。1984 年，“赤脚医生”易名为农民医生。1990 年，故城县有农村医疗站、医务室计 635 个，有 96 个村稍有补贴，农村医生每人每月由村委会补贴15～30元。农民医生817人，其中男612人、女205人。107人晋升为乡村医生，710人晋升为乡村医士。170个村可治常见病，多发病；244个村基本可治一般病；70个村医疗条件较差，仅能处理头疼脑热，小型红外伤；另有部分村因距设有医务室的大村较近，未设医务室。1990—1996年，域内23个乡镇均设卫生院。1997—2015年，合乡并镇后有乡镇卫生院13家，非乡镇所在地卫生院8家。2018年，域内乡镇卫生院非乡镇所在地医院社会办医院个体诊所71家，卫生室近800个。

军屯卫生院 位于军屯镇军屯村，有医务人员20人，其中技术人员有医师4人，助理5人，药师1人，护士3人，放射医士1人，检验士1人，防疫医师1人，妇产医师1人。科室设置为内科、外科、妇科、儿科、中医科、药房科、检验科、放射科、妇幼科、防保科、心电图科、脑电图科、B超科，设置病床20张。主要医疗设备有B超、心电图、脑血管超声仪、脑电图、中风预报仪、血球仪、X光机、尿分析仪等。始建于1956年，始称军屯乡联合诊所。1965年，改名为军屯乡公社卫生所，时有房屋4间，工作人员5名，设有诊室、药房。1972年，改名为故城县军屯卫生院。1998年，由原址搬迁至现址，占地面积2025平方米。2013年，投资120余万元，新建综合门诊楼40余间，建筑面积1500余平方米，设有门诊，药房，病房及公共卫生科，医务人员14人，病床19张。新增300毫安X光机、CR影像成像系统、彩色超声诊断仪、全自动生化分析仪、五分类血液分析仪等大型医疗设备。

建国中心卫生院 位于建国镇民主村，有医务人员73人，其中技术人员65人，占90%。主要科室设置有内、外、妇、儿、口腔科、理疗科、放射科、超声科、化验室、心电图、脑电图、急诊等。主要医疗设备有日本进口全身CT机、韩国进口彩超等多台大型医疗设备，配有2辆救护车，开设病床30张。始建于1968年。2009年，新建600平方米公共卫生办公楼，是年，扩建800平方米病房楼。2017年3月，获得国家级“群众满意卫生院”称号，是年6月27日，正式与故城县医院签约，建立“医共体”关系。2018年有医务人员52名，病床49张，配有螺旋CT、CR、彩超、脑电地形图、全自动生化分析仪等医疗设备。

建国中心卫生院

西半屯卫生院 位于西半屯镇西半屯村，始建于1956年，2008年，在新址投资100余万元建起789.16平方米门诊楼，2017年，建设200平方米公共卫生用房，当年投入使用。有医护人员11名，主治医师2名，医师4名，执业护士3名，以开展中医、妇科、肛肠科、腋臭、包皮手术、疼痛理疗科为特色。拥有先进彩超及工作站、大型CR、X光机、12导心电图及24小时动态心电监护、全自动生化分析仪、全自动血细胞分析仪、乳腺透照、脑电图等大型设备；是年，获得国家级“群众满意卫生院”称号，2018年，获得市级“文明单位”、河北省“家庭医生签约优秀服务团队”称号。

瓦子庄医院 是一所集医疗、预防保健于一体的综合性医院。始建于1978年，原名为瓦子庄联合诊所，1992年，更名为瓦子庄乡卫生院，建门诊科室20间，始分为内、外、妇、儿科，1995年，扩建卫生院病房10间。合乡并镇后，于2005年更名为西半屯镇瓦子庄医院至今，2018年，占地面积2800平方米，建筑面积1300平方米，医务人员20名，病床19张，配有300毫安X光机、彩色多普勒、全自动生化分析仪、血流变分析仪、全自动血细胞分析仪等医疗设备。

武官寨中心卫生院 位于武官寨镇武官寨村，始建于1958年，始称武官寨联合诊所。20世纪70年代改名故城县医院武官寨分院。1998年，改称武官寨中心卫生院，2006年、2009年两次投资改建门诊楼1300平方米，分为内科、外科、妇科、儿科、中医科、公共卫生科、防保科。设有检验科、放射科，配有CR、X光机、心电图、经颅多

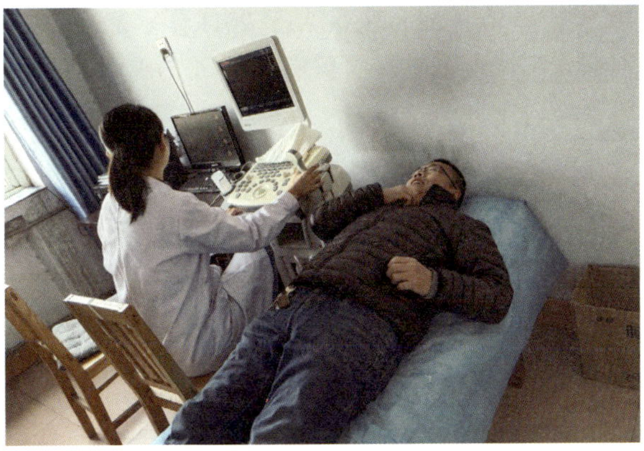

武官寨中心卫生院接诊病患

普勒、彩超等医疗设备。设有病床 18 张，服务全镇 41000 余群众。2009 年配备了 X 光机、心电图、彩超、手术床等共计 10 余万元的医疗设备。2018 年，有医务人员 26 人，其中技术人员 22 人、其他 4 人。

饶阳店卫生院 位于饶阳店镇饶阳店村，始建于 1956 年，2014 年，在原址投资 90 万元建起 649 平方米门诊楼，配有经颅多普勒检测仪、脑电地形图仪、微量元素检测仪、西门子彩色 B 超机、富士大型 CR 摄片机、多导心电图机、全自动生化分析仪、全自动五分类血细胞分析仪、电子阴道镜、FH-120B 高频电波刀（LEEP 刀）、豪华坐式中药熏蒸舱、多波长半导体激光治疗仪、电脑牵引床、臭氧治疗仪等医疗设备。2017 年 6 月，故城县中医医院医共体正式启动并实现心电、影像诊断远程会诊。2016—2017 年度获评国家级“群众满意乡镇卫生院”、衡水市文明单位。2018 年，有医务人员 23 人（院长 1 名，副院长 2 名），其中技术人员有主治医师 3 名，医师 2 名，药剂师 1 名，医士 12 名，开设病床 14 张。科室设置：内科、外科、妇科、儿科、急诊科、中医科、防保站，特色科室为疼痛科。

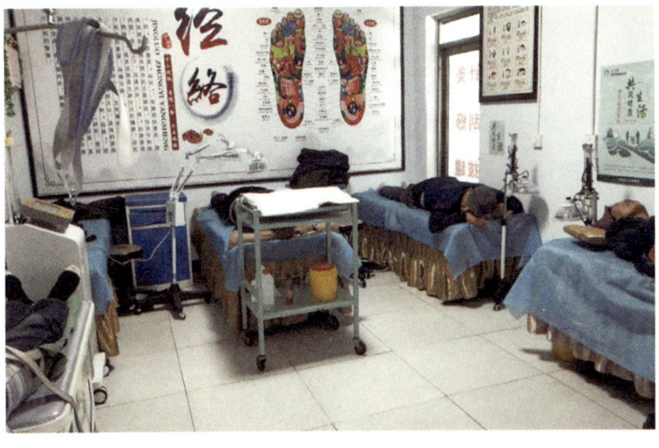

饶阳店卫生院进行经络诊疗

郑口镇卫生院 为全县新型农村合作医疗、城镇职工医疗保险和优抚福利定点医院。始建于 1956 年，始称“联合诊所”，位于郑口镇二道街北段路东，时有房屋 3 间，工作人员 4 名。1958 年，迁至郑口镇三道街南头，并改名为“郑口公社卫生所”。1994 年，院址迁至郑口镇广交路 1 号，并改名为“郑口镇卫生院”，房屋增至 34 间，医务人员 42 人，设有内、外、妇、儿、中医等科室，并拥有 30 毫安透视机 1 台。1999 年，投资建设门诊综合楼，建筑面积 3000 平方米，位于郑口镇广交路 1 号。2018 年，全院医务人员 86 人，其中副主任医师 4 人，副主任护师 2 人，副主任技师 1 人，主治医师 10 人，医师 38 人，其他卫技人员 40 人。设有内、外、妇、儿、中医、按摩、耳鼻喉等科室，以及拥有皮肤、疼痛、痔瘘、小儿推拿等特色科室。配备有 CT 机、X 光机、CR 光机、彩超、经颅多普勒、脑电地形图、全程 CRP 分析仪、SK- Ⅱ微量元素分析仪、全自动生化分析仪、全自动血球分析仪等仪器设备。

赵行医院 位于后排村北大街西侧，始建于 1964 年，在村联合诊所的基础上收编成立，负责辖区农村人口初级保健、卫生防疫工作。该医院综合门诊楼占地面积 1200 平方米，医务人员 12 人，主治中医师 1 人，助理医师 4 人，中专毕业生 5 人，高级技师 1 人，中级技师 1 人。设置小儿内科、精神病专科，开设病床 15 张。开展粉瘤、脂肪瘤、肛门脓肿、外伤缝合小手术。主要医疗设备有 300 毫安 X 光机、血流变生化仪、显微镜、黑白 B 超、心电图、乳腺透照仪等。2006 年由香港查氏纺织集团投资 50 万元，建设门诊综合楼，更名为故城县郑口镇赵行医院（沛鸿医院），2018 年，建筑面积 1400 平方米，医务人员 15 人，病床 20 张，配有 X 光机、彩超、心电图、全自动生化分析仪等医疗设备。

青罕卫生院 位于青罕镇石东村，建于 1958 年，时为公社卫生所。1983 年，改为青罕乡医院，医护人员 10 余名。1993 年，由青罕乡医院改为青罕镇卫生院。2010 年翻新扩建卫生院，占地面积 950 平方米，有科室 17 个，医务人员 24 人，配有

CR、X光机、B超、心电图机、血流变机、全自动生化分析仪、全自动尿液分析仪等仪器。卫生院是一所集临床医疗、预防保健、卫生监督、公共卫生管理服务为一体的综合卫生院。2018年设置内科、外科、妇科、儿科、口腔科、急诊科及疼痛专科，开设病床22张。能开展子宫切除术、静脉曲张术、阑尾炎术、疝气切除术。主要医疗设备X线1台、B超1台、血流变1台、脑电图1台、心电图2台、半自动1台、全自动细胞分析仪1台、尿液分析仪1台、钾钠汞1台、显微镜1台。

夏庄卫生院 位于夏庄镇夏东村，始建于1954年1月，是一所集临床医疗、预防保健、卫生监督、村级公共卫生管理等于一体的综合卫生院。始称夏庄乡卫生院，1996年，更名为故城县夏庄镇卫生院。2008年，新建住院楼，建筑面积407.44平方米。2015年重新翻盖门诊楼，有医务人员15名，病床20张，配有彩超、动态心电图、全自动生化仪、远程心电图等医疗设备。2018年，设置内科、外科、妇科、儿科、牙科、检查科、特色专科高血压防治，开设病床20张。主要医疗设备有手术床、产床、B超、心电图、血流变、显微镜、脑电图、全自动洗胃机、高压消毒器、血球计数器、半自动生化仪、器械微型器、尿分析仪、超声波诊断仪等。

袁庄医院 位于夏庄镇袁一村，始建于1975年，前身为袁庄联合诊所。2005年，更名为袁庄医院。2018年，有医务人员15名，病床10张，配有X光机，彩超，经颅多普勒，全自动生化仪，心电图等医疗设备。设置内科、外科、妇科、儿科、防保科、化验科、放射科、药房等科室，开设病床15张，能开展普外手术。主要医疗设备B超、心电图、X光机等。

房庄中心卫生院 始建于1956年。设有内科、外科、妇科、儿科、中医科、眼科、耳鼻喉及骨科、肛肠科，开设病床24张。能开展阑尾切除术、疝修补术、大隐静脉高位锁扎剥脱术、四肢骨折内固定术、肛门周围痔瘘手术。开展有特色科室为外科手术、眼科及中医科，名望较高，能够吸引景县广川、河渠及枣强县等外地病人。主要医疗设备：200毫安X光机、单导及三导心电图机、B型超声、半自动生化分析仪、尿分析仪、血球计数仪、自动洗胃机、多功能手术床等。20世纪70年代，曾系战备医院。于2011年、2017年分别翻新门诊楼，建筑面积约1700平方米。新建的门诊楼科室齐全，有内科、外科、妇科、口腔科、公共卫生科、防保科、中医科、眼科、中西药房、护办室、输液大厅，病床20张，医护人员18名，配有X光机、心电图、经颅多普勒、全自动生化分析仪、B超、牵引床、煎药机、熏蒸床等医疗设备。

小庙医院 始建于1962年。1976年由小庙村迁建至邢庄村，占地4200平方米，位于故城县北部边缘，系及医疗、康复、救护、防疫、妇幼保健于一体的综合性医疗单位。有内科、外科、儿科、中医科、妇科、口腔科、颈肩腰腿痛专科、防保科及临床检验、放射、心电图、B超、脑电图等17个科室。能开展阑尾切除术、疝气修补术、体表肿瘤切除、骨折外固定牵引术、断指（趾）残端吻合术、孕产妇产期保健、接生、引产术，对治疗心脑血管病、糖尿病、颈肩腰腿痛具有一定特色。2009年，自筹资金在原有病房和门诊的基础上完成房屋对接，整体呈“工”字形，建筑面积1080平方米，拥有病房4间，病床10张，配有200毫安X光机、彩超、心电图机、全自动生化分析仪、中风预报、脑电地形图等中小型设备。2011年医改前医务人员14人，医改定编12人。2018年在岗人员7名。

梧茂医院 原梧茂卫生院，位于故城县西北边缘，始建于1968年，坐落于房庄镇杨梧茂村，西边毗邻枣强，北面与景县接壤。新址始建于1980年，占地6亩，建筑面积906平方米，前排为门诊及辅助科室，后排为病房。2018年有医务

梧茂医院进行接种登记

人员10人，有内科、外科、妇科、儿科、中医科、放射科、检验科、超声检查，开设病床20张。中医、糖尿病治疗、妇科、心脑血管病专科形成主打品牌。主要医疗设备有200毫安X光机、半自动生化分析仪、B超、脑电地形图、心电图、微波治疗仪、血流变检测仪及其他手术器械。

三朗卫生院 位于三朗镇南镇，建于1956年，位于三朗乡南镇村中。2017年，投资155万元建设新门诊及病房楼，建筑面积1200平方米。2018年，有职工17人，配备全自动化生化仪、彩超、动态心电图、经颅多普勒、X线光机等设备，病床15张，负责辖区15个自然村的公共卫生、预防保健疾病防治工作。有医务人员10人，均为技术人员。设置外科、内科、妇科、儿科和预防保健门诊，医院设有心脑血管疾病专科，年就诊达数千人次，技术达县级先进水平。主要医疗设备有B超、X光机、心电图机等。

原隰医院 位于三朗镇新崔庄村，始建于1958年，原名联合诊所，位于西原隰村，直到1974年搬迁到新崔庄村，后逐步发展。到2018年年末，原隰医院建筑面积900平方米，医护人员13人，病床10张，配备有500毫安X光机、彩色超声机、动态心电监护仪，心电图机（与故城县医院达成医联体互动）、全自动生化分析仪、五分类血细胞分析仪；成立了内科、外科、妇科、儿科和中医科，为辖区居民进行健康体检。

故城卫生院 位于故城镇中镇村，始建于1956年，原为公私合营诊所。1958年为故城公社卫生院。1978年迁至新址。1988年更名为故城县医院故城分院。1990年更名为故城中心卫生院。有医务人员24人，其中技术人员有主治医师3人，医师5人，医士9人，主管护师2人，护师1人，药剂师2人。设有内科、外科、妇科、儿科、中医科、放射科、检验科等，设有20张病床。主要开展普外、骨科手术及妇科手术。主要医疗设备X光机、血球计数仪、B超机、尿液分析仪、全自动生分分析仪、血流变、脑电图、三导心电图、多功能手术床、全自动洗胃机、乳腺透照仪等。2012年新盖病房楼500平方米，总面积2300平方米。2018年医护人员16名、病床19张、200毫安X光机、全动自生化仪、经颅多普勒、彩超等设备。

小屯医院 位于故城镇小屯村，始建于1956年，原为联合诊所，后更名为小屯卫生院，2006年改名小屯医院，有医务人员16人，主治医师1人，药剂师1人，执业医师4人，其他医技人员10人。2000—2016年先后新建门诊、病房、防保站。是一所集医疗、预防、保健于一体的综合性公立医院。2018年医务人员18人，开设门诊部和住院部，有内科、外科、妇科、儿科、骨科、中医科，开设病床20张。主要设备有德国西门子彩超、X线影像增强系统、数字化CR、全自动生化分析仪、血球五分类、全自动血细胞分析仪、全自动血流变检测仪、C反应蛋白检测仪、凝血四项检测仪、经颅多普勒超声诊断仪、心电监护仪、十二导心电图仪、脑电地形图仪、多功能治疗仪、中频治疗仪等先进医疗设备。

里老卫生院 位于里老乡前里老村，始建于1956年。是一所集治疗、预防、保健、公共卫生为一体的综合性乡镇卫生院。医务人员14人，拥有普通B超1台、心电图机1台、半自动生化仪1台、脑电地形图1台、200毫安X光机1台。2016年年末，里老乡卫生院整体搬迁至空军驻故城机场东营门路南，交通便利，居住优越，门诊综合楼建筑面积1300平方米，医务人员24人，具有大专以上学历的8人，设有内、外、妇、儿、中医、防保、公卫等科室，拥有大型彩超，多导心电图、动态心电图、心电监护仪、经颅多普勒、脑电地形图、全自动生化仪、200毫安拍片机、200毫安电视遥控透视机等先进设备。

辛庄卫生院 位于辛庄乡西辛庄村，始建于1954年，原为辛庄公社联合诊所，1959年更名为辛庄公社卫生院。1988年更名为故城县医院辛庄分院。1990年至今为故城县辛庄中心卫生院。

20世纪90年代的辛庄卫生院骨科门诊

2018年有医务人员27人，副主任医师1名，主治医师7名，主管护师2名。执业医师9名，执业助理医师8名，执业护士3名，设病床20张，拥有柯尼卡CR、X光机、遥控胃肠透视机、美国GE彩超、多导心电图、24小时动态心电图、脑电地形图、经颅多普勒、电子胃镜、五分类血细胞分析仪、全自动血流变、全自动生化分析仪、微量元素分析仪、尿十项分析仪、全自动洗胃机、牙科综合治疗台等先进医疗设备，是一家综合性乡镇卫生院。

庙灵医院 位于辛庄乡田小麻村，始建于1956年，时位于庙灵村。1976年，搬迁至辛庄乡田小麻村。2009年，投资10万余元购进彩超机1台。2014—2016年，先后投资35万余元对16间老房进行拆除重盖，建成16间住院病房，硬化路面400余平方米。2017年，投资20万余元购置新的住院病床、先进的动态心电图机、五分类血细胞自动分析仪等设备。2018年，有医务人员22人，均为技术人员。设有内科、外科、妇科、儿科、急诊科、中医科等临床13个科室，特色专科为针灸，开设病床22张。开展阑尾炎、疝气等手术。特色治疗脑血管后遗症、针灸治疗。主要医疗设备B超、X光机、脑电地形图、心电图、尿十一项、全自动血球分析仪、彩色胃镜、乳腺透照仪等。

第二节　医疗设备

随着医疗事业的发展，域内县医院不断加大对高精尖设备的购置更新力度，在此期间医院购

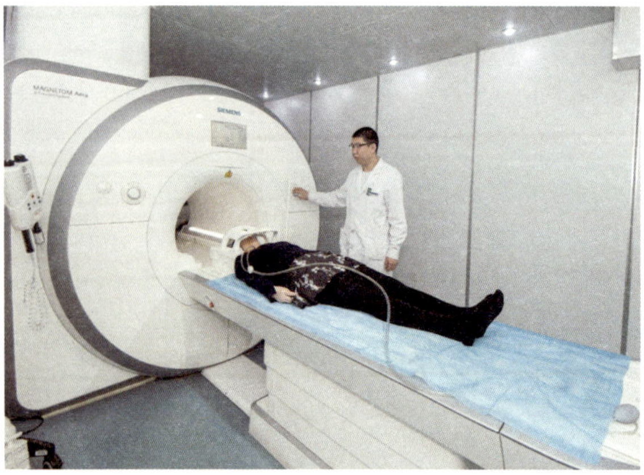

故城县医院1.5T超导磁共振

置更新万元以上设备600余台（套），其中较大型的尖端设备有1.5T超导磁共振2台（飞利浦、西门子各1台）、西门子64排128层螺旋CT2台、平板血管机2台（飞利浦、西门子各1台）、瑞典医科达直线加速器、移动式西门子C臂2台、

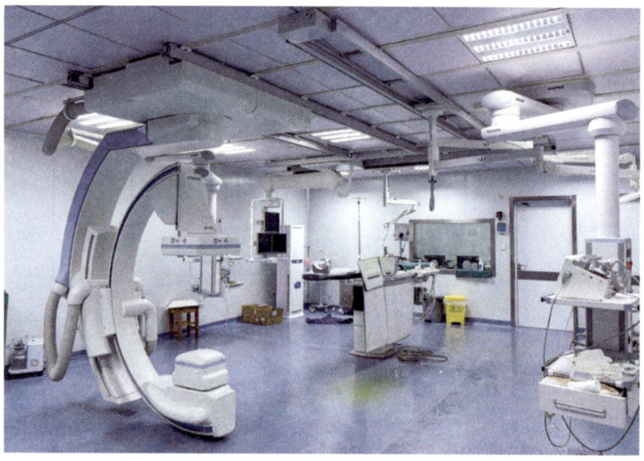

故城县医院大型血管造影机

DR4台、钼靶机等放射诊疗设备；美国GE-E8彩超7台、西门子S2000彩超6台、阿洛卡5500彩超3台、便携式彩超等超声影像诊断设备；德国STORZ腹腔镜、宫腔镜、膀胱镜、前列腺电切镜、关节镜、电子咽喉镜、纤维支气管镜、奥林巴斯高清胃肠镜、电子胆道镜等内镜系统；徕卡神经外科、显微外科、眼科等高精尖手术显微镜；德国蔡司眼底激光与眼底造影照相系统；上下肢智能康复训练、站立评估训练、多点多轴悬吊训练、德国成人下肢康复机器人等康复训练系统设备；当今国际上碎石效果最好、患者最舒适的德国多尼尔体外碎石机2台；高强度聚焦超声肿瘤治疗系统；层流手术室、麻醉机等手术系统；覆盖全县的远程心电诊断系统；日立7600全自动生化分析仪2台、德国徕卡病理成套设备、美国新柏氏液基薄层细胞检测仪、血液透析机、血滤机、睡眠检测系统等。

2011年，购置的瑞典医科达直线加速器，具有适形调强功能，对肿瘤患者照射时间短、照射强度大、照射范围准确，对外围正常组织损伤小。2014年，购置的第二台西门子64排CT。2015年，购置的第二台1.5T磁共振。2016年，购置西门子平板血管机，为国际先进水平。至2018年，县医院共投入2亿多元，持续引进对临床有支撑和引领作用的先进医疗设备。

故城县医疗设备一览表

表 25-1 单位：台

设备名称	型　号	厂　家	数　量
体外冲击波碎石机	compact Delta Ⅱ	德国多尼尔	2
全自动生化分析仪	日立 7600	日立公司	2
机器人步态评估训练	lokomat basic	lokomat	1
关节镜	施乐辉	施乐辉	1
腹腔镜成像系统	史托斯	史托斯	1
等离子电切镜	奥林巴斯	奥林巴斯	1
混合动力碎石清石系统	LCM21	瑞士 EMS	1
钬激光系统	Laster clast	瑞士 EMS	1
超声诊断	Mylab 700	深圳百胜	1
手术室吊塔系统	NR-C 等	美迪兰	1
手术室无影灯系统	SlimLED55	美迪兰	1
高清鼻内窥镜系统	Imagel HD	德国卡尔史托斯	1
眼底激光	VISULAS532S	德国蔡司	1
眼底造影相机	VISUCAM	德国蔡司	1
体外高频热疗机	HG-2000 III	珠海和佳	1
电子鼻咽喉镜系统	OTV-S7Pro	日本奥林巴斯	1
全景头颅断层扫描	CTANO	意大利赛福来	1
肺功能测试系统	MasterScreen	德国耶格	1
直线加速器	Compact	医科达	1
血管造影机	Allura 15	飞利浦	1
	Artiszee III	西门子	1
主动脉气囊反搏泵	CS-100	美国 Pata scope	1
电子胃镜奥林巴斯	260 SL	奥林巴斯	1
电子十二指肠镜	7JF-260V	奥林巴斯	1
内窥镜系统	CV-290	奥林巴斯	1
螺旋 CT	DefinitionAS+	西门子	1
	somatom perspective	西门子	1
MRI	Achieva 1.5T	飞利浦	1
	MAGNETomAera	西门子	1
乳腺 X 射线装置	Sophieclassic	芬兰	1
万东 DR	DR200A	万东	1
	新东方 1000B	万东	1

续表 25-1

设备名称	型　号	厂　家	数　量
数字胃肠	HF81-3	万东	1
移动 DR（爱克发）	DX-D100	爱克发	1
移动 DR（西门子）	MobilettMira	西门子	1
手外科显微镜（徕卡）	F20	莱卡	1
远程心电系统	—	深圳理邦	1
便携式彩超	M-Turbo	索诺声	1
彩超	E8	美国 GE	8
	ACUSON S2000	西门子	1
	S2000	西门子	7
	Resona7s	深圳迈瑞	1
	ACUSON OMNI3	上海西门子	1
	M2540A	东软飞利浦	1
	DW-CE740	徐州大为电子设备	1
	美国 GE-730	美国 GE 公司	1
	飞利浦 EP1Q-5	荷兰飞利浦公司	1
便携超声	M-Turbo	索诺声	2
彩超系统	EPIQ7C	飞利浦	1
	HI VISION Ascendus	日立公司	1
眼科光学生物测量仪	IOLMaster	卡尔蔡司（上海）	1
眼底照相机	VISUCAM500	卡尔蔡司（上海）	1
YAG 激光	UQ1133	ECLEX 医疗	1
角膜地形图系统	900	卡尔蔡司（上海）	1
光相干断层扫描仪	PRIMUS 200	蔡司科技（苏州）	1
脉冲 Nd:YAG 激光治疗仪	JLER-Y11B	武汉市晶利尔激光设备	1
体外电容场热疗机	CT-IIA	广东中孚	1
亚低温治疗仪	HGT-200 Ⅱ	珠海和佳医疗设备	1
呼吸机	Savina	德国德尔格	1
脑血管功能检测仪	GT-3000	上海神州高特医疗	1
心电监护仪	GS-10	飞利浦	1
	M8000	广东宝莱特	1
电脑控温仪	RC-2000 Ⅱ	吉林日成医用电子	1
医用呼吸机	Shangiila590	北京市谊安医疗系统	1
无创呼吸机	BPAP20PLUS	沈阳迈思	1
低频脉冲治疗仪	WLGY-801	北京伟力新世纪科技	1

续表 25-1

设备名称	型　号	厂　家	数　量
心电监护仪	M8000	广东宝莱特	1
电子胃镜	GIF-LV1	奥林巴斯	1
无创呼吸机	BPAP20PLUS	沈阳迈思	1
心电工作站	CONTEC8000	秦皇岛康泰公司	1
经颅多普勒血流分析机	TOD-II	深圳理邦	1
平板心电图机	CONTEC8000	秦皇岛康泰公司	1
脑电地形图机	KT88	秦皇岛康泰公司	1
心电图机	ECG-1350P	日本光电	1
	ECG-2110	上海光电	1
	FX-7402	北京福田电子医疗器械有限公司	1
	ECE-3312B	广州市三锐电子科技有限公司	1
动态心电记录仪（12 导）	KF-2412	西安交大辰方科技有限公司	2
超声肝硬化检测仪	ET-CD-II	深圳一体医疗科技有限公司	1
自动洗胃机	SC-IIIB	天津同业科技发展	1
呼吸机	HVJ-880C	江苏凯泰医疗设备	1
螺旋 CT（2 排）	Neuviz-Dual	沈阳东软	1
DR	Idc-2200X	加拿大	1
MRI	OPM35i	上海卡勒福	1
乳腺钼靶	BTX-9800A	北京标特	1
高频射线机	—	—	1
CR	CR35	爱克发	1
64 排 CT	SOMATOM Perspective	上海西门子	1
医用血管造影 X 射线机	Vicor-CV300	乐普（北京）医疗	1
牙科 X 光机	YKY-Y	青岛雅康电子医疗设备	1
体外冲击波碎石机	JC-ESWL-B-I	上海精诚医疗器械	1
血液透析机	4008B	德国费森尤斯	3
	AK96	上海百特金宝有限公司	2
	DBB-27C	威高日机装透析机器有限公司	2
	4008B	德国费森尤斯	4
血滤机	AK200US	上海百特金宝有限公司	1
全自动化学发光测定仪	Autolumo A2000Plus	安图实验仪器（郑州）有限公司	1
全自动化学发光分析仪	IS1200	四川迈克生物	1
全自动凝血分析仪	TSA8000	美德太平阳生物	1
全自动生化分析仪	CS-1200	长春迪瑞医疗	1

续表 25-1

设备名称	型　号	厂　家	数　量
舌脉象、经穴、体质辨识采集分析仪	JKYL1202-7A	通化海恩达高科技股份有限公司	1
中医经络检测仪	JK-02A	通化海恩达高科技股份有限公司	1
24 小时动态心电图机	EXG-60A	徐州锦昊电子科技有限公司	2
经颅多普勒血流分析仪	KJ-2V2	南京科技实业有限公司	1
脑电图仪	XL-998C	广州容之大电子科技有限公司	1
体外冲击波碎石机	JDPN-VA	上海卡姆南洋医疗器械股份有限公司	1
DR Jiaheng Medica	JHDX50P02-u	上海嘉恒	1
CT	双排螺旋	日本 GE	1
核磁	LNSM-P035	沈阳东软	1
全自动血液分析仪	Xs-900i	希森美康	1
	XN-550	希森美康	1
全自动凝血分析仪	Coatron1800	美创	1
全自动尿仪流水线	SN616010401	珠海科域	1
全自动生化分析仪	CS-1200	长春迪瑞	1
全自动化学发光测定仪	Maglunmi2000	深圳新产业	1
全自动化学发光仪	Access2	贝克曼	1
全自动血液粘度分析仪	SOUTH990JK	重庆南方	1
全自动血沉仪	NF-9910	重庆南方	1
电解质分析仪	IMS-972	深圳希莱恒	1
全自动化学发光免疫分析仪	CL-1200i	深圳迈瑞	1
麻醉机	HVJ-880m	宁泰医疗	1
	MJ-5606	奥凯医疗	1
	AM831	易世恒	1
	MHJ-… II	上海医疗	1
可视人流宫腔诊疗系统	AY3066	无锡海鹰	1
妇科射频治疗仪	RBT-RF-B280	武汉半边天	1
高频移动手术 x 射线系统	PLX112E	普爱射线影像	1
医用内窥镜摄像系统	KS822	神州医疗	1
疝灯冷光源	JRC-1	精锐	1
气腹机	JRQ-1	精锐	1
医用加压器	JRJ-1	精锐	1
高频电刀	BGXP	北京贝林	1
医用臭氧治疗仪	2Am7-80	山东前沿	1

第三节 医疗技术

一、中医

中华人民共和国成立前，县内医疗以中医为主。中华人民共和国成立初期，县卫生协会定期召开医务工作座谈会，商讨医案，切磋医术。1956年，县卫生科召集老中医搜集整理中医验方250余个。1972年3月5日，县革命委员会生产指挥部民卫组，将以老中医程玉树为主编撰的《当地土药、验方、新医疗法资料介绍》，铅印1000册，发放给县内医务人员。全书介绍当地土草药400余种，土方310余个。1978年，老中医苏瑞征撰写的《中医急诊应用》论文被河北卫生协会年会征用。1980年1月，地、县科技协会联合印发程玉树编撰的《八纲辩证》。1987年，以县医院副院长、内科主任李洪发为主，与省中医研究所协作项目《胃金丹治疗慢性胃病》，在上海国际中西医药交流会上宣读。

1992年，开展中药五龙丹治疗冠心病、心绞痛，卡普利治疗糖尿病项目。1994年，中药五龙丹治疗冠心病、心绞痛项目获得省卫生厅科技进步一等奖。1998年，中医副主任医师田树昭采用清热利湿、活血通络、益气柔肝，研究并总结出纯中药制剂——“健肝回阴胶囊”治疗慢性乙型肝炎疗效明显。这一剂法具有明显的抗炎抗病毒，调节机体免疫功能，抗纤维化作用。2000年，该研究治疗项目获衡水市科技进步二等奖。中医医院副主任医师董景雪自1995年开始对胆囊炎、胆石症综观其厌食、油腻、恶心、不欲食、右肋憋胀肋痛而采用消炎利胆、疏肝理气、疏泄胆囊，同时结合能促进胆囊运动的中草药，溶石排石的病理原理，潜心研究出中医中药治疗胆囊炎、胆石症的方剂——湿热一号，运用于临床治疗收到明显成效。

2006—2008年，县中医工作长足发展。与此同时，医院的中药房建设和中医药运用技术也被批准为国家“县级中医医院中药房建设项目”和全国“基层常见病、多发病中医药适宜技术推广项目”单位。中医科开展的胃康胶囊治疗胃溃疡获得满意的临床效果，中医的推拿按摩专科，中医药医治不孕不育专科均形成优势，并独具特色。

围绕省、市、县创建工作方案要求，2018年，成功创建河北省中医药强县，乡镇卫生院“国医堂”建设覆盖率达92.3%，使故城县中医药工作迈上了新台阶。建立以县中医医院为龙头，乡镇卫生院为枢纽，村卫生室为网底的中医药服务网络体系。定期从各医疗卫生机构选派具有中医医师资格或中西结合医师资格的骨干人员外出进修学习；定期举办中医培训班，为基层医疗机构医务人员提供中医药知识培训，提高基层医务人员的中医药素养和技术服务水平。县医院、县中医医院与基层医疗机构建立了长期稳定的对口支援和协作关系，每年派驻具备中级以上职称的中医医师定期帮扶13个乡镇卫生院。分批次对全县乡村医生进行中医药适宜技术、实用中医简效疗法等学习培训，培训坚持突出中医特色、注重非药物疗法，使广大基层卫生技术人员掌握了便捷实用的中医药治疗手段，拓宽中医药服务领域，为广大人民群众提供廉价有效的中医药服务，减轻看病就医负担。深化“中医药健康文化推进行动”，打造中医药文化精品，推动了房庄康养小镇建设，以岭生态康养庄园成为河北省首批“大健康，新医疗”产业示范基地。

二、西医

20世纪70年代始，故城县各医疗机构陆续接受医护专业大中专毕业生，医疗技术力量得到加强。1987年，县医院可做心脏等较大型外科手术，各乡镇医院能诊治常见病、多发病、抢救农药中毒病人，做阑尾切除、疝修和计划生育手术等。1990年，县医院、县中医医院外科能做食管、胃、肠、胆、脾、子宫切除、剖腹产手术和青光眼、白内障、乳突手术，内科能处理难度较大的疑难重症。21世纪，开展新技术、新疗法90余项，其中12项获得省、市科技进步奖。医技科室能做核磁共振、螺旋CT、DR拍片大型检查，建立了二级生物安全实验室。2018年年末，建有7个诊疗救治中心，包括远程心电网络诊断中心、远程影像中心、示范卒中防治中心、胸痛中心、孕产妇抢救中心、新生儿救治中心、基层高血压防控中心。有衡水市医学重点学科1个（胸心外科）、医学重点发展学科4个（神经内科、脑外科、介入治疗科、放射科），衡水市中医重点专科1个（中医内科）。

心外科 1984年，成功开展了一例“心脏二

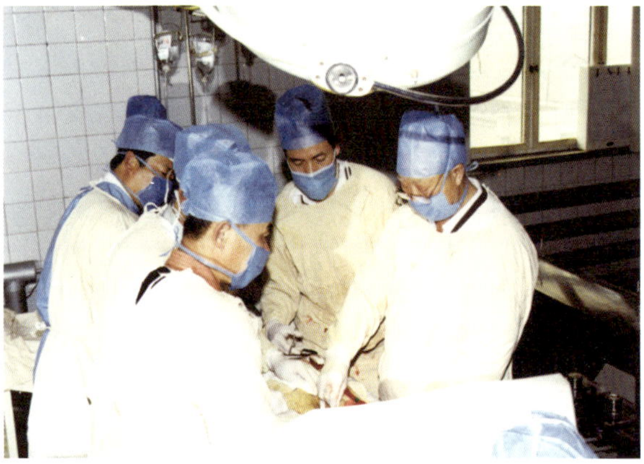

1994年10月县医院实施先心病室缺手术

尖瓣狭窄分离术”，首开长江以北县级医院做心脏手术的先河。1986年，该项目获省科技成果荣誉奖；翌年，获衡水地区科技进步二等奖。1988年，在原北京军区总医院张元彬教授的指导下，掌握了“低温麻醉体外循环心内直视手术”。此后，陆续开展了“动脉导管未闭、房室间隔缺损、主动脉瘤摘除、心脏瓣膜置换、法乐氏三联症、四联症根治术”等多种心脏手术，填补了衡水市多个空白，省内外患者纷纷慕名前来。2004年，刘洪新带领心外团队，成功开展了心脏不停跳房间隔缺损修补术，进一步巩固提高了心外技术。2007年12月，在山东省立医院专家协助下，成功开展了冠脉搭桥手术，是河北省县级医院的首例冠脉搭桥，标志着故城县医院心外水平的又一跨越。至2018年年末，共开展各类心脏手术414例。心外科成为故城县医院的品牌科室。2001年、2012年，心外科两次被市卫生局确定为“衡水市医学重点学科”。

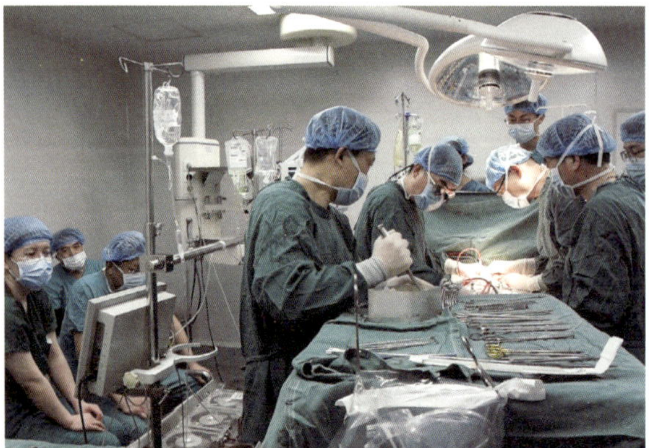

县医院心外科手术室

胸外科 1990年开展了食管癌颈部吻合，1993年开展了心脏穿刺伤心包填塞术，1997年开展了全肺切除。之后，连续开展食管先天性狭窄切除术、经腹贲门癌切除术、胃癌联合脏器切除术等。2005年后，又扩展了手术领域，开展了甲状腺癌、乳腺癌的手术治疗。利用介入技术成功开展肝癌栓塞术、食管癌支架植入、脾巨大血肿穿刺减压术等，2018年，广泛应用胸腔镜开展了纵隔、肺肿瘤手术。是年该科独立完成了单孔胸腔镜下右肺上叶癌根治术，标志着医胸外微创技术迈上了新台阶。

骨科 开展了股骨头置换、断指再植、胸腰椎间盘、膝关节镜手术。2015年，开展了椎间孔镜治疗腰椎间盘突出，2018年独立完成，在衡水市县级医院中属首例。人工髋关节、膝关节置换已经广泛成熟开展，是年完成85例。

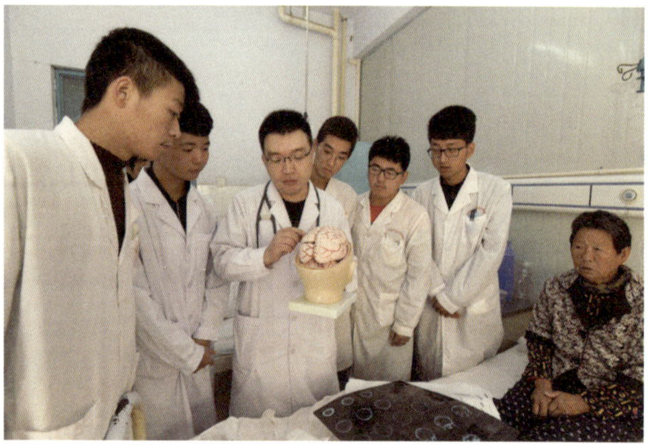

县医院脑外科教研指导

脑外科 2004年，故城县医院能开展颅脑肿瘤切除、重型颅脑损伤救治、脑出血清除。2005年3月建成，在脑肿瘤、动脉瘤、重度脑外伤、大面积脑出血手术治疗方面成绩突出。2009年，全面掌握显微镜使用要领后，显现了脑外专科优势。熟练应用显微外科技术，开颅等高难度手术仅需2～3小时。2018年，完成了显微镜下胸椎管脊膜瘤膜下全切1例。

内科 1987年，县医院内科开展颈内动脉加压注射治疗脑血栓。1991年，内科分为内一（呼吸、心血管）、内二（神经内科、消化）、内三（内分泌）后，均在各自领域疑难、急重症治疗上逐步探出一套有效疗法。1992年始，内科开展肝素疗法治疗肺心病、肾小管酸中毒防治、中药五龙丹治疗冠心病、心绞痛项目，卡普利治疗糖尿病。1995年，内科系统开展肺炎康改善急性心梗高血粘度综合症、小剂量肝素治疗脑血栓、微创颅内血肿碎吸术、急性心梗静脉溶栓治疗等。

2000年，县医院内科专科化步伐加快。至2018年年末，又先后裂变出内五科（神经内科）、消化内科、中医内科。

心内科 2000年开展临时、永久起搏器植入、肺栓塞和呼吸障碍（鼾症）的治疗。2006年年末，在衡水市县级医院中首次开展了心脏冠脉造影、放支架术，全部成功。2018年，心内介入愈加成熟，成功开展了1例冠状动脉旋磨术，全年共完成冠脉造影501例。是年成功实施1例心律失常导管消融手术，填补了故城县心脏微创空白。经近三年的规范化建设，2018年6月，胸痛中心顺利通过国家胸痛中心专家组现场核查，8月，经国家认证成为国家基层版胸痛中心。胸痛中心的建成和规范运行使急性心梗病人能够在最短时间内实现冠脉血流再通。至2018年年末开展2440例。

神经内科 在衡水市较早开展了微创颅内血肿碎吸术，是卫生部推广该技术的协作单位。近年开展了侧脑室引流治疗重症脑干出血、脑血栓的颈动脉穿刺准介入治疗。2009年，建立了康复治疗室。2018年，开展脑缺血病人急性期内快速溶栓，大大缩短了住院日，大幅度降低致残、致死率。是年，被国家、省卫健委授予“示范卒中防治中心”称号。

中医内科 采用中西医结合治疗肿瘤及疑难杂症。肿瘤方面，采用深部热疗、热灌注化疗、中药消癌膏、中药联合火针等多种方式治疗肿瘤靶向耐药及肿瘤的局部转移，效果良好。采取醒脑开窍针法、耳穴沿皮透刺针法、头针针法、毫火针针法综合应用治疗中风，采用纯中药内服结合中医特色外治系列疗法治疗肺病，疗效显著。2018年，中医肿瘤科被评为衡水市中医重点专科。

妇产科 开展阴式子宫切除、无痛分娩、无痛人流等技术。2005年，成立故城县不孕不育治疗中心，应用腹腔镜、宫腔镜微创技术开展子宫内膜息肉、子宫纵隔、输卵管阻塞、宫外孕、卵巢囊肿、子宫腺肌症及多种不孕症的诊断及治疗。2016年，在北京专家团的带教下逐步独立应用腹腔镜、宫腔镜开展宫颈癌、子宫内膜癌、输卵管阻塞、子宫肌瘤、卵巢囊肿、盆腔粘连、子宫全切等微创治疗。2018年，开展单孔腹腔镜下输卵管切除术、卵巢肿物切除术、子宫肌瘤剔除术多例。

耳鼻喉科 开展气管异物取出、内镜下腺体样消融术、喉镜下喉部原发癌等离子切除术。

眼科 2018年独立完成白内障超声乳化人工晶体植入术100余例，开展了囊膜染色技术诊断全白白内障、青光眼滤过术。

口腔科 开展种植牙、烤瓷牙、根管治疗等牙病尖端技术，还扩展至腮腺肿瘤、下唇癌、面神经吻合、“下颌脂肪肉瘤＋淋巴清扫术”等多种口腔疾病的手术治疗。

急诊科 在抢救各类中毒患者方面积累了丰富的经验。ICU室在治疗各类危重病人方面，应用现代化器械及抢救方法，积累了丰富的经验，成功率高。

放射科 应用西门子六排螺旋CT开展三维血管成像技术，创伤性小，可任意旋转、多角度观察图像，使诊断更加明确。开展的“CTA和血管曲面重建在缺血性脑血管病诊断中的临床应用研究”项目获2007年度衡水市科技进步二等奖。开发磁共振脑神经纤维束成像功能，与认知障碍相联系，其学术成就国内领先，与北京宣武医院合作开展相关研究与临床应用。2018年，科室开展血管黑血成像诊断头颈部血管斑块、胎儿成像磁共振检查、关节软骨成像等新项目。

彩超室 开展超声检测颈动脉血管、胎儿筛查、腺体、心脏、腹部等多种技术，检查范围覆盖腹部、妇科、产科、心脏、浅表腺体淋巴、血管、胸腔。2018年开展超声判定左室舒张功能、乳腺结节超声定位。

心电图 开展胎儿心电图、动态心电、动态血压项目。2018年，建成远程网络心电诊断中心，覆盖21个乡镇卫生院，乡镇卫生院做心电图后，心电中心3～5分钟内可出具心电诊断报告。以快速诊断机制和与胸痛中心联动机制成功抢救急性心梗病人。

第四节 药材资源

故城县药材资源丰富。运河大堤系蔑蓄、老

观草、地丁、车前子、小蓟、香附、节节草、猫眼草等药材主要产地；清凉江流域系罗布麻、白茅根、败酱草等药材产地；田间道边产蛇床子、桑叶、蒲公英、茵陈、菟丝子、地骨草、益母草、青蒿、洋金花、苍耳子、茜草、刺蒺藜、马齿苋、荆芥、地黄；坑塘产荷花、莲子、莲蓬壳、芦根；园田院落及家庭有槐米、槐角、冬瓜皮、冬瓜籽、白扁豆、丝瓜络、桃仁、柏树籽等；农村均产动物药材蜂蜜、蝉蜕、蛇蜕、桑螵蛸、土元、鸡内金、猪羊牛胆汁。

药材种类 大葱（附葱涕）、谷子（附谷芽）、苍耳子（附苍棵）、豆豉、薄荷、真桑叶、菊花（附菊科）、蝉蜕、浮萍、西河柳（附红荆蛾、红荆花）、霜蔓荆叶、桑蚕叶、天精草、柳树叶（附柳枝）、野西瓜苗、蒜苗叶、大蒜、白花蛇、蛇蜕、蜈蚣、全蝎、天虫、蜂房（附土蜂房）、蜥蜴、壁虎、地龙、芝麻根、白酒、桑寄生、真桑枝、鹳筋草、风仙（附急性子凤仙草）、透骨草、松节、芝麻叶、山羊粪、骡马甲、水蓬棵（附茎叶）、蓖麻叶、茅柴灰、禹白附、西瓜（附西瓜翠衣）、荷叶（附荷蒂、荷梗）、青茶叶（附红茶、绿茶）、白扁豆（白扁豆花、白扁豆蔓）、青蛙、蝌蚪、地丁、蒲公英、马勃、败酱草、马齿苋、绿豆（附绿豆皮、绿豆粉团）、丝瓜水（附丝瓜叶）、洋地瓜秧、土牛夕、杏树根皮、鹅不食草、喉咙草、羊角菜、向日葵花（附向日葵籽盘蒂）、老牛筋草、动物胆、莲子芯（附莲籽）、青蒿（附蒿子籽）、白茅根、生地、地骨皮、人中白、童便、柏叶、瓦松、白菜、龟板（附龟头、龟血、龟蛋）、荸荠、龙葵（附龙葵果、龙葵叶、龙葵棵）、天花粉、美人蕉（附花）、兰草、芹菜、白杨狗、鲜小蓟根（附小蓟棵）、紫根草、猪毛菜、青木香、生铁（附铁锈）、刺蒺藜（附蒺藜秧）、臭椿叶（附凤眼、臭椿枝）、丝瓜络（附丝瓜藤）、苦杏仁（附甘杏仁）、桑白皮、瓜篓（附瓜篓皮、瓜篓籽、瓜篓霜）、梨（附酸梨、杜梨）、白萝卜（附长籽后的萝卜、小幼萝卜）、夜蝙蝠（附夜明沙）、狗肺（附狗头骨）、芝麻（黑芝麻）、白芥子（附芥末面）、陈皮（附橘核、橘红）、朝天籽（附木槿花、木槿树皮）、卜子、芒硝（附元明粉）、蜂蜜、香油（附豆油）、红胡萝卜（附红胡萝卜缨子）、黑铁牛、槐角（附槐花、槐枝）、地老虎、车前子（附车前草）、冬葵子（附青麻子）、卫菊（附根、花）、竹叶、赤饭豆、冬瓜（附冬瓜籽、冬瓜瓢）、葫芦、蝼蛄、蟋蟀、二丑、苦葶苈（附甜苈子、甜葶苈草）、泽漆、萱草根附（萱草、萱草花）、陈麦秸、黑牛英、地夫子（附扫帚菜）、水龙须、榆皮（附榆钱）、甘遂、薏苡仁（附薏米根）、南瓜秧须（附南瓜子）、蔑蓄、玉米须（附玉米、水根、玉米轴瓤、玉米穗皮和秸秆皮）、梓实、茵陈、水葱（附蒲草根、蒲草）、鲜麦苗（附小麦、浮小麦、大麦须根、大麦芽）、青苔、苜蓿花（附老苜蓿根、苜蓿芽）、粪瓜秧、九香虫、曼陀罗、蟾蜍（附蟾酥）、问荆（附节节草根）、血见愁、国槐米、藕节（附鲜藕）、血余炭（附老人白发）、百草霜、陈棕炭、牛角腮、红高粱乌米、棉籽炭、壁钱炭、香墨、獾血（附獾油、獾肉）、旧蒲扇、旱莲草、柏仁（附柏树皮）、合欢子（附合欢叶、合欢皮、绒花）、枣仁（附老枣树皮、酸枣树根）、铁落（附铁精）、猪心、菟丝子（附菟丝子苗）、熟地、核桃仁（附青龙衣、分心木、核桃外木皮）、精羊肾（附猪肾、鸡肾和肝、精羊肉、山羊血）、骨髓油、羊脊骨、黑桑椹、桑螵蛸、大葱籽、蛇床子、白首乌、山药、大枣（附枣叶、老枣树皮）、陈大米、豆汁（附豆腐渣、豆腐皮、豆腐浆）、杞果、肝脏、紫河车（附脐带）、胎兔（附兔皮炭）、棉根（附棉花落、棉籽炭）、鸡蛋（附蛋清、蛋黄、鸡蛋油、鸡蛋皮、凤凰衣、鸡胚、鸡腿爪）、甜瓜籽、花生（附花生叶、花生皮）、猪脑子（附猪腔油、骨髓油、脊髓）、麦曲、山楂、鸡内金、米醋、甜面酱、饴糖、干姜（附生姜、姜皮、煨姜、炮姜）、小茴香、胡椒、尖辣椒（尖椒棵、柿子辣椒）、竹茹、伏龙肝（附夏炎土、陈黏土）、黍炭末、艾叶（附艾绒、野艾）、土炮药、香附、泽兰叶、益母草（附茺蔚子）、季花、鸡冠花、凤头花、小青葙子、苋菜梗瓤、荷花、白木槿花、桃仁、水蛭、虻虫、土元、鼠妇、芸苔子、手指甲、蛴螬、斑蝥、两头尖、同螺、苣胜子、猪蹄，大宣草籽、故蚕纸、酸石榴皮（附酸石榴根皮）、臭椿树皮、红高粱、羊骨炭、决明子、望月沙、食盐、谷老、臭地荆、松树白皮、老牛茶棵、霜茄子（附茄子把）、石灰、蓖麻仁（附蓖麻花）、蜂蜡（附蜜蜂窝）、刺猬皮（附刺猬肉）、桃奴（附桃叶、桃条）、泥片、蜗牛、白丁香、桑蚕（附蚕蛾）、玉簪花、陈大蒜、仙人掌、松香、烟袋油、猫头鹰骨（附猫头鹰头骨、猫头骨）、蛤蟆、蛆、山芋叶、旱莲草、窜肠米、烟叶、野桑椹、大叶灰菜、盐卤、水胶、鸡眼草、白薯淀粉、鹤虱、黄瓜皮（附黄瓜菜）、猪羊草、死人头发草、猪毛炭、韭菜、韭菜根、韭菜籽。

药材种植 除利用现有药材资源外，并自20世纪60年代始引进种植药材。1964年，于庙灵公社十美村试种枸杞成功后，未久普及到青罕、房庄、三朗、杏基、辛庄公社，兼种其他药材计30余种3000亩，成为全县五大药材基地。1976年，故城县收购枸杞籽85000公斤，销往河北、河南、湖南、四川、山西、广州、天津、上海等省市。1978年，收购菊花1065公斤、瓜蒌163公斤、板兰根359公斤、决明子5719公斤、黄芪594公斤、槐米5348公斤、泽兰379公斤、薄荷1084公斤、葶苈子4031公斤。20世纪80—90年代，金银花等药材种植形成域内特色种植业规模。21世纪，以岭药业等在域内大面积种植、养殖金蝉、土元等中药材，生产加工中成药材形成规模。

晾晒中药材

第五节 医疗队伍

明、清两代，故城县仅有少数中医医生。

1929年上半年，县国民政府设一个施医所。中华人民共和国成立前夕，故城县有中医医生30余人，西医医生8人。

1947年6月，人民政府于郑口设故城县群众医院，配有中、西医人员7人。另有个体中医30余人。

中华人民共和国成立后，县、乡（镇）、村医疗卫生机构日趋健全，形成一支国家、集体、个人办的医疗卫生队伍。

1950年，公立医生增至15人。伴随卫生事业发展，相继从集体、个体医疗机构中选调部分医务人员增补至国家医疗机构。1963年，始有河北医学院毕业生分配县医院。1987年年末，故城县国办医疗技术人员396人。集体医务人员227人，个体挂牌开业医生38人。1992年，故城县卫生队伍发展到788人，其中主治医师30人，医师256人，医士30人。1998年，故城县医疗卫生从业人员999人（不含乡村医生、厂、校卫生室人员），其中主任医师5人，副主任医师16人，医师228人。2008年年末，故城县卫生队伍发展到1058人，其中主任医师9人，副主任医师37人，医师348人。

至2018年，故城县卫生技术人员1230人，拥有执业医师830人，其中中医77人，职业助理医师498人，其中高级职称18人，中级职称325人，初级职称780人。注册护士838人。乡村医生1009人。

1987—2018年故城县医疗机构人员统计表

表25-2　　单位：人

年　度	总　计	县医院	中医医院	防疫站	妇幼保健院	卫　校	乡镇卫生院
1987	518	221	45	40	10	22	180
1988	537	222	48	40	15	22	190
1989	581	245	50	36	19	19	212
1990	599	252	50	30	20	19	228

续表 25-2

年　度	总　计	县医院	中医医院	防疫站	妇幼保健院	卫　校	乡镇卫生院
1991	671	280	55	30	26	18	262
1992	731	318	57	26	28	18	284
1993	734	297	60	26	30	15	306
1994	751	300	60	24	32	14	321
1995	849	320	60	43	34	23	369
1996	893	325	68	48	39	24	389
1997	930	331	70	50	44	25	410
1998	999	357	75	54	47	26	440
1999	1043	353	77	57	53	28	475
2000	1101	374	80	65	55	29	498
2001	1104	352	90	70	64	26	502
2002	1227	379	105	74	70	24	575
2003	1235	391	120	78	76	23	547
2004	1296	419	120	83	80	21	573
2005	1319	427	135	85	83	20	569
2006	1332	458	138	75	115	18	528
2007	1394	481	146	79	140	14	534
2008	1463	518	178	83	145	12	527
2018	2102	1073	336	38	213	3	439

第二章　卫生保健

随着社会的发展进步，人民生活水平的不断提高，在卫生保健方面的需求也随之提高。中华人民共和国成立后，政府不断投入人力、财力、物力，相关设备逐年增加、更新，建立起疾病防控、卫生监督、防疫接种等防疫与保健机构，有效遏制了传染病、流行病、地方病的发生蔓延。

第一节　防　疫

故城县卫生防疫站始建于1956年5月16日，设于郑口三道街南首，原广兴义茶叶店内。砖木结构房屋10间，全员4人，显微镜、手摇离心机、蒸馏器、高压灭菌锅各1台。1962年，迁至郑口一道街北首。1969年10月防疫站并入县医院，院设防疫组。1971年4月防疫站复设，全员12人。1979年10月15日卫生部颁发《全国卫生防疫站工作条例》后防疫工作逐步正规。县防疫站人员编制逐渐增多，机构健全。仪器、设施配套完善。1984年，国家拨款14万元于原址建办公大楼1座，建筑面积1004平方米。1987年防疫站全员38人，其中西医师1人、技师1人、西医士18人、中医士1人、检验员4人，其他初级技术人员4人、管理工勤9人。设有计划免疫流行病、食品卫生、劳动卫生、宣传、业务、总务7科及化验室、办公室。

设备及仪器有救护车1辆、显微镜2台、冰箱6台、恒温箱1台、HXGE-9干燥箱2台、1/1100分析天平1台、721型分光光度计1件、手提式高压消毒器1台、FXJ-11离心机1台、日产135型照相机2架、夏普60-60型录音机1台。

中华人民共和国成立初期传染病流行时，防疫站组织医务人员赴病区防治、宣传，控制疫情蔓延。1953年，建立疫情报告制度，疫病发生由村、乡、区、县逐级上报。1969年始，对部分传染病进行重点调查，预测疫情发展动态，为传染病防治提供科学依据。1977年始，对域内15岁以下儿童设立接种卡片。预防接种工作的开展大体分为3个阶段：第一阶段为无计划免疫，1949—1973年，预防接种无计划，主要根据生物制品的供应和传染病流行情况，有重点地进行。主要生物制品有痘苗、小儿麻痹糖丸、卡介苗、伤寒和副伤寒三联菌苗、副霍乱疫苗等。每年接种15万人次。第二阶段为计划免疫初期，1974—1979年，有计划地开展以控制“两麻”(麻疹、小儿麻痹）为重点的免疫工作，按时、按量、按年龄组接种，有痘苗、小儿麻痹糖丸、麻疹、百白破、流脑、乙脑疫苗等，接种人数每年20万人次。第三阶段为计划免疫完善阶段，1980—1987年，按年龄组和计划免疫程序实行“四苗”(麻疹、卡介苗、小儿麻痹糖丸、百白破疫苗)、“防六病”(麻疹、结核、小儿麻痹、百日咳、白喉、破伤风）预防接种，传染病得到有效控制。1987年5月，联合国世界卫生组织儿童计划免疫审评团，对域内儿童计划免疫工作进行全面审评，给予高度评价，并低价调拨日本铃木冷链吉普车1辆。21世纪，医学水平飞速发展，县疾控中心成立，疾病得到科学预防和控制。

一、防疫病种

霍乱 1949—1983年，未发现霍乱。1984年9月11日，夏庄乡夏东、夏西村两名村民因两天前于德州食用不洁瓜果引起腹泻，诊断为霍乱。同日，县防疫站县医院组织医疗队赶赴现场进行治疗和全村预防。已无此病例。

天花 中华民国时期天花时有流行，解放后普及接种牛痘，天花日趋减少，已绝迹。

流脑 1964—1985年有3次较大流行，1966年故城县发病205人，发病率为669/100000。1967年发病1424人，发病率为459.1/100000。1968年发病289人，发病率为91.8/100000。1969年后对易感人进行预防性服药和流脑疫苗接种，仅有散在发病，无大流行，至1987年发病率降为1.32/100000。21世纪，因防疫得当发病率极低。

疟疾 1949年前，疟疾流行极为广泛。1949年后，由于积极防治，已日趋减少。有两次较大流行。1965年，发病3408人，发病率为1136.2/100000；1973年，发病4342人，发病率为1267.4/100000。1974年，采取“两根治，一预防”(休止期根治，现症病人根治、服药预防）措施，并大力灭蚊综合防治。防治疟疾“四知道”(疟疾病，蚊子传，发冷发热出大汗，服药8天不要钱，病了快找保健员)，家喻户晓。对发病人全部登记造册，并进行根治服药。发病高峰的7—9月，采取一人患病，全家服药，一家两人患病，四邻服药。时投放灭蚊药500公斤，喷房屋12万间、牲畜棚1700处、鸡舍3万个。后逐年加强防治措施，21世纪，无新病例。

病毒性肝炎 1949年后，有两次较大发病流行。1976年，发病905人，发病率为260.4/100000；1981年，发病1550人，发病率为420.9/100000。后虽经每年宣传、治疗，但因传染控制不严，病人隔离措施不力，发病率仍时高时低。1984年，发病52人，发病率13.5/100000；1985年，发病62人，发病率16.1/100000；1986年，发病37人，发病率9.73/100000；1987年，发病113人，发病率29.74/100000。21世纪，防疫得当，发病极低。

白喉 1949年后，为预防白喉，每年均接种白喉类毒素或百白破三联疫苗，提高小儿免疫力。至1964年经消灭白喉，后未发生。

伤寒 1949年后，因疫苗接种，无大流行，但仍有散在病例。1964—1987年，共发病340人，年均发病15人。1987年，发病3人，发病率0.79/100000。21世纪，防疫得当，发病极低。

麻疹 1949年后，域内有数次麻疹发生，高峰是1964年，发病2645人，发病率901.5/100000。1973年，麻疹流行病集中于庙灵、梧茂、房庄、青罕、辛庄、里老等公社。发病较重者为庙灵公社大寒布村，有217户，1050人，15岁以下儿童238人，发病171人，死亡5人，发病后，防疫站派医疗队及时进行防治。1974年后，有计划地为适龄儿童注射麻疹疫苗，发病率显著下降。1987

年，麻疹发病6人，发病率1.58/100000。21世纪，由于麻疹、风疹疫苗接种，此病毒基本消失。

乙脑 乙脑即流行性乙型脑炎。1949年后，历年均有散在发病，发病率最高为1972年，发病171人，发病率51.8/100000。1973年，每年采取灭蚊和乙脑疫苗接种，牲畜治疗，患病病人治疗等综合防治措施，流行基本得到控制。1987年，发病1例，发病率为3/100000。

2004年1月，随着疾病预防控制中心和卫生监督体制改革的顺利实施，故城县疾控中心在原故城县卫生防疫站的基础上成立。该中心承担全县疾病预防控制、应急预警与处置、疫情应急与报告、检验检测与评价、健康教育与服务等任务。2018年10月底，改扩建项目全部竣工，于11月初，接种门诊搬迁使用，实行规范化管理，实现了数字化接种门诊。

二、应急防控

根据县内实际情况，疾控中心成立突发公共卫生事件应急处置领导小组和应急处置队伍，加强应急物资储备以及应急演练工作，提高应急队伍素质和反应能力，流调、消杀、采样、后勤保障等各小组分工明确，将新方法、新技术应用于各种不明原因传染病和突发公共卫生事件处置工作中。2012年、2013年，县疾控中心连续两次在衡水市卫生局、市疾控中心举办的疾控系统“现场流行病学和实验室技能”竞赛活动中获得现场流行病学第一名、实验室技能第二名的好成绩，代表衡水市参加河北省卫生应急知识竞赛大比武，取得好成绩。

2009—2018年，监测报告食源性疾病499例，未发生重大食物中毒事件。

三、艾滋病防控工作

2009年，县政府成立了故城县防治艾滋病工作委员会，启动艾滋病防控工作。是年县疾控中心组织专业人员成立艾滋病高危行为干预工作队，积极整合与动员各职责部门、学校团体等社会力量，深入学校、工地、看守所、娱乐场所开展艾滋病综合防治知识和政策宣传以及重点人群行为干预，确保宣教工作取得实效。中心建成艾滋病初筛实验室并通过上级部门验收，承担并指导全县各医疗机构开展艾滋病咨询检测工作。2016年，各乡镇卫生院建成并启动艾滋病快速检测点，为及时发现、早期控制艾滋病打下了良好的基础。

四、结核病防控

疾控中心设有结核病科负责指导各医疗机构开展结核病发现、报告、转诊、追踪、随访、化疗督导及密切接触者筛查等各项工作。县医院设有专科门诊负责接诊、治疗结核病人。每年在3·24世界结核病宣传日利用多种形式进集市、学校、工地开展结核病防治宣传和健康教育工作，提高人群对结核病防治知识知晓率，降低了结核病患病率。逐年对学校师生进行结核病防治知识培训，定期督导、检查。2009—2018年，共计治疗管理结核病人1965人，治愈率达95%以上。

五、重点传染病监测、防控

2000—2009年，域内大力加强疫情监测，成功应对了甲型H1N1流感、手足口病等重点疫情。完成了国庆60周年卫生应急安全保障工作。2014年，根据故城县赴非洲务工人员较多的现象，开展回国人员埃博拉出血热、黄热病、寨卡病等疫情监测，未发现相关病例。2017年，故城县人民政府成立重大疾病局际联席会议制度，增强了传染病联防联控力度，明确了各部门在传染病防控工作中的职责，使传染病防控工作能形成合力，全面应对。2009—2018年，共开展疟疾病人调查和疫点处置36次，其中管理、调查间日疟3例、卵形疟6例、恶性疟27例。发热病人血检2180例，未发现本地疟疾感染病例。按计划开展手足口病、疟疾、布病等传染病监测，采集标本检验并送市级符合。

六、地方病防控

按照各级防控规划和工作方案，开展碘缺乏病、地氟病等地方病的监测和防控工作。2010年5月，按照《关于切实做好省新发现的高碘地区停供碘盐改供无碘食用盐有关工作的通知》，对11个高碘乡停供碘盐，改为无碘盐供应。2011年，根据《河北省居民生活饮用水水氟、水碘、水砷分布调查方案》要求，采集全县538个自然村以及5个县直单位的619份饮用水进行了氟化物、碘、砷含量检测。2017年，以全县538个行政村为单位进行了生活饮用水水碘、水氟调查，共采集检测集中式供水水样210份。

2018年8月故城县被确定为高碘县，对高碘行政村进行无碘食用盐供应。

七、免疫规划管理

20世纪60—70年代，域内为预防疾病针对重点区域发放糖丸、接种霍乱疫苗、乙脑疫苗等。80年代至90年代末，按年龄组和计划免疫程序预防接种，传染病得到有效控制。21世纪，疾病防治免疫规划管理。2009年，为防控甲型H1N1流感，开展疫苗应急接种，完成22100人份接种。2010年，开展麻疹疫苗强化免疫，接种率达98.4%。开展15岁以下儿童乙肝疫苗补种活动，共补种48334剂次，圆满完成了补种任务目标。2011年，开展大中专院校麻疹查漏补种工作，完成2276人次，接种率91.11%。2013—2017年，加强预防接种门诊建设，提升服务质量，故城县26所预防接种门诊均进行改建、扩建，增加预防接种人员，通过衡水市预防接种单位考核验收，提高了服务质量。2018年，根据疫苗问题事件频发现象，组织开展问题狂犬疫苗、百白破疫苗的排查、追踪、咨询、后续补种、留观工作，于8月对全县预防接种单位进行复检验收全县一类各品种疫苗单苗接种率均达90%以上，达到维持无脊灰状态，麻疹疫情发病率控制在十万分之一，其他疫苗针对性传染病控制在低流行散发状态，为疾病控制工作奠定基础。

第二节　卫生监督

中华人民共和国成立后，设卫生科。1952年，县卫生科对9个餐馆进行检查，优者门前挂红牌，一般挂蓝牌，差者挂黑牌。1960年，商业部、卫生部制定《食品卫生“五四”制》，为此县多次召开会议，并采取多种形式广泛宣传，在食品生产、销售中认真执行《食品卫生“五四”制》，使食品加工和销售运输各环节的食品污染和变质基本控制。并对从业人员不定期体检，对患有传染病从业人员调离工作。1983年7月1日，《中华人民共和国食品卫生法（试行）》公布后，每年县人大和县政府组织1～2次食品卫生检查。1983—1987年，共体检7590人，对患有疾病的62人调离工作岗位，为980个单位颁发卫生许可证。1990—1995年，对8类食品、315个摊点进行检验，对违反食品卫生法行为进行处理，进行罚款处理52家，停业整顿45户，限期改进320户，销毁变质食物400公斤。

2004年1月1日，故城县卫生监督所成立，在原卫生防疫站的基础上组建，隶属县卫生健康局行使卫生监督职能的执法机构。县卫生计生综合监督执法局有执法人员13人，下设办公室、公共卫生科、医疗卫生科、档案室等科室。机构主要职责：贯彻落实《中华人民共和国传染病防治法》《中华人民共和国执业医师法》《公共场所卫生管理条例》《生活饮用水监督管理条例》等卫生法律法规，依法开展医疗卫生、传染病防治、公共场所卫生、饮用水卫生、放射卫生、职业卫生、学校卫生、消毒产品、餐具饮具集中消毒服务单位监督执法检查工作，依法查处非法行医等违法违规行为。

2005—2010年，加大对故城县餐饮业监督力度，落实餐饮业服务许可管理办法，严厉查处各种违法行为。据不完全统计，每年检查餐饮单位1100余户次。2014年5月，由于体制改革等因素，餐饮业主管职能划转食品药品监督管理局。2018年1月，县卫生监督所正式更名为故城县卫生计生综合监督执法局。

第三节　公共卫生

一、饮水卫生

改造旧井　1950年前，人民直接饮用运河水、大口井水，严重影响身体健康，1951年始，各级政府倡导饮用运河水消毒，改造农村大口井。是年全县新建饮用水井130眼，改良水井4眼。对饮用运河水投药消毒，使5372人受益，后逐年改良饮水。1975年，改井1130眼，打管井141眼。自1973年兴建自来水塔，县城结束饮用运河水历史。1987—1990年，全县建自来水井50眼，机井5838眼，县城和部分乡镇饮用自来水和机井水。1992年，利用上级资金打深水井272眼，327个村庄可饮用自来水。21世纪，域内开展集中供水旧井基本被改造改良。2001—2005年，实施人饮安全工程。2018年，旧井全部被改造。

改水降氟　饮用高氟水易导致氟中毒，是一种分布广、危害重的地方病。1984年，普查表明：衡水地区为氟中毒重病区。1986年年初，县防疫站对郑口镇居民（重点五大院）进行调查，结果表明：郑口镇7～15岁儿童4969人，氟斑牙患病人数4024人，患病率为81%，其中五大院村最为严重，8～15岁儿童氟斑牙患病率高达87.3%，16～55岁的483人中患关节及腰腿疼痛者127人，占调查人数26.3%，对其中症状较明显的16人进行X光拍片，诊断氟骨病7人。同时，在县城郊西北、西南进行勘探，物探证明浅层底板在35米处，有一10米左右含沙水层，含氟量0.4～0.6毫克/升，水量较充足。同时，县防疫站对分层水质进行分析化验。情况如表25-3：

1986年故城县防疫站水质抽样检验统计表

表25-3

水　井	氟化物（毫克/升）	氯化物（毫克/升）	pH值	硬　度
大口井（10米）	0.4～0.6	574	6	67
浅机井（32米）	0.4	200	6.6	30
深机井（300米）	5	68	6.3	24

说明：硬度以碳酸钙计

1987年衡水地区防疫站水质抽样检验结果统计表

表25-4

pH值	硬　度（毫克/升）	氟化物（毫克/升）	氯化物（毫克/升）	浑浊度	色度	臭味	铁（毫克/升）	铅（毫克/升）	铜（毫克/升）	锌（毫克/升）
7.66	53.1	1.0	154.4	7	4	无	0.82	0.03	0.02	0.05

郑口镇2万多名居民饮用含氟5毫克/升（超国家规定标准5倍）深井水已达10年之久，改水降氟势在必行。此情况得到省、地、县高度重视。河北省人民政府先后拨款30万元，衡水地区行署拨款5万元，中共故城县委、县政府组织卫生局、城建局、水利局、电力局、科委、郑口镇与各部门组成改水降氟办公室。对水文地质、改水方式、工程设计、控制管道进行反复探讨论证。在河北省地方病办公室、地方病防治所、科委、衡水地区水利局、科委的领导下，由专家现场指导，作出改水降氟设计方案。1985年10月1日，改水降氟工程竣工，副省长王祖武、副专员孙木森亲临郑口镇为改水降氟工程落成典礼剪彩。

水厂设于郑口镇西北1.5公里处（党校北），地势高，无污染源，按“T”形分布打7眼浅井，井距200米，各井由专用管道相通，深浅井水一同引入配兑池。深浅井水抽出后，按1:3比例在池中充分混合，待净化后向外送水。配兑池长、宽、深依次为12米、12米、2.48米。全部为钢筋混凝土结构，半地下式、防沉、防震、防渗。顶部堆土0.5米，以防冻、防漏、防污染，进出水管道分设两侧，池内设导流壁3道，水进池后迂回流向出口，达净化目的。

整个水厂占地6000平方米，其中建有井屋7间，机房5间，职工宿舍及其他房屋4间，总建筑面积263平方米，安装100千伏变压器1台、离心泵4个、潜水泵7个、控制柜2台，架设高压输电线路17000米，铺设输送水管道5800米。

改水方法和工程质量经过一年运行和日常监测，水质含氟量1毫克/升，其他指标也基本符合饮水卫生标准。日供低氟水2000吨，1987年供水72万吨。

经省专家鉴定，故城县郑口改水降氟新工艺居国内领先水平，具有较高科学性和实用性，在同类地区中具有推广价值。

为查明故城县饮用水水碘、水氟分布状况，为重新划分缺碘和高碘地区及落实精准改水降氟防治措施提供科学依据，进一步落实因地制宜、分类指导、科学补碘防治策略，于2017年5月和7月对全县的生活饮用水进行了采样检测。

第一阶段调查：根据故城县的实际情况，调查乡为集中式供水：采集一份末梢水水样；调查乡为部分集中供水：将调查乡分成东、西、南、北、中5个片区，在每个片区采集1份末梢水水样。2017年5月上旬对全县13个乡镇的65个水井进行了采样检测。

2017年5月故城县水井水质抽样检测结果统计表

表25-5

水 碘		水 氟	
最小值（微克/升）	138.5	最小值（毫克/升）	0.86
最大值（微克/升）	508.0	最大值（毫克/升）	4.75
中位数（微克/升）	268.0	中位数（毫克/升）	3.27
>10、<300（微克/升）	45份	<1.0（毫克/升）	1份
>300u微克/升	15份	>1.0（毫克/升）	64份

第二阶段调查：根据第一阶段的调查结果，13个乡镇的水碘中位数均大于10微克/升，于2017年7月下旬，以538个行政村（居委会）为单位进行了第二阶段的生活饮用水水碘、水氟调查。共采集集中式供水水样210份。

2017年7月检测结果统计表

表25-6

水 碘		水 氟	
最小值（微克/升）	11.7	最小值（毫克/升）	0.27
最大值（微克/升）	633.4	最大值（毫克/升）	5.15
中位数（微克/升）	213.5	中位数（毫克/升）	3.42
>10、<300（微克/升）	175份	<1.0（毫克/升）	3份
>300（微克/升）	35份	>1.0（毫克/升）	207份

通过调查工作的开展，针对地方病防治工作提出加强盐业市场监测管理，确保碘缺乏病区居民食用合格碘盐，水源性高碘地区供应无碘食用盐，减少高碘危害，保障居民健康；采取科学有效的改水降氟措施，对改水降氟工程采取监理和监察制度，加强后期管理和维护，确保病区居民摆脱高氟危害；在病区加强碘缺乏病、水源性高碘、地方性氟中毒健康教育工作，使病区群众认识到地方病病因、危害及防治方法，参与配合防治工作，珍惜改水工程，卫生部门加强碘缺乏病、水源性高碘、地方性氟中毒病情监测工作，密切关注病情动态，为及时调整防治策略提供科学依据。

2018年，域内实现消除碘缺乏病目标，对水源性高碘行政村销售未加碘食盐。调查8～12岁儿童氟斑牙32171人。其中正常11860人、可疑5288人、极轻4997人、轻度5826人、中度3405人、重度795人。氟斑牙患病儿童15023人，氟斑牙率46.7%。监测点乡氟骨症筛查50人，氟骨症患者累计18人。2018年年末，共检测改水工程19个、自备井94个。水源水113份，水氟含量合格2份，合格率1.77%；末梢水539份，水氟含量合格25份，合格率4.64%；直饮机水76份、分质供水（桶装水）13份，水氟含量合格率100%。城区已饮用水源置换水（长江水），水氟含量符合生活饮用水卫生标准；农村供水采用分质供水模式，即饮水由桶装纯净水灌装配送，其他生活用水管网输送。为彻底解决农村饮水高氟问题，故城县在全县实施水源置换项目，用南水北调水源替代深层地下水，使全县农村喝上长江水。

二、劳动卫生

1956年始，对工厂进行以防粉尘为主的劳动卫生保护，配戴口罩、帽子、眼镜，通风、降温、灭蚊蝇，清垃圾。伴随工业发展劳动卫生不断加强和完善。1987年故城县有13家工厂全部建立卫生档案，发放卫生许可证，体检职工900人，对不符合劳动卫生要求的厂家令其改造和完善卫生条件。1990年始，根据《劳动安全卫生法律法规》不断完善和改造卫生条件。21世纪初，县防疫站成立职业卫生科，对全县工厂企业建立申报档案，定时为玻璃钢等企业进行工人体检建档，防治职业病。至2018年，职业病防治工作纳入正规。

三、学校卫生

1951—1956年，学校卫生要求教室开窗通气、不乱吐痰、勤晒被褥、不饮生水、勤剪指甲等。1951年，为郑口完小及初小部分学生体检378人，患病者200人，占53%。其中沙眼最多，达119人，占31.5%；肠道蛔虫50人，占13.2%。1956年后，防疫站每年对学生进行健康检查和预防接种，定期选行卫生知识宣传，开展常见病调查。1987年，全年共体检学生15539人，患病2746人，患病率为17.7%；蛔虫患病210人，患病率1.4%；视力低下1243人，患病率8%；龋齿1293人，患病率8.3%。

2012年至2018年年末，开展学生常见病监测工作，共体检学生13200人，视力低下学生5673人，占43%；龋齿3103人，占23.51%，均进行科学指导治疗，推行校园眼保健操，保护学生视力。

四、爱国卫生

中华人民共和国成立初期，以“破除迷信思想，有病求医不求神”宣传教育为主。县城街道卫生由街道委员会1人负责。1949年，故城县人民政府设立防疫委员会，县长兼主任，委员由各机关负责人组成，各区亦建立相应组织，具体工作由县卫生科办理。1950年，为粉碎美国细菌战，开展“除‘四害’，讲卫生，消灭疾病”爱国卫生运动，发动群众对井水消毒，清除垃圾、灭蚊灭蝇。对115眼大口井投药消毒。改厕所105个、改猪圈141个、修建垃圾箱2个、灭鼠13381只。

1952年，建故城县爱国卫生运动委员会（简称爱卫会），下设办公室（办公地点在卫生科）。1956年，卫生防疫站建立后，爱卫会具体工作由防疫站办理。1958年，县内掀起“除‘四害’、讲卫生”群众运动，县成立指挥部，抽调有关部门56人组成办公室。据当时统计，全县灭老鼠342204只、挖蝇蛹3327公斤、改厕所36855个、翻厕所63904个、熏房218953间、清除垃圾19647车。

1964年8月，郑口公社由附近11个大队抽调人员建立卫生队，50人组成。至此，县城街道卫生始有专业组织，其经费源于粪肥出售收入。1981年，县爱卫会办公室设于县防疫站。是年11月，爱卫会办公室设于卫生局，办公室主任由卫生局一名副局长兼任，并配备专职副主任和专职工作人员。办公室曾一度由县卫生局、防疫站、城建局、环保站、公安局、交通局、商业局、县联社、郑口公社等部门共抽调14人从事日常工作。1984年5月，县爱卫会办公室独立建制。为县人民政府直属办事机构。爱卫会主任由中共故城县委一名副书记兼任，经费由县财政专拨。爱卫会负责协调、组织、发动、指导、稽查、监督、领导各职能部门开展爱国卫生运动。是年末爱卫会主任由县政府一名副县长兼任，副主任由县卫生局、城建局、工商局局长及郑口镇镇长兼任，并有宣传部、计委、经委、交通局、公安局、环保站、水利局、林业局、畜牧局、文教局等有关部门负责人为委员，共21人，办公室人员4人。

1978年，在全国学山东烟台“卫生上纲要”形势下，将农村“两管”（管水、管粪）、“五改”（水井、厕所、炉灶、畜圈、环境）作为重点于赵行公社试点。是年7月在赵行公社温庄大队召开全县三级干部现场会议，进行发动。后衡水地区卫生局在杏基公社贾黄村大队督促指导，将各家厕所改成有棚盖、不渗漏的“烟台式”厕所，并修建自来水管道。是年8月，衡水地区卫生局在故城县召开“卫生上纲要”现场会，推广故城县做法，但后未巩固。

1981年冬，县财政先后拨款1万元，为郑口卫生队购置12马力拖拉机台，以拉运粪便、垃圾。爱国卫生运动重点由农村转向城镇。以治理脏、乱、差为主要目标，增加街道清扫人员。1982—1984年，采取干部职工年均缴卫生费1元办法，以解决爱国卫生运动经费不足。

1984年9月2日，县人民政府提出“彻底治理脏、乱、差，实现洁、齐、美，建设文明城”口号，并制定“门前三包，门内达标”具体规定，环境实行绿化、美化、净化和路面硬化。是年，全县清除垃圾34069车，解决不卫生死角250个，出动各种车辆1600辆次，填平坑洼4500个，修建新厕所502个，清除违章建筑363处，增设垃圾池、箱1054个。植树525864棵，植草皮5800平方米，建花坛98个。全年卫生基本建设投资50万元。

1985年县城建局设环境卫生管理站，有35人。划分卫生区段，实行分片包干责任制，拆除违章建筑（街道两旁临建棚）40间。是年，重点解决县城“五马闹市”（即马路垃圾、马路堆料、马路工厂、马路污水、马路粪便），进一步落实“门前三包，门内达标”责任制。1986年，爱国卫生运动转入制度化、经常化，并大力开展灭鼠活动。全年投放鼠药2.5万公斤，鼠密度由38.17%

降至12.7%。1987年故城县购进灭鼠盒300个，立克命粉503公斤，配制毒饵45000公斤，鼠密度又由12.7%降至1.2%。是年开展蚊灭杀活动，组织蚊蝇消灭有偿服务专业队伍，对县城及重点乡镇机关、工厂、学校和特殊行业、车间普遍喷洒灭杀剂，公共场所蚊蝇密度下降。1987年10月25日，在衡水地区县市卫生竞赛活动中，名列第二。

1987—2008年，坚持“政府组织，地方负责，部门协调，群众动手，科学治理，社会监督”的爱国卫生工作基本方针，开展灭鼠、灭蚊蝇，讲卫生，创建卫生单位活动。1989年起，定于每年的4月为爱国卫生月，集中治理脏乱差。1990年，实行卫生工作目标管理责任制，层层签订目标管理责任书，定期检查、考核、奖惩。在衡水地区考核中，故城县两次名列第一。

2005年年末，全县有二级卫生集镇4个，三级卫生集镇9个；卫生先进单位573个；卫生合格单位43个；卫生村21个。2008年，全县市级卫生先进单位增至580个，市级卫生镇11个，市级卫生村30个。全县自来水普及率达90.5%，投入287万元改造农村厕所，改善广大农村卫生环境，提高农民生活质量。

2008—2018年，故城县爱卫办挂靠故城县卫生、卫计局，每年4月开展爱国卫生月活动和禁烟工作。投资530万元进行农村无害化卫生厕所改造。建成省级卫生乡镇2个，省级卫生村4个。

第四节　妇幼保健

妇幼保健机构　1953年年初，建妇幼保健组，时有4人，隶属县卫生院。1956年5月，妇幼保健组有6人，隶属县防疫站。1965—1973年，随防疫站并入县医院。1974年复建。1979年，妇幼保健组改为妇幼保健院，独立核算。院址设于郑口镇三道街北首（原县医院址），有干部职工22人。1980年，妇幼保健院改为妇幼保健所，有43人。1982年7月，易名为妇幼保健站，部分人员调至县医院。1987年，妇幼保健站共20人，其中西医师1人、西医士11人、中医士1人、药剂员1人、管理工勤6人，设有妇科、儿科、优生优育科、婴幼儿咨询门诊、急诊室、化验室、办公室和后勤。病房与中医医院合用。1993年在妇幼保健站的基础上建成县妇幼保健院，成为集预防、保健、医疗于一体的综合型报检单位，开设床位70张，设有妇产科、儿童保健科、妇女保健科、检验科、外科、功能科、儿科、手术室等。有CT机、进口彩超机、全自动生化分析仪、自动分析心电图机、彩色乳腺透照仪、血流变仪等300多万元的大型医疗设备，有高级技术人员4人、初中级职称98人。县级妇幼专职人员18人，乡级23人，村级保健员390人。

2018年，全院干部职工213人。妇幼健康临床、保健业务发展，实施门诊就诊医疗、保健人数达9万人次，住院3700人次。农村妇宫颈癌筛查6000人，乳腺癌筛查6000人，目标人群叶酸服用人数7049人，服用率95.67%，艾滋病、梅毒和乙肝母婴阻断检测4402人，免费孕中期唐氏筛查2820人。

妇女保健　1973年，妇女保健工作主要为妇女五期（月经期、孕期、产褥期、哺乳期、更年期）劳动保护，培训专职人员。1979年，新法接生率80%～85%。后又推广科学接生，对孕妇实行产前检查，产后访视，建立母子系统管理卡片，科学接生率及住院分娩率逐年提高。1987年年末达95%，孕产妇死亡率由解放初5%，降为0.04%。

1984年，采用物理诊断方法，对5万多名妇女进行普查，查出宫颈癌5人，乳腺癌4人，其他妇科疾病7763人，治率达92%。1987年，以妇幼保健站建设为中心，乡镇卫生院为枢纽、村级为网底的三级妇幼保健网建设得到完善。1990年，科学接生率提高到97.5%，孕产妇死亡率由1987年的0.04%降到0.03%。普查妇女79677人，治愈率98%。2000年故城县实施婚前医学检查，是年婚检人数5132人，婚检率68%，2003年10月，新婚姻登记条例实施，婚检改为自愿选择。2005年、全县普查妇女2954人（次）普查率62%、疾病查出率28.8%、住院分娩率94.6%。2006年3150人普查率69%、住院分娩率96.7%。2007年25000人，普查率87.5%、疾病查出率47.8%、住院分娩率98.5%。2008年实施降消项目后，共普查妇女7682人，疾病查处率51.2%、住院分娩率99.2%。2018年，疾病查处率80%以上，住院分娩率达99.8%。

幼儿保健 1953—1982年，妇幼保健组、站均设有婴幼儿咨询门诊。1983—1987年新生儿死亡率降至2.5%。普查婴幼儿62916人，查出小儿营养不良性贫血、小儿佝偻等8种疾病共4303人次。除无法矫正20人外，其他均治疗，治愈率达97%。同时建立儿童体检、体弱儿管理记录卡片。又重点进行小儿“四病”（贫血、佝偻、肺炎、腹泻）防治，进行维生素T投药和缺铁性贫血的防治，此防治共达24690人次，小儿营养性贫血和小儿佝偻病发病率降至2.4%。1990年，科学接生率提升至97.5%，婴儿死亡率降至2%。全县普查婴幼儿84619人，是年查出各种疾病4808人次，治愈率98.5%。1991—1999年，全县托幼机构数量不断扩大，县乡镇妇幼保健人员坚持每年对儿童作健康检查，边查边治，积极预防和诊治儿童常见病和多发病。1996年5月，卫生部、省卫生厅确定故城县为“强化新法接生、消除新生儿破伤风项目县”。是年，故城县实施联合国儿童基金会妇幼卫生合作项目，利用项目资金和配套设施加强人员和三级网络建设，2000年通过终期评结验收。2006—2008年，对全县所有托幼机构建册立档，每年定期对儿童进行健康体检，边查边治。体检儿童7200人（次），培训幼儿教师463人（次），排查出儿童常见疾病776人，隐形性疾病318人、指导治疗977人。死亡率降至1%。2008年，全县出生医学证明由手写改为微机打印，全省联网。8月，“降消”项目正式启动，全面降低新生儿破伤风死亡率。2015—2018年，随着医疗事业的健康发展，做好0～6岁儿童健康管理，儿童疾病查出率、预防率达90%以上。

第三章　卫生管理

中华人民共和国成立后，域内卫生事业发展迅速，卫生管理水平不断提高。人民医疗保健得到满足，药品监督管理制度和医疗制度日臻完善，医疗单位卫生经费得到保障。

第一节　医疗制度

一、公费医疗

1952年始，域内国家机关人员即实行公费医疗制度。1977年，试行药费包干制度，始在文教、卫生系统实行。县财政按每人每年的具体款数直接拨款到单位，由单位自行管理，超支不补，结余自用。1980年，故城县干部职工取消医疗证，实行医疗大包干，超支按比例报销，个人负担一部分，全年不超过35元。2003年，取消公费医疗，代为实行城镇职工医疗保险制度。

合作医疗 域内合作医疗始于1973年。1975年，实行大队、生产队、社员三级联办合作医疗。社员看病只付5分钱劳务费，药费全免。由于缺乏经济基础时办时停，甚至有名无实。中共十一届三中全会，农村实行经济体制改革，医疗机构日趋多元化，合作医疗体制基本解体。

二、城镇职工基本医疗保险

制度运行 2003年，县政府出台《故城县城镇职工基本医疗保险实施办法》，凡符合条件的城镇用人单位及其职工都要参加城镇职工基本医疗保险，城镇职工医疗保险制度于2004年1月份在故城县正式启动。2012年11月，衡水市人民政府出台《衡水市城镇职工基本医疗保险市级统筹实施细则》，2013年1月，故城县执行统一的城镇职工基本医疗保险政策。

城镇职工医疗保险的实施范围 本辖区国家机关、事业单位、社会团体、城镇各类企业、个体经济组织、民办非企业单位作为用人单位，均列入城镇职工基本医疗保险实施范围。进城务工农村居民有就业单位，签订劳动合同并与企业建立稳定劳动关系的参加城镇职工基本医疗保险。

缴费基数与比例 用人单位以上年度本单位职工工资总额为基数按6%缴纳；职工个人以本人上年度工资总额为基数按2%缴纳，由用人单位代为扣缴。

在岗职工年度工资总额高于上年度衡水市在岗职工平均工资70%，低于300%的，按实际工资总额作为缴费基数；低于上年度在岗职工平均工资70%的，按上年度在岗职工平均工资的70%作为缴费基数；高于上年度衡水市在岗职工平均工资300%的，按上年度在岗平均工资的300%作为缴费基数。

门诊特殊疾病　2009年1月，县人事劳动和社会保障局出台《故城县城镇职工基本医疗保险门诊特殊疾病管理暂行办法》，将冠心病、糖尿病、尿毒症、恶性肿瘤等列入门诊报销范围，起付标准为500元，统筹基金支付70%，自付30%，实行限额管理，单病种最高支付限额2500元，同时，患有两种以上规定病种的最高支付限额4000元，其中尿毒症、肾移植、恶性肿瘤、血液病患者可突破限额。门诊特殊疾病费用和住院费用合并计算，基本医疗保险年度最高支付额为2.5万元。

三、新型农村合作医疗

制度运行　2007年1月，故城县被省政府确定为新型农村合作医疗制度试点县，是年4月，县政府成立故城县新型农村合作医疗管理中心，县域新型农村合作医疗制度开始实施。2016年6月15日，按省政府要求，新农合管理中心移交县人力资源和社会保障局管理。2019年1月，新农合管理中心划归故城县社会医疗保障局。

故城县新型农村合作医疗管理中心下设办公室、财务室、审核室、稽查科4个科室，在县医院、县中医医院、县妇幼保健院和13个乡镇所在地卫生院设有办事处，并派驻工作人员。

新农合参保　域内新农合参保始于2007年，全县参合人数355730人，乡级住院起付点50元；县级住院起付点200元；县外住院起付点1000元；封顶线15000元（不分医疗机构级别，年度累计计算）。住院补偿比：乡级住院补偿比60%，县级住院补偿比45%，县外住院补偿比35%。2008年，中央财政补助参合农民每人40元，省、市、县财政共补助每人40元，参合农民每人缴纳10元。全县农业人口共有418980人，参合农民342343人，参合率81.71%。筹资总额达3081.087万元，其中：中央财政补助1369.372万元；地方财政补助筹资1369.372万元；个人筹资342.343万元。是年，将以下11种慢性病列入补偿范围：脑血管病后遗症、饮食控制无效的糖尿病（需用胰岛素治疗或合并严重并发症）、恶性肿瘤的放化疗、尿毒症血液透析、再生障碍性贫血、白血病、慢性肺源性心脏病、肝硬化失代偿期、系统性红斑狼疮、心肌梗塞、器官移植后排斥反应用药。

2009年，中央财政补助参合农民每人40元，省、市、县财政共补助每人40元，参合农民每人缴纳20元。全县农业人口共有419107人，参合农民369774人，参合率88.23%。筹资总额达3697.74万元，其中：中央财政补助1479.096万元；地方财政补助筹资1479.096万元；个人筹资739.548万元。是年，将12种慢性病列入补偿范围（2008年列入11种中增加活动性结核病）。

2010年，中央财政补助参合农民每人60元，省、县财政共补助每人60元，参合农民每人缴纳20元。全县农业人口共有42.02万人，参合农民382722人，参合率91.08%。筹资总额达5358.108万元，其中：中央财政补助2296.332万元；地方财政补助筹资2296.332万元；个人筹资765.444万元。

2011年，中央财政补助参合农民每人100元，省、县财政共补助每人100元，参合农民每人缴纳30元。全县农业人口共有42.17万人，参合农民389039人，参合率92.25%。筹资总额达8947.897万元，其中：中央财政补助3890.39万元；地方财政补助筹资3890.39万元；个人筹资1167.117万元。

2016年，中央、省、县财政补助参合农民每人420元，参合农民每人缴纳150元。全县农业人口共有419489人，参合农民413141人，参合率98.49%。筹资总额达23549.037万元，其中：各级财政补助17351.922万元；个人筹资6197.115万元。是年，故城县将20种特殊病种列入补偿范围。

2017年，域内农合参保人数444192人；2018年，域内农合参保人数426888人。

新农合筹资　每年由县新农合管理中心统筹部署，各村按省下达当年参合农民个人和应缴纳的钱数，负责本村参合农民资金的收缴，收缴资金缴乡镇财政所后转县建行新农合专户后报表财政局。参合农民个人信息的由本村采集，核对无误后导入新农合管理中心数据库。民政局汇总全县低保户、五保户名单代缴后将代缴资金拨转新农合专户，名单报县新农合管理中心录入数据库。

补偿方案的制定　每年按省下发当年新农合

补偿方案框架要求，制定具体的补偿标准和相关的补偿规定，以正式文件形式报市卫计局和市财政局审批，审批通过后，县政府发文予以实施。新农合管理中心将当年补偿方案和河北省新农合药品目录、河北省新农合诊疗项目目录录入数据库，新农合在方案制定完毕后开始运行。

新农合定点医疗机构 故城县新农合定点医疗机构包括县级3个，分别是县医院、县中医医院、县妇幼保健院；乡级定点医疗机构21个，分别是建国中心卫生院、军屯卫生院、西半屯卫生院、武官寨卫生院、郑口镇卫生院、三朗卫生院、饶阳店镇卫生院、房庄中心卫生院、青罕卫生院、故城中心卫生院、夏庄卫生院、辛庄中心卫生院、里老卫生院、瓦子庄医院、赵行医院、原隰医院、梧茂医院、小庙医院、小屯医院、袁庄医院、庙灵医院（后九个医院没有派驻新农合工作人员，新农合工作由医院指派专人负责）；村级定点卫生室657个，覆盖了所有有村卫生室的自然村。民营定点医院12个，分别是颐和医院、北大医院、仁爱医院、安定医院、安氏精神病医院、刘氏眼科医院、济仁医院、康明医院、同济医院、松新烧伤医院、传富医院、衡德医院。

支付方式改革 2012年始实施总额预算+单病种付费的支付方式改革，目的是转移因定点医疗机构医疗费用和住院人次快速增长造成的新农合资金压力，定点医院采取降低住院费用和住院人次措施，达到控制医疗费用快速增长的目的。

大病保险 为解决参合农民患重特大病导致因病致贫、因病返贫之情况，2015年，故城县根据上级政策，启动参合农民大病保险业务。是年，大病保险筹资额为每参合农民30元。大病保险为市级统筹，各县从当年筹集资金中拿出规定的钱数上缴市财政，由市卫计局和市财政局通过招标确定大病保险的商业保险公司实行衡水市统筹管理，2016年，提高到按每参合农民40元提取，是年上交市财政大病保险资金1652.56万元。

附

2016年大病保险补偿标准

非贫困参合患者：个人自负合规医药费用1万元以上（不含1万元）至3万元（含3万元）部分报销50%；3万元至6万元（含6万元）部分报销56%；6万元至15万元（含15万元）部分报销66%；15万元以上部分报销80%；每年每人累计补偿最高金额为30万元（年封顶线）。

参合贫困人口：个人自负合规医药费用5000元以上（不含5000元）至3万元（含3万元）部分报销60%；3万元至6万元（含6万元）部分报销66%；6万元至15万元（含15万元）部分报销76%；15万元以上部分报销90%；每年每人累计补偿最高金额为30万元（年封顶线）。

第二节 药品管理与监督

1998年，故城县药品监督管理局成立，加大了药品监督管理力度，先后对全县药品批发零售单位进行统一清理整顿。2008年10月，故城县食药监局与县网通公司合作，建成药品购销电子监控内部网络系统，网站主页设立通知、曝光台、法律法规、新闻、政务公开、科室职责等栏目，县局与全县药品经营企业和乡以上医疗机构全部进行联网，要求各联网单位对药品购销情况进行实时录入。网络建成，县局可随时对各个单位的药品库存、购销情况进行查询，可群发短信，利用内部邮箱群发电子邮件，使各种文件精神、会议通知等能够及时、快速、准确地传达到各个联网单位，提高药品监管效率和机关办公效率。

2012年，成立故城县药品不良反应检测中心，旨在进一步加强药品不良反应、医疗器械不良事件和药物滥用监测工作，防止药害事件发生，时刻关注百姓身体健康。

2016年6月，县食药监局接市局文件，出动执法人员66人次，检查疾病控制中心1家、县级医疗机构2家、乡镇级医院接种站22家，检查发现的疫苗产品全部为县疾病控制中心统一调拨配送，未发现有购进问题疫苗的行为。检查药品经营企业86家，未发现有违规购进经营疫苗产品的行为。

2017年，县食市监局按照《河北省食品药品监督管理局2017年药品流通监督检查要点》《河北省食品药品监督管理局2017年药品流通监督检查工作计划》要求，组织对辖区内疫苗经营使用单位进行了全面检查，共出动执法人员66人次，检查疾病控制中心1家、县级医院3家、乡镇级医院接种站22家，县疾病控制中心疫苗来源全部从河北省公共资源交易平台统一采购，在各接种点检查发现的疫苗产品全部为县疾病控制中心统一调拨配送，全部建立健全了运输、储存温度监测记录。检查药品经营企业106家，未发现有违规购进经营疫苗产品的行为。

2018年，县食市监督局设置药械监管股，将全县药械监管工作集中统一由一个股室管理，将农村卫生室监管工作下放至7个基层所管理。

第三节　卫生经费

1969年前，县医院对卫生工作人员实行不定期补助工资。1970年，改为包干工资。1972年前集体所有制医疗单位实行“自负盈亏”。1973年县乡医疗单位改为“社办国助”，集体人员补助60%，国家人员补助100%。后实行“收支两条线”，由上到下安排，县财政按衡水地区财政安排执行。1980年，财政体制改为“分灶吃饭”，医疗单位正常经费由县财政负责，上级卫生部门仅拨部分专款。1988年，县分院以下医疗单位实行院长承包责任制。1990—2008年，差额事业单位经费实行“定额定向”补助，全额事业单位个人部分由市（县）财政负担，公务开支实行定额补助。2009—2011年，财政定额给拨入经费，2011年，卫生院改制实行收支两条管理。收入全部上缴财政，县财政承担卫生院人员工作及保险缴纳，核定收入任务数，定额给予拨经费，县直医疗单位不再给拨入经费。

第四节　红十字会故城分会

红十字会故城分会，严格贯彻执行《中华人民共和国红十字会法》《河北省实施〈中华人民共和国红十字会法〉办法》《国务院关于促进红十字事业发展的意见》《河北省人民政府关于加快红十字事业发展的实施意见》，弘扬“人道、博爱、奉献”的红十字精神，坚持“依法建会、依法治会、依法兴会”的工作方针，创新实干，红十字事业得到长足发展，为全面建成小康社会发挥了重要作用。

人道救助工作　2010年，贫困白血病患儿求助申请由直接向中国红十字基金会求助改为向患儿户籍所在地的市、县级红十字会咨询求助和登记。为便于贫困白血病患儿咨询和求助，顺利实施“小天使基金”项目，故城县红十字会认真做好贫困白血病患儿救助申报工作，详细回答患儿家长咨询，对申报材料严格审查、核对，认真填写登记表。已有10名贫困白血病患儿得到“小天使基金”救助。

2018年，组织开展以“关注农村儿童健康，红十字爱心行动”为主题的“博爱燕赵行”活动，救助农村患有先天性心脏病的贫困儿童。组织贫困先心病救治定点医院开展“先心病儿童筛查”活动。筛查对象为故城县0～18周岁贫困先心病患者，这项筛查活动共筛查全县13个乡镇，筛查186人，查出先心病患儿10人。全县共有15名贫困先心病患儿得到救助。

第五节　管理机构

卫生和计划生育局　1949年1月，县卫生业务由县民政科管理。是年10月，县人民政府设立卫生科，科长1人、科员2人。1950年8月，卫生科撤，由县卫生院兼管卫生行政事宜。1951年复设卫生科，仍设科长1人、科员2人。1958年10月，故城县卫生科随县并入吴桥县卫生科。1961年5月随县析置，复设卫生科。1962年8月3日，与县文教科合并，易名为文教卫生科，设科长1人、副科长1人、科员若干。1963年6月，文教、卫生科分设。1968年9月，再撤卫生科，由县革委会生产指挥部民卫组兼管卫生行政事宜。1970年6月，建县卫生局，隶属县革委会，局长1人、副局长2人，办事员4人。1983年12月，县卫生局内设办公室、医务室、财务室、医政室。局长1人、副局长2人。1985年5月1日，卫生局由郑口三道街迁入一道街县防疫站办公楼。县卫生局直属单位：中医医院、卫生防疫站、妇幼保健站、卫生学校、县医院及下属武官寨、建国、辛庄、房庄4所地段医院。另有郑口、故城、袁庄、夏庄、小屯、青罕、原隰、庙灵、里老、小庙、梧茂、三朗、杏基、赵行、饶阳店、瓦子庄、军屯、要庄、西半屯19所乡（镇）卫生院。乡（镇）卫生院属县卫生局乡

（镇）双重领导。2015年8月19日，根据故城县人民政府机构改革方案，原卫生局与原计生局职能合并，成立故城县卫生和计划生育局。2018年，县卫生和计划生育局行政编制22名，其中局长1名、副局长3名，股级职数14名，机关工勤编制2名。内部机构设有办公室、行政审批股、规划财务股、政策法规股（医改办）、人事教育股、疾病预防控制股（应急办）、基层卫生与妇幼健康管理股、医政药政与中医管理股、计生基层指导和家庭发展股。

故城县疾病预防控制中心　成立于2004年1月，10月迁至故城县顺达路西首新建疾控大楼。设有疾病控制科、检验科、结核科等6个业务科室和2个行政管理科室。2018年有干部职工35人，其中大专及以上学历7人，中专学历22人；中级以上职称6人，初级职称19人。配有200毫安X光机、酶标仪、气相色谱仪、生物安全柜等检验设备20余台套和3辆专用车辆。担负着全县儿童免疫规划的管理与组织实施、传染病疫情的监测报告和控制、突发公共卫生事件应急处置、食品、水等样品监测和从业人员体检、学校卫生、慢性病防治、健康教育等职能。疾病预防控制中心为股级全额事业单位，核定编制23名，股级职数1正2副。

故城县卫生监督所　成立于2004年1月，属全额事业单位，科室设置有办公室、卫生监督一科、卫生监督二科、卫生监督三科、卫生监督四科、卫生监督五科、卫生监督六科等6个业务科室和2个行政管理科室。卫生监督所为股级全额事业单位，核定编制23名，股级职数1正2副。

第二十六编　体　育

域内体育运动由来已久。清光绪《故城县志》对域内民间太极拳、少林拳等民间体育活动均有记载。民间武术活动以家族式传承和师代徒的形式延续。中华人民共和国成立前，域内未举办过大型运动会，仅各学校组织小型体育活动。

中华人民共和国成立后，体育事业有较快发展。学校、机关、事业单位体育活动较为广泛，群众体育活动活跃。开展的体育项目有田径、篮球、排球、乒乓球等。

1970年8月，县体育运动委员会（简称体委）成立。除开展原有体育项目外，又开展游泳、围棋、老年门球等项目。

1980年，县级体育组织日臻完善，并成立各项目协会，各乡镇亦建有体委或体协。1984年，县人民政府先后共投资60万元，建成以体育场为中心的配套体育设施。

1985年12月，县体委主任鲁文艺、郑口中学体育教师邢洪林被国家体委评为全国优秀裁判员。1987年，国家体委命名故城县为“全国体育先进县”。

20世纪90年代，随着人民物质文化生活水平的不断提高，体育事业不断发展。域内武术、田径、乒乓球、象棋、围棋在省、市比赛中多次获奖。1995年10月，《中华人民共和国体育法》实施以来，故城县积极推行实施《全民健身计划纲要》，建立体育竞赛制度，定期举办群众和学校运动会，体育场所向标准化发展，体育设施向群体化发展，体育活动由单位组织转向自发活动。

至2018年，故城县重视学校体育，关注发展城区和农村居民体育。县域各小区及538个行政村均建有体育活动场所，安装了体育健身设施。全县参加体育健身活动的人数不断增多。

第一章　学校体育

清末民国初，域内县立小学始设体育课，每周2节，1923年始，农村学校循章开设体育课。中华人民共和国成立后，体育教育得到重视，训练水平不断提高。2000年，中学生体育成绩纳入中考总分和高考综合分数。各学校积极组织体育社团参加各项体育赛事，增强学生体质。

第一节　体育教学

体育课与课间操　清末及中华民国期间，域内初等、高等小学均开设体育课。

中华人民共和国成立初期，县内初、高级小学、低中年级每周上体育课时间为1小时，高年级每周1.5小时。县、区每年均举办会考，会考设文场和武场。武场即体育比赛，包括赛跑、团体操表演、武术表演。

1949—1953年，域内中小学学习苏联体育教学经验，加强备课和体育活动指导。体育课主要进行队列、队形、田径、球类等项目教学与训练。

1954年，开始推行少年广播体操。是年，国家体委颁布准备劳动卫国制度（简称劳卫制）。

小学高年级和中学响应“锻炼身体，建设祖国，保卫祖国”号召，积极参加以劳卫制为中心的体育锻炼。1957年，教育部颁布《体育教学大纲》。全县中小学按大纲要求，进行体育课教学，开展课外体育锻炼，各校坚持上课间操并形成制度。中学设专职体育教师，上级教育行政部门每年按规定拨专款为学校购置体育器材。各完小、中学均有田径队和篮球队。1958年，域内小学高年级和中学开展劳卫制活动达到高潮，各校对此重视，均制定达标规划。学生积极参加体育锻炼，凡达标学生，学校颁发劳卫制标志。20世纪60年代，故城县中小学学校体育重视田径、乒乓球等项目，取得较好成绩。“文化大革命”后期，军体课代替体育课，主要进行军事基本训练，增加队列、田径、球类等部分项目。1978年后，各中小学按照教育部重新颁布的《体育教育大纲》和新编体育教材，并积极开展课外体育锻炼。各中小学坚持“两课”（每周两节体育课）、“两操”（课间操、眼保健操）、“两活动”（每周两次课外活动）。各中学均建有篮球、排球、乒乓球、田径等运动队。

1980年，全县中小学推行《体育锻炼标准》。中学达标率80%以上，重点中学达标率94%。是年，郑口中学被省体委定为河北省学校体育田径业余训练点。1981年，又定为河北省排球业余训练点。1987年，全县中小学专职体育教师117人，兼职体育教师318人。

21世纪后，各级各类学校按《教学大纲》要求，坚持“两课、两操、两活动”。平均每个学生每日有1小时体育活动时间，凡体育不达标者均限制升入高一级学校，不能评为“三好学生”。县内中小学校均配备专职体育教师，逐年配齐体育设备。体育课教学、课外体育活动、课余体育训练和体育竞赛做到有机结合。科学开展课外体育活动，每天安排课间操，每周安排3次以上课外体育，保证学生每天有1小时体育活动时间。2018年，全县专职体育教师102人。

培养体育特长生 县体委注重人才选拔与培训，1970—1987年，向省以上专业运动队输送运动员11人，向体育院校输送新生51人，铅球运动员胡振海被选拔到国家田径队，参加第八届亚运会获第四名。20世纪90年代，域内各级学校注重体育人才培养，在抓文化课的同时，对学生体育体能训练常抓不懈。

1998年，故城县高级中学开始招收体育特长生，至2018年，按招生计划每年春季在各初级中学中招收新生40～50名，对这些体育特长生进行重点培养，输送到高等体育院校。

第二节 体育成绩

清末及民国初期，域内高级小学举办有小型体育比赛。20世纪60年代，域内中小学田径、乒乓球等项目成绩突出。1963年，故城公社中镇小学乒乓球队代表故城县参加衡水地区小学生乒乓球赛，获女子单打冠军，男子单打第三名。1964年，郑口小学乒乓球队参加河北省少年乒乓球赛，获男子单打第六名。是年郑口小学被定为省乒乓球传统项目学校，郑口中学被定为河北省田径、乒乓球传统项目学校，培养了一批长短跑、投掷、乒乓球优秀运动员，在省市比赛中取得过优异成绩。

1978—1989年，域内每年均进行以校、片为单位的体育赛事。由于全县体育工作者辛勤工作，涌现出一批先进集体和个人。1982年，郑口中学体育教师翟金香被国家体委、国家教委评为全国模范体育教师。1984年，郑口中学被国家体委命名为全国传统项目先进学校。1986年，县地毯厂职工刘虎被全国总工会、国家体委评为全国职工体育活动先进个人。

自1990年开始参加衡水地区（1996年建市，称衡水市）青少年运动。1993年，故城县代表衡水地区参加河北省青少年运动会自行车比赛，并获团体总分第二名。1994年，在衡水地区青少年运动会上获得3枚金牌、1枚银牌、4枚铜牌，团体总分第二名。1997年，在衡水市第一届青少年运动会上，举重运动员王立平打破市纪录，并被省体校录取。1998年，获得团体总分第二名，田径取得总分和金牌第一名，篮球获得第二名。

2003年10月，举办全县中学生田径运动，参赛队员突破100人。

2004年4月，故城县承办衡水市第四届中学生田径运动会，来自衡水市11个县市区的初中、高中代表队在郑口中学田径场上角逐。故城县初中代表队获衡水市第二名，普通高中组获衡水市第一名，县教文体局获"优秀承办单位"称号。

2005年始，县教文体局每年举办一届中学生篮球赛、一次全县中小学生广播体操比赛、一次对体育教师的业务培训。各乡镇中心校、中学每年举行一次田径运动会。2007年9月，坛村中学被市体育局命名为"体育训练基地学校"。2008年，故城县学校体育教育更趋规范化，强化学校体育教育的职能，增强学生体质，使学生掌握体育基本知识，培养体育运动能力和习惯；提高学生运动技术水平，为国家培养体育后备人才。受到省市教文体局表彰3次。

2009年，学校体育健康开展，形式多样，取得较好成绩。分别获得第二届国体联"育康滕·育派杯"国际青少年乒乓球比赛男子甲组团体第三名、女子乙组第八名；衡水第十三届中小学生乒乓球比赛，中学组团体第一名、小学组团体第四名；衡水市青少年田径比赛暨衡水市体育项目田径比赛初中男子第六名、小学女子团体第五名等佳绩。2017年，故城县运河中学、郑口第二小学被评为全国青少年足球特色学校。2018年，河北省柔力球公开赛在故城县成功举办，系故城县历史首次承办省级赛事。

第三节　体育社团

2013年始，域内学校组织各类体育社团，包括田径类、乒乓球、冰壶、花样跳绳、轮滑等社团进行体育训练，重点发展校园足球体育社团，加大投入，改善学校足球场地条件，推动学校足球场在课外时间向社会开放，建立学校和社会足球场地共建、共享机制。利用社团推进校园足球特色学校建设，建立高中、初中、小学三级足球社团竞赛体系。培养足球专业社会体育指导员队伍，推动职业队与后备队伍建设提质行动，完善各级教练员和运动员选拔制度，建立健全学校青少年后备人才培训体系。至2018年，乒乓球社团

郑口第二小学体育社团进行冰壶训练

成绩最为显著，运河中学、郑口第二小学等校被评为全国青少年足球特色学校。体育社团培养了学生体育运动能力，提高规范了体育技术水平，培养了体育后备人才。

第二章　群众体育

域内传统群众体育项目较少，多为自发性民间传统节日踩高跷、舞狮子等，体育性质较强的是武术类健身防身活动项目。中华人民共和国成立后，伴随人们生活水平逐步提高，体育活动逐渐发展，职工健身体育活动开展较多，农民体育活动相对较少。

20世纪80—90年代，群众体育事业得到长足发展。随着域内人民生活条件改善，健身意识的提高，城乡群众性的健身锻炼活动普遍开展。逐渐丰富完善体育活动体系，分层分类引导运动项目发展。大力推广健身操、广场舞、抖空竹等群众喜闻乐见的运动项目，扶持推广少林功力拳、梅花拳、舞狮子、踩高跷等民俗民间传统体育项目。依托在柔力球、舞蹈、武术、太极拳、轮滑、信鸽、风筝、空竹等传统及新兴体育活动方面的优势和民间体育资源，重点打造符合群众健康需求的品牌活动，广泛开展接地气、范围广、特色明、影响大的体育赛事活动。打造县域群体品牌活动，多次举行社区运动会、自行车比赛、元旦长跑等体育运动项目。

21世纪后，逐步构建起县、乡、村三级全民健身设施网络体系，改善城镇乡村各类公共体育设施。打造城镇社区15分钟健身圈，人均场地面积达1.8平方米，群众自发体育活动增多。

第一节　农民体育

农民体育活动主要项目系武术，活动属自发性，旨在防身、健体。中华人民共和国成立后，伴随经济建设发展和人民生活水平提高，农村体育活动逐渐开展。1978年后，农民体育有较快发展，主要项目有篮球、乒乓球、羽毛球、田径等。

1987年10月，故城县农民男子篮球队代表衡水地区参加首届河北省农民篮球赛预赛获赛区第一名，翌年参加在邢台举行的决赛，获第九名。农村开展的体育项目主要有篮球、乒乓球、田径、武术等。1988年，全县有6个乡镇成立体育工作领导小组，配备专（兼）职社会体育辅导员6人。1992年，河北省第二届农运会武术比赛在故城县举行。故城县选手刘宝磊获得太极拳比赛金牌。1993年，建国镇被河北省老年体协评为老年人体育运动先进乡镇。1995年，故城县在河北省第三届农民运动会中获女子篮球第三名。1996年，获河北省第三届农民运动会优秀赛区称号。

2000年后，全民体育发展，农村体育以广场舞、秧歌、羽毛球、乒乓球、棋类为主。2007年，启动“农民体育健身工程”，在域内各村安装体育健身设施。2008—2018年，域内各行政村均建有健身活动广场，群众自发利用广场健身器材锻炼。经常开展的体育项目除自发的健身操、广场舞、秧歌等娱乐活动外，还有球类、棋类、田径、武术等。

第二节　职工体育

中华人民共和国成立后，开展职工体育活动，项目主要系篮球、乒乓球。各基层工会均有篮球队、乒乓球队，并经常举办友谊赛。

1970年，县体委建立后，职工体育组织建立健全，职工体育活动制度化。每年“五一”“十一”、元旦等节日期间，均举办职工篮球赛，伴随体育社会化，1985年始，每年均举办以赞助单位命名的篮球赛，如“工商银行杯”“棉丰杯”“电力杯”等篮球赛。

1987年，职工体育活动项目主要有篮球、乒乓球、羽毛球、武术、田径、中国象棋、自行车等。1990年，县体委、县总工会联合举办机关领导干部乒乓球比赛。此后，全县职工体育朝着多元化、社会化方向发展，形成体委组织协调，单位联合举办，厂家赞助举办，个体投资举办等多渠道、多形式的局面。

开展群众健身活动

2000—2008年，人民物质生活、精神生活日益提高使职工体育发展较快，各种体育团队不断增加。

2009—2018年，太极拳、象棋、围棋、乒乓球、轮滑、健步走、骑行等团队比较活跃，部分团队每年在“五一”“十一”等节日举办各种赛事，共举办篮球、乒乓球、羽毛球、中国象棋、围棋、门球、瑜伽、冬季长跑等比赛200场次。

第三节　老年体育

1985年10月，故城老年体育协会（简称老年体协）成立，设主席1人，副主席9人，秘书长1人。老年体协负责管理和组织老年体育活动。离退休干部、职工主要在县老干部活动中心进行健身活动。1985—1987年，连续三年获河北省老年体育工作先进集体称号。此间共举办3期老年健身舞培训班，举办3届老年运动会。项目有自行车、中国象棋、钓鱼等。每年均参加衡水地区老年体

群众腰鼓队表演

育比赛。1987年，故城县老年门球队参加衡水地区“益寿杯”门球赛，获冠军。

2000年后，老年体协组织老年体育活动更加丰富多彩，多次参加省市比赛活动取得了良好成绩。

至2018年，域内已组织起中老年健身队、模特队、广场舞队、太极拳队、中国象棋队、台球队、乒乓球队、钓鱼队等队伍，并常年开展活动。

第四节　武术

自古以来，武术体育分门别派继承师传。中华人民共和国成立后，域内太极拳、少林功力拳、梅花拳等均有传承，武术世家以白、刘、陈、张、闫几家影响较大。

白氏太极散打拳　白庆斋，1928年12月出生，故城县房庄镇人。幼承家传武学，形成了良好的武功基础。14岁进京后，开始学练三皇炮锤拳，为三皇炮锤第七代传人。后又拜太极大师杨文海，习练杨式188式太极拳，深得太极推手、技击之精髓始练太极拳，成为杨氏188式太极拳唯一第六代传人。经过勤学苦练，熟练掌握了太极拳搠、捋、挤、按、採、挒、肘、靠等各种身法、步法、手法、发法。在此基础上，他将“家传绝技”“三皇炮锤”之技击手法、打法与太极拳推手完美结合，形成白庆斋独到的太极散打技击精髓。20世纪50—60年代，人称“盖世小白子”。传授弟子1000余人，遍及海内外，其弟子门人多次在国际、国内大赛中获奖，为太极武术文化传播作出了极大贡献。

刘家太极拳　刘振棠，建国镇民主村人。17岁考入济南武术传习所，跟随王子平、孙禄堂等著名武术家练习摔跤、内外家拳械功夫。毕业后，在山东军阀队伍中任过武术教官。此后，开始研习太极拳，并在京城各公园义务授拳。1965年，李宗仁从海外归来，拜其为师学习太极拳。晚年回到家乡教拳授徒。其四子刘国胜、儿媳刘霞继承父业，筹办了建国镇武术辅导站。刘国胜之女刘静曾参加河北省第一届农民运动会，并获得金牌。1991年，参加秦皇岛市运动会，获武术项目短器械第一名。其子刘宝磊1992年参加河北省第二届农民运动会，获得太极拳比赛金牌。1993年，衡水地区体委授予刘家“武术之家”称号。衡水市武术协会成立后刘国胜被增补为武协顾问。

陈家少林功力拳　陈立刚，武官寨镇武官寨村人，少林功力拳第十八代传人。其曾祖父辈共八人，全部习武。他10岁起就跟随父亲陈词习练少林功力拳。现为中国武术协会会员，国家一级武术裁判，武术六段，衡水市武术协会顾问。其弟及儿子、侄子、孙子也全部习武。1965年，陈立刚在武官寨武术社开始收徒授艺，主要传授功力拳、五虎拳、徒手单对练、擒拿、散手、刀、枪、棍棒等，至今共授徒1400余人，其中8人取得武术四段、五段，18人取得武术三段。1983年，陈立刚参加全国武术挖掘工作，并奉献少林功力拳谱一份，为弘扬中华武术做出了贡献。1984年，获河北省体育工作先进者称号。1996年，被衡水市体育总会授予一级拳师。2004年8月，陈家把历时三年整编而成的《功力拳》书稿交付衡水市体委。

至2008年，陈立刚义务教授学员12000余人次。并担任衡水市武术协会顾问，副主席，故城县武术协会主席；衡水市武术比赛仲裁。其子陈金超2013—2018年，担任衡水市武术协会委员，衡水市武术比赛裁判员，裁判长。父子二人所教弟子、学员，在国家、省、市各级比赛中获金牌、银牌、铜牌。弟子、学员中取得中国武术段位考评一段学员300余人，二段210余人，三、四、五段130余人。向部队，大学，省、市武术专业队输送专业人才300余人。

张家功力拳 故城县郑口镇西夏庄张姓人家，世代习武。其始祖张文通创立功力拳，传至今已有21代。其第十九代嫡孙张宏1990年获北京搏击擂台赛第一名。1991年，获全国武警散打比赛铜牌，是年，调入北京市公安十三处工作。2004年、2005年，连续两年被北京市公安局授予“巡逻抓捕标兵”。

闫氏太极拳 闫春来，故城县房庄镇北獐鹿村，其家三世习武。其父闫立法自幼习武，因拳术精湛被时人称道，20世纪40年代参加八路军刘伯承部（在部队时用名闫玉新），曾参加过抗日战争，部队期间曾义务教授战士拳术等基本武术动作。

闫春来自幼随父辈习练梅花拳，在同龄人中出类拔萃；1984年，以优异成绩被河北省体育学院录取，大学期间，在家传梅花拳基础上，进一步研习了形意拳、孙氏太极拳、长拳等拳术。

毕业后，闫春来拜故城县太极名家李福祺为师，学习杨氏太极拳及国编套路，正式将太极确立为自身最主要的武术修习种类；后跟随武林名宿、武术大师刘振堂之子刘国胜练习太极推手，在熟练掌握定步单推手、双推手、活步推手、大捋、马步靠、揽采花等手法的同时，对太极有了更为深刻的认识和理解；45岁时拜在太极大家“盖世小白子”白庆斋门下练习太极散手。

闫春来多次代表故城县参加国际、省、市级武术比赛，为故城县获多项殊荣。先后获2003年河北省首届太极拳展示交流大会杨氏太极拳丙组第二名、器械第五名；2004年（常青杯）河北省老年人比赛县级组各式拳优秀表演奖；2005年衡水武协会员功夫展示优胜奖；2006年国际太极拳交流大会男子B组杨式传统拳三等奖、传统杨氏太极刀二等奖，衡水“文良—老北京杯”武术套路优秀奖、成年男子组太极拳第二名；2009年河北省“鑫石杯”武术太极拳及太极散手项目段位赛男子传统太极器械三等奖、传统太极拳二等奖、考六段器械及太极拳三等奖；2017年首届“李子鸣杯”衡湖论剑武术段位考评优秀教练员、优秀领队；2018年第二届“李子鸣杯”优秀教练员男子K组春秋大刀一等奖、棍术一等奖、杨氏太极拳三等奖等。

闫春来因其精湛的武术技艺和在县域内武术界的声誉，先后被委任为故城县太极拳研究会秘书长、衡水市第一届武术协会委员、衡水市第二届武术协会常务理事。

其子闫寒5岁随父习武，数年来一直练习太极，经白庆斋等武术前辈的点拨指导，武术技艺小有所成。2013年升入河北省体育学院深造，毕业后成为一名体育专业教师，求学及工作期间，始终练武不辍，并与其父闫春来开始着手整理故城县太极武术典籍、拳谱，为故城县武术技艺、太极文化发展传承做出了贡献；闫寒在体育课上积极传授学生武术项目练习，有效推动了故城县“武术进校园”活动的开展。

闫寒多次随父参加各级各类比赛，先后获得太极推手71公斤级第三名；2017年“李子鸣杯”衡湖武术段位考评三段太极器械三等奖、三段太极拳术三等奖、24式太极拳一等奖、32式太极剑一等奖、武术道德风尚奖；2018年“李子鸣杯”第二届演武大会男子E组三皇炮锤一等奖、188式拳二等奖、32式剑一等奖。先后获得优秀教练员、故城县武术比赛太极冠军、梅花拳冠军等称号。

第三章　竞技体育

域内体育竞赛始于清末民国初，时县立、省立中小学举行春季运动会，以田径、球类等项目为主。

中华人民共和国成立后，体育事业不断发展，每年均组织体育竞技活动。1978—1999年，域内开展职工、学生、群众类体育竞赛活动和老年人运动会、武术比赛、乒乓球比赛、篮球比赛、象棋、围棋比赛。

2000—2018年，域内借助乒乓球参与人群大、球技易于掌握、适合各年龄段之优势，将乒乓球运动作为全县的主要健身休闲方式，同时“以小球带动大球”，借助衡水市“篮球城”创建活动，发展篮球项目；以运河中学、郑口镇第二小学国家级足球特色学校为引领，发展足球项目。

2018 年，故城县承办了河北省柔力球公开赛，取得良好的社会反响，扩大了故城地域性知名度。各学校自发成立足球、篮球、乒乓球各类兴趣小组，县米高轮滑、德武龙传承武道馆、县小球馆、县博雅游泳馆、育德国术馆、故城运河棋院利用假期、课余有计划地开展各类青少年、成人体育项目培训。

2018 年河北省柔力球公开赛入场式

第一节 训 练

1978 年前，各学校业余运动队在体育教师组织下利用课余时间进行训练。田径、乒乓球等项目取得较好成绩。

1978 年 10 月，建故城县业余体校。县文教局长、体委主任先后兼任校长。体校从各公社中小学招收学生。一般上午学习文化课，下午或晚上训练。体校练教员多由郑口中学和坛村中学体育教师兼任。每年有百余名学生入体校学习。体校按照上级有关规定开展文化课教学和体育训练活动。各项目利用业余时间，采取科学方法进行系统训练，取得较好成绩。1978—1987 年，共向省以上专业运动队输送 11 名优秀运动员。

2000—2018 年，民办体育健身训练场所和培训机构出现并逐渐增多，如广源健身俱乐部、天一、博雅游泳馆、育德国术馆、德武学堂等。以有偿服务的经营模式，为广大民众健身体育集中训练辅导健身技法、提供器材、训练场所为主。育德、德武训练馆则把传统武术、跆拳道、摔跤

小学生进行足球训练

格斗与国学文化教育融合，吸引了大批青少年加入，训练颇具规模。

附

德武学堂

德武学堂创始人马赛，1989 年出生，武官寨镇马庄村人，8 岁始习武，11 岁即入嵩山少林寺专业学习武术。2009 年 5 月回到故城县创办德武学堂，秉承“以德为本、以武健身、以道修心、以爱育人”的教学宗旨，引导青少年崇德尚武习武修学兼容，致力中国武道文化的传承与推广。德武学堂成为家庭和学校之外的第三方假期教育平台，教学体系以“少林武术的基本功为主，结合跆拳道的腿法，散打的拳法、摔法”等综合训练。不但强身健体，防身自卫，更注重孩子养成良好的行为礼仪习惯，懂感恩、知礼仪，磨炼百折不屈的品质。随着习武学员的急剧增加，以及开办比武晋级赛事、幸福家庭读书会等多元教学需要，学堂陆续组建起强劲的教练和讲师团队，有教练老师 60 余名。学堂在郑口设立训练总馆，在衡水、德州、枣强等地开设 10 余处分馆，并建立起网络教学体系，社会影响带动面较为广泛。建馆 10 年来培训学员上万余名，其武道教育理念推广超过 20000 户家庭学习获益，其武术跆拳道学员在全国和省、市竞赛中获奖超过 300 多人次。

第二节 竞 赛

中华人民共和国成立前，高级小学仅举办校级小型运动会。

中华人民共和国成立后，小学以中心校为单

位，每年举办一次运动会。中学每年亦举办运动会。1954 年始，每年举办一次全县中小学田径运动会，选拔优秀运动员参加省、地区比赛。1970 年起，县体委统一组织全县综合性及单项体育运动会。每年举办学生田径运动会、职工篮球赛、幼儿运动会、老年运动会。

故城县举行“天拓杯”少年围棋比赛

球类 中华人民共和国成立后，篮球、排球和乒乓球系县内开展最为广泛体育项目，学校、机关、企事业单位开展较活跃。每年举办一次全县中学生篮球乒乓球比赛和县直单位职工篮球赛。排球运动在中学开展较为广泛，20 世纪 70 年代，技术水平提高较快。1978 年 5 月，故城县代表队获衡水地区运动会女子排球第一名。1983 年，获衡水地区中学生“三好杯”篮球比赛男子组第一名。1984 年 9 月 25 日，获衡水地区首届青少年运动会乒乓球比赛男子团体第一名。1986 年，获衡水地区体委、教委中学生篮球比赛第一名。20 世纪 90 年代至 21 世纪，故城县乒乓球代表队多次获得省市团体或个人奖。1998 年，故城县篮球队获衡水市篮球比赛第二名。2018 年，衡水第十三届中小学生乒乓球比赛故城队获中学组团体第一名。

1964 年李廷南获故城县乒乓球比赛奖状

象棋、围棋 中华人民共和国成立后，中国象棋在群众中开展较为广泛。1972 年始，县举办中国象棋比赛。20 世纪 80 年代初，县内部分中学开展围棋运动。1980—1998 年，故城县中国象棋、围棋代表队获衡水地区比赛团体总分第三名；故城县中学生围棋队代表衡水地区参加河北省中学生围棋赛，获少年组男子第七名，女子第八名；故城县围棋队参加第四届衡水地区运动会围棋赛，获男子团体总分第二名；故城县围棋队参加衡水地区“宝云杯”围棋邀请赛，获冠军。21 世纪在全国、省、市各种比赛中取得优异成绩获奖 40 余次。2018 年，故城县运河棋院正式揭牌，多名学员获得段次，11 岁的乔颖已晋升围棋业余五段，是衡水市第一个女子业余五段棋手。

田径 中华人民共和国成立后，田径系县内学校中开展最为广泛体育项目。县每年举办一次春季（或秋季）中小学田径运动会。进行长跑、短跑、跳高、跳远、投掷等项目比赛。在普及基础上，注重运动技术水平提高，以培养选拔优秀体育人才。故城县青少年运动员曾 6 次在衡水地区田径运动会上获团体第一名，多次刷新地区纪录。为国家、省、地专业运动队输送部分优秀运动员。

武术 武术运动于境内源远流长，在群众中开展较为广泛。主要系少林拳、形意拳、太极拳等。武术器械系棍、刀、剑、鞭等。县体委自 1982 年始已举办 6 期太极拳培训班。郑口镇、武官寨乡拳师已招纳徒弟，举办武术培训班。20 世纪 80—90 年代，组队参加衡水地区首届青少年运动会。故城县代表队于 1994 年 4 月 17 日获衡水地区武术比赛男子团体总分第一名；在地区运动会武术比赛中又获男子团体总分第一名。2018 年，第二届“衡湖论剑”集体拳术金奖、集体器械金奖、武术团体第四名。

1999年8月18日，举办全县城太极拳剑比赛，参赛人数40余人，获奖人数19名。并决出剑术前三名，拳术前六名，团体两个第一（拳、剑各一名）。是年，李福祺率队参加全省太极拳比赛，故城县获团体优秀奖，刘国胜、李福祺分别获得各式太极拳第三、五名。此后每年都派代表队参加省级比赛。2005年，获衡水市首届国际太极文化交流大会太极拳优秀奖。2006年，在衡水举办的全省“太极拳”比赛大会上，故城县代表队获得8个赛项中的5个第一名。其中王化合获河北省老年人太极拳比赛县（市）组各式太极拳第一名。

是年9月，在邯郸举办的国际大赛上，故城县派出9名队员，获4枚金牌、4枚银牌、1枚铜牌。其中王化合获男子B组传统太极器械一等奖。2008年4月，在邯郸举行的河北省第一届体育大会上，王化合获老年组太极拳比赛个人各式拳（一组）第二名。是年10月在永年太极“新世纪杯”中国邯郸第十一届国际太极拳运动大会上，王化合获D组男子陈氏传统太极拳二等奖和D组男子其他传统太极器械三等奖。

2018年，举办太极学术研讨会、寻根太极文化行，先后组织参加省、市级以上的“老年太极拳”比赛达20次，获得金、银、铜牌共计130余块。

故城县历届男子田径运动会最佳成绩一览表

表26-1

项　目	成　绩	项　目	成　绩	项　目	成　绩
100米	11″6	200米栏	29″6	标枪（800克）	49.10米
110米栏	18″4	4×100米接力	48″6	铁饼（2公斤）	30.01米
200米	23″7	4×400米接力	3′36″7	铅球（7.26公斤）	10.20米
400米	54″3	400米中栏	1′37″	手榴弹（700克）	65.96米
800米	2′6″	跳高	1.80米	五项全能	1632分
1500米	4′14″7	跳远	6.09米		
3000米	9′18″	三级跳	12.55米		

说明：成绩内地点、人名、年月资料散佚

故城县历届女子田径运动会最佳成绩记录一览表

表26-2

项　目	成　绩	项　目	成　绩	项　目	成　绩
100米	13″1	4×100米接力	59″2	标枪	37米
200米	27″8	4×400米接力	4″44″6	铁饼（1公斤）	30.50米
400米	1′3″4	五项全能	2842分	铅球（5公斤）	9.87米
800米	2′28″8	三项全能	1792分	手榴弹（500克）	46.06米
1500米	5′2″1	跳高	1.40米		
3000米	11′41″62	跳远	4.77米		

说明：成绩内地点、人名、年月资料散佚

第三节　体育设施

中华人民共和国成立前，仅故城县高小设有简易操场。

中华人民共和国成立初，各学校、机关、企业事业单位因陋就简开展体育活动。1954年，郑口中学建成设有400米跑道的田径场，每年县中小学田径运动会均于此举行。1965年，县总工会建成灯光篮球场。1978年，坛村中学建成设有400米跑道的运动场。1978—1983年，全县各乡镇驻地均建篮球场，其中灯光球场占52%。1984年，建综合型体育运动场，并修建占地面积1万平方米田径场。

综合型体育运动场　始建于1984年，占地50000平方米，总投资400多万元，设有篮球场、篮球馆、乒乓球馆、排球场、门球场、棋牌活动室、游泳池。其中，游泳池占地面积425平方米，投资14.7万元。全部完成“两场”（田径场、灯光看台篮球场）、“两房”（乒乓球训练房、篮球训练房）、“一池”（游泳池）建设，看台球场建筑面积1514平方米，投资39万元，可容纳3000名观众。训练房建筑面积1369平方米，投资34万元。体育设施基本配套，为训练、竞赛提供优越物质条件。

2007年，因县城调整城建规划开发建设太兴家园新居民社区，运动场被拆除。

城乡体育设施　城区体育设施：城区休闲广场2005年启用，占地200亩，有旱冰场1个、门球场2个、交谊舞平台1处，并安装各类健身器材。

至2018年，按照省、市及故城县全民健身要求和规划，强化做好全民健身工作，力争使群众“随处能健身，随时能健身”。结合故城县“一城三区”整体布局规划，县城区重点在居民住宅区、公园、健身步道、休闲广场、工业园区及城区闲置土地安置了必备的健身路径器材，县城区先后创建了迎瑞广场、政府广场、龙湖公园、堤口渠水系景观带、运河风情公园、千亩森林公园等星罗棋布的健身休闲场所。将体育场地建设和15分钟体育生活圈纳入城市建设总体规划，加大故城县体育场地建设工作力度，不断促进机关、学校和企事业单位体育场地、体育设施向社会开放。

基层体育设施：农村以乡镇为单位，结合“美丽乡村”建设和“精准扶贫”攻坚计划，通过利用上级体彩公益专项资金等形式，每年都有计划地向农村进行健身设备的配置工作，城乡体育健身设备覆盖率不断加大，对接扶贫攻坚战略，重点支持边远乡村、贫困村体育基础设施建设，全县包括142个贫困村在内的538个行政村，体育基础设施实现全覆盖。不断新建、完善各级各类健身设施项目、城市社区多功能运动场，配置全民健身路径器材，实现县城区、乡镇、行政村公共体育设施显著提升，城市社区15分钟健身圈不断扩大。

域内利用户外运动资源，拓展健身步道、健身路径等公共空间，利用废旧设施、农村空闲地等闲置资源，改造建设成为全民健身场地设施，推动绿色环保体育设施建设，逐步实现基本均等化。

第四章　管理机构

1970年8月，故城县体育运动委员会成立，为专门体育管理机构。县体委为县人民政府体育工作职能部门，负责学校体育、群众体育，制定全县体育事业发展规划，实施体育设施建设，组织业余训练，举办全县大型体育比赛。1985年，建县职工体育协会、县老年人体育协会、县武术协会。1987年县体委机关内设办公室、群体股、竞训股、管理股、体育场、业余体校。全县有镇体委3个，乡体协20个。

1994年11月28日，故城县体育总会正式成立，选举产生第一届委员会。1995年3月，机构改革，成立故城县体育局，负责体育工作。2002年10月，县体育局并入故城县文教局（文体教育局），成立故城县教育文化体育局。县教文体局内设体育股负责全县体育工作。县教育体育局为全县体育管理主管部门，负责全县学校体育、群众体育、竞技体育、体育产业等各类体育工作的组织开展、业务指导及督导监管。

2018年，域内体育类协会、社团组织有故城县老年人体育协会、瑜伽运动协会、健步走协会、武术协会、轮滑协会、象棋协会、故城运河棋院、骑行协会、太极拳研究会、德武龙传承武道馆等组织，促进了全县群众体育工作的开展。

第一节　体育局

1995年3月，机构改革，取消县体育运动委员会，成立县体育局，负责全县体育工作的组织领导，体育事业的组织管理得到加强。

1996年，故城县成立体育市场专门管理机构，组建了体育市场稽查队。对体育用品商店、游泳、轮滑、滑冰、气功、台球、划船、射箭、垂钓、健身房等经营项目依法实施管理，核发体育经营许可证，组织经营者学习《中华人民共和国体育法》《河北省体育经营管理办法》等有关法律法规，提高守法自觉性。1997—1999年，故城县体育执法人员连续3年参加河北省体委组织的体育执法培训班，提高了执法水平。

2002年10月，体育局并入故城县教育文化体育局。

第二节　体育协会

象棋协会　故城县象棋发展较早，民间爱好者颇多，2001年，成立象棋爱好者协会，时有会员28名，2002—2018年，每年召开年会一次，参加省、市象棋比赛20余次，获省市奖项39次。2018年年末，有会员51名。在县城内小学成立象棋社团，社团人数达200人。

围棋协会　20世纪80年代，故城县围棋崭露头角参与者较多，始在省市级比赛中获奖。2018年，张顺、焦风辉、崔广兴、张印生、李明德、郭艳梅、任红梅、秘玉新、王海涛等有段位的围棋爱好者组成围棋协会。组建青少年围棋学校参加国家省市比赛，获奖者83人。在县城5个小学和青罕镇小学成立社团，定期开展活动。

故城县举行少年围棋社团活动

门球协会　故城县门球协会成立于1985年，会员18人，每年均举办各种交流或比赛活动。1996年，故城代表队在河北省第九届全运会门球比赛中获团体第一名。1997年，在“大京九”全国门球邀请赛上获得团体第三名。1999年，在衡水市第一届运动会上获团体第一名。2001年，故城县代表衡水市参加了晋、冀、鲁、豫四省十一市门球比赛，获团体第一名。2018年，县门球协会共有会员70人。

武术协会　故城县武术协会成立于1986年，包括拳、剑、刀、枪、棍等项目。主席张进财为梅花拳第十六代传人，国家二级裁判员。副主席陈立刚为功力拳第十八代传人，国家二级裁判员。自1987年始，每年正月十三日举行全县武术比赛大会，一直坚持举办十二届。参赛人员由各乡镇、各单位选拔，每届参赛人数都超过百人。

故城县自古以来崇德尚武，习武之风盛行。武术名家辈出。流传有序的拳种有功力拳、梅花拳、太极拳、八卦掌、五子拳、八极拳、形意拳等20多个拳种。故城县武术协会有会员单位20多家，个人成年会员200余人，少年会员2000余人。

1984年、1985年、1987年，分别获得衡水地区武术比赛团体第一名。李长明在1984年衡水地区武术比赛中获枪术第一名。李会斌在1987年衡水地区武术比赛中获个人六项全能第二名。

2017年，闫寒获“李子鸣”杯32式太极剑一等奖。

2018年8月，新一届武术协会在故城县传统拳训练基地育德国术馆郑口分馆成立。

2018年11月，组织承办了“晟源杯”武术比赛，比赛达1118人次，是故城县历史上最大规模的体育武术赛事。至2018年年末，在国家、省、市级比赛中获得金牌、银牌、铜牌。

太极拳研究会 1987年，故城县有少数太极拳爱好者，自发组织在一起交流、切磋，尚无正规组织。1998年秋，李福祺从沧州学拳归来，按照国家体委颁布的《教练员手册》进行正规教学。

1999年8月，成立县太极拳研究会，竞赛项目设有：24式、42式、32式和杨氏传统太极拳比赛。至2008年，故城县练拳人数达300余人，分布在6个演练点活动，辅导员达46人。先后参加省、市级以上的“老年太极拳”比赛共11次，其中，国际大赛2次、省级大赛3次、市级比赛2次。故城县成为全省“太极拳”运动先进县。

故城县太极研究会表演太极扇

2018年，正式会员达119人，推进了全民健身活动的开展。域内练拳人数达1000余人，辅导员62人。

第二十七编 社 会

故城县自古为传统农耕社会，且具有独特的运河文化风情。中华人民共和国成立前，社会动荡，生产力低下，人民生活艰难。

中华人民共和国成立后，特别是改革开放以来，社会各领域得到全面发展，人民生活水平显著提高。

21 世纪，域内人民的生活质量和幸福指数不断提高。社会风俗具有鲜明的时代特点。各类社会组织健康发展，发挥着应有的作用。社会发展呈现出崭新面貌。

第一章 人民生活

中华人民共和国成立前，灾祸连连，人民生活艰难困苦，生活质量低下。中华人民共和国成立之初，受自然灾害和各种政治运动及生产力影响，温饱尚未真正解决。中共十一届三中全会后，人民生活极大改善。21 世纪，故城人民生活水平有了质的飞跃，生活质量显著提高。

第一节 农民生活

故城农民历受封建阶级压迫、剥削，生活贫困，苦不堪言。

明代初期，因房产田舍多毁于兵燹，当地百姓人口稀少。明永乐年间（1403—1424 年），由山西迁来大部居民，时官府亦采取安民政策，百姓得以生息。明代末叶战祸连绵，赋税日增，天灾频繁，人民复陷苦难深渊。据明万历四十二年（1614 年）《故城县志》载，时“旧市井丘墟荒凉芜秽，加以正德中戎马蹂躏，民物益凋”；“嘉靖末年连岁大旱，道路之间，骸骨枕藉”。

清康熙至雍正年间（1662—1735 年），清廷采取奖励垦荒，放宽起科年限政策，农业始得复苏。清代末期，官府腐败，鸦片战争之后，朝廷丧权辱国，割地赔款，百姓负担愈加深重，加之水旱虫灾交加，百姓生活难以为继，虽有官府赈济，然犹杯水车薪。农民以糠菜填腹，以火镰取火，棉油照明，更有甚者，点燃麻仁、柴棒照亮。陶质盆罐为器皿，柴灰水洗衣，患病无钱医治。

中华民国初期，国家政局不稳，外敌入侵，内战不息，农民愈加困苦，至中华民国中期仍如以往。

一、中华人民共和国成立前农民生活

据 1934 年《河北月刊·故城农民生活详记》载：“近由兵匪扰害，农民不能生活，每逢春夏天暖，皆携全家赴关外（东北）”；“此外还有一个最大隐患，就是退伍军人多，不能忍受乡间困苦，不得不设法以农民财力，而讲求优美的生活……，目下乡村中农民生活的衰落，此亦重要原因之一”。时较富裕农户始用“洋货”，如“洋油”“洋火”“洋蜡”“洋车”。以骡马轿车等代步。多数贫困农户对“洋货”少有问津，吃穿困难如旧，无力顾及住所改善。

侵华日军占领时期，战争袭扰，土匪抢劫，封建剥削，农民灾难愈加深重。为糊口奔命，无钱添置衣物、翻盖房屋。逃荒要饭，乃至家破人亡。据对各代表故城南北两部5个乡统计，1949年前做长工、短工者1240人、乞讨避荒者2175人、卖儿鬻女者178人、当佣人者1128人。

阶级压迫、剥削 中华人民共和国成立前，造成农民生活贫困的直接原因，是受地主雇佣、地租和高利贷剥削。土改前地主人均占有耕地为贫雇农8～9倍，靠剥削农民发财起家。夏庄乡夏庄村地主解老五一家占有土地3000余亩，占全村土地3/4，人均300亩。而农民人均仅3亩上下。军屯乡牛庄村牛兰普全家7人，有土地200余亩，雇长工十几人。中华人民共和国成立前夕，全县数以万计贫苦农民靠扛活维持生计，受地租和高利贷剥削者不计其数，因难偿地租、高利贷而倾家荡产、家破人亡。

兵祸匪患 深受封建压迫剥削的农民，因兵匪为患，生活愈加凄苦。侵华日军占领故城后，烧杀抢掠，农民生活愈加艰难。

土匪趁战乱之机，抢劫财物，扰乱民生，造成诸多农民倾家荡产，家破人亡。罗小营大土匪赵某，外号“赵四皇上”，将万小麻张某利之母绑架，张变卖家产东拼西凑，花费大洋近千元，方将其母赎回。土匪刘黑七曾拉起二三千人队伍，四处为害。原武城土匪头子张某臣，外号“张八”，曾组织几百人马，时常危害瓦子庄一带。

自然灾害 丰年尚不得温饱农民，遇有灾年，只得背井离乡，逃荒要饭。故城地处卫运河畔，时常决口，泛滥成灾，殃及百姓，沿河一带屡受其害，生活凄苦，遇水旱交加年景，更苦不堪言。

附

故城人民生活详记

旧故城县中产人家食物，多以小米为主，食麦粉干粮，仅于年节及麦收期食用；春冬两季，则只吃红薯、小米饽饽、小米饭，或高粱粥；助食物品为腌咸的萝卜、芜菁、大豆制之豆腐。绿豆粉所制之粉皮、粉条等，则待客时用之。蔬菜如白菜、茄子、冬瓜、南瓜等，多系自种自用，施于他人者甚少。鸡卵自己食者不多见，多卖出，以为妇女儿童零用费。牛羊肉，年最多不过四五次之用，且多在喜庆应酬之用；食法不讲究，只以盐和水清煮，至熟时加以少许青酱而已。有死牲畜时，则大食而特食，毫不畏其有毒。糖果之类，有病人时，持以看视，平日无买用者。烟草多用烟管吸旱烟，或烟叶。酒之消耗，在本地颇大，每逢知己聚会，讨商事务，辄以酒为估谈料。所饮之酒为烧酒，性强稍饮即醉，因以误事者甚多。茶叶亦有，平日无伙茶者，而质以多不良，味苦涩。烧柴取暖用五谷之茎根部。衣则以土布为大宗。深蓝、青黑二色，人多服用；东洋布、高阳布、人造丝成品为喜庆酬酢之礼服，式样虽竭力模仿时髦化，但制造一件较好之衣服，恒数年不用；红绿仍为女人所喜，其佩带之装饰品，银制尚少，多为铜器，仅在表面镀一层银水。见洋货则欢迎特甚，因经济贫困，只有羡慕之情，而无购买之力。

房舍，大都以砖为基，上筑土坯为壁，柴草泥土为顶，都以北房为上房，门窗木制，多用破坏不堪木材；人畜同住一院，污秽狼藉，不加扫除，故每逢时疫流行，罹疫而死者，恒较他处为多，中国人口近百年来不见增多此为最大原因。室内除土坑锅台而外，则为衣箱；室中陈列，仍为30年代式样。男人往来则步行；远则骑驴。女人多缠足，行走不便，则乘牛马大车。近人力车已逐渐普及村间，因失业农民增多，以故拉车求生者亦为破产佃农，乘坐者尚少。

用具可分农具及日用器材两种。贫穷之家，数户合用一具，各种家具之制造，并无专门工人，均系农人在闲暇时自己制造。日用物品多陶器，用瓷品者绝少，壶、碗、盘、盆，多系砂制；故城附近均有土窑，砂锅、砂壶等砂制陶器，因价格低廉，且为本地人所喜用。铁具的来源，大致为章丘，锡铜器极少，木器十九为自制，敷油者亦少。（摘自中华民国23年3月《河北月刊》）

二、中华人民共和国成立后农民生活

中华人民共和国成立后，废除封建土地制度，广大农民分得土地、牲畜及其他生产用品，生产积极性空前高涨。但因受自然经济和小农经济影响，加之自然灾害，粮食产量较低，农民温饱仍是首要问题。1952年始，合作化运动迅速发展，依靠集体力量，农民生产得以发展，粮食产量始渐提高，农民生活逐渐好转。1959—1961年，经济暂时困难时期，农民生活一度下降。1962年后，国民经济好转，粮食产量又趋上升，农民生活渐有改善，然温饱问题仍未根本解决。1978年中共十一届三中全会后，实行强国富民政策，农民勤劳致富步伐加快，粮食产量显著增长，乡村工副业得以长足发展。农民温饱问题得以解决，生活水平显著提高。20 世纪 80—90 年代，不断调整农业产业结构，促进农业增产，农民增收。除传统种植外，特色种植、养殖、外出务工成为县内农民创收的三条主要途径。21 世纪，随着国家各项惠农政策相继出台，特别是免除农业税、实行粮食直补、中小学“两免一补工程”及新型农村合作医疗制度的实施，切实减轻农民的经济负担，调动农民生产的积极性。农民收入逐年增加，生活明显改善。

收入　中华人民共和国成立后，农民生活渐有提高，但收入水平一直较低。1958 年，域内人均分配 45 元，1978 年为 67 元，20 年仅增 22 元，年均增 1.1 元。1976 年后除 1980 年外，其他年度均以数十元乃至百元增长，1987 年，达到最高水平，人均收入 430 元，较 1978 年增 5.4 倍，9 年均增 37.3 元。

1980 年前，农民收入来源主要从集体分配所得，后主要是家庭经济收入。据县统计局对巩庄（建国镇）、高行村（军屯乡）、前孝兰（瓦子庄乡）、时庄（饶阳店乡）、庞田村（原隰乡）、陈庄（青罕乡）、高西（杏基乡）、胡别王（小屯乡）、王务（辛庄乡）、宋庄（房庄乡）10 个村百户农民抽样调查，1984 年，人均总收入 561 元，其中家庭收入占 96.6%。1987 年，家庭收入占 94.2%。伴随收入增加，除用于扩大再生产外，生活费用支出大幅度增加。由上述百户抽样调查表计算，1984 年，人均生活费用支出 293.2 元，1987 年增至 377.8 元。不仅吃穿住行得以改善，年末人均存款由 1984 年 104.1 元增至 207.6 元。1995 年，域内农民人均纯收入达 1576 元；1998 年，农民人均纯收入 2296 元；2001 年，农民人均纯收入 2524 元，同比增长 3.4%；2004 年，农民人均纯收入 3056 元，同比增长 10.4%；2008 年，农民人均纯收入 3704 元，比 1987 年的 430 元增长 7.6 倍，农民生活水平逐步从温饱型向小康型转变。2016 年，农民人均可支配收入 9503 元，生活质量明显提高。2017 年，域内农民人均可支配收入首次超过万元。

饮食　主食：中华人民共和国成立后一段时间内，农民粮食占有量较少，吃粮处于紧缺状态。人民公社化后，农民主要从集体分配粮食，最少者为 1961 年，年人均口粮 123.5 公斤，日均 0.35 公斤。1965 年 203.5 公斤，1969 年 264 公斤，1973 年 316.5 公斤，至 1978 年多在 300 公斤上下。1984 年最高达 423.5 公斤，1987 年虽有下降，仍达 353 公斤。随着家庭联产承包责任制的推行，农民已由红薯、玉米为主变为以白面为主。部分农民以小麦换大米食用（因当地不产稻谷，大米均由外地调进，价格较面粉高 1 倍，大米时为当地稀缺物品）。是年，农民年平均食品消费支出 190.2 元，人均主食消费为 115.6 元。1990—2000 年，域内农民人均食品消费较改革开放前增加 5 ～ 15 倍；2008 年，农民年人均食品消费支出 954.9 元，人均主食消费 339.8 元。2012 年，人均食品支出达 2001 元，玉米、高粱、多做家畜家禽饲料，很少食用。主食以面食为主，佐以大米、小米等杂粮。

副食品：中华人民共和国成立后，多年来以白菜、萝卜等大路菜为主，肉蛋为多数农民过节食用。1980 年始，伴随农民收入增加，大多数农民能吃到时鲜蔬菜、肉蛋，以及糖果、糕点等，烟酒茶消费量大增。据百户抽样调查。1987 年人均消费植物油 5.08 公斤、动物油 0.47 公斤、猪肉 4.41 公斤、牛羊肉 0.41 公斤、家禽（以鸡为主）0.60 公斤、蛋类 1.70 公斤、鱼虾 0.57 公斤、食糖 1.03 公斤、酒 1.62 公斤、茶叶 0.10 公斤、糖果 0.37 公斤、糕点 1.29 公斤、水果 3.95 公斤。每逢节日、喜庆日，一些中高档菜肴如鸡、鱼、银耳、木耳、蘑菇等渐上饭桌。20 世纪 90 年代末，人均消费量是 1980 年的 10 ～ 16 倍，进入 21 世纪，鸡、鸭、鱼、肉等在农户餐桌上已常见，各类反季蔬菜、水果等逐渐畅销。2010 年始，副食品一应俱全。百姓餐桌丰盛，饮食行业兴起。婚丧嫁娶等多在饭店举办。2016 年，域内 2 季度餐饮收入分别为 13644.3 万元和 39952.9 万元。各比上年同期增速 21.08% 和 15.3%。至 2018 年，域内温室大棚种植已具规模，农民四季都可吃到新鲜蔬菜。

筵席：域内农民逢年过节、婚嫁喜事、招待亲朋贵宾须摆筵席。20 世纪 50—70 年代，一般为 4 个小菜。以散酒招待。境内有劝酒之俗，千方百计让客人多饮。

改革开放后，酒席逐渐丰盛。凉菜主要有熏制猪杂碎、烧鸡、松花蛋、粉丝、蔬菜等；热菜一般是鸡、鱼、猪肘、肉丸子、豆腐、炒菜等；上菜通常先凉后热，先鸡后鱼，有无鸡不成宴，无鱼不成席之说。餐者先饮，酒喝好上主食。平常饮酒者较少。20 世纪 80—90 年代，筵席多在家举办。21 世纪，人民生活水平提高，饭店兴起，农村酒席举办地点逐步从家庭走进饭店。

衣着 中华人民共和国成立之初，穿着以自纺粗布为主，且缝补再三，棉改单，单改棉。20 世纪 50 年代后期，农民穿着斜纹布、人造棉者渐增，由县城、乡镇所在地向农村依次渐变。仍有老年农民穿粗布衣裤。20 世纪 70 年代，的确良、涤卡、腈纶等各类化纤布料大增。80 年代，农民备有四季更换衣服，由讲究结实耐穿，始向讲究款式新颖转化。据百户调查，1987 年衣着人均消费 35.8 元，较 1984 年 24.7 元增 44.9%，占全年人均支出 5%。农民购买成衣者占 54%。90 年代，随着经济的发展，收入的提高，农民也讲究穿着打扮，渐渐以购买成衣为主，皮革、毛料等中高档服装进入农家。2005 年，农民年人均衣着消费支出 487.4 元，购买成衣比例达 97.08%。2008 年，农民年人均衣着消费 512 元，基本上都是购买成衣，农村与县城穿着相差无几。2015 年，农民年平均衣着消费平均支出达 600 元以上。

住行 中华人民共和国成立后，农民住房标准逐步提高，20 世纪 50 年代多为土坯房，60 年代，多为土坯垒墙青砖包墙角房，70 年代，多为陡砖挂面房。80 年代，变化较大，或扁砖到顶，或前出抱厦，屋顶起脊挂瓦。玻璃、水泥、钢筋、砂石等建筑材料用于农家房舍渐多，少数富裕农户建有二层楼房。据百户抽样调查，1984 年，农民住房费用人均 55.9 元，1987 年增至 88.1 元，人均居住面积达 14.6 平方米，住房费用占家庭总支出 12%。砖木结构房屋占 76.8%，多为独门独院，一般北房 3 ～ 5 间，规格各不相同。随着生活条件的改善，农民居住条件逐步得到改善，住房多为砖混结构。2008 年，农村居民年人均住房支出为 354 元，比 1987 年增长 3.02 倍，人均住房面积达 25.8 平方米，砖混结构房屋占 96.8%。随着人们生活水平的提高，居住条件不断改善。域内城区及乡镇房地产开发项目渐多，县城居民大部分居住在住宅小区内。同时，农民进城购买商品房日渐增多。至 2018 年年末，县城内人均住房面积达到 30 多平方米。

20 世纪 60 年代域内农村老房子

1987 年，农村人均交通支出 1.8 元，农村运输工具历来以胶轮车、手推车为主，平均每百户为 123.1 辆。胶轮车使用役畜，平均每百户为 72.6 头。耕种主要利用人畜，机械化程度低。20 世纪 90 年代中后期，小型拖拉机、农用车、脱粒机和收割机陆续进入农户，农业机械化程度不断提高。2000 年后，联合收割机、秸秆还田机、旋耕机等大型农机具用于农业生产，且数量不断增加，耕种基本实现机械化。2004 年，实施农村公路村村通工程后，摩托车、电动车和汽车数量的增加，极大地方便了人们出行。农民人均交通支出 127.8 元，是 1987 年的 71 倍。2008 年，平均百户拥有小型拖拉机为 91 台，农用车为 13 台，大中型拖拉机为 2 台，机动脱粒机和收割机分别为 3 台，水泵为 92 台。2017 年，载人小汽车数量百户达 60 辆。2018 年，域内机动车保有量 80052 辆。其中，农村保有量占 70% 以上。

杂用 中华人民共和国成立初期，除旧有橱桌凳椅外，常年极少添置家具。运输工具、农机具落后，没有通信设施，农民出行、耕种、联系困难。20 世纪 80 年代始，日常生活用品变化较大。中等经济水平家庭中大衣柜、酒柜、高低柜、沙发等已为常见，组合家具已入寻常百姓家。70 年代，“老三件”（自行车、手表、缝纫机）已渐被“新三件”（电视机、洗衣机、电风扇）代替。据 1987 年百户抽样调查，平均百户农民家庭拥有自行车 192 辆、缝纫机 90 台、钟表 88 台、手表 165 台、电风扇 19 台、洗衣机 2 台、收音机 123 台、摩托车 1 辆、黑白电视机 24 台、彩色电视机 3 台、收录机 4 台。2008 年，平均百户农民家庭拥有自行车 222 辆、彩电 106 台、摩托车 70 辆、洗衣机 54 台、电冰箱 12 台、空调 2 台。此外，电脑、电动车、汽车进入部分农村家庭。传统的烧柴灶台，主要用来煮饭、蒸馒头，炒菜多用液化气灶。大多数农民家庭拥有冰箱、彩电、空调、电脑、移动电话、液化气炉等生活用品。

人均通信支出 0.21 元。1996 年 10 月，域内实现村村通电话。2003 年，农村电话入户率超过 90%，移动电话用户呈逐年增长趋势。百户农民拥有移动电话 59 部，农民人均通信支出 110 元，是 1987 年的 523.8 倍。2017 年，移动电话在域内普及将近人手一部，域内手机入网人数达 45.82 万人。

第二节 职工生活

民国期间，故城县旧职员、产业工人收入甚少，多集中在故城镇和郑口镇。人均月工资低者 4 元，少数行业最高 20 余元（工资奖金合计数），仅能勉强维持生计，遇有工伤、生病，生活难以为继。

中华人民共和国成立后，职工生活始渐好转，但较长时间内，多数职工因工资低、子女多、就业人口少诸多原因，生活仍呈拮据状态。自 20 世纪 70 年代后期，随着改革开放的深入，社会经济快速发展，职工生活显著提高。城镇养老、医疗、失业、工伤保险、最低生活保障在内的社会保障体系框架基本形成，而且覆盖面不断扩大。职工生活质量不断提高。

收入 中华人民共和国成立之初，职员工资都换算成小米发放。1955 年，实行工资制后，职工年平均工资 418.4 元，月均 34.8 元，此后 20 余年间未行工资调整。1977 年、1987 年先后多次调整职工工资，其中 1977 年职工平均工资 492.9 元，月均 40.1 元；1987 年，年均工资 1135.1 元，月均 94.5 元（年末国营、集体职工合计平均数），年、月工资分别比 1955 年增 716.7 元、59.7 元，比 1977 年增 642.2 元、53.5 元（绝对数比）。其间，落实“按劳分配”政策，按照有关规定发放奖金，职工收入再度增加。自 1981 年企业实行责任制后，职工月奖金少则 10 ～ 20 元，多则 50 ～ 60 元，更有甚者 70 ～ 100 元。

伴随职工家庭收入增加，职工生活明显改善，另有取暖费、洗理费、自行车费、降温避暑费、物价补贴、副食补贴以及工会组织发放之福利物品等。

据故城县人民银行对城镇职工典型户现金收入调查，1980 年 10 户职工家庭，人均月收入 27.7 元；1987 年，人均月收入 101.6 元，较 1980 年增加 73.9 元。

1987 年始，城镇居民收入发生很大变化。1996 年，城镇居民人均可支配收入为 3768 元；2005 年，城镇居民人均可支配收入增长到 7006 元，增长了 85.9%；2008 年，城镇居民年人均可支配收入达 9230 元，是 1996 年的 2.4 倍；2010 年，城镇居民年人均可支配收入 11652 元；2016 年，城镇居民年人均可支配收入 21870 元，2017 年城镇居民人均可支配收入 24144 元，比上年增长 10.4%。

消费 伴随职工工资增加，消费支出相对增长。据故城县人民银行对城镇职工典型户现金收支调查，1980 年，10 户职工家庭，人均月支出 27.4 元，1987 年 102.7 元，1987 年较 1980 年增加 75.3 元。城镇居民收入快速提高，刺激着居民的生活消费支出的快速增长。2005 年，城镇居民人均生活消费支出比 1996 年增长 67.6%。2008 年，城镇居民人均生活消费支出达 6093 元，是 1996 年的 2.3 倍。2013 年，城镇居民人均生活消费支出达 10447 元；2017 年，城镇消费品零售总额为 440248.8 万元。

衣：随着城镇居民收入的增加，穿着不仅质量提高，渐向多样化发展，青年职工每季备有几套式样、质地各异服装，穿着打扮日益讲究。20 世纪 80 年代中后期真丝、纯毛等面料上市，面料颜色丰富多彩。1996 年，人均衣着支出仅为 326.7 元，其中购买成衣为 128.8 元，所占比重为 39.4%。21 世纪，居民大都购买成衣，各种各样的服装款式新颖，色彩鲜艳，面料以纯棉、真丝、纯毛、羊绒等为主，化纤衣料呈下降趋势。2005 年，人均衣着消费为 530 元，占 2005 年生活消费支出的 12%。2008 年，衣着总消费为 42792 万元，人均支出为 910 元，占当年生活消费支出的 14.9%。2011 年，人均衣着消费支出超过千元并逐年上涨。

食：改革开放前，境内城镇居民除春节、中

秋节待客外，很少有肉食，豆腐、粉条也不常吃，副食品紧缺，限量凭票定量销售供应。随着城镇居民收入逐步提高，20世纪80年代后期，城镇居民逐步取消粮油定量，农副产品日益繁多，居民生活日益提高，食品越来越丰富，也越来越讲究。户户自给有余，并以细粮（面粉）为主。肉、蛋、鱼、奶食用量增加。除白菜、菠菜、大葱、茄子等大路蔬菜外（萝卜已很少食用），亦食用中、高档菜（菜花、蘑菇等），时令鲜菜（冬季尚有食用黄瓜、青椒、西红柿、蒜薹、豆角等）。烟酒、糖茶、水果等已为普通家庭必备。1996年，城镇居民年人均食品消费支出为895元，2005年，年人均食品消费支出为1421元，增长58.8%。温室大棚及市场经济发展迅速，境内居民四季都有新鲜蔬菜食用。2008年，城镇居民年总消费365740万元，人均食品消费支出1923.3元，是1996年的2.1倍。主要消费结构顺序为粮食、肉禽及豆制品、蛋类、油脂及其他食品。牛奶、面包、蛋糕等西式餐点亦走上人们餐桌。

2018年，蔬菜、水果、禽蛋奶等食品市场空前丰富，域内城镇居民讲究食品多样化，各种肉类、海鲜产品渐上向居民餐桌。人们关注饮食文化，偏爱健康养生食品。粗粮、野菜制品重新受到青睐，成为居民调剂口味追求营养健康的食品。食品日趋多样化，人均食品消费支出达3326元。

筵席：域内城镇居民，遇有婚丧喜庆、逢年过节、托人办事、招待亲朋、家人团圆、同学、战友、老乡聚会时一般都要摆筵席。改革开放前，物质贫乏短缺，一般在家招待，按客人多少安排4～6个小菜。饮酒根据主人条件丰俭自主。改革开放后至20世纪90年代，酒席逐渐丰盛。讲究荤素凉热搭配。域内城镇居民好客，多饮白酒、葡萄酒、啤酒、香槟等。21世纪，随着域内居民生活水平提高，饭店兴起，多数家庭（包括春节待客）酒席地点常安排在饭店。2015年后，严查酒驾及人们健康意识提高，过量饮酒者渐少。酒席饮料种类众多，多为碳酸、乳酸、果汁等饮料。

住：中华人民共和国成立后至20世纪80年代，城镇居民大都居住在职工宿舍或职工家属院，居住狭窄简陋，设施不全。80年代中后期，开始建设自有住房。1995年，85%的城镇居民拥有自己的住房。随着住房制度的改革，福利分房取消。1997年，出现集资购房热，住房逐渐实行商品化，住宅向着大面积、基础设施配套化方向发展，居住环境更加美观清洁。2005年，城镇居民人均住房面积46.1平方米，人均居住支出为486.6元。2010年后，城镇居民人均住房面积49.9平方米，人均居住支出为959.5元。70%城镇居民居住单元配套楼房，楼内水、电、暖、电话、液化气、天然气、闭路电视设施齐全。城镇取暖普及暖气设备，平房多为居民自行供暖，供暖设备为地炉子和暖气炉。楼房为锅炉、地热供暖。至2018年，城镇居民60%以上，在楼房居住。县城区内社区

20世纪80年代故城县城鸟瞰

21世纪新建居民小区

人口达7万余人。

耐用品：城镇居民逐步购置家具、家电、交通、通信用品，数量日益增多。1987年，多数城镇居民置有大衣柜、高低柜、写字台、沙发、黑白电视机、收音机、电风扇、缝纫机等，部分家庭置有组合家具、洗衣机、电冰箱、彩色电视机；个别家庭置有摩托车、电子乐器等。电视机一般为14英寸和17英寸，多为国产。20世纪90年代，职工工资逐年上涨，冰箱、收录机、双缸洗衣机、空调等家用电器逐步进入普通居民家庭。其中彩色电视机较常见，规格多为21英寸、25英寸、29英寸。进入21世纪，多数家庭置有32英寸、34英寸、42英寸等大尺寸彩色电视机，部分家庭置有数码电视机。2008年，平均百户城镇居民拥有摩托车86辆、家用汽车20辆、洗衣机104台、冰箱84台、彩电120台、电脑22台、空调90台，健身器材10套，微波炉22台、沐浴热水器46台、钢琴2架、照相机34部，移动电话112部、固定电话89部，人均交通和通信支出1011.6元。城镇居民做饭普遍使用液化气、天然气灶具和电器灶具。摩托车、电动车和家庭轿车成为主要出行工具，家庭轿车数量呈逐年递增趋势。2018年，百户城镇居民平均拥有汽车达90多辆。电脑、手机、照相机、冰箱、空调等成为城镇居民家庭必备品。

1996—2018年故城县农民和城镇收支情况统计表

表27-1　　　　单位：元

年　度	人均可支配收入		人均生活消费支出	
	农村	城镇	农村	城镇
1996	1932	3768	—	—
1998	2241	4600	—	—
1999	2352	4787	—	—
2001	2473	4951	—	—
2003	2714	5719	—	—
2005	3453	7006	—	—
2008	3660	9230	—	—
2009	3979	10390	2860	6379
2010	4269	11652	3638	6847
2011	5126	13230	4415	7903
2012	5885	14823	6029	9148
2013	6691	16483	7345	10447
2014	7555	17745	7653	10663
2015	8447	19821	7997	10887
2016	9503	21870	8358	11127
2017	10662	24144	8734	10327
2018	11973	26510	9112	11560

说明：表内“—”为无统计数字

第二章 风 俗

随着社会的进步，域内居民在生活、节庆、礼仪、婚丧等方面，形成具有浓郁地方特色和时代特色的习俗。人们的思维方式、价值观念、生活习惯，无不受到域内风俗影响。随着人民生活水平、文化程度和文明程度的不断提高，各种风俗也在不断演变。21世纪，一些阻碍生产力发展的陈规陋习逐渐减少，有利于和谐社会建设的美德良风蔚然兴起。

第一节 生活习俗

一、饮食

主食 主食以粮食为主，各种粮食吃法不同。土地改革前，普通农户一般早餐为小米粥、窝头，中餐为窝头、面汤、菜汤；晚餐为窝头、玉米粥。贫苦农民则以糠菜配以少量玉米或高粱面，熬菜粥、蒸菜窝窝、菜团子等。粮食歉收年景，晚饭只喝稀粥不吃主食。

土地改革后，农民生活稍微好转，一般年景，多数农户可吃净米、净面干粮。三年困难时期，米面奇缺，普遍实行“瓜菜代”，以红薯蔓、玉米芯、棉籽皮、野菜、各种树叶等作为代食品，仍难填饱肚子。

20世纪70年代初期，域内响应号召，大面积种植杂交高粱和红薯解决吃饱问题。时称“两红”并成为主食。早晚食用高粱面窝窝、煮红薯、高粱面粥；中午蒸高粱米饭、轧红薯面饸饹。仅有少量白面用以改善生活。

1978年中共十一届三中全会后，农村推行家庭联产承包责任制，农业生产快速发展，农民生活水平大幅度提高。1984小麦产量倍增，温饱问题得到解决，午餐以馒头为主，辅以米粥，间或做焖饼、捞面、饺子、烙饼、馅饼。早晚餐仍是喝玉米粥、小米粥配白面馒头为主。

20世纪80年代，以面粉、玉米面、小米为主，兼食杂粮和大米。早、晚常熬小米稀饭或玉米（俗称“棒子”）面粥，多用咸菜下饭。中午多以干食为主，兼有炒菜或熬菜。随时代变迁家庭经济富裕，主食品种及做法亦有变化。常用主食为馒头、大饼、窝头、面条、水饺、蒸饭、烧饼、包子、盒子、馄饨等。同时人们还有粗粮细做变换花样的传统。

20世纪90年代，随着人民的生活水平提高，膳食结构发生很大改变，一改过去饭食单一状况，饮食数量和质量明显改善和提高。城镇居民上街吃早点已很普遍，喝牛奶的人群数量不断增加。人们注重健康饮食，荤素菜、粗细粮搭配食用，饮食结构日趋合理。

日常主食为馒头、包子、面条、大饼、水饺、米饭等。早饭多食小米粥、玉米粥、馒头、面条、豆浆、油条、牛奶。午饭多食馒头、包子、面条、大饼、水饺、米饭，配有炒菜、炖菜，间以各种米粥或西红柿汤、紫菜汤等。晚饭多食馒头、大饼，间以炒菜、咸菜、各种米粥。粗粮细做一般只为调剂口味。烹调多用花生油、大豆油、色拉油等。

21世纪，人民生活水平大幅度提高，域内居民仍然保持面食为主习惯，饮食更加多样化。牛奶、面包、蛋糕等西式餐点走向百姓餐桌。

附

域内部分主食

菜饼子 系用粗粮掺以菜叶或大葱佐以少许粗盐拍扁贴到烧热的大锅壁上，熟后靠锅壁处有一层黄嘎渣儿，香脆可口、咸淡相宜。

菜团子 又称起馏（音），多以玉米面或高粱面为外皮，将菜馅（白菜、韭菜、茴香苗、地瓜叶、马齿苋等）包于其内，团成球状体，蒸熟即食，旧时是域内居民家常便饭，现已少食。

饸饹 多以地瓜面捏窝窝头蒸熟，趁热面软时置于饸饹床子上（压制工具）挤压成条，接于盆中，后盛于碗内，配以汤卤调料食用。现在农村已不再食用，部分饭店作为特色食品尚有经营。

咸食饭 以小米或小米面掺菜，加适量盐，熬煮成粥，干湿兼备，主副一体。

菜托子 亦称瓜菜饼子、咸食多以鲜嫩西葫、南瓜去皮瓤后切成丝状，和以玉米面（20世纪80年代后用白面），加适量盐、葱等调料，锅中加油，以火烤成淡黄色菜饼子即食。

煎饼 多用绿豆或黄豆面掺入少量小麦或玉米细面，用温水调成浆糊状，加入适量胡椒面或五香面，然后薄而均匀地摊在铁鏊子上待成型后加鸡蛋刮平烙熟，后于两层中间夹馅再行烙熟食用。

杂面条 将绿豆面、黄豆面掺以玉米面，再加榆树皮晒干后碾成的细面掺匀，以替代小麦面，和成面团擀成面条，此种面条既滑润有劲，又节省面粉。

黄面窝窝 用黄面（黍米碾磨而成细面）加以红枣制作。将黄面发酵（亦可不发酵），捏窝头时将半熟红枣按在上面，上笼蒸熟后即可食用。因黄面有黏性，意为“过年”，红枣意为“早”和“甜”，预示吉利、愉快。每逢春节，成为居家必备特色食品。

黄面窝窝

糕 此有三种：一为黏糕，以黄面发酵（20世纪80年代间有以江米替代黄面者），掺入红枣，摊于笼屉上，大火蒸熟，割成条块食用。二系稷面糕，用稷子面（80年代因极少种植稷子，多以小米面代替）发酵，摊于笼屉上蒸熟，切成菱形块状食用。三乃花糕，用面粉和成面团发酵，始做成一圆厚底状（大小不等），后将半熟红枣挨个排满一层，再将略小圆饼覆盖于底盘上（有的还照此再做一层二层不等），其上用刀或竹篾刻出花纹，顶上中心位置装上预先用面条捏制的各种图案，蒸熟后，将图案着以红、绿食色。此糕即预示着阖家团圆，又象征步步登高，生活兴旺甜蜜，故此糕为农家又是春节（过年）必赠礼品。尤其

白面枣花糕

对已出嫁闺女，头三年娘家多送此礼。食用时切成三角形状，举家围坐分享。中华人民共和国成立后，人民生活水平逐渐提高，70年代玉米面、高粱面、小米面等窝头取代已往菜窝头菜饼子。80年代白面包子取代以前菜团子，菜托子、咸食饭逐渐被淡忘。煎饼、杂面条已不必掺粗粮或榆面。仅以黄面窝窝、年糕作为新鲜食物调剂生活，并为农家馈赠亲友之食品。

风味食品有油炸糕、油条、馓子，龙须贡面、肉饼、饺子等。

菜肴 故城人喜咸嗜酸，少甜食。春冬中午多熬大锅菜，以大白菜、白萝卜为主，另加粉条、肉片、豆腐不一。夏秋多吃熬南瓜、熬茄子、炒豆角、蒜苔，或熬冬瓜汤、菠菜汤、葱汤、韭菜鸡子汤等。早、晚吃自腌陈放多年“老腌咸菜”等，间有臭豆腐、豆腐乳、酱菜调口味。20世纪80年代，午餐多烹炒食鲜蔬菜佐食，逢年过节或红白大事设宴多为“十盘八碗”，禁忌单数。以鸡、鸭、鱼、肉、蛋为主，“十盘”佐酒，“八碗”下饭。条件较好者讲究“四干”“四鲜”“四冷”“四热”，逢过节间有山珍海味者甚少。

21世纪始，域内生产力提高，人民生活日益富足，温室大棚菜的种植及全国各地蔬菜市场流通使百姓菜肴更加多样化，反季蔬菜、各种副食品种类繁多，设宴已经不仅在年节或红白大事，亲朋相聚皆有酒宴，菜肴日趋丰盛，多在饭店

举行。

饮料 改革开放前，平日解渴多为白开水，待客为茶水，亦有枣水代茶者。20世纪80—90年代，饮茶者渐多，后增饮料、瓶装水，喝饮料者渐次增多，并成为时尚。

2000年后，人们养生观念增强。日常以饮茶和白开水最为普遍，各种碳酸饮料、果汁饮料等多佐餐用；故城人原喜饮高度烈酒，后饮低度白酒、啤酒、红酒等居多。

二、服饰

颜色 1966年前，中老年人衣着多为青、蓝、灰白，年轻女子衣着多为花、红、绿、粉色。“文化大革命”时期，男女青年流行军装绿。20世纪80年代后，青年男女衣着五颜六色，异彩纷呈。中老年人仍以灰、黑、蓝色为主。90年代后，穿着向时尚化、品牌化、个性化发展，男女老少衣着颜色均趋于多彩化。21世纪，域内部分老年人偏喜红色等艳丽颜色。

款式 清末民国初，少数富有者衣着讲究，身着长袍马褂。穷人穿着简朴，多为短袄长裤。男上衣多为正对襟，女上衣多为偏大襟。对襟开口缀铜扣或结蒜疙瘩（人工扣子）。下衣男女皆同，多为深裆肥腰裤（称掩裆裤，前无口袋，扎布腰带），老年人用布带扎裤腿（称绑腿带），男性腰间外扎宽长“战带”。穷苦人亦有仅缝棉裤腿者，入冬后套于夹裤外，系于腰带上（称衩裤）。20世纪50年代，增添中山服，在城镇女青年中已有夏穿连衣裙、短衣裙等。

20世纪60—70年代，除老年人衣着仍多旧款式外，年轻人流行瘦短裤，肥大褂。一般上衣流行制服、学生服、干部服、军干服、棉夹克等，下衣流行锥型裤。80年代，款式多新颖，衣着西装者渐多。男女青年中流行面包服、运动服、风雪衣、皮夹克、喇叭裤、牛仔裤等，中青年妇女夏穿彩裙、短裙、短袖花衫，春秋露面穿羊毛衫，各式手工编织毛衣、毛坎肩视为时髦。90年代，西服、连衣裙进入老百姓的生活，人们的服饰逐渐多姿多彩。款式由单调向时尚、流行服装变化，以西服、夹克衫、港服、筒裤、喇叭裤、牛仔裤、老板裤、裙子、旗袍等居多。“新三年、旧三年，缝缝补补又三年”的穿衣观念也在逐渐改变。人们春秋季节多穿夹克衫、西服、休闲服；夏季，男子多穿T恤衫、短袖衫，女子多着各式连衣裙、套裙、迷你裙，或上着T恤衫，下着半裤、七分裤、九分裤。冬季着装内着羊毛衫、保暖衣，外穿各式羽绒服、皮衣。

2000年始，成衣市场更加繁荣，四季服装款式多种多样，真丝服装、羊绒中长款大衣、貂皮大衣、各季成衣式样繁多，国内外各种品牌服装走向域内市场。青年女子冬季盛行打底衫或打底裙，外套羽绒大衣或羊绒大衣。

质料 中华人民共和国成立前，人民多穿脚踏木织机织就之土布，穿“洋布”者甚少。富有者多穿用绸缎或“洋布”。中华人民共和国成立后，人们衣着渐生变化。20世纪70年代，衣着面料流行单面布、斜纹布、平绒、条绒、的确良、涤卡、呢绒、毛呢混纺、涤棉等化纤、毛料等。80年代，服装衣料由单一向多品种变化，各种化纤织品以结实耐用、不易变色被人们喜爱。90年代，高档毛呢、毛哔叽、高级化纤混纺、毛料畅销。

2000年，纯棉、真丝、羊绒、貂皮、防燃布料、冰丝、羊剪绒、防辐射布料等品种畅销。

三、鞋袜

鞋 中华人民共和国成立前，人们普遍穿手工做土布鞋，男式多为两片合成“双脸鞋”，中间交接处前面平缀两道“皮脸”，后跟立缀一道“皮脸”。线纳鞋帮，麻绳纳底，底面平直，两脚可换穿。布料颜色多为靛青、深蓝。小脚妇女穿尖鞋，圆口或尖口，后跟帮稍高。大脚妇女穿绣花鞋，鞋面和两帮绣有各式花卉。中华人民共和国成立后增添方口鞋（亦称解放鞋），盛行“五眼鞋”（亦称“绑带鞋”有浅口、深口和矮帮、深帮，即高腰鞋之分），中青年女子则兴“挎篮鞋”，即方口鞋偏后添一扣鞋带，可将鞋紧固脚上。20世纪60年代始，又兴松紧口鞋，左右认脚，不可换穿。冬季多穿棉靴头、毡窝、草鞋等。70年代，布料由粗布、平面布、斜纹布、帆布发展到条绒、平绒、涤卡、混纺、毛呢等。塑料底布鞋、塑料凉鞋和各式机制布鞋。猪、牛皮鞋已始在城镇青年中畅销。80年代，出现胶底、泡沫塑料布鞋，各式高级皮鞋、皮靴，青年女子高跟鞋，已由城镇向农村蔓延。

20世纪80年代末，男式皮鞋以三接头为主，皮鞋高跟大约5厘米。夏天多穿塑料凉鞋，样式为前后空，颜色多为棕黄色。90年代，皮凉鞋开始上市，价格较贵，在100元左右。男女皮棉鞋多为羊毛里子。皮鞋流行方头高跟，跟高3～10厘米，塑料凉鞋基本被淘汰。90年代后期，流行尖头皮鞋，男式沙滩鞋。

2000年始，人们买鞋开始注重品牌，各种品牌鞋店不断出现，主要品牌有金猴、蜘蛛王、红蜻蜓、意尔康等，价格多在150～400元之间。女鞋流行圆头鞋、鱼嘴鞋、皮靴、尖头细跟皮鞋，男鞋流行欧版鞋、休闲鞋、绑带鞋等。

袜子　中华人民共和国成立前，人们仅于寒冷季节穿用袜子，多系双层土布筒袜，袜底及后脚跟均用数层布铺衬，套于袜板上以双线密纳。另有加上棉絮做成棉袜者。20世纪60年代，布袜及棉袜渐无。70年代，各色维尼纶线袜、尼龙底袜替代棉线袜。80年代，棉纶低腰袜、棉纶丝长筒袜（青年女子盛行）、短筒袜流行。除春冬穿袜御寒保暖外，夏秋穿袜侧重于卫生、美观、文雅。

21世纪，流行穿舒适纯棉袜，夏天穿长丝袜或水晶袜，年轻人流行穿“船袜”（没有袜筒，形如船状）。

四、居住

房屋位置　中华人民共和国成立前，域内大多房落稀疏，宅院狭小没有规则。农户住房尤其简陋，富有者建有“四合院”（南、北、东、西各盖有房屋）、“三合院”者较多。北房为正，称上房，高于东西厢房。上房多为3间或5间，3间者称之为“一明两暗”，5间者称之为“明三暗五”，即中间3间宽大，两头各1间较狭窄低矮，亦称耳屋。北房中间一间开门，盘灶、置炊具等，称明间或外间屋（屋当敞子），左右称东西里屋，置床或盘炕等。东里间为上屋，一般为长辈居所，两边耳屋为库房。厢房多为“一明一暗”2间。20世纪80年代，多将两耳屋去掉，盖4间北房，再盖东房或西房（视大门所在处而定，大门于东侧则盖东房，反之盖西房）。90年代后，农村正房多为5间，县城正房多为4间（正房多与偏房相连），四合院逐渐增多。

2005年后，建筑业发展，域内楼房建设渐多，逐渐成为城镇居民主要居住方式，部分农村居民在城镇或本乡镇内购买楼房居住。

房屋结构　中华人民共和国成立前，房屋结构大多两类：一为土坯平顶房，地基向外垒有3、5、7层砖，内填碎砖，上面放麦秸、芦苇等作防潮层，用土坯垒或泥土打成，壁厚约60厘米。屋顶上梁、椽后铺秫秸出檐（称老檐出头），条件较好者，外垒砖框，框内白灰抹墙面（称五花脸）。檩条上铺盖秫秸或麦秸，再用麦秸泥封顶抹平，房顶略呈鱼脊背形。二系砖挂皮起脊房。另有全砖墙即扁砖到顶，房顶大起脊，挂古式布瓦。县境南部多鱼脊顶漫方砖，另有用灰渣捶顶再轧光抹平者。房屋多安前窗，皆纸糊小木格棂子窗。有为通风散烟，在明间后山冲前门开小吊窗或后门，再于房后垒墙（称后园子）。

中华人民共和国成立后，伴随人们生活水平提高，砖包皮白灰墙房，白灰墙房和起脊瓦房渐多。布瓦渐为机制瓦，随建筑技术发展，房屋结构亦不断更新，出厦房、抱厦房、水泥钢筋结构之楼座（平顶房）、楼房等相继涌现。20世纪80年代，房屋多为全砖瓦房，墙厚或“三七”（即用顶横砖宽37厘米）内墙多用“二四”（即用一扁砖宽24厘米）。间脚用水泥抹裙子或用石块砌就，墙上部周围有钢筋圈梁，房顶多为起脊红瓦。县境南部平顶房多为预制水泥板或方砖，上以灰渣、水泥压抹而成，屋内水泥抹地面、白灰抹墙及吊顶。前窗宽大，一般安4或6个窗扇，堂屋门带挎耳窗。每间后山墙多设有窗口，安一对窗扇，门窗皆镶玻璃。房前脸、地面多抹有五彩水刷石、水磨石或镶瓷砖。院内影壁墙则多绘有山水壁画或工艺雕字，后又多用花瓷砖镶嵌。大门多与偏房连为一体，门楼多用水泥、水刷石、雕刻或花瓷砖等各种造型图案装饰。

20世纪90年代至21世纪，随着人们生活条件改善，房屋结构、质量和外观上都发生了变化。房屋多为砖混结构（县城以南盖房多以沙子和白灰混合砌砖，县城以北盖房多以沙子和水泥混合砌砖）。房屋多采用砼制上下圈梁和柱脚，前出抱厦。厦子起初由数根明柱支撑，后来人们把小水泥梁同房屋里边的大（圈）梁连筑在一起伸出前檐，叫作“挑梁”，取消明柱。挑梁的前檐上一般多铺放水泥板。房顶多为松、杨、杂木梁、檩、椽结构。屋内地面铺瓷砖，屋外正面墙面多镶嵌瓷砖。偏房与大门相连，大门门额镶“紫气东来”“家和万事兴”等瓷砖字画；两侧镶瓷砖或瓷砖楹联；影壁墙镶瓷砖山水画。偏房用作厨房、仓储，厕所建于院内。县城住楼居民皆为水冲厕所。农村正房仍有少数留有火炕用于冬季取暖。房屋多用新式门窗，门窗面积越来越大。门上附带顶窗或偏窗。窗户也由2扇发展为3扇、4扇、5扇等，采光效果大为增强。门窗材料由一般本地杂木料到松木，后渐流行铝合金和塑钢门窗，更高档的使用断桥铝。门窗安装方式由随瓦作垒的变成预留空口，最后安装。

室内设置 中华人民共和国成立前，一般人家屋内设置简陋，多不装修。大多仅以铺柜、炕橱、长板凳或圆杌墩、小饭桌、小板凳、马扎及蒲团，土炕上一领苇席和旧被卷等，别无他物。炊具用品等多用土坯分层搭台放置。照明为油灯，铺盖为粗布棉被、棉褥。富庶人家，室内则有长条几、八仙桌、太师椅、立橱、立柜等。堂屋或客厅挂有中堂字画、水银镜，另有瓷瓶等物。照明以蜡烛、油灯为主，铺盖鲜有绸布、洋布。

20世纪60—70年代，立橱、迎门橱、方桌、座椅、挂镜、马蹄表、暖瓶、瓷具、塑料制品、墙画等已入众家。农村居民铺盖仍以粗布棉被、棉褥居多，照明仍以油灯为主。城镇居民铺盖渐用绸布、洋布增多，照明用电灯。80年代，室内摆设趋于新颖多样现代化，农村渐次通电普及。大立橱、书橱、写字台、各式吊灯、台灯、座钟或挂钟、沙发、茶几、高低柜、电视机、收录机、新式床铺、名人字画、书籍报刊等始进农民家庭。组合家具、电风扇、洗衣机、电冰箱、彩色电视机等高档家用电器已进部分农家。铺盖除传统的棉被、棉褥外，腈纶被、毛巾被、毛毯逐步走进普通人家。农村火炕上的苇席，被炕被、海绵或泡沫垫取代，上面铺床单。室内装修逐步盛行，渐趋高端。80年代末期，多数家庭为四面白墙、水泥地。90年代初，一般为墙面喷涂彩色涂料，地面铺水磨石，亦有少数家庭铺地板革或镶贴地砖，厨房、卫生间墙面瓷砖高度一般为1.5米。为了节约电费，家庭所有灯泡多为15瓦，只有逢年过节才把堂屋或走廊灯泡换成100瓦。

20世纪90年代后期，装修倾向于把家里包得严严实实，铝合金门窗和原色木饰为当时最时髦装修方式。随着人们经济收入不断提高，家庭装修除包窗台、包木门外，还进行复杂吊顶，装修过程颇为繁琐；地面、厨房、卫生间全部镶贴瓷砖。照明灯具样式越来越多，品种也越来越丰富，如台灯、吊灯、壁灯、射灯等，体现了家的品位和魅力。21世纪，人们购买灯具注重美观、个性、时尚、节能、环保、绿色等，节能灯和花灯在普通家庭已为常见。

装饰材料追求环保、节约，装修风格除体现个性化外，更多人们追求简约、自然，轻装修，重装饰，多采用配饰装扮家居，更显温馨。通电照明日趋发展，丰富多彩，均使用节能照明灯具，多用LED灯泡。

五、发型与妆饰

清代男性留辫子。中华民国初年，剪辫子后，少数富家子弟、教书先生、学生等留背头、分头，戴礼帽，寻常百姓皆剃光头。小男孩子头顶部留发（称洋拢子），头顶后留一绺长发，称小辫（求长命）。年老男人入冬戴无沿帽衬（俗称瓜皮帽）。为防冻耳，有戴卷卷帽（俗称护套）或护耳帽（俗称孖护，孩童多用）。男人大多蒙白毛巾（俗称羊肚子手巾），女性多不着帽冠而留长发，未婚女子扎独根辫垂搭身后，辫梢系红头绳，已婚女子则挽髻盘发，插簪子及钗子针。抗战时期成年女子始罩蜡染花蓝布巾。

20世纪50—60年代，男性除少数老人剃光头外，中、青年多留分头、背头、平头或寸头，戴工人帽、绿军帽。冬戴棉帽及绒帽者渐多。女性青少年多留两条辫子垂下或扎束羊角小辫翘起，60年代后期，齐耳短辫（俗称刷子辫）盛行一时。已婚妇女，多数为齐耳短发，头蒙布巾或纱巾。未婚者系结于脖下，已婚者系结于头部。70—80年代，男性青年留大头长发，妇女烫发卷头帘。各式围巾（俗称围脖）兴起。除中、老年男性多戴军便帽外，男性戴各质料鸭舌帽（亦称前进帽），女性流行各款式绒线帽。男性青年不戴帽，时兴冷烫、吹风、抹头油者有之，冷时围围脖或戴各式耳罩。老年妇女除蒙头巾外，又兴起戴毛线编织圆帽，中青年妇女烫发、留披肩长发者渐多。

20世纪80年代后，男子多留分头、平头、背头；青年妇女流行烫发；农村老年人仍喜剃光头；老年妇女一般梳加长的毛盖子剪发头，八九十岁以上的妇女仍多为束髻。城镇女青年戴耳环、戒指、项链者大增，美容化妆、挂耳坠、戴项链已由城镇向农村普及。

20 世纪 90 年代后，女性追求自然清纯的风格，流行披肩发、马尾辫、青年头、盘头发等；男子流行板寸。县内女性美容者增多，描眉、涂口红、擦各种高级润肤霜。农村妇女美容者少，男子美容者很少。

2000 年后，饰品已普遍。各色染发、焗油、拉直成为时尚。一些青年人将头发染成红、棕、黄各色，其中不乏个别男子。也有少数青年男子留长发、光头。主要有项链、戒指、手镯、耳饰等。佩戴项链者多为女性；少数男性戴粗大的项链。项链款式有方丝链、水波链、蛇链、马鞭链等。材料主要为纯金、K 金、铂金等。珍珠项链为中老年女性所喜爱。耳饰款式多种多样，有传统小巧的耳环，也有大而粗的款式，材料以传统的金、银、珠、玉为主；也有许多青年男女喜欢佩戴耳钉，少则一个多则几个。戒指男女皆有佩戴，男子佩戴者较少，女性居多。材质主要有足金、K 金、玉石、铜、银等。手镯材质多为纯金和玉石。除了金、银首饰外，木质、石质等多种极具个性化的装饰品流行，尤为年轻女性所喜爱。还有仿真饰品以其款式新、价格低风靡。

21 世纪，女性更注重外貌、形体美，美容发展至去专门美容场所纹眉、纹眼线、割双眼皮、去皱、去眼袋、抹眼影、美甲、做面膜等，亦有少数女子做隆胸、瘦腰、提臀和吸脂减肥手术。美容花销视个人情况，几百数千元高低不等。男性美容者出现，多为做面膜者。

六、出行

中华人民共和国成立前，因交通工具落后，赶集上店，走亲串友，男人多肩背褡子步行，女人因裹足，多骑毛驴。若带运货物，靠手提肩挑或驾独轮手推车，富庶人家以驴驮或牛马车载运。大车轮多系镶铁边木轮，车厢上多搭篷架，罩篷或苇席，以遮日挡风避雨。骑马、坐轿或乘骡马、轿车者仅系富庶人家。

20 世纪 50 年代，自行车进入少数家庭。

60—70 年代，人力单木轮推车及畜力双木轮大车已由胶轮车取代。

80—90 年代，重庆嘉陵、上海幸福、日本铃木、本田等各型号摩托车逐渐兴起并日渐增多，多为较富裕家庭男子乘用。运输个体户拥有面包车、客货两用车、吉普车等。进城办事、外出联系业务等均乘班车或出租车往返，极为便捷。

21 世纪，摩托车、电动车和家庭轿车渐成为主要出行工具，家庭轿车数量呈逐年递增趋势。在农村小型拖拉机、农用车有时也用于自家出行。

2008 年后，公路网、铁路网、高速公路、高速铁路、机场码头逐步建成完善，重型汽车、火车、飞机、轿车成为常见交通工具，人们出行更加便利。

七、娱乐

中华人民共和国成立前，人民生活辛劳艰苦，大多民众仅于春冬两闲时或重大节日（春节、元宵节、中秋节等）有娱乐活动。男青少年娱乐项目多系打蛋儿（用线缠成鸡蛋大小圆球）、打尜尜儿、弹玻璃球、杠铁陀、碰拐、捉迷藏、滑冰、放风筝。女孩多系踢毽子、跳绳、杠房子。妇女多看纸牌。中、老年男人有喂鸽子、养画眉、百灵鸟者或推牌九等。一些民间耍把式卖艺者亦活动于街头巷尾，系说书、变魔术（俗称变戏法）、唱小戏、练武术、玩猴等。春节前后为农村娱乐鼎盛时期，其间庙会、对台戏、高跷、秧歌、划旱船、玩龙灯（县境南部为盛）、敲架鼓（县境中、南部出名）、燃烟炮（县境北部盛行）等活动昼夜不辍。

中华人民共和国成立后，人们重建家园，加强生产，每逢节庆日娱乐仍有诸多活动。“文化大革命”期间，诸多娱乐项目被诬为“封、资、修”而被取缔，代之以各种形式的革命文艺节目，田间、地头、机关、工厂、学校、以吹、拉、弹、唱居多，节目内容单一。

20 世纪 80 年代，大多传统娱乐项目恢复。但随现代乐器普及，欣赏情趣提高，娱乐形式趋于多元化。看戏、看电影、看电视、打扑克、下象棋、跳棋已颇普遍，围棋已不罕见，乡、村有文化站或俱乐部，县城建工会俱乐部、老干部活动中心。人们在劳动工作之余，一起吹拉弹唱。放焰火、猜灯谜一度出现，打台球、门球、篮球、排球、听录音、看录像、玩电子游戏等现代娱乐形式兴起。中老年男人水边垂钓亦成为娱乐活动。80 年代末，随着物质生活的不断提高，人们的精神生活也发生了较大的变化。看戏、看电影、看电视、下象棋已很普遍，报纸、杂志、画册等普通家庭亦有订阅。

90年代，打台球、篮球、排球、看录像、玩电子游戏等娱乐形式兴起。舞厅、卡啦OK厅、健身房、网吧等娱乐场开始出现，为人们的娱乐休闲提供了专业场所。

21世纪，收看电视成为主流。老年人闲暇之余多喜欢参加各种文体健身活动，除运动外，去歌厅一展歌喉，以随身听、MP3听歌，成为青年人流行时尚。至2018年，网上游戏、假日旅游、骑行、跳舞、瑜伽等养生健身活动渐成时尚，手机、电脑成为主要的娱乐工具。县城社区内老人活动中心也渐增，老年歌舞歌唱团日益增多。

第二节　岁时习俗

一、传统节日

春节　俗称过年，系人民群众辞旧岁迎新春之盛大传统节日。腊月中旬始，碾米磨面，准备食品。下旬赶集上店，置办年货。腊月二十三日祭灶神上天，以糖瓜供之，意在糖瓜粘甜，灶神食之可黏住嘴巴，上天见玉帝之时免说坏话。祭灶时，将灶王像同烧纸一起烧掉，焚香叩拜并祈祷“上天言好事，回宫降吉祥”。家家户户清扫房屋（俗称“抄房”）、粉刷墙壁、糊裱窗户、张贴年画、剃头理发、磨豆腐、蒸年糕、馍馍（俗称蒸干粮），邻里之间将年糕之类食品相互赠送品尝，表示和睦。同时杀猪宰羊，置做新衣，年前可谓“过了腊八日，忙到二十九”。

腊月三十日（小月二十九日）一般上午大扫除，贴对联、摆牌位、上供品，后由男性长辈领儿孙手持香束、烧纸和鞭炮，至村头道口请家堂（俗称请爷爷奶奶），有的则于傍晚请家堂；中午家人团聚欢宴；下午和面调馅包饺子；晚上，即除夕之夜，家家灯火辉煌，家人团聚，老少围坐，共叙亲情，齐享天伦之乐，通宵达旦，谓之“守岁”（俗称“熬三十”）。

正月初一为大年伊始，五更起床，烧香燃蜡烛，煮饺子，上供品，放鞭炮（有三十晚十二时后即行此事者）。院中铺上芝麻秆取芝麻开花节节高之意。清晨，穿戴一新，晚辈向长辈叩头拜年，长辈赏小儿压岁钱，数量不等。兄弟叔侄走出家门逐一向同族、街坊长辈叩头作揖跪拜，祝贺新年。该日停做活计，妇女闲玩，儿童嬉闹，禁忌啼哭和打碎家什，妇女忌拿针线，屋内禁动笤帚扫地。如年前家遇丧事，则关门闭户（俗称避丧）。初二早晨上坟祭祖（俗称“送爷爷奶奶”）。旧时还有争挑井水以求一年财运兴旺之俗。初二至初六走亲串友拜年，主人以美酒佳肴款待。初三待新亲（新婚妇女家之兄或弟）。初四出嫁未满3年妇女，由丈夫陪同回娘家拜年，娘家则以上好酒菜待之。初五放鞭炮寓意“崩穷”或“破五”吃饺子，求一年之大吉。

中华人民共和国成立后，旧历年易名为春节。机关、工厂放假3天以上。节前开展拥政爱民、拥军优属活动，县直机关召开军民联欢会，党政机关干部赴驻军单位和烈军属、残疾复员退伍军人、病离退休干部职工家登门拜访，送慰问品，或召集上述人员开茶话会、座谈会。青少年学生帮助烈军属、五保户担水扫院、张贴对联等。有意义活动日渐增加，乡邻亲友来访待以烟、糖、瓜子、茶水等，并互赴酒宴。节日除唱戏演节目外，尚有下棋、玩牌、看电视、电影等活动。

20世纪80年代起，春节基本上承袭原有习俗。春节从腊月三十日正式开始，三十傍晚“请神”，除夕之夜，随着电视机普及入户，全家人一般观看春节联欢晚会守岁。1999年起，春节被定为法定节假日，放假3天。

2000年起，休假时间进行调整，移动节日前后的两个周末四天和法定假期三天集中休假，这样共计7天。20世纪90年代后，机关、团体、企事业单位初一集体“团拜”，改为上班后第一天。进入21世纪，亲朋好友之间以发电子邮件、手机短信或打电话拜年。少数农村拜年实行团拜，多数村只给同姓长辈拜年，全村拜年者渐少。

元宵节　俗称“过十五”，又称上元节。出嫁未过3年妇女，须回娘家“过十五”，同日有在婆家“见灯死公公、见火死婆婆”之迷信说法。十五晚上，家家吃元宵（节前，元宵为馈赠佳品）。饭后，挂红灯、猜灯谜、放焰火，孩童于屋内屋外，点燃蜡烛，院内亮亮堂堂，谓之闹元宵。建国镇百姓久有玩龙灯、踩高跷之习俗，郑口一带群众有于村头道边堆柴燃火之习俗（以示“红火”），梧茂一带有十五晚上放“天灯”之风。20世纪90年代后，元宵节之夜，在城镇举行文娱活动、放焰火等。在农村，则踩高跷、耍龙灯、扭秧歌等。2000年后，域内文化部门每年组织元宵文化艺术节。

正月二十五 二十五即农历正月二十五日。该日日出前，村民燃放鞭炮，并于院中屋内以灰撒圈（俗称打囤）。囤内以砖压五谷杂粮及钱币，以示钱粮满囤，日出后将钱粮收起。中午放鞭炮、吃饺子，此俗农村较盛。

二月二 农历二月初二相传为“龙王”上天之日（俗称“二月二龙抬头”），上年雨水停止后，“龙王”休息，今日“龙王”抬头上天，准备下雨。该日禁忌担水，怕将“龙王”担于家中，男人须剃头，以兆“剃龙头”之吉。清晨，村民多以棍棒击物，口中念念有词，以示吉利。如“二月二，敲墙根，蝎子、蚰蜒不近身”“二月二，敲锅头，大囤满，小囤流”等。早饭多食以黍米、红枣蒸成之黄面窝窝，同时吃尽年节剩余食品，谓之“过年尾巴”。二月二理发、吃“盒子”等习俗至今仍保留。

三月三 相传农历三月初三为“财神爷”搬家日，有“三月三，‘财神爷爷’往家搬”之说。此日人们以素饺子为供品，烧香、焚纸、供奉“财神爷”。历年来，人们乔迁新居，多择此日为大吉之时。

清明节 春分之后15日，一般在公历4月4日、5日、6日。旧时曾有清明节禁火三日之俗，故俗与“寒食”相混。相传春秋时期，晋公子重耳遇难周游，途中历尽艰辛，饥饿相加，跟随重耳之大臣介子推割肉奉君，为其充饥。重耳回国得君位，是为晋文公。介不受禄，背母隐于绵山，晋文公遍巡不得，闻知介系孝子，便令人放火烧山，逼介出山，但荆棘化为灰烬后，仅见两具尸骨，晋文公仰天长叹。介被烧之时恰逢清明前一日，为纪念介之忠贞，晋文公下令该日举国不动烟火，吃寒食，故定此日为“寒食节”，沿袭至今。清明节在寒食节后1～2日，为祭奠祖先、故人之日，出阁女子及儿孙晚辈为逝去长辈上坟烧纸。此日，部分村镇门前插柳条挂松枝。中华人民共和国成立后，定为纪念革命烈士之日，党政群团赴陵园为烈士扫墓。农村仍有上坟烧纸祭奠之俗。

端午节 又名端阳节，俗称“五月大五”，即农历五月初五，始源于民间传说，为纪念战国时期楚国爱国主义者、伟大诗人、三闾大夫屈原，其因报国无门，含愤投江。乡民投粽子于汨罗江，防鱼食屈原尸体。置龙舟于水上比赛，意在搭救屈原。但故城因地处平原，无宽阔江湖可赛龙舟，仅以食粽子缅怀屈原。此时又值小麦上场，农人包粽子兼有庆丰收之意，城镇市民亦有包食粽子之俗。端午节包粽子（或上街买粽子）之俗至今尚存，其余活动均已淡化。

七夕 七月初七夜晚，俗称“七夕”，又称“乞巧”节。传说为牛郎织女相会日。夜间，老人领着孩子遥望星空、讲牛郎织女二人相会于“鹊桥”的故事，此日凡间不见燕雀。旧时青年女子于同日晚摆香案，供瓜果，向织女学织布做针线活，乞求灵巧。传说在葡萄架下能听到牛郎织女说话声。

七月十五 农历七月十五日为中元节，俗称“鬼节”。佛教传说，目连之母坠入饿鬼道中，食物入口，即化为烈火。目连求救于佛，佛为其诵盂兰盆经，令其七月十五日设盂兰盆以救其母。后代将此日定为上坟祭祖之日。

中秋节 农历八月十五日为中秋节，亦称中秋节，七八九月值逢秋季，分称孟秋、仲秋和季秋，八月十五日正值仲秋。中秋之夜，花好月圆，成为四季良辰佳景之一。此时，五谷杂粮相继成熟，举目观望，田野金黄。为庆丰收，待月出东海，阖家团聚，以月饼、瓜果及美味佳肴供奉，家人举杯频频，共赏明月。此日离家外出者，每每赶回家中团聚。故中秋节亦有团圆之意。节前以传统佳品月饼馈赠亲友。据传，中秋吃月饼始于元代，时汉族被蒙古贵族统治，每十家供养一鞑子兵，鞑子兵对百姓百般蹂躏，人们愤恨至极，忍无可忍，于八月十五日晚以月饼暗藏书有“杀”字纸条，彼此传递，一夜将鞑子兵全部杀掉。后中秋节食用月饼，以示纪念，流传至今。现今，中秋节依旧吃月饼，月饼品种越来越多，价格高低不等。

重阳节 农历九月初九为重阳节，系迎“财神”回家之日，当地有“九月九，财神爷爷往家走”之说。此日，人们多包素馅饺子供奉。伴随老干部离退休和长寿者增加，国家定“九月九日”

为敬老日。每年县、乡、村领导组织看望和慰问高寿老人。县老干部局、县总工会并组织老人参加体育、娱乐等项目比赛活动。

十月一　农历十月初一为“鬼门节”，据迷信传说同日系鬼开门之时，未到此日，野外夜间不见“鬼火”（磷火），此日后方现。现该日已为上坟祭祖之日。又因时值秋去冬来，气候寒冷，除上供烧纸外，还用五色纸剪成衣裤，俗称“烧寒衣”，为去世亲人送“寒衣”以示悼念，此习俗仍在域内沿袭不衰。

腊八节　腊月是祭名，《荆楚岁时记》以“十二月初八为腊八”，“村人击细腰鼓，作金力士以逐疫”。传说此日为释迦牟尼佛得道升天之日。其为古印度北部迦毗罗卫国（今尼泊尔境内）净饭王之子24岁时，痛感人世生老病死之苦，又不满当时婆罗门之神权统治，便创业说教，出家修道，建立佛教。后寺院取江米、豆米做粥供祭。佛教传入中国，人们沿用佛寺风俗于此日晨用黍米、小米配红豆、绿豆、红枣做粥食用，称“腊八粥”。同日人们习惯腌“腊八蒜”，将剥皮蒜瓣泡于醋罐内（有加白糖者）密封，20天后蒜呈翠绿，酸辣相宜，别有风味。每年同日天气多极寒冷，有“腊八腊八，冻死叫花（讨饭者）或冻死一家”之说。

二、新节日

元旦　1月1日。中华人民共和国成立后为国家法定假日，党政机关、企事业单位、学校均有假期。

“三八”国际妇女节　3月8日。各界妇女举行庆祝活动。部分单位女职工放假半天。

植树节　3月12日。域内党政军领导及机关干部、职工、学生参加义务植树劳动。

“五一”国际劳动节　5月1日。机关、团体、企业放假庆祝节日。

“五四”青年节　5月4日。源于1919年“五四”爱国运动，各单位团体组织青年、学生予以纪念。

国际护士节　5月12日。域内各医院每年召开护士大会，组织纪念活动。

“六一”国际儿童节　6月1日。各小学、幼儿园组织儿童、小学生，举行庆祝活动。少年先锋队举行新队员入队仪式。

中国共产党成立纪念日　7月1日。各级中共党组织以上党课、开会、参观革命纪念地等形式予以纪念。

“八一”建军节　8月1日。域内党政主要领导到当地驻军、武装部进行慰问，并组织开展拥军优属活动。

教师节　9月10日。召开全县教师节大会，社会各界慰问教师，开展尊师重教活动。

国庆节　10月1日。各机关团体升国旗，部分单位组织表演节目、放假，庆祝节日。

第三节　婚丧风俗

域内婚丧习俗礼仪隆重繁琐，以县城郑口为界，南北乡村存有差异。

一、婚嫁习俗

议嫁　旧时男女一般14～16岁始由媒妁提亲，多男方提亲女方听亲。双方重“门当户对”“生辰属相”。由“媒妁之言”“父母之命”，使男女以命相择。亦有指腹为婚者，即在孕期商定两家生同性结盟，异性婚配；又有“娃娃亲”者，即两家儿女幼小时，由双方家长爱好作亲；还有“童养媳”者，即旧时因地瘠民贫，为生活所迫，女孩先到男家伺候未来公婆丈夫，待成年圆房。如此包办婚姻，感情痛苦者甚多。

《中华人民共和国婚姻法》公布后，破除旧时婚俗，提倡婚姻自主，男女自由选择对象蔚然成风。20世纪60年代，陋习有所抬头，在议订婚姻上，时而“唯成分论”，时而以男方职业为前提，时而女方猛要彩礼。另有因两家、三家贫穷，女儿交换，作为对方儿媳的“换亲”“转亲”。

20世纪末至21世纪初，随着人民生活不断提高，青年在婚姻上的自主意识增强，父母意见多为参考。换亲、转亲、买卖婚姻等陋俗基本消失，但铺张之风有所抬头。多为议婚，即职业相当，性情相合，双方即可成亲。其方式有男女先恋爱，经双方家长同意，找媒人撮合；或家长物色，由媒人牵线，然后男女见面交流，确定姻缘。2010年后，部分青年自由恋爱后托出一人说媒，或由人牵线后，男女双方留下微信、电话等联系方式自己交流。域内青年男女完全达到婚姻自主。

订婚　旧时须媒妁通婚书为定，婚书即议婚双方互换之红帖，称换帖。由男方具礼（一般备一身红衣），再写张“敬求金诺”帖，交媒人转至女家，女家同意，即回帖“仰答玉音”，并将索要彩礼书于帖之背后，男方认可，即成订婚。

20世纪50—60年代，换帖方式逐渐消失，而由俗称作“见面礼”的形式替代。多由男方备礼物（四色礼）送至女家，后女到男家答谢老人谓之“认门”“认家”。男方父母一般给女方几十元、几百元不等，衣物若干，或男女双方另择场合谈话，互赠信物（钢笔、手绢、笔记本或首饰、手表、自行车等）。然后确定日期，男女相伴到城镇，为女方购买订婚衣物。要礼者，由女方提出，经媒人传于男方。认可后即相互往来，相帮活计，待双方商定良辰吉日，确订婚期。订婚时，女方由直系亲属陪同到男家，男方盛宴相待，并邀请部分亲友参加。所到亲友均要向女方介绍其关系，告知其称谓。男方家长要给女方礼物和现金。域内讲究订婚后为女方买“三金”（戒指、耳环、项链）。

20世纪90年代，男方给女方现金数额多为660元、880元或1100元等吉利数字。男方订婚时双方家长还要协商聘礼。城镇和农村聘礼有所不同，渐出现农村聘礼高于城镇的现象。21世纪初，多在1万元之内，2008年前后，县城郑口北增至在2万～3万元之间，2010年后，增至6万～10万间；县城郑口南，特别建国一带，礼金增至8万～11万元，女方多要求男方买车、买楼。订婚至结婚之间，每逢端午节、中秋节、春节等节日，男方要携带礼品到女方家送礼。

请期　中华人民共和国成立后，结婚日期请算卦先生看结婚日子的渐少，多为自选日子。男女双方备齐妆品（家具、陪送等彩礼），农历选择三、六、九日，公历选择“五一”“十一”“元旦”等为结婚佳日。

迎亲　俗称“娶媳妇”。旧时筹备婚礼，项目繁多，因穷富不同，繁简悬殊。一般院落门窗、墙壁、洞房均修饰一新。提前发请帖给亲朋好友。临期二三日，借家什、邀陪客、觅吹手。家中便贴对联、“喜”字于门窗墙壁。女方称“打发闺女”，期前置备嫁妆，迎接眷属，邀请男女送亲各两人。家族长辈请出阁闺女吃“离娘面”。迎娶前，男方有“通路”“催妆”之礼，即沿路粘贴“喜”字至女家。具喜礼四色，喜酒一坛，女方嫁妆随行。并送“大饭”，母亲有“母氏亲捡”，姑、姨有“粗饭一桌”或“果礼一桌”。旧迎娶时，红罗伞盖，鼓乐喧天。新郎礼帽长服，披红挂绿，乘马前往，男女陪客各两人，乘轿骑马相随。至女家，新郎下马，行礼后，女方招待“下马面”，并以酒饭款待。后新妇入轿，并随一男童，谓之“压轿”。男家鞭炮齐鸣，以迎亲驱凶，新娘下轿先登糕（意登高），再迈火盆（意为日子红红火火），新郎掀掉新娘头上红纱（掀盖头），后即行典礼仪式。始行跪拜天地、双亲及对拜之礼。后双亲退席，新人入洞房。亲友落座开席。乡邻纷至沓来“看媳妇”，耍笑嬉闹，谓“闹洞房”。晚间由已生男孩嫂辈人为新人铺炕，并将红枣、栗子等放入被中（意早立子），弟侄辈人则潜伏洞房窗外，窃听密语，谓“听房”。婚日男家贺客盈门，宴请亲友，并有吹鼓手或唱戏助兴。次日“上坟”，即新媳妇祭墓拜祖。后“回门”，即回娘家，新郎备礼品，新妇则携“四色礼”，或按女方年龄，以烙相等数量盒子。

20世纪60年代，提倡新事新办，剔除封建迷信糟粕，婚礼主要有三：一是新旧夹杂。在旧方式基础上，迎亲由骑马坐轿改乘马车、骑自行车（60年代）、坐拖拉机（70年代）、乘汽车（80年代）。嫁妆亦渐丰富高档，由收音机、座钟到自行车、手表；由录音机、电风扇到电视机、冰箱、组合家具等。新婚夫妇身穿新式服装、佩戴红花，亲友奉礼或送钱；或以书籍相赠，勉励学习科学文化；或以农具相送，以示劳动为荣；中午招待女家来客，展示贺礼、嫁妆。晚间以酒宴烟糖款待亲朋乡邻，80年代，亦有以放电影待乡邻者。次日“回门”，女家盛宴款待新郎，不一而足。二是新式婚礼。不迎娶、不会客，仅行结婚典礼。首先主婚人、证婚人讲话，继之新郎新娘介绍恋爱经过，后请宾客吃喜糖、喝喜酒，逗笑取乐。此仪礼多行于机关、工厂、学校。三为旅行结婚。登记后，男女双方赴城市、名胜古迹游览，一般多至亲友之地，顺便走亲访友及置买日用品，回来后向亲朋乡邻散发糖烟，此方式由城镇渐向农村发展。此后，政府提倡和鼓励集体婚礼，即由村或乡（镇）统一组织并主持婚礼，既简单又节省。

90年代，随着城乡居民生活水平的提高和思想观念的改变，办婚事开始讲究排场。迎亲多用汽车，前期6辆，后则十几辆或更多，20世纪末多用高档黑色汽车，其中一辆为录像用车。新娘乘坐的车要专门装饰一番，车身花团锦簇。

办婚事除讲究排场外，嫁女儿亦兴摆设婚宴。农村办婚事，一般都把厨师请上门，借左邻右舍房屋、桌椅、餐具，或在院里搭棚，在家里操办酒席。

2000年后，经济富裕的农村家庭也到饭店举行婚宴。城镇居民办婚宴通常到饭店。酒席前举行结婚仪式。专门有婚庆公司司仪主持仪式。整个仪式中西结合，包括奏结婚进行曲，新郎新娘入场，与双方父母上主席台与全体嘉宾见面，证婚人讲话，新郎新娘三鞠躬，双方交换信物戴戒指，新郎新娘在司仪的引领下发言；向双方父母敬茶改口，（父母均赠送祝福红包，数目提前商量好，600～10000元）；家长代表致辞（一般男方父亲），新郎新娘斟香槟酒等环节后，主持人宣布结婚礼成，酒席开始。席间，由新郎本家叔父或新郎家长的同事手拿酒壶（称“执壶”）引领新郎父母到各席位向宾客敬酒，由新郎兄嫂或单位较体面的男女同事（男女各一人称“领拜”）引领新郎、新娘向各位嘉宾三鞠躬行礼上拜，一般整桌行礼一次，单拜者多为长辈近亲属。2010年以来，域内青男女结婚多有伴娘伴郎或伴童，皆为双数，为男女同学、朋友、弟弟、妹妹或表弟、表妹。

结婚当晚“看媳妇”“闹洞房”者呈减少趋势，婚后“上坟”“回门”之礼依旧。

改嫁 旧时，女亡夫，不准改嫁，谓之“守节”。据清光绪《故城县志》载，有上百名“贞妇”在旌表之列。偶因生活困难或公婆虐待而改嫁者，便觉低人一等。改嫁之日，待夜深人静时，被男家悄悄接走，以躲灾避难。到男家后，行拜天地之礼后，即入洞房。

中华人民共和国成立后，妇女得解放，寡妇改嫁不再受歧视。

20世纪70—90年代，公众对改嫁趋于认同，且有权支配应得财产。亦有为赡养公婆，携公婆改嫁或在原村招婿者。90年代后，中老年丧偶或离婚后，有经济条件者多数再婚。

招赘 有女无儿者招婿，旧时谓之“入赘”“倒插门”，今谓之“女娶男”。男到女家为儿，改换姓氏，顶门立户，所生儿女随母姓。入赘者往往被家族乡人歧视，终生难以抬头。《中华人民共和国婚姻法》颁布后，女子与男子同样享受继承权，不再改姓氏，其子女姓氏由男女双方商定。1974年，辛庄公社孙务大队男社员王子章与李仙寨女社员马兰英结婚。为照顾女方老人，自愿到女方落户，此事被《衡水日报》宣传倡导。20世纪80年代，男到女家落户者，已受法律保护，并予以奖励优待。1995—2018年，男女社会地位平等，社会进步发展，女性地位显著提高，招赘一词淡化，逐渐成为历史。

冥婚 受旧俗影响，家族内未婚男女死亡后，有为死者配冥婚习俗。

二、丧葬习俗

旧时贫富发丧，繁简各异。富家棺椁衣衾、灵棚纸扎，百般陈列。一般人家，去繁从简，不为炫耀。贫苦人家，甚至无力置衣买棺，仅以陋衣裹席掩埋。

20世纪60—70年代，破除封建迷信，实行殡葬改革，同时摈弃陈规陋习，提倡丧事从简。雇吹打、请僧道等被取缔，繁冗复杂之拜祭亦大为减少。后将雇吹打改为收录机放哀乐。昔日“纸扎”改为花圈，披麻戴孝改为戴黑纱佩白花，朋友将跪拜之礼改为鞠躬默哀，亲友送钱奉礼送挽幛花圈。机关、工厂和农村不少共产党员和干部，则一改旧仪而开追悼会。随着社会风气好转，传统观念始渐淡漠（以上丧葬仅为汉族）。

20世纪80年代后期起，在办丧事过程中，基本上承袭了原有的一套习俗亲友依旧行跪拜礼，同学、同事鞠躬。除上门报丧外，还利用电话报丧。但农村多为上门报丧。死者所穿寿衣，除传统的中式外，还有中山装、西装和呢大衣等。但盖被、衬被及枕头、搁脚等仍是传统款式。出殡时仍按旧俗“束白布”。招待吊唁亲友，里老、夏庄附近摆筵席，菜肴以荤菜为主，排场有大有小，视主人经济条件而定，其他乡镇为大锅菜。1997年起，全面施行强制火葬，提倡丧事简办，禁止大摆宴席、雇用吹鼓手，但各村执行情况不一。随着人们的火化意识增强，丧事火化入葬渐普遍，但丧事雇佣吹鼓手之风复盛行，白事招待多为大锅菜。每逢清明节、农历七月十五日、十月初一，死者家属要去墓地扫墓、祭祀。21世纪，丧事大操大办亦有抬头之风，亲友多随礼金奉花圈等。

初丧 病人尚有余息，立即洗脸、擦身、理发，速着“妆老衣冠”（死前未穿好为不吉，当晚买冥衣烧掉）。息止（俗称咽气），即烧“倒头马”（男纸马、女纸牛）。将灵床停于正堂后，晚辈报庙，即赴“土地庙”烧断气纸。请人商议丧事，主持丧礼。堂屋外搭灵棚、摆供桌，置祭品、香炉、油灯。大门口置门幡（死男在左，死女在右），贴门纸（死男方纸正贴，死女方纸斜贴）。同时准备饭菜，买纸扯布，派本家人报丧于亲友，报丧者不进家门。21世纪后，多用电话报丧。

停尸 人死后至入殓一般停尸3天、5天或7天，老人长些，有父母在者短些。置鼓于大门口侧，待亲友乡邻吊祭时击鼓为号（男来击鼓3下，女2下，下辈闻鼓陪哭，部分乡镇不设鼓）。院内搭灵棚，其间有亲友、乡邻吊唁时，死者子孙辈穿孝服跪于灵棚同吊孝者同哭，称“陪灵”。有妇女来吊唁时，死者之女儿、儿媳等披麻戴孝于屋内灵前恸哭。日晚间儿孙轮班陪灵，并赴土地庙烧纸，号哭而归，谓之烧还魂钱。灵前香火不断。1964年后，域内以县城为界，县城南各乡镇停尸5～7天，期间“闭丧”(即仅闭门停尸，不接待亲友等吊唁）2日。县城北各乡镇一般停尸3天。

人出意外死在外地，若回家安葬尸体要停在村外或者闲破院落，以防邪气入室。

入殓 通常停尸第二天（也有第三天者），备棺入殓（亦称预殓），聘请戏班、吹歌班。亲友乡邻吊唁时或奉礼或赠幛，上写挽词以示哀悼。入殓前，子孙辈在棺木内壁贴红绸或黄绸，棺内撒五谷杂粮，排成七星北斗状，以指逝者升天方向。孝子、孝女向棺底扔铜钱，谓之“垫背钱”。(旧时为制钱，现为硬币），停棺于中堂后，将死者移入棺内，入殓之前先行“开光”，孝子或孝女以棉蘸清水，象征性地擦拭死者五官及全身等。亲人探视死者遗容，就绪后，即行钉棺，子女喊“躲钉”，举家恸哭。

出殡 第三日上午（县境南部多五日、七日），吹歌队（俗称吹鼓手）皆出伴奏，烧纸一趟（只限男）。女婿摆“大祭”(一般为鸡、鱼、猪头、水果点心等）。至中午，待亲朋皆至时，死者晚辈、亲朋皆出，烧大纸一趟（多为午饭前）。乡民围观，截挡吹鼓手，令其撂场吹唱以尽全艺，如有二、三支吹歌队则竞相表演绝活，以赢得较多观众为胜，表演过后，丧队继续行进。午饭后灵轿备好“送山”，先由孝子跪请门幡，意为将故去的亲人送往“天堂”。后为死者象征性“喂饺子”。孝子、孝女为死者象征性梳头洗脸后，死者长子身背门幡，次子在后，按与死者关系亲疏关系排列，由乡人拖着用秫秸、麦秸扎成之火把前行。孩童抬纸扎楼、轿、马、牛等，前往村外十字道烧毕，谓“送山”。“送山”后起灵，孝子砸黑碗、扛“引魂幡”，由晚辈相扶、迎棺伛偻后退而行、号啕大哭，孝女等号哭于后，送丧时，丧家男一直步行，丧家女眷上车。沿路鼓乐交作（部分村镇放追魂礼炮），棺行至大街宽敞处，待灵轿架子抬起时，孝子摔盆。行至村外复停，亲友向棺椁行“祭礼”，谓之“路祭”。待亲友随至坟地，再行祭礼方离去。祭奠完毕，拆去灵轿，置棺入穴。

埋葬 棺椁入墓穴后，前端置“万年灯”，灯旁置“饭罐”(俗称“咸食罐子”)，放置停当，孝子先撒土数把，后由村人掩埋。墓前置砖2块，谓之“祭台石”，“引魂幡”插于墓顶。死者配偶已亡，此时亲属子女绕墓三圈，谓之“圆坟”(亦有第二天者），亲属脱去孝衣孝帽，烧纸于坟前，即安葬完毕。是晚，孝子于家中备酒菜招待帮忙乡邻，孝女辈则串户拜谢，谓之“谢孝”。第二天，死者子侄辈向乡友亲戚登门“谢孝”。进入21世纪后，多数电话或微信感谢，不再登门拜谢。

少妇亡故，暂不正式进坟，埋于路旁等闲散地，等丈夫死后合葬并骨。夭亡子女多葬在祖坟附近。

20世纪90年代，境内进行殡葬改革，严格进行火葬，故城县火葬场、殡仪馆和部分村设有骨灰堂或专门“义地”（公墓)。

祭奠 俗称“上坟”，首次上坟为葬后第二天，晚辈提供品赴坟墓烧纸，痛哭一场。此后逝世之日起，隔7天烧纸1次，为一期，至“七期”为止，至逝后“百日”再烧纸1次。死后一周年为“忌日”。连续3年，每年“忌日”均至坟前烧纸祭奠。

父母亡故，孝子守坟百日不理发，子女穿孝3年（一般只穿白鞋1双)。现仅丧事期间穿白色运动鞋。

第四节 礼仪风俗

一、见面

旧时人们习惯见面施礼，打躬作揖，摘帽鞠躬。解放后在庆典和纪念场合，一般皆行鞠躬礼。学生向老师行鞠躬礼或举手礼，同事之间行握手礼。

域内人民敦厚热情见面寒暄。早晨相见“起来啦”，饭后相见问“吃饭啦”或“吃啦”，平日相见问“到哪儿”“忙吧”或“有空家里坐坐”。客走时，送出大门说：“改日再来”“有空再来”；久不相见说：“好久不见了，好吧？”亲戚朋友相见还问家中长辈好。在提倡精神文明的今天，“您好”“再见”“谢谢”“对不起”“麻烦了”“打扰了”等，已成为习惯礼貌用语。询问时，在称呼之后，先要说声“您好”“打听一下”“请问”“劳驾”之类的话，然后问话，待答后多以“谢谢！”“再见！”相回。一些礼节性询问仍有沿用，如“你好吗？”“吃了吗？”“刚回来啊？”。

进入21世纪后，除保留部分传统问候外，域内年轻人问候语往往中英文混杂，经常用“ok”“sorry”“hello”“bye—bye”等。

二、待客

域内人民热情好客。客人来家，起身欢迎，先拂尘让座，敬烟上茶，双手捧送，茶不斟满，壶嘴不对客人。上酒饭相待，将客人让于上座。用餐时家长或全家相陪。客人未食尽，须提前端来送上，客人撂筷，主人方可停食。客携礼品，只留少许或回赠其他物品，不让客人空手而归。

三、尊称

对长辈和同辈皆尊称，直呼其名为不礼貌。域内农村称父亲为“爸”或“爹”，称母亲为“娘”。县城称父亲为“爸”或“爸爸”，称母亲为“妈”或“妈妈”。同辈一般按排行尊称“××哥”“××弟”，遇长辈则称“伯”“婶”等。县城内对男性长者多称“大爷”“叔”，对女性长者以“姨”相称。亦有挂姓或名（多挂末字）尊称者。路遇生疏老者则称“大爷”“大娘”“大婶”或称“大哥”“大嫂”“大姐”等，对外乡人则称“先生”。

20世纪50—60年代，互相以“同志”相称，或称“老同志”“小同志”等。机关、工厂、企业、事业单位每冠以姓氏称师傅或职务，如老张、小刘、赵师傅、王主任、李书记等。1987年后，一些称谓有所演变。有时尚者称父母为“老爸”“老妈”。朋友之间谈及对方父辈时，渐流行尊称“老爷子”。“同志”除党内会议和官方文稿中使用外，渐很少使用。

社会场合多以官职、身份、职业等区别相称。对为官者按其职务前冠以姓氏直称某长、某书记、某主任等，多省去“副”字；对企业厂长、经理称老板、老总。公共场合陌生人之间常以师傅相称。在正式场合，称成年男子为先生，称女子为小姐，称有钱人大款，称有权有名望的人大腕；称不务正业者混混儿；称外来打工者为打工族，其中称男打工者打工仔，称女打工者打工妹。21世纪，稍有淡化，按辈分、年龄、职务称呼者居多。

喜帖、丧帖、拜帖沿用文字称呼，如：兄台、令尊、令堂、令郎、令嫒等；对自己则用愚兄、愚弟、鄙人等谦称。

四、礼俗

磕头 亦称“叩首”。双膝跪于地，两手掌触地引首至地且作短暂停留，是晚辈对长辈表示毕恭毕敬的大礼，一般为一次叩首，重大礼节需三叩首。后，此礼节渐衰，但在农村中过春节、办婚丧大事仍沿用。

鞠躬 脱帽，两脚并拢，两手垂于大腿两侧，弯曲上身以表敬意。开追悼会、公职人员吊唁、结婚及庆典等仪式中多用鞠躬礼。

点头 招手 平素常见面者，同事间以点头微笑示意；如熟人相见，距离较远，常举右手挥一挥，表示问候。

拱手 亦称“作揖”。两手抱拳至胸前向上拱，举至额前。亲朋或乡邻相见多用此礼。20世纪50—60年代，此礼数渐少，但正月初一拜年时，同辈人仍用拱手礼，边拱手边说“恭喜发财!”。

握手 老友重逢或初次见面时，互伸右手相握，行握手礼。亦有握双手抖动者，其情更加亲切。男女相见，女性主动伸手后男性再去握手。

第五节 亲族风俗

一、家族

近亲五服 域内家庭以父系血缘为基础，有“五服”（大致为五辈）内外之分。属于近亲，办丧事时，“五服”之内者服孝、以外者一般不服孝。婚嫁喜庆活动“五服”之内者都要参加。“五服”再延伸构成家族，习称“院”，范围再大则称“门”。

“门”中辈分最大者为族长，习称“大辈儿”。族中大事常由族长定夺。每年族中男子有聚会。多数家族有续家谱之习，春节期间将家谱挂出祭拜。这些习俗“文化大革命”中遭禁止。改革开放后，一些家族开始组织续写家谱。

分家 家中长子成年后，另立门户。中华人民共和国成立前，家长会请村中有威望长辈、母舅主持。家产及债务，一般只分给男子，未嫁女儿可留些衣物首饰等。先给老人留下养老地，其余各股均分。20世纪60年代后，分家多由长辈和村干部主持，粮食按人分，其他财产或债务按股份。家产搭配完毕，多由小兄弟先挑一份、其余抓阄。分家单写明财产（债务）分配、老人赡养、未成年弟妹照顾等内容，分别由当事人、中证人签字、盖章或按手印，随后吃“散伙饭”。按继承法规定女儿有继承权，但域内农村多沿用旧习，有儿子的家庭女儿一般不继承家产。

二、亲友来往

拜年 春节拜年，世代延续。除未嫁女外，晚辈给长辈亲友拜年。长辈多给未成年晚辈压岁钱。

婚丧 娶妻，邻里送喜幛，亲友拿拜钱。主家设宴招待。嫁女，亲友邻里送布料，称“填箱礼”。后娶妻嫁女多送现金以示祝贺；丧事，乡邻拿烧纸吊唁、送挽幛或现金，女婿外甥“摆供”（祭礼）。改革开放以来，亲戚朋友送礼金者较多。

生育 生育前，备足产妇所需食品，娘家缝制小袄、小褥。产后，双方母亲侍候“月子”。第三天，邻里赠送鸡蛋、挂面、红糖等。第十二天，亲友带鸡蛋、挂面、红糖前来探望，本户设宴待客，俗称“做十二天”或“做十二晌”。改革开放后，大都改为赠送礼金。满月，产妇回娘家小住，谓之“出满月”。

生日 婴儿一周岁或三周岁时过“生日”，邻里赠送花布、馃子，亲友多送挂面、豆芽、石榴、花篮、童装、布料等。讲究姥姥挂锁，长命百岁。“姑做的裤子，姨做的袄，妗子的花鞋跑不了”，均取吉祥意。有的只做3周岁生日，有的连做3年。改革开放以后，礼品不再拘泥于固有形式。21世纪，多改为赠送现金。数额由亲近关系而定，少则50元、100元，多则几百元。直系亲戚除礼金外为孩子买衣服和玩具等。孩子家人摆宴席庆贺，农村多在自家举办，城镇多在饭店举办。青少年祝贺生日，则邀集部分同学和朋友聚餐。中青年人庆贺生日，邀请朋友吃饭、跳舞、打牌、K歌等。

寿诞 旧时，有钱有势者，到5岁开始做“整寿”（每增10岁做寿）。普通农家，老人66岁做“六十六”寿诞，闺女给买“一刀肉”，有“77岁吃个鸡，88岁吃个鸭”之说，一般由闺女或亲友赠送给长者。80岁做“大寿”。亲友前来祝贺，晚辈给老人拜寿。寿礼多为寿桃、寿面、寿联、寿幛。酒席待客，吃“长寿面”。

21世纪以来，大都到酒楼饭店摆筵席祝寿。

走亲 朋友之间，俗重往来，谓之“走亲串友”。如多日不见，乘暇叙谈，或节日前、夏秋后，探亲问病，赠送礼品。20世纪60年代，走亲串友用提篮；70年代后，改用提兜、提包等，提馍馍、油条或馓子；80年代，探亲问病者，多赠送鸡蛋、点心、罐头、乳制品等。宾主互致问候，拉家常、共餐饭。对礼物去留相互谦让，近亲知己者，则有回赠；90年代，人民生活水平提高，走亲访友常提礼盒；进入21世纪，走亲访友多提水果、保健品、牛奶、饮料、蛋糕等。

乔迁 县内居民历来对迁居十分重视，至今仍沿用旧俗。如选择旧历三、六、九日（多选三月初三或九月初九），安置锅灶点火做饭，零点燃放鞭炮，亲朋好友祝贺乔迁之喜等。21世纪，乔迁时，主人设宴款待，亲朋好友写贺礼，少则百元，多则几百元，称“温锅”。

第六节 时弊陋习

时弊和陋习既有历史遗毒，也有社会发展中出现的产物，反映一定历史阶段人们的意识形态和道德、价值取向。

赌博 旧社会，赌博无人管治，常有因赌博穷家荡产、卖儿卖女者。中华人民共和国成立后，政府大力打击赌博，赌博现象有效遏制。20世纪90年代，打麻将、玩纸牌等以营利为目的的赌博活动开始出现。起初活动场所十分隐蔽，多在个人家中。随着棋牌室的出现，活动趋向半公开，后渐公开。21世纪，打麻将成为部分居民的消遣活动，各社区均有麻将馆，有“小赌怡情，大赌伤身”之说，赌博仍在严禁之列。

行贿受贿 行贿受贿为旧政府官吏之常态、病态。50年代，党和政府严禁行贿受贿，吏治清明。伴随改革开放的不断深入，行贿受贿行为有所抬头，为达到入学、升学、招工、转业、求职、求学、参军、调动、升迁、承揽工程项目、贷款、治病等目的，出现行贿之风。除酒、烟之类，还有存折、银行专用卡、购物卡、现金等。职能部门中少数人依仗手中权力对所管辖对象吃拿卡要，硬性摊派。随着从严治党和行风建设力度加大，风气转好。

婚嫁大操大办 旧时，婚嫁大操大办全为官宦、地主等富裕人家。中华人民共和国成立后，受政府政策倡导影响和生活水平所限，婚嫁大操大办现象较少，但域内婚嫁大操大办之风依然盛行。20世纪90年代，随着人们生活水平的逐年提高，婚嫁大操大办之风愈浓。无论是儿子结婚、女儿出嫁，均送请柬，通知亲朋好友前来祝贺。在城镇，婚宴多在饭店举行；在农村，婚宴虽多在家中举行，但要请厨师准备宴席。家庭条件越好，举办人身份越高，场面越大，人员越多。礼金由原来的十几元增至几十元，甚至百元，关系特殊者则高达数百元。21世纪后，关系亲密者达千元。随着从严治党从严治政力度加大，婚事大操大办之风有所遏制。

高消费婚姻 20世纪90年代后期，随着人们生活水平的提高，彩礼随行就市，价码不断攀高，造成婚姻消费过高，农村尤为突出。彩礼已由过去的“三大件”（自行车、手表、缝纫机）发展为“三金”（金项链、金戒指、金耳环）。21世纪，县城及县城以北各行政村除楼房外礼金为8万左右，县城以南礼金达10万元多，除新房（楼）、汽车外，一次婚姻要花费几十万元。高消费婚姻的出现，使一些人的爱情观发生扭曲。过分看重对方家庭经济条件和社会地位，影响了家庭的幸福和谐。

第七节 禁忌风俗

婚嫁禁忌 忌姑家女儿嫁舅家儿子，有“骨血不倒流”之说。忌不出“五服”者结婚。本命年不结婚。结婚要选女方“行嫁月”（每个属相一年中有两个月可以结婚）。婚期确定不能更改，有“动一动，死公公；错一错，死婆婆”之说。新婚前男女双方馈赠礼物，禁忌送梨。因“梨”与“离”谐音。结婚当月不下贴。讲究六、腊月不订婚，不做结婚被褥。做结婚被褥，迎送新人都要用“全人”。女子出嫁，姑不接，姨不送。忌用与新人属相不合的人。百日之内的新媳妇互相见面要先照箩。21世纪，新事新办，此等禁忌已淡化。

丧葬禁忌 人将死亡，用“不行了”或“病危”代替；死后则说“没了”或“老了”，忌说人“死了”。报丧者在门外交代出殡时间，老人死后忌穿褂子；寿衣用绸子或其他布做，忌用缎子，忌缀扣子；棺材用时要刷漆或涂色，忌白茬；丧礼中不白用别人家器物；父母死后一个月内不理发，21世纪淡化，身穿孝服不能串门；老人去世当年不嫁女。

生育禁忌 孕妇忌吃兔肉、马肉；孕妇忌坐产妇的床；妇女忌在娘家生孩子；小孩尿布、垫子等忌在露天过夜。

节日禁忌 年三十忌说不吉利话；正月初一出太阳前忌动笤帚，忌动针线，忌打碎盆碗和哭泣；正月初一至十五忌空锅，要在锅内放少许食物。

生活禁忌 忌用红笔写信。不能在下午或晚上探视病人。忌正月里理发，有“正月剃头死舅”之说。上衣掇扣子忌4个、6个，谓之“四六不懂”。遇人办喜事不送缎子，忌缎（断）子。老人做寿不要送钟，忌“钟（终）”。赠送礼物忌单数。药锅只借不还，谁用谁来拿。抓来的中药忌放在窗台、锅台和炕上。熬完药的中药渣子要倒在路中央。不能对着人打喷嚏、咳嗽、擤鼻涕、伸懒腰、松裤腰。庭院内不种梨、杏、槐、杨、柳、松、柏树。

第八节 婚姻家庭

一、婚姻状况

域内居民婚姻状况以有配偶为主，有配偶人数占法定婚龄人口的75%以上，从1992年和2002年人口普查和抽样资料看，初婚和再婚有配偶人数结构比重都呈上升趋势，未婚、离婚、丧偶呈下降趋势。

婚龄 1980年重新修改和颁布的《中华人民共和国婚姻法》规定："结婚年龄，男不得早于22周岁，女不得早于20周岁。晚婚应予鼓励。"2000年和1992年相比，20岁以上结婚人口呈上升趋势，其中22岁和23岁结婚人口增长最快。19岁以下年龄段人口呈下降态势。2018年，域内男女青年的初婚年龄呈逐渐推迟的趋势。

未婚及丧偶 2005年1%人口抽样显示，故城县20～54岁男性、女性未婚人口分别为98人和36人，占同龄人口的12.1%和4.6%，分别比1990年的比重下降10.0个和5.5个百分点。如把未婚人口包括进去，20～54岁丧偶人口23人，丧偶男女分别占同龄人口的1.0%和1.9%。21世纪，结婚年龄普遍呈增大趋势，结婚年龄一般在23～27周岁之间。2010年人口抽样显示，故城县20～54岁男性、女性未婚人口分别为96人和45人。

离婚 1980年新《中华人民共和国婚姻法》颁布后，人们对离婚的认识逐渐提高，对离婚的道德评价趋于认同。20世纪80年代中期，离婚率较高。1987年离婚率为5.34%。90年代全县离婚率较低。2002年新的《婚姻登记条例》颁布，同时简化了离婚手续，离婚率有所上升。2005年离婚率，为8.19%。2010年，离婚人数为488对，相对较少，2018年，离婚人数达1117对，离婚率升为21.2%

二、家庭

家庭规模 从2000年第五次人口普查结果看，家庭规模以3人户和4人户居多。家庭户的规模正在逐步缩小，多人户、多代户逐步减少。2000年全县共计116809户，户均3.77人。其中3人家庭26398户，4人家庭36231户。5人家庭20633户，6人以上家庭户数明显减少，10人以上家庭户143户。二代户75473户，占总户数的64.61%；其次为三代户和一代户，分别为21033户和19510户；四代户791户；五代以上户为2户。家庭规模呈现小型化、核心化。

家庭关系 多数父母都尊重子女的自主权、择偶权，子女的升学、就业、婚姻等个人问题，主要由自己决定或同父母商量决定。变化最大的是夫妻关系，随着妇女社会活动的增加，多数夫妻共同决定家庭事务，分担家务劳动。在许多家庭，尤其是城镇双职工家庭，丈夫开始进入厨房，操持家务。

父母在生活尚能自理之年，多数不与子女共同居住。父母年老，生活难以自理或丧偶后，多数由子女轮流赡养。少数老人住敬老院或老年公寓，由子女分担其生活费用。随着生活水平的提高，家庭生活方式呈现个性化、多样化的发展趋势。读书、看报、听音乐、看电视成为一般家庭的日常活动，上网聊天、购物，娱乐以及旅游度假逐渐成为一种生活时尚。

第三章　宗　教

域内传播的宗教主要有佛教、道教、伊斯兰教、天主教。故城民间宗教信仰以佛教为主，明朝《故城县志》亦有明确文字记载。中华人民共和国成立后，民众在传统节日时分散进行佛教活动。"文化大革命"中斥佛教为封建迷信，然在农村信佛群众仍在家中拜佛，域内明代建有真武道观。天主教、基督教、伊斯兰教清末传入域内。在十二里庄村、吕华村建有教堂。在建国、故城、房庄3个乡镇的一些行政村较为活跃。1982年，国家倡导宗教信仰自由。故城县委、县政府，保护域内少数民族宗教信仰，做好宗教工作，维护社会稳定。

第一节　佛教　道教

佛教源于公元前6世纪至5世纪的古印度迦毗罗卫国（今尼泊尔境内），由王子乔达摩·悉达多（释迦牟尼）所创立。其基本教理有"四谛""八正道""十二因缘"等，主张依经、律、论三藏，修持戒、定、慧三学，以断除烦恼得到成佛为最终目的。佛教自东汉永平十年（67年）传入中国，经三国两晋到南北朝四五百年间，佛经的翻译与研究日渐发达，至隋唐遂产生具有中国特色的许多正派。佛教思想对于中国哲学、文学艺术和民间风俗均有一定影响。

道教为中国宗教，奉老子为祖，尊称“太上老君”。以《老子五千文》《正一经》和《太平洞极经》为主要经典。道教职业者称道士。道教分正一（不出家，亦有出家者）、全真（须出家）两大派系。

道教和佛教何时传入域内尚无可考。据明万历四十二年（1614年）《故城县志》载：“大峰寺在县（今故城镇）西五十里牟村，元末有老僧勒铭于石，碑断烂，姓氏不可考，铭仅可识。铭曰：佛出西方，中华应彩年逾二千八百余载，梵刹相望，周乎！”另据诸多史料记载，隋唐至民国1000多年间，域内梵宫道院三四十处，分布于今故城镇、四新、潘庄、高才、马房、黄村、骑马寺、三朗、牟村、獐鹿、郑口、赵庄、小庙、东三务、榆林、饶阳店等地。和尚、尼姑、道士、道姑若干。清光绪《故城县志》载，县内历史有名僧道5名，其中“立慧祥师号性空，俗姓马，事母至孝，通楞严园觉诸典，尤博儒书，善吟咏。明正统年间（1436—1449年），年将90无疾趺坐而逝。远近会葬殆千余人，始终无玷，海内知名，私谥曰：宏悟禅师”。

“七七事变”前，故城县即有佛教组织——佛教会。确切年代无文记载。初为迷信教会，宣传“佛治百病，成佛升天”之说，后为侵华日军张目，抵制抗日活动，破坏土改运动。20世纪50年代初，此组织已被明令取缔。

改革开放至21世纪，随着社会科学文化发展，有组织的佛教活动基本消失。民众只在传统节日时分散进行合法佛教活动。

道教在域内历史悠久，为弘扬中国传统道教文化，2018年5月，成立故城县道教协会筹备小组，向故城县行政审批局、故城县民政局、故城县民族宗教事务局分别提交了《关于成立故城县道教协会的申请》及相关申请资料，县级相关部门审核通过，2018年7月31日，由故城县行政审批局批准成立故城县道教协会。故城县郑口镇东高才高西村原有一座历史悠久、古老的寺庙“玄武庙”。根据现存的明洪武年间（1368—1398年）重修玄武庙碑记记载，该庙距今已有近千年历史。2017年12月市、县相关部门批准高西村道教活动场所筹备，衡水市行政审批局下达《关于高西村道教活动场所筹备的批复》（衡行审社会事务〔2017〕30号），2018年12月，建成道教活动场所，命名为“真武观”。

故城县道教协会会址真武观

第二节　伊斯兰教

伊斯兰教在中国旧称“回教”“回回教”“清真教”或“天方教”。公元7世纪中叶传入中国，先后在回族、维吾尔族、哈萨克族等少数民族中传布。

19世纪中叶，为避战乱，或因行商分别由广西、南京、德州等地迁入县内回民约150余人。后回民渐增。清宣统三年（1911年），郑口清真寺扩建（该寺于1938年11月22日为侵华日军焚毁）。1937年，又由景县大枫林迁入郑口20余人，迁居赵鲁屯100余人。中华人民共和国成立初期，域内有伊斯兰教民（回民）300余人。

据1987年统计，故城县伊斯兰教民主要分布在郑口镇的太兴镇、西城镇、南镇、王园子、帝君庙、北甘泉，里老乡的赵鲁屯，建国镇的和平、民主等村，另有城镇居民3户12人。全县计有伊斯兰教民37户、424人。伊斯兰教习俗主要为禁食猪肉；丧葬不用棺木，行土葬；一般不与异族通婚。

1988年，太兴镇、赵鲁屯、南镇先后被衡水市宗教局批准民族村，为回民主要聚居地。1991年县财政拨款及回族、汉族群众捐助筹款2万余元，在郑口镇南镇村新建一座清真寺。伊斯兰教主要宗教活动有做“礼拜”［礼拜又分为每日的五时拜，每周一次的“主麻”（聚礼）拜］和每年一次的开斋节、古尔邦节、圣纪节三种。每年伊斯兰教历的九月为罢斋月，一个月后为开斋节，是穆斯林重要的节日。回族饮食以米、面为主食，尤其喜食各种油煎面食，禁食猪、马、驴、骡、狗和一切凶猛禽兽肉、动物的血和自死之物（包括牛羊在内）。

2001—2004年，统战部协调关系，帮助伊斯兰教聚居村南镇村修柏油路3.6公里；2005年年末，进行政策扶持，全县信教群众中外出打工者162人，搞畜牧养殖业的50户，30亩以上的农田承包户7户，开办小型加工厂18户。

2018年，域内共有回族637人（包括阿訇1人），主要分布在郑口镇的太兴镇、南镇、西城镇、王园子、帝君庙、北甘泉；里老乡的赵鲁屯；建国镇的和平、民主村等村。县内有2座清真寺（南镇清真寺、赵鲁屯清真寺）。回族全民信奉伊斯兰教。域内民族村有村办集体企业9家，联合体3个，个体工商业户402户，其中清真饮食行业6家。

第三节　天主教

天主教亦称“罗马公教”或“加特力教”，为基督教三大派别之一。其教除崇拜天主（上帝）和耶稣基督外，还尊马利亚为“圣母”。近代以来，西方殖民主义、帝国主义曾利用天主教作为侵略工具。元代传入中国，后中断，又于明代传入。《圣经》为主要经典，最大节日为圣诞节。

清康熙十八年（1679年）三月二十五日，该教由在北京入教的胡氏三兄弟在十二里庄定居后，随之转入今故城县南部（时属山东武城县）。清光绪二十六年（1900年），八国联军侵入中国前后此教传入今故城县北部。初以办慈善事业（赈灾、教学、医疗、抚孤等）为由传播教经，发展教民。

1920年，华北地区大旱，饥民遍野，次年“国际赈灾委员会”委托意大利神甫劳伦基来此放赈，救济灾民，借机传播教义，极力扩充，教民颇多。但群众信教本非自愿，饥民乃为生活所逼。后信教者渐少。

今故城县南、北部天主教会分属山东临清、河北景县教区，活动中心分别为十二里庄、故城镇。

据20世纪50年代调查统计：教民分布于今故城县境内88个村，有教民737户、3345人。教堂分设于十二里庄、吕华庄、徐尧、吕洼（今属武城县）、郭庄、小商庄、大月庄、中镇、小魏庄（今东魏庄）、杨梧茂、小庙、柴庄、万家庄、沙窝庄、中北化、罗小营、骆庄、东袁庄（今袁庄）、大曹庄、西殷庄、大刘庄、徽王庄、小马庄（今东马庄）、大化、何庄、陈庄（今东陈庄）、胡别王等村。其中，十二里庄教堂规模最大，其内附设孤儿院、育婴堂、原罪堂、学校、医院等。

1947年，人民政府组织教民开展“爱国爱教”活动，因个别神职人员种种不法行为激起民愤，政府曾一度将罪恶昭著者绳之以法。将土地、财物分于贫苦教民，部分堂舍充作学校及其他公用设施。

1982年，宗教工作日趋正规。1985年河北省宗教局拨款3万元，整修十二里庄教堂，其他原属堂房、地产亦渐落实。

据1987年统计，有颇具规模教堂1座（十二里庄）。教民分布于瓦子庄、青罕、军屯、赵行、庙灵、房庄、饶阳店、西半屯、武官寨、夏庄、小庙、梧茂、要庄、袁庄、里老、建国等17个乡（镇）、54个村，教民计785户，2717人，占全县总人数的0.7%。

1995年年初，县内最大的天主教聚居村十二里庄教会申请开办诊所，引进资金4万美元，统战部协调有关部门于1997年解决资金17万元。

1996年，合乡并镇后，在教徒较多的西半屯镇的十二里村、建国镇的吕华庄、小屯乡的胡别王村和房庄乡的大月庄村4个聚集村设立活动点。1998年，批准具有规模教堂开放式活动场所3处，分别是十二里庄教堂、郭庄教堂、大月庄教堂。十二里庄教堂规模最大，占地16343平方米，能容纳千余人。县民族宗教局每年会同统战部、公安局等有关部门对活动场所进行年检。

21世纪，教徒思想意识逐步发生了改变，宗教观念较前淡薄，进教堂活动的教徒大多数是中老年人。后部分教徒外出、退教、出嫁。老教徒相继去世，年轻教徒增长缓慢，信教群众逐年减少。2000年始，有关部门开展诸多维护民族团结，保护宗教信仰之具体工作。

2000年，召开故城县第一届天主教代表大会，选举产生故城县天主教爱国联络小组。

2008年，域内天主教徒为512户、2041人，(包括神甫1人)，分布在建国、青罕、故城、里老、夏庄、郑口、辛庄、饶阳店、武官寨、西半屯、房庄11个乡镇，41个村。教徒50人以上的村有7个。2014年，为天主教聚居村十二里庄安装变压器2台，消除了教堂多年的火灾隐患，解决了教堂用电和非信教群众蔬菜大棚种植户用电摩擦的问题；解决十二里庄村民林胜利与教堂间3年未果的宅基纠纷。2015年，为天主教聚居村十二里庄修路2.6公里，改善基础设施建设和群众的出行条件；解决了十二里庄教堂的教产遗留问题。2018年，争取少数民族发展资金24万元，对赵鲁屯村进行硬化亮化，改善少数民族村生产生活条件。

第四节　民族宗教工作

20世纪80—90年代，县委统战部、组织部和少数民族聚居村、教徒聚居村所在乡镇党委联合工作，深入乡村宣传政策，加强对宗教的综合治理，打击非法宗教活动。统战部会同公安、民政和有关乡镇和宗教聚居村党支部分别对全县广大信教群众及有关神职人员积极进行宣传教育工作。

1991年4月，故城县民族宗教局正式成立，与民政局合署办公，负责全县少数民族及宗教活动场所的登记、年检，引导信教群众开展正常的宗教活动。县委统战部、宗教局联合召开故城县民族宗教工作会议。1992年，按照上级指示精神，统战部、宗教局、公安局的有关人员走访了故城县几个教徒聚居村，宣传党的宗教政策。1995年，对全县宗教活动场所依法进行登记，建立县、乡镇、村三级宗教工作管理网络。依法对宗教事务进行管理。是年起，每年对宗教活动场所进行年检，加强对非法宗教活动的治理，及时处理回民拉面馆纠纷，维护社会稳定。

2006年10月，通过积极联系省民政宗教厅，为里老乡赵鲁屯和郑口镇南镇村争取民族发展扶持资金30万元。2007年7月，省宗教工作领导小组到故城县督导检查，故城县的民族宗教工作受到省、市部门领导的一致好评。2008年，县委统战部以“保稳定、促发展、迎奥运”统揽全县民族宗教工作全局，全力以赴做好宗教领域维稳和安保工作，维护全县民族宗教形势和社会政治形势的稳定。2009年，根据村情村况，因村施策，帮助民族宗教聚居村谋划和制定致富途径。2012年，圆满完成中共十八大期间民族宗教领域维稳等任务，维护了故城县民族宗教形势和社会政治形势的稳定。2014年，以赵鲁屯村和太兴镇两个民族村农村面貌提升为引导，为两村争取少数民族发展资金28万元。2017年，举办宗教干部培训班2期，宗教知识培训班1期，发放宗教政策读本600册。落实少数民族发展扶持资金27万元，为赵鲁屯硬化道路400米，安装LED路灯25盏，为南镇村安装LED路灯39盏。

2018年，印发《宗教事务条例》3100册，对五大宗教教职人员、场所负责人、部分信教群众进行培训学习。对全县境内露天造像进行排查、清理。开展民族团结宣传活动，促进民族团结进步事业。是年12月，邀请市宗教局负责人到故城县专题授课，对县直、乡镇、村支部书记进行宗教政策培训，解决乡镇、村干部涉宗教方面不会管、不敢管的问题。

第四章　精神文明建设

1984年，故城县“五讲四美三热爱”(讲文明、讲礼貌、讲卫生、讲秩序、讲道德；心灵美、语言美、行为美、环境美；热爱祖国、热爱社会主义、热爱共产党）指导委员会成立。1989年3月，县“五讲四美三热爱”活动委员会更名为故城县社会主义精神文明建设活动指导委员会。1991年，故城县社会主义精神文明建设活动办公室更名为故城县精神文明建设活动办公室（简称文明办)，编制4人，隶属故城县委。1996年全县党政机关机构改革，县文明办隶属县委宣传部，编制3人。

2008 年 10 月，县文明办编制 2 人。

20 世纪 90 年代，县委、县政府把精神文明建设纳入全县国民经济和社会发展规划之中，全县各级组织开展以治理县城环境，提高县城绿化、美化、净化品位为内容的文明县城创建，以“四职一纠”（树职业理想、讲职业道德、练职业技能、守职业纪律、纠正行业不正之风）、“三杯”（文明执法杯、优质服务杯、便民利民杯）竞赛、“三职一优”（职业道德、职业技能、职业纪律、优质服务）及争创基层星级文明窗口等为内容的文明行业创建，以村民自治组织建设、整治村容村貌、文明户评比等为内容的文明村镇创建为主体的群众性精神文明创建活动。

故城县迎瑞社区举办剪纸艺术培训会

21 世纪，相继开展“三讲教育”“八荣八耻”“三个代表”重要思想、“科学发展观”“群众路线教育实践”“两学一做”学习、“中共十八大”“中共十九大”学习等教育活动，取得明显成效。

第一节 文明创建活动

“五讲四美三热爱”活动 1982 年，故城县委将每年 3 月定为“全民文明礼貌月”。3 月，县委组织机关干部、工人、教师、医生、学生，清扫街道，净化环境。赴各故城敬老院进行爱老敬老活动，县直单位组成服务队，义务为群众理发、修自行车等，县委宣传部门利用标语、儿歌、快板等形式，多次举办图片展览，开展讲文明、讲礼貌宣传教育活动。

1984 年 1 月，县委成立“五讲四美三热爱”活动办公室。

创建文明县城与文明村镇活动 1987 年，成立创建活动领导小组。方案明确县级领导干部负责包片，部分科局分包各条线和各个点。确立文明乡镇、文明县城的建设标准。是年，郑口镇被评为河北省文明乡镇。1988 年，衡水地委、行署在郑口镇召开文明单位建设现场经验交流座谈会。对文明镇建设经验、民兵参建、文明村建设的经验进行了汇报和交流。

1993 年开始，县委从政法部门抽调干部到乡镇任专职政法副乡长，加强农村的民主法治建设。1995 年 11 月，县委、县政府出台《关于建设文明县城的规定》，确立“人民城镇人民建，人民城镇人民管”的方针。1996 年，在域内农村开展争创“十星级文明户”和比思想道德，看文明程度；比观念更新，看致富门路；比科技水平，看收入高低；比关心集体，看贡献大小的“四比四看”竞赛活动。同时，严厉打击封建迷信，聚众赌博，婚丧事大操大办等社会陋习，各村普遍建立红白理事会、妇女禁赌会、治安联防等组织，设置专职治保主任，实行目标管理，群众知法、守法观念不断增强。

2002 年，结合创建文明县城活动，在城乡开展了声势浩大的“双创一争”（创建优美环境、创建文明机关、争做文明公民）活动，县城绿化、美化、亮化、净化水平大幅度提高。先后四次召开大型会议，并多次召开分片现场观摩会、工作队长调度会和创建办成员会议。

2008 年，文明县城创建以治理“脏、乱、差”为突破口，着力建设廉洁高效的政务环境、公正公平的法治环境、规范守信的市场环境、健康向上的人文环境、安居乐业的生活环境、可持续发展的生态环境。开展文明公约大讨论活动，组织老干部、教师、理论工作者、机关干部参加座谈讨论文明公约内容，共征文 40 多篇；开展情系汶川大型募捐活动，共募捐资金 244 万元；开展系列纪念改革开放 30 周年活动。6 月举办庆“七一迎奥运”书画展。9—10 月，新华书店举行迎国庆书展。县电视台推出“改革开放在故城”系列宣传报道，开设“改革开放 30 年故城县建设巡礼”“与时俱进看故城”等专题栏目。组织开展“故城魂”宣传活动。开展文化市场集中整治活动，打击影响未成年人健康成长的各类违法活动。在全县中小学生中开展“迎奥运、讲文明、树新风、我行动”演讲比赛和“做一个有道德的人”网上签名活动，参与签名学生达2万多人。组织中小学生参加奥运礼仪知识竞赛活动，书面投票4000多张。组织开展“抗震救灾英雄少年”网上投票活动，投票人数达3万多人。10月“九九重阳节”在迎瑞广场举办中老年大秧歌、太极拳演出。

重阳节太极拳演出活动

2009年，河北省中小城市发展论坛在故城县召开。是年，青罕镇在河北省首届乡风文明创新案例评选中获三等奖。

2010年，在文明生态村创建基础上，按照“示范带动、点面结合、循序渐进”的原则，围绕提升农民文明素质和农村文明程度，大力开展十星级文明户、文明示范村、文明集市和文化广场等农村“四个一批”建设。围绕传统节日，在全县组织开展了丰富多彩的节庆活动。广泛开

故城镇文化墙

展“城镇三年大变样，市民素质大提高”活动。2013年，全面开展农村环境卫生整治和农村面貌提升改造活动，共整治临街建筑立面210多处，粉刷墙壁23万多平方米，书写悬挂标语336条，新建文化广场34个，有16个村绘制了文化墙，涌现出了前沙岗、尹里、翟杏基、小马庄等一批省市先进村，有9个村被评为市文明村。

2015年，集中开展垃圾污水治理、建筑治理、广告标牌治理、生态环境治理和农村面貌提升改造活动，完善工作机制，有序、持续改善城乡人居环境。郑口镇翟杏基、饶阳店镇盛树林村等9个省级重点村的各项工作率先全面展开。2016年9月28日故城县在河北省农村精神文明建设现场会上作书面发言。郑口镇后响沟等31个美丽乡村省级重点村全面完成建设任务。房庄乡堤口、三朗乡尹里、郑口镇前沙岗推荐为省级文明村。2017年，以创建省级文明县城为统领，扎实推进全县精神文明创建工作，创建名次位居全省74名。房庄乡堤口、三朗镇尹里村被评为全国文明村。

2018年，组建创城工作领导小组，制定出台《故城县省级文明县城创建实施方案》和《故城县省级文明县城创建工作各单位任务清单》；更换扬帆大街、金宝大道道旗，安装京杭大街护栏公益广告1000余幅，做到“上街、上墙、上屏、上车、上栏”，强力推进公益广告宣传。编发《故城县市民文明手册》《图说创城》宣传册3万余份，制发宣传扇和手提袋2万余份、公益广告海报2万余份，打造社会主义核心价值观主题公园、法治公园、廉政公园，修缮省级爱国主义教育基地冀南四二九烈士陵园。在2018年度文明城市创建工作省级测评排名中，位列全省第四十六名，在衡水市排名位列第三。广泛开展农村“十个一”建设活动和移风易俗工作，夏庄镇等3个乡镇被评为市级文明乡镇，建国镇东冯村等6个村被评为市级文明村；扎实推进校园“十个一”建设，郑口第二小学等3所学校被评为市级文明校园。

文明单位与文明行业创建活动 1987年，故城县政府遵照“精神文明重在建设”的方针，在城镇深入开展以实现优质服务，优良秩序，优美环境为重点的文明城镇建设活动。县“五讲四美

三热爱”活动办公室在县城建、公安等部门的配合下，开展春季植树种草会战，植树造林736亩，义务植树65000株，城镇道路绿化32公里；栽花种草866平方米。夏季开展治理“脏、乱、差”城镇修路会战，整修巷路43条17公里，移厕所65个，拆危房54栋。是年，县医院被评为省级文明单位。

1993年始，开展“创四优”（优质服务、优美环境、优良秩序、优良社会风气）活动，收到良好效果。按照省文明委和地区文明办部署，邮电、金融、商业、交通等10个系统15个部门开展职业理想、职业道德、职业纪律、职业技能，纠正行业不正之风“四职一纠”活动。城乡创建“十星级文明户”活动，行业整体服务水平显著提高。1994年，域内建成省级文明村2个，省级文明单位4个。东阳市场连续3年被商业部授予“全国文明市场”称号。1995年，中共衡水地委将“四二九”革命烈士陵园和县烈士陵园定为地级爱国主义教育基地，并进行修缮。2001年，县文明办选择4个省级文明单位、10个市级文明单位，与14个经济落后村结对子，开展“双百帮扶奔小康”活动，资助钱物达60多万元。2004年，将“四二九”烈士陵园定为省国防教育基地，成为山东武城和故城两县的机关干部、学校师生、企业职工进行革命教育的基地。2006年，对全县省级文明单位进行严格检查验收。交通局、电信局、电力局、郑口中学、里老粮食储备库、财政局再次被评为省级文明单位。2008年，县文明办开展文明行业文明执法杯、便民利民杯、优质服务杯竞赛暨优质服务百日竞赛活动。2015年，以河北青竹画材科技有限公司为龙头的文化产业蓬勃发展，投资200多万元建成青竹博物馆，举办青竹建厂30周年庆典和画材发展高端论坛，收到良好的经济效益和社会效益。

1996—2016年故城县省级、市级文明单位一览表

表27-2　　　　单位：个

级别	年度	文明单位	名称	文明村	名称
省级	1966—1997	2	县医院、钢丝绳厂	2	郑口镇五户村、太兴镇村
	1998—1999	3	县医院、钢丝绳厂、交通局	2	郑口镇五户村、太兴镇村
	2002—2003	5	县医院、人行、电信局、电力局	2	郑口镇五户村、太兴镇村
	2004—2005	6	交通局、电信局、电力局、郑口中学、里老粮食储备库、财政局	—	—
	2005—2006	4	邮政局、国家税务局、财政局	—	—
	2007—2008	4	人民检察院、邮政局、国家税务局、财政局	—	—
	2008—2009	4	检察院、邮政局、国税局、财政局	—	—
	2010—2011	6	人民检察院、邮政局、交通局、电力局、国家税务局	—	夏庄镇坟台村、
	2012—2013	1	财政局	3	郑口镇前沙岗村、三朗乡尹里村、房庄乡堤口村
	2016	5	国家税务局办税服务厅、地方税务局办税服务厅、公安交通警察大队、国网河北省电力公司故城县供电分公司、中国移动通信集团河北有限公司故城分公司郑枣路营业厅	1	故城县迎瑞社区

续表 27-2

	年　度	文明单位	名　称	文明村	名　称
市级	1997—1998	38	—	19	—
	1999—2001	32	—	8	—
	2001—2002	34	—	1	—
	2003—2004	21	—		—
	2007—2008	21	交通局、电力局、郑口中学、供销社、新华书店、地税局、人大机关、审计局、郑口镇第一小学、郑口镇第二小学、农发行、公路站、计生局、人民检察院、广电局、移动公司、河务局、农行、工商局、邢德线收费站（青罕镇被评为文明乡镇）	3	郑口镇太兴镇村、青罕镇南王庄村、军屯镇丁里村
	2009—2010	19	交通局、电力局、地税局、审计局、计生局、电视台、教体局、农发行、人大机关、气象局、农行、郑口镇第一小学、郑口镇第二小学、河务局、公路站、郑口镇政府机关、三朗镇政府机关、消防大队、国税局武官寨分局	4	夏庄镇坟台村、军屯镇大王里村、三朗乡白佛寺村、尹里村
	2011—2012	22	人大机关、教体局、电视台、地税局、审计局、河务局、气象局、郑口第一小学、郑口第二小学、中国农业银行故城县支行、计生局、交通局公路站、郑口镇政府机关、财政局、交警大队、移动公司、农联社、商业银行、邮政银行、建国镇机关、故城镇机关、青罕镇机关	9	建国镇建国村、西半屯镇万庄、双屯、西里屯、青罕镇石东村、南官庄、饶阳店镇吴庄、西曾、夏庄镇夏东村
	2013—2014	16	文广新局、交警大队、国网故城县供电公司客户服务中心、中国移动故城县分公司郑枣路营业厅、河务局、中国农业银行故城县支行、建国镇政府机关、国税局、审计局、气象局、地税局、郑口镇政府机关、河北青竹画材科技有限公司、国税局武官寨分局、国税局建国分局、国税局办税服务大厅	5	三朗乡南镇村、西半屯镇西半屯村、建国镇马寺村、建国镇巩庄村、郑口镇大杏基村
	2015—2016	19	地税局、农行、气象局、河务局、文广新局、河北青竹画材科技有限公司、城区办、消防大队、邮储银行、广播电视台、县医院、信访局、饶阳店卫生院、西半屯卫生院（房庄镇、夏庄镇、饶阳店镇被评为文明乡镇；郑口第二小学、河北郑口中学、运河中学被评为文明校园）	6	郑口镇后响沟村、建国镇东冯村、武官寨柴庄村、夏庄镇龙凤店村、夏庄镇滩头村、饶阳店镇西曾村

说明：表内“—”为无详细统计资料

2016年，组建党员志愿者、青年志愿者、巾帼志愿者、交通志愿者等多支志愿者队伍，各机关、企事业单位成立志愿服务队167支。结合实际开展义诊、环境清扫、义务献血、文明交通引导等形式多样的关爱他人、关爱社会、关爱自然的系列志愿服务活动。1人获省优秀志愿者，县城区办杏林社区获省优秀社区称号。3 人获市优秀志愿者，县国税局志愿服务队获市优秀志愿服务组织。广泛开展“我推荐、我评议身边好人”和道德模范评选活动。县供电公司张连正入选 12 月河北好人榜。在各单位中积极开展“五个一”工程建设。推荐县国税局、地税局、电力局、交警大队、移动公司等 5 个单位为省级文明单位。2017 年，县电力公司等 5 个单位评为省级文明单位。2018 年，统筹推进文明单位、文明家庭、文明村镇、文明校园创建工作，加强文明单位“六个一”建设，县文广新局等 14 个单位被评为市级文明单位。

文明家庭创建活动 1987—1999 年，故城县把创建文明和谐家庭作为创建和谐社会的突破口，开展系列活动，提高社会道德水准。1997 年，开始进行“十星级文明家庭”评比，创评面达 30%，创评村 130 个，参评户 19361 户，其中“十星级文明家庭”创评面达 22%。2000 年，十星级文明家庭创建面达 60%，参评村 430 个，参与创建的农户达 80%，其中“十星级文明家庭”达 30%。

2004 年，先后开展家庭美德格言征集活动、“展故城风采、颂家庭美德”书画展、家庭美德建设典型评选表彰和事迹演讲活动、家庭读书有奖征文活动、举办金婚佳侣评选和扶贫助困送温暖活动。

2005 年，评选出农村“十星级文明家庭”8000 多户，城镇“五星级文明家庭”1300 多家。2006 年，在全县家庭中开展“夫妻恩爱情、父母养育情、兄弟姐妹手足情、婆媳体谅情、邻里互助情”五情教育。营造了见贤思齐、孝亲友善的良好社会风气。

2007 年，在全县家庭中开展读书活动。引导家庭多读书、读好书、学科学、用科学。县城重点实施“一、二、三工程”，即提倡每户 1 个书架、2 份报刊、300 册图书。农村以文化村和文化中心户为阵地开展家庭读书活动，实现每个乡镇有一个文化示范村，每个村有一个文化示范小组，每个村民小组有一个文化中心户，推动家庭读书活动持续深化，为家庭美德建设奠定良好的基础。

2010 年，继续深入开展“五好文明家庭”和“十星级文明户”创建活动。不断完善检查评比、总结表彰、建档立卡制度。评选出农村“十星级文明家庭”8300 多户，城镇“五星级文明家庭”1300 多家。

2017 年，陈汝珍家庭被评为省 2017 年度文明家庭。2018 年，深入开展“传承好家训、弘扬好家风”主题活动和“文明家庭”评选活动，于秋娟等 6 个家庭被评为县第一届文明家庭；

生态文明村创建活动 2003 年年末，故城县委、县政府按照市委、市政府的安排部署，在全县开展文明生态村创建活动。以提高农民素质和生活质量为目的，以“经济发展、民主健全、精神充实、环境良好”为主要内容，以实现“四化”（绿化、硬化、亮化、净化），改善农村人居环境为突破口，以实现“五个好”（生态环境好、道德风尚好、治安秩序好、经济发展好、领导班子好）为目标，全县生态文明村创建工作全面展开。

2005 年 2 月，在故城县三级干部大会上对第一批文明生态村创建工作先进乡镇和先进村进行了表彰。2006 年，分别召开生态文明村创建工作大会，全县创建文明生态村调度会、全县创建文明生态村观摩拉练会议，查看第二批村创建情况，并全县通报。先后印发《故城县 2006 年创建文明生态村工作实施方案》《故城县创建文明生态村年度考评办法》等文件，抽调 57 名副科级以上领导干部作为包村工作队队长，会同职能部门干部组成包村工作队。各包村单位共筹措资金和物资折合人民币 100 多万元，帮助所包村办实事 130 多件。

2007 年，故城县委将文明生态村创建工作考核结果作为乡镇和县直包村单位年度考核的重要指标。县委、县政府在县财政十分困难的情况下，出资 50 万元以奖代补文明生态村创建工作。对前十名的村，奖励 2 万元；对第 11 ～ 20 名的村奖励 1 万元，极大地调动了创建村活动积极性。

至 2008 年年末，全县一、二批文明生态村共硬化街道 52 公里，建沼气池 7880 个，改厕 2636 个，建文化活动室 95 个，修建休闲广场 42 个，植树 102 万株，清理垃圾 990 吨，建立文化活动队 59 支。创建村基本实现道路硬化、街院净化、村庄绿化。多年农村脏乱差的生活环境得到了明显有效的治理，改善了农民群众的生产生活环境，农民群众从创建工作中获得了实惠和利益。首批 55 个创建村被衡水市委、市政府授予“衡水市创建文明生态村工作先进村”称号。

2010年始，扎实推进第三、四批文明生态村创建，36个创建村基本完成创建任务。共硬化村内街道90多公里，村内植树14万多株，修建主街道排水沟1.8万多米，安排路灯850盏。新建、修缮“一部两室”70多间，室外休闲文化广场20多个。

第二节　文明新风

1987—2008年，随着精神文明建设的不断加强，县委宣传部在辖区广大干部职工、居民群众中开展了形式多样的“讲文明、树新风”活动。全县好人好事层出不穷，团结、奉献、进取、和谐、文明成为社会主流。2010—2018年，社会志愿服务活动蓬勃开展。通过组织机关单位参与和招募社会志愿者等形式，组建了青年志愿者、巾帼志愿者、环保志愿者等18支志愿者队伍，结合群众需要开展义诊、环境清扫、义务献血、文明交通引导、供电保障、免费家电维修等形式多样的关爱他人、关爱社会、关爱自然的系列志愿服务活动。一些民间志愿者还自发成立了“爱心联盟”“敏之行爱心团队”等志愿者队伍，资助贫困的中小学生完成学业。域内涌现出许多文明新风个人，发挥着社会正能量。

董恒发　三朗乡李长林村人，中共党员，农民企业家，曾任县人大常委会常委、人大代表和政协委员。多年来，他关心教育、投资兴学。

1984年年初，捐资3000元帮助李长林村小学整修校舍、添置桌椅100余套。5月，捐资4000元为原隰中学改善办学条件。7月，为郑口中学捐资10000元，无息借款7000元。是年中秋节，设宴14桌宴请郑口中学全体教职员工。10月17日，《人民日报》在显著位置，以《庄户人敬教师》为题，报道了其事迹，并加长达700余字的编者按语。《解放军报》《光明日报》《工人日报》《河北日报》也报道了该事迹。中央人民广播电台、河北电视台都进行了广播。

故城县委、县政府授予董恒发“支教模范”锦旗及“捐资兴学”大匾。是年，他被聘为郑口中学名誉校长。此后的几年间，董恒发每年的教育捐资均在千元以上，并连续多年为优秀教师发奖金及浮动工资。

董恒发还十分热心公益事业，多次捐款为乡亲修路、打井。1988年出资4000元，为原隰乡改变输电线路，被当地群众感念。多年来，他获得功臣企业家、光彩事业先进个人等称号50多次。

胡玲玲　女，故城镇别王村人，生于1975年，人民教师。1996年8月某日，原小屯小学教室北面墙皮脱落，整面墙体外倾，房梁下坠，造成房屋坍塌。事情发生的突然，胡玲玲老师（当时为代课教师）和学生正在全神贯注的上课，当发现有危险时，胡老师一边让学生有序撤离教室，一边奋不顾身冲到坍塌的地方用自己的身体撑起了坍塌的大梁，让孩子们从房梁下面爬出去。最后她终因气力不支被坍塌的大梁压在了下面，同时被压在下面的还有3名同学。校长迅速组织全校教职工实施救援，随后镇领导和镇教委负责人也赶到了现场，迅速组织救援。最终，一名学生因伤势过重抢救无效死亡，胡玲玲和其他两名学生获救。胡玲玲老师在紧急关头置自身安危不顾，把生的希望留给学生，这种高风亮节被全县教育系统奉为楷模。当年，经县政府研究，胡玲玲转为正式人民教师。

苏丙寅　房庄镇董学村人。董学村在景县、枣强、故城三县交界的故城县境内，西汉儒学大师董仲舒曾在此读书讲学，村名由此而来。时光流转，董子讲学堂几度荒废，又几度重修，始终激励着当地人好学上进。

在天津退休的苏丙寅老人捐资修建了一座董子讲学堂。苏丙寅老家是董学村，他从小在村里长大并在董子讲学堂上的小学。后来他到外地求学、工作、定居，并在天津退休。而此时，他从小求学的那座董子讲学堂也已破败不堪，只剩下了残垣断壁。逢年过节回老家的苏丙寅老人总是不知不觉地走到董子讲学堂看一看。那座在人们的记忆中消失的董子讲学堂和里面的董子塑像，在苏丙寅心中牢牢地系了一个结。他一直有个心愿：再修一座董子讲学堂，以激励后学。

2007年春天，老人瞒着家人回老家征求村干部意见，确定了新修董子讲学堂的地点；去曲阳询问雕塑的价格，雕刻了董仲舒的汉白玉石像；再到景县董子故里查看祠堂建筑风格。一切准备就绪后，他回到天津说服了家人。这样，苏丙寅老人经过半年的忙活，花去了5万元的积蓄，终于建成了新的董子讲学堂，面积约60平方米，坐落在村西首董学小学校。

张文振 故城县西半屯镇时庙村人。2005年，西半屯镇43岁的农民张文昌在济南军区总医院做肾脏移植手术，其三个年过半百的哥哥争相为他捐肾。为了挽留弟弟的生命，张家三兄弟各自说出自己的捐献理由，都毫不犹豫表示献出自己的一颗肾。老二张文振率先住院，与弟弟做了各类医学指标分析后，把自己的一颗肾移植给弟弟张文昌。

三兄长争相捐肾的举动传到邻病室，传遍济南军区总医院。医护人员被感动了，他们制定出更加细致的治疗方案，主治医生表示："在我们医院，三兄长争着给弟弟捐肾的事是第一次，这个义举也净化了我们的心灵。"

张家兄弟的事迹感动了世人，各地爱心人士纷纷打电话给张氏兄弟，献上他们的钦佩和诚挚的问候。2005年，故城县文明委在全县发起《关于向张文振三兄弟学习的决定》。张文振三兄弟当选2005感动河北十大年度人物。

吴秀琴 1931年出生，房庄镇大梧茂村人。1952年嫁到大梧茂村，两年后在一次劳动中小产，接下来的16年时间里，吴秀琴夫妇再也没能生育孩子。每当看见别人抱着孩子，吴秀琴心里都很失落，她一心想做一个母亲。

吴秀琴

一直到吴秀琴37岁那年的冬天，她家的亲戚在路边发现一个弃婴，便问吴秀琴是否愿意收养。吴秀琴没有犹豫就决意接管那个被遗弃的瘦弱的孩子，抱回家当自己亲生儿子养育。

随着孩子年龄的增长，吴家人才发现，孩子发育迟缓，便带着孩子去天津某医院，得知孩子是先天性脑瘫。亲戚和乡亲都劝说吴秀琴夫妇把这个孩子抛弃，但是吴秀琴打定主意用全部心血把孩子培育成人。她每天擦屎端尿，精心照顾儿子。当儿子30岁时，才第一次开口喊她一声"娘"，吴秀琴感到前所未有的满足。

2018年年末，吴秀琴已是耄耋老人，但依旧辛苦操劳亲自照料儿子。五十余年如一日，以伟大的母爱，悉心照料一个与自己毫无血缘关系且生活不能自理的弃儿，受到了社会各界的高度赞扬。

吴秀琴抚养智障孤儿事迹被央视拍成宣传片《五十年的亲情守护》，在社会与法频道《道德观察》栏目宣传报道，并被河北省精神文明建设委员会"善行河北"授予"河北好人奖章"。

孔维杰 1978年出生，青罕镇裴庄村。1997年，孔维杰在衡水卫校上学期间，第一次参加无偿献血。从此，孔维杰正式加入了志愿献血的行列。从一年献1次的全血，到一年献10次的血小板，坚持了22年。

2012年3月5日，孔维杰在衡水献血屋献血时，恰逢中华骨髓库的工作人员做捐献造血干细胞的宣传，他留存了8毫升血样，成为中国造血干细胞捐献志愿者。2018年8月，省红十字会中华骨髓库工作人员打来的电话，说他的血样与一名血液病患者配型成功，问他是否愿意捐献。孔维杰二话没说便答应了。2018年11月9日，孔维杰在河北省医科大学第二医院接受了造血干细胞采集术。339毫升造血干细胞悬液随即被送往被救助者的医院。

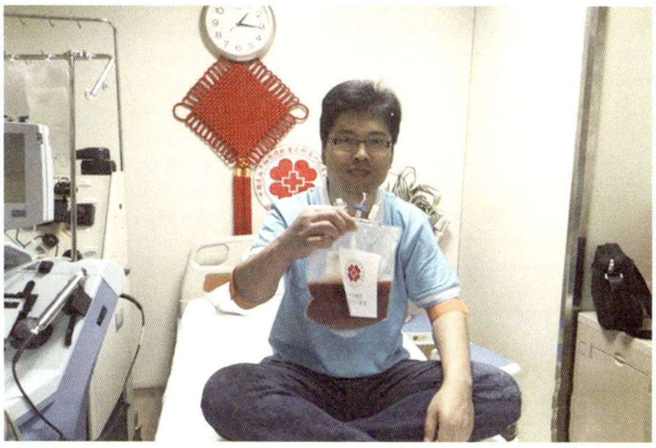

孔维杰捐髓救人

孔维杰成为中华骨髓库第7768例，河北分库第336例，衡水第11例，故城县第2例造血干细胞捐献者。被河北省红十字会授予"优秀志愿者"称号，中国造血干细胞捐献者资料库管理中心为他颁发了"捐献造血干细胞"荣誉证书。

第五章　方　言

故城县位于河北省东南部，南与清河接壤，北同景县毗邻，西与枣强以清凉江为界，东与山东省武城县、德州市隔卫运河相望。《中国语言地图集》一书，把故城县方言划入官话中冀鲁官话石济片的聊泰小片。该小片包括山东的济南、德州、聊城、泰安等25个县市及河北东南部的故城、吴桥等10个县。该小片主要有以下三个特点：

古入声清音声母字今读阴平。

今阴平一般读曲折调214或213。

古止摄开口之外的日母字，一般今读[ʐ]声母或[l]声母，有些地方逢今开口念[ʐ]声母，逢今合口念[l]声母。随着九年义务教育普及人民文化水平提高，普通话的全民推广方言弱化。

第一节　方言的归属

故城方言的特点首先表现在语音上，比普通话、北京话语音多，而且音质也不尽相同，调类与北京语音一样，也分阴平、阳平、上声、去声四调，而调值全然相异。其次，故城方言中有为数不多的地方色彩浓重的词汇，还有细微而明显的语法差异。

为编写故城方言部分，1990年7月，对该县方言进行田野调查。除全面调查县政府驻地郑口镇话（以下称郑口话）外，还就与郑口话有明显差异的建国镇话、故城镇话、三朗镇话及县西南各个村一带的话作以简要调查。调查结果表示，上文谈到的聊泰小片方言的三个主要特点故城县方言都有，下面举例说明：

第一，古人声清音声母字今读阴平。例如《方言调查字表》（中国社会科学院语文研究所编）声调表右边共列32个古清入字，即“急竹织积得笔一曲出七秃匹黑湿锡福割桌窄接搭百约缺尺切铁拍歇说削发”等，北京念阴阳上去四声的都有，故城方言北南两片代表郑口话和建国话，除“急”念阳平外，其余都念阴平。再如《方言调查字表》正文收录的古清入字中，故城县方言使用的约计320多个。其中北京念阴平的不足120个，而郑口话只有阴平一读的就多达260个，另有“刻克客扩得德则迫”等8个字白读念阴平，郑口话不念阴平的只有以下49个：醭泊别法~国佛卒猝琢涿识急劫胁格轧~棉花（以上念阳平）劈~叉眨恰蛤~蜊唦（以上念上声）必毕壁璧僻侧测朔式饰率蟀祝涉即鲫倔脾气~给怯壳廓喝~采，赫吓亿忆抑益轧被车~（以上念去声）。

第二，阴平调值念214例如“仍”郑口老派和建国都念[꜀ləŋ^{214}]；“诗”郑口念做[꜀sɿ^{214}]，建国、故城镇念做[꜀ʂʅ^{214}]。

第三，古日母字止摄开口在外的今声母，县内读法大致分为两种：

北片一般今读[ʐ]声母，如郑口：然燃。꜀ʐæ̃ ｜人任姓壬仁꜀ʐæ̃ ｜蕊ᶜʐuei等等；南片一般今读[l]声母，如建国：然燃꜀læ̃ ｜人任壬仁꜀lẽ ｜蕊ᶜluei等。

总上可知，把故城方言划入冀鲁官话石济片的聊泰小片，根据是充分的。

一、方言分区

故城现有2个乡，11个镇。县境南北长，东西窄；南半部1964年冬由山东武城县划归，北半部是1964年前的原故城县部分。这种地理、历史状况，使县方言明显地分为南北两片：

南片5个乡镇：建国镇、军屯镇、西半屯镇、武官寨镇、饶阳店镇。

北片8个乡镇：郑口镇、三朗镇、房庄镇、青罕镇、故城镇、夏庄镇、辛庄乡、里老乡。

南北两片方言分别以建国话和郑口话为代表。两片方言主要差别在于“日”字和止摄开口日母字的今音以及其余古日母字的今声母。

在故城南北两片方言内部，也都有些差异。如南片西南角的大王里村、小王里村、徐里村、丁里村和张里村一带，在用词方面有邻县南宫、清河影响。南片一般称“男孩儿”为“小小儿”，这里却说“羔儿”或“羔子”。又如县西北角的南马村、东马村、杨辛庄、朱辛庄、黄草洼一带，口音受枣强影响，如这一带把南片普遍使用的“吗（什么）、怎么”说成“吗儿”“咋儿”等。

北片内部差异较南片复杂，主要表现为东北部以故城镇话为代表的夏庄的方言与郑口话有较明显的差别；其次是郑口话有新、老派的不同。

故城镇话同郑口话在语音和用词上都有不同。语音差异主要有以下三点：

[ts tʂ] 两组字的分法同北京话的差距大小不同。两处方言都有把北京话的部分 [tʂ] 组字读成 [ts] 组字现象：例如“争初锄”北京都念 [tʂ] 组，故城镇和郑家口都念 [ts] 组；但故城镇话里此情况比郑口话少，比如“诗时使是事侍”故城镇都念 [ʂ] 声母字，与北京话相同，而郑口话都念 [s] 声母字。再如故城镇：生 = 声 ꜀ʂəŋ| 诗 = 师 ꜀ʂʅ；郑口：生 ꜀ʂəŋ ≠ 声 ꜀səŋ| 诗 ꜀sɿ ≠ ꜀ʐʅ。故城县人说，从故城镇往东，越走 [ts tʂ」两组字的分法越接近北京话。

[ʮ ʮə] 两个韵母的有无不同。郑口老派话有这两个韵母，例如猪诸朱诛株珠蛛：꜀tʂʮ| 除厨 ꜀tʂ‘ʮ| 书输舒枢 ꜀ʂʮ| 如儒 ꜀ʐʮ| 说 ꜀ʂʮə| 若弱 ʐʮə꜄ 等。故城镇没有 [ʮ ʮə]，郑话的这两个韵母，故城镇话分别念成 [u uo]。受 [ʮ ʮə] 韵母有无的影响，两处方言有关韵母儿化韵的音值也有区别，例如郑口老派：小猪儿 ɕiau^{55} tʂuər^{214}| 小说儿 ɕiau^{55} ʂʮɤr^{214}；故城镇话：小猪儿 ɕiau^{55} tʂur^{214}| 小说儿 ɕiau^{55} ʂuor^{214}。

去声调值的曲、降不同。单字调去声的调值，郑口话念曲折调 313，故城镇念降调 31。

此外，有的虚词两地读音不同。例如他吃了饭了”中的前后两个“了”，郑口依次念 [liou]、[liɛ]，故城镇依次念 [liæ̃]。

两处方言在用词方面的差别，例如普通话的“叔叔、舅母”，郑口话说“叔、妗子”，故城镇说“伯、舅母”；普通话的“麻雀”郑口多说“小雀儿”，故城镇叫“老大大儿、老照儿”等。

北片方言除有上述地区性差异之外，在郑口镇方言内部，还有新老派之间的差别。突出表现在 [ʮ ʮə] 两韵母有无和去声调值的曲、降上：新派没有 [ʮ ʮə]，“猪、说”等字的韵母，分别念 [u uo]；新派去声念降调 31。

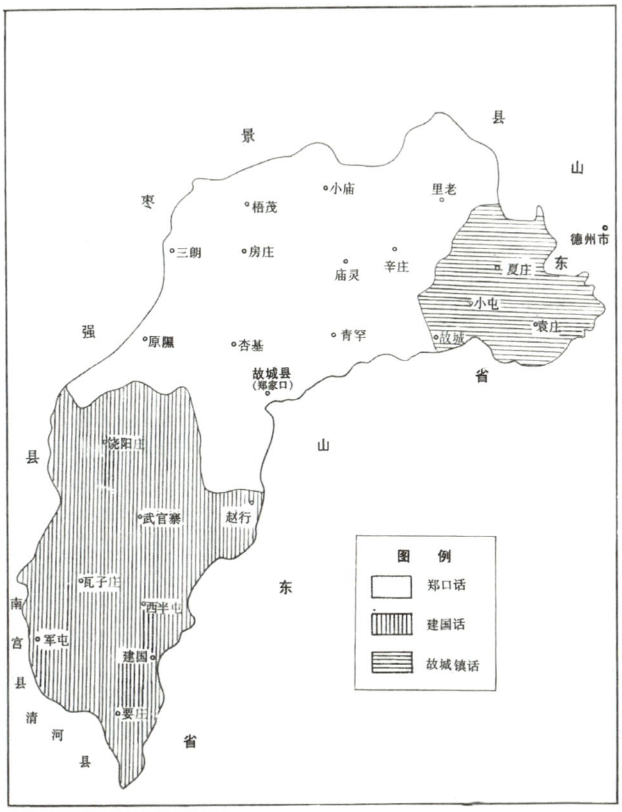

图 27-1　故城县方言分布示意图

二、音标符号

故城县方言用国际音标注音　将所用音标和汉语拼音方案的声母、韵母列成对照。汉语拼音方案没有的符号，用汉字标记。用郑口话念此汉字，即可得到相应音标所代表的声母或韵母的读音。

声调符号　故城方言标记调值采用五度制声调符号，即把字调的相对音高分成低、半低、中、半高、高这样五度，分别用 1、2、3、4、5 表示。

故城方言标记调类采用旧来标四声画半圈的办法，如郑口话阴阳上去四个调类的标法是：

阴平　　阳平　　上声　　去声

轻声音节一律不标声调符号，此外，故城方言鼻化元音用 ~ 表示，如 ẽ 是 e 的鼻化音；卷舌元音用 r 表示，如 ur 是 u 的卷舌音。故城方言主要记录郑口镇老派方言。发音人张子文，男 72 岁，农民；孙荣佑，男 70 岁，商人。两人世居郑口镇。

第二节　语音分析

声母　故城方言有 23 个声母。

p 布步别　p‘ 怕盘拍　m 门妹麦　ɕ 西希俗

t 到道夺	tʻ 太同秃	n 南怒纳	x 灰红盒
ts 早祖窄	tsʻ 仓醋蹭	ŋ 安鹅袄	l 兰路六
tʂ 招正织	tʂʻ 昌潮尺	f 飞冯福	ʐ 然日入
tɕ 精经急	tɕʻ 棋取切	s 散苏杀	
k 贵跪割	kʻ 开葵哭	ʂ 扇师石	
ø 耳牙五元			

零声母拼 [u] 韵母之外的合口呼韵母时，韵头 [u] 往往变成唇齿浊擦音 [v]。

韵母 故城方言有 40 个韵母，此外，北京话来自古入声的“说若弱”今念 [uo] 韵母，“热”今念 [ɤ] 韵母；故城方言韵母特殊：说 ꜀ʂɥə ｜ 若弱 ʐɥə꜄ ｜ 热 ʐɥə꜄。总之，故城方言今有[ɥə]韵母，它来自古入声。

儿化 郑口话的 40 个基本韵母，除 [yŋ] 没有儿化韵外，其余 39 个都能儿化，它们儿化后共变成 22 个儿化韵。故城方言儿化韵与基本韵母的关系如下儿化韵母举例：

小说儿，滚热儿	门墩儿
小兔儿，东屋儿	小鱼儿，合群儿
腊八儿，药方儿	唱歌儿，土坑儿
豆芽儿，小羊儿	爷儿爷儿，瓶儿
开花儿，小床儿	撅儿，小雪儿
葱白儿，两半儿	土坡儿，老婆儿
小鞋儿，针尖儿	小锅儿，没空儿
一块儿，当官儿	小瓮儿
圆圈儿，手绢儿	小猫儿，甜桃儿
刀背儿，后门儿	小庙儿，布条儿
肉丝儿，鸡食儿	沟儿，豆儿
小鸡儿，今儿	煤球儿，加油儿
珠儿，一对儿	

故城方言的儿化同普通话一样，往往有区别词义，区分词性，表示细小或表示亲切、喜爱等感情色彩的作用。

单字调 故城方言有 4 个单字调，轻声在外：

调类	调值	例字
阴平	214	诗梯安衣执尺湿屋
阳平	53	时题寒鹅人石夺急
上声	55	史体口老你五给朴
去声	313	是替近旧抗肉麦祝

声调说明：

去声有人读降调 31，特别是有文化的人。今一律记作 313。

上声有人读升调，但是这种读法不稳固，同一个人念同样的字，有时念高平调 55，有时念升调 24 或 35。这样读的人多是有文化或经商的，显然是普通话影响的结果。今上声一律记作 55 调。

就古今调类的关系说，故城方言与北京话大同小异：

古舒声和古入声浊音声母字在故城方言的演变情况基本上与北京话相同，例外字常用的有以下一些：

古舒声字：他限于单用勘欧脾~脏趣畏枢惨惭潜

北京话：　阴　　阴阴阳　　去去去上阳阳

本方言：　上　　上阳阴　　上阴阴阴上阴

古全浊入：　及钹突术白~；苍~昨鹤逐

北京话：　阳阳阴阳　　阳去阳

本方言：　阴阴阴阴　　阴阳阴

古次浊入：捺撇~辱捏动词孽捋~袖子劣没淹~域液腋

北京话：　去　上阴　去阴　　去去　去去去

本方言：　阴　阴去　阴上　　阴阴　上阴阴

古入声清音声母字，北京今念阴阳上去四声的都有，故城方言却基本上都念阴平。拿《方言调查字表》中的这类字来说，郑口话念阴平的占有五分之四强，不念阴平的不足五分之一。这五分之一字的今调类有两个特点：

绝大多数北京也不念阴平。

绝大部分郑口与北京同调。

连读变调 本方言的连读变调，主要有两字组、三字组的。两字组又有叠字组和非叠字组之分。限于篇幅，该志只谈非叠字两字组的。郑口话非叠字两字组的前字有阴平、阳平、上声、去声四种声调，后字有阴平、阳平、上声去声、轻声五种，共形成 20 种组合，连调方式有 24 种。

声韵调配合关系 故城方言的声韵配合关系同北京话相比，故城方言的声韵拼合关系有两个特点：

只拼开口呼韵母，不拼合口呼。北京组拼合口呼的字，故城方言逢合口呼韵母。

北京话零声母开口呼字，故城方言一般念成声母字，这就是说故城方言零声母能拼的开口呼韵母远比北京话少。

第三节　语法特点

一、几个虚词的音义

（一）助词“的、地、得”

它们都念 [ti]；意义、用法同普通话。

（二）助词“着”

音 [tʂou]；意义、用法同普通话。

（三）虚词“嚠”或“咧”

“他看了电影了”，这句话里的两个“了”。前者（一般称“了$_1$”），被看作表示完成的助词；后者（一般称“了$_2$”），被看作语气词。这两个“了”，在故城各地方言里，都分为两读。

“了”字在故城县方言里的读法

表 27-3

		了$_1$			了$_2$
意义、用法		表已然	表将然	表可能	表语气
举　例		①他吃~饭了$_2$	①坐正~！	①拿动~	①他吃了$_1$饭~
		②去年种~两亩瓜	②吃~饭再说	②看见~	②他们坐好~
		③没忘~党的恩	③病好~一定去	③听清~	③吃完饭就来~
方音	郑　口	嚠 liou			咧 liɛ
	建　国 故城镇	liau			liæ̃

二、可能补语

故城方言的可能补语，肯定式、否定式和问话形式，与普通话都有所不同，下面分别说明。

（一）肯定式

普通话有两种说法：

1. 谓词 + 得 + 补语，例如：

吃得完、拿得动、去得成、好得了、红得了

2. 动词 + 补语“得”，例如：

吃得、洗得、晒得、使得、拿得、批评得

普通话的第一种说法，补语是动词“了 [ᶜliau]”时，本方言也说；补语是其他词语时，本方言的说法则是“动词 + 补语 + 嚠”，例如：

普通话：吃得完、拿得动、去得成、坐得下

郑口话：吃完嚠、拿动嚠、去成嚠、坐下嚠

普通话的第二种说法，本方言不用。

（二）否定式

可能补语的否定式，普通话也有两种说法：

1. 谓词 + 不 + 补语中心语，例如：

吃不完、拿不动、去不成、坐不好、好不了。

2. 动词 + 补语“不得”，例如：

吃不得、洗不得、晒不得、使不得、动不得。

普通话的第一种说法，本方言常用；第二种说法不用，例如“晒不得、使不得”本方言说成不能晒、不能使。

（三）问话形式

可能补语的问话形式，普通话用反复问或是非问，例如：

反复问　①这箱子你拿得动拿不动？

　　　　②这笔使得使不得？

是非问　③这箱子你拿得动吗？

　　　　④这笔使得吗？

本方言可能补语的问话形式与普通话不同：普通话的例②④之类，本方言没有相应的补语形式；普通话的例①③之类，本方言一律用是非问，即用“肯定式 + 吧（或‘吗’）”，例如：

①这箱子你拿动嚠吧？

②这碗饭你吃完嚠吗？

三、是非问句

普通话的疑问句中，是非问和反复问都很常见。但在本方言里，反复句很少见，普通话的反复问，本方言往往也用是非问来说。

普通话与郑口话问句对比

表 27-4

普 通 话	郑 口 话
你去学校吗？	你上学儿里学校里去吧？
你是学生吗？	你是学生吧？
你是不是学生？	你是学生吧？
你看不看戏？	你看戏吧？
你有事儿没有？	你有事儿吗？
你敢去不敢？	你敢去吧？
你看不看这本书？	你看这本书吧？
这本书你看不看？	这本书你看不看？
他有你高没有？	他跟你一般高儿吗？
这朵花儿香，是不是？	这朵花儿香，是吧？

四、比较句

在比较句方面，郑口话与普通话的差异甚微，常见的差异略如下例所示：

普通话	郑口话
①他没有我高。	①他没我高。
	他没价我高。
②这房没有那房高。	②这房没那房高。
	这房没价那房高。

五、部分词汇在故城方言中表述与通常不同

早饭——早勤饭

晚饭——黑下饭

馒头——馍馍

蛇——长虫

猪内脏——下水

院子——当天井

手章——手戳儿

背——脊娘

腋窝——胳肢窝

手电筒——电把子

香皂——香胰子

花生——长果

玉米——棒子

晴天——好天儿

阴天——闹天儿

露水——露湿

冰——冰龙

昨天——夜来个

大前天——大前日

蝉蜕——介了爬爬

啄木鸟——凿大木子

蜻蜓——蚂螂

虾——虾米

蚂蚁——米羊

壁虎——蝎白虎

蜈蚣——蚰蜒

内裤——裤衩

茅厕——茅子

地窖——地窨子

火柴——洋火

水桶——水筲

第二十八编 人 物

故城县历史悠久，深厚的文化底蕴孕育了许多大家名流、社会贤达。现存清雍正版、光绪版《故城县志》中，对杰出人物多有记载。本版《故城县志》收录了历代人物传略、历年劳动模范、牺牲的革命烈士等。其中包括隋末农民起义领袖窦建德；明代廉洁刚正的左都御史、谏臣、大文学家马中锡；清代创海派猴戏的郑长泰；血战八国联军的大刀王五；卢沟桥“打响抗日第一枪”的抗日将领冯治安；刀劈日本兵的抗日英雄节振国。中华人民共和国成立后，社会主义建设时期，各行各业涌现出众多模范精英人物和仁人志士，当代名人更是如雨后春笋，灿若群星。

第一章 人物传略

每一位历史人物、当代精英都在不同历史时期具有不可忽视的社会影响力。本章收录的48位人物传略，不仅有一千五百多年前的著名农民起义领袖，还有在抗日战争、解放战争中的英雄人物，更有在社会主义建设时期各行各业涌现出的杰出代表和道德模范。

窦建德画像

窦建德（573—621年），隋贝州清河郡漳南县（今故城县）人。世代务农，出身贫寒。

隋大业七年（611年），隋炀帝募兵征高丽，窦建德被征募，以其骁勇，补为二百人长。同县人孙安祖亦在被征之列，孙安祖以家为大水所漂、妻子冻馁为由不应征，为漳南县令鞭笞。孙安祖怒杀县令投窦建德。窦建德招逃兵及无产业者得数百人，命孙安祖率领，并面授机宜，要他充分利用高鸡泊地势，聚集力量，且观时变，以就大计。蓨县（今夏津县）人张金称，凤县（今景县）人高士达，亦聚众百人，来往于漳南。郡、县官吏探知窦建德与张金称、高士达交结，悉捕窦建德全家，无少长皆杀。窦建德率麾下200余人同高士达会合。高士达以窦建德为司兵。未久，孙安祖被张金称所杀，其兵数千归窦建德，以此渐盛，兵至万余，犹来往高鸡泊中。自隋大业七年至十二年（611—616年）窦建德以高鸡泊为义军基地，聚集人马。

隋大业十二年（616年）隋炀帝分遣使者12道发兵镇压各地农民起义。十二月隋涿郡通守率精兵万余，前往清河郡镇压高士达部，高士达推窦建德统领义军。窦建德用诈降计，于长河（今县境东）袭杀官兵数千，获马千匹，官军大败。

隋炀帝派太仆寺卿杨义臣率军前往平恩（今丘县南）镇压张金称义军。张金称不幸败死，其部下投窦建德。杨义臣部乘机进入高鸡泊地区。高士达轻敌，未纳窦建德“避其锋芒，伺机而战”策略，遂战败身亡，义军遭重创。窦建德率少数义军奋勇突围往北转移，袭取饶阳县城（今饶阳县）。待杨义臣部退后，窦建德复还高鸡泊，并招集散兵数千，军势复振，自称将军。

窦建德与义军士卒同甘苦，麾下均愿为之效力。并对俘获隋官及士人不乱加诛杀，引饶阳长宋正本为上客，与参谋议。此后，隋地方官吏，多以城投降，义军达十余万人。

隋大业十三年（617年）正月，窦建德于乐寿（今献县）称长乐王，年号丁丑，署置官属。时，窦建德部成为隋末义军三大主力之一，窦建德为河北义军领袖。是年七月隋炀帝令左御卫大将军涿郡（今涿县）留守薛世雄率燕地精兵3万南下镇压义军。薛世雄率军行至河间城（今河间），扎营七里井。窦建德率精兵千余人，乘黎明大雾之机，突袭隋营。经激战，隋军大败，死者万余人，隋军精锐为窦建德部消灭。

唐初各势力争夺河北，但窦建德义军仍控制河北局势。唐武德元年（618年）十一月窦建德于乐寿立国号夏，建元五凤。翌年闰二月窦建德挥师南下，攻邢州，克聊城。六月下沧州，八月据扬州（今永年）。九月破相州（河南安阳）、赵州（隆尧东）。十月略卫州，占有黎阳（河南浚县），俘获众将王公。遂自乐寿迁都扬州，大夏政权进入鼎盛时期。

窦建德自称夏王后，虽署置百官，其仍保持农民本色。每战胜克城，所得资财，悉予将士，自奉甚俭。击破宇文化及后，对数千隋宫美女全部遣散。对所俘隋官员不愿留者，以兵护送出境，愿留者委以重任。其于战火纷飞，戎马倥偬之际，于境内疏通清漳渠水入柳沟，与永济渠（卫运河）合流，以灌溉农田。出现“劝课农桑，境内无盗，商旅野宿”局面。

唐武德四年（621年）二月窦建德率十万余众驰援自立为王国号为郑的王世充，于四月受阻于虎牢（今河南荥阳汜水镇西）不得进。五月与李世民之唐军决战，失利被俘于鹊山牛口谷（今河南荥阳西北），被唐王朝杀于长安（今西安）。奋战六年之久的河北农民义军遂告失败。

窦建德遇害后，直至唐后期，“山东、河北之人尚谈此事，为其建庙立碑，父老群祭”。今境内窦堡店历为故城凭吊窦建德及其他农民起义英雄之地。诸多有识之士为其写下凭吊诗文存录清光绪《故城县志》，并将“窦堡晴烟”列为故城八景之一。

刘黑闼画像

刘黑闼（？—623），贝州清河郡漳南县（今故城县）人。隋末，刘黑闼初跟随郝孝德起义，后任李密副将。李密战败，遂为王世充所俘，任王世充的马军总官（骑兵总指挥）。后王世充为窦建德并，刘黑闼遂投窦建德。窦建德署其为将军，封汉东公。

唐武德四年（621年）窦建德被杀，夏政权解体，唐高祖李渊下诏征逃亡在外之窦建德所属部将，欲以加害。时，刘黑闼回归故里隐名匿迹。未久，窦建德原部将范愿、董康买、曹湛、高雅贤等人往漳南，共推刘黑闼为首，聚众反唐。刘黑闼等起兵，袭击漳南县，占据县城，是年八月，刘黑闼部攻占贝州所属县。唐贝州刺史戴元祥、魏州刺史权威联兵围刘黑闼，戴元祥、权威皆兵败身亡。刘黑闼又先后败李玄通、李神通、罗艺、李世绩等。窦建德原部属闻讯纷纷投刘黑闼，义军渐大，刘黑闼自称大将军。其与饶阳崔元逊、兖州徐园明联兵取瀛州（今河间），攻定州（今定县），所向披靡。刘黑闼部至宗城（今威县）时，已达数万之众。半年之间，尽收窦建德之旧地。后刘黑闼遣使北结突厥。

唐武德五年（622年）正月刘黑闼建都洺州（今永年县），自称汉东王，改元天造。是年二月唐高祖李渊命秦王李世民出征河北，统兵镇压刘黑闼。刘黑闼于洺水县（今曲周县东南）与李世民部勇将罗士信决战，罗士信败被杀。李世民遂于洺水上游堵截，待刘黑闼率部渡水时，突决河水，刘黑闼部兵马死伤惨重。刘黑闼遂率残部200余人北奔突厥。是年五月，刘黑闼引突厥兵挥师南下，回攻河北。刘黑闼旧将曹湛、董康买等复起，聚兵响应。九月克瀛州。李渊诏齐王李元吉等来讨，仍不敌。遂诏李建成与李元吉合兵并讨。大战于馆陶，刘黑闼部大败。唐武德六年（623年）正月刘黑闼率残部流亡饶阳境内，于困饿交加之际，为其叛将崔元逊诱骗入城，其所署饶州刺史诸葛德威背叛刘黑闼，命令士兵擒拿刘黑闼。刘黑闼被擒后押送洺州，为太子李建成杀。

马中锡（1446—1512），字天禄，号东田。祖籍大都（今北京一带）。明初马氏祖先徙于故城县马庄村，遂为故城人。马中锡之父马伟曾为明唐府长史。因直谏忤帝，被押解京城治罪，家属亦受株连，中锡因幼小幸免于难。后，中锡奔走辩解，其父方得赦免。后升任处州（今浙江丽水一带）知府。

马中锡自幼勤奋好学。明成化十年（1474 年）位乡试第一，翌年考中进士，后任刑科给事中。任职期间，廉洁清正，不徇私情，刚正不阿。其多次揭发弹劾权贵横行不法和徇私舞弊行为。据《明史》载，明弘治五年（1492 年）马中锡被召为大理右少卿（掌管刑狱官员）时，南京守备官蒋琮与兵部郎中娄性、指挥官石文通互相揭露攻击，事关数百人，朝廷几次派员查询均未决。后马中锡与司礼太监赵忠一同前往审讯，弄清真相。娄性被革除军职，蒋琮被下狱治罪。尔后，马中锡擢升右副都御史。

明武宗朱厚照即位后，马中锡被派巡抚辽东（今辽宁辽阳市一带）。明正德元年（1506 年）马中锡入朝任兵部侍郎。时宦官刘瑾把持朝政，其党羽牛瀛等冒领军功。马中锡得知后便上疏揭发，因触怒刘瑾而遭迫害被罢官下狱。至刘瑾事败伏诛后，马中锡方被起用，恢复官职。《明史》载：“中锡居官廉，所至革弊任怨，以故有名。”

明正德六年（1511 年）三月，刘六（刘宠）、刘七（刘宸）领导农民起义。时，吏部尚书杨一清推荐马中锡为右都御史提督军务，与惠安伯张伟统领守京军队前去镇压。因诸将怯懦不前，加之马中锡认为义军本属良民，树旗造反是为贪官污吏所逼，因此上书“招抚”。并下令：“贼诬感义军称谓所在勿捕，过勿邀击，饥渴则食饮之，降者待以不死。”马中锡亲入义军驻地德州桑园，向义军“开诚慰谕”。刘宠欲降，其弟刘宸道：“骑虎不得下，今阉臣柄国，人所知也，马督堂（即马中锡）能自主乎？”遂罢降，相约：不许侵害故城马中堂家。马中锡因受诽谤，谓其“以家故纵贼”，言官交劾之，马中锡再次被捕入狱。明正德七年（1512 年）马中锡含冤卒于狱中，终年 66 岁，葬于故城。明正德十一年（1516 年）经巡按御史卢雍追讼其冤，方得昭雪。朝廷追复其职，派员至故城赐祭、予荫。明嘉靖九年（1530 年）故城人为之建祠，孙绪撰写碑文。

马中锡一生为官清廉，多为朝廷所不容，且极富文学才华，著有《东田文集》6 卷、《东田漫稿》3 卷、《宣府志》10 卷等著作，其据民间传说改编而成的寓言小说《中山狼传》，以其个人平生遭际为背景，寄寓其历尽坎坷后反思，成为千古传诵名篇。

孙绪（1474—1547），字诚甫，号沙溪。河间府故城县人。明代经学家。

孙绪自幼聪慧，性情端方亮直。明弘治十二年（1499 年）赴京会试，首榜获第一名，殿试中二甲第一名进士，授户部任主事。未久。火筛部落之军入犯，朝廷遣将往讨，孙绪为随军参谋，“划策多售”。论功改吏部稽勋主事。后又升为吏部文选郎。时，一御史得罪大宦官刘瑾，被械下狱，朝内缄言，而孙绪以理直争，救出御史。浙江一褚姓知府因过错当免官，携金往孙宅拜托，孙绪严辞以拒。

明正德五年（1510 年）孙绪擢升太仆寺少卿、正卿。安徽南陵县丞孙某，与某中贵为姻，恃权乱为，孙绪以法治罪，某中贵为之说情，绪仍不允，以致被中贵诬陷下狱。经朝臣营救，幸免一死，遂削职放归原籍。明嘉靖七年（1528 年）孙绪官复原职，又因不受宦官张雄私托，被罗织罪名罢官。自此，孙绪结束宦海沉浮生涯回归故里，自号坡东居士，于家杜门著书。

孙绪热心于公益，县学宫年久失修，残破倾圮，孙绪独自捐资修葺。对于修志亦全力关注，亲自参与润稿，使之充实。曾收养过贫民弃儿，使之成人自立。

孙绪文学造诣颇深，诗、赋、散文均称大家，散文成就尤高，其一生著述颇丰，著有《沙溪稿》40 卷、《易经奇语》《尚书杂义》《大学中庸放言》《无用闲谈》《陂东新论》《蒙求族谱》等。因长期罢官家居，其在世时，著作未能刻印行世，清初故城人贾棠（进士，曾任琼州知府）率其子弟数人将马中锡、孙绪二人遗集，重新校勘整理，编为《马孙二公合集》刊刻行世。

周世选（1531—1606），字文贤，号卫阳，河间府故城县人。幼年家贫，靠苦读成才。明嘉靖四十一年（1562年）进士，初于刑部实习，后任常州府推官，任期间有案亲自裁决，明断之誉闻于朝廷。

明嘉靖年间（1522—1566年）周世选任南京兵部尚书。日本国为扩大财源，公开支援倭寇向中国武装掠夺。时，周世选于海上巡防，恰值倭寇大举进犯，当即请常州郡公传檄拒敌，遂大破倭寇。后仍倭患不息，周世选一面谨防，抗御倭寇，一面上疏朝廷，论述防务机宜，条陈御敌建议。其弟子为其作传称“东南半壁，终恃公以无恐”。

周世选被召入京师，任礼科给事中时，朝廷腐败，积弊甚重。周世选上疏嘉靖帝，条陈时弊，侃直无所忌避。明嘉靖帝死后，其子朱载厚继位，是为隆庆帝。帝于宫内驰马嬉游，甚至骑马上殿，视国事为儿戏。周世选上疏直谏，指皇帝所为是“体统倒置，自亵威仪”，“骇四方之耳目，惊海内之人心”，规劝皇帝“悯海内多事之艰，留神治道，锐意图维”，不可“恣意嬉游”，应将“诳诱”皇帝嬉游者治罪，以示杜绝此行为。时，皇帝贵戚占田已成为社会严重积弊，周世选又连连上疏，遂以忠直声震朝内。

周世选一生为官，身事嘉靖帝、隆庆帝、万历帝，但仕途坎坷。曾因不受乡试座师新郑相私托，致使新郑相怀恨于心。新郑相当权后，周世选被罢官。后起用户科给事中，又因病常居故里，居乡17载。然周世选积极用世，多次上疏举荐贤才。周世选后来被起用巡抚河南、河北时，曾致力于地方官中察选贤才，推荐朝廷。其在《荐举方面官员疏》中，以清廉正直，“品高洁”“机务应若运斤”为标准，举荐7人，力请朝廷量才擢用。

周世选为官有“节费恤民”主张，力主从朝廷至地方精简官吏，节约开支，减轻百姓负担。并注意体察民情疾苦，发现灾区，即上疏力请赈救。

至万历帝时，朝政混乱，国力衰败愈甚。周世选虽殚精竭虑效忠朝廷，忧国忧民，然屡遭排挤，不为重用。终因患眼疾乞休，辞归故里。于明万历三十四年（1606年）逝于故城。著有《大司马周卫阳先生集》14卷传世。

何老凤（约1830—1910），乳名若风，艺名何凤仪，山东大鼓艺人，青罕村人。山东大鼓艺人王奎山（河北威县人）的第四代传人，山东大鼓“老北口儿”的代表人物，以改革山东大鼓著称。他将原来的腔多字少号称九腔十八调七十二哼哼的唱法改为字多腔少，具有粗犷朴实的特点，适应运河两岸广大农村听众欣赏习惯的唱法，唱起来一字一顿，字字掷地有声，人称“一字砸一个坑”。山东大鼓别称“老牛大摔缰”即由此而来。他的唱法被行内称为“北口儿”，以与“南口儿”山东大鼓相区别。在书目方面，他放弃“南口儿”山东大鼓常演的《红楼梦》故事和一些文词典雅的曲段，着重演唱反映底层社会、叙述家长里短的生活故事，如《黑丫头》《小黑驴》《小姑贤》《蓝桥会》等。擅演的中篇书目有《杨家将》《罗松认父》《刘公案》《响马传》等，尤以《罗松认父》说得最好，有活罗松之称。在说书语言方面他吸取群众生活中的口语化语言，富有乡土气息，广大听众听得亲切，乐于接受。何老凤常骑毛驴带领五六个弟子，在鲁北、鲁西、冀南、豫北城乡卖艺。曲艺界长期流传着“南有何老凤、北有马三峰”之说。何老凤一生颠沛流离，生活俭朴，晚年回乡定居，有时还到附近农村演出。其传人有刘天秀（吴桥双发店村人）、董天佐（故城马厂村人）、桑天佑（故城北官庄村人）、尤殿英、尤殿荣（故城县庙灵村人）等。其中刘天秀艺业最佳，颇具师风。

郑长泰

郑长泰（1837—1909），故城县郑口镇人。京剧海派猴戏创始人。

郑长泰幼年即喜习武，常三五成群于野地翻高纵远。七八岁时，因在家踏坏农家青苗而惧人追究离家出走，投奔故城黄毛梆子科班，经刘仰天介绍，拜黄毛为师，自此正式学戏。

初学生、旦、净、末、丑，兼习武功戏。其在武功上磨炼很深。平常练功在腿上裹着铁沙子袋，晚上睡觉亦不忘练功，有时拿着“大顶”（贴墙倒立）膀着叉即睡着。其腿像臂膀一样灵巧，

“飞脚”上去，身体横躺空中，既高且美，时称“四根膀子”，艺术效果惊人。

郑长泰戏路宽，长靠戏、短打戏、武生戏均有“一招鲜”。《战长沙》黄忠的大刀把子，《八蜡庙》褚彪的髯口功，亦有别出心裁演法。

郑长泰尤擅悟空戏，经常上演剧目系《水帘洞》《闹天宫》《地府》《大闹御监》《双心斗》《高老庄》《流沙河》《鹰愁涧》《无底洞》《借扇》《通天河》《泗州城》《摇钱树》等，另《金马阵》系郑长泰拿手戏，有诸多绝活。其扮演之悟空既威严勇武，又玲珑活泼。

郑长泰于科班满师后，演出于保定一带，后又进京演出。

郑长泰之教师“黄毛”故世后，其自领班、教戏。著名演员姚桂喜（老生）、陈丽卿（花旦、武旦、刀马旦），均系亲授弟子。另程永龙（武净、红净）、范宝亭（武净），亦受其传授。

清同治十三年（1874年）“双国孝”(清帝同治、嘉顺皇后相继去世）期间，全国禁止一切娱乐活动，郑长泰领弟子被迫改行，于保定开设“郑泰镖局”。在保镖期间，细读《西游记》全书，仔细研究孙悟空人物性格，为再造悟空艺术形象发展奠定基础。

“国孝”过后，郑长泰重整旗鼓，再回梨园。一次在保定城洞阳宫演戏，一队旗营兵寻衅闹事，与科班械斗。郑长泰等打死一名清兵。为避祸端，科班解散。郑长泰逃往天津，住在弟子赵长顺班子里。未久遇上海“咏霓茶园”到天津约角，郑长泰带领陈丽卿、姚桂喜奔上海，搭于“咏霓茶园”戏班。后又搭上海“天仙茶园”。自此，美誉迭起，所演诸剧尤以饰孙猴子最为出色，故名“赛活猴”。1929年上海大书局印行《戏剧月刊》第一卷第三号《梨园旧事鳞录》中赞誉郑长泰饰悟空之技：“《西游记》之孙行者各戏，演来无一不二，观者为拍案叫绝。打炮红必以《金刀阵》《猴盗牌》《芭蕉扇》诸剧，以《金刀阵》更为难能可贵。盖此剧之孙行者忽而冠袍，忽而短服，各种姿势，各个不同。当出场时身衣长袍，坐于栲栲椅中，忽而翻一筋斗连椅带人一齐落地。此种功夫，洵非久练不可良也。演此节目时，观众必彩声大作，响于八面春雷也。”

郑长泰搭上海“老天仙”后，曾几次受聘北京演出直至清光绪末年“老天仙”解散，其方退出梨园，隐居于苏州。

1929年方言为前百余年名伶作传，共有400余人，其文《伶史总目》邑部名单出列有郑长泰之名。

尹亳臣（1863—1964），故城县尹里村人。自幼苦学，23岁考中廪生。旋值“废科举，兴学堂”，即归故里任教，暇余攻读医学。31岁弃教从医，始挂牌“仁三堂”于乡间行医，后为郑口“赞化堂”聘为先生（人称尹五先生），至此行医始终。其擅长医内科、妇科疾患。向以“六味地黄汤”医消渴（糖尿病）闻名遐迩。

尹亳臣医德为世人称颂。其不问贫富，一视同仁。年逾八旬，双目失明，仍业医不辍，为民疗疾。其摸药诊疾准确无误，堪为一绝。生前著有《医法新传》，惜今已散佚。

王五

王五（1873—1900），原名王子斌，祖籍关东，其先人后迁居故城县。王五生于武术世家，受家庭熏陶，自幼跟祖父、父亲习练武功，8岁时已颇具功底。清光绪十一年（1885年），在北京震远镖局的父亲王得宝暴病身亡，临终前将12岁的王五托孤于镖头周亮。周亮遂以亲子相待，精心教授武艺。王五苦练8年，不仅各种兵器练得出神人化，且生得魁伟剽悍，矫捷非凡，每有重要镖路，周亮便派王五前往。

开始，绿林人屡屡与他为难，他靠一对双钩令许多好汉折腰，江湖人称其“双钩王五”。周亮病亡后，王五另开镖局，取名“会友”，广交义士。同时，正值慈禧太后垂帘听政，清王朝日趋没落之际。御史安维峻因李鸿章与日本帝国主义订立《马关条约》丧权辱国上疏弹劾，激怒慈禧，被革职充军，流放口外，全朝文武无一人敢替安辩白。王五听说后义愤填膺，亲送安维峻到口外，并相助安家500两白银以供生计，诸江湖豪杰闻讯纷纷仿效，前后累计献银达数千两。王五此举名动公卿，被誉为“大侠”。自此，慕名来投者日益增多，会友镖局食客由三五十人增至一二百人。

一日，王五练武到精彩处，观者齐声喝彩，唯一山西董姓食客不以为然，并提出与王五比武。仅十几回合王五便败于董客手下，王五遂拜董客为师。董客怕王五树大招风，让其遣走食客，并根据其魁伟力大的特点，让他弃用双钩，改使大刀。由此，江湖上改称其为“大刀王五”。

谭嗣同等推行维新变法。谭嗣同为练武报国，诚心结纳武林高手，与王五一见倾心，成为莫逆之交。清光绪二十四年（1898 年），维新失败，王五劝谭嗣同出走，他执意不听，被清政府逮捕入狱，王五设法武力营救。但谭嗣同决心舍生取义，再次拒绝王五要求。谭嗣同就义后，王五自觉无颜在京立足，遂往天津闲住。清光绪二十六年（1900 年），八国联军攻入北京。联军暴行，王五看在眼里，恨在心头，终日以酒代饭，痛不欲生。一日，一德国军官带兵闯入会友镖局抓捕王五，王五奋起反抗，不幸被德军开枪打死，时年仅 27 岁。中华人民共和国成立后，王五的壮烈事迹广为流传，被文艺工作者编成鼓词、小说、电影。

王在棠（1874—1917），字寅生，号荫南，行一，故城县石槽村人，娶妻李氏。他的曾祖王德成，太学生；祖父王廷安；父王善同，庠生，鸿胪寺序班。王在棠是贺锡璜任故城县训导时所取廪生，清光绪三十一年（1905 年）拜在贺涛门下，学习古文，清光绪三十二（1906 年）年考取优贡，在录取的 145 人中为第八名。贺涛去世后，1916 年又拜王树枏为师，学习古文义法。王在棠家素贫困，才高于世，一生抑郁，积愤好酒，1917 年 9 月 14 日 11 点半竟以酒醉致病，卒于畿辅先哲祠，终年 44 岁，好友贺葆真、吴桐林、李聘卿及桂馨斋铁门酱园故城同乡诸君为之料理后事，徐世昌出资为其具衣衾棺殓。

王在棠一生大多数时间以授徒为业，“初为南皮张文达公子弟师，后又为天津徐世昌公教其从子”，收入不是很高，赵衡以同门之故，多次为他谋事养家，其与荫南同出贺先生之门，初领北新译书局，悲其穷，尝引与共事，后又以财资之。王在棠年过四十才有一子，到他去世时，不足 5 岁。因为赵衡儿子多，王在棠怕儿子夭折不能成人，按照当地的风俗，认赵衡作义父。不想赶巧赵衡的六儿子、五儿子连续殇夭，“多一义子，死一子”的应验，弄得王在棠很局促不安，不再提干亲一事。

王在棠挚友贺葆真有《收愚斋日记》钞本 16 册，自清光绪十六年（1890 年）至 1919 年基本连续，2014 年已由凤凰出版社整理出版，名曰《贺葆真日记》。该日记记录王在棠处有 50 余次之多。

贺葆真与辛子青检点王在棠故后书籍，后又至石槽村检点 4 箱，多局本经史，不及都中 2 箱，这些书籍都是王在棠在都中 10 余年，节衣缩食购于京师琉璃厂，王在棠身后唯余 6 笥书籍。

史大娘（1889—1969）女，故城县南鲁庄村人。

史大娘早年寡居，带领孩童苦度岁月。其擅长接生，抗日战争爆发后，以接生为名，走村串户，为八路军递送情报，接送伤员。人称“夹包袱的小脚女人”，当面直呼“史大娘”。其于村南刘家坟地挖一假坟，曾掩藏胡子寿、杨建华、朱斌、辛甫等抗日干部。其白日放哨，夜送汤饭。时与他人于村西北角郝家大土堆下挖有地洞，以藏匿公粮，掩护伤病员。

史大娘率先将子送往抗日前线。在其带动下，鲁庄村出现母送子，妻送郎，踊跃报名打东洋动人场景，成为闻名远近的“八路村”。

史大娘于 1969 年病逝。

郑法祥

郑法祥（1892—1965），字涵宁，故城县郑口镇人。京剧艺术家，人称“南猴王”。郑法祥 10 岁随父郑长泰于上海学艺，1 岁始于悟空戏中扮演小猴。时值河北梆子衰落，遂改唱京剧。18 岁因嗓子倒仓，又专攻猴戏。38 岁时艺术日益精深，由三路武生依次熬上二路武生，又由二路武生承担主角。

郑法祥在继承其父表演艺术基础上，对悟空戏刻苦钻研，博采众长，根据自身条件，突破陈规，作以较多改进，创出一套自成体系之表演技能。无论身法、步法、棒法、筋斗功、做功和扮相上，都与众不同。其从不标新立异、出奇制胜，而以服从人物需要。其理解悟空性格为“大胆不羁，嫉恶如仇”悟空形象，其归纳成“口如大泽，目有火焰，跺足雷震，手握泰山，一动一静，气宇不凡”等几句话，为适应性格和形象需要，创有包括“含胸、拔背、抱肩、躬腰、吸臀、拢胯、曲腿、藏裆”八项技法一整套悟空戏的形体动作。此套形体动作不少方面打破传统规律，从拳术里汲取营养加以变化而成。对于体现人物，其提出两个重要步骤“歇心养气”和“动心化形”。在创造人物角色中，注重“真实（象）、动人、美观”三要素。因此，郑法祥所擅演的30多出悟空戏“演成30多个样子”。每一出戏在表演上“按照不同的主题，不同的情节作不同的处理”。而不是“老是一道汤”，做到“十戏九不同”。塑造的悟空形象，妙在似猴非猴，似人非人之间。于上海期间，长期轰动，连演数月，观众如潮，上海观众、各界人士包括戏剧评论界将郑誉为“南猴王”。

郑法祥表演艺术对戏剧武生演员影响颇大，武生演员李少春吸收不少郑派表演特点，擅演悟空戏的李仲林则拜郑为门师，走郑派戏路。

1926年郑法祥同杨小楼赴日本演出，每场均有郑之悟空戏，深受日本观众欢迎。

中华人民共和国成立后，应观众和演员要求，年事已高的郑法祥做过3次表演：1951年为抗美援朝举行捐献飞机大炮义演《泗州城》；1952年上海京剧老艺人举行示范演出，郑演出《金刀阵》；后在1959年上海京剧院内部演出《闹天宫》片段。

1954年郑法祥曾先后受聘到东北戏曲学校、中国戏曲学校和上海京剧院教戏传艺。1962年郑法祥著《谈悟空戏的表演艺术》一书，版行于世。

1965年病逝于上海。

陈梦庚（1892—1958），故城县十里铺村人。中医大夫，11岁入县立高等小学堂读书，因家境贫困，13岁辍学，前往京东迁安县仁济堂药店当学徒。

1908年，陈梦庚又到哈尔滨怡和堂药店当学徒。由于聪明伶俐，手脚勤快，深得掌柜喜爱。未久，即为司药。陈梦庚对待顾客热情，抓药动作快而准，有老弱病残者，经常送药到家，深得顾客好评。药店老板对其信任有加，常派其外出采购。1911年冬，老板派陈梦庚外出采购药材，刚刚到达购药地点，老板即来电报不让采购其中的几样药材，怕卖不出亏本。陈梦庚凭借经验，认为春季易发生瘟疫，这几种药材必不可缺。因此没听老板的命令仍按原计划购药。回来后老板甚是不悦，对其大发雷霆。翌年3月，哈尔滨一带暴发瘟疫，陈梦庚采购的金银花、板蓝根等药材供不应求，不得不再次进货。老板喜出望外，破例赏给他80块大洋以示奖励。怡和堂坐堂先生王士民，50多岁，人称“一摸准”，只要一把脉，便诊准病情，药到病除。每逢闲暇，陈梦庚便站在王先生旁边，仔细观看、揣摩，听先生讲病情，记药方。一天，一病人将药方丢失，十分着急。陈梦庚根据记忆背出药方，竟与王先生的一字不差。这令王先生十分惊讶。王先生又连着问了几位顾客的药方，陈梦庚一一作答，都准确无误。于是王先生当即收陈梦庚为徒，将医术和上千种中草药的药理、药性传授给陈梦庚。陈梦庚学习勤奋，20岁刚出头，便已在哈尔滨小有名气。

1916年秋，陈梦庚参加赴苏联红军部队，成为一名军医。在攻打布拉戈维申斯克的战斗中，因抢救伤员身负重伤，获二级红旗勋章，升任正师职医官。十余年军旅生涯，陈梦庚的西医医术也有很大提高，特别在处理外伤方面，技术精湛。1930年，陈梦庚回到哈尔滨，开设兴垣诊所，曾为时任黑龙江省省长吴俊生看病，后二人结拜为把兄弟。1931年，“九一八”事变爆发，陈梦庚回到故乡开设门诊行医。门前常车水马龙，等候看病的人排成长队。他外出看病，从不当时开药方，而是回到家中，边开药方边抓药，不管是几个人，十几个人，丝毫不差。惊人的记忆力，令人叹服。马庄村有位杨老太太，常年患病，卧床不起。家中贫寒，无力支付医药费。他亲自前去诊视，分文不收。还让老太太的女儿杨凤菊来诊所当司药，学医。何庄陈汝秀之父病危，慕名将陈梦庚请去诊治。他凭着病人脚后跟的微弱脉搏，诊断了病情，只三副药便使病人起死回生。此事轰动乡里，乡亲视其为妙手回春的神医。

1958年1月，陈梦庚因劳累过度病逝，终年66岁。

冯治安

冯治安（1896—1954），字仰之，故城县东辛庄村人。

1912年冯治安投奔京卫军充哨兵。1916年参加护国讨伐袁世凯战役，作战机智勇敢，战功卓著，翌年升为营长。

1924年，冯治安参加冯玉祥发动的“北京政变”。1916年秋冯治安任冯玉祥国民革命军师长，翌年升任十五军军长。1928年调任二十三军军长，旋又调任十一军军长。北伐战争结束后，冯治安到陆军大学深造。1931年6月调任二十九军三十七师师长。

1931年“九一八”事变翌日，冯治安与宋哲元等二十九军7名将领通电全国，呼吁团结抗日，誓雪国耻，收复国土，表示“宁死不做亡国奴”。

1933年3月初，承德陷落，长城告急。冯治安之三十七师奉命作为二十九军先遣部队驰赴喜峰口。同月7日冯率部抵达距喜峰口15公里的三屯营，即与日军混战，终夺回喜峰口高地。同月10日晨中日军队于喜峰口几处高地又行争夺。双方死伤惨重。冯治安即令刘自珍副师长驰赴前方，与赵登禹、王治帮、佟泽光三旅长商议绕攻敌阵之策，决定将第一线正面交王固守，赵登禹、佟泽光两旅兵分二路包抄日军。日军被斩杀3000余人，冯治安部获胜。三十七师大刀队由此名震中外，冯治安亦获青天白日勋章。

1935年8月，冯治安三十七师由张家口调防北平一带。12月18日正式宣告成立晋察冀政务委员会（宋哲元为委员长），冯治安兼任委员。1936年11月，冯治安任河北省政府主席兼三十七师师长。

1936年秋，日军占领丰台后，于卢沟桥一带进行挑衅性“演习”，形势日趋紧张。冯治安三十七师分布于北平城内、西苑、长辛店和卢沟桥等处。1937年抗战打响前夕，冯治安即命令何基沣、吉星文亲赴卢沟桥一带加强守备。

“七七事变”前一天，冯治安曾至卢沟桥视察，听取日军动向汇报。7月7日晚日军在宛平县城附近实弹演习结束后，诡称走失一名士兵，要求进城搜查。冯治安接吉星文报告，当即对卢沟桥守军下达命令：“卢沟桥为平津咽喉，华北锁钥，关系至重，务必确实固守，不准日军一兵一卒进入，不许放弃一尺一寸国土，彼如开枪，定予迎头痛击。”翌日凌晨，日军再次向中国守军开枪开炮，吉星文率全团官兵予以迎头痛击，自此揭开全国抗战序幕。

7月8日下午，冯治安与秦德纯、张自忠联名致电南京政府，表示抗敌决心：“彼方要求须我军撤出卢沟桥城外，方免事态扩大，但我方以国家领土所关，未便轻易放弃。倘彼一再压迫，为正当防卫计，不得不与竭力周旋。”

此后，冯治安对前线战况极为关注，同月10日卢沟桥战斗十分艰难时，便派保安四团二营前去支援守桥部队。因日军不断增兵，加以飞机、大炮、战车等优势，于16日占丰台，于21日进攻宛平县城及长辛店一带。26日廊坊失守，北仓、杨村等车站亦被日军占领，平津铁路交通遂被切断。19时，驻于广安门三十七师守军阻击企图强行驶入广安门日军30余辆载重汽车，车上500余名日军遭到打击，伤亡惨重。同日晚，日军司令官香月向二十九军军长宋哲元致最后通牒，提出种种无理要求，未待答复，便于27日拂晓向平津发动全面进攻。阵地被毁，伤亡惨重，南苑、西苑、北苑各重镇相继失守，十九军被迫撤离平津地区。28日晚，冯治安随同宋哲元撤至保定。30日北平陷于敌手，天津亦同日被日军占领。

8月16日，冯治安任第一集团军副司令兼七十七军军长。

1938年5月，冯治安率部参加徐州会战末期淮北之役。徐州会战结束后，冯治安升任第十九军团长，获三等云麾勋章、海陆空一等勋章。

1938年11月，冯治安任第三十三集团军副总司令（总司令为张自忠）。张自忠在鄂北会战中壮烈殉国后，冯治安接任第三十三集团军（辖七十七军、五十九军）总司令，并兼任第六战区司令长官，固守鄂西一带。1945年5月召开的中国国民党第六次代表大会上，冯治安当选为中央监察委员会委员。1945年8月15日，日军投降，冯治安奉命接受日军投降及负责遣送日军归国工作。

1949年冯治安任京沪杭警备副总司令，旋随国民政府逃往台湾。1954年12月16日病逝。

附

卢沟桥事变前，冯治安最后一次回到故乡

1936年11月，冯治安成为抗日战争爆发前的最后一任河北省政府主席。

这个时候当河北省主席，是需要勇气的。

此时的河北正处在风雨飘摇之中。在北方，东三省、热河相继被日本占领后，河北再无屏障，唇亡齿寒。在东部，汉奸殷汝耕成立了“冀东防共自治政府”，门户洞开。而且，日本人不断向兼任河北省主席的宋哲元施压，试图胁迫他脱离中央“自治”。危机四伏中，宋哲元把省主席之职交给了对日强硬的冯治安。

冯治安（中）在北平检阅军队

冯治安虽是河北人，但久在行伍，对地方事务不甚熟悉。上任之初，他就宣布进行全省巡视，“访问民隐”，“视察政情”。在冯治安巡视计划的78个县中，其中就有他的家乡故城县。

当时故城县是一个“四等小县”，消息一出来，便轰动了整座小城。虽然《申报》上的新闻说冯治安不在老家过年，只在故城短暂逗留一两天，但人们还是讨论得十分热烈。尤其是县城东北角举行的那次军事演习，大家还都记忆犹新。1936年9月26日，故城举行了一次实弹射击演习，搬来了两挺轻机关枪，还掷放了手榴弹，这些武器就是从二十九军三十七师的冯治安师部那里借来的。

自打冯治安当了省主席，小城里人人都觉得脸上有光。可在城内丁字路西的“合泰成”杂货店，老孙掌柜却是整日郁郁寡欢。二十多年前，这孙掌柜还给过冯治安两巴掌，直接把他打得跑回了家。

原来，冯治安小时候家境贫寒，在“合泰成”当学徒。掌柜和伙计都欺负他是个乡下的土孩子，没少给他白眼。一年冬天，寒风吹在脸上如同刀割，冯治安挑着扁担担货回来，赶紧迈进店门。不料，扁担上的醋坛撞到了台阶上，屋子里顿时弥漫着一股呛人的酸味儿。几个伙计见状，非但不来帮忙，还在一旁拍手咋呼。冯治安急红了脸，赶紧把醋倒进柜台边的大缸里。突然，他感觉到不对劲：不好，这是酱油缸！

冯治安一下子愣在了酱油缸前，旁边的伙计笑得前仰后合。货郎出身的孙掌柜一看这种情景，心疼得不得了，扬手就打了冯治安两记耳光。没想到，冯治安人小气性倒挺大，当天深夜就跑回了家。孙掌柜对这个跑回家的孩子不屑一顾，觉得他吃不了苦，不会有多大出息。没想到，就在不久以后，冯玉祥来到景州招兵，这个孩子偷偷报名参军，竟然成了气候。

当孙掌柜再次听到“冯治安”这个名字时，已经是二十多年以后了。这时，孙掌柜成了“老孙掌柜”，冯治安则成了三十七师的师长。不久，又传来冯治安成为省主席和即将考察故城的消息，老孙掌柜更紧张了。

1937年2月2日，冯治安从省府保定出发，开始了他的考察之旅。天津《益世报》报道，冯治安是2日早上8时25分从保定出发的，随行的有民政、财政、建设、教育等厅的专员。晚上8时，冯治安及随员、家属乘汽车8辆，即由南宫抵达故城。县长段桂田及各界代表千余人早早在县城北门等候，略事寒暄后，冯治安一行便乘车赶往东辛庄家中休息。

馮治安抵故城

返鄉掃墓蒞縣視察

日內巡視冀南等十二縣

【故城快訊】冀主席馮治安 偕隨從職員眷屬乘汽車八輛，於二日晚八時，由南宮蒞縣，縣長暨各機關暨團學校民衆等千餘人，齊集北外門歡迎，馮氏與歡迎者 略事寒暄，即登車逕赴東辛莊私邸休憩，今（三日）晨派隨從職員來縣視察縣政，馮主席並於今晨八時掃墓 旋於下午十二時來縣，各界即召開歡迎會，由馮主席訓話，三時會畢，即巡返縣府休憩，旋即檢閱警團 並施以簡單訓話，獎賞警團學校各百元，調閱司法案件 分別清理積案 旋即事畢登車，仍返東辛莊休憩 馮氏此次巡視冀南，預計行程八日 視察縣份十二縣 在故城無多大勾留 定明後日出發巡視冀南各縣云。（三日）

冯治安回故城消息刊登于天津《益世报》

第二天一早，考察团开始巡视县政，冯治安则来到了母亲坟前祭扫。冯治安的母亲袁氏在饥

饿贫困中将他抚养成人，其宽和仁慈的处世态度影响了他的一生。忆及往事，冯治安泪如雨下。

1937年2月3日下午2时，冯治安来到县城参加了各界为他举行的欢迎会，并检阅了县里的警团。他还考察了学校，并奖赏100元大洋，指示校长要尽心竭力办好教育。他说自己年幼失学，深知没文化、不读书之苦，今后特别要对家境贫寒、好学上进的学生多加资助，帮其完成学业。回到县府，他调阅了司法案卷，判处盗匪陈德和（德县大屯人）、毒贩赵印（故城县北太子营村人）、庞永奎（故城县郑镇大街人）三人死刑，并交给县长执行。2月4日晨，三名罪犯被押赴郑家口枪决，以示打击犯罪的决心。

冯治安在故城县检阅警团

在冯治安的故乡东辛庄村，乡亲们见到他，都小心翼翼，十分敬畏。冯家的许多长辈也怯生生地喊他“冯主席”。冯治安急忙制止，依旧按照家族辈分称呼他们。这一下，消除了紧张气氛，大家自在了许多。据说，冯治安还向辈分高的乡亲每人送了一件皮袄。

冯治安抵达故城后，多次特地下车步行，并向劝他的随员强调：“这是我的生身之地。”故城县城不大，考察时，他还特意去了“合泰成”杂货店看了看。二十多年过去，“合泰成”杂货店几乎没有什么改变，只是门窗更加破旧，掌柜的也成了老人。老孙掌柜见到冯治安吓得不轻，急忙上前欲行大礼，被他赶紧拦住。冯治安和老掌柜寒暄了几句，关切地询问生意如何，难堪往事一字未提，打消了他的顾虑。

冯治安来过店里之后，老孙掌柜心头的阴霾一扫而光，说话也比以前有底气多了。后来人们知道了这段往事，都说是“合泰成掌柜两巴掌打出了一个大官”。

离开故城，冯治安继续踏上了考察之旅。这也是他最后一次踏上家乡的土地。

此后，日军步步紧逼，华北局势岌岌可危。1937年7月7日夜，日军在卢沟桥向中国守军发难，冯治安的三十七师奋起反击，拉开了全面抗战的序幕。摘自1937年2月2日天津《益世报》。

刘振棠（1898—1995），故城县民主村（原武城县河西街）人。

1918年，刘振棠入济南武术传习所学习。时任教练有“千斤王”王子平、“活猴”孙禄堂、沧州“铁拐子”王振山等，每位都有自己的绝活。刘振棠异常聪明，又能吃苦，至1920年9月毕业时，他已经掌握了内外家各派拳械和摔跤的精髓。济南武术传习所毕业后，刘振棠被分到张宗昌部第五师十七团三营做了武术教官。刘振堂擅长刀法，简单实用，容易记，实战性强，士兵学起来很快就会，极大提高了三营士兵的战斗力。两年后，他被调到胶济保安队驻守青岛崂山，为名人和高官进山游览做保镖。后军阀之间混战，刘振棠上了战场，练得双手用枪百发百中的好枪法。

一次，张宗昌的一群乱兵败退到河边找船，赵旅长的船已经满负荷，十几个乱兵手持大刀、棍棒硬要上船来，赵旅长鸣枪警告也无济于事，事态已经失去控制。在危急关头，刘振棠抽出战刀，使用“十三刀”法，把冲到前面的几个打入水中，后面人都吓了回去。因此得到赵旅长信任，被任命为警卫连长，并把押送银圆和枪支（一大车银圆、两大车枪支）的任务交给了他。在运送途中，遭遇冯玉祥部队，押送人员被冲散。副连长在一群老兵怂恿下，准备掩埋枪支、私分银圆当逃兵回家，刘振棠坚决不同意，拔出战刀说：“你若赢了我的刀，我就听你的。”副连长用的是一把宽面大刀，奔他面门劈来，刘振棠只用了一个“缠头裹脑”，副连长的战刀被粘住，顺势一滚就将战刀架在了副连长的脖子上，只要刘振棠再向前一抽刀，副连长人头就会落地。众士兵被惊得目瞪口呆，刘振堂却把刀拿了下来。“好功夫！”众士兵异口同声。副连长也心服口服。就这样，军饷和枪支被安全护送回旅部。

战事结束后，刘振棠先后在南和县当过缉毒队队长，在德州当过保安队队长。收缴过大量的鸦片，剿灭过无数次的土匪，当地百姓送他外号刘大胡子，在南和和德州一带，土匪一听到刘大胡子马队来了，立马吓得逃窜。

“七七事变”后，日军占领德州，刘振棠坚决不为日本统治者服务，辞掉保安团差事，回老家做生意。有一次刘振棠骑自行车顺运河大堤去德州进货，回来的路上，走到田屯村附近突然窜出一名持枪的日本人，此时正值中午，路上根本没人，此人站在路中央，枪口对着刘振棠说：“下来，把东西放下，留你一条性命，否则枪毙了你。”刘振棠一见会说中国话，便知是个汉奸，心里就有了数。刘振棠立马下了车子，装出一副吓坏的样子，说：“老总千万别开枪，东西全给你，留我条命。”随即就把车子支好，这时汉奸已将枪口顶到了他的脑门，说：“放下东西，走人。”说时迟，那时快，刘振棠抬手一撩枪管，那枪就响了，正好朝天放了空枪。那汉奸还真没想到他敢反抗，一看打空了，就要拉枪栓，汉奸胳膊还没落下，刘振棠照着他肋下就是一肘，那小子便瘫坐在地上，疼得昏死过去。刘振棠用麻绳把这小子手脚困个结实，扔到大堤下面。

1941 年，八路军运西部队在地方军民配合下，对日伪军展开秋季攻势，先后拔掉敌人河西街、武官寨、何刘屯 3 个重要据点，多数村庄建起抗日组织和抗日武装。此时刘振棠家成了河西街八路军的联络点，专门负责提供河西街日军的活动情况。八路军有伤员，便让刘振棠借教书的便利联系高庄、隋庄周围的老乡保护起来养伤。1942 年 4 月 29 日，日军得知冀南区委、军区、行署等 40 多个县领导在武官寨一带休整的消息后，对饶阳店，武官寨、兀兰屯一带进行包围。在骑兵团和十九团的掩护下，机关领导向南突围，郭鲁从霍庄包围圈中突围出来，躲到刘振棠家，刘振棠将他隐藏在自家的红薯窖里三天三夜，等敌人搜索过后，又把郭鲁转移出去。

中华人民共和国成立后，刘振棠定居在北京，并参加国家体委组织的武术挖掘整理小组，为中华武术继承发展做出了贡献。1965 年，李宗仁回国定居，拜刘振棠为师学习太极拳。全国政协原副主席程思远专门撰文介绍前国民党代总统李宗仁跟随刘振棠学练太极拳的经历，刊登在《中华武术》1985 年第一期。1988 年，刘振棠被评为“北京市十大健康老人”。晚年的刘振棠回到老家，十多年间授徒 500 多人，为故城武术的继承与传播做出重要贡献。

陈芳洲（1900—1940），故城县后响沟村人，1938 年加入中国共产党。抗日战争中，陈芳洲任故城县农会主任，侵华日军队长木村荣一曾悬赏 200 元缉拿他。

1940 年 8 月 10 日，县抗日民主政府于响沟村交通站召集 4 个村干部和县农会、妇救会、青救会负责人开会。因汉奸告密，日伪当晚包围该村，陈芳洲被捕，家中南房被烧。陈芳洲被押送县城（今故城镇），面对威逼利诱，严刑拷打，仍坚不动摇。

是年 11 月 1 日，日伪将陈芳洲铁丝穿胛骨，反绑双手，押赴刑场。陈芳洲面无惧色，视死如归。同日值逢大集，陈芳洲边走边向路人历数日伪累累罪行，宣传中共抗日救国主张，群众为之泪下。在“打倒日本帝国主义”“中国共产党万岁”口号中，于故城东门外英勇就义。

董郁庭（1901—1983），字兰墀，故城县郑口镇小马庄村人。董郁庭自幼聪颖好学。1920 年 7 月，考入天津直隶省立第一师范本科继续深造。翌年加入进步学生组织——学生同盟会，他经常阅读马克思主义书刊，与进步同学一起研讨国内外大事，抨击时弊，1925 年，因参加学潮儿被校方开除。

1927 年 8 月，董郁庭由一师毕业到故城县立高级小学校任教，1929 年 11 月，任该校校长直至 1937 年 8 月，在教学中他积极主张改革教学内容和教学方法，认为“学必为用”，学生“必须学会为民众、为社会服务之技能”。在他的倡导下，故城高小购置相当可观教具，地理课用地球仪、自然课用滑轮等，使学生耳目一新。董郁庭一人兼教国文、历史、地理、自然学科。任校长后仍兼课。董郁庭善诗、书，他经常利用课余时间写作，七言律诗尤为出色，自结集《兰墀诗草》。

董郁庭与同在故城高小教师周浩然（中共党员）共同在师生中积极传播进步思想。1931 年，“九一八”事变爆发，他在学生中进行爱国主义教育，揭露日本帝国主义屠杀中国人民的滔天罪行。

组织高小学生上街游行，宣传抗日，开展抵制日货运动，并查封专营日货店铺。卢沟桥事变消息传到故城，董集合全校师生慷慨陈词：“国之将亡何以家为！凡有良心的中国人都应杀敌报国！”当即决定投笔从戎。1937年8月，侵华日军迫近德县时，故城高小被迫解散。董郁庭同该校教师周浩然，女子小学教师孟春玲（女，中共党员，周浩然妻子），乡师校长王其洞（字修斋），乡师教师韩化普及部分进步学生毅然奔赴抗日根据地，参加抗日救国斗争行列。1938年3月，董郁庭同韩化普、西牟村小村教师陈登崑（中共党员）等赴南宫八路军一二九师东进纵队政治部举办的抗日军政干部训练班学习。是年4月，学习结束后，董郁庭回郑口，被选为故城县抗日民族解放战争战地总动员委员会（简称战委会）主任。是年9月，组成故城县抗日民主政府，董出任县长。年底经陈登崑介绍，加入中国共产党。1939年3月，重建故城县抗日民主政府，董郁庭改任县参议员。未久又被选为晋冀鲁豫边区政府参议员。此间，董郁庭以检查学校工作为名，到各村宣传抗日。

1941年夏，董郁庭患肺结核，年底组织批准董去北京治病，此后故城县斗争形势严峻，党组织负责人几经更迭。董郁庭于北京一面找工作维持生计，一面积极同党组织联系。1942年秋，董郁庭病愈后，先在北京任私塾教师，后到辅仁大学图书馆任职员到中华人民共和国成立。1952年10月—1962年7月，在北京二十四中学任教，此间，因工作出色，于1956年3月18日，又重新入党。每当谈及此，董郁庭总是感慨万千：“没有共产党就没有我董郁庭，我矢志所追求的就是为党的事业而奋斗！”1962年8月，董郁庭退休，但他退而不休，是年10月，担任北京市东四九条居民委员会主任。街道上无论什么棘手问题，难以处理的邻里纠纷、家庭矛盾，经他调解均得以解决。为东四九条居民交口称赞。

1983年2月28日，于北京病逝。

王忠秀（1901—1925），原名王其朋，故城县三朗南镇村人。王忠秀少有大志，冲破家庭阻挠，考入保定育德中学。于1922年加入中国共产主义青年团，后为该校团支部书记，是年加入中国共产党。1923年考入北京大学哲学系。1925年2月，退学到京汉铁路郑州工会工作，后又被陇海铁路总工会聘为秘书，并兼任中共洛阳地方党委书记。时，北洋军阀吴佩孚妄图颠覆国民革命军（简称国军）河南政权，解散由中国共产党领导的工会等组织，洛阳少数匪首推波助澜为吴佩孚彰目。王忠秀团结陇海铁路工人，积极支持反抗吴佩孚的战斗。

1925年3月1日，国军退往豫西，豫西红枪会受吴之命，沿途截击国民第二军，第二军与之激战3昼夜，脱险西去。国军离去后，王忠秀为稳定人心，并未躲避。同月4日晨，吴佩孚部与红枪会蜂拥而至王忠秀的寓所，破门而入，呼杀王忠秀，逢人便砍，同寓3人俱遭惨杀。王忠秀遭数刀，断胫骨流血倒地。红枪会杀手误认王忠秀已死，遂呼啸而去。王忠秀苏醒后由海铁路工人救入洛阳医院，终因伤势过重，4日后逝去，年仅24岁。

刘良才（1902—1960），故城县西原隰村人，生于地主家庭。1917年高小毕业后，在郑口一家货栈任账房先生。后货栈倒闭，回家务农。务农期间，认真研读中国古典文学。仰慕岳飞、文天祥等英雄，将岳飞《满江红》词书写并张贴于住室墙上，每天吟诵。刘良才常以家产周济贫苦农民。

“七七事变”爆发，祖国山河遭难，生灵涂炭。1939年年初，八路军一二九师东进纵队来冀南开辟抗日根据地，领导人民开展抗日斗争。中共党员陈登崑、胡子寿领导故城县开展抗日斗争期间，常住西原隰村。影响之下，刘良才遂加入中国共产党领导的抗日斗争行列。1939年5月，由陈登崑介绍，加入中国共产党。是年8月，党组织派刘于西原隰村办起故城县第一个抗日初级小学，并将家中两间西房、两间北房腾出做教室，自己全家人挤于一间房中。

刘良才注重对学生进行抗日爱国教育，讲侵华日军罪行，讲民族英雄故事，激发学生爱国热情。经常组织学生到集市讲演或演出文艺节目，到各村刷写抗日标语。学生还配合县、区抗日干部到附近饮马河、赵长林等伪据点喊话，给伪军头目写警告信。

1945年年初，故城县抗日民主政府决定在前崔庄建一抗日高小（简称抗高），并委派刘良才任校长。时经费奇缺，刘良才先后卖掉8亩良田，为抗高购置桌凳、黑板、篮球架、篮球等，献出3亩耕地让师生耕种，以改善师生生活和补充教育经费。刘良才同师生吃住一起，节衣缩食。

1945年5月，刘良才于前崔庄抗高发展10余名师生入党，并建立党组织。是年8月，前崔庄抗高并入三朗抗高。刘良才于三朗抗高建立中共支部，系故城县教育界第一个中共支部，刘良才任支部书记。在刘良才领导下，学校坚持“一切为抗战、一切服从抗战”办学宗旨，加强学生思想政治教育，为地方和部队输送一批干部。

1946年年初，县委代理书记郑华找刘良才谈话，拟调其到县生产推进社（县供销合作社前身）任领导人，刘良才婉言谢绝。长期艰苦工作使刘良才积劳成疾，患有严重肺结核和心脏病。中华人民共和国成立后，刘良才于1952年辞去校长职务，1954年，病情稍有好转又于西原隰村任初小教师。除完成学校教学任务外，还兼任民校教师。经常配合乡村干部做中心工作。其身体虚弱常常昏倒于课堂。1959年，因病情恶化而退休。

1960年10月，因心脏病发而逝世。

刘振三

刘振三（1902—1982），字育如，故城县故城镇西南镇村人。幼年家贫，读几年私塾。及长谋生无计遂卖壮丁投冯玉祥麾下当列兵，未久升军官。为冯赏识。1928年，刘振三任开封第二集团军军官学校第一大队队长，后刘振三入国民党军校高等教育班学习，旋被冯玉祥派往德国军校深造。

1930年，中原大战，刘振三率一团之众，于河南杞县击溃蒋（介石）军数千之众。后因中原大战以西北军溃败告终，刘随张自忠余部北渡黄河于晋南待命，旋被编入新编二十九军任团长。1933年，二十九军于喜峰口抗击日军入侵，刘振三率部抡大刀击退日军。“七七事变”后，刘振三部于廊坊主动出击，予日军以重创。1938年春，中日双方于临沂鏖战，五十九军军长张自忠慷慨赴敌，刘振三时任该军一八〇师师长，经浴血激战完成任务后，又奉命率部殿后，掩护大军撤退，刘振三周密部署，不辱使命。1943年8月，刘振三擢升为三十三集团军五十九军军长。

抗战期间盘踞于湖北宜城境内之刘某贵匪徒百数十人，四处打家劫舍，越货杀人。刘振三奉命与刘某贵匪徒盘旋，“掬诚”结交，并加入红帮，与刘某贵称兄道弟，劝诱他接受改编。在部队点验后，将匪伙分割填于其部夹缝中，终不费枪弹，瓦解匪众。

抗战胜利后刘振三以国事日非，不愿再打内战，曾多次告诫部属：国人兵戎相见，应以少杀人为上策。淮海战役打响前夕，其请假赴上海养病。未久，五十九军全军起义，编入华东解放军序列。

1949年春，刘振三携部分家属赴台定居。1982年6月12日病逝。

张英（1903—1943），原名张瑞祯，故城县巩庄村人。出身于农民家庭，小学毕业即考入武城县第二高小。耳闻目睹穷苦百姓种种悲惨遭遇，对社会不满，然因客观所限，毕业后居于家中。

1931年，“九一八”事变后，张英应聘赴冷五头任教，其间积极向学生宣传爱国主义思想。“七七事变”后，其经常至农民家中，宣传抗日救国道理，并带领群众抵制日货。

1939年春，张英加入中国共产党，并积极发展党员，开展党的工作，日伪军多次对其追捕、捉拿。后与18岁长子张国华一起抗日。

1940年5月1日，张英任运西（原武城地运河西部地域）抗日根据地三区区长，其子任助理员，动员群众参军参战。为阻止日伪军讨伐扰乱民众，多次于公路埋设地雷，打击日伪军。

1942年4月29日，侵华日军对冀南区党政军民实行“铁壁合围”大“扫荡”。战斗中，张英临危不惧，出生入死，同敌巡回斗智。战后，获悉冀北公安总局藏于马寺村之公章、粮票、钞票为人盗走，张英迅速赶到查清并抓获作案人。

1942年秋某夜，张英正于徐里村召开干部会议，因日伪坐探告密被捕，被押送至平原监狱，后经中共党组织营救，于1943年夏出狱。张英出狱第三天，赴县公安局任第一股股长职务。此后，其经常深入敌占区，锄奸反特，威震敌胆。

是年，张英奉命赴王行杖执行任务时，发现敌人，立即将机关文件埋藏，被敌人包围逮捕。

翌日，日伪县长孟某轩审问张英："你为共产党办事，共产党对你有什么好处？"张英愤然答道："共产党员是人民的救星，我是中国人，理应为共产党员办事，为了金钱贪图高官厚禄，那不是中国人。"孟某轩怒拍桌子，张英亦拍桌子，并将桌子掀翻。孟某轩立即吩咐将张拉出去行刑。张英昂首挺胸，大步走出伪县府，一路高呼"打倒日本帝国主义！""中国共产党员万岁！"，至东门外，张英被捆于一柳树上外用苇席围裹。张英继续高呼口号，日伪军用刺刀连刺席筒将其杀害。

张英之子张国华亦于1943年被日伪军杀害，时称张英父子"张家双士"。

贺培新

贺培新（1903—1951），故城县生人，原籍武强，字孔才，号天游，笔名贺泳，斋名天游室、谭西书屋。曾任燕京大学造型研究会导师、北平特别政府秘书、中国大学国会教授秘书长、河北通志纂修等职。贺氏家族四代入居故城，自曾祖父贺锡璜为故城训导，久官于此，受故城人爱戴，移居故城，四代贺培新出生、求学均在故城。

贺培新幼承祖训，擅长古文辞、书法、篆刻。17岁考入国立北平政法大学。其书法师从秦株生，并博参关昌硕、赵之谦之法，承诸家之长。篆刻师从齐白石，齐白石曾评价贺培新："消愁诗酒兴偏赊，浊世风流出旧家。更怪雕镌成绝技，少年名胜动京华。"

抗日战争时期，贺培新拒绝汉奸殷汝耕邀请，为抗日救国奔走，救出被捕中共地下工作者齐燕铭，并为到北平从事地下工作的贺诩新、卜青茂提供隐蔽住址，协助解决各种困难。为使子女免受日本教育体制毒害，把三个子女送往甘肃读书，并告知子女"宁可忍受边疆的贫穷也要保持民族气节"。抗日战争胜利后，国民党想利用贺培新为他们工作。1946年3月，国民党中央执委张励生委任他为北平市党部执行委员，贺培新予以拒绝。1949年，北平解放之初，贺培新通过朋友向侯一民（时任北平艺专地下党负责人和文管会联络员）表示希望参加革命，并先后向国家捐献出12768册图书、5371件文物。图书中元刻本、明刻本多达数十种。其中元刻本《唐音》《朱子大全》，明刻本《元文类》《使》《唐文粹》《陶渊明集》《周礼》《大学衍义》《尹和靖文集》《百川学海》等，皆为孤本。

1949年5月，贺培新参加南下工作团，并改名为贺勇，在解放军四野工作团工作，负责武汉文教系统接管工作，为政权的顺利交接做了大量工作。回京后，任中央文化部文物事业管理局办公室主任。1951年12月17日，因历史原因含冤而死，年仅48岁。1991年，平反昭雪。生前著有《天游室文编》《潭西书屋诗抄》《说印》《徐世昌年谱》《岁寒集》等。诗人、杂文家兼语文教育家刘国正，女教育家、篆刻家刘淑度、台湾篆刻家王北岳，均为贺培新弟子。

附

贺氏家族在故城

在清代近三百年的历史上，出现过不少科举世家，武强贺氏，世居北代村。传至九世祖贺锡璜，同治甲子科举人，任故城县训导。因为"久官故城，与官绅、诸生商民感情极好，遂移居郑家口"。从贺锡璜开始，到贺培新兄弟辈，武强贺氏有四代人曾生活在故城，死后也都葬在故城"新茔地"，自此为故城人了。

贺培新在《固安贾氏世系图序》中说："儒生名业无闻，老死者多矣，彼非不知拓业显亲为贵也，特必有所籍。其尤者，籍于旷世一遇之立言者焉。得其所籍，不独传于今，且传于后也，皆必大其家而闳其业也。故子孙之于先业，不徒以守为高，以创为先也。"武强贺氏就是这样的家族。虽然从乾隆年贺云鸿开始，贺家代有科第，却长期"名业无闻"，官做的也不大。直到贺家移居故城郑家口后，才出现"旷世一遇之立言者"贺涛。从此，"贺氏家族"才引起世人关注，在清末民国时期，享有很高的声誉。贺涛（1849—1912）清光绪十二年（1886年）进士，晚清桐城派古文大家。被誉为"历时独出，卒然跻宋明作者，而上凌驾汉唐，直与古之遗文接謦欬"，师友门生，桃李天下，俨然北方文坛盟主。贺涛的弟子赵衡在《贺先生行状》中说，“先生生于北代，卒于郑家口，即葬焉，故今为故城人”。贺涛可谓是故城的一代大儒。

据《贺葆真日记》，清光绪二十八年（1902年），“次妹殇，葬于尹里村南三数里，吾家新购之地”。贺涛1912年病逝于郑家口，即葬于故城尹里贺家新茔地。次年，贺涛之父贺锡璜89岁高龄去世，贺葆真把原葬于武强祖茔的祖母、叔母和他早逝的哥哥，也都一并移灵尹里，与祖父合葬。贺锡璜是武强贺氏第一代故城人，吴闿生挽之曰：“胸中无一事萦怀，膺兹上寿；有子为大儒名世，已足千秋。”国家图书馆藏目：“墓志，吴闿生撰，徐世昌书，徐坊篆盖贺锡璜。”后面注：“河北故城县出土。”贺家的墓今已无存。

贺涛有《贺涛文集》传世，贺涛之后，其子贺葆真，其孙贺培新，都能承其余绪，使“贺氏家族”的声望，不但“传于今，且传于后也”。近年来，贺氏祖孙的著作都已重新出版。贺涛有三个儿子，长子贺葆初早亡，小儿子贺葆良有精神疾病，但贺葆良却生有两个聪明的儿子，即贺翊新、贺培新。贺葆真是承上启下的重要人物，是他把两个侄子贺翊新、贺培新带到北京，念中学，上大学，使这兄弟俩成为故城贺家第四代中最杰出者。

贺葆真（1878—1949年），字性存。整理出版有《贺葆真日记》，又称《收愚斋日记》，存41卷，记叙了他从17岁至54岁的生活［清光绪十六年（1890年）正月至1930年12月31日］。贺葆真是当作著述来认真记述的，日记有意保存了其所见所闻，内容丰富，涉及面广，具有很高的史料价值。日记多记旧人旧事，旧日风土见闻，文字浅显，读来饶有趣味。

贺葆真是贺氏家族“大其家，闳其业”的关键人物，从其日记可知，贺家在故城和北京的创业置产，都是贺葆真亲力亲为。据《贺葆真日记》载，清光绪三十年（1904年），“福昌号估衣铺开市，即在居家之左”，是年，“于郑家口吾家之北购小宅一所”，仅隔数天，“又购宅一所于本街，在上月所购宅之南，接壤其地，五亩余，价六百七十千”。光绪三十一年（1905年）年底，“于郑家口连购地宅三所”，清宣统元年（1909年）“购二蹚街李氏铺，价八百余千”。郑家口，乡人简称郑口，是卫运河水陆码头，当年乘船可直达天津，是故城县经济繁盛的大镇。贺家迁居郑家口后，买房置地，亦官亦商，是故城县首富大户。新政权成立后，这样的地主阶级成分，当然要被斗争清算，田地、店铺、房产被没收充公。20世纪50年代的故城县政府就设在“贺家大院”里，可见其当年规模之大。70年代，“贺家大院”的旧房被拆，建成新办公用房。从此，“贺氏家族”在郑家口的祖宅彻底消失。

贺培新少从吴北江游，能克绍其祖遗绪，是桐城派古文最后一抹夕阳，是民国时期享誉很高的古文家。1946年抗日战争胜利后，北平各界恭颂“国民政府主席蒋公六十寿序”，就是出自贺培新的手笔，可见其当年的社会地位和影响。

贺培新有“新中国捐献第一人”之称，也是如今贺氏家族中，最为人所熟悉的。

贺培新生在故城长在故城，是贺家在故城的最后一代。《贺培新集》里有不少和故城有关的诗文，如“故城诗”6首，咏故乡旧日风貌，“卫水飞帆”“窦堡晴烟”“南埠商舻”“烟笼池柳”“西岑春晓”“佛井燃灯”，读来就感觉很亲切。还有诗题为“宣统初年王考既辞文学馆，畿辅学者议建存古学堂，请王考主其事。于是公推北江先生赴郑家口道意，时培新年才六岁侍先生及伯父散步运河沿岸，登其文昌楼，事在目前，弹指鼎革十余年矣。思之慨然。追思成诗十一叠”。诗曰：“一水盈盈郑家口，岸南岸北楼插斗。忆从夫子登层颠，倏忽鼎革十年还。短发儿童笑前后，盛事陈迹留胸间。王考骑鲸脱尘网，群空冀北无人赏。一窗风雨守青灯，远绍旁搜聊慰情。忝列贤门愧强颜，筝琶俗耳听琴弹。”不但可见百年前的故乡风貌，还记录了清末一段文坛逸话。王考者，其祖父贺涛也。北江先生，即贺涛的老师吴挚甫之子吴闿生，吴闿生是贺涛的弟子，又是贺培新的老师。

1949年可谓天翻地覆之年。易代之际，劳燕分飞，胞兄贺翊新，随着国民党政权渡海东南行。贺翊新曾任北平大同中学校长，到了台湾，重拾旧业，两度掌台北建国中学校长桃李满天下，马英九就是他的学生之一。人各有志，留在北平的胞弟贺培新，这位“浊世风流出旧家”的昔日名士，脱下长袍，换上人民装，高唱“工农今作邦家主，马列真为世界师”的新诗句。在解放军进入北平不久，先捐献，后南下，积极参加革命。

王宗周（1903—1969），故城县故城镇中镇村人，大学文化，爱国民主人士。出身书香门第，自幼饱读诗书，学识渊博。因待人宽厚、仗义疏财、公道正义，故德高望重。

1915年，入县高等小学读书。1917年夏，入山东德州博文中学读书。1921年夏，以优异成绩考入河间中学读高中。就读期间，受教于杨秀峰。杨秀峰除教授国文课、历史课外，还在学生中传播进步思想。王宗周为杨秀峰的渊博学识和真知灼见所折服，思想逐步发生变化，为日后走上革命道路打下坚实基础。1926年夏，王宗周入北平师大国文系读书。经杨秀峰介绍，王宗周加入进步学生组织，宣传马克思列宁主义和革命思想，积极投身争取民主进步的斗争。1935年“一二·九”运动爆发，王宗周参加游行示威，遭到反动军警抓捕、通缉，被迫回到家乡。在家乡他与当地进步人士董郁庭（县立高小校长，抗日政府县长）、周浩然（县立高小教员，中共党员）、王修斋（乡师校长，中共党员）、孟春玲（女师教员，中共党员）等密切联系，在学生和民众中传播革命思想，进行抗日救亡宣传。1938年夏，日军占领故城。目睹家乡遭日军铁蹄践踏，王宗周怒火中烧，深为自己无力拯救家乡父老于水火而痛心疾首。由于王宗周威望很高，日军欲请他出任日伪县长。日伪政府软硬兼施，却遭他严词拒绝。他在日伪设的酒宴上怒斥日军的暴行，并拂袖而去，表现出高尚的民族气节。摄于王宗周的威望，日伪未敢加害。1941年7月，王宗周被选为晋冀鲁豫边区政府参议员，他积极宣传抗日为抗日政府筹款筹粮，并且带头把粮、款献给抗日政府。王宗周家成了八路军干部的落脚点，杨秀峰、王任重、宋任穷、郭鲁等曾多次在他家主持召开重要会议。

王宗周乐善好施，经常周济贫苦乡邻，给他们米面、衣物。有些乡邻还吃住在他家。1947年土改时，他积极响应党的号召，主动献出土地和财产，同时将所藏数百册古籍善本一并捐献。

1950年1月，在故城县第一届各界人民代表会议上，王宗周被选为人民政府副县长，主管文教、卫生工作。中华人民共和国成立伊始，故城县文教、卫生事业百废待兴。他为恢复和发展人民的教育、卫生事业殚精竭虑。他创办故城镇师庆兰西医诊所，开创故城镇西医之先河；动员和举荐乡间知识分子出来任教，解决师资匮乏的现状；开展扫盲运动，在故城镇、郑口镇办起妇女识字班，使几千年受封建礼教压迫的妇女获得享受文化教育的权利；倡导建立以乡为中心的中心完小，方便了儿童就近入学。他还经常深入学校，同师生促膝谈心，把党的关怀送到师生心里。

王宗周一身正气，从不以权谋私。几个子女结婚，不摆婚宴，不收一分钱，从未为子女、亲戚“开后门”。20世纪60年代初，国家为了开辟黄骅大港荒滩，号召青年到北大港开荒。王宗周第一个为二女儿报了名。后来许多人忍受不了北大港的艰苦生活，中途当了逃兵。王宗周多次去信教育女儿不要怕苦，要在艰苦中磨炼自己，使二女儿坚定地留了下来，为开发、建设北大港做出了贡献。

王宗周知识渊博，博古通今，能熟背《唐诗》《宋词》《左传》《史记》《文心雕龙》中的篇章。其亦擅长书法，楷书端庄、秀丽，柔中带刚。

1969年5月，王宗周病逝，享年66岁。

高原（1904—1961），原名高敬宣，故城县何刘屯村人。家境富裕，祖父为前清秀才。高原幼时聪颖勤奋，颇有志向，得祖父垂爱并寄厚望，后虽家境败落，入不敷出，节衣缩食，仍供其读书求学。

高原21岁考入北平私立中国大学。上学期间即受“五四”爱国运动及新文化运动影响，接受民主革命思想。其不慕功名利禄，以忧天下为己任，对黑暗腐败现实及外国列强日甚一日瓜分，痛心疾首，义愤填膺。曾多次参加抵制日货、游行示威、罢课请愿等学生运动。1925年“五卅”惨案发生后，在中国共产党领导下，诸多城市掀起罢工、罢课、罢商高潮，高原毅然投入罢课斗争，并积极拥护冯玉祥将军对英、日宣战主张。为效命国难投笔从戎，考入西北军陆军学校，始习军事。此间，其已与中共接触，并阅读《共产党员宣言》《阶级斗争浅说》《共产主义ABC》等共产主义学说书籍。1926年5月，于陆军干校学习期间，由同学高照宇、张毓辰介绍加入中国共产党，是年10月，学业结束，受中共组织派遣到西北军参观团（团长鹿钟麟）赴苏联参观，负责掌握该团军官思想状况。向中国驻国际代表谭平山报告，并做参观日记、记录等。

1927 年 4 月 12 日，蒋介石叛变革命，参观团于是年 6、7 月间回河南洛阳。冯玉祥任高为教导团政治干事，高原婉辞谢绝，后赴开封找到中共河南省委，任开封街道中共支部书记。同时参与南汉宸主编的《游俄视察记》一书编校工作。

1928 年 1 月，中共河南省委派高原赴皖北太和杨虎城军事干校工作，尚未到任，即因杨虎城联共准备拉往豫南之计划为蒋介石代表察觉，遂将杨虎城控制，南汉宸等几个公开党员被驱出河南境地。高原未暴露身份与其他同志、党员，仍于阜阳、太和一带坚持斗争。因形势恶化，工作重点转入建立地方党组织、开展农运兵运，准备兵农联合暴动工作。2 月，建立皖北特委（隶属中共河南省委）特委驻阜阳、流集农运中心，协助县委工作。高原被选为特委委员，并兼杨虎城部军事特派员，指导该部兵运工作。4 月初，特委发动阜阳高桂滋部教导团兵暴及流渠区农暴运动。因对形势估计不足，暴动条件尚未成熟，仅四五日，主力部队即被高桂滋部歼灭。暴动失败后，高赴寿县、凤台等地，与个别特委、县委委员联系，收容离散干部。2 个月后，与河南省委取得联系，即回河南。

1928 年 6 月，高调河南省国民政府民政厅任吏治视察员。在其职业掩护下，任河南省委政治交通员，来往于各县中共机关之间输送中共文件及宣传品。1928 年秋、冬之际，高原受河南省委派遣，至信阳县国民政府任科长，其借职务之便，及与鹿钟麟之关系，做中共营救工作，曾使信阳、罗山等地诸多被捕同志获释出狱。1930 年，高原先后任开封反帝大同盟、青年反帝大同盟中共党委书记、河南省委驻汴军事特派员、开封市士兵暴动委员会主任、河南省军委参谋长等职。

1930 年 9 月，高原于开封，因策划河南军阀万选才部前方士兵暴动计划泄露被捕，押于国民党警备司令部监狱。其机智勇敢地与敌斗争，始终未暴露中共党员身份，并在“老政治犯”领导下，积极参加集体唱歌、示威、喊口号、要求延长放风时间及有病医疗等狱中斗争。后经刘佩侠、南汉宸（时任河南省国民政府秘书长）等营救，1931 年 4 月，于开封被宣布无罪释放。

出狱后，因中共党内“左”倾冒险主义影响，加之蒋介石疯狂“围剿”，中共组织遭破坏，革命处低潮。时高原与中共组织失掉联系。他未悲观失望，仍一面奔赴济南、上海、西安等地寻找组织，一面自觉为党工作。其间，曾经南汉宸、谢捕生（中共党员，时任陕西省国民政府秘书）介绍，于白河县、迁县等国民政府任县长。其借职务掩护，积极为党筹款，掩护营救被捕同志。

1934 年年末，高原至上海，正式恢复中共组织关系，至 1939 年年末，主要做中共情报作，负责收集国民党 CC 派、军统、日军、伪组织、汪派、托派等活动情报。此外，其动用关系，做抗日统战工作。“七七事变”后曾以华东武装抗日会负责人名义，与上海、崇明、昆山、吴江、青浦、浦东、无锡、苏州启东、海门、扬州等地，发展抗日组织、情报组织，建立抗日游击队，并逐步掌握或争取部分杂牌军一同抗日。其中主要有昆山崇明游击队，浦东顾复生部，无锡、常州带朱松涛部，苏州一带邓本殷部，太湖一带段万年部等。

1940 年 1 月，高原被调往皖南新四军军法部任处长，后任该处中共支部书记。1942 年夏秋之际，三师各旅与区党委、各敌工部门合并为敌伪军工作委员会（简称敌委会），高原任敌委会调查研究科长、总支书记。1943 年春，敌委会改为盐阜地委敌工部，高原任部长。1945 年年初，任苏北区党委敌委会副书记兼区党委敌工部副部长。10 月，调往东北，曾任东北局社会情报处副处长，辽东省委情报部长，辽东分局处长等。

1950—1956 年，高原历任华东政治委员会第一处长，华东司法干部训练班主任、华东司法部办公室主任、最高人民法院华东分院、华北司法部合署办公室主任、兼司法改革办公室主任、华东监察委员会副秘书长、山东省人民委员会副秘书长等职。

1961 年 9 月，高原病逝于济南。

周肇五（1904—1977），曾用名周有伦，故城县周庄村人。1924 年 9 月，周肇五考入北京民国大学，毕业后，在东北入伍加入东北军，后回原籍从事小学教育，曾担任故城县民众教育馆主任、通俗讲习所所长。1931 年，在北京民众教育人员养成所学习，其间加入中国共产党。

1937年年初，周肇五遵照县长胡子寿指示，在德州市西八里庄建立情报站，以中医身份为掩护，主要负责搜集德州方面日伪情报。其间，周肇五还在一区、二区组建党的基层组织和民兵武装，动员群众参加抗战，并为瓦解“红枪会”做了大量工作。1938年秋，日军占领故城县，周肇五和董郁庭、陈登崑、王修斋等组建故城县抗日民族战委会，投身抗日斗争，其家中挖有藏身地道，成为八路军的重要活动地点。

1940年秋，周肇五经过多次侦察，获取可靠情报，由手枪队迅速出击，在集市上将汉奸林翻译击毙，震慑了日伪，极大地鼓舞了抗日军民的士气。1942年秋，周肇五被捕，在德州关押了43天。后经故城县伪农会会长孙荫棠出面，得以释放。1944年5月，由于被人告密，周肇五再次被捕。因证据不足，敌人只好释放了周肇五，但对其进行昼夜监视。其间，周肇五与冀南军区敌工站马湘函取得联系，按组织要求继续在县城做情报工作。

1945年6月，周肇五奉调到冀南军区五分区（衡水军分区）司令部任军医。后又调至冀南军区司令部、解放军14纵队司令部、解放军70军司令部卫生所任职。1946年4月，山东高唐牛官屯战役中，周肇五抢救伤员时，腿部被流弹击穿，略加包扎后，继续投入战斗。1949年5月，周肇五所部投入河南新乡鲁庄战役，周肇五三昼夜未合眼直至战役胜利结束。

1956年11月，周肇五由河北省军区转业，在天津市中医院（天津中医学院附属医院）工作，由于周肇五精心治疗，患严重肝炎并发高度胸腹水的病人刘天一和已经昏迷数日的尿毒症病人郝克勤痊愈出院，在当时影响很大，《天津日报》《天津晚报》《新晚报》都进行了专题报道，人们称其为“妙手回春周神医”。1956年，周肇五当选天津市政协委员。1959年，获得天津市劳动模范称号，出席天津市群英大会。1962年到河北省医院工作，任中医科主任。1977年逝世。

阎晶昌（1905—1938），故城县皮婆屯村人。其父阎鸿斌，颇通书史，自幼习武，经常向其讲述岳飞等历代英烈故事。其仅读4年私塾便因家贫而辍学。1930年，阎晶昌受其父爱国思想影响离家寻求救国之路。其于东北各地目睹侵华日军骄横无忌，欺压百姓，愤慨不已，遂加入东北军万福林五十三军一一九师独立营，旋即升为班长、排长。1931年“九一八”事变后，万福林部奉行蒋介石不抵抗命令撤出东北，将国土公然让与日军，使阎晶昌大失所望。但其仍寄希望来日打回东北。1933年，万福林部驻热河，奉何应钦令赴滦东配合日军围攻吉鸿昌抗日同盟军，阎晶昌对万福林部顿失信心。万福林部被解散，阎晶昌所在之独立营编入国民革命军张自忠部二十九军三十八师，仍任排长，驻防天津一带。自此，阎晶昌始与中共地下党接触，帮助诸多共产党人和仁人志士进行抗日救亡活动。1934年，任天津铁路警务段巡长，其间利用职务之便护送中共地下党景县县委书记刘建章等3人赴济南做地下工作。

“七七事变”后，阎晶昌所在三十八师参加保卫天津战役，在沧州马厂战斗中腿部负伤。三十八师退至德县时，其不忍故乡遭敌蹂躏，毅然脱离南逃的三十八师，携一手枪与本排一班人回归故里，后带领一支抗日义勇军加入景县葛贵斋华北抗日联军二十八支队。1938年1月，八路军一二九师东进纵队挺进冀南，葛贵斋经刘建章教育，被合编为八路军东进纵队五支队，阎晶昌任五支队团三营营长，后动员其侄金贞、子良和族弟云昌参加该部队，当马夫、战士，并使三营成为五支队“模范营”。在攻打日伪军据点孙八镇时，敌利用四周环水优势，负隅顽抗。阎则以簸箩为船，夜间偷渡，一举歼敌。攻打枣强“白吉会”时，攻占枣强县城后又为敌夺回，阎晶昌率30余人敢死队员，英勇冲杀再次占领枣强城。

1938年10月22日晚，三营奉命破击津浦路安陵段。阎晶昌率一连歼灭安陵车站守军，后指挥部队破击铁路。天亮时，德县日军突破防线，进入三营九连阵地，情况紧急。阎晶昌当机立断，手持双枪与九连指导员王书波率领全连向敌冲去，与敌激战中，阎晶昌腹部中弹，肠道打断，弥留之际向指导员王书波交代任务说：“让周靖邦连长带九连阻击，你代我指挥连、十一连撤过河西，九连撤出后拆掉浮桥……告诉同志们和家里人，不要难过，永远跟党走，抗战到底。”说完，牺牲在指导员怀里，年仅33岁。

为悼念阎晶昌，五支队和冀南行署数千人于武邑城内举行追悼大会。冀南行署军区和纵队领导宋任穷、陈再道、杨秀峰等敬献花圈。群众敬送挽联、挽幛者甚多。时，武邑城内白布销售一空。

刘志真（1906—1981），原名刘纪瑞，故城县刘庙村人。1934年8月，毕业于山东大学，任兖州乡村师范训育员兼数学教员。1937年“七七事变”爆发，日军沿津浦铁路大举南侵，兖州被日军占领，学校停办，刘志真回原籍任小学教员。

1938年年初，八路军一二九师东进纵队至南宫，刘志真即联合乡间具有进步思想知识分子赴南宫参加东进纵队政治部干训班学习。学习结束后返乡，积极开展抗日救亡活动。他四处奔走，宣传中国共产党抗日主张，动员青年参加八路军，打击日本侵略者。1941年年初，刘志真被选为晋冀鲁豫边区临时参议会参议员，按照党的指示积极开展抗日统一战线工作。利用自己的身份和影响，动员群众，游说士绅，共同抗日，为抗日政府筹措经费，为八路军筹集、运送公粮等。

1944年4月，经武城县抗日民主政府县长赵墨轩介绍，刘志真赴冀南二专署简易师范（运河中学前身）任教员，旋任教导主任，刘志真根据当时战争环境和办学宗旨，组织安排教学。时，学校无固定教材，则根据教学需要编写，教材的选定、刻写、油印，刘志真均亲自把关，时常彻夜不眠。刘密切配合学校党支部，做好思想政治工作，加强校风校纪建设。在艰苦环境中，运河中学办得红红火火，成为冀南区教育的一颗明珠，为革命事业输送大批优秀干部。

1952年，刘志真被选为武城县人民政副县长，主管文教卫生工作。刘志真对建设社会主义新中国充满热情。为掌握全县小学教育第一手材料，经常深入学校调查，几乎走遍全县所有学校。刘志真身为副县长，秉公办事，不谋利。其侄升高中考试，差一分未被武城中学录取，求刘志真为之说情，其婉言拒绝。

“整风反右”时，刘志真实事求是，力陈己见，保护了一批同志。

1963年后，刘志真先后被选为山东省第三、四、五届人民代表大会代表。1981年1月，选为武城县第八届人民代表大会常务委员会副主任。1981年3月10日病逝。

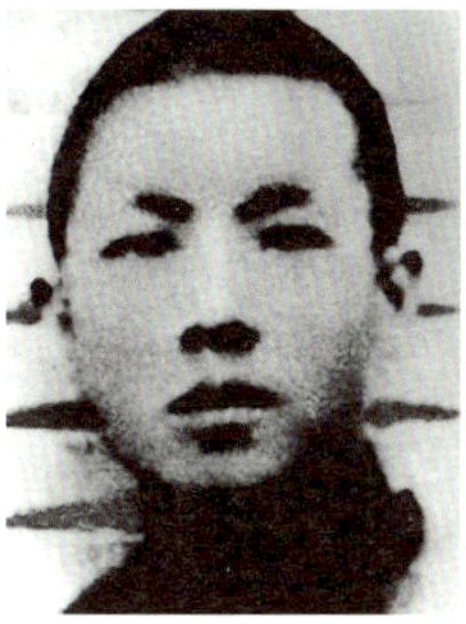
节振国

节振国（1910—1940），故城县刘堂村人。幼时因家乡灾荒，生活无着，随父逃荒至唐山，在赵各庄煤矿当井下工人。日军侵华后，矿工们在日军和资本家双重压榨下，生活苦不堪言，节振国心中埋下阶级仇、民族恨种子。

1938年，八路军挺进冀东，开辟抗日根据地。中共地下党在煤矿掀起声势浩大的罢工运动。节振国斗争坚决，又有一身过硬武术功夫，被委任为纠察队大队长。正值罢工斗争顺利进展时，井下工人夏连凤被捕叛变，供出节振国的抗日情况。日军宪兵与伪警察纠合一起，至矿上搜捕。

某日，工友告诉节振国其家出事，节振国到家时，门口已站有诸多荷枪实弹宪兵、伪警，阻拦其进家。节一拍胸膛，吼道：“我是节振国！”日伪尚未弄清所以，其已步入家中。屋内之敌见眼前突现一满脸怒气青年，一时发懵。节振国瞧屋内乱七八糟，兄被倒捆双臂靠墙边，满脸血污，妻小挤于一起，一矮个日本军官指令宪兵用绳捆拿节振国。他斜跨一步，从碗橱内抓过一把菜刀，对军官头部狠力劈下，日军当场丧命，其余日军吓呆。节振国又迅即抽出倒地军官军刀，与宪兵伪警展开搏斗。3个日军被其砍死砍伤。节振国料知日军不会罢休，用刀挑开缚兄绳索，说：“大哥，快逃！”纵身越过丈余高的石墙逃走，兄未跳过石墙，遭日伪杀害。

节振国在搏斗中，左腿受伤。逃出后，始于丰润县岳父家住，后转丰润南关一朋友家。经与赵各庄矿友联系商议，于韩家梢、榛子镇一带，组织起百余人抗日游击队。未久，节振国找到中共组织，组织将游击队改编为工人特务大队，由节振国任大队长。

在中国共产党的领导下，工人特务大队不断发展壮大，或攻打日伪警察所，缴获日伪枪支弹药，或镇压汉奸、特务，或直接与日军交战，战术灵活、神出鬼没，给日伪以沉重打击。当时，日伪听到节振国名字即胆战心惊。1938年冬，节

1933年节振国师徒习武合影照（标记者为节振国）

振国加入中国共产党。

1939年夏，节振国奉命消灭新城子据点日军。节振国等化装为农民，赶两辆大车，沿公路向新城子据点进发。时，一伙日军正于桥下乘凉，见车上坐有几个“花姑娘”，便一哄而上，将人车拦住，节振国命战士一齐开火，敌人死伤一片，未死之敌慌忙逃回据点。节振国遂命战士将碉堡炸毁，敌人均被炸死。后节振国率游击队，又袭双鹤岭伪警备队。是年秋末冬初，冀东党组织送其至平西晋察冀分局党校学习。

1940年6月，节振国自党校学习结束，复回冀东，即奉命于金庄一带截击日伪。时值盛夏，闷热难耐。节振国率战士伏于山地青纱帐内，中午时分，百余名日军分别从东、南两面围拢过来。节率先冲下山去。时，敌以机枪封住游击队突围道路。节振国则绕至大树后击毙敌机枪手，游击队员们乘机冲上前消灭大半敌人。

正值打扫战场准备转移时，节振国突被一未死日军射来一枪打中而牺牲，年仅30岁。

节振国烈士葬于现唐山西郊冀东烈士陵园内。1958年，唐山京剧团等曾将其抗日斗争英雄事迹，编成京剧上演，后于1965年拍成电影搬上银幕。

周浩然（1907—1994），原名周有纪，曾用名周秀五、周坤、郝髯，故城县周庄村人。中共党员，语言学家。

1922年，周浩然考入天津省立第一师范，开始接受马克思列宁主义新思想。1925年6月，他组织省立师范学生罢课，游行，讲演和募捐，声援五卅爱国运动。翌年，加入中国共产党。1926年，受天津特委派遣，以教书为掩护回故城发展党组织。在十里铺村创建了故城县第一个中共党支部，隶属津南特委，任支部书记。是年9月，时局恶化，十里铺党支部改为天津特委领导，单线联系。1927年4月，蒋介石发动反革命政变，捕杀革命党人和革命群众，天津特委领导人接连被捕牺牲，十里铺党支部与上级党组织失去联系，被迫停止活动。1928年春，周浩然转移到德州后考入英国博文中学专攻英语。在校期间，与许多进步人士撰写传单，揭露蒋介石、汪精卫屠杀共产党人的罪行。国民党特务知情后，到学校抓人，得英国校长相救躲过劫难。

1938年1月，八路军一一五师进驻郑口，周浩然发动组织群众选举产生抗日委员会，并当选为战委会锄奸部长。3月，周浩然配合八路军运河支队政委王育民、司令员孙继先建立中共故城县党组织。是年5月，周浩然被故城县战委会派驻冀南军政委员会（宋任穷主持工作）驻会代表。是年8月20日，冀南行署成立，周浩然任冀南行署民运科长等职。1941年3月—1945年7月，先后任隆平县（今邢台市隆尧县）抗日民主政府县长，冀南行署秘书、财政科长、漳河县、魏县抗日民主政府县长兼党、团委书记等职。任隆平抗日县长期间，辖区内施行了三种对付日军的方法：其一，把村与村之间小路挖成道沟，挖出的土堆在沟两侧，增加沟的深度，便于转移进攻；其二，在村子较宽的路上修建一人高左右交叉的矮墙；其三，号召各村各户打狗以便于抗日军民夜间行动。此方法在冀南区得到推广。任魏县抗日县长期间，在团结一切可团结的力量一致

周浩然

抗日的前提下，发动组织群众在险区修建堤坝，疏通河道，对境内漳河进行治理。

1945年8月，侵华日军无条件投降后，冀南行署决定在南宫建设冀南革命烈士陵园，任命周浩然为冀南区革命烈士陵园筹委会主任兼党支部书记。他亲自参与选址、征地、设计、监工、指挥施工，利用3年时间建成烈士大灵堂、3座通灵桥、望乡亭、墓道、花亭、墓地绿化等基础建设，建成当时华北规模最大的烈士陵园。

1949年2月，周浩然随军南下前，先后担任行署民政处长、部队民运委员等职。进驻河南开封休整后，随王任重、李先念等到湖北省中南局工作。1949年5月16日，武汉解放。20日，周随局进驻汉口，任中共中央中南局秘书处副处长，后改任教育科科长。在任教育科科长期间，他对中南局辖区各省市教育工作进行全面调研，先后在《中南局宣教工作》《长江日报》发表《在成立私塾问题上的商榷》《克服经济困难开展教育事业》等论文，其所阐述的观点，对国家教育事业具有深远的历史意义。

1950年12月，经组织安排，周浩然到北京筹建全国供销合作总社任秘书处处长，后任全国供销合作总社监事会办公厅主任兼党支部书记。在总社工作期间曾多次受毛泽东、周恩来、刘少奇、朱德等中央领导人接见并合影留念。

周浩然热爱语言学和拼音文字，无论残酷的战争年代，还是中华人民共和国和平建设时期，工作之便，他的足迹踏遍全国各省市，向当地群众学习方言及语言特点，从未放弃对该科学的研究。其编写的《拼音文字改革方案》，得到郭沫若的高度赞赏。1956年，周恩来总理签发《国务院关于推广普通话的指示》，指示中国科学院语言研究所编纂一部中型汉语词典。是年，周浩然到中科院工作，被任命为词典编辑室副主任，全面负责词典编辑室日常业务工作。1959年年末，完成初稿，进入评审阶段。经中央批准，周浩然为现代汉语词典审订委员会成员之一，组织全国专家学者进行审查、评定。1960年9月，由郭沫若题写书名为《现代汉语词典（适用本）》，由商务印书馆印刷出版。词典经多年的使用，众多专家学者的反复修订1～5版在全国内已印刷了320多个版次，发行量达4000万册，成为海内外享有盛誉，影响深远的汉语工具书。

1954年周浩然参加全国合作总社召开第一届全国社员代表大会时与毛泽东、周恩来等合影（标记者为周浩然）

1960年，中共中央颁布“农村工作六十条决议”，从中直及北京市抽调大批干部下放农村基层村社帮助、督察、落实。按照规定50岁以上者不为下放之列。此时，周浩然已经54岁，甘愿放弃北京的优裕生活和环境，带头报名自愿到农村工作。1960年12月20日，任工作队队长，带领中科院32名干部来到河北省邯郸地区永年县临洺关镇任公社副书记。周浩然主动放弃公社对高干的优待，吃的是棉秆粉做成的代食品，并和社员同吃同住同劳动，利用白天劳动休息和晚上时间向群众反复读念“六十条”原文，使中央对农村政策不断深入人心。

翌年春，在公社掀起春耕生产高潮，小麦获得丰收。落实“六十条”任务基本完成。按级别周浩然可以顺理成章地回北京工作，可跟随到邯郸的30多个人中，具有回京资格者寥寥无几。他不忍心独自回京，决定留邯郸工作。1961年10月，河北省人民政府任命周浩然为邯郸地区行署副专员，主抓全区文教、卫生工作。这期间，正值国家经济困难，他始终把党的事业放在第一位，呕心沥血、废寝忘食，以高度的事业心和责任感，经常深入农村调研。为建成邯郸图书馆，从地址选择、建筑设计、古今图书购进、人员培训，都倾注了他的心血。1963 年夏，邯郸地区遭遇特大洪水，冀南平原村落，土地大部分被淹，房屋倒塌，秋粮绝收，人民生活困难。年近 60 岁的周浩然经常下乡发动群众，动员人民生产自救，并组织医疗队伍到农村防病治病。是年 10 月，周浩然改任中共河北省委监委驻邯郸地委检查组组长（纪检书记），他坚持原则、刚正不阿、清正廉洁，不徇私情。对党内的贪污腐败分子，蜕化变质分子认真核查，严肃处理。同时纠正多起冤假错案，为许多同志洗脱了不白之冤。

周浩然全家合影

“文化大革命”中，周浩然孜孜以求地阅读马克思、列宁、毛泽东著作，同林彪、江青反革命集团的倒行逆施进行不屈不挠的斗争，充分表现了对共产主义事业的崇高信念和对党对人民的赤胆忠心。

1983 年离休，享受老红军、副省级待遇。1991 年 6 月全国政协副主席王任重为周浩然题词：“一生饱经风险，幸未虚度年华，回首往事，有志谱写新篇。” 1994 年 1 月 24 日病逝，享年 87 岁。

陈莲芝（？—1941），故城县陈田村人。陈莲芝少有大志。1927 年，曾在北伐军某部担任侦察兵，机智灵活，勇敢善战。后乘白佛寺村在德县跑邮政马车，持枪回归故里。家人担心陈莲芝招惹祸灾，乘其午休，以石灰将其眼揉瞎。其虽痛苦万分，仍雄心不泯，继续寻求救国救民之路。

1937 年，陈莲芝令其侄陈世合领路，奔赴冀南行署驻地（威县）加入中国共产党。回原籍后，向乡人宣传抗日救国道理。由其侄领路走家串户，先后发展李立田等中共党员 11 人。1941 年，陈莲芝病逝，中共故城县委、县抗日民主政府为其拨付专款，办理丧事。

康寿芝（1911—1980），原名康延瑞，故城县故城镇马厂村人。1933 年毕业于天津河北省立师范学校。1935 年，任天津南开中学物理助教。

1947 年 3 月，冀南行署第二专署教育科调康寿芝任运河中学物理教师。时，学生年龄较大，文化程度参差不齐。康寿芝将学生分成若干小组，根据不同情况，因人施教，并经常深入学生中，了解学生生活、学习、家庭等方面困难，想方设法帮助解决，学生与他感情甚笃。

1953 年 8 月，康寿芝调山东德州市第二中学任物理教师，旋任物理教研组组长，校务委员会委员。1959 年，被聘为山东省物理学会会员。1961 年被选为德州市政协委员。德州二中系山东省重点中学，于此，康寿芝充分施展才华，认真备课，反复修改教案。康寿芝以“严要求”而闻名于德州二中。

康寿芝从多年教学实践中总结出“教千遍，不如学生干一干”，充分利用德州二中教学仪器齐全优势，按教学大纲要求开齐高中物理课的全部演示实验。并经常带领学生到工厂实习，机床厂、发电厂遂成其教学第二课堂。康寿芝还制作和改进教具，他制作的“电磁振荡示教板”，改进的“电谐振立体多用演示板”，分别获省一等奖和二等奖。康寿芝所任高中毕业班物理高考成绩位居省重点中学榜首。

康寿芝撰写的《高中物理教学浅见》《课堂教学与演示实验》《既动脑又动手》等多篇教学论文，发表于《山东教育》。省、地市多次组织其公开课。

1958 年，康寿芝担任 6 个高中毕业班物理课，仍欣然接受校办工厂技术指导工作，为校办工厂培养出各种技术人才 176 名，其中 92 名达到二级技术水平。是年中共德州地委将康寿芝树为又红又专知识分子典型。是年 10 月，德州地委宣传部编印《康寿芝之路》小册子，号召知识分子向他学习。1959 年，山东省教育厅向全省推广康寿芝总结的“精讲多练、手脑并用”教学经验。1960年，在技术革命和技术革新运动中，其帮助德州粮食局研制成功“热敏远距测温仪”，该成果获山东省人委嘉奖。在德州二中康寿芝被誉为“没有加入党组织的党员”。

康寿芝连续多年被评为校、市、地先进工作者，1960年10月，被评为省先进工作者。

1978年10月，已经退休的康寿芝，被河北郑口中学聘为物理教学顾问。其凭丰富经验，编写讲义和复习提纲，不顾年老体弱亲自登台授课，一天工作达10余小时，婉言谢绝领导给予的各种特殊照顾。

1980年11月15日晚21时，康寿芝像往常一样备课时，脑溢血突发，猝然辞世。

同月19日，在康寿芝原籍马厂村，故城县文教局举行追悼仪式。故城县、德州市党政领导，郑口中学师生代表及康生前好友300余人出席追悼会。

胡子寿（1911—1982）河北新城县板家窝镇人（现属雄县）。幼读私塾，农忙随父耕种。1927年考入新城县乡村师范学校，1930年毕业。1931年“九一八”事变后，为寻求救国救民真理，胡子寿阅读进步书刊，联络爱国青年组织起“读书会”积极宣传革命真理。

1935年“一二·九”学生爱国运动后，由中共北平地下市委领导的学生南下扩大宣传团小分队来到板家窝镇，胡子寿（时已任教）立即宣布学校提前放假，将小分队迎进学校，并加入北平学生联合救国会。

1936年3月，胡子寿、刘佩荣、王津田由中共保定特委根据北平地下党推荐，派李普玉（陈长海）来板家窝镇将其3人发展为中共党员，并建新城县中共特别支部，胡子寿任书记，刘佩荣、王津田为委员。

1937年“七七事变”后，胡子寿弃教赴山西汾阳，参加八路军总部随营学校学习。毕业后，于1938年年初，任八路军政治部干事，是年5月，其又调往延安抗日军政大学（第四期）学习。学习期满即被派往冀南行署任武装部科长。1939年3月，调任故城县抗日民主政府县长兼县抗日游击大队（简称抗日县府县大队）大队长。胡子寿率14名刚由抗战学院毕业和枣强县大队支援的一个班、3条抢、7个人，以200元抗日经费进入工作条件极为困难的故城县，迅速与中共故城县委（简称故城县委）书记陈登崑接上关系。为迅速打开抗日局面，教育和团结全县各阶层人士，率领县大队，夜袭土匪巢穴。未久，其又在三朗南镇大集召开公审大会，对破坏抗日、抗拒政府法令、抗缴公粮、阻拦游击队进村的反动会道门头目进行镇压。并破除反动会道门“刀枪不入”神话，各村会道门被遣散，稍有罪恶活动者纷纷向抗日县府投案自首。

是年5月，正值全县抗日初掀高潮之际，故城县国民党军政府不事抗日，专与抗日政府作对，制造摩擦，破坏抗日统一战线。胡子寿前往国民党胡和道部驻地后崔庄村，规劝胡和道以抗日救国为重，胡和道竟将胡子寿扣押毒打。胡子寿毫无惧色，据理力争“你们不抗日，专事摩擦，打击友军，使亲者痛，仇者快，必须承担责任”。胡和道将胡子寿及其警卫人员押送枣强大营镇国民党十军团处。冀南行署得知胡子寿被扣押消息后，主任杨秀峰致信石友三，催其立即放回胡子寿。石友三迫于无奈，悄悄放回胡子寿等。胡子寿为争取各阶层人士共同抗日，减轻人民经济负担，事先摸清敌情，借敌主要兵力下乡“扫荡”之机，化装为农民，打入郑口敌据点，向伪军宣传抗日政府政策，并从敌维持会巧借抗日经费200元。胡子寿“深入虎穴，巧借经费”事迹在抗日根据地广为流传。自此，伪军和维持会人员遂有出走到天津者，有回家洗手不干者。

是年6月11日，故城县委、抗日县政府正于梧茂村后树林里召开全县党政军干部会议，突遭日伪包围。胡子寿在指挥、掩护与会同志疏散转移时，肩胛中弹。其在养伤之际，仍带伤指挥县大队击退“扫荡”日伪军。

是年秋末冬初，全县区级政权初步建立，县大队已达百余人，抗日根据地已大片形成。日伪对胡子寿又恨又怕，驻故城日本宪兵大队长木村荣一给胡子寿写来一信，请胡子寿考虑向日军妥协。胡子寿接信后，根据县委指示，马上回信：“日本帝国主义发动侵略战争，是非正义的，定以失败告终，中国人民除少数汉奸、卖国贼外，是誓死不当亡国奴的，坚决抗战到底。你为天皇和日本帝国主义卖命将死无葬身之地，你的妻子、儿女都在为你担忧，中日两国人民将最终埋葬日本帝国主义。”木村荣一于接信次日，张贴悬赏布告，缉拿县长胡子寿者赏金2000元，缉拿农会主任陈芳洲、妇联会主任韩志新、县大队副队长郝诚者各赏金200元。正值日伪缉拿胡子寿之际，《冀南日报》刊登嘉奖令，表彰胡子寿等4位县长抗日模范事迹。

1945年，抗日战争胜利后，上级抽调一批干部赴东北开展工作，胡子寿调任辽宁省二专署任专员。

1946年春，胡子寿调内蒙古任财政厅厅长，后任工委秘书长主管财政工作。1947年5月，胡任内蒙古人民自治区政府财政部副部长兼银行行长。

中华人民共和国成立后胡子寿调北京工作，先后任华北局金融财政处长，中国人民银行华北业务管理局副局长，一机部北京工作技术学校副校长、代校长、沈阳水泵厂副厂长等职。1982年2月16日病逝。

郑茂林（1913—1981），故城县郑口镇辛宅村人。自幼家贫如洗，迫于生计，16岁外出学徒。解放后还乡务农。1948年春加入中国共产党，任村农会主任，投身于打土豪分田地的火热斗争。1949年12月，任村中共（简称党支部）支部书记。

1950年，负责创建郑口供销合作社联村社，时一无所有，郑茂林则走村串户，动员村民背米入社集资，借用土房2间，以坯头垒柜台，砖头砌盐槽，从家中搬来桌、椅、板凳及算盘、扁担等，进少许油、盐、酱、醋之类生活用品，艰辛经营。时，郑口镇店铺林立，商贾云集。供销社处于300余家私营商业包围之中。货少不卖钱，货多没钱进，经商门外汉，被商家讥笑为“几个庄稼汉，货物一挑担”。郑茂林与职工分析面临形势，决定采取以农村包围城市的经营战略，打开局面，分头挑起货郎担，走村串户，送货上门，把触角伸向广大农户。并坚持买卖公平，童叟无欺。此举深受广大农民拥戴，赢得众多顾客，生意日趋兴隆。此后，其一直把面向农村、立足农业、服务农民作为办社之本，增强市场竞争力，使供销社呈现勃勃生机，于郑口与私家大商抗衡屡战屡胜，发展迅猛。

1956年，郑口供销社已力挫群商，独树一帜，囊括郑口全部商业网络。是年郑茂林以“民主办社、勤俭经营”优异成绩当选模范，出席全国供销合作总社第一次先进工作者代表会议，受到毛泽东主席等国家领导人接见并合影留念。自此郑拼搏精神更加顽强。至1958年，郑口社已拥有70余部组，600余职工，成为河北省商店之最。是年该社以“年年计划保完成、年年安全无事故”成果，成为县、地、省先进单位。郑口社事迹，在河北省供销系统介绍、展出。1960年，郑口社办社十年历程，在《大众报》《河北财贸报》发表，并收入《十年凯歌》一书，发表后迅即轰动全国，引起各级领导部门关注。中共中央、河北省和天津市（时故城属天津市）三级党委财贸部组成联合调查组，由中央财贸部基层组织处石处长（名已不详）、省财贸部部长杜新波、商业厅厅长王向峰、副市长宋景毅等率队到此考察，郑口供销社成绩得以肯定，并召开全天津市现场会议予以推广，被誉为“河北商业一枝花”。是年该社加工、售货、运输、储存等300项技术革新成果资料，被《中央合作通讯》《河北财贸报》《渤海日报》相继发表，后被中央选定为参加全国财贸部门技术革新和技术革命表演大会先进单位。郑茂林代表供销社出席会议，再次受到中央领导人接见并留影。

1950—1966年，郑茂林历任郑口供销社党支

1956年郑茂林参加全国供销系统先进工作者代表大会与国家领导人及与会代表合影

部书记，其知人善任，唯才是举，用人不疑，心地坦荡，待人宽厚，严以律己，其优良品格和深入细致的思想工作方法曾在《共产党员》《支部生活》《大众日报》《河北财贸报》等报刊发表。1960年，郑作为模范党支部书记，出席天津和河北省财贸系统群英会，做好党支部工作的经验曾被制成图版在天津市水上公园展览。1961年，应河北电台之邀，向全省介绍其做好政治思想工作，办好供销社的经验。

郑口供销社距郑茂林家近在咫尺，然其极少回家，其对国家财产高度负责的精神，令人折服。1954年，阴雨连绵，供销社仓库存有35万公斤粮食、10万公斤棉花。郑茂林同职工一直睡在仓库，随时搬、倒，未造成漏雨霉变损失。一次赴省参加会议，不准外人代替，时值其母病危已处弥留之际，临行前其向副主任张文祥交待："我走之后，如果老人病故，除披麻戴孝外，一切丧事由你处理。"毅然按时参加会议。1961年夏，其升为县供销社副主任，仍一如既往，把全县供销系统搞得有声有色。

1981年11月13日逝世。其逝世消息传开后，前往吊唁之人络绎不绝。中共衡水地委、行署、故城县委、县革委领导、各科局长、公社书记以及供销系统干部职工数千人为其举行追悼会。

宋步祺

宋步祺（1916—2003），故城县小辛庄村人。1937年毕业于聊城中等师范，在校期间受到教师和进步学生的影响，在学习和阅读进步书刊中更加深了对中国共产党的认识，进一步激起了抗日救国的热情和决心。

1938年3月，由王发武介绍加入中国共产党，和韩强、王中、庄凤昌三人在今军屯镇小辛庄组建了当时武城县第一个党支部并任党支部书记。之后，他便带领其他党员在家乡积极开展党的活动，先后发展了20多名积极分子入党。并在不长的时间里建立了河西街、许里村、关庙、高行仗、东西桥、饮马庄、巩庄等党支部。是年5月，在小辛庄党支部的基础上，成立中共武城县工作委员会，并任工委书记。

1938年7月，参加了鲁西北特委在南宫大窑召开的县委书记扩大会议，为了更好地做好支部的巩固发展工作，根据会议精神，宋步祺到建国河西街二完小当教师，以此作掩护开展党的工作，工作重点从建党转移到发展群众团体和地方武装上。是年9月，按上级指示前往陕北延安学习。毕业后又到邯郸做教育工作。1947年以教育科长的身份带领百余名干部南下，去到河南新野县任县长。1951—1959年，先后在河南南阳地委、湖北省委宣传部工作。1961年，在湖南师范大学任党委书记。1973年调任湖南湘潭电机厂任书记。1977年离休。2003年逝世。

韩强（1917—1942），又名韩召怀，故城县大辛庄人。出身贫苦。1932年毕业武城文庙高级小学后，升入平原乡村师范学校修业2年，成绩优良且喜唱京剧，带领同学开展文艺活动。其待人和蔼，说话风趣，善团结同学。时，韩强关心国家命运，阅读进步书刊，并积极参加学潮。后因家庭经济不支而辍学，回归故里任小学教员。任教期间团结诸多有志青年，互相切磋砥砺，以报国拯民为己任。

1938年2月，韩强与当地小辛庄村人宋步祺由中共清河中心县委书记王法武介绍，加入中国共产党。未久，两人又发展王中、庄凤昌入党，建武城县中共第一支部（简称党支部），韩任支部组织委员。1938年5月，建中共武城县工作委员会（简称工委），韩强任书记。1938年7月，在韩强指导下，共产党员戚峰等人发展抗日武装，创建武城县第一武装组织——戚庄游击小组（武城县抗日游击大队前身）。1938年9月，武城县党支部书记宋步祺调延安学习，韩强任武城县工委书记。此间，武城县党支部增至几十个。1940年4月，武城建县委员会（简称县委），韩调冀南区党委学习。1940年12月，韩任武城县委组织部部长。

1940年3月韩强、张纯一行4人至今要庄乡南张庄看望伤员，恰遇清河"扫荡"之日伪，韩强等人迅速转移。当行至吕华庄村东北道沟时，遇几便衣日伪盘查，韩强即令他迅速过岗，自己断后掩护。周旋之际为敌发现破绽，韩强即刻掏枪，向敌射击。日伪亦乱枪齐发，子弹击中其胸部、头部。他人安全转移，韩强献出年轻生命，年仅25岁。

陈登崑（1917—2014），故城县陈田村人。1933年参加革命，加入左翼作家联盟、反帝党同盟等。1938—1943年加入中国共产党，任河北省故城县党的工作委员会书记、第一任县委书记、衡水地委组织部部长、衡水地委书记等、后任包头市委书记、呼和浩特市委书记、中共中央华北局办公厅主任。解放战争胜利后，曾在华北局任华北局直属机关副书记。衡水地委书记任职期间，正值抗日最为艰苦的时期，陈登崑率领当地游击队与敌开展游击战，发动群众挖地道形成地道网进行艰苦卓绝的斗争。进入建设阶段后，陈登崑被派到重庆任西南钢铁局局长，后组建重钢时，陈登崑成为第一任重钢厂负责人。任职期间，曾多次接待陪同毛泽东、周恩来、朱德、贺龙考察重钢。退休后，陈登崑不忘家乡，多次回故城探望乡亲。

附

回忆父亲陈登崑
陪同中央领导视察重钢

文/陈绿河

我父亲陈登崑，1933年参加革命，是河北省故城县首任县委书记，抗战时期在冀南坚持斗争，曾任冀南五地委书记兼军分区政委，中华人民共和国成立后历任衡水地委书记、包头市委书记、呼和浩特市委书记、中共中央华北局办公厅主任。在新中国第一个五年计划中，钢铁工业的发展是重中之重。在国家实现工业化的重要背景下，1954年12月，我父亲被中央调任重庆钢铁公司党委书记兼总经理。

20世纪50—60年代，毛主席、周总理、朱委员长等中央领导人视察重钢，对我国钢铁工业的发展作出重要指示，极大地激励了重钢广大干部、职工。

1957年2月17日，刚刚出访东南亚国家归来的周恩来总理不顾旅途疲劳，和贺龙副总理一起到重钢视察。这天上午8时30分，重钢总经理兼党委书记陈登崑和公司党委副书记安以文前往潘家坪招待所迎接。

中共四川省委第一书记李井泉和重庆市主要领导人也随即驱车到重钢。周总理抓紧时间在公司专家招待所开会，由陈登崑汇报工作。

周总理听得仔细，询问也直接，从资金、筹备、基建、生产、规划到职工生活都问到了，作了许多具体指示。关于钢产量，他严厉地讲："要上，要节约，不要虚夸。"特别是关于钢锭和钢材的生产质量的问题，他强调："你们立军令状，保证产品经得起检验！"

时近中午，周总理与贺龙副总理顾不上休息，对陈登崑说："走，到工人住的地方看看！"周总理首先去了解职工生活情况，与贺龙副总理来到在招待所附近的职工住宅区。周总理与贺龙副总理走进老工人冉树清的家，亲切地询问生活情况。那一时期，国家对钢铁工业有支持，陈登崑又亲自领导各单位搞起了副食品生产基地，因此职工生活有保障。周总理临走时，抱着老工人冉树清的小孙子和他们全家合影。紧接着，周总理与贺龙副总理又到全国劳动模范黄荣昌的家里看望，询问他的身体状况，鼓励他为人民多做贡献。

下午，周总理视察了大平炉车间、大小型轧钢车间和炼铁车间1号高炉的生产现场。在现场，周总理仔细了解工厂的设备和生产情况。他看到几百斤、上千斤的钢板都是用人工来抬，于是对陈登崑说："人工抬钢板，又笨重，又危险，一定要搞机械化，把工人从笨重的体力劳动中解放出来。……要注意减轻工人的体力劳动强度。"

1957年3月19日，朱德委员长来重钢视察，在办公楼听取陈登崑关于重钢生产情况的汇报。朱老总和蔼可亲，了解情况却十分细致。同样，他在关注钢产量的同时，也最关注质量问题。朱德戴着老花镜，认真翻看陈登崑的工作日记并详细询问重钢的生产情况。朱德委员长还参观了大平炉、大型和小型轧钢等车间和炼铁1号高炉，并作出指示。

1958年3月26日，中共中央成都会议结束。3月28日，毛主席专程视察重钢，陈登崑全程陪同。

3月28日下午4时30分，车队驶进重庆钢铁公司。毛主席乘坐的汽车直接停在大型轧钢车间的门前，陈登崑和重钢的干部、工人代表上前迎接。陪同毛主席视察的有中共上海市委第一书记柯庆施、中共四川省委第一书记李井泉、中共湖北省委第一书记王任重、中共重庆市委第一书记任白戈，以及毛主席秘书田家英和卫士长李银桥等。

毛主席步履矫健沉稳，面带微笑，从高呼口号的人群面前走过，不停地向工人们招手。他走进车间，看的工作不能停下来，于是走上钢板桥，一边看工人们焊钢板，一边询问生产情况。然后，毛泽东又走到轧钢机旁观看工人们操作。火热的钢板金花四溅，温度很高，一块一块从毛主席身边滚过，柯庆施请他下去，但他一挥手拒绝了。

毛主席又来到钢轨段，详细询问陈登崑，这里生产的钢轨有多少种类？产量有多少？在哪里已经使用了，铁路方面有什么反映和要求？陈登崑按照毛主席的要求，一一做了回答。陈登崑说："成渝铁路1952年6月竣工，全线504公里，都是使用重钢生产的钢轨，到现在已经4年多，没有问题。"毛主席高兴地用右拳轻轻击了一下陈登崑肩膀说："自己生产的钢轨过关了，证明我们的重工业能够做更多以前做不到的事情！"陈登崑说："主席讲得对！"接着，又把一些新产品的情况向毛主席做了介绍。

陈登崑请毛主席来到冷剪机旁，钢坯刚出来，火红火红的，毛主席看着工人们把钢坯轧剪成段，饶有兴致，趁着工作间隙，跟工人聊天，询问劳动强度及技术革新等情况。这时，有开着叉车的工人过来，毛主席就向他挥手，这个工人激动得不知说什么好。

重钢生产车间的蒸汽机、轧钢机等有不少旧设备，毛主席一下子就看出来了，他特别关注这些旧设备的使用情况。轧钢机配套设备的机械化程度低，工人用夹钳进行操作，运输也是人工抬，看到这些，毛主席的面色严肃起来，陈登崑主动介绍说，轧钢机是清末时期从国外购买的，庞大沉重、技术落后，但经过技术人员和工人精心设计改造，可以正常使用，生产出来的钢产品符合各项质量技术标准。接着，陈登崑又向毛主席介绍了轧钢车间的主要生产流程和工人提出的技术革新建议以及具体落实措施，毛主席听了比较满意。他特别指示："设备技术改造，运输机械化都是迫切需要解决的问题，重钢及全国所有工业企业，一定要积极动员群众挖掘潜力，政府财政支持，工业院校帮助，国家计委要做专项安排。"

毛主席提出要看仓库，了解那些已经轧好的钢板是怎么运输的。钢板仓库实际是用竹条编制的一排简易房子，毛主席听陈登崑简单介绍了一下情况，又看见这些都是靠人力抬着运输过来，工人们很辛苦，于是对陈登崑说："长期这样不行啊，一定要搞机械化运输改造，提高劳动效率，减轻工人体力负担。"这时，柯庆施提议，重钢要派人到苏联去看看，学习一些好的经验和方法。

在炼钢车间（大平炉车间），毛主席在被命名为"青年炉"的炼钢平炉前，了解生产流程，以及工人提出的技术革命、技术革新的措施。随后，他与重钢总工程师张如彬、车间主任以及几位工人一起登上平台，拿着蓝色眼镜不停地观察炉内情况。这时，张如彬向毛主席汇报说，重钢设备老，技术落后，但几年来，重钢按照中央指示，大搞群众性的技术革命，老设备仍然发挥作用，平炉产量由日产50吨提高到70吨，三槽出钢实际可达120吨，毛泽东听了之后，脸上露出了笑容。

1958年8月，我的父亲陈登崑调离重钢，一直在经济战线担任领导工作，2014年2月15日去世，享年97岁。

黄世忠（1918—1982），故城县孙裕村人。1939年3月加入中国共产党，抗日战争期间黄世忠历任抗日中心村村长、区秘书、区委书记、区长、县抗日民主政府武装科长、县武装委员会主任。

1941年6月，为拔除赵长林日伪据点，黄世忠巧布内应，率一连人将据点攻克。缴获部分枪支、大米、白面1批。成为扭转全县抗日困难局面，掀起抗日高潮的转折点。

1942年4月29日，侵华日军调集大批兵力，向冀南区党政军领导机关驻地武城河西一带实行"铁壁合围"，妄图消灭冀南党政领导机关和主力部队，时任故城县武委会主任黄世忠，随部队突围冲过火力网。

"四二九"反"扫荡"第三天，黄世忠组织群众继续开展打击日伪活动。

解放战争时期黄世忠历任冀南二军区武委会主任、冀南二地委武装部副部长、冀南二地委秘书长。后随部队南下湖北。

全国解放后，黄世忠历任湖南省军区永顺军分区政治部副主任、主任、中南军区通讯处副政委、湖南省军区孝感军分区副政委。转业到地方工作后，历任长江流域规划办公室政治部副主任，湖南鄂西水电工程指挥部副政委、三三〇指挥部副指挥长、三三〇程局党委常委、副局长等职，当选为第四届湖南省政协委员。1970年始，于葛洲坝工地任职，为落实毛泽东主席批示，兴建长江第一坝艰苦奋斗12载。1982年12月12日病逝。

扈金明（1919—1940），故城县三朗南镇村人。1935年，故城高小毕业，1936年，任村小学教师。抗日战争开始后，扈金明以教师身份掩护县、区干部、战士，从事抗日救国活动，并走村串户发动群众，宣传抗日。1940年8月，任三朗抗日初小教师，9月，加入中国共产党，后从三区调出任指导员，负责尹里、韩庄、西高才线破路任务。同月28日凌晨，扈金明准备出村领导尹里一带破路，被伪军便衣抓捕，搜出破路图和证件，敌知其系破路组织者和指挥者，遂对其拳打脚踢，逼他说出其他破路人员姓名，扈金明严词拒绝。翌日敌将其押往故城据点，多次严刑拷打，其仍骂不绝口。11月13日，敌人将其杀害，时年仅21岁。

李际泰（1919—1985），故城县三里庄村人。出身农民家庭。1936年，由县立第二高级小学毕业后任小学教员。1937年“七七事变”后，全国抗战开始，毅然弃教从戎，参加八路军一二九师东进纵队。1938年7月加入中国共产党。

1939年4月，李际泰任八路军山东纵队特务团一营三连指导员。6月，三连于鲁中反“扫荡”战斗中，李际泰率三排在井马庄东大山担任警戒，掩护主力。晚大雨骤下，天黑路滑，李际泰带领战士于敌合围圈内周旋7昼夜，弹尽粮绝时，化整为零分散突围成功。1940年8月，调山东纵队二旅四团任组织股长。1942年8月，调二旅六团任总支书记，参加甲子山3次战役。1943年2月，调滨海主力第十三团营任教导员，参加夏季攻势。10月，任团政治处副主任。

抗战胜利后李际泰任山东省军区野战兵团一师二团政治处主任，参加山东军民大反攻，先后率部攻克胶县、诸城等城镇。是年9月，一师奉命进军东北，部队易名为东北人民自治军（后易名为东北民主联军）一师，李际泰任二团政委。翌年4月，率团参加四平保卫战。1947年，又参加夏秋冬季攻势。1948年4月，任东北人民解放军第一纵队一师政治部主任。是年秋参加辽沈战役。11月，李际泰率部入关参加平津战役，担任攻克天津战斗任务。1949年1月，李际泰部改为三十八军一一二师，继任师政治部主任。北平和平解放后，三十八军南下作战经河南、湖北抵达湖南。是年10月，参加衡（阳）宝（庆）战役。

1950年4月，李际泰任三十八军一师政委。是年10月，参加抗美援朝，率师参4次战役。1951年，新年攻势收复汉城后，美、李（承晚）军组织反扑。一一二师汉江南岸堤守备，在后勤供应中断情况下，他指挥部队顽强作战，坚持14天，掩护主力安全转移，受到中国人民志愿军总部表彰。1953年，任三十八军政治部副主任。是年4月，任十八军参谋长，后参加板门店谈判，任红十字委员会北方组组长，负责解释、交换战俘等工作。

1954年10月，随军从朝鲜回国，1959月，被授予大校军衔。后任三十八军第一副军长兼参谋长、代军长。1956年1月，任华北防空军副司令员。1957年6月，获中华人民共和国二级独立自由勋章和二级解放勋章。防空军和空军合并后，任北京军区空军副司令员。1959年8月，为确保国庆10周年盛典安全，李际泰同副总参谋长杨成武、空军副司员成钧乘直升机于北京地区多次升空，为地空导弹部队选择地形，部署设防。1961年8月，晋升北京军区空军司令员。1972年3月，调任国务院第三机械工业部部长兼北空司令员。1975年10月，正式转业到地方工作，继续担任三机部部长。后离职休养。1985年1月22日病逝。

王秀峰（1919—2008），原名王健秋，故城县东半屯村人。1938年11月，参加工作，是年加入中国共产党，任冀南六军区政治部干事，后调至冀县敌工站工作。1943年，调至武城县敌工站负责敌伪策反工作。他利用与伪军中队王上士的远房亲戚关系为掩护，化装进入武城县城，对伪军进行策反工作。他给伪军们讲全国抗战形势，讲八路军的政策，痛斥日军累累罪行。经过多次耐心、细致地说服动员，120名伪军官兵是年9月举行反正起义，参加了八路军，给占据武城的日军以沉重打击，为八路军收复武城赢得了主动。

1946年7月，王秀峰跟随刘邓大军渡过黄河，先后参加了郓城、羊山等战役。在羊山战役中表现出色，受到纵队领导的表彰，被授予“模范干部”称号。1947年，跟随刘邓大军挺进大别山，开辟新解放区。1949年，参加淮海战役，多次受到纵队领导的表扬。是年4月，随中国人民解放军渡过长江，解放南京。8月，王秀峰被从部队抽调出做接管工作，任南京市公安局科长。10月，随西南服务团进军大西南。先后任重庆市公安局执行科长，二分局局长、公安学校教育长。1955年5月，历任四川省重庆市沙坪坝区委副书记，重庆钢铁公司革委会副主任。1972年11月，任重庆市委常委、组织部部长，市计委主任，市革委会副主任。1978年9月，任重庆市人民政府副市长兼市建委主任。1983年9月，任重庆市人民政府顾问。

1989年10月，离职休养。重庆市改设直辖市后，享受副省级待遇。2008年7月3日，因病逝世，享年89岁。

董国庆（1921—1997），字章坤，故城县故城镇中镇村人。1928年，入故城镇小学读书。1934年，考入南宫中学。“七七事变”爆发后，学校被迫停办，辍学回家。1938年春，胡和道部驻扎郑口，四处招募新兵。董在胡和道部队当传令兵，并多次参加了胡和道部在郑口抗日战斗。

1940年春，经同乡李福顺介绍，到国民政府交通部公路总局工作。初任稽查一科科员，未久升任科长。在公路总局工作期间加入国民党。1942年春，公路总局派董国庆去乌鲁木齐（时称迪化）交通部驻新疆办事处工作，董国庆任办事处主任。办事处实行军事编制，董国庆为大校军衔。该办事处负责接受苏联政府援华物资，主要物资是汽车、汽油和筑路机械。董国庆会讲俄语，负责与苏方人员接洽，并负责将物资转运至兰州。1942年春至1944年秋，董国庆经手转运了大批抗战物资，这些物资源源不断运到抗战前线，有力地支援了全国抗战。1944年9月，办事处撤回重庆，由于工作出色，董国庆被晋升为公路总局局长。1945年，抗战胜利后，董国庆随同国民政府迁回南京工作。其间，参与了大西南滇缅公路、川渝公路、成昆公路、宝成铁路等大型工程的勘察设计与修筑。

1949年，南京解放前夕，董国庆听从滕代远指挥，组织公路总局全体人员坚守岗位，并保护好重要档案材料（有许多交通工程的勘察设计图纸），等待人民解放军接收。1949年4月，南京解放后，南京军事管制委员会主任刘伯承为董国庆等人签发了起义有功人员证明。董国庆要求回乡工作，军管会开具了返乡安置工作的介绍信。1949年6月，当地政府安排董国庆任小学教师。董国庆先后在小屯乡的何庄、大文庄、裴别王等村小学任教，教学成绩突出，多次被评为模范。1982年4月，董国庆离休，享受县、团级待遇。1997年3月5日，因病逝世。

齐自英（1927—1948），原名齐明全，故城县（原山东武城县）子路村人。年少时心怀正义，17岁投身革命，更名“自英”，以明“志愿投身革命，杀敌成仁”之志。

在中国人民解放军威县军官训练学校毕业后，随刘伯承、邓小平率领的中国人民解放军晋冀鲁豫野战军南下，千里跃进大别山，任见习参谋。在众多的战役战斗中，齐自英奋不顾身，英勇顽强，在艰苦卓绝地斗争中经受考验，加入了中国共产党。

1947年10月初，刘伯承、邓小平率司令部和中原局机关进入湖北黄冈地区，辗转于红安、麻城、蕲春等地。

齐自英所在中国人民解放军第二野战军部队，进驻湖北蕲春地区，与国民党反动派展开了艰苦卓绝的斗争。在蕲春县政府担任“书记”的职务。主要任务是搞急性土改，打土豪分田地分浮财，成立贫农团，扩大武装，打击不法地富和劣绅，围剿山上土匪。

1948年，蒋介石调动兵力，围困鄂豫皖边。刘邓大军遵照党中央毛主席指示，战略撤退。蕲北县委和县政府坚守在老区，按原来部署开展工作。1948年1月25日，国民党返乡团100余人，反扑围攻蕲春县政府，当时只有齐自英和少数警卫勤务人员留守，情况危急。齐自英组织大家处理好机要文件，并率领留守人员突围，展开激烈的斗争，由于孤军无援，战斗中，他和战友张赞的子弹打光，被围困于山坡。面对敌人的劝降，齐自英毫不动摇，和战友用石块继续打击敌人，身中3枪，壮烈牺牲，时年22岁。

1951年湖北蕲春县民政部门，来函联系到山东省民政厅，通知武城县（1964划为故城县）民政局函曰：

贵县子路村革命军人齐自英，于1948年1月25日，在与国民党反动武装的战斗中，英勇杀敌，壮烈牺牲，望接洽，办理起运烈士灵柩事宜。

这时，家中才知道齐自英已经牺牲的消息。1951年10月，齐自英的大哥齐新政与同村人孙金钧前往湖北蕲春。运送烈士灵柩回故城。

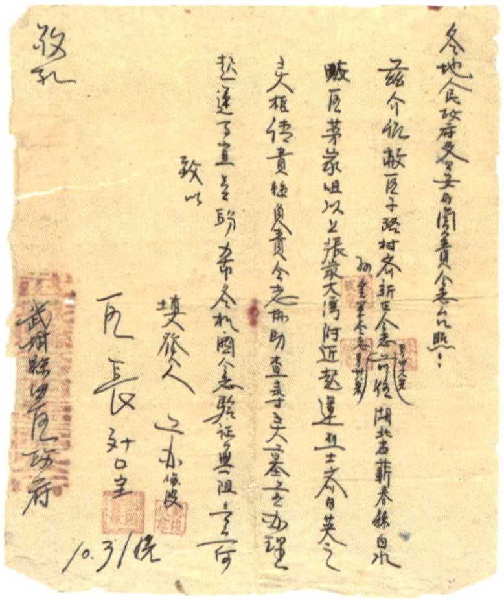
致礼
武城县人民政府
县长

武城县政府开具的运送齐自英烈士灵柩介绍信

烈士魂归故里，葬于子路村，为表达对烈士的褒扬，政府给予烈士家庭颁发烈属证，齐自英的母亲享受烈属待遇；授予“光荣之家”匾牌。

翟金香（1935—1984），故城县翟庄村人。幼年丧父，母子二人相依为命，艰难度日。母亲节衣缩食供翟金香上学，中学毕业后考入保定体校，多次评为“三好学生”“模范共青团员”“优秀学生干部”。

1959年7月，翟金香于体校毕业后参加教育工作。先后于景州中学、龙华中学任体育教师。1970年，于郑口中学任教，时郑口中学仅2名体育教师，其承担8个高中班体育课。常累得口干舌燥，腰酸腿痛，但未误过一节课。

对郑口中学各运动队的组建和训练，翟金香倾注大量心血。翟金香负责田径队训练，每天下午课外活动时其仍“泡”在运动场上。不分节假日，无论盛夏严冬，像年轻人一样奔跑、跳跃，并讲解、示范。1974—1984年，郑口中学分别获衡水地区中学生田径运动会团体总分1次第一名、1次第二名、3次第三名，共为高等体育院校输送新生22名，为地区以上专业运动队输送运动员12名，成为郑口中学体育工作的奠基人和开拓者。

翟金香任体育教研组长时，经他培养的体育教师多成为教学骨干，有2人后成为教研组长。

翟金香曾多次被评为省、地、县模范教师。1982年1月，被《体育报》《光明日报》《文汇报》评为“全国千名优秀体育教师”，获金质奖章1枚。翟金香注重体育教学的改革与创新，其撰写的《合班分组上课》一文，1983年获河北省体育教学论文创新一等奖。

1983年，翟金香加入中国共产党。正当他以饱满热情在事业中纵横驰骋之际，却身患癌症，1984年病情恶化，经救治无效，于7月5日逝世。

王金兰（1935—1975），故城县曹口村人。生产小队长。1975年11月22日下午，王金兰驾驶一辆马车，拉着白菜沿运河大堤送往解放军驻地，突然，马受惊狂奔，顺路向河堤下冲去。堤下一伙幼童惊恐万状，不知所措。王死命拽着缰绳，并大声呼喊：“快闪开！”“快闪开！”马缰拽断，车从其身轧过，英勇献身，幼童得救。

中共故城县委于县城召开万人大会，号召全县人民向王金兰学习，追认王金兰为中国共产党党员，授王金兰“模范生产队长”称号。将王之事迹铅印4000份，发至全县。

《河北日报》以首版整版篇幅，介绍王金兰事迹，河北电台并以头条新闻播放，省政府拨款1万元，于该村为其修建纪念亭。

周概容

周概容（1936—2019），故城县故城镇周庄村人。南开大学教授，莫斯科大学数学系本科，基辅大学研究生，享受国务院特殊津贴。参加了全国硕士研究生入学统一考试《数学考试大纲》的起草和历次修订，连续17年参加全国硕士研究生入学统一考试“数学试题”命题组，并担任组长。出版《概率论与数理统计》《统计学原理》《应用统计方法辞典》《概率统计习题集》等著作十余种，计400多万字；翻译和编译《随机过程论》《高等数学解题手册》《数学百科全书》等著作多种，计350余万字。

曹玉良

曹玉良（1936—2003），唐山市丰润县西赵各庄村人。1963年9月，毕业于河北医学院医疗系，分配到故城县医院工作。1970年10月，加入中国共产党。1993年，晋升为主任医师。先后任故城县医院外科医师、外科主任、副院长、院长、党支部书记职务。衡水市第一届、第二届人大代表，故城县第九、十、十一、十二届人大常委会委员，中华医学会河北分会第一、二届胸外科学会会员。

早在1984年前，曹玉良开展了“食道癌弓上吻合术”“肺叶、肝叶切除术”“肝硬化腹水”“静脉胸导管吻合术”“开颅术”等40多项高难度手术。但当他看到一些心脏病患者得不到及时手术而丧生，痛心不已。从此，他利用业余时间先后购买和阅读了几十万字的心脏外科治疗指导资料，专程到北京军区总医院和省二院拜师学艺。在观摩手术时，历经周折，终于掌握了“心脏二尖瓣狭窄分离术”这一高难技术要领。1984年5月，由他主刀成功实施了第一例“风湿性心脏病二尖瓣狭窄分离术”，打破了当时县级医院不能开展心脏手术的禁区，使故城县医院成为长江以北第一家成功开展心脏手术的县级医院。1985年3月24日，《人民日报》《健康报》和中央广播电台及省地新闻以《农民做心脏手术不用出县了》为题，先后进行了报道。1987年，他又掌握了低温麻醉体外循环心内直视手术这一高难技术。他在心外领域上下求索，不断攀登，先后主刀为全国各地的心脏病患者实施房室间隔缺损、动脉导管未闭、心脏瓣膜置换、法乐氏三联症、四联症等各类心脏手术312列，手术成功率达97%以上，使故城县医院的心脏外科手术水平位居全国县级医院前列。

曹玉良担任院长后，为解决医院设备短缺、群众看病难、住院难的问题，他同医院其他领导多次奔省会、去衡水、跑乡镇、找部门争取资金，建成门诊楼、医技楼和病房楼，给患者创造了一个舒适优美的治疗康复环境；购置了全身CT机、彩超、电子胃镜等大中型先进医疗设备，提高了医院诊断和治疗水平。为激发医务人员的积极性，他大胆推行了责、权、利相结合的科室独立核算新机制。又率先在衡水地区卫生系统实行院长责任制，对科室负责人、医护人员实行逐级聘任制。1993年，为适应社会主义市场经济新形势，他根据医疗、医技、后勤、行政四个体系人员岗位职责，实行不同形式的综合目标管理责任制。日益完善科学的管理措施，增强了职工的向心力、凝聚力，形成全院创新务实、争做贡献的良好工作风气。是年，故城县医院被省卫生厅批准为“二级甲等医院”；1999年又被卫生部、国家中医药管理局和解放军总后卫生部联合授予“全国百佳医院”称号。

1999年4月，曹玉良改任院总支书记。他全力配合、支持新院长开展工作，持续购置高精尖医疗设备，不断引进正规医学院校的优秀毕业生，加强与大医院的业务联系，提高医院整体医疗技术水平。2003年春夏之交，“非典”疫情从南至北在全国肆虐。在防治这一新型的传染力极强、死亡率极高的烈性传染病的战役中，县医院作为全县唯一的防治定点医院，曹玉良不顾67岁高龄，担任院专家组组长。他不顾疲劳、不怕危险，亲临一线，和疑似病例面对面询问病情，取得一手资料，与年轻医生一起通宵达旦会诊。以对病人、对全县人民高度负责的精神和严谨的科学态度、精湛的医疗技术，数次排除险情，守住非典为零的防线。

1986—2003年，曹玉良先后被省委、省政府、卫生部授予“劳动模范”“全国优秀院长”“优秀专家”等多种称号。1993年经人事部批准享受国务院政府特殊津贴。

2003年11月29日，曹玉良积劳成疾，突发心脏病逝世，享年67岁。

胡海兴（1939—1982），故城县胡别王村人。1959年，胡海兴参加岳城水库工程施工。1969年秋，故城县参加根治海河工程，胡海兴已连续8年出工修河，第九年仍要求继续出工，此次施工中，被评为先进工作者，并被誉为“大车王”。

胡海兴以雷锋为榜样，助人为乐。1973年，村民刘风英老人独子猝然死亡，老人独身一人，生活困难，胡海兴即主动赡养老人，十年如一日，直至老人去世。

胡海兴一生多次参加灭火。1980年秋某日，其见河堤未剥玉米堆起火，奔向火场时鞋子跑掉，赤脚跑到火场，无灭火工具则脱下上衣扑打。火被扑灭，玉米免遭损失。

1982年8月22日中午，胡海兴于坑塘边刷洗羊只，忽听“哥哥，快来……”的呼救声，少年胡路营滑进3米多深水坑。不识水性的胡海兴，未待喊人，纵身跳入水中，多次用头将少年顶出水面，但因坑壁陡滑，几经反复，均未上岸，两人同时沉入水中，时经闻讯赶来的村民奋力打捞，少年得救，胡海兴因沉入水中时间过长，心脏停止跳动。

是年，中共小屯公社党委根据胡海兴生前事迹和要求，追认其为中共党员，并授予“模范共产党员”称号。

杨殿才（1939—1963），故城县千户庄村人。1955年加入中国共产主义青年团，1959年加入中国共产党。生前任千户庄第三大队共青团支部书记、民兵连长。1963年8月上旬，杨殿才带领千户庄第三大队35名青年民兵在卫运河青罕公社堤段防汛，抢修了长93米、6米铺底、4米封顶、高1米的大堤子捻。漳卫河上游决口后，因千户庄地处行洪区，他奉命回村抢修护村捻。带领全队60多名青年民兵修堤、行夯、打桩、挂柳，连续战斗了3个昼夜。22日晚，他劝年老体弱的老队长回家休息，自己冒着倾盆大雨和几个青年民兵巡回守堤，一夜摔倒了十几次。次日凌晨，洪水越来越大，他见成熟的黍子再不收就会被洪水全部冲光，于是和生产队长商量涉水抢收。队长知道他水性不强不让他去。但已精疲力尽，直腰都费力的杨殿才，素有一股见困难就上的犟劲，二话没说拿起镰刀绳子就下了水。待把10多亩黍子割完大部运回时，洪水越涨越凶，按原路返回已有困难。杨殿才托着一捆黍子，强渡4米深、30多米宽的庙台子沟时，被卷入激流，为抢救集体财产献出了宝贵的生命，年仅24岁。9月27日，共青团故城县委号召全县团员青年学习杨殿才为群众利益英勇献身的革命精神。1964年7月，经中共河北省委、省人民委员会批准为抗洪模范。

张长善（1956—1996），故城县故城镇张庄村人。1975年9月，调入故城县公安局，后任刑侦大队痕检技术员，1984年3月，任刑侦大队副大队长，1989年，晋升为痕检工程师。1996年，在抓捕行动中牺牲，时年40岁。

张长善工作一丝不苟，嫉恶如仇。1988年1月8日，武官寨镇某村几名女学生在放学路上遭一歹徒拦截强奸。张长善带技术员姜书峰等人赶到现场时已是晚上8点，迅速查看现场并对现场采取保护措施。第二天天刚亮，他就带头在现场进行勘察。张长善俯身按一定顺序认真勘察，逐个痕迹判断辨别，早饭顾不上吃，在寒冷的天气里，一直干到中午，终于在中心现场外400米处发现了可疑痕迹，经反复对比，确定是犯罪分子留下的脚印。他当场提取了脚印花纹，最终抓获了犯罪分子。

1995年正月十五日，西半屯镇西半屯村一个体户家中发生纵火案。张长善带队急速赶到现场。事主张罗着让他们一行吃饭，张长善摆手谢绝。当时刮着西北风，张长善怕现场痕迹被刮破坏，立即勘察。面对一片狼藉的现场，经过近一个小时的勘察，发现案犯遗留的一枚指纹。已是下午1时，事主再次请他们吃饭，又被谢绝，张长善就地铺开绘图纸，精心绘制现场图。直到下午2时，勘察工作结束。经过缜密排查，十几个嫌疑人均被排除。只剩一名嫌疑人外出打工，去向不明。麦收时，此人刚一归家，张长善就闻讯前去提取该人的指纹。嫌疑人用镰刀把手上的指纹割得面目全非。回到局里，张长善把这枚指纹放在显微镜下，连续甄别三天三夜，终于认定罪犯。

1996年11月29日晚，建国镇毛店村一个体医生接到匿名电话，以杀害其子相威胁，妄图敲诈现金10000元，限次日深夜送到辛堤村北小桥下。公安局接到报案后，责成刑侦队成立专案组侦破此案。刑侦大队长刘健永、副大队长张长善立即布置，一面派员监控电话，一面组织民警实施阵地控制。案犯多次打电话威胁，并不断改变交钱地点，致使布控未果，电话是长途，案犯行踪飘忽。12 月 3 日上午 9 时 30 分，案犯又打电话进行最后通牒，让晚 7 点将钱送往清河县北渡口驿村北涵洞处，否则杀害其全家。面对犯罪分子的猖獗，民警们抱着对人民生命财产负责的责任感，主动请战。局领导决定，由刑侦大队副大队长张长善率领 6 名队员，前往交钱地点设伏围捕案犯。到达现场外围后，张长善根据现场地形，再次研究了案情，制定了设伏方案。

晚 7 时，夜色漆黑，民警冒雨分三组进入设伏地点，张长善带队员张强埋伏在渡口驿村北，切断案犯的退路。7 时许，一蒙面人接近涵洞，在附近四下张望窥探。埋伏在附近的两名民警见其形迹可疑，断定其为案犯，扑向蒙面人。数步之外的蒙面人向渡口驿村逃窜，两名民警在后面紧追不舍，侧面埋伏的两名民警也包抄上来。从涵洞处至渡口驿村仅几十米的距离，狂奔的蒙面人转眼间就接近了张长善的设伏点。因蒙面人后面有战友紧追，不能冒然开枪，如蒙面人逃脱，背后就是村庄街道，不远处又有两个村庄相连。情况紧迫，张长善毫不犹豫，挺身截住蒙面人，转瞬间一场生死搏斗，穷凶极恶的歹徒见无法脱身抽出随身携带的长刀向张长善猛刺一刀，脱身又逃。张长善忍住剧痛，随后追去，当追出 20 多米后，因流血过多，伤重倒地。随后跟上的民警见歹徒行凶，无比愤恨，眼看歹徒已逃进胡同，民警们鸣枪示警无效，果断举枪射击，将歹徒击中擒获。张长善因伤势太重，壮烈牺牲。

张长善牺牲后，县委、县政府连夜召开紧急会议，作出追认张长善为优秀共产党员和向张长善学习的决定。12 月 5 日，追悼大会在县礼堂召开，各级领导的千余名群众挥泪送英灵。省委副书记许永跃、省政法委、省公安厅和公安部，相继发来唁电。公安部追授其“二级模范”称号。

第二章　明清人物名录

故城县自古人才辈出，仅明清时期有记载的文、武进士达 40 人。

吕恕，明景泰五年（1454 年）进士，河南怀庆知府（正四品）。

马骢，明天顺八年（1464 年）进士，浙江湖州知府（正四品），祖籍大都，马中锡从兄。

马中锡，明成化十一年（1475 年）进士，都察院左都御史（正二品），解元。

李咨，明成化十七年（1481 年）进士，陕西道监察御史（正七品），马中锡同学。

孙绪，明弘治十二年（1499 年）进士，太仆寺卿（从三品），二甲第一。

李际可，明弘治十五年（1502 年）进士，四川承宣布政使司右布政使（从二品），李咨次子。

杨时周，明正德三年（1508 年）进士，陕西提刑按察使司佥事（正五品），孙绪同学，祖籍山西屯留。

李献可，明正德六年（1511 年）进士，陕西提刑按察使司副使（正四品），李咨长子。

王民，明嘉靖二年（1523 年）进士，河南知府（正四品）。

陈旌，明嘉靖三十五年（1556 年）进士，江西饶州知府（正四品），周世选同学，后改名陈桂，祖籍苏州府西华县。

张守贞，明嘉靖三十五年（1556 年）进士，户部主事（正六品）。

潘一桂，明嘉靖三十八年（1559 年）进士，陕西提刑按察使司副使（正四品）。

周世选，明嘉靖四十一年（1562 年）进士，南京兵部尚书（正二品）。

宋诺，明嘉靖四十四年（1565 年）进士，山东兖州知府（正四品），二甲第四，祖籍山西屯留。

马蔼，明万历十一年（1583 年）进士，户部郎中（正五品），后复姓张。

田吉，明天启二年（1622 年）进士，太子太保兵部尚书（从一品），崇祯二年被斩首。

杨天锡，明天启二年（1622 年）进士，户部河南清吏司主事（正六品），二甲第二。

王开期，清崇祯十年（1637 年）进士，河南封丘知县（正七品）。

孙遂，清顺治四年（1647 年）进士，河南息县知县（正七品），孙绪曾孙。

崔作霖，清顺治六年（1649 年）进士，江西崇义知县（正七品）。

姚挺，清顺治十二年（1655 年）武进士，广东高州镇标守备。

权进朝，清顺治十二年（1655 年）武进士，陕西靖远卫守备。

崔魁光，清顺治十二年（1655 年）武进士，江南守备。

刘梅，清顺治十五年（1658 年）进士，河南观察使署粮储道（正四品）。

陈之佐，清顺治十八年（1661 年）进士，上海知县（正七品）。

秘丕笈，清康熙十二年（1673 年）进士，兵部侍郎衔提督陕西学政，祖籍通州。

刁克崇，清康熙十五年（1676 年）进士，中书。

冯文蔚，清康熙二十七年（1688 年）进士。

任谦，康熙三十三年（1694 年）进士，福建闽县知县（正七品）。

曹廉，清康熙三十九年（1700 年）武进士，武昌卫守备。

蒋书升，清康熙四十二年（1703 年）进士，户部主事（正六品）。

沈寅清，清康熙四十八年（1709 年）进士。

贾国佐，清康熙五十四年（1715 年）武进士，都司。

秘象震，清雍正二年（1724 年）进士，都察院左副都御使（正三品），秘丕笈曾孙。

贾如玺，清雍正二年（1724 年）进士，主事（正六品）。

王建中，清乾隆七年（1742 年）武进士，御前侍卫。

刘龙甲，清乾隆十八年（1753 年）武进士，署守备。

贾掞，清乾隆五十二年（1787 年）进士，兵部主事（正六品）。

贾臻，清道光十二年（1832 年）进士，贵州布政使（从二品）。

贾任洙，清道光十三年（1833 年）武进士，卫守备。

第三章　现代人物名录

1947—1952 年，根据中共中央的战略部署，抽调大批干部随人民解放军南下接管江南新区政权。故城县按照中央部署挑选两批干部随新兵向南转移，或从域内调出到江南、大别山等地。中共冀南二地委组织部资料记载有 176 名。这些故城籍干部及当时在故城工作的外籍党员干部南下后多在湖南、湖北、广西等地工作，为中华人民共和国的成立和建设事业做出了重要贡献。

第一节　南下干部名录

域内有南下干部 176 名，虽经多方查寻，但因年代久远和档案资料的缺失，无法全部录入姓名。表一为 1949 年中共冀南二地委组织部统计，表二为 1994 年故城县委组织部统计。

故城县南下干部一览表（一）

表 28-1

姓　名	性　别	年　龄（岁）	入党年份	原　籍	职　务
韩芳宇	女	31	—	—	县妇女主任、地妇委副书记、地宣教科科长、办公室副主任

续表 28-1

姓　名	性　别	年　龄（岁）	入党年份	原　籍	职　务
郝仪武	男	28	1937	—	组织部部长（12 岁参加工作）
程焕星	男	40	—	巨鹿县	县长、1938 年任县战委会部长，组织部部长；1939 年任政府行政科科长、主任科员、科长；1941 年任隆平县政府秘书、县长；1945 年任隆平县秘书
张献尊	男	—	—	故城二区召村	—
李子敬	男	35	—	—	1941 年区委书记
李福章	男	40	—	三朗南镇村	1945 年参加工作，任冀南银行会计
秘相顺	男	24	—	—	1945 年参加工作，任县财政科副科长
王立桥	男	—	—	高小营村	—
杨贯海	男	—	—	红庙村	村干部
王玉华	女	23	—	—	银行出纳
刘华新	男	30	—	大刘孝子村	1944 年参加工作；1946 年公安局任会计；1948 年任副股长
刘子明	女	—	—	故城四区	—
陈化善	男	39	—	故城一区十里铺村	—
杨树法	男	25	—	故城三区	—
冯福善	男	34	—	故城三区	区长
豆　村	男	42	1945	故城三区	区长
张　勤	女	21	—	—	宣传委员
张建忠	男	30	—	—	1945 年参加工作，任区委会委员
冯玉成	男	26	—	—	1949 年参加工作，任财务助理
孟光严	男	—	—	—	民政助理
谷玉兰	女	25	1948	故城四区响沟村	—
张树栗	男	26	1945	故城二区万小麻村	—
秘相舞	男	25	1949	故城县四区石槽村	—
姜文贵	男	17	—	故城县四区张庄村	—
杜家勤	男	30	—	故城县四区前香坊村	—
陈仲善	男	25	—	故城县四区张庄村	—
郭念荣	男	33	1945	故城县一区大文庄村	—
刘印法	男	43	—	故城二区北化村	—
李世昌	男	30	1944	故城县四区千户村	—
秘宝田	男	41	1945	故城县四区前沙岗村	—
李文华	男	21	1946	故城县二区周小麻村	—

续表 28-1

姓　名	性　别	年　龄（岁）	入党年份	原　籍	职　务
刘希达	男	32	1947	故城县一区小召村	区长
费明华	男	25	1944	景县五区朴庄村	—
张配生	男	19	1949	故城三朗镇	—
马振云	男	25	1946	故城县三区小杨村	—
王宝珍	男	27	1943	故城县二区大寨布村	—
丁金中	男	30	—	故城县丁庄村	—
李风香（李灿云）	男	27	1945	故城县四区小李庄村	区长
蒋仪清（蒋朝中）	男	30	1943	故城县南芦庄村	区书记
万风兰	男	31	—	—	28 岁参加工作，区二所、建设助理员；31 岁任副区长
白长生	男	41	—	小杨村	1945 年参加工作
刘普同	男	33	—	—	初小教员
马振盈	男	25	—	小杨村	1948 年参加工作
张丕生	男	18	—	三朗镇	15 岁在区当通讯员；1948 年提升区干
刘玉兰	女	23	—	故城县三区房庄乡刘庄村	1948 年在县委会训练班参加工作
冯国瑞	男	30	—	后孟町村	1935 年任区秘书；1937 年任武委会主任
任洪熙	男	24	—	故城县四区	22 岁参加工作，任组织干部
刘月华	男	27	—	南芦庄村	1945 年任教员
姜翠臣	男	24	—	大杨村	21 岁参加工作
田根元	男	24	1945	郑口镇	1948 年参加工作
刘仲秀	女	32	—	堤口村	1945 年任村妇会主任
丘伯亭	男	42	—	杨梧茂村	1948 年参加工作
丁兰桥	男	26	1943	大杨村	1948 年党委受训
李秀芬	女	21	1946	大梧茂村	—
刁石友	男	24	1944	刁孝子村	1942 年参加工作
孙振明	男	28	1938	—	支部书记
刘丙珍	男	32	1948	大寒布村	支部书记、区长
郭念俄	男	34	—	—	区委会组织委员、村长
王风仪	男	23	—	何庄村	—
王立禄	男	20	—	故城县一区	—
任　章	男	39	—	—	1941 年任区地委交通员、股长

续表 28-1

姓　名	性　别	年　龄（岁）	入党年份	原　籍	职　务
芦建忠	男	32	—	—	区长
刘希治	男	32	—	故城县二区第八	1942 年参加工作
张光发	男	35	—	—	建设科员
万金盈	男	25	1945	故城一区北万庄村	—
陈怀旺	男	32	—	—	—
杨瑞普	男	24	—	—	—
颀玉兰	女	—	—	—	发运干事
刘希志	男	33	1944	故城县二区大第八村	—
刘锡达	男	31	—	—	区工所秘书
康品清	男	36	1945	武城三区康庄	1934 年参加工作，抗日教员
姜文桂	男	16	—	—	银行工作人员
贾延岐	男	24	—	—	民政科科员、会计
仲　喜	男	24	—	—	审计科科员
苏　仪	女	—	—	—	12 岁任小组长、指导员
闫金珩	男	—	—	—	1948 年参加工作
姜朝中	男	29	—	芦庄村	—
王保珍	男	28	—	—	—
刘兰顺	男	25	—	—	—
张兴华	男	29	—	北化村	—
杨树茂	男	32	—	—	—
马丙昌	男	28	—	故城县三区阳村	—
李春来	男	38	1944	故城县三区三朗镇	—
杨印海	男	—	—	贾别王村	—
陈印学	男	25	—	—	—
大　存（申文英）	女	21	1945	故城县三区鹿豕村	—
程长顺	男	25	1945	故城县二区裴庄村	—
李俊杰	男	—	—	—	—
李玉丰	男	—	—	大杏基村	—
张树立	男	—	—	万小麻村	—
刘信符	男	—	—	故城县三区	—
刘印德	男	—	—	—	—
田长生	男	—	—	南镇村	—

续表 28-1

姓　名	性　别	年　龄（岁）	入党年份	原　籍	职　务
张世俊	男	—	—	中镇村	—
刘仪建	男	—	—	—	—
冯振英	女	—	—	—	—
张世会	男	—	—	—	—
石　延	男	—	—	—	—
王　义	男	—	—	—	—
徐俊新	男	—	—	—	—
鲁子青	男	—	—	—	—
万金学	男	—	—	—	—

说明：故城县南下干部登记表内共有干部 102 名，男性 90 名；女性 12 名；因年代久远，部分档案遗失，收集资料不尽完善

故城县南下干部一览表（二）

表 28-2

姓　名	居住地	原　籍	原职务 / 原工作单位
马纯一	长沙市又一村 11 号	青罕村	湖南省人民检察院检察长
孙怀珍	长沙	小庙乡刘阜村	湖南省建筑设计院党委书记
李汝章	长沙市又一村 11 号	三朗乡尹里村	湖南省人民检察院处长
李建堂	长沙市人民路七七〇厂	红庙村	七七〇厂党委书记
张书香（张福祥）	长沙市红旗区 4 片 6 栋 2 楼	红庙村	益阳市人大常委会主任
刘国璞	长沙市省进出口总公司一楼	西原隰村	省进出口总公司顾问
刘玉善	湖南省公路局宿舍一栋	辛庄乡三务村	省公路技校书记兼校长
李振国	长沙市白马庙民政局宿舍	故城镇马厂村	长沙市民政局局长
刘国黄	长沙市交通学院	西原隰村	长沙交通学院组织部部长
张文广	省政府东区五栋一楼	瓦子庄乡张庄村	湖南省政府副省长
于振忠	长沙市韶山路宿舍	三朗乡尹里村	韶山路百货大楼党委书记
苏津清	—	武官寨柴庄村	湖南省农业厅副厅长
吕宝祥	—	要庄乡毛店村	湖南省医药局局长
蒋怀玉	—	—	湖南省水利厅
李　顺	—	军屯乡大辛庄村	湖南省人大华侨民族外事委主任
万金中	—	夏庄乡万庄村	湖南农学院院长
张金本	—	白佛寺村	航天工业部长沙三设计院

续表 28-2

姓　名	居住地	原　籍	原职务 / 原工作单位
李剑（纪振刚）	—	庙灵乡大寨布村	长沙军分区干休所
王迟书	—	武官寨书村	长沙人大财经委主任
刁其发	—	刁孝子村	湖南株洲市安装公司汽车队长
鲁恒仁	—	—	湖南教育学院平江分院
任国其	—	—	湖南常德市电影公司经理
任洪岗	—	西原隰村	湖南安乡县劳动人事局长
刘新华	—	大刘孝子村	湖南衡阳自来水公司经理
翟立普	—	—	湖南益阳地委
冯金柱	—	—	湖南益阳行署计委
郭立朝	—	饶阳店镇刘辛庄村	湖南益阳行署副专员
吕　静	—	要庄乡毛店村	湖南益阳地区人事部部长
武兆元	—	—	湖南株洲化工厂
蒋朝中	—	—	湖南常德地区农业学校
苏玉其	—	—	湖南怀化地区化工局
苏建中	—	—	湖南怀化地区航运局
平吉奎	—	建国镇建国村	娄底地区行署专员
李福祥	武汉	西半屯乡西半屯村	省工商局副局长
冯洗尘	武昌水果湖茶巷七号	枣强（在故城县南下）	湖北省纪委书记
张耕野	湖北省民政厅干休所	—	湖北省民政厅副厅长
袁振东	武汉	袁庄乡袁庄村	湖北省劳改工作局副局长
李继贞	武汉市汉口青年路 98 号 1 栋 4 楼 2 号	杏基乡大杏基村	武汉警备区航测干休所
王桂华	—	赵行刘堂村	武汉市武警总队后勤部长
冀晨曦	—	—	武汉市人大常委会主任
朱　奎	—	—	湖北省城市建设设计院
王光波	—	—	省外贸局
马福兰	—	夏庄乡韩庄村	湖北机电厂副厂长
王福山	—	要庄乡魏庄村	湖北恩施军区分区团政委
王云涛	汉口市	—	—
刘光远	—	建国镇马庄村	省体育学院副院长
崔树鹤	—	军屯乡	葛洲坝工程局施工科研所副局级所长
陈　义	—	—	武汉钢铁厂
辛　甫	—	郑口镇前黄村	武汉市政协主席

续表 28-2

姓　名	居住地	原　籍	原职务 / 原工作单位
冯希尧	—	青罕乡白庙村	武汉市机电行业
杜秀峰	—	—	武汉市政协副主席
马树忠	襄樊市	建国镇马寺村	襄樊市经委副主任
康砚墨	襄樊市	辛庄乡东辛庄村	东风汽车公司仪表公司党委书记、厂长
王云峰	襄樊市交通局	西半屯乡西半屯村	襄樊市交通局局长
于从瞬	襄樊市荆州街干休所	西半屯乡于洪屯村	宜昌军分区政委
于怀明	襄樊市荆州街干休所	西半屯乡东半屯村	宜昌军分后勤部长
焦　刚	襄樊市	饶阳店镇焦庄村	襄樊市工商局局长
张立盛	襄樊市	武官寨乡	襄樊市供电局
吕玉龙	襄樊市	要庄乡草寺村	襄樊市政法委员会
王玉峰	襄樊军分区民主东路干休所	半屯乡西半屯村	—
袁增祥	襄北驻樊干休所（春园路 22 号）	袁庄乡东袁庄村	湖北省襄北农场
任立顺	襄樊市	东原隰村	襄阳地区专员
沈汉民	襄樊市委大院	辛庄乡高小营村	市政协主席
崔寿臣	襄樊市委大院	房庄乡吴村	市人大常委会副主任
杜连真	襄樊市委大院	—	水利局办公室主任
王风岭	襄樊市	赵行乡小街子村	建筑材料工业局局长
郝逢武	宜昌市	辛庄乡高小营村	宜昌市市长、人大常委会主任
陈子平	—	故城镇中镇村	襄樊航运局党委书记
郭金成	—	三朗乡北岭踪村	襄樊市中医院
刘庆润	—	—	襄樊市中药材公司
焦林安	—	—	襄阳县副县长
李　才	十堰市	—	襄阳地区专员
霍　英	十堰市	—	—
孙芸生	—	故城县子路村	第三、四、五届柳州市市长

说明：故城县南下干部登记表内共有干部 74 名，因年代久远，部分档案遗失，收集资料不尽完善

附

故城县南下干部孙芸生

文 / 刘明文

孙芸生同志是河北省故城人，生于 1913 年，聊城师范结业。1940 年参加革命，1946 年 7 月加入中国共产党。调来柳州市工作之前，曾任冀南教育处工作员、科长、秘书、县长、局长、来宾县县长和县委书记等职务。

1984 年 8 月 27 日，中共广西壮族自治区委员会为在“文化大革命”中被迫害的原中共柳州市委副书记、市长孙芸生平反昭雪，恢复名誉。自治区党委在为孙芸生平反的文件中指出：“孙芸生同志为党忠诚，热爱党的事业，努力学习，积极工作，

爱护同志，关心群众，立场坚定，实事求是。在民主革命和社会主义革命、社会主义建设中对人民做了许多有益的工作，做出了贡献。特别是在工业发展和城市建设中做出了较显著的成绩。”

孙芸生是1949年11月随军南下广西工作的干部，先在来宾县任县长，1953年9月调任中共柳州市委企业部，先任副部长，后任第二部长兼市工会联合会代主席。1954年6月至1967年春，任市委常委、副书记、书记处书记。其间，1954年8月—1958年8月兼任市委工业部部长。1956年12月任柳州市人民委员会副市长，1959年1月至1967年春，连任柳州市三、四、五届市人委市长（1960年3月—1961年3月地、市合并期间，马振东任市长。地市分设后，孙芸生续任市长）。1973年7月—1975年7月，任市委常委、市革命委员会副主任。

从1956年孙芸生担任市领导职务之日起，他就把全部精力投入柳州市的城市建设和工业建设中去。解放前，柳州市区狭小破烂马路不平，电灯昏暗，污水横流，房屋陈旧破烂；虽是交通枢纽，但是铁桥未修复，市区两岸靠浮桥相连。解放后，经过国民经济恢复时期和“一五”计划建设时期，柳州市的城市建设取得了很大成绩。电厂水厂经过改造，发电和供水能力大大增强；修复了柳江铁桥；街道马路普翻修成为混凝土或沥青路面；市区开始有了排污下水道；拆除了破烂危房，为搬运工人兴建了河南、河北搬运新村；教育卫生事业有了发展。孙芸生担任副市长期间，积极协助市长周彤，团结政府一班人决心狠抓城市建设，把柳州市建设成为社会主义的新兴工业城市。全市人民为扩大市区和增加道路、修建连接市区两岸的公路大桥，扩建柳侯公园，进一步美化城市面貌而努力工作。1957年，市政建设工程共完成大小工程64项，其中修建道路27条，修缮大小水沟3条，总长7593米；填平了螺丝塘及维新巷、龙家巷、天马西路的4个臭水塘；绿化造林植树43万株；市区建成面积由解放初期的3.14平方公里，扩大了4倍；设计了城市近期和远景初步规划，为第二个五年计划的工业建设、交通运输及其他社会发展的建设铺平了道路。他任市长后和副市长徐锡文一道，共同为扩建市区和新建道路而废寝忘食地工作。他们是柳州市军民共建城市活动的首批发起人，数万人次的解放军官兵建成了八一路。市党政领导带头参加全民义务劳动，相继建成了五一路、跃进路；扩建了屏山大道、龙城路、北站路、解放北路；扩建了飞鹅桥。孙芸生亲自抓柳州江公路大桥的兴建，从蓝图设计、资金筹措、人才引进、物资供应、工程计划等方面，他都给予关心和指导（1968年12月柳江大桥建成通车，他虽然身处逆境被非法监禁，每月只有15元生活费，但他仍感到无比的欣慰）。1965年柳侯公园扩建成功，成为市区中的一块生命绿洲。

柳州市的大规模的经济建设始自1958年的“大跃进”年代，市党政领导机构按照党中央和自治区党委的指导精神，宣传贯彻“鼓足干劲，力争上游，多快好省地建设社会主义”的总路线，组织全市大办工业和大搞农田水利建设。在三年经济困难时期，市委和市人民委员会领导人，团结和组织全市党委和各族人民，按照中央的政策大力纠正“左”的错误，对国民经济进行调整，从而减少和挽回损失。孙芸生在大办工业的热潮中，负责领导工业规划和重点工程的布局和建设指挥。尽管在经济建设中出现困难和错误，但是他提出的许多正确的主意和决策，特别是工业区的合理布局方面的决策，实践证明是正确的。柳州市的工业框架的形成，柳州钢铁厂、柳州水泥厂、建筑机械厂（今工程机械厂）、动力机械厂（今微型汽车厂）、柳州电厂、柳州化肥厂等8个重点项目的建成，为柳州的工业发展打下了物质基础并积累了经验教训。在农田水利建设方面，郊区建成了6个中小型水库，改善了农业生产的水利条件。1963年孙芸生带领一批工厂企业的领导和科技干部，到上海学习企业管理、技术革新、技术革命的先进经验，从上海引进科技人才和先进技术，在柳州市掀起学习上海的热潮，推动柳州市工业生产上了一个新台阶。到了1966年年底，由于全市人民的艰苦奋斗，全市工业总产值（1957年不变价）完成3.06亿元，基本恢复到1960年历史最高的3.13亿元的水平；工厂企业由“一五”时期的100多个发展到257个；国营企业职工由1956年的2万多人增至51694人；柳州市工业总产值1957年占自治区的9.10%，到1966年占18.67%。

第二节　故城县籍党政领导干部名单

故城籍党、政领导干部在全国各地、在各自岗位上，为社会主义建设做出突出贡献。因这些人员分布范围遍及全国各地，通联方式不尽全面准确，无法全部查询登记，仅录入1949—2010年的部分各级领导干部名单。

1949—1987故城县籍党、政领导干部名单

表28-3

姓　名	工　作　单　位	职　务	籍　贯
李子敬	内蒙古包头钢铁公司	副经理	原隰乡车田村
魏　章	中共河北省委顾问委员会	秘书长	建国镇巩庄村
刘远光	湖北省武汉体育学院	副院长	建国镇马庄村
郭立朝	湖南省益阳地区行署	副专员	饶阳店乡刘辛庄村
马纯一	湖南省人民检察院	检察长	青罕乡青罕村
赵　洪	山东省政府	副省长	赵行乡赵行村
王濯之	桂林冶金地质学院	副院长	三朗乡三朗村
杜家勤	湖南省军区杜家园干休所	副师级政委	郑口镇前香坊村
崔树鹤	葛洲坝工程局施工科研所	副局级所长	军屯乡军屯村
梁再生	北京市建筑工程局	副局级处长	杏基乡前响沟村
杨泽久	黑龙江省佳木斯市总工会	主　席	饶阳店乡杨辛庄村
贾素萍（女）	中共中央组织部干审局	副局长	郑口镇
翟立普	中共湖南省益阳地委	顾　问	原隰乡前土营村
任仲全	劳动人事部保险福利局	副局长	原隰乡西牟村
周浩然	邯郸地区行署	专　员	小屯乡周庄村
周肇五	河北省第二医院	副院长	小屯乡周庄村
李福祥	湖北省工商局	副局长	西半屯乡西半屯村
姜树桢	鞍山市农林局	局　长	西半屯乡南召村
平吉奎	湖南省娄底地区行署	专　员	建国镇建国村
陈子庸	国务院办公厅信访局	局　长	小屯乡陈庄村
张金本	航空航天工业部第三设计院	主　任	原隰乡白佛寺村
周毅民	天津市政协	副主席	小屯乡周庄村
白栋臣	第三军医大学第二附属医院院务部	部　长	梧茂乡马军寨村
郝逢武	湖北省宜昌市人大常委会	主　任	辛庄乡高小营村
秘锡禄	解放军第七十一医院	师级政委	郑口镇五户村
李汉英	中国农垦南方公司	副总经理	原隰乡西田村
刘国璜	长沙交通学院组织部	局级部长	原隰乡西原隰村

续表 28-3

姓　名	工　作　单　位	职　务	籍　贯
叶津生（女）	北京市东城区人大常委会	副主任	郑口镇大街
李广博	中国科技会堂	主　任	房庄乡大梧茂村
张世栋	青岛一轻局纪律检查委员会	副书记	原隰乡张田村
崔寿臣	湖北省襄樊市人大常委会	副主任	房庄乡前吴村
刘国璞	湖南省进出口总公司纪律检查委员会	书　记	原隰乡西原隰村
张玉荣	中共西藏自治区委员会	副秘书长	西半屯乡盐厂村
王群伍	河北省委组织部	副部长	原隰乡牟村

说明：因人员分布各地，虽经多方搜集，仍有遗漏者；以上为 1987 年统计

1987—2010 年故城县籍党、政领导干部一览表

表 28-4

姓　名	性　别	工 作 单 位	职　务	籍　贯	备　注
李建华	男	中组部	副部长	郑口镇前排村	—
祁茗田	男	浙江省委党校	常务副校长、政协常委	建国镇民主村	—
焦正怀	男	国务院办公厅后勤部	书记	三朗乡朱往驿村	—
姜文鹏	男	中纪委机关纪委办公室	主任	西半屯镇南召村	—
徐建忠	男	河北省纪律委员会	常委	武官寨镇前屯村	—
周朝禹	男	对外贸易司	司长	郑口镇孟古庄村	—
商登莹	男	国家安监局事故调查司	司长	夏庄镇四新村	—
马际堂	男	浙江省金华市	原市委副书记兼政协主席	武官寨镇马庄村	—
袁树峰	男	河北省政协文史委员会	主任	故城镇北袁庄村	—
卢国旺	男	广东省交通厅	厅长	故城镇裴别王村	—
李荣振	男	德州市人大常委会	主任	三朗乡大李庄村	—
王金国	男	邯郸市检察院	检察长	建国镇	—
程栋才	男	河北省外事办	主任	故城镇南镇村	—
李　才	男	湖北省祁阳	原地委书记	军屯镇大辛庄村	—
高　华	男	湖北宜昌	原地委书记	郑口镇南镇村	—
赵金国	男	华北勘探局	局长	军屯镇贾庄村	—
王文善	男	宁夏回族自治区吴忠市政协	原政协主席	辛庄乡碱场店村	—
高振晶	男	福建省泉州市	市长	西半屯镇高庄村	—
黄占魁	男	四川省长途通讯传输局	党委书记	故城镇大第八村	—
孙立军	男	海拉尔市政府	市长	西半屯镇瓦子庄村	—

续表 28-4

姓　名	性　别	工作单位	职　务	籍　贯	备　注
苏兰洲	男	天津市人大常委会	常委、副秘书长	房庄乡董学村	—
李　顺	男	湖南省交通厅	原厅长	军屯镇大辛庄村	—
孟庆海	男	辽宁省新民市统战部	原部长	建国镇于姑屯村	—
袁方坤	男	信息产业部	党委书记	西半屯镇西桥村	—
于成敬	男	公安部一局	局长	西半屯镇于庄村	—
张金本	男	中国航空工业第三设计院	原政治部主任	三朗乡白佛寺村	正厅级待遇
康延宾	男	原郴州地区行政公署	巡视员	故城镇马厂村	正厅级待遇
李玉泉	男	河北省省国资委监事会	主席	军屯镇胡官屯村	—
孙庆堂	男	内蒙古呼伦贝尔盟经委	原主任	西半屯镇瓦子庄村	—
李文起	男	石家庄市纪委	书记	房庄乡南林子村	—
张留平	男	西安市政法委	书记	三朗乡新崔庄村	—
高忠民	男	四川省内江市委	原党委书记	饶阳店镇时庄村	—
王　中	男	山东省建委	原党组成员、主任	军屯镇军王庄村	—
尹士倍	男	广西壮族自治区电力局	原纪检书记	郑口镇西城镇村	—
张建军	男	山西省文化厅	副厅长、党组书记	辛庄乡西辛庄村	—
吴寿章	男	中国奥委会	副主席	军屯镇	—
郭　青	男	中央财经领导小组办公室	副局长	郑口镇东排村	—
苏金秀	女	财政部	会计司副司长	房庄乡堤口村	—
曹建峰	男	国务院机关事务管理局	副局长	武官寨镇梁庄村	—
刘焕江	男	广东省肇庆市人大常委会	原副主任	三朗乡西原隰村	—
张振东	男	石家庄市人大常委会	副主任	郑口镇葛村	—
贾彦明	男	衡水市人大常委会	副主任	郑口镇大杏基村	—
刘家科	男	衡水市政协	副主席	建国镇要庄村	—
秘际波	男	最高人民法院政治部	副主任	郑口镇	—
王炳森	男	河北省检察院反贪局	副局长	辛庄乡高小营村	—
树文海	男	黑龙江省税务局	原副局长、机关党委书记	西半屯镇高庄村	—
张宝达	男	河北省委机关事务管理局	副局长	三朗乡白佛寺村	—
李瑞江	男	漳卫南运河管理局	副局长	军屯镇高行杖村	—
王玉振	男	国土资源部副局级室	主任	西半屯镇十二里庄村	—
贾庆广	男	中国工程院机关纪委	纪委副书记	武官寨镇	—

说明：因人员分布各地，虽经多方搜集，仍有遗漏者；表内“—”为资料不详

第三节　故城籍模范先进人物名录

1950—2018年，在中华人民共和国成立后不同的历史时期，故城县涌现出一大批模范先进人物，他们在故城县工业、农业、文教、卫生、供销等不同行业的工作岗位上发挥模范带头作用，获全国、省、市不同的模范称号。以表格记录159位模范先进人物。

1950—1987年故城县国家级模范先进人物一览表

表28-5

姓　名	性　别	工作单位	所获称号	批准部门	年　度	备　注
王秀荣	女	建国镇姜庄村	全国“三八”红旗手 省“三八”红旗手	全国妇联、省妇联	1978 1983	—
张迎波	男	武官寨乡放映员	新长征突击手	团中央	1979	—
袁素琴	女	饶阳店乡（知青）	新长征突击手	团中央	1979	—
于春梅	女	建国镇和平村	全国“三八”红旗手	全国妇联	1980 1981	—
齐印昌	男	县计划生育委员会	全国千分之一人口生育率抽样调查优秀调查员	国家计划生育委员会	1982	—
宋家栋	男	郑口镇第二小学	全国优秀班主任	省政府	1983	1982年被省政府命名为模范班主任；1983年被省政府命名为先进少年儿童工作者
李新合	女	故城中学	全国少儿模范工作者	全国少儿工作协调委员会	1984	同时被省政府命名为少儿先进工作者；1982年被省政府命名为模范班主任
高延富	男	农业局原种厂	通令嘉奖	国家科委、经委、农业部、林业部	1984	—
师家声	男	县公证处	全国司法系统先进工作者	司法部	1985	1986年被省政府命名为劳动模范，立一等功，获金质奖章1枚
邢洪林	男	郑口中学	优秀裁判员	国家体育运动委员会	1985	—
刘　虎	男	县皮毛厂	全国职工体育先进个人	国家体育运动委员会、全国总工会	1985	—
曹惠民	男	县总工会	全国优秀工会工作者	全国总工会	1986	1986年、1987年被省政府命名为劳动模范，获奖章1枚

续表 28-5

姓　名	性　别	工作单位	所获称号	批准部门	年　度	备　注
朱庄恒	男	县计划生育委员会	全国计划生育先进个人	国家计划生育委员会	1986	获奖章 1 枚，同时被省政府命名为计划生育先进个人
齐印兰	女	瓦子庄乡计划生育委员会	全国计划生育先进工作者	国家计划生育委员会	1986	获奖章 1 枚，同时被省政府命名为计划生育先进个人
刘同江	女	县医院	全国计划生育先进工作者	国家计划生育委员会	1986	1982 年、1986 年被省政府命名为计划生育先进个人
曹玉良	男	县医院	全国卫生文明建设先进工作者	卫生部	1987	1986 年被省政府命名为劳动模范
李福云	男	赵行乡电管站	全国优秀农村电工	水电部	1987	获金表 1 块
刘章印	男	郑口镇中学	全国体育传统项目学校优秀工作者	国家体育运动委员会、国家教育委员会	1987	—
王保善	男	县供销社联合社	全国投入产出调查先进工作者	国务院全国投入产出调查协调小组	1987	—
于保珍	男	饶阳店供销社	全国投入产出调查先进工作者	国务院全国投入产出调查协调小组	1987	—

1950—1987 年故城县国家级、省级模范先进人物一览表

表 28-6

姓　名	性　别	工作单位	获称号	批准单位	年　度
郑茂林	男	郑口供销社	全国供销系统先进工作者	国务院	1956
孙玉峰	男	郑口镇辛宅村	农业劳动模范	省政府	1950
王子荣	男	郑口镇五户村	农业劳动模范	省政府	1950
马占元	男	故城镇戴庄村	农业劳动模范	省政府	1950
李希武	男	郑口棉花加工厂	劳动模范	省政府	1956
刁其海	男	气象局	社会主义农业建设积极分子	省　委 省政府	1957
田秀英	女	县五一铁厂	先进工作者	省政府	1960
冯洪庆	男	庙灵乡后孟疃村	学习毛主席著作积极分子	省　委	1964
陈树生	男	县酿酒厂	先进工作者	省革委	1977
李章生	男	夏庄乡河沟村	科技先进个人	省革委	1978

续表 28-6

姓　名	性　别	工作单位	获称号	批准单位	年　度
赵登州	男	郑口镇五大院	科技先进个人	省革委	1978
曹立功	男	原农业局技术站	劳动模范	省革委	1979
程章顺	男	青罕乡裴庄村	劳动模范	省革委	1979
宋金兰	男	原隰乡白佛寺村	劳动模范	省革委	1979
罗凤岐	男	祖杨农业中学	模范教育工作者	省革委	1979
张希田	男	县燃料公司	劳动模范	省政府	1981
庄书金	男	县邮电局	劳动模范	省政府	1981
刁殿瑞	男	县科委	农业技术推广联产责任制成绩优异	省政府	1981
封潮清	男	郑口中学	劳动模范	省政府	1981
周久成	男	县制线厂	劳动模范	省政府	1981
樊书赢	男	青罕乡南王庄	归侨侨眷先进工作者	省政府	1982
桑志武	男	县医院	优秀护士	省政府	1982
王秀芬	女	郑口镇张庄小学	优秀辅导员	省政府	1983
郑德臣	男	县生产资料公司	模范共产党员	省　委	1985
冯月新	男	县农业技术站	科技先进工作者	省政府	1985
杨明智	男	饶阳店乡计划生育委员会	计划生育先进工作者	省政府	1986
刘传霞	女	县计划生育委员会	计划生育先进工作者	省政府	1986

说明：因时间久远，虽经多方搜集，仍有遗漏者

1988—2018 年故城县国家级、省级、市级模范先进人物一览表

表 28-7

姓　名	性　别	工作单位 / 职务	所获称号	批准部门	年　度	备　注
刘廷香	男	原县人大常委会副主任	全国劳动模范	国务院	1995	全国劳模
王汉贵	男	故城县第一城市信用社	全国劳动模范	国务院	2000	全国劳模
张荣军	男	县医院护士	模范护士	卫生部	1988	省劳模
罗凤岐	男	县祖杨农校	河北省劳动模范	河北省政府	1989	省劳模
纪来喜	男	原乡镇企业局局长	河北省劳动模范	河北省政府	1989	省劳模
常希平	男	郑口中学退休教师	全国教育系统劳动模范	教育部	1989	省劳模
李欣荣	女	河北郑口中学特级教师	河北省劳动模范	河北省政府	1992	省劳模
任树生	男	故城县原政协常委	河北省劳动模范	河北省政府	1995	省劳模
陈炳玉	男	河北株丕特董事长	河北省劳动模范	河北省政府	1995	省劳模

续表 28-7

姓　名	性　别	工作单位 / 职务	所获称号	批准部门	年　度	备　注
杜福来	男	郑口镇太兴镇	河北省劳动模范	河北省政府	1995	省劳模
孙东旺	男	原公证处主任	全国司法系统英雄模范	司法部、人事部	1996	省劳模
高子芳	男	郑口镇西曹官小学退休教师	全国模范教师	人事部、教育部	1998	省劳模
秘运华	男	郑口镇五户村	河北省劳动模范	河北省政府	1999	省劳模
李海峰	男	县财政局	河北省劳动模范	河北省政府	1999	省劳模
周文庄	男	辛庄乡前孟町村	河北省劳动模范	河北省政府	1999	省劳模
沈丙旭	男	原郑口中学校长	全国五一劳动奖章	中华全国总工会	2004	省劳模
赵瑞昌	男	河北兆鑫公司	河北省劳动模范	河北省政府	2004	省劳模
韩德荣	男	县医院党总支书记	河北省劳动模范	河北省政府	2004	省劳模
苏云桥	男	房庄乡董学村	河北省特等劳模	河北省政府	2004	省劳模
刘炳慧	女	故城县计生局	河北省劳动模范	河北省政府	2004	省劳模
冯振东	男	县人大常委会副主任	全国财政系统先进工作者	财政部、人事部	2006	省劳模
沈道营	男	河北郑口中学	全国模范教师	教育部	2007	省劳模
崔福义	男	辛庄乡中心卫生院	全国卫生系统先进工作者	人事部、卫生部、国家中医药管理局	2008	省劳模
任明忠	男	河北兴奥建筑安装工程有限公司	河北省劳动模范	河北省政府	2009	省劳模
马兰池	男	故城县电力局	河北省职工劳动模范	河北省政府	2009	省劳模
陈炳升	男	郑口镇张庄村村民	河北省劳动模范	河北省政府	2009	省劳模
石英辉	男	故城县医院	河北省先进工作者	河北省政府	2014	省劳模
张静霞	女	河北同业冶金科技有限责任公司	河北省劳动模范	河北省政府	2014	省劳模
苏金荣	男	河北兴奥建筑安装工程有限公司	河北省劳动模范	河北省政府	2014	省劳模
任国振	男	故城县高级中学	全国优秀工会积极分子	中华全国总工会	2018	省劳模
葛希章	男	原地毯厂职工	衡水地区劳动模范	衡水地区行署	1989	市劳模
董金发	男	原郑口粮库主任	衡水地区劳动模范	衡水地区行署	1989	市劳模
陈殿林	男	原邮电局局长	衡水地区劳动模范	衡水地区行署	1989	市劳模
刘玉清	女	夏庄中学退休教师	衡水地区劳动模范	衡水地区行署	1989	市劳模
李　力	女	原地毯厂职工	先进会计工作者	衡水地区行署财政局、地区总工会	1990	市劳模

续表 28-7

姓　名	性　别	工作单位 / 职务	所获称号	批准部门	年　度	备　注
陈润怀	男	原故城油棉厂职工	衡水地区劳动模范	衡水地区行署	1993	市劳模
李洪发	男	原故城县县医院院长	职工劳动模范	衡水地区行署	1993	市劳模
刘玉清	女	夏庄中学退休教师	劳动模范	衡水地区行署	1993	市劳模
苏金涛	男	原故城县电力局局长	第一届衡水市劳动模范	衡水市政府	1998	市劳模
徐印春	男	原故城县总工会主席	第一届职工劳动模范	衡水市政府	1998	市劳模
王友来	男	原县人大常委会副主任	河北省教育先进工作者	省教委、省人事厅、省教育工会	1998	市劳模
王艳荣	女	故城县天安鞋业有限公司董事长	第一届衡水市劳动模范	衡水市政府	1998	市劳模
黄春梅	女	原故城县地毯厂	第一届衡水市劳动模范	衡水市政府	1998	市劳模
刘石营	男	县人大常委会主任	河北省计划生育系统先进工作者	河北省计生委、河北省人事厅、河北省总工会	1999	市劳模
乔延民	男	原县物价局局长	全省保密系统先进工作者	河北省保密局、河北省人事厅、河北省总工会	1999	市劳模
贾彦岭	男	原妇幼保健院院长	河北省五一劳动奖章	省总工会	2000	市劳模
刘焕贞	女	郑口中学教师	河北省先进工作者	省教育厅、省人事厅、省教育工会	2000	市劳模
魏爱萍	女	故城县高级中学副校长	河北省模范教师	省教育厅、省人事厅、省教育工会	2001	市劳模
贾衍生	男	故城县特种养殖总公司董事长	河北省畜牧水产系统劳动模范	省水产局、省人事厅、省工会	2001	市劳模
高秀贞	女	原针纺公司经理	省贸易系统劳动模范	省贸易办、省人事厅、省贸易工会	2002	市劳模
郭奎明	男	原企业局职工	河北省乡镇企业系统劳动模范	省乡镇企业局、省人事厅、省总工会	2002	市劳模
胡秀兰	女	原商业局局长	河北省贸易系统先进工作者	省贸易办、省人事厅、省财贸工会	2002	市劳模
邢志平	男	原衡荣制线有限公司董事长	衡水市劳动模范	衡水市政府	2003	市劳模
许　波	男	故城县恒通公司总经理	衡水市劳动模范	衡水市政府	2003	市劳模
李红军	男	原聚龙中学校长	衡水市劳动模范	衡水市政府	2003	市劳模
曹梦新	男	原河北星月制动元件有限公司副总	衡水市劳动模范	衡水市政府	2003	市劳模
刘宝华	男	原金宝集团职工	衡水市劳动模范	衡水市政府	2003	市劳模
李洪义	男	郑口中学副校长	河北省后勤系统先进工作者	省直机关事务管理局、省人事厅	2004	市劳模

续表 28-7

姓　名	性　别	工作单位 / 职务	所获称号	批准部门	年　度	备　注
卢宏达	男	原故城县交通局局长	优秀人民公仆	衡水市委	2005	市劳模
王艳荣	女	故城县天安鞋业有限公司董事长	河北省五一劳动奖章	河北省总工会	2005	市劳模
王风侠	男	县农牧局局长	河北省林业工作先进工作者	省林业局、省人事厅、省工会	2006	市劳模
申坤瑞	男	河北星月制动元件有限公司董事长	衡水市劳动模范	衡水市政府	2007	市劳模
沈宗然	男	故城县电视台副台长	衡水市劳动模范	衡水市政府	2007	市劳模
陈树生	男	衡水甘陵酒业有限公司董事长	衡水市劳动模范	衡水市政府	2007	市劳模
宋万祥	男	县医院工会主席	衡水市劳动模范	衡水市政府	2007	市劳模
果肖峰	男	故城山水水泥有限公司	衡水市劳动模范	衡水市政府	2007	市劳模
李善群	男	县人事劳动和社会保障局局长	河北省发展劳务经济带头人	河北省政府	2007	市劳模
王金辉	男	故城县昌利钢丝有限责任公司职工	衡水市劳动模范	衡水市政府	2007	市劳模
于国恒	男	郑口中学党总支书记	衡水市劳动模范	衡水市政府	2008	市劳模
李世英	男	河北同心风机配件有限公司董事长	衡水市创业新星	衡水市金能星评审会	2008	市劳模
孙洪才	男	原故城县政法委常务副书记	奥运安保劳动模范	衡水市政府	2008	市劳模
苏敦洪	男	故城县职教中心教师	全国优秀教师	教育部	2009	市劳模
于恩波	男	原地税局局长	衡水市劳动模范	衡水市政府	2009	市劳模
赵新蕾	男	河北兆鑫裘革制品有限公司总经理	衡水市创业新星	衡水市金能星评审会	2010	市劳模
臧金禄	男	故城县物价局所长	三年大变样工作先进个人	省委、省政府	2010	市劳模
陈云辉	男	国网故城县供电公司职工	衡水市金牌工人	衡水市金能星评审会	2011	市劳模
陈砚祥	男	县城区办主任	交通系统先进工作者	省交通厅、省人事厅、交通工会	2011	市劳模
亢胜武	男	原故城县建设局局长	衡水市城镇面貌三年大变样工作模范	衡水市委、市政府	2011	市劳模
张殿广	男	县城管局局长	衡水市城镇面貌三年大变样工作模范	衡水市委、市政府	2011	市劳模
申会敏	男	故城县委办公室常务副主任	衡水市城镇面貌三年大变样工作模范	衡水市委、市政府	2011	市劳模

续表 28-7

姓　名	性　别	工作单位 / 职务	所获称号	批准部门	年　度	备　注
闫文举	男	故城县人大常委会主任	衡水市城镇面貌三年大变样工作模范	衡水市委、市政府	2011	市劳模
卢宏达	男	原故城县交通局局长	衡水市城镇面貌三年大变样工作模范	衡水市委、市政府	2011	市劳模
孙立新	男	故城县郑口镇帝君庙村支部书记	衡水市城镇面貌三年大变样工作模范	衡水市委、市政府	2011	市劳模
刘其通	男	河北青竹美术颜料有限公司董事长	衡水市第四届职工劳动模范	衡水市人民政府办公室	2012	市劳模
张秀双	女	故城县天安鞋业有限公司职工	衡水市第四届职工劳动模范	衡水市人民政府办公室	2012	市劳模
刘同林	男	衡水众成摩擦材料有限公司董事长	衡水市第四届职工劳动模范	衡水市人民政府办公室	2012	市劳模
王兴华	男	河北佳豪陶瓷制品有限公司董事长	衡水市第四届职工劳动模范	衡水市人民政府办公室	2012	市劳模
刘文贞	女	县直党委书记	衡水市第四届职工劳动模范	衡水市人民政府办公室	2012	市劳模
康宗莹	男	财政局副局长	衡水市第四届职工劳动模范	衡水市人民政府办公室	2012	市劳模
金　荣	男	故城县北新建材有限公司夏庄镇坟台村支书	衡水市第四届职工劳动模范	衡水市人民政府办公室	2012	市劳模
居艳梅	女	故城县医院副院长	衡水市第四届职工劳动模范	衡水市人民政府办公室	2012	市劳模
吕素玲	女	故城县广播电视台广告部主任	衡水市第四届职工劳动模范	衡水市人民政府办公室	2012	市劳模
鲁文刚	男	故城县聚龙中学校长	衡水市第四届职工劳动模范	衡水市人民政府办公室	2012	市劳模
李爱茹	女	故城县郑口第一小学校长	衡水市第四届职工劳动模范	衡水市人民政府办公室	2012	市劳模
刘　力	男	故城县电力公司副局长	衡水市第四届职工劳动模范	衡水市人民政府办公室	2012	市劳模
刘　军	男	城县地方税务局副局长	衡水市第四届职工劳动模范	衡水市人民政府办公室	2012	市劳模
刘建军	男	故城县总工会党组书记、常务副主席	衡水市第四届职工劳动模范	衡水市人民政府办公室	2012	市劳模
张顺勇	男	故城县民政局股长	河北省民政系统先进工作者	省民政厅、省人社厅	2012	市劳模
周世新	男	故城县郑口镇大马庄村支部书记	衡水市城镇面貌三年大变样工作模范	衡水市委、市政府	2012	市劳模

续表 28-7

姓　名	性　别	工作单位 / 职务	所获称号	批准部门	年　度	备　注
桑志武	男	故城县中医院院长	创业新星	市“金牌工人”“创业新星”“能工巧匠”评审委员会	2013	市劳模
杨献杰	女	故城县妇联主席	河北省妇联系统先进工作者	省组织部、省人社厅、省妇联	2013	市劳模
刘坤瑞	男	军屯镇党委书记	河北省信访系统先进工作者	省组织部、省人社厅、省信访局	2014	市劳模
张桂华	男	故城县聚龙中学教师	河北省模范教师	省教育厅、省人社厅、省工会	2014	市劳模
张荣华	男	故城县交通运输局	河北省交通系统劳动模范	省交通厅、省人社厅、省工会	2014	市劳模
崔　伟	女	故城县气象局	河北省五一劳动奖章	河北省总工会	2014	市劳模
李小冬	男	故城县供电局局长	河北省五一劳动奖章	河北省总工会	2015	市劳模
崔金桥	男	故城县司法局	河北省司法行政系统先进工作者	省司法厅、省人社厅	2015	市劳模
柴海燕	女	故城县中医院	衡水市金牌工人	衡水市金能星评审会	2015	市劳模
孟庆莲	女	故城县医院内五科主任	河北省五一劳动奖章	河北省省总工会	2016	市劳模
徐　恒	男	河北同心风机配件有限公司工人	衡水市金牌工人	衡水市金能星评审会	2016	市劳模
郑洪彬	男	故城县安全生产监督管理局	全省安全生产监管监察系统先进工作者	省安监局、省人社局	2016	市劳模
刘效云	女	河北青竹画材科技有限公司	河北省优秀工会工作者	河北省总工会	2018	市劳模

说明：因时间跨度较大，虽经多方搜集，仍有遗漏者

第四章　烈士英名录

多半个世纪以来，故城人民在中国共产党领导下，为民族独立、人民解放、祖国富强而英勇奋战，诸多志士仁人为国捐躯。据县民政局统计，至 2018 年，全县共有革命烈士 797 人。按身份分中共党员 133 人、共青团员 15 人、其他人员 649 人；按职务分，团级 4 人、营级 13 人、连排级 89 人、战士 609 人、地方干部 31 人、民兵 2 人、工人 2 人、农民 3 人，其他（职务不详）44 人；按时期分，大革命时期 1 人、抗日战争时期 224 人、解放战争时期 467 人、抗美援朝 42 人、社会主义革命和建设时期 32 人，其他（失踪）31 人。

在域内霍庄“四二九”烈士陵园长眠着 213 位无名烈士；在故城县烈士陵园长眠着 96 位无名烈士。

故城县籍烈士一览表

表 28-8

姓　名	出生时间	籍　贯	参加革命时间	牺牲时间	牺牲地点	牺牲时所在单位	牺牲时职　务	安葬地点
姜文炎	1930.9	故城镇东张庄	1947.4	1948	湖北襄阳薛家集付王庄	—	战士	湖北襄阳薛家集
冯振伍	1930	故城镇东南镇	1945	1947.7	山东巨野县谢集	二纵六旅十六团	战士	山东巨野县谢集
张玉波	—	故城镇中镇	1945	1947.7	山东巨野县谢集	特务连	班长	—
陈福样	1944	故城镇东万庄	1965	1968.9	陕西源县	8159 部队	战士	故城县烈士陵园
马立恒	1929.9	故城镇中镇	1947.2	1947.10	四川彭水县黄家坝赵村	二野十二军三十五师	班长	四川彭水县黄家坝赵村
燕如刚	1951	故城镇戴庄	1970.1	1970.2	吉林通辽县六道沟	—	战士	六道沟
陈宝祥	1931	故城镇中镇	1947	—	—	—	战士	—
张元德	1930	故城镇中镇	1946.8	—	大别山	—	战士	—
崔金升	1916	故城镇大第八	1946	1947.10	大别山	二十八旅八十三团二野第十纵队	炊事员	大别山
熊开其	1925.7	故城镇新赵庄	1946	1950.9	河南洛阳	三野情报处新兵连	连长	故城镇新赵庄
郭金山	1926	小屯乡西十里铺	1946	1948	湖南安乡县	湖南安乡县武装部	战士	湖南安乡县
陈从岭	1929.5	小屯乡西十里铺	1948.6	1949.8	湖南安乡县	湖南安乡县武装部	战士	湖南安乡县
杨方志	1926	小屯乡贾别王	1944.9	1946.12	山东聊城县	二纵六旅十八团二连	司务长	唐邑县凤凰集
王春山	1919	小屯乡贾别王	1944.9	1946	山东聊城县	二纵六旅十八团二连	司务长	唐邑县凤凰集
杜泽林	1928	小屯乡贾别王	1944.3	1945	山东高唐县	故城县大队	战士	山东高唐县
潘建营	1925	小屯乡裴别王	1944.2	1945	山东德州	冀南纵队	战士	小屯乡裴别王
陈石城	1925.6	小屯乡西十里铺	1942.9	1943	清河县油坊	冀南军区十九团	战士	清河县油坊
陈国栋	1925.5	小屯乡东十里铺	1943.2	1943	故城县	故城县中队	战士	故城县

续表 28-8

姓　名	出生时间	籍　贯	参加革命时间	牺牲时间	牺牲地点	牺牲时所在单位	牺牲时职　务	安葬地点
王金艺	1923.9	小屯乡东十里铺	1945.9	1948.10	辽宁锦州	四〇四团机枪连	副排长	辽宁锦州
刘海权	1923.5	小屯乡北二屯	1944.4	1947.11	永年县	二纵六旅十六团二营六连	连长	永年县
刘锦明	1917	小屯乡北二屯	1946	1955.12	山东历城	二野卫生部	排级	北二屯
周德堂	1921.4	小屯乡北二屯	1946.3	1947.11	大别山	二野六旅十八团	战士	大别山
胡海兴	1939.6	小屯乡胡别王	—	1982.8	胡别王	胡别王	农民	胡别王
时奎堂	1922	小屯乡二屯	1944.5	1946.9	大别山	二野六旅十八团	班长	大别山
张纪增	1919	小屯乡何庄	1939.4	1945.7	巨鹿县	二纵十九团	战士	巨鹿县
杨秀明	1920.4	小屯乡周庄	1943.6	1943.12	石家庄	二纵六旅十六团二营六连	战士	石家庄
周有建	1920	小屯乡周庄	1946.11	1948.2	大别山	二野	战士	大别山
韩丙水	1924	小屯乡小屯	1944	1947	大别山	二野	战士	大别山
赵西盛	1924.8	小屯乡周庄	1943.11	1946.6	邯郸	二纵六旅十六团二五连	战士	邯郸
周福荣	1914	小屯乡周庄	1946	1948	大别山	二野	战士	大别山
孙光臣	1926	袁庄乡头屯	1944	1948	永年县	二纵六旅十八团	战士	袁庄乡头屯
李国华	1917	袁庄乡头屯	1943	1945	袁庄乡头屯	故城县大队三连	战士	袁庄乡头屯
胡七芝	1922	袁庄乡头屯	1947.10	—	—	华北野战军一团一营一连	战士	—
张秀芝	1923	袁庄乡头屯	1941	1945	河南安阳县	冀南军区十八团	排长	安阳县
袁树林	1920.3	袁庄乡袁庄	1942.10	1948	永年县	十九团	战士	永年县
袁树堂	1920.3	袁庄乡袁庄	1942.10	1948	永年县	十九团	战士	永年县
骆振芳	1924.6	袁庄乡骆庄	1943.8	1946.8	永年县	二纵六旅十九团	战士	袁庄乡骆庄

续表 28-8

姓 名	出生时间	籍 贯	参加革命时间	牺牲时间	牺牲地点	牺牲时所在单位	牺牲时职 务	安葬地点
董安德	1925.6	袁庄乡河北涯	1941.10	1945	小屯乡复立村	冀南军区	战士	袁庄乡河北涯
阎福荣	1916.2	袁庄乡河北涯	1941.8	—	—	—	战士	—
朱玉田	1925.6	袁庄乡河北涯	1941.8	—	大别山	—	战士	—
金福堂	1927.5	袁庄乡第九	1945	—	—	—	战士	—
周顺林	1919.6	袁庄乡第九	1946	1948	大别山	二野	战士	大别山
罗福祥	1928.6	袁庄乡第七	1947.12	1948	大别山	十八团	班长	河南邓县
张如堂	1925.3	袁庄乡第七	1942.2	1944.6	山东武城县	山东恩县大队	班长	袁庄乡第七
吕德可	1927.3	袁庄乡小第五	1947.8	1948.11	河南新乡县牛谷屯	—	—	河南新乡县牛谷屯
李德才	1926.6	袁庄乡芦圈	1943.12	1944	小屯乡复立村	—	通讯员	袁庄乡芦圈
张德臣	1925	袁庄乡芦圈	1945	1947	大别山	二野	战士	大别山
李玉德	1928.6	袁庄乡西第三	1946.11	1948.10	河南信阳县相家洼	—	副班长	袁庄乡西第三
武宝旭	1927.5	袁庄乡东第三	1944.1	1947.10	永年县	故城县中队三连	战士	永年县
尹洪训	1924.5	袁庄乡东殷庄	1946.11	1948	大别山	二野	班长	大别山
刘洪恩	1928.4	袁庄乡小刘庄	1943	1945.8	山东临清县	冀南军区十九团六连	班长	袁庄乡小刘庄
尚洪才	1928.4	袁庄乡四新	1946.8	—	—	—	战士	—
张文秀	1920.5	袁庄乡四新	1943.2	1944.11	三里口	故城县一区	财政助理	袁庄乡四新
张召兰	1925.6	袁庄乡四新	1944.5	—	—	—	排长	—
苏福成	1921.3	袁庄乡胡塘	1945.8	1945.9	成安县	二纵六旅十九团一营三连	战士	邯郸烈士陵园
苏长和	1928.4	袁庄乡胡塘	1944.2	1944.9	小屯乡复立村	—	战士	袁庄乡胡塘

续表 28-8

姓　名	出生时间	籍　贯	参加革命时间	牺牲时间	牺牲地点	牺牲时所在单位	牺牲时职　务	安葬地点
刘宝贞	1918.5	袁庄乡田庄	1942.12	1948.12	大别山	二纵六旅十九团	战士	大别山
孟　狼	1913	袁庄乡田庄	1945.10	1948.12	大别山	—	炊事员	大别山
潘国赞	1899.5	袁庄乡潘庄	1942.2	1946.6	袁庄乡潘庄	—	村长 农会主任	袁庄乡潘庄
潘尚昌	1927.3	袁庄乡潘庄	—	1946.6	袁庄乡潘庄	—	民兵	袁庄乡潘庄
骆福荣	1924.5	夏庄乡庄子刘	1940.1	1942.2	山东夏津县	—	副班长	山东夏津县
骆开芝	1916.8	夏庄乡庄子刘	1937	1943.10	夏庄乡庄子刘	故城县中队	副班长	夏庄乡庄子刘
刘恩波	1925.4	夏庄乡小化	1946.5	1948.8	大别山	二纵六旅十八团	—	大别山
王玉珍	1925.4	夏庄乡小化	1946.5	1948.5	大别山	二野六纵	战士	大别山
刘立全	1948	夏庄乡河沟	1969.3	1970.2	天津	天津部队	战士	故城县烈士陵园
朱连可	1926	夏庄乡小化	1946.5	1948.5	大别山	二野六纵	战士	大别山
张文申	1927.8	夏庄乡小召	1944.3	1948.3	大别山	二野六纵	战士	大别山
张金忠	1930.6	夏庄乡小召	1946.3	1947.3	大别山	二野十九团	战士	大别山
张京坤	1931.5	夏庄乡小召	1944.3	1947.3	大别山	二野	班长	大别山
刘景祥	1916.4	夏庄乡小召	1944.8	1947.12	河南桐柏县	二野六纵十九团	连长	夏庄乡小召
岳春营	1916.6	夏庄乡丁庄	1941	1946.3	夏庄乡丁庄	丁庄	村长	夏庄乡丁庄
马士龙	1925.4	夏庄乡东马庄	1945.6	1948.5	安徽蒙城县	二野	战士	安徽蒙城县
姜玉坤	1917.8	夏庄乡丁庄	1945.6	1948.7	大别山	二野六纵	—	大别山
牛长保	1927.5	夏庄乡龙凤店	1945.8	1950.12	朝鲜辽东	一六三师司令部	班长	朝鲜辽东
王庆海	1931.3	夏庄乡丞相营	1946.8	1948.11	河南淮阳县张庄集	二野二十九团	排长	淮阳县张庄集

续表 28-8

姓　名	出生时间	籍　贯	参加革命时间	牺牲时间	牺牲地点	牺牲时所在单位	牺牲时职　务	安葬地点
周国英	1923	夏庄乡罗小营	1946.2	1948.5	大别山	二野六纵	战士	大别山
刘海泉	1920.3	夏庄乡罗小营	1944.8	1948	河南光山县	二野六纵	班长	河南光山县
王伟民	1928.11	夏庄乡徽王庄	1946.6	1953.8	吉林白城军医院	一野军医院	司药	吉林白城烈士陵园
曹振兴	1923	夏庄乡徽王庄	1945.9	1948.5	河南信阳县	—	战士	夏庄乡徽王庄
李子会	1925.3	夏庄乡徽王庄	1945.9	1948.5	邯郸	—	战士	夏庄乡徽王庄
李长会	1926.4	夏庄乡丞相营	1943	1948.10	河南淮阳县张庄集	二十九团	班长	河南淮阳县张庄集
温献仁	1925.8	夏庄乡坟台	1944.7	1946	山东曹县	—	班长	夏庄乡坟台
周永春	1926.8	夏庄乡坟台	1943.10	1944	山东武城县甲马营	武城县大队	战士	夏庄乡坟台
刘金龙	1928.6	夏庄乡大化	1944.3	1946	邯郸	冀南军区	战士	邯郸
李丙志	1925.4	夏庄乡大化	1945.3	1946.3	邯郸	冀南军区	警卫员	邯郸
夏玉振	1884.5	夏庄乡夏北	1941.5	1946.4	夏庄乡夏北	夏庄乡夏北	农会主任	夏庄乡夏北
刘仲青	1929.12	夏庄乡小召	1945	1949.6	江苏南京市	二野特种战团	副排长	夏庄乡小召
万西辰	1926	辛庄乡万小麻	1945	1945	磁县	冀南军区	战士	磁县
张高鹏	1925	辛庄乡北官庄	1945.4	1949.12	湖南桃源县	湖南桃源县	指导员	辛庄乡北官庄
张洪庆	1905	辛庄乡万小麻	1938.3	1943.8	辛庄乡万小麻	武委会	主任	辛庄乡万小麻
孙明堂	1880	辛庄乡北官庄	1941	1942	小庙乡王庄	故城县二中队	伙夫	辛庄乡北官庄
王　辉	1925	辛庄乡北官庄	1938.7	1944.5	庙灵庄	故城县二区	区委书记	辛庄乡北官庄
柴玉开	1923	辛庄乡北官庄	1939.7	1940.3	故城镇	故城县大队	班长	辛庄乡北官庄
张德柱	1920	辛庄乡北官庄	1939.4	1940	山东武城县王庄	西南军区政治部	战士	辛庄乡北官庄

续表 28-8

姓　名	出生时间	籍　贯	参加革命时间	牺牲时间	牺牲地点	牺牲时所在单位	牺牲时职　务	安葬地点
韩立坡	1916	辛庄乡北侯庄	1947.3	1948.3	大别山	二野	战士	大别山
王福巨	1925	辛庄乡东三务	1945.7	—	陕西	—	班长	陕西
胡世昌	1945.3	辛庄乡东高庄	1956	1966.9	山西	4752 部队	战士	陶寺张庄陵园
王福增	1931	辛庄乡孙家务	1947.10	1953.5	浙江大鹿山	二十军一七九团一营	副班长	浙江大鹿山
张世选	1931	辛庄乡崔庄	1947.7	1955.12	山西临汾	2745 部队	技师	辛庄乡崔庄
韩连贵	1921	辛庄乡牛卧庄	1946	1948	大别山	—	战士	大别山
李仁重	1948.9	辛庄乡李仙寨	1969.12	1978.8	山西太原	民航北京管理局第二飞行大队	汽车司机	辛庄乡李仙寨
韩伟善	1925	辛庄乡牛卧庄	1945	1945	山东博平	冀南军区	战士	辛庄乡牛卧庄
韩福善	1925	辛庄乡牛卧庄	1943	1947	黄河南于集	—	战士	黄河南于集
柴立庭	1932	辛庄乡李仙寨	1947.10	1953	朝鲜	志愿军坦克独立团	无线电员	朝鲜江源道
陈华章	1915	辛庄乡高小营	1938.4	1942	山东沂蒙山区	鲁南游击队	团政治处主任	山东沂蒙山区
王献民	1923	辛庄乡高小营	1945.4	1949.7	河南辉县	河南辉县公安局	局长	辛庄乡高小营
王清林	1922	辛庄乡窦堡店	1946.7	1950	湖南安乡县三区	湖南安乡县三区政府	保卫员	辛庄乡窦堡店
李秀峰	1927	辛庄乡西辛庄	1942.7	1945.7	里老乡里老	故城县二中队	战士	辛庄乡西辛庄
纪根生	1920	庙灵乡大寒布	1945.7	1948.10	河南双柳树	二纵六旅	副排长	河南双柳树
纪根臣	1925	庙灵乡大寒布	1944.5	1945	魏县南	冀南军区	战士	魏县南
纪烈廷	1924.6	庙灵乡大寒布	1944.4	1948.9	大别山	二野六旅	战士	大别山
刘丙和	1934.6	庙灵乡大寒布	1958.7	1972	天津	天津轴承厂	小组长	庙灵乡大寒布
白子兰	1897	庙灵乡白小麻	1938	1941.6	辛庄乡东辛庄	故城县大队	主任	庙灵乡白小麻

续表 28-8

姓 名	出生时间	籍 贯	参加革命时间	牺牲时间	牺牲地点	牺牲时所在单位	牺牲时职 务	安葬地点
李勃然	1926.1	庙灵乡碱场店	1948.12	1949.6	广西	四野	警卫员	广西
冯万良	1924	庙灵乡	1947.10	1948	淮海战役	三野	战士	河南孟城
孙润龙	1927	里老乡朴庄	1947.11	1948.9	山东青石林山	华南军区七连	战士	里老乡朴庄
苏万全	1915	里老乡朴庄	1942.11	1943.11	小马坊	景县县大队	战士	里老乡朴庄
刘洪才	1929	里老乡刘鸭鹅	1947.10	1948.7	江苏徐州西北	二野特务团	战士	江苏徐州西北
张玉堂	1923	里老乡周鸭鹅	1944	1945	景县	景县县大队	战士	—
冯殿奎	1927	里老乡周鸭鹅	1945	1946	山东济南	三野	战士	山东济南石林山
韩希荣	1924	里老乡周鸭鹅	1945	1946	景县	景县县大队	战士	里老乡周鸭鹅
李海龙	1920	里老乡大马坊	1944.2	1945.10	山东平原县	二野	战士	山东平原县
刘树杰	1923	里老乡大马坊	1947	1948	山东济南	二野	战士	山东济南
刘保仁	1927	里老乡大马坊	1945.3	1948	吉林省磐石县	磐石县医院	战士	吉林省磐石县
陈书信	1917	里老乡二南庄	1943	1943	庙灵乡太子营（新化）	津浦大队	战士	新化
陈家岐	1923	里老乡西小屯	1946.10	1948.9	辽宁伊马图车站	哈尔滨路纠察总队	战士	辽宁伊马图车站
魏三元	1917	里老乡西小屯	1940.9	1947	山东德州	—	战士	山东德州
熊军山	1928	里老乡后里老	1947.1	1950.10	朝鲜	川北军区	电话员	朝鲜
姜俊发	1912	里老乡后里老	1940	—	—	—	战士	—
郭立华	1948.5	里老乡	1968	1968.6	石家庄市	52935 部队	战士	刘辛
于石成	1948.6	里老乡前赵鲁	1969.3	1969.4	天津塘沽	4135 部队	战士	前赵鲁
解如华	1933	里老乡前里老	1956	1962	大连边防站	大连边防站	排长	前里老

续表 28-8

姓　名	出生时间	籍　贯	参加革命时间	牺牲时间	牺牲地点	牺牲时所在单位	牺牲时职　务	安葬地点
赵保玉	1913	里老乡大马坊	1931	1948	存泉县	十九团七连	班长	大马坊
解风吉	1914	里老乡后里老	1946	1948.6	大别山	二野	连长	大别山
解玉海	1910	里老乡前里老	1946	1947	大别山	二野六旅	班长	大别山
王廷秀	1928	里老乡焦庄	1947.3	1948	山西太原市	华北第一兵团	战士	里老乡焦庄
甘桂庄	1918	里老乡皮婆屯	1947	1948	安徽省	二野	班长	安徽省
荣书庆	1923	里老乡皮婆屯	1947	1948	山西省临汾市	华北第一兵团	战士	里老乡皮婆屯
解小玉	1929	里老乡前里老	1947.11	1947	山西太原	华北第一兵团	战士	山西许沟
王书贞	1929	里老乡小马坊	1941.9	1943	小化	故城县大队	战士	里老乡小马坊
刘德信	1915	里老乡小马坊	1945	1949	湖北省南漳县	—	—	里老乡小马坊
刘章波	1928	里老乡小马坊	1943.5	1946.3	山东省羊山	二纵十八团	战士	山东省羊山
陈福来	1924	里老乡赵鲁屯	1945.9	1950.10	广西河池	四野五〇二团	副连长	广西唐铺村
于相泉	1924	里老乡后赵鲁	1947	1953.7	朝鲜方影山	志愿军五四一团一连	指导员	朝鲜
阎保银	1930	里老乡皮婆屯	1944	1945.7	山东省临清医院	—	班长	里老乡皮婆屯
阎晶昌	1905	里老乡皮婆屯	1938	1938.10	景县安陵车站	八路军第五支队	营长	里老乡皮婆屯
高书芳	1918	里老乡焦庄	1947	1948	山西临汾	二野	战士	山西临汾
王彦平	1924.8	里老乡焦庄	1947	1948	山西省太原	华北第一兵团十三中队	战士	山西省许沟
解石波	1924	里老乡前里老	1942	1942	景县黄庄	景县县大队	班长	里老乡前里老
解中珊	1915	里老乡前里老	1938	1949	福建平潭县	八十师	排长	福建平潭县
胡万杰	1926	里老乡皮婆屯	1948	1948	山西临汾	二野	战士	山西临汾

续表 28-8

姓　名	出生时间	籍　贯	参加革命时间	牺牲时间	牺牲地点	牺牲时所在单位	牺牲时职　务	安葬地点
陈志刚	1920	里老乡赵鲁屯	1938	1943	景县陶庄	景县青年营	连长	里老乡赵鲁屯
张风荣	1917	里老乡前赵鲁	1946.10	1947.5	河南崔桥	三纵五旅十五团	战士	河南崔桥
辛寅生	1926	里老乡朴庄	1947	1948	湖南瓦子街	十团一营三连	战士	湖南瓦子街南山
岳福荣	1920	里老乡后赵鲁	1937.7	1938	巨鹿县九里镇	三纵七旅	战士	巨鹿县九里镇
解兴中	1924	里老乡林场	1945	1946.11	山东聊城	二野五旅二十四团二营六连	战士	里老乡林场
解双喜	1927	里老乡林场	1947.10	1948	山东济南	二野	班长	山东济南
张书明	1919	里老乡梁庄	1936	1942	山东东明县	一二九师七旅三团一营	战士	里老乡梁庄
陈章群	1927	房庄乡房庄	1945	1946	邯郸	二纵六旅十九团	战士	邯郸天主教堂后院
孙立文	1923.10	房庄乡孙庄	1941.9	1944.9	枣强县康庄	冀南军区司令部	战士	枣强县康庄
宋宝森	1926.2	房庄乡孙庄	1945.9	1946	永年县	二纵六旅十九团	战士	永年县
韩振同	1928	房庄乡鹿豖	1945.8	1947	河南安阳	冀南军区独立四旅三营	战士	河南安阳
沈丙振	1917	房庄乡鹿豖	1938	1942	景县	故城县大队	战士	景县
沈从甫	1928	房庄乡鹿豖	1946	1947	景县	故城县大队	战士	房庄乡鹿豖
王彦振	1924	房庄乡鹿豖	1941	1943	枣强县李庄	冀南军区	战士	房庄乡鹿豖
沈风刚	1928	房庄乡鹿豖	1945	1947.7	山东羊山	冀南军区十八团	战士	山东羊山
王双海	1919	房庄乡后吴村	1937	1941	枣强县	西南军区	战士	枣强县
梁忠	1917	房庄乡西宇屯	1940	1948	河南安阳	河南彰南县	区长	房庄乡西宇屯
崔福香	1910	房庄乡东宇屯	1938	1945	建国十二里庄	冀南军区	副排长	房庄乡东宇屯
董长仁	1929	房庄乡潘屯	1941	1946.5	河南安阳	冀南军区	战士	河南安阳

续表 28-8

姓 名	出生时间	籍 贯	参加革命时间	牺牲时间	牺牲地点	牺牲时所在单位	牺牲时职 务	安葬地点
牟双峰	1917	房庄乡潘屯	1940	1943	三朗乡蒋召村	故城县大队	战士	三朗乡蒋召村
崔林森	1921	房庄乡潘屯	1937	1939	山东武城县袁庄	故城县大队	战士	房庄乡潘屯
崔全怀	1905	房庄乡潘屯	1937	1939	山东武城县袁庄	故城县大队	战士	房庄乡潘屯
牟书彬	1924	房庄乡潘屯	1948.7	1949.0	福建厦门	三野	排长	福建厦门
乔金柱	1910	房庄乡乔庄	1937	1946	山东武城县新庄	冀南军区	战士	房庄乡乔庄
崔文章	1929	房庄乡乔庄	1946	1947	湖北黄冈县刘庄	二野三纵六旅十六团一营三连	战士	大别山
沈崇山	1959	房庄乡鹿豖	1978.3	1979.11	山西下盘石十八号洞	山西军区独立三团	战士	房庄乡鹿豖
于树明	1918	房庄乡北于庄	1941	1942	故城	故城县大队	战士	房庄乡北于庄
柴庆凯	1924	房庄乡大月庄	1942	1945	—	十九团十一连	—	房庄乡大月庄
苏希章	1926	房庄乡大月庄	1945	1959	西藏	—	战士	西藏
李万森	1922	房庄乡大月庄	1939	1943	北京海淀	故城县一大队	战士	北京海淀
蒋树忠	1900	房庄乡小月庄	1936	1940	故城县原隰	故城县一大队	排长	房庄乡小月庄
崔西福	1918	房庄乡南獐鹿	1942	1942	故城县郑口	故城县一大队	战士	房庄乡南獐鹿
黄观军	1929	房庄乡南獐鹿	1945	1947	吉林省四平	四野	战士	吉林四平
刘国军	1928	房庄乡刘庄	1945	1950	朝鲜	志愿军一二九师四一七团	战士	吉林四平
刘立保	1923	房庄乡刘庄	1939	1940	故城	故城县大队	战士	故城
苏章坤	1925.7	房庄乡大梧茂	1942	1944	枣强县	故城县大队	战士	房庄乡大梧茂
苏章生	1919.12	房庄乡大梧茂	1947	1948	湖北谷城县	谷城区政府	政委	房庄乡大梧茂
苏全来	1921	房庄乡大梧茂	1942	1943	山东高望楼	十六团六连	战士	山东高望楼

续表 28-8

姓　名	出生时间	籍　贯	参加革命时间	牺牲时间	牺牲地点	牺牲时所在单位	牺牲时职　务	安葬地点
苏东升	1921	房庄乡大梧茂	1941	1943	三朗乡尹里	冀南军区	战士	房庄乡大梧茂
李希森	1916	房庄乡大梧茂	1941	—	故城镇	故城县大队	战士	故城镇
李丙志	1917	房庄乡大梧茂	1940	1943	景县	冀南军区十九团	副连长	景县
吴世臣	1919	房庄乡吴梧茂	1943	1944	梧茂乡祁庄	故城县三区中队	战士	房庄乡吴梧茂
李占维	1921.4	小庙乡南林子	1939.2	1942.4	—	故城县中队	战士	建国镇
鲁恩宽	1910.2	小庙乡小庙村	—	1943.5	小庙乡小庙村	小庙乡小庙村	村长	小庙乡小庙村
苏金保	1930.5	小庙乡小庙村	1944.12	1950.7	安徽博川县豆荡村	冀南军区	战士	安徽博川县豆荡村
冯立章	1919	小庙乡中北化	1943.12	1947.8	大别山	二野六纵	战士	大别山
马希珍	1927	小庙乡小杨村	1946.10	1947.5	河南彰南县邓庄	二野十四纵	战士	小庙乡小杨村
马兰香	1924.8	小庙乡王庄	1943.9	1945.9	邯郸	冀南军区十九团	司务长	邯郸
王兰顺	1932.3	小庙乡王庄	1948.10	1952.7	朝鲜	志愿军十七旅一〇五团侦察排	班长	朝鲜
平寿山	1913	小庙乡孙裕村	1945.10	—	—	四野一纵独立团三大队	大队长	—
刘宝善	1912	小庙乡乜宁村	1936.3	1942.7	景县河渠镇	冀南军区	县大队参谋长	小庙乡乜宁村
刘福堂	1913	小庙乡乜宁村	1936.3	1939.4	小庙乡楼子村	故城县大队	战士	小庙乡乜宁村
李同连	1927.8	小庙乡吕疃	1945.9	1947.9	河南南阳	二纵六旅十九团	班长	河南南阳
苏福善	1924	小庙乡北堤口	1943.10	1945.3	江苏徐州西黄口车站	—	排长	江苏徐州市西黄口车站
苏丙辰	1913	小庙乡北堤口	1948.8	1949	山东济南市	十二军三十四师一〇七团	排长	山东济南西郊
苏风山	1906.3	小庙乡北堤口	1940.8	1941.2	原隰	故城县大队	战士	小庙乡堤口
刘长印	1905.10	小庙乡刘阜村	1942.3	1942.11	刘阜村	故城县公安局	通讯员	小庙乡刘阜村

续表 28-8

姓　名	出生时间	籍　贯	参加革命时间	牺牲时间	牺牲地点	牺牲时所在单位	牺牲时职　务	安葬地点
齐福祥	1911.8	小庙乡刘阜村	1939.3	1941.9	太行山	老一支队	战士	太行山
贾书礼	1912	小庙乡贾丰村	1943.1	1943	小庙乡邢庄	—	司务长	小庙乡贾丰村
贾忠善	1913	小庙乡贾丰村	1936.7	1953.10	朝鲜	七旅二十团一营四连	战士	朝城县
贾金星	1928.7	小庙乡贾丰村	1945.6	1946.2	河南滑县	南下第八中队	战士	河南滑县
李锡庚	1913.4	小庙乡太平庄		1944.4	太平庄	太平庄	区委委员	小庙乡太平庄
冯长坤	1926.2	小庙乡吕疃	1944.9	1945.2	邯郸	故城县大队	战士	邯郸
李风台	1923.3	小庙乡西北化	1939.6	1940.8	枣强县	一二九师东进纵队	战士	枣强县楼子村
王连贵	1925.3	小庙乡邢庄	1945.3	1956.3	四川理塘县喇嘛寺	三四七部队一营三连	副连长	小庙乡邢庄
邢振海	1920.5	小庙乡邢庄	1945.5	1948.7	河南春城	一支队七旅二十团	战士	河南春城
申立振	1914.3	小庙乡孙裕村	1937.8	1939.4	—	冀南行署	财政员	—
康玉发	1926.8	小庙乡楼子村	1946.9	1947.10	河南双南林子	二纵六旅十八团	班长	河南双柳树
李金明	1929.8	小庙乡南林子	1945.10	1950.7	四川璧山县	璧山县大队	通讯员	三朗乡尹里
韩立海	1915	三朗乡尹里	1937	1942	小庙乡吕疃	冀南军区二中队	班长	三朗乡尹里
师双茂	1901	三朗乡尹里	1940	1942	房庄乡北獐鹿	冀南军区	战士	三朗乡尹里
韩存伍	1923	三朗乡尹里	1944	—	武安县	—	战士	武安县
尹长振	1926	三朗乡尹里	1943	1945	房庄乡北獐鹿	故城县大队	战士	三朗乡尹里
张留所	1924	三朗乡北岭踪	1938	1939	衡水县葛村	冀南军区	战士	三朗乡北岭踪
裴二元	1924	三朗乡北岭踪	1938	1939	枣强县	冀南军区第一支队	战士	三朗乡北岭踪
裴三元	1927	三朗乡北岭踪	1946	1948	河南安阳	冀南军区独立七团一营一连	战士	三朗乡北岭踪

续表 28-8

姓 名	出生时间	籍 贯	参加革命时间	牺牲时间	牺牲地点	牺牲时所在单位	牺牲时职 务	安葬地点
宋相振	1898.10	三朗乡南镇	1939.8	1942	山东武城县	冀南军区	炊事员	—
宋风奎	1926.6	三朗乡南镇	1942.2	1946.3	山东高唐县	二野	班长	三朗乡南镇
宋际久	1896.8	三朗乡南镇	1940.3	1942.4	山东武城县	山东武城县公安局	炊事员	建国镇
周立泰	1924.7	三朗乡南镇	1939.7	1944.7	永年县	二野	班长	永年县
毕希荣	1929.8	三朗乡南镇	1942.7	1944.8	馆陶县	冀南军区十九团	战士	三朗乡南镇
刘希圣	1901.4	三朗乡南镇	—	1940.11	三朗乡南镇	三朗乡南镇	农会主任	三朗乡南镇
王其朋	1903.5	三朗乡南镇	1920.10	1930.1	湖北汉口	工人学生宣传队	队员	湖北汉口
蒋朝荣	1924	三朗乡蒋召村	1942.3	1945.2	山东夏津县	冀南军区	指导员	三朗乡蒋召村
蒋汉波	1923	三朗乡蒋召村	1941	1945	山东夏津县	故城县大队	班长	三朗乡蒋召村
蒋汉臣	1924	三朗乡蒋召村	1941	1945	山东夏津县	故城县大队	战士	三朗乡蒋召村
时治国	1923	三朗乡南鲁庄	1943.7	1945	武安县青杨桥	冀南军区十九团	中队长	武安县
时明岐	1913	三朗乡南鲁庄	1938	1939	杏基乡响沟	冀南军区	班长	三朗乡南鲁庄
时金栋	1923	三朗乡南鲁庄	1946.8	1949.3	河南新乡县	四十一旅一二三团三营七连	指导员	三朗乡南鲁庄
吕章贵	1911	三朗乡南鲁庄	1941	1941	原隰乡西原隰	故城县大队	战士	三朗乡南鲁庄
蒋汉彬	1922	三朗乡南鲁庄	1921	1941	景县广川	冀南军区十九团	战士	三朗乡南鲁庄
吕兰生	1927	三朗乡南鲁庄	1945	1948	大别山	二纵六旅十八团	战士	大别山
刘书贵	1928	三朗乡南鲁庄	1945.8	1947	大别山	二野十九团	战士	大别山
刘希灵	1903	三朗乡南鲁庄	1941	1942	青罕乡千户庄	故城县大队	战士	三朗乡南鲁庄
张立树	1923	三朗乡南鲁庄	1944.6	1946	山东高唐县	故城县大队	战士	山东高唐县

续表 28-8

姓　名	出生时间	籍　贯	参加革命时间	牺牲时间	牺牲地点	牺牲时所在单位	牺牲时职　务	安葬地点
吴双兰	1924	三朗乡朱往驿	1944	1945	山东夏津县	故城县大队	战士	三朗乡朱往驿
吴金良	1923	三朗乡朱往驿	1946.7	1946.10	邯郸	二纵六旅十九团	战士	三朗乡朱往驿
韩立升	1920	三朗乡朱往驿	1946.7	1946.10	邯郸	二纵六旅十九团	战士	邯郸
焦玉奎	1923	三朗乡朱往驿	1943	1945	山东夏津县	故城县大队	战士	山东夏津县
韩书庄	1923	三朗乡朱往驿	1941	1942	故城	故城县大队	战士	建国镇
王　坚	1918	三朗乡朱往驿	1937	1948.4	安徽金寨	鄂豫皖地区公安局	公安处长	保定烈士陵园
齐殿贤	1915	三朗乡居召村	1938.5	1942	山东武城县	故城县大队	文书	四二九烈士陵园
韩振波	1899	三朗乡北镇	—	1945	郑口	三朗乡北镇	农民	三朗乡北镇
张立刚	1926	三朗乡北镇	1945	1947	河南安阳	冀南独立七团一营一连	班长	三朗乡北镇
扈金明	—	三朗乡北镇	1940.8	1940.10	故城西门	三朗北镇	教师	三朗乡北镇
徐俊起	1926	三朗乡北镇	1943	1947	河南安阳	二纵六旅十六团	副班长	河南安阳
张淑若	1902	三朗乡北镇	1940.5	1942	枣强县	冀南军区	侦察员	三朗乡北镇
张佩生	1930	三朗乡北镇	1946	1949	湖南常德	湖南安乡县第六区	区委委员	三朗乡北镇
曲书恒	1927	三朗乡南岭踪	1947	1948.2	山东莱芜	三野五十八师	战士	山东莱芜
孙崇勋	1910	三朗乡南岭踪	1941	1943	三朗乡居召村	故城县抗日政府敌工科	科长	三朗乡南岭踪
王凤鸭	1930	三朗乡南岭踪	1947.1	1949.6	安徽合肥	三野	战士	安徽合肥
刘其彬	1929	三朗乡南岭踪	1947	1952	朝鲜上甘岭	志愿军高炮六十四师六一〇团一连	副排长	朝鲜顺安陵园
阎春利	1929	三朗乡西高才	1947	1947	—	冀南十八团收容所	战士	—

续表 28-8

姓 名	出生时间	籍 贯	参加革命时间	牺牲时间	牺牲地点	牺牲时所在单位	牺牲时职 务	安葬地点
李章宪	1930	三朗乡西高才	1947	1949	山东黄河涯	二纵六旅十八团	司号员	杏基乡响沟
韩双坤	1926.4	三朗乡韩庄	1949.2	1950	广东刘圩	—	战士	广东刘圩
师兰生	1919	三朗乡师召村	1939	1941	景县广川	故城县大队	战士	三朗乡师召村
刘树长	1926.6	梧茂乡杨梧茂	1946.10	1947.3	山东高唐	山东武城县大队	班长	梧茂乡杨梧茂
杨丙兰	1925.9	梧茂乡杨梧茂	1943.2	1947.10	清风店	五七八团六连	排长	清风店
杨双恩	1925.5	梧茂乡杨梧茂	1946.10	1947.3	山东高唐	故城县大队	战士	梧茂乡杨梧茂
李胜德	1931	梧茂乡杨杨梧	1947.2	1948.10	大别山	二野	战士	大别山
李振春	1918	梧茂乡杨梧茂	1944.6	1947.10	山东夏津	山东武城县大队	战士	山东夏津县
陈万章	1919	梧茂乡杨梧茂	1946	1947.10	山东高唐县	武城县大队	战士	梧茂乡杨梧茂
苏万兰	1924	梧茂乡杨梧茂	1943	—	—	山西六大队	干部	—
杨兰六	1920	梧茂乡杨梧茂	1939	—	—	山西六大队	战士	—
李之俊	1919	梧茂乡齐梧茂	1939	1943	枣强县巷房口	二十九团	战士	梧茂乡齐梧茂
刘秀双	1927	梧茂乡榆林	1945.3	1946	山东恩县刘古庄	故城县大队	战士	梧茂乡榆林
李庆兰	1921	梧茂乡齐梧茂	1940	1943	安徽	—	战士	安徽
霍问岭	1927	梧茂乡北张庄	1945	1948	大别山	二野	战士	河南尚城县陵园
张金栋	1927.10	梧茂乡董学	1943.10	1947	大别山	二野	战士	大别山
苏庆法	1917.4	梧茂乡董学	1940.5	1942.10	辛庄乡北官庄	故城县大队	战士	辛庄乡北官庄
苏海朋	1914	梧茂乡董学	1939	1948	大别山	二野	战士	大别山
冉成立	1921	梧茂乡董学	1938	1947.5	安阳桥	二纵六旅十七团	通讯员	安阳桥

续表 28-8

姓　名	出生时间	籍　贯	参加革命时间	牺牲时间	牺牲地点	牺牲时所在单位	牺牲时职　务	安葬地点
苏福来	1920	梧茂乡董学	1938	—	—	冀南军区十九团	—	—
苏殿甲	1920	梧茂乡董学	1939	—	—	故城县大队	战士	—
苏风武	1920	梧茂乡董学	1947	—	—	—	—	—
苏殿庭	1913	梧茂乡董学	1947	1947.3	山东高唐县	山东武城县大队	战士	山东高唐县
苏福新	1922	梧茂乡董学	1940	1941	山东高唐县	冀南军区十九团	战士	山东高唐县
苏洪彬	1918	梧茂乡董学	1939	1943	威县雪塔	冀南军区一团	战士	梧茂乡董学
冯立东	1919	梧茂乡董学	1939	1946	河南开封	—	战士	河南开封
刁同顺	1921	梧茂乡吴令史	1943	1946	高城县方集	—	战士	方集烈士陵园
赵世民	1917	梧茂乡吴令史	1939	1940	梧茂乡祁庄	—	战士	梧茂乡吴令史
庞秀山	1921	梧茂乡庞庄	1945	1951	朝鲜	志愿军第六十师	战士	朝鲜
庞大丑	1921	梧茂乡庞庄	1945	—	朝鲜	志愿军第六十师	战士	朝鲜
王善同	1925	梧茂乡西京村	1943.9	1943.10	山东冠县阎庄	冀南军区	战士	山东冠县阎庄
张希臣	1915	梧茂乡霍梧茂	1945	1946	山东恩县刘古庄	故城县大队	班长	梧茂乡霍梧茂
孙振庄	1926.7	梧茂乡霍梧茂	1944.10	1946.10	内蒙古兴和县龙圣庄	晋察冀边区一分区	战士	兴和县龙圣庄
霍加妮	1923	梧茂乡董学	1942	1943	景县	冀南军区	班长	景县
苏庆丰	1944	梧茂乡董学	1965	1975	陕西陇县	5267 部队	副连长	—
霍加居	1921	梧茂乡董学	1942	1943	景县	冀南军区	班长	景县
孙立东	1925	梧茂乡祁庄	1945	1946.6	河南兰考县	—	战士	河南兰考县
常友民	1916	梧茂乡祁庄	1939	1946.9	黑龙江	故城县大队	中队长	黑龙江

续表 28-8

姓　名	出生时间	籍　贯	参加革命时间	牺牲时间	牺牲地点	牺牲时所在单位	牺牲时职　务	安葬地点
芦同水	1921	梧茂乡北鲁庄	1948	1952.9	朝鲜	三四四团五连	战士	朝鲜
冯丙文	1925	梧茂乡董学	1946	—	—	—	—	—
王凤岭	1932.2	原隰乡张田村	1944	1945	永年县南关	冀南军区	—	永年县城西
王恩波	1907	原隰乡张田村	—	1942.5	小庙乡南林子	小庙乡南林子	青救会主任	原隰乡张田村
李孟和	1918	原隰乡西牟村	1944.2	1945.6	南宫县巨鹿	冀南军区十九团	排长	原隰张牟村
于立堂	1923	原隰乡西牟村	1943.6	1945	庙灵乡庙灵庄	故城县大队	侦察员	庙灵乡庙灵庄
任光生	1924	原隰乡西牟村	1943.7	1946.12	河南李黄集	二纵五旅	战士	河南李黄集
任子刚	1924	原隰乡西牟村	1940	1943	庙灵庄	故城县大队	排长	原隰乡西牟村
任显华	1911	原隰乡西牟村	1941	1944	冀县谢家庄	冀县县委	—	原隰乡西牟村
任子真	1924	原隰乡西牟村	1944	1950	朝鲜	志愿军	战士	朝鲜
任宝祥	1923	原隰乡西牟村	1943	1944	山东旧城	运河支队十八团	战士	原隰乡西牟村
高金波	1911	原隰乡新田村	1945	1948.8	山东济南长清县	二野	班长	山东长清县
李金城	1930	原隰乡赵长林	1947	1948	南京城外	二野十九团	—	南京陵园
刘善元	1921	原隰乡后土营	1940.9	1943.6	青罕乡刘孝子	故城县四区	—	原隰乡后土营
赵守信	1928	原隰乡前土营	1943	1945	山东高唐县十里铺	冀南军区	战士	原隰乡前土营
韩彰锁	1926	原隰乡杨福屯	1944	—	—	冀南军区	战士	—
李景柱	1927.5	原隰乡东牟村	1942	1945	山东夏津县	冀南军区	班长	原隰乡东牟村
崔义成	1924	原隰乡大李庄	1942	1946	吉林四平	三野	战士	吉林四平
葛玉桥	1910	原隰乡白佛寺	1938	1948	大别山	二野	战士	吉林四平

续表 28-8

姓名	出生时间	籍贯	参加革命时间	牺牲时间	牺牲地点	牺牲时所在单位	牺牲时职务	安葬地点
张群	1926	原隰乡白佛寺	1942	1942	故城县夏庄	二野	通讯员	夏庄乡夏庄
李元臣	1905	原隰乡大李庄	1939	—	故城县夏庄	二野	—	夏庄乡小化
翟书明	1921	原隰乡前土营	1946	1949.8	大别山	二野	战士	大别山
郭西柱	1927	原隰乡前土营	1946	1948	辽宁	二十四团三营	战士	沈阳郊区
郭勇	1926	原隰乡前土营	1946	1949	南京城外	三野四纵十九团	战士	南京城外
郭东海	—	原隰乡前土营	—	1941	枣强县	故城县大队	战士	枣强县
郭东俊	—	原隰乡前土营	—	1941	山东夏津南门外	二野二十七团	战士	山东夏津城外
翟长全	1921	原隰乡前土营	1940	1942	枣南大屯	枣强县大队	战士	原隰乡前土营
赵旭东	1902	原隰乡前土营	—	1941	前土营	故城县三区	区委委员	原隰乡前土营
胡占一	1905	原隰乡前土营	1944.6	1947	永年县城	冀南军区十九团	—	永年县城外
陈文赞	1929	原隰乡陈田村	1946.11	1947	大别山	二野	战士	大别山
李金舟	1931	原隰乡王长林	1943	1947.8	—	山东夏津	—	—
刘保成	1904	原隰乡王长林	1939	1948	—	—	—	—
崔金波	1931	原隰乡后崔庄	1945.6	1946	大别山	二野三兵团二十九师八十七团	班长	河南永城县
李玉奎	—	原隰乡大李庄	1945	1945.10	邯郸	一纵十三团	战士	邯郸
葛风西	1919	原隰乡白佛寺	1946	1946	永年县	冀南军区十九团	战士	永年县
王秀林	1925	杏基乡贾黄村	1945	1945.10	山东夏津县	冀南军区	排长	杏基乡贾黄村
贾延其	1919	杏基乡翟杏基	1943.1	1945.3	河南安阳牙线	—	战士	安阳

续表 28-8

姓　名	出生时间	籍　贯	参加革命时间	牺牲时间	牺牲地点	牺牲时所在单位	牺牲时职　务	安葬地点
沈荣柱	1920	杏基乡师黄村	1941	1942	山东武城县	—	战士	—
陈芳洲	1900	杏基乡后响沟	1938.1	1940.9	故城县	故城县农会	主任	杏基乡后响沟
贾延英	1927	杏基乡贾黄村	1946	1947	山东定陶县	十八旅	战士	定陶县
董文喜	1922	杏基乡后响沟	1941	1948	文成县	—	战士	—
孙汝元	1922	杏基乡烧盆屯	1946	1950	湖北武汉	四野	指导员	杏基乡烧盆屯
王风山	1925	杏基乡红庙	1945	1946	山东李寨	二野六旅十八团	战士	杏基
陈怀玉	1923	杏基乡红庙	1939	1943.5	原隰乡原隰	故城县自卫队	队长	杏基乡红庙
吉保贞	1929	杏基乡后沙岗	1946.10	1948.5	大别山	二野	排长	大别山
魏石林	1930	杏基乡东高才	1945.9	1951	朝鲜金华	—	班长	朝鲜
杨路刚	1953	杏基乡红庙	1970	1976.7	唐山	3906 部队	班长	保定烈士陵园
刁金昌	1929	青罕乡刁南庄	1946	1948	大别山	二野	战士	大别山
刁其家	1921	青罕乡刁南庄	1944	1946	永年县	二纵六旅十九团	战士	永年县
刁金城	1929	青罕乡刁南庄	1946	1948	大别山	二野	战士	大别山
刁立波	1923	青罕乡白庙	1949	1953.2	朝鲜风瑞里	志愿军二四五团一机连	班长	朝鲜风瑞里
刁殿坤	1929	青罕乡白庙	1947.11	1949	浙江新华里	二野	班长	浙江新华里
贾玉兰	1927	青罕乡柴庄	1940	1942	千户庄	故城县中队	战士	青罕乡千户庄
王德海	1927	青罕乡南王庄	1945	1945	山东夏津县	二野	战士	青罕乡南王庄
李如庆	1897	青罕乡青罕	1942	1945	原隰乡白佛寺	故城县大队	战士	原隰乡白佛寺
李培方	1897	青罕乡青罕	1942	1945	杏基乡响沟	故城县大队	战士	杏基乡响沟

续表 28-8

姓　名	出生时间	籍　贯	参加革命时间	牺牲时间	牺牲地点	牺牲时所在单位	牺牲时职　务	安葬地点
李俊杰	1921	青罕乡千户庄	1945.9	1946	山东旧城	故城县大队	战士	青罕乡千户庄
王德海	1927	青罕乡千户庄	1946	1951	朝鲜	六十六军一九七师	副排长	朝鲜
王会东	1924	青罕乡南官庄	1944	1956	大名县	十九团	战士	大名县
杨志颖	1927	青罕乡裴庄	1949.2	1951.1	朝鲜	志愿军三四五团	战士	朝鲜
杨保贵	1915	青罕乡裴庄	1946	1948	大别山	二野	战士	大别山
孙成印	1926	青罕乡裴庄	1945	1951	朝鲜	志愿军	战士	朝鲜
王德明	1925	青罕乡石槽	1945	1946	南宫县	故城县大队	战士	南宫县烈士陵园
李树林	1925	青罕乡千户庄	1945.4	1946.11	山东高唐	二野	战士	青罕乡千户庄
刘丙银	1927	青罕乡白庙	1941	1943	房庄乡大月庄	故城县中队	战士	房庄乡大月庄
贾玉堂	1915	青罕乡白庙	1945	1947	河南安阳	二野十八团	班长	河南安阳
于立春	1927	青罕乡柴庄	1943	1949	湖北	—	连长	湖北江南
张保森	1927	青罕乡北陈庄	1943	1947	河南安阳	二野十六团	班长	河南安阳
吴章洋	1916	青罕乡吴夏庄	1940	1948	大别山	二野	连长	大别山
刘丕江	1915	青罕乡小刘孝子	1938	1941	南宫安子	二野	班长	青罕乡小刘孝子
田云贵	1926	青罕乡青罕	1946	1946.11	邯郸	十八团三营九连	战士	邯郸
刁其华	1958	青罕乡白庙	1977.1	1977.6	河北滦平县	二十四军坦克团	战士	故城县烈士陵园
赵东亮	1928	青罕乡南官庄	1947	1958	邢台	邢台	战士	青罕乡千户庄
沈玉盛	—	青罕乡南官庄	1942	1947	黄河	—	班长	—
赵立春	1928	青罕乡千户庄	1946	1948	江苏徐州	二野	战士	青罕乡千户庄

续表 28-8

姓 名	出生时间	籍 贯	参加革命时间	牺牲时间	牺牲地点	牺牲时所在单位	牺牲时职 务	安葬地点
孙章印	1928	青罕乡北王庄	1945.6	1945	山东夏津县	故城县大队	战士	山东夏津县
刘增训	1927	青罕乡大刘孝子	1949	1950.5	朝鲜	志愿军警卫连	战士	朝鲜
姚灵云	1929	青罕乡秘孝子	1945	1946	山东高唐县	二野	战士	青罕乡秘孝子
师延荣	1923	青罕乡秘孝子	1941	1942	—	二野	战士	青罕乡秘孝子
杨 廷	1926	青罕乡石槽	1947	—	—	—	战士	—
李根长	1924	青罕乡南官庄	1943	1946	磁县	二纵六旅十九团	战士	磁县
张宝江	1928	青罕乡北陈庄	1942	1944	邯郸春桥	—	排长	邯郸春桥
王书行	1927	青罕乡千户庄	1944.3	1948.4	大别山	二野	战士	大别山
陈俊秀	1911	郑口镇张庄	1940	1943	郑口	故城县大队	—	郑口镇张庄
任光生	1925	郑口镇辛宅	1946	1948	大别山	二野十八团	—	大别山
池风玉	1901	郑口镇杨野庄	1940	1942	北獐鹿	冀南军区	炊事员	杨野庄
翟润召	1927	郑口镇翟庄	1947	1948	四川重庆	三野	战士	四川重庆
翟声庭	1910	郑口镇翟庄	1947.10	1951	朝鲜角屹峰	志愿军二十九师八十六团三营八连	班长	朝鲜角屹峰
秘际祥	1923	郑口镇五户	1945	1948	大别山	二野十八团	战士	大别山
刘志申	1922	郑口镇五户	1938	1947	大别山	二野十九团	班长	大别山
秘恩严	1916	郑口镇五户	1945	1948	江苏戈家桥	—	连长	江苏戈家桥
杜春生	1925	郑口镇葛村	1947	1949	云南	三野	战士	云南
刘茂怀	1927	郑口镇西城镇	1943	1943	山东夏津县	济南二分区	—	郑口镇西城镇

续表 28-8

姓　名	出生时间	籍　贯	参加革命时间	牺牲时间	牺牲地点	牺牲时所在单位	牺牲时职　务	安葬地点
刘茂荣	1930	郑口镇西城镇	1943	1948	淮海战役	三野	班长	淮海
牟书生	1899	郑口镇西城镇	1939	1948	平津战役	中央直属十九团	战士	郑口镇西城镇
胡宝玉	1930	郑口镇太兴镇	1949	1952	朝鲜高台山	六十三军	排长	朝鲜
李兰绪	1921	郑口镇太兴镇	1946	1948	淮海战役	六十三军	排长	淮海
贾宝兴	1930.10	郑口镇三道街	1947.1	1948.7	河南南召刘村	二野	战士	河南南召刘村
李方成	1925	郑口镇堤口	1945	1947	吉林四平	四野	排长	吉林四平
张希洪	1930	郑口镇帝君庙	1946	1947	大别山	三野	排长	大别山
刘陆胜	1931	郑口镇徐庄	1947	1951	朝鲜名胜洞	志愿军九兵团	战士	朝鲜
孟庆新	—	郑口镇翟庄	—	1947.11	李大庄	龙宣大队	—	宣化县长家庄
杜宝林	1922.5	赵行乡寨子	1946.12	1947	安徽方集	二纵六旅十八团	排长	安徽省方集
高树海	1928.10	赵行乡高庄	1935.12	1941	南新集	冀南军区	班长	南新集
高树风	1923.6	赵行乡高庄	1938.5	1943	瓦子庄乡书村	冀南军区	战士	瓦子庄乡高庄
田占鳌	1946.4	赵行乡前排	1965.12	1966.8	辽宁沈阳	3365 部队	战士	故城县烈士陵园
胡秀庭	1927	赵行乡东曹官屯	1947	1951	朝鲜基谷里	志愿军五六六团后勤处	担架员	朝鲜基谷里
胡风格	1918	赵行乡东曹官屯	1946	1947	山东羊山	二纵六旅十八团	战士	山东羊山
张付明	1915	赵行乡西曹官屯	1938	1947	山东羊山	二纵六旅十八团	连长	郑庄宅
张国栋	1928	赵行乡西曹官屯	1944	1947	山东羊山	二纵六旅十八团	战士	山东羊山
高存政	1918	赵行乡西曹官屯	1943	1947	山东羊山	二纵六旅十八团	副连长	山东羊山
费春祥	1924	赵行乡西曹官屯	1942	1947	山东羊山	二纵六旅十八团	副连长	山东羊山

续表 28-8

姓 名	出生时间	籍 贯	参加革命时间	牺牲时间	牺牲地点	牺牲时所在单位	牺牲时职 务	安葬地点
费录祥	1925	赵行乡西曹官屯	1945	1947	山东平原县	武城基干团	—	赵行乡西曹官屯
高选河	1920	赵行乡西曹官屯	1940	1947	山东羊山	二纵六旅十八团	战士	山东羊山
宫殿荣	1913	赵行乡后排	1933	1947	山东高唐	冀南军区	连长	山东高唐县双槐庄
田令元	1910	赵行乡后排	1935	—	—	二纵六旅十八团	—	—
王力信	1923	赵行乡前排	1944.8	1946	河南沁阳县	十八团	战士	河南沁阳县
王希成	1918	赵行乡前排	1945.11	1946	河南沁阳县	十八团	—	河南沁阳县
田登成	1925	赵行乡前排	1947	1947	山东羊山	十八团	—	山东羊山
张二庄	1931	赵行乡赵行	1946	1948	大别山	二纵六旅十八团	战士	大别山
赵金中	1923	赵行乡赵行	1943	1947	山东羊山	二纵六旅十八团	副排长	山东羊山
周兴顺	1923	赵行乡孟古庄	1947	1948	山东济南	济南五六六团	—	山东济南
周如金	1924	赵行乡孟古庄	1947	1947.3	海南岛	一一五师	—	海南岛
周俊立	1925	赵行乡孟古庄	1947	1947.3	海南岛	一一五师	—	海南岛
孙九芝	1925	赵行乡小街子	1947.9	1948.5	河北曲周	二纵六旅十八团	战士	赵行乡小街子
王奎文	1922	赵行乡兀兰屯	1943	1945	河南民权县	十九团	战士	河南民权县
庄金海	1926	赵行乡兀兰屯	1947	1947	山东羊山	二纵六旅十八团	战士	山东羊山
张德胜	1923	赵行乡五股河	1944	1944	西半屯乡何刘屯	二野	战士	四二九烈士陵园
张书和	1930	赵行乡温庄	1944	1947	武城县	山东武城县大队	战士	四二九烈士陵园
张献河	1927	赵行乡兀兰屯	1946.3	1946.8	山东寿张县	二野	战士	赵行乡兀兰屯
张丙臣	1927	赵行乡兀兰屯	1945	1945	山东高唐县	山东武城县大队	战士	赵行乡兀兰屯

续表 28-8

姓　名	出生时间	籍　贯	参加革命时间	牺牲时间	牺牲地点	牺牲时所在单位	牺牲时职　务	安葬地点
郭希堂	1922	赵行乡兀兰屯	1945	1946	永年县	二野	战士	永年县
张金玉	1922	赵行乡明刘庄	1944.6	1944.9	瓦子庄乡十二里庄	冀南军区	战士	四二九烈士陵园
赵光山	1917	赵行乡刘堂	1946	—	西藏	十九团	战士	西藏
史任公	1918	赵行乡刘堂	1938	1941.4	临营	一一五师	战士	山东张店
高天恩	1925	赵行乡高庄	1945.3	1950.10	朝鲜	六师	战士	朝鲜
宫宝印	1923.9	武官寨乡西孟庄	1942.7	1948	大别山	二纵六旅十八团	连长	大别山
崔光参	1916	武官寨乡杨五头	1948.7	1948.12	河南	二纵六旅十八团	连长	河南
李金海	1920	武官寨乡杨五头	1940.6	1942	北仁庄	故城县大队	班长	武官寨乡杨五头
王玉章	1919	武官寨乡大言村	1940.6	1940.7	故城镇北关	故城县大队	战士	武官寨乡大言村
霍士波	1929	武官寨乡前花园	1949.12	1950	朝鲜文峰	志愿军四十军一一九师	战士	朝鲜文峰南山林
霍观玉	1914	武官寨乡前花园	1938.6	1942	要庄乡水坡	二大队机械连	战士	武官寨乡前花园
郭金峰	1920	武官寨乡武官寨	1946.8	1946	山东曹县	二纵六旅十八团	战士	山东曹县
赵万坦	1912	武官寨乡武官寨	1944	1946.8	大别山	二纵六旅十八团	战士	大别山
刘东方	1925	武官寨乡武官寨	1945.9	1946	山东聊城	二纵六旅十九团	战士	山东聊城
候宝珍	1935	武官寨乡武官寨	1951.7	1961.8	吉林长春	2527 部队	飞行员	吉林长春郊区
赵吉周	1918	武官寨乡军王庙	1947.3	1948	大别山	二纵六旅十九团	战士	大别山
张　军	1928	武官寨乡张尧头	1946.6	1953.7	朝鲜	志愿军炮兵四十一团政治处	副股长	朝鲜黄道县士白里
王维显	1925	武官寨乡西言村	1942.6	1942.8	军屯乡王里村	故城县大队	战士	武官寨乡西言村
梁玉顺	1928	武官寨乡大曲店	1943.2	1945	邯郸	冀南军区十九团	排长	武官寨乡大曲店

续表 28-8

姓　名	出生时间	籍　贯	参加革命时间	牺牲时间	牺牲地点	牺牲时所在单位	牺牲时职　务	安葬地点
梁士明	1913	武官寨乡大曲店	1938.2	1940	山东沂蒙山区	一一五师一团一营	教导员	山东沂蒙烈士陵园
刘之田	1911	武官寨乡杨刘庄	1946.10	1946	河南新乡县	二纵六旅	班长	河南新乡
刘洪其	1924	武官寨乡杨刘庄	1941.10	1947	河南安阳	二纵六旅十八团	排长	河南安阳
刘其章	1926	武官寨乡杨刘庄	1944.5	1948	河南谢集	二纵六旅十八团三营	班长	河南谢集
马三省	1914	武官寨乡付官屯	1937	1945.9	黑龙江铁力	八师二团	团长	武官寨乡付官屯
马清明	1925	武官寨乡付官屯	1938	1945	巨鹿县	西南军区二野	战士	巨鹿县
薛丰金	1922	武官寨乡付官屯	1945	1947	山东平原县	二野六纵十七旅	战士	山东平原县
周长河	1928	武官寨乡付官屯	1945	1947	山东平原县	二野	战士	山东平原县
薛德胜	1928	武官寨乡付官屯	1946	1947	山东平原县	二野	战士	山东平原县
张维强	1924	武官寨乡付官屯	1946	1947	大别山	二野	战士	大别山
薛丰福	1922	武官寨乡付官屯	1945	1945	山东夏津县黄塔	二纵六旅	战士	山东夏津县黄塔
李万营	1924	武官寨乡付官屯	1946	1947	山东高唐县	二纵六旅	战士	山东高唐县
李振河	1921	武官寨乡付官屯	1945	1945	山东夏津县七屯	二纵六旅	战士	山东夏津县七屯
朱尚河	1920	武官寨乡付官屯	1945	1947	山东高唐县	二纵六旅	战士	山东高唐县
曹克学	1933	武官寨乡南柴庄	1948	1949	广东顺德	二野	战士	广东顺德
常官杰	1920	武官寨乡北半屯	1943	1944	赵行乡刘堂	故城县大队	战士	武官寨乡北半屯
赵发营	1930	武官寨乡后屯	1946	1948	河南安阳	故城县大队	战士	武官寨乡后半屯
梁长玉	1928	武官寨乡东言村	1945	1946.10	山东聊城	二纵六旅十八团三营九连	战士	山东聊城东场
孟召根	1927	武官寨乡东孟庄	1945	1948.9	山东莱州	二纵六旅十八团	排长	山东莱州

续表 28-8

姓　名	出生时间	籍　贯	参加革命时间	牺牲时间	牺牲地点	牺牲时所在单位	牺牲时职　务	安葬地点
张之忠	1930	武官寨乡后屯	1946	1948.7	武官寨乡后屯	故城县大队	战士	武官寨乡后屯
张发海	1928	武官寨乡后屯	1946	1948.7	武官寨乡后屯	故城县大队	战士	武官寨乡后屯
张留顺	1926	武官寨乡后屯	1946	1948	山东平原县	二野	战士	山东平原县
赵风岭	1926	武官寨乡后屯	1946	1948	山东平原县	二野	战士	山东平原县
赵云山	1931	武官寨乡后屯	1946	1948	山东平原县	二野	战士	山东平原县
张金波	1920	武官寨乡后屯	1946	1948	山东平原县	二野	战士	山东平原县
张之生	1934	武官寨乡后屯	1946	1948	山东平原县	二野	战士	山东平原县
李秀山	1926	武官寨乡仓上	1946	1948	山东平原县	二野	排长	山东平原县
周明珠	1921	武官寨乡周楼	1945	1948	山东平原县	二纵六旅十八团三营	连长	山东平原县
于朋山	1923	武官寨乡周楼	1947.10	1947.12	山东平原县	二野	战士	山东平原县
赵仕霞	1915	武官寨乡赵庄	1946.9	1948	大别山	二纵六旅十八团	战士	大别山
赵希其	1901	武官寨乡赵庄	—	1942	武官寨乡赵庄	—	村长	武官寨乡赵庄
张玉柱	1922	饶阳店乡东曾官屯	1945	1945	青罕乡石槽	冀南军区十九团	战士	饶阳店乡东曾官屯
武庄贵	1927	饶阳店乡东曾官屯	1946	1947	大别山	二纵六旅八团	战士	安徽
王延峰	1926	饶阳店乡黄官屯	1946	1949	山东阳谷县	二纵六旅十八团	战士	山东阳谷
刘俊芳	1925	饶阳店乡黄官屯	1943	1951	朝鲜	八十七团	战士	朝鲜
王清水	1924	饶阳店乡黄官屯	1943	1951	朝鲜	八十七团	战士	朝鲜
张立庄	1924	饶阳店乡黄官屯	1942	1943	枣强县	故城县大队	—	枣强
李立文	1924	饶阳店乡黄官屯	1942	1943	山东武城甲马营	冀南军区	—	饶阳店乡黄官屯

续表 28-8

姓　名	出生时间	籍　贯	参加革命时间	牺牲时间	牺牲地点	牺牲时所在单位	牺牲时职　务	安葬地点
袁立根	1927	饶阳店乡西袁庄	1944.3	1948	大别山	二野十八团	—	大别山
张长顺	1924	饶阳店乡西曾官屯	1945	1945	河南安阳言桥	冀南军区	—	河南安阳言桥
李玉合	1922	饶阳店乡扈庄	1945	1949.9	安徽西庭	—	战士	安徽西庭杜庄
王英圣	1923	饶阳店乡朱辛庄	1947	1948	大别山	二野	战士	大别山
袁玉怀	1924	饶阳店乡朱辛庄	1947	1948	大别山	二野	战士	大别山
刘金科	1928	饶阳店乡饶阳店	1941	1947.7	湖北利川	鄂豫分区政治部	战士	饶阳店乡饶阳店
赵保国	1926	饶阳店乡饶阳店	1942	1947.4	湖北利川	鄂豫分区政治部	战士	饶阳店乡饶阳店
高振波	1929	饶阳店乡饶阳店	1942	1942.5	饶阳店乡北仁庄	冀南军区	战士	饶阳店乡饶阳店
潘书云	1914	饶阳店乡饶阳店	1944	1947.4	山东羊山	二纵六旅十八团三营九连	战士	山东羊山
梁凤堂	1931	饶阳店乡饶阳店	1947	1947.4	山东羊山	二纵六旅十八团三营九连	战士	山东羊山
王子桥	1926	饶阳店乡饶阳店	1944	1946.11	山东恩县大王庄	七旅十九团	战士	饶阳店乡饶阳店
杨书贞	1914	饶阳店乡饶阳店	1941	1947	山东羊山	二纵六旅十八团三营七连	战士	山东羊山
张春荣	1930	饶阳店乡饶阳店	1943.8	1947	山东羊山	二纵六旅十八团三营七连	战士	山东羊山
耿福祥	1921	饶阳店乡郑庄	1948	1948	大别山	二野	连长	大别山
王玉恩	1926	饶阳店乡子路	1948	1948	大别山	二野	战士	大别山
齐明金	1926	饶阳店乡子路	1946	1948	大别山	二野	战士	饶阳店乡子路
胡圣起	1931	饶阳店乡子路	1948	1951	朝鲜	三十四师	排长	朝鲜
齐明利	1925	饶阳店乡子路	1944	1947	大别山	二野	班长	大别山
齐金和	1928	饶阳店乡子路	1943	1947	大别山	二野	战士	大别山

续表 28-8

姓　名	出生时间	籍　贯	参加革命时间	牺牲时间	牺牲地点	牺牲时所在单位	牺牲时职　务	安葬地点
孙振远	1915	饶阳店乡子路	1940	1942	清河县军营村	冀南行署	战士	饶阳店乡饶阳店
林长春	1924	饶阳店乡时庄	1938	1946	东昌	冀南军区十九团	—	东昌
高玉领	1925	饶阳店乡时庄	1944	1948	南宫	枣强县大队	—	南宫
耿立柱	1918	饶阳店乡西王庄	1945	1947	大别山	二纵六旅十八团	战士	大别山
陈子明	1895	饶阳店乡盛树林	1939.2	1942	饶阳店乡盛树林	—	村长	饶阳店乡盛树林
于风岐	1927.6	饶阳店乡盛树林	1943.5	1947.9	山东新凡县	二纵三十九师八十六团三营	战士	山东新凡县秋家寨
张同良	1929	饶阳店乡盛树林	1946.6	1947.10	湖北李家集	三野六旅十八团	战士	湖北李家集
常官杰	1921.6	饶阳店乡冷高常	1939.3	1942	赵行乡刘堂	山东武城办事处	—	饶阳店乡冷高常
常丙法	1930	饶阳店乡冷高常	1947	1950	朝鲜	二十四师五团	战士	朝鲜
冷书云	1923	饶阳店乡冷高常	1947.8	1948	山东龙口市	十九团	战士	山东龙口市
郭永品	1922	饶阳店乡冷高常	1939	1942	山东夏津	山东武城县大队	战士	饶阳店乡冷高常
刘常玉	1927	饶阳店乡宋杨庄	1941.10	1948	大别山	二野	战士	大别山
郭福贤	1926	饶阳店乡冷高常	1949.5	1949.7	朝鲜	五九五团	班长	朝鲜
柴玉庆	1927	饶阳店乡饶阳店	1947.2	1947.4	大别山	二野	战士	大别山
左奎长	1955.6	饶阳店乡水东屯	1975.1	1975.10	山西侯马	八十四师	战士	山西临汾烈士陵园
宋朝荣	1926	饶阳店乡饶阳店	1947.2	1947.4	大别山	二野	战士	大别山
张茂恒	1928	饶阳店乡饶阳店	1942.8	1947	吉林四平	七纵二十二师	战士	吉林四平
张金福	1927	饶阳店乡饶阳店	1942.8	1947	吉林四平	四野	战士	吉林四平
高春升	1921	饶阳店乡饶阳店	1942.8	1944	山东恩县小王庄	—	战士	饶阳店乡饶阳店

续表 28-8

姓 名	出生时间	籍 贯	参加革命时间	牺牲时间	牺牲地点	牺牲时所在单位	牺牲时职 务	安葬地点
李连正	1923	饶阳店乡杜庄	1942.3	1943.6	饶阳店乡北仁庄	山东武城县四区中队	班长	饶阳店乡杜庄
李金兰	1926	饶阳店乡杜庄	1945	1948	大别山	二野十八团	战士	大别山
韩玉贵	1921	饶阳店乡杜庄	1942	1949	咸县	山东武城县大队	战士	饶阳店乡杜庄
扈长华	1924.5	饶阳店乡薛官屯	1947	1947	大别山	二纵六旅十八团	—	大别山
徐玉恒	1923	饶阳店乡薛官屯	1945.9	1947	河南柳林	十七团	—	河南柳林董官村
高正芳	1913	饶阳店乡薛官屯	1947	1947.7	河南宁金庄	六纵十六旅十七团三连	—	饶阳店乡薛官屯
范维庭	—	饶阳店乡薛官屯	1946	1947	山东羊山徐庄	十七团	战士	山东羊山徐庄
商吉祥	1924	饶阳店乡薛官屯	1943	1947	大别山	六旅十八团	战士	大别山
王金伍	1925	饶阳店乡薛官屯	1942	1943	武城县尧庄	冀南军区十九团	战士	饶阳店乡薛官屯
郎如全	—	饶阳店乡薛官屯	1945	1947	山东羊山	十七团	战士	山东羊山
郎明存	1925	饶阳店乡薛官屯	1947	1947	大别山	六旅十八团	战士	大别山
张丙银	1927	饶阳店乡东镇	1942	1947	大别山	六旅十八团	战士	大别山
张玉臣	1913	饶阳店乡李官屯	1940	1942	山东夏津	山东武城县大队	战士	饶阳店乡西李官屯
纪庆文	1926	饶阳店乡李官屯	1947	1947.5	山东羊山	二纵六旅十八团九连	战士	山东羊山
姬西臣	1913	饶阳店乡李官屯	1940.8	1941.11	山东武城县张庄	二大队	—	山东武城县张庄
崔风良	—	饶阳店乡南马村	1942	1944	景县龙华	—	战士	饶阳店乡南马村
尹官海	1926	饶阳店乡李官屯	1941.3	1948.11	山东羊山	二纵六旅十八团	战士	山东羊山
潘万杰	1923	饶阳店乡东镇	1942	1947	河南	六旅十八团	战士	河南
于景顺	1928	饶阳店乡李官屯	1945	1946.6	山东羊山	二野六旅十八团	战士	山东羊山

续表 28-8

姓　名	出生时间	籍　贯	参加革命时间	牺牲时间	牺牲地点	牺牲时所在单位	牺牲时职　务	安葬地点
王双桥	1927	饶阳店乡李官屯	1946.3	1948.7	河南刘村	二纵六旅十八团	战士	河南刘村
于景华	1916	饶阳店乡李官屯	1942.4	1943	赵庄	二大队	战士	饶阳店乡李官屯
薛双同	1926	饶阳店乡北仁庄	1948.9	1951	朝鲜	三十四师五团	连长	朝鲜
马连文	1922	饶阳店乡薛官屯	1945.9	1947	大名	六旅十八团	—	大名
郎加付	1925	饶阳店乡薛官屯	1945.9	1947	大别山	六旅十八团	—	大名
李兰田	1924	饶阳店乡薛官屯	1946	1947.4	山东羊山徐庄	十七团	战士	山东羊山徐庄
崔际元	1927	饶阳店乡曹庄	1948	1948	河南安阳	十九团	战士	河南安阳
高尚义	1929.2	饶阳店乡南庄	1942.4	1942	饶阳店乡北仁庄	冀南军区	战士	饶阳店乡南庄
林金才	1923	饶阳店乡焦庄	1939	1942	山东夏津	山东武城县大队	排长	饶阳店乡焦庄
吴树友	1926.4	饶阳店乡吴庄	1946	1947	湖南	四野	战士	湖南
吴合印	1925.2	饶阳店乡吴庄	1943	1945	建国镇霍庄	山东武城县大队	战士	饶阳店乡吴庄
吴玉恒	1921.6	饶阳店乡吴庄	1936	1945	辛集市	六旅十八团	战士	饶阳店乡吴庄
吴书简	1922	饶阳店乡吴庄	1941	1942.3	山东武城县	冀南军区	战士	四二九烈士陵园
吴来顺	1920	饶阳店乡吴庄	1946.8	—	湖北襄阳	六纵十九团特务连	战士	襄阳
高秀金	1927	饶阳店乡时庄	1945.8	1946.6	山东夏津	冀南军区十八团	战士	山东临清
赵金钟	1916	饶阳店乡时庄	1944	1945.3	山东聊城	冀南军区十九团	班长	山东聊城
刘振东	1922.5	饶阳店乡北马前	1942.3	1945.12	东光	冀南军区独立二团	战士	饶阳店乡北马前
张庆广	1920.5	饶阳店乡北马前	1943.6	1947.6	大别山	二野	营长	大别山
于传庄	1915	饶阳店乡子路	1942	1943	武安寨乡付官屯	山东武城公安科	科长	—

续表 28-8

姓　名	出生时间	籍　贯	参加革命时间	牺牲时间	牺牲地点	牺牲时所在单位	牺牲时职　务	安葬地点
崔金昌	1928	饶阳店乡南马村	1942	1949	武安	十九团	战士	武安
崔金贵	1924.7	饶阳店乡南马村	1949.10	1950.10	朝鲜	一二〇师三五八团二营四连	战士	朝鲜
尹金绪	1923.9	饶阳店乡南马村	1942.3	1946.7	卷南	二纵六旅十九团	副连长	卷南
庞文辉	1923	饶阳店乡刘辛庄	1946.3	1947.6	大别山	二野	指导员	饶阳店乡刘辛庄
刘计云	1923	饶阳店乡杨辛庄	1942.7	—	山东博茌	山东六分区十八团	排长	山东柳林
朱书宽	1927	饶阳店乡朱辛庄	1944.10	1945	山东博茌	冀南军区十九团	—	山东博茌
朱书刚	1922	饶阳店乡朱辛庄	1945.9	1952	朝鲜	志愿军三四〇团三营八连	班长	朝鲜
于凤起	1925	饶阳店乡于庄	—	1947.8	大别山	二野	连长	大别山
崔宝同	1927.8	饶阳店乡曹庄	1945.9	1945	永年县	冀南军区十九团	战士	永年县
张振中	1929	饶阳店乡水东屯	1946.8	1947	湖南醴陵市	四野十八医院	—	湖南醴陵市
郑有才	1919	饶阳店乡水东屯	1940	1947	大别山双柳树	二纵六旅十八团	班长	大别山双柳树
张金锁	1920	饶阳店乡北马后	1939	1947	大别山	六旅十八团	营长	大别山
金光木	1924	西半屯乡何刘屯	1944	1944	山东夏津县	武城县三区游击队	排长	西半屯乡何刘屯
位华岗	1927	西半屯乡何刘屯	1946	1947	大别山	二野	班长	大别山
刘希彬	1917	西半屯乡何刘屯	1944	1946	山东羊山	二纵六旅十八团	战士	山东羊山
郭明章	1911	西半屯乡何刘屯	1942	1947	大别山	二野	排长	大别山
梅长敬	1916	西半屯乡何刘屯	1945	1946	山东羊山	二纵六旅十八团	班长	山东羊山
邴月彬	1922	西半屯乡何刘屯	1940	1945	邯郸	六旅十八团	班长	邯郸
于帮佃	1911	西半屯乡南召	1937	1944	清河县垒桥	冀南军区	指导员	西半屯乡南召

续表 28-8

姓　名	出生时间	籍　贯	参加革命时间	牺牲时间	牺牲地点	牺牲时所在单位	牺牲时职　务	安葬地点
于帮林	1926	西半屯乡南召	1947.12	1948.7	河南刘村	二纵六旅	班长	河南刘村
于传可	1923	西半屯乡南召	1945	1946.3	河南安阳	二纵六旅	班长	西半屯乡南召
姜树明	1921	西半屯乡南召	1944.3	1945.4	巨鹿县	西南军十六团	战士	西半屯乡南召
姜福水	1929	西半屯乡南召	1945.2	1951.7	朝鲜华川里	志愿军十五军八七团	参谋长	朝鲜华川里
于传庆	1921	西半屯乡南召	1947.3	1948	大别山	二纵六旅十八团	战士	大别山
王保录	1928	西半屯乡南召	1947.3	1948.6	大别山	二纵六旅十八团	战士	大别山
姜福贵	1927	西半屯乡南召	1945.2	1953	吉林	九师四十五团	收发员	西半屯乡南召
吕兴轿	1928	西半屯乡万庄	1945	1947	大别山	二野	卫生员	大别山
高士玉	—	西半屯乡万庄	—	1947	吉林四平	东北军	战士	吉林四平
李孟军	1925	西半屯乡万庄	1945.11	1947	大别山	二野	班长	大别山
刘振营	1918	西半屯乡万庄	1938	1945	永年县	二野四旅	教导员	永年县
王延祯	1925	西半屯乡西半屯	1946	—	—	二野	战士	—
刘胜命	1923.9	西半屯乡西半屯	1938	1947	山东平原县	六纵十七旅	通讯员	山东平原县
李明新	1927	西半屯乡西半屯	1946	1947	大别山	二野	战士	大别山
李荣田	1928	西半屯乡东半屯	1947	1947	湖北	二纵六旅十八团	战士	湖北
郑庆池	1928	西半屯乡东半屯	1946	1946	山东羊山	二纵六旅十八团	通讯员	山东羊山
于成厚	1917	西半屯乡东半屯	1947	1948	临泉刘村集	二纵六旅十八团	副班长	临泉刘村集
王凤武	1927	西半屯乡东半屯	1946	1948	山东砀山	二纵六旅十八团	战士	山东砀山
崔振水	1924	西半屯乡东半屯	1946	1948	山东砀山	二纵六旅十八团	战士	山东砀山

续表 28-8

姓 名	出生时间	籍 贯	参加革命时间	牺牲时间	牺牲地点	牺牲时所在单位	牺牲时职 务	安葬地点
于怀仁	1921	西半屯乡东半屯	1938	1946	甘肃成县	二纵六旅十八团	教导员	西半屯东半屯
隋文广	1926	西半屯乡隋庄	1947.3	1947.7	大别山	二纵六旅十八团	战士	大别山
于宝仁	1912	西半屯乡隋庄	1947	—	山东羊山	二纵六旅十八团	排长	山东羊山
隋文生	1916	西半屯乡隋庄	1947	—	山东羊山	二纵六旅十八团	排长	山东羊山
李云方	1925	西半屯乡天水屯	1945.8	1947	湖南小阳湖	二纵六旅十八团	班长	湖南小阳湖
张步周	1927	西半屯乡天水屯	1947	—	—	二纵六旅十八团	战士	—
于际雨	1927	西半屯乡南于庄	1946	1948	河南	二纵六旅十八团	战士	西半屯乡南于庄
于风起	1927	西半屯乡南于庄	1947	1950	浙江象山县	华东野战军十八团	排长	浙江象山县潘家坎
徐振海	1924	西半屯乡时庙	1939	—	—	冀南军区	战士	—
张大成	1922	西半屯乡时庙	1939	—	—	冀南军区	战士	—
王庆林	1922	西半屯乡天水屯	1943	—	—	故城县大队	战士	—
孙玉琢	1928	西半屯乡双屯	1947	1947	—	山东阳谷县	战士	西半屯乡双屯
于东昌	1926	西半屯乡双屯	1947	1953	朝鲜	志愿军四十八团	战士	朝鲜
张书梅	1915	西半屯乡盐厂	1945	—	—	—	战士	—
申效恒	1916	西半屯乡盐厂	1945	—	—	二纵六旅十八团	战士	—
申明起	1943	西半屯乡盐厂	1965	1966.5	内蒙古集宁	4752 部队	战士	内蒙古集宁烈士陵园
申效勤	1927	西半屯乡盐厂	1946	1948	大别山	二纵六旅十八团	战士	大别山
申效善	1927	西半屯乡盐厂	1941	1945	山东夏津县	济南军区	排长	西半屯乡盐厂
刘玉春	1928	西半屯乡双屯	1946	—	—	—	—	—

续表 28-8

姓　名	出生时间	籍　贯	参加革命时间	牺牲时间	牺牲地点	牺牲时所在单位	牺牲时职　务	安葬地点
付有洪	1923.5	瓦子庄乡付庄	1943.2	1947	河南安阳	四区游击队	战士	瓦子庄乡付庄
付丙和	1921.4	瓦子庄乡付庄	1945.9	1948	河南浑县郭刘庄	山东武城县大队	班长	瓦子庄乡付庄
袁庆成	1924.3	瓦子庄乡西李庄	1946.3	1947	大别山	二纵六旅十九团	战士	大别山
张文同	1927	瓦子庄乡西李庄	1945.8	1946.8	山东潘庄	二纵六旅十八团	战士	瓦子庄乡西李庄
张延文	1927	瓦子庄乡西张庄	1945.8	1952.12	朝鲜江源道金城	志愿军十五军军政科	科长	丹东花园街烈士陵园
李金旺	1927	瓦子庄乡姚庄	1947.2	1950.4	朝鲜法洋洞	志愿军三四一团三连	战士	朝鲜
梁耀庭	1922.1	瓦子庄乡姚庄	1945.8	1947.11	河南安阳	第二总队	教导员	瓦子庄乡姚庄
马玉山	1919.5	瓦子庄乡姚庄	1944.3	1948.4	河南	第二总队	运输员	河南
张太方	1926	瓦子庄乡南小屯	1945.3	1946	山东博平	二纵六旅十八团	战士	山东博平
徐　达	1925	瓦子庄乡孙庄	1941	1944.7	武官寨	山东武城县四区中队	战士	瓦子庄乡孙庄
孙风银	1921	瓦子庄乡孙庄	1942.8	1944.7	饶阳店乡北仁庄	山东武城县四区中队	战士	瓦子庄乡孙庄
孙方新	1927.5	瓦子庄乡孙庄	1945.8	1946	西大集	二纵六旅十九团	战士	瓦子庄乡孙庄
徐守香	1924.3	瓦子庄乡孙庄	1939.2	1946.8	山东武城县	二纵六旅十八团	连长	瓦子庄乡孙庄
孙方振	1919.2	瓦子庄乡孙庄	1943.3	1943.7	瓦子庄乡孙庄	二纵六旅十九团	战士	瓦子庄乡孙庄
孙舟明	1919.2	瓦子庄乡孙庄	1945.8	1946.3	陕西华县	二纵六旅十九团	战士	陕西华县
牟英荣	1929	瓦子庄乡牟儒林	1944.8	1945.7	邯郸	二大队	战士	邯郸
袁邦军	1923.5	瓦子庄乡西桥村	1942	1945	湖南菜园	冀南军区十八团	战士	湖南菜园
崔桂金	1924.7	瓦子庄乡西桥村	1942	1945	永年县	冀南军区十八团	排长	永年县
袁长才	1924	瓦子庄乡西桥村	1943	1945	永年县	冀南军区十八团	连长	瓦子庄乡西桥村

续表 28-8

姓 名	出生时间	籍 贯	参加革命时间	牺牲时间	牺牲地点	牺牲时所在单位	牺牲时职 务	安葬地点
高松友	1926	瓦子庄乡西高庄	1945	1947	大别山	二纵六旅十八团	战士	大别山
吕金科	1915.5	瓦子庄乡湖心寺	1942	1945	天津	一野	战士	天津
宫振德	1918.2	瓦子庄乡湖心寺	1945	1948	大别山	二纵六旅十八团	战士	大别山
康之合	1936	瓦子庄乡康庄	1946	1946	邯郸	二纵六旅十八团	战士	瓦子庄乡康庄
康之新	1920	瓦子庄乡康庄	1945.8	1946.11	谢汝	二纵六旅十八团	战士	瓦子庄乡康庄
林宝森	1952	瓦子庄乡十二里庄	1969	1970	北京	北京军区政治部	战士	故城县烈士陵园
康继金	1917	瓦子庄乡康庄	1942.6	1943	邯郸南中普	二纵六旅十九团	战士	瓦子庄乡康庄
柳双凤	1929	瓦子庄乡西里屯	—	1942.4	建国镇东冯王庄	瓦子庄乡西里屯	村长	西里屯
康文福	1929	瓦子庄乡康庄	1947	1948	河南伟奎	三纵五团	战士	河南伟奎
杨金可	1892.6	瓦子庄乡西里屯	1939.7	1942.4	建国镇东冯王庄	山东武城县大队	伙夫	四二九烈士陵园
郭双才	1926	瓦子庄乡东桥村	1944	1948	四川内江县	后勤处	副处长	瓦子庄乡
李书杰	1919.6	瓦子庄乡郑儒林	1943.8	1944	邯郸	武城县二区中队	战士	邯郸
孙玉忠	1924	瓦子庄乡西郭庄	1944	1944	邯郸	冀南军区十八团	战士	邯郸
吴树荣	1917	军屯乡杨寺	1943	1948.6	河南学廖营	二纵六旅十六团	战士	河南学廖营
崔俊峰	1927	军屯乡军屯	1941	1947.8	河南商城县	二十九师八七团	连长	河南商城县石桥
于光臣	1920	军屯乡军屯	1945	1945	邯郸	冀南军区十八团	战士	军屯乡军屯
王洪普	1926	军屯乡牛庄	1938	1943	清河县油坊	—	班长	清河县油坊
牛恩恒	1901	军屯乡牛庄	1941	1942.4	南宫垂阳	冀南军区	情报员	南宫垂阳
牛恩田	1926	军屯乡牛庄	1945	1945	夏津县夏庄	山东武城县大队	战士	山东夏津县夏庄

续表 28-8

姓　名	出生时间	籍　贯	参加革命时间	牺牲时间	牺牲地点	牺牲时所在单位	牺牲时职　务	安葬地点
梁广祥	1921	军屯乡王行杖	1946	1951	海南鸟	—	排长	海南岛
王德洪	1927	军屯乡王行杖	1942	1945	山东夏津县	山东武城县大队	战士	军屯乡王行杖
高连周	1927	军屯乡高行杖	1945	1947	山东羊山	—	班长	山东羊山
李振刚	1927	军屯乡王行杖	1945	1946	河南陇海路	二野	排长	河南陇海路
高洪泽	1913	军屯乡高行杖	1946	1947	大别山	二纵六旅十八团	排长	大别山
李丙瑞	1921	军屯乡高行杖	1945	1946	吉林四平	四野	战士	吉林四平
张金生	1923	军屯乡贾庄	1946	—	—	—	班长	—
任风连	1929	军屯乡赵庙	1944	1948	湖北孝感花园	二纵六旅	战士	湖北孝感花园
任洪年	1925	军屯乡赵庙	1946	1948	南宫	—	连长	军屯乡赵庙
李兆祥	1918	军屯乡赵庙	1936	1942	南宫李林	—	连长	军屯乡大王里村
王茂春	1913	军屯乡大王里村	—	1947	湖北保康县	—	农会主任	军屯乡大王里村
李风昌	1930	军屯乡大辛庄	1947	1948	山东羊山	二野十九团	战士	山东羊山
李　贵	1924	军屯乡大辛庄	1947	1948	河南	—	班长	河南
李九瑞	1909	军屯乡大辛庄	1940	1972	瓦子庄	冀南军区	侦察员	军屯乡大辛庄
李风章	1921	军屯乡大辛庄	1945	1947	河南	—	战士	河南
李风森	1922	军屯乡大辛庄	1940	1943	山东武城县河庄	—	战士	山东武城县河庄
李瑞奎	1930	军屯乡大辛庄	1943	1946	河南	—	护士	河南
刘玉珍	1921	军屯乡胡官屯	1945.2	1948	河南	二纵六旅六团	班长	河南
姜玉怀	1926	军屯乡胡官屯	1941.9	1946	河南项城县	二纵六旅十八团	连长	河南项城县东西杖村

续表 28-8

姓　名	出生时间	籍　贯	参加革命时间	牺牲时间	牺牲地点	牺牲时所在单位	牺牲时职　务	安葬地点
于树轩		军屯乡庄科	1942	1946	河南安阳十里铺	二纵十八团	战士	河南安阳十里铺
赵明山	1919	军屯乡赵里村	1945	1945	永年县	冀南军区	战士	永年县
姜永奎	1920	军屯乡关庙	1945	1950	朝鲜临津江	志愿军三十九军一一六师三四七团	指导员	朝鲜临津江
姜永清	1924	军屯乡关庙	1944	1946	永年县	冀南军区	战士	军屯乡关庙
李连顺	1926	军屯乡刘行杖	1950.5	1952	朝鲜	四十军	战士	朝鲜
李连奎	1918	军屯乡刘行杖	1945	—	—	二纵六旅十九团	排长	—
李金营	1928	军屯乡刘行杖	1946	1951	朝鲜阳德	—	司务长	朝鲜阳德
王有前	1928	军屯乡大辛庄	1945.7	1947	山东羊山	六旅十八团	战士	山东羊山
韩　强	1917	军屯乡大辛庄	1934	1942	要庄乡张庄	山东武城县委	组织部部长	军屯乡大辛主
吕玉召	1917	要庄乡草寺	1945	1947	山东羊山	二纵六旅十八团	战士	山东羊山
吕永志	1924	要庄乡草寺	1945	1947	山东羊山	二纵六旅十八团	战士	山东羊山
吕广章	1921	要庄乡草寺	1944	1945.6	吉林四平	东北抗联	战士	吉林四平
庚东跃	1922	要庄乡南杨庄	1945	1948	大别山	二纵六旅十八团	战士	大别山
庚元奎	1928	要庄乡南杨庄	1947	1947	邯郸	二纵六旅十八团	战士	邯郸
庚同顺	1926	要庄乡南杨庄	1944	1948	河南阎家摊	二纵六旅十八团	战士	河南阎家摊
赵子海	1929	要庄乡南杨庄	1945	1947	山东高唐县	山东武城县大队	战士	山东高唐县
杜长林	1912	要庄乡南杨庄	1945	1947	山东高唐县	山东武城县大队	战士	山东高唐县
乔连成	1928	要庄乡小商庄	1944.12	1947.3	山东羊山	二野十八团	战士	山东羊山
李善信	1909	要庄乡南臧庄	1945	1950	四川简阳县	西南军区政治部	司务长	要庄乡南臧庄

续表 28-8

姓　名	出生时间	籍　贯	参加革命时间	牺牲时间	牺牲地点	牺牲时所在单位	牺牲时职　务	安葬地点
李功明	1921	要庄乡南臧庄	1946	1950	山东武城医院	二纵六旅十八团	战士	要庄乡南臧庄
吕国平	1930	要庄乡毛店	1945	1947	大别山	二纵六旅十八团	战士	大别山
李节栋	1925	要庄乡毛店	1944	1948	河南安阳	二纵六旅十八团	战士	要庄乡毛店
吕九行	1926	要庄乡毛店	1945	1947	大别山	二纵六旅十八团	战士	大别山
于传亮	1926	要庄乡毛店	1942	1943	辛堤	山东武城县大队	战士	要庄乡毛店
吕丙前	1920	要庄乡毛店	1945	1950	朝鲜	四一七团	连长	要庄乡毛店
毛陈良	1921	要庄乡毛店	1945	1947	大别山	二纵六旅十八团	战士	大别山
吕九新	1924	要庄乡毛店	1942	1945	清河县常庄科	山东武城县大队	战士	要庄乡毛店
王洪林	1922	要庄乡毛店	1945	1947	大别山	二纵六旅十八团	战士	大别山
吕恒峰	1922	要庄乡毛店	1946	1947	永年县	二纵六旅十八团	战士	—
吕玉明	1925	要庄乡毛店	1944	1952	朝鲜	志愿军	战士	朝鲜
秦学玉	1914	要庄乡石佛	1943	1943	山东武城县赵庄	山东武城县大队	战士	武城县赵庄
树怀彬	1927	要庄乡树庄	1945	1948	大别山	二纵六旅十八团	战士	—
叶华成	1927	要庄乡叶庄	1945	1945	河南安阳	冀南军区十八团	班长	—
叶春文	1926	要庄乡叶庄	1945	1946	永年县	二纵六旅十九团	战士	永年县
杨进生	1920	要庄乡南陈庄	1942	1942	建国镇霍庄	山东武城县大队	战士	—
陈庆雨	1928	要庄乡南陈庄	1945	1947	永年县	二纵六旅十八团二营九连	警卫员	—
杨福海	1928	要庄乡南陈庄	1946	1947	山东高唐县	高唐公安局	股长	—
赵风恒	1916	要庄乡姜圈	1946	1947	河南桐柏县	二纵六旅十八团	战士	要庄乡姜圈

续表 28-8

姓　名	出生时间	籍　贯	参加革命时间	牺牲时间	牺牲地点	牺牲时所在单位	牺牲时职　务	安葬地点
董振山	1918	要庄乡姜圈	1943	1945	山东高唐	冀南军区	战士	山东聊城
李在明	1926	要庄乡郭庄	1945	1947	大别山	二野十八团	战士	大别山
郭玉岭	1930	要庄乡郭庄	1943	1947	大别山	二野十八团	战士	大别山
刘振朝	1927	要庄乡郭庄	1945	1945	山东夏津县	山东武城县大队	战士	要庄乡郭庄
李万录	1915	要庄乡大商庄	1938	1945	河南安阳县	冀南军区	战士	要庄乡大商庄
李传明	1927	要庄乡大商庄	1945	1947	永年县	二野十八团	战士	永年县
赵树华	1926	要庄乡大商庄	1941	1942	要庄乡水坡	山东武城县大队	战士	要庄乡大商庄
董金平	1923	要庄乡位庄	1945	1947	大别山	十九师五十七团三营	战士	大别山
马金荣	1924	要庄乡位庄	1945	1947	湖北黄冈李集	十九师五十七团三营	司务长	湖北黄冈李集
滑雨代	1925	要庄乡南张庄	1940	1947	大别山	三纵六旅十九团	排长	大别山
滑　二	1928	要庄乡南张庄	1943.5	1944.9	山东夏津县	二纵六旅十九团	战士	清河县渡口驿
滑福海	1927	要庄乡南张庄	1946.5	1948.9	大别山	二野十八团	战士	大别山
马长生	1923	要庄乡位庄	1945	1947	大别山	中南军区十九师	战士	大别山
李言信	1926	要庄乡南张庄	1942	1942	要庄乡南张庄	—	民兵	要庄乡南张庄
隋金法	1924	要庄乡辛堤	—	1948	大别山	二纵六旅十八团	战士	大别山
韩九昌	1918	要庄乡辛堤	1942	1944	山东武城县李庄	山东武城县大队	战士	要庄乡辛堤
王风文	1921	要庄乡新王庄	1944	1949	山东济南医院	二纵六旅十八团	警卫员	要庄乡新王庄
许德福	1922	要庄乡许口	1945	1947	河南新野县	二野十八团	战士	河南新野县
许万彬	1927	要庄乡许口	1948	1951	云南昆明军区医院	一军	班长	云南昆明北数场

续表 28-8

姓　名	出生时间	籍　贯	参加革命时间	牺牲时间	牺牲地点	牺牲时所在单位	牺牲时职　务	安葬地点
许德先	1930	要庄乡许口	1945	1946	永年县	二纵六旅十八团	战士	永年城西
苑香庭	1920	要庄乡程村	1944.7	1947	大别山	八十七团三营	副连长	大别山
许万灵	1924	要庄乡石佛	1947	1948	河南陇海路东宝站	四十一军一二二师	副班长	河南陇海路东宝站
王宝明	1927	要庄乡石佛	1945	1952	朝鲜	—	战士	朝鲜
树翠峰	1919	要庄乡树庄	1945	1946	永年县	二纵六旅十八团	班长	要庄乡树庄
滑同章	1920	要庄乡南张庄	—	1942	南张庄	—	民兵	要庄乡南张庄
王书堂	1924	要庄乡王同庄	1946	1946	山东武城县南屯	山东武城县南屯	战士	要庄乡王同庄
刘海庭	1925	要庄乡要庄	1942	1946	要庄乡草寺	二纵六旅十九团七连	班长	要庄乡要庄
刘保怀	1926	要庄乡要庄	1945	1946	永年县	二纵六旅十九团七连	战士	要庄乡要庄
刘甲善	1924	要庄乡要庄	1945	1946	山东羊山	二野十八团	班长	山东羊山
郭宗汝	1924	要庄乡小商庄	1944	1947	永年县	二野十八团	战士	永年县
商洪生	1925	要庄乡小商庄	1944.2	1945.3	山东夏津县	山东武城县大队	战士	要庄乡小商庄
王英行	1920	要庄乡小商庄	1944	1947	永年县	二野十八团	战士	永年县
郭庆山	1924	要庄乡小商庄	1941	1947	永年县	二野十八团	战士	永年县
刘顺德	1918	要庄乡小商庄	1947.3	1947.10	山东羊山	二野十八团	战士	山东羊山
许庆河	1916	建国镇马寺	1941.5	1947	大别山	六旅十九团	战士	大别山
秦志	1926	建国镇和平	1945	1949	安徽安庆	二十九师八十七团二营	营长	安徽安庆二十里铺
朱华庭	1918	建国镇和平	1945	1947	山东羊山	六旅十九团	战士	山东羊山
宋金生	—	建国镇南齐庄	1941	1941	赵行乡兀兰屯	山东武城县大队	战士	建国镇南齐庄

续表 28-8

姓 名	出生时间	籍 贯	参加革命时间	牺牲时间	牺牲地点	牺牲时所在单位	牺牲时职 务	安葬地点
孔宪州	1929	建国镇孔辛庄	1946	1948	大别山	六旅十八团	战士	大别山
刘德胜	1929	建国镇建国	1945	1945	邯郸	冀南军区	战士	邯郸
巩庆玉	1926	建国镇巩庄	1943	1945	邯郸	冀南军区	战士	邯郸
巩书梅	1929	建国镇巩庄	1945	1947	山东羊山	冀南军区	班长	山东羊山
张英	1903	建国镇巩庄	1940	1943	山东武城县东关	山东武城县公安局	股长	建国镇巩庄
张鹤林	1930	建国镇巩庄	1944	1945	山东夏津县	山东武城县公安大队	战士	建国镇巩庄
张 华	1921	建国镇巩庄	1943	1945	山东夏津县	山东武城县公安大队	指导员	建国镇巩庄
张桂兰	1924	建国镇巩庄	1943	1945	山东夏津县	山东东武城县公安大队	战士	建国镇巩庄
张金栋	1921	建国镇西冯王庄	1940	1946	山东临清县	二纵六旅十八团	排长	山东冠县
李甲庭	1924	建国镇西冯王庄	1941	1945	邯郸	冀南军区	战士	建国镇西冯王庄
冯玉庭	—	建国镇西冯王庄	1940	1942	郑口	冀南军区	战士	建国镇西冯王庄
刘保泉	1926	建国镇八户庄	1946	1946	黑龙江黑河	冀南军区	战士	黑龙江黑河
张福合	1928	建国镇河西马庄	1947	1947	安徽容华	二纵六旅十八团	战士	安徽容华
许庆合	1916	建国镇马寺	1941.5	1947	大别山	六旅十九团	战士	大别山
秦关华	1927	建国镇河西马庄	1947	1947	河南潢川县	二纵十八团	战士	河南潢川县双不桥
高金山	1927	建国镇于姑屯	1948	1948.6	邯郸	冀南军区	战士	建国镇于姑屯
肖洪章	1925.3	建国镇于姑屯	—	1945	十二里庄	—	—	建国镇于姑屯
刘德玉	1927	建国镇民主	1943	1945	山东夏津县	山东武城县大队	战士	建国镇民主
刘风秋	1945.1	建国镇建国	1968	1970.6	石家庄	总字 527 部队	战士	四二九烈士陵园
商连仲	1920	建国镇民主	1945	1945	山东聊城	冀南军区	班长	建国镇民主
赵书田	1919	建国镇民主	1946	1947	大别山	二野十九团	战士	大别山

续表 28-8

姓　名	出生时间	籍　贯	参加革命时间	牺牲时间	牺牲地点	牺牲时所在单位	牺牲时职　务	安葬地点
张庆庭	1929	建国镇民主	1946	1947	吉林四平	七纵二十二师六十四团一营	战士	吉林四平
姜书忠	1926	建国镇民主	1947	1948	大别山	二纵六旅十八团	战士	大别山
王明轩	1921	建国镇祖杨庄	1945	1951	朝鲜	志愿军八十七团六连	连长	朝鲜
宋玉庆	1927	建国镇祖杨庄	1947	1950	广东来溪	四野	副排长	广东来溪
王玉生	1917	建国镇曹口	1939.2	1940.10	山东聊城	冀南军区十九团	班长	山东聊城
刘振荣	1925	建国镇曹口	1946	1947	大别山	二野	战士	大别山
刘怀庆	1924	建国镇高家庄	1944	1945	武安县	冀南军区	战士	建国镇高家庄
宋太海	1915	建国镇宋庄	1939	1940	河南安阳十里铺	冀南军区	战士	河南安阳十里铺
陈玉齐	1927	建国镇陈王庄	1945.3	—	—	—	战士	—
杨好兰	1922	建国镇陈王庄	1945	1946.3	建国镇陈王庄	冀南军区	战士	建国镇陈王庄
马德庭	1926	建国镇罗马庄	1944	1947	河南安阳	反攻营	战士	建国镇罗马庄
马三庆	1918	建国镇罗马庄	1945	1947	淮海战役	四野	战士	淮海
宋太安	1925	建国镇三里庄	1947	1947	大别山	二野六旅十九团	战士	大别山
刘风祥	1925	建国镇建国	1947	1948	邯郸	冀南军区	战士	邯郸
刘德华	1922	建国镇建国	1946	1947	邯郸	冀南军区	战士	邯郸
崔长太	1923	建国镇祖杨庄	1944	1946	永年县	冀南军区十八团	战士	祖杨庄
赵章保	1917	建国镇	1938	1944	山东夏津三十里铺	冀南军区	—	山东夏津县三十里铺
张国华	1924	建国镇巩庄	1939	1942	冀县	山东武城县三区	区长	冀县
王金兰	1935	建国镇曹口	1954	1975.11	建国镇曹口	曹口	小队长	建国镇曹口
李振江	—	西半屯乡	—	1947.10	山东巨野县谢集	西南军区第二野战军二纵六旅	副连长	故城县烈士陵园

说明：表内均为男性；"—"部分为无详细文字记载

编　后　记

志者，一域之重典。地方政治、经济、文化诸种变化，域内地理特征诸多演变，依靠方志予以记述。鉴古知今，继往开来，修志之意，旨在告慰前人，激励当代，启迪后世而造福桑梓。《故城县志》历经数载寒暑，现付梓问世，为尘封的历史注入了时代活力，此乃故城县政治、经济、文化建设领域一大盛事！

历史是最好的教科书，“国有史，方有志”，铭记过去即是尊重未来。地方志书记载当地自然地理、政治、经济、社会、人文，由一地之人，自述其地方民情、当地变革要事、域内全方位要略。故其记述较“国史”更为细致、准确，是不可或缺的县域文化结晶，为独具中国特色的地方文献。不读史，不知兴替；不阅志，不解地情。

故城古曰甘陵，地处冀之东南，毗邻齐鲁。古老的京杭大运河逶迤县境达75.1公里，滋养了故城这一方沃土，孕育了故城人民尚义厚德、勤劳淳朴的传统美德。故城依河而建，因运河而兴，历史悠久，文化厚重，人杰地灵，历代文臣武将不绝于书，可谓人才辈出、精英荟萃。古往今来，域内修志古风绵延不绝。《故城县志》始籍于明朝永乐年间，至清朝末年有数修。今存旧志有明朝万历年间纂修两种；清康熙、雍正、光绪年间各一种。志中尽叙故城历史沿革要略，人文地理特征演变，追记先贤英杰功绩，塑造昔日创业者丰碑。意为当今建设者提供借鉴，也为后来者留下宝贵历史文化资料。本志书“艺文”一编下立章目“序跋选录”，精选历代《故城县志》及续修《故城县志》之序、跋12篇，裨今者知前志之意，故邑之状。

中华人民共和国成立后故城县所出版第一部志书，重点记述中华人民共和国成立后至

故城县地方志编纂委员会全体成员合影

1987年年末，特别是改革开放后全县政治、经济、文化建设和社会发展成就。第二轮修志由2005年启动，下限时间定为2008年，由于种种原因中途搁浅，10年未能成书。2018年，省、市方志办加大对故城县的督导力度，要求故城县务必在2020年年底完成中国地方志指导小组办公室提出的志书、年鉴“两全目标”。

第一轮修志下限时间至今已时越30载，此间，经济发展、社会进步、城乡面貌日新月异，足述之事、足传之士，不可胜数。时逢盛世，当速修志，修志之事势在必行，刻不容缓。针对《故城县志》编纂现状，县委、县政府高度重视，召开专题会议，采取措施，加大力度，组织精兵强将，决心按照上级要求全力以赴加快编纂进度完成修志任务。遂征得省、市方志办意见后，速调有为之士，担修志之重任。推举刘石营担任主编，遴选朱红梅、周冉为副主编，选聘贾焕冬、赵静为文字版式编辑，组成5人团队的《故城县志》编辑部。

《故城县志》部分编审合影

修志工作于2018年5月再次启动。编辑部全体受命以来，夙夜挂怀，恐托付不效，不敢稍有懈怠。故先确定在前志基础上整合续编翔实全面的新编《故城县志》，下限时间至2018年年末；6月初确定篇目提纲、下发通知、召开全

县长王立峰（左五）常务副县长王洪军（左六）与《故城县志》编辑部成员合影

县供稿动员会议，要求全县13个乡镇、县直各个部门确定责任人，明确时间和任务要求；至此，《故城县志》编纂序幕全面拉开。

《故城县志》编纂时间距第一轮修编已隔数载，资料错综、遗失尤甚，其中千头万绪，困难重重。依托县委、县政府强力推进，编辑部集各方之力、广征博采，续先人所叙，补断章空白；追古究今、探本溯源、同心协力、众志成城，使修志工作进展顺利。修志期间，县委书记彭晓明、县长王立峰、常务副县长王洪军等县委、县政府领导多次到编辑部，询进度、解难题，给予鼓励与指导。

修志工程浩繁纷杂，工作枯燥艰辛。在《故城县志》进度为全省末位之际，主编刘石营向省方志办立下“《故城县志》两载成书，且比肩精品志书”之军令状。带领编辑部团队向时间要进度，向严谨要质量，心无旁骛，加班加点埋头修志。编辑部5人团队与20位编审持拼搏实干精神，集体研讨、字斟句酌、认真校对、一丝不苟，2019年年末终成志稿。2020年1月16日完成省市专家评审，2020年5月通过省方志办终审。

一方之志，记述县域诸事，新续修《故城县志》设28编，152章，洋洋二百六十余万言。

编、章、节为志书筋骨；总述、大事记、各专志，人物、文化、艺文及附录诸内容为志书血肉。志书有宏观综述，亦有微观透视，具体至经济发展、社会进步，可谓汇古今兴替，叙社会盛衰，述人文与历史，熔百业为一炉，集千家成一书。章节条分缕析，实事求是，尊重客观秉笔直书；简明扼要力求明白晓畅。此志书略古详今，旨在突出故城新风貌、新变化、新成就，彰显故城地域特色。

《故城县志》省市专家评审会

故城因运河郑口码头而闻名遐迩，因此，在新续修《故城县志》内容中，把“大运河”列入一编，主要记述运河故城段历史沿革、地理变迁与人文传承。故城受运河文化影响，底蕴深厚，在前志基础上收集、整理、补充、编译200余篇邑内诏谕禀文、碑文选录、序跋选录、杂文轶文选录、诗词谣赋选录、姓氏谱牒等，充实丰富了志书内容，堪称本邑文献资料和乡土历史文化教材，为八方宾客品读故城奉上一部地域百科全书。

志书编纂是一项浩大的系统工程，涉及诸多方面。此志历经两载寒暑艰辛，成绩可观，精神尤嘉。但因修志时间相对较短，时间跨度大，尽管经多方共同努力，差错疏漏在所难免，敬请诸位不吝赐教，以便为下轮修志纠谬补遗。

值《故城县志》即将付梓面世之际，作为志书编纂人员，深感欣慰。在此，对为《故城县志》编纂过程中出谋划策，提供志书编纂篇目设置参考意见的王广才、常海成、耿东炬、吴恒青、武铁良表示感谢。对河北省方志办杨洪进、赵俊丽、阴记东、刘建洲、郑小明等在评审过程中给予的指导以及方志出版社责任编辑王海荣在审核过程中认真负责深表谢意！

对所有为《故城县志》提供文字资料和影像图片的同志，为《故城县志》成稿付出心血、汗水的领导及同仁致以真诚谢意！

让我们在以习近平新时代中国特色社会主义思想指引下，为实现中华民族伟大复兴的中国梦，为美丽故城的经济发展、社会进步、人民幸福而努力奋斗！

编　者

2020年9月30日